il mio primo DIZIONARIO

MIOT

GIUNTI Junior

Ideazione, progetto e realizzazione:
Roberto Mari

Progetto grafico: Franco Barbini, Giovanni Bartoli,
Daniela Fabbri, Simonetta Zuddas

www.giunti.it

Via Bolognese, 165 - 50139 Firenze
Via Borgogna, 5 - 20122 Milano

Prima edizione: settembre 2001
Nuova edizione: maggio 2014

Ristampa	Anno
4 3 2 1 0	2017 2016 2015 2014

FSC www.fsc.org
MISTO
Carta da fonti gestite in maniera responsabile
FSC® C023532

Stampato presso Giunti Industrie Grafiche S.p.A. - Stabilimento di Prato

SOMMARIO

GUIDA GRAFICA ALLA CONSULTAZIONE

In rosso la parola

Coniugazione del verbo e indicazione dell'ausiliare

Il simbolo del trifoglio indica l'uso figurato

I numeri introducono le diverse accezioni

evadere [e-và-de-re] *v.intr.* [pass.rem. *evàsi, evadésti*; part.pass. *evàso*; aus. *essere*] **1** Fuggire, scappare da un luogo in cui si è rinchiusi: *il detenuto è evaso dal carcere* **2** ♧ Allontanarsi da ambienti, modi di vivere poco soddisfacenti o opprimenti: *ogni tanto sentiva un gran bisogno di evadere dalla grigia realtà quotidiana* ⧫ *v.tr.* **1** Sottrarsi all'obbligo di pagare: *evadere le tasse* **2** *Evadere una pratica* = sbrigarla | *Evadere la corrispondenza* = rispondere alle lettere ricevute.

Categoria grammaticale e indicazione del femminile e del plurale

poeta [po-è-ta] *s.m.* [f. *poetessa*; pl.m. *–ti*] Autore di poesie: *Dante è il nostro più grande poeta.*

Forma pronominale del verbo

Sillabazione e indicazione dell'accento tonico

destare [de-stà-re] *v.tr.* **1** Svegliare: *destare chi dorme* **2** ♧ Suscitare: *la notizia ha destato scalpore* ⧫ **destarsi** *v.pr.* Svegliarsi: *si destò all'alba.*

In rosso corsivo la parola straniera

Pronuncia della parola straniera

cash [parola inglese; pron. corrente *chèš*] *s.m. invar.* Denaro contante.

L'esponente distingue le parole di diverso significato che si scrivono nello stesso modo

radio[1] [rà-dio] *s.m.* Osso che costituisce insieme all'ulna lo scheletro dell'avambraccio.

radio[2] [rà-dio] *s.m.* Metallo altamente radioattivo presente nei minerali di uranio.

radio[3] [rà-dio] *s.f.invar.* **1** Le trasmissioni radiofoniche: *ascolta spesso la radio* ◊ Stazione trasmittente di programmi radiofonici: *ascoltare una radio privata* **2** Apparecchio che riceve trasmissioni radiofoniche: *accendere la radio* ⧫ Usato anche come *agg.invar.* Che utilizza le radioonde: *collegamento radio*; *stazione, apparecchio radio* | *Giornale radio* = notiziario trasmesso per radio.

La losanga bianca segnala una sfumatura minore di significato

La losanga nera distingue le diverse categorie grammaticali

La barretta introduce locuzioni e modi di dire

Rimando dalla variante della parola alla forma principale

sonare vedi **suonare**.

denaro [de-nà-ro] o **danaro** [da-nà-ro] *s.m.* Moneta: *non ho denaro contante* ◊ Soldi, quattrini, ricchezze: *guadagnare, avere molto denaro.*

Variante della parola

posporre [po-spór-re] *v.tr.* [coniugato come *porre*] Mettere qualcosa dopo qualcos'altro © anteporre: *posporre l'aggettivo al nome* ◊ ♧ Subordinare: *posporre l'interesse personale a quello collettivo* ◊ Differire, rinviare Ⓢ posticipare © anticipare: *posporre la data della partenza.*

Rimando al verbo capofila, dove è riportata la coniugazione

Il simbolo © introduce i contrari

Il simbolo Ⓢ introduce i sinonimi

pressoché [pres-so-ché] o **presso che** *avv.* Quasi, circa: *la piazza era pressoché vuota.*

L'accento sulla *e* di *pressoché* è acuto (come in *perché, poiché, finché* ecc.): attenzione a non sbagliarlo, soprattutto quando scrivi al computer.

Il simbolo introduce la nota grammaticale o ortografica

anti–[1] Prefisso che in parole composte significa «contro» (*antiaereo, antifurto, antipatia*).

anti–[2] o **ante–** Prefisso che in parole composte significa «davanti», «prima», nello spazio o nel tempo (*anticamera, anticipare, anteguerra*).

–logia Secondo elemento di parole composte, in cui significa «scienza», «studio» (*psicologia, geologia*).

Le parole seguite o precedute dal trattino sono primi o secondi elementi di parole composte

cyclette ® [parola francese; pron. *siclèt*] *s.m. invar.* Nome commerciale di un tipo di bicicletta da camera, priva di ruote, che consente di pedalare da fermo come esercizio ginnastico.

Il simbolo ® indica che la parola è un marchio registrato

ABBREVIAZIONI

a.C.	avanti Cristo
agg.	aggettivo
art.	articolo
aus.	ausiliare
avv.	avverbio
card.	cardinale
compar.	comparativo
cond.	condizionale
cong.	congiuntivo
congz.	congiunzione
determ.	determinativo
dimostr.	dimostrativo
ecc.	eccetera
es.	esempio
escl.	esclamativo
f.	femminile
fut.	futuro
ger.	gerundio
imper.	imperativo
imperf.	imperfetto
impers.	impersonale
ind.	indicativo
indef.	indefinito
indeterm.	indeterminativo
inter.	interiezione
interr.	interrogativo
intr.	intransitivo
invar.	invariabile
m.	maschile
num.	numerale
ord.	ordinale
partic.	particolare
part.pass.	participio passato
part.pres.	participio presente
pass.rem.	passato remoto
pers.	personale
pl.	plurale
poss.	possessivo
pr.	pronominale
prep.	preposizione
pres.	presente
pron.	pronuncia
recipr.	reciproco
rel.	relativo
sec.	secolo
s.f.	sostantivo femminile
sing.	singolare
s.m.	sostantivo maschile
s.m.f.	sostantivo maschile e femminile
spec.	specialmente
superl.	superlativo
tr.	transitivo
v.	verbo

SIMBOLI GRAFICI

♦ distingue le diverse categorie grammaticali della parola

1 2 3 distingue le diverse accezioni della parola

◊ introduce sfumature di significato all'interno della stessa accezione

| introduce le locuzioni e i modi di dire

♧ segnala l'uso figurato

Ⓢ introduce i sinonimi

Ⓒ introduce i contrari

👁 introduce le note grammaticali e ortografiche

® segnala che una parola è un nome commerciale con marchio registrato

PRONUNCIA DELLE PAROLE STRANIERE

Per le parole straniere, soprattutto inglesi, nel dizionario abbiamo in genere indicato la pronuncia corrente in Italia, che non sempre coincide esattamente con la pronuncia originale. Per indicare la pronuncia di alcun suoni particolari abbiamo inoltre inserito i tre simboli speciali qui sotto elencati:

č suono *c* dolce come in *cena*; es.: *coach*, pronuncia *cóč*

ĵ suono come *ge* al termine di *garage*; es. *collage,* pronuncia *collàĵ*

š suono *sc* come in *scena*; es. *cash*, pronuncia *chèš*

a, A

a[1] *s.f.* o *m.* Prima lettera dell'alfabeto italiano; è una vocale | ♧ *Dalla a alla zeta* = dal principio alla fine.

a[2] *prep.* **1** Introduce molti complementi indiretti ◊ Di termine: *dallo a me* ◊ Di moto a luogo (anche ♧): *vado a casa*; *sono giunto a questa conclusione* ◊ Di stato in luogo: *resto a casa* ◊ Di tempo: *al mattino* ◊ Di modo e qualità: *stare a occhi chiusi*; *casa a due piani*; *vestire all'antica*; *bistecca ai ferri* ◊ Di mezzo o strumento: *barca a vela*; *giocare a carte* ◊ Di causa: *svegliarsi a un rumore* ◊ Di paragone: *è simile a me* ◊ Di pena: *condannare a morte* ◊ Di limitazione: *appoggiare a parole* **2** Seguita dal verbo all'infinito introduce varie specie di proposizioni: *ha fatto male a partire*; *vado a vedere*.

Diventa normalmente *ad* davanti a parola che inizia per *a* o talvolta anche per altra vocale: *vai ad aprire*; *ad esempio*. Unita agli articoli determinativi forma le prep. articolate *al, allo, alla, ai, agli, alle*.

abate [a-bà-te] *s.m.* Superiore di un'abbazia o di un monastero.

abbacchiato [ab-bac-chià-to] *agg.* Abbattuto, avvilito: *era abbacchiato per la sconfitta*.

abbagliante [ab-ba-gliàn-te] *agg.* Che abbaglia: *un riflesso abbagliante* | *Fari abbaglianti* (anche come *s.m. gli abbaglianti*) = negli autoveicoli, i fari che illuminano a lungo raggio la strada.

abbagliare [ab-ba-glià-re] *v.tr.* **1** Offendere la vista con luce troppo viva: *i riflettori lo abbagliarono* **2** ♧ Ingannare, illudere: *lo hanno abbagliato con false promesse*.

abbaglio [ab-bà-glio] *s.m.* Svista, errore: *prendere un abbaglio*.

abbaiare [ab-ba-ià-re] *v.intr.* [aus. *avere*] Detto del cane, emettere il caratteristico verso.

abbaino [ab-ba-ì-no] *s.m.* Piccola costruzione sopraelevata su tetti in pendenza e dotata di finestra ◊ Soffitta abitabile.

abbandonare [ab-ban-do-nà-re] *v.tr.* **1** Lasciare per sempre o per lungo tempo persone, cose o luoghi ◊ Lasciare senza aiuto: *abbandonare qualcuno a se stesso* **2** Cessare di fare; desistere da qualcosa; ritirarsi da un'attività: *abbandonare gli studi, un'impresa, gli affari* **3** Smettere di tenere: *abbandonare la presa* ◊ Lasciar cadere, reclinare (una parte del corpo): *abbandonò la testa sul cuscino* ♦ **abbandonarsi** *v.pr.* Lasciarsi andare (anche ♧): *si era abbandonato su una poltrona*; *abbandonarsi ai ricordi* ◊ Affidarsi interamente: *abbandonarsi a Dio* ◊ ♧ Cedere: *abbandonarsi all'ira*.

abbandonato [ab-ban-do-nà-to] *agg.* Lasciato solo, senza protezione: *bambini abbandonati* ◊ Disabitato: *casa abbandonata* ◊ Incolto: *campi abbandonati*.

abbandono [ab-ban-dó-no] *s.m.* **1** L'atto dell'abbandonare: *l'abbandono della famiglia, della casa* ◊ Rinuncia a proseguire in qualcosa: *l'abbandono di un progetto* **2** Incuria, disordine: *un palazzo in stato di abbandono*.

abbassare [ab-bas-sà-re] *v.tr.* **1** Mettere, portare più in basso: *abbassare una mensola* **2** Ridurre l'altezza, l'intensità, il valore di qualcosa: *abbassare un muro, la radio, i prezzi* **3** Chinare: *abbassare lo sguardo, la testa* ♦ **abbassarsi** *v.pr.* **1** Chinarsi: *si abbassò per passare sotto la porta* **2** ♧ Umiliarsi, degradarsi: *abbassarsi a mendicare* **3** Diminuire, scendere, calare: *il livello del fiume si è abbassato*; *la temperatura si sta abbassando*.

abbasso [ab-bàs-so] *avv.* **1** Giù, di sotto **2** (usato come *interiezione*) Grido di riprovazione o di ostilità (contrario di *evviva*): *abbasso il governo!*

abbastanza [ab-ba-stàn-za] *avv.* **1** In quantità sufficiente: *hai mangiato abbastanza?* **2** Piuttosto: *sono abbastanza stanco di aspettare*.

abbattere [ab-bàt-te-re] *v.tr.* **1** Far cadere, buttar giù (anche ♧): *abbattere un aereo, un muro, il governo* **2** Uccidere: *con una fucilata abbatté il cinghiale* ♦ **abbattersi** *v.pr.* **1** Cadere, piombare: *l'albero, colpito dal fulmine, si abbatté al suolo*; *una disgrazia si abbatté sulla famiglia* **2** ♧ Perdere la fiducia in se stessi Ⓢ scoraggiarsi: *non abbatterti per così poco!*

abbattimento [ab-bat-ti-mén-to] *s.m.* **1** L'atto di abbattere qualcosa: *l'abbattimento di un muro* **2** ♧ Scoraggiamento, depressione: *è in uno stato di abbattimento per la disgrazia che lo ha colpito*.

abbattuto [ab-bat-tù-to] *agg.* Depresso, avvilito.

abbazia [ab-ba-zì-a] *s.f.* La chiesa e il monastero in cui ha sede una comunità di religiosi o religiose governata da un abate o da una badessa.

abbecedario [ab-be-ce-dà-rio] *s.m.* Libro un tempo usato per imparare a leggere.

abbellimento [ab-bel-li-mén-to] *s.m.* Miglioramento dell'aspetto ◊ Ornamento che abbellisce.

abbellire [ab-bel-lì-re] *v.tr.* [*abbellìsco, abbellìsci*] Far diventare bello o più bello: *abbellire la casa con dei quadri* ◊ Far sembrare più bello: *quel ritratto lo abbellisce.*

abbeverare [ab-be-ve-rà-re] *v.tr.* Far bere (spec. il bestiame) ♦ **abbeveràrsi** *v.pr.* Dissetarsi.

abbeveratoio [ab-be-ve-ra-tó-io] *s.m.* Recipiente o vasca in cui bevono gli animali.

abbiccì [ab-bic-cì] o **abicì** [a-bi-cì] *s.m.invar.* **1** L'alfabeto **2** ♧ Le prime elementari nozioni di qualcosa: *non conosce nemmeno l'abbiccì del disegno, della matematica.*

abbiente [ab-biè-n-te] *agg.* e *s.m.f.* Che, chi gode di una certa ricchezza Ⓢ benestante Ⓒ povero: *è una persona abbiente.*

abbietto vedi **abietto**.

abbigliamento [ab-bi-glia-mén-to] *s.m.* **1** Modo di vestire: *cura molto il suo abbigliamento* ◊ I vestiti e tutto ciò che serve per abbigliarsi (scarpe, guanti, sciarpe ecc.): *negozio di abbigliamento*; *articoli di abbigliamento* **2** Il settore artigianale o industriale che produce capi di vestiario.

abbigliare [ab-bi-glià-re] *v.tr.* e **abbigliarsi** *v.pr.* Vestire e vestirsi con particolare cura.

abbinamento [ab-bi-na-mén-to] *s.m.* Accoppiamento di cose o persone in vista di un certo scopo.

abbinare [ab-bi-nà-re] *v.tr.* Unire, mettere insieme due cose affini o anche diverse in vista di un certo scopo.

abbisognare [ab-bi-so-gnà-re] *v.intr.* [aus. *avere* nel significato 1, *essere* nel significato 2] **1** Aver bisogno: *questa macchina abbisogna di riparazioni* **2** Essere necessario: *ti abbisogna un po' di riposo.*

abboccamento [ab-boc-ca-mén-to] *s.m.* Incontro, colloquio riservato.

abboccare [ab-boc-cà-re] *v.intr.* [*abbócco, abbócchi*; aus. *avere*] **1** Agganciarsi con la bocca all'amo (detto di pesci) **2** ♧ Farsi ingannare ingenuamente, cadere in un tranello.

abbonamento [ab-bo-na-mén-to] *s.m.* Pagamento anticipato che consente, per un determinato periodo, di usufruire di un servizio, di vedere spettacoli, di ricevere pubblicazioni ecc.: *abbonamento ferroviario, a un teatro, a una rivista* ◊ Il documento, la tessera che comprova tale pagamento: *mi mostri l'abbonamento, per favore.*

abbonare [ab-bo-nà-re] *v.tr.* [*abbòno*] Fare un abbonamento per conto o a favore di un'altra persona ♦ **abbonarsi** *v.pr.* Fare un abbonamento per sé: *si è abbonato a una rivista.*

abbonato [ab-bo-nà-to] *agg.* e *s.m.* Che, chi è in possesso di un abbonamento.

abbondante [ab-bon-dàn-te] *agg.* Che è in grande quantità; che è più del normale o del necessario: *un pasto abbondante.*

abbondanza [ab-bon-dàn-za] *s.f.* Grande quantità; quantità superiore al bisogno: *c'è roba in abbondanza* | ♧ *Nuotare nell'abbondanza* = essere ricco, non mancare di nulla.

abbondare [ab-bon-dà-re] *v.intr.* [aus. *avere*] Essere abbondante: *quest'anno il vino abbonda* ◊ Avere una grande quantità di qualcosa: *un mare che abbonda di pesci.*

abbordaggio [ab-bor-dàg-gio] *s.m.* Accostamento di una nave a un'altra, spec. per assaltarla.

abbordare [ab-bor-dà-re] *v.tr.* **1** Accostarsi con una nave al bordo di un'altra, per lo più a scopo di assalto **2** ♧ Avvicinarsi a qualcuno per parlargli o proporgli qualcosa: *uno sconosciuto la abbordò per la strada.*

abbottonare [ab-bot-to-nà-re] *v.tr.* Congiungere i lembi di un vestito, di una fodera per mezzo di bottoni.

abbozzare [ab-boz-zà-re] *v.tr.* **1** Dare la prima e provvisoria forma a qualcosa: *abbozzare un quadro, un racconto* **2** Accennare appena: *abbozzare un saluto, un sorriso.*

abbozzo [ab-bòz-zo] *s.m.* Prima e sommaria forma che si dà a qualcosa per tracciarne le linee essenziali: *l'abbozzo di un quadro, di un romanzo, di un contratto.*

abbracciare [ab-brac-cià-re] *v.tr.* **1** Stringere tra le braccia qualcuno, per esprimergli affetto o per bloccarlo **2** ♧ Includere, comprendere: *questo libro abbraccia molti argomenti* **3** ♧ Seguire, scegliere: *abbracciare un'idea, una professione* ♦ **abbracciarsi** *v.pr.* Stringersi reciprocamente tra le braccia: *gli amici si abbracciarono.*

abbraccio [ab-bràc-cio] *s.m.* L'atto di abbracciare e di abbracciarsi in segno di affetto.

abbreviare [ab-bre-vià-re] *v.tr.* Fare diventare più breve Ⓢ accorciare, ridurre Ⓒ allungare: *abbreviare un percorso, un discorso* | *Abbreviare una parola* = scriverla in forma ridotta.

abbreviazione [ab-bre-via-zió-ne] *s.f.* Accorciamento, riduzione ◊ In partic., scrittura di una parola in forma ridotta (ad es. *partic.* per *particolare*, *es.* per *esempio*, *ecc.* per *eccetera*).

abbronzare [ab-bron-zà-re] *v.tr.* Rendere bruna la pelle: *il sole di montagna abbronza rapidamente* ♦ **abbronzarsi** *v.pr.* Diventare scuro di pelle esponendosi al sole: *come ti sei abbronzato!*

abbronzatura [ab-bron-za-tù-ra] *s.f.* L'abbronzarsi; la tinta bruna della pelle esposta ai raggi solari: *hai proprio una magnifica abbronzatura!*

abbrustolire [ab-bru-sto-lì-re] *v.tr.* [*abbrustolìsco, abbrustolìsci*] Seccare o bruciare leggermente un cibo col calore diretto o indiretto del fuoco Ⓢ tostare: *abbrustolire il pane*.

abbrutire [ab-bru-tì-re] *v.tr.* [*abbrutìsco, abbrutìsci*] Rendere simile a un bruto, a una bestia: *l'alcol abbrutisce l'uomo* ♦ *v.intr.* [aus. *essere*] e **abbrutirsi** *v.pr.* Ridursi come un bruto: *beve fino ad abbrutirsi*.

abbuono [ab-buò-no] *s.m.* **1** Sconto su una somma da pagare **2** In gare ciclistiche a tappe, riduzione del tempo impiegato a compiere un percorso che viene concessa al primo o ai primi arrivati.

abdicare [ab-di-cà-re] *v.intr.* [*àbdico, àbdichi*; aus. *avere*] Rinunciare di propria volontà alla sovranità (o a un diritto in genere).

aberrante [a-ber-ràn-te] *agg.* Che devia dalla norma Ⓢ anormale, folle: *un gesto aberrante*.

abete [a-bé-te] *s.m.* Albero d'alta montagna con foglie ad ago sempreverdi.

abicì vedi **abbiccì**.

abietto [a-bièt-to] o **abbietto** [ab-bièt-to] *agg.* Ignobile, spregevole, vile: *un individuo abietto*; *ha commesso un'azione abietta*.

abile [à-bi-le] *agg.* **1** Che ha i requisiti, la capacità di fare una determinata cosa Ⓢ idoneo: *è stato dichiarato abile al servizio militare, alla guida* **2** Bravo, capace, esperto: *un abile artigiano* ◊ Accorto, scaltro: *un abile uomo politico* **3** Fatto con abilità, con astuzia: *un abile stratagemma*.

abilità [a-bi-li-tà] *s.f.* Capacità di far bene qualcosa Ⓢ perizia, bravura: *guida con abilità* ◊ Accortezza, scaltrezza, astuzia: *se la cavò con abilità*.

abisso [a-bìs-so] *s.m.* **1** Immensa profondità Ⓢ baratro, voragine: *gli abissi marini*; *cadere in un abisso* **2** ♧ Differenza enorme: *tra le loro opinioni c'è un abisso*.

abitacolo [a-bi-tà-co-lo] *s.m.* Lo spazio riservato al pilota e ai passeggeri in un veicolo.

abitante [a-bi-tàn-te] *s.m.f.* Persona che abita in un luogo: *gli abitanti di Roma, del Lazio*; *l'Italia ha circa 60 milioni di abitanti*.

abitare [a-bi-tà-re] *v.tr.* e *v.intr.* [aus. *avere*] Avere come dimora abituale; vivere stabilmente in un luogo Ⓢ dimorare, risiedere: *i popoli che abitavano l'Italia*; *abita (in) un appartamento di lusso*; *abitare in periferia, a Torino*.

abitato [a-bi-tà-to] *agg.* Popolato, occupato da abitanti: *una zona densamente abitata*; *la casa non è abitata da anni* ♦ *s.m.* Area occupata da case di abitazione: *un abitato rurale, urbano*.

abitazione [a-bi-ta-zió-ne] *s.f.* Edificio o appartamento in cui si abita; più in generale, qualsiasi ambiente costruito o scelto dall'uomo per abitarvi Ⓢ casa, dimora: *un'abitazione povera, lussuosa*; *le caverne erano le abitazioni di molti uomini primitivi*.

abito [à-bi-to] *s.m.* Vestito, veste: *abito da uomo, da donna, da lavoro, da sposa, da cerimonia*.

abituale [a-bi-tu-à-le] *agg.* **1** Che costituisce una abitudine: *anche oggi ha fatto la sua abituale passeggiata* ◊ Che costituisce la normale consuetudine Ⓢ consueto, usuale: *qual è la tua occupazione abituale?*; *la sua residenza abituale è in campagna* **2** Che fa qualcosa con regolarità, non occasionalmente: *è un nostro cliente abituale*.

abitualmente [a-bi-tual-mén-te] *avv.* Di solito: *abitualmente mi alzo alle sette*.

abituare [a-bi-tu-à-re] *v.tr.* Far prendere un'abitudine a qualcuno: *ho abituato i miei figli a sopportare la fatica* ♦ **abituarsi** *v.pr.* Prendere un'abitudine: *mi sono abituato ad alzarmi presto* ◊ Adattarsi, assuefarsi a qualcosa di nuovo: *non si è ancora abituato al lavoro notturno*.

abitudinario [a-bi-tu-di-nà-rio] *agg.* e *s.m.* Che, chi segue con regolarità le proprie abitudini: *è un uomo abitudinario*: *si alza tutti i giorni alla stessa ora*.

abitudine [a-bi-tù-di-ne] *s.f.* Tendenza ad agire costantemente in un certo modo che si acquisisce per aver ripetuto più volte quell'atto o quel comportamento Ⓢ consuetudine, vizio: *ha l'abitudine di fare un sonnellino al pomeriggio, di mangiarsi le unghie*; *prendere, perdere un'abitudine*; *una buona, una cattiva abitudine* ◊ Assuefazione a qualcosa: *avere abitudine alla fatica*.

abnegazione [ab-ne-ga-zió-ne] *s.f.* Spirito di sacrificio; rinuncia al proprio vantaggio e dedizione assoluta al bene altrui.

abnorme [ab-nòr-me] *agg.* Che esce dalla norma Ⓢ anormale, anomalo Ⓒ normale.

abolire [a-bo-lì-re] *v.tr.* [*abolìsco, abolìsci*] Sop-

A B C D E F G H I J K L M N O P Q R S T U V W X Y Z

primere, eliminare; abrogare: *abolire un divieto*; *abolire la pena di morte*.

abolizione [a-bo-li-zió-ne] *s.f.* Annullamento, soppressione, eliminazione: *l'abolizione della schiavitù*; *l'abolizione di un divieto*.

abominevole [a-bo-mi-né-vo-le] *agg.* Spregevole, detestabile: *un'azione abominevole*.

aborigeno [a-bo-rì-ge-no] *agg.* e *s.m.* Che, chi è originario del luogo nel quale vive Ⓢ indigeno Ⓒ straniero, forestiero.

aborrire [a-bor-rì-re] *v.tr.* [*aborrìsco* o *abòrro, aborrìsci* o *abòrri*] Sentir ripugnanza, provare orrore Ⓢ detestare Ⓒ amare: *aborrire il sangue, la violenza* ♦ *v.intr.* [aus. *avere*] Rifuggire con orrore da qualcosa: *aborro dalla menzogna*.

abortire [a-bor-tì-re] *v.intr.* [*abortìsco, abortìsci*; aus. *avere* nel significato proprio, *essere* in quello figurato] **1** Non portare a termine la gravidanza: *la ragazza ha abortito* **2** ♧ Non riuscire Ⓢ fallire: *un tentativo che è subito abortito*.

aborto [a-bòr-to] *s.m.* Interruzione spontanea o provocata della gravidanza prima che il feto sia in grado di vivere fuori dell'utero materno.

abrasione [a-bra-sió-ne] *s.f.* **1** Raschiatura, cancellatura della superficie di un oggetto **2** Lesione superficiale della pelle Ⓢ escoriazione.

abrogare [a-bro-gà-re] *v.tr.* [*àbrogo, àbroghi*] Annullare una legge o un provvedimento.

abrogazione [a-bro-ga-zió-ne] *s.f.* Annullamento, abolizione di una legge o di un provvedimento.

abside [àb-si-de] *s.f.* La parte posteriore di una chiesa, posta al termine della navata centrale; di forma semicircolare o poligonale, contiene il coro e l'altare maggiore.

abulia [a-bu-lì-a] *s.f.* Mancanza di volontà Ⓢ indolenza, apatia Ⓒ operosità, solerzia.

abulico [a-bù-li-co] *agg.* [pl.m. *–ci*] Che manca di volontà Ⓢ indolente, svogliato, apatico.

abusare [a-bu-sà-re] *v.intr.* [aus. *avere*] **1** Fare un uso eccessivo, improprio o illecito di qualcosa: *abusare dell'alcol, delle proprie forze, del proprio potere* **2** Approfittare in modo colpevole: *abusare della pazienza altrui* | *Abusare di una donna* = farle violenza sessuale.

abusivo [a-bu-sì-vo] *agg.* Che è fatto senza averne il diritto: *pascolo abusivo* ◊ Che svolge un'attività senza averne l'autorizzazione: *posteggiatore abusivo*.

abuso [a-bù-so] *s.m.* Uso eccessivo, arbitrario o illecito di qualche cosa: *fare abuso di cibo, di alcol, di medicinali*; *abuso di potere* ◊ Comportamento arbitrario, illecito Ⓢ illegalità: *ogni abuso verrà punito*; *abusi edilizi*.

acacia [a-cà-cia] *s.f.* Pianta delle regioni calde con rami spinosi e fiori bianchi e profumati.

acca [àc-ca] *s.f.* o *m.* Nome della lettera *h*.

accademia [ac-ca-dè-mia] *s.f.* Nome di alcune scuole d'insegnamento superiore: *accademia militare*; *accademia di belle arti*.

accadere [ac-ca-dé-re] *v.intr.* [coniugato come *cadere*; aus. *essere*] Avvenire, succedere, capitare: *è accaduta una disgrazia*; *temo che gli sia accaduto qualcosa*; *ti accade spesso di incontrarlo?*

accaduto [ac-ca-dù-to] *s.m.* Fatto successo Ⓢ avvenimento: *mi ha telefonato per informarmi dell'accaduto*.

accalappiacani [ac-ca-lap-pia-cà-ni] *s.m.invar.* Dipendente comunale che ha l'incarico di catturare i cani randagi.

accalappiare [ac-ca-lap-pià-re] *v.tr.* **1** Prendere con un laccio: *accalappiare un cane randagio* **2** ♧ Attirare con l'astuzia o con l'inganno Ⓢ raggirare: *si è fatto accalappiare come uno stupido da quell'imbroglione*.

accalcarsi [ac-cal-càr-si] *v.pr.* [*mi accàlco, ti accàlchi*] Affollarsi, far ressa: *la folla si accalcava all'ingresso del teatro*.

accaldarsi [ac-cal-dàr-si] *v.pr.* Sudare e diventare rosso in volto per una fatica.

accaldato [ac-cal-dà-to] *agg.* Caldo, sudato.

accalorarsi [ac-ca-lo-ràr-si] *v.pr.* Eccitarsi, infervorarsi: *si accalora sempre quando discute*.

accampamento [ac-cam-pa-mén-to] *s.m.* Alloggiamento provvisorio all'aperto fatto con tende, baracche e simili: *un accampamento militare*; *un accampamento di nomadi, di profughi*.

accamparsi [ac-cam-pàr-si] *v.pr.* Porre l'accampamento: *i soldati si accamparono in riva al fiume*.

accanimento [ac-ca-ni-mén-to] *s.m.* **1** Odio tenace, furia rabbiosa: *perseguitava il suo avversario con accanimento*; *battersi con accanimento* **2** Tenacia e ostinazione quasi rabbiosa: *difendeva con accanimento le sue ragioni*.

accanirsi [ac-ca-nìr-si] *v.pr.* **1** Agire con ferocia, avventarsi con furia rabbiosa: *le belve si accanivano sulla preda* ◊ Attaccare, perseguitare con rabbiosa ostinazione: *perché continui ad accanirti contro di me?* **2** Persistere con tenacia e ostinazione in qualcosa: *accanirsi nello studio, nel lavoro*.

accanito [ac-ca-nì-to] *agg.* **1** Furioso, rabbioso: *tra loro c'era un odio accanito* **2** Tenace, ostinato: *è un fumatore accanito.*

accanto [ac-càn-to] *avv.* A fianco, vicino: *mi sta sempre accanto* ♦ anche *agg.invar.*: *abita nella stanza accanto.*

accantonare [ac-can-to-nà-re] *v.tr.* **1** Mettere da parte come riserva: *accantonare una somma, dei viveri* **2** Lasciare da parte Ⓢ sospendere, rinviare Ⓒ portare avanti: *accantonare un progetto.*

accaparrare [ac-ca-par-rà-re] *v.tr.* **1** Assicurarsi, procurarsi: *si è accaparrato il posto migliore*; *è riuscito ad accaparrarsi la sua fiducia* **2** Acquistare dei prodotti in gran quantità, per timore che aumentino di prezzo o diventino irreperibili.

accapigliarsi [ac-ca-pi-gliàr-si] *v.pr.* Prendersi per i capelli in un litigio Ⓢ azzuffarsi ◊ Litigare.

accappatoio [ac-cap-pa-tó-io] *s.m.* Vestaglia di spugna che si indossa dopo il bagno.

accapponare [ac-cap-po-nà-re] *v.intr.* [aus. *essere*] e **accapponarsi** *v.pr.* Detto della pelle, diventare ruvida come quella di un pollo per freddo, paura, ribrezzo o altra emozione: *udì un urlo che gli fece accapponare la pelle.*

accarezzare [ac-ca-rez-zà-re] *v.tr.* Fare una carezza, delle carezze: *la mamma accarezzò il bambino* | ♧ *Accarezzare con lo sguardo* = guardare amorevolmente ◊ Sfiorare, lambire: *il vento le accarezzava i capelli.*

accartocciare [ac-car-toc-cià-re] *v.tr.* Piegare a forma di cartoccio: *accartocciare un foglio* ♦ **accartocciarsi** *v.pr.* Ripiegarsi su se stesso a forma di cartoccio: *le foglie secche si accartocciano.*

accasciarsi [ac-ca-sciàr-si] *v.pr.* **1** Cader giù senza più forze o vita: *si accasciò al suolo* **2** ♧ Scoraggiarsi, avvilirsi: *non accasciarti così per una sconfitta!*

accatastare [ac-ca-ta-stà-re] *v.tr.* Ammassare facendo una catasta: *accatastare la legna contro il muro* ◊ Ammucchiare disordinatamente: *accatastò i libri sul tavolo.*

accattonaggio [ac-cat-to-nàg-gio] *s.m.* L'andare in giro chiedendo l'elemosina: *finì in miseria e fu costretto a vivere di accattonaggio.*

accattone [ac-cat-tó-ne] *s.m.* Mendicante (per lo più in senso spregiativo).

accavallare [ac-ca-val-là-re] *v.tr.* Mettere una cosa di traverso sopra un'altra: *accavallare le gambe* ♦ **accavallarsi** *v.pr.* Sovrapporsi disordinatamente (anche ♧): *tanti pensieri le si accavallarono nella mente.*

accecare [ac-ce-cà-re] *v.tr.* [*accèco, accèchi*] **1** Rendere cieco ◊ Diminuire la capacità visiva: *una luce che acceca* **2** ♧ Privare della ragione: *l'ira acceca gli uomini.*

accedere [ac-cè-de-re] *v.intr.* [coniugato come *cedere*; aus. *essere*] Entrare in un luogo: *oggi non si può accedere alla piazza.*

accelerare [ac-ce-le-rà-re] *v.tr.* Rendere più rapido, più spedito Ⓢ affrettare Ⓒ rallentare: *è tardi: dobbiamo accelerare il passo* ♦ *v.intr.* [aus. *avere*] Aumentare la velocità: *dopo la partenza il treno cominciò ad accelerare.*

acceleratore [ac-ce-le-ra-tó-re] *s.m.* Negli autoveicoli, il pedale che regola l'afflusso di carburante al motore, determinandone le variazioni di velocità: *schiacciare l'acceleratore.*

accelerazione [ac-ce-le-ra-zió-ne] *s.f.* Aumento di velocità: *il corridore diede un'accelerazione alla sua andatura.*

accendere [ac-cèn-de-re] *v.tr.* [pass.rem. *accési, accendésti*; part.pass. *accéso*] **1** Provocare o comunicare la fiamma: *accendere un fiammifero, il fuoco, la stufa* **2** Mettere in funzione un apparecchio o un dispositivo dandogli corrente elettrica: *accendere una lampada, la radio, il motore* **3** ♧ Suscitare, eccitare: *accendere le passioni* ♦ **accendersi** *v.pr.* **1** Prender fuoco: *la legna non si accende* **2** Entrare in funzione (detto di un dispositivo elettrico): *si accesero i riflettori* **3** Illuminarsi, brillare (anche ♧): *in cielo si accese una stella*; *gli occhi le si accesero di speranza* **4** ♧ Infiammarsi di un sentimento improvviso: *accendersi d'ira, d'amore* ◊ Iniziare, nascere all'improvviso: *tra loro si accese una discussione.*

accendino [ac-cen-dì-no] *s.m.* Macchinetta a gas liquido o benzina usata per accendere sigari e sigarette.

accennare [ac-cen-nà-re] *v.tr.* e *v.intr.* [aus. *avere*] **1** Far capire con un cenno, con dei cenni del capo, degli occhi, delle mani Ⓢ indicare: *mi accennò di entrare* ◊ Esprimere con un gesto l'intenzione di fare qualcosa: *accennò a darmi un calcio, di volersene andare* **2** Parlare di qualcosa brevemente, di sfuggita: *mi ha solo accennato i* (o *ai*) *suoi problemi familiari.*

accenno [ac-cén-no] *s.m.* **1** Cenno, allusione: *non ha fatto nessun accenno al problema* **2** Indizio, segno: *non ci sono accenni di miglioramento.*

accentare [ac-cen-tà-re] *v.tr.* Segnare con l'accento: *le parole tronche vanno accentate* ◊ Pronunciare una parola facendo sentire l'accento.

accento [ac-cèn-to] *s.m.* **1** Maggiore intensità di

voce con cui, in una parola, si pronuncia una sillaba rispetto alle altre (*accento tonico*) ◊ Il segno grafico che si usa per indicare la vocale su cui cade l'accento (*accento grafico*); in italiano è obbligatorio solo sui polisillabi tronchi (*dirò, virtù*) e su alcuni monosillabi per distinguerli da altri (per es. *là* avverbio da *la* articolo); si distingue in *accento grave* (`), che si segna su *e* e *o* aperte e su *a, i, u,* e in *accento acuto* (´), che si segna su *e* e *o* chiuse **2** Modo di pronunciare le parole Ⓢ cadenza: *accento nasale, straniero* **3** ♧ Tono, inflessione della voce che esprime un sentimento: *c'era nelle sue parole un accento di dolore, di sdegno.*

accentrare [ac-cen-trà-re] *v.tr.* **1** Riunire in un solo luogo o sotto una sola autorità Ⓢ concentrare: *accentrare il potere, i servizi* **2** ♧ Attirare su di sé: *cerca sempre di accentrare l'attenzione.*

accentuare [ac-cen-tu-à-re] *v.tr.* **1** Pronunciare con maggior forza una parola o una frase **2** ♧ Porre in risalto, in evidenza: *il trucco accentuava i suoi lineamenti* ♦ **accentuarsi** *v.pr.* Accrescersi, intensificarsi: *il suo malumore si accentuò.*

accerchiare [ac-cer-chià-re] *v.tr.* Circondare completamente: *il reparto fu accerchiato dalle forze nemiche.*

accertamento [ac-cer-ta-mén-to] *s.m.* Verifica, controllo: *l'accertamento di una notizia.*

accertare [ac-cer-tà-re] *v.tr.* Stabilire con certezza Ⓢ verificare, controllare: *hai accertato l'esattezza della notizia?* ♦ **accertarsi** *v.pr.* Acquistare la certezza di qualcosa Ⓢ assicurarsi: *accertatevi che non manchi nulla.*

acceso [ac-cé-so] *agg.* **1** Che brucia: *una candela accesa* **2** Che è in funzione: *tenere la lampada, la radio accesa* **3** ♧ Animato, appassionato: *un'accesa discussione* **4** Vivo, intenso (detto di colore): *un rosso acceso.*

accessibile [ac-ces-sì-bi-le] *agg.* **1** Raggiungibile: *un luogo accessibile* **2** ♧ *Prezzo accessibile* = modico, non caro.

accesso [ac-cès-so] *s.m.* **1** Ingresso, entrata; possibilità di entrare, di giungere in un luogo: *la scala d'accesso ai piani superiori*; *è vietato l'accesso agli estranei* **2** In medicina, manifestazione improvvisa e acuta di un male Ⓢ attacco: *un accesso di febbre, di tosse* **3** Impulso improvviso e violento: *ha agito in un accesso d'ira, di gelosia.*

accessorio [ac-ces-sò-rio] *agg.* Secondario: *questioni accessorie* ♦ *s.m.* Oggetto che serve a completare qualcosa, pur non essendone un elemento essenziale (ad es., nell'abbigliamento, il cappello, i guanti, la cravatta, la borsetta ecc.).

accetta [ac-cét-ta] *s.f.* Piccola scure per spaccare e tagliare il legname.

accettare [ac-cet-tà-re] *v.tr.* **1** Acconsentire a ricevere o a fare qualcosa; non rifiutare: *accettare un dono, un invito, una sfida*; *ha accettato di collaborare* ◊ Accogliere, ammettere qualcuno: *lo hanno accettato come socio* **2** Far proprio Ⓢ accogliere, approvare Ⓒ respingere, rifiutare: *accettare un'opinione, una proposta, un consiglio* **3** Sopportare di buon grado: *accettare la propria sorte*; *non accetto che mi si tratti in questo modo.*

accettazione [ac-cet-ta-zió-ne] *s.f.* **1** L'accettare: *l'accettazione di un dono, di un'idea* **2** Negli ospedali, l'ufficio e il locale dove si ricevono le domande di ricovero e di cura.

accezione [ac-ce-zió-ne] *s.f.* Ognuno dei significati di un vocabolo.

acchiappare [ac-chiap-pà-re] *v.tr.* Afferrare con sveltezza qualcuno o qualcosa che sta sfuggendo Ⓢ acciuffare, agguantare: *il poliziotto acchiappò il ladro* ◊ Sorprendere sul fatto: *l'hanno acchiappato a rubare.*

acciacco [ac-ciàc-co] *s.m.* [pl. *–chi*] Disturbo fisico non grave ma fastidioso, per lo più dovuto alla vecchiaia: *è vecchio e pieno d'acciacchi.*

acciaieria [ac-cia-ie-rì-a] *s.f.* Stabilimento industriale dove si produce e lavora l'acciaio.

acciaio [ac-cià-io] *s.m.* Lega di ferro particolarmente dura, resistente ed elastica.

accidentale [ac-ci-den-tà-le] *agg.* Che avviene per caso Ⓢ casuale, fortuito: *un fatto accidentale.*

accidente [ac-ci-dèn-te] *s.m.* **1** Caso imprevisto, avvenimento fortuito, per lo più spiacevole e doloroso: *un viaggio pieno di accidenti* **2** Malanno improvviso; colpo apoplettico: *è rimasto paralizzato da un accidente* **3** Nulla, niente: *non capisce, non sa un accidente.*

accidenti [ac-ci-dèn-ti] *inter.* Esclamazione di rabbia, d'impazienza, di malumore o anche di meraviglia.

accigliarsi [ac-ci-gliàr-si] *v.pr.* Aggrottare le sopracciglia, facendosi scuro in volto, per scontento, disapprovazione e simili.

accigliato [ac-ci-glià-to] *agg.* Che ha l'espressione corrucciata; scuro in volto.

accingersi [ac-cìn-ger-si] *v.pr.* [coniugato come *cingere*] Prepararsi, apprestarsi a fare qualcosa: *accingersi a partire, alla partenza, alla guerra.*

acciottolato [ac-ciot-to-là-to] *s.m.* Selciato di ciottoli.

acciuffare [ac-ciuf-fà-re] *v.tr.* Afferrare qualcuno

che cerca di fuggire Ⓢ agguantare ◊ Arrestare: *la polizia ha acciuffato i ladri.*

acciuga [ac-ciù-ga] *s.f.* **1** Piccolo pesce commestibile di mare **2** ♧ Persona molto magra.

acclamare [ac-cla-mà-re] *v.tr.* **1** Approvare con grida di entusiasmo e applausi: *la folla acclamò l'oratore* **2** Eleggere per acclamazione, per consenso unanime: *lo acclamarono loro capo.*

acclamazione [ac-cla-ma-zió-ne] *s.f.* **1** Grida collettive di entusiasmo, di approvazione: *il cantante fu accolto dalle acclamazioni della folla* **2** *Eleggere, approvare per acclamazione* = esprimendo a voce e con applausi l'unanime consenso, senza ricorrere a una votazione.

accludere [ac-clù-de-re] *v.tr.* [pass.rem. *acclùsi, acclùdesti*; part.pass. *acclùso*] Aggiungere chiudendo nella stessa busta Ⓢ allegare: *ho accluso alla lettera una mia fotografia.*

accoccolarsi [ac-coc-co-làr-si] *v.pr.* Piegarsi sulle ginocchia quasi sedendosi sui talloni.

accogliente [ac-co-glièn-te] *agg.* Ospitale: *una famiglia accogliente* ◊ Piacevole, comodo, in cui ci si sente a proprio agio: *una stanza accogliente.*

accoglienza [ac-co-glièn-za] *s.f.* Modo con cui si accoglie o viene accolta una persona: *abbiamo ricevuto un'accoglienza calorosa*; *fare buona, cattiva accoglienza*; *un'accoglienza fredda.*

accogliere [ac-cò-glie-re] *v.tr.* [coniugato come *cogliere*] **1** Ricevere: *mi ha accolto gentilmente*; *lo accolse con freddezza*; *ha accolto con piacere la notizia* ◊ Ospitare: *un asilo che accoglie gli orfani* ◊ Ammettere a far parte: *lo hanno accolto nel loro gruppo* **2** Accettare, esaudire, approvare Ⓒ respingere, rifiutare, bocciare: *accogliere una domanda, una richiesta, una proposta* **3** Contenere: *una sala che può accogliere molta gente.*

accollare [ac-col-là-re] *v.tr.* Addossare: *gli hai accollato un bel peso*; *si è accollato ogni spesa.*

accollato [ac-col-là-to] *agg.* Si dice di vestito chiuso fino al collo o di scarpa che copre il collo del piede.

accoltellare [ac-col-tel-là-re] *v.tr.* Ferire o uccidere qualcuno a coltellate.

accomiatare [ac-co-mia-tà-re] *v.tr.* Congedare: *accomiatare un ospite* ♦ **accomiatarsi** *v.pr.* Congedarsi, prendere commiato da qualcuno.

accomodamento [ac-co-mo-da-mén-to] *s.m.* Accordo, compromesso fra due persone o parti in contrasto.

accomodante [ac-co-mo-dàn-te] *agg.* Disponibile all'accordo o al compromesso Ⓢ conciliante, accondiscendente: *Matteo è un tipo accomodante.*

accomodare [ac-co-mo-dà-re] *v.tr.* **1** Mettere in ordine: *accomodare una stanza* ◊ Riparare: *accomodare una gonna* **2** ♧ Risolvere, sistemare: *accomodare una faccenda* ♦ **accomodarsi** *v.pr.* **1** Mettersi a proprio agio, mettersi a sedere: *accomodatevi in salotto, sul divano* **2** Mettersi d'accordo: *sul prezzo ci accomoderemo.*

accompagnamento [ac-com-pa-gna-mén-to] *s.m.* **1** L'accompagnare **2** In una composizione musicale, la parte che gli strumenti eseguono per accompagnare la melodia principale, facendole da sostegno e da sfondo: *cantare con accompagnamento di pianoforte.*

accompagnare [ac-com-pa-gnà-re] *v.tr.* **1** Andare insieme con qualcuno (per fargli compagnia, per proteggerlo, scortarlo ecc.): *accompagnare i figli a scuola*; *gli agenti lo accompagnarono in questura* **2** ♧ Seguire: *lo accompagnò con lo sguardo mentre si allontanava* **3** Unire una cosa a un'altra: *accompagnare un dono con un biglietto d'auguri* **4** Suonare a sostegno di chi canta o suona la parte principale di un'esecuzione musicale: *accompagnare un cantante al pianoforte* ♦ **accompagnarsi** *v.pr.* **1** Unirsi, mettersi in compagnia **2** Intonarsi, armonizzarsi: *due colori che si accompagnano bene* **3** Sostenere il proprio canto con l'accompagnamento di uno strumento: *cantava accompagnandosi con la chitarra.*

accomunare [ac-co-mu-nà-re] *v.tr.* **1** Mettere in comune: *accomunare le forze* **2** Unire, avvicinare spiritualmente: *ci accomuna la stessa sorte.*

acconciare [ac-con-cià-re] *v.tr.* Accomodare in bel modo: *acconciarsi i capelli, le vesti* ◊ Abbigliare, adornare con cura: *acconciare la sposa.*

acconciatura [ac-con-cia-tù-ra] *s.f.* Il modo di disporre o di ornare i capelli Ⓢ pettinatura.

accondiscendere [ac-con-di-scén-de-re] *v.intr.* [coniugato come *scendere*; aus. *avere*] Acconsentire: *alla fine ha accondisceso alle mie richieste.*

acconsentire [ac-con-sen-tì-re] *v.intr.* [aus. *avere*] Dare il proprio consenso, dire di sì Ⓢ accondiscendere Ⓒ dissentire, rifiutare: *mi ha chiesto se poteva uscire e io ho acconsentito.*

accontentare [ac-con-ten-tà-re] *v.tr.* Rendere contento qualcuno facendogli delle concessioni Ⓢ soddisfare, appagare Ⓒ scontentare: *lo viziano accontentando tutti i suoi desideri* ♦ **accontentarsi** *v.pr.* Essere contento, soddisfatto di qualcosa: *è uno che si accontenta di poco.*

acconto [ac-cón-to] *s.m.* Versamento anticipato di una parte della somma che si deve pagare per qualcosa Ⓢ anticipo: *dare, chiedere un acconto.*

accoppare [ac-cop-pà-re] *v.tr.* Ammazzare brutalmente.

accoppiamento [ac-cop-pia-mén-to] *s.m.* Unione sessuale di un maschio e di una femmina per la riproduzione (detto spec. di animali).

accoppiare [ac-cop-pià-re] *v.tr.* Mettere insieme, unire in coppia: *accoppiare due classi per una lezione*; *accoppiare i buoi al giogo* ♦ **accoppiarsi** *v.pr.* **1** Unirsi in coppia, formare una coppia **2** Unirsi sessualmente per la riproduzione (detto di animali).

accorato [ac-co-rà-to] *agg.* Addolorato, triste: *mi parlò con voce accorata.*

accorciare [ac-cor-cià-re] *v.tr.* Rendere più corto Ⓢ abbreviare Ⓒ allungare: *accorciare la gonna, un percorso* ♦ **accorciarsi** *v.pr.* Diventare più corto, più breve: *le giornate stanno cominciando ad accorciarsi.*

accordare [ac-cor-dà-re] *v.tr.* **1** Mettere d'accordo Ⓢ conciliare: *accordare opinioni diverse* ◊ Armonizzare: *accordare i colori* **2** Dare a uno strumento musicale la giusta intonazione: *accordare la chitarra* **3** Concedere Ⓒ rifiutare, negare: *accordare un permesso* ♦ **accordarsi** *v.pr.* **1** Mettersi d'accordo: *non ci siamo ancora accordati sul prezzo* **2** Armonizzarsi: *la camicetta si accorda bene con la gonna.*

accordo [ac-còr-do] *s.m.* **1** Concordia di sentimenti, armonia nei rapporti: *vanno molto d'accordo tra di loro* ◊ Unità, intesa di idee, di vedute: *su questo sono d'accordo anch'io*; *ci siamo messi d'accordo sul prezzo*; *hanno preso la decisione di comune accordo* **2** Patto, trattato: *concludere un accordo* **3** In musica, emissione contemporanea e armonica di suoni diversi.

accorgersi [ac-còr-ger-si] *v.pr.* [pres. *mi accòrgo, ti accòrgi*; pass. rem. *mi accòrsi, ti accorgésti*; part.pass. *accòrto*] Rendersi conto di qualcosa Ⓢ avvedersi: *non mi ero accorto che fossi arrivato*; *si accorse troppo tardi dell'errore che aveva fatto.*

accorgimento [ac-cor-gi-mén-to] *s.m.* **1** Prontezza d'intuito Ⓢ accortezza: *ebbe l'accorgimento di tacere* **2** Trovata, espediente: *è ricorso a un abile accorgimento per cavarsela.*

accorrere [ac-cór-re-re] *v.intr.* [coniugato come *correre*; aus. *essere*] Correre in fretta verso un luogo (per portare aiuto o per curiosità): *la madre accorse al suo richiamo*; *la folla accorreva a vedere lo spettacolo.*

accortezza [ac-cor-téz-za] *s.f.* Prontezza d'intuito unita a prudenza e astuzia Ⓢ avvedutezza, cautela: *ha agito con molta accortezza.*

accorto [ac-còr-to] *agg.* Astuto e prudente Ⓢ avveduto Ⓒ imprudente: *è un uomo molto accorto.*

accostare [ac-co-stà-re] *v.tr.* Avvicinare una cosa a un'altra fino a farle toccare o quasi: *accostare l'auto al marciapiede, il bicchiere alle labbra* | *Accostare una persona* = avvicinarla (per dirle o chiederle qualcosa) ♦ **accostarsi** *v.pr.* Avvicinarsi, mettersi accanto: *si accostò al muro.*

account [parola inglese; pron. corrente *eccàunt*] *s.m.invar.* In Internet, la registrazione presso un *provider* di un utente che vuole accedere a un dato servizio ◊ L'insieme delle informazioni (nome, *password* ecc.) che identificano l'utente presso il *provider.*

accovacciarsi [ac-co-vac-ciàr-si] *v.pr.* Rannicchiarsi con le ginocchia piegate: *si accovacciò dietro un cespuglio.*

accozzaglia [ac-coz-zà-glia] *s.f.* Insieme disordinato di persone spregevoli o di cose varie: *un'accozzaglia di malviventi*; *nella sua stanza c'è un'accozzaglia di oggetti inutili.*

accreditare [ac-cre-di-tà-re] *v.tr.* **1** Dare credito a qualcosa Ⓢ avvalorare: *accreditare un'informazione* **2** Nel linguaggio bancario, segnare a credito: *accreditare gli interessi sul conto corrente.*

accrescere [ac-cré-sce-re] *v.tr.* [coniugato come *crescere*] Far diventare più grande (anche ♧) Ⓢ aumentare Ⓒ diminuire: *accrescere il proprio patrimonio*; *quel che dici accresce il mio rammarico* ♦ **accrescersi** *v.pr.* Diventare più grande Ⓢ aumentare.

accrescitivo [ac-cre-sci-tì-vo] *s.m.* Sostantivo o aggettivo che assume un valore di maggior grandezza mediante l'aggiunta di un suffisso (*–one* per il maschile, *–ona* per il femminile; ad es. *stanzone, stanzona* sono gli accrescitivi di *stanza, pigrone, pigrona* di *pigro, pigra*).

accucciarsi [ac-cuc-ciàr-si] *v.pr.* Mettersi nella cuccia (detto dei cani) ◊ Accovacciarsi (detto di cani e gatti, ma anche di persone e soprattutto di bambini).

accudire [ac-cu-dì-re] *v.intr.* [*accudìsco, accudìsci*; aus. *avere*] Occuparsi dei lavori quotidiani della casa e della famiglia: *accudire alle faccende domestiche* ♦ *v.tr.* Prestare le proprie cure a qualcuno Ⓢ assistere: *accudire un malato.*

accumulare [ac-cu-mu-là-re] *v.tr.* Mettere più cose l'una sull'altra: *accumulò i libri sul tavolo* ◊ Raccogliere in gran quantità Ⓢ ammassare:

accumulare ricchezze, energie ♦ **accumularsi** *v.pr.* Raccogliersi in gran quantità Ⓢ ammassarsi: *durante la sua assenza il lavoro si era accumulato sulla scrivania.*

accumulatore [ac-cu-mu-la-tó-re] *s.m.* **1** [f. *–trice*] Chi accumula (spec. ricchezze) **2** Apparecchio capace di accumulare energia elettrica e di fornirla quando necessario.

accuratezza [ac-cu-ra-téz-za] *s.f.* Cura attenta e scrupolosa nel fare qualcosa: *lavorare con accuratezza*; *ho apprezzato l'accuratezza del servizio.*

accurato [ac-cu-rà-to] *agg.* Fatto con cura: *un lavoro accurato* ◊ Che fa le cose con molta cura e diligenza: *un accurato artigiano.*

accusa [ac-cù-sa] *s.f.* Attribuzione di una colpa a qualcuno: *rivolgere un'accusa a qualcuno*; *le sue accuse sono ingiustificate* ◊ Imputazione di un reato: *il giudice lo assolse dall'accusa di furto.*

accusare [ac-cu-sà-re] *v.tr.* **1** Ritenere o indicare qualcuno come colpevole di qualcosa Ⓢ incolpare: *non devi accusare me delle tue disgrazie*; *lo accusano di scarso impegno* ◊ Denunciare come colpevole davanti all'autorità giudiziaria: *è stato accusato di omicidio* **2** Avvertire, dichiarare di sentire: *il malato accusa un forte mal di testa.*

acerbo [a-cèr-bo] *agg.* **1** Non maturo: *un frutto acerbo* **2** Aspro: *sapore acerbo.*

acero [à-ce-ro] *s.m.* Albero d'alto fusto delle regioni temperate.

aceto [a-cé-to] *s.m.* Liquido ottenuto dalla fermentazione del vino o di altre sostanze alcoliche, usato come condimento e per la conservazione di alimenti.

acido [à-ci-do] *agg.* **1** Che ha il sapore agro e pungente tipico del limone e dell'aceto **2** ♧ Maligno e astioso: *una critica acida*; *una persona acida* ♦ *s.m.* Particolare tipo di sostanza chimica.

acidulo [a-cì-du-lo] *agg.* Leggermente acido: *una bevanda acidula.*

acino [à-ci-no] *s.m.* Il chicco dell'uva.

acme [àc-me] *s.f.* Punto, momento culminante Ⓢ apice, culmine: *giungere all'acme della gloria, della potenza.*

acne [àc-ne] *s.f.* Malattia della pelle, frequente nell'adolescenza, che si manifesta con piccole pustole, soprattutto sulla faccia.

acqua [àc-qua] *s.f.* **1** Liquido trasparente, inodore, incolore, insapore, composto di idrogeno e di ossigeno, che occupa gran parte della superficie terrestre ed è un costituente fondamentale degli organismi viventi. In natura si trova anche allo stato solido (ghiaccio, neve) e gassoso (vapore acqueo) **2** Pioggia: *è venuta molta acqua stanotte* **3** Massa o distesa d'acqua: *buttarsi in acqua*; *nuotare sott'acqua*; *corso d'acqua*; *specchio d'acqua* | *Il pelo dell'acqua* = la superficie **4** Locuzioni figurate | *Acqua in bocca!* = mantieni il segreto | *Avere l'acqua alla gola* = trovarsi in una situazione assai difficile | *Essere in cattive acque* = essere in difficoltà economiche | *Fare un buco nell'acqua* = non ottenere alcun risultato | *Un ragionamento che fa acqua da tutte le parti* = molto debole, che non convince.

acquaio [ac-quà-io] *s.m.* Lavandino da cucina Ⓢ lavello.

acquaragia [ac-qua-rà-gia] *s.f.* Solvente per vernici, ricavato dalla resina di pino.

acquario [ac-quà-rio] *s.m.* **1** Vasca o complesso di vasche in cui si tengono in vita piante e animali acquatici ◊ L'edificio in cui si trovano queste vasche: *oggi siamo andati all'acquario* **2** *Acquario* = costellazione e undicesimo segno dello zodiaco.

acquatico [ac-quà-ti-co] *agg.* [pl.m. *–ci*] Che vive nell'acqua o vicino all'acqua: *flora, fauna acquatica* | *Sport acquatici* = che si praticano nell'acqua.

acquattarsi [ac-quat-tàr-si] *v.pr.* Rannicchiarsi o nascondersi dietro un riparo per non farsi vedere.

acquavite [ac-qua-vì-te] *s.f.* Liquore che si distilla dal vino, dalla frutta e dai cereali fermentati.

acquazzone [ac-quaz-zó-ne] *s.m.* Pioggia improvvisa, violenta e di breve durata.

acquedotto [ac-que-dót-to] *s.m.* Sistema di canali e condotte per la raccolta, il trasporto e la distribuzione dell'acqua potabile.

acqueo [àc-que-o] *agg.* Di acqua: *l'aria umida era satura di vapore acqueo.*

acquerello [ac-que-rèl-lo] *s.m.* Tipo di pittura su carta fatta con colori diluiti nell'acqua.

acquiescente [ac-quie-scèn-te] *agg.* Incline a obbedire, a non opporsi ai voleri altrui Ⓢ remissivo, arrendevole.

acquirente [ac-qui-rèn-te] *s.m.f.* Chi acquista Ⓢ compratore.

acquisire [ac-qui-sì-re] *v.tr.* [*acquisìsco, acquisìsci*] Venire in possesso di qualcosa (spec. ♧) Ⓢ acquistare, conseguire, procurarsi: *acquisire un diritto*; *viaggiando acquisì molte esperienze.*

acquistare [ac-qui-stà-re] *v.tr.* **1** Venire in possesso di qualcosa pagandolo Ⓢ comperare: *acquistare una casa* **2** ♧ Ottenere, procurarsi: *acquista-*

re la fama, un vantaggio | *Acquistare terreno* = diffondersi, affermarsi: *un'opinione che acquista sempre più terreno.*

acquisto [ac-quì-sto] *s.m.* **1** L'acquistare Ⓢ compera: *l'acquisto di una casa*; *esco a fare acquisti* **2** La cosa acquistata: *fammi vedere i tuoi acquisti.*

acquitrino [ac-qui-trì-no] *s.m.* Terreno paludoso, coperto da acqua stagnante Ⓢ palude, pantano.

acquolina [ac-quo-lì-na] *s.f.* Aumento della saliva alla vista, al profumo, al pensiero di un cibo appetitoso: *quella torta mi fa venire l'acquolina in bocca.*

acquoso [ac-quó-so] *agg.* Che contiene molta acqua: *un frutto acquoso* ◊ Simile all'acqua: *un liquido acquoso.*

acre [à-cre] *agg.* **1** Di sapore o di odore pungente: *un fumo acre* **2** ♧ Aspro, malevolo: *gli fece un acre rimprovero.*

acredine [a-crè-di-ne] *s.f.* Malanimo, rancore, astio: *nella sua critica c'era molta acredine.*

acrimonia [a-cri-mò-nia] *s.f.* Acredine, astio, malevolenza.

acrobata [a-crò-ba-ta] *s.m.f.* [pl.m. *–ti*] Chi, nei circhi e nei varietà, esegue esercizi di equilibrio e agilità Ⓢ funambolo.

acrobatico [a-cro-bà-ti-co] *agg.* [pl.m. *–ci*] Di acrobazia, da acrobata: *al circo ho visto uno spettacolo acrobatico*; *esercizi acrobatici.*

acrobazia [a-cro-ba-zì-a] *s.f.* **1** Esercizio spericolato di agilità ed equilibrio come quelli degli acrobati **2** ♧ Espediente ingegnoso per superare delle difficoltà: *per far bastare lo stipendio devo fare molte acrobazie.*

acropoli [a-crò-po-li] *s.f.* Parte alta e fortificata delle città antiche, soprattutto greche.

acuire [a-cu-ì-re] *v.tr.* [*acuìsco, acuìsci*] Rendere più sottile, più penetrante Ⓢ aguzzare: *acuire l'ingegno, la vista* ◊ Rendere più intenso: *acuire il dolore, un desiderio.*

aculeo [a-cù-le-o] *s.m.* **1** Pungiglione **2** Spina.

acume [a-cù-me] *s.m.* Acutezza d'ingegno Ⓢ perspicacia: *una persona di grande acume.*

acuminato [a-cu-mi-nà-to] *agg.* Aguzzo, appuntito: *un pugnale dalla punta acuminata.*

acustica [a-cù-sti-ca] *s.f.* **1** Parte della fisica che studia i fenomeni sonori **2** Proprietà di un ambiente di diffondere i suoni in modo più o meno chiaro e fedele: *un teatro con una buona acustica.*

acustico [a-cù-sti-co] *agg.* [pl.m. *–ci*] Che riguarda l'udito o il suono: *sensazioni acustiche*; *impianto acustico.*

acutamente [a-cu-ta-mén-te] *avv.* **1** Intensamente: *soffriva acutamente la lontananza da casa* **2** Con intelligenza: *ha risposto molto acutamente.*

acutezza [a-cu-téz-za] *s.f.* Intelligenza, acume, perspicacia: *tutti hanno ammirato l'acutezza delle sue osservazioni.*

acuto [a-cù-to] *agg.* **1** Che termina a punta Ⓢ aguzzo | *Angolo acuto* = minore dell'angolo retto **2** *Accento acuto* = il segno (´) che si usa in italiano per indicare la pronuncia chiusa della *e* e della *o* **3** *Suono acuto* = alto, di frequenza elevata **4** ♧ Intenso, pungente, vivo: *odore, freddo, dolore acuto* | *Vista acuta* = molto buona **5** ♧ Che rivela la intelligenza Ⓢ perspicace, sottile Ⓒ stupido, ottuso: *una mente acuta*; *un'osservazione acuta* **6** *Fase acuta* = il momento cruciale, più difficile e rischioso di una malattia o di un fenomeno economico, sociale, politico ♦ *s.m.* La nota più alta emessa da un cantante: *il tenore ha concluso con un acuto.*

adagiare [a-da-già-re] *v.tr.* Posare, distendere con cura, delicatamente: *adagiare un malato sul letto* ♦ **adagiarsi** *v.pr.* Distendersi comodamente: *si adagiò sul divano.*

adagio [a-dà-gio] *avv.* **1** Piano, lentamente: *mangiare adagio* **2** Con cautela, con prudenza: *andiamo adagio con le novità!* ◊ Con delicatezza: *posa adagio quel cristallo.*

adattamento [a-dat-ta-mén-to] *s.m.* L'adattare o l'adattarsi | *Spirito di adattamento* = capacità di adeguarsi alle circostanze.

adattare [a-dat-tà-re] *v.tr.* Modificare qualcosa per renderlo adatto a uno scopo particolare: *adattare una camera a studio* ♦ **adattarsi** *v.pr.* Adeguarsi, abituarsi a condizioni nuove e diverse: *i suoi occhi a poco a poco si adattarono all'oscurità* ◊ Accontentarsi; rassegnarsi: *è uno che si adatta facilmente*; *dovrai adattarti a dividere la stanza con altri.*

adatto [a-dàt-to] *agg.* Che ha le qualità necessarie allo scopo Ⓢ idoneo, adeguato, appropriato, conveniente Ⓒ disadatto: *ha trovato la persona adatta per quell'incarico*; *non ho gli strumenti adatti per questo lavoro.*

addebitare [ad-de-bi-tà-re] *v.tr.* **1** Porre a debito di qualcuno; far pagare: *mi hanno addebitato una spesa non mia* **2** ♧ Attribuire come colpa Ⓢ addossare: *mi addebitano tutti gli insuccessi.*

addendo [ad-dèn-do] *s.m.* Ciascuno dei numeri da sommare in un'operazione di addizione.

addensare [ad-den-sà-re] *v.tr.* Rendere denso o fitto ♦ **addensarsi** *v.pr.* Ammassarsi, infittirsi: *la* *folla si addensava nella piazza* ◊ ♧ Concentrarsi: *i sospetti si addensarono su di lui.*

addentare [ad-den-tà-re] *v.tr.* Afferrare con i denti Ⓢ mordere: *addentò la mela.*

addentrarsi [ad-den-tràr-si] *v.pr.* Penetrare, inoltrarsi in un luogo: *i soldati si addentrarono nel bosco.*

addestramento [ad-de-stra-mén-to] *s.m.* L'addestrare, l'addestrarsi; insieme di istruzioni ed esercizi attraverso i quali si insegna e si impara a fare qualcosa.

addestrare [ad-de-strà-re] *v.tr.* Rendere abile in qualche cosa con l'esercizio Ⓢ esercitare, allenare: *addestrare il cane alla caccia* ⧫ **addestrarsi** *v.pr.* Esercitarsi per diventare abile in qualcosa: *addestrarsi nell'uso delle armi.*

addetto [ad-dét-to] *agg.* Che è assegnato a un dato compito Ⓢ incaricato: *la donna addetta alle pulizie* ◊ Che è destinato a un certo uso Ⓢ adibito: *vagoni addetti al trasporto merci.*

addio [ad-dì-o] *inter.* Forma di saluto usata quando ci si separa, soprattutto definitivamente, da qualcuno: *devo partire, addio!* | *Dire addio a qualcosa* = allontanarsene, rinunciarvi definitivamente: *dire addio alla propria casa, alle proprie speranze* ◊ Espressione di rammarico per qualcosa che si perde: *addio ai miei soldi!*; *addio giovinezza!* ⧫ *s.m.* Saluto definitivo, distacco, separazione: *venne il giorno dell'addio.*

addirittura [ad-di-rit-tù-ra] *avv.* **1** Assolutamente: *di questo addirittura non se ne parla* ◊ Perfino: *stava addirittura per cadere* **2** Direttamente: *vediamoci addirittura a casa.*

additare [ad-di-tà-re] *v.tr.* Indicare col dito ◊ ♧ Mostrare, indicare: *additare qualcuno a esempio.*

additivo [ad-di-tì-vo] *s.m.* Sostanza che si aggiunge a un prodotto per migliorarne le caratteristiche o l'aspetto.

addizionare [ad-di-zio-nà-re] *v.tr.* Sommare ◊ Aggiungere.

addizione [ad-di-zió-ne] *s.f.* Operazione aritmetica con la quale si sommano due o più numeri.

addobbare [ad-dob-bà-re] *v.tr.* Ornare, adornare; parare a festa: *addobbare una chiesa.*

addobbo [ad-dòb-bo] *s.m.* Ornamento, decorazione: *addobbi natalizi.*

addolcire [ad-dol-cì-re] *v.tr.* [*addolcìsco, addolcìsci*] Rendere dolce: *addolcire il caffé con lo zucchero*⧫ **addolcirsi** *v.pr.* ♧ Diventare più mite, più dolce: *il clima si è addolcito*; *con l'età il suo carattere si è molto addolcito.*

addolorare [ad-do-lo-rà-re] *v.tr.* Causare dolore spirituale, dispiacere Ⓢ affliggere, rattristare Ⓒ rallegrare: *la tua partenza ci addolora* ⧫ **addolorarsi** *v.pr.* Provare dolore, dispiacere.

addome [ad-dò-me] *s.m.* La parte del corpo umano compresa tra il torace e il bacino; la parte corrispondente del corpo di molti animali.

addomesticare [ad-do-me-sti-cà-re] *v.tr.* [*addomèstico, addomèstichi*] Rendere domestico, mansueto un animale selvatico: *addomesticare un leone, un cavallo selvaggio.*

addormentare [ad-dor-men-tà-re] *v.tr.* Far dormire: *addormentare un bambino* ◊ Anestetizzare: *mi hanno addormentato per fare l'operazione* ⧫ **addormentarsi** *v.pr.* **1** Prender sonno: *non riusciva ad addormentarsi* **2** Intorpidirsi (detto di parti del corpo): *mi si è addormentata una gamba.*

addossare [ad-dos-sà-re] *v.tr.* **1** Accostare, appoggiare: *addossare un mobile alla parete* **2** ♧ Attribuire, accollare, imputare a qualcuno una spesa, una colpa, una responsabilità ⧫ **addossarsi** *v.pr.* **1** Appoggiarsi con la schiena a qualcosa: *si addossò alla porta* ◊ Ammassarsi, accalcarsi: *tutti si addossavano all'ingresso* **2** ♧ Prendere su di sé Ⓢ assumersi, accollarsi: *addossarsi una responsabilità, un debito.*

addosso [ad-dòs-so] *avv.* **1** Sulle spalle, sulla persona (anche ♧): *aveva addosso un vestito da sera*; *sentiva addosso il peso degli anni* **2** Nell'animo, in corpo: *avere addosso la malinconia, i brividi* | *Avere il diavolo addosso* = essere impaziente, irrequieto ⧫ *prep.* (seguito da *a*) **1** Su, sopra: *cascare addosso a qualcuno* | ♧ *Stare addosso a qualcuno* = fargli continue richieste; controllarlo; opprimerlo **2** Molto vicino, accanto: *un paese con le case l'una addosso all'altra* **3** Contro: *si scagliò addosso al nemico* ⧫ *inter.* Grido di incitamento a gettarsi contro qualcuno.

adeguare [a-de-guà-re] *v.tr.* Rendere proporzionato, corrispondente, adatto Ⓢ conformare: *adeguare i salari ai prezzi, il comportamento alle circostanze* ⧫ **adeguarsi** *v.pr.* Conformarsi, adattarsi: *bisogna saper adeguarsi ai tempi.*

adeguato [a-de-guà-to] *agg.* Proporzionato alle esigenze o alle qualità: *riceve uno stipendio adeguato al costo della vita, alle proprie capacità* ◊ Adatto, idoneo al compito: *per segare questo tubo ci vuole uno strumento adeguato*; *ti sembra la persona adeguata per quell'incarico?*

adempiere [a-dém-pie-re] *v.tr.* e *v.intr.* [aus. *avere*] Compiere un obbligo, tener fede a un impegno attuandolo: *adempiere (a) un dovere, (a) una* *promessa* ◊ Esaudire: *adempiere un desiderio* ♦ **adempiersi** *v.pr.* Realizzarsi, avverarsi: *la profezia si adempì.*

aderente [a-de-rèn-te] *agg.* Che aderisce al corpo: *un abito molto aderente* ♦ *s.m.f.* Chi dà la propria adesione a qualcosa: *gli aderenti a un partito, a un'iniziativa.*

aderire [a-de-rì-re] *v.intr.* [*aderìsco, aderìsci*; aus. *avere*] **1** Stare strettamente unito, attaccato: *il cerotto aderisce alla pelle* **2** ♧ Acconsentire: *aderire a una richiesta* ◊ Partecipare: *aderire a uno sciopero* ◊ Iscriversi, entrare a far parte: *aderire a un partito.*

adesione [a-de-sió-ne] *s.f.* **1** Stretta unione tra due cose a contatto **2** ♧ Consenso, partecipazione: *lo sciopero ha ottenuto l'adesione di tutti i lavoratori* ◊ Iscrizione: *l'adesione a un partito.*

adesivo [a-de-sì-vo] *agg.* Che aderisce: *nastro adesivo* ♦ *s.m.* **1** Sostanza che serve a tenere uniti due corpi posti a contatto: *la colla è un buon adesivo* **2** Autoadesivo.

adesso [a-dès-so] *avv.* In questo momento Ⓢ ora: *adesso sono occupato* ◊ Poco fa: *era qui proprio adesso* ◊ Tra poco: *arriverà adesso.*

adiacente [a-dia-cèn-te] *agg.* Che è situato nei pressi Ⓢ vicino, contiguo, attiguo: *il terreno adiacente alla casa.*

adibire [a-di-bì-re] *v.tr.* [*adibìsco, adibìsci*] Destinare a un determinato uso, scopo: *adibire un locale a laboratorio.*

adipe [à-di-pe] *s.m.* Grasso del corpo Ⓢ pinguedine.

adirarsi [a-di-ràr-si] *v.pr.* Andare in collera Ⓢ arrabbiarsi: *ti sei adirato con me senza motivo.*

adocchiare [a-doc-chià-re] *v.tr.* **1** Guardare con interesse o desiderio: *il bambino adocchiava il dolce sulla tavola* **2** Scorgere, individuare: *adocchiò un posto libero.*

adolescente [a-do-le-scèn-te] *agg.* e *s.m.f.* Che, chi è nell'età dell'adolescenza.

adolescenza [a-do-le-scèn-za] *s.f.* L'età compresa tra i dodici e i diciotto anni circa.

adombrarsi [a-dom-bràr-si] *v.pr.* Spaventarsi (detto di cavallo) ◊ ♧ Offendersi, insospettirsi: *si è adombrato per quello che ho detto.*

adoperare [a-do-pe-rà-re] o **adoprare** [a-do-prà-re] *v.tr.* Fare uso di qualcosa Ⓢ usare, utilizzare, impiegare: *ho adoperato il trapano per fare un buco*; *adopera il cervello quando fai le cose* ♦ **adoperarsi** *v.pr.* Darsi da fare, impegnarsi: *si è molto adoperato per la riuscita dell'iniziativa.*

adorabile [a-do-rà-bi-le] *agg.* Molto grazioso, amabile, piacevole: *è una ragazza adorabile.*

adorare [a-do-rà-re] *v.tr.* **1** Manifestare con atti di culto amore e rispetto verso la divinità: *adorare Dio* ◊ Venerare: *gli Egizi adoravano il sole* **2** Amare immensamente: *ha una moglie che lo adora* ◊ Avere passione, entusiasmo per qualcosa o qualcuno: *adoro la pittura*; *Matteo adora Mozart.*

adorazione [a-do-ra-zió-ne] *s.f.* **1** Atto rituale con cui si manifesta la propria venerazione per la divinità (per lo più prostrandosi a terra o inginocchiandosi): *l'adorazione della Croce* **2** Amore sviscerato; grande ammirazione: *ha un'adorazione per la sorella.*

adornare [a-dor-nà-re] *v.tr.* Abbellire con ornamenti: *adornare la casa di fiori.*

adorno [a-dór-no] *agg.* Abbellito con ornamenti Ⓢ ornato: *una chiesa adorna di affreschi.*

adottare [a-dot-tà-re] *v.tr.* **1** Scegliere di far da genitore a un figlio altrui come se fosse proprio **2** ♧ Far proprio; scegliere: *ho adottato il suo metodo di lavoro*; *l'insegnante ha adottato un nuovo libro di testo* ◊ Prendere, attuare: *il governo ha adottato provvedimenti contro la criminalità.*

adottivo [a-dot-tì-vo] *agg.* Che è tale per adozione: *genitore adottivo*; *figlio adottivo.*

adozione [a-do-zió-ne] *s.f.* **1** Atto legale con cui si assume a tutti gli effetti come proprio figlio un figlio altrui **2** ♧ Scelta: *adozione di un libro di testo* ◊ Assunzione, attuazione: *il preside ha deciso l'adozione di misure disciplinari.*

adulare [a-du-là-re] *v.tr.* [*adùlo*] Lodare qualcuno in modo esagerato e insincero per proprio tornaconto: *non mi piace chi adula i potenti.*

adulazione [a-du-la-zió-ne] *s.f.* Lode eccessiva e insincera: *mi danno fastidio le adulazioni.*

adulterare [a-dul-te-rà-re] *v.tr.* Alterare illegalmente la qualità di un prodotto alimentare, aggiungendovi sostanze meno care e talvolta nocive Ⓢ sofisticare: *adulterare il vino.*

adulterio [a-dul-tè-rio] *s.m.* Relazione amorosa di una persona sposata con persona diversa dal marito o dalla moglie.

adultero [a-dùl-te-ro] *agg.* e *s.m.* Che, chi commette adulterio.

adulto [a-dùl-to] *agg.* e *s.m.* Che, chi è giunto alla piena maturità fisica e psichica.

adunanza [a-du-nàn-za] *s.f.* Riunione, assemblea: *l'adunanza dei soci di un circolo.*

adunare [a-du-nà-re] *v.tr.* Mettere insieme; riunire in un luogo: *il concerto ha adunato una gran folla* ♦ **adunarsi** *v.pr.* Riunirsi, radunarsi: *i manifestanti si adunarono nella piazza.*

adunco [a-dùn-co] *agg.* [pl.m. *–chi*] Piegato a uncino: *il becco adunco dei rapaci*; *naso adunco.*

aerare [a-e-rà-re] *v.tr.* Dare aria, rinnovare l'aria Ⓢ arieggiare: *aerare una stanza piena di fumo.*

aereo[1] [a-è-re-o] *agg.* **1** Dell'aria, fatto d'aria: *lo spazio aereo* **2** Che sta in aria, al di sopra del terreno: *cavi aerei*; *radici aeree* **3** Che avviene, si muove nell'aria: *voli aerei*; *flotta aerea* **4** Che utilizza gli aeroplani: *posta aerea.*

aereo[2] [a-è-re-o] *s.m.* Aeroplano.

aerodinamico [a-e-ro-di-nà-mi-co] *agg.* [pl.m. *–ci*] Che offre scarsa resistenza all'aria Ⓢ slanciato, affusolato: *un'automobile dalla linea molto aerodinamica.*

aeronautica [a-e-ro-nàu-ti-ca] *s.f.* **1** La scienza e la tecnica della navigazione aerea **2** Le persone, gli organismi e i mezzi addetti alla navigazione aerea Ⓢ aviazione: *aeronautica militare, civile.*

aeroplano [a-e-ro-plà-no] *s.m.* Apparecchio a motore capace di muoversi nell'aria Ⓢ aereo.

aeroporto [a-e-ro-pòr-to] *s.m.* Vasto terreno pianeggiante attrezzato con piste e impianti per la partenza, l'atterraggio e il rifornimento di velivoli: *aeroporto civile, militare.*

aerostato [a-e-rò-sta-to] *s.m.* Mezzo aereo che si sostiene nell'atmosfera perché nel suo involucro è contenuto un gas più leggero dell'aria.

aerostazione [a-e-ro-sta-zió-ne] *s.f.* Complesso di edifici che, in un aeroporto, ospita i vari servizi (biglietteria, sale di attesa, bar, ristorante ecc.).

afa [à-fa] *s.f.* Aria calda, ferma e umida che soffoca e opprime: *non si respirava per l'afa.*

affabile [af-fà-bi-le] *agg.* Che tratta tutti con molta gentilezza e cordialità Ⓢ amabile, cortese: *una persona affabile.*

affabilità [af-fa-bi-li-tà] *s.f.* Cordialità, cortesia, amabilità.

affaccendarsi [af-fac-cen-dàr-si] *v.pr.* Darsi molto da fare; occuparsi attivamente di qualcosa.

affaccendato [af-fac-cen-dà-to] *agg.* Molto occupato in qualcosa Ⓢ indaffarato: *in casa è sempre affaccendato.*

affacciarsi [af-fac-ciàr-si] *v.pr.* **1** Mostrarsi, sporgersi da una porta, da una finestra: *si affacciò per salutarmi* **2** ♧ Presentarsi alla mente: *gli si affacciò un sospetto.*

affamare [af-fa-mà-re] *v.tr.* Ridurre alla fame: *il tiranno affamava il popolo.*

affamato [af-fa-mà-to] *agg.* Che ha fame: *oggi sono affamato.*

affannarsi [af-fan-nàr-si] *v.pr.* Darsi molto da fare, affaticarsi, preoccuparsi: *non stare ad affannarti per niente!*

affanno [af-fàn-no] *s.m.* **1** Respiro difficoltoso e ansimante, per fatica, malattia o emozione **2** ♧ Pena, ansia, inquietudine: *non stare in affanno per me*; *la sua vita è piena di affanni.*

affare [af-fà-re] *s.m.* **1** Cosa da fare, attività da svolgere Ⓢ impegno, faccenda: *ho un affare da sbrigare*; *è dovuto uscire per un affare urgente* ◊ Cosa, faccenda, questione, situazione: *è un affare serio, un brutto affare*; *è un affare che non mi riguarda* | *Non è affar mio, tuo, suo* ecc. = non è cosa che mi, ti o lo riguardi **2** Operazione economica che ha per scopo un guadagno: *un affare andato male*; *concludere un affare* ◊ Acquisto o vendita a un prezzo vantaggioso: *hai fatto un vero affare* ◊ (al *pl.*) Attività commerciali e finanziarie: *darsi agli affari*; *uomo d'affari* **3** Arnese, oggetto di cui non si indica o non si conosce il nome: *passami quell'affare!*

affarista [af-fa-rì-sta] *s.m.f.* [pl.m. *–sti*] Chi si dà agli affari con pochi scrupoli, cercando unicamente il proprio guadagno.

affascinante [af-fa-sci-nàn-te] *agg.* Che affascina Ⓢ attraente, incantevole: *una donna affascinante, con un sorriso affascinante.*

affascinare [af-fa-sci-nà-re] *v.tr.* Attrarre in modo irresistibile Ⓢ sedurre: *lo affascinò con la sua bellezza.*

affaticamento [af-fa-ti-ca-mén-to] *s.m.* Fatica fisica o mentale e stanchezza che ne deriva.

affaticare [af-fa-ti-cà-re] *v.tr.* [*affatìco, affatìchi*] Sottoporre a fatica, provocare stanchezza Ⓢ stancare: *hai affaticato la vista leggendo troppo a lungo*; *è un lavoro che mi affatica* ♦ **affaticarsi** *v.pr.* Stancarsi: *non affaticarti così!*

affatto [af-fàt-to] *avv.* **1** Del tutto, completamente: *abbiamo opinioni affatto diverse* **2** (nelle frasi negative e nelle risposte) Per nulla: *non sono affatto stanco*; *«Hai sonno?», «Affatto».*

affermare [af-fer-mà-re] *v.tr.* Dichiarare, asserire: *l'imputato afferma la sua innocenza*; *afferma di non sapere nulla* ♦ **affermarsi** *v.pr.* Avere successo Ⓢ imporsi: *affermarsi in una gara, nella vita*; *un prodotto che si sta affermando.*

affermativo [af-fer-ma-tì-vo] *agg.* Che dice, risponde di sì © negativo: *mi ha dato una risposta affermativa*; *gli fece un cenno affermativo.*

affermato [af-fer-mà-to] *agg.* Rinomato, di successo: *un prodotto, un medico affermato.*

affermazione [af-fer-ma-zió-ne] *s.f.* **1** Ciò che uno dice Ⓢ dichiarazione, asserzione: *le sue affermazioni sono del tutto false* **2** Successo, vittoria: *la partita si è conclusa con l'affermazione della nostra squadra.*

afferrare [af-fer-rà-re] *v.tr.* **1** Prendere e tenere con forza: *lo afferrò per un braccio* **2** ♧ Capire, comprendere: *non ho afferrato il senso del suo discorso* ♦ **afferrarsi** *v.pr.* Attaccarsi con forza Ⓢ aggrapparsi, appigliarsi: *si afferrò a un sostegno.*

affettare [af-fet-tà-re] *v.tr.* Tagliare a fette.

affettato[1] [af-fet-tà-to] *agg.* Non naturale, non spontaneo, ricercato, lezioso: *maniere affettate.*

affettato[2] [af-fet-tà-to] *s.m.* Salume tagliato a fette: *compra un paio d'etti di affettato.*

affettivo [af-fet-tì-vo] *agg.* Di affetto, che riguarda gli affetti: *legame, sentimento affettivo.*

affetto[1] [af-fèt-to] *s.m.* Sentimento di tenero amore, di profondo attaccamento per qualcuno: *affetto verso i figli, verso i genitori, per un amico.*

affetto[2] [af-fèt-to] *agg.* Colpito (da una malattia): *è affetto da un tumore.*

affettuoso [af-fet-tu-ó-so] *agg.* Che dimostra affetto, pieno di affetto: *un gesto affettuoso* ◊ Incline all'affetto: *ha un carattere affettuoso.*

affezionarsi [af-fe-zio-nàr-si] *v.pr.* Prendere affetto per qualcuno o qualcosa: *si è molto affezionato a un compagno di scuola*; *incomincia ad affezionarsi al suo lavoro*; *il gatto si affeziona alla casa.*

affezionato [af-fe-zio-nà-to] *agg.* Che sente affetto, attaccamento per qualcuno o qualcosa.

affezione [af-fe-zió-ne] *s.f.* Malattia, disturbo: *mio padre soffre di un'affezione bronchiale.*

affiancare [af-fian-cà-re] *v.tr.* [*affiànco, affiànchi*] **1** Mettere a fianco: *affiancare due sedie*; *affiancò un collaboratore a un impiegato* **2** ♧ Aiutare, sostenere: *in quell'impresa lo affiancavano i suoi amici* ♦ **affiancarsi** *v.pr.* Mettersi a fianco: *una macchina si affiancò alla sua.*

affiatamento [af-fia-ta-mén-to] *s.m.* Accordo, intesa tra persone che svolgono un'attività in comune: *una classe in cui c'è molto affiatamento.*

affiatarsi [af-fia-tàr-si] *v.pr.* Acquistare affiatamento, familiarità: *si è affiatato in fretta con i nuovi compagni.*

affiatato [af-fia-tà-to] *agg.* Che ha affiatamento, che va d'accordo: *la nostra classe è molto affiatata.*

affibbiare [af-fib-bià-re] *v.tr.* **1** Chiudere con una fibbia: *affibbiare la cintura* **2** ♧ Dare qualcosa di sgradito Ⓢ appioppare, rifilare: *affibbiare un ceffone, un lavoro sgradito a qualcuno.*

affidabile [af-fi-dà-bi-le] *agg.* Che dà garanzie; in cui si può avere fiducia: *è una persona affidabile.*

affidabilità [af-fi-da-bi-li-tà] *s.f.* Grado di fiducia che si può riporre in qualcuno o qualcosa.

affidamento [af-fi-da-mén-to] *s.m.* Fiducia, garanzia: è *una persona che non dà nessun affidamento* | *Fare affidamento su qualcuno o qualcosa* = contarci; averne fiducia.

affidare [af-fi-dà-re] *v.tr.* Dare, consegnare alla cura, alla custodia di una persona fidata: *affidare a un amico del denaro*; *posso affidarti i miei figli per un'ora?* ♦ **affidarsi** *v.pr.* Rimettersi con fiducia alla protezione, alla cura di qualcuno: *affidarsi a Dio*; *mi sono affidato a un buon medico.*

affievolirsi [af-fie-vo-lìr-si] *v.pr.* Diventare fievole Ⓢ indebolirsi: *gli si è affievolita la voce*; *la luce si affievolì poco a poco.*

affiggere [af-fig-ge-re] *v.tr.* [pres. *affiggo, affiggi*; pass.rem. *affissi, affiggésti*; part.pass. *affisso*] Attaccare per esporre alla vista: *affiggere un manifesto al muro.*

affilare [af-fi-là-re] *v.tr.* Rendere tagliente, dare il filo a una lama: *affilare il coltello, le forbici.*

affilato [af-fi-là-to] *agg.* **1** Tagliente: *un coltello affilato* **2** Sottile, scarno: *naso affilato.*

affinare [af-fi-nà-re] *v.tr.* **1** Rendere più acuto e sensibile: *il bisogno affina l'ingegno* **2** Perfezionare: *si esercita per affinare il suo stile.*

affinché [af-fin-ché] *congz.* Con lo scopo che, al fine che Ⓢ perché: *te lo dico affinché tu lo sappia.*

L'accento sulla e di *affinché* è acuto (come in *perché, poiché, finché* ecc.): attenzione a non sbagliarlo, soprattutto quando scrivi al computer.

affine [af-fi-ne] *agg.* Simile, analogo: *prodotti affini*; *i suoi gusti sono affini ai miei.*

affinità [af-fi-ni-tà] *s.f.* Somiglianza, analogia: *affinità di idee, di gusti.*

affiorare [af-fio-rà-re] *v.intr.* [aus. *essere*] Apparire alla superficie Ⓢ emergere: *uno scoglio affiorava dall'acqua* ◊ ♧ Venire alla luce; manifestarsi, trapelare: *la verità sta affiorando*; *un sorriso le affiorò sulle labbra.*

affisso [af-fis-so] *s.m.* Manifesto esposto al pubblico.

affittare [af-fit-tà-re] *v.tr.* Dare in affitto ◊ Nel linguaggio corrente, prendere in affitto.

affitto [af-fit-to] *s.m.* **1** Contratto di cessione temporanea dell'uso di un bene immobile (terreno, edificio, appartamento) in cambio del pagamento di un canone: *dare, prendere una casa in affitto* ◊ Noleggio: *prendere una barca in affitto* **2** La somma che si paga per il godimento di tale bene: *devo ancora pagare l'affitto di casa.*

affliggere [af-flig-ge-re] *v.tr.* [pres. *afflìggo, afflìggi*; pass.rem. *afflìssi, affliggésti*; part.pass. *afflìtto*] Addolorare, rattristare: *la sua disgrazia ci ha molto afflitto* ◊ Tormentare, opprimere: *è afflitto dai reumatismi, da continui guai* ♦ **affliggersi** *v.pr.* Addolorarsi, rattristarsi; tormentarsi: *non affliggerti per così poco!*

afflitto [af-flìt-to] *agg.* Addolorato; triste, abbattuto: *era afflitto per la morte dell'amico; perché hai quell'aria afflitta?*

afflizione [af-fli-zió-ne] *s.f.* Stato di profonda tristezza e abbattimento spirituale.

afflosciarsi [af-flo-sciàr-si] *v.pr.* Diventare floscio Ⓢ sgonfiarsi: *il pneumatico si è afflosciato.*

affluente [af-flu-èn-te] *s.m.* Corso d'acqua che sbocca in un fiume maggiore: *gli affluenti del Po.*

affluenza [af-flu-èn-za] *s.f.* Arrivo di più persone in un solo luogo: *c'è stata una grande affluenza di pubblico allo stadio.*

affluire [af-flu-ì-re] *v.intr.* [*affluìsco, affluìsci*; aus. *essere*] Scorrere verso un luogo: *i fiumi affluiscono al mare* ◊ ♧ Giungere, riversarsi in gran numero in un luogo: *le merci affluiscono al mercato; la folla sta affluendo allo stadio.*

afflusso [af-flùs-so] *s.m.* L'affluire (di un liquido): *l'afflusso di sangue al cervello* ◊ Arrivo, affluenza: *al giornale c'era un continuo afflusso di notizie; grande afflusso di turisti a Roma.*

affogare [af-fo-gà-re] *v.tr.* [*affógo, affóghi*] Uccidere qualcuno immergendolo in un liquido ♦ *v.intr.* [aus. *essere*] Morire soffocato nell'acqua Ⓢ annegare: *è caduto nel fiume ed è affogato.*

affollare [af-fol-là-re] *v.tr.* Riempire in folla un luogo Ⓢ gremire: *il pubblico affollava lo stadio* ♦ **affollarsi** *v.pr.* Raccogliersi in gran numero, far ressa: *la gente si affollava all'ingresso del teatro.*

affondare [af-fon-dà-re] *v.tr.* **1** Mandare, colare a fondo: *affondare una nave nemica* **2** Far penetrare a fondo Ⓢ immergere: *affondare la zappa nel terreno* ♦ *v.intr.* [aus. *essere*] Andare a fondo: *la nave affondò in pochi minuti* ◊ Sprofondare: *i piedi affondavano nella neve.*

affrancare [af-fran-cà-re] *v.tr.* [*affrànco, affrànchi*] **1** Rendere libero: *affrancare un popolo dalla schiavitù* **2** Munire di francobollo: *affrancare una lettera.*

affrancatura [af-fran-ca-tù-ra] *s.f.* L'applicazione di francobolli su lettere, cartoline e simili.

affranto [af-fràn-to] *agg.* Sfinito, stremato; abbattuto, prostrato: *era affranto dal dolore.*

affrescare [af-fre-scà-re] *v.tr.* [*affrésco, affréschi*] Dipingere ad affresco; ornare con affreschi: *affrescare una parete.*

affresco [af-fré-sco] *s.m.* [pl. *–schi*] Tecnica di pittura murale consistente nello stendere colori diluiti in acqua sull'intonaco ancora fresco, umido ◊ Dipinto eseguito con tale tecnica: *gli affreschi di Michelangelo nella Cappella Sistina.*

affrettare [af-fret-tà-re] *v.tr.* Rendere più rapido Ⓢ accelerare Ⓒ rallentare: *affrettare il passo* ◊ Fare in modo che qualcosa si compia in un tempo minore del previsto Ⓢ anticipare Ⓒ ritardare: *sarà meglio affrettare la partenza* ♦ **affrettarsi** *v.pr.* Andare in fretta, accelerare il passo: *affrettatevi, se volete arrivare in tempo* ◊ Fare qualcosa al più presto Ⓢ sbrigarsi: *si affrettò a scusarsi.*

affrettato [af-fret-tà-to] *agg.* Accelerato, svelto: *camminava con passo affrettato* ◊ Fatto troppo in fretta, con scarsa cura o riflessione: *un lavoro affrettato; hai preso una decisione affrettata.*

affrontare [af-fron-tà-re] *v.tr.* **1** Andare incontro o trovarsi di fronte a qualcuno per misurarsi con lui: *affrontò il nemico con coraggio; la nostra squadra affronterà la Juventus* ◊ Andare incontro a qualcosa di rischioso, difficile, spiacevole: *affrontare la morte, un viaggio faticoso* **2** Iniziare: *prima di affrontare un lavoro bisogna prepararsi* ◊ Cominciare a esaminare qualcosa: *non ho ancora affrontato questo argomento* ♦ **affrontarsi** *v.pr.* Scontrarsi in un combattimento, in una gara, in una discussione.

affronto [af-frón-to] *s.m.* Grave offesa recata con atti o con parole: *fare, subire un affronto.*

affumicare [af-fu-mi-cà-re] *v.tr.* [*affùmico, affùmichi*] **1** Riempire o annerire di fumo: *il fuoco ha affumicato la stanza* **2** Esporre al fumo carni o pesci, per conservarli e dar loro un gusto particolare.

affusolato [af-fu-so-là-to] *agg.* A forma di fuso: *una colonna affusolata* ◊ Sottile e ben modellato: *dita affusolate.*

afono [à-fo-no] *agg.* Che ha perso la voce o ha un abbassamento di voce | *Voce afona* = molto bassa e roca.

afoso [a-fó-so] *agg.* Soffocante per l'afa: *clima afoso; una giornata afosa di luglio.*

agenda [a-gèn-da] *s.f.* Libro o taccuino con calendario su cui si annotano le cose da fare, impegni, appuntamenti ecc.

agente [a-gèn-te] *s.m.* **1** Poliziotto, guardia **2** *Agenti atmosferici* = il vento, la pioggia, la neve, in quanto con la loro azione modificano la superficie terrestre.

agenzia [a-gen-zì-a] *s.f.* **1** Impresa, società che fornisce determinati servizi: *agenzia pubblicitaria, di viaggi* **2** Sede distaccata di un'azienda, di una banca Ⓢ filiale.

agevolare [a-ge-vo-là-re] *v.tr.* Rendere più agevole Ⓢ facilitare Ⓒ ostacolare, complicare: *il bel tempo ha agevolato le ricerche degli alpinisti dispersi* ◊ Aiutare, favorire qualcuno: *agevolare un concorrente.*

agevolazione [a-ge-vo-la-zió-ne] *s.f.* Facilitazione, aiuto, trattamento di favore: *è riuscito a ottenere delle agevolazioni di pagamento.*

agevole [a-gé-vo-le] *agg.* Facile, non faticoso, comodo: *un compito agevole*; *una salita agevole.*

agganciare [ag-gan-cià-re] *v.tr.* Unire, collegare con un gancio: *agganciare due vagoni al treno.*

aggeggio [ag-gég-gio] *s.m.* Oggetto, arnese che non si conosce, di cui non si sa il nome: *cos'è quell'aggeggio lassù?*

aggettivo [ag-get-tì-vo] *s.m.* Parte del discorso che si aggiunge a un sostantivo (col quale si accorda in genere e numero) per qualificarlo o specificarlo; gli aggettivi si distinguono in *qualificativi* (un *bel* libro), *possessivi* (il *mio* quaderno), *dimostrativi* (*questo* tavolo, *quel* giorno), *numerali* (*due* cani, la *terza* volta), *indefiniti* (*qualsiasi* uomo), *interrogativi* (*quale* libro vuoi?).

agghiacciante [ag-ghiac-ciàn-te] *agg.* Spaventoso, terrificante: *udì un urlo agghiacciante.*

aggiornamento [ag-gior-na-mén-to] *s.m.* **1** Adeguamento alle nuove esigenze e conoscenze: *l'aggiornamento dei programmi scolastici* **2** Rinvio ad altro giorno: *si è deciso l'aggiornamento della riunione.*

aggiornare [ag-gior-nà-re] *v.tr.* **1** Adeguare alle nuove esigenze e conoscenze: *aggiornare un dizionario, la propria cultura* ◊ Mettere al corrente: *mi ha aggiornato sugli ultimi fatti* **2** Rimandare ad altra data la continuazione di una riunione ♦ **aggiornarsi** *v.pr.* Tenersi al corrente, spec. sul piano culturale, tecnico, professionale: *gli insegnanti devono aggiornarsi continuamente.*

aggirare [ag-gi-rà-re] *v.tr.* Girare intorno a un luogo, a un ostacolo, spec. per superarlo senza affrontarlo direttamente: *aggirare una montagna, l'esercito nemico* ♦ **aggirarsi** *v.pr.* **1** Andare attorno; vagare: *un tipo sospetto si aggirava intorno alla casa* **2** ♧ Essere, ammontare all'incirca: *la spesa si aggira sui mille euro.*

aggiudicare [ag-giu-di-cà-re] *v.tr.* [*aggiùdico, aggiùdichi*] **1** Assegnare o attribuire qualcosa a qualcuno: *la giuria ha aggiudicato il primo premio al vincitore* **2** Conquistare, ottenere: *aggiudicarsi la vittoria.*

aggiungere [ag-giùn-ge-re] *v.tr.* [coniugato come *giungere*] Mettere, dare o dire in più: *aggiungi un po' di sale alla minestra!*; *detto questo, non aggiunse altre parole* ♦ **aggiungersi** *v.pr.* Unirsi, aggregarsi ad altri: *anche lui si è aggiunto al nostro gruppo* ◊ Venire in aggiunta, unirsi: *al danno si aggiunse la beffa.*

aggiunta [ag-giùn-ta] *s.f.* L'aggiungere ◊ Ciò che si aggiunge | *In aggiunta, per aggiunta* = in più, per di più.

aggiustare [ag-giu-stà-re] *v.tr.* Riparare, accomodare: *aggiustare un motore, un vestito* ◊ Mettere in ordine, a posto: *si aggiustò la cravatta* ◊ *Aggiustare la mira, il tiro* = regolarli per renderli più precisi ♦ **aggiustarsi** *v.pr.* Mettersi d'accordo: *sul prezzo ci aggiusteremo.*

aggrapparsi [ag-grap-pàr-si] *v.pr.* Attaccarsi con forza a qualcosa che sostenga (anche ♧): *si aggrappò a un ramo per non cadere*; *aggrapparsi a una speranza, a un pretesto.*

aggravamento [ag-gra-va-mén-to] *s.m.* Peggioramento: *l'aggravamento della sua malattia lo ha costretto a letto*; *si teme un aggravamento della situazione internazionale.*

aggravare [ag-gra-và-re] *v.tr.* Rendere più grave, più doloroso o fastidioso Ⓢ peggiorare: *cerca di non aggravare la situazione* ♦ **aggravarsi** *v.pr.* Diventare più grave, avere un peggioramento: *le condizioni del malato si sono aggravate.*

aggredire [ag-gre-dì-re] *v.tr.* [*aggredìsco, aggredìsci*] Assalire all'improvviso e con violenza: *il rapinatore ha aggredito la sua vittima alle spalle.*

aggressione [ag-gres-sió-ne] *s.f.* Azione violenta di chi aggredisce; assalto, attacco improvviso: *subire un'aggressione* ◊ Attacco armato compiuto senza preavviso da uno stato contro un altro stato: *guerra di aggressione.*

aggressivo [ag-gres-sì-vo] *agg.* Che aggredisce o è pronto ad aggredire Ⓢ violento, bellicoso: *un discorso, un carattere, un atteggiamento aggressivo* ◊ Combattivo: *un pugile aggressivo.*

aggressore [ag-gres-só-re] *s.m.* Chi aggredisce o ha aggredito una persona o uno stato.

aggrottare [ag-grot-tà-re] *v.tr.* Corrugare le sopracciglia o la fronte per esprimere malumore, preoccupazione, severità.

aggrovigliare [ag-gro-vi-glià-re] *v.tr.* Mischiare tra loro fili e cose simili formando un groviglio: *aggrovigliare una matassa* ♦ **aggrovigliarsi** *v.pr.* Formare un groviglio Ⓢ ingarbugliarsi: *i fili del gomitolo si sono aggrovigliati.*

agguantare [ag-guan-tà-re] *v.tr.* Afferrare con prontezza e saldamente: *il poliziotto agguantò il ladro per un braccio.*

agguato [ag-guà-to] *s.m.* Tranello teso a qualcuno; attacco di sorpresa Ⓢ imboscata: *i soldati caddero in un agguato dei nemici* | *Stare in agguato* = stare appostato, nascosto in un luogo per assalire qualcuno di sorpresa.

agiatezza [a-gia-téz-za] *s.f.* Condizione di chi vive negli agi, nelle comodità Ⓢ benessere, ricchezza Ⓒ povertà, miseria.

agiato [a-già-to] *agg.* Che sta bene economicamente Ⓢ benestante: *una famiglia agiata* ◊ Pieno di agi, comodo: *condurre una vita agiata.*

agile [à-gi-le] *agg.* Che si muove con facilità e scioltezza: *un fisico ancora agile*; *è molto agile nella danza.*

agilità [a-gi-li-tà] *s.f.* Scioltezza, facilità e sveltezza nei movimenti: *saltare, ballare con agilità.*

agio [à-gio] *s.m.* **1** Condizione e sensazione di benessere, di comodità: *in casa loro mi sento a mio agio* **2** (al *pl.*) Le comodità della vita, il benessere dato dalla ricchezza: *vivere negli agi.*

agire [a-gì-re] *v.intr.* [*agìsco, agìsci*; aus. *avere*] **1** Operare, fare; intervenire attivamente: *ha agito di sua iniziativa*; *è il momento di agire* ◊ Prendere un'iniziativa nei riguardi di altri: *agire a favore, contro qualcuno* ◊ Comportarsi: *hai agito male* **2** Esercitare un'azione, avere un'influenza, un effetto: *un farmaco che agisce prontamente*; *il suo esempio ha agito sugli altri.*

agitare [a-gi-tà-re] *v.tr.* **1** Muovere rapidamente in qua e in là, scuotere con forza: *agitava le braccia per farsi vedere*; *agitare una bottiglia, un liquido* **2** ♧ Mettere in agitazione, in ansia: *un pensiero lo agitava* ♦ **agitarsi** *v.pr.* **1** Muoversi con irrequietezza o con forza: *un bambino che si agita sempre* **2** ♧ Eccitarsi, emozionarsi, inquietarsi: *non è il caso che ti agiti per così poco.*

agitato [a-gi-tà-to] *agg.* **1** Molto mosso (detto del mare) **2** ♧ Eccitato, irrequieto, nervoso: *oggi mi sembri un po' agitato.*

agitazione [a-gi-ta-zió-ne] *s.f.* **1** Stato di eccitazione o di ansia, d'inquietudine: *il malato dava segni d'agitazione*; *la notizia lo mise in agitazione* **2** Azione politica o sindacale di protesta o rivendicazione: *gli operai sono in agitazione per il nuovo contratto di lavoro.*

aglio [à-glio] *s.m.* Pianta erbacea il cui bulbo a spicchi, dal sapore e dall'odore caratteristico, è molto usato in cucina come condimento.

agnello [a-gnèl-lo] *s.m.* **1** Il nato della pecora fino all'età di un anno **2** ♧ Persona mite, mansueta.

ago [à-go] *s.m.* [pl. *aghi*] **1** Piccola e sottile asta di acciaio, appuntita a un'estremità e con un foro (detto *cruna*) nell'altra, attraverso cui si fa passare il filo per cucire o ricamare **2** Nome di vari oggetti di forma allungata e appuntita: *ago da maglia, ago per iniezioni* ◊ Lancetta che serve da indice in vari strumenti: *ago della bilancia, della bussola* **3** Foglia a forma d'ago: *ago di pino.*

agonia [a-go-nì-a] *s.f.* Il periodo che precede la morte, in cui si indeboliscono il battito del cuore e la respirazione: *il malato entrò in agonia e dopo due ore morì.*

agonismo [a-go-nì-smo] *s.m.* Forte impegno, spirito combattivo degli atleti in una competizione sportiva: *le due squadre lottano con agonismo.*

agonistico [a-go-nì-sti-co] *agg.* [pl.m. *–ci*] **1** Che riguarda le attività, le competizioni sportive **2** ♧ Combattivo: *gareggiare con spirito agonistico.*

agonizzare [a-go-niz-zà-re] *v.intr.* [aus. *avere*] Essere in agonia, prossimo a morire.

agopuntura [a-go-pun-tù-ra] *s.f.* Metodo di cura e di anestesia di antica origine cinese, basato sull'introduzione di sottili aghi metallici in determinati punti del corpo.

agosto [a-gó-sto] *s.m.* Ottavo mese dell'anno, di 31 giorni.

agraria [a-grà-ria] *s.f.* La scienza e la tecnica dell'agricoltura: *si è laureato in agraria.*

agrario [a-grà-rio] *agg.* Che riguarda l'agricoltura: *riforma agraria*; *istituto agrario.*

agricolo [a-grì-co-lo] *agg.* Che riguarda l'agricoltura: *lavori, prodotti agricoli*; *il trattore è una macchina agricola.*

agricoltore [a-gri-col-tó-re] *s.m.* Chi coltiva la terra Ⓢ contadino ◊ Chi gestisce un'azienda agricola.

agricoltura [a-gri-col-tù-ra] *s.f.* La coltivazione della terra.

agro [à-gro] *agg.* Di sapore acidulo, aspro, brusco: *queste arance sono un po' agre.*

agrodolce [a-gro-dól-ce] *agg.* Di sapore agro e dolce insieme: *una salsa agrodolce.*

agrume [a-grù-me] *s.m.* Nome comune delle piante come l'arancio, il limone, il mandarino, il pompelmo, coltivate per i loro frutti succosi e più o meno aspri ◊ Nome comune dei frutti di tali piante.

aguzzare [a-guz-zà-re] *v.tr.* **1** Rendere aguzzo, appuntire **2** ♧ Stimolare, acuire: *quel profumo mi aguzza l'appetito; le difficoltà aguzzano l'ingegno* | *Aguzzare la vista* = fare uno sforzo per vederci meglio | *Aguzzare gli orecchi* = mettersi ad ascoltare attentamente.

aguzzino [a-guz-zì-no] *s.m.* Chi perseguita, tormenta crudelmente le persone che dipendono da lui o le tratta con spietata durezza: *il loro padrone è un vero aguzzino.*

aguzzo [a-gùz-zo] *agg.* **1** Appuntito, acuminato **2** ♧ Acuto, penetrante: *ha la vista aguzza.*

ah *inter.* Esclamazione che, a seconda del tono, può esprimere meraviglia, sollievo, sorpresa, ira, dolore, piacere e simili.

ahi [àhi] *inter.* Esclamazione di dolore fisico o morale, di rammarico, di rimpianto.

ahimè [ahi-mè] *inter.* Esclamazione di pena, di compassione, di rammarico.

aia [à-ia] *s.f.* Area di terreno accanto a una casa di contadini, sulla quale si eseguono alcune lavorazioni dei prodotti agricoli: *il grano era steso sull'aia a essiccare.*

aids o **AIDS** [sigla dell'inglese *Acquired Immune Deficiency Syndrome*; pron. *àids* o *aidièsse*] *s.m. invar.* Malattia provocata da un virus che colpisce le difese immunitarie dell'organismo, rendendolo più vulnerabile alle infezioni, con esito spesso mortale.

airbag [parola inglese; pron. *erbèg*] *s.m.invar.* Negli autoveicoli, dispositivo di sicurezza, costituito da un sacchetto di nylon, inserito generalmente nel volante o nel cruscotto, che in caso di urto violento si gonfia all'istante proteggendo il guidatore o il passeggero.

aiuola [a-iuò-la] *s.f.* Ristretto spazio di terreno coltivato a fiori o ortaggi: *un'aiuola di rose rosse.*

aiutare [a-iu-tà-re] *v.tr.* **1** Dare aiuto, soccorrere: *lo aiutò a rialzarsi; aiutare i bisognosi* **2** Favorire, facilitare: *camminare aiuta la digestione* ♦ **aiutarsi** *v.pr.* **1** Dare aiuto a sé; servirsi di qualcosa come aiuto: *saliva aiutandosi con le mani* **2** Darsi aiuto reciproco.

aiuto [a-iù-to] *s.m.* Sostegno, soccorso dato a chi è in difficoltà o ha una necessità; assistenza, collaborazione: *chiedere aiuto; mi sei stato di grande aiuto; ho bisogno del tuo aiuto* | *Aiuto!* = invocazione di soccorso.

aizzare [aiz-zà-re] *v.tr.* Incitare alla violenza, all'offesa Ⓢ istigare: *aizzare la folla alla rivolta.*

ala [à-la] *s.f.* **1** Organo del volo degli uccelli, dei pipistrelli e di alcuni insetti **2** Parte dei velivoli che ne sorregge il peso in volo **3** Parte laterale di una costruzione, di un edificio **4** Fianco di un esercito: *attaccare sull'ala destra* **5** Nel calcio e in altri sport, attaccante che occupa la fascia destra o sinistra del campo.

alba [àl-ba] *s.f.* **1** Il primo chiarore nel cielo tra la fine della notte e l'aurora, prima del sorgere del sole: *alzarsi all'alba* **2** ♧ Inizio: *l'alba della vita, del secolo.*

albeggiare [al-beg-già-re] *v.intr.impers.* [aus. *essere*] Spuntare l'alba: *stava ormai albeggiando.*

alberato [al-be-rà-to] *agg.* Piantato ad alberi: *un viale alberato.*

albergare [al-ber-gà-re] *v.tr.* [*albèrgo, albèrghi*] Dare alloggio Ⓢ ospitare: *albergare un profugo in casa propria* ♦ *v.intr.* [aus. *avere*] Prendere o avere alloggio in un luogo: *durante la vacanza alloggeremo in una pensione.*

albergatore [al-ber-ga-tó-re] *s.m.* [f. *–trice*] Proprietario o gestore di un albergo.

albergo [al-bèr-go] *s.m.* [pl. *–ghi*] Edificio attrezzato per offrire alloggio o anche vitto a pagamento Ⓢ hotel: *dormire in albergo.*

albero [àl-be-ro] *s.m.* **1** Pianta con fusto eretto e legnoso dal quale si dipartono dei rami **2** Palo verticale di legno, di metallo o di altro materiale che sostiene i pennoni e le vele nei velieri: *una nave a tre alberi* **3** Organo rotante di forma cilindrica che trasmette ad altre parti di una macchina il moto e la potenza del motore.

albicocca [al-bi-còc-ca] *s.f.* Frutto di colore giallo-arancione dell'albicocco, dolce e saporito.

albicocco [al-bi-còc-co] *s.m.* [pl. *–chi*] Albero che produce le albicocche.

albo [àl-bo] *s.m.* **1** Tavola esposta al pubblico sulla quale vengono affissi avvisi, disposizioni e simili: *l'albo della scuola* **2** Registro pubblico in cui vengono iscritti coloro che sono abilitati a esercitare una professione: *albo degli avvocati, dei giornalisti* **3** Album.

album [àl-bum] *s.m.invar.* Quaderno rilegato che si usa per la raccolta di fotografie, francobolli, ricordi ecc. | *Album da disegno* = contenente fogli da disegno.

albume [al-bù-me] *s.m.* Il bianco dell'uovo.

alce [àl-ce] *s.m.* Grosso mammifero ruminante con corna palmate, che vive nelle regioni fredde.

alcol [àl-col] *s.m.* [pl. *–li*] **1** Nome corrente dell'alcol etilico, liquido incolore e infiammabile che si ottiene per distillazione del vino o di sostanze zuccherine fermentate ed è utilizzato per produrre liquori e profumi **2** Bevanda alcolica: *bere alcol.*

alcolico [al-cò-li-co] *agg.* [pl.m. *–ci*] Che contiene alcol: *bevanda alcolica* ♦ *s.m.* Bevanda contenente alcol: *non tollera gli alcolici.*

alcuno [al-cù-no] *agg.* e *pronome indef.* Si usa quasi solo al plurale per indicare un numero indeterminato di persone o di cose (al singolare è sostituito come aggettivo da *qualche* e come pronome da *qualcuno*): *mi servono alcuni libri*; *alcuni restarono a casa* ◊ In frasi negative equivale a *nessuno* e si usa solo al singolare: *non ho alcun bisogno di aiuto*; *non c'era alcuno per le strade.*

aldilà [al-di-là] *s.m.* Il mondo che sta oltre la vita terrena Ⓢ oltretomba: *credere nell'aldilà.*

aleggiare [a-leg-già-re] *v.intr.* [aus. *avere*] Essere diffuso in un luogo: *nella chiesa aleggiava un profumo d'incenso.*

alfabetico [al-fa-bè-ti-co] *agg.* [pl.m. *–ci*] Dell'alfabeto: *ordine alfabetico* | *Scrittura alfabetica* = quella in cui ogni segno rappresenta un singolo suono ◊ Che segue l'ordine dell'alfabeto: *indice alfabetico.*

alfabetizzare [al-fa-be-tiz-zà-re] *v.tr.* Insegnare a qualcuno a leggere e a scrivere.

alfabeto [al-fa-bè-to] *s.m.* Serie di segni grafici che servono a rappresentare i singoli suoni di una lingua: *l'alfabeto latino, greco, arabo.*

alfiere[1] [al-f iè-re] *s.m.* **1** Portabandiera di un reparto militare o di una squadra **2** ♧ Chi per primo sostiene e promuove un'idea, una dottrina.

alfiere[2] [al-f iè-re] *s.m.* Pezzo del gioco degli scacchi che si può muovere solo in diagonale.

alfine [al-fi-ne] *avv.* Alla fine, finalmente.

alga [àl-ga] *s.f.* Nome comune di molte piante che vivono in acque dolci e salate; alcune specie sono commestibili, altre sono utilizzate come foraggio, come fertilizzanti e nell'industria farmaceutica.

algebra [àl-ge-bra] *s.f.* Parte della matematica che si occupa del calcolo letterale (ossia con lettere al posto di numeri) e della risoluzione di equazioni.

aliante [a-liàn-te] *s.m.* Aeroplano senza motore, che può sostenersi a lungo nell'aria sfruttando le correnti atmosferiche.

alibi [à-li-bi] *s.m.* **1** Prova che una persona si trovava altrove nel momento in cui in un dato luogo veniva commesso un reato: *la polizia sta controllando l'alibi dell'imputato* **2** Pretesto, scusa: *dice di avere mal di testa, ma è solo un alibi per non fare i compiti.*

alieno [a-liè-no] *agg.* Che non ha inclinazione, che è avverso a una data cosa: *è una persona aliena da ogni invidia* ♦ *s.m.* Nella fantascienza, abitante di altri mondi Ⓢ extraterrestre.

alimentare[1] [a-li-men-tà-re] *v.tr.* **1** Nutrire: *alimentare un bambino* ◊ ♧ Suscitare, tener vivo: *alimentare i sospetti, le passioni* **2** Fornire a una macchina il materiale, l'energia, il combustibile necessari al suo funzionamento: *alimentare un motore, una radio* | *Alimentare un fuoco* = aggiungervi materiale combustibile ♦ **alimentarsi** *v.pr.* Nutrirsi: *alimentarsi con cibi sani.*

alimentare[2] [a-li-men-tà-re] *agg.* **1** Che serve al nutrimento Ⓢ commestibile: *prodotti alimentari* **2** Che riguarda gli alimenti: *frode alimentare* ◊ Provocato da alimenti: *intossicazione alimentare* ♦ *s.m.pl.* Generi commestibili: *un negozio di alimentari.*

alimentazione [a-li-men-ta-zió-ne] *s.f.* **1** Il modo di alimentarsi: *alimentazione ricca, a base di cereali* **2** Rifornimento dell'energia, del combustibile, del materiale necessari al funzionamento di una macchina: *alimentazione elettrica, a gasolio.*

alimento [a-li-mén-to] *s.m.* Sostanza capace di nutrire un organismo vivente Ⓢ cibo, nutrimento: *carne e formaggio sono alimenti molto nutrienti.*

aliquota [a-lì-quo-ta] *s.f.* **1** Ognuna delle parti in cui è stata divisa una quantità Ⓢ quota **2** *Aliquota fiscale* = la percentuale del reddito che si deve pagare come imposta.

aliscafo [a-li-scà-fo] *s.m.* Battello dotato di grandi pattini che gli permettono di sollevarsi sul pelo dell'acqua raggiungendo alte velocità.

alitare [a-li-tà-re] *v.intr.* [aus. *avere*] **1** Emettere l'alito **2** Soffiare lievemente (detto del vento).

alito [à-li-to] *s.m.* **1** Fiato: *ha l'alito cattivo perché non ha digerito bene*; *appannò il vetro con l'alito* **2** ♧ Leggero soffio di vento.

allacciare [al-lac-cià-re] *v.tr.* **1** Legare, stringere con lacci, fibbie e simili: *allacciarsi le scarpe* **2** Collegare, mettere in comunicazione: *allacciare delle linee ferroviarie* **3** ♧ Stringere, stabilire: *allacciare un'amicizia, nuovi rapporti.*

allacciatura [al-lac-cia-tù-ra] *s.f.* Chiusura con lacci, bottoni e simili di un capo d'abbigliamento, di una scarpa.

allagare [al-la-gà-re] *v.tr.* [*allàgo, allàghi*] Invadere coprendo d'acqua Ⓢ inondare: *il fiume straripò allagando i campi* ◊ Spandersi in abbondanza su una superficie (detto di liquidi): *il vino uscito dalla bottiglia allagò il pavimento* ♦ **allagarsi** *v.pr.* Coprirsi, riempirsi d'acqua: *con il temporale s'è allagata la cantina.*

allampanato [al-lam-pa-nà-to] *agg.* Magro e alto: *un ragazzo allampanato.*

allargare [al-lar-gà-re] *v.tr.* [*allàrgo, allàrghi*] **1** Rendere più largo, più ampio: *allargare un foro, dei pantaloni* | *Allargare le braccia* = aprirle, per lo più come gesto di rassegnazione **2** ♧ Ampliare, estendere: *allargare le proprie amicizie, le ricerche* ♦ **allargarsi** *v.pr.* **1** Diventare più largo, più ampio: *il buco nel vestito si è allargato* **2** ♧ Estendersi (detto di attività, di affari).

allarmare [al-lar-mà-re] *v.tr.* Mettere in allarme, in apprensione: *non gli ho detto tutto per non allarmarlo* ♦ **allarmarsi** *v.pr.* Mettersi in ansia, spaventarsi, preoccuparsi: *non è il caso di allarmarsi.*

allarmante [al-lar-màn-te] *agg.* Che mette in allarme, che desta timore Ⓢ preoccupante: *un episodio di criminalità allarmante.*

allarme [al-làr-me] *s.m.* **1** Grido o segnale che chiama i soldati a prendere le armi per fronteggiare un attacco imminente: *dare, suonare l'allarme* ◊ Avvertimento di una situazione grave, di un pericolo imminente: *dare l'allarme per un incendio* **2** ♧ Timore, apprensione: *la notizia ci ha messo in allarme.*

allattamento [al-lat-ta-mén-to] *s.m.* Alimentazione del neonato a base di latte | *Allattamento materno, naturale, al seno* = con il latte della madre | *Allattamento artificiale* = con latte di mucca o preparato con polveri di latte e succhiato dal poppatoio ◊ Il periodo durante il quale viene data questa alimentazione.

allattare [al-lat-tà-re] *v.tr.* Nutrire un neonato col proprio latte o con allattamento artificiale.

alleanza [al-le-àn-za] *s.f.* Patto con cui due o più stati si impegnano ad aiutarsi reciprocamente, soprattutto in caso di guerra ◊ Accordo, unione tra partiti, gruppi, persone per scopi di comune interesse: *alleanza elettorale.*

allearsi [al-le-àr-si] *v.pr.* Fare, stringere un'alleanza: *le due nazioni si allearono contro il comune nemico* ◊ Accordarsi, unirsi per un'azione comune: *vedo che siete alleati contro di me.*

alleato [al-le-à-to] *agg.* e *s.m.* Che, chi fa parte di un'alleanza, ha stretto un'alleanza: *due nazioni alleate.*

allegare [al-le-gà-re] *v.tr.* [*allégo, alléghi*] Unire, accludere: *devi allegare una foto alla domanda d'iscrizione.*

allegato [al-le-gà-to] *s.m.* Documento unito, accluso ad altri documenti o a una lettera ◊ *File* inserito in un messaggio di posta elettronica.

alleggerire [al-leg-ge-rì-re] *v.tr.* [*allegerìsco, alleggerìsci*] **1** Rendere più leggero: *alleggerire un carico* ◊ ♧ Rendere meno grave, più sopportabile: *alleggerire una responsabilità, un dolore* **2** Liberare in parte da un peso o da un compito gravoso: *alleggerire un carro* ♦ **alleggerirsi** *v.pr.* **1** Sgravarsi di un peso (anche ♧): *confessando si alleggerì la coscienza* **2** Mettersi abiti più leggeri.

allegria [al-le-grì-a] *s.f.* Stato d'animo allegro, lieto, gioioso, che si manifesta in modo vivace e festoso Ⓢ contentezza, buonumore Ⓒ tristezza: *la sua allegria era contagiosa*; *abbiamo passato una serata in allegria.*

allegro [al-lé-gro] *agg.* **1** Che ha o rivela allegria Ⓢ lieto, gioioso, contento Ⓒ triste: *un ragazzo sempre allegro*; *perché hai quella faccia allegra?* **2** Che mette allegria Ⓢ brioso, vivace, piacevole: *una musica allegra*; *colori allegri.*

allenamento [al-le-na-mén-to] *s.m.* Preparazione, addestramento (spec. sportivo): *l'allenamento di una squadra*; *fare un po' di allenamento per tenersi in forma.*

allenare [al-le-nà-re] *v.tr.* **1** Preparare a un'attività sportiva con continui esercizi, in modo da far acquistare la migliore forma fisica: *allenare un atleta, una squadra* **2** Tenere in esercizio Ⓢ esercitare, addestrare: *allenare la memoria, i muscoli* ♦ **allenarsi** *v.pr.* Prepararsi fisicamente a un'attività, a una competizione sportiva: *allenarsi nella corsa* ◊ Esercitarsi, addestrarsi in una qualsiasi attività: *allenarsi allo studio.*

allenatore [al-le-na-tó-re] *s.m.* [f. *–trice*] Tecnico che allena gli atleti nei vari sport.

allentare [al-len-tà-re] *v.tr.* **1** Rendere meno teso, meno stretto: *allentare una fune, un nodo, una vite* **2** ♧ Rendere meno rigido Ⓢ attenuare: *allentare la disciplina* ♦ **allentarsi** *v.pr.* **1** Divenire meno teso, meno stretto: *si è allentata la cinghia* **2** ♧ Diminuire d'intensità Ⓢ attenuarsi Ⓒ intensificarsi: *i loro rapporti si allentarono*; *si sta allentando la morsa del freddo.*

allergia [al-ler-gì-a] *s.f.* **1** Reazione anormale e patologica di un organismo a determinate sostanze: *soffre di allergia al polline* **2** ♧ In senso scherzoso, insofferenza, avversione: *ha una vera allergia per le chiacchiere, per lo studio.*

allergico [al-lèr-gi-co] *agg.* [pl.m. *–ci*] Provocato da allergia: *il raffreddore da fieno e l'orticaria sono malattie allergiche* ♦ *agg.* e *s.m.* Che, chi soffre di qualche allergia.

allestire [al-le-stì-re] *v.tr.* [*allestìsco, allestìsci*] Preparare, organizzare: *allestire un pranzo, uno spettacolo, una mostra, una spedizione.*

allettare [al-let-tà-re] *v.tr.* Attrarre, invogliare con qualcosa di piacevole: *lo allettarono con promesse e lusinghe.*

allevamento [al-le-va-mén-to] *s.m.* **1** L'insieme delle cure necessarie alla crescita di un bambino **2** L'attività di allevare animali utili all'uomo: *dedicarsi all'allevamento dei conigli* ◊ Impianto destinato a tale attività; l'insieme degli animali che si allevano: *possiede un allevamento di suini*; *una moria colpì l'allevamento.*

allevare [al-le-và-re] *v.tr.* **1** Nutrire e far crescere un bambino prestandogli le cure necessarie: *è stato allevato dai nonni* ◊ Educare: *quel ragazzo è stato allevato bene* **2** Curare la crescita e la riproduzione di piante e animali (spec. come attività economica): *allevare polli, suini, cavalli, trote*; *allevare rose, alberi da frutto.*

allevatore [al-le-va-tó-re] *s.m.* [f. *–trice*] Chi si occupa dell'allevamento del bestiame.

alleviare [al-le-vià-re] *v.tr.* Rendere più lieve, meno pesante Ⓢ lenire, attenuare: *alleviare un dolore, una fatica.*

allibire [al-li-bì-re] *v.intr.* [*allibìsco, allibìsci*; aus. *essere*] Impallidire, restare attonito, sconcertato, per stupore, paura e simili: *a quella vista allibì.*

allietare [al-lie-tà-re] *v.tr.* Rendere lieto Ⓢ rallegrare: *la buona notizia ci ha molto allietato.*

allievo [al-liè-vo] *s.m.* Chi viene istruito da un insegnante o frequenta una scuola Ⓢ discepolo, scolaro, alunno: *gli allievi di un maestro di danza, della scuola elementare.*

alligatore [al-li-ga-tó-re] *s.m.* Rettile simile al coccodrillo che vive nei fiumi dell'Asia e dell'America.

allineare [al-li-ne-à-re] *v.tr.* Disporre su una stessa linea persone o cose: *allineare gli alunni nel cortile, i libri su uno scaffale* ♦ **allinearsi** *v.pr.* Disporsi su una stessa linea.

allocco [al-lòc-co] *s.m.* [pl. *–chi*] **1** Uccello rapace notturno, simile al gufo **2** ♧ Persona sciocca, tonta: *ti sei fatto imbrogliare come un allocco!*

allodola [al-lò-do-la] *s.f.* Piccolo uccello dal piumaggio bruno-rossiccio e dal canto armonioso | ♧ *Specchietto per le allodole* = espediente per incantare e attrarre gli ingenui.

alloggiare [al-log-già-re] *v.tr.* Dare alloggio a qualcuno Ⓢ ospitare: *alloggiare un amico per la notte* ♦ *v.intr.* [aus. *avere*] Dimorare, abitare temporaneamente: *stanotte alloggerò da lui.*

alloggio [al-lòg-gio] *s.m.* Luogo in cui alloggiare, essere ospitati, spec. per breve tempo: *dare, chiedere alloggio per una notte* ◊ Abitazione: *vive in un alloggio confortevole*; *alloggi popolari.*

allontanare [al-lon-ta-nà-re] *v.tr.* Mandare lontano Ⓢ separare: *ho cercato di allontanarlo dalle cattive compagnie* ◊ Mettere lontano Ⓢ scostare Ⓒ avvicinare: *allontanami quella lampada dagli occhi* ◊ Tenere lontano, distante (anche ♧): *allontanare un pericolo, un sospetto* ◊ Mandare via: *allontanare le mosche*; *allontanare un alunno da scuola* ♦ **allontanarsi** *v.pr.* Andare lontano, scostarsi (anche ♧): *non allontanarti dalla riva*; *ti sei allontanato dall'argomento* ◊ Assentarsi: *ha dovuto allontanarsi un momento* ◊ ♧ Distaccarsi: *allontanarsi da un amico, dalle vecchie abitudini.*

allora [al-ló-ra] *avv.* **1** In quel momento, in quel tempo (riferito sia al passato che al futuro): *allora non volli credergli*; *quando lo vedrai, allora capirai* ◊ (preceduto da una preposizione) Quel tempo, quel momento: *non ho più visto gli amici di allora*; *ti aspetterò fino ad allora* **2** (in frasi interrogative ed esclamative) Dunque, ebbene: *allora hai deciso cosa fare?* ♦ *congz.* In tal caso: *se questa è la tua risposta, allora me ne vado*

allorché [al-lor-ché] *congz.* Quando, nel momento in cui: *allorché mi vide, impallidì di colpo.*

👁 L'accento sulla *e* di *allorché* è acuto (come in *perché, poiché, finché* ecc.): attenzione a non sbagliarlo, soprattutto quando scrivi al computer.

alloro [al-lò-ro] *s.m.* **1** Albero sempre verde, le cui foglie sono usate in cucina per aromatizzare le vivande **2** ♧ Vittoria, trionfo: *conquistare l'alloro olimpico.*

alluce [àl-lu-ce] *s.m.* Il più grosso dito del piede, corrispondente al pollice della mano.

allucinante [al-lu-ci-nàn-te] *agg.* Impressionante, sconvolgente, spaventoso: *è stata una scena allucinante*; *ho vissuto un'avventura allucinante.*

allucinazione [al-lu-ci-na-zió-ne] *s.f.* Fenomeno di alterazione della coscienza per cui si vedono o sentono come reali immagini, suoni, stimoli inesistenti: *allucinazioni provocate da febbre alta, da delirio, da droghe.*

alludere [al-lù-de-re] *v.intr.* [pass.rem. *allùsi, alludésti*; part.pass. *allùso*; aus. *avere*] Accennare a qualcosa o a qualcuno senza nominarli esplicitamente: *non capisco a chi stai alludendo.*

alluminio [al-lu-mì-nio] *s.m.* Metallo bianco argenteo, molto leggero, duttile e malleabile, impiegato in numerosissime applicazioni industriali.

allungare [al-lun-gà-re] *v.tr.* [*allùngo, allùnghi*] **1** Rendere più lungo, accrescere in lunghezza: *allungare una gonna*; *se vai da quella parte allunghi la strada* | *Allungare il passo* = camminare più speditamente **2** Stendere, protendere: *allungare le gambe* | ♧ *Allungare le orecchie* = porsi ad ascoltare con attenzione | ♧ *Allungare le mani* = rubare o mettere le mani addosso a qualcuno **3** Aumentare la durata di qualcosa: *allungare le ferie* **4** Porgere: *mi allunghi quel piatto, per favore?* ◊ Assestare, tirare: *mi ha allungato un calcio* **5** Diluire, annacquare: *allungare il vino* ♦ **allungarsi** *v.pr.* **1** Accrescersi in lunghezza, altezza, durata: *come si è allungato quel ragazzo*; *le giornate si stanno allungando* **2** Stendersi, sdraiarsi: *si allungò sul divano.*

allungo [al-lùn-go] *s.m.* [pl. *–ghi*] Nelle corse ciclistiche e podistiche, accelerazione dell'andatura che un atleta compie per staccare gli avversari.

allusione [al-lu-sió-ne] *s.f.* Accenno velato e indiretto a qualcosa o a qualcuno: *il suo discorso era pieno di oscure allusioni.*

alluvione [al-lu-vió-ne] *s.f.* Inondazione di terre provocata da straripamento di fiumi e torrenti o da forti piogge.

almanacco [al-ma-nàc-co] *s.m.* [pl. *–chi*] Pubblicazione annuale contenente il calendario con l'indicazione delle festività, delle fasi lunari e di altri fenomeni astronomici.

almeno [al-mé-no] *avv.* Per lo meno, come minimo: *starò via almeno una settimana* ◊ Se non altro: *stavolta almeno ci ha avvertito* ◊ Con il verbo al congiuntivo esprime desiderio o rimpianto: *almeno arrivasse presto!*; *almeno non fosse partito!*

alone [a-ló-ne] *s.m.* **1** Cerchio luminoso che, per effetto dei vapori dell'atmosfera, appare a volte intorno al Sole e alla Luna: *alone lunare* ◊ Analogo cerchio intorno a una sorgente di luce: *l'alone della candela* **2** Contorno più sbiadito che si forma su un tessuto nel punto in cui viene smacchiato.

alpe [àl-pe] *s.f.* Zona di alta montagna ◊ Pascolo di montagna Ⓢ alpeggio.

alpeggio [al-pég-gio] *s.m.* Pascolo estivo di alta montagna: *condurre il bestiame all'alpeggio.*

alpestre [al-pè-stre] *agg.* Tipico dell'alta montagna: *paesaggio alpestre.*

alpinismo [al-pi-nì-smo] *s.m.* La pratica sportiva e la tecnica dello scalare le montagne.

alpinista [al-pi-nì-sta] *s.m.f.* [pl.m. *–sti*] Chi pratica l'alpinismo: *è un bravo alpinista.*

alpino [al-pì-no] *agg.* Delle Alpi: *la catena alpina* ◊ Dell'alta montagna: *fauna, flora alpina* ♦ *s.m.* Soldato appartenente a un corpo speciale dell'esercito italiano, addestrato a operare in alta montagna: *il raduno annuale degli alpini.*

alquanto [al-quàn-to] *avv.* Non poco, abbastanza, parecchio: *dovetti aspettare alquanto.*

alt *inter.* Esclamazione che ordina di interrompere o arrestare un'azione o un movimento ♦ *s.m.* **1** Ordine di fermarsi: *il poliziotto intimò l'alt* **2** Interruzione, sosta: *fare un alt durante la marcia.*

altalena [al-ta-lé-na] *s.f.* Gioco che consiste nell'oscillare avanti e indietro stando seduti su un sedile appeso a due funi ◊ Gioco tra due persone che, sedute agli estremi di un asse in bilico su un sostegno centrale, lo fanno alzare e abbassare alternatamente.

altare [al-tà-re] *s.m.* Nel culto cattolico, tavola sulla quale i sacerdoti celebrano le funzioni religiose | *Condurre una donna all'altare* = sposarla.

alterare [al-te-rà-re] *v.tr.* **1** Modificare una cosa, per lo più peggiorandola: *la conservazione altera il sapore dei cibi* **2** Falsificare, contraffare: *alterò la voce per non farsi riconoscere*; *alterare la verità* **3** ♧ Turbare, sconvolgere, irritare: *basta niente per alterarlo* ♦ **alterarsi** *v.pr.* **1** Modificarsi, per lo più in peggio; sciuparsi: *i colori si alterano con l'umidità* **2** ♧ Turbarsi, incollerirsi: *a quella notizia si alterò in viso.*

alterato [al-te-rà-to] *agg.* **1** Modificato rispetto allo stato normale: *battito cardiaco alterato* ◊ Adulterato, guasto: *cibo alterato* ◊ Falsificato, contraffatto: *firma alterata* **2** Turbato, sconvolto: *parlava con voce alterata dall'ira.*

alterazione [al-te-ra-zió-ne] *s.f.* **1** Modificazione, spec. in peggio, delle caratteristiche di una cosa: *l'alterazione di un cibo* ◊ Falsificazione: *l'alterazione della verità, di un documento* **2** In medicina, stato di anormalità fisica o psichica: *alterazione del polso*; *ha agito in uno stato di alterazione mentale* ◊ Febbre leggera.

alterco [al-tèr-co] *s.m.* [pl. *–chi*] Violento litigio con scambio di insulti e minacce.

alterigia [al-te-rì-gia] *s.f.* Presunzione e superbia sprezzante Ⓢ arroganza, boria Ⓒ umiltà, modestia: *tratta tutti con alterigia.*

alternanza [al-ter-nàn-za] *s.f.* L'alternarsi Ⓢ avvicendamento: *l'alternanza delle stagioni*; *una continua alternanza di gioie e dolori.*

alternare [al-ter-nà-re] *v.tr.* Compiere o disporre

due o più cose in modo che si succedano l'una all'altra con regolarità: *alternare lo studio e il lavoro*; *alternare le righe chiare e quelle scure nel disegno di una stoffa* ♦ **alternarsi** *v.pr.* Succedersi in modo alterno Ⓢ avvicendarsi: *durante il viaggio ci siamo alternati nella guida.*

alternativa [al-ter-na-tì-va] *s.f.* Necessità di scelta fra due soluzioni che si escludono a vicenda Ⓢ dilemma: *ci troviamo di fronte a una difficile alternativa* ◊ Scelta, soluzione possibile: *non ci resta altra alternativa.*

alternativo [al-ter-na-tì-vo] *agg.* **1** Che costituisce un'alternativa, una diversa possibilità: *proposta, soluzione alternativa* | *Fonti energetiche alternative* = quelle basate sull'energia del sole, del vento, delle maree ecc., rispetto a quelle tradizionali del petrolio e del carbone **2** Si dice di ogni attività e manifestazione che, nei più diversi campi, si contrappongono a quelle dominanti: *cultura, medicina, alimentazione alternativa.*

alterno [al-tèr-no] *agg.* Che si ripete a intervalli più o meno regolari nello spazio o nel tempo: *le oscillazioni alterne del pendolo* | *A giorni alterni* = un giorno sì e uno no ◊ Mutevole: *le alterne vicende della vita.*

altero [al-tè-ro] *agg.* Superbo e sdegnoso: *sguardo altero* ◊ Fiero e orgoglioso: *portamento altero.*

altezza [al-téz-za] *s.f.* **1** Distanza in verticale tra la base e il vertice di un corpo: *un albero, una persona di notevole altezza* | *Altezza di un monte* = la sua elevazione rispetto al livello del mare ◊ Profondità (detto dell'acqua) **2** Punto, luogo alto: *cadere da una grande altezza* ◊ Distanza da terra: *volare a grande altezza* **3** In geografia, latitudine: *la nave navigava all'altezza dell'isola d'Elba* ◊ Prossimità: *l'incidente è avvenuto all'altezza dello svincolo* **4** Acutezza di un suono.

altezzoso [al-tez-zó-so] *agg.* Pieno di superbia sprezzante, di alterigia Ⓢ borioso, arrogante.

alticcio [al-tìc-cio] *agg.* [pl.f. *–ce*] Leggermente ubriaco.

altipiano vedi **altopiano**.

altitudine [al-ti-tù-di-ne] *s.f.* Altezza di un luogo sul livello del mare Ⓢ quota.

alto [àl-to] *agg.* **1** Che si eleva verticalmente di una certa misura dal suolo o da un altro piano preso come base: *una montagna alta mille metri*; *una ringhiera alta ottanta centimetri* ◊ Che ha un'altezza, una statura notevole Ⓒ basso: *un'alta montagna*; *un uomo alto* ◊ Situato in posizione elevata: *i piani alti di un edificio*; *il sole è ancora alto* ◊ Spesso: *una lastra di marmo alta tre centimetri* **2** Profondo: *qui l'acqua è molto alta* | *Alto mare* = quello lontano dalla costa **3** Settentrionale: *vive in alta Italia* **4** Elevato, grande, considerevole: *prezzi alti*; *febbre alta*; *alta pressione*; *il rischio è alto* **5** Acuto; forte: *una nota molto alta*; *parlare ad alta voce* **6** *Notte alta* = inoltrata | *Alta stagione* = il periodo di maggior afflusso turistico **7** ♧ Che occupa un posto socialmente elevato; di classe e livello superiore: *alta società*; *alta moda*; *un alto funzionario* ♦ *s.m.* Parte alta, punto alto: *guardare, cadere dall'alto*; *salire verso l'alto* | ♧ *Guardare qualcuno dall'alto in basso* = con sufficienza, con disprezzo ♦ *avv.* A grande altezza, verso l'alto: *volare alto*; *mirare alto.*

altolocato [al-to-lo-cà-to] *agg.* Di alta condizione sociale: *frequenta gente altolocata.*

altoparlante [al-to-par-làn-te] *s.m.* Apparecchio che serve ad amplificare la voce e il suono.

altopiano [al-to-pià-no] o **altipiano** [al-ti-pià-no] *s.m.* [pl. *altopiani* o *altipiani*] Regione pianeggiante situata a un'altitudine di oltre 300 metri sul livello del mare.

altrettanto [al-tret-tàn-to] *agg.indef.* Che è uguale come numero, quantità, misura: *per il ritorno impiegammo altrettante ore che per l'andata* ♦ *pronome indef.* La stessa quantità o misura: *tu hai speso dieci euro e io altrettanto* ◊ La stessa cosa: *non mi salutò e io feci altrettanto* ♦ *avv.* Nella stessa misura, ugualmente: *ho dormito, ma mi sono svegliato altrettanto stanco*; *«Buon appetito!» «Grazie, altrettanto!»*

altrimenti [al-tri-mén-ti] *avv.* **1** In altra maniera, diversamente: *non potevo fare altrimenti* **2** In caso contrario, se no: *parla chiaro, altrimenti taci.*

altro [àl-tro] *agg.indef.* **1** Differente, diverso: *prima ti comportavi in altro modo* | *D'altra parte* = d'altronde, del resto **2** (preceduto sempre dall'art. determ.) Restante, rimanente: *e gli altri libri dove li hai messi?* **3** In più rispetto al precedente; nuovo, secondo: *dammi un altro bicchier d'acqua*; *è stato per lui come un altro padre* **4** Riferito al tempo, scorso, precedente (*l'altr'anno, l'altro ieri*) ma anche prossimo (*verrò quest'altra settimana*) e successivo (*da un anno all'altro*) | *Da un momento all'altro* = in qualunque momento; tra breve; improvvisamente ♦ *pronome indef.* Un'altra persona o cosa (cioè diversa, distinta o in più rispetto a quella a cui ci si è riferiti in precedenza): *un altro non lo farebbe mai*; *ci rivolgeremo ad altri*; *alcuni lo credono, altri no*; *se questi dolci ti piacciono prendine altri* | *L'un l'altro* = scambievolmente: *aiutarsi l'un l'altro* ♦ In funzione di *s.m.* **1** (sempre senza art.) Altra cosa: *che altro*

A B C D E F G H I J K L M N O P Q R S T U V W X Y Z

ti serve?; *ho altro da fare*; *bugiardo che non sei altro!* ◊ *Più che altro* = soprattutto | *Per altro* = del resto | *Senz'altro* = certamente | *Tra l'altro* = tra le altre cose, per giunta | *Tutt'altro* = all'opposto, per niente | *Se non altro* = almeno **2** (al *pl.* e sempre con l'art.) Le altre persone, il prossimo: *non pensi mai agli altri.*

altroché [al-tro-ché] o **altro che** *avv.* Certamente (come risposta): *«Verrai?» «Altroché!»*
L'accento sulla *e* di *altroché* è acuto (come in *perché, poiché, finché* ecc.): attenzione a non sbagliarlo, soprattutto quando scrivi al computer.

altronde [al-trón-de] *avv. D'altronde* = d'altra parte, del resto Ⓢ peraltro: *d'altronde non potevo farci niente.*

altrove [al-tró-ve] *avv.* In altro luogo, da un'altra parte: *si è trasferito altrove.*

altrui [al-trù-i] *agg.poss.invar.* Di altra persona, di altri: *non mi immischio nelle faccende altrui.*

altruismo [al-tru-ì-smo] *s.m.* Amore verso il prossimo; tendenza a pensare agli altri prima che a se stessi Ⓒ egoismo.

altruista [al-tru-ì-sta] *agg.* e *s.m.f.* [pl.m. *–sti*] Che, chi si comporta con altruismo; non egoista.

altura [al-tù-ra] *s.f.* **1** Luogo elevato Ⓢ colle, collina, monte **2** Alto mare: *pesca d'altura.*

alunno [a-lùn-no] *s.m.* Scolaro, allievo.

alveare [al-ve-à-re] *s.m.* Nido naturale delle api o cassetta in cui sono allevate per la produzione del miele.

alveo [àl-ve-o] *s.m.* Solco naturale o artificiale del terreno entro cui scorre un corso d'acqua Ⓢ letto.

alzare [al-zà-re] *v.tr.* **1** Portare in alto o più in alto; spingere, tirare in su Ⓢ sollevare, innalzare Ⓒ abbassare: *alzare un peso, la mano* | *Alzare le carte* = dividere in due parti il mazzo, mettendo sopra quella che stava sotto | ♧ *Alzare il gomito* = bere troppo ◊ Aumentare di livello o d'intensità: *alzare i prezzi, la radio* **2** Costruire, erigere: *alzare un muro* ♦ **alzarsi** *v.pr.* **1** (riferito a persone) Mettersi in posizione ritta Ⓢ sollevarsi, rizzarsi: *alzarsi da terra* ◊ Levarsi dal letto: *oggi mi sono alzato presto* **2** (riferito a cose) Andare verso l'alto Ⓢ crescere, salire; sorgere, levarsi (anche ♧): *si è alzata la febbre*; *le fiamme si alzavano fino al soffitto*; *si è alzato il vento*; *dalla folla si alzavano grida di protesta* **3** (riferito a uccelli) Levarsi in volo.

amabile [a-mà-bi-le] *agg.* **1** Che ispira simpatia Ⓢ cordiale, gentile: *è una persona molto amabile* ◊ Piacevole, gradevole: *un'amabile conversazione* **2** Detto di vino, che tende al dolce.

amaca [a-mà-ca] *s.f.* Rete o tela che si sospende tra due alberi o altri sostegni per essere usata come letto.

amalgamare [a-mal-ga-mà-re] *v.tr.* Impastare insieme: *amalgamare i diversi ingredienti di una torta* ◊ ♧ Fondere insieme: *amalgamare culture diverse.*

amante [a-màn-te] *agg.* e *s.m.f.* Che, chi ha amore, passione, interesse per qualcosa: *i cittadini amanti della libertà*; *è un amante della musica lirica* ♦ *s.m.f.* Chi ha una relazione amorosa con un'altra persona, spec. al di fuori del matrimonio.

amaramente [a-ma-ra-mén-te] *avv.* Con amarezza, dispiacere, rimpianto: *si è pentito amaramente della sua decisione.*

amare [a-mà-re] *v.tr.* **1** Voler bene, provare profondo affetto: *amare il prossimo, i figli* ◊ Sentire un'attrazione per qualcuno, esserne innamorato: *ama molto quel ragazzo* **2** Sentire affetto, attaccamento per qualcosa: *amare il proprio paese, il proprio lavoro* ◊ Sentire interesse, predilezione, piacere, attrazione per qualcosa: *amare lo studio, la musica, la pittura, il gioco, le comodità* **3** Detto di vegetali, aver bisogno: *i pomodori amano il sole* **4** (seguito da infinito o da *che* e congiuntivo) Desiderare, aver piacere, volere: *amerei vederti contento*; *amerei che mi dicessi la verità* ♦ **amarsi** *v.pr.* Provare reciprocamente affetto, amore: *due fratelli, due sposi che si amano molto.*

amareggiare [a-ma-reg-già-re] *v.tr.* Rattristare, affliggere, addolorare: *la sua ingratitudine mi amareggia.*

amarena [a-ma-rè-na] *s.f.* **1** Varietà di ciliegia dal sapore acidulo **2** Sciroppo o bibita ricavati da tale frutto.

amarezza [a-ma-réz-za] *s.f.* **1** Sapore amaro **2** ♧ Tristezza mista a dispiacere, delusione o risentimento: *nelle sue parole c'era molta amarezza.*

amaro [a-mà-ro] *agg.* **1** Che ha sapore contrario al dolce | *Bere il caffè amaro* = non zuccherato **2** ♧ Che è causa di dispiacere, di delusione Ⓢ spiacevole: *lo aspettava un'amara sorpresa* ◊ Che rivela pena, amarezza: *un sorriso amaro* ♦ *s.m.* Liquore di sapore amaro: *prendere un amaro come digestivo.*

amatore [a-ma-tó-re] *s.m.* [f. *–trice*] **1** Chi ha passione, interesse per qualcosa: *è un amatore della musica classica* ◊ Intenditore, collezionista: *prezzo da amatore* **2** Dilettante di un'arte, di uno sport.

ambasciata [am-ba-scià-ta] *s.f.* **1** Rappresentanza diplomatica di uno stato presso un altro stato, costituita dall'ambasciatore e dal suo personale

◊ La sede di tale rappresentanza: *si recò all'ambasciata* **2** Messaggio che una persona è incaricata di portare ad altri: *ti affido un'ambasciata; che ambasciata mi porti?*

ambasciatore [am-ba-scia-tó-re] *s.m.* [f. *–trice*] Diplomatico che rappresenta ufficialmente uno stato presso uno stato straniero.

ambedue [am-be-dù-e] *agg.invar.* e *pronome invar.* L'uno e l'altro, tutti e due Ⓢ entrambi: *usa ambedue le mani; ambedue persero il posto.*

ambidestro [am-bi-dè-stro] *agg.* Che sa usare con uguale abilità ambedue le mani o ambedue i piedi: *un calciatore ambidestro.*

ambientale [am-bien-tà-le] *agg.* Dell'ambiente, riguardante l'ambiente naturale: *l'inquinamento ambientale è un problema sempre più grave.*

ambientalista [am-bien-ta-lì-sta] *agg.* e *s.m.f.* [pl.m. *–sti*] Ecologista.

ambientamento [am-bien-ta-mén-to] *s.m.* Adattamento, assuefazione a un determinato ambiente.

ambientarsi [am-bien-tàr-si] *v.pr.* Abituarsi a un nuovo ambiente: *ha difficoltà ad ambientarsi con i nuovi compagni.*

ambiente [am-biè̀n-te] *s.m.* **1** Il luogo, lo spazio e il complesso delle condizioni fisiche e biologiche in cui si svolge la vita degli organismi animali e vegetali: *ambiente terrestre, marino, lacustre; le attività umane spesso distruggono l'ambiente* **2** Il luogo, la situazione in cui si vive e le persone con cui si è a contatto (riguardo alle loro caratteristiche sociali, culturali, morali): *sono nato in un ambiente povero; cambiare ambiente* **3** Locale, stanza: *un ambiente molto luminoso.*

ambiguo [am-bì-guo] *agg.* **1** Che si presta a diverse interpretazioni: *una risposta ambigua* **2** Che induce al dubbio e al sospetto perché poco chiaro, non schietto Ⓢ equivoco: *tenere un comportamento ambiguo; una persona ambigua.*

ambire [am-bì-re] *v.tr.* [*ambìsco, ambìsci*] e *v.intr.* [aus. *avere*] Desiderare fortemente, aspirare a ottenere: *ambire (a) un premio, (a) una carica.*

ambito [àm-bi-to] *s.m.* Ambiente, settore entro cui si svolge qualcosa o ci si muove, si agisce e si può agire: *se ne è parlato solo nell'ambito della famiglia; questo compito non rientra nell'ambito delle mie funzioni.*

ambivalente [am-bi-va-lèn-te] *agg.* Che presenta due diversi significati, aspetti: *un vocabolo ambivalente; una questione ambivalente.*

ambizione [am-bi-zió-ne] *s.f.* Vivo desiderio e aspirazione di ottenere o raggiungere qualcosa (sia in senso buono, sia, per lo più, come effetto di vanità): *ha l'ambizione di fare l'attore; l'ambizione di primeggiare* ◊ La cosa che si desidera, a cui si aspira: *ottenere quel posto era la sua ambizione* ◊ Brama di successo, di potere, di onori e simili: *quell'uomo è stato rovinato dall'ambizione.*

ambizioso [am-bi-zió-so] *agg.* Che rivela ambizione: *un progetto ambizioso* ♦ *agg.* e *s.m.* Che, chi desidera fortemente qualcosa o nutre molte ambizioni: *è ambizioso di onori; un politico ambizioso.*

ambo [àm-bo] *agg.* [per lo più invariabile] Tutti e due Ⓢ entrambi, ambedue: *lavora con ambo le mani; in ambo i casi.*

ambra [àm-bra] *s.f.* Resina fossile, più o meno trasparente e di color giallo rossastro, utilizzata per fabbricare gioielli, bocchini e altri piccoli oggetti ornamentali.

ambulante [am-bu-làn-te] *agg.* Che non ha sede fissa: *venditore, suonatore ambulante; biblioteca ambulante* ♦ *s.m.f.* Venditore ambulante.

ambulanza [am-bu-làn-za] *s.f.* Veicolo per il trasporto di ammalati e feriti.

ambulatorio [am-bu-la-tò-rio] *s.m.* Locale o complesso di locali attrezzato per visite mediche e cure di pronto soccorso o specialistiche che non richiedono il ricovero in ospedale.

amen [parola ebraica; pron. *àmen*] *inter.* Così sia (formula che conclude le preghiere nella liturgia cristiana) ◊ Nell'uso familiare esprime scherzosamente rassegnazione Ⓢ pazienza: *se non ce la faccio, amen.*

ameno [a-mè-no] *agg.* **1** Che piace alla vista e distende l'animo Ⓢ ridente: *un paesaggio ameno* **2** Divertente, allegro: *una lettura, una compagnia amena* ◊ Bizzarro: *un tipo ameno.*

amianto [a-miàn-to] *s.m.* Sostanza minerale fibrosa e incombustibile, usata per fabbricare tessuti e rivestimenti antincendio prima che se ne scoprissero gli effetti cancerogeni.

amichevole [a-mi-ché-vo-le] *agg.* Da amico Ⓢ cordiale, benevolo: *rapporti amichevoli; tono amichevole* | *Incontro, partita amichevole* = gara sportiva non valida ai fini di una classifica o di un torneo, fatta per allenamento o esibizione ♦ *s.f.* Partita amichevole.

amicizia [a-mi-cì-zia] *s.f.* **1** Legame tra persone che nasce da simpatia, affetto e stima reciproca: *tra noi c'è molta amicizia; fare amicizia; rompere un'amicizia* **2** (spec. al *pl.*) Persona con cui si hanno rapporti di amicizia: *è un uomo che ha* *poche amicizie* ◊ Persona con cui si hanno relazioni sociali: *ha molte amicizie nei posti che contano.*

amico [a-mì-co] *agg.* [pl.m. *–ci*] Legato da amicizia: *sai che ti sono amico* ◊ Che esprime amicizia Ⓢ amichevole, benevolo: *mi ha rivolto parole amiche* ♦ *s.m.* Chi è legato ad altri da rapporti di amicizia: *ha un nuovo amico*; *perdere un amico*; *si è comportato da amico.*

amido [à-mi-do] *s.m.* Sostanza granulosa biancastra ad alto potere nutritivo, contenuta soprattutto nelle patate e nei cereali; è un carboidrato.

ammaccare [am-mac-cà-re] *v.tr.* [*ammàcco, ammàcchi*] Schiacciare, deformare la superficie di un corpo con colpi o pressioni: *ho ammaccato il paraurti dell'automobile.*

ammaccatura [am-mac-ca-tù-ra] *s.f.* Deformazione di una superficie causata da colpi ricevuti: *una pentola piena di ammaccature* ◊ Contusione, segno di un colpo sul corpo: *avere un'ammaccatura in fronte.*

ammaestramento [am-ma-e-stra-mén-to] *s.m.* Insegnamento, precetto; ammonimento: *ho seguito i tuoi ammaestramenti*; *spero che questa delusione ti serva di ammaestramento.*

ammaestrare [am-ma-e-strà-re] *v.tr.* **1** Istruire, rendere esperto, abile, scaltro: *è stato ammaestrato dall'esperienza* **2** Addestrare animali a compiere certi atti o esercizi: *ammaestrare le foche.*

ammainare [am-mai-nà-re] *v.tr.* Abbassare, far scendere una cosa facendo scorrere il cavo che la sostiene: *ammainare le vele, la bandiera.*

ammalarsi [am-ma-làr-si] *v.pr.* Essere colpito da una malattia: *se prendi freddo rischi di ammalarti.*

ammalato [am-ma-là-to] *agg.* e *s.m.* Che, chi è colpito da una malattia Ⓢ malato, infermo Ⓒ sano: *è a letto ammalato*; *curare un ammalato.*

ammaliare [am-ma-lià-re] *v.tr.* Affascinare irresistibilmente Ⓢ sedurre, stregare: *quella donna lo ha ammaliato con il suo sorriso.*

ammanco [am-màn-co] *s.m.* [pl. *–chi*] Mancanza di una certa somma di denaro in cassa, o perché è stata rubata o per un errore nei conti.

ammanettare [am-ma-net-tà-re] *v.tr.* Mettere le manette ai polsi di qualcuno, arrestarlo.

ammansire [am-man-sì-re] [*ammansìsco, ammansìsci*] *v.tr.* Rendere mansueto: *ammansire una belva* ◊ Calmare, placare: *ammansire gli animi.*

ammassare [am-mas-sà-re] *v.tr.* Raccogliere, radunare in massa, in gran quantità Ⓢ ammucchiare, accumulare: *ammassò la sua roba in un angolo*; *ammassare ricchezze* ♦ **ammassarsi** *v.pr.* Affollarsi, radunarsi in gran numero in un luogo: *la folla si ammassò nella piazza.*

ammasso [am-màs-so] *s.m.* Cumulo, mucchio: *un ammasso di rovine, di pietre.*

ammattire [am-mat-tì-re] *v.intr.* [*ammattìsco, ammattìsci*; aus. *essere*] **1** Diventare matto **2** ♧ Perdere la testa, la pazienza: *mi fa ammattire coi suoi discorsi* ◊ Scervellarsi: *sono ammattito per risolvere quel problema.*

ammazzare [am-maz-zà-re] *v.tr.* **1** Uccidere con mezzi violenti: *lo ammazzò con una coltellata* ◊ Far morire: *l'ha ammazzato una brutta polmonite* **2** ♧ Spossare, stremare: *fa un caldo che ti ammazza* ♦ **ammazzarsi** *v.pr.* **1** Suicidarsi **2** Perdere la vita: *s'è ammazzato in un incidente* **3** ♧ Affaticarsi eccessivamente: *ammazzarsi di lavoro.*

ammenda [am-mèn-da] *s.f.* Multa che si deve pagare per una contravvenzione.

ammettere [am-mét-te-re] *v.tr.* [coniugato come *mettere*] **1** Lasciar entrare Ⓢ accogliere, ricevere Ⓒ respingere, rifiutare: *non si ammettono estranei*; *è stato ammesso tra i soci* ◊ Dichiarare idoneo Ⓢ accettare: *lo hanno ammesso agli esami* **2** Permettere, consentire: *non ammetto discussioni su questo* ◊ Riconoscere Ⓒ negare: *ammetto di aver sbagliato* **3** Supporre: *ammettiamo che tu riesca a entrare, ma poi come uscirai?*

ammezzato [am-mez-zà-to] *agg.* e *s.m.* Detto del piano di un edificio che sta in mezzo tra il pianterreno e il primo piano Ⓢ mezzanino.

ammiccare [am-mic-cà-re] *v.intr.* [*ammìcco, ammìcchi*; aus. *avere*] Fare di nascosto cenni d'intesa con movimenti degli occhi e del viso: *gli ammiccò di star zitto.*

amministrare [am-mi-ni-strà-re] *v.tr.* Curare e dirigere l'organizzazione e la gestione di un'attività, di un ente, di un bene: *amministrare un'azienda, un comune, un patrimonio.*

amministrativo [am-mi-ni-stra-tì-vo] *agg.* Di amministrazione; relativo all'amministrazione: *problemi amministrativi* | *Elezioni amministrative* = quelle riguardanti regioni, province e comuni.

amministratore [am-mi-ni-stra-tó-re] *s.m.* [f. *–trice*] Chi amministra qualcosa: *l'amministratore di un condominio.*

amministrazione [am-mi-ni-stra-zió-ne] *s.f.* **1** L'attività di amministrare Ⓢ gestione, governo: *l'amministrazione di una ditta, di un comune, dello stato* **2** Ente, ufficio, organo che ha l'incarico di amministrare qualcosa: *l'amministrazione delle ferrovie dello stato*; *l'elezione dell'amministrazione comunale*; *il consiglio di amministrazione* *di un'azienda* | *Amministrazioni locali* = regioni, province e comuni ◊ La sede degli uffici amministrativi: *l'amministrazione è al secondo piano.*

ammiraglio [am-mi-rà-glio] *s.m.* Il più alto ufficiale della marina militare.

ammirare [am-mi-rà-re] *v.tr.* **1** Guardare, osservare con grande interesse e godimento: *ammirare un paesaggio, un quadro* **2** Considerare con stima e rispetto Ⓢ apprezzare Ⓒ biasimare, disapprovare: *una persona, un gesto da ammirare.*

ammirazione [am-mi-ra-zió-ne] *s.f.* Sentimento di grande stima, di entusiastico apprezzamento per qualcuno o qualcosa: *ho molta ammirazione per lui*; *il suo gesto suscitò l'ammirazione di tutti.*

ammirevole [am-mi-ré-vo-le] *agg.* Degno di ammirazione: *si è comportato in modo ammirevole.*

ammissibile [am-mis-sì-bi-le] *agg.* Che si può accettare: *non è ammissibile che si comporti così.*

ammissione [am-mis-sió-ne] *s.f.* **1** Accettazione: *ammissione agli esami* **2** Riconoscimento: *ha fatto ammissione dei suoi errori.*

ammobiliare [am-mo-bi-lià-re] *v.tr.* Arredare con mobili: *ammobiliare una casa, un ufficio.*

ammodernare [am-mo-der-nà-re] *v.tr.* Trasformare secondo il gusto o le esigenze moderne: *ammodernare un vestito, l'arredamento di casa.*

ammogliarsi [am-mo-gliàr-si] *v.pr.* Prendere moglie Ⓢ sposarsi: *non si è ancora ammogliato.*

ammogliato [am-mo-glià-to] *agg.* e *s.m.* Che, chi ha moglie.

ammoniaca [am-mo-nì-a-ca] *s.f.* Gas composto di idrogeno e azoto, tossico e di odore molto pungente; ha molti usi industriali e, diluito nell'acqua, si impiega come detergente domestico.

ammonimento [am-mo-ni-mén-to] *s.m.* **1** Avvertimento, consiglio, monito: *seguire gli ammonimenti paterni* **2** Rimprovero, richiamo.

ammonire [am-mo-nì-re] *v.tr.* [*ammonìsco, ammonìsci*] **1** Esortare energicamente o mettere in guardia: *Enrico mi aveva ammonito di non farlo* ◊ Ammaestrare: *ammonito da quell'esperienza, cambiò vita* **2** Rimproverare, richiamare: *è stato ammonito per la sua condotta* **3** Nel calcio e in altri sport, infliggere un'ammonizione a un atleta per comportamento scorretto.

ammonizione [am-mo-ni-zió-ne] *s.f.* **1** Rimprovero, richiamo: *ricevere un'ammonizione* **2** Nel calcio e in altri sport, provvedimento preso dall'arbitro o da un'autorità sportiva nei confronti di un atleta responsabile di scorrettezze o infrazioni.

ammontare [am-mon-tà-re] *v.intr.* [aus. *essere*] Raggiungere come cifra totale: *i suoi debiti ammontano a oltre mille euro* ♦ *s.m.* Il totale complessivo: *l'ammontare dei danni, delle spese.*

ammorbidire [am-mor-bi-dì-re] *v.tr.* [*ammorbidìsco, ammorbidìsci*] **1** Rendere morbido: *ammorbidire una stoffa* **2** ♧ Addolcire, ammansire: *con gli anni il suo carattere si è ammorbidito.*

ammortizzatore [am-mor-tiz-za-tó-re] *s.m.* Dispositivo che permette di attenuare le scosse e le vibrazioni di un veicolo durante la corsa.

ammucchiare [am-muc-chià-re] *v.tr.* Mettere insieme formando un mucchio Ⓢ accumulare (anche ♧): *ammucchiò le foglie in un angolo*; *ha ammucchiato molti soldi* ♦ **ammucchiarsi** *v.pr.* Affollarsi, ammassarsi: *la folla si ammucchiava all'ingresso del cinema.*

ammuffire [am-muf-fi-re] *v.intr.* [*ammuffisco, ammuffisci*; aus. *essere*] **1** Fare la muffa: *la frutta è ammuffita* **2** ♧ Vivere isolato e fuori dalla vita attiva, invecchiando prima del tempo: *se ne sta ad ammuffire in casa, sui libri.*

ammutinamento [am-mu-ti-na-mén-to] *s.m.* Ribellione collettiva e rifiuto di obbedire agli ordini dei superiori da parte dell'equipaggio di una nave o di militari.

ammutinarsi [am-mu-ti-nàr-si] *v.pr.* Fare un ammutinamento Ⓢ ribellarsi: *l'equipaggio si ammutinò al capitano.*

ammutolire [am-mu-to-lì-re] *v.intr.* [*ammutolìsco, ammutolìsci*; aus. *essere*] Tacere all'improvviso: *tutti ammutolirono per la sorpresa.*

amnesia [am-ne-sì-a] *s.f.* Perdita parziale o totale della memoria: *avere un momento di amnesia.*

amnistia [am-ni-stì-a] *s.f.* Provvedimento con cui lo stato rinuncia ad applicare la pena nei confronti di certi reati.

amnistiare [am-ni-stià-re] *v.tr.* Cancellare un reato con un'amnistia, esonerando dalla pena chi l'ha commesso.

amo [à-mo] *s.m.* Piccolo uncino d'acciaio su cui si infila l'esca per la pesca con la lenza | ♧ *Abboccare all'amo* = cadere in un tranello, in un inganno.

amore [a-mó-re] *s.m.* **1** Sentimento di affetto profondo e disinteressato: *amore materno, fraterno* | *Amor proprio* = sentimento di legittimo orgoglio e di cura della propria dignità **2** Sentimento di forte attrazione fisica e affettiva verso una persona: *soffriva perché il suo amore non era corrisposto* | *Fare l'amore, all'amore* = avere un rapporto sessuale ◊ (al *pl.*) Avventure, relazioni amorose: *racconta sempre a tutti i suoi amori* **3** Nel cristianesimo, sentimento di carità e di benevolenza per i propri simili: *amore per il prossimo* **4** Vivo interesse, predilezione, passione per qualcosa: *avere amore per l'arte, per lo studio* ◊ Brama, desiderio: *amore del denaro, del potere, dei piaceri* **5** Persona o cosa graziosa, attraente: *quella bambina è un amore*; *un vestito che è un amore.*

amoreggiare [a-mo-reg-già-re] *v.intr.* [aus. *avere*] Avere una relazione amorosa non profonda e non duratura Ⓢ flirtare.

amorevole [a-mo-ré-vo-le] *agg.* Che sente o dimostra amore, affetto: *un padre amorevole.*

amoroso [a-mo-ró-so] *agg.* **1** D'amore, che riguarda l'amore: *passione amorosa*; *relazione amorosa* **2** Pieno d'amore Ⓢ tenero, affettuoso: *è un padre amoroso*; *le rivolse uno sguardo amoroso.*

ampiezza [am-piéz-za] *s.f.* Larghezza, estensione, vastità (anche ♧): *una strada, una stanza di notevole ampiezza*; *avere ampiezza di vedute.*

ampio [àm-pio] *agg.* [superlativo *amplissimo*] **1** Che ha una notevole larghezza, estensione o grandezza Ⓢ spazioso, vasto Ⓒ stretto, piccolo, angusto: *un ampio passaggio*; *una piazza ampia*; *un vestito ampio* **2** ♧ Esteso, non ristretto; abbondante: *usare una parola nel senso più ampio*; *una persona di ampie vedute*; *dare ampie garanzie*; *un ampio resoconto.*

ampliamento [am-plia-mén-to] *s.m.* Allargamento, ingrandimento: *decidere l'ampliamento di una strada, di un locale.*

ampliare [am-plià-re] *v.tr.* Rendere più ampio Ⓢ allargare, ingrandire Ⓒ restringere: *ampliare una strada, un locale* ◊ ♧ Estendere, accrescere: *studia per ampliare le sue conoscenze.*

amplificatore [am-pli-fi-ca-tó-re] *s.m.* Apparecchio che aumenta l'intensità dei suoni.

ampolla [am-pól-la] *s.f.* Piccolo recipiente di vetro o ceramica, panciuto e dal collo stretto: *le ampolle dell'olio e dell'aceto.*

amputare [am-pu-tà-re] *v.tr.* Tagliare via con un intervento chirurgico un arto o una sua parte: *gli hanno amputato una gamba.*

amuleto [a-mu-lé-to o a-mu-lè-to] *s.m.* Oggetto cui si attribuisce il potere magico di proteggere da ogni male o sventura Ⓢ talismano, portafortuna.

anabbaglianti [a-nab-ba-gliàn-ti] *s.m.pl.* I fari degli autoveicoli che non abbagliano chi procede in senso opposto.

anacronistico [a-na-cro-nì-sti-co] *agg.* [pl.m. *–ci*] Che è in contrasto con la propria epoca, perché superato Ⓢ inattuale: *idee anacronistiche.*

anagrafe [a-nà-gra-fe] *s.f.* **1** Registro della popolazione di un comune, contenente tutti i dati relativi a ogni residente (nascita, stato civile ecc.) **2** Ufficio comunale in cui si tiene questo registro.

anagramma [a-na-gràm-ma] *s.m.* Mutamento nell'ordine delle lettere di una parola o di una frase in modo da formare con le stesse lettere altre parole o altre frasi (ad es. *gola-lago, alto-lato*).

analcolico [a-nal-cò-li-co] *agg.* [pl.m. *–ci*] Che non contiene alcol: *bibita analcolica* ♦ *s.m.* Bevanda priva di alcol: *vendiamo solo analcolici.*

anale [a-nà-le] *agg.* Dell'ano.

analfabeta [a-nal-fa-bè-ta] *agg.* e *s.m.f.* [pl.m. *–ti*] Che, chi non sa né leggere né scrivere.

analfabetismo [a-nal-fa-be-tì-smo] *s.m.* Il fenomeno sociale per cui una parte più o meno ampia di una popolazione non sa né leggere né scrivere.

analgesico [a-nal-gè-si-co] *agg.* e *s.m.* [pl.m. *–ci*] Detto di farmaco che elimina o attenua il dolore.

analisi [a-nà-li-si] *s.f.* Indagine consistente nell'individuare e nell'esaminare i singoli elementi che compongono un tutto (materiale o astratto) Ⓢ esame: *fare l'analisi chimica di una sostanza*; *le analisi del sangue, delle urine* | *Analisi grammaticale* = esame della natura grammaticale di ciascuna delle parole di un testo | *Analisi logica* = individuazione della funzione sintattica dei singoli elementi di una frase o di un periodo ◊ Studio, esame approfondito: *fare un'analisi della situazione economica, di un fenomeno sociale.*

analizzare [a-na-liz-zà-re] *v.tr.* Sottoporre ad analisi: *far analizzare il sangue*; *analizzare una frase* ◊ Esaminare attentamente: *cerchiamo di analizzare il problema, la situazione.*

analogia [a-na-lo-gì-a] *s.f.* Somiglianza, affinità sotto certi aspetti tra due o più cose: *tra le due vicende si possono trovare molte analogie.*

analogo [a-nà-lo-go] *agg.* [pl.m. *–ghi*] Che ha analogia con un'altra cosa Ⓢ simile, affine: *anche a me è capitato un caso analogo*; *si tratta di situazioni analoghe.*

ananas [à-na-nas o a-na-nàs] *s.m.invar.* Pianta tropicale con frutti a forma di grossa pigna ◊ Il frutto di tale pianta, dalla polpa giallognola dolce e succosa.

anarchia [a-nar-chì-a] *s.f.* **1** Stato di caos politico conseguente a mancanza di governo o alla debolezza di quello esistente: *dopo la guerra il paese precipitò nell'anarchia* ◊ Disordine, confusione: *in quella casa regna l'anarchia* **2** Teoria e movimento politico che sostengono l'abolizione dello stato e di ogni altra istituzione in nome della piena libertà degli individui.

anarchico [a-nàr-chi-co] *agg.* [pl.m. *–ci*] Ispirato all'anarchia: *idee anarchiche* ♦ *s.m.* Seguace dell'anarchia.

anatomia [a-na-to-mì-a] *s.f.* Scienza che studia la struttura degli organismi animali e vegetali, sezionandoli nelle loro diverse parti ◊ La struttura stessa di un organismo: *studiare l'anatomia del corpo umano.*

anatra [à-na-tra] o **anitra** [à-ni-tra] *s.f.* Uccello acquatico con zampe palmate, becco largo e piatto e piumaggio variopinto.

anca [àn-ca] *s.f.* Regione del corpo umano che comprende la parte laterale del bacino e quella superiore della coscia ◊ Fianco: *dimenare le anche.*

anche [àn-che] *congz.* **1** Pure: *vengo anch'io* ◊ Per di più, oltretutto: *devo occuparmi di tutto e sono anche ammalato* **2** Persino: *è stato anche troppo generoso* **3** *Anche se* = sebbene, benché (*ti accompagnerò, anche se non ho voglia*); pure nel caso in cui: *anche se lo avvisassi, non tornerebbe indietro.*

ancora[1] [àn-co-ra] *s.f.* Pesante asta di ferro munita di due o più bracci ricurvi che servono a far presa sul fondo in modo da tener ferma l'imbarcazione a cui essa è collegata mediante una catena | ♧ *Ancora di salvezza* = la persona o la cosa che nei casi estremi costituisce l'unica via di salvezza.

ancora[2] [an-có-ra] *avv.* **1** Indica la continuità di un'azione o di una condizione nel presente, nel passato e nel futuro: *sono ancora malato*; *visse ancora a lungo*; *parlerà ancora per molto* **2** Fino ad ora; per ora: *ancora non si è visto*; *non è ancora pronto* **3** Fino allora: *non conoscevo ancora quella città* ◊ A quel tempo: *ancora credevo alle favole* **4** Nuovamente, un'altra volta: *devo ancora spiegartelo?* ◊ In aggiunta, di più: *vuoi ancora pane?*; *rimani ancora un po'* **5** Anche, persino: *è ancora più bello di quanto immaginavo.*

andamento [an-da-mén-to] *s.m.* Modo in cui qualcosa procede, si svolge: *l'andamento di un lavoro, degli affari, di una malattia, del tempo.*

andare [an-dà-re] *v.intr.* [pres. *vàdo, vài, va, andiàmo, andàte, vànno*; fut. *andrò*; cong.pres. (*io, tu, egli*) *vàda, andiàmo, andiàte, vàdano*; cond. *andrèi*; imper. *vài* o *va'* o *va, andate*; aus. *essere*] **1** Muoversi, spostarsi per recarsi in luogo, compiere un'azione, svolgere un'attività o anche senza una meta: *andare a scuola, in montagna, a letto*; *vai a chiudere la porta*; *andare a lavorare, a caccia, a pesca*; *andare a spasso* ◊ Portare, condurre (detto di strade): *la via che va alla stazione* **2** Allontanarsi, partire: *è ora di andare*; *vattene, prima che torni* **3** Entrare in una determinata condizione o in un particolare stato d'animo: *andare in pensione*; *andare in collera* ◊ Ridursi, trasformarsi, finire: *andare in polvere, in cenere, in rovina* | *Andare a male* = guastarsi, inacidire: *il latte è andato a male* **4** Avere un certo andamento Ⓢ procedere: *come va il lavoro?*; *la cosa va per le lunghe* ◊ Avere un esito: *come è andato l'esame?* **5** Funzionare: *non va l'ascensore* **6** Piacere, esser gradito: *mi andrebbe un gelato*; *non mi va il suo modo di fare* ◊ Essere di moda: *quest'anno vanno le gonne lunghe* **7** Essere necessario, opportuno: *su questa pasta non ci va il formaggio* ◊ Essere adatto alla persona, calzare: *questo vestito ti va a pennello* **8** (seguito da un part.pass.) Dover essere: *un libro che va letto* ◊ Essere: *non voglio che il mio lavoro vada perduto* **9** *Lasciarsi andare* = abbandonarsi; scoraggiarsi; trascurarsi ♦ *s.m.* L'atto dell'andare ◊ Il trascorrere (detto del tempo) | *A lungo andare* = col passare del tempo: *a lungo andare ci si annoia a fare sempre le stesse cose.*

andata [an-dà-ta] *s.f.* **1** Viaggio per recarsi in un luogo: *all'andata ho preso il treno* **2** *Girone d'andata* = la prima fase di un campionato sportivo, in cui ogni squadra incontra una prima volta tutte le altre squadre.

andatura [an-da-tù-ra] *s.f.* Modo di andare, di camminare: *l'ho riconosciuto dall'andatura* ◊ Nello sport, ritmo, velocità di una corsa: *gli atleti procedevano ad andatura sostenuta.*

andirivieni [an-di-ri-viè-ni] *s.m.* Movimento continuo di gente che va e viene nello stesso posto Ⓢ viavai: *alla stazione c'è un gran andirivieni.*

andito [àn-di-to] *s.m.* Ambiente di passaggio tra i vari ambienti di un edificio o di comunicazione con l'esterno.

aneddoto [a-nèd-do-to] *s.m.* Breve episodio, spesso curioso e divertente, riguardante un personaggio celebre o qualche avvenimento.

anelare [a-ne-là-re] *v.intr.* [aus. *avere*] Aspirare ardentemente a qualcosa: *anelare alla libertà* ♦ *v.tr.* Desiderare ardentemente: *anelava il ritorno del figlio.*

anello [a-nèl-lo] *s.m.* **1** Cerchietto di metallo, generalmente prezioso, che si porta al dito: *anello di fidanzamento* ◊ Cerchio di metallo o altro materiale; in partic. ognuno degli elementi di una catena **2** Oggetto, struttura di forma circolare: *anello di fumo*; *l'anello della circonvallazione.*

anemia [a-ne-mì-a] *s.f.* Diminuzione di globuli rossi nel sangue.

anestesia [a-ne-ste-sì-a] *s.f.* Iniezione di sostanze che eliminano la sensibilità al dolore in tutto il corpo (*anestesia generale*) o in una sua parte (*anestesia locale*): *prima di togliermi il dente, il dottore mi ha fatto l'anestesia.*

anestetizzare [a-ne-ste-tiz-zà-re] *v.tr.* Sottoporre qualcuno o una parte del corpo ad anestesia.

anfibio [an-fi-bio] *agg.* Che può vivere sia sulla terra che nell'acqua: *la rana è un animale anfibio* ♦ *s.m.* **1** Animale che vive tanto in terra quanto in acqua **2** Autoveicolo capace di muoversi sia in terra che in acqua **3** Scarpone impermeabile.

anfiteatro [an-fi-te-à-tro] *s.m.* Teatro all'aperto con gradinate disposte in forma ovale o circolare.

anfora [àn-fo-ra] *s.f.* Vaso dal corpo ovale, più stretto al collo e al piede, con due manici ricurvi, usato nell'antichità per conservare e trasportare liquidi (spec. vino e olio).

anfratto [an-fràt-to] *s.m.* Cavità, rientranza angusta di una parete rocciosa o di un terreno.

angelico [an-gè-li-co] *agg.* [pl.m. *–ci*] Simile a un angelo per bellezza o virtù: *una ragazza angelica* ◊ Dolce, soave, delicato: *ha un carattere angelico*; *un viso angelico.*

angelo [àn-ge-lo] *s.m.* **1** In alcune religioni, essere puramente spirituale creato da Dio e suo messaggero presso gli uomini | *Angelo custode* = quello che Dio assegna a ogni uomo perché lo guidi e lo protegga; ♧ chi sta sempre vicino a una persona, per proteggerla o per sorvegliarla **2** ♧ Persona di grande bellezza, bontà, purezza, virtù: *quella ragazza è un angelo.*

angheria [an-ghe-rì-a] *s.f.* Atto di prepotenza commesso da chi approfitta della propria forza e autorità Ⓢ sopruso: *doveva subire ogni giorno le angherie del padrone.*

angolo [àn-go-lo] *s.m.* **1** In geometria, la parte di piano compresa fra due rette che escono dallo stesso punto (vertice): *angolo giro, piatto, retto, acuto* **2** Punto d'incontro di due muri, due superfici, due linee Ⓢ canto, cantonata; spigolo: *l'angolo di una stanza, di un edificio, della strada*; *l'angolo del tavolo* | *Angolo visuale* = il punto da cui un osservatore vede un oggetto ◊ *Calcio d'angolo* = quello battuto da uno dei quattro vertici del campo di calcio **3** ♧ Luogo appartato, nascosto: *l'ho cercato in tutti gli angoli della casa.*

angoscia [an-gò-scia] *s.f.* [pl. *–sce*] Stato di forte ansia, di tormentosa inquietudine: *il figlio non tornava e la madre era in preda all'angoscia.*

angosciare [an-go-scià-re] *v.tr.* Dare angoscia, tormentare: *quel timore lo angosciava* ♦ **angosciarsi** *v.pr.* Essere in angoscia, tormentarsi: *non angosciarti per così poco!*

angoscioso [an-go-sció-so] *agg.* **1** Che dà angoscia: *un sospetto angoscioso* **2** Che esprime angoscia, pieno d'angoscia: *un pianto angoscioso.*

anguilla [an-guìl-la] *s.f.* Pesce commestibile, dal corpo a forma di serpente, che vive in acque dolci e salate.

anguria [an-gù-ria] *s.f.* Cocomero.

angustia [an-gù-stia] *s.f.* **1** Ristrettezza, scarsità: *angustia di spazio* | ♧ *Trovarsi, vivere in angustie* = in ristrettezze economiche, in povertà **2** Pena, ansia, angoscia: *è in angustia per il figlio.*

angustiare [an-gu-stià-re] *v.tr.* Affliggere, tormentare, angosciare: *lo angustiava l'incertezza del futuro* ♦ **angustiarsi** *v.pr.* Affliggersi, tormentarsi, angosciarsi.

angusto [an-gù-sto] *agg.* Stretto Ⓒ ampio, largo: *un sentiero angusto*; *una cella angusta* ◊ ♧ Limitato, meschino: *ha una mentalità angusta.*

anice [à-ni-ce] *s.m.* Pianta erbacea i cui frutti aromatici sono impiegati in pasticceria, liquoreria e farmacia: *biscotti, caramelle, liquore all'anice.*

anidride carbonica [a-ni-drì-de car-bò-ni-ca] *s.f.* Gas incolore e inodore composto di ossigeno e carbonio, emesso nell'aria dalla respirazione degli animali (ma oggi soprattutto dalla combustione del petrolio e del carbone) e assorbito dai vegetali.

anima [à-ni-ma] *s.f.* **1** Parte spirituale dell'uomo in opposizione al corpo, considerata immortale nella concezione cristiana e in molte altre religioni: *salvarsi, dannarsi l'anima*; *le anime dei defunti* **2** Sentimento, affetto: *amare qualcuno con tutta l'anima* **3** Persona (dal punto di vista spirituale) *è un'anima sensibile* | *Anime gemelle* = persone che hanno sentimenti, gusti, caratteri molto simili ◊ Individuo, abitante: *un villaggio di poche anime* | *Non c'è anima viva* = non c'è nessuno.

animale[1] [a-ni-mà-le] *s.m.* **1** Ogni essere vivente dotato di sensibilità e di capacità di movimento volontario: *l'uomo è un animale ragionevole* ◊ Bestia (in contrapposizione all'uomo): *animali selvatici, domestici* **2** ♧ Persona rozza, ignorante, stupida (spec. come ingiuria).

animale[2] [a-ni-mà-le] *agg.* **1** Degli animali: *regno animale* **2** Bestiale: *lo prese un istinto animale di uccidere.*

animare [a-ni-mà-re] *v.tr.* **1** Rendere più vivo, vivace, pieno di calore: *una gran folla animava le* *strade; la felicità le animava il volto* **2** Spingere, muovere: *è animato dalle migliori intenzioni* ♦ **animarsi** *v.pr.* Prendere animo, rincuorarsi: *al vederla si animò* ◊ Acquistare vita, vivacità, movimento: *la serata si stava animando* ◊ Accalorarsi: *animarsi per una discussione.*

animato [a-ni-mà-to] *agg.* **1** Dotato di vita: *l'uomo e gli animali sono esseri animati* ◊ Dotato di movimento: *disegni, cartoni animati* **2** ♧ Pieno di vita, movimentato: *una strada animata* ◊ Infervorato, acceso: *una discussione animata.*

animatóre [a-ni-ma-tó-re] *s.m.* [f. *–trice*] **1** Chi anima, promuove un'attività ◊ Chi ha il compito di vivacizzare feste, far divertire gli ospiti di villaggi turistici ecc. **2** Disegnatore di cartoni animati.

animazione [a-ni-ma-zió-ne] *s.f.* **1** Vivacità, calore, fervore: *discutevano con animazione* ◊ Movimento, affollamento: *c'era molta animazione per le strade* **2** *Cinema d'animazione* = quello che usa cartoni animati.

animo [à-ni-mo] *s.m.* **1** Mente, pensiero | *Avere in animo di fare una cosa* = averne l'intenzione ◊ Cuore, spirito: *avvertì nell'animo una dolce sensazione*; *bontà, generosità d'animo*; *essere di animo sensibile* | *Aprire l'animo a qualcuno* = confidarsi con lui | *Mettersi l'animo in pace* = rassegnarsi ◊ Volontà, carattere: *ha dimostrato forza d'animo*; *fermezza d'animo* ◊ Personalità: *è un animo debole* ◊ Disposizione di spirito: *era in uno stato d'animo allegro* **2** Coraggio: *cerca di farti animo!* | *Perdersi d'animo* = scoraggiarsi.

animosità [a-ni-mo-si-tà] *s.f.* Ostilità, malanimo.

anitra vedi **anatra**.

annacquare [an-nac-quà-re] *v.tr.* Diluire aggiungendo acqua: *annacquare il vino.*

annaffiare [an-naf-fià-re] o **innaffiare** [in-naf-fià-re] *v.tr.* Bagnare con un getto d'acqua a pioggia: *annaffiare i fiori.*

annaffiatoio [an-naf-fia-tó-io] o **innaffiatoio** [in-naf-fia-tó-io] *s.m.* Recipiente per annaffiare munito di un manico e di un becco terminante con una bocchetta traforata.

annaspare [an-na-spà-re] *v.intr.* [aus. *avere*] Agitare scompostamente le braccia come per afferrare qualcosa che sfugge: *non sapeva nuotare e annaspava freneticamente per tenersi a galla.*

annata [an-nà-ta] *s.f.* **1** Lo spazio di un anno, spec. in riferimento agli avvenimenti o alle condizioni meteorologiche di un determinato anno: *abbiamo passato una brutta annata*; *un'annata piovosa* ◊ Quanto è stato realizzato nel corso di un anno in una determinata attività; in partic., la produzione o il raccolto di un anno: *un'annata sportiva ricca di buoni risultati*; *è stata un'annata cattiva per i vini*; *un'annata abbondante* **2** L'insieme dei numeri di un periodico pubblicati in un anno.

annebbiare [an-neb-bià-re] *v.tr.* Offuscare, velare di nebbia: *l'umidità annebbiava il cielo* ◊ ♧ Ottenebrare, turbare: *l'alcol gli ha annebbiato la mente* ♦ **annebbiarsi** *v.pr.* Diventare nebbioso ◊ ♧ Offuscarsi, diventare confuso: *per il dolore gli si annebbiò la vista.*

annegamento [an-ne-ga-mén-to] *s.m.* Morte per soffocamento in acqua.

annegare [an-ne-gà-re] *v.tr.* [*annégo, annéghi*] Far morire soffocato immergendo nell'acqua ♦ *v.intr.* [aus. *essere*] **1** Morire soffocato in acqua Ⓢ affogare: *non sapeva nuotare ed è annegato* **2** ♧ Sprofondare: *è annegato nei debiti* ♦ **annegarsi** *v.pr.* Uccidersi gettandosi in acqua.

annerire [an-ne-rì-re] *v.tr.* [*annerìsco, annerìsci*] Far diventare nero, scuro: *il fumo ha annerito il soffitto* ♦ *v.intr.* [aus. *essere*] e **annerirsi** *v.pr.* Diventare nero ◊ Oscurarsi (detto del cielo).

annessione [an-nes-sió-ne] *s.f.* Atto (pacifico o violento) con cui uno stato include nel proprio territorio un altro stato o una sua parte.

annesso [an-nès-so o an-nés-so] *agg.* Congiunto, unito: *il giardino annesso alla villa* ♦ *s.m.* (spec. al *pl.*) Costruzione accessoria che fa parte di un complesso edilizio: *la casa ha come annessi una legnaia e un fienile.*

annettere [an-nèt-te-re o an-nét-te-re] *v.tr.* [pass. rem. *annettéi, annettésti*; part.pass. *annésso*] **1** Unire, congiungere: *annettere un nuovo locale al negozio* ◊ Allegare: *hai annesso i documenti alla domanda?* ◊ Compiere un'annessione (detto di stato) **2** ♧ Attribuire, dare: *non devi annettere troppa importanza alle sue parole.*

annidarsi [an-ni-dàr-si] *v.pr.* **1** Fare il nido in un posto: *certi insetti si annidano nelle fessure del pavimento* ◊ Nascondersi in luogo: *un serpente si annidava nell'erba*; *i briganti si erano annidati tra le rocce per fare un'imboscata* **2** ♧ Essere presente nell'animo: *nel suo cuore si annidava l'odio.*

annientare [an-nien-tà-re] *v.tr.* Ridurre a niente, distruggere totalmente: *annientare la flotta nemica* ◊ ♧ Abbattere, prostrare moralmente: *la nuova disgrazia lo ha annientato.*

anniversario [an-ni-ver-sà-rio] *s.m.* Il giorno in cui ricorre ogni anno la data di un avvenimento di particolare importanza: *il 2 giugno è l'anniversario della fondazione della Repubblica italiana*; *l'anniversario di matrimonio, di nascita.*

anno [àn-no] *s.m.* **1** Periodo di tempo che la Terra impiega a compiere un intero giro intorno al Sole; è detto *anno solare* e dura 365 giorni e 6 ore circa; negli usi comuni, nel calendario e nelle datazioni si considera invece *l'anno civile,* periodo di 365 giorni (o 366 negli *anni bisestili*), diviso in dodici mesi, dal 1° gennaio al 31 dicembre: *l'anno prossimo*; *l'anno passato*; *nel corso dell'anno*; *l'anno 1994* | *L'anno nuovo* = quello che che sta per iniziare o è appena iniziato **2** Periodo di tempo di dodici o circa dodici mesi: *mi sposo tra un anno*; *è stato via molti anni*; *sono anni che non ci vediamo* ◊ (al *pl.*) Periodo della vita: *gli anni della giovinezza* **3** Unità di misura per indicare l'età di una persona, di un animale o di una cosa: *un bambino di un anno*; *è morto a vent'anni*; *un palazzo che ha oltre duecento anni* | *Portare bene gli anni* = apparire più giovane di quel che si è **4** Periodo di tempo durante il quale si svolge una determinata attività: *l'anno scolastico inizia a settembre e finisce a giugno* ◊ Corso di studi: *è iscritto al primo anno del liceo, dell'università.*

annodare [an-no-dà-re] *v.tr.* Congiungere, legare con uno o più nodi: *annodare due corde* ◊ Fare un nodo su qualcosa: *non sa annodarsi la cravatta* ♦ **annodarsi** *v.pr.* Formare dei nodi, aggrovigliarsi: *le si sono annodati i capelli.*

annoiare [an-no-ià-re] *v.tr.* Provocare noia: *quel libro mi annoia* ◊ Infastidire, seccare: *non annoiarlo con le tue chiacchiere* ♦ **annoiarsi** *v.pr.* Provare noia: *a non far niente mi annoio* ◊ Stancarsi, stufarsi: *mi sono annoiato di aspettare.*

annotare [an-no-tà-re] *v.tr.* **1** Prendere nota di qualcosa: *annotare un indirizzo sul taccuino* **2** Corredare di note un testo.

annotazione [an-no-ta-zió-ne] *s.f.* Nota, appunto: *un quaderno pieno di annotazioni.*

annoverare [an-no-ve-rà-re] *v.tr.* Includere, comprendere in un gruppo, in una categoria: *lo annovero tra i miei amici.*

annuale [an-nu-à-le] *agg.* **1** Che dura un anno: *abbonamento annuale* **2** Che avviene ogni anno: *la festa annuale del paese.*

annuire [an-nu-ì-re] *v.intr.* [*annuìsco, annuìsci*; aus. *avere*] Far cenno di sì col capo: *alla mia domanda annuì.*

annullare [an-nul-là-re] *v.tr.* **1** Dichiarare nullo, privo di valore: *annullare un contratto, una gara* **2** Rendere inefficace, vano: *la sfortuna annullò i loro sforzi.*

annunciare [an-nun-cià-re] o **annunziare** [an-nun-zià-re] *v.tr.* **1** Far sapere, dare notizia: *annunciare la morte, il ritorno di qualcuno* **2** ♧ Lasciar prevedere, far presagire: *quei nuvoloni annunciano la pioggia.*

annunciatore [an-nun-cia-tó-re] *s.m.* [f. *–trice*] Chi annuncia i programmi o legge comunicati alla radio e alla televisione.

annuncio [an-nùn-cio] o **annunzio** [an-nùn-zio] *s.m.* **1** Comunicazione, notizia di un avvenimento, di un fatto: *la radio diede l'annuncio della disgrazia*; *ricevere un triste annuncio* ◊ Breve comunicato scritto con cui si annuncia qualcosa: *fare un annuncio di matrimonio, di morte* | *Annuncio economico* = offerta o richiesta di lavoro, di case ecc., pubblicata sui giornali in apposite rubriche | *Annuncio pubblicitario* = messaggio pubblicitario diffuso per radio o per televisione Ⓢ spot **2** Indizio, presagio: *quelle nuvole sono un annuncio di pioggia.*

annuo [àn-nuo] *agg.* Che dura un anno; relativo a un anno Ⓢ annuale: *piante annue*; *abbonamento annuo*; *stipendio annuo* ◊ Che ricorre ogni anno: *feste annue.*

annusare [an-nu-sà-re] *v.tr.* **1** Aspirare con forza dal naso per sentire un odore Ⓢ fiutare: *il cane annusò il cibo* **2** ♧ Intuire, rendersi conto di qualcosa: *annusò subito l'imbroglio.*

annuvolarsi [an-nu-vo-làr-si] *v.pr.* Coprirsi di nuvole: *il cielo si annuvolò.*

ano [à-no] *s.m.* Apertura con cui sbocca verso l'esterno l'intestino retto e da cui vengono espulse le feci.

anomalia [a-no-ma-lì-a] *s.f.* Deviazione da una norma Ⓢ irregolarità, anormalità.

anomalo [a-nò-ma-lo] *agg.* Anormale, irregolare.

anonimato [a-no-ni-mà-to] *s.m.* Condizione di chi tiene nascosta la sua identità: *preferì restare nell'anonimato.*

anonimo [a-nò-ni-mo] *agg.* Di cui non si conosce il nome: *un benefattore anonimo* ◊ Di cui non si conosce il nome dell'autore; non firmato: *continua a ricevere lettere anonime.*

anormale [a-nor-mà-le] *agg.* Non normale, che si stacca dalla normalità: *una situazione, un comportamento anormale.*

ansa [àn-sa] *s.f.* **1** Manico ricurvo di vaso o altro recipiente **2** Curva di un corso d'acqua: *le anse di un fiume.*

ansante [an-sàn-te] *agg.* Affannato, ansimante.

ansare [an-sà-re] *v.intr.* [aus. *avere*] Respirare affannosamente Ⓢ ansimare: *arrivò ansando in cima alle scale.*

ansia [àn-sia] *s.f.* Stato di forte apprensione, di inquieto timore, di affannosa preoccupazione: *attendeva con ansia il suo ritorno*; *la madre stava in ansia per il figlio* ◊ Desiderio intenso o affannoso: *avere ansia di partire, di quiete, di successo.*

ansietà [an-sie-tà] *s.f.* Stato di ansia, di preoccupazione, di inquieto timore: *attendeva con ansietà il ritorno del figlio.*

ansimare [an-si-mà-re] *v.intr.* [aus. *avere*] Respirare affannosamente Ⓢ ansare: *ansimava per lo sforzo.*

ansioso [an-sió-so] *agg.* **1** Facile all'ansia: *è un tipo ansioso* ◊ Pieno d'ansia Ⓢ inquieto: *sguardo ansioso* **2** Desideroso, impaziente: *era ansioso di partire.*

anta [àn-ta] *s.f.* Imposta interna di una finestra; sportello di mobile: *un armadio a quattro ante.*

antagonismo [an-ta-go-nì-smo] *s.m.* Contrasto, opposizione, rivalità.

antagonista [an-ta-go-nì-sta] *agg.* e *s.m.f.* [pl.m. *–sti*] Che, chi si trova in contrasto, in lotta, in competizione con qualcuno Ⓢ avversario, rivale.

antartico [an-tàr-ti-co] *agg.* [pl.m. *–ci*] Dell'Antartide, della regione intorno al polo Sud: *polo antartico*; *la fauna antartica* ♦ *s.m.* Il polo Sud e la regione circostante.

ante– vedi **anti–**[2].

antecedente [an-te-ce-dèn-te] *agg.* Precedente nel tempo: *il giorno antecedente la partenza* ♦ *s.m.* Fatto che ne precede un altro con cui è in stretta relazione: *per capire quella sconfitta bisogna studiarne gli antecedenti.*

antefatto [an-te-fàt-to] *s.m.* Fatto, vicenda antecedente a ciò di cui si sta trattando: *non puoi capire questa storia se non ti racconto gli antefatti.*

antenato [an-te-nà-to] *s.m.* Persona della stessa famiglia vissuta molto tempo prima Ⓢ avo, progenitore: *mi mostrò i ritratti dei suoi antenati.*

antenna [an-tén-na] *s.f.* **1** Nelle telecomunicazioni, dispositivo che serve a trasmettere o ricevere onde radio: *riparare l'antenna della televisione* **2** Asta di sostegno, spec. per bandiere **3** Ciascuna delle sottili appendici mobili situate sul capo di alcuni insetti e crostacei, con funzioni di organi di senso: *le antenne delle farfalle, delle aragoste.*

anteporre [an-te-pór-re] *v.tr.* [coniugato come *porre*] Mettere qualcosa davanti a qualcos'altro: *anteporre l'aggettivo al nome* ◊ ♧ Dare la precedenza, la preferenza a qualcosa rispetto ad altro: *antepone i suoi figli a ogni altra cosa.*

anteprima [an-te-prì-ma] *s.f.* Presentazione di una novità teatrale o cinematografica a un gruppo ristretto di invitati e alla stampa, prima della presentazione al pubblico.

anteriore [an-te-rió-re] *agg.* Posto, situato davanti: *la ruota anteriore della bicicletta* ◊ Precedente nel tempo: *gli ho raccontato gli avvenimenti anteriori alla mia partenza.*

anti–[1] Prefisso che in parole composte significa «contro» (*antiaereo, antifurto, antipatia*).

anti–[2] o **ante–** Prefisso che in parole composte significa «davanti», «prima», nello spazio o nel tempo (*anticamera, anticipare, anteguerra*).

antiaereo [an-ti-a-è-re-o] *agg.* Che serve contro gli aerei militari e come difesa contro le loro incursioni: *cannone antiaereo*; *rifugio antiaereo.*

antibiotico [an-ti-biò-ti-co] *s.m.* [pl.m. *–ci*] Sostanza medicinale che ha il potere di distruggere i germi portatori delle malattie infettive.

anticamente [an-ti-ca-mén-te] *avv.* Nei tempi antichi; nel passato.

anticamera [an-ti-cà-me-ra] *s.f.* Stanza d'ingresso di un appartamento o di un ufficio.

antichità [an-ti-chi-tà] *s.f.* **1** Il fatto di essere antico: *l'antichità di un palazzo, di un'usanza* **2** L'età antica, il mondo antico (prima del medioevo): *gli dei dell'antichità* **3** (spec. al *pl.*) Oggetti antichi: *negozio di antichità.*

anticiclone [an-ti-ci-cló-ne] *s.m.* In meteorologia, area di alta pressione che determina condizioni del tempo in genere buone.

anticipare [an-ti-ci-pà-re] *v.tr.* **1** Compiere o far attuare qualcosa prima del tempo fissato o previsto: *anticipare la partenza, la fine dell'anno scolastico* **2** Fornire informazioni su qualcosa che non è stato ancora ufficialmente reso noto: *ci ha anticipato il risultato della votazione* **3** Pagare una somma prima del tempo dovuto: *gli anticipò metà dello stipendio* **4** Prevenire: *anticipò la mossa del rivale* ◊ Nel linguaggio sportivo, precedere nell'azione: *anticipare un avversario.*

anticipato [an-ti-ci-pà-to] *agg.* Fatto in anticipo o prima del tempo previsto: *chiese il pagamento anticipato dell'affitto*; *elezioni anticipate.*

anticipo [an-tì-ci-po] *s.m.* **1** Tempo di cui si anticipa: *è arrivato con un'ora di anticipo* | *In anticipo* = prima del tempo stabilito o prima che qualcosa avvenga o sia fatto: *sapeva in anticipo che sarebbe finita così*; *vuol essere pagato in anticipo* **2** Pagamento anticipato di una somma: *chiedere un anticipo sullo stipendio.*

antico [an-tì-co] *agg.* [pl.m. *–chi*] **1** Che risale a

A B C D E F G H I J K L M N O P Q R S T U V W X Y Z

un'epoca molto lontana © moderno: *le antiche leggi*; *un antico castello*; *un mobile, un quadro antico* ◊ Del periodo storico precedente il medioevo: *la civiltà antica* **2** Del passato, di un'epoca ormai trascorsa: *rivide un suo antico amore* ◊ Di una volta: *è tornato alle sue antiche abitudini* | *All'antica* = che segue le tradizioni, i costumi, il modo di pensare di una volta: *un uomo all'antica* ♦ *s.m.* **1** Ciò che è antico e ne ha le caratteristiche, lo stile **2** (al *pl.*) Gli uomini dell'antichità.

anticoncezionale [an-ti-con-ce-zio-nà-le] *agg.* e *s.m.* Detto di farmaco o altro mezzo che impedisce la fecondazione dell'ovulo femminile.

anticonformismo [an-ti-con-for-mì-smo] *s.m.* Atteggiamento di rifiuto e di opposizione verso le idee, le abitudini e i comportamenti predominanti nella propria società.

anticonformista [an-ti-con-for-mì-sta] *agg.* e *s.m.f.* [pl.m. *–sti*] Che, chi dimostra anticonformismo: *un atteggiamento anticonformista*; *gli piace fare l'anticonformista.*

anticorpo [an-ti-còr-po] *s.m.* Sostanza prodotta dall'organismo come reazione difensiva all'azione di batteri e di sostanze tossiche.

antidiluviano [an-ti-di-lu-vià-no] *agg.* **1** Anteriore al diluvio universale **2** ♧ Antiquato, sorpassato: *idee antidiluviane.*

antidoping [an-ti-dò-ping] *agg.* e *s.m.invar.* Si dice di esame fatto per accertare che un atleta non abbia assunto sostanze stimolanti vietate.

antidoto [an-tì-do-to] *s.m.* **1** Sostanza capace di neutralizzare l'azione di un veleno **2** ♧ Rimedio.

antifurto [an-ti-fùr-to] *agg.* e *s.m.invar.* Detto di dispositivo o impianto che serve a impedire e a segnalare tentativi di furto.

antimeridiano [an-ti-me-ri-dià-no] *agg.* Precedente il mezzogiorno; del mattino: *le ore antimeridiane*; *l'aereo atterrerà alle dieci antimeridiane.*

antiorario [an-ti-o-rà-rio] *agg.* Opposto al senso in cui ruotano le lancette dell'orologio.

antipasto [an-ti-pà-sto] *s.m.* Vivanda che si serve all'inizio del pasto, per stuzzicare l'appetito.

antipatia [an-ti-pa-tì-a] *s.f.* Sentimento di istintiva avversione: *avere, provare antipatia per qualcuno, per qualcosa.*

antipatico [an-ti-pà-ti-co] *agg.* [pl.m. *–ci*] Che desta antipatia: *un individuo antipatico*; *un atteggiamento antipatico* ◊ Spiacevole, fastidioso: *mi ha messo in una situazione antipatica* ♦ *s.m.* Persona antipatica.

antipodi [an-tì-po-di] *s.m.pl.* Punti della Terra diametralmente opposti: *l'Italia e l'Australia si trovano agli antipodi.*

antiquariato [an-ti-qua-rià-to] *s.m.* Il settore degli oggetti antichi; la raccolta e il commercio di tali oggetti: *si occupa di antiquariato.*

antiquario [an-ti-quà-rio] *s.m.* Chi commercia in oggetti antichi.

antiquato [an-ti-quà-to] *agg.* Che si usava, che era di moda nel passato e ora non più Ⓢ sorpassato: *un vocabolo, un vestito, un metodo antiquato*; *idee antiquate.*

antisismico [an-ti-sì-smi-co] *agg.* [pl.m. *–ci*] Capace di resistere alle scosse dei terremoti: *edifici antisismici.*

antistante [an-ti-stàn-te] *agg.* Che sta davanti, di fronte: *il palazzo antistante alla* (o *la*) *chiesa.*

antitesi [an-tì-te-si] *s.f.* Ciò che è in totale opposizione a qualcosa; contrasto radicale: *la dittatura è l'antitesi della libertà*; *le tue idee e le mie sono in antitesi.*

antivirus [an-ti-vì-rus]] *s.m.* Programma per computer che individua e distrugge i virus informatici: *installare un antivirus.*

antologia [an-to-lo-gì-a] *s.f.* Raccolta di brani scelti di uno o più autori: *sto leggendo un'antologia di poeti italiani.*

antro [àn-tro] *s.m.* Caverna, grotta, spelonca.

antropofago [an-tro-pò-fa-go] *agg.* e *s.m.* [pl.m. *–gi*] Che, chi si ciba di carne umana Ⓢ cannibale.

antropologia [an-tro-po-lo-gì-a] *s.f.* Scienza che studia l'uomo e i gruppi umani nei loro diversi aspetti fisici, razziali e culturali.

anulare [a-nu-là-re] *agg.* A forma di anello ♦ *s.m.* Quarto dito della mano, nel quale si porta normalmente l'anello.

anzi [àn-zi] *congz.* **1** Al contrario: *non ho mangiato troppo, anzi ho ancora fame* **2** O meglio, o piuttosto: *vediamoci domani, anzi perché non ci vediamo stasera?*

anziano [an-zià-no] *agg.* Che è in età avanzata: *una donna anziana* ◊ Che è maggiore d'età: *il più anziano dei fratelli* ♦ *s.m.* Persona in età avanzata Ⓢ vecchio: *bisogna rispettare gli anziani.*

anziché [an-zi-ché] *congz.* Piuttosto che, invece di: *cerca di aiutarmi, anziché parlare e basta.*

L'accento sulla *e* di *anziché* è acuto (come in *perché, poiché, finché* ecc.): attenzione a non sbagliarlo, soprattutto quando scrivi al computer.

anzitempo [an-zi-tèm-po] *avv.* Prima del tempo giusto o previsto.

anzitutto [an-zi-tùt-to] *avv.* Prima di ogni altra cosa: *anzitutto devi fare i compiti.*

aorta [a-òr-ta] *s.f.* L'arteria principale del corpo umano, che dal cuore scende lungo la colonna vertebrale diramandosi poi in tutte le direzioni.

apatia [a-pa-tì-a] *s.f.* Stato psicologico e atteggiamento di indifferenza nei confronti del mondo circostante Ⓢ abulia, indolenza: *non concluderai nulla se non esci dalla tua apatia.*

apatico [a-pà-ti-co] *agg.* [pl.m. *–ci*] Che dimostra apatia Ⓢ abulico, indifferente, inerte, indolente.

ape [à-pe] *s.f.* Insetto alato che vive in colonie e viene allevato per il miele e la cera che produce.

aperitivo [a-pe-ri-tì-vo] *s.m.* Bibita che stimola l'appetito.

apertamente [a-per-ta-mén-te] *avv.* In modo chiaro ed esplicito, con franchezza: *devi dirmi apertamente quel che pensi.*

aperto [a-pèr-to] *agg.* **1** Che consente il passaggio, l'ingresso o la vista Ⓒ chiuso: *lascia la porta aperta*; *sul banco c'era un libro aperto* ◊ Che è in servizio, in attività: *un negozio aperto anche di domenica* ◊ Accessibile alla partecipazione: *la gara è aperta a tutti* | *In aperta campagna* = lontano da ogni centro abitato | *All'aria aperta, all'aperto* = all'aria libera, in luogo non chiuso, non coperto **2** Che si estende con ampiezza senza limiti troppo vicini | *In aperta campagna* = lontano da ogni centro abitato | *In mare aperto* = lontano dalla costa | *All'aria aperta, all'aperto* = all'aria libera, in luogo non chiuso, non coperto **3** ♧ Non concluso, che può avere diverse soluzioni: *una questione ancora aperta* **4** ♧ Schietto, sincero: *ha un carattere aperto* | *Parlare a viso aperto* = con franchezza ◊ Esplicito, chiaro: *ha fatto un'aperta confessione* **5** ♧ Di ampie vedute, disponibile al confronto e a nuove idee: *è una persona aperta*; *ha una mentalità aperta.*

apertura [a-per-tù-ra] *s.f.* **1** L'atto di aprire qualcosa: *l'apertura di una porta, di un pacco* **2** Spazio vuoto che consente il passaggio Ⓢ varco, fenditura: *praticare un'apertura in un muro* **3** Inizio, entrata in funzione, inaugurazione di un'attività: *l'apertura della scuola, di un nuovo negozio, di una mostra* **4** Distanza, ampiezza tra due estremità: *regolare l'apertura del compasso*; *l'apertura alare di un aereo, di un uccello* **5** ♧ *Apertura mentale* = ampiezza di vedute, di interessi intellettuali.

apice [à-pi-ce] *s.m.* Punta, cima, vertice: *l'apice di una fiamma, di una lancia* ◊ ♧ Culmine: *essere all'apice della felicità, del successo.*

apnea [a-pnè-a] *s.f.* Sospensione temporanea della respirazione | *In apnea* = senza respirare.

apocalisse [a-po-ca-lìs-se] *s.f.* Catastrofe, disastro immenso: *una guerra nucleare causerebbe una vera apocalisse.*

apogeo [a-po-gè-o] *s.m.* Il punto più distante dalla Terra dell'orbita di un corpo celeste o di un satellite artificiale.

apologia [a-po-lo-gì-a] *s.f.* Difesa o esaltazione di qualcuno o di qualcosa fatta con un discorso o uno scritto: *fare l'apologia di una dottrina, di un regime*; *è imputato di apologia di reato.*

apostolo [a-pò-sto-lo] *s.m.* **1** Ognuno dei dodici discepoli scelti da Gesù per predicare il Vangelo **2** Chi si dedica con ardore e disinteresse alla diffusione di un ideale, di una causa: *per tutta la sua vita Gandhi fu un apostolo della non violenza.*

apostrofare[1] [a-po-stro-fà-re] *v.tr.* Segnare con l'apostrofo.

apostrofare[2] [a-po-stro-fà-re] *v.tr.* Rivolgersi a qualcuno con tono aggressivo o di rimprovero.

apostrofo [a-pò-stro-fo] *s.m.* Segno grafico (') che si pone, alla fine di una parola, per indicare la caduta di una vocale (ad es. *l'uomo, quest'anno*) o di una sillaba (ad es. *un po'*) o anche, prima delle date, per indicare la soppressione del millesimo o anche del centesimo (ad es. *ai primi del '500, negli anni '20*).

apoteosi [a-po-te-ò-si] *s.f.invar.* Trionfo: *la folla tributò al campione una vera apoteosi.*

app [abbreviazione dall'inglese *app(lication)*; pron. corrente *ap*] *s.f.invar.* In informatica, programma per computer o per telefono cellulare.

appagare [ap-pa-gà-re] *v.tr.* [*appàgo, appàghi*] Soddisfare, accontentare: *appagare un desiderio*; *il successo non lo appaga* ◊ Saziare: *appagare la fame, la sete* ♦ **appagarsi** *v.pr.* Accontentarsi.

appaiare [ap-pa-ià-re] *v.tr.* Unire, formando un paio, due persone, due animali o due cose Ⓢ accoppiare.

appallottolare [ap-pal-lot-to-là-re] *v.tr.* Ridurre in forma di pallottola Ⓢ accartocciare ♦ **appallottolarsi** *v.pr.* **1** Ridursi in pallottola, formare grumi **2** Raggomitolarsi.

appalto [ap-pàl-to] *s.m.* Contratto con cui un'impresa si impegna, per un determinato compenso, a eseguire un lavoro o a gestire un servizio affidatole da una persona, da un'impresa o da un ente: *quell'impresa edile ha ottenuto l'appalto per la costruzione di una nuova strada*; *dare in appalto la gestione di una mensa aziendale.*

appannare [ap-pan-nà-re] *v.tr.* **1** Rendere opaco, velando di vapore: *l'umidità appanna i vetri* **2** ♧ Offuscare: *il tempo appanna i ricordi* ◊ Rendere meno pronto: *la stanchezza appanna i riflessi* ♦ **appannarsi** *v.pr.* **1** Velarsi di vapore: *il vetro si è appannato* **2** ♧ Annebbiarsi, offuscarsi: *gli si appannò la vista* ◊ Diventare meno pronto: *i suoi riflessi si appannavano per la stanchezza.*

apparato [ap-pa-rà-to] *s.m.* **1** Complesso di macchine, impianti e attrezzature che svolgono una determinata funzione: *apparato elettrico, bellico, industriale* ◊ Insieme di organi che svolgono una stessa funzione: *apparato respiratorio, digerente* **2** L'insieme dei dirigenti e dei funzionari di uno stato, di un'organizzazione: *l'apparato burocratico, sindacale.*

apparecchiare [ap-pa-rec-chià-re] *v.tr.* Preparare, allestire la tavola per mangiare.

apparecchiatura [ap-pa-rec-chia-tù-ra] *s.f.* Insieme di apparecchi, impianti, strumenti che svolgono una data funzione Ⓢ attrezzatura: *apparecchiatura elettrica*; *apparecchiatura fotografica.*

apparecchio [ap-pa-réc-chio] *s.m.* **1** Congegno, macchina che serve a una data funzione: *apparecchio radio, telefonico, fotografico* **2** Aeroplano.

apparente [ap-pa-rèn-te] *agg.* **1** Visibile, evidente: *se n'è andato senza un motivo apparente* **2** Che sembra ma non è, che non è quel che appare Ⓢ illusorio: *è stato un miglioramento solo apparente.*

apparenza [ap-pa-rèn-za] *s.f.* Ciò che appare esteriormente, l'aspetto esteriore (spesso non corrispondente alla realtà): *ha solo un'apparenza di onestà*; *le apparenze ingannano* | *In apparenza, all'apparenza* = per quello che appare, da quello che si può giudicare a prima vista: *in apparenza era tranquillo.*

apparire [ap-pa-rì-re] *v.intr.* [pres. *appàio* o *apparìsco, appàri* o *apparìsci, appàre* o *apparìsce, appariàmo, apparìte, appàiono* o *apparìscono*; pass.rem. *appàrvi* o *apparìi* o *appàrsi, apparìsti*; cong.pres. *appàia* o *apparìsca*; part.pass. *appàrso*; aus. *essere*] **1** Presentarsi alla vista Ⓢ comparire: *all'improvviso mi apparve davanti un'ombra* **2** Risultare chiaro: *da ogni indizio appare la sua responsabilità* **3** Parere, sembrare: *mi è apparso un po' stanco*; *la cosa non è come appare.*

appariscente [ap-pa-ri-scèn-te] *agg.* Che attira l'attenzione Ⓢ vistoso: *un vestito appariscente.*

apparizione [ap-pa-ri-zió-ne] *s.f.* **1** Comparsa: *notò l'apparizione di macchie sulla pelle* **2** Visione di un essere soprannaturale o fantastico: *l'apparizione di un fantasma.*

appartamento [ap-par-ta-mén-to] *s.m.* Insieme di locali che costituiscono un'abitazione indipendente all'interno di un edificio: *vive in un appartamento di tre locali.*

appartarsi [ap-par-tàr-si] *v.pr.* Mettersi in disparte, lontano dagli altri Ⓢ isolarsi: *si appartarono in un angolo a parlare*; *da qualche tempo si è appartato in campagna.*

appartato [ap-par-tà-to] *agg.* Che sta in disparte, lontano dagli altri Ⓢ isolato, solitario: *fa una vita appartata*; *si è ritirato in un luogo appartato.*

appartenere [ap-par-te-né-re] *v.intr.* [coniugato come *tenere*; aus. *essere* o *avere*] **1** Essere di proprietà di qualcuno: *a chi appartiene questo palazzo?* **2** Far parte di qualcosa: *appartenere a una famiglia, a una nazione.*

appassionare [ap-pas-sio-nà-re] *v.tr.* Suscitare una forte partecipazione emotiva, un vivo interesse: *una vicenda che ha appassionato l'opinione pubblica*; *un film appassionante* ♦ **appassionarsi** *v.pr.* Provare passione, vivo interesse per qualcosa: *appassionarsi alla musica, allo studio.*

appassionato [ap-pas-sio-nà-to] *agg.* Che esprime passione, pieno di sentimento: *le lanciò uno sguardo appassionato* ♦ *agg.* e *s.m.* Che, chi ha passione, vivo interesse per qualcosa: *è un lettore appassionato di romanzi*; *è un grande appassionato di musica.*

appassire [ap-pas-sì-re] *v.intr.* [*appassìsco, appassìsci*; aus. *essere*] Perdere la freschezza, diventare secco Ⓢ avvizzire: *le rose cominciavano ad appassire.*

appellarsi [ap-pel-làr-si] *v.pr.* Fare appello, rivolgersi a qualcuno per aiuto: *mi appello alla tua generosità.*

appellativo [ap-pel-la-tì-vo] *s.m.* Soprannome, epiteto.

appello [ap-pèl-lo] *s.m.* **1** Chiamata per nome delle persone iscritte in un elenco, spec. per controllarne la presenza: *fare l'appello degli alunni, dei soldati* **2** Richiamo, invocazione, richiesta d'aiuto, di solidarietà: *nessuno rispose al suo appello disperato*; *faccio appello alla vostra generosità.*

appena [ap-pé-na] *avv.* **1** A fatica, a stento: *una porta da cui si passa appena* **2** Soltanto, solo un poco: *sono appena le sette*; *mi salutò appena* **3** Da poco tempo: *è appena uscito* ♦ *congz.* Subito dopo che: *appena lo vide, gli andò incontro.*

appendere [ap-pèn-de-re] *v.tr.* [pass.rem. *appési, appendésti*; part.pass. *appéso*] Attaccare un oggetto a un sostegno in modo che resti sospeso: *appendere un quadro alla parete, la giacca all'attaccapanni.*

appendice [ap-pen-dì-ce] *s.f.* **1** Parte accessoria aggiunta a un'altra; in partic. parte finale di un libro (o volume di un'enciclopedia) contenente indici, documentazioni, spiegazioni, aggiornamenti ecc. **2** Prolungamento laterale, lungo pochi centimetri, dell'intestino cieco.

appendicite [ap-pen-di-cì-te] *s.f.* Infiammazione dell'appendice: *deve operarsi perché ha un'appendicite.*

appesantire [ap-pe-san-tì-re] *v.tr.* [*appesantìsco, appesantìsci*] Rendere pesante o più pesante (anche ♧): *appesantire l'auto con i bagagli, lo stomaco con cibi grassi, l'aria con cattivi odori* ♦ **appesantirsi** *v.pr.* Diventare pesante o più pesante (anche ♧) ◊ Ingrassare.

appestare [ap-pe-stà-re] *v.tr.* **1** Infettare con una malattia contagiosa **2** Riempire di cattivi odori: *hai appestato la stanza con il fumo del tuo sigaro.*

appetito [ap-pe-tì-to] *s.m.* Voglia, desiderio di mangiare: *oggi non ho appetito*; *un piatto che stuzzica l'appetito.*

appetitoso [ap-pe-ti-tó-so] *agg.* Che stimola l'appetito: *un piatto molto appetitoso.*

appezzamento [ap-pez-za-mén-to] *s.m.* Porzione di un terreno agricolo (o edificabile).

appianare [ap-pia-nà-re] *v.tr.* **1** Rendere piano Ⓢ spianare **2** ♧ Rimuovere ostacoli, difficoltà; risolvere: *appianare un contrasto* ♦ **appianarsi** *v.pr.* Risolversi: *vedrai, tutto si appianerà.*

appiattire [ap-piat-tì-re] *v.tr.* [*appiattìsco, appiattìsci*] **1** Rendere piatto Ⓢ schiacciare **2** ♧ Livellare, rendere uniforme: *appiattire i salari*; *questa luce appiattisce il paesaggio* ♦ **appiattirsi** *v.pr.* **1** Diventare piatto **2** Schiacciarsi, farsi piatto: *si appiattì contro il muro.*

appiccare [ap-pic-cà-re] *v.tr.* [*appìcco, appìcchi*] Attaccare, appendere: *appiccare un manifesto, un quadro al muro* | *Appiccare il fuoco* = dar fuoco.

appiccicare [ap-pic-ci-cà-re] *v.tr.* [*appìccico, appìccichi*] Attaccare con la colla Ⓢ incollare: *appiccicare un francobollo sulla busta* ♦ **appiccicarsi** *v.pr.* Attaccarsi, incollarsi: *mi si è appiccicata addosso la camicia per il sudore.*

appiccicoso [ap-pic-ci-có-so] *agg.* **1** Che appiccica o che si appiccica: *un liquido appiccicoso* **2** ♧ Detto di persona che sta sempre addosso, noiosa, di cui è difficile liberarsi: *un tipo appiccicoso.*

appieno [ap-piè-no] *avv.* Pienamente, del tutto.

appigliarsi [ap-pi-gliàr-si] *v.pr.* Afferrarsi, aggrapparsi (anche ♧): *per non cadere si appigliò a una sporgenza della roccia*; *appigliarsi a un pretesto.*

appiglio [ap-pì-glio] *s.m.* **1** Punto di sostegno o di appoggio: *una parete liscia senza alcun appiglio* **2** ♧ Pretesto, occasione: *cercava un appiglio per attaccare lite.*

appioppare [ap-piop-pà-re] *v.tr.* Affibbiare, dare, rifilare: *appioppare un soprannome, un calcio a qualcuno.*

appisolarsi [ap-pi-so-làr-si] *v.pr.* Addormentarsi di un sonno leggero e breve Ⓢ assopirsi.

applaudire [ap-plau-dì-re] *v.tr.* [*applàudo* o *applaudìsco, applàudi* o *applaudìsci*] e *v.intr.* [aus. *avere*] Manifestare la propria approvazione, ammirazione o entusiasmo battendo le mani: *il pubblico ha applaudito il cantante, il discorso*; *alla sua proposta tutti applaudirono.*

applauso [ap-plàu-so] *s.m.* Manifestazione di approvazione, di ammirazione o di entusiasmo espressa battendo le mani: *lo spettacolo finì tra gli applausi.*

applicare [ap-pli-cà-re] *v.tr.* [*àpplico, àpplichi*] **1** Mettere una cosa sopra un'altra in modo che vi aderisca: *applicare un cerotto sulla ferita* **2** Mettere in atto: *applicare un regolamento, la legge* ◊ Utilizzare: *per risolvere questo problema devo applicare il teorema di Pitagora* ♦ **applicarsi** *v.pr.* Dedicarsi con impegno a qualcosa Ⓢ impegnarsi: *non ha voglia di applicarsi allo studio*; *è una ragazza intelligente, ma si applica poco.*

applicazione [ap-pli-ca-zió-ne] *s.f.* **1** L'applicare una cosa sopra un'altra: *l'applicazione di un cerotto sulla ferita* **2** Messa in atto: *chiedere l'applicazione del regolamento* ◊ Utilizzazione pratica: *studiare le possibili applicazioni di una nuova invenzione* **3** Impegno, concentrazione: *studia con poca applicazione* **4** In informatica, ogni programma che aggiunge a un computer nuove funzioni.

appoggiare [ap-pog-già-re] *v.tr.* **1** Accostare una cosa a un'altra o posarla su un'altra che la sostenga: *appoggiò la scala al muro*; *appoggiare i gomiti sul tavolo, una valigia a terra* ◊ **2** ♧ Sostenere, favorire: *appoggiare un governo, una proposta* ♦ **appoggiarsi** *v.pr.* Sostenersi, reggersi: *camminava appoggiandosi a un bastone.*

appoggio [ap-pòg-gio] *s.m.* **1** Sostegno: *cammina con l'appoggio di un bastone* **2** ♧ Aiuto, protezione, sostegno: *godere dell'appoggio di qualcuno*; *ha promesso il suo appoggio all'iniziativa.*

A B C D E F G H I J K L M N O P Q R S T U V W X Y Z

appollaiarsi [ap-pol-la-iàr-si] *v.pr.* **1** Posarsi su un sostegno per riposare o dormire (detto spec. di polli o uccelli) **2** ♧ Accovacciarsi, rannicchiarsi su qualcosa: *si era appollaiato su uno sgabello.*

apporre [ap-pór-re] *v.tr.* [coniugato come *porre*] Mettere, porre; aggiungere: *apporre la data, il timbro, la propria firma a un documento.*

apporto [ap-pòr-to] *s.m.* Contributo: *ha dato un grande apporto alla nostra causa.*

appositamente [ap-po-si-ta-mén-te] *avv.* Apposta, proprio per quello scopo: *è venuto appositamente per salutarvi.*

apposito [ap-pò-si-to] *agg.* Fatto, destinato per quell'uso o quello scopo specifico: *mettere le bottiglie nell'apposito contenitore.*

apposta [ap-pò-sta] *avv.* **1** Di proposito, deliberatamente: *l'ha fatto apposta* **2** Proprio per quello scopo: *sono venuto apposta per vederlo.*

appostarsi [ap-po-stàr-si] *v.pr.* Nascondersi in un luogo per tendere un agguato, spiare qualcuno, sorvegliare una zona ecc.: *i cacciatori si appostarono dietro una siepe.*

apprendere [ap-prèn-de-re] *v.tr.* [coniugato come *prendere*] **1** Imparare: *apprendere una lingua*; *sta apprendendo a leggere* **2** Venire a conoscere: *ho appreso la notizia dai giornali.*

apprendimento [ap-pren-di-mén-to] *s.m.* L'imparare: *l'apprendimento delle lingue straniere.*

apprendista [ap-pren-dì-sta] *s.m.f.* [pl.m. *–sti*] Chi sta facendo pratica per imparare un mestiere.

apprensione [ap-pren-sió-ne] *s.f.* Stato di ansia, di inquietudine causato dal timore che accada qualcosa di male: *torna presto, non farmi stare in apprensione.*

apprensivo [ap-pren-sì-vo] *agg.* Facile a cadere in apprensione Ⓢ ansioso: *una persona apprensiva* ◊ Che esprime apprensione: *gli rivolse uno sguardo apprensivo.*

appresso [ap-près-so] *avv.* **1** Vicino, accanto: *tenersi appresso qualcuno* **2** Dietro: *gli altri venivano appresso* **3** Dopo, in seguito: *come dirò appresso* ♦ *prep.* (seguito da *a*) **1** Vicino, accanto: *stai appresso a me* **2** Dietro: *va sempre appresso alle donne* ♦ *agg.invar.* Seguente: *mi chiamò il giorno appresso.*

apprestarsi [ap-pre-stàr-si] *v.pr.* Prepararsi Ⓢ accingersi: *si apprestò a partire.*

apprezzare [ap-prez-zà-re] *v.tr.* Riconoscere il valore, il pregio di qualcosa o qualcuno Ⓢ stimare: *è apprezzato da tutti per la sua onestà* ◊ Gradire: *ha molto apprezzato il tuo regalo.*

approccio [ap-pròc-cio] *s.m.* Presa di contatto con qualcuno con cui si vuole entrare in rapporti o da cui si vuole ottenere qualcosa: *il giovane tentò un approccio con una ragazza* ◊ Primo contatto con qualcosa di nuovo: *l'approccio con il computer è molto più facile per i giovani che per le persone anziane.*

approdare [ap-pro-dà-re] *v.intr.* [aus. *essere* o *avere*] Giungere a riva, toccare terra: *la nave approdò a un'isola deserta* | ♧ *Non approdare a nulla* = non ottenere alcun risultato, fallire.

approdo [ap-prò-do] *s.m.* **1** L'approdare Ⓢ sbarco, attracco: *la nave fece la manovra di approdo* **2** Punto della costa in cui è possibile approdare.

approfittare [ap-pro-fit-tà-re] *v.intr.* [aus. *avere*] Trarre profitto da qualcosa, sfruttarlo utilmente o a proprio vantaggio: *approfittare di un'occasione*; *approfittarono della bella giornata per fare una gita*; *il ladro approfittò del buio per dileguarsi* ♦ **approfittarsi** *v.pr.* Sfruttare disonestamente a proprio vantaggio Ⓢ abusare: *usurai che si approfittano delle altrui difficoltà*; *è troppo buono e tutti se ne approfittano.*

approfondire [ap-pro-fon-dì-re] *v.tr.* [*approfondìsco, approfondìsci*] **1** Rendere più profondo: *approfondire una fossa* **2** ♧ Esaminare, studiare a fondo o più a fondo: *è una questione, un argomento da approfondire.*

appropriarsi [ap-pro-priàr-si] *v.pr.* Prendersi qualcosa che appartiene ad altri o comunque non spetta Ⓢ impadronirsi: *appropriarsi (di) una somma, (di) un oggetto smarrito, (di) un diritto altrui.*

appropriato [ap-pro-prià-to] *agg.* Adatto, conveniente: *sa sempre usare le parole appropriate.*

approssimarsi [ap-pros-si-màr-si] *v.pr.* Avvicinarsi: *si approssimava la notte.*

approssimativo [ap-pros-si-ma-tì-vo] *agg.* **1** Che non arriva all'esattezza ma ci si avvicina: *fare un calcolo approssimativo delle spese* **2** Generico, impreciso, superficiale: *non bisogna dare giudizi approssimativi.*

approvare [ap-pro-và-re] *v.tr.* **1** Giudicare buono, giusto, esprimendo il proprio accordo: *approvo il tuo comportamento, la sua scelta* **2** Convalidare con un voto a favore: *approvare una legge, un provvedimento, un bilancio* ◊ Promuovere: *è stato approvato in tutte le materie.*

approvazione [ap-pro-va-zió-ne] *s.f.* Consenso, giudizio favorevole: *se accetti, hai tutta la mia approvazione* ◊ Assenso, ratifica, voto favorevole da parte di un'autorità o di un organo competente:

sottoporre un atto all'approvazione del ministro; l'approvazione di una legge in senato.

approvvigionamento [ap-prov-vi-gio-na-mén-to] *s.m.* Rifornimento di viveri e di tutti i materiali necessari.

approvvigionare [ap-prov-vi-gio-nà-re] *v.tr.* Rifornire di provviste e di ogni altra cosa necessaria: *approvvigionare una città, una nave, un esercito.*

appuntamento [ap-pun-ta-mén-to] *s.m.* Incontro fissato di comune accordo tra due o più persone in un dato luogo, giorno e a una data ora: *darsi un appuntamento; il dottore riceve solo su appuntamento; non mi piace tardare agli appuntamenti.*

appuntare[1] [ap-pun-tà-re] *v.tr.* **1** Fissare, attaccare qualcosa ad altro per mezzo di un oggetto a punta: *appuntò il distintivo sulla giacca* **2** ♧ Rivolgere: *appuntò lo sguardo sul viso della donna* ♦ **appuntarsi** *v.pr.* Rivolgersi in modo particolare: *i sospetti si appuntarono sul marito.*

appuntare[2] [ap-pun-tà-re] *v.tr.* Annotare: *appuntare un indirizzo sull'agenda.*

appuntire [ap-pun-tì-re] *v.tr.* [*appuntìsco, appuntìsci*] Far la punta a qualcosa: *appuntire la matita.*

appuntito [ap-pun-tì-to] *agg.* Che termina a punta Ⓢ aguzzo: *un palo appuntito.*

appunto[1] [ap-pùn-to] *s.m.* **1** Rapida e breve annotazione di quanto si ascolta, vede o pensa per poterlo poi ricordare e ricostruire: *appunti delle lezioni, di viaggio* **2** Osservazione, rimprovero: *mi ha fatto un appunto perché ero in ritardo.*

appunto[2] [ap-pùn-to] *avv.* (anche rafforzato in *per l'appunto*) Proprio, precisamente: *il problema è appunto questo; oggi per l'appunto non posso venire* ◊ Sì, certamente (nelle risposte): *«Pensi che ti debba delle scuse?» «Appunto!».*

appurare [ap-pu-rà-re] *v.tr.* Mettere in chiaro la verità di qualcosa Ⓢ accertare, verificare: *sono riuscito ad appurare che lui non c'entrava niente.*

apribottiglie [a-pri-bot-tì-glie] *s.m.invar.* Arnese per togliere i tappi a corona delle bottiglie.

aprile [a-prì-le] *s.m.* Quarto mese dell'anno, di 30 giorni.

aprire [a-prì-re] *v.tr.* [pass.rem. *aprìi* o *apèrsi, aprì* o *apèrse, aprìrono* o *apèrsero*; part.pass. *apèrto*] **1** Dischiudere, disserrare ciò che era chiuso: *aprire la finestra, una cassa, una lettera, un pacco, un cassetto* | *Aprire una bottiglia* = stapparla **2** Creare un'apertura, un varco in qualcosa: *i soldati aprirono una breccia nelle mura* **3** Allargare, distendere: *aprire il ventaglio, le braccia* **4** Dare inizio, cominciare: *aprire una seduta, una trattativa, un'inchiesta* | *Aprire il fuoco* = cominciare a sparare ◊ Avviare una nuova attività: *aprire un negozio* ◊ Inaugurare: *aprire una mostra* ◊ Mettere in funzione: *aprire la luce, l'acqua* ♦ *v.intr.* [aus. *avere*] Cominciare l'attività: *i negozi aprono alle otto* ♦ **aprirsi** *v.pr.* **1** Schiudersi: *la finestra si aprì di colpo* **2** Fendersi, squarciarsi: *la terra si aprì per il terremoto* **3** Allargarsi, distendersi: *sotto di noi si apriva la pianura* ◊ Sbocciare (detto di fiori) ◊ Rasserenarsi (detto del cielo) **4** Cominciare: *la scuola si apre domani* **5** ♧ Confidarsi: *si aprì con un amico.*

aquila [à-qui-la] *s.f.* **1** Grosso uccello rapace di montagna **2** ♧ Persona di notevole intelligenza.

aquilone [a-qui-ló-ne] *s.m.* Giocattolo di carta o di tela che, trattenuto da un filo, si innalza e ondeggia nell'aria per la forza del vento.

arabesco [a-ra-bé-sco] *s.m.* [pl.m. *–schi*] Decorazione, tipica dell'arte araba, caratterizzata da un complesso intreccio di linee e forme geometriche e vegetali stilizzate.

arachide [a-rà-chi-de] *s.f.* Pianta erbacea delle zone calde dai cui semi commestibili, chiamati anche *noccioline americane,* si ricava un olio alimentare.

aragosta [a-ra-gó-sta o a-ra-gò-sta] *s.f.* Grosso crostaceo marino dotato di corazza e lunghe antenne, molto ricercato per le sue carni pregiate.

arancia [a-ràn-cia] *s.f.* Il frutto dell'arancio.

aranciata [a-ran-cià-ta] *s.f.* Bevanda a base di succo d'arancia o aromatizzata all'essenza di arancia.

arancio [a-ràn-cio] *s.m.* **1** Pianta sempreverde con fiori bianchi molto profumati e frutti succosi dalla buccia giallo-rossa **2** Arancia: *mangiare un arancio* ♦ *agg. invar.* Del colore tra il giallo e il rosso tipico della buccia dell'arancia.

arancione [a-ran-ció-ne] *agg.invar.* e *s.m.invar.* Di colore acceso simile a quello dell'arancia matura: *una stoffa arancione.*

arare [a-rà-re] *v.tr.* Rompere e rivoltare la terra con l'aratro: *i contadini aravano i campi.*

aratro [a-rà-tro] *s.m.* Strumento agricolo per rompere e rivoltare la terra prima della semina.

arazzo [a-ràz-zo] *s.m.* Tessuto per ornare pareti, eseguito a mano su telaio, con disegni artistici.

arbitraggio [ar-bi-tràg-gio] *s.m.* L'arbitrare e il modo in cui si arbitra: *un arbitraggio imparziale.*

arbitrare [ar-bi-trà-re] *v.tr.* Dirigere come arbitro una competizione: *arbitrare una partita di calcio.*

A B C D E F G H I J K L M N O P Q R S T U V W X Y Z

arbitrario [ar-bi-trà-rio] *agg.* Che costituisce un arbitrio, che è ingiustificato o illegittimo, abusivo: *un'interpretazione, una decisione arbitraria.*

arbitrio [ar-bì-trio] *s.m.* **1** Facoltà di giudicare e decidere liberamente e di agire secondo la propria volontà **2** Abuso di potere, sopruso, illegalità.

arbitro [àr-bi-tro] *s.m.* **1** Persona al di sopra delle parti chiamata a fare da giudice in una controversia **2** Nello sport, chi dirige una competizione con il compito di far osservare il regolamento.

arbusto [ar-bù-sto] *s.m.* Pianta di basso fusto ramificata sin dalla base.

arca [àr-ca] *s.f.* **1** Cassa, baule, scrigno **2** *Arca di Noè* = l'imbarcazione che, secondo la Bibbia, Noè costruì per salvare dal diluvio universale la sua famiglia e una coppia di ciascun animale terrestre.

arcano [ar-cà-no] *agg.* Misterioso, occulto: *parole arcane*; *un'arcana profezia* ♦ *s.m.* Mistero, enigma: *non siamo riusciti a svelare l'arcano.*

arcata [ar-cà-ta] *s.f.* **1** Struttura di sostegno a forma di arco: *le arcate di un ponte* **2** Parte del corpo a forma di arco: *arcata dei denti, del sopracciglio.*

archeologia [ar-che-o-lo-gì-a] *s.f.* Scienza che studia le antiche civiltà attraverso l'esame dei loro monumenti e prodotti materiali.

archeologo [ar-che-ò-lo-go] *s.m.* [pl. *–gi*] Studioso, esperto di archeologia.

architettare [ar-chi-tet-tà-re] *v.tr.* Escogitare, preparare, macchinare: *architettare un inganno, una congiura.*

architetto [ar-chi-tét-to] *s.m.* Laureato in architettura che progetta e dirige la costruzione di edifici e di altre opere architettoniche.

architettonico [ar-chi-tet-tò-ni-co] *agg.* [pl.m. *–ci*] Di architettura, relativo all'architettura: *opere architettoniche*; *stili architettonici.*

architettura [ar-chi-tet-tù-ra] *s.f.* **1** L'arte e la tecnica di progettare e costruire edifici e altre costruzioni: *architettura civile, industriale, navale, sacra* **2** L'insieme delle opere architettoniche di un periodo, di uno stile: *l'architettura classica, gotica, rinascimentale, barocca, araba.*

architrave [ar-chi-trà-ve] *s.m.* In un edificio, trave orizzontale che poggia su colonne, pilastri o stipiti.

archiviare [ar-chi-vià-re] *v.tr.* **1** Mettere in archivio: *archiviare un documento* **2** ♧ Abbandonare, mettere da parte: *archiviare un progetto.*

archivio [ar-chì-vio] *s.m.* Raccolta di documenti pubblici e privati, ordinati e catalogati in modo da poterli ritrovare e consultare; il luogo in cui viene conservata tale raccolta e l'ufficio che la cura: *archivio comunale, di stato*; *l'archivio fotografico di un giornale*; *fare ricerche in archivio*; *un impiegato dell'archivio.*

arciere [ar-ciè-re] *s.m.* **1** Tiratore d'arco **2** Soldato armato di arco: *arcieri a cavallo.*

arcigno [ar-cì-gno] *agg.* Duro, severo, scostante nell'aspetto o nell'atteggiamento: *un viso, uno sguardo arcigno.*

arcipelago [ar-ci-pè-la-go] *s.m.* [pl. *–ghi*] Gruppo di isole vicine fra loro: *l'arcipelago delle Eolie.*

arco [àr-co] *s.m.* [pl. *–chi*] **1** Arma che serve a scagliare le frecce: *tirare con l'arco* **2** Bacchetta di legno ai cui estremi è fissata una striscia di crini di cavallo che si usa per far vibrare le corde del violino, della viola, del violoncello e del contrabbasso (detti appunto *strumenti ad arco*) **3** Parte di circonferenza o di linea curva compresa tra due punti **4** Struttura architettonica curva, sorretta da pilastri o colonne, su cui poggia una costruzione: *gli archi di un ponte, di un porticato* **5** Qualsiasi cosa a forma di linea curva: *l'arco delle sopracciglia, dell'orizzonte* **6** ♧ Periodo di tempo Ⓢ corso: *l'arco di una giornata, degli anni*; *nell'arco della sua vita ha fatto molti lavori.*

arcobaleno [ar-co-ba-lé-no] *s.m.* Grande arco luminoso con i colori dell'iride, che appare talvolta in cielo dopo la pioggia per un fenomeno ottico dovuto alla rifrazione dei raggi solari nelle gocce d'acqua sospese nell'atmosfera.

ardente [ar-dèn-te] *agg.* **1** Che arde Ⓢ infuocato, cocente: *sole ardente*; *labbra ardenti per la sete* **2** ♧ Appassionato, intenso: *un amore, un desiderio ardente.*

ardere [àr-de-re] *v.tr.* [pass.rem. *àrsi, ardésti*; part.pass. *àrso*] **1** Bruciare: *ardere la legna* ◊ Inaridire, seccare: *i prati erano arsi dal sole* **2** ♧ Infiammare: *lo ardeva il desiderio di tornare* ♦ *v.intr.* [aus. *essere*] **1** Essere in fiamme Ⓢ bruciare: *la legna arde nel camino* ◊ Essere molto caldo Ⓢ scottare: *ardere dalla febbre* **2** ♧ Essere preso intensamente da un sentimento: *ardere d'amore per qualcuno*; *ardeva dal desiderio di vederla.*

ardimento [ar-di-mén-to] *s.m.* Coraggio, audacia: *ha dimostrato grande ardimento.*

ardire [ar-dì-re] *v.intr.* [*ardìsco, ardìsci*; aus. *avere*] Avere il coraggio, l'audacia di fare qualcosa Ⓢ osare: *non ardiva (di) rispondergli.*

ardito [ar-dì-to] *agg.* **1** Coraggioso, audace: *un ardito navigatore*; *un'impresa ardita* **2** Che va oltre i limiti della decenza e del rispetto Ⓢ impertinente: *le rivolse un complimento troppo ardito.*

ardore [ar-dó-re] *s.m.* **1** Calore intenso: *l'ardore* *del sole* **2** ♧ Intensità di sentimento Ⓢ passione, impeto: *amare con ardore*; *si lasciò trascinare dall'ardore della discussione* ◊ Entusiasmo, fervore: *lavorare con ardore.*

arduo [àr-duo] *agg.* Molto difficile: *un compito arduo*; *un'ardua impresa*; *un problema arduo.*

area [à-re-a] *s.f.* **1** In geometria, misura di una superficie: *calcolare l'area di un triangolo* **2** Spazio di terreno delimitato: *l'area occupata da un parcheggio* ◊ *Area di rigore* = nei campi di calcio, la zona davanti a ciascuna delle due porte **3** Zona interessata da determinati fatti, fenomeni, situazioni: *si sta allargando l'area del conflitto*; *molte regioni d'Italia sono aree sismiche.*

arena [a-rè-na] *s.f.* **1** Lo spazio coperto di sabbia al centro degli antichi anfiteatri o stadi in cui si svolgevano giochi e spettacoli **2** L'edificio in cui si svolgono le corride, e in partic. lo spazio recintato al suo interno.

arenarsi [a-re-nàr-si] *v.pr.* **1** Incagliarsi su un fondale sabbioso (detto di imbarcazione) **2** ♧ Fermarsi, bloccarsi non riuscendo più a proseguire: *si è arenato alle prime difficoltà*; *le trattative si arenarono quasi subito.*

arenile [a-re-nì-le] *s.m.* Spiaggia sabbiosa lungo la riva del mare, di fiumi o di laghi.

argano [àr-ga-no] *s.m.* Macchina per sollevare o trascinare grossi pesi: *argano a mano, elettrico.*

argenteo [ar-gèn-te-o] *agg.* **1** D'argento: *monete argentee* **2** Che ha il colore e lo splendore dell'argento: *la luce argentea della luna.*

argenteria [ar-gen-te-rì-a] *s.f.* Insieme di oggetti d'argento (spec. vasellame, stoviglie, posate).

argento [ar-gèn-to] *s.m.* Metallo di color bianco lucente, duttile, malleabile, usato per fabbricare monete, oggetti preziosi e in numerosi impieghi industriali.

argilla [ar-gìl-la] *s.f.* Sostanza minerale terrosa che, unita all'acqua, diviene pastosa e malleabile, per cui è usata sin dall'antichità per la fabbricazione di mattoni e oggetti di ceramica Ⓢ creta.

argilloso [ar-gil-ló-so] *agg.* Che contiene argilla, ricco di argilla: *terreno argilloso.*

arginare [ar-gi-nà-re] *v.tr.* **1** Munire di argini; contenere con argini: *arginare un fiume, una piena* **2** ♧ Contenere, frenare: *l'esercito cercò di arginare l'offensiva nemica*; *arginare la corruzione.*

argine [àr-gi-ne] *s.m.* **1** Rialzo naturale o artificiale che, lungo le rive di un corso d'acqua, ne impedisce lo straripamento durante le piene **2** ♧ Riparo, freno: *porre un argine alla corruzione.*

argomento [ar-go-mén-to] *s.m.* **1** Ragionamento o prova a sostegno di una tesi: *i tuoi argomenti sono poco convincenti* **2** Materia, soggetto di un discorso, di una conversazione o di un'opera Ⓢ oggetto, tema: *l'argomento di una discussione, di un articolo.*

arguto [ar-gù-to] *agg.* Che ha ingegno vivace e spirito sottile e brillante: *un conversatore arguto* ◊ Che rivela arguzia: *una risposta arguta.*

arguzia [ar-gù-zia] *s.f.* **1** Prontezza e sottigliezza di ingegno, vivacità di spirito: *una risposta piena di arguzia* **2** Battuta spiritosa: *tutti ridevano alle sue arguzie.*

aria [à-ria] *s.f.* **1** Miscuglio di gas, soprattutto azoto e ossigeno, che forma l'atmosfera terrestre ed è indispensabile alla vita animale e vegetale: *aria pura, viziata*; *apri le finestre, che entri un po' d'aria* | *Andare a prendere una boccata d'aria* = uscire all'aperto, andare a fare due passi | *Sentirsi mancare l'aria* = avere difficoltà a respirare ◊ Vento: *sulla collina c'è sempre aria*; *non stare alla corrente d'aria se sei sudato!*; *non tirava un filo d'aria* **2** Clima: *aria di mare, di montagna* | *Cambiare aria* = trasferirsi altrove **3** Spazio libero verso il cielo: *guardare in aria*; *l'aereo si sollevò in aria* | *A mezz'aria* = a media altezza dal suolo | ♧ *Mandare all'aria* = far fallire | *Saltare in aria* = esplodere | ♧ *Campato in aria* = senza fondamento: *discorsi, progetti campati in aria* **4** ♧ Aspetto, espressione, atteggiamento: *oggi hai un'aria stanca*; *avere un'aria intelligente, scontenta, di disapprovazione* | *Avere l'aria di* = sembrare: *ha l'aria di un brav'uomo* | *Darsi delle arie* = darsi troppa importanza, essere presuntuoso **5** Melodia, brano musicale: *un'aria molto orecchiabile.*

arido [à-ri-do] *agg.* **1** Povero d'acqua, di umidità Ⓢ secco Ⓒ umido: *terra arida*; *clima arido* **2** ♧ Povero di calore umano, di sentimenti o di idee: *un uomo arido*; *un arido resoconto dei fatti.*

arieggiare [a-rieg-già-re] *v.tr.* Dare aria Ⓢ aerare: *arieggiare una camera* ◊ Esporre all'aria: *arieggiare i vestiti.*

ariete [a-riè-te] *s.m.* **1** Maschio della pecora Ⓢ montone **2** Costellazione e primo segno dello zodiaco.

aringa [a-rìn-ga] *s.f.* Pesce che vive in banchi nei mari nordici e dopo la pesca viene per lo più conservato sotto sale o affumicato.

aristocratico [a-ri-sto-crà-ti-co] *agg.* [pl.m. *–ci*] **1** Che appartiene all'aristocrazia Ⓢ nobile: *una famiglia aristocratica* **2** Signorile, raffinato: *ha un modo di fare aristocratico* ♦ *s.m.* Chi appartiene all'aristocrazia Ⓢ nobile.

aristocrazia [a-ri-sto-cra-zì-a] *s.f.* La classe dei nobili Ⓢ nobiltà: *appartenere all'aristocrazia* ◊ L'insieme delle persone nobili di un luogo: *alla festa era presente tutta l'aristocrazia locale.*

aritmetica [a-rit-mè-ti-ca] *s.f.* Parte della matematica che studia i numeri e i problemi delle quattro operazioni fondamentali.

aritmetico [a-rit-mè-ti-co] *agg.* [pl.m. *–ci*] Di aritmetica, basato sull'aritmetica: *problemi aritmetici; calcoli aritmetici.*

arma [àr-ma] *s.f.* [pl. *armi*] **1** Qualunque oggetto che serve alla difesa e all'offesa: *armi da taglio, da lancio, da fuoco* | *Andare sotto le armi* = fare il servizio militare | ♧ *Essere alle prime armi* = essere agli inizi in una data attività **2** ♧ Mezzo di difesa e di lotta: *l'astuzia è la sua arma migliore.*

armadio [ar-mà-dio] *s.m.* Mobile per lo più di legno, chiuso sul davanti da ante e sportelli, con eventuali ripiani e cassetti interni, usato per contenere indumenti, biancheria e oggetti vari.

armamentario [ar-ma-men-tà-rio] *s.m.* Il complesso degli strumenti e dei materiali necessari per svolgere un'attività Ⓢ attrezzatura.

armamento [ar-ma-mén-to] *s.m.* Il complesso delle armi, dei mezzi militari di cui dispone una nazione: *limitare la corsa agli armamenti* ◊ La dotazione di armi di un soldato, di un reparto o di un mezzo militare.

armare [ar-mà-re] *v.tr.* **1** Fornire di armi e di tutto quanto serve per combattere: *armare un esercito* **2** Provvedere di strutture di sostegno una costruzione, uno scavo durante i lavori: *armare un ponte, una galleria* ♦ **armarsi** *v.pr.* **1** Prendere le armi, rifornirsi di armi **2** ♧ Munirsi: *armarsi di coraggio, di rassegnazione.*

armata [ar-mà-ta] *s.f.* Complesso di più unità militari poste sotto un unico comando ◊ Esercito: *l'armata degli invasori occupò tutto il paese.*

armato [ar-mà-to] *agg.* **1** Munito di armi: *va in giro armato* | *Rapina a mano armata* = commessa con le armi alla mano **2** In edilizia, provvisto di armatura: *cemento armato* **3** ♧ Munito, dotato: *era armato delle migliori intenzioni.*

armatore [ar-ma-tó-re] *s.m.* [f. *–trice*] Chi allestisce una nave, una flotta mercantile o ne è proprietario.

armatura [ar-ma-tù-ra] *s.f.* **1** L'insieme delle armi difensive (elmo, corazza ecc.) usate soprattutto in epoca medievale **2** Nell'edilizia, struttura provvisoria di sostegno o di rinforzo durante i lavori: *l'armatura di un ponte* ◊ L'ossatura metallica delle strutture in cemento armato.

armeggiare [ar-meg-già-re] *v.intr.* [aus. *avere*] Darsi da fare, per lo più con scarsi risultati: *ha armeggiato per un'ora intorno al motore senza riuscire a farlo partire.*

armeria [ar-me-rì-a] *s.f.* **1** Luogo dove si tengono le armi di un reparto militare **2** Negozio di armi.

armistizio [ar-mi-stì-zio] *s.m.* Sospensione delle ostilità in seguito a un accordo tra le parti in guerra: *i due stati hanno firmato un armistizio.*

armonia [ar-mo-nì-a] *s.f.* **1** In musica, combinazione gradevole di suoni vocali o strumentali **2** Effetto musicale prodotto dal gradevole accordo di suoni, voci, parole: *l'armonia del canto dell'usignolo, di un verso* ◊ Musica, canto melodiosi **3** Proporzione equilibrata, accordo gradevole degli elementi e delle parti di un insieme: *l'armonia dei colori di un dipinto* **4** ♧ Concordia, accordo: *c'è molta armonia tra di loro.*

armonica [ar-mò-ni-ca] *s.f.* Nome di vari strumenti musicali del passato | *Armonica a bocca* = strumento costituito da una scatoletta rettangolare con una serie di fori allineati, che si suona soffiando o aspirando nei fori.

armonico [ar-mò-ni-co] *agg.* [pl.m. *–ci*] **1** Che ha o produce armonia: *suoni armonici* **2** ♧ Ben proporzionato Ⓢ armonioso, equilibrato: *un accostamento armonico di colori; uno sviluppo armonico del fisico e della mente.*

armonioso [ar-mo-nió-so] *agg.* **1** Pieno d'armonia: *voce, musica armoniosa* **2** ♧ Ben proporzionato Ⓢ equilibrato: *un fisico armonioso.*

armonizzare [ar-mo-niz-zà-re] *v.tr.* Rendere armonico, privo di squilibri e contrasti: *armonizzare i colori di un quadro* ♦ *v.intr.* [aus. *avere*] Essere in armonia, in accordo Ⓢ accordarsi, intonarsi: *questi mobili non armonizzano bene insieme.*

arnese [ar-né-se] *s.m.* **1** Attrezzo, strumento di lavoro, utensile: *gli arnesi del fabbro* **2** Oggetto di cui non si sa o non si vuol dire il nome Ⓢ aggeggio: *a cosa serve questo arnese?*

arnia [àr-nia] *s.f.* Alveare artificiale costituito in genere da una cassetta di legno.

aroma [a-rò-ma] *s.m.* [pl. *–mi*] **1** Sostanza di profumo e sapore gradevole, che si usa come condimento o per preparare dolci, liquori e profumi: *il timo, la salvia e il rosmarino sono aromi naturali* **2** Profumo emanato da una sostanza: *l'aroma del caffè, del vino, dell'incenso.*

aromatico [a-ro-mà-ti-co] *agg.* [pl.m. *–ci*] Che serve da aroma: *piante, erbe aromatiche* ◊ Ricco di aroma, che ha un profumo intenso: *un vino, un caffè molto aromatico.*

aromatizzare [a-ro-ma-tiz-zà-re] *v.tr.* Profumare, condire con aromi: *aromatizzare l'arrosto col timo e col rosmarino.*

arpa [àr-pa] *s.f.* Grande strumento musicale a corde di forma triangolare.

arpione [ar-pió-ne] *s.m.* **1** Gancio infisso nel muro a cui si appendono oggetti **2** Arma costituita da un'asta con punta uncinata, usata per la caccia a grossi pesci e ai cetacei.

arrabattarsi [ar-ra-bat-tàr-si] *v.pr.* Darsi da fare in ogni modo per riuscire in qualcosa (in genere con scarsi risultati): *si arrabatta per tirare avanti.*

arrabbiarsi [ar-rab-biàr-si] *v.pr.* [aus. *essere*] Essere preso dalla rabbia, dalla collera Ⓢ irritarsi, adirarsi: *si è arrabbiato con me perché sono arrivato in ritardo.*

arrabbiato [ar-rab-bià-to] *agg.* Molto irritato, infuriato: *è arrabbiato con me perché l'ho offeso.*

arrabbiatura [ar-rab-bia-tù-ra] *s.f.* Accesso di collera, rabbia: *ti è passata l'arrabbiatura?*

arraffare [ar-raf-fà-re] *v.tr.* Prendere, portar via con sveltezza quel che capita sotto mano Ⓢ rubare: *il ladro arraffò una manciata di biglietti dalla cassa e si diede alla fuga.*

arrampicarsi [ar-ram-pi-càr-si] *v.pr.* [*mi arràmpico, ti arràmpichi*] **1** Salire aggrappandosi con gli arti: *arrampicarsi su un albero* ◊ Detto di piante, crescere attaccandosi a un sostegno: *l'edera si arrampica lungo il muro* **2** Salire per luoghi molto ripidi: *arrampicarsi su per i monti.*

arrancare [ar-ran-cà-re] *v.intr.* [*arrànco, arrànchi*; aus. *avere*] Avanzare con fatica, con difficoltà: *l'autobus arrancava su per la salita.*

arrangiamento [ar-ran-gia-mén-to] *s.m.* Adattamento di un brano musicale a strumenti diversi da quelli per cui era stato composto.

arrangiare [ar-ran-già-re] *v.tr.* **1** Accomodare, aggiustare alla meglio: *arrangiare un vestito* ◊ Mettere insieme in qualche modo: *in poco tempo arrangiò una cenetta* **2** Fare l'arrangiamento di un brano musicale ♦ **arrangiarsi** *v.pr.* Provvedere a se stesso, darsi da fare adattandosi alle circostanze; cavarsela da solo: *è disoccupato e si arrangia con qualche lavoretto*; *è uno che sa sempre arrangiarsi*; *peggio per te, arrangiati!*

arrecare [ar-re-cà-re] *v.tr.* [*arrèco, arrèchi*] **1** Portare: *ci hanno arrecato cattive notizie* **2** ♧ Causare, provocare: *l'alluvione ha arrecato gravi danni alla popolazione della zona.*

arredamento [ar-re-da-mén-to] *s.m.* L'arte, la maniera di arredare: *rivista di arredamento*; *ho curato io l'arredamento* ◊ L'insieme dei mobili e degli oggetti con cui è arredato un ambiente: *cambiare l'arredamento della casa.*

arredare [ar-re-dà-re] *v.tr.* Fornire un ambiente, un locale di mobili e di tutto quanto serve a renderlo funzionale, accogliente e piacevole: *arredare una casa, una camera da letto, un ufficio.*

arrembaggio [ar-rem-bàg-gio] *s.m.* Assalto a una nave nemica dopo averla abbordata: *i pirati andarono all'arrembaggio.*

arrendersi [ar-rèn-der-si] *v.pr.* [coniugato come *rendere*] **1** Cessare di combattere, darsi per vinto e consegnarsi al nemico **2** ♧ Cedere, accondiscendere; piegarsi: *lo pregò tanto che alla fine si arrese*; *ha dovuto arrendersi all'evidenza.*

arrendevole [ar-ren-dé-vo-le] *agg.* Che si lascia convincere, che cede facilmente: *si è mostrato arrendevole*; *non è un tipo arrendevole.*

arrestare [ar-re-stà-re] *v.tr.* **1** Fermare, bloccare (anche ♧): *arrestare un'emorragia, l'ascensore, l'inflazione* **2** Mettere in stato di arresto Ⓢ catturare: *lo hanno arrestato alla frontiera* ♦ **arrestarsi** *v.pr.* Cessare di muoversi Ⓢ fermarsi Ⓒ proseguire: *l'auto si arrestò all'improvviso.*

arresto [ar-rè-sto] *s.m.* **1** Interruzione di un movimento, di un funzionamento, di un processo, di un'attività: *il pulsante di arresto dell'ascensore*; *l'arresto della digestione* **2** Cattura e detenzione provvisoria di un imputato in attesa di processo: *il ladro fu tratto in arresto.*

arretrare [ar-re-trà-re] *v.intr.* [aus. *essere* o *avere*] Indietreggiare, retrocedere: *il nemico arretrò di fronte all'assalto* ♦ *v.tr.* Spostare indietro: *arretrare la linea del fronte.*

arretratezza [ar-re-tra-téz-za] *s.f.* Condizione di ritardo, di sottosviluppo economico, sociale o culturale: *l'arretratezza del Sud del mondo.*

arretrato [ar-re-trà-to] *agg.* **1** Che si trova o è rimasto indietro o in ritardo: *camminava arretrato di qualche passo rispetto agli altri* | *Lavoro arretrato* = che non è stato fatto a suo tempo e si è accumulato | *Numero arretrato* = ogni numero di giornale o rivista precedente l'ultimo uscito ◊ Superato, sorpassato: *le tue concezioni sono arretrate* **2** Sottosviluppato (economicamente, culturalmente ecc.): *un'area arretrata del paese* ♦ *s.m.* (spec. al *pl.*) Somma pagata dopo la scadenza dovuta: *riscuotere gli arretrati della pensione.*

arricchire [ar-ric-chì-re] *v.tr.* [*arricchìsco, arricchìsci*] Rendere ricco: *gli affari lo hanno arricchito* ◊ ♧ Rendere più ricco, più completo: *cerca di arricchire la propria cultura con le letture* ♦

A B C D E F G H I J K L M N O P Q R S T U V W X Y Z

v.intr. [aus. *essere*] e **arricchirsi** *v.pr.* Diventare ricco: *(si) è arricchito in breve tempo.*

arricciare [ar-ric-cià-re] *v.tr.* Piegare a forma di riccio: *arricciare i capelli, i baffi* | *Arricciare il naso* = corrugarlo in segno di disgusto, di disprezzo, di scontento ♦ **arricciarsi** *v.pr.* Farsi riccio ◊ Raggrinzirsi, accartocciarsi.

arringa [ar-rìn-ga] *s.f.* In un processo penale, il discorso conclusivo pronunciato dall'avvocato difensore o dal pubblico ministero.

arringare [ar-rin-gà-re] *v.tr.* [*arrìngo, arrìnghi*] Rivolgersi con un discorso pubblico a un gruppo di persone, per cercare di convincerle o esortarle: *l'oratore arringava la folla.*

arrischiare [ar-ri-schià-re] *v.tr.* **1** Mettere in pericolo, esporre a rischio: *ha arrischiato la vita per salvare quel ragazzo che stava annegando* **2** Dire o fare qualcosa vincendo la propria esitazione Ⓢ azzardare, osare: *arrischiare un giudizio, una mossa* ♦ **arrischiarsi** *v.pr.* Esporsi a un rischio Ⓢ avventurarsi: *meglio non arrischiarsi in mare con questo tempo* ◊ Osare, azzardarsi: *non ti arrischiare più a rispondermi così!*

arrischiato [ar-ri-schià-to] *agg.* Rischioso, azzardato, imprudente: *fare un sorpasso arrischiato.*

arrivare [ar-ri-và-re] *v.intr.* [aus. *essere*] **1** Giungere a un dato punto nello spazio o nel tempo: *arrivare a casa*; *è arrivato primo al traguardo*; *arrivò alla fine del suo viaggio*; *è arrivato il momento di partire* ◊ ♧ Raggiungere una meta, un risultato: *arrivare alla laurea, alla soluzione di un problema* ◊ Giungere a destinazione: *il treno arriverà in ritardo*; *è arrivata una lettera* ◊ Entrare a far parte di un gruppo: *è arrivato da poco nella nostra squadra* **2** Giungere a un certo punto o limite (di altezza, lunghezza, quantità, età, tempo ecc.): *l'acqua gli arriva alle spalle*; *la spesa arriva a mille euro*; *quando arriverai alla mia età, lo capirai*; *è arrivato al punto di togliermi il saluto* **3** Riuscire, farcela: *arrivi a vedere fin là in fondo?* **4** Affermarsi, avere successo: *è uno con una grande smania di arrivare.*

arrivato [ar-ri-và-to] *agg.* e *s.m.* **1** Che, chi è giunto: *eccoci arrivati*; *il primo arrivato nella corsa* | *Nuovo arrivato* = chi è appena entrato a far parte di un gruppo, di un ambiente **2** Che, chi ha raggiunto una buona posizione nella società, nella carriera: *un uomo, un professionista arrivato.*

arrivederci [ar-ri-ve-dér-ci] *inter.* Formula di saluto per congedarsi da qualcuno che si pensa o si spera di rivedere presto: *arrivederci a domani!*

arrivismo [ar-ri-vì-smo] *s.m.* Smania di raggiungere a ogni costo e senza farsi scrupoli una posizione sociale o di potere più elevata.

arrivista [ar-ri-vì-sta] *s.m.f.* [pl.m. *–sti*] Chi si preoccupa soltanto di raggiungere a ogni costo una posizione sociale o di potere più elevata.

arrivo [ar-rì-vo] *s.m.* **1** L'arrivare: *l'arrivo di un amico, di una lettera* | *In arrivo* = sul punto di arrivare: *il treno è in arrivo* ◊ Il momento e il luogo in cui si arriva: *ne parleremo al mio arrivo*; *all'arrivo lo aspettava una gran folla* ◊ La fase conclusiva di una gara di corsa; il punto in cui si conclude: *arrivo in salita*; *striscione di arrivo* **2** *Gli ultimi arrivi* = la merce arrivata da poco in un negozio.

arroccarsi [ar-roc-càr-si] *v.pr.* Mettersi in una posizione riparata: *i soldati si arroccarono sulla montagna.*

arrogante [ar-ro-gàn-te] *agg.* e *s.m.* Che, chi dimostra arroganza: *il direttore è una persona arrogante*; *parla sempre con tono arrogante*; *non fare l'arrogante!*

arroganza [ar-ro-gàn-za] *s.f.* Atteggiamento insolente, sprezzante e presuntuoso: *tratta tutti con arroganza.*

arrossare [ar-ros-sà-re] *v.tr.* Far diventar rosso, tingere di rosso ♦ *v.intr.* [aus. *essere*] e **arrossarsi** *v.pr.* Diventare rosso, tingersi di rosso.

arrossire [ar-ros-sì-re] *v.intr.* [*arrossìsco, arrossìsci*; aus. *essere*] Divenire rosso in viso per una reazione emotiva: *è arrossito dalla vergogna*; *arrossire per la rabbia, per una lode.*

arrostire [ar-ro-stì-re] *v.tr.* [*arrostìsco, arrostìsci*] Cuocere un cibo direttamente sul fuoco, sulla brace, o in padella, nel forno, in modo che sia ben rosolato all'esterno: *arrostire un pollo, il pesce, le salsicce* ♦ *v.intr.* [aus. *essere*] e **arrostirsi** *v.pr.* Cuocersi arrosto: *mettere le patate ad arrostire* | ♧ *Arrostire al sole* = abbronzarsi stando a lungo sotto un sole cocente.

arrosto [ar-rò-sto] *s.m.* Carne arrostita: *oggi ho mangiato un arrosto di vitello* ♦ *agg.invar.* Arrostito: *patate arrosto*; *pollo arrosto.*

arrotare [ar-ro-tà-re] *v.tr.* Affilare una lama: *arrotare le forbici.*

arrotino [ar-ro-tì-no] *s.m.* Chi fa il mestiere di arrotare coltelli, forbici ecc.

arrotolare [ar-ro-to-là-re] *v.tr.* Avvolgere in forma di rotolo: *arrotolare un foglio, un tappeto.*

arrotondare [ar-ro-ton-dà-re] *v.tr.* **1** Dare una forma rotonda o più rotonda: *arrotondare uno spigolo* **2** ♧ *Arrotondare un numero* = sostituirlo con un numero più semplice di valore vicino, per facilitare i calcoli | *Arrotondare lo stipendio* = integrarlo con altri guadagni.

arrovellarsi [ar-ro-vel-làr-si] *v.pr.* Tormentarsi rabbiosamente: *non stare ad arrovellarti per nulla!* ◊ Darsi da fare con accanimento: *si arrovellava per trovare una soluzione.*

arroventare [ar-ro-ven-tà-re] *v.tr.* Rendere rovente: *arroventare un metallo sul fuoco* ♦ **arroventarsi** *v.pr.* Diventare rovente (anche ♧): *a causa della lite l'atmosfera si era arroventata.*

arruffare [ar-ruf-fà-re] *v.tr.* Mettere in disordine, scompigliare (i capelli, il pelo, dei fili).

arrugginire [ar-rug-gi-nì-re] *v.tr.* [*arrugginìsco, arrugginìsci*] **1** Far venire la ruggine: *l'umidità ha arrugginito le tubature* **2** ♧ Togliere agilità, efficienza Ⓢ indebolire, intorpidire: *l'inattività arrugginisce i muscoli* ♦ *v.intr.* [aus. *essere*] e **arrugginirsi** *v.pr.* **1** Prendere la ruggine: *la serratura (si) era arrugginita per l'umidità* **2** ♧ Perdere di agilità, di efficienza Ⓢ indebolirsi: *con l'età la memoria (si) arrugginisce.*

arruolare [ar-ruo-là-re] *v.tr.* Chiamare alle armi, a far parte delle forze armate: *arruolare i giovani della classe di leva* ◊ Reclutare: *arruolare volontari per una spedizione* ♦ **arruolarsi** *v.pr.* Entrare volontariamente a far parte di un corpo militare: *si è arruolato in marina.*

arsenale [ar-se-nà-le] *s.m.* **1** Cantiere navale dove si costruiscono e si riparano le navi da guerra **2** Deposito di armi: *nel rifugio dei banditi la polizia ha trovato un vero e proprio arsenale.*

arsenico [ar-sè-ni-co] *s.m.* Elemento chimico utilizzato in leghe metalliche, come insetticida e nell'industria farmaceutica; è un potente veleno.

arso [àr-so] *agg.* Inaridito, secco: *terreni arsi per la siccità; si sentiva la gola arsa per la sete.*

arsura [ar-sù-ra] *s.f.* **1** Calore intenso e insopportabile: *l'arsura del sole di luglio* **2** Sensazione di secchezza e bruciore in gola: *l'arsura della sete, della febbre.*

arte [àr-te] *s.f.* **1** Attività umana rivolta a creare con mezzi diversi (parole, suoni, colori, forme, immagini) opere dotate di valore estetico: *l'arte della poesia, della musica, della pittura, della fotografia; un'opera d'arte; avere amore per l'arte* | *Arti figurative* = pittura, scultura, architettura ◊ Il complesso delle opere artistiche di un'epoca, di un paese, di uno stile: *l'arte moderna, greca, gotica* **2** Il complesso delle conoscenze e delle tecniche necessarie per esercitare un'attività, un mestiere, una professione: *l'arte del falegname, del chirurgo, del cuoco* | *Un lavoro fatto a regola d'arte* = fatto come si deve, in modo eccellente ◊ *Arti marziali* = serie di tecniche di origine orientale che insegnano l'autodifesa e l'offesa senza uso delle armi | *Arti magiche* = incantesimi, sortilegi **3** Abilità, capacità: *ha l'arte di farsi benvolere; l'arte di arrangiarsi* ◊ *Ad arte* = di proposito; in modo subdolo: *diffondere ad arte notizie false.*

arteria [ar-tè-ria] *s.f.* **1** Ciascuno dei vasi sanguigni di forma tubolare che portano il sangue dal cuore alle varie parti del corpo **2** ♧ Importante via di comunicazione: *arteria stradale, ferroviaria.*

artico [àr-ti-co] *agg.* [pl.m. *–ci*] Del polo Nord e della regione circostante: *calotta, fauna artica* ♦ *s.m.* Il polo Nord e la regione circostante: *una spedizione nell'artico.*

articolare[1] [ar-ti-co-là-re] *v.tr.* **1** Muovere un arto o un'altra parte del corpo attorno alle articolazioni: *non riesce ad articolare bene una gamba* **2** Pronunciare in modo chiaro e distinto le parole ♦ **articolarsi** *v.pr.* ♧ Suddividersi: *il testo si articola in sei paragrafi.*

articolare[2] [ar-ti-co-là-re] *agg.* Delle articolazioni: *soffre di dolori articolari.*

articolazione [ar-ti-co-la-zió-ne] *s.f.* Giuntura fissa o mobile tra due ossa: *l'articolazione del ginocchio, del gomito, della spalla.*

articolo [ar-tì-co-lo] *s.m.* **1** Particella che precede il nome e ne determina il genere e il numero; gli articoli si distinguono in *determinativi* (*il, lo, la, i, gli, le*) e *indeterminativi* (*uno, una*) **2** Ognuna delle parti, contrassegnata da un numero, in cui si suddivide una legge, un contratto, un regolamento: *l'articolo 26 della Costituzione* **3** Scritto di un giornale o una rivista su un particolare argomento: *articolo politico, di attualità, di sport* **4** Genere di mercanzia, tipo di oggetto posto in vendita: *negozio di articoli sportivi, casalinghi.*

artificiale [ar-ti-fi-cià-le] *agg.* Che è fatto dall'uomo e non dalla natura; che imita e sostituisce un prodotto, un fenomeno, un'operazione naturale: *lago artificiale; seta, fiore artificiale; luce, pioggia artificiale; allattamento artificiale.*

artificiere [ar-ti-fi-ciè-re] *s.m.* **1** Militare o tecnico addetto alla custodia e all'uso degli esplosivi **2** Chi prepara fuochi d'artificio.

artificio [ar-ti-fi-cio] *s.m.* **1** Sistema, accorgimento per ottenere un determinato effetto: *con diversi artifici era riuscito a far sembrare molto più grande quell'ambiente* ◊ Trucco, espediente: *se l'è cavata ricorrendo a un artificio* **2** *Fuochi d'artificio* = vedi *fuoco.*

artigianale [ar-ti-gia-nà-le] *agg.* Fatto da artigiani, non industriale: *un prodotto artigianale.*

artigianato [ar-ti-gia-nà-to] *s.m.* L'attività produttiva e la categoria degli artigiani: *l'artigianato sardo* ◊ Insieme di prodotti artigianali: *una esposizione di artigianato.*

artigiano [ar-ti-già-no] *s.m.* Chi, lavorando in proprio, da solo o con pochi dipendenti, produce oggetti d'uso o ornamentali senza utilizzare macchinari per la produzione in serie ♦ *agg.* Artigianale: *lavorazione artigiana.*

artigliere [ar-ti-gliè-re] *s.m.* Soldato d'artiglieria.

artiglieria [ar-ti-glie-rì-a] *s.f.* **1** L'insieme delle armi da fuoco pesanti (cannoni, obici, mortai) **2** Corpo dell'esercito specializzato nell'impiego di armi pesanti: *un reggimento di artiglieria.*

artiglio [ar-tì-glio] *s.m.* Unghia adunca e appuntita caratteristica degli uccelli rapaci e dei felini.

artista [ar-tì-sta] *s.m.f.* [pl.m. *–sti*] **1** Chi esercita un'attività artistica creativa (pittore, scultore, architetto ecc.) ◊ Chi esercita un'attività artistica come interprete (attore, cantante, musicista ecc.): *un artista del teatro, del cinema* **2** Chi dimostra una particolare abilità e maestria in quello che fa (spesso detto ironicamente): *quel cuoco è un artista*; *è un vero artista nell'imbrogliare la gente.*

artistico [ar-tì-sti-co] *agg.* [pl.m. *–ci*] Relativo all'arte: *attività artistica*; *avere gusto artistico*; *un quadro di grande valore artistico* ◊ Degli artisti: *l'ambiente artistico* ◊ Fatto con arte: *un lavoro davvero artistico.*

arto [àr-to] *s.m.* Nel corpo umano, ognuna delle braccia (*arti superiori*) o delle gambe (*arti inferiori*); negli animali, ognuna delle zampe.

artrite [ar-trì-te] *s.f.* Infiammazione delle articolazioni: *soffrire di artrite.*

artrosi [ar-trò-si] *s.f.* Malattia che provoca deformazioni nelle articolazioni.

arzillo [ar-zìl-lo] *agg.* Agile, vispo, vivace: *un vecchietto ancora arzillo*; *come sei arzillo oggi!*

ascella [a-scèl-la] *s.f.* Parte concava sotto il braccio nel punto in cui questo si attacca alla spalla.

ascendente [a-scen-dèn-te] *agg.* Che sale: *l'inflazione è in fase ascendente* ♦ *s.m.* Autorità morale, influenza: *ha un grande ascendente su di lui.*

ascensione [a-scen-sió-ne] *s.f.* Salita; in partic. scalata di una montagna.

ascensore [a-scen-só-re] *s.m.* Impianto per il trasporto in verticale di persone o cose.

ascesa [a-scé-sa] *s.f.* Salita (spec. ♧): *ascesa al potere*; *ascesa al trono.*

ascesso [a-scès-so] *s.m.* Formazione di una sacca di pus in una zona del corpo in seguito a infezione.

ascia [à-scia] *s.f.* [pl. *–sce*] Arnese per tagliare e sgrossare il legname, di forma simile alla zappa.

asciugacapelli [a-sciu-ga-ca-pél-li] *s.m.* Apparecchio elettrico che asciuga i capelli con l'emissione di aria calda Ⓢ fon.

asciugamano [a-sciu-ga-mà-no] *s.m.* Panno di tela o spugna che si usa per asciugarsi dopo essersi lavati.

asciugare [a-sciu-gà-re] *v.tr.* [*asciùgo, asciùghi*] **1** Rendere asciutto Ⓒ bagnare: *asciugare il pavimento*; *si asciugò il viso* **2** Portar via, togliere o far seccare il liquido che bagna qualcosa Ⓢ tergere: *gli asciugò le lacrime sul viso, il sudore sulla fronte, il sangue dalla ferita* ♦ *v.intr.* [aus. *essere*] e **asciugarsi** *v.pr.* Diventare asciutto: *il bucato (si) è già asciugato* ♦ **asciugarsi** *v.pr.* Togliersi il bagnato dal corpo: *si asciugò con un panno.*

asciutto [a-sciùt-to] *agg.* **1** Privo di acqua, di umidità Ⓒ bagnato, umido: *un torrente asciutto*; *un clima asciutto* ◊ Arido, secco: *si sentiva la gola asciutta* | *Restare a bocca asciutta* = senza mangiare e bere; ♧ senza ottenere quel che si desiderava **2** ♧ Magro, snello: *un corpo, un viso asciutto* ♦ *s.m.* Luogo, terreno asciutto: *dormire all'asciutto.*

ascoltare [a-scol-tà-re] *v.tr.* **1** Stare a sentire con attenzione: *ascoltare un discorso, una canzone*; *ascoltami quando parlo!* **2** Dar retta, seguire: *non hai ascoltato i miei consigli* ◊ Esaudire: *le sue preghiere sono state ascoltate.*

ascoltatore [a-scol-ta-tó-re] *agg.* [f. *–trice*] Chi ascolta una conferenza o una trasmissione radiofonica: *un programma con molti ascoltatori.*

ascolto [a-scól-to] *s.m.* L'atto, il fatto di ascoltare: *stare, mettersi in ascolto* | *Dare ascolto* = prestare attenzione; dar retta: *ho dato ascolto ai tuoi consigli.*

asfaltare [a-sfal-tà-re] *v.tr.* Coprire con asfalto: *asfaltare una strada.*

asfalto [a-sfàl-to] *s.m.* Miscuglio di bitume o catrame e ghiaia, usato per rendere impermeabili tetti e terrazzi e per pavimentare strade.

asfissia [a-sfis-sì-a] *s.f.* Impedimento della respirazione (causato da strangolamento, annegamento, mancanza di ossigeno o altro) Ⓢ soffocamento: *è morto per asfissia.*

asfissiare [a-sfis-sià-re] *v.tr.* **1** Uccidere per asfissia: *è stato asfissiato dai gas* ◊ Provocare una sensazione di soffocamento: *c'è un caldo che asfissia*

2 ♧ Annoiare, infastidire: *non la smette di asfissiarmi con le sue richieste* ♦ *v.intr.* [aus. *essere*] Morire di asfissia: *ha lasciato aperto il gas e per poco non asfissiava* ◊ Sentirsi soffocare: *oggi si asfissia dal caldo* ♦ **asfissiarsi** *v.pr.* Uccidersi per asfissia: *si è asfissiato col gas.*

asilo [a-sì-lo] *s.m.* **1** Ricovero, rifugio: *dare asilo a un rifugiato*; *trovare asilo presso qualcuno* | *Asilo politico* = ospitalità concessa da uno stato a persone politicamente perseguitate nel loro paese **2** Istituto che accoglie bambini non ancora in età scolastica; *asilo infantile* (oggi chiamato *scuola dell'infanzia*) per quelli da tre a cinque anni, *asilo nido* per quelli fino a tre anni.

asimmetria [a-sim-me-trì-a] *s.f.* Mancanza di simmetria tra le parti di uno o più oggetti.

asino [à-si-no] *s.m.* Animale domestico simile al cavallo, ma più piccolo e con le orecchie più lunghe Ⓢ ciuco | *Testardo come un asino* = molto testardo | ♧ *È un asino* = è un ignorante.

asma [à-sma] *s.f.* Malattia che provoca una grave difficoltà di respiro: *ha avuto un attacco d'asma.*

asola [à-so-la] *s.f.* Negli abiti e nei capi di biancheria, piccolo foro con il bordo rinforzato da un orlo di filo, dentro cui si infila il bottone Ⓢ occhiello

asperità [a-spe-ri-tà] *s.f.* (spec. al *pl.*) Sporgenze, irregolarità: *un terreno pieno di asperità.*

aspettare [a-spet-tà-re] *v.tr.* **1** Essere in attesa dell'arrivo di qualcuno o qualcosa Ⓢ attendere: *aspettare un amico, una visita, l'autobus, una telefonata*; *sono stanco di aspettarlo* | *Farsi aspettare* = tardare a un appuntamento ◊ Attendere, prima di compiere un'azione, che accada un dato fatto o si determini una data situazione: *aspetto che smetta di piovere per uscire*; *è meglio aspettare un momento più favorevole* ◊ Stare per capitare a qualcuno: *poveretto, non sa cosa lo aspetta!*; *mi aspetta una giornata di duro lavoro* **2** (nella forma *aspettarsi*) Prevedere, immaginarsi: *non mi aspettavo di trovarti qui*; *questo da lui non me lo sarei aspettato!*; *c'era da aspettarselo.*

aspettativa [a-spet-ta-tì-va] *s.f.* Quello che ci si aspetta o ci si aspettava Ⓢ attesa, speranza, previsione: *l'esito è stato superiore alle aspettative.*

aspetto[1] [a-spèt-to] *s.m.* Attesa: *la sala d'aspetto della stazione.*

aspetto[2] [a-spèt-to] *s.m.* **1** Modo in cui qualcuno o qualcosa si presenta all'esterno, alla vista; apparenza esteriore: *è anziano, ma ha ancora un aspetto giovanile*; *una casa dall'aspetto abbandonato* **2** Modo in cui qualcosa può essere considerato: *se è come dici, la faccenda cambia aspetto*; *i diversi aspetti di una questione* ◊ Punto di vista: *sotto questo aspetto è a posto.*

aspirante [a-spi-ràn-te] *s.m.f.* Chi aspira a conseguire qualcosa: *le aspiranti al titolo di miss Italia.*

aspirapolvere [a-spi-ra-pól-ve-re] *s.m.invar.* Apparecchio elettrico che aspira la polvere.

aspirare [a-spi-rà-re] *v.tr.* **1** Immettere nei polmoni Ⓢ inspirare Ⓒ espirare: *aspirare l'aria, il fumo della sigaretta* **2** Detto di apparecchi, trarre a sé, risucchiare da un ambiente liquidi, gas o altro: *la pompa aspira l'acqua dal pozzo* ♦ *v.intr.* [aus. *avere*] Desiderare di ottenere qualcosa Ⓢ ambire: *aspirare alla gloria*; *aspira alla carica di direttore.*

aspirazione [a-spi-ra-zió-ne] *s.f.* **1** L'operazione di aspirare (liquidi, gas, polveri) **2** ♧ Desiderio di conseguire qualcosa: *è normale nei giovani l'aspirazione all'indipendenza*; *la sua unica aspirazione è di essere lasciato in pace.*

asportare [a-spor-tà-re] *v.tr.* **1** Portare via da un luogo: *asportare i detriti dalla strada* ◊ Rubare: *i ladri hanno asportato dalla villa gli oggetti di valore* **2** Togliere con un intervento chirurgico: *asportare le tonsille, un tumore.*

asprezza [a-spréz-za] *s.f.* **1** Sapore aspro: *l'asprezza della frutta acerba, dell'aceto* **2** Rigidità: *l'asprezza del clima nordico* **3** ♧ Durezza, severità: *lo rimproverò con asprezza* ◊ Violenza: *l'asprezza di una polemica.*

aspro [à-spro] *agg.* [superl. *asprissimo* o *asperrimo*] **1** Di sapore agro, acidulo: *il limone è aspro* **2** Rigido, freddo: *un inverno molto aspro* **3** ♧ Duro, severo: *un aspro rimprovero* ◊ Violento, accanito: *aspre polemiche*; *aspri combattimenti.*

assaggiare [as-sag-già-re] *v.tr.* Ingerire una piccola quantità di un cibo o di una bevanda per sentirne e controllarne il sapore o altre qualità: *ho assaggiato la pasta, è ancora cruda* ◊ Mangiare o bere un po': *la torta non l'ho neppure assaggiata.*

assaggio [as-sàg-gio] *s.m.* L'assaggiare ◊ Piccola quantità di cibo o bevanda: *dammi un assaggio di formaggio, di vino.*

assai [as-sài] *avv.* Molto: *oggi sono assai stanco.*

assalire [as-sa-lì-re] *v.tr.* [pres. *assàlgo* o *assalìsco, assàli* o *assalìsci*] **1** Attaccare con violenza Ⓢ aggredire, assaltare: *lo assalirono con bastoni*; *assalire una banca* **2** ♧ Cogliere all'improvviso e con forza: *fu assalito dalla nausea, dai rimorsi*; *un dubbio lo assalì.*

assaltare [as-sal-tà-re] *v.tr.* Prendere d'assalto Ⓢ

assalire, attaccare: *assaltare una banca, un treno.*

assalto [as-sàl-to] *s.m.* Attacco condotto con slancio e decisione per conquistare le posizioni nemiche: *andare all'assalto*; *prendere d'assalto un fortino* ◊ Attacco armato, spec. per impadronirsi di qualcosa: *i banditi diedero l'assalto al treno, alla banca.*

assaporare [as-sa-po-rà-re] *v.tr.* **1** Gustare con voluta lentezza un cibo o una bevanda per goderne meglio il sapore **2** ♧ Godere, gustare qualcosa: *assaporava la libertà, la gioia della vendetta.*

assassinare [as-sas-si-nà-re] *v.tr.* Uccidere deliberatamente: *il giudice è stato assassinato.*

assassinio [as-sas-sì-nio] *s.m.* Uccisione volontaria di una persona: *commettere un assassinio.*

assassino [as-sas-sì-no] *s.m.* Chi commette un assassinio Ⓢ omicida: *l'assassino fu arrestato.*

asse[1] [às-se] *s.f.* Tavola di legno, per lo più lunga e stretta | *Asse da stiro* = asse, ricoperta da un panno, su cui si stirano gli indumenti.

asse[2] [às-se] *s.m.* **1** Linea che divide una struttura, un oggetto in due parti simmetriche: *l'asse di un edificio, di una finestra* | *Asse stradale* = la linea che divide in due la carreggiata | *Asse terrestre* = la linea immaginaria che unisce i due poli passando per il centro della Terra e attorno alla quale ruota la Terra stessa **2** Organo cilindrico che in macchine e veicoli sostiene gli elementi rotanti (ruote, eliche ecc.).

assecondare [as-se-con-dà-re] *v.tr.* Favorire: *assecondare un'iniziativa* ◊ Soddisfare, esaudire: *ho cercato di assecondare ogni suo desiderio.*

assediare [as-se-dià-re] *v.tr.* **1** Circondare con truppe una città, un luogo fortificato per isolarlo da ogni rifornimento e costringere i difensori alla resa **2** Bloccare, isolare: *il villaggio era assediato dalla neve, dalle acque* ◊ Circondare qualcuno facendo ressa: *il cantante era assediato da una folla di ammiratori* **3** ♧ Assillare, importunare: *assediare qualcuno con continue richieste.*

assedio [as-sè-dio] *s.m.* Blocco militare attorno a un luogo fortificato o a una città per costringere i suoi occupanti alla resa: *la città si arrese dopo un lungo assedio.*

assegnamento [as-se-gna-mén-to] *s.m.* *Fare assegnamento su qualcuno, su qualcosa* = contarci, riporvi le proprie speranze: *non puoi fare assegnamento sulle promesse di gente così poco seria.*

assegnare [as-se-gnà-re] *v.tr.* **1** Dare, attribuire: *assegnare i compiti, un premio a qualcuno* ◊ Affidare: *gli hanno assegnato un incarico delicato* **2** Destinare: *è stato assegnato a un altro impiego.*

assegno [as-sé-gno] *s.m.* Speciale modulo stampato che chi ha un conto corrente presso una banca può utilizzare come mezzo di pagamento, compilandolo con un ordine scritto alla banca stessa di pagare una data somma alla persona cui è intestato: *pagare l'affitto con un assegno*; *libretto degli assegni.*

assemblea [as-sem-blè-a] *s.f.* Riunione di più persone per discutere e decidere su questioni di interesse comune: *assemblea studentesca, sindacale* ◊ Organo decisionale di una società o di una collettività: *l'assemblea dei soci di una cooperativa*; *assemblea di condominio* ◊ Nome di organi legislativi di stati, enti e organismi vari: *l'assemblea generale delle Nazioni unite.*

assembramento [as-sem-bra-mén-to] *s.m.* Gruppo di persone radunatesi per qualche motivo in un luogo aperto: *sul luogo dell'incidente si formò un assembramento di curiosi.*

assennato [as-sen-nà-to] *agg.* Dotato di senno, di buon senso Ⓢ giudizioso: *è un ragazzo assennato*; *ha preso una decisione assennata.*

assenso [as-sèn-so] *s.m.* Consenso, approvazione: *i genitori diedero l'assenso al matrimonio.*

assentarsi [as-sen-tàr-si] *v.pr.* Allontanarsi per un certo tempo, per lo più breve: *ha dovuto assentarsi dal lavoro per una settimana.*

assente [as-sèn-te] *agg.* **1** Che non è presente dove dovrebbe essere o dove normalmente si trova: *è stato assente dal lavoro, da scuola* **2** ♧ Mentalmente lontano Ⓢ distratto: *ci guardava con aria assente* ♦ *s.m.f.* Chi è assente: *oggi c'erano molti assenti a scuola.*

assentire [as-sen-tì-re] *v.intr.* [part.pres. *assenziente*; aus. *avere*] Dare il proprio assenso, dire di sì: *assentì alla richiesta*; *assentì con un cenno.*

assenza [as-sèn-za] *s.f.* **1** L'essere assente: *fare un'assenza da scuola* **2** Mancanza: *assenza di luce, di aria.*

asserragliarsi [as-ser-ra-gliàr-si] *v.pr.* Chiudersi, rifugiarsi in un luogo chiuso o protetto Ⓢ barricarsi: *i rapinatori si erano asserragliati dentro la banca.*

assertore [as-ser-tó-re] *s.m.* [f. *–trice*] Chi sostiene apertamente e con vigore un'idea, una teoria, un principio Ⓢ sostenitore, fautore.

asservimento [as-ser-vi-mén-to] *s.m.* Riduzione in uno stato di servitù Ⓢ sottomissione: *il popolo si ribellò contro l'asservimento allo straniero.*

asservire [as-ser-vì-re] *v.tr.* [*asservìsco, asservìsci*] Assoggettare, sottomettere (anche ♧): *asservire un popolo*; *asservire l'arte ai potenti*.

asserzione [as-ser-zió-ne] *s.f.* Affermazione, dichiarazione: *le sue asserzioni erano false*.

assessore [as-ses-só-re] *s.m.* Membro di una giunta comunale, provinciale o regionale con responsabilità di un settore dell'amministrazione: *assessore allo sport, alla cultura, alla sanità*.

assestamento [as-se-sta-mén-to] *s.m.* Sistemazione: *l'azienda è in fase di assestamento* | *Scosse di assestamento* = scosse di lieve entità del terreno che cerca un equilibrio dopo un terremoto.

assestare [as-se-stà-re] *v.tr.* Regolare con precisione, aggiustare: *assestare la mira, un congegno* | *Assestare un colpo, un pugno* = darlo colpendo in pieno ♦ **assestarsi** *v.pr.* **1** Mettersi a posto Ⓢ sistemarsi: *le cose si assesteranno da sole* **2** Detto del terreno, muoversi fino a raggiungere un equilibrio stabile.

assetato [as-se-tà-to] *agg.* **1** Che ha sete: *dopo la corsa era assetato* **2** ♧ Desideroso, bramoso: *essere assetato di fama, di ricchezza*.

assetto [as-sèt-to] *s.m.* **1** Ordine, sistemazione: *dare assetto a una camera, a un ufficio* **2** Equipaggiamento, tenuta: *truppe in assetto da combattimento* **3** La posizione che un'imbarcazione o un aereo assumono sull'acqua o nell'aria.

assicurare [as-si-cu-rà-re] *v.tr.* **1** Rendere sicuro Ⓢ garantire: *risparmia per assicurare l'avvenire alla famiglia* **2** Dare per certo; affermare con sicurezza: *lo assicurarono che non sarebbe successo nulla*; *assicura di non saperne niente* **3** Fermare, fissare saldamente: *assicura le imposte prima di uscire* **4** Proteggere un bene da eventuali rischi e danni facendo un'assicurazione: *assicurare l'auto contro il furto* ♦ **assicurarsi** *v.pr.* **1** Accertarsi, controllare: *assicurati che le porte siano tutte chiuse* **2** Garantirsi da eventuali rischi e danni facendo un'assicurazione: *assicurarsi contro gli incendi*.

assicurazione [as-si-cu-ra-zió-ne] *s.f.* **1** Garanzia, conferma di qualcosa: *mi ha dato la sua assicurazione che tutto sarà sistemato* **2** Contratto con cui una persona (l'assicurato), pagando una determinata somma (detta *premio*) a un assicuratore, riceve da questi la garanzia di venire indennizzato per gli eventuali danni futuri che il contratto stesso elenca: *fare un'assicurazione contro il furto, contro gli incendi* **3** Società che esercita attività assicurativa ◊ L'ufficio dove ha sede.

assideramento [as-si-de-ra-mén-to] *s.m.* Complesso di gravi disturbi che si verificano in un organismo sottoposto a freddo intenso e prolungato: *è morto per assideramento*.

assiduo [as-sì-duo] *agg.* **1** Che si dedica a qualcosa con costanza e continuità: *è un assiduo lettore di romanzi gialli* ◊ Che frequenta abitualmente e con regolarità un luogo Ⓢ abituale Ⓒ occasionale: *un cliente assiduo* **2** Fatto con continuità e costanza Ⓢ incessante: *dopo assidue ricerche hanno trovato i naufraghi*.

assieme [as-siè-me] *avv.* Insieme: *siamo usciti assieme* | *Assieme a* = insieme con: *verrò assieme a te* ♦ *s.m.* Complesso, gruppo di elementi tra loro coordinati: *un assieme orchestrale* | *Gioco d'assieme* = gioco di squadra.

assieparsi [as-sie-pàr-si] *v.pr.* Accalcarsi, affollarsi: *la folla si assiepava nell'atrio del cinema, intorno al cantante*.

assillante [as-sil-làn-te] *agg.* Che non dà tregua; insistente e tormentoso: *un pensiero, un dubbio assillante*.

assillare [as-sil-là-re] *v.tr.* Tormentare in modo insistente e molesto: *lo assillava con le sue richieste*; *era assillato dai dubbi, dai rimorsi*.

assillo [as-sìl-lo] *s.m.* Pensiero continuo e tormentoso: *era angosciato dall'assillo dei debiti*.

assimilare [as-si-mi-là-re] *v.tr.* **1** Assorbire e integrare nell'organismo le sostanze nutritive: *anche se mangia non riesce ad assimilare i cibi* **2** ♧ Far proprio, assorbire e integrare nella propria cultura: *assimilare un'idea*; *non basta studiare, bisogna anche assimilare ciò che si studia*.

assistente [as-si-stèn-te] *s.m.f.* **1** Aiutante, collaboratore: *il medico era accompagnato dal suo assistente* **2** Chi presta la sua opera in attività di assistenza: *assistente sociale*.

assistenza [as-si-stèn-za] *s.f.* Soccorso, aiuto, cura assidua: *il malato ha bisogno di assistenza* ◊ *Assistenza tecnica* = servizio di riparazione dei guasti di automobili, elettrodomestici ecc.

assistere [as-sì-ste-re] *v.intr.* [pass.rem. *assistéi* o *assistétti, assistésti*; part.pass. *assistìto*; aus. *avere*] Essere presente a qualcosa: *assistere a un incidente, a uno spettacolo* ♦ *v.tr.* Stare vicino a qualcuno per prestargli le proprie cure: *assistere un malato* ◊ Soccorrere chi ne ha necessità: *assistere i poveri* ◊ Aiutare, proteggere: *che Dio ci assista!*; *spero che la fortuna ti assista*.

asso [às-so] *s.m.* **1** Nelle carte da gioco, la prima carta di ogni seme, di segno uno (e in molti giochi la carta di maggior valore): *asso di cuori, di picche* | ♧ *Piantare in asso qualcuno* = abbandonarlo

A B C D E F G H I J K L M N O P Q R S T U V W X Y Z

all'improvviso, lasciandolo senza aiuto **2** ♧ Chi è molto bravo in qualche attività Ⓢ campione: *in matematica è un asso; gli assi dello sport.*

associare [as-so-cià-re] *v.tr.* Mettere insieme Ⓢ unire Ⓒ dividere: *dobbiamo associare le forze* ♦ **associarsi** *v.pr.* **1** Unirsi in società: *si è associato con un amico per svolgere un'attività commerciale* **2** Farsi socio, iscriversi a un'associazione ◊ Prender parte, condividere: *mi associo alla vostra iniziativa; ci associamo al vostro dolore.*

associazione [as-so-cia-zió-ne] *s.f.* Unione di più persone associatesi per svolgere una data attività o conseguire un certo scopo: *associazione culturale, sportiva, politica.*

assoggettare [as-sog-get-tà-re] *v.tr.* Sottomettere: *assoggettare un popolo* ♦ **assoggettarsi** *v.pr.* Sottomettersi, adattarsi, rassegnarsi: *emigrando in un altro paese ha dovuto assoggettarsi a nuove regole di vita.*

assolato [as-so-là-to] *agg.* Battuto dal sole, pieno di sole: *la campagna era assolata e deserta.*

assoldare [as-sol-dà-re] *v.tr.* Arruolare, reclutare truppe mercenarie ◊ Prendere qualcuno al proprio servizio (in genere per compiere azioni poco oneste): *assoldare una spia, un sicario.*

assolutamente [as-so-lu-ta-mén-te] *avv.* In ogni modo, ad ogni costo: *devi farlo assolutamente* ◊ Del tutto: *è assolutamente sicuro di farcela* ◊ (in frasi negative) Per niente: *non ne ho assolutamente bisogno.*

assoluto [as-so-lù-to] *agg.* Non soggetto ad alcuna limitazione Ⓢ illimitato: *esercita un potere assoluto; gode di un'assoluta libertà* ◊ Totale, completo: *nella casa regnava il più assoluto silenzio* | *Maggioranza assoluta* = quella superiore al 50% del totale ◊ Urgente, impellente: *ho bisogno assoluto di riposo, di denaro.*

assoluzione [as-so-lu-zió-ne] *s.f.* **1** Dichiarazione che un imputato non è colpevole, emessa con una sentenza alla fine del processo: *il giudice gli ha dato l'assoluzione* **2** Perdono dei peccati concesso dal sacerdote in nome di Dio a chi si è confessato e pentito.

assolvere [as-sòl-ve-re] *v.tr.* [pass.rem. *assolvéi* o *assolvètti* o *assòlsi*; part.pass. *assòlto*] **1** Dichiarare innocente con una sentenza: *l'imputato è stato assolto per non aver commesso il fatto* ◊ Dare l'assoluzione dai peccati: *il sacerdote lo assolse dai suoi peccati* **2** Eseguire, compiere, adempiere: *assolvere un compito; per assolvere il tuo dovere devi fare i compiti.*

assomigliare [as-so-mi-glià-re] *v.intr.* [aus. *essere* o *avere*] e **assomigliarsi** *v.pr.* Essere simile, somigliante: *il figlio assomiglia alla madre; sono fratelli, ma non si assomigliano per niente.*

assommare [as-som-mà-re] *v.intr.* [aus. *essere*] Raggiungere una certa cifra Ⓢ ammontare: *il debito assomma a parecchie migliaia di euro.*

assonnato [as-son-nà-to] *agg.* Pieno di sonno.

assopirsi *v.pr.* Addormentarsi di un sonno leggero: *si assopì sul divano.*

assorbire [as-sor-bì-re] *v.tr.* [*assòrbo* o *assorbìsco, assòrbi* o *assorbìsci*] **1** Attrarre in sé qualcosa facendosene penetrare: *la spugna assorbe l'acqua; il terreno non riesce ad assorbire la pioggia* **2** ♧ Assimilare, far proprio: *assorbire un insegnamento* **3** Impegnare, occupare: *il lavoro assorbe tutto il suo tempo* ◊ Consumare: *la crisi ha assorbito tutti i suoi risparmi.*

assordare [as-sor-dà-re] *v.tr.* Rendere sordo: *lo scoppio lo assordò* ◊ Stordire: *ci stanno assordando con quella musica.*

assortimento [as-sor-ti-mén-to] *s.m.* Varietà di oggetti o merci dello stesso genere, ma diversi per una qualche caratteristica Ⓢ scelta, gamma: *un negozio che ha un grande assortimento di tessuti.*

assortito [as-sor-tì-to] *agg.* Di vario tipo, qualità, forma, colore ecc.: *caramelle, cravatte assortite* | *Ben assortito* = ben combinato, armonico (*una coppia, un'orchestra ben assortita*); ben fornito: *un negozio ben assortito.*

assorto [as-sòr-to] *agg.* Profondamente concentrato, immerso in un pensiero, in un'attività: *era assorto nella lettura e non mi vide.*

assottigliare [as-sot-ti-glià-re] *v.tr.* Rendere sottile o più sottile: *assottigliare la punta di una matita* ♦ **assottigliarsi** *v.pr.* **1** Diventare più sottile, più magro **2** ♧ Diventare più esiguo Ⓢ ridursi: *le scorte si stanno assottigliando.*

assuefare [as-sue-fà-re] *v.tr.* [coniugato come *fare*] Avvezzare, abituare: *l'allenamento assuefà il corpo alla fatica* ♦ **assuefarsi** *v.pr.* Abituarsi: *devo ancora assuefarmi al clima più freddo.*

assuefazione [as-sue-fa-zió-ne] *s.f.* **1** Adattamento, mediante l'abitudine, a nuove condizioni o situazioni: *l'assuefazione al nuovo clima ha richiesto un po' di tempo* **2** Abitudine dell'organismo all'assunzione di certe sostanze, per cui da un lato non ne sopporta la mancanza e dall'altro ne necessita in dosi sempre maggiori per ottenere l'effetto voluto: *assuefazione a un farmaco, a una droga, all'alcol.*

assumere [as-sù-me-re] *v.tr.* [pass.rem. *assùnsi,*

assuméstì; part.pass. *assùnto*] **1** Prendere su di sé Ⓢ addossarsi: *assumere un impegno, un incarico*; *assumersi una responsabilità* **2** Prendere un atteggiamento: *assunse un'aria annoiata* ◊ Prendere, procurarsi: *ho assunto informazioni su di lui* ◊ Ingerire: *assumere una medicina* **3** Prendere alle proprie dipendenze: *assumere un impiegato.*

assurdità [as-sur-di-tà] *s.f.* L'essere assurdo: *l'assurdità di un'idea* ◊ Cosa assurda: *non dire assurdità!*

assurdo [as-sùr-do] *agg.* Contrario alla logica, al senso comune, all'evidenza Ⓢ illogico, insensato: *un discorso, un comportamento assurdo*; *i tuoi sospetti sono assurdi*; *pretese assurde.*

asta [à-sta] *s.f.* **1** Bastone lungo, diritto e sottile, di legno o di altro materiale: *l'asta della bandiera* ◊ In atletica leggera, attrezzo di materiale elastico su cui l'atleta fa leva per eseguire un tipo di salto: *salto con l'asta* **2** Vendita pubblica di beni al miglior offerente: *comprare un quadro all'asta.*

astante [a-stàn-te] *s.m.* (spec. al *pl.*) Chi è presente in un luogo, a un fatto: *gli astanti applaudirono l'oratore.*

astemio [a-stè-mio] *agg.* e *s.m.* Che, chi non beve vino o altri alcolici: *essere astemio.*

astenersi [a-ste-nér-si] *v.pr.* [coniugato come *tenere*] **1** Tenersi lontano da qualcosa: *astenersi dal fumo, dall'alcol* ◊ Evitare di fare o dire qualcosa: *preferì astenersi da ogni commento* **2** In una votazione, non votare o esprimere un voto né favorevole, né contrario a ciò che è posto ai voti: *alcuni deputati si sono astenuti.*

astensione [a-sten-sió-ne] *s.f.* **1** L'astenersi da qualcosa: *astensione dall'alcol* | *Astensione dal lavoro* = sciopero **2** Rinuncia a votare, mancata partecipazione al voto.

astenuto [a-ste-nù-to] *agg.* e *s.m.* Che, chi non partecipa a una votazione.

asterisco [a-ste-rì-sco] *s.m.* [pl. *–schi*] Segno tipografico a forma di stelletta (*).

asteroide [a-ste-ròi-de] *s.m.* Ognuno dei piccoli pianeti (detti anche *pianetini*) che ruotano intorno al Sole tra l'orbita di Marte e quella di Giove.

astigmatico [a-stig-mà-ti-co] *agg.* e *s.m.* [pl.m. *–ci*] Che, chi è affetto da un difetto della vista per cui le immagini risultano sfocate in alcuni punti.

astinenza [a-sti-nèn-za] *s.f.* Rinuncia ai rapporti sessuali o ad alcuni cibi o bevande, per ragioni mediche, per osservanza di norme religiose o per affermare il dominio dello spirito sui sensi: *astinenza dalle carni, dal vino*; *fare astinenza.*

astio [à-stio] *s.m.* Profondo rancore, malanimo: *portare astio a qualcuno*; *lo guardò con astio.*

astioso [a-stió-so] *agg.* Che dimostra astio; pieno di rancore: *le rivolse uno sguardo astioso.*

astrarre [a-stràr-re] *v.intr.* [aus. *avere*] Non tenere conto di qualcosa Ⓢ prescindere: *non puoi astrarre dalla realtà, se vuoi prendere una decisione utile* ♦ **astrarsi** *v.pr.* Isolarsi mentalmente dalla realtà circostante per concentrarsi in qualcosa: *quando lavora si astrae totalmente.*

astratto [a-stràt-to] *agg.* **1** Che non ha rapporti con la realtà concreta: *un discorso, un progetto astratto* | *In astratto* = in teoria, prescindendo dalla situazione reale: *ragionare in astratto* ◊ *Nomi astratti* = quelli che indicano un concetto (ad es. *arte, bontà*) e non un essere o un oggetto materiale **2** *Arte astratta* = genere contemporaneo di pittura e scultura che non rappresenta in modo realistico gli oggetti ma solo forme e colori ◊ Detto di opera d'arte di tale genere: *un quadro astratto.*

astro [à-stro] *s.m.* **1** Corpo celeste: *le stelle e i pianeti sono astri* **2** ♧ Persona di grande successo, spec. nel campo dello spettacolo e dello sport Ⓢ stella, star, divo: *un nuovo astro del cinema.*

astrologia [a-stro-lo-gì-a] *s.f.* Arte che presume di studiare l'influsso degli astri sul destino degli uomini in modo da poter così prevedere il futuro.

astronauta [a-stro-nàu-ta] *s.m.f.* [pl.m. *–ti*] Membro dell'equipaggio di un'astronave.

astronautica [a-stro-nàu-ti-ca] *s.f.* La scienza e la tecnica della navigazione nello spazio.

astronave [a-stro-nà-ve] *s.f.* Veicolo capace di viaggiare nello spazio oltre l'atmosfera terrestre.

astronomia [a-stro-no-mì-a] *s.f.* Scienza che studia le caratteristiche degli astri, i loro movimenti e l'insieme dei fenomeni dello spazio celeste.

astronomico [a-stro-nò-mi-co] *agg.* [pl.m. *–ci*] **1** Di astronomia, che riguarda l'astronomia: *osservatorio astronomico* **2** ♧ Altissimo, esagerato: *costi, prezzi astronomici.*

astronomo [a-strò-no-mo] *s.m.* Studioso di astronomia.

astruso [a-strù-so] *agg.* Difficile da capire perché troppo complicato o astratto: *un ragionamento astruso*; *non fare discorsi astrusi!*

astuccio [a-stùc-cio] *s.m.* Custodia per oggetti d'uso, di forma e materiale vario: *astuccio delle matite, dei gioielli.*

astuto [a-stù-to] *agg.* Dotato di astuzia Ⓢ scaltro, furbo Ⓒ ingenuo: *un uomo astuto* ◊ Detto, fatto con astuzia: *una risposta, una mossa astuta.*

astuzia [a-stù-zia] *s.f.* **1** Abilità nell'escogitare i mezzi più adatti per raggiungere uno scopo, anche non buono Ⓢ scaltrezza, furbizia: *grazie alla sua astuzia se la cava sempre* **2** Idea scaltra; abile accorgimento Ⓢ stratagemma: *è ricorso a un'astuzia per convincerlo a prestargli i soldi.*

ateismo [a-te-ì-smo] *s.m.* Negazione dell'esistenza di Dio.

atelier [parola francese; pron. *atelié*] *s.m.invar.* Studio, laboratorio di artista o fotografo ◊ Sartoria per signora.

ateneo [a-te-nè-o] *s.m.* Università.

ateo [à-te-o] *agg.* e *s.m.* Che, chi nega l'esistenza di Dio: *un filosofo, uno scrittore ateo.*

atipico [a-tì-pi-co] *agg.* [pl.m. *–ci*] Non tipico, diverso dal tipo consueto: *un caso atipico.*

atlante [a-tlàn-te] *s.m.* Raccolta di carte geografiche rilegate in un volume ◊ Raccolta di tavole illustrate su un determinato argomento: *atlante anatomico, botanico.*

atleta [a-tlè-ta] *s.m.f.* [pl.m. *–ti*] **1** Chi pratica uno sport come dilettante o professionista **2** Persona dotata di un fisico robusto e agile.

atletica [a-tlè-ti-ca] *s.f.* Complesso di discipline e gare sportive, distinte in *atletica leggera* (comprendente le gare di corsa e di marcia, i lanci e i salti) e *atletica pesante* (comprendente le specialità della lotta e del sollevamento pesi).

atletico [a-tlè-ti-co] *agg.* [pl.m. *–ci*] Di atletica: *gare atletiche* ◊ Da atleta Ⓢ prestante: *ha un fisico atletico.*

atmosfera [at-mo-sfè-ra] *s.f.* **1** Massa d'aria che avvolge la Terra **2** ♧ Situazione psicologica che si crea in un certo ambiente Ⓢ clima, aria: *in casa loro c'è sempre un'atmosfera di tensione.*

atmosferico [at-mo-sfè-ri-co] *agg.* [pl.m. *–ci*] Dell'atmosfera: *la pressione atmosferica è in aumento e quindi si prevede un miglioramento del tempo* | *Precipitazioni atmosferiche* = la pioggia, la neve e la grandine.

atollo [a-tòl-lo] *s.m.* Piccola isola corallina a forma di anello, al cui interno si crea una laguna comunicante col mare.

atomico [a-tò-mi-co] *agg.* [pl.m. *–ci*] **1** Dell'atomo: *nucleo atomico* **2** Nucleare: *energia atomica*; *guerra atomica.*

atomo [à-to-mo] *s.m.* La particella minima di ogni elemento della materia che conserva le caratteristiche chimiche dell'elemento.

atono [à-to-no] *agg.* Detto di vocale o sillaba priva dell'accento tonico.

atrio [à-trio] *s.m.* Locale di ingresso, per lo più ampio, di un edificio: *l'atrio della scuola, della stazione.*

atroce [a-tró-ce o a-trò-ce] *agg.* **1** Che desta orrore e raccapriccio Ⓢ orrendo, straziante: *un delitto atroce*; *una scena atroce* **2** Insopportabile, terribile: *un dolore atroce*; *un sospetto atroce.*

atrocità [a-tro-ci-tà] *s.f.* Crudeltà orribile: *l'atrocità di un delitto* ◊ Atto di feroce crudeltà: *nelle guerre vengono commesse molte atrocità.*

attaccabrighe [at-tac-ca-brì-ghe] *s.m.f.invar.* Persona litigiosa, sempre in cerca di un pretesto per litigare: *non dar retta a quell'attaccabrighe!*

attaccamento [at-tac-ca-mén-to] *s.m.* Legame affettivo Ⓢ dedizione: *mostra molto attaccamento alla famiglia, al lavoro.*

attaccante [at-tac-càn-te] *agg.* e *s.m.f.* Che, chi attacca: *respingere gli attaccanti* ◊ Nel calcio e in altri sport, giocatore con compiti offensivi.

attaccapanni [at-tac-ca-pàn-ni] *s.m.invar.* Arnese di varia forma per appendere indumenti.

attaccare [at-tac-cà-re] *v.tr.* [*attàcco, attàcchi*] **1** Unire una cosa a un'altra per mezzo di sostanze adesive, cuciture, legature o altro: *attaccare un francobollo alla busta, un bottone alla giacca*; *attaccare i cavalli alla carrozza* ◊ Appendere: *attaccare un quadro alla parete* **2** ♧ Trasmettere: *mi ha attaccato l'influenza* **3** Assalire: *attaccare i soldati nemici* ◊ ♧ Criticare violentemente: *attaccare il governo, un'iniziativa* **4** Dare inizio a qualcosa Ⓢ cominciare: *attaccare discorso, lite con qualcuno*; *l'orchestra attaccò a suonare* ♦ *v.intr.* [aus. *avere*] **1** Aderire: *questi francobolli non attaccano* **2** Andare all'attacco: *attaccheremo all'alba* ◊ Nello sport, condurre azioni offensive: *la squadra ha attaccato tutto il tempo* ♦ **attaccarsi** *v.pr.* **1** Rimanere aderente Ⓢ appiccicarsi: *le pagine si sono tutte attaccate*; *il sugo si è attaccato al fondo della padella* **2** Appigliarsi, aggrapparsi (anche ♧): *si attaccò a una sporgenza della roccia*; *si attacca a ogni pretesto* **3** ♧ Trasmettersi per contagio: *la paura, come l'influenza, si attacca facilmente* **4** ♧ Affezionarsi: *si attaccò a lui come a un figlio.*

attaccato [at-tac-cà-to] *agg.* Affezionato, dedito: *è attaccato alla famiglia, al denaro, al dovere.*

attacco [at-tàc-co] *s.m.* **1** Punto di congiunzione tra due cose: *l'attacco della manica* **2** Dispositivo per congiungere due cose: *l'attacco degli sci* ◊ Presa elettrica o del telefono **3** Nella guerra e nello sport, azione offensiva Ⓢ assalto: *respingere un attacco*; *andare all'attacco* ◊ Negli sport di squadra, l'insieme dei giocatori della linea più avanzata con compiti offensivi ◊ ♧ Critica aspra, violenta: *il ministro si è difeso dagli attacchi della stampa* **4** Accesso di una malattia: *ha avuto un attacco di tosse* **5** Avvio, inizio: *l'attacco di una canzone, di un discorso, di un romanzo.*

attanagliare [at-ta-na-glià-re] *v.tr.* **1** Stringere con forza: *due mani robuste gli attanagliarono i polsi* **2** ♧ Tormentare, straziare: *i rimorsi lo attanagliavano.*

attardarsi [at-tar-dàr-si] *v.pr.* Far tardi, trattenersi Ⓢ indugiare: *non attardatevi a chiacchierare.*

attecchire [at-tec-chì-re] *v.intr.* [*attecchìsco, attecchìsci*; aus. *avere*] **1** Metter radici e crescere: *la piantina che ho trapiantato ha attecchito* **2** ♧ Avere successo, diffondersi: *una moda che ha attecchito rapidamente.*

atteggiamento [at-teg-gia-mén-to] *s.m.* Modo di comportarsi, di fare Ⓢ contegno, espressione: *ha tenuto un atteggiamento sospetto*; *si avvicinò con atteggiamento minaccioso.*

atteggiarsi [at-teg-giàr-si] *v.pr.* Assumere una posa, ostentare un'apparenza Ⓢ posare: *gli piace atteggiarsi a vittima.*

attempato [at-tem-pà-to] *agg.* Che è piuttosto avanti con gli anni, ma non ancora vecchio.

attendarsi [at-ten-dàr-si] *v.pr.* Piantare le tende Ⓢ accamparsi: *si attendarono in riva al fiume.*

attendere [at-tèn-de-re] *v.tr.* [coniugato come *tendere*] Aspettare: *attenderò il tuo arrivo.*

attendibile [at-ten-dì-bi-le] *agg.* Degno di fede Ⓢ credibile: *la notizia mi sembra attendibile.*

attenersi [at-te-nér-si] *v.pr.* [coniugato come *tenere*; aus. *essere*] Seguire, conformarsi: *mi sono attenuto alle tue istruzioni.*

attentare [at-ten-tà-re] *v.intr.* [aus. *avere*] Tentare di uccidere o di danneggiare qualcuno: *hanno attentato alla sua vita*; *attentare agli interessi, alla reputazione di qualcuno.*

attentato [at-ten-tà-to] *s.m.* **1** Atto violento per tentare di uccidere qualcuno o distruggere qualcosa: *attentato a un capo di stato, a un treno* **2** ♧ Atto con cui si reca grave danno o offesa a qualcosa: *un attentato alla democrazia, alla libertà.*

attentatore [at-ten-ta-tó-re] *s.m.* [f. *–trice*] Chi compie o ha compiuto un attentato.

attenti [at-tèn-ti] *inter.* Comando rivolto a soldati, ginnasti, alunni perché si mettano in posizione eretta, con la testa alta e le braccia distese lungo i fianchi ♦ *s.m.* La posizione indicata da tale comando: *stare, mettersi sull'attenti.*

attento [at-tèn-to] *agg.* **1** Che segue qualcosa con attenzione: *stava attento alla lezione* ◊ Che vigila badando di evitare possibili danni, pericoli, errori: *stai attento a non farti imbrogliare*; *la strada è scivolosa, stai attento a come guidi* ◊ (come esclamazione per richiamare l'attenzione): *attenti che cade!* ◊ Che dimostra attenzione: *lo seguiva con sguardo attento* **2** Fatto con cura Ⓢ accurato Ⓒ superficiale: *il medico fece un attento esame del malato.*

attenuare [at-te-nu-à-re] *v.tr.* Rendere più tenue, più leggero, meno forte, meno gravoso: *attenuare un colpo, un rumore, la luce, il dolore, la fatica* ◊ ♧ Diminuire di gravità o d'importanza: *cercò di attenuare la sua colpa* ♦ **attenuarsi** *v.pr.* Diminuire d'intensità Ⓢ indebolirsi: *il suono si attenuò poco a poco*; *il freddo si sta attenuando.*

attenzione [at-ten-zió-ne] *s.f.* **1** Concentrazione dei sensi e della mente su un oggetto, un'attività: *ascoltava con attenzione la lezione*; *cercò di richiamare la sua attenzione* | *Fare attenzione* = stare attento, badare: *fa' attenzione a dove metti i piedi!* ◊ Cura, diligenza: *ha messo molta attenzione nel fare quel lavoro* ◊ Si usa, come interiezione, per invitare a stare attenti o avvertire di un pericolo: *attenzione, lo spettacolo sta per cominciare!*; *attenzione, qui c'è del ghiaccio e si scivola!* **2** (spec. al *pl.*) Riguardo, premura: *ha avuto per me molte attenzioni.*

atterraggio [at-ter-ràg-gio] *s.m.* Manovra con cui un aeromobile discende a terra ◊ Il prendere contatto con il suolo (nel paracadutismo, nel salto con l'asta o con gli sci).

atterrare [at-ter-rà-re] *v.tr.* Gettare, far cadere a terra Ⓢ abbattere: *atterrò l'avversario con un pugno* ♦ *v.intr.* [aus. *avere* o *essere*] Scendere a terra: *l'aereo ha* (o *è*) *atterrato sulla pista.*

atterrire [at-ter-rì-re] *v.tr.* [*atterrìsco, atterrìsci*] Causare terrore: *le minacce dell'uomo lo atterrirono* ♦ **atterrirsi** *v.pr.* Venire preso dal terrore.

attesa [at-té-sa] *s.f.* **1** Il fatto di attendere: *l'attesa di un ospite*; *sono in attesa di notizie* ◊ Il tempo durante il quale si attende: *l'attesa fu lunga* **2** (spec. al *pl.*) Aspettativa: *lo spettacolo ha deluso le mie attese.*

attestare [at-te-stà-re] *v.tr.* Affermare come testimone, per conoscenza diretta: *posso attestare che l'imputato non era presente* ◊ Dimostrare in modo evidente: *i reperti archeologici attestano la civiltà di quel popolo.*

attestarsi [at-te-stàr-si] *v.pr.* Schierarsi, prendere posizione: *i soldati si attestarono in riva al fiume.*

attestato [at-te-stà-to] *s.m.* Dichiarazione scritta; certificato: *gli hanno rilasciato un attestato di buona condotta.*

attico [àt-ti-co] *s.m.* [pl. *–ci*] Ultimo piano abitabile di un palazzo, costruito al di sopra del cornicione e in genere dotato di ampio terrazzo.

attiguo [at-tì-guo] *agg.* Posto accanto Ⓢ adiacente, contiguo: *la cucina è attigua alla sala.*

attillato [at-til-là-to] *agg.* Detto di indumento che aderisce strettamente al corpo: *portava una camicetta attillata.*

attimo [àt-ti-mo] *s.m.* Brevissimo spazio di tempo Ⓢ istante, momento: *accadde tutto in un attimo.*

attinente [at-ti-nèn-te] *agg.* Che ha relazione, che riguarda qualcosa Ⓢ relativo: *abbiamo discusso di questioni attinenti al nostro lavoro.*

attingere [at-tin-ge-re] *v.tr.* [coniugato come *tingere*] **1** Raccogliere, tirar su acqua con un recipiente: *attingere acqua da un pozzo* **2** ♧ Ricavare, trarre: *da dove hai attinto questa notizia?*

attirare [at-ti-rà-re] *v.tr.* Tirare verso di sé Ⓢ attrarre (anche ♧) Ⓒ respingere: *la calamita attira il ferro; la luce attira gli insetti; una città che attira molti turisti; lo hanno attirato in un tranello; quell'idea mi attira molto* ◊ Procurare: *il suo gesto gli ha attirato la simpatia di tutti.*

attitudine [at-ti-tù-di-ne] *s.f.* Disposizione, inclinazione naturale per una determinata attività Ⓢ predisposizione: *avere attitudine per il disegno, per lo sport.*

attivare [at-ti-và-re] *v.tr.* Mettere in azione, in funzione: *attivare l'impianto di riscaldamento.*

attivista [at-ti-vì-sta] *s.m.f.* [pl.m. *–sti*] Chi si impegna attivamente in un'organizzazione politica, sindacale ecc.

attività [at-ti-vi-tà] *s.f.* **1** Inclinazione ad agire Ⓢ operosità: *una persona piena di attività* | *In attività* = in azione, in movimento, in funzione: *l'impianto è in attività* | *Vulcano in attività* = in fase di eruzione **2** Lavoro, occupazione, professione: *svolgere diverse attività* ◊ Settore sociale di azione Ⓢ iniziativa: *sviluppare le attività industriali, culturali, sportive.*

attivo [at-tì-vo] *agg.* **1** Che agisce, che è portato all'azione Ⓢ operoso Ⓒ indolente: *un uomo attivo* | *Fare una vita attiva* = dinamica, dedita all'azione **2** Che è in funzione, in attività: *l'impianto è attivo da un'ora; un vulcano ancora attivo* **3** Che dà un utile, un profitto economico: *quest'anno l'azienda è passiva, ma fino all'anno scorso era attiva* **4** In grammatica, detto della forma del verbo transitivo quando esprime l'azione del soggetto.

attizzare [at-tiz-zà-re] *v.tr.* **1** Ravvivare il fuoco, smuovendo la legna e la brace o soffiandovi sopra **2** ♧ Eccitare: *attizzare le passioni, l'odio.*

atto¹ [àt-to] *s.m.* **1** Azione, comportamento: *ha compiuto un atto di coraggio; deve rispondere dei suoi atti* | *Mettere in atto* = realizzare concretamente (un'idea, un progetto ecc.) | *Essere in atto* = in corso di realizzazione | *Nell'atto di* = nel momento in cui si sta compiendo un'azione: *fu sorpreso nell'atto di rubare* **2** Movimento, gesto | *Fare (l') atto di* = accennare a compiere un gesto o un'azione: *fece l'atto di colpirlo, di andarsene* **3** Documento con valore legale: *atto di nascita, di morte* | *Dare atto* = riconoscere: *vi do atto che avete fatto il possibile* | *Prendere atto* = prendere nota e tenere in conto: *prendo atto che non mi volete rispondere* **4** Ognuna delle parti in cui si suddivide un'opera teatrale: *una commedia in due atti.*

atto² [àt-to] *agg.* Idoneo, adatto: *mezzi atti allo scopo; un giovane atto agli studi.*

attonito [at-tò-ni-to] *agg.* Che è come paralizzato da un'emozione improvvisa e violenta: *rimase attonito per lo stupore, per lo spavento.*

attorcigliare [at-tor-ci-glià-re] *v.tr.* Avvolgere strettamente e più volte una cosa su se stessa o più cose tra loro: *attorcigliare una fune, due fili* ♦ **attorcigliarsi** *v.pr.* Avvolgersi più volte su se stesso o intorno a qualcosa: *il serpente si era attorcigliato intorno a un ramo.*

attore [at-tó-re] *s.m.* [f. *–trice*] Chi recita, chi interpreta una parte in uno spettacolo teatrale, cinematografico, televisivo: *un'attrice drammatica; un attore comico.*

attorniare [at-tor-nià-re] *v.tr.* Circondare qualcuno: *fu attorniato dai suoi ammiratori* ♦ **attorniarsi** *v.pr.* Circondarsi: *si attornia di gente equivoca.*

attorno [at-tór-no] *avv.* Intorno; in giro: *si guardò attorno per controllare che non ci fosse nessuno* | *Levarsi uno d'attorno* = liberarsene ♦ *prep.* *Attorno a* = intorno a: *erano seduti attorno al tavolo.*

attraccare [at-trac-cà-re] *v.intr.* [*attràcco, attràcchi*; aus. *avere*] Detto di imbarcazione, accostarsi alla banchina: *la nave attraccò al molo.*

attracco [at-tràc-co] *s.m.* [pl. *–chi*] **1** Manovra per attraccare: *il mare grosso rendeva l'attracco difficoltoso* **2** Punto in cui attraccare Ⓢ approdo, ormeggio: *cercare un buon attracco.*

attraente [at-tra-èn-te] *agg.* Affascinante, seducente: *una donna molto attraente* ◊ Allettante, invitante: *una prospettiva poco attraente.*

attrarre [at-tràr-re] *v.tr.* [coniugato come *trarre*]

Attirare, tirare a sé: *la calamita attrae il ferro*; *una città che attrae molti turisti* ◊ ♧ Allettare, affascinare: *l'idea di partire lo attraeva poco*; *fu attratto dalla sua bellezza.*

attrattiva [at-trat-tì-va] *s.f.* **1** Capacità, forza di attrarre Ⓢ fascino: *una persona con molta attrattiva*; *sentire l'attrattiva della musica* **2** (al *pl.*) Insieme di cose, di qualità che attraggono: *una località piena di attrattive.*

attraversamento [at-tra-ver-sa-mén-to] *s.m.* Passaggio da una parte all'altra: *l'attraversamento di un fiume, di un bosco* ◊ Luogo dove si può attraversare: *l'attraversamento pedonale è indicato da strisce bianche.*

attraversare [at-tra-ver-sà-re] *v.tr.* Passare attraverso qualcosa (anche ♧): *attraversare un bosco, un fiume*; *la pallottola attraversò il polmone*; *un pensiero gli attraversò la mente*; *sta attraversando un brutto periodo.*

attraverso [at-tra-vèr-so] *prep.* **1** Da una parte all'altra; in mezzo a: *passò attraverso il bosco*; *guardò attraverso il buco* ◊ ♧ In mezzo a: *è passato attraverso mille difficoltà* **2** Per mezzo di Ⓢ mediante: *l'ho saputo attraverso un amico, attraverso ricerche.*

attrazione [at-tra-zió-ne] *s.f.* **1** In fisica, la forza per cui due corpi sono attirati uno verso l'altro **2** ♧ Forza che attrae l'interesse, l'attenzione Ⓢ richiamo, seduzione, attrattiva, fascino Ⓒ repulsione: *sentire l'attrazione del denaro, della bellezza*; *attrazione fisica, sessuale* **3** In uno spettacolo, numero o artista di grande richiamo: *il circo ha presentato le sue nuove attrazioni.*

attrezzare [at-trez-zà-re] *v.tr.* Fornire dell'attrezzatura e in genere di tutto il materiale necessario per un'attività o una funzione: *attrezzare una nave*; *attrezzare una scuola, una cucina* ⧫ **attrezzarsi** *v.pr.* Fornirsi del necessario Ⓢ equipaggiarsi: *attrezzarsi per un'escursione.*

attrezzatura [at-trez-za-tù-ra] *s.f.* Il complesso degli attrezzi, degli impianti e dei materiali necessari per un'attività: *ha comprato l'attrezzatura per sciare*; *una palestra con una buona attrezzatura.*

attrezzo [at-tréz-zo] *s.m.* **1** Strumento che serve per un dato lavoro Ⓢ arnese, utensile: *attrezzi di cucina, del falegname* **2** Strumento utilizzato in determinate gare di atletica (per es. disco, martello, giavellotto) o per eseguire particolari esercizi di ginnastica (per es. cavallo, anelli, parallele).

attribuire [at-tri-bu-ì-re] *v.tr.* [*attribuìsco, attribuìsci*] **1** Dare, assegnare: *attribuire a qualcuno un premio, una responsabilità*; *un fatto a cui attribuisco poca importanza* | *Attribuire a qualcuno un'opera* = ritenere che ne sia l'autore: *i critici hanno attribuito il quadro a Raffaello* **2** Considerare causato da qualcosa: *forse il tuo mal di testa è da attribuire a indigestione.*

attributo [at-tri-bù-to] *s.m.* **1** Qualità propria e caratteristica di una persona o di una cosa: *la perfezione è un attributo di Dio* **2** In grammatica, l'aggettivo in quanto esprime una qualità del sostantivo a cui si riferisce.

attrito [at-trì-to] *s.m.* **1** Resistenza che ostacola il movimento di un corpo a contatto con un altro: *l'attrito dei pneumatici sull'asfalto* **2** ♧ Contrasto, dissidio: *ultimamente tra di loro c'è stato qualche attrito.*

attuale [at-tu-à-le] *agg.* Dell'epoca, del momento presente, di adesso: *la società attuale*; *l'attuale capo del governo* ◊ Che conserva anche nel presente il suo valore: *un libro sempre attuale.*

attualmente [at-tu-al-mén-te] *avv.* Nel momento attuale, al presente: *attualmente sono occupato.*

attualità [at-tua-lità] *s.f.* **1** *D'attualità* = capace di destare interesse nel momento presente: *un problema sempre d'attualità, che è tornato d'attualità* **2** (spec. al *pl.*) Avvenimento attuale, recente: *notizie di attualità*; *un settimanale d'attualità.*

attuare [at-tu-à-re] *v.tr.* Mettere in atto Ⓢ realizzare: *attuare un progetto, i propri propositi.*

attuazione [at-tua-zió-ne] *s.f.* Realizzazione: *un progetto di difficile attuazione.*

attutire [at-tu-tì-re] *v.tr.* [*attutìsco, attutìsci*] Rendere meno forte, meno intenso Ⓢ attenuare, smorzare: *attutire un colpo, un rumore, un dolore.*

audace [au-dà-ce] *agg.* **1** Che affronta il pericolo senza badare al rischio Ⓢ ardito, coraggioso Ⓒ pauroso, vile: *un audace esploratore* **2** Temerario, arrischiato: *un'audace evasione* ◊ Provocante: *un complimento, un abito audace.*

audacia [au-dà-cia] *s.f.* **1** Coraggio nell'affrontare pericoli e rischi: *ha dato prova di grande audacia* **2** Sfrontatezza, sfacciataggine: *hai una bella audacia a farmi proposte del genere!*

audience [parola inglese; pron. *òdiens*] *s.f.invar.* L'insieme delle persone che, in un dato momento o periodo, assistono a un programma radiotelevisivo o leggono un giornale.

audio [àu-dio] *s.m.invar.* Nei televisori, l'impianto per la ricezione e la diffusione del suono: *regolare l'audio.*

audiovisivo [au-dio-vi-sì-vo] *agg.* Che trasmette o riproduce suoni e immagini, consentendo di vedere e insieme sentire | *Mezzi audiovisivi* = televisione, film, videocassette, radio, cd ecc.

auge [àu-ge] *s.f.* Punto più alto, culmine, spec. della popolarità, del successo: *un cantante che è molto in auge.*

augurare [au-gu-rà-re] *v.tr.* Esprimere ad altri il desiderio e la speranza che il futuro riservi loro qualcosa di lieto e favorevole (o anche di triste e avverso); fare un augurio: *ti auguro buon viaggio, una pronta guarigione*; *augurare a qualcuno una disgrazia* ◊ *Augurarsi* = sperare qualcosa per sé o per gli altri: *mi auguro di farcela*; *mi auguro che la tua iniziativa abbia successo.*

augurio [au-gù-rio] *s.m.* **1** Desiderio espresso a qualcuno che gli accada qualcosa di lieto e di favorevole: *gli ho fatto un augurio di pronta guarigione* ◊ (spec. al *pl.*) Formula, frase di augurio che si usa in particolari circostanze: *un biglietto di auguri per Natale*; *auguri di buon compleanno!* **2** Presagio: *è di cattivo augurio versare il sale.*

aula [àu-la] *s.f.* Locale per lezioni scolastiche: *la nostra classe ha un'aula spaziosa*; *aula di musica, di educazione tecnica* ◊ Vasto locale di edifici pubblici destinato a udienze e assemblee: *le aule del tribunale*; *l'aula della Camera, del Senato.*

aumentare [au-men-tà-re] *v.tr.* Rendere più grande Ⓢ accrescere Ⓒ ridurre, diminuire: *aumentare il numero dei posti, la velocità, le spese, i prezzi* ♦ *v.intr.* [aus. *essere*] Diventare più grande, più intenso Ⓢ crescere, intensificarsi: *sono aumentate le tasse*; *sta aumentando il vento* ◊ Crescere di prezzo Ⓢ rincarare: *è aumentata la carne.*

aumento [au-mén-to] *s.m.* Accrescimento, crescita: *aumento dei prezzi*; *ha avuto un aumento di peso*; *gli hanno dato un aumento di stipendio* ◊ Rincaro: *ci sarà un aumento della benzina.*

aureo [àu-re-o] *agg.* D'oro: *moneta aurea.*

aureola [au-rè-o-la] *s.f.* Nei dipinti sacri, cerchio splendente raffigurato, come simbolo di santità, intorno alla testa dei santi, degli angeli, della Madonna, di Gesù.

auricolare [au-ri-co-là-re] *agg.* Dell'orecchio: *il padiglione auricolare* ♦ *s.m.* Piccolo apparecchio che, applicato all'orecchio, consente l'ascolto individuale dei suoni di radio, telefoni ecc.

aurora [au-rò-ra] *s.f.* Chiarore rossastro che, dopo l'alba, si diffonde a oriente nel cielo prima del sorgere del sole.

ausiliare [au-si-lià-re] *agg.* e *s.m.* In grammatica, detto dei verbi (*essere* e *avere*) che servono a formare i tempi composti e (solo *essere*) il passivo degli altri verbi.

auspicare [au-spi-cà-re] *v.tr.* [*àuspico, àuspichi*] Augurare, augurarsi: *auspichiamo il successo della vostra impresa.*

auspicio [au-spì-cio] *s.m.* **1** Presagio favorevole o sfavorevole: *questo tempo sereno è di buon auspicio per la nostra gita* **2** Augurio: *vi saluto con l'auspicio che la vostra impresa abbia successo.*

austero [au-stè-ro] *agg.* Rigido, rigoroso e severo: *una disciplina austera* ◊ Che ispira rispetto e soggezione: *volto, aspetto austero.*

australe [au-strà-le] *agg.* Situato a sud dell'equatore Ⓢ meridionale Ⓒ boreale: *l'emisfero australe.*

autenticare [au-ten-ti-cà-re] *v.tr.* [*autèntico, autèntichi*] Dichiarare autentico, certificare come autentico: *autenticare una firma su un documento.*

autentico [au-tèn-ti-co] *agg.* [pl.m. *–ci*] Che risponde a verità, non falso: *un documento autentico* ◊ Realmente accaduto: *un fatto autentico* ◊ Originale: *un mobile autentico del Settecento* ◊ Genuino: *alimenti autentici*; *un sentimento autentico* ◊ Vero e proprio: *è un autentico imbroglione*; *un autentico capolavoro.*

autista [au-tì-sta] *s.m.f.* [pl.m. *–sti*] Conducente di autoveicoli.

auto [àu-to] *s.f.invar.* Automobile, autovettura.

autoadesivo [au-to-a-de-sì-vo] *agg.* e *s.m.* Detto di oggetto che aderisce da sé, essendo spalmato di sostanza adesiva: *nastro autoadesivo*; *un autoadesivo pubblicitario.*

autoambulanza [au-to-am-bu-làn-za] *s.f.* Autoveicolo attrezzato per il trasporto di malati o feriti.

autobiografia [au-to-bio-gra-fì-a] *s.f.* Opera in cui l'autore narra la propria vita: *sta scrivendo la sua autobiografia.*

autobotte [au-to-bót-te] *s.f.* Autocisterna con il serbatoio diviso in scomparti.

autobus [àu-to-bus] *s.m.* Autoveicolo pubblico per il trasporto collettivo di persone.

autocarro [au-to-càr-ro] *s.m.* Autoveicolo per il trasporto di merci.

autocisterna [au-to-ci-stèr-na] *s.f.* Autocarro dotato di un serbatoio per il trasporto di liquidi.

autocombustione [au-to-com-bu-stió-ne] *s.f.* Incendio spontaneo di materiali infiammabili.

autocontrollo [au-to-con-tròl-lo] *s.m.* Controllo di se stessi, capacità di dominare le proprie azioni e reazioni: *mantenere, perdere l'autocontrollo.*

autocritica [au-to-crì-ti-ca] *s.f.* Critica di se stessi e del proprio operato: *fare un'autocritica.*

autodidatta [au-to-di-dàt-ta] *s.m.f.* [pl.m. *–ti*] Chi si è dato da sé un'istruzione e una cultura, senza frequentare scuole e senza l'aiuto di insegnanti.

autodifesa [au-to-di-fé-sa] *s.f.* Difesa di se stessi, con atti o discorsi, da attacchi, critiche, accuse.

autodisciplina [au-to-di-sci-plì-na] *s.f.* Disciplina di se stessi, regola di vita e di comportamento che una persona adotta liberamente, senza che altri gliela impongano.

autodromo [au-tò-dro-mo] *s.m.* Pista destinata alle corse automobilistiche e motociclistiche.

autofficina [au-tof-fi-cì-na] *s.f.* Officina in cui si effettua la riparazione di autoveicoli.

autogol [au-to-gòl] *s.m.* Autorete.

autografo [au-tò-gra-fo] ♦ *s.m.* Firma, spec. di persona celebre: *chiedere l'autografo a un attore, a un calciatore.*

autolinea [au-to-lì-ne-a] *s.f.* Linea di trasporti pubblici interurbani.

automa [au-tò-ma] *s.m.* [pl. *–mi*] **1** Macchina che imita i movimenti dell'uomo o degli animali Ⓢ robot **2** ♧ Chi agisce in modo meccanico, senza rendersi conto di ciò che fa: *camminava come un automa senza sapere dove andava.*

automatico [au-to-mà-ti-co] *agg.* [pl.m. *–ci*] **1** Detto di macchina o meccanismo, che funziona senza l'intervento diretto e costante dell'uomo: *cambio automatico*; *lavatrice automatica* **2** Compiuto meccanicamente, senza l'intervento della volontà: *fece un gesto automatico per difendersi* ◊ Che si verifica come conseguenza necessaria di un dato fatto: *l'aumento dei prezzi provoca un'automatica diminuzione delle vendite.*

automazione [au-to-ma-zió-ne] *s.f.* Impiego in una data attività di macchine che compiono automaticamente le varie operazioni, sostituendo o riducendo al minimo il lavoro umano: *lo sviluppo dell'automazione nelle fabbriche, nei servizi.*

automezzo [au-to-mèz-zo] *s.m.* Autoveicolo.

automobile [au-to-mò-bi-le] *s.f.* Veicolo a motore per il trasporto di un numero limitato di persone Ⓢ autovettura.

automobilismo [au-to-mo-bi-lì-smo] *s.m.* Tutto ciò che riguarda l'automobile; in partic. lo sport delle corse in automobile.

automobilista [au-to-mo-bi-lì-sta] *s.m.f.* [pl.m. *–sti*] Chi guida un'automobile.

autonomia [au-to-no-mì-a] *s.f.* **1** Capacità di pensare e agire liberamente; indipendenza da influenze esterne: *comportarsi con autonomia*; *difendere la propria autonomia* ◊ Indipendenza da altri poteri: *la Costituzione garantisce l'autonomia della magistratura dal potere politico* **2** Libertà di governarsi da sé, con le proprie leggi: *l'autonomia di un paese, di un popolo* **3** Detto di mezzi di trasporto, la durata massima di impiego o la distanza massima che possono percorrere senza rifornirsi di carburante: *un aereo con un'autonomia di volo di dieci ore o di 7000 km.*

autonomo [au-tò-no-mo] *agg.* Dotato di autonomia, non condizionato da altri Ⓢ libero, indipendente: *lavora per rendersi autonomo dalla famiglia*; *la sua è stata una decisione autonoma* | *Lavoro autonomo* = non subordinato ad altri.

autopompa [au-to-póm-pa] *s.f.* Autocarro munito di una pompa per spegnere gli incendi.

autopsia [au-to-psì-a] *s.f.* Esame medico di un cadavere per conoscere la causa della morte o a scopo di studio.

autoradio [au-to-rà-dio] *s.f.* Radio che si installa sugli autoveicoli.

autore [au-tó-re] *s.m.* [f. *–trice*] **1** Chi ha compiuto una determinata azione; chi è causa, origine di qualcosa: *l'autore di un furto, di uno scherzo*; *è lui l'autore della nostra rovina* **2** Chi ha creato un'opera letteraria, artistica, scientifica: *l'autore di un romanzo, di un quadro, di un saggio.*

autorete [au-to-ré-te] *s.f.* Nel calcio e in altri sport, rete segnata da un giocatore che per errore manda il pallone nella propria porta Ⓢ autogol.

autorevole [au-to-ré-vo-le] *agg.* Che gode di autorità, di prestigio: *un personaggio autorevole* ◊ Che proviene da persona dotata di autorità e prestigio: *un parere autorevole.*

autorimessa [au-to-ri-més-sa] *s.f.* Edificio o locale per la custodia degli autoveicoli Ⓢ garage.

autorità [au-to-ri-tà] *s.f.* **1** Qualsiasi potere pubblico esercitato legittimamente: *l'autorità dello stato, del parlamento* ◊ Gli organi e le persone incaricati di esercitare tale potere: *ricorrere all'autorità giudiziaria*; *alla cerimonia erano presenti tutte le autorità* **2** Potere, influsso di cui una persona gode per il ruolo che esercita: *l'autorità dei genitori, di un insegnante* **3** Stima, considerazione, prestigio, ascendente: *uno studioso che gode di grande autorità*; *ha molta autorità sui suoi allievi* ◊ Persona che gode di grande stima e prestigio in un determinato campo: *in campo medico è una vera autorità.*

autoritario [au-to-ri-tà-rio] *agg.* Che esercita con fermezza e anche in modo eccessivo la propria autorità: *un direttore, un padre autoritario* | *Stato, governo autoritario* = non democratico ◊ Prepotente: *carattere, tono, atteggiamento autoritario.*

autoritratto [au-to-ri-tràt-to] *s.m.* Ritratto di se stesso fatto da un pittore o uno scultore.

autorizzare [au-to-riz-zà-re] *v.tr.* Dare, concedere il permesso di compiere una determinata azione: *nessuno vi ha autorizzato a uscire*; *autorizzare una manifestazione, l'apertura di un locale.*

autorizzazione [au-to-riz-za-zió-ne] *s.f.* Permesso di fare una data cosa: *non potete uscire senza la mia autorizzazione.*

autoscuola [au-to-scuò-la] *s.f.* Scuola in cui si insegna a guidare autoveicoli.

autostazione [au-to-sta-zió-ne] *s.f.* **1** Stazione per autobus di linea **2** Stazione di rifornimento per autoveicoli.

autostop [au-to-stòp] *s.m.invar.* Il fermare un autoveicolo in transito per chiedere un passaggio gratuito; il viaggiare con questo sistema.

autostrada [au-to-strà-da] *s.f.* Strada a più corsie e priva di attraversamenti riservata al traffico veloce di autoveicoli e motoveicoli.

autostradale [au-to-stra-dà-le] *agg.* Dell'autostrada: *casello, traffico autostradale.*

autosufficiente [au-to-suf-fi-cièn-te] *agg.* Che può soddisfare le proprie esigenze senza dover ricorrere ad altri Ⓢ autonomo, indipendente.

autosuggestione [au-to-sug-ge-stió-ne] *s.f.* Suggestione che ha origine nella mente stessa di chi la subisce: *non è malato, la sua è solo autosuggestione.*

autotreno [au-to-trè-no] *s.m.* Autocarro con rimorchio.

autoveicolo [au-to-ve-ì-co-lo] *s.m.* Veicolo con motore proprio, a quattro o più ruote, per il trasporto su strada di persone o merci.

autovettura [au-to-vet-tù-ra] *s.f.* Autoveicolo per il trasporto di persone Ⓢ automobile.

autunnale [au-tun-nà-le] *agg.* Di autunno, tipico dell'autunno: *giornata, clima autunnale.*

autunno [au-tùn-no] *s.m.* Stagione compresa fra l'estate e l'inverno, che dura dal 23 settembre al 21 dicembre.

avambraccio [a-vam-bràc-cio] *s.m.* La parte del braccio tra il gomito e il polso.

avamposto [a-vam-pó-sto] *s.m.* Posto avanzato di uno schieramento militare, presidiato da un piccolo nucleo di soldati che hanno il compito di intercettare il nemico e osservarne i movimenti.

avanguardia [a-van-guàr-dia] *s.f.* Reparto militare che precede il grosso di un esercito in marcia per proteggerlo da attacchi di sorpresa | ♧ *All'avanguardia* = che è più avanti rispetto a tutti gli altri in un determinato campo: *un paese all'avanguardia nella ricerca scientifica, nel progresso tecnico, nella lotta contro il cancro.*

avanti [a-vàn-ti] *avv.* **1** Innanzi: *fare un passo avanti* | *Andare avanti* = procedere; ♧ proseguire, continuare: *andare avanti negli studi*; *così non si può andare avanti* | *Tirare avanti* = vivere alla meno peggio | *Essere avanti con gli anni, negli anni* = essere anziano **2** Poi: *d'ora in avanti farò da me* ♦ *prep.* Prima: *avanti Cristo* ♦ *inter.* Si usa come ordine di avanzare, come invito a entrare e più in generale come esortazione: *«Permesso?» «Avanti!»*; *su, avanti, smettila di piangere!*

avanzare[1] [a-van-zà-re] *v.intr.* [aus. *essere*] Andare avanti, procedere: *avanzò di un passo*; *la carovana avanzava lentamente* ◊ ♧ Progredire: *avanzare negli studi* ♦ *v.tr.* **1** Portare, spostare in avanti: *hanno avanzato di cento metri la fermata del tram* **2** ♧ Tirar fuori, addurre: *continua ad avanzare pretesti* ◊ Presentare: *avanzare una richiesta* **3** Promuovere: *lo hanno avanzato di grado* ♦ **avanzarsi** *v.pr.* Farsi avanti: *si avanzò con aria decisa* ◊ Approssimarsi: *si avanzava la notte.*

avanzare[2] [a-van-zà-re] *v.tr.* **1** Dover avere: *avanzava ancora parecchie migliaia di euro dai suoi debitori* **2** Avere ancora qualcosa come avanzo: *non avanziamo mai soldi a fine mese* ♦ *v.intr.* [aus. *essere*] Rimanere; essere in sovrappiù: *ti è avanzato del denaro?*; *il pane basta e avanza.*

avanzata [a-van-zà-ta] *s.f.* Operazione militare offensiva: *l'avanzata nemica è stata fermata dalle nostre truppe.*

avanzato [a-van-zà-to] *agg.* **1** Che si trova avanti: *un reparto avanzato* **2** Inoltrato: *era autunno avanzato* | *Essere in età avanzata* = essere anziano **3** Progredito, moderno: *un uomo di idee avanzate*; *usare le tecniche più avanzate.*

avanzo [a-vàn-zo] *s.m.* Ciò che avanza, che resta di qualcosa: *le offrì gli avanzi del pasto*; *verrò se mi resta un avanzo di tempo* | *D'avanzo* = più che a sufficienza: *da mangiare ce n'è d'avanzo.*

avaria [a-va-rì-a] *s.f.* Danno o guasto sofferto in viaggio da una nave o dal suo carico ◊ Guasto meccanico: *l'aereo ha dovuto tornare a terra per un'avaria al motore.*

avariato [a-va-rià-to] *agg.* Deteriorato, guasto, andato a male: *cibi avariati.*

avarizia [a-va-rì-zia] *s.f.* Attaccamento morboso al denaro, per cui si fatica a darlo e a spenderlo anche quando è più del necessario Ⓢ tirchieria.

avaro [a-và-ro] *agg.* e *s.m.* Che, chi ha il vizio dell'avarizia Ⓢ tirchio, spilorcio Ⓒ generoso: *è così avaro che non spende nemmeno per curarsi.*

avena [a-vé-na] *s.f.* Pianta erbacea, simile al grano, utilizzata come foraggio (biada) e nell'alimentazione umana.

avere [a-vé-re] *v.tr.* [pres. *ho, hài, ha, abbiàmo, avéte, hànno*; pass.rem. *èbbi, avésti, èbbe, avémmo, avéste, èbbero*; fut. *avrò*; cond. *avrèi*; cong. pres. *àbbia*; imper. *àbbi, abbiàte*] **1** Possedere qualcosa o poterne disporre: *avere una bella casa, molti soldi*; *ha la sicurezza di farcela*; *ho ancora una settimana di tempo* ◊ Essere dotato di una qualità, di una caratteristica: *avere il naso lungo, un'intelligenza pronta, dieci anni*; *una città che ha un buon clima* ◊ Essere costituito, formato di: *una città che ha un milione di abitanti*; *la mano ha cinque dita* **2** Essere, trovarsi in una data condizione, situazione, necessità: *ho fretta di partire*; *non viene perché ha un impegno*; *ha ancora poco da vivere* ◊ Può esprimere il fatto di qualcosa che accade, capita, si presenta al soggetto: *ha avuto sfortuna*; *hai avuto una buona idea* **3** Tenere, portare con sé: *avere un libro in mano*; *hai la penna?* ◊ Indossare: *aveva una giacca scura* **4** Ottenere: *avere una promozione* ◊ Acquistare: *ha avuto quella casa a buon prezzo* ◊ Ricevere: *ho avuto brutte notizie* **5** Sentire, provare: *avere fame, sonno, compassione, voglia* ◊ Essere affetto da, soffrire di un male: *ha l'influenza*; *ho mal di testa* **6** *Avere da* (seguito da infinito) = avere la necessità di, dovere: *avrei da parlarti*; *ho da finire un lavoro* | *Avere da fare* = essere occupato, impegnato **7** *Aver luogo* = svolgersi | *Avere in mente di fare qualcosa* = avere intenzione di farla | *Avere a mente* = ricordare | *Avercela con qualcuno* = essere irritato con lui, avere qualche motivo di ostilità nei suoi confronti | *Averne abbastanza di qualcuno, di qualcosa* = esserne stufo, stanco.

Come verbo ausiliare *avere* forma i tempi composti di tutti i verbi transitivi attivi (*ho chiamato, avevo visto*) e della maggior parte di quelli intransitivi (*ho camminato, avendo dormito*).

averi [a-vé-ri] *s.m.pl.* Ricchezze, denaro Ⓢ patrimonio: *ha sperperato tutti i suoi averi.*

aviatore [a-via-tó-re] *s.m.* [f. *–trice*] Pilota o membro dell'equipaggio di un aeroplano.

aviazione [a-via-zió-ne] *s.f.* Aeronautica.

avidità [a-vi-di-tà] *s.f.* Desiderio smodato e insaziabile: *avidità di denaro*; *mangiare con avidità.*

avido [à-vi-do] *agg.* Che ha o rivela un desiderio ardente e smodato di qualcosa Ⓢ bramoso: *un uomo avido di ricchezze*; *guardava la donna con occhi avidi.*

aviogetto [a-vio-gèt-to] *s.m.* Aereo a reazione.

aviolinea [a-vio-lì-ne-a] *s.f.* Linea aerea di trasporto civile.

avo [à-vo] *s.m.* Antenato.

avorio [a-vò-rio] *s.m.* Sostanza dura, di colore biancastro, di cui sono fatte le zanne dell'elefante, dell'ippopotamo, del tricheco e di altri animali.

avulso [a-vùl-so] *agg.* Staccato, isolato: *non si può giudicareun discorso solo da una frase avulsa dal suo contesto.*

avvalersi [av-va-lér-si] *v.pr.* [coniugato come *valere*] Valersi, servirsi, giovarsi: *mi sono avvalso del suo aiuto, dei suoi consigli.*

avvallamento [av-val-la-mén-to] *s.m.* Depressione del terreno.

avvalorare [av-va-lo-rà-re] *v.tr.* Dare valore, maggior forza a qualcosa Ⓢ convalidare, confermare: *questo fatto avvalora la mia tesi*; *il suo comportamento avvalora i miei sospetti.*

avvampare [av-vam-pà-re] *v.intr.* [aus. *essere*] **1** Accendersi rapidamente con alte fiamme: *la legna avvampò nel camino* ◊ Arrossire: *avvampò in volto per la vergogna* **2** ♧ Infiammarsi d'un sentimento violento: *avvampare di furore.*

avvantaggiare [av-van-tag-già-re] *v.tr.* Dare un vantaggio, favorire: *una legge che avvantaggia i ricchi* ♦ **avvantaggiarsi** *v.pr.* **1** Trarre vantaggio: *è solo lui ad avvantaggiarsi di questa situazione* **2** Prendere un certo vantaggio su altri: *il corridore con uno scatto riuscì ad avvantaggiarsi sul gruppo di un centinaio di metri.*

avvedersi [av-ve-dér-si] *v.pr.* [coniugato come *vedere*] Accorgersi, rendersi conto di qualcosa: *quando si avvide del pericolo era troppo tardi*; *mi ha urtato senza avvedersene.*

avveduto [av-ve-dù-to] *agg.* Accorto, assennato, giudizioso: *un ragazzo avveduto.*

avvelenamento [av-ve-le-na-mén-to] *s.m.* Intossicazione da veleno: *è morto per avvelenamento.*

avvelenare [av-ve-le-nà-re] *v.tr.* **1** Intossicare, uccidere qualcuno con un veleno **2** Rendere velenoso con del veleno: *gli avevano avvelenato la minestra* ◊ Inquinare, contaminare: *gas che avvelenano l'aria* **3** ♧ Amareggiare: *il rancore gli avvelenava l'esistenza* ♦ **avvelenarsi** *v.pr.* Uccidersi col veleno ◊ Intossicarsi ingerendo un veleno.

avvenente [av-ve-nèn-te] *s.m.* Di aspetto molto attraente e piacevole: *una ragazza avvenente.*

avvenimento [av-ve-ni-mén-to] *s.m.* Fatto, evento, spec. di una certa importanza: *gli avvenimenti del giorno, dell'anno*; *l'avvenimento politico, sportivo della settimana.*

avvenire[1] [av-ve-nì-re] *v.intr.* [coniugato come *venire*; aus. *essere*] Accadere, succedere, capitare: *avvenne un fatto strano*; *come spesso avviene.*

avvenire[2] [av-ve-nì-re] *s.m.invar.* Il futuro; la sorte, le condizioni, l'esistenza futura: *predire l'avvenire*; *temeva per il proprio avvenire*; *devo pensare all'avvenire dei miei figli.*

avventarsi [av-ven-tàr-si] *v.pr.* Gettarsi, lanciarsi con impeto contro o addosso a qualcuno o qualcosa: *avventarsi contro un avversario*; *appena lo vide gli si avventò al collo per abbracciarlo.*

avventatezza [av-ven-ta-téz-za] *s.f.* Precipitazione e leggerezza nel parlare e nell'agire.

avventato [av-ven-tà-to] *agg.* Che agisce con precipitazione, senza riflettere Ⓢ impulsivo, sventato Ⓒ prudente, accorto: *un giovane avventato* ◊ Fatto, detto con precipitazione, con leggerezza, senza riflettere Ⓢ precipitoso, incauto: *il tuo è stato un gesto avventato*; *non devi dare giudizi avventati.*

avvento [av-vèn-to] *s.m.* Venuta, arrivo: *l'avvento di una nuova epoca* ◊ Ascesa a una carica: *l'avvento al trono di un nuovo re.*

avventore [av-ven-tó-re] *s.m.* [f. *–trice* o *–tora*] Frequentatore, cliente (soprattutto di bar, ristoranti e simili).

avventura [av-ven-tù-ra] *s.f.* **1** Vicenda fuori dell'ordinario, inattesa, piena di emozioni: *avere una bella, una brutta avventura*; *andare in cerca di avventure*; *romanzi, film di avventure* ◊ Impresa, iniziativa arrischiata: *mi ha trascinato in un'avventura* **2** Relazione amorosa passeggera e superficiale.

avventurarsi [av-ven-tu-ràr-si] *v.pr.* Esporsi a un grave rischio Ⓢ arrischiarsi: *non mi sembra il caso di avventurarsi in mare con questo tempo.*

avventuroso [av-ven-tu-ró-so] *agg.* Che ama le avventure: *ha un carattere avventuroso* ◊ Ricco di avventure, pieno di imprevisti: *un viaggio avventuroso.*

avverarsi [av-ve-ràr-si] *v.pr.* Dimostrarsi vero, tradursi in realtà: *la tua previsione non si è avverata*; *finalmente il suo sogno si avverò.*

avverbio [av-vèr-bio] *s.m.* Parte invariabile del discorso che serve a specificare in qualche modo ciò che è espresso da un verbo, da un aggettivo o da un altro avverbio (per es. «vivere *bene*», «*troppo* facile», «agire *molto* male»).

avversare [av-ver-sà-re] *v.tr.* Essere avverso, contrario; ostacolare: *i colleghi lo avversavano*; *avversare un progetto, un'iniziativa*; *la gara fu avversata dal maltempo.*

avversario [av-ver-sà-rio] *agg.* e *s.m.* Che, chi sta contro, si oppone in una contesa, in una lotta, in un gioco, in una gara: *i giocatori della squadra avversaria*; *colpì l'avversario con un pugno*; *sono avversari politici.*

avversione [av-ver-sió-ne] *s.f.* Ostilità istintiva, forte antipatia: *provava avversione per quell'individuo* ◊ Ripugnanza.

avversità [av-ver-si-tà] *s.f.* Evento sfavorevole, sfortunato Ⓢ difficoltà, disgrazia: *gli amici si riconoscono nelle avversità*; *affrontare le avversità della vita.*

avverso [av-vèr-so] *agg.* Contrario; sfavorevole, ostile: *vento avverso*; *destino avverso.*

avvertenza [av-ver-tèn-za] *s.f.* **1** Attenzione, cautela: *ci vuole molta avvertenza nell'usare questo strumento* **2** Avviso, consiglio: *ti presto la macchina con l'avvertenza di andare adagio* ◊ (al *pl.*) Istruzioni per l'uso: *prima di usare il medicinale leggere attentamente le avvertenze.*

avvertimento [av-ver-ti-mén-to] *s.m.* Ammonimento, consiglio: *perché non hai ascoltato i miei avvertimenti?*

avvertire [av-ver-tì-re] *v.tr.* **1** Informare, avvisare: *perché non mi hai avvertito del tuo arrivo?* ◊ Mettere in guardia, ammonire: *lo avevo avvertito di non fidarsi*; *ti avverto che non tollererò più questi scherzi* **2** Sentire, percepire: *avvertì un dolore al fianco*; *avvertire un rumore, un odore* ◊ Rendersi conto di qualcosa Ⓢ accorgersi, avvedersi: *quando avvertì il pericolo era troppo tardi.*

avvezzare [av-vez-zà-re] *v.tr.* Abituare: *avvezzare il corpo alla fatica* ◊ Educare: *avvezzare bene i figli* ♦ **avvezzarsi** *v.pr.* Abituarsi: *non si è ancora avvezzato al nostro clima.*

avvezzo [av-véz-zo] *agg.* Abituato: *è un uomo avvezzo alla fatica.*

avviare [av-vi-à-re] *v.tr.* **1** Indirizzare (anche ♧): *avviare la folla verso l'uscita*; *avviare un giovane a una professione* **2** Mettere in moto: *avviare una macchina* ◊ Incominciare: *avviare un lavoro, una discussione* ♦ **avviarsi** *v.pr.* Incamminarsi, dirigersi: *si avviò verso l'uscita* ◊ ♧ Essere prossimo a, essere sul punto di: *lo spettacolo si avviava alla fine*; *un cantante che si avvia a diventare famoso.*

avviato [av-vi-à-to] *agg.* Detto di un'azienda, di un'attività, che rende bene, ha una buona clientela: *un negozio, uno studio dentistico ben avviato.*

avvicendare [av-vi-cen-dà-re] *v.tr.* Alternare periodicamente: *avvicendare il lavoro e il riposo* ♦ **avvicendarsi** *v.pr.* Succedersi a vicenda, darsi il cambio Ⓢ alternarsi: *durante il viaggio ci siamo avvicendati nella guida dell'auto.*

avvicinare [av-vi-ci-nà-re] *v.tr.* **1** Mettere vicino o più vicino Ⓒ allontanare: *avvicinò la mano al fuoco* **2** Andare vicino a qualcuno per parlargli; entrare in contatto, in rapporto con qualcuno Ⓢ accostare: *un uomo l'avvicinò per la strada*; *è un tipo difficile da avvicinare* ♦ **avvicinarsi** *v.pr.* **1** Andare, farsi vicino, più vicino Ⓢ accostarsi: *avvicinarsi alla porta, a una persona* **2** Essere vicino nel tempo; stare per arrivare: *l'autunno s'avvicina.*

avvilire [av-vi-lì-re] *v.tr.* [*avvilìsco, avvilìsci*] Mortificare, deprimere, scoraggiare: *i tuoi rimproveri lo hanno avvilito* ♦ **avvilirsi** *v.pr.* Perdersi d'animo Ⓢ scoraggiarsi, abbattersi: *si è avvilito per l'insuccesso.*

avvilito [av-vi-lì-to] *agg.* Sconfortato, scoraggiato, abbattuto: *sentirsi avvilito.*

avviluppare [av-vi-lup-pà-re] *v.tr.* Avvolgere una cosa in un'altra: *avviluppò il bambino in una coperta.*

avvincente [av-vin-cèn-te] *agg.* Che attrae, avvince Ⓢ affascinante, seducente, appassionante Ⓒ noioso: *un film avvincente.*

avvincere [av-vìn-ce-re] *v.tr.* [coniugato come *vincere*] Attrarre, affascinare fortemente: *l'idea di quel viaggio lo avvinceva.*

avvinghiare [av-vin-ghià-re] *v.tr.* Cingere, stringere, afferrare con forza: *le alghe gli avvinghiavano le gambe*; *l'aquila avvinghiò la preda* ♦ **avvinghiarsi** *v.pr.* Stringersi con forza: *la bambina gli si avvinghiò al collo.*

avvio [av-vì-o] *s.m.* Avviamento, inizio: *l'impresa ha avuto un buon avvio*; *dare avvio ai lavori.*

avvisaglia [av-vi-sà-glia] *s.f.* (spec. al *pl.*) Segno, sintomo che preannuncia qualcosa: *le prime avvisaglie del temporale, di una guerra, di una malattia, di una crisi.*

avvisare [av-vi-sà-re] *v.tr.* Avvertire, informare: *lo avvisai del mio arrivo* ◊ Mettere in guardia, ammonire: *l'ho avvisato del rischio che correva*; *ti avviso di star calmo, è meglio per te!*

avviso [av-vì-so] *s.m.* **1** Informazione, notizia, annuncio: *l'altoparlante diede avviso del ritardo del treno*; *leggere gli avvisi pubblicitari* ◊ Foglio, manifesto contenente informazioni, ordini: *sulla bacheca era esposto un avviso al pubblico* ◊ Avvertimento: *questo è l'ultimo avviso che ti do* **2** Parere, opinione: *a mio avviso ti sbagli.*

avvistare [av-vi-stà-re] *v.tr.* Scorgere, riconoscere da lontano: *i marinai avvistarono terra*; *avvistare una nave, una pattuglia nemica.*

avvitare [av-vi-tà-re] *v.tr.* **1** Girare su se stesso un oggetto filettato in modo da serrarlo a un altro elemento o inserirlo in un'apposita cavità: *avvitare una vite, un bullone, una lampadina* **2** Fissare con viti: *avvitare il coperchio alla cassa.*

avvizzire [av-viz-zì-re] *v.intr.* [*avvizzìsco, avvizzìsci*; aus. *essere*] Perdere la freschezza Ⓢ appassire (anche ♧): *i fiori recisi avvizziscono in fretta*; *la sua bellezza cominciava ormai ad avvizzire.*

avvocato [av-vo-cà-to] *s.m.* Dottore in legge abilitato ad assistere una parte in processi civili e penali.

La forma maschile si usa anche in riferimento a donne, ma si sta estendendo l'uso del femminile *avvocatessa,* un tempo per lo più limitato a usi scherzosi.

avvolgente [av-vol-gèn-te] *agg.* Che gira attorno, che circonda: *le nostre truppe piombarono sul nemico con una manovra avvolgente.*

avvolgere [av-vòl-ge-re] *v.tr.* [coniugato come *volgere*] **1** Girare, ripiegare una cosa intorno a un'altra o su se stessa Ⓢ arrotolare: *avvolgere la pellicola sulla bobina*; *avvolgere una fascia* **2** Ricoprire tutto intorno; circondare: *avvolgere la carne nella carta*; *le fiamme lo avvolsero* ♦ **avvolgersi** *v.pr.* **1** Arrotolarsi, attorcigliarsi: *il serpente gli si avvolse intorno alla gamba* **2** Coprirsi tutto intorno: *si avvolse in una coperta.*

avvoltoio [av-vol-tó-io] *s.m.* **1** Grosso uccello rapace che si ciba soprattutto di carogne **2** ♧ Persona avida, che cerca senza scrupoli di trarre vantaggi dalle disgrazie altrui.

azienda [a-zièn-da] *s.f.* Complesso di persone e di beni (locali, macchine ecc.) organizzati per svolgere un'attività economica Ⓢ impresa, ditta: *azienda agricola, industriale, turistica*; *aziende pubbliche, private.*

azionare [a-zio-nà-re] *v.tr.* Mettere in azione, far funzionare (una macchina, un congegno): *questo è il pulsante che aziona l'impianto di riscaldamento*; *azionare il freno.*

azione [a-zió-ne] *s.f.* **1** L'agire, l'operare, come attività e attuazione concreta: *far seguire l'azione alle parole* | *Uomo d'azione* = attivo, deciso, concreto | *Entrare in azione, passare all'azione* = cominciare ad agire **2** Atto; comportamento: *un'azione di sabotaggio*; *hai commesso una cattiva azione*; *devi avere il coraggio delle tue azioni* **3** Moto, funzionamento di macchine e congegni Ⓢ funzione: *mettere in azione la pompa, il dispo-*

sitivo di allarme **4** Attività che produce un effetto; l'effetto stesso: *l'azione del sole sulla pelle*; *un sonnifero dalla pronta azione* **5** Movimento, manovra di forze militari: *azione d'attacco, d'accerchiamento* ◊ Combattimento, intervento: *azione navale, aerea*; *far entrare in azione l'artiglieria* **6** Nello sport, iniziativa agonistica di un atleta o manovra di gioco di una squadra: *il campione, con un'azione travolgente, staccò tutti in salita*; *azione d'attacco, di difesa* **7** Lo svolgimento dei fatti in un'opera narrativa o teatrale: *l'azione del romanzo è ambientata in Sicilia* **8** Ogni quota in cui è diviso il capitale di una società (del tipo detto appunto *società per azioni*) e il documento che rappresenta tale quota: *comprare delle azioni*.

azoto [a-zò-to] *s.m.* Gas inodore e incolore che costituisce il principale componente dell'aria.

azzannare [az-zan-nà-re] *v.tr.* Afferrare, mordere con le zanne Ⓢ addentare: *il leone azzannò la preda*; *il cane mi ha azzannato a una gamba*.

azzardare [az-zar-dà-re] *v.tr.* Dire, fare qualcosa di cui si è incerti, che si ha un certo timore di dire o di fare: *ne so troppo poco per azzardare un giudizio*; *non si fidava ad azzardare una mossa così rischiosa* ♦ **azzardarsi** *v.pr.* Osare, arrischiarsi: *nessuno si azzardava a intervenire*.

azzardato [az-zar-dà-to] *agg.* Pieno di rischi Ⓢ arrischiato, temerario, avventato: *mi sembra una mossa, un'impresa azzardata*.

azzardo [az-zàr-do] *s.m.* Forte rischio; atto temerario: *è un azzardo uscire con questo tempo* | *Giochi d'azzardo* = quelli in cui si scommette del denaro e in cui la vincita o la perdita dipendono solo dal caso.

azzeccare [az-zec-cà-re] *v.tr.* [*azzécco, azzécchi*] **1** Colpire nel segno: *è riuscito ad azzeccare il bersaglio* **2** ♧ Indovinare (per fortuna più che per bravura): *ha azzeccato la risposta esatta* | *Non ne azzecca mai una* = non fa mai la cosa giusta.

azzerare [az-ze-rà-re] *v.tr.* **1** Portare a zero l'indice di uno strumento: *azzerare il contachilometri* **2** Annullare: *azzerare un debito*.

azzittire [az-zit-tì-re] *v.tr.* [*azzittìsco, azzittìsci*] Far tacere, far stare zitto: *il padre lo azzittì con un'occhiata* ♦ *v.intr.* [aus. *essere*] e **azzittirsi** *v.pr.* Tacere, cessar di parlare: *al suo ingresso tutti (si) azzittirono*.

azzoppare [az-zop-pà-re] *v.tr.* Far diventare zoppo: *l'incidente lo ha azzoppato* ♦ **azzopparsi** *v.pr.* Diventare zoppo.

azzuffarsi [az-zuf-fàr-si] *v.pr.* Venire alle mani Ⓢ accapigliarsi: *i ragazzi si sono azzuffati all'uscita della scuola*.

azzurro [az-zùr-ro] *agg.* **1** Che ha un colore tra il blu e il celeste, caratteristico del cielo sereno: *occhi azzurri* | *Pesce azzurro* = sardine, acciughe, sgombri e simili **2** Nello sport, detto di atleta che fa parte della squadra nazionale italiana (in quanto indossa una maglia azzurra): *i ginnasti, i calciatori azzurri* ♦ *s.m.* **1** Colore azzurro: *l'azzurro del cielo* **2** [f. *-a*] Atleta di una squadra nazionale italiana: *le azzurre del basket*.

azzurrognolo [az-zur-ró-gno-lo o az-zur-rò-gno-lo] *agg.* Di colore azzurro pallido, sbiadito o tendente al grigio.

b, B

b *s.f.* o *m.* Seconda lettera dell'alfabeto italiano; è una consonante e quando è da sola si pronuncia *bi.*

babbeo [bab-bè-o] *s.m.* Persona sciocca, che si lascia ingannare facilmente.

babbo [bàb-bo] *s.m.* Padre, papà.

babbuino [bab-bu-ì-no] *s.m.* Scimmia africana dalla coda lunga.

babele [ba-bè-le] *s.f.* Luogo in cui c'è grande confusione e trambusto ◊ Confusione, disordine, chiasso: *smettetela con questa babele!*

baby-sitter [locuzione inglese; pron. corrente *bèbi sìtter*] *s.m.f.invar.* Chi sorveglia e cura i bambini quando i genitori si assentano per breve tempo.

bacato [ba-cà-to] *agg.* **1** Che ha il baco, guasto: *una mela bacata* **2** ♧ Moralmente corrotto: *un individuo bacato.*

bacca [bàc-ca] *s.f.* Nome generico dei piccoli frutti rotondi di varie piante, spec. selvatiche (ad es. mirtillo, alloro, ginepro).

baccalà [bac-ca-là] *s.m.* Merluzzo essiccato e conservato sotto sale.

baccano [bac-cà-no] *s.m.* Rumore confuso e assordante fatto da più persone che parlano a voce alta, giocano urlando ecc. Ⓢ chiasso, strepito.

baccello [bac-cèl-lo] *s.m.* Il frutto allungato delle leguminose, che contiene i semi: *il baccello dei piselli, dei fagioli.*

bacchetta [bac-chét-ta] *s.f.* Bastoncino diritto di materiale e uso vario: *la bacchetta del prestigiatore, del direttore d'orchestra* | ♧ *Comandare a bacchetta* = in modo duro e autoritario.

bacheca [ba-chè-ca] *s.f.* Mobiletto con una o più ante in vetro, nel quale si tengono esposti oggetti preziosi ◊ Vetrinetta appesa al muro dove si espongono avvisi, giornali e simili.

baciamano [ba-cia-mà-no] *s.m.* [pl. *–ni*] Bacio della mano di un'altra persona, in segno di rispetto, omaggio o come atto di galanteria.

baciare [ba-cià-re] *v.tr.* Dare un bacio, dei baci: *baciare qualcuno in fronte, sulla bocca*; *baciare la mano a una signora* ♦ **baciarsi** *v.pr.* Scambiarsi un bacio, dei baci: *gli sposi si baciarono.*

bacile [ba-cì-le] *s.m.* Catino largo e poco profondo Ⓢ bacinella: *un bacile per lavarsi le mani.*

bacillo [ba-cìl-lo] *s.m.* Batterio a forma di bastoncino; alcune specie sono portatrici di malattie.

bacinella [ba-ci-nèl-la] *s.f.* Piccolo recipiente rotondo, usato spec. per lavarsi o per tenervi a bagno qualcosa.

bacino [ba-cì-no] *s.m.* **1** Catino **2** Il complesso delle ossa della parte inferiore del tronco: *cadendo si è fratturato il bacino* **3** Conca naturale o ampia depressione della superficie terrestre in cui confluiscono e si raccolgono le acque piovane e correnti: *il bacino di un lago*; *il bacino del Mediterraneo* | *Bacino artificiale* = lago artificiale formato da una diga e utilizzato per irrigazione o per la produzione di energia elettrica (*bacino idroelettrico*) | *Bacino idrografico* = regione le cui acque confluiscono nello stesso fiume: *la pianura padana è il bacino del Po* ◊ Zona, regione il cui sottosuolo è ricco di giacimenti minerali: *bacino carbonifero, petrolifero* **4** Specchio d'acqua ristretto e ben riparato da moli e dighe.

bacio [bà-cio] *s.m.* Atto di premere le labbra socchiuse su qualcuno o su qualcosa, in segno di amore, affetto, devozione o deferenza.

backup [parola inglese; pron. corrente *becàp*] *s.m.invar.* Registrazione su un supporto esterno di programmi o dati contenuti in un computer, per avere una copia di riserva in caso di danneggiamento dell'originale: *fare il backup di un file.*

baco [bà-co] *s.m.* [pl. *–chi*] **1** Larva, bruco di insetto | *Baco da seta* = insetto la cui larva si fa il bozzolo producendo un filo da cui si ricava la seta **2** Nome generico di vermi parassiti della frutta e di altri alimenti: *ciliegie, mele col baco.*

bada [bà-da] *s.f.* *Tenere a bada* = trattenere, tenere sotto controllo, tenere a distanza qualcuno: *riuscì a tenere a bada i banditi fino all'arrivo della polizia.*

badante [ba-dàn-te] *s.m.f.* Chi si occupa di assistere persone anziane, malate, non autosufficienti.

badare [ba-dà-re] *v.intr.* [aus. *avere*] **1** Prendersi cura, occuparsi: *badare ai figli, alla casa* ◊ Interessarsi: *bada ai fatti tuoi!* **2** Fare attenzione: *bada a dove metti i piedi!*; *bada a quel che fai!* **3** Dare peso, importanza; far caso: *non badare a quello che dice, è fuori di sé*; *è uno che quando vuole una cosa non bada a spese.*

badessa [ba-dés-sa] *s.f.* Suora che dirige un convento autonomo di monache.

badia [ba-dì-a] *s.f.* Abbazia.

badile [ba-dì-le] *s.m.* Tipo di pala a punta usata per rimuovere terra, sabbia, ghiaia e simili.

baffi [bàf-fi] *s.m.pl.* I peli che crescono sopra il labbro superiore dell'uomo: *radersi i baffi* | ♧ *Ridere sotto i baffi* = ridere senza farsi accorgere Ⓢ sogghignare ◊ I lunghi peli che crescono sul muso di alcuni animali: *i baffi del gatto, del topo.*

baffuto [baf-fù-to] *agg.* Che ha i baffi.

bagagliaio [ba-ga-glià-io] *s.m.* Spazio, vano riservato ai bagagli in automobili, treni, aerei ecc.

bagaglio [ba-gà-glio] *s.m.* **1** L'insieme di valigie, borse ecc. che si portano con sé in viaggio: *fare i bagagli* **2** ♧ Patrimonio personale di conoscenze ed esperienze: *ha un buon bagaglio culturale.*

bagarino [ba-ga-rì-no] *s.m.* Chi compra in quantità biglietti per spettacoli, incontri sportivi ecc., allo scopo di rivenderli a prezzo maggiorato.

baggianata [bag-gia-nà-ta] *s.f.* Sciocchezza, stupidaggine: *non dire baggianate!*

bagliore [ba-glió-re] *s.m.* Luce intensa e abbagliante, per lo più improvvisa o intermittente: *i bagliori dei lampi, di un incendio* ◊ ♧ *Un bagliore di speranza* = una speranza incerta, esile.

bagnante [ba-gnàn-te] *s.m.f.* Chi fa il bagno nel mare, in un lago, in un fiume ◊ Chi è in vacanza in una località balneare.

bagnare [ba-gnà-re] *v.tr.* **1** Cospargere qualcosa o qualcuno di acqua o altri liquidi oppure immergervelo Ⓒ asciugare, seccare: *la pioggia ci ha bagnati*; *bagnare i panni* **2** Detto di mari e fiumi, toccare o attraversare un luogo con le proprie acque: *i mari che bagnano l'Italia*; *Roma è bagnata dal Tevere* ♦ **bagnarsi** *v.pr.* **1** Fare il bagno: *andò a bagnarsi nel fiume* **2** Inzupparsi d'acqua: *con la pioggia si è bagnato tutto.*

bagnasciuga [ba-gna-sciù-ga] *s.m.invar.* Fascia della spiaggia dove arriva il flusso delle onde.

bagnino [ba-gnì-no] *s.m.* Persona addetta alla sorveglianza della spiaggia e alla protezione dei bagnanti in uno stabilimento balneare.

bagno [bà-gno] *s.m.* **1** Immersione di qualcosa nell'acqua o in altro liquido: *mettere a bagno i piedi*; *tenere le cipolle a bagno nell'aceto* | ♧ *Bagno di sangue* = massacro, strage ◊ Immersione del corpo nell'acqua per pulizia, per sport o per divertimento: *fare un bagno nella vasca, in piscina, nel mare* **2** Esposizione del corpo all'azione di elementi esterni, spec. a scopo terapeutico: *bagno di vapore, di sabbia, di sole* **3** Vasca da bagno: *non sei ancora uscito dal bagno?* ◊ Locale con servizi igienici: *appartamento con due bagni.*

bagordo [ba-gór-do] *s.m.* (spec. al *pl.*) Gozzoviglia, stravizio: *darsi ai bagordi.*

baia [bà-ia] *s.f.* Piccola insenatura della costa Ⓢ rada: *la nave si ancorò nella baia.*

baionetta [ba-io-nét-ta] *s.f.* Corta lama di acciaio, che viene innestata sulla punta del fucile.

baita [bài-ta] *s.f.* Piccola costruzione in pietra o legno, usata nelle zone di montagna come deposito, stalla o ricovero temporaneo.

balaustra [ba-la-ù-stra] *s.f.* Balaustrata.

balaustrata [ba-lau-strà-ta] *s.f.* Parapetto o divisorio formato da una serie di colonnine unite tra loro alla base e al vertice: *la balaustrata di una terrazza, di un balcone, di una scalinata.*

balbettare [bal-bet-tà-re] *v.intr.* [aus. *avere*] Parlare in modo irregolare e stentato, incespicando sulle parole e sulle sillabe e ripetendole più volte: *quando si emoziona comincia a balbettare* ♦ *v.tr.* Pronunciare qualcosa in modo stentato e confuso: *balbettò due parole di scusa.*

balbettio [bal-bet-tì-o] *s.m.* Serie di parole balbettate: *mi rispose con un balbettio incomprensibile.*

balbuzie [bal-bù-zie] *s.f.* Il difetto del balbettare.

balbuziente [bal-bu-zièn-te] *agg.* e *s.m.* Che, chi ha il difetto di balbettare.

balcanico [bal-cà-ni-co] *agg.* Dei Balcani e della regione europea attraversata da questi monti.

balconata [bal-co-nà-ta] *s.f.* **1** Balcone di notevole lunghezza **2** Nei cinema e nei teatri, ordine di posti sovrastante la platea Ⓢ galleria.

balcone [bal-có-ne] *s.m.* Ripiano che sporge dai muri esterni di un edificio, riparato ai bordi da una ringhiera o da una balaustra e accessibile dall'interno attraverso una o più portefinestre.

baldacchino [bal-dac-chì-no] *s.m.* Copertura di stoffa, sorretta da aste o colonne o da una struttura in legno, che sta sopra, per riparo e ornamento, a troni, altari e letti signorili.

baldanza [bal-dàn-za] *s.f.* Fiducia risoluta, e talvolta eccessiva e spavalda, nelle proprie forze e capacità: *affrontare un avversario con baldanza.*

baldanzoso [bal-dan-zó-so] *agg.* Pieno di baldanza Ⓢ audace, spavaldo: *un giovane baldanzoso; si fece avanti con aria baldanzosa.*

baldo [bàl-do] *agg.* Sicuro di sé, baldanzoso.

baldoria [bal-dò-ria] *s.f.* Festa allegra, chiassosa o anche sfrenata di più persone che si divertono in compagnia: *far baldoria con gli amici.*

balena [ba-lé-na] *s.f.* Mammifero cetaceo dall'enorme corpo a forma di pesce, che vive in branchi soprattutto nei mari freddi.

balenare [ba-le-nà-re] *v.intr.* [aus. *essere* o *avere*] **1** Lampeggiare ◊ Splendere, scintillare all'improvviso: *gli occhi le balenarono di gioia* **2** ♧ Presentarsi improvvisamente all'animo, alla mente: *gli balenò il sospetto che lo stessero ingannando.*

baleniera [ba-le-niè-ra] *s.f.* Nave per la caccia alle balene.

baleno [ba-lé-no] *s.m.* Lampo, bagliore | ♧ *In un baleno* = in un attimo: *vado e torno in un baleno.*

balera [ba-lè-ra] *s.f.* Locale da ballo popolare.

balestra [ba-lè-stra] *s.f.* **1** Antica arma per scagliare frecce e grossi dardi **2** (spec. al *pl.*) Molla in acciaio usata come sospensione dei veicoli.

balia[1] [bà-lia] *s.f.* Donna che allatta o alleva i figli altrui dietro compenso: *il bambino fu affidato a una balia.*

balia[2] [ba-lì-a] *s.f.* *In balia di* = in potere, alla mercé di qualcuno o qualcosa: *la donna era in balia di un assassino; la nave era in balia delle onde.*

balla [bàl-la] *s.f.* **1** Confezione da trasporto di determinati materiali (paglia, stracci, cotone e simili), ottenuta pressandoli e poi legandoli o avvolgendoli in teli o carta **2** ♧ Bugia, frottola: *è uno che racconta un sacco di balle.*

ballare [bal-là-re] *v.intr.* [aus. *avere*] **1** Muoversi a ritmo di musica Ⓢ danzare: *non sa ballare; abbiamo ballato tutta la sera* **2** Agitarsi, saltellare: *ballare di gioia* ◊ (detto di cose) Oscillare, sobbalzare: *la nave ballava in mezzo alle onde* ♦ *v.tr.* Eseguire una danza: *ballare il rock, un valzer.*

ballata [bal-là-ta] *s.f.* **1** Antica forma di poesia popolare, spesso accompagnata dalla musica e dalla danza **2** Canzone dal ritmo lento, che per lo più narra storie o leggende popolari.

ballatoio [bal-la-tó-io] *s.m.* Stretto e lungo balcone che collega, all'esterno o all'interno di un edificio, gli appartamenti posti sullo stesso piano.

ballerino [bal-le-rì-no] *s.m.* Chi danza per professione: *un ballerino di danza classica* ◊ Chi balla per divertimento: *i ballerini affollavano la pista.*

balletto [bal-lét-to] *s.m.* **1** Spettacolo di danza eseguito da un complesso di ballerini che interpretano un testo musicale **2** Corpo di ballo di un teatro, compagnia di ballerini professionisti.

ballo [bàl-lo] *s.m.* **1** Complesso di movimenti del corpo eseguiti in accordo con il ritmo di una musica Ⓢ danza: *amare il ballo* ◊ Giro di danza: *posso invitarla per questo ballo?* ◊ Festa danzante: *andrai al ballo di fine d'anno?* **2** ♧ *Essere in ballo* = essere coinvolto in una situazione o aver intrapreso qualcosa (*ormai siamo in ballo e dobbiamo andare avanti*); detto di cosa, andare di mezzo, essere in gioco: *qui è in ballo il tuo avvenire, la nostra reputazione* | ♧ *Tirare in ballo* = chiamare in causa, coinvolgere in una situazione: *non tiriamo in ballo persone e cose che non c'entrano.*

ballottaggio [bal-lot-tàg-gio] *s.m.* Votazione supplementare per decidere il vincitore fra i due candidati che, pur non conseguendo la maggioranza richiesta, hanno ottenuto il maggior numero di voti nella prima votazione.

balneare [bal-ne-à-re] *agg.* Dei bagni, di bagni (spec. di mare): *la stagione balneare; abbiamo trascorso le vacanze in una località balneare.*

balocco [ba-lòc-co] *s.m.* [pl. *–chi*] Giocattolo.

balordo [ba-lór-do] *agg.* **1** Sciocco, stupido: *un individuo balordo; che idea balorda!* **2** Mal fatto, mal riuscito: *un lavoro balordo* | *Tempo balordo* = incerto, di cui non ci si può fidare ♦ *s.m.* **1** Persona sciocca, che combina guai per la sua sbadataggine **2** Delinquente, poco di buono.

balsamico [bal-sà-mi-co] *agg.* [pl.m. *–ci*] Che contiene un balsamo: *pomata balsamica* ◊ ♧ Odoroso, salubre: *l'aria balsamica di montagna.*

balsamo [bàl-sa-mo] *s.m.* Sostanza profumata a base di resine e oli essenziali, che si estrae da alcune piante e ha proprietà medicinali ◊ Prodotto per ammorbidire i capelli dopo lo shampoo.

baluardo [ba-lu-àr-do] *s.m.* **1** Bastione di una fortificazione **2** ♧ Difesa, protezione: *le Alpi sono un baluardo naturale dell'Italia.*

baltico [bàl-ti-co] *agg.* Dei paesi e dei popoli dell'area geografica intorno al Mar Baltico.

baluginare [ba-lu-gi-nà-re] *v.intr.* [aus. *essere*] Detto di luce, apparire per brevi momenti Ⓢ balenare: *tra le nubi baluginava qualche raggio di sole* ◊ ♧ Affacciarsi improvvisamente alla mente: *gli baluginò un sospetto.*

balza [bàl-za] *s.f.* Parte scoscesa di un monte Ⓢ dirupo: *arrampicarsi per una balza* ◊ Stretto pianoro che interrompe una parete rocciosa: *gli alpinisti si fermarono a riposare su una balza.*

balzano [bal-zà-no] *agg.* Strambo, stravagante; imprevedibile: *un tipo balzano*; *tempo balzano.*

balzare [bal-zà-re] *v.intr.* [aus. *essere*] **1** Saltare su (o anche giù, in fuori, in avanti) con movimento scattante: *balzare su un muro, giù dal letto, addosso a un avversario* ◊ Sussultare: *il cuore le balzava in petto per l'emozione* **2** ♧ Venire in mente all'improvviso: *cosa ti è balzato in testa?* | *Balzare agli occhi* = essere del tutto evidente: *una differenza che balza agli occhi.*

balzello [bal-zèl-lo] *s.m.* Tassa, imposta gravosa e ingiusta.

balzo [bàl-zo] *s.m.* Salto, scatto: *il leone si gettò con un balzo sulla preda*; *fare un balzo in avanti* ◊ Sussulto, sobbalzo: *quando mi vide ebbe un balzo* ◊ Rimbalzo di un corpo elastico: *la palla fece un balzo fino al soffitto.*

bambagia [bam-bà-gia] *s.f.* Cotone in fiocchi, non filato | ♧ *Vivere nella bambagia* = comodamente, senza preoccupazioni.

bambinaia [bam-bi-nà-ia] *s.f.* Donna che per professione si prende cura dei bambini altrui.

bambino [bam-bì-no] *s.m.* **1** L'essere umano nei primi anni della sua vita, dalla nascita all'adolescenza **2** Figlio: *hanno due bambini, un maschio e una femmina*; *sua moglie aspetta un bambino* **3** ♧ Persona adulta che si dimostra immatura, puerile: *cerca di ragionare, smettila di fare il bambino!*

bamboccio [bam-bòc-cio] *s.m.* **1** Bambino grassoccio **2** Pupazzo, fantoccio **3** ♧ Persona incoerente, sciocca, immatura, che si fa dominare dagli altri: *non ci si può fidare di quel bamboccio.*

bambola [bàm-bo-la] *s.f.* **1** Giocattolo che raffigura una donna o una bambina **2** ♧ Giovane donna dal viso bello ma poco espressivo.

bambù [bam-bù] *s.m.* Pianta di origine tropicale, dal fusto lungo, sottile e cavo, simile alla canna; per la sua elasticità e resistenza è usata per fabbricare bastoni da passeggio, canne da pesca, mobili e oggetti vari.

banale [ba-nà-le] *agg.* Privo di originalità, di importanza Ⓢ comune, insignificante, ovvio, ordinario: *una persona banale*; *fare discorsi banali.*

banana [ba-nà-na] *s.f.* Il frutto del banano.

banano [ba-nà-no] *s.m.* Pianta tropicale dalle foglie larghe e molto lunghe, con frutti gialli di forma allungata, dolci e molto nutrienti.

banca [bàn-ca] *s.f.* **1** Azienda autorizzata a ricevere denaro in deposito e a prestarlo Ⓢ istituto di credito: *ha un conto in banca* | *Biglietto di banca* = banconota ◊ Sede di una banca: *andare in banca* **2** *Banca dati* = insieme di informazioni raccolte e archiviate nella memoria di un computer.

bancarella [ban-ca-rèl-la] *s.f.* Banco o carretto su cui i venditori ambulanti espongono all'aperto le merci in vendita: *le bancarelle del mercato.*

bancario [ban-cà-rio] *agg.* Di banca: *assegno bancario* ♦ *s.m.* Impiegato di banca.

bancarotta [ban-ca-rót-ta] *s.f.* Impossibilità di pagare i propri debiti da parte di un imprenditore dichiarato fallito.

banchetto [ban-chét-to] *s.m.* **1** Bancarella **2** Ricco pranzo, in genere organizzato per festeggiare qualcuno o qualcosa: *un banchetto di nozze.*

banchiere [ban-chiè-re] *s.m.* Proprietario, grosso azionista o amministratore di una banca.

banchina [ban-chì-na] *s.f.* **1** Nei porti, riva rialzata dove approdano le navi, attrezzata per l'imbarco e lo sbarco di merci e passeggeri ◊ Nelle stazioni ferroviarie e alle fermate dei tram, marciapiede rialzato lungo i binari per la salita e la discesa dei passeggeri **2** Striscia laterale di una strada, in genere riservata a pedoni e ciclisti.

banchisa [ban-chì-sa] *s.f.* Distesa di ghiaccio spessa e compatta che copre i mari delle zone polari: *gli esploratori sbarcarono sulla banchisa.*

banco [bàn-co] *s.m.* [pl. *–chi*] **1** Mobile composto di un sedile e di un piano d'appoggio: *banco di scuola, di chiesa* ◊ Mobile allungato che nei negozi separa i venditori dai compratori: *banco del macellaio, di un bar* | ♧ *Sotto banco* = di nascosto ◊ Tavolo di lavoro: *il banco del falegname* **2** Banca (come nome di alcuni istituti di credito): *Banco di Napoli* **3** Ammasso compatto di elementi dello stesso tipo: *banco di sabbia, di corallo, di nebbia* | *Banco di pesci* = enorme branco di pesci che si sposta in massa.

bancómat [bàn-co-mat] *s.m.* Sistema attraverso cui i possessori di una carta magnetica rilasciata da una banca possono, inserendola in appositi sportelli automatici, prelevare denaro contante dal proprio conto corrente o effettuare altre operazioni ◊ La tessera stessa: *pagare con il bancomat.*

banconota [ban-co-nò-ta] *s.f.* Biglietto di banca con valore di moneta legale, emesso dalla banca centrale di uno stato o di una comunità di stati.

banda[1] [bàn-da] *s.f.* **1** Gruppo di armati che esercita la guerriglia: *una banda di partigiani* **2** Gruppo organizzato di malviventi: *una banda di rapinatori, di ladri* ◊ Con valore spregiativo, gruppo di persone che si comportano male: *una banda di speculatori, di fannulloni* ◊ Con valore scherzoso, compagnia di amici: *una banda di ragazzi* **3**

Complesso di suonatori di strumenti a fiato e a percussione: *la banda del paese.*

banda² [bàn-da] *s.f.* Striscia di colore o anche di tessuto diverso in un capo di vestiario.

banderuola [ban-de-ruò-la] *s.f.* **1** Piccola bandiera metallica girevole che, posta in cima a tetti e campanili, indica la direzione del vento **2** ♧ Persona volubile, facile a cambiare opinione e a passare da un partito all'altro.

bandiera [ban-diè-ra] *s.f.* Drappo di stoffa di uno o più colori, in genere attaccato a un'asta, che costituisce il simbolo di una nazione, di una città, di un corpo militare, di un partito ecc. o che viene usato come mezzo di segnalazione: *alzare, ammainare la bandiera* | *Bandiera bianca* = segnale di resa | ♧ *Cambiare bandiera* = cambiare opinione, partito; tradire.

bandierina [ban-die-rì-na] *s.f.* Piccola bandiera per segnalazioni.

bandire [ban-dì-re] *v.tr.* [*bandìsco, bandìsci*] **1** Annunciare pubblicamente con un bando: *bandire un concorso* **2** Esiliare: *Dante fu bandito da Firenze* ◊ ♧ Scacciare: *per invidia lo hanno bandito dal loro gruppo.*

banditismo [ban-di-tì-smo] *s.m.* Attività di banditi Ⓢ criminalità: *atti di banditismo.*

bandito [ban-dì-to] *s.m.* Chi compie azioni criminali Ⓢ malvivente, fuorilegge.

banditore [ban-di-tó-re] *s.m.* [f. *–trice*] Chi dirige una vendita all'asta.

bando [bàn-do] *s.m.* **1** Annuncio pubblico di un'autorità fatto attraverso manifesti e giornali: *bando di concorso, di arruolamento* **2** Anticamente, pubblica condanna all'esilio | ♧ *Mettere al bando* = escludere, proibire, eliminare: *mettere al bando gli esperimenti nucleari.*

banner [parola inglese; pron. corrente *bànner*] *s.m.invar.* Messaggio pubblicitario che compare su una pagina *web.*

bar [bar] *s.m.invar.* Locale pubblico in cui si consumano caffè, bibite, liquori, panini ecc.

bara [bà-ra] *s.f.* Cassa da morto.

baracca [ba-ràc-ca] *s.f.* **1** Costruzione provvisoria, di legno o lamiera, per il ricovero di persone o il deposito di materiali e attrezzi **2** ♧ Famiglia, azienda: *lavora come un mulo per mandare avanti la baracca.*

baraccone [ba-rac-có-ne] *s.m.* Costruzione smontabile, tipica di circhi, fiere, luna-park.

baraonda [ba-ra-ón-da] *s.f.* Movimento disordinato e rumoroso di molte persone o di veicoli: *la baraonda della stazione, del traffico* ◊ Confusione, disordine: *che baraonda c'è in questa stanza!*

barare [ba-rà-re] *v.intr.* [aus. *avere*] Imbrogliare al gioco ◊ Comportarsi in modo disonesto.

baratro [bà-ra-tro] *s.m.* Luogo scosceso, profondo e buio Ⓢ abisso, voragine, precipizio: *cadere in un baratro.*

barattare [ba-rat-tà-re] *v.tr.* Scambiare una cosa con un'altra, senza far uso di denaro Ⓢ permutare.

baratto [ba-ràt-to] *s.m.* Scambio diretto di un bene con un altro, senza far uso di denaro Ⓢ permuta: *l'economia primitiva era basata sul baratto.*

barattolo [ba-ràt-to-lo] *s.m.* Piccolo recipiente munito di coperchio, usato per contenere alimenti o altro: *barattolo di vetro, di metallo.*

barba [bàr-ba] *s.f.* I peli che crescono sulle guance e sul mento dell'uomo: *si è lasciato crescere la barba* | ♧ *Che barba!* = che noia: *che barba questo film!* ◊ Ciuffo di peli che cresce sul mento di alcuni animali: *la barba delle capre.*

barbabietola [bar-ba-biè-to-la] *s.f.* Pianta erbacea coltivata per la radice commestibile di color rosso violaceo, mentre da una varietà bianca si estrae lo zucchero.

barbaglio [bar-bà-glio] *s.m.* Luccichio, splendore che abbaglia Ⓢ bagliore.

barbarico [bar-bà-ri-co] *agg.* [pl.m. *–ci*] Dei barbari: *le invasioni barbariche.*

barbarie [bar-bà-rie] *s.f.invar.* **1** Condizione di arretratezza di una società, di un popolo ◊ Condizione di degrado della dignità e dei valori umani: *un'epoca di barbarie* **2** Atto crudele e disumano: *in ogni guerra vengono commesse barbarie.*

barbaro [bàr-ba-ro] *s.m.* Termine con cui gli antichi greci e romani indicavano chi non apparteneva alla loro civiltà e non parlava la loro lingua ed era perciò sinonimo di *straniero* ◊ *I barbari* = nel linguaggio storico, le popolazioni che tra il IV e il VI sec. d.C. invasero l'impero romano ♦ *agg.* **1** Selvaggio, primitivo, incivile: *popoli barbari; costumi barbari* **2** ♧ Feroce, crudele, disumano: *una barbara vendetta.*

barbecue [parola inglese; pron. corrente *barbechiù*] *s.m.invar.* **1** Cottura di cibi all'aperto su griglia posta sopra braci ardenti **2** Fornello con griglia per cuocere all'aperto carni, pesci e altri cibi.

barbiere [bar-biè-re] *s.m.* Artigiano che rade la barba e taglia i capelli agli uomini.

barbone [bar-bó-ne] *s.m.* **1** Persona misera, senza una casa e un lavoro, di aspetto malandato e trasandato, che vive di elemosina e di espedienti

2 (anche *agg.*) Razza di cani dacompagnia con il pelo folto e arricciato.

barboso [bar-bó-so] *agg.* Noioso: *un film barboso; discorsi barbosi.*

barbuto [bar-bù-to] *agg.* Che ha la barba.

barca [bàr-ca] *s.f.* **1** Imbarcazione di piccole dimensioni: *barca a remi, a vela, a motore* **2** ♧ Mucchio, grande quantità: *ha una barca di soldi.*

barcaiolo [bar-ca-iò-lo] *s.m.* Chi per mestiere conduce una barca.

barcamenarsi [bar-ca-me-nàr-si] *v.pr.* Destreggiarsi in mezzo a situazioni difficili, incerte, facendo in modo di non compromettersi.

barcollare [bar-col-là-re] *v.intr.* [aus. *avere*] Non reggersi sulle gambe; procedere ondeggiando Ⓢ vacillare: *l'ubriaco camminava barcollando.*

bardare [bar-dà-re] *v.tr.* Mettere la bardatura a un cavallo ♦ **bardarsi** *v.pr.* Vestirsi in modo vistoso o troppo ricercato: *per uscire si è bardato come un principe.*

bardatura [bar-da-tù-ra] *s.f.* L'insieme dei finimenti (sella, briglie, cinghie, staffe) di un cavallo.

barella [ba-rèl-la] *s.f.* Lettino per il trasporto a braccia di malati e feriti Ⓢ lettiga.

barelliere [ba-rel-liè-re] *s.m.* Chi è addetto al trasporto di ammalati e feriti con la barella.

baricentro [ba-ri-cèn-tro] *s.m.* Punto in cui si concentra il peso di un corpo Ⓢ centro di gravità.

barile [ba-rì-le] *s.m.* **1** Piccola botte di legno, impiegata soprattutto per contenere alimenti e liquidi **2** Unità di misura del petrolio greggio, pari a circa 159 litri.

barista [ba-rì-sta] *s.m.f.* [pl.m. *-sti*] Chi serve i clienti al banco di un bar.

baritono [ba-rì-to-no] *s.m.* Cantante con voce intermedia tra la voce di tenore e quella di basso.

barlume [bar-lù-me] *s.m.* **1** Luce debole e incerta: *il barlume di una candela* **2** ♧ Debole presenza, segno appena percepibile di qualcosa: *resta un barlume di speranza; un barlume di intelligenza.*

baro [bà-ro] *s.m.* Chi imbroglia al gioco.

barman [parola inglese; pron. corrente *bàrman*] *s.m.invar.* Barista specializzato nella preparazione di cocktail e aperitivi.

barocco [ba-ròc-co] *s.m.* Gusto e stile artistico e letterario dominante nell'Europa del Seicento, spesso caratterizzato dalla ricerca di effetti suggestivi e dalla sovrabbondanza degli ornamenti ♦ *agg.* [pl.m. *-chi*] Di stile, gusto barocco: *una chiesa barocca; un palazzo, un mobile barocco.*

barometro [ba-rò-me-tro] *s.m.* Strumento per misurare la pressione atmosferica.

barone [ba-ró-ne] *s.m.* Titolo nobiliare inferiore a quello di visconte ◊ Chi porta tale titolo.

barra [bàr-ra] *s.f.* **1** Asta di legno o metallo usata soprattutto come leva di comando di meccanismi: *la barra del timone* **2** Segno grafico con diverse funzioni, costituito da una lineetta trasversale (/).

barricare [bar-ri-cà-re] *v.tr.* [*bàrrico, bàrrichi*] Ostruire con una barricata: *barricare una strada* ♦ **barricarsi** *v.pr.* Asserragliarsi in un luogo protetto: *gli insorti si barricarono nel municipio* | ♧ *Barricarsi in casa* = chiudersi in casa rifiutando ogni contatto col mondo esterno.

barricata [bar-ri-cà-ta] *s.f.* Sbarramento di una strada, di un passaggio fatto con materiali occasionali (travi, mobili, veicoli) a scopo di riparo, specialmente durante sommosse e rivoluzioni: *gli insorti eressero delle barricate nelle strade.*

barriera [bar-riè-ra] *s.f.* **1** Sbarramento naturale o artificiale, che chiude o limita un passaggio, un accesso, o segna un confine: *la barriera delle Alpi; le barriere del passaggio a livello, del confine* ◊ Nel gioco del calcio, linea di giocatori schierati a difesa della propria porta a una certa distanza dal punto in cui gli avversari battono un calcio di punizione **2** ♧ Ostacolo, divisione: *barriere sociali, razziali, ideologiche.*

barrito [bar-rì-to] *s.m.* Il verso acuto, profondo e potente dell'elefante.

baruffa [ba-rùf-fa] *s.f.* Zuffa, rissa; litigio.

barzelletta [bar-zel-lét-ta] *s.f.* Storiella spiritosa con finale umoristico: *raccontare una barzelletta.*

basamento [ba-sa-mén-to] *s.m.* Parte inferiore di un edificio, di un monumento, di un mobile Ⓢ zoccolo.

basare [ba-sà-re] *v.tr.* Posare su una base Ⓢ fondare (anche ♧): *la casa va basata su un terreno solido; devi basare le tue accuse su prove sicure* ♦ **basarsi** *v.pr.* ♧ Avere come base, come riferimento Ⓢ fondarsi: *la mia ricerca si basa su dati scientifici; non basarti sulle apparenze!*

basco [bà-sco] *s.m.* [pl. *-schi*] Berretto di panno senza falde, tondo e floscio.

base [bà-se] *s.f.* **1** Parte inferiore, di sostegno e appoggio, di qualcosa (in partic. di una costruzione): *la base di un muro, di un edificio, di un monumento* **2** ♧ Fondamento, presupposto: *l'amore è la base della loro unione* **3** Elemento principale di qualcosa: *l'acqua è la base della vita* | *A base di* = costituito principalmente da: *pranzo a* *base di pesce* **4** La massa degli appartenenti a un partito, un sindacato, un movimento (contrapposti ai dirigenti): *consultare la base* **5** Zona in cui sono concentrate e da cui operano forze e mezzi militari: *base aerea, navale*; *tornare alla base* **6** In geometria, il lato o il poligono su cui poggiano una figura piana o un solido: *una piramide con base quadrata* ◊ usato anche come *agg.invar.* Che costituisce la parte principale o la base di partenza: *stipendio base*; *il prezzo base di un oggetto messo all'asta*; *il campo base di una spedizione.*

baseball [parola inglese; pron. corrente *béisbol*] *s.m.invar.* Gioco sportivo tra due squadre di nove giocatori che si lanciano una palla colpendola con una mazza.

basetta [ba-sét-ta] *s.f.* Striscia di barba che dai capelli scende più o meno lunga sulle guance.

basilare [ba-si-là-re] *agg.* Fondamentale, essenziale: *il rispetto degli altri è una norma basilare di comportamento.*

basilica [ba-sì-li-ca] *s.f.* Chiesa di notevole importanza: *la basilica di S. Pietro a Roma.*

basilico [ba-sì-li-co] *s.m.* Pianta erbacea le cui foglie odorose sono usate per condimento.

basket [parola inglese; pron. *bàsket*] *s.m.invar.* Pallacanestro.

bassezza [bas-séz-za] *s.f.* **1** L'essere basso **2** ♧ Meschinità, viltà: *dimostrare bassezza d'animo* ◊ Azione abietta, vile: *commettere una bassezza.*

basso [bàs-so] *agg.* **1** Di statura o altezza non elevata, inferiore alla media: *un uomo basso*; *una casa, una montagna bassa* ◊ Che si trova a poca distanza dal suolo: *soffitto basso*; *nuvole basse* ◊ Rivolto verso terra: *teneva gli occhi bassi* **2** Poco profondo: *acque basse* **3** Meridionale: *bassa Italia* **4** Sommesso: *parlava a bassa voce* ◊ Grave, non acuto (detto di nota o suono) **5** Piccolo, scarso, non elevato: *numero, stipendio, prezzo basso*; *temperatura, pressione bassa* **6** *Bassa stagione* = periodo in cui una località turistica è meno frequentata **7** ♧ Umile, modesto: *persone di bassa condizione sociale* ◊ Scadente: *prodotto di bassa qualità* ♦ *s.m.* **1** Parte inferiore di qualcosa | *Scendere da basso* = al pianterreno | ♧ *Cadere in basso* = ridursi in misere condizioni; degradarsi | ♧ *Guardare qualcuno dall'alto in basso* = con aria di superiorità, di disprezzo **2** Cantante maschio con il tono di voce più grave ♦ *avv.* In giù, a bassa distanza da terra: *mirare, volare basso.*

bassofondo [bas-so-fón-do] *s.m.* [pl. *bassifondi*] **1** Zona poco profonda di un mare o di un lago **2** (al *pl.*) ♧ Gli ambienti sociali e i quartieri più miseri e malfamati di una città: *gente dei bassifondi.*

bassopiano [bas-so-pià-no] *s.m.* [pl. *bassopiani* o *bassipiani*] Pianura poco elevata sul livello del mare.

bassorilievo [bas-so-ri-liè-vo] *s.m.* [pl. *bassorilievi*] Tecnica e opera di scultura in cui le figure si staccano appena dal fondo su cui sono scolpite.

basta [bà-sta] *inter.* Si usa per imporre silenzio, per esigere la cessazione di qualcosa o per indicare che si ritiene concluso un discorso, una questione: *basta! smettetela di litigare!*; *non ne posso più, basta!*; *basta, ho detto tutto.*

bastardo [ba-stàr-do] *agg.* e *s.m.* **1** Detto in senso spregiativo di figlio nato al di fuori del matrimonio **2** Detto di animale nato dall'incrocio tra razze diverse: *un cane bastardo.*

bastare [ba-stà-re] *v.intr.* [aus. *essere*] Essere sufficiente: *mi basta poco per vivere* | *Basta che* = purché, a patto che: *ti presto la bici, basta che me la riporti entro un'ora.*

bastimento [ba-sti-mén-to] *s.m.* Nave da trasporto: *è arrivato un bastimento carico di...*

bastione [ba-stió-ne] *s.m.* Opera di fortificazione costituita da un terrapieno protetto da una muraglia: *i bastioni di una fortezza.*

basto [bà-sto] *s.m.* Sella di legno per cavalcare asini e muli e alla quale si attacca il carico.

bastonare [ba-sto-nà-re] *v.tr.* Percuotere con un bastone ◊ Più genericamente, picchiare qualcuno.

bastone [ba-stó-ne] *s.m.* Ramo d'albero diritto, sgrossato e lavorato, usato soprattutto come appoggio o come arma: *bastone da passeggio*; *lo minacciò con un bastone* | ♧ *Mettere i bastoni tra le ruote a qualcuno* = creargli difficoltà, ostacolarlo.

batiscafo [ba-ti-scà-fo] *s.m.* Sommergibile per l'esplorazione delle grandi profondità marine.

batosta [ba-tò-sta] *s.f.* **1** Percossa, botta **2** ♧ Dura sconfitta (spec. in giochi e gare sportive) ◊ Grave danno economico; duro colpo fisico o morale: *non si è più ripreso da quella batosta.*

battaglia [bat-tà-glia] *s.f.* **1** Scontro armato in cui sono impegnate grandi quantità di uomini e mezzi: *battaglia terrestre, aerea, navale*; *vincere, perdere una battaglia* **2** ♧ Contrasto, lotta: *battaglia politica*; *l'opposizione ha dato battaglia in parlamento*; *fare una battaglia contro l'inquinamento.*

battagliero [bat-ta-gliè-ro] *agg.* Che ama la battaglia, la lotta Ⓢ combattivo: *ha un temperamento battagliero.*

battaglio [bat-tà-glio] *s.m.* **1** Ferro appeso all'interno delle campane che le fa suonare quando si muovono **2** Arnese metallico di forma varia fissato alla porta di una casa e che si usa per bussare Ⓢ battente.

battaglione [bat-ta-glió-ne] *s.m.* Reparto di fanteria composto da alcune compagnie.

battello [bat-tèl-lo] *s.m.* Barca: *battello pneumatico, a motore* ◊ Imbarcazione di medie dimensioni, usata soprattutto come traghetto di passeggeri e veicoli: *ho attraversato il lago su un battello.*

battente [bat-tèn-te] *s.m.* **1** Ognuna delle imposte di una porta o di una finestra; anche, la parte dell'imposta che va a combaciare con lo stipite o con l'altra imposta | ♧ *Chiudere i battenti* = cessare l'attività: *molti cinema hanno dovuto chiudere i battenti* **2** Battaglio.

battere [bàt-te-re] *v.tr.* **1** Colpire, percuotere, picchiare con le mani o con un oggetto: *battere qualcuno col bastone*; *battere i tappeti*; *battere il tamburo*; *battere un pugno sul tavolo* | *Battere a macchina* = dattilografare | ♧ *In un batter d'occhio* = in un attimo ◊ Urtare: *ho battuto il ginocchio contro uno spigolo* ◊ Nel tennis e nel ping-pong, effettuare una battuta; nel calcio e nel rugby, effettuare un tiro di punizione: *battere un rigore* **2** Muovere rapidamente parti del corpo facendole urtare ripetutamente | *Battere le mani* = applaudire | *Battere i piedi* = per l'impazienza o la stizza | *Battere i denti* = tremare per il freddo | ♧ *In un batter d'occhio* = in un attimo **3** Percorrere un luogo in lungo e in largo Ⓢ perlustrare: *la polizia batteva la zona alla ricerca dei banditi* **4** Vincere, superare: *battere un avversario*; *battere un record* ♦ *v.intr.* [aus. *avere*] **1** Cadere, picchiare su qualcosa, urtare contro qualcosa: *la pioggia batte sui vetri*; *battere con la testa contro un palo* ◊ Bussare: *qualcuno batte alla porta* **2** Pulsare: *il cuore non batteva più* ♦ **battersi** *v.pr.* Combattere, lottare: *battersi contro un avversario, per una causa* ◊ Combattere l'uno contro l'altro: *i due rivali si batterono a duello.*

batteria [bat-te-rì-a] *s.f.* **1** Insieme di pezzi di artiglieria **2** Insieme di pile o accumulatori che generano corrente elettrica: *la batteria dell'automobile* **3** Insieme di elementi o attrezzi che servono per uno scopo: *batteria da cucina* **4** Insieme di strumenti a percussione suonati da un unico musicista in orchestre e complessi di jazz e musica leggera **5** Nello sport, gara preliminare di eliminazione per selezionare gli atleti che parteciperanno alle gare successive.

batterico [bat-tè-ri-co] *agg.* [pl.m. *–ci*] Di batteri, provocato da batteri: *ha preso un'infezione batterica.*

batterio [bat-tè-rio] *s.m.* Microrganismo composto di una sola cellula.

batterista [bat-te-rì-sta] *s.m.f.* [pl.m. *–sti*] Chi suona la batteria: *il batterista di un gruppo rock.*

battesimo [bat-té-si-mo] *s.m.* **1** Il primo dei sacramenti cristiani, amministrato immergendo chi deve riceverlo nell'acqua benedetta o versandogliela sul capo | *Nome di battesimo* = quello che viene dato all'atto del battesimo **2** ♧ Cerimonia di inaugurazione di qualcosa: *il battesimo di una nave* ◊ *Battesimo del fuoco* = il primo combattimento o la prima esperienza impegnativa.

battezzare [bat-tez-zà-re] *v.tr.* **1** Dare a qualcuno il battesimo: *battezzare un neonato* **2** ♧ Dare a qualcuno un nome per mezzo del battesimo: *lo hanno battezzato Giovanni.*

battibaleno [bat-ti-ba-lé-no] *s.m.* *In un battibaleno* = in un attimo.

battibecco [bat-ti-béc-co] *s.m.* [pl. *–chi*] Litigio verbale Ⓢ diverbio: *hanno avuto un battibecco.*

batticuore [bat-ti-cuò-re] *s.m.* Battito accelerato del cuore per emozione o sforzo ◊ ♧ Ansia, trepidazione: *stare, aspettare col batticuore.*

battigia [bat-tì-gia] *s.f.* [pl. *–gie*] La parte della spiaggia battuta dalle onde.

battimano [bat-ti-mà-no] *s.m.* [pl. *–ni*] Applauso.

battipanni [bat-ti-pàn-ni] *s.m.invar.* Attrezzo domestico per battere panni, coperte, tappeti e farne uscire la polvere.

battistero [bat-ti-stè-ro] *s.m.* Edificio adiacente a una chiesa, o ambiente interno alla chiesa stessa, in cui si celebrano i battesimi.

battistrada [bat-ti-strà-da] *s.m.invar.* **1** Nelle gare di corsa, chi occupa la posizione di testa **2** La fascia esterna del pneumatico.

battito [bàt-ti-to] *s.m.* Pulsazione del cuore: *avere un battito regolare, accelerato* | *Battito di ciglia* = il loro chiudersi e aprirsi rapidissimo e involontario ◊ Rumore di qualcosa che batte in modo continuo e regolare: *ascoltare il battito dell'orologio, della pioggia.*

battitore [bat-ti-tó-re] *s.m.* [f. *–trice*] Nel tennis, nel ping-pong e in altri giochi con la palla, il giocatore che ha il compito di effettuare la battuta.

battitura [bat-ti-tù-ra] *s.f.* **1** *Battitura (a macchina)* = scrittura eseguita con la macchina da scrivere o con il computer **2** Trebbiatura dei cereali.

battuta [bat-tù-ta] *s.f.* **1** Nella scrittura a macchina, ogni colpo dato sui tasti: *fa trecento battute al minuto* **2** Caccia fatta in gruppo con l'ausilio di cani: *si è organizzata una battuta al cinghiale* ◊ Vasta operazione di polizia per ricercare o catturare qualcuno, attuata rastrellando una zona **3** Nei giochi con la palla, il colpo dato alla palla per metterla o rimetterla in gioco, per rinviarla o per eseguire una punizione **4** In un dialogo teatrale, ognuno degli interventi di ciascun attore: *dimenticarsi la battuta* ◊ Frase con cui si interviene in una conversazione; in partic. frase spiritosa: *tutti risero alla sua battuta* **5** ♧ *Battuta d'arresto* = momento di interruzione, blocco momentaneo: *le trattative hanno subito una battuta d'arresto* | ♧ *Essere alle prime battute* = agli inizi di qualcosa.

battuto [bat-tù-to] *agg.* **1** *Ferro battuto* = lavorato col martello: *un cancello di ferro battuto* | *Terra battuta* = spianata e pressata: *pavimento, strada di terra battuta* **2** Frequentato: *una strada molto battuta dai turisti* **3** ♧ Sconfitto: *si dichiarò battuto.*

batuffolo [ba-tùf-fo-lo] *s.m.* Fiocco di lana, cotone o altro materiale soffice.

baule [ba-ù-le] *s.m.* **1** Cassa rettangolare che serve per contenere e trasportare biancheria, vestiti e oggetti d'uso personale **2** Bagagliaio dell'automobile.

bava [bà-va] *s.f.* **1** Liquido schiumoso che cola dalla bocca di alcuni animali o anche da quella di bambini, vecchi, ammalati, persone eccitate **2** Sostanza vischiosa prodotta da lumache e altri molluschi **3** *Bava di vento* = leggero soffio di vento.

bavaglino [ba-va-gli-no] *s.m.* Piccolo tovagliolo allacciato intorno al collo dei bambini.

bavaglio [ba-và-glio] *s.m.* Pezzo di stoffa o fazzoletto che si applica alla bocca di una persona per impedirle di parlare e di gridare.

bavero [bà-ve-ro] *s.m.* Risvolto, ripiegato intorno al collo, di giacche, cappotti, impermeabili: *teneva il bavero rialzato per il freddo* | ♧ *Prendere qualcuno per il bavero* = prenderlo in giro.

bazar [ba-zàr] *s.m.invar.* **1** Mercato tipico dei paesi musulmani e dell'Oriente **2** Negozio che vende merci d'ogni genere Ⓢ emporio.

bazzecola [baz-zè-co-la o baz-zé-co-la] *s.f.* Cosa da nulla Ⓢ inezia.

bazzicare [baz-zi-cà-re] *v.tr.* [*bàzzico, bàzzichi*] e *v.intr.* [aus. *avere*] Frequentare abitualmente persone o luoghi: *lo hanno visto bazzicare gente sospetta; è un tipo che bazzicava da queste parti.*

be' vedi **beh**.

beach volley [locuzione inglese; pron. *bič vòllei*] *s.m.invar.* Pallavolo da spiaggia, che si gioca su un campo di sabbia tra squadre di due persone.

bearsi [be-àr-si] *v.pr.* Provare un grande piacere Ⓢ estasiarsi, deliziarsi: *si beava ad ascoltare quella musica.*

beatitudine [be-a-ti-tù-di-ne] *s.f.* Felicità profonda, totale: *vivere in beatitudine.*

beato [be-à-to] *agg.* Pienamente felice e sereno: *fa una vita beata* ◊ Fortunato: *beato lui che può andare in vacanza!* ♦ *s.m.* Nel cristianesimo, anima accolta in paradiso.

bebè [be-bè] *s.m.invar.* Bambino molto piccolo Ⓢ neonato.

beccare [bec-cà-re] *v.tr.* [*bécco, bécchi*] **1** Prendere il cibo con il becco ◊ Colpire con il becco **2** ♧ Prendere, ottenere: *beccarsi un premio, una promozione* ◊ Buscare: *beccarsi un pugno, un raffreddore* ◊ Sorprendere, cogliere sul fatto: *lo hanno beccato a rubare* ♦ **beccarsi** *v.pr.* Colpirsi reciprocamente col becco (detto di uccelli) ◊ ♧ Bisticciarsi, punzecchiarsi l'un l'altro: *quei due non fanno che beccarsi tutto il tempo.*

beccheggiare [bec-cheg-già-re] *v.intr.* [aus. *avere*] Oscillare nel senso della lunghezza (detto di imbarcazioni e aerei).

beccheggio [bec-chég-gio] *s.m.* Serie di oscillazioni nel senso della lunghezza di un'imbarcazione o di un aereo.

becchino [bec-chì-no] *s.m.* Chi di mestiere seppellisce i morti.

becco [béc-co] *s.m.* [pl. *–chi*] **1** Estremità dura e prominente della bocca degli uccelli e delle testuggini **2** In senso scherzoso, la bocca umana | *Chiudere il becco, tenere il becco chiuso* = tacere **3** Parte sporgente di un oggetto, a forma di becco: *il becco della caffettiera.*

becero [bé-ce-ro] *agg.* e *s.m.* Detto di persona volgare e grossolana.

beduino [be-du-ì-no] *s.m.* Nomade arabo del deserto: *una carovana di beduini.*

befana [be-fà-na] *s.f.* **1** Nome popolare dell'Epifania **2** Vecchia che, come tradizionalmente si fa credere ai bambini, arriva la notte dell'Epifania a portare i doni **3** ♧ Donna vecchia e brutta.

beffa [bèf-fa] *s.f.* Inganno o scherzo che si fa allo scopo di prendersi gioco di qualcuno, di deriderlo e schernirlo Ⓢ burla: *gli hanno giocato una beffa crudele* | *Farsi beffe di qualcuno* = prendersi gioco di lui.

beffardo [bef-fàr-do] *agg.* Che ama prendersi gioco degli altri: *un tipo beffardo* ◊ Che esprime iro-

A B C D E F G H I J K L M N O P Q R S T U V W X Y Z

nia, sarcasmo, scherno: *occhiata, risata beffarda.*

beffare [bef-fà-re] *v.tr.* Ingannare mettendo in ridicolo: *il rivale lo beffò con un trucco* ◊ Deridere, schernire: *i compagni lo beffavano crudelmente* ♦ **beffarsi** *v.pr.* Farsi beffe, prendersi gioco: *è uno che si beffa di tutto e di tutti.*

bega [bè-ga o bé-ga] *s.f.* **1** Litigio, bisticcio per motivi futili **2** Faccenda, situazione che è causa di noie e fastidi: *si è cacciato in una brutta bega.*

beh [bèh] o **be'** [bè'] *inter.* Bene, ebbene, dunque: *va beh, vengo anch'io*; *beh, cosa hai deciso di fare?*

beige [parola francese; pron. *bèj*] *agg.invar.* e *s.m.invar.* Colore nocciola chiaro.

belare [be-là-re] *v.intr.* Emettere belati.

belato [be-là-to] *s.m.* Il verso della pecora e della capra.

bella [bèl-la] *s.f.* **1** Donna amata Ⓢ innamorata, fidanzata: *è uscito con la sua bella* **2** Bella copia: *ho copiato il compito in bella* **3** In giochi di carte e gare sportive, partita di spareggio: *abbiamo vinto una partita a testa, facciamo la bella?*

belletto [bel-lét-to] *s.m.* Cosmetico per il trucco femminile.

bellezza [bel-léz-za] *s.f.* **1** Qualità di chi o di ciò che è bello: *una donna di grande bellezza*; *la bellezza di un paesaggio, di un quadro, di una musica* | *Istituti, prodotti, cure di bellezza* = per la cura estetica dell'aspetto fisico | *Per bellezza* = a scopo di ornamento, di abbellimento **2** Persona o cosa particolarmente bella: *la moglie non è certo una bellezza*; *ha una casa che è una bellezza* | *Bellezze naturali* = luoghi belli dal punto di vista della natura **3** *Che bellezza!* = esclamazione di gioia, di soddisfazione: *che bellezza, cominciano le vacanze!* | *La bellezza di* = ben (per indicare una grande quantità): *mi è costato la bellezza di mille euro*; *quel lavoro è durato la bellezza di due mesi.*

bellico [bèl-li-co] *agg.* [pl.m. *–ci*] Di guerra: *industria bellica.*

bellicoso [bel-li-có-so] *agg.* Che ama la guerra, dedito alla guerra: *un popolo bellicoso* ◊ Incline, pronto alla lotta Ⓢ battagliero, combattivo: *un carattere bellicoso*; *avere propositi bellicosi.*

bellimbusto [bel-lim-bù-sto] *s.m.* Individuo vanitoso e che cura eccessivamente la propria eleganza: *non vorrai sposare quel bellimbusto!*

bello [bèl-lo] *agg.* **1** Che colpisce e attrae gradevolmente per il suo aspetto o le sue qualità, suscitando piacere estetico e ammirazione Ⓒ brutto: *un bell'uomo*; *due begli occhi*; *un bel quadro*; *bei paesaggi*; *un bel sorriso*; *un bel libro* | *Belle arti* = la pittura e la scultura | *Belle maniere* = maniere cortesi, educate **2** Ben fatto, ben riuscito: *un bel lavoro*; *un bel discorso* ◊ Piacevole: *ho fatto una bella passeggiata* ◊ Lieto, felice: *gli anni più belli della mia vita* **3** Lodevole, degno di approvazione: *un bel gesto*; *non è bello ciò che fai* **4** Buono: *ha preso un bel voto*; *hai avuto una bella idea* | *Bel tempo* = sereno | *Bella stagione* = la primavera e l'estate **5** Grande, considerevole, grosso: *si è mangiato un bel piatto di pastasciutta*; *ha messo da parte una bella somma* ◊ Proprio, veramente: *sei un bel bugiardo*; *siamo in un bel guaio*; *non ti dico un bel niente* ♦ *s.m.* **1** Ciò che è bello Ⓢ bellezza: *amare il bello* **2** Tempo sereno: *sta tornando il bello* **3** Aspetto positivo, vantaggioso di qlco.: *il bello del mio lavoro è che non ho un orario rigido* | *Sul più bello* = nel momento culminante, più importante: *come, te ne vai sul più bello?* | *Il bello è che* = lo strano è che: *il bello è che ci avevo creduto.*

Al maschile, se si trova dopo il sostantivo, fa *bello* al singolare, *belli* al plurale; davanti a sostantivo che comincia per vocale, *s* seguita da consonante, *gn, pn, ps, x, z,* fa *bello* al singolare, *begli* al plurale; davanti alle altre consonanti fa *bel* al singolare, *bei* al plurale.

belva [bél-va] *s.f.* Animale feroce ◊ ♧ Persona che si comporta in modo feroce e disumano.

belvedere [bel-ve-dé-re] *s.m.invar.* Luogo elevato da cui si gode un ampio panorama.

benché [ben-ché] *congz.* Sebbene, quantunque, nonostante: *benché (fosse) stanco, uscì ugualmente* | *Il benché minimo* = neppure il minimo: *non ha voluto fare il benché minimo sforzo.*

L'accento sulla *e* di *benché* è acuto (come in *perché, poiché, finché* ecc.): attenzione a non sbagliarlo, soprattutto quando scrivi al computer.

benda [bèn-da] *s.f.* Striscia di tela o garza per fasciare ferite o immobilizzare arti ◊ Striscia di tela posta sugli occhi per impedire di vedere.

bendare [ben-dà-re] *v.tr.* **1** Avvolgere, fasciare con una benda: *bendare una ferita* **2** Coprire gli occhi di qualcuno con una benda: *i soldati bendarono il prigioniero.*

bendisposto [ben-di-spó-sto] *agg.* Disposto favorevolmente verso qualcuno o qualcosa: *è bendisposto verso di te.*

bene [bè-ne] *avv.* [compar. *meglio*, superl. *benissimo* o *ottimamente*] **1** In modo buono, giusto Ⓒ male: *comportarsi bene* | *Persona per bene* = onesta | *Non sta bene* = non è corretto, non è educato: *non sta bene sparlare degli altri, mettersi le dita nel naso* **2** In modo positivo, soddisfacente, favorevole, adeguato: *l'esame è andato bene*; *gli* *affari procedono bene*; *copriti bene, che fuori fa freddo* | *Capire, ricordare, vederci, sentirci bene* = in modo chiaro e preciso | *Guadagna bene* = molto | *Gli sta bene!, ben gli sta!* = se lo merita | *Bene o male* = in qualche modo: *bene o male se la caverà* **3** Molto: *è un caso ben diverso*; *ben presto lo saprai* ◊ Addirittura: *gliel'ho ripetuto ben tre volte* **4** Si usa, in tono esclamativo, per esprimere soddisfazione, consenso, entusiasmo: *bene!, ce l'abbiamo fatta*; *bene!, bravo!* | *Va bene, sta bene* = d'accordo: *sta bene, facciamo come vuoi tu* ◊ Si usa per cominciare, riprendere o chiudere un discorso, una conversazione, un'attività: *bene, cosa stavamo dicendo?* ♦ *s.m.* **1** Ciò che è buono, giusto, onesto: *aspirare al bene*; *distinguere il bene dal male* | *Fare del bene a qualcuno* = aiutarlo **2** Cosa utile, opportuna, vantaggiosa: *è un bene che tu sia venuto* ◊ Benessere, felicità: *ti auguro ogni bene*; *lo faccio per il vostro bene* | *Far bene* = giovare: *il moto fa bene alla salute* **3** Affetto, amore: *lo faccio per il bene che ho per te* | *Voler bene a qualcuno* = amarlo **4** Ogni cosa che serve a soddisfare un bisogno: *beni di consumo, di prima necessità* | *Ben di Dio* = grande abbondanza e varietà, spec. di cibi e bevande: *una casa piena di ogni ben di Dio* ◊ (spec. al *pl.*) Proprietà, ricchezze, averi: *perdere i propri beni.*

benedetto [be-ne-dét-to] *agg.* **1** Che ha ricevuto la benedizione religiosa: *acqua benedetta* **2** Provvidenziale, fortunato: *benedetto il giorno che ti ho incontrato!* **3** ♧ Nell'uso familiare, esprime lieve rimprovero o impazienza, fastidio: *benedetto ragazzo, non potevi dirmelo prima?*; *quel benedetto tram non arriva mai.*

benedire [be-ne-dì-re] *v.tr.* [pres. *benedìco, benedìci, benedìce, benediciàmo, benedìte, benedìcono*; imperf. *benedicévo* o *benedìvo*; fut. *benedirò*; pass.rem. *benedìssi, benedicésti* o *benedìi, benedìsti*; cong.pres. *(io, tu, egli) benedìca, benediciàmo, benediciàte, benedìcano*; cong.imperf. *benedicéssi*; imper. *benedìci*; ger. *benedicèndo*; part. pres. *benedicènte*; part.pass. *benedetto*] **1** Impartire la benedizione religiosa: *alla fine della messa il sacerdote benedisse i fedeli* ◊ Invocare la protezione divina su qualcuno: *il padre benedì il figlio* ◊ Esprimere riconoscenza a qualcuno Ⓢ ringraziare: *ti benedico per l'aiuto che mi hai dato* **2** Aiutare, assistere, proteggere (detto di Dio): *che Dio ci benedica!*

benedizione [be-ne-di-zió-ne] *s.f.* **1** Nel cristianesimo e in altre religioni, rito, formula e gesto con cui il sacerdote invoca il favore divino su persone o cose: *benedizione dei fedeli, di una casa* **2** Invocazione, augurio di bene e felicità: *il padre gli diede la sua benedizione* **3** ♧ Persona, cosa o avvenimento che è fonte di bene, di gioia: *quel figlio è stato la sua benedizione*; *la pioggia è stata una vera benedizione per la terra.*

benefattore [be-ne-fat-tó-re] *s.m.* [f. *–trice*] Chi fa del bene, aiutando moralmente e materialmente gli altri; in partic. chi fa della beneficenza.

beneficare [be-ne-fi-cà-re] *v.tr.* [*benèfico, benèfichi*] Fare del bene a qualcuno dandogli un aiuto.

beneficenza [be-ne-fi-cèn-za] *s.f.* Opera di aiuto a chi è in condizione di bisogno Ⓢ carità: *fare della beneficenza ai poveri.*

beneficiare [be-ne-fi-cià-re] *v.intr.* [aus. *avere*] Godere, usufruire di un beneficio, di un vantaggio di qualche tipo: *beneficiare di un'amnistia, di uno sconto.*

beneficio [be-ne-fi-cio] *s.m.* **1** Atto che fa del bene, reca un aiuto ad altri: *essere grato dei benefici ricevuti* **2** Giovamento, utilità; vantaggio: *ha tratto beneficio dalla cura*; *versare una somma a beneficio di qualcuno.*

benefico [be-nè-fi-co] *agg.* [pl.m. *–ci*] **1** Che fa bene, che arreca beneficio: *una cura, una medicina benefica* **2** Che fa opere di bene; di beneficenza: *un istituto benefico.*

benemerenza [be-ne-me-rèn-za] *s.f.* Merito di particolare importanza acquisito con la propria opera e le proprie azioni.

benemerito [be-ne-mè-ri-to] *agg.* Che ha meritato con la sua opera una particolare riconoscenza da parte della collettività: *un cittadino, uno scienziato benemerito.*

beneplacito [be-ne-plà-ci-to] *s.m.* Approvazione, consenso: *il preside ha dato il suo beneplacito alla nostra iniziativa.*

benessere [be-nès-se-re] *s.m.* **1** Buona condizione del corpo e dello spirito: *il bagno gli diede un senso di benessere* **2** Buona condizione economica Ⓢ agiatezza: *la crisi ha colpito anche famiglie abituate a vivere nel benessere.*

benestante [be-ne-stàn-te] *agg.* e *s.m.f.* Che, chi dispone dei mezzi economici per vivere con una certa agiatezza Ⓢ abbiente Ⓒ povero: *viene da una famiglia benestante.*

benestare [be-ne-stà-re] *s.m.* Autorizzazione, permesso: *l'apertura del locale non ha ancora avuto il benestare dell'autorità competente.*

benevolenza [be-ne-vo-lèn-za] *s.f.* Disposizione d'animo favorevole; simpatia: *guadagnarsi la benevolenza dei superiori* ◊ Indulgenza: *l'imputato sperava nella benevolenza del giudice.*

benevolo [be-nè-vo-lo] *agg.* **1** Ben disposto, comprensivo: *si è dimostrato benevolo con me* ◊ Indulgente: *un giudice benevolo* ◊ Affettuoso, amichevole: *un rimprovero benevolo* **2** ♧ Favorevole: *tempo, destino benevolo.*

bengala [ben-gà-la] *s.m.invar.* Razzo molto luminoso, usato come fuoco d'artificio, per segnalazioni e per illuminare obiettivi militari.

beniamino [be-nia-mì-no] *s.m.* Persona prediletta, preferita tra tutte: *è il beniamino del padre, del maestro*; *i beniamini del pubblico.*

benigno [be-nì-gno] *agg.* **1** Che mostra comprensione, indulgenza, cortesia Ⓢ benevolo, indulgente: *un esaminatore, un giudizio benigno* **2** ♧ Favorevole: *la sorte gli è stata benigna* ◊ Mite (detto di clima) ◊ Non grave, non pericoloso per la vita (detto di malattie) Ⓒ maligno: *una forma benigna di tifo*; *tumore benigno.*

beninteso [ben-in-té-so] o **ben inteso** *avv.* Naturalmente, ovviamente: *potremmo fare il viaggio assieme, beninteso divideremo le spese.*

bensì [ben-sì] *congz.* Ma invece, ma piuttosto (si usa dopo una frase negativa): *la colpa non è sua, bensì di chi lo ha mal consigliato.*

benvenuto [ben-ve-nù-to] o **ben venuto** *agg.* Benarrivato (si usa come formula di saluto nell'accogliere una persona che giunge in un luogo): *benvenuto a casa nostra!*; *benvenuti in Italia!* ♦ *s.m.* **1** Persona o cosa che giunge gradita: *da noi sarai sempre il benvenuto* **2** Saluto di buona accoglienza: *dare il benvenuto agli ospiti.*

benvisto [ben-vì-sto] *agg.* Guardato con stima e simpatia: *Pietro è benvisto da tutti.*

benvoluto [ben-vo-lù-to] *agg.* Che riscuote affetto e simpatia.

benzina [ben-zì-na] *s.f.* Liquido infiammabile ricavato dalla raffinazione del petrolio greggio, usato come carburante, solvente e smacchiatore.

benzinaio [ben-zi-nà-io] *s.m.* Addetto o gestore di un distributore di benzina.

beone [be-ó-ne] *s.m.* Chi ha il vizio di bere alcol Ⓢ ubriacone.

bere [bé-re] *v.tr.* [pres. *bévo*; pass.rem. *bévvi* o *bevètti, bevésti*; fut. *berrò*; cond. *berrèi*; part. pass. *bevùto*] **1** Ingerire un liquido: *bere un sorso d'acqua, un bicchiere di vino* ◊ Ingerire alcolici: *ha il vizio di bere*; *il medico gli ha proibito di bere* **2** ♧ Credere ingenuamente: *beve tutto quello che gli raccontano* ♦ *s.m.* Il vizio di bere alcolici: *da quando è senza lavoro si è dato al bere.*

berlina [ber-lì-na] *s.f.* **1** Elegante carrozza a quattro posti **2** Automobile con carrozzeria chiusa.

bernoccolo [ber-nòc-co-lo] *s.m.* **1** Protuberanza sulla testa, naturale o dovuta a una contusione **2** ♧ Spiccata inclinazione per qualcosa: *avere il bernoccolo degli affari.*

berretto [ber-rét-to] *s.m.* Copricapo di forma e materiale diversi, con o senza visiera.

bersagliare [ber-sa-glià-re] *v.tr.* **1** Colpire ripetutamente persone o cose prese a bersaglio: *bersagliare il nemico con l'artiglieria* | ♧ *Bersagliare qualcuno di domande* = rivolgergli una fitta serie di domande **2** ♧ Perseguitare: *è bersagliato dalla sfortuna.*

bersagliere [ber-sa-gliè-re] *s.m.* Militare appartenente a un corpo speciale della fanteria italiana, tradizionalmente dotato di grande rapidità di spostamento.

bersaglio [ber-sà-glio] *s.m.* **1** L'oggetto, il punto che si deve colpire con un tiro Ⓢ obiettivo: *mirare, tirare al bersaglio*; *colpire il bersaglio* **2** ♧ Persona o cosa su cui si concentrano critiche, scherzi, avversità e simili.

bestemmia [be-stém-mia] *s.f.* **1** Insulto, parola offensiva contro Dio e le cose sacre **2** Affermazione assurda Ⓢ sproposito.

bestemmiare [be-stem-mià-re] *v.tr.* Offendere con bestemmie: *bestemmiare Dio* ◊ Dire bestemmie: *smettila di bestemmiare!*

bestia [bé-stia] *s.f.* **1** Animale in senso generico: *bestie feroci, da lavoro, da macello* | ♧ *Bestia nera* = cosa o persona che è fonte di continue difficoltà, tanto da diventare un'ossessione: *la matematica è la sua bestia nera* | ♧ *Andare in bestia, diventare una bestia* = infuriarsi, diventare violento e brutale **2** ♧ Persona ignorante o stupida o incapace (anche come insulto): *sei una bestia!* ◊ Persona violenta e brutale.

bestiale [be-stià-le] *agg.* **1** Disumano, crudele: *ferocia, violenza bestiale* **2** ♧ Molto intenso, fortissimo: *un freddo, un dolore bestiale.*

bestiame [be-stià-me] *s.m.* Nome collettivo di tutti gli animali domestici, ma riferito soprattutto ai bovini: *portare il bestiame al pascolo.*

best seller [locuzione inglese; pron. corrente *bèst sèller*] *s.m.invar.* Libro, CD o DVD che in un determinato periodo vende un gran numero di copie.

betoniera [be-to-niè-ra] *s.f.* Macchina per la preparazione del calcestruzzo.

bettola [bét-to-la] *s.f.* Osteria di basso livello.

betulla [be-tùl-la] *s.f.* Albero sottile e slanciato dalla corteccia bianca, tipico dei climi freddi.

bevanda [be-vàn-da] *s.f.* Ogni liquido che si può bere: *bevande fredde, calde, alcoliche, gasate.*

bevitore [be-vi-tó-re] *s.m.* [f. *–trice*] Chi beve abitualmente vino e altre bevande alcoliche.

bevuta [be-vù-ta] *s.f.* Ingestione di un liquido: *farsi una bevuta d'acqua* | *Farsi una bella bevuta* = bere in abbondanza vino o altri alcolici.

bi– Primo elemento di parole composte, che significa «due», «due volte», «doppio» (*biposto, bimestrale*).

biada [bià-da] *s.f.* Ogni cereale e foraggio che si usa per alimentare il bestiame.

biancastro [bian-cà-stro] *agg.* Di colore tendente al bianco.

biancheria [bian-che-rì-a] *s.f.* L'insieme degli indumenti intimi (mutande, canottiere, sottovesti, camicie) e dei panni per uso domestico (lenzuola, tovaglie): *lavare, cambiare la biancheria.*

bianco [biàn-co] *agg.* [pl.m. *–chi*] **1** Si dice del colore proprio di un corpo che riflette tutta la luce solare senza assorbirne alcuna radiazione: *bianco come il latte, come la neve* ◊ Si dice anche della varietà più chiara di qualcosa rispetto ad altre varietà più scure: *pane, vino bianco*; *uva bianca* **2** Non scritto, privo di segni: *foglio bianco*; *scheda bianca* **3** Pallido in volto: *diventò bianco dalla paura* ♦ *s.m.* **1** Colore bianco: *il bianco della neve* **2** Parte bianca di qualcosa: *il bianco dell'uovo* **3** Sostanza per imbiancare: *dare il bianco alle pareti* **4** Abito bianco: *vestire di bianco* **5** Persona di pelle bianca **6** *Di punto in bianco* = all'improvviso | *In bianco* = riferito a cibo lessato e condito solo con olio crudo, senza sughi e soffritti: *mangiare in bianco*; *riso, pesce in bianco.*

biascicare [bia-sci-cà-re] *v.tr.* [*biàscico, biàscichi*] **1** Masticare lentamente e con difficoltà il cibo **2** ♧ Pronunciare stentatamente, in modo poco comprensibile: *biascicò due parole di scusa.*

biasimare [bia-si-mà-re] *v.tr.* Criticare duramente Ⓢ condannare, disapprovare, deplorare: *biasimare una persona, il comportamento di qualcuno.*

biasimo [bià-si-mo] *s.m.* Dura critica Ⓢ disapprovazione, rimprovero © lode, approvazione: *hai compiuto un'azione degna di biasimo.*

Bibbia [Bìb-bia] *s.f.* Raccolta dei testi sacri della tradizione religiosa ebraica (Antico Testamento) e cristiana (che comprende anche il Nuovo Testamento) ◊ Libro che contiene i testi della Bibbia: *comprare una Bibbia*; *il teste giurò sulla Bibbia.*

biberon [parola francese; pron. *biberòn*] *s.m. invar.* Poppatoio.

bibita [bì-bi-ta] *s.f.* Bevanda dissetante non alcolica: *una bibita alla menta, all'arancia.*

bibliografia [bi-blio-gra-fì-a] *s.f.* L'insieme degli scritti pubblicati su un determinato argomento, autore, settore di ricerca ecc. ◊ Elenco dei libri consultati per la composizione di un'opera.

biblioteca [bi-blio-tè-ca] *s.f.* **1** Edificio o ambiente in cui sono raccolti e ordinati libri a disposizione di chi vuole leggerli o consultarli: *biblioteche comunali, di quartiere, scolastiche*; *abbiamo fatto una ricerca in biblioteca* ◊ Raccolta di libri di interesse personale: *si è fatto una piccola biblioteca* **2** Mobile per contenere libri Ⓢ libreria.

bicchiere [bic-chiè-re] *s.m.* **1** Piccolo recipiente per bere, di forma e materiale vario: *bicchiere di vetro, di plastica, di carta* **2** Quantità di liquido contenuta in un bicchiere: *bere un bicchiere di vino.*

bichini vedi **bikini**.

bici [bì-ci] *s.f.invar.* Abbreviazione familiare di *bicicletta*: *si è comprato una bici nuova.*

bicicletta [bi-ci-clét-ta] *s.f.* Veicolo a due ruote, mosso da pedali azionati dalle gambe del guidatore: *Pietro va a scuola in bicicletta.*

bicocca [bi-còc-ca] *s.f.* Casupola malridotta Ⓢ catapecchia.

bicolore [bi-co-ló-re] *agg.* A due colori: *matita bicolore.*

bidè [adattamento del francese *bidet*] *s.m.invar.* Apparecchio igienico costituito da una vaschetta su cui ci si siede per lavare le parti intime del corpo.

bidello [bi-dèl-lo] *s.m.* Persona addetta alla custodia e alla pulizia di una scuola.

bidone [bi-dó-ne] *s.m.* **1** Grosso recipiente di plastica o lamiera per il trasporto di liquidi o di rifiuti **2** ♧ Imbroglio, truffa; acquisto sbagliato, fregatura: *fare, prendere un bidone* ◊ Macchina, apparecchiatura che funziona male ◊ Cosa o persona scadente: *quel film, quel giocatore è un bidone.*

bieco [biè-co] *agg.* [pl.m. *–chi*] **1** (detto di sguardo) Ostile, minaccioso Ⓢ torvo: *gli rivolse un'occhiata bieca* **2** ♧ Malvagio: *un bieco individuo.*

biennale [bi-en-nà-le] *agg.* **1** Che dura due anni: *corso biennale* **2** Che avviene ogni due anni: *mostra biennale.*

biennio [bi-èn-nio] *s.m.* Periodo di due anni.

bietola [biè-to-la] *s.f.* Varietà di barbabietola di cui si mangiano le larghe foglie e i gambi bianchi e carnosi.

bifolco [bi-fól-co] *s.m.* [pl. *–chi*] Persona rozza e ignorante: *ha fatto i soldi ma è rimasto un bifolco.*

A B C D E F G H I J K L M N O P Q R S T U V W X Y Z

bifora [bi-fo-ra] *s.f.* Finestra ad arco divisa in due parti da una colonnina.

biforcarsi [bi-for-càr-si] *v.pr.* [*mi bifórco, ti bifórchi*] Dividersi in due rami: *all'uscita del paese la strada si biforca.*

biforcazione [bi-for-ca-zió-ne] *s.f.* Punto in cui qualcosa si biforca: *ti aspetto alla biforcazione della strada*; *bisogna tagliare quel ramo più in basso della biforcazione.*

big [parola inglese; pron. *big*] *s.m.f.invar.* Personaggio molto importante in un dato ambito: *i big della finanza, della canzone.*

bigamia [bi-ga-mì-a] *s.f.* La condizione di chi è sposato con due persone contemporaneamente.

bigamo [bì-ga-mo] *agg.* e *s.m.* Che, chi è sposato contemporaneamente con due persone.

big bang [locuzione inglese che significa «grande esplosione»; pron. corrente *big bèng*] *s.m.invar.* Nome della teoria scientifica oggi più diffusa sull'origine e l'evoluzione dell'universo.

bighellonare [bi-ghel-lo-nà-re] *v.intr.* [aus. *avere*] Andare a spasso senza uno scopo, per passare il tempo; perdere il tempo oziando: *passa le sue giornate bighellonando.*

bighellone [bi-ghel-ló-ne] *s.m.* Chi passa il tempo in ozio, gironzolando qua e là Ⓢ fannullone, perdigiorno.

bigio [bì-gio] *agg.* Di colore grigio cenere: *un gatto bigio* | *Cielo bigio* = nuvoloso.

bigiotteria [bi-giot-te-rì-a] *s.f.* **1** Nome dell'insieme degli oggetti di ornamento (collane, braccialetti ecc.) quando sono fatti di materiali non preziosi **2** Negozio che vende tali oggetti.

biglia vedi **bilia**.

bigliardo vedi **biliardo**.

bigliettaio [bi-gliet-tà-io] *s.m.* Chi vende i biglietti per mezzi di trasporto, spettacoli e simili.

biglietteria [bi-gliet-te-rì-a] *s.f.* Luogo di vendita dei biglietti in stazioni, cinematografi, stadi e simili.

biglietto [bi-gliét-to] *s.m.* **1** Piccolo foglio di carta o cartoncino su cui si scrivono brevi comunicazioni: *biglietto d'auguri* **2** Foglietto o cartoncino stampato che dà diritto, dietro pagamento, a viaggiare su un mezzo di trasporto o ad assistere a uno spettacolo: *il biglietto del tram, del treno, della funivia*; *biglietto (d'ingresso) del cinema, del teatro, dello stadio* **3** *Biglietto (di banca)* = banconota: *un biglietto da dieci euro.*

bignè [bi-gnè] *s.m.invar.* Piccola pasta dolce ripiena di crema, cioccolata o altro.

bigodino [bi-go-dì-no] *s.m.* Piccolo cilindro attorno a cui si arrotolano i capelli per la messa in piega.

bigotto [bi-gòt-to] *agg.* e *s.m.* Che, chi mostra uno zelo esagerato nel seguire le pratiche esteriori della religione.

bikini [bi-kì-ni] o **bichini** [bi-chì-ni] *s.m.* Costume da bagno per donna in due pezzi (reggiseno e slip).

bilancia [bi-làn-cia] *s.f.* [pl. *–ce*] **1** Strumento per la misurazione dei pesi **2** *Bilancia commerciale* = il saldo tra le importazioni e le esportazioni di un paese **3** Il settimo segno dello zodiaco.

bilanciare [bi-lan-cià-re] *v.tr.* **1** Mettere, tenere in equilibrio (un peso): *bilanciare il carico di una nave, il corpo sugli sci* **2** Pareggiare: *i guadagni non bilanciano le spese* ♦ **bilanciarsi** *v.pr.* **1** Mettersi, tenersi in equilibrio: *bilanciarsi sulle gambe* **2** Equivalersi: *le loro forze si bilanciano.*

bilanciere [bi-lan-ciè-re] *s.m.* **1** Organo oscillante di un meccanismo; in partic. quello che regola il moto delle lancette dell'orologio **2** Asta con cui i funamboli si tengono in equilibrio.

bilancio [bi-làn-cio] *s.m.* **1** In economia, il conteggio delle entrate e delle uscite di un'amministrazione pubblica, di un'impresa, di una famiglia durante un determinato periodo: *chiudere l'anno con un bilancio in attivo, in pareggio, in passivo* **2** ♧ Calcolo complessivo dell'entità di qualcosa: *non è ancora possibile fare un bilancio delle vittime della sciagura* ◊ Valutazione complessiva dei diversi aspetti di qualcosa: *fare un bilancio della propria vita, del proprio lavoro.*

bilaterale [bi-la-te-rà-le] *agg.* Che riguarda due parti: *accordo, contratto bilaterale.*

bile [bì-le] *s.f.* **1** Liquido giallo-verdastro prodotto dal fegato e che ha la funzione di aiutare la digestione **2** ♧ Rabbia, stizza, invidia: *si rodeva dalla bile perché era stato premiato un altro.*

bilia [bì-lia] o **biglia** [bì-glia] *s.f.* Palla da biliardo ◊ Pallina di vetro colorato o altro materiale con cui giocano i bambini.

biliardo [bi-liàr-do] o **bigliardo** [bi-gliàr-do] *s.m.* **1** Gioco che si svolge su un tavolo rettangolare delimitato da sponde elastiche ed è basato sull'abilità di colpire delle bilie con altre bilie lanciate a mano o con una stecca **2** Lo speciale tavolo su cui si gioca.

bilico [bì-li-co] *s.m.* *In bilico* = in posizione di equilibrio instabile (*stare in bilico su una gamba sola*); ♧ in uno stato di incertezza, di sospensione: *era in bilico tra la vita e la morte.*

bilingue [bi-lìn-gue] *agg.* Che parla e usa correntemente due lingue diverse: *una persona bilingue* ◊ Scritto in due lingue: *testo, dizionario bilingue.*

bimbo [bìm-bo] *s.m.* Bambino.

bimensile [bi-men-sì-le] *agg.* Che avviene, si ripete, si pubblica due volte al mese: *incontro, rivista bimensile.*

bimestrale [bi-me-strà-le] *agg.* **1** Che dura due mesi: *corso bimestrale* **2** Che avviene ogni due mesi: *il pagamento sarà fatto in rate bimestrali.*

bimestre [bi-mè-stre] *s.m.* Periodo di due mesi: *la bolletta del telefono si paga ogni bimestre.*

binario [bi-nà-rio] *s.m.* Coppia di rotaie parallele su cui scorrono le ruote di treni e tram.

binocolo [bi-nò-co-lo] *s.m.* Strumento ottico per ingrandire oggetti lontani, formato da due cannocchiali accoppiati.

binomio [bi-nò-mio] *s.m.* Coppia, stretta unione di persone o cose: *quei due attori formano un binomio formidabile*; *l'azione del gol è stato un binomio di forza e agilità.*

bio–, –bio Primo o secondo elemento di parole composte che significa «vita», «essere vivente» (*biografia, biologia, anfibio*).

biodegradabile [bio-de-gra-dà-bi-le] *agg.* Detto di materiale che i microrganismi e gli agenti naturali possono trasformare in composti chimici meno o per nulla inquinanti: *detersivi, sacchetti di plastica biodegradabili.*

biodiversità [bio-di-ver-si-tà] *s.f.* La varietà di specie vegetali e animali viventi sul nostro pianeta e l'insieme delle varietà biologiche all'interno di ogni specie, come patrimonio da conservare contro i danni e i rischi ai quali è attualmente sottoposto soprattutto a causa dell'inquinamento, della deforestazione e del cambiamento climatico.

biografia [bio-gra-fì-a] *s.f.* Narrazione scritta della vita di una persona, spec. illustre.

biologia [bio-lo-gì-a] *s.f.* Scienza che studia gli organismi viventi nei loro diversi aspetti.

biologico [bio-lò-gi-co] *agg.* [pl.m. *–ci*] Di biologia, che riguarda gli esseri viventi: *studi biologici*; *ambiente biologico.*

biologo [bi-ò-lo-go] *s.m.* [pl. *–gi*] Studioso di biologia.

biomassa [bio-màs-sa] *s.f.* **1** La massa totale degli organismi viventi in un determinato territorio **2** L'insieme dei prodotti e dei residui agricoli e forestali utilizzati come fonte di energia.

biondo [bión-do] *agg.* Di colore tra il giallo e il castano chiaro (detto spec. di capelli, barba, baffi e di persone con i capelli di questo colore) ♦ *s.m.* [f. *–a*] Persona con i capelli biondi.

bipartisan [parola inglese; pron. corrente *baipàrtisan*] *s.m.invar.* Nel linguaggio politico, detto di ciò che viene accettato e approvato dalle opposte parti politiche.

bipede [bì-pe-de] *agg.* e *s.m.* Detto di animale che ha due piedi (e anche dell'uomo, spec. in senso scherzoso).

biposto [bi-pó-sto] *agg.invar.* A due posti: *aereo biposto.*

birba [bìr-ba] *s.f.* Ragazzo molto vivace, furbo e impertinente Ⓢ monello.

birbante [bir-bàn-te] *s.m.* **1** Uomo scaltro e disonesto Ⓢ furfante, briccone **2** Ragazzo molto furbo e vivace Ⓢ monello, birba, discolo.

birbone [bir-bó-ne] *s.m.* **1** Birbante, briccone **2** Monello, discolo ♦ *agg.* Cattivo, maligno: *gli hanno giocato un tiro birbone.*

bireattore [bi-re-at-tó-re] *s.m.* Aeroplano con due motori a reazione.

birichinata [bi-ri-chi-nà-ta] *s.f.* Azione da birichino Ⓢ monelleria.

birichino [bi-ri-chì-no] *s.m.* Bambino, ragazzo molto vivace, malizioso e impertinente Ⓢ monello: *ah, birichino, se ti prendo!*

birillo [bi-rìl-lo] *s.m.* Oggetto di legno o altro materiale, in genere a forma di bottiglietta, che in giochi di bambini o di adulti (biliardo, bowling) bisogna colpire e abbattere con una palla o una boccia.

biro [bì-ro] *agg.* e *s.f.invar.* Penna a sfera.

birra [bìr-ra] *s.f.* Bevanda alcolica prodotta dalla fermentazione del malto d'orzo e di altri cereali e aromatizzata con il luppolo | ✤ *A tutta birra* = alla massima velocità possibile: *correre a tutta birra.*

birreria [bir-re-rì-a] *s.f.* Locale pubblico in cui si serve soprattutto birra.

bis [parola latina] *inter.* Esclamazione del pubblico, alla fine di un concerto o di uno spettacolo, per richiedere la ripetizione di un brano musicale ♦ *s.m.invar.* Ripetizione di un brano: *chiedere, concedere un bis* ◊ *Fare il bis* = prendere un'altra volta un cibo o una bevanda: *questo gelato è squisito, vorrei fare il bis.*

bisaccia [bi-sàc-cia] *s.f.* [pl. *–ce*] Sacca da viaggio, in genere a due tasche, usata un tempo per portare con sé viveri e oggetti personali.

bisbetico [bi-sbè-ti-co] *agg.* [pl.m. *–ci*] Scontroso, litigioso, lunatico: *una vecchia zitella bisbetica*; *ha un carattere bisbetico.*

bisbigliare [bi-sbi-glià-re] *v.tr.* e *v.intr.* [aus. *ave-*

re] Dire, parlare sottovoce Ⓢ sussurrare, mormorare Ⓒ gridare, urlare: *gli bisbigliò una parola all'orecchio*; *smettetela di bisbigliare!*

bisbiglio [bi-sbì-glio] *s.m.* Lieve rumore prodotto da più persone che parlano a bassa voce Ⓢ sussurro, mormorio: *dalla stanza veniva un bisbiglio.*

bisboccia [bi-sbòc-cia] *s.f.* Allegra riunione per mangiare, bere e divertirsi in compagnia Ⓢ baldoria: *l'altra sera abbiamo fatto bisboccia.*

bisca [bì-sca] *s.f.* Locale in cui si fanno giochi d'azzardo: *è stata scoperta una bisca clandestina.*

biscia [bì-scia] *s.f.* [pl. *–sce*] Piccolo serpente non velenoso: *biscia d'acqua.*

biscotto [bi-scòt-to] *s.m.* Piccola pasta dolce cotta a lungo in forno perché diventi secca e croccante: *comprare una scatola di biscotti.*

bisestile [bi-se-stì-le] *agg.* Si dice dell'anno che, ogni quattro anni, dura un giorno di più e in cui il mese di febbraio ha 29 giorni.

bisettimanale [bi-set-ti-ma-nà-le] *agg.* Che avviene due volte la settimana: *l'aereo effettua partenze bisettimanali per la Sardegna.*

bisillabo [bi-sìl-la-bo] *agg.* e *s.m.* Detto di parola formata da due sillabe.

bislacco [bi-slàc-co] *agg.* [pl.m. *–chi*] Stravagante; privo di buon senso Ⓢ strambo, strampalato, balzano: *un tipo bislacco*; *che idea bislacca hai avuto!*

bisnonno [bi-snòn-no] *s.m.* Il genitore del nonno o della nonna.

bisognare [bi-so-gnà-re] *v.intr.impers.* [non ha tempi composti] Essere necessario, opportuno: *bisognerebbe che tu venissi* | *Non bisogna* = non si deve: *non bisogna mai esagerare.*

bisogno [bi-só-gno] *s.m.* **1** Necessità di procurarsi qualcosa che manca, di soddisfare una determinata esigenza: *avere bisogno di denaro, di aiuto, di riposo, di mangiare, di dormire*; *ho bisogno di parlarti un momento* | *Esserci bisogno* = occorrere, essere necessario: *c'è bisogno del tuo aiuto* ◊ Necessità, esigenza: *in caso di bisogno puoi contare su di me*; *provvedere ai bisogni dei figli* **2** Necessità corporale: *ho un bisogno urgente.*

bisognoso [bi-so-gnó-so] *agg.* Che ha bisogno di qualcosa: *una persona bisognosa di aiuto, di riposo* ♦ *agg.* e *s.m.* Che, chi è in condizioni di povertà: *aiutare i bisognosi.*

bistecca [bi-stéc-ca] *s.f.* Fetta di carne bovina.

bistecchiera [bi-stec-chiè-ra] *s.f.* Piastra su cui cuocere le bistecche.

bisticciare [bi-stic-cià-re] *v.intr.* [aus. *avere*] e **bisticciarsi** *v.pr.* Litigare, spec. per motivi non gravi: *ha bisticciato con la moglie*; *i due fratelli (si) bisticciano tutto il giorno.*

bisticcio [bi-stìc-cio] *s.m.* Litigio passeggero, non grave: *sono i soliti bisticci tra innamorati.*

bistrattare [bi-strat-tà-re] *v.tr.* Trattare male qualcosa o qualcuno Ⓢ maltrattare, strapazzare.

bisturi [bì-stu-ri] *s.m.* Piccolo coltello affilatissimo usato nelle operazioni chirurgiche.

bisunto [bi-sùn-to] *agg.* Unto di grasso, molto sporco: *indossava un cappotto bisunto.*

bit *s.m.invar.* In informatica, l'unità di misura dell'informazione, equivalente alla scelta tra due sole alternative possibili e ugualmente probabili (in genere indicate con i simboli 0 o 1).

bitorzolo [bi-tór-zo-lo] *s.m.* Piccola sporgenza sulla pelle o su un'altra superficie.

bitume [bi-tù-me] *s.m.* Miscela solida o pastosa, esistente in giacimenti naturali o ricavata dal petrolio, che viene usata per pavimentare strade o per impermeabilizzare e proteggere gli scafi delle imbarcazioni di legno.

bivaccare [bi-vac-cà-re] *v.intr.* [*bivàcco, bivàcchi*; aus. *avere*] Passare la notte in un bivacco, accamparsi provvisoriamente all'aperto.

bivacco [bi-vàc-co] *s.m.* [pl. *–chi*] Accampamento, pernottamento all'aperto di truppe, escursionisti, nomadi ecc.

bivio [bì-vio] *s.m.* Punto in cui una strada si divide in due: *quando arrivate al bivio, svoltate a destra.*

bizza [bìz-za] *s.f.* Capriccio: *fare le bizze.*

bizzarria [biz-zar-rì-a] *s.f.* Carattere, aspetto bizzarro: *la bizzarria di un artista, di un quadro* ◊ Idea o azione bizzarra: *come possono venirti in mente queste bizzarrie?*

bizzarro [biz-zàr-ro] *agg.* Strano, stravagante, originale: *un individuo bizzarro*; *che idea bizzarra ti è venuta!*

blackout [parola inglese; pron. corrente *blekàut*] *s.m.invar.* Interruzione completa dell'erogazione dell'energia elettrica o di qualche altro servizio: *ieri c'è stato un blackout di due ore per un temporale*; *blackout telefonico.*

blandire [blan-dì-re] *v.tr.* [*blandìsco, blandìsci*] Lusingare, allettare con parole e atti dolci e carezzevoli: *è inutile che cerchi di blandirmi, non riuscirai a convincermi.*

blando [blàn-do] *agg.* Non severo, non duro: *un blando rimprovero* ◊ Leggero, tenue: *una luce blanda* | *Un medicinale blando* = che agisce delicatamente.

blasfemo [bla-sfè-mo] *agg.* Che offende la religione, che contiene una bestemmia: *parole blasfeme.*

blaterare [bla-te-rà-re] *v.tr.* e *v.intr.* [aus. *avere*] Dire, parlare a sproposito: *blaterare sciocchezze; di che cosa stai blaterando?*

blindato [blin-dà-to] *agg.* Corazzato: *porta blindata; i mezzi blindati dell'esercito.*

blitz [parola tedesca; pron. *bliz*] *s.m.invar.* Imprevedibile e rapida azione militare o di polizia: *i carabinieri con un blitz sono riusciti a liberare gli ostaggi e a catturare i banditi.*

bloccare [bloc-cà-re] *v.tr.* [*blòcco, blòcchi*] Arrestare un meccanismo in movimento: *bloccare il motore, le ruote* ◊ Fissare in modo da impedire che si muova: *bloccare lo sterzo* ◊ Fermare, interrompere lo svolgimento di qualcosa: *bloccare il lavoro, il traffico* ◊ Immobilizzare qualcuno o impedirgli di spostarsi: *bloccò il ladro gettandolo a terra; la pioggia mi ha bloccato in casa* ◊ Impedire il transito, l'accesso, la comunicazione con l'esterno: *la frana ha bloccato la strada; interi paesi sono bloccati dalla neve* ◊ *Bloccare il pallone* = nel calcio, afferrarlo saldamente (da parte del portiere) ♦ **bloccarsi** *v.pr.* Arrestarsi, fermarsi improvvisamente: *il motore si è bloccato; a metà discorso si è bloccato per l'emozione.*

blocco[1] [blòc-co] *s.m.* [pl. *–chi*] **1** L'atto di bloccare; il fatto di bloccarsi o di essere bloccato Ⓢ arresto, interruzione: *il blocco di una ruota, del traffico* ◊ Dispositivo che impedisce il movimento: *hai messo il blocco allo sterzo?* **2** Sbarramento di forze militari o di polizia per chiudere o controllare vie di accesso o di transito: *blocco navale; i banditi incapparono in un posto di blocco.*

blocco[2] [blòc-co] *s.m.* [pl. *–chi*] **1** Massa compatta di uno stesso materiale: *blocco di pietra, di ghiaccio* **2** Grossa quantità di merce | *Comprare, vendere in blocco* = tutto insieme **3** Bloc-notes.

bloc-notes [locuzione francese; pron. *bloc nòt*; pron. corrente *bloc nòtes*] o **block-notes** *s.m. invar.* Taccuino per appunti con fogli staccabili.

blog [parola inglese; pron. corrente *blòg*] *s.m. invar.* Sito Internet gestito generalmente da una persona che lo utilizza per far conoscere le sue opinioni su argomenti che la interessano. I visitatori di tali siti possono a loro volta inserire dei commenti personali, dando vita a dei dibattiti.

blogger [parola inglese; pron. corrente *blògghe*r] *s.m.invar.* Autore e gestore di un *blog*.

blu [blu] *agg.* e *s.m.invar.* Colore azzurro scuro: *un vestito blu; blu marino; il blu del cielo notturno.*

bluastro [blu-à-stro] *agg.* Tendente al blu: *un livido bluastro.*

blue-jeans [locuzione inglese; pron. corrente *blugìns*] *s.m.pl.* Pantaloni per uomo e donna di tela resistente con cuciture evidenti e tasche applicate, in genere di colore azzurro o blu.

bluff [parola inglese; pron. corrente *blèf*] *s.m. invar.* **1** Nel gioco del poker, mossa per far credere di avere buone carte e indurre così gli avversari a ritirarsi **2** ♧ Finzione tesa a far credere di avere più mezzi e risorse di quelle che si hanno: *si mostra molto sicuro delle sue forze, ma è solo un bluff.*

bluffare [bluf-fà-re] *v.intr.* [pron. *bluffàre* o *bleffàre*; aus. *avere*] **1** Nel poker, fare un bluff **2** ♧ Fingere, far credere di avere forze, risorse e possibilità che in realtà non si hanno: *cerca di spaventarti, ma sta bluffando.*

blusa [blù-sa] *s.f.* Camicetta non aderente ◊ Camiciotto da lavoro.

boa [bò-a] *s.f.* Galleggiante ancorato al fondo a scopo di ormeggio o di segnalazione.

boato [bo-à-to] *s.m.* Rumore forte, cupo e rimbombante: *il boato di un'esplosione.*

bob [bòb] *s.m.invar.* Slitta da corsa montata su due coppie di pattini.

bobina [bo-bì-na] *s.f.* Cilindro su cui si avvolgono fili o nastri di materiale e uso vario; lo stesso filo o nastro così avvolto: *la bobina della pellicola.*

bocca [bóc-ca] *s.f.* **1** Cavità nella parte inferiore del volto umano, delimitata dalle labbra; è organo della respirazione, della nutrizione e della parola; è presente anche nella maggior parte degli animali: *aprire, chiudere la bocca* | ♧ *Restare a bocca aperta* = stupito, sbalordito | *Bocca da sfamare* = persona da nutrire | ♧ *Levarsi il pane di bocca* = fare grandi sacrifici per qualcuno | ♧ *Non aprir bocca; tenere la bocca chiusa* = non dire una parola; tacere | ♧ *Acqua in bocca!* = mi raccomando di non parlare di questo con nessuno | ♧ *Chiudere, tappare la bocca a qualcuno* = impedirgli di parlare | ♧ *Essere sulla bocca di tutti* = essere oggetto di chiacchiere, di pettegolezzi ◊ Labbra: *gli ha dato un bacio sulla bocca; ha preso un pugno sulla bocca* **2** Apertura verso l'esterno di un recipiente o di un altro oggetto cavo: *la bocca del vaso, del forno, del fucile* | *Bocca da fuoco* = pezzo di artiglieria.

boccaccia [boc-càc-cia] *s.f.* [pl. *–ce*] Smorfia fatta con la bocca per scherno o dispetto: *quei monelli cominciarono a fargli le boccacce.*

boccaglio [boc-cà-glio] *s.m.* Imboccatura di vari strumenti e apparecchi: *il boccaglio del respiratore subacqueo.*

boccale [boc-cà-le] *s.m.* Grosso bicchiere con manico: *un boccale di birra.*

boccata [boc-cà-ta] *s.f.* Quantità di cibo, liquido o altro che può essere introdotta nella bocca in una sola volta | *Prendere una boccata d'aria* = uscire all'aria aperta.

boccetta [boc-cét-ta] *s.f.* **1** Bottiglietta: *boccetta di profumo* **2** Piccola palla da biliardo da lanciare a mano in un gioco simile alle bocce.

boccheggiare [boc-cheg-già-re] *v.intr.* [aus. *avere*] Aprire e chiudere più volte la bocca, come i pesci fuor d'acqua, respirando faticosamente per affanno, caldo, sfinimento.

bocchetta [boc-chét-ta] *s.f.* Piccola apertura per il passaggio di aria o liquidi: *bocchetta di scarico, di ventilazione.*

bocchino [boc-chì-no] *s.m.* **1** Sottile cannello di vario materiale in cui si infila la sigaretta per non metterla direttamente in bocca **2** Imboccatura degli strumenti a fiato.

boccia [bòc-cia] *s.f.* [pl. *–ce*] **1** Recipiente di vetro, di forma rotonda e dal collo lungo, usato per contenere acqua, vino, liquori, profumi **2** Palla di materiale duro | *Gioco delle bocce* = gioco che consiste nel lanciare delle bocce su un campo di terra battuta.

bocciare [boc-cià-re] *v.tr.* **1** Nei giochi delle bocce e delle boccette, colpire con la propria una palla avversaria **2** Non approvare, respingere: *bocciare una proposta, un candidato, un alunno.*

boccio [bòc-cio] *s.m.* Bocciolo.

bocciolo [boc-ciò-lo] *s.m.* Fiore non ancora sbocciato Ⓢ boccio: *un bocciolo di rosa.*

boccone [boc-có-ne] *s.m.* **1** La quantità di cibo che si può mettere in bocca in una volta sola; più genericamente piccola quantità di cibo: *mangiare un boccone di pane* **2** Cibo, pietanza: *un boccone prelibato.*

bocconi [boc-có-ni] *avv.* Disteso sul ventre, con la faccia in giù: *dormire, cadere bocconi.*

body [parola inglese; pron. *bòdy*] *s.m.invar.* Indumento intimo femminile che riunisce in un solo pezzo maglietta e mutandine.

bofonchiare [bo-fon-chià-re] *v.intr.* [aus. *avere*] Borbottare, brontolare: *il vecchio si allontanò bofonchiando.*

boh [bóh] *inter.* Esprime incertezza, perplessità.

boia [bò-ia] *s.m.invar.* Chi esegue le condanne a morte Ⓢ carnefice ♦ anche *agg.invar.* Tremendo, orribile: *fa un freddo boia*; *che tempo boia!*

boiata [bo-ià-ta] *s.f.* Cosa mal fatta, brutta, scadente: *quel film è una boiata.*

boicottaggio [boi-cot-tàg-gio] *s.m.* L'atto del boicottare.

boicottare [boi-cot-tà-re] *v.tr.* Colpire economicamente un'azienda, un imprenditore, una nazione, ostacolandone la produzione o non acquistandone le merci: *boicottare una fabbrica, le merci straniere* ◊ Ostacolare, cercare di far fallire: *boicottare un'iniziativa, uno sciopero.*

boiler [parola inglese; pron. corrente *bòiler*] *s.m.invar.* Scaldabagno, spec. elettrico: *accendere il boiler.*

bolero [bo-lè-ro] *s.m.* **1** Musica e danza popolare spagnola **2** Corto giacchino aperto, con o senza maniche.

bolgia [bòl-gia] *s.f.* [pl. *–ge*] Luogo pieno di rumore e confusione: *il centro nelle ore di punta è una vera bolgia.*

bolide [bò-li-de] *s.m.* **1** Meteorite che si incendia attraversando l'atmosfera terrestre **2** Si usa per indicare persona o cosa che si muove a grande velocità: *si precipitò come un bolide nella stanza*; *il treno passò come un bolide.*

bolla[1] [ból-la] *s.f.* **1** Sfera piena di aria o altri gas che si forma nei liquidi in seguito a ebollizione o ad altri processi **2** Rigonfiamento pieno di siero che si forma sulla pelle in seguito a scottature o malattie Ⓢ vescica.

bolla[2] [ból-la] *s.f.* Documento che descrive e accompagna una merce quando viene spedita: *bolla di consegna.*

bollato [bol-là-to] *agg.* Timbrato con un bollo: *carta bollata.*

bollente [bol-lèn-te] *agg.* Caldissimo, rovente: *acqua, sole bollente.*

bolletta [bol-lét-ta] *s.f.* **1** *Bolletta del telefono, della luce, del gas* ecc. = documento che indica quanto si deve pagare per il consumo effettuato **2** ♧ *Essere in bolletta* = senza soldi.

bollettino [bol-let-tì-no] *s.m.* **1** Comunicato periodico su notizie e questioni di pubblico interesse: *bollettino meteorologico, di guerra* ◊ Pubblicazione periodica che informa sull'attività di enti e istituzioni, spec. culturali **2** *Bollettino di versamento* = modulo per versamenti su conti correnti postali.

bollire [bol-li-re] *v.intr.* [*bóllo, bólli*; aus. *avere*] **1** Detto di liquidi, formare delle bolle in superficie passando dallo stato liquido a quello di vapore ◊ Detto di cibi, cuocere dentro un liquido in ebollizione: *da quanto stanno bollendo le patate?* | ♧

Qualcosa bolle in pentola = qualcosa sta succedendo, anche se non è ben chiaro cosa **2** ♧ Sentire, soffrire un gran caldo: *si bolle qui dentro!* **3** ♧ Fremere: *bollire di rabbia, di sdegno* ♦ *v.tr.* Far cuocere una vivanda in acqua bollente Ⓢ lessare: *bollire le patate, la carne.*

bollito [bol-lì-to] *s.m.* Carne bollita Ⓢ lesso.

bollo [ból-lo] *s.m.* Segno impresso con sigilli, marchi, timbri su fogli, documenti e oggetti vari per attestarne la validità, l'autenticità e sim. | *Bollo postale* = il timbro che annulla i francobolli sulle buste spedite ◊ Segno di timbro, francobollo o contrassegno che documenta il pagamento di una tassa: *carta da bollo, marca da bollo*; *devo ancora pagare il bollo di circolazione dell'automobile.*

bollore [bol-ló-re] *s.m.* **1** Stato di ebollizione: *portare l'acqua a bollore* **2** Caldo molto intenso: *bollore estivo.*

bolso [ból-so] *agg.* Che manca di forza, di vigore Ⓢ fiacco Ⓒ energico.

bomba [bóm-ba] *s.f.* Ordigno esplosivo di varia forma, dimensione e potenza: *bomba a mano, a orologeria*; *bomba atomica* | ♧ *A prova di bomba* = solidissimo, indistruttibile: *un'amicizia a prova di bomba.*

bombardamento [bom-bar-da-mén-to] *s.m.* Lancio di bombe da aerei o serie di tiri d'artiglieria su un bersaglio.

bombardare [bom-bar-dà-re] *v.tr.* **1** Colpire con bombe o tiri d'artiglieria: *bombardare una città* **2** ♧ Sottoporre qualcuno a una serie continua e pressante di atti o parole Ⓢ bersagliare: *lo bombardarono di pugni, di accuse, di domande.*

bombola [bóm-bo-la] *s.f.* Recipiente cilindrico di acciaio per contenere e trasportare gas compressi.

bomboniera [bom-bo-niè-ra] *s.f.* Scatoletta per dolci e spec. per confetti di nozze.

bonaccia [bo-nàc-cia] *s.f.* [pl. *–ce*] Stato di calma del mare con mancanza di vento.

bonario [bo-nà-rio] *agg.* Che denota un'indole buona, disposta alla comprensione e all'indulgenza Ⓢ mite, cordiale, amichevole, affabile: *un tipo bonario*; *un rimprovero bonario*; *gli parlò con tono bonario.*

bonifica [bo-nì-fi-ca] *s.f.* L'operazione di bonificare: *la bonifica di una palude.*

bonificare [bo-ni-fi-cà-re] *v.tr.* [*bonìfico, bonìfichi*] **1** Prosciugare terreni paludosi per renderli coltivabili e abitabili ◊ Risanare, rendere abitabili edifici e quartieri malsani e cadenti **2** Eliminare da una zona mine, bombe e proiettili inesplosi.

bonomia [bo-no-mì-a] *s.f.* Atteggiamento benevolo e cordiale Ⓢ benevolenza, affabilità, gentilezza: *il direttore tratta tutti con bonomia.*

bonsai [parola giapponese; pron. *bonsài*] *s.m. invar.* Tecnica per far crescere in dimensioni molto ridotte, coltivandole in vaso, piante normalmente grandi ◊ La pianta stessa così coltivata.

bontà [bon-tà] *s.f.* **1** Qualità di chi è buono, disposto a fare del bene: *una persona di grande bontà*; *compiere un atto di bontà* ◊ Gentilezza, cortesia: *abbi la bontà di aspettarmi un momento* **2** Qualità di ciò che è buono: *la bontà di un prodotto, di un cibo, del clima* ◊ Cosa di sapore buono: *questa torta è una bontà!*

boom [parola inglese; pron. *bum*] *s.m.invar.* Fase di rapido sviluppo dell'economia in generale o di qualche particolare attività economica: *il boom dell'edilizia* ◊ Rapido sviluppo di un fenomeno, di una moda: *il boom dei viaggi all'estero dopo la diminuzione delle tariffe aeree.*

boomerang [parola inglese; pron. corrente *bùmerang*] *s.m.invar.* **1** Arma da getto degli indigeni dell'Australia, costituita da un legno piatto e ricurvo che torna verso il lanciatore se non incontra ostacoli **2** ♧ Azione che si ritorce contro chi ne è stato l'autore.

bora [bò-ra] *s.f.* Vento freddo e impetuoso di nord-est, che spira sulle coste nord-adriatiche.

borbottare [bor-bot-tà-re] *v.intr.* [aus. *avere*] Parlare a bassa voce, in modo poco chiaro e in genere lamentoso Ⓢ brontolare: *smettila di borbottare!* ♦ *v.tr.* Dire qualcosa in modo confuso e indistinto: *borbottò una scusa e se ne andò.*

borchia [bòr-chia] *s.f.* Piastrina metallica rotonda usata per rinforzo e ornamento di cinture, borse e capi di vestiario in pelle, bauli, mobili e altri oggetti d'arredamento.

bordare [bor-dà-re] *v.tr.* Rifinire qualcosa con un bordo, con un orlo Ⓢ orlare: *bordare una tovaglia, una gonna.*

bordata [bor-dà-ta] *s.f.* Fuoco simultaneo di tutti i pezzi d'artiglieria posti sullo stesso fianco di una nave da guerra ◊ ♧ Rapida e intensa successione di qualcosa: *fu accolto da una bordata di fischi.*

bordo [bór-do] *s.m.* **1** Fianco di una nave o di una imbarcazione | *Virare di bordo* = cambiare rotta **2** L'ambiente interno di una nave, di un'imbarcazione, o anche di un altro mezzo di trasporto: *salire a bordo di un aereo*; *prendere a bordo un passeggero* **3** Parte terminale o esterna di qualcosa Ⓢ orlo, margine, contorno: *il bordo di un precipizio, di una strada, di un'aiuola* ◊ Guarnizione, rifinitura fatta sull'orlo di un tessuto: *fare un bordo ricamato a un lenzuolo.*

boreale [bo-re-à-le] *agg.* Settentrionale, del nord della Terra | *Emisfero boreale* = quello compreso tra l'equatore e il polo Nord.

borgata [bor-gà-ta] *s.f.* Raggruppamento di case in campagna, in genere lungo una strada ◊ A Roma, quartiere popolare ai margini della città.

borghese [bor-ghé-se] *agg.* e *s.m.* **1** Della borghesia: *viene da una famiglia borghese*; *società borghese* **2** Civile (contrapposto a *militare*): *il colonnello vestiva in abiti borghesi* | *Poliziotto in borghese* = in abiti civili, senza uniforme.

borghesia [bor-ghe-sì-a] *s.f.* Nel Medioevo, la classe degli artigiani, dei professionisti, dei commercianti, che viveva nelle città (borghi) ◊ Nell'epoca moderna e dopo la rivoluzione francese, la classe formata dai proprietari di imprese industriali, commerciali, agricole (*alta* o *grande borghesia*), ma anche da dirigenti, professionisti, impiegati, artigiani (*media* e *piccola borghesia*).

borgo [bór-go] *s.m.* [pl. *–ghi*] Piccolo centro abitato Ⓢ villaggio, paese: *un borgo agricolo, marinaro.*

boria [bò-ria] *s.f.* Atteggiamento di presuntuosa, ostentata e sprezzante superiorità Ⓢ arroganza, alterigia Ⓒ umiltà: *un individuo pieno di boria*; *tratta tutti con boria.*

borioso [bo-rió-so] *agg.* Pieno di boria Ⓢ altezzoso, arrogante Ⓒ umile: *un individuo borioso*; *atteggiamento, tono borioso.*

borraccia [bor-ràc-cia] *s.f.* [pl. *–ce*] Recipiente di alluminio o altro materiale, usato spec. da soldati, cacciatori ed escursionisti per portare con sé acqua o altre bevande.

borsa[1] [bór-sa] *s.f.* **1** Sacca di varia forma, grandezza e materiale, usata per tenere e trasportare denaro, documenti e oggetti personali: *borsa di pelle, di tela*; *borsa da viaggio*; *la borsa della spesa* **2** *Borsa di studio* = somma di denaro assegnata per gli studi a studenti meritevoli.

borsa[2] [bór-sa] *s.f.* Mercato pubblico in cui si comprano e vendono azioni, obbligazioni, titoli di stato, valute estere o determinate merci: *giocare in borsa.*

borsaiolo [bor-sa-iò-lo] *s.m.* Ladro che ruba con destrezza dalle borse e dalle tasche altrui Ⓢ borseggiatore.

borseggiare [bor-seg-già-re] *v.tr.* Derubare qualcuno con un borseggio.

borseggiatore [bor-seg-gia-tó-re] *s.m.* [f. *–trice*] Borsaiolo.

borseggio [bor-ség-gio] *s.m.* Furto con destrezza dalla borsa o dalla tasca di qualcuno, senza che questi se ne accorga.

borsellino [bor-sel-lì-no] *s.m.* Portamonete.

borsello [bor-sèl-lo] *s.m.* Piccola borsa per uomo.

borsetta [bor-sét-ta] *s.f.* Borsa da signora, generalmente piccola.

boscaglia [bo-scà-glia] *s.f.* Bosco fitto e selvatico, spec. di arbusti e piccole piante.

boscaiolo [bo-sca-iò-lo] *s.m.* Chi lavora tagliando la legna nei boschi.

boschivo [bo-schì-vo] *agg.* Coperto di boschi: *zona boschiva.*

bosco [bò-sco] *s.m.* [pl. *–schi*] Estensione di terreno ricoperta di alberi d'alto fusto e di arbusti selvatici: *i ragazzi si persero nel bosco.*

boscoso [bo-scó-so] *agg.* Ricoperto di alberi e arbusti, ricco di boschi: *un terreno boscoso*; *zone boscose.*

boss [parola inglese; pron. *bòs*] *s.m.invar.* Capo (spec. di un'organizzazione criminale).

bossolo [bòs-so-lo] *s.m.* Nelle cartucce delle armi da fuoco, il cilindro che contiene la polvere da sparo.

botanica [bo-tà-ni-ca] *s.f.* Scienza che studia i vegetali.

botanico [bo-tà-ni-co] *agg.* [pl.m. *–ci*] Di botanica | *Orto, giardino botanico* = giardino in cui si coltivano le piante a scopo di studio ♦ *s.m.* Studioso di botanica.

botola [bò-to-la] *s.f.* Apertura in un pavimento o in un soffitto, munita di un'imposta di chiusura, che serve per accedere a un locale sottostante o sovrastante.

botta [bòt-ta] *s.f.* **1** Colpo, percossa: *gli diede una botta con le mani, con un bastone* | *Fare a botte* = picchiarsi ◊ Urto violento contro qualcosa: *dare una botta contro uno spigolo* ◊ Il segno lasciato da un colpo, da un urto: *ha una bella botta sul ginocchio* **2** ♧ Grave danno, duro colpo: *il fallimento è stato una bella botta per lui* **3** ♧ *Botta e risposta* = scambio serrato di battute o azione seguita da una pronta reazione.

botte [bót-te] *s.f.* Grosso recipiente a forma di cilindro panciuto, formato da assicelle di legno tenute unite da cerchi di ferro; è usato per conservare vino, birra o pesci sotto sale e prodotti simili | ♧ *Essere in una botte di ferro* = essere al sicuro da qualsiasi rischio.

bottega [bot-té-ga] *s.f.* Negozio | *Chiudere botte-*

ga = cessare un'attività commerciale ◊ Laboratorio di un artigiano: *la bottega del falegname.*

bottegaio [bot-te-gà-io] *s.m.* Proprietario, gestore di una bottega Ⓢ negoziante.

bottiglia [bot-tì-glia] *s.f.* Recipiente per liquidi, in genere di vetro e di forma cilindrica che si restringe in alto ◊ Quantità di liquido contenuta in una bottiglia: *si è bevuto una bottiglia di vino.*

bottino [bot-tì-no] *s.m.* **1** In guerra, tutto ciò che viene strappato al nemico Ⓢ preda di guerra **2** Ricavato di un furto, di una rapina: *i banditi si spartirono il bottino.*

botto [bòt-to] *s.m.* **1** Rumore forte e improvviso, dovuto a spari, esplosioni, urti violenti | ♧ *Di botto* = di colpo, all'improvviso | ♧ *In un botto* = in un attimo **2** (al *pl.*) Fuochi d'artificio: *i botti di capodanno.*

bottone [bot-tó-ne] *s.m.* **1** Dischetto di vario materiale che serve ad allacciare i due lembi di un indumento: *i bottoni della camicia, della giacca* **2** Pulsante di congegni elettrici: *il bottone della luce, del campanello.*

boutique [parola francese; pron. *butìk*] *s.f.invar.* Negozio elegante di abbigliamento.

Bovini [Bo-vì-ni] *s.m.pl.* Famiglia di mammiferi ruminanti di cui fanno parte il bue, il bufalo e il bisonte.

bovino [bo-vì-no] *agg.* Di bue, di bovini: *carne bovina*; *allevamento bovino* ♦ *s.m.* Animale dei Bovini, e in partic. della specie del bue domestico.

bowling [parola inglese; pron. corrente *bùling*] *s.m.invar.* Gioco di birilli che si pratica con grosse bocce su piste di legno al coperto ◊ Locale in cui si pratica tale gioco.

box [parola inglese; pron. *bòx*] *s.m.invar.* **1** Autorimessa per una sola vettura **2** Piccolo recinto in cui si tengono per sicurezza bambini molto piccoli.

boxe [parola francese; pron. *bòx*] *s.f.invar.* Pugilato: *un incontro di boxe.*

boxer [parola inglese; pron. *bòxer*] *s.m.invar.* Mutande maschili a calzoncino.

boy scout [locuzione inglese; pron. *bòi skàut*] *s.m.invar.* Ragazzo che partecipa ad attività ed esperienze organizzate di vita collettiva a contatto con la natura Ⓢ giovane esploratore.

bozza [bòz-za] *s.f.* **1** Prima stesura di uno scritto Ⓢ abbozzo: *la bozza di una lettera, di un contratto* **2** Prova di stampa di un testo, sulla quale vengono fatte le eventuali correzioni: *la correzione delle bozze richiede molta attenzione.*

bozzetto [boz-zét-to] *s.m.* Abbozzo, schizzo, modello di un dipinto, di una scultura, di un disegno pubblicitario.

bozzolo [bòz-zo-lo] *s.m.* Involucro protettivo, formato da filamenti di bava, che si costruiscono le larve di alcune farfalle e, in partic., il baco da seta.

braccare [brac-cà-re] *v.tr.* [*bràcco, bràcchi*] **1** Inseguire la selvaggina **2** ♧ Ricercare, inseguire senza tregua qualcuno che fugge o si nasconde: *la polizia sta braccando i terroristi, gli evasi.*

braccetto [brac-cét-to] *s.m.* *A braccetto* = con il braccio stretto a quello di un'altra persona: *camminare a braccetto.*

bracciale [brac-cià-le] *s.m.* **1** Fascia di stoffa che si porta al braccio come segno di riconoscimento o come distintivo di una categoria: *gli addetti al servizio d'ordine portavano un bracciale*; *il bracciale della Croce Rossa* **2** Braccialetto.

braccialetto [brac-cia-lét-to] *s.m.* Ornamento, gioiello a forma di cerchio che si porta intorno al polso: *un braccialetto d'oro, d'argento.*

bracciante [brac-ciàn-te] *s.m.f.* Lavoratore agricolo assunto a giornata o per lavori stagionali.

bracciata [brac-cià-ta] *s.f.* Nel nuoto, ognuno dei movimenti delle braccia che fanno avanzare il nuotatore ◊ Spazio che si percorre con ogni singolo movimento: *si trovava a poche bracciate dalla riva.*

braccio [bràc-cio] *s.m.* [pl. *le braccia* nei significati 1 e 2; *i bracci* nei significati 3 e 4] **1** Nel corpo umano, l'arto superiore dalla spalla alla mano: *sollevare un braccio, le braccia* | ♧ *Accogliere qualcuno a braccia aperte* = con affetto, con entusiasmo | ♧ *Incrociare le braccia* = scioperare | ♧ *Essere il braccio destro di qualcuno* = il suo più stretto collaboratore | *Braccio di ferro* = gara di forza in cui si cerca di piegare il braccio dell'avversario; ♧ prova di forza, controversia tra due parti nessuna delle quali è disposta a cedere: *continua il braccio di ferro tra governo e sindacati* **2** (al *pl.*) ♧ Manodopera: *non ci sono più braccia per coltivare la terra* **3** ♧ Parte allungata, sporgente di qualcosa, che ricorda la forma di un braccio: *il braccio della gru*; *i bracci della bilancia, della croce* ◊ Parte laterale, ala di un edificio: *i bracci del carcere* **4** In geografia, *braccio di mare* = stretto.

bracciolo [brac-ciò-lo] *s.m.* Appoggio laterale per le braccia in poltrone, sedie e divani.

bracconiere [brac-co-niè-re] *s.m.* Cacciatore di frodo.

A B C D E F G H I J K L M N O P Q R S T U V W X Y Z

brace [brà-ce] *s.f.* Fuoco senza fiamma di carbone o legna accesi da tempo: *cuocere la carne sulla brace, alla brace.*

braciola [bra-ciò-la] *s.f.* Fetta di carne bovina o suina da cuocere sulla brace o in padella.

brado [brà-do] *agg.* Detto di bestiame bovino o equino che vive libero all'aperto, in uno stato semiselvaggio: *cavalli bradi, allo stato brado.*

braille [parola francese dal nome dell'insegnante L. Braille ; pron. *bràil*] *s.m.invar.* Sistema di scrittura per i ciechi basato su diverse combinazioni di punti in rilievo che si leggono scorrendo sul foglio i polpastrelli delle dita.

brama [brà-ma] *s.f.* Desiderio intenso, smodato Ⓢ avidità, bramosia: *brama di denaro, di potere.*

bramare [bra-mà-re] *v.tr.* Desiderare ardentemente: *bramare la ricchezza, la libertà.*

bramosia [bra-mo-sì-a] *s.f.* Brama, desiderio ardente.

bramoso [bra-mó-so] *agg.* Che ha brama, pieno di brama Ⓢ avido, voglioso: *un uomo bramoso di ricchezze*; *la guardava con occhi bramosi.*

branca [bràn-ca] *s.f.* **1** Zampa munita di artigli **2** Ognuna delle due parti che, in alcuni strumenti, afferrano e stringono: *le branche delle tenaglie* **3** ♧ Settore, ramo di una scienza, di un'attività: *le varie branche della medicina, dell'industria.*

branchia [bràn-chia] *s.f.* Organo di respirazione dei pesci, dei molluschi, dei crostacei e di altri animali acquatici.

branco [bràn-co] *s.m.* [pl. *–chi*] Gruppo di animali della stessa specie, selvatici o addomesticati: *un branco di lupi, di buoi* ◊ In senso spregiativo, gruppo di persone: *branco di fannulloni che non siete altro!*

brancolare [bran-co-là-re] *v.intr.* [aus. *avere*] Procedere a tentoni, non potendo vedere per oscurità o cecità | ♧ *Brancolare nel buio* = essere nell'incertezza, non sapere in che direzione cercare: *a un mese dal delitto gli investigatori brancolano ancora nel buio.*

branda [bràn-da] *s.f.* Letto metallico pieghevole.

brandello [bran-dèl-lo] *s.m.* Pezzo, frammento strappato di tessuto o di qualcos'altro: *un brandello di stoffa, di pelle*; *ridurre un libro a brandelli* | *Un vestito a brandelli* = tutto stracciato.

brandire [bran-dì-re] *v.tr.* [*brandìsco, brandìsci*] Impugnare e agitare un'arma o un altro oggetto che serva da arma: *il cavaliere brandiva una spada*; *l'energumeno brandiva un bastone.*

brano [brà-no] *s.m.* **1** Pezzo strappato da qualcosa | *Fare a brani* = fare a pezzi; sbranare **2** Parte, frammento di un'opera letteraria o musicale: *un brano dei "Promessi Sposi", del "Don Giovanni" di Mozart, dei Beatles.*

bravata [bra-và-ta] *s.f.* Atto, comportamento spavaldo o inutilmente rischioso.

bravo [brà-vo] *agg.* **1** Che si dimostra capace ed esperto in ciò che fa, nella sua attività e professione: *un bravo artigiano, medico, insegnante, studente*; *essere bravo in matematica*; *un bravo cane da guardia* **2** Buono, onesto, dabbene: *un bravo marito*; *brava gente* ◊ Buono, obbediente: *oggi sei stato bravo, meriti un premio.*

bravura [bra-vù-ra] *s.f.* Notevole capacità, abilità nel fare qualcosa: *ha dato prova di bravura.*

break [parola inglese; pron. corrente *brèk*] *s.m. invar.* Pausa, interruzione: *facciamo un break per mangiare e poi continuiamo la riunione* ◊ Breve interruzione pubblicitaria di un programma televisivo ♦ *inter.* Nel pugilato, ordine di separarsi dato dall'arbitro ai due pugili.

breccia [bréc-cia] *s.f.* [pl. *–ce*] Apertura in un muro, in un'opera fortificata, fatta con artiglierie o esplosivi, per consentire il passaggio di truppe.

bretella [bre-tèl-la] *s.f.* **1** (spec. al *pl.*) Ognuna delle due strisce di tessuto elastico, che, passando sopra le spalle, si allacciano ai pantaloni per sorreggerli **2** Raccordo, collegamento tra due autostrade o linee ferroviarie.

breve [brè-ve] *agg.* **1** Che dura poco tempo: *un breve riposo*; *una vita breve* ◊ Di poche parole Ⓢ conciso: *ha fatto un breve discorso*; *una lettera breve* | *In breve* = in poche parole: *raccontaci in breve quel che è successo* **2** Corto: *siamo passati per la via più breve*; *lo seguiva a breve distanza.*

brevettare [bre-vet-tà-re] *v.tr.* Ottenere il brevetto per un'invenzione: *brevettare un nuovo motore.*

brevetto [bre-vét-to] *s.m.* **1** Documento ufficiale che riconosce a una persona la proprietà di un'invenzione e il diritto esclusivo di sfruttarla **2** Patente che abilita all'esercizio di alcune professioni: *brevetto di pilota.*

breviario [bre-vià-rio] *s.m.* Libro contenente le preghiere che i sacerdoti devono recitare nei vari giorni dell'anno.

brevità [bre-vi-tà] *s.f.* Corta durata, corta lunghezza: *la brevità di una conversazione, di una lettera, di un viaggio.*

brezza [bréz-za] *s.f.* Vento debole, che spira periodicamente tra una zona più fresca e una vicina, più calda.

bricco [brìc-co] *s.m.* [pl. *–chi*] Piccolo recipiente, con manico e beccuccio, per riscaldare liquidi.

briccone [bric-có-ne] *s.m.* Persona disonesta e senza scrupoli Ⓢ furfante ◊ In senso scherzoso, birbante, monello: *quel bambino è un briccone*.

briciola [brì-cio-la] *s.f.* **1** Piccolo frammento di pane, di biscotti, di torte **2** ♧ Quantità piccolissima di qualcosa: *gli hanno lasciato solo le briciole dell'eredità*.

briciolo [brì-cio-lo] *s.m.* Quantità minima di qualcosa (spec. ♧): *non hai un briciolo di giudizio*.

briga [brì-ga] *s.f.* **1** Faccenda, problema, impegno che porta noie, fastidi: *lasciami in pace che ho già tante brighe da risolvere* | *Prendersi la briga di* = preoccuparsi di: *nessuno si è preso la briga di avvertirmi* **2** Lite: *è uno che attacca briga con tutti*.

brigadiere [bri-ga-diè-re] *s.m.* Sottufficiale dei carabinieri o della guardia di finanza.

brigante [bri-gàn-te] *s.m.* **1** Chi un tempo assaltava e rapinava i viaggiatori che transitavano in zone solitarie Ⓢ bandito **2** In senso scherzoso, birbante, briccone: *ah brigante, me l'hai fatta anche questa volta!*

brigare [bri-gà-re] *v.intr.* [*brìgo, brìghi*; aus. *avere*] Darsi da fare con tutti i mezzi, anche non leciti, per ottenere qualcosa: *quanto ha brigato per avere quel posto!*

brigata [bri-gà-ta] *s.f.* **1** Compagnia di persone che si ritrovano insieme per passare il tempo piacevolmente: *un'allegra brigata di amici* **2** Unità militare formata da due reggimenti ◊ Gruppo organizzato di combattenti irregolari: *le brigate partigiane combatterono i nazisti e i fascisti*.

briglia [brì-glia] *s.f.* (spec. al *pl.*) Ciascuna delle due strisce di cuoio che si attaccano al morso del cavallo per guidarlo Ⓢ redini.

brillante [bril-làn-te] *agg.* **1** Che brilla Ⓢ splendente, luccicante Ⓒ opaco: *un pavimento brillante* **2** ♧ Vivace, spiritoso, pieno di brio: *un oratore brillante*; *una conversazione brillante* ◊ Ben riuscito Ⓢ splendido, eccellente, magnifico: *un brillante successo*; *un'idea brillante*; *una brillante carriera* ♦ *s.m.* Diamante lavorato.

brillantina [bril-lan-tì-na] *s.f.* Olio o pomata per rendere lucidi i capelli.

brillare [bril-là-re] *v.intr.* [aus. *avere*] **1** Risplendere di luce viva (anche ♧): *un fuoco brillava lontano*; *gli occhi le brillavano di gioia* **2** ♧ Spiccare, farsi notare: *brilla su tutti per intelligenza* ♦ *v.tr.* Far esplodere: *brillare una carica esplosiva*.

brillo [brìl-lo] *agg.* Leggermente ubriaco Ⓢ alticcio: *è arrivato alla festa che era già un po' brillo*.

brina [brì-na] *s.f.* Rugiada ghiacciata che si forma quando la temperatura notturna scende sotto zero: *alla mattina presto i campi erano coperti di brina*.

brinata [bri-nà-ta] *s.f.* Formazione di brina: *la brinata notturna ha danneggiato le coltivazioni*.

brindare [brin-dà-re] *v.intr.* [aus. *avere*] Fare un brindisi: *brindare in onore di un ospite, alla salute di qualcuno, al successo di un'impresa*.

brindisi [brìn-di-si] *s.m.* In riunioni e pranzi, saluto che si fa alzando i bicchieri e invitando a bere assieme in onore di qualcuno o per augurare o festeggiare qualcosa: *fare un brindisi agli sposi*.

brio [brì-o] *s.m.* Vivacità allegra e spigliata: *un uomo pieno di brio*; *conversare con brio*.

brioche [parola francese; pron. *briòš*] *s.f. invar.* Dolce per colazione di pasta soffice cotta al forno.

brioso [bri-ó-so] *agg.* Dotato di brio, pieno di brio Ⓢ vivace: *una conversazione briosa*.

brivido [brì-vi-do] *s.m.* **1** Tremito provocato dal freddo, da febbre, da paura o da altra forte emozione **2** ♧ Forte emozione: *ha voluto provare il brivido dell'avventura*.

brizzolato [briz-zo-là-to] *agg.* Detto di barba e capelli che cominciano a imbiancare e di chi ha barba e capelli in queste condizioni: *capelli brizzolati*; *un uomo brizzolato*.

brocca [bròc-ca] *s.f.* Recipiente di terracotta, vetro o metallo, con manico e beccuccio, per contenere e versare acqua o altri liquidi.

brocco [bròc-co] *s.m.* [pl. *–chi*] Cavallo malandato, lento nella corsa ◊ Persona di scarse capacità; atleta scadente: *quel corridore è un brocco*.

broccolo [bròc-co-lo] *s.m.* Varietà di cavolfiore.

brodaglia [bro-dà-glia] *s.f.* Minestra acquosa, insipida o di sapore disgustoso.

brodo [brò-do] *s.m.* Alimento liquido che si ottiene facendo bollire in acqua salata carni e verdure | ♧ *Tutto fa brodo* = tutto serve.

broglio [brò-glio] *s.m.* Imbroglio, falsificazione, spec. per alterare i risultati di un'elezione.

bronchiale [bron-chià-le] *agg.* Dei bronchi.

bronchite [bron-chì-te] *s.f.* Infiammazione dei bronchi.

broncio [brón-cio] *s.m.* Atteggiamento del volto che esprime malumore, dispetto, cruccio, risentimento: *fare, tenere, mettere il broncio*.

bronco [brón-co] *s.m.* [pl. *–chi*] Ciascuno dei due condotti dell'apparato respiratorio che, partendo dalla trachea, portano l'aria ai polmoni dividendosi in ramificazioni sempre più sottili.

broncopolmonite [bron-co-pol-mo-nì-te] *s.f.* Infiammazione dei bronchi e dei polmoni.

brontolare [bron-to-là-re] *v.intr.* [aus. *avere*] Manifestare il proprio scontento a voce bassa e con tono monotono e lamentoso Ⓢ borbottare.

brontolio [bron-to-lì-o] *s.m.* Un brontolare continuato: *sono stanco dei tuoi brontolii* ◊ Rumore cupo, sordo e prolungato: *il brontolio del tuono.*

brontolone [bron-to-ló-ne] *s.m.* e *agg.* Chi, che ha l'abitudine di brontolare continuamente.

bronzeo [brón-ze-o] *agg.* Di bronzo: *una statua bronzea.*

bronzo [brón-zo] *s.m.* **1** Lega metallica di rame e stagno: *moneta, statua, campana di bronzo* | ♧ *Faccia di bronzo* = detto di chi si mostra sfrontato, impudente **2** Oggetto artistico in bronzo: *un'esposizione di bronzi etruschi.*

browser [parola inglese; pron. corrente *bràuser*] *s.m.invar.* Programma per navigare nelle pagine e nei siti di Internet: *i browser più diffusi sono Internet explorer, Firefox e Safari.*

brucare [bru-cà-re] *v.tr.* [*brùco, brùchi*] Detto di animali erbivori, strappare a piccoli morsi erba, foglie, ramoscelli per cibarsene.

bruciacchiare [bru-ciac-chià-re] *v.tr.* Bruciare leggermente, superficialmente.

bruciante [bru-ciàn-te] *agg.* **1** Che scotta, che è irritato: *aveva la fronte bruciante di febbre, gli occhi brucianti di lacrime* **2** ♧ Che ferisce l'animo Ⓢ cocente: *una sconfitta bruciante* **3** ♧ Fulmineo: *con uno scatto bruciante staccò tutti.*

bruciapelo [bru-cia-pé-lo] *s.m. A bruciapelo* = da brevissima distanza, riferito a colpi di armi da fuoco (*sparò un colpo a bruciapelo*); ♧ all'improvviso, alla sprovvista: *gli rivolse una domanda a bruciapelo.*

bruciare [bru-cià-re] *v.tr.* **1** Incenerire, consumare, distruggere o rovinare con l'azione del fuoco o del calore: *bruciare la legna, la benzina*; *bruciare una lettera*; *bruciare una camicia con il ferro da stiro* | *Bruciarsi un dito, la mano, la lingua* = scottarsi | ♧ *Bruciare le tappe* = procedere in qualcosa con grande rapidità **2** Corrodere: *un acido che brucia i tessuti* ◊ Inaridire, seccare: *il sole ha bruciato il raccolto* ◊ Dare una sensazione di bruciore: *un liquore che brucia la gola* (o *in gola*) ♦ *v.intr.* [aus. *essere*] **1** Ardere, essere in fiamme: *la legna bruciava nel camino*; *il bosco sta bruciando* **2** Scottare, essere molto caldo: *il bambino bruciava dalla febbre*; *come brucia oggi il sole!* **3** Essere infiammato, irritato: *mi brucia la gola* **4** ♧ Provare intensamente una sensazione, un desiderio, un sentimento Ⓢ ardere: *bruciava dalla sete*; *brucia dalla voglia di partire* **5** ♧ Causare un dolore, un'umiliazione profonda: *quell'offesa gli brucia ancora* ♦ **bruciarsi** *v.pr.* **1** Scottarsi, ustionarsi: *si è bruciato con la sigaretta* **2** Andar distrutto, rovinarsi a opera del fuoco o per eccessivo calore: *si è bruciato l'arrosto.*

bruciato [bru-cià-to] *agg.* **1** Arso, consumato, scottato dal fuoco o dal calore: *legna bruciata*; *fasciarsi un dito bruciato* **2** ♧ Che ha compromesso la sua carriera: *un uomo politico bruciato* ♦ *s.m.* Cosa bruciata | ♧ *Sentire odore di bruciato* = sentire qualcosa di sospetto, puzza di inganno.

bruciatura [bru-cia-tù-ra] *s.f.* Segno lasciato sulla pelle dal fuoco o da cose bollenti Ⓢ ustione, scottatura: *si è fatto una bruciatura sul braccio.*

bruciore [bru-ció-re] *s.m.* **1** Sensazione di dolore provocata da bruciature, ferite, punture, infiammazioni **2** ♧ Senso di cocente umiliazione: *il bruciore di una sconfitta.*

bruco [brù-co] *s.m.* [pl. *–chi*] Larva di farfalla o altro insetto, dal corpo simile a un verme.

brufolo [brù-fo-lo] *s.m.* Piccolo foruncolo.

brughiera [bru-ghiè-ra] *s.f.* Distesa di terreno incolto, ricoperto di radi arbusti e cespugli.

brulicare [bru-li-cà-re] *v.intr.* [*brùlico, brùlichi*; aus. *avere*] Muoversi confusamente in varie direzioni, detto di masse di insetti o anche di persone; detto di luogo, essere pieno di persone o insetti che si muovono in tal modo: *le formiche brulicavano sul terreno*; *la folla brulicava per le strade*; *l'albero brulicava di insetti*; *la piazza brulicava di gente.*

brulichio [bru-li-chì-o] *s.m.* Movimento confuso e continuo di una massa di insetti o di persone: *un brulichio di formiche, di gente.*

brullo [brùl-lo] *agg.* Privo di vegetazione: *terreno brullo* ◊ Privo di foglie: *albero brullo.*

bruma [brù-ma] *s.f.* Foschia, nebbia: *la bruma mattutina.*

brumoso [bru-mó-so] *agg.* Pieno di bruma Ⓢ nebbioso: *un mattino brumoso.*

bruno [brù-no] *agg.* Di colore scuro, tra il marrone e il nero: *occhi, capelli bruni* ◊ Detto di persona con carnagione o capelli scuri: *una ragazza bruna* ♦ *s.m.* **1** Colore bruno **2** [f. *–a*] Persona con carnagione o capelli bruni: *mi piacciono le brune.*

bruscamente [bru-sca-mén-te] *avv.* **1** In modo

brusco, sgarbato: *mi ha trattato bruscamente* **2** All'improvviso: *l'autista frenò bruscamente.*

brusco [brù-sco] *agg.* [pl.m. *-schi*] **1** Che ha sapore forte, aspro: *vino brusco* **2** ♧ Duro, aspro e sbrigativo o anche sgarbato: *sei stato troppo brusco con lui*; *usare maniere brusche* **3** ♧ Rapido, improvviso e inatteso: *fece una brusca frenata.*

bruscolo [brù-sco-lo] *s.m.* Pagliuzza, granello di polvere: *mi è finito un bruscolo nell'occhio.*

brusio [bru-sì-o] *s.m.* Rumore continuato, confuso e sommesso, prodotto da persone che parlano sottovoce, da insetti in volo, da foglie agitate dal vento Ⓢ mormorìo, ronzìo, fruscìo.

brutale [bru-tà-le] *agg.* **1** Disumano, bestiale, feroce, crudele: *un delitto brutale*; *una vendetta brutale* **2** Privo di riguardo, di delicatezza: *mi ha fatto una domanda brutale*; *ha usato delle maniere brutali.*

brutalità [bru-ta-li-tà] *s.f.* Bestialità, ferocia, crudeltà ◊ Azione feroce, crudele.

bruto [brù-to] *agg.* **1** Bestiale, animalesco: *istinti bruti*; *forza bruta* **2** Inanimato: *materia bruta* ♦ *s.m.* Uomo violento, che compie atti perversi e di bestiale ferocia.

bruttezza [brut-téz-za] *s.f.* L'essere brutto.

brutto [brùt-to] *agg.* **1** Che, per il suo aspetto esteriore o per altre qualità, suscita un'impressione sgradevole Ⓒ bello: *un uomo, un viso brutto*; *una casa, una città brutta*; *un brutto libro, film*; *che brutta musica!* | *Brutto odore* = cattivo, sgradevole | *Brutta copia* = minuta **2** Cattivo, riprovevole Ⓒ buono, lodevole: *hai brutte abitudini*; *ha fatto una brutta azione* **3** Svantaggioso, sfavorevole, negativo: *fare un brutto affare*; *arrivi in un brutto momento*; *ha preso un brutto voto*; *fare una brutta figura* | *Brutto tempo* = piovoso, nuvoloso | *Mare brutto* = agitato ◊ Doloroso, spiacevole, tragico, triste: *è arrivata una brutta notizia*; *ha fatto una brutta morte* | *Una brutta ferita, malattia, caduta* = grave, pericolosa | *Se l'è vista brutta* = si è trovato in grave pericolo ♦ *s.m.* **1** Ciò che è brutto: *so distinguere il brutto dal bello* **2** Persona brutta **3** Cattivo tempo: *quelle nuvole annunciano il brutto.*

bruttura [brut-tù-ra] *s.f.* Cosa esteticamente brutta: *che bruttura quella casa!*

bubbone [bub-bó-ne] *s.m.* **1** Gonfiore sulla pelle, pieno di pus, provocato da un'infezione acuta **2** ♧ Male che infetta la società Ⓢ piaga: *il bubbone della corruzione.*

buca [bù-ca] *s.f.* **1** Cavità praticata o formatasi nel terreno: *scavare una buca*; *una strada piena di buche* **2** *Buca delle lettere* = vano nel muro o cassetta con un'apertura in cui infilare la corrispondenza.

bucare [bu-cà-re] *v.tr.* [*bùco, bùchi*] **1** Fare un buco, dei buchi in qualcosa Ⓢ forare: *bucare una parete, una calza* | *Bucare (una gomma)* = subire la foratura di un pneumatico **2** Pungere; ferire: *si è bucato un dito con una spina* ♦ **bucarsi** *v.pr.* **1** Forarsi: *si è bucata una gomma* **2** Pungersi.

bucato[1] [bu-cà-to] *agg.* Che ha un buco, dei buchi Ⓢ forato | ♧ *Avere le mani bucate* = spendere con troppa facilità.

bucato[2] [bu-cà-to] *s.m.* Lavatura della biancheria: *fare il bucato* ◊ La biancheria lavata o da lavare: *stendere il bucato*; *portare il bucato a lavare.*

buccia [bùc-cia] *s.f.* [pl. *-ce*] Rivestimento esterno dei frutti e anche di alcuni tuberi, bulbi e semi: *la buccia del limone, della patata, della cipolla, della mandorla.*

bucherellare [bu-che-rel-là-re] *v.tr.* Forare con tanti piccoli buchi: *il golf era tutto bucherellato dalle tarme.*

buco [bù-co] *s.m.* [pl. *-chi*] **1** Apertura, foro che penetra in qualcosa o lo passa da parte a parte: *fare un buco nel muro, nei pantaloni*; *il buco della serratura* | ♧ *Fare un buco nell'acqua* = fallire, non riuscire in qualcosa **2** ♧ Ambiente o spazio angusto: *questa stanza è un buco*; *non ho trovato un buco per posteggiare* **3** ♧ Intervallo di tempo libero: *ho un buco di un'ora tra le lezioni.*

budello [bu-dèl-lo] *s.m.* [pl.f. *le budella* nel significato 1; *i budelli* nel significato 2] **1** Intestino dell'uomo e degli animali | *Riempirsi le budella* = mangiare a sazietà **2** ♧ Passaggio, vicolo, cunicolo lungo e stretto.

budget [parola inglese; pron. corrente *bàgget*] *s.m.invar.* Somma che si decide di spendere o che si ha a disposizione per un determinato fine.

budino [bu-dì-no] *s.m.* Dolce cremoso o gelatinoso a base di latte e di ingredienti vari.

bue [bù-e] *s.m.* [pl. *buòi*] Maschio adulto castrato dei bovini domestici, utilizzato come animale da lavoro, per la carne e per la pelle (cuoio).

bufalo [bù-fa-lo] *s.m.* Animale simile al bue, selvatico e domestico, con corna larghe e arcuate.

bufera [bu-fè-ra] *s.f.* Vento impetuoso con pioggia, neve, grandine Ⓢ tempesta, tormenta.

buffet [parola francese; pron. corrente *buffé*] *s.m.invar.* **1** Credenza per sala da pranzo **2** Tavola su cui sono esposti cibi e bevande nei ricevimenti **3** Bar ristorante in stazioni, teatri ecc.

buffetto [buf-fét-to] *s.m.* Leggero colpo dato con le dita sulle guance.

buffo [bùf-fo] *agg.* Che fa ridere; che è strano, bizzarro e nello stesso tempo comico o ridicolo: *una buffa storiella*; *un tipo buffo* ♦ *s.m.* Cosa buffa, lato comico di qualcosa: *stavo quasi per soffocare e il buffo è che tutti credevano che scherzassi.*

buffonata [buf-fo-nà-ta] *s.f.* Azione, atteggiamento, discorso che denota mancanza di serietà Ⓢ pagliacciata: *basta con queste buffonate!*

buffone [buf-fó-ne] *s.m.* **1** Nell'antichità, individuo che aveva il compito di far divertire re, principi e i loro cortigiani Ⓢ giullare **2** Chi si comporta in modo da provocare il riso degli altri: *è il buffone della compagnia* **3** ♧ Persona che manca di serietà, coerenza e dignità Ⓢ pagliaccio: *non ti fiderai mica di quel buffone?*

bugia [bu-gì-a] *s.f.* Affermazione falsa Ⓢ menzogna: *dire una bugia, delle bugie.*

bugiardo [bu-giàr-do] *agg.* e *s.m.* Che, chi dice bugie: *una persona bugiarda*; *dare del bugiardo a qualcuno.*

bugigattolo [bu-gi-gàt-to-lo] *s.m.* Stanzino buio, usato per lo più come ripostiglio.

buio [bù-io] *agg.* **1** Privo di luce Ⓢ oscuro Ⓒ chiaro, luminoso: *una stanza buia*; *una notte buia* **2** ♧ Accigliato, preoccupato: *era buio in volto*; *faccia buia* ♦ *s.m.* Mancanza di luce Ⓢ oscurità: *aver paura del buio* ◊ Notte: *sta venendo buio* | ♧ *Al buio* = all'oscuro, nell'ignoranza di qualcosa: *mi hanno tenuto al buio di tutto.*

bulbo [bùl-bo] *s.m.* Germoglio sotterraneo tondeggiante, caratteristico di alcune piante: *il bulbo della cipolla, del tulipano.*

bulino [bu-lì-no] *s.m.* Sottile scalpello di acciaio con punta tagliente, usato per incidere metalli, cuoio o pelli.

bulldozer [parola inglese; pron. corrente *buldòzer*] *s.m.invar.* Macchina cingolata munita anteriormente di una grossa lama concava, impiegata per spianare terreni, sgomberare macerie, estirpare alberi ecc.

bullo [bùl-lo] *s.m.* Giovane spavaldo e prepotente.

bullone [bul-ló-ne] *s.m.* Grossa vite con un dado avvitato all'estremità, usata per tenere unite parti di macchine e pezzi metallici.

bungalow [parola inglese; pron. corrente *bùngalov*] *s.m.invar.* Villino a un piano, con ampie verande: *un campeggio con bungalow.*

bunker [parola tedesca; pron. *bùnker*] *s.m.invar.* Fortino militare con massicce mura di cemento armato e strette feritoie.

buonafede [buo-na-fé-de] o **buona fede** *s.f.* **1** Convinzione di comportarsi giustamente: *ha agito in buonafede* **2** Fiducia negli altri: *ha truffato quel poveretto ingannando la sua buonafede.*

buonanotte [buo-na-nòt-te] o **buona notte** *inter.* Formula di saluto o di commiato prima di andare a letto o lasciandosi a tarda ora ♦ *s.f.* Saluto, augurio di buona notte: *dai la buonanotte al nonno prima di andare a letto.*

buonasera [buo-na-sé-ra] o **buona sera** *inter.* Formula di saluto o di commiato nel tardo pomeriggio o alla sera ♦ *s.f.* Saluto, augurio della buona sera: *dare la buonasera.*

buoncostume [buon-co-stù-me] o **buon costume** *s.m.* Comportamento conforme alla morale comune; pubblica moralità: *uno spettacolo che offende il buoncostume*; *reati contro il buoncostume.*

buondì [buon-dì] o **buon dì** *inter.* e *s.m.* Buongiorno.

buongiorno [buon-giór-no] o **buon giorno** *inter.* Formula di saluto al mattino e fino al primo pomeriggio ♦ *s.m.* Augurio di una buona giornata: *dare, ricevere il buongiorno.*

buongustaio [buon-gu-stà-io] *s.m.* Persona che ama e sa apprezzare la buona cucina.

buongusto [buon-gù-sto] o **buon gusto** *s.m.* **1** Gusto estetico raffinato: *ha molto buongusto nel vestire*; *una casa arredata con buongusto* **2** Senso della misura, dell'opportunità: *abbi almeno il buongusto di tacere, dopo quello che hai combinato.*

buono[1] [buò-no] *agg.* **1** Rivolto, conforme al bene, all'onestà, alla giustizia Ⓒ cattivo: *buoni sentimenti*; *fare una buona azione* **2** Mite, bonario, affettuoso: *un buon carattere*; *un buon uomo* | *Alla buona* = semplice, senza pretese: *gente alla buona*; *un pranzo alla buona* ◊ Gentile, cortese, delicato: *è sempre buono con tutti*; *buone maniere* ◊ Quieto, silenzioso; obbediente: *state buoni un momento, bambini!*; *se sarai buono ti porto al cinema* **3** Abile, bravo, capace: *un buon artigiano*; *un buon avvocato* ◊ Utile, idoneo, efficace, efficiente: *hai avuto una buona idea*; *ha trovato un buon rimedio*; *una buona macchina*; *ha un buon udito* **4** Conveniente, favorevole, opportuno: *devi cogliere la buona occasione*; *aspetta il momento buono* ◊ Vantaggioso: *fare un buon affare* ◊ Prospero: *gode di buona salute* **5** Bello, di pregevole qualità: *un buon libro*; *buona musica* **6** Socialmente rispettabile o elevato: *ha una buona reputazione*; *è un giovane di buona famiglia*

7 Valido, accettabile: *il biglietto non è buono se non è timbrato*; *anche lui ha le sue buone ragioni* **8** Gradevole, piacevole: *un buon odore*; *ho passato la serata in buona compagnia* ◊ Mite, salubre: *buon clima*; *aria buona* **9** Notevole, grande: *un buon numero di persone*; *ha perso una buona parte dei suoi soldi* ◊ Abbondante: *ci vorranno due ore buone* ♦ *s.m.* **1** [f. *–a*] Persona buona: *i buoni e i cattivi* | *Un poco di buono* = una persona disonesta | *Un buono a nulla* = una persona incapace **2** Cosa buona, utile: *non combina mai niente di buono* ◊ Lato, aspetto positivo: *ha di buono che non si arrabbia mai* | *Sapere di buono* = avere un odore gradevole.

Nel maschile singolare *buono* si tronca in *buon* davanti a parola che comincia per vocale o per consonante seguita da vocale o da *l* e *r*; il comparativo è *migliore* o *più buono*, il superlativo *ottimo* o *buonissimo*.

buòno2 [buò-no] *s.m.* Documento che dà diritto a ricevere qualcosa: *buono pasto*; *buono sconto* ◊ Nome di titoli di credito che fruttano un interesse, emessi dallo stato, da enti pubblici o da banche.

buonora [buo-nó-ra] o **buon'ora** *s.f. Di buonora* = di primo mattino (*alzarsi di buonora*); presto: *andare a letto di buonora* | *Alla buonora* = finalmente: *ti sei fatto vivo, alla buonora!*

buonsenso [buon-sèn-so] o **buon senso** *s.m.* Saggezza, equilibrio e senso pratico nel giudicare, nel prendere decisioni e nell'agire: *ha avuto il buonsenso di rifiutare*; *è una persona piena di buonsenso*.

buontempone [buon-tem-pó-ne] *s.m.* Persona gioviale, che ama la compagnia e il divertimento.

buonumore [buo-nu-mó-re] o **buon umore** *s.m.* Stato d'animo allegro e sereno: *oggi mi sento di buonumore*; *la notizia lo mise di buonumore*.

burattinaio [bu-rat-ti-nà-io] *s.m.* Chi manovra i burattini sulla scena ◊ Chi fabbrica o vende burattini.

burattino [bu-rat-tì-no] *s.m.* **1** Fantoccio costituito da una testa montata su un'ampia veste in cui si infila la mano del burattinaio che lo manovra da sotto la scena **2** ♧ Persona priva di carattere e di coerenza, che cambia opinione con leggerezza o che si lascia facilmente dominare dagli altri: *non ci si può fidare di quel burattino*.

burbero [bùr-be-ro] *agg.* Detto di persona e di modo di fare severo, brusco, scontroso, che spesso però non esclude gentilezza d'animo.

burka [bùr-ka] *s.f.invar.* Abito femminile che copre tutto il corpo, compresa la testa, lasciando solo un'apertura traforata all'altezza degli occhi; è diffuso soprattutto in Afganistan e in alcune aree del Pakistan.

burla [bùr-la] *s.f.* Scherzo fatto per ridere alle spalle di qualcuno, ma senza cattiveria ◊ Scherzo: *dire qualcosa per burla*.

burlarsi [bur-làr-si] *v.pr.* Prendersi gioco di qualcuno Ⓢ deridere: *tutti si burlano di lui*.

burlone [bur-ló-ne] *s.m.* Persona a cui piace scherzare e fare burle: *quel tuo amico è proprio un burlone*.

burocrate [bu-rò-cra-te] *s.m.* Impiegato, funzionario, spec. della pubblica amministrazione.

burocratico [bu-ro-crà-ti-co] *agg.* [pl.m. *–ci*] Della burocrazia, relativo alla sua attività: *apparato burocratico*; *pratiche burocratiche*.

burocrazia [bu-ro-cra-zì-a] *s.f.* **1** La struttura organizzativa e il complesso degli uffici della pubblica amministrazione; l'insieme degli impiegati e dei funzionari che ne fanno parte: *attuare una riforma della burocrazia*; *ridurre i poteri della burocrazia* **2** In senso spregiativo, pedanteria e lungaggine eccessiva con cui vengono sbrigate le pratiche burocratiche.

burrasca [bur-rà-sca] *s.f.* **1** Tempesta, spec. di mare, con forte vento e violento moto ondoso: *mare in burrasca*; *tempo di burrasca* **2** ♧ Lite, discussione violenta: *ieri c'è stata burrasca in famiglia*.

burrascoso [bur-ra-scó-so] *agg.* **1** Che è in burrasca: *mare burrascoso* **2** ♧ Molto agitato, turbolento: *un periodo burrascoso*; *una riunione burrascosa*.

burro [bùr-ro] *s.m.* **1** Prodotto alimentare che si ricava dalla parte grassa del latte **2** Sostanza di aspetto simile al burro: *burro di cacao*.

burrone [bur-ró-ne] *s.m.* Luogo in cui il terreno scende profondamente con pareti molto ripide Ⓢ precipizio, baratro: *è caduto dentro un burrone*.

bus [bus] *s.m.invar.* Autobus.

buscare [bu-scà-re] *v.tr.* [*bùsco, bùschi*] (per lo più nella forma *buscarsi*) Procurarsi; ottenere, prendersi: *s'è buscato una bella mancia*; *attento a non buscarti un raffreddore!*

bussare [bus-sà-re] *v.intr.* [aus. *avere*] Picchiare, battere a una porta per farsi aprire o per annunciarsi prima di entrare: *qualcuno ha bussato*.

bussola [bùs-so-la] *s.f.* Strumento per orientarsi rispetto ai punti cardinali, costituito essenzialmente da un ago calamitato che, libero di girare su un quadrante, indica con la punta sempre il Nord | ♧

Perdere la bussola = confondersi, perdere il controllo di sé.

busta [bù-sta] *s.f.* **1** Involucro rettangolare di carta in cui si spediscono lettere, si tengono fogli, denaro e simili **2** Custodia, borsa, astuccio rettangolare: *una busta in pelle per documenti*; *la busta degli occhiali.*

bustarella [bu-sta-rèl-la] *s.f.* Somma di denaro data di nascosto per ottenere favori illeciti.

bustina [bu-stì-na] *s.f.* **1** Piccola busta di carta contenente sostanze in polvere o in granuli: *una bustina di zucchero, di zafferano* **2** Berretto pieghevole, a forma di busta, tipico dei militari dell'aeronautica, delle hostess e di altre divise.

busto [bù-sto] *s.m.* **1** Parte superiore del corpo umano, dal collo ai fianchi: *stare a busto eretto* **2** Scultura che rappresenta la figura umana dalla testa al petto, senza le braccia: *un busto di Garibaldi* **3** Indumento femminile in tessuto elastico che viene stretto attorno ai fianchi per rendere più snella la figura.

buttare [but-tà-re] *v.tr.* **1** Gettare: *buttò un oggetto dalla finestra*; *lo buttò per terra con uno spintone* | *Buttar giù una casa, un muro* = demolirli | *Buttar giù un boccone* = mangiare qualcosa in fretta | ♧ *Buttar giù due righe, una lettera, un tema* = scriverli in fretta | ♧ *Buttar giù* = prostrare, demoralizzare: *la malattia, il licenziamento lo ha buttato giù* | *Buttare all'aria* = mettere a soqquadro ◊ Sprecare: *buttare (via) il tempo, il denaro, il fiato* **2** Emettere, mandar fuori: *la ferita butta ancora sangue* ♦ *v.intr.* [aus. *avere*] Volgere, tendere: *il tempo butta al brutto* ♦ **buttarsi** *v.pr.* **1** Gettarsi, scagliarsi: *buttarsi dalla finestra, in acqua*; *si buttò tra le braccia della madre*; *buttarsi addosso a qualcuno* | ♧ *Buttarsi giù* = scoraggiarsi **2** ♧ Dedicarsi a qualcosa con entusiasmo: *si è buttato a capofitto nel lavoro*; *buttarsi a studiare.*

butterato [but-te-rà-to] *agg.* Segnato dalle cicatrici lasciate dal vaiolo sulla pelle: *un uomo con il viso butterato.*

buzzurro [buz-zùr-ro] *s.m.* Persona rozza, ignorante, villana Ⓢ cafone.

bypassare [by-pas-sà-re; pron. *baipassàre*] *v.tr.* Aggirare, eludere: *bypassare un problema.*

byte [parola inglese; pron. *bàit*] *s.m.invar.* In informatica, unità di misura della quantità di dati, corrispondente a 8 bit.

c, C

c *s.f.* o *m.* Terza lettera dell'alfabeto italiano; è una consonante e quando è da sola si pronuncia *ci*; ha suono dolce davanti a *e* ed *i* (*cera, ciclo*) e suono duro davanti ad *a, o, u* (*casa, coro, cura*), davanti a consonante (*classe, acre*) e quando è seguita da *h* (*barche, parche*) ◊ *C*, numero romano equivalente a *cento*.

cabina [ca-bì-na] *s.f.* **1** Cameretta a bordo delle navi **2** Vano per passeggeri o per guidatori e piloti su vari mezzi di trasporto: *la cabina dell'ascensore, della funivia*; *cabina di pilotaggio* **3** Piccolo ambiente per usi vari: *cabina telefonica, elettorale, di proiezione* ◊ Piccolo locale che serve da spogliatoio negli stabilimenti balneari.

cabrata [ca-brà-ta] *s.f.* Manovra con cui un aereo si dispone con la prua verso l'alto Ⓢ impennata.

cacao [ca-cà-o] *s.m.* Albero tropicale di origine americana, con frutti contenenti semi simili a mandorle ◊ La polvere marrone, ricavata tostando e macinando i semi della pianta, che costituisce il principale ingrediente del cioccolato.

cacare [ca-cà-re] *v.tr.* e *v.intr.* [*càco, càchi*; aus. *avere*] Defecare, andare di corpo.

cacca [càc-ca] *s.f.* Feci, escrementi (spec. nel linguaggio infantile): *hai fatto la cacca?*

caccia [càc-cia] *s.f.* [pl. *–ce*] **1** Attività di ricerca, cattura o uccisione di animali selvatici: *caccia alla lepre, al cinghiale* **2** Ricerca, inseguimento di persone e mezzi: *dare la caccia a un evaso, a un'automobile* **3** ♧ Ricerca assidua: *andare a caccia di soldi, di notizie.*

cacciare [cac-cià-re] *v.tr.* **1** Cercare di uccidere o catturare animali selvatici: *cacciare la selvaggina* **2** Mandare via con la forza o con male parole: *lo hanno cacciato fuori di casa* **3** Introdurre, mettere Ⓢ ficcare: *cacciarsi le mani in tasca*; *dove ho cacciato le chiavi?* **4** Tirar fuori: *non vuole cacciare i soldi* ◊ Emettere con la voce: *cacciare un urlo* ♦ **cacciarsi** *v.pr.* Mettersi, ficcarsi (anche ♧): *si è cacciato nei pasticci* ◊ Andare a finire, nascondersi: *dove ti eri cacciato?*

cacciata [cac-cià-ta] *s.f.* Allontanamento, espulsione violenta: *la cacciata degli invasori.*

cacciatore [cac-cia-tó-re] *s.m.* [f. *–trice*] Chi pratica la caccia.

cacciavite [cac-cia-vì-te] *s.m.invar.* Arnese per stringere e allentare le viti.

cache [parola inglese; pron. corrente *caš*] *s.f. invar.* Nei computer, parte della memoria in cui sono registrate le operazioni più frequenti, in modo da poterle rapidamente recuperare su richiesta.

cachemire [parola inglese; pron. *càšmir*] *s.m. invar.* Lana a pelo lungo ricavata da una razza di capre della regione indiana del Kashmir ◊ Il tessuto leggero e morbido che si ricava da tale lana: *un golf di cachemire.*

cachet [parola francese; pron. corrente *cascé*] *s.m.invar.* **1** Capsula contenente un farmaco in polvere, spec. un analgesico: *prendere un cachet contro il mal di testa* **2** Colorante per capelli: *farsi un cachet* **3** Compenso per una prestazione saltuaria.

cacio [cà-cio] *s.m.* Formaggio.

caciotta [ca-ciòt-ta] *s.f.* Formaggio tenero di latte di vacca o di pecora in forme rotonde.

cactus [càc-tus] *s.m.* Genere di piante originarie delle zone calde e aride, con fusto carnoso e foglie ridotte ad aculei.

cadauno [ca-da-ù-no] *pronome indef.* Ciascuno: *i bicchieri costano due euro cadauno.*

cadavere [ca-dà-ve-re] *s.m.* Il corpo umano dopo la morte.

cadente [ca-dèn-te] *agg.* **1** Che sta andando in rovina: *un edificio cadente* **2** *Stella cadente* = meteora | *Sole cadente* = che tramonta.

cadere [ca-dé-re] *v.intr.* [pass.rem. *càddi, cadésti*; fut. *cadrò*; cond.pres. *cadrèi*; aus. *essere*] **1** Andare, venire giù Ⓢ cascare, crollare: *cadere a terra*; *cade la neve*; *gli cadono i capelli*; *è caduto il tetto* **2** Scendere verso il basso, verticalmente: *un ciuffo le cadeva sulla fronte*; *una roccia che cade a picco sul mare* **3** ♧ Venire sconfitto, arrendersi: *è caduto il governo*; *la città è caduta* ◊ Venire ucciso: *cadere in battaglia* **4** ♧ Venire a trovarsi, incorrere (in qualcosa di negativo): *cadere in* *miseria*; *cadere in errore*; *cadere in una trappola* **5** ♧ Capitare: *gli cadde sotto gli occhi un annuncio*; *il Natale quest'anno cade di domenica.*

caduco [ca-dù-co] *agg.*[pl.m. *–chi*] Destinato a durare poco Ⓢ effimero, fugace Ⓒ duraturo: *la bellezza è caduca.*

caduta [ca-dù-ta] *s.f.* **1** Il cadere: *la caduta delle foglie, dei capelli* ◊ Capitombolo: *ha fatto una brutta caduta* **2** ♧ Fine, crollo, crisi di un potere politico: *la caduta dell'impero romano, del governo* ◊ Resa: *la caduta di una città assediata.*

caffè [caf-fè] *s.m.* **1** Pianta tropicale sempreverde con frutti rossi a bacca contenenti due chicchi ◊ I chicchi della pianta; la polvere aromatica che si prepara tostando e macinando i chicchi ◊ La bevanda amara che si ricava dal caffè macinato: *bere un caffè*; *caffè caldo, freddo* **2** Locale pubblico in cui si consumano caffè e altre bevande Ⓢ bar.

caffettiera [caf-fet-tiè-ra] *s.f.* Recipiente per preparare e servire il caffè.

cafone [ca-fó-ne] *s.m.* Persona rozza, villana: *modi da cafone*; *si è comportato come un cafone.*

cagionare [ca-gio-nà-re] *v.tr.* Causare, procurare (spec. qualcosa di spiacevole): *cagionare un danno, un grande dolore.*

cagionevole [ca-gio-né-vo-le] *agg.* Debole, delicato, facile ad ammalarsi: *è di salute cagionevole.*

cagliare [ca-glià-re] *v.intr.* [aus. *essere*] Rapprendersi per effetto del caglio (detto del latte).

caglio [cà-glio] *s.m.* Sostanza acida con cui si fa coagulare il latte.

cagna [cà-gna] *s.f.* Femmina del cane.

cagnara [ca-gnà-ra] *s.f.* Chiasso di persone che litigano o si divertono.

caimano [cai-mà-no] *s.m.* Rettile simile al coccodrillo che vive nei fiumi dell'America centro-meridionale.

cala [cà-la] *s.f.* Insenatura marina piccola e poco profonda.

calabrone [ca-la-bró-ne] *s.m.* Grossa vespa di colore bruno con strisce gialle, che vola facendo un ronzio molto sonoro.

calamaio [ca-la-mà-io] *s.m.* Piccolo recipiente in cui un tempo si teneva l'inchiostro e nel quale si intingeva la penna.

calamaro [ca-la-mà-ro] *s.m.* Mollusco marino con dieci tentacoli che, se si vede in pericolo, emette un liquido nero per intorbidare l'acqua.

calamita [ca-la-mì-ta] *s.f.* Oggetto metallico dotato di forza magnetica Ⓢ magnete.

calamità [ca-la-mi-tà] *s.f.* Disastro, catastrofe che colpisce molte persone; vi sono *calamità naturali* (terremoti, alluvioni, siccità ecc.) e calamità provocate dall'uomo (guerra e simili).

calamitare [ca-la-mi-tà-re] *v.tr.* Attrarre fortemente: *riuscì a calamitare l'interesse di tutti.*

calare [ca-là-re] *v.tr.* Far scendere qualcosa con movimento lento e regolare: *i pescatori calarono le reti*; *calare una bara nella fossa* ◊ Abbassare, diminuire: *calare i prezzi* ♦ *v.intr.* [aus. *essere*] **1** Scendere: *i lupi calavano dai monti* ◊ Tramontare: *il sole sta calando* **2** Abbassarsi, diminuire: *è calata la febbre*; *è calato di peso, di prezzo.*

calata [ca-là-ta] *s.f.* **1** Il calare | *La calata del sole* = il tramonto ◊ Invasione: *la calata dei barbari in Italia* **2** Abbassamento, diminuzione Ⓢ calo: *si prevede una calata della temperatura, dei prezzi.*

calca [càl-ca] *s.f.* Moltitudine di persone strette le une alle altre Ⓢ ressa, folla.

calcagno [cal-cà-gno] *s.m.* [pl. *i calcagni*; in alcune espressioni pl.f. *le calcagna*] La parte posteriore del piede Ⓢ tallone | ♧ *Stare alle calcagna di qualcuno* = seguirlo da vicino, controllarlo.

calcare[1] [cal-cà-re] *v.tr.* [*càlco, càlchi*] Premere con i piedi | ♧ *Calcare le orme di qualcuno* = seguirne l'esempio ◊ Premere con forza Ⓢ pressare, pigiare: *calcare la matita sul foglio*; *calcare i vestiti nella valigia.*

calcare[2] [cal-cà-re] *s.m.* Roccia usata come pietra da costruzione e per produrre calce e cemento.

calcareo [cal-cà-re-o] *agg.* Di calcare; che contiene calcare: *terreni calcarei.*

calce [càl-ce] *s.f.* Sostanza biancastra che si ricava (*calce viva*) dalla cottura del calcare; mescolata con acqua (*calce spenta*) viene usata come malta edilizia e per imbiancare i muri.

calcestruzzo [cal-ce-strùz-zo] *s.m.* Materiale da costruzione formato da un impasto di ghiaia, sabbia e cemento con acqua.

calciare [cal-cià-re] *v.tr.* Colpire col piede; in partic., nel calcio e nel rugby, colpire il pallone, eseguire un tiro: *calciare in porta.*

calciatore [cal-cia-tó-re] *s.m.* [f. *–trice*] Giocatore di calcio.

calcinaccio [cal-ci-nàc-cio] *s.m.* Pezzo di intonaco staccatosi da un muro o anche pezzo di muro in rovina.

calcio[1] [càl-cio] *s.m.* **1** Colpo dato col piede Ⓢ pedata: *mi ha dato un calcio nel sedere* **2** Gioco tra due squadre di undici giocatori che, colpendo un pallone con i piedi o di testa, cercano di mandarlo nella porta avversaria Ⓢ football, pallone **3** Nei giochi del calcio e del rugby, colpo dato con il piede al pallone: *calcio di punizione*.

calcio[2] [càl-cio] *s.m.* Parte inferiore, impugnatura di un fucile, di un mitra, di una pistola.

calcio[3] [càl-cio] *s.m.* Elemento chimico presente in natura in vari minerali, nelle acque e negli organismi animali e vegetali, ai quali è indispensabile.

calcistico [cal-cì-sti-co] *agg.* [pl.m. *–ci*] Relativo al gioco del calcio: *un torneo calcistico.*

calco [càl-co] *s.m.* [pl. *–chi*] **1** Impronta in negativo di una scultura, di un rilievo, ottenuta applicando sull'originale una sostanza molle (cera, argilla, gesso) ◊ Copia di un originale ottenuta riempiendo il calco negativo con gesso o con metalli fusi **2** Copia di un disegno ottenuta con la tecnica del ricalco.

calcolare [cal-co-là-re] *v.tr.* **1** Stabilire per mezzo di un calcolo: *calcolare una distanza, un prezzo* **2** Tener presente in un calcolo: *hai calcolato che lui non viene?* **3** Considerare, valutare attentamente: *bisogna calcolare i rischi di questa impresa* ◊ Prevedere: *quando calcoli di tornare?*

calcolatore [cal-co-la-tó-re] *agg.* e *s.m.* [f. *–trice*] **1** Che, chi esegue calcoli **2** ♧ Che, chi, prima di agire, valuta attentamente e con freddezza quello che più gli conviene, senza badare ai sentimenti ♦ *s.m.* Macchina per eseguire calcoli | *Calcolatore elettronico* = computer.

calcolatrice [cal-co-la-trì-ce] *s.f.* Macchina, tascabile o da tavolo, che esegue automaticamente calcoli.

calcolo [càl-co-lo] *s.m.* **1** Esecuzione di una o più operazioni matematiche **2** Conto, valutazione preventiva: *ho fatto il calcolo del tempo necessario a finire quel lavoro* | ♧ *Fare una cosa per calcolo* = badando solo al proprio interesse personale.

caldaia [cal-dà-ia] *s.f.* Apparecchio per riscaldare l'acqua in un impianto di riscaldamento o per produrre il vapore necessario ad azionare una macchina.

caldeggiare [cal-deg-già-re] *v.tr.* Sostenere, appoggiare decisamente: *caldeggiare una proposta.*

caldo [càl-do] *agg.* **1** Che produce una sensazione di calore; che ha una temperatura elevata: *lavarsi con acqua calda*; *giornata, stagione calda*; *climi, paesi caldi* **2** Detto di cibo, appena cotto: *mangiare un piatto caldo* **3** ♧ Affettuoso, cordiale: *un caldo saluto* **4** ♧ *Colori caldi* = quelli dal giallo al rosso **5** ♧ Caratterizzato da conflitti e tensioni: *aumentano nel mondo le zone calde* ♦ *s.m.* Temperatura elevata; sensazione di calore: *sta aumentando il caldo*; *che caldo!* | ♧ *A caldo* = immediatamente dopo che è successo qualcosa: *dimmi la tua impressione a caldo.*

calendario [ca-len-dà-rio] *s.m.* **1** Libretto, fascicolo che riporta in ordine progressivo i giorni dell'anno, suddivisi per mese e settimana e con l'indicazione di altri dati (santi, feste, fasi della luna ecc.) **2** Programma, ordinato cronologicamente, di un'attività: *calendario scolastico, sportivo.*

calibro [cà-li-bro] *s.m.* **1** Strumento per misurare con precisione le dimensioni di un pezzo meccanico **2** Diametro interno di una bocca da fuoco: *un cannone di grosso calibro*; *una pistola calibro 9.*

calice[1] [cà-li-ce] *s.m.* Bicchiere che dall'orlo si restringe sempre più verso il fondo, sostenuto da uno stelo che termina in una base circolare.

calice[2] [cà-li-ce] *s.m.* Involucro esterno del fiore.

caligine [ca-lì-gi-ne] *s.f.* Foschia provocata da polveri, ceneri, fumo sospesi nell'aria.

call center [locuzione inglese; pron. corrente *cól sènter*] *s.m.invar.* Centrale telefonica i cui operatori offrono informazioni e forniscono assistenza ai clienti di un'azienda.

calligrafia [cal-li-gra-fì-a] *s.f.* Arte, capacità di scrivere con caratteri chiari ed eleganti: *esercizio di calligrafia* ◊ Modo di scrivere Ⓢ scrittura: *una calligrafia incomprensibile.*

callo [càl-lo] *s.m.* Indurimento della pelle in punti sottoposti a continuo sfregamento o compressione: *avere i calli alle mani, ai piedi* | ♧ *Fare il callo a qualcosa* = farci l'abitudine.

calloso [cal-ló-so] *agg.* Pieno di calli: *le sue mani erano grosse e callose.*

calma [càl-ma] *s.f.* **1** Assenza di vento nell'aria e di onde sul mare **2** Quiete, pace, silenzio: *la calma della campagna, della notte* **3** ♧ Tranquillità, serenità di spirito: *non arrabbiarti, cerca di mantenere la calma* ◊ Assenza di fretta e di agitazione: *fare un lavoro con calma.*

calmante [cal-màn-te] *s.m.* Farmaco contro il dolore o contro uno stato di eccitazione Ⓢ sedativo.

calmare [cal-mà-re] *v.tr.* Attenuare, alleviare: *una medicina per calmare il dolore* ♦ **calmarsi** *v.pr.* Tornare calmo, tranquillo: *il mare si è calmato*; *cerca di calmarti* ◊ Diminuire d'intensità Ⓢ attenuarsi: *il dolore si è calmato.*

calmo [càl-mo] *agg.* **1** Che è in stato di calma: *mare calmo* **2** ♧ Tranquillo, sereno, non agitato: *un ragazzo calmo*; *cerca di restare calmo.*

calo [cà-lo] *s.m.* Diminuzione (anche ♧): *calo di peso, di prezzo, di prestigio* ◊ ♧ Diminuzione, perdita di efficienza (spec. fisica): *calo della vista*; *dopo la malattia ha avuto un grosso calo.*

calore [ca-ló-re] *s.m.* **1** Temperatura elevata di un corpo: *il calore del sole ha sciolto la neve* ◊ Sensazione di caldo: *sentiva un gran calore* **2** ♧ Intensa manifestazione di affetto, grande cordialità: *ci ha accolto con molto calore* ◊ Ardore, entusiasmo, fervore: *ha difeso la sua tesi con calore.*

caloria [ca-lo-rì-a] *s.f.* **1** Unità di misura della quantità di calore: è la quantità di calore necessaria per portare un 1 gr di acqua distillata da 14,5 a 15,5 gradi centigradi **2** Valore energetico degli alimenti: *un cibo ricco, povero di calorie.*

calorifero [ca-lo-rì-fe-ro] *s.m.* Impianto o apparecchio per riscaldare ambienti.

caloroso [ca-lo-ró-so] *agg.* **1** Che non soffre o soffre poco il freddo **2** ♧ Affettuoso, cordiale: *le fecero un'accoglienza calorosa.*

caloscia [ca-lò-scia] o **galoscia** *s.f.* [pl. *–sce*] Soprascarpa impermeabile che serve a riparare la scarpa dall'acqua.

calotta [ca-lòt-ta] *s.f.* Elemento, oggetto o struttura di forma semisferica, rotondeggiante, a cupola | *Calotte polari* = le due zone della superficie terrestre comprese tra i poli e i circoli polari: *calotta polare artica, antartica* | *Calotta cranica* = la parte superiore del cranio.

calpestare [cal-pe-stà-re] *v.tr.* **1** Pestare qualcosa con i piedi, camminarci sopra: *è vietato calpestare le aiuole* **2** ♧ Violare, offendere: *calpestare i diritti, i sentimenti di qualcuno.*

calpestio [cal-pe-stì-o] *s.m.* Passaggio continuo di persone che calpestano una superficie; il rumore che produce: *udiva un calpestio di passi.*

calumet [parola francese; pron. corrente *calumèt*] *s.m.invar.* Pipa sacra degli Indiani dell'America Settentrionale, che veniva fumata nelle riunioni dei capi delle tribù per consacrare la pace e le alleanze.

calunnia [ca-lùn-nia] *s.f.* Accusa falsa, fatta per incolpare di un reato una persona che si sa innocente, o messa in giro per screditarla: *la calunnia è punita dalla legge*; *le sue sono tutte calunnie!*

calunniare [ca-lun-nià-re] *v.tr.* Accusare falsamente Ⓢ denigrare.

calunnioso [ca-lun-nió-so] *agg.* Che costituisce una calunnia: *le sue sono insinuazioni calunniose.*

calura [ca-lù-ra] *s.f.* Caldo estivo intenso e afoso.

calvario [cal-và-rio] *s.m.* Sofferenza intensa e prolungata: *la sua vita è stata tutta un calvario.*

calvizie [cal-vì-zie] *s.f.* Perdita progressiva dei capelli ◊ Mancanza parziale o totale dei capelli.

calvo [càl-vo] *agg.* Privo di capelli Ⓢ pelato.

calza [càl-za] *s.f.* Indumento a maglia che ricopre il piede e parte della gamba, o tutta la gamba: *calze di cotone, di lana, di seta, di nailon.*

calzamaglia [cal-za-mà-glia] *s.f.* [pl. *calzemaglie* o *calzamaglie*] Indumento aderente di maglia che copre il corpo dai piedi al collo o dai piedi alla vita.

calzante [cal-zàn-te] *s.m.* Arnese di materiale vario che aiuta a calzare le scarpe Ⓢ calzascarpe.

calzare [cal-zà-re] *v.tr.* Infilare al piede, alle mani o anche ad altra parte del corpo un indumento aderente: *calzare scarpe, guanti*; *si calzò un berretto in testa* ◊ Portare, indossare: *calzava stivali* ♦ *v.intr.* [aus. *avere*] Essere aderente, adatto: *questa giacca ti calza benissimo* ◊ ♧ Essere appropriato alla situazione: *il tuo esempio calza a pennello.*

calzascarpe [cal-za-scàr-pe] *s.m.* Calzante.

calzatura [cal-za-tù-ra] *s.f.* (spec. al *pl.*) Nome generico di ogni tipo di scarpe, pantofole, sandali ecc.: *negozio di calzature.*

calzaturificio [cal-za-tu-ri-fì-cio] *s.m.* Fabbrica di calzature.

calzettone [cal-zet-tó-ne] *s.m.* Calza, in genere di lana, che arriva fino al ginocchio.

calzino [cal-zì-no] *s.m.* Calza corta, spec. per uomo e bambino.

calzolaio [cal-zo-là-io] *s.m.* Artigiano che fabbrica o aggiusta scarpe Ⓢ ciabattino.

calzoleria [cal-zo-le-rì-a] *s.f.* **1** Negozio che vende calzature **2** Bottega di calzolaio.

calzone [cal-zó-ne] *s.m.* **1** (al *pl.*) Indumento che ricopre le gambe e il corpo fino alla vita Ⓢ pantaloni: *calzoni lunghi, corti* **2** Tipo di pizza ripiegata a mezzaluna e farcita all'interno.

cambiale [cam-bià-le] *s.f.* Foglio su cui una persona firma l'impegno a pagare a un'altra persona, entro una certa data, una somma determinata.

cambiamento [cam-bia-mén-to] *s.m.* Mutamento, trasformazione.

cambiare [cam-bià-re] *v.tr.* **1** Sostituire una persona o una cosa con un'altra dello stesso genere: *cambiare medico, vestito, opinione* **2** Rendere diverso Ⓢ trasformare, mutare: *gli anni lo hanno molto cambiato*; *quell'incontro cambiò la sua vita* | *Cambiare aspetto* = essere diverso **3** Dare una cosa in cambio di un'altra; in partic., scambiare la moneta di un paese con quella di un altro paese, o una banconota di grosso taglio con altre di taglio minore: *cambieresti il tuo orologio con il mio anello?*; *cambiare euro con dollari*; *hai da* *cambiare cinquanta euro?* ⧫ *v.intr.* [aus. *essere*] Diventare diverso Ⓢ modificarsi, mutare: *è cambiato il tempo* ⧫ **cambiarsi** *v.pr.* Mettersi un altro abito: *non ho avuto ancora il tempo di cambiarmi.*

cambio [càm-bio] *s.m.* **1** Cambiamento, sostituzione: *cambio di programma, d'indirizzo, della biancheria* | *Dare il cambio a qualcuno* = sostituirlo **2** Scambio, permuta di una cosa con un'altra; in partic. scambio di una moneta con quelle di paesi diversi: *fare un cambio vantaggioso*; *oggi l'ufficio di cambio è chiuso* ◊ Il valore relativo di una moneta rispetto ad altre: *oggi il cambio dell'euro è sceso* **3** Nei veicoli, congegno meccanico che serve a variare il rapporto di trasmissione del moto tra due organi rotanti: *il cambio dell'auto, della bicicletta*; *leva, pedale del cambio.*

camera [cà-me-ra] *s.f.* **1** Locale di un'abitazione Ⓢ stanza, in partic. stanza da letto: *un appartamento di tre camere*; *è andato in camera sua* **2** Locale destinato a un particolare uso: *la camera operatoria di un ospedale* | *Camera oscura* = quella buia dove si sviluppano le pellicole fotografiche **3** *Camera d'aria* = tubo di gomma, gonfiato di aria, all'interno di un pneumatico **4** Macchina fotografica, o per riprese cinematografiche e televisive **5** In Italia, nome di una delle assemblee che costituiscono il Parlamento: *fare un discorso alla camera (dei deputati)* | *Le camere* = la camera dei deputati e il senato.

cameraman [parola inglese; pron. corrente *càmeramen*] *s.m.invar.* Tecnico televisivo addetto a una telecamera.

camerata[1] [ca-me-rà-ta] *s.f.* Grande stanza usata come dormitorio in caserme, collegi, ospedali.

camerata[2] [ca-me-rà-ta] *s.m.* [pl. *–ti*] Compagno d'armi, di studio, di lotta politica e simili.

cameratismo [ca-me-ra-tì-smo] *s.m.* Sentimento di amicizia e solidarietà tra compagni d'armi, di studio ecc.

cameriere [ca-me-riè-re] *s.m.* (spec. al *f. cameriera*) Persona di servizio in una casa privata; persona addetta alle pulizie in un albergo ◊ Persona addetta al servizio ai tavoli in bar e ristoranti.

camice [cà-mi-ce] *s.m.* Veste di tela, in genere bianca, indossata sopra l'abito da medici, infermieri, pittori e varie categorie di tecnici, spec. per motivi igienici.

camicetta [ca-mi-cét-ta] *s.f.* Camicia da donna.

camicia [ca-mì-cia] *s.f.* [pl. *–cie*] Indumento di tessuto generalmente leggero, abbottonato sul davanti, con maniche lunghe o corte, che copre il corpo dal collo fino alla vita: *camicia di cotone, di seta, di lana* | *Stare in maniche di camicia* = senza giacca | ♧ *Sudare sette camicie* = fare una grande fatica.

caminetto [ca-mi-nét-to] *s.m.* Piccolo camino per il riscaldamento di stanze.

camino [ca-mì-no] *s.m.* **1** Impianto domestico in cui si accende il fuoco per riscaldare ambienti e cuocere cibi; è costituito essenzialmente da un ripiano rialzato di pietra o mattoni (*focolare*) sormontato da una cappa che convoglia il fumo all'esterno attraverso una canna fumaria ◊ Canna fumaria: *il camino non tira* **2** Tubo che disperde all'esterno il fumo e gli altri prodotti della combustione Ⓢ fumaiolo, comignolo, ciminiera: *il camino del tetto.*

camion [cà-mion] *s.m.invar.* Autocarro.

camionetta [ca-mio-nét-ta] *s.f.* Piccolo autocarro veloce, usato spec. da forze militari e di polizia.

camionista [ca-mio-nì-sta] *s.m.f.* [pl.m. *–sti*] Conducente di camion.

cammello [cam-mèl-lo] *s.m.* Grosso mammifero ruminante con due gobbe sul dorso, usato come animale da trasporto ◊ Lana o tessuto ricavati dal pelo di cammello: *giacca di cammello.*

camminare [cam-mi-nà-re] *v.intr.* [aus. *avere*] **1** Spostarsi, muoversi a piedi: *camminare adagio, in fretta* **2** Funzionare (detto di congegni): *questo orologio non cammina.*

camminata [cam-mi-nà-ta] *s.f.* Percorso a piedi piuttosto lungo Ⓢ passeggiata: *ieri abbiamo fatto una camminata in montagna.*

camminatore [cam-mi-na-tó-re] *s.m.* [f. *–trice*] Persona che ama camminare, che cammina a lungo senza stancarsi.

cammino [cam-mì-no] *s.m.* Viaggio a piedi: *ripresero il cammino dopo la sosta*; *mettiamoci in cammino* ◊ La strada che si percorre Ⓢ percorso, tragitto: *un cammino lungo*; *siamo a metà cammino.*

camomilla [ca-mo-mìl-la] *s.f.* **1** Pianta erbacea con fiori simili a piccole margherite **2** Infuso dei fiori della pianta, dotato di leggera azione calmante.

camoscio [ca-mò-scio] *s.m.* Mammifero ruminante simile alla capra, agilissimo, che vive in zone di montagna ◊ Pelle di tale animale che, conciata, è usata per fare guanti, scarpe, giacche ecc.

campagna [cam-pà-gna] *s.f.* **1** Territorio al di fuori dei centri urbani, coltivato o incolto, in cui ci sono solo piccoli paesi o case sparse; zona rurale: *vive in campagna*; *una campagna fertile* **2** Durante una guerra, complesso di operazioni militari che si svolgono in un certo periodo di tempo e in un certo luogo: *le vittorie di Napoleone nella campagna d'Italia* **3** Complesso di attività e iniziative rivolte a uno scopo: *campagna elettorale, pubblicitaria.*

campana [cam-pà-na] *s.f.* **1** Strumento di bronzo a forma di vaso rovesciato, che suona percosso da un martello esterno o da un battaglio appeso all'interno: *suonare le campane a festa* **2** *Campana di vetro* = calotta di vetro usata per proteggere oggetti preziosi o delicati.

campanaccio [cam-pa-nàc-cio] *s.m.* Sonaglio, campanello di metallo che si appende al collo degli animali al pascolo per poterli ritrovare facilmente.

campanello [cam-pa-nèl-lo] *s.m.* Piccola campana che si fa suonare agitandola per il manico o, se sospesa, tirando una fune | *Campanello elettrico* = quello che suona percosso da un martelletto azionato a distanza da un pulsante elettrico.

campanile [cam-pa-nì-le] *s.m.* Costruzione a forma di torre che ospita nella sua parte superiore le campane; è in genere affiancata a una chiesa.

campare [cam-pà-re] *v.intr.* [aus. *essere*] Vivere, mantenersi in vita: *mio nonno è campato 90 anni.*

campeggiare [cam-peg-già-re] *v.intr.* [aus. *avere*] Attendarsi all'aria aperta, fare campeggio: *campeggiare in riva al mare.*

campeggiatore [cam-peg-gia-tó-re] *s.m.* [f. *-trice*] Chi fa del campeggio; chi sta in un campeggio.

campeggio [cam-pég-gio] *s.m.* **1** Forma di turismo in cui si vive all'aperto dormendo in tende, roulotte, camper ecc.: *fare del campeggio* **2** Luogo attrezzato per campeggiare Ⓢ camping: *ci siamo fermarti a un campeggio in riva al mare.*

camper [parola inglese; pron. corrente *càmper*] *s.m.invar.* Autocarro leggero attrezzato per poterci abitare durante viaggi e vacanze.

campestre [cam-pè-stre] *agg.* Dei campi, della campagna Ⓢ agreste, rurale: *vita campestre.*

camping [parola inglese; pron. corrente *chèmpin*] *s.m.invar.* Campeggio attrezzato.

campionario [cam-pio-nà-rio] *s.m.* Raccolta ordinata di campioni di merci, da mostrare ai possibili acquirenti.

campionato [cam-pio-nà-to] *s.m.* Gara o serie di gare sportive per l'assegnazione del titolo di campione a un atleta o a una squadra: *campionato di calcio, di basket; campionati mondiali di ciclismo, di sci.*

campione [cam-pió-ne] *s.m.* **1** [f. *-essa*] Atleta o squadra che ha vinto un campionato o un torneo ◊ Atleta molto forte ◊ ♧ Chi eccelle in qualcosa: *è un campione in matematica* **2** Piccola quantità di una sostanza, di un prodotto, di una merce, che viene prelevata per esaminarne le caratteristiche e le qualità: *è stato prelevato un campione d'acqua per misurare l'inquinamento*; *un campione di vino, di tessuti* ♦ anche *agg.invar.* Che ha vinto un torneo, un campionato: *la squadra campione.*

campo [càm-po] *s.m.* **1** Superficie di terreno coltivata o coltivabile: *campo di grano, di patate*; *un campo abbandonato* ◊ (spec. al *pl.*) Campagna: *la vita dei campi* ◊ Spazio di terreno aperto: *un campo di neve* **2** Luogo di combattimento o di esercitazioni militari: *campo di battaglia, di manovre* **3** Accampamento: *i soldati levarono il campo all'alba* **4** Spazio di terreno attrezzato per attività sportive e ricreative o adibito ad altri usi particolari: *campo di calcio, di pallavolo, da tennis*; *campo d'aviazione*; *campo profughi* **5** *Campo visivo* = la parte dell'orizzonte che può essere abbracciata dall'occhio immobile **6** ♧ Settore, ambito di studi o di attività: *è un esperto in campo economico*; *non ne so nulla, non è il mio campo.*

camposanto [cam-po-sàn-to] *s.m.* [pl. *campisanti* o *camposanti*] Cimitero.

camuffare [ca-muf-fà-re] *v.tr.* Mascherare, travestire ♦ **camuffarsi** *v.pr.* Travestirsi, mascherarsi: *si camuffò da donna per non farsi riconoscere.*

canaglia [ca-nà-glia] *s.f.* Individuo malvagio, disonesto, senza scrupoli: *non fidarti di lui, è una canaglia.*

canale [ca-nà-le] *s.m.* **1** Corso d'acqua artificiale, per l'irrigazione, la navigazione o altri scopi **2** Tratto di mare tra due terre (più ampio dello *stretto*): *canale della Manica* **3** Conduttura, tubazione per liquidi **4** Banda di frequenza attraverso cui trasmette un'emittente televisiva o radiofonica; l'emittente stessa: *un programma sul terzo canale.*

canalizzare [ca-na-liz-zà-re] *v.tr.* **1** Dotare di canali: *canalizzare una regione* **2** Incanalare: *canalizzare le acque di un torrente* ◊ ♧ Convogliare, indirizzare: *canalizzare il traffico.*

canalone [ca-na-ló-ne] *s.m.* Profondo solco scavato dalle acque sul fianco di una montagna.

canapa [cà-na-pa] *s.f.* **1** Pianta erbacea dal cui fusto si ricava una fibra tessile **2** La fibra della pianta, la corda e il tessuto che se ne ricava: *fune, sacco di canapa.*

canarino [ca-na-rì-no] *s.m.* Piccolo uccello dal piumaggio giallo chiaro o verde-giallo, spesso allevato in gabbia per il suo canto melodioso.

cancellare [can-cel-là-re] *v.tr.* **1** Eliminare qualcosa che è scritto o disegnato facendolo sparire (con una gomma, un cancellino o altro) o ricoprendolo (con un tratto di penna, con vernice): *cancellare un errore sul foglio, una frase alla lavagna, una scritta sul muro* **2** ♧ Annullare, eliminare: *cancellare un appuntamento, un debito.*

cancellata [can-cel-là-ta] *s.f.* Struttura di recinzione o di divisione formata da una serie di sbarre verticali di ferro o di legno distanziate tra loro in modo da impedire il passaggio: *la cancellata di un parco.*

cancellatura [can-cel-la-tù-ra] *s.f.* Segno fatto per cancellare; la traccia lasciata cancellando.

cancelleria [can-cel-le-rì-a] *s.f.* Il complesso del materiale che serve per scrivere (penne, matite, gomme, carta ecc.).

cancello [can-cèl-lo] *s.m.* Chiusura di un ingresso formata in genere da sbarre verticali di ferro o legno distanziate e unite tra loro da traverse.

cancerogeno [can-ce-rò-ge-no] *agg.* Che provoca il cancro: *sostanza concerogena.*

cancrena [can-crè-na] *s.f.* Processo di disfacimento, di putrefazione di una parte del corpo colpita da un'infezione o da un trauma.

cancro[1] [càn-cro] *s.m.* Costellazione e quarto segno dello zodiaco raffigurato come un granchio | *Tropico del Cancro* = quello dell'emisfero boreale.

cancro[2] [càn-cro] *s.m.* Tumore maligno.

candeggiare [can-deg-già-re] *v.tr.* Sbiancare un tessuto mediante candeggio.

candeggina [can-deg-gì-na] *s.f.* Sostanza liquida usata per far tornare bianca la biancheria ingiallita o macchiata.

candeggio [can-dég-gio] *s.m.* Trattamento del bucato domestico con sostanze che fanno tornare bianca la biancheria ingiallita o macchiata.

candela [can-dé-la] *s.f.* **1** Cilindro di cera o altra materia grassa con all'interno un cordoncino (*stoppino*), che si accende per illuminare **2** *Candela di accensione* = nei motori a scoppio, l'organo che produce la scintilla per accendere la miscela **3** Unità di misura dell'intensità luminosa: *una lampadina da sessanta candele.*

candelabro [can-de-là-bro] *s.m.* Grande candeliere a due o più bracci.

candeliere [can-de-liè-re] *s.m.* Arnese di materiale vario per sostenere una candela.

candelotto [can-de-lòt-to] *s.m.* Cilindro riempito con sostanze fumogene, lacrimogene o esplosive.

candidare [can-di-dà-re] *v.tr.* Presentare, proporre qualcuno come candidato per una carica o per un'elezione ♦ **candidarsi** *v.pr.* Presentarsi come candidato: *si è candidato alle elezioni.*

candidato [can-di-dà-to] *s.m.* **1** Chi si presenta o viene proposto per essere eletto o nominato a una carica o a un incarico **2** Chi si presenta a una prova d'esame, a un concorso.

candidatura [can-di-da-tù-ra] *s.f.* Proposta, presentazione di una persona come candidato a una carica: *annunciò la sua candidatura a sindaco.*

candido [càn-di-do] *agg.* **1** Di un bianco immacolato e splendente: *una tovaglia candida di bucato* **2** ♧ Innocente, puro, semplice fino all'ingenuità: *un'anima candida.*

candito [can-dì-to] *s.m.* Frutto o pezzo di frutta bollito in uno sciroppo di zucchero.

candore [can-dó-re] *s.m.* **1** Bianco intenso e splendente: *il candore della neve* **2** ♧ Innocenza; semplicità, ingenuità: *il candore dei bambini.*

cane [cà-ne] *s.m.* [f. *cagna*] **1** Mammifero domestico diffuso ovunque in numerose razze, diverse per aspetto, grandezza e attitudini: *cane da caccia, da guardia, da pastore* | *Vita da cani* = dura, insopportabile **2** ♧ Persona del tutto incapace nella propria professione: *quel cantante è un cane* **3** Parte di un'arma da fuoco che, azionata dal grilletto, fa partire il colpo ♦ usato in funzione di *agg.invar.* Molto intenso, tremendo: *fa un freddo cane*; *ho una fame cane* ◊ Orribile: *un tempo cane.*

canestro [ca-nè-stro] *s.m.* **1** Recipiente con o senza manico, fatto in genere di vimini intrecciati **2** Nella pallacanestro, il cerchio metallico con reticella senza fondo nel quale bisogna infilare la palla per segnare il punto; il punto stesso così segnato: *tirare nel canestro*; *fare canestro.*

cangiante [can-giàn-te] *agg.* Che cambia colore con il variare della luce e dell'angolo visuale (detto spec. di tessuti).

canguro [can-gù-ro] *s.m.* Mammifero australiano con zampe posteriori lunghe e robuste che gli consentono di compiere grossi salti; la femmina ha sul ventre una borsa (*marsupio*) nella quale porta i piccoli.

canicola [ca-nì-co-la] *s.f.* Il periodo più caldo dell'estate ◊ Calura, afa.

canile [ca-nì-le] *s.m.* **1** Casotto con cuccia per cani **2** Luogo in cui si allevano o custodiscono cani.

canino [ca-nì-no] *agg.* Di cane, di cani: *mostra canina* ♦ *agg.* e *s.m.* Nome di ciascuno dei quattro denti aguzzi che stanno ai lati degli incisivi.

canizie [ca-nì-zie] *s.f.* Il fenomeno per cui, in età

avanzata, i capelli diventano gradualmente bianchi ◊ Capelli bianchi: *la canizie gli dona.*

canna [càn-na] *s.f.* **1** Nome comune di varie specie di piante dal fusto lungo, sottile, flessibile e cavo, diviso da nodi: *canna comune*; *canna da zucchero*; *canna di bambù* **2** Oggetto fatto di canna o di forma simile a una canna: *canna da pesca*; *la canna del fucile, della bicicletta* **3** *Canna fumaria* = la parte del camino da cui esce il fumo.

cannella [can-nèl-la] *s.f.* Pianta dell'Asia tropicale, la cui corteccia interna, arrotolata in bastoncini o ridotta in polvere finissima è usata in cucina come aroma.

cannello [can-nèl-lo] *s.m.* Piccolo tubo di materiale vario: *il cannello della pipa.*

canneto [can-né-to] *s.m.* Terreno in cui crescono canne.

cannibale [can-nì-ba-le] *s.m.* Chi mangia carne umana Ⓢ antropofago.

cannibalismo [can-ni-ba-lì-smo] *s.m.* Il mangiare carne umana.

cannocchiale [can-noc-chià-le] *s.m.* Strumento ottico per vedere ingranditi oggetti molto lontani.

cannonata [can-no-nà-ta] *s.f.* **1** Il colpo di un cannone e il rombo che esso produce **2** ♧ Cosa eccezionale, di gran qualità: *quel film è una cannonata* **3** Nel calcio, tiro violento in porta.

cannone [can-nó-ne] *s.m.* Pezzo d'artiglieria con canna lunga, capace di scagliare a grande distanza proiettili esplosivi | ♧ *Essere un cannone* = essere molto bravo in qualcosa: *in matematica è un cannone.*

cannoneggiare [can-no-neg-già-re] *v.tr.* Bombardare con un fuoco d'artiglieria continuato: *cannoneggiare un forte, le postazioni nemiche.*

cannoniere [can-no-niè-re] *s.m.* **1** Soldato addetto al funzionamento di un pezzo d'artiglieria **2** Calciatore che realizza molti gol.

cannuccia [can-nùc-cia] *s.f.* [pl. *–ce*] Tubicino di paglia, di plastica o di vetro per sorbire bibite.

canoa [ca-nò-a] *s.f.* Barca primitiva scavata in un tronco d'albero ◊ Imbarcazione lunga e stretta, con remi a pagaia, per gare sportive.

canone [cà-no-ne] *s.m.* **1** Norma, modello: *canoni di bellezza, di comportamento* **2** Somma che si paga periodicamente per l'utilizzo di un bene o di un servizio: *canone d'affitto*; *canone televisivo.*

canottaggio [ca-not-tàg-gio] *s.m.* Lo sport che si pratica su imbarcazioni a remi.

canottiera [ca-not-tiè-ra] *s.f.* Maglietta leggera di lana o cotone, scollata e senza maniche.

canottiere [ca-not-tiè-re] *s.m.* Chi fa del canottaggio.

canotto [ca-nòt-to] *s.m.* Piccola imbarcazione per usi vari: *canotto di salvataggio*; *canotto pneumatico.*

canovaccio [ca-no-vàc-cio] *s.m.* **1** Pezzo di tela ruvida e resistente, usato per lo più come strofinaccio **2** Trama schematica di un'opera teatrale, cinematografica, letteraria.

cantante [can-tàn-te] *s.m.f.* Chi canta per professione: *un cantante lirico, di musica leggera.*

cantare [can-tà-re] *v.intr.* [aus. *avere*] **1** Modulare con la voce una melodia musicale: *cantare bene, male* ◊ Esibirsi come cantante: *cantare in pubblico* **2** Emettere suoni gradevoli (detto di animali): *si sentiva cantare l'usignolo* ♦ *v.tr.* **1** Eseguire con il canto: *cantare una canzone* **2** ♧ *Cantar vittoria* = esultare per la vittoria, proclamarsi vincitore: *aspettiamo di aver vinto prima di cantar vittoria!*

cantautore [can-tau-tó-re] *s.m.* [f. *–trice*] Cantante che canta canzoni composte da lui stesso.

canterellare [can-te-rel-là-re] *v.tr.* e *v.intr.* [aus. *avere*] Cantare a mezza voce Ⓢ canticchiare.

canticchiare [can-tic-chià-re] *v.tr.* e *v.intr.* [aus. *avere*] Canterellare.

cantiere [can-tiè-re] *s.m.* Area attrezzata e complesso di impianti per la costruzione e la riparazione di navi (*cantiere navale*) o di edifici, strade, ponti (*cantiere edile*).

cantilena [can-ti-lè-na] *s.f.* **1** Canto prolungato che segue una melodia semplice e monotona **2** Tono di voce monotono: *legge sempre con la stessa cantilena.*

cantina [can-tì-na] *s.f.* **1** Locale interrato o seminterrato di un edificio, impiegato per conservarvi il vino o come magazzino e ripostiglio famigliare **2** Stabilimento in cui si produce vino.

canto[1] [càn-to] *s.m.* **1** Successione di suoni musicali emessi dalla voce umana: *un canto melodioso, triste* ◊ L'arte e la tecnica di cantare: *lezione di canto* **2** Verso, suono melodioso di animali: *il canto dell'usignolo.*

canto[2] [càn-to] *s.m.* **1** Angolo interno o esterno formato da due pareti che si incontrano: *si sedette in un canto della stanza* **2** Parte: *mettiamo da canto le preoccupazioni* | *D'altro canto* = d'altronde | *Dal canto mio, tuo, suo* ecc. = per quanto mi riguarda, ti riguarda, lo riguarda ecc.

cantonata [can-to-nà-ta] *s.f.* Angolo formato dai muri esterni di un edificio tra una strada e l'altra |

♧ *Prendere una cantonata* = fare un grosso errore, prendere un abbaglio.

cantone [can-tó-ne] *s.m.* **1** Angolo, cantonata: *aspettare a un cantone della strada* **2** Ognuna delle regioni autonome in cui è suddivisa la Svizzera.

canuto [ca-nù-to] *agg.* Bianco (detto di capelli, barba e baffi) ◊ Che ha i capelli bianchi: *un vecchio canuto.*

canzonare [can-zo-nà-re] *v.tr.* Prendere in giro Ⓢ burlare, deridere: *smettetela di canzonarlo!*

canzone [can-zó-ne] *s.f.* Breve composizione per canto e strumenti, con melodia orecchiabile, tipica della musica leggera e popolare.

caos [cà-os] *s.m.* Grande disordine, enorme confusione: *la guerra gettò il paese nel caos*; *che caos c'è in questa stanza!*

caotico [ca-ò-ti-co] *agg.* [pl.m. *–ci*] Molto confuso e disordinato: *un traffico caotico.*

capace [ca-pà-ce] *agg.* **1** Che può contenere molte persone o cose Ⓢ ampio, spazioso, capiente: *uno stadio, una borsa capace* **2** Che è in grado di fare qualcosa: *è capace di leggere*; *un'auto capace di raggiungere alte velocità* ◊ Che si dimostra abile, esperto in quello che fa: *un chirurgo capace* ◊ Che può arrivare a compiere atti imprevedibili, avventati, disonesti, malvagi: *sarebbe capace di imbrogliare anche suo padre* | *È uno capace di tutto* = è uno che non ha scrupoli, che farebbe qualsiasi cosa per ottenere ciò che vuole.

capacità [ca-pa-ci-tà] *s.f.* **1** Possibilità di contenere Ⓢ capienza: *questo recipiente ha una capacità di dieci litri* **2** Attitudine, abilità, dote: *ha notevoli capacità organizzative*; *ha molte capacità.*

capacitarsi [ca-pa-ci-tàr-si] *v.pr.* Rendersi conto, farsi una ragione di qualcosa: *non riesco a capacitarmi di come sia potuta succedere una cosa del genere.*

capanna [ca-pàn-na] *s.f.* Piccola e semplice costruzione, fatta in genere di piccoli tronchi, canne, frasche e paglia.

capannello [ca-pan-nèl-lo] *s.m.* Gruppo di persone che si forma in una strada o in una piazza per osservare o commentare qualcosa che è accaduto lì o di recente.

capannone [ca-pan-nó-ne] *s.m.* Ampia e alta costruzione a un solo piano, adibita a usi vari (magazzino, officina, ricovero di automezzi o aeroplani ecc.).

caparbietà [ca-par-bie-tà] *s.f.* Ostinazione, testardaggine, cocciutaggine.

caparbio [ca-pàr-bio] *agg.* Che agisce di testa propria e insiste nelle proprie decisioni, senza tener conto delle difficoltà e dei pareri altrui Ⓢ ostinato, testardo, cocciuto: *è un tipo caparbio.*

caparra [ca-pàr-ra] *s.f.* Somma di denaro che, quando si stipula un contratto, viene versata da una delle parti all'altra come garanzia del rispetto del contratto.

capatina [ca-pa-tì-na] *s.f.* Breve visita: *vado a fare una capatina in città.*

capeggiare [ca-peg-già-re] *v.tr.* Essere a capo Ⓢ guidare, dirigere: *capeggiare una banda, una rivolta.*

capello [ca-pél-lo] *s.m.* Ognuno dei peli che ricoprono la parte superiore della testa: *capelli neri, biondi, bianchi, lunghi, corti*; *lavarsi i capelli* | ♧ *Averne fin sopra i capelli* = essere stufo.

capestro [ca-pè-stro] *s.m.* Fune con cappio per impiccare ◊ Forca, impiccagione: *l'assassino fu condannato al capestro.*

capezzale [ca-pez-zà-le] *s.m.* Letto, spec. di un malato o di un moribondo.

capezzolo [ca-péz-zo-lo] *s.m.* La parte sporgente al centro della mammella umana e dei mammiferi, dalla quale, nella femmina, esce il latte che succhiano i piccoli.

capiente [ca-pièn-te] *agg.* Di notevole capienza Ⓢ capace: *una borsa, uno stadio capiente.*

capienza [ca-pièn-za] *s.f.* Capacità di contenere: *lo stadio ha una capienza di centomila persone.*

capigliatura [ca-pi-glia-tù-ra] *s.f.* L'insieme dei capelli Ⓢ chioma.

capillare [ca-pil-là-re] *agg.* Che arriva ovunque, molto diffuso e dettagliato: *fare una propaganda capillare*; *una ditta con un'organizzazione di vendita capillare.*

capire [ca-pì-re] *v.tr.* [*capìsco, capìsci*] **1** Comprendere, intendere con la mente: *non ho capito questa frase*; *lo capisci che sono stanco?* ◊ Comprendere e valutare adeguatamente qualcuno o qualcosa: *solo tu mi capisci*; *non ha capito la gravità della situazione* ◊ Afferrare con l'udito Ⓢ sentire: *parla più forte, non ti capisco* **2** Considerare con comprensione Ⓢ giustificare: *ho cercato di capire il tuo comportamento, ma non ci riesco* ♦ **capirsi** *v.pr.* Intendersi, trovarsi d'accordo.

capitale[1] [ca-pi-tà-le] *agg.* **1** Di morte: *è stato condannato alla pena capitale* **2** ♧ Fondamentale, decisivo: *un fatto di capitale importanza.*

capitale[2] [ca-pi-tà-le] *s.f.* La città in cui ha sede il governo di uno stato: *Mosca è la capitale della Russia.*

capitale[3] [ca-pi-tà-le] *s.m.* **1** Somma di denaro che dà un interesse: *un capitale ben investito* **2** Grande quantità di denaro Ⓢ ricchezza, patrimonio: *quella casa vale un capitale*; *un uomo che ha un bel capitale.*

capitalismo [ca-pi-ta-lì-smo] *s.m.* Sistema economico-sociale fondato sulla proprietà e gestione dei grandi mezzi di produzione da parte di proprietari privati.

capitalista [ca-pi-ta-lì-sta] *s.m.f.* [pl.m. *–sti*] Chi possiede grandi capitali ♦ *agg.* Fondato sul capitalismo: *sistema capitalista.*

capitano [ca-pi-tà-no] *s.m.* **1** Nell'esercito, ufficiale che comanda una compagnia di soldati **2** Nella marina mercantile, comandante di una nave **3** Negli sport di squadra, l'atleta che ha la responsabilità del comportamento dei compagni.

capitare [ca-pi-tà-re] *v.intr.* [aus. *essere*] **1** Giungere, arrivare casualmente in un luogo o in un certo momento: *siamo capitati in un villaggio sperduto*; *sei capitato al momento giusto* **2** Accadere, succedere: *mi è capitata una disgrazia*; *capita spesso che venga a trovarmi* ◊ Presentarsi casualmente: *mi è capitato un buon affare.*

capitello [ca-pi-tèl-lo] *s.m.* Parte superiore della colonna.

capitolare [ca-pi-to-là-re] *v.intr.* [aus. *avere*] Arrendersi: *la città capitolò dopo un anno di assedio* ◊ ♧ Cedere: *mio figlio ha insistito così a lungo che alla fine ho dovuto capitolare.*

capitolo [ca-pì-to-lo] *s.m.* **1** Ognuna delle parti in cui è suddiviso un libro: *sono arrivato al terzo capitolo del romanzo* **2** *Avere voce in capitolo* = avere autorità, prestigio, influenza.

capitombolo [ca-pi-tóm-bo-lo] *s.m.* Caduta con la testa all'ingiù Ⓢ ruzzolone: *è scivolato e ha fatto un capitombolo per le scale.*

capo [cà-po] *s.m.* **1** Testa: *ho mal di capo* ◊ Mente: *che strane idee ti sei messo in capo!* **2** Chi ha funzioni di comando, chi dirige: *il capo dello stato, di un partito, di un'azienda* **3** Parte terminale di qualcosa Ⓢ estremità: *il capo di un filo*; *all'altro capo del paese c'è una fontana* ◊ Principio, inizio: *ricomincia da capo il tuo racconto* | *Andare a capo* = riprendere a scrivere dal principio della riga successiva **4** Ogni individuo di una determinata specie di animali: *un gregge, una mandria di cento capi* ◊ Singolo pezzo di vestiario, di biancheria: *ho molti capi da lavare* **5** Sporgenza di una costa nel mare Ⓢ promontorio: *doppiare un capo* ◊ Estremità di una penisola, di un continente: *Capo di Buona Speranza.*

capobanda [ca-po-bàn-da] *s.m.f.* [pl.m. *capibanda*; pl.f.invar.] **1** Capo di una banda di malviventi **2** Chi dirige una banda musicale.

capocchia [ca-pòc-chia] *s.f.* La testina tondeggiante con cui terminano fiammiferi, spilli, chiodi e simili.

capoclasse [ca-po-clàs-se] *s.m.f.* [pl.m. *capiclasse*; pl.f.invar.] Alunno che in una classe viene scelto o eletto per svolgere funzioni di vario tipo.

capodanno [ca-po-dàn-no] *s.m.* [pl. *capodanni*] Il primo giorno dell'anno: *il pranzo di capodanno.*

capofamiglia [ca-po-fa-mì-glia] *s.m.f.* [pl.m. *capifamiglia*; pl.f.invar.] Chi è a capo di un nucleo familiare.

capofila [ca-po-fì-la] *s.m.f.* [pl.m. *capifila*; pl.f. invar.] Chi è il primo di una fila.

capofitto [ca-po-fìt-to] *A capofitto* = con la testa all'ingiù: *cadere a capofitto* | ♧ *Gettarsi a capofitto in un'impresa* = con tutto l'impegno.

capogiro [ca-po-gì-ro] *s.m.* [pl. *capogiri*] Giramento di testa Ⓢ vertigine: *a guardare dall'alto mi viene il capogiro.*

capogruppo [ca-po-grùp-po] *s.m.f.* [pl.m. *capigruppo*; pl.f.invar.] Chi è a capo di un gruppo (spec. parlamentare o turistico).

capolavoro [ca-po-la-vó-ro] *s.m.* [pl. *capolavori*] L'opera migliore di un autore, di una corrente artistica, di un'epoca ◊ Opera di grande qualità: *un film che è un capolavoro* ◊ Esempio straordinario di una qualità: *la sua risposta è stata un capolavoro di astuzia.*

capolinea [ca-po-lì-ne-a] *s.m.* [pl. *capilinea* o invar.] Fermata iniziale o terminale di una linea di trasporto pubblico.

capolista [ca-po-lì-sta] *s.m.f.* [pl.m. *capilista*; pl.f.invar.] Chi, in una lista (spec. elettorale), occupa il primo posto | *La capolista del campionato* = la squadra che è in testa alla classifica.

capoluogo [ca-po-luò-go] *s.m.* [pl. *–ghi*] La città principale di una provincia o di una regione.

capomastro [ca-po-mà-stro] *s.m.* [pl. *capomastri* o *capimastri*] Chi controlla e dirige il lavoro dei muratori in un cantiere edile.

caporale [ca-po-rà-le] *s.m.* Militare che ha il grado più basso della gerarchia, appena sopra al soldato semplice.

caporeparto [ca-po-re-pàr-to] *s.m.f.* [pl.m. *capireparto*; pl.f.invar.] Chi dirige un reparto di una fabbrica, di un magazzino, di un ospedale ecc.

caposaldo [ca-po-sàl-do] *s.m.* [pl. *capisaldi*] **1** Posizione ben fortificata e difesa di uno schieramento militare: *aggirare, conquistare un caposaldo nemico* **2** ♧ Punto essenziale Ⓢ fondamento, cardine: *la libertà di voto è un caposaldo della democrazia.*

caposquadra [ca-po-squà-dra] *s.m.f.* [pl.m. *capisquadra*; pl.f. invar.] Chi comanda o dirige una squadra di soldati, di operai, di atleti ecc.

capostazione [ca-po-sta-zió-ne] *s.m.f.* [pl.m. *capistazione*; pl.f.invar.] Chi dirige una stazione ferroviaria.

capostipite [ca-po-stì-pi-te] *s.m.f.* [pl. *capostipiti*] Il più lontano antenato da cui ha avuto origine una famiglia.

capotavola [ca-po-tà-vo-la] *s.m.f.* [pl.m. *capitavola*; pl.f.invar.] Chi siede a capo di una tavola, cioè al posto d'onore; il posto stesso: *essere il capotavola*; *mettere l'ospite a capotavola.*

capotribù [ca-po-tri-bù] *s.m.f.* [pl.m. *capitribù*; pl.f.invar.] Capo di una tribù.

capottare [ca-pot-tà-re] o **cappottare** [cap-pot-tà-re] *v.intr.* [aus. *avere*] Ribaltarsi, capovolgersi, detto di aerei e di automezzi.

capoufficio [ca-po-uf-fi-cio] o **capufficio** [ca-puf-fi-cio] *s.m.f.* [pl.m. *capiufficio*; pl.f. invar.] Chi dirige un ufficio.

capoverso [ca-po-vèr-so] *s.m.* [pl. *capoversi*] L'inizio di un periodo, quando è scritto o stampato andando a capo (e di solito rientrato rispetto alle altre righe).

capovolgere [ca-po-vòl-ge-re] *v.tr.* [coniugato come *volgere*] **1** Rovesciare in modo che la parte di sopra venga a trovarsi sotto: *capovolgere una barca* **2** ♧ Trasformare completamente Ⓢ sovvertire: *con il suo intervento è riuscito a capovolgere la situazione.*

cappa [càp-pa] *s.f.* **1** Ampio mantello con cappuccio **2** La parte del camino che sporge dalla parete sopra il focolare o sopra i fornelli per convogliare fumi e vapori verso la canna fumaria.

cappella [cap-pèl-la] *s.f.* Piccolo edificio sacro, che può essere sia isolato, sia incorporato in un edificio più grande (palazzo, ospedale, convento) ◊ Ciascuna delle profonde nicchie che, nelle navate laterali delle chiese, contengono altari dedicati alla Madonna o ai santi.

cappello [cap-pèl-lo] *s.m.* Copricapo di forma e materiale vari: *cappello da uomo, da donna*; *cappello di feltro, di pelliccia, di paglia.*

cappio [càp-pio] *s.m.* **1** Tipo di nodo che si scioglie tirando uno dei due capi della corda **2** Laccio a un'estremità di una corda, che si stringe sempre più tirando l'altra estremità Ⓢ nodo scorsoio, capestro.

cappottare vedi **capottare**.

cappotto [cap-pòt-to] *s.m.* **1** Pesante soprabito invernale **2** *Fare, dare cappotto* = vincere una gara o una partita non facendo segnare neppure un punto all'avversario.

cappuccino [cap-puc-cì-no] *s.m.* Bevanda di caffè con aggiunta di latte schiumoso.

cappuccio [cap-pùc-cio] *s.m.* **1** Copricapo di forma appuntita fissato al saio dei frati e al bavero di soprabiti, impermeabili e indumenti sportivi **2** Oggetto che serve da copertura o rivestimento: *il cappuccio della biro*; *fare un cappuccio di stagnola alla bottiglia.*

capra [cà-pra] *s.f.* Mammifero ruminante domestico, con corna curvate all'indietro e pelo lungo e liscio; è allevato per il latte, la carne e la pelle.

capriccio [ca-prìc-cio] *s.m.* Voglia improvvisa e insistente di avere o fare qualcosa, spec. se stravagante o non necessario: *soddisfare un capriccio* | *Fare i capricci* = impuntarsi, fare le bizze, disperarsi per cose da poco, come fanno soprattutto i bambini.

capriccioso [ca-pric-ció-so] *agg.* **1** Pieno di capricci, che fa capricci: *un bimbo capriccioso* **2** ♧ Incostante, mutevole: *tempo capriccioso.*

capricorno [ca-pri-còr-no] *s.m.* **1** Mammifero simile alla capra **2** Costellazione e decimo segno dello zodiaco | *Tropico del Capricorno* = quello dell'emisfero australe.

caprino [ca-prì-no] *agg.* Di capra: *formaggio caprino.*

capriola [ca-pri-ò-la] *s.f.* Salto che si fa lanciando le gambe in aria dopo aver puntato a terra le mani e la testa, in modo da compiere una completa giravolta su se stessi ◊ Caduta, capitombolo.

capriolo [ca-pri-ò-lo] *s.m.* Mammifero selvatico simile al cervo ma con corna più ridotte.

capro [cà-pro] *s.m.* Maschio della capra | ♧ *Capro espiatorio* = persona su cui si fanno ricadere colpe e responsabilità che non sono sue.

capsula [cà-psu-la] *s.f.* Nome generico di involucri o contenitori di forma tondeggiante o cilindrica | *Capsula farmaceutica* = involucro che contiene un preparato medicinale | *Capsula dentaria* = il rivestimento di un dente | *Capsula per bottiglie* = quella, di metallo o plastica, per chiuderle ermeticamente | *Capsula spaziale* = la parte di un veicolo spaziale che contiene l'equipaggio e le apparecchiature.

captare [ca-ptà-re] *v.tr.* Procurarsi, ottenere: *cercava di captare la sua fiducia* ◊ Attirare a sé, catturare (anche ♧): *pannelli che captano l'energia solare*; *captare l'interesse degli ascoltatori* ◊ Ricevere: *un'antenna che capta molti programmi televisivi* ◊ ♧ Cogliere, intuire: *captare le intenzioni dell'avversario.*

capufficio vedi **capoufficio**.

carabina [ca-ra-bì-na] *s.f.* Fucile di precisione.

carabiniere [ca-ra-bi-niè-re] *s.m.* Militare appartenente a uno speciale corpo dell'esercito italiano che svolge funzioni di polizia.

caraffa [ca-ràf-fa] *s.f.* Recipiente panciuto a imboccatura larga, con beccuccio e dotato di manico, per servire liquidi in tavola.

caramella [ca-ra-mèl-la] *s.f.* Pasticca a base di zucchero cotto, aromi vari e coloranti.

caramello [ca-ra-mèl-lo] *s.m.* Zucchero fuso di color bruno rossiccio che, raffreddando, assume un aspetto vetroso; si usa in pasticceria e come colorante naturale.

carato [ca-rà-to] *s.m.* **1** Unità di misura della percentuale di oro puro contenuta in una lega metallica **2** Unità di misura del peso delle pietre preziose e delle perle: *un diamante da 10 carati.*

carattere [ca-ràt-te-re] *s.m.* **1** Ogni singolo segno dotato di significato in un sistema di scrittura (quindi ognuna delle lettere nel sistema alfabetico): *la parola "pietra" è formata da sei caratteri* ◊ Tipo di segno usato nella scrittura a mano, a macchina o nella stampa: *caratteri maiuscoli, minuscoli*; *carattere tondo, corsivo* **2** Qualità, aspetto particolare per cui qualcosa si riconosce e distingue Ⓢ caratteristica: *i caratteri distintivi di una razza, di una lingua* ◊ Tipo, genere: *hanno problemi di carattere economico*; *cerimonia di carattere religioso* **3** Modo di essere e di comportarsi che caratterizza la personalità di un individuo Ⓢ natura, indole, temperamento: *essere di carattere aperto, chiuso, scontroso, dolce*; *avere un carattere difficile, un brutto carattere* ◊ Personalità forte, decisa; forza di volontà, costanza: *è un uomo di carattere*; *mancare di carattere.*

caratteristica [ca-rat-te-rì-sti-ca] *s.f.* Qualità particolare, proprietà specifica, tipica, peculiare di una cosa o di una persona.

caratteristico [ca-rat-te-rì-sti-co] *agg.* [pl.m. *-ci*] Proprio, tipico di qualcosa o di qualcuno, in quanto lo qualifica e lo contraddistingue: *parla con un caratteristico accento toscano*; *un'esposizione di prodotti caratteristici della regione.*

caratterizzare [ca-rat-te-riz-zà-re] *v.tr.* Costituire la caratteristica propria di qualcuno o qualcosa Ⓢ contraddistinguere: *i sintomi che caratterizzano una malattia*; *ha reagito con l'impulsività che lo caratterizza.*

caravan [parola inglese; pron. corrente *càravan*] *s.m.invar.* Roulotte.

carboidrato [car-bo-i-drà-to] *s.m.* Ogni composto organico costituito da carbonio, ossigeno e idrogeno, come gli zuccheri e l'amido (sono perciò ricchi di carboidrati pane, pasta, patate).

carboncino [car-bon-cì-no] *s.m.* Bastoncino di carbone di legna usato per disegnare ◊ Disegno eseguito a carboncino.

carbone [car-bó-ne] *s.m.* Sostanza solida di colore nero, costituita principalmente da carbonio, derivata dalla decomposizione nel sottosuolo in ere antichissime di materia vegetale (*carbon fossile*) o ottenuta dalla combustione di legna in assenza d'aria (*carbone vegetale* o *di legna*); è usato principalmente come combustibile per il suo alto potere calorifico.

carbonio [car-bò-nio] *s.m.* Elemento chimico diffusissimo in natura come costituente essenziale degli esseri viventi oltre che come principale componente del carbone.

carbonizzare [car-bo-niz-zà-re] *v.tr.* Trasformare in carbone (la legna) ◊ Bruciare riducendo a qualcosa di simile al carbone: *l'incendio aveva carbonizzato i corpi delle vittime.*

carburante [car-bu-ràn-te] *s.m.* Combustibile liquido o gassoso che, mescolato con l'aria, si usa come miscela esplosiva nei motori a scoppio.

carburatore [car-bu-ra-tó-re] *s.m.* Nei motori a scoppio, apparecchio in cui l'aria e il carburante liquido vengono miscelati.

carcassa [car-càs-sa] *s.f.* **1** Ossatura, scheletro di un animale morto ◊ Ossatura, struttura di sostegno di una macchina, di un mezzo di trasporto, di un edificio **2** ♧ Nave, aereo, veicolo molto vecchi e malridotti.

carcerato [car-ce-rà-to] *agg.* e *s.m.* Che, chi è rinchiuso in carcere Ⓢ detenuto.

carcerazione [car-ce-ra-zió-ne] *s.f.* **1** Il mettere in carcere qualcuno: *il giudice ha emesso un ordine di carcerazione* **2** Prigionia, detenzione.

carcere [càr-ce-re] *s.m.* Luogo in cui viene rinchiuso chi deve scontare una condanna penale Ⓢ prigione ◊ Carcerazione, detenzione: *è stato condannato a cinque anni di carcere.*

carceriere [car-ce-riè-re] *s.m.* Agente di custodia in un carcere Ⓢ secondino.

cardiaco [car-dì-a-co] *agg.* [pl.m. *–ci*] Del cuore.

cardinale [car-di-nà-le] *agg.* **1** *Numeri cardinali* = quelli che indicano la quantità di elementi che costituiscono un insieme (per es. uno, sette, cento, duemila) **2** *Punti cardinali* = quelli che indicano i punti principali di orientamento sull'orizzonte (nord, sud, est, ovest) ♦ *s.m.* Nella chiesa cattolica, ecclesiastico che ha il più alto grado dopo quello di pontefice; viene nominato dal papa ed entra a far parte del *collegio dei cardinali,* al quale spetta anche l'elezione del nuovo papa.

cardine [càr-di-ne] *s.m.* **1** Ferro a forma di perno sul quale si infilano e ruotano le ante di porte e finestre **2** ♧ Base, fondamento: *la famiglia è il cardine della società.*

cardiologia [car-dio-lo-gì-a] *s.f.* Settore della medicina che studia il cuore e le sue malattie.

cardiologo [car-diò-lo-go] *s.m.* [pl.m. *–gi*] Medico specialista nelle malattie del cuore.

carena [ca-rè-na] *s.f.* La parte che rimane sommersa dello scafo di un'imbarcazione.

carente [ca-rèn-te] *agg.* Mancante, insufficiente, incompleto: *alimentazione carente di vitamine*; *un lavoro assai carente.*

carenza [ca-rèn-za] *s.f.* Mancanza, insufficienza: *museo chiuso per carenza di personale.*

carestia [ca-re-stì-a] *s.f.* Mancanza o grande scarsità di viveri dovuta a cause naturali (siccità, inondazioni) o politico-sociali (guerre, rivoluzioni, crisi economiche).

carezza [ca-réz-za] *s.f.* Dimostrazione di affetto fatta passando leggermente con la mano sulla testa, sul volto o sul corpo: *la mamma fece una carezza al figlio.*

cargo [càr-go] *s.m.* [pl. *–ghi*] Nave o aereo da trasporto di merci.

cariato [ca-rià-to] *agg.* Colpito dalla carie: *ho un dente cariato.*

carica [cà-ri-ca] *s.m.* **1** Il materiale, l'energia o il congegno necessari al funzionamento di un apparecchio, di un meccanismo: *si è esaurita la carica della penna, dell'orologio*; *rompere la carica di un giocattolo* ◊ L'esplosivo contenuto nei bossoli dei proiettili delle armi da fuoco, per farli partire (*carica di lancio*), o nelle bombe e nelle mine, per farle scoppiare (*carica di scoppio*) **2** ♧ Energia spirituale: *una persona dotata di una grande carica di entusiasmo* **3** Incarico, ufficio, spec. pubblico ed elevato: *ricoprire la carica di sindaco, di ministro* **4** Azione impetuosa di attacco da parte di truppe armate: *una carica di cavalleria, della polizia* **5** Nel calcio e in altri sport, spinta a un giocatore avversario per ostacolarlo nell'azione.

caricare [ca-ri-cà-re] *v.tr.* [*càrico, càrichi*] **1** Collocare sopra un mezzo di trasporto quello che deve essere trasportato: *caricare una nave di merci, le merci sulla nave*; *caricare la legna sul mulo*; *si caricò lo zaino in spalla* ◊ Portare come carico: *questa barca non può caricare più di cinque passeggeri* **2** Gravare, riempire con un peso eccessivo, materiale o morale: *caricare uno scaffale di libri*; *caricare qualcuno di lavoro, di compiti, di responsabilità* **3** Fornire di carica: *caricare la pipa, l'orologio, una batteria, un'arma* **4** Attaccare con impeto: *la polizia caricò i dimostranti* ◊ Nel calcio e in altri sport, urtare un avversario ♦ **caricarsi** *v.pr.* Gravarsi di un carico eccessivo (anche ♧): *caricarsi di bagagli, di impegni.*

caricatura [ca-ri-ca-tù-ra] *s.f.* Ritratto che accentua o deforma i lineamenti caratteristici di una persona per ottenere un effetto comico o satirico ◊ Descrizione, imitazione che cerca di mettere in ridicolo persone, ambienti, situazioni.

carico [cà-ri-co] *agg.* [pl.m. *–chi*] **1** Che porta un peso, un carico: *una nave carica di frutta*; *andare in giro carico di pacchi* **2** Pieno, sovraccarico (anche ♧): *un albero carico di frutti*; *un uomo carico di debiti* **3** Intenso (detto di colore): *un azzurro carico* ◊ Molto forte (detto di bevanda): *caffè, tè carico* **4** Caricato, pronto a funzionare: *orologio, fucile carico* ♦ *s.m.* **1** L'operazione del caricare un mezzo di trasporto: *fare il carico dei bagagli* ◊ Ciò che si carica, si trasporta: *un carico di banane*; *portare un carico pesante*; *il camion viaggiava a pieno carico* **2** ♧ Onere, peso: *ha un grosso carico di lavoro* | *A carico di* = mantenuto, pagato da: *essere a carico della famiglia*; *le spese di trasporto sono a carico dell'acquirente.*

carie [cà-rie] *s.f.* Malattia che corrode i denti.

carino [ca-rì-no] *agg.* Grazioso, piacevole: *una ragazza carina* ◊ Amabile, gentile: *è stato sempre carino con me.*

carisma [ca-rì-sma] *s.m.* [pl. *–smi*] Prestigio, ascendente, forza di persuasione di cui è dotata una persona: *un leader con un grande carisma.*

carità [ca-ri-tà] *s.f.* **1** Sentimento di amore e solidarietà per il prossimo; disposizione ad aiutare chi ha bisogno: *un uomo pieno di carità* **2** Atto concreto di aiuto, di soccorso: *fatemi la carità di venirlo a trovare!* ◊ Elemosina: *fare, chiedere la carità* **3** Favore, cortesia: *fatemi la carità di andarvene*; *non glielo dire, per carità!*

caritatevole [ca-ri-ta-té-vo-le] *agg.* Che dimostra

spirito di carità: *un uomo, un'azione caritatevole.*

carnagione [car-na-gió-ne] *s.f.* L'aspetto, il colorito della pelle umana, in partic. del volto: *carnagione rosea, chiara, scura, delicata.*

carnale [car-nà-le] *agg.* Che nasce dai sensi; che ha come scopo i rapporti sessuali: *desideri carnali* | *Violenza carnale* = violenza sessuale, stupro.

carne [càr-ne] *s.f.* **1** La parte costituita da muscoli nel corpo dell'uomo e degli animali **2** Alimento costituito dalla parte muscolare degli animali commestibili: *carne bovina, suina, ovina* | ♧ *Mettere troppa carne al fuoco* = affrontare troppe questioni contemporaneamente.

carnefice [car-né-fi-ce] *s.m.* Chi ha il compito di eseguire le condanne a morte Ⓢ boia.

carneficina [car-ne-fi-cì-na] *s.f.* Uccisione violenta di molte persone Ⓢ massacro, strage.

carnevale [car-ne-và-le] *s.m.* Il periodo e in partic. la settimana che precede la quaresima, durante cui si organizzano tradizionalmente feste, balli, cortei mascherati e altri divertimenti.

carnet [parola francese; pron. corrente *carné*] *s.m.invar.* Taccuino, libretto.

carniere [car-niè-re] *s.m.* Borsa a tracolla in cui i cacciatori mettono la selvaggina uccisa.

Carnivori [Car-nì-vo-ri] *s.m.pl.* Gruppo di Mammiferi con denti aguzzi e taglienti, adatti a lacerare le carni.

carnivoro [car-nì-vo-ro] *agg.* e *s.m.* Detto di animale che si nutre esclusivamente o in prevalenza di carne.

caro [cà-ro] *agg.* **1** Che si ama, a cui si è affezionati: *un caro amico*; *un caro ricordo* ◊ Affettuoso: *vi mando un caro saluto* **2** Che si considera importante, prezioso: *la vita è cara a tutti* **3** Che costa molto: *un vestito caro* ◊ Che fa pagare un prezzo alto: *quel dentista è troppo caro* | ♧ *Vender cara la vita, la pelle* = difendersi fino all'ultimo ♦ usato come *avv.* A prezzo elevato: *pagare, vendere, comprare caro* | ♧ *Pagare caro* = scontare duramente: *pagherà caro quel che ha fatto* ♦ *s.m. I propri cari* = i genitori, i parenti e gli amici più stretti: *come stanno i tuoi cari?*

carogna [ca-ró-gna] *s.f.* **1** Corpo di animale morto: *gli avvoltoi si cibano di carogne* **2** ♧ Persona perfida e vile: *quella carogna ci ha traditi!*

carota [ca-rò-ta] *s.f.* Pianta erbacea largamente coltivata per la sua radice commestibile ◊ La radice della pianta, dalla polpa di color rosso-arancio.

carotide [ca-rò-ti-de] *s.f.* Ognuna delle due grandi arterie del collo che portano il sangue alla testa.

carovana [ca-ro-và-na] *s.f.* Gruppo di viaggiatori che, con animali e mezzi di trasporto, attraversa zone desertiche o pericolose ◊ Gruppo di veicoli che si spostano assieme o procedono incolonnati: *la carovana del circo*; *sull'autostrada si era formata una carovana di macchine.*

carovita [ca-ro-vì-ta] *s.m.* (solo al *sing.*) Alto costo dei beni di prima necessità.

carpire [car-pì-re] *v.tr.* [*carpìsco, carpìsci*] Sottrarre con l'inganno qualcosa a qualcuno o ottenerlo con l'astuzia Ⓢ estorcere, strappare: *riuscì a carpirgli del denaro*; *mi ha carpito un segreto.*

carponi [car-pó-ni] *avv.* Con le mani e le ginocchia a terra: *stare, camminare carponi.*

carrabile [car-rà-bi-le] e **carraio** [car-rà-io] *agg.* *Passo carrabile, carraio* = tratto di marciapiede davanti a un ingresso, inclinato in modo da consentire un facile passaggio dei veicoli.

carreggiabile [car-reg-già-bi-le] *agg.* e *s.f.* Detto di strada che può essere percorsa da veicoli.

carreggiata [car-reg-già-ta] *s.f.* Parte della strada riservata al traffico dei veicoli: *l'automobile ha sbandato ed è uscita dalla carreggiata.*

carrellata [car-rel-là-ta] *s.f.* **1** Ripresa cinematografica o televisiva effettuata muovendo in orizzontale la macchina da presa **2** ♧ Nel linguaggio giornalistico, rapida esposizione di notizie, di fatti: *il cronista ha fatto una carrellata sugli avvenimenti del giorno.*

carrello [car-rèl-lo] *s.m.* **1** Ripiano o vagoncino montato su ruote, usato per trasporto: *carrello portabagagli*; *il carrello del supermercato* **2** Negli aerei, il congegno fornito di ruote che permette il decollo e l'atterraggio.

carretta [car-rét-ta] *s.f.* Piccolo carro a due ruote per il trasporto di materiali, trainato da un solo animale | ♧ *Tirare la carretta* = fare il lavoro più pesante; condurre una vita stentata.

carrettiere [car-ret-tiè-re] *s.m.* Chi guida un carro o una carretta.

carretto [car-rét-to] *s.m.* Piccolo carro a due ruote, in genere trainato a mano o da un solo animale.

carriera [car-riè-ra] *s.f.* **1** Professione: *scegliere la carriera militare, di medico, di avvocato* ◊ Avanzamento di grado, affermazione nella propria professione, conquista di una posizione sociale ed economica più elevata: *far carriera, una rapida carriera*; *lo scandalo gli ha rovinato la carriera* **2** *A, di gran carriera* = a gran velocità: *correva a gran carriera*; *fuggì di gran carriera.*

carriola [car-riò-la] *s.f.* Piccola carretta con una

ruota e due stanghe, che si spinge o si tira a mano.

carro [càr-ro] *s.m.* **1** Veicolo da trasporto a due o a quattro ruote, trainato da animali: *attaccare il cavallo al carro* **2** Veicolo a trazione meccanica, per trasporto o per altre funzioni: *carro merci*; *carro attrezzi* | *Carro armato* = autoveicolo corazzato, cingolato e armato di cannone e mitragliatrici.

carrozza [car-ròz-za] *s.f.* **1** Veicolo a quattro ruote, trainato da cavalli, per il trasporto di persone **2** Vagone ferroviario per il trasporto di passeggeri.

carrozzabile [car-roz-zà-bi-le] *agg.* e *s.f.* Si dice di strada che può essere percorsa da veicoli d'ogni genere.

carrozzella [car-roz-zèl-la] *s.f.* **1** Sedia con grosse ruote, spinta a mano o da un motore, per il trasporto di invalidi **2** Carrozzina.

carrozzeria [car-roz-ze-rì-a] *s.f.* **1** Parte esterna dell'autoveicolo che ricopre il vano del motore e ospita i passeggeri o le merci **2** Officina per la costruzione o la riparazione di carrozzerie.

carrozzina [car-roz-zì-na] *s.f.* Lettino montato su ruote, per il trasporto di neonati.

carrozzone [car-roz-zó-ne] *s.m.* Grosso veicolo trainato da cavalli o a motore, per il trasporto di persone e usato anche come abitazione (da nomadi, nei circhi ambulanti).

carrucola [car-rù-co-la] *s.f.* Macchina per sollevare o calare pesi, costituita da una ruota girevole con una scanalatura nella quale scorre una fune.

carta [càr-ta] *s.f.* **1** Materiale prodotto dalla lavorazione della cellulosa, costituito da fogli sottili e pieghevoli di forma, consistenza, grandezza e colore diversi a seconda degli usi: *carta da scrivere, da disegno, da pacchi, assorbente, igienica* **2** Documento: *carta d'identità, di credito* **3** Lista delle vivande e dei vini nei ristoranti Ⓢ menu | *Mangiare alla carta* = scegliendo dalla lista e non a prezzo fisso **4** *Carta geografica* = rappresentazione grafica, su scala e con simboli variabili, di una parte o di tutta la superficie terrestre: *carte fisiche, politiche, economiche, meteorologiche, automobilistiche* **5** *Carte da gioco* = cartoncini rettangolari su cui sono impressi segni, figure, numeri e simboli vari | *Fare le carte* = mescolarle e distribuirle | ♧ *Cambiare le carte in tavola* = confondere le cose, cercare di imbrogliare.

cartamoneta [car-ta-mo-né-ta] o **carta moneta** *s.f.* [pl. *cartemonete*] Moneta di carta emessa dallo stato Ⓢ banconota.

cartapesta [car-ta-pé-sta] *s.f.* [pl. *cartapeste* o *cartepeste*] Impasto di carta con acqua, gesso e colla, impiegato per fabbricare bambole, pupazzi, statue e simili.

cartastraccia [car-ta-stràc-cia] *s.f.* [pl. *cartestracce*] Carta già usata, da gettare: *il cestino della cartastraccia*.

cartella [car-tèl-la] *s.f.* **1** Foglio di carta o di cartoncino | *Cartella della tombola* = cartoncino con stampati 15 dei numeri da estrarre | *Cartella clinica* = foglio personale di ogni ricoverato in ospedale, contenente tutti i dati che lo riguardano **2** Foglio scritto a macchina: *ha scritto un saggio di trenta cartelle* **3** Custodia per carte e documenti, costituita da un foglio di cartone o plastica ripiegato in due **4** Borsa di pelle o altro materiale, usata spec. per riporvi documenti, libri e quaderni **5** Nei computer, contenitore di più *file* dello stesso genere, rappresentato sullo schermo da un'icona di forma rettangolare.

cartellino [car-tel-lì-no] *s.m.* **1** Cartoncino posto sopra o accanto a oggetti e merci, per indicarne caratteristiche, prezzo o altro **2** Nel calcio, cartoncino che l'arbitro mostra a un giocatore, di colore giallo per ammonirlo, rosso per espellerlo.

cartello [car-tèl-lo] *s.m.* Rettangolo (o quadro, cerchio, triangolo) di dimensioni e materiali vari, su cui sono stampati o raffigurati avvisi, scritte, disegni, segnali che devono essere visibili pubblicamente: *cartelli pubblicitari, stradali*; *i manifestanti portavano cartelli di protesta* ◊ L'avviso, il segnale contenuti in un cartello: *non hai visto il cartello di sosta vietata?*

cartellone [car-tel-ló-ne] *s.m.* **1** Manifesto contenente il programma di spettacoli teatrali o cinematografici, di manifestazioni sportive, musicali e simili; il programma stesso **2** Grande manifesto pubblicitario.

cartiera [car-tiè-ra] *s.f.* Stabilimento dove si fabbrica la carta.

cartina [car-tì-na] *s.f.* **1** Foglietto di carta sottile per arrotolare sigarette **2** Piccola carta geografica o topografica.

cartoccio [car-tòc-cio] *s.m.* Foglio di carta avvolto a forma di cono, usato, spec. un tempo, per incartare frutta o altre cose di poco valore.

cartolaio [car-to-là-io] *s.m.* Proprietario di una cartoleria.

cartoleria [car-to-le-rì-a] *s.f.* Negozio in cui si vendono carta, quaderni e oggetti e materiali per scrivere e disegnare.

cartolina [car-to-lì-na] *s.f.* Cartoncino rettangolare, in genere illustrato, usato per inviare tramite posta saluti o brevi comunicazioni.

cartoncino [car-ton-cì-no] *s.m.* **1** Tipo di cartone leggero e sottile **2** Biglietto di cartoncino: *un cartoncino di auguri.*

cartone [car-tó-ne] *s.m.* **1** Tipo di carta spessa, piuttosto rigida e resistente, impiegata spec. per confezionare scatole e fare imballaggi **2** Cassa, scatola di cartone e il suo contenuto: *comprare un cartone di birra* **3** *Cartone animato* = film realizzato fotografando una serie di disegni raffiguranti le diverse fasi separate del movimento di personaggi e figure, e ottenendo poi l'impressione di un movimento continuo grazie alla proiezione veloce dei fotogrammi.

cartuccia [car-tùc-cia] *s.f.* [pl. *–ce*] **1** La munizione delle armi da fuoco portatili, costituita da un cilindro (*bossolo*) contenente la carica di lancio e il proiettile **2** Piccolo contenitore di inchiostro usato come ricarica di penne stilografiche ◊ Serbatoio di inchiostro per stampanti.

casa [cà-sa] *s.f.* **1** Edificio a uno o più piani per l'abitazione di una o più famiglie: *casa signorile, popolare* ◊ Abitazione in cui vive una persona o una famiglia Ⓢ dimora, appartamento: *sta cercando casa*; *arredare una casa*; *starsene in casa*; *cambiare casa* **2** Famiglia, familiari: *ricordati di scrivere a casa* **3** Nome di edifici pubblici destinati a determinate attività o che ospitano determinate categorie di persone: *casa di cura, da gioco*; *casa dello studente, di riposo* **4** Società, ditta: *casa editrice, discografica* **5** *Giocare in casa, fuori casa* = detto di una squadra, giocare sul proprio campo, o in trasferta, sul campo avversario.

casacca [ca-sàc-ca] *s.f.* Ampia giacca per uomo o donna ◊ Giubba o maglia sportiva indossata da fantini, ciclisti, giocatori.

casale [ca-sà-le] *s.m.* Casa o gruppo di case rurali isolate.

casalinga [ca-sa-lìn-ga] *s.f.* Donna che si dedica esclusivamente alle attività domestiche.

casalingo [ca-sa-lìn-go] *agg.* [pl.m. *–ghi*] **1** Che riguarda la casa Ⓢ domestico: *lavori casalinghi* | *Cucina (alla) casalinga* = semplice, genuina **2** Che ama stare in casa: *un tipo casalingo* **3** Nello sport, che avviene sul proprio campo di gioco: *incontro casalingo*; *sconfitta casalinga* ♦ *s.m.pl.* Articoli per la casa: *un negozio di casalinghi.*

casamento [ca-sa-mén-to] *s.m.* Edificio di abitazione di tipo popolare con molti appartamenti.

casata [ca-sà-ta] *s.f.* Famiglia o gruppo di famiglie che discendono da antenati comuni.

casato [ca-sà-to] *s.m.* Famiglia, stirpe: *discendere da un antico casato.*

cascare [ca-scà-re] *v.intr.* [*càsco, càschi*; aus. *essere*] Cadere: *cascare dal letto* | ♧ *Cascare dal sonno* = avere un gran sonno | ♧ *Cascare dalle nuvole* = mostrare grande sorpresa | ♧ *Cascarci* = cadere in un tranello, in uno scherzo.

cascata [ca-scà-ta] *s.f.* Salto che fa un corso d'acqua quando incontra un improvviso dislivello.

cascina [ca-scì-na] *s.f.* Costruzione di campagna comprendente sia stanze d'abitazione sia locali d'uso agricolo (fienile, stalla, caseificio ecc.).

casco [cà-sco] *s.m.* [pl. *–schi*] **1** Copricapo protettivo di materiale resistente, usato spec. da minatori, paracadutisti, motociclisti, sportivi **2** Apparecchio elettrico usato dai parrucchieri per asciugare i capelli.

case [parola inglese; pron. *kéis*] *s.f.invar.* Scatola al cui interno sono collocati i principali componenti di un computer e dotata di tutte le connessioni esterne necessarie al suo funzionamento.

caseggiato [ca-seg-già-to] *s.m.* Gruppo di case vicine ◊ Grande edificio con molti appartamenti.

caseificio [ca-sei-fì-cio] *s.m.* Stabilimento per la produzione di burro e formaggi.

casella [ca-sèl-la] *s.f.* **1** Scompartimento di un mobile o di uno scaffale: *le caselle della posta* **2** Ogni riquadro di una superficie quadrettata: *le caselle del cruciverba.*

casellante [ca-sel-làn-te] *s.m.f.* Persona addetta alla riscossione del pedaggio in un casello autostradale.

casellario [ca-sel-là-rio] *s.m.* Scaffale suddiviso in caselle.

casello [ca-sèl-lo] *s.m.* Stazione di ingresso o di uscita dell'autostrada, dove si paga il pedaggio.

caserma [ca-sèr-ma] *s.f.* Edificio o complesso di edifici dove alloggiano soldati, poliziotti, vigili del fuoco e simili.

cash [parola inglese; pron. corrente *chèš*] *s.m. invar.* Denaro contante.

casino [ca-sì-no] *s.m.* **1** Nel linguaggio popolare, casa di prostituzione Ⓢ bordello **2** ♧ Chiasso, confusione: *fare casino* ◊ Pasticcio, brutta situazione: *ci siam messi in un bel casino.*

casinò [ca-si-nò] *s.m.* Casa da gioco.

caso [cà-so] *s.m.* **1** Avvenimento fortuito e imprevisto: *è stato un caso incontrarsi proprio lì* | *Per caso, per puro caso* = accidentalmente, per pura combinazione: *l'ho saputo per caso*; *per puro caso passavo di lì* | *A caso* = a vanvera, così come viene (*parlare, rispondere a caso*); senza scegliere: *aprite una pagina del libro a caso* | *Far* *caso a qualcosa* = prestarvi attenzione **2** Causa indipendente dalla volontà umana Ⓢ destino, sorte, fatalità: *il caso ha voluto così*; *affidarsi al caso* **3** Possibilità, eventualità, ipotesi: *i casi sono due: o chiedi scusa o te ne vai*; *in caso di bisogno chiamami*; *mettiamo il caso che tu non ce la faccia* | *Nel caso che, caso mai* = qualora | *In caso contrario* = altrimenti **4** Fatto, vicenda, situazione: *un caso interessante*; *casi che capitano*; *i casi della vita* ◊ Situazione, circostanza particolare: *regolarsi a seconda dei casi*; *nel suo caso ha fatto bene ad agire così* | *Essere, non essere il caso* = essere, non essere opportuno, giustificato: *forse è il caso di avvisarlo*; *non è il caso che tu faccia così* **5** Persona alla quale è stata diagnosticata una malattia: *ci sono stati casi di morbillo nella vostra scuola?*

casolare [ca-so-là-re] *s.m.* Piccola casa di campagna, per lo più isolata.

casomai [ca-so-mài] o **caso mai** *congz.* Nell'eventualità che Ⓢ qualora: *casomai lo incontrassi, glielo dirò.*

caspita [cà-spi-ta] *inter.* Esprime meraviglia, compiacimento, disappunto.

cassa [càs-sa] *s.f.* **1** Contenitore a forma di parallelepipedo, usato per tenere o trasportare oggetti e merci: *una cassa di legno, di cartone* | *Cassa da morto* = bara **2** Mobile per conservare denaro e oggetti preziosi ◊ Nei negozi, macchina che registra e in cui si depongono le somme incassate: *non si consegna la merce senza lo scontrino della cassa* ◊ Posto, sportello del cassiere in negozi, uffici, banche e locali pubblici: *andare alla cassa a pagare una consumazione* **3** *Cassa dell'orologio* = l'involucro che contiene e protegge il meccanismo | *Cassa toracica* = gabbia toracica.

cassaforte [cas-sa-fòr-te] *s.f.* [pl. *casseforti*] Armadio blindato, con serrature speciali, per custodire denaro e preziosi.

cassapanca [cas-sa-pàn-ca] *s.f.* [pl. *cassapanche* o *cassepanche*] Cassa con coperchio, utilizzabile come contenitore e come sedile e talvolta munita di schienale e braccioli.

casseruola [cas-se-ruò-la] *s.f.* Tegame fondo con uno o due manici e coperchio.

cassetta [cas-sét-ta] *s.f.* **1** Piccola cassa, contenitore per usi vari: *cassetta di liquori, degli attrezzi*; *cassetta delle lettere, delle elemosine* **2** Contenitore di un nastro magnetico Ⓢ musicassetta; videocassetta **3** *Film di cassetta* = di successo.

cassettiera [cas-set-tiè-ra] *s.f.* Mobile costituito da più cassetti sovrapposti.

cassetto [cas-sét-to] *s.m.* Cassetta con maniglia inserita su guide scorrevoli all'interno di un mobile: *cassetto della scrivania, dell'armadio.*

cassettone [cas-set-tó-ne] *s.m.* Mobile fornito di grandi cassetti in cui si ripone la biancheria.

cassiere [cas-siè-re] *s.m.* Impiegato addetto alla cassa in un negozio, in una banca, in un locale pubblico.

cassonetto [cas-so-nét-to] *s.m.* Grande contenitore stradale per immondizie.

cast [parola inglese; pron. corrente *cast*] *s.m. invar.* Il complesso degli attori, degli artisti che partecipano a un film o a uno spettacolo.

casta [cà-sta] *s.f.* Gruppo sociale al quale si può appartenere solo per nascita ed è perciò chiuso e rigidamente separato da tutti gli altri gruppi: *la società indiana tradizionale è divisa in caste.*

castagna [ca-stà-gna] *s.f.* Il frutto del castagno, con buccia dura di color bruno e polpa bianca, farinosa e dolce.

castagno [ca-stà-gno] *s.m.* Albero ad alto fusto, molto comune nelle zone di collina e di media montagna, coltivato per il frutto e per il legname.

castano [ca-stà-no] *agg.* Del colore marrone scuro della buccia della castagna: *capelli, occhi castani.*

castello [ca-stèl-lo] *s.m.* **1** Grande edificio fortificato, munito di mura e torri, che nell'epoca medievale costituiva la residenza dei signori feudali e delle loro corti | ♧ *Fare castelli in aria* = fare progetti fantastici, irrealizzabili **2** Nei lavori edilizi, impalcatura a forma di torre **3** *Letto a castello* = formato da due letti sovrapposti.

castigare [ca-sti-gà-re] *v.tr.* [*castìgo, castìghi*] Infliggere un castigo, una punizione: *lo hanno castigato perché ha disubbidito.*

castigo [ca-stì-go] *s.m.* [pl. *–ghi*] Punizione data allo scopo di ammonire, di correggere, di educare: *ricevere un castigo* | *Mettere in castigo* = punire un bambino, spec. facendolo stare chiuso in una stanza o in casa senza poter giocare.

castità [ca-sti-tà] *s.f.* Rinuncia ai rapporti sessuali: *i religiosi fanno voto di castità.*

casto [cà-sto] *agg.* **1** Che si astiene dai rapporti sessuali: *un giovane casto* **2** Puro, innocente: *un casto amore*; *occhi casti.*

castoro [ca-stò-ro] *s.m.* Roditore che vive in comunità lungo i fiumi ◊ La pelliccia scura di tale animale, molto folta e pregiata: *giacca di castoro.*

castrare [ca-strà-re] *v.tr.* Privare un animale o

un essere umano degli organi genitali o della loro efficienza.

castrato [ca-strà-to] *agg.* Che non può generare perché è stato privato degli organi genitali: *un gatto, un agnello, un bue castrato.*

casuale [ca-su-à-le] *agg.* Che avviene, che si fa per caso Ⓢ fortuito, accidentale: *il nostro fu un incontro casuale.*

casupola [ca-sù-po-la] *s.f.* Casa piccola e modesta: *vive in una casupola di periferia.*

cataclisma [ca-ta-clì-sma] *s.m.* **1** Catastrofe naturale (inondazione, diluvio, terremoto ecc.) **2** ♧ Grave sconvolgimento Ⓢ catastrofe, disastro: *un cataclisma economico, politico, familiare*; *il cataclisma della guerra.*

catalogare [ca-ta-lo-gà-re] *v.tr.* [*catàlogo, catàloghi*] **1** Registrare in un catalogo: *ha catalogato tutti i suoi francobolli* **2** Elencare, enumerare: *mi ha catalogato tutti i difetti della suocera.*

catalogo [ca-tà-lo-go] *s.m.* [pl. *–ghi*] Elenco di oggetti dello stesso tipo o di una stessa raccolta, ordinato secondo vari criteri: *consultare il catalogo di una biblioteca*; *un catalogo di francobolli, di dischi, di film, di quadri.*

catapecchia [ca-ta-péc-chia] *s.f.* Casa, abitazione misera e cadente.

catapulta [ca-ta-pùl-ta] *s.f.* Antica macchina da guerra per scagliare grosse pietre o altri proiettili.

catapultare [ca-ta-pul-tà-re] *v.tr.* **1** Scagliare con la catapulta **2** Scagliare con violenza Ⓢ scaraventare: *l'urto lo catapultò fuori dalla vettura.*

cataratta vedi **cateratta**.

catarifrangente [ca-ta-ri-fran-gèn-te] *s.m.* Placchetta che rimanda la luce che la colpisce e che, applicata sul retro di veicoli, su ostacoli e segnali stradali, permette di individuarli di notte.

catarro [ca-tàr-ro] *s.m.* Sostanza vischiosa prodotta dalle mucose quando sono infiammate: *catarro bronchiale, nasale.*

catasta [ca-tà-sta] *s.f.* Mucchio di oggetti posti l'uno sopra l'altro: *una catasta di legna, di libri.*

catastrofe [ca-tà-stro-fe] *s.f.* Disastro, grave sciagura: *l'incendio ha provocato una catastrofe* ◊ Conclusione tragica: *la spedizione si è risolta in una catastrofe.*

catastrofico [ca-ta-strò-fi-co] *agg.* [pl.m. *–ci*] **1** Che costituisce o provoca una catastrofe Ⓢ disastroso, rovinoso: *una guerra catastrofica* **2** Che ipotizza il peggio Ⓢ pessimistico: *ha fatto previsioni catastrofiche* ◊ Che eccede in pessimismo: *non essere così catastrofico!*

categoria [ca-te-go-rì-a] *s.f.* Raggruppamento di cose o persone della stessa specie, tipo o livello: *la categoria degli insegnanti, dei medici*; *nello sport c'è la categoria dei professionisti e quella dei dilettanti*; *albergo di prima categoria.*

categorico [ca-te-gò-ri-co] *agg.* [pl.m. *–ci*] Che non ammette discussioni, incertezze Ⓢ perentorio, reciso, netto: *un ordine categorico*; *escludo in modo categorico di averlo visto entrare.*

catena [ca-té-na] *s.f.* **1** Serie di anelli di metallo inseriti l'uno nell'altro, di forma varia e per usi diversi: *la catena dell'ancora, della bicicletta*; *ha montato sui pneumatici le catene da neve* **2** ♧ Schiavitù: *ridurre un popolo in catene* | *Spezzare le catene* = riacquistare la libertà **3** Serie di cose, di elementi collegati tra loro | *Catena di montaggio* = impianto per il montaggio in fasi successive dei diversi pezzi di un prodotto industriale | *Catena montuosa* = successione ininterrotta di montagne | *Catena di alberghi, di ristoranti, di giornali* ecc. = che dipendono dalla stessa proprietà ◊ ♧ Successione ininterrotta di avvenimenti, spesso tra loro collegati: *una catena di disgrazie, di incidenti*; *reazioni a catena.*

catenaccio [ca-te-nàc-cio] *s.m.* **1** Chiavistello: *mettere il catenaccio alla porta* **2** ♧ Veicolo, macchina, arnese vecchio e in cattivo stato **3** Nel calcio, tattica di gioco che si preoccupa esclusivamente della difesa.

cateratta [ca-te-ràt-ta] o **cataratta** [ca-ta-ràt-ta] *s.f.* (spec. al *pl.*) Serie di piccole cascate lungo il corso di un fiume: *le cateratte del Nilo.*

cateto [ca-tè-to] *s.m.* Ognuno dei due lati che formano l'angolo retto in un triangolo rettangolo.

catinella [ca-ti-nèl-la] *s.f.* Piccolo catino Ⓢ bacile, bacinella | ♧ *Piovere a catinelle* = a dirotto.

catino [ca-tì-no] *s.m.* Recipiente rotondo, largo e poco profondo, per lavare e lavarsi Ⓢ bacile.

catrame [ca-trà-me] *s.m.* Sostanza nera e vischiosa, ricavata per lo più dal carbone o dal petrolio, usata soprattutto nelle pavimentazioni stradali e per impermeabilizzare.

cattedra [càt-te-dra] *s.f.* Nelle aule scolastiche, la scrivania o il tavolo riservati all'insegnante, talvolta collocati sopra una pedana ◊ ♧ Incarico di insegnante di ruolo in una data materia: *ha la cattedra di matematica in un liceo, all'università.*

cattedrale [cat-te-drà-le] *agg.* e *s.f.* La chiesa principale di una diocesi, in cui il vescovo celebra le funzioni religiose.

cattiveria [cat-ti-vè-ria] *s.f.* Disposizione al male,

volontà di fare del male: *è nota la sua cattiveria*; *hai agito con cattiveria* ◊ Azione cattiva: *mi ha fatto una cattiveria.*

cattività [cat-ti-vi-tà] *s.f.* Condizione degli animali selvatici che non vivono nel loro ambiente naturale, ma in gabbia, nei giardini zoologici ecc.

cattivo [cat-tì-vo] *agg.* [compar. *più cattivo* o *peggiore*; superl. *cattivissimo* o *pessimo*] **1** Contrario al bene, non buono: *compiere una cattiva azione*; *dare il cattivo esempio* ◊ Rivolto al male Ⓢ malvagio: *un uomo cattivo* **2** Che si comporta male, irrequieto, indisciplinato (detto spec. di bambini): *oggi sei stato cattivo* ◊ Irritabile, scontroso: *ha un cattivo carattere* | *Essere di cattivo umore* = nervoso, arrabbiato **3** Che non sa o non vuole svolgere bene il proprio compito, il proprio dovere: *un cattivo padre, cittadino, medico* **4** Che non funziona bene Ⓢ difettoso: *avere memoria, vista cattiva* ◊ Di qualità scadente; mal fatto: *un tessuto, un vino cattivo*; *un cattivo lavoro* **5** Negativo, sfavorevole, brutto, spiacevole: *una cattiva notizia*; *essere in cattive condizioni di salute*; *fare un cattivo affare*; *ci sarà cattivo tempo* ◊ Sgradevole: *cattivo odore* ♦ *s.m.* **1** Persona cattiva **2** Odore o sapore sgradevole: *questo prosciutto sa di cattivo.*

cattolicesimo [cat-to-li-cé-si-mo] *s.m.* Confessione cristiana che riconosce come autorità suprema il vescovo di Roma e professa la dottrina religiosa emanata nei secoli dai papi e dalla chiesa di Roma ◊ La chiesa cattolica e i suoi fedeli.

cattolico [cat-tò-li-co] *agg.* [pl.m. *–ci*] *Chiesa, religione cattolica* = la chiesa e la religione cristiana che ha come capo il papa di Roma ◊ Della chiesa cattolica, dei cattolici: *sacerdote, rito cattolico*; *organizzazione cattolica* ♦ *agg.* e *s.m.* Che, chi professa la religione cattolica.

cattura [cat-tù-ra] *s.f.* Imprigionamento di una persona o di un animale.

catturare [cat-tu-rà-re] *v.tr.* Far prigioniero, prendere: *catturare un evaso, un ladro, un animale selvatico* | ♧ *Catturare l'attenzione* = attirarla.

caucciù [cauc-ciù] *s.m.* Gomma naturale estratta dal lattice di alcune piante tropicali.

causa [càu-sa] *s.f.* **1** Ciò che provoca, determina qualcosa Ⓢ origine, motivo, ragione: *ricercare la causa di un incidente, di un fenomeno* **2** Obiettivo, scopo ideale per il quale si agisce e si vive Ⓢ ideale: *lottare per una causa*; *difendere la causa della libertà* **3** Controversia giudiziaria; processo: *essere in causa con qualcuno*; *vincere, perdere una causa* | ♧ *Essere parte in causa* = essere direttamente interessato in una questione.

causale [cau-sà-le] *agg.* Che costituisce la causa: *tra la sua stanchezza e il fatto di aver lavorato troppo c'è un evidente rapporto causale* ♦ *s.f.* Motivo (nel linguaggio burocratico): *indicare la causale del versamento.*

causare [cau-sà-re] *v.tr.* Essere la causa di qualcosa Ⓢ provocare, procurare, determinare: *causare un danno.*

cautela [cau-tè-la] *s.f.* Modo di agire attento a non causare danni a sé e agli altri Ⓢ prudenza, circospezione: *comportati con cautela* ◊ Precauzione: *ho preso tutte le cautele necessarie.*

cauto [càu-to] *agg.* Che agisce con cautela o che rivela cautela Ⓢ accorto, prudente Ⓒ imprudente: *un uomo cauto*; *fare una cauta domanda.*

cauzione [cau-zió-ne] *s.f.* Somma di denaro che bisogna depositare a garanzia del rispetto di un impegno e che viene restituita dopo che l'impegno è stato assolto: *per noleggiare i pattini bisogna versare una cauzione.*

cava [cà-va] *s.f.* Luogo all'aperto in cui viene fatto uno scavo per estrarre materiali da costruzione: *cava di marmo, di ghiaia.*

cavalcare [ca-val-cà-re] *v.tr.* [*cavàlco, cavàlchi*] Montare un cavallo o un altro animale: *cavalcare un mulo* ♦ *v.intr.* [aus. *avere*] Andare a cavallo: *sta imparando a cavalcare.*

cavalcata [ca-val-cà-ta] *s.f.* Passeggiata, viaggio a cavallo.

cavalcatura [ca-val-ca-tù-ra] *s.f.* Animale che si cavalca.

cavalcavia [ca-val-ca-vì-a] *s.m.invar.* Ponte che passa sopra una strada o una ferrovia.

cavalcioni [ca-val-ció-ni] *A cavalcioni* = nella posizione di chi sta a cavallo, con una gamba di qua e una di là: *stava a cavalcioni del muretto.*

cavaliere [ca-va-liè-re] *s.m.* **1** Chi va a cavallo ◊ Soldato a cavallo **2** ♧ Chi si comporta con premura e cortesia nei riguardi delle donne ◊ Chi accompagna una donna a feste, ricevimenti ecc., o le fa da compagno di ballo **3** Titolo onorifico conferito a chi si è particolarmente distinto in un campo: *è stato nominato cavaliere del lavoro* ◊ La persona che porta questo titolo.

cavalleresco [ca-val-le-ré-sco] *agg.* [pl.m. *–schi*] **1** Che si riferisce ai cavalieri medievali e alle loro imprese: *l'«Orlando furioso» è un poema cavalleresco* **2** ♧ Cortese, leale, generoso: *si è comportato in modo cavalleresco.*

cavalleria [ca-val-le-rì-a] *s.f.* **1** Negli eserciti di una volta, le truppe a cavallo: *una carica della* *cavalleria* **2** ♧ Lealtà, generosità: *trattare con cavalleria un avversario sconfitto* ◊ Comportamento premuroso e cortese verso le donne.

cavallerizzo [ca-val-le-rìz-zo] *s.m.* Chi sa andare a cavallo con abilità e destrezza; chi si esibisce nei circhi in esercizi di equilibrio a cavallo.

cavalletta [ca-val-lét-ta] *s.f.* Nome di molte specie di insetti saltatori che, quando si spostano in massa, provocano gravi danni alle coltivazioni.

cavalletto [ca-val-lét-to] *s.m.* Arnese in legno o metallo per sostenere pesi, tavole, apparecchiature, con tre gambe o due coppie di gambe unite da una traversa: *cavalletto stradale, da pittore, per macchina fotografica.*

cavallo [ca-vàl-lo] *s.m.* **1** Mammifero erbivoro domestico, usato come animale da cavalcatura, da tiro e da trasporto | ♧ *Febbre da cavallo* = febbre molto alta | ♧ *Essere a cavallo* = essere in una situazione favorevole, esser sicuri di poter raggiungere il proprio scopo **2** *Cavallo vapore* = unità di misura della potenza di un motore **3** Attrezzo ginnico per esercizi di volteggio **4** Nei pantaloni e nelle mutande, la zona in cui le due gambe si dividono.

cavallone [ca-val-ló-ne] *s.m.* Grossa ondata marina: *la barca fu travolta da un cavallone.*

cavare [ca-và-re] *v.tr.* **1** Tirar fuori, estrarre (anche ♧): *cavare le pietre*; *cavarsi un dente*; *non si riesce a cavargli una parola di bocca* ◊ Ottenere, ricavare: *è una situazione da cui non si può cavare nulla di buono* **2** Togliersi di dosso, levarsi: *cavarsi le scarpe, il cappotto* | ♧ *Cavarsi una voglia, la fame, la sete* = soddisfarle | ♧ *Cavarsela* = superare senza gravi danni una situazione difficile: *io credo che riuscirà a cavarsela.*

cavatappi [ca-va-tàp-pi] *s.m.* Arnese per estrarre i tappi dalle bottiglie.

caverna [ca-vèr-na] *s.f.* Grotta sotterranea o nei fianchi di un monte, più ampia che profonda | *Uomini delle caverne* = gli uomini preistorici.

cavezza [ca-véz-za] *s.f.* Fune con cui si legano e si conducono a mano cavalli e altri animali.

cavia [cà-via] *s.f.* **1** Piccolo roditore, chiamato anche *porcellino d'India,* usato per esperimenti di laboratorio **2** Qualsiasi animale o persona usati per prove o esperimenti: *fare da cavia.*

caviale [ca-vià-le] *s.m.* Alimento pregiato costituito da uova di storione salate.

caviglia [ca-vì-glia] *s.f.* Parte inferiore della gamba appena sopra il piede.

cavillo [ca-vìl-lo] *s.m.* Ragionamento sottile e formalmente valido, ma sostanzialmente falso e pretestuoso: *tutto il suo discorso si basa su cavilli.*

cavità [ca-vi-tà] *s.f.* Parte cava, spazio vuoto all'interno di qualcosa: *le cavità del terreno, della roccia*; *si riparò nella cavità di un tronco* ◊ Spazio cavo all'interno del corpo: *cavità orale.*

cavo[1] [cà-vo] *agg.* Che è incavato, vuoto al proprio interno: *un tronco cavo* ♦ *s.m.* Incavatura, cavità: *bere nel cavo della mano.*

cavo[2] [cà-vo] *s.m.* **1** Grossa fune di materiale vario per usi diversi **2** Filo conduttore per il trasporto dell'energia elettrica o per telecomunicazioni, rivestito di materiale isolante.

cavolfiore [ca-vol-fió-re] *s.m.* Varietà di cavolo.

cavolo [cà-vo-lo] *s.m.* **1** Pianta erbacea commestibile, coltivata come ortaggio in molte varietà **2** ♧ Niente: *non me ne importa un cavolo.*

cazzotto [caz-zòt-to] *s.m.* Colpo dato col pugno chiuso Ⓢ pugno.

cazzuola [caz-zuò-la] *s.f.* Spatola triangolare, con manico di legno, usata dai muratori per prendere, applicare e spianare la malta.

CD [Sigla inglese di *Compact Disc*; pron. *cidì* o *sidì*] *s.m.invar.* Compact Disc.

CD-R [Sigla dell'espressione inglese *Compact Disc Recordable* "Compact Disc scrivibile"; pron. *cidièrre* o *sidièrre*] *s.m.invar.* Compact Disc vergine su cui è possibile registrare dei dati una sola volta mediante un masterizzatore.

CD-ROM [Sigla dell'espressione inglese *Compact Disc Read Only Memory* "Compact Disc con memoria a sola lettura"; pron. *cidiròm* o *sidiròm*] *s.m.invar.* Compact Disc leggibile da un computer, in grado di contenere una grande quantità di dati.

CD-RW [Sigla dell'espressione inglese *Compact Disc Re-Writable* "Compact Disc riscrivibile"; pron. *cidièrrevu* o *sidièrrevu*] *s.m.invar.* Compact Disc su cui, mediante un masterizzatore, è possibile registrare dei dati per un numero illimitato di volte, cancellando quelli registrati in precedenza.

ce [cé] *pronome pers.* [Forma che il pronome personale *ci* assume davanti a *lo, la, li, le, ne*] A noi: *ce lo diede*; *ce ne parlò*; *diccelo*; *daccene* ♦ *avv.* [Forma che l'avverbio *ci* assume davanti a *lo, la, li, le, ne*] Qui, in questo luogo; lì, in quel luogo: *non ce lo ho mandato io*; *cercate bene, forse potrebbero essercene altri.*

cecchino [cec-chì-no] *s.m.* Tiratore scelto che, appostato in posizione riparata, spara di sorpresa, spec. contro bersagli isolati.

cece [cé-ce] *s.m.* Pianta erbacea, coltivata per il legume che contiene semi commestibili ◊ Il seme stesso, tondeggiante e di color giallo chiaro.

cecità [ce-ci-tà] *s.f.* **1** Mancanza della vista **2** ♧ Offuscamento della mente, incapacità di capire: *lo ha rovinato la sua cecità.*

cedere [cè-de-re] *v.intr.* [pass.rem. *cedéi* o *cedètti, cedésti*; aus. *avere*] **1** Cessare di opporre resistenza Ⓢ ritirarsi, arrendersi, piegarsi Ⓒ resistere: *i soldati cedettero di fronte all'assalto nemico*; *cedere alla violenza*; *ho ceduto alle sue preghiere* ◊ Non reggere più: *ha ceduto allo sconforto* **2** Crollare, rompersi, piegarsi per il peso eccessivo: *il ponte, il ramo ha ceduto* ♦ *v.tr.* **1** Rinunciare a qualcosa per darlo ad altri: *cedere a qualcuno il posto, il proprio letto* | *Cedere il passo* = dare la precedenza **2** Vendere: *cedere una proprietà.*

cedevole [ce-dé-vo-le] *agg.* Che cede facilmente alla pressione, sotto il peso: *un ramo cedevole* | *Terreno cedevole* = molle o franoso.

cedimento [ce-di-mén-to] *s.m.* Rottura, crollo, abbassamento: *cedimento di un tetto, del terreno.*

cedro [cé-dro] *s.m.* **1** Pianta sempreverde con frutti simili a grossi limoni ◊ Il frutto di tale pianta **2** Conifera dall'alto fusto e dalla chioma molto larga, con foglie ad ago sempreverdi ◊ Il legno di tale pianta, molto resistente e pregiato.

ceduo [cè-duo] *agg.* Detto di bosco che viene tagliato periodicamente per ricavarne legname.

cefalea [ce-fa-lè-a] *s.f.* Mal di testa.

cefalo [cè-fa-lo] *s.m.* Pesce marino commestibile.

ceffo [cèf-fo] *s.m.* Volto brutto, pauroso ◊ Individuo dall'aspetto poco raccomandabile.

ceffone [cef-fó-ne] *s.m.* Schiaffo violento sul viso: *prendere, dare un ceffone.*

celare [ce-là-re] *v.tr.* Nascondere, tenere nascosto: *celò la verità all'amico.*

celeberrimo [ce-le-bèr-ri-mo] Superlativo di *celebre.*

celebrare [ce-le-brà-re] *v.tr.* **1** Commemorare, festeggiare solennemente: *celebrare un anniversario* **2** Eseguire secondo il rito una funzione sacra: *il sacerdote ha celebrato la messa.*

celebrazione [ce-le-bra-zió-ne] *s.f.* **1** Commemorazione solenne di un avvenimento: *la celebrazione della vittoria* **2** Svolgimento di una cerimonia religiosa: *la celebrazione di un matrimonio.*

celebre [cè-le-bre] *agg.* [superl. *celeberrimo*] Che è molto noto Ⓢ famoso, rinomato Ⓒ ignoto, sconosciuto: *un celebre scrittore, pianista.*

celebrità [ce-le-bri-tà] *s.f.* **1** Fama, notorietà: *raggiungere la celebrità* **2** Persona famosa: *al pranzo partecipavano molte celebrità.*

celere [cè-le-re] *agg.* Veloce, rapido; pronto: *trasporti celeri*; *datemi una celere risposta.*

celeste [ce-lè-ste] *agg.* **1** Del cielo, dello spazio intorno alla Terra: *volta celeste*; *corpi celesti* ◊ Del colore del cielo limpido Ⓢ azzurro: *occhi celesti* **2** Del cielo, come sede di Dio o di esseri soprannaturali Ⓢ divino: *il regno celeste* ♦ *s.m.* Il colore celeste.

celestiale [ce-le-stià-le] *agg.* Sublime, divino: *musica, bellezza, voce celestiale.*

celiachia [ce-lia-chì-a] *s.f.* Malattia caratterizzata da intolleranza alimentare al glutine.

celibe [cè-li-be] *agg.* e *s.m.* Che, chi non è ammogliato Ⓢ scapolo Ⓒ sposato, coniugato: *è ancora celibe, ma si sposerà presto.*

cella [cèl-la] *s.f.* **1** Nei conventi, la piccola e semplice camera di ciascun monaco o ciascuna suora ◊ Nelle prigioni, locale in cui stanno rinchiusi i carcerati **2** *Cella frigorifera* = locale ermeticamente chiuso e refrigerato dove si conservano prodotti alimentari **3** Ognuno dei piccoli vani dell'alveare in cui le api depositano il miele.

cellofan [cèl-lo-fan] *s.m.invar.* Pellicola trasparente usata soprattutto per avvolgere e proteggere prodotti alimentari.

cellula [cèl-lu-la] *s.f.* **1** Ognuna delle unità elementari di materia vivente di cui sono costituiti gli organismi animali e vegetali **2** *Cellula fotoelettrica* = dispositivo che trasforma l'energia luminosa in corrente elettrica.

cellulare [cel-lu-là-re] *agg.* **1** Delle cellule; costituito da cellule: *la struttura cellulare degli organismi viventi* **2** *Telefono cellulare* = telefono portatile che funziona grazie a una rete di trasmettitori ♦ *s.m.* **1** Furgone per il trasporto dei detenuti **2** Telefono cellulare.

cellulite [cel-lu-lì-te] *s.f.* Deposito eccessivo di grasso in parti esterne del corpo.

celluloide [cel-lu-lòi-de] *s.f.* Materia plastica trasparente, infiammabile, usata per produrre pellicole fotografiche, cinematografiche e altri oggetti d'uso comune.

cellulosa [cel-lu-ló-sa] *s.f.* Sostanza bianca e fibrosa presente nelle piante, materia prima per la fabbricazione della carta e di altri prodotti industriali.

cementare [ce-men-tà-re] *v.tr.* **1** Unire, saldare con cemento; rivestire di cemento **2** ♧ Rinsaldare, consolidare: *quella dura esperienza ha cementato la loro amicizia.*

cementificio [ce-men-ti-fi-cio] *s.m.* Fabbrica di cemento.

cemento [ce-mén-to] *s.m.* Polvere grigia, a base di calcare e argilla, che si impiega, mescolata con acqua (e spesso anche con sabbia e ghiaia), per tenere saldamente uniti mattoni, pietre e altri elementi di una costruzione | *Cemento armato* = struttura molto resistente di calcestruzzo con all'interno un'armatura di barre di ferro.

cena [cé-na] *s.f.* Pasto della sera: *ho ricevuto un invito a cena* ◊ Ciò che si mangia in questo pasto: *ho fatto una cena abbondante.*

cenare [ce-nà-re] *v.intr.* [aus. *avere*] Consumare la cena: *cenare presto, tardi, in casa, da amici.*

cencio [cén-cio] *s.m.* Pezzo di stoffa o abito vecchio e logoro Ⓢ straccio: *passare il cencio sul pavimento*; *il mendicante era vestito di cenci.*

cenere [cé-ne-re] *s.f.* **1** Polvere grigiastra, residuo del legno o del carbone bruciati **2** (al *pl.*) I resti della cremazione di un cadavere: *le ceneri furono raccolte in un'urna.*

cenno [cén-no] *s.m.* **1** Segno fatto con la mano, con il capo o con gli occhi, per comunicare qualcosa ad altri senza parlare: *con un'occhiata gli fece cenno di alzarsi* **2** Breve notizia Ⓢ accenno: *gli diede qualche cenno di quel che era successo* | *Fare cenno di qualcosa* = raccontarlo, parlarne: *non fece cenno dell'incidente* **3** ♧ Indizio, segnale: *al primo cenno di pioggia tornate.*

censimento [cen-si-mén-to] *s.m.* Indagine su tutti i componenti di un insieme per rilevarne il numero e altre caratteristiche: *censimento della popolazione, delle abitazioni, delle industrie.*

censo [cèn-so] *s.m.* Ricchezza, patrimonio: *i cittadini sono tassati in base al censo.*

censura [cen-sù-ra] *s.f.* **1** Controllo esercitato dall'autorità su mezzi d'informazione, libri, film, spettacoli, per accertare che non contengano nulla di offensivo o pericoloso per la morale, la religione, la società ◊ Ufficio addetto a questo controllo **2** ♧ Critica, rimprovero, condanna: *ha rivolto una dura censura al suo operato.*

censurare [cen-su-rà-re] *v.tr.* **1** Sottoporre a censura: *censurare un film* **2** Criticare, condannare: *censurare il comportamento di qualcuno.*

centauro [cen-tàu-ro] *s.m.* **1** Essere mitologico con busto, braccia e testa di uomo e groppa e zampe di cavallo **2** ♧ Corridore motociclista.

centellinare [cen-tel-li-nà-re] *v.tr.* **1** Bere a piccoli sorsi, degustando: *centellinare un liquore* **2** ♧ Consumare qualcosa poco a poco, con parsimonia, per gustarlo più a lungo o per non esaurirlo: *centellinare una lettura*; *centellinare le forze.*

centenario [cen-te-nà-rio] *agg.* Che ha raggiunto o superato i cento anni: *un albero centenario* ♦ *s.m.* **1** [f. *-a*] Persona che ha raggiunto o superato i cento anni **2** Centesimo anniversario di un avvenimento: *nel 1960 c'è stato il centenario dell'unità d'Italia.*

centesimo [cen-tè-si-mo] *agg.num.ord.* e *s.m.* Che, chi occupa il posto numero cento in una serie, in una graduatoria ◊ Ennesimo: *è la centesima volta che te lo dico* ♦ *s.m.* **1** La centesima parte di un intero **2** Centesima parte di una moneta: *costa dieci centesimi di euro* **3** ♧ Quantità minima di denaro: *sono rimasto senza un centesimo.*

centi– Primo elemento di parole composte che, davanti a un'unità di misura, la divide per cento (per es. *centimetro*).

centigrado [cen-tì-gra-do] *agg.* Diviso in cento gradi | *Grado centigrado* = unità di misura della temperatura, equivalente alla centesima parte della scala termometrica Celsius (simbolo: °*C*).

centigrammo [cen-ti-gràm-mo] *s.m.* La centesima parte del grammo (simbolo: *cg*).

centilitro [cen-tì-li-tro] *s.m.* La centesima parte del litro (simbolo: *cl*).

centimetro [cen-tì-me-tro] *s.m.* La centesima parte del metro (simbolo: *cm*).

centinaio [cen-ti-nà-io] *s.m.* [pl.f. *centinaia*] Complesso di circa cento unità: *alla festa ha invitato un centinaio di persone* ◊ Gran numero, grande quantità: *te l'ho detto centinaia di volte.*

cento [cèn-to] *agg.num.card.invar.* e *s.m.invar.* **1** Numero equivalente a dieci volte dieci (si scrive 100 in numeri arabi, C in numeri romani): *cento euro*; *cento metri*; *contare fino a cento* | *Per cento* = ogni cento unità (scritto in genere %): *fare uno sconto del venti per cento (20%)* | ♧ *Al cento per cento* = completamente, assolutamente: *sono sicuro al cento per cento* **2** Usato con valore generico per indicare un grande numero, una grande quantità: *ho cento cose da fare.*

centrale [cen-trà-le] *agg.* **1** Che costituisce il centro; che è situato nel centro o vicino al centro: *la piazza centrale di una città*; *Italia centrale* **2** ♧ Principale, di maggiore importanza: *l'argomento centrale di una discussione*; *la sede centrale di una ditta* ♦ *s.f.* Sede del centro direttivo di un'amministrazione, di un'organizzazione: *centrale di polizia* ◊ Complesso di impianti per la produzione e la distribuzione di determinati beni o servizi: *centrale elettrica, del latte.*

centralinista [cen-tra-li-nì-sta] *s.m.f.* [pl.m. *–sti*] Addetto a un centralino telefonico.

centralino [cen-tra-lì-no] *s.m.* Apparecchiatura telefonica installata in aziende, uffici e simili per smistare sulle diverse linee interne le chiamate provenienti dall'esterno.

centralizzare [cen-tra-liz-zà-re] *v.tr.* **1** Trasferire poteri e funzioni ad organi e autorità centrali Ⓢ accentrare Ⓒ decentrare **2** Unificare in un unico impianto centrale il funzionamento di un servizio: *centralizzare il riscaldamento, l'antenna televisiva di un condominio.*

centrare [cen-trà-re] *v.tr.* **1** Colpire nel centro, colpire in pieno: *centrare un bersaglio* ◊ ♧ Individuare, cogliere il punto centrale di qualcosa: *proprio così, hai centrato il problema!* **2** Fissare, mettere nel centro: *questa ruota va centrata.*

centrattacco [cen-trat-tàc-co] o **centroattacco** [cen-tro-at-tàc-co] *s.m.* Centravanti.

centravanti [cen-tra-vàn-ti] o **centroavanti** [cen-tro-a-vàn-ti] *s.m.* Nel calcio e in altri sport di squadra, il giocatore schierato al centro della linea di attacco.

centrifuga [cen-trì-fu-ga] *s.f.* Macchina per separare con la forza centrifuga sostanze di densità diversa (ad es. l'acqua dalla biancheria in una lavatrice); è costituita essenzialmente da un cesto che ruota ad alta velocità.

centrifugo [cen-trì-fu-go] *agg.* [pl.m. *–ghi*] Che allontana o si allontana dal centro | *Forza centrifuga* = in fisica, la forza che spinge verso l'esterno un corpo in movimento lungo una traiettoria curvilinea.

centro [cèn-tro o cén-tro] *s.m.* **1** In geometria, il punto di un cerchio o di una sfera che è equidistante da tutti i punti della circonferenza o della superficie sferica **2** Il punto, la parte, la zona che sta approssimativamente nel mezzo di qualcosa: *il centro del bersaglio, della Terra, di una città, della tavola* | *Fare centro* = colpire un bersaglio ◊ Zona centrale di una città (contrapposta a *periferia*): *abitare in centro* | *Centro storico* = la parte più antica di una città ◊ In politica, tendenza moderata che assume una posizione intermedia tra le sinistre e le destre: *partito, governo di centro* ◊ ♧ Punto, parte principale, fondamentale: *il centro di un problema, di una discussione* **3** Luogo abitato più o meno grande Ⓢ città, paese, località: *abita in un piccolo centro; un centro agricolo, industriale, turistico, balneare* **4** Edificio o complesso di edifici, attrezzature e servizi destinati a una particolare funzione o attività: *centro commerciale; centro sportivo* ◊ Istituzione, organizzazione che svolge una particolare attività: *centro culturale; centro di assistenza agli anziani.*

centroattacco vedi **centrattacco**.

centroavanti vedi **centravanti**.

centrocampista [cen-tro-cam-pì-sta] *s.m.f.* [pl.m. *–sti*] Nel calcio, giocatore schierato nella zona centrale del campo.

centuplicare [cen-tu-pli-cà-re] *v.tr.* [*centùplico, centùplichi*] Moltiplicare per cento ◊ ♧ Accrescere grandemente: *l'ira gli centuplicava le forze; centuplicare gli sforzi.*

centuplo [cèn-tu-plo] *s.m.* Numero, quantità cento volte più grande di un'altra.

ceppo [cép-po] *s.m.* **1** La base del tronco di una pianta, da cui si diramano le radici ◊ Grosso pezzo di legno da ardere ◊ Tronco squadrato in forma di blocco e usato come sedile, piano d'appoggio, tagliere ecc. **2** ♧ Origine di una famiglia, di un popolo: *le due famiglie discendono da uno stesso ceppo* **3** (al *pl.*) Arnesi di legno usati un tempo per bloccare i piedi dei prigionieri ◊ ♧ Prigionia, schiavitù: *un popolo ridotto in ceppi.*

cera[1] [cé-ra] *s.f.* Sostanza solida che diventa malleabile e si scioglie col calore, impiegata spec. per fabbricare candele e come impermeabilizzante; viene oggi per lo più ricavata da grassi animali e vegetali o prodotta artificialmente, ma la cera per eccellenza è quella giallo-rossiccia prodotta dalle api, che con essa si costruiscono i favi ◊ *Cera (da pavimenti)* = prodotto per pulire e lucidare i pavimenti: *dare la cera.*

cera[2] [cé-ra] *s.f.* Aspetto del viso che riflette le condizioni di salute: *oggi hai una cattiva cera.*

ceralacca [ce-ra-làc-ca] *s.f.* [pl. *ceralacche*] Miscuglio di resine che si rammollisce col calore e poi solidifica rapidamente, usato per sigillare lettere, pacchi o altro.

ceramica [ce-rà-mi-ca] *s.f.* **1** Impasto di argilla e altre sostanze minerali con acqua, usato per fabbricare porcellane, maioliche, terrecotte: *un piatto, un vaso di ceramica* ◊ Oggetto prodotto con questo materiale: *una mostra di ceramiche antiche* **2** La tecnica e l'arte di lavorare questo materiale: *fare un corso di ceramica.*

cerato [ce-rà-to] *agg.* Spalmato di cera ◊ Impermeabilizzato con cera o resine: *tela cerata.*

cerbiatto [cer-biàt-to] *s.m.* Giovane cervo.

cerbottana [cer-bot-tà-na] *s.f.* Arma primitiva

A B C D E F G H I J K L M N O P Q R S T U V W X Y Z

da caccia, costituita da una lunga canna con cui si lanciano, soffiando, piccole frecce; con la canna più corta è anche un giocattolo usato dai ragazzi per lanciare coni o palline di carta.

cerca [cér-ca] *s.f.* Ricerca: *è in cerca di lavoro.*

cercare [cer-cà-re] *v.tr.* [*cérco, cérchi*] **1** Darsi da fare per trovare qualcosa o qualcuno: *cercare un libro, un albergo, un medico* ◊ Sforzarsi di ottenere qualcosa: *cercare il successo* **2** Tentare, sforzarsi di fare qualcosa: *ha cercato di fuggire*; *cerca di stare calmo.*

cercatore [cer-ca-tó-re] *s.m.* [f. *–trice*] Chi va alla ricerca di qualcosa: *un cercatore d'oro.*

cerchia [cér-chia] *s.f.* **1** Struttura naturale o artificiale di forma più o meno circolare che circonda qualcosa: *una città protetta da una cerchia di mura*; *una cerchia di montagne* **2** ♧ Gruppo di persone unite da comuni interessi: *frequenta solo una ristretta cerchia di amici.*

cerchio [cér-chio] *s.m.* **1** In geometria, la superficie racchiusa da una circonferenza: *calcolare l'area di un cerchio* ◊ Circonferenza: *disegnare un cerchio con il compasso* **2** Oggetto di forma circolare: *i cerchi per fasciare le botti* ◊ Grande anello che si usa come attrezzo ginnico ◊ *In cerchio* = in modo da formare un circolo: *sedersi in cerchio.*

cerchione [cer-chió-ne] *s.m.* Cerchio metallico su cui viene montato il pneumatico di biciclette, motociclette e autoveicoli.

cereale [ce-re-à-le] *s.m.* Nome collettivo di un gruppo di piante erbacee i cui semi, spec. trasformati in farina, forniscono un importante alimento per uomini e animali: *il grano, l'orzo, il mais, l'avena, il riso sono cereali.*

cerebrale [ce-re-brà-le] *agg.* Del cervello: *emorragia cerebrale.*

cereo [cè-re-o] *agg.* Bianco, pallido come la cera: *il suo volto era cereo.*

cerimonia [ce-ri-mò-nia] *s.f.* **1** Complesso di atti che si compiono per celebrare solennemente un rito religioso o un avvenimento: *cerimonia nuziale, funebre*; *la cerimonia di inaugurazione di una mostra* **2** (al *pl.*) Manifestazione eccessiva di cortesia, di rispetto Ⓢ complimenti, convenevoli: *lasciamo da parte le cerimonie e diamoci del tu.*

cerimoniale [ce-ri-mo-nià-le] *s.m.* Complesso degli atti e delle norme che bisogna osservare durante lo svolgimento di una cerimonia.

cerino [ce-rì-no] *s.m.* Fiammifero rivestito di cera.

cernia [cèr-nia] *s.f.* Grosso pesce marino dalle carni pregiate.

cerniera [cer-niè-ra] *s.f.* **1** Congegno che tiene uniti due elementi, consentendo a uno o a entrambi di ruotare rispetto all'altro: *la cerniera di una porta, di un coperchio* **2** *Cerniera lampo* = sistema di chiusura per abiti, borse, astucci, costituito da una doppia fila di dentini che si incastrano tra loro muovendo un cursore.

cernita [cèr-ni-ta] *s.f.* Scelta, selezione: *fate una cernita dei frutti sani e gettate quelli marci.*

cero [cé-ro] *s.m.* Grossa candela di cera.

cerotto [ce-ròt-to] *s.m.* Nastro di tela o plastica, adesivo da un lato, usato per fissare bende o garze ◊ Piccola garza fissata su una striscia adesiva che si applica su lievi ferite.

certamente [cer-ta-mén-te] *avv.* Con certezza, sicuramente, senz'altro: *ha certamente ragione*; *«Verrai alla gita?» «Certamente».*

certezza [cer-téz-za] *s.f.* Ferma convinzione; sicurezza: *ho la certezza di non sbagliarmi*; *lo so con certezza.*

certificato [cer-ti-fi-cà-to] *s.m.* Documento ufficiale che dichiara la realtà o verità di un fatto, di una condizione, di un diritto: *certificato di nascita, di residenza, di studi, di malattia, di garanzia.*

certo [cèr-to] *agg.* **1** Sicuro, dimostrato, incontestabile: *prove, notizie certe* **2** Che è fermamente convinto di qualcosa Ⓢ sicuro: *sono certo di farcela* ♦ *avv.* Con certezza, sicuramente: *certo non verrà*; *lo so per certo*; *«Gli hai parlato?» «Certo»* ♦ *agg.indef.* (sempre premesso al sostantivo) **1** Alcuno, qualche: *certi alunni non son venuti*; *certe volte è meglio tacere* ◊ Non piccolo Ⓢ notevole: *ho un certo appetito*; *ormai ha una certa età* ◊ Di questo, di quel tipo (di cui si sta parlando): *certi errori non li ammetto!* ◊ (con valore spregiativo): *da certa gente è meglio stare alla larga* **2** Indica persona sconosciuta Ⓢ tale: *ha telefonato un certo Mario* ♦ *pronome indef.pl.* Alcuni, taluni: *certi credono che sia facile, ma si sbagliano.*

ceruleo [ce-rù-le-o] *agg.* Di color azzurro chiaro: *occhi cerulei.*

cervello [cer-vèl-lo] *s.m.* [pl. *–li*; in alcuni usi del significato 1 anche al f. *le cervella*] **1** L'organo del sistema nervoso, situato nella testa, che dirige l'attività del pensiero, le sensazioni e i movimenti | *Farsi saltare le cervella* = uccidersi sparandosi alla testa **2** ♧ La testa come sede del pensiero Ⓢ intelletto, senno, giudizio: *cerca di pensare col tuo cervello*; *fa le cose senza cervello* **3** ♧ Persona che è la mente direttiva di un'organizzazione: *la polizia ha arrestato il cervello della banda di falsari.*

cervo [cèr-vo] *s.m.* Mammifero ruminante selvatico, i cui maschi hanno grandi corna ramificate.

cesellare [ce-sel-là-re] *v.tr.* Lavorare, incidere metalli col cesello: *cesellare un piatto d'argento.*

cesello [ce-sèl-lo] *s.m.* Scalpello d'acciaio, con la punta di forma varia, che si usa per eseguire lavori ornamentali sulle superfici metalliche.

cesoie [ce-só-ie] *s.f. pl.* Grosse forbici da giardiniere.

cespite [cè-spi-te] *s.m.* Fonte di reddito, di guadagno: *lo stipendio è il suo unico cespite.*

cespo [cé-spo] *s.m.* Insieme di rami o foglie o fiori che si sviluppano a forma di ciuffo da una stessa radice: *un cespo di insalata.*

cespuglio [ce-spù-glio] *s.m.* Ammasso compatto e intricato formato dai rami e dalle foglie di un arbusto o di più arbusti vicini.

cessare [ces-sà-re] *v.intr.* [aus. *essere*] Terminare, finire: *la pioggia è cessata* ♦ *v.tr.* Interrompere, sospendere, smettere: *il negozio ha cessato l'attività*; *il comandante ordinò di cessare il fuoco.*

cessazione [ces-sa-zió-ne] *s.f.* Fine, sospensione: *i soldati hanno festeggiato la cessazione delle ostilità.*

cesso [cès-so] *s.m.* Gabinetto, latrina.

cesta [cé-sta] *s.f.* Canestro a sponde alte, in genere di vimini intrecciati: *la cesta del pane, della biancheria.*

cestello [ce-stèl-lo] *s.m.* **1** Contenitore per bottiglie **2** Nelle macchine lavatrici, la parte che contiene la biancheria.

cestinare [ce-sti-nà-re] *v.tr.* **1** Gettare nel cestino lettere, carte che non interessano **2** ♧ Rifiutare, non prendere in considerazione: *la sua domanda di assunzione è stata cestinata.*

cestino [ce-stì-no] *s.m.* Recipiente in cui si butta la carta straccia.

cestista [ce-stì-sta] *s.m.f.* [pl.m. *–sti*] Giocatore di pallacanestro: *un abile cestista.*

cesto [cé-sto] *s.m.* **1** Cesta, paniere **2** Nella pallacanestro, canestro: *fare cesto.*

Cetacei [Ce-tà-cei] *s.m.pl.* Grossi Mammiferi acquatici dal corpo simile a quello dei pesci; i più noti sono la balena, il capodoglio e il delfino.

ceto [cè-to] *s.m.* Classe, categoria sociale: *ceto impiegatizio*; *alto, medio, basso ceto.*

cetra [cé-tra o cè-tra] *s.f.* Antico strumento musicale a corde.

cetriolo [ce-triò-lo] *s.m.* Pianta erbacea rampicante, coltivata negli orti per i suoi frutti ◊ Il frutto di tale pianta, verde, di forma allungata, che si mangia in insalata o si conserva sottaceto.

chador [adattamento inglese di una parola persiana; pron. corrente *ciadòr*] *s.m.invar.* Tradizionale indumento femminile dell'Iran, costituito da un'ampia mantella che ricopre il capo e le spalle, lasciando però scoperto il viso.

chalet [parola francese; pron. *scialé*] *s.m.invar.* Piccola villa in legno o pietra, tipica delle zone di montagna.

champagne [parola francese; pron. *sciampàgn*] *s.m.invar.* Vino bianco spumante prodotto nella regione francese della Champagne.

champignon [parola francese; pron. *sciampignòn*] *s.m.invar.* Fungo coltivato di color bianco, che si consuma sia cotto che crudo.

chance [parola francese; pron. *sciàns*] *s.f.invar.* Possibilità di riuscita, di successo: *avere delle buone chance* ◊ Occasione favorevole: *non devi perdere questa chance.*

charme [parola francese; pron. *sciàrm*] *s.m.invar.* Fascino, grazia, attrattiva: *una donna piena di charme.*

charter [parola inglese; pron. corrente *ciàrter*] *agg.* e *s.m.invar.* Detto di volo e di aereo non di linea, ma noleggiato su richiesta: *prendere un charter*; *i voli charter sono più economici.*

chat line [locuzione inglese; pron. *ciàt-làin*] *s.f. invar.* Sistema di comunicazione via Internet che permette a più utenti di scambiarsi messaggi in tempo reale ◊ Sito Internet nel quale è possibile effettuare tali comunicazioni ◊ Messaggio e sessione di scambio di messaggi effettuati su una *chat line*: *mandare una chat*; *essere in chat.*

chattare [chat-tà-re; pron. *ciattàre*] *v.intr.* [aus. *avere*] Conversare con altre persone tramite messaggi su una *chat line.*

che[1] [ché] *pronome rel.invar.* **1** Il quale, la quale, i quali, le quali: *la persona che amo*; *i libri che ho letto* **2** (preceduto dall'art. o da una prep.) La qual cosa: *non è venuto, il che mi dispiace*; *aspetto ancora un po', dopo di che me ne vado* ♦ *pronome interr.* Quale cosa: *che ne pensi?* ♦ *pronome escl.* Quale cosa, quali cose: *ma che dite!*; *che mi tocca sentire!* ♦ *agg.interr.invar.* Quale, quali: *che ora è?*; *che cosa pensi di fare?*; *che film hai visto?* ♦ *agg.escl.invar.* Quale, quali: *in che guaio mi son cacciato!*; *che sciocchezze!* ◊ (nell'uso familiare, unito al solo agg.) Com'è, come sono: *che bello!*; *che simpatici i tuoi amici!*

Come pronome relativo *che* si usa solo quando è soggetto o complemento oggetto; negli altri casi

A B C D E F G H I J K L M N O P Q R S T U V W X Y Z

si usa *cui*: *l'amica che mi ha scritto, che ho incontrato, a cui ho scritto, con cui sono uscita.*

che² *congz.* **1** Introduce proposizioni dichiarative: *ti dico che è tardi*; *penso che non verrà* ◊ Poiché, per il fatto che: *copriti che fa freddo*; *mi dispiace che tu non venga* ◊ Cosicché: *grida che sembra un ossesso* ◊ Affinché: *parla più forte, che ti possa sentire* ◊ Quando, da quando: *mi alzai che il sole era già alto*; *è già un mese che è partito* ◊ Se non: *non pensa che a giocare* ◊ Per quanto: *non ha telefonato, che io sappia* ◊ Introduce un comando o un augurio: *che entri subito!*; *che Dio ti benedica!* **2** Introduce il secondo termine di paragone in una comparazione: *è più bello che buono* ◊ È spesso usato, in correlazione con *tanto*, al posto di *quanto*: *non va bene tanto a te che a me.*

check-in [locuzione inglese; pron. *cechìn*] *s.m. invar.* Negli aeroporti, l'operazione di controllo del biglietto e ritiro del bagaglio dei passeggeri in partenza.

check-up [locuzione inglese; pron. *cecàp*] *s.m. invar.* Controllo medico generale, con analisi ed esami, della salute di una persona.

chef [parola francese; pron. *scèf*] *s.m.invar.* Capocuoco di un ristorante o albergo importante.

chela [chè-la] *s.f.* Parte terminale a forma di pinza degli arti di alcuni crostacei e degli scorpioni.

cherosene [che-ro-sè-ne] *s.m.* Miscela derivata dal petrolio, usata come combustibile per riscaldamento e come carburante per motori a reazione.

chetichella [che-ti-chèl-la] *Alla chetichella* = senza farsi vedere, di nascosto: *se ne andò alla chetichella.*

chewing-gum [locuzione inglese; pron. corrente *ciùin gam*] *s.m.invar.* Gomma da masticare.

chi *pronome rel.invar.* **1** Colui il quale, colei la quale: *chi entra chiuda la porta*; *a chi chiede sarà dato* **2** Qualcuno che: *non trovo chi mi aiuti* ◊ Chiunque: *può venire chi vuole* ♦ *pronome indef.invar.* | *Chi... chi* = uno... un altro, alcuni... altri: *chi diceva una cosa, chi un'altra* ♦ *pronome interr.escl.invar.* Quale persona, quali persone: *chi te l'ha detto?*; *mi chiedo chi siano quei tipi*; *guarda chi si rivede!* | *Non so chi* = persona sconosciuta o che non si vuole nominare.

chiacchiera [chiàc-chie-ra] *s.f.* **1** (spec. al *pl.*) Conversazione su questioni di poca importanza: *ci siam fermati a fare quattro chiacchiere* ◊ Le parole, in quanto considerate inconcludenti (contrapposte all'azione, ai fatti): *sei bravo solo a chiacchiere*; *basta con le chiacchiere!* **2** Notizia, voce infondata Ⓢ diceria, pettegolezzo: *dicono che ha rubato, ma è solo una chiacchiera*; *non preoccuparti delle chiacchiere della gente.*

chiacchierare [chiac-chie-rà-re] *v.intr.* [aus. *avere*] **1** Conversare, discorrere alla buona: *chiacchierare del più e del meno* ◊ Parlare troppo o quando non è il caso, causando disturbo: *non la smette mai di chiacchierare, non ne posso più!* **2** Fare maldicenze, pettegolezzi: *si è molto chiacchierato sul suo conto.*

chiacchierata [chiac-chie-rà-ta] *s.f.* Conversazione amichevole, alla buona, per lo più su cose di poca importanza.

chiacchiericcio [chiac-chie-rìc-cio] *s.m.* Un parlare continuato di più persone Ⓢ cicaleccio.

chiacchierio [chiac-chie-rì-o] *s.m.* Chiacchiericcio.

chiacchierone [chiac-chie-ró-ne] *agg.* e *s.m.* Che, chi chiacchiera molto ◊ Che, chi non sa tenere un segreto.

chiamare [chia-mà-re] *v.tr.* **1** Rivolgersi a qualcuno con la voce, con gesti o con altri mezzi, perché risponda, si presenti o compia un'azione: *chiamare qualcuno ad alta voce, con un fischio, per telefono*; *le campane chiamano i fedeli alla messa* | ♧ *Chiamare in causa qualcuno* = farlo intervenire, coinvolgerlo in qualcosa ◊ Svegliare: *chiamami presto domattina* **2** Chiedere, invocare: *chiamare aiuto* ◊ Richiedere l'intervento di qualcuno o qualcosa (anche ♧): *chiamare il medico, l'ambulanza*; *il dovere mi chiama* **3** Dare un nome, un soprannome, un titolo: *se sarà un bimbo lo chiameremo Luca*; *lo chiamano dottore, ma non lo è* ◊ Definire: *questo vestito non si può certo chiamare nuovo* **4** Eleggere, designare, nominare qualcuno a un incarico: *fu chiamato alla carica di presidente* ♦ **chiamarsi** *v.pr.* **1** Avere nome: *mi chiamo Pietro*; *come si chiama questa piazza?* **2** Essere davvero: *questo si chiama parlare chiaro!*

chiamata [chia-mà-ta] *s.f.* Richiamo; invito a presentarsi, richiesta di intervento: *il dottore ha ricevuto una chiamata urgente* | *Chiamata alle armi* = convocazione per prestare il servizio militare | *Chiamata (telefonica)* = richiesta di conversazione telefonica: *c'è una chiamata per te* ◊ Nel teatro, applauso del pubblico per invitare gli attori a presentarsi alla ribalta.

chiara [chià-ra] *s.f.* L'albume dell'uovo crudo.

chiaramente [chia-ra-mén-te] *avv.* **1** In modo chiaro, distinto: *lo udiva chiaramente* **2** In modo schietto, franco Ⓢ apertamente: *gli ha detto chiaramente quel che pensava.*

chiarezza [chia-réz-za] *s.f.* **1** Limpidezza: *un'ac-*

qua di grande chiarezza **2** ♧ Modo di esprimersi semplice e comprensibile: *parlare, scrivere con chiarezza.*

chiarimento [chia-ri-mén-to] *s.m.* Spiegazione che rende più chiaro qualcosa, risolve un dubbio, elimina un sospetto, un'incomprensione: *chiedere un chiarimento*; *dare dei chiarimenti.*

chiarire [chia-rì-re] *v.tr.* [*chiarìsco, chiarìsci*] Rendere chiaro, comprensibile Ⓢ spiegare: *chiarire un problema* | *Chiarire un dubbio, un equivoco* = risolverlo, eliminarlo ◊ Mettere in chiaro: *chiarì subito che non era d'accordo.*

chiaro [chià-ro] *agg.* **1** Luminoso: *una notte chiara di luna* ◊ Limpido, trasparente: *un'acqua chiara di sorgente* ◊ Di colore non intenso, non scuro: *verde chiaro*; *un abito chiaro* **2** Che si sente, si vede distintamente: *sia il suono che l' immagine son poco chiari* **3** ♧ Facilmente comprensibile: *usare un linguaggio chiaro* ◊ Evidente: *è chiaro che lui non c'entra* ◊ Netto, deciso: *mi ha opposto un chiaro rifiuto* | *Avere le idee chiare* = sapere quel che si vuole ♦ *avv.* Apertamente, francamente: *è bene che ci parliamo chiaro* | *Non ci vedo chiaro*; *vorrei vederci chiaro* = c'è qualcosa che non mi convince; vorrei capire bene di cosa si tratta ♦ *s.m.* **1** Luce, luminosità: *chiaro di luna* | ♧ *Mettere in chiaro* = appurare con esattezza (*è una questione da mettere in chiaro*); dire, precisare in modo inequivocabile: *ha messo in chiaro che lui non è d'accordo* **2** Colore chiaro: *vestire di chiaro.*

chiarore [chia-ró-re] *s.m.* Luce, luminosità tenue e diffusa: *il chiarore dell'alba, di una candela.*

chiaroscuro [chia-ro-scù-ro] *s.m.* Tecnica di pittura e di disegno che, graduando i toni di colore dai più chiari ai più scuri, riproduce il passaggio dalla luce all'ombra e dà rilievo alle figure.

chiaroveggenza [chia-ro-veg-gèn-za] *s.f.* Intuito, perspicacia nel prevedere lo sviluppo di una situazione, le conseguenze di un atto.

chiassata [chias-sà-ta] *s.f.* Schiamazzo, strepito ◊ Lite, scenata rumorosa in pubblico.

chiasso [chiàs-so] *s.m.* Forte rumore prodotto da persone o da cose Ⓢ frastuono, baccano, fracasso: *smettetela di fare chiasso!*

chiassoso [chias-só-so] *agg.* **1** Che fa molto chiasso: *ragazzi chiassosi* ◊ Rumoroso: *strada chiassosa* **2** ♧ Dai colori troppo vivaci, sgargianti, vistosi: *una cravatta chiassosa.*

chiatta [chiàt-ta] *s.f.* Barcone a fondo piatto per trasportare merci o traghettare persone nei porti o su fiumi e canali.

chiave [chià-ve] *s.f.* **1** Strumento di metallo per aprire e chiudere le serrature: *chiudere la porta a chiave* ◊ Nome di attrezzi metallici di vario genere per usi diversi (stringere e allentare dadi, caricare un meccanismo a molla, mettere in moto un motore ecc.): *chiave inglese*; *la chiave di accensione dell'auto* **2** ♧ Elemento che permette di raggiungere un determinato fine, di risolvere un problema: *la bellezza, non la bravura è stata la chiave del suo successo* ◊ Numero, parola o altro che serve a decifrare un codice cifrato, un rebus e simili ♦ usato come *agg.invar.* Di importanza fondamentale, decisiva: *il personaggio chiave di una vicenda*; *un settore chiave dell'economia.*

chiavetta [chia-vét-ta] *s.f.* Piccola chiave per caricare meccanismi a molla ◊ Elemento girevole per aprire o chiudere una conduttura: *la chiavetta del gas.*

chiavica [chià-vi-ca] *s.f.* Fogna.

chiavistello [chia-vi-stèl-lo] *s.m.* Sbarra di ferro per chiudere saldamente le imposte di porte e finestre Ⓢ catenaccio.

chiazza [chiàz-za] *s.f.* Macchia tondeggiante di vario genere: *aveva chiazze rosse sul viso*; *sul muro c'era una chiazza di umido.*

chic [parola francese; pron. *scic*] *agg.invar.* Elegante, fine: *una persona chic*; *un abito molto chic.*

chicchera [chìc-che-ra] *s.f.* Tazzina con manico.

chicchessia [chic-ches-sì-a] *pronome indef.m.f.* Qualunque persona Ⓢ chiunque: *lo avrebbe detto a chicchessia* ◊ (in frasi negative) Nessuno: *non desidero che chicchessia ci metta il naso.*

chicchirichì [chic-chi-ri-chì] *s.m.* Voce onomatopeica che imita il canto del gallo; il canto stesso.

chicco [chìc-co] *s.m.* [pl. *–chi*] **1** Seme dei cereali e di altre piante: *chicco di grano, di caffè* ◊ Ciascuno dei frutti del grappolo d'uva Ⓢ acino **2** Granello di grandine.

chiedere [chiè-de-re] *v.tr.* [pass.rem. *chièsi, chiedésti*; part.pass. *chièsto*] **1** Domandare per ottenere: *chiedere cibo, aiuto* ◊ Domandare per sapere: *chiedere informazioni* **2** Richiedere un certo prezzo per qualcosa Ⓢ pretendere, volere: *chiedono troppo per quella casa* ♦ *v.intr.* [aus. *avere*] Domandare notizie su qualcuno o qualcosa: *mi ha chiesto di te, del tuo lavoro.*

chierichetto [chie-ri-chét-to] *s.m.* Ragazzo che assiste il sacerdote nella messa e in altre funzioni sacre.

chierico [chié-ri-co] *s.m.* [pl. *–ci*] Membro del clero Ⓢ ecclesiastico ◊ Seminarista.

chiesa [chiè-sa] *s.f.* **1** La comunità e l'organizzazione dei cristiani che appartengono alla stessa confessione religiosa: *chiesa cattolica, ortodossa, protestante* ◊ (con l'iniziale maiuscola) Chiesa cattolica: *il papa è il capo della Chiesa* **2** Edificio destinato al culto cristiano: *andare in chiesa*; *una chiesa antica, moderna.*

chiglia [chì-glia] *s.f.* Parte inferiore dello scafo di un'imbarcazione, costituita da una trave di legno o di metallo che va dalla poppa alla prua.

chilo [chì-lo] *s.m.* Abbreviazione di *chilogrammo.*

chilo– o **kilo–** Primo elemento di parole composte che, davanti al nome di un'unità di misura, la moltiplica per mille (per es. *chilometro*).

chilogrammo [chi-lo-gràm-mo] *s.m.* Unità di misura di peso equivalente a mille grammi (simbolo: *kg*).

chilometro [chi-lò-me-tro] *s.m.* Unità di misura di lunghezza equivalente a mille metri (simbolo: *km*).

chimera [chi-mè-ra] *s.f.* **1** Animale mostruoso della mitologia greco-romana, con corpo e testa di leone, coda di serpente e una seconda testa di capra sul dorso **2** ♧ Sogno irraggiungibile Ⓢ illusione, fantasticheria: *guarda in faccia la realtà, anziché inseguire chimere.*

chimica [chì-mi-ca] *s.f.* Scienza che studia la composizione e le proprietà delle sostanze che costituiscono la materia inanimata (*chimica inorganica*) e quella vivente (*chimica organica*).

chimico [chì-mi-co] *agg.* [pl.m. *–ci*] Di, della chimica, relativo alla chimica: *industria chimica*; *prodotto chimico* ♦ *s.m.* Studioso di chimica; laureato in chimica: *lavora come chimico in un'industria farmaceutica.*

chimono [chi-mò-no] o **kimono** [ki-mò-no] *s.m.* [pl.invar. o *–ni*] Veste tradizionale giapponese, maschile e femminile, lunga sino ai piedi, con ampie maniche, stretta alla vita con una fascia.

china[1] [chì-na] *s.f.* Terreno in pendio Ⓢ declivio: *la china di un colle* | ♧ *Essere, mettersi su una brutta china* = su una cattiva strada.

china[2] [chì-na] *s.f.* **1** Pianta tropicale dalla cui corteccia si estraggono sostanze usate per preparare medicine e liquori **2** Liquore alcolico a base di corteccia di china.

china[3] [chì-na] *s.f.* Inchiostro nero da disegno.

chinare [chi-nà-re] *v.tr.* Volgere, piegare verso il basso Ⓢ abbassare Ⓒ sollevare: *chinò lo sguardo a terra* ♦ **chinarsi** *v.pr.* Piegarsi con la persona verso il basso: *si chinò a raccogliere un guanto.*

chincaglieria [chin-ca-glie-rì-a] *s.f.* (spec. al *pl.*) Piccolo oggetto ornamentale di scarso valore: *una stanza piena di chincaglierie.*

chino [chì-no] *agg.* Chinato, inclinato, piegato verso il basso: *stare a capo chino.*

chioccia [chiòc-cia] *s.f.* [pl. *–ce*] Gallina che cova le uova e alleva i pulcini.

chiocciola [chiòc-cio-la] *s.f.* Nome di vari molluschi terrestri con conchiglia a spirale | *Scala a chiocciola* = a spirale.

chiodo [chiò-do] *s.m.* Asticciola di metallo, appuntita da una parte e con una testa dall'altra, che si conficca nel legno o in altro materiale per unire due parti o come sostegno per appendere qualcosa | ♧ *Chiodo fisso* = idea fissa, preoccupazione assillante, ossessiva.

chioma [chiò-ma] *s.f.* **1** Capigliatura: *una chioma folta* **2** Insieme dei rami, delle fronde e delle foglie di un albero **3** La coda delle comete.

chiosco [chiò-sco] *s.m.* [pl. *–schi*] Piccola costruzione in legno o muratura dove si vendono giornali, bibite, gelati, fiori o altro.

chiostro [chiò-stro] *s.m.* Cortile chiuso, circondato da porticati, all'interno di conventi o al fianco di alcune chiese.

chiromante [chi-ro-màn-te] *s.m.f.* Chi presume di leggere il carattere e il destino di una persona esaminandone il palmo della mano.

chirurgia [chi-rur-gì-a] *s.f.* Parte della medicina che cura le malattie e le lesioni attraverso interventi operatori all'interno o all'esterno del corpo.

chirurgico [chi-rùr-gi-co] *agg.* [pl.m. *–ci*] Di chirurgia, riguardante la chirurgia: *intervento chirurgico*; *strumenti chirurgici.*

chirurgo [chi-rùr-go] *s.m.* [pl. *–ghi* o *–gi*] Medico specializzato in chirurgia.

chissà [chis-sà] *avv.* Esprime dubbio, incertezza, possibilità: *chissà se verrà?*; *chissà che spavento ha preso!* ◊ (nelle risposte) Forse, può darsi: *«Verrai a trovarmi?» «Chissà!».*

chitarra [chi-tàr-ra] *s.f.* Strumento musicale a sei corde: *sta imparando a suonare la chitarra.*

chitarrista [chi-tar-rì-sta] *s.m.f.* [pl.m. *–sti*] Suonatore di chitarra.

chiudere [chiù-de-re] *v.tr.* [pass.rem. *chiùsi, chiudésti*; part.pass. *chiùso*] **1** Congiungere le parti disgiunte o aperte di qualcosa, in modo da impedire il passaggio, l'accesso, l'uso Ⓒ aprire: *chiudere la porta, il cassetto, la valigia, il libro, la bocca, gli occhi* ◊ Coprire con un coperchio, con un tappo: *chiudere una scatola, una bottiglia* ◊ Stringere, serrare: *chiudere la mano, le dita*

2 Impedire, vietare l'accesso, il passaggio, il transito Ⓢ bloccare, sbarrare: *chiudere al nemico la via della ritirata*; *chiudere una strada, una frontiera* | *Chiudere la luce, il gas, l'acqua* = interromperne l'erogazione ◊ Recingere: *chiudere un giardino con un muro* **3** Riporre: *chiudere il denaro in cassaforte* ◊ Rinchiudere: *chiudere un animale in gabbia* **4** Terminare, concludere Ⓒ iniziare: *chiudere una lettera con i saluti*; *chiudere una discussione* | *Chiudere un elenco, un corteo* = esserne alla fine, venire per ultimo ◊ Sospendere o cessare un'attività: *chiudere le scuole*; *ha chiuso bottega* ♦ *v.intr.* [aus. *avere*] **1** Funzionare come chiusura: *la finestra non chiude bene* **2** Interrompere, cessare l'attività: *la posta chiude a mezzogiorno*; *l'azienda è fallita e ha chiuso* ♦ **chiudersi** *v.pr.* **1** Serrarsi: *mi si chiudono gli occhi dal sonno* ◊ Rimarginarsi (detto di ferita) **2** Ritirarsi, rinchiudersi (anche ♧): *chiudersi in casa*; *si è chiuso in se stesso* **3** Terminare, concludersi: *la conferenza si è chiusa con un successo.*

chiunque [chi-ùn-que] *pronome indef.invar.* Qualsiasi persona: *è un lavoro che saprebbe fare chiunque* ♦ *pronome rel.indef.invar.* Qualunque persona che: *non aprire a chiunque suoni.*

chiusa [chiù-sa] *s.f.* **1** Sbarramento artificiale di un corso d'acqua, in genere con saracinesche o porte metalliche **2** Conclusione di uno scritto o di un discorso.

chiusino [chiu-sì-no] *s.m.* Lastra di metallo, pietra o cemento che chiude l'accesso alle fogne, alle condutture dell'acqua, del gas ecc. Ⓢ tombino.

chiuso [chiù-so] *agg.* **1** Non aperto Ⓢ serrato, bloccato, sbarrato, ostruito: *il portone era chiuso*; *il valico era chiuso per neve* | *Avere il naso chiuso* = per il raffreddore | *Processo a porte chiuse* = a cui non è ammesso il pubblico ◊ Che ha sospeso o cessato l'attività; non in funzione: *oggi i negozi sono chiusi* ◊ Rintanato, rinchiuso: *stare chiuso in casa*; *essere chiuso in trappola* **2** ♧ Poco espansivo, riservato Ⓢ introverso: *un ragazzo, un carattere chiuso* ♦ *s.m.* Ambiente riparato e coperto: *starsene al chiuso* | *Sapere, puzzare di chiuso* = detto di locali in cui non circola l'aria.

chiusura [chiu-sù-ra] *s.f.* **1** Il chiudere, il chiudersi, il venire chiuso (nei vari significati del verbo): *la chiusura di una strada al traffico*; *la chiusura delle scuole, delle iscrizioni* **2** Ciò che serve a chiudere: *la chiusura della finestra funziona male*; *chiusura automatica, a scatto* | *Chiusura lampo* = cerniera lampo.

choc [parola francese; pron. *sciòk*] *s.m.invar.* Shock.

ci *pronome pers.* **1** Noi, a noi: *non ci hanno visto*; *non può guardarci negli occhi*; *scriveteci presto* ◊ Si usa nella coniugazione dei verbi pronominali di ogni tipo: *ci svegliammo*; *ci amiamo*; *laviamoci le mani* **2** Si usa per dare più intensità espressiva e per esprimere partecipazione a quanto si dice: *ci siamo fatti un bel pranzetto*; *ci prenderemo un raffreddore!* ♦ *pronome dimostr.* A ciò, di ciò, su ciò ecc.: *non ci devi credere*; *ti aiuterò, contaci* ◊ Spesso con valore pleonastico: *a me non ci pensi?*; *non ci capisco nulla in questa storia* ♦ *avv.* **1** Qui, in questo luogo: *è casa mia e ci sto bene* ◊ Lì, in quel luogo: *torna a casa! ci torno subito* | *Esserci* = esistere, trovarsi: *c'è gente che non lo farebbe mai*; *non c'è nessuno in casa* ◊ Per questo, per quel luogo: *ci passo tutti i giorni* **2** Con valore indeterminato dà un significato particolare ad alcuni verbi | *Volerci* = occorrere: *ci vuole pazienza* | *Entrarci* = avere a che vedere, a che fare: *cosa c'entra questo col discorso che stavamo facendo?* | ♧ *Io ci sto* = sono d'accordo ◊ Con valore pleonastico: *ci vedo bene*; *non ci sente.*

Sia come pronome che come avverbio *ci* si mette prima del verbo in tutti i tempi tranne che all'imperativo, all'infinito, al gerundio e al participio passato; quando si appoggia a imperativi di una sola sillaba la *c* viene raddoppiata: *facci entrare*; *dicci cosa vuoi*; davanti a *lo, la, li, le, ne* assume la forma *ce*.

ciabatta [cia-bàt-ta] *s.f.* Pantofola.

ciabattino [cia-bat-tì-no] *s.m.* Chi ripara le scarpe Ⓢ calzolaio.

cialda [ciàl-da] *s.f.* Piccolo dolce a forma di disco sottile.

cialtrone [cial-tró-ne] *s.m.* Persona scorretta e priva di serietà, che fa tutto in malo modo, con sciatteria: *non ci si può fidare di quel cialtrone.*

ciambella [ciam-bèl-la] *s.f.* **1** Dolce di forma circolare con un buco nel mezzo **2** *Ciambella di salvataggio* = salvagente.

ciancia [ciàn-cia] *s.f.* [pl. *–ce*] Discorso, chiacchiera inutile o senza fondamento: *basta con le ciance!*; *le sue son solo ciance.*

cianfrusaglia [cian-fru-sà-glia] *s.f.* Oggetto o insieme di oggetti inutili e senza valore: *una stanza piena di cianfrusaglie.*

cianotico [cia-nò-ti-co] *agg.* [pl.m. *–ci*] Che presenta una colorazione bluastra della pelle causata da insufficiente ossigenazione del sangue: *stava per soffocare e il suo viso era cianotico.*

ciao [cià-o] *inter.* Forma di saluto confidenziale e amichevole quando ci si incontra o ci si lascia.

ciarla [ciàr-la] *s.f.* Discorso futile Ⓢ chiacchiera, ciancia ◊ Notizia non vera Ⓢ pettegolezzo: *dicono che è stato lui, ma son solo ciarle.*

ciarlatano [ciar-la-tà-no] *s.m.* **1** Chi, nelle fiere di paese e nei mercati, attira la gente con la sua parlantina per decantare le meraviglie dei prodotti che smercia, per lo più scadenti **2** Chi in vario modo raggira la gente Ⓢ imbroglione, truffatore: *si spacciava per medico, ma era solo un ciarlatano.*

ciarpame [ciar-pà-me] *s.m.* Mucchio di roba inutile, senza valore.

ciascuno [cia-scù-no] *agg.* [solo *sing.*] Ogni: *ciascuna persona*; *ciascun tipo* ♦ *pronome indef.* [solo *sing.*] Ogni persona Ⓢ ognuno: *ciascuno avrà la sua parte.*

Al maschile singolare l'aggettivo *ciascuno* ha sempre la forma tronca *ciascun* tranne che davanti a parole che iniziano con *s seguita da consonante, gn, pn, ps, x, z*: *ciascuno sportivo, ciascuno zoccolo.*

cibare [ci-bà-re] *v.tr.* Alimentare, nutrire: *cibare un malato* ♦ **cibarsi** *v.pr.* Nutrirsi (anche ♧): *si ciba solo di verdure*; *cibarsi di illusioni.*

cibarie [ci-bà-rie] *s.f.pl.* Alimenti, viveri, provviste: *le cibarie ormai scarseggiavano.*

cibernetica [ci-ber-nè-ti-ca] *s.f.* Scienza che studia la realizzazione di macchine capaci di riprodurre le azioni e il comportamento umano.

cibo [cì-bo] *s.m.* Tutto ciò che si può mangiare Ⓢ alimento: *mi piacciono i cibi naturali* | *Non toccare cibo* = non mangiare nulla.

cicala [ci-cà-la] *s.f.* Grosso insetto alato; il maschio emette, nei mesi estivi, un caratteristico suono stridulo.

cicaleccio [ci-ca-léc-cio] *s.m.* Chiacchiericcio.

cicatrice [ci-ca-trì-ce] *s.f.* Segno che rimane sulla pelle nel punto in cui si è rimarginata una ferita.

cicatrizzare [ci-ca-triz-zà-re] *v.intr.* [aus. *avere*] e **cicatrizzarsi** *v.pr.* Rimarginarsi, formando una cicatrice: *la ferita ha cicatrizzato, si è cicatrizzata in breve tempo* ♦ *v.tr.* Rimarginare: *una pomata che cicatrizza le ferite.*

cicca [cìc-ca] *s.f.* **1** Mozzicone di sigaretta | *Non vale una cicca* = non vale niente **2** Gomma da masticare.

cicchetto [cic-chét-to] *s.m.* **1** Bicchierino di liquore **2** Rimprovero, ramanzina da parte di un superiore: *si è preso un cicchetto dal direttore.*

ciccia [cìc-cia] *s.f.* [pl. *–ce*] Grasso del corpo umano: *hai messo su ciccia ultimamente!*

ciccione [cic-ció-ne] *s.m.* Persona molto grassa.

cicerone [ci-ce-ró-ne] *s.m.* Guida turistica.

ciclabile [ci-clà-bi-le] *agg.* Riservato al transito delle biciclette: *pista, corsia ciclabile.*

ciclamino [ci-cla-mì-no] *s.m.* Pianta erbacea con fiori di color rosa-violaceo.

ciclico [cì-cli-co] *agg.* [pl.m. *–ci*] Che si ripete, ricorre periodicamente: *fenomeni ciclici*; *fasi storiche cicliche.*

ciclismo [ci-clì-smo] *s.m.* Lo sport delle corse in bicicletta: *ciclismo su strada, su pista.*

ciclista [ci-clì-sta] *s.m.f.* [pl.m. *–sti*] **1** Chi va in bicicletta **2** Chi pratica il ciclismo **3** Chi ripara biciclette.

ciclistico [ci-clì-sti-co] *agg.* [pl.m. *–ci*] Di ciclismo, dei ciclisti: *gara ciclistica* ◊ Delle biciclette: *industria ciclistica.*

ciclo [cì-clo] *s.m.* **1** Successione di fenomeni (naturali o d'altro genere) che hanno un andamento costante e regolare o che si ripetono periodicamente: *il ciclo delle stagioni, delle maree* | *Ciclo produttivo* = il complesso delle operazioni necessarie per produrre un determinato bene: *il ciclo produttivo dell'auto* **2** Serie di attività, di manifestazioni dello stesso genere: *un ciclo di conferenze, di concerti, di festeggiamenti.*

ciclocross [ci-clo-cròss] *s.m.invar.* Corsa ciclistica non su strada ma su percorsi campestri.

ciclomotore [ci-clo-mo-tó-re] *s.m.* Bicicletta munita di un motore non superiore ai 50 cm^3 di cilindrata.

ciclone [ci-cló-ne] *s.m.* Violenta tempesta provocata da un vortice di venti freddi che convergono verso un punto di minima pressione atmosferica Ⓢ uragano, tifone | ♧ *Essere nell'occhio del ciclone* = trovarsi in mezzo a una situazione turbolenta, pericolosa.

ciclope [ci-clò-pe] *s.m.* Nella mitologia greca, gigante con un solo occhio in mezzo alla fronte.

ciclopico [ci-clò-pi-co] *agg.* [pl.m. *–ci*] Gigantesco, colossale, enorme: *costruzioni ciclopiche*; *sforzi ciclopici.*

cicogna [ci-có-gna] *s.f.* Grosso uccello migratore con zampe e becco molto lunghi.

cicoria [ci-cò-ria] *s.f.* Pianta erbacea le cui foglie si mangiano in insalata.

cieco [ciè-co] *agg.* [pl.m. *–chi*] **1** Privo della vista: *diventare cieco* | *Alla cieca* = senza vederci; ♧ senza riflettere, a casaccio: *agire alla cieca* | *Vicolo cieco* = senza uscita; ♧ situazione senza vie d'uscita: *ci siamo trovati in un vicolo cieco* **2** ♧ Che ha perso la capacità di ragionare Ⓢ folle: *era cieco di rabbia* ◊ Che rende incapaci di ragionare: *fu preso da un furore cieco* | *Obbedienza cieca* = assoluta, incondizionata ♦ *s.m.* Chi è privo della vista Ⓢ non vedente.

cielo [ciè-lo] *s.m.* **1** Lo spazio in cui si muovono i corpi celesti; in partic. lo spazio atmosferico che circonda la Terra, di colore variabile secondo la luce e le condizioni meteorologiche: *cielo stellato*; *cielo azzurro, grigio, nuvoloso* | ♧ *Non stare né in cielo né in terra* = essere assurdo, impossibile | ♧ *Essere al settimo cielo* = al colmo della felicità **2** Il regno di Dio Ⓢ paradiso | *Salire al cielo* = morire ◊ Dio, la provvidenza divina: *pregare, ringraziare il cielo.*

cifra [cì-fra] *s.f.* **1** Nella numerazione arabica, ognuno dei segni che rappresentano i numeri da zero a nove: *scrivere un numero in cifre o in lettere*; *un numero di quattro cifre* ◊ Numero: *cento invitati sono una bella cifra* **2** Somma di denaro: *ha speso una grossa cifra per comprare quella casa* **3** (al *pl.*) Lettere iniziali di un nome: *un fazzoletto con le cifre ricamate* **4** Sistema di scrittura segreta Ⓢ codice: *un messaggio in cifra.*

cifrato [ci-frà-to] *agg.* Scritto in cifra, in un codice segreto: *decifrare un messaggio cifrato.*

ciglio [cì-glio] *s.m.* [pl.f. *le ciglia* nel significato 1, pl.m. *i cigli* nel significato 2] **1** L'orlo delle palpebre fornito di peli ricurvi | ♧ *Non batter ciglio* = restare impassibile ◊ (al *pl.*) L'insieme dei peli sulle palpebre: *ciglia lunghe, scure* ◊ Sopracciglio: *aggrottare le ciglia* **2** ♧ Orlo, margine: *si fermò sul ciglio della strada*; *il ciglio del burrone.*

cigno [cì-gno] *s.m.* Grande uccello acquatico dal piumaggio bianco e dal collo lungo e flessuoso.

cigolare [ci-go-là-re] *v.intr.* [aus. *avere*] Mandare un suono acuto e stridente: *la porta cigolava sui cardini*; *una cerniera che cigola.*

cigolio [ci-go-lì-o] *s.m.* Suono acuto, stridente e prolungato: *il cigolio di un cancello arrugginito.*

ciliegia [ci-liè-gia] *s.f.* [pl. *–gie* o *–ge*] Il frutto del ciliegio.

ciliegio [ci-liè-gio] *s.m.* Albero che produce piccoli frutti rossi e carnosi ◊ Il legno di tale albero, molto pregiato.

cilindrata [ci-lin-drà-ta] *s.f.* Il volume interno del cilindro o dei cilindri di un motore a combustione interna, che dà la misura della potenza del motore: *auto di grossa, di piccola cilindrata.*

cilindrico [ci-lìn-dri-co] *agg.* [pl.m. *–ci*] Che ha forma di cilindro: *un recipiente cilindrico.*

cilindro [ci-lìn-dro] *s.m.* **1** In geometria, solido generato dalla rotazione di un rettangolo intorno a uno dei suoi lati ◊ Ogni oggetto di forma cilindrica **2** Cappello rigido da cerimonia, a forma di cilindro **3** Nelle pompe, nelle macchine a vapore e nei motori a combustione interna, organo cavo cilindrico dentro cui scorre lo stantuffo o pistone.

cima [cì-ma] *s.f.* **1** Parte più alta di qualcosa Ⓢ sommità: *la cima di un albero, di un colle* ◊ In partic., vetta di un monte: *le cime delle Alpi* **2** Parte terminale di qualcosa Ⓢ estremità: *la cima dei capelli, di una corda* | *Da cima a fondo* = dal principio alla fine, interamente: *lesse il giornale da cima a fondo per cercare una notizia* **3** ♧ Persona di grande intelligenza, che eccelle in qualche campo: *non è una cima, ma studia con diligenza.*

cimelio [ci-mè-lio] *s.m.* Oggetto prezioso perché appartenuto a un personaggio illustre o perché costituisce un documento e un ricordo di epoche passate: *un cimelio garibaldino, risorgimentale.*

cimentarsi [ci-men-tàr-si] *v.pr.* Mettersi alla prova, impegnarsi: *si è cimentato in un lavoro difficile* | *Cimentarsi con qualcuno* = gareggiare, battersi con lui ◊ Arrischiarsi: *ha deciso di cimentarsi in quell'impresa disperata.*

cimice [cì-mi-ce] *s.f.* Piccolo insetto dal corpo piatto e dall'odore sgradevole, parassita degli animali e dell'uomo (*cimice dei letti*); un'altra specie (*cimice delle piante*) è parassita dei vegetali.

ciminiera [ci-mi-niè-ra] *s.f.* Camino, fumaiolo molto alto (spec. di fabbriche e navi).

cimitero [ci-mi-tè-ro] *s.m.* **1** Luogo dove si seppelliscono i morti **2** ♧ Luogo deserto e silenzioso: *senza i bambini questa casa è un cimitero!*

cimosa [ci-mó-sa] *s.f.* Bordo laterale di una pezza di stoffa, in cui l'ordito è più fitto e resistente.

cimurro [ci-mùr-ro] *s.m.* Grave malattia contagiosa che colpisce i cani giovani e, più raramente, cavalli e gatti.

cinciallegra [cin-cial-lé-gra] *s.f.* Tipo di passero canterino.

cincillà [cin-cil-là] *s.m.* Piccolo roditore simile al coniglio, con folta e morbida pelliccia di color grigio argento ◊ La pelliccia di tale animale.

cincin [cin-cìn] o **cin cin** *inter.* Espressione di augurio che si pronuncia nei brindisi, in genere toccando con il proprio bicchiere quello degli altri.

cincischiare [cin-ci-schià-re] *v.intr.* [aus. *avere*] Perdere tempo senza combinare nulla: *non startene lì a cincischiare, vieni ad aiutarmi!*

cineasta [ci-ne-à-sta] *s.m.f.* [pl.m. *–sti*] Chi lavora nel cinema come regista o produttore.

cinecamera [ci-ne-cà-me-ra] *s.f.* Macchina da presa cinematografica.

cinefilo [ci-nè-fi-lo] *s.m.* Chi è appassionato di cinema.

cineforum [ci-ne-fò-rum] *s.m.* Riunione o serie di riunioni in cui si proiettano e si dibattono film.

cinema [cì-ne-ma] *s.m.* **1** L'arte e la tecnica di riprendere e proiettare film; il genere di spettacolo che ne deriva e l'industria che lo produce: *la storia del cinema*; *cinema muto, sonoro, in bianco e nero, a colori*; *una stella del cinema* ◊ La produzione cinematografica: *i capolavori del cinema italiano* **2** Sala attrezzata per la proiezione di film Ⓢ cinematografo: *andare al cinema.*

cinematografia [ci-ne-ma-to-gra-fi-a] *s.f.* Cinema (nel significato 1).

cinematografico [ci-ne-ma-to-grà-fi-co] *agg.* [pl.m. *–ci*] Del cinema; relativo alla realizzazione, alla produzione e alla proiezione di film: *festival cinematografico*; *arte, produzione, ripresa cinematografica*; *sala cinematografica.*

cinematografo [ci-ne-ma-tò-gra-fo] *s.m.* **1** Sala cinematografica Ⓢ cinema **2** Arte e tecnica di ripresa e di proiezione delle immagini in movimento Ⓢ cinematografia, cinema: *i fratelli Lumière sono stati gli inventori del cinematografo.*

cinepresa [ci-ne-pré-sa] *s.f.* Cinecamera portatile: *ha filmato le sue vacanze con la cinepresa.*

cinerario [ci-ne-rà-rio] *agg.* Che serve a contenere le ceneri di un defunto: *urna cineraria.*

cinereo [ci-nè-re-o] *agg.* Di colore grigio simile a quello della cenere: *cielo cinereo*; *volto cinereo.*

cineteca [ci-ne-tè-ca] *s.f.* Raccolta di pellicole cinematografiche catalogate a scopo di documentazione e di studio ◊ Locale che ospita tale raccolta e dove spesso si tengono proiezioni e rassegne.

cingere [cìn-ge-re] *v.tr.* [pres. *cìngo, cìngi*; pass. rem. *cìnsi, cingésti*; part.pass. *cìnto*] Avvolgere, stringere intorno: *lo cinse al collo con le sue braccia* | *Cingere la spada, le armi* = armarsi ◊ Circondare: *cingere un giardino con una siepe.*

cinghia [cìn-ghia] *s.f.* **1** Striscia sottile di cuoio, tessuto o altro materiale usata per stringere, legare, sostenere: *la cinghia dei pantaloni, dello zaino* | ♧ *Tirare la cinghia* = campare stentatamente; fare economie **2** *Cinghia di trasmissione* = nastro di materiale flessibile, chiuso ad anello, che serve a trasmettere il moto da una puleggia a un'altra di una macchina.

cinghiale [cin-ghià-le] *s.m.* Mammifero selvatico simile al maiale, con piccole zanne ricurve ◊ Carne di cinghiale: *cinghiale in umido* ◊ Pelle di cinghiale: *guanti di cinghiale.*

cingolato [cin-go-là-to] *agg.* e *s.m.* Detto di veicolo munito di cingoli: *un trattore cingolato.*

cingolo [cìn-go-lo] *s.m.* Nastro di piastre metalliche che viene applicato alle ruote dentate di veicoli destinati a muoversi su terreni accidentati (trattori, carri armati ecc.).

cinguettare [cin-guet-tà-re] *v.intr.* [aus. *avere*] Emettere un canto sommesso fatto di suoni brevi, acuti e ravvicinati: *i passeri cinguettano.*

cinguettio [cin-guet-tì-o] *s.m.* Il cinguettare.

cinico [cì-ni-co] *agg.* e *s.m.* [pl.m. *–ci*] Che, chi manifesta indifferenza o disprezzo nei confronti di ogni ideale e sentimento umano: *un comportamento, un discorso cinico*; *fare il cinico.*

cinismo [ci-nì-smo] *s.m.* Atteggiamento di indifferenza o di disprezzo verso qualsiasi ideale e sentimento umano: *parlare, agire con cinismo.*

cinofilo [ci-nò-fi-lo] *s.m.* Chi ha amore e interesse per i cani.

cinquanta [cin-quàn-ta] *agg.num.card.invar.* e *s.m.invar.* Numero equivalente a cinque volte dieci (si scrive 50 in numeri arabi, L in numeri romani): *cinquanta persone*; *sconto del 50%* | *Gli anni cinquanta* = quelli tra il 1950 e il 1959.

cinquantenario [cin-quan-te-nà-rio] *s.m.* Il cinquantesimo anniversario di un avvenimento.

cinquantenne [cin-quan-tèn-ne] *agg.* e *s.m.f.* Che, chi ha cinquant'anni d'età.

cinquantennio [cin-quan-tèn-nio] *s.m.* Periodo di cinquanta anni.

cinquantesimo [cin-quan-tè-si-mo] *agg.num. ord.* e *s.m.* Che, chi occupa il posto numero cinquanta in una serie, in una graduatoria (si scrive 50° in numeri arabi, L in numeri romani) ♦ *s.m.* La cinquantesima parte di un intero.

cinquantina [cin-quan-tì-na] *s.f.* Cinquanta o circa cinquanta unità ◊ Cinquanta o circa cinquanta anni di età: *ha ormai passato la cinquantina.*

cinque [cìn-que] *agg.num.card.invar.* e *s.m.invar.* Numero equivalente a quattro unità più una (si scrive 5 in numeri arabi, V in numeri romani): *ha cinque anni*; *dividere per cinque* | *Le cinque* = le ore cinque del mattino o del pomeriggio.

cinquecento [cin-que-cèn-to] *agg.num.card.invar.* e *s.m.invar.* Numero equivalente a cinque volte cento (si scrive 500 in numeri arabi, D in numeri romani) | *Il Cinquecento* = il XVI secolo.

cinquina [cin-quì-na] *s.f.* Nel gioco del lotto, serie di cinque numeri giocati o estratti sulla stessa ruota ◊ Nel gioco della tombola, serie di cinque numeri estratti sulla stessa linea della cartella.

cinta [cìn-ta] *s.f.* **1** Cerchia di mura intorno a un centro abitato | *Muro di cinta* = muro di recinzione di giardini, parchi, orti, ville **2** Cintura: *la cinta dei pantaloni.*

cintare [cin-tà-re] *v.tr.* Circondare, chiudere con una recinzione Ⓢ recintare: *cintare un giardino.*

cintola [cìn-to-la] *s.f.* **1** Cintura **2** Parte del corpo sopra i fianchi Ⓢ vita: *l'acqua gli arrivava alla cintola.*

cintura [cin-tù-ra] *s.f.* **1** Striscia di cuoio, tessuto o altro materiale per stringere alla vita pantaloni, gonne, abiti | *Cintura di sicurezza* = cinghia o insieme di cinghie per assicurare il passeggero al sedile di aeroplani o automezzi | *Cintura di salvataggio* = salvagente **2** La parte del corpo sopra i fianchi dove si porta la cintura Ⓢ vita, cintola: *quel bimbo non gli arriva neanche alla cintura* **3** ♧ Zona circostante una grande città: *la cintura periferica, industriale di Roma, di Milano.*

cinturino [cin-tu-rì-no] *s.m.* Piccola cintura per allacciare o stringere oggetti: *il cinturino dell'orologio.*

cinturone [cin-tu-ró-ne] *s.m.* Grossa cintura portata da militari per appendervi la pistola o altro.

ciò *pronome dimostr.* Questa cosa, quella cosa: *ciò non è vero*; *pensa ciò che vuoi* | *Con tutto ciò* = ciò nonostante, tuttavia.

ciocca [ciòc-ca] *s.f.* Ciuffo di capelli.

ciocco [ciòc-co] *s.m.* [pl. *–chi*] Grosso pezzo di legna da ardere: *mettere un ciocco sul fuoco.*

cioccolata [cioc-co-là-ta] *s.f.* **1** Cioccolato: *tavoletta di cioccolata* **2** Bevanda calda di latte con cacao: *bere una tazza di cioccolata.*

cioccolatino [cioc-co-la-tì-no] *s.m.* Pezzetto di cioccolato, spesso ripieno e in genere avvolto in carta stagnola.

cioccolato [cioc-co-là-to] *s.m.* Prodotto alimentare a base di cacao, zucchero e altri ingredienti.

cioè [cio-è] *avv.* **1** Ossia, vale a dire: *partirò dopodomani, cioè martedì* **2** O meglio, anzi: *vienimi a prendere, cioè no, preferisco venire io da te.*

ciondolare [cion-do-là-re] *v.intr.* [aus. *avere*] **1** Pendere oscillando Ⓢ dondolare: *i panni stesi ciondolavano al sole* | *Ciondolare sulle gambe* = reggersi a malapena **2** ♧ Trascinarsi di qua e di là senza far nulla Ⓢ bighellonare: *stai tutto il giorno a ciondolare per casa!*

ciondolo [ción-do-lo] *s.m.* Piccolo ornamento, gioiello appeso a una catenella, a un braccialetto e simili Ⓢ pendaglio.

ciondoloni [cion-do-ló-ni] *avv.* Penzolante all'ingiù: *teneva le braccia, le gambe ciondoloni.*

ciononostante [cio-no-no-stàn-te] o **ciò nonostante** *avv.* Malgrado ciò, tuttavia.

ciotola [ciò-to-la] *s.f.* Tazza bassa senza manico; ciò che vi è contenuto: *mangiò una ciotola di riso.*

ciottolo [ciòt-to-lo] *s.m.* Sasso reso levigato e tondeggiante dall'azione dell'acqua corrente: *si mise a giocare con i ciottoli sulla riva di un fiume.*

cipiglio [ci-pì-glio] *s.m.* Espressione severa, sdegnata o minacciosa che si assume corrugando la fronte e le sopracciglia: *il cipiglio del vecchio lo intimoriva.*

cipolla [ci-pól-la] *s.f.* Pianta erbacea coltivata per il bulbo commestibile: *cipolle sottaceto.*

cippo [cìp-po] *s.m.* Pietra a forma di bassa colonna o pilastro, usata un tempo come segno di confine o eretta a scopo commemorativo (e recante perciò scritte): *un cippo funerario.*

cipresso [ci-près-so] *s.m.* Albero alto e slanciato delle conifere, con foglie sempreverdi; è molto usato a scopo ornamentale per fiancheggiare viali e in parchi e cimiteri.

cipria [cì-pria] *s.f.* Polvere finissima e colorata usata come cosmetico per il viso e per il collo.

circa [cìr-ca] *prep.* Riguardo a, a proposito di: *vorrei parlarti circa quell'affare* ♦ *avv.* Pressappoco, più o meno: *sarà circa mezzogiorno*; *il rifugio è a circa due chilometri da qui.*

circense [cir-cèn-se] *agg.* Del circo: *spettacolo circense.*

circo [cìr-co] *s.m.* [pl. *–chi*] **1** Nell'antica Roma, edificio scoperto a forma di ellisse con al centro un'arena (in cui si svolgevano corse e altri spettacoli) e intorno le gradinate per gli spettatori **2** *Circo (equestre)* = costruzione smontabile, costituita da un'arena con gradinate coperta da un tendone, in cui si svolgono spettacoli con acrobati, pagliacci, animali ammaestrati, bestie feroci ecc. ◊ Il complesso delle persone e degli animali che lavorano nel circo: *il mondo del circo.*

circolare[1] [cir-co-là-re] *agg.* Che ha forma di circolo: *un movimento, una pista circolare* ♦ *s.f.* Lettera inviata da un'autorità centrale agli organi e ai dipendenti periferici, contenente disposizioni, norme, istruzioni, informazioni: *una circolare del ministro, del preside.*

circolare[2] [cir-co-là-re] *v.intr.* [aus. *avere* o *essere*] **1** Muoversi, spostarsi da un luogo all'altro: *in centro non si può più circolare in macchina ma solo a piedi* ◊ Scorrere, fluire (detto del sangue e di liquidi dentro condotti) **2** Passare da persona a persona, di mano in mano: *in quel posto circolava di tutto: soldi, armi, droga* ◊ ♧ Diffondersi, propagarsi: *sul suo conto circolavano strane voci*; *la notizia è subito circolata.*

circolazione [cir-co-la-zió-ne] *s.f.* **1** Movimento, spostamento di veicoli Ⓢ traffico: *circolazione stradale, ferroviaria, aerea*; *divieto di circolazione* ◊ Movimento, passaggio di persone, denaro o altre cose | *Togliere dalla circolazione una moneta* = metterla fuori corso | ♧ *Togliere dalla circolazione* = far sparire; riferito a persona, anche uccidere ◊ ♧ Diffusione: *la circolazione di idee, di mode, di notizie* **2** Il fluire del sangue e della linfa nei loro canali: *disturbi di circolazione.*

circolo [cìr-co-lo] *s.m.* **1** In geometria, circonferenza, cerchio: *tracciare un circolo* ◊ In geografia, ognuna delle circonferenze immaginarie tracciate sulla superficie della sfera terrestre per stabilire la posizione di un punto sulla stessa: *circoli meridiani, paralleli* **2** Gruppo, associazione di persone che si riuniscono per un interesse comune; la sede di queste riunioni: *circolo culturale, sportivo*; *incontrarsi al circolo* ◊ (al *pl.*) Ambiente di persone della stessa categoria: *frequentare circoli politici, militari* **3** *Circolo vizioso* = modo di ragionare o di procedere in cui non si arriva mai a una conclusione, a una soluzione effettiva, ma ci si ritrova sempre al punto di partenza.

circoncisione [cir-con-ci-sió-ne] *s.f.* Operazione chirurgica in cui viene recisa la pelle che ricopre la parte superiore del pene; viene fatta o a scopo terapeutico o, dagli ebrei e dai musulmani, per motivi religiosi.

circondare [cir-con-dà-re] *v.tr.* Stare, chiudere tutt'intorno Ⓢ cingere, attorniare, accerchiare: *il giardino circonda la casa*; *l'attore era circondato da ammiratori*; *l'esercito circondò la città* ◊ ♧ Colmare: *mi ha circondato di premure.*

circondario [cir-con-dà-rio] *s.m.* Zona, territorio intorno a un centro abitato: *per la festa era venuta gente da tutto il circondario.*

circonferenza [cir-con-fe-rèn-za] *s.f.* In geometria, la linea che delimita un cerchio, formata dai punti di un piano equidistanti da un punto fisso detto *centro* ◊ Linea, anche non perfettamente circolare, che misura la grandezza di un corpo tondeggiante o cilindrico: *la circonferenza del torace, di un tronco.*

circonvallazione [cir-con-val-la-zió-ne] *s.f.* Strada che gira tutt'intorno a una città o a un paese.

circoscrivere [cir-co-scrì-ve-re] *v.tr.* [coniugato come *scrivere*] **1** Tracciare una figura geometrica che ne contenga un'altra data e la tocchi: *circoscrivere una circonferenza a un poligono* **2** Contenere qualcosa entro determinati limiti, impedirne l'estensione Ⓢ delimitare (anche ♧): *circoscrivere un'epidemia, un incendio.*

circoscrizione [cir-co-scri-zió-ne] *s.f.* Suddivisione amministrativa del territorio: *circoscrizione comunale, elettorale.*

circospetto [cir-co-spèt-to] *agg.* Cauto, guardingo, prudente: *muoversi con aria circospetta.*

circospezione [cir-co-spe-zió-ne] *s.f.* Cautela, prudenza; atteggiamento guardingo: *agire, parlare con circospezione.*

circostante [cir-co-stàn-te] *agg.* Che sta intorno.

circostanza [cir-co-stàn-za] *s.f.* Condizione particolare che accompagna o determina un fatto, un'azione: *la circostanza del maltempo impedì la partenza* ◊ Situazione particolare: *in quella circostanza non potevo fare diversamente*; *un abito non adatto alla circostanza.*

circostanziato [cir-co-stan-zià-to] *agg.* Preciso, esauriente e particolareggiato: *un racconto circostanziato.*

circuire [cir-cu-ì-re] *v.tr.* [pres. *circuìsco, circuìsci*; part.pass. *circuìto*] Stare intorno a qualcuno per ingannarlo Ⓢ raggirare: *con false promesse riuscirono a circuirlo e a farsi consegnare tutto il suo denaro.*

circuito [cir-cùi-to] *s.m.* **1** Giro, perimetro ◊ Percorso di gare ciclistiche, motociclistiche o automobilistiche in cui il punto d'arrivo è lo stesso del punto di partenza **2** *Circuito elettrico* = insieme di conduttori collegati tra loro attraverso cui passa una corrente elettrica | *Corto circuito* = scarica elettrica provocata dal contatto accidentale tra due punti lontani di un circuito.

circumnavigare [cir-cum-na-vi-gà-re] *v.tr.* [*circumnàvigo, circumnàvighi*] Navigare tutt'intorno a un'isola, a un continente, alla Terra.

cirro [cìr-ro] *s.m.* Nube bianca a forma di fiocco sfilacciato, situata a grande altezza.

cisterna [ci-stèr-na] *s.f.* Serbatoio sotterraneo costruito per la raccolta dell'acqua piovana ◊ Grande serbatoio per liquidi di vario genere ♦ usato come *agg.invar. Nave, aereo, vagone cisterna* = munito di serbatoi per trasportare liquidi.

citare [ci-tà-re] *v.tr.* **1** Convocare davanti a un magistrato: *citare un imputato, un testimone* **2** Riportare con esattezza in un discorso o in uno scritto parole o frasi altrui (in genere brani di autori famosi): *citare un verso di Dante* ◊ Segnalare, ricordare: *citare un esempio, qualcuno a esempio.*

citazione [ci-ta-zió-ne] *s.f.* Il citare in un discorso o in uno scritto parole o frasi altrui; ciò che viene citato: *un libro che abbonda di citazioni*; *una citazione sbagliata.*

citofono [ci-tò-fo-no] *s.m.* Apparecchio telefonico interno, spec. per collegare i diversi appartamenti di uno stabile con il portone d'ingresso o con la portineria.

citoplasma [ci-to-plà-sma] *s.m.* [pl. *–smi*] La parte della cellula che circonda il nucleo.

città [cit-tà] *s.f.* **1** Centro abitato di notevole estensione e importanza (comunque più grosso di un *paese*) ◊ Zona, quartiere di una città: *abita nella città vecchia*; *città alta, bassa* | *Città universitaria* = complesso di edifici in cui hanno sede gli istituti universitari e le attrezzature per gli studenti **2** La popolazione di una città Ⓢ cittadinanza: *tutta la città ne parla.*

cittadella [cit-ta-dèl-la] *s.f.* Parte fortificata, fortezza di una città Ⓢ roccaforte, rocca.

cittadinanza [cit-ta-di-nàn-za] *s.f.* **1** Il complesso degli abitanti di una città: *tutta la cittadinanza è invitata ai festeggiamenti* **2** Appartenenza di un individuo a uno stato: *avere la cittadinanza italiana*; *certificato di cittadinanza.*

cittadino [cit-ta-dì-no] *s.m.* **1** Abitante di una città: *i cittadini di Palermo* | *Il primo cittadino* = il sindaco **2** Chi ha la cittadinanza di uno stato (e come membro di questa comunità ne gode i diritti ed è tenuto a osservarne le leggi): *essere cittadino italiano, inglese*; *comportarsi da buon cittadino* ♦ *agg.* Della città, dei cittadini Ⓢ urbano Ⓒ rurale, paesano: *le vie cittadine*; *la vita cittadina.*

ciucciare [ciuc-cià-re] *v.tr.* e *v.intr.* [aus. *avere*] Succhiare (detto spec. dei bambini).

ciuccio [ciùc-cio] *s.m.* Succhiotto, tettarella per lattanti.

ciuco [ciù-co] *s.m.* [pl. *–chi*] Asino.

ciuffo [ciùf-fo] *s.m.* Ciocca di capelli: *un ciuffo gli cadeva sulla fronte* ◊ Gruppo compatto di peli, di piume o anche di erba, di cespugli, di piante.

ciurma [ciùr-ma] *s.f.* L'equipaggio di una nave (per lo più con valore spregiativo).

civetta [ci-vét-ta] *s.f.* **1** Uccello rapace notturno **2** ♧ Donna frivola che cerca di attirare l'attenzione e l'interesse degli uomini: *fa la civetta con tutti.*

civettare [ci-vet-tà-re] *v.intr.* [aus. *avere*] Fare la civetta: *quella ragazza civetta con tutti.*

civetteria [ci-vet-te-rì-a] *s.f.* **1** Atteggiamento da civetta: *una donna di una civetteria incredibile* **2** Modo di comportarsi lezioso e artefatto che mira ad attrarre l'attenzione e l'ammirazione altrui: *fa il modesto per civetteria.*

civettuolo [ci-vet-tuò-lo] *agg.* **1** Che manifesta civetteria: *sorrisi civettuoli* **2** Grazioso, attraente: *un vestito civettuolo*; *una casetta civettuola.*

civico [cì-vi-co] *agg.* [pl.m. *–ci*] **1** Proprio di ogni cittadino, in quanto membro di una collettività: *è un dovere civico pagare le tasse* ◊ Che riguarda i diritti e i doveri di ciascun cittadino: *educazione civica* **2** Della città Ⓢ comunale: *biblioteca civica*; *museo civico* | *Numero civico* = quello all'ingresso di ogni edificio in strade e piazze.

civile [ci-vì-le] *agg.* **1** Che è proprio del cittadino, in quanto membro di uno stato, di una collettività: *diritti civili*; *rispettare le norme della convivenza civile* | *Guerra civile* = tra cittadini di una stessa nazione ◊ (contrapposto a *militare* o a *religioso, ecclesiastico*): *vestire in abiti civili*; *feste, autorità civili*; *matrimonio, funerale civile* **2** Che ha raggiunto un elevato livello di civiltà Ⓒ barbaro, primitivo, selvaggio: *una nazione civile*; *il mondo civile* **3** Educato, cortese, corretto: *una persona civile*; *comportarsi in modo poco civile* ♦ *s.m.* Privato cittadino (contrapposto a *militare*): *le guerre non risparmiano i civili.*

civilizzare [ci-vi-liz-zà-re] *v.tr.* Rendere civile, portando la civiltà: *civilizzare un popolo barbaro.*

civiltà [ci-vil-tà] *s.f.* **1** L'insieme delle forme di vita materiali, sociali, culturali che contraddistinguono un popolo, un'epoca storica, un'area geografica: *la civiltà egiziana, medievale, europea* **2** Livello della vita materiale, sociale, culturale; progresso (in contrapposizione a *barbarie*): *un popolo di grande civiltà*; *il diffondersi della civiltà* **3** Gentilezza, educazione, buone maniere: *comportarsi, trattare qualcuno con civiltà.*

clacson [clàc-son] *s.m.invar.* Segnalatore acustico per auto e motoveicoli.

clamore [cla-mó-re] *s.m.* **1** Rumore forte e confuso di molte persone che gridano Ⓢ schiamazzo: *il clamore della folla* **2** ♧ Vivo interesse Ⓢ risonanza, scalpore: *il fatto ha destato molto clamore.*

clamoroso [cla-mo-ró-so] *agg.* **1** Chiassoso, fragoroso: *un applauso clamoroso* **2** ♧ Che desta scalpore, che fa parlare molto di sé: *una sconfitta clamorosa.*

clan *s.m.invar.* **1** Gruppo di individui che si considerano discendenti da un antenato comune **2** Gruppo chiuso di persone legate da interessi comuni: *non ammettono nessun estraneo nel loro clan.*

clandestinità [clan-de-sti-ni-tà] *s.f.* Lo stato di chi o di ciò che è clandestino.

clandestino [clan-de-stì-no] *agg.* Che è fatto, avviene, opera di nascosto, segretamente e spesso illegalmente: *matrimonio clandestino*; *giornale clandestino*; *bisca clandestina* | *Passeggero clandestino* = imbarcatosi di nascosto su una nave o su un aereo | *Immigrato clandestino* = che è entrato o risiede illegalmente in un paese ♦ *s.m.* Passeggero o immigrato clandestino.

clarinetto [cla-ri-nét-to] *s.m.* Strumento musicale a fiato costituito da un tubo di legno con bocchino e vari fori alcuni dei quali dotati di congegni di chiusura metallici.

clarino [cla-rì-no] *s.m.* Clarinetto.

classe [clàs-se] *s.f.* **1** Insieme di persone della stessa condizione economico-sociale: *classe operaia, borghese* ◊ Insieme di persone che svolgono la stessa professione Ⓢ ceto, categoria: *classe impiegatizia, medica* **2** Nella classificazione degli animali e dei vegetali, raggruppamento che comprende più ordini: *la classe degli Insetti, dei Mammiferi* **3** Corso di insegnamento: *è stato promosso alla seconda classe delle elementari, delle medie* ◊ L'insieme degli alunni che frequentano lo stesso corso: *una classe disciplinata* ◊ L'aula dove si svolgono le lezioni: *entrare in classe* **4** Su treni, navi e aerei, ognuna delle categorie in cui si differenziano, per costo e per servizio offerto, i posti, le cabine, le carrozze per i passeggeri: *viaggiare in prima, in seconda classe, in classe turistica* **5** ♧ Qualità, pregio: *un vino di classe* ◊ Abilità, bravura: *un atleta di classe* ◊ Signorilità, distinzione, eleganza: *una donna di classe, che veste con classe.*

classico [clàs-si-co] *agg.* [pl.m. *–ci*] **1** Dell'antichità greca e romana: *civiltà, arte, letteratura classica* | *Studi classici, liceo classico* = basati sullo studio della cultura classica e delle sue lingue (greco, latino) **2** Che costituisce un modello riconosciuto di stile (detto di opera o di artista): *un romanzo classico russo*; *i pittori classici del Rinascimento* | *Musica classica* = quella colta rispetto a quella popolare e leggera **3** Tradizionale: *abito, arredamento, gusto classico* ◊ Caratteristico, tipico: *un piatto classico della cucina italiana* ♦ *s.m.* Opera o artista di grande valore, che costituisce un modello di stile: *Manzoni è un classico*; *un classico del cinema tedesco* ◊ (al *pl.*) Gli scrittori greci e latini: *studiare i classici.*

classifica [clas-sì-fi-ca] *s.f.* Graduatoria di merito dei partecipanti a un campionato sportivo, a una gara, a un concorso.

classificare [clas-si-fi-cà-re] *v.tr.* [*classìfico, classìfichi*] **1** Ordinare e distribuire in gruppi, in categorie sulla base di determinati criteri: *classificare minerali, francobolli* **2** Valutare, assegnando un voto o un giudizio, il merito di un alunno, di un compito e simili: *classificare un tema con un sei* ♦ **classificarsi** *v.pr.* Conseguire un determinato posto in una classifica Ⓢ piazzarsi: *classificarsi primo, quarto in una gara.*

classificazione [clas-si-fi-ca-zió-ne] *s.f.* Suddivisione in gruppi di una serie di elementi secondo determinati criteri: *la classificazione dei libri della biblioteca ha richiesto un lungo lavoro.*

claudicare [clau-di-cà-re] *v.intr.* [*clàudico, clàudichi*; aus. *avere*] Zoppicare.

clausola [clàu-so-la] *s.f.* Parte del testo di un accordo, di un contratto, di una legge in cui si precisa una particolare condizione di applicazione: *una clausola del contratto di acquisto stabiliva che quel giocatore non poteva essere ceduto per tre anni a un'altra società.*

claustrofobia [clau-stro-fo-bì-a] *s.f.* Paura ossessiva di stare in ambienti chiusi e stretti.

clausura [clau-sù-ra] *s.f.* Regola che vieta ai monaci e alle monache di alcuni ordini religiosi di uscire dal convento e di avere contatti con il mondo esterno: *vita di clausura.*

clava [clà-va] *s.f.* Arma primitiva costituita da un robusto bastone più grosso a un'estremità.

clavicembalo [cla-vi-cém-ba-lo] *s.m.* Strumento musicale a tastiera in cui le corde sono pizzicate da plettri, anziché percosse da martelletti come nel pianoforte.

clemente [cle-mèn-te] *agg.* **1** Non severo nel punire e nel giudicare Ⓢ indulgente: *un giudice clemente* **2** ♧ Mite (detto del clima e della stagione).

clemenza [cle-mèn-za] *s.f.* **1** Disposizione a perdonare, mancanza di severità nel punire e nel giudicare Ⓢ indulgenza: *invocare la clemenza dei giudici* **2** Mitezza (del clima, della stagione).

clericale [cle-ri-cà-le] *agg.* Del clero Ⓢ ecclesiastico: *vestire l'abito clericale.*

clero [clè-ro] *s.m.* L'insieme dei sacerdoti di una chiesa, di una religione: *il clero cattolico, buddista.*

clessidra [cles-sì-dra] *s.f.* Orologio in cui il tempo viene misurato dal passaggio di acqua o sabbia da un recipiente di vetro a uno sottostante attraverso uno stretto foro.

cliccare [clic-cà-re] *v.intr.* [*clìcco, clìcchi*] Nei computer, premere il pulsante del *mouse* per dare un comando.

cliente [cli-èn-te] *s.m.f.* Chi frequenta, soprattutto abitualmente, un albergo, un ristorante, un bar, o fa acquisti in un negozio, o ricorre alle prestazioni di un professionista (avvocato, medico ecc.).

clientela [cli-en-tè-la] *s.f.* L'insieme dei clienti: *la clientela di un ristorante, di un negozio.*

clima [clì-ma] *s.m.* [pl. *–mi*] **1** Il complesso delle condizioni atmosferiche (temperatura, umidità, pressione, venti) caratteristiche di una determinata zona: *clima freddo, temperato, caldo, secco, umido, tropicale, marittimo*; *il dolce clima della riviera* **2** ♧ Situazione, ambiente, atmosfera: *le elezioni hanno agitato il clima politico*; *il dibattito si è svolto in un clima di tensione.*

climatico [cli-mà-ti-co] *agg.* [pl.m. *–ci*] Del clima: *stanno migliorando le condizioni climatiche al nord* | *Stazione climatica* = località con un clima adatto alla villeggiatura o a particolari cure.

clinica [clì-ni-ca] *s.f.* Casa di cura privata ◊ Reparto ospedaliero di una facoltà di medicina.

clinico [clì-ni-co] *agg.* [pl.m. *–ci*] *Quadro clinico* = il complesso dei sintomi di una malattia | *Occhio clinico* = la capacità di diagnosticare rapidamente una malattia; ♧ intuito, prontezza nel valutare una situazione.

clip [parola inglese; pron. *clip*] *s.f.invar.* Fermaglio per tenere uniti fogli ◊ Fermaglio a molla per fissare gli orecchini al lobo dell'orecchio.

clistere [cli-stè-re] *s.m.* Introduzione di liquidi nel retto a scopo curativo ◊ Il liquido che si introduce e l'apparecchio che si usa per introdurlo.

cloaca [clo-à-ca] *s.f.* Canale sotterraneo che raccoglie e scarica altrove le acque di rifiuto di una città Ⓢ fogna.

clonazione [clo-na-zió-ne] *s.f.* Tecnica di manipolazione genetica (vietata per gli esseri umani) che permette di riprodurre individui identici.

clone [cló-ne] *s.m.* Individuo geneticamente identico a un altro.

cloro [clò-ro] *s.m.* Elemento chimico gassoso, molto tossico, impiegato spec. come disinfettante, per decolorare tessuti, per fabbricare insetticidi e solventi.

clorofilla [clo-ro-fil-la] *s.f.* Sostanza che costituisce il pigmento verde delle foglie delle piante e che, utilizzando l'energia luminosa solare, dà luogo alla fotosintesi; è usata nell'industria come colorante e deodorante.

clou [parola francese; pron. *clu*] *s.m.invar.* Punto, momento centrale, di maggior interesse: *il clou di uno spettacolo, di una gara.*

clown [parola inglese; pron. *clàun*] *s.m.invar.* Pagliaccio del circo.

club [parola inglese; pron. *clab*] *s.m.invar.* Circolo, associazione: *un club politico, culturale, sportivo*; *Club alpino italiano*; *tennis club.*

coabitazione [co-a-bi-ta-zió-ne] *s.f.* Convivenza di persone o famiglie diverse in una stessa abitazione.

coach [parola inglese; pron. *cóč*] *s.m.invar.* Allenatore di una squadra sportiva o di un atleta.

coadiuvare [co-a-diu-và-re] *v.tr.* [*coàdiuvo*] Aiutare qualcuno in un'attività Ⓢ collaborare.

coagulare [co-a-gu-là-re] *v.tr.* Far diventare densa o solida una sostanza liquida Ⓢ rapprendere: *il caglio coagula il latte* ♦ *v.intr.* [aus. *essere*] e **coagularsi** *v.pr.* Rapprendersi: *il sangue (si) è già coagulato.*

coagulazione [co-a-gu-la-zió-ne] *s.f.* Trasformazione di una sostanza liquida in una sostanza solida o gelatinosa: *la coagulazione del sangue, del latte.*

coalizione [co-a-li-zió-ne] *s.f.* Alleanza di persone, gruppi, partiti, stati per realizzare uno scopo comune | *Governo di coalizione* = formato da più partiti.

coalizzare [co-a-liz-zà-re] *v.tr.* Unire per uno scopo: *coalizzare le forze contro il pericolo* ♦ **coalizzarsi** *v.pr.* Unirsi in una coalizione Ⓢ allearsi.

cobalto [co-bàl-to] *s.m.* **1** Metallo di color bianco-argento con riflessi bluastri **2** Colore azzurro intenso: *un cielo di cobalto* ♦ *agg.invar.* Di colore azzurro intenso: *color cobalto*; *occhi cobalto.*

cobra [cò-bra] *s.m.invar.* Serpente asiatico e africano molto velenoso.

coca [cò-ca] *s.f.* Arbusto che cresce sulle Ande; dalle sue foglie si ricava la cocaina.

cocaina [co-ca-ì-na] *s.f.* Sostanza ricavata dalle foglie di coca, usata per anestesie locali e diffusa anche come droga.

cocainomane [co-cai-nò-ma-ne] *s.m.f.* Chi usa abitualmente la cocaina come droga.

cocca [còc-ca] *s.f.* Tacca nella parte posteriore della freccia in cui si inserisce la corda dell'arco.

coccarda [coc-càr-da] *s.f.* Distintivo formato da un nastro pieghettato a forma di rosa.

cocchiere [coc-chiè-re] *s.m.* Chi guida per mestiere carrozze a cavalli.

cocchio [còc-chio] *s.m.* **1** Carrozza elegante trainata da due o quattro cavalli **2** Antico carro a due ruote.

coccige [còc-ci-ge o coc-cì-ge] *s.m.* Osso che costituisce l'estremità inferiore della colonna vertebrale.

coccinella [coc-ci-nèl-la] *s.f.* Piccolo insetto dei Coleotteri; il tipo più diffuso ha il dorso rosso macchiato di punti neri.

coccio [còc-cio] *s.m.* Terracotta poco pregiata: *pentola di coccio* ◊ Oggetto di terracotta ◊ Frammento di un oggetto fragile: *raccolse dal pavimento i cocci del vaso rotto.*

cocciutaggine [coc-ciu-tàg-gi-ne] *s.f.* Testardaggine, ostinazione.

cocciuto [coc-ciù-to] *agg.* Testardo, ostinato, caparbio: *è cocciuto come un mulo.*

cocco[1] [còc-co] *s.m.* [pl. *–chi*] Palma tropicale che produce una grossa noce commestibile (*noce di cocco*) contenente un liquido dissetante (*latte di cocco*).

cocco[2] [còc-co] *s.m.* [pl. *–chi*] Persona prediletta: *è il cocco della sua mamma.*

coccodrillo [coc-co-drìl-lo] *s.m.* Grosso rettile anfibio delle regioni tropicali, col corpo rivestito da una corazza di scaglie.

coccola [còc-co-la] *s.f.* Carezza; tenerezza affettuosa: *coccole tra innamorati.*

coccolare [coc-co-là-re] *v.tr.* Trattare con grande tenerezza Ⓢ vezzeggiare: *lo coccolano troppo quel bambino!*

cocente [co-cèn-te] *agg.* **1** Che scotta, molto caldo: *sole cocente* **2** ♧ Molto doloroso, insopportabile, bruciante: *ha ricevuto una delusione cocente*; *subire un'offesa, una sconfitta cocente.*

cocktail [parola inglese; pron. *còcteil*] *s.m.invar.* Bevanda preparata miscelando liquori diversi e altri ingredienti ◊ Ricevimento in cui si offrono cocktail, bibite, sandwich ecc.: *dare un cocktail.*

cocomero [co-có-me-ro] *s.m.* Pianta erbacea che produce grossi frutti commestibili ◊ Il frutto della pianta, con buccia verde e polpa rossa, dolce e acquosa Ⓢ anguria.

cocuzzolo [co-cùz-zo-lo] o **cucuzzolo** *s.m.* Sommità di un monte, di un colle o di un edificio Ⓢ vetta, cima.

coda [có-da] *s.f.* **1** Parte terminale posteriore del corpo dei Vertebrati, di forma e aspetto variabile (nei Mammiferi e nei Rettili è costituita da un prolungamento della colonna vertebrale): *la coda di un cane, di un cavallo, di un uccello, di un rettile, di un pesce* | ♧ *Avere la coda di paglia* = avere qualcosa di cui ci si vergogna e per questo essere sempre sospettoso che qualcuno vi faccia allusione | ♧ *Andarsene con la coda tra le gambe* = deluso e umiliato (per un insuccesso, un rimprovero) | ♧ *Coda di cavallo* = acconciatura femminile con i capelli legati dietro la nuca e lasciati ricadere sciolti **2** Prolungamento, parte posteriore, terminale di qualcosa: *la coda di un abito da sposa, di una cometa, di un aereo, degli sci, di un corteo* | ♧ *Guardare con la coda dell'occhio* = di traverso, senza farsi notare ◊ ♧ Aggiunta, appendice (a lettere, discorsi); strascico (di discussioni, polemiche, scandali) **3** Fila di persone che aspettano il loro turno o di automezzi che procedono a passo d'uomo.

codardo [co-dàr-do] *agg.* e *s.m.* Che, chi fugge davanti al pericolo e dimostra viltà Ⓢ vigliacco, vile Ⓒ coraggioso: *si è comportato da codardo.*

codazzo [co-dàz-zo] *s.m.* Gruppo di persone che accompagna qualche personaggio.

codesto [co-dé-sto] *agg.* e *pronome dimostr.* Indica persona o cosa vicina a chi ascolta o che lo riguarda: *codesti tuoi amici non mi piacciono*; *questo ombrello è mio, il tuo è codesto.*

codice [cò-di-ce] *s.m.* **1** Raccolta di tutte le leggi riguardanti un settore specifico: *codice penale, della strada* **2** Sistema di segni, simboli o suoni convenzionali utilizzato per trasmettere informazioni: *la lingua e la scrittura sono un codice*; *il codice Morse* ◊ Sistema di segni convenzionali per trasmettere messaggi segreti: *la spia trasmetteva in codice le sue informazioni* ◊ Combinazione di lettere, di cifre o di altri segni che serve a identificare persone, località, merci: *codice fiscale*; *codice di avviamento postale*; *codice a barre.*

codino [co-dì-no] *s.m.* Treccia sottile di capelli dietro la nuca.

coercizione [co-er-ci-zió-ne] *s.f.* Atto con cui si obbliga una persona ad agire in un determinato modo, spec. usando la forza o le minacce Ⓢ costrizione.

coerente [co-e-rèn-te] *agg.* Che non presenta contraddizioni logiche o morali: *un discorso, un comportamento coerente* ◊ Che agisce in modo conforme a ciò che pensa: *si è comportata da persona coerente.*

coerenza [co-e-rèn-za] *s.f.* Assenza di contraddizioni tra idee e comportamento pratico, nel modo di pensare, di ragionare: *ha dato prova di coerenza*; *un discorso che manca di coerenza.*

coesione [co-e-sió-ne] *s.f.* Unità, accordo, legame reciproco tra gli elementi di un complesso: *la forza di un gruppo è la sua coesione.*

coesistenza [co-e-si-stèn-za] *s.f.* Esistenza,

convivenza contemporanea di elementi diversi o opposti tra loro: *coesistenza di popoli diversi.*

coesistere [co-e-sì-ste-re] *v.intr.* [aus. *essere*] Esistere, convivere insieme, contemporaneamente a qualcosa d'altro o a qualcun altro: *due popoli che devono imparare a coesistere su uno stesso territorio.*

coetaneo [co-e-tà-ne-o] *agg.* e *s.m.* Che, chi ha la stessa età: *io e Luigi siamo coetanei.*

coevo [co-è-vo] *agg.* Della stessa epoca Ⓢ contemporaneo.

cofanetto [co-fa-nét-to] *s.m.* Cassetta, scrigno per custodire oggetti preziosi.

cofano [cò-fa-no] *s.m.* **1** Cassa di legno con coperchio **2** Nella carrozzeria degli autoveicoli, la copertura apribile del vano motore.

cogliere [cò-glie-re] *v.tr.* [pres. *còlgo, cògli*; pass. rem. *còlsi, cogliésti*; part.pass. *còlto*] **1** Staccare dalla pianta o dal terreno: *cogliere un frutto, dell'insalata* ◊ Raccogliere (anche ♧): *è andato a cogliere della legna*; *ha colto i frutti del suo lavoro* **2** Afferrare (anche ♧): *colse al volo il bicchiere che stava cadendo*; *cogli l'occasione favorevole* ◊ Prendere all'improvviso, di sorpresa: *lo colse il temporale, la paura*; *è stato colto sul fatto* **3** Colpire: *la pallottola lo colse in pieno petto* | ♧ *Cogliere nel segno* = indovinare **4** ♧ Capire, intuire: *cogliere il significato di una frase, di un'allusione.*

cognac [parola francese; pron. *cognàc*] *s.m. invar.* Acquavite da vino prodotta in una regione della Francia.

cognata [co-gnà-ta] *s.f.* La moglie del proprio fratello o del fratello del coniuge; la sorella del marito o della moglie.

cognato [co-gnà-to] *s.m.* Il marito della propria sorella o della sorella del coniuge; il fratello del marito o della moglie.

cognizione [co-gni-zió-ne] *s.f.* Conoscenza: *avere cognizione di ciò che è giusto e di ciò che è sbagliato* ◊ (spec. al *pl.*) Nozione: *le mie cognizioni di medicina sono piuttosto limitate.*

cognome [co-gnó-me] *s.m.* Nome di famiglia.

coincidenza [co-in-ci-dèn-za] *s.f.* **1** Concomitanza, per lo più casuale, di due o più fatti: *siamo nati lo stesso giorno, che coincidenza!* ◊ ♧ Identità, uguaglianza di idee **2** Combinazione di orario tra trasporti pubblici che permette a chi arriva con un mezzo in una località di partire poco dopo con un altro mezzo per una diversa direzione.

coincidere [co-in-cì-de-re] *v.intr.* [coniugato come *decidere*; aus. *avere*] **1** Accadere contemporaneamente: *la mia partenza ha coinciso col suo arrivo* **2** ♧ Essere identico, corrispondere esattamente: *le mie opinioni coincidono con le sue.*

coinquilino [co-in-qui-lì-no] *s.m.* Ogni inquilino di una casa rispetto agli altri inquilini.

coinvolgere [co-in-vòl-ge-re] *v.tr.* [coniugato come *volgere*] Implicare, trascinare altri in situazioni, attività che comportano responsabilità o conseguenze spiacevoli: *lo hanno coinvolto in una lite, in un delitto, in un'impresa rischiosa* ◊ Interessare, far partecipare altri a qualcosa: *riuscì a coinvolgere tutti nella sua iniziativa.*

coito [còi-to] *s.m.* Accoppiamento sessuale.

colabrodo [co-la-brò-do] *s.m.invar.* Arnese da cucina con il fondo bucherellato per filtrare il brodo, i sughi ecc.

colapasta [co-la-pà-sta] *s.m.invar.* Arnese da cucina con il fondo bucherellato per scolare l'acqua di cottura della pasta o di altri cibi bolliti.

colare [co-là-re] *v.tr.* Far passare un liquido attraverso un filtro o un setaccio per purificarlo o per separarlo da materie estranee Ⓢ filtrare: *colare il brodo, l'olio* | *Colare la pasta* = separarla dall'acqua di cottura ♦ *v.intr.* [aus. *essere*] **1** (detto di liquidi) Cadere giù lentamente, gocciolare: *l'acqua cola dal soffitto*; *il sangue colava dalla ferita* **2** *Colare a picco, a fondo* = andare a fondo: *la nave, colpita da un siluro, colò a picco.*

colata [co-là-ta] *s.f.* **1** Nelle fonderie, massa di metallo fuso che viene versata nelle forme **2** *Colata lavica* = flusso di lava incandescente che esce dal cratere di un vulcano.

colazione [co-la-zió-ne] *s.f.* **1** Il pasto leggero del mattino (detto anche *prima colazione*) **2** Il pasto di mezzogiorno Ⓢ pranzo: *oggi viene un amico a colazione da noi* | *Colazione al sacco* = consumata all'aperto, con cibi portati da casa.

colbacco [col-bàc-co] *s.m.* Copricapo di pelliccia di varie popolazioni russe e asiatiche.

colei [co-lèi] *pronome dimostr.f.sing.* Forma femminile di *colui.*

Coleotteri [co-le-òt-te-ri] *s.m.pl.* Ordine di Insetti col corpo rivestito da un involucro duro e spesso; comprende numerosissime specie, tra cui gli scarabei e i maggiolini.

colera [co-lè-ra] *s.m.invar.* Grave malattia infettiva che colpisce l'intestino.

colf [còlf] *s.f.* Domestica, donna di servizio.

colica [cò-li-ca] *s.f.* Dolore acuto a organi come il fegato, il rene, l'intestino provocato da contrazioni della loro muscolatura: *colica intestinale, renale, di fegato.*

colino [co-lì-no] *s.m.* Arnese da cucina con buchi piccoli e fitti per colare tè, tisane, brodo ecc.

colite [co-lì-te] *s.f.* Infiammazione del colon.

colla [còl-la] *s.f.* Sostanza liquida o semisolida dotata di forte potere adesivo, impiegata per attaccare e tenere uniti oggetti e materiali vari.

collaborare [col-la-bo-rà-re] *v.intr.* [aus. *avere*] Partecipare, contribuire con altri a un'attività, alla realizzazione di qualcosa; dare il proprio contributo, il proprio aiuto a qualcuno o a qualcosa Ⓢ cooperare: *collaborare all'organizzazione di una mostra*; *nessuno collaborava con la polizia.*

collaboratore [col-la-bo-ra-tó-re] *s.m.* [f. *–trice*] Chi collabora, chi partecipa a un'attività; in partic. chi scrive periodicamente su un giornale o su una rivista senza far parte della redazione | *Collaboratrice familiare* = lavoratrice addetta ai servizi domestici Ⓢ colf, domestica.

collaborazione [col-la-bo-ra-zió-ne] *s.f.* Cooperazione, contributo, aiuto: *questo lavoro è frutto della collaborazione di molti*; *ci ha dato tutta la sua collaborazione.*

collage [parola francese; pron. *collàʃ*] *s.m.invar.* Composizione ottenuta incollando su una superficie materiali di vario genere (ritagli di giornale, fotografie, frammenti di stoffa ecc.).

collana [col-là-na] *s.f.* **1** Ornamento che si porta intorno al collo: *una collana d'oro, di perle, di conchiglie* **2** ♧ Serie di opere con caratteristiche comuni pubblicata dalla stessa casa editrice: *una collana di saggi, di romanzi.*

collant [parola francese; pron. *collàn*] *s.m.invar.* Calzamaglia da donna che copre sino alla vita: *collant di nylon, di seta, di lana, trasparente.*

collare [col-là-re] *s.m.* **1** Striscia di cuoio o altro materiale che si mette attorno al collo dei cani o di altre bestie **2** Stretta collana che fascia il collo **3** Cerchio di pelo o di piume intorno al collo di alcuni animali, di colore diverso da quello del resto del corpo.

collasso [col-làs-so] *s.m.* Malore improvviso con forte abbassamento della pressione del sangue.

collaterale [col-la-te-rà-le] *agg.* Che sta a lato | *Effetto collaterale* = in un farmaco, quello secondario, spesso dannoso, accanto a quello curativo.

collaudare [col-lau-dà-re] *v.tr.* Fare il collaudo di qualcosa: *collaudare un motore, un impianto, un aereo, un ponte.*

collaudo [col-làu-do] *s.m.* Verifica e controllo a cui vengono sottoposti materiali, macchine, costruzioni per accertarne l'efficienza e il corretto funzionamento: *fare il collaudo di un motore, di una vettura, di un ponte.*

colle [còl-le] *s.m.* **1** Collina non molto elevata: *i sette colli di Roma* **2** Valico, passo di montagna.

collega [col-lè-ga] *s.m.f.* [pl.m. *–ghi*] Chi svolge la stessa professione Ⓢ compagno di lavoro.

collegamento [col-le-ga-mén-to] *s.m.* **1** Connessione, relazione, rapporto: *stabilire un collegamento tra due fatti* **2** Mezzo di comunicazione: *c'è stata un'interruzione dei collegamenti aerei, telefonici* ◊ Comunicazione, contatto: *oggi non sono riuscito a mettermi in collegamento con lui.*

collegare [col-le-gà-re] *v.tr.* [*collégo, colléghi*] Unire, congiungere, mettere in contatto, in comunicazione diretta: *hai collegato i fili della luce?*; *collegare due città con una strada*; *una nuova linea aerea collegherà Genova con Londra* ◊ ♧ Mettere in relazione Ⓢ connettere: *non avevo collegato i due fatti*; *non riusciva a collegare le idee* ♦ **collegarsi** *v.pr.* **1** Unirsi, allearsi **2** Mettersi in comunicazione: *ci colleghiamo con il nostro corrispondente a Parigi.*

collegiale [col-le-già-le] *agg.* **1** Di un collegio, inteso come riunione di persone Ⓢ collettivo: *una decisione collegiale*; *organi collegiali* **2** Di collegio, inteso come istituto educativo: *vita collegiale* ♦ *s.m.f.* Allievo, allieva di un collegio.

collegio [col-lè-gio] *s.m.* **1** Organo collettivo composto da persone con la stessa funzione, che si riunisce per prendere decisioni e giudicare: *collegio dei docenti* **2** *Collegio elettorale* = ognuna delle zone (circoscrizioni) in cui, nelle elezioni, viene suddiviso il territorio nazionale **3** Istituto di educazione e istruzione in cui i giovani risiedono stabilmente: *ha mandato un figlio in collegio.*

collera [còl-le-ra] *s.f.* Sentimento violento di sdegno Ⓢ ira, rabbia: *è in collera con me perché l'ho offeso*; *si è lasciato prendere dalla collera.*

collerico [col-lè-ri-co] *agg.* [pl.m. *–ci*] Che va in collera facilmente, che si arrabbia spesso Ⓢ irascibile Ⓒ tranquillo, calmo: *è un tipo collerico.*

colletta [col-lét-ta] *s.f.* Raccolta di offerte in denaro a scopo di beneficenza: *fecero una colletta per la povera donna rimasta vedova con due figli.*

collettività [col-let-ti-vi-tà] *s.f.* L'insieme degli individui che appartengono a una comunità sociale: *molti pensano solo al proprio vantaggio e non al bene della collettività.*

collettivo [col-let-tì-vo] *agg.* **1** Che riguarda un

insieme di persone, una comunità: *una richiesta collettiva*; *bisogni, interessi collettivi* **2** *Nome collettivo* = sostantivo singolare che indica un insieme di persone, animali o cose (ad es. *folla, bestiame, flotta*) ♦ *s.m.* Gruppo di persone che svolgono in comune un'attività, che si riuniscono periodicamente per condurre una ricerca: *un collettivo di lavoro, di studio.*

colletto [col-lét-to] *s.m.* Parte della camicia o del vestito che sta intorno al collo: *ti sei sporcato il colletto.*

collezionare [col-le-zio-nà-re] *v.tr.* Fare collezione di qualcosa: *collezionare francobolli, monete* | ♧ *Collezionare vittorie, insuccessi, brutti voti, brutte figure* = conseguirne ripetutamente.

collezione [col-le-zió-ne] *s.f.* **1** Raccolta sistematica di oggetti della stessa specie: *fare collezione di francobolli, di monete*; *ha una splendida collezione di porcellane cinesi* **2** L'insieme dei modelli che una grande sartoria presenta per le stagioni di moda successive: *collezione primavera-estate, autunno-inverno.*

collezionista [col-le-zio-nì-sta] *s.m.f.* [pl.m. *–sti*] Chi fa o possiede una collezione: *un collezionista di monete rare.*

collimare [col-li-mà-re] *v.intr.* [aus. *avere*] Coincidere, corrispondere esattamente (anche ♧): *far collimare le tessere di un mosaico*; *le mie idee non collimano con le tue.*

collina [col-lì-na] *s.f.* Rilievo del terreno di altezza non superiore ai 600 m: *la sua casa è in cima a una collina* ◊ Zona collinosa: *abita in collina.*

collinoso [col-li-nó-so] *agg.* Costituito, caratterizzato da colline: *una regione collinosa.*

collisione [col-li-sió-ne] *s.f.* **1** Scontro tra due mezzi di trasporto **2** ♧ Contrasto: *collisione di interessi.*

collo[1] [còl-lo] *s.m.* **1** Parte del corpo che, nell'uomo e in altri vertebrati, unisce la testa al tronco: *collo lungo, corto, grosso, sottile* | ♧ *A rotta di collo* = a precipizio; anche, in modo disastroso: *l'auto correva a rotta di collo*; *gli affari andavano a rotta di collo* | *Essere nei debiti, nei guai fino al collo* = essere pieno di debiti, in grossi guai **2** Parte di un indumento che riveste il collo: *una camicia con il collo stretto* **3** Parte superiore e ristretta di alcuni recipienti: *il collo di una bottiglia, di un'anfora* ◊ *Collo del piede* = la parte superiore del piede, compresa tra i due malleoli.

collo[2] [còl-lo] *s.m.* Ogni tipo di bagaglio o di oggetto che si trasporta o si spedisce.

collocamento [col-lo-ca-mén-to] *s.m.* Il collocare ◊ *Agenzia, ufficio di collocamento* = che fa da intermediario fra chi cerca lavoro e chi cerca persone da assumere.

collocare [col-lo-cà-re] *v.tr.* [*còlloco, còllochi*] Mettere, porre in un determinato posto: *collocò il mobile in un angolo* ◊ Sistemare qualcuno in un posto di lavoro: *collocare un giovane in un ufficio, presso una ditta.*

collocazione [col-lo-ca-zió-ne] *s.f.* Il modo, il posto in cui qualcosa è collocato: *ho cambiato la collocazione dei mobili nella stanza.*

colloquiare [col-lo-quià-re] *v.intr.* [aus. *avere*] Stare a colloquio con qualcuno Ⓢ discorrere, conversare.

colloquio [col-lò-quio] *s.m.* **1** Conversazione tra due o più persone, in genere su questioni di una certa importanza: *ho chiesto un colloquio con l'insegnante di mio figlio*; *un colloquio amichevole, riservato* ◊ Scambio di idee, dialogo, comunicazione: *tra lui e i genitori non c'è molto colloquio* **2** Prova orale di un esame.

collottola [col-lòt-to-la] *s.f.* Parte posteriore del collo: *lo afferrò per la collottola.*

colluttazione [col-lut-ta-zió-ne] *s.f.* Lotta corpo a corpo tra persone Ⓢ rissa, zuffa.

colmare [col-mà-re] *v.tr.* **1** Riempire un recipiente fino all'orlo: *colmò il bicchiere di vino* ◊ Riempire con terra o altri materiali: *colmare un fosso, una palude* **2** ♧ Riempire completamente: *colmò l'ospite di gentilezze*; *la notizia mi colma di gioia.*

colmo[1] [cól-mo] *agg.* Pieno, riempito (anche ♧): *un cesto colmo di frutta*; *il suo cuore era colmo di gioia per la bella notizia.*

colmo[2] [cól-mo] *s.m.* **1** Punto più alto, sommità (in partic. di un tetto a spioventi) **2** ♧ Massimo grado, culmine: *era al colmo della felicità* | *È il colmo!* = è troppo, è una cosa vergognosa.

colomba [co-lóm-ba] *s.f.* **1** La femmina del colombo, simbolo della pace e dell'innocenza **2** Dolce pasquale a forma di colomba **3** ♧ Nel linguaggio politico (contrapposto a *falco*), chi sostiene soluzioni pacifiche dei contrasti ed è favorevole alla ricerca di accordi con gli avversari.

colombaia [co-lom-bà-ia] *s.f.* Locale o costruzione in cui si allevano i colombi Ⓢ piccionaia.

colombo [co-lóm-bo] *s.m.* Uccello molto comune, chiamato anche *piccione* | ♧ *I due colombi* = i due innamorati.

colon [cò-lon] *s.m.* Parte mediana dell'intestino crasso.

colonia [co-lò-nia] *s.f.* **1** Paese extraeuropeo conquistato da una nazione europea e sottoposto alla sua sovranità: *l'India fu colonia inglese fino al 1947* **2** Istituto che organizza per gruppi di ragazzi soggiorni estivi in luoghi di villeggiatura: *colonia marina, montana.*

coloniale [co-lo-nià-le] *agg.* Di colonia, relativo alle colonie; proveniente dalle colonie: *paesi coloniali; prodotti coloniali.*

colonialismo [co-lo-nia-lì-smo] *s.m.* Politica di dominio dei paesi extraeuropei da parte dei paesi europei, iniziata con la conquista dell'America e proseguita sino alla metà del XX secolo.

colonico [co-lò-ni-co] *agg.* [pl.m. *–ci*] Del colono: *casa colonica.*

colonizzare [co-lo-niz-zà-re] *v.tr.* Sottomettere un paese riducendolo a colonia: *l'Italia colonizzò la Somalia.*

colonna [co-lón-na] *s.f.* **1** In un edificio, elemento di sostegno verticale di forma cilindrica: *le colonne di un tempio greco* ◊ Monumento a forma di colonna: *la colonna Traiana* **2** Serie di lettere o cifre allineate l'una sotto l'altra: *mettere i numeri in colonna* ◊ Ognuna delle strisce verticali di righe della stessa larghezza in cui è suddivisa una pagina, spec. nei giornali: *un articolo di tre colonne* **3** Fila di persone o di veicoli: *una colonna di soldati; le auto procedevano in colonna* **4** *Colonna vertebrale* = l'insieme delle vertebre che formano la spina dorsale **5** *Colonna sonora* = la parte della pellicola cinematografica in cui sono registrati i suoni; in partic. parte musicale di un film.

colonnato [co-lon-nà-to] *s.m.* Serie di colonne in una stessa costruzione: *il colonnato di piazza S. Pietro a Roma.*

colonnello [co-lon-nèl-lo] *s.m.* Ufficiale dell'esercito che comanda un reggimento.

colono [co-lò-no] *s.m.* **1** Contadino che coltiva un podere non suo e divide con il proprietario della terra il ricavato dei raccolti Ⓢ mezzadro **2** Abitante di una colonia ◊ Chi occupa e coltiva territori di altri popoli: *i coloni del Far West.*

colorante [co-lo-ràn-te] *agg.* e *s.m.* Detto di sostanza usata per colorare un materiale (tessuti, carta, alimenti ecc.): *coloranti naturali, artificiali.*

colorare [co-lo-rà-re] *v.tr.* Dare, far assumere un colore Ⓢ tingere: *colorare un disegno, le pareti di una stanza; il tramonto colorava il cielo di rosso* ♦ **colorarsi** *v.pr.* Assumere un colore Ⓢ tingersi: *il cielo si colorò di rosa* ◊ Arrossire: *si colorò in viso per la vergogna.*

colorazione [co-lo-ra-zió-ne] *s.f.* L'operazione del colorare ◊ Colore, tinta: *il cielo prese una colorazione rossastra.*

colore [co-ló-re] *s.m.* **1** Qualità che hanno i corpi di riflettere in modo diverso la luce producendo differenti sensazioni nell'occhio che li guarda: *colore bianco, nero, giallo, rosso, verde, blu; colori chiari, scuri, vivaci, spenti* | *A colori* = in vari colori, non in bianco e nero: *fotografia, film, televisione a colori* | ♧ *Farne di tutti i colori* = compiere azioni d'ogni genere, spec. strane o criticabili **2** Colorazione della pelle | *Gente di colore* = di razza non bianca ◊ Colorito del viso: *colore pallido; hai un brutto colore oggi* **3** Sostanza per dipingere, per verniciare: *colori a olio, a tempera.*

colorificio [co-lo-ri-fì-cio] *s.m.* Fabbrica o negozio di colori o coloranti.

colorire [co-lo-rì-re] *v.tr.* [*colorìsco, colorìsci*] **1** Colorare **2** ♧ Rendere più vivace un racconto, una descrizione, anche aggiungendovi particolari fantastici ♦ **colorirsi** *v.pr.* Diventare più colorito (detto di carnagione).

colorito [co-lo-rì-to] *agg.* **1** Che ha un colore acceso, vivace: *un viso colorito* **2** ♧ Vivace, espressivo: *linguaggio colorito; mi ha fatto un racconto colorito della sua avventura* ♦ *s.m.* Colore della pelle e spec. del viso: *un colorito roseo, pallido.*

coloro [co-ló-ro] *pronome dimostr.pl.m.f.* Forma plurale di *colui* e *colei.*

colossale [co-los-sà-le] *agg.* Di dimensioni molto grandi Ⓢ gigantesco, enorme (anche ♧): *un edificio, un'impresa, un successo colossale.*

colosso [co-lòs-so] *s.m.* **1** Persona di statura e corporatura eccezionali **2** ♧ Personalità eccezionale: *Mozart è un colosso della musica* ◊ Azienda, impresa di grandi dimensioni: *i colossi dell'industria petrolifera.*

colpa [cól-pa] *s.f.* **1** Azione, comportamento contrari alle leggi o alla morale Ⓢ errore, fallo, peccato: *commettere una grave colpa* | *Senso di colpa* = grave rimorso conseguente a un'azione ritenuta ingiusta, immorale **2** Responsabilità, causa, anche involontaria, di un effetto dannoso o spiacevole: *è colpa tua se non capisci; sono arrivato tardi per colpa della nebbia.*

colpevole [col-pé-vo-le] *agg.* **1** Responsabile di una colpa Ⓒ innocente: *si è dichiarato colpevole* **2** Che costituisce una colpa: *la tua è stata una colpevole negligenza* ♦ *s.m.f.* Chi ha commesso una colpa, un reato: *il colpevole riuscì a fuggire.*

colpevolezza [col-pe-vo-léz-za] *s.f.* Il fatto che

una persona sia colpevole di qualcosa: *è stata dimostrata la sua colpevolezza.*

colpire [col-pì-re] *v.tr.* [*colpìsco, colpìsci*] **1** Raggiungere con un colpo, con dei colpi: *lo colpì con un pugno, con un bastone*; *la nave fu colpita da due cannonate* **2** ♧ Danneggiare: *l'epidemia ha colpito i più deboli* ◊ Punire: *colpire con multe le auto in sosta vietata* **3** ♧ Impressionare fortemente: *la notizia mi ha molto colpito.*

colpo [cól-po] *s.m.* **1** Movimento rapido e violento di un corpo contro un altro Ⓢ percossa, urto: *dare un colpo con il martello, con il bastone*; *battere un colpo alla porta*; *l'auto ha dato un colpo nel muro* ◊ Proiettile di arma da fuoco: *sparare un colpo di pistola, di cannone* | *A colpo sicuro* = con sicurezza, senza timore di sbagliare **2** Rumore provocato da un urto, da uno sparo, da un'esplosione: *si sentì un colpo* **3** Movimento, spostamento veloce di un oggetto, di uno strumento: *dare un colpo di pedale, di remi* | *Colpo di telefono* = breve telefonata | *Colpo di vento* = raffica improvvisa | *Colpo d'occhio* = vista d'insieme (su un paesaggio); sguardo rapido e sicuro che sa cogliere una situazione **4** Azione rapida, violenta, di sorpresa (spec. di tipo illegale): *i banditi hanno fatto un colpo in banca*; *l'esercito ha fatto un colpo di stato* ◊ Azione abile o fortunata: *ha fatto un bel colpo comprando quella casa!* | ♧ *Colpo di testa* = azione, decisione avventata **5** Avvenimento improvviso, per lo più doloroso, che suscita una forte impressione, che abbatte: *la morte della moglie è stato un colpo da cui non si è più ripreso* | *Far colpo* = destare impressione, interesse, ammirazione | ♧ *Colpo di scena* = mutamento improvviso della situazione, come quelli che avvengono a teatro | ♧ *Colpo di fulmine* = innamoramento a prima vista ◊ *Di colpo, tutto d'un colpo* = all'improvviso, tutto a un tratto | *Sul colpo* = subito, sull'istante: *è morto sul colpo* **6** Attacco improvviso e violento di una malattia: *è morto per un colpo al cuore.*

colposo [col-pó-so] *agg.* Detto di atto che, pur senza intenzione, provoca un danno e costituisce perciò una colpa di fronte alla legge: *ha investito un passante ed è accusato di omicidio colposo.*

coltellata [col-tel-là-ta] *s.f.* Colpo, ferita di coltello: *lo uccise con una coltellata al ventre.*

coltello [col-tèl-lo] *s.m.* Strumento per tagliare o incidere, costituito da una lama con manico, usato spec. come utensile da cucina e da tavola o come arma | ♧ *Avere il coltello dalla parte del manico* = essere in una posizione di vantaggio.

coltivare [col-ti-và-re] *v.tr.* **1** Lavorare la terra e curare le piante per averne i frutti: *coltivare un campo, un orto*; *coltivare grano, riso, ortaggi, fiori* **2** ♧ Avere e tenere vivo dentro di sé un sentimento, un'idea Ⓢ nutrire: *coltivare un sogno, una speranza, una passione.*

coltivatore [col-ti-va-tó-re] *s.m.* [f. *–trice*] Chi coltiva la terra Ⓢ agricoltore, contadino.

coltivazione [col-ti-va-zió-ne] *s.f.* L'attività di coltivare: *dedicarsi alla coltivazione di ortaggi* ◊ Terreno coltivato; le piante coltivate: *le coltivazioni si estendevano a perdita d'occhio*; *la siccità ha distrutto le coltivazioni.*

colto [cól-to] *agg.* Dotato di cultura Ⓢ istruito, dotto, erudito Ⓒ ignorante: *una persona colta.*

coltre [cól-tre] *s.f.* **1** Coperta da letto piuttosto pesante **2** Strato di materiale che copre qualcosa: *una coltre di neve, di nebbia, di foglie.*

coltura [col-tù-ra] *s.f.* **1** Coltivazione: *la coltura dei cereali*; *il gelo ha danneggiato le colture* **2** Allevamento (di piccoli animali e insetti utili): *la coltura delle ostriche*; *coltura dei bachi da seta.*

colui [co-lù-i] *pronome dimostr.m.sing.* [f. *colèi*; pl.m.f. *colóro*] Quella persona: *colui che mi accusa, mente.*

coma [cò-ma] *s.m.* Stato di perdita della coscienza, della sensibilità e della capacità di movimento in seguito a gravi malattie o traumi; può essere temporaneo o irreversibile (*coma profondo*).

comandamento [co-man-da-mén-to] *s.m.* Precetto, norma di comportamento di origine divina: *i dieci comandamenti.*

comandante [co-man-dàn-te] *s.m.f.* Chi ha il comando di qualcosa Ⓢ capo: *il comandante di una spedizione* ◊ Ufficiale incaricato di comandare unità e reparti militari: *il comandante di un reggimento*; *il comandante in capo dell'esercito* ◊ Capitano di una nave o di un aereo.

comandare [co-man-dà-re] *v.tr.* **1** Ordinare, imporre qualcosa: *ci comandò di tacere*; *comandare il silenzio* **2** Avere il comando di qualcosa, esserne a capo Ⓢ guidare, dirigere: *comandare un esercito, una nave* ◊ Esercitare e imporre la propria autorità: *qui comando io!*; *gli piace comandare* **3** Azionare, guidare il movimento di un meccanismo o di una macchina: *il pedale, la leva, il pulsante che comanda la messa in moto.*

comando [co-màn-do] *s.m.* **1** Ordine: *obbedire a un comando*; *l'ufficiale diede il comando di avanzare* **2** Autorità di comandare Ⓢ guida, potere: *avere il comando delle truppe, di una nave* **3** Nello sport, primo posto, posizione di testa: *la squadra al comando della classifica*; *i corridori al comando della corsa* **4** Congegno, dispositivo che regola il funzionamento di un meccanismo, di un apparecchio: *il pilota azionò i comandi per l'atterraggio*; *la leva di comando del cambio.*

combaciare [com-ba-cià-re] *v.intr.* [aus. *avere*] Corrispondere e aderire perfettamente: *le due superfici combaciano* ◊ ♧ Coincidere: *la mia opinione combacia esattamente con la tua.*

combattente [com-bat-tèn-te] *s.m.f.* Chi combatte o ha partecipato a combattimenti.

combattere [com-bàt-te-re] *v.tr.* e *v.intr.* [aus. *avere*] **1** Prender parte a scontri armati, battaglie, guerre; affrontare un nemico per sconfiggerlo: *le truppe hanno combattuto valorosamente*; *combattere (contro) l'invasore* **2** ♧ Lottare contro qualcosa o qualcuno Ⓢ opporsi, contrastare: *combattere contro l'ingiustizia, contro i corrotti*; *combattere la corruzione, l'ignoranza* ◊ Lottare, battersi per uno scopo: *combattere per la libertà.*

combattimento [com-bat-ti-mén-to] *s.m.* **1** Lotta, scontro; in partic. scontro armato tra forze militari di entità limitata **2** Incontro di pugilato o di lotta | *Mettere fuori combattimento l'avversario* = mandarlo al tappeto per più di dieci secondi, vincendo così l'incontro.

combattivo [com-bat-tì-vo] *agg.* Sempre pronto a lottare con impegno e aggressività Ⓢ battagliero: *un pugile combattivo*; *ha spirito combattivo.*

combattuto [com-bat-tù-to] *agg.* **1** Detto di contesa affrontata con impegno e determinazione da ambo i contendenti: *una gara molto combattuta* **2** ♧ Che si trova in uno stato di incertezza tra sentimenti e alternative contrastanti: *si sentiva combattuto tra la curiosità e la diffidenza, tra il sì e il no* ◊ Tormentato, travagliato: *era combattuto dai dubbi, dai rimorsi.*

combinare [com-bi-nà-re] *v.tr.* **1** Mettere insieme due o più elementi per conseguire un dato effetto o scopo: *combinare i colori di un vestito* **2** Organizzare, stabilire, realizzare qualcosa accordandosi con altri: *combinare una gita, un incontro, un affare* ◊ Fare, concludere: *hai combinato un bel guaio*; *oggi non ho combinato nulla* ♦ *v.intr.* [aus. *avere*] Coincidere, corrispondere: *le date delle nostre partenze non combinano.*

combinazione [com-bi-na-zió-ne] *s.f.* **1** Unione di due o più elementi accostati in un certo modo: *una bella combinazione di colori* ◊ Serie di numeri o lettere da comporre in un certo ordine per aprire una serratura: *la combinazione di una cassaforte* **2** Circostanza fortuita Ⓢ coincidenza, caso: *che combinazione incontrarti qui!*; *passavo di lì per combinazione.*

combriccola [com-brìc-co-la] *s.f.* In senso spregiativo, gruppo di persone che si uniscono per scopi illeciti o poco puliti: *una combriccola di malviventi* ◊ In senso scherzoso, allegra compagnia: *una combriccola di vecchi amici.*

combustibile [com-bu-stì-bi-le] *agg.* e *s.m.* Detto di sostanza che può bruciare sviluppando calore e luce: *combustibili solidi, liquidi, gassosi.*

combustione [com-bu-stió-ne] *s.f.* Il fenomeno per cui una sostanza combustibile brucia sviluppando calore e luce.

combutta [com-bùt-ta] *s.f.* Unione tra persone per fini poco onesti: *si è messo in combutta con dei brutti tipi.*

come [có-me] *avv.* e *congz.* **1** Alla maniera di: *dorme come un ghiro* ◊ Nel modo che: *tutto è andato come speravo* ◊ Quanto: *è alto come me* | *Come se* = nello stesso modo che se, quasi che: *si comportava come se fosse lui il padrone* ◊ La stessa cosa che: *dire una cosa non è come farla* ◊ In qualità di: *ti parlo come amico* **2** In quale modo: *come stai?*; *non so come sia successo* | *Come mai?* = per quale motivo: *come mai non parli?* **3** Il modo in cui: *è andata meglio di come temevo*; *gli ho detto come stanno le cose* **4** Quanto: *com'è bello!*; *come sei sciocco!* **5** Appena, quando: *come l'ho saputo, ti ho avvisato.*

cometa [co-mé-ta] *s.f.* Corpo celeste che ruota intorno al Sole, formato in genere da un nucleo circondato da un alone luminoso (*chioma*) che si prolunga a formare una *coda* quando passa più vicino al Sole.

comfort [parola inglese; pron. corrente *cònfor(t)*] *s.m.invar.* Comodità, agio offerti da un ambiente, da un mezzo di trasporto; anche, ogni oggetto e attrezzatura che serve a rendere comoda e piacevole la vita quotidiana: *si godeva il comfort della propria casa*; *un albergo, un treno dotato di tutti i comfort.*

comica [cò-mi-ca] *s.f.* Breve film comico, caratteristico del cinema muto: *le comiche di Charlot.*

comico [cò-mi-co] *agg.* [pl.m. *–ci*] Che fa ridere, che diverte Ⓢ buffo, ridicolo, divertente: *un tipo comico*; *un film comico*; *una situazione comica* ♦ *s.m.* Attore specializzato in parti comiche.

comignolo [co-mì-gno-lo] *s.m.* Parte della canna del camino che sporge dal tetto Ⓢ fumaiolo.

cominciare [co-min-cià-re] *v.tr.* Dare inizio a qualcosa Ⓢ iniziare, incominciare Ⓒ terminare, concludere: *cominciare un lavoro, una riunione*; *cominciare a parlare, a scrivere una lettera* ♦ *v.intr.* [aus. *essere* o anche *avere* negli usi impersonali] Avere inizio Ⓢ iniziare, incominciare Ⓒ finire, cessare: *quando comincia la scuola?*; *una parola che comincia per vocale*; *è cominciato l'inverno*; *è* (o *ha*) *cominciato a piovere.*

comitato [co-mi-tà-to] *s.m.* Gruppo di persone eletto o costituitosi per svolgere date funzioni, realizzare dati obiettivi: *il comitato direttivo di un partito*; *un comitato per la difesa dell'ambiente.*

comitiva [co-mi-tì-va] *s.f.* Gruppo di persone che fanno insieme un viaggio, una gita e simili: *una comitiva di turisti*; *viaggio in comitiva.*

comizio [co-mì-zio] *s.m.* Riunione pubblica, di solito all'aperto, in cui uno o più oratori tengono discorsi, presentano un programma: *fare un comizio elettorale, sindacale.*

comma [còm-ma] *s.m.* [pl. *–mi*] Ognuno dei capoversi in cui è suddiviso un articolo di legge, un regolamento, un contratto.

commando [parola inglese; pron. corrente *commàndo*] *s.m.invar.* Piccolo gruppo armato incaricato di speciali e rischiose azioni di sorpresa: *un commando di soldati, di guerriglieri.*

commedia [com-mè-dia] *s.f.* **1** Opera teatrale che rappresenta personaggi e situazioni della vita d'ogni giorno, spesso con aspetti comici, umoristici o satirici e per lo più a lieto fine ◊ Film con caratteristiche analoghe a quelle della commedia teatrale **2** ♧ Finzione, messinscena: *diceva di star male, ma era tutta una commedia* | *Fare la commedia* = fingere: *non fare la commedia!*

commediante [com-me-diàn-te] *s.m.f.* **1** Attore, attrice di commedie **2** ♧ Persona che finge Ⓢ simulatore: *smettila di fare il commediante!*

commemorare [com-me-mo-rà-re] *v.tr.* Ricordare solennemente, con celebrazioni: *commemorare i caduti, l'anniversario della Liberazione.*

commemorazione [com-me-mo-ra-zió-ne] *s.f.* Cerimonia solenne in cui si commemora qualcuno o qualcosa: *la commemorazione dei caduti.*

commendatore [com-men-da-tó-re] *s.m.* Persona che ha un titolo onorifico attribuito dallo stato italiano a cittadini con particolari meriti.

commensale [com-men-sà-le] *s.m.f.* Ognuna delle persone che partecipano a un pranzo, che siedono alla stessa tavola Ⓢ convitato: *il festeggiato ha rivolto un saluto ai commensali.*

commentare [com-men-tà-re] *v.tr.* **1** Esprimere un'opinione su qualcosa: *commentare un fatto, una notizia* **2** Spiegare e interpretare un testo: *l'insegnante ci ha commentato una poesia di Dante.*

commentatore [com-men-ta-tó-re] *s.m.* [f. *–trice*] Chi commenta avvenimenti d'attualità su giornali, riviste, alla radio e alla televisione: *i commentatori sportivi.*

commento [com-mén-to] *s.m.* **1** Giudizio, osservazione, opinione espressi a voce o per iscritto: *un articolo di commento sulla situazione politica*; *il discorso del ministro ha suscitato molti commenti critici*; *se ne andò senza fare alcun commento* **2** Spiegazione, interpretazione di un testo; insieme di note e osservazioni con cui si spiega e analizza un testo **3** *Commento musicale* = la musica che accompagna l'azione in un film.

commerciale [com-mer-cià-le] *agg.* Di commercio, riguardante il commercio: *azienda commerciale*; *svolge un'attività commerciale*; *migliorano i rapporti commerciali tra paesi europei.*

commerciante [com-mer-ciàn-te] *s.m.f.* Chi esercita un'attività commerciale: *un commerciante di tessuti.*

commerciare [com-mer-cià-re] *v.intr.* [aus. *avere*] Esercitare il commercio: *commerciare in tessuti, in vini.*

commercio [com-mèr-cio] *s.m.* Attività di scambio, di compravendita di merci: *darsi al commercio di tessuti*; *commercio all'ingrosso, al dettaglio* ◊ Vendita: *un prodotto che verrà messo in commercio tra poco.*

commesso [com-més-so] *s.m.* **1** Addetto alla vendita in un negozio | *Commesso viaggiatore* = rappresentante di un'azienda incaricato di venderne i prodotti **2** Impiegato subalterno: *commesso di banca.*

commestibile [com-me-stì-bi-le] *agg.* Che si può mangiare: *un fungo commestibile* ♦ *s.m.pl.* Generi alimentari: *un negozio di commestibili.*

commettere [com-mét-te-re] *v.tr.* [coniugato come *mettere*] Compiere un'azione negativa, riprovevole: *commettere uno sbaglio, un'imprudenza*; *commettere un furto, un delitto.*

commiato [com-mià-to] *s.m.* Permesso di partire, di allontanarsi Ⓢ congedo: *chiese commiato al padrone di casa* | *Prendere commiato* = congedarsi ◊ Separazione, addio; saluto prima della partenza: *venne il momento del commiato.*

commilitone [com-mi-li-tó-ne] *s.m.* Compagno d'armi Ⓢ camerata.

commiserare [com-mi-se-rà-re] *v.tr.* Provare compassione per qualcuno Ⓢ compiangere, compatire: *quel poveretto è da commiserare.*

commissariato [com-mis-sa-rià-to] *s.m.* L'ufficio e la sede di un commissario: *siamo andati al commissariato di polizia a denunciare un furto.*

commissario [com-mis-sà-rio] *s.m.* **1** Funzionario incaricato, per lo più temporaneamente, di dirigere amministrazioni o enti pubblici o privati in luogo dei normali organi dirigenti **2** *Commissario di pubblica sicurezza* = funzionario dirigente della polizia **3** *Commissario tecnico* = chi è incaricato di selezionare gli atleti per le squadre nazionali **4** Membro di una commissione d'esami.

commissione [com-mis-sió-ne] *s.f.* **1** Incarico da svolgere per conto di altri: *la mamma mi ha affidato una commissione*; *un lavoro fatto su commissione* ◊ (spec. al *pl.*) Acquisti, incombenze personali: *ho alcune commissioni da fare in città* **2** Gruppo di persone a cui è affidato un determinato incarico: *commissione d'esami*; *commissione parlamentare d'inchiesta.*

commosso [com-mòs-so] *agg.* Preso da commozione: *era commosso per la partenza del figlio* ◊ Che mostra commozione: *parole commosse.*

commozione [com-mo-zió-ne] *s.f.* **1** Turbamento dell'animo provocato da un forte sentimento di affetto, di pietà, di compassione, di felicità, di nostalgia: *un fatto che ha destato forte commozione*; *alle nozze della figlia ha pianto per la commozione* **2** Alterazione delle funzioni di un organo in seguito a un trauma: *ha preso una botta in testa e ha avuto una commozione cerebrale.*

community [parola inglese; pron. corrente *comiùniti*] *s.f.invar.* In Internet, insieme di persone che discutono e affrontano collettivamente un argomento o un obiettivo di comune interesse.

commuovere [com-muò-ve-re] *v.tr.* [coniugato come *muovere*] Destare commozione: *una storia che commuove* ♦ **commuoversi** *v.pr.* Esser preso da commozione: *rivedendo il figlio si commosse.*

comò [co-mò] *s.m.* Mobile a cassetti Ⓢ cassettone: *ripose la biancheria nel comò.*

comodino [co-mo-dì-no] *s.m.* Mobile piccolo e basso che si tiene accanto al letto.

comodità [co-mo-di-tà] *s.f.* **1** L'essere comodo: *la comodità di una casa, di un viaggio* **2** Cosa che rende comoda, confortevole la vita quotidiana: *il supermercato vicino è una gran comodità*; *una casa piena di ogni comodità.*

comodo [cò-mo-do] *agg.* **1** Che fa stare a proprio agio; che non causa sforzo, fatica, disturbo Ⓢ confortevole Ⓒ scomodo: *una casa comoda*; *partire a un'ora comoda*; *fare una vita comoda, un viaggio comodo* ◊ Detto di capo di vestiario, ampio, che non stringe: *una giacca comoda*; *scarpe comode* **2** Che si trova a proprio agio: *qui sto proprio comodo* ♦ *s.m.* Agio, comodità: *una casa con tutti i comodi* ◊ *Fare il proprio comodo, i propri comodi* = fare quel che piace e torna utile a sé, senza pensare agli altri | *Fare comodo* = essere utile, vantaggioso: *abitando fuori città, la macchina mi farebbe comodo* | *Con comodo* = tranquillamente, senza fretta: *fai pure con comodo.*

Compact Disc [locuzione inglese; pron. corrente *còmpact disk*] *s.m.invar.* Disco di piccolo formato per la riproduzione di suoni e immagini mediante un lettore ottico a raggi laser.

compaesano [com-pa-e-sà-no] *s.m.* Chi è nato o vive nello stesso paese: *ho incontrato in viaggio un mio compaesano.*

compagine [com-pà-gi-ne] *s.f.* Gruppo di persone unite da vincoli e scopi comuni; in partic., squadra sportiva: *una compagine affiatata.*

compagnia [com-pa-gnì-a] *s.f.* **1** Lo stare insieme con altri (ma anche con un animale, con una cosa che non faccia sentire soli): *amare la compagnia*; *cenare, uscire in compagnia* | *Fare, tenere compagnia* = stare insieme a qualcuno, non farlo sentire solo: *vai a fargli compagnia*; *quando sono sola in casa, la radio mi tiene compagnia* **2** Gruppo di persone che si riuniscono per il piacere di stare insieme, per divertirsi: *una compagnia di amici* **3** Gruppo di attori e tecnici teatrali che si associano per tenere spettacoli **4** Società (spec. che opera nel campo delle assicurazioni e dei trasporti): *compagnia aerea, di navigazione, di assicurazioni* **5** Reparto militare costituito da diversi plotoni e comandato da un capitano.

compagno [com-pà-gno] *s.m.* Chi svolge con altri una stessa attività, o fa parte dello stesso ambiente o gruppo, o condivide una stessa condizione, le stesse idee, circostanze ecc.: *un compagno di giochi, di studio, di lavoro*; *un compagno di squadra, di classe*; *un compagno di prigionia, di fede, di viaggio, d'avventura.*

companatico [com-pa-nà-ti-co] *s.m.* Quello che si mangia insieme col pane nei pasti.

comparare [com-pa-rà-re] *v.tr.* Paragonare, confrontare.

comparativo [com-pa-ra-tì-vo] *agg.* Che stabilisce una comparazione, un confronto: *fare uno studio comparativo di due lingue*; *aggettivo, avverbio comparativo* ♦ *s.m.* Grado dell'aggettivo e dell'avverbio che esprime un paragone: *il comparativo di «cattivo» è «peggiore».*

comparazione [com-pa-ra-zió-ne] *s.f.* Confronto, paragone.

compare [com-pà-re] *s.m.* Complice: *imbroglia la gente facendosi aiutare da un suo compare.*

comparire [com-pa-rì-re] *v.intr.* [coniugato come *apparire*; aus. *essere*] Farsi vedere Ⓢ mostrarsi, presentarsi, apparire: *non è comparso all'appuntamento*; *gli è comparso in sogno suo padre* ◊ Essere presente Ⓢ esserci, figurare: *il suo nome non compare nell'elenco.*

comparsa [com-pàr-sa] *s.f.* **1** Apparizione: *la comparsa del sole*; *ha fatto solo una breve comparsa alla festa* **2** Chi partecipa con la sola presenza, senza recitare, a un film o a uno spettacolo teatrale: *ha lavorato come comparsa in un film.*

compartimento [com-par-ti-mén-to] *s.m.* Ognuna delle parti in cui è suddiviso uno spazio Ⓢ scompartimento | *Compartimento stagno* = ognuno degli ambienti isolati in cui viene suddiviso lo scafo di una nave per impedire che, in caso di falla, l'acqua lo invada completamente.

compassione [com-pas-sió-ne] *s.f.* Sentimento di commossa partecipazione alle sventure e alle sofferenze altrui Ⓢ pietà: *provo compassione per lui*; *era ridotto in uno stato da far compassione.*

compassionevole [com-pas-sio-né-vo-le] *agg.* Che desta compassione Ⓢ pietoso, penoso: *era ridotto in uno stato compassionevole.*

compasso [com-pàs-so] *s.m.* Strumento per tracciare circonferenze o misurare brevi distanze.

compatibile [com-pa-tì-bi-le] *agg.* Che può coesistere, accordarsi con un'altra cosa Ⓢ conciliabile: *non sempre studio e lavoro sono compatibili tra loro.*

compatibilmente [com-pa-ti-bil-mén-te] *avv.* Per quanto sia consentito da: *cerca di venire, compatibilmente con i tuoi impegni.*

compatimento [com-pa-ti-mén-to] *s.m.* Compassione, commiserazione | *Guardare, ascoltare qualcuno con aria di compatimento* = con aria di sopportazione, di superiorità un poco sprezzante.

compatire [com-pa-tì-re] *v.tr.* [*compatìsco, compatìsci*] **1** Provare compassione Ⓢ compiangere, commiserare: *compativa quella poveretta* ◊ Considerare qualcuno con pietà mista a disprezzo: *sei un uomo senza dignità, ti compatisco* **2** Giudicare con indulgenza Ⓢ scusare, perdonare: *gli voglio bene e compatisco i suoi difetti.*

compatriota [com-pa-tri-ò-ta] *s.m.f.* [pl.m. *–ti*] Chi appartiene alla stessa patria, allo stesso paese Ⓢ connazionale.

compatto [com-pàt-to] *agg.* **1** Strettamente e saldamente unito nelle sue parti Ⓢ duro: *un terreno, un legno molto compatto* ◊ Denso: *una folla compatta* **2** ♧ Solidale, concorde, unitario: *la popolazione aderì in modo compatto alla protesta.*

compendio [com-pèn-dio] *s.m.* Riassunto; opera che tratta in modo sintetico un argomento: *un compendio di storia moderna.*

compensare [com-pen-sà-re] *v.tr.* **1** Retribuire, pagare: *compensare una persona per il suo lavoro* ◊ Risarcire: *l'assicurazione compenserà i danni* ◊ Ricompensare: *la sua onestà va compensata* **2** Costituire o ristabilire una situazione di equilibrio Ⓢ bilanciare: *le sue doti compensano i suoi difetti*; *le entrate non compensano le uscite.*

compensato [com-pen-sà-to] *s.m.* e *agg.* Materiale costituito da una serie di fogli sottili di legno incollati e pressati tra loro: *un ripiano di (legno) compensato.*

compenso [com-pèn-so] *s.m.* Ciò che si dà in cambio di una prestazione, come risarcimento di un danno o riconoscimento di un merito Ⓢ retribuzione, ricompensa: *per il suo lavoro ha ricevuto un compenso inadeguato*; *compenso materiale, morale* | *In compenso* = in cambio: *è un lavoro faticoso, in compenso si guadagna bene.*

compera [cóm-pe-ra] *s.f.* Acquisto: *è uscito a fare delle compere.*

comperare vedi **comprare**.

competente [com-pe-tèn-te] *agg.* **1** Che è esperto, preparato in un determinato campo: *una persona competente in pittura* **2** Che ha i titoli e l'autorità per decidere o agire in un determinato ambito: *devi presentare la richiesta all'ufficio, all'autorità competente* ♦ *s.m.f.* Persona esperta: *mi sono affidato al giudizio di un competente.*

competenza [com-pe-tèn-za] *s.f.* **1** Preparazione, esperienza in un determinato campo: *in questa materia ho poca competenza* **2** Ambito entro il quale un'autorità può esercitare il suo potere e le sue funzioni: *questo problema rientra nella competenza di un altro ministero.*

competere [com-pè-te-re] *v.intr.* [manca del part. pass. e dei tempi composti] **1** Gareggiare, misurarsi, reggere il confronto con altri: *competere per il primo posto*; *è bravo in disegno, ma non può competere con la sorella* **2** Spettare: *non compete a me decidere su questi problemi.*

competitivo [com-pe-ti-tì-vo] *agg.* **1** Che costituisce una competizione: *una marcia non competitiva* ◊ Che cerca la competizione: *ha molto spirito competitivo* **2** Che è in grado di competere con la concorrenza Ⓢ concorrenziale: *un prodotto competitivo*; *prezzi competitivi.*

competizione [com-pe-ti-zió-ne] *s.f.* Gara, confronto: *i due atleti sono in competizione per il primo posto*; *assistere a una competizione sportiva.*

compiacente [com-pia-cèn-te] *agg.* Disposto a compiacere Ⓢ cortese: *una persona compiacente* ◊ In senso negativo, disposto a concedere favori non leciti: *grazie a un funzionario compiacente, riuscì a non pagare la multa.*

compiacenza [com-pia-cèn-za] *s.f.* Disposizione ad accontentare gli altri ◊ Cortesia: *abbia la compiacenza di ascoltarmi.*

compiacere [com-pia-cé-re] *v.intr.* [coniugato come *piacere*; aus. *avere*] e *v.tr.* Far piacere, venire incontro ai desideri di qualcuno Ⓢ accontentare: *lo fa per compiacere a un amico*; *non posso compiacerti in tutto* ♦ **compiacersi** *v.pr.* Provare soddisfazione, piacere per qualcosa: *si compiace della sua bravura* ◊ Rallegrarsi con qualcuno: *mi compiaccio con voi per il vostro successo.*

compiacimento [com-pia-ci-mén-to] *s.m.* Sentimento di piacere, di soddisfazione: *mostrava un certo compiacimento per i successi del figlio.*

compiaciuto [com-pia-ciù-to] *agg.* Soddisfatto, contento: *ascoltava quelle lodi sorridendo con aria compiaciuta.*

compiangere [com-piàn-ge-re] *v.tr.* [coniugato come *piangere*] Provare compassione Ⓢ compatire: *lo compiango per le sue sventure* ◊ Provare per qualcuno una compassione mista a disprezzo: *ti compiango perché non sai quel che dici.*

compianto [com-piàn-to] *agg.* Detto di defunto, rimpianto: *il mio compianto maestro* ♦ *s.m.* Dolore, cordoglio collettivo: *la sua scomparsa ha destato il compianto di tutta la cittadinanza.*

compiere [cóm-pie-re] *v.tr.* [pres. *cómpio*; ger. *compièndo*; part. pass. *compiùto*] **1** Portare a termine Ⓢ completare, finire: *il lavoro era quasi compiuto* | *Compiere gli anni* = festeggiare il proprio compleanno **2** Fare, realizzare: *compiere una buona azione, il proprio dovere, un'impresa.*

compilare [com-pi-là-re] *v.tr.* Scrivere una serie di dati disponendoli in un determinato ordine: *compilare un orario, una lista, una domanda, un modulo* ◊ Scrivere un'opera raccogliendo e ordinando materiali di diversa provenienza: *compilare un'antologia, un vocabolario.*

compimento [com-pi-mén-to] *s.m.* Completamento, conclusione: *pagheremo al compimento dei lavori* ◊ Esecuzione, adempimento: *il compimento del proprio dovere.*

compire [com-pì-re] *v.tr.* [*compìsco, compìsci*] Compiere.

compitare [com-pi-tà-re] *v.tr.* Leggere lentamente, pronunciando staccate le varie sillabe: *compitare una parola.*

compito[1] [com-pì-to] *agg.* Garbato, cortese, educato: *una signora molto compita.*

compito[2] [cóm-pi-to] *s.m.* **1** Lavoro da eseguire Ⓢ incarico, mansione: *gli ho affidato il compito di controllare la merce* ◊ Dovere, funzione specifica: *è compito dei genitori educare i figli*; *questo non è tuo compito* **2** Esercizio scolastico: *devo fare i compiti*; *compito in classe di italiano.*

compiuto [com-più-to] *agg.* Completo, esauriente: *ha fatto un compiuto resoconto dell'incidente.*

compleanno [com-ple-àn-no] *s.m.* Il giorno in cui ricorre l'anniversario della nascita: *domani è il mio compleanno.*

complementare [com-ple-men-tà-re] *agg.* Che serve a completare, che costituisce un complemento Ⓢ integrativo, accessorio ◊ *Colori complementari* = quelli che, sovrapposti, danno una luce bianca | *Angoli complementari* = quelli la cui somma è un angolo retto.

complemento [com-ple-mén-to] *s.m.* **1** Ciò che serve a completare qualcosa: *l'educazione scolastica è un complemento di quella familiare* **2** In grammatica, elemento che, aggiunto al soggetto e al predicato, completa il senso di una frase: *complemento oggetto, di causa, di tempo.*

complessivamente [com-ples-si-va-mén-te] *avv.* In complesso, nell'insieme, in tutto: *ho speso complessivamente trecento euro.*

complessivo [com-ples-sì-vo] *agg.* Che riguarda, tiene presente qualcosa nel suo insieme, nel suo complesso Ⓢ generale, totale, globale Ⓒ parziale: *il giudizio complessivo è positivo*; *la spesa complessiva è stata bassa.*

complesso [com-plès-so] *agg.* Composto di più parti e di elementi diversi: *una macchina complessa* ◊ Non semplice Ⓢ complicato, difficile: *un problema, un metodo complesso* ♦ *s.m.* **1** Insieme, totalità: *non sono venuto per un complesso di motivi*; *la questione va vista nel suo complesso* **2** Insieme di edifici destinati a una stessa funzione: *complesso residenziale, ospedaliero* ◊ Impianto industriale o azienda di grandi proporzioni: *complesso siderurgico, editoriale* **3** Gruppo di musicisti, di cantanti: *suona in un complesso* **4** Preoccupazione continua, idea fissa che rende ansiosi, insicuri, timidi: *ha il complesso di invecchiare, di esser grasso*; *soffre di complesso d'inferiorità.*

completare [com-ple-tà-re] *v.tr.* Rendere completo aggiungendo ciò che manca; portare a termine: *completare una collezione, un'opera.*

completo [com-plè-to] *agg.* **1** Che non manca di nessuna delle parti da cui è o deve essere costituito: *l'elenco completo dei partecipanti a una gara*; *un'attrezzatura completa* **2** Tutto occupato, senza più posti liberi: *l'albergo, il teatro, il traghetto è completo* **3** Totale, assoluto: *ho una completa fiducia in lui* ♦ *s.m.* **1** *Al completo* = con tutti i posti occupati (*l'albergo è al completo*); con tutti i membri presenti: *la giuria si è riunita al gran completo* **2** Abito completo maschile (giacca e pantaloni) o femminile (giacca e gonna) della stessa stoffa ◊ Insieme di capi di vestiario o di oggetti necessari per fare qualcosa: *un completo da sci, da tennis, da barba.*

complicare [com-pli-cà-re] *v.tr.* [*còmplico, còmplichi*] Rendere complesso, più difficile (da risolvere, da affrontare): *non complicare sempre le cose* ♦ **complicarsi** *v.pr.* Diventare più complesso, più difficile, più grave: *la faccenda si complica.*

complicato [com-pli-cà-to] *agg.* Complesso, difficile, intricato: *un problema, un caso complicato.*

complicazione [com-pli-ca-zió-ne] *s.f.* Fatto che complica una situazione Ⓢ difficoltà, inconveniente, contrattempo: *siamo già in ritardo, non ci voleva questa complicazione.*

complice [còm-pli-ce o cóm-pli-ce] *s.m.f.* Chi partecipa con altri a un'azione disonesta: *un ladro è stato arrestato, ma i suoi complici sono scappati* ♦ *agg.* Che favorisce: *complice la notte, riuscirono a fuggire* ◊ Che rivela accordo, intesa: *gli mandò uno sguardo complice.*

complicità [com-pli-ci-tà] *s.f.* Partecipazione a un'azione disonesta: *si è dimostrata la sua complicità nel delitto* ◊ Aiuto, favore (detto di cose): *si dileguarono con la complicità delle tenebre.*

complimentare [com-pli-men-tà-re] *v.tr.* Fare un elogio a qualcuno, esprimergli ammirazione: *l'ho complimentato per la sua bravura* ♦ **complimentarsi** *v.pr.* Congratularsi: *tutti si complimentarono con lui per il suo successo.*

complimento [com-pli-mén-to] *s.m.* **1** Espressione di ammirazione, di apprezzamento: *fare un complimento a una signora* ◊ (al *pl.*) Congratulazioni, rallegramenti: *ti faccio i miei complimenti per la vittoria* **2** (al *pl.*) Parole o gesti di cortesia e riguardo formale Ⓢ cerimonie: *dai, fermati a cena da noi, non fare complimenti.*

complottare [com-plot-tà-re] *v.intr.* [aus. *avere*] Organizzare un complotto Ⓢ cospirare: *complottare contro lo stato.*

complotto [com-plòt-to] *s.m.* Cospirazione, congiura: *organizzare, sventare un complotto.*

componente [com-po-nèn-te] *s.m.f.* Chi fa parte di un gruppo Ⓢ membro: *i componenti della giuria, di una famiglia* ♦ *s.m.* Ognuna delle sostanze che vanno a formare un miscuglio, un composto, un materiale: *i componenti di una pietanza, di una roccia.*

componibile [com-po-nì-bi-le] *agg.* Detto di mobile o mobilio costituiti di singoli elementi che si possono combinare in vario modo: *una libreria componibile*; *cucine componibili.*

componimento [com-po-ni-mén-to] *s.m.* **1** Composizione letteraria **2** Esercitazione scolastica scritta d'italiano Ⓢ tema.

comporre [com-pór-re] *v.tr.* [coniugato come *porre*] **1** Mettere insieme vari elementi in modo da formare un tutto organico: *comporre una pietanza, un mazzo di fiori, una frase* | *Comporre un numero telefonico* = combinarne le cifre ◊ Costituire, formare: *la mia famiglia è composta da quattro persone* **2** Creare un'opera letteraria o musicale: *comporre una poesia, una sinfonia, una canzone* ♦ **comporsi** *v.pr.* Essere costituito, formato: *l'opera si compone di tre parti.*

comportamento [com-por-ta-mén-to] *s.m.* Modo di comportarsi Ⓢ condotta, contegno: *ha tenuto un comportamento scorretto.*

comportare [com-por-tà-re] *v.tr.* Portare con sé come conseguenza Ⓢ implicare: *il suo è un lavoro che comporta molti sacrifici* ♦ **comportarsi** *v.pr.* Agire in un determinato modo; assumere un certo atteggiamento: *si è comportato onestamente*; *comportarsi come uno sciocco, da villano.*

compositore [com-po-si-tó-re] *s.m.* [f. *–trice*] Chi compone opere musicali Ⓢ musicista: *Mozart e Beethoven furono grandi compositori.*

composizione [com-po-si-zió-ne] *s.f.* **1** L'operazione del comporre elementi diversi per formare un'opera, un insieme unitario: *la composizione di un mosaico, di un poema, di una canzone* ◊ La cosa, l'opera composta: *una composizione floreale, poetica, musicale* ◊ Il modo in cui qualcosa è composto, il tipo di elementi che lo formano, la sua struttura: *studiare la composizione di una roccia*; *è cambiata la composizione del governo* **2** Accordo, soluzione che mette fine a un contrasto: *si è adoperato per la composizione della lite.*

composto [com-pó-sto o com-pò-sto] *agg.* **1** Formato di più parti o elementi: *sostanze, parole composte* **2** Che ha un atteggiamento, un contegno educato, corretto, decoroso: *stai composto, non accavallare le gambe!* ♦ *s.m.* In chimica, sostanza costituita da due o più elementi diversi.

comprare [com-prà-re] o **comperare** [com-pe-rà-re] *v.tr.* **1** Acquistare: *comprare un libro, un'au-*

A B C D E F G H I J K L M N O P Q R S T U V W X Y Z

tomobile, una casa **2** Corrompere qualcuno con denaro: *comprare un arbitro, un giudice.*

compratore [com-pra-tó-re] *s.m.* [f. *–trice*] Chi compra Ⓢ acquirente.

compravendita [com-pra-vén-di-ta] *s.f.* L'attività commerciale e finanziaria di comprare beni, titoli ecc. per rivenderli | *Contratto di compravendita* = quello con cui la proprietà di un bene viene ceduta a un compratore in cambio di una somma di denaro.

comprendere [com-prèn-de-re] *v.tr.* [coniugato come *prendere*] **1** Contenere, includere: *una regione che comprende pianure e montagne*; *il servizio è compreso nel prezzo* **2** Capire, intendere: *comprendere il significato di una parola* ◊ Considerare con indulgenza Ⓢ giustificare: *era esasperato e comprendo la sua reazione.*

comprendonio [com-pren-dò-nio] *s.m.* Capacità di capire, intelligenza: *è un po' scarso di comprendonio.*

comprensibile [com-pren-sì-bi-le] *agg.* Che si può comprendere, capire: *una frase poco comprensibile* ◊ Tollerabile, giustificabile: *dopo quell'offesa, la sua reazione è comprensibile.*

comprensione [com-pren-sió-ne] *s.f.* **1** Il fatto e la capacità di capire: *la comprensione di una formula matematica* **2** Capacità di considerare con umanità e indulgenza gli altri e le loro azioni; spirito di tolleranza: *ha mostrato molta comprensione per le mie difficoltà*; *la vita in comunità richiede reciproca comprensione.*

comprensivo [com-pren-sì-vo] *agg.* **1** Che contiene in sé, che include: *il prezzo è comprensivo del servizio* **2** Che mostra umana comprensione per gli altri: *è una persona molto comprensiva.*

comprensorio [com-pren-sò-rio] *s.m.* Zona, territorio con determinate caratteristiche: *un comprensorio agricolo, industriale*; *il comprensorio del Chianti.*

compresenza [com-pre-sèn-za] *s.f.* Presenza contemporanea: *la compresenza di due insegnanti nella stessa classe.*

compreso [com-pré-so] *agg.* **1** Contenuto: *il territorio compreso entro i confini* ◊ Incluso: *la spedizione della merce è compresa nel prezzo*; *siamo in otto, compresi voi due* **2** Capito dagli altri nelle proprie ragioni, nei propri sentimenti: *non si sente compreso dai genitori.*

compressa [com-près-sa] *s.f.* **1** Pezzo di garza che si usa per applicare medicamenti su parti ferite o malate **2** Pastiglia medicinale: *una compressa di aspirina.*

comprimere [com-prì-me-re] *v.tr.* [pass.rem. *comprèssi, comprimésti*; part.pass. *comprèsso*] **1** Esercitare una forte pressione su qualcosa Ⓢ premere, schiacciare: *compresse la ferita con la mano per non far uscire il sangue* ◊ Sottoporre a una pressione, riducendo di volume: *comprimere un gas*; *fucile ad aria compressa* **2** In informatica, ridurre le dimensioni di un *file* di dati mediante appositi programmi.

compromesso [com-pro-més-so] *s.m.* Accordo in cui ognuna delle parti fa all'altra qualche concessione, rinunciando a una parte delle proprie esigenze: *giungere a un compromesso*; *una soluzione di compromesso* ◊ Con valore negativo, rinuncia ai propri principi ideali e morali per conseguire qualche vantaggio: *per arrivare a quel posto è sceso a ogni compromesso.*

compromettere [com-pro-mét-te-re] *v.tr.* [coniugato come *mettere*] Mettere in pericolo; rovinare: *agendo così comprometti il tuo avvenire, la tua salute* | *Compromettere qualcuno* = coinvolgerlo in situazioni, in azioni rischiose o che danneggiano la sua reputazione ♦ **compromettersi** *v.pr.* Assumere apertamente una posizione, una responsabilità rischiosa Ⓢ impegnarsi, esporsi: *non ha detto né sì né no perché non voleva compromettersi* ◊ Rovinare la propria reputazione: *quel politico si è compromesso frequentando dei mafiosi.*

comproprietà [com-pro-prie-tà] *s.f.* Proprietà di un bene in comune tra due o più persone: *hanno una casa in comproprietà.*

compunto [com-pùn-to] *agg.* Che esprime dolore e pentimento Ⓢ contrito ◊ Che ostenta ipocritamente umiltà, pentimento: *quella sua aria compunta non inganna nessuno.*

computer [parola inglese; pron. corrente *compiùter*] *s.m.invar.* Macchina elettronica che può eseguire con grande rapidità calcoli e operazioni di vario genere, grazie ai programmi in essa inseriti. Questi programmi, a partire da quello chiamato "sistema operativo" e che gestisce le funzioni di base della macchina, costituiscono il *software* (la parte non materiale) del computer, mentre la parte costituita dai congegni elettronici e meccanici è detta *hardware* | *Personal computer* = computer per uso personale.

computerizzare [com-pu-te-riz-zà-re; pron. *compiuterizzare*] *v.tr.* Effettuare, organizzare per mezzo di computer: *computerizzare le operazioni bancarie, il processo produttivo.*

computo [còm-pu-to] *s.m.* Conto, calcolo, conteggio: *dobbiamo fare un computo approssimativo delle spese per il viaggio.*

comunale [co-mu-nà-le] *agg.* Del comune Ⓢ municipale: *consiglio comunale*; *tassa comunale.*

comune[1] [co-mù-ne] *agg.* **1** Che è di tutti, che riguarda tutti gli individui o gli elementi a cui ci si riferisce Ⓒ individuale: *noi due abbiamo un desiderio comune*; *un problema comune a tutti gli abitanti del quartiere*; *agire per il bene comune* | *Nome comune* = quello che indica tutte le persone, gli animali, le cose appartenenti alla stessa specie **2** Molto diffuso, frequente, usuale: *un pregiudizio comune*; *oggetti, parole di uso comune* | *Senso comune* = il modo di pensare della maggioranza ◊ Ordinario, mediocre: *vino, merce comune* | *Non comune* = che esce dalla norma, notevole: *un ragazzo di intelligenza non comune* ♦ *s.m. In comune* = insieme con altri, condiviso con altri: *mettere i soldi in comune*; *vita in comune* | *Fuori del comune* = eccezionale.

comune[2] [co-mù-ne] *s.m.* **1** Suddivisione territoriale dello stato retta da organi amministrativi (consiglio comunale, giunta, sindaco) eletti dalla popolazione di quel territorio: *abita nel comune di Genova* ◊ La sede dell'amministrazione comunale Ⓢ municipio: *recarsi in comune* **2** Alla fine del medioevo, forma di governo autonomo che si diedero molte città d'Italia e d'Europa: *la lotta dei comuni contro il potere feudale.*

comunemente [co-mu-ne-mén-te] *avv.* In generale, di solito, normalmente.

comunicare [co-mu-ni-cà-re] *v.tr.* [*comùnico, comùnichi*] **1** Rendere noto, far sapere Ⓢ annunciare, confidare: *mi ha comunicato la data del suo matrimonio*; *comunicare un segreto* ◊ Rendere pubblica una notizia Ⓢ diffondere, divulgare: *la radio ha comunicato i nomi degli arrestati* ◊ Trasmettere ad altri: *mi ha comunicato la sua ansia* **2** Amministrare il sacramento della comunione: *il sacerdote comunica i fedeli* ♦ *v.intr.* [aus. *avere*] **1** Essere in comunicazione con qualcuno: *comunicare per telefono, per lettera* ◊ Condividere idee e sentimenti; comprendersi reciprocamente: *quei due non riescono più a comunicare* **2** Essere collegato (detto di luoghi e ambienti): *l'ingresso comunica con tutte le stanze* ♦ **comunicarsi** *v.pr.* Trasmettersi, diffondersi, propagarsi: *l'allegria si comunicò a tutti i presenti.*

comunicativa [co-mu-ni-ca-tì-va] *s.f.* Capacità di trasmettere agli altri le proprie idee e i propri sentimenti, di parlare interessando chi ascolta.

comunicato [co-mu-ni-cà-to] *s.m.* Notizia, avviso diffusi pubblicamente da un mezzo d'informazione: *un comunicato del governo*; *comunicato radio, stampa* | *Comunicato commerciale* = annuncio pubblicitario.

comunicazione [co-mu-ni-ca-zió-ne] *s.f.* **1** Trasmissione, diffusione: *la comunicazione del movimento, di un contagio* ◊ Il portare altri a conoscenza di qualcosa: *la comunicazione di una notizia, di un segreto* ◊ Annuncio: *vi ho riuniti per farvi un'importante comunicazione* **2** Contatto, mezzo attraverso cui si comunica con altri Ⓢ collegamento: *mettersi in comunicazione con qualcuno*; *si è interrotta la comunicazione telefonica* **3** Collegamento, passaggio tra luoghi, ambienti: *un'importante via di comunicazione*; *una porta di comunicazione tra sala e cucina* ◊ (spec. al *pl.*) Gli impianti e i mezzi di trasporto che consentono un collegamento: *comunicazioni ferroviarie, stradali, automobilistiche, marittime, aeree.*

comunione [co-mu-nió-ne] *s.f.* **1** L'avere in comune qualcosa con altri: *comunione di idee, di interessi* **2** Il sacramento dell'eucarestia: *fare la comunione.*

comunismo [co-mu-nì-smo] *s.m.* Teoria e movimento politico che propugna la proprietà collettiva della terra, delle industrie e dei trasporti come mezzo per assicurare l'uguaglianza sociale tra gli uomini; il sistema economico e sociale basato su questa teoria.

comunista [co-mu-nì-sta] *agg.* [pl.m. *–sti*] Del comunismo, dei comunisti: *i partiti comunisti* ♦ *agg.* e *s.m.f.* Che, chi è favorevole al comunismo o è membro di un partito comunista.

comunità [co-mu-ni-tà] *s.f.* **1** Insieme di persone che vivono su uno stesso territorio o hanno condizioni, modi di vita, legami comuni: *comunità cittadina, nazionale, internazionale*; *comunità carceraria, cattolica, ebraica* ◊ Gruppo di persone che vivono insieme: *comunità familiare, religiosa* **2** Organizzazione tra più stati per interessi e fini comuni: *la Comunità Europea.*

comunque [co-mùn-que] *congz.* **1** In qualunque modo: *comunque vadano le cose, sono soddisfatto* **2** Tuttavia: *so che era tardi, comunque potevi avvisarmi* ♦ *avv.* In ogni modo, in ogni caso: *se ne andrà comunque.*

con [cón] *prep.* [unito agli articoli determinativi *il, lo, la, i, gli, le* può formare le preposizioni articolate *col, collo, colla, coi, cogli, colle,* oggi sempre meno usate rispetto alle forme *con il, con lo* ecc.] **1** Esprime vari tipi di rapporti ◊ Di compagnia e di unione: *abita con i genitori*; *camera con bagno* ◊ Di relazione (anche col significato di «verso» e «contro»): *ho parlato con lui*; *è stato gentile con*

A B C D E F G H I J K L M N O P Q R S T U V W X Y Z

me; *combattere con il nemico* ◊ Di limitazione (con il significato di «riguardo a»): *siamo a posto con i pagamenti* ◊ Di modo: *parlare con calma* ◊ Di qualità: *un uomo con la pelle scura* ◊ Di mezzo o strumento: *con la pazienza si ottiene tutto*; *picchiare con il bastone* ◊ Di causa: *con questa siccità il raccolto andrà perduto* ◊ Di paragone: *misurarsi con la concorrenza* **2** In alcune espressioni ha il significato di «nonostante»: *con tutto quello che ha non è mai contento.*

conato [co-nà-to] *s.m.* Tentativo, sforzo | *Conato di vomito* = impulso a vomitare.

conca [cón-ca] *s.f.* Avvallamento della superficie terrestre, di forma più o meno circolare e circondato da alture.

concatenare [con-ca-te-nà-re] *v.tr.* Collegare tra loro (idee, ragionamenti, fatti) secondo un ordine, un rapporto logico.

concavo [còn-ca-vo] *agg.* Che ha una superficie curva, rientrante verso l'interno Ⓒ convesso: *lente concava* | *Angolo concavo* = maggiore di 180°.

concedere [con-cè-de-re] *v.tr.* [pass.rem. *concèssi* o *concedètti* o *concedéi, concedésti*; part. pass. *concèsso,* più raro *concedùto*] **1** Dare (spec. come atto di generosità, di favore, d'indulgenza) Ⓢ accordare Ⓒ rifiutare: *concedere un permesso, un prestito*; *concedere la grazia a un condannato* | *Concedersi un po' di svago, di riposo* = prenderselo ◊ Consentire, permettere: *gli concesse di partire* **2** Ammettere, riconoscere: *devi concedermi che non avevo tutti i torti.*

concentramento [con-cen-tra-mén-to] *s.m.* Raccolta, ammassamento di più cose o persone in un unico luogo: *concentramento di truppe, di mezzi* | *Campo di concentramento* = luogo in cui vengono raccolti prigionieri di guerra o anche civili sottoposti a qualche persecuzione.

concentrare [con-cen-trà-re] *v.tr.* Raccogliere, riunire, far convergere in uno stesso luogo, in un punto: *concentrare le truppe al confine*; *concentrare il fuoco sull'obbiettivo* ◊ ♧ Far convergere su un oggetto o uno scopo: *concentrare l'attenzione su un problema* ♦ **concentrarsi** *v.pr.* Riunirsi in un luogo, convergere verso un punto (anche ♧): *i dimostranti si stanno concentrando in piazza*; *le domande si concentrarono su quell'unico argomento* ◊ ♧ Dedicare tutta la propria attenzione: *si concentrò nella lettura.*

concentrato [con-cen-trà-to] *agg.* e *s.m.* Detto di liquido o di prodotto alimentare da cui è stata sottratta acqua: *brodo, latte concentrato*; *concentrato di pomodoro.*

concentrazione [con-cen-tra-zió-ne] *s.f.* Raccoglimento mentale: *lo studio richiede molta concentrazione.*

concentrico [con-cèn-tri-co] *agg.* [pl.m. *-ci*] In geometria, detto di cerchi e sfere che hanno lo stesso centro.

concepire [con-ce-pì-re] *v.tr.* [*concepìsco, concepìsci*] **1** Detto di donna, generare in sé la vita di un nuovo essere: *concepire un figlio* **2** ♧ Sentire nascere nell'animo, cominciare a nutrire un sentimento: *concepire un desiderio, un affetto, una speranza* ◊ Ideare: *concepire un progetto* ◊ Intendere: *io concepisco le vacanze solo come riposo* ◊ Comprendere: *non riesco a concepire come abbia potuto fare una cosa simile.*

concernere [con-cèr-ne-re] *v.tr.* [raro il pass. rem. *concernéi* o *concernètti, concernésti*; manca del part.pass. e dei tempi composti] Riguardare: *per quanto mi concerne, non ho obiezioni da fare.*

concerto [con-cèr-to] *s.m.* **1** Composizione musicale per orchestra e uno o più strumenti solisti **2** Esecuzione pubblica di brani musicali: *andare a un concerto pianistico, sinfonico, rock* **3** In senso scherzoso, insieme di suoni, voci, rumori anche sgradevoli: *un concerto di campane*; *un concerto di rane* **4** ♧ *Di concerto* = in accordo con altri: *devi agire di concerto con noi.*

concessionario [con-ces-sio-nà-rio] *agg.* e *s.m.* Che, chi ha in concessione un bene, un servizio o un'esclusiva di vendita.

concessione [con-ces-sió-ne] *s.f.* **1** Il concedere, l'accordare qualcosa: *la concessione di un permesso* ◊ Ciò che viene concesso per soddisfare una richiesta: *fa troppe concessioni ai figli* **2** Atto con cui lo stato concede a un privato il diritto e la facoltà di usare un proprio bene, di gestire un servizio pubblico: *dare in concessione un tratto di spiaggia, una linea di trasporti* ◊ Contratto con cui un'azienda concede a un privato la vendita dei propri prodotti in una determinata zona.

concetto [con-cèt-to] *s.m.* **1** Idea, nozione di ciò che qualcosa è: *il concetto di spazio, di tempo, di giustizia*; *non sono d'accordo col tuo concetto di libertà*; *spiegare un concetto* **2** Opinione, giudizio: *mi son fatto un buon concetto di lui.*

concezione [con-ce-zió-ne] *s.f.* **1** Ideazione: *la concezione di un piano, di un'opera* **2** Modo di intendere e di giudicare qualcosa Ⓢ idea, concetto, opinione: *hai una strana concezione dell'amicizia* ◊ Complesso di idee e di teorie riguardanti un argomento: *concezioni politiche, morali*; *la concezione moderna dello stato.*

conchiglia [con-chì-glia] *s.f.* Guscio protettivo che ricopre il corpo di molti molluschi.

concia [cón-cia] *s.f.* Trattamento a cui si sottopongono le pelli animali per trasformarle in cuoio.

conciare [con-cià-re] *v.tr.* **1** Sottoporre a concia: *conciare una pelle* **2** Ridurre in cattivo stato: *guarda come hai conciato le scarpe!*; *hanno conciato proprio male quel poveretto!* ♦ **conciarsi** *v.pr.* Ridursi in cattivo stato, sporcarsi: *ma come ti sei conciato!* ◊ Vestirsi male, con cattivo gusto: *si concia spesso in modo ridicolo.*

conciliante [con-ci-liàn-te] *agg.* Disposto a venire a un accordo Ⓢ accomodante, arrendevole: *si è mostrato conciliante con noi.*

conciliare [con-ci-lià-re] *v.tr.* **1** Mettere d'accordo persone o cose contrastanti: *conciliare due nemici, interessi opposti* ◊ *Conciliare una contravvenzione* = pagare l'ammenda prevista **2** Favorire: *una lettura che concilia il sonno* ♦ **conciliarsi** *v.pr.* **1** Riconciliarsi con qualcuno **2** Andare d'accordo, poter coesistere.

conciliazione [con-ci-lia-zió-ne] *s.f.* Accordo che supera o elimina divergenze e contrasti.

concilio [con-cì-lio] *s.m.* **1** Assemblea di vescovi per discutere questioni religiose | *Concilio ecumenico* = quello cui partecipano tutti i vescovi della chiesa sotto la guida del papa **2** Riunione riservata: *i parenti si riunirono in concilio per decidere sul da farsi.*

concimare [con-ci-mà-re] *v.tr.* Fertilizzare dando il concime: *concimare i campi, l'orto, le rose.*

concime [con-cì-me] *s.m.* Ogni sostanza che si sparge sul terreno per aumentarne la fertilità Ⓢ fertilizzante: *concime naturale, chimico.*

concisione [con-ci-sió-ne] *s.f.* Brevità nell'esprimersi.

conciso [con-cì-so] *agg.* Che è espresso o si esprime in modo breve ed essenziale Ⓢ sintetico, stringato Ⓒ prolisso: *un discorso, uno stile conciso*; *cerca di essere più conciso.*

concitato [con-ci-tà-to] *agg.* Agitato da una forte commozione Ⓢ eccitato: *parlava con tono concitato* ◊ Pieno di foga: *una discussione concitata* ◊ Incalzante: *le notizie si succedevano con ritmo concitato.*

concitazione [con-ci-ta-zió-ne] *s.f.* Intensa agitazione emotiva: *la notizia la mise in uno stato di concitazione* ◊ Foga: *parlava con concitazione.*

concittadino [con-cit-ta-dì-no] *s.m.* Chi è nato o abita nella stessa città: *ti presento un mio concittadino.*

conclave [con-clà-ve] *s.m.* Assemblea dei cardinali riuniti per eleggere un nuovo papa.

concludere [con-clù-de-re] *v.tr.* [coniugato come *accludere*] **1** Portare a compimento Ⓢ realizzare: *concludere un affare, un accordo* ◊ Conseguire qualche risultato: *oggi non ho concluso nulla* **2** Terminare: *concluse il suo discorso con un appello* **3** Ricavare come conclusione Ⓢ dedurre: *dalle sue parole conclusero che non era stato informato* ♦ **concludersi** *v.pr.* Aver fine Ⓢ terminare: *il congresso si concluderà domani.*

conclusione [con-clu-sió-ne] *s.f.* **1** Realizzazione: *arrivare alla conclusione di un accordo* **2** Fine, termine, parte conclusiva: *la conclusione di un viaggio, di un discorso, di un romanzo* | *In conclusione* = per concludere, infine ◊ Esito, risultato: *una vicenda che ha avuto una conclusione positiva* **3** Conseguenza logica: *io ti ho detto come stanno le cose, tu traine le conclusioni.*

conclusivo [con-clu-sì-vo] *agg.* Che conclude, di chiusura Ⓢ finale: *il famoso scienziato ha tenuto il discorso conclusivo del convegno.*

concordanza [con-cor-dàn-za] *s.f.* **1** Accordo, corrispondenza: *tra noi c'è piena concordanza di idee* **2** Accordo grammaticale (in genere, numero e persona) tra le parole di una frase.

concordare [con-cor-dà-re] *v.tr.* Stabilire di comune accordo: *concordare un prezzo, un'iniziativa* ♦ *v.intr.* [aus. *avere*] Essere in accordo, trovarsi d'accordo: *le nostre opinioni concordano*; *concordo con te sull'esigenza di far presto* ◊ Presentare concordanza grammaticale: *il verbo deve concordare col soggetto.*

concordato [con-cor-dà-to] *s.m.* Accordo, patto ◊ Convenzione stipulata tra la Santa Sede e uno stato su questioni di comune interesse.

concorde [con-còr-de] *agg.* Che è d'accordo; che esprime un accordo generale Ⓢ unanime: *tutti furono concordi nel rifiutare*; *la giuria ha emesso un verdetto concorde.*

concordia [con-còr-dia] *s.f.* Accordo, armonia di idee e sentimenti tra due o più persone Ⓒ discordia: *una famiglia in cui regna la concordia.*

concorrente [con-cor-rèn-te] *s.m.f.* Chi è in concorrenza commerciale con altri o partecipa a una competizione sportiva, a un concorso: *un prodotto per battere i concorrenti*; *molti concorrenti si sono ritirati prima del traguardo*; *tutti i concorrenti hanno risposto esattamente al quiz.*

concorrenza [con-cor-rèn-za] *s.f.* Lotta, competizione tra persone che hanno uno stesso scopo: *quei due sono in concorrenza per il posto di diret-*

tore ◊ Competizione economica e commerciale tra aziende dello stesso settore: *due ditte in concorrenza* ◊ Per ogni azienda, tutte le altre con cui è in competizione: *battere la concorrenza.*

concorrere [con-cór-re-re] *v.intr.* [coniugato come *correre*; aus. *avere*] **1** Partecipare a una competizione, a un concorso: *concorrere a un torneo, a un premio* **2** Cooperare, contribuire: *concorrere a una spesa, alla riuscita di un'impresa.*

concorso [con-cór-so] *s.m.* **1** Collaborazione, contributo: *dare il proprio concorso a un'iniziativa, a una spesa* **2** Affluenza di più persone in un luogo: *alla mostra c'è stato un grande concorso di pubblico* **3** Gara di selezione tra più concorrenti indetta per assegnare appalti, posti di lavoro, premi e simili: *fare gli esami di un concorso pubblico; partecipare a un concorso cinematografico, di bellezza.*

concretare [con-cre-tà-re] *v.tr.* Mettere in pratica, realizzare concretamente: *finalmente riuscì a concretare il suo progetto* ♦ **concretarsi** *v.pr.* Tradursi in realtà Ⓢ realizzarsi.

concretizzare [con-cre-tiz-zà-re] *v.tr.* Concretare: *ha concretizzato i suoi progetti.*

concreto [con-crè-to] *agg.* Che esiste nella realtà Ⓢ reale Ⓒ astratto: *vogliamo fatti concreti*; *fammi un caso concreto* | *In concreto* = nella realtà effettiva: *un caso che, in concreto, non si è mai verificato* ◊ Che è aderente alla realtà, che si basa sui fatti Ⓢ pratico: *una persona concreta*; *manca di esperienza concreta.*

concussione [con-cus-sió-ne] *s.f.* Reato commesso da un pubblico ufficiale che abusa della sua posizione per cercare di ottenere denaro o favori per sé o per altri.

condanna [con-dàn-na] *s.f.* **1** Sentenza con cui i giudici infliggono una pena: *il giudice ha emesso una condanna* ◊ La pena stessa inflitta: *scontare una condanna* **2** ♧ Giudizio duramente negativo Ⓢ biasimo, riprovazione: *tutti hanno espresso la più netta condanna di ogni forma di violenza.*

condannare [con-dan-nà-re] *v.tr.* **1** Infliggere una pena o una sanzione a chi è stato giudicato colpevole al termine di un processo: *è stato condannato all'ergastolo, al pagamento dei danni* **2** Biasimare, disapprovare: *condannare la violenza* **3** Costringere, obbligare qualcuno a qualcosa di sgradito o penoso: *la malattia lo condanna a letto*; *la miseria li condanna a emigrare.*

condensare [con-den-sà-re] *v.tr.* **1** Rendere denso, più denso: *condensare il latte* | *Condensare il vapore* = portarlo allo stato liquido **2** ♧ Riassumere, sintetizzare: *condensare un discorso in due parole* ♦ **condensarsi** *v.pr.* Diventare denso, più denso ◊ Diventare liquido (detto di vapore).

condimento [con-di-mén-to] *s.m.* Ingrediente che si aggiunge ai cibi per renderli più saporiti e gradevoli.

condire [con-dì-re] *v.tr.* [*condìsco, condìsci*] Rendere più saporito un cibo aggiungendovi qualche condimento: *condire la pasta col sugo.*

condiscendente [con-di-scen-dèn-te] *agg.* Indulgente, arrendevole: *quel padre è troppo condiscendente con i figli.*

condiscendenza [con-di-scen-dèn-za] *s.f.* Tendenza ad acconsentire ai desideri e alle richieste altrui Ⓢ arrendevolezza, indulgenza: *ha troppa condiscendenza verso i figli.*

condividere [con-di-vì-de-re] *v.tr.* [coniugato come *dividere*] Avere in comune con altri (anche ♧): *condividere la camera da letto con il fratello*; *condividiamo la passione per il calcio* ◊ ♧ Essere d'accordo con altri: *condivido la tua scelta* ◊ ♧ Provare gli stessi sentimenti di altri: *condivido il tuo dolore.*

condizionale [con-di-zio-nà-le] *agg.* Che dipende da una condizione o esprime una condizione | *Modo condizionale del verbo* = quello che esprime un'azione (per es. *verrei*) condizionata da un'altra circostanza (per es. *se potessi*) ♦ *s.m.* Modo condizionale del verbo ♦ *s.f.* Sospensione della pena concessa a un condannato a condizione che non commetta altri reati: *gli hanno dato sei mesi di carcere con la condizionale.*

condizionamento [con-di-zio-na-mén-to] *s.m.* **1** Limite posto dall'esterno; influsso psicologico sul comportamento: *rifiutare, subire condizionamenti* **2** *Condizionamento dell'aria* = regolazione, mediante appositi impianti, della temperatura e dell'umidità dell'aria in ambienti chiusi.

condizionare [con-di-zio-nà-re] *v.tr.* **1** Subordinare a determinate condizioni: *ha condizionato la firma del contratto al rispetto degli accordi* **2** Influenzare, limitare psicologicamente: *lo ha condizionato la presenza dei genitori* **3** *Condizionare l'aria* = sottoporla a condizionamento.

condizionatore [con-di-zio-na-tó-re] *s.m.* Impianto per il condizionamento dell'aria.

condizione [con-di-zió-ne] *s.f.* **1** Presupposto necessario perché qualcosa possa verificarsi: *non ci sono le condizioni perché l'impresa abbia successo* | *A condizione che* = a patto che: *verremo a condizione che lui non ci sia* ◊ Richiesta da accettare per rendere possibile un accordo: *imporre le* *condizioni di pace* ◊ Parte di un accordo, di un contratto che ne definisce alcuni termini Ⓢ clausola: *discutere le condizioni di pagamento* **2** Stato, situazione in cui si trovano persone o cose: *è in buone condizioni economiche*; *un auto, una strada in cattive condizioni*; *le condizioni del malato sono migliorate* | *In condizione di* = in grado di: *non è ancora in condizione di partire* ◊ Posizione sociale: *una famiglia di modesta condizione*.

condoglianza [con-do-gliàn-za] *s.f.* (spec. al *pl.*) Partecipazione al dolore altrui per un lutto: *le faccio le mie più sentite condoglianze*.

condominio [con-do-mì-nio] *s.m.* Proprietà di un edificio in parte suddivisa tra i singoli proprietari (gli appartamenti) e in parte comune (cortile, scale ecc.): *una casa in condominio* ◊ L'edificio stesso: *abitare in un condominio* ◊ L'insieme dei condòmini: *riunione di condominio*.

condomino [con-dò-mi-no] *s.m.* Ognuno dei comproprietari di un condominio.

condonare [con-do-nà-re] *v.tr.* Annullare o ridurre a qualcuno una pena o un debito: *gli hanno condonato due anni di carcere*.

condono [con-dó-no] *s.m.* Annullamento totale o parziale di una pena, di una sanzione o di un debito.

condor [còn-dor] *s.m.invar.* Grande uccello rapace delle Ande.

condotta [con-dót-ta] *s.f.* **1** Modo di comportarsi Ⓢ comportamento, contegno: *la sua condotta è stata ammirevole* ◊ Modo di condurre, di svolgere un'attività: *la squadra ha vinto grazie alla sua condotta di gioco* **2** Incarico con cui un comune affida a un sanitario la cura della salute pubblica in una data zona **3** Complesso di tubature in cui scorrono liquidi o gas Ⓢ tubazione: *la condotta dell'acqua, del metano*.

condottiero [con-dot-tiè-ro] *s.m.* Comandante supremo di un esercito; prestigioso capo militare.

condotto [con-dót-to] *agg.* *Medico condotto* = incaricato da un comune di curare la salute pubblica in una data zona ♦ *s.m.* Conduttura, tubo entro cui scorrono liquidi.

conducente [con-du-cèn-te] *s.m.f.* Chi guida un veicolo: *vietato parlare al conducente*.

condurre [con-dùr-re] *v.tr.* [pres. *condùco, condùci*; fut. *condurrò*; pass.rem. *condùssi, conducésti*; cond. *condurrèi*; part.pass. *condótto*] **1** Portare, accompagnare sotto la propria guida: *condurre i bambini a scuola, le bestie al pascolo, i soldati all'attacco* ◊ ♧ Ridurre qualcuno in un certo stato: *la disgrazia l'ha condotto alla disperazione* ◊ Fare, vivere: *conduce una vita difficile* ◊ Detto di strade, portare a un dato luogo: *questo sentiero conduce al fiume* **2** Guidare un veicolo ◊ Dirigere: *condurre un'azienda, un dibattito* **3** Nello sport, essere in testa, in vantaggio: *l'Italia sta conducendo (la partita) per uno a zero* **4** Trasportare (liquidi, gas): *le tubazioni che conducono l'acqua alle case* ◊ Avere la proprietà di trasmettere, far passare calore, elettricità (detto di corpi).

conduttore [con-dut-tó-re] *agg.* [f. *–trice*] Che conduce, che guida | ♧ *Filo conduttore* = traccia da seguire per una ricerca; legame tra le varie parti di un discorso, di uno scritto ♦ *s.m.* **1** [f. *–trice*] Chi guida un veicolo Ⓢ conducente ◊ Chi presenta e dirige una trasmissione televisiva **2** Corpo, materiale che permette il passaggio di calore, elettricità e simili: *il rame è un buon conduttore dell'elettricità*.

conduttura [con-dut-tù-ra] *s.f.* Tubo o complesso di tubi che trasportano liquidi o gas; anche complesso di cavi per il trasporto dell'elettricità.

conduzione [con-du-zió-ne] *s.f.* Guida, direzione, gestione: *un albergo a conduzione familiare*.

confabulare [con-fa-bu-là-re] *v.intr.* [aus. *avere*] Conversare a bassa voce in modo da non essere sentiti da altri: *di cosa state confabulando voi due?*

confacente [con-fa-cèn-te] *agg.* Adatto, idoneo.

confarsi [con-fàr-si] *v.pr.* [coniugato come *fare*; usato solo nella terza persona sing. e pl.] Essere adatto, idoneo: *faccio un lavoro che si confà alle mie abitudini*.

confederale [con-fe-de-rà-le] *agg.* Di una confederazione, organizzato in confederazione: *la Svizzera è uno stato confederale*.

confederazione [con-fe-de-ra-zió-ne] *s.f.* **1** Unione tra più stati per realizzare obiettivi comuni ◊ Stato federale: *la Svizzera è una confederazione* **2** Unione tra sindacati di varie categorie.

conferenza [con-fe-rèn-za] *s.f.* **1** Discorso tenuto in pubblico su un determinato argomento | *Conferenza stampa* = intervista concessa a più giornalisti da una personalità **2** Riunione tra capi di stato e ministri su questioni di interesse internazionale: *conferenza sull'ambiente*.

conferimento [con-fe-ri-mén-to] *s.m.* Assegnazione, attribuzione: *il conferimento di un premio, di un incarico, di un'onorificenza*.

conferire [con-fe-rì-re] *v.tr.* [*conferìsco, conferìsci*] Dare, concedere, assegnare (premi, incarichi) ♦ *v.intr.* [aus. *avere*] Avere un colloquio, un incontro: *chiese di conferire con il ministro*.

conferma [con-fér-ma] *s.f.* **1** Assicurazione della verità, della certezza di qualcosa: *dare la conferma di una notizia* **2** Prova che conferma quel che già si pensava: *le sue parole sono la conferma dei nostri sospetti.*

confermare [con-fer-mà-re] *v.tr.* **1** Ribadire come certa o ancora valida una cosa che si era già detta in precedenza: *ti confermo che arriverò domani*; *ha telefonato per confermare l'appuntamento* **2** Rendere certo, garantire come sicuro: *la notizia non è ancora stata confermata* ◊ Rafforzare: *le sue parole confermano i miei sospetti* ◊ Provare la verità, la fondatezza di qualcosa: *i fatti hanno confermato la sua ipotesi* **3** Mantenere qualcuno in una carica: *lo hanno confermato direttore* ♦ **confermarsi** *v.pr.* Dare una nuova dimostrazione di una propria qualità (anche negativa): *si è confermato il migliore*; *si è confermato un egoista.*

confessare [con-fes-sà-re] *v.tr.* **1** Riconoscere e dichiarare apertamente una propria colpa, mancanza o difetto: *confessò il furto*; *confessò i suoi peccati al sacerdote*; *confesso la mia ignoranza in materia* **2** Rivelare qualcosa di segreto, di intimo Ⓢ confidare: *confessò all'amico i suoi dubbi* ♦ **confessarsi** *v.pr.* Dire i propri peccati al confessore ◊ Confidarsi: *si confessò con un amico.*

confessionale [con-fes-sio-nà-le] *s.m.* Nelle chiese, la piccola costruzione in legno nella quale il sacerdote ascolta la confessione.

confessione [con-fes-sió-ne] *s.f.* **1** Riconoscimento, ammissione di una colpa, di una mancanza, di un difetto **2** Nella chiesa cattolica, rivelazione dei propri peccati al confessore come parte del sacramento della penitenza.

confesso [con-fès-so] *agg.* Che ha confessato: *l'imputato è reo confesso.*

confessore [con-fes-só-re] *s.m.* Il sacerdote che confessa i fedeli e amministra la penitenza.

confetto [con-fèt-to] *s.m.* Piccolo dolce di zucchero cotto contenente mandorle, nocciole e simili, offerto soprattutto in occasione di battesimi, comunioni e matrimoni.

confettura [con-fet-tù-ra] *s.f.* Marmellata di frutta intera o a pezzi: *confettura di albicocche.*

confezionare [con-fe-zio-nà-re] *v.tr.* **1** Sistemare una merce in un involucro per facilitarne la conservazione, migliorarne la presentazione, prepararla per il trasporto o la vendita ecc.: *confezionare un pacchetto di caramelle, una scatola di dolci* **2** Tagliare, cucire, preparare un capo d'abbigliamento: *il sarto gli confezionò una giacca su misura*; *in genere compro abiti già confezionati.*

confezione [con-fe-zió-ne] *s.f.* **1** L'operazione di confezionare un prodotto ◊ Modo in cui un prodotto è confezionato; l'involucro stesso che lo contiene: *una confezione elegante*; *confezione regalo* **2** Lavorazione, produzione di capi d'abbigliamento ◊ (al *pl.*) Capi d'abbigliamento già confezionati: *negozio di confezioni.*

conficcare [con-fic-cà-re] *v.tr.* [*conficco, conficchi*] Far penetrare con forza: *conficcare un chiodo nel muro.*

confidare [con-fi-dà-re] *v.tr.* Rivelare a persona fidata cose intime o segrete: *confidare a un amico una speranza, un sospetto* ♦ *v.intr.* [aus. *avere*] Aver fiducia Ⓢ contare, sperare: *confidare in Dio, nella sorte*; *confido di finire il lavoro per domani* ♦ **confidarsi** *v.pr.* Aprire il proprio animo a qualcuno: *si è confidato con me.*

confidente [con-fi-dèn-te] *s.m.* **1** Persona di fiducia, con cui ci si può confidare **2** Informatore della polizia.

confidenza [con-fi-dèn-za] *s.f.* **1** Fiducia, sicurezza: *aver confidenza nei propri mezzi* **2** Familiarità, dimestichezza: *essere in confidenza con qualcuno*; *prendere confidenza con la guida* | *Prendersi delle confidenze* = mancare di riguardo, di rispetto **3** Rivelazione ad altri di qualcosa di riservato, di intimo: *fare una confidenza a un'amica* | *In confidenza* = in via riservata, in segreto.

confidenziale [con-fi-den-zià-le] *agg.* **1** Che ha carattere di confidenza Ⓢ riservato: *notizia confidenziale* **2** Caratterizzato da familiarità Ⓢ amichevole, cordiale: *siamo in rapporti confidenziali*; *gli fece un saluto confidenziale.*

configgere [con-fig-ge-re] *v.tr.* [pres. *configgo, configgi*; pass.rem. *confissi, configgésti*; part.pass. *confitto*] Conficcare.

configurarsi [con-fi-gu-ràr-si] *v.pr.* Assumere una data forma o aspetto: *la questione si configura in questi termini.*

configurazione [con-fi-gu-ra-zió-ne] *s.f.* Forma, aspetto di qualcosa: *l'Italia ha la configurazione di uno stivale.*

confinare [con-fi-nà-re] *v.intr.* [aus. *avere*] Avere un confine in comune: *l'Italia confina con la Francia*; *il loro giardino confina con il nostro.*

confine [con-fi-ne] *s.m.* **1** Linea o zona che separa tra loro stati, regioni, comuni, territori, proprietà | *Confine di stato* = frontiera **2** Limite, termine (anche ♧): *un viaggio ai confini del mondo*; *la sua ambizione è senza confini.*

confisca [con-fi-sca] *s.f.* Requisizione, sequestro: *confisca dell'arma del delitto.*

confiscare [con-fi-scà-re] *v.tr.* [*confisco, confischi*] Requisire, sequestrare, da parte dello stato, oggetti usati per commettere un reato o che sono frutto di un reato: *la Guardia di Finanza ha confiscato della merce di contrabbando.*

conflagrazione [con-fla-gra-zió-ne] *s.f.* Scoppio, esplosione ◊ ♧ Scoppio di un conflitto.

conflitto [con-flìt-to] *s.m.* **1** Scontro armato: *un conflitto a fuoco tra polizia e banditi* ◊ Guerra: *il secondo conflitto mondiale* **2** ♧ Scontro, urto, contrasto: *conflitti sociali, di idee, di interessi.*

confluenza [con-flu-èn-za] *s.f.* Il punto in cui si incontrano e si uniscono corsi d'acqua, valli, strade, cortei e simili.

confluire [con-flu-ì-re] *v.intr.* [*confluìsco, confluìsci*; aus. *essere* e *avere*] Congiungersi, unirsi, incontrarsi (detto di fiumi, valli, strade, cortei e simili).

confondere [con-fón-de-re] *v.tr.* [coniugato come *fondere*] **1** Mettere insieme, mescolare disordinatamente: *hai confuso i due mazzi di carte* **2** Prendere una persona o una cosa per un'altra: *l'ho confusa con sua sorella* **3** Rendere meno chiaro, più indistinto Ⓢ offuscare: *discorsi che confondono le idee*; *una luce che confonde la vista* ◊ Turbare; mettere in imbarazzo: *quei complimenti la confusero* ♦ **confondersi** *v.pr.* **1** Mescolarsi: *il ladro si confuse tra la folla* ◊ Diventare indistinto: *i ricordi si confondevano nella sua memoria* **2** Sbagliarsi, fare confusione: *ti sei confuso, non era giovedì il giorno della riunione* **3** Turbarsi, smarrirsi: *a quella domanda si confuse.*

conformare [con-for-mà-re] *v.tr.* Rendere conforme, corrispondente Ⓢ uniformare, adattare: *conformare il proprio comportamento a quello della maggioranza* ♦ **conformarsi** *v.pr.* Uniformarsi, adattarsi, adeguarsi: *ha dovuto conformarsi all'ambiente in cui vive.*

conformazione [con-for-ma-zió-ne] *s.f.* Forma, struttura: *la conformazione geografica di un territorio.*

conforme [con-fór-me] *agg.* Identico o simile ad altro per forma o aspetto: *copia conforme all'originale*; *un ritratto poco conforme al vero* ◊ Che è in accordo con qualcosa Ⓢ corrispondente: *le sue azioni sono conformi ai suoi principi.*

conformismo [con-for-mì-smo] *s.m.* Tendenza ad adeguarsi passivamente al modo di pensare e di agire della maggioranza delle persone.

conformista [con-for-mì-sta] *agg.* e *s.m.f.* [pl.m. *-sti*] Che, chi si adegua passivamente al modo di pensare e di agire prevalente nella società: *idee conformiste*; *ti sei comportato da conformista.*

confortare [con-for-tà-re] *v.tr.* **1** Dare conforto, coraggio Ⓢ consolare, incoraggiare Ⓒ scoraggiare: *confortare un amico*; *lo confortava una speranza* **2** Avvalorare, confermare, convalidare: *questa notizia conforta la mia tesi.*

confortevole [con-for-té-vo-le] *agg.* Comodo: *un viaggio, un albergo, una casa molto confortevole.*

conforto [con-fòr-to] *s.m.* **1** Sollievo, consolazione, aiuto morale: *la tua presenza mi è stata di grande conforto* **2** Sostegno, appoggio: *portare un argomento a conforto di una tesi* **3** (al *pl.*) Comodità; comfort.

confraternita [con-fra-tèr-ni-ta] *s.f.* Associazione di fedeli dedita ad attività di culto, di assistenza e di carità.

confrontare [con-fron-tà-re] *v.tr.* Esaminare due o più cose per valutarne le somiglianze e le differenze, le rispettive qualità, caratteristiche ecc. Ⓢ paragonare: *confrontare i prezzi dei negozi* ♦ **confrontarsi** *v.pr.* Sostenere un incontro sportivo con qualcuno Ⓢ misurarsi: *dovrà confrontarsi con un avversario molto forte.*

confronto [con-frón-to] *s.m.* **1** Paragone, comparazione: *fare un confronto*; *in confronto all'anno scorso fa più freddo* | *Non temere confronti* = essere decisamente superiore | *Nei miei, nei tuoi confronti* = nei miei, nei tuoi riguardi **2** In un processo, interrogatorio contemporaneo di testi o imputati per risolvere i contrasti tra le loro dichiarazioni **3** Incontro sportivo.

confusionario [con-fu-sio-nà-rio] *agg.* e *s.m.* Che, chi manca di ordine, provoca confusione o confonde le cose tra loro Ⓢ disordinato, pasticcione: *sei il solito confusionario!*

confusione [con-fu-sió-ne] *s.f.* **1** Mescolanza disordinata di cose, idee, persone diverse Ⓢ disordine, caos: *nella stanza c'era una gran confusione*; *aveva una gran confusione in mente*; *fuggì nella confusione della folla* ◊ Baccano, chiasso: *smettetela di fare confusione!* **2** Lo scambiare una cosa o una persona con un'altra: *fare confusione di nomi, di date, di luoghi* **3** Turbamento, imbarazzo, vergogna: *arrossì per la confusione.*

confuso [con-fù-so] *agg.* **1** Disordinato: *un mucchio confuso di carte* **2** Poco chiaro Ⓢ vago, indistinto: *un'immagine confusa*; *ricordi confusi* ◊ Che manca di chiarezza e di lucidità mentale: *ha le idee confuse*; *fa discorsi confusi* **3** Turbato, imbarazzato: *a quelle parole, confuso, arrossì.*

confutare [con-fu-tà-re] *v.tr.* Dimostrare la falsità di qualcosa: *confutare un'opinione, un'accusa.*

congedare [con-ge-dà-re] *v.tr.* **1** Lasciar partire o invitare ad andarsene: *era tardi, e finalmente ci congedò*; *con un brusco cenno congedò il seccatore* **2** Inviare in congedo dei soldati ♦ **congedarsi** *v.pr.* Andarsene salutando Ⓢ accomiatarsi ◊ Andare in congedo: *si è congedato dall'esercito.*

congedo [con-gè-do] **1** Permesso o invito ad andarsene Ⓢ commiato: *chiese congedo dal padrone di casa*; *gli tese la mano in segno di congedo* | *Prendere congedo* = andarsene **2** Cessazione del servizio militare: *ha avuto il congedo* ◊ Permesso di assentarsi dal posto di lavoro per un breve periodo di tempo Ⓢ licenza: *ha chiesto un congedo per motivi di famiglia.*

congegnare [con-ge-gnà-re] *v.tr.* Costruire, ideare (anche ♧): *congegnare un dispositivo di allarme*; *il suo piano era ben congegnato.*

congegno [con-gé-gno] *s.m.* Meccanismo, apparecchio, dispositivo costituito da diverse parti messe assieme: *il congegno di un orologio, di un'arma da fuoco.*

congelamento [con-ge-la-mén-to] *s.m.* **1** Passaggio di un liquido allo stato solido per raffreddamento **2** Lesione di parti del corpo sottoposte a bassissime temperature Ⓢ assideramento.

congelare [con-ge-là-re] *v.tr.* **1** Raffreddare un liquido fino a farlo diventare solido: *congelare l'acqua* ◊ Sottoporre a forte raffreddamento degli alimenti per poterli conservare a lungo: *congelare il pesce nel freezer* **2** Intirizzire una parte del corpo: *il freddo mi ha congelato le orecchie* ♦ **congelarsi** *v.pr.* **1** Solidificarsi per raffreddamento: *fa così freddo che l'acqua si è congelata nelle tubature* **2** Essere colpito da congelamento: *gli si è congelato un piede* ◊ Prendere, patire un gran freddo: *vi congelerete aspettando all'aperto!*

congelatore [con-ge-la-tó-re] *s.m.* Scomparto del frigorifero o frigorifero autonomo in cui si pongono i cibi da congelare Ⓢ freezer.

congeniale [con-ge-nià-le] *agg.* Che è adatto al carattere, alle abitudini di qualcuno: *quel lavoro non gli è congeniale.*

congenito [con-gè-ni-to] *agg.* Che si ha dalla nascita: *soffre di una malformazione congenita.*

congestionare [con-ge-stio-nà-re] *v.tr.* Intralciare, ingombrare con un affollamento eccessivo: *milioni di auto congestionano le città.*

congestione [con-ge-stió-ne] *s.f.* **1** In medicina, afflusso eccessivo di sangue in un organo del corpo: *congestione cerebrale, allo stomaco* **2** ♧ Affollamento eccessivo di veicoli e persone in una zona, per cui si intralciano a vicenda Ⓢ blocco, ingorgo: *la congestione delle vie del centro*; *l'incidente ha causato la congestione del traffico.*

congettura [con-get-tù-ra] *s.f.* Supposizione, ipotesi: *non si sa nulla di sicuro, si possono fare solo congetture.*

congiungere [con-giùn-ge-re] *v.tr.* [coniugato come *giungere*] Unire insieme (anche ♧): *congiungere le mani, gli sforzi* | *Congiungere in matrimonio* = sposare ◊ Unire, collegare, mettere in comunicazione: *la linea che congiunge due punti*; *una strada che congiunge due città* ♦ **congiungersi** *v.pr.* Unirsi, confluire.

congiuntivo [con-giun-tì-vo] *agg.* e *s.m.* Modo del verbo che esprime per lo più possibilità, dubbio, desiderio, timore, esortazione, augurio.

congiunto [con-giùn-to] *agg.* Unito insieme: *mani congiunte* ◊ Collegato: *azione congiunta* ♦ *s.m.* Parente.

congiuntura [con-giun-tù-ra] *s.f.* Circostanza, situazione; combinazione di fattori: *trovarsi in una congiuntura difficile*; *congiuntura favorevole, sfavorevole.*

congiunzione [con-giun-zió-ne] *s.f.* **1** Unione, collegamento, confluenza (spec. di strade o fiumi) **2** In grammatica, parte invariabile del discorso che ha la funzione di collegare due parole o due frasi (per es. *e, o, ma, che, se*).

congiura [con-giù-ra] *s.f.* Accordo segreto per rovesciare con la forza il potere dello stato e le persone che ne sono a capo Ⓢ cospirazione, complotto: *sventare una congiura militare*; *tramare una congiura contro il re.*

congiurare [con-giu-rà-re] *v.intr.* [aus. *avere*] **1** Fare, organizzare una congiura Ⓢ cospirare, complottare: *congiurare contro lo stato, contro il re* **2** ♧ Essere avverso, sfavorevole: *era una giornata storta, tutto congiurava contro di lui.*

congiurato [con-giu-rà-to] *s.m.* Chi partecipa a una congiura Ⓢ cospiratore: *i congiurati furono condannati a morte.*

congratularsi [con-gra-tu-làr-si] *v.pr.* Esprimere a qualcuno la propria gioia per un suo successo Ⓢ rallegrarsi, felicitarsi, complimentarsi: *mi congratulo con te per la promozione.*

congratulazioni [con-gra-tu-la-zió-ni] *s.f.pl.* Rallegramenti, felicitazioni: *ti faccio le mie congratulazioni per la vittoria*; *lettera, biglietto di congratulazioni.*

congresso [con-grès-so] *s.m.* Riunione dei rappresentanti di più stati per discutere e decidere su problemi internazionali di comune interesse ◊ Assemblea periodica degli iscritti a un partito, a un sindacato, nella quale viene discussa e decisa la linea dell'organizzazione ◊ Convegno ufficiale di addetti a una certa attività: *congresso di scienziati, di medici, di artisti.*

congruo [còn-gruo] *agg.* Proporzionato, adeguato: *a chi riporterà il cane smarrito sarà offerta una congrua ricompensa.*

conguaglio [con-guà-glio] *s.m.* Operazione con cui si pareggia un conto di dare e avere calcolando la somma di denaro versata o riscossa in più o in meno rispetto al dovuto.

coniare [co-nià-re] *v.tr.* **1** Fabbricare monete o medaglie **2** ♧ Creare nuove parole, espressioni, modi di dire.

conico [cò-ni-co] *agg.* [pl.m. *–ci*] Di cono: *forma conica* ◊ A forma di cono: *un tetto conico.*

conifere [co-nì-fe-re] *s.f.pl.* Gruppo di piante sempreverdi, con fusto alto e foglie per lo più a forma di ago; ne fanno parte il pino, l'abete, il cipresso, il cedro, il larice ecc.

coniglio [co-nì-glio] *s.m.* **1** Mammifero roditore selvatico e domestico, allevato per la carne e il pelo **2** ♧ Persona molto timida o paurosa, vile.

conio [cò-nio] *s.m.* **1** Stampo di acciaio che porta incisi i segni, le figure e le lettere da imprimere sulle facce di monete e medaglie **2** ♧ Creazione di nuove parole, di nuove espressioni e modi di dire.

coniugale [co-niu-gà-le] *agg.* Dei coniugi, del matrimonio: *amore coniugale*; *vita coniugale*; *diritti, doveri coniugali.*

coniugare [co-niu-gà-re] *v.tr.* [*còniugo, còniughi*] Elencare in ordine le varie forme di un verbo ♦ **coniugarsi** *v.pr.* Sposarsi: *si è coniugata ancora giovane.*

coniugato [co-niu-gà-to] *agg.* e *s.m.* Che, chi è sposato.

coniugazione [co-niu-ga-zió-ne] *s.f.* Insieme delle forme che un verbo assume per esprimere i modi, i tempi, le persone.

coniuge [cò-niu-ge] *s.m.f.* Ciascuna delle due persone unite in matrimonio.

connazionale [con-na-zio-nà-le] *agg.* e *s.m.f.* Che, chi è della stessa nazione di altri Ⓢ compatriota: *incontrò all'estero alcuni connazionali.*

connessione [con-nes-sió-ne] *s.f.* Legame, rapporto, relazione: *tra questi due fatti non vedo nessuna connessione.*

connettere [con-nét-te-re] *v.tr.* [coniugato come *annettere*] Unire, collegare materialmente o logicamente: *connettere due fili elettrici*; *connettere due fatti*; *fammi connettere le idee* | *Non connettere* = non riuscire a ragionare in modo logico e ordinato: *è fuori di sé, non connette più.*

connettivo [con-net-tì-vo] *agg. Tessuto connettivo* = tessuto del corpo che ha la prevalente funzione di connettere e sostenere altri tessuti e organi.

connivente [con-ni-vèn-te] *agg.* Che dà il suo tacito consenso a un'azione disonesta o non fa niente per impedirla, pur avendone la possibilità.

connotato [con-no-tà-to] *s.m.* (spec. al *pl.*) Ciascuno dei tratti somatici e dei segni caratteristici che permettono di riconoscere e identificare una persona: *segnare i connotati sul passaporto.*

cono [cò-no] *s.m.* **1** In geometria, solido generato dalla rotazione di un triangolo rettangolo intorno a uno dei suoi cateti **2** Oggetto a forma di cono: *cono vulcanico*; *cono gelato.*

conocchia [co-nòc-chia] *s.f.* Rocca per filare.

conoscente [co-no-scèn-te] *s.m.f.* Persona che si conosce, con cui si ha una relativa familiarità.

conoscenza [co-no-scèn-za] *s.f.* **1** Il fatto di conoscere qualcosa: *avere conoscenza di una lingua, di un posto* | *Essere, venire a conoscenza di qualcosa* = esserne, venirne informato ◊ Ciò che si conosce Ⓢ nozione, cognizione: *un uomo che ha vaste conoscenze scientifiche* **2** Il conoscere personalmente qualcuno: *sono lieto di fare la sua conoscenza* ◊ Persona conosciuta, familiare: *è una mia vecchia conoscenza* **3** *Perdere conoscenza* = perdere i sensi Ⓢ svenire.

conoscere [co-nó-sce-re] *v.tr.* [pres. *conósco, conósci*; pass.rem. *conóbbi, conoscésti*; part.pass. *conosciùto*] **1** Sapere una cosa, avere cognizione di quale o di come essa sia Ⓒ ignorare: *conoscere una lingua, un paese, un libro* ◊ Avere pratica, esperienza di qualcosa: *è uno che conosce il proprio mestiere*; *ha conosciuto la miseria* **2** Sapere chi è una persona, come si chiami, cosa faccia: *lo conosco di nome, di vista, di fama*; *non conosco quell'individuo* ◊ Sapere quali siano il carattere, le qualità di una persona: *conosco mio figlio e so che non farebbe mai una cosa del genere* ◊ Avere rapporti più o meno stretti con una persona: *lo conosco da molto tempo* ◊ Essere presentato a qualcuno: *sono lieto di conoscerla* ♦ **conoscersi** *v.pr.* **1** Conoscere se stessi, il proprio carattere: *non ti conosci proprio* **2** Fare la reciproca conoscenza: *ci siamo conosciuti in casa di amici* ◊ Essere in rapporti più o meno stretti di amicizia, di familiarità: *io e lui ci conosciamo dall'infanzia.*

conoscitore [co-no-sci-tó-re] *s.m.* [f. *–trice*] Chi ha esperienza, competenza di qualcosa Ⓢ esperto, intenditore: *è un buon conoscitore di pittura.*

conosciuto [co-no-sciù-to] *agg.* Noto, celebre, famoso: *un attore molto conosciuto.*

conquista [con-quì-sta] *s.f.* **1** Occupazione militare, presa con le armi: *la conquista di un territorio, di una città* ◊ Conseguimento, raggiungimento: *la conquista del potere, della libertà* **2** Ciò che si è conquistato: *il paese dovette rinunciare alle sue conquiste territoriali* ◊ Progresso raggiunto in un certo campo: *le conquiste della scienza, della tecnica* **3** Successo amoroso: *è uno che ha fatto molte conquiste* ◊ La persona conquistata in amore: *mi ha presentato la sua nuova conquista.*

conquistare [con-qui-stà-re] *v.tr.* **1** Impadronirsi con la forza di un paese, di una località Ⓢ occupare, espugnare, sottomettere: *i romani conquistarono molti paesi*; *la città fu conquistata dopo un lungo assedio* **2** Ottenere, raggiungere con lotte, con sacrifici: *conquistare l'indipendenza, la libertà, il potere* **3** Far innamorare di sé: *conquistare una ragazza* ◊ Suscitare negli altri sentimenti benevoli: *ha conquistato la nostra simpatia*; *ci ha conquistati con la sua simpatia.*

conquistatore [con-qui-sta-tó-re] *s.m.* [f. *–trice*] **1** Chi conquista con le armi un territorio **2** Chi fa conquiste amorose.

consacrare [con-sa-crà-re] *v.tr.* **1** Rendere sacro con un rito religioso: *consacrare una chiesa* ◊ Dedicare a un culto: *consacrare un altare alla Madonna, a un santo* **2** ♧ Dedicare, offrire: *ha consacrato la propria vita allo studio, alla difesa della libertà* ♦ **consacrarsi** *v.pr.* Dedicarsi completamente: *consacrarsi a una missione.*

consanguineo [con-san-guì-ne-o] *agg.* e *s.m.* Che, chi è dello stesso sangue, della stessa famiglia o stirpe Ⓢ parente.

consapevole [con-sa-pé-vo-le] *agg.* Che sa, si rende conto di qualcosa Ⓢ conscio, cosciente: *sono consapevole dei rischi cui vado incontro.*

consapevolezza [con-sa-pe-vo-léz-za] *s.f.* L'essere consapevole, il rendersi conto di qualcosa Ⓢ coscienza: *ha consapevolezza dei suoi limiti.*

conscio [còn-scio] *agg.* Consapevole, cosciente: *è conscio delle sue responsabilità.*

consecutivo [con-se-cu-tì-vo] *agg.* Che viene subito dopo Ⓢ successivo, seguente Ⓒ precedente: *il giorno consecutivo alla partenza* ◊ (al *pl.*) Che si succedono senza interruzione: *ha piovuto per tre giorni consecutivi.*

consegna [con-sé-gna] *s.f.* **1** Recapito: *la consegna di una lettera, di un pacco* ◊ *Pagare una merce alla consegna* = al momento in cui la si riceve | *In consegna* = in custodia, in affidamento: *ti do in consegna la casa, il bambino* **2** Ordine tassativo impartito a soldati in servizio di guardia e sentinella: *la consegna era di sparare a vista su chi non si fermava all'alt* ◊ Punizione per i militari consistente nel divieto di uscire dalla caserma: *prendere tre giorni di consegna.*

consegnare [con-se-gnà-re] *v.tr.* **1** Dare, affidare in possesso o in custodia, definitivamente o provvisoriamente: *consegnare un pacco al destinatario, le chiavi al portiere* **2** Nell'esercito, punire un militare con la consegna: *il tenente lo ha consegnato in caserma per due giorni.*

conseguenza [con-se-guèn-za] *s.f.* Risultato, effetto, per lo più negativo, di qualcosa: *questa è la conseguenza della tua ostinazione*; *le conseguenze della guerra* ◊ Conclusione che deriva logicamente da certe premesse: *ora che sai tutto devi trarne le conseguenze* | *Di conseguenza* = perciò, quindi | *In conseguenza di* = a causa di, per effetto di.

conseguimento [con-se-gui-mén-to] *s.m.* Ottenimento, raggiungimento: *arrivò al conseguimento del diploma*; *il conseguimento di uno scopo.*

conseguire [con-se-guì-re] *v.tr.* Riuscire a ottenere, a raggiungere: *conseguire un successo, un diploma* ♦ *v.intr.* [aus. *essere*] Derivare come conseguenza: *se continui a non studiare, ne conseguirà che verrai bocciato.*

consenso [con-sèn-so] *s.m.* **1** Approvazione, permesso, autorizzazione: *non può venire alla gita senza il consenso dei genitori* **2** Giudizio, reazione favorevole: *un film che ha incontrato il consenso del pubblico* **3** Concordia di opinioni Ⓢ accordo: *è stato eletto col consenso generale.*

consentire [con-sen-tì-re] *v.tr.* Permettere, concedere: *il maltempo non gli ha consentito di partire*; *fa un lavoro che non consente riposo* ♦ *v.intr.* [aus. *avere*] **1** Essere d'accordo: *consento con te che non si è fatto tutto il possibile* **2** Accondiscendere, acconsentire: *consentì alla sua richiesta.*

consenziente [con-sen-zièn-te] *agg.* Che è d'accordo, che acconsente: *la proposta trovò tutti consenzienti.*

conserva [con-sèr-va] *s.f.* Alimento preparato per essere conservato a lungo senza perdere le proprie caratteristiche: *preparare una conserva di frutta, di pomodoro.*

conservante [con-ser-vàn-te] *agg.* e *s.m.* Detto di sostanza che si aggiunge a prodotti alimentari per poterli conservare più a lungo inalterati: *conservanti naturali, chimici.*

conservare [con-ser-và-re] *v.tr.* **1** Tenere qualcosa, spec. alimenti, in modo che non si deteriori o sciupi: *conservare il latte in frigorifero, la frutta sotto spirito*; *conserva con cura i suoi vestiti* **2** Custodire: *conservava il denaro in cassaforte* ◊ Possedere ancora, non aver perduto qualcosa Ⓢ serbare, mantenere: *conservo ancora quella ricevuta*; *conserva un aspetto giovanile* ♦ **conservarsi** *v.pr.* Mantenersi in buono stato o inalterato nel tempo: *i cibi cotti si conservano meglio*; *ha cinquantanni, ma si è conservato bene* ◊ Rimanere, mantenersi: *conservarsi sano, onesto.*

conservatore [con-ser-va-tó-re] *agg.* e *s.m.* [f. *–trice*] Che, chi, spec. in campo politico, si oppone ai cambiamenti, alle novità ed è favorevole alla tradizione e al mantenimento della situazione esistente: *ha idee conservatrici*; *è un conservatore.*

conservazione [con-ser-va-zió-ne] *s.f.* Mantenimento di qualcosa senza alterazioni: *il freddo migliora la conservazione degli alimenti*; *abbiamo a cuore la conservazione del paesaggio*; *un monumento in cattivo stato di conservazione* | *Istinto di conservazione* = quello che spinge a salvaguardare la propria vita e incolumità.

consesso [con-sès-so] *s.m.* Riunione, assemblea di persone autorevoli: *un consesso di scienziati.*

considerare [con-si-de-rà-re] *v.tr.* **1** Esaminare, valutare attentamente: *considerare le conseguenze di un'azione* ◊ Tenere presente: *abbi pazienza, considera che è ancora un bambino* **2** Ritenere, giudicare: *lo considero un bravo ragazzo* ◊ Stimare: *è molto considerato dai colleghi* ♦ **considerarsi** *v.pr.* Ritenersi, giudicarsi: *ormai puoi considerarti salvo*; *si considera intelligente.*

considerazione [con-si-de-ra-zió-ne] *s.f.* **1** Esame attento e accurato | *Prendere in considerazione* = esaminare **2** Stima: *gode della considerazione di tutti* **3** Osservazione, riflessione: *hai fatto una considerazione interessante*; *ti esporrò le mie considerazioni sull'argomento.*

considerevole [con-si-de-ré-vo-le] *agg.* Notevole, rilevante: *ha vinto una somma considerevole*; *i danni causati dall'incidente sono considerevoli.*

consigliabile [con-si-glià-bi-le] *agg.* Raccomandabile, opportuno, prudente: *non è consigliabile uscire con questo tempo.*

consigliare [con-si-glià-re] *v.tr.* Dare un consiglio, un avvertimento Ⓢ suggerire, raccomandare: *ti consiglio di mangiar poco, di star zitto*; *mi ha consigliato prudenza*; *consigliare un libro* ♦ **consigliarsi** *v.pr.* Rivolgersi a qualcuno per avere un consiglio Ⓢ consultarsi: *consigliarsi con un amico, con un medico.*

consigliere [con-si-gliè-re] *s.m.* **1** Chi dà consigli; persona a cui ci si rivolge per avere dei consigli **2** Membro di un consiglio: *consigliere comunale, regionale.*

consiglio [con-sì-glio] *s.m.* **1** Suggerimento, parere che si dà a qualcuno riguardo al modo più conveniente di agire e comportarsi: *mi ha dato un buon consiglio*; *non accetta consigli da nessuno*; *ho agito così dietro consiglio dell'avvocato* **2** Organo collegiale che ha il compito di discutere e deliberare sulle questioni di sua competenza: *consiglio di classe, d'istituto*; *il consiglio d'amministrazione di una società*; *consiglio dei ministri*; *consiglio comunale, provinciale, regionale.*

consistente [con-si-stèn-te] *agg.* Solido, resistente: *un materiale, una stoffa consistente* ◊ ♧ Fondato, valido: *non ha dato prove molto consistenti della sua innocenza* | *Somma, cifra consistente* = ragguardevole.

consistenza [con-si-stèn-za] *s.f.* **1** Compattezza, solidità, resistenza: *questa crema ha la giusta consistenza*; *un tessuto che ha poca consistenza* ◊ Entità (di un patrimonio) **2** ♧ Fondatezza, validità: *una critica, un sospetto senza consistenza.*

consistere [con-sì-ste-re] *v.intr.* [coniugato come *assistere*; aus. *essere*] Essere composto, costituito: *l'appartamento consiste di tre locali* ◊ Basarsi: *tutto il problema consiste nel non aver fretta.*

consolare[1] [con-so-là-re] *v.tr.* Sollevare qualcuno da un dolore morale Ⓢ confortare, incoraggiare: *le sue parole mi hanno molto consolata* ◊ Alleviare: *ho cercato di consolare la sua pena* ◊ Far piacere, rallegrare: *mi consola saperti felice* ♦ **consolarsi** *v.pr.* Trovare conforto: *non si è ancora consolato della perdita della moglie* ◊ Trovare motivo di relativo incoraggiamento e soddisfazione: *si consolava al pensiero delle vacanze.*

consolare[2] [con-so-là-re] *agg.* Del console.

consolato [con-so-là-to] *s.m.* **1** Nell'antica Roma, la carica di console e la durata di tale carica **2** Oggi, ufficio, diretto da un console, che rappresenta un paese all'estero nelle città non capitali e assiste i cittadini di quel paese: *ha perso il passaporto e si è rivolto al consolato.*

consolazione [con-so-la-zió-ne] *s.f.* Sollievo, conforto: *le tue parole mi hanno dato consolazione* ◊ Piacere, gioia: *che consolazione vederti tornare sano e salvo!* ◊ Ciò che reca conforto: *i figli sono la sua unica consolazione.*

console[1] [còn-so-le] *s.m.* **1** Nell'antica Roma, ciascuno dei due supremi magistrati con autorità politica, giudiziaria e militare, la cui carica durava un anno **2** Oggi, diplomatico che dirige un consolato all'estero.

console*[2] o *consolle [parola inglese; pron. corrente *consòl*] *s.f.invar.* Particolare tipo di computer progettato per giocare con dei videogiochi.

consolidare [con-so-li-dà-re] *v.tr.* Rendere più solido, saldo, stabile, sicuro Ⓢ rinsaldare, rafforzare (anche ♧) Ⓒ indebolire: *consolidare un terreno, i piloni di un ponte*; *consolidare un'amicizia, il proprio potere* ♦ **consolidarsi** *v.pr.* Diventare più solido Ⓢ rinsaldarsi, rafforzarsi (anche ♧): *il suo prestigio si consolida ogni giorno di più.*

consonante [con-so-nàn-te] *s.f.* Lettera dell'alfabeto che si pronuncia con la bocca chiusa o semichiusa e che ha bisogno di unirsi a una vocale per formare una sillaba.

consonanza [con-so-nàn-za] *s.f.* Corrispondenza, accordo: *consonanza di sentimenti, di idee.*

consono [còn-so-no] *agg.* Corrispondente, conforme, adeguato: *devo andare a un matrimonio, ma non ho un abito consono alla circostanza.*

consorte [con-sòr-te] *s.m.f.* Coniuge.

consorzio [con-sòr-zio] *s.m.* Associazione tra imprese, enti pubblici o privati, costituita allo scopo di gestire in comune determinate attività, di realizzare opere di pubblico interesse ecc.: *consorzio agrario*; *consorzio di bonifica.*

constare [con-stà-re] *v.intr.* **1** Essere costituito, composto: *l'enciclopedia consta di dieci volumi* **2** Risultare, esser noto: *mi consta che sia stato avvertito*; *non mi consta un fatto del genere.*

constatare [con-sta-tà-re] o **costatare** [co-sta-tà-re] *v.tr.* Accertare, rendersi conto personalmente di qualcosa: *ho constatato che la casa era vuota*; *quando il medico è arrivato non ha potuto che constatare il decesso* ◊ Prendere atto di qualcosa: *constatiamo che nessuno ci ha aiutato.*

constatazione [con-sta-ta-zió-ne] o **costatazione** [co-sta-ta-zió-ne] *s.f.* Accertamento, presa d'atto di una realtà: *constatazione di un danno.*

consueto [con-su-è-to] *agg.* Solito, abituale: *è arrivato con la consueta puntualità* ♦ *s.m.* Ciò che avviene o si fa solitamente: *ieri ho dormito più del consueto* | *Di consueto* = di solito, normalmente: *di consueto vado a letto presto.*

consuetudine [con-sue-tù-di-ne] *s.f.* Abitudine: *ha la consuetudine di alzarsi presto* ◊ Usanza, tradizione: *una festa che segue le antiche consuetudini locali.*

consulente [con-su-lèn-te] *s.m.f.* Professionista, esperto che dà pareri su materie di sua competenza: *si è rivolto a un consulente fiscale.*

consulenza [con-su-lèn-za] *s.f.* Parere tecnico di un esperto del ramo: *chiedere una consulenza legale, medica.*

consultare [con-sul-tà-re] *v.tr.* **1** Chiedere un parere, un consiglio, un'informazione a una persona competente: *consultare un medico, un avvocato* ◊ Chiedere il parere, l'opinione di qualcuno: *consultare il popolo con un referendum* **2** Leggere uno scritto per cercare informazioni e dati: *consultare il dizionario, una guida, l'orario ferroviario* ♦ **consultarsi** *v.pr.* **1** Rivolgersi a qualcuno per avere consiglio: *consultarsi con un avvocato* **2** Scambiarsi reciprocamente i pareri: *ci siamo consultati in famiglia per decidere il da farsi.*

consultivo [con-sul-tì-vo] *agg.* Che ha la funzione di esprimere un parere ma non di decidere: *un organo consultivo*; *voto consultivo.*

consulto [con-sùl-to] *s.m.* Visita a un malato fatta da più medici insieme per risolvere dubbi sulla diagnosi e sulla terapia più appropriata.

consultorio [con-sul-tò-rio] *s.m.* Centro di consulenza e assistenza su problemi sanitari e sociali: *consultorio familiare.*

consumare [con-su-mà-re] *v.tr.* **1** Esaurire o logorare con l'uso: *abbiamo consumato tutte le provviste*; *consumare un paio di scarpe* ◊ Spendere; sprecare (anche ♧): *ha consumato tutti i suoi risparmi*; *consuma il tempo in cose inutili* **2** Impiegare, utilizzare: *consumare l'acqua, il gas, la luce*; *un'auto che consuma molto, poco (carburante)* **3** Mangiare: *consuma i pasti in casa* ◊ Prendere una consumazione: *non si può sedersi ai tavoli senza consumare* ♦ **consumarsi** *v.pr.* Esaurirsi; logorarsi: *la candela si stava consumando lentamente*; *una suola che si consuma in fretta.*

consumatore [con-su-ma-tó-re] *s.m.* [f. *-trice*] Chi acquista e utilizza merci e servizi: *una legge a tutela dei consumatori* ◊ Cliente di un bar, di un ristorante: *nel locale non c'erano consumatori.*

consumazione [con-su-ma-zió-ne] *s.f.* **1** Logorio; esaurimento: *articolo in vendita fino a consumazione delle scorte* **2** Cibo o bevanda consumati in un locale pubblico: *consumazione al banco*; *pagare la consumazione.*

consumismo [con-su-mì-smo] *s.m.* Tendenza al consumo sempre maggiore e allo spreco di beni, anche non necessari, soprattutto sotto la spinta e il condizionamento della pubblicità.

consumo [con-sù-mo] *s.m.* Uso, impiego: *fare*

molto consumo di verdura, di acqua, di energia elettrica ◊ Ciò che si consuma e la quantità che se ne consuma: *consumi di lusso, di prima necessità*; *ridurre i propri consumi* | *Il consumo di un autoveicolo* = la quantità di carburante che consuma in rapporto ai chilometri percorsi | *Società dei consumi* = basata sul consumismo.

consuntivo [con-sun-tì-vo] *s.m.* Rendiconto, bilancio finale che si fa a conclusione di un'attività o di un periodo.

consunto [con-sùn-to] *agg.* Logoro: *un abito consunto* ◊ Sfinito, deperito: *un volto consunto.*

conta [cón-ta] *s.f.* Conteggio | *Fare la conta* = stabilire a sorte con un conteggio a chi tocca fare una data cosa.

contabile [con-tà-bi-le] *s.m.f.* Impiegato addetto alla contabilità in un'azienda Ⓢ ragioniere.

contabilità [con-ta-bi-li-tà] *s.f.* L'attività di tenere i conti e controllare l'amministrazione di un'azienda: *della contabilità si occupa il ragioniere.*

contadino [con-ta-dì-no] *s.m.* Chi lavora la terra Ⓢ agricoltore ♦ *agg.* Di contadini, proprio dei contadini: *una famiglia contadina*; *una festa contadina*; *usanze contadine.*

contado [con-tà-do] *s.m.* La campagna intorno a una città.

contagiare [con-ta-già-re] *v.tr.* **1** Trasmettere una malattia per contagio Ⓢ infettare: *stai lontano che non voglio contagiarti!* **2** ♧ Influenzare: *la sua allegria ha contagiato tutti.*

contagio [con-tà-gio] *s.m.* Trasmissione di una malattia infettiva per contatto: *ho l'influenza, perciò stammi lontano se vuoi evitare il contagio.*

contagioso [con-ta-gió-so] *agg.* Che si trasmette per contagio Ⓢ infettivo: *malattie contagiose* ◊ ♧ Che si trasmette facilmente o esercita un influsso: *il riso è contagioso*; *un esempio contagioso.*

contagocce [con-ta-góc-ce] *s.m.invar.* Dispositivo per versare goccia a goccia un liquido.

container [parola inglese; pron. corrente *contèiner*] *s.m.invar.* Grosso contenitore metallico usato per il trasporto marittimo, terrestre o aereo di merci varie.

contaminare [con-ta-mi-nà-re] *v.tr.* Insozzare, inquinare, infettare: *contaminare l'acqua, l'aria*; *la popolazione fu contaminata dalle radiazioni.*

contaminazione [con-ta-mi-na-zió-ne] *s.f.* Inquinamento: *aumenta la contaminazione dell'aria, delle acque e del suolo.*

contante [con-tàn-te] *agg.* e *s.m.* Detto di denaro in banconote e monete: *non ho con me abbastanza (denaro) contante, le faccio un assegno* | *Acquistare, pagare in, per contanti* = pagando immediatamente l'intera somma.

contare [con-tà-re] *v.tr.* **1** Calcolare il numero totale di una serie di cose o persone: *contare i soldi, i presenti in classe* ◊ Mettere nel conto Ⓢ considerare Ⓒ tralasciare: *eravamo in dieci a tavola, senza contare i bambini* **2** Avere: *conta molti amici in quell'ufficio* **3** Raccontare: *non contar frottole* ♦ *v.intr.* [aus. *avere*] **1** Dire i numeri in ordine successivo: *contare fino a cento* **2** Avere intenzione Ⓢ proporsi: *conto di partire stasera* ◊ Prevedere: *conto di finire per domani* **3** Fare assegnamento Ⓢ confidare: *contavo su di te, sul tuo aiuto* **4** Avere importanza, valore: *quello che conta è far presto*; *sono i fatti che contano, non le chiacchiere.*

contato [con-tà-to] *agg.* Limitato come numero, come quantità: *avere il denaro, il tempo contato* | *Avere i giorni, le ore contate* = stare per morire o per essere ucciso.

contatore [con-ta-tó-re] *s.m.* Apparecchio per misurare il consumo di gas, elettricità, acqua e simili.

contattare [con-tat-tà-re] *v.tr.* Mettersi in contatto con qualcuno: *non sono riuscito a contattarlo.*

contatto [con-tàt-to] *s.m.* **1** L'atto di toccare o il fatto di toccarsi materialmente: *mettere i piedi a contatto dell'acqua*; *una malattia che si trasmette per contatto* **2** ♧ Relazione, rapporto: *non voglio avere contatti con gente simile*; *si è messo in contatto con me* **3** Collegamento, comunicazione: *contatto radio, telefonico* | *Contatto elettrico* = collegamento tra due tratti di un circuito elettrico che consente il passaggio di corrente.

conte [cón-te] *s.m.* Titolo nobiliare, inferiore a quello di marchese; persona che ha tale titolo.

contea [con-tè-a] *s.f.* Un tempo, territorio soggetto all'autorità di un conte.

conteggiare [con-teg-già-re] *v.tr.* Calcolare, includere in un conto: *ricordati di conteggiare le spese di trasporto.*

conteggio [con-tég-gio] *s.m.* Calcolo, conto.

contegno [con-té-gno] *s.m.* Modo di comportarsi: *il tuo contegno è stato maleducato* ◊ Atteggiamento: *avere un contegno superbo* ◊ Atteggiamento serio e dignitoso: *cerca di avere un po' di contegno* | *Darsi un contegno* = assumere un atteggiamento adeguato alle circostanze.

contemplare [con-tem-plà-re] *v.tr.* **1** Guardare, osservare a lungo con interesse e ammirazione: *si fermò a contemplare il panorama* **2** Prevedere, prendere in considerazione: *la legge, il regolamento non contempla questo caso.*

contemplativo [con-tem-pla-tì-vo] *agg.* Dedito alla meditazione religiosa o filosofica: *i monaci fanno una vita contemplativa.*

contemplazione [con-tem-pla-zió-ne] *s.f.* Osservazione attenta, prolungata e piena di ammirazione: *stare in contemplazione davanti a un paesaggio, a un quadro.*

contempo [con-tèm-po] *s.m. Nel contempo* o *al contempo* = nello stesso tempo, frattanto.

contemporaneamente [con-tem-po-ra-nea-mén-te] *avv.* Nello stesso tempo.

contemporaneo [con-tem-po-rà-ne-o] *agg.* **1** Che avviene nello stesso tempo: *due fatti contemporanei* ◊ Che vive nella stessa epoca: *Giotto era contemporaneo di Dante* **2** Che appartiene all'epoca attuale o più recente: *la musica, la storia contemporanea*; *un artista contemporaneo* ♦ *s.m.* Chi vive nella stessa epoca di altri: *i contemporanei di Leopardi* ◊ Chi vive nell'epoca attuale.

contendente [con-ten-dèn-te] *s.m.f.* Avversario, rivale in una gara, in una lotta, in una contesa.

contendere [con-tèn-de-re] *v.tr.* [coniugato come *tendere*] Cercare di non far ottenere o di togliere ad altri qualcosa che si vuole per sé: *un collega gli contendeva quel posto* ♦ *v.intr.* [aus. *avere*] Gareggiare, competere: *contendere per il successo* ♦ **contendersi** *v.pr.* Essere in competizione per ottenere qualcosa, disputarsi l'un l'altro: *le due squadre si contendono la vittoria.*

contenere [con-te-né-re] *v.tr.* [coniugato come *tenere*] **1** Avere dentro di sé, racchiudere: *questo armadio contiene vestiti*; *il tuo discorso contiene molte inesattezze* **2** Frenare, trattenere, reprimere: *cercò di contenere le lacrime, la collera* ◊ Limitare, ridurre: *contenere le spese, i danni* ♦ **contenersi** *v.pr.* Controllarsi, dominarsi: *non riuscì più a contenersi e gli mise le mani addosso.*

contenitore [con-te-ni-tó-re] *s.m.* Nome generico di ogni tipo di recipiente o involucro usato per contenere o trasportare sostanze, prodotti, materiali.

contentare [con-ten-tà-re] *v.tr.* Rendere contento, soddisfacendo i desideri, le richieste Ⓢ accontentare Ⓒ scontentare: *per questa volta puoi contentarlo*; *contentare i clienti* ♦ **contentarsi** *v.pr.* Essere, sentirsi soddisfatto di quanto si ha o si può ottenere, senza volere di più Ⓢ accontentarsi: *si contenta di poco*; *è uno che non sa contentarsi.*

contentezza [con-ten-téz-za] *s.f.* Lo stato d'animo di chi è contento Ⓢ felicità, gioia, allegria.

contento [con-tèn-to] *agg.* **1** Soddisfatto: *è contento del suo lavoro* **2** Lieto, felice, allegro: *sono contento di vedervi*; *che aria contenta hai!*

contenuto [con-te-nù-to] *s.m.* **1** Ciò che sta dentro a un contenitore: *il contenuto di un pacco, di una bottiglia* **2** Argomento, materia, tema: *il contenuto di una lettera, di un libro*; *un quadro, un poema di contenuto mitologico.*

conterraneo [con-ter-rà-ne-o] *agg.* e *s.m.* Che, chi è della stessa terra, regione o paese di altri.

contesa [con-té-sa] *s.f.* Contrasto, scontro; controversia, lite: *una contesa di interessi*; *due famiglie che sono in contesa da tempo.*

contessa [con-tés-sa] *s.f.* Moglie o figlia di un conte.

contestare [con-te-stà-re] *v.tr.* **1** Negare, mettere in dubbio la verità, la validità o la legittimità di qualcosa: *contestare un'affermazione, una prova, un diritto* ◊ Criticare radicalmente; protestare contro qualcuno o qualcosa: *contestare le autorità, la scuola* **2** Comunicare formalmente a qualcuno il reato che gli viene attribuito Ⓢ notificare: *il vigile gli contestò una contravvenzione.*

contesto [con-tè-sto] *s.m.* L'insieme delle parti che costituiscono uno scritto o un discorso e il legame che unisce tale insieme a ogni singola parte e ne chiarisce il particolare significato: *è scorretto giudicare una parola o una frase isolandole dal contesto* ◊ Situazione complessiva in cui va collocato un fatto, un comportamento per comprenderne la natura e il significato: *valutare un fatto all'interno del suo contesto storico*; *contesto sociale, politico, culturale, familiare.*

contiguo [con-tì-guo] *agg.* Che è così vicino da essere a diretto contatto Ⓢ attiguo, adiacente, confinante: *abita nell'appartamento contiguo*; *due stanze, due case, due zone contigue.*

continentale [con-ti-nen-tà-le] *agg.* Del continente, di un continente: *stato continentale* | *Clima continentale* = quello tipico delle regioni interne dei continenti, caratterizzato da notevoli scarti tra temperature massime e minime.

continente [con-ti-nèn-te] *s.m.* Ognuna delle grandi estensioni di terre emerse circondate da oceani.

contingente [con-tin-gèn-te] *agg.* Dovuto a una particolare situazione o a un particolare momento: *per motivi contingenti non è potuto venire.*

continuamente [con-ti-nua-mén-te] *avv.* Senza interruzioni: *piove continuamente da due giorni* ◊ Ripetutamente, a ogni momento: *non interrompermi continuamente!*

continuare [con-ti-nu-à-re] *v.tr.* Proseguire ciò che si era iniziato o che altri avevano iniziato; riprendere dopo un'interruzione: *continuare un lavoro, il viaggio dopo la sosta* ♦ *v.intr.* [aus. *avere* se riferito a persona, *essere* o *avere* se riferito a cosa] Seguitare, andare avanti, non cessare: *ha continuato a parlare, a dormire*; *così non si può continuare*; *la pioggia è continuata per tutta la notte*; *ha continuato a nevicare* ◊ Proseguire nello spazio: *la strada continua sino al villaggio.*

continuazione [con-ti-nua-zió-ne] *s.f.* Proseguimento: *la continuazione dei lavori, di un discorso* | *In continuazione* = di continuo, senza interruzioni: *piove in continuazione da tre giorni* ◊ Seguito: *raccontami la continuazione di questa storia.*

continuo [con-tì-nuo] *agg.* Che non ha interruzioni nel tempo o nello spazio Ⓢ incessante, ininterrotto: *una pioggia continua*; *una fila continua di auto* | *Di continuo* = continuamente ◊ Che si ripete con grande frequenza: *l'oratore non riusciva a parlare per le continue interruzioni.*

conto [cón-to] *s.m.* **1** Calcolo aritmetico: *fare, sbagliare un conto* **2** Somma da pagare; il foglio su cui è annotata: *pagare il conto del droghiere*; *chiese il conto al cameriere* **3** Registrazione delle uscite e delle entrate, dei debiti e dei crediti ecc.: *fare, tenere i conti*; *libro dei conti* ◊ *Conto (corrente bancario)* = contratto tra una banca e un cliente che, depositando una somma di denaro presso la banca, potrà effettuare successive operazioni su tale deposito (versamenti, prelievi, pagamenti ecc.): *aprire un conto in banca*; *assegno di conto corrente* **4** ♧ *In fin dei conti, a conti fatti* = in definitiva, tutto considerato | *A ogni buon conto* = per ogni eventualità, ad ogni modo | *Fare conto di, che* = ripromettersi, prevedere (*faccio conto di tornare stasera*); immaginare, supporre: *fai conto che non arrivi in tempo* | *Fare i conti con qualcuno* = affrontarlo (*dovremo fare i conti con un avversario deciso*); subirne la reazione, il castigo, i rimproveri: *se non obbedisci, dovrai fare i conti con me* | *Fare conto su qualcuno, su qualcosa* = fare assegnamento | *Rendere, dare conto* = spiegare, giustificare | *Rendersi conto* = capire, accorgersi | *Per conto di qualcuno* = per incarico, a nome di qualcuno | *Per conto mio* = secondo me: *per conto mio hai fatto male* | *Sul conto di qualcuno* = nei suoi riguardi: *correvano sul suo conto strane voci* | *Tener conto di qualcosa* = tenerlo presente | *Tenere da conto qualcosa* = conservarlo con cura, averne riguardo | *Di nessun conto* = di nessuna importanza, valore.

contorcere [con-tòr-ce-re] *v.tr.* [coniugato come *torcere*] Torcere con forza o ripetutamente ♦ **contorcersi** *v.pr.* Dimenarsi torcendo il corpo: *si contorceva per il dolore.*

contornare [con-tor-nà-re] *v.tr.* Cingere, circondare: *una siepe contornava il giardino* ♦ **contornarsi** *v.pr.* Tenere attorno a sé Ⓢ circondarsi: *si contornava di amici fidati.*

contorno [con-tór-no] *s.m.* **1** Linea che delimita esternamente una figura o una cosa: *un disegno dai contorni precisi*; *i contorni delle montagne svanirono nell'oscurità* **2** Verdura o legume che accompagna il piatto principale di carne o pesce: *contorno di insalata, di piselli.*

contorsione [con-tor-sió-ne] *s.f.* Movimento agitato, scomposto o innaturale del corpo: *con delle contorsioni riuscì a liberarsi.*

contorto [con-tòr-to] *agg.* Storto, attorcigliato: *un ramo contorto* ◊ ♧ Complicato, poco chiaro, non lineare Ⓢ tortuoso: *un ragionamento contorto.*

contrabbandiere [con-trab-ban-diè-re] *s.m.* Chi esercita il contrabbando.

contrabbando [con-trab-bàn-do] *s.m.* Importazione o esportazione clandestina di merci proibite o per le quali non sono stati pagati i dazi doganali: *fare contrabbando di droga, di sigarette.*

contrabbasso [con-trab-bàs-so] *s.m.* Il più grande degli strumenti ad arco, a tre, quattro o cinque corde.

contraccambiare [con-trac-cam-bià-re] *v.tr.* Dare o fare qualcosa dello stesso genere di ciò che si è ricevuto Ⓢ ricambiare: *contraccambiare un dono, un favore, un augurio* ◊ Ricompensare qualcuno: *non so proprio come contraccambiarla di quel che ha fatto per me.*

contraccolpo [con-trac-cól-po] *s.m.* **1** Colpo di rimbalzo: *il contraccolpo dell'urto lo gettò a terra* **2** ♧ Ripercussione, conseguenza: *nelle fabbriche sono sempre più forti i contraccolpi della crisi economica.*

contrada [con-trà-da] *s.f.* **1** Quartiere (a Siena) **2** Regione, territorio: *viaggiò in sperdute contrade.*

contraddire [con-trad-dì-re] *v.tr.* [coniugato come *dire*] **1** Dire qualcosa in contrasto con quanto detto da altri Ⓢ confutare, smentire: *mi dispiace contraddirti, ma quel che dici non è vero* **2** Essere in contrasto, in contraddizione: *i suoi atti contraddicono le sue parole* ♦ **contraddirsi** *v.pr.* **1** Dire cose in contrasto con quelle dette in precedenza: *continui a contraddirti* **2** Detto di più persone, dire l'uno il contrario dell'altro, smentirsi a vicenda: *i due testimoni si contraddicono.*

contraddistinguere [con-trad-di-stìn-gue-re] *v.tr.* [coniugato come *distinguere*] Distinguere, rendere riconoscibile una cosa o una persona da altre Ⓢ caratterizzare: *i nostri prodotti sono contraddistinti da un marchio*; *mi ha risposto con la gentilezza che lo contraddistingue.*

contraddittorio [con-trad-dit-tò-rio] *agg.* **1** Che si contraddice, che è in contraddizione: *testimonianze contraddittorie*; *dare ordini contraddittori* **2** ♧ Incoerente, ambiguo: *un atteggiamento, un comportamento contraddittorio* ♦ *s.m.* Discussione pubblica tra persone che sostengono posizioni contrastanti: *un animato contraddittorio.*

contraddizione [con-trad-di-zió-ne] *s.f.* Contrasto, opposizione, discordanza tra affermazioni, fatti, comportamenti: *c'è contraddizione tra le sue parole e i suoi atti* | *Spirito di contraddizione* = tendenza a contraddire sempre gli altri ◊ (al *pl.*) Cose che si contraddicono: *un discorso, un comportamento pieno di contraddizioni.*

contraereo [con-tra-è-re-o] *agg.* Che serve a contrastare attacchi aerei: *cannoni, missili contraerei* | *La contraerea* = l'artiglieria contraerea.

contraffare [con-traf-fà-re] *v.tr.* [coniugato come *fare*] Imitare con grande precisione Ⓢ falsificare: *contraffare la firma di qualcuno* | *Contraffare la voce* = alterarla per non farsi riconoscere o farsi credere un'altra persona.

contraffazione [con-traf-fa-zió-ne] *s.f.* Imitazione, falsificazione.

contrafforte [con-traf-fòr-te] *s.m.* **1** Rinforzo in muratura sporgente da un muro **2** Propaggine, diramazione laterale di una catena montuosa.

contralto [con-tràl-to] *s.m.* Voce femminile dal tono più grave, più basso ◊ Cantante dotata di tale voce.

contrappeso [con-trap-pé-so] *s.m.* Peso che ha la funzione di bilanciare un altro peso ◊ ♧ Cosa che ne bilancia un'altra: *la mia severità fa da contrappeso alla tua indulgenza.*

contrapporre [con-trap-pór-re] *v.tr.* [coniugato come *porre*] Opporre, mettere contro: *contrapporre ostacoli all'avanzata nemica*; *contrapporre una proposta a un'altra* ♦ **contrapporsi** *v.pr.* Opporsi, mettersi contro: *si è contrapposta ai desideri del padre.*

contrapposto [con-trap-pó-sto] *agg.* Opposto, contrastante, antitetico: *si fronteggiavano due tesi, due opinioni contrapposte.*

contrariare [con-tra-rià-re] *v.tr.* **1** Contrastare, ostacolare: *non fa che contrariarmi in tutto* **2** Provocare dispiacere, irritare: *il tuo atteggiamento lo ha molto contrariato.*

contrarietà [con-tra-rie-tà] *s.f.* **1** L'essere sfavorevole: *la contrarietà del clima, della sorte* ◊ Avversione, opposizione: *ho già espresso la mia contrarietà al vostro progetto* **2** Evento, circostanza sfavorevole Ⓢ avversità: *abbiamo avuto qualche contrarietà*; *le contrarietà della vita.*

contrario [con-trà-rio] *agg.* **1** Che è in opposizione, in contrasto: *abbiamo opinioni contrarie*; *un'affermazione contraria alla verità* | *In caso contrario* = altrimenti **2** Inverso, opposto (come senso e direzione): *andare in senso contrario*; *avere il vento contrario* **3** Avverso, sfavorevole: *sono contrario alla proposta*; *la sorte ci è stata contraria* ♦ *s.m.* L'opposto: *fa il contrario di quel che dice* | *Al contrario* = all'opposto | *Al contrario di* = diversamente da | *In contrario* = contro: *non ho nulla in contrario alla sua partecipazione.*

contrarre [con-tràr-re] *v.tr.* [coniugato come *trarre*] **1** Ridurre di estensione una parte del corpo: *contrarre un muscolo, le labbra* **2** Prendere, acquisire: *contrarre una malattia, un'abitudine* ◊ Assumere: *contrarre un impegno, un debito* **3** Concludere mediante un accordo Ⓢ stipulare: *contrarre un'alleanza* ♦ **contrarsi** *v.pr.* Restringersi, rattrappirsi, raggrinzirsi ◊ Ridursi.

contrassegnare [con-tras-se-gnà-re] *v.tr.* Distinguere, marcare con un contrassegno: *ho contrassegnato i capitoli da studiare.*

contrassegno [con-tras-sé-gno] *s.m.* Segno particolare che permette di riconoscere una cosa o una persona.

contrastare [con-tra-stà-re] *v.tr.* Avversare, ostacolare, cercar di impedire: *contrastare una persona, un progetto, l'avanzata nemica* ♦ *v.intr.* [aus. *avere*] Essere in contrasto, in disaccordo: *un comportamento che contrasta con le sue abitudini*; *colori, progetti contrastanti.*

contrasto [con-trà-sto] *s.m.* **1** Scontro, conflitto, disaccordo: *contrasto di interessi, di opinioni*; *essere in contrasto con qualcuno*; *contrasti familiari* **2** Contrapposizione, forte diversità, stacco netto tra diversi elementi visivi: *un vivace contrasto di colori*; *contrasto di luci e ombre, di una figura rispetto allo sfondo.*

contrattaccare [con-trat-tac-cà-re] *v.tr.* [*contrattàcco, contrattàcchi*] Fare un contrattacco.

contrattacco [con-trat-tàc-co] *s.m.* [pl. *–chi*] Attacco di risposta a un attacco avversario, in uno scontro militare, in un incontro sportivo, in una discussione, in una polemica.

contrattare [con-trat-tà-re] *v.tr.* Discutere le condizioni di una compravendita: *contrattare una casa, un prezzo.*

contrattempo [con-trat-tèm-po] *s.m.* Avvenimento imprevisto che ostacola o impedisce un'azione: *è arrivato in ritardo per un contrattempo; un contrattempo gli ha impedito di partecipare.*

contratto [con-tràt-to] *s.m.* Accordo tra due o più persone che stabilisce e regola un rapporto economico: *contratto di acquisto, pubblicitario, di lavoro* ◊ Il documento su cui è scritto tale accordo: *firmare un contratto.*

contrattuale [con-trat-tu-à-le] *agg.* Relativo a un contratto: *obblighi contrattuali.*

contravvenire [con-trav-ve-nì-re] *v.intr.* [coniugato come *venire*; aus. *avere*] Violare, trasgredire: *contravvenire al regolamento, a una norma.*

contravvenzione [con-trav-ven-zió-ne] *s.f.* Reato punito con un'ammenda ◊ Notifica di tale reato e somma da pagare per estinguerlo: *ricevere, pagare una contravvenzione per sosta vietata.*

contrazione [con-tra-zió-ne] *s.f.* **1** *Contrazione muscolare* = movimento per cui un muscolo si restringe **2** ♧ Riduzione, diminuzione: *c'è stata una contrazione delle vendite.*

contribuente [con-tri-bu-èn-te] *s.m.f.* Ogni persona che è tenuta a pagare tasse e imposte.

contribuire [con-tri-bu-ì-re] *v.intr.* [*contribuìsco, contribuìsci*; aus. *avere*] Dare il proprio apporto al conseguimento di un dato risultato Ⓢ collaborare, cooperare, concorrere, partecipare: *contribuire al successo di un'iniziativa; abbiamo contribuito tutti alle spese di viaggio.*

contributo [con-tri-bù-to] *s.m.* **1** Apporto che ciascuno dà al conseguimento di uno scopo comune Ⓢ partecipazione, collaborazione, concorso: *per la riuscita dell'impresa è necessario il contributo di tutti; dare un contributo di impegno, in lavoro, in denaro* **2** Somma che si deve versare a un ente pubblico o privato per le prestazioni e i servizi da questo offerti: *contributi previdenziali, sindacali.*

contrito [con-trì-to] *agg.* Profondamente pentito, mortificato: *mostrarsi contrito* ◊ Che esprime pentimento: *volto, sguardo contrito.*

contro [cón-tro] *prep.* **1** Indica movimento violento o ostile diretto verso qualcuno o qualcosa: *si gettò contro il nemico; picchiare la testa contro il muro* ◊ Indica movimento in direzione contraria: *nuotare contro corrente* **2** Indica opposizione, ostilità, avversione: *lottare contro l'ingiustizia; sono tutti contro di lui* **3** Di fronte, davanti: *mettere una sedia contro la porta* ♦ *avv.* In modo contrario: *ho votato contro* | *Per contro* = al contrario, invece ♦ *s.m.invar. Il pro e il contro* = ciò che è a favore e ciò che è a sfavore, i vantaggi e gli svantaggi: *valutare il pro e il contro di una situazione.*

👁 Quando *contro* come preposizione precede un pronome personale è sempre seguito dalla preposizione *di*: *sono tutti contro di me.*

contro– Primo elemento di parole composte in cui indica opposizione, contrasto, reazione (*controsenso, contrattacco*), movimento in direzione contraria (*controvento, contromano*), sostituzione (*controfigura*), controllo, riscontro (*contromarca*).

controbattere [con-tro-bàt-te-re] *v.tr.* Replicare a delle affermazioni altrui per confutarle: *controbattere le accuse di un avversario.*

controbilanciare [con-tro-bi-lan-cià-re] *v.tr.* Bilanciare un peso con uno equivalente dalla parte opposta.

controcorrente [con-tro-cor-rèn-te] *avv.* In direzione contraria a una corrente d'acqua: *remare controcorrente* | ♧ *Andare controcorrente* = pensare, agire in modo diverso, opposto a quello della maggioranza.

controffensiva [con-trof-fen-sì-va] *s.f.* Contrattacco: *l'esercito lanciò una controffensiva.*

controfigura [con-tro-fi-gù-ra] *s.f.* Chi sostituisce un attore principale nelle scene acrobatiche o rischiose di un film.

controindicato [con-tro-in-di-cà-to] *agg.* Detto di farmaco, cura, attività, alimento vietati o sconsigliati a chi si trovi in particolari condizioni.

controllare [con-trol-là-re] *v.tr.* **1** Esaminare qualcosa per verificarne l'esattezza, la validità, la regolarità, il corretto funzionamento e simili: *hai controllato se la data è giusta?; la polizia controllava i passaporti e i bagagli; controllare un motore* **2** Sorvegliare: *la polizia sta controllando tutti gli aeroporti* **3** Avere sotto il proprio dominio Ⓢ dominare, padroneggiare: *i rivoltosi controllavano ormai l'intera regione; non riusciva a controllare la situazione; cerca di controllare i tuoi nervi* ♦ **controllarsi** *v.pr.* Dominare i propri sentimenti, impulsi: *non è stato capace di controllarsi.*

controllo [con-tròl-lo] *s.m.* **1** Esame di qualcosa per verificarne l'esattezza, la validità, la regolarità: *controllo dei biglietti, dei documenti* **2** Sorveglianza: *è addetto al controllo del traffico* **3** Dominio, padronanza: *questa zona è sotto il controllo della mafia; ha perduto il controllo della guida; mantiene sempre il controllo dei propri nervi.*

controllore [con-trol-ló-re] *s.m.* Chi controlla i biglietti sui mezzi di trasporto pubblici.

controluce [con-tro-lù-ce] *avv.* Con la luce di fronte (allo sguardo o all'obiettivo): *essere (in) controluce*; *fare una foto (in) controluce* | *Guardare una cosa (in) controluce* = in trasparenza, ponendola tra sé e la fonte di luce.

contromano [con-tro-mà-no] *avv.* In direzione di marcia opposta a quella del traffico normale.

contromarca [con-tro-màr-ca] *s.f.* Scontrino o gettone numerato che, nei teatri e in altri locali pubblici, viene dato a chi si allontana temporaneamente perché possa poi rientrare o a chi deposita oggetti al guardaroba per poterli poi ritirare.

contromisura [con-tro-mi-sù-ra] *s.f.* Provvedimento che si adotta per contrastare o prevenire un'azione o una situazione dannosa o pericolosa.

controparte [con-tro-pàr-te] *s.f.* La parte avversaria in un processo, in una vertenza sindacale e simili.

contropartita [con-tro-par-tì-ta] *s.f.* Contraccambio, ricompensa: *cosa avrò come contropartita del mio aiuto?*

contropiede [con-tro-piè-de] *s.m.* Nel calcio, azione improvvisa di contrattacco | ♧ *Prendere qualcuno in contropiede* = alla sprovvista.

controproducente [con-tro-pro-du-cèn-te] *agg.* Che produce un effetto contrario a quello desiderato: *il tuo è un atteggiamento controproducente.*

controprova [con-tro-prò-va] *s.f.* Prova per verificare l'esattezza di una prova precedente.

contrordine [con-trór-di-ne] *s.m.* Ordine che annulla o modifica un ordine precedente.

controrivoluzione [con-tro-ri-vo-lu-zió-ne] *s.f.* Reazione violenta a una rivoluzione.

controsenso [con-tro-sèn-so] *s.m.* Cosa in sé contraddittoria o contraria al buon senso Ⓢ assurdità: *un triangolo quadrato è un controsenso*; *è un controsenso mettere il cappotto con questo caldo.*

controspionaggio [con-tro-spio-nàg-gio] *s.m.* Organizzazione segreta di uno stato che ha il compito di contrastare l'azione di spionaggio di altri stati; l'attività che svolge a questo scopo.

controvento [con-tro-vèn-to] *avv.* In direzione contraria a quella del vento: *navigare controvento.*

controversia [con-tro-vèr-sia] *s.f.* Discussione, contesa, lite dovuta a un contrasto di opinioni o di interessi: *tra noi è nata una controversia*; *controversie familiari, sindacali, giudiziarie.*

controverso [con-tro-vèr-so] *agg.* Che è oggetto di discussioni e su cui ci sono opinioni o interpretazioni diverse e contrastanti: *un problema molto controverso.*

controvoglia [con-tro-vò-glia] *avv.* Malvolentieri, di mala voglia: *studia, mangia controvoglia.*

contumace [con-tu-mà-ce] *agg.* e *s.m.f.* Che, chi si trova in stato di contumacia.

contumacia [con-tu-mà-cia] *s.f.* Assenza non giustificata di un imputato in un processo: *lo hanno condannato in contumacia.*

contumelia [con-tu-mè-lia] *s.f.* Insulto, ingiuria, offesa: *l'uomo lo coprì di contumelie.*

contundente [con-tun-dèn-te] *agg.* *Corpo contundente* = qualsiasi oggetto che, usato per colpire, è capace di provocare contusioni o lesioni.

conturbante [con-tur-bàn-te] *agg.* Che turba profondamente l'animo, i sensi.

contusione [con-tu-sió-ne] *s.f.* Lesione superficiale senza ferite, provocata da un urto o da un colpo Ⓢ ammaccatura, livido: *è caduto dalle scale, ma se l'è cavata con qualche contusione.*

contuso [con-tù-so] *agg.* Che ha subito una contusione Ⓢ ammaccato, pesto: *si fasciò il ginocchio contuso.*

convalescente [con-va-le-scèn-te] *agg.* e *s.m.f.* Che, chi è in stato di convalescenza.

convalescenza [con-va-le-scèn-za] *s.f.* Lo stato e il periodo intermedio tra la guarigione da una malattia e il completo ristabilimento: *è in convalescenza*; *passerò la convalescenza al mare.*

convalida [con-và-li-da] *s.f.* Conferma della validità legale ed effettiva di un atto: *la convalida di un provvedimento, di una nomina, di un gol.*

convalidare [con-va-li-dà-re] *v.tr.* **1** Dichiarare, rendere valido in via definitiva un atto: *l'arbitro ha convalidato il gol* **2** Avvalorare, confermare: *le sue parole convalidano i miei sospetti.*

convegno [con-vé-gno] *s.m.* Riunione tra esperti organizzata per discutere problemi di comune interesse: *un convegno letterario, di scienziati.*

convenevoli [con-ve-né-vo-li] *s.m.pl.* Espressioni di cortesia formale nell'incontrare o nel ricevere qualcuno Ⓢ cerimonie, complimenti.

conveniente [con-ve-nièn-te] *agg.* **1** Adatto alle circostanze Ⓢ opportuno, appropriato: *ha saputo trovare le parole convenienti* **2** Vantaggioso: *un prezzo conveniente*; *un affare conveniente.*

convenienza [con-ve-nièn-za] *s.f.* **1** Utilità, vantaggio: *non c'è convenienza a comprare qui* ◊ Tornaconto: *lo ha fatto solo per convenienza* **2** (al *pl.*) Le norme di comportamento nelle relazioni sociali: *rispettare le convenienze.*

convenire [con-ve-nì-re] *v.intr.* [coniugato come

venire; aus. *essere*] **1** Venire con altri da parti diverse a riunirsi in uno stesso luogo: *in piazza S. Pietro erano convenuti pellegrini da ogni parte del mondo* **2** Essere utile, vantaggioso: *non ci conviene comprare qui*; *ti conviene star zitto* ◊ Essere opportuno, necessario: *conviene partire se non vogliamo far tardi.*

convento [con-vèn-to] *s.m.* Edificio in cui vive una comunità religiosa di frati o di suore Ⓢ monastero.

convenuto [con-ve-nù-to] *agg.* Stabilito di comune accordo Ⓢ concordato: *pagò il prezzo convenuto* ♦ *s.m.* (spec. al *pl.*) Chi partecipa con altri a una riunione, a un incontro: *salutò i convenuti.*

convenzionale [con-ven-zio-nà-le] *agg.* **1** Che ha un valore, un significato stabiliti per convenzione, in base a un accordo: *misure convenzionali*; *mi avvertì con un segno convenzionale* **2** Che si adegua passivamente alle consuetudini e non ha alcuna originalità: *un artista, un'opera convenzionale* ◊ Tradizionale | *Armi convenzionali* = non atomiche, non chimiche, non batteriologiche.

convenzione [con-ven-zió-ne] *s.f.* **1** Accordo, patto: *la convenzione di Ginevra sui diritti dei prigionieri* **2** Ogni regola e significato stabiliti di comune accordo allo scopo di dare precisi punti di riferimento alla comunicazione e al comportamento dei membri di una collettività: *è per convenzione che scriviamo da sinistra a destra o che guidiamo tenendo la destra, infatti in altri paesi si fa diversamente* **3** (al *pl.*) Modi di pensare e di comportarsi tradizionali e seguiti dai più: *è uno che tiene molto alle convenzioni (sociali).*

convergente [con-ver-gèn-te] *agg.* Che si dirige verso uno stesso punto: *strade convergenti* ◊ ♧ Che tende a coincidere: *interessi convergenti.*

convergere [con-vèr-ge-re] *v.intr.* [pres. *convèrgo, convèrgi*; pass.rem. *convèrsi, convergésti*; non usato nei tempi composti] Dirigersi verso uno stesso punto venendo da punti diversi: *i cortei convergevano nella piazza* ◊ ♧ Tendere a uno stesso obiettivo: *i nostri sforzi convergono.*

conversare [con-ver-sà-re] *v.intr.* [aus. *avere*] Parlare con una o più persone di argomenti vari, per lo più in modo sereno e piacevole Ⓢ discorrere, chiacchierare: *mi piace conversare con lui.*

conversazione [con-ver-sa-zió-ne] *s.f.* Colloquio, dialogo: *essere in conversazione con qualcuno*; *troncare una conversazione telefonica*; *una conversazione animata, noiosa.*

conversione [con-ver-sió-ne] *s.f.* **1** Trasformazione, cambiamento di una cosa in un'altra: *conversione del calore in energia elettrica* **2** Mutamento radicale di idee e in partic. di fede religiosa: *la conversione di S. Paolo* **3** Cambiamento nella direzione di movimento | *Conversione a U* = inversione del senso di marcia di un veicolo.

convertire [con-ver-tì-re] *v.tr.* **1** Trasformare, cambiare: *il calore converte l'acqua in vapore*; *convertire euro in dollari* **2** Convincere qualcuno a cambiare la sua fede religiosa, le sue idee: *convertire al cristianesimo un musulmano* ♦ **convertirsi** *v.pr.* **1** Trasformarsi: *col freddo l'acqua si converte in ghiaccio* **2** Aderire a una nuova fede religiosa: *si è convertito al buddismo.*

convesso [con-vès-so] *agg.* **1** Che ha una superficie curva sporgente verso l'esterno Ⓒ concavo: *una lente convessa* **2** *Angolo convesso* = in geometria, angolo inferiore a 180°.

convincere [con-vìn-ce-re] *v.tr.* [coniugato come *vincere*] Indurre qualcuno ad accettare, a riconoscere, a fare o non fare qualcosa Ⓢ persuadere Ⓒ dissuadere: *l'ho convinto del suo errore, a curarsi, a non partire*; *i suoi discorsi non mi convincono* ♦ **convincersi** *v.pr.* Acquisire certezza di qualcosa su cui si avevano dei dubbi Ⓢ persuadersi: *si è convinto della mia buona fede.*

convinzione [con-vin-zió-ne] *s.f.* **1** Certezza, fermezza di chi è convinto di qualcosa: *difendeva con convinzione la sua proposta* **2** (spec. al *pl.*) Idea, opinione: *rispettare le convinzioni religiose, politiche degli altri.*

convitato [con-vi-tà-to] *s.m.* Chi è invitato a un pranzo, a un banchetto Ⓢ commensale.

convitto [con-vìt-to] *s.m.* Collegio.

convivenza [con-vi-vèn-za] *s.f.* Il fatto di convivere e il modo in cui si convive: *si sono lasciati dopo una convivenza di molti anni*; *i problemi della convivenza tra nazioni e popoli diversi.*

convivere [con-vì-ve-re] *v.intr.* [coniugato come *vivere*; aus. *avere* o *essere*] Vivere insieme, in una stessa casa, luogo o ambiente: *convive con i genitori*; *una popolazione costretta a convivere con la mafia.*

convocare [con-vo-cà-re] *v.tr.* [*cònvoco, cònvochi*] **1** Chiamare i membri di un organo collegiale a partecipare a una riunione: *convocare la camera, il senato, l'assemblea dei soci* **2** Invitare a presentarsi a un colloquio: *è stato convocato dal giudice* ◊ Chiamare a un raduno: *convocare i giocatori per l'allenamento.*

convocazione [con-vo-ca-zió-ne] *s.f.* Invito a partecipare a una riunione, a un raduno, a presentarsi a un colloquio: *ricevere una convocazione.*

A B C D E F G H I J K L M N O P Q R S T U V W X Y Z

convogliare [con-vo-glià-re] *v.tr.* Indirizzare verso un unico punto o un'unica direzione Ⓢ incanalare: *dopo l'incidente il traffico è stato convogliato su una corsia di emergenza.*

convoglio [con-vò-glio] *s.m.* Gruppo di navi o di veicoli che viaggiano insieme, a breve distanza uno dall'altro, verso una destinazione prefissata: *il convoglio dei mezzi di soccorso è in marcia verso la zona colpita* | *Convoglio ferroviario* = treno.

convulsione [con-vul-sió-ne] *s.f.* **1** Contrazione violenta e involontaria dei muscoli provocata da alcune malattie: *convulsioni epilettiche* **2** Accesso, scoppio irrefrenabile di riso o di pianto.

convulso [con-vùl-so] *agg.* **1** Che si manifesta con convulsioni, con scosse continue e irrefrenabili: *tremito, pianto, riso convulso* **2** ✤ Rapido e affannoso: *parlare in modo convulso* ◊ Frenetico, febbrile: *una giornata, un'attività convulsa.*

cooperare [co-o-pe-rà-re] *v.intr.* [*coòpero*; aus. *avere*] Collaborare con altri alla realizzazione di un fine: *dobbiamo cooperare tutti al successo di questa iniziativa.*

cooperativa [co-o-pe-ra-tì-va] *s.f.* Associazione di persone che gestiscono in comune un'attività economica: *cooperativa agricola, edilizia.*

cooperativo [co-o-pe-ra-tì-vo] *agg.* Fondato sulla cooperazione: *una società cooperativa.*

cooperazione [co-o-pe-ra-zió-ne] *s.f.* Collaborazione: *un'impresa che richiede la cooperazione di tutti.*

coordinare [co-or-di-nà-re] *v.tr.* [*coórdino*] Ordinare, organizzare, collegare tra loro elementi diversi in modo che formino un tutto armonico e coerente con lo scopo da raggiungere: *la ginnastica aiuta a coordinare i movimenti del corpo*; *sono confuso, ho bisogno di coordinare le idee*; *le operazioni di soccorso sono coordinate dal sindaco.*

coordinate [co-or-di-nà-te] *s.f.pl. Coordinate geografiche* = la latitudine e la longitudine, ossia ciascuno dei numeri di parallelo e di meridiano che permettono di trovare la posizione di un punto sulla superficie terrestre.

coperchio [co-pèr-chio] *s.m.* Ciò che serve per coprire e chiudere un recipiente: *il coperchio di una pentola, di un barattolo, di una cassa.*

coperta [co-pèr-ta] *s.f.* **1** Panno per coprire, riparare, riscaldare; in partic. quello che si stende sul letto sopra le lenzuola **2** Il ponte superiore che copre tutto lo scafo della nave: *salire in coperta*; *scendere sotto coperta.*

copertina [co-per-tì-na] *s.f.* Involucro esterno di carta o cartoncino che ricopre libri, quaderni, riviste ecc.: *una rivista con la copertina illustrata.*

coperto [co-pèr-to] *agg.* Riparato, protetto da una copertura: *mercato coperto*; *piscina coperta* ◊ Riparato da indumenti: *sei poco coperto per il freddo che fa* ◊ Ricoperto, cosparso: *fronte coperta di sudore*; *muro coperto di scritte* | *Cielo coperto* = nuvoloso ♦ *s.m.* **1** Luogo coperto, riparato: *dormire, rifugiarsi al coperto* **2** Ciò che occorre (piatti, posate ecc.) per apparecchiare ogni posto a tavola; il posto a tavola stesso: *aggiungere un coperto*; *tavolo con quattro coperti.*

copertone [co-per-tó-ne] *s.m.* Parte esterna del pneumatico di un veicolo.

copertura [co-per-tù-ra] *s.f.* **1** Riparo, protezione (anche ✤): *telone per la copertura del carico*; *l'assicurazione garantisce la copertura da ogni rischio* **2** Ciò che copre, che serve a coprire (anche ✤): *rifare la copertura del tetto*; *il ristorante era solo una copertura per traffici illeciti.*

copia [cò-pia] *s.f.* **1** Trascrizione fedele e completa del testo di uno scritto: *fare la copia di una lettera, di un contratto* | *Brutta copia, bella copia* = la prima stesura di uno scritto e quella definitiva **2** Riproduzione di un'opera d'arte: *questa non è la statua originale, ma una copia* **3** Ogni esemplare di un libro o di un giornale: *un libro che ha venduto un milione di copie* ◊ Riproduzione in positivo di una fotografia o di un film: *di questa negativa me ne stampi tre copie.*

copiare [co-pià-re] *v.tr.* **1** Trascrivere fedelmente il testo di uno scritto: *copiare una lettera* ◊ Fare la copia di un'opera d'arte: *copiare un quadro* **2** Imitare qualcosa prendendolo da altri: *ha copiato (il compito) da un compagno*; *copiare un'idea*; *mi copia sempre in tutto quello che faccio.*

copione [co-pió-ne] *s.m.* Testo di un'opera teatrale, cinematografica o radiotelevisiva Ⓢ sceneggiatura.

copioso [co-pió-so] *agg.* Abbondante: *quest'anno si è avuto un raccolto copioso.*

coppa[1] [còp-pa o cóp-pa] *s.f.* **1** Bicchiere a forma di mezza sfera sostenuta da uno stelo con base circolare, usato per consumare bevande, frutta, creme ecc.: *una coppa di cristallo, d'argento* **2** Trofeo costituito in genere da una coppa di metallo che viene assegnato ai vincitori di una competizione sportiva; la gara stessa: *vincere la Coppa Davis*; *la squadra partecipa alla coppa Italia.*

coppa[2] [còp-pa o cóp-pa] *s.f.* Salume di carne di maiale.

coppia [còp-pia] *s.f.* Insieme di due persone, due

animali o due cose, spec. quando siano uniti da una condizione, attività o funzione comune: *una coppia di ballerini, di buoi, di orecchini*; *quei due sposi formano una bella coppia* | *A, in, di coppia* = a due a due, insieme: *giocare in coppia* ◊ Due carte dello stesso valore: *una coppia di assi.*

copricapo [co-pri-cà-po] *s.m.* Cappello, berretto o qualsiasi altra cosa con cui ci si ripari il capo.

coprifuoco [co-pri-fuò-co] *s.m.invar.* Divieto di uscire di casa, spec. nelle ore notturne, ordinato dalle autorità per motivi di ordine pubblico.

coprire [co-prì-re] *v.tr.* [coniugato come *aprire*] **1** Mettere una cosa sopra o attorno a un'altra allo scopo di chiudere, riparare, proteggere, nascondere: *coprire una pentola (col coperchio)*; *coprire un tavolo, un quadro*; *coprirsi il collo con la sciarpa* ◊ Avvolgere, ricoprire, nascondere: *un manto di neve aveva coperto le colline*; *una nube coprì la luna* **2** ♧ Proteggere: *coprire il responsabile di un delitto* ◊ Nascondere qualcosa per proteggere qualcuno: *i superiori coprivano le sue malefatte* **3** ♧ Detto di suono, superare in intensità un altro suono, impedendo che venga udito: *il fragore del mare copriva le loro voci* **4** ♧ Riempire, colmare: *coprire qualcuno di baci, di insulti, di botte* **5** ♧ Percorrere in un certo tempo: *ha coperto la distanza in solo due ore* ♦ **coprirsi** *v.pr.* **1** Mettersi addosso indumenti: *copriti, che fa freddo!* **2** ♧ Procurarsi in gran quantità: *con la sua impresa si è coperto di gloria*; *col tuo comportamento ti sei coperto di ridicolo* **3** Diventare coperto, pieno Ⓢ ricoprirsi: *gli alberi si sono coperti di foglie*; *il formaggio si è coperto di muffa*; *il cielo si stava coprendo di nubi.*

copula [cò-pu-la] *s.f.* In grammatica, il verbo *essere* o un altro verbo copulativo che unisce il predicato nominale al soggetto.

copulativo [co-pu-la-tì-vo] *agg.* In grammatica, si chiamano *verbi copulativi* il verbo *essere* e anche i verbi *diventare, sembrare, parere, rimanere, stare, riuscire* ecc., quando servono a unire il soggetto con il predicato nominale.

coraggio [co-ràg-gio] *s.m.* **1** Forza d'animo nell'affrontare pericoli, difficoltà, sacrifici, dolori: *dare prova di coraggio*; *un uomo che manca di coraggio*; *su, non perderti di coraggio!* | *Far coraggio a qualcuno* = rincuorarlo **2** Impudenza, sfacciataggine: *hai il coraggio di dire che non sapevi nulla?*

coraggioso [co-rag-gió-so] *agg.* Dotato di coraggio: *una donna coraggiosa* ◊ Che rivela coraggio: *un gesto coraggioso.*

corale [co-rà-le] *agg.* **1** Di coro, per coro: *canto, musica corale* **2** ♧ Unanime: *la protesta dei lavoratori è stata corale* | *Azione di gioco corale* = condotta con la collaborazione di tutti i giocatori di una squadra ♦ *s.f.* Gruppo di persone che si riuniscono per cantare in coro Ⓢ coro.

corallifero [co-ral-lì-fe-ro] *agg.* Corallino.

corallino [co-ral-lì-no] *agg.* Formato da coralli: *barriera, isola corallina.*

corallo [co-ràl-lo] *s.m.* **1** Nome di piccoli animali marini che vivono in colonie e i cui scheletri formano scogliere e isole **2** Lo scheletro di questi animali, di colore variabile dal rosso al rosa, usato per la fabbricazione di oggetti ornamentali: *una collana di corallo.*

Corano [Co-rà-no] *s.m.* Il libro sacro dell'Islamismo, contenente le rivelazioni che Maometto affermò di avere ricevute direttamente da Dio.

corazza [co-ràz-za] *s.f.* **1** Armatura di cuoio o metallo che proteggeva il busto dei soldati di un tempo **2** Rivestimento protettivo molto resistente di mezzi militari: *la corazza del carro armato* **3** Rivestimento osseo o calcareo che protegge il corpo di alcuni animali (tartaruga, granchio ecc.).

corazzata [co-raz-zà-ta] *s.f.* Grande nave da guerra protetta da una spessa corazza di acciaio.

corazziere [co-raz-ziè-re] *s.m.* Carabiniere a cavallo appartenente al servizio di guardia del capo dello stato italiano.

corbelleria [cor-bel-le-rì-a] *s.f.* Stupidaggine, sciocchezza: *fare, dire una corbelleria.*

corbezzolo [cor-béz-zo-lo] *s.m.* Albero sempreverde che dà frutti rossi commestibili | *Corbezzoli!* = caspita!

corda [còr-da] *s.f.* **1** Treccia di fibre o fili intrecciati, usata per legare, tirare, sostenere: *corda di nailon, di canapa, di acciaio*; *scala a corda*; *la corda dell'arco* | ♧ *Tagliare la corda* = fuggire, andarsene di nascosto | ♧ *Tirare (troppo) la corda* = esagerare **2** Filo di materiale vario che, in alcuni strumenti musicali (detti *a corda*), suona quando viene fatto vibrare: *le corde della chitarra, del pianoforte* | ♧ *Toccare una corda delicata* = un argomento delicato **3** *Corde vocali* = le pieghe della laringe che, vibrando, permettono la modulazione della voce.

cordata [cor-dà-ta] *s.f.* Gruppo di persone che scalano una montagna legate alla stessa corda.

cordiale [cor-dià-le] *agg.* Amichevole, affettuoso, caloroso: *sono in cordiali rapporti con lui*; *saluto, accoglienza cordiale* ◊ Affabile, gentile: *è una persona cordiale con tutti.*

A B C D E F G H I J K L M N O P Q R S T U V W X Y Z

cordialità [cor-dia-li-tà] *s.f.* Affabilità, amabilità, cortesia: *tratta tutti con grande cordialità.*

cordigliera [cor-di-gliè-ra] *s.f.* Lunga catena montuosa; in partic. quella che attraversa l'America centrale e meridionale: *la cordigliera delle Ande.*

cordoglio [cor-dò-glio] *s.m.* Dolore profondo causato da un grave lutto: *sono andato dalla vedova a esprimerle il mio cordoglio.*

cordone [cor-dó-ne] *s.m.* **1** Corda o cavo di media grossezza, per vari usi: *cordone della tenda, del telefono* **2** ♧ Fila di persone affiancate, spec. allo scopo di sbarrare un passaggio: *la folla travolse i cordoni della polizia* **3** *Cordone ombelicale* = quello che unisce il feto alla placenta.

coreografia [co-re-o-gra-fì-a] *s.f.* **1** L'arte di comporre e dirigere spettacoli di balletto **2** Insieme di effetti spettacolari: *la coreografia di una festa.*

coreografico [co-re-o-grà-fi-co] *agg.* [pl.m. *–ci*] **1** Di, della coreografia: *scuola, arte coreografica* **2** ♧ Spettacolare, fastoso: *una manifestazione molto coreografica.*

coriaceo [co-rià-ce-o] *agg.* Che ha l'aspetto e la consistenza del cuoio: *pelle, carne coriacea* | ♧ *Un tipo, un carattere coriaceo* = insensibile, duro, ostinato.

coriandolo [co-riàn-do-lo] *s.m.* **1** Pianta erbacea i cui semi aromatici sono usati in pasticceria e in cucina **2** Ognuno dei dischetti di carta colorata che si gettano per gioco addosso alle persone durante il carnevale.

coricare [co-ri-cà-re] *v.tr.* [*còrico, còrichi*] Mettere a letto, sdraiare una persona: *coricò il ferito sulla barella* ♦ **coricarsi** *v.pr.* Sdraiarsi: *si coricò sul divano* ◊ Andare a letto: *si è coricato presto.*

corista [co-rì-sta] *s.m.f.* [pl.m. *–sti*] Chi canta in un coro.

cormorano [cor-mo-rà-no] *s.m.* Grosso uccello marino che vive in grandi colonie nutrendosi di pesci e crostacei.

cornacchia [cor-nàc-chia] *s.f.* Uccello simile al corvo, dal verso rauco e sgradevole.

cornamusa [cor-na-mù-sa] *s.f.* Strumento popolare a fiato, formato da un otre di pelle in cui si innestano una canna per soffiarvi dentro l'aria e altre da cui esce il suono Ⓢ zampogna.

cornea [còr-ne-a] *s.f.* Parte anteriore dell'occhio, trasparente e convessa verso l'esterno.

corner [parola inglese: pron. corrente *còrner*] *s.m. invar.* Nel gioco del calcio, calcio d'angolo | ♧ *Salvarsi in corner* = all'ultimo istante, per un pelo.

cornetta [cor-nét-ta] *s.f.* **1** Strumento a fiato simile alla tromba **2** Ricevitore del telefono.

cornetto [cor-nét-to] *s.m.* **1** Amuleto a forma di piccolo corno **2** Piccolo pane o brioche a forma di mezzaluna.

cornice [cor-nì-ce] *s.f.* **1** Telaio di legno o altro materiale, usato per racchiudere dipinti, fotografie, specchi ecc. **2** ♧ Tutto ciò che contorna, mette in risalto, fa da sfondo e ornamento a qualcosa: *una città circondata da una cornice di colline*; *lo spettacolo si è svolto nella suggestiva cornice della piazza medievale.*

cornicione [cor-ni-ció-ne] *s.m.* Struttura sporgente sotto il tetto di un edificio, a riparo e ornamento della facciata.

corno [còr-no] *s.m.* [pl.f. *le corna* nel significato 1, pl.m. *i corni* nei significati 3 e 4; solo al sing. nel significato 2] **1** Appendice ossea che sporge dal capo di alcuni mammiferi: *il corno del rinoceronte*; *le corna del bue, del cervo* ◊ ♧ *Fare le corna* = chiudere la mano a pugno facendo sporgere solo l'indice e il mignolo, come gesto di scongiuro o d'insulto | *Fare, mettere le corna alla moglie, al marito* = tradirla, tradirlo | *Non capisce un corno, non me ne importa un corno* = niente **2** Il materiale di cui sono fatte le corna: *bottoni, pettine di corno* **3** Antico strumento a fiato ricavato da un corno di bue, usato spec. per richiamo e segnalazione ◊ Strumento a fiato in ottone dal tubo più volte ritorto che termina con un'ampia campana **4** ♧ Estremità appuntita di qualcosa: *i corni dell'incudine.*

cornuto [cor-nù-to] *agg.* Fornito di corna ♦ *agg.* e *s.m.* (f. *–a*) Detto popolarmente del marito tradito dalla moglie o della moglie tradita dal marito.

coro [cò-ro] *s.m.* **1** Canto eseguito da più persone: *fare un coro*; *cantare in coro* ◊ Gruppo di persone che cantano insieme: *un coro di Alpini*; *fa parte di un coro* ◊ Composizione musicale scritta per essere cantata in coro: *cantare un coro religioso* **2** Canto, verso simultaneo di più animali: *un coro di grilli, di cicale* **3** Insieme di voci che esprimono contemporaneamente un comune pensiero, giudizio o stato d'animo: *dalla folla si levò un coro di proteste, di fischi, di ingiurie.*

corolla [co-ròl-la] *s.f.* Il complesso dei petali del fiore.

corona [co-ró-na] *s.f.* **1** Cerchio di fiori e fronde intrecciati, portato sul capo come ornamento o come segno di onore, gloria, vittoria Ⓢ ghirlanda: *corona di rose, di spighe, d'alloro* | *Corona funebre* = quella che viene posta in segno di omaggio ai defunti su bare e tombe ◊ Cerchio di metallo prezioso con gemme, simbolo del potere e della dignità del sovrano: *corona reale, imperiale* ◊ Titolo di campione sportivo: *ha conquistato la corona olimpica* **2** Serie di elementi disposti intorno a qualcosa: *una città circondata da una corona di monti* ◊ Serie di oggetti attaccati in fila: *la corona del rosario.*

coronamento [co-ro-na-mén-to] *s.m.* Felice compimento, degna conclusione: *il coronamento di un'impresa, di un sogno, di una carriera.*

coronare [co-ro-nà-re] *v.tr.* **1** Cingere di una corona: *coronarsi il capo di fiori* **2** ♧ Portare a felice compimento; concludere degnamente: *sposandosi ha coronato il suo sogno*; *un'impresa che corona una lunga carriera* ◊ Premiare, compensare: *i suoi sforzi sono stati coronati dal successo.*

corpetto [cor-pét-to] *s.m.* Indumento femminile che copre il tronco del corpo ◊ Gilet, panciotto.

corpo [còr-po] *s.m.* **1** La struttura fisica dell'uomo e degli animali Ⓢ organismo, fisico: *un corpo robusto, agile, slanciato* | *Un (combattimento) corpo a corpo* = lotta, combattimento a diretto contatto fisico ◊ Pancia, stomaco, intestino: *dolori di corpo*; *mettere qualcosa in corpo*; *andare di corpo* ◊ Cadavere: *seppellire un corpo* **2** Parte di materia con determinate caratteristiche chimiche e fisiche: *corpi liquidi, solidi, gassosi, rigidi, elastici* | *Corpi celesti* = gli astri ◊ Oggetto materiale: *lo colpì con un corpo contundente* | *Corpo del reato* = oggetto che è servito a compiere un reato | ♧ *Prendere corpo* = assumere consistenza, concretezza: *un progetto che comincia a prendere corpo* **3** La parte centrale e principale di qualcosa: *il corpo di un edificio* **4** Insieme di persone accomunate da una stessa attività, funzione, qualità: *il corpo insegnante di una scuola*; *il corpo di ballo della Scala* | *Corpo elettorale* = l'insieme degli elettori ◊ Unità o specialità delle forze armate: *il secondo corpo d'armata*; *il corpo degli alpini* | *Spirito di corpo* = sentimento di solidarietà tra i componenti di uno stesso gruppo.

corporale [cor-po-rà-le] *agg.* Del corpo, che si riferisce al corpo umano: *bisogni, pene corporali.*

corporatura [cor-po-ra-tù-ra] *s.f.* La forma, la struttura del corpo, spec. umano: *una persona di corporatura snella, robusta.*

corporazione [cor-po-ra-zió-ne] *s.f.* **1** Associazione, tipica dell'età medievale, che raggruppa tutti gli individui che svolgono lo stesso mestiere o la stessa professione **2** Nel linguaggio politico-sindacale, con valore polemico, categoria professionale (medici, giornalisti ecc.) che pensa solo a difendere i suoi interessi particolari.

corporeo [cor-pò-re-o] *agg.* **1** Del corpo umano: *peso corporeo* **2** Dotato di corpo Ⓢ materiale: *gli angeli non sono esseri corporei.*

corpulento [cor-pu-lèn-to] *agg.* Grosso di corpo o che ha un grosso ventre: *un uomo corpulento.*

corpuscolo [cor-pù-sco-lo] *s.m.* Particella di materia di dimensioni molto piccole o microscopiche: *i corpuscoli del pulviscolo atmosferico.*

corredare [cor-re-dà-re] *v.tr.* Fornire, dotare di tutto quanto è utile e necessario: *corredare una biblioteca di libri, un testo di illustrazioni.*

corredo [cor-rè-do] *s.m.* **1** L'insieme del vestiario e della biancheria che una sposa porta con sé come dote **2** Complesso di attrezzature e accessori necessari al funzionamento di ambienti e attività: *il corredo di un'aula, di un laboratorio*; *un corredo da elettricista* **3** ♧ Patrimonio, bagaglio personale: *ha un ricco corredo di esperienze.*

correggere [cor-règ-ge-re] *v.tr.* [coniugato come *reggere*] **1** Migliorare, rettificare qualcosa, eliminandone o segnalandone errori, imperfezioni, difetti: *correggere un errore di pronuncia, un difetto della vista*; *correggere delle bozze, un compito in classe* | *Correggere il caffè* = aggiungervi del liquore o anche del latte **2** Ammonire, rimproverare qualcuno, fargli rilevare difetti, errori: *correggere un ragazzo maleducato*; *se sbaglio, mi corregga* ♦ **correggersi** *v.pr.* **1** Rettificare una propria affermazione o risposta inesatta sostituendola con quella giusta: *ha dato la risposta sbagliata, poi si è corretto* **2** Liberarsi da un difetto: *cerca di correggerti da questa brutta abitudine.*

correggia [cor-rég-gia] *s.f.* [pl. *-ge*] Striscia, cinghia di cuoio.

correlazione [cor-re-la-zió-ne] *s.f.* Relazione reciproca Ⓢ rapporto: *non c'è nessuna correlazione tra questi fatti.*

corrente[1] [cor-rèn-te] *agg.* **1** Che scorre in modo continuato: *acqua corrente* | *Conto corrente* = quello aperto presso una banca, sul quale il cliente versa o dal quale preleva denaro **2** ♧ Che è in corso Ⓢ attuale: *mese, anno corrente* **3** ♧ Diffuso, comune: *parole di uso corrente*; *l'opinione, la morale corrente* | *Spese correnti* = ordinarie ♦ *s.m. Essere, tenere, mettere al corrente* = essere informato, informare di qualcosa.

corrente[2] [cor-rèn-te] *s.f.* **1** Massa d'acqua, d'aria o di materia fluente che si muove in una determinata direzione: *la corrente del fiume*; *una corrente marina*; *chiudi la finestra, che c'è corrente d'a-*

ria; *una corrente di lava* **2** *Corrente (elettrica)* = energia elettrica: *si è interrotta la corrente*; *presa di corrente* **3** Insieme di persone, veicoli, merci che si spostano lungo una direzione: *correnti turistiche, migratorie*; *le correnti del traffico* **4** ♧ Modo di pensare e di agire della maggioranza: *seguire la corrente*; *andare contro corrente* ◊ Tendenza culturale, politica, artistica: *le diverse correnti del pensiero moderno, dell'arte contemporanea* ◊ Gruppo organizzato che all'interno di un partito segue una propria linea particolare.

correntemente [cor-ren-te-mén-te] *avv.* **1** Comunemente: *una parola usata correntemente* **2** Con scioltezza: *parla correntemente tre lingue.*

correre [cór-re-re] *v.intr.* [pres. *córro*; pass.rem. *córsi, corrésti*; part.pass. *córso*; aus. *essere* quando indica l'andare verso una persona o un luogo e nei significati 3, 4 e 5, *avere* quando esprime solo il movimento] **1** Andare, spostarsi, procedere velocemente: *sono corso a casa; abbiamo corso per più di un'ora*; *il cavallo correva al galoppo*; *come corre quel treno!* | *Correre dietro a qualcuno* = inseguirlo; ♧ fargli la corte ◊ Fare qualcosa in gran fretta: *non correre quando mangi!* ◊ Andare, rivolgersi prontamente e rapidamente (anche ♧): *corri a chiamare il medico*; *il suo pensiero corse subito ai figli* | ♧ *Correre ai ripari* = cercare un pronto rimedio a una situazione difficile **2** Partecipare a gare di corsa: *correre a piedi, in bicicletta, in moto* **3** Scorrere: *rivoli d'acqua correvano giù dal tetto* | ♧ *Lasciar correre* = sorvolare su qualcosa, non intervenire ◊ ♧ Trascorrere, passare: *il tempo corre* **4** ♧ Circolare: *correvano strane voci sul suo conto* **5** ♧ *C'è corso poco che* = c'è mancato poco che | *Ci corre, ce ne corre* = c'è una gran differenza: *tra il dire e il fare ce ne corre* ♦ *v.tr.* **1** Disputare una gara di corsa: *correre la maratona* **2** ♧ Affrontare: *correre un rischio, un pericolo.*

corretto [cor-rèt-to] *agg.* **1** Privo di errori, di difetti: *un compito, un metodo corretto* **2** Che rispetta le norme dell'educazione, del buon comportamento o le regole di un gioco Ⓢ educato, onesto, leale Ⓒ scorretto, maleducato, disonesto, sleale: *tenere un contegno corretto*; *un comportamento poco corretto*; *un commerciante, un giocatore, un avversario corretto* **3** *Caffè corretto* = con aggiunta di un po' di liquore.

correzione [cor-re-zió-ne] *s.f.* Azione per eliminare errori e difetti, per migliorare qualcosa: *la correzione di un errore, di un difetto della vista*; *correzione delle bozze di un libro* ◊ Segno che indica un errore da eliminare in un testo: *un compito pieno di correzioni* ◊ Modifica, rettifica: *correzione del tiro.*

corrida [cor-rì-da] *s.f.* Spettacolo tipico della Spagna, consistente nel combattimento tra un uomo armato di spada (torero) e un toro.

corridoio [cor-ri-dó-io] *s.m.* **1** Locale o spazio di passaggio, stretto e lungo, tra i diversi locali di un'abitazione, tra i diversi scompartimenti o tra le file di sedili di un treno, di un autobus, di un aereo **2** Stretta fascia di terreno | *Corridoio aereo* = il percorso che gli aerei devono seguire in base agli accordi fra gli stati.

corridore [cor-ri-dó-re] *s.m.* Chi partecipa a gare di corsa (a piedi, in bicicletta, moto o auto).

corriera [cor-riè-ra] *s.f.* Autobus di linea extraurbano, che raggiunge anche piccoli paesi.

corriere [cor-riè-re] *s.m.* Un tempo, chi era incaricato di recapitare lettere, dispacci ecc.; oggi, impresa che svolge servizio di trasporto della corrispondenza e delle merci tra località diverse: *inviare un pacco con il corriere.*

corrimano [cor-ri-mà-no] *s.m.* Sbarra per appoggiarsi o sostenersi, fissata alle pareti delle scale o al soffitto degli autobus: *si reggeva al corrimano per non cadere.*

corrispondente [cor-ri-spon-dèn-te] *agg.* Che corrisponde Ⓢ conforme, coincidente; equivalente; adeguato ♦ *s.m.* **1** Chi è in corrispondenza epistolare con qualcun altro **2** Giornalista incaricato da un giornale o da una radiotelevisione di inviare articoli o servizi dalla località in cui risiede: *ecco un servizio del nostro corrispondente a New York* | *Corrispondente di guerra* = giornalista inviato in zone di combattimento.

corrispondenza [cor-ri-spon-dèn-za] *s.f.* **1** Accordo, conformità, equivalenza reciproca tra due o più cose: *ci vuole corrispondenza tra il dire e il fare* **2** Scambio di lettere tra due persone: *sono in corrispondenza con lui da molti anni* ◊ Insieme di lettere ricevute o da spedire: *sbrigare la corrispondenza* **3** Articolo o servizio giornalistico inviato da un corrispondente.

corrispondere [cor-ri-spón-de-re] *v.intr.* [coniugato come *rispondere*; aus. *avere*] **1** Essere conforme Ⓢ accordarsi, coincidere: *le sue parole non corrispondono alla verità* ◊ Equivalere: *quel che ho perso corrisponde a tre mesi di stipendio* ◊ Essere adeguato, proporzionato: *un risultato che non corrisponde alle attese* **2** Ricambiare un sentimento: *corrispondere all'amore di qualcuno* ♦ *v.tr.* **1** (usato al passivo) Contraccambiare un sentimento: *lui la ama ma non è corrisposto* **2** Pagare, versare una somma, un compenso: *non mi hanno ancora corrisposto lo stipendio del mese.*

corroborante [cor-ro-bo-ràn-te] *agg.* Detto di bevanda, liquore che dà vigore, forza al fisico.

corrodere [cor-ró-de-re] *v.tr.* [coniugato come *rodere*] Deteriorare, consumare poco a poco (anche ♧): *la ruggine corrode il ferro*; *la carie corrode i denti*; *l'invidia corrode l'animo.*

corrompere [cor-róm-pe-re] *v.tr.* [coniugato come *rompere*] **1** Alterare, deteriorare, guastare: *il caldo corrompe i cibi* ◊ ♧ Guastare moralmente: *vivere in quell'ambiente gli ha corrotto l'animo* **2** ♧ Indurre qualcuno, con denaro o altri mezzi, a fare cosa contraria al suo dovere: *corrompere un guardiano, un testimone.*

corrosione [cor-ro-sió-ne] *s.f.* Processo di lenta e progressiva consumazione e distruzione di un materiale per effetto di agenti esterni (aria, acqua, ruggine, acidi ecc.).

corrotto [cor-rót-to] *agg.* Moralmente depravato: *un ambiente corrotto* ◊ Disonesto, che si fa corrompere: *un politico, un funzionario corrotto.*

corrucciarsi [cor-ruc-ciàr-si] *v.pr.* Risentirsi, offendersi: *perché ti sei corrucciato per le mie parole?* ◊ Assumere un'espressione imbronciata Ⓢ accigliarsi, aggrottarsi: *corrucciarsi in volto.*

corruccio [cor-rùc-cio] *s.m.* Sentimento in cui si mescolano dispiacere, ira, risentimento e che in genere si manifesta con l'espressione imbronciata del volto: *non riusciva a nascondere il suo corruccio.*

corrugare [cor-ru-gà-re] *v.tr.* [*corrùgo, corrùghi*] Contrarre e increspare la pelle del viso formando delle rughe, in segno di turbamento, risentimento, malumore e simili Ⓢ aggrottare: *corrugare la fronte, le sopracciglia.*

corruzione [cor-ru-zió-ne] *s.f.* Reato commesso da chi offre o riceve denaro in cambio di un atto o di un comportamento illecito ◊ Immoralità, disonestà: *una società in cui domina la corruzione.*

corsa [cór-sa] *s.f.* **1** Il correre; movimento, spostamento veloce di una persona, di un animale, di un veicolo: *andare di corsa*; *fare una corsa a piedi, in macchina, a cavallo*; *salì sul treno in corsa* | *Fare una corsa in un luogo* = andarvi e ritornare subito indietro | *Fare una cosa di corsa* = in fretta ◊ Gara di velocità: *corse podistiche, ciclistiche, automobilistiche*; *andare alle corse (dei cavalli)* **2** Viaggio, tragitto di un mezzo di trasporto pubblico: *l'ultima corsa dell'autobus parte tra poco*; *pagò al tassista il prezzo della corsa* **3** ♧ Aspirazione affannosa a qualcosa in competizione con gli altri: *la corsa al successo*; *corsa al guadagno.*

corsaro [cor-sà-ro] *s.m.* Pirata.

corsetto [cor-sét-to] *s.m.* **1** Busto da donna **2** Apparecchio ortopedico che immobilizza la colonna vertebrale.

corsia [cor-sì-a] *s.f.* **1** Negli ospedali, camera comune con più letti allineati **2** Ognuna delle sezioni in cui è suddivisa (per mezzo di strisce o altro) una carreggiata stradale, una pista da corsa, una piscina: *autostrada a tre corsie*; *corsia di sosta, di sorpasso, riservata ai mezzi pubblici*; *correre, nuotare in prima, in sesta corsia.*

corsivo [cor-sì-vo] *agg.* e *s.m.* Detto del tipo di scrittura a mano comunemente usato (opposto a *stampatello*) e di un tipo di carattere per stampa leggermente inclinato a destra (opposto a *tondo*): *gli esempi di questo dizionario sono stampati in (carattere) corsivo.*

corso [cór-so] *s.m.* **1** Lo scorrere di masse d'acqua e il percorso che compiono: *un torrente dal corso impetuoso*; *lungo il corso del Danubio sorgono molte città* | *Corsi d'acqua* = fiumi, torrenti, ruscelli, canali **2** Il procedere del tempo: *non si può fermare il corso del tempo*; *il corso dei secoli* ◊ Sviluppo, andamento di qualcosa nel tempo: *il corso degli avvenimenti*; *la malattia sta seguendo il suo corso* | *Nel corso di* = durante: *nel corso degli anni, della vita, di un viaggio, di una discussione* | *Lavori in corso* = in svolgimento **3** Strada cittadina ampia e di grande passaggio: *passeggiare per il corso* **4** Ciclo di lezioni riguardanti una determinata materia o argomento: *seguire un corso di inglese, di storia* ◊ Ordine, settore di studi: *corsi di studi medi, elementari*; *corsi professionali*; *corso di laurea in lettere, in medicina* ◊ Ogni gruppo in cui, nelle scuole, vengono suddivise le successive classi di un ciclo scolastico: *frequenta la terza nel corso B* **5** *Monete, francobolli in corso, fuori corso* = validi, non più validi.

corte [cór-te] *s.f.* **1** Cortile ◊ Spiazzo intorno a case coloniche, riservato ad attività agricole **2** La residenza di un sovrano e il suo seguito: *ricevere un invito a corte*; *il re era seguito dalla sua corte* ◊ ♧ Gruppo di persone che sta attorno a un personaggio importante in atteggiamento reverente: *gira sempre circondato da una corte di ammiratori* | *Fare la corte a una persona* = corteggiarla **3** Collegio di giudici: *corte di cassazione, costituzionale, marziale*; *silenzio, entra la corte!*

corteccia [cor-téc-cia] *s.f.* Lo strato esterno che ricopre il tronco e i rami degli alberi.

corteggiare [cor-teg-già-re] *v.tr.* Adulare, lusingare qualcuno per ottenerne favori, appoggi ◊ Rivolgere a una persona complimenti, gentilezze, premure per conquistarne l'amore e l'affetto: *corteggiare una ragazza.*

corteggiatore [cor-teg-gia-tó-re] *s.m.* [f. *–trice*] Chi fa la corte a una donna.

corteo [cor-tè-o] *s.m.* **1** Insieme di persone che sfilano in manifestazione per le strade: *un corteo sindacale* **2** Gruppo di persone che accompagnano qualcuno in una cerimonia: *corteo nuziale*; *corteo funebre.*

cortese [cor-té-se] *agg.* Gentile, garbato, affabile Ⓒ scortese, sgarbato: *una persona cortese*; *una risposta, un'accoglienza cortese.*

cortesia [cor-te-sì-a] *s.f.* Gentilezza, garbo: *rispondere con cortesia*; *mancare di cortesia* ◊ Atto di gentilezza Ⓢ favore: *mi ha riempito di cortesie*; *sa dirmi, per cortesia, che ore sono?*

cortigiano [cor-ti-già-no] *agg.* Proprio delle corti regali: *usi cortigiani* ◊ ♧ Con valore spregiativo, ipocrita, servile: *ha un animo cortigiano* ♦ *s.m.* Gentiluomo di corte ◊ ♧ Persona servile Ⓢ adulatore.

cortile [cor-tì-le] *s.m.* Area scoperta all'interno di un edificio o delimitata da più edifici Ⓢ corte ◊ Area attigua a una casa colonica Ⓢ aia | *Animali da cortile* = polli, oche, conigli e simili.

cortina [cor-tì-na] *s.f.* **1** Tenda usata per isolare e separare una parte di un ambiente o nascondere un mobile, un letto **2** ♧ Barriera che impedisce la vista o ostacola il passaggio: *una cortina di fumo, di nebbia*; *una cortina di fuoco.*

corto [cór-to] *agg.* **1** Poco lungo o di lunghezza inferiore al normale o al necessario: *fare la strada più corta*; *calzoni corti*; *ha le gambe corte*; *questo vestito è corto* **2** Che dura poco Ⓢ breve: *una visita molto corta* | *Settimana corta* = settimana lavorativa di cinque giorni | ♧ *Tagliar corto* = concludere rapidamente un discorso, troncare una discussione **3** ♧ Difettoso, debole, scarso: *ha la vista, la memoria corta* | *Essere a corto di qualcosa* = scarseggiarne: *sono a corto di soldi, di idee.*

cortometraggio [cor-to-me-tràg-gio] *s.m.* Film di breve durata.

corvetta [cor-vét-ta] *s.f.* Piccola nave da guerra.

corvino [cor-vì-no] *agg.* Nero con riflessi lucenti come le penne del corvo (detto spec. di capelli).

corvo [còr-vo] *s.m.* Grosso uccello dalle piume nere lucenti.

cosa [cò-sa] *s.f.* **1** Termine generico per indicare in modo indeterminato tutto ciò che di materiale o di ideale esiste nella realtà o nell'immaginazione; perciò a seconda del contesto può via via significare oggetto materiale, beni, averi; fatto, avvenimento, situazione; questione, affare, problema; causa, motivo, scopo; gesto, azione; lavoro, opera ecc. ◊ *Sopra ogni cosa* = più di tutto | *Per prima cosa* = anzitutto | *Tra le altre cose* = tra l'altro, inoltre | *È tutt'altra cosa* = è completamente differente | *Per la qual cosa* = perciò | *Credersi chissà che cosa* = darsi molta importanza | *È cosa fatta* = conclusa: *l'affare ormai è cosa fatta* | *Arrivare a cose fatte* = quando tutto è già concluso, risolto | *Tante (belle) cose!* = espressione di saluto e di augurio | *La cosa pubblica* = lo stato; ciò che è pubblico opposto a ciò che è privato **2** Nelle frasi interrogative o esclamative rafforza o sostituisce l'aggettivo *che*: *che cosa sei venuto a fare?*; *non so cosa gli è preso*; *guarda cosa hai combinato!*

cosca [cò-sca] *s.f.* Gruppo mafioso che controlla una determinata zona del territorio.

coscia [cò-scia] *s.f.* [pl. *–sce*] La parte della gamba tra l'anca e il ginocchio ◊ La parte corrispondente delle zampe degli animali: *cosce di pollo.*

cosciente [co-scièn-te] *agg.* **1** Consapevole, conscio: *è cosciente dei suoi limiti, dei suoi doveri* **2** Che è in sé, che è in grado di sentire, capire, ragionare: *è svenuto, ma ora è di nuovo cosciente.*

coscienza [co-sciè n-za] *s.f.* **1** Capacità dell'uomo di rendersi conto di sé (del proprio corpo, di quel che pensa, sente e fa) e del mondo esterno | *Perdere, riprendere coscienza* = i sensi, la conoscenza ◊ Consapevolezza: *ha coscienza dei propri limiti, dei propri diritti* **2** Sentimento interiore del bene e del male che ci permette di distinguere ciò che è giusto e ciò che è sbagliato in quello che facciamo: *seguire la voce della propria coscienza*; *agire secondo coscienza*; *rimorso, scrupolo di coscienza* | *Avere, sentirsi la coscienza a posto, pulita, tranquilla* = non avere niente da rimproverarsi | *Avere la coscienza sporca, un peso sulla coscienza* = essere, sentirsi responsabile di una qualche colpa | *Mettersi la coscienza in pace* = eliminare il senso di colpa, riparando a un errore | *Fare un esame di coscienza* = esaminare responsabilmente il proprio comportamento **3** Senso di responsabilità, serietà e scrupolosità in ciò che si fa: *fare un lavoro con coscienza* **4** Sensibilità, impegno consapevole riguardo a una particolare questione: *una persona con molta coscienza sociale*; *non ha nessuna coscienza politica.*

coscienzioso [co-scien-zió-so] *agg.* Che adempie al suo lavoro, ai suoi doveri con serietà, onestà, senso di responsabilità: *un medico coscienzioso*; *è* *un ragazzo coscienzioso* ◊ Fatto in modo scrupoloso Ⓢ accurato: *un lavoro coscienzioso.*

così [co-sì] *avv.* **1** In questo modo: *non devi fare così; meglio così!* | *E così via* = eccetera | *Così così* = non tanto bene (*«Come stai?» «Così così»*); non molto: *«Ti è piaciuto?» «Così così»* **2** Tanto: *perché arrivi così tardi?* ♦ in funzione di *agg.* Tale, simile, di questo tipo: *gente così meglio non incontrarla* ♦ *congz.* **1** Nello stesso modo: *fai così come ti ho detto* **2** A tal punto, talmente: *sono così stanco che non mi reggo in piedi; sei così sciocco da credergli?* **3** Perciò: *ero stanco, così non sono uscito.*

cosicché [co-sic-ché] *congz.* Perciò, di modo che: *non era in casa, cosicché gli ho lasciato un biglietto.*

cosiddetto [co-sid-dét-to] *agg.* Chiamato così (spec. per ironizzare o esprimere riserve sulla giustezza di un termine): *il cosiddetto progresso non impedisce che oggi nel mondo miliardi di uomini soffrano la fame.*

cosmetico [co-smè-ti-co] *agg.* e *s.m.* [pl.m. *–ci*] Detto di prodotto che serve a conservare e ad accrescere la bellezza della pelle e del corpo in genere: *sui cosmetici si fa molta pubblicità.*

cosmico [cò-smi-co] *agg.* [pl.m. *–ci*] Del cosmo: *lo spazio cosmico.*

cosmo [cò-smo] *s.m.* L'universo, l'insieme dello spazio e dei corpi celesti: *la conquista del cosmo.*

cosmonauta [co-smo-nàu-ta] *s.m.f.* [pl.m. *–ti*] Astronauta.

cosmonave [co-smo-nà-ve] *s.f.* Astronave.

coso [cò-so] *s.m.* Oggetto di cui non si sa o non si ricorda o non si vuole fare il nome: *passami quel coso.*

cospargere [co-spàr-ge-re] *v.tr.* [coniugato come *spargere*] Spargere qua e là Ⓢ disseminare, ricoprire: *cosparse i suoi oggetti sul tavolo; il prato era cosparso di fiori.*

cospetto [co-spèt-to] *s.m. Al cospetto di* = alla presenza di, dinanzi a: *quando il giovane giunse al cospetto del sovrano si sentì un po' intimorito.*

cospicuo [co-spì-cuo] *agg.* Notevole, considerevole: *ha un patrimonio cospicuo.*

cospirare [co-spi-rà-re] *v.intr.* [aus. *avere*] **1** Accordarsi e organizzarsi segretamente per abbattere un potere o un'autorità Ⓢ complottare, congiurare: *cospirare contro lo stato, contro un tiranno* **2** ♧ Contribuire a danneggiare qualcuno, a far fallire qualcosa: *tutto sembrava cospirare contro di me, contro la riuscita dell'impresa.*

cospiratore [co-spi-ra-tó-re] *s.m.* [f. *–trice*] Congiurato.

cospirazione [co-spi-ra-zió-ne] *s.f.* Intesa e azione segreta tra più persone per rovesciare l'ordine statale o un'autorità Ⓢ congiura, complotto.

costa [cò-sta] *s.f.* **1** La striscia di terraferma che confina con il mare: *costa bassa, sabbiosa, rocciosa, frastagliata* ◊ Regione costiera: *gli abitanti della costa* **2** Fianco, pendio di un monte, di una collina | *A mezza costa* = a metà del pendio montuoso **3** Costola **4** *Velluto a coste* = con righe in rilievo.

costante [co-stàn-te] *agg.* **1** Che non ha variazioni Ⓢ continuo, stabile, invariabile Ⓒ discontinuo, variabile: *ha seguito le lezioni con interesse costante; pressione, temperatura, vento costante* **2** Perseverante, saldo, tenace: *è un uomo costante nelle opinioni, nei sentimenti, nello studio.*

costanza [co-stàn-za] *s.f.* Fermezza, perseveranza, tenacia, continuità: *dimostra costanza nei suoi propositi, nei sentimenti; studia con costanza.*

costare [co-stà-re] *v.intr.* [aus. *essere*] **1** Avere un determinato prezzo, richiedere una data spesa: *quanto costano le mele al chilo?; la casa gli è costata poco* | ♧ *Costare caro* = avere pesanti conseguenze: *quell'errore gli è costato caro* ◊ Essere caro: *qui la vita costa* **2** ♧ Richiedere, esigere: *quel lavoro gli è costato molto tempo e fatica; non ti costa nulla accontentarlo.*

costatare e derivati, vedi **constatare** e derivati.

costato [co-stà-to] *s.m.* La parte del petto in corrispondenza delle costole Ⓢ torace.

costeggiare [co-steg-già-re] *v.tr.* **1** Navigare lungo una costa: *la nave costeggiò l'isola* **2** Procedere lungo il margine di qualcosa: *abbiamo camminato costeggiando il bosco; la strada costeggia la ferrovia.*

costei [co-stèi] *pronome dimostr.f.sing.* Forma femminile di *costui.*

costellato [co-stel-là-to] *agg.* Cosparso, disseminato: *un cielo costellato di stelle; un compito costellato di errori.*

costellazione [co-stel-la-zió-ne] *s.f.* Gruppo di stelle che, unite tra loro da linee immaginarie, sembrano formare una determinata figura: *la costellazione del toro, dei gemelli; le dodici costellazioni dello zodiaco.*

costernato [co-ster-nà-to] *agg.* Profondamente abbattuto, afflitto, sgomento: *la grave notizia lo lasciò costernato.*

costernazione [co-ster-na-zió-ne] *s.f.* Stato d'animo di profondo abbattimento, dolore e sgomento: *la sua morte ci ha gettato nella costernazione.*

costiera [co-stiè-ra] *s.f.* Tratto di costa, per lo più alta e frastagliata: *la costiera amalfitana.*

costiero [co-stiè-ro] *agg.* Situato sulla costa: *regione, città costiera* ◊ Che corre lungo la costa o si svolge lungo le coste: *strada costiera*; *navigazione costiera.*

costituire [co-sti-tu-ì-re] *v.tr.* [*costituìsco, costituìsci*] **1** Creare, formare, fondare: *costituire un gruppo di lavoro, un'associazione* ◊ Comporre: *l'appartamento è costituito di tre locali* **2** Essere, rappresentare: *la famiglia costituisce il suo unico interesse* ♦ **costituirsi** *v.pr.* **1** Formarsi, organizzarsi: *si è costituito un nuovo partito* **2** Consegnarsi spontaneamente alla giustizia: *l'assassino si è costituito (ai carabinieri).*

costituzionale [co-sti-tu-zio-nà-le] *agg.* **1** *Carta costituzionale* = la costituzione | *Corte costituzionale* = organo collegiale che ha il compito di stabilire se le diverse leggi sono conformi alla costituzione **2** Che riguarda la costituzione fisica di un individuo: *difetti, malattie costituzionali.*

costituzione [co-sti-tu-zió-ne] *s.f.* **1** Creazione, formazione: *la costituzione di un nuovo governo* **2** Il complesso delle caratteristiche fisiche di un individuo: *essere di costituzione forte, gracile* **3** Complesso di leggi fondamentali che definiscono l'ordinamento di uno stato e i diritti e i doveri dei cittadini: *costituzione repubblicana, monarchica*; *osservare, violare la Costituzione.*

costo [cò-sto] *s.m.* **1** Somma che bisogna spendere per ottenere o usufruire di qualcosa Ⓢ prezzo: *il costo di un abito, di una casa, di un viaggio* | *Costi di produzione* = le spese sostenute per produrre un bene | *Vendere sotto costo* = a un prezzo inferiore al costo di produzione **2** ♧ *A costo di* = a rischio di: *ti aiuterò, a costo di rovinarmi*; *lo salvò a costo della sua vita* | *A ogni costo, a tutti i costi* = qualunque sia il prezzo da pagare, in ogni modo: *devo farcela a ogni costo.*

costola [cò-sto-la] *s.f.* Ciascuna delle ossa piatte che formano la cassa toracica | ♧ *Stare, mettersi alle costole di qualcuno* = stargli appresso, sorvegliarlo strettamente.

costoro [co-stó-ro] *pronome dimostr.m.f.pl.* Forma plurale di *costui* e *costei.*

costoso [co-stó-so] *agg.* Che costa molto: *un viaggio costoso.*

costringere [co-strìn-ge-re] *v.tr.* [coniugato come *stringere*] Obbligare qualcuno a fare qualcosa che non intendeva fare Ⓢ imporre: *con la tortura costrinsero il prigioniero a parlare*; *il maltempo ci ha costretti a rimandare la gita.*

costrizione [co-stri-zió-ne] *s.f.* Imposizione, coercizione.

costruire [co-stru-ì-re] *v.tr.* [*costruìsco, costruìsci*] Fabbricare opere edilizie Ⓢ edificare: *qui di fronte stanno costruendo un palazzo*; *costruire una diga, un ponte* ◊ Fabbricare qualcosa mettendone insieme i diversi elementi: *costruire un mobile, una macchina.*

costruttivo [co-strut-tì-vo] *agg.* **1** Relativo alla costruzione: *un edificio realizzato con nuove tecniche costruttive* **2** ♧ Che tende a un risultato positivo o contribuisce positivamente a realizzarlo: *una proposta costruttiva*; *cerca di fare critiche costruttive.*

costrutto [co-strùt-to] *s.m.* **1** Significato, senso logico: *frasi, discorsi senza costrutto* **2** Risultato positivo Ⓢ utilità, vantaggio: *si è affaticato molto, ma con poco costrutto.*

costruttore [co-strut-tó-re] *s.m.* [f. *–trice*] Chi costruisce qualcosa; in partic., imprenditore nel settore edilizio.

costruzione [co-stru-zió-ne] *s.f.* **1** L'operazione, il lavoro di costruire Ⓢ edificazione, fabbricazione: *la costruzione di una casa, di una strada, di un aereo* | *Una casa in (via di) costruzione* = che si sta costruendo **2** Edificio: *in questa zona sorgeranno nuove costruzioni*; *una costruzione in pietra, in cemento armato.*

costui [co-stù-i] *pronome dimostr.m.sing.* [f. *costei*; pl.m.f. *costoro*] Questa persona (in genere è usato con una sfumatura spregiativa): *che vuole costui?*; *non voglio aver a che fare con costoro.*

costume [co-stù-me] *s.m.* **1** Consuetudine, abitudine: *è suo costume alzarsi presto* ◊ (spec. al *pl.*) Usanze, modi di vita di un popolo in una data epoca: *i costumi degli antichi romani* **2** Abbigliamento caratteristico di una data epoca, regione, popolazione: *gli invitati alla festa indossavano costumi rinascimentali*; *costume sardo, tirolese* ◊ Indumento che si indossa in particolari occasioni: *costume da bagno*; *costume da carnevale.*

cotechino [co-te-chì-no] *s.m.* Specie di salame di maiale che si consuma cotto.

cotenna [co-tén-na] *s.f.* La pelle dura e spessa del maiale.

cotoletta [co-to-lét-ta] *s.f.* Fettina di carne.

cotone [co-tó-ne] *s.m.* **1** Pianta tropicale i cui frutti a capsula contengono attorno al seme una peluria bianca usata come fibra tessile **2** La fibra tessile e il tessuto che si ricavano da tale pianta: *lenzuola, abiti di cotone* | *Cotone idrofilo, assorbente* = cotone in masse soffici, impiegato per medicazioni e fasciature.

cotonificio [co-to-ni-fi-cio] *s.m.* Fabbrica che produce filati e tessuti di cotone.

cotta [còt-ta] *s.f.* Innamoramento forte e improvviso: *si è preso una cotta per quella ragazza.*

cottimo [còt-ti-mo] *s.m.* Forma di retribuzione in cui il lavoratore viene pagato in base alla quantità di produzione anziché al tempo di lavoro: *essere pagato a cottimo.*

cotto [còt-to] *agg.* **1** Che è stato sottoposto a cottura: *carne, frutta cotta* **2** ♧ Profondamente innamorato: *è cotto di quella ragazza* ♦ *s.m.* Mattone, piastrella di terracotta: *pavimento di cotto.*

cottura [cot-tù-ra] *s.f.* Il cuocere, il cuocersi e il modo in cui avviene: *cottura della carne, della pasta; cottura al forno, sulla brace.*

coupé [parola francese; pron. *cupé*] *s.m.invar.* Automobile sportiva di linea slanciata.

cova [có-va] *s.f.* Il covare degli uccelli e il periodo in cui covano.

covare [co-và-re] *v.tr.* **1** Detto di uccelli, stare accovacciati sopra le uova per riscaldarle e permettere così lo sviluppo dell'embrione **2** ♧ Nutrire nascostamente dentro di sé un proposito, un sentimento: *sembrava aver dimenticato l'offesa, ma dentro di sé covava l'odio* | *Covare una malattia* = averla in incubazione ♦ *v.intr.* [aus. *avere*] ♧ Essere nascosto, ma pronto a manifestarsi: *il desiderio di vendetta covava nel suo animo.*

covata [co-và-ta] *s.f.* Le uova che un uccello cova in una stessa volta; i pulcini che ne nascono.

cover [parola inglese; pron. corrente *cóver*] *s.f. invar.* Rifacimento di una canzone di successo da parte di un cantante diverso dall'interprete originale.

covile [co-vì-le] *s.m.* Tana, covo di animali selvatici.

covo [có-vo] *s.m.* **1** Tana di animali selvatici **2** ♧ Luogo segreto in cui vivono, si incontrano o si rifugiano persone che devono tenere nascoste le loro attività Ⓢ rifugio: *un covo di briganti, di terroristi.*

covone [co-vó-ne] *s.m.* Fascio di spighe di grano o di altri cereali legate insieme.

cow-boy [parola inglese; pron. corrente *càu-bòi*] *s.m.invar.* Guardiano di mandrie nelle praterie nordamericane.

coyote [parola spagnola; pron. *coiòte*] *s.m.invar.* Mammifero carnivoro americano simile al lupo.

cozza [còz-za] *s.f.* Mitilo.

cozzare [coz-zà-re] *v.intr.* [aus. *avere*] **1** Urtare, battere violentemente: *l'auto andò a cozzare contro un palo* **2** ♧ Essere in contrasto, in contraddizione: *i tuoi sogni cozzano con la realtà; una proposta che cozza con il buon senso.*

cozzo [còz-zo] *s.m.* Urto, scontro violento.

crac [cràc] *s.m.* **1** Voce che imita e indica il rumore di qualcosa che si spezza, si sfascia o crolla **2** ♧ Crollo, fallimento economico o finanziario: *un crac in borsa; la banca è sull'orlo del crac.*

craccare [crac-cà-re] *v.tr.* Violare le protezioni di un programma informatico in modo da poterlo utilizzare senza averlo regolarmente acquistato.

crack [parola inglese; pron. corrente *crak*] *s.m. invar.* **1** In informatica, applicazione per forzare le protezioni di un programma in modo da poterlo utilizzare senza averlo regolarmente acquistato **2** Droga ricavata dalla cocaina, che ha effetti devastanti sull'organismo.

cracker [parola inglese; pron. corrente *crècher*] *s.m. invar.* Biscotto salato sottile e friabile.

crampo [cràm-po] *s.m.* Contrazione involontaria, violenta e dolorosa dei muscoli, provocata in genere da stanchezza: *il giocatore si è dovuto fermare per un crampo al polpaccio.*

cranico [crà-ni-co] *agg.* [pl.m. *–ci*] Del cranio: *scatola cranica; trauma cranico.*

cranio [crà-nio] *s.m.* Lo scheletro della testa, nell'uomo e negli animali vertebrati.

cratere [cra-tè-re] *s.m.* **1** Apertura di un vulcano, da cui escono gas, lava, cenere e lapilli **2** Buca nel terreno prodotta da un'esplosione.

cravatta [cra-vàt-ta] *s.f.* Accessorio dell'abbigliamento maschile, costituito da una striscia di stoffa che viene fatta passare sotto il colletto della camicia e annodata sul davanti.

crawl [parola inglese; pron. corrente *cròl*] *s.m. invar.* Stile di nuoto veloce detto anche *stile libero.*

creanza [cre-àn-za] *s.m.* Comportamento educato; buone maniere | *Persona senza creanza* = maleducata.

creare [cre-à-re] *v.tr.* **1** Far nascere dal nulla: *Dio creò il mondo* ◊ Realizzare qualcosa di nuovo Ⓢ produrre, inventare, ideare: *creare un'opera d'arte, una moda* **2** Far sorgere, provocare, causare: *le sue parole hanno creato un certo imbarazzo; cerca di non creare problemi.*

creatività [cre-a-ti-vi-tà] *s.f.* Capacità creativa, inventiva.

creativo [cre-a-tì-vo] *agg.* **1** Di creazione, che riguarda il creare: *la pittura è un'attività creativa*; *la potenza creativa di un artista* **2** Ricco di inventiva, di fantasia: *avere uno spirito creativo.*

creato [cre-à-to] *s.m.* Universo: *l'armonia del creato.*

creatore [cre-a-tó-re] *s.m.* [f. *–trice*] **1** *Il Creatore* = Dio | *Andare, mandare al Creatore* = morire, far morire **2** Chi crea, inventa qualcosa di nuovo Ⓢ autore, ideatore: *il creatore di un'opera d'arte, di una nuova tecnica.*

creatura [cre-a-tù-ra] *s.f.* **1** Ogni essere vivente in quanto creato da Dio **2** Bambino, figlio: *una madre con tre creature da mantenere* ◊ Persona per cui si ha compassione o ammirazione: *è una povera creatura*; *è una creatura eccezionale.*

creazione [cre-a-zió-ne] *s.f.* **1** L'atto del creare divino: *la creazione del mondo* **2** Invenzione, produzione, realizzazione: *la creazione di un'opera d'arte* ◊ Istituzione, fondazione: *la creazione di una banca, di un nuovo stato* **3** Prodotto di una creazione artistica: *una stupenda creazione musicale, poetica* | *Creazioni d'alta moda* = capi di vestiario, modelli originali d'alta moda.

credenza[1] [cre-dèn-za] *s.f.* Fede: *le diverse credenze religiose* ◊ Opinione, convinzione: *un'antica credenza popolare.*

credenza[2] [cre-dèn-za] *s.f.* Armadio da cucina o da sala da pranzo, in cui si ripongono stoviglie, cose necessarie per la tavola, generi alimentari.

credere [cré-de-re] *v.tr.* e *v.intr.* [pass.rem. *credéi* o *credètti*; aus. *avere*] Ritenere vero ciò che è detto da altri; prestar fede a qualcuno o a qualcosa: *non credo (a) una sola parola del suo racconto*; *devi crederlo, credergli* ♦ *v.tr.* Ritenere, giudicare, stimare: *credo che sia meglio andarsene*; *fa come credi opportuno*; *ti credevo più coraggioso* ◊ Pensare, immaginare: *credo che verrà domani*; *credo che la cosa ti abbia sorpreso* ♦ *v.intr.* **1** Avere fede nell'esistenza, nella realtà di qualcosa: *credere in Dio*; *non credo agli spiriti* **2** Avere fiducia in qualcuno o in qualcosa: *credere nel progresso* ♦ **credersi** *v.pr.* Pensare di essere Ⓢ ritenersi, considerarsi: *si crede bello, intelligente e furbo.*

credibile [cre-dì-bi-le] *agg.* Che si può credere Ⓢ attendibile, plausibile: *una notizia poco credibile* ◊ A cui si può dar credito, fiducia: *una persona credibile.*

credito [cré-di-to] *s.m.* **1** Il credere, l'essere creduto: *una notizia degna di credito* ◊ Pubblica stima, buona reputazione: *una persona che gode di molto credito* **2** Prestito di una somma di denaro; la somma di denaro prestata: *ha ottenuto un credito*; *riscuotere un credito* | *Comprare, vendere a credito* = con pagamento dilazionato rispetto all'acquisto e alla vendita | *Carta di credito* = tessera rilasciata da una banca che permette al suo titolare di fare acquisti e usufruire di servizi pagandoli in seguito ◊ L'attività bancaria del dare denaro in prestito | *Istituto di credito* = banca.

creditore [cre-di-tó-re] *s.m.* [f. *–trice*] Chi ha un credito, chi deve ricevere del denaro da qualcuno Ⓒ debitore: *è perseguitato dai creditori*; *è creditore verso di me di mille euro.*

credulità [cre-du-li-tà] *s.f.* Eccessiva facilità a prestar fede agli altri: *è uno che vive di imbrogli sfruttando la credulità del prossimo.*

credulone [cre-du-ló-ne] *agg.* e *s.m.* Detto di persona semplice e ingenua che crede facilmente a tutto quello che le raccontano o promettono.

crema [crè-ma] *s.f.* **1** Parte grassa del latte Ⓢ panna **2** Dolce semisolido a base di latte, zucchero, farina, tuorli d'uovo: *torta, gelato di crema* **3** Cibo o altro prodotto di aspetto e consistenza più o meno cremosa: *crema di riso, di verdure*; *crema per la pelle*; *crema da barba.*

cremagliera [cre-ma-gliè-ra] *s.f.* *Ferrovia a cremagliera* = dotata di una terza rotaia dentata sulla quale ingranano le ruote dentate della locomotrice; è usata sui percorsi di montagna in forte pendenza.

cremare [cre-mà-re] *v.tr.* Bruciare un cadavere.

crematorio [cre-ma-tò-rio] *agg.* *Forno crematorio* = in cui si cremano i cadaveri.

cremazione [cre-ma-zió-ne] *s.f.* Riduzione in cenere di un cadavere con il fuoco.

cremisi [crè-mi-si] *s.m.* Tonalità molto viva di rosso ♦ *agg.invar.* Di colore rosso vivo.

cremoso [cre-mó-so] *agg.* Ricco di crema: *latte cremoso* ◊ Che ha la consistenza di una crema: *una pomata cremosa.*

creolo [crè-o-lo] *agg.* e *s.m.* Detto di chi è nato in America latina da famiglia di origine europea ◊ Nelle Antille, detto di chi è nato da padre di razza bianca e madre india o di origine africana.

crepa [crè-pa] *s.f.* Fessura, sottile fenditura prodottasi su una superficie dura: *quel muro è pieno di crepe.*

crepaccio [cre-pàc-cio] *s.m.* Profonda fenditura o spaccatura nel terreno, nella roccia, in un ghiacciaio: *l'alpinista è caduto in un crepaccio.*

crepacuore [cre-pa-cuò-re] *s.m.* Pena, dolore

morale insopportabile: *l'uomo morì di crepacuore.*

crepapelle [cre-pa-pèl-le] *A crepapelle* = smodatamente, fin quasi a scoppiare: *mangiare, ridere a crepapelle.*

crepare [cre-pà-re] *v.intr.* [aus. *essere*] e **creparsi** *v.pr.* Spaccarsi formando crepe, screpolarsi: *il gelo ha fatto crepare le tubature*; *il muro (si) è crepato in più punti* ♦ *v.intr.* **1** ♧ Scoppiare, non poterne più: *abbiamo mangiato fino a crepare*; *crepare dal ridere, dal caldo* **2** ♧ Morire, spec. in malo modo: *è crepato come un cane.*

crepitare [cre-pi-tà-re] *v.intr.* [aus. *avere*] Scoppiettare: *il fuoco crepitava nel camino*; *si sentivano crepitare le mitragliatrici.*

crepitio [cre-pi-tì-o] *s.m.* Un crepitare continuato: *il crepitio del fuoco, della pioggia sui vetri.*

crepuscolo [cre-pù-sco-lo] *s.m.* **1** L'ora tra il tramonto del sole e il calare della notte, durante la quale permane nel cielo una luce tenue e diffusa **2** ♧ Fase conclusiva, di esaurimento, di declino: *il crepuscolo di una civiltà.*

crescere [cré-sce-re] *v.intr.* [pres. *crésco, crésci*; pass.rem. *crébbi, crescésti*; part.pass. *cresciùto*; aus. *essere*] **1** Svilupparsi, diventare più grande in seguito a sviluppo naturale verso lo stato adulto e di maturità: *come sei cresciuto in questi anni!*; *il grano sta cominciando a crescere* ◊ Nascere e poter vivere (detto di piante): *una pietraia in cui non cresce neppure l'erba* **2** Trascorrere l'infanzia e l'adolescenza: *siamo cresciuti in campagna* ◊ Essere allevato: *è cresciuto in casa dei nonni* **3** Aumentare (di altezza, peso, volume, numero, prezzo, livello, intensità ecc.): *è cresciuto di statura*; *cresce la popolazione*; *crescono i prezzi, le spese, le necessità*; *cresce la febbre, il malcontento* ♦ *v.tr.* Allevare, educare: *crescere i figli.*

crescita [cré-sci-ta] *s.f.* **1** Processo naturale di sviluppo di un organismo, di un organo: *un ragazzo nell'età della crescita*; *la crescita dei denti, dei capelli* **2** Aumento: *c'è una crescita dei prezzi.*

cresima [crè-si-ma] *s.f.* Sacramento che conferma i battezzati nella fede cattolica.

crespo [cré-spo] *agg.* Fittamente ondulato, arricciato (detto spec. di capelli).

cresta [cré-sta] *s.f.* **1** Escrescenza carnosa rossa e dentellata sul capo dei polli e di altri uccelli | ♧ *Alzare la cresta* = diventare superbo, assumere un atteggiamento di ribellione | ♧ *Abbassare la cresta* = deporre la superbia, diventare meno baldanzoso, più remissivo **2** Linea di congiunzione di due versanti montuosi Ⓢ crinale **3** Sommità, cima (spec. dell'onda) | ♧ *Essere sulla cresta dell'onda* = essere in un periodo favorevole, di grande successo.

creta [cré-ta] *s.f.* Argilla: *un vaso di creta.*

cretinata [cre-ti-nà-ta] *s.f.* Azione, frase da cretino Ⓢ stupidaggine, sciocchezza: *fare, dire una cretinata.*

cretino [cre-tì-no] *agg.* e *s.m.* Stupido, scemo, imbecille: *discorsi cretini*; *ti comporti da cretino.*

cric [cric] *s.m.invar.* Arnese per sollevare un autoveicolo da terra quando si deve cambiare una gomma.

cricca [crìc-ca] *s.f.* Gruppo di persone che si spalleggiano a vicenda in attività disoneste, in intrighi: *in quel paese il potere è in mano a una cricca di affaristi.*

criminale [cri-mi-nà-le] *agg.* Che costituisce un crimine Ⓢ delittuoso: *azioni, metodi criminali* ♦ *s.m.f.* Persona colpevole di gravi delitti Ⓢ delinquente: *una banda di criminali.*

criminalità [cri-mi-na-li-tà] *s.f.* Le attività criminali e l'insieme dei criminali Ⓢ delinquenza: *la polizia combatte la criminalità.*

crimine [crì-mi-ne] *s.m.* **1** Delitto di particolare gravità: *ha commesso un crimine* **2** Criminalità: *la magistratura e la polizia combattono il crimine.*

crinale [cri-nà-le] *s.m.* Linea che separa i due versanti di una catena montuosa: *il sentiero corre lungo il crinale.*

crine [crì-ne] *s.m.* Il pelo della criniera e della coda del cavallo, utilizzato per imbottiture, materassi, spazzole.

criniera [cri-niè-ra] *s.f.* Massa di crini che ricopre il collo e in parte la testa e il dorso dei cavalli e dei leoni maschi.

cripta [crìp-ta] *s.f.* Sotterraneo di una chiesa.

crisalide [cri-sà-li-de] *s.f.* Stadio della vita delle farfalle, successivo a quello di larva, nel quale l'insetto è avvolto in un bozzolo ovale di seta.

crisantemo [cri-san-tè-mo] *s.m.* Pianta erbacea i cui fiori di vario colore, simbolo tradizionale dei defunti, sono usati per ornare le tombe.

crisi [crì-si] *s.f.* **1** Stato o periodo di grave difficoltà o profondo turbamento nella vita individuale o sociale: *una persona, una famiglia, una nazione in crisi*; *crisi economica, politica, energetica* | *Crisi di governo* = caduta o dimissioni di un governo **2** Improvviso peggioramento di una malattia: *il malato ha avuto una crisi* ◊ Accesso, attacco: *crisi cardiaca, nervosa, isterica* ◊ Scoppio: *ha avuto una crisi di pianto.*

cristalliera [cri-stal-liè-ra] *s.f.* Armadio a vetri usato per esporre oggetti di cristallo e pregiati.

A B C D E F G H I J K L M N O P Q R S T U V W X Y Z

cristallino [cri-stal-lì-no] *agg.* **1** Di cristallo; costituito da cristalli: *un vaso cristallino*; *una sostanza cristallina* **2** ♧ Limpido, trasparente come il cristallo: *acqua, aria cristallina* | *Voce cristallina* = chiara, squillante ♦ *s.m.* Parte trasparente dell'occhio, a forma di lente.

cristallo [cri-stàl-lo] *s.m.* **1** Tipo di vetro molto trasparente e pregiato: *vaso, bicchiere di cristallo* ◊ Lastra di cristallo o di vetro: *il cristallo della vetrina*; *i cristalli dell'automobile* **2** Sostanza allo stato solido che si presenta esternamente in forme di poliedri: *cristallo di quarzo, di sale, di neve* | *Cristalli liquidi* = sostanze liquide dotate di particolari caratteristiche ottiche, usate negli orologi digitali, per schermi video ecc.

cristianesimo [cri-stia-né-si-mo] *s.m.* La religione predicata da Gesù Cristo ◊ L'insieme delle dottrine religiose e delle chiese che si richiamano alla predicazione di Cristo ◊ La cultura, la civiltà cristiana.

cristiano [cri-stià-no] *agg.* Di Gesù Cristo; che si riferisce o si ispira al suo insegnamento: *fede, religione, chiesa cristiana*; *carità cristiana*; *arte, civiltà cristiana* ◊ Che professa il cristianesimo: *popoli cristiani* ♦ *s.m.* **1** Chi professa la religione cristiana **2** ♧ Essere umano: *questa non è una vita da cristiani!*

Cristo [Crì-sto] *s.m.* **1** Appellativo di Gesù: *la fede in Cristo* **2** Immagine di Cristo dipinta o scolpita: *un Cristo in legno* **3** *Povero cristo* = individuo mal ridotto, sventurato, che desta pena: *aiutate quel povero cristo!*

criterio [cri-tè-rio] *s.m.* **1** Principio, regola su cui ci si basa per giudicare, scegliere, comportarsi: *stabilire un criterio di giudizio, di scelta, di condotta* **2** Buon senso: *una persona con molto criterio*; *hai agito senza criterio.*

critica [crì-ti-ca] *s.f.* **1** Giudizio negativo, sfavorevole; rimprovero: *ho sentito molte critiche sul suo conto*; *devo farti una critica* **2** Disciplina che analizza e giudica le opere artistiche e dell'ingegno: *critica letteraria, musicale, cinematografica* ◊ Il giudizio estetico su un'opera Ⓢ recensione: *un libro, un film che ha avuto critiche favorevoli* ◊ Il complesso dei critici e dei loro scritti: *un film lodato da tutta la critica.*

criticare [cri-ti-cà-re] *v.tr.* [*crìtico, crìtichi*] Giudicare in modo negativo, sfavorevole Ⓢ disapprovare, biasimare: *criticare una proposta*; *si è fatto criticare da tutti.*

critico [crì-ti-co] *agg.* [pl.m. *–ci*] **1** Che esprime un giudizio negativo, sfavorevole: *è stato molto critico nei nostri confronti* **2** Di crisi Ⓢ difficile, pericoloso: *si trova in un momento critico, in una situazione critica* ♦ *s.m.* Chi esercita per professione la critica artistica o letteraria o se ne occupa su giornali e riviste: *critico d'arte, letterario, musicale, teatrale, cinematografico.*

crivellare [cri-vel-là-re] *v.tr.* Riempire di buchi: *un muro crivellato dai colpi delle mitragliatrici.*

crivello [cri-vèl-lo] *s.m.* Setaccio, vaglio.

croccante [croc-càn-te] *agg.* Detto di cibo secco o ben cotto che scricchiola sotto i denti ♦ *s.m.* Dolce molto duro a base di mandorle tostate e zucchero caramellato.

crocchio [cròc-chio] *s.m.* Gruppo di persone che conversano Ⓢ capannello.

croce [cró-ce] *s.f.* **1** Antico strumento di supplizio, composto di due pali di legno incrociati su cui veniva legato o inchiodato il condannato: *Gesù Cristo morì in croce* **2** Riproduzione della croce di Gesù, oggetto o gesto a forma di croce, come simbolo della fede cristiana: *una tomba sormontata da una croce*; *farsi il segno della croce* **3** ♧ Pena, sofferenza: *ognuno ha da portare la sua croce*; *non farmi stare in croce* **4** Segno a forma di croce: *firmare facendo una croce* | *A occhio e croce* = pressapoco, all'incirca | *Fare a testa e (o) croce* = buttare in aria una moneta per affidare la scelta tra due possibilità al caso, ossia alla faccia della moneta caduta che risulterà visibile | ♧ *Farci, metterci sopra una croce* = non pensarci più, rinunciarci ◊ Nome e insegna di organizzazioni di assistenza umanitaria e di soccorso sanitario: *Croce Rossa, Croce Verde, Croce Bianca.*

crocevia [cro-ce-vì-a] *s.m.invar.* Punto in cui si incontrano più strade Ⓢ incrocio, crocicchio.

crociata [cro-cià-ta] *s.f.* **1** Nel medioevo, ciascuna delle spedizioni militari inviate dai paesi cristiani in Palestina per strappare i Luoghi Santi ai musulmani **2** ♧ Campagna organizzata di lotta contro un fenomeno considerato dannoso o pericoloso per la società: *crociata contro l'analfabetismo, contro l'alcolismo, contro la corruzione.*

crociato [cro-cià-to] *agg.* Fatto a croce | *Parole crociate* = cruciverba ◊ Contrassegnato da una croce: *scudo crociato* ♦ *s.m.* Soldato partecipante a una crociata.

crocicchio [cro-cìc-chio] *s.m.* Luogo dove si incontrano più strade Ⓢ crocevia, incrocio.

crociera [cro-ciè-ra] *s.f.* Viaggio per mare a scopo di piacere su navi che seguono una rotta prestabilita e fanno sosta in varie località.

crocifiggere [cro-ci-fig-ge-re] *v.tr.* [coniugato

come *affiggere*] **1** Sottoporre al supplizio della croce: *Gesù fu crocifisso* **2** ♧ Tormentare.

crocifissione [cro-ci-fis-sió-ne] *s.f.* **1** Supplizio della croce **2** Dipinto o scultura che rappresenta Gesù Cristo in croce.

crocifisso [cro-ci-fis-so] *agg.* Messo in croce ◊ *s.m.* Immagine, spec. scolpita, di Cristo in croce.

crogiolare [cro-gio-là-re] *v.tr.* Cuocere a fuoco lento ♦ **crogiolarsi** *v.pr.* Godersi il caldo: *restò a crogiolarsi nel letto*; *crogiolarsi al sole.*

crogiolo [cro-giò-lo] *s.m.* Recipiente per la fusione dei metalli.

crollare [crol-là-re] *v.intr.* [aus. *essere*] **1** Cadere rovinosamente al suolo: *il muro, il ponte è crollato* ◊ ♧ Essere distrutto: *sono crollate tutte le nostre speranze* **2** Lasciarsi cadere di schianto: *a quella notizia crollò sulla sedia* ◊ ♧ Cedere improvvisamente: *dopo sei ore di interrogatorio è crollato* **3** Diminuire in modo forte e improvviso: *i prezzi, le vendite stanno crollando.*

crollo [cròl-lo] *s.m.* Caduta, rovina improvvisa (anche ♧): *il crollo di un ponte, di un tetto*; *il crollo di una speranza* ◊ ♧ Improvviso cedimento fisico o psichico ◊ ♧ Forte e improvviso ribasso o riduzione Ⓢ tracollo: *crollo in borsa*; *crollo dei prezzi, delle vendite.*

cromare [cro-mà-re] *v.tr.* Rivestire un metallo con uno strato di cromo per renderlo lucido e inossidabile.

cromatico [cro-mà-ti-co] *agg.* Che concerne i colori: *effetti cromatici*; *differenze cromatiche.*

cromo [crò-mo] *s.m.* Metallo grigio lucente, usato spec. per rivestire altri metalli e renderli inossidabili.

cromosoma [cro-mo-sò-ma] *s.m.* [pl. *–mi*] Ciascuno dei microscopici filamenti presenti nel nucleo delle cellule animali e vegetali e contenenti i caratteri ereditari.

cronaca [crò-na-ca] *s.f.* **1** Racconto, resoconto di fatti e avvenimenti: *fare la cronaca di una partita, di una serata* **2** Sezione di un giornale contenente le più importanti notizie del giorno sui diversi argomenti: *cronaca politica, sportiva, cittadina* | *Cronaca nera* = quella che si occupa di delitti, furti ecc.

cronico [crò-ni-co] *agg.* [pl.m. *–ci*] Si dice di una malattia che si prolunga nel tempo e ha scarse probabilità di guarigione: *bronchite cronica* | *Malato cronico* = chi è affetto da malattie croniche.

cronista [cro-nì-sta] *s.m.* [pl.m. *–sti*] Giornalista addetto ai servizi di cronaca: *cronista sportivo.*

cronistoria [cro-ni-stò-ria] *s.f.* Racconto particolareggiato e in ordine cronologico di fatti e avvenimenti: *non farmi la cronistoria di tutta la tua giornata!*

cronologia [cro-no-lo-gì-a] *s.f.* Ordine in cui si succedono nel tempo determinati fatti: *la cronologia delle scoperte geografiche*; *un racconto che non rispetta la cronologia.*

cronologico [cro-no-lò-gi-co] *agg.* [pl.m. *–ci*] Della successione nel tempo: *ha esposto i fatti seguendo l'ordine cronologico.*

cronometrare [cro-no-me-trà-re] *v.tr.* Misurare il tempo con il cronometro: *cronometrare i tempi di una gara.*

cronometro [cro-nò-me-tro] *s.m.* Orologio di alta precisione | *Corsa, gara, tappa a cronometro* = quella in cui i ciclisti partono uno alla volta e la graduatoria è stabilita in base al tempo impiegato da ciascuno per completare il percorso.

cross [parola inglese; pron. corrente *cròs*] *s.m. invar.* **1** Nel calcio, tiro che manda la palla dai lati del campo verso il centro Ⓢ traversone **2** Motocross o ciclocross.

crosta [crò-sta] *s.f.* Strato esterno indurito di una cosa o che ricopre una superficie: *la crosta del pane, del formaggio*; *sull'acqua si era formata per il gelo una crosta di ghiaccio* | *Crosta terrestre* = lo strato superficiale solido della Terra ◊ Strato di sangue seccato e indurito che si forma sulle ferite.

Crostacei [cro-stà-cei] *s.m.pl.* Classe di animali, per lo più acquatici, con il corpo ricoperto da un involucro duro; ne fanno parte il granchio, il gambero e l'aragosta.

crostata [cro-stà-ta] *s.f.* Torta di pasta frolla, ricoperta di frutta con crema o marmellata.

crostino [cro-stì-no] *s.m.* Fettina di pane arrostita o fritta.

crucciare [cruc-cià-re] *v.tr.* Affliggere, tormentare, preoccupare: *un pensiero lo crucciava* ♦ **crucciarsi** *v.pr.* Affliggersi, preoccuparsi, tormentarsi per qualche motivo.

cruccio [crùc-cio] *s.m.* Dispiacere, preoccupazione che tormenta l'animo: *quel ragazzo sta dando molti crucci ai suoi genitori.*

cruciale [cru-cià-le] *agg.* Decisivo: *le trattative sono arrivate a un punto cruciale*; *la fase cruciale di una gara.*

cruciverba [cru-ci-vèr-ba] *s.m.invar.* Gioco enigmistico (detto anche *parole incrociate* o *crociate*) in cui bisogna trovare le parole che si incrociano verticalmente e orizzontalmente sulle caselle di uno schema.

crudele [cru-dè-le] *agg.* **1** Che non ha, non mostra pietà per la sofferenza altrui Ⓢ spietato, disumano, feroce: *un individuo crudele*; *una crudele rappresaglia* **2** Che dà dolore, sofferenza: *un supplizio, una morte crudele.*

crudeltà [cru-del-tà] *s.f.* Spietatezza, ferocia: *la crudeltà di un tiranno, di un delitto* ◊ Atto crudele: *è una crudeltà lasciarlo da solo.*

crudo [crù-do] *agg.* **1** Non cotto o non abbastanza cotto: *carne, verdura cruda*; *questa pasta è ancora cruda* **2** Rigido, inclemente (detto di clima e stagione) **3** ♧ Rude, aspro e schietto nel dire o nel rappresentare le cose: *usare un linguaggio crudo, parole crude* | *Verità nuda e cruda* = la verità schietta, così com'è.

cruento [cru-èn-to] *agg.* Che comporta spargimento di sangue Ⓢ sanguinoso Ⓒ incruento: *una battaglia cruenta*; *un combattimento cruento.*

crumiro [cru-mì-ro] *s.m.* Termine spregiativo per indicare un lavoratore che non partecipa a uno sciopero o che accetta di sostituire chi sciopera.

cruna [crù-na] *s.f.* Piccolo foro a un'estremità dell'ago da cucire, attraverso cui si fa passare il filo.

crusca [crù-sca] *s.f.* Il residuo della macinazione dei cereali, costituito dalle bucce dei semi e usato soprattutto come mangime per il bestiame.

cruscotto [cru-scòt-to] *s.m.* Pannello su cui sono sistemati gli strumenti di guida e di controllo di un veicolo: *il cruscotto di un'auto, di un aereo.*

cubatura [cu-ba-tù-ra] *s.f.* Volume di un ambiente espresso in metri cubi: *misurare la cubatura di una stanza.*

cubetto [cu-bét-to] *s.m.* Piccolo oggetto di forma cubica: *un cubetto di ghiaccio, di zucchero.*

cubico [cù-bi-co] *agg.* [pl.m. *–ci*] **1** Che ha forma di cubo: *un serbatoio cubico* **2** *Metro cubico* = metro cubo.

cubo [cù-bo] *s.m.* **1** Figura geometrica solida con sei facce quadrate uguali ◊ Oggetto a forma di cubo **2** In matematica, il prodotto di un numero moltiplicato due volte per se stesso: *8 è il cubo di 2, perché è il prodotto di 2x2x2* | *Elevare un numero al cubo* = alla terza potenza ♦ *agg. Metro cubo* = unità di misura dei volumi equivalente al volume di un cubo il cui spigolo è lungo un metro.

cuccagna [cuc-cà-gna] *s.f.* Vita piacevole, facile, allegra, spensierata: *ricomincia la scuola, è finita la cuccagna.*

cuccetta [cuc-cét-ta] *s.f.* Ciascuno dei lettini, per lo più sovrapposti, nelle cabine delle navi e sui treni: *sul traghetto ho dormito in cuccetta.*

cucchiaiata [cuc-chia-ià-ta] *s.f.* Il contenuto di un cucchiaio: *dammi una cucchiaiata di riso.*

cucchiaio [cuc-chià-io] *s.m.* Posata usata spec. per cibi liquidi o semisolidi ◊ Cucchiaiata: *mangio ancora un cucchiaio di minestra.*

cuccia [cùc-cia] *s.f.* Giaciglio per cani | *A cuccia!, fa' la cuccia!* = espressioni con cui si ordina al cane di andare alla cuccia o di accucciarsi.

cucciolata [cuc-cio-là-ta] *s.f.* L'insieme dei cuccioli nati da uno stesso parto.

cucciolo [cùc-cio-lo] *s.m.* Cane o altro animale nato da poco o non ancora adulto.

cuccuma [cùc-cu-ma] *s.f.* Bricco per preparare il caffè.

cucina [cu-cì-na] *s.f.* **1** Locale in cui si preparano e cuociono i cibi ◊ Il complesso dei mobili che arredano una cucina: *una cucina in legno, in formica* ◊ Apparecchio con fornelli per la cottura dei cibi: *cucina elettrica, a gas* **2** Preparazione dei cibi: *la mamma si occupa della cucina* ◊ I cibi cucinati e il modo in cui sono cucinati: *a casa loro ho gustato una cucina squisita*; *cucina casalinga, italiana, cinese.*

cucinare [cu-ci-nà-re] *v.tr.* Cuocere e preparare le vivande: *cucinare la carne, la verdura*; *mia nonna è molto brava a cucinare.*

cucire [cu-cì-re] *v.tr.* [*cùcio, cùci*] Congiungere pezzi di stoffa, cuoio, carta o altro usando ago e filo o altri mezzi: *cucire le maniche di una camicia, la suola delle scarpe* ◊ Confezionare un indumento: *cucire una giacca.*

cucito [cu-cì-to] *s.m.* Il lavoro e la tecnica di cucire tessuti: *occuparsi del cucito*; *scuola di cucito.*

cucitrice [cu-ci-trì-ce] *s.f.* Macchinetta per unire più fogli con graffette metalliche Ⓢ pinzatrice.

cucitura [cu-ci-tù-ra] *s.f.* L'operazione del cucire ◊ La linea di congiunzione tra due parti cucite e l'insieme dei punti che le tiene unite: *si vede troppo la cucitura*; *si è strappata la cucitura del golf.*

cucù [cu-cù] *s.m.* **1** Cuculo **2** Verso del cuculo | *Orologio a cucù* = quello che batte le ore emettendo un suono simile al verso del cuculo.

cuculo [cu-cù-lo o cù-cu-lo] *s.m.* Uccello dalla lunga coda che emette il caratteristico verso *cu-cu.*

cucuzzolo vedi **cocuzzolo**.

cuffia [cùf-fia] *s.f.* **1** Copricapo aderente per riparare neonati dal freddo ◊ Copricapo usato da infermiere, cuoche, operaie per tenere a posto i capelli ◊ *Cuffia da bagno* = calotta impermeabile per non bagnarsi i capelli facendo il bagno o la doccia **2** Apparecchio per l'ascolto individuale del suono che si applica alle orecchie.

cugino [cu-gì-no] *s.m.* Figlio di uno zio o di una zia: *ho dei cugini simpatici.*

cui [cù-i] *pronome rel.invar.* **1** Nei complementi indiretti si usa come equivalente di *il quale, la quale, i quali, le quali* ed è preceduto da preposizione: *la città in cui sono nato*; *l'uomo, le donne di cui ti ho parlato*; *la persona a cui ti riferisci non ha colpa* ◊ Del quale, della quale, dei quali, delle quali: *una persona il cui nome mi sfugge* **2** *Per cui* = e perciò, per la qual cosa: *sono stanco, per cui me ne vado.*

culinaria [cu-li-nà-ria] *s.f.* L'arte del cucinare Ⓢ gastronomia.

culinario [cu-li-nà-rio] *agg.* Della cucina, della culinaria Ⓢ gastronomico: *le specialità culinarie liguri.*

culla [cùl-la] *s.f.* **1** Lettino per neonati **2** ♧ Nascita: *è stato fortunato fin dalla culla* ◊ Luogo d'origine e di sviluppo: *Firenze è stata la culla del Rinascimento.*

cullare [cul-là-re] *v.tr.* Dondolare un bambino nella culla o fra le braccia per calmarlo o addormentarlo ◊ Far oscillare dolcemente: *le onde cullavano la barca* ♦ **cullarsi** *v.pr.* **1** Dondolarsi: *cullarsi nell'amaca* **2** ♧ Abbandonarsi a speranze piacevoli ma illusorie: *si cullava nella speranza di facili guadagni.*

culminante [cul-mi-nàn-te] *agg.* Decisivo, cruciale, più importante: *il momento culminante di una gara, di una manifestazione, di una festa.*

culminare [cul-mi-nà-re] *v.intr.* [aus. *essere*] Raggiungere il punto più alto: *un massiccio montuoso che culmina con una vetta aguzza* ◊ ♧ Raggiungere il massimo grado: *la protesta culminò in uno sciopero generale.*

culmine [cùl-mi-ne] *s.m.* Il punto più alto di qualcosa Ⓢ cima, sommità: *giunsero al culmine della montagna* ◊ ♧ Momento, grado più elevato Ⓢ apice: *un cantante al culmine del successo.*

culo [cù-lo] *s.m.* **1** Sedere, deretano (nel linguaggio volgare) | ♧ *Prendere per il culo* = prendere in giro **2** Fondo di un recipiente di vetro: *culo di bottiglia.*

culto [cùl-to] *s.m.* **1** Venerazione religiosa: *il culto dei santi, dei morti* ◊ L'insieme dei riti di una religione; la religione stessa: *i ministri del culto*; *culto cattolico, protestante, musulmano*; *libertà di culto* **2** Venerazione, rispetto quasi religioso per qualcuno o qualcosa: *avere il culto dei genitori, della verità* ◊ Cura e interesse eccessivi per qualcosa: *ha il culto dell'eleganza.*

cultore [cul-tó-re] *s.m.* [f. *-trice*] Chi ha interesse, passione per un'arte, per una scienza: *un cultore di musica, di astronomia.*

cultura [cul-tù-ra] *s.f.* **1** Patrimonio personale di conoscenze Ⓢ istruzione: *ha una discreta cultura* ◊ Insieme di nozioni relative a uno specifico campo del sapere: *farsi una cultura letteraria, scientifica, storica* **2** Il complesso delle conoscenze e dei modi di sentire e di pensare propri di un popolo o di un'epoca: *la cultura greca, araba, cinese, medievale, moderna* ◊ L'insieme delle forme di vita, dei costumi, delle tradizioni che caratterizzano un popolo Ⓢ civiltà: *studiare le culture indigene australiane, africane.*

culturale [cul-tu-rà-le] *agg.* Di cultura, che riguarda la cultura: *ha un buon livello culturale*; *attività culturali.*

culturismo [cul-tu-rì-smo] *s.m.* Pratica di esercizi ginnici volti allo sviluppo della muscolatura.

culturista [cul-tu-rì-sta] *s.m.f.* [pl.m. *-sti*] Chi pratica il culturismo.

cumulativo [cu-mu-la-tì-vo] *agg.* Che riunisce e comprende insieme più elementi Ⓢ complessivo: *per tutto quanto il prezzo cumulativo è di mille euro* | *Biglietto cumulativo* = valido per più persone o più viaggi.

cumulo [cù-mu-lo] *s.m.* **1** Mucchio, ammasso disordinato: *sul pavimento c'era un cumulo di libri*; *un cumulo di rovine* ◊ ♧ Gran quantità: *hai detto un cumulo di sciocchezze* **2** Nube bassa, densa e biancastra di forma tondeggiante.

cuneiforme [cu-nei-fór-me] *agg.* Che ha forma di cuneo: *un attrezzo dalla punta cuneiforme.*

cuneo [cù-ne-o] *s.m.* **1** Oggetto di legno o di ferro appiattito a un'estremità, usato spec. per spaccare pietre e legname **2** Formazione di reparti militari disposti a triangolo con la punta rivolta verso il nemico: *il cuneo della cavalleria penetrò nelle file nemiche.*

cunetta [cu-nét-ta] *s.f.* **1** Avvallamento del fondo stradale **2** Canaletto di scolo delle acque piovane ai bordi delle strade o dei marciapiedi delle città.

cunicolo [cu-nì-co-lo] *s.m.* Stretta galleria sotterranea: *le talpe scavano dei cunicoli.*

cuocere [cuò-ce-re] *v.tr.* [pres. *cuòcio, cuòci, cuòce, cociàmo* o *cuociàmo, cocéte* o *cuocéte, cuòciono*; pass.rem. *còssi, cocésti* o *cuocésti*; part. pass. *còtto*] **1** Sottoporre al calore del fuoco i cibi o sostanze come l'argilla, il vetro e simili: *cuocere le pietanze al forno, in padella*; *cuocere dei mattoni*

2 Bruciare, inaridire, seccare: *il sole cuoce la pelle* ♦ *v.intr.* [aus. *essere*] **1** Essere sottoposto a cottura: *la carne sta cuocendo* **2** Inaridire: *i campi cuociono sotto il sole* ♦ **cuocersi** *v.pr.* **1** Giungere a cottura: *la carne non si è ancora cotta* **2** Scottarsi, bruciarsi: *cuocersi al sole.*

cuoco [cuò-co] *s.m.* [pl. *–chi*] Chi cucina, spec. per mestiere; chi sa cucinare: *il cuoco di un ristorante*; *mia nonna è una buona cuoca.*

cuoio [cuò-io] *s.m.* [pl. *i cuòi*; in alcune espressioni pl.f. *le cuòia*] **1** Pelle animale conciata: *scarpe, borsa di cuoio* **2** *Cuoio capelluto* = la pelle che riveste la parte superiore del cranio | ♧ *Tirare le cuoia* = morire.

cuore [cuò-re] *s.m.* **1** Organo muscolare posto al centro del torace, che regola con le sue contrazioni e dilatazioni la circolazione del sangue: *ha un cuore sano*; *trapianto di cuore* ◊ Petto: *si strinse il figlio al cuore* **2** ♧ La sede dei sentimenti, degli affetti, delle emozioni, dei desideri, dei pensieri più intimi Ⓢ animo: *ha un cuore generoso, puro, tenero, insensibile*; *ascoltò la voce del cuore* | *Persona di buon cuore, senza cuore* = buona e generosa, o cattiva, crudele | *Toccare il cuore di qualcuno* = commuoverlo | *Aprire il cuore a qualcuno* = confidarsi | *Di (tutto) cuore, con (tutto) il cuore* = volentieri, con entusiasmo | *In cuor suo* = dentro di sé | *L'amico del cuore* = quello prediletto | *Mettersi il cuore in pace* = rassegnarsi | *Stare a cuore* = premere, importare: *il tuo avvenire mi sta molto a cuore* | *Prendersi a cuore qualcosa* = interessarsene con impegno e cura particolari | *Avere in cuore di fare qualcosa* = averne l'intenzione ◊ Coraggio, forza d'animo: *cerca di farti cuore*; *gli è mancato il cuore di farlo* **3** La parte centrale o più interna di qualcosa: *il cuore di una città, di una regione*; *il cuore del carciofo, della lattuga*; *si svegliò nel cuore della notte*; *è gennaio, siamo nel cuore dell'inverno* **4** *Cuori* = uno dei quattro semi delle carte da gioco francesi.

cupidigia [cu-pi-dì-gia] *s.f.* Desiderio smodato Ⓢ bramosia, avidità: *cupidigia di denaro, di onori, di successo.*

cupo [cù-po] *agg.* **1** Profondo e buio: *i cupi abissi del mare* **2** Oscuro, tenebroso: *era una notte cupa*; *cielo cupo* ◊ (detto di colore) Di tonalità scura: *verde, rosso cupo* **3** Detto di suono basso, sordo, che appare minaccioso o esprime tristezza, preoccupazione: *un cupo boato*; *parlava con voce cupa* **4** Accigliato, triste, malinconico Ⓢ tetro Ⓒ sereno, allegro: *era cupo in volto*; *è sempre di umore cupo* ◊ Intenso, tenace (detto di stati d'animo e sentimenti negativi): *un cupo rancore*; *una cupa sofferenza.*

cupola [cù-po-la] *s.f.* **1** Volta emisferica che ricopre edifici, spec. monumentali, poggiando su una base circolare o poligonale: *la cupola di San Pietro*; *la cupola dell'osservatorio astronomico* **2** ♧ Nel linguaggio giornalistico, il gruppo dirigente, più o meno noto, di un'organizzazione criminale: *la cupola mafiosa.*

cura [cù-ra] *s.f.* **1** Interessamento e attenzione costanti per qualcuno o per qualcosa Ⓢ premura, riguardo: *aver cura della famiglia, della salute, della casa*; *è pieno di cure nei miei confronti*; *un oggetto da trattare con cura* | *Prendersi cura di qualcuno, di qualcosa* = occuparsene in modo attivo e sollecito | *Non darsi cura di qualcosa* = disinteressarsene ◊ Accuratezza, diligenza: *un lavoro fatto con cura* **2** Il compito, l'attività di curare qualcosa, di occuparsene Ⓢ gestione, amministrazione: *ha preso su di sé la cura della casa, dell'azienda* | *A cura di* = per opera di (indica chi ha avuto il ruolo principale nell'edizione di un libro, nella preparazione di trasmissioni radiotelevisive e simili) | *Cura delle anime* = l'attività e il ministero del sacerdote **3** Terapia: *sta facendo una cura per il fegato*; *cura dimagrante*; *il medico ha indovinato, sbagliato la cura* ◊ Assistenza medica, trattamento medico: *avere in cura un paziente*; *essere in cura presso un medico* | *Casa di cura* = clinica privata.

curare [cu-rà-re] *v.tr.* **1** Avere cura, occuparsi con sollecitudine di qualcosa o qualcuno: *curare l'andamento della casa, i propri affari, gli interessi di un cliente*; *cura molto il suo aspetto* **2** Prestare a un malato le cure mediche necessarie alla sua guarigione: *curare un paziente* ◊ Combattere una malattia con la terapia opportuna: *curare l'influenza* **3** Fare in modo, procurare: *curate che nessuno lo sappia* **4** Tenere d'occhio, controllare qualcuno: *guarda che ti curo!*; *un giocatore difficile da curare* ♦ **curarsi** *v.pr.* **1** Ricorrere alle cure mediche, alle medicine per guarire da una malattia **2** Interessarsi, preoccuparsi di qualcosa o qualcuno Ⓢ badare: *non si cura di me*; *non curarti delle chiacchiere della gente.*

curativo [cu-ra-tì-vo] *agg.* Che serve a curare una malattia Ⓢ terapeutico: *fare un bagno curativo.*

curato [cu-rà-to] *agg.* Accurato, preciso: *un lavoro molto curato* ◊ Ordinato, pulito: *è una persona sempre curata.*

curatore [cu-ra-tó-re] *s.m.* [f. *–trice*] Chi cura qualcosa; in partic., chi è responsabile dell'edizione di un'opera, della realizzazione di una trasmissione radiotelevisiva e simili.

curia [cù-ria] *s.f.* Il complesso degli organi direttivi e amministrativi della chiesa cattolica, a livello centrale (*curia romana*) e a livello di diocesi (*curia vescovile*).

curiosare [cu-rio-sà-re] *v.intr.* [aus. *avere*] Andare osservando qua e là con curiosità: *si mise a curiosare per le vie della città* ◊ Guardare, frugare indiscretamente in cose altrui: *l'ho scoperto a curiosare nel mio cassetto.*

curiosità [cu-rio-si-tà] *s.f.* **1** Desiderio di conoscere, di sapere: *un ragazzo pieno di curiosità; soddisfare una legittima curiosità* ◊ Desiderio indiscreto di sapere i fatti altrui: *è di una curiosità insopportabile* **2** Aspetto, carattere strano, insolito di qualcosa: *un oggetto, un avvenimento che mi ha colpito per la sua curiosità* ◊ Cosa strana, insolita: *una vetrina piena di curiosità.*

curioso [cu-rió-so] *agg.* **1** Che ha desiderio, interesse di sapere, di conoscere: *è curioso di tutte le novità; sono curioso di conoscere il tuo amico* ◊ Che si interessa in modo indiscreto dei fatti altrui: *gente curiosa e pettegola* **2** Strano, insolito, bizzarro: *un tipo, un fatto curioso* ♦ *s.m.* Persona curiosa: *l'incidente attirò una folla di curiosi.*

curricolo [cur-rì-co-lo] *s.m.* Resoconto informativo sui propri studi e sulla propria carriera lavorativa, che una persona deve presentare in occasione di concorsi, domande di assunzione e simili.

curriculum [parola latina; pron. *currìculum*] *s.m.invar.* Curricolo.

cursore [cur-só-re] *s.m.* **1** La parte scorrevole della cerniera lampo e di altri congegni **2** Barretta verticale lampeggiante che indica sullo schermo del computer il punto in cui verranno inseriti il carattere successivo o la successiva operazione.

curva [cùr-va] *s.f.* **1** Linea curva: *tracciare una curva* **2** Punto, tratto in cui qualcosa si incurva, si piega: *la curva del gomito, dell'orizzonte* ◊ Parte di strada che gira ad arco Ⓢ svolta: *un percorso pieno di curve* **3** In un diagramma, linea che mostra l'andamento di un fenomeno: *la curva dei prezzi* | *Curve di livello* o *altimetriche* = nelle carte geografiche, le linee che uniscono tutti i punti situati alla stessa altezza sul livello del mare | *Curve di profondità* o *batimetriche* = nelle carte geografiche, le linee che uniscono tutti i punti situati alla stessa profondità del fondo marino.

curvare [cur-và-re] *v.tr.* Piegare in forma di arco: *curvare un ramo* | ♧ *Curvare la testa, la schiena* = obbedire, sottomettersi ♦ *v.intr.* [aus. *avere*] Formare o fare una curva Ⓢ girare, svoltare: *la strada curvava a destra; al prossimo incrocio devi curvare a sinistra* ♦ **curvarsi** *v.pr.* Piegarsi, incurvarsi: *si curvò per passare sotto un ramo; la trave si è curvata per il peso.*

curvatura [cur-va-tù-ra] *s.f.* **1** L'operazione di piegare qualcosa ad arco: *la curvatura di una sbarra* **2** Punto, tratto curvo, incurvato di qualcosa: *la curvatura di un ponte.*

curvilineo [cur-vi-lì-ne-o] *agg.* Che segue una linea curva, formata da una o più curve: *profilo curvilineo; una strada dal percorso curvilineo.*

curvo [cùr-vo] *agg.* Non rettilineo, piegato ad arco: *linea curva; soffitto curvo* ◊ Incurvato, chino: *il vecchio camminava curvo; sta tutto il tempo curvo sui libri.*

cuscinetto [cu-sci-nét-to] *s.m.* In un meccanismo, organo interposto tra due elementi (di cui uno mobile) per diminuirne l'attrito: *cuscinetti a sfere.*

cuscino [cu-scì-no] *s.m.* Sacchetto di tessuto o pelle imbottito di materiali morbidi, su cui ci si siede o si appoggia la testa: *cuscino da letto, per divani.*

cuspide [cù-spi-de] *s.f.* Parte terminale a punta di un edificio: *la cuspide di un campanile* ◊ Punta acuminata di frecce o lance.

custode [cu-stò-de] *s.m.f.* Chi ha il compito di custodire e sorvegliare qualcosa o qualcuno: *ha trovato lavoro come custode di un museo* ♦ come *agg. Angelo custode* = l'angelo che, secondo la dottrina cristiana, assiste e protegge ogni uomo.

custodia [cu-stò-dia] *s.f.* **1** Sorveglianza, assistenza, cura: *affidare a qualcuno la custodia della casa, dei figli* | *Agente di custodia* = guardia carceraria **2** Astuccio per custodire oggetti, spec. delicati: *la custodia del violino, della macchina fotografica.*

custodire [cu-sto-dì-re] *v.tr.* [*custodìsco, custodìsci*] **1** Conservare, proteggere, difendere con cura (anche ♧): *custodire soldi, documenti in cassaforte; custodire un segreto, un ricordo* **2** Sorvegliare persone o luoghi: *le guardie custodivano i prigionieri; ha custodito la casa in mia assenza* ◊ Prendersi cura di qualcuno: *le ho chiesto di custodire i bambini mentre ero fuori a far la spesa.*

cutaneo [cu-tà-ne-o] *agg.* Della pelle: *malattia cutanea.*

cute [cù-te] *s.f.* La pelle dei vertebrati e in partic. dell'uomo: *malattie della cute.*

cyclette ® [parola francese; pron. *siclèt*] *s.m. invar.* Nome commerciale di un tipo di bicicletta da camera, priva di ruote, che consente di pedalare da fermo come esercizio ginnastico.

A B C D E F G H I J K L M N O P Q R S T U V W X Y Z

d, D

d *s.f.* o *m.* Quarta lettera dell'alfabeto italiano; è una consonante e quando è da sola si legge *di* ◊ *D*, numero romano equivalente a *cinquecento*.

da *prep.* [unita agli articoli determinativi forma le prep. articolate *dal, dallo, dalla, dai, dagli, dalle*; si elide in alcune locuzioni come *d'altronde, d'ora in poi* e simili] **1** Esprime numerose relazioni dando luogo ai relativi complementi ◊ Moto da luogo (anche ♧): *partire da casa*; *contare da uno a dieci* ◊ Stato in luogo: *ci vediamo da te* ◊ Moto a luogo: *venite da me* ◊ Moto attraverso luogo: *passare da una città* ◊ Allontanamento, separazione, distacco (anche ♧): *staccare un chiodo dal muro*; *isolarsi da tutti*; *liberarsi da un fastidio* ◊ Origine o provenienza: *viene da una famiglia povera*; *Leonardo da Vinci*; *l'ho saputo da lui* ◊ Distanza: *a pochi chilometri da qui* ◊ Agente: *è amato da tutti* ◊ Causa, mezzo: *tremava dal freddo*; *l'ho riconosciuto dal vestito* ◊ Tempo (da cui qualcosa ha avuto inizio): *non lo vedo da un mese* ◊ Modo: *mi ha parlato da amico*; *vita da cani* ◊ Limitazione: *è cieco da un occhio* ◊ Qualità, caratteristica: *un uomo dalla pelle scura, dall'intelligenza pronta* ◊ Valore, prezzo, misura: *roba da poco*; *moneta da due euro*; *lampada da cento candele* ◊ Scopo, fine, destinazione: *cavallo da corsa*; *abito da sera*; *sala da pranzo* ◊ Stato, condizione, funzione: *l'ho conosciuto da giovane*; *mi ha fatto da padre* **2** Seguita dal verbo all'infinito introduce frasi che indicano una conseguenza, uno scopo, una necessità: *fa un caldo da impazzire*; *macchina da cucire*; *è un rischio da correre.*

dabbenaggine [dab-be-nàg-gi-ne] *s.f.* Eccesso di ingenuità e credulità.

dabbene [dab-bè-ne] *agg.invar.* Moralmente onesto Ⓢ perbene: *una persona dabbene.*

daccapo [dac-cà-po] *avv.* Dall'inizio; di nuovo: *ricomincia daccapo*; *siamo daccapo senza soldi.*

dacia [dà-cia] *s.f.* Villetta russa di campagna.

dado [dà-do] *s.m.* **1** Piccolo cubo le cui facce sono numerate con dei puntini da uno a sei; è usato spec. per giochi d'azzardo **2** Qualsiasi oggetto a forma di cubetto; in partic., estratto di carne o verdure usato per insaporire sughi e minestre: *tagliare la carne a dadi*; *minestra di dadi* **3** Piccolo pezzo metallico munito di foro filettato per avvitarlo a una vite e serrare il bullone.

daffare [daf-fà-re] *s.m.invar.* Serie di cose da fare: *ho un gran daffare* ◊ Impegno costante: *c'è voluto un bel daffare per finire in tempo.*

dagli [dà-gli] *prep. articolata*, formata da *da* e *gli.*

dai[1] [dài] *prep. articolata*, formata da *da* e *i.*

dai[2] [dài] *inter.* Si usa per esortare, incitare, pregare Ⓢ suvvia: *dai, non prendertela*; *dai, inseguilo!*; *dai, prestami la moto* | *E dai!* = esprime fastidio, impazienza.

daino [dài-no] *s.m.* Mammifero ruminante simile al cervo, con corna appiattite alle estremità ◊ La pelle conciata dell'animale: *giacca di daino.*

dal [dàl] *prep. articolata*, formata da *da* e *il.*

dalia [dà-lia] *s.f.* Pianta ornamentale con grandi fiori dai diversi colori.

dalla [dàl-la] *prep. articolata*, formata da *da* e *la.*

dalle [dàl-le] *prep. articolata*, formata da *da* e *le.*

dallo [dàl-lo] *prep. articolata*, formata da *da* e *lo.*

daltonico [dal-tò-ni-co] *agg.* e *s.m.* [pl.m. *–ci*] Che, chi è affetto da un difetto della vista che non permette di distinguere chiaramente i colori, in partic. il rosso e il verde.

d'altronde [d'al-trón-de] *avv.* D'altra parte, del resto: *d'altronde, che ci posso fare?*

dama [dà-ma] *s.f.* **1** Un tempo, donna di famiglia nobile ◊ Compagna di ballo: *un cavaliere senza dama* **2** Gioco che si fa con delle pedine su una scacchiera.

damasco [da-mà-sco] *s.m.* [pl. *–schi*] Tessuto di seta di un solo colore, in cui il disegno risalta dal fondo per contrasto di lucentezza.

damigella [da-mi-gèl-la] *s.f.* Fanciulla di nobile famiglia | *Damigella d'onore* = fanciulla che accompagna la sposa nel corteo nuziale.

damigiana [da-mi-già-na] *s.f.* Grosso recipiente di vetro a forma di fiasco per contenere liquidi (spec. olio e vino).

danaro vedi **denaro**.

danaroso [da-na-ró-so] *agg.* Ricco, pieno di soldi: *è un tipo molto danaroso.*

dancing [parola inglese; pron. corrente *dènsin*] *s.m.invar.* Sala da ballo.

dandy [parola inglese; pron. corrente *dèndi*] *s.m. invar.* Uomo elegante e alla moda.

dannare [dan-nà-re] *v.tr.* Condannare alle pene dell'inferno | ♧ *Far dannare qualcuno* = tormentarlo, portarlo alla disperazione | ♧ *Dannarsi* = affaticarsi tremendamente: *mi son dannato (l'anima) per trovare un posteggio.*

dannato [dan-nà-to] *agg.* **1** Condannato alle pene dell'inferno **2** Maledetto (come ingiuria e imprecazione): *dannato impostore!*; *dove son finite quelle dannate chiavi?* ◊ Terribile, insopportabile: *un tempo, un freddo dannato* ♦ *s.m.* Persona condannata all'inferno | *Lavorare come un dannato* = senza un attimo di riposo.

dannazione [dan-na-zió-ne] *inter.* Esprime rabbia o disappunto: *mi è sfuggito, dannazione!*

danneggiare [dan-neg-già-re] *v.tr.* Recare danno Ⓢ rovinare, guastare, nuocere, ledere (anche ♧): *il caldo danneggia i cibi*; *le tue accuse danneggiano la mia reputazione.*

danno [dàn-no] *s.m.* Effetto negativo che costituisce una perdita, una lesione, un guasto ecc.: *arrecare, subire un danno*; *i danni del maltempo*; *un danno alla propria reputazione* | *Chiedere i danni* = il risarcimento di un danno | *A mio, tuo danno* = a mio, tuo svantaggio.

dannoso [dan-nó-so] *agg.* Che reca danno Ⓢ nocivo: *il fumo è dannoso alla salute.*

danza [dàn-za] *s.f.* Ballo: *scuola di danza*; *danza classica, popolare*; *i ballerini diedero inizio alle danze.*

danzare [dan-zà-re] *v.intr.* [aus. *avere*] Muoversi a ritmo di musica Ⓢ ballare: *i ballerini danzavano sulla pista* ♦ *v.tr.* Ballare: *danzare un valzer.*

danzatore [dan-za-tó-re] *s.m.* [f. *–trice*] Chi danza Ⓢ ballerino.

dappertutto [dap-per-tùt-to] *avv.* In ogni luogo, dovunque: *lo incontro dappertutto.*

dappocaggine [dap-po-càg-gi-ne] *s.f.* Inettitudine: *non riesce a nulla per la sua dappocaggine.*

dappoco [dap-pò-co] o **da poco** *agg.invar.* Di scarsa capacità o intelligenza Ⓢ inetto: *un uomo dappoco* ◊ Di scarsa importanza o valore: *è una questione da poco*; *cose da poco.*

dapprima [dap-prì-ma] *avv.* In principio, in un primo momento.

dardo [dàr-do] *s.m.* Freccia da lanciare con l'arco, con la balestra o a mano.

dare [dà-re] *v.tr.* [pres. *do, dài, dà, diàmo, dàte, dànno*; pass.rem. *dièdi* o *dètti, désti, diède* o *dètte, démmo, déste, dièdero* o *dèttero*; cong.pres. *(io, tu, egli) dìa, diàmo, diàte, dìano*; cong. imperf. *déssi, déssi, désse, déssimo, déste, déssero*; imper. *dài* o *da'* o *dà*] **1** Passare, trasferire ad altri qualcosa di cui si è in possesso (anche ♧): *dare a qualcuno un libro, del denaro, un'informazione* ◊ Porgere, offrire: *mi ha dato la mano*; *ti do un'altra occasione* ◊ Donare: *dare il proprio sangue, i propri averi* ◊ Consegnare: *a chi hai dato quel pacco?* ◊ Somministrare: *dare una medicina* ◊ Concedere: *dare un permesso* ◊ Pagare: *quanto gli hai dato per quella casa?* ◊ Produrre, diffondere: *una terra che dà pochi frutti*; *una lampada che dà molta luce* ◊ *Dare aiuto, inizio, risposta, coraggio* = aiutare, iniziare, rispondere, incoraggiare **2** Assegnare: *dare un compito, un premio* ◊ Affidare: *ho dato a lui l'incarico* ◊ Attribuire: *hanno dato a lui la colpa*; *dare importanza a qualcosa* ◊ Infliggere: *dare una condanna, una multa* ◊ Assestare: *dare un pugno, uno schiaffo* | *Darle, darsele* = picchiare, picchiarsi ◊ Impartire: *dare un ordine*; *dà lezioni d'inglese* **3** Causare, arrecare: *mi hai dato un gran dolore*; *dare la morte* **4** Considerare: *data la situazione, ha dovuto accettare* | *Dato che* = poiché ♦ *v.intr.* [aus. *avere*] **1** Battere, urtare: *ha dato nel muro col paraurti dell'automobile* **2** (detto di case, finestre ecc.) Guardare, affacciarsi: *il balcone dà sul giardino* **3** *Dare alla testa* = stordire, inebriare (anche ♧): *il vino, il successo gli ha dato alla testa* | *Dare nell'occhio* = attirare l'attenzione | *Dare ai nervi* = irritare | *Dare del tu, del lei* = rivolgersi a qualcuno usando il *tu*, il *lei* | *Dare a uno del ladro, del bugiardo* = dirgli apertamente che lo si considera tale ♦ **darsi** *v.pr.* **1** Dedicarsi: *darsi allo sport* | *Darsi da fare* = impegnarsi attivamente in qualcosa ◊ Abbandonarsi: *darsi al bere, alla pazza gioia* | *Darsi per vinto* = arrendersi **2** *Darsela a gambe, darsi alla fuga* = scappare, fuggire **3** Scambiarsi: *darsi un bacio* **4** *Può darsi* = è possibile, probabile: *può darsi che non se ne sia accorto*; *«Ti troverò a casa stasera?» «Può darsi».*

dark [parola inglese; pron. corrente *dark*] *agg. invar.* e *s.m.f.invar.* **1** Detto di genere di musica leggera le cui canzoni hanno toni cupi e pessimisti **2** Appartenente a un movimento giovanile seguace di questa musica, i cui membri si vestono prevalentemente di nero.

darsena [dàr-se-na] *s.f.* Parte più interna e riparata di un porto, nella quale stanno le navi in riparazione ◊ Porticciolo.

data [dà-ta] *s.f.* Il tempo e l'indicazione del tempo (giorno, mese, anno) in cui qualcosa è avvenuto o deve avvenire, è stato fatto o si dovrà fare: *data di nascita, di morte*; *fissare la data del matrimonio*; *una lettera senza data* ◊ Epoca, tempo in senso generico: *ci conosciamo da lunga data*; *un'amicizia di vecchia data, di data recente.*

data base [locuz. inglese; pron. corrente *data béis*] *s.m.invar.* In informatica, insieme di informazioni organizzato logicamente, in modo da poter essere consultato con facilità.

datare [da-tà-re] *v.tr.* **1** Mettere la data: *datare una lettera* **2** Stabilire la data, l'epoca in cui qualcosa è avvenuto o è stato fatto: *datare un dipinto.*

datato [da-tà-to] *agg.* **1** Che ha la data: *una lettera datata* **2** ♧ Che è così legato al suo tempo da risultare poco attuale, sorpassato: *un film molto datato.*

dato [dà-to] *agg.* Determinato: *lo vedo solo in date occasioni* ♦ *s.m.* Informazione, elemento già noto e accertato: *raccogliere i dati su un problema, su un fenomeno* | *È un dato di fatto* = è una cosa certa.

datore [da-tó-re] *s.m.* [f. *–trice*] Chi dà | *Datore di lavoro* = chi ha alle proprie dipendenze lavoratori retribuiti.

dattero [dàt-te-ro] *s.m.* Frutto di una varietà di palma: *datteri freschi, secchi, canditi.*

dattilografare [dat-ti-lo-gra-fà-re] *v.tr.* Scrivere a macchina o sulla tastiera di un computer.

dattilografia [dat-ti-lo-gra-fì-a] *s.f.* Scrittura a macchina o al computer.

dattilografo [dat-ti-lò-gra-fo] *s.m.* Chi scrive a macchina per professione.

dattiloscritto [dat-ti-lo-scrìt-to] *agg.* e *s.m.* Detto di testo scritto a macchina o al computer: *una lettera dattiloscritta*; *il dattiloscritto di un romanzo.*

dattorno [dat-tór-no] *avv.* Intorno, vicino: *quel ragazzo mi sta sempre dattorno.*

davanti [da-vàn-ti] *avv.* Innanzi, di fronte: *passare davanti*; *avere il sole davanti* ◊ Nella parte anteriore: *la camicia ha un buco davanti* ♦ *prep.* (seguito da *a*) Dinanzi, di fronte: *la casa davanti alla mia*; *scappare davanti al pericolo* ◊ Alla presenza di: *l'ha detto davanti a tutti* ♦ usato come *agg.* Anteriore: *la parte, i denti davanti* ♦ *s.m.* La parte anteriore: *il davanti della casa.*

davanzale [da-van-zà-le] *s.m.* Il ripiano inferiore di una finestra: *non sporgerti dal davanzale!*

davvero [dav-vé-ro] *avv.* Veramente, proprio: *hai davvero ragione*; *son davvero contento* ◊ Sul serio: *dici (per) davvero o stai scherzando?*

day hospital [locuzione inglese; pron. corrente *déi òspital*] *s.m.invar.* Settore di un ospedale in cui si svolgono esami e terapie che richiedono il ricovero dei pazienti solamente dalla mattina alla sera.

dazio [dà-zio] *s.m.* Imposta che si paga per l'importazione e l'esportazione di merci da uno stato all'altro.

dea [dè-a] *s.f.* Divinità femminile: *la dea Venere.*

deambulazione [de-am-bu-la-zió-ne] *s.f.* Facoltà di spostarsi camminando sugli arti, propria dell'uomo e degli animali superiori.

debellare [de-bel-là-re] *v.tr.* Sconfiggere, eliminare definitivamente (anche ♧): *l'esercito debellò la rivolta*; *debellare una malattia.*

debilitare [de-bi-li-tà-re] *v.tr.* Privare delle forze fisiche Ⓢ indebolire, infiacchire: *la malattia lo ha debilitato.*

debito [dé-bi-to] *agg.* Dovuto, doveroso: *bisogna trattare gli anziani con il debito rispetto* ◊ Opportuno: *te lo dirò a tempo debito* ♦ *s.m.* Obbligo di pagare o restituire una somma di denaro; la somma stessa dovuta: *ha fatto un debito*; *pagare un debito* ◊ Dovere, obbligo morale: *ho un debito di gratitudine nei suoi confronti.*

debitore [de-bi-tó-re] *agg.* e *s.m.* [f. *–trice*] Che, chi ha un debito, è in debito di qualcosa nei confronti di qualcuno Ⓒ creditore: *mi sei debitore di mille euro, di una cena, di una risposta.*

debole [dé-bo-le] *agg.* **1** Che ha poca forza, efficienza fisica: *la malattia lo ha reso debole*; *è debole di cuore*; *avere la vista, la memoria debole* | *È debole in matematica, in disegno* = poco portato o poco preparato ◊ Che manca di forza morale, di fermezza: *un uomo, un carattere debole* | ♧ *Punto debole* = quello in cui una persona è meno capace e preparata o più sensibile e vulnerabile **2** Scarso: *ha opposto una debole resistenza* ◊ Fievole, tenue; *una luce, un rumore debole* ◊ Poco convincente Ⓢ inconsistente: *scuse, argomenti deboli* ♦ *s.m.* **1** [anche *f.*] Persona che manca di forza morale ◊ (spec. al *pl.*) Chi è sottomesso, senza potere, autorità: *difendere i deboli* **2** La cosa in cui qualcuno è meno capace: *il suo debole è la matematica, lo scatto* **3** Preferenza affettiva: *ha un debole per il figlio maggiore.*

debolezza [de-bo-léz-za] *s.f.* **1** Mancanza di forza fisica o morale: *non si regge in piedi per la debolezza*; *tutti approfittano della sua debolezza di carattere* **2** Punto debole, difetto: *ognuno ha le sue debolezze.*

debordare [de-bor-dà-re] *v.intr.* [aus. *avere*] Uscire dai bordi Ⓢ traboccare, straripare: *l'acqua stava debordando dalla vasca.*

debuttante [de-but-tàn-te] *agg.* e *s.m.f.* Si dice di attore, cantante ecc. che si presenta per la prima volta davanti al pubblico Ⓢ esordiente.

debuttare [de-but-tà-re] *v.intr.* [aus. *avere*] Presentarsi o essere presentato per la prima volta davanti a un pubblico (detto di attore, cantante o spettacolo) Ⓢ esordire ◊ Iniziare un'attività, una carriera: *debuttare in politica.*

debutto [de-bùt-to] *s.m.* Prima apparizione in pubblico di un attore, di un cantante ecc. Ⓢ esordio ◊ Prima rappresentazione di un lavoro teatrale, di uno spettacolo.

deca– Prima parte di parole composte, che davanti a un'unità di misura la moltiplica per dieci.

decade [dè-ca-de] *s.f.* Periodo di dieci giorni: *il lavoro terminerà nella seconda decade del mese.*

decadenza [de-ca-dèn-za] *s.f.* Progressiva perdita di forza, vigore, potenza e simili Ⓢ declino: *decadenza fisica, morale, politica.*

decadere [de-ca-dé-re] *v.intr.* [coniugato come *cadere*; aus. *essere*] Perdere gradatamente forza, vigore, prosperità, potenza, influenza e simili: *la sua salute sta decadendo*; *l'artigianato ha cominciato a decadere con lo sviluppo industriale.*

decagono [de-cà-go-no] *s.m.* Poligono che ha dieci lati e dieci angoli.

decagrammo [de-ca-gràm-mo] *s.m.* Misura di peso equivalente a dieci grammi (simbolo: *dag*).

decalcomania [de-cal-co-ma-nì-a] *s.f.* Immagine che si può riportare su una superficie liscia (carta, vetro ecc.) trasferendola dallo speciale supporto su cui era impressa.

decalitro [de-cà-li-tro] *s.m.* Misura di capacità equivalente a dieci litri (simbolo: *dal*).

decalogo [de-cà-lo-go] *s.m.* [pl. *–ghi*] **1** I dieci comandamenti che, secondo la Bibbia, Dio diede a Mosè sul monte Sinai **2** Complesso di precetti e norme da osservare: *il decalogo dello studente, del buon automobilista.*

decametro [de-cà-me-tro] *s.m.* Misura di lunghezza equivalente a dieci metri (simbolo: *dam*).

decantare [de-can-tà-re] *v.tr.* Lodare grandemente Ⓢ esaltare: *ci ha decantato la bravura di quel pianista*; *decantare le qualità di un prodotto.*

decapitare [de-ca-pi-tà-re] *v.tr.* Uccidere con il taglio della testa: *il condannato a morte fu decapitato con la ghigliottina.*

decathlon [dè-ca-thlon] o **decatlon** [dè-ca-tlon] *s.m.invar.* Gara di atletica leggera che comprende dieci prove: quattro di corsa, tre di salto e tre di lancio.

decedere [de-cè-de-re] *v.intr.* [aus. *essere*] Morire: *è deceduto in seguito a un incidente.*

decelerare [de-ce-le-rà-re] *v.tr.* e *v.intr.* [aus. *avere*] Diminuire la velocità Ⓢ rallentare.

decelerazione [de-ce-le-ra-zió-ne] *s.f.* Diminuzione di velocità.

decennale [de-cen-nà-le] *agg.* **1** Che dura dieci anni: *un contratto decennale* **2** Che avviene ogni dieci anni: *celebrazioni decennali* ⧫ *s.m.* Il decimo anniversario di un avvenimento.

decennio [de-cèn-nio] *s.m.* Periodo di dieci anni.

decente [de-cèn-te] *agg.* Che non offende il pudore, la dignità Ⓢ decoroso, conveniente: *per entrare in chiesa bisogna vestire in modo decente*; *parlare in modo decente* ◊ Adeguato alle esigenze Ⓢ discreto, passabile: *non ho un vestito decente per la festa*; *uno stipendio decente.*

decentrare [de-cen-trà-re] *v.tr.* Allontanare dal centro, spostare in periferia uffici, fabbriche ecc. ◊ Trasferire agli enti locali (regioni, province, comuni) poteri e funzioni del governo centrale.

decenza [de-cèn-za] *s.f.* Il senso e il rispetto del pudore, del decoro: *atti che offendono la decenza*; *parlare, vestire con decenza.*

decesso [de-cès-so] *s.m.* Morte (spec. nel linguaggio burocratico): *il medico ha constatato il decesso del paziente.*

deci– Prima parte di parole composte che, davanti a un'unità di misura, la divide per dieci.

decibel [de-ci-bèl o dè-ci-bel] *s.m.invar.* Unità di misura dell'intensità del suono in relazione a come viene percepito dall'orecchio umano.

decidere [de-cì-de-re] *v.tr.* [pass.rem. *decìsi, decidésti*; part.pass. *decìso*] **1** Stabilire, scegliere: *devi decidere se partire o restare*; *non ho ancora deciso il vestito da mettere* **2** Risolvere con un giudizio definitivo: *la loro causa sarà decisa in tribunale* ⧫ *v.tr.* e *v.intr.* [aus. *avere*] Determinare; essere determinante per qualcosa: *quell'incontro decise il mio destino*; *è una scelta che può decidere della tua vita* ⧫ **decidersi** *v.pr.* Giungere a una risoluzione: *finalmente si è deciso* ◊ Risolversi a fare qualcosa: *deciditi a parlare!*

deciduo [de-cì-duo] *agg.* Destinato a cadere | *Foglie decidue* = quelle che cadono in autunno | *Denti decidui* = i denti di latte.

decifrare [de-ci-frà-re] *v.tr.* Interpretare un testo cifrato o scritto in una lingua sconosciuta: *decifrare un messaggio segreto, un'iscrizione maya* ◊ Riuscire a intendere qualcosa che è espresso in modo poco comprensibile: *decifrare un enigma*; *decifrare una firma, una calligrafia.*

A B C D E F G H I J K L M N O P Q R S T U V W X Y Z

decigrammo [de-ci-gràm-mo] *s.m.* Misura di peso equivalente a un decimo di grammo (simbolo: *dg*).

decilitro [de-cì-li-tro] *s.m.* Misura di capacità equivalente a un decimo di litro (simbolo: *dl*).

decima [dè-ci-ma] *s.f.* Nel medioevo, la decima parte del raccolto agricolo, che era dovuta come tributo alla chiesa, al feudatario o allo stato.

decimale [de-ci-mà-le] *agg.* Che ha per base dieci, che è diviso in multipli e sottomultipli di dieci: *sistema di numerazione decimale*; *sistema metrico decimale* ◊ Che è espresso in decimi di unità: *2,18 è un numero decimale* ♦ *s.m.* In un numero decimale, ogni cifra scritta a destra della virgola.

decimare [de-ci-mà-re] *v.tr.* **1** Punire un reparto militare responsabile di gravi colpe uccidendo un soldato ogni dieci **2** ♧ Ridurre grandemente di numero Ⓢ falcidiare: *l'epidemia decimò la popolazione.*

decimetro [de-cì-me-tro] *s.m.* Misura di lunghezza equivalente a un decimo di metro (simbolo: *dm*).

decimo [dè-ci-mo] *agg.num.ord.* e *s.m.* Che, chi occupa il posto numero dieci in una serie, in una graduatoria (si scrive 10° in numeri arabi, X in numeri romani): *il decimo giorno del mese*; *è stato il decimo all'arrivo* ♦ *s.m.* La decima parte di un intero: *era assente un decimo della classe*; *gli spetta un decimo della vincita.*

decina [de-cì-na] o **diecina** [die-cì-na] *s.f.* Complesso di dieci o circa dieci unità: *eravamo una decina*; *ha speso alcune decine di milioni.*

decisamente [de-ci-sa-mén-te] *avv.* **1** Con decisione, con energia: *si è opposto decisamente alla nostra iniziativa* **2** Indubbiamente, assolutamente: *hai decisamente ragione* ◊ Nettamente: *il tempo è decisamente migliorato.*

decisione [de-ci-sió-ne] *s.f.* **1** Risoluzione, scelta: *prendere una decisione*; *la sua è stata una decisione affrettata*; *mi rimetto alle tue decisioni* **2** Risolutezza, energia: *bisogna affrontare con decisione questa difficoltà.*

decisivo [de-ci-sì-vo] *agg.* Determinante, risolutivo: *un incontro decisivo per lo scudetto*; *manca una prova decisiva della sua colpevolezza*; *si trovava in un momento decisivo della propria vita.*

deciso [de-cì-so] *agg.* Che agisce con prontezza e determinazione Ⓢ risoluto, energico: *un uomo molto deciso* | *Essere deciso a tutto* = pronto a fare ogni cosa per raggiungere il proprio scopo ◊ Fermo, netto: *mi ha opposto un deciso rifiuto*; *chiuse la portiera con un colpo deciso.*

declinare [de-cli-nà-re] *v.tr.* **1** Respingere, rifiutare: *ha declinato ogni responsabilità per l'incidente*; *declinare un invito* **2** In grammatica, elencare in ordine le varie forme assunte da nomi, aggettivi, pronomi, articoli a seconda del genere e del numero ♦ *v.intr.* [aus. *avere*] Tramontare: *il sole declinava all'orizzonte* ◊ ♧ Calare, diminuire, decadere: *le mie energie cominciano a declinare*; *la sua fama sta declinando.*

declino [de-clì-no] *s.m.* Decadenza: *il declino dell'impero romano*; *una bellezza in declino.*

declivio [de-clì-vio] *s.m.* Pendio: *il declivio della collina* ◊ Pendenza: *un tetto in leggero declivio.*

decodificare [de-co-di-fi-cà-re] *v.tr.* [*decodìfico, decodìfichi*] Tradurre in un linguaggio noto un testo o un messaggio in codice Ⓢ decifrare.

decollare [de-col-là-re] *v.intr.* [aus. *avere*] **1** Sollevarsi in volo staccandosi dal suolo o dall'acqua: *l'aereo era pronto a decollare dalla pista* **2** ♧ Avviarsi verso un positivo sviluppo: *un'iniziativa che stenta a decollare.*

decollo [de-còl-lo] *s.m.* **1** La fase e la manovra di distacco dal suolo di un aereo **2** ♧ Avvio di un rapido processo di sviluppo economico: *il decollo dell'industria giapponese dopo la guerra.*

decolorare [de-co-lo-rà-re] *v.tr.* Far perdere il colore: *decolorare una stoffa, i capelli.*

decomporre [de-com-pór-re] *v.tr.* [coniugato come *porre*] In chimica, scindere una sostanza negli elementi semplici di cui è composta ♦ **decomporsi** *v.pr.* Disfarsi, putrefarsi: *i corpi dei caduti cominciavano a decomporsi.*

decomposizione [de-com-po-si-zió-ne] *s.f.* Putrefazione: *il cadavere era in un avanzato stato di decomposizione.*

decongelare [de-con-ge-là-re] *v.tr.* Scongelare.

decongestionare [de-con-ge-stio-nà-re] *v.tr.* **1** Eliminare o diminuire la congestione di un organo: *decongestionare lo stomaco* **2** ♧ Liberare dall'eccesso di autoveicoli, rendere scorrevole: *decongestionare il centro cittadino, il traffico.*

decontaminazione [de-con-ta-mi-na-zió-ne] *s.f.* Eliminazione di sostanze inquinanti o radioattive da ambienti, oggetti, persone che ne sono contaminati.

decorare [de-co-rà-re] *v.tr.* **1** Abbellire con ornamenti: *decorare un soffitto, un vestito* **2** Dare a qualcuno una decorazione: *decorare un soldato con la croce di guerra.*

decorativo [de-co-ra-tì-vo] *agg.* Che ha la funzione di decorare: *un soffitto affrescato con fregi* *decorativi* | *Arti decorative* = ceramica, oreficeria, ebanisteria ecc.

decorazione [de-co-ra-zió-ne] *s.f.* **1** L'operazione di decorare: *la decorazione della facciata di un palazzo* ◊ Ciò che serve a decorare Ⓢ ornamento: *un soffitto pieno di decorazioni* **2** Onorificenza, medaglia: *ha ricevuto una decorazione per il proprio comportamento valoroso.*

decoro [de-cò-ro] *s.m.* Senso della propria dignità: *vivere, parlare, vestire con decoro* ◊ Onore, prestigio: *difendere il decoro della famiglia.*

decoroso [de-co-ró-so] *agg.* Dignitoso, decente: *un abito decoroso*; *un appartamento decoroso*; *guadagna uno stipendio decoroso.*

decorrenza [de-cor-rèn-za] *s.f.* Data a partire dalla quale ha inizio e comincia ad avere effetto qualcosa: *è stato assunto con decorrenza dal primo del mese venturo.*

decorrere [de-cór-re-re] *v.intr.* [coniugato come *correre*; aus. *essere*] **1** Cominciare ad aver effetto: *gli aumenti salariali decorreranno dall'inizio del prossimo mese* | *A decorrere da* = a partire da: *verrò assunto a decorrere dal prossimo anno* **2** Trascorrere, scadere: *sono decorsi i termini per presentare la domanda.*

decorso [de-cór-so] *s.m.* **1** Il trascorrere del tempo **2** Evoluzione, andamento di una malattia: *l'influenza deve fare il suo regolare decorso.*

decotto [de-còt-to] *s.m.* Bevanda curativa ottenuta facendo bollire a lungo nell'acqua erbe o spezie.

decremento [de-cre-mén-to] *s.m.* Diminuzione: *decremento delle vendite.*

decrepito [de-crè-pi-to] *agg.* Che è giunto all'estrema vecchiaia e ne mostra i segni: *un vecchio decrepito.*

decrescere [de-cré-sce-re] *v.intr.* [coniugato come *crescere*; aus. *essere*] Diminuire, calare: *sta decrescendo il livello del fiume.*

decretare [de-cre-tà-re] *v.tr.* **1** Stabilire con un decreto: *il governo ha decretato la chiusura anticipata delle scuole* ◊ Tributare: *gli furono decretate solenni onoranze* **2** ♧ Provocare irrimediabilmente: *quell'errore decretò la sua sconfitta.*

decreto [de-cré-to] *s.m.* Provvedimento che stabilisce o ordina qualcosa, emanato dal governo o da altre autorità: *un decreto ministeriale, del sindaco, del tribunale.*

decuplicare [de-cu-pli-cà-re] *v.tr.* Moltiplicare per dieci ◊ Accrescere enormemente.

dedalo [dè-da-lo] *s.m.* Labirinto, intrico: *il vecchio centro storico è un dedalo di vicoli.*

dedica [dè-di-ca] *s.f.* Frase scritta con cui un autore dedica a qualcuno la propria opera; frase manoscritta che accompagna un regalo (spec. un libro, un disegno, una fotografia).

dedicare [de-di-cà-re] *v.tr.* [*dèdico, dèdichi*] **1** Rivolgere, destinare, riservare a un particolare scopo: *ha dedicato la vita alla famiglia*; *dedica allo sport il tempo libero* **2** Consacrare a divinità, a santi: *una chiesa dedicata a S. Antonio* ◊ Intitolare alla memoria di qualcuno: *questa piazza è dedicata ai caduti* ◊ Offrire simbolicamente a qualcuno il risultato della propria attività, in segno di omaggio, di riconoscenza, di affetto: *dedico questo successo a mia moglie*; *dedicò il libro all'amico scomparso* ♦ **dedicarsi** *v.pr.* Darsi completamente a un'attività: *dedicarsi al lavoro, agli studi* ◊ Rivolgere a qualcuno le proprie cure: *dedicarsi ai figli.*

dedito [dè-di-to] *agg.* Che si dedica assiduamente a un'attività: *un ragazzo dedito allo studio* ◊ Che ha abitudini viziose: *un uomo dedito al gioco d'azzardo, all'alcol.*

dedizione [de-di-zió-ne] *s.f.* Il dedicarsi con impegno totale, con abnegazione a una persona, a un'attività, a un ideale: *dedizione al dovere.*

dedurre [de-dùr-re] *v.tr.* [coniugato come *addurre*] **1** Trarre da qualcosa una data conclusione Ⓢ desumere: *dalle sue parole si deduce che non è stato informato* **2** Detrarre: *dal ricavo bisogna dedurre le spese.*

deduttivo [de-dut-tì-vo] *agg.* Basato sulla deduzione: *fare un ragionamento deduttivo.*

deduzione [de-du-zió-ne] *s.f.* Tipo di ragionamento per cui da una premessa si ricava necessariamente una determinata conclusione logica; la conclusione stessa ricavata.

default [parola inglese; pron. corrente *defólt*] *s.m. invar.* Impostazione che un sistema informatico adotta in assenza di istruzioni specifiche da parte dell'utente o del programma.

defecare [de-fe-cà-re] *v.intr.* [*defèco, defèchi*; aus. *avere*] Espellere le feci, andar di corpo Ⓢ evacuare.

deferente [de-fe-rèn-te] *agg.* Pieno di rispetto (spesso misto a sottomissione): *si mostra molto deferente con i superiori.*

deferenza [de-fe-rèn-za] *s.f.* Atteggiamento rispettoso, riverente Ⓢ ossequio: *salutare, trattare qualcuno con deferenza.*

defezione [de-fe-zió-ne] *s.f.* Ritiro da un'iniziativa, da una competizione a cui si doveva partecipare ◊ Abbandono dell'organizzazione, del gruppo politico a cui si aderiva.

deficiente [de-fi-ciè̀n-te] *agg.* e *s.m.f.* Detto di persona con capacità intellettuali inferiori alla media ◊ (spec. come insulto) Stupido, imbecille, idiota, cretino.

deficit [dè-fi-cit] *s.m.invar.* Nella contabilità, perdita, passivo, disavanzo: *un'azienda, un bilancio in deficit; deficit commerciale.*

definire [de-fi-nì-re] *v.tr.* [*definìsco, definìsci*] **1** Descrivere, spiegare con parole appropriate le caratteristiche essenziali di qualcosa: *definisci che cos'è un triangolo* | *Definire un vocabolo* = spiegarne il significato **2** Stabilire, fissandone i limiti: *la Costituzione definisce chiaramente i poteri del presidente della repubblica* **3** Risolvere: *la questione non è stata ancora definita.*

definitivo [de-fi-ni-tì-vo] *agg.* Che conclude, risolve qualcosa una volta per sempre Ⓢ conclusivo, decisivo: *non mi ha ancora dato una risposta definitiva; vittoria, soluzione definitiva* | *In definitiva* = in conclusione, in fin dei conti.

definito [de-fi-nì-to] *agg.* Preciso, determinato: *un disegno dai contorni poco definiti.*

definizione [de-fi-ni-zió-ne] *s.f.* Spiegazione di un concetto o del significato di un termine: *è difficile dare la definizione della bellezza, di certe parole* ◊ Le parole con cui si definisce qualcosa: *una definizione chiara, oscura.*

deflagrazione [de-fla-gra-zió-ne] *s.f.* Esplosione, scoppio: *la deflagrazione di una bomba.*

deflettere [de-flèt-te-re] *v.intr.* [coniugato come *flettere*; aus. *avere*] Abbandonare un atteggiamento, una decisione, un proposito Ⓢ recedere, desistere: *non sono riuscito a farlo deflettere dalla sua intransigenza.*

defluire [de-fluì-re] *v.intr.* [*defluìsco, defluìsci*; aus. *essere*] **1** Scorrere in giù, detto di liquidi: *l'acqua defluiva dal serbatoio* **2** ♧ Uscire in massa da un luogo: *il pubblico defluiva dallo stadio.*

deflusso [de-flùs-so] *s.m.* Scorrimento di un liquido verso il basso: *il deflusso dell'acqua dalla vasca* ◊ ♧ Uscita di molte persone da un luogo: *il deflusso della folla dal teatro.*

deforestazione [de-fo-re-sta-zió-ne] *s.f.* Distruzione di boschi e foreste Ⓢ disboscamento.

deformare [de-for-mà-re] *v.tr.* **1** Alterare nella forma: *il calore deforma la plastica* ◊ Deturpare, imbruttire: *una cicatrice gli deformava il volto* **2** ♧ Distorcere, travisare: *le tue parole deformano la verità; hai deformato il mio pensiero.*

deformazione [de-for-ma-zió-ne] *s.f.* **1** Alterazione della forma: *ha una deformazione della colonna vertebrale* **2** ♧ Alterazione, distorsione, travisamento: *quello che ti ha raccontato costituisce una totale deformazione della verità.*

deforme [de-fór-me] *agg.* Che non ha la sua forma naturale, per cui appare brutto e sgradevole: *ha un fisico deforme; un volto deforme.*

deformità [de-for-mi-tà] *s.f.* Forma anormale, non naturale del corpo o di una sua parte Ⓢ malformazione: *ha una deformità a un piede.*

defraudare [de-frau-dà-re] *v.tr.* Privare qualcuno di ciò che gli spetta con la frode, con l'inganno: *lo hanno defraudato dei suoi diritti.*

defunto [de-fùn-to] *agg.* e *s.m.* Morto, deceduto.

degenerare [de-ge-ne-rà-re] *v.intr.* [aus. *avere* o *essere*] Trasformarsi in qualcosa di peggiore: *la bronchite è degenerata in polmonite; il dibattito è degenerato in rissa.*

degente [de-gèn-te] *agg.* e *s.m.f.* Che, chi è costretto a letto da una malattia o è ricoverato in un ospedale.

degenza [de-gèn-za] *s.f.* Il periodo in cui un malato è ricoverato in ospedale.

degli [dé-gli] *prep. articolata*, formata da *di* e *gli.*

deglutire [de-glu-ti-re] *v.tr.* [*deglutìsco, deglutìsci*] Inghiottire: *deglutire un boccone, la saliva.*

degnare [de-gnà-re] *v.tr.* Ritenere qualcuno degno di qualcosa: *non mi ha degnato di un saluto* ♦ **degnarsi** *v.pr.* Avere la compiacenza di fare qualcosa: *il presidente si è degnato di ricevermi; degnati almeno di rispondermi!*

degno [dé-gno] *agg.* **1** Che ha le qualità per meritare qualcosa Ⓢ meritevole: *una donna degna di ammirazione; non è degno dell'incarico affidatogli* **2** Che si addice: *una casa degna di un principe; questo comportamento non è degno di te* ◊ Adeguato: *ha ricevuto una degna ricompensa* **3** Perbene, onesto: *è una degna persona.*

degradare [de-gra-dà-re] *v.tr.* **1** Punire un ufficiale privandolo dei gradi militari **2** ♧ Privare della dignità umana Ⓢ avvilire, abbrutire: *delitti, vizi che degradano l'uomo* ♦ **degradarsi** *v.pr.* **1** Avvilirsi, abbrutirsi **2** Subire un degrado Ⓢ rovinarsi, deteriorarsi: *l'ambiente naturale si sta degradando ogni giorno di più.*

degrado [de-grà-do] *s.m.* Stato di rovina, di incuria in cui versano ambienti naturali o urbani Ⓢ deterioramento: *degrado ambientale, edilizio.*

degustare [de-gu-stà-re] *v.tr.* Assaggiare (spec. per giudicare il sapore): *degustare un vino.*

degustazione [de-gu-sta-zió-ne] *s.f.* Assaggio di cibi o bevande, spec. per giudicarne il sapore.

dei [déi] *prep. articolata*, formata da *di* e *i*.

del [dél] *prep. articolata*, formata da *di* e *il*.

delatore [de-la-tó-re] *s.m.* [f. *–trice*] Chi, per un interesse personale, denuncia segretamente all'autorità una persona o un reato Ⓢ spia.

delazione [de-la-zió-ne] *s.f.* Denuncia segreta all'autorità, fatta non per senso di giustizia, ma per denaro o per vendetta.

delega [dè-le-ga] *s.f.* Dichiarazione scritta con cui si autorizza un'altra persona a compiere determinati atti al proprio posto Ⓢ incarico ufficiale, mandato: *perché io possa ritirare il tuo stipendio mi devi firmare una delega.*

delegare [de-le-gà-re] *v.tr.* [*dèlego, dèleghi*] Incaricare, autorizzare altri a compiere degli atti o a svolgere delle funzioni al proprio posto: *il sindaco ha delegato un assessore a rappresentarlo.*

delegato [de-le-gà-to] *agg.* e *s.m.* Che, chi è incaricato di rappresentare altre persone o di svolgere funzioni proprie di altri: *i lavoratori hanno eletto i delegati sindacali.*

delegazione [de-le-ga-zió-ne] *s.f.* Gruppo di persone incaricate di rappresentare una nazione, un'associazione, una categoria: *la delegazione italiana all'O.N.U.*; *il sindaco ha ricevuto una delegazione di cittadini, di operai.*

deleterio [de-le-tè-rio] *agg.* Gravemente dannoso Ⓢ nocivo, rovinoso Ⓒ utile, benefico: *l'abuso di alcol è deleterio per la salute*; *quell'amico ha avuto su di lui un'influenza deleteria.*

delfino [del-fi-no] *s.m.* **1** Cetaceo marino molto agile e veloce **2** Stile di nuoto in cui le braccia compiono simultaneamente un movimento circolare, mentre le gambe unite battono l'acqua.

delibera [de-lì-be-ra] *s.f.* Deliberazione.

deliberare [de-li-be-rà-re] *v.tr.* e *v.intr.* [aus. *avere*] Prendere una decisione riguardo a una questione (detto spec. di organi collegiali) Ⓢ stabilire, decidere: *il consiglio comunale ha deliberato un aumento delle tariffe dei trasporti.*

deliberatamente [de-li-be-ra-ta-mén-te] *avv.* Di proposito, intenzionalmente: *ha cercato deliberatamente di ostacolarmi.*

deliberato [de-li-be-rà-to] *agg.* **1** Deciso, risoluto: *è deliberato a resistere* **2** Intenzionale, voluto Ⓒ involontario: *ha agito con il deliberato proposito di fare del male.*

deliberazione [de-li-be-ra-zió-ne] *s.f.* Decisione, provvedimento di un organo collegiale: *il consiglio comunale ha votato una deliberazione.*

delicatezza [de-li-ca-téz-za] *s.f.* **1** Finezza, leggerezza gradevoli per i sensi: *la delicatezza di un sapore, di un profumo* **2** Facilità a rompersi Ⓢ fragilità Ⓒ solidità: *la delicatezza del cristallo, di un congegno* **3** Attenzione, prudenza, tatto, discrezione: *un apparecchio che va maneggiato con delicatezza*; *una faccenda da trattare con delicatezza* ◊ Gentilezza, sensibilità d'animo: *un gesto, un pensiero pieno di delicatezza* **4** Squisitezza (di un cibo): *questo dolce è una vera delicatezza.*

delicato [de-li-cà-to] *agg.* **1** Che è fine, leggero, morbido, tenue, così da risultare gradevole per i sensi: *tessuto delicato*; *lineamenti delicati*; *pelle delicata*; *odore, sapore, colore delicato* | *Cibi delicati* = leggeri da digerire **2** Fragile, facile a guastarsi, a sciuparsi: *la porcellana è delicata*; *un apparecchio delicato* ◊ Gracile, cagionevole, debole: *ha una salute delicata*; *è delicato di stomaco* ◊ ♧ Che deve essere affrontato con prudenza, tatto, abilità: *un argomento delicato*; *gli hanno affidato un incarico delicato* | *Momento delicato* = critico, difficile **3** ♧ Che dimostra finezza e sensibilità di animo, gentilezza e discrezione: *ha avuto per me un pensiero delicato*; *gli hai fatto una domanda poco delicata.*

delimitare [de-li-mi-tà-re] *v.tr.* Segnare, definire i limiti, i confini di qualcosa (anche ♧): *delimitare un terreno con dei pali*; *la legge delimita i poteri del governo.*

delineare [de-li-ne-à-re] *v.tr.* Descrivere negli aspetti fondamentali: *nel suo discorso ci ha delineato la situazione* ♦ **delinearsi** *v.pr.* Essere visibile nelle linee essenziali: *le montagne si delineavano all'orizzonte* ◊ ♧ Presentarsi, prospettarsi: *si va delineando una situazione difficile.*

delinquente [de-lin-quèn-te] *s.m.f.* Chi ha commesso un reato, dei delitti Ⓢ criminale: *arrestare un delinquente.*

delinquenza [de-lin-quèn-za] *s.f.* Criminalità: *misure per combattere la delinquenza.*

delirare [de-li-rà-re] *v.intr.* [aus. *avere*] **1** Essere in delirio, parlare in delirio: *il malato delira per la febbre* **2** Dire cose senza senso Ⓢ farneticare: *mi sembra che tu stia delirando* ◊ Entusiasmarsi, esaltarsi fanaticamente per qualcuno: *la folla delirava per il suo idolo.*

delirio [de-lì-rio] *s.m.* **1** Stato di alterazione e confusione mentale, causato spec. da febbre acuta; si manifesta con allucinazioni e discorsi senza senso **2** Stato e manifestazione di entusiasmo fanatico (spec. collettivo): *una folla in delirio*; *un delirio di applausi ha accolto il cantante.*

delitto [de-lìt-to] *s.m.* **1** Nel linguaggio giuridico, reato: *delitto contro il patrimonio, contro la persona* **2** Nel linguaggio comune, omicidio, assassinio: *commettere un feroce delitto* **3** Peccato: *è un delitto restare in casa con questo bel sole.*

delizia [de-lì-zia] *s.f.* Intenso piacere fisico o spirituale Ⓢ godimento, gioia: *è una delizia fare il bagno con il caldo; che delizia ascoltare questa musica!* ◊ Cosa o persona deliziosa: *questo dolce è una delizia; quel bambino è una delizia.*

delizioso [de-li-zió-so] *agg.* Molto bello e piacevole: *un libro, uno spettacolo delizioso* ◊ Pieno di grazia e di attrattiva: *è una persona deliziosa* ◊ Squisito: *un gelato, un profumo delizioso.*

della [dél-la] *prep. articolata*, formata da *di* e *la.*

delle [dél-le] *prep. articolata*, formata da *di* e *le.*

dello [dél-lo] *prep. articolata*, formata da *di* e *lo.*

delta [dèl-ta] *s.m.invar.* **1** *A delta* = di forma triangolare (dal nome della quarta lettera dell'alfabeto greco, che in maiuscolo si scrive Δ): *foce a delta; un aereo con le ali a delta* **2** Foce di un fiume che si divarica in vari rami formando una pianura di forma triangolare.

delucidazione [de-lu-ci-da-zió-ne] *s.f.* Spiegazione, chiarimento.

deludere [de-lù-de-re] *v.tr.* [coniugato come *alludere*] Tradire, non soddisfare le attese, le speranze, i desideri altrui: *quel ragazzo mi ha deluso; il film ha deluso molti critici.*

delusione [de-lu-sió-ne] *s.f.* Mancata soddisfazione di un'aspettativa: *mi dispiace di averti dato una delusione* ◊ Sconforto e amarezza causati dalla mancata realizzazione di un'aspettativa, di una speranza: *ha provato una grande delusione quando ha saputo che non venivi* ◊ Cosa o persona che si dimostra inferiore alle aspettative: *quel film, quel ragazzo è stato una delusione.*

deluso [de-lù-so] *agg.* Scontento, amareggiato per la mancata realizzazione delle proprie speranze e aspettative: *il suo animo era deluso.*

demagogia [de-ma-go-gì-a] *s.f.* Pratica politica consistente nell'illudere la gente con promesse irrealizzabili, al solo scopo di conquistarne il favore e il voto: *un partito che fa molta demagogia.*

demaniale [de-ma-nià-le] *agg.* Del demanio: *le spiagge sono beni demaniali.*

demanio [de-mà-nio] *s.m.* Complesso dei beni appartenenti allo stato, alle regioni, alle province e ai comuni: *spiagge, fiumi e laghi fanno parte del demanio.*

demente [de-mèn-te] *agg.* e *s.m.f.* Che, chi è affetto da demenza ◊ Nell'uso comune (spec. come insulto), idiota, stupido, deficiente: *si è messo a fare discorsi da demente.*

demenza [de-mèn-za] *s.f.* Progressivo deterioramento e perdita delle capacità mentali, per vecchiaia o altre cause: *demenza senile.*

demerito [de-mè-ri-to] *s.m.* Comportamento degno di biasimo Ⓢ mancanza, colpa: *ha molti meriti ma anche qualche demerito* ◊ Biasimo: *ha ricevuto una nota di demerito.*

democratico [de-mo-crà-ti-co] *agg.* [pl.m. *–ci*] **1** Fondato sui principi della democrazia: *un governo, un sistema democratico* **2** Che si comporta con i suoi sottoposti senza superbia, in modo cordiale e rispettoso: *un direttore, un preside democratico* ♦ *s.m.* Persona di idee democratiche o di maniere democratiche con i sottoposti.

democrazia [de-mo-cra-zì-a] *s.f.* Sistema politico e forma di governo in cui la sovranità appartiene al popolo, che la esercita per mezzo di suoi rappresentanti liberamente eletti.

démodé [parola francese; pron. *demodé*] *agg. invar.* Passato di moda, antiquato.

demografia [de-mo-gra-fì-a] *s.f.* Studio statistico delle variazioni quantitative della popolazione (dovute a nascite, morti, migrazioni).

demografico [de-mo-grà-fi-co] *agg.* [pl.m. *–ci*] Relativo alla demografia: *indagini demografiche* ◊ Della popolazione: *incremento demografico.*

demolire [de-mo-lì-re] *v.tr.* [*demolìsco, demolìsci*] Abbattere una costruzione, smantellare una nave, una macchina ◊ ♧ Annientare, confutare: *demolire un avversario, una teoria.*

demolizione [de-mo-li-zió-ne] *s.f.* Distruzione, smantellamento: *la demolizione di un palazzo, di una nave.*

demonio [de-mò-nio] *s.m.* **1** Nella religione cristiana ed ebraica, spirito maligno e simbolo del male Ⓢ diavolo **2** ♧ Persona malvagia, di astuzia maligna: *quel demonio ci ha giocato ancora una volta* ◊ Ragazzo o bambino molto vivace e irrequieto: *ha due figli che sono due demoni.*

demoralizzare [de-mo-ra-liz-zà-re] *v.tr.* Far perdere la fiducia in se stessi Ⓢ scoraggiare: *l'insuccesso lo ha demoralizzato.*

demordere [de-mòr-de-re] *v.intr.* [coniugato come *mordere,* usato solo nei tempi semplici] Cedere, desistere: *è uno che non demorde mai.*

demotivato [de-mo-ti-và-to] *agg.* Che non ha stimoli per dedicarsi con impegno a qualcosa Ⓢ disinteressato: *studente demotivato allo studio.*

denaro [de-nà-ro] o **danaro** [da-nà-ro] *s.m.*

Moneta: *non ho denaro contante* ◊ Soldi, quattrini, ricchezze: *guadagnare, avere molto denaro.*

denigrare [de-ni-grà-re] *v.tr.* Parlar male di qualcuno o qualcosa per sminuirne il prestigio, la reputazione Ⓢ screditare, diffamare.

denominare [de-no-mi-nà-re] *v.tr.* Dare un nome, chiamare con un dato nome: *denominare una nuova strada.*

denominatore [de-no-mi-na-tó-re] *s.m.* In una frazione, il numero che si scrive sotto il segno di frazione e che indica in quante parti è stata divisa l'unità.

denominazione [de-no-mi-na-zió-ne] *s.f.* Nome dato a qualcosa: *non conosco la denominazione scientifica di questa pianta.*

denotare [de-no-tà-re] *v.tr.* Rivelare, manifestare, indicare: *il suo comportamento denota poca fiducia in se stesso.*

densità [den-si-tà] *s.f.* L'essere denso: *la densità della nebbia, della vegetazione* | *Densità di popolazione* = rapporto tra il numero di abitanti e la superficie di un dato territorio.

denso [dèn-so] *agg.* **1** Concentrato, spesso, fitto, folto: *un liquido, un fumo denso*; *una vegetazione molto densa* **2** ♧ Pieno, ricco: *una giornata densa di avvenimenti.*

dentario [den-tà-rio] *agg.* Del dente, dei denti: *carie dentaria.*

dentato [den-tà-to] *agg.* Che ha sporgenze, punte a forma di denti: *foglia dentata*; *ruota dentata.*

dentatura [den-ta-tù-ra] *s.f.* **1** L'insieme dei denti dell'uomo o di un animale **2** Serie di elementi sporgenti a forma di dente: *la dentatura di una ruota, di un pettine.*

dente [dèn-te] *s.m.* **1** Ciascuno dei piccoli ossi molto duri che sporgono dalle gengive dell'uomo e di molti animali e che servono principalmente a masticare il cibo: *denti canini, incisivi, molari, premolari* | *Mettere qualcosa sotto i denti* = mangiare | *Pasta, riso al dente* = poco cotti | ♧ *Stringere i denti* = mettercela tutta per riuscire in qualcosa | ♧ *A denti stretti* = controvoglia | ♧ *Parlare fuori dai denti* = con franchezza, senza riguardi | ♧ *Avere il dente avvelenato con qualcuno* = serbargli e mostrargli rancore **2** Elemento sporgente di alcuni strumenti e meccanismi: *i denti del pettine, della sega, di un ingranaggio.*

dentice [dèn-ti-ce] *s.m.* Pesce marino dalla dentatura robusta e dalle carni molto pregiate.

dentiera [den-tiè-ra] *s.f.* Apparecchio che sostituisce la dentatura naturale Ⓢ protesi dentaria.

dentifricio [den-ti-frì-cio] *s.m.* Sostanza, prodotto per pulire i denti.

dentista [den-tì-sta] *s.m.f.* [pl.m. *-sti*] Medico specialista nella cura dei denti.

dentro [dén-tro] *avv.* **1** All'interno, nella parte interna di qualcosa Ⓒ fuori: *guardare, entrare dentro* ◊ In prigione: *lo hanno preso e messo dentro* **2** ♧ Nell'animo, nell'intimo: *sentiva dentro un gran rimorso* ♦ *prep.* All'interno di: *stare dentro la* (o *alla*) *casa*; *mettere qualcosa dentro al cassetto* | ♧ *Dentro di me, di te* ecc. = nel mio, nel tuo animo | ♧ *Darci dentro* = impegnarsi a fondo.

Quando *dentro* come preposizione precede un pronome personale è sempre seguito dalla preposizione *di*: *sorrise ma dentro di sé era triste.*

denudare [de-nu-dà-re] *v.tr.* Spogliare: *denudò il bambino per fargli il bagno* ♦ **denudarsi** *v.pr.* Spogliarsi, svestirsi.

denuncia [de-nùn-cia] o **denunzia** [de-nùn-zia] *s.f.* Atto con cui si informa di un reato l'autorità competente: *ha presentato una denuncia per furto* ◊ Dichiarazione che il cittadino deve presentare all'autorità competente in determinate circostanze: *denuncia dei redditi, di nascita, di morte.*

denunciare [de-nun-cià-re] o **denunziare** [de-nun-zià-re] *v.tr.* **1** Comunicare ufficialmente all'autorità competente: *ha denunciato un furto al commissariato*; *denunciare in comune la nascita di un figlio* | *Denunciare una persona* = accusarla di un reato davanti all'autorità giudiziaria **2** Rendere evidente Ⓢ manifestare, rivelare: *il suo comportamento denuncia la sua insicurezza* ◊ Portare a conoscenza dell'opinione pubblica: *il giornale ha denunciato uno scandalo.*

denutrito [de-nu-trì-to] *agg.* Debole per insufficiente nutrizione: *un bambino denutrito.*

denutrizione [de-nu-tri-zió-ne] *s.f.* Nutrizione insufficiente; il deperimento fisico che ne deriva.

deodorante [de-o-do-ràn-te] *agg.* e *s.m.* Detto di sostanza capace di eliminare o attenuare i cattivi odori.

depauperare [de-pau-pe-rà-re] *v.tr.* Impoverire.

dépendance [parola francese; pron. *depandàns*] *s.f.invar.* Edificio minore, separato da quello principale, di un'unica proprietà: *ha trovato posto nella dépendance dell'albergo.*

depennare [de-pen-nà-re] *v.tr.* Cancellare, togliere con un tratto di penna: *ho depennato il suo nome dall'elenco dei partecipanti alla gita.*

deperibile [de-pe-rì-bi-le] *agg.* Che si deteriora facilmente: *alimenti deperibili.*

A B C D E F G H I J K L M N O P Q R S T U V W X Y Z

deperimento [de-pe-ri-mén-to] *s.m.* **1** Indebolimento generale dell'organismo: *è in uno stato di grave deperimento* **2** Deterioramento: *gli alimentari sono merci soggette a deperimento.*

deperire [de-pe-rì-re] *v.intr.* [*deperìsco, deperìsci*; aus. *essere*] **1** Perdere in forza, salute, bellezza: *è deperito per una malattia* **2** Deteriorarsi, guastarsi: *gli alimenti deperiscono in fretta.*

depilare [de-pi-là-re] *v.tr.* Privare dei peli: *depilare le gambe* ♦ **depilarsi** *v.pr.* Privare il proprio corpo dei peli.

depistare [de-pi-stà-re] *v.tr.* Mettere su una strada sbagliata, lasciando tracce, indizi falsi Ⓢ sviare: *depistare le indagini della magistratura.*

dépliant [parola francese; pron. *depliàn*] *s.m. invar.* Foglio pubblicitario a più pagine ripiegate.

deplorare [de-plo-rà-re] *v.tr.* Biasimare, condannare: *tutti hanno deplorato il suo modo d'agire.*

deplorazione [de-plo-ra-zió-ne] *s.f.* Biasimo, disapprovazione, condanna di atti, fatti, comportamenti riprovevoli.

deplorevole [de-plo-ré-vo-le] *agg.* **1** Che merita biasimo Ⓢ riprovevole: *un contegno deplorevole* **2** Che fa pietà, compassione Ⓢ miserevole: *il prigioniero era ridotto in uno stato deplorevole.*

deporre [de-pór-re] *v.tr.* [coniugato come *porre*] **1** Mettere giù Ⓢ posare, depositare: *depose per terra il pacco* | ♧ *Deporre le armi* = cessare di combattere **2** ♧ Rimuovere qualcuno da una carica, dal potere Ⓢ destituire: *il presidente fu deposto* **3** ♧ Dichiarare in un processo Ⓢ testimoniare: *è stato arrestato per aver deposto il falso* ♦ *v.intr.* [aus. *avere*] Fare una testimonianza in un processo: *ha deposto a favore dell'imputato.*

deportare [de-por-tà-re] *v.tr.* Sottoporre qualcuno alla deportazione.

deportazione [de-por-ta-zió-ne] *s.f.* Pena consistente nel trasferire il condannato in un luogo di prigionia lontano da quello di origine ◊ Durante conflitti e guerre civili, trasferimento forzato di masse di persone in campi di concentramento lontani dai loro paesi d'origine.

depositare [de-po-si-tà-re] *v.tr.* **1** Lasciare, posare qualcosa in un posto: *ho depositato il pacco all'ingresso* **2** Affidare, consegnare qualcosa in deposito ad altri: *depositare i soldi in banca, i bagagli alla stazione* **3** Detto di liquidi, lasciar cadere sul fondo le particelle solide in sospensione Ⓢ sedimentare: *lasciare l'olio a depositare* ♦ **depositarsi** *v.pr.* Posarsi sul fondo: *mescola bene il caffè, se no lo zucchero si deposita tutto.*

deposito [de-pò-si-to] *s.m.* **1** Consegna di denaro o di oggetti a una persona o a un ente, con l'impegno che questi li custodisca e li riconsegni su richiesta: *fare un deposito in banca*; *lasciare i bagagli in deposito alla stazione* **2** Luogo, magazzino adibito alla raccolta, alla custodia, alla conservazione di oggetti e merci varie: *deposito bagagli, di vini, di carbone, di armi, di attrezzi* ◊ Rimessa per mezzi di trasporto pubblici: *l'autobus è rientrato al deposito* **3** Sedimento di un liquido: *il deposito del vino, dell'olio* ◊ Accumulo di materiali vari (ghiaia, sabbia, fango ecc.) trasportati dal vento, dal mare, da fiumi.

deposizione [de-po-si-zió-ne] *s.f.* **1** ♧ Rimozione di qualcuno da una carica, dal potere Ⓢ destituzione: *la deposizione di un re* **2** Dichiarazione, testimonianza in un processo: *il giudice ha ascoltato le deposizioni dei testi.*

depravato [de-pra-và-to] *s.m.* Persona viziosa, moralmente corrotta Ⓢ pervertito, dissoluto.

deprecabile [de-pre-cà-bi-le] *agg.* **1** Degno di biasimo Ⓢ riprovevole: *il suo è stato un gesto deprecabile* **2** Che si desidera non avvenga Ⓢ malaugurato: *nella deprecabile ipotesi di un fallimento, gli daremo una mano.*

depredare [de-pre-dà-re] *v.tr.* Saccheggiare: *gli invasori depredarono la città.*

depressione [de-pres-sió-ne] *s.f.* **1** In geografia, zona, territorio che si trova al di sotto del livello del mare: *la depressione del Caspio* ◊ Avvallamento: *il lago ha riempito una depressione del terreno* **2** In meteorologia, zona di bassa pressione atmosferica **3** In economia, fase di forte calo della produzione e dell'occupazione **4** In psicologia, stato di grave abbattimento psichico, caratterizzato da malinconia, pessimismo, sfiducia in se stessi.

depresso [de-près-so] *agg.* **1** Arretrato economicamente e socialmente: *aree, zone depresse* **2** Affetto da depressione: *un paziente depresso* ◊ Avvilito, giù di morale: *oggi mi sento depresso.*

deprimere [de-prì-me-re] *v.tr.* [coniugato come *comprimere*] Abbattere fisicamente o moralmente Ⓢ indebolire, demoralizzare: *il caldo mi deprime*; *l'insuccesso lo ha depresso* ♦ **deprimersi** *v.pr.* Abbattersi, avvilirsi.

depurare [de-pu-rà-re] *v.tr.* Liberare dalle impurità, rendere puro: *l'acquedotto è dotato di un impianto per depurare l'acqua.*

depuratore [de-pu-ra-tó-re] *agg.* [f. *–trice*] Che depura: *filtro depuratore* ♦ *s.m.* Apparecchio o impianto per depurare l'acqua o altre sostanze.

deputato [de-pu-tà-to] *s.m.* Chi è stato eletto a

rappresentare i cittadini nel ramo del parlamento detto appunto *camera dei deputati.*

deragliare [de-ra-glià-re] *v.intr.* [aus. *avere* o *essere*] Uscire dalle rotaie: *il treno ha deragliato in curva.*

derby [parola inglese; pron. *dèrbi*] *s.m.invar.* **1** Nel calcio e in altri sport, incontro tra due squadre della stessa città o regione **2** Nell'ippica, gara di galoppo riservata ai puledri di tre anni.

derelitto [de-re-lìt-to] *agg.* e *s.m.* Che, chi è abbandonato a se stesso, trascurato e si trova in uno stato di profonda miseria materiale e morale: *un povero derelitto.*

deretano [de-re-tà-no] *s.m.* Sedere, posteriore.

deridere [de-rì-de-re] *v.tr.* [coniugato come *ridere*] Prendere in giro con cattiveria Ⓢ schernire, dileggiare: *deridere una persona, i suoi difetti.*

derisione [de-ri-sió-ne] *s.f.* Presa in giro malevola Ⓢ scherno, dileggio: *lo guardò con un'aria di derisione; ti sei esposto alla derisione di tutti.*

deriva [de-rì-va] *s.f. Andare alla deriva* = detto di nave o imbarcazione, essere in balia delle correnti e dei venti, perché non in grado di tenere una rotta.

derivare [de-ri-và-re] *v.intr.* [aus. *essere*] Avere origine Ⓢ provenire, discendere: *quest'acqua deriva da una sorgente; l'italiano deriva dal latino* ◊ Essere prodotto, causato (anche ♧): *la plastica deriva dal petrolio; i tuoi problemi derivano dalla tua ostinazione.*

derivato [de-ri-và-to] *s.m.* **1** Prodotto derivato da un altro: *i derivati del petrolio* **2** Vocabolo derivato da un altro.

dermatologo [der-ma-tò-lo-go] *s.m.* [pl. *–gi*] Medico specialista nelle malattie della pelle.

deroga [dè-ro-ga] *s.f.* Eccezione a una norma stabilita, a una consuetudine: *non posso fare una deroga al regolamento solo per accontentarvi.*

derrata [der-rà-ta] *s.f.* (spec. al *pl.*) Prodotto agricolo di largo consumo: *nei magazzini c'era scarsità di derrate.*

derubare [de-ru-bà-re] *v.tr.* Privare qualcuno, con il furto o con l'inganno, di ciò che gli appartiene o gli spetta.

desco [dé-sco] *s.m.* [pl. *–schi*] Tavola per mangiare.

descrittivo [de-scrit-ti-vo] *agg.* Che descrive, ha lo scopo di descrivere: *ci ha fatto un quadro descrittivo della situazione.*

descrivere [de-scrì-ve-re] *v.tr.* [coniugato come *scrivere*] Rappresentare con parole una persona o una cosa, indicandone le caratteristiche: *ci ha descritto molto bene il suo amico; descrivere un oggetto, un paesaggio, un avvenimento.*

descrizione [de-scri-zió-ne] *s.f.* Il descrivere; il modo con cui si descrive: *fammi una descrizione della tua casa; la sua descrizione dei fatti non corrisponde alla realtà.*

desertico [de-sèr-ti-co] *agg.* [pl.m. *–ci*] Che ha le caratteristiche e l'aspetto di un deserto: *un paesaggio desertico* ◊ Tipico del deserto: *clima desertico.*

desertificazione [de-ser-ti-fi-ca-zió-ne] *s.f.* Progressiva trasformazione in deserto di un territorio che prima era ricco di vegetazione, spec. in seguito a siccità, disboscamento, sfruttamento irrazionale del suolo.

deserto [de-sèr-to] *agg.* Disabitato, spopolato: *una zona deserta; le strade erano deserte* ♦ *s.m.* **1** Vasto territorio in cui non piove quasi mai, per lo più ricoperto di sabbia o pietre e generalmente disabitato **2** ♧ Luogo spopolato, poco abitato: *le città ad agosto sono un deserto.*

desiderare [de-si-de-rà-re] *v.tr.* **1** Sentire il bisogno o la voglia di avere qualcosa: *non desidero le ricchezze, ma solo una vita tranquilla; desiderare un buon pranzo, la compagnia di un amico; oggi desidero stare solo* | *Lasciar a desiderare* = presentare difetti, essere insoddisfacente: *il lavoro che ha fatto lascia molto a desiderare* **2** Volere: *non desidero scontrarmi con lui; desidera qualcosa da bere?* ◊ Richiedere: *ti desiderano al telefono.*

desiderio [de-si-dè-rio] *s.m.* Aspirazione a soddisfare un bisogno o un piacere Ⓢ voglia: *avere desiderio di cibo, di tranquillità, di affetto, di andare al cinema* ◊ Ciò che si desidera: *il mio unico desiderio è vivere in pace.*

desideroso [de-si-de-ró-so] *agg.* Che desidera qualcosa: *una persona desiderosa solo di pace.*

design [parola inglese; pron. corrente *desàin*] *s.m.invar.* **1** Progettazione di oggetti d'uso comune prodotti in serie **2** La forma e le caratteristiche degli oggetti prodotti in serie: *una poltrona dal design moderno.*

designare [de-si-gnà-re] *v.tr.* Scegliere o proporre qualcuno per un incarico, un ufficio: *lo hanno designato capitano della squadra* ◊ Indicare, stabilire (spec. una data): *l'incontro avrà luogo nel giorno designato.*

designer [parola inglese; pron. corrente *desàiner*] *s.m.invar.* Tecnico o artista che progetta oggetti per la produzione in serie, spec. nel campo dell'arredamento.

desinare [de-si-nà-re] *v.intr.* [aus. *avere*] Pranzare.

desinenza [de-si-nèn-za] *s.f.* Parte variabile alla fine di una parola: *nelle forme verbali «amare», «amo», «amavo» e «amante», «–are», «–o», «–avo» e «–ante» costituiscono le desinenze, mentre «am–» è il tema o la radice.*

desistere [de-sì-ste-re] *v.intr.* [coniugato come *assistere*] Rinunciare a continuare ciò che si stava facendo Ⓢ ritirarsi, recedere Ⓒ insistere: *desistere da un'impresa*; *ho cercato di convincerlo in ogni modo, ma poi ho dovuto desistere.*

desktop [parola inglese; pron. corrente *dèsktop*] *s.m.invar.* Nei computer, è la cosiddetta scrivania, cioè quello che appare sul video quando lo si accende e dove ci sono tutti gli strumenti che servono per lavorare.

desolante [de-so-làn-te] *agg.* Che sconforta, rattrista Ⓢ sconfortante, triste: *gli apparve lo spettacolo desolante dei boschi bruciati.*

desolare [de-so-là-re] *v.tr.* Addolorare, rattristare profondamente: *la sua disgrazia ci ha desolato.*

desolato [de-so-là-to] *agg.* **1** Profondamente addolorato: *sono desolato per quel che ti è successo* ◊ Spiacente, dispiaciuto: *sono desolato di non poterti accontentare* **2** Deserto, squallido: *un paesaggio desolato.*

desolazione [de-so-la-zió-ne] *s.f.* **1** Dolore profondo, inconsolabile: *la perdita della moglie l'ha lasciato nella più totale desolazione* **2** Stato di abbandono, di squallore di luoghi: *la desolazione dei campi non coltivati.*

despota [dè-spo-ta] *s.m.f.* [pl.m. *–ti*] Tiranno.

dessert [parola francese; pron. *dessèr*] *s.m. invar.* La portata (frutta, dolce, gelato) che conclude il pranzo: *cosa vuoi come dessert?*

destare [de-stà-re] *v.tr.* **1** Svegliare: *destare chi dorme* **2** ♧ Suscitare: *la notizia ha destato scalpore* ♦ **destarsi** *v.pr.* Svegliarsi: *si destò all'alba.*

destinare [de-sti-nà-re] *v.tr.* **1** Stabilire, decidere: *l'incontro è stato rinviato a data da destinarsi* **2** Assegnare qualcuno a un compito: *lo hanno destinato a un nuovo incarico* ◊ Riservare qualcosa a uno scopo, a un uso: *questi locali sono destinati agli uffici* **3** Indirizzare, rivolgere: *il film è destinato ai giovani*; *il colpo era destinato a te.*

destinatario [de-sti-na-tà-rio] *s.m.* La persona o l'ente a cui è indirizzato qualcosa (spec. lettere, pacchi ecc.): *scrivi sulla busta nome e indirizzo del destinatario.*

destinazione [de-sti-na-zió-ne] *s.f.* Luogo d'arrivo di un viaggio Ⓢ meta: *è partito per destinazione ignota* ◊ Luogo dove viene spedito qualcosa: *la lettera non è ancora arrivata a destinazione.*

destino [de-stì-no] *s.m.* Sorte assegnata a ciascun uomo, che spesso sembra stabilita da una forza superiore che decide il corso degli eventi: *non si può sfuggire al proprio destino*; *è perseguitato dal destino* | *È destino che* = è inevitabile che: *era destino che finisse così.*

destituire [de-sti-tuì-re] *v.tr.* [*destituìsco, destituìsci*] Rimuovere qualcuno da un incarico: *in seguito allo scandalo, il direttore è stato destituito.*

destituito [de-sti-tu-ì-to] *agg.* Privo, mancante: *le sue accuse sono destituite di ogni fondamento.*

destituzione [de-sti-tu-zió-ne] *s.f.* Rimozione di qualcuno da un incarico, da un ufficio.

desto [dé-sto] *agg.* Sveglio: *sogno o son desto?*

destra [dè-stra] *s.f.* **1** La mano destra: *scrive con la destra* **2** La parte corrispondente alla propria mano destra: *voltare a destra*; *il rumore viene da destra* **3** In politica, i partiti più conservatori: *alle elezioni c'è stata un'avanzata della destra* | *Di destra* = conservatore, reazionario: *la stampa di destra*; *ha idee di destra.*

destreggiarsi [de-streg-giàr-si] *v.pr.* Muoversi con abilità in mezzo a situazioni difficili Ⓢ cavarsela: *si è destreggiato tra mille difficoltà*; *con la moto è più facile destreggiarsi nel traffico.*

destrezza [de-stréz-za] *s.f.* **1** Abilità, agilità nei movimenti: *guidare con destrezza*; *la destrezza di un prestigiatore* **2** Abilità, accortezza nell'affrontare situazioni difficili.

destro [dè-stro] *agg.* **1** Che sta, nel corpo umano o animale, dalla parte opposta a quella del cuore Ⓒ sinistro: *occhio, braccio destro*; *il cavallo si è ferito alla zampa destra* ◊ Che si trova a destra dal punto di vista di chi osserva: *il bar è sul lato destro della strada* | *La riva destra di un fiume* = quella che sta a destra guardando nella direzione della corrente **2** Abile, svelto: *è destro di mano* ♦ *s.m.* **1** Occasione favorevole: *la riunione gli offrì il destro di conoscere quell'uomo* **2** Colpo dato con il pugno destro: *lo stese con un destro al mento.*

desumere [de-sù-me-re] *v.tr.* [coniugato come *assumere*] Ricavare: *ho desunto la notizia dai giornali* ◊ Dedurre, arguire: *dalle tue parole ho desunto che non eri soddisfatto.*

detective [parola inglese; pron. corrente *detèctiv*] *s.m.f.invar.* Investigatore, poliziotto privato.

detenere [de-te-né-re] *v.tr.* [coniugato come *tenere*] **1** Tenere presso di sé: *detenere abusivamente un'arma* ◊ Avere, possedere: *detenere un primato, il titolo di campione* **2** Tenere in prigione: *è detenuto da un anno.*

detentivo [de-ten-tì-vo] *agg. Pena detentiva* = che comporta la prigione.

detentore [de-ten-tó-re] *s.m.* [f. *–trice*] Chi detiene qualcosa: *il detentore di un primato, del titolo di campione.*

detenuto [de-te-nù-to] *s.m.* Chi si trova in prigione Ⓢ carcerato, recluso Ⓒ libero: *sono evasi dal carcere due detenuti.*

detenzione [de-ten-zió-ne] *s.f.* **1** Possesso: *detenzione abusiva di armi* **2** Pena detentiva Ⓢ reclusione: *fu condannato a una lunga detenzione.*

detergente [de-ter-gèn-te] *agg.* e *s.m.* Detto di prodotto che serve a pulire (spec. la pelle).

detergere [de-tèr-ge-re] *v.tr.* [coniugato come *tergere*] Pulire: *detergere la pelle* ◊ Asciugare, togliere: *si deterse il sudore dalla fronte.*

deterioramento [de-te-rio-ra-mén-to] *s.m.* Alterazione, guasto: *il caldo provoca il deterioramento dei cibi* ◊ ♧ Peggioramento: *si è avuto un deterioramento della situazione politica.*

deteriorare [de-te-rio-rà-re] *v.tr.* Alterare, guastare, danneggiare (anche ♧): *il caldo deteriora i cibi*; *l'invidia deteriora i rapporti* ♦ **deteriorarsi** *v.pr.* Ridursi in cattivo stato, guastarsi, peggiorare (anche ♧): *la situazione si è molto deteriorata.*

deteriore [de-te-rió-re] *agg.* Peggiore, meno buono: *è un ambizioso, nel senso deteriore del termine* ◊ Scadente: *merce di qualità deteriore.*

determinante [de-ter-mi-nàn-te] *agg.* Decisivo, risolutivo: *il suo aiuto è stato determinante.*

determinare [de-ter-mi-nà-re] *v.tr.* **1** Stabilire, fissare esattamente: *determinare i confini di una proprietà, il significato di una parola* **2** Provocare, causare: *il suo indebolimento è stato determinato dalla lunga malattia* **3** Indurre: *il maltempo mi ha determinato a rinviare la partenza* ♦ **determinarsi** *v.pr.* Decidersi, risolversi: *finalmente si è determinato ad accettare.*

determinativo [de-ter-mi-na-tì-vo] *agg. Articolo determinativo* = quello che si premette a un nome per indicarlo in modo definito; gli articoli determinativi sono *il*, *lo*, *la*, *i*, *gli*, *le*.

determinato [de-ter-mi-nà-to] *agg.* **1** Stabilito, definito, preciso: *si può entrare solo a determinate ore* ◊ Certo, particolare, dato: *in determinati casi non si può fare diversamente* **2** Deciso, risoluto: *sono determinato a non cedere.*

determinazione [de-ter-mi-na-zió-ne] *s.f.* Decisione: *ho preso la determinazione di dimettermi* ◊ Fermezza, risolutezza: *dobbiamo agire con la massima determinazione.*

detersivo [de-ter-sì-vo] *s.m.* Prodotto contenente sostanze detergenti per pulire e lavare.

detestare [de-te-stà-re] *v.tr.* Aborrire; odiare profondamente: *detesto l'ipocrisia*; *mi detesta perché l'ho svergognato davanti a tutti* ◊ Non sopportare: *detestare lo spreco, la mancanza di puntualità.*

detonatore [de-to-na-tó-re] *s.m.* Dispositivo che innesca l'esplosione in proiettili e bombe.

detonazione [de-to-na-zió-ne] *s.f.* Esplosione, scoppio ◊ Rumore di uno sparo: *si udirono delle detonazioni.*

detrarre [de-tràr-re] *v.tr.* [coniugato come *trarre*] Togliere via Ⓢ sottrarre Ⓒ sommare, aggiungere: *per calcolare il guadagno bisogna detrarre le spese dall'incasso.*

detrattore [de-trat-tó-re] *s.m.* [f. *–trice*] Chi cerca di sminuire la reputazione di una persona, parlandone male o negando i suoi meriti.

detrazione [de-tra-zió-ne] *s.f.* Sottrazione di una somma da un importo; ciò che viene detratto.

detrimento [de-tri-mén-to] *s.m.* Danno morale o materiale.

detrito [de-trì-to] *s.m.* (spec. al *pl.*) Frammento proveniente dalla disgregazione naturale delle rocce: *i fiumi trasportano grandi quantità di detriti* ◊ Frammento di materiali solidi in genere: *i detriti di una casa demolita.*

detronizzare [de-tro-niz-zà-re] *v.tr.* Deporre dal trono: *detronizzare un re* ◊ Nello sport, sconfiggere un campione, privandolo del titolo.

detta [dét-ta] *A detta di* = secondo l'opinione di: *a detta di tutti la situazione è difficile.*

dettagliante [det-ta-gliàn-te] *s.m.f.* Chi vende merci al dettaglio (contrapposto a *grossista*).

dettagliato [det-ta-glià-to] *agg.* Particolareggiato, minuzioso: *mi ha fatto un racconto dettagliato dei fatti.*

dettaglio [det-tà-glio] *s.m.* **1** Particolare: *un lavoro curato fin nei minimi dettagli*; *raccontami i fatti principali, lasciando perdere i dettagli* **2** *Vendere, vendita al dettaglio* = in piccole quantità, al minuto (opposto *all'ingrosso*).

dettare [det-tà-re] *v.tr.* **1** Dire le parole che altri devono scrivere, pronunciandole lentamente e con chiarezza: *la maestra ci ha dettato il titolo del tema*; *dettare una lettera* **2** Suggerire, consigliare: *fai quello che ti detta la coscienza* **3** Imporre: *sono sempre i vincitori a dettare le condizioni di pace* | *Dettar legge* = imporre la propria volontà, spadroneggiare: *vuol sempre dettar legge.*

A B C D E F G H I J K L M N O P Q R S T U V W X Y Z

dettato [det-tà-to] *s.m.* Testo scritto sotto dettatura, come esercitazione scolastica: *un dettato pieno di errori.*

dettatura [det-ta-tù-ra] *s.f.* L'azione del dettare: *scrivere sotto dettatura.*

detto [dét-to] *agg.* Soprannominato, chiamato: *Lorenzo de' Medici detto «il Magnifico»* ♦ *s.m.* Modo di dire, proverbio: *questo libro contiene una raccolta di detti popolari.*

deturpare [de-tur-pà-re] *v.tr.* Rovinare l'aspetto estetico, rendere brutto Ⓢ sfigurare: *quella cicatrice le deturpa il volto*; *un'autostrada che deturpa il paesaggio.*

devastare [de-va-stà-re] *v.tr.* Causare gravi danni, rovine e distruzioni Ⓢ distruggere, saccheggiare: *il paese è stato devastato dal terremoto*; *i soldati devastarono la città.*

devastazione [de-va-sta-zió-ne] *s.f.* Distruzione, rovina: *la guerra porta lutti e devastazioni.*

deviare [de-vi-à-re] *v.intr.* [aus. *avere*] Cambiare direzione, uscire dalla strada che si sta percorrendo: *all'incrocio devi deviare a sinistra* ◊ ♧ Allontanarsi, discostarsi: *non deviare dall'argomento* ♦ *v.tr.* Far cambiare direzione: *deviare un treno su un altro binario*; *dopo l'incidente la polizia ha deviato il traffico*; *il giocatore ha deviato di testa la palla in rete* ◊ ♧ Sviare: *non deviare il discorso*; *deviò i sospetti su un altro.*

Le tre persone singolari e la terza plurale del presente indicativo e le tre persone singolari del congiuntivo si pronunciano con l'accento sulla *i*, quindi *devìo, devìi, devìa, devìano, che io devìi* e non *dèvio, dèvii* ecc. come spesso si sente dire.

deviazione [de-via-zió-ne] *s.f.* **1** Cambiamento di direzione, di percorso: *a causa di un'interruzione della strada siamo stati costretti a fare una lunga deviazione* **2** Spostamento rispetto alla linea normale: *gli hanno riscontrato una deviazione della colonna vertebrale.*

devolvere [de-vòl-ve-re] [pass.rem. *devolvéi* o *devolvétti, devolvésti*; part.pass. *devolùto*] *v.tr.* Destinare una somma a un impiego diverso da quello normale: *stasera l'incasso del teatro sarà devoluto in beneficenza.*

devoto [de-vò-to] *agg.* **1** Pieno di devozione religiosa: *un fedele molto devoto* **2** Dedito, votato a un ideale: *un uomo devoto alla patria* **3** Affezionato, fedele: *un amico devoto.*

devozione [de-vo-zió-ne] *s.f.* **1** Sentimento di amore intenso e riverente verso la divinità: *pregava con devozione* **2** Affetto riverente per qualcuno: *ha una grande devozione per il suo maestro.*

di [di] *prep.* [unita agli articoli determinativi *il, lo, la, i, gli, le* forma le prep. articolate *del, dello, della, dei, degli, delle*; si elide normalmente davanti a vocale] **1** Esprime numerose relazioni dando luogo ai relativi complementi ◊ Specificazione: *il colore del cielo*; *la nascita di un figlio*; *lo zio di Giovanni*; *un chilo di pasta*; *molti di voi* ◊ Denominazione: *la città di Milano* ◊ Paragone: *è più bravo di te* ◊ Limitazione: *è piccolo di statura*; *lo conosco di nome* ◊ Abbondanza o privazione: *è pieno di guai*; *mancano di mezzi* ◊ Colpa: *è accusato di tradimento* ◊ Argomento: *libro di storia*; *parlare di sport* ◊ Causa: *piangere di gioia* ◊ Mezzo o strumento: *spalmare di colla*; *lavorare di lima* ◊ Modo: *camminare di fretta* ◊ Qualità: *un uomo d'ingegno* ◊ Materia: *una porta di legno* ◊ Quantità, misura: *un gruppo di sei persone*; *una casa di tre piani* ◊ Età: *un bambino di due anni* ◊ Fine o scopo: *cintura di salvataggio* ◊ Origine, provenienza: *è di famiglia povera*; *un amico di Napoli* ◊ Moto da luogo (anche ♧): *se ne è andato di casa*; *m'è uscito di mente* ◊ Tempo determinato o continuato: *di mattina*; *un viaggio di due ore* **2** In molte frasi è usato per indicare una quantità o un numero indeterminati (al posto di «alcuni», «alcune»): *mangiare (del) pane*; *è uscita con delle amiche* **3** Seguita dal verbo all'infinito introduce varie specie di frasi: *credo di non sbagliare*; *è degno di occupare quel posto.*

dì *s.m.* Giorno: *il buon dì si vede dal mattino.*

diabolico [dia-bò-li-co] *agg.* [pl.m. *–ci*] **1** Del diavolo **2** ♧ Malvagio, perverso, perfido: *un uomo diabolico*; *escogitò un piano diabolico.*

diadema [dia-dè-ma] *s.m.* [pl. *–mi*] Gioiello a forma di semicerchio, in oro, argento e pietre preziose, usato come ornamento femminile del capo.

diafano [dià-fa-no] *agg.* **1** Che lascia passare la luce; parzialmente trasparente: *un velo diafano* **2** ♧ Esile: *mani diafane* ◊ Pallido: *volto diafano.*

diaframma [dia-fràm-ma] *s.m.* [pl. *–mi*] **1** Elemento di separazione tra due spazi: *per terminare la galleria restava da abbattere un ultimo diaframma di roccia* **2** Membrana muscolare che separa la cavità toracica da quella addominale **3** Nelle macchine fotografiche, disco provvisto di un foro ad apertura variabile che regola il passaggio della luce attraverso l'obiettivo.

diagnosi [dià-gno-si] *s.f.* **1** Identificazione, riconoscimento di una malattia: *il medico aspetta di vedere gli esami per formulare una diagnosi sicura* **2** Giudizio espresso su un fenomeno dopo averlo analizzato: *la sua diagnosi è che la situazione economica è grave.*

diagnosticare [dia-gno-sti-cà-re] *v.tr.* [*diagnòstico, diagnòstichi*] Fare una diagnosi: *il medico gli ha diagnosticato una polmonite.*

diagonale [dia-go-nà-le] *s.f.* In geometria, la linea che unisce due vertici non consecutivi di un poligono ◊ Nell'uso comune, linea trasversale, obliqua | *In diagonale* = trasversalmente.

diagramma [dia-gràm-ma] *s.m.* [pl. *–mi*] Rappresentazione grafica dell'andamento di un fenomeno: *un diagramma dell'aumento della popolazione nell'ultimo decennio.*

dialettale [dia-let-tà-le] *agg.* Proprio del dialetto: *una parola dialettale*; *pronuncia dialettale* ◊ Scritto in dialetto: *poesia dialettale.*

dialettica [dia-lèt-ti-ca] *s.f.* Abilità nel discutere e capacità di convincere: *quell'avvocato ha una gran dialettica.*

dialetto [dia-lèt-to] *s.m.* Parlata caratteristica di una particolare zona geografica, più limitata rispetto a quella della lingua nazionale: *dialetto veneto, ligure, napoletano.*

dialogare [dia-lo-gà-re] *v.intr.* [*diàlogo, diàloghi*; aus. *avere*] Conversare, discorrere ◊ Comunicare con altri in uno spirito di disponibilità al confronto e all'accordo: *dialogare con gli avversari politici.*

dialogo [dià-lo-go] *s.m.* [pl. *–ghi*] **1** Discorso tra due o più persone Ⓢ conversazione, colloquio: *ho avuto un dialogo con lui* **2** Comunicazione tra persone basata sulla reciproca comprensione: *quando non c'è più dialogo si arriva allo scontro.*

diamante [dia-màn-te] *s.m.* Il più duro dei minerali, trasparente e incolore, costituito da carbonio puro, usato come pietra preziosa e in varie lavorazioni industriali.

diametralmente [dia-me-tral-mén-te] *avv.* Del tutto, totalmente: *abbiamo opinioni diametralmente opposte.*

diametro [dià-me-tro] *s.m.* Linea che unisce due punti di una circonferenza passando per il centro.

diamine [dià-mi-ne] *inter.* Esclamazione di sorpresa, impazienza, disapprovazione e simili: *diamine! non lo sapevi?*

diapason [dià-pa-son] *s.m.* **1** Forcella di metallo che, percossa, vibra emettendo la nota *la*; si usa per accordare gli strumenti musicali **2** ♧ Massimo grado Ⓢ culmine: *alla fine del concerto l'entusiasmo della folla toccò il diapason.*

diapositiva [dia-po-si-tì-va] *s.f.* Immagine fotografica stampata su una lastra trasparente e perciò adatta a essere proiettata su uno schermo.

diaria [di-à-ria] *s.f.* Compenso giornaliero corrisposto a un lavoratore dipendente in trasferta come rimborso delle spese di vitto e alloggio.

diario [di-à-rio] *s.m.* **1** Quaderno in cui si annotano giorno per giorno gli avvenimenti ritenuti più importanti e le proprie vicende, impressioni, osservazioni personali **2** Registro giornaliero: *il diario di classe degli insegnanti*; *il diario scolastico degli alunni* | *Diario di bordo* = quello tenuto dal comandante di una nave.

diarrea [diar-rè-a] *s.f.* Emissione frequente di feci liquide o semiliquide.

diaspora [dià-spo-ra] *s.f.* Dispersione di un popolo lontano dalla sua terra d'origine: *la diaspora degli ebrei.*

diavoleria [dia-vo-le-rì-a] *s.f.* Espediente, trovata astuta e ingegnosa: *riesce sempre a escogitare qualche diavoleria per cavarsela.*

diavolo [dià-vo-lo] *s.m.* Spirito del male, spesso rappresentato nella fantasia popolare come un uomo mostruoso con piedi caprini, corna e coda Ⓢ demonio, Satana: *essere tentato dal diavolo* ◊ ♧ *Mandare qualcuno al diavolo* = mandarlo in malora; mandarlo via in malo modo | *Avere un diavolo per capello* = essere di pessimo umore | *Abitare, stare a casa del diavolo* = molto lontano | *Avere il diavolo in corpo* = essere agitato, irrequieto | *Un caldo, un freddo, un chiasso del diavolo* = insopportabile | *Un buon diavolo* = persona mite e bonaria | *Un povero diavolo* = persona sfortunata, da commiserare.

dibattere [di-bàt-te-re] *v.tr.* Esaminare, discutere, trattare un problema, una questione ♦ **dibattersi** *v.pr.* Agitarsi per cercare di liberarsi Ⓢ divincolarsi: *l'animale catturato si dibatteva nella rete* ◊ ♧ Trovarsi in una situazione difficile, di incertezza, da cui non si riesce a venir fuori: *dibattersi nel dubbio, in mille difficoltà.*

dibattimento [di-bat-ti-mén-to] *s.m.* La fase del processo penale che inizia con gli interrogatori degli imputati e dei testimoni e si conclude con la requisitoria del pubblico ministero e le arringhe degli avvocati difensori.

dibattito [di-bàt-ti-to] *s.m.* Discussione pubblica su un determinato argomento.

diboscare e derivati, vedi **disboscare** e derivati.

dicastero [di-ca-stè-ro] *s.m.* Ministero.

dicembre [di-cèm-bre] *s.m.* Dodicesimo e ultimo mese dell'anno, di 31 giorni.

diceria [di-ce-rì-a] *s.f.* Notizia senza fondamento; voce, chiacchiera maligna: *chi ha messo in giro queste dicerie sul mio conto?*

dichiarare [di-chia-rà-re] *v.tr.* **1** Esprimere apertamente, manifestare: *ha dichiarato le sue intenzioni; le dichiarò il proprio amore* **2** Affermare: *ha dichiarato di non conoscere l'imputato* ◊ Proclamare: *lo hanno dichiarato colpevole; dichiarare uno sciopero, la guerra; è stato dichiarato vincitore* ♦ **dichiararsi** *v.pr.* Affermare di essere Ⓢ professarsi, proclamarsi: *dichiararsi innocente, colpevole, vincitore* ◊ Manifestare la propria opinione riguardo a qualcosa o qualcuno: *dichiararsi contro la guerra, a favore di un candidato.*

dichiarazione [di-chia-ra-zió-ne] *s.f.* Comunicazione di qualcosa ad altri in forma pubblica e ufficiale: *il ministro ha rilasciato una dichiarazione alla stampa* ◊ Proclamazione: *dichiarazione di guerra* ◊ Affermazione: *non credo alle sue dichiarazioni* ◊ Documento in cui si dichiara qualcosa: *firmare la dichiarazione dei redditi.*

diciannove [di-cian-nò-ve] *agg.num.card.invar.* e *s.m.invar.* Numero equivalente a una decina più nove unità | *Le diciannove* = le ore sette del pomeriggio.

diciassette [di-cias-sèt-te] *agg.num.card.invar.* e *s.m.invar.* Numero equivalente a una decina più sette unità | *Le diciassette* = le ore cinque del pomeriggio.

diciotto [di-ciòt-to] *agg.num.card.invar.* e *s.m.invar.* Numero equivalente a una decina più otto unità | *Le diciotto* = le ore sei del pomeriggio.

dicitura [di-ci-tù-ra] *s.f.* Breve scritta di indicazione, di avviso: *sul flacone c'è la dicitura «agitare prima dell'uso».*

didascalia [di-da-sca-lì-a] *s.f.* Breve scritta informativa che accompagna un'illustrazione ◊ Nei film muti o in lingua straniera, scritta sovrimpressa alle immagini per spiegare l'azione o tradurre il parlato Ⓢ sottotitolo.

didattico [di-dàt-ti-co] *agg.* [pl.m. *-ci*] Che riguarda l'insegnamento: *quell'insegnante ha un buon metodo didattico; riunione didattica.*

dieci [diè-ci] *agg.num.card.invar.* e *s.m.invar.* Numero equivalente a nove unità più una (si scrive 10 in numeri arabi, X in numeri romani) | *Le dieci* = le ore dieci del mattino o della sera.

diecina vedi **decina**.

diesel [parola tedesca; pron. *dìsel*] *agg.* e *s.m.invar.* Nome di un tipo di motore a combustione interna ◊ Autoveicolo dotato di tale motore.

dieta [diè-ta] *s.f.* Tipo di alimentazione: *dieta a base di verdura, di latte; una dieta priva di grassi* ◊ Temporanea riduzione del cibo o astinenza da alcuni cibi: *stare a dieta; si è messo a dieta.*

dietetico [die-tè-ti-co] *agg.* [pl.m. *-ci*] Che riguarda la dieta alimentare.

dietro [diè-tro] *avv.* Nella parte posteriore, opposta a quella davanti: *in auto preferisco stare (di) dietro; è qua dietro, lì dietro* ♦ *prep.* (può essere seguito dalla preposizione *a* o, davanti a pronome personale, anche da *di*) **1** Nella parte posteriore, di là da: *dietro la porta; il giardino è dietro la casa* ◊ Alle spalle (anche ♧): *stava seduto dietro di me; ti ridevano dietro* | *Portarsi dietro qualcuno* = portarlo con sé ◊ Appresso: *camminare uno dietro l'altro* **2** Dopo: *ha avuto un problema dietro l'altro* ♦ *s.m.* La parte posteriore: *il dietro dei pantaloni.*

dietrofront [die-tro-frónt] o **dietro front** *inter.* Comando (spec. rivolto a soldati) di invertire in senso opposto la direzione di marcia o la posizione di schieramento ♦ *s.m.* L'atto di voltarsi in direzione opposta | *Fare dietrofront* = invertire il senso di marcia, tornare indietro; ♧ desistere da un proposito, da un'impresa, cambiare improvvisamente opinione.

difatti [di-fàt-ti] *congz.* Infatti.

difendere [di-fèn-de-re] *v.tr.* [pass.rem. *difési*; part.pass. *diféso*] **1** Proteggere, salvaguardare, riparare da pericoli, danni, attacchi: *difendere i deboli; difendere la salute con una vita sana; lo scudo lo difendeva dai colpi* **2** Sostenere: *difendere le proprie opinioni* ◊ Sostenere la difesa di un imputato in un processo: *è difeso da un buon avvocato* ♦ **difendersi** *v.pr.* **1** Proteggersi, ripararsi: *difendersi dai colpi, dal freddo* **2** Opporre resistenza, tener testa a un nemico, a un avversario: *gli assediati si difesero sino alla morte* ◊ Sostenere le proprie ragioni: *di fronte alle accuse non è stato capace di difendersi.*

difensiva [di-fen-sì-va] *s.f.* Tattica di combattimento e di gioco o atteggiamento che privilegia la difesa e lascia all'avversario l'iniziativa di attaccare: *stare, tenersi, mettersi sulla difensiva.*

difensivo [di-fen-sì-vo] *agg.* Di difesa; che serve, che è fatto per difendersi: *atteggiamento difensivo; lo scudo è un'arma difensiva.*

difensore [di-fen-só-re] *agg.* Che difende: *avvocato difensore* ♦ *s.m.* **1** Chi difende qualcuno o qualcosa: *i difensori dei deboli, della libertà* **2** Avvocato che assume la difesa di un imputato in un processo: *nominò un difensore di fiducia* **3** Negli sport di squadra, giocatore con ruolo difensivo.

difesa [di-fé-sa] *s.f.* **1** L'atto e il fatto di difendere e difendersi: *la difesa dell'ambiente, dei pro-*

pri interessi; *accorse in difesa dell'aggredito*; *ho preso le tue difese*; *stare in difesa*; *armi da difesa* **2** Ciò che serve a difendere o a difendersi Ⓢ protezione, riparo, fortificazione: *la lana è un'ottima difesa dal freddo*; *difesa antiaerea*; *bombardare le difese nemiche* ◊ Discorso o scritto con cui si difende se stessi o altri: *l'avvocato ha pronunciato una brillante difesa* **3** Avvocato difensore: *dare la parola alla difesa* ◊ Nel calcio e in altri sport, reparto arretrato di una squadra che ha il compito di contrastare gli attacchi avversari: *una squadra con una buona difesa.*

difettivo [di-fet-tì-vo] *agg.* Detto di nomi che mancano del singolare o del plurale (per es. *le ferie, il pepe*) e di verbi che mancano di alcune forme della coniugazione (per es. *esimere*).

difetto [di-fèt-to] *s.m.* **1** Imperfezione: *ha un difetto fisico*; *quest'auto ha un difetto di costruzione* ◊ Cattiva abitudine, tendenza negativa Ⓢ vizio Ⓒ pregio, dote, qualità: *ha il difetto di parlare troppo*; *non ammette i suoi difetti* **2** Mancanza, scarsità: *una classe in cui c'è difetto di collaborazione* | *Far difetto* = mancare: *non gli fa certo difetto la buona volontà.*

difettoso [di-fet-tó-so] *agg.* Che ha dei difetti, delle imperfezioni: *ha una vista difettosa*; *un pezzo difettoso.*

diffamare [dif-fa-mà-re] *v.tr.* Offendere la reputazione di qualcuno diffondendo notizie disonorevoli sul suo conto Ⓢ denigrare, calunniare.

diffamazione [dif-fa-ma-zió-ne] *s.f.* Calunnia, denigrazione.

differente [dif-fe-rèn-te] *agg.* Che non è uguale né simile Ⓢ diverso: *due oggetti molto differenti*; *caratteri, opinioni differenti.*

differenza [dif-fe-rèn-za] *s.f.* **1** Ciò per cui due cose sono differenti: *qual è la differenza tra il ferro e l'acciaio?* ◊ Diversità: *differenza di peso, di gusti, di opinioni* | *Non fa, non c'è differenza* = è lo stesso | *A differenza di* = diversamente da | *Non fare differenze* = trattare allo stesso modo **2** Risultato dell'operazione di sottrazione.

differimento [dif-fe-ri-mén-to] *s.m.* Rinvio, proroga: *chiedere il differimento di una riunione, di un pagamento.*

differire [dif-fe-rì-re] *v.tr.* [*differìsco, differìsci*] Rimandare a un periodo successivo Ⓢ rinviare Ⓒ anticipare: *fu costretto a differire il giorno della partenza* ♦ *v.intr.* [aus. *avere*] Essere differente: *le mie opinioni differiscono completamente dalle tue.*

differita [dif-fe-rì-ta] *s.f.* Trasmissione televisiva mandata in onda in un momento successivo alla sua registrazione: *la partita non sarà trasmessa in diretta, ma in differita.*

difficile [dif-fi-ci-le] *agg.* **1** Che richiede particolare impegno, fatica, abilità: *un lavoro, un compito difficile* ◊ Non facile da capire Ⓢ complesso, complicato: *un libro, un problema difficile* **2** Pieno di ostacoli, disagi, difficoltà, preoccupazioni: *un percorso difficile*; *tempi, momenti difficili* **3** Chiuso, scontroso: *ha un carattere difficile* ◊ Esigente: *è di gusti difficili* **4** Poco probabile: *è difficile che ti risponda subito* ♦ *s.m.* Cosa difficile Ⓢ difficoltà: *il difficile è cominciare.*

difficoltà [dif-fi-col-tà] *s.f.* **1** Complessità: *un problema di notevole difficoltà* **2** Ostacolo, complicazione, disagio: *nella vita bisogna affrontare molte difficoltà* ◊ Stento, fatica: *ho difficoltà a piegare il ginocchio, a digerire* **3** (al *pl.*) Situazione difficile: *si trova in gravi difficoltà* **4** Obiezione, opposizione: *fa sempre delle difficoltà per lasciarci uscire.*

difficoltoso [dif-fi-col-tó-so] *agg.* Pieno di difficoltà Ⓢ difficile, arduo Ⓒ facile, agevole: *un compito difficoltoso* ◊ Che avviene con difficoltà Ⓢ faticoso: *ha una respirazione difficoltosa.*

diffidare [dif-fi-dà-re] *v.intr.* [aus. *avere*] Non fidarsi: *diffido di chi promette troppo* ♦ *v.tr.* Intimare a una persona di astenersi dal fare qualcosa: *lo hanno diffidato dal tornare nella nostra città.*

diffidente [dif-fi-dèn-te] *agg.* Che non si fida Ⓢ sospettoso Ⓒ fiducioso: *è un tipo diffidente.*

diffidenza [dif-fi-dèn-za] *s.f.* Mancanza di fiducia negli altri.

diffondere [dif-fón-de-re] *v.tr.* [coniugato come *fondere*] **1** Spargere, spandere tutt'intorno: *la lampada diffonde luce, la stufa calore* **2** ♧ Propagare, divulgare: *diffondere un contagio, una notizia* ◊ Trasmettere: *la radio oggi ha diffuso un comunicato* ♦ **diffondersi** *v.pr.* **1** Spandersi attorno: *il profumo si diffuse in tutta la casa* **2** ♧ Propagarsi, divulgarsi: *il panico si diffuse tra la folla.*

difforme [dif-fór-me] *agg.* Discordante, diverso: *una copia difforme dall'originale.*

diffusione [dif-fu-sió-ne] *s.f.* Il diffondere, il diffondersi, l'essere diffuso (spec. ♧) Ⓢ propagazione, divulgazione: *la diffusione del calore, di un'epidemia, di una notizia*; *un giornale di larga diffusione.*

diffuso [dif-fù-so] *agg.* **1** Di largo uso e consumo: *un prodotto, un giornale molto diffuso* ◊ Comune a molte persone: *è opinione diffusa che il governo cadrà* **2** Detto di luce, che si diffonde in modo uniforme.

difilato [di-fi-là-to] *avv.* Direttamente e rapidamente: *sono andati difilato a casa* ◊ Di seguito: *parlò due ore difilato.*

diga [dì-ga] *s.f.* Opera di sbarramento costruita lungo un corso d'acqua per creare un bacino artificiale o davanti a coste e porti per ripararli dalle onde del mare.

digerente [di-ge-rèn-te] *agg.* Che serve alla digestione: *apparato digerente.*

digerire [di-ge-rì-re] *v.tr.* [*digerìsco, digerìsci*] **1** Assimilare gli alimenti che si mangiano: *ha uno stomaco che digerisce tutto* **2** ♧ Sopportare, tollerare: *è una persona che non riesco a digerire.*

digestione [di-ge-stió-ne] *s.f.* Processo per cui gli alimenti ingeriti vengono trasformati in sostanze assimilabili dall'organismo: *digestione lunga, facile, difficile.*

digestivo [di-ge-stì-vo] *agg.* Che riguarda la digestione: *disturbi digestivi* ◊ Che favorisce la digestione: *bevanda digestiva* ◊ *s.m.* Bevanda, liquore che aiuta a digerire.

digitale[1] [di-gi-tà-le] *agg.* Del dito, delle dita: *impronte digitali.*

digitale[2] [di-gi-tà-le] *agg.* Si dice del modo in cui ogni informazione viene rappresentata nel linguaggio dei computer, cioè attraverso una serie di numeri Ⓢ numerico | *Orologio digitale* = quello in cui ore, minuti e secondi sono indicati con delle cifre, anziché con le lancette.

digitare [di-gi-tà-re] *v.tr.* Comporre con le dita su una tastiera: *digitare un numero telefonico.*

digiunare [di-giu-nà-re] *v.intr.* [aus. *avere*] Non mangiare per un periodo di tempo: *digiunare per malattia, per protesta, per mancanza di cibo.*

digiuno[1] [di-giù-no] *agg.* **1** Che non ha mangiato da un certo periodo di tempo: *è digiuno da due giorni* **2** ♧ Privo, sprovvisto: *sono digiuno di notizie sugli ultimi avvenimenti* ◊ Privo di cognizioni in un campo: *sono digiuno di informatica.*

digiuno[2] [di-giù-no] *s.m.* Astensione dal cibo per un certo periodo di tempo: *iniziare un digiuno* | *A digiuno* = a stomaco vuoto: *il prelievo del sangue va fatto a digiuno.*

dignità [di-gni-tà] *s.f.* Valore che ogni essere umano ha per sua natura e che è degno di rispetto: *il trattamento dei carcerati deve rispettare la loro dignità umana* ◊ Rispettabilità, decoro: *devo tutelare la dignità della mia famiglia* ◊ Rispetto per se stessi Ⓢ onore: *si è comportato con dignità*; *non ha più un briciolo di dignità.*

dignitoso [di-gni-tó-so] *agg.* Pieno di dignità; che rivela dignità: *un uomo molto dignitoso*; *ha sempre avuto un contegno dignitoso* ◊ Decoroso, decente: *una casa povera ma dignitosa.*

digradare [di-gra-dà-re] *v.intr.* [aus. *avere*] Scendere, abbassarsi gradatamente: *la spiaggia digradava verso il mare.*

digressione [di-gres-sió-ne] *s.f.* Deviazione dalla via che si sta seguendo: *abbiamo fatto una digressione di qualche chilometro per visitare un amico* ◊ ♧ Deviazione dall'argomento principale del discorso Ⓢ divagazione: *non finirai mai il tuo racconto, se fai continue digressioni!*

digrignare [di-gri-gnà-re] *v.tr.* Mostrare i denti facendoli stridere, in segno di rabbia e di minaccia (detto dei cani e anche dell'uomo).

diktat [parola tedesca; pron. *dìctat*] *s.m.invar.* Imposizione delle proprie condizioni, senza possibilità di trattative, da parte di chi ha vinto una guerra o comunque si trova in una posizione di forza.

dilagare [di-la-gà-re] *v.intr.* [*dilàgo, dilàghi*; aus. *avere* o *essere*] **1** Detto di acque, straripare spargendosi attorno come un lago **2** ♧ Estendersi, diffondersi in modo rapido e incontrollabile: *l'epidemia sta dilagando.*

dilaniare [di-la-nià-re] *v.tr.* **1** Fare a pezzi: *fu dilaniato dall'esplosione* ◊ Sbranare: *il leone dilaniò la preda* **2** ♧ Tormentare: *è dilaniato dai rimorsi.*

dilapidare [di-la-pi-dà-re] *v.tr.* Spendere malamente Ⓢ sperperare, scialacquare Ⓒ risparmiare: *ha dilapidato tutti i propri averi.*

dilatare [di-la-tà-re] *v.tr.* Rendere più largo o far aumentare di volume Ⓢ allargare, ampliare Ⓒ restringere: *dilatare le narici*; *le bevande gassate dilatano lo stomaco* ♦ **dilatarsi** *v.pr.* Aumentare di estensione o di volume Ⓢ ampliarsi, espandersi: *il legno si dilata con l'umidità.*

dilazionare [di-la-zio-nà-re] *v.tr.* Rimandare nel tempo Ⓢ differire: *dilazionare un pagamento.*

dilazione [di-la-zió-ne] *s.f.* Differimento, rinvio, proroga: *chiedere una dilazione di pagamento.*

dileggio [di-lég-gio] *s.m.* Derisione, scherno.

dileguare [di-le-guà-re] *v.intr.* [aus. *essere*] e **dileguarsi** *v.pr.* Scomparire, svanire (anche ♧): *i ladri si dileguarono nelle tenebre*; *le mie speranze sono ormai dileguate.*

dilemma [di-lèm-ma] *s.m.* [pl. *–mi*] Alternativa non facile tra due possibili decisioni o scelte: *trovarsi di fronte a un dilemma.*

dilettante [di-let-tàn-te] *agg.* e *s.m.f.* **1** Che, chi si dedica a un'attività (spec. artistica o sportiva) non per professione e per guadagno, ma per diletto e per passione: *pugile, ciclista, pittore dilettante*; *gara per dilettanti* **2** In senso spregiativo, chi si occupa di qualcosa senza la dovuta preparazione e capacità: *in pittura è un dilettante*; *un lavoro superficiale, da dilettante.*

dilettare [di-let-tà-re] *v.tr.* Procurare gioia, piacere: *uno spettacolo che diletta la vista* ♦ **dilettarsi** *v.pr.* Provare piacere, soddisfazione Ⓢ divertirsi: *c'è chi si diletta a vedere le disgrazie altrui* ◊ Dedicarsi a un'attività per divertimento, per svago: *si diletta di pittura.*

diletto[1] [di-lèt-to] *agg.* Particolarmente caro e amato: *i miei diletti figli*; *il suo amico diletto.*

diletto[2] [di-lèt-to] *s.m.* Piacere, gioia, soddisfazione: *ascoltare la musica mi dà grande diletto* | *Per diletto* = per divertimento, per svago: *leggere, praticare uno sport per diletto.*

diligente [di-li-gèn-te] *agg.* Che svolge con diligenza la sua attività, i suoi compiti Ⓒ negligente: *uno scolaro, un impiegato diligente* ◊ Fatto con diligenza Ⓢ accurato: *un lavoro diligente.*

diligenza[1] [di-li-gèn-za] *s.f.* Impegno, accuratezza, scrupolosità nello svolgere un lavoro, un compito: *studia con molta diligenza.*

diligenza[2] [di-li-gèn-za] *s.f.* Grande carrozza trainata da più cavalli, adibita un tempo al trasporto di persone e merci.

diluire [di-lu-ì-re] *v.tr.* [*diluìsco, diluìsci*] Rendere meno concentrata una sostanza liquida, aggiungendovi altri liquidi: *diluire la vernice con un solvente* ◊ Sciogliere in un liquido una sostanza solida: *ho diluito la compressa in un po' d'acqua.*

dilungarsi [di-lun-gàr-si] *v.pr.* [*mi dilùngo, ti dilùnghi*] Soffermarsi troppo a lungo su un argomento: *si è dilungato a raccontarmi le sue pene.*

diluviare [di-lu-vià-re] *v.intr.impers.* [aus. *avere* o *essere*] Piovere a dirotto: *oggi ha* (o *è*) *diluviato per tre ore.*

diluvio [di-lù-vio] *s.m.* **1** Pioggia violenta e incessante **2** ♧ Grande quantità: *l'oratore fu accolto da un diluvio di fischi.*

dimagrante [di-ma-gràn-te] *agg.* Che fa dimagrire: *cura dimagrante.*

dimagrire [di-ma-grì-re] *v.intr.* [*dimagrìsco, dimagrìsci*; aus. *essere*] Diventare magro o più magro: *sei dimagrito parecchio dopo la malattia.*

dimenare [di-me-nà-re] *v.tr.* Agitare in qua e in là: *il cane dimenava la coda* ♦ **dimenarsi** *v.pr.* Agitarsi, dibattersi: *si dimenava nel letto.*

dimensione [di-men-sió-ne] *s.f.* Ognuna delle misure (larghezza, lunghezza, altezza) che determinano l'estensione di un corpo o di uno spazio: *calcolare le dimensioni di un campo, di un locale* ◊ (al *pl.*) Estensione, grandezza: *una piazza, un palazzo di notevoli dimensioni.*

dimenticanza [di-men-ti-càn-za] *s.f.* Negligenza, errore: *è stata una grave dimenticanza non averti avvisato.*

dimenticare [di-men-ti-cà-re] *v.tr.* [*diméntico, diméntichi*] e **dimenticarsi** *v.pr.* **1** Non ricordare più o non ricordarsi di qualcosa Ⓢ scordare: *ho dimenticato il tuo indirizzo*; *dimenticarsi (di) un appuntamento, di telefonare a qualcuno* ◊ Cancellare dalla propria mente o perdonare: *è un episodio che voglio dimenticare*; *dimenticare un'offesa* ◊ Trascurare: *dimenticare i propri doveri* **2** Lasciare per distrazione un oggetto in qualche luogo: *ho dimenticato l'ombrello al cinema.*

dimesso [di-més-so] *agg.* Umile e modesto: *stava in atteggiamento dimesso* | *Abito dimesso* = povero e semplice.

dimestichezza [di-me-sti-chéz-za] *s.f.* Familiarità, confidenza: *dopo un po' sono entrato in dimestichezza con lui* ◊ Pratica, esperienza: *ho poca dimestichezza con le lingue.*

dimettere [di-mét-te-re] *v.tr.* [coniugato come *mettere*] Far uscire: *dimettere un detenuto dal carcere, un malato dall'ospedale* ♦ **dimettersi** *v.pr.* Rinunciare a una carica, a un ufficio; dare le dimissioni: *si è dimesso dalla direzione dell'azienda*; *il governo si è dimesso.*

dimezzare [di-mez-zà-re] *v.tr.* Ridurre alla metà; ridurre notevolmente: *dimezzare le spese*; *i nostri guadagni si sono dimezzati.*

diminuire [di-mi-nu-ì-re] *v.tr.* [*diminuìsco, diminuìsci*] Rendere minore Ⓢ ridurre Ⓒ aumentare: *diminuire le spese, i prezzi, i rischi* ♦ *v.intr.* [aus. *essere*] Diventare minore Ⓢ ridursi, decrescere, calare: *la febbre è diminuita.*

diminutivo [di-mi-nu-tì-vo] *s.m.* Sostantivo o aggettivo a cui è stato aggiunto un suffisso (per es. *–ino, –etto, –ello*) che indica una diminuzione di grandezza o esprime affettuosità (per es. *casetta, tavolino, bellino, stupidello*).

diminuzione [di-mi-nu-zió-ne] *s.f.* Riduzione, abbassamento, calo: *è necessaria una diminuzione dei prezzi*; *c'è stata una diminuzione della temperatura.*

dimissione [di-mis-sió-ne] *s.f.* (spec. al *pl.*) Rinuncia volontaria a una carica, a un impiego, a un ufficio: *dare, presentare le proprie dimissioni.*

dimora [di-mò-ra] *s.f.* Luogo in cui si abita Ⓢ residenza: *stabilì la propria dimora in campagna*;

una persona senza fissa dimora ◊ Casa, abitazione: *una dimora modesta, lussuosa* | ♧ *L'ultima, l'estrema dimora* = la tomba.

dimorare [di-mo-rà-re] *v.intr.* [aus. *avere*] Abitare, risiedere: *ha dimorato alcuni anni all'estero.*

dimostrante [di-mo-stràn-te] *s.m.f.* Chi partecipa a una dimostrazione pubblica Ⓢ manifestante.

dimostrare [di-mo-strà-re] *v.tr.* **1** Mostrare apertamente Ⓢ manifestare, rivelare: *ha dimostrato interesse per lo studio*; *le sue parole dimostrano che non ha capito* **2** Provare con ragionamenti o fatti la verità di qualcosa: *dimostrare un teorema*; *l'imputato ha dimostrato la sua innocenza* **3** Spiegare, far vedere: *vi dimostrerò come funziona questa macchina* ♦ *v.intr.* [aus. *avere*] Fare una dimostrazione pubblica: *gli studenti hanno dimostrato per la pace*; *dimostrare contro i licenziamenti* ♦ **dimostrarsi** *v.pr.* Mostrare di essere, rivelarsi: *si è dimostrato coraggioso.*

dimostrativo [di-mo-stra-tì-vo] *agg.* **1** Che serve a dimostrare qualcosa: *vi farò un esperimento a scopo dimostrativo* **2** In grammatica, detto di aggettivo o di pronome (*questo, codesto, quello*) col quale si indica la vicinanza o la lontananza (nello spazio o nel tempo) di qualcosa o qualcuno rispetto a chi parla o ascolta.

dimostrazione [di-mo-stra-zió-ne] *s.f.* **1** Manifestazione, prova: *mi ha dato una dimostrazione di affetto* **2** Ragionamento che prova la verità di una tesi: *la dimostrazione di un teorema* **3** Prova pratica per illustrare il funzionamento di un meccanismo o le qualità di un prodotto **4** Manifestazione pubblica, spec. con cortei, di protesta e denuncia: *gli studenti hanno fatto una dimostrazione contro il governo.*

dinamica [di-nà-mi-ca] *s.f.* Modo in cui si svolge un avvenimento: *i vigili cercano di ricostruire la dinamica dell'incidente.*

dinamico [di-nà-mi-co] *agg.* [pl.m. *-ci*] Pieno di energia, di vitalità, di movimento: *una persona dinamica*; *fa una vita dinamica.*

dinamismo [di-na-mì-smo] *s.m.* Attività continua, energia, vitalità: *è un uomo pieno di dinamismo*; *il dinamismo della vita moderna.*

dinamitardo [di-na-mi-tàr-do] *agg.* Compiuto con un esplosivo: *un attentato dinamitardo* ♦ *s.m.* Chi compie attentati con esplosivi.

dinamite [di-na-mì-te] *s.f.* Potente esplosivo ottenuto con la nitroglicerina miscelata ad altre sostanze.

dinamo [dì-na-mo] *s.f.invar.* Generatore meccanico di corrente elettrica, usato spec. in autoveicoli e motoveicoli.

dinanzi [di-nàn-zi] o **dinnanzi** [din-nàn-zi] *avv.* Davanti, avanti, di fronte: *mi si parò dinanzi* ♦ *prep.* (sempre seguita dalla prep. *a*) Davanti, di fronte a, in presenza di: *era seduto dinanzi a me*; *è stato chiamato a comparire dinanzi al giudice.*

dinastia [di-na-stì-a] *s.f.* Serie di sovrani appartenenti a una stessa famiglia: *la dinastia dei Borbone* ◊ Serie di membri di una famiglia che si succedono nella stessa attività: *una dinastia di industriali, di musicisti.*

diniego [di-niè-go] *s.m.* [pl. *-ghi*] Negazione, rifiuto: *fece un cenno di diniego*; *ha opposto un diniego alla mia richiesta.*

dinoccolato [di-noc-co-là-to] *agg.* Slegato e cascante nei movimenti: *camminare con andatura dinoccolata.*

dinosauro [di-no-sàu-ro] *s.m.* Nome generico di animali appartenenti a diverse specie di rettili fossili, per lo più di grandi dimensioni, vissuti fra 200 e 70 milioni di anni fa.

dintorno [din-tór-no] o **d'intorno** *avv.* Intorno.

dintorni [din-tór-ni] *s.m.pl.* I luoghi circostanti, le vicinanze: *abita nei dintorni di Firenze.*

dio [dì-o] *s.m.* [pl. *gli dei*] **1** [solo al singolare e scritto con l'iniziale maiuscola] Nel cristianesimo e nelle altre religioni monoteiste, l'essere supremo che ha creato e governa l'universo: *il Dio dei cristiani, degli ebrei, dei musulmani*; *credere in Dio* | ♧ *Ben di Dio, grazia di Dio* = abbondanza **2** Nelle religioni politeiste, ognuno degli esseri immortali dotati di particolari attributi e funzioni Ⓢ divinità: *tra gli dei pagani Marte era il dio della guerra, Nettuno il dio del mare.*

diocesi [di-ò-ce-si] *s.f.* Territorio su cui esercita la propria autorità un vescovo.

diottria [diot-trì-a] *s.f.* In oculistica, unità di misura della capacità visiva.

dipanare [di-pa-nà-re] *v.tr.* **1** Svolgere il filo di una matassa raccogliendolo in un gomitolo **2** ♧ Sbrogliare, districare, risolvere: *è riuscito a dipanare una situazione intricata.*

dipartimento [di-par-ti-mén-to] *s.m.* Suddivisione di un territorio a fini amministrativi.

dipendente [di-pen-dèn-te] *agg.* Che dipende da altro o da altri Ⓢ subordinato Ⓒ indipendente, autonomo: *fa un lavoro dipendente* ♦ *s.m.f.* Chi lavora alle dipendenze di altri: *i dipendenti statali, delle aziende private.*

dipendenza [di-pen-dèn-za] *s.f.* L'essere dipendente da qualcuno: *lavora alle dipendenze di una ditta* | *Avere qualcuno alle proprie dipendenze* = essere il suo datore di lavoro ◊ *Dipendenza da una droga* = il non poterne fare a meno Ⓢ tossicodipendenza.

dipendere [di-pèn-de-re] *v.intr.* [coniugato come *appendere*; aus. *essere*] **1** Essere causato da qualcosa Ⓢ derivare: *il ritardo è dipeso da un incidente*; *la sua debolezza dipende dalla malattia* ◊ Essere subordinato a una data condizione o alle decisioni di qualcuno: *dipenderà dal tempo se faremo la gita*; *tutto dipende da te* **2** Essere subordinato al potere, all'autorità di qualcuno o qualcosa: *dipende economicamente dalla famiglia*; *questo ufficio dipende dal comune.*

dipingere [di-pìn-ge-re] *v.tr.* [pres. *dipìngo, dipìngi*; pass.rem. *dipìnsi, dipingésti*; part.pass. *dipìnto*] **1** Rappresentare qualcosa per mezzo della pittura: *dipingere un paesaggio, delle figure* ◊ Ricoprire, decorare con pitture: *dipingere un quadro, le pareti di una cappella* ◊ Usare la tecnica della pittura; fare della pittura: *sta imparando a dipingere*; *non dipinge più da tempo* **2** Colorare, verniciare, pitturare: *dipingere un soffitto, un mobile* ◊ Truccare, imbellettare: *dipingersi il volto, le labbra* ♦ **dipingersi** *v.pr.* Truccarsi.

dipinto [di-pìn-to] *agg.* Decorato con pitture o colorato: *un palazzo con la facciata dipinta* ◊ Tinto, truccato: *ha sempre le labbra dipinte* ♦ *s.m.* Opera di pittura Ⓢ quadro: *un dipinto di Raffaello.*

diploma [di-plò-ma] *s.m.* [pl. *–mi*] Documento ufficiale che attesta il possesso di un titolo di studio: *diploma elementare, di scuola media superiore, di laurea.*

diplomarsi [di-plo-màr-si] *v.pr.* Ottenere un diploma scolastico: *si è diplomato in ragioneria.*

diplomatico [di-plo-mà-ti-co] *agg.* [pl.m. *–ci*] **1** Che riguarda la diplomazia: *i due paesi hanno rotto le relazioni diplomatiche* **2** ♧ Abile, accorto, pieno di tatto: *un uomo molto diplomatico*; *dare una risposta diplomatica* ♦ *s.m.* Funzionario che esercita l'attività diplomatica, che rappresenta il proprio governo presso paesi stranieri.

diplomato [di-plo-mà-to] *agg.* e *s.m.* Che, chi è in possesso di un diploma scolastico.

diplomazia [di-plo-ma-zì-a] *s.f.* **1** Attività con cui uno stato regola i rapporti con altri stati ◊ Il complesso delle persone e degli organismi che svolgono tale attività: *il capo dello stato ha ricevuto i rappresentanti della diplomazia italiana* **2** ♧ Abilità, tatto, discrezione nell'affrontare questioni importanti e delicate: *se vuoi convincerlo devi parlargli con diplomazia.*

diporto [di-pòr-to] *s.m.* Svago, divertimento: *viaggiare per diporto* | *Imbarcazione da diporto* = imbarcazione (a vela, a motore, a remi) per gare sportive o per svago.

diradare [di-ra-dà-re] *v.tr.* Rendere meno fitto, più rado: *il sole dirada la nebbia*; *diradare la vegetazione* ◊ Rendere meno frequente: *da qualche tempo ha diradato le sue visite.*

diramare [di-ra-mà-re] *v.tr.* Comunicare a più persone (a mezzo posta, stampa, radio ecc.) un annuncio, una notizia, un ordine ♦ **diramarsi** *v.pr.* Dividersi in più rami (detto di tronchi, fiumi, strade, vene ecc.) Ⓢ ramificarsi.

diramazione [di-ra-ma-zió-ne] *s.f.* **1** Ognuno dei rami secondari che si dipartono dal tronco principale di un albero, di un fiume, di una strada, di una ferrovia **2** Invio, diffusione: *la diramazione degli inviti a una cerimonia.*

dire [dì-re] *v.tr.* [pres. *dìco, dìci, dìce, diciàmo, dìte, dìcono*; imperf. *dicévo*; pass.rem. *dìssi, dicésti*; fut. *dirò*; cong.pres. *(io, tu, egli) dìca, diciàmo, diciàte, dìcano*; cong.imperf. *dicéssi*; imper. *dì* o *di', dìte*; ger. *dicèndo*; part.pres. *dicènte*; part. pass. *détto*] **1** Esprimere con la voce; manifestare un pensiero, un'opinione con parole o scritti: *gli ho detto che sono stanco*; *non ho nulla da dire*; *cosa dice il giornale?* | *Per meglio dire* = più precisamente | *È tutto dire* = non occorre aggiungere altro ◊ Recitare: *dire una poesia, le preghiere* ◊ Raccontare, riferire: *dimmi come è andata*; *non dirlo a nessuno* ◊ Consigliare: *cosa mi dici di fare?* ◊ Ordinare: *gli ho detto di tacere* ◊ Esprimere in una determinata lingua: *come si dice «casa» in francese?* ◊ (usato impersonalmente) Corre voce, è opinione: *si dice che sia partito*; *dicono che pioverà* **2** Parlare: *lascialo dire*; *dire bene, male di qualcuno*; *dici per davvero?* | *Avere a che dire con qualcuno* = discutere, litigare con lui **3** ♧ Suggerire, indicare: *l'esperienza mi dice che non ne verrà fuori niente di buono* **4** *Voler dire* = significare: *che cosa vuol dire «maison» in francese?* | *Non vuol dir nulla* = non ha nessuna importanza ♦ *s.m.* Il parlare: *il dire è più facile del fare* | *A suo dire* = secondo lui.

directory [parola inglese; pron. corrente *dairèctori*] *s.f.invar.* **1** Elenco dei documenti e file contenuti in un'unità di memoria di un computer **2** Suddivisione della memoria del computer in cui l'utente riunisce più documenti e file Ⓢ cartella,

diretta [di-rèt-ta] *s.f.* Trasmissione radiotelevisiva mandata in onda contemporaneamente alla sua realizzazione.

direttamente [di-ret-ta-mén-te] *avv.* Senza soste

o deviazioni: *è andato direttamente a casa* ◊ Senza intermediari: *rivolgiti direttamente a lui.*

direttiva [di-ret-tì-va] *s.f.* Indicazione generale su come agire e comportarsi, data da un'autorità: *attenersi alle direttive del governo, dei superiori.*

direttivo [di-ret-tì-vo] *agg.* Che dirige, di direttore: *il consiglio direttivo di un'azienda*; *svolge mansioni direttive.*

diretto [di-rèt-to] *agg.* **1** Che si muove verso una data destinazione: *questo treno è diretto a Roma*; *sono diretto a casa* ◊ Indirizzato, rivolto a qualcuno: *la lettera è diretta a te*; *a chi è diretta la tua critica?* ◊ Destinato, teso a un dato scopo: *questo provvedimento del governo è diretto a combattere la disoccupazione* **2** Che procede diritto, senza deviazioni: *questa strada va diretta alla stazione* ◊ Immediato, senza che ci sia in mezzo qualcosa o qualcuno Ⓒ indiretto: *sono a diretto contatto con lui*; *il tuo insuccesso è una conseguenza diretta dei tuoi errori* | *Coltivatore diretto* = chi coltiva personalmente terre di sua proprietà ♦ *s.m.* Nel pugilato, colpo sferrato con il braccio teso.

direttore [di-ret-tó-re] *s.m.* [f. *–trice*] Chi dirige un'attività, un'azienda, un ufficio, una scuola ecc.: *il direttore di un giornale, di un'orchestra.*

direzionale [di-re-zio-nà-le] *agg.* **1** Direttivo | *Centro direzionale* = quartiere di una città in cui sono concentrati gli uffici direttivi dei più importanti servizi pubblici e privati **2** Che indica una direzione: *frecce direzionali* ◊ Che è orientato in una direzione: *antenna direzionale.*

direzione [di-re-zió-ne] *s.f.* **1** Senso in cui si muove e punto verso cui si muove una persona o una cosa: *seguire la direzione del vento*; *andare nella direzione sbagliata* **2** L'attività, il compito di dirigere Ⓢ guida, comando: *assumere la direzione dei lavori, di un'orchestra, dell'esercito* ◊ Ufficio del direttore o dei dirigenti; sede di tale ufficio: *devi rivolgerti alla direzione dell'azienda*; *l'alunno è stato chiamato in direzione.*

dirigente [di-ri-gèn-te] *s.m.f.* Chi dirige, ha funzioni direttive: *fa il dirigente d'azienda*; *un dirigente sindacale.*

dirigenza [di-ri-gèn-za] *s.f.* Il complesso dei dirigenti: *una riunione della dirigenza aziendale*; *far parte della dirigenza di un partito.*

dirigere [di-rì-ge-re] *v.tr.* [pres. *dirìgo, dirìgi*; pass.rem. *dirèssi, dirigésti*; part.pass. *dirètto*] **1** Rivolgere verso una data direzione, punto o meta (anche ♧): *diresse i passi verso casa*; *diresse lo sguardo verso di me*; *dobbiamo dirigere tutti i nostri sforzi alla riuscita dell'impresa* ◊ Inviare, indirizzare: *dirigere un messaggio a qualcuno* **2** Essere a capo di un'attività, di un organismo Ⓢ guidare, comandare: *dirigere i lavori, un'azienda, un'orchestra, un partito* | *Dirigere il traffico* = regolarlo ♦ **dirigersi** *v.pr.* Avviarsi verso una direzione, una meta: *ci siamo diretti subito a casa*; *si diresse verso il fiume.*

dirigibile [di-ri-gì-bi-le] *s.m.* Aerostato di forma affusolata, munito di motore e di timone per navigare nell'aria.

dirimere [di-rì-me-re] *v.tr.* [manca del part.pass. e dei tempi composti; non usato al pass.rem.] Risolvere definitivamente, mettere fine: *dirimere una lite, una controversia.*

dirimpettaio [di-rim-pet-tà-io] *s.m.* Chi abita nella casa o nell'appartamento di fronte.

dirimpetto [di-rim-pèt-to] *avv.* Di fronte: *abita qui dirimpetto* ♦ *prep. Dirimpetto a* = di fronte a: *l'albergo dirimpetto alla stazione* ♦ *agg.invar.* Che sta di fronte: *il negozio dirimpetto.*

diritto[1] [di-rìt-to] *agg.* **1** Che segue una linea retta, senza curvare o piegarsi da una parte o dall'altra Ⓒ curvo, storto: *strada diritta*; *gambe diritte* **2** Che sta in posizione verticale Ⓢ dritto, ritto, eretto: *metti diritto quel birillo*; *stai diritto, non piegare la schiena* ♦ *avv.* In linea retta: *guardare diritto davanti a sé* ◊ Direttamente (anche ♧): *andare diritto a casa, allo scopo* | *Tirare diritto (per la propria strada)* = proseguire senza fermarsi; ♧ seguire il proprio obiettivo senza curarsi del giudizio altrui ♦ *s.m.* **1** Il lato di un tessuto che deve rimanere all'esterno Ⓒ rovescio; la faccia principale di una moneta o di una medaglia **2** Nel tennis, colpo alla palla dato con la faccia interna della racchetta.

diritto[2] [di-rìt-to] *s.m.* **1** Ognuno degli interessi e dei poteri che la legge riconosce a ogni cittadino e tutela: *diritto di voto, di sciopero, di proprietà*; *difendere i propri diritti* ◊ Facoltà o pretesa giustificata di fare o ottenere qualcosa: *non hai diritto di parlarmi a quel modo*; *ha diritto a un po' di riposo*; *un biglietto che dà diritto all'ingresso gratuito* | *A buon diritto* = per giusti motivi: *protesta a buon diritto* | *A maggior diritto* = con tanto maggiore ragione: *se promuovono lui, a maggior diritto devono promuovere me* **2** Il complesso delle leggi che regolano la vita sociale nei suoi diversi aspetti: *diritto penale, civile, del lavoro* ◊ La scienza che studia le leggi: *un insegnante di diritto* **3** (spec. al *pl.*) Compenso dovuto per un servizio: *diritti doganali, di segreteria* | *Diritti d'autore* = percentuale dovuta all'autore di un'opera letteraria, musicale o scientifica per il suo sfruttamento commerciale.

dirittura [di-rit-tù-ra] *s.f.* **1** Tratto rettilineo di una pista o di un percorso di gara: *dirittura d'arrivo* **2** ♧ Rettitudine, onestà: *una persona di grande dirittura morale.*

diroccato [di-roc-cà-to] *agg.* Cadente, in rovina: *un castello diroccato.*

dirottamento [di-rot-ta-mén-to] *s.m.* Deviazione di aerei o navi dalla loro rotta (spec. in conseguenza di un'azione violenta).

dirottare [di-rot-tà-re] *v.tr.* Far deviare un mezzo di trasporto dalla rotta prevista: *dirottare un aereo* ◊ Deviare, indirizzare: *a causa dell'incidente il traffico è stato dirottato sull'altra corsia* ♦ *v.intr.* [aus. *avere*] Cambiare rotta ◊ Cambiare direzione, destinazione.

dirottatore [di-rot-ta-tó-re] *s.m.* [f. *–trice*] Chi, con la violenza, costringe l'equipaggio di un aereo o di una nave a cambiare rotta e dirigersi nel luogo da lui indicato.

dirotto [di-rót-to] *agg.* Impetuoso, irrefrenabile (detto di pianto e di pioggia) | *A dirotto* = con violenza e senza interruzione: *pioveva a dirotto.*

dirupo [di-rù-po] *s.m.* Luogo roccioso e scosceso Ⓢ precipizio.

disabile [di-sà-bi-le] *agg.* e *s.m.f.* Che, chi manca di alcune capacità fisiche o mentali Ⓢ handicappato: *spesso i disabili hanno bisogno di una particolare assistenza.*

disabitato [di-sa-bi-tà-to] *agg.* Non abitato.

disabituare [di-sa-bi-tu-à-re] *v.tr.* Far perdere un'abitudine ♦ **disabituarsi** *v.pr.* Perdere un'abitudine: *fa fatica a disabituarsi dal fumo.*

disaccordo [di-sac-còr-do] *s.m.* Mancanza di accordo Ⓢ dissenso, contrasto: *gli ho espresso il mio disaccordo*; *tra loro c'è totale disaccordo.*

disadattato [di-sa-dat-tà-to] *agg.* e *s.m.* Detto di chi ha gravi difficoltà ad adattarsi all'ambiente sociale in cui vive (spec. quando questo cambia all'improvviso, per emigrazione o altre cause).

disadatto [di-sa-dàt-to] *agg.* Non adatto.

disadorno [di-sa-dór-no] *agg.* Privo di ornamenti, spoglio: *una stanzetta disadorna.*

disagevole [di-sa-gé-vo-le] *agg.* Pieno di difficoltà, di ostacoli Ⓢ scomodo; difficile: *un viaggio disagevole*; *un sentiero disagevole.*

disagiato [di-sa-già-to] *agg.* Pieno di stenti: *fa una vita disagiata* ◊ Che è in gravi difficoltà economiche: *una famiglia disagiata.*

disagio [di-sà-gio] *s.m.* **1** Scomodità, fatica: *il disagio di stare seduto a lungo nella stessa posizione* ◊ Privazione, sofferenza: *una vita piena di disagi* **2** Imbarazzo, difficoltà: *ha un modo di fare che mi mette a disagio*; *si sentiva a disagio in quell'ambiente sconosciuto.*

disamorare [di-sa-mo-rà-re] *v.tr.* Far perdere l'amore, l'interesse per qualcuno o per qualcosa ♦ **disamorarsi** *v.pr.* Perdere l'amore, l'interesse per qualcuno o per qualcosa.

disapprovare [di-sap-pro-và-re] *v.tr.* Non approvare Ⓢ criticare, condannare, biasimare: *tutti hanno disapprovato il suo modo di comportarsi.*

disapprovazione [di-sap-pro-va-zió-ne] *s.f.* Biasimo, condanna, riprovazione: *gli ho espresso la mia disapprovazione per il suo contegno.*

disappunto [di-sap-pùn-to] *s.m.* Dispiacere, senso di delusione o di stizza provocato da situazioni o fatti contrari alle proprie aspettative: *quando ha saputo di non essere stato invitato, non ha potuto nascondere il suo disappunto.*

disarcionare [di-sar-cio-nà-re] *v.tr.* Far cadere dall'arcione, sbalzare di sella: *il cavallo disarcionò il cavaliere.*

disarmare [di-sar-mà-re] *v.tr.* Privare delle armi: *disarmare un esercito, un prigioniero* ♦ *v.intr.* [aus. *avere*] ♧ Desistere, darsi per vinto: *è uno che non disarma di fronte alle difficoltà.*

disarmato [di-sar-mà-to] *agg.* Privo di armi.

disarmo [di-sàr-mo] *s.m.* **1** Riduzione o eliminazione degli armamenti: *i capi di stato hanno convocato una conferenza sul disarmo* **2** *Nave in disarmo* = messa fuori servizio, in demolizione.

disastro [di-sà-stro] *s.m.* **1** Catastrofe, calamità; danno gravissimo: *un disastro ecologico*; *i disastri del terremoto, della guerra* ◊ Incidente, disgrazia che provoca molte vittime Ⓢ sciagura: *disastro aereo, ferroviario* **2** ♧ Cosa riuscita male, fallimento: *il tuo compito è un disastro*; *la riunione è stata un disastro* ◊ Persona incapace o che combina sempre guai: *quel presentatore è un disastro*; *quel ragazzo è un disastro.*

disastroso [di-sa-stró-so] *agg.* **1** Che causa disastri; che costituisce un disastro: *un'alluvione disastrosa*; *una guerra disastrosa* **2** Pieno di disastri, di guai: *un'annata disastrosa* ◊ Che ha un esito negativo, malriuscito, fallimentare: *ha fatto un esame disastroso*; *un compito disastroso.*

disattento [di-sat-tèn-to] *agg.* Non attento Ⓢ distratto: *in classe è spesso disattento.*

disattenzione [di-sat-ten-zió-ne] *s.f.* Mancanza di attenzione Ⓢ distrazione: *sono inciampato per disattenzione* ◊ Svista, errore, provocati da scarsa attenzione: *hai commesso una disattenzione che ti poteva costare cara.*

disattivare [di-sat-ti-và-re] *v.tr.* Far smettere di funzionare: *disattivò l'impianto di allarme* | *Disattivare una bomba, una mina* = disinnescarla.

disavanzo [di-sa-vàn-zo] *s.m.* Deficit, perdita economica: *il bilancio dell'azienda si è chiuso con un forte disavanzo.*

disavventura [di-sav-ven-tù-ra] *s.f.* Avvenimento sfavorevole Ⓢ contrarietà; traversia, disgrazia: *qualche disavventura capita a tutti*; *mi ha raccontato le sue disavventure.*

disboscamento [di-sbo-sca-mén-to] o **diboscamento** [di-bo-sca-mén-to] *s.m.* Taglio parziale degli alberi di un bosco, per favorire la crescita delle nuove piante ◊ Taglio completo o distruzione degli alberi di una zona, per ricavarne legname o terreni da coltivare.

disboscare [di-sbo-scà-re] o **diboscare** [di-bo-scà-re] *v.tr.* [*disbòsco, disbòschi*] Tagliare del tutto o in parte gli alberi di un bosco, di una zona.

discapito [di-scà-pi-to] *s.m.* Scapito, danno.

discarica [di-scà-ri-ca] *s.f.* **1** Luogo in cui vengono scaricati rifiuti, detriti e materiali di scarto **2** Scarico di rifiuti: *divieto di discarica.*

discendente [di-scen-dèn-te]] *agg.* Che va verso il basso ◊ Che è in diminuzione Ⓢ calante: *l'inflazione è in fase discendente* ♦ *s.m.f.* Chi discende per legami di sangue da una persona, da una famiglia, da un popolo: *gli indigeni del Guatemala sono gli ultimi discendenti dei Maya.*

discendere [di-scén-de-re] *v.intr.* [coniugato come *scendere*; aus. *essere*] **1** Scendere, venir giù, calare: *i lupi discesero a valle* ◊ Smontare, sbarcare: *discendere da cavallo, da un treno, da una nave* ◊ Abbassarsi: *la febbre è discesa* **2** Avere origine: *discende da un'antica famiglia* ♦ *v.tr.* Scendere: *discendere le scale.*

discepolo [di-scé-po-lo] *s.m.* Allievo e seguace di un maestro, del quale porta avanti gli insegnamenti: *gli apostoli erano i discepoli di Gesù.*

discernere [di-scèr-ne-re] *v.tr.* [pass.rem. *discernéi*; manca del part.pass. e dei tempi composti] Vedere: *con quel buio non discerneva nulla* ◊ Distinguere: *discernere il vero dal falso.*

discernimento [di-scer-ni-mén-to] *s.m.* Capacità di giudicare in modo corretto e assennato Ⓢ giudizio, criterio, buon senso: *ha agito con poco discernimento.*

discesa [di-scé-sa] *s.f.* **1** Lo scendere, il venir giù: *la discesa da una montagna* | *Discesa libera* = gara di sci su percorso in forte pendenza **2** Calo, diminuzione: *discesa dei prezzi, della temperatura* **3** Percorso in pendenza, visto dall'alto verso il basso: *una discesa ripida.*

dischetto [di-schét-to] *s.m.* **1** Nel calcio, segno circolare bianco sul campo, che indica il punto da cui si tira il calcio di rigore **2** Piccolo disco magnetico trasportabile su cui si registrano dati elaborati con il computer Ⓢ floppy disk.

dischiudere [di-schiù-de-re] *v.tr.* [coniugato come *chiudere*] Aprire leggermente Ⓢ schiudere: *dischiudi quella finestra*; *dischiuse le labbra.*

discinto [di-scìn-to] *agg.* Che è in abiti succinti o ha le vesti aperte e scomposte: *uscì dal bagno tutta discinta.*

disciplina [di-sci-plì-na] *s.f.* **1** L'insieme delle norme che regolano il comportamento dei membri di una comunità: *disciplina militare, scolastica* ◊ L'obbedienza a queste norme: *in questa classe manca la disciplina* **2** Materia di studio e di insegnamento: *discipline storiche, scientifiche.*

disciplinare[1] [di-sci-pli-nà-re] *agg.* Che riguarda la disciplina: *se quel ragazzo continua a disturbare prenderemo provvedimenti disciplinari.*

disciplinare[2] [di-sci-pli-nà-re] *v.tr.* Regolare: *disciplinare il traffico.*

disciplinato [di-sci-pli-nà-to] *agg.* Rispettoso della disciplina: *un allievo disciplinato* ◊ Regolato, ordinato: *traffico intenso ma disciplinato.*

disc jockey [locuzione inglese; pron. corrente *disk giòchei*] *s.m.f.invar.* Chi, nelle discoteche, sceglie e presenta le canzoni.

disco [dì-sco] *s.m.* [pl. *–schi*] **1** Oggetto piatto e di forma circolare: *le monete sono piccoli dischi*; *non credo ai dischi volanti*; *indicare sul disco orario l'ora di inizio della sosta* **2** Attrezzo circolare che si lancia nelle gare di atletica **3** *Disco (fonografico)* = sottile piastra circolare sulla quale venivano un tempo registrati dei suoni: *ascoltare un disco* **4** *Disco rigido* = nei computer, la parte su cui vengono registrati tutti i dati; può essere anche un elemento esterno collegabile al computer Ⓢ hard disk.

discolo [dì-sco-lo] *agg.* e *s.m.* Detto di ragazzo vivace e indisciplinato che compie malefatte anche se non gravi.

discolpa [di-scól-pa] *s.f.* Difesa da un'accusa Ⓢ giustificazione: *non hai niente da dire a tua discolpa?*

discolpare [di-scol-pà-re] *v.tr.* Difendere qualcuno da un'accusa dimostrandone la non colpevolezza Ⓢ scagionare Ⓒ incolpare ♦ **discolparsi** *v.pr.* Difendersi da un'accusa Ⓢ giustificarsi: *è inutile che cerchi di discolparti.*

disconoscere [di-sco-nó-sce-re] *v.tr.* [coniugato come *conoscere*] Non voler riconoscere: *disconoscere i meriti altrui, i benefici ricevuti.*

discontinuo [di-scon-tì-nuo] *agg.* **1** Non continuo, che ha interruzioni nello spazio o nel tempo: *una linea discontinua*; *fa un lavoro discontinuo* **2** ♧ Incostante: *un atleta discontinuo.*

discordante [di-scor-dàn-te] *agg.* Che non è in accordo Ⓢ contrastante: *i nostri pareri sono discordanti*; *colori discordanti.*

discordanza [di-scor-dàn-za] *s.f.* Mancanza di accordo Ⓢ contrasto: *discordanza di opinioni.*

discorde [di-scòr-de] *agg.* Discordante, contrastante: *su questo problema i pareri sono discordi.*

discordia [di-scòr-dia] *s.f.* Mancanza di concordia; forte disaccordo, dissidio: *discordia in famiglia, tra i cittadini*; *mettere discordia tra due persone* ◊ Divergenza di opinioni Ⓢ dissenso.

discorrere [di-scór-re-re] *v.intr.* [coniugato come *correre*; aus. *avere*] Parlare, conversare: *discorrere del più e del meno.*

discorsivo [di-scor-sì-vo] *agg.* Che ha le caratteristiche di un discorso, e quindi semplice, piano: *questo libro usa un linguaggio discorsivo.*

discorso [di-scór-so] *s.m.* **1** Esposizione del proprio pensiero a voce: *cominciare, interrompere un discorso* ◊ Ragionamento: *non riesco a seguire il tuo discorso*; *ho perso il filo del discorso* ◊ Orazione, conferenza: *il convegno si è aperto con un discorso del famoso scienziato* **2** Conversazione, colloquio: *ho attaccato discorso con lui*; *abbiamo fatto dei discorsi interessanti* ◊ L'argomento di cui si discorre: *cambiare discorso* **3** In grammatica, si chiamano *parti del discorso* le categorie in cui sono divise le parole di una lingua (che in italiano sono nove: articolo, sostantivo, aggettivo, verbo, pronome, avverbio, preposizione, congiunzione, interiezione) ◊ In una narrazione, si chiama *discorso diretto* quello che riporta tali e quali le parole pronunciate da qualcuno (per es.: *disse: «Me ne andrò oggi stesso»*); si chiama *discorso indiretto* quello in cui tali parole sono riportate in forma narrativa (per es.: *disse che se ne sarebbe andato quel giorno stesso*).

discoteca [di-sco-tè-ca] *s.f.* **1** Locale in cui si balla al suono di dischi **2** Raccolta di dischi.

discredito [di-scré-di-to] *s.m.* Perdita o diminuzione della stima, della reputazione di cui gode una persona: *quel politico è caduto in discredito dopo che è stato coinvolto in casi di corruzione.*

discretamente *avv.* Sufficientemente, abbastanza: *un allievo discretamente preparato* ◊ Abbastanza bene: *gli affari vanno discretamente.*

discreto [di-scré-to] *agg.* **1** Abbastanza buono, soddisfacente: *ha un discreto successo*; *è un discreto artista*; *il tempo è stato discreto* ◊ Non piccolo, più che sufficiente, notevole: *ha una discreta quantità di soldi*; *ho un discreto appetito* **2** Non importuno, non invadente Ⓢ prudente, riservato: *un ospite molto discreto*; *è una persona discreta, a cui si può confidare un segreto.*

discrezione [di-scre-zió-ne] *s.f.* **1** Moderazione, senso della misura: *ha mostrato molta discrezione nelle sue richieste* ◊ Riservatezza: *mi sono confidato con lui per la sua discrezione* **2** Libertà di agire come si vuole, senza limiti posti dall'esterno: *puoi decidere a tua discrezione.*

discriminare [di-scri-mi-nà-re] *v.tr.* Trattare qualcuno in modo diverso, negargli i suoi diritti, per motivi religiosi, politici, razziali, sociali: *c'è chi vorrebbe discriminare gli immigrati.*

discriminazione [di-scri-mi-na-zió-ne] *s.f.* Differenza, disparità nel modo di giudicare e trattare una persona o una popolazione, a seconda della razza, delle convinzioni politiche o religiose, delle condizioni sociali ecc.

discussione [di-scus-sió-ne] *s.f.* **1** Dialogo, dibattito, scambio di opinioni su un argomento, un problema: *intervenire in una discussione*; *una discussione interessante, vivace, inutile* | *Mettere in discussione* = mettere in dubbio: *non metto in discussione le sue capacità* | *È fuori discussione* = è fuori dubbio: *la sua onesta è fuori discussione* **2** Litigio, battibecco: *in quella casa ci sono sempre discussioni.*

discusso [di-scùs-so] *agg.* Che è oggetto di polemiche, di critiche: *un film, un uomo politico molto discusso.*

discutere [di-scù-te-re] *v.tr.* e *v.intr.* [pass.rem. *di-scùssi, discutésti*; part.pass. *discùsso*; aus. *avere*] **1** Esaminare un problema, parlare di un argomento, confrontando i diversi punti di vista: *abbiamo discusso la sua proposta*; *discutere di politica, di sport* **2** Mettere in dubbio: *non discuto la sua onestà, ma le sue capacità* ◊ Fare obiezioni: *obbedisci senza discutere!* ◊ Litigare: *non fanno che discutere tutto il tempo.*

discutibile [di-scu-tì-bi-le] *agg.* Su cui si possono avere dubbi e riserve; poco convincente: *usare metodi discutibili*; *opinioni, gusti discutibili.*

disdegnare [di-sde-gnà-re] *v.tr.* Considerare con disprezzo Ⓢ disprezzare Ⓒ apprezzare, gradire: *disdegnare le ricchezze, le lodi, gli onori.*

A B C D E F G H I J K L M N O P Q R S T U V W X Y Z

disdetta [di-sdét-ta] *s.f.* **1** Atto con cui si pone fine a un contratto: *dare la disdetta a un inquilino* **2** Sfortuna: *che disdetta non esserci incontrati!*

disdire [di-sdì-re] *v.tr.* [coniugato come *dire*] Annullare un impegno: *ho disdetto l'appuntamento.*

diseducare [di-se-du-cà-re] *v.tr.* [*disèduco, disèduchi*] Dare una cattiva educazione, avere un effetto moralmente negativo: *i cattivi esempi diseducano la gioventù.*

diseducativo [di-se-du-ca-tì-vo] *agg.* Che diseduca: *spettacoli diseducativi.*

disegnare [di-se-gnà-re] *v.tr.* Rappresentare qualcosa con linee e segni: *disegnare un triangolo, una casa, un mobile.*

disegnatore [di-se-gna-tó-re] *s.m.* [f. *–trice*] Chi disegna, spec. per professione: *fa il disegnatore di moda, di fumetti.*

disegno [di-sé-gno] *s.m.* **1** Rappresentazione di oggetti, figure, immagini per mezzo di linee e segni: *fare un disegno a matita, a penna* ◊ Arte e tecnica del disegnare: *studiare disegno*; *è abile in disegno* **2** ♧ Proposito, piano, intenzione: *le cose non sono andate secondo i suoi disegni* ◊ *Disegno di legge* = proposta di legge da sottoporre all'approvazione del parlamento.

diseguaglianza vedi **disuguaglianza**.

diserbante [di-ser-bàn-te] *agg.* e *s.m.* Detto di prodotto chimico che elimina le erbe nocive.

diseredare [di-se-re-dà-re] *v.tr.* Privare un erede dell'eredità.

diseredato [di-se-re-dà-to] *agg.* e *s.m.* Detto di chi vive in miseria, ai margini della società ed è privo di tutto: *le classi diseredate*; *un'associazione di volontari che aiuta i diseredati.*

disertare [di-ser-tà-re] *v.intr.* [aus. *avere*] Abbandonare senza autorizzazione il reparto militare in cui si presta servizio.

disertore [di-ser-tó-re] *s.m.* Militare che diserta.

diserzione [di-ser-zió-ne] *s.f.* Abbandono ingiustificato del proprio reparto militare.

disfacimento [di-sfa-ci-mén-to] *s.m.* **1** Decomposizione, putrefazione: *un cadavere in disfacimento* **2** ♧ Crisi, rovina, sfacelo: *il disfacimento dei valori morali della società.*

disfare [di-sfà-re] *v.tr.* [pres. *disfàccio* o *disfò* o *dìsfo, disfài, disfà* o *dìsfa, disfacciàmo* o *disfiàmo, disfàte, disfànno* o *dìsfano*; nelle altre forme coniugato come *fare*] **1** Distruggere, smontare quel che era stato fatto: *tutto quel che faccio tu lo disfai*; *disfare un vestito* | *Disfare il letto* = togliere lenzuola e coperte | *Disfare le valigie* = vuotarle **2** Sciogliere: *il sole ha cominciato a disfare la neve* ♦ **disfarsi** *v.pr.* **1** Liberarsi, sbarazzarsi di qualcosa o qualcuno: *disfarsi di un peso, di un seccatore* **2** Andare in putrefazione Ⓢ putrefarsi, decomporsi **3** Sciogliersi, liquefarsi.

disfatta [di-sfàt-ta] *s.f.* Sconfitta militare irreparabile ◊ Grave sconfitta: *il partito ha subito una disfatta elettorale.*

disfatto [di-sfàt-to] *agg.* Fisicamente o moralmente abbattuto Ⓢ distrutto, sfinito, prostrato.

disfunzione [di-sfun-zió-ne] *s.f.* **1** Alterazione del funzionamento di un organo: *soffre di una disfunzione del fegato* **2** Cattivo funzionamento: *molti protestano per le disfunzioni dei servizi pubblici.*

disgelare [di-sge-là-re] *v.tr.* Sciogliere, liberare dal gelo: *il sole disgela la neve, i campi* ♦ *v.intr.* [aus. *essere* o *avere*] e **disgelarsi** *v.pr.* Sciogliersi, liberarsi dal ghiaccio: *la neve si disgela*; *il lago disgela*; *sta cominciando a disgelare.*

disgelo [di-sgè-lo] *s.m.* **1** Scioglimento del ghiaccio e della neve per l'aumento della temperatura **2** ♧ Miglioramento dei rapporti tra persone, partiti o stati che in precedenza erano in aspro conflitto Ⓢ distensione.

disgiungere [di-sgiùn-ge-re] *v.tr.* [coniugato come *giungere*] Separare, staccare (anche ♧): *disgiungere le mani*; *disgiungere le responsabilità.*

disgiunto [di-sgiùn-to] *agg.* Separato, staccato.

disgrazia [di-sgrà-zia] *s.f.* **1** Sventura, sfortuna: *ha la disgrazia di essere povero* ◊ Caso sfortunato; caso spiacevole di cui nessuno ha colpa: *se per disgrazia non arrivassi in tempo, parti pure da solo*; *non l'ho fatto apposta, è stata una disgrazia* ◊ Avversità: *una famiglia colpita dalle disgrazie* **2** Grave incidente Ⓢ sciagura, disastro: *è successa una disgrazia: è crollata la casa.*

disgraziatamente [di-sgra-zia-ta-mén-te] *avv.* Purtroppo, sfortunatamente.

disgraziato [di-sgra-zià-to] *agg.* **1** Colpito dalle disgrazie, sventurato: *una famiglia disgraziata* ◊ (in frasi di rimprovero) Sciagurato: *cosa hai fatto, disgraziato?* **2** Che è andato male, che ha avuto un risultato negativo: *un viaggio, un tentativo, un matrimonio disgraziato* ◊ Pieno di avversità, penoso: *fa una vita disgraziata* ♦ *s.m.* **1** Persona colpita da sventure, dalla miseria, da infermità e perciò degna di pietà: *è un povero disgraziato* **2** Persona cattiva o imprudente, che causa del male, delle disgrazie: *guida da disgraziato.*

disgregare [di-sgre-gà-re] *v.tr.* [*disgrègo, disgrèghi*] Frantumare, sgretolare: *il vento e le acque disgregano le rocce* ◊ ♧ Far perdere a un gruppo la coesione Ⓢ disunire: *i contrasti hanno disgregato il partito* ♦ **disgregarsi** *v.pr.* Frantumarsi, sgretolarsi ◊ ♧ Perdere la coesione Ⓢ disunirsi: *la loro famiglia si è disgregata.*

disgregazione [di-sgre-ga-zió-ne] *s.f.* Frantumazione, sgretolamento ◊ ♧ Rottura dei legami che tenevano unito un gruppo, una comunità: *la disgregazione di un partito, di una famiglia.*

disguido [di-sguì-do] *s.m.* Errore nella spedizione o nella consegna di qualcosa: *la lettera non è arrivata per un disguido* ◊ Negligenza, disattenzione: *per un disguido non ti hanno avvertito.*

disgustare [di-sgu-stà-re] *v.tr.* Provocare disgusto, ripugnanza (anche ♧): *il sapore dell'aglio mi disgusta; ha un modo di fare che mi disgusta* ♦ **disgustarsi** *v.pr.* Provare disgusto, nausea (spec. ♧): *mi sono disgustato di fare quella vita.*

disgusto [di-sgù-sto] *s.m.* Senso di ripugnanza, di nausea per cibi o bevande ◊ ♧ Profonda avversione, insofferenza, repulsione: *una persona, un comportamento che mi ispira disgusto.*

disgustoso [di-sgu-stó-so] *agg.* Che provoca disgusto Ⓢ nauseante, ripugnante (anche ♧): *un pranzo disgustoso; è di un'ipocrisia disgustosa.*

disidratare [di-si-dra-tà-re] *v.tr.* Privare o impoverire una sostanza o un corpo dell'acqua che contiene: *disidratare le verdure; il vomito disidrata l'organismo* ♦ **disidratarsi** *v.pr.* Subire una eccessiva perdita di liquidi organici: *se non si beve, ci si disidrata.*

disilludere [di-sil-lù-de-re] *v.tr.* [coniugato come *alludere*] Far perdere a qualcuno le sue illusioni: *era troppo fiducioso e ho dovuto disilluderlo.*

disillusione [di-sil-lu-sió-ne] *s.f.* Perdita di un'illusione, delle illusioni; delusione.

disimparare [di-sim-pa-rà-re] *v.tr.* Dimenticare quel che si aveva imparato: *disimparare una lingua; se non guidi mai, disimparerai a guidare.*

disincagliare [di-sin-ca-glià-re] *v.tr.* Liberare un'imbarcazione incagliata.

disinfestare [di-sin-fe-stà-re] *v.tr.* Liberare da insetti, parassiti, animali o piante nocive: *disinfestare una zona dalle zanzare, una casa dai topi, un terreno dalle erbacce.*

disinfettante [di-sin-fet-tàn-te] *agg.* e *s.m.* Detto di sostanza capace di uccidere i germi che portano le infezioni: *l'alcol è un disinfettante.*

disinfettare [di-sin-fet-tà-re] *v.tr.* Liberare dai germi portatori di infezioni, usando disinfettanti o altri mezzi: *disinfettare una ferita con l'alcol, una siringa facendola bollire.*

disingannare [di-sin-gan-nà-re] *v.tr.* Liberare qualcuno dall'errore, dall'illusione: *l'ho disingannato mostrandogli come stanno le cose.*

disinganno [di-sin-gàn-no] *s.m.* Perdita di un'illusione, delle illusioni Ⓢ disillusione, delusione.

disinnescare [di-sin-ne-scà-re] *v.tr.* [*disinnésco, disinnéschi*] Togliere l'innesco a un ordigno esplosivo Ⓢ disattivare: *disinnescare una bomba.*

disinquinare [di-sin-qui-nà-re] *v.tr.* Liberare dall'inquinamento: *disinquinare un fiume.*

disintegrare [di-ṣin-te-grà-re] *v.tr.* Distruggere riducendo in minuti frammenti: *l'esplosione ha disintegrato la casa* ♦ **disintegrarsi** *v.pr.* **1** Ridursi in frammenti **2** ♧ Disgregarsi.

disinteressarsi [di-sin-te-res-sàr-si] *v.pr.* Non avere interesse, non curarsi di qualcosa o qualcuno: *si è sempre disinteressato di politica.*

disinteressato [di-sin-te-res-sà-to] *agg.* Che non è mosso o non deriva dall'interesse personale, dal tornaconto: *è un amico disinteressato; ti do un consiglio disinteressato.*

disinteresse [di-sin-te-rès-se] *s.m.* **1** Mancanza di interesse, indifferenza: *mostra disinteresse per lo studio* **2** Noncuranza del proprio interesse personale Ⓢ altruismo, generosità Ⓒ egoismo: *mi ha sempre aiutato con disinteresse.*

disintossicare [di-sin-tos-si-cà-re] *v.tr.* [*disintòssico, disintòssichi*] Liberare un organo o l'organismo dalle sostanze tossiche, da un'intossicazione ♦ **disintossicarsi** *v.pr.* Liberare il proprio organismo dalle sostanze tossiche: *sta cercando di disintossicarsi dal fumo.*

disinvolto [di-sin-vòl-to] *agg.* Che non è impacciato da timidezza o soggezione Ⓢ spigliato: *un ragazzo disinvolto; un atteggiamento disinvolto.*

disinvoltura [di-sin-vol-tù-ra] *s.f.* **1** Spigliatezza, scioltezza, sicurezza nell'agire, nel parlare, nel muoversi **2** In senso negativo, leggerezza, superficialità: *è una questione seria, da non affrontare con disinvoltura.*

dislivello [di-sli-vèl-lo] *s.m.* Differenza di livello (anche ♧): *superare un dislivello di mille metri; dislivello culturale, tecnologico.*

dismisura [di-smi-sù-ra] *s.f.* *A dismisura* = in modo eccessivo: *bere, mangiare a dismisura.*

disobbedire e derivati, vedi **disubbidire** e derivati.

disoccupato [di-soc-cu-pà-to] *agg.* e *s.m.* Che, chi è senza lavoro: *da qualche tempo è disoccupato; con la crisi aumentano i disoccupati.*

disoccupazione [di-soc-cu-pa-zió-ne] *s.f.* Mancanza di posti di lavoro: *la disoccupazione è un grave problema* ◊ Il numero complessivo dei disoccupati: *c'è un aumento della disoccupazione.*

disonestà [di-so-ne-stà] *s.f.* Mancanza di onestà: *ha agito con disonestà* ◊ Azione disonesta: *è una disonestà approfittarsi della fiducia altrui.*

disonesto [di-so-nè-sto] *agg.* e *s.m.* Che, chi manca di onestà: *un uomo, un atto disonesto.*

disonorare [di-so-no-rà-re] *v.tr.* Macchiare l'onore, coprire di vergogna: *con il suo comportamento scandaloso ha disonorato la sua famiglia.*

disonore [di-so-nó-re] *s.m.* Perdita dell'onore Ⓢ ignominia, vergogna, infamia: *ha preferito la morte al disonore.*

disonorevole [di-so-no-ré-vo-le] *agg.* Che disonora: *un'azione disonorevole.*

disordinato [di-sor-di-nà-to] *agg.* **1** Che è in disordine: *una casa disordinata* ◊ Caotico, confuso: *un traffico disordinato*; *un discorso disordinato* **2** Che non cura l'ordine e la precisione: *un ragazzo, un impiegato disordinato* **3** Privo di misura Ⓢ sregolato Ⓒ misurato: *è disordinato nel bere, nel mangiare*; *fa una vita disordinata.*

disordine [di-sór-di-ne] *s.m.* **1** Mancanza di ordine, turbamento dell'ordine Ⓢ caos, confusione, scompiglio: *in quella casa c'è un gran disordine*; *non mettere in disordine le mie cose* **2** (al *pl.*) Turbamento dell'ordine pubblico Ⓢ tumulto: *la manifestazione ha provocato gravi disordini.*

disorganico [di-sor-gà-ni-co] *agg.* [pl.m. *-ci*] Privo di organizzazione logica, di coerenza tra le sue parti: *un discorso, un progetto disorganico.*

disorganizzato [di-sor-ga-niz-zà-to] *agg.* Privo di organizzazione, incapace di organizzarsi.

disorientamento [di-so-rien-ta-mén-to] *s.m.* Confusione, smarrimento.

disorientare [di-so-rien-tà-re] *v.tr.* Far perdere l'orientamento ◊ ♧ Confondere: *non disorientarlo con tutte queste domande!*

disorientato [di-so-rien-tà-to] *agg.* Smarrito, confuso, spaesato: *si sentiva disorientato in quell'ambiente nuovo e sconosciuto.*

disossare [di-sos-sà-re] *v.tr.* Togliere le ossa a un animale ucciso o a un pezzo di carne.

dispaccio [di-spàc-cio] *s.m.* Comunicazione scritta inviata da un'autorità, contenente ordini o informazioni importanti o urgenti: *un dispaccio militare, diplomatico.*

disparato [di-spa-rà-to] *agg.* (sempre al *pl.*) Diverso, dei generi più vari: *quel negozio vende articoli disparati.*

dispari [dì-spa-ri] *agg.* Detto di numero non pari, non divisibile per due.

disparità [di-spa-ri-tà] *s.f.* Disuguaglianza, differenza.

disparte [di-spàr-te] *avv.* *In disparte* = da parte, appartato, isolato: *starsene in disparte.*

dispendio [di-spèn-dio] *s.m.* Consumo elevato o eccessivo: *quel lavoro è costato un inutile dispendio di tempo e di energie.*

dispendioso [di-spen-dió-so] *agg.* Costoso, caro: *è un viaggio troppo dispendioso per noi.*

dispensa [di-spèn-sa] *s.f.* **1** Locale o mobile in cui si conservano le provviste alimentari **2** Ogni fascicolo di un'opera pubblicata periodicamente: *un'enciclopedia, un corso di lingue che esce a dispense settimanali.*

dispensare [di-spen-sà-re] *v.tr.* Esentare da un obbligo: *il maestro mi ha dispensato dai compiti per domani.*

disperare [di-spe-rà-re] *v.intr.* [aus. *avere*] Non sperare più, perdere la speranza: *ormai disperavo di farcela*; *disperare della salvezza*; *coraggio, non disperare!* | *Far disperare qualcuno* = tormentarlo, fargli perdere la pazienza ♦ **disperarsi** *v.pr.* Cadere in preda alla disperazione.

disperato [di-spe-rà-to] *agg.* **1** Che è in preda alla disperazione: *è rimasto senza lavoro ed è disperato* **2** Per cui non c'è speranza di soluzione o di esito favorevole: *il suo è un caso disperato*; *una impresa disperata* ◊ Che esprime disperazione o è suggerito dalla disperazione: *un pianto disperato*; *con un atto disperato tentò il suicidio.*

disperazione [di-spe-ra-zió-ne] *s.f.* **1** Stato d'animo di chi ha perso ogni speranza ed è in preda all'angoscia e allo sconforto: *abbandonarsi alla disperazione* **2** Persona o cosa che fa disperare: *quel ragazzo è la disperazione della famiglia.*

disperdere [di-spèr-de-re] *v.tr.* [coniugato come *perdere*] **1** Allontanare l'uno dall'altro i membri di un gruppo: *la guerra disperse la famiglia* ◊ Sparpagliare qua e là: *il vento disperde i semi* ◊ Mettere in fuga: *la polizia disperse i dimostranti* ◊ Dissolvere: *il vento disperse le nubi* **2** ♧ Dissipare, sperperare: *disperdere le proprie forze, le proprie sostanze* ♦ **disperdersi** *v.pr.* **1** Dirigersi in diverse direzioni Ⓢ sparpagliarsi: *i fuggitivi si dispersero per i monti* **2** Dissolversi, svanire: *il fumo si è disperso nell'aria* ◊ Andare perduto: *chiudi la porta, se no il calore si disperde.*

disperso [di-spèr-so] *agg.* e *s.m.* Detto di persona scomparsa in un disastro, in una battaglia o una guerra e di cui non si è trovato il cadavere né si ha una prova certa della sua morte.

dispetto [di-spèt-to] *s.m.* **1** Azione compiuta con l'intenzione di fare dispiacere, di irritare: *smettila di fare dispetti!* | *Per dispetto* = con l'intenzione di fare dispiacere, di irritare: *lo fa per dispetto* | *A dispetto di* = malgrado, nonostante: *a dispetto del maltempo vado a farmi una passeggiata* **2** Stizza, irritazione, invidia: *ha provato un gran dispetto per il mio successo.*

dispettoso [di-spet-tó-so] *agg.* Che si diverte a fare dispetti: *una ragazza dispettosa* ◊ Fatto per dispetto: *un gesto dispettoso.*

dispiacere[1] [di-spia-cé-re] *v.intr.* [coniugato come *piacere*; aus. *essere*] **1** Arrecare rammarico, dolore Ⓢ rincrescere: *ci dispiace molto per quel che è successo* | *Ti dispiace? Vi dispiacerebbe? Se non ti dispiace* ecc. = formule di cortesia, spec. quando si chiede un favore **2** *Non dispiacere* = piacere abbastanza: *quel film non mi è dispiaciuto* ♦ **dispiacersi** *v.pr.* Provare dispiacere: *si è molto dispiaciuto per la tua partenza.*

dispiacere[2] [di-spia-cé-re] *s.m.* Dolore morale, rammarico, pena, cruccio: *mi hai dato un gran dispiacere*; *una vita piena di dispiaceri.*

dispiaciuto [di-spia-ciù-to] *agg.* Rattristato, rammaricato: *i ragazzi sono dispiaciuti per l'accaduto.*

display [parola inglese; pron. corrente *displèi*] *s.m.invar.* Schermo dei computer o anche quadrante di calcolatrici tascabili, orologi digitali e altri apparecchi elettronici.

disponibile [di-spo-nì-bi-le] *agg.* **1** Di cui si può disporre Ⓢ libero: *c'è un posto disponibile in terza fila* **2** (riferito a persona) Libero da impegni: *oggi non sono disponibile* ◊ Ben disposto a fare qualcosa: *è disponibile ad aiutarti.*

disporre [di-spór-re] *v.tr.* [coniugato come *porre*] **1** Sistemare, collocare secondo un certo ordine o criterio: *disporre i libri nello scaffale, i posti a tavola* **2** Preparare: *ha già disposto tutto per la partenza* **3** Ordinare, stabilire, decidere: *il giudice ha disposto il suo arresto*; *ho disposto di partire domani* ♦ *v.intr.* [aus. *avere*] Possedere, avere a disposizione: *in questo momento dispongo di poco denaro, di poco tempo*; *disponiamo di ottimi impiegati* ◊ Essere dotato: *la sala dispone di un'uscita di sicurezza* ♦ **disporsi** *v.pr.* **1** Sistemarsi, mettersi in un certo ordine: *disponetevi in fila per due* **2** Prepararsi: *si dispose a partire.*

dispositivo [di-spo-si-tì-vo] *s.m.* Congegno, meccanismo che svolge una particolare funzione: *dispositivo di allarme, di sicurezza.*

disposizione [di-spo-si-zió-ne] *s.f.* **1** Modo in cui sono disposte persone o cose: *la disposizione degli invitati a tavola, dei mobili di una stanza* **2** Inclinazione, attitudine: *ha disposizione per la pittura, per lo studio* **3** Ordine, prescrizione: *dobbiamo rispettare le disposizioni ricevute*; *prima di morire ha dato le sue ultime disposizioni* **4** *A disposizione* = di cui si può far uso liberamente, su cui si può contare Ⓢ disponibile: *è un uomo che ha molti mezzi a disposizione*; *sono a tua disposizione per qualsiasi bisogno.*

disposto [di-spò-sto] *agg.* Pronto, disponibile: *sono disposto ad aiutarti*; *è disposto a tutto* | *Essere ben disposto, mal disposto verso qualcuno* = avere un atteggiamento di simpatia o di ostilità nei suoi confronti.

dispotico [di-spò-ti-co] *agg.* [pl.m. *–ci*] Tirannico Ⓒ democratico: *un regime dispotico* ◊ Molto autoritario: *un padre, un marito dispotico.*

disprezzare [di-sprez-zà-re] *v.tr.* Considerare indegno di stima: *lo disprezzano per la sua viltà* ◊ Non dare alcun valore: *disprezzare le ricchezze, gli onori* ◊ Non tenere in alcun conto: *disprezzando il pericolo, si gettò nella mischia.*

disprezzo [di-sprèz-zo] *s.m.* **1** Totale mancanza di stima e profonda avversione nei confronti di qualcuno o qualcosa: *provo disprezzo per lui, per la sua viltà*; *lo guardò con disprezzo* **2** Noncuranza: *si è lanciato tra le fiamme con disprezzo del pericolo.*

disputa [dì-spu-ta] *s.f.* **1** Discussione, lite: *tra i vicini ci sono molte dispute* **2** Svolgimento di una competizione sportiva: *la disputa del campionato, di un torneo.*

disputare [di-spu-tà-re] *v.tr.* Prendere parte a una competizione sportiva: *disputare una gara, un campionato* ♦ **disputarsi** *v.pr.* Contendersi l'un l'altro qualcosa: *le due squadre si disputano la vittoria nella finale di domani.*

dissanguamento [dis-san-gua-mén-to] *s.m.* Perdita di una grande quantità di sangue: *è morto per dissanguamento.*

dissanguare [dis-san-guà-re] *v.tr.* **1** Far perdere una grande quantità di sangue: *la ferita lo sta dissanguando* **2** ♧ Lasciare senza denaro, senza mezzi per vivere: *le tasse eccessive dissanguano i contribuenti* ♦ **dissanguarsi** *v.pr.* **1** Perdere una grande quantità di sangue **2** ♧ Rovinarsi economicamente: *si è dissanguato per pagare i debiti.*

dissapore [dis-sa-pó-re] *s.m.* Contrasto, disaccordo non grave Ⓢ screzio: *tra loro c'è stato qualche dissapore.*

disseccare [dis-sec-cà-re] *v.tr.* [*dissécco, dissécchi*] Far seccare, essiccare: *disseccare le foglie al sole* ♦ **disseccarsi** *v.pr.* Prosciugarsi, inaridirsi: *lo stagno si è disseccato.*

disseminare [dis-se-mi-nà-re] *v.tr.* **1** Spargere qua e là senza ordine: *hai disseminato i tuoi vestiti per tutta la casa* **2** ♧ Diffondere: *disseminare il panico, il malcontento.*

dissenso [dis-sèn-so] *s.m.* Contrasto, disaccordo, divergenza di opinioni: *in passato ci sono stati molti dissensi tra noi* ◊ Disapprovazione: *le parole dell'oratore hanno suscitato il dissenso del pubblico.*

dissentire [dis-sen-tì-re] *v.intr.* [aus. *avere*] Essere in disaccordo con altri riguardo a qualcosa: *avevi ragione a protestare, ma dissento sul modo in cui lo hai fatto.*

dissenziente [dis-sen-zièn-te] *agg.* e *s.m.f.* Che, chi non è d'accordo, ha un'opinione diversa.

disseppellire [dis-sep-pel-lì-re] *v.tr.* [coniugato come *seppellire*] Togliere dalla sepoltura Ⓢ esumare: *disseppellire un cadavere* ◊ Dissotterrare: *disseppellire un tesoro.*

disservizio [dis-ser-vì-zio] *s.m.* Cattivo funzionamento di un servizio pubblico o privato: *i cittadini protestano per i frequenti disservizi nei trasporti pubblici*; *disservizio postale.*

dissestare [dis-se-stà-re] *v.tr.* **1** Ridurre in cattivo stato, in condizioni di instabilità: *il passaggio di mezzi pesanti ha dissestato la strada*; *il terremoto ha dissestato tutte le case* **2** ♧ Ridurre in gravi condizioni economiche: *la cattiva amministrazione ha dissestato l'azienda.*

dissesto [dis-sè-sto] *s.m.* Cattiva condizione, stato di grave deterioramento: *il dissesto ecologico del territorio* ◊ Grave situazione economica e finanziaria Ⓢ rovina, fallimento: *un'azienda in dissesto*; *il dissesto delle finanze statali.*

dissetante [dis-se-tàn-te] *agg.* Che toglie la sete: *l'acqua fresca è sempre la bevanda più dissetante*; *bibite dissetanti.*

dissetare [dis-se-tà-re] *v.tr.* Togliere la sete: *l'acqua disseta* ♦ **dissetarsi** *v.pr.* Togliersi la sete: *andò alla fontana a dissetarsi.*

dissezione [dis-se-zió-ne] *s.f.* L'operazione di sezionare un cadavere a scopo di studio.

dissidente [dis-si-dèn-te] *s.m.f.* Chi dissente dalle posizioni della maggioranza all'interno di uno stato, di un movimento politico o sindacale ecc.: *i dissidenti sono usciti dal partito.*

dissidio [dis-sì-dio] *s.m.* Contrasto tra persone o gruppi per divergenza di interessi o di opinioni Ⓢ dissenso, discordia: *dissidi familiari, politici.*

dissimile [dis-sì-mi-le] *agg.* Diverso, differente.

dissimulare [dis-si-mu-là-re] *v.tr.* Nascondere, non lasciar trasparire all'esterno i propri stati d'animo, pensieri, propositi: *dissimulare la propria ansia, le proprie ambizioni*; *è incapace di dissimulare, gli si legge tutto in faccia.*

dissipare [dis-si-pà-re] *v.tr.* **1** Dissolvere, far sparire (anche ♧): *il sole dissipò la nebbia*; *non sei riuscito a dissipare i miei dubbi* **2** Sprecare, sperperare: *ha dissipato al gioco tutte le sue sostanze.*

Le tre persone singolari e la terza plurale del presente indicativo e le tre persone singolari del congiuntivo si pronunciano con l'accento sulla prima *i*, quindi *dìssipo, dìssipi, dìssipa, dìssipano, che io dìssipi* e non *dissìpo, dissìpi* ecc.

dissociare [dis-so-cià-re] *v.tr.* Separare, scindere: *dissociare le proprie responsabilità da quelle altrui* ♦ **dissociarsi** *v.pr.* Staccarsi da altri con cui si dissente, non aderendo a ciò che essi fanno o dicono: *mi dissocio dalla vostra iniziativa.*

dissodare [dis-so-dà-re] *v.tr.* Lavorare un terreno rompendo le zolle per renderlo più soffice e adatto alla coltivazione.

dissoluto [dis-so-lù-to] *agg.* Privo di ogni freno morale Ⓢ vizioso, sregolato: *conduce una vita dissoluta.*

dissolvere [dis-sòl-ve-re] *v.tr.* [pass.rem. *dissòlsi, dissolvésti*; part.pass. *dissòlto*] Far sparire Ⓢ dissipare (anche ♧): *il sole ha dissolto la nebbia*; *la tua risposta ha dissolto i miei dubbi* ♦ **dissolversi** *v.pr.* **1** Sciogliersi: *la neve si è dissolta al sole* **2** Svanire, dileguarsi (anche ♧): *il fumo si dissolse nell'aria*; *i tuoi timori si dissolveranno presto.*

dissotterrare [dis-sot-ter-rà-re] *v.tr.* Togliere da sotto terra Ⓢ disseppellire: *dissotterrò il tesoro.*

dissuadere [dis-sua-dé-re] *v.tr.* [coniugato come *persuadere*] Sconsigliare qualcuno dal fare qualcosa; distoglierlo da un proposito: *l'ho dissuaso dal fare quella sciocchezza*; *sono riuscito a dissuaderlo da quell'impresa.*

distaccare [di-stac-cà-re] *v.tr.* [*distàcco, distàcchi*] **1** Togliere via una cosa da dove era attaccata: *distaccò il quadro dal muro* ◊ (riferito a persone) Allontanare: *ho cercato di distaccarlo dalle cattive compagnie* **2** In una gara sportiva, acquistare un vantaggio di spazio o di tempo sugli avversari Ⓢ distanziare: *il vincitore ha distaccato tutti di un chilometro, di due minuti* ♦ **distaccarsi** *v.pr.* **1** Staccarsi, separarsi, allontanarsi (anche ♧): *il francobollo si sta distaccando*; *si è distaccato dai* *vecchi amici* **2** Distinguersi, spiccare: *un'opera che si distacca dalle altre per originalità.*

distaccato [di-stac-cà-to] *agg.* Privo di partecipazione affettiva Ⓢ freddo, indifferente Ⓒ caloroso, partecipe: *parlare con tono distaccato*; *lo osservava con aria distaccata.*

distacco [di-stàc-co] *s.m.* [pl. *–chi*] **1** Separazione, allontanamento da persone o luoghi: *il doloroso distacco dai propri cari, dal paese natale* **2** ♧ Mancanza di partecipazione emotiva Ⓢ freddezza, indifferenza: *tratta tutti con un certo distacco* **3** Distanza di tempo, di spazio o di punti tra i partecipanti a una competizione sportiva: *ha vinto con un grosso distacco.*

distante [di-stàn-te] *agg.* **1** Che è a una certa distanza nello spazio o nel tempo: *la casa è distante un chilometro dal mare*; *la stazione è distante dieci minuti a piedi* ◊ Lontano: *era seduto distante da me e non mi ha visto* **2** ♧ Diverso, differente: *abbiamo gusti distanti* **3** ♧ Poco cordiale Ⓢ freddo, distaccato: *mi ha parlato con tono distante* ♦ *avv.* Lontano: *abita distante.*

distanza [di-stàn-za] *s.f.* **1** Spazio che separa due luoghi, due cose, due persone: *tra le due case c'è un chilometro di distanza* | ♧ *Mantenere le distanze* = non dare confidenza ◊ Intervallo di tempo: *a distanza di vent'anni non ricordava più niente di quell'episodio* **2** ♧ Differenza; disuguaglianza: *le distanze sociali ostacolavano il loro matrimonio* **3** Lunghezza del percorso di una gara di corsa: *ha coperto in un tempo record la distanza dei cento metri.*

distanziare [di-stan-zià-re] *v.tr.* **1** Porre a una certa distanza di spazio o di tempo; mettere più distanti tra loro: *distanziare di un minuto la partenza dei corridori*; *queste piante sono troppo vicine, bisogna distanziarle* **2** Lasciare dietro di sé a una certa distanza i concorrenti di una gara Ⓢ distaccare: *il corridore in fuga ha distanziato il gruppo di due minuti.*

distare [di-stà-re] *v.intr.* [non è usato nei tempi composti] Essere, trovarsi a una certa distanza da un luogo: *la stazione dista un chilometro da qui.*

distendere [di-stèn-de-re] *v.tr.* [coniugato come *tendere*] **1** Allentare ciò che è teso, rilassare (anche ♧): *una musica che distende i nervi* **2** Stendere in tutta la larghezza e lunghezza: *distendere la tovaglia sul tavolo, i panni al sole*; *distendere le braccia, le gambe* **3** Mettere a giacere Ⓢ sdraiare, adagiare: *distesero il malato sul letto* ♦ **distendersi** *v.pr.* **1** Sdraiarsi: *vado a distendermi sul letto* **2** Estendersi: *i campi coltivati si distendevano a perdita d'occhio* **3** ♧ Rilassarsi: *ascolto un po' di musica per distendermi.*

distensione [di-sten-sió-ne] *s.f.* **1** Rilassamento fisico o spirituale: *la ginnastica e la musica mi mettono in uno stato di distensione* **2** ♧ Diminuzione della tensione, miglioramento nei rapporti tra persone, gruppi, stati divisi da contrasti: *c'è qualche segno di distensione tra i due paesi.*

distensivo [di-sten-sì-vo] *agg.* **1** Riposante, rilassante: *una ginnastica, una lettura distensiva* **2** ♧ Che tende a diminuire la tensione, a migliorare i rapporti tra persone, gruppi, stati divisi da contrasti: *fare una politica distensiva.*

distesa [di-sté-sa] *s.f.* **1** Vasta estensione: *una distesa di sabbia, di campi* | *Suonare le campane a distesa* = facendole oscillare al massimo per ottenere un suono più intenso e prolungato **2** Grande quantità di cose disposte l'una accanto all'altra: *una distesa di panni, di case.*

disteso [di-sté-so] *agg.* **1** Allungato, steso: *stare con le gambe, con le braccia distese* ◊ Sdraiato: *si mise disteso sul divano* **2** ♧ Rilassato, sereno, tranquillo: *aveva un'aria molto distesa.*

distillare [di-stil-là-re] *v.tr.* Sottoporre a distillazione: *distillare l'acqua, il petrolio* ◊ Ottenere per distillazione: *distillare l'acquavite dalle prugne.*

distillato [di-stil-là-to] *s.m.* Bevanda ad alta gradazione alcolica, ottenuta per distillazione da piante, frutti o cereali fermentati: *il rum è un distillato della canna da zucchero.*

distillazione [di-stil-la-zió-ne] *s.f.* Operazione per separare un liquido volatile dalle sostanze non volatili in esso contenute; consiste nel portare a ebollizione il liquido in un apposito apparecchio, in modo che le sostanze volatili evaporino e vengano poi condensate per raffreddamento.

distinguere [di-stìn-gue-re] *v.tr.* [pres. *distìnguo*; pass.rem. *distìnsi, distinguésti*; part.pass. *distìnto*] **1** Avvertire chiaramente per mezzo dei sensi o dell'intelletto le differenze esistenti tra più cose o persone, in modo da poterle riconoscere e individuare Ⓒ confondere: *distinguere colori, suoni, odori, sapori*; *non lo distinguo da suo fratello*; *non sa distinguere il bene dal male* **2** Rendere riconoscibile, diverso Ⓢ contrassegnare, caratterizzare: *metti un'etichetta su questa bottiglia per distinguerla*; *la parola distingue l'uomo dagli animali* ♦ **distinguersi** *v.pr.* **1** Essere riconoscibile per qualche particolarità: *le parole «pero» e «però» si distinguono solo per l'accento* **2** Farsi notare Ⓢ segnalarsi: *si è sempre distinto per il suo impegno.*

distintamente [di-stin-ta-mén-te] *avv.* **1** In modo

chiaro: *sentiva distintamente le sue parole* **2** Separatamente: *le due questioni vanno affrontate distintamente.*

distintivo [di-stin-tì-vo] *s.m.* Contrassegno che si porta sul vestito per indicare l'appartenenza a una categoria, a un'associazione e simili: *distintivo di capostazione*; *il distintivo di un partito.*

distinto [di-stìn-to] *agg.* **1** Diviso, separato: *tenere due conti distinti* ◊ Diverso, differente: *sono due problemi distinti* **2** Chiaro, facilmente percepibile: *le sue parole mi giungevano poco distinte* **3** Signorile, raffinato: *una persona, una famiglia molto distinta.*

distinzione [di-stin-zió-ne] *s.f.* **1** Differenza: *tra i miei figli non faccio distinzioni* **2** Signorilità, raffinatezza: *si comporta sempre con distinzione*; *veste con molta distinzione.*

distogliere [di-stò-glie-re] *v.tr.* [coniugato come *togliere*] **1** Allontanare lo sguardo, l'attenzione, il pensiero dal punto cui erano rivolti, dall'oggetto su cui erano concentrati: *non distoglieva lo sguardo dal quadro* **2** Far desistere Ⓢ dissuadere: *siamo riusciti a distoglierlo dal suo proposito.*

distorcere [di-stòr-ce-re] *v.tr.* [coniugato come *torcere*] **1** Provocare la distorsione di un'articolazione Ⓢ storcere, slogare: *cadendo si è distorto la caviglia* **2** ♧ Alterare, falsare: *hai distorto il senso delle mie parole.*

distorsione [di-stor-sió-ne] *s.f.* **1** Lesione dei legamenti di un'articolazione Ⓢ storta: *cadendo si è procurato una distorsione del polso* **2** *Distorsione acustica* = alterazione di un suono dovuta all'apparecchio che lo riproduce o trasmette ◊ *Distorsione ottica* = deformazione di un'immagine prodotta da particolari lenti e obiettivi **3** ♧ Alterazione, stravolgimento: *quel che ha detto costituisce una completa distorsione della verità.*

distrarre [di-stràr-re] *v.tr.* [coniugato come *trarre*] **1** Distogliere, sviare: *i ladri sono entrati riuscendo a distrarre l'attenzione del guardiano*; *non distrarlo dal suo lavoro* ◊ Far perdere la concentrazione: *questi rumori mi distraggono* **2** Svagare, far divertire: *è giù di morale, cerca di distrarlo un po'* ♦ **distrarsi** *v.pr.* **1** Distogliere l'attenzione da ciò che si sta facendo: *non distrarti mentre guidi* **2** Prendersi un po' di svago, di riposo: *stai lavorando troppo, hai bisogno di distrarti.*

distratto [di-stràt-to] *agg.* Che non è attento a quel che accade intorno o a quel che sta facendo, perché ha il pensiero rivolto ad altro: *in quel momento ero distratto* ◊ Che è abitualmente disattento, sbadato: *è una persona molto distratta.*

distrazione [di-stra-zió-ne] *s.f.* **1** Mancanza di attenzione momentanea o disattenzione, sbadataggine abituale: *è stato un errore di distrazione*; *per la sua distrazione combina sempre disastri* **2** Ciò che distrae da un'occupazione: *quel ragazzo non studia perché ha troppe distrazioni* ◊ Svago, diversivo, divertimento: *nei paesi ci sono poche distrazioni.*

distretto [di-strét-to] *s.m.* Ciascuna delle zone in cui è suddiviso il territorio da parte dei diversi settori dell'amministrazione e dei servizi pubblici: *distretto telefonico, scolastico, militare.*

distribuire [di-stri-bu-ì-re] *v.tr.* [*distribuìsco, distribuìsci*] **1** Dare, assegnare qualcosa, ripartendolo tra diverse persone: *distribuire i posti agli invitati, i compiti tra gli impiegati, il rancio ai soldati* ◊ Consegnare, diffondere: *distribuire la posta, i giornali* ◊ Fornire, erogare: *distribuire l'acqua, il gas* **2** Disporre, sistemare secondo un certo ordine e criterio: *distribuire i libri sugli scaffali, il carico su un camion.*

distributore [di-stri-bu-tó-re] *s.m.* Apparecchio meccanico che distribuisce oggetti e prodotti vari (biglietti, sigarette, bevande); in partic. quello che rifornisce di carburante gli autoveicoli: *dobbiamo fermarci al primo distributore di benzina.*

distribuzione [di-stri-bu-zió-ne] *s.f.* **1** Assegnazione: *distribuzione dei compiti, dei premi* ◊ Consegna, diffusione, erogazione: *distribuzione della posta, dei giornali, del gas* **2** Ripartizione; disposizione: *la distribuzione della popolazione sul territorio*; *la nave si è inclinata a causa della cattiva distribuzione del carico* **3** L'attività di trasporto di merci e servizi dai luoghi di produzione a quelli di consumo: *un'azienda con un'efficiente rete di distribuzione.*

districare [di-stri-cà-re] *v.tr.* [*distrìco, distrìchi*] Sbrogliare qualcosa che si presenta intricato, ingarbugliato: *districare un nodo, una matassa* ◊ ♧ Chiarire, risolvere: *un problema difficile da districare* ♦ **districarsi** *v.pr.* Tirarsi fuori, liberarsi da un intrico: *faticò a districarsi dai rovi* ◊ ♧ Trarsi fuori da una situazione difficile, cavarsela: *non so come districarmi da questo pasticcio*; *s'è districato bene in mezzo alle difficoltà.*

Le tre persone singolari e la terza plurale del presente indicativo e le tre persone singolari del congiuntivo si pronunciano con l'accento sulla seconda *i*, quindi *distrìco, distrìchi, distrìca, distrìcano, che io distrìchi* e non *dìstrico, dìstrichi* ecc.

distruggere [di-strùg-ge-re] *v.tr.* [pass.rem. *distrùssi, distruggésti*; part.pass. *distrùtto*] Far scomparire ogni traccia di qualcosa: *distrugge-*

re una lettera, le prove di un delitto ◊ Demolire, rovinare, danneggiare in modo irreparabile (anche ♧): *distruggere una città, una casa*; *l'alluvione ha distrutto il raccolto*; *distruggere un sogno, una speranza* ◊ Annientare, sterminare: *distruggere gli insetti nocivi* ◊ ♧ Abbattere moralmente: *la morte della moglie lo ha distrutto* ♦ **distruggersi** *v.pr.* Ridursi in pessime condizioni fisiche: *si è distrutto con l'alcol, con la droga.*

distrutto [di-strùt-to] *agg.* **1** Demolito, in rovina **2** ♧ Che è rimasto senza alcuna energia fisica o morale Ⓢ sfinito, abbattuto: *era distrutto per il viaggio*; *è distrutto dal dolore.*

distruzione [di-stru-zió-ne] *s.f.* Annientamento, demolizione, rovina: *la distruzione di un palazzo per un'esplosione*; *le distruzioni della guerra.*

disturbare [di-stur-bà-re] *v.tr.* **1** Causare fastidio, molestia a qualcuno, spec. interrompendo quello che sta facendo Ⓢ infastidire, molestare: *quando lavora non vuole che lo si disturbi* ◊ Causare disagio fisico, malessere; dare noia: *quella luce mi disturba gli occhi*; *la disturba il fumo?* **2** Ostacolare il normale svolgimento di qualcosa: *è stato allontanato dalla classe perché disturbava le lezioni*; *la pioggia ha disturbato lo svolgimento della manifestazione* ♦ **disturbarsi** *v.pr.* Incomodarsi: *non dovevi disturbarti a venire.*

disturbo [di-stùr-bo] *s.m.* **1** Fastidio, molestia, incomodo: *ti dà disturbo se fumo?*; *scusi il disturbo* | *Togliere il disturbo* = andarsene via **2** Indisposizione fisica: *ha qualche disturbo di stomaco*; *soffre di disturbi psichici.*

disubbidiente [di-sub-bi-dièn-te] o **disobbediente** [di-sob-bi-dièn-te] *agg.* Non ubbidiente (spec. come atteggiamento abituale): *è un ragazzo disubbidiente.*

disubbidienza [di-sub-bi-dièn-za] o **disobbedienza** [di-sob-bi-dièn-za] *s.f.* Abitudine a disubbidire: *la tua disubbidienza è intollerabile* ◊ Atto che costituisce una mancanza di obbedienza: *ha commesso una grave disubbidienza.*

disubbidire [di-sub-bi-dì-re] o **disobbedire** [di-sob-be-dì-re] *v.intr.* [*disubbidìsco, disubbidìsci*; aus. *avere*] Non ubbidire: *ha disubbidito ai genitori*; *disubbidire a un ordine.*

disuguaglianza [di-su-gua-gliàn-za] o **diseguaglianza** [di-se-gua-gliàn-za] *s.f.* Mancanza di uguaglianza Ⓢ differenza, disparità: *disuguaglianza di età*; *nel mondo sono forti le disuguaglianze sociali.*

disumano [di-su-mà-no] *agg.* **1** Privo di umanità, di compassione Ⓢ crudele, spietato: *lo hanno trattato in modo disumano* **2** Che non sembra umano Ⓢ bestiale: *un urlo disumano* ◊ Che abbrutisce: *un lavoro disumano* ◊ Insopportabile, atroce: *un dolore disumano.*

disusato [di-su-sà-to] *agg.* Che non è più usato (detto spec. di vocaboli e modi di dire).

disuso [di-sù-so] *s.m.* *In disuso* = che non è più in uso: *un vocabolo caduto in disuso.*

ditale [di-tà-le] *s.m.* Piccolo cappuccio di metallo o di plastica che, quando si cuce, protegge il dito che spinge l'ago.

ditata [di-tà-ta] *s.f.* Colpo dato con un dito ◊ Impronta lasciata da un dito.

dito [dì-to] *s.m.* [pl.f. *le dita,* se considerate nel loro insieme; pl.m. *i diti* quando è seguito dal nome del dito: *i diti pollici*] **1** Ciascuna delle parti mobili con cui terminano le mani e i piedi dell'uomo e le zampe di alcuni animali | ♧ *Toccare il cielo con un dito* = essere al massimo della felicità | ♧ *Mordersi le dita* = provare rabbia o rimpianto | ♧ *Legarsela al dito* = non dimenticare un'offesa, essere intenzionato a vendicarsi | ♧ *Si contano sulle dita* = detto di cose o persone assai poco numerose | ♧ *Mettere il dito sulla piaga* = toccare il punto dolente di una questione | ♧ *Non alzare, non muovere un dito* = non fare nulla **2** Misura, quantità corrispondente circa alla larghezza di un dito: *devo allungare la gonna di un dito*; *ho bevuto solo un dito di caffè.*

ditta [dìt-ta] *s.f.* Azienda, impresa.

dittatore [dit-ta-tó-re] *s.m.* **1** Capo di un regime autoritario e antidemocratico, dotato di un potere assoluto **2** [f. *–trice*] Persona che impone la sua volontà in modo autoritario, senza tener conto del parere degli altri.

dittatura [dit-ta-tù-ra] *s.f.* Regime politico fondato sul potere assoluto di una persona o di un unico organo dirigente, al di fuori di ogni controllo democratico: *il fascismo fu una dittatura.*

dittongo [dit-tòn-go] *s.m.* [pl. *–ghi*] Gruppo di due vocali che formano una sola sillaba (per es. nelle parole *cuore* e *schiena, uo e ie* sono dittonghi).

diurno [di-ùr-no] *agg.* Del giorno: *le ore diurne* ◊ Che si svolge durante il giorno: *servizio diurno*; *spettacoli diurni e serali* | *Animali diurni* = che stanno svegli di giorno.

diva [dì-va] *s.f.* Attrice o cantante molto famosa Ⓢ stella, star: *le dive del cinema, della canzone.*

divagare [di-va-gà-re] *v.intr.* [*divàgo, divàghi*; aus. *avere*] Allontanarsi dall'argomento di cui si stava parlando: *cerchiamo di non divagare dal tema di oggi.*

divagazione [di-va-ga-zió-ne] *s.f.* Digressione.

divampare [di-vam-pà-re] *v.intr.* [aus. *essere*] **1** Accendersi rapidamente e ardere con grandi fiamme: *l'incendio divampò nel fienile* **2** ♧ Manifestarsi con violenza e diffondersi con rapidità: *la rivolta divampò in tutto il paese.*

divano [di-và-no] *s.m.* Lungo sedile imbottito, in genere con spalliera e braccioli Ⓢ sofà.

divaricare [di-va-ri-cà-re] *v.tr.* [*divàrico, divàrichi*] Allargare, far divergere: *divaricare le gambe.*

divario [di-và-rio] *s.m.* Differenza: *divario di opinioni*; *il divario tecnologico tra due paesi.*

divellere [di-vèl-le-re] *v.tr.* [pass.rem. *divèlsi, divelléstì*; part.pass. *divèlto*] Strappare con forza, sradicare: *il camion ha divelto un paracarro.*

divenire [di-ve-nì-re] *v.intr.* [coniugato come *venire*; aus. *essere*] Diventare.

diventare [di-ven-tà-re] *v.intr.* [aus. *essere*] Acquistare una qualità o una condizione nuova e diversa Ⓢ divenire, farsi: *diventare grande, grasso, vecchio*; *diventare ricco*; *il latte è diventato acido*; *è diventato rosso dalla vergogna* | ♧ *Diventare matto* = perdere la testa, disperarsi.

diverbio [di-vèr-bio] *s.m.* Discussione violenta tra due persone Ⓢ alterco, litigio.

divergenza [di-ver-gèn-za] *s.f.* Netta differenza, contrasto: *abbiamo delle divergenze di opinione.*

divergere [di-vèr-ge-re] *v.intr.* [*divèrgo, divèrgi*; manca del part.pass. e dei tempi composti] **1** Andare in direzioni diverse, partendo da un'origine comune: *in quel punto le due strade divergono* **2** ♧ Essere diverso, in contrasto: *la mia opinione diverge dalla tua.*

diversamente [di-ver-sa-mén-te] *avv.* **1** In modo diverso: *io agirei diversamente* **2** In caso contrario Ⓢ altrimenti: *cerca di venire, diversamente avvertimi.*

diversità [di-ver-si-tà] *s.f.* Differenza: *diversità di forma, di gusti*; *fra loro non vedo nessuna diversità.*

diversivo [di-ver-sì-vo] *s.m.* Distrazione, svago: *la lettura e lo sport sono per me un piacevole diversivo dalle occupazioni quotidiane.*

diverso [di-vèr-so] *agg.* Che non è né uguale né simile Ⓢ differente: *è molto diverso da suo fratello*; *abbiamo preso strade diverse* ♦ *agg.indef.* (sempre al plurale, o al singolare davanti a nomi collettivi) Molti, parecchi, svariati: *ho diversi amici in quella città*; *oggi ho diverse cose da fare*; *non ho accettato per diversi motivi*; *c'era diversa gente in piazza.*

divertente [di-ver-tèn-te] *agg.* Che fa divertire Ⓢ piacevole: *uno spettacolo molto divertente.*

divertimento [di-ver-ti-mén-to] *s.m.* Il divertirsi e ciò che serve a divertire Ⓢ svago, passatempo: *ho bisogno di un po' di divertimento*; *una città piena di divertimenti.*

divertire [di-ver-tì-re] *v.tr.* Procurare piacere, allegria, diletto, svago: *quel gioco ci ha molto divertito*; *ti diverte vederlo soffrire?* ♦ **divertirsi** *v.pr.* Occupare il proprio tempo piacevolmente, in svaghi e passatempi Ⓢ svagarsi: *non pensa che a divertirsi*; *è giovane, è giusto che si diverta* ◊ Provare piacere, gusto nel fare qualcosa: *perché ti diverti a prendermi in giro?*

dividendo [di-vi-dèn-do] *s.m.* Nell'operazione della divisione, il numero da dividere.

dividere [di-vì-de-re] *v.tr.* [pass.rem. *divìsi, dividésti*; part.pass. *divìso*] **1** Scomporre un tutto in più parti: *dividere una mela in quattro* ◊ Eseguire una divisione: *dividere otto per due* ◊ Ripartire, suddividere: *dividere gli allievi in gruppi*; *il libro è diviso in sei capitoli* ◊ Distribuire, spartire: *ha diviso l'eredità tra i figli* ◊ Condividere: *ho diviso con lui gioie e dolori* **2** Separare: *dividere due litiganti*; *il fiume divide la città vecchia da quella nuova* ◊ ♧ Disunire, porre in contrasto: *i litigi hanno diviso la famiglia*; *una feroce rivalità li divideva* ♦ **dividersi** *v.pr.* **1** Separarsi da qualcuno: *si divise a malincuore da loro* ◊ Smettere di convivere: *quei coniugi si sono divisi* **2** Frazionarsi in gruppi: *il popolo si divise in due partiti* **3** Dedicarsi a più cose contemporaneamente: *spesso una donna è costretta a dividersi tra il lavoro e gli impegni familiari* **4** Essere suddiviso: *il metro si divide in centimetri*; *la sua vita si divide in tre periodi.*

divieto [di-viè-to] *s.m.* Proibizione, spec. imposta da una legge, un regolamento, un'autorità: *divieto di sosta, di pesca*; *divieto di fumare.*

divinazione [di-vi-na-zió-ne] *s.f.* In molte religioni antiche e primitive, arte di predire il futuro attraverso l'interpretazione di segni ritenuti espressione della volontà divina.

divincolarsi [di-vin-co-làr-si] *v.pr.* Dimenarsi, contorcersi per liberarsi: *si divincolava per sfuggire alla presa degli aggressori.*

divinità [di-vi-ni-tà] *s.f.* Essere divino Ⓢ dio: *nella religione romana vi erano numerose divinità.*

divino [di-vì-no] *agg.* **1** Di Dio: *la bontà, la provvidenza divina* ◊ Di un dio: *un'apparizione divina* ◊ Che è una divinità: *un essere divino* **2** ♧ Così straordinario da non sembrare umano: *una donna di una bellezza divina*; *una musica divina.*

divisa [di-vì-sa] *s.f.* Abito indossato da tutti quelli che appartengono a una stessa categoria; in partic. uniforme militare: *divisa da ferroviere*; *un soldato in divisa.*

divisione [di-vi-sió-ne] *s.f.* **1** Scomposizione in parti Ⓢ spartizione: *la divisione di una torta, di un'eredità* ◊ Ripartizione, suddivisione: *la divisione di un romanzo in capitoli* **2** Operazione aritmetica che è l'inverso della moltiplicazione e con la quale si calcola quante volte un numero (*divisore*) è contenuto in un altro numero (*dividendo*) **3** Separazione: *un muretto segna la linea di divisione tra i due poderi* **4** ♧ Discordia, contrasto: *ha portato la divisione nella nostra famiglia* **5** Grande unità militare: *divisione di fanteria*; *divisione corazzata* **6** Categoria nella quale sono raggruppate le squadre partecipanti a un campionato: *i risultati del campionato di prima divisione* | *Massima divisione* = quella di serie A.

diviso [di-vì-so] *agg.* Separato, non insieme: *già da tempo vivono divisi.*

divisore [di-vi-só-re] *s.m.* Nell'operazione della divisione, il numero che divide il dividendo.

divisorio [di-vi-sò-rio] *agg.* e *s.m.* Detto di ciò che serve a dividere ambienti: *pareti divisorie*; *in mezzo alla stanza c'è una tenda come divisorio.*

divo [dì-vo] *s.m.* Attore o personaggio molto popolare del cinema, dello spettacolo o dello sport.

divorare [di-vo-rà-re] *v.tr.* **1** Mangiare rapidamente, con voracità: *il leone ha divorato la preda*; *divorare un panino* **2** ♧ Consumare, distruggere rapidamente: *il fuoco sta divorando la foresta*; *è divorato dalla febbre, dall'invidia* | *Divorare un libro* = leggerlo tutto d'un fiato | *Divorare qualcosa o qualcuno con lo sguardo, con gli occhi* = guardarlo con intensità, mostrando apertamente il proprio desiderio ◊ Percorrere a tutta velocità: *la macchina divorava la strada.*

divorziare [di-vor-zià-re] *v.intr.* [aus. *avere*] Sciogliere il proprio matrimonio mediante divorzio: *hanno deciso di divorziare.*

divorziato [di-vor-zià-to] *agg.* e *s.m.* Che, chi ha sciolto il proprio matrimonio mediante divorzio.

divorzio [di-vòr-zio] *s.m.* Scioglimento legale del matrimonio: *ha chiesto il divorzio dal marito.*

divulgare [di-vul-gà-re] *v.tr.* [*divùlgo, divùlghi*] Far conoscere a molte persone Ⓢ diffondere Ⓒ nascondere: *divulgare un segreto, una notizia* ◊ Rendere comprensibili a un vasto pubblico nozioni e argomenti difficili, spiegandoli in modo semplice e chiaro ♦ **divulgarsi** *v.pr.* Diffondersi: *la notizia si divulgò in un baleno.*

divulgativo [di-vul-ga-tì-vo] *agg.* Che è scritto o detto in modo da poter essere compreso da un largo pubblico: *un'opera divulgativa.*

divX [Sigla della locuz. inglese *Digital Internet Video X*; pron. *divuìx*] *s.m.invar.* Sigla di una tecnologia che permette di riprodurre filmati video di lunga durata e di discreta qualità in *file* di dimensioni molto più ridotte del normale formato DVD.

dizionario [di-zio-nà-rio] *s.m.* Opera in cui sono raccolte e spiegate in ordine alfabetico le parole di una lingua nel suo complesso o limitatamente ad alcuni aspetti Ⓢ vocabolario: *dizionario italiano, tedesco*; *dizionario dei sinonimi* | *Dizionari bilingui* = quelli che riportano accanto a ciascuna parola di una lingua la parola o le parole che le corrispondono in un'altra lingua ◊ Opera che tratta in ordine alfabetico i termini e le nozioni relativi al sapere nel suo complesso (*dizionario enciclopedico*) o a qualche campo, settore specifico: *dizionario di filosofia, di biologia, di medicina.*

dizione [di-zió-ne] *s.f.* Maniera di pronunciare le parole Ⓢ pronuncia: *ha una dizione perfetta.*

dj [pron. *digèi*] *s.m.f.invar.* Sigla di *disc jockey.*

DNA [sigla dell'inglese *DeoxyriboNucleic Acid*; pron. *dienneà*] *s.m.invar.* Sigla dell'acido la cui molecola, presente nei cromosomi di tutti gli organismi viventi, contiene le informazioni genetiche di ogni individuo.

do [dò] *s.m.* La prima nota della scala musicale.

doccia [dóc-cia] *s.f.* [pl. *–ce*] Apparecchiatura da bagno per spruzzare in modo uniforme l'acqua sul corpo ◊ Locale o parte del bagno in cui si trova tale apparecchiatura: *è entrato nella doccia* ◊ Bagno fatto con tale apparecchiatura: *farsi una doccia* | ♧ *Doccia fredda* = fatto o notizia negativi e inaspettati, che spengono ogni entusiasmo.

docente [do-cèn-te] *agg.* e *s.m.f.* Insegnante: *organizzare una riunione del personale docente*; *docente universitario, di scuola media, di storia.*

docile [dò-ci-le] *agg.* Che obbedisce, che si sottomette facilmente Ⓢ arrendevole, remissivo, mansueto: *un ragazzo docile*; *un cavallo docile.*

documentare [do-cu-men-tà-re] *v.tr.* Provare, corredare con documenti: *devi documentare le tue accuse* ♦ **documentarsi** *v.pr.* Procurarsi le informazioni necessarie su un fatto o un argomento: *prima di parlare devi documentarti.*

documentario [do-cu-men-tà-rio] *s.m.* Breve film che illustra qualche aspetto della realtà a scopo informativo o didattico.

documentazione [do-cu-men-ta-zió-ne] *s.f.* Complesso delle informazioni, dei documenti, dei dati che sono necessari per provare o convalidare qualcosa: *mi ha fornito un'ampia documentazione a sostegno della sua tesi*; *allegare alla domanda la documentazione richiesta.*

documento [do-cu-mén-to] *s.m.* **1** Qualsiasi scritto che serve come prova o attestazione di qualcosa; in partic. certificato rilasciato da una pubblica autorità: *documenti di proprietà, di lavoro, di guida, di identità* **2** Scritto o altro oggetto materiale su cui ci si basa per studi e ricerche o per dimostrare qualcosa: *studiare i documenti relativi a un fatto storico*; *i documenti che hai raccolto non bastano a provare la tua teoria* **3** Testimonianza storica: *le rovine di Pompei sono un documento unico della vita degli antichi romani.*

dodici [dó-di-ci] *agg.num.card.invar.* e *s.m.invar.* Numero equivalente a una decina più due unità | *Le dodici* = mezzogiorno o mezzanotte.

doga [dó-ga] *s.f.* Ognuna delle assicelle di legno con cui si costruiscono le botti, i barili e i tini.

dogana [do-gà-na] *s.f.* Ufficio che controlla il passaggio delle merci alla frontiera di uno stato e riscuote le eventuali imposte che su queste devono essere pagate: *i camion passavano all'ispezione della dogana* ◊ L'imposta sulle merci importate ed esportate Ⓢ dazio: *pagare la dogana.*

doganiere [do-ga-niè-re] *s.m.* Impiegato della dogana; in partic. guardia di finanza addetta ai controlli doganali.

doge [dò-ge] *s.m.* La suprema autorità delle repubbliche di Venezia e di Genova, dal medioevo sino alla fine del XVIII secolo.

doglie [dò-glie] *s.f.pl.* I dolori che precedono e accompagnano il parto.

dogmatico [dog-mà-ti-co] *agg.* e *s.m.* [pl.m. *-ci*] Detto di chi sostiene in modo rigido e intransigente una tesi, una teoria, considerandola una verità assoluta che non ha bisogno di prove e non accettando alcuna obiezione.

dolce [dól-ce] *agg.* **1** Che ha un sapore simile a quello dello zucchero o del miele Ⓒ amaro: *una bevanda molto dolce* | *Formaggio dolce* = di sapore delicato, non piccante ◊ Non salato: *acqua dolce* **2** ♧ Mite, lieve: *clima dolce*; *un dolce venticello* ◊ Non ripido: *un dolce pendio* **3** ♧ Che procura una sensazione gradevole ai sensi o rallegra l'animo Ⓢ delicato, soave: *un paesaggio dolce*; *un dolce suono*; *un dolce profumo*; *un dolce riposo*; *un dolce ricordo* **4** ♧ Mite, gentile, affettuoso: *un carattere dolce*; *dolci sguardi, sorrisi, carezze* ◊ Caro, amato: *essere in dolce compagnia*; *casa, dolce casa* **5** ♧ Tenero, facile da lavorare: *pietra, legno dolce* ♦ *s.m.* **1** Sapore dolce: *preferisco il dolce all'amaro* **2** Qualsiasi cibo di sapore dolce; in partic. quello che si serve alla fine del pasto: *dolce alla crema, al cioccolato*; *stiamo per finire, siamo al dolce* ◊ (al *pl.*) Dolciumi: *si è rimpinzato di dolci.*

dolcezza [dol-céz-za] *s.f.* **1** Sapore dolce Ⓒ amarezza: *la dolcezza del miele* **2** ♧ Qualità di ciò che è dolce, piacevole per i sensi o per l'animo: *la dolcezza di una melodia, di un profumo*; *la dolcezza di uno sguardo, di un ricordo* ◊ (al *pl.*) Piacere, gioia: *le dolcezze dell'amore* **3** ♧ Mitezza, affettuosità, gentilezza di modi: *la dolcezza di un carattere, di una persona*; *mi ha parlato con molta dolcezza* | *Posare, sollevare, maneggiare qualcosa con dolcezza* = con delicatezza, facendo molta attenzione **4** ♧ Sentimento di intima felicità e tenerezza: *sentiva una gran dolcezza in cuore.*

dolciastro [dol-cià-stro] *agg.* Sgradevolmente dolce ◊ ♧ Sdolcinato: *modi dolciastri.*

dolciumi [dol-ciù-mi] *s.m.pl.* Prodotti di pasticceria o dell'industria dolciaria: *negozio di dolciumi*; *una scatola di dolciumi.*

dolente [do-lèn-te] *agg.* **1** Che duole Ⓢ dolorante: *ho una caviglia dolente* | ♧ *Punto dolente* = quello più grave e delicato di una questione **2** Addolorato, dispiaciuto: *sono dolente di non poterti aiutare.*

dolenzia [do-len-zì-a] *s.f.* Dolore leggero ma persistente: *ho una dolenzia alla spalla.*

dolere [do-lé-re] *v.intr.* [pres. *dòlgo, duòli, duòle, doliàmo, doléte, dòlgono*; pass.rem. *dòlsi, dolésti*; fut. *dorrò*; cong.pres. *(io, tu, egli) dòlga, doliàmo, doliàte, dòlgano*; cond. *dorrèi*; imper. *duòli*; part. pass. *dolùto*; aus. *essere*] **1** Causare dolore, far male: *mi duole la testa* **2** Dispiacere, rincrescere: *mi duole molto di non potervi aiutare* ♦ **dolersi** *v.pr.* Provare rincrescimento Ⓢ rammaricarsi: *mi dolgo di non avervi ascoltato.*

dolina [do-lì-na] *s.f.* Avvallamento naturale del terreno, a forma di imbuto, tipico della regione del Carso.

dollaro [dòl-la-ro] *s.m.* Moneta degli Stati Uniti e di altri paesi.

dolmen [dòl-men] *s.m.invar.* Monumento funebre preistorico, formato da due o più pietre infisse nel terreno e sormontate da un lastrone orizzontale.

dolo [dò-lo] *s.m.* Volontà consapevole di commettere un reato: *il dolo aggrava il reato.*

dolomite [do-lo-mì-te] *s.f.* Minerale di cui sono composte le rocce delle Dolomiti.

dolomitico [do-lo-mì-ti-co] *agg.* [pl.m. *-ci*] **1** Costituito da dolomite: *rocce dolomitiche* **2** Delle Dolomiti: *il paesaggio dolomitico.*

dolorante [do-lo-ràn-te] *agg.* Che fa male Ⓢ dolente: *si toccò la caviglia dolorante* ◊ Che sente dolore: *si rialzò da terra tutto dolorante.*

dolore [do-ló-re] *s.m.* **1** Sensazione di sofferenza fisica Ⓢ male: *ho un dolore al fianco*; *dolore di testa, di denti* **2** Sofferenza morale, profonda tristezza e infelicità Ⓢ pena: *il dolore della partenza, della morte di un amico.*

doloroso [do-lo-ró-so] *agg.* Che provoca dolore fisico: *una ferita, un'operazione dolorosa* ◊ Che causa dispiacere, tristezza, pena Ⓢ penoso, triste, spiacevole: *un fatto, un ricordo doloroso* ◊ Pieno di sofferenze, di pene: *una vita dolorosa.*

doloso [do-ló-so] *agg.* Detto di reato commesso con dolo, intenzionalmente: *incendio doloso.*

domanda [do-màn-da] *s.f.* **1** Richiesta verbale fatta per ottenere un'informazione: *il poliziotto gli fece molte domande* ◊ Quesito che si pone a qualcuno per verificare le sue conoscenze: *l'alunno non ha saputo rispondere alla domanda* ◊ Richiesta scritta a un ufficio, a un'autorità: *presentare una domanda in carta da bollo* **2** In economia, quantità di un bene che è richiesta dagli acquirenti sul mercato (si contrappone a *offerta*): *è diminuita la domanda di automobili.*

domandare [do-man-dà-re] *v.tr.* **1** Rivolgersi a qualcuno per sapere qualcosa Ⓢ chiedere: *domandagli che ora è*; *domandare il prezzo, il nome di qualcosa* | *Domandarsi qualcosa* = essere incerto, dubbioso su qualcosa: *mi domando se ho fatto bene ad accettare* **2** Rivolgersi a qualcuno per ottenere qualcosa Ⓢ chiedere: *mi ha domandato un favore, un prestito*; *domandare scusa, perdono* | *Domandare la parola* = chiedere il permesso di parlare ♦ *v.intr.* [aus. *avere*] Chiedere notizie, informazioni: *mi ha domandato di te, del tuo lavoro* ◊ Cercare una persona, chiedere di parlarle: *è arrivato un signore che domanda di te.*

domani [do-mà-ni] *avv.* **1** Nel giorno successivo a oggi: *partirò domani*; *domani mattina, pomeriggio* | *Domani l'altro* = dopodomani **2** In un tempo futuro: *oggi lo esaltano, domani lo dimenticheranno* | *Oggi o domani* = prima o poi, una volta o l'altra | *Dagli oggi, dagli domani* = a forza di insistere ♦ *s.m.* Il futuro, l'avvenire: *devi pensare al domani*; *non avere un domani.*

domare [do-mà-re] *v.tr.* **1** Rendere docile, mansueto un animale feroce o selvatico Ⓢ addomesticare: *domare un leone, un cavallo selvaggio* **2** ♧ Sedare, stroncare, spegnere: *la rivolta fu domata nel sangue*; *i pompieri hanno domato l'incendio* ◊ Tenere a freno, sotto controllo: *cerca di domare la tua rabbia*; *domare le passioni.*

domatore [do-ma-tó-re] *s.m.* [f. *–trice*] Chi, nei circhi, presenta spettacoli con animali feroci o selvaggi da lui addomesticati.

domattina [do-mat-tì-na] *avv.* Domani mattina.

domenica [do-mé-ni-ca] *s.f.* Settimo giorno della settimana, festivo presso tutti i popoli cristiani.

domenicale [do-me-ni-cà-le] *agg.* Della domenica: *riposo domenicale*; *gita domenicale.*

domestico [do-mè-sti-co] *agg.* [pl.m. *–ci*] **1** Della casa, della famiglia: *la mamma fa i lavori domestici*; *si godeva la quiete domestica* **2** *Animali domestici* = quelli che sono allevati e utilizzati dall'uomo | *Piante domestiche* = quelle coltivate, non selvatiche ♦ *s.m.* Persona addetta ai lavori domestici presso una famiglia.

domiciliare [do-mi-ci-lià-re] *agg.* Del domicilio: *perquisizione domiciliare* ◊ A domicilio: *il medico ha sospeso le visite domiciliari* | *Arresti domiciliari* = pena consistente nell'obbligo di non lasciare la propria abitazione.

domicilio [do-mi-cì-lio] *s.m.* **1** Casa in cui si abita Ⓢ abitazione: *vendita con consegna a domicilio*; *visita a domicilio* **2** Luogo in cui una persona abita normalmente (distinto dalla *residenza,* che può essere in un altro luogo).

dominante [do-mi-nàn-te] *agg.* Prevalente, predominante su altri: *in questo dipinto il rosso è il colore dominante*; *in Europa il cristianesimo è la religione dominante.*

dominare [do-mi-nà-re] *v.tr.* **1** Tenere sotto il proprio dominio, potere, controllo o sotto la propria autorità, influenza: *Roma dominava molti popoli*; *si fa dominare dai superiori*; *la squadra ha dominato l'incontro* ◊ ♧ Padroneggiare, conoscere perfettamente: *dominare una situazione*; *un esperto deve dominare la sua materia* ◊ ♧ Controllare, tenere a freno: *cerca di dominare la tua rabbia!* **2** Sovrastare un luogo: *il castello dominava la città* ◊ Abbracciare con lo sguardo: *dalla cima si dominava tutta la vallata* ♦ *v.intr.* [aus. *avere*] Avere il predominio, il potere assoluto: *l'Inghilterra dominava sui mari* ◊ ♧ Regnare: *un paese in cui domina la corruzione*; *in quella casa domina la sporcizia* ♦ **dominarsi** *v.pr.* Tenere a freno un impulso, un sentimento Ⓢ controllarsi: *con uno sforzo riuscì a dominarsi.*

dominazione [do-mi-na-zió-ne] *s.f.* Dominio politico di una nazione su un popolo o un'altra nazione: *la Francia all'epoca della dominazione romana si chiamava Gallia.*

dominio [do-mì-nio] *s.m.* **1** Potere, autorità assoluta su qualcuno o qualcosa Ⓢ predominio, supremazia: *tenere un popolo sotto il proprio dominio*; *Roma aveva il dominio sui mari* | *Di pubblico dominio* = noto a tutti: *la notizia ormai è di pubblico dominio* ◊ ♧ Padronanza, controllo: *ha perso il dominio dei suoi nervi* **2** Territorio sottoposto a un potere politico straniero: *i domini coloniali inglesi.*

domino [dò-mi-no] *s.m.invar.* Gioco in cui vengono distribuite fra due o più giocatori delle tessere rettangolari divise in due quadrati su ciascuno dei quali sono impressi dei numeri da zero a sei; a turno si affiancano i quadrati con lo stesso numero e vince il giocatore che finisce per primo le proprie tessere.

don [dòn] *s.m.* Titolo d'onore che si premette al nome e al cognome di sacerdoti: *don Abbondio*; *don Milani* ◊ Nell'Italia meridionale, titolo che si premette davanti al nome di persona di riguardo.

donare [do-nà-re] *v.tr.* Regalare qualcosa a qualcuno, offrire qualcosa spontaneamente: *mi ha donato un libro*; *donare il sangue* ♦ *v.intr.* Giovare all'aspetto di qualcuno, stargli bene: *questa pettinatura ti dona molto.*

donatore [do-na-tó-re] *s.m.* [f. *–trice*] Chi dona | *Donatore di organi* = chi dà un proprio organo perché sia trapiantato su un'altra persona | *Donatore di sangue* = chi spontaneamente si fa prelevare il sangue da utilizzare per le trasfusioni.

donazione [do-na-zió-ne] *s.f.* Atto legale con cui una persona dona ad altri un suo bene o una sua proprietà: *fece una donazione all'ospizio dei poveri.*

donde [dón-de] *avv.* Da dove; da cui: *non so donde venisse*; *si ritrovò al punto donde era partito.*

dondolare [don-do-là-re] *v.tr.* Muovere in qua e in là con lente oscillazioni: *la mamma dondolava la culla*; *dondolare la testa* ♦ *v.intr.* [aus. *avere*] e **dondolarsi** *v.pr.* **1** Muoversi oscillando in qua e in là: *il vento fa dondolare il lampadario*; *si dondolava sulla sedia* **2** ♧ Perdere il tempo senza far nulla Ⓢ bighellonare: *passa tutta la giornata a dondolarsi per casa.*

dondolio [don-do-lì-o] *s.m.* Serie continua di oscillazioni: *il dondolio della barca sul mare.*

dondolo [dón-do-lo] *s.m.* *A dondolo* = detto di ogni oggetto su cui ci si può dondolare: *sedia, divano, cavallo a dondolo.*

donna [dòn-na] *s.f.* **1** Essere umano adulto di sesso femminile: *non è più una ragazza, è diventata una donna* **2** Moglie, compagna, fidanzata: *si è separato dalla sua donna* **3** *Donna (di servizio)* = domestica: *sto cercando una donna a ore* **4** Figura delle carte da gioco francesi, detta anche *dama* o *regina*: *donna di cuori, di picche.*

donnaiolo [don-na-iò-lo] *s.m.* Uomo che corre dietro alle donne ed è sempre in cerca di avventure amorose.

donnola [dòn-no-la] *s.f.* Piccolo mammifero carnivoro con corpo allungato, muso appuntito e coda sottile.

dono [dó-no] *s.m.* **1** Ciò che si dona o viene donato Ⓢ regalo: *fare, accettare un dono* **2** ♧ Qualità, dote, virtù naturale: *ha il dono della bellezza, di una memoria formidabile.*

doping [parola inglese; pron. corrente *dòpin*] *s.m. invar.* Uso illegale da parte di atleti di sostanze che migliorano artificialmente il rendimento fisico.

dopo [dó-po] *avv.* **1** Poi, più tardi, in seguito: *lo farò dopo*; *ho rimandato a dopo l'incontro*; *dopo lo saprai* **2** Oltre, più avanti: *prendi questa strada, prima c'è un bar e dopo il fornaio* ♦ *prep.* **1** Successivamente a (sempre seguito da *di* davanti a pronome pers.): *ci vedremo dopo la scuola*; *è arrivato dopo di me* **2** Oltre: *la sua casa è subito dopo l'incrocio* ◊ In posizione successiva: *nell'ordine alfabetico la erre viene dopo la qu* ♦ *congz.* Successivamente all'aver compiuto una data azione: *dopo (aver) mangiato sono andato al cinema* | *Dopo che* = da quando: *dopo che è partito non l'ho più visto* ♦ *agg.invar.* Successivo, seguente: *il giorno dopo*; *il capitolo, la casa dopo* ♦ *s.m.invar.* Quello che avverrà poi; il futuro: *devi pensare al dopo.*

Quando *dopo* come preposizione precede un pronome personale è sempre seguito dalla preposizione *di*: *è arrivato dopo di me.*

dopodomani [do-po-do-mà-ni] *avv.* Fra due giorni: *lo rivedrò dopodomani* ♦ *s.m.invar.* Il giorno successivo a domani: *da dopodomani sarò in vacanza.*

dopoguerra [do-po-guèr-ra] *s.m.invar.* Il periodo che segue a una guerra; in partic. quelli successivi alla prima e alla seconda guerra mondiale (*il primo, il secondo dopoguerra*).

dopopranzo [do-po-pràn-zo] *avv.* Nel periodo di tempo successivo al pranzo; nel primo pomeriggio: *ci vediamo dopopranzo.*

dopotutto [do-po-tùt-to] o **dopo tutto** *avv.* In definitiva, alla fin fine: *dopotutto è un problema che non mi riguarda.*

doppiaggio [dop-piàg-gio] *s.m.* Operazione di traduzione della colonna sonora di un film in una lingua diversa da quella originale.

doppiare[1] [dop-pià-re] *v.tr.* **1** Oltrepassare un

punto determinato (detto di imbarcazione o di navigatore): *la nave doppiò il capo* **2** Nelle gare di corsa in pista o su circuito, superare un avversario di un intero giro: *il vincitore ha doppiato numerosi concorrenti.*

doppiare2 [dop-pià-re] *v.tr.* Effettuare il doppiaggio: *doppiare un film.*

doppietta [dop-piét-ta] *s.f.* **1** Fucile da caccia a due canne **2** Nel calcio, coppia di reti segnate dallo stesso giocatore.

doppiezza [dop-piéz-za] *s.f.* Mancanza di sincerità e di lealtà Ⓢ falsità, ipocrisia: *si è comportato con doppiezza.*

doppio [dóp-pio] *agg.* **1** Che è di misura, quantità due volte maggiore rispetto a quella normale o a quella presa come punto di riferimento: *usare un doppio metro*; *ha preso una doppia razione di arrosto* **2** Costituito da due parti unite, sovrapposte o affiancate e che svolgono la stessa funzione: *finestra con doppi vetri*; *scarpe a doppia suola*; *strada con doppia corsia* ◊ Duplice: *documento in doppia copia*; *hai fatto un doppio sbaglio* | *Frase, parola a doppio senso* = che si può intendere in due modi diversi | *Fare il doppio gioco* = fra due contendenti, fingere sia con l'uno che con l'altro di essere dalla sua parte ♦ *avv.* Due volte | *Vedere doppio* = vedere le cose raddoppiate per un difetto visivo; ♧ avere la vista annebbiata dall'ubriachezza ♦ *s.m.* **1** Numero, misura, quantità doppia: *dieci è il doppio di cinque*; *è alto il doppio di me*; *pesa il doppio* **2** Nel tennis, incontro fra due coppie di giocatori.

doppiofondo [dop-pio-fón-do] o **doppio fondo** *s.m.* [pl. *doppifondi*] Cavità nascosta sotto il fondo apparente di un contenitore: *il denaro era celato in un doppiofondo della valigia.*

doppione [dop-pió-ne] *s.m.* Cosa uguale a un'altra; in partic. altro esemplare identico di un oggetto che già si possiede: *questo francobollo te lo posso regalare perché è un doppione.*

doppiopetto [dop-pio-pèt-to] *agg.* e *s.m.invar.* Detto di giacca o cappotto in cui le due parti davanti sono sovrapposte e chiuse da due file di bottoni.

dorato [do-rà-to] *agg.* **1** Ricoperto da uno strato d'oro: *un gioiello di argento dorato* **2** Che ha il colore o i riflessi dell'oro: *capelli dorati*; *un colore marrone dorato.*

dormicchiare [dor-mic-chià-re] *v.intr.* [aus. *avere*] Dormire di un sonno leggero svegliandosi di tanto in tanto Ⓢ sonnecchiare: *dopopranzo ho dormicchiato un po' in poltrona.*

dormiglione [dor-mi-glió-ne] *s.m.* Chi dorme o ama dormire molto, più a lungo del normale.

dormire [dor-mì-re] *v.intr.* [aus. *avere*] **1** Essere immerso nel sonno: *sta dormendo da un'ora* ◊ Riposarsi per mezzo del sonno, coricarsi: *ho bisogno di dormire*; *è andato a dormire* | *Cercare, trovare da dormire* = un alloggio per la notte | ♧ *Poter dormire tranquillo* = stare sicuro, non aver da preoccuparsi | ♧ *Dormirci sopra* = aspettare, riflettere prima di prendere una decisione **2** ♧ Rimanere ozioso; essere pigro, lento: *qui bisogna darsi da fare e non dormire!* **3** ♧ Giacere nella tomba, nel sonno della morte: *qui dorme un grande poeta* **4** ♧ Essere quieto, silenzioso (detto di luoghi): *la città ancora dormiva* **5** ♧ Giacere dimenticato, essere accantonato: *la tua domanda dorme in qualche ufficio* ♦ *v.tr.* Fare un sonno di un certo tipo: *dormire sonni tranquilli.*

dormita [dor-mì-ta] *s.f.* Sonno lungo e ininterrotto: *questa notte mi son fatto una bella dormita.*

dormitorio [dor-mi-tò-rio] *s.m.* Grande stanza in cui dormono molte persone, in collegi, ospizi, caserme ecc. ♦ anche *agg.invar.* *Quartiere dormitorio* = quartiere periferico privo sia di attività produttive che di strutture ricreative (cinema, spazi verdi, impianti sportivi ecc.) e in cui perciò si va solo per dormire.

dormiveglia [dor-mi-vé-glia] *s.m.invar.* Stato intermedio tra il sonno e la veglia.

dorsale [dor-sà-le] *agg.* Del dorso, situato sul dorso: *le pinne dorsali di un pesce* | *Spina dorsale* = colonna vertebrale ◊ *Salto dorsale* = salto in alto in cui l'atleta supera l'asticella con il dorso rivolto verso terra ♦ *s.f.* Catena montuosa, anche sottomarina: *la dorsale appenninica, oceanica.*

dorso [dòr-so o dór-so] *s.m.* **1** Parte posteriore del torace Ⓢ schiena: *portare un peso sul dorso*; *nuotare sul dorso* ◊ Parte superiore del corpo degli animali: *mise la sella sul dorso del cavallo* **2** La zona più elevata, in genere ampia e allungata, che separa i due versanti di un rilievo montuoso: *camminare sul dorso della montagna* **3** *Dorso della mano, del piede* = la parte esterna opposta al *palmo*, alla *pianta* **4** Stile di nuoto in cui il nuotatore procede sulla schiena.

dosare [do-sà-re] *v.tr.* **1** Misurare, stabilire la dose o le dosi necessarie: *è una medicina da dosare attentamente*; *dosare gli ingredienti di una torta* **2** ♧ Calcolare con attenzione, usare con parsimonia: *cerca di dosare le tue energie, se vuoi arrivare alla fine della corsa.*

dose [dò-se] *s.f.* **1** La quantità esatta di una o più

A B C D E F G H I J K L M N O P Q R S T U V W X Y Z

sostanze che occorre per la preparazione di un alimento, di un farmaco, di un composto chimico: *pesare la dose di zucchero per la torta* ◊ La quantità di un farmaco necessaria per ottenere l'effetto desiderato: *non superare le dosi indicate* **2** Razione, quantità (anche ♧): *non può fare a meno della sua dose di tabacco quotidiana*; *si è preso una buona dose di schiaffi, di legnate, di insulti*; *non gli manca una buona dose di sfacciataggine.*

dossier [parola francese; pron. *dossié*] *s.m.invar.* Cartella o fascicolo in cui sono raccolti tutti i documenti relativi a un argomento, a un fatto, a una persona.

dosso [dòs-so] *s.m.* **1** *Di dosso* = dalla schiena, dal corpo: *levarsi i vestiti di dosso* | ♧ *Togliersi un peso di dosso* = liberarsi di una preoccupazione **2** Altura non elevata ◊ Rialzo del fondo stradale, indicato da un segnale di pericolo.

dotare [do-tà-re] *v.tr.* Fornire (anche ♧): *dotare un paese di strade*; *la natura lo ha dotato di un certo ingegno.*

dotato [do-tà-to] *agg.* **1** Ricco di doti, di qualità: *un atleta, un artista molto dotato* | *Essere dotato per qualcosa* = averne la predisposizione: *è poco dotato per la musica* ◊ Che possiede una certa qualità: *un giovane dotato di coraggio* **2** Fornito, provvisto di qualcosa: *questa scuola è dotata di moderne attrezzature*; *un albergo dotato di ogni comodità.*

dotazione [do-ta-zió-ne] *s.f.* Complesso dei materiali e delle attrezzature che sono a disposizione di un organismo per lo svolgimento della sua attività: *una biblioteca con una buona dotazione di libri*; *la scuola ha una dotazione insufficiente di laboratori* ◊ Complesso del materiale di equipaggiamento (vestiario, armi, munizioni) di un soldato o di un reparto militare.

dote [dò-te] *s.f.* **1** Il complesso di beni che tradizionalmente la sposa portava al marito come contributo economico alla vita matrimoniale: *una sposa con una ricca dote* **2** ♧ Qualità positiva Ⓢ pregio: *ha la dote della sincerità*; *una persona piena di doti*; *doti fisiche, intellettuali.*

dotto [dòt-to] *agg.* Detto di persona con una grande cultura generale o molto preparata in qualche campo specifico del sapere Ⓢ colto, erudito: *una persona molto dotta*; *un dotto studioso di storia, di letteratura.*

dottore [dot-tó-re] *s.m.* [f. *–essa*] **1** Titolo di chi ha una laurea: *dottore in legge, in medicina* **2** Nell'uso familiare, il medico: *Pietro sta male, bisogna chiamare il dottore.*

dottrina [dot-trì-na] *s.f.* **1** L'insieme dei principi teorici su cui si fonda una religione, una filosofia, una scienza, un'ideologia, un movimento politico o culturale: *la dottrina cristiana, marxista, socialista, liberale* **2** Il complesso dei precetti della fede cristiana esposti in forma semplice e sintetica Ⓢ catechismo: *studiare, insegnare (la) dottrina* | *Andare a dottrina* = alle lezioni di catechismo **3** Cultura, erudizione, sapere: *un uomo di vasta dottrina.*

dove [dó-ve] *avv.* **1** In quale luogo: *non so dove sia andato*; *dove vi siete incontrati?* | *Da, di dove* = da, di quale luogo: *da dove vieni?*; *di dove sei?* | *Per dove* = per quale luogo: *per dove sei passato?* | *Fin dove* = fino a che punto: *fin dove sei arrivato?* **2** Nel luogo in cui: *vai dove ti pare* **3** Il luogo in cui: *ecco dove abito* **4** (preceduto da un nome) In cui: *questa è la città dove sono nato.*

dovere1 [do-vé-re] *v.tr.* [pres. *dèvo* o *dèbbo, dèvi, dève, dobbiàmo, dovéte, dèvono* o *dèbbono*; pass. rem. *dovèi* o *dovètti, dovèsti*; fut. *dovrò*; cong. pres. *(io, tu, egli) dèva* o *dèbba, dobbiàmo, dobbiàte, dèvano* o *dèbbano*; cond. *dovrèi*; part.pass. *dovùto*; aus. *avere* quando è seguito da un complemento oggetto; quando come verbo servile è seguito dall'infinito di un altro verbo prende l'ausiliare di questo: *ho dovuto mangiare, son dovuto partire*] **1** (come verbo servile seguito da un infinito) Avere l'obbligo, la necessità, il bisogno, la convenienza di fare qualcosa: *dobbiamo rispettare gli altri*; *purtroppo devo andare*; *devo mangiare qualcosa*; *dovrebbe accettare quell'offerta* | *Comportarsi come si deve* = bene, correttamente | *Una persona come si deve* = per bene, onesta ◊ Avere da fare o avere l'intenzione di fare qualcosa: *è tardi e devo sbrigare ancora un sacco di lavoro*; *dovevamo partire, ma non è stato possibile* ◊ Essere necessario: *le cose non sono andate come dovevano* ◊ Essere possibile, probabile: *è meglio che vada, deve essere molto tardi*; *dovrebbe farcela ad arrivare in tempo* **2** (seguito da un nome) Essere debitore di qualcosa a qualcuno (anche ♧): *ti devo dieci euro*; *gli devo molta riconoscenza*; *mi dovete una spiegazione* | *Dover avere* = essere creditore: *devo avere da lui ancora mille euro* ◊ Essere causato da, essere opera di: *l'interruzione della strada è dovuta a una frana*; *si deve a Michelangelo il progetto della cupola di S. Pietro.*

dovere2 [do-vé-re] *s.m.* Ciò che ciascuno è tenuto a fare, in quanto stabilito dalle leggi dello stato o da quelle morali Ⓢ obbligo: *i diritti e i doveri dei cittadini*; *fare il proprio dovere di padre, di figlio*; *avevi il dovere di avvertirmi* ◊ Ciò che si ritiene giusto e necessario: *mi sento in dovere di aiutarlo* | *Fare le cose a dovere* = come si deve, per bene | *Chi di dovere* = la persona cui spetta di trattare una certa questione: *io non vi posso dire niente, rivolgetevi a chi di dovere.*

doveroso [do-ve-ró-so] *agg.* Che costituisce un dovere, un obbligo; giusto e necessario: *un doveroso ringraziamento*; *era doveroso avvertirlo.*

dovizia [do-vì-zia] *s.f.* Grande abbondanza: *mi ha raccontato l'accaduto con dovizia di particolari.*

dovunque [do-vùn-que] *avv.* In qualsiasi luogo in cui: *dovunque vado lo incontro* ◊ Dappertutto: *è un'erba che cresce dovunque.*

dovuto [do-vù-to] *agg.* **1** Che si deve (dare, pagare, restituire): *pagare la somma dovuta* **2** Doveroso, necessario Ⓢ debito: *l'ho trattato con il dovuto riguardo*; *bisogna agire con le dovute cautele* ♦ *s.m.* Ciò che si deve dare o fare: *gli ho dato più del dovuto.*

down [parola inglese; pron. corrente *dàun*] *agg.* e *s.m.f.invar.* Che, chi è affetto dalla sindrome di Down, malattia congenita che provoca un ritardo nello sviluppo mentale e malformazioni fisiche.

download [parola inglese; pron. corrente *dàunlod*] *s.m.invar.* Trasferimento sul proprio computer di dati provenienti da una fonte esterna, perlopiù situata nella rete Internet.

dozzina [doz-zì-na] *s.f.* Insieme di dodici o circa dodici cose dello stesso genere o persone: *una dozzina di uova*; *l'avrò incontrato una dozzina di volte*; *nel bar c'erano una dozzina di clienti* | *A dozzine* = in gran quantità.

dozzinale [doz-zi-nà-le] *agg.* Di qualità scadente Ⓢ ordinario, grossolano: *merce dozzinale*; *i suoi gusti sono piuttosto dozzinali.*

draga [drà-ga] *s.f.* Macchina scavatrice per asportare materiali dal fondo di porti, canali, fiumi.

dragamine [dra-ga-mì-ne] *s.m.invar.* Piccola nave da guerra attrezzata per dragare le mine.

dragare [dra-gà-re] *v.tr.* [*dràgo, dràghi*] **1** Scavare con delle draghe: *dragare il fondo di un canale* **2** Liberare un tratto di mare dalle mine subacquee.

drago [drà-go] *s.m.* [pl. *–ghi*] Mostro favoloso raffigurato come un enorme rettile alato che vomita fuoco dalle fauci.

dragoncello [dra-gon-cèl-lo] *s.m.* Erba aromatica usata come condimento.

dramma [dràm-ma] *s.m.* [pl. *–mi*] **1** Qualsiasi opera destinata alla rappresentazione teatrale; in partic., nel teatro moderno, opera di tono serio che descrive vicende e situazioni per lo più dolorose: *i drammi di Pirandello* **2** Vicenda, situazione molto triste e dolorosa Ⓢ tragedia: *un dramma familiare*; *il dramma dei profughi.*

drammatico [dram-mà-ti-co] *agg.* [pl.m. *–ci*] **1** Relativo al dramma teatrale: *arte, opera drammatica* ◊ Che scrive o interpreta drammi: *autore, attore drammatico* **2** Che commuove fortemente o suscita ansiosa preoccupazione per la sua gravità Ⓢ tragico, angoscioso: *un racconto drammatico*; *una scena, una situazione drammatica.*

drammatizzare [dram-ma-tiz-zà-re] *v.tr.* Esagerare la gravità di un fatto, di una situazione: *si è trattato di un piccolo incidente, non è il caso di drammatizzarlo*; *non drammatizziamo!*

drammaturgo [dram-ma-tùr-go] *s.m.* [pl. *–ghi*] Autore di testi drammatici per il teatro.

drappello [drap-pèl-lo] *s.m.* Piccolo gruppo di soldati incaricato di compiti particolari: *il comandante mandò un drappello in avanscoperta* ◊ Gruppo di persone: *un drappello di turisti.*

drappo [dràp-po] *s.m.* Tessuto pregiato, piuttosto pesante, usato per tendaggi, rivestimenti, addobbi e, un tempo, anche per abiti di lusso.

drastico [drà-sti-co] *agg.* [pl.m. *–ci*] Energico e deciso; rigoroso ed efficace: *bisogna prendere drastici provvedimenti*; *la polizia ha adottato drastiche misure di sicurezza contro gli attentati.*

drenare [dre-nà-re] *v.tr.* Prosciugare un terreno mediante sistemi di tubi, canali, gallerie che fanno defluire altrove le acque.

dribblare [drib-blà-re] *v.tr.* Nel gioco del calcio, schivare e superare un avversario mantenendo il possesso della palla Ⓢ scartare.

dribbling [parola inglese; pron. corrente *drìbbling*] *s.m.invar.* L'azione e la tecnica di dribblare.

drink [parola inglese; pron. *drínk*] *s.m.invar.* Bevanda, bibita, spec. alcolica ◊ Rinfresco in cui si servono bevande alcoliche: *andare a un drink.*

dritto [drìt-to] *agg.* Diritto: *gambe dritte* ♦ *avv.* Diritto: *tirare dritto* ♦ *s.m.* Persona furba e abile nel fare i propri interessi: *quello è un dritto.*

drizzare [driz-zà-re] *v.tr.* **1** Far diventare diritto Ⓢ raddrizzare: *drizzare un chiodo* ◊ Mettere in posizione eretta Ⓢ rizzare: *drizzare un palo, una tenda* | ♧ *Drizzare le orecchie* = fare attenzione **2** Indirizzare, rivolgere in una direzione: *drizzò gli occhi al cielo* ♦ **drizzarsi** *v.pr.* Alzarsi, rizzarsi: *si drizzò in piedi di scatto.*

droga [drò-ga] *s.f.* **1** Sostanza vegetale usata per aromatizzare e condire le vivande Ⓢ spezie: *il pepe e la cannella sono droghe* **2** Qualsiasi sostanza capace di modificare in vario modo lo stato fisico e psichico di chi la assume. In questo senso sono droghe sia gli psicofarmaci (tranquillanti, antidepressivi ecc.) che alcune sostanze di uso comune (alcol, caffè, tabacco), ma nel linguaggio corrente il termine è riferito in partic. alle sostanze il cui consumo è proibito dalla legge (eroina, cocaina, hascisc ecc.) **3** ♧ Tutto ciò che esercita un'attrattiva irresistibile e diventa un'abitudine di cui non si riesce a fare a meno: *la televisione e il calcio per lui sono una droga.*

drogare [dro-gà-re] *v.tr.* **1** Aromatizzare, condire le vivande con spezie: *drogare la carne* **2** Somministrare delle droghe (spec. in ambito sportivo): *drogare un atleta, un cavallo* ♦ **drogarsi** *v.pr.* Fare uso di droga.

drogato [dro-gà-to] *s.m.* Chi abitualmente fa uso di droga Ⓢ tossicodipendente.

drogheria [dro-ghe-rì-a] *s.f.* Negozio dove si vendono droghe o spezie, tè, caffè ed altri prodotti alimentari o di uso domestico.

droghiere [dro-ghiè-re] *s.m.* Esercente di una drogheria.

dromedario [dro-me-dà-rio] *s.m.* Cammello a una sola gobba.

drone [dró-ne] *s.m.* Aereo senza pilota, comandato a distanza, impiegato soprattutto in operazioni militari.

drupa [drù-pa] *s.f.* Ogni frutto dalla buccia sottile e dalla polpa carnosa con all'interno un nocciolo legnoso contenente il seme (per es. l'oliva, la pesca, la ciliegia).

dubbio [dùb-bio] *agg.* **1** Incerto, non sicuro: *una gara dall'esito dubbio*; *una notizia ancora dubbia* ◊ Poco chiaro: *il senso di questa frase è dubbio* **2** Che non dà alcuna garanzia, in cui si ha poca fiducia Ⓢ sospetto, equivoco, ambiguo: *una medicina di dubbia efficacia*; *è una persona dalla dubbia reputazione* ◊ Discutibile: *una scelta di dubbio gusto* ♦ *s.m.* Incertezza, perplessità nel giudicare e nel decidere: *sono in dubbio su cosa pensare, su cosa fare*; *era tormentato da un dubbio* | *È fuor di dubbio* = è certo | *Senza (ombra di) dubbio* = sicuramente | *Mettere in dubbio* = manifestare dubbi riguardo a qualcosa, non accettarlo come certo: *ha messo in dubbio la mia parola, la mia onestà* ◊ Timore, sospetto: *ho il dubbio che non l'abbiano avvisato*; *i tuoi dubbi sul suo conto sono infondati.*

dubbioso [dub-bió-so] *agg.* Che è in dubbio Ⓢ incerto, esitante, perplesso: *sono dubbioso se accettare o no* ◊ Che esprime dubbio, perplessità: *mi ha risposto con tono dubbioso.*

dubitare [du-bi-tà-re] *v.intr.* [aus. *avere*] Avere dei dubbi, essere perplesso, esitante riguardo a qualcosa: *dubito che abbia detto la verità*; *dubito che ti convenga accettare*; *dubitava se partire o restare* ◊ Ritenere poco probabile: *dubito che riesca a farcela* ◊ Temere: *dubito che ormai sia troppo tardi* ◊ Non avere fiducia Ⓢ diffidare, sospettare: *non si può dubitare di tutti.*

dubitativo [du-bi-ta-tì-vo] *agg.* Che esprime dubbio, incertezza: *rispose con tono dubitativo.*

duca [dù-ca] *s.m.* [pl. *–chi*] Titolo nobiliare superiore a quello di marchese e inferiore a quello di principe; persona insignita di tale titolo ◊ Un tempo, sovrano di un ducato.

ducale [du-cà-le] *agg.* Di duca, del duca o del doge: *titolo ducale*; *palazzo ducale.*

ducato [du-cà-to] *s.m.* Territorio posto sotto l'autorità di un duca o di una duchessa.

duchessa [du-chés-sa] *s.f.* Moglie o figlia di un duca ◊ Un tempo, sovrana di un ducato.

due [dù-e] *agg.num.card.invar.* e *s.m.invar.* Numero equivalente al doppio dell'unità (si scrive 2 in numeri arabi, II in numeri romani): *due gambe*; *due alberi*; *dieci è divisibile per due* | *Le due* = le ore due del mattino o del pomeriggio ♦ *agg.invar.* Si usa con valore indeterminato per indicare una piccola quantità: *devo dirti due parole*; *fare due chiacchiere, due passi.*

duecento [due-cèn-to] *agg.num.card.invar.* e *s.m. invar.* Numero equivalente a due volte cento unità: *duecento posti*; *correre i duecento (metri)* | *Il Duecento* = il secolo XIII.

duellare [duel-là-re] *v.intr.* [aus. *avere*] Fare un duello, battersi in duello.

duello [du-èl-lo] *s.m.* **1** Combattimento ad armi pari tra due avversari: *duello alla spada, alla pistola*; *sfidare qualcuno a duello* **2** ♧ Lotta, contesa, gara: *il duello tra le due squadre si è chiuso in parità.*

duemila [due-mì-la] *agg.num.card.invar.* e *s.m. invar.* Numero equivalente a due volte mille unità | *Il Duemila* = il sec. XXI.

duetto [du-ét-to] *s.m.* Brano musicale (spec. di opera lirica) eseguito insieme da due cantanti.

duna [dù-na] *s.f.* Monticello di sabbia che si forma per l'azione del vento in deserti e su spiagge.

dunque [dùn-que] *congz.* **1** Quindi, perciò: *ho sbagliato, dunque tocca a me pagare* **2** (usato per cominciare, riprendere o concludere un discorso): *dunque cosa stavo dicendo?* **3** (usato per rafforzare un'esclamazione, una domanda, un'esortazione): *sbrigati dunque!*; *hai dunque deciso?* ♦ *s.m.invar.* Il punto essenziale di una questione: *basta chiacchiere, veniamo al dunque* | *Essere, trovarsi al dunque* = al momento decisivo.

duo [dù-o] *s.m.invar.* Coppia di artisti che si esibiscono insieme ◊ Coppia di persone che agiscono in stretta collaborazione.

duodeno [duo-dè-no] *s.m.* La parte iniziale dell'intestino.

duomo [duò-mo] *s.m.* La chiesa principale di una città Ⓢ cattedrale.

duplicato [du-pli-cà-to] *s.m.* Copia di un documento, uguale all'originale e con la stessa validità ◊ Copia in genere: *fare il duplicato di una chiave.*

duplice [dù-pli-ce] *agg.* Doppio: *documento in duplice copia* ◊ Che si compone di due elementi diversi, che ha due aspetti distinti: *svolgere una duplice attività, una duplice funzione* ◊ Che avviene tra due parti: *duplice alleanza.*

duramente [du-ra-mén-te] *avv.* **1** Con durezza, severamente: *lo hanno trattato duramente* **2** Con impegno, fatica: *lavorare duramente.*

durante [du-ràn-te] *prep.* Nel corso di, nel periodo di, all'epoca di: *ha piovuto durante la partita*; *durante l'inverno*; *durante la guerra* ♦ usato come *agg.* nella locuz. *vita natural durante* = per tutta la durata della vita.

durare [du-rà-re] *v.intr.* [aus. *essere* o *avere*] **1** Continuare per un certo periodo di tempo; andare avanti, protrarsi nel tempo: *il film è durato due ore*; *la pioggia durerà a lungo*; *così non può durare* **2** Resistere, conservarsi, mantenersi: *ha durato poco in quel posto*; *una stoffa che dura a lungo* ♦ *v.tr. Durare fatica* = faticare, stentare: *ho durato fatica a stargli dietro* | *Chi la dura la vince* = chi è costante, chi insiste, alla fine ha successo.

durata [du-rà-ta] *s.f.* Il periodo di tempo durante il quale si svolge qualcosa: *la durata di un viaggio, di uno spettacolo, della vita umana* ◊ (detto di oggetti) Capacità di resistere al logorio dell'uso: *una stoffa di grande durata.*

duraturo [du-ra-tù-ro] *agg.* Che durerà per molto tempo: *un'opera, una fama duratura.*

durevole [du-ré-vo-le] *agg.* Che ha la possibilità di durare a lungo Ⓢ duraturo: *fare una pace durevole* | *Beni di consumo durevoli* = quelli che possono essere usati a lungo nel tempo (per es. automobili, televisori ecc.).

durezza [du-réz-za] *s.f.* **1** Caratteristica di ciò che è duro, resistente: *la durezza dell'acciaio, del diamante* **2** ♧ Asprezza, severità, rigidità: *il padre lo rimproverò con durezza*; *soffriva la durezza della disciplina militare* ◊ Insensibilità: *durezza di cuore* ◊ Pesantezza, difficoltà: *la durezza della vita dei minatori* ◊ Inclemenza: *la durezza del clima siberiano.*

duro [dù-ro] *agg.* **1** Detto di materiale molto resistente e compatto, difficile da schiacciare, intaccare, scalfire: *duro come il ferro, come la pietra* | ♧ *Duro d'orecchi* = che ci sente poco | ♧ *Duro di cuore* = insensibile | ♧ *Duro di testa, di cervello* = tardo a capire ◊ Poco tenero, poco morbido: *carne dura*; *pane duro* ◊ Privo di elasticità, poco soffice Ⓢ rigido: *materasso duro*; *scarpe dure* **2** ♧ Spiacevole, doloroso: *accettare una dura verità* ◊ Gravoso: *i vincitori imposero dure condizioni di pace* ◊ Faticoso, difficile: *fa una vita molto dura*; *un lavoro, un compito duro* ◊ Aspro; severo, rigido: *gli fece un duro rimprovero*; *un padre duro con i figli*; *una dura disciplina* ◊ Freddo, inclemente: *un inverno, un clima molto duro* **3** *Acqua dura* = ricca di sali di calcio, molto calcarea ♦ *s.m.* **1** Cosa, superficie dura: *non mi dispiace dormire sul duro* **2** ♧ [f. *–a*] Persona che non si piega, forte ed energica di carattere: *è un duro, non riusciranno a spuntarla con lui* ◊ Persona insensibile e spietata: *gli piace fare il duro* ♦ usato come *avv. Tenere duro* = resistere | *Lavorare duro* = intensamente.

durone [du-ró-ne] *s.m.* Callo ai piedi o alle mani.

duttile [dùt-ti-le] *agg.* **1** Detto di materiale e spec. di metallo che si può lavorare, piegare, assottigliare senza che si rompa: *l'oro, l'argento e il rame sono metalli duttili* **2** ♧ Che sa adattarsi alle diverse situazioni Ⓢ malleabile, adattabile, arrendevole: *ha un carattere duttile*; *dovresti avere un atteggiamento più duttile* ◊ Capace di applicarsi a diversi campi Ⓢ versatile: *un ingegno duttile.*

duttilità [dut-ti-li-tà] *s.f.* L'essere duttile (anche ♧): *un metallo di grande duttilità*; *duttilità di carattere, d'ingegno.*

DVD [Sigla inglese di *Digital Versatile Disc*; pron. *divudì* o *dividì*] *s.m.invar.* Compact Disc ad alta capacità, in grado di contenere una grande quantità di informazioni: *un DVD può contenere un intero film.*

A B C D E F G H I J K L M N O P Q R S T U V W X Y Z

e, E

e[1] *s.f.* o *m.* Quinta lettera dell'alfabeto italiano; è una vocale ◊ *E*, in geografia sta per *est*.

e[2] *congz.* Unisce tra loro due parole della stessa natura grammaticale o due frasi: *la terra e il cielo*; *io e lui*; *brutto e cattivo*; *noi prepariamo il pranzo e voi lavate i piatti* ◊ Può assumere il valore di «ma», «invece», «mentre»: *io parlo e lui non mi ascolta*; *tutti lavorano e tu non fai niente* ◊ Può rafforzare un'esortazione con il valore di «ebbene»: *e deciditi una buona volta!*; *lo vuoi? e prendilo!* ◊ Nell'addizione di numeri, pesi e misure ha il significato di «più»: *quattro e tre sette*; *un chilo e mezzo.*

La congiunzione *e* prende sempre la forma *ed* prima di una parola che inizia per *e* (*ed ecco*; *buono ed economico*); può diventare *ed* anche davanti a parole che iniziano con un'altra vocale, ma è un uso che oggi si tende a evitare.

ebanista [e-ba-nì-sta] *s.m.f.* [pl.m. *–sti*] Artigiano che lavora l'ebano o altri legni pregiati.

ebano [è-ba-no] *s.m.* Albero tropicale che fornisce un legno nero, molto duro e pregiatissimo.

ebbene [eb-bè-ne] *congz.* Dunque, allora: *ebbene, vengo anch'io*; *ebbene, che è successo?*

ebbrezza [eb-bréz-za] *s.f.* Stato di stordimento o di euforia provocato dall'alcol o da droghe Ⓢ ubriachezza: *l'automobilista fu arrestato perché guidava in stato di ebbrezza* ◊ ♧ Stato di esaltazione, di euforia provocato da un piacere intenso, da una forte emozione: *l'ebbrezza della vittoria, della velocità.*

ebbro [èb-bro] *agg.* **1** Ubriaco **2** ♧ Eccitato, euforico a causa di una forte emozione, di un violento sentimento: *essere ebbro di gioia, d'amore.*

ebete [è-be-te] *agg.* e *s.m.f.* Idiota, ottuso, deficiente: *sguardo, sorriso ebete*; *un povero ebete.*

ebollizione [e-bol-li-zió-ne] *s.f.* **1** Passaggio di un liquido allo stato di vapore per effetto del calore, con formazione di bolle gassose che salgono in superficie: *portare l'acqua a ebollizione* **2** ♧ Eccitazione, agitazione, fermento: *a quella notizia la scuola entrò in ebollizione.*

e-book [abbreviazione inglese di *electronic book* "libro elettronico"; pron. corrente *i-bùk*] *s.m.invar.* Libro in formato digitale, leggibile su un computer o mediante appositi apparecchi di lettura ◊ Apparecchio per leggere *e-book*.

ebraico [e-bràì-co] *agg.* [pl.m. *–ci*] Degli Ebrei: *il popolo ebraico*; *la religione ebraica.*

ebreo [e-brè-o] *s.m.* Chi appartiene all'antico popolo semita che si stanziò in Palestina nella seconda metà del secondo millennio a.C. ♦ usato anche come *agg.*: *il popolo ebreo.*

ecatombe [e-ca-tóm-be] *s.f.* Strage, massacro: *il combattimento si risolse in un'ecatombe.*

eccedente [ec-ce-dèn-te] *agg.* Che è in più, che avanza: *restituire il materiale eccedente* ♦ *s.m.* Ciò che eccede: *eliminare tutto l'eccedente.*

eccedere [ec-cè-de-re] *v.tr.* [coniugato come *cedere*] Oltrepassare la giusta misura Ⓢ esagerare: *eccedere nel bere, nel mangiare.*

eccellente [ec-cel-lèn-te] *agg.* Di grande qualità Ⓢ ottimo, straordinario Ⓒ pessimo, scadente: *un pranzo eccellente*; *hai avuto un'idea eccellente*; *un eccellente scrittore.*

eccellenza [ec-cel-lèn-za] *s.f.* **1** Altissima qualità | *Per eccellenza* = che costituisce il rappresentante più tipico o più famoso di una categoria: *gli spaghetti sono il piatto italiano per eccellenza* **2** Titolo onorifico attribuito un tempo a ministri e alti funzionari e oggi riservato ai vescovi.

eccellere [ec-cèl-le-re] *v.intr.* [pass.rem. *eccèlsi, eccelléstì*; part.pass. *eccèlso*; aus. *avere* o *essere*] Essere superiore Ⓢ emergere, primeggiare, distinguersi: *eccelle su tutti per bontà*; *uno studente che eccelle in tutte le materie.*

eccelso [ec-cèl-so] *agg.* Superiore a ogni altro per qualità Ⓢ sommo, eccezionale: *un ingegno eccelso*; *una persona di eccelse doti.*

eccentrico [ec-cèn-tri-co] *agg.* [pl.m. *–ci*] Stravagante, bizzarro, originale: *veste in modo eccentrico*; *è un tipo eccentrico.*

eccepire [ec-ce-pì-re] *v.tr.* [*eccepìsco, eccepìsci*] Obiettare: *non ho nulla da eccepire alla tua richiesta.*

eccessivo [ec-ces-sì-vo] *agg.* Che va oltre la giusta misura, che supera i limiti consentiti Ⓢ esagerato: *hai pagato un prezzo eccessivo*; *guidare a una velocità eccessiva.*

eccesso [ec-cès-so] *s.m.* **1** Superamento della giusta misura Ⓢ esagerazione: *si è ammalato per eccesso di lavoro*; *in televisione c'è un eccesso di pubblicità*; *evita ogni eccesso nel bere e nel mangiare* ◊ Superamento del limite consentito: *ha preso una multa per eccesso di velocità* ◊ Quantità che è in più del necessario: *abbiamo da mangiare in eccesso* **2** Azione, comportamento in cui si è perduto il senso della misura: *non dovevi lasciarti andare a quegli eccessi.*

eccetera [ec-cè-te-ra] *avv.* (nello scritto è per lo più abbreviato in *ecc.*) E così via, e altri dello stesso genere: *scrivete i vostri dati anagrafici: data e luogo di nascita, professione ecc.*

eccetto [ec-cèt-to] *prep.* Con l'esclusione di, all'infuori di Ⓢ tranne, fuorché: *c'erano tutti eccetto te*; *lavora sempre eccetto la domenica.*

eccettuare [ec-cet-tu-à-re] *v.tr.* Escludere: *se si eccettua la prima settimana, questo mese ha fatto sempre bel tempo.*

eccezionale [ec-ce-zio-nà-le] *agg.* **1** Che costituisce un'eccezione, che non rientra nella normalità: *è un fatto eccezionale che non arrivi in orario* **2** Straordinario, grandissimo: *forza, bellezza, intelligenza, valore eccezionale.*

eccezione [ec-ce-zió-ne] *s.f.* **1** Cosa, fatto, caso o persona che non rientra nella normalità, che è fuori dell'ordinario: *vincite così alte sono un'eccezione*; *di solito non bevo, ma stasera faccio un'eccezione* | *D'eccezione* = straordinario, prestigioso: *un artista, un ospite d'eccezione* ◊ *Senza eccezione* = niente o nessuno escluso: *rispettare tutti senza eccezione* | *A eccezione di* = tranne, eccetto **2** Obiezione, critica, rilievo.

ecchimosi [ec-chì-mo-si o ec-chi-mò-si] *s.f.* Piccola emorragia sotto la pelle, causata da urti e contusioni, che provoca l'apparizione sulla pelle di macchie prima bluastre e poi verdi-giallastre.

eccidio [ec-cì-dio] *s.m.* Strage, sterminio.

eccitante [ec-ci-tàn-te] *agg.* Che eccita: *una situazione eccitante* ♦ *s.m.* Sostanza che eccita il sistema nervoso: *il caffè è un eccitante.*

eccitare [ec-ci-tà-re] *v.tr.* **1** Stimolare, risvegliare, suscitare: *la notizia eccitò la sua curiosità* **2** Porre in uno stato di agitazione, di tensione psichica o fisica Ⓒ calmare: *un oratore capace di eccitare le folle*; *non bevo caffè perché mi eccita* ♦ **eccitarsi** *v.pr.* Entrare in uno stato di agitazione Ⓢ accalorarsi, esaltarsi: *si eccita per ogni novità*; *stai calmo, non eccitarti!*

eccitazione [ec-ci-ta-zió-ne] *s.f.* Stato di agitazione, di esaltazione o di turbamento: *la notizia lo mise in eccitazione.*

ecclesiastico [ec-cle-sià-sti-co] *agg.* [pl.m. *–ci*] Della chiesa cattolica: *i beni ecclesiastici* ◊ Del clero, del sacerdote: *abito ecclesiastico* ♦ *s.m.* Sacerdote, prete.

ecco [èc-co] *avv.* Si usa per indicare, mostrare qualcuno o qualcosa o per annunciarne l'improvviso avvicinarsi o comparire: *ecco la casa dove vivo*; *ecco l'amico di cui ti ho parlato*; *ecco la pioggia*; *ecco la mamma che arriva* ◊ Si usa anche per sottolineare un fatto o per iniziare o concludere un discorso: *ecco cosa succede a non ascoltarmi*; *ecco in due parole cos'è successo* | *Quand'ecco* = quando improvvisamente ◊ Si unisce a *mi, ti, ci, vi, lo, la, li, le, ne*: *eccolo qua!*; *eccoli che arrivano!*; *eccone un altro* | *Eccomi! Eccoci!* = sono, siamo qua, vengo, veniamo subito (in risposta a una chiamata) ◊ Seguito da un participio passato indica un'azione già compiuta: *ecco fatto.*

eccome [ec-có-me] *avv.* Certamente (per affermare o confermare con forza qualcosa): *«Ci credi?» «Eccome se ci credo!».*

echeggiare [e-cheg-già-re] *v.intr.* [aus. *avere* o *essere*] Risuonare facendo eco: *un grido echeggiò nella valle.*

eclettico [e-clèt-ti-co] *agg.* [pl.m. *–ci*] Che si interessa o si applica con successo a differenti campi, studi, attività Ⓢ versatile: *una mente eclettica*; *un tipo eclettico.*

eclissarsi [e-clis-sàr-si] *v.pr.* **1** (detto del Sole e della Luna) Diventare invisibile in seguito a un'eclissi **2** ♧ Scomparire, dileguarsi: *i ladri si eclissarono nella notte.*

eclissi [e-clìs-si] o **eclisse** [e-clìs-se] *s.f.* Temporaneo oscuramento di un corpo celeste | *Eclissi lunare* = quando la Terra, interponendosi tra la Luna e il Sole, la oscura con la sua ombra | *Eclissi solare* = quando la Luna si interpone tra la Terra e il Sole oscurando quest'ultimo.

eco [è-co] *s.f.* o *m.* [pl.m. *gli echi*] **1** Ripetizione di suono causata dalla riflessione delle onde sonore contro un ostacolo: *la montagna rimandava l'eco degli spari* **2** ♧ Interesse e commenti suscitati da avvenimenti e notizie Ⓢ risonanza: *lo scandalo dei ministri corrotti ha avuto una larga eco nell'opinione pubblica.*

ecologia [e-co-lo-gì-a] *s.f.* Scienza che studia le relazioni tra gli esseri viventi e l'ambiente naturale, con partic. attenzione alle modificazioni ambientali prodotte dalle attività umane e alle loro negative conseguenze per la vita delle piante, degli animali e dell'uomo.

ecologico [e-co-lò-gi-co] *agg.* [pl.m. *–ci*] Che riguarda l'ambiente naturale e la sua difesa: *un disastro ecologico*; *servono misure ecologiche.*

ecologista [e-co-lo-gì-sta] *s.m.f.* [pl.m. *–sti*] Chi si batte per la difesa dell'ambiente naturale contro tutto ciò che lo danneggia o ne turba l'equilibrio.

economia [e-co-no-mì-a] *s.f.* **1** Risparmio di denaro o di altre risorse: *questo mese bisogna fare economia*; *con questa tecnica si fa economia di tempo e di lavoro* **2** L'insieme delle attività riguardanti la produzione, la distribuzione e il consumo di beni e servizi: *l'economia italiana è strettamente legata all'economia internazionale* ◊ Il modo in cui è organizzata, dal punto di vista tecnico e da quello politico-sociale, la produzione e la distribuzione delle ricchezze di un dato paese in un dato periodo: *l'Italia è passata nello scorso secolo da un'economia agricola a un'economia industriale*; *economia feudale, capitalista, socialista* **3** La disciplina che studia le attività economiche: *uno studioso di economia.*

economico [e-co-nò-mi-co] *agg.* [pl.m. *–ci*] **1** Poco costoso Ⓢ conveniente: *un ristorante economico* **2** Che riguarda l'economia: *le risorse economiche di un paese*; *crisi economica*; *è in una cattiva situazione economica.*

economizzare [e-co-no-miz-zà-re] *v.tr.* Risparmiare: *economizzare denaro, energie* ◊ Fare economia: *questo mese bisognerà economizzare.*

ecosistema [e-co-si-stè-ma] *s.m.* [pl. *–mi*] Complesso unitario costituito da un determinato ambiente e dalle piante e dagli animali che lo popolano: *un lago, una foresta o anche la vasca di un acquario costituiscono un ecosistema.*

ecstasy [parola inglese; pron. corrente *ècstasi*] *s.f.invar.* Droga chimica a base di anfetamina, con effetti eccitanti sul sistema nervoso.

ecumenico [e-cu-mè-ni-co] *agg.* [pl.m. *–ci*] Che riguarda tutto il mondo cattolico | *Concilio ecumenico* = assemblea a cui partecipano tutti i vescovi cattolici.

eczema [ec-zè-ma] *s.m.* [pl. *–mi*] Malattia della pelle che provoca arrossamento, vesciche e prurito.

edera [é-de-ra] *s.f.* Pianta rampicante sempreverde: *il lato nord della casa era coperto di edera.*

edicola [e-dì-co-la] *s.f.* Chiosco per la vendita di giornali e altre pubblicazioni periodiche.

edicolante [e-di-co-làn-te] *s.m.f.* Gestore di un'edicola.

edificante [e-di-fi-càn-te] *agg.* Che induce al bene: *una lettura edificante* | *Poco edificante* = moralmente riprovevole, che dà un cattivo esempio.

edificare [e-di-fi-cà-re] *v.tr.* [*edìfico, edìfichi*] Costruire: *edificare un palazzo, un quartiere.*

edificio [e-di-fi-cio] *s.m.* Costruzione in muratura: *edifici per abitazione, scolastici, ospedalieri.*

edile [e-dì-le] *agg.* Che riguarda l'edilizia, che opera nell'edilizia: *macchine, materiali edili*; *impresa, operaio edile* ♦ *s.m.* Operaio edile.

edilizia [e-di-lì-zia] *s.f.* L'attività e l'industria della costruzione di edifici.

edilizio [e-di-lì-zio] *agg.* Che riguarda la costruzione di edifici: *lavori edilizi*; *opere edilizie*; *un nuovo piano edilizio*; *speculazione edilizia.*

edito [è-di-to] *agg.* Pubblicato: *un libro edito in Francia e ancora inedito in Italia.*

editore [e-di-tó-re] *s.m.* [f. *–trice*] Imprenditore o società che si occupa di scegliere, stampare e pubblicare libri, riviste, giornali ♦ anche *agg.*: *società, casa editrice.*

editoria [e-di-to-rì-a] *s.f.* L'industria che si occupa della pubblicazione di libri e periodici.

editoriale [e-di-to-rià-le] *agg.* Dell'editoria, di editore: *il settore editoriale*; *svolge un'attività editoriale* ♦ *s.m.* Articolo pubblicato sulla prima pagina di un giornale (in alto a sinistra) o di una rivista; esprime il punto di vista ufficiale del giornale; è detto anche *articolo di fondo.*

editto [e-dìt-to] *s.m.* Nella Roma antica, ordinanza emanata da un'autorità: *l'editto di Costantino.*

edizione [e-di-zió-ne] *s.f.* **1** Pubblicazione di un'opera a stampa: *edizione economica, di lusso* **2** Nei quotidiani, ciascuna delle tirature che vengono stampate e diffuse nel corso della giornata: *edizione del mattino, della sera, straordinaria* ◊ Ogni singola trasmissione di un notiziario radiofonico o televisivo: *l'edizione della notte del telegiornale* **3** Ogni realizzazione di una manifestazione, di uno spettacolo, di una gara che si ripetono periodicamente: *l'ultima edizione del Giro d'Italia, del Palio di Siena, del festival di Sanremo.*

educare [e-du-cà-re] *v.tr.* [*èduco, èduchi*] **1** Guidare con l'insegnamento e l'esempio la formazione della personalità di qualcuno (spec. dei giovani), cercando di svilupparne positivamente le facoltà intellettuali e le qualità morali: *educare i figli* ◊ Indirizzare verso determinati fini, qualità, idee, comportamenti (anche negativi): *educa-*

re alla democrazia, al rispetto degli altri; film che educano alla violenza **2** Sviluppare, affinare determinate facoltà: *educare il gusto, la fantasia* ◊ Abituare, allenare a qualcosa: *educare l'orecchio alla musica; educare il corpo alle fatiche.*

educativo [e-du-ca-tì-vo] *agg.* **1** Che riguarda l'educazione: *metodi educativi* **2** Che serve a educare: *un libro educativo; film educativi.*

educato [e-du-cà-to] *agg.* Che ha ricevuto una buona educazione: *un ragazzo educato* ◊ Cortese, garbato, gentile: *un comportamento educato; una risposta educata.*

educatore [e-du-ca-tó-re] *s.m.* [f. *–trice*] Chi educa, chi ha il compito di educare.

educazione [e-du-ca-zió-ne] *s.f.* **1** Formazione intellettuale e morale: *l'educazione dei figli; ricevere un'educazione corretta, sbagliata* **2** Modo di comportarsi corretto, cortese, rispettoso nei confronti degli altri: *dare prova di poca educazione* **3** Nome di alcune materie d'insegnamento: *educazione civica, artistica, tecnica, fisica.*

efelide [e-fè-li-de] *s.f.* Macchiolina scura della pelle spec. delle persone di carnagione chiara e capelli biondo-rossi.

efferato [ef-fe-rà-to] *agg.* Feroce, crudele, disumano: *un crimine efferato.*

effervescente [ef-fer-ve-scèn-te] *agg.* Detto di liquido che contiene numerose bollicine di gas: *bibita effervescente* ◊ Detto di sostanza che sviluppa bollicine di gas a contatto con un liquido: *compressa effervescente.*

effettivamente [ef-fet-ti-va-mén-te] *avv.* Veramente, in realtà: *ha effettivamente bisogno di riposo* ◊ A dire il vero: *effettivamente, devo riconoscere che avevi ragione.*

effettivo [ef-fet-tì-vo] *agg.* Reale, concreto, vero: *non ha un effettivo bisogno di quei soldi; il guadagno effettivo è stato scarso* ♦ *s.m.pl.* Il numero di uomini che compongono un'unità militare: *dopo la battaglia il reggimento si era ridotto alla metà dei suoi effettivi.*

effetto [ef-fèt-to] *s.m.* **1** Tutto ciò che deriva ed è prodotto da una causa Ⓢ conseguenza, risultato, frutto: *la medicina non ha avuto alcun effetto; i dannosi effetti dell'alluvione* | *Per effetto di* = a causa di | *A tutti gli effetti* = per ogni uso e scopo: *documento valido a tutti gli effetti* | *Dare effetto a qualcosa* = attuarlo: *dare effetto a una minaccia* **2** Viva impressione: *lo spettacolo ha fatto un grande effetto; mi fa effetto rivederti dopo tanto tempo* | *Fare l'effetto di* = sembrare: *mi fai l'effetto di un infermiere con quel camice addosso* **3** Nel biliardo, nel calcio e in altri giochi, rotazione o traiettoria particolare data alla palla colpendola di lato o di striscio: *tiro a effetto* **4** (al *pl.*) Oggetti: *effetti personali, di vestiario* **5** *In effetti* = in realtà: *non ci credevo, ma in effetti le cose stavano così.*

effettuare [ef-fet-tu-à-re] *v.tr.* Realizzare, attuare: *non ha potuto effettuare i suoi propositi* ◊ Fare: *l'autobus ha effettuato una fermata non prevista* ♦ **effettuarsi** *v.pr.* Realizzarsi; aver luogo: *la gita non si è effettuata a causa del maltempo.*

efficace [ef-fi-cà-ce] *agg.* Capace di ottenere l'effetto o di raggiungere lo scopo desiderato: *un rimedio efficace contro la tosse; la tua punizione non è stata efficace* | *Un discorso, uno stile, un oratore efficace* = dotato di forza espressiva, capace di tener viva l'attenzione e di persuadere.

efficacia [ef-fi-cà-cia] *s.f.* Capacità di produrre l'effetto e i risultati voluti: *una medicina di grande efficacia; un provvedimento di scarsa efficacia.*

efficiente [ef-fi-cièn-te] *agg.* Che è in grado di funzionare normalmente: *una macchina ancora efficiente* ◊ Che ha un buon rendimento, che svolge bene le proprie funzioni: *un'organizzazione efficiente; un'impiegata efficiente.*

efficienza [ef-fi-cièn-za] *s.f.* Capacità di funzionare adeguatamente, di avere un buon rendimento, di dare buoni risultati: *l'efficienza di un motore, di un'industria; un atleta in piena efficienza.*

effigie [ef-fi-gie] o **effige** [ef-fi-ge] *s.f.* [pl. *effigie* o *effigi*] Figura, immagine di una persona disegnata, dipinta o scolpita: *su una faccia di questa antica moneta romana c'è l'effigie dell' imperatore.*

effimero [ef-fi-me-ro] *agg.* Di breve durata Ⓢ caduco, fugace Ⓒ duraturo: *un successo effimero.*

effluvio [ef-flù-vio] *s.m.* Esalazione di un odore, spec. gradevole: *gli effluvi di un giardino in fiore.*

effusione [ef-fu-sió-ne] *s.f.* Calorosa manifestazione di affetto: *mi ha abbracciato con grande effusione.*

egemonia [e-ge-mo-nì-a] *s.f.* Supremazia, predominio, preminenza: *l'egemonia di una nazione sulle altre; egemonia economica, culturale.*

egiziano [e-gi-zià-no] *agg.* Dell'Egitto ♦ *s.m.* Abitante dell'Egitto.

egizio [e-gì-zio] *agg.* Dell'antico Egitto ♦ *s.m.* Abitante dell'antico Egitto.

egli [é-gli] *pronome pers.m.* [f. *ella*; pl. *essi*] Pronome maschile di terza persona singolare, usato solo come soggetto e in riferimento a persone (per cose e animali si usa *esso*).

Nella lingua parlata, e ormai anche in quella

scritta, *egli* è sempre più spesso sostituito da *lui* e al plurale da *loro*.

egocentrico [e-go-cèn-tri-co] *agg.* e *s.m.* [pl.m. *–ci*] Che, chi nelle relazioni con gli altri e nel considerare la realtà mette al centro se stesso e il proprio esclusivo interesse e punto di vista: *un individuo, un atteggiamento egocentrico*.

egoismo [e-go-ì-smo] *s.m.* Amore esagerato di se stessi e del proprio interesse, anche a scapito di quello degli altri Ⓒ altruismo.

egoista [e-go-ì-sta] *agg.* e *s.m.f.* [pl.m. *–sti*] Che, chi si preoccupa solo di sé e del proprio interesse, senza curarsi degli altri Ⓒ altruista.

egregio [e-grè-gio] *agg.* [pl.f. *–gie*] Eccellente, ottimo: *ha ottenuto egregi risultati* | *Egregio signore, dottore* ecc. = formula di cortesia all'inizio di lettere o discorsi.

eguale e derivati, vedi **uguale** e derivati.

eh [èh] *inter.* Espressione che, a seconda del contesto e dell'intonazione, può esprimere malcontento, indignazione, rassegnazione, rimprovero, speranza, meraviglia, incertezza, dubbio ◊ Si usa anche per rispondere a una chiamata o per indicare che non si è capito quel che ci è stato detto.

ehi [éhi] *inter.* Si usa per chiamare una persona con cui si è in confidenza o per richiamare l'attenzione di qualcuno ◊ Può anche esprimere rimprovero oppure ammirazione, meraviglia.

ehilà [ehi-là] *inter.* Si usa per salutare qualcuno o per richiamare l'attenzione: *ehilà, chi si vede!*

ehm [èhm] *inter.* Imita il suono di un leggero colpo di tosse ed esprime per lo più imbarazzo, perplessità.

elaborare [e-la-bo-rà-re] *v.tr.* Preparare qualcosa con cura e definendolo in tutti i suoi particolari: *elaborare un piano, un progetto* ◊ Raccogliere e ordinare dati e informazioni, spec. utilizzando dei computer.

elaborato [e-la-bo-rà-to] *agg.* Molto (o anche troppo) curato nella forma: *uno stile, un discorso elaborato* ⧫ *s.m.* Compito scolastico scritto.

elaboratore [e-la-bo-ra-tó-re] *s.m.* *Elaboratore (elettronico)* = macchina capace di eseguire calcoli numerici e di elaborare dati e informazioni con procedimenti automatici e in un tempo brevissimo Ⓢ calcolatore, computer.

elaborazione [e-la-bo-ra-zió-ne] *s.f.* Preparazione molto accurata di qualcosa: *un progetto che ha richiesto una lunga elaborazione* | *Elaborazione (elettronica) dei dati* = analisi e ordinamento di dati effettuati mediante computer.

elargire [e-lar-gì-re] *v.tr.* [*elargìsco, elargìsci*] Dare, distribuire generosamente: *elargire mance*; *elargire doni*.

elargizione [e-lar-gi-zió-ne] *s.f.* Offerta generosa, dono: *fare un'elargizione a un orfanotrofio*.

elasticità [e-la-sti-ci-tà] *s.f.* **1** Proprietà di alcuni corpi di deformarsi sotto l'azione di una forza esterna e di riprendere la forma originaria quando questa forza è cessata: *l'elasticità di un arco, di un filo di gomma* **2** Agilità, scioltezza nei movimenti: *la ginnastica aiuta a conservare l'elasticità* ◊ ♧ *Elasticità mentale* = capacità di adattarsi a situazioni ed esigenze diverse.

elastico [e-là-sti-co] *agg.* [pl.m. *–ci*] **1** Dotato di elasticità: *materiali, tessuti elastici* **2** Agile e sciolto: *camminava con passo elastico* ◊ ♧ *Mente, intelligenza elastica* = capace di applicarsi a campi diversi, di adattarsi con prontezza a situazioni diverse ◊ ♧ *Orario elastico* = che può iniziare e terminare a ore diverse ⧫ *s.m.* Sottile anello di gomma elastica, usato per avvolgere, stringere, legare ◊ Nastro di tessuto elastico, usato in capi d'abbigliamento: *l'elastico delle mutande*.

e-learning [abbreviazione inglese di *electronic learning*, «apprendimento elettronico»; pron. corrente *ilèrning*] *s.f.invar.* Sistema di apprendimento a distanza attraverso lezioni e corsi di formazione disponibili attraverso il *web*.

elefante [e-le-fàn-te] *s.m.* [f. *–essa*] Il più grande mammifero terrestre vivente, caratteristico per la lunga proboscide e le zanne d'avorio; ne esistono due specie, africana e indiana (di corporatura e zanne più piccole).

elegante [e-le-gàn-te] *agg.* Dotato di grazia, di armonia; che rivela cura, finezza e buon gusto: *un portamento elegante*; *un abito, una pettinatura, un arredamento elegante* ◊ Che veste con buon gusto e raffinatezza: *una donna elegante*.

eleganza [e-le-gàn-za] *s.f.* Buon gusto e raffinatezza (spec. nel vestire).

eleggere [e-lèg-ge-re] *v.tr.* [coniugato come *leggere*] Scegliere, per mezzo di una votazione, la persona o le persone che dovranno ricoprire una carica: *i cittadini eleggono i deputati*; *eleggere il sindaco, il presidente di un'assemblea*.

elementare [e-le-men-tà-re] *agg.* **1** Che riguarda le prime, più semplici e fondamentali nozioni di una scienza, di un'arte: *i principi elementari della matematica*; *avere delle nozioni elementari di musica* | *Scuola elementare* (o *s.f.pl. le elementari*) = nome con cui viene comunemente chiamata la Scuola primaria di primo grado, quella per i bambini dai sei agli undici anni **2** Facile, semplice © complesso: *un problema elementare* **3** Basilare, fondamentale © secondario: *ogni uomo deve poter soddisfare i propri bisogni elementari.*

elemento [e-le-mén-to] *s.m.* **1** Ciascuna delle quattro sostanze (aria, acqua, terra e fuoco) che, secondo gli antichi, costituivano i componenti fondamentali della materia e dell'universo | *La furia degli elementi* = la violenza delle forze della natura (spec. acqua e vento) | *Essere nel proprio elemento* = detto di animale, essere nel proprio ambiente naturale (ad es. un pesce nell'acqua); ♧ detto di persona, trovarsi a proprio agio ◊ *Elemento chimico* = ogni sostanza pura costituita da atomi tutti identici tra loro (per es. idrogeno, ossigeno, calcio, ferro, alluminio, oro ecc.) **2** Ciascuna delle parti semplici che compongono qualcosa: *un termosifone a otto elementi*; *la parola «parafulmine» è composta di due elementi* **3** Fattore, requisito fondamentale: *la costanza e una buona dose di fortuna sono stati gli elementi del suo successo* | *Elementi di giudizio, per decidere* = i dati su cui si fonda il giudizio, la decisione riguardo a qualcosa o qualcuno **4** (al *pl.*) Le nozioni fondamentali di una scienza, di un'arte, di una materia: *elementi di geometria* **5** Persona, individuo, spec. in quanto parte di un collettivo: *una classe composta da ottimi elementi.*

elemosina [e-le-mò-si-na] *s.f.* Offerta di denaro o altro, fatta per aiutare chi ha necessità Ⓢ carità, beneficenza: *fare, chiedere l'elemosina*; *dare qualcosa in elemosina.*

elemosinare [e-le-mo-si-nà-re] *v.intr.* [aus. *avere*] Chiedere l'elemosina Ⓢ mendicare: *l'anziana donna viveva elemosinando.*

elencare [e-len-cà-re] *v.tr.* [*elènco, elènchi*] Disporre, registrare in un elenco, secondo un determinato ordine: *elencare gli articoli in vendita* ◊ Enumerare: *mi ha elencato tutti i suoi problemi.*

elenco [e-lèn-co] *s.m.* [pl. *–chi*] Lista di nomi, oggetti o altre cose, in genere compilata seguendo un certo criterio: *fare l'elenco degli invitati, dei libri da comprare.*

elettorale [e-let-to-rà-le] *agg.* Che riguarda le elezioni: *legge elettorale*; *campagna elettorale* | *Corpo elettorale* = l'insieme degli elettori.

elettorato [e-let-to-rà-to] *s.m.* L'insieme degli elettori.

elettore [e-let-tó-re] *s.m.* [f. *–trice*] Chi ha il diritto di voto in un'elezione.

elettrauto [e-let-tràu-to] *s.m.invar.* Officina in cui si riparano le parti elettriche degli autoveicoli ◊ Tecnico specializzato in tali riparazioni.

elettricista [e-let-tri-cì-sta] *s.m.f.* [pl.m. *–sti*] Tecnico che installa o ripara impianti e apparecchi elettrici.

elettricità [e-let-tri-ci-tà] *s.f.* **1** Proprietà della materia, la cui più nota manifestazione è la capacità di un corpo di attrarre o di respingere altri corpi; questa stessa proprietà è alla base dell'energia elettrica **2** Nel linguaggio comune, corrente elettrica: *oggi è mancata l'elettricità per un'ora.*

elettrico [e-lèt-tri-co] *agg.* [pl.m. *–ci*] Che è prodotto dall'elettricità: *energia elettrica* ◊ Che produce elettricità: *centrale elettrica* ◊ Che funziona a elettricità: *motore, apparecchio elettrico.*

elettrizzante [e-let-triz-zàn-te] *agg.* Eccitante, entusiasmante: *una gara elettrizzante.*

elettro– Primo elemento di parole composte, in cui significa «elettrico» (*elettrodomestico*).

elettrocardiogramma [e-let-tro-car-dio-gràm-ma] *s.m.* [pl. *–mi*] Registrazione grafica degli impulsi elettrici del cuore, fatta allo scopo di individuarne gli eventuali disturbi.

elettrodomestico [e-let-tro-do-mè-sti-co] *agg.* e *s.m.* [pl.m. *–ci*] Apparecchio elettrico per uso domestico (frigorifero, lavatrice, aspirapolvere ecc.).

elettromagnetico [e-let-tro-ma-gnè-ti-co] *agg.* Caratterizzato da un'interazione tra fenomeni elettrici e fenomeni magnetici: *onde elettromagnetiche.*

elettromagnetismo [e-let-tro-ma-gne-tì-smo] *s.m.* Il complesso dei fenomeni magnetici collegati ai fenomeni elettrici.

elettrone [e-let-tró-ne] *s.m.* Ciascuna delle particelle cariche di elettricità negativa che ruotano intorno al nucleo dell'atomo.

elettronica [e-let-trò-ni-ca] *s.f.* Scienza che si occupa delle applicazioni più avanzate dell'elettricità.

elettronico [e-let-trò-ni-co] *agg.* [pl.m. *–ci*] Che si basa sui principi e le applicazioni tecniche dell'elettronica: *calcolatore elettronico.*

elettrosmog [e-let-tro-smòg] *s.m.invar.* Inquinamento derivante da radiazioni elettromagnetiche prodotte da radar, elettrodotti ed altre infrastrutture elettriche, con possibili rischi per la salute umana.

elevare [e-le-và-re] *v.tr.* [*elèvo* o *èlevo*] **1** Alzare, innalzare, sollevare (anche ♧): *elevare il soffitto di una stanza*; *elevare il tono della voce* ◊ ♧ Migliorare: *ha elevato il suo rendimento scolastico* **2** *Elevare una contravvenzione* = infliggerla

3 *Elevare un numero al quadrato, al cubo* = moltiplicarlo per se stesso una, due volte ♦ **elevarsi** *v.pr.* Diventare più alto (anche ♧): *la temperatura si è elevata; il suo tenore di vita si è elevato.*

elevato [e-le-và-to] *agg.* Alto (anche ♧): *la rocca si trova in posizione elevata; prezzi elevati; viene da una famiglia di elevata condizione sociale.*

elevazione [e-le-va-zió-ne] *s.f.* Innalzamento (anche ♧): *lavori per l'elevazione del fondo stradale; l'elevazione del tenore di vita* ◊ In molti sport, slancio verso l'alto di un atleta.

elezione [e-le-zió-ne] *s.f.* Scelta, attraverso una votazione, della persona o delle persone candidate a una carica: *l'elezione dei rappresentanti di classe, del presidente della repubblica* ◊ (al *pl.*) Insieme di operazioni con cui vengono eletti i rappresentanti del popolo ai diversi livelli: *elezioni politiche, regionali, comunali.*

elfo [èl-fo] *s.m.* Nella mitologia nordica, folletto dell'aria e dei boschi, in genere benevolo.

elica [è-li-ca] *s.f.* Organo meccanico utilizzato principalmente per la propulsione di aerei, elicotteri e imbarcazioni; è costituito da due o più pale che ruotano attorno a un asse spostando masse d'aria o d'acqua e generando così una spinta.

elicottero [e-li-còt-te-ro] *s.m.* Apparecchio aereo che si sostiene e muove nell'aria grazie a una o più grandi eliche; può effettuare decollo e atterraggio verticale e rimanere fermo in aria.

eliminare [e-li-mi-nà-re] *v.tr.* **1** Cancellare, rimuovere, togliere: *eliminare un errore, un ostacolo* **2** Escludere da una gara, da un concorso: *la mia squadra è stata eliminata dal torneo; lo hanno eliminato per un'infrazione* **3** Uccidere, togliere di mezzo: *i banditi eliminarono il testimone pericoloso* **4** Espellere: *l'organismo elimina attraverso le feci le sostanze di cui non ha bisogno.*

eliminatorio [e-li-mi-na-tò-rio] *agg.* Che serve a eliminare una parte dei concorrenti a un torneo: *girone eliminatorio; gare eliminatorie.*

eliminazione [e-li-mi-na-zió-ne] *s.f.* L'eliminare: *l'eliminazione di un errore, dei rifiuti urbani* ◊ Nello sport, esclusione di un atleta o di una squadra dal proseguimento di una competizione.

elio [è-lio] *s.m.* Gas leggerissimo contenuto nell'atmosfera e presente in grandi quantità nel Sole e nelle stelle.

eliporto [e-li-pòr-to] *s.m.* Campo di decollo e di atterraggio per elicotteri.

elisione [e-li-sió-ne] *s.f.* In grammatica, soppressione della vocale finale di una parola (che viene sostituita dall'apostrofo) davanti ad altra parola che inizia per vocale (per es. *l'albero, anch'io, senz'altro*).

elisir [e-li-sìr] *s.m.* Liquore a base di sostanze aromatiche e medicinali.

élite [parola francese; pron. *elìt*] *s.f.invar.* Gruppo ristretto di persone che rappresenta la parte più scelta di una categoria o che detiene posizioni di particolare potere e privilegio: *alle Olimpiadi partecipa l'élite dello sport; non c'è vera democrazia finché il potere resta in mano a un'élite.*

ella [él-la] *pronome pers.f.* [pl. *esse*] Pronome femminile di terza persona singolare, usato solo come soggetto e in riferimento a persone.

👁 Nella lingua parlata, e ormai anche in quella scritta, *ella* è sempre più spesso sostituito da *lei* e al plurale da *loro*.

ellenico [el-lè-ni-co] *agg.* [pl.m. *–ci*] Dell'antica Grecia: *la cultura ellenica.*

ellisse [el-lis-se] o **ellissi** [el-lis-si] *s.f.* **1** Figura geometrica piana che ha la forma di un cerchio schiacciato e allungato **2** Orbita di tale forma tracciata da un corpo celeste che ruota intorno a un altro (per es. la Terra intorno al Sole, la Luna intorno alla Terra).

ellissi [el-lis-si] *s.f.* Omissione, in una frase o in un'espressione, di una o più parole che si possono intuire dal contesto (per es. *carro bestiame* = carro per il trasporto del bestiame).

elmetto [el-mét-to] *s.m.* Casco di acciaio o di altro materiale resistente, utilizzato da soldati, minatori, pompieri ecc. per proteggere il capo.

elmo [él-mo] *s.m.* Nelle antiche armature, casco, generalmente metallico, che proteggeva il capo del guerriero.

elogiare [e-lo-già-re] *v.tr.* Lodare: *l'insegnante ha elogiato l'allievo per l'impegno con cui lavora.*

elogio [e-lò-gio] *s.m.* Lode, approvazione: *vi faccio i miei elogi per il buon lavoro; un'opera che ha ricevuto l'elogio della critica* ◊ Discorso in lode di qualcuno o qualcosa: *un amico del defunto ha fatto l'elogio funebre.*

eloquente [e-lo-quèn-te] *agg.* **1** Che parla con facilità e in modo efficace e persuasivo: *un oratore eloquente* **2** ♧ Che esprime con chiarezza ciò che vuole intendere senza bisogno di parole Ⓢ significativo: *uno sguardo, un silenzio eloquente.*

elsa [él-sa] *s.f.* Traversa metallica che divide l'impugnatura della spada dalla lama e protegge la mano; correntemente, l'impugnatura della spada.

eludere [e-lù-de-re] *v.tr.* [coniugato come *allude-*

re] Evitare, sfuggire con astuzia e abilità: *il prigioniero è scappato eludendo la sorveglianza dei guardiani; ha eluso la mia domanda cambiando discorso.*

elusivo [e-lu-sì-vo] *agg.* Che cerca di sfuggire a impegni precisi Ⓢ evasivo: *una risposta elusiva.*

elvetico [el-vè-ti-co] *agg.* [pl.m. *–ci*] Svizzero.

emaciato [e-ma-cià-to] *agg.* Magro e patito Ⓢ smunto: *il suo volto era emaciato per la malattia.*

e-mail [abbreviazione inglese di *(e)lectronic mail* "posta elettronica"; pron. corrente *imèil*] *s.f. invar.* Servizio di posta elettronica per utenti di computer dotati di una casella postale con indirizzo, attraverso la quale possono inviare e ricevere messaggi e dati; anche, messaggio inviato o ricevuto tramite questo servizio.

emanare [e-ma-nà-re] *v.tr.* **1** Diffondere, esalare: *la stufa emanava calore; un fiore che emana un dolce profumo* **2** Emettere un documento ufficiale: *emanare un decreto, una circolare, una legge* ♦ *v.intr.* (aus. *essere*) Provenire, diffondersi: *dai fiori emanava un gradevole profumo.*

emancipato [e-man-ci-pà-to] *agg.* Libero da condizionamenti nel modo di pensare e di vivere: *una donna emancipata.*

emancipazione [e-man-ci-pa-zió-ne] *s.f.* Liberazione da una condizione di inferiorità e soggezione: *un popolo che lotta per la sua emancipazione* | *Emancipazione femminile* = conquista della parità di diritti tra donne e uomini.

emarginare [e-mar-gi-nà-re] *v.tr.* Relegare ai margini della vita sociale; estromettere da un gruppo Ⓢ escludere, isolare: *non è giusta una società che emargina i poveri e i più deboli.*

ematoma [e-ma-tò-ma] *s.m.* [pl. *–mi*] Raccolta di sangue che si forma all'interno di un tessuto corporeo in seguito a un'emorragia.

embargo [em-bàr-go] *s.m.* [pl. *–ghi*] Sanzione con cui uno o più paesi o l'O.N.U vietano il commercio con un paese, per punirlo della sua politica.

emblema [em-blè-ma] *s.m.* [pl. *–mi*] Figura, rappresentata su stemmi, bandiere, insegne ecc. come simbolo distintivo di famiglie nobili, organizzazioni, nazioni ecc.: *il teschio con le tibie incrociate era l'emblema della pirateria* ◊ ♧ Simbolo rappresentativo: *la bilancia è l'emblema della giustizia, lo scettro del potere.*

emblematico [em-ble-mà-ti-co] *agg.* [pl.m. *–ci*] Rappresentativo di una situazione, di una tendenza generale: *un discorso, un fatto emblematico.*

embrione [em-bri-ó-ne] *s.m.* **1** L'individuo umano o animale nella fase iniziale del suo sviluppo, dopo la fecondazione dell'uovo **2** ♧ Forma iniziale, abbozzo: *un'opera ancora in embrione.*

emendamento [e-men-da-mén-to] *s.m.* Modifica a un progetto di legge, proposta o approvata durante la discussione in parlamento: *presentare, votare un emendamento.*

emergente [e-mer-gèn-te] *agg.* Che comincia ad avere successo: *i campioni emergenti.*

emergenza [e-mer-gèn-za] *s.f.* Situazione di pericolo improvviso: *chiamateci in caso di emergenza* | *Stato di emergenza* = situazione pubblica di grave pericolo in un territorio, che richiede misure eccezionali da parte delle autorità: *dopo il terremoto il governo ha dichiarato lo stato d'emergenza nella zona colpita.*

emergere [e-mèr-ge-re] *v.intr.* [pres. *emèrgo, emèrgi*; pass.rem. *emèrsi, emergésti*; part.pass. *emèrso*; aus. *essere*] **1** Venire a galla; affiorare dalla superficie dell'acqua: *il cadavere è emerso dopo tre giorni; uno scoglio che emerge con la bassa marea* ◊ Uscir fuori, apparire: *delle figure emersero dall'oscurità* **2** ♧ Venire alla luce; risultare con evidenza: *dalle indagini sono emerse le sue responsabilità nel delitto* ◊ Segnalarsi, distinguersi: *emerge su tutti per la sua bravura.*

emerito [e-mè-ri-to] *agg.* Insigne, famoso: *un emerito scienziato* ◊ Notorio, patentato (in frasi ironiche): *è un emerito imbroglione.*

emersione [e-mer-sió-ne] *s.f.* Manovra con cui un mezzo subacqueo risale a galla.

emerso [e-mèr-so] *agg.* Che fuoriesce dall'acqua | *Terre emerse* = i continenti e le isole.

emettere [e-mét-te-re] *v.tr.* [coniugato come *mettere*] **1** Mandar fuori: *l'uomo emise un grido; la stufa emette calore* ◊ Mettere in circolazione monete, francobolli, assegni ecc. **2** ♧ Emanare: *il governo ha emesso un decreto* ◊ Pronunciare, esprimere: *il giudice ha emesso la sentenza.*

emiciclo [e-mi-cì-clo] *s.m.* Spazio delimitato da banchi o gradinate disposti a semicerchio: *l'emiciclo della camera dei deputati.*

emicrania [e-mi-crà-nia] *s.f.* Mal di testa.

emigrante [e-mi-gràn-te] *s.m.f.* Chi emigra, spec. per trovare lavoro: *l'Italia è stato per molto tempo un paese di emigranti.*

emigrare [e-mi-grà-re] *v.intr.* [aus. *essere* o *avere*] Lasciare il proprio paese o la propria regione d'origine per trasferirsi in un paese straniero o in una regione diversa, spec. per trovare lavoro Ⓒ immigrare.

A B C D E F G H I J K L M N O P Q R S T U V W X Y Z

emigrato [e-mi-grà-to] *s.m.* Chi ha lasciato il proprio luogo d'origine per trasferirsi altrove, per lo più a scopo di lavoro.

emigrazione [e-mi-gra-zió-ne] *s.f.* Trasferimento di una o più persone dal proprio luogo d'origine in altre regioni dello stesso paese (*emigrazione interna*) o in paesi stranieri (*emigrazione esterna*), per lo più a scopo di lavoro Ⓒ immigrazione.

eminente [e-mi-nèn-te] *agg.* Che si distingue e spicca sugli altri per qualità, prestigio Ⓢ illustre: *un eminente scienziato*; *erano presenti alla cerimonia eminenti personalità.*

emiro [e-mì-ro] *s.m.* Presso gli arabi, titolo dato ai discendenti di Maometto e anche ai capi tribù.

emisferico [e-mi-sfè-ri-co] *agg.* [pl.m. *–ci*] A forma di emisfero: *una cupola emisferica.*

emisfero [e-mi-sfè-ro] *s.m.* La metà di una sfera ◊ Ciascuna delle due metà in cui è diviso dall'equatore il globo terrestre, l'emisfero *boreale* o *settentrionale*, a nord dell'equatore, e l'emisfero *australe* o *meridionale,* a sud.

emissario [e-mis-sà-rio] *s.m.* **1** Fiume che esce da un lago Ⓒ immissario **2** Persona inviata da un governo, da un'organizzazione ecc. per svolgere trattative o missioni segrete.

emissione [e-mis-sió-ne] *s.f.* **1** Fuoruscita: *emissione di sangue dalla bocca* **2** Messa in circolazione: *emissione di francobolli, di monete* **3** Diffusione, flusso di energia: *emissione di calore, di luce, di onde radio.*

emittente [e-mit-tèn-te] *s.f.* Stazione che trasmette programmi radiotelevisivi: *emittenti pubbliche, private, locali.*

emoglobina [e-mo-glo-bì-na] *s.f.* Sostanza presente nei globuli rossi del sangue che trasporta l'ossigeno ai vari organi e l'anidride carbonica ai polmoni.

emorragia [e-mor-ra-gì-a] *s.f.* Fuoriuscita di sangue dai vasi sanguigni, all'esterno o all'interno del corpo.

emostatico [e-mo-stà-ti-co] *agg.* [pl.m. *–ci*] Che serve ad arrestare le emorragie: *cotone emostatico.*

emoticon [parola inglese; pron. corrente *emòticon*] *s.m.invar.* Negli SMS, nelle e-mail e nei messaggi in Internet, riproduzione stilizzata di un'espressione del viso mediante l'accostamento di più segni di interpunzione (ad es. :-) per rappresentare un volto allegro o :-(per rappresentarne uno triste) Ⓢ faccina.

emotivo [e-mo-ti-vo] *agg.* **1** Dovuto a emozione: *la sua è stata una reazione emotiva* **2** Che si emoziona con facilità; molto sensibile e impressionabile Ⓒ imperturbabile, freddo: *mia mamma è una persona molto emotiva.*

emozionante [e-mo-zio-nàn-te] *agg.* Eccitante, appassionante: *un viaggio emozionante.*

emozionare [e-mo-zio-nà-re] *v.tr.* Causare un'emozione Ⓢ impressionare, turbare: *vederti lo ha emozionato* ♦ **emozionarsi** *v.pr.* Farsi prendere dall'emozione Ⓢ turbarsi, impressionarsi: *è uno che non si emoziona facilmente.*

emozione [e-mo-zió-ne] *s.f.* Stato di intensa eccitazione o turbamento, spesso accompagnato da pallore, rossore, blocco della parola, del respiro ecc.: *ogni volta che la guardava provava una forte emozione*; *per l'emozione rimase senza fiato.*

empio [ém-pio] *agg.* Che offende il sentimento religioso e ciò che è sacro: *un empio bestemmiatore*; *un libro empio.*

empirico [em-pì-ri-co] *agg.* [pl.m. *–ci*] Che si fonda solo sull'esperienza e sulla pratica, senza alcuna base scientifica: *metodi, rimedi empirici.*

emporio [em-pò-rio] *s.m.* Grande magazzino in cui si vendono merci d'ogni genere.

emulare [e-mu-là-re] *v.tr.* Seguire l'esempio di qualcuno che si prende come modello, cercando di uguagliare o superare i suoi meriti e le sue virtù: *emulare i propri maestri*; *cercava di emulare l'amico in generosità.*

emulazione [e-mu-la-zió-ne] *s.f.* Desiderio e sforzo di eguagliare e superare altri che si prendono a modello per le loro qualità e i loro comportamenti: *lo spirito di emulazione è un incentivo a migliorarsi.*

emulsione [e-mul-sió-ne] *s.f.* Mescolanza di due liquidi non solubili tra loro, uno dei quali è disperso nell'altro sotto forma di minutissime goccioline: *un'emulsione di olio e succo di limone.*

encefalo [en-cè-fa-lo] *s.m.* La parte del sistema nervoso centrale situata nella scatola cranica.

enciclica [en-cì-cli-ca] *s.f.* Lettera su argomenti di carattere morale, sociale o religioso indirizzata dal papa ai vescovi e ai fedeli di tutto il mondo.

enciclopedia [en-ci-clo-pe-dì-a] *s.f.* Opera in uno o più volumi che raccoglie in forma sintetica e generalmente in ordine alfabetico le nozioni fondamentali relative a tutte le conoscenze umane (scienze, arti, tecniche) o a un particolare campo del sapere: *enciclopedia universale*; *enciclopedia medica, della scienza e della tecnica.*

encomiabile [en-co-mià-bi-le] *agg.* Degno di lode Ⓢ lodevole: *la sua condotta è encomiabile.*

encomio [en-cò-mio] *s.m.* Lode pubblica e solenne: *il soldato ricevette un encomio per il suo atto di coraggio.*

endemico [en-dè-mi-co] *agg.* [pl.m. *–ci*] Detto di malattia infettiva che è costantemente presente in un determinato territorio: *in questa zona la malaria è endemica.*

endovenoso [en-do-ve-nó-so] *agg. Iniezione endovenosa* = quella fatta iniettando il liquido direttamente in una vena.

energetico [e-ner-gè-ti-co] *agg.* [pl.m. *–ci*] **1** Di energia: *il carbone e il petrolio sono fonti energetiche* ◊ Che riguarda le fonti di energia utilizzate dall'uomo: *è scoppiata una crisi energetica* **2** Che dà energia all'organismo: *il cioccolato è un alimento molto energetico.*

energia [e-ner-gì-a] *s.f.* **1** Forza, vigore fisico: *energia muscolare, nervosa*; *sprecare le proprie energie* **2** Fermezza di carattere Ⓢ decisione, risolutezza: *ha difeso con energia i suoi diritti*; *per comandare ci vuole energia* **3** Capacità di un corpo di compiere un lavoro, ossia di produrre movimento, luce, calore; vi sono tante forme di energia quante sono le cause che la producono, per cui si parla di *energia meccanica, idrica, eolica, solare, termica, elettrica, nucleare, chimica* ecc.

energico [e-nèr-gi-co] *agg.* [pl.m. *–ci*] **1** Dotato di energia morale, di fermezza Ⓢ deciso, risoluto: *un uomo, un carattere energico* **2** Radicale, efficace: *servono provvedimenti energici*; *il malato ha bisogno di un'energica cura ricostituente.*

energumeno [e-ner-gù-me-no] *s.m.* Uomo che si comporta con violenza e brutalità.

enfasi [èn-fa-si] *s.f.* Eccesso di calore, di esaltazione nelle parole e nei gesti con cui ci si esprime: *quell'attore recita la sua parte con troppa enfasi.*

enigma [e-nìg-ma] *s.m.* [pl. *–mi*] **1** Breve testo, per lo più in versi, che contiene allusioni a una parola o a un significato da indovinare Ⓢ indovinello **2** ♧ Cosa misteriosa e inspiegabile Ⓢ mistero, arcano: *la sua scomparsa è rimasta un enigma.*

enigmatico [e-nig-mà-ti-co] *agg.* [pl.m. *–ci*] Difficile da comprendere Ⓢ oscuro, misterioso: *un individuo, un discorso, un contegno enigmatico.*

enigmistica [e-nig-mì-sti-ca] *s.f.* L'insieme dei giochi di agilità mentale, come parole incrociate, indovinelli, rebus ecc.: *Carlo è un appassionato di enigmistica.*

ennesimo [en-nè-si-mo] *agg.* Si usa per indicare un numero indeterminato ma molto alto di una serie: *te lo ripeto per l'ennesima volta.*

enologia [e-no-lo-gì-a] *s.f.* Tecnica della produzione e della conservazione dei vini.

enorme [e-nór-me] *agg.* Molto grande Ⓢ gigantesco, colossale, immenso (anche ♧): *un palazzo enorme*; *il film ha avuto un enorme successo.*

enoteca [e-no-tè-ca] *s.f.* Collezione di vini pregiati in bottiglia ◊ Locale dove si vendono e assaggiano vini pregiati.

ente [èn-te] *s.m.* **1** Istituzione, organismo che svolge un'attività di pubblico interesse: *ente del turismo*; *enti ospedalieri, assistenziali*; *l'università è un ente pubblico* | *Enti locali* = regioni, province, comuni **2** *Enti geometrici* = il punto, la linea, il piano, lo spazio.

entità [en-ti-tà] *s.f.* Importanza, consistenza, valore: *ha fatto una vincita di grande entità*; *danni di scarsa entità.*

entomologia [en-to-mo-lo-gì-a] *s.f.* Parte della zoologia che studia gli insetti.

entrambi [en-tràm-bi] *agg.* e *pronome m.pl.* [f. *entrambe*] Tutti e due Ⓢ ambedue: *entrambi i genitori sono morti*; *ho parlato con entrambi.*

entrante [en-tràn-te] *agg.* Che sta per cominciare: *la settimana entrante cominceranno i lavori.*

entrare [en-trà-re] *v.intr.* [aus. *essere*] **1** Andare o venire dentro un luogo o un ambiente Ⓢ introdursi, penetrare (anche ♧) Ⓒ uscire: *entrare in giardino, nella stanza*; *il chiodo non entra nel muro*; *questa lezione non mi entra in testa* **2** Stare dentro, poter essere contenuto in qualcosa: *nella valigia non entra più niente* | ♧ *Entrarci* = avere a che vedere, a che fare: *quel che hai detto non c'entra niente col nostro problema*; *cosa c'entra lui in questa storia?* **3** ♧ Essere ammesso in un gruppo, in un'istituzione, cominciare a farne parte: *entrare in una squadra*; *entrare nell'esercito, nella scuola* **4** ♧ Dare inizio a qualcosa: *entrare in guerra, in azione, in contatto* | *Entrare in argomento* = iniziare ad affrontarlo ◊ Venirsi a trovare in un nuovo periodo di tempo, in una nuova situazione o condizione: *stiamo ormai entrando nell'inverno*; *dopo il licenziamento è entrato in crisi* | *Entrare in possesso di qualcosa* = diventarne padrone.

entrata [en-trà-ta] *s.f.* **1** L'azione di entrare: *l'entrata degli studenti a scuola* ◊ La possibilità di entrare: *l'entrata al museo è libera* ◊ Il momento in cui si entra: *per lo sciopero l'entrata al lavoro è stata rimandata di due ore* ◊ ♧ Inizio di qualcosa, intervento in qualcosa: *l'entrata in guerra di un paese* **2** Luogo per cui si entra Ⓢ ingresso Ⓒ uscita: *mi aspettava all'entrata del cinema* **3** Nel calcio, intervento di un giocatore contro un avversario per sottrargli la palla: *entrata fallosa* **4** ♧ (spec. al *pl.*) Guadagno, incasso, reddito: *questo mese le entrate sono state meno delle uscite.*

entro [én-tro] *prep.* Prima della fine di un dato periodo: *tornerò entro sera*; *il lavoro finirà entro l'anno.*

entroterra [en-tro-tèr-ra] *s.m.invar.* La parte interna, lontana dalla costa, di una regione costiera: *l'entroterra ligure.*

entusiasmare [en-tu-sia-smà-re] *v.tr.* Riempire d'entusiasmo Ⓢ appassionare, esaltare ♦ **entusiasmarsi** *v.pr.* Appassionarsi, eccitarsi, esaltarsi.

entusiasmo [en-tu-sià-smo] *s.m.* Stato d'animo di gioiosa soddisfazione ed esaltazione, che spesso si esprime con manifestazioni di calorosa ammirazione e approvazione nei confronti di ciò o di chi ne è la causa: *ha accolto con entusiasmo la notizia del tuo arrivo*; *il pubblico manifestò il suo entusiasmo per il cantante con un lungo applauso* ◊ Completa dedizione per una causa Ⓢ ardore: *si dedica con entusiasmo al volontariato.*

entusiasta [en-tu-sià-sta] *agg.* [pl.m. *–sti*] Che prova e manifesta entusiasmo: *sono entusiasta per il tuo arrivo*; *il pubblico entusiasta applaudì il cantante* ◊ Del tutto soddisfatto e contento: *è entusiasta della sua nuova casa.*

enumerare [e-nu-me-rà-re] *v.tr.* Esporre in ordine, una dopo l'altra, una serie di cose dello stesso genere Ⓢ elencare: *ci ha enumerato tutti i rischi della nostra impresa.*

enunciare [e-nun-cià-re] *v.tr.* Esporre in modo chiaro e preciso: *enunciare i fatti*; *enunciare una teoria, un problema.*

enunciato [e-nun-cià-to] *s.m.* Le parole con cui si espone un problema, si formula un teorema.

eolico [e-ò-li-co] *agg.* [pl.m. *–ci*] Del vento, dovuto al vento: *i mulini sfruttano l'energia eolica.*

epatite [e-pa-tì-te] *s.f.* Infiammazione del fegato.

epica [è-pi-ca] *s.f.* Genere di poesia che narra di imprese e leggende eroiche: *l'epica omerica.*

epicentro [e-pi-cèn-tro] *s.m.* **1** Il punto della superficie terrestre che viene colpito con più intensità da un terremoto: *l'epicentro del terremoto è stato localizzato nei pressi di Città del Messico* **2** ♧ Centro di diffusione di un fenomeno sociale: *l'epicentro di un'epidemia, di una rivolta.*

epico [è-pi-co] *agg.* [pl.m. *–ci*] **1** Che racconta imprese e leggende eroiche: *l'Iliade è un poema epico* **2** Eroico, grandioso, memorabile: *la spedizione dei Mille fu un'epica impresa.*

epidemia [e-pi-de-mì-a] *s.f.* Rapida diffusione di una malattia contagiosa all'interno di un territorio: *anche questo inverno è arrivata l'epidemia di influenza.*

epidermide [e-pi-dèr-mi-de] *s.f.* Parte più superficiale della pelle; nel linguaggio comune, la pelle.

epifania [e-pi-fa-nì-a] *s.f.* Nome della festività cristiana che si celebra il 6 gennaio per ricordare l'adorazione di Gesù da parte dei Magi.

epigrafe [e-pì-gra-fe] *s.f.* Iscrizione su una tomba o un monumento, che commemora una persona o un avvenimento.

epilessia [e-pi-les-sì-a] *s.f.* Malattia del sistema nervoso che si manifesta con attacchi di convulsioni e perdita di coscienza.

epilettico [e-pi-lèt-ti-co] *agg.* [pl.m. *–ci*] Di epilessia: *crisi epilettica* ♦ *agg.* e *s.m.* Che, chi soffre di epilessia.

epilogo [e-pì-lo-go] *s.m.* [pl. *–ghi*] Parte finale, conclusione di un discorso, di un romanzo, di un dramma, di un film o di una vicenda reale.

episodico [e-pi-sò-di-co] *agg.* [pl.m. *–ci*] Che avviene solo di quando in quando Ⓢ occasionale, isolato: *a parte qualche scontro episodico i combattimenti sono cessati.*

episodio [e-pi-sò-dio] *s.m.* Fatto, avvenimento particolare Ⓢ caso, vicenda: *mi ha raccontato alcuni episodi della sua vita*; *è accaduto un grave episodio di intolleranza.*

epistolare [e-pi-sto-là-re] *agg.* Relativo alle lettere, alla corrispondenza: *le poste devono rispettare il segreto epistolare* ◊ Costituito da lettere: *ha una relazione epistolare con un suo vecchio compagno di scuola.*

epitaffio [e-pi-tàf-fio] *s.m.* Iscrizione posta su una tomba.

epiteto [e-pì-te-to] *s.m.* **1** Aggettivo aggiunto a un nome proprio per esprimerne la qualità caratteristica o anche solo come soprannome onorifico Ⓢ appellativo: *«il Magnifico» era l'epiteto di Lorenzo de' Medici* **2** ♧ Insulto, titolo offensivo.

epoca [è-po-ca] *s.f.* Periodo storico: *l'epoca medievale* | *D'epoca* = del passato Ⓢ antico: *un mobile d'epoca* ◊ Tempo, periodo: *a quell'epoca non lo conoscevo*; *l'epoca delle vacanze.*

epopea [e-po-pè-a] *s.f.* Serie di imprese eroiche: *l'epopea garibaldina.*

eppure [ep-pù-re] *congz.* Tuttavia, nondimeno: *non sei venuto, eppure ti avevo avvisato.*

equatore [e-qua-tó-re] *s.m.* Il circolo massimo del globo terrestre, equidistante dai due poli, che divide idealmente la Terra in due emisferi.

equatoriale [e-qua-to-rià-le] *agg.* Dell'equatore: *zone equatoriali* ◊ Delle zone vicine all'equatore: *clima equatoriale.*

equestre [e-què-stre] *agg.* Che si riferisce ai cavalli o ai cavalieri: *sport equestri* | *Monumento equestre* = che rappresenta un personaggio a cavallo | *Circo equestre* = che presenta spettacoli con cavalli e cavallerizzi.

equi– Primo elemento di parole composte, in cui significa «uguale» (*equidistante*).

equidistante [e-qui-di-stàn-te] *agg.* Che si trova alla stessa distanza di un altro punto rispetto a un comune punto di riferimento: *tutti i punti della circonferenza sono equidistanti dal centro.*

equilatero [e-qui-là-te-ro] *agg.* Che ha i lati uguali: *disegnare un triangolo equilatero.*

equilibrato [e-qui-li-brà-to] *agg.* **1** Distribuito in modo uniforme: *un carico ben equilibrato* **2** ♧ Che dimostra senso della misura, moderazione, saggezza: *un ragazzo equilibrato*; *ha fatto una scelta equilibrata.*

equilibrio [e-qui-lì-brio] *s.m.* **1** Condizione di un corpo che, per la giusta distribuzione del peso, sta dritto sul suo appoggio senza cadere: *si teneva in equilibrio su un piede solo*; *portava un cesto in equilibrio sulla testa* **2** ♧ Situazione in cui forze diverse o contrastanti si bilanciano: *mantenere l'equilibrio militare tra due nazioni* ◊ Armonia, giusta proporzione e distribuzione tra le diverse parti di un tutto | *Equilibrio ecologico* = situazione in cui le diverse specie animali e vegetali hanno tra di loro e con l'ambiente in cui vivono il rapporto più armonico e stabile possibile **3** ♧ Capacità di comportarsi con saggezza e senso della misura: *ha dato prova di grande equilibrio.*

equilibrista [e-qui-li-brì-sta] *s.m.f.* [pl.m. *–sti*] Chi si esibisce in giochi di equilibrio nei circhi o nei teatri.

equino [e-quì-no] *agg.* Di cavallo: *carne equina* ♦ *s.m.pl. Equini* = tutti gli animali della famiglia del cavallo (asino, mulo, zebra ecc.).

equinozio [e-qui-nò-zio] *s.m.* Ciascuno dei due giorni dell'anno in cui la notte e il giorno hanno la stessa durata: *l'equinozio di primavera è il 21 marzo, l'equinozio di autunno il 23 settembre.*

equipaggiamento [e-qui-pag-gia-mén-to] *s.m.* Il complesso degli indumenti, degli oggetti, dei materiali necessari per determinate attività o imprese: *equipaggiamento militare, sportivo*; *gli esploratori stanno preparando l'equipaggiamento per la spedizione nel deserto.*

equipaggiare [e-qui-pag-già-re] *v.tr.* Fornire di tutto ciò che è necessario allo svolgimento di una attività o di un'impresa: *equipaggiare una squadra sportiva, una spedizione* | *Equipaggiare una nave* = fornirla di equipaggio ♦ **equipaggiarsi** *v.pr.* Rifornirsi, dotarsi di tutto ciò che è necessario per uno scopo, per una situazione: *equipaggiarsi per un'escursione, per l'inverno.*

equipaggio [e-qui-pàg-gio] *s.m.* L'insieme dei marinai e del personale di una nave o di un'imbarcazione ◊ L'insieme delle persone che provvedono alla guida e al funzionamento di un mezzo di locomozione: *l'equipaggio di un aereo, di un carro armato, di un'auto da corsa.*

équipe [parola francese; pron. *echìp*] *s.f.invar.* Gruppo di persone che operano in stretta collaborazione per uno stesso fine: *una équipe di medici, di scienziati* ◊ Squadra sportiva.

equità [e-qui-tà] *s.f.* Giustizia, imparzialità nel giudicare e nell'agire.

equitazione [e-qui-ta-zió-ne] *s.f.* L'arte e la pratica del cavalcare: *scuola, gara di equitazione.*

equivalente [e-qui-va-lèn-te] *agg.* Di eguale valore ◊ In geometria, si chiamano *figure piane equivalenti* quelle che hanno la stessa superficie, *solidi equivalenti* quelli che hanno lo stesso volume ♦ *s.m.* Cosa che ha lo stesso valore di un'altra; somma corrispondente al valore di qualcosa: *per il danno vi pagherò l'equivalente in denaro.*

equivalere [e-qui-va-lé-re] *v.intr.* [coniugato come *valere*; aus. *essere* o *avere*] Avere lo stesso valore di qualcosa d'altro: *un quintale equivale a cento chili* ◊ Essere la stessa cosa: *per la squadra il pareggio equivarrebbe a una sconfitta* ♦ **equivalersi** *v.pr.* Essere di uguale valore o forza: *i due pugili si equivalgono* ◊ Avere lo stesso significato: *queste due parole si equivalgono.*

equivoco [e-quì-vo-co] *agg.* [pl.m. *–ci*] **1** Che si può intendere in modi diversi Ⓢ ambiguo Ⓒ chiaro, inequivocabile: *mi ha dato una risposta equivoca* **2** ♧ Losco, sospetto: *un individuo, un comportamento equivoco* ◊ Malfamato: *un locale equivoco* ♦ *s.m.* Interpretazione sbagliata di parole altrui Ⓢ malinteso: *ha parlato chiaro, non sono possibili equivoci* ◊ Errore derivato dallo scambiare tra loro cose o persone simili: *lo hanno incolpato per un equivoco.*

equo [è-quo] *agg.* Giusto, imparziale: *un uomo, un giudizio equo* ◊ Proporzionato Ⓢ adeguato: *ha ricevuto un equo compenso per il suo lavoro.*

era [è-ra] *s.f.* **1** Periodo storico che ha inizio da un avvenimento di grande importanza (per es. *l'era* *cristiana* che inizia con la nascita di Cristo) ◊ Periodo storico caratterizzato da particolari avvenimenti Ⓢ epoca: *era atomica, spaziale* **2** *Era geologica* = ognuna delle cinque grandi suddivisioni cronologiche della storia della Terra (a loro volta divise in *periodi*).

erario [e-rà-rio] *s.m.* L'amministrazione finanziaria dello stato Ⓢ fisco: *le tasse aumentano le entrate dell'erario.*

erba [èr-ba] *s.f.* Nome generico di tutte le piante basse dal fusto verde, tenero e non legnoso: *il trifoglio è un'erba da foraggio* | *Erbe aromatiche* = quelle usate in cucina per insaporire i cibi | ♧ *Un pittore, un medico, un attore in erba* = che è ai primi passi della sua professione e quindi ancora inesperto | ♧ *Fare di ogni erba un fascio* = non fare distinzione fra cose o persone diverse ◊ Complesso di piante erbacee che crescono su un terreno: *si sdraiarono sull'erba del prato.*

erbaccia [er-bàc-cia] *s.f.* Erba nociva alle coltivazioni: *strappare le erbacce nell'orto.*

erbaceo [er-bà-ce-o] *agg.* Che ha natura, caratteristiche di erba: *piante erbacee.*

erbario [er-bà-rio] *s.m.* **1** Raccolta di piante seccate e catalogate a scopo di studio **2** Libro in cui sono descritte le erbe medicinali.

erbicida [er-bi-cì-da] *agg.* e *s.m.* [pl.m. *–di*] Detto di prodotto che distrugge le erbe Ⓢ diserbante.

erbivendolo [er-bi-vén-do-lo] *s.m.* Ortolano.

erbivoro [er-bì-vo-ro] *agg.* e *s.m.* Detto di animale che si nutre esclusivamente di vegetali: *le mucche sono animali erbivori.*

erborista [er-bo-rì-sta] *s.m.f.* [pl.m. *–sti*] Chi raccoglie piante medicinali e aromatiche ◊ Chi vende piante medicinali e aromatiche e prodotti da queste ricavati.

erboristeria [er-bo-ri-ste-rì-a] *s.f.* Negozio di erborista.

erboso [er-bó-so] *agg.* Ricoperto di erba: *un terreno erboso.*

erede [e-rè-de] *s.m.f.* **1** Chi eredita, del tutto o in parte, i beni di una persona defunta **2** *Erede al trono* = chi è destinato a succedere a un sovrano.

eredità [e-re-di-tà] *s.f.* **1** L'insieme dei beni e delle ricchezze lasciati da un defunto (ma l'eredità può essere costituita anche da debiti) **2** *Eredità genetica* = l'insieme dei caratteri fisici e fisiologici contenuti nei cromosomi e trasmessi dai genitori ai figli.

ereditare [e-re-di-tà-re] *v.tr.* Ricevere in eredità: *ha ereditato dai genitori la casa in cui vive.*

ereditario [e-re-di-tà-rio] *agg.* **1** Che si riceve o si trasmette in eredità: *beni, diritti ereditari* | *Principe ereditario* = l'erede al trono **2** Che si trasmette da una generazione all'altra attraverso i cromosomi: *malattie ereditarie.*

eremita [e-re-mì-ta] *s.m.f.* [pl.m. *–ti*] Persona che sceglie di vivere in solitudine in luoghi isolati o deserti (*eremi*), dedicandosi alla meditazione e alla preghiera ◊ ♧ Chi conduce una vita molto isolata dagli altri.

eremo [è-re-mo] *s.m.* Luogo remoto e solitario, dove vive un eremita o un gruppo di eremiti.

eresia [e-re-sì-a] *s.f.* **1** Dottrina religiosa che contrasta con quella proclamata dalla chiesa cattolica **2** ♧ Affermazione assurda Ⓢ sproposito, assurdità: *non dire eresie!*

eretico [e-rè-ti-co] *agg.* e *s.m.* [pl. *–ci*] Che, chi segue un'eresia religiosa: *un tempo gli eretici finivano sul rogo.*

eretto [e-rèt-to] *agg.* Dritto: *tenere il capo eretto*; *camminare col busto eretto.*

ergastolano [er-ga-sto-là-no] *s.m.* Chi sconta una condanna all'ergastolo.

ergastolo [er-gà-sto-lo] *s.m.* Pena del carcere a vita: *l'omicida fu condannato all'ergastolo.*

ergere [èr-ge-re] *v.tr.* [pres. *èrgo, èrgi*; pass.rem. *èrsi, ergésti*; part.pass. *èrto*] Levare in alto, innalzare: *ergere il capo, gli occhi al cielo* ♦ **ergersi** *v.pr.* Innalzarsi, levarsi: *una montagna si ergeva all'orizzonte.*

ergonomico [er-go-nò-mi-co] *agg.* [pl.m. *–ci*] Detto di oggetto costruito in modo da renderne l'uso sicuro, facile e confortevole: *un mouse ergonomico.*

erigere [e-rì-ge-re] *v.tr.* [coniugato come *dirigere*] Innalzare, costruire: *erigere un monumento, un grattacielo* ♦ **erigersi** *v.pr.* ♧ Attribuirsi una funzione, un'autorità a cui non si ha diritto: *come ti permetti di erigerti a giudice degli altri?*

ermellino [er-mel-lì-no] *s.m.* Piccolo mammifero carnivoro la cui pelliccia, molto pregiata, assume d'inverno un colore bianco candido, con la sola punta della coda nera.

ermetico [er-mè-ti-co] *agg.* [pl.m. *–ci*] **1** *Chiusura ermetica* = a perfetta tenuta; che non lascia passare liquidi, aria, gas | *Contenitore ermetico* = con chiusura ermetica **2** ♧ Difficile da comprendere Ⓢ oscuro, enigmatico: *un testo ermetico.*

ernia [èr-nia] *s.f.* Fuoriuscita di un organo del corpo dalla sua sede naturale: *ernia addominale.*

erodere [e-ró-de-re] *v.tr.* [coniugato come *rode-*

re] Consumare, intaccare lentamente (detto spec. dell'acqua e degli altri agenti atmosferici): *le onde erodono gli scogli.*

eroe [e-rò-e] *s.m.* [f. *eroina*] **1** Chi dà prova di grande coraggio e spirito di sacrificio nell'affrontare un pericolo, un combattimento, nel difendere una causa, un ideale: *è morto da eroe* | *Fare l'eroe* = esporsi a rischi e pericoli senza una vera necessità, per ostentazione e spavalderia **2** Nelle antiche mitologie, personaggio quasi divino, dotato di virtù eccezionali e autore di imprese leggendarie: *Ercole era il più famoso degli eroi dell'antica Grecia* **3** Protagonista di un'opera letteraria, teatrale o cinematografica.

erogare [e-ro-gà-re] *v.tr.* [*èrogo, èroghi*] Fornire, distribuire acqua, gas, energia elettrica attraverso la rete di distribuzione.

eroico [e-ròi-co] *agg.* [pl.m. *–ci*] Degno di un eroe: *un'impresa eroica* ◊ Che mostra grande coraggio e forza d'animo: *un soldato eroico*; *una madre eroica.*

eroina[1] [e-ro-ì-na] *s.f.* **1** Donna eroica **2** Protagonista femminile di un romanzo, di un dramma, di un film.

eroina[2] [e-ro-ì-na] *s.f.* Droga ricavata dalla morfina che, usata come stupefacente, porta facilmente all'assuefazione e alla tossicodipendenza.

eroismo [e-ro-ì-smo] *s.m.* Straordinario coraggio e spirito di sacrificio: *i soccorritori delle popolazioni alluvionate hanno dato prova di eroismo.*

erompere [e-róm-pe-re] *v.intr.* [coniugato come *rompere*; manca del part.pass. e dei tempi composti] Venir fuori impetuosamente, con violenza: *la lava erompeva dal cratere del vulcano.*

erosione [e-ro-sió-ne] *s.f.* L'azione disgregatrice e corrosiva esercitata sulla superficie terrestre dal vento, dalla pioggia, dalle acque correnti e dai ghiacciai.

erotico [e-rò-ti-co] *agg.* [pl.m. *–ci*] Che si riferisce all'amore fisico, al sesso: *un sogno erotico*; *un libro, un film erotico.*

erpice [èr-pi-ce] *s.m.* Macchina agricola per frantumare le zolle e lavorare il terreno.

errare [er-rà-re] *v.intr.* [aus. *avere*] **1** Andare qua e là senza una meta o uno scopo Ⓢ vagare, vagabondare, peregrinare: *errò a lungo per i boschi* **2** Ingannarsi, sbagliare: *l'anno scorso, se non erro, tu non eri venuto alla gita.*

errato [er-rà-to] *agg.* Sbagliato, inesatto Ⓒ giusto, corretto, esatto: *la sua risposta è errata* | *Se non vado errato* = se non mi sbaglio.

erroneo [er-rò-ne-o] *agg.* Che non risponde a verità Ⓢ sbagliato: *una interpretazione erronea.*

errore [er-ró-re] *s.m.* Allontanamento dal vero, dal giusto, da una regola o da una norma Ⓢ sbaglio: *fare un errore di calcolo, di grammatica*; *un compito pieno di errori*; *cadere in errore* | *Per errore* = involontariamente: *l'ho colpito per errore* ◊ Colpa, peccato: *ha riconosciuto i propri errori.*

erta [ér-ta] *s.f.* **1** Salita molto ripida e faticosa **2** *Stare all'erta* = vigilare, stare attento.

erto [ér-to] *agg.* Che è in forte pendenza Ⓢ ripido, scosceso: *salirono per un erto pendio.*

erudito [e-ru-dì-to] *agg.* Che possiede vaste conoscenze Ⓢ istruito, dotto: *uno studioso molto erudito* ♦ *s.m.* Chi possiede vaste cognizioni in diversi campi del sapere.

erudizione [e-ru-di-zió-ne] *s.f.* Cultura, intesa come possesso di vaste cognizioni in una o più discipline: *un uomo di grande erudizione.*

eruttare [e-rut-tà-re] *v.tr.* Emettere con violenza lava e altri materiali (detto di vulcano) ◊ Mandar fuori: *il comignolo eruttava un fumo denso.*

eruzione [e-ru-zió-ne] *s.f.* **1** Emissione violenta di lava e altri materiali dal cratere di un vulcano **2** *Eruzione cutanea* = comparsa sulla pelle di pustole, vesciche, macchie.

esagerare [e-sa-ge-rà-re] *v.tr.* Considerare o far apparire qualcosa più grande o importante di quel che è realmente: *non devi esagerare la gravità dell'accaduto* ♦ *v.intr.* [aus. *avere*] Superare i limiti del giusto, dell'opportuno Ⓢ eccedere: *adesso stai proprio esagerando*; *ha esagerato in severità*; *non bisogna esagerare nel mangiare.*

esagerato [e-sa-ge-rà-to] *agg.* Eccessivo, sproporzionato: *ha avuto una reazione esagerata*; *un prezzo esagerato* ♦ *s.m.* Chi esagera o ha l'abitudine di esagerare: *sei sempre il solito esagerato.*

esagerazione [e-sa-ge-ra-zió-ne] *s.f.* Affermazione o notizia che fa apparire qualcosa più grande o importante di quel che è realmente: *il suo racconto è pieno di esagerazioni* ◊ Prezzo eccessivo: *quella casa costa un'esagerazione.*

esagitato [e-sa-gi-tà-to] *agg.* e *s.m.* Che, chi è in preda a una forte agitazione: *un gruppo di tifosi esagitati.*

esagono [e-sà-go-no] *s.m.* Poligono con sei lati e sei angoli.

esalare [e-sa-là-re] *v.tr.* Emettere, diffondere nell'aria Ⓢ emanare: *i fiori esalavano un forte profumo* | ♧ *Esalare l'ultimo respiro* = morire ♦ *v.intr.* [aus. *essere*] Venir fuori, diffondersi nell'aria: *dalla stanza esalava un odore di muffa.*

esalazione [e-sa-la-zió-ne] *s.f.* Fuoruscita e diffusione nell'aria di vapori e gas: *le esalazioni delle auto e delle industrie inquinano l'aria.*

esaltare [e-sal-tà-re] *v.tr.* **1** Magnificare con grandi lodi: *esaltare il vincitore di una gara; il venditore esaltava le qualità dei suoi prodotti* **2** Eccitare, entusiasmare: *la vittoria ha esaltato i tifosi* ♦ **esaltarsi** *v.pr.* Eccitarsi, entusiasmarsi: *non esaltarti troppo per il tuo successo.*

esaltato [e-sal-tà-to] *agg.* e *s.m.* Che, chi si entusiasma ed eccita eccessivamente per qualcosa, comportandosi in modo sconsiderato, turbolento, fanatico: *un gruppo di giovani esaltati.*

esaltazione [e-sal-ta-zió-ne] *s.f.* Stato di forte eccitazione Ⓢ fanatismo: *l'esaltazione della folla provocò incidenti.*

esame [e-sà-me] *s.m.* **1** Attenta considerazione e analisi delle qualità e delle condizioni di qualcosa, allo scopo di farsene un giudizio o di prendere una decisione: *l'esame di un progetto, di un problema; fare l'esame della vista, del sangue; prenderò in esame la sua proposta* **2** Prova o serie di prove a cui viene sottoposto un candidato per accertarne la preparazione o l'idoneità a svolgere un'attività, una professione: *esame di ammissione, di maturità, di laurea; esame di guida.*

esaminare [e-sa-mi-nà-re] *v.tr.* **1** Considerare, analizzare con attenzione: *esaminare un problema, una proposta* **2** Sottoporre a una prova d'esame: *esaminare un alunno.*

esangue [e-sàn-gue] *agg.* Che ha perduto molto sangue: *giaceva esangue al suolo* ◊ ♧ Pallido, smorto: *volto esangue.*

esanime [e-sà-ni-me] *agg.* Privo di sensi o di vita Ⓢ svenuto o morto: *giaceva esanime a terra.*

esasperante [e-sa-spe-ràn-te] *agg.* Irritante, insopportabile: *sei di una lentezza esasperante.*

esasperare [e-sa-spe-rà-re] *v.tr.* Irritare, rendere nervoso, far perdere la pazienza: *il suo comportamento mi esaspera.*

esasperato [e-sa-spe-rà-to] *agg.* Che ha perso la pazienza, molto irritato: *era proprio esasperato* ◊ Portato al limite estremo: *un odio esasperato.*

esattezza [e-sat-téz-za] *s.f.* Corrispondenza al vero Ⓢ precisione, giustezza Ⓒ inesattezza: *controllare l'esattezza di una notizia.*

esatto [e-sàt-to] *agg.* **1** Conforme al vero, privo di errori Ⓢ giusto, corretto, preciso: *informazione, risposta esatta; calcolo esatto; qual è l'ora esatta?* **2** Diligente, scrupoloso, puntuale: *è sempre esatto nei pagamenti.*

esattore [e-sat-tó-re] *s.m.* [f. *–trice*] Chi è incaricato di riscuotere tasse, imposte, affitti, bollette.

esaudire [e-sau-dì-re] *v.tr.* [*esaudìsco, esaudìsci*] Concedere ciò che viene richiesto Ⓢ accogliere, soddisfare: *Dio esaudirà la tua preghiera; i suoi genitori esaudiscono tutti i suoi desideri.*

esauriente [e-sau-rièn-te] *agg.* Che affronta in modo completo un argomento: *una discussione esauriente* ◊ Soddisfacente, convincente: *mi ha dato una risposta esauriente.*

esaurimento [e-sau-ri-mén-to] *s.m.* **1** Consumazione completa, fine: *l'esaurimento delle risorse energetiche; la vendita continuerà fino all'esaurimento delle scorte* **2** Stato di indebolimento fisico o mentale, in seguito a malattie o a eccessivo affaticamento: *per le fatiche degli esami gli è venuto un esaurimento nervoso.*

esaurire [e-sau-rì-re] *v.tr.* [*esaurìsco, esaurìsci*] **1** Consumare completamente Ⓢ finire: *abbiamo esaurito le provviste* **2** Indebolire, spossare: *il troppo lavoro lo ha esaurito* **3** Portare a termine: *il magistrato ha esaurito le indagini* ♦ **esaurirsi** *v.pr.* **1** Consumarsi completamente (anche ♧): *la candela si stava esaurendo; la sua fantasia si è esaurita* **2** Ammalarsi di esaurimento: *ha studiato troppo e si è esaurito.*

esaurito [e-sau-rì-to] *agg.* **1** Consumato fino in fondo: *una miniera esaurita* ◊ Non più disponibile: *un libro esaurito da tempo* | *Tutto esaurito* = vendita di tutti i posti disponibili per uno spettacolo **2** Affetto da esaurimento fisico o nervoso: *sentirsi esaurito; una persona esaurita.*

esausto [e-sàu-sto] *agg.* Privo di forze Ⓢ sfinito, stremato, spossato: *oggi mi sento esausto.*

esborso [e-sbór-so] *s.m.* Pagamento, spesa.

esca [é-sca] *s.f.* **1** Cibo utilizzato per catturare pesci o altri animali: *attaccare l'esca all'amo; mettere un'esca per i topi* **2** ♧ *Dare esca a qualcosa* = fomentarlo: *un incidente ha dato esca ai disordini.*

escandescenze [e-scan-de-scèn-ze] *s.f.pl.* Improvviso e incontrollato impeto d'ira e di furore: *quando lo accusarono diede in escandescenze.*

escavatrice [e-sca-va-trì-ce] *s.f.* Macchina per scavare il terreno.

esclamare [e-scla-mà-re] *v.tr.* e *v.intr.* [aus. *avere*] Dire ad alta voce e con forza: *«Come!», esclamò, «Non lo sapevi?».*

esclamativo [e-scla-ma-tì-vo] *agg.* Di esclamazione: *tono esclamativo* | *Punto esclamativo* = segno di interpunzione (!) che si pone dopo una parola o una frase per indicare che va pronunciata con tono esclamativo.

esclamazione [e-scla-ma-zió-ne] *s.f.* **1** Parola o frase pronunciata a voce alta e che esprime un forte sentimento: *ebbe un'esclamazione di stupore, di gioia, di rabbia* **2** Interiezione: *«oh!», «ehi!», «ahi!» sono esclamazioni.*

escludere [e-sclù-de-re] *v.tr.* [coniugato come *accludere*] **1** Tenere fuori da un luogo; non lasciar entrare: *il pubblico è stato escluso dall'aula* ◊ Lasciar fuori, non ammettere a partecipare: *escludere qualcuno da una squadra, da una gara, da un concorso* ◊ Eccettuare: *se si esclude il giovedì, sono sempre libero* **2** Ritenere non vero o impossibile: *escludo che sia stato lui* ◊ Rendere impossibile: *un'ipotesi esclude l'altra.*

esclusione [e-sclu-sió-ne] *s.f.* L'escludere, il fatto di essere escluso: *era deluso per la sua esclusione dalla gara* | *Una lotta senza esclusione di colpi* = in cui si ricorre a ogni mezzo pur di vincere | *A esclusione di* = fuorché, tranne: *riceve tutti i giorni, a esclusione del sabato e del mercoledì.*

esclusiva [e-sclu-sì-va] *s.f.* Diritto esclusivo a fare o a utilizzare qualcosa: *avere l'esclusiva per la vendita di un prodotto* | *Notizia, intervista in esclusiva* = pubblicata da un solo giornale o trasmessa da una sola emittente radiotelevisiva.

esclusivo [e-sclu-sì-vo] *agg.* Riservato solo a una persona o a un gruppo ristretto, con esclusione di tutti gli altri: *il giardino è a uso esclusivo dei condomini* | *Modello esclusivo* = unico o venduto da una sola ditta | *Un locale esclusivo* = frequentato solo da persone di alta condizione sociale.

escluso [e-sclù-so] *agg.* Eccettuato: *c'erano tutti, escluso te* | *Nessuno escluso* = tutti compresi ◊ *È escluso che* = è impossibile che: *è escluso che io possa accettare* | *Non è escluso che* = può darsi che: *non è escluso che venga* ♦ *s.m.* Chi è stato escluso da qualcosa.

escogitare [e-sco-gi-tà-re] *v.tr.* Trovare con il pensiero, con l'immaginazione Ⓢ inventare, ideare: *il detenuto escogitò un piano per evadere.*

escoriazione [e-sco-ria-zió-ne] *s.f.* Lesione superficiale della pelle.

escort [parola inglese; pron. corrente *èscort*] *s.m.f.invar.* Persona, soprattutto donna, che si fa pagare per accompagnare qualcuno a ricevimenti, feste, teatri ecc. ◊ Persona, soprattutto donna, ingaggiata a pagamento per fornire, oltre all'accompagnamento, anche prestazioni sessuali.

escremento [e-scre-mén-to] *s.m.* (spec. al *pl.*) Residuo degli alimenti espulso dall'intestino Ⓢ sterco, feci: *escrementi umani, animali.*

escrescenza [e-scre-scèn-za] *s.f.* Piccola protuberanza che si forma sulla pelle o sulle mucose.

escursione [e-scur-sió-ne] *s.f.* **1** Gita, spec. in montagna **2** *Escursione termica* = la differenza tra la temperatura massima e minima di un certa zona nel corso di un giorno, di un mese o di un anno.

escursionista [e-scur-sio-nì-sta] *s.m.f.* [pl.m. *–sti*] Chi partecipa a un'escursione o compie abitualmente delle escursioni.

esecrabile [e-se-crà-bi-le] *agg.* Che desta orrore, sdegno Ⓢ abominevole, odioso: *ha commesso un delitto esecrabile.*

esecrazione [e-se-cra-zió-ne] *s.f.* Sentimento e manifestazione di orrore e di condanna: *il feroce delitto ha suscitato la generale esecrazione.*

esecutivo [e-se-cu-tì-vo] *agg.* **1** *Potere esecutivo* = quello del governo, che provvede ad attuare quanto è stato stabilito dal potere legislativo (parlamento) **2** Che può essere eseguito immediatamente: *sfratto esecutivo* ♦ *s.m.* Il governo: *è nato un conflitto tra l'esecutivo e la magistratura.*

esecutore [e-se-cu-tó-re] *s.m.* [f. *–trice*] **1** Chi esegue qualcosa per conto d'altri: *hanno scoperto l'esecutore materiale del delitto ma non il mandante* **2** Chi interpreta con la voce o con uno strumento un brano musicale: *un bravo esecutore.*

esecuzione [e-se-cu-zió-ne] *s.f.* **1** Attuazione, realizzazione: *l'esecuzione di un ordine, di un lavoro, di un progetto* **2** *Esecuzione (capitale)* = uccisione di un condannato a morte **3** Interpretazione di un brano musicale: *un'ottima esecuzione della nona sinfonia di Beethoven.*

eseguire [e-se-guì-re] *v.tr.* [*eséguo* o *eseguìsco, eségui* o *eseguìsci*] **1** Mettere in opera, in atto qualcosa Ⓢ fare, attuare, realizzare: *eseguire i compiti, un piano, un lavoro, un ordine* **2** Suonare o cantare delle composizioni musicali: *eseguire una sinfonia, un'aria di Mozart.*

esempio [e-sèm-pio] *s.m.* **1** Cosa o persona che può costituire un modello da imitare o da respingere: *il suo comportamento è stato un esempio di coraggio*; *hai dato un cattivo esempio*; *prendi lui a esempio* ◊ Ammaestramento, monito: *ci vuole una punizione che serva di esempio* **2** Caso concreto o frase che si cita per dimostrare e chiarire un'affermazione, un concetto, una regola ecc.: *mi spiegherò meglio con un esempio*; *un dizionario ricco di esempi* | *Per esempio, ad esempio* (spesso abbreviati in *per es.* e *ad es.*) = formule usate per introdurre un esempio **3** Rappresentante tipico di tutti gli altri della stessa specie: *questa chiesa è un esempio di architettura romanica.*

esemplare[1] [e-sem-plà-re] *agg.* Che costituisce un esempio da seguire: *una vita esemplare*; *un padre esemplare* ◊ Che serve di monito: *una condanna, un castigo esemplare.*

esemplare[2] [e-sem-plà-re] *s.m.* **1** Esempio, modello **2** Ogni singola copia di oggetti stampati in serie: *un'edizione stampata in pochi esemplari*; *questo francobollo è un esemplare rarissimo* ◊ Ogni singolo rappresentante di un determinato tipo di animali, vegetali o minerali: *un bell'esemplare di farfalla, di orchidea, di giada.*

esentare [e-sen-tà-re] *v.tr.* Liberare qualcuno da un obbligo Ⓢ dispensare, esimere, esonerare: *è stato esentato dal pagamento di una tassa.*

esente [e-sèn-te] *agg.* Non soggetto a obblighi, a oneri: *reddito esente dalle tasse* ◊ Libero, immune da malattie, colpe, difetti ecc.

esenzione [e-sen-zió-ne] *s.f.* Privilegio che dispensa da un obbligo Ⓢ esonero: *ha chiesto l'esenzione dal pagamento delle tasse scolastiche.*

esequie [e-sè-quie] *s.f.pl.* Le cerimonie e i riti funebri Ⓢ funerali: *le esequie saranno celebrate domattina.*

esercente [e-ser-cèn-te] *s.m.f.* Chi gestisce un negozio o un locale pubblico Ⓢ negoziante, commerciante.

esercitare [e-ser-ci-tà-re] *v.tr.* **1** Tenere in esercizio Ⓢ addestrare, allenare: *fa ginnastica per esercitare il fisico*; *esercitare i soldati al combattimento* **2** Usare concretamente, far valere: *esercitare i propri diritti* ◊ Attuare, praticare: *esercita un severo controllo sui dipendenti*; *esercitò una leggera pressione con le dita* ◊ Avere: *quella donna esercita su di me un grande fascino* **3** Svolgere una data professione: *esercita la professione di medico* ♦ **esercitarsi** *v.pr.* Fare esercizio Ⓢ allenarsi: *esercitarsi nel nuoto, al computer.*

esercitazione [e-ser-ci-ta-zió-ne] *s.f.* Prova di addestramento fisico o intellettuale: *esercitazioni militari*; *svolgere un'esercitazione scolastica.*

esercito [e-sèr-ci-to] *s.m.* **1** Complesso delle forze armate di uno stato: *l'esercito italiano, francese* ◊ Complesso delle forze militari di terra (distinte dalla *marina* e dall'*aviazione*) **2** ♧ Gran numero di persone o animali: *un esercito di turisti ha invaso le spiagge*; *un esercito di zanzare.*

esercizio [e-ser-cì-zio] *s.m.* **1** L'esercitarsi Ⓢ addestramento, allenamento: *fa uno sport che richiede molto esercizio* | *Essere in esercizio, fuori esercizio* = allenato, non allenato ◊ Prova o insieme di prove che servono per acquisire pratica in un'attività o in una materia: *esercizi ginnici*; *hai fatto l'esercizio di matematica?* **2** Negozio, azienda commerciale: *ha aperto un esercizio di generi alimentari* | *Esercizio pubblico* = albergo, ristorante, bar, cinema, teatro, sala da ballo e simili.

esibire [e-si-bì-re] *v.tr.* [*esibìsco, esibìsci*] Mostrare, far vedere (spec. documenti): *esibisca la patente, per favore!* ♦ **esibirsi** *v.pr.* **1** Presentarsi al pubblico in uno spettacolo: *si esibisce in un circo come acrobata* **2** Mettersi in mostra, farsi notare: *non perde mai l'occasione di esibirsi.*

esibizione [e-si-bi-zió-ne] *s.f.* **1** Spettacolo, numero di arte varia: *un'esibizione di cantanti, di acrobati* **2** Ostentazione, sfoggio: *fa sempre esibizione della sua cultura.*

esibizionista [e-si-bi-zio-nì-sta] *s.m.f.* [pl.m. *–sti*] Chi ha tendenza a mettersi sempre in mostra.

esigente [e-si-gèn-te] *agg.* Che esige molto, difficile da accontentare: *un professore esigente*; *un cliente molto esigente.*

esigenza [e-si-gèn-za] *s.f.* **1** (spec. al *pl.*) Necessità, bisogno, richiesta: *si è trasferito per esigenze di lavoro*; *soddisfare le esigenze dei clienti* **2** (al *pl.*) Pretese: *quei ragazzi hanno troppe esigenze.*

esigere [e-sì-ge-re] *v.tr.* [pres. *esìgo, esìgi*; pass. rem. *esigéi* o *esigètti*; part.pass. *esàtto*] **1** Pretendere: *esigo da te una risposta precisa*; *non devi esigere troppo da quel ragazzo* **2** Richiedere, rendere necessario: *è un lavoro che esige la massima precisione* **3** Riscuotere: *esigere un credito.*

esiguo [e-sì-guo] *agg.* Piccolo, scarso, modesto: *una spesa esigua*; *resta solo un'esigua speranza.*

esilarante [e-si-la-ràn-te] *agg.* Che fa molto ridere Ⓢ divertentissimo, spassoso: *un film esilarante*; *abbiamo assistito a una scenetta esilarante.*

esile [è-si-le] *agg.* **1** Sottile, snello; gracile: *ha un collo, un fisico esile*; *un esile cipresso* **2** ♧ Debole, tenue: *una voce molto esile*; *un'esile speranza.*

esiliare [e-si-lià-re] *v.tr.* Mandare in esilio, condannare all'esilio: *Dante fu esiliato da Firenze.*

esilio [e-sì-lio] *s.m.* **1** Allontanamento dalla patria come pena inflitta a un cittadino o come scelta volontaria (spec. per motivi politici o per sfuggire a persecuzioni): *Dante fu condannato all'esilio*; *scegliere la via dell'esilio* **2** La condizione di esule; il luogo e il periodo in cui si vive da esule: *vivere in esilio*; *morì durante l'esilio.*

esimere [e-sì-me-re] *v.tr.* [manca del part.pass. e dei tempi composti] Liberare da un obbligo Ⓢ dispensare: *vedi se puoi esimermi dal partecipare a quella riunione.*

esistenza [e-si-stèn-za] *s.f.* **1** Il fatto che qualcuno o qualcosa esista: *io credo nell'esistenza di Dio*; *non sapevo dell'esistenza di questo posto* **2** Vita: *ha dedicato agli altri tutta la sua esistenza.*

esistere [e-sì-ste-re] *v.intr.* [coniugato come *assistere*; aus. *essere*] Avere realtà effettiva: *i fantasmi non esistono* ◊ Esserci: *queste cose succedono da quando esiste il mondo.*

esitante [e-si-tàn-te] *agg.* Indeciso, incerto.

esitare [e-si-tà-re] *v.intr.* [aus. *avere*] Essere incerto, dubbioso, non sapersi decidere a fare qualcosa: *ha esitato ad accettare* | *Senza esitare* = con prontezza: *ha risposto senza esitare.*

esitazione [e-si-ta-zió-ne] *s.f.* Indecisione, incertezza, perplessità: *ebbe un attimo di esitazione.*

esito [è-si-to] *s.m.* Risultato: *qual è stato l'esito della partita?*; *l'esito degli esami, delle elezioni* ◊ Riuscita, successo: *i nostri sforzi non hanno avuto alcun esito* ◊ Conclusione di una malattia: *i tumori hanno spesso un esito mortale.*

esodo [è-so-do] *s.m.* Partenza in massa da un luogo: *l'esodo dei profughi dalle zone di guerra*; *l'esodo estivo dalle città* ◊ Emigrazione di una popolazione; in partic. quella degli ebrei dall'Egitto, narrata nell'omonimo libro della Bibbia.

esofago [e-sò-fa-go] *s.m.* [pl. *–gi*] Il tratto del tubo digerente che va dalla faringe allo stomaco.

esonerare [e-so-ne-rà-re] *v.tr.* **1** Dispensare qualcuno da un obbligo, da un onere Ⓢ esentare: *esonerare un allievo dalle lezioni di ginnastica* **2** Privare qualcuno di un incarico Ⓢ destituire, licenziare: *l'allenatore è stato esonerato.*

esonero [e-sò-ne-ro] *s.m.* **1** Esenzione da un obbligo: *ha ottenuto l'esonero dalle tasse scolastiche* **2** Licenziamento: *l'esonero di un allenatore.*

esorbitante [e-sor-bi-tàn-te] *agg.* Eccessivo: *per quella casa chiedono un prezzo esorbitante.*

esorcismo [e-sor-cì-smo] *s.m.* Rito religioso per scacciare da una persona o da un luogo demoni e spiriti maligni.

esorcista [e-sor-cì-sta] *s.m.f.* [pl.m. *–sti*] Chi compie esorcismi.

esordiente [e-sor-dièn-te] *agg.* e *s.m.f.* Detto di chi esordisce in un'attività (spec. nel mondo dello sport e dello spettacolo).

esordio [e-sòr-dio] *s.m.* **1** Parte iniziale di un discorso o di uno scritto Ⓢ introduzione, preambolo **2** Inizio di un'attività: *un calciatore ancora agli esordi della carriera* ◊ Debutto: *l'esordio di un nuovo attore.*

esordire [e-sor-dì-re] *v.intr.* [*esordìsco, esordìsci*; aus. *avere*] **1** Iniziare un discorso: *l'oratore esordì con un saluto al pubblico* **2** Iniziare un'attività (spec. artistica e sportiva) Ⓢ debuttare: *ha esordito in teatro a vent'anni.*

esortare [e-sor-tà-re] *v.tr.* Incitare, invitare qualcuno a fare o dire qualcosa: *ti esorto a studiare, a dire tutta la verità.*

esortazione [e-sor-ta-zió-ne] *s.f.* Incitamento a comportarsi in un certo modo: *ha seguito le mie esortazioni a studiare.*

esoso [e-sò-so] *agg.* Avido di denaro, di guadagno: *un commerciante esoso* | *Prezzo esoso* = esagerato.

esotico [e-sò-ti-co] *agg.* [pl.m. *–ci*] Originario, caratteristico di paesi lontani: *frutti esotici.*

espandere [e-spàn-de-re] *v.tr.* [pass.rem. *espànsi, espandésti*; part.pass. *espànso*] **1** Estendere, ampliare: *espandere la propria sfera d'influenza* **2** Diffondere, emanare: *il gelsomino espande un intenso profumo* ♦ **espandersi** *v.pr.* Estendersi, ingrandirsi: *la città si sta espandendo* ◊ Aumentare di volume: *i gas tendono a espandersi* ◊ Diffondersi: *dalla cucina si espandeva un buon profumo.*

espansione [e-span-sió-ne] *s.f.* **1** Ingrandimento, diffusione in uno spazio più vasto: *una nazione che fa una politica di espansione territoriale* ◊ Sviluppo: *un'economia in fase di espansione* ◊ Aumento di volume (di un gas) **2** Calorosa manifestazione di affetto: *ci ha salutato con grande espansione.*

espansivo [e-span-sì-vo] *agg.* Che manifesta apertamente e cordialmente i propri affetti: *un ragazzo espansivo.*

espatriare [e-spa-trià-re] *v.intr.* [aus. *essere* o *avere*] Lasciare la propria patria Ⓢ emigrare.

espediente [e-spe-dièn-te] *s.m.* Rimedio, trovata per risolvere, almeno provvisoriamente, una situazione difficile | *Vivere di espedienti* = di ripieghi, arrangiandosi in qualche modo, anche poco onesto.

espellere [e-spèl-le-re] *v.tr.* [pass.rem. *espùlsi, espelléstì*; part.pass. *espùlso*] Scacciare, mandar via: *l'arbitro ha espulso un giocatore per un grave fallo* ◊ Mandar fuori (spec. dal corpo): *espulse il catarro con un colpo di tosse.*

esperienza [e-spe-rièn-za] *s.f.* Conoscenza diretta e pratica della vita o di una data realtà: *i vecchi hanno più esperienza*; *ha poca esperienza negli affari*; *te lo dico per esperienza* ◊ Attività o avvenimento a cui si è partecipato personalmente: *esperienze di lavoro, di viaggio, politiche*; *fare una brutta esperienza* ◊ Vicenda personale: *ci ha raccontato le sue drammatiche esperienze.*

esperimento [e-spe-ri-mén-to] *s.m.* Prova che si fa per accertare le caratteristiche e le qualità di qualcosa o di qualcuno; in partic. prova compiuta in laboratorio allo scopo di verificare un'ipotesi scientifica.

esperto [e-spèr-to] *agg.* Che ha esperienza della vita: *un uomo esperto* ◊ Che conosce bene un particolare campo, che ha lunga pratica in un'attività Ⓢ competente; abile Ⓒ inesperto, incompetente: *essere esperto di musica, di motori*; *un pilota esperto* ♦ *s.m.* Persona che ha una particolare competenza in un determinato campo: *chiedere il parere di un esperto.*

espiare [e-spi-à-re] *v.tr.* Pagare una colpa subendone la pena: *ha espiato il suo delitto con il carcere* | *Espiare la pena* = scontarla.

espiatorio [e-spia-tò-rio] *agg.* Che serve a espiare una colpa: *riti espiatori* | *Capro espiatorio* = vedi *capro.*

espirare [e-spi-rà-re] *v.tr.* Mandar fuori l'aria dai polmoni (il contrario di *inspirare*).

espirazione [e-spi-ra-zió-ne] *s.f.* Espulsione dai polmoni dell'aria introdotta con l'inspirazione.

esplicare [e-spli-cà-re] *v.tr.* [*èsplico, èsplichi*] Svolgere, esercitare: *in questi anni ha esplicato diverse attività.*

esplicativo [e-spli-ca-tì-vo] *agg.* Che ha la funzione di spiegare: *un testo difficile ma con molte note esplicative.*

esplicito [e-splì-ci-to] *agg.* Espresso chiaramente, che non lascia dubbi Ⓢ inequivocabile: *gli ho chiesto una risposta esplicita*; *non agisco senza un ordine esplicito.*

esplodere [e-splò-de-re] *v.intr.* [pass.rem. *esplòsi, esplodésti*; part.pass. *esplòso*; aus. *essere*] **1** Scoppiare con fragore: *è esplosa una bomba* **2** ♧ Dare libero sfogo, in modo violento o vivace, ai propri sentimenti: *sentì che stava per esplodere dalla rabbia*; *la folla esplose in un urlo di gioia* ◊ Manifestarsi all'improvviso e con grande intensità Ⓢ scoppiare: *è esploso il caldo.*

esplorare [e-splo-rà-re] *v.tr.* Percorrere un territorio sconosciuto allo scopo di conoscerlo: *esplorare l'Antartide* ◊ Perlustrare un luogo, una zona: *esplorare una grotta, un bosco, una baia.*

esploratore [e-splo-ra-tó-re] *s.m.* [f. *–trice*] Chi compie delle esplorazioni, spec. geografiche | *Giovane esploratore* = boy scout ◊ Militare addetto a compiti di esplorazione: *il capitano inviò in avanscoperta una pattuglia di esploratori.*

esplorazione [e-splo-ra-zió-ne] *s.f.* Perlustrazione di un luogo: *l'esplorazione di una caverna* ◊ Viaggio, spedizione per conoscere nuove terre: *con la scoperta dell'America iniziò l'epoca delle grandi esplorazioni geografiche.*

esplosione [e-splo-sió-ne] *s.f.* **1** Disgregazione istantanea di una sostanza esplosiva, con violenti effetti distruttivi Ⓢ scoppio: *l'esplosione di una bomba* ◊ Il rumore prodotto da tale fenomeno: *si udì un'esplosione* **2** ♧ Improvvisa e intensa manifestazione di un sentimento o di un fenomeno: *accolse la notizia con un'esplosione di gioia*; *l'esplosione di una rivolta, di un'epidemia.*

esplosivo [e-splo-sì-vo] *agg.* **1** Capace di provocare un'esplosione: *sostanza, miscela esplosiva* **2** ♧ Che suscita violente reazioni, che fa scalpore: *una notizia esplosiva* ◊ *Situazione esplosiva* = molto critica e pericolosa ♦ *s.m.* Sostanza capace di provocare un'esplosione: *deposito di esplosivi.*

esponente [e-spo-nèn-te] *s.m.* **1** [anche *f.*] Rappresentante qualificato di un gruppo, di una categoria, di un'attività: *erano presenti esponenti dei partiti, dei sindacati, del governo* **2** *Esponente di una potenza* = il numero scritto più in piccolo in alto a destra del numero base, che indica quante volte questo deve essere moltiplicato per se stesso (per es. in 4^3 l'esponente è 3).

esporre [e-spór-re] *v.tr.* [coniugato come *porre*] **1** Mettere fuori, all'aperto: *esporre i panni al sole ad asciugare* ◊ Mettere in mostra; presentare al pubblico: *esporre le merci in vetrina*; *il pittore ha esposto i suoi quadri in una mostra* **2** Descrivere, spiegare, riferire: *mi esponga il suo caso* ◊ Esprimere, manifestare: *mi ha esposto i suoi dubbi* ♦ **esporsi** *v.pr.* Mettersi nella condizione di venire colpito da qualcosa: *non esporti troppo al sole*; *con il suo comportamento si è esposto alle critiche.*

esportare [e-spor-tà-re] *v.tr.* Vendere all'estero merci prodotte in patria Ⓒ importare: *l'Italia esporta vino in tutto il mondo* ◊ ♧ Diffondere all'estero: *esportare una moda.*

esportazione [e-spor-ta-zió-ne] *s.f.* Spedizione e vendita all'estero di merci prodotte in una nazione: *esportazione di vini, di tessuti, di automobili.*

esposizione [e-spo-si-zió-ne] *s.f.* **1** Mostra pubblica: *visitare un'esposizione di quadri, di prodotti artigianali* **2** Resoconto, narrazione, descrizione: *mi ha fatto una breve esposizione dell'accaduto* **3** L'esporre il corpo all'azione di radiazioni: *una prolungata esposizione ai raggi solari è dannosa* **4** In fotografia, quantità di luce che colpisce la pellicola o il sensore, a seconda del tempo di posa e dell'apertura del diaframma.

espressamente [e-spres-sa-mén-te] *avv.* **1** In modo esplicito: *gli avevo espressamente proibito di uscire* **2** Appositamente: *l'ho inviato espressamente per avvertirti.*

espressione [e-spres-sió-ne] *s.f.* **1** Manifestazione: *l'espressione di un desiderio, di un dubbio* **2** Parola o frase con cui si esprime il proprio pensiero o sentimento: *ha avuto espressioni di lode per la nostra iniziativa* ◊ Vocabolo, locuzione: *un'espressione dialettale, volgare* ◊ Modo, capacità di esprimersi: *ha molte idee, ma qualche difficoltà nell'espressione* **3** Atteggiamento del volto che esprime un sentimento, uno stato d'animo: *aveva negli occhi un'espressione triste* **4** In matematica, serie di numeri o lettere collegati tra loro dai segni delle operazioni da eseguire.

espressivo [e-spres-sì-vo] *agg.* **1** Di espressione: *il linguaggio è un mezzo espressivo* **2** Capace di esprimere con efficacia e intensità un pensiero o un sentimento: *gli lanciò un'occhiata espressiva; ha un volto molto espressivo.*

espresso [e-sprès-so] *agg.* **1** Manifestato apertamente Ⓢ esplicito: *ho agito con il suo espresso consenso* **2** Detto di cibo o bevanda preparati sul momento: *piatto, caffè espresso* **3** *Treno espresso* = che ferma solo nelle stazioni più importanti ♦ *s.m.* **1** Lettera spedita con una speciale affrancatura per essere recapitata più rapidamente del normale **2** Treno espresso **3** Caffè espresso.

esprimere [e-sprì-me-re] *v.tr.* [coniugato come *comprimere*] Manifestare ad altri i propri pensieri o sentimenti: *esprimere un'opinione, un dubbio, un desiderio* ◊ Rivelare esteriormente un sentimento, uno stato d'animo: *il suo viso esprimeva serenità* ◊ Rappresentare in forma artistica: *la musica sa esprimere i più profondi stati d'animo* ♦ **esprimersi** *v.pr.* Manifestare i propri pensieri e sentimenti; spiegarsi: *per l'emozione non riusciva a esprimersi; esprimiti meglio!* ◊ Parlare, scrivere: *sa esprimersi in buon italiano.*

espropriare [e-spro-prià-re] *v.tr.* Privare qualcuno di una proprietà per esigenze di pubblica utilità: *il Comune gli ha espropriato un terreno per costruire una nuova strada.*

espugnare [e-spu-gnà-re] *v.tr.* Conquistare un luogo con le armi: *la città fu espugnata dopo un lungo assedio; i soldati espugnarono la trincea.*

espulsione [e-spul-sió-ne] *s.f.* Allontanamento, cacciata: *l'arbitro ha decretato l'espulsione di un giocatore dal campo di gioco.*

espulso [e-spùl-so] *agg.* e *s.m.* Che, chi è stato cacciato da un luogo, da una collettività.

essenza [es-sèn-za] *s.f.* **1** La parte fondamentale di qualcosa Ⓢ sostanza: *l'essenza di un problema, di un discorso* **2** Sostanza odorosa estratta da fiori e da piante aromatiche, usata in profumeria e farmacia: *essenza di rose, di lavanda.*

essenziale [es-sen-zià-le] *agg.* Fondamentale, sostanziale: *questo è il punto essenziale del problema* ◊ Necessario, indispensabile: *l'acqua è essenziale alla vita* ♦ *s.m.* La cosa più importante e necessaria: *l'essenziale è che tu stia bene; devi badare all'essenziale, non al superfluo.*

essere[1] [ès-se-re] *v.intr.* [pres. *sóno, sèi, è, siàmo, siète, sóno*; imperf. *èro*; fut. *sarò*; pass. rem. *fùi, fósti, fu, fùmmo, fóste, fùrono*; cong.pres. *sìa*; cong.imperf. *fóssi*; cond. *sarèi*; ger. *essèndo*; part.pass. *stàto*] **1** Collega il soggetto con il sostantivo o aggettivo che ne indica qualità, caratteristica, condizione, appartenenza a una categoria ecc.: *il caffè è amaro; il cavallo è stanco; la mosca è un insetto* **2** *Esserci* = esistere; essere presente; trovarsi: *c'è ancora speranza di salvarlo; c'è qualcuno in casa?; una volta qui c'era un bosco* ◊ Seguito da *da* e da verbo all'infinito indica necessità, disponibilità, possibilità: *c'è da fare un lavoro; c'è da bere per tutti; c'è da sperare che arrivi* | *Questo non è da te* = non è degno di te **3** Spec. in usi impersonali indica il tempo e le condizioni climatiche: *che ora è?; è estate; è caldo; è già buio* **4** Accadere, avvenire, aver luogo: *che sarà di noi?; qui ci fu una battaglia; a che ora sarà la lezione?* **5** Arrivare, giungere: *saremo a casa tra poco* **6** Misurare (in peso, lunghezza ecc.): *questo pesce è due chili* ◊ Costare: *quanto è la carne al chilo?* ◊ Equivalere: *non invitarlo sarebbe proprio un'offesa* **7** *Essere a, in* = trovarsi in un luogo, in una particolare situazione o condizione: *essere a letto, a scuola, in viaggio; essere al sicuro, in pericolo, in compagnia; essere in pigiama, in divisa* | *Essere in sé, fuori di sé* = essere cosciente o incosciente dei propri atti ◊ *Essere di* = appartenere (*il libro è di Mario*); avere origine, provenire (*è di Parma*); avere una determinata qualità o disposizione (*essere di bassa statura, di buon umore*); costituire (*essere di peso, d'aiuto*); avere una funzione (*essere di guardia*); essere costituito di una materia (*il tavolo è di marmo*) | *Essere dell'opinione* = ritenere ◊ *Essere per* = essere destinato a (*è per me questo libro?*); essere adatto a (*questo lavoro non è per te*); parteggiare (*siamo tutti per la stessa squadra*) **8** *Ci siamo!* = siamo arrivati alla meta, al punto decisivo | *Ci sono!* = ho capito | *Come se niente fosse* = con grande facilità o con indifferenza | *E sia!* = lo concedo | *Sarà!* = può darsi (ma son poco convinto).

👁 *Essere* è il verbo ausiliare di tutte le forme passive (*sono, fui amato*), dei tempi composti delle forme pronominali e impersonali (*si è lavato, era nevicato*) e di molti verbi intransitivi (*è arrivato, sono venuto*).

essere2 [ès-se-re] *s.m.* **1** Chi esiste Ⓢ creatura, organismo: *gli esseri viventi* ◊ Persona, individuo: *è un essere spregevole* **2** L'intima natura di qualcuno: *non è facile conoscere una persona nel suo vero essere.*

essiccare [es-sic-cà-re] *v.tr.* [*essìcco, essìcchi*] Prosciugare: *la siccità ha essiccato lo stagno* ◊ Sottoporre a essiccazione Ⓢ disidratare: *essiccare i funghi, i pomodori* ♦ **essiccarsi** *v.pr.* Diventare secco Ⓢ seccarsi, inaridirsi, prosciugarsi: *i fiumi si sono essiccati.*

essiccazione [es-sic-ca-zió-ne] *s.f.* Operazione che consiste nell'eliminare da materiali e prodotti, spec. vegetali, l'acqua che essi contengono.

esso [és-so] *pronome pers.m.* [f. *essa*; pl.m. *essi*; pl.f. *esse*] Al singolare si riferisce alla cosa o all'animale di cui si sta parlando: *aveva fatto una promessa e ad essa volle restare fedele* ◊ Al plurale si riferisce anche a persone (dove però è sempre più spesso sostituito da *loro*): *che t'importa se essi non ti credono?*

est [èst] *s.m.* Uno dei quattro punti cardinali, quello che si trova dalla parte da cui sorge il sole (detto anche *oriente* o *levante*, si abbrevia in *E*): *andare verso est*; *il vento viene da est* ◊ Punto situato più a est di un altro: *Venezia è a est di Milano* ◊ Parte orientale di un territorio: *l'est della Spagna, dell'Europa.*

estasi [è-sta-si] *s.f.* **1** Stato psichico in cui l'individuo si sente completamente distaccato dalla realtà fisica e come rapito in una sfera superiore **2** ♧ Stato di intenso piacere spirituale: *quella musica mi manda in estasi.*

estate [e-stà-te] *s.f.* La stagione più calda, compresa tra la primavera e l'autunno; nel nostro emisfero inizia il 21 giugno e termina il 23 settembre.

estendere [e-stèn-de-re] *v.tr.* [coniugato come *tendere*] **1** Rendere più vasto Ⓢ ampliare, allargare (anche ♧): *estendere i propri possedimenti, le proprie conoscenze* **2** Concedere un diritto a un maggior numero di persone: *in Italia il diritto di voto fu esteso alle donne solo con la Repubblica* ♦ **estendersi** *v.pr.* **1** Ampliarsi, allargarsi: *la macchia si estende sempre più* ◊ ♧ Diffondersi, propagarsi: *l'epidemia si sta estendendo* **2** Occupare uno spazio: *la pianura si estendeva fino al mare.*

estensione [e-sten-sió-ne] *s.f.* **1** Ampliamento, allargamento: *con la guerra il paese mirava a un'estensione del suo territorio* ◊ Sviluppo, diffusione: *si cerca di evitare l'estensione dell'epidemia* **2** Ampiezza, superficie: *una proprietà di grande estensione* **3** Movimento che porta un arto o il corpo in posizione distesa.

estensivo [e-sten-sì-vo] *agg.* Che estende | *Uso estensivo di una parola* = quello che va oltre il suo significato primario ◊ *Coltura estensiva* = praticata su vaste estensioni di terreno, con scarso impiego di mezzi e basso rendimento.

estenuante [e-ste-nu-àn-te] *agg.* Spossante, snervante, massacrante: *fa un caldo estenuante*; *un lavoro, un viaggio estenuante.*

estenuare [e-ste-nu-à-re] *v.tr.* Lasciare senza forze Ⓢ sfinire, spossare: *la fatica e la tensione del viaggio lo avevano estenuato.*

esteriore [e-ste-rió-re] *agg.* Che appare all'esterno, visibile dall'esterno: *il suo aspetto esteriore mi sembra buono* ◊ Che si manifesta solo nel comportamento esterno e non è sentito interiormente Ⓢ apparente, superficiale Ⓒ intimo, profondo: *la sua gentilezza è solo esteriore.*

esternare [e-ster-nà-re] *v.tr.* Manifestare, esprimere ad altri: *esternare un dubbio, un desiderio.*

esterno [e-stèr-no] *agg.* **1** Che è al di fuori: *il mondo esterno*; *i muri esterni di una casa* ◊ Che agisce o proviene dal di fuori: *nemici, pericoli esterni* | *Medicinale per uso esterno* = da applicare alle parti esterne del corpo **2** Detto di incontro sportivo disputato sul campo avversario Ⓢ fuori casa, in trasferta: *vittoria, sconfitta esterna* ♦ *s.m.* **1** La parte esterna, il di fuori: *l'esterno di una casa*; *dall'esterno non si vede niente* **2** *Gli esterni* = riprese cinematografiche girate all'aperto.

estero [è-ste-ro] *agg.* Straniero: *paesi, prodotti esteri* ◊ Che riguarda i rapporti con i paesi stranieri: *politica estera*; *Ministero degli (affari) esteri* ♦ *s.m.* Paese straniero; il complesso dei paesi stranieri: *andare all'estero*; *gli scambi commerciali con l'estero sono in continuo aumento.*

esterrefatto [e-ster-re-fàt-to] *agg.* Profondamente stupito Ⓢ sbalordito, sbigottito: *a quella notizia rimase esterrefatto.*

esteso [e-sté-so] *agg.* Vasto, ampio: *un territorio molto esteso* | *Per esteso* = per intero, senza abbreviazioni: *mi ha raccontato per esteso la sua avventura*; *firmare per esteso* ◊ Diffuso: *un uso poco, molto esteso.*

estetica [e-stè-ti-ca] *s.f.* **1** Aspetto esteriore; bellezza: *cura molto l'estetica*; *un palazzo che rovina l'estetica della piazza* **2** Parte della filosofia che ha per oggetto l'arte e il bello.

estetico [e-stè-ti-co] *agg.* [pl.m. *–ci*] **1** Che concerne la bellezza, spec. artistica: *non saprei dare un giudizio estetico su questo quadro, però mi piace* **2** Che migliora la bellezza del corpo: *chirurgia estetica.*

estetista [e-ste-tì-sta] *s.m.f.* [pl.m. *–sti*] Chi è esperto in cure e trattamenti di bellezza del corpo.

estimatore [e-sti-ma-tó-re] *s.m.* [f. *–trice*] Chi nutre stima e ammirazione per qualcuno o per qualcosa: *un estimatore dell'arte moderna*; *è un tuo grande estimatore.*

estinguere [e-stìn-gue-re] *v.tr.* [pres. *estìnguo*; pass.rem. *estìnsi, estinguésti*; part.pass. *estìnto*] Spegnere: *estinguere un incendio* ◊ ♧ Far cessare, annullare: *estinguere la sete* | *Estinguere un debito* = pagarlo interamente ♦ **estinguersi** *v.pr.* **1** Spegnersi: *le fiamme si sono estinte* **2** Scomparire dalla Terra, cessare di esistere: *molte specie animali e vegetali si sono estinte in seguito alla distruzione delle foreste da parte dell'uomo.*

estinto [e-stìn-to] *agg.* Che ha cessato di esistere Ⓢ scomparso: *una specie animale ormai estinta* ♦ *s.m.* Persona defunta.

estintore [e-stin-tó-re] *s.m.* Apparecchio per spegnere piccoli incendi.

estinzione [e-stin-zió-ne] *s.f.* **1** Spegnimento: *l'estinzione di un incendio* **2** Scomparsa di una specie animale o vegetale (o anche di una popolazione): *l'estinzione dei dinosauri.*

estirpare [e-stir-pà-re] *v.tr.* Strappare sino alla radice Ⓢ sradicare: *estirpare le erbacce dall'orto* ◊ ♧ Eliminare radicalmente: *si studiano misure per estirpare la corruzione.*

estivo [e-stì-vo] *agg.* Dell'estate: i *mesi estivi.*

estorcere [e-stòr-ce-re] *v.tr.* [coniugato come *torcere*] Ottenere qualcosa da altri usando la violenza, l'inganno o la minaccia: *gli hanno estorto del denaro ricattandolo*; *la confessione gli è stata estorta con la tortura.*

estorsione [e-stor-sió-ne] *s.f.* Reato commesso da chi usa la violenza o le minacce per ottenere qualcosa da altri.

estradizione [e-stra-di-zió-ne] *s.f.* Atto con cui uno stato consegna una persona che si trova sul proprio territorio a un altro stato che la richiede per processarla o per farle scontare una condanna.

estraneo [e-strà-ne-o] *agg.* Che non appartiene alla famiglia, alla categoria, all'ambiente, al luogo di cui si sta parlando: *vietato l'ingresso alle persone estranee* ◊ Che non ha niente a che fare con una data cosa: *si è dichiarato estraneo al delitto* | *Sentirsi estraneo a un gruppo, a un ambiente* ecc. = sentirsi isolato, non partecipe ♦ *s.m.* Persona estranea: *non aprire la porta a estranei!*

estraniarsi [e-stra-niàr-si] *v.pr.* Non partecipare più, sentirsi estraneo a qualcosa Ⓢ staccarsi, isolarsi: *si estraniò dalla conversazione e rimase zitto*; *estraniarsi dal lavoro, dalla famiglia.*

estrarre [e-stràr-re] *v.tr.* [coniugato come *trarre*] Tirare, cavare fuori: *estrasse la pistola dal fodero*; *estrarre un dente*; *estrarre il ferro da un giacimento*; *estrarre il sale dall'acqua di mare* ◊ ♧ Tirare a sorte: *estrarre i numeri del lotto.*

estratto [e-stràt-to] *s.m.* **1** Prodotto concentrato ricavato da carni o vegetali: *estratto di pollo, di pomodoro* **2** Riassunto, compendio di un libro, di uno scritto, di un documento: *chiedere l'estratto dell'atto di nascita.*

estrazione [e-stra-zió-ne] *s.f.* **1** L'atto, l'operazione di estrarre qualcosa: *l'estrazione di un dente, del petrolio* ◊ ♧ Sorteggio: *l'estrazione dei vincitori* **2** ♧ Origine sociale: *un ragazzo di umile estrazione.*

estremamente [e-stre-ma-mén-te] *avv.* Al massimo grado Ⓢ straordinariamente: *è una persona estremamente generosa.*

estremista [e-stre-mì-sta] *s.m.f.* [pl.m. *–sti*] Chi sostiene idee, soluzioni, misure estreme e radicali, spec. in campo politico ♦ anche *agg.*: *idee estremiste*; *un gruppo estremista.*

estremità [e-stre-mi-tà] *s.f.* Punto estremo, parte finale di qualcosa: *percorrere una via da un'estremità all'altra*; *si afferrò all'estremità di un ramo* ◊ *Le estremità* = le mani e i piedi: *aveva le estremità congelate.*

estremo [e-strè-mo] *agg.* **1** Ultimo (nello spazio o nel tempo): *giungere agli estremi confini di un territorio*; *i medici hanno fatto un estremo tentativo per salvarlo*; *dare l'estremo saluto a un defunto* | *Estremo Oriente* = l'Asia orientale | *L'ora estrema* = quella della morte | *Gli estremi onori* = i funerali | *Estrema unzione* = il sacramento dell'unzione dei malati gravi ◊ ♧ Radicale, spec. in politica: *è sempre favorevole alle misure estreme* | *Estrema destra, estrema sinistra* = i partiti che rappresentano le posizioni più radicali nel campo conservatore e in quello progressista-rivoluzionario **2** ♧ Grandissimo, gravissimo: *ho una estrema urgenza di partire*; *i naufraghi si trovavano in estremo pericolo* ♦ *s.m.* Estremità: *afferrò la corda per uno degli estremi* ◊ Limite ultimo: *ha lottato fino all'estremo*; *era all'estremo delle forze* | *Essere, ridursi agli estremi* = in fin di vita, in una situazione disperata ◊ ♧ Esagerazione, eccesso: *passa sempre da un estremo all'altro.*

estro [è-stro] *s.m.* **1** Impulso della fantasia e dell'immaginazione Ⓢ ispirazione artistica, inventiva: *scriveva versi seguendo il suo estro poetico*; *uno scrittore, un pittore ricco di estro* **2** Desiderio improvviso Ⓢ capriccio, ghiribizzo: *quando gli viene l'estro di far qualcosa, non si riesce a fermarlo* **3** Periodo in cui le femmine dei mammiferi sono disponibili all'accoppiamento Ⓢ calore.

estromettere [e-stro-mét-te-re] *v.tr.* [coniugato come *mettere*] Mettere fuori qualcuno da qualcosa Ⓢ escludere, espellere Ⓒ ammettere: *è stato estromesso dalla squadra perché gioca male.*

estroso [e-stró-so] *agg.* Ricco di fantasia, di inventiva Ⓢ originale: *un artista estroso* ◊ Capriccioso, bizzarro: *è un tipo estroso.*

estroverso [e-stro-vèr-so] *agg.* e *s.m.* Detto di individuo, di carattere molto aperto verso il mondo esterno e quindi espansivo, socievole Ⓒ introverso: *le persone estroverse fanno facilmente amicizia.*

estuario [e-stu-à-rio] *s.m.* Tipo di foce a forma di imbuto in cui il mare penetra profondamente; è caratteristica delle coste basse esposte all'azione di forti maree.

esuberante [e-su-be-ràn-te] *agg.* **1** Sovrabbondante, eccessivo: *la ditta ha licenziato la manodopera esuberante* **2** ♧ Pieno di vitalità, di vivacità (talvolta anche eccessiva): *un ragazzo esuberante, con un carattere esuberante.*

esuberanza [e-su-be-ràn-za] *s.f.* **1** Sovrabbondanza, eccedenza: *c'è esuberanza di manodopera* **2** ♧ Grande vitalità, vivacità: *a volte bisogna frenare la sua esuberanza.*

esulare [e-su-là-re] *v.intr.* [aus. *avere*] Essere estraneo, al di fuori: *è un problema che esula dai miei interessi.*

esule [è-su-le] *s.m.f.* Chi è o va in esilio.

esultanza [e-sul-tàn-za] *s.f.* Grande gioia ed entusiasmo: *tutti accolsero con esultanza la buona notizia.*

esultare [e-sul-tà-re] *v.intr.* [aus. *avere*] Provare e manifestare una grande gioia: *i tifosi esultavano per la vittoria.*

esumare [e-su-mà-re] *v.tr.* Trarre fuori dalla tomba Ⓢ disseppellire: *esumare una salma.*

età [e-tà] *s.f.* **1** Gli anni di vita di una persona (o anche di un animale e di una cosa): *che età hai?*; *abbiamo la stessa età*; *si è sposato all'età di trent'anni*; *l'età di un cavallo, di una pianta* | *Avere una certa età, un'età considerevole* = essere già piuttosto anziano o vecchio ◊ Ognuno dei periodi della vita umana: *età infantile, giovanile, adulta, senile* | *La terza età* = la vecchiaia | *La mezza età* = quella intermedia tra la giovinezza e la vecchiaia | *Età scolare* = età in cui si frequenta la scuola dell'obbligo | *Minore, maggiore età* = prima e dopo i 18 anni, quando si acquisisce la piena capacità e responsabilità giuridica **2** Epoca, periodo storico: *l'età della pietra, del bronzo*; *l'età antica, medievale.*

etere[1] [è-te-re] *s.m.* L'aria, lo spazio (spec. come luogo in cui si propagano le onde elettromagnetiche): *trasmissioni televisive via etere.*

etere[2] [è-te-re] *s.m.* Liquido molto volatile, usato un tempo come anestetico.

eternità [e-ter-ni-tà] *s.f.* **1** L'essere eterno, senza principio né fine: *l'eternità di Dio* **2** Tempo infinito nel futuro; in partic., la vita eterna: *si giurarono amore per l'eternità*; *saranno dannati per l'eternità* **3** ♧ Tempo molto lungo, interminabile: *la cerimonia è durata un'eternità.*

eterno [e-tèr-no] *agg.* **1** Che non ha principio né fine: *Dio è eterno* ◊ Che ha un principio ma non avrà mai fine: *le pene eterne dell'inferno* | *La vita eterna* = quella dell'anima dopo la morte | *Il sonno eterno* = la morte **2** Che durerà finché esisteranno il mondo e gli uomini: *la sua fama sarà eterna* ◊ Che durerà per tutta la vita: *i fidanzati si giurarono un amore eterno* ◊ Molto resistente e duraturo: *queste scarpe sono eterne* ◊ Lunghissimo, interminabile: *un'attesa eterna* **3** Che si ripete di continuo allo stesso modo: *sono stanco delle tue eterne promesse* ◊ Perenne, ininterrotto: *nevi eterne*; *il paese dell'eterna primavera* ◊ Detto di persona, che ha sempre lo stesso atteggiamento, qualunque cosa succeda: *è un eterno ottimista.*

eterogeneo [e-te-ro-gè-ne-o] *agg.* Di natura e qualità diverse; composto di elementi diversi Ⓒ omogeneo: *in quel magazzino si vendono le merci più eterogenee*; *un pubblico eterogeneo.*

eterosessuale [e-te-ro-ses-suà-le] *agg.* e *s.m.f.* Che, chi è attratto dal sesso opposto al proprio Ⓒ omosessuale | *Rapporti eterosessuali* = tra persone di sesso diverso.

etica [è-ti-ca] *s.f.* Insieme dei principi e delle norme di comportamento a cui un individuo o una collettività si ispirano Ⓢ morale | *Etica professionale* = complesso delle norme morali che è tenuto a rispettare chi svolge una professione ◊ Dottrina della morale, del comportamento; parte della filosofia che si occupa del problema morale: *l'etica cristiana, socialista*; *un trattato di etica.*

etichetta[1] [e-ti-chét-ta] *s.f.* **1** Cartellino che si applica su merci e oggetti diversi per indicarne il nome, il contenuto, il prezzo, l'uso e altre caratteristiche **2** ♧ Qualifica sbrigativa e superficiale data a qualcuno o a qualcosa: *non è il caso di affibbiargli l'etichetta di perfezionista solo perché non tollera le cose fatte male.*

etichetta[2] [e-ti-chét-ta] *s.f.* Insieme delle regole convenzionali di comportamento che bisogna seguire nella vita di società, spec. in ambienti elevati e in determinate situazioni (cerimonie, ricevimenti, feste ecc.).

etico [è-ti-co] *agg.* [pl.m. *–ci*] Che riguarda l'etica Ⓢ morale: *un comportamento sbagliato dal punto di vista etico.*

etimo [è-ti-mo] *s.m.* La forma più antica a cui si può risalire nella storia di una parola (per es. l'etimo della parola "madre" è la parola latina *mater*) Ⓢ etimologia.

etimologia [e-ti-mo-lo-gì-a] *s.f.* **1** Scienza che studia l'origine e la storia delle parole di una lingua **2** Storia di una parola, spiegazione della sua origine Ⓢ etimo: *non conosco l'etimologia di questo vocabolo.*

etimologico [e-ti-mo-lò-gi-co] *agg.* [pl.m. *–ci*] Che riguarda l'origine e la storia delle parole: *fare ricerche etimologiche* | *Dizionario etimologico* = quello che indica l'etimologia dei vocaboli che riporta | *Significato etimologico di una parola* = quello più antico e originario.

etnia [et-nì-a] *s.f.* Gruppo umano contraddistinto da comuni caratteri fisici, linguistici e culturali.

etnico [èt-ni-co] *agg.* [pl.m. *–ci*] Proprio di una razza o di un popolo (in relazione alla sua lingua, alla sua cultura, alle sue usanze e tradizioni): *nello stesso territorio vivono popolazioni con caratteri etnici diversi.*

etnografia [et-no-gra-fì-a] *s.f.* Studio e descrizione dei costumi e delle tradizioni dei diversi popoli.

etnologia [et-no-lo-gì-a] *s.f.* Scienza che studia e compara tra loro le culture e le strutture sociali delle diverse popolazioni e società, in partic. quelle primitive.

etologia [e-to-lo-gì-a] *s.f.* Disciplina che studia il comportamento e le abitudini degli animali.

ettagono [et-tà-go-no] *s.m.* Poligono con sette lati e sette angoli.

ettaro [èt-ta-ro] *s.m.* Unità di misura dei terreni agrari, equivalente a 10.000 metri quadrati.

etto [èt-to] *s.m.* Abbreviazione di *ettogrammo.*

–etto Secondo elemento di parole che ha la funzione di formare il diminutivo di sostantivi (*quadretto, mobiletto*) e di aggettivi (*furbetto*).

etto– Prima parte di parole composte che, davanti a un'unità di misura, la moltiplica per cento (per es. *ettogrammo*).

ettogrammo [et-to-gràm-mo] *s.m.* Misura di peso equivalente a cento grammi (simbolo: *hg*).

ettolitro [et-tò-li-tro] *s.m.* Misura di capacità equivalente a cento litri (simbolo: *hl*).

ettometro [et-tò-me-tro] *s.m.* Misura lineare equivalente a cento metri (simbolo: *hm*).

eucalipto [eu-ca-lìp-to] *s.m.* Albero molto alto di origine australiana, con foglie e frutti aromatici utilizzati come balsami nella cura delle affezioni bronchiali.

eucaristia [eu-ca-ri-stì-a] o **eucarestia** [eu-ca-re-stì-a] *s.f.* Sacramento cristiano che rinnova l'incarnazione e il sacrificio di Gesù e in cui si attua la comunione tra i fedeli e Cristo Ⓢ comunione.

eufemismo [eu-fe-mì-smo] *s.m.* Uso di una parola o di un'espressione più attenuate al posto della parola usuale, considerata troppo cruda e realistica: *dire «è scomparso, è passato a miglior vita» è un eufemismo per dire «è morto»; «non udente» è un eufemismo per «sordo».*

euforia [eu-fo-rì-a] *s.f.* Stato d'animo di particolare benessere e vigore, caratterizzato da allegria, ottimismo, voglia di fare; è in genere passeggero e legato a eventi e condizioni favorevoli, ma può essere causato anche da disturbi psichici o dall'effetto di farmaci, alcol e droghe.

euforico [eu-fò-ri-co] *agg.* [pl.m. *–ci*] Vivace, allegro, pieno di ottimismo: *dopo la promozione si sentiva euforico.*

euro [èu-ro] *s.m.invar.* Nome della moneta unica della Unione Europea.

europeo [eu-ro-pè-o] *agg.* Dell'Europa: *le nazioni europee; l'unità europea* ♦ *s.m.* Abitante, nativo dell'Europa.

eutanasia [eu-ta-na-sì-a] *s.f.* Intervento per procurare una morte indolore e mettere fine alle sofferenze di una persona afflitta da un male incurabile: *l'eutanasia non è ammessa dalla legge italiana ed è condannata dalla Chiesa.*

evacuare [e-va-cu-à-re] *v.tr.* **1** Abbandonare, sgombrare un luogo: *fu ordinato a tutti gli abitanti di evacuare la città in pericolo* **2** Espellere le feci, andare di corpo: *oggi non ha ancora evacuato* ♦ *v.intr.* [aus. *avere*] Andarsene da un luogo: *la popolazione ha dovuto evacuare dalla zona alluvionata.*

evadere [e-và-de-re] *v.intr.* [pass.rem. *evàsi, evadésti*; part.pass. *evàso*; aus. *essere*] **1** Fuggire, scap-

A B C D E F G H I J K L M N O P Q R S T U V W X Y Z

pare da un luogo in cui si è rinchiusi: *il detenuto è evaso dal carcere* **2** ♧ Allontanarsi da ambienti, modi di vivere poco soddisfacenti o opprimenti: *ogni tanto sentiva un gran bisogno di evadere dalla grigia realtà quotidiana* ♦ *v.tr.* **1** Sottrarsi all'obbligo di pagare: *evadere le tasse* **2** *Evadere una pratica* = sbrigarla | *Evadere la corrispondenza* = rispondere alle lettere ricevute.

evanescente [e-va-ne-scèn-te] *agg.* Che svanisce, si dilegua poco a poco; che si distingue a malapena: *un'immagine, un profumo, un suono evanescente.*

evangelico [e-van-gè-li-co] *agg.* [pl.m. *–ci*] **1** Del Vangelo: *i testi evangelici*; *le parabole evangeliche* ◊ Che si ispira all'insegnamento del Vangelo: *carità evangelica* **2** *Chiese evangeliche* = denominazione di alcune chiese cristiane protestanti.

evangelista [e-van-ge-lì-sta] *s.m.* [pl. *–sti*] Ciascuno degli autori dei quattro Vangeli (Luca, Marco, Matteo, Giovanni).

evangelizzare [e-van-ge-liz-zà-re] *v.tr.* Convertire alla fede cristiana predicando il Vangelo.

evaporare [e-va-po-rà-re] *v.intr.* [aus. *essere*] Detto di liquido, trasformarsi in vapore: *col calore l'acqua evapora* ◊ Svanire nell'aria: *il profumo è evaporato quasi completamente.*

evaporazione [e-va-po-ra-zió-ne] *s.f.* Lento passaggio di un liquido allo stato di vapore.

evasione [e-va-sió-ne] *s.f.* **1** Fuga da un luogo in cui si è rinchiusi: *l'evasione di un detenuto dal carcere* **2** ♧ Allontanamento, distrazione da realtà noiose o opprimenti: *cercava un po' d'evasione dalla vita di tutti i giorni* **3** *Evasione fiscale* = il non pagare le tasse, le imposte.

evasivo [e-va-sì-vo] *agg.* Che evita di affrontare direttamente una questione o di rispondere chiaramente a una domanda Ⓢ poco chiaro, sfuggente, elusivo, ambiguo: *ha tenuto un atteggiamento evasivo*; *mi ha dato una risposta evasiva.*

evaso [e-và-so] *agg.* e *s.m.* Che, chi è fuggito da un luogo in cui era rinchiuso.

evasore [e-va-só-re] *s.m.* Chi non paga le tasse, evade il fisco.

evenienza [e-ve-nièn-za] *s.f.* Circostanza, situazione che può verificarsi Ⓢ caso, occorrenza, eventualità: *tenetevi pronti per ogni evenienza.*

evento [e-vèn-to] *s.m.* Fatto, avvenimento che si è già verificato o si può verificare: *un evento memorabile, doloroso*; *decisero di attendere gli eventi* | *Lieto evento* = la nascita di un bambino.

eventuale [e-ven-tu-à-le] *agg.* Che può esserci, accadere oppure no Ⓢ possibile: *vi avvertiremo subito di eventuali cambiamenti del programma stabilito.*

eventualità [e-ven-tua-li-tà] *s.f.* Possibilità che un fatto si verifichi Ⓢ evenienza, caso: *bisogna prepararsi per l'eventualità di una guerra*; *nell'eventualità che tu parta, avvisami.*

eventualmente [e-ven-tual-mén-te] *avv.* Se sarà il caso, se occorrerà: *oggi non posso, eventualmente ci vado domani* ◊ Qualora, nel caso che: *eventualmente dovessi partire prima, ti avviserò.*

eversivo [e-ver-sì-vo] *agg.* Che mira a distruggere, a sovvertire con la violenza l'ordine costituito di un paese: *gruppi eversivi*; *trame eversive.*

evidente [e-vi-dèn-te] *agg.* Chiaramente visibile, percepibile Ⓢ palese: *la sua gioia era evidente* ◊ Che non ha bisogno di essere dimostrato Ⓢ chiaro, indubbio, indiscutibile: *la sua innocenza è evidente*; *è evidente che l'ha fatto apposta.*

evidentemente [e-vi-den-te-mén-te] *avv.* Certamente, senza dubbio: *non risponde nessuno, evidentemente non sono in casa.*

evidenza [e-vi-dèn-za] *s.f.* Carattere certo e chiaro di qualcosa: *non si può negare l'evidenza dei fatti* | *Mettere in evidenza* = in risalto | *Mettersi in evidenza* = farsi notare.

evidenziare [e-vi-den-zià-re] *v.tr.* Mettere in evidenza, far risaltare: *l'inchiesta ha evidenziato la gravità del problema.*

evitare [e-vi-tà-re] *v.tr.* **1** Scansare o sfuggire qualcosa o qualcuno che si considera dannoso o comunque molesto: *all'ultimo momento riuscì a evitare l'ostacolo*; *lo evito perché mi è antipatico*; *evitare un pericolo* ◊ Astenersi da qualcosa: *cerca di evitare le bevande ghiacciate*; *evita di fumare, se puoi* **2** Impedire, scongiurare: *per un soffio è riuscito a evitare la sciagura* **3** Risparmiare a qualcuno qualcosa di dannoso o spiacevole: *dobbiamo evitare al malato di affaticarsi*; *non gli ho detto niente per evitargli un dolore inutile.*

evo [è-vo] *s.m.* Epoca, età storica: *evo antico, moderno*; *medio evo.*

evocare [e-vo-cà-re] *v.tr.* [*èvoco, èvochi*] **1** Chiamare dal mondo dei morti per mezzo di arti magiche, sedute spiritiche ecc.: *evocare gli spiriti, l'anima di un defunto* **2** Richiamare alla mente: *quel profumo gli evocava la sua infanzia.*

–evole Suffisso di aggettivi che può avere valore attivo (*confortevole* = che dà conforto) o passivo (*pieghevole* = che può essere piegato).

evoluto [e-vo-lù-to] *agg.* **1** Moderno, avanzato sul

piano sociale e civile: *un paese, un popolo evoluto* **2** Libero da pregiudizi, da convenzioni sociali: *una persona con una mentalità evoluta.*

evoluzione [e-vo-lu-zió-ne] *s.f.* **1** Sviluppo, trasformazione graduale, progresso: *l'evoluzione della società moderna; un paese in rapida evoluzione* ◊ Processo di continua trasformazione delle specie viventi per influsso dell'ambiente e della selezione naturale **2** Serie di movimenti eseguiti secondo uno schema preordinato (spec. da militari, ginnasti, cavalieri, mezzi aerei, in occasione di particolari manifestazioni).

evolvere [e-vòl-ve-re] *v.intr.* [pass.rem. *evolvéi* o *evolvétti* o *evòlsi, evolvésti*; part.pass. *evolùto*; aus. *essere*] e **evolversi** *v.pr.* Svilupparsi, trasformarsi, progredire, per lo più gradualmente: *le società umane (si) sono evolute col tempo.*

evviva [ev-vì-va] *inter.* Esclamazione di esultanza, di acclamazione, di augurio e simili ♦ anche *s.m.invar.*: *si sentivano gli evviva della folla.*

ex [parola latina; pron. *ècs*] *prep.* Premessa a un nome, indica che la condizione espressa da questo è passata, non più attuale: *l'ex presidente; il mio ex fidanzato; quella è la mia ex casa.*

ex aequo [locuz. latina; pron. *ecs équo*] *avv.* Alla pari, a pari merito: *hanno vinto il premio ex aequo.*

ex novo [locuz. latina; pron. *ecs nòvo*] *avv.* Daccapo: *ha dovuto rifare il lavoro ex novo.*

exploit [parola francese; pron. *ecsplùà*] *s.m. invar.* Impresa notevole, spec. sportiva.

export [parola inglese; pron. *ècsport*] *s.m. invar.* Esportazione: *nell'ultimo anno è aumentato l'export italiano di vini.*

extra [èx-tra] *agg.invar.* **1** Di qualità superiore Ⓢ super: *un prodotto extra; olio extra vergine* **2** Fuori del previsto, in più dell'ordinario: *in questo mese abbiamo molte spese extra; servizi, piatti extra* ♦ *s.m.invar.* Tutto ciò che costituisce un sovrappiù; in partic. ogni consumazione o servizio forniti da un ristorante o da un albergo e non compresi nel prezzo prestabilito.

extracomunitario [ex-tra-co-mu-ni-tà-rio] *agg.* e *s.m.* Che, chi non fa parte dell'Unione Europea: *paesi extracomunitari* ◊ Che, chi proviene da paesi che non fanno parte dell'Unione Europea: *immigrati extracomunitari.*

extraeuropeo [ex-tra-eu-ro-pè-o] *agg.* Che non fa parte dell'Europa: *paesi extraeuropei.*

extraterrestre [ex-tra-ter-rè-stre] *agg.* Che è, esiste o avviene al di fuori della Terra: *lo spazio extraterrestre; forme di vita extraterrestri* ♦ *s.m.f.* Ipotetico abitante di altri mondi Ⓢ alieno.

extraterritoriale [ex-tra-ter-ri-to-rià-le] *agg.* Che non fa parte del territorio di uno stato: *la nave si trovava in acque extraterritoriali* ◊ Che non è soggetto alla legge di uno stato, pur trovandosi nel suo territorio: *ogni ambasciata è una sede extraterritoriale.*

extraurbano [ex-tra-ur-bà-no] *agg.* Che è al di fuori della città: *zone extraurbane* | *Linee di trasporti extraurbane* = che collegano la città con le zone circostanti.

f, F

f *s.f.* o *m.* Sesta lettera dell'alfabeto italiano; è una consonante e quando è da sola si pronuncia *effe*.

fa[1] *s.m.* Quarta nota della scala musicale.

fa[2] *avv.* Prima di adesso: *molto tempo fa*; *un anno, un'ora fa.*

fabbrica [fàb-bri-ca] *s.f.* Stabilimento in cui si fabbricano prodotti con metodi industriali.

fabbricare [fab-bri-cà-re] *v.tr.* [*fàbbrico, fàbbrichi*] **1** Edificare, costruire: *fabbricare un palazzo* **2** Produrre, fare: *la Fiat fabbrica automobili*; *si fabbrica i mobili da solo.*

fabbricato [fab-bri-cà-to] *s.m.* Edificio, costruzione in muratura.

fabbricazione [fab-bri-ca-zió-ne] *s.f.* Produzione, lavorazione, spec. di tipo industriale: *fabbricazione della carta, di scarpe*; *questa bicicletta ha un difetto di fabbricazione.*

fabbro [fàb-bro] *s.m.* Artigiano che lavora il ferro e che ripara oggetti di ferro.

faccenda [fac-cèn-da] *s.f.* **1** Lavoro, impegno, affare da sbrigare | *Le faccende domestiche* = i lavori di casa **2** Fatto, situazione, vicenda: *una faccenda seria, delicata*; *la faccenda si mette male.*

facchino [fac-chì-no] *s.m.* Chi per mestiere trasporta bagagli o pesi in stazioni, porti, alberghi Ⓢ portabagagli.

faccia [fàc-cia] *s.f.* [pl. *–ce*] **1** Parte anteriore della testa umana Ⓢ viso, volto: *faccia tonda, magra, regolare* | *In faccia, di faccia, faccia a faccia* = davanti, di fronte: *abita nel palazzo in faccia*; *si trovò faccia a faccia con il suo nemico* | ♧ *Dire le cose in faccia* = parlare francamente | ♧ *Salvare, perdere la faccia* = salvare o perdere l'onore, la dignità ◊ Espressione, atteggiamento del volto: *avere una faccia onesta, sospetta, allegra, scura*; *fare una faccia feroce*; *gli si legge in faccia quel che pensa* **2** Ciascuna delle superfici esterne di un solido o di un cristallo: *le facce di un cubo, di un dado, di un diamante* ◊ Ciascuno dei due lati di un corpo piatto: *le facce di una medaglia, di una stoffa* ◊ *La faccia della Terra* = la sua intera superficie: *è il più gran bugiardo sulla faccia della Terra* | *L'altra faccia della Luna* = la parte nascosta.

facciata [fac-cià-ta] *s.f.* **1** Il lato esterno e anteriore di un edificio, dove si trova l'ingresso principale: *la facciata di un palazzo, di una chiesa* **2** Pagina di un foglio di scrittura: *una lettera di tre facciate* **3** ♧ Aspetto esteriore Ⓢ apparenza: *non giudicare dalla facciata.*

faccina [fac-cì-na] *s.f.* Negli SMS, nelle e-mail e nei messaggi in Internet, disegno stilizzato di un'espressione del viso con cui si rappresenta il proprio stato d'animo Ⓢ *emoticon*.

faceto [fa-cè-to] *agg.* Spiritoso, arguto, scherzoso: *una persona faceta*; *parlare in tono faceto.*

facezia [fa-cè-zia] *s.f.* Battuta spiritosa e arguta.

fachiro [fa-chì-ro] *s.m.* Religioso indiano che attraverso lunghe pratiche arriva a controllare il dolore ◊ Individuo che si esibisce in spettacoli pubblici nei quali dà dimostrazioni di straordinaria resistenza al dolore.

facile [fà-ci-le] *agg.* **1** Che non richiede particolare impegno, fatica, abilità Ⓢ agevole Ⓒ difficile: *un lavoro, un compito facile*; *è stata una vittoria facile*; *guadagni facili* ◊ Che si capisce senza troppo sforzo Ⓢ semplice, chiaro: *un libro facile*; *una lezione facile* ◊ Che non presenta particolari disagi e difficoltà Ⓢ comodo: *fare una vita facile* **2** Incline, propenso: *un uomo facile all'ira* | *Avere la parola facile* = essere pronto di parola **3** Probabile: *è facile che domani nevichi.*

facilità [fa-ci-li-tà] *s.f.* **1** L'essere facile; semplicità, agevolezza: *la facilità di un compito, di un lavoro* **2** Attitudine naturale a fare qualcosa senza sforzo: *ha molta facilità a dipingere* ◊ Tendenza: *ha facilità a dimenticare gli appuntamenti.*

facilitare [fa-ci-li-tà-re] *v.tr.* Rendere più facile Ⓢ agevolare, favorire Ⓒ complicare, ostacolare: *il suo aiuto mi ha facilitato il lavoro.*

facilone [fa-ci-ló-ne] *s.m.* Chi tende ad agire con leggerezza e superficialità, ritenendo tutto facile.

facinoroso [fa-ci-no-ró-so] *agg.* e *s.m.* Che, chi tende a comportarsi in modo violento, a creare disordini: *un gruppo di tifosi facinorosi.*

facoltà [fa-col-tà] *s.f.* **1** Ognuna delle capacità, delle attitudini che sono proprie della mente umana: *un uomo di notevoli facoltà intellettuali* | *Essere in possesso delle proprie facoltà* = essere cosciente e responsabile delle proprie azioni **2** Autorità, potere, diritto: *solo il presidente della Repubblica ha la facoltà di concedere la grazia* **3** Proprietà di produrre un dato effetto: *un farmaco che ha la facoltà di abbassare la febbre* **4** Corso di studi universitari: *facoltà di legge, di chimica.*

facoltativo [fa-col-ta-tì-vo] *agg.* Che si può fare o non fare Ⓢ non obbligatorio: *fermata facoltativa*; *esame facoltativo.*

facoltoso [fa-col-tó-so] *agg.* Ricco, danaroso: *la sua famiglia è molto facoltosa.*

factotum [fac-tò-tum] *s.m.f.invar.* Persona di fiducia che svolge molte mansioni diverse alle dipendenze di altri: *è il factotum del padrone.*

faggio [fàg-gio] *s.m.* Albero montano di alto fusto ◊ Il legno di tale albero: *mobili di faggio.*

fagiano [fa-già-no] *s.m.* Uccello dalle carni molto pregiate; il maschio ha piume variopinte e coda lunghissima.

fagiolo [fa-giò-lo] *s.m.* Pianta erbacea con frutto a legume ◊ Il seme commestibile contenuto nel legume della pianta: *a cena ho mangiato pasta e fagioli* | ♧ *Capitare a fagiolo* = arrivare al momento giusto.

faglia [fà-glia] *s.f.* Frattura che attraversa masse rocciose della superficie terrestre, con reciproco spostamento delle due parti separate.

fagotto¹ [fa-gòt-to] *s.m.* Insieme di roba avvolto alla meglio Ⓢ involto | *Far fagotto* = andarsene, sloggiare.

fagotto² [fa-gòt-to] *s.m.* Strumento musicale a fiato, di legno.

faida [fài-da] *s.f.* Lotta tra famiglie o gruppi nemici che dà luogo a vendette e ritorsioni spesso sanguinose: *una faida di paese che ha già provocato molte vittime*; *una faida mafiosa*; *faide politiche.*

faina [fa-ì-na] *s.f.* Piccolo animale carnivoro dal pelo bruno, agile predatore di animali da cortile.

falange [fa-làn-ge] *s.f.* **1** Nell'antica Grecia, schieramento di soldati disposti in file compatte **2** Ciascuna delle ossa che formano lo scheletro delle dita delle mani e dei piedi.

falcata [fal-cà-ta] *s.f.* Ampiezza del passo di un podista, andatura di corsa di un atleta: *una falcata ampia, veloce.*

falce [fàl-ce] *s.f.* **1** Attrezzo agricolo per tagliare erbe e cereali, costituito da una lama ricurva fissata a un lungo manico **2** Oggetto a forma di falce: *una falce di luna.*

falcetto [fal-cét-to] *s.m.* Attrezzo formato da una lama ricurva fissata su manico corto, usato spec. per potare.

falciare [fal-cià-re] *v.tr.* **1** Tagliare con la falce: *falciare l'erba, il grano* **2** ♧ Uccidere, far morire: *l'epidemia ha falciato molte vite umane* ◊ Colpire, abbattere con una scarica di arma da fuoco: *i soldati venivano falciati dalle mitragliatrici.*

falciatrice [fal-cia-trì-ce] *s.f.* Macchina agricola per tagliare erbe da foraggio e cereali.

falco [fàl-co] *s.m.* [pl. *–chi*] **1** Uccello rapace diurno, con artigli potenti e becco ricurvo **2** ♧ In politica, chi sostiene una linea dura e intransigente verso gli avversari (contrapposto a *colomba*).

falcone [fal-có-ne] *s.m.* Grosso falco, che un tempo veniva addestrato per la caccia ad altri uccelli.

falda [fàl-da] *s.f.* Striscia, strato sottile e relativamente largo di terreno o di qualsiasi altro oggetto o materiale | *Falde del tetto* = ciascuno dei piani inclinati che lo compongono | *Falde di neve* = fiocchi: *nevicava a larghe falde* | *Falde di un soprabito, di un frac* = i lembi inferiori | *Falda del cappello* = la tesa | *Falde di un monte* = le prime pendici | *Falda acquifera, idrica* = deposito di acque sotterranee che forma una striscia sottile tra due strati di terreno impermeabili.

falegname [fa-le-gnà-me] *s.m.* Artigiano che lavora il legno, fabbricando e riparando mobili e altri oggetti.

falegnameria [fa-le-gna-me-rì-a] *s.f.* **1** Mestiere del falegname; lavorazione del legno **2** Bottega del falegname.

falena [fa-lè-na] *s.f.* Nome comune di molte farfalle notturne particolarmente attratte dalla luce.

falesia [fa-lè-sia] *s.f.* Tipo di costa con pareti alte e rocciose a picco sul mare.

falla [fàl-la] *s.f.* Squarcio, rottura da cui entra l'acqua nello scafo di un'imbarcazione, o da cui, in un serbatoio, in una diga, fuoriesce del liquido.

fallace [fal-là-ce] *agg.* Che illude, inganna Ⓢ illusorio, ingannevole: *speranze, promesse fallaci.*

fallimentare [fal-li-men-tà-re] *agg.* **1** Di fallimento: *un'azienda in stato fallimentare* **2** Che costituisce un totale insuccesso Ⓢ disastroso, rovinoso: *il suo tentativo ha avuto un esito fallimentare.*

fallimento [fal-li-mén-to] *s.m.* **1** Insuccesso totale, esito disastroso: *il fallimento di un'iniziativa*; *un tentativo destinato al fallimento* **2** Situazione in cui un'azienda non è più in grado di pagare i propri debiti, per cui i suoi beni vengono sequestrati e liquidati per soddisfare i suoi creditori Ⓢ bancarotta: *essere sull'orlo del fallimento.*

fallire [fal-lì-re] *v.intr.* [*fallìsco, fallìsci*; aus. *avere* e *essere*] **1** Non avere successo; avere un esito negativo: *fallire in un'impresa*; *la conferenza di pace è fallita* **2** Fare fallimento: *un'azienda che è già fallita due volte* ♦ *v.tr.* Sbagliare, mancare: *fallire il colpo, il bersaglio.*

fallo [fàl-lo] *s.m.* **1** Errore, sbaglio; colpa: *essere in fallo*; *cogliere qualcuno in fallo* | *Mettere un piede in fallo* = in un punto pericoloso, in modo da cadere o scivolare **2** Nello sport, infrazione al regolamento di gioco: *fallo di mano, da rigore.*

falloso [fal-ló-so] *agg.* Nello sport, che costituisce un fallo Ⓢ irregolare: *intervento falloso* ◊ Che commette molti falli: *un giocatore falloso.*

falò [fa-lò] *s.m.* Fuoco acceso all'aperto per segnalazione, per festa e divertimento, o per bruciare qualcosa.

falsare [fal-sà-re] *v.tr.* Esporre o rappresentare in modo diverso dal vero Ⓢ deformare, travisare, alterare, distorcere: *nel riferire le mie parole ha falsato il mio pensiero*; *questo specchio falsa un po' le immagini.*

falsariga [fal-sa-rì-ga] *s.f.* [pl. *falsarighe*] Modello, esempio che si segue fedelmente: *ho agito sulla falsariga delle tue istruzioni.*

falsario [fal-sà-rio] *s.m.* Chi falsifica documenti, firme; chi fabbrica banconote, monete, gioielli, quadri ecc. falsi.

falsetto [fal-sét-to] *s.m.* Tono di voce artificiosamente più acuto del normale, usato spec. da cantanti maschi per imitare voci femminili.

falsificare [fal-si-fi-cà-re] *v.tr.* [*falsìfico, falsìfichi*] Contraffare, imitare qualcosa per scopi illeciti: *falsificare una firma, un quadro, banconote.*

falsità [fal-si-tà] *s.f.* **1** L'essere falso: *la falsità di una notizia, di un documento* ◊ Insincerità, ipocrisia: *dal suo comportamento si può capire la sua falsità* **2** Affermazione falsa Ⓢ menzogna Ⓒ verità: *ha detto un cumulo di falsità.*

falso [fàl-so] *agg.* Non vero Ⓢ sbagliato, menzognero: *una notizia falsa*; *è stato arrestato per falsa testimonianza* | ♧ *Fare un passo falso* = commettere un errore ◊ Non autentico Ⓢ falsificato, contraffatto: *un diamante falso*; *questa firma è falsa*; *un quadro falso*; *viaggiare sotto falso nome* ◊ Non sincero Ⓢ finto, simulato, ipocrita: *un uomo falso*; *un sorriso falso*; *falsa modestia* ♦ *s.m.* Ciò che è falso: *giurare, testimoniare il falso* ◊ Documento o oggetto non autentico, falsificato: *questo quadro è un falso evidente.*

falsopiano [fal-so-pià-no] *s.m.* [pl. *falsipiani*] Territorio apparentemente pianeggiante ma in realtà lievemente ondulato.

fama [fà-ma] *s.f.* Reputazione: *ha fama di galantuomo*; *quell'uomo gode di una pessima fama* ◊ Celebrità, notorietà: *dopo tanti sforzi è arrivato alla fama*; *uno scienziato di fama mondiale.*

fame [fà-me] *s.f.* **1** Sensazione causata dal bisogno di cibo; voglia di mangiare: *sentire, avere fame*; *togliersi la fame* **2** Mancanza di cibo, denutrizione: *il grave problema della fame nel mondo.*

famelico [fa-mè-li-co] *agg.* [pl.m. *–ci*] **1** Molto affamato (detto spec. di animali): *un branco di lupi famelici* **2** ♧ Avido, desideroso: *la guardava con occhi famelici.*

famigerato [fa-mi-ge-rà-to] *agg.* Noto a tutti per le sue imprese criminali: *un famigerato bandito.*

famiglia [fa-mì-glia] *s.f.* **1** Gruppo di persone unite da legami di parentela; in partic. il nucleo formato dai genitori e dai figli (e eventualmente dai nonni e da altri parenti che con loro convivano): *una famiglia numerosa, povera, benestante* | *Metter su famiglia* = sposarsi | *Stato di famiglia* = certificato che indica le persone da cui è composta una famiglia ◊ Casata, stirpe: *discende da un'antica famiglia* **2** Insieme di persone unite da vincoli comuni di vario genere: *la grande famiglia del circo* ◊ Complesso di esseri viventi o di cose con caratteristiche affini: *la famiglia degli animali, delle piante*; *la famiglia delle lingue neolatine* ◊ Nella classificazione botanica e zoologica, gruppo che comprende più generi simili: *il delfino e la balena appartengono alla famiglia dei Cetacei.*

familiare [fa-mi-lià-re] o **famigliare** [fa-mi-glià-re] *agg.* **1** Di famiglia: *abbiamo fatto una riunione familiare*; *ha problemi familiari* **2** Da famiglia, per famiglie: *un'auto di tipo familiare*; *una pensione familiare* ◊ Semplice, alla buona: *trattamento familiare* **3** ♧ Noto, conosciuto: *un luogo familiare*; *la sua faccia mi è familiare* ♦ *s.m.f.* Persona di famiglia: *i familiari sono stati avvertiti.*

familiarità [fa-mi-lia-ri-tà] o **famigliarità** [fa-mi-glia-ri-tà] *s.f.* **1** Confidenza, cordialità proprie dei rapporti familiari: *ho familiarità con lui*; *mi hanno trattato con molta familiarità* **2** ♧ Pratica, esperienza Ⓢ dimestichezza: *ho poca familiarità con le lingue straniere, con i motori.*

familiarizzare [fa-mi-lia-riz-zà-re] o **famigliarizzare** [fa-mi-glia-riz-zà-re] *v.intr.* [aus. *avere*] Entrare in familiarità, in confidenza con qualcuno: *ha familiarizzato presto con i nuovi colleghi* ♦ **familiarizzarsi** *v.pr.* Impratichirsi: *sta cominciando a familiarizzarsi con la guida della macchina.*

famoso [fa-mó-so] *agg.* **1** Molto noto e conosciuto Ⓢ celebre Ⓒ sconosciuto: *un famoso scienziato*; *un dipinto famoso* **2** In senso scherzoso, detto di persona o cosa di cui si parla o si è parlato molto: *è questa la famosa ragazza che ti ha conquistato?*; *quando faremo quella famosa cena?*

fan [parola inglese; pron. *fèn* o *fàn*] *s.m.f.invar.* Ammiratore fanatico, tifoso: *i fan di un cantante.*

fanale [fa-nà-le] *s.m.* Dispositivo di illuminazione e di segnalazione, spec. su mezzi di locomozione: *i fanali di un'auto, di un aereo, di una nave* ◊ Lampione (detto spec. di quelli d'una volta): *fanali a gas, a petrolio.*

fanatico [fa-nà-ti-co] *agg.* [pl.m. *–ci*] **1** Intransigente nelle sue convinzioni e intollerante verso quelle degli altri: *un cattolico, un musulmano, un induista fanatico* **2** Troppo entusiasta ed esaltato: *una folla di ammiratori fanatici* ♦ *agg.* e *s.m.* Detto di chi si dedica o si interessa a qualcosa con passione ed entusiasmo eccessivi: *è fanatico per la musica*; *un fanatico di sport.*

fanatismo [fa-na-tì-smo] *s.m.* **1** Adesione così totale a una fede, a un'idea da portare all'intolleranza verso ogni opinione differente: *fanatismo religioso, politico* **2** Entusiasmo esagerato, esaltazione: *l'apparizione del cantante ha dato luogo a scene di fanatismo tra la folla.*

fanciullo [fan-ciùl-lo] *s.m.* Bambino, ragazzino tra i sei e i dodici anni circa.

fandonia [fan-dò-nia] *s.f.* Bugia, frottola: *non dire fandonie!*

fanfara [fan-fà-ra] *s.f.* Banda musicale militare: *la fanfara dei bersaglieri.*

fanfarone [fan-fa-ró-ne] *s.m.* Persona che si vanta di aver fatto o di saper fare cose inverosimili Ⓢ spaccone, smargiasso.

fanghiglia [fan-ghì-glia] *s.f.* Strato viscido di fango Ⓢ melma.

fango [fàn-go] *s.m.* [pl. *–ghi*] **1** Terra o polvere ridotta in poltiglia dall'acqua Ⓢ melma: *i suoi piedi affondavano nel fango* **2** ♧ Infamia, disonore: *non permetterò che il mio nome venga coperto di fango.*

fangoso [fan-gó-so] *agg.* Ricoperto di fango.

fannullone [fan-nul-ló-ne] *s.m.* Chi non ha mai voglia di far nulla Ⓢ sfaticato, lazzarone.

fanone [fa-nó-ne] *s.m.* Ognuna delle lamine che pendono dalla mascella superiore delle balene e che funzionano come un filtro trattenendo il plancton di cui queste si alimentano.

fantascienza [fan-ta-scièn-za] *s.f.* Genere di romanzi e di film che narrano vicende fantastiche ambientate nel futuro (e spesso nel cosmo) in una realtà profondamente trasformata da nuove e straordinarie scoperte scientifiche e tecnologiche.

fantasia [fan-ta-sì-a] *s.f.* **1** Capacità della mente di immaginare cose e fatti reali o non esistenti Ⓢ immaginazione, inventiva: *quel ragazzo ha molta fantasia*; *un racconto ricco di fantasia* **2** Sogno, fantasticheria: *era assorto nelle sue fantasie* ◊ Invenzione: *le sue accuse sono frutto di pura fantasia* **3** *Una fantasia di colori* = vivace accostamento di colori | *Stoffe, abiti (di) fantasia* = a tinte e disegni vivaci.

fantasioso [fan-ta-sió-so] *agg.* **1** Ricco di fantasia Ⓢ estroso: *uno scrittore fantasioso* **2** Che è frutto di fantasia, che non corrisponde alla realtà: *una notizia fantasiosa.*

fantasma [fan-tà-sma] *s.m.* [pl. *–smi*] Immagine, apparizione di persona defunta Ⓢ spettro, ombra: *non crederai ancora ai fantasmi!*

fantasticare [fan-ta-sti-cà-re] *v.intr.* [*fantàstico, fantàstichi*; aus. *avere*] Abbandonarsi alla fantasia, a congetture fantastiche: *passa il suo tempo a fantasticare*; *gli piace fantasticare sul suo avvenire* ♦ *v.tr.* Creare, inventarsi con la fantasia: *cosa stai fantasticando?*

fantasticheria [fan-ta-sti-che-rì-a] *s.f.* Idea senza basi reali, proposito irrealizzabile Ⓢ sogno: *perdersi in fantasticherie*; *non dargli retta, sono le sue solite fantasticherie.*

fantastico [fan-tà-sti-co] *agg.* [pl.m. *–ci*] **1** Creato dalla fantasia Ⓢ irreale, immaginario: *una narrazione fantastica*; *il quadro raffigurava creature fantastiche* **2** Straordinario, eccezionale: *un attore, uno spettacolo fantastico* | *Fantastico!* = meraviglioso! stupendo!: *fantastico, ci sei riuscito!*

fantasy [parola inglese; pron. corrente *fàntasi*] *s.m.f.invar.* Genere narrativo e cinematografico le cui storie si svolgono in luoghi e con personaggi fantastici.

fante [fàn-te] *s.m.* **1** Soldato di fanteria **2** Figura delle carte da gioco che rappresenta un fante: *fante di fiori, di cuori.*

fanteria [fan-te-rì-a] *s.f.* Arma dell'esercito formata dalle truppe che combattono a piedi.

fantino [fan-tì-no] *s.m.* Chi, per professione, monta e guida i cavalli nelle corse ippiche.

fantoccio [fan-tòc-cio] *s.m.* **1** Pupazzo o manichino che imita una figura umana, usato soprattutto come giocattolo o come spaventapasseri **2** ♧ Persona priva di volontà e di carattere, che si fa manovrare da altri: *è il fantoccio del direttore.*

farabutto [fa-ra-bùt-to] *s.m.* Individuo disonesto e senza scrupoli Ⓢ mascalzone, canaglia.

faraglione [fa-ra-glió-ne] *s.m.* Scoglio alto e aguzzo a breve distanza dalla costa.

faraona [fa-ra-ó-na] *s.f.* Uccello domestico simile alla gallina.

faraone [fa-ra-ó-ne] *s.m.* Titolo dei sovrani dell'antico Egitto.

faraonico [fa-ra-ò-ni-co] *agg.* [pl.m. *–ci*] **1** Dei faraoni: *l'età faraonica* **2** ♧ Esageratamente grandioso e sfarzoso: *una costruzione faraonica.*

farcire [far-cì-re] *v.tr.* [*farcìsco, farcìsci*] Imbottire una vivanda con un ripieno: *farcire un pollo, una torta.*

fardello [far-dèl-lo] *s.m.* **1** Grosso fagotto da portare in spalla **2** ♧ Peso, carico morale: *accettando quell'incarico si è preso un pesante fardello di responsabilità.*

fare [fà-re] *v.tr.* [pres. *fàccio* (o raro *fo*), *fài, fa, facciàmo, fàte, fànno*; imperf. *facévo*; pass.rem. *féci, facésti, féce, facémmo, facéste, fécero*; fut. *farò*; cong.pres. *fàccia*; cong.imperf. *facéssi*; cond. *farèi*; imper. *fài* o *fa'* o *fa*; ger. *facèndo*; part.pres. *facènte*; part.pass. *fàtto*] **1** Agire, operare: *preferisco fare da me*; *non sa come fare*; *ha fatto bene ad andarsene* ◊ Compiere una data azione: *fare un gesto, un sorriso, una passeggiata* | *Avere da fare* = essere occupato | *Avere a che fare (con qualcuno* o *con qualcosa)* = essere in rapporto, in relazione | *Saperci fare* = essere abile in qualcosa | *Farcela* = riuscire in qualcosa | *Non fa niente* = non importa | *Fare fuori qualcuno* = ucciderlo | *Farla franca* = cavarsela **2** Eseguire, effettuare: *fare i compiti*; *fare delle indagini* ◊ Imitare: *sa fare il verso del gufo* **3** Generare: *fare figli* ◊ Fabbricare, costruire: *un'azienda che fa automobili* ◊ Produrre: *un albero che fa molti frutti*; *questa lampada fa poca luce*; *non fare rumore* ◊ Preparare, cucinare: *fare la cena, la minestra* **4** Causare: *mi fa piacere che tu venga* ◊ Rendere: *l'ho fatto felice*; *fare bella la casa* **5** Raccogliere, mettere insieme, rifornirsi: *fare la legna*; *fare quattrini*; *fare benzina* **6** Rappresentare in teatro o in un cinema; presentare alla televisione: *hai visto cosa fanno stasera?* **7** Esercitare una professione, un mestiere: *fare il medico, l'operaio* ◊ Praticare: *fare dello sport* ◊ Comportarsi da: *fare lo stupido* ◊ Esercitare la funzione di: *fare da padre a qualcuno* **8** Credere, ritenere: *ti facevo più furbo* **9** Eleggere, nominare: *lo fecero sindaco, generale* **10** Dare come risultato di un'operazione aritmetica: *due più due fa quattro* ◊ Segnare una data ora: *il mio orologio fa le cinque* **11** Dire: *«Ascolta», mi fece, «devo parlarti»* **12** Seguito da un verbo all'infinito, ha il significato generale di «causare» l'effetto espresso da quel verbo: *ha fatto costruire un palazzo*; *mi ha fatto piangere* ◊ Lasciare: *fammi finire il discorso*; *si è fatto ingannare* **13** *Farsi qualcosa* = acquistarlo o mangiarlo: *si è fatto la macchina nuova*; *ho voglia di farmi un bel piatto di spaghetti* ♦ *v.intr.* [aus. *avere*] **1** Essere adatto, conveniente: *quel posto non fa per me* **2** Essere, diventare (in frasi impersonali riferite al tempo): *oggi fa caldo*; *d'inverno fa buio presto* **3** *Fare a botte, a pugni, a sassate* = scambiarsi botte ecc. | *Fare a meno di qualcosa* = rinunciarvi ♦ **farsi** *v.pr.* **1** Diventare: *come ti sei fatto grande!*; *si sta facendo tardi* **2** Portarsi, spostarsi: *farsi avanti*; *fatti più in là!* **3** Drogarsi ♦ *s.m.* **1** L'agire: *tra il dire e il fare c'è di mezzo il mare* ◊ Atteggiamento: *si avvicinò con un fare sospetto* **2** Inizio, principio: *sul far del giorno, della sera.*

faretra [fa-rè-tra] *s.f.* Astuccio per le frecce che gli arcieri portavano a tracolla sulla spalla.

farfalla [far-fàl-la] *s.f.* **1** Insetto con quattro ali di forma, colore e disegno molto vari; ne esistono numerosissime specie **2** Tipo di pasta a forma di farfalla.

farfallone [far-fal-ló-ne] *s.m.* Persona leggera e incostante, spec. in amore.

farfugliare [far-fu-glià-re] *v.tr.* e *v.intr.* [aus. *avere*] Parlare, dire qualcosa in modo confuso, incomprensibile, mangiandosi le parole Ⓢ borbottare: *se ne andò farfugliando una scusa.*

farina [fa-rì-na] *s.f.* Prodotto in polvere ricavato dalla macinazione dei cereali (spec. del grano) o dei semi e dei frutti secchi dei legumi e di altre piante: *farina d'orzo, di riso, di avena*; *farina di piselli, di patate, di castagne* | *Farina bianca* = di grano | *Farina gialla* = di granoturco | ♧ *Questa non è farina del tuo sacco* = questa cosa non l'hai fatta o pensata tu, ma qualcun altro ◊ Prodotto della macinazione di altre sostanze: *farina di pesce, di ossa.*

farinacei [fa-ri-nà-ce-i] *s.m.pl.* Tutti i vegetali e gli alimenti ricchi di amido (cereali, legumi, patate, pane, pasta ecc.).

faringe [fa-rìn-ge] *s.f.* Condotto a forma d'imbuto che mette in comunicazione la bocca e le fosse nasali con l'esofago e la laringe e da cui passano sia il cibo che l'aria respirata.

faringite [fa-rin-gì-te] *s.f.* Infiammazione della faringe.

farinoso [fa-ri-nó-so] *agg.* Di aspetto e consistenza simile a farina: *neve farinosa.*

farmaceutico [far-ma-cèu-ti-co] *agg.* [pl.m. *–ci*] Medicinale; dei farmaci: *prodotto farmaceutico*; *industria farmaceutica.*

farmacia [far-ma-cì-a] *s.f.* **1** Negozio in cui si vendono o anche preparano medicinali **2** Lo studio dei farmaci e delle loro proprietà: *si è laureato in farmacia.*

farmacista [far-ma-cì-sta] *s.m.f.* [pl.m. *–sti*] Laureato in farmacia che esercita la professione di vendere e preparare medicinali.

farmaco [fàr-ma-co] *s.m.* [pl. *–ci* o *–chi*] Sostanza capace di produrre un effetto (spec. curativo) sull'organismo Ⓢ medicina, medicinale, medicamento: *sta prendendo un farmaco contro la tosse*; *farmaci contro il dolore.*

farneticare [far-ne-ti-cà-re] *v.intr.* [*farnètico, farnètichi*; aus. *avere*] Dire cose assurde, senza senso Ⓢ delirare, vaneggiare: *non ti ascolto perché stai farneticando.*

faro [fà-ro] *s.m.* **1** Impianto di segnalazione luminosa, collocato in cima a torri o edifici lungo le coste o all'ingresso dei porti per guidare la navigazione di notte ◊ La costruzione in cui è installato: *un faro molto alto* **2** Proiettore di un veicolo Ⓢ fanale: *i fari dell'automobile, del treno.*

farsa [fàr-sa] *s.f.* **1** Spettacolo teatrale basato su una comicità buffonesca e di facile effetto **2** ♧ Cosa poco seria, che cade nel ridicolo Ⓢ buffonata, pagliacciata: *il processo è stato una farsa.*

fascia [fà-scia] *s.f.* [pl. *–sce*] **1** Striscia di tessuto usata nell'abbigliamento con varie funzioni: *portava una fascia nera intorno al braccio in segno di lutto*; *il sindaco indossava la fascia tricolore* ◊ Striscia di tela o garza usata per proteggere parti del corpo malate o ferite Ⓢ benda | *Fascia elastica* = in tessuto elastico per tenere stretti arti che hanno subito slogature e distorsioni ◊ (spec. al *pl.*) Striscia di tela usata un tempo per avvolgere i neonati | *In fasce* = appena nato, piccolissimo: *lo conosco da quando era in fasce* **2** ♧ Zona di territorio estesa in lunghezza: *fascia costiera, tropicale*; *la fascia industriale a sud della città* **3** ♧ Settore, gruppo: *le fasce sociali più emarginate*; *le fasce orarie di maggior ascolto televisivo.*

fasciare [fa-scià-re] *v.tr.* **1** Avvolgere, stringere con una fascia: *fasciare una ferita* **2** Avvolgere tutt'intorno, come una fascia: *quell'abito le fascia molto bene il corpo.*

fasciatura [fa-scia-tù-ra] *s.f.* L'operazione del fasciare una parte del corpo o una ferita; l'insieme delle fasce usate: *devi cambiare la fasciatura.*

fascicolo [fa-scì-co-lo] *s.m.* **1** Ogni singolo numero di una pubblicazione periodica o di un'opera che esce a dispense: *conservare i fascicoli di una rivista*; *un'enciclopedia che esce a fascicoli settimanali* **2** Insieme di carte e di documenti relativi a una persona, a una pratica ecc.

fascina [fa-scì-na] *s.f.* Fascio di rami secchi e di sterpi da bruciare.

fascino [fà-sci-no] *s.m.* Capacità di attrarre, di affascinare: *una donna di grande fascino*; *il fascino della musica*; *lo ha sedotto con il suo fascino.*

fascio [fà-scio] *s.m.* **1** Insieme di erbe o rami, per lo più legati insieme per poter essere trasportati più facilmente: *un fascio di legna, di erbe, di spighe* | ♧ *Fare di ogni erba un fascio* = considerare nelle stesso modo persone o cose diverse **2** In anatomia, gruppo di fibre disposte in lunghezza l'una accanto all'altra: *fascio di muscoli, di tendini, di nervi* **3** *Fascio luminoso* = striscia di raggi luminosi che da una sorgente (faro, proiettore) si concentra su un punto.

fascismo [fa-scì-smo] *s.m.* Regime dittatoriale che governò l'Italia dal 1922 al 1943 sulla base di un'ideologia e di una pratica antidemocratica.

fascista [fa-scì-sta] *agg.* [pl.m. *–sti*] Del fascismo: *il regime fascista* ◊ Tipico del fascismo Ⓢ violento, autoritario: *metodi fascisti* ♦ *s.m.f.* Seguace, sostenitore del fascismo o in genere di ideologie reazionarie.

fase [fà-se] *s.f.* **1** Ognuno dei momenti o dei periodi successivi e diversi in cui possono essere divisi un avvenimento, un fenomeno, una situazione: *le diverse fasi di una battaglia, di una partita, di un'eruzione vulcanica*; *la fase più acuta della malattia è stata superata* **2** Ciascuno dei diversi aspetti che la Luna e i pianeti presentano ciclicamente a chi li osserva dalla Terra: *le fasi di Mercurio, di Venere*; *le quattro fasi della Luna.*

fastello [fa-stèl-lo] *s.m.* Fascio di rami, sterpi, erbe e simili Ⓢ fascina.

fast food [locuzione inglese; pron. corrente *fast fud*] *s.m.invar.* Pasto rapido, per lo più a base di carne e patatine fritte ◊ Locale in cui viene servito questo tipo di pasto.

fastidio [fa-stì-dio] *s.m.* **1** Sensazione di malessere, di disturbo, di molestia: *sento un certo fastidio allo stomaco*; *il fumo mi dà fastidio*; *mi dai fastidio con questo rumore!* **2** Ciò che è causa di disturbo Ⓢ seccatura, noia: *questo lavoro mi ha dato un sacco di fastidi.*

fastidioso [fa-sti-dió-so] *agg.* Che dà fastidio Ⓢ molesto, noioso Ⓒ piacevole, gradevole: *un rumore, un lavoro fastidioso*; *gente fastidiosa.*

fasto [fà-sto] *s.m.* Lusso, sfarzo, magnificenza: *la cerimonia di nozze si è svolta con grande fasto.*

fastoso [fa-stó-so] *agg.* Lussuoso, sfarzoso: *la fastosa cerimonia di incoronazione di un re.*

fasullo [fa-sùl-lo] *agg.* Falso, falsificato: *questa firma è fasulla*; *una moneta fasulla.*

fata [fà-ta] *s.f.* **1** Nelle fiabe e nelle tradizioni popolari, donna molto bella, dotata di poteri magici che impiega per fare del bene **2** ♧ Donna molto bella o molto generosa e caritatevole.

fatale [fa-tà-le] *agg.* **1** Voluto dal destino: *si trovava lì per una fatale coincidenza* ◊ Inevitabile: *era fatale che finisse così* **2** Che è causa di morte o disgrazia Ⓢ funesto: *quell'attimo di distrazione gli fu fatale* | *L'ora fatale* = della morte **3** ♧ Dotato di un fascino irresistibile: *una donna fatale*; *gli lanciò uno sguardo fatale.*

fatalità [fa-ta-li-tà] *s.f.* Fatto imprevedibile e inevitabile: *si è trattato di una tragica fatalità* ◊ Destino avverso, sfortuna: *è la fatalità che ha provocato la disgrazia.*

fatato [fa-tà-to] *agg.* Dotato di poteri magici: *il mago le diede un anello fatato.*

fatica [fa-tì-ca] *s.f.* **1** Sforzo che richiede un notevole impegno fisico o intellettuale: *è resistente alla fatica*; *quel lavoro mi è costato molta fatica*; *evita le fatiche* ◊ Stanchezza generata da uno sforzo prolungato: *non mi reggo in piedi dalla fatica* ◊ Lavoro, attività in quanto frutto di uno sforzo: *le fatiche quotidiane*; *la sua fatica è stata premiata* **2** ♧ *A fatica* = con difficoltà, a stento: *il malato respirava a fatica*; *guadagna a fatica quel che gli basta per vivere.*

faticare [fa-ti-cà-re] *v.intr.* [*fatìco, fatìchi*; aus. *avere*] **1** Lavorare duramente, con fatica: *gli tocca faticare tutto il giorno per guadagnarsi da vivere* **2** Fare fatica, incontrare difficoltà a fare qualcosa Ⓢ stentare: *fatica un po' a salire le scale*; *ho dovuto faticare per convincerlo.*

faticata [fa-ti-cà-ta] *s.f.* Fatica intensa e prolungata Ⓢ sfacchinata.

faticoso [fa-ti-có-so] *agg.* Che costa molta fatica Ⓢ stancante, pesante: *una salita, una giornata faticosa* ◊ Difficoltoso: *il malato ha una respirazione faticosa.*

fatidico [fa-tì-di-co] *agg.* [pl.m. *–ci*] Fatale, decisivo: *si avvicinava il giorno fatidico della fuga.*

fatiscente [fa-ti-scèn-te] *agg.* Che va in rovina Ⓢ cadente: *un edificio fatiscente.*

fato [fà-to] *s.m.* Secondo gli antichi greci e romani, potere soprannaturale che regola le vicende umane e la sorte di ciascun individuo Ⓢ destino, sorte: *accettare il volere del fato.*

fattezze [fat-téz-ze] *s.f.pl.* Lineamenti del viso: *il bambino era di fattezze delicate.*

fatto[1] [fàt-to] *agg.* **1** Costituito di un certo materiale: *un tavolo fatto di legno, di ferro, di pietra* ◊ Formato in un certo modo: *fatto a righe, a spirale* | *Una persona ben fatta* = con un bel corpo **2** Compiuto, realizzato: *arrivi sempre a cose fatte* | *Detto fatto* = immediatamente | *Ormai è fatta!* = non si può più tornare indietro ◊ Maturo, adulto: *ormai è un uomo fatto* | *Giorno fatto* = inoltrato **3** Adatto: *quel lavoro non è fatto per me* ◊ Portato: *io non sono fatto per il commercio.*

fatto[2] [fàt-to] *s.m.* **1** Avvenimento, accaduto, vicenda: *un fatto storico*; *raccontami il fatto*; *mi è capitato uno strano fatto* | *Fatto compiuto* = cosa ormai avvenuta e che non si può più modificare: *si sposarono in segreto per mettere i genitori di fronte al fatto compiuto* ◊ Fenomeno: *la caduta dei capelli è un fatto naturale per chi invecchia* ◊ Circostanza: *il fatto che non sia arrivato mi preoccupa* **2** Azione, atto, risultato concreto: *vogliamo fatti e non parole*; *i fatti ci diranno se aveva ragione* | *Passare alle vie di fatto* = ad atti di violenza | *Cogliere qualcuno sul fatto* = mentre sta commettendo un'azione illecita **3** Questione, faccenda personale: *occupati dei fatti tuoi!*; *questi sono fatti miei* ◊ *È uno che sa il fatto suo* = che ha grandi capacità, che è abile nel suo mestiere **4** *Di fatto* = reale, effettivo: *dici che va tutto bene, ma la situazione di fatto è un'altra* | *In fatto di* = per quanto riguarda: *in fatto di musica sono incompetente* | *Il fatto è che* = la realtà, la verità è che: *vorrebbe lavorare, il fatto è che non trova.*

fattore[1] [fat-tó-re] *s.m.* [f. *–essa*] Chi dirige e amministra per conto del proprietario un'azienda agricola.

fattore[2] [fat-tó-re] *s.m.* **1** Elemento, causa che determina o condiziona un dato fenomeno, fatto o una data situazione: *la crisi attuale è dovuta a fattori economici e politici*; *i raccolti dipendono molto dal fattore climatico* | *Fattore campo* = nello sport, il vantaggio che deriva dal fatto di giocare in casa **2** In matematica, ognuno dei termini di una moltiplicazione: *invertendo l'ordine dei fattori il prodotto non cambia.*

fattoria [fat-to-rì-a] *s.f.* Azienda agricola; il complesso dei fabbricati che ne fanno parte; in partic. la casa in cui abita il fattore o il proprietario.

fattorino [fat-to-rì-no] *s.m.* Impiegato subalterno che in un'azienda o in un ufficio svolge diverse mansioni, spec. consegne e commissioni.

fattucchiera [fat-tuc-chiè-ra] *s.f.* Maga, strega.

fattura [fat-tù-ra] *s.f.* **1** Documento su cui è indicato l'importo da pagare per le merci consegnate o per il lavoro eseguito: *ho ricevuto la fattura del dentista, dell'idraulico* **2** Qualità della lavorazione di un oggetto artigianale: *un abito, un gioiello di ottima fattura* **3** Incantesimo, maleficio: *gli hanno fatto una fattura.*

fatuo [fà-tuo] *agg.* **1** Frivolo, vuoto, leggero, superficiale: *una persona fatua*; *fare discorsi fatui* **2** *Fuoco fatuo* = fiammella che può apparire nei cimiteri o nei terreni paludosi per accensione spontanea di gas che vengono esalati dal terreno.

fauci [fàu-ci] *s.f.pl.* La bocca, la gola, spec. di animali feroci: *la preda finì nelle fauci del leone.*

fauna [fàu-na] *s.f.* Il complesso delle specie animali che vivono in un dato ambiente o in una certa regione: *fauna marina, desertica, africana.*

fausto [fàu-sto] *agg.* Felice, fortunato, favorevole: *oggi è stato per tutti noi un giorno fausto.*

fautore [fau-tó-re] *agg.* e *s.m.* [f. *–trice*] Che, chi favorisce, sostiene qualcosa Ⓢ sostenitore Ⓒ avversario: *i fautori della guerra, della pace, di un'iniziativa.*

fava [fà-va] *s.f.* Pianta leguminosa i cui baccelli contengono semi verdi simili a grossi fagioli ◊ Il seme contenuto nei baccelli | ♧ *Prendere due piccioni con una fava* = raggiungere due obiettivi in un colpo solo.

favilla [fa-vìl-la] *s.f.* Minuscolo frammento di materia incandescente Ⓢ scintilla: *le faville del falò* | ♧ *Far faville* = essere particolarmente brillante in qualcosa.

favo [fà-vo] *s.m.* L'insieme delle piccole celle di cera costruite dalle api nell'alveare per deporvi le uova, il miele e il polline.

favola [fà-vo-la] *s.f.* **1** Breve racconto contenente un insegnamento morale e i cui protagonisti sono in genere animali che rappresentano virtù e debolezze umane: *le favole di Esopo* | *La morale della favola* = il suo insegnamento; ♧ la conclusione di quel che si è raccontato: *morale della favola, ho dovuto pagare io per tutti* ◊ Fiaba: *le favole delle fate e delle streghe* **2** Cosa inventata, fandonia, bugia: *non gli credere, le sue son tutte favole!*

favoloso [fa-vo-ló-so] *agg.* **1** Di favola, di fantasia Ⓢ leggendario, fantastico, immaginario: *il sogno la portò in un paese favoloso* **2** ♧ Enorme, eccezionale: *ha ereditato un patrimonio favoloso* ◊ Straordinario, bellissimo: *uno spettacolo, un viaggio favoloso.*

favore [fa-vó-re] *s.m.* **1** Disposizione benevola verso qualcuno o qualcosa Ⓢ simpatia, consenso, approvazione, gradimento: *l'impiegato si è guadagnato il favore dei propri superiori*; *una trasmissione che ha riscosso il favore dei telespettatori* **2** Atto di benevolenza, di gentilezza o di aiuto verso qualcuno Ⓢ cortesia, piacere: *ho ricevuto da lui molti favori*; *devo chiederti un favore*; *mi passi il sale, per favore?* | *Trattamento, prezzo di favore* = speciale, molto conveniente **3** Beneficio, vantaggio: *la squadra ha segnato un punto a proprio favore*; *testimoniare a favore di qualcuno*; *stanziare una somma a favore dei profughi* ◊ Aiuto, appoggio, protezione: *navigare con il favore del vento*; *il ladro fuggì col favore delle tenebre.*

favorevole [fa-vo-ré-vo-le] *agg.* Che è a favore, d'accordo: *sono favorevole alla vostra proposta* ◊ Propizio, vantaggioso: *la nave aveva il vento favorevole*; *ha colto un'occasione favorevole.*

favorire [fa-vo-rì-re] *v.tr.* [*favorìsco, favorìsci*] **1** Agire a vantaggio di qualcuno o di qualcosa (a volte anche con parzialità) Ⓢ aiutare, sostenere, appoggiare Ⓒ sfavorire: *ho cercato di favorire la loro riconciliazione*; *favorire il progresso*; *l'arbitro ha favorito la squadra di casa* ◊ Agevolare, facilitare Ⓒ ostacolare: *ha vinto perché è stato favorito dalle circostanze* **2** *Favorisca il biglietto, la patente, il passaporto* = mi dia, mi porga il biglietto ecc. | *Favorisca alla cassa* = vada a pagare alla cassa | *Favorisca da questa parte* = entri, passi, esca da questa parte | *Vuol favorire con noi?* = vuole accomodarsi a mangiare con noi?

favoritismo [fa-vo-ri-tì-smo] *s.m.* Trattamento di favore con cui si avvantaggia qualcuno a scapito di altri: *qui non si fanno favoritismi per nessuno.*

favorito [fa-vo-rì-to] *agg.* e *s.m.* **1** Prediletto, preferito: *è il mio cantante favorito*; *il figlio maggiore è il suo favorito* **2** Nello sport, il probabile vincitore di una gara: *il corridore favorito*; *i favoriti sono stati sconfitti.*

fax *s.m.invar.* **1** Apparecchio, collegato alla linea telefonica, che permette di ricevere e trasmettere copie di documenti **2** Il documento trasmesso o ricevuto attraverso tale apparecchio: *ti ho appena mandato un fax.*

fazione [fa-zió-ne] *s.f.* Gruppo, spec. politico o sportivo, che manifesta un atteggiamento intollerante e settario nei confronti di altri gruppi.

fazioso [fa-zió-so] *agg.* Che sostiene con intolleranza e senza alcuna obiettività il proprio partito o le proprie tesi: *un individuo fazioso*; *un discorso, un giornale fazioso* Ⓒ imparziale ◊ Che giudica e si comporta con parzialità: *un arbitro fazioso* ♦ *s.m.* Persona faziosa, settaria, intollerante.

fazzoletto [faz-zo-lét-to] *s.m.* Pezzo di tela o di carta di forma quadrata, per soffiarsi il naso, asciugarsi il sudore ecc. ◊ Quadrato di stoffa portato intorno al collo, nel taschino o, dalle donne, usato per coprire la testa.

febbraio [feb-brà-io] *s.m.* Secondo mese dell'anno, di 28 giorni (o 29 negli anni bisestili).

febbre [fèb-bre] *s.f.* **1** Aumento oltre la norma della temperatura del corpo: *ha la gola arrossata e un po' di febbre* | *Febbre da cavallo* = molto alta **2** ♧ Desiderio intenso, smodato Ⓢ smania, brama: *la febbre del denaro, del successo.*

febbrile [feb-brì-le] *agg.* **1** Di febbre: *ha avuto un attacco febbrile* **2** ♧ Agitato, affannoso: *la aspettava con ansia febbrile* ◊ Instancabile, intenso: *una giornata di attività febbrile.*

feccia [fèc-cia] *s.f.* [pl. *–ce*] **1** Deposito lasciato dal vino sul fondo della botte in cui è conservato **2** ♧ La parte peggiore: *la feccia della società*; *quel posto era frequentato dalla feccia della città.*

feci [fè-ci] *s.f.pl.* Escrementi umani.

fecola [fè-co-la] *s.f.* Farina ricca di amido che si ricava spec. dai tuberi e in partic. dalle patate.

fecondare [fe-con-dà-re] *v.tr.* **1** Determinare la fecondazione: *il polline feconda i fiori* **2** Rendere fertile, produttivo: *il concime feconda i campi.*

fecondazione [fe-con-da-zió-ne] *s.f.* Unione delle cellule sessuali maschile e femminile che dà inizio allo sviluppo di un nuovo individuo umano, animale o vegetale.

fecondo [fe-cón-do] *agg.* **1** In grado di avere figli: *l'età in cui una donna è feconda* **2** Che dà molti frutti Ⓢ fertile: *un terreno fecondo* ◊ ♧ Che produce molte opere o molti risultati Ⓢ produttivo: *uno scrittore fecondo.*

fede [fé-de] *s.f.* **1** Il credere fermamente in qualcosa o in qualcuno per fiducia e per intima convinzione: *avere fede in Dio, nella giustizia, nel progresso, nella vittoria* ◊ Fiducia, credito: *una persona degna di fede*; *non ho prestato fede alle sue promesse* **2** In senso assoluto, il credere in Dio e nella verità delle sue rivelazioni: *avere la fede*; *ha trovato conforto nella fede* ◊ Religione: *la fede cattolica, protestante, ebraica, musulmana* **3** Ciò in cui si crede; l'ideologia, la dottrina, il credo a cui si aderisce: *fede religiosa, politica*; *fede socialista, monarchica* **4** Fedeltà a una promessa, a un impegno: *ha tenuto fede alla parola data, ai patti* **5** Anello nuziale: *porta sempre la fede al dito.*

fedele [fe-dé-le] *agg.* **1** Che è costante nell'amore, nell'affetto, nelle proprie convinzioni; che mantiene le promesse, non tradisce la fiducia Ⓢ devoto, leale Ⓒ infedele: *moglie, marito fedele*; *un amico fedele*; *è restato fedele ai propri ideali* **2** Corrispondente alla verità, alla realtà: *un fedele resoconto degli avvenimenti* ◊ Conforme all'originale: *gli ha fatto un ritratto fedele* ♦ *s.m.f.* Chi è seguace di una fede religiosa o è devoto a un'idea, a una causa, a una persona: *i fedeli affollavano la chiesa*; *i fedeli della monarchia, del re.*

fedeltà [fe-del-tà] *s.f.* **1** Comportamento fedele Ⓢ fede, lealtà, devozione: *serbare fedeltà a un patto*; *rispettare la fedeltà coniugale* **2** Corrispondenza alla realtà; conformità al modello, all'originale Ⓢ esattezza, precisione: *la fedeltà di un resoconto, di un ritratto* | *Alta fedeltà* = alto grado di precisione nella riproduzione dei suoni Ⓢ hi-fi: *un impianto ad alta fedeltà.*

federa [fè-de-ra] *s.f.* Fodera di tela che ricopre il cuscino.

federale [fe-de-rà-le] *agg.* **1** Costituito da una federazione di stati: *la Svizzera è uno stato federale* **2** Di una federazione sindacale, politica, sportiva ecc.: *il consiglio federale del calcio.*

federalismo [fe-de-ra-lì-smo] *s.m.* Tendenza politica favorevole alla federazione di più stati ognuno dei quali conservi una relativa autonomia: *il federalismo europeo* ◊ Tendenza politica favorevole a dare la massima autonomia alle regioni che compongono uno stato.

federazione [fe-de-ra-zió-ne] *s.f.* **1** Stato formato dall'unione di più stati che mantengono una certa autonomia in diversi settori Ⓢ confederazione **2** Unione di associazioni sindacali, politiche, economiche, sportive ecc.: *la Federazione italiana gioco calcio.*

fegato [fé-ga-to] *s.m.* **1** Grossa ghiandola dell'apparato digerente, situata nella parte destra dell'addome; secerne la bile e svolge altre importanti funzioni per l'organismo: *è malato di fegato* | ♧ *Rodersi, mangiarsi il fegato* = rodersi dalla rabbia ◊ Pietanza a base di fegato di animali **2** ♧ Coraggio: *avere del fegato*; *un uomo di fegato.*

felce [fél-ce] *s.f.* Pianta dal fusto sottile con foglie lunghissime e frastagliate, che vive in luoghi umidi e ombrosi e non ha fiori né frutti.

felice [fe-lì-ce] *agg.* **1** Lieto, contento, soddisfatto: *sono felice di rivederti* ◊ Che procura felicità; pieno di gioia, di serenità: *ricordi felici*; *ha passato un'infanzia felice* **2** Favorevole: *l'impresa ha avuto un esito felice* ◊ Efficace, indovinato, opportuno: *una scelta felice*; *un'idea poco felice.*

felicità [fe-li-ci-tà] *s.f.* Condizione e sentimento di gioia, di serenità, di soddisfazione: *cercare la* *felicità* ◊ Fatto, cosa che rende felici: *che felicità rivederti!*; *ti auguro ogni felicità!*

felicitarsi [fe-li-ci-tàr-si] *v.pr.* Rallegrarsi, congratularsi: *ci felicitiamo con te per il tuo successo.*

felicitazioni [fe-li-ci-ta-zió-ni] *s.f.pl.* Rallegramenti, congratulazioni: *ti faccio le mie felicitazioni per la vittoria.*

felino [fe-lì-no] *s.m.* Ogni mammifero carnivoro della famiglia cui appartengono il gatto, la tigre, il leone, il leopardo, la pantera ecc. ♦ *agg.* Da felino (e spec. da gatto): *gli fu addosso con un balzo felino*; *sguardo felino*; *astuzia felina.*

felpa [fél-pa] *s.f.* Tessuto morbido e peloso solo da una parte ◊ Indumento fatto con questo tessuto.

felpato [fel-pà-to] *agg.* **1** Lavorato a felpa: *tessuto felpato* ◊ Foderato di felpa: *guanti felpati* **2** ♧ *Passo felpato* = leggero, silenzioso.

feltro [fél-tro] *s.m.* Panno molto compatto ottenuto pressando fibre di lana per lo più mescolate con peli di animali; è impiegato soprattutto per confezionare cappelli, per imbottiture e rivestimenti, per fabbricare stuoie e tappeti.

femmina [fém-mi-na] *s.f.* **1** Ogni essere umano o animale in grado di essere fecondato e di generare: *la gallina è la femmina del gallo*; *ha tre figli, un maschio e due femmine* **2** Donna: *le femmine vivono più a lungo dei maschi* **3** Parte di un congegno destinata a riceverne un'altra al proprio interno: *la femmina della spina.*

femminile [fem-mi-nì-le] *agg.* **1** Di femmina Ⓒ maschile: *sesso femminile* ◊ *Genere femminile* = il genere grammaticale (opposto a *maschile*) a cui appartengono una parte dei nomi e dei pronomi **2** Da donna, di donne, per donne: *abito femminile*; *squadra femminile*; *lavori femminili* ◊ Tipico, caratteristico della donna: *grazia, delicatezza, sensibilità femminile* ♦ *s.m.* Genere grammaticale femminile.

femminilità [fem-mi-ni-li-tà] *s.f.* Il complesso delle caratteristiche fisiche e psicologiche che sono proprie della donna e la distinguono dall'uomo.

femminismo [fem-mi-nì-smo] *s.m.* Movimento sorto nell'Ottocento per rivendicare alle donne la completa parità di diritti con gli uomini ◊ In epoca più recente, movimento che si propone di liberare la donna dal dominio culturale maschile per affermare la sua diversità e originalità.

femore [fè-mo-re] *s.m.* Osso della coscia, il più lungo del corpo umano.

fendente [fen-dèn-te] *s.m.* Colpo di sciabola vibrato di taglio dall'alto verso il basso ◊ Colpo analogo dato con qualunque altra arma da taglio, con un bastone o con altro oggetto contundente.

fendere [fèn-de-re] *v.tr.* [pass.rem. *fendéi* o *fendètti*] **1** Aprire, spaccare, tagliare in due: *fendere la terra con l'aratro* **2** Passare in mezzo, attraversare, solcare: *fendere la folla*; *i fari non riuscivano a fendere la nebbia*; *la nave fendeva le onde* ♦ **fendersi** *v.pr.* Spaccarsi, screpolarsi.

fenditura [fen-di-tù-ra] *s.f.* Apertura lunga e stretta Ⓢ fessura, spaccatura: *una fenditura della porta, della roccia.*

fenicottero [fe-ni-còt-te-ro] *s.m.* Grosso uccello delle lagune, con zampe e collo lunghissimi e piume bianco-rosse.

fenomenale [fe-no-me-nà-le] *agg.* Straordinario, eccezionale: *ha una memoria fenomenale.*

fenomeno [fe-nò-me-no] *s.m.* **1** Ogni fatto o evento che possiamo percepire, osservare, studiare e di cui possiamo stabilire le caratteristiche: *fenomeni naturali, atmosferici, storici, sociali*; *l'eco è un fenomeno acustico*; *fare uno studio sul fenomeno dell'emigrazione* **2** Persona che ha doti eccezionali: *quel pianista è un fenomeno.*

feriale [fe-rià-le] *agg.* Non festivo, lavorativo: *giorno feriale* ◊ Dei giorni non festivi: *orario feriale.*

ferie [fè-rie] *s.f.pl.* Periodo di riposo retribuito che spetta ogni anno ai lavoratori Ⓢ vacanze: *andare in ferie*; *negozio chiuso per ferie*; *ferie estive.*

ferire [fe-rì-re] *v.tr.* [*ferìsco, ferìsci*] **1** Colpire producendo una ferita: *lo hanno ferito alla gamba* **2** ♧ Addolorare, offendere gravemente: *le sue parole mi hanno ferito*; *è stato ferito nel suo amor proprio* ♦ **ferirsi** *v.pr.* Procurarsi una ferita: *si è ferito a una mano.*

ferita [fe-rì-ta] *s.f.* **1** Taglio o lacerazione della pelle o dei tessuti: *ferita profonda, superficiale, mortale*; *ferita da coltello, d'arma da fuoco* **2** ♧ Dolore morale; grave offesa: *un ricordo che ha riaperto un'antica ferita*; *ha ricevuto una ferita nel suo orgoglio.*

feritoia [fe-ri-tó-ia] *s.f.* Stretta apertura praticata nelle mura di una fortificazione o nella corazza di mezzi blindati, allo scopo di poter sparare sul nemico senza esporsi al suo tiro ◊ Stretta apertura per dare luce e aria ad ambienti chiusi, spec. sotterranei.

fermaglio [fer-mà-glio] *s.m.* Congegno di forma varia (a gancio, a fibbia ecc.) usato per tenere uniti oggetti diversi o parti staccate dello stesso oggetto, per fissare ciocche di capelli ecc.

fermare [fer-mà-re] *v.tr.* **1** Bloccare, trattenere qualcuno o qualcosa arrestandone il movimento: *un passante lo fermò per la strada*; *il macchinista fermò il treno* ◊ Interrompere, sospendere lo svolgimento di qualcosa: *l'arbitro ha fermato il gioco* ◊ Trattenere qualcuno in stato di fermo: *la polizia ha fermato alcuni sospetti* **2** Fissare, assicurare qualcosa perché non si muova: *fermare un bottone, una finestra* **3** ♧ Riservare, prenotare: *ricordati di fermare la camera dell'albergo* ♦ *v.intr.* [aus. *avere*] Fare una fermata: *il treno ferma a tutte le stazioni* ♦ **fermarsi** *v.pr.* **1** Smettere di muoversi, di camminare, di procedere; interrompere la propria attività: *fermatevi!*; *fermarsi a riposare*; *il treno si è fermato*; *lavora dalla mattina alla sera senza mai fermarsi* ◊ Smettere di funzionare: *l'orologio si è fermato* **2** Trattenersi in un luogo: *si è fermato in ufficio a lavorare.*

fermata [fer-mà-ta] *s.f.* Sosta effettuata da un mezzo pubblico per far scendere e salire i passeggeri: *un treno lento, che fa molte fermate* ◊ Il luogo dove si ferma un mezzo pubblico: *scusi, dov'è la fermata del tram?*

fermentare [fer-men-tà-re] *v.intr.* [aus. *avere*] **1** Subire la fermentazione: *il mosto fermenta trasformandosi in vino* **2** ♧ Crescere, svilupparsi rapidamente: *nel popolo fermentava il desiderio della rivolta.*

fermentazione [fer-men-ta-zió-ne] *s.f.* Processo di trasformazione chimica di sostanze organiche operata da particolari microrganismi, detti *fermenti* o *enzimi*; per es., nella *fermentazione alcolica,* gli zuccheri presenti nell'uva e in altre frutta o nei cereali si trasformano in alcol.

fermento [fer-mén-to] *s.m.* **1** Microrganismo che provoca la fermentazione: *fermenti lattici* **2** ♧ Stato di agitazione, di inquietudine: *la popolazione era in fermento.*

fermezza [fer-méz-za] *s.f.* Saldezza, costanza: *apprezzo la fermezza delle sue convinzioni* ◊ Risolutezza, decisione: *la situazione è grave, dobbiamo agire con fermezza.*

fermo [fér-mo] *agg.* **1** Che non si muove Ⓢ immobile: *il treno è fermo in stazione*; *stai fermo con le gambe!* | *Mano ferma, polso fermo* = che non trema ◊ Sospeso, interrotto: *il gioco è fermo per un infortunio* **2** ♧ Costante, tenace, saldo, irremovibile: *è un uomo fermo nei suoi propositi* ◊ Risoluto, energico, deciso: *gli rispose con tono fermo* **3** ♧ Stabilito: *resta fermo l'appuntamento per domani* ♦ *s.m.* **1** Strumento o congegno per fissare o bloccare qualcosa: *metti il fermo alla porta* **2** *Fermo (di polizia)* = misura di detenzione provvisoria adottata dalla polizia nei confronti di persone sospettate di aver commesso un delitto.

–fero Secondo elemento di parole composte che significa «che porta», «che produce» (*frigorifero, metallifero*).

feroce [fe-ró-ce] *agg.* **1** Crudele, spietato, disumano: *un feroce delitto*; *un feroce assassino* | *Bestie feroci* = i grandi carnivori selvatici, spec. felini, che possono anche aggredire l'uomo **2** ♧ Molto intenso Ⓢ tremendo, insopportabile: *un dolore feroce*; *una fame feroce.*

ferocia [fe-rò-cia] *s.f.* [pl. *–cie*] Crudeltà, spietatezza: *i soldati massacrarono con ferocia i civili.*

ferraglia [fer-rà-glia] *s.f.* Ammasso, insieme di rottami di ferro.

ferragosto [fer-ra-gó-sto] *s.m.* La festa del 15 agosto; i giorni immediatamente precedenti e seguenti, tradizionale periodo di vacanza.

ferramenta [fer-ra-mén-ta] *s.f.pl.* Oggetti e arnesi in ferro: *negozio di ferramenta* ♦ *s.m.invar.* Il negozio in cui si vendono: *sono andato dal ferramenta a comprare delle viti.*

ferrare [fer-rà-re] *v.tr.* Rinforzare con elementi di ferro: *ferrare una botte* ◊ Applicare i ferri agli zoccoli di cavalli, asini, buoi.

ferrato [fer-rà-to] *agg.* **1** Munito di chiodi: *scarpe ferrate* **2** ♧ Notevolmente preparato in un determinato campo: *è ferrato in matematica.*

ferreo [fèr-re-o] *agg.* **1** Di ferro **2** ♧ Molto tenace: *ha una volontà ferrea* ◊ Duro, inflessibile: *imporre una disciplina ferrea.*

ferro [fèr-ro] *s.m.* **1** Metallo di colore grigio scuro, impiegato, soprattutto in leghe (acciai e ghise), nelle costruzioni e nella fabbricazione degli oggetti più svariati: *estrarre, fondere, lavorare il ferro*; *un ponte di ferro* ◊ Espressioni figurate | *Memoria di ferro* = formidabile | *Salute di ferro* = molto robusta | *Stomaco di ferro* = che digerisce tutto | *Alibi di ferro* = inattaccabile | *Usare il pugno di ferro* = essere molto rigido e severo | *Toccare ferro* = fare gli scongiuri | *Battere il ferro finché è caldo* = proseguire nel fare qualcosa finché la situazione resta favorevole **2** Oggetto, arnese di ferro o anche di altro metallo: *scardinare una porta con un ferro* | *I ferri del mestiere* = gli strumenti che servono per un lavoro, per una professione: *i ferri del fabbro, del chirurgo* | *Ferro da stiro* = attrezzo per stirare | *Ferro di cavallo* = lamina di ferro a forma di U che si applica con chiodi agli zoccoli di cavalli, asini e muli per impedire che si consumino | *Bistecca, pesce ai ferri* = cotti alla griglia **3** ♧ *Mettere a ferro e fuoco*

= devastare, saccheggiare una città, un territorio | *Essere, venire ai ferri corti* = a un forte e decisivo contrasto: *i due rivali sono venuti ai ferri corti.*

ferroso [fer-ró-so] *agg.* Che contiene ferro: *minerali ferrosi.*

ferrovecchio [fer-ro-vèc-chio] *s.m.* [pl. *ferrivecchi*] Arnese, macchina fuori uso o in pessime condizioni: *quando ti deciderai a buttare via quel ferrovecchio?*

ferrovia [fer-ro-vì-a] *s.f.* **1** Strada con binari su cui transitano i treni: *ferrovia a doppio binario* **2** Servizio di trasporto ferroviario: *viaggiare in ferrovia* ◊ Azienda che gestisce i trasporti ferroviari: *lavora nelle ferrovie.*

ferroviario [fer-ro-vià-rio] *agg.* Delle ferrovie e di tutto ciò che le riguarda: *materiali, impianti, veicoli, trasporti ferroviari; orario ferroviario.*

ferroviere [fer-ro-viè-re] *s.m.* Dipendente di un'azienda ferroviaria.

fertile [fèr-ti-le] *agg.* Detto di terreno o territorio, adatto alla coltivazione Ⓢ produttivo, fecondo Ⓒ sterile ◊ Detto di femmina umana o animale, capace di generare Ⓢ fecondo Ⓒ sterile.

fertilità [fer-ti-li-tà] *s.f.* L'essere fertile Ⓢ fecondità: *il concime aumenta la fertilità della terra.*

fertilizzante [fer-ti-liz-zàn-te] *agg.* e *s.m.* Si dice di sostanza o prodotto che aumenta la fertilità dei terreni agricoli Ⓢ concime: *il letame è il migliore fertilizzante naturale.*

fertilizzare [fer-ti-liz-zà-re] *v.tr.* Rendere fertile Ⓢ concimare.

fervente [fer-vèn-te] *agg.* Pieno di ardore Ⓢ ardente, appassionato: *una fervente preghiera; un fervente patriota.*

fervere [fèr-ve-re] *v.intr.* [manca del part.pass. e dei tempi composti] Svolgersi con grande intensità e animazione: *fervono i preparativi per la festa.*

fervido [fèr-vi-do] *agg.* Caloroso: *vi faccio i miei più fervidi auguri* ◊ Vivace: *ha un'immaginazione molto fervida.*

fervore [fer-vó-re] *s.m.* Ardore, intensa partecipazione: *pregare, studiare con fervore* ◊ Intensità, animazione, impeto: *si è fatto trascinare dal fervore della discussione.*

fesseria [fes-se-rì-a] *s.f.* **1** Stupidaggine: *ha fatto una fesseria; non dire fesserie!* **2** Cosa di nessuna importanza Ⓢ sciocchezza: *non preoccuparti per una simile fesseria!*

fesso [fés-so] *agg.* e *s.m.* Sciocco, stupido | *Fare fesso qualcuno* = ingannarlo, imbrogliarlo.

fessura [fes-sù-ra] *s.f.* Apertura o spaccatura lunga e stretta Ⓢ fenditura, crepa; spiraglio: *un muro pieno di fessure; la luce entrava da una fessura.*

festa [fè-sta] *s.f.* **1** Giorno, in genere non lavorativo, dedicato alla ricorrenza di un avvenimento importante o di una solennità religiosa: *il primo maggio è la festa del lavoro; la festa della Pasqua* | *Le Feste* = i giorni da Natale a capodanno: *buone feste!* | ♧ *Conciare qualcuno per le feste* = ridurlo in cattive condizioni ◊ Vacanza dalla scuola o dal lavoro: *oggi facciamo festa* ◊ Giorno del compleanno o dell'onomastico: *domani è la mia festa* **2** Trattenimento organizzato per celebrare un lieto avvenimento o a scopo di semplice divertimento: *una festa di matrimonio con molti invitati; andare a una festa da ballo* **3** Gioia, allegria, giubilo: *la città era tutta in festa; grida di festa* | *Fare festa a qualcuno* = accoglierlo festosamente.

festante [fe-stàn-te] *agg.* Che è in festa; che manifesta allegria ed entusiasmo: *i tifosi erano festanti per la vittoria.*

festeggiamenti [fe-steg-gia-mén-ti] *s.m.pl.* L'insieme delle manifestazioni con cui si festeggia una persona o un avvenimento: *sono cominciati i festeggiamenti per la vittoria della nazionale.*

festeggiare [fe-steg-già-re] *v.tr.* **1** Celebrare con feste un avvenimento lieto: *festeggiare la nascita di un figlio* **2** Accogliere festosamente qualcuno: *festeggiare gli sposi.*

festival [fè-sti-val o fe-sti-vàl] *s.m.invar.* **1** Manifestazione, rassegna periodica in cui vengono presentate opere cinematografiche, teatrali, o musicali: *il festival del cinema di Venezia; il festival di Sanremo* **2** Festa popolare all'aperto, con musica e spettacoli.

festività [fe-sti-vi-tà] *s.f.* Festa solenne; giorno festivo: *la festività del primo maggio.*

festivo [fe-stì-vo] *agg.* Di festa: *giorno festivo* ◊ Proprio dei giorni di festa: *riposo, orario festivo.*

festone [fe-stó-ne] *s.m.* Decorazione formata da fiori, foglie, frutti o da strisce di stoffa o di carta, che viene appesa a forma di arco per ornare sale, porte, finestre, strade in occasione di feste.

festoso [fe-stó-so] *agg.* Che fa festa; che esprime gioia e allegria: *un cane festoso con tutti; l'ospite ricevette un'accoglienza festosa.*

feticcio [fe-tìc-cio] *s.m.* Nelle religioni primitive, oggetto (spec. statua o immagine) a cui vengono attribuiti poteri magici e che viene venerato Ⓢ idolo.

fetido [fè-ti-do] *agg.* Che manda fetore Ⓢ puzzolente, maleodorante: *dalle fogne uscivano fetide esalazioni.*

feto [fè-to] *s.m.* Nell'uomo e nei mammiferi, il nuovo individuo, dal momento in cui assume nel ventre materno le caratteristiche della specie sino alla nascita.

fetore [fe-tó-re] *s.m.* Puzzo intenso, disgustoso e insopportabile Ⓢ lezzo: *fetore di pesce marcio, di fogna.*

fetta [fét-ta] *s.f.* **1** Pezzo di cibo tagliato largo e sottile: *una fetta di carne, di pane, di formaggio, di anguria* **2** ♧ Parte di qualcosa a forma di fetta Ⓢ striscia: *una fetta di cielo, di terra.*

fettuccia [fet-tùc-cia] *s.f.* Nastro di cotone usato come legaccio o per orli e guarnizioni di abiti e biancheria.

feudale [feu-dà-le] *agg.* Del feudo, del feudalesimo: *il signore feudale viveva nel castello*; *la società feudale.*

feudalesimo [feu-da-lé-si-mo] *s.m.* Il sistema politico, economico e sociale affermatosi nell'età medievale e basato sui feudi concessi dal sovrano ai suoi vassalli.

feudatario [feu-da-tà-rio] *s.m.* Nel medioevo, signore di un feudo.

feudo [fèu-do] *s.m.* **1** Nel medioevo, territorio concesso da un sovrano a un nobile suo vassallo, che in cambio si impegnava a servirlo fedelmente e a fornirgli un aiuto militare in caso di necessità **2** Grande proprietà terriera Ⓢ latifondo.

fiaba [fià-ba] *s.f.* Racconto fantastico destinato spec. ai bambini, spesso popolato di esseri strani e dotati di poteri soprannaturali (animali parlanti, mostri, streghe, fate, gnomi ecc.) Ⓢ favola.

fiabesco [fia-bé-sco] *agg.* [pl.m. *–schi*] Che ha caratteristiche di fiaba: *racconti fiabeschi* ◊ Straordinario, fantastico, irreale: *un palazzo, un paesaggio fiabesco.*

fiacca [fiàc-ca] *s.f.* Stanchezza, fiacchezza: *aveva addosso una gran fiacca* ◊ Svogliatezza, scarso impegno: *lavora con fiacca* | *Battere la fiacca* = lavorare svogliatamente e il meno possibile.

fiacco [fiàc-co] *agg.* [pl.m. *–chi*] Privo di forza, di energia, di vigore Ⓢ debole, stanco Ⓒ forte, vigoroso: *oggi mi sento fiacco.*

fiaccola [fiàc-co-la] *s.f.* Lume fatto con legni resinosi o altro materiale infiammabile, che brucia lentamente e resiste al vento Ⓢ torcia | *Fiaccola olimpica* = quella che nei moderni giochi olimpici è portata a staffetta da Atene al luogo in cui si tengono i giochi.

fiaccolata [fiac-co-là-ta] *s.f.* Corteo, processione i cui partecipanti portano in mano una fiaccola accesa.

fiala [fià-la] *s.f.* Piccolo recipiente di vetro, chiuso ermeticamente, contenente medicinali o profumi.

fiamma [fiàm-ma] *s.f.* **1** Lingua di fuoco che si leva da ciò che brucia: *la fiamma della candela, della stufa* | *Andare in fiamme* = bruciare | *Dare alle fiamme* = incendiare | ♧ *Fare fuoco e fiamme* = agitarsi, strepitare per qualcosa; cercare ogni mezzo per raggiungere uno scopo **2** ♧ Ardore, forza di un sentimento: *la fiamma dell'amore, della speranza, della fede* **3** ♧ Persona amata: *quella ragazza è la sua nuova fiamma.*

fiammante [fiam-màn-te] *agg.* *Rosso fiammante* = rosso acceso | ♧ *Nuovo fiammante* = nuovissimo: *un'automobile nuova fiammante.*

fiammata [fiam-mà-ta] *s.f.* Fiamma alta e forte, ma di breve durata ◊ ♧ Sentimento intenso ma che si spegne rapidamente: *una fiammata d'entusiasmo.*

fiammeggiante [fiam-meg-giàn-te] *agg.* Che risplende come una fiamma: *una spada fiammeggiante*; *occhi fiammeggianti.*

fiammifero [fiam-mì-fe-ro] *s.m.* Bastoncino di legno, cartone o carta cerata, con una capocchia che si infiamma quando viene sfregata.

fiammingo [fiam-mìn-go] *agg.* [pl.m. *–ghi*] Delle Fiandre, la regione settentrionale del Belgio: *i pittori fiamminghi* ♦ *s.m.* Abitante delle Fiandre.

fiancata [fian-cà-ta] *s.f.* Parete, parte laterale di qualcosa: *le fiancate di una nave, di un palazzo, di un mobile.*

fiancheggiare [fian-cheg-già-re] *v.tr.* **1** Stare o procedere di fianco o lungo i fianchi di qualcosa o qualcuno: *in quel punto la strada fiancheggia la ferrovia*; *un cordone di poliziotti fiancheggiava il corteo* **2** ♧ Aiutare, spalleggiare: *fiancheggiare un amico in una discussione.*

fianco [fiàn-co] *s.m.* [pl. *–chi*] **1** Ognuna delle due parti laterali del corpo comprese tra la vita e l'anca: *ho un dolore al fianco sinistro*; *si girò su un fianco* | *Stare, restare al fianco di qualcuno* = stargli vicino, non lasciarlo solo; ♧ assisterlo, aiutarlo | ♧ *Prestare il fianco alle critiche* = esporsi come facile bersaglio di critiche **2** Lato, parte laterale di qualcosa: *il fianco destro di un palazzo*; *la nave si inclinò su un fianco* | *A fianco* = accanto, vicino: *abita qui a fianco* | *Di fianco* = accanto: *abita di fianco alla stazione.*

fiasco [fià-sco] *s.m.* [pl. *–schi*] **1** Recipiente di vetro di forma tondeggiante, rivestito di paglia o plastica, con collo lungo e stretto: *un fiasco di vino, di olio* **2** ♧ Esito negativo, insuccesso: *la commedia è stata un fiasco totale*; *agli esami ha fatto fiasco.*

fiatare [fia-tà-re] *v.intr.* [aus. *avere*] Dire una sola parola, aprire bocca: *ha accettato i rimproveri senza fiatare.*

fiato [fià-to] *s.m.* L'aria che si emette dai polmoni attraverso la bocca e il naso Ⓢ alito: *si scaldava le mani col fiato*; *ha il fiato puzzolente* | *Strumenti a fiato* o *fiati* = quelli che suonano soffiandovi dentro (tromba, sassofono, clarino ecc.) ◊ Respiro: *trattenere il fiato* | *Avere il fiato grosso* = ansimare | *Sentirsi mancare il fiato* = respirare con grande difficoltà | ♧ *Prendere fiato* = riposare un momento | ♧ *Restare senza fiato* = allibito, stupefatto | ♧ *Sprecare il fiato* = parlare inutilmente | ♧ *(Tutto) d'un fiato* = tutto in una volta, senza interruzioni: *bere un bicchiere di vino, leggere un libro tutto d'un fiato.*

fibbia [fib-bia] *s.f.* Fermaglio per tenere chiuse cinture, scarpe, borse e simili.

fibra [fi-bra] *s.f.* **1** Formazione di cellule a forma di filamento che costituisce numerosi tessuti animali e vegetali: *fibre muscolari, nervose* | *Fibre tessili* = materiali adatti a essere filati e tessuti; possono essere di origine animale o vegetale (*fibre naturali*: lana, seta, cotone, lino ecc.) o ottenuti con procedimenti chimici (*fibre artificiali* e *fibre sintetiche*) | *Fibre ottiche* = Filamenti di materiali vetrosi o sintetici utilizzati nelle telecomunicazioni per la loro capacità di trasmettere grandi quantità di informazioni a elevata velocità **2** ♧ Costituzione fisica: *una persona di fibra robusta.*

ficcanaso [fic-ca-nà-so] *s.m.f.* [pl.m. *ficcanasi*; pl.f. *ficcanaso*] Persona indiscreta, che si intromette nelle faccende che non la riguardano.

ficcare [fic-cà-re] *v.tr.* [*ficco, ficchi*] Spingere dentro a forza: *ficcare un chiodo nel muro* ◊ Mettere, cacciare dentro (anche ♧): *ficcarsi le mani in tasca*; *ficcare il naso nelle faccende altrui*; *che strane idee ti sei ficcato in testa* ♦ **ficcarsi** *v.pr.* Mettersi, cacciarsi dentro qualcosa (anche ♧): *ficcarsi a letto*; *ficcarsi in un pasticcio.*

fico [fi-co] *s.m.* [pl. *-chi*] **1** Pianta che produce frutti granulosi molto dolci ◊ Il frutto di tale pianta: *marmellata di fichi* ◊ ♧ Nulla, niente: *non me ne importa un fico (secco)*; *non vale un fico* **2** *Fico d'India* = specie di cactus con rami piatti e carnosi muniti di spine e frutti dalla polpa dolce ◊ Il frutto di tale pianta.

fiction [parola inglese; pron. corrente *fìcscion*] *s.f.invar.* Il genere narrativo, cinematografico e televisivo costituito da opere frutto d'immaginazione, e quindi da romanzi, novelle, film non documentari e sceneggiati.

fidanzamento [fi-dan-za-mén-to] *s.m.* Promessa di matrimonio; cerimonia con cui la si festeggia: *anello di fidanzamento* ◊ Periodo che trascorre tra la promessa e il matrimonio: *si sono sposati dopo due anni di fidanzamento.*

fidanzarsi [fi-dan-zàr-si] *v.pr.* Scambiarsi una promessa di matrimonio: *si sono fidanzati ufficialmente* ◊ Impegnarsi a sposare una persona: *si è fidanzato con un'amica.*

fidanzato [fi-dan-zà-to] *agg.* e *s.m.* Che, chi ha scambiato promessa di matrimonio: *sono fidanzati da poco*; *è uscita con il fidanzato.*

fidarsi [fi-dàr-si] *v.pr.* **1** Avere fiducia: *mi fido di lui ciecamente*; *non dovevi fidarti delle sue promesse* **2** Sentirsi in grado di fare qualcosa con sufficiente sicurezza: *non mi fido ancora a camminare senza stampelle.*

fidato [fi-dà-to] *agg.* Di cui ci si può fidare: *è un amico fidato.*

fido [fi-do] *agg.* Fedele, fidato: *un fido compagno* ♦ *s.m.* Fedele seguace: *il capo era accompagnato dai suoi fidi.*

fiducia [fi-dù-cia] *s.f.* Convinzione di poter fare sicuro affidamento su qualcuno o su qualcosa: *avere fiducia in Dio, nella giustizia*; *ha poca fiducia in se stesso*; *guardo con fiducia all'avvenire* | *Di fiducia* = di cui ci si fida: *persona, medico, negozio di fiducia* ◊ *Voto di fiducia* = quello con cui un governo viene approvato dal parlamento e può restare in carica.

fiducioso [fi-du-ció-so] *agg.* Pieno di fiducia.

fiele [fiè-le] *s.m.* **1** Bile: *una medicina amara come il fiele* **2** ♧ Livore, astio, odio: *gli scrisse una lettera piena di fiele.*

fienile [fie-nì-le] *s.m.* Locale in cui si ammassano e conservano il fieno e altri foraggi.

fieno [fiè-no] *s.m.* Erba tagliata e seccata, usata come foraggio: *un carro di fieno.*

fiera[1] [fiè-ra] *s.f.* **1** Grande mercato che si tiene periodicamente in una località, con vendita di bestiame e prodotti vari: *una volta al mese c'è la fiera del paese* **2** Grande mostra-mercato periodica dedicata a uno o più settori della produzione: *la fiera campionaria di Milano*; *fiera del libro, del mobile.*

fiera[2] [fiè-ra] *s.f.* Animale feroce Ⓢ belva.

fiero [fiè-ro] *agg.* Che dimostra coraggio, fermezza e dignità morale: *un popolo fiero*; *gli oppose un fiero rifiuto* ◊ Orgoglioso: *sono fiero di lui.*

fievole [fiè-vo-le] *agg.* Debole, fioco: *parlava con voce fievole.*

fifa [fi-fa] *s.f.* Paura: *è scappato per la fifa.*

fifone [fi-fó-ne] *agg.* e *s.m.* Pauroso: *sei un fifone!*

figlia [fi-glia] *s.f.* **1** Ogni individuo di sesso femminile rispetto ai suoi genitori **2** ♧ Prodotto, conseguenza: *la violenza è figlia dell'intolleranza.*

figliare [fi-glià-re] *v.tr.* Partorire (detto di animali).

figliastro [fi-glià-stro] *s.m.* Figlio del proprio coniuge nato da un suo precedente matrimonio.

figlio [fi-glio] *s.m.* **1** Ogni individuo rispetto ai suoi genitori (indica il sesso maschile quando è opposto a *figlia*): *una coppia con tre figli*; *hanno un figlio e una figlia* | *Figlio d'arte* = artista figlio di artisti | *Figlio di papà* = chi è favorito nella vita e nella carriera dalla posizione del padre ricco e influente; viziato **2** Persona che ha una certa origine o discendenza | *Figlio del popolo* = persona di umili origini ◊ Cittadino di un paese o di una regione: *una terra che ha visto emigrare molti suoi figli* **3** ♧ Conseguenza, frutto, prodotto: *il razzismo è figlio dell'intolleranza.*

figlioccio [fi-gliòc-cio] *s.m.* Chi è stato tenuto a battesimo o a cresima, rispetto a chi gli ha fatto da padrino o da madrina: *la madrina ha fatto un regalo al suo figlioccio.*

figliolanza [fi-glio-làn-za] *s.f.* L'insieme dei figli di una coppia: *hanno una numerosa figliolanza.*

figliolo [fi-gliò-lo] *s.m.* **1** Figlio (con un tono partic. affettuoso): *vuole bene ai propri figlioli* **2** Giovane, ragazzo: *ha sposato un bravo figliolo.*

figura [fi-gù-ra] *s.f.* **1** Forma o aspetto esteriore di una cosa: *quella nuvola ha la figura di un uccello* ◊ Aspetto complessivo di un corpo umano: *ha una figura slanciata* **2** Personaggio: *Garibaldi è la figura più popolare del Risorgimento* **3** Immagine (spec. umana) disegnata, dipinta o scolpita: *un grande quadro con le figure a grandezza naturale* ◊ Disegno, illustrazione: *un libro pieno di figure* **4** Impressione che una persona o una cosa suscita negli altri: *all'esame hai fatto una brutta figura*; *un vestito che fa una bella figura* | *Fare la figura dello sciocco, del presuntuoso* ecc. = comportarsi in modo da essere giudicato sciocco, presuntuoso ecc. **5** *Figura geometrica* = superficie limitata da linee (*figura piana*) o volume limitato da superfici (*figura solida*): *il triangolo, il cerchio, il cubo sono figure geometriche* **6** *Figura retorica* = ogni uso delle parole diverso da quelli consueti, come mezzo per dare maggior efficacia espressiva al discorso: *la metafora e l'iperbole sono tra le figure retoriche più comuni.*

figuraccia [fi-gu-ràc-cia] *s.f.* Pessima figura.

figurare [fi-gu-rà-re] *v.tr.* (usato sempre con la particella pronominale) Immaginarsi: *ti figuri la sua faccia quando l'avrà saputo?*; *me lo figuravo più vecchio* | *Figurarsi! Figurati! Si figuri! Figuriamoci!* = certamente sì o certamente no (a seconda del contesto) ♦ *v.intr.* [aus. *avere*] Risultare, comparire: *il suo nome non figura nell'elenco*; *non vuole figurare tra gli autori del libro.*

figurativo [fi-gu-ra-tì-vo] *agg.* Che rappresenta delle figure: *quadri astratti e quadri figurativi* | *Arti figurative* = la pittura e la scultura.

figurato [fi-gu-rà-to] *agg.* **1** Che ha figure, immagini: *un libro figurato* **2** *Espressione figurata, parola usata in senso figurato* = usata non nel senso proprio e concreto ma in senso metaforico (in questo dizionario il *senso figurato* è indicato con ♧): *quando dico: «l'ho pescato mentre rubava», la parola «pescato» è usata in senso figurato.*

figurina [fi-gu-rì-na] *s.f.* Cartoncino su cui è stampata una figura colorata: *una collezione di figurine di animali.*

figuro [fi-gù-ro] *s.m.* Persona losca, dall'aspetto poco raccomandabile Ⓢ ceffo: *si vedono in giro certi figuri!*

figurona [fi-gu-ró-na] *s.f.* Bella figura, ottima impressione.

fila [fi-la] *s.f.* **1** Serie di persone o di cose allineate una accanto all'altra o una dietro l'altra: *una fila di soldati, di case, di alberi, di sedie*; *mettetevi in fila!* | *Fare la fila* = disporsi uno dopo l'altro in attesa del proprio turno: *fare la fila davanti alla biglietteria* | *In fila indiana* = in fila per uno **2** Serie, successione ininterrotta: *mi ha raccontato una fila di bugie* | *Di fila* = di seguito, senza interruzione: *è piovuto per tre giorni di fila* | *Fuoco di fila* = serie rapida e ininterrotta di colpi o di domande.

filamento [fi-la-mén-to] *s.m.* Elemento di forma sottile e allungata: *una carne piena di filamenti nervosi* | *Il filamento della lampadina* = il sottile filo metallico che diventa incandescente al passaggio della corrente.

filanda [fi-làn-da] *s.f.* Stabilimento in cui si filano le fibre tessili, spec. la seta e la lana.

filantropo [fi-làn-tro-po] *s.m.* Persona dedita ad attività benefiche: *l'ospedale è stato realizzato con il contributo di alcuni filantropi.*

filare1 [fi-là-re] *v.tr.* Ridurre, trasformare in fili una fibra tessile: *filare il cotone, la lana, la seta* ♦ *v.intr.* [aus. *avere* e nel significato 1 anche *essere*] **1** Muoversi, correre velocemente: *come fila quella macchina!* ◊ Andarsene, allontanarsi in tutta fretta: *ha approfittato della confusione per filarsela*; *è filato via di corsa* ◊ ♧ *Filare (diritto)* = rigare dritto, comportarsi bene: *so io come far filare (diritto) quel fannullone!* **2** ♧ Detto di discorso, di ragionamento, procedere in modo logico e coerente: *il tuo ragionamento fila.*

filare[2] [fi-là-re] *s.m.* Fila di piante: *un filare di viti, di cipressi.*

filastrocca [fi-la-stròc-ca] *s.f.* Poesia per bambini, con versi brevi e rime frequenti.

filatelico [fi-la-tè-li-co] *agg.* [pl.m. *–ci*] Che riguarda il collezionismo dei francobolli: *mostra filatelica* ♦ *s.m.* Collezionista di francobolli.

filato [fi-là-to] *agg.* **1** Ridotto in fili: *cotone, zucchero filato* **2** ♧ Continuo, ininterrotto: *ha parlato per due ore filate* | *Un ragionamento filato* = logico, coerente | *Dritto filato* = speditamente e senza deviazioni: *è andato a casa dritto filato* ♦ *s.m.* Fibra tessile filata: *filati naturali, sintetici.*

filatura [fi-la-tù-ra] *s.f.* Insieme delle operazioni per ridurre a filato le fibre tessili: *filatura a mano, a macchina.*

file [parola inglese; pron. corrente *fàil*] *s.m.invar.* Documento in formato digitale registrato in un computer. Un *file* può avere qualsiasi contenuto (testo, disegni, foto, video, brani musicali) e ciascun *file* è identificato da un proprio nome seguito da un punto e da una sigla (estensione) che indica la categoria cui appartiene (per es.: .doc per i *file* di testo, .jpg per quelli fotografici ecc.): *scrivere, copiare, scaricare un file.*

filetto [fi-lét-to] *s.m.* **1** Rilievo a spirale della superficie esterna della vite **2** Taglio di carne molto tenera e pregiata: *filetto di manzo, di maiale* ◊ Petto disossato di pollo o di tacchino ◊ Ognuna delle due metà, pulite e senza lisca, di alcuni pesci: *filetto di sogliola, di baccalà.*

filiale[1] [fi-lià-le] *agg.* Di, da figlio: *amore, devozione filiale.*

filiale[2] [fi-lià-le] *s.f.* Sede distaccata di un'azienda o di una banca, dipendente dalla sede centrale Ⓢ succursale.

filibustiere [fi-li-bu-stiè-re] *s.m.* **1** Pirata, corsaro **2** ♧ Persona senza scrupoli Ⓢ mascalzone.

filigrana [fi-li-grà-na] *s.f.* **1** Figura o disegno visibile guardando in trasparenza certi tipi di carte, in partic. quelle delle banconote e dei francobolli **2** Lavoro di oreficeria che si esegue intrecciando fra loro sottili fili d'oro e d'argento così da creare gioielli con fini decorazioni.

film [film] *s.m.invar.* **1** Pellicola fotografica o cinematografica **2** Opera cinematografica: *un bel film*; *film comici, western, d'avventura* ◊ Cinematografia, cinema: *l'epoca del film muto.*

filmare [fil-mà-re] *v.tr.* Riprendere con la macchina da presa: *filmare una gara sportiva.*

filmato [fil-mà-to] *s.m.* Brano cinematografico inserito come documentazione in una trasmissione televisiva, in una conferenza, in uno spettacolo.

filo–, –filo Primo o secondo elemento di parole composte che significa «amore», «simpatia» o «inclinazione» (*filosofia, esterofilo*).

filo [fi-lo] *s.m.* [pl. *fili*; in alcune locuzioni *le fila*] **1** Materiale allungato e sottile ricavato dalla filatura delle fibre tessili: *filo di seta, di lana, di cotone*; *filo per cucire, per tessere, per ricamare* | ♧ *Dare del filo da torcere a qualcuno* = creargli molte difficoltà | ♧ *Essere appeso a un filo* = essere in serio pericolo: *la sua vita è appesa a un filo* ◊ Qualsiasi oggetto di forma sottile e allungata: *un filo d'erba*; *filo di ferro, di rame*; *filo della luce, del telefono* | *Filo spinato* = filo di ferro munito di punte ◊ Ognuno dei tiranti con cui vengono azionati i burattini **2** La parte tagliente di una lama: *il filo del coltello, delle forbici* | ♧ *Essere, camminare sul filo del rasoio* = trovarsi in una situazione molto delicata e piena di rischi **3** Rivolo sottile di un liquido: *dalla fonte usciva un filo d'acqua* ◊ ♧ Quantità minima: *non c'è un filo di vento, d'ombra*; *rimane un filo di speranza*; *parlava con un filo di voce* **4** ♧ Continuità, ordine logico: *perdere, ritrovare il filo del ragionamento, del discorso* | *Per filo e per segno* = in modo ordinato e con tutti i particolari: *raccontami per filo e per segno quello che ti è successo.*

filobus [fi-lo-bus] *s.m.invar.* Autobus elettrico alimentato da una doppia linea aerea di fili elettrici.

filodiffusione [fi-lo-dif-fu-sió-ne] *s.f.* Sistema di diffusione dei programmi radio attraverso i cavi della rete telefonica.

filone [fi-ló-ne] *s.m.* **1** Giacimento minerale di forma allungata che occupa una fenditura della roccia: *un filone d'oro, d'argento* **2** Grosso pane di forma allungata.

filosofia [fi-lo-so-fì-a] *s.f.* **1** Ricerca delle verità essenziali, dei principi fondamentali della realtà e del pensiero umano: *dedicarsi alla filosofia* ◊ Il pensiero, la dottrina di un filosofo: *la filosofia di Platone, di Kant* ◊ Facoltà universitaria in cui si insegna filosofia: *si è iscritto a filosofia* **2** ♧ Tranquillità e serenità d'animo, saggezza: *devi imparare a prendere le cose con filosofia.*

filosofico [fi-lo-sò-fi-co] *agg.* [pl.m. *–ci*] Che

riguarda la filosofia: *ha fatto studi filosofici* ◊ Che ha profondità di pensiero: *una mente filosofica.*

filosofo [fi-lò-so-fo] *s.m.* Chi si dedica alla ricerca filosofica Ⓢ pensatore: *Platone e Aristotele furono i più importanti filosofi dell'antica Grecia.*

filovia [fi-lo-vì-a] *s.f.* Linea di trasporto pubblico per mezzo di filobus ◊ Filobus.

filtrare [fil-trà-re] *v.tr.* Far passare un liquido o un gas attraverso un filtro per purificarli: *filtrare il vino, l'acqua, l'aria* ♦ *v.intr.* [aus. *essere*] **1** Passare attraverso corpi porosi o fori e fessure Ⓢ penetrare: *l'umidità filtrava dalle pareti*; *la luce filtrava dalle persiane* **2** ♧ Detto di notizia, riuscire a diffondersi Ⓢ trapelare.

filtro[1] [fil-tro] *s.m.* Materiale o apparecchio attraverso cui si fa passare un liquido o un gas per liberarlo dalle impurità: *usare come filtro una stoffa, una reticella metallica*; *il filtro dell'acqua, dell'aria, dell'olio del motore*; *sigaretta con filtro.*

filtro[2] [fil-tro] *s.m.* Bevanda a cui veniva attribuito il magico potere di suscitare o spegnere una passione amorosa: *filtro d'amore.*

filza [fil-za] *s.f.* **1** Serie di cose infilzate o infilate assieme: *una filza di salsicce*; *una filza di perle* **2** ♧ Serie continua Ⓢ sequela, sfilza: *ha detto una filza di bugie*; *fare una filza di errori.*

finale [fi-nà-le] *agg.* Che sta alla fine Ⓢ ultimo, conclusivo Ⓒ iniziale: *la sillaba finale di una parola*; *la scena finale di un film* ♦ *s.m.* Parte conclusiva di un romanzo, di un film, di un'opera teatrale o musicale: *un bel film, ma con un brutto finale* ◊ Fase conclusiva di una gara: *il corridore è crollato nel finale* ♦ *s.f.* Gara conclusiva di una competizione a eliminazione: *i vincitori delle semifinali saranno ammessi alla finale.*

finalità [fi-na-li-tà] *s.f.* Scopo, obiettivo: *il presidente ha spiegato le finalità dell'associazione.*

finalmente [fi-nal-mén-te] *avv.* Alla fine, infine (per lo più come espressione di soddisfazione e di sollievo): *finalmente sei arrivato!*

finanza [fi-nàn-za] *s.f.* **1** Attività economica riguardante la compravendita di denaro, azioni, obbligazioni a scopo di investimento o di speculazione: *il mondo della finanza* **2** *Finanza pubblica* = il complesso delle entrate e delle uscite dello stato e dell'amministrazione pubblica | *Ministero delle finanze* = quello che si occupa di riscuotere le tasse e le imposte | *Guardia di finanza* = corpo militare incaricato del controllo delle dogane e della lotta al contrabbando e all'evasione fiscale **3** (al *pl.*) Risorse economiche personali Ⓢ mezzi: *le mie finanze non mi permettono questa spesa.*

finanziamento [fi-nan-zia-mén-to] *s.m.* Fornitura del denaro necessario allo svolgimento di una attività ◊ La somma che viene fornita.

finanziare [fi-nan-zià-re] *v.tr.* Fornire i mezzi economici necessari allo svolgimento di un'attività: *finanziare uno spettacolo, una spedizione.*

finanziario [fi-nan-zià-rio] *agg.* **1** Che riguarda le entrate e le uscite dello stato o di un'impresa: *un bilancio finanziario in attivo* **2** Che riguarda la compravendita di capitali, azioni ecc.: *la borsa è il centro delle attività finanziarie* **3** Che riguarda la disponibilità di denaro: *mi trovo in una difficile situazione finanziaria.*

finanziere [fi-nan-ziè-re] *s.m.* **1** Agente della Guardia di finanza **2** Chi opera nel mondo della finanza, della borsa Ⓢ banchiere, capitalista.

finché [fin-ché] *congz.* Fino a quando: *resterò finché vorrai.*

L'accento sulla *e* di *finché* è acuto (come in *perché, poiché, benché* ecc.): attenzione a non sbagliarlo, soprattutto quando scrivi al computer.

fine[1] [fi-ne] *agg.* **1** Sottile, molto piccolo di diametro o spessore: *capelli fini*; *sabbia fine* | *Aria fine di montagna* = molto pura e rarefatta **2** ♧ Acuto, penetrante, sottile: *ha un udito, una vista fine*; *ha fatto una fine osservazione* **3** ♧ Signorile, distinto, raffinato, elegante: *una signora molto fine*; *un ambiente, un locale fine* ◊ Di ottima qualità, di gusto squisito: *un abito, un gioiello, un arredamento molto fine.*

fine[2] [fi-ne] *s.f.* Punto o momento in cui qualcosa termina, si conclude Ⓢ termine, conclusione Ⓒ inizio: *giungere alla fine di una strada, di una storia, di un libro*; *la fine del mese, dell'anno, del mondo*; *essere in fin di vita* | *Fare una brutta fine* = morire o finire male | *Senza fine* = infinito, ininterrotto: *un deserto, un rimorso senza fine* | *Alla fin fine, in fin dei conti* = in definitiva, tutto sommato ♦ *s.m.* **1** Scopo, proposito, obiettivo: *ha raggiunto il fine che si era proposto*; *lo ha fatto a fin di bene* | *Avere un secondo fine* = uno scopo reale diverso da quello dichiarato **2** Esito, conclusione: *un film a lieto fine*; *riuscì a condurre a buon fine l'affare.*

fine settimana [fi-ne set-ti-mà-na] *s.m.invar.* Il sabato e la domenica, giorni tradizionalmente destinati al riposo e allo svago Ⓢ *weekend.*

finestra [fi-nè-stra] *s.f.* **1** Apertura nelle pareti degli edifici che serve a dare luce e aria agli ambienti interni e consente di guardare fuori: *aprire, chiudere la finestra* **2** Zona delimitata dello schermo del computer, che si può aprire e chiudere, restringere e allargare, e dentro la quale, attraverso il mouse e la tastiera, si possono compiere operazioni indipendenti.

finestrino [fi-ne-strì-no] *s.m.* Piccola finestra, spec. di un mezzo di trasporto: *i finestrini del treno, dell'autobus.*

finezza [fi-néz-za] *s.f.* **1** Sottigliezza: *la finezza di un capello* **2** ♧ Acutezza, perspicacia: *finezza di udito, d'intuito* ◊ Qualità raffinata, gusto squisito: *un gioiello, un ricamo di grande finezza.*

fingere [fin-ge-re] *v.tr.* [pres. *fingo, fingi*; pass. rem. *finsi, fingésti*; part.pass. *finto*] **1** Cercare di far credere quel che non è Ⓢ simulare: *finge di non sapere nulla*; *finse di essere malato*; *ha finto stupore, ma sapeva già tutto* **2** Immaginare, figurarsi: *fingiamo di fare un viaggio nello spazio* ♦ **fingersi** *v.pr.* Farsi credere: *si finse pazzo.*

finimento [fi-ni-mén-to] *s.m.* (spec. al *pl.*) Ognuno degli elementi che costituiscono la bardatura degli animali da sella, da tiro e da soma: *le briglie, le redini, la sella, le staffe sono finimenti.*

finimondo [fi-ni-món-do] *s.m.* Grande confusione, sconquasso, trambusto Ⓢ pandemonio: *è successo un finimondo.*

finire [fi-nì-re] *v.tr.* [*finìsco, finìsci*] **1** Portare a termine qualcosa Ⓢ concludere, terminare Ⓒ iniziare: *non ha ancora finito gli studi*; *hai finito di mangiare?* **2** Consumare del tutto Ⓢ esaurire: *abbiamo finito le scorte* ◊ Uccidere un uomo o un animale già morente: *lo finirono con un colpo alla nuca* **3** Smettere di fare qualcosa: *finiscila di lamentarti!* **4** Seguito da *con* e *per* e l'infinito indica il prevedibile esito di un comportamento o di una situazione: *se non ti riguardi, finirai con l'ammalarti*; *con questo caldo finirà per piovere* ♦ *v.intr.* [aus. *essere*] **1** Avere fine Ⓢ terminare, cessare: *lo spettacolo finirà tardi*; *la strada finisce qui*; *è finito il pane*; *è finito di piovere* ◊ Terminare, concludersi in un dato modo: *parole che finiscono in vocale*; *come è andata a finire la partita?* **2** Arrivare a trovarsi in una certa situazione, andare a capitare in un dato posto: *quel ragazzo finirà male*; *è finito in miseria*; *siamo finiti in una zona deserta* ◊ Cadere: *l'auto finì nel burrone* ◊ Cacciarsi: *dov'è finito il mio cappello?* **3** Sfociare, sboccare: *il fiume finisce nel lago* ♦ *s.m.* Fine, termine: *eravamo sul finire dell'inverno.*

finito [fi-nì-to] *agg.* **1** Concluso, terminato, compiuto: *siamo arrivati a cose finite* | *Prodotti finiti* = pronti per il consumo | *Farla finita* = smetterla: *facciamola finita con questa storia!* **2** Che non ha un futuro, che non ha più niente da dare: *è un uomo finito*; *un artista, un atleta finito.*

finitura [fi-ni-tù-ra] *s.f.* Tutto ciò che è necessario per completare, rifinire un lavoro, un'opera: *alla casa mancano le ultime finiture.*

fino[1] [fi-no] *agg.* **1** Fine: *sale fino* ◊ ♧ Acuto, perspicace: *è un cervello fino* **2** Puro: *oro fino.*

fino[2] [fi-no] o **sino** [sì-no] *prep.* [spesso troncata in *fin*] Indica il limite ultimo cui si arriva nello spazio o nel tempo: *fin qui*; *fino ad allora*; *è andato fino a casa*; *resteremo fino alle otto* ◊ *Fin da* = indica il punto di partenza cronologico o spaziale: *una miniera sfruttata fin dall'antichità*; *è venuto fin dalla Germania per conoscerti* ♦ *avv.* Anche, perfino: *hai parlato fin troppo!*

finocchio [fi-nòc-chio] *s.m.* Pianta erbacea di cui si mangiano le foglie bianche e carnose, mentre i semi sono usati per aromatizzare i cibi.

finora [fi-nó-ra] o **sinora** [si-nó-ra] *avv.* Fino a questo momento.

finta [fin-ta] *s.f.* **1** Atteggiamento falso Ⓢ finzione, simulazione: *non farti ingannare dalla sua cortesia, è tutta una finta* | *Far finta* = fingere (*fa finta di dormire, ma è sveglio*); immaginare: *facciamo finta di essere dei pirati* | *Per finta* = non sul serio, per scherzo **2** In vari sport, azione o mossa appena accennata e non condotta a termine, allo scopo di ingannare l'avversario.

finto [fin-to] *agg.* **1** Non vero Ⓢ falso, artificiale: *denti, baffi finti*; *una borsa in finta pelle* **2** Che finge di essere quel che non è: *non fare il finto tonto!*

finzione [fin-zió-ne] *s.f.* Simulazione, falsità: *non credergli, la sua è tutta una finzione.*

fioccare [fioc-cà-re] *v.intr.* [*fiòcco, fiòcchi*; aus. *essere*] **1** Cadere a fiocchi (detto della neve) **2** ♧ Susseguirsi in gran numero: *nella sala fioccarono gli applausi.*

fiocco [fiòc-co] *s.m.* **1** Nastro o striscia di stoffa annodati in modo che ne ricadano i lembi, a scopo di ornamento | ♧ *Coi fiocchi* = eccellente: *un pranzo coi fiocchi* **2** Batuffolo di lana, cotone ecc. ◊ Falda di neve: *nevicava a larghi fiocchi* **3** *Fiocchi d'avena, di riso* = granelli di questi cereali trattati in modo da essere più leggeri e digeribili.

fiocina [fiò-ci-na] *s.f.* Arnese da pesca, costituito da un'asta con in cima uno o più uncini; è usato nella caccia subacquea e in quella contro i grossi cetacei Ⓢ arpione.

fioco [fiò-co] *agg.* [pl.m. *–chi*] Debole, fievole, detto di suono o di luce: *parlava con voce fioca*; *un fioco lumicino rischiarava appena la stanza.*

fionda [fión-da] *s.f.* **1** Arnese per lanciare sassi, costituito da una forcella alle cui estremità sono fissati due pezzi di elastico **2** Antica arma da lancio, costituita da due strisce di cuoio collegate da una tasca in cui si colloca il proiettile.

fioraio [fio-rà-io] *s.m.* Venditore di fiori.

fiordaliso [fior-da-lì-so] *s.m.* Pianta erbacea con fiori azzurri.

fiordo [fiòr-do] *s.m.* Lunga e stretta insenatura marina, tipica delle coste della Norvegia.

fiore [fió-re] *s.m.* **1** Parte delle piante che contiene gli organi della riproduzione: *la rosa e il geranio sono fiori*; *fiori di pesco, di ciliegio* | *In fiore* = nel periodo della fioritura: *i meli sono in fiore* | ♧ *Fiore all'occhiello* = persona o cosa che è motivo di vanto, di orgoglio | *A fiori* = ornato con fiori disegnati o stampati: *una camicetta a fiori* ◊ Pianta che produce fiori: *coltivare fiori* **2** ♧ Parte migliore, più scelta di qualcosa: *alle Olimpiadi partecipa il fior fiore degli atleti* | *Essere nel fiore degli anni* = nel pieno della giovinezza ◊ *È un fior di galantuomo, un fior di mascalzone* = è un vero galantuomo, un autentico mascalzone ◊ Gran quantità: *ha speso fior di quattrini* **3** ♧ Parte superficiale, superficie: *sentì un dolore a fior di pelle*; *galleggiava a fior d'acqua* | *Dire qualcosa a fior di labbra* = mormorarlo **4** *Fiori* = uno dei quattro semi delle carte da gioco francesi.

fiorente [fio-rèn-te] *agg.* Che è nel pieno della sua bellezza, del suo sviluppo Ⓢ florido, prospero: *una donna, una città, un'industria fiorente.*

fioretto [fio-rét-to] *s.m.* Una delle tre armi della scherma, dalla lama sottile e flessibile, il cui colpo è valido solo se arriva di punta.

fioriera [fio-riè-ra] *s.f.* Cassetta in cui si tengono piante ornamentali.

fiorire [fio-rì-re] *v.intr.* [*fiorìsco, fiorìsci*; aus. *essere*] **1** Mettere i fiori: *i peschi stanno per fiorire* **2** ♧ Essere fiorente, in pieno sviluppo Ⓢ prosperare: *grazie alla pace fioriscono i commerci* **3** ♧ Spuntare, affiorare: *un sorriso le fiorì sulle labbra.*

fiorista [fio-rì-sta] *s.m.f.* [pl.m. *–sti*] Fioraio.

fiorito [fio-rì-to] *agg.* In fiore: *un albero fiorito* ◊ Pieno, coperto di fiori: *un prato fiorito.*

fioritura [fio-ri-tù-ra] *s.f.* **1** Il fiorire delle piante; il periodo in cui fioriscono: *il giardino è in piena fioritura*; *lo spettacolo dei meli durante la fioritura* **2** ♧ Grande sviluppo: *la fioritura delle arti durante il Rinascimento.*

fiotto [fiòt-to] *s.m.* Getto improvviso e violento di un liquido: *un fiotto d'acqua uscì dal tubo rotto.*

firma [fir-ma] *s.f.* **1** Nome e cognome scritti di propria mano: *mise la propria firma alla lettera*; *un quadro con la firma dell'autore* | ♧ *Ci metterei, ci farei la firma!* = ne sarei ben contento **2** L'atto di firmare un accordo per confermarne la validità Ⓢ ratifica: *è attesa nei prossimi giorni la firma del trattato di pace.*

firmamento [fir-ma-mén-to] *s.m.* Il cielo: *le stelle del firmamento.*

firmare [fir-mà-re] *v.tr.* Mettere la propria firma: *firmare una lettera, un assegno* | *Firmare un accordo, un trattato, un decreto* = ratificarlo con la propria firma | ♧ *Firmare la propria condanna* = rovinarsi con le proprie mani.

fisarmonica [fi-sar-mò-ni-ca] *s.f.* Strumento musicale costituito da un mantice, da una tastiera per la melodia e da pulsanti per l'accompagnamento.

fiscale [fi-scà-le] *agg.* **1** Del fisco, riguardante il fisco: *in Italia è forte l'evasione fiscale* | *Codice fiscale* = serie di lettere e numeri che serve a identificare ogni cittadino rispetto al fisco **2** ♧ Rigido, intransigente, pignolo: *il direttore è molto fiscale con i suoi dipendenti.*

fischiare [fi-schià-re] *v.intr.* [aus. *avere*] Emettere un fischio o altro suono acuto e sibilante: *fischiare con la bocca*; *senti come fischia quel merlo*; *il vento fischiava tra i rami* ♦ *v.tr.* **1** Eseguire fischiando un motivo musicale: *fischiare una canzone* **2** Manifestare con fischi la propria disapprovazione: *fischiare un cantante, un oratore, uno spettacolo* **3** In vari sport, segnalare, ordinare con un fischio (da parte dell'arbitro): *l'arbitro ha fischiato un fallo, la fine dell'incontro.*

fischiettare [fi-schiet-tà-re] *v.tr.* e *v.intr.* [aus. *avere*] Fischiare leggermente e allegramente: *fischiettare una canzone.*

fischietto [fi-schiét-to] *s.m.* Piccolo strumento per fischiare: *il fischietto dell'arbitro.*

fischio [fi-schio] *s.m.* **1** Suono acuto e sibilante prodotto da persone, animali o cose Ⓢ sibilo: *chiamami con un fischio*; *il cantante ha concluso tra i fischi del pubblico*; *il fischio del merlo*; *il fischio del treno, delle pallottole* **2** Fischietto.

fisco [fì-sco] *s.m.* L'amministrazione finanziaria dello stato che si occupa di riscuotere le tasse.

fisica [fì-si-ca] *s.f.* Scienza che studia i fenomeni naturali e le leggi che li governano: *la meccanica, l'ottica, l'elettronica sono branche della fisica.*

fisico [fì-si-co] *agg.* [pl.m. *–ci*] **1** Che riguarda la natura, i suoi fenomeni e le sue leggi: *la gravità è una legge fisica* **2** Che riguarda il corpo umano: *ha una grande forza fisica*; *difetto fisico* ♦ *s.m.* **1** Studioso di fisica **2** Il corpo umano, spec. per quanto riguarda la sua struttura e le sue condizioni: *ha un fisico robusto*; *la ginnastica fa bene al fisico.*

fisiologia [fi-sio-lo-gì-a] *s.f.* Scienza che studia le funzioni dei diversi organi animali e vegetali.

fisiologico [fi-sio-lò-gi-co] *agg.* [pl.m. *–ci*] **1** Di fisiologia: *studi fisiologici* ◊ Che riguarda il modo di funzionamento degli organi del corpo: *le sue condizioni fisiologiche sono buone* **2** Naturale, normale: *la fame è un fatto fisiologico.*

fisionomia [fi-sio-no-mì-a] o **fisonomia** [fi-so-no-mì-a] *s.f.* I lineamenti e l'espressione del volto di una persona, che la distinguono da tutte le altre: *ha una fisionomia che resta impressa.*

fisionomista [fi-sio-no-mì-sta] *s.m.f.* [pl.m. *–sti*] Chi è capace di ricordare facilmente la fisionomia delle persone.

fisioterapia [fi-sio-te-ra-pì-a] *s.f.* Terapia medica che utilizza mezzi fisici come il massaggio, la ginnastica, i fanghi ecc.

fissare [fis-sà-re] *v.tr.* **1** Rendere fisso, fermo, stabile: *ho fissato il coperchio alla cassa con delle viti*; *fissare i capelli con la lacca* ◊ Rivolgere e tenere fermi gli occhi su un oggetto: *fissò il suo sguardo su di me* | *Fissare una persona, una cosa* = guardarla in modo intenso e continuo | *Fissare il pensiero, l'attenzione su qualcosa* = concentrarsi **2** Stabilire, concordare: *fissare una regola, un appuntamento* ◊ Prenotare: *fissare un tavolo al ristorante* ♦ **fissarsi** *v.pr.* **1** Stabilirsi in un luogo: *ha deciso di fissarsi qui* **2** ♧ Avere un'idea fissa: *si è fissato di essere malato* ◊ Ostinarsi, intestardirsi: *si è fissato nel voler fare tutto da solo.*

fissato [fis-sà-to] *s.m.* Persona piena di fissazioni, di manie.

fissazione [fis-sa-zió-ne] *s.f.* Idea fissa, mania, ossessione: *ha la fissazione della puntualità.*

fissione [fis-sió-ne] *s.f.* Scissione di un nucleo atomico che produce la liberazione di enormi quantità di energia.

fisso [fis-so] *agg.* Che non si muove, che è fissato saldamente Ⓢ fermo, stabile, immobile: *stava fisso sull'attenti*; *il chiodo è ben fisso nel muro* ◊ Intensamente concentrato su un oggetto: *teneva gli occhi fissi su di me* | *Idea fissa, chiodo fisso* = pensiero insistente Ⓢ fissazione, ossessione, mania ◊ Che non varia Ⓢ stabile, costante, non saltuario: *lavoro, prezzo, reddito fisso*; *un cliente fisso* ♦ *avv.* Con sguardo intenso e senza mai distoglierlo: *mi guardava fisso negli occhi.*

fitness [parola inglese; pron. corrente *fitnes*] *s.f. invar.* **1** Stato di salute, forma fisica e benessere dell'organismo **2** L'insieme delle attività fisiche che si praticano per raggiungere uno stato di benessere e buona forma.

fitoplancton [fi-to-plànc-ton] *s.m.* L'insieme degli organismi vegetali acquatici presenti nel plancton.

fitoterapia [fi-to-te-ra-pì-a] *s.f.* Terapia basata sull'utilizzo di materiali vegetali.

fitta [fit-ta] *s.f.* Dolore acuto, improvviso e di breve durata: *sentì una fitta al petto.*

fittizio [fit-tì-zio] *agg.* Che maschera la realtà, non vero Ⓢ finto, apparente: *all'albergo diede un nome fittizio*; *ha ricavato da quell'affare un guadagno solo fittizio.*

fitto [fit-to] *agg.* **1** Conficcato: *ho una spina fitta nel piede* **2** Folto: *una fitta vegetazione ricopriva il terreno* ◊ Denso, spesso, compatto: *la nebbia era molto fitta* ◊ ♧ Profondo, impenetrabile: *era buio fitto*; *il mistero si fa sempre più fitto* ◊ Frequente: *una fitta serie di riunioni* ♦ *s.m.* La parte più folta: *entrarono nel fitto del bosco* ♦ *avv.* Intensamente: *pioveva fitto.*

fittone [fit-tó-ne] *s.m.* Grossa radice principale a forma di cono rovesciato, tipica di alcune piante come la carota.

fiumana [fiu-mà-na] *s.f.* **1** Corrente impetuosa di un fiume in piena **2** ♧ Massa di persone che si muove in una direzione: *una fiumana di gente usciva dallo stadio.*

fiume [fiù-me] *s.m.* **1** Corso d'acqua perenne che sbocca in un altro fiume, in un lago o nel mare **2** Grande quantità di un liquido che scorre: *versare un fiume di lacrime, di sangue* | *A fiumi* = con grande abbondanza: *il vino scorreva a fiumi* ◊ ♧ Moltitudine di persone o di cose: *un fiume di gente, di parole* ♦ anche *agg.invar.* Lunghissimo, interminabile: *l'oratore ha fatto un discorso fiume.*

fiutare [fiu-tà-re] *v.tr.* **1** Riconoscere per mezzo del fiuto Ⓢ annusare: *il cane fiuta la preda* **2** Aspirare col naso: *fiutare tabacco, cocaina* **3** ♧ Intuire, presentire, subodorare: *fiutò subito l'inganno*; *fiutare un pericolo.*

fiuto [fiù-to] *s.m.* **1** Odorato (spec. degli animali): *i cani hanno un fiuto finissimo* **2** *Tabacco da fiuto* = da aspirare col naso **3** ♧ Intuito, prontezza nel capire: *ha molto fiuto per gli affari.*

flaccido [flàc-ci-do] *agg.* Privo di elasticità Ⓢ floscio, cascante: *pelle flaccida*; *muscoli flaccidi.*

flacone [fla-có-ne] *s.m.* Piccolo recipiente di vetro o plastica per profumi o medicinali.

flagellare [fla-gel-là-re] *v.tr.* **1** Frustare con il flagello: *i soldati flagellarono Gesù* **2** Battere, colpire con violenza: *le onde flagellavano la costa.*

flagello [fla-gèl-lo] *s.m.* **1** Frusta formata da strisce di cuoio o da cordicelle sparse di nodi, usata anticamente come strumento di supplizio **2** ♧ Calamità, sciagura: *la grandine è un flagello per i raccolti.*

flagrante [fla-gràn-te] *agg.* Evidente, palese: *se adesso dici questo cadi in flagrante contraddizione* | *Cogliere in flagrante* = sorprendere qualcuno mentre sta commettendo un reato: *il ladro è stato colto in flagrante.*

flanella [fla-nèl-la] *s.f.* Stoffa molto morbida di lana o di cotone.

flash [parola inglese; pron. corrente *flèš*] *s.m. invar.* **1** Lampo di luce che serve a illuminare il soggetto da fotografare ◊ L'apparecchio che produce tale lampo **2** Breve notizia giornalistica: *un flash d'agenzia.*

flauto [flàu-to] *s.m.* Strumento a fiato a forma di tubo e munito di fori: *flauto diritto, traverso.*

flebile [flè-bi-le] *agg.* Lieve, sommesso; triste e lamentoso: *un suono flebile*; *voce flebile.*

flemma [flèm-ma] *s.f.* Calma imperturbabile: *anche quando è in difficoltà non perde mai la sua flemma* ◊ Lentezza esasperante: *stai lavorando con troppa flemma.*

flessibile [fles-sì-bi-le] *agg.* **1** Che si piega facilmente senza spezzarsi: *un ramo flessibile* **2** ♧ Adattabile, duttile: *ha un carattere piuttosto flessibile* ◊ Non fisso, variabile: *in molti uffici c'è l'orario flessibile.*

flessione [fles-sió-ne] *s.f.* **1** Movimento con cui si flette una parte del corpo Ⓢ piegamento: *fare flessioni delle gambe, delle braccia, del busto* **2** Diminuzione, calo: *flessione dei prezzi, delle vendite* **3** In grammatica, ogni tipo di variazione delle desinenze delle parole | *Flessione verbale* = la coniugazione dei verbi | *Flessione nominale* = la declinazione dei sostantivi e degli aggettivi.

flessuoso [fles-su-ó-so] *agg.* Che forma curve armoniose o si muove con scioltezza: *una ragazza dal corpo flessuoso.*

flettere [flèt-te-re] *v.tr.* [pass.rem. *flettéi* o *flèssi, flettésti*; part.pass. *flèsso*] Piegare, curvare: *flettere le gambe*; *il vento fletteva i rami degli alberi.*

flipper [parola inglese; pron. corrente *flìpper*] *s.m. invar.* Biliardino elettrico.

flirt [parola inglese; pron. corrente *flért*] *s.m. invar.* Relazione amorosa di breve durata: *ha avuto un flirt estivo.*

flirtare [flir-tà-re] *v.intr.* [aus. *avere*] Amoreggiare.

flop [parola inglese; pron. corrente *flòp*] *s.m. invar.* Insuccesso, fallimento Ⓢ fiasco.

flora [flò-ra] *s.f.* Il complesso delle piante che vivono in un determinato ambiente o territorio: *la flora marina, desertica, tropicale, italiana.*

floreale [flo-re-à-le] *agg.* Composto di fiori: *una decorazione floreale*; *omaggio floreale.*

floricoltore [flo-ri-col-tó-re] o **floricultore** *s.m.* [f. *–trice*] Coltivatore di fiori e di piante ornamentali.

florido [flò-ri-do] *agg.* Sano, vigoroso, prospero, fiorente: *ha un aspetto florido*; *un'economia, una industria florida.*

floscio [flò-scio] *agg.* Privo di consistenza, di rigidità Ⓢ molle, flaccido: *pelle floscia*; *un cappello floscio.*

flotta [flòt-ta] *s.f.* Complesso di navi da guerra o mercantili | *Flotta aerea* = complesso di aerei militari o civili.

fluente [flu-èn-te] *agg.* Che scorre con facilità (anche ♧) Ⓢ fluido, scorrevole: *traffico fluente*; *un discorso fluente* ◊ *Barba, chioma fluente* = lunga, morbida e ondulata.

fluido [flù-i-do] *agg.* **1** Si dice di ogni sostanza allo stato liquido o gassoso ◊ Che scorre facilmente: *la fluida corrente del fiume* **2** ♧ Scorrevole, sciolto: *traffico fluido*; *scrive con uno stile molto fluido* ◊ Instabile, mutevole: *una situazione politica fluida* ♦ *s.m.* Sostanza liquida o gassosa: *l'acqua e l'ossigeno sono dei fluidi.*

fluire [flu-ì-re] *v.intr.* [*fluìsco, fluìsci*; aus. *essere*] Scorrere, sgorgare in modo costante e con facilità (anche ♧): *il sangue fluiva abbondante dalla ferita*; *le parole fluivano dalle sue labbra.*

fluoro [flu-ò-ro] *s.m.* Elemento chimico gassoso, usato nella fabbricazione di coloranti, di dentifrici e in medicina.

flusso [flùs-so] *s.m.* **1** Movimento di un liquido, di un gas, di un'energia che scorre in una direzione: *il flusso delle acque di un fiume*; *il flusso della corrente elettrica* **2** Movimento continuo di persone o cose che scorrono in una direzione (anche ♧): *il flusso dei visitatori, del traffico*; *il flusso del tempo* **3** Movimento della marea che sale Ⓢ alta marea Ⓒ riflusso, bassa marea.

flutto [flùt-to] *s.m.* Onda del mare: *la barca scomparve tra i flutti.*

fluttuare [flut-tu-à-re] *v.intr.* [aus. *avere*] **1** Ondeggiare sui flutti **2** ♧ Variare, oscillare su e giù: *i prezzi delle merci fluttuano continuamente.*

fluviale [flu-vià-le] *agg.* Di fiume, dei fiumi; che vive nei fiumi: *corrente, navigazione fluviale*; *pesci, piante fluviali.*

fobia [fo-bì-a] *s.f.* Paura o repulsione nei confronti di determinate cose o situazioni: *la fobia per gli ambienti chiusi si chiama claustrofobia* ◊ Forte avversione, antipatia per qualcosa o qualcuno.

foca [fò-ca] *s.f.* Grosso e tozzo mammifero marino con zampe a forma di pinne.

focaccia [fo-càc-cia] *s.f.* [pl. *–ce*] Pane di forma schiacciata, condito con olio e sale | ♧ *Rendere pan per focaccia* = ricambiare il male ricevuto.

foce [fó-ce] *s.f.* Il punto in cui un fiume sbocca nel mare, in un altro fiume o in un lago: *la foce del Po, del Tamigi*; *foce a delta, a estuario.*

focolaio [fo-co-là-io] *s.m.* Punto del corpo da cui si diffonde un'infezione ◊ ♧ Centro di diffusione: *l'università era il focolaio della rivolta.*

focolare [fo-co-là-re] *s.m.* **1** Ripiano di pietra o mattoni situato sotto la cappa del camino e sopra il quale si accende il fuoco **2** ♧ La casa, la famiglia: *dopo una giornata di lavoro torna volentieri al focolare domestico.*

focoso [fo-có-so] *agg.* Ardente, impetuoso, irruente: *un uomo con un temperamento focoso.*

fodera [fò-de-ra] *s.f.* Rivestimento protettivo interno o esterno: *la fodera di una giacca, di una poltrona, di una valigia.*

foderare [fo-de-rà-re] *v.tr.* Rivestire con una fodera: *foderare una giacca, un divano.*

fodero [fò-de-ro] *s.m.* Custodia di cuoio o di metallo per armi bianche Ⓢ guaina: *estrarre la sciabola dal fodero.*

foga [fó-ga] *s.f.* Ardore, slancio, impeto, furia: *parlare, combattere con foga.*

foggia [fòg-gia] *s.f.* [pl. *–ge*] Forma, aspetto esteriore di qualcosa: *un abito di foggia antica* ◊ Maniera di vestirsi.

foggiare [fog-già-re] *v.tr.* Dare una forma a qualcosa Ⓢ modellare: *foggiare un vaso, l'argilla* ◊ ♧ Formare, plasmare: *le esperienze hanno foggiato il suo carattere.*

foglia [fò-glia] *s.f.* Organo delle piante, generalmente di forma piatta e colore verde, che ha la funzione di assimilare l'anidride carbonica e di eliminare con la traspirazione l'eccesso di acqua | *Tremare come una foglia* = violentemente | ♧ *Mangiare la foglia* = intuire qualcosa di nascosto, accorgersi di un inganno.

fogliame [fo-glià-me] *s.m.* L'insieme delle foglie di una o più piante: *si nascose tra il fogliame* ◊ Ammasso di foglie cadute: *gli spazzini raccoglievano il fogliame.*

foglio [fò-glio] *s.m.* **1** Pezzo di carta, in genere sottile e rettangolare, di dimensioni diverse a seconda degli usi: *un foglio da disegno, a quadretti, a righe, di carta da imballaggio* **2** Pezzo di carta scritta o stampata Ⓢ modulo: *compilare il foglio d'iscrizione* | *Foglio rosa* = documento che autorizza temporaneamente a guidare un veicolo chi deve ancora sostenere gli esami di guida.

fogna [fó-gna] *s.f.* Canale sotterraneo che raccoglie le acque piovane e di rifiuto.

fognatura [fo-gna-tù-ra] *s.f.* Il complesso delle fogne e dei condotti che servono ad allontanare da un centro abitato le acque piovane e di rifiuto.

foiba [fòi-ba] *s.f.* **1** Nella regione del Carso, avvallamento a forma di imbuto, sul cui fondo si apre una spaccatura che inghiotte le acque **2** (al *pl.*) Queste stesse cavità, in quanto fosse comuni in cui furono gettate, alla fine della seconda guerra mondiale, le vittime di uccisioni politiche di massa da parte di partigiani yugoslavi.

folata [fo-là-ta] *s.f.* Soffio improvviso e impetuoso di vento Ⓢ raffica.

folclore [fol-cló-re] o **folklore** [fol-kló-re] *s.m.* L'insieme delle tradizioni popolari (usanze, feste, canti, musiche, fiabe, leggende ecc.) di una regione, di un paese o di un popolo.

folgorare [fol-go-rà-re] *v.tr.* Colpire col fulmine ◊ Colpire con una scarica elettrica ◊ ♧ Lasciare profondamente colpito e impressionato, incapace di reagire: *lo folgorò con uno sguardo*; *fu folgorato dalla bellezza di quella donna.*

folgorazione [fol-go-ra-zió-ne] *s.f.* **1** Effetto prodotto sull'organismo da una scarica elettrica **2** ♧ Intuizione improvvisa Ⓢ illuminazione.

folgore [fól-go-re] *s.f.* Fulmine.

folk [parola inglese; pron. corrente *fòulk*] *agg. invar.* Popolare: *musica folk*; *un cantante folk.*

folklore vedi **folclore**.

folla [fòl-la] *s.f.* Grande quantità di persone riunite assieme: *una piazza piena di folla*; *si fece largo tra la folla.*

folle [fòl-le] *agg.* **1** Pazzo (detto di persona, anche *s.m.f.*): *sei stato folle ad accettare*; *ha agito da folle* **2** Sconsiderato, irragionevole: *fare spese folli*; *è un'idea folle quella di uscire con questo tempo* ◊ Smisurato, senza freno: *nutre per quella donna una passione folle* **3** *In folle* = detto del motore di un autoveicolo quando nessuna marcia è inserita.

folleggiare [fol-leg-già-re] *v.intr.* [aus. *avere*] Darsi alla pazza gioia.

folletto [fol-lét-to] *s.m.* Essere fiabesco, immaginato dalla fantasia popolare come un piccolo uomo che vaga nell'aria, bizzarro e burlone.

follia [fol-lì-a] *s.f.* **1** Perdita della ragione Ⓢ pazzia: *fu colto da un attacco di follia* | *Amare qualcuno alla follia* = perdutamente **2** Azione sconsiderata, assurda, temeraria: *è una follia uscire con questo tempo.*

folto [fól-to] *agg.* Formato da molti elementi vicinissimi tra loro Ⓢ fitto Ⓒ rado: *una folta boscaglia; barba folta* ◊ Numeroso: *un attore apprezzato da un folto pubblico* ♦ *s.m.* La parte più folta: *si immerse nel folto del bosco.*

fomentare [fo-men-tà-re] *v.tr.* Istigare, eccitare: *smettila di fomentare la discordia!*; *fomentare una rivolta.*

fon [fòn] *s.m.invar.* Apparecchio elettrico che asciuga i capelli con un getto di aria calda.

fonda [fón-da] *s.f.* Tratto di mare adatto all'ancoraggio delle navi | *Nave alla fonda* = ormeggiata lontano dalla riva alla propria ancora o a una boa.

fondale [fon-dà-le] *s.m.* **1** Profondità delle acque in un determinato punto del mare, di un lago o di un fiume **2** Grande telone dipinto che fa da sfondo alla scena teatrale.

fondamenta [fon-da-mén-ta] *s.f.pl.* Le strutture murarie sotterranee che sostengono un edificio: *hanno cominciato a gettare le fondamenta di un nuovo palazzo.*

fondamentale [fon-da-men-tà-le] *agg.* Che costituisce il fondamento, la base di qualcosa o ha una grande importanza Ⓢ principale, essenziale, basilare Ⓒ secondario: *imparare le regole fondamentali di una lingua, di un gioco*; *ha scritto un'opera fondamentale nel campo della biologia.*

fondamento [fon-da-mén-to] *s.m.* Base essenziale su cui si fonda qualcosa di non materiale: *il rispetto tra le persone è un fondamento della convivenza sociale* | *Senza fondamento, privo di fondamento* = falso, infondato: *una notizia, un'accusa, una speranza senza fondamento.*

fondare [fon-dà-re] *v.tr.* **1** Dare vita a un nuovo centro abitato: *fondare una città* **2** ♧ Istituire, creare: *fondare un'università, un partito* **3** Basare, far poggiare: *devi fondare le tue accuse su prove certe* ♦ **fondarsi** *v.pr.* Basarsi: *su che cosa si fonda la tua ipotesi?*

fondatezza [fon-da-téz-za] *s.f.* Validità: *ha dimostrato la fondatezza dei suoi sospetti.*

fondato [fon-dà-to] *agg.* Che ha un valido fondamento, che si basa su dati certi Ⓢ giustificato Ⓒ infondato, ingiustificato: *i miei sospetti erano …ati*; *le sue speranze sono poco fondate.*

…ore [fon-da-tó-re] *s.m.* [f. *–trice*] Chi promuove o fa nascere qualcosa di nuovo: *il fondatore di una città, di un'associazione.*

fondere [fón-de-re] *v.tr.* [pass.rem. *fùsi, fondésti*; part.pass. *fùso*] **1** Far diventare liquido un corpo solido Ⓢ liquefare, sciogliere: *fondere il ferro, la cera* **2** Plasmare un oggetto metallico versando il metallo fuso in uno stampo: *fondere una statua, una campana* **3** ♧ Unire assieme formando un tutto unico: *fondere due associazioni* ◊ *v.intr.* [aus. *avere*] Passare allo stato liquido: *il ghiaccio fonde a zero gradi* ♦ **fondersi** *v.pr.* **1** Liquefarsi: *la cera si fonde al calore* **2** Unirsi insieme: *i due partiti si sono fusi in un solo partito.*

fonderia [fon-de-rì-a] *s.f.* Stabilimento o reparto di una fabbrica in cui si esegue la fusione e la colata dei metalli.

fondiario [fon-dià-rio] *agg.* Relativo ai beni immobili (case, terreni): *proprietà fondiaria*; *rendita fondiaria.*

fondina [fon-dì-na] *s.f.* **1** Custodia per la pistola **2** Piatto fondo.

fondista [fon-dì-sta] *s.m.f.* [pl.m. *–sti*] Atleta specializzato nelle gare di fondo.

fondo [fón-do] *s.m.* **1** La parte inferiore di qualcosa, spec. di una cavità o di un recipiente: *il fondo di un baule, di una barca, della valle*; *vuotò il bicchiere fino in fondo* ◊ La superficie solida che sostiene una massa liquida: *il fondo del mare, di un lago*; *fondo roccioso, sabbioso* | *Andare a fondo* = affondare; ♧ fallire **2** Piccola quantità di liquido o di depositi solidi che resta nel fondo di un recipiente: *si è scolato anche il fondo della bottiglia*; *fondi di caffè* | *Fondi di bottega, di magazzino* = merci rimaste invendute **3** La parte più interna di un luogo: *lo gettarono in fondo a una prigione* ◊ ♧ La parte più intima: *lo guardai nel fondo degli occhi* | *A fondo* = profondamente, molto bene: *conosco a fondo quel ragazzo, quel problema* ◊ La parte di un luogo più lontana rispetto all'osservatore: *vada al bar in fondo alla piazza* **4** Parte finale Ⓢ termine: *ho letto il libro fino in fondo* | *Andare al fondo di una questione* = cercare di vederci chiaro e di risolverla | *Dare fondo a qualcosa* = consumarlo, esaurirlo: *dare fondo alle provviste* | *In fondo* = alla fine, tutto sommato: *in fondo ci è andata bene* **5** Strato superficiale: *il fondo stradale era in pessime condizioni* **6** Podere, appezzamento di un terreno: *un fondo ben coltivato* **7** (spec. al *pl.*) Denaro a disposizione: *sono rimasto senza fondi* **8** Sfondo, colore di base (di un dipinto, di un tessuto) su cui spiccano disegni di altro colore: *rose rosse su fondo azzurro* **9** Prova sportiva su lunga distanza: *gara di fondo*; *sci di* *fondo* **10** *Articolo di fondo* = articolo che esprime il punto di vista della direzione del giornale, pubblicato in prima pagina, in genere a sinistra ♦ *agg.* Profondo: *acqua fonda* | *Piatto fondo* = incavato, per i primi piatti | *Notte fonda* = la parte centrale della notte, quella più buia.

fondotinta [fon-do-tìn-ta] *s.m.invar.* Cosmetico di color rosa-beige, che viene applicato sul viso e sul collo prima del trucco allo scopo di coprire le imperfezioni della pelle.

fondovalle [fon-do-vàl-le] *s.m.* [pl. *fondivalle*] La parte più bassa di una valle.

fonetica [fo-nè-ti-ca] *s.f.* Studio dei suoni linguistici in generale o di una lingua particolare.

fonetico [fo-nè-ti-co] *agg.* [pl.m. *–ci*] Relativo ai suoni articolati di una lingua | *Alfabeto fonetico* = quello in cui a ogni segno corrisponde un suono.

fonico [fò-ni-co] *agg.* [pl.m. *–ci*] Che riguarda i suoni di una lingua e il modo di pronunciarli | *Accento fonico* = quello acuto o grave usato per distinguere la pronuncia chiusa o aperta della *e* e della *o* (per es. la *e* chiusa di *«pésca con la rete»* dalla *e* aperta di *«una pèsca saporita»*) ♦ *s.m.* Tecnico del suono.

fono–, **–fono** Primo e secondo elemento di parole composte, in cui significa «suono», «voce» (per es. *fonografo, telefono*).

fonografo [fo-nò-gra-fo] *s.m.* Apparecchio che riproduce i suoni incisi su dischi Ⓢ grammofono.

fontana [fon-tà-na] *s.f.* Impianto e costruzione da cui sgorga acqua proveniente da un acquedotto o da una sorgente.

fontanile [fon-ta-nì-le] *s.m.* Risorgiva.

fonte [fón-te] *s.f.* **1** Sorgente d'acqua: *si fermò a bere a una fonte* **2** ♧ Ciò da cui deriva, proviene qualcosa Ⓢ origine, causa: *la violenza è fonte di altra violenza*; *disporre di molte fonti di guadagno*; *notizie di fonte ufficiale*; *il petrolio è un'importante fonte di energia* **3** (spec. al *pl.*) I documenti originali e le testimonianze riguardo a un periodo storico, a un personaggio, a un'opera: *prima di scrivere si è documentato sulle fonti*; *fonti scritte, orali* ♦ *s.m. Fonte battesimale* = la vasca che contiene l'acqua per il battesimo.

football [parola inglese; pron. corrente *fùtbol*] *s.m.invar.* Il gioco del calcio | *Football americano* = gioco simile al rugby.

footing [parola inglese; pron. corrente *fùtin*] *s.m. invar.* Allenamento mediante corsa e marcia per aumentare la resistenza fisica.

foraggio [fo-ràg-gio] *s.m.* Qualsiasi prodotto vegetale utilizzato per alimentare il bestiame.

forare [fo-rà-re] *v.tr.* Trapassare con uno o più fori Ⓢ bucare: *forare una tavola, una lamiera* ◊ Subire una foratura a una gomma, a un pneumatico: *ho fatto tardi perché nel viaggio ho forato due volte.*

foratura [fo-ra-tù-ra] *s.f.* Incidente per cui si fora e sgonfia una gomma, un pneumatico di un veicolo: *ha tardato per una foratura.*

forbice [fòr-bi-ce] *s.f.* (spec. al *pl.*) Strumento per tagliare: *forbici da sarto, da parrucchiere, da giardiniere, da elettricista, da chirurgo.*

forbito [for-bì-to] *agg.* Elegante, curato, raffinato (nel parlare, nello scrivere, nel comportamento).

forca [fór-ca] *s.f.* **1** Attrezzo agricolo per raccogliere e ammucchiare erba, paglia, fieno ecc., formato da un manico di legno terminante con due o più punte di ferro **2** Strumento per impiccare i condannati, formato da un palo verticale congiunto a uno orizzontale da cui pende il cappio; la pena stessa dell'impiccagione Ⓢ capestro: *il brigante fu condannato alla forca.*

forcella [for-cèl-la] *s.f.* **1** Oggetto che presenta una biforcazione a forma di Y, di U o di V: *la forcella della bicicletta, della fionda* **2** Punto di biforcazione del tronco o del ramo di un albero **3** Stretto valico montano.

forchetta [for-chét-ta] *s.f.* Posata per portare alla bocca i cibi solidi, formata da un manico con quattro denti | ♧ *Essere una buona forchetta* = un buon mangiatore.

forcina [for-cì-na] *s.f.* Piccolo arnese ripiegato a U, usato per tenere ferme ciocche di capelli.

forcone [for-có-ne] *s.m.* Grossa forca a tre o più rebbi, usata soprattutto per spostare il letame.

foresta [fo-rè-sta] *s.f.* Vasta estensione di terreno ricoperta di alberi d'alto fusto Ⓢ selva: *foresta tropicale.*

forestale [fo-re-stà-le] *agg.* Delle foreste: *il patrimonio forestale* | *Guardia forestale* = addetto alla protezione dei boschi Ⓢ guardaboschi.

foresteria [fo-re-ste-rì-a] *s.f.* Complesso di locali destinati all'alloggio di ospiti e forestieri, spec. in collegi e conventi.

forestiero [fo-re-stiè-ro] *agg.* e *s.m.* Che, chi proviene da fuori, non è del luogo: *d'estate qui arrivano molti forestieri.*

forfait [parola francese; pron. *forfè*] *s.m.invar.* Ritiro di un atleta o di una squadra da una gara prima che questa abbia inizio: *ha vinto perché l'avversario ha dato forfait* | ♧ *Dare forfait* = ritirarsi da un'impresa, da un'opera già avviata.

forfora [fór-fo-ra] *s.f.* Piccole squame biancastre

che si distaccano dal cuoio capelluto: *shampoo contro la forfora.*

forgia [fòr-gia] *s.f.* Forno a carbone usato dal fabbro per arroventare pezzi metallici Ⓢ fucina.

forgiare [for-già-re] *v.tr.* **1** Lavorare alla forgia pezzi di metallo per ricavarne oggetti: *forgiare una spada* **2** ♧ Plasmare, formare Ⓢ foggiare, temprare: *l'educazione deve forgiare il carattere.*

foriero [fo-riè-ro] *agg.* Che precede e annuncia un avvenimento, un fenomeno: *giunsero notizie foriere di guerra*; *nubi foriere di pioggia.*

forma [fór-ma] *s.f.* **1** Aspetto, figura esteriore di qualcosa: *un oggetto di forma quadrata, rotonda, sferica*; *un naso dalla forma strana* **2** (al *pl.*) Struttura fisica di una persona: *un giovane dalle forme robuste* ◊ Le rotondità del corpo femminile: *un abito che mette in risalto le forme* **3** Tipo: *le diverse forme di governo* ◊ Modo: *il funerale si terrà in forma privata* **4** Modo di esprimersi, di scrivere: *un tema ricco di idee ma scorretto nella forma* **5** In grammatica, ognuno dei diversi modi in cui può presentarsi una parola variabile: *«lei» è la forma femminile di «lui»*; *le forme dell'indicativo, del futuro di un verbo* **6** Attrezzo o stampo che serve a dare o a mantenere una certa forma a oggetti e prodotti: *una forma per scarpe, per dolci* | *Una forma di formaggio* = il formaggio come esce dallo stampo **7** Le condizioni fisiche e lo stato di allenamento di un atleta; più in generale, lo stato fisico o psichico di una persona: *un corridore in forma smagliante*; *oggi mi sento giù di forma* ♦ usato come *agg.invar. Peso forma* = quello ideale per un atleta o una persona.

formaggiera [for-mag-giè-ra] o **formaggera** [for-mag-gè-ra] *s.f.* Recipiente per servire in tavola il formaggio grattugiato.

formaggino [for-mag-gì-no] *s.m.* Formaggio cremoso confezionato in piccole porzioni.

formaggio [for-màg-gio] *s.m.* Prodotto alimentare che si ottiene facendo coagulare il latte con il caglio: *formaggio di vacca, di pecora, di capra.*

formale [for-mà-le] *agg.* **1** Espresso in forma ufficiale Ⓢ esplicito, solenne: *esprimere una protesta formale*; *ricevere una promessa formale* **2** Che riguarda solo la forma esteriore, l'apparenza di qualcosa: *la sua è una cortesia solo formale.*

formalità [for-ma-li-tà] *s.f.* **1** (spec. al *pl.*) Complesso delle procedure da seguire e degli atti da compiere nello svolgimento di pratiche burocratiche, di attività ufficiali ecc.: *le formalità per otte*[illegible] *il passaporto* **2** Le forme esteriori, le conve[illegible] sociali: *è stato un pranzo alla buona, senza* [illegible]*lle formalità.*

formare [for-mà-re] *v.tr.* **1** Modellare qualcosa per dargli una data forma: *formare una figura con la creta* ◊ Comporre una determinata figura: *i danzatori formarono un cerchio* **2** ♧ Educare intellettualmente e moralmente: *la scuola ha il compito di formare i giovani* **3** Costruire, comporre secondo un certo ordine: *formare una frase, un periodo* ◊ Costituire: *formare un nuovo governo*; *la mia famiglia è formata da quattro persone* ♦ **formarsi** *v.pr.* **1** Prodursi, apparire: *dopo l'incidente si formò un capannello*; *sul muro si è formata della muffa* **2** Svilupparsi: *dal fiore si forma il frutto.*

format [parola inglese; pron. corrente *fòrmat*] *s.m.invar.* Schema di base su cui è costruito un programma televisivo o radiofonico.

formato [for-mà-to] *s.m.* Dimensione e forma di un oggetto: *il formato di un libro*; *una fotografia formato tessera.*

formazione [for-ma-zió-ne] *s.f.* **1** Il formarsi di qualcosa e il processo attraverso il quale si è formato: *nella pianura padana è frequente la formazione di banchi di nebbia*; *la formazione del sistema solare si è compiuta in milioni di anni* ◊ Creazione, costituzione: *è imminente la formazione di un nuovo governo* **2** Educazione, preparazione intellettuale e culturale: *ha ricevuto dalla scuola una buona formazione*; *frequenta un corso di formazione professionale* **3** Modo in cui sono disposti, schierati uomini o mezzi che fanno parte di reparti militari o di squadre sportive: *gli aerei volavano in formazione da combattimento*; *la squadra gioca in formazione difensiva* ◊ La composizione di una squadra sportiva; la squadra stessa: *il commissario tecnico ha comunicato la formazione della nazionale*; *una formazione molto forte.*

formica [for-mì-ca] *s.f.* Piccolo insetto che vive in comunità rigidamente organizzate; è tradizionale simbolo di laboriosità e previdenza.

formicaio [for-mi-cà-io] *s.m.* **1** Nido di formiche **2** ♧ Moltitudine di persone in movimento; luogo brulicante di gente: *la spiaggia era un formicaio.*

formichiere [for-mi-chiè-re] *s.m.* Mammifero sudamericano dal muso allungato, che si nutre di formiche catturate introducendo la sua lunga lingua nei formicai.

formicolare [for-mi-co-là-re] *v.intr.* [aus. *avere* o *essere*] **1** Detto di luogo, essere pieno di persone o animali che si muovono in tutte le direzioni Ⓢ brulicare: *la piazza formicolava di turisti* **2** Essere preso da formicolio: *mi formicola una gamba.*

formicolio [for-mi-co-lì-o] *s.m.* **1** Brulichio: *nelle strade c'era un formicolio di gente* **2** Fastidiosa sensazione di tante piccole punture in una parte del corpo intorpidita: *tenendo le gambe accavallate m'è venuto il formicolio.*

formidabile [for-mi-dà-bi-le] *agg.* Straordinario, eccezionale: *un artista, un film, un tiro formidabile* ◊ Tanto forte da far spavento: *un avversario, un esercito formidabile.*

formoso [for-mó-so] *agg.* Che ha forme piene, rotonde e ben fatte (detto di donna, di corpo femminile o di sua parte): *una ragazza formosa*; *fianchi formosi.*

formula [fòr-mu-la] *s.f.* **1** Frase o insieme di frasi prestabilite che per consuetudine, rito o legge devono essere pronunciate in determinate circostanze: *la strega pronunciò una formula magica*; *formule rituali, di giuramento, di saluto, di auguri* **2** In chimica, insieme dei simboli dei diversi elementi che compongono una sostanza: *H_2O è la formula dell'acqua* ◊ Nel linguaggio corrente, l'insieme degli ingredienti di un prodotto: *un detersivo dalla nuova formula* **3** Insieme delle caratteristiche su cui si fonda un organismo, un'attività: *una nuova formula di governo*; *la formula di una trasmissione televisiva* ◊ Nello sport automobilistico, ognuna delle categorie in cui sono suddivise le auto da corsa a seconda della cilindrata e del peso: *i piloti della formula 1.*

formulare [for-mu-là-re] *v.tr.* Esprimere con una data formula o nella forma prescritta: *formulare un giuramento*; *il quesito è stato mal formulato* ◊ Esprimere: *formulare un desiderio, un augurio.*

fornace [for-nà-ce] *s.f.* **1** Grande forno per la cottura di materiali da costruzione: *fornace per mattoni* **2** ♧ Luogo, ambiente in cui fa un caldo insopportabile: *questa casa d'estate è una fornace.*

fornaio [for-nà-io] *s.m.* Chi fa o vende il pane Ⓢ panettiere.

fornello [for-nèl-lo] *s.m.* **1** Apparecchio per cuocere i cibi: *fornello elettrico, a gas, a carbone* **2** Parte della pipa in cui brucia il tabacco.

fornire [for-nì-re] *v.tr.* [*fornìsco, fornìsci*] **1** Dare a qualcuno ciò di cui ha bisogno; dotare, munire qualcuno o qualcosa del necessario: *mi ha fornito molte utili informazioni*; *fornire una nave di provviste per il viaggio* **2** Mostrare, esibire: *l'imputato ha fornito le prove della propria innocenza.*

fornitore [for-ni-tó-re] *s.m.* e *agg.* [f. *–trice*] Chi, che fornisce un privato, un negozio, un'azienda di determinati prodotti: *mi servo sempre dallo stesso fornitore.*

forno [fór-no] *s.m.* **1** Costruzione in muratura che viene riscaldata all'interno per cuocervi pane, pizze, dolci ◊ Nelle cucine domestiche, apparecchiatura elettrica o a gas in cui si cuociono dolci e altre pietanze: *mettere la torta nel forno*; *pesce, patate al forno* **2** Panetteria: *è andata al forno a comprare il pane* **3** Impianto industriale per la fusione e la lavorazione di metalli, vetro e altri materiali **4** ♧ Luogo, ambiente caldissimo: *la macchina rimasta al sole è diventata un forno.*

foro1 [fó-ro] *s.m.* Buco: *fare un foro con il trapano.*

foro2 [fò-ro] *s.m.* **1** Nell'età romana, la piazza principale delle città, centro delle attività commerciali, politiche e giudiziarie **2** Oggi, il luogo in cui viene amministrata la giustizia e l'autorità giudiziaria competente su un territorio Ⓢ tribunale: *il foro di Milano.*

forra [fór-ra] *s.f.* Gola stretta e profonda sul fondo della quale scorre un corso d'acqua.

forse [fór-se] *avv.* Esprime dubbio, incertezza, possibilità, probabilità: *forse è stato meglio non partire*; *a quest'ora forse è già arrivato*; *«Vieni con noi?» «Forse»* ◊ Seguito da un numero equivale a «circa»: *saran forse due ore che lo aspetto* ◊ Nelle domande equivale a «per caso» o indica che la risposta è scontata: *avresti forse paura?*; *forse che non te l'avevo detto?* ♦ *s.m.invar.* Dubbio, incertezza: *ha messo in forse la mia buona fede*; *sono in forse se accettare.*

forsennato [for-sen-nà-to] *s.m.* Chi è fuori di senno Ⓢ folle, pazzo: *urlava, si agitava come un forsennato.*

forte [fòr-te] *agg.* **1** Dotato di forza e resistenza fisica Ⓢ robusto, vigoroso Ⓒ debole: *un pugile molto forte*; *ha un fisico forte* | *Essere un forte bevitore, fumatore* = bere, fumare molto | ♧ *Dare man forte a qualcuno* = aiutarlo, spalleggiarlo ◊ Dotato di forza morale, di tenacia, di volontà: *ha un carattere forte* ◊ Bravo, abile: *è molto forte in matematica*; *una forte squadra* ◊ Potente: *un esercito, una nazione forte* **2** Dato con forza: *un forte colpo, pugno* **3** Solido, resistente: *una stoffa forte* | *Colla forte* = tenace **4** Grande, notevole: *ha perso una forte somma al gioco*; *prendere una forte dose di sonnifero*; *avere una forte maggioranza* **5** Di grande intensità e violenza: *sentì un forte dolore*; *un forte temporale* ◊ Che colpisce intensamente i sensi: *luce, rumore, sapore, odore forte* | *Liquore forte* = molto alcolico ◊ Vivo, profondo: *ha subito una forte delusione*; *nutrire forti sospetti* ♦ *s.m.* **1** Cosa in cui uno è più abile o preparato: *la matematica non è il suo forte* **2** Opera di fortificazione Ⓢ fortezza: *i soldati assaltarono il forte* ♦ *avv.* **1** Con forza, con energia, con violenza: *tieniti forte!*; *picchiò forte contro la porta*; *il vento* *soffiava forte* **2** Molto, abbondantemente: *è uno che beve forte* **3** Velocemente: *correre forte* | ♧ *Andar forte* = avere molto successo **4** A voce alta; ad alto volume: *non parlare così forte!*

fortezza [for-téz-za] *s.f.* Opera di fortificazione, costituita da una cinta muraria munita di torri e di altre opere difensive.

fortificare [for-ti-fi-cà-re] *v.tr.* [*fortìfico, fortìfichi*] **1** Rendere forte Ⓢ irrobustire, rinvigorire: *lo sport fortifica il corpo* **2** Munire di opere di difesa: *i soldati fortificarono la trincea.*

fortificazione [for-ti-fi-ca-zió-ne] *s.f.* **1** L'attività di munire un luogo di opere militari di difesa: *i soldati procedettero alla fortificazione della posizione* **2** Opera o complesso di opere di difesa militare; luogo fortificato: *i soldati attaccarono le fortificazioni nemiche.*

fortilizio [for-ti-lì-zio] *s.m.* Piccola fortezza.

fortino [for-tì-no] *s.m.* Piccolo forte.

fortuito [for-tùi-to] *agg.* Casuale: *il nostro è stato un incontro fortuito.*

fortuna [for-tù-na] *s.f.* **1** Sorte, destino: *la fortuna gli è stata avversa*; *gli augurò buona fortuna* **2** Sorte favorevole, propizia: *ha avuto fortuna negli affari*; *per fortuna non mi ha colpito!* | *Fare fortuna* = arricchirsi **3** Ricchezza, patrimonio: *ha ereditato un'ingente fortuna*; *ha sperperato le sue fortune al gioco* **4** *Di fortuna* = detto di soluzione cui si ricorre in caso di emergenza: *il pilota fece un atterraggio di fortuna*; *abbiamo riparato la barca con mezzi di fortuna.*

fortunale [for-tu-nà-le] *s.m.* Violenta tempesta di mare, con forti raffiche di vento.

fortunatamente [for-tu-na-ta-mén-te] *avv.* Per fortuna: *fortunatamente non ti sei fatto male.*

fortunato [for-tu-nà-to] *agg.* Favorito dalla fortuna: *è un uomo fortunato* ◊ Che ha avuto un esito felice, favorevole: *la nostra è stata un'impresa fortunata* ◊ Che porta fortuna, che ha positive conseguenze Ⓢ propizio, felice: *ci siamo incontrati per un caso fortunato.*

fortunoso [for-tu-nó-so] *agg.* Travagliato dalla sorte; pieno di imprevisti, spec. spiacevoli: *un viaggio fortunoso.*

forum [fòr-rum] *s.m.invar.* In Internet, spazio di discussione messo a disposizione, su un sito web, per tutti coloro che vogliono intervenire su un determinato argomento.

foruncolo [fo-rùn-co-lo] *s.m.* Infezione formatasi sotto la pelle, che produce pus e infiammazione della parte circostante.

forza [fòr-za] *s.f.* **1** Vigore fisico Ⓢ energia: *un uomo dotato di grande forza*; *non ha la forza di reggersi in piedi*; *perdere, ritrovare le forze* **2** Fermezza, energia morale; decisione: *forza d'animo, di carattere, di volontà*; *ha reagito con forza alle accuse* ◊ (al *pl.*) Mezzi, capacità, doti: *devi contare solo sulle tue forze* ◊ Coraggio, animo: *non ho avuto la forza di dargli la brutta notizia*; *devi farti forza* **3** Intensità, impeto, veemenza (spec. degli agenti naturali, detti appunto *forze della natura*): *la forza del vento, del mare, della corrente* **4** Violenza: *si è imposto con la forza*; *ricorrere alla forza* | *Per amore o per forza* = con le buone o con le cattive **5** Potere, capacità di produrre determinati effetti e di influire efficacemente sulle azioni umane: *la forza della verità, dell'esempio, dell'abitudine* | *A forza di* = indica l'insistito ripetersi di un'azione: *a forza di chiedere ha ottenuto lo scopo*; *ha fatto carriera a forza di raccomandazioni* ◊ Necessità imposta dalle circostanze: *per forza di cose ha dovuto smettere* | *Forza maggiore* = circostanza a cui non è possibile opporsi e che giustifica un comportamento: *non ha potuto partecipare per cause di forza maggiore* | *Per forza* = contro la propria volontà (*ha dovuto accettare per forza*); necessariamente (*per forza non si apre, è chiuso a chiave*); a tutti i costi (*ha voluto per forza accompagnarmi*) **6** In fisica, ogni causa capace di modificare lo stato di quiete o di moto di un corpo: *forza di gravità*; *forza centrifuga*; *forza motrice* **7** (spec. al *pl.*) Gruppo di armati: *sconfiggere le forze nemiche* | *Forze armate* = complesso di uomini e mezzi cui è affidata la difesa di uno stato: *forze terrestri, navali, aeree* | *Forze dell'ordine* = polizia e carabinieri ◊ Gruppo di persone unite da condizioni, attività, obiettivi comuni: *forze politiche, sindacali.*

forzare [for-zà-re] *v.tr.* **1** Introdurre a forza: *forzare il tappo nella bottiglia* **2** Aprire con la forza Ⓢ scassinare: *forzare una cassaforte, una serratura* ◊ Superare con la forza Ⓢ sfondare: *l'auto ha forzato il posto di blocco* **3** Obbligare, costringere: *non devi forzarlo a mangiare se non ha voglia!* **4** Sottoporre a uno sforzo superiore al normale: *forzare il motore* | *Forzare il ritmo, il passo, l'andatura* = accelerare | ♧ *Forzare i tempi* = cercare di realizzare un obiettivo nel minor tempo possibile.

forzato [for-zà-to] *agg.* **1** Fatto con sforzo, non spontaneo: *un riso forzato* | *Marce forzate* = più lunghe e veloci di quelle ordinarie **2** Dovuto a necessità: *la sua è stata un'assenza forzata* **3** *Lavori forzati* = pena (abolita in Italia nel 1889) che obbliga il condannato a svolgere lavori pesanti ♦ *s.m.* Persona condannata ai lavori forzati.

forziere [for-ziè-re] *s.m.* Robusta cassa con rinforzi di ferro e munita di serrature, usata in passato per custodire denaro e oggetti preziosi.

forzuto [for-zù-to] *agg.* Dotato di un'eccezionale forza fisica.

foschia [fo-schì-a] *s.f.* Lieve offuscamento dell'aria provocato da umidità, polvere o fumo.

fosco [fó-sco] *agg.* [pl.m. *–schi*] **1** Scuro, cupo, offuscato: *nubi fosche*; *notte fosca*; *cielo fosco* **2** ♧ Cupo, tetro, minaccioso: *uno sguardo fosco*; *ci aspetta un fosco avvenire* | *Dipingere a tinte fosche una situazione, una persona* = esagerarne gli aspetti negativi.

fosforescente [fo-sfo-re-scèn-te] *agg.* Dotato di fosforescenza ◊ Che emana luce nell'oscurità, come le sostanze fosforescenti: *gli occhi del gatto sono fosforescenti.*

fosforescenza [fo-sfo-re-scèn-za] *s.f.* Proprietà di alcune sostanze di continuare a emettere deboli radiazioni luminose anche dopo che è cessata la luce che le ha provocate.

fosforo [fò-sfo-ro] *s.m.* Elemento chimico diffuso in natura sotto forma di sali; presente in vari minerali, è un importante costituente delle ossa e della sostanza nervosa.

fossa [fòs-sa] *s.f.* **1** Buca nel terreno: *scavare una fossa per lo scolo dell'acqua* **2** Buca scavata nella terra per seppellire un cadavere Ⓢ tomba | ♧ *Avere un piede nella fossa* = avere poco da vivere **3** *Fossa oceanica* = zona in cui si raggiungono le massime profondità del fondo oceanico.

fossato [fos-sà-to] *s.m.* Lunga fossa scavata ai margini di strade e campi per la raccolta e lo scorrimento delle acque ◊ Profonda fossa scavata intorno a una fortificazione: *il castello era protetto da un fossato.*

fossetta [fos-sét-ta] *s.f.* Lieve infossatura delle guance o del mento.

fossile [fòs-si-le] *agg.* e *s.m.* Detto dei resti di un animale o di una pianta vissuti in epoche remote e conservatisi negli strati rocciosi: *una conchiglia fossile*; *sulla roccia c'era l'impronta di un fossile.*

fosso [fòs-so] *s.m.* Lunga fossa naturale o artificiale usata per lo scolo e la distribuzione dell'acqua: *l'auto sbandò finendo nel fosso che fiancheggiava la strada.*

foto [fò-to] *s.f.* Abbreviazione di *fotografia.*

foto– Primo elemento di parole composte, in cui significa «luce» (*fotocellula, fotografia, fotosintesi*) ◊ Abbreviazione di *fotografia* e *fotografico* in parole composte (*fotoamatore, fotocopia*).

fotocellula [fo-to-cèl-lu-la] *s.f.* Dispositivo che reagisce alle variazioni d'intensità della luce emettendo degli impulsi elettrici: *l'apertura e la chiusura della porta sono comandate da una fotocellula.*

fotocopia [fo-to-cò-pia] *s.f.* Riproduzione su carta di testi o immagini ottenuta con procedimenti fotografici: *devo fare una fotocopia di questo documento.*

fotocopiare [fo-to-co-pià-re] *v.tr.* Riprodurre in fotocopia: *fotocopiare un certificato.*

fotocopiatrice [fo-to-co-pia-trì-ce] *s.f.* Macchina per fare fotocopie.

fotogenico [fo-to-gè-ni-co] *agg.* [pl.m. *–ci*] Che riesce bene nelle fotografie: *ha un viso molto fotogenico.*

fotografare [fo-to-gra-fà-re] *v.tr.* Riprendere con la macchina fotografica: *fotografare una persona, un paesaggio.*

fotografia [fo-to-gra-fì-a] *s.f.* **1** La tecnica e l'arte di riprodurre immagini su lastre, pellicole, carte o supporti digitali sensibili alla luce: *è appassionato di fotografia* **2** Immagine ottenuta con questa tecnica: *mi ha regalato una sua fotografia.*

fotografico [fo-to-grà-fi-co] *agg.* [pl.m. *–ci*] Relativo alla fotografia: *la tecnica fotografica* ◊ Ottenuto per mezzo della fotografia: *immagine fotografica* ◊ Di fotografie: *una mostra fotografica* | *Macchina fotografica* = apparecchio per fare fotografie | ♧ *Memoria fotografica* = che ricorda con esattezza tutti i particolari.

fotografo [fo-tò-gra-fo] *s.m.* Chi fa fotografie, per passione o come professione ◊ Chi vende materiale fotografico.

fotogramma [fo-to-gràm-ma] *s.m.* [pl. *–mi*] Ogni singola immagine di una pellicola fotografica o cinematografica.

fotomodella [fo-to-mo-dèl-la] *s.f.* Modella che posa per fotografie pubblicitarie e di moda.

fotomontaggio [fo-to-mon-tàg-gio] *s.m.* Composizione ottenuta accostando parti di diverse fotografie in modo da dare l'illusione di un'unica fotografia.

fotoreporter [fo-to-re-por-ter] *s.m.f.invar.* Chi fa servizi fotografici d'attualità per giornali e riviste.

fotosintesi [fo-to-sìn-te-si] *s.f.* *Fotosintesi clorofilliana* = processo per cui, sotto l'azione della luce, le piante verdi trasformano l'acqua e l'anidride carbonica in sostanze che servono alla loro crescita, liberando contemporaneamente ossigeno nell'aria.

foulard [parola francese; pron. *fulàr*] *s.m.invar.* Fazzoletto di tessuto leggero (spec. seta) da mettere intorno al collo o sulla testa.

foyer [parola francese; pron. *fuaié*] *s.m.invar.* Nei teatri e nei cinema, l'ambiente in cui il pubblico può intrattenersi durante gli intervalli di uno spettacolo Ⓢ ridotto.

fra vedi **tra**.

frac [parola francese; pron. *frak*] *s.m.invar.* Abito maschile nero da cerimonia, con giacca che sul dietro si prolunga in due falde a coda di rondine.

fracassare [fra-cas-sà-re] *v.tr.* Rompere, fare a pezzi con violenza e rumore: *con una sassata fracassò la vetrina* ♦ **fracassarsi** *v.pr.* Rompersi, infrangersi, schiantarsi violentemente: *l'aereo si fracassò al suolo.*

fracasso [fra-càs-so] *s.m.* Rumore assordante Ⓢ frastuono, chiasso: *si sentì un gran fracasso di vetri rotti*; *ragazzi smettetela di fare fracasso!*

fradicio [frà-di-cio] *agg.* [pl.f. *–ce* o *–cie*] **1** Andato a male Ⓢ marcio: *queste uova sono fradice* **2** Completamente bagnato: *hai i vestiti fradici*; *è sudato fradicio* | *Ubriaco fradicio* = completamente ubriaco.

fragile [frà-gi-le] *agg.* **1** Che si può rompere facilmente: *una cassa piena di oggetti fragili* **2** ♧ Debole, delicato: *ha una salute fragile* ◊ Inconsistente, labile: *una fragile speranza.*

fragola [frà-go-la] *s.f.* Pianta erbacea con frutti rossi commestibili ◊ Il frutto di questa pianta.

fragore [fra-gó-re] *s.m.* Rumore violento, assordante Ⓢ frastuono: *il fragore della cascata copriva le loro voci*; *il fragore del tuono.*

fragoroso [fra-go-ró-so] *agg.* Che fa un gran rumore: *il cantante fu accolto da applausi fragorosi.*

fragrante [fra-gràn-te] *agg.* Gradevolmente odoroso, profumato: *il pane uscì dal forno caldo e fragrante.*

fragranza [fra-gràn-za] *s.f.* Profumo intenso e gradevole: *la fragranza del pane appena sfornato.*

fraintendere [fra-in-tèn-de-re] *v.tr.* [coniugato come *tendere*] Capire male, intendere una cosa per un'altra: *hai frainteso le mie parole, non volevo offenderti!*

frammentario [fram-men-tà-rio] *agg.* Privo di unità, di coerenza Ⓢ disorganico: *il tuo tema è frammentario, fatto di tante frasi slegate tra loro.*

frammento [fram-mén-to] *s.m.* Piccolo pezzo di un oggetto spezzato: *cercò di ricomporre i frammenti del vaso caduto*; *un frammento di osso.*

frammisto [fram-mì-sto] *agg.* Mescolato con altro: *cadeva neve frammista a pioggia.*

frana [frà-na] *s.f.* **1** Distacco e caduta di masse di roccia o di terra lungo i fianchi di montagne e colline: *la pioggia ha provocato una frana* ◊ La massa del materiale franato: *la frana ha sepolto il villaggio* **2** ♧ *Essere una frana* = una persona che combina sempre guai, un buono a nulla.

franare [fra-nà-re] *v.intr.* [aus. *essere*] **1** Cadere per una frana: *è franata la montagna* **2** Crollare (anche ♧): *è franato un muro*; *sono franate anche le ultime speranze.*

francamente [fran-ca-mén-te] *avv.* Con franchezza Ⓢ sinceramente: *rispondimi francamente* ◊ A dire il vero Ⓢ onestamente: *francamente non saprei dargli torto.*

francescano [fran-ce-scà-no] *agg.* Di san Francesco d'Assisi e dei suoi seguaci: *l'ordine francescano*; *un convento francescano* ♦ *agg.* e *s.m.* Che, chi appartiene a uno degli ordini religiosi fondati da san Francesco.

franchezza [fran-chéz-za] *s.f.* Sincerità, schiettezza, lealtà: *gli ho detto con franchezza che non ero d'accordo.*

franco [fràn-co] *agg.* [pl.m. *–chi*] **1** Schietto, sincero, leale Ⓒ falso, subdolo: *sarò franco con te, hai sbagliato ad agire così* **2** *Porto franco* = porto in cui possono essere introdotte merci senza pagare i dazi doganali | ♧ *Farla franca* = cavarsela senza essere puniti dopo aver commesso un'azione disonesta o comunque proibita.

francobollo [fran-co-ból-lo] *s.m.* Piccolo rettangolo di carta che si applica sulla corrispondenza e su cui è indicato l'importo che si è pagato per la spedizione e il recapito.

frangente [fran-gèn-te] *s.m.* **1** Onda che si infrange con forza contro uno scoglio o un'imbarcazione ◊ La scogliera o il molo su cui si infrange l'onda **2** ♧ Momento, situazione, circostanza grave o difficile: *si trova in brutti frangenti*; *in simili frangenti non potevo fare altro.*

frangere [fràn-ge-re] *v.tr.* [pres. *fràngo, fràngi*; pass.rem. *frànsi, frangésti*; part.pass. *frànto*] *Frangere le olive* = macinarle nel frantoio ♦ **frangersi** *v.pr.* Infrangersi contro scogli o altri ostacoli (detto delle onde).

frangetta [fran-gét-ta] *s.f.* Ciuffo di cappelli tagliati corti e che ricadono dritti sulla fronte.

frangia [fràn-gia] *s.f.* [pl. *–ge*] **1** Guarnizione formata da fili o cordoncini che si applica al bordo di tovaglie, coperte, tende, sciarpe, gonne e simili **2** Frangetta.

frangiflutti [fran-gi-flùt-ti] *s.m.invar.* Scogliera, diga o altro ostacolo che serve a rompere l'impeto delle onde.

franoso [fra-nó-so] *agg.* Che frana facilmente: *terreno franoso.*

frantoio [fran-tó-io] *s.m.* Macchina che macina le olive per estrarne l'olio ◊ Luogo, locale in cui si trova questa macchina: *dopo aver raccolto le olive le abbiamo portate al frantoio.*

frantumare [fran-tu-mà-re] *v.tr.* Ridurre in frantumi, in pezzi: *questa macchina può frantumare le pietre* ♦ **frantumarsi** *v.pr* Rompersi in piccoli pezzi: *il bicchiere cadendo si è frantumato.*

frantumi [fran-tù-mi] *s.m.pl.* Piccoli frammenti in cui si riduce un oggetto duro e fragile quando si rompe: *ha fatto cadere il vaso e lo ha mandato in frantumi* | *Andare in frantumi* = rompersi in tanti piccoli pezzi.

frappé [parola francese; pron. *frappé*] *s.m.invar.* Bevanda frullata a base di latte.

frapporre [frap-pór-re] *v.tr.* [coniugato come *porre*] Mettere in mezzo (spec. ♧): *ha frapposto molti ostacoli alla nostra iniziativa* ♦ **frapporsi** *v.pr.* Mettersi in mezzo Ⓢ interporsi: *si frappose tra i due litiganti.*

frasca [frà-sca] *s.f.* Ramoscello ricoperto di foglie Ⓢ fronda: *una capanna coperta di frasche* | ♧ *Saltare di palo in frasca* = in un discorso, passare improvvisamente da un argomento a un altro senza seguire un filo logico.

frase [frà-se] *s.f.* Insieme minimo di parole dotate di un senso compiuto Ⓢ proposizione, espressione: *una frase chiara, oscura, gentile* | *Frase fatta* = espressione stereotipata, luogo comune: *non pensa con la sua testa, ripete solo frasi fatte.*

frassino [fràs-si-no] *s.m.* Albero ad alto fusto ◊ Il legno di tale albero, resistente ed elastico, utilizzato spec. nella fabbricazione di mobili: *un tavolo di frassino.*

frastagliato [fra-sta-glià-to] *agg.* Che ha un profilo irregolare, con continue sporgenze e rientranze: *una costa molto frastagliata.*

frastornare [fra-stor-nà-re] *v.tr.* Disturbare, facendo perdere la concentrazione: *questo rumore mi frastorna, non riesco a studiare* ◊ Provocare stanchezza, confusione mentale Ⓢ stordire: *il viaggio mi ha un po' frastornato.*

frastornato [fra-stor-nà-to] *agg.* Confuso, stordito, intontito: *era frastornato dal lungo viaggio.*

frastuono [fra-stuò-no] *s.m.* Rumore assordante e confuso Ⓢ baccano, fracasso, strepito.

frate [frà-te] *s.m.* Membro di un ordine religioso Ⓢ monaco: *un frate francescano, domenicano.*

Davanti a nome proprio che inizia per consonante il sostantivo *frate* si tronca spesso in *fra*: *fra Giulio, fra Michele.*

fratellanza [fra-tel-làn-za] *s.f.* Sentimento di solidarietà e di affetto fraterno: *il cristianesimo predica la fratellanza tra gli uomini.*

fratellastro [fra-tel-là-stro] *s.m.* Fratello con cui si ha in comune uno solo dei genitori.

fratello [fra-tèl-lo] *s.m.* **1** Ogni figlio di sesso maschile rispetto agli altri figli degli stessi genitori: *fratello maggiore, minore* ◊ (al *pl.*) I figli di una stessa famiglia, anche di sesso diverso: *siamo quattro fratelli, due maschi e due femmine* **2** Nel cristianesimo, ogni uomo in quanto figlio di Dio: *amare i propri fratelli*; *pregate fratelli.*

fraternità [fra-ter-ni-tà] *s.f.* Sentimento di affetto, di amicizia disinteressata, come tra fratelli.

fraternizzare [fra-ter-niz-zà-re] *v.intr.* [aus. *avere*] Stabilire rapporti amichevoli e cordiali con qualcuno: *ha subito fraternizzato con i suoi nuovi compagni di classe.*

fraterno [fra-tèr-no] *agg.* **1** Che esiste tra fratelli: *vincolo, affetto fraterno* **2** Affettuoso, come tra fratelli: *tra di noi c'è un'amicizia fraterna.*

fratricida [fra-tri-cì-da] *s.m.f.* [pl.m. *–di*] Chi uccide un proprio fratello o una propria sorella ◊ *agg.* Che provoca la morte di persone appartenenti a una stessa comunità, città o nazione: *una lotta, una guerra fratricida.*

fratta [fràt-ta] *s.f.* Macchia intricata di sterpi e cespugli.

frattaglie [frat-tà-glie] *s.f.pl.* Interiora commestibili di animali macellati: *frattaglie di bue.*

frattanto [frat-tàn-to] *avv.* Nello stesso periodo di tempo Ⓢ nel frattempo, intanto.

frattempo [frat-tèm-po] *s.m.* *Nel frattempo, in questo, in quel frattempo* = frattanto, intanto; durante quello stesso periodo di tempo: *io sparecchio, nel frattempo tu lavi i piatti*; *in quel frattempo aveva smesso di piovere.*

fratto [fràt-to] *agg.* Diviso: *sei fratto due fa tre.*

frattura [frat-tù-ra] *s.f.* **1** Rottura (spec. di un osso): *frattura cranica, del femore* **2** ♧ Rottura, crisi, interruzione: *c'è stata una grave frattura nei nostri rapporti.*

fratturare [frat-tu-rà-re] *v.tr.* Rompere, spezzare (un osso): *la caduta gli ha fratturato il femore*; *fratturarsi un braccio.*

frazionare [fra-zio-nà-re] *v.tr.* Dividere in più parti Ⓢ suddividere: *frazionare una proprietà.*

frazione [fra-zió-ne] *s.f.* **1** Parte, porzione di un tutto, di un'unità: *un quarto d'ora è la frazione di un'ora* **2** In matematica, espressione del rapporto fra due grandezze rappresentata da una coppia di numeri (separati da una linea) il primo dei quali (detto *numeratore*) indica quante parti vengono considerate di quelle in cui è diviso l'intero (indicate dal secondo numero, detto *denominatore*): *2/3, 4/5 sono frazioni* **3** Piccolo centro abitato che fa parte di un comune più grande.

freatico [fre-à-ti-co] *agg.* [pl.m. *–ci*] *Falda freatica* = deposito sotterraneo di acque che scorrono su uno strato di terreno impermeabile dopo essere penetrate dal terreno superiore permeabile.

freccia [fréc-cia] *s.f.* [pl. *–ce*] **1** Asta munita di punta che si lancia con l'arco o con la balestra: *fu trafitto da una freccia* **2** Segnale stradale a forma di freccia che indica la direzione: *seguire la freccia* ◊ Negli auto e motoveicoli, indicatore di direzione a luce intermittente: *metti la freccia prima di girare.*

freddare [fred-dà-re] *v.tr.* **1** Raffreddare: *freddare la minestra* **2** ♧ Ammazzare sul colpo: *lo freddarono con una pugnalata* ♦ **freddarsi** *v.pr.* Diventare freddo: *bevi il latte, altrimenti si fredda.*

freddezza [fred-déz-za] *s.f.* **1** Temperatura fredda: *non ha fatto il bagno per la freddezza dell'acqua* **2** ♧ Mancanza di cordialità, di entusiasmo Ⓢ indifferenza: *salutare, accogliere qualcuno con freddezza* ◊ Controllo dei propri nervi Ⓢ autocontrollo, sangue freddo: *l'incidente è stato evitato dalla freddezza del guidatore.*

freddo [fréd-do] *agg.* **1** Che ha una temperatura bassa o inferiore al normale, così da provocare una sensazione opposta a quella del caldo: *acqua fredda; clima, vento freddo* | *Piatti freddi* = a base di cibi che non richiedono cottura | *Animali a sangue freddo* = quelli la cui temperatura corporea varia col variare di quella dell'ambiente **2** ♧ Privo di calore umano, di cordialità Ⓢ indifferente, distaccato Ⓒ caloroso, affabile: *la loro accoglienza è stata piuttosto fredda; si è mostrato molto freddo nei miei riguardi* ◊ Che non si lascia trascinare dai sentimenti, dalle emozioni: *è un freddo calcolatore* | *Sangue freddo* = calma, autocontrollo, lucidità: *in quella situazione difficile ha saputo dare prova di sangue freddo* | *Uccidere qualcuno a sangue freddo* = senza essere spinto da una passione, in piena consapevolezza ♦ *s.m.* Bassa temperatura e sensazione che questa provoca nel nostro corpo: *è cominciato il freddo; sentiva freddo e si mise un maglione* | *Metallo lavorato a freddo* = senza usare il fuoco.

freddoloso [fred-do-ló-so] *agg.* Che soffre molto il freddo: *è un tipo piuttosto freddoloso.*

freddura [fred-dù-ra] *s.f.* Battuta di spirito, per lo più consistente in un gioco di parole Ⓢ spiritosaggine.

free shop [locuzione inglese; pron. corrente *frisciòp*] *s.m.invar.* Negozio che vende prodotti esenti dalle tasse doganali, spec. all'interno di aeroporti e sulle navi.

freeware [parola inglese; pron. corrente *frìuer*] *s.m.invar.* In informatica, programma per computer distribuito gratuitamente di suoi autori.

freezer [parola inglese; pron. corrente *frìser*] *s.m.invar.* Congelatore: *metti la carne nel freezer.*

fregare [fre-gà-re] *v.tr.* [*frégo, fréghi*] **1** Strofinare energicamente qualcosa: *fregò la maniglia per lucidarla* | *Fregarsi le mani* = per riscaldarle o in segno di soddisfazione **2** ♧ Imbrogliare, truffare: *si è fatto fregare come uno sciocco* ◊ Rubare: *gli hanno fregato il portafoglio* ♦ **fregarsene** *v.pr.* Essere del tutto indifferente Ⓢ infischiarsene: *me ne frego di quel che pensa lui.*

fregata [fre-gà-ta] *s.f.* Un tempo, veloce nave da guerra a tre alberi ◊ Oggi, nave militare dotata di armi antisommergibili e antiaeree.

fregatura [fre-ga-tù-ra] *s.f.* Imbroglio, danno: *ti hanno dato una bella fregatura* ◊ Cosa scadente, deludente: *che fregatura quel film!*

fregio [fré-gio] *s.m.* Fascia decorativa orizzontale di edifici, con motivi geometrici e figure in rilievo, tipica spec. dei templi greci ◊ Qualsiasi decorazione a forma di fascia: *un libro con un fregio d'oro.*

frego [fré-go] *s.m.* [pl. *–ghi*] Linea tracciata frettolosamente su qualcosa con una penna, una punta o altro: *fare un frego sul banco; cancellare una parola con un frego.*

fremere [frè-me-re] *v.intr.* [aus. *avere*] Essere agitato, sconvolto da un forte sentimento Ⓢ ribollire, tremare, palpitare: *fremere di rabbia, di sdegno; fremere d'amore, di desiderio.*

fremito [frè-mi-to] *s.m.* Violenta e improvvisa agitazione interiore provocata da un intenso sentimento, che si manifesta con tremito e movimenti convulsi Ⓢ sussulto, palpito, brivido: *alle sue parole ebbe un fremito di rabbia; un fremito d'orrore percorse la folla.*

frenare [fre-nà-re] *v.tr.* **1** Rallentare o arrestare con il freno il movimento di un animale o di un veicolo: *frenare un cavallo, un treno in corsa* **2** ♧ Trattenere, moderare, contenere: *frena il tuo entusiasmo, non hai ancora vinto!* ♦ *v.intr.* [aus.

avere] Azionare il freno di un veicolo: *frenò prima dell'incrocio* ♦ **frenarsi** *v.pr.* ♧ Dominarsi, controllarsi: *scoppiò a ridere non riuscendo più a frenarsi.*

frenata [fre-nà-ta] *s.f.* L'atto di frenare, colpo di freno: *fece una brusca frenata.*

frenesia [fre-ne-sì-a] *s.f.* **1** Eccitazione incontrollata: *la frenesia dei tifosi in festa per la vittoria* **2** ♧ Desiderio irrefrenabile Ⓢ smania: *c'è in giro troppa frenesia del guadagno*; *gli è venuta la frenesia di partire.*

frenetico [fre-nè-ti-co] *agg.* [pl.m. *–ci*] **1** Che è in preda a un'esaltazione incontrollata: *un pazzo frenetico* | *Urla frenetiche* = da esaltato **2** ♧ Convulso, sfrenato: *un ritmo di vita frenetico*; *una danza frenetica* **3** ♧ Entusiastico, appassionato: *il cantante fu accolto da applausi frenetici.*

freno [fré-no o frè-no] *s.m.* **1** Attrezzo di ferro, collegato alle redini, che si mette in bocca al cavallo e ad altri animali per guidarli Ⓢ morso | ♧ *Mordere il freno* = essere insofferente alla disciplina, all'altrui autorità | ♧ *Tenere a freno la lingua* = trattenersi dal parlare troppo o dal dire cose inopportune **2** Meccanismo che serve a rallentare o ad arrestare il movimento di un veicolo o di una macchina: *il freno della bicicletta, dell'ascensore* **3** ♧ Qualsiasi mezzo che serva a reprimere, a limitare qualcosa di negativo Ⓢ limite: *bisogna porre un freno alla corruzione, alla violenza.*

frequentare [fre-quen-tà-re] *v.tr.* **1** Recarsi frequentemente in un luogo, passandovi del tempo: *frequenta da un po' il bar sotto casa* ◊ Ritrovarsi abitualmente con qualcuno: *frequenta solo pochi amici* **2** Partecipare con regolarità a un'attività a cui si è iscritti: *frequentare le lezioni, la scuola, l'università.*

frequente [fre-quèn-te] *agg.* Che si verifica, si ripete spesso: *le sue assenze da scuola sono frequenti*; *piogge frequenti* | *Di frequente* = spesso: *lo vedo di frequente.*

frequentemente [fre-quen-te-mén-te] *avv.* Sovente, spesso: *vado frequentemente al cinema.*

frequenza [fre-quèn-za] *s.f.* **1** Il ripetersi spesso di qualcosa: *incidenti che avvengono con frequenza* ◊ Il numero delle volte che un fatto o un fenomeno si verifica in un dato periodo di tempo: *aumentare la frequenza dei treni tra due città*; *misurare la frequenza del polso* **2** Presenza, partecipazione costante a un'attività: *la frequenza alle lezioni è obbligatoria* ◊ Affluenza: *è diminuita la frequenza dei turisti.*

fresco [fré-sco] *agg.* [pl.m. *–schi*] **1** Moderatamente freddo (e che per lo più dà una sensazione piacevole): *acqua, aria fresca*; *la stanza più fresca della casa* | ♧ *Stare fresco* = illudersi (*se conti sul suo aiuto, stai fresco!*); andare incontro a un guaio, a una punizione: *se non riuscivo a scansarmi in tempo, stavo fresco!* **2** Fatto, preparato da poco tempo (detto di alimenti); appena colto (detto di vegetali): *uova fresche*; *pane, latte fresco*; *frutta fresca*; *fiori freschi* | *Formaggi freschi* = non stagionati | *Pesce fresco* = pescato da poco ◊ Non ancora seccato: *vernice, tinta fresca* ◊ Recente: *vi porto notizie fresche* | *Di fresco* = da poco tempo: *un giovane laureato di fresco* **3** ♧ In piena salute Ⓢ florido: *un viso, un colorito fresco* ◊ Non stanco, riposato: *al mattino si è più freschi* ♦ *s.m.* **1** Temperatura fresca; piacevole refrigerio che se ne riceve: *oggi fa fresco*; *godersi il fresco della sera* | *Col fresco* = nelle ore fresche della giornata: *preferisco viaggiare col fresco* ◊ Luogo, ambiente fresco: *mettere in fresco la frutta, la birra* | ♧ *Al fresco* = in prigione: *lo hanno messo al fresco* **2** *Dipingere a fresco* = sull'intonaco ancora fresco, ossia con la tecnica dell'affresco.

frescura [fre-scù-ra] *s.f.* Aria fresca: *la frescura della sera.*

fretta [frét-ta] *s.f.* Necessità di far presto Ⓢ premura, urgenza: *ho fretta di partire* ◊ *In fretta* = rapidamente (*ha mangiato in fretta*; *non parlare così in fretta!*); in modo affrettato: *si vede che è un lavoro fatto in fretta.*

frettoloso [fret-to-ló-so] *agg.* **1** Che si muove o agisce con molta o troppa fretta: *camminava frettoloso*; *non devi essere frettoloso nel decidere* **2** Fatto in fretta Ⓢ affrettato: *gli fece un saluto frettoloso*; *un lavoro frettoloso.*

friabile [fri-à-bi-le] *agg.* Che si sgretola, sbriciola facilmente: *roccia, terra, neve friabile*; *una torta molto friabile.*

friggere [frìg-ge-re] *v.tr.* [pres. *frìggo, frìggi*; pass. rem. *frìssi, friggésti*; part.pass. *frìtto*] Cuocere nell'olio, nel burro o in altri grassi bollenti: *friggere le patate, il pesce* | ♧ *Mandare qualcuno a farsi friggere* = mandarlo al diavolo ♦ *v.intr.* [aus. *avere*] Bollire sfrigolando: *aspetta che l'olio frigga prima di buttarci le patate* ◊ Cuocersi nell'olio bollente: *il pesce sta friggendo.*

frignare [fri-gnà-re] *v.intr.* [aus. *avere*] Piagnucolare in modo lamentoso e noioso: *smettila di frignare!*

frigo [frì-go] *s.m.invar.* Frigorifero.

frigorifero [fri-go-rì-fe-ro] *agg.* Che produce artificialmente freddo: *impianto frigorifero* | *Cella* *frigorifera* = locale dove si conservano a bassa temperatura prodotti deperibili ♦ *s.m.* Elettrodomestico o impianto industriale dentro cui si conservano a bassa temperatura prodotti deperibili: *ricordati di mettere il latte in frigorifero.*

fringuello [frin-guèl-lo] *s.m.* Piccolo uccello dal piumaggio variopinto e dal canto melodioso.

frinire [fri-nì-re] *v.intr.* [*frinìsco, frinìsci*; aus. *avere*] Detto delle cicale, emettere il caratteristico verso.

frittata [frit-tà-ta] *s.f.* Pietanza di uova sbattute e fritte in padella, spesso con altri ingredienti: *frittata di carciofi, di cipolle* | ✤ *Fare la frittata, una frittata* = combinare un guaio.

frittella [frit-tèl-la] *s.f.* Piccolo dolce fatto di pasta semiliquida che viene fritta nell'olio bollente.

fritto [frìt-to] *agg.* Cotto nell'olio o in altro grasso bollente: *pesce fritto* | ✤ *Essere (bell'e) fritto* = essere rovinato, in un guaio: *se ci scoprono, siamo fritti* ♦ *s.m.* Piatto di cibi fritti: *fritto di pesce, di verdura.*

frittura [frit-tù-ra] *s.f.* **1** Cottura di un cibo nell'olio o in altro grasso bollente **2** Piatto di cibi fritti: *ho mangiato una frittura di pesce.*

frivolo [frì-vo-lo] *agg.* Privo di serietà Ⓢ superficiale, futile, leggero: *chiacchiere frivole*; *una persona frivola.*

frizione [fri-zió-ne] *s.f.* **1** Massaggio consistente nello strofinare energicamente la pelle con sostanze medicinali **2** Attrito, sfregamento tra due corpi **3** Negli autoveicoli, organo meccanico che stacca il motore dalle ruote quando si aziona la leva del cambio, consentendo di innestare dolcemente le marce ◊ Il pedale che comanda tale organo: *schiacciare la frizione.*

frizzante [friz-zàn-te] *agg.* **1** Effervescente, gassato: *vino, bibita frizzante* **2** Pungente: *l'aria frizzante di montagna*; *una battuta frizzante.*

frodare [fro-dà-re] *v.tr.* Derubare con la frode, con l'inganno Ⓢ truffare, imbrogliare: *frodare il fisco evadendo le tasse* ◊ Sottrarre qualcosa con l'inganno: *frodare una somma di denaro a qualcuno.*

frode [frò-de] *s.f.* Inganno, raggiro di qualcuno allo scopo di ricavarne un vantaggio: *gli ha carpito quei soldi con la frode* | *Frode fiscale* = l'evasione delle tasse.

frodo [frò-do] *s.m.* *Merce di frodo* = di contrabbando | *Pescatore, cacciatore di frodo* = chi pesca o caccia senza licenza o comunque in un luogo o in un periodo proibito.

frollare [frol-là-re] *v.tr.* Far diventare frollo; sottoporre a frollatura: *frollare la selvaggina* ♦ *v.intr.* [aus. *essere*] e **frollarsi** *v.pr.* Diventare frollo: *lasciare la carne a frollare qualche giorno.*

frollatura [frol-la-tù-ra] *s.f.* Operazione con cui si lasciano stagionare qualche giorno le carni appena macellate per farle diventare più tenere e saporite.

frollo [fròl-lo] *agg.* Tenero, perché sottoposto a frollatura (detto di carne) | *Pasta frolla* = pasta dolce a base di uova, burro, zucchero e farina | ✤ *Avere le mani di pasta frolla* = lasciarsi cadere tutto di mano.

fronda [frón-da] *s.f.* Ramoscello con foglie Ⓢ frasca ◊ (al *pl.*) L'insieme delle foglie e dei rami di un albero: *il vento stormiva tra le fronde.*

frondoso [fron-dó-so] *agg.* Ricco di fronde: *un albero frondoso.*

frontale [fron-tà-le] *agg.* **1** Della fronte: *osso frontale* **2** Che sta, che avviene di fronte: *mettersi in posizione frontale*; *uno scontro frontale tra due auto*; *lanciare un attacco frontale* ♦ *s.m.* Parte anteriore di qualcosa: *il frontale della macchina, della chiesa.*

fronte [frón-te] *s.f.* **1** Parte del viso tra le sopracciglia e l'attaccatura dei capelli: *fronte ampia, rugosa* | ✤ *Andare a fronte alta* = orgogliosi di sé, senza nulla di cui vergognarsi | ✤ *Guadagnarsi il pane con il sudore della fronte* = con la propria fatica, onestamente **2** Parte anteriore di un oggetto | *La fronte di un ghiacciaio* = la parte più avanzata della lingua di un ghiacciaio ◊ *Di fronte* = dirimpetto, in faccia (*abita nella casa di fronte*); davanti, in presenza di: *è fuggito di fronte al pericolo*; *di fronte a tanta sfacciataggine non so più cosa dire* ♦ *s.m.* **1** Linea lungo la quale si fronteggiano in combattimento due eserciti nemici: *soldati che vanno al fronte* | *Far fronte* = affrontare validamente Ⓢ fronteggiare (anche ✤): *far fronte al nemico, a una difficoltà, a una spesa* **2** Unione, alleanza di più partiti e movimenti per opporsi a un comune nemico o per raggiungere comuni obiettivi: *fare fronte comune contro gli invasori*; *fronte di liberazione nazionale.*

fronteggiare [fron-teg-già-re] *v.tr.* **1** Essere situato di fronte: *l'edificio che fronteggia il municipio* **2** Affrontare validamente, tener testa (anche ✤): *fronteggiare gli avversari, le difficoltà* ♦ **fronteggiarsi** *v.pr.* Affrontarsi, scontrarsi: *si fronteggiano due squadre molto forti.*

frontespizio [fron-te-spì-zio] *s.m.* Prima pagina di un libro, nella quale sono in genere stampati il nome dell'autore, il titolo, l'indicazione dell'editore.

frontiera [fron-tiè-ra] *s.f.* **1** Linea di confine tra due stati: *attraversare la frontiera* **2** ♧ Linea di separazione: *superare la frontiera tra il lecito e l'illecito* ◊ (al *pl.*) Limiti, confini: *le nuove frontiere della scienza.*

frontone [fron-tó-ne] *s.m.* Decorazione, in genere triangolare, posta sulla parte alta della facciata di templi, edifici e al di sopra di porte e finestre.

fronzolo [frón-zo-lo] *s.m.* (spec. al *pl.*) Ornamento superfluo e di gusto discutibile (anche ♧): *un abito pieno di fronzoli*; *raccontami com'è andata senza tanti fronzoli.*

frotta [fròt-ta] *s.f.* Gruppo numeroso di persone o animali che si muovono in disordine: *una frotta di ragazzi giocava nel cortile* | *In frotta, a frotte* = in gruppo, a gruppi numerosi: *i topi uscivano a frotte dalla cantina.*

frottola [fròt-to-la] *s.f.* Cosa inventata, non vera Ⓢ bugia, fandonia: *smettila di raccontar frottole!*

frugale [fru-gà-le] *agg.* Moderato nel mangiare e nel bere Ⓢ parco, sobrio: *un uomo frugale*; *ha abitudini frugali* | *Cena, pasto frugale* = semplice, modesto.

frugare [fru-gà-re] *v.tr.* e *v.intr.* [*frùgo, frùghi*; aus. *avere*] **1** Cercare insistentemente qualcosa che non si sa dov'è, rovistando con le mani o con un arnese: *frugò nei cassetti alla ricerca della lettera*; *si frugò le tasche, ma non c'era un soldo* **2** Perquisire: *la polizia ha frugato la sua casa in lungo e in largo per trovare la refurtiva.*

fruire [fru-ì-re] *v.intr.* [*fruìsco, fruìsci*; aus. *avere*] Godere, giovarsi di qualcosa Ⓢ usufruire: *fruire di un diritto, di uno sconto, di una pensione.*

frullare [frul-là-re] *v.tr.* Agitare, sbattere col frullino o col frullatore: *frullare le uova* ♦ *v.intr.* [aus. *avere*] **1** Detto di uccelli, alzarsi in volo sbattendo rumorosamente le ali **2** Girare velocemente su se stesso: *senti come frulla il motore!* **3** ♧ Passare, agitarsi nella mente: *non capisco che cosa gli è frullato in testa.*

frullato [frul-là-to] *s.m.* Bevanda ottenuta sbattendo con il frullatore latte e frutta o altri ingredienti.

frullatore [frul-la-tó-re] *s.m.* Elettrodomestico per frullare gli ingredienti di bevande o cibi.

frullino [frul-lì-no] *s.m.* Arnese da cucina per frullare a mano ingredienti vari.

frullo [frùl-lo] *s.m.* Rumore del battito delle ali degli uccelli che si alzano in volo.

frumento [fru-mén-to] *s.m.* Grano: *il pane bianco e la pasta sono fatti con farina di frumento.*

frusciare [fru-scià-re] *v.intr.* [aus. *avere*] Produrre un fruscio: *il vento fa frusciare le foglie*; *la vipera fuggì frusciando tra i cespugli.*

fruscio [fru-scì-o] *s.m.* Rumore sommesso e continuo di qualcosa che struscia, sfrega: *il fruscio di una veste di seta, delle foglie mosse dal vento.*

frusta [frù-sta] *s.f.* **1** Lunga striscia di cuoio o corda intrecciata, fissata a un manico, usata per incitare gli animali da tiro o anche (spec. in passato) per punire e torturare esseri umani Ⓢ sferza **2** Arnese da cucina per sbattere le uova e montare la panna.

frustare [fru-stà-re] *v.tr.* Colpire, battere con la frusta: *frustare un cavallo, un condannato.*

frustata [fru-stà-ta] *s.f.* **1** Colpo di frusta **2** ♧ Stimolo energico: *il caffè, al mattino, mi dà una frustata di energia.*

frustino [fru-stì-no] *s.m.* Bastoncino di legno flessibile rivestito di pelle, usato per incitare i cavalli alla corsa.

frustrare [fru-strà-re] *v.tr.* **1** Rendere vano, far fallire: *la sua opposizione ha frustrato i miei sforzi* ◊ Deludere: *la realtà ha frustrato i suoi sogni* **2** Mettere in uno stato di frustrazione: *l'insuccesso lo ha frustrato.*

frustrato [fru-strà-to] *agg.* e *s.m.* Che, chi si trova in uno stato di frustrazione: *un uomo frustrato.*

frustrazione [fru-stra-zió-ne] *s.f.* Stato di profonda insoddisfazione, di avvilimento, provocato dal mancato soddisfacimento di un bisogno, da delusioni e umiliazioni.

frutta [frùt-ta] *s.f.invar.* L'insieme dei frutti commestibili: *io mangio molta frutta*; *frutta fresca, secca*; *succo di frutta*; *marmellata di frutta.*

fruttare [frut-tà-re] *v.tr.* **1** Dare come frutto Ⓢ produrre: *un terreno che frutta molto grano* ◊ Dare come guadagno Ⓢ rendere: *quell'affare gli ha fruttato parecchie migliaia di euro* **2** ♧ Procurare: *il suo gesto generoso gli ha fruttato la simpatia generale.*

frutteto [frut-té-to] *s.m.* Terreno coltivato ad alberi da frutta.

frutticoltore [frut-ti-col-tó-re] o **frutticultore** [frut-ti-cul-tó-re] *s.m.* Chi coltiva piante da frutto.

fruttifero [frut-tì-fe-ro] *agg.* **1** Che dà frutti: *alberi fruttiferi* **2** Che dà un reddito Ⓢ redditizio: *un investimento fruttifero.*

fruttivendolo [frut-ti-vén-do-lo] *s.m.* Venditore di frutta e verdura.

frutto [frùt-to] *s.m.* **1** In botanica, l'organo della pianta che si sviluppa dall'ovario del fiore e contiene i semi per la riproduzione ◊ Nell'uso comune, prodotto commestibile di alcune piante: *la* *pesca è il frutto che preferisco*; *alberi da frutto* ◊ Qualsiasi prodotto commestibile della terra: *una terra che dà frutti abbondanti* **2** *Frutti di mare* = molluschi e crostacei commestibili **3** ♧ Ciò che si ricava da un'attività Ⓢ utile: *godersi i frutti della propria fatica* ◊ Profitto, reddito: *un capitale che dà poco frutto* **4** ♧ Effetto, conseguenza, risultato: *se vai male a scuola è solo frutto della tua negligenza* | *Senza frutto* = inutilmente: *si è dato da fare senza frutto.*

fruttosio [frut-tò-sio] *s.m.* Zucchero contenuto in molti frutti e nel miele.

fruttuoso [frut-tu-ó-so] *agg.* Che dà guadagno Ⓢ redditizio: *un investimento fruttuoso* ◊ Che dà buoni risultati Ⓢ utile: *abbiamo avuto un colloquio fruttuoso*; *indagini poco fruttuose.*

fu *agg.* Defunto (davanti a nomi di persona nel linguaggio burocratico): *il fu Giuseppe S.*

fucilare [fu-ci-là-re] *v.tr.* Uccidere qualcuno mediante fucilazione.

fucilata [fu-ci-là-ta] *s.f.* Il colpo sparato da un fucile e il rumore che esso produce.

fucilazione [fu-ci-la-zió-ne] *s.f.* Esecuzione di una condanna a morte mediante una scarica di colpi di fucile.

fucile [fu-cì-le] *s.m.* Arma da fuoco portatile a canna lunga ◊ *Fucile subacqueo* = arma per la caccia subacquea che lancia una fiocina.

fucina [fu-cì-na] *s.f.* Forgia ◊ Officina del fabbro.

fuco [fù-co] *s.m.* [pl. *–chi*] Il maschio dell'ape.

fuga [fù-ga] *s.f.* **1** Precipitoso allontanamento da un luogo: *cercare scampo nella fuga* | *Mettere in fuga* = far fuggire **2** Nelle gare ciclistiche, azione di uno o più corridori che si distaccano dal resto del gruppo: *i tre corridori in fuga sono stati raggiunti* **3** Fuoruscita rapida e copiosa di un liquido o di un gas da una conduttura **4** ♧ *Fuga di capitali* = il loro rapido trasferimento all'estero | *Fuga di notizie* = la loro diffusione al di fuori dell'ambiente in cui dovevano restare riservate.

fugace [fu-gà-ce] *agg.* Di breve durata Ⓢ effimero: *una gioia, una speranza fugace.*

fugare [fu-gà-re] *v.tr.* [*fùgo, fùghi*] Far scomparire Ⓢ disperdere, dissipare (anche ♧): *il vento ha fugato le nubi*; *non sono riuscito a fugare i suoi sospetti.*

fuggiasco [fug-già-sco] *agg.* e *s.m.* [pl.m. *–schi*] Che, chi sta fuggendo per sottrarsi a un pericolo: *un prigioniero fuggiasco*; *un gruppo di fuggiaschi dalle zone di guerra.*

fuggifuggi [fug-gi-fùg-gi] o **fuggi fuggi** *s.m. invar.* Fuga precipitosa e disordinata di più persone: *quando scoppiò l'incendio ci fu un fuggifuggi.*

fuggire [fug-gì-re] *v.intr.* [*fùggo, fùggi*; aus. *essere*] **1** Allontanarsi rapidamente da un luogo per evitare un danno o un pericolo Ⓢ scappare: *la gente fuggiva dalla casa in fiamme* ◊ Evadere: *un detenuto è fuggito dal carcere* ◊ Rifugiarsi: *il bandito fuggì sui monti* **2** ♧ Trascorrere, dileguarsi rapidamente: *fugge il tempo*; *ah, come fugge la giovinezza!* ♦ *v.tr.* Evitare, schivare: *fuggire un pericolo*; *fuggiva la compagnia degli altri.*

fuggitivo [fug-gi-tì-vo] *agg.* e *s.m.* **1** Che, chi fugge Ⓢ fuggiasco **2** Nel ciclismo, corridore in fuga.

fulcro [fùl-cro] *s.m.* **1** Il punto di appoggio di una leva **2** ♧ Punto fondamentale: *il fulcro della questione, del ragionamento, della discussione.*

fulgido [fùl-gi-do] *agg.* Che risplende vivamente Ⓢ luminoso (anche ♧): *la fulgida luce del sole*; *un fulgido esempio di coraggio.*

fulgore [ful-gó-re] *s.m.* Splendore molto vivo (anche ♧): *il fulgore del sole*; *quando la conobbe era nel fulgore della sua giovinezza.*

fuliggine [fu-lìg-gi-ne] *s.f.* Deposito nerastro di residui di carbone sulle pareti interne di camini, stufe, canne fumarie.

fulminare [ful-mi-nà-re] *v.tr.* **1** Colpire, abbattere col fulmine Ⓢ folgorare | ♧ *Fulminare qualcuno con lo sguardo, con un'occhiata* = guardarlo in modo da farlo tacere di colpo o desistere da quello che stava facendo **2** Abbattere, uccidere sul colpo: *è stato fulminato da una scarica elettrica, da una fucilata, da un infarto* ◊ Mettere fuori combattimento: *fulminò l'avversario con un pugno* ♦ **fulminarsi** *v.pr.* Detto di lampadina, cessare di funzionare per rottura o fusione del filamento.

fulmine [fùl-mi-ne] *s.m.* Violenta scarica elettrica tra una nube temporalesca e la terra o tra due nubi, accompagnata da un lampo e da un tuono | ♧ *Essere un fulmine, veloce come un fulmine* = rapidissimo | ♧ *Colpo di fulmine* = innamoramento improvviso, amore a prima vista | ♧ *Fulmine a ciel sereno* = avvenimento improvviso, imprevisto e spiacevole.

fulmineo [ful-mì-ne-o] *agg.* Rapido come un fulmine: *con uno scatto fulmineo si lanciò addosso al nemico* ◊ Istantaneo: *la morte è stata fulminea.*

fulvo [fùl-vo] *agg.* Biondo rossiccio: *un cane dal pelo fulvo.*

fumaiolo [fu-ma-iò-lo] *s.m.* La parte del camino che sporge dal tetto Ⓢ comignolo ◊ Nelle navi e nelle locomotive a vapore, tubo di scarico dei fumi di combustione.

fumare [fu-mà-re] *v.intr.* [aus. *avere*] Emettere fumo o vapore: *il comignolo fuma*; *la minestra è bollente, fuma ancora* ♦ *v.tr.* Aspirare il fumo del tabacco o di altre sostanze; avere questa abitudine: *fumare una sigaretta, la pipa, l'hashisc*; *sta cercando di smettere di fumare.*

fumario [fu-mà-rio] *agg. Canna fumaria* = che scarica il fumo.

fumata [fu-mà-ta] *s.f.* **1** Colonna di fumo: *i pellerossa usavano delle fumate come mezzo di segnalazione* **2** Il fumare tabacco: *farsi una fumata.*

fumatore [fu-ma-tó-re] *s.m.* [f. *–trice*] Chi fuma abitualmente tabacco.

fumetto [fu-mét-to] *s.m.* (spec. al *pl.*) Racconto basato su una serie di disegni in cui le battute dei personaggi sono inserite in una specie di nuvoletta (detta *fumetto*) che esce dalla loro bocca: *fumetti per ragazzi, per adulti*; *fumetti comici, d'avventure*; *giornale a fumetti.*

fumo [fù-mo] *s.m.* **1** Insieme di gas, ceneri e fuliggine che, sotto forma di una nuvola più o meno scura, si alza da qualcosa che brucia: *il fumo dell'incendio avvolse la casa*; *dal camino usciva del fumo* | ♧ *Andare in fumo* = svanire, fallire: *i suoi progetti sono andati in fumo* | ♧ *Mandare in fumo* = far svanire, far fallire | ♧ *Vendere fumo* = ingannare gli altri con false apparenze o promesse | ♧ *Vedere qualcosa o qualcuno come il fumo negli occhi* = detestarli **2** Il fumo del tabacco: *scusi, le dà fastidio il fumo?* ◊ L'abitudine di fumare tabacco: *i danni provocati dal fumo sono molto gravi.*

fumogeno [fu-mò-ge-no] *agg.* Che manda fumo: *candelotto fumogeno* ◊ Fatto di fumo: *cortina fumogena.*

fumoso [fu-mó-so] *agg.* **1** Che manda fumo: *legna umida e fumosa* ◊ Pieno di fumo: *una cucina fumosa* **2** ♧ Confuso e inconsistente: *una proposta fumosa.*

funambolo [fu-nàm-bo-lo] *s.m.* **1** Acrobata che si esibisce in esercizi di equilibrio su una fune tesa nel vuoto Ⓢ equilibrista **2** ♧ Individuo abile nel destreggiarsi in ogni situazione, spec. nella vita politica.

fune [fù-ne] *s.f.* Grossa corda formata da fili intrecciati di canapa, acciaio o fibre sintetiche ◊ Attrezzo ginnico formato da una grossa corda sospesa su cui bisogna arrampicarsi.

funebre [fù-ne-bre] *agg.* **1** Che riguarda un defunto o un funerale: *partecipare a un rito funebre*; *carro, corteo funebre* ◊ Fatto in onore o in memoria di un defunto: *monumento funebre*; *discorso, elogio funebre* **2** ♧ Triste, lugubre, funereo: *aveva un'aria, una faccia funebre.*

funerale [fu-ne-rà-le] *s.m.* Cerimonia con cui si accompagna un defunto alla sepoltura: *funerale religioso, civile* | ♧ *Faccia da funerale* = espressione molto triste, cupa.

funerario [fu-ne-rà-rio] *agg. Urna funeraria* = che contiene i resti mortali di un defunto ◊ *Iscrizione, lapide funeraria* = posta sulla tomba di un defunto per ricordarlo.

funereo [fu-nè-re-o] *agg.* Triste, lugubre: *aveva un aspetto, un viso funereo.*

funestare [fu-ne-stà-re] *v.tr.* Colpire, affliggere con lutti e sciagure: *la regione era funestata dall'epidemia*; *un grave incidente ha funestato la gita.*

funesto [fu-nè-sto] *agg.* **1** Che è causa di morte, di lutto, di gravi danni: *la guerra è sempre funesta*; *il suo errore ha avuto funeste conseguenze* **2** Funestato da lutti o sciagure Ⓢ infausto: *un giorno funesto.*

fungere [fùn-ge-re] *v.intr.* [pres. *fùngo, fùngi*; pass.rem. *fùnsi, fungésti*; part.pass. *fùnto*; aus. *avere*] Esercitare temporaneamente le funzioni di un altro, sostituendolo: *l'assessore più anziano fungeva da sindaco* ◊ (detto di cosa) Avere una certa funzione Ⓢ servire: *questa siepe funge da riparo contro il vento.*

fungo [fùn-go] *s.m.* [pl. *–ghi*] Vegetale privo di clorofilla, commestibile o velenoso, in genere costituito da un gambo sormontato da un cappello | ♧ *Venire su come funghi* = in fretta e in gran numero.

funicolare [fu-ni-co-là-re] *s.f.* Impianto di trasporto su tratti a forte pendenza, in cui i vagoni vengono trainati da una fune | *Funicolare aerea* = funivia, teleferica.

funivia [fu-ni-vì-a] *s.f.* Funicolare aerea per il trasporto di persone costituita da una serie di cabine che si spostano sospese su funi d'acciaio.

funzionale [fun-zio-nà-le] *agg.* Che adempie efficacemente alle funzioni per cui è stato costruito Ⓢ pratico, razionale: *un edificio, un mobile, un attrezzo funzionale.*

funzionamento [fun-zio-na-mén-to] *s.m.* Il modo in cui qualcosa funziona: *non capisco il funzionamento di questo apparecchio*; *si lamentava del cattivo funzionamento dei trasporti pubblici.*

funzionare [fun-zio-nà-re] *v.intr.* [aus. *avere*] Svolgere la propria funzione: *l'ascensore non funziona*; *il suo cuore funziona perfettamente* ◊

Essere efficace: *con me le bugie non funzionano*; *un sistema che funziona sempre.*

funzionario [fun-zio-nà-rio] *s.m.* Impiegato con mansioni direttive: *un funzionario pubblico*; *fa il funzionario di banca.*

funzione [fun-zió-ne] *s.f.* **1** Attività che una persona o un organo collegiale svolgono in rapporto al loro specifico compito Ⓢ ruolo, incarico, mansione: *ognuno ha la sua funzione nella società*; *lavora in un'azienda con funzioni direttive*; *la funzione legislativa del parlamento* | *Fare le funzioni di qualcuno* = farne le veci ◊ L'attività fisiologica di un organo o di un insieme di organi negli animali e nei vegetali: *lo stomaco svolge la funzione digestiva*; *la funzione del cervello, del cuore, delle foglie* ◊ L'attività e il compito specifici di un congegno o di qualsiasi altra cosa materiale o astratta: *la funzione di una leva, di una manopola, di un pulsante*; *la scuola ha una funzione educativa* | *Mettere in funzione una macchina* = avviarla **2** Rito religioso, cerimonia sacra: *è andato in chiesa per la funzione domenicale*; *una funzione funebre.*

fuoco [fuò-co] *s.m.* [pl. *–chi*] **1** Insieme di luce e di calore che, sotto forma di fiamme, si produce da una cosa che brucia: *fuoco di legna, di carbone* | *Andare a fuoco* = bruciare | *Prendere fuoco* = incendiarsi | *Dar fuoco a qualcosa* = incendiarlo | ♧ *Mettere la mano sul fuoco* = essere assolutamente certi di quanto si afferma | ♧ *Scherzare col fuoco* = col pericolo | ♧ *Soffiare sul fuoco* = alimentare passioni e discordie **2** Fiamma per cucinare in un impianto domestico: *metti la pentola sul fuoco*; *la bistecca va cotta a fuoco vivo* | ♧ *Mettere troppa carne al fuoco* = impegnarsi in troppe cose contemporaneamente **3** ♧ Calore intenso: *aveva la fronte di fuoco per la febbre* ◊ Bruciore, arsura: *si sentiva un fuoco in gola* ◊ Ardore di sentimento, di passione: *il fuoco dell'amore* | *Avere il fuoco addosso* = essere molto vivace e irrequieto | *Fuoco di paglia* = passione, entusiasmo violenti ma di breve durata **4** Sparo, lancio di proiettili | *Arma da fuoco* = arma che spara proiettili utilizzando la forza propellente di un esplosivo | *Fare fuoco* = sparare | *Fuoco!* = ordine di sparare | *Bocca da fuoco* = pezzo di artiglieria | ♧ *Trovarsi, essere tra due fuochi* = tra due opposti pericoli o difficoltà ◊ *Fuochi artificiali, d'artificio* = razzi, girandole e altri preparati a base di polvere da sparo che producono grandi effetti luminosi, colorati e rumorosi **5** *Mettere a fuoco* = regolare l'obiettivo di un apparecchio ottico (macchina fotografica, binocolo ecc.) in modo da ottenere un'immagine nitida.

fuorché [fuor-ché] *congz.* Tranne che, eccetto che, salvo che: *è disposto a tutto fuorché ad arrendersi* ♦ *prep.* Tranne, eccetto: *sospettano di tutti fuorché di lui.*

L'accento sulla *e* di *fuorché* è acuto (come in *perché, poiché, benché* ecc.): attenzione a non sbagliarlo, soprattutto quando scrivi al computer.

fuori [fuò-ri] *avv.* **1** All'esterno, nella parte esterna di qualcosa: *ti aspetto fuori*; *fuori sta piovendo*; *un palazzo bello di fuori, ma molto rovinato all'interno* | *In fuori* = verso l'esterno: *spingere in fuori* | ♧ *Lasciare fuori* = escludere, omettere | ♧ *Far fuori* = detto di cosa, consumarla completamente (*ha fatto fuori tutti suoi risparmi*; *si è fatto fuori tutta la torta*); riferito a persona, ucciderla: *lo hanno fatto fuori i suoi complici* | ♧ *Tagliare fuori* = escludere **2** Fuori di casa: *questa sera ceniamo fuori* ◊ Fuori dalla città, dal paese in cui ci si trova: *il direttore resterà fuori per una settimana* | *Gente di fuori* = forestieri **3** Ordine di uscire da un luogo o di consegnare, mostrare qualcosa: *vieni fuori!*; *fuori i soldi!*; *fuori le prove!* ♦ *prep.* All'esterno di, lontano da (anche ♧): *uscì fuori di casa*; *abita fuori città*; *tieniti fuori dai guai*; *vivere fuori dalla legge*; *frutto fuori stagione* | *Fuori mano* = in un luogo lontano, scomodo da raggiungere | *Fuori luogo* = inopportuno: *hai fatto un'osservazione fuori luogo* | *Fuori uso* = guasto, inservibile | *Fuori commercio* = detto di merce che non viene più prodotta | *Essere fuori pericolo* = detto di malato, avere superato la crisi | ♧ *Essere fuori di sé (dalla rabbia, dalla gioia)* = non ragionare più ♦ *s.m.* La parte esterna: *il (di) fuori di una casa.*

Quando *fuori* come preposizione precede un pronome personale è sempre seguito dalla preposizione *di*: *scusami, ero fuori di me dalla rabbia.*

fuoriclasse [fuo-ri-clàs-se] *s.m.f.invar.* e *agg.* Chi, che ha doti eccezionali ed è nettamente superiore a tutti gli altri che praticano la stessa attività (spec. sportiva): *quel giocatore è un fuoriclasse*; *un cavallo fuoriclasse.*

fuorigioco [fuo-ri-giò-co] *s.m.invar.* Nel calcio e in altri sport, posizione irregolare di un giocatore: *l'arbitro ha fischiato un fuorigioco*; *l'attaccante era (in) fuorigioco.*

fuorilegge [fuo-ri-lég-ge] *s.m.f.invar.* Individuo che agisce contro la legge Ⓢ bandito.

fuoriserie [fuo-ri-sè-rie] *agg.invar.* Detto di prodotto industriale non fabbricato in serie e spec. di automobile dalla carrozzeria lussuosa ♦ *s.f.invar.* Automobile fuoriserie.

fuoristrada [fuo-ri-strà-da] *agg.invar.* e *s.m.invar.* Detto di autoveicolo o motoveicolo con speciali caratteristiche tecniche che gli consentono di viaggiare al di fuori delle normali strade.

fuoriuscire [fuo-ri-u-scì-re] o **fuoruscire** [fuo-ru-scì-re] *v.intr.* [coniugato come *uscire*; aus. *essere*] Uscire fuori (spec. da un'apertura) Ⓢ sgorgare, traboccare: *il liquido è fuoriuscito dalla bottiglia*; *dalla ferita fuoriusciva sangue.*

fuoriuscita [fuo-ri-u-scì-ta] o **fuoruscita** [fuo-ru-scì-ta] *s.f.* Uscita all'esterno di qualcosa: *c'è una fuoriuscita di gas dal tubo.*

fuoriuscito [fuo-ri-u-scì-to] o **fuoruscito** [fuo-ru-scì-to] *s.m.* Chi ha dovuto abbandonare il proprio paese per motivi politici Ⓢ esule.

fuorviare [fuor-vi-à-re] *v.tr.* Mettere fuori strada Ⓢ sviare (spec. ♧): *false tracce hanno fuorviato le indagini.*

furbacchione [fur-bac-chió-ne] *s.m.* Persona molto furba: *quello è un furbacchione.*

furberia [fur-be-rì-a] *s.f.* Furbizia, astuzia: *la sua furberia è proverbiale* ◊ Atto da furbo, espediente astuto: *se la cavò con una delle sue furberie.*

furbesco [fur-bé-sco] *agg.* [pl.m. *–schi*] Da furbo: *mi guardò con un sorriso furbesco.*

furbizia [fur-bì-zia] *s.f.* Furberia, scaltrezza.

furbo [fùr-bo] *agg.* Abile, pronto nello sfruttare vantaggiosamente le situazioni e nell'evitare danni e pericoli Ⓢ scaltro, astuto: *un ragazzo furbo*; *è stato furbo a scappare* ♦ *s.m.* Persona furba (anche a danno degli altri): *vuol sempre fare il furbo.*

furente [fu-rèn-te] *agg.* Pieno di furore Ⓢ furibondo, infuriato: *era furente per lo smacco che aveva dovuto subire.*

furfante [fur-fàn-te] *s.m.f.* Persona disonesta e senza scrupoli Ⓢ farabutto, canaglia Ⓒ galantuomo: *quel furfante ci ha imbrogliati.*

furgone [fur-gó-ne] *s.m.* Autocarro leggero e coperto per il trasporto di merci.

furia [fù-ria] *s.f.* **1** Violenta esplosione d'ira Ⓢ collera, furore: *lasciamogli sbollire la furia*; *quando si è accorto dell'inganno, è andato su tutte le furie* **2** Impeto inarrestabile, violenza impetuosa: *la furia del vento e del mare si abbatté sulla costa* ◊ *A furia di* = continuando a, a forza di: *a furia di insistere ha ottenuto quel che voleva* **3** Persona sconvolta dall'ira: *mi è saltato addosso come una furia* **4** Fretta, premura grandissima: *ha furia di partire*; *si vestì in fretta e furia.*

furibondo [fu-ri-bón-do] *agg.* **1** Pieno di furore Ⓢ furioso, furente: *era furibondo per la sconfitta*; *mi lanciava occhiate furibonde* **2** Violento e impetuoso Ⓢ furioso: *si accese una mischia furibonda.*

furioso [fu-rió-so] *agg.* **1** In preda al furore, all'ira Ⓢ furibondo, furente: *un pazzo furioso*; *è furioso per le tue critiche* **2** Violento, impetuoso: *tra loro è scoppiata una lite furiosa*; *una furiosa tempesta si abbatté sulla città.*

furore [fu-ró-re] *s.m.* **1** Stato di violenta agitazione, per lo più provocata da ira: *era in preda al furore per le offese ricevute*; *la polizia cercava di contenere il furore della folla scatenata* | *A furor di popolo* = per unanime volere del popolo: *il tiranno fu cacciato a furor di popolo*; *fu acclamato vincitore a furor di popolo* **2** Violenza, impeto: *il furore dell'uragano si abbatté sulla città*; *si gettò nel furore della battaglia* **3** *Far furore* = avere un clamoroso successo, suscitare grande entusiasmo: *un nuovo ballo che sta facendo furore.*

furtivo [fur-tì-vo] *agg.* Che si fa di nascosto, con rapidità e circospezione, per non farsi notare: *gli diede un'occhiata furtiva*; *si avvicinò con passi furtivi.*

furto [fùr-to] *s.m.* Reato consistente nel rubare qualcosa ad altri: *è stato condannato per furto.*

fusa [fù-sa] *s.f.pl.* *Fare le fusa* = detto dei gatti, ronfare leggermente per soddisfazione.

fuscello [fu-scèl-lo] *s.m.* Ramoscello secco e sottile: *raccolsero dei fuscelli per accendere il fuoco.*

fusione [fu-sió-ne] *s.f.* **1** Passaggio di una sostanza dallo stato solido allo stato liquido Ⓢ scioglimento, liquefazione: *il sole ha provocato la fusione del ghiaccio* **2** L'operazione di fondere un metallo e di colarlo in una forma: *con la fusione dei metalli gli uomini realizzarono un grande progresso tecnico*; *la fusione di una statua di bronzo* **3** *Fusione nucleare* = formazione di un unico nucleo atomico dall'unione di nuclei più leggeri, con liberazione di un'enorme quantità di energia **4** ♧ Unione, unificazione di più elementi in un tutto unico: *i due partiti hanno deciso la loro fusione.*

fuso [fù-so] *s.m.* **1** Arnese per filare a mano, costituito da un'asta di legno panciuta al centro e assottigliata alle estremità ◊ Nella filatura meccanica, organo della macchina che, ruotando, torce e avvolge il filo **2** *Fuso orario* = ognuna delle 24 parti (a forma di fuso) in cui è suddivisa la superficie terrestre da altrettanti meridiani distanti 15 gradi l'uno dall'altro; all'interno di ogni fuso viene stabilita convenzionalmente la stessa ora.

fusoliera [fu-so-liè-ra] *s.f.* La parte centrale e allungata di un aereo, contenente l'alloggio per l'equipaggio e i passeggeri.

fustagno [fu-stà-gno] *s.m.* Tessuto di cotone o di lana morbido e resistente.

fustigare [fu-sti-gà-re] *v.tr.* [*fùstigo, fùstighi*] Battere qualcuno con una verga o con la frusta: *il prigioniero venne fustigato a sangue.*

fustino [fu-stì-no] *s.m.* Recipiente di cartone a forma di cilindro o di parallelepipedo, usato spec. per contenere detersivi in polvere.

fusto [fù-sto] *s.m.* **1** Parte principale delle piante superiori, da cui si dipartono le foglie e i rami Ⓢ tronco: *il pino è una pianta ad alto fusto* **2** Giovane dalla corporatura atletica: *che fusto quel ragazzo!* **3** Grosso recipiente cilindrico per liquidi: *un fusto di birra, di benzina.*

futile [fù-ti-le] *agg.* Di scarsa importanza o serietà Ⓢ frivolo, insignificante, inconsistente Ⓒ importante, serio: *sono stanco di questi discorsi futili*; *hanno litigato per futili motivi.*

futuro [fu-tù-ro] *agg.* Che accadrà, che verrà: *nessuno conosce gli avvenimenti futuri*; *l'epoca futura* ◊ Che è destinato a diventare, che sarà: *ti presento il futuro direttore*; *questa è la mia futura moglie* ♦ *s.m.* **1** Il tempo che verrà e ciò che in esso accadrà Ⓢ l'avvenire: *chissà cosa ci riserva il futuro*; *non si può prevedere il futuro* **2** Tempo del verbo che indica un'azione o una situazione successiva al tempo presente: *«io andrò» è una forma del futuro del verbo «andare».*

g, G

g *s.f.* o *m.* Settima lettera dell'alfabeto italiano; è una consonante e si pronuncia *gi* quando è da sola; ha suono dolce davanti a *e* e *i* (*gelo, giro*) e suono duro davanti ad *a, o, u* (*gara, gola, gufo*), davanti a consonante (*pigro, gloria*) e quando è seguita da *h* davanti a *e* e *i* (*ghetto, ghiro*) ◊ È usata come simbolo di *grammo* (*pesa 100 g*) e, seguita dal punto, come abbreviazione di *giorno* (*una compressa al g.*).

gabbia [gàb-bia] *s.f.* **1** Cassetta, per lo più formata da sottili sbarre metalliche, in cui si rinchiudono piccoli animali, spec. uccelli: *la gabbia dei canarini* ◊ Recinto chiuso con grosse sbarre di ferro, per grossi animali: *la gabbia delle tigri* **2** Recinto nelle aule dei tribunali in cui sono chiusi gli imputati durante un processo ◊ ♧ Prigione: *il ladro è finito in gabbia* **3** *Gabbia dell'ascensore* = il vano entro cui scorre ◊ *Gabbia toracica* = la parte dello scheletro che protegge il cuore e i polmoni.

gabbiano [gab-bià-no] *s.m.* Uccello acquatico con grandi ali e piumaggio biancastro.

gabinetto [ga-bi-nét-to] *s.m.* **1** Locale in cui si trovano i servizi igienici Ⓢ latrina, cesso **2** Studio di un professionista: *gabinetto medico, dentistico, fotografico* **3** Il consiglio dei ministri, il governo: *il presidente del senato è stato incaricato di formare un nuovo gabinetto.*

gaffe [parola francese; pron. *gaf*] *s.f.invar.* Frase o atto inopportuno e maldestro, che crea disagio e imbarazzo: *ha fatto una gaffe tremenda.*

gag [parola inglese; pron. corrente *ghèg*] *s.f. invar.* Battuta o trovata comica, in spettacoli teatrali, cinematografici e televisivi: *un film pieno di gag esilaranti.*

gagliardetto [ga-gliar-dét-to] *s.m.* Bandierina triangolare o a due punte.

gagliardo [ga-gliàr-do] *agg.* Robusto, forte, vigoroso: *un giovane gagliardo.*

gaglioffo [ga-gliòf-fo] *s.m.* Furfante, manigoldo, ribaldo.

gaio [gà-io] *agg.* Allegro, festoso, gioioso: *un gaio sorriso*; *una gaia compagnia.*

gala [gà-la] *s.f.* Sfarzo, lusso, eleganza | *Abito di gala* = da cerimonia | *Serata di gala* = serata elegante e mondana in onore di personaggi illustri o in occasione di prime teatrali, cinematografiche e simili avvenimenti.

galante [ga-làn-te] *agg.* **1** Molto cortese e premuroso con le donne: *un signore galante*; *modi galanti* **2** Amoroso: *un'avventura galante.*

galantuomo [ga-lan-tuò-mo] *s.m.* Uomo onesto e leale: *puoi fidarti di lui, è un galantuomo.*

galassia [ga-làs-sia] *s.f.* Enorme ammasso cosmico comprendente miliardi di stelle: *la galassia di cui fa parte il sistema solare si chiama Via Lattea.*

galateo [ga-la-tè-o] *s.m.* Le regole della buona educazione e di cortesia: *quel villano non conosce certo il galateo.*

galeone [ga-le-ó-ne] *s.m.* Grande nave a vela da guerra e da trasporto, impiegata spec. dagli spagnoli nei secoli XVI e XVII.

galeotto [ga-le-òt-to] *s.m.* Un tempo, chi era condannato a remare sulle navi ◊ Oggi, condannato alla galera, ergastolano.

galera [ga-lè-ra] *s.f.* Carcere, prigione: *finire in galera*; *è stato condannato a dieci anni di galera* | *Avanzo di galera, pezzo di galera* = delinquente.

galla [gàl-la] *s.f.* *A galla* = sulla superficie di un liquido, a fior d'acqua: *il legno sta a galla* | *Venire a galla* = affiorare; ♧ manifestarsi, venire alla luce: *la verità viene sempre a galla.*

galleggiante [gal-leg-giàn-te] *agg.* Che galleggia: *ponte galleggiante* ♦ *s.m.* Ogni oggetto in grado di galleggiare; in partic. boa, gavitello, sughero o altro oggetto che si usa per segnalare reti e ancore sommerse o la presenza di subacquei ◊ Accessorio in materiale leggero che si applica alla lenza per mantenere l'amo a profondità costante.

galleggiare [gal-leg-già-re] *v.intr.* [aus. *avere*] Mantenersi sulla superficie dell'acqua o di un altro liquido, senza affondare Ⓢ stare a galla ◊ Stare sospeso nell'aria.

galleria [gal-le-rì-a] *s.f.* **1** Passaggio sotterraneo per strade, ferrovie, canali o per lo sfruttamento di miniere **2** Ampia via coperta riservata al passaggio dei pedoni: *la galleria di Milano* **3** Sala o insieme di locali in cui vengono esposte opere d'arte: *la Galleria degli Uffizi*; *galleria d'arte moderna* **4** Nei teatri e nei cinema, ordine di posti al di sopra della platea: *la galleria era affollatissima.*

galletta [gal-lét-ta] *s.f.* Pane biscottato che si conserva a lungo.

gallina [gal-lì-na] *s.f.* La femmina del gallo | ♧ *Avere un cervello di gallina* = essere poco intelligente | ♧ *Andare a letto con le galline* = coricarsi molto presto.

gallo [gàl-lo] *s.m.* Il maschio adulto dei polli domestici | *Al canto del gallo* = all'alba.

gallone[1] [gal-ló-ne] *s.m.* Fregio sulle uniformi militari che indica il grado.

gallone[2] [gal-ló-ne] *s.m.* Unità di misura di capacità per liquidi usata nei paesi anglosassoni (equivalente in Inghilterra a 4,54 litri, negli Stati Uniti a 3,78 litri).

galoppare [ga-lop-pà-re] *v.intr.* [aus. *avere*] **1** Andare al galoppo (detto del cavallo e del cavaliere) **2** ♧ Correre di qua e di là affannosamente, darsi un gran da fare: *per mantenere la famiglia gli tocca galoppare dalla mattina alla sera.*

galoppata [ga-lop-pà-ta] *s.f.* Corsa, cavalcata al galoppo.

galoppo [ga-lòp-po] *s.m.* Andatura veloce del cavallo.

galvanizzare [gal-va-niz-zà-re] *v.tr.* Eccitare, rianimare, entusiasmare: *le parole dell'oratore galvanizzarono la folla.*

gamba [gàm-ba] *s.f.* **1** Ciascuno degli arti inferiori dell'uomo e in partic. la parte compresa tra il ginocchio e il piede: *ha le gambe lunghe*; *si è rotto una gamba* | ♧ *In gamba* = vigoroso, in buona salute (*un vecchio ancora in gamba*); bravo, pieno di doti: *è un ragazzo in gamba* | ♧ *Darsela a gambe* = scappare di corsa | ♧ *Prendere qualcosa sotto gamba* = prenderlo alla leggera, sottovalutarlo | ♧ *Fare il passo più lungo della gamba* = fare qualcosa che supera le proprie possibilità ◊ Zampa di animale: *le gambe del cane* **2** Elemento di sostegno di un mobile: *le gambe del tavolo* **3** L'asta verticale di una lettera dell'alfabeto: *la emme ha tre gambe, la enne due.*

gambero [gàm-be-ro] *s.m.* Piccolo crostaceo marino e d'acqua dolce | ♧ *Fare come i gamberi* = andare indietro anziché avanti Ⓢ regredire, peggiorare | *Diventare rosso come un gambero* = arrossire violentemente.

gambo [gàm-bo] *s.m.* **1** Nome comune del sostegno di foglie, fiori e anche di frutti e funghi a cappella | *Gambo del fiore* = stelo | *Gambo di un frutto* = picciolo **2** ♧ Parte di sostegno di un oggetto, di forma sottile e allungata: *il gambo del calice.*

game [parola inglese; pron. corrente *ghèim*] *s.m. invar.* Ciascuno dei tempi (o *giochi*) in cui è suddivisa una partita (o *set*) di tennis.

gamete [ga-mè-te] *s.m.* Ciascuna delle due cellule (maschile e femminile) che, unendosi nella fecondazione, danno origine alla cellula da cui si svilupperà un nuovo individuo.

gamma [gàm-ma] *s.f.* Serie di gradazioni, di sfumature di uno o più colori: *la gamma dei rossi, dei verdi, dell'arcobaleno* ◊ ♧ Serie di cose affini Ⓢ assortimento: *il negozio offre una vasta gamma di prodotti alimentari.*

ganascia [ga-nà-scia] *s.f.* [pl. *-sce*] **1** L'insieme della guancia e della mascella **2** Nelle tenaglie, nelle pinze, nelle morse, nei freni, ciascuna delle due parti che servono a stringere, a bloccare, a frenare un oggetto.

gancio [gàn-cio] *s.m.* **1** Ferro ripiegato a uncino, usato per appendere, afferrare, sollevare, collegare oggetti vari **2** Nel pugilato, colpo sferrato col braccio piegato ad angolo retto.

gang [parola inglese; pron. corrente *ghèng*] *s.f. invar.* Banda di malviventi.

ganghero [gàn-ghe-ro] *s.m.* Perno metallico, fissato allo stipite o al telaio, su cui si agganciano e ruotano le imposte di porte e finestre, gli sportelli degli armadi ecc. Ⓢ cardine | ♧ *Uscire dai gangheri, essere fuori dai gangheri* = perdere o avere perso la pazienza, il controllo.

ganglio [gàn-glio] *s.m.* Centro vitale: *lo sciopero ha paralizzato i gangli della rete ferroviaria.*

gangster [parola inglese; pron. corrente *gàngster* o *ghèngster*] *s.m.invar.* Bandito, malvivente.

gap [parola inglese; pron. *ghèp*; pron. corrente *gap*] *s.m.invar.* Divario, dislivello, squilibrio: *aumenta di continuo il gap economico e tecnologico tra il Nord e il Sud del mondo.*

gara [gà-ra] *s.f.* Competizione tra due o più persone o gruppi impegnati a superarsi a vicenda: *gara ciclistica, di nuoto, di ballo* | *Fare a gara* = impegnarsi per superare gli altri in qualcosa.

garage [parola francese; pron. *garàĵ*] *s.m.invar.* Autorimessa.

garante [ga-ràn-te] *agg.* e *s.m.f.* Che, chi garantisce il rispetto di un impegno preso da altri: *farsi garante della restituzione di un prestito.*

garantire [ga-ran-tì-re] *v.tr.* [*garantìsco, garan-*

tìsci] **1** Assicurare sotto la propria responsabilità il rispetto di un impegno proprio o altrui: *garantire la restituzione di un prestito* ◊ Assicurare la qualità e il perfetto funzionamento di una merce, impegnandosi con l'acquirente a ripararla o a sostituirla gratuitamente qualora si guasti entro un certo periodo: *la fabbrica garantisce questo televisore per un anno* **2** Dare per certo, assicurare: *ti garantisco che ha detto la verità*; *la buona pensione gli garantisce una vecchiaia tranquilla* ♦ **garantirsi** *v.pr.* Assicurarsi, prendere delle precauzioni contro eventuali danni o rischi.

garanzia [ga-ran-zì-a] *s.f.* **1** Assicurazione certa che un impegno sarà rispettato: *ho dato la garanzia che il prestito verrà restituito* ◊ Impegno del produttore o del venditore di una merce a sostituirla o a ripararla gratuitamente qualora si guasti entro un certo periodo di tempo; il periodo in cui è valido tale impegno: *questo televisore ha una garanzia di un anno*; *la lavatrice è ancora in garanzia* **2** ♧ Promessa sicura, certezza: *la sua presenza è una garanzia di successo.*

garbare [gar-bà-re] *v.intr.* [aus. *essere*] Piacere, andare a genio: *i suoi modi non mi garbano.*

garbato [gar-bà-to] *agg.* Pieno di garbo Ⓢ cortese, gentile, educato © sgarbato, scortese: *una persona garbata*; *una risposta garbata.*

garbo [gàr-bo] *s.m.* Cortesia, amabilità, educazione nei rapporti con gli altri: *una persona piena di garbo* ◊ Modo fine e aggraziato di fare qualcosa: *canta con molto garbo.*

garbuglio [gar-bù-glio] *s.m.* Insieme confuso e intricato Ⓢ groviglio (anche ♧): *un garbuglio di fili*; *nella sua testa si agitava un garbuglio di idee.*

gardenia [gar-dè-nia] *s.f.* Pianta ornamentale sempreverde, con fiori bianchi dal profumo intenso.

gareggiare [ga-reg-già-re] *v.intr.* [aus. *avere*] Partecipare a una gara: *gareggiare nella maratona* ◊ Fare a gara, competere con altri: *gareggiare in astuzia, in generosità.*

garganella [gar-ga-nèl-la] *s.f.* *Bere a garganella* = lasciando cadere il liquido in bocca e ingoiandolo tutto d'un fiato.

gargarismo [gar-ga-rì-smo] *s.m.* Cura consistente nel far gorgogliare in gola per un certo tempo un liquido medicamentoso.

garitta [ga-rìt-ta] *s.f.* Riparo per la sentinella di guardia a caserme o altri edifici militari.

garofano [ga-rò-fa-no] *s.m.* Pianta erbacea dai fiori profumati di vario colore.

garrese [gar-ré-se] *s.m.* La parte superiore del dorso dei quadrupedi e spec. dei cavalli, punto di riferimento per misurarne l'altezza.

garretto [gar-rét-to] *s.m.* La parte degli arti posteriori dei bovini e degli equini corrispondente alla caviglia nel corpo umano.

garrire [gar-rì-re] *v.intr.* [*garrìsco, garrìsci*; aus. *avere*] **1** Emettere garriti: *le rondini garriscono* **2** ♧ Sventolare: *le bandiere garrivano al vento.*

garrito [gar-rì-to] *s.m.* Verso acuto e stridulo caratteristico delle rondini e di altri uccelli.

garza [gàr-za] *s.f.* Tessuto di cotone leggero e trasparente, usato spec. come benda per medicazioni e fasciature.

garzone [gar-zó-ne] *s.m.* Lavoratore, per lo più giovane, che fa l'apprendista o comunque svolge i lavori più semplici in una bottega o in un laboratorio artigiano.

gas *s.m.* **1** Nome generico di ogni sostanza normalmente allo stato aeriforme: *l'azoto e l'ossigeno sono gas*; *il metano è un gas naturale presente nel sottosuolo* **2** Nell'uso comune, sostanza combustibile aeriforme utilizzata spec. nelle cucine e negli impianti di riscaldamento: *fornello a gas*; *spegnere il gas*; *la bolletta del gas* **3** La miscela gassosa di aria e benzina che alimenta i motori a scoppio | *Dare gas* = accelerare | *Andare, correre a tutto gas* = alla massima velocità.

gasato [ga-sà-to] *agg.* **1** [anche *gassato*] Reso effervescente dall'aggiunta di anidride carbonica Ⓢ frizzante: *preferisco l'acqua minerale gasata*; *una bibita gassata* **2** ♧ Molto eccitato, esaltato, euforico: *è tutto gasato per aver vinto la gara.*

gasdotto [gas-dót-to] *s.m.* Conduttura per il trasporto di gas.

gasolio [ga-sò-lio] *s.m.* Carburante liquido ricavato dal petrolio, usato per riscaldamento e nei motori diesel.

gassato vedi **gasato**.

gassificatore [gas-si-fi-ca-tó-re] *s.m.* Impianto in cui vengono bruciati diversi tipi di rifiuti per produrre dei combustibili gassosi utilizzabile come fonte di energia.

gassosa [gas-só-sa] o **gazzosa** [gaz-zó-sa] *s.f.* Bibita gassata a base di acqua dolcificata e aromatizzata.

gassoso [gas-só-so] *agg.* Detto di sostanza o composto allo stato aeriforme: *l'aria è una miscela gassosa.*

gastrico [gà-stri-co] *agg.* [pl.m. *–ci*] Dello stomaco: *soffre di disturbi gastrici*; *i succhi gastrici sono molto importanti nella digestione.*

A B C D E F G H I J K L M N O P Q R S T U V W X Y Z

gastrite [ga-strì-te] *s.f.* Infiammazione della mucosa dello stomaco.

gastronomia [ga-stro-no-mì-a] *s.f.* L'arte di cucinare e preparare i cibi.

gastronomico [ga-stro-nò-mi-co] *agg.* [pl.m. *–ci*] Che riguarda la gastronomia Ⓢ culinario: *specialità gastronomiche.*

gatta [gàt-ta] *s.f.* La femmina del gatto | ♧ *Qui gatta ci cova!* = c'è sotto qualche inganno | ♧ *Prendersi una (brutta) gatta da pelare* = assumersi un compito difficile e fastidioso.

gattabuia [gat-ta-bù-ia] *s.f.* Prigione: *è finito in gattabuia.*

gatto [gàt-to] *s.m.* **1** Felino domestico diffuso in tutto il mondo in numerose razze | ♧ *Essere (in) quattro gatti* = in pochissimi **2** *Gatto delle nevi* = veicolo cingolato capace di muoversi su terreni coperti di neve.

gattonare [gat-to-nà-re] *v.intr.* [aus. *avere*] Detto di bambini che non sanno ancora camminare, spostarsi appoggiandosi con le mani e le ginocchia sul pavimento.

gattoni [gat-tó-ni] *avv.* Appoggiandosi sulle mani e sui piedi: *il bambino avanzava (gatton) gattoni.*

gaudio [gàu-dio] *s.m.* Intensa felicità Ⓢ gioia.

gavetta [ga-vét-ta] *s.f.* Recipiente di alluminio in cui i soldati mangiano il rancio | *Viene dalla gavetta* = detto di ufficiale che ha fatto carriera partendo da soldato semplice o anche di chi ha raggiunto una buona posizione partendo dal niente.

gavitello [ga-vi-tèl-lo] *s.m.* Piccolo galleggiante usato per segnalare qualcosa e in partic. il punto dove è stata affondata un'ancora.

gay [parola inglese; pron. corrente *ghéi*] *s.m. invar.* Omosessuale, specialmente maschio ♦ *agg. invar.* Di omosessuali: *un locale, un ritrovo gay.*

gazebo [parola inglese; pron. corrente *gazèbo*] *s.m. invar.* Chiosco da giardino.

gazza [gàz-za] *s.f.* Uccello simile al corvo, dal piumaggio bianco e nero, detto anche *gazza ladra* per la sua abitudine di raccogliere e nascondere oggetti luccicanti.

gazzarra [gaz-zàr-ra] *s.f.* Chiasso, confusione, baccano, baraonda: *smettetela di fare gazzarra!*

gazzella [gaz-zèl-la] *s.f.* **1** Mammifero africano e asiatico simile all'antilope, molto agile e veloce nella corsa **2** ♧ Veloce autovettura impiegata dai carabinieri.

gazzetta [gaz-zét-ta] *s.f.* Anticamente, giornale (oggi rimasto come titolo di alcuni quotidiani): *Gazzetta dello sport* | *Gazzetta ufficiale* = giornale ufficiale dello stato italiano, in cui ogni giorno sono pubblicate le leggi approvate, i decreti, le circolari governative ecc.

gazzosa vedi **gassosa**.

geco [gè-co] *s.m.* Piccolo rettile simile alla lucertola.

gelare [ge-là-re] *v.tr.* **1** Far diventare gelido: *c'è un freddo che gela le mani* ◊ Ghiacciare, congelare: *il gran freddo ha gelato lo stagno* **2** ♧ Lasciare allibito, sgomento: *le sue parole gelarono i presenti* ♦ *v.intr.impers.* [aus. *avere* o *essere*] Fare un freddo così intenso da produrre il gelo: *questa notte ha* (o *è*) *gelato* ♦ *v.intr.* [aus. *essere*] e **gelarsi** *v.pr.* Diventare ghiaccio, congelarsi (anche ♧): *(si) è gelata l'acqua del lago*; *per la paura gli si gelò il sangue nelle vene* ◊ Diventare gelido: *mi si son gelati i piedi* ◊ Soffrire un gran freddo: *senza il riscaldamento qui si gela.*

gelata [ge-là-ta] *s.f.* Forte abbassamento della temperatura, con formazione di ghiaccio, dannoso per le coltivazioni.

gelataio [ge-la-tà-io] *s.m.* Chi fa o vende gelati.

gelateria [ge-la-te-rì-a] *s.f.* Negozio in cui si fanno e si vendono gelati: *è un'ottima gelateria.*

gelatina [ge-la-tì-na] *s.f.* **1** Qualsiasi sostanza semisolida trasparente di consistenza molle ed elastica; in partic. brodo ristretto di carne o pollo solidificato per raffreddamento o con l'aggiunta di sostanze collose **2** *Gelatina esplosiva* = potente miscela esplosiva di aspetto gelatinoso.

gelato [ge-là-to] *agg.* Ghiacciato: *il lago era gelato* ◊ Molto freddo Ⓢ gelido: *un vento gelato*; *ho le mani gelate* ♦ *s.m.* Dolce a base di latte, zucchero e altri ingredienti, solidificato per raffreddamento: *gelato di crema, di fragola.*

gelido [gè-li-do] *agg.* **1** Freddissimo: *soffiava un vento gelido* **2** ♧ Privo di cordialità, di calore: *la loro accoglienza è stata piuttosto gelida.*

gelo [gè-lo] *s.m.* **1** Freddo intenso: *il gelo di una notte d'inverno* | ♧ *Sentirsi un gelo nel sangue, nelle ossa* = rabbrividire per la paura o lo sgomento **2** Strato di ghiaccio: *le strade sono pericolose per il gelo.*

gelone [ge-ló-ne] *s.m.* Dolorosa infiammazione alle dita delle mani e dei piedi, provocata dal freddo intenso.

gelosamente [ge-lo-sa-mén-te] *avv.* Con grande zelo, con cura scrupolosa: *conserva gelosamente le sue cose, i suoi segreti.*

gelosia [ge-lo-sì-a] *s.f.* **1** Ansia tormentosa di chi dubita o teme che la persona amata non gli sia fedele o ami un'altra persona: *soffrire di gelosia* **2** Sentimento d'invidia, di dispetto, di aggressività nei confronti di chi è sentito come un rivale (perché si teme che possa togliere un affetto che si vorrebbe tutto per sé, perché si ritiene che goda di ingiuste preferenze o di successi immeritati): *prova gelosia per il fratellino minore*; *la sua promozione ha suscitato la gelosia dei colleghi* **3** Cura scrupolosa per qualcosa che ci è molto caro: *custodiva con gelosia i vecchi ricordi* **4** Imposta esterna della finestra, formata da stecche inclinate, che consente di guardare fuori senza essere visti Ⓢ persiana.

geloso [ge-ló-so] *agg.* **1** Che soffre di gelosia amorosa: *un marito geloso*; *è gelosa del fidanzato* ◊ Che prova invidia e risentimento nei confronti di chi sente come proprio rivale: *è geloso del fratello minore*; *i suoi colleghi erano gelosi del suo successo* **2** Che difende con decisione ciò che gli sta a cuore: *è geloso della sua libertà* ◊ Che è molto attaccato alle cose di sua proprietà e non le presta volentieri: *è molto geloso della sua auto.*

gelso [gèl-so] *s.m.* Pianta le cui specie più comuni sono il *gelso bianco,* delle cui foglie si ciba il baco da seta, e il *gelso nero,* che produce frutti commestibili simili alle more.

gelsomino [gel-so-mì-no] *s.m.* Arbusto rampicante con fiori bianchi profumatissimi, da cui si estrae un'essenza odorosa.

gemellaggio [ge-mel-làg-gio] *s.m.* Legame di amicizia stabilito tra due città di stati diversi, spec. allo scopo di sviluppare scambi culturali ed economici.

gemello [ge-mèl-lo] *agg.* **1** Nato nello stesso parto: *sono fratelli gemelli* **2** Si dice di cose uguali o simili che formano una coppia: *letti gemelli* | *Anima gemella* = persona con cui si ha in comune il modo di sentire e verso cui si è attratti ♦ *s.m.* **1** Chi è nato nello stesso parto con uno o più fratelli o sorelle **2** (spec. al *pl.*) Doppi bottoni per chiudere i polsini delle camicie **3** *Gemelli* = costellazione e terzo segno dello zodiaco.

gemere [gè-me-re] *v.intr.* [pass.rem. *geméi* o *gemétti, geméstì*; aus. *avere*] **1** Lamentarsi sommessamente: *il malato gemeva* **2** Cigolare, scricchiolare: *la porta gemette sui cardini arrugginiti.*

gemito [gè-mi-to] *s.m.* Lamento, grido sommesso di dolore: *si udivano i gemiti dei feriti.*

gemma [gèm-ma] *s.f.* **1** Piccolo germoglio da cui si sviluppano nuovi rami, fiori e foglie: *a primavera gli alberi mettono le gemme* **2** Pietra preziosa: *il trono reale era rivestito di gemme.*

gendarme [gen-dàr-me] *s.m.* Guardia, poliziotto, carabiniere.

gene [gè-ne] *s.m.* Ogni particella dei cromosomi su cui sono impressi i caratteri ereditari dell'individuo e della specie.

genealogia [ge-ne-a-lo-gì-a] *s.f.* La serie dei discendenti di una famiglia a partire dal suo capostipite.

genealogico [ge-ne-a-lò-gi-co] *agg.* [pl.m. *-ci*] Che riguarda la genealogia | *Albero genealogico* = schema a forma di albero ramificato che raffigura la discendenza di una famiglia partendo dal suo capostipite.

generale[1] [ge-ne-rà-le] *agg.* **1** Che è comune a tutti o alla maggioranza: *ha riscosso l'entusiasmo generale*; *un problema d'interesse generale* ◊ Che riguarda tutto un complesso di persone o di cose: *assemblea generale dei soci*; *studiare le regole generali di una lingua* ◊ Che dirige il complesso del personale e tutte le attività di un'organizzazione, di un'azienda: *direttore generale* **2** *In generale* = di solito, in linea di massima.

generale[2] [ge-ne-rà-le] *s.m.* Il grado più elevato della gerarchia militare e la persona che lo riveste: *generale di brigata, di corpo d'armata.*

generalità [ge-ne-ra-li-tà] *s.f.* **1** La maggior parte: *un metodo che, nella generalità dei casi, si è dimostrato valido* **2** (al *pl.*) I dati necessari per identificare una persona (nome, cognome, data di nascita ecc.): *dire le proprie generalità.*

generalizzare [ge-ne-ra-liz-zà-re] *v.tr.* Rendere generale, comune Ⓢ diffondere: *generalizzare un'usanza* ◊ Estendere a un'intera categoria ciò che è valido solo in qualche caso particolare: *nei giudizi bisogna evitare di generalizzare.*

generalmente [ge-ne-ral-mén-te] *avv.* **1** Di solito, per lo più, quasi sempre: *generalmente vado a letto presto* **2** Da tutti, dai più: *un uomo generalmente stimato.*

generare [ge-ne-rà-re] *v.tr.* **1** Dare vita a esseri della stessa specie: *generare un figlio*; *il seme genera la pianta* **2** ♧ Produrre: *la fiamma genera calore* ◊ ♧ Provocare, far sorgere: *il suo comportamento ha generato molti sospetti.*

generazione [ge-ne-ra-zió-ne] *s.f.* **1** Il processo per cui un essere vivente genera altri individui della stessa specie Ⓢ riproduzione: *la generazione degli animali, delle piante* **2** L'insieme dei membri di una famiglia che hanno lo stesso grado di discendenza (per cui la *prima generazione* sono i figli, la *seconda generazione* i nipoti ecc.) | *Trasmettere di generazione in generazione* = di

A B C D E F G H I J K L M N O P Q R S T U V W X Y Z

padre in figlio ◊ L'insieme delle persone che hanno all'incirca la stessa età e vivono nella stessa epoca: *i giovani sono la nuova generazione*; *la generazione di mio padre ha provato la guerra* **3** Produzione: *generazione di calore, di energia.*

genere [gè-ne-re] *s.m.* **1** Insieme di cose o di persone con caratteristiche comuni Ⓢ categoria, tipo, specie: *non frequento la gente di quel genere*; *che genere di stoffa desidera?*; *un film di genere comico* | *Non è il mio genere* = non è di mio gusto | *Del genere* = dello stesso tipo, simile: *non ho mai visto niente del genere* | *In genere* = generalmente, per lo più, di solito **2** Nella classificazione degli animali e delle piante, raggruppamento che comprende specie diverse ma con alcuni caratteri comuni | *Il genere umano* = l'umanità **3** Categoria grammaticale che distingue nomi, pronomi, aggettivi e articoli in maschili e femminili (e, in alcune lingue, anche in neutri) **4** Merce, prodotto: *un negozio di generi alimentari.*

generico [ge-nè-ri-co] *agg.* [pl.m. *–ci*] **1** Non specifico, non precisato Ⓢ vago, indeterminato: *una definizione troppo generica*; *per condannarlo ci vogliono prove, non bastano accuse generiche* **2** Privo di specializzazione: *medico generico.*

genero [gè-ne-ro] *s.m.* Il marito della figlia.

generosità [ge-ne-ro-si-tà] *s.f.* Bontà d'animo, altruismo: *un atto di generosità* ◊ Larghezza nel dare, nel donare Ⓢ munificenza Ⓒ avarizia, tirchieria: *lo ha ricompensato con generosità.*

generoso [ge-ne-ró-so] *agg.* **1** Che ha o dimostra bontà e nobiltà d'animo, altruismo e disposizione a sacrificarsi: *un uomo, un carattere, un gesto generoso* ◊ Che dona del suo con larghezza Ⓢ munifico Ⓒ avaro, gretto: *un generoso benefattore* **2** Abbondante: *una mancia generosa.*

genesi [gè-ne-si] *s.f.* **1** Origine, nascita, formazione: *ci sono diverse ipotesi sulla genesi dell'universo* **2** [anche *s.m.*] *Genesi* = il primo libro della Bibbia in cui si narra la creazione del mondo.

genetica [ge-nè-ti-ca] *s.f.* Parte della biologia che studia la trasmissione dei caratteri ereditari negli esseri viventi.

genetico [ge-nè-ti-co] *agg.* [pl.m. *–ci*] Relativo all'eredità biologica di ogni essere vivente.

gengiva [gen-gì-va] *s.f.* La parte della mucosa della bocca che ricopre le arcate dei denti.

geniale [ge-nià-le] *agg.* Che ha o che dimostra genio, ingegno, grande acume: *un artista geniale*; *un'opera geniale*; *hai avuto un'idea geniale!*

genio[1] [gè-nio] *s.m.* **1** Eccezionale intelligenza e capacità creativa proprie dei grandi uomini: *il genio di Dante, di Galileo* | *Un uomo, un'opera di genio* = che dimostra grande talento, particolare ingegno | *Lampo di genio* = idea improvvisa e geniale che risolve brillantemente un problema, una situazione ◊ Persona di straordinario ingegno e talento: *Leonardo fu un genio* **2** Particolare inclinazione per qualcosa: *ha il genio degli affari* ◊ *Andare a genio* = piacere, garbare: *quel tuo amico non mi va a genio* **3** In leggende e favole, essere fantastico dotato di poteri magici: *i geni del bosco*; *il genio della lampada di Aladino.*

genio[2] [gè-nio] *s.m.* Corpo dell'esercito che ha il compito di costruire e riparare tutte le opere (ponti, strade, ferrovie ecc.) necessarie alle operazioni militari ◊ *Genio civile* = ente statale che si occupa della costruzione e della manutenzione delle opere pubbliche.

genitale [ge-ni-tà-le] *agg.* Che serve alla procreazione: *apparato genitale* ♦ *s.m.pl. I genitali* = gli organi maschili e femminili che servono alla riproduzione.

genitore [ge-ni-tó-re] *s.m.* [f. *–trice*] Padre o madre: *è un buon genitore* | *I genitori* = il padre e la madre.

gennaio [gen-nà-io] *s.m.* Primo mese dell'anno, di 31 giorni.

genocidio [ge-no-cì-dio] *s.m.* Sterminio di un intero popolo o gruppo razziale o religioso.

genoma [ge-nò-ma] *s.m.* L'insieme dei geni di un organismo vivente.

gentaglia [gen-tà-glia] *s.f.* Gente spregevole, poco raccomandabile.

gente [gèn-te] *s.f.* **1** Quantità, insieme di persone: *c'era molta gente per le strade* ◊ Gli altri, il prossimo: *non ti curare di quel che dice la gente* ◊ Alcune persone, qualcuno: *abbiamo gente a cena*; *attento, viene gente!* **2** Insieme di persone di un certo tipo o condizione: *gente onesta, per bene*; *gente di campagna, di città* ◊ Popolo, popolazione: *la gente del Nord*; *le genti meridionali.*

gentile [gen-tì-le] *agg.* **1** Cortese, garbato, affabile nei rapporti con gli altri: *un commesso molto gentile*; *sei stato gentile ad accompagnarmi* ◊ Pieno di cortesia, di garbo; che rivela un animo sensibile: *una frase, un'accoglienza gentile*; *hai avuto un pensiero gentile* **2** Fine, delicato: *un viso gentile* | *Il gentil sesso* = le donne.

gentilezza [gen-ti-léz-za] *s.f.* **1** Cortesia, garbo: *trattare tutti con gentilezza* ◊ Sensibilità, delicatezza: *gentilezza d'animo* **2** Atto, parola gentile: *mi ha usato molte gentilezze* | *Per gentilezza* = per favore: *mi chiuda quella porta, per gentilezza.*

gentiluomo [gen-ti-luò-mo] *s.m.* Uomo educato e signorile, onesto e leale: *si è comportato da vero gentiluomo.*

genuflessione [ge-nu-fles-sió-ne] *s.f.* L'atto di genuflettersi.

genuflettersi [ge-nu-flèt-ter-si] *v.pr.* [coniugato come *flettere*] Inginocchiarsi in segno di devozione, di riverenza, di sottomissione: *si genuflesse davanti all'altare.*

genuino [ge-nu-ì-no] *agg.* Naturale, non sofisticato, non alterato (riferito a prodotti alimentari): *cibo, vino genuino* ◊ Sincero, spontaneo: *una genuina manifestazione di affetto* ◊ Autentico.

genziana [gen-zià-na] *s.f.* Piccola pianta erbacea di montagna, con fiori a campana azzurri o gialli.

geo– Primo elemento di parole composte, in cui significa «terra» (*geografia, geologia* ecc.).

geografia [ge-o-gra-fì-a] *s.f.* Scienza che studia e descrive la Terra nei suoi diversi aspetti: *geografia fisica, politica, economica, astronomica.*

geografico [ge-o-grà-fi-co] *agg.* [pl.m. *–ci*] Di geografia, che si riferisce alla geografia: *atlante geografico*; *carta geografica*; *nomi geografici.*

geografo [ge-ò-gra-fo] *s.m.* Studioso, esperto di geografia.

geologia [ge-o-lo-gì-a] *s.f.* Scienza che studia la struttura della crosta terrestre e le sue trasformazioni.

geologo [ge-ò-lo-go] *s.m.* [pl. *–gi*] Studioso, esperto di geologia.

geometra [ge-ò-me-tra] *s.m.f.* [pl.m. *–tri*] Professionista che svolge misurazioni di terreni e progetta e dirige piccole costruzioni edilizie.

geometria [ge-o-me-trì-a] *s.f.* Ramo della matematica che studia le figure piane e solide, le loro relazioni e proprietà.

geometrico [ge-o-mè-tri-co] *agg.* [pl.m. *–ci*] Di geometria: *figure geometriche*; *risolvere un problema geometrico.*

geopolitica [ge-o-po-lì-ti-ca] *s.f.* Studio dell'influenza che hanno i fattori geografici sui problemi e gli avvenimenti politici.

geotermico [ge-o-tèr-mi-co] *agg.* [pl.m. *–ci*] Che riguarda la temperatura del sottosuolo ◊ *Centrale geotermica* = centrale elettrica che sfrutta il calore interno della Terra per produrre energia.

geranio [ge-rà-nio] *s.m.* Pianta erbacea ornamentale, con fiori di vari colori.

gerarchia [ge-rar-chì-a] *s.f.* Struttura di un'organizzazione costituita come una scala in cui i gradi inferiori sono rigidamente subordinati ai gradi superiori: *il generale è al vertice della gerarchia militare*; *gerarchia ecclesiastica, burocratica* ◊ (al *pl.*) Le persone che ricoprono i diversi gradi di una gerarchia: *alla cerimonia erano presenti le più alte gerarchie dello stato.*

gerarchico [ge-ràr-chi-co] *agg.* [pl.m. *–ci*] Basato sulla gerarchia: *l'esercito è un'organizzazione gerarchica* ◊ Nella gerarchia: *un sottoposto deve obbedire ai propri superiori gerarchici.*

gerente [ge-rèn-te] *s.m.f.* Chi gestisce o amministra un'azienda, un'attività per conto d'altri.

gergale [ger-gà-le] *agg.* Appartenente a un gergo: *parole gergali*; *linguaggio gergale.*

gergo [gèr-go] *s.m.* [pl. *–ghi*] Linguaggio usato dagli appartenenti a certi gruppi sociali o categorie professionali, che risulta oscuro e incomprensibile per chi non fa parte di questi gruppi e categorie: *il gergo studentesco, sindacale, della malavita, dei medici, dei militari.*

gerla [gèr-la] *s.f.* Grossa cesta munita di due cinghie per portarla sulle spalle.

germe [gèr-me] *s.m.* **1** Primo stadio di sviluppo dell'embrione di un organismo animale o vegetale: *germe di grano* | ♧ *In germe* = nella fase iniziale: *un progetto ancora in germe* ◊ Batterio: *i germi dell'influenza* **2** ♧ Causa originaria, radice: *il germe della discordia.*

germogliare [ger-mo-glià-re] *v.intr.* [aus. *essere* o *avere*] **1** Svilupparsi in pianta (detto del seme): *il grano sta germogliando* ◊ Emettere germogli: *gli alberi germogliano a primavera* **2** ♧ Nascere, svilupparsi: *in lui cominciarono a germogliare dei sospetti.*

germoglio [ger-mó-glio] *s.m.* Piantina o ramo appena spuntati da un seme o da una gemma.

geroglifico [ge-ro-glì-fi-co] *s.m.* [pl. *–ci*] Ognuno dei segni della scrittura usata dagli antichi egizi.

gerundio [ge-rùn-dio] *s.m.* Forma non coniugabile del verbo, con due tempi, presente (*mangiando, leggendo*) e passato (*avendo saputo, essendo partito*).

gesso [gès-so] *s.m.* **1** Minerale biancastro da cui si ricava una polvere usata in varie lavorazioni; la polvere stessa **2** Bastoncino di polvere di gesso, usato per scrivere spec. su lavagne **3** Scultura o calco in gesso **4** Ingessatura per fratture ossee: *ha dovuto mettere il gesso alla gamba fratturata.*

gesta [gè-sta] *s.f.pl.* Imprese eroiche e memorabili: *le gesta di Garibaldi.*

gestante [ge-stàn-te] *s.f.* Donna in gravidanza.

gesticolare [ge-sti-co-là-re] *v.intr.* [aus. *avere*] Fare dei gesti, spec. per comunicare qualcosa o mentre si parla, si discute.

gestione [ge-stió-ne] *s.f.* Amministrazione, conduzione di un'azienda, di un'attività, di un'organizzazione: *l'albergo ha cambiato gestione.*

gestire[1] [ge-stì-re] *v.intr.* [*gestìsco, gestìsci*; aus. *avere*] Gesticolare.

gestire[2] [ge-stì-re] *v.tr.* [*gestìsco, gestìsci*] **1** Amministrare un'attività economica per conto proprio o di altri: *gestire un'azienda, un bar* **2** Condurre, dirigere, curare con funzioni di responsabilità: *gestire una trattativa, un partito, un affare.*

gesto [gè-sto] *s.m.* **1** Movimento, spec. del capo o delle mani, con cui si esprime uno stato d'animo, una volontà o si accompagna il parlare per renderlo più espressivo: *fece un gesto di rabbia, di meraviglia, di minaccia*; *si esprimeva a gesti* **2** Atto, azione: *ha compiuto un gesto generoso.*

gestore [ge-stó-re] *s.m.* [f. *–trice*] Chi gestisce, amministra un'azienda, un'attività economica.

gestuale [ge-stu-à-le] *agg.* Che si basa sui gesti: *linguaggio gestuale*; *comunicazione gestuale.*

gesuita [ge-su-ì-ta] *s.m.* Membro dell'ordine religioso della Compagnia di Gesù.

gettare [get-tà-re] *v.tr.* **1** Lanciare, scagliare con forza: *gettò un sasso nell'acqua* | *Gettare le reti, l'ancora* = calarle | *Gettare le fondamenta di un edificio* = costruirle | *Gettare all'aria una stanza* = metterla sottosopra | ♧ *Gettare le armi* = arrendersi | ♧ *Gettare uno sguardo, un'occhiata* = guardare di sfuggita | ♧ *Gettare la colpa addosso a qualcuno* = attribuirgliela | ♧ *Gettare in faccia* = rinfacciare ◊ Buttare via: *gettare l'immondizia*; *queste scarpe sono da gettare* | ♧ *Gettare via il tempo, il denaro* = sprecarli **2** Mandar fuori, emettere: *a quella vista gettò un grido* ♦ **gettarsi** *v.pr.* **1** Lanciarsi, scagliarsi con forza Ⓢ avventarsi, precipitarsi: *l'aquila si gettò sulla preda*; *si gettò contro l'avversario* ◊ Lanciarsi o lasciarsi cadere dall'alto: *gettarsi in acqua*; *si è gettato dalla finestra* | ♧ *Gettarsi ai piedi di qualcuno* = supplicarlo, umiliarsi di fronte a lui **2** (detto di corsi d'acqua) Sboccare, sfociare: *il Ticino si getta nel Po.*

gettata [get-tà-ta] *s.f.* In edilizia, colata di materiale da costruzione semiliquido dentro una struttura: *una gettata di cemento.*

gettito [gèt-ti-to] *s.m.* Introito, provento: *è aumentato il gettito fiscale dello stato.*

getto [gèt-to] *s.m.* **1** Il gettare Ⓢ lancio: *è vietato il getto di rifiuti*; *la gara di getto del peso* **2** Fuoriuscita violenta di un liquido o di un gas: *dalla ferita uscì un getto di sangue* | ♧ *A getto continuo* = senza interruzione: *al giornale arrivano notizie a getto continuo* | ♧ *Un'opera scritta di getto, una musica composta di getto* = senza mai fermarsi, seguendo l'impulso dell'ispirazione.

gettone [get-tó-ne] *s.m.* Dischetto metallico che si introduce in diversi apparecchi per farli funzionare: *gettone del telefono*; *lavatrice a gettone.*

geyser [parola inglese; pron. corrente *gàiser*] *s.m.invar.* Violento getto di acqua calda e vapore dal sottosuolo, tipico di alcune zone vulcaniche.

ghepardo [ghe-pàr-do] *s.m.* Felino diffuso in Asia e in Africa, simile al leopardo, ma più piccolo e snello, velocissimo nella corsa.

gheriglio [ghe-rì-glio] *s.m.* La parte commestibile della noce.

ghermire [gher-mì-re] *v.tr.* [*ghermìsco, ghermìsci*] Afferrare con gli artigli: *l'aquila ghermì la preda* ◊ Afferrare con forza, all'improvviso (anche ♧): *si sentì ghermire da una mano*; *la morte lo ha ghermito ancora giovane.*

ghetto [ghét-to] *s.m.* Quartiere in cui un tempo, in alcune città, erano obbligati ad abitare gli ebrei ◊ Zona di una città misera e squallida, abitata da comunità e categorie emarginate: *i ghetti negri degli Stati Uniti.*

ghiacciaia [ghiac-cià-ia] *s.f.* **1** Mobile contenente pezzi di ghiaccio, in cui si conservavano gli alimenti prima della diffusione dei frigoriferi **2** ♧ Ambiente freddissimo: *questa stanza è una ghiacciaia!*

ghiacciaio [ghiac-cià-io] *s.m.* Grande massa di ghiaccio permanente che ricopre le regioni polari e quelle di alta montagna: *il ghiacciaio del Monte Bianco.*

ghiacciare [ghiac-cià-re] *v.tr.* Far diventare ghiaccio: *il freddo intenso ha ghiacciato la fontana* ◊ Rendere freddo come il ghiaccio: *il vento mi ha ghiacciato il naso* ♦ *v.intr.* [aus. *essere*] e **ghiacciarsi** *v.pr.* Diventare ghiaccio Ⓢ congelarsi: *il lago è ghiacciato* ◊ Diventare gelido Ⓢ gelarsi: *mi si son ghiacciate le mani.*

ghiaccio [ghiàc-cio] *s.m.* Acqua allo stato solido, congelata: *cubetto, lastra di ghiaccio* | ♧ *Avere le mani di ghiaccio* = gelate | ♧ *Rimanere di ghiaccio* = restare attonito, allibito | ♧ *Rompere il ghiaccio* = avviare una conversazione, dei rapporti, superando un momento iniziale di freddezza, di imbarazzo.

ghiacciolo [ghiac-ciò-lo] *s.m.* **1** Colonnina di ghiaccio che si forma a causa del gelo su grondaie, fontane e dovunque goccioli lentamente dell'acqua **2** Gelato fatto di ghiaccio zuccherato e aromatizzato.

ghiaia [ghià-ia] *s.f.* Insieme di ciottoli arrotondati dall'azione delle acque: *una spiaggia di ghiaia in riva al fiume* ◊ Insieme di pietre spezzate e tritate, usate per ricoprire il fondo di strade, vialetti, giardini.

ghianda [ghiàn-da] *s.f.* Il frutto della quercia.

ghiandola [ghiàn-do-la] *s.f.* Organo che produce sostanze utili all'organismo (come il sudore, la saliva) o elimina quelle dannose.

ghigliottina [ghi-gliot-tì-na] *s.f.* Macchina per eseguire condanne a morte mediante decapitazione: *la ghigliottina fu inventata durante la Rivoluzione francese.*

ghignare [ghi-gnà-re] *v.intr.* [aus. *avere*] Ridere in modo sarcastico e maligno; fare una smorfia beffarda.

ghigno [ghì-gno] *s.m.* Riso o espressione del viso maligna e beffarda.

ghingheri [ghìn-ghe-ri] *s.m.pl. In ghingheri* = vestito in modo elegante e ricercato: *si mise in ghingheri per la festa.*

ghiotto [ghiót-to] *agg.* **1** Goloso (in generale o di qualche cibo in particolare): *un bambino ghiotto*; *gli orsi sono ghiotti di miele* ◊ ♧ Avido, desideroso: *un pubblico ghiotto di novità, di scandali* **2** Detto di cibi, gustoso, appetitoso: *una ghiotta pietanza* ◊ ♧ Interessante, stuzzicante: *non devi perdere questa ghiotta occasione.*

ghiottone [ghiot-tó-ne] *s.m.* Persona molto ghiotta, golosa.

ghiottoneria [ghiot-to-ne-rì-a] *s.f.* **1** Golosità, ingordigia **2** Cibo squisito, appetitoso Ⓢ leccornia: *la tavola era imbandita con ogni genere di ghiottonerie.*

ghiribizzo [ghi-ri-bìz-zo] *s.m.* Idea stravagante, capriccio improvviso: *gli venne il ghiribizzo di fare il bagno di notte.*

ghirigoro [ghi-ri-gò-ro] *s.m.* Disegno fatto di linee curve che si intrecciano in modo casuale e bizzarro.

ghirlanda [ghir-làn-da] *s.f.* Corona di fiori, fronde e foglie intrecciate, usata come ornamento del capo, come addobbo festivo di ambienti o come omaggio che accompagna il feretro ai funerali.

ghiro [ghì-ro] *s.m.* Piccolo roditore simile allo scoiattolo, che trascorre in letargo i mesi invernali | *Dormire come un ghiro* = profondamente e a lungo.

ghisa [ghì-sa] *s.f.* Lega di ferro e carbonio.

già *avv.* **1** Si usa per sottolineare che un'azione o un fatto sono compiuti o stanno per compiersi nel momento (presente, passato o futuro) a cui ci si riferisce: *il treno è già partito*; *era già notte quando arrivai*; *al mio ritorno sarai già guarito* ◊ Fin da ora: *già mi immagino la tua risposta* ◊ Fin da allora: *già da piccolo era portato per il disegno* ◊ In frasi interrogative ed esclamative esprime gioia, meraviglia o rammarico per qualcosa che è accaduto o sta per accadere prima del previsto: *sei già di ritorno?*; *«Dobbiamo partire» «Di già?»* **2** In precedenza: *questo film l'ho già visto*; *l'avevo già incontrato un'altra volta* **3** Sì, certo, proprio così: *già, è vero, me l'avevi detto.*

giacca [giàc-ca] *s.f.* Indumento maschile e femminile, con maniche e abbottonatura sul davanti, che ricopre la parte superiore del corpo | *Giacca a vento* = di tessuto impermeabile, ben chiusa e spesso con cappuccio.

giacché [giac-ché] *congz.* Poiché, dal momento che: *giacché vuoi saperlo, te lo dirò.*

L'accento sulla e di *giacché* è acuto (come in *perché, poiché, finché* ecc.): attenzione a non sbagliarlo, soprattutto quando scrivi al computer.

giaccone [giac-có-ne] *s.m.* Giacca lunga e pesante.

giacere [gia-cé-re] *v.intr.* [pres. *giàccio, giàci, giàce, giacciàmo, giacéte, giàcciono*; pass.rem. *giàcqui, giacésti*; cong.pres. *giàccia*; part.pass. *giaciùto*; aus. *essere* o *avere*] **1** Stare disteso, sdraiato: *giacere a letto, a terra, su un fianco* | *Qui giace* = qui è sepolto (nelle iscrizioni funebri) ◊ ♧ Trovarsi in una condizione negativa: *il giardino giaceva nel più completo abbandono* **2** Essere situato: *il villaggio giace in fondo alla vallata* **3** ♧ Essere fermo, accantonato in un certo posto (detto spec. di merci e di pratiche burocratiche).

giaciglio [gia-cì-glio] *s.m.* Letto misero e improvvisato, per lo più fatto di paglia o foglie secche ◊ Cuccia del cane.

giacimento [gia-ci-mén-to] *s.m.* Deposito di minerali economicamente utili formatosi all'interno della crosta terrestre: *scoprire un giacimento d'oro, di ferro, di petrolio.*

giacinto [gia-cìn-to] *s.m.* Pianta erbacea ornamentale con fiori odorosi di vario colore.

giada [già-da] *s.f.* Pietra dura pregiata, di colore variante dal bianco al verdeazzurro.

giaguaro [gia-guà-ro] *s.m.* Felino dell'America tropicale, simile al leopardo.

giallastro [gial-là-stro] *agg.* Di colore tendente al giallo, ma sporco e opaco: *l'acqua del fiume era giallastra*; *l'itterizia rende la pelle giallastra.*

gialliccio [gial-lìc-cio] *agg.* Di colore chiaro tendente al giallo.

giallo [giàl-lo] *agg.* Di colore tra il verde e l'arancione: *il limone è giallo* | *Farina gialla* = di granoturco | *Libro, film giallo* = poliziesco ♦ *s.m.* **1** Colore giallo: *ha tinto la casa di giallo* ◊ Luce gialla di avvertimento nei semafori: *è passato col giallo* **2** Romanzo, film poliziesco: *leggere un giallo*; *ho visto un giallo in tv* ◊ Caso poliziesco particolarmente complesso: *un delitto che è diventato il giallo dell'estate.*

giammai [giam-mài] *avv.* Mai: *Chiedergli scusa? giammai!*; *non lo farò giammai.*

giara [già-ra] *s.f.* Grande recipiente di terracotta per conservare l'olio e il vino.

giardinaggio [giar-di-nàg-gio] *s.m.* L'attività e la tecnica di coltivare giardini e piante da giardino.

giardiniere [giar-di-niè-re] *s.m.* Chi per mestiere coltiva e cura giardini.

giardino [giar-dì-no] *s.m.* **1** Terreno coltivato con fiori e piante ornamentali: *una villa con giardino*; *andare ai giardini pubblici* | *Giardino pensile* = sistemato su una terrazza | *Giardino zoologico* = zoo **2** *Giardino d'infanzia* = scuola materna, asilo.

giarrettiera [giar-ret-tiè-ra] *s.f.* Nastro elastico per reggere le calze.

giavellotto [gia-vel-lòt-to] *s.m.* Asta di legno con punta di metallo, usata un tempo come arma da lancio e oggi come attrezzo sportivo nelle gare di *lancio del giavellotto.*

gibboso [gib-bó-so] *agg.* Gobbo: *naso gibboso* | *Terreno gibboso* = ondulato, pieno di sporgenze.

giberna [gi-bèr-na] *s.f.* Tasca o astuccio di cuoio o di tela, contenente le cartucce e i caricatori, che i soldati portano appeso alla cintura.

gigabyte [gi-ga-bý-te; pron. *gigabàit*] *s.m.invar.* In informatica, unità di misura della quantità di dati, equivalente a 1024 megabyte.

gigante [gi-gàn-te] *s.m.* **1** In antiche mitologie, leggende e fiabe, essere di statura e forza straordinarie | ♧ *Fare passi da gigante* = fare progressi molto rapidi **2** Uomo molto alto e robusto ◊ ♧ Persona eccezionale, che domina con il suo genio in un determinato campo: *Beethoven è un gigante della musica* ♦ *agg.* Di dimensioni molto superiori al normale: *un albero gigante*; *una confezione formato gigante* ◊ *Slalom gigante* = gara di sci con percorso più lungo e porte più distanziate rispetto allo slalom speciale.

gigantesco [gi-gan-té-sco] *agg.* [pl.m. *–schi*] Molto grande Ⓢ enorme, colossale: *un uomo di statura, di forza gigantesca*; *palazzi giganteschi*; *era spinto da un'ambizione gigantesca.*

gigione [gi-gió-ne] *s.m.* Persona vanitosa che cerca di porsi al centro dell'attenzione e di farsi ammirare con atteggiamenti di facile effetto.

giglio [gì-glio] *s.m.* Pianta erbacea con fiori bianchi profumati, tradizionale simbolo di candore e purezza.

gilè [gi-lè] *s.m.* Panciotto.

gin *s.m.invar.* Acquavite di cereali aromatizzata con bacche di ginepro.

gincana [gin-cà-na] *s.f.* Gara, spec. automobilistica e motociclistica, il cui percorso è disseminato di ostacoli artificiali che costringono i concorrenti a bizzarre prove di abilità.

ginecologo [gi-ne-cò-lo-go] *s.m.* [pl. *–gi*] Medico specialista nella cura dell'apparato genitale femminile.

ginepraio [gi-ne-prà-io] *s.m.* **1** Folta macchia di ginepri **2** ♧ Situazione intricata, difficile da risolvere: *si rese conto di essersi cacciato in un vero e proprio ginepraio.*

ginepro [gi-né-pro] *s.m.* Pianta cespugliosa con foglie pungenti e frutti a bacca di color neroblu, usati come aromatizzanti in cucina e nella preparazione di liquori.

ginestra [gi-nè-stra] *s.f.* Arbusto con fiori gialli odorosi.

gingillarsi [gin-gil-làr-si] *v.pr.* Perdere il tempo in cose senza utilità Ⓢ trastullarsi: *vieni a studiare invece di stare a gingillarti!*

gingillo [gin-gìl-lo] *s.m.* Giocattolo da poco; piccolo oggetto, grazioso ma di poco valore.

ginnasio [gin-nà-sio] *s.m.* Scuola media superiore, della durata di due anni, che dà accesso al liceo classico.

ginnasta [gin-nà-sta] *s.m.f.* [pl.m. *–sti*] Atleta che pratica la ginnastica agonistica.

ginnastica [gin-nà-sti-ca] *s.f.* **1** Attività fisica che, attraverso una serie di esercizi, tende a sviluppare armonicamente le membra e a renderle più forti e agili **2** ♧ *Ginnastica mentale* = qualsiasi esercizio che sviluppa le facoltà della mente.

ginnico [gìn-ni-co] *agg.* [pl.m. *–ci*] Di ginnastica: *esercizi ginnici*; *saggio ginnico.*

ginocchiata [gi-noc-chià-ta] *s.f.* Colpo dato con un ginocchio; colpo preso urtando qualcosa con il ginocchio.

ginocchiera [gi-noc-chiè-ra] *s.f.* Fascia elastica, spesso imbottita sul davanti, che si applica al ginocchio per proteggerlo.

ginocchio [gi-nòc-chio] *s.m.* [pl. *i ginocchi,* o, in

alcune espressioni, pl.f. *le ginocchia*] Parte dell'arto inferiore tra la gamba e la coscia | *In ginocchio* = con il corpo appoggiato sulle ginocchia piegate, posizione di chi prega, supplica, si sottomette o si umilia | ♧ *Mettere in ginocchio un avversario* = batterlo, sconfiggerlo nettamente.

giocare [gio-cà-re] *v.intr.* [*giòco, giòchi*; aus. *avere*] **1** Dedicarsi a un'attività piacevole per svago, divertimento: *giocare a palla, a bocce, a rincorrersi* ◊ Divertirsi, trastullarsi: *il gatto gioca col gomitolo* **2** Scommettere in giochi d'azzardo, puntare denaro contando sulla fortuna: *giocare ai cavalli, al totocalcio* | *Giocare in borsa* = speculare sull'acquisto e la vendita di titoli **3** Praticare un'attività sportiva; far parte di una squadra: *giocare a tennis*; *gioca nell'Inter* ◊ Disputare un incontro sportivo: *la Juventus giocherà contro il Milan* **4** Agire: *bisogna giocare d'astuzia* ♦ *v.tr.* **1** Mettere sul tavolo una carta (nei giochi di carte): *giocò l'asso di briscola* **2** Disputare un incontro sportivo: *la squadra ha giocato una buona partita* **3** Puntare, scommettere in un gioco: *giocare un numero al lotto, una grossa somma su un cavallo* **4** ♧ Arrischiare, perdere qualcosa per propria colpa: *si sta giocando il posto con il suo comportamento*; *s'è giocato la reputazione* **5** ♧ Ingannare, raggirare: *li ha giocati tutti come ha voluto.*

giocatore [gio-ca-tó-re] *s.m.* [f. *–trice*] Chi partecipa a un gioco o pratica abitualmente un gioco per divertimento e passione: *distribuì le carte tra i giocatori*; *è un buon giocatore di scacchi* ◊ Atleta che pratica uno gioco sportivo per diletto o come professione: *entrano in campo i giocatori.*

giocattolo [gio-càt-to-lo] *s.m.* Ogni oggetto che serve ai bambini per giocare Ⓢ balocco.

giocherellare [gio-che-rel-là-re] *v.intr.* [aus. *avere*] Trastullarsi distrattamente con qualcosa: *si mise a giocherellare con la matita* ◊ Giocare tranquillamente e senza troppo impegno.

giochetto [gio-chét-to] *s.m.* Lavoro, compito molto semplice: *risolvere questo problema per lui è un giochetto.*

gioco [giò-co] *s.m.* [pl. *–chi*] **1** Ogni attività a cui si dedicano bambini o adulti a scopo di svago, di divertimento o per tenere in esercizio il corpo e la mente: *giochi all'aperto, di destrezza, di carte, di prestigio, enigmistici* | ♧ *È un gioco da ragazzi* = è una cosa molto facile da fare ◊ Ciò che serve per fare un certo gioco; giocattolo: *mi han regalato un gioco di scacchi*; *una stanza piena di giochi* **2** Attività, competizione sportiva: *il gioco del tennis, del calcio* ◊ (al *pl.*) Manifestazione sportiva comprendente diverse gare: *giochi olimpici* ◊ Partita, gara: *l'arbitro ha fischiato la fine del gioco* **3** Competizione tra due o più persone in cui si puntano somme di denaro (*giochi d'azzardo*) e il cui esito dipende dall'abilità o dalla sorte: *il gioco del poker, della roulette, del lotto*; *ha molta fortuna al gioco*; *si è rovinato al gioco* | ♧ *Essere in gioco* = essere esposto a grave rischio: *è in gioco la sua vita* | ♧ *Mettere in gioco* = rischiare: *con questa mossa ha messo in gioco la sua reputazione* **4** Modo di giocare (spec. nello sport e nei giochi d'azzardo): *una squadra che fa un gioco veloce*; *fare un gioco prudente, rischioso* | ♧ *Fare il doppio gioco* = tra due parti in contrasto, stare o fingere di stare con entrambe **5** Nei giochi di carte, l'insieme delle carte di un giocatore: *aveva in mano un ottimo gioco* | ♧ *Scoprire il proprio gioco* = rivelare le proprie intenzioni | ♧ *Fare buon viso a cattivo gioco* = rassegnarsi **6** ♧ Scherzo, burla: *lo ha fatto solo per gioco* | *Prendersi gioco di qualcuno* = prenderlo in giro, raggirarlo **7** ♧ *Giochi di luce, d'acqua* = effetti spettacolari creati da contrasti luminosi o dalla combinazione di getti d'acqua | *Gioco di parole* = doppio senso.

giocoliere [gio-co-liè-re] *s.m.* Chi si esibisce in giochi di destrezza e abilità, spec. nei circhi.

giocondo [gio-cón-do] *agg.* Lieto, sereno, spensierato: *un viso giocondo*; *un carattere giocondo.*

giocoso [gio-có-so] *agg.* Allegro, scherzoso.

giogo [gió-go] *s.m.* [pl. *–ghi*] **1** Arnese di legno che si applica al collo dei bovini per attaccarli al carro o all'aratro **2** ♧ Dominio, oppressione: *il popolo si ribellò al giogo della dittatura.*

gioia[1] [giò-ia] *s.f.* **1** Viva contentezza e allegria Ⓢ felicità Ⓒ dolore, tristezza: *a quella notizia provò una gran gioia*; *che gioia rivederti!* | *Darsi alla pazza gioia* = divertirsi in modo sfrenato **2** (al *pl.*) Ciò che è fonte di felicità, di piacere: *amare le gioie della vita.*

gioia[2] [giò-ia] *s.f.* Pietra preziosa, gioiello.

gioielleria [gio-iel-le-rì-a] *s.f.* **1** Negozio di gioielli **2** L'arte della lavorazione dei gioielli.

gioielliere [gio-iel-liè-re] *s.m.* Chi lavora o vende gioielli.

gioiello [gio-ièl-lo] *s.m.* **1** Oggetto di metallo prezioso, spesso ornato di gemme **2** ♧ Persona ammirevole, dotata di grandi qualità; cosa ben fatta, di gran pregio: *è un gioiello di ragazza*; *quella casa è un gioiello.*

gioioso [gio-ió-so] *agg.* Pieno di gioia, che esprime gioia: *fu accolto da grida gioiose* ◊ Che procura gioia: *mi ha dato una gioiosa notizia.*

A B C D E F G H I J K L M N O P Q R S T U V W X Y Z

gioire [gio-ì-re] *v.intr.* [*gioìsco, gioìsci*; aus. *avere*] Provare gioia; rallegrarsi grandemente.

giornalaio [gior-na-là-io] *s.m.* Chi vende giornali e riviste.

giornale [gior-nà-le] *s.m.* **1** Periodico giornaliero d'informazione Ⓢ quotidiano: *giornale del mattino, della sera*; *giornale sportivo* | *Giornale radio* = notiziario trasmesso per radio ◊ Pubblicazione periodica non quotidiana Ⓢ rivista: *ho comprato alcuni giornali illustrati* **2** Diario, registro: *giornale di bordo*; *giornale di classe, di viaggio.*

giornaliero [gior-na-liè-ro] *agg.* Di ogni giorno, che si effettua ogni giorno Ⓢ quotidiano: *è andato a fare la spesa giornaliera*; *per Firenze ci sono voli giornalieri.*

giornalino [gior-na-lì-no] *s.m.* Giornale illustrato o a fumetti per ragazzi.

giornalista [gior-na-lì-sta] *s.m.f.* [pl.m. *–sti*] Chi per professione scrive o fa il redattore per giornali o per notiziari e servizi radiotelevisivi.

giornalistico [gior-na-lì-sti-co] *agg.* [pl.m. *–ci*] Del giornalismo, dei giornali, dei giornalisti: *ha deciso di dedicarsi all'attività giornalistica*; *linguaggio giornalistico.*

giornalmente [gior-nal-mén-te] *avv.* Ogni giorno Ⓢ quotidianamente.

giornata [gior-nà-ta] *s.f.* **1** Il periodo di tempo compreso tra il mattino e la sera (spec. in relazione alle condizioni atmosferiche, alle attività e agli avvenimenti che lo contrassegnano): *una giornata calda, piovosa*; *giornata lavorativa, festiva*; *una giornata memorabile* | *In giornata* = entro il giorno: *tornerò in giornata* | *Vivere alla giornata* = giorno per giorno, senza preoccuparsi del domani | *Essere, non essere in giornata* = in buona forma fisica o mentale **2** Distanza che si può percorrere in un giorno: *è a una giornata di cammino da qui* **3** Giorno in cui si celebra qualcosa: *giornata della donna, della pace* ◊ Giorno famoso per qualche importante avvenimento: *le cinque giornate di Milano* **4** Turno di gara di un campionato sportivo: *la terza giornata del girone di ritorno.*

giorno [giór-no] *s.m.* **1** Periodo di ventiquattro ore che va da una mezzanotte a quella successiva (ma in molti casi indica un generico periodo di ventiquattro ore o anche un periodo indeterminato più o meno lungo): *la settimana ha sette giorni*; *il primo giorno del mese*; *il viaggio è durato un giorno*; *furono giorni molto tristi* | *I fatti del giorno* = gli avvenimenti odierni | *L'uomo del giorno* = quello di cui più si parla | *Di giorno in giorno* = ogni giorno che passa: *migliora di giorno in giorno* | *Un giorno o l'altro* = prima o poi | *A giorni* = tra pochi giorni: *sarà qui a giorni* | *Un giorno* = in un dato momento del passato o del futuro: *un giorno se ne pentirà* | *Al giorno d'oggi, ai nostri giorni* = di questi tempi | ♧ *Avere i giorni contati* = essere prossimo alla morte ◊ Giornata: *oggi è giorno festivo*; *il giorno dei morti* **2** Periodo di tempo in cui il Sole è sopra l'orizzonte (contrapposto a *notte*): *d'estate i giorni si allungano*; *è ancora giorno* | *Sul far del giorno, allo spuntar del giorno* = all'alba.

giostra [giò-stra] *s.f.* **1** Piattaforma rotonda girevole su cui sono fissati sedili per i bambini a forma di cavallo, di automobilina ecc. **2** Nel medioevo e nel Rinascimento, competizione, gara tra cavalieri armati Ⓢ torneo.

giovamento [gio-va-mén-to] *s.m.* Beneficio, vantaggio: *ha tratto giovamento dalla cura.*

giovane [gió-va-ne] *agg.* **1** Che è nell'età della giovinezza, non vecchio: *una donna, una coppia giovane* | *Da giovane* = in gioventù | *Più, meno giovane* = minore, maggiore d'età: *lui è più giovane di me* ◊ Giovanile: *ha ancora un aspetto giovane* **2** Che è nato o si è formato da poco: *un cane giovane*; *una pianta giovane*; *le giovani nazioni dell'Africa* | *Vino giovane* = recente, non invecchiato ◊ Inesperto: *è giovane del mestiere* ♦ *s.m.f.* Persona giovane: *uno spettacolo per giovani.*

giovanile [gio-va-nì-le] *agg.* Della giovinezza: *ricordava con rimpianto gli anni giovanili* ◊ Tipico dei giovani: *è stato tradito dal suo entusiasmo giovanile* ◊ Che sembra quello di un giovane: *nonostante l'età, ha un aspetto ancora giovanile* ◊ Fatto per i giovani, composto da giovani: *circolo giovanile*; *associazione giovanile.*

giovanotto [gio-va-nòt-to] *s.m.* Uomo giovane.

giovare [gio-và-re] *v.intr.* [aus. *avere* o *essere*] Essere di utilità, di vantaggio; arrecare un beneficio: *la cura ha giovato alla sua salute* ◊ Servire: *a che giova lamentarsi?* ♦ **giovarsi** *v.pr.* Valersi, servirsi utilmente di qualcosa o di qualcuno: *si è giovato dell'aiuto di un amico.*

giovedì [gio-ve-dì] *s.m.* Il quarto giorno della settimana.

giovenca [gio-vèn-ca] *s.f.* Vacca giovane.

gioventù [gio-ven-tù] *s.f.* **1** Età della vita compresa tra l'adolescenza e la maturità Ⓢ giovinezza Ⓒ vecchiaia: *la gioventù è l'età più bella*; *in gioventù aveva molto viaggiato* **2** I giovani nel loro insieme: *la gioventù d'oggi.*

gioviale [gio-vià-le] *agg.* Allegro, sereno e cordiale: *una persona gioviale*; *un carattere, un sorriso gioviale*.

giovinastro [gio-vi-nà-stro] *s.m.* Giovane scapestrato, violento: *una banda di giovinastri*.

giovinezza [gio-vi-néz-za] *s.f.* L'età della vita tra l'adolescenza e la maturità Ⓢ gioventù: *gli anni della giovinezza*.

giradischi [gi-ra-dì-schi] *s.m.* Apparecchio per riprodurre la musica incisa su dischi fonografici Ⓢ grammofono.

giraffa [gi-ràf-fa] *s.f.* **1** Mammifero ruminante africano con zampe e collo molto lunghi e mantello giallognolo a chiazze scure **2** Lungo braccio snodabile che sostiene un microfono, usato per registrazioni cinematografiche e televisive.

giramento [gi-ra-mén-to] *s.m.* Il girare | *Giramento di testa, di capo* = vertigine, capogiro.

girandola [gi-ràn-do-la] *s.f.* **1** Ruota a cui sono applicati dei fuochi d'artificio che la fanno girare vorticosamente quando vengono accesi **2** Banderuola girevole che indica la direzione del vento ◊ Giocattolo consistente in una specie di elica posta in cima a un bastoncino, che gira per effetto del vento **3** ♧ Rapido e confuso succedersi: *una girandola di notizie, di eventi, di cifre, di nomi*.

girare [gi-rà-re] *v.tr.* **1** Far ruotare: *girare la manovella, la chiave* ◊ Volgere da una parte: *girare la testa, gli occhi* ◊ Voltare; rovesciare: *girare le pagine di un libro*; *girare un materasso* ◊ Mescolare: *girare la minestra* **2** Passare intorno a un luogo: *la strada che gira il lago* | *Girare l'angolo* = voltarlo, superarlo | *Girare un ostacolo* = evitarlo ◊ Percorrere, visitare facendo un giro: *girare il mondo, una città*; *ho girato tutti gli alberghi per trovare una camera* **3** Riprendere con la macchina da presa Ⓢ filmare: *girare la scena di un film, un documentario* ♦ *v.intr.* [aus. *avere* o *essere*] **1** Ruotare, muoversi intorno a un asse o a un punto: *la Terra gira su se stessa e intorno al Sole*; *smettila di girarmi intorno!* | *Mi gira la testa* = ho il capogiro | ♧ *Far girare la testa a qualcuno* = farlo innamorare **2** Andare in giro Ⓢ girovagare: *girare per il mondo, per le strade* | *Girare al largo* = tenersi a debita distanza da qualcuno o qualcosa **3** Circolare, essere diffuso: *un ambiente in cui gira molto denaro*; *sono girate delle voci sul suo conto* **4** Correre intorno a qualcosa; circondare: *le mura girano intorno alla città* **5** Cambiare direzione Ⓢ voltare: *al prossimo incrocio gira a destra* ♦ **girarsi** *v.pr.* Volgersi, voltarsi: *si girò verso di me* ◊ Cambiare posizione: *continuava a girarsi nel letto*.

girarrosto [gi-rar-rò-sto] *s.m.* Congegno che fa girare sul fuoco lo spiedo con la carne da arrostire.

girasole [gi-ra-só-le] *s.m.* Pianta con grandi fiori gialli che si girano seguendo il corso del sole; dai suoi semi si estrae un olio commestibile.

giravolta [gi-ra-vòl-ta] *s.f.* **1** Giro su se stesso Ⓢ piroetta, capriola: *la macchina sbandò e fece alcune giravolte*; *le giravolte dei ballerini* **2** Curva tortuosa: *la strada era piena di giravolte* **3** ♧ Cambiamento improvviso d'opinione: *sono abituato alle sue giravolte*.

girello [gi-rèl-lo] *s.m.* Attrezzo a forma di gabbia montato su rotelle, che serve a sostenere e a proteggere i bambini che imparano a camminare.

giretto [gi-rét-to] *s.m.* Breve passeggiata o breve viaggio: *siamo usciti a fare un giretto*.

girevole [gi-ré-vo-le] *agg.* Che può girare su se stesso: *sedia, porta, ponte girevole*.

girino [gi-rì-no] *s.m.* Larva di alcuni anfibi come la rana e il rospo; vive nell'acqua ed è simile a un pesciolino dal corpo tozzo e dalla lunga coda.

giro [gì-ro] *s.m.* **1** Linea che delimita uno spazio più o meno circolare Ⓢ circolo, cerchia: *il giro dell'orizzonte*; *il giro delle mura di una città* | ♧ *Giro di parole* = perifrasi ◊ Lunghezza del percorso della pista di uno stadio, di un circuito sportivo: *ha distanziato gli avversari di un giro* **2** Movimento rotatorio o lungo un percorso approssimativamente circolare: *i giri dell'elica*; *la Terra compie un giro su se stessa in 24 ore*; *fece un giro intorno alla casa* | *Fare un giro di valzer* = ballare un valzer | ♧ *Essere su, giù di giri* = essere euforico o demoralizzato | ♧ *Prendere in giro* = canzonare, burlare **3** Passeggiata: *andiamo a fare un giro in città, nel bosco* ◊ Percorso o viaggio con più soste o tappe: *fare un giro dei negozi, dei musei, dei clienti*; *fare un giro turistico all'estero* | *Andare in giro* = gironzolare, viaggiare qua e là | *Essere in giro* = essere fuori casa **4** Gara, spec. ciclistica, in una o più tappe: *il giro d'Italia, delle Marche* **5** Periodo di tempo: *sistemerò tutto nel giro di un mese* **6** Gruppo di persone legate da interessi o attività comuni Ⓢ cerchia, ambiente: *nel giro dei suoi amici nessuno ne sa niente*; *è entrato nel giro del contrabbando, della droga* **7** Circolazione di notizie, di chiacchiere o di denaro | *Mettere in giro* = far circolare, diffondere: *chi ha messo in giro queste voci sul mio conto?* | *Il giro d'affari di un'azienda* = il valore di quanto ha venduto in un determinato periodo di tempo.

girocollo [gi-ro-còl-lo] *s.m.* e *agg.invar.* Si dice di scollatura rotonda che aderisce alla base del collo e di indumento con tale scollatura: *un maglione (a) girocollo*; *portava un girocollo di lana.*

girone [gi-ró-ne] *s.m.* In un campionato o torneo sportivo, ognuna delle due serie di partite in cui ciascuna squadra affronta tutte le altre: *girone di andata, di ritorno.*

gironzolare [gi-ron-zo-là-re] *v.intr.* [aus. *avere*] Andare in giro qua e là senza meta: *si mise a gironzolare per la città* ◊ Aggirarsi insistentemente e in modo sospetto nei pressi di una persona o di un luogo: *quel tipo mi sta gironzolando intorno da un'ora.*

girotondo [gi-ro-tón-do] *s.m.* Gioco di bambini che girano in cerchio tenendosi per mano e cantando una filastrocca.

girovagare [gi-ro-va-gà-re] *v.intr.* [*giròvago, giròvaghi*; aus. *avere*] Andare in giro qua e là senza meta Ⓢ vagabondare.

girovago [gi-rò-va-go] *agg.* e *s.m.* [pl.m. *–ghi*] Che, chi è continuamente in giro, per mestiere o perché non ha una fissa dimora Ⓢ vagabondo: *un suonatore girovago*; *arrivò in città un gruppo di girovaghi.*

gita [gì-ta] *s.f.* Lunga passeggiata o breve viaggio per svago Ⓢ escursione.

gitano [gi-tà-no] *s.m.* Zingaro della Spagna ♦ *agg.* Degli zingari di Spagna: *musiche gitane.*

gitante [gi-tàn-te] *s.m.f.* Chi partecipa a una gita.

gittata [git-tà-ta] *s.f.* Distanza a cui può arrivare il proiettile lanciato da un'arma o un'arma stessa: *cannone, missile a lunga gittata.*

giù *avv.* Da basso, in basso, verso il basso: *scendere, portare, guardare giù* | *Venire giù* = scendere (*vieni giù di lì*); cadere (*veniva giù un'acqua!*); crollare (*è venuto giù il muro*) | *Andare su e giù* = salire e scendere o andare avanti e indietro | *Non mi va giù* = non riesco a inghiottirlo; ♧ non lo sopporto: *il suo modo di comportarsi non mi va giù* | ♧ *Essere, sentirsi giù* = essere in cattive condizioni nel fisico o nel morale | *Buttare giù* = abbattere, far cadere (*buttar giù un muro, il governo*); ingoiare (*buttar giù un boccone*); ♧ abbattere fisicamente o moralmente (*la malattia, la brutta notizia lo ha buttato giù*); scrivere, abbozzare frettolosamente (*buttar giù due righe, un'idea, un progetto*) | *Buttarsi giù* = lanciarsi nel vuoto; sdraiarsi; ♧ sminuirsi o abbattersi: *non buttarti giù così!* ◊ In frasi imperative è spesso usato da solo, sottintendendo il verbo: *giù le mani!*; *giù subito di lì!* ◊ *Su per giù* = all'incirca: *abbiamo su per giù la stessa età* | *Giù di lì* = poco più o poco meno (*gli è costato mille euro o giù di lì*); non molto lontano, da quelle parti: *credo che abiti nella piazza o giù di lì.*

giubba [giùb-ba] *s.f.* Giacca, casacca di uniforme militare.

giubbotto [giub-bòt-to] *s.m.* Giacca corta e pesante di tipo sportivo | *Giubbotto antiproiettile* = corpetto senza maniche corazzato in modo da proteggere il busto dai colpi di arma da fuoco.

giubileo [giu-bi-lè-o] *s.m.* Anno dichiarato santo dalla chiesa cattolica e durante il quale viene concessa un'indulgenza per tutti i peccati a coloro che si rechino in pellegrinaggio a Roma o compiano determinate opere di pietà; ricorre ogni 25 anni.

giubilo [giù-bi-lo] *s.m.* Gioia intensa Ⓢ esultanza, tripudio.

giudeo [giu-dè-o] *s.m.* e *agg.* Ebreo.

giudicare [giu-di-cà-re] *v.tr.* [*giùdico, giùdichi*] **1** Sottoporre a giudizio, a valutazione Ⓢ valutare: *la commissione d'esame giudicherà i candidati* ◊ Ritenere, stimare, considerare: *tutti hanno giudicato sbagliato il suo comportamento*; *giudicò opportuno andarsene* **2** Stabilire con una sentenza l'innocenza o la colpevolezza di un imputato Ⓢ dichiarare: *la Corte lo ha giudicato innocente, colpevole* ♦ *v.intr.* [aus. *avere*] Esprimere un giudizio: *non voglio giudicare del suo operato*; *non sono in grado di giudicare.*

giudice [giù-di-ce] *s.m.f.* **1** Chi giudica, chi è in grado di emettere giudizi su persone o cose: *non puoi ergerti a giudice degli altri*; *i genitori non sono sempre buoni giudici dei propri figli* | *Il giudice supremo* = Dio **2** Magistrato che ha il compito di giudicare in un processo: *il giudice ha condannato l'imputato a dieci anni di carcere* | *Giudice popolare* = cittadino estratto a sorte che affianca i magistrati nei processi in corte d'assise **3** *Giudice di gara* = chi controlla la regolarità dello svolgimento di una gara | *Giudice d'arrivo* = chi controlla e stabilisce ufficialmente l'ordine d'arrivo dei partecipanti a una corsa sportiva.

giudiziario [giu-di-zià-rio] *agg.* Che riguarda un processo, i giudici, l'amministrazione della giustizia: *fu condannato per un errore giudiziario*; *denunciare un reato all'autorità giudiziaria.*

giudizio [giu-dì-zio] *s.m.* **1** Valutazione, parere, opinione: *la commissione ha espresso un giudizio positivo sul candidato*; *i giudizi della critica sul film sono discordanti*; *a mio giudizio hai sbagliato ad accettare* **2** Capacità di giudicare, di distinguere il bene dal male Ⓢ senno, prudenza: *un ragazzo che ha molto giudizio* | *Metter giudizio* = diventare giudizioso, ravvedersi **3** Processo giudiziario: *un detenuto in attesa di giudizio*; *giudizio civile, penale* ◊ Decisione, sentenza, verdetto di chi è chiamato a giudicare: *mi rimetto al vostro giudizio*; *il tribunale ha emesso un giudizio di assoluzione* | *Giudizio finale* o *universale* = nella religione cristiana, quello con cui Dio giudicherà tutti gli uomini alla fine del mondo.

giudizioso [giu-di-zió-so] *agg.* Che dimostra senno, buonsenso, prudenza Ⓢ assennato, saggio Ⓒ dissennato, imprudente: *è un ragazzo giudizioso*; *hai fatto una scelta giudiziosa.*

giugno [giù-gno] *s.m.* Sesto mese dell'anno, di 30 giorni.

giulivo [giu-lì-vo] *agg.* Lieto, gaio, festoso | *Oca giuliva* = persona sciocca e contenta di sé.

giullare [giul-là-re] *s.m.* Buffone, giocoliere e cantastorie girovago che nel medioevo si esibiva nelle piazze e nelle corti di re e principi.

giumenta [giu-mén-ta] *s.f.* Femmina del cavallo, cavalla da sella ◊ Cavalla, asina, mula da soma o da tiro.

giunca [giùn-ca] *s.f.* Nave a tre alberi di origine cinese, con fondo piatto e vele rinforzate da un telaio di bambù.

giunco [giùn-co] *s.m.* [pl. *–chi*] Pianta che cresce nei luoghi paludosi e il cui fusto flessibile e resistente viene intrecciato per fabbricare canestri, mobili, stuoie ecc.

giungere [giùn-ge-re] *v.intr.* [pres. *giùngo, giùngi*; pass.rem. *giùnsi, giungésti*; part.pass. *giùnto*; aus. *essere*] Arrivare; pervenire: *i corridori giunsero al traguardo*; *è giunto il momento di andarsene*; *mi è giunta all'orecchio una voce sul tuo conto* | *Questa* (*notizia, storia ecc.*) *mi giunge nuova* = non la sapevo ♦ *v.tr.* Congiungere, unire: *giunse le mani per pregare.*

giungla [giùn-gla] *s.f.* **1** Foresta fitta e intricata tipica delle regioni monsoniche (India, Malesia ecc.) **2** ♧ Luogo, ambiente pieno di pericoli, di insidie, in cui l'unica legge è quella del più forte (detta appunto *legge della giungla*): *la giungla della metropoli, degli affari.*

giunta[1] [giùn-ta] *s.f.* Aggiunta: *la gonna era troppo corta e le ho fatto una giunta* | *Per giunta* = per di più: *arrivi tardi e per giunta non mi saluti!*

giunta[2] [giùn-ta] *s.f.* Organo collegiale con funzioni esecutive, costituito da un sindaco o da un presidente e da vari assessori: *giunta comunale, provinciale, regionale.*

giunto [giùn-to] *s.m.* Organo di collegamento e di congiunzione tra due parti di un meccanismo.

giuntura [giun-tù-ra] *s.f.* **1** Punto di congiunzione tra due parti che vengono attaccate: *il vestito è mal fatto, si vedono le giunture* **2** Articolazione delle ossa: *mi fanno male tutte le giunture.*

giuramento [giu-ra-mén-to] *s.m.* Dichiarazione o promessa solenne della cui verità e sincerità si chiama a testimone Dio o ciò che più si rispetta e si ama: *fare, pronunciare, mantenere, tradire un giuramento* | *Prestare giuramento* = dichiarare fedeltà allo stato e ai propri doveri (atto che viene compiuto da parte di ufficiali, funzionari, ministri prima della loro nomina).

giurare [giu-rà-re] *v.tr.* Dichiarare, promettere qualcosa con un giuramento: *giuro di dire la verità*; *giurami che non mi tradirai*; *giurare davanti a Dio, sulla Bibbia, sul proprio onore* | *Giurare il falso* = mentire sotto giuramento (spec. in un processo) ◊ Affermare con certezza Ⓢ assicurare: *ti giuro che non lo sapevo* | *Non ci giurerei* = non ne sono sicuro | *Giurarla a qualcuno* = fare propositi di vendetta nei suoi confronti.

giurato [giu-rà-to] *agg.* Che ha prestato giuramento: *guardia giurata* | ♧ *Nemico giurato* = implacabile ♦ *s.m.* Giudice popolare, membro di una giuria.

giuria [giu-rì-a] *s.f.* **1** Organo di giudizio, composto da privati cittadini (*giudici popolari*), che affianca i magistrati in alcuni processi **2** Commissione che valuta i concorrenti e assegna i premi in concorsi, mostre, gare.

giuridico [giu-rì-di-co] *agg.* [pl.m. *–ci*] Di diritto, che riguarda il diritto: *studi giuridici* | *Norme giuridiche* = le leggi.

giurisprudenza [giu-ri-spru-dèn-za] *s.f.* La scienza e lo studio del diritto Ⓢ legge: *si è laureato in giurisprudenza.*

giurista [giu-rì-sta] *s.m.f.* [pl.m. *–sti*] Studioso, esperto di diritto.

giustamente [giu-sta-mén-te] *avv.* Secondo giustizia, meritatamente: *lo hanno giustamente premiato* ◊ A ragione, per giusti motivi: *ha giustamente protestato* ◊ Esattamente: *ha risposto giustamente alle domande.*

giustezza [giu-stéz-za] *s.f.* Rispondenza alla verità Ⓢ correttezza, esattezza: *riconosco la giustezza del tuo ragionamento*; *ho controllato la giustezza dei calcoli.*

giustificare [giu-sti-fi-cà-re] *v.tr.* [*giustìfico, giustìfichi*] **1** Rendere ammissibile, legittimo: *nulla può giustificare la sua condotta* ◊ Ritenere o affermare che qualcuno non ha colpa, responsabilità Ⓢ scusare, discolpare Ⓒ incolpare: *date le*

A B C D E F G H I J K L M N O P Q R S T U V W X Y Z

circostanze, ti giustifico; *non cercare di giustificare i tuoi compagni* **2** Spiegare le ragioni per cui si è fatto qualcosa Ⓢ motivare: *giustificare un'assenza, un ritardo* | *Giustificare una spesa* = dimostrare con un documento che la si è realmente effettuata ⧫ **giustificarsi** *v.pr.* Discolparsi, scusarsi: *si è giustificato dicendo che non l'ha fatto apposta*; *non occorre che ti giustifichi.*

giustificazione [giu-sti-fi-ca-zió-ne] *s.f.* Discolpa, scusa: *non hai niente da dire a tua giustificazione?* ◊ Motivo che giustifica un'azione: *mi ha colpito senza alcuna giustificazione* ◊ Documento con cui si giustifica qualcosa: *libretto delle giustificazioni*; *la giustificazione delle assenze deve essere firmata da un genitore.*

giustizia [giu-stì-zia] *s.f.* **1** Virtù di chi giudica e tratta gli altri con equità e imparzialità: *un uomo di grande giustizia*; *agire con giustizia* ◊ Il principio morale e sociale del riconoscimento e del rispetto degli uguali diritti di tutti gli uomini: *uno stato veramente democratico deve basarsi sulla giustizia* ◊ Attuazione concreta della giustizia: *i parenti della vittima chiedono giustizia* | *Rendere giustizia a qualcuno* = riconoscergli quel che gli è dovuto | *Farsi giustizia (da sé)* = punire qualcuno, vendicarsi di un torto senza ricorrere alla legge e all'autorità **2** L'autorità giudiziaria, la magistratura: *ricorreremo alla giustizia per difendere i nostri diritti*; *il ladro è ricercato dalla giustizia.*

giustiziare [giu-sti-zià-re] *v.tr.* Uccidere eseguendo una condanna a morte: *il condannato fu giustiziato all'alba.*

giustiziere [giu-sti-ziè-re] *s.m.* Chi uccide o infligge punizioni per vendicare delle ingiustizie, dei torti.

giusto [giù-sto] *agg.* **1** Che giudica e agisce con giustizia Ⓢ equo, imparziale Ⓒ ingiusto, iniquo: *un uomo giusto*; *cerchiamo di essere giusti* ◊ Conforme a giustizia Ⓢ legittimo, fondato Ⓒ infondato, illegittimo: *gli ho dato la giusta ricompensa*; *la sua richiesta è più che giusta* **2** Rispondente a verità Ⓢ corretto Ⓒ sbagliato, errato: *la tua osservazione mi sembra giusta*; *ha trovato la giusta soluzione del problema* ◊ Esatto, preciso: *sa dirmi l'ora giusta?*; *il tuo calcolo è giusto* ◊ Adatto, appropriato, opportuno: *ha saputo trovare le parole giuste*; *sei arrivato al momento giusto* ⧫ *s.m.* Ciò che è giusto, ciò che spetta di diritto: *ha preteso solo il giusto* | *Essere nel giusto* = avere ragione ⧫ *avv.* **1** Esattamente, con precisione: *ha risposto giusto* | *Mirare, colpire giusto* = nel segno **2** Proprio, per l'appunto: *cercavo giusto te* ◊ Appena: *è arrivato giusto in tempo.*

glabro [glà-bro] *agg.* Privo di peli, di barba: *volto glabro.*

glaciale [gla-cià-le] *agg.* **1** Di ghiaccio, coperto di ghiaccio: *calotta glaciale*; *mari glaciali* **2** Freddissimo, gelido: *un vento glaciale* ◊ ♧ Del tutto privo di calore umano, di cordialità: *abbiamo ricevuto un'accoglienza glaciale* | *Silenzio glaciale* = assoluto e carico di tensione, di ostilità: *nell'aula calò un silenzio glaciale.*

glaciazione [gla-cia-zió-ne] *s.f.* Grande espansione dei ghiacciai ◊ Periodo in cui tale espansione coprì vaste zone della superficie terrestre.

gladiatore [gla-dia-tó-re] *s.m.* Nell'antica Roma, schiavo, prigioniero di guerra o volontario che combatteva contro altri uomini o belve feroci nel corso di pubblici spettacoli.

gladiolo [gla-dì-o-lo] *s.m.* Pianta ornamentale con foglie a forma di spada e fiori di colore vario.

glassa [glàs-sa] *s.f.* Strato sottile di zucchero fuso e altri ingredienti con cui si ricoprono dolci, pasticcini ecc.

gleba [glè-ba] *s.f.* Zolla di terra, terra | *Servo della gleba* = il contadino dell'epoca feudale, che era legato alla terra che lavorava e non poteva abbandonarla.

gli[1] *art.determ.* Forma maschile plurale dell'articolo determinativo, usata davanti a parole che cominciano per vocale, *s* seguita da consonante, *gn, ps, z, x*: *gli alberi*; *gli sguardi*; *gli gnomi*; *gli psicologi*; *gli zii*; *gli xenofobi.*

gli[2] *pronome pers.* A lui, ad esso: *gli ho scritto*; *digli di venire* ◊ A loro: *se li incontri, digli che li aspetto.*

Il pronome *gli* si mette sempre dopo il verbo all'imperativo, all'infinito, al gerundio e al participio passato; quando è seguito dai pronomi *lo, la, li, le, ne* si fonde con questi nelle forme *glielo, gliela, glieli, gliele, gliene*, che hanno valore sia di maschile che di femminile e sia di singolare che di plurale.

glicine [glì-ci-ne] *s.m.* Pianta rampicante con fiori azzurroviolacei o bianchi pendenti in grappoli.

globale [glo-bà-le] *agg.* **1** Complessivo, totale: *reddito, spesa globale* **2** Che riguarda l'intero globo: *politica globale.*

globalizzazione [glo-ba-liz-za-zió-ne] *s.f.* Processo di crescente integrazione e interdipendenza delle economie e dei mercati internazionali, caratteristico dell'epoca più recente.

globo [glò-bo] *s.m.* Qualsiasi corpo di forma sferica | *Globo (terrestre)* = la Terra: *fare il giro del globo* | *Globo oculare* = l'occhio.

globulo [glò-bu-lo] *s.m.* Ognuno dei corpuscoli tondeggianti presenti nel sangue, distinti in *globuli rossi* (che trasportano l'ossigeno) e *globuli bianchi* (che hanno funzioni di difesa dell'organismo).

gloria [glò-ria] *s.f.* **1** Fama straordinaria e grandissimo onore che si ottengono grazie a opere e meriti eccezionali: *solo pochi grandi uomini raggiungono la gloria; con le sue imprese si è coperto di gloria* **2** Persona che è motivo di vanto, di orgoglio: *Dante è una gloria nazionale* | *Vecchie glorie* = personaggi un tempo famosi dello sport e dello spettacolo: *domani ci sarà una partita tra vecchie glorie del calcio.*

gloriarsi [glo-riàr-si] *v.pr.* Vantarsi di qualcosa: *non fa che gloriarsi dei propri successi.*

glorificare [glo-ri-fi-cà-re] *v.tr.* [*glorìfico, glorìfichi*] Esaltare, celebrare: *glorificare un eroe.*

glorioso [glo-rió-so] *agg.* Pieno di gloria Ⓢ illustre, famoso: *un nome glorioso; un esercito glorioso* ◊ Che dà gloria Ⓢ eroico, leggendario: *un'impresa gloriosa* ◊ *Essere, andare glorioso di qualcosa* = esserne fiero, vantarsene.

glossario [glos-sà-rio] *s.m.* Raccolta in ordine alfabetico di vocaboli rari, difficili o appartenenti a una lingua straniera, con a fianco la loro spiegazione o traduzione.

glucide [glu-cì-de] *s.m.* Carboidrato: *l'amido e gli zuccheri sono glucidi.*

glucosio [glu-cò-sio] *s.m.* Zucchero presente nella frutta, nel miele e nel sangue.

gluteo [glù-te-o] *s.m.* Muscolo della natica | *I glutei* = le natiche, il sedere.

glutine [glù-ti-ne] *s.m.* Complesso di proteine contenuto in alcuni cereali (spec. nel frumento), usato soprattutto per arricchire di potere nutritivo la pasta e altri alimenti.

gnocchi [gnòc-chi] *s.m.pl.* Bocconcini tondeggianti di pasta fresca fatta con farina e patate, che si mangiano lessati e conditi in vario modo: *gnocchi al pomodoro.*

gnomo [gnò-mo] *s.m.* Personaggio fantastico di leggende e racconti popolari, rappresentato come un vecchio nano barbuto che vive nei boschi e nelle grotte e custodisce tesori.

gnorri [gnòr-ri] *s.m.f.* *Fare lo, la gnorri* = fingere di non sapere o di non capire.

goal [parola inglese; pron. corrente *gòl*] *s.m.invar.* Nel gioco del calcio, punto segnato mandando la palla nella rete avversaria Ⓢ rete.

gobba [gòb-ba] *s.f.* **1** Deformazione della colonna vertebrale che produce una protuberanza sulla schiena o sul torace **2** Protuberanza sulla groppa del cammello e del dromedario **3** Protuberanza, rilievo, sporgenza: *ha una gobba sul naso; una strada piena di gobbe.*

gobbo [gòb-bo] *agg.* **1** Che ha la gobba ◊ Con le spalle curve: *camminava tutto gobbo* **2** Curvo: *naso gobbo* | ♧ *Colpo gobbo* = mossa scaltra e fortunata ♦ *s.m.* Persona con la gobba.

goccia [góc-cia] *s.f.* [pl. *–ce*] **1** Particella di liquido di forma tondeggiante: *cadevano le prime gocce di pioggia; una goccia d'acqua, di sudore, di sangue* | *Si somigliano come due gocce d'acqua* = sono quasi identici | ♧ *La goccia che fa traboccare il vaso* = l'atto o il fatto che fanno precipitare una situazione già tesa, provocando una reazione **2** Piccola quantità di un liquido Ⓢ goccio: *versami una goccia di vino.*

goccio [góc-cio] *s.m.* Piccola quantità di un liquido Ⓢ goccia: *ho bevuto solo un goccio di vino.*

gocciolare [goc-cio-là-re] *v.tr.* Mandar fuori, far cadere a gocce: *la ferita gocciola sangue* ♦ *v.intr.* [aus. *essere* nel significato 1, *avere* nel significato 2] **1** Uscire, cadere a gocce: *l'acqua gocciolava dal tubo* **2** Versare gocce di un liquido: *il rubinetto continua a gocciolare.*

godere [go-dé-re] *v.intr.* [pass.rem. *godéi* o *godetti*; fut. *godrò*; cond. *godrèi*; aus. *avere*] **1** Provare gioia, soddisfazione, piacere per qualcosa: *godo di sapervi in buona salute; gode a starsene al sole* **2** Beneficiare, usufruire di qualcosa di utile, di gradito: *stando in giardino i bambini godono dell'aria aperta; ha goduto di uno sconto per l'acquisto della macchina* ♦ *v.tr.* **1** (spec. nella forma *godersi*) Gustare, assaporare con piacere qualcosa: *mi son proprio goduto lo spettacolo; godiamoci il panorama, il fresco* ◊ Impiegare utilmente qualcosa traendone piacere: *finalmente può godersi i suoi soldi* | *Godersi la vita, godersela* = divertirsi, spassarsela **2** Avere, possedere qualcosa di utile, di gradito: *gode ottima salute; godere buona reputazione, grande popolarità.*

godimento [go-di-mén-to] *s.m.* **1** Soddisfazione profonda, grande piacere: *trae godimento dalla lettura* ◊ Ciò che è fonte di piacere: *è sempre alla ricerca di godimenti* **2** Facoltà di fruire di qualcosa: *non ha ancora raggiunto l'età per il godimento della pensione.*

goffaggine [gof-fàg-gi-ne] *s.f.* Modo di fare impacciato: *si vergognava della sua goffaggine.*

goffo [gòf-fo] *agg.* Impacciato, maldestro, privo di disinvoltura: *un tipo un po' goffo; balla in modo* *goffo*; *le fece un complimento goffo* ◊ Privo di eleganza Ⓢ sgraziato, ridicolo: *un vestito goffo.*

gogna [gó-gna] *s.f.* Collare di ferro che veniva stretto intorno al collo dei condannati alla berlina | ♧ *Mettere qualcuno alla gogna* = esporlo allo scherno generale.

gol [gòl] *s.m.invar.* Goal, rete.

gola [gó-la] *s.f.* **1** Parte interna del collo che mette in comunicazione la bocca con la trachea e l'esofago ed è quindi canale di passaggio del cibo, del fiato e della voce: *oggi ho mal di gola* | *Col boccone in gola* = appena mangiato: *è uscito di corsa col boccone in gola* | ♧ *Avere un nodo alla gola* = essere commosso, sul punto di piangere ◊ Parte anteriore del collo: *l'uomo l'afferrò alla gola* | ♧ *Avere l'acqua alla gola* = trovarsi in estrema difficoltà **2** Golosità, ghiottoneria: *mangia troppo perché non sa resistere alla gola* | ♧ *Fare gola* = suscitare un forte desiderio: *è un posto che fa gola a molti* **3** Stretto passaggio fra due montagne; valle stretta e profonda, con le pareti a picco: *un fiumiciattolo scorreva sul fondo della gola.*

goletta [go-lét-ta] *s.f.* Nave a vela con due o tre alberi.

golf [gòlf] *s.m.* **1** Gioco che si svolge su ampi prati e consiste nel mandare una pallina in una serie di buche colpendola con apposite mazze **2** Maglione di lana con maniche lunghe.

golfo [gól-fo] *s.m.* Vasta insenatura marina: *il golfo di Genova, di Napoli.*

goloso [go-ló-so] *agg.* Che ha il vizio della gola Ⓢ ingordo: *un ragazzo goloso* ◊ Che desidera molto determinati cibi Ⓢ ghiotto: *è golosa di dolci* ◊ ♧ Voglioso, desideroso: *il pubblico è sempre goloso di novità.*

golpe [parola spagnola; pron. *gólpe*] *s.m.invar.* Colpo di stato militare.

gomena [gó-me-na] *s.f.* Grosso cavo di canapa usato per ormeggiare e rimorchiare navi.

gomitata [go-mi-tà-ta] *s.f.* Colpo di gomito, al gomito: *dare, ricevere una gomitata.*

gomito [gó-mi-to] *s.m.* **1** Articolazione che unisce il braccio con l'avambraccio; la parte esterna della piegatura delle braccia: *si è fratturato un gomito*; *mise i gomiti sul tavolo* | ♧ *Alzare il gomito* = bere troppo alcol **2** Curva molto angolata: *qui la strada fa un gomito, una curva a gomito.*

gomitolo [go-mì-to-lo] *s.m.* Piccola palla di filo avvolto su se stesso: *il gatto si mise a giocare con un gomitolo.*

gomma [góm-ma] *s.f.* **1** Sostanza molto elastica ricavata dal latice di alcune piante tropicali (*gomma naturale, caucciù*) o prodotta con mezzi chimici (*gomma sintetica*): *scarpe di gomma*; *bambola di gomma*; *palla di gomma* | *Gomma americana* = chewinggum **2** Pezzetto di gomma per cancellare: *gomma da penna, da matita* **3** Pneumatico: *ho bucato una gomma.*

gommapiuma [gom-ma-più-ma] *s.f.* Gomma sintetica spugnosa e leggera, usata per fare materassi, cuscini e imbottiture.

gommista [gom-mì-sta] *s.m.* [pl. *–sti*] Chi vende, monta o ripara pneumatici.

gommone [gom-mó-ne] *s.m.* Canotto pneumatico a remi o a motore fuoribordo.

gommoso [gom-mó-so] *agg.* Che contiene gomma ◊ Simile alla gomma per aspetto o consistenza: *questo pane è diventato gommoso.*

gondola [gón-do-la] *s.f.* Lunga e sottile barca a fondo piatto, tipica della laguna veneta.

gonfalone [gon-fa-ló-ne] *s.m.* Vessillo, stendardo degli antichi comuni medievali e, ancora oggi, di città, province, associazioni o reparti militari.

gonfiare [gon-fià-re] *v.tr.* **1** Riempire d'aria un corpo elastico in modo che si dilati o si tenda: *gonfiare un pallone, le gomme dell'auto* | *Il vento gonfia le vele* = le distende e le incurva **2** Dilatare, ingrossare: *l'acqua gassata gonfia lo stomaco*; *le piogge hanno gonfiato il fiume* ◊ ♧ Far apparire più importante di quel che è Ⓢ esagerare: *la stampa ha gonfiato la notizia* ♦ *v.intr.* [aus. *essere*] e **gonfiarsi** *v.pr.* Aumentare di volume Ⓢ ingrossare: *il fiume si è gonfiato per la pioggia*; *mi si è gonfiata una gamba* ◊ ♧ Insuperbirsi, diventare tronfio: *non gonfiarti troppo per i complimenti!*

gonfiato [gon-fià-to] *agg.* Gonfio | ♧ *Pallone gonfiato* = persona piena di sé e boriosa, che gode di riconoscimenti superiori ai suoi meriti reali.

gonfio [gón-fio] *agg.* Gonfiato, dilatato, ingrossato: *le gomme sono poco gonfie*; *mi sento lo stomaco gonfio*; *il fiume è gonfio per le piogge* | ♧ *Andare a gonfie vele* = procedere nel migliore dei modi: i *suoi affari vanno a gonfie vele.*

gonfiore [gon-fió-re] *s.m.* Rigonfiamento di una parte del corpo Ⓢ tumefazione: *ho un gonfiore alla caviglia.*

gong [gòng] *s.m.* Strumento formato da un disco metallico che, sospeso e percosso da una mazza, dà un suono profondo e prolungato.

gongolante [gon-go-làn-te] *agg.* Visibilmente contento e soddisfatto: *era tutto gongolante per la vittoria.*

gongolare [gon-go-là-re] *v.intr.* [aus. *avere*] Sentire e manifestare una grande gioia e soddisfazione: *gongolava tutto per i complimenti ricevuti.*

goniometro [go-niò-me-tro] *s.m.* Strumento per misurare gli angoli.

gonna [gòn-na] *s.f.* Indumento femminile che copre il corpo dalla vita in giù Ⓢ sottana.

gonnellino [gon-nel-lì-no] *s.m.* Gonna corta indossata soprattutto da ballerine, tenniste, pattinatrici ◊ Gonna corta maschile, tipica del costume nazionale scozzese.

gonzo [gón-zo] *agg.* e *s.m.* Che, chi si fa imbrogliare facilmente Ⓢ sciocco, credulone Ⓒ furbo.

gorgheggiare [gor-gheg-già-re] *v.intr.* [aus. *avere*] Cantare modulando la voce con agili e rapidi passaggi vocali (detto di cantanti e di uccelli canori): *l'usignolo gorgheggiava tra i rami.*

gorgheggio [gor-ghég-gio] *s.m.* Nel canto, rapido passaggio di più note eseguito dalla voce su una stessa sillaba: *i gorgheggi di un soprano* ◊ Canto modulato di alcuni uccelli: *si udivano i gorgheggi di un usignolo.*

gorgo [gór-go] *s.m.* [pl. *–ghi*] Vortice, mulinello d'acqua: *in quel punto del fiume la corrente forma molti gorghi.*

gorgogliare [gor-go-glià-re] *v.intr.* [aus. *avere*] Emettere un rumore simile a un brontolio (detto di acque che scorrono tra sassi, di liquido che sgorga da una stretta apertura oppure che bolle o fermenta o, come nei gargarismi, è agitato dal fiato e dalla voce).

gorgoglio[1] [gor-gó-glio] *s.m.* Rumore prodotto da un liquido che gorgoglia ◊ Brontolio dell'intestino.

gorgoglio[2] [gor-go-glì-o] *s.m.* Un gorgogliare prolungato: *il gorgoglio di una fontana.*

gorilla [go-rìl-la] *s.m.invar.* **1** Grossa scimmia africana dal pelo scuro, spesso più alta di un uomo e dotata di grande forza **2** ♧ Guardia del corpo di personaggi potenti.

gossip [parola inglese; pron. corrente *gòssip*] *s.m. invar.* Chiacchiere e pettegolezzi su personaggi famosi, diffusi attraverso la stampa, la televisione e Internet.

gota [gò-ta] *s.f.* Guancia: *aveva le gote rosse per il freddo.*

gotico [gò-ti-co] *agg.* [pl.m. *–ci*] **1** Dei goti, antica popolazione germanica **2** *Architettura gotica* = lo stile architettonico diffusosi in Europa nel XII sec., caratterizzato soprattutto dallo slancio verticale degli edifici; per i secoli dal XII al XV si parla anche più in generale di *arte, pittura, scultura gotica* | *Scrittura gotica* = tipo di scrittura dai tratti molto angolosi e spezzati, usata sino a tempi recenti nei paesi di lingua tedesca.

gotta [gót-ta] *s.f.* Malattia che provoca acuti dolori alle articolazioni, spec. dei piedi e delle mani.

governante [go-ver-nàn-te] *s.m.* (spec. al *pl.*) Politico che ha responsabilità di governo in uno stato: *abbiamo bisogno di governanti più preparati* ♦ *s.f.* Donna stipendiata cui è affidato il compito di curare la casa o i bambini.

governare [go-ver-nà-re] *v.tr.* **1** Dirigere, amministrare, in partic. stando a capo di uno stato: *governa la sua azienda con polso fermo*; *il compito di governare un paese spetta a chi vince le elezioni* **2** Pilotare, manovrare (una nave, un aereo, un automezzo) **3** Provvedere alle necessità del bestiame e degli animali domestici: *governare i buoi, i cavalli, i polli.*

governativo [go-ver-na-tì-vo] *agg.* Del governo: *decreto governativo* ◊ Statale: *ufficio, impiegato governativo.*

governatore [go-ver-na-tó-re] *s.m.* [f. *–trice*] Alto funzionario incaricato dal potere centrale del governo di un territorio ◊ In vari paesi, il direttore della banca centrale: *il governatore della Banca d'Italia.*

governo [go-vèr-no] *s.m.* **1** Direzione: *assumere il governo di una nazione* ◊ Guida, comando (di una nave o di un aereo) **2** L'organo cui spetta di dirigere lo stato; il potere esecutivo: *in Italia il governo è composto dal presidente del consiglio e dai ministri*; *formare un nuovo governo*; *crisi di governo* **3** Forma di ordinamento politico di uno stato Ⓢ regime: *governo monarchico, repubblicano* **4** Cura, gestione (di cose, animali o persone): *occuparsi del governo della casa, del bestiame, della famiglia.*

gozzo [góz-zo] *s.m.* **1** Parte dilatata dell'esofago degli uccelli, in cui il cibo viene immagazzinato prima di passare lentamente nello stomaco **2** Gola, stomaco umano | *Riempirsi il gozzo* = mangiare a sazietà **3** Rigonfiamento della parte anteriore del collo dovuto all'ingrossamento della tiroide.

gozzoviglia [goz-zo-vì-glia] *s.f.* Banchetto, festa in cui si mangia e beve smodatamente Ⓢ bagordo.

GPS [pron. *gipièsse*] *s.m.invar.* Sistema che consente, attraverso un ricevitore collegato a una rete satellitare, di determinare la propria posizione geografica in qualsiasi punto della Terra.

gracchiare [grac-chià-re] *v.intr.* [aus. *avere*] **1** Emettere un verso rauco e stridente (detto dei corvi e delle cornacchie) **2** ♧ Parlare con voce stridula e fastidiosa ◊ (detto di radio, giradischi ecc.) Fare rumori stridenti.

gracidare [gra-ci-dà-re] *v.intr.* [aus. *avere*] Detto della rana, emettere il verso tipico.

gracile [grà-ci-le] *agg.* Che ha un fisico delicato, poco robusto Ⓢ debole, fragile: *un bambino gracile* ◊ Esile, sottile: *braccia, gambe gracili.*

gradasso [gra-dàs-so] *s.m.* Chi si vanta di fare cose che non ha la capacità o il coraggio di fare Ⓢ spaccone, smargiasso.

gradazione [gra-da-zió-ne] *s.f.* **1** Successione graduale: *dispose gli oggetti in gradazione dal più grande al più piccolo* ◊ Sfumatura, tonalità di uno stesso colore: *le diverse gradazioni del blu* **2** Percentuale di alcol contenuto in vini e liquori: *vino a bassa, ad alta gradazione.*

gradevole [gra-dé-vo-le] *agg.* Che riesce gradito Ⓢ piacevole Ⓒ sgradevole: *sentì un odore gradevole*; *una conversazione gradevole.*

gradimento [gra-di-mén-to] *s.m.* Senso di piacere provocato da ciò che riesce gradito | *Essere di gradimento* = piacere: *spero che la cena sia stata di tuo gradimento.*

gradinata [gra-di-nà-ta] *s.f.* **1** Ampia scalinata: *si incontrarono sulla gradinata davanti alla chiesa* **2** In stadi e teatri, ordine di posti a sedere costituito da file di gradini.

gradino [gra-dì-no] *s.m.* Ciascuno dei ripiani costruiti o scavati per superare un dislivello Ⓢ scalino: *salì i gradini della scala*; *il gradino del marciapiede* ◊ ♧ Grado, livello: *è ancora al primo gradino della carriera.*

gradire [gra-dì-re] *v.tr.* [*gradìsco, gradìsci*] Accogliere, accettare con piacere: *ho gradito il tuo regalo*; *gradisca i miei più sinceri auguri* ◊ Desiderare, volere: *gradisci una tazza di tè?*; *gradirei che tu la smettessi con questa storia.*

gradito [gra-dì-to] *agg.* Accolto, accettato con piacere: *sei sempre un ospite gradito*; *un dono gradito*; *mi ha fatto una gradita sorpresa.*

grado[1] [grà-do] *s.m.* **1** Ciascuno degli stadi successivi di una progressione | *Per gradi* = gradualmente, poco per volta: *in molte cose è bene procedere per gradi* **2** Livello: *un popolo che ha raggiunto un alto grado di civiltà* ◊ Livello (riferito a cose ordinate secondo una scala numerata di importanza, di intensità, di gravità, di difficoltà ecc.): *scuole di primo, di secondo grado*; *terremoto del nono grado della scala Mercalli*; *ustioni di terzo grado*; *scalare una parete di sesto grado* **3** Posizione occupata da una persona in una gerarchia militare o civile: *ha il grado di colonnello, di direttore* **4** *Essere in grado di* = essere in condizione, avere la capacità di: *è in grado di farcela da solo* **5** Unità di misura degli angoli, corrispondente alla trecentosessantesima parte dell'angolo giro: *l'angolo retto misura 90 gradi* ◊ Unità di misura della temperatura (di valore variabile a seconda delle scale adottate): *ha 38 gradi di febbre* ◊ Unità di misura del contenuto di alcol di vini e altre bevande alcoliche: *un vino di 12 gradi.*

grado[2] [grà-do] *s.m.* *Di buon grado* = volentieri.

graduale [gra-du-à-le] *agg.* Che si fa o procede per gradi, poco alla volta, senza sbalzi: *aumento, diminuzione graduale.*

graduato [gra-du-à-to] *agg.* Diviso in gradi: *termometro graduato.*

graduatoria [gra-dua-tò-ria] *s.f.* Elenco in cui sono classificati in ordine di successione (in base al merito o ad altri criteri) i partecipanti a un concorso, a un esame, a una gara: *essere primo, ultimo in graduatoria.*

graffa [gràf-fa] *s.f.* **1** Segno speciale di parentesi { } che unisce più righe di scrittura o racchiude un'espressione matematica **2** Fermaglio per tenere uniti dei fogli.

graffetta [graf-fét-ta] *s.f.* Punto metallico per tenere uniti fogli, fascicoli, riviste.

graffiare [graf-fià-re] *v.tr.* Fare un graffio, dei graffi sulla pelle con le unghie o con oggetti appuntiti: *il gatto mi ha graffiato* ◊ Scalfire, intaccare in superficie un oggetto: *ha graffiato il banco con un temperino* ♦ **graffiarsi** *v.pr.* Farsi dei graffi sulla pelle: *si è graffiato camminando in mezzo ai rovi.*

graffio [gràf-fio] *s.m.* Sottile lacerazione della pelle o scalfittura di una superficie provocata dalle unghie o da oggetti appuntiti.

graffito [graf-fì-to] *s.m.* Figura o scrittura incise con una punta sopra una superficie dura: *sulle pareti della caverna c'erano dei graffiti preistorici*; *muri pieni di graffiti.*

–grafia Secondo elemento di parole composte, in cui significa «scrittura» (*calligrafia*).

grafia [gra-fì-a] *s.f.* Scrittura; modo di scrivere le parole: *una grafia illeggibile*; *la grafia di questa parola è errata.*

grafica [grà-fi-ca] *s.f.* L'arte e la tecnica della stampa e della produzione di opere (disegni, incisioni ecc.) destinate alla stampa.

graficamente [gra-fi-ca-mén-te] *avv.* **1** Dal punto di vista della grafia: *due parole graficamente identiche ma di diverso significato* **2** Per mezzo di un grafico, di un disegno: *rappresentare graficamente l'andamento dei prezzi.*

grafico [grà-fi-co] *agg.* [pl.m. *–ci*] **1** Che riguarda la scrittura: *segni grafici* **2** Fatto per mezzo di un disegno: *la rappresentazione grafica di un fenomeno* **3** Della stampa, che riguarda la stampa: *le industrie grafiche* | *Arti grafiche* = le varie tecniche e operazioni (incisione, tipografia, litografia ecc.) utilizzate nella riproduzione a stampa ♦ *s.m.* **1** Rappresentazione di un fenomeno per mezzo di un disegno Ⓢ diagramma: *il grafico mostra l'aumento dei prezzi nell'ultimo anno* **2** Lavoratore dell'industria grafica ◊ Tecnico specializzato nell'impaginazione di libri, riviste ecc.

grafite [gra-fi-te] *s.f.* Minerale di color grigio scuro: *con la grafite si fanno le mine delle matite.*

gragnola [gra-gnò-la] *s.f.* Fitta scarica: *investire qualcuno con una gragnola di colpi, di sassi.*

gramigna [gra-mì-gna] *s.f.* Pianta erbacea assai diffusa nei prati e nei campi, dove infesta e danneggia le colture.

grammatica [gram-mà-ti-ca] *s.f.* **1** Il complesso delle norme che regolano l'uso corretto della lingua: *conoscere la grammatica*; *un errore di grammatica* **2** Libro, testo che contiene le norme grammaticali di una lingua: *comprare una grammatica italiana, francese.*

grammaticale [gram-ma-ti-cà-le] *agg.* Di grammatica: *regole grammaticali*; *hai fatto un errore grammaticale* | *Analisi grammaticale* = quella che definisce le singole parti del discorso.

grammo [gràm-mo] *s.m.* Unità di misura del peso (simbolo: *g*) ◊ ♧ Quantità minima: *non ha un grammo di giudizio.*

grammofono [gram-mò-fo-no] *s.m.* Apparecchio di vecchio tipo per la riproduzione di dischi incisi Ⓢ fonografo.

gramo [grà-mo] *agg.* Misero, pieno di stenti: *fa una vita grama* | *Un raccolto gramo* = scarso.

grana[1] [grà-na] *s.f.* **1** Grandezza e aspetto delle particelle che costituiscono un certo materiale o una certa sostanza: *un marmo a grana fine*; *un formaggio a grana grossa* **2** ♧ Seccatura, fastidio, guaio: *in questo periodo ha molte grane* **3** ♧ Denaro, quattrini: *è uno pieno di grana.*

grana[2] [grà-na] *s.m.invar.* Formaggio duro e granuloso, tipico dell'Emilia e della Lombardia.

granaglie [gra-nà-glie] *s.f.pl.* I diversi grani di cereali usati per l'alimentazione: *negozio di granaglie.*

granaio [gra-nà-io] *s.m.* Edificio o locale per conservare il grano o altri cereali.

granata[1] [gra-nà-ta] *s.f.* Proiettile di artiglieria esplosivo.

granata[2] [gra-nà-ta] *agg.invar.* e *s.m.* Colore rosso scuro come quello dei chicchi della melagrana.

grancassa [gran-càs-sa] *s.f.* Grosso tamburo.

granché [gran-ché] o **gran che** *pronome indef.* Cosa notevole, di particolare interesse o valore: *quel film non è un granché* ♦ anche *avv.* Molto: *non vale gran che.*

granchio [gràn-chio] *s.m.* **1** Crostaceo di mare o d'acqua dolce **2** ♧ *Prendere un granchio* = sbagliarsi, fare un errore a causa di un equivoco.

grande [gràn-de] *agg.* **1** Di notevoli dimensioni: *un grande palazzo* ◊ Di notevole quantità, numero, durata, intensità, forza ecc.: *a grande distanza*; *una gran folla*; *per gran tempo*; *un gran vento*; *una gran fame*; *un grande coraggio* **2** Alto di statura: *come sei diventato grande!* ◊ Adulto: *quando sarai grande lo capirai* **3** Eccellente, straordinario, di alta qualità: *una grande opera d'arte*; *un grande musicista* | *Un gran che* = una cosa eccezionale (*non mi sembra un gran che*); molto: *non ne so un gran che* ◊ Importante: *una grande invenzione*; *è stato un gran giorno* **4** Molto (davanti ad alcuni aggettivi): *è un gran bel quadro*; *un gran bravo ragazzo* ♦ *s.m.* **1** Persona adulta: *è uno spettacolo adatto ai grandi* **2** Persona illustre, che eccelle per doti, potenza ecc.: *i grandi della storia, della scienza, dello sport* **3** *In grande* = in grandi dimensioni: *parole scritte in grande* | *Fare le cose in grande* = con grandiosità, senza badare a spese.

L'aggettivo *grande* ha come comparativo *più grande* o *maggiore* e come superlativo *grandissimo* o *massimo*; può essere troncato in *gran* davanti a parole che iniziano con consonante (*una gran folla, un gran spavento*) o avere l'elisione in *grand'* davanti a parole che iniziano con vocale: *un grand'uomo.*

grandemente [gran-de-mén-te] *avv.* Molto, assai: *ti sono grandemente riconoscente per quello che hai fatto.*

grandezza [gran-déz-za] *s.f.* **1** L'insieme delle dimensioni di un oggetto, di una superficie, la loro misura complessiva: *la grandezza di una casa, di una stanza, di un campo di calcio* ◊ In fisica e in matematica, ogni entità misurabile (per es. temperatura, velocità, peso ecc.) **2** Grande dimensione Ⓢ ampiezza, vastità Ⓒ piccolezza, angustia: *mi ha colpito la grandezza della piazza* ◊ ♧ Grande valore, bellezza: *la grandezza di un'impresa, di un'opera d'arte* ◊ ♧ Eccellenza intellettuale, genio: *la Cappella Sistina basterebbe a dimostrare la grandezza di Michelangelo* ◊ ♧ Nobiltà spirituale: *ha dato prova di grandezza d'animo* ◊ ♧ Potenza, gloria, magnificenza: *la grandezza dell'antica Roma*; *le sue ambizioni di grandezza lo hanno rovinato.*

grandinare [gran-di-nà-re] *v.intr.impers.* [aus. *essere* o *avere*] Cadere la grandine: *è* (o *ha*) *grandinato per un quarto d'ora* ♦ *v.intr.* [aus. *essere*] ♧ Arrivare addosso con violenza e in gran quantità, come la grandine: *da ogni parte grandinavano le pallottole.*

grandinata [gran-di-nà-ta] *s.f.* Caduta di grandine: *la grandinata ha distrutto i raccolti.*

grandine [gràn-di-ne] *s.f.* Precipitazione di chicchi di ghiaccio durante un temporale, causata dall'improvviso raffreddamento delle nuvole.

grandioso [gran-dió-so] *agg.* Che desta impressione per la grandezza delle sue proporzioni, la sua ricchezza Ⓢ imponente, maestoso: *il grandioso spettacolo delle Alpi viste dall'aereo*; *una cerimonia, una manifestazione grandiosa* ◊ Eccezionale: *un'impresa grandiosa.*

granduca [gran-dù-ca] *s.m.* [f. *granduchessa*; pl. *–chi*] Titolo nobiliare inferiore a quello di re e superiore a quello di duca.

granducato [gran-du-cà-to] *s.m.* Stato governato da un granduca o da una granduchessa.

granello [gra-nèl-lo] *s.m.* **1** Chicco di grano o di altri cereali ◊ Minuscola particella di un materiale: *granello di sabbia, di pepe* **2** ♧ Quantità minima Ⓢ briciolo: *non ha un granello di buon senso.*

granita [gra-nì-ta] *s.f.* Gelato a base di caffè, di succhi di frutta o di sciroppi congelati e ridotti in granuli minuti ◊ Sciroppo diluito in ghiaccio tritato: *granita alla menta.*

granito [gra-nì-to] *s.m.* Roccia granulare composta prevalentemente da quarzo; molto dura e resistente, è usata come materiale da costruzione.

grano [grà-no] *s.m.* **1** Pianta con infiorescenze a spiga Ⓢ frumento: *un campo di grano* ◊ I frutti (*chicchi*) contenuti nelle spighe, da cui si ricava la farina per il pane (*grano tenero*) e per le paste alimentari (*grano duro*): *macinare il grano* **2** Granello: *un grano di sale, di pepe* **3** ♧ Minima quantità Ⓢ briciolo: *quel ragazzo non ha un grano di buon senso.*

granturco [gran-tùr-co] o **granoturco** [gra-no-tùr-co] *s.m.* Mais: *la polenta si fa con la farina di granturco.*

granulare [gra-nu-là-re] *agg.* Costituito da granuli: *una roccia granulare.*

granulo [grà-nu-lo] *s.m.* Granello.

granuloso [gra-nu-ló-so] *agg.* Che contiene granuli, composto da granuli: *una roccia granulosa.*

grappa [gràp-pa] *s.f.* Acquavite ottenuta dalla distillazione delle vinacce.

grappolo [gràp-po-lo] *s.m.* Gruppo di fiori o di frutti attaccati a un asse centrale: *un grappolo di glicine*; *un grappolo di uva.*

grassetto [gras-sét-to] *agg.* e *s.m.* Neretto.

grasso [gràs-so] *agg.* **1** Pingue, corpulento Ⓒ magro: *un uomo, un animale grasso*; *braccia grasse* | *Piante grasse* = quelle, come i cactus, che hanno le foglie e il fusto molto carnosi **2** Ricco di parti o di sostanze grasse: *cibi grassi*; *carne grassa*; *formaggio grasso* | *Terreno grasso* = fertile, ricco di sostanze nutritive **3** Untuoso, oleoso: *capelli grassi* **4** ♧ Abbondante, ricco: *ha fatto grassi guadagni* **5** ♧ *Settimana grassa* = l'ultima settimana di carnevale ♦ *s.m.* **1** La parte grassa del corpo umano e di quello degli animali: *fa ginnastica per perdere un po' di grasso*; *il grasso della carne, del prosciutto* ◊ *I grassi* = sostanze untuose di origine animale o vegetale, ricche di potere nutritivo: *una dieta ricca, povera di grassi* **2** Sostanza oleosa Ⓢ unto: *una macchia di grasso.*

grata [grà-ta] *s.f.* Chiusura di porte e finestre fatta di sbarre incrociate di ferro o di legno.

graticcio [gra-tìc-cio] *s.m.* Stuoia di canne o vimini intrecciati, usata per far seccare la frutta, allevare i bachi da seta o come riparo, divisorio ecc.

graticola [gra-tì-co-la] *s.f.* Griglia per arrostire carni e pesci.

gratificare [gra-ti-fi-cà-re] *v.tr.* [*gratìfico, gratìfichi*] Ricompensare con un premio materiale: *lo hanno gratificato con un aumento di stipendio* ◊ Procurare soddisfazione morale, intimo compiacimento: *faccio un lavoro che mi gratifica*; *il successo lo ha molto gratificato.*

gratificazione [gra-ti-fi-ca-zió-ne] *s.f.* Soddisfazione morale: *il lavoro gli dà molte gratificazioni.*

gratis [grà-tis] *avv.* Gratuitamente, senza pagare.

gratitudine [gra-ti-tù-di-ne] *s.f.* Sentimento di affettuosa riconoscenza per un beneficio ricevuto.

grato [grà-to] *agg.* **1** Pieno di gratitudine Ⓢ riconoscente: *ti sono grato per ciò che hai fatto* **2** Gradito: *conservo un grato ricordo della sua visita.*

grattacapo [grat-ta-cà-po] *s.m.* Preoccupazione, fastidio, seccatura.

grattacielo [grat-ta-cié-lo] *s.m.* Edificio molto alto, di almeno 15 piani.

grattare [grat-tà-re] *v.tr.* **1** Sfregare la pelle con le unghie per far passare il prurito: *grattarsi una mano, una gamba* | ♧ *Grattarsi la pancia* = starsene senza far nulla **2** Raschiare: *grattò la vernice con la carta vetrata* ◊ Grattugiare: *grattare il formaggio* **3** ♧ Rubare: *gli hanno grattato il portafoglio* ♦ *v.intr.* [aus. *avere*] Fare un rumore stridulo sfregando su qualcosa: *senti come gratta la puntina del giradischi!*

grattugia [grat-tù-gia] *s.f.* Utensile da cucina per grattare formaggio, pane secco o altro cibo.

grattugiare [grat-tu-già-re] *v.tr.* Ridurre in granelli o scaglie con la grattugia: *grattugiare il formaggio.*

gratuito [gra-tùi-to] *agg.* **1** Che non si paga, è senza spesa: *ingresso gratuito*; *assistenza medica gratuita* **2** ♧ Privo di fondamento Ⓢ ingiustificato: *le tue critiche sono del tutto gratuite.*

gravare [gra-và-re] *v.intr.* [aus. *essere* o *avere*] Premere col proprio peso: *ogni arcata del ponte grava su due pilastri* ◊ ♧ Pesare su qualcuno: *gravano su di lui troppe responsabilità* ♦ *v.tr.* Caricare di pesi eccessivi (spec. ♧): *gravare gli studenti di compiti.*

grave [grà-ve] *agg.* **1** Pesante: *portava un grave fardello* ◊ ♧ Duro, difficile da sopportare: *ti sei assunto una grave responsabilità* **2** ♧ Che implica rischi, serie conseguenze; che è causa di preoccupazione, di timori Ⓢ serio: *un grave problema*; *la situazione è più grave del previsto*; *ha una grave malattia* | *Malato grave* = in pericolo di vita ◊ Grande, grosso, forte (detto di ciò che costituisce un male): *subire gravi perdite*; *è in grave pericolo*; *un errore molto grave* **3** Basso (detto di suono o nota, contrapposto ad *acuto*) **4** *Accento grave* = il segno grafico (`) che si usa in italiano per indicare la pronuncia aperta della *e* e della *o* ♦ *s.m.* Qualunque corpo dotato di peso, in quanto soggetto alla forza di gravità: *la caduta dei gravi.*

gravidanza [gra-vi-dàn-za] *s.f.* Lo stato e il periodo in cui si trova una donna (o in genere la femmina dei mammiferi) dal momento in cui nel suo utero si sviluppa un feto e fino al parto: *è negli ultimi mesi di gravidanza.*

gravido [grà-vi-do] *agg.* **1** In stato di gravidanza Ⓢ incinta: *una donna gravida* **2** ♧ Carico, pieno: *ha preso una decisione gravida di conseguenze.*

gravità [gra-vi-tà] *s.f.* **1** L'essere grave (nei vari significati): *la gravità di una situazione, di un'accusa, di un errore, di una malattia* **2** In fisica, la forza che attrae tutti i corpi verso il basso, verso il centro della Terra.

gravitare [gra-vi-tà-re] *v.intr.* [aus. *avere*] **1** Girare intorno a un corpo per effetto della gravitazione: *i pianeti gravitano intorno al Sole* **2** ♧ Subire fortemente l'attrazione, l'influenza di qualcosa: *tutta la provincia gravita economicamente sul capoluogo*; *un partito intorno a cui gravitano diversi gruppi politici.*

gravitazione [gra-vi-ta-zió-ne] *s.f.* In fisica, la forza con cui si attraggono reciprocamente tutti i corpi nello spazio.

gravoso [gra-vó-so] *agg.* Duro da sopportare Ⓢ pesante, faticoso, oneroso, impegnativo Ⓒ leggero: *un incarico gravoso.*

grazia [grà-zia] *s.f.* **1** Bellezza delicata e armoniosa: *la grazia di un volto* ◊ Eleganza, finezza, gradevole naturalezza: *i suoi movimenti erano pieni di grazia*; *recita, canta con grazia* ◊ Gentilezza, garbo: *mi chiese con grazia di accompagnarlo* **2** *Entrare nelle grazie di qualcuno* = goderne i favori, la simpatia **3** Favore: *fammi la grazia di non dirlo a nessuno* ◊ Condono parziale o totale di una pena: *il detenuto ha fatto domanda di grazia al presidente della Repubblica*; *concedere la grazia a un condannato* | *Colpo di grazia* = quello che si dà a un nemico o a un condannato ferito a morte, per abbreviargli l'agonia; ♧ fatto che provoca il crollo definitivo di una situazione già disperata **4** Speciale concessione o dono divino: *chiedere una grazia alla Madonna*; *il Signore gli ha fatto la grazia di guarirlo* | ♧ *Grazia di Dio* = abbondanza di cibo, di bevande e di ogni altra cosa utile e gradita = *in quella casa c'è ogni grazia di Dio.*

graziare [gra-zià-re] *v.tr.* Concedere la grazia a un condannato, condonandogli in tutto o in parte la pena: *solo il presidente della Repubblica può graziare un condannato.*

grazie [grà-zie] *inter.* Esprime ringraziamento e gratitudine: *tante grazie!*; *grazie del vostro aiuto*; ◊ Si usa come formula di cortesia nell'accettare o anche nel rifiutare un'offerta: *«Ne vuoi ancora?» «Sì, grazie», «No, grazie»* ◊ *Grazie a* = per merito di, con l'aiuto di: *grazie a te ce l'ho fatta* | *Grazie al cielo, a Dio* = per fortuna ♦ *s.m.* Ringraziamento: *vi devo un grazie di cuore per il vostro aiuto!*

grazioso [gra-zió-so] *agg.* Che piace per la sua grazia; pieno di grazia Ⓢ carino, attraente, piacevole Ⓒ brutto, sgraziato: *una ragazza graziosa*; *un viso grazioso*; *un disegno grazioso.*

greco [grè-co] *agg.* [pl.m. *–ci*] Della Grecia | *Croce greca* = a bracci uguali.

gregario [gre-gà-rio] *s.m.* Corridore di una squadra ciclistica che ha il compito di aiutare il capitano: *il gregario attese il capitano che aveva forato.*

gregge [grég-ge] *s.m.* **1** Branco di pecore o capre custodite da un pastore **2** ♧ Comunità di cristiani, retta dal suo pastore (sacerdote, vescovo): *il gregge dei fedeli* ◊ In senso spregiativo, massa di persone passive e servili: *un gregge di adulatori* | *Uscire dal gregge* = distinguersi dalla massa.

greggio [grég-gio] *agg.* Detto di materia allo stato naturale, non lavorata, non raffinata Ⓢ grezzo: *lana greggia; petrolio greggio* ♦ *s.m.* Petrolio non raffinato: *una petroliera carica di greggio.*

grembiule [grem-biù-le] *s.m.* Indumento che protegge dallo sporco la parte anteriore del vestito, dal petto o dalla vita in giù ◊ Sopravveste indossata dai bambini dell'asilo e da varie categorie di lavoratori per non rovinare gli abiti.

grembo [grèm-bo] *s.m.* **1** L'incavo che si forma tra le ginocchia e il petto quando una persona è seduta: *la donna teneva un bimbo in grembo* **2** Ventre materno, di donna incinta: *sentiva muoversi il figlio che portava in grembo* **3** ♧ L'interno di qualcosa Ⓢ seno: *il grembo della terra; è tornato in grembo alla famiglia.*

gremire [gre-mì-re] *v.tr.* [*gremìsco, gremìsci*] Riempire, affollare: *la folla gremiva lo stadio.*

gremito [gre-mì-to] *agg.* Pieno zeppo, affollato.

greppia [grép-pia] *s.f.* Nelle stalle, la rastrelliera sopra la mangiatoia, in cui sta il fieno per le bestie.

greto [gré-to] *s.m.* Parte del letto di un corso d'acqua che resta all'asciutto nei periodi di magra.

gretto [grét-to] *agg.* **1** Avaro, tirchio **2** ♧ Spiritualmente limitato Ⓢ meschino: *un animo gretto.*

greve [grè-ve] *agg.* Pesante, opprimente: *nella stanza affollata l'aria era greve* | *Linguaggio, umorismo greve* = volgare, grossolano.

grezzo [gréz-zo] *agg.* **1** Non lavorato Ⓢ greggio: *diamante, cotone grezzo* **2** ♧ Rozzo, grossolano: *un uomo grezzo.*

gridare [gri-dà-re] *v.intr.* [aus. *avere*] Parlare o emettere suoni con voce molto alta, per farsi udire, richiamare l'attenzione, esprimere collera, dolore o altro Ⓢ urlare, strillare, sbraitare: *si mise a gridare a squarciagola; quando litigano non fanno che gridare* ♦ *v.tr.* Dire, chiedere, chiamare a voce molto alta: *gridò un insulto; gli ho gridato di fermarsi; gridare aiuto; sentì gridare il suo nome* | ♧ *Un crimine che grida vendetta* = che esige un'immediata punizione dei responsabili.

grido [grì-do] *s.m.* [pl.f. *le grida*, dell'uomo; pl.m. *i gridi*, degli animali] **1** Suono di voce emesso con forza Ⓢ urlo, strillo: *gettò un grido di spavento; si udivano in cortile le grida dei bambini* ◊ Verso acuto e forte di animali: *i gridi degli uccelli* **2** ♧ *L'ultimo grido della moda* = l'ultima novità | *Di grido* = famoso, rinomato: *un avvocato di grido.*

grigiastro [gri-già-stro] *agg.* Tendente al grigio; grigio sporco.

grigio [grì-gio] *agg.* **1** Di colore intermedio tra il bianco e il nero: *un vestito grigio* | *Cielo, tempo grigio* = nuvoloso | *Materia grigia* = il tessuto nervoso di cui è formato il cervello **2** ♧ Scialbo, monotono: *fare una vita grigia* ♦ *s.m.* Il colore grigio: *vestire di grigio.*

grigiore [gri-gió-re] *s.m.* **1** Colore, aspetto grigio: *il grigiore del cielo* **2** ♧ Monotonia, squallore: *era stanco del grigiore della sua vita* ◊ Mediocrità: *nel grigiore generale solo lui si è distinto.*

griglia [grì-glia] *s.f.* **1** Utensile da cucina per arrostire le vivande sul fuoco, formato da sottili sbarre di ferro o da una lastra metallica ondulata Ⓢ graticola: *carne, pesce alla griglia* **2** Grata, inferriata di sbarre parallele o incrociate, usata come chiusura o protezione **3** *Griglia di partenza* = in una gara automobilistica, ordine secondo cui sono schierate le auto alla partenza.

grigliare [gri-glià-re] *v.tr.* Cuocere alla griglia.

grigliata [gri-glià-ta] *s.f.* Piatto di vivande cotte alla griglia.

grill [parola inglese; pron. *gril*] *s.m.invar.* Griglia, graticola.

grilletto [gril-lét-to] *s.m.* Nelle armi da fuoco portatili, piccola leva che, premuta con un dito, fa partire i colpi.

grillo [grìl-lo] *s.m.* **1** Insetto scuro con lunghe antenne sottili e zampe posteriori adatte al salto: *i grilli maschi emettono un caratteristico verso stridulo* | ♧ *Fare il grillo parlante* = il saccente **2** ♧ Capriccio, ghiribizzo; idea, fantasia strana: *gli è saltato il grillo di fare il giro del mondo; è una brava ragazza ma ha troppi grilli per la testa!*

grimaldello [gri-mal-dèl-lo] *s.m.* Arnese di ferro ripiegato a una estremità, usato per aprire le serrature senza la chiave: *i ladri sono riusciti ad aprire la porta con un grimaldello.*

grinfia [grìn-fia] *s.f.* Artiglio | ♧ *Cadere nelle grinfie di qualcuno* = nelle sue mani, in suo potere.

grinta [grìn-ta] *s.f.* **1** Faccia arcigna, minacciosa: *un tipo con una grinta da far paura* **2** Volontà combattiva, aggressività, determinazione: *un pugile con molta grinta.*

grintoso [grin-tó-so] *agg.* Che ha grinta Ⓢ combattivo: *un pugile, un calciatore grintoso.*

grinza [grìn-za] *s.f.* Piega della pelle Ⓢ ruga ◊ Piega di stoffe e vestiti: *questa giacca è piena di grinze* | ♧ *Un ragionamento che non fa una grinza* = coerente, convincente, ineccepibile.

grissino [gris-sì-no] *s.m.* Sottile bastoncino di pane croccante.

gronda [grón-da] *s.f.* Parte del tetto che sporge dai muri esterni di un edificio.

grondaia [gron-dà-ia] *s.f.* Canale di lamiera o di plastica fissato lungo il bordo della gronda per raccogliere l'acqua piovana e incanalarla nei tubi di scarico.

grondante [gron-dàn-te] *agg.* Che gocciola, fradicio, zuppo: *era tutto grondante di pioggia*; *aveva la fronte grondante di sudore*.

grondare [gron-dà-re] *v.intr.* [aus. *essere* nel significato 1, *avere* nel significato 2] **1** Cadere giù, colare abbondantemente: *pioveva a dirotto e l'acqua grondava dal tetto*; *il sudore gli grondava dalla fronte* **2** Essere bagnato di un liquido che gocciola in abbondanza: *la sua fronte grondava di sudore* ♦ *v.tr.* Versare, lasciar colare in abbondanza: *la ferita grondava sangue*.

groppa [gròp-pa] *s.f.* Il dorso dei quadrupedi: *salì in groppa al cavallo* ◊ Nel linguaggio familiare, la schiena, le spalle: *portava un bambino in groppa* | ♧ *Avere molti anni sulla groppa* = essere in età avanzata.

groppo [gróp-po o gròp-po] *s.m.* Nodo ingarbugliato | ♧ *Avere, sentirsi un groppo alla gola* = sentirsi la gola chiusa per una forte commozione.

grossa [gròs-sa] *s.f.* La terza dormita dei bachi da seta, quella più lunga | ♧ *Dormire della grossa* = molto profondamente.

grossezza [gros-séz-za] *s.f.* **1** Le dimensioni di un corpo (spec. volume e spessore): *calcolare la grossezza di una fune* **2** Dimensione superiore all'ordinario: *ci stupì la grossezza dell'animale*.

grossista [gros-sì-sta] *s.m.f.* [pl.m. *–sti*] Commerciante che compra e vende merci all'ingrosso.

grosso [gròs-so] *agg.* **1** Di notevoli dimensioni (volume, spessore, diametro, estensione ecc.): *un grosso baule*; *una grossa fune*; *un grosso paese* | *Un uomo grande e grosso* = molto robusto | *Mare grosso* = con onde piuttosto alte | *Caccia grossa* = quella ad animali di grosse dimensioni | *Avere il fiato grosso* = il respiro affannoso | *Di grosso* = di molto: *ti sbagli di grosso* ◊ Grande per numero o quantità: *un grosso esercito*; *una grossa somma* **2** Di grande entità, importanza, rilievo: *un grosso affare*; *un grosso scrittore*; *un grosso successo* | *Pezzo grosso* = persona importante, autorevole **3** Pesante, arduo, grave: *fare un grosso sforzo*; *incontrare grosse difficoltà*; *hai corso un grosso rischio*; *commettere un grosso errore* | *Farla grossa* = commettere un grave torto, combinare un guaio | *Dirla grossa* = dire uno sproposito | *Parole grosse* = molto offensive | *Fare la voce grossa* = parlare con tono minaccioso ♦ *s.m.* La parte più consistente, più numerosa di qualcosa: *ho già fatto il grosso del lavoro*; *il grosso dell'esercito era ancora in marcia*.

grossolano [gros-so-là-no] *agg.* **1** Poco fine, ordinario: *tessuti, cibi grossolani* | *Errore grossolano* = che denota un'enorme ignoranza **2** Rozzo, volgare, privo di garbo e finezza: *gente grossolana*; *avere modi grossolani*.

grossomodo [gros-so-mò-do] o **grosso modo** *avv.* Più o meno, pressappoco, all'incirca.

grotta [gròt-ta] *s.f.* Cavità naturale nella roccia di una montagna o sotterranea Ⓢ caverna.

grottesco [grot-té-sco] *agg.* [pl.m. *–schi*] Strano, bizzarro, assurdo, al punto da risultare ridicolo: *un personaggio grottesco*; *una scena, una situazione grottesca*.

groviglio [gro-vì-glio] *s.m.* Intrico disordinato Ⓢ garbuglio: *un groviglio di capelli, di rami*.

gru *s.f.invar.* **1** Grosso uccello migratore, con zampe e collo molto lunghi, che vive nelle zone ricche d'acqua **2** Macchina per sollevare e spostare carichi, dotata di un lungo braccio girevole da cui pende una fune con gancio.

gruccia [grùc-cia] *s.f.* [pl. *–ce*] **1** Stampella: *reggersi sulle grucce* **2** Arnese su cui si appendono gli abiti nell'armadio.

grufolare [gru-fo-là-re] *v.intr.* [aus. *avere*] Frugare per terra col muso per cercare il cibo, grugnendo (detto di maiali e cinghiali).

grugnire [gru-gnì-re] *v.intr.* [*grugnìsco, grugnìsci*; aus. *avere*] **1** Emettere grugniti: *i maiali grugniscono* **2** ♧ Borbottare a denti stretti, con suoni gutturali: *cosa hai da grugnire?*

grugnito [gru-gnì-to] *s.m.* **1** Il verso caratteristico dei maiali e dei cinghiali **2** ♧ Verso, borbottio incomprensibile: *rispose con un grugnito*.

grugno [grù-gno] *s.m.* **1** Muso del maiale e del cinghiale **2** Faccia: *se non la smette, gli rompo il grugno!*

grullo [grùl-lo] *agg.* e *s.m.* Detto di persona poco intelligente e facile da ingannare Ⓢ sciocco, stupido: *che grullo sei stato a fidarti di quel tipo!*

grumo [grù-mo] *s.m.* Piccola massa di liquido

rappreso, coagulato, spec. di sangue ◊ Pallottolina che si forma in un impasto male amalgamato: *questa polenta è piena di grumi.*

gruppo [grùp-po] *s.m.* **1** Insieme di persone o di cose vicine, riunite tra loro: *un gruppo di turisti, di ragazzi*; *un gruppo di case*; *camminare in gruppo* | *Lavoro di gruppo* = basato sulla collaborazione di più persone ◊ Nelle gare ciclistiche, il grosso dei corridori quando procedono insieme: *i fuggitivi hanno staccato il gruppo* **2** Insieme di persone associate da caratteri, interessi, scopi comuni: *un gruppo giovanile, sportivo, politico*; *gruppo di lavoro, di studio* | *Gruppo economico* = insieme di società collegate tra loro **3** *Gruppo sanguigno* = ognuna delle classi in cui è suddiviso il sangue umano.

gruzzolo [grùz-zo-lo] *s.m.* Somma di denaro, spec. quando è stata accumulata poco alla volta.

guadagnare [gua-da-gnà-re] *v.tr.* **1** Ricavare come compenso da un lavoro o come profitto da una attività economica: *guadagna un buono stipendio*; *quel negozio guadagna molti soldi*; *questo mese ho guadagnato poco* | *Guadagnarsi il pane, la vita* = il necessario per vivere **2** Ottenere come ricompensa, riuscire a conquistare; meritare: *guadagnare un premio, una medaglia*; *si è guadagnato la stima di tutti* ◊ Vincere: *ho guadagnato la scommessa* **3** Trarre un beneficio, un vantaggio: *non ci guadagni niente a fare così!* | *Guadagnare tempo* = risparmiarlo: *per guadagnare tempo prese una scorciatoia* | *Guadagnare terreno* = avvantaggiarsi sugli avversari in una corsa: *i fuggitivi stanno guadagnando terreno* **4** Raggiungere, con sforzo e difficoltà: *la nave riuscì a guadagnare il porto* ♦ *v.intr.* [aus. *avere*] Migliorare di aspetto, fare un migliore effetto: *con la barba ci guadagni.*

guadagno [gua-dà-gno] *s.m.* **1** Il guadagnare: *pensa solo al guadagno* ◊ Ciò che si guadagna, la somma guadagnata: *è un lavoro duro e il guadagno è poco*; *ha investito male i suoi guadagni* **2** Vantaggio, utilità: *che guadagno hai avuto ad ascoltare i suoi consigli?*

guadare [gua-dà-re] *v.tr.* Attraversare un corso d'acqua camminando sul fondo: *guadare un fiume a piedi, a cavallo, su un veicolo.*

guado [guà-do] *s.m.* Punto poco profondo di un corso d'acqua, che si può attraversare a piedi, a cavallo o con un veicolo: *esplorarono la riva del fiume per trovare un guado* | *Passare a guado un fiume, un torrente* = guadarlo.

guai [guài] *inter.* Si usa per minacciare: *guai a voi se parlate!* ◊ Si usa anche per indicare che una cosa non va fatta: *guai a lasciare un'arma in mano a un bambino!*; *guai a parlargli quando è nervoso!*

guaina [gua-ì-na o guài-na] *s.f.* Custodia, fodero per armi e arnesi da taglio: *estrasse il pugnale dalla guaina.*

guaio [guà-io] *s.m.* Grave difficoltà; disgrazia, malanno: *essere in un guaio, nei guai*; *gli è capitato un bel guaio!* ◊ Danno: *combini un sacco di guai* ◊ Inconveniente, seccatura: *il guaio è che ho dimenticato le chiavi.*

guaire [gua-ì-re] *v.intr.* [*guaìsco, guaìsci*; aus. *avere*] Emettere guaiti: *il cane guaiva di dolore.*

guaito [gua-ì-to] *s.m.* Verso acuto e lamentoso dei cani: *il cane bastonato diede un guaito.*

guancia [guàn-cia] *s.f.* [pl. *–ce*] Parte laterale della faccia, tra lo zigomo e il mento Ⓢ gota: *aveva le guance rosse per il freddo* | ♧ *Porgere l'altra guancia* = sopportare le offese senza reagire.

guanciale [guan-cià-le] *s.m.* Cuscino per dormire | ♧ *Dormire tra due guanciali* = essere tranquillo, non avere alcuna preoccupazione.

guano [guà-no] *s.m.* Deposito di escrementi di uccelli, usato come fertilizzante.

guanto [guàn-to] *s.m.* Indumento che riveste e protegge la mano: *guanti di pelle, di lana, di seta*; *guanti imbottiti* | *Questo vestito ti calza come un guanto* = si adatta perfettamente alla tua persona | ♧ *Trattare qualcuno con i guanti* = con grande riguardo.

guantone [guan-tó-ne] *s.m.* Grosso guanto di cuoio imbottito, usato dai pugili.

guardaboschi [guar-da-bò-schi] *s.m.invar.* Persona addetta alla sorveglianza dei boschi Ⓢ guardia forestale.

guardacaccia [guar-da-càc-cia] o **guardiacaccia** [guar-dia-càc-cia] *s.m.invar.* Persona incaricata di far rispettare le norme sulla caccia e di combattere la caccia di frodo.

guardacoste [guar-da-cò-ste] *s.m.invar.* Nave militare addetta alla sorveglianza delle coste.

guardalinee [guar-da-lì-ne-e] o **guardialinee** [guar-dia-lì-ne-e] *s.m.invar.* Nel calcio, ognuno dei due collaboratori dell'arbitro che controllano il gioco dalle linee laterali del campo.

guardapesca [guar-da-pé-sca] *s.m.invar.* Persona incaricata di far rispettare le norme sulla pesca.

guardare [guar-dà-re] *v.tr.* **1** Rivolgere, fissare lo sguardo su qualcosa o qualcuno: *guarda lassù!*; *stavo guardando da un'altra parte* ◊ Osservare: *guardare i passanti, il paesaggio, un quadro* |

Guardare un film, una partita, uno spettacolo = assistervi | *Stare a guardare* = assistere passivamente a quel che succede | ♧ *Guardare in faccia il pericolo, la morte* = affrontarli con coraggio **2** Esaminare attentamente: *hai guardato se i conti sono esatti?* ◊ ♧ Considerare: *guarda in che pasticcio mi hai messo* | *Guardare di buon occhio* = favorevolmente, con simpatia **3** Custodire, sorvegliare: *mi guardi un momento i bambini?*; *il prigioniero era guardato a vista* ◊ Proteggere, difendere: *tu vai avanti, mentre noi ti guardiamo le spalle* ♦ *v.intr.* [aus. *avere*] **1** Fare attenzione, badare: *guarda a quel che dici!*; *è uno che guarda solo ai suoi interessi* ◊ Fare in modo di Ⓢ cercare: *guarda di non far tardi* **2** Essere rivolto verso una data direzione (detto di edifici, stanze, pareti, porte, finestre): *la finestra guarda sul giardino, sul mare, a ponente* ♦ **guardarsi** *v.pr.* **1** Osservare se stessi: *guardarsi allo specchio* **2** Stare in guardia: *guardati dai cattivi compagni* ◊ Evitare, astenersi: *guardati bene dal raccontarlo a qualcuno!* **3** Osservarsi reciprocamente: *parlavano guardandosi negli occhi* | ♧ *Non si guardano più* = hanno rotto ogni rapporto.

guardaroba [guar-da-rò-ba] *s.m.invar.* **1** Nelle case private, armadio o locale in cui si ripongono i vestiti e la biancheria ◊ Nei teatri e in altri locali pubblici, ambiente dove si depositano cappotti, borse, ombrelli ecc. **2** L'insieme dei vestiti di una persona: *ha un guardaroba molto fornito.*

guardasigilli [guar-da-si-gìl-li] *s.m.invar.* Il ministro di grazia e giustizia in Italia.

guardia [guàr-dia] *s.f.* **1** Attività di custodia, di protezione, di vigilanza, di sorveglianza: *fare la guardia a un magazzino, ai carcerati*; *tenere un prigioniero sotto buona guardia*; *cane da guardia* ◊ Turno di servizio in tali attività: *medico, poliziotto di guardia* ◊ Soldato o gruppo di soldati in servizio di guardia Ⓢ sentinella: *la guardia della caserma*; *a mezzanotte c'è il cambio della guardia* **2** Nome di diversi corpi militari e civili addetti ad attività di protezione e vigilanza; ciascuno degli appartenenti a questi corpi: *guardia di finanza, forestale, campestre*; *lavorare come guardia carceraria, giurata, notturna* | *Guardia del corpo* = chi è addetto alla protezione di una persona importante ◊ Agente di polizia: *chiamate una guardia!*; *giocare a guardie e ladri* **3** Nel pugilato e nella scherma, posizione di difesa | ♧ *Stare in guardia* = stare attento, vigilante | ♧ *Mettere qualcuno in guardia* = avvertirlo dei pericoli, delle insidie che lo minacciano **4** *Livello di guardia* = linea, segnata sull'argine di un fiume, che indica il livello massimo cui può giungere l'acqua senza pericolo di alluvione: *il Tevere in piena aveva superato il livello di guardia.*

guardiacaccia vedi **guardacaccia**.

guardialinee vedi **guardalinee**.

guardiano [guar-dià-no] *s.m.* **1** Persona addetta a compiti di custodia e di sorveglianza: *il guardiano dei buoi, della villa, del parco*; *guardiano notturno* **2** *Padre guardiano* = il padre superiore nei conventi francescani.

guardina [guar-dì-na] *s.f.* Cella in cui vengono rinchiuse, nei posti di polizia, le persone temporaneamente fermate.

guardingo [guar-dìn-go] *agg.* [pl.m. *-ghi*] Attento a evitare pericoli e brutte sorprese Ⓢ cauto, prudente, circospetto: *avanzava nel buio con passi guardinghi.*

guardiola [guar-diò-la] *s.f.* Piccolo locale riservato al portiere all'ingresso di edifici pubblici e privati.

guardrail [parola inglese; pron. corrente *gardrèil*] *s.m.invar.* Barriera di protezione posta ai bordi delle strade o tra le due corsie delle autostrade per impedire che i veicoli escano dalla carreggiata in caso di sbandamento.

guarigione [gua-ri-gió-ne] *s.f.* Ristabilimento della salute: *il malato è in via di guarigione.*

guarire [gua-rì-re] *v.tr.* [*guarìsco, guarìsci*] Rimettere in buona salute una persona: *la cura lo ha guarito in pochi giorni* ◊ Far passare una malattia: *l'influenza si guarisce anche col riposo* ♦ *v.intr.* [aus. *essere*] Recuperare la salute, tornare in condizioni normali: *è guarito in poco tempo*; *il braccio rotto non è ancora guarito* ◊ Passare, scomparire (detto di malattia): *l'infezione guarirà in pochi giorni* ◊ ♧ Liberarsi di un male morale, di un vizio: *è riuscito a guarire dalla gelosia, dal vizio del gioco.*

guarnigione [guar-ni-gió-ne] *s.f.* Un tempo, presidio militare posto a guardia di una fortezza o di una città; oggi, l'insieme delle truppe che hanno sede in una località.

guarnire [guar-nì-re] *v.tr.* [*guarnìsco, guarnìsci*] Munire, corredare con qualcosa che abbellisce, adorna o completa: *guarnire un cappello di piume, una tavola di fiori*; *guarnire una torta con la panna, l'arrosto con le patatine.*

guarnizione [guar-ni-zió-ne] *s.f.* **1** Ornamento: *una veste con guarnizioni di pizzo* ◊ Contorno di una pietanza **2** Elemento di gomma o altro materiale usato per assicurare la chiusura ermetica e la tenuta di condotti e recipienti: *il rubinetto perde, deve essersi rotta la guarnizione.*

guastafeste [gua-sta-fè-ste] *s.m.f.invar.* Chi turba l'allegria di una riunione, di una festa con parole e atteggiamenti fuori luogo: *non poteva star zitto quel guastafeste?* ◊ Chi sconvolge un programma o manda a monte un progetto intervenendo a sproposito o sopraggiungendo all'improvviso.

guastare [gua-stà-re] *v.tr.* Danneggiare, rendere inservibile Ⓢ rovinare, sciupare (anche ♧): *le piogge hanno guastato la strada*; *guasterai il telecomando a furia di maneggiarlo!*; *una brutta casa che guasta il paesaggio*; *la sua presenza ci ha guastato la serata* | *Guastarsi il sangue* = arrabbiarsi, inquietarsi ◊ Far andare a male: *il caldo ha guastato la carne* ◊ ♧ Corrompere moralmente: *lo hanno guastato le cattive amicizie* ◊ *Non guasta* = non fa male, non è sgradito (anzi il contrario): *dopo tanta siccità un po' di pioggia non guasta*; *un po' d'allegria non guasta mai* ♦ **guastarsi** *v.pr.* Rovinarsi; non funzionare più: *ti si guasterà lo stomaco mangiando in quel modo*; *si è guastato l'orologio* ◊ Deteriorarsi, andare a male: *con questo caldo la frutta si guasta in fretta* ◊ ♧ Peggiorare, cessare di essere buono: *il tempo si sta guastando*; *speriamo che quel ragazzo non si guasti crescendo*; *i loro rapporti ultimamente si sono guastati.*

guasto [guà-sto] *agg.* Rotto, che non funziona: *ascensore, televisore guasto* ◊ In cattive condizioni, malato: *stomaco guasto*; *dente guasto* ◊ Andato a male: *carne, frutta guasta* ♦ *s.m.* Rottura, avaria che impedisce il normale funzionamento di qualcosa: *riparare un guasto alle tubature, all'impianto elettrico, al motore* ◊ Danno: *i guasti provocati dal maltempo.*

guazzabuglio [guaz-za-bù-glio] *s.m.* Miscuglio confuso e disordinato (anche ♧): *un guazzabuglio di carte, di colori*; *il tuo tema è un guazzabuglio di idee.*

guercio [guèr-cio] *agg.* Strabico, con lo sguardo storto ◊ Che manca di un occhio, che ci vede male.

guerra [guèr-ra] *s.f.* **1** Conflitto armato Ⓒ pace: *tra i due paesi è scoppiata una guerra*; *guerre di liberazione, d'indipendenza, di aggressione*; *guerra locale, mondiale*; *guerra chimica, atomica* | *Guerra civile* = tra cittadini di uno stesso stato | *Essere sul piede di guerra* = pronti a iniziare le ostilità ◊ Contrasto fra stati che si manifesta non con le armi ma in altre forme di ostilità: *guerre commerciali, doganali* | *Guerra fredda* = situazione di acuta tensione, con continue manifestazioni di ostilità, pur senza arrivare allo scontro armato diretto **2** ♧ Contrasto, discordia, ostilità tra persone e gruppi; lotta accanita contro qualcosa: *è in guerra con i vicini*; *gli altri commercianti gli fanno la guerra per i suoi prezzi troppo bassi*; *dichiarare guerra alla corruzione, agli sprechi.*

guerreggiare [guer-reg-già-re] *v.intr.* [aus. *avere*] Fare la guerra.

guerriero [guer-riè-ro] *s.m.* Uomo d'arme, combattente (spec. dei tempi antichi) ♦ *agg.* Bellicoso, battagliero: *un popolo guerriero.*

guerriglia [guer-rì-glia] *s.f.* Tipo di guerra condotta da gruppi e bande irregolari contro un esercito regolare e basata su imboscate, attacchi di sorpresa, rapidi spostamenti, azioni di sabotaggio ecc.

guerrigliero [guer-ri-gliè-ro] *s.m.* Soldato che pratica la guerriglia.

gufo [gù-fo] *s.m.* Uccello rapace notturno | ♧ *Fare il gufo* = annunciare sventura (poiché il gufo ha fama di uccello del malaugurio).

guglia [gù-glia] *s.f.* **1** Elemento architettonico a forma di piramide slanciata e sottile, posto come ornamento in cima a campanili e tetti, spec. nelle chiese gotiche **2** Cima rocciosa aguzza e isolata.

guida [guì-da] *s.f.* **1** L'azione di chi guida con consigli e insegnamenti: *si è affidato alla guida di un esperto* ◊ Direzione: *essere alla guida di un paese* **2** Conduzione di un veicolo: *sta prendendo lezioni di guida*; *patente di guida*; *guida pericolosa* ◊ L'insieme dei comandi (volante, pedali ecc.) che servono per guidare un veicolo: *auto con guida a destra, a sinistra* **3** Persona o cosa che indica il cammino da seguire (anche ♧): *ci serve una guida che sia pratica della zona*; *le stelle furono la nostra guida*; *come crescerà quel ragazzo senza una guida?* ◊ Persona che per mestiere accompagna e guida turisti in visita a città e musei | *Guida alpina* = chi accompagna e assiste in escursioni di una certa difficoltà **4** Libro contenente informazioni e consigli turistici: *guida della Francia, di Roma*; *guida dei musei, dei ristoranti* ◊ Manuale che introduce allo studio di una disciplina, di una tecnica: *guida alla pittura, all'informatica.*

guidare [gui-dà-re] *v.tr.* **1** Accompagnare facendo da guida: *ci ha guidati nel giro della città* ◊ Indicare il cammino, indirizzare: *le stelle guidarono i naviganti*; *il rumore lo guidò verso la cascata* ◊ ♧ Indirizzare sulla giusta via, educare: *è compito dei maestri guidare i giovani* **2** Essere a capo Ⓢ dirigere: *guidare un'azienda, un popolo, una spedizione* ◊ Nello sport, essere in testa: *guidare la classifica, il gruppo* **3** Condurre un veicolo: *guidare una moto, un'auto, un aereo.*

guidatore [gui-da-tó-re] *s.m.* [f. *-trice*] Chi guida un veicolo Ⓢ conducente.

guinness [parola inglese; pron. corrente *ghìnnes*] *s.m.invar.* Libro che pubblica ogni anno la raccolta dei primati mondiali raggiunti nei più diversi campi.

guinzaglio [guin-zà-glio] *s.m.* Striscia di cuoio o catenella metallica che si usa per tenere legati i cani o altri animali.

guizzare [guiz-zà-re] *v.intr.* [aus. *essere*] Muoversi rapidamente, a scatti, torcendosi: *i pesci guizzano nell'acqua*; *la fiamma guizza sul fuoco* | *Guizzare via* = sfuggire agilmente ◊ Balzare, scattare: *guizzare in piedi.*

guizzo [guìz-zo] *s.m.* Movimento rapido e agile Ⓢ scatto, balzo: *il pesce gli sgusciò tra le mani con un guizzo.*

guscio [gù-scio] *s.m.* Involucro esterno delle uova di certi animali e di alcuni frutti e semi: *il guscio delle noci, dei piselli* ◊ Conchiglia dei molluschi, corazza della tartaruga | ♧ *Chiudersi nel proprio guscio* = chiudersi in se stessi o nel proprio ambiente ristretto | ♧ *Uscire dal guscio* = allontanarsi dal proprio ambiente abituale e ristretto, fare nuove esperienze, viaggiare ecc.

gustare [gu-stà-re] *v.tr.* **1** Avvertire il sapore di cibi o bevande: *con questo raffreddore non riesco a gustare nulla* ◊ Assaggiare per sentire il sapore: *gusta un po' di questa torta* ◊ Provare piacere mangiando o bevendo: *ho gustato molto la tua cena* **2** ♧ Ricavare godimento da qualcosa, apprezzarlo pienamente: *finalmente posso gustarmi un po' di riposo*; *non tutti riescono a gustare certa musica* ♦ *v.intr.* [aus. essere] Piacere, riuscire gradito (anche ♧): *gli gustano i cibi piccanti*; *certi scherzi non mi gustano affatto.*

gusto [gù-sto] *s.m.* **1** Il senso che permette di avvertire e distinguere i sapori, situato soprattutto nella lingua: *un cibo gradevole al gusto* **2** Sapore di una sostanza: *cibo senza gusto*; *gusto di fragola, di cioccolato*; *gusto amaro, dolce* **3** Sensazione di piacere procurata da cibi e bevande: *ho mangiato proprio di gusto* ◊ ♧ Piacere, soddisfazione: *ridere di gusto*; *che gusto ci trovi a tormentare quel poveretto?* | *Prenderci gusto* = trovare soddisfazione in qualcosa **4** ♧ Modo personale, soggettivo di vedere e sentire le cose Ⓢ inclinazione, preferenza: *ognuno ha i suoi gusti*; *sui gusti non si discute* **5** ♧ Capacità di sentire e apprezzare ciò che è bello Ⓢ sensibilità estetica: *ha molto gusto per la musica, per la pittura* ◊ Eleganza, raffinatezza: *una donna che veste con gusto*; *un arredamento di ottimo gusto* ◊ *Una battuta, uno scherzo di cattivo, di pessimo gusto* = che manca di senso dell'opportunità (e perciò è spiacevole) o di finezza (cioè è volgare).

gustoso [gu-stó-so] *agg.* Gradevole al gusto Ⓢ saporito, appetitoso Ⓒ insipido, disgustoso: *un piatto gustoso* ◊ ♧ Piacevole, divertente: *una scenetta gustosa*; *un film gustoso.*

gutturale [gut-tu-rà-le] *agg.* Detto di suono pronunciato in gola e perciò cupo e rauco: *voce gutturale*; *grida gutturali.*

h, H

h *s.f* o *m.* Ottava lettera dell'alfabeto italiano; si pronuncia *acca* quando è da sola, ma in italiano non ha un suono proprio; serve a rendere duro il suono di *c* e *g* nei gruppi *che, chi, ghe, ghi*; distingue nell'ortografia le forme *ho, hai, ha, hanno* del verbo *avere* dalle parole con lo stesso suono *o, ai, a, anno*; nelle interiezioni in cui è usata indica a volte il prolungarsi del suono della vocale (*ah!, eh!, oh!*) ◊ *h* = simbolo dell'ora | *Bomba H* = bomba all'idrogeno.

habitat [parola latina; pron. *àbitat*] *s.m.invar.* Particolare ambiente naturale in cui vive una data specie animale o vegetale: *molte piante e molti animali non sopravvivono al di fuori del proprio habitat.*

habitué [parola francese; pron. *abitué*] *s.m.f. invar.* Chi frequenta abitualmente un certo luogo, spec. locali pubblici: *io sono un habitué di quel ristorante.*

hacker [parola inglese; pron. corrente *àker*] *s.m. invar.* Dilettante appassionato di informatica, che usa la sua competenza per introdursi senza autorizzazione in reti protette di computer o per realizzare virus capaci di moltiplicarsi e diffondersi in modo incontrollato Ⓢ pirata informatico.

hall [parola inglese; pron. *ól*] *s.f.invar.* Ampia sala di attesa e di soggiorno all'ingresso dei grandi alberghi.

hamburger [parola inglese; pron. corrente *ambùrgher*] *s.m.invar.* Grossa e piatta polpetta di carne tritata cotta alla piastra.

handicap [parola inglese; pron. *hèndichep*; pron. corrente *àndicap*] *s.m.invar.* Condizione di svantaggio, di inferiorità: *l'ignoranza delle lingue straniere costituisce spesso un grosso handicap* ◊ Menomazione fisica o psichica che mette una persona in condizione di inferiorità | *Portatore di handicap* = handicappato, invalido.

handicappare [han-di-cap-pà-re] *v.tr.* Mettere in una condizione di inferiorità, di svantaggio: *lo ha handicappato la sua forte timidezza.*

handicappato [han-di-cap-pà-to] *agg.* Che si trova in una condizione di svantaggio, di inferiorità rispetto ad altri Ⓢ svantaggiato: *è handicappato dal fatto di non conoscere nessuna lingua straniera* ♦ *agg.* e *s.m.* Che, chi è affetto da un handicap fisico o psichico Ⓢ disabile: *nella riunione tra genitori e insegnanti si è discusso il problema dell'inserimento degli handicappati nella scuola.*

hangar [parola francese; pron. corrente *àngar*] *s.m.invar.* Capannone, rimessa per aeroplani.

happy end [locuzione inglese; pron. corrente *èppi ènd*] *s.m.invar.* Lieto fine di film o romanzi.

happy hour [locuzione inglese; pron. corrente *èppi àuar*] *s.m.invar.* In caffè, bar e altri locali pubblici, fascia oraria in cui viene offerto uno sconto sulle consumazioni.

harakiri o ***karakiri*** [parola giapponese; pron. *arachìri*] *s.m.invar.* Suicidio compiuto tagliandosi il ventre con una spada, secondo la tradizione dei samurai giapponesi.

hard discount [locuzione inglese; pron. corrente *ard discàunt*] *s.m.invar.* Supermercato che vende a prezzi bassi prodotti di marche meno note.

hard disk [locuzione inglese; pron. corrente *hard disk*] *s.m.invar.* Disco magnetico installato nel computer, capace di contenere grandi quantità di dati Ⓢ disco rigido.

hardware [parola inglese; pron. corrente *àrduer*] *s.m.invar.* In un computer, la macchina vera e propria, con tutte le apparecchiature meccaniche, elettriche ed elettroniche di cui è composta, distinta dai programmi che la fanno funzionare, cioè dal *software*.

harem [parola turca; pron. *àrem*] *s.m.invar.* **1** La parte della casa che, nei paesi musulmani, è riservata alle donne e ai bambini ◊ Le donne che vivono nell'harem **2** In senso scherzoso, l'insieme delle donne con cui un uomo tiene contemporaneamente delle relazioni amorose.

hashish o ***hascisc*** [parola araba; pron. corrente *àsciš*] *s.m.invar.* Droga ricavata dalla resina prodotta dalla canapa indiana.

herpes [parola latina; pron. *èrpes*] *s.m.* Malattia della pelle di origine virale, che si manifesta con piccole vesciche.

hi-fi [abbreviazione della locuzione inglese *high-fidelity*; pron. *ài-fài*] *s.f.invar.* La tecnica e gli apparecchi per la registrazione e la riproduzione ad alta fedeltà del suono ♦ *agg.invar.* Ad alta fedeltà: *disco hi-fi*; *impianto hi-fi*.

hig tech [abbreviazione della locuzione inglese *high-technology*; pron. corrente *ài-tèk*] *s.f.invar.* La tecnologia più avanzata del momento: *la fiera dell'hig tech* ♦ *agg.invar.* Si dice di oggetto prodotto con la tecnologia più moderna e avanzata.

hinterland [parola tedesca; pron. corrente *ìnterland*] *s.m.invar.* Territorio che circonda una grande città: *le industrie dell'hinterland milanese*.

hippy o **hippie** [parola inglese; pron. corrente *ìppi*] *s.m.f.invar.* Appartenente a un movimento giovanile, nato negli Stati Uniti negli anni '60 del 20° sec., che rifiuta la società di consumi, pratica forme di vita comunitaria e si oppone a ogni tipo di guerra in nome dell'amore universale ♦ *agg. invar.* Caratteristico di questo movimento e delle sue manifestazioni: *la cultura hippy*.

hit-parade [locuzione inglese; pron. corrente *hitparéid*] *s.f.invar.* Classifica delle canzoni di maggior successo fatta sulla base dei dischi più venduti.

HIV [sigla della locuzione inglese *Human Immunodeficiency Virus*; pron. *accaivù*] *s.m.invar.* Nome in sigla del virus responsabile dell'aids.

hobby [parola inglese; pron. corrente *òbbi*] *s.m. invar.* Occupazione a cui ci si dedica nel tempo libero e che costituisce il proprio svago e passatempo preferito: *avere l'hobby della pesca, della fotografia, del collezionismo di francobolli*.

hockey [parola inglese; pron. corrente *òchei*] *s.m.invar.* Gioco a squadre in cui i giocatori devono mandare una palla o un dischetto nella rete avversaria usando una speciale mazza ricurva; si pratica sia su campi erbosi (*hockey su prato*), sia su superfici dure (*hockey su pista*) o ghiacciate (*hockey su ghiaccio*) con giocatori che si muovono su pattini.

home page [locuzione inglese; pron. corrente *óm péiğ*] *s.f.invar.* Nel linguaggio informatico, pagina di ipertesto che presenta l'indice di un sito *web* di Internet e da cui si parte per esplorarne i contenuti.

home video [locuzione inglese; pron. corrente *hóm vìdeo*] *s.m.invar.* Il settore della produzione e distribuzione di prodotti audiovisivi su DVD, destinati al consumo domestico.

homo sapiens [locuzione latina; pron. *òmo sàpiens*] *s.m.* Uomo sapiente, denominazione scientifica della specie umana attuale.

honoris causa [locuzione latina; pron. *onòris càusa*] *agg.invar.* Si dice di laurea conferita a una persona a titolo di onore, per meriti eccezionali, senza che questa abbia seguito i normali corsi universitari.

horror [parola inglese; pron. corrente *òrror*] *s.m. invar.* Genere cinematografico o letterario basato su scene macabre e raccapriccianti.

hostess [parola inglese; pron. corrente *òstes*] *s.f.invar.* Assistente dei passeggeri sugli aerei ◊ Accompagnatrice, guida, interprete per gruppi di turisti o per partecipanti a convegni, fiere, manifestazioni varie.

hotel [parola di origine francese; pron. *otèl*] *s.m. invar.* Albergo.

humour [parola inglese; pron. corrente *iùmor*] *s.m.invar.* Umorismo, senso dell'umorismo: *un racconto ricco di humour*; *è una persona dotata di molto humour*.

humus [parola latina; pron. *ùmus*] *s.m.invar.* Terreno fertile costituito da sostanze organiche decomposte o in via di decomposizione.

hurrà vedi **urrà**.

i, I

i[1] *s.f.* o *m.* Nona lettera dell'alfabeto italiano; è una vocale | ♧ *Mettere i puntini sulle i* = precisare.

i[2] *art.determ.* [unito alle prep. *a, da, di, in, con, per, su* forma le prep. articolate *ai, dai, dei, nei, coi, pei, sui*; di queste *coi* e *pei* non si usano più al posto di *con i* e *per i*] Forma maschile plurale dell'articolo determinativo, usata davanti a parole che cominciano per consonante che non sia *s* + consonante, *gn, ps, z, x* (nei quali casi si usa *gli*).

iato [ià-to] *s.m.* In grammatica, incontro di due vocali che non formano dittongo e fanno parte di sillabe diverse (per es. *re-a-le*).

iattanza [iat-tàn-za] *s.f.* Atteggiamento presuntuoso, di arroganza, di tracotanza.

iattura [iat-tù-ra] *s.f.* Disgrazia, sventura, sfortuna: *la grandine è una iattura per le colture*.

iberico [i-bè-ri-co] *agg.* [pl.m. *–ci*] *Penisola iberica* = quella che comprende la Spagna e il Portogallo (gli *stati iberici*).

ibernare [i-ber-nà-re] *v.intr.* [aus. *avere*] Detto di animali, passare l'inverno in letargo.

ibernazione [i-ber-na-zió-ne] *s.f.* Stato di letargo in cui cadono diversi animali durante la stagione più fredda.

ibrido [i-bri-do] *agg.* e *s.m.* Si dice di animale o vegetale nato dall'incrocio di genitori di specie o razze diverse: *il mulo è un ibrido perché è figlio di un asino e di una cavalla*.

icastico [i-cà-sti-co] *agg.* [pl.m. *–ci*] Efficace, incisivo (detto di linguaggio, di stile).

iceberg [parola inglese; pron. corrente *àisberg*] *s.m.invar.* Gigantesco blocco di ghiaccio galleggiante staccatosi dalla banchisa polare.

icona [i-cò-na] *s.f.* **1** Immagine sacra dipinta su una tavola di legno, tipica dell'arte religiosa russa e bizantina **2** Sullo schermo del computer, immagine che rappresenta simbolicamente un programma, un *file*, un comando, e che si può attivare cliccandoci sopra con il cursore del *mouse*.

ictus [parola latina; pron. *ìctus*] *s.m.invar.* Improvvisa perdita di coscienza causata da emorragia cerebrale Ⓢ colpo.

idea [i-dè-a] *s.f.* **1** Rappresentazione che ci si fa di qualcosa nella mente, col pensiero Ⓢ nozione, conoscenza: *se quando dico «albero, uccello, giustizia» voi mi capite, è perché avete già in voi un'idea di queste cose* | *Non ne ho la più pallida idea* = non ne so assolutamente niente ◊ Concetto: *un tema corretto ma povero di idee* **2** Pensiero: *gli venivano le idee più strane*; *rabbrividisco anche solo all'idea di fare un bagno con questo freddo* | *Neanche per idea* = assolutamente no | *Idea fissa* = fissazione, mania ◊ Impressione: *non mi dà l'idea di una persona seria* ◊ Supposizione infondata; fantasia: *è solo una tua idea, non c'è niente di vero*; *non so chi gli ha messo certe idee per la testa* **3** Intenzione: *ho idea di partire domani* ◊ Progetto: *ha grandi idee per il futuro* ◊ Proposta: *la tua idea non mi convince* ◊ Trovata, iniziativa: *è stata un'idea brillante*; *che idea infelice uscire con questo tempo!* ◊ Ispirazione: *l'idea del film gli è venuta da un fatto di cronaca* ◊ Suggerimento: *hai qualche idea per i regali di Natale?* **4** Modo di vedere e di pensare Ⓢ opinione, convinzione: *ognuno ha le proprie idee*; *secondo la mia idea, è meglio far così* ◊ Ideale, credo: *combattere per un'idea* **5** ♧ Quantità minima Ⓢ pizzico: *bisogna aggiungere un'idea di sale alla minestra*.

ideale [i-de-à-le] *agg.* **1** Che non esiste nella realtà concreta ma solo nel pensiero Ⓢ immaginario Ⓒ reale: *vive in un suo mondo ideale* **2** Perfetto: *il sogno di una società ideale, senza ingiustizie* ◊ Che è il migliore possibile; che risponde pienamente alle esigenze e ai desideri: *è il momento ideale per vendere*; *ha trovato il lavoro ideale per lui* ♦ *s.m.* **1** Idea, scopo che ispira il comportamento, a cui si crede come supremo valore e che si cerca di realizzare: *ideali di libertà, di giustizia*; *lottare, morire per un ideale* ◊ Massima aspirazione: *il mio ideale è di vivere tranquillo in campagna* **2** Modello di perfezione: *è lui il mio ideale d'uomo* ◊ La cosa migliore, più giusta: *l'ideale sarebbe che partecipassero tutti*.

idealista [i-de-a-lì-sta] *s.m.f.* [pl.m. *–sti*] Chi crede in un ideale e cerca di realizzarlo ◊ In senso negativo, persona lontana dalla realtà, priva di senso pratico.

idealizzare [i-de-a-liz-zà-re] *v.tr.* Vedere, rappresentare qualcuno o qualcosa non come realmente sono ma come si vorrebbe che fossero, come un modello di perfezione: *l'amore porta a idealizzare chi si ama.*

ideare [i-de-à-re] *v.tr.* Concepire nella mente: *ideare un romanzo* ◊ Architettare, escogitare: *ideare un piano*; *ideare uno scherzo* ◊ Progettare, inventare: *ideare un congegno, un nuovo metodo.*

idem [parola latina; pron. *ìdem*] *avv.* Lo stesso, ugualmente: *lui ha già visto quel film e io idem.*

identico [i-dèn-ti-co] *agg.* [pl.m. *–ci*] Esattamente uguale: *una copia identica all'originale.*

identificare [i-den-ti-fi-cà-re] *v.tr.* [*identìfico, identìfichi*] Riconoscere, accertare l'identità di una persona: *la polizia ha identificato il cadavere* ◊ Individuare: *identificare le cause di un fenomeno.*

identificazione [i-den-ti-fi-ca-zió-ne] *s.f.* Accertamento dell'identità di una persona Ⓢ riconoscimento: *i familiari sono stati chiamati per l'identificazione del cadavere.*

identikit [parola inglese; pron. corrente *identichìt*] *s.m.invar.* Ritratto che, sulla base di dati forniti da testimoni, cerca di ricostruire l'aspetto di una persona ricercata dalla polizia.

identità [i-den-ti-tà] *s.f.* **1** Uguaglianza assoluta Ⓢ coincidenza: *tra loro non c'è identità di vedute* **2** Il fatto che qualcuno sia quella data persona e non un altro e l'insieme dei dati che permettono di riconoscerlo: *la polizia sta controllando l'identità dell'individuo arrestato* | *Carta d'identità* = documento personale di riconoscimento, contenente i dati anagrafici e la fotografia del titolare.

ideografico [i-de-o-grà-fi-co] *agg.* [pl.m. *–ci*] Costituito da ideogrammi: *scrittura ideografica.*

ideogramma [i-de-o-gràm-ma] *s.m.* [pl. *–mi*] **1** Segno grafico che rappresenta un concetto e non un suono del linguaggio: *l'antica scrittura egizia e quelle cinese e giapponese si basano su ideogrammi anziché su lettere alfabetiche* **2** Rappresentazione grafica di un fenomeno per mezzo di figure simboliche di diversa grandezza.

ideologia [i-de-o-lo-gì-a] *s.f.* Il complesso delle idee, dei principi, degli ideali che stanno alla base di un movimento politico: *l'ideologia socialista, liberale.*

ideologico [i-de-o-lò-gi-co] *agg.* [pl.m. *–ci*] Che riguarda l'ideologia, fondato sull'ideologia: *contrasti ideologici.*

idillio [i-dìl-lio] *s.m.* Tenero e delicato amore sentimentale: *la fine delle vacanze ha troncato il loro idillio.*

idioma [i-diò-ma] *s.m.* [pl. *–mi*] Lingua, dialetto.

idiomatico [i-dio-mà-ti-co] *agg.* [pl.m. *–ci*] *Frasi, espressioni idiomatiche* = modi di dire caratteristici di una lingua o di un dialetto.

idiota [i-diò-ta] *s.m.f.* [pl.m. *–ti*] **1** Stupido, cretino, imbecille: *si è comportato da idiota* **2** (in medicina) Chi è affetto da idiozia ⧫ *agg.* Che rivela scarsa intelligenza Ⓢ stupido: *che domanda idiota!*

idiozia [i-dio-zì-a] *s.f.* **1** Stupidità, imbecillità: *quel che ti è successo è colpa della tua idiozia* ◊ Stupidaggine: *dire, fare idiozie* **2** (in medicina) Grave ritardo nello sviluppo mentale.

idolatria [i-do-la-trì-a] *s.f.* **1** Culto religioso fondato sull'adorazione di idoli **2** ♧ Amore sviscerato; ammirazione incondizionata e spesso fanatica Ⓢ adorazione: *ha un'idolatria per il suo maestro, per quel cantante.*

idolo [ì-do-lo] *s.m.* **1** In molte religioni, statua, immagine o oggetto considerati e adorati come divinità **2** ♧ Persona verso cui si nutre un amore o un'ammirazione sconfinata: *un cantante che è l'idolo del pubblico.*

idoneità [i-do-nei-tà] *s.f.* Possesso delle qualità e dei requisiti necessari per svolgere un'attività: *idoneità al servizio militare, a una professione.*

idoneo [i-dò-ne-o] *agg.* (detto di persona) Dotato delle qualità e dei requisiti necessari per svolgere un'attività: *è stato dichiarato idoneo al servizio militare* ◊ (detto di cosa) Adatto, adeguato: *non è il posto più idoneo per fare una sosta*; *ho trovato il mezzo idoneo per convincerlo.*

idrante [i-dràn-te] *s.m.* Tubo che lancia getti d'acqua per spegnere incendi o innaffiare strade ◊ Presa d'acqua in cui viene innestato il tubo ◊ Autobotte dei vigili del fuoco.

idratare [i-dra-tà-re] *v.tr.* *Idratare l'organismo* = somministrargli dei liquidi quando ne è carente | *Idratare la pelle* = ridarle il giusto grado di umidità (con prodotti cosmetici detti *creme idratanti*).

idraulico [i-dràu-li-co] *agg.* [pl.m. *–ci*] Che riguarda l'utilizzazione, la regolazione e la distribuzione delle acque: *acquedotti e fognature sono opere idrauliche*; *si è rotto l'impianto idraulico* ⧫ *s.m.* Operaio specializzato nell'installazione e riparazione degli impianti idraulici (tubature, rubinetti, servizi igienici ecc.).

idrico [ì-dri-co] *agg.* [pl.m. *–ci*] Di acqua: *la città è rimasta senza rifornimento idrico*; *riserve idriche*; *bacino idrico.*

idro– o **idr–** Primo elemento di parole composte, in cui significa «acqua» (*idraulico, idroscalo*).

idrocarburo [i-dro-car-bù-ro] *s.m.* Composto organico costituito da carbonio e idrogeno, usato come combustibile e come solvente: *il petrolio e il metano sono idrocarburi.*

idroelettrico [i-dro-e-lèt-tri-co] *agg.* [pl.m. *–ci*] Detto di impianto che trasforma in energia elettrica l'energia dell'acqua in movimento: *centrale idroelettrica.*

idrofilo [i-drò-fi-lo] *agg.* Che assorbe facilmente acqua o altri liquidi: *cotone idrofilo.*

idrofobia [i-dro-fo-bì-a] *s.f.* Ripugnanza per l'acqua, caratteristico sintomo della rabbia ◊ Rabbia.

idrofobo [i-drò-fo-bo] *agg.* **1** Affetto da idrofobia: *cane idrofobo* **2** ♧ Rabbioso, furioso.

idrogeno [i-drò-ge-no] *s.m.* Gas leggerissimo; è il più diffuso degli elementi chimici ed è un componente essenziale dell'acqua e di tutte le sostanze organiche | *Bomba all'idrogeno* = che sfrutta l'energia liberata dalla fusione di atomi di idrogeno; è detta anche *bomba H.*

idrogeologico [i-dro-ge-o-lò-gi-co] *agg.* [pl.m. *–ci*] Che riguarda le condizioni del terreno in rapporto alle acque che vi scorrono e a quelle delle precipitazioni: *l'aumento delle frane e delle alluvioni nel nostro paese è dovuto al dissesto idrogeologico del territorio.*

idrografia [i-dro-gra-fì-a] *s.f.* **1** Studio dei mari, dei laghi, dei fiumi della Terra **2** La distribuzione delle acque, spec. interne (fiumi, laghi, canali), di una regione: *studiare su una carta l'idrografia dell'Italia, dell'Europa.*

idrografico [i-dro-grà-fi-co] *agg.* [pl.m. *–ci*] Che riguarda l'idrografia: *carta idrografica* | *Bacino idrografico di un fiume* = il territorio da cui provengono le acque che confluiscono in quel fiume.

idromassaggio [i-dro-mas-sàg-gio] *s.m.* Massaggio del corpo con getti di acqua a pressione ◊ Impianto che immette in una vasca getti d'acqua a pressione.

idrorepellente [i-dro-re-pel-lèn-te] *agg.* Detto di materiale trattato in modo da essere impermeabile all'acqua: *questa giacca è di tessuto idrorepellente.*

idroscalo [i-dro-scà-lo] *s.m.* Specchio d'acqua attrezzato per il decollo e l'ammaraggio degli idrovolanti.

idroterapia [i-dro-te-ra-pì-a] *s.f.* Cura a base di bagni, docce, impacchi ecc. di acque naturali o termali.

idrovolante [i-dro-vo-làn-te] *s.m.* Aereo capace di decollare e ammarare su superfici d'acqua.

idrovora [i-drò-vo-ra] *s.f.* Macchina che aspira e asporta rapidamente grandi quantità d'acqua.

iella [ièl-la] *s.f.* Sfortuna, malasorte, disdetta.

iena [iè-na] *s.f.* Mammifero carnivoro simile al lupo che vive nelle regioni steppose dell'Asia e dell'Africa; è un predatore notturno, ma si ciba anche di carogne.

ieri [iè-ri] *avv.* Il giorno prima di oggi: *l'ho visto ieri*; *ieri mattina*; *ieri sera* | *L'altro ieri* = due giorni fa.

iettatore [iet-ta-tó-re] *s.m.* [f. *–trice*] Persona che si ritiene porti sfortuna o eserciti influssi malefici Ⓢ menagramo.

iettatura [iet-ta-tù-ra] *s.f.* Influsso malefico che, secondo alcune credenze popolari, si ritiene sia esercitato da certe persone o cose Ⓢ malocchio.

igiene [i-giè-ne] *s.f.* L'insieme delle norme per salvaguardare la salute e in partic. quelle relative alla pulizia del corpo e degli ambienti in cui si vive: *curare, trascurare l'igiene.*

igienico [i-giè-ni-co] *agg.* [pl.m. *–ci*] **1** Che riguarda l'igiene, la pulizia: *norme igieniche*; *le condizioni igieniche di un paese, di una scuola* | *Impianti, servizi, apparecchi igienici* = quelli destinati all'igiene personale e allo smaltimento dei rifiuti organici **2** Conforme all'igiene Ⓢ sano: *fa una vita igienica* ◊ ♧ *Non è igienico* = non è consigliabile, opportuno: *non è igienico rivolgergli la parola quando è di cattivo umore.*

igloo [parola inglese derivata dall'eschimese; pron. corrente *iglù*] *s.m.invar.* Tradizionale abitazione eschimese a forma di cupola, costruita con blocchi di neve pressata.

ignaro [i-gnà-ro] *agg.* Che è all'oscuro di qualcosa Ⓢ inconsapevole: *avanzava ignaro del pericolo* ◊ Che non ha esperienza: *un giovane ancora ignaro della vita.*

ignifugo [i-gnì-fu-go] *agg.* [pl. *–ghi*] Detto di materiale resistente al fuoco, non infiammabile.

ignobile [i-gnò-bi-le] *agg.* Totalmente privo di moralità e di dignità Ⓢ spregevole, abietto, infame, vergognoso, meschino: *un individuo ignobile*; *il suo comportamento è stato ignobile.*

ignominia [i-gno-mì-nia] *s.f.* Grave disonore e vergogna Ⓢ infamia: *con la sua fuga si è coperto di ignominia* ◊ Azione ignobile, vergognosa: *commettere un'ignominia*; *è un'ignominia trattare così un essere umano!*

ignorante [i-gno-ràn-te] *agg.* **1** Che è privo di nozioni in una determinata materia: *sono ignorante di storia, di musica* ◊ Privo di cultura, di istruzione

Ⓒ colto: *è gente ignorante ma onesta* ◊ Che manca della preparazione necessaria per la professione che svolge: *un maestro, un medico ignorante* **2** Maleducato, villano: *ti sei proprio comportato da ignorante* ♦ *s.m.f.* Persona ignorante.

ignoranza [i-gno-ràn-za] *s.f.* **1** Mancanza di nozioni in una determinata materia: *in fatto di pittura confesso la mia ignoranza* ◊ Mancanza di istruzione, di cultura: *l'ignoranza è un grave handicap* **2** Maleducazione, villania.

ignorare [i-gno-rà-re] *v.tr.* **1** Non conoscere, non sapere qualcosa: *ignora anche le cose più semplici*; *ignoravo che fosse partito* **2** Fingere di non conoscere, di non vedere: *siamo rimasti vicini a lungo, ma lui mi ha ignorato* ◊ Non prendere in considerazione, trascurare: *continua a ignorare le nostre richieste, i nostri diritti.*

ignoto [i-gnò-to] *agg.* Sconosciuto, non identificato: *un quadro di autore ignoto*; *sono ignote le cause della sciagura* | *Provare un sentimento ignoto* = mai provato in precedenza ♦ *s.m.* **1** Ciò che non si conosce: *l'uomo ha sempre avuto paura dell'ignoto* **2** Persona sconosciuta, non identificata: *il furto è stato commesso da ignoti.*

igrometro [i-grò-me-tro] *s.m.* Strumento per misurare l'umidità dell'aria.

iguana [i-guà-na] *s.m.f.invar.* Rettile dell'America centro–meridionale simile a una grossa lucertola.

ikebana [parola giapponese; pron. corrente *ikebàna*] *s.m.invar.* Arte giapponese di disporre fiori e piante in modo armonioso.

il *art.determ.* [unito alle prep. *a, con, da, di, in, su* forma le prep. articolate *al, col, dal, del, nel, sul*; di queste *col* è ormai poco usata rispetto a *con il*] Forma maschile singolare dell'articolo determinativo, usata davanti a parole che cominciano per consonante che non sia *s* seguita da consonante, *gn, ps, z, x* (nei quali casi si usa *lo*) **1** Indica una persona o una cosa determinata e distinta rispetto all'insieme di cui fa parte; si usa anche per indicare una determinata specie, categoria, attività ecc.: *ho parlato con il padrone di casa*; *prestami il motorino*; *il cane è un quadrupede*; *il moto fa bene* **2** Ogni: *il medico riceve il martedì* ◊ Nel, durante il: *partì il giorno dopo.*

ilarità [i-la-ri-tà] *s.f.* Allegria; riso, risate: *la sua battuta suscitò l'ilarità generale.*

illazione [il-la-zió-ne] *s.f.* Congettura non sufficientemente fondata su dati di fatto: *le tue sono solo illazioni.*

illecito [il-lé-ci-to] *agg.* Non lecito; contrario alla legge o alla morale: *è accusato di traffici illeciti*; *una relazione illecita.*

illegale [il-le-gà-le] *agg.* Non consentito dalla legge: *si è arricchito con mezzi illegali.*

illeggibile [il-leg-gì-bi-le] *agg.* Che non si riesce a leggere Ⓢ indecifrabile: *una scrittura illeggibile.*

illegittimo [il-le-gìt-ti-mo] *agg.* **1** Non conforme alla legge e alla giustizia: *un provvedimento illegittimo* **2** Ingiustificato, infondato: *le tue pretese sono illegittime.*

illeso [il-lé-so] *agg.* Senza alcun danno o lesione Ⓢ incolume, indenne: *la macchina è rimasta distrutta, ma lui è uscito illeso dall'incidente.*

illimitato [il-li-mi-tà-to] *agg.* Che non ha limiti: *spazio, tempo illimitato* ◊ Totale, assoluto, incondizionato: *ho in lui una fiducia illimitata.*

illogico [il-lò-gi-co] *agg.* [pl.m. *–ci*] Privo di logica: *un ragionamento illogico* ◊ Contrario al buon senso Ⓢ assurdo, irragionevole Ⓒ sensato, ragionevole: *la tua è una pretesa illogica.*

illudere [il-lù-de-re] *v.tr.* [coniugato come *alludere*] Ingannare con false apparenze o suscitando vane speranze: *lo illuse con la promessa di aiutarlo, con la prospettiva di facili guadagni* ♦ **illudersi** *v.pr.* Ingannarsi con vane speranze, nutrire un ottimismo ingiustificato: *si era illuso di farcela*; *ci siamo illusi sul suo conto*; *non è il caso di illudersi.*

illuminare [il-lu-mi-nà-re] *v.tr.* **1** Rendere luminoso, riempire di luce Ⓢ rischiarare Ⓒ oscurare: *la Luna è illuminata dal Sole*; *la lampada illumina la stanza* **2** ♧ Dare un'espressione radiosa: *un sorriso illuminò il suo volto* **3** ♧ Rendere capace di vedere la verità, di comprendere qualcosa: *le sue parole mi illuminarono*; *che Dio ti illumini!* ♦ **illuminarsi** *v.pr.* **1** Diventare luminoso: *la stanza si illuminò improvvisamente* **2** ♧ Diventare radioso: *il suo volto s'illuminò di gioia.*

illuminazione [il-lu-mi-na-zió-ne] *s.f.* **1** La diffusione della luce in un luogo, in un ambiente e la quantità di luce diffusa: *il comune provvede all'illuminazione delle strade*; *in questa stanza l'illuminazione è insufficiente* ◊ I mezzi impiegati per illuminare: *illuminazione a gas, elettrica* **2** ♧ Improvvisa comprensione di una verità; idea, intuizione improvvisa: *a un tratto ho avuto un'illuminazione.*

illuminismo [il-lu-mi-nì-smo] *s.m.* Movimento culturale, sorto in Europa nel Settecento, che si proponeva di liberare l'uomo e la società dall'ignoranza e dalla superstizione facendo appello all'uso della ragione.

illuminista [il-lu-mi-nì-sta] *s.m.f.* [pl.m. *–sti*] Seguace dell'illuminismo ♦ *agg.* Dell'illuminismo; ispirato ai principi dell'illuminismo: *l'epoca illuminista*; *la cultura illuminista.*

illusione [il-lu-sió-ne] *s.f.* **1** Impressione, percezione dei sensi che non corrisponde alla realtà delle cose: *il miraggio è un'illusione ottica*; *nel disegno, la prospettiva dà l'illusione della profondità* **2** Speranza vana, ingannevole, irrealizzabile: *ho avuto l'illusione di farcela*; *non si può vivere di illusioni.*

illusionista [il-lu-sio-nì-sta] *s.m.f.* [pl.m. *–sti*] Artista che esegue in pubblico esercizi che appaiono prodigiosi ma sono frutto di destrezza e di abili trucchi Ⓢ prestigiatore.

illuso [il-lù-so] *agg.* e *s.m.* Che, chi si fa delle illusioni: *sei un illuso se credi che ti aiuterà!*

illusorio [il-lu-sò-rio] *agg.* Che fa illudere Ⓢ ingannevole: *ti fa solo promesse illusorie* ◊ Che è frutto di un'illusione: *credeva di farcela, ma era una speranza illusoria.*

illustrare [il-lu-strà-re] *v.tr.* **1** Spiegare, chiarire: *ci ha illustrato la situazione* **2** Corredare di illustrazioni: *illustrare un libro con disegni, fotografie.*

illustrativo [il-lu-stra-tì-vo] *agg.* Che serve a chiarire, a spiegare: *per spiegarmi meglio vi darò un esempio illustrativo.*

illustrato [il-lu-strà-to] *agg.* Che contiene illustrazioni: *un libro illustrato*; *settimanali illustrati.*

illustrazione [il-lu-stra-zió-ne] *s.f.* **1** Figura, disegno o fotografia che accompagna un testo: *un libro d'arte con illustrazioni a colori e in bianco e nero* **2** Spiegazione, descrizione: *l'opuscolo fornisce un'illustrazione della nostra attività.*

illustre [il-lù-stre] *agg.* Che gode di grande fama e prestigio Ⓢ celebre, rinomato, insigne Ⓒ sconosciuto: *un illustre scienziato.*

imbacuccato [im-ba-cuc-cà-to] *agg.* Coperto da capo a piedi di indumenti pesanti Ⓢ infagottato: *uscì tutto imbacuccato per il freddo.*

imballaggio [im-bal-làg-gio] *s.m.* L'operazione di imballare degli oggetti: *ho provveduto io all'imballaggio per il trasloco* ◊ Il materiale e l'involucro che serve a imballare: *durante il trasporto si è rovinato l'imballaggio.*

imballare [im-bal-là-re] *v.tr.* **1** Raccogliere e confezionare in balle: *imballare il cotone* **2** Sistemare degli oggetti dentro involucri o contenitori adatti al trasporto: *imballare dei libri, dei mobili per il trasloco.*

imballo [im-bàl-lo] *s.m.* Imballaggio.

imbalsamare [im-bal-sa-mà-re] *v.tr.* Trattare un cadavere con speciali sostanze per impedirne la decomposizione e conservarne l'aspetto esteriore.

imbambolato [im-bam-bo-là-to] *agg.* Che ha lo sguardo fisso, attonito, incantato: *mi guardava imbambolato*; *restò imbambolato dallo stupore.*

imbandierare [im-ban-die-rà-re] *v.tr.* Ornare con bandiere: *il Comune fu imbandierato a festa.*

imbandire [im-ban-dì-re] *v.tr.* [*imbandìsco, imbandìsci*] Preparare dei cibi e disporli sulla tavola con abbondanza e con un certo sfarzo: *ci hai imbandito una cena squisita!*

imbarazzante [im-ba-raz-zàn-te] *agg.* Che mette a disagio: *una situazione imbarazzante.*

imbarazzare [im-ba-raz-zà-re] *v.tr.* **1** Impacciare, ostacolare: *mi levo la giacca perché mi imbarazza a guidare* **2** ♧ Mettere in imbarazzo, a disagio: *la tua domanda lo ha imbarazzato.*

imbarazzato [im-ba-raz-zà-to] *agg.* **1** *Stomaco imbarazzato* = che non ha digerito **2** ♧ Che è a disagio, confuso, turbato: *è imbarazzato per la tua presenza.*

imbarazzo [im-ba-ràz-zo] *s.m.* **1** Intralcio, impaccio: *togliti la giacca se ti dà imbarazzo* | *Imbarazzo di stomaco* = difficoltà di digestione **2** ♧ Stato di disagio, di perplessità, di confusione: *la domanda lo mise in imbarazzo.*

imbarcadero [im-bar-ca-dè-ro] *s.m.* Molo, pontile per l'imbarco e lo sbarco di merci e passeggeri.

imbarcare [im-bar-cà-re] *v.tr.* [*imbàrco, imbàrchi*] Far salire o caricare a bordo di una nave o di un altro mezzo di trasporto: *la nave ha già imbarcato il carico*; *i passeggeri stanno per essere imbarcati sull'aereo* | *Imbarcare acqua* = detto di imbarcazione in cui entra acqua a causa di una falla o di forti ondate ♦ **imbarcarsi** *v.pr.* **1** Salire a bordo di un'imbarcazione o di un aereo come passeggero o come membro dell'equipaggio **2** ♧ Mettersi in un'impresa difficile o rischiosa: *mi sono imbarcato in un brutto affare.*

imbarcazione [im-bar-ca-zió-ne] *s.f.* Qualsiasi natante di piccole dimensioni (a remi, a vela o a motore).

imbarco [im-bàr-co] *s.m.* [pl. *–chi*] Salita di passeggeri o carico di merci a bordo di una nave o di un aereo: *si avvisano i passeggeri che l'imbarco è tra un'ora* ◊ Il luogo da cui si sale a bordo: *i passeggeri si rechino all'imbarco.*

imbastire [im-ba-stì-re] *v.tr.* [*imbastìsco, imbastìsci*] **1** Unire due lembi di un tessuto con una cucitura provvisoria a punti lunghi: *imbastire l'or-*

lo di una gonna **2** ♧ Predisporre a grandi linee: *imbastire un piano d'azione, un discorso* ◊ Ideare qualcosa frettolosamente Ⓢ improvvisare: *cercò di imbastire una scusa.*

imbattersi [im-bàt-ter-si] *v.pr.* Incontrare per caso e inaspettatamente (anche ♧): *per la strada si imbatté in un vecchio amico; si è imbattuto in una difficoltà insuperabile* ◊ Avere la sorte di entrare in contatto, in rapporto con qualcuno: *si è imbattuto in un maestro severo.*

imbattibile [im-bat-tì-bi-le] *agg.* Che non può essere battuto, sconfitto Ⓢ insuperabile, invincibile: *un esercito, un atleta imbattibile.*

imbavagliare [im-ba-va-glià-re] *v.tr.* Tappare la bocca a qualcuno con un bavaglio: *i rapitori imbavagliarono l'ostaggio.*

imbeccare [im-bec-cà-re] *v.tr.* [*imbécco, imbécchi*] Introdurre il cibo nel becco: *gli uccelli imbeccano i loro piccoli finché non sono in grado di nutrirsi da soli.*

imbeccata [im-bec-cà-ta] *s.f.* Il cibo che di volta in volta viene messo nel becco di un piccolo uccello.

imbecille [im-be-cìl-le] *agg.* e *s.m.f.* Stupido, scemo, deficiente.

imbellettare [im-bel-let-tà-re] *v.tr.* Coprire di belletto Ⓢ truccare: *si imbelletta le guance* ♦ **imbellettarsi** *v.pr.* Truccarsi: *quella ragazza si imbelletta troppo.*

imbellire [im-bel-lì-re] *v.tr.* [*imbellìsco, imbellìsci*] Rendere più bello: *questa pettinatura ti imbellisce* ♦ *v.intr.* [aus. *essere*] Diventare più bello: *è imbellita con gli anni.*

imberbe [im-bèr-be] *agg.* Che non ha ancora la barba: *viso imberbe* ◊ ♧ Ancora immaturo e inesperto: *quel ragazzetto imberbe pretende di insegnare agli adulti.*

imbestialire [im-be-stia-lì-re] *v.intr.* [*imbestialìsco, imbestialìsci*; aus. *essere*] e **imbestialirsi** *v.pr.* Diventare furioso, andare in bestia, montare su tutte le furie: *certi discorsi mi fanno imbestialire.*

imbevere [im-bé-ve-re] *v.tr.* Impregnare di un liquido Ⓢ bagnare, inzuppare: *imbevere d'alcol un batuffolo di cotone; biscotti imbevuti nel liquore* ♦ **imbeversi** *v.pr.* **1** Impregnarsi: *il muro si è imbevuto di umidità* **2** ♧ Assimilare profondamente (idee, modi di pensare): *in quell'ambiente si era imbevuto di pregiudizi razziali.*

imbevibile [im-be-vì-bi-le] *agg.* Detto di bevanda così disgustosa da non potersi bere.

imbiancare [im-bian-cà-re] *v.tr.* [*imbiànco, imbiànchi*] Rendere bianco: *la neve ha imbiancato i monti | Imbiancare una stanza, le pareti* = tingerle di bianco (o anche con un'altra tinta) ♦ *v.intr.* [aus. *essere*] e **imbiancarsi** *v.pr.* Diventare bianco: *gli si stanno imbiancando i capelli* ◊ Schiarirsi: *all'alba il cielo cominciò a imbiancare.*

imbianchino [im-bian-chì-no] *s.m.* Chi per mestiere imbianca e tinteggia i muri.

imbizzarrire [im-biz-zar-rì-re] *v.intr.* [*imbizzarrìsco, imbizzarrìsci*; aus. *essere*] e **imbizzarrirsi** *v.pr.* Diventare irrequieto (detto di cavalli che, spaventati, non rispondono più agli ordini): *il cavallo si imbizzarrì a quel frastuono.*

imboccare [im-boc-cà-re] *v.tr.* [*imbócco, imbócchi*] **1** Mettere il cibo in bocca a qualcuno: *imboccare un bambino, un vecchio* **2** Portare alla bocca uno strumento a fiato: *il musicista imboccò il clarino* **3** Entrare in un luogo da percorrere: *imboccare un tunnel, un ponte, l'autostrada.*

imboccatura [im-boc-ca-tù-ra] *s.f.* **1** Entrata, punto di accesso a un luogo Ⓢ imbocco: *l'imboccatura del porto, di una valle, di un tunnel, di una strada* **2** La parte di uno strumento a fiato a cui si applica la bocca: *l'imboccatura di un flauto.*

imbocco [im-bóc-co] *s.m.* [pl. *–chi*] Entrata, punto di accesso Ⓢ imboccatura: *l'imbocco dell'autostrada; il paese si trova all'imbocco della valle.*

imboscata [im-bo-scà-ta] *s.f.* Agguato teso all'improvviso da persone appostate in un luogo nascosto: *i soldati caddero in un'imboscata.*

imboscato [im-bo-scà-to] *s.m.* Chi, in tempo di guerra, riesce a sottrarsi al servizio militare o comunque a evitare il servizio al fronte.

imbottigliamento [im-bot-ti-glia-mén-to] *s.m.* **1** L'operazione di mettere in bottiglia un liquido **2** ♧ Intasamento, ingorgo del traffico.

imbottigliare [im-bot-ti-glià-re] *v.tr.* **1** Mettere in bottiglia: *imbottigliare del vino* **2** ♧ Chiudere, bloccare in un luogo stretto, senza lasciare possibilità di uscita, di manovra, di movimento: *mi hanno imbottigliato la macchina nel parcheggio.*

imbottigliato [im-bot-ti-glià-to] *agg.* **1** Messo in bottiglia: *vini imbottigliati* **2** ♧ Chiuso, bloccato in luogo stretto, senza possibilità di uscita e di movimento: *rimanere imbottigliato in un ascensore, nel traffico.*

imbottire [im-bot-tì-re] *v.tr.* [*imbottìsco, imbottìsci*] **1** Riempire con lana, crine o altro materiale oggetti d'arredamento per renderli soffici: *imbottire un divano, una poltrona, un materasso*

2 Farcire: *imbottire un panino con mozzarella e pomodoro* **3** ♧ Riempire all'eccesso: *lo hanno imbottito di medicine*; *mi ha imbottito la testa di chiacchiere* ♦ **imbottirsi** *v.pr.* **1** Coprirsi con molti indumenti: *con questo freddo bisogna imbottirsi bene* **2** ♧ Riempirsi: *si è imbottito di medicine.*

imbottitura [im-bot-ti-tù-ra] *s.f.* La parte imbottita e il materiale usato per imbottire: *rifare l'imbottitura delle poltrone*; *l'imbottitura esce dal cuscino.*

imbracare [im-bra-cà-re] *v.tr.* [*imbràco, imbràchi*] Legare con catene, funi, cinghie un oggetto pesante da trasportare o sollevare; assicurare una persona con corde per evitare che possa cadere.

imbracciare [im-brac-cià-re] *v.tr.* Infilare al braccio (uno scudo); appoggiare alla spalla (un fucile) o impugnare con le braccia (un mitra) per mettersi in posizione di tiro.

imbranato [im-bra-nà-to] *agg.* e *s.m.* Si dice di persona goffa, impacciata e maldestra.

imbrattare [im-brat-tà-re] *v.tr.* Sporcare, insudiciare con liquidi o sostanze appiccicose.

imbrigliare [im-bri-glià-re] *v.tr.* **1** Mettere le briglie: *imbrigliare il cavallo* **2** *Imbrigliare un torrente, un fiume* = regolare e contenere il flusso delle sue acque mediante opere di muratura sulle sponde e nell'alveo.

imbroccare [im-broc-cà-re] *v.tr.* [*imbròcco, imbròcchi*] Colpire nel segno: *imbroccare il bersaglio* ◊ ♧ Azzeccare, indovinare: *hai imbroccato la risposta giusta.*

imbrogliare [im-bro-glià-re] *v.tr.* **1** Ingarbugliare Ⓒ sbrogliare: *imbrogliare una matassa, i fili del telefono* | ♧ *Imbrogliare le carte* = creare confusione per far apparire le cose diverse da come sono **2** ♧ Ingannare qualcuno per trarne un vantaggio Ⓢ raggirare, truffare: *ti hanno imbrogliato, questa moneta è falsa* **3** *Imbrogliare le vele* = ripiegarle e legarle per sottrarle all'azione del vento ♦ **imbrogliarsi** *v.pr.* **1** Ingarbugliarsi: *lo spago s'è imbrogliato* ◊ ♧ Complicarsi: *la faccenda si sta imbrogliando sempre di più* **2** ♧ Confondersi, perdere il filo del ragionamento: *a un certo punto s'è imbrogliato e non è più riuscito ad andare avanti.*

imbroglio [im-brò-glio] *s.m.* **1** Situazione confusa, intricata, difficile Ⓢ pasticcio: *non so come uscire da questo imbroglio in cui mi sono cacciato* **2** Raggiro, truffa, inganno: *in questo affare c'è puzza d'imbroglio*; *per farsi eleggere è ricorso a ogni tipo di imbrogli.*

imbroglione [im-bro-glió-ne] *s.m.* Chi ha l'abitudine di imbrogliare gli altri Ⓢ truffatore.

imbronciato [im-bron-cià-to] *agg.* Che ha il broncio, che esprime malumore, dispetto, risentimento Ⓢ corrucciato: *come mai quell'aria imbronciata?* | ♧ *Cielo, tempo imbronciato* = nuvoloso, che volge al brutto.

imbrunire [im-bru-nì-re] *v.intr.* [*imbrunìsco, imbrunìsci*; aus. *essere*] Diventare scuro, buio (spesso usato impersonalmente): *cominciava a imbrunire* ♦ *s.m.* L'ora che segue il tramonto, quando comincia a far buio: *all'imbrunire tornò a casa.*

imbruttire [im-brut-tì-re] *v.tr.* [*imbruttìsco, imbruttìsci*] Rendere brutto, meno bello: *questa pettinatura ti imbruttisce* ♦ *v.intr.* [aus. *essere*] Diventare brutto, meno bello: *è imbruttita con gli anni.*

imbucare [im-bu-cà-re] *v.tr.* [*imbùco, imbùchi*] Mettere nella buca della posta Ⓢ impostare: *imbucare una lettera.*

imburrare [im-bur-rà-re] *v.tr.* Spalmare, ungere di burro: *imburrare un panino, una teglia.*

imbuto [im-bù-to] *s.m.* Arnese a forma di cono rovesciato terminante con un cannello, usato per versare liquidi in recipienti con la bocca stretta.

imitare [i-mi-tà-re] *v.tr.* **1** Prendere a esempio, seguire come modello: *i bambini imitano i compagni più grandi*; *ammira il suo maestro e cerca di imitarlo* **2** Cercare di riprodurre il più esattamente possibile Ⓢ copiare, contraffare: *imitare la voce di un altro, la firma di qualcuno*; *una plastica che imita la pelle.*

imitatore [i-mi-ta-tó-re] *s.m.* [f. *–trice*] Attore capace di imitare abilmente voci, gesti, versi, rumori, personaggi.

imitazione [i-mi-ta-zió-ne] *s.f.* **1** Il seguire o l'essere seguito come modello: *i bambini imparano attraverso l'imitazione degli adulti*; *un gesto coraggioso, degno di imitazione* **2** Riproduzione di voci, versi, personaggi, fatta spec. da attori: *fa ridere tutti con le sue imitazioni* **3** Prodotto, materiale che imita qualcosa di più pregiato e rinomato: *questa plastica è una imitazione della pelle* ◊ Riproduzione di un originale spacciata per vera Ⓢ falso: *questo quadro è una volgare imitazione.*

immacolato [im-ma-co-là-to] *agg.* D'un bianco candido e senza macchie: *lenzuola immacolate*; *nevi immacolate* ◊ ♧ Puro, senza alcuna colpa: *una coscienza, una vita immacolata.*

immagazzinare [im-ma-gaz-zi-nà-re] *v.tr.* **1** Riporre in un magazzino: *immagazzinare le merci* **2** ♧ Accumulare in sé: *in quel lungo viaggio ha immagazzinato molte esperienze.*

immaginare [im-ma-gi-nà-re] *v.tr.* e **immaginarsi** *v.pr.* **1** Rappresentarsi qualcosa nella mente per mezzo dell'immaginazione e della fantasia Ⓢ figurarsi: *immagina di trovarti in un paese sconosciuto; è il posto più brutto che si possa immaginare; t'immagini al suo posto come ci sarei rimasto male?* ◊ *«Immaginati!», «S'immagini!»* = risposte di cortesia, con il valore di «certamente sì» o «no di certo»: *«ti fa piacere?», «Immaginati!»; «Disturbo?», «S'immagini!»* **2** Ideare, inventare: *ha immaginato la trama di un film* **3** Credere, pensare, supporre: *immagino che te ne abbia parlato; chi poteva immaginarsi che sarebbe finita così?*

immaginario [im-ma-gi-nà-rio] *agg.* Che esiste solo nell'immaginazione, che è frutto di fantasia Ⓢ irreale, inesistente, fantastico Ⓒ reale, vero: *vive in un suo mondo immaginario; i personaggi del film sono tutti immaginari* | *Malato immaginario* = chi pensa di avere una malattia che non ha.

immaginazione [im-ma-gi-na-zió-ne] *s.f.* **1** Facoltà e capacità di rappresentarsi nella mente e di creare liberamente con il pensiero immagini, eventi, idee più o meno corrispondenti a una qualche realtà Ⓢ fantasia, inventiva: *manchi d'immaginazione; un tema ricco d'immaginazione; queste cose sono solo frutto della tua immaginazione* **2** Cosa immaginata, idea non fondata nella realtà Ⓢ invenzione: *le sue sono tutte immaginazioni.*

immagine [im-mà-gi-ne] *s.f.* **1** Figura di una persona o di una cosa percepita mediante la vista: *vide la sua immagine allo specchio; senza occhiali vedo le immagini sfocate* ◊ Rappresentazione nella propria mente di persone, cose, situazioni rievocate dalla memoria o prodotte da visioni della fantasia, del sogno, del delirio: *gli ritornò in mente, gli apparve in sogno l'immagine dell'amico scomparso* **2** Fotografia, disegno, pittura o scultura che rappresenta soggetti reali o fantastici: *un libro con molte immagini; s'inginocchiò davanti a un'immagine della Madonna* **3** Persona che assomiglia molto a un'altra Ⓢ ritratto: *quel bambino è l'immagine del padre* ◊ ♧ Persona che appare come la rappresentazione concreta di un concetto astratto Ⓢ personificazione: *quel ragazzo è l'immagine della salute* **4** Aspetto esteriore con cui qualcuno o qualcosa si presenta; l'idea che dà o vuole dare di sé: *l'immagine di un'azienda, di un partito, di un prodotto dipendono molto dalla pubblicità; quello scandalo ha danneggiato la sua immagine* **5** Nello scrivere e nel parlare, espressione o descrizione che rende concretamente evidente un'idea o una realtà: *sa esprimersi con immagini efficaci.*

immancabile [im-man-cà-bi-le] *agg.* Che non manca mai: *dove c'è una festa, lui è immancabile* ◊ Certo, sicuro: *una cura che dà risultati immancabili.*

immancabilmente [im-man-ca-bil-mén-te] *avv.* Sempre, senza eccezioni: *viene qui immancabilmente ogni sera* ◊ Sicuramente: *così facendo finirà immancabilmente in rovina.*

immane [im-mà-ne] *agg.* **1** Spaventoso, di eccezionale gravità: *un immane disastro* **2** Enorme: *una fatica immane.*

immangiabile [im-man-già-bi-le] *agg.* Detto di cibo così duro o così disgustoso da non potersi mangiare.

immatricolare [im-ma-tri-co-là-re] *v.tr.* Iscrivere per la prima volta in un pubblico registro, assegnando un numero di matricola: *immatricolare un'auto, uno studente universitario.*

immaturo [im-ma-tù-ro] *agg.* **1** Non ancora maturo Ⓢ acerbo: *questa mela è immatura* **2** ♧ Che non ha ancora raggiunto un sufficiente grado di sviluppo fisico, intellettuale, culturale ecc.; che non ha ancora sufficiente esperienza, senso di responsabilità, capacità di giudizio: *è un ragazzo diligente, ma ancora immaturo; un popolo politicamente immaturo* **3** *Neonato immaturo* = nato debole e con un peso insufficiente.

immedesimarsi [im-me-de-si-màr-si] *v.pr.* Trasferirsi idealmente nelle condizioni e negli stati d'animo di un'altra persona, partecipando a quello che la tocca come se toccasse a noi stessi: *succede spesso di immedesimarsi con il protagonista di un film, di un romanzo; si immedesimava nel dolore della madre.*

immediatamente [im-me-dia-ta-mén-te] *avv.* **1** Subito, senza indugio: *bisogna agire immediatamente* **2** Direttamente: *il tuo nome nell'elenco viene immediatamente dopo il mio.*

immediato [im-me-dià-to] *agg.* **1** Che avviene subito, che segue senza intervalli di tempo Ⓢ istantaneo, pronto: *la medicina ha avuto un effetto immediato; voglio una risposta immediata* **2** Che è subito accanto nello spazio: *abita nelle immediate vicinanze* ◊ Diretto: *lavora alle immediate dipendenze del padrone.*

immemorabile [im-me-mo-rà-bi-le] *agg.* Tanto remoto da non potersene ricordare: *da tempo immemorabile non si vedeva una nevicata così.*

immensamente [im-men-sa-mén-te] *avv.* Moltissimo: *sono immensamente felice.*

immensità [im-men-si-tà] *s.f.* Immensa grandezza; estensione smisurata: *l'immensità dell'universo* ◊ Enorme quantità: *ho un'immensità di cose da fare.*

immenso [im-mèn-so] *agg.* Tanto grande ed esteso da non poter essere misurato Ⓢ sconfinato: *l'immensa distesa del mare* ◊ Smisurato, enorme: *possiede immense ricchezze*; *una folla immensa* ◊ ♧ Molto intenso, molto forte: *provò un immenso dolore.*

immergere [im-mèr-ge-re] *v.tr.* [coniugato come *emergere*] **1** Mettere in un liquido Ⓢ tuffare, affondare: *immerse i piedi nell'acqua, il pennello nella vernice* **2** ♧ Far sprofondare: *l'interruzione della corrente immerse la città nel buio* ♦ **immergersi** *v.pr.* **1** Entrare nell'acqua: *si immerse nel fiume* ◊ Scendere sotto la superficie dell'acqua (detto di sommergibili e sommozzatori) **2** Addentrarsi in qualcosa in modo da esserne avvolto e nascosto: *immergersi nella foresta, nella nebbia, nell'oscurità* ◊ ♧ Applicarsi totalmente a un'attività Ⓢ sprofondarsi: *si immerse nello studio.*

immeritato [im-me-ri-tà-to] *agg.* Non meritato: *un premio, un successo immeritato* ◊ Ingiusto: *un castigo immeritato.*

immersione [im-mer-sió-ne] *s.f.* L'immergere, l'immergersi o l'essere immerso in un liquido: *l'immersione di un sommozzatore* | *Navigare in immersione* (detto di sommergibili) = sotto il livello dell'acqua | *Linea di immersione* = quella segnata dal livello dell'acqua sullo scafo di una nave.

immettere [im-mét-te-re] *v.tr.* [coniugato come *mettere*] Far entrare Ⓢ introdurre Ⓒ emettere: *immettere aria nei polmoni*; *un prodotto appena immesso sul mercato* ♦ **immettersi** *v.pr.* Entrare, introdursi: *immettersi nell'autostrada.*

immigrante [im-mi-gràn-te] *s.m.f.* Chi immigra.

immigrare [im-mi-grà-re] *v.intr.* [aus. *essere*] Trasferirsi in un paese straniero o in una regione diversa da quella di origine, spec. per trovare lavoro Ⓒ emigrare: *ora in Italia immigra molta gente dai paesi poveri, ma il nostro è stato per cento anni un paese di emigranti.*

immigrato [im-mi-grà-to] *agg.* e *s.m.* Che, chi è immigrato.

immigrazione [im-mi-gra-zió-ne] *s.f.* Trasferimento in un territorio, spec. per motivi di lavoro, di persone provenienti da un paese straniero (*immigrazione estera*) o da un'altra regione dello stesso paese (*immigrazione interna*).

imminente [im-mi-nèn-te] *agg.* Che sta per accadere, prossimo a verificarsi: *il suo arrivo è imminente.*

immischiare [im-mi-schià-re] *v.tr.* Coinvolgere una persona in qualcosa contro la sua volontà: *non voglio che mi immischiate in questa faccenda* ♦ **immischiarsi** *v.pr.* Intromettersi in modo inopportuno Ⓢ impicciarsi: *non immischiarti in questioni che non ti riguardano.*

immissario [im-mis-sà-rio] *s.m.* Corso d'acqua che sfocia in un altro più grande o in un lago.

immissione [im-mis-sió-ne] *s.f.* Introduzione (anche ♧): *la valvola regola l'immissione dell'acqua nel tubo*; *immissione sul mercato di nuove monete.*

immobile [im-mò-bi-le] *agg.* Che non si muove Ⓢ fermo: *un tempo si credeva che la Terra fosse immobile*; *stava immobile ad ascoltare* | *Beni immobili* = terreni ed edifici ♦ *s.m.* Edificio, casa, appartamento o anche terreno: *è proprietario di numerosi immobili.*

immobiliare [im-mo-bi-lià-re] *agg.* Che riguarda i beni immobili: *imposta immobiliare* | *Patrimonio immobiliare* = costituito da immobili | *Agenzia immobiliare* = che si occupa della compravendita di immobili.

immobilità [im-mo-bi-li-tà] *s.f.* L'essere, lo stare immobile: *l'incidente lo costrinse all'immobilità.*

immobilizzare [im-mo-bi-liz-zà-re] *v.tr.* Privare della possibilità o della libertà di muoversi Ⓢ bloccare: *la malattia lo immobilizzò a letto*; *i poliziotti immobilizzarono il ladro*; *l'ingessatura gli immobilizza la gamba.*

immolare [im-mo-là-re] *v.tr.* Offrire in sacrificio una vittima alla divinità: *gli antichi immolavano animali agli dei* ◊ ♧ Sacrificare: *ha immolato la sua vita per la causa* ♦ **immolarsi** *v.pr.* Sacrificare la propria vita: *Gesù si immolò sulla croce.*

immondezzaio [im-mon-dez-zà-io] *s.m.* Luogo in cui si raccolgono le immondizie ◊ ♧ Luogo molto sudicio Ⓢ letamaio: *non voglio più vivere in questo immondezzaio.*

immondizia [im-mon-dì-zia] *s.f.* Spazzatura, rifiuti: *i cassonetti dell'immondizia.*

immondo [im-món-do] *agg.* Lercio, sozzo; repellente: *che posto immondo!*; *gli scarafaggi sono insetti immondi* ◊ ♧ Moralmente abietto, turpe: *un individuo immondo.*

immorale [im-mo-rà-le] *agg.* Che si comporta in modo contrario alla morale: *un individuo immorale* ◊ Contrario alla morale o al pudore: *uccidere è un atto immorale*; *uno spettacolo immorale.*

immortalare [im-mor-ta-là-re] *v.tr.* Rendere immortale la memoria di qualcuno o di qualcosa: *Omero ha immortalato le imprese degli eroi greci e troiani.*

immortale [im-mor-tà-le] *agg.* **1** Non soggetto alla morte: *quasi tutte le religioni considerano l'anima immortale* **2** Eterno: *gli giurò un odio immortale* ◊ La cui fama durerà per sempre: *un artista immortale*; *un'opera immortale.*

immortalità [im-mor-ta-li-tà] *s.f.* L'essere immortale: *l'immortalità dell'anima* ◊ ♧ Fama eterna: *con le sue opere si è conquistato l'immortalità.*

immotivato [im-mo-ti-và-to] *agg.* Privo di validi motivi Ⓢ ingiustificato: *il tuo ritardo è del tutto immotivato*; *la sua protesta è immotivata.*

immune [im-mù-ne] *agg.* **1** Privo, libero, esente: *nessuno è immune da difetti* **2** Non contagiato o non contagiabile da parte di un virus o di un bacillo: *il vaccino lo ha reso immune al morbillo.*

immunità [im-mu-ni-tà] *s.f.* **1** Insieme di garanzie e di privilegi di cui godono, rispetto alle leggi ordinarie, determinate categorie di persone: *immunità parlamentare, diplomatica, ecclesiastica* **2** Capacità dell'organismo di difendersi da una malattia infettiva grazie alla formazione di anticorpi (anche in seguito a vaccinazioni).

immunitario [im-mu-ni-tà-rio] *agg.* Relativo alla difesa dell'organismo da malattie infettive.

immunizzare [im-mu-niz-zà-re] *v.tr.* Rendere qualcuno immune da una malattia infettiva me-diante vaccinazione.

immunodeficienza [im-mu-no-de-fi-cièn-za] *s.f.* In medicina, insufficiente capacità dell'organismo di produrre anticorpi difensivi, con conseguente facilità a contrarre infezioni.

immusonito [im-mu-so-nì-to] *agg.* Imbronciato.

immutabile [im-mu-tà-bi-le] *agg.* Che non può cambiare: *l'immutabile destino di ogni uomo è la morte.*

immutato [im-mu-tà-to] *agg.* Non mutato, uguale a prima: *la situazione è immutata.*

impaccare [im-pac-cà-re] *v.tr.* [*impàcco, impàcchi*] Mettere in un pacco, sistemare in pacchi: *impaccare la merce.*

impacchettare [im-pac-chet-tà-re] *v.tr.* Mettere, avvolgere, confezionare in uno o più pacchetti: *impacchettare un regalo*; *una macchina che impacchetta le sigarette.*

impacciare [im-pac-cià-re] *v.tr.* Intralciare, ostacolare nei movimenti: *questa gonna stretta mi impaccia.*

impacciato [im-pac-cià-to] *agg.* **1** Impedito, non libero nei movimenti **2** ♧ Imbarazzato, non disinvolto; goffo: *tra estranei si sente impacciato.*

impaccio [im-pàc-cio] *s.m.* **1** Intralcio, ostacolo: *il cappotto mi è d'impaccio quando guido* ◊ Situazione fastidiosa Ⓢ impiccio: *si è trovato in un brutto impaccio* **2** Imbarazzo: *non riuscì a nascondere il suo impaccio.*

impacco [im-pàc-co] *s.m.* [pl. *–chi*] Applicazione su una parte del corpo di panni o garze imbevute d'acqua o di medicamenti: *ho fatto un impacco freddo sul punto dove ho preso la botta.*

impadronirsi [im-pa-dro-nìr-si] *v.pr.* **1** Impossessarsi, appropriarsi di qualcosa, spec. con la violenza e con l'inganno: *i ladri si impadronirono del bottino* **2** ♧ Acquistare padronanza di qualcosa, arrivare a conoscerlo a fondo: *impadronirsi di una tecnica, di una lingua straniera.*

impagabile [im-pa-gà-bi-le] *agg.* Preziosissimo, straordinario, impareggiabile: *il suo aiuto è stato impagabile*; *è un mio collaboratore impagabile.*

impaginare [im-pa-gi-nà-re] *v.tr.* Formare le pagine di un giornale o di un libro disponendo il testo e le illustrazioni nell'ordine che si ritiene più piacevole ed efficace.

impagliare [im-pa-glià-re] *v.tr.* **1** Rivestire di paglia: *impagliare dei fiaschi, delle seggiole* **2** Imbottire di paglia degli animali morti per conservarli nel loro aspetto Ⓢ imbalsamare: *impagliare un falco.*

impalato [im-pa-là-to] *agg.* Dritto e fermo come un palo: *non startene lì impalato a guardare, dammi una mano!*

impalcatura [im-pal-ca-tù-ra] *s.f.* Struttura provvisoria di tubi metallici, pali e tavole di legno innalzata lungo i muri di un edificio per sostenere operai e materiali durante lavori di costruzione e riparazione Ⓢ ponteggio.

impallidire [im-pal-li-dì-re] *v.intr.* [*impallidìsco, impallidìsci*; aus. *essere*] **1** Diventare pallido: *a quella vista impallidì* **2** Perdere lucentezza, colore Ⓢ sbiadire: *era l'alba e il cielo e le stelle cominciavano a impallidire.*

impallinare [im-pal-li-nà-re] *v.tr.* Colpire con una scarica di pallini da caccia: *il cacciatore impallinò un fagiano.*

impalpabile [im-pal-pà-bi-le] *agg.* Così fine, sottile e privo di consistenza che sfugge al tatto: *un impalpabile velo di polvere* ◊ ♧ Indefinibile, vago: *provò un'impalpabile sensazione di disagio.*

impanare [im-pa-nà-re] *v.tr.* Cospargere di pangrattato cibi da friggere: *impanare le cotolette.*

impantanarsi [im-pan-ta-nàr-si] *v.pr.* Finire in un terreno fangoso, restandovi bloccato: *l'auto si è impantanata* ◊ ♧ Cacciarsi in una situazione da cui non si riesce a uscire Ⓢ impegolarsi: *si è impantanato nei debiti.*

impaperarsi [im-pa-pe-ràr-si] *v.pr.* Imbrogliarsi nel parlare, prendere delle papere Ⓢ impappinarsi.

impappinarsi [im-pap-pi-nàr-si] *v.pr.* Confondersi nel parlare, non riuscire più a proseguire il discorso: *all'esame continuava a impappinarsi.*

imparabile [im-pa-rà-bi-le] *agg.* Impossibile da parare: *un pallone, un tiro imparabile.*

imparare [im-pa-rà-re] *v.tr.* Acquisire conoscenze o capacità mediante lo studio, l'esercizio, l'applicazione Ⓢ apprendere: *imparare una lingua, una poesia a memoria*; *imparare un mestiere*; *imparare a leggere, a guidare* ◊ Apprendere, capire con l'esperienza: *non ha ancora imparato a vivere*; *così impari a comportarti come si deve!*; *ha imparato a sue spese a non fidarsi di quell'uomo.*

impareggiabile [im-pa-reg-già-bi-le] *agg.* Che non ha pari Ⓢ ineguagliabile, unico: *una donna di una bellezza impareggiabile*; *è di una bravura impareggiabile.*

imparentarsi [im-pa-ren-tàr-si] *v.pr.* Diventare parente di qualcuno, spec. mediante matrimonio.

impari [ìm-pa-ri] *agg.* In cui non c'è parità, equilibrio di forze: *una lotta, uno scontro impari* ◊ Inferiore per forza, numero ecc.: *attaccammo con forze impari.*

impartire [im-par-tì-re] *v.tr.* [*impartìsco, impartìsci*] Dare: *impartire un ordine, una benedizione.*

imparziale [im-par-zià-le] *agg.* Che non favorisce l'una o l'altra delle parti in causa; non influenzato da simpatie o interessi personali Ⓢ equo, giusto, obiettivo, spassionato Ⓒ di parte: *un arbitro imparziale*; *un giudizio imparziale.*

imparzialità [im-par-zia-li-tà] *s.f.* Atteggiamento imparziale Ⓢ equità, obiettività.

impassibile [im-pas-sì-bi-le] *agg.* Che non lascia trasparire alcun turbamento o emozione Ⓢ imperturbabile: *come puoi restare impassibile di fronte a tanta crudeltà?*

impastare [im-pa-stà-re] *v.tr.* Mescolare e manipolare una o più sostanze per farne una pasta omogenea, un impasto: *impastare il pane*; *impastare la farina con le uova*; *impastare il cemento con l'acqua.*

impasto [im-pà-sto] *s.m.* Sostanza ottenuta impastando diversi ingredienti o materiali: *preparare l'impasto per il dolce*; *il calcestruzzo è un impasto di malta e ghiaia.*

impatto [im-pàt-to] *s.m.* **1** Urto, collisione di un corpo in movimento con un altro: *l'impatto tra le due vetture è stato violentissimo* **2** ♧ Primo contatto con qualcosa Ⓢ incontro: *l'impatto con il nuovo ambiente è stato difficile* **3** ♧ Influsso, effetto: *certe industrie hanno un impatto disastroso sull'ambiente.*

impaurire [im-pau-rì-re] *v.tr.* [*impaurìsco, impaurìsci*] Mettere paura Ⓢ spaventare ♦ **impaurirsi** *v.pr.* Prendere paura Ⓢ spaventarsi.

impavido [im-pà-vi-do] *agg.* Che non ha paura Ⓢ intrepido: *ha affrontato impavido la morte.*

impaziente [im-pa-zièn-te] *agg.* **1** Che non ha pazienza e quindi si irrita facilmente: *sei troppo impaziente con lui* ◊ Che rivela impazienza, nervosismo: *un gesto, uno sguardo impaziente* **2** Che desidera tanto qualcosa da non riuscire ad aspettare con calma Ⓢ ansioso: *è impaziente di partire, di sapere i risultati.*

impazientirsi [im-pa-zien-tìr-si] *v.pr.* [*mi impazientìsco, ti impazientìsci*] Perdere la pazienza Ⓢ spazientirsi.

impazienza [im-pa-zièn-za] *s.f.* Mancanza di pazienza Ⓢ insofferenza, nervosismo: *il pubblico, stanco di attendere, dava segni di impazienza* ◊ Desiderio ansioso: *non riusciva a nascondere l'impazienza di tornare a casa.*

impazzire [im-paz-zì-re] *v.intr.* [*impazzìsco, impazzìsci*; aus. *essere*] **1** Diventare pazzo, perdere la ragione ◊ ♧ *Impazzire di gioia* = provare una gioia irrefrenabile | *Un caldo, un mal di testa da impazzire* = insopportabile **2** ♧ Essere preso da una passione, da un desiderio travolgente per qualcuno o per qualcosa: *è impazzito per quella ragazza*; *impazzisce per il ballo, per quel vestito* **3** ♧ Perdere la testa, scervellarsi: *questo problema mi fa impazzire*; *sono impazzito per trovare le chiavi* **4** *La bussola è impazzita* = non funziona più bene, non segna più il nord ◊ *La crema, la maionese è impazzita* = si è scomposta, fa i grumi ◊ *Il traffico è impazzito* = è diventato caotico.

impeccabile [im-pec-cà-bi-le] *agg.* Privo di qualsiasi difetto Ⓢ perfetto: *il suo comportamento è stato impeccabile.*

impedimento [im-pe-di-mén-to] *s.m.* Ostacolo, intralcio: *spostati, che mi sei d'impedimento!* ◊ Difficoltà: *salvo impedimenti, sarò di ritorno domani.*

impedire [im-pe-dì-re] *v.tr.* [*impedìsco, impedìsci*] **1** Non permettere a qualcuno di compiere un'azione Ⓢ proibire, vietare: *gli ho impedito di uscire*; *impedire una manifestazione* ◊ Rendere impossibile il verificarsi di qualcosa: *il maltempo* *ha impedito lo svolgimento della gara* ◊ Ostacolare, bloccare, ingombrare: *un masso impediva il passaggio* **2** Rendere difficoltoso Ⓢ impacciare: *questa gonna mi impedisce i movimenti.*

impegnare [im-pe-gnà-re] *v.tr.* **1** Dare in pegno: *ha impegnato i gioielli al Monte di pietà* **2** Obbligare qualcuno (in base a un impegno) a comportarsi in un determinato modo: *il contratto mi impegna a lavorare otto ore al giorno* **3** Tenere occupato, impiegare: *questo lavoro mi impegnerà per tutta la giornata*; *la costruzione del ponte ha impegnato centinaia di operai*; *ha impegnato tutte le sue energie in quell'impresa* ◊ Costringere a un duro sforzo, a impiegare tutte le proprie energie e capacità: *è un lavoro che mi impegna molto*; *la nostra squadra ha impegnato a fondo la difesa avversaria* ♦ **impegnarsi** *v.pr.* **1** Assumersi un dato impegno: *si è impegnato a finire il lavoro entro domani* **2** Mettere impegno nel fare qualcosa: *si è dovuto impegnare a fondo per vincere la gara.*

impegnativo [im-pe-gna-tì-vo] *agg.* Che richiede un notevole impegno: *una gara impegnativa.*

impegnato [im-pe-gnà-to] *agg.* **1** Occupato in un'attività; preso da un impegno, da impegni: *i ragazzi sono impegnati nel tema*; *adesso non può venire perché è impegnato* **2** Che si impegna nei problemi sociali e politici: *è un ragazzo impegnato nell'assistenza agli handicappati.*

impegno [im-pé-gno] *s.m.* **1** Obbligo, promessa: *si è assunto l'impegno di aiutarlo*; *mantenere un impegno*; *non riesce a far fronte ai suoi impegni di lavoro* **2** Compito, incombenza, appuntamento che tiene impegnati e non lascia liberi di fare altro: *ho una giornata piena di impegni*; *non posso venire perché ho già un impegno* **3** Impiego di tutte le proprie energie e capacità nel fare qualcosa Ⓢ diligenza, zelo Ⓒ negligenza: *studiare, lavorare con impegno* **4** *Impegno sociale, politico* = attivo interessamento ai problemi sociali e politici.

impegolarsi [im-pe-go-làr-si] *v.pr.* Cacciarsi in situazioni ingarbugliate, rischiose, spiacevoli.

impelagarsi [im-pe-la-gàr-si] *v.pr.* [*mi impèlago, ti impèlaghi*] Impegolarsi: *si è impelagato nei debiti.*

impellente [im-pel-lèn-te] *agg.* Urgente, pressante Ⓒ rinviabile: *sentì il bisogno impellente di urinare*; *ho una necessità impellente.*

impenetrabile [im-pe-ne-trà-bi-le] *agg.* **1** Attraverso cui non si può passare: *una foresta impenetrabile* **2** ♧ Che non si riesce a comprendere o a spiegare: *un mistero impenetrabile* ◊ Che non lascia trasparire i sentimenti e le intenzioni: *aveva un'espressione impenetrabile.*

impennarsi [im-pen-nàr-si] *v.pr.* Detto di cavalli, rizzarsi bruscamente sulle zampe posteriori ◊ Detto di aerei e imbarcazioni, volgere bruscamente la prua verso l'alto.

impennata [im-pen-nà-ta] *s.f.* **1** Brusco movimento con cui il cavallo si rizza sulle zampe posteriori **2** Brusco sollevamento verso l'alto della prua di una aereo o di un'imbarcazione **3** ♧ Reazione improvvisa, scatto emotivo: *è un temperamento facile alle impennate* **4** ♧ Brusco rialzo: *c'è stata un'impennata dei prezzi.*

impensabile [im-pen-sà-bi-le] *agg.* Che non si riesce a immaginare, a credere Ⓢ incredibile, inconcepibile: *si nasconde nei posti più impensabili*; *è impensabile che ce la faccia da solo.*

impensierire [im-pen-sie-rì-re] *v.tr.* [*impensierìsco, impensierìsci*] Mettere in pensiero Ⓢ preoccupare: *il suo ritardo mi impensierisce* ♦ **impensierirsi** *v.pr.* Preoccuparsi, inquietarsi: *non impensierirti se ritardo.*

imperante [im-pe-ràn-te] *agg.* Predominante, generale: *seguire la moda imperante*; *cercava di opporsi alla corruzione imperante.*

imperare [im-pe-rà-re] *v.intr.* [aus. *avere*] Esercitare l'autorità imperiale: *una dinastia che imperò per secoli sulla Cina* ◊ Dominare, predominare (anche ♧): *Roma imperava sui mari*; *un paese in cui impera la violenza.*

imperativo [im-pe-ra-tì-vo] *agg.* Che esprime un comando Ⓢ perentorio, autoritario: *si rivolse a lui con un tono imperativo* ♦ *s.m.* Modo del verbo che esprime un comando, un'esortazione, un invito, una preghiera.

imperatore [im-pe-ra-tó-re] *s.m.* Sovrano di un impero: *l'imperatore del Giappone.*

imperatrice [im-pe-ra-trì-ce] *s.f.* Sovrana di un impero ◊ Moglie di un imperatore.

impercettibile [im-per-cet-tì-bi-le] *agg.* Così piccolo, così lieve che non si può percepire o si percepisce a stento: *tra la copia e l'originale c'è solo una differenza impercettibile.*

imperdonabile [im-per-do-nà-bi-le] *agg.* Che non si può perdonare perché troppo grave Ⓢ ingiustificabile: *ha commesso un errore imperdonabile.*

imperfetto [im-per-fèt-to] *agg.* Che ha qualche difetto: *un congegno ancora imperfetto* ♦ *agg.* e *s.m.* Detto di tempo del verbo che nel modo indicativo descrive un'azione passata nel suo svolgersi, senza alcun riferimento a un suo inizio o termine (*leggeva in fretta*; *veniva tutti i giorni*), mentre nel modo congiuntivo può esprimere un'azione passata, presente o futura (*pensavo che non venisse*; *se fosse più presto, resterei volentieri*; *vorrei che glielo dicessi*).

imperfezione [im-per-fe-zió-ne] *s.f.* Difetto, manchevolezza: *un compito pieno di imperfezioni*; *ha una lieve imperfezione di pronuncia.*

imperialismo [im-pe-ria-lì-smo] *s.m.* Tendenza di uno stato a espandere il proprio dominio sui territori di altre nazioni o ad assoggettarle ai propri interessi politici ed economici.

imperioso [im-pe-rió-so] *agg.* Che esprime un potere, un comando a cui non ci si può opporre Ⓢ perentorio, autoritario: *si rivolse a lui con un gesto, con un tono imperioso.*

imperizia [im-pe-rì-zia] *s.f.* Mancanza di preparazione, di capacità, di abilità nel fare qualcosa: *l'incidente è stato causato dall'imperizia del guidatore.*

imperlare [im-per-là-re] *v.tr.* Bagnare di gocce: *il sudore gli imperlava la fronte.*

impermalirsi [im-per-ma-lìr-si] *v.pr.* [*mi impermalìsco, ti impermalìsci*] Aversela a male Ⓢ risentirsi, offendersi: *ti impermalisci per poco.*

impermeabile [im-per-me-à-bi-le] *agg.* Che non lascia passare l'acqua o altri liquidi: *terreno, tessuto impermeabile* ◊ Che non si lascia attraversare da gas, radiazioni: *uno schermo impermeabile ai raggi x* ♦ *s.m.* Soprabito da pioggia confezionato con tessuto impermeabile.

impermeabilizzare [im-per-me-a-bi-liz-zà-re] *v.tr.* Rendere impermeabile: *questo tessuto è stato impermeabilizzato.*

imperniare [im-per-nià-re] *v.tr.* **1** Fissare su un perno; collegare con perni **2** ♧ Fondare, basare: *hai imperniato il tuo ragionamento su un presupposto discutibile.*

impero [im-pè-ro] *s.m.* **1** Paese o complesso di paesi retti da un imperatore: *l'impero del Giappone*; *l'impero romano*; *l'impero austro-ungarico* ◊ Insieme di paesi e di territori politicamente dipendenti da uno stato il cui capo non ha il titolo di imperatore: *l'impero coloniale spagnolo* **2** Il periodo di regno di un imperatore: *durante l'impero di Napoleone l'Europa fu sempre in guerra* **3** Vasta e potente organizzazione economica: *un impero industriale, commerciale.*

impersonale [im-per-so-nà-le] *agg.* **1** Che manca di personalità, poco originale: *scrive con uno stile impersonale* **2** *Verbi impersonali* = quelli che non hanno un soggetto esplicito, usati solo alla terza persona singolare (per es. *piove, grandina, bisogna*) | *Forma impersonale del verbo* = quella che si usa quando il soggetto è imprecisato (per es. *si dice, si pensa*).

impersonare [im-per-so-nà-re] *v.tr.* **1** Interpretare un personaggio (detto di attori): *ha impersonato più volte Amleto* **2** Rappresentare nella propria persona una qualità o un'idea astratta: *Ulisse impersona l'astuzia.*

imperterrito [im-per-tèr-ri-to] *agg.* Che non si lascia spaventare, turbare Ⓢ indifferente, imperturbabile: *continuò imperterrito a parlare nonostante i fischi del pubblico.*

impertinente [im-per-ti-nèn-te] *agg.* Che manca di riguardo, di rispetto Ⓢ insolente, sfacciato Ⓒ rispettoso: *è un ragazzo impertinente*; *che domanda impertinente!*

impertinenza [im-per-ti-nèn-za] *s.f.* Mancanza di riguardo, di rispetto Ⓢ sfacciataggine, insolenza.

imperturbabile [im-per-tur-bà-bi-le] *agg.* Che non si lascia turbare da nulla, che non perde mai la calma: *ha un carattere imperturbabile* ◊ Impassibile, imperterrito: *continuò imperturbabile il suo discorso in mezzo alle urla.*

imperversare [im-per-ver-sà-re] *v.intr.* [aus. *avere*] **1** Manifestarsi con violenza Ⓢ infuriare: *sulla zona imperversava un temporale*; *il colera imperversava in tutto il paese* **2** Compiere azioni violente di ogni genere e non sottoposte ad alcun controllo: *nel nostro quartiere imperversano bande di teppisti.*

impervio [im-pèr-vio] *agg.* Difficile da percorrere o da raggiungere: *un sentiero impervio*; *una montagna impervia.*

impeto [ìm-pe-to] *s.m.* **1** Moto violento di cose o persone che investe con furia travolgente: *lottare contro l'impeto del vento, delle onde, della corrente, degli assalitori* ◊ Slancio, foga con cui si compie un movimento o un'azione: *nell'impeto della corsa gli finì addosso* **2** ♧ Impulso inarrestabile provocato da una forte passione o sentimento: *fu preso da un impeto d'ira, d'odio, d'amore*; *lo colpì in un impeto di rabbia.*

impettito [im-pet-tì-to] *agg.* Che tiene il corpo rigidamente eretto e il petto in fuori, per lo più per darsi importanza, per vanità, boria: *camminava tutto impettito.*

impetuoso [im-pe-tu-ó-so] *agg.* **1** Che si muove con forza travolgente Ⓢ violento: *un vento impetuoso soffiava sulla valle*; *le acque impetuose di un torrente* ◊ Fatto con impeto, con foga Ⓢ veemente: *un attacco, un discorso impetuoso* **2** ♧ Impulsivo, irruente: *ha un carattere impetuoso.*

impiantare [im-pian-tà-re] *v.tr.* **1** Cominciare a costruire, a montare: *impiantare un capannone* ◊ Installare: *sono venuti a impiantare la nuova caldaia* **2** Metter su, avviare: *impiantare una nuova azienda, un commercio.*

impiantito [im-pian-tì-to] *s.m.* Pavimento.

impianto [im-piàn-to] *s.m.* Complesso di apparecchi, di attrezzature o di strutture edilizie destinate a una data funzione o attività: *nella sua casa si è rotto l'impianto di riscaldamento*; *impianto elettrico*; *nel nostro quartiere sorgerà un nuovo impianto sportivo.*

impiastrare [im-pia-strà-re] *v.tr.* **1** Spalmare di sostanze untuose o appiccicose: *smettila di impiastrarti la faccia di creme, i capelli di gel!* **2** Sporcare, imbrattare: *si è impiastrato tutto il vestito di vernice.*

impiastro [im-pià-stro] *s.m.* **1** Medicamento, fatto per lo più di sostanze bollite e avvolte in una tela leggera, che si applica sulla parte malata **2** ♧ Persona noiosa, lamentosa o debole di salute, con sempre qualche malanno.

impiccagione [im-pic-ca-gió-ne] *s.f.* Esecuzione capitale in cui il condannato viene impiccato.

impiccare [im-pic-cà-re] *v.tr.* [*impìcco, impìcchi*] Uccidere o giustiziare una persona appendendola per il collo a un capestro ♦ **impiccarsi** *v.pr.* Uccidersi appendendosi a un capestro.

impicciare [im-pic-cià-re] *v.tr.* Essere d'intralcio Ⓢ ostacolare, disturbare: *questo tavolo impiccia il passaggio*; *non stare a impicciarmi qui in cucina!* ♦ **impicciarsi** *v.pr.* Immischiarsi, intromettersi: *non impicciarti di cose che non ti riguardano!*

impiccio [im-pìc-cio] *s.m.* **1** Intralcio, ingombro, disturbo: *mi sei più d'impiccio che d'aiuto* **2** Situazione imbrogliata, guaio, seccatura: *si è cacciato in un bell'impiccio!*

impiegare [im-pie-gà-re] *v.tr.* [*impiègo, impièghi*] Adoperare, utilizzare: *sa impiegare bene il suo tempo*; *hanno impiegato la gru per sollevare il camion* | *Impiegare un certo tempo, un'ora, un mese a fare qualcosa* = metterci un certo tempo, un'ora ecc. ♦ **impiegarsi** *v.pr.* Ottenere un impiego lavorativo: *si è impiegato alle poste.*

impiegato [im-pie-gà-to] *s.m.* Lavoratore dipendente che svolge attività non manuali di vario genere e livello: *un impiegato di banca, delle poste.*

impiego [im-piè-go] *s.m.* [pl. *–ghi*] **1** Uso, utilizzo: *ha fatto un buon impiego dei suoi soldi*; *nella battaglia si è fatto impiego di armi chimiche* **2** Posto di lavoro stabile in un ufficio: *ha trovato un impiego in banca* ◊ Lavoro, occupazione: *mio padre è in cerca d'impiego.*

impietosire [im-pie-to-sì-re] *v.tr.* [*impietosìsco, impietosìsci*] Indurre qualcuno alla pietà Ⓢ commuovere: *ha cercato di impietosire i giudici* ♦ **impietosirsi** *v.pr.* Essere preso da pietà Ⓢ commuoversi: *si impietosì a vederlo in quello stato.*

impietrito [im-pie-trì-to] *agg.* Immobile, muto come una pietra, come paralizzato Ⓢ attonito: *la tremenda notizia lo lasciò impietrito*; *restò impietrito dalla paura.*

impigliarsi [im-pi-gliàr-si] *v.pr.* Rimanere preso, agganciato in qualcosa: *mi si è impigliata la gonna nel filo spinato.*

impigrire [im-pi-grì-re] *v.tr.* [*impigrìsco, impigrìsci*] Rendere pigro: *l'ozio lo ha impigrito* ♦ *v.intr.* [aus. *essere*] e **impigrirsi** *v.pr.* Diventare pigro: *invecchiando (si) è impigrito.*

implacabile [im-pla-cà-bi-le] *agg.* Che non dà tregua Ⓢ accanito, inesorabile: *il rivale divenne un suo nemico implacabile*; *lo perseguitava con odio implacabile.*

implicare [im-pli-cà-re] *v.tr.* [*ìmplico, ìmplichi*] **1** Comportare come conseguenza: *l'amicizia implica fiducia reciproca*; *è un lavoro che implica molti sacrifici* **2** Coinvolgere qualcuno in situazioni spiacevoli, in imprese rischiose o disoneste: *non voglio essere implicato nelle vostre questioni familiari*; *lo hanno implicato in una truffa.*

implicito [im-plì-ci-to] *agg.* Sottinteso Ⓒ esplicito: *nelle sue parole è implicita una condanna*; *era implicito, nel mio invito, che anche tua moglie era stata invitata.*

implorare [im-plo-rà-re] *v.tr.* Chiedere con preghiere Ⓢ supplicare: *implorò una grazia alla Madonna*; *implorava l'amico di aiutarlo a fuggire.*

implume [im-plù-me] *agg.* Che non ha ancora le piume: *un uccellino implume.*

impluvio [im-plù-vio] *s.m.* *Linea di impluvio* = solco, sul fondo di una valle, in cui convergono e scorrono le acque provenienti dai vari versanti.

impollinare [im-pol-li-nà-re] *v.tr.* Fecondare depositando il polline: *le api impollinano i fiori.*

impolverare [im-pol-ve-rà-re] *v.tr.* Coprire, sporcare di polvere ♦ **impolverarsi** *v.pr.* Sporcarsi, coprirsi di polvere.

imponente [im-po-nèn-te] *agg.* Che suscita impressione o ammirazione per le grandi dimensioni, il gran numero o la grandiosità Ⓢ enorme, grandioso, maestoso: *un palazzo imponente*;

un'imponente manifestazione; *l'imponente spettacolo delle Alpi viste dall'aereo* ◊ Che incute rispetto o soggezione: *una persona dall'aspetto imponente.*

impopolare [im-po-po-là-re] *agg.* Che non incontra le simpatie del popolo o ne suscita lo scontento: *un governo impopolare*; *una guerra, una legge impopolare.*

imporre [im-pór-re] *v.tr.* [coniugato come *porre*] **1** Stabilire, prescrivere (da parte di autorità e leggi): *il governo ha imposto nuove tasse*; *il codice della strada impone limiti di velocità* ◊ Far valere, far rispettare: *ha imposto la sua volontà*; *nessuno riusciva a imporre il silenzio* ◊ Obbligare a; ordinare, ingiungere di: *gli hanno imposto di andarsene*; *gli imposero di tacere* ◊ Richiedere, esigere: *la situazione impone la massima cautela* **2** ♧ *Imporre un nome a qualcuno* = darglielo: *quando nacque gli fu imposto il nome di Pietro* ♦ **imporsi** *v.pr.* **1** Far valere la propria autorità e volontà: *è un uomo che sa imporsi* ◊ Affermarsi, avere successo: *la nostra squadra si è imposta facilmente sugli avversari*; *un prodotto che si è imposto sul mercato* | *Imporsi all'attenzione* = farsi notare **2** Rendersi necessario, indispensabile: *a questo punto s'impongono seri provvedimenti.*

import [parola inglese; pron. corrente *ìmport*] *s.m.invar.* Importazione: *è diminuito l'import di materie prime.*

importante [im-por-tàn-te] *agg.* **1** Che ha grande interesse o valore Ⓢ rilevante: *una notizia, una scoperta, una riunione importante* **2** Autorevole, influente: *frequenta molta gente importante* ♦ *s.m.* Ciò che importa, la cosa essenziale: *l'importante è far presto.*

importanza [im-por-tàn-za] *s.f.* Interesse, rilievo: *una notizia, un problema di grande importanza* ◊ Valore, peso: *non devi dare troppa importanza a quel che dice* | *Darsi importanza* = darsi delle arie, voler apparire più importanti di quel che si è.

importare [im-por-tà-re] *v.tr.* Acquistare merci all'estero e portarle nel proprio paese: *la nostra ditta importa grano dall'Argentina*; *l'Italia importa petrolio* ♦ *v.intr.* [aus. *essere*] **1** Premere, stare a cuore, interessare: *la tua felicità è quel che più mi importa*; *non gli importa di quel che pensano gli altri* ◊ Avere importanza: *non importa se piove, esco lo stesso* **2** Occorrere: *non importa che ti disturbi ad accompagnarmi.*

importazione [im-por-ta-zió-ne] *s.f.* Introduzione di merci straniere in un paese; il complesso delle merci importate: *le importazioni sono aumentate più delle esportazioni.*

importo [im-pòr-to] *s.m.* La cifra complessiva necessaria per un pagamento, per una spesa: *ha fatto acquisti per un importo considerevole.*

importunare [im-por-tu-nà-re] *v.tr.* Disturbare, infastidire: *smettila di importunarlo con le tue chiacchiere*; *mi scusi se la importuno a quest'ora.*

importuno [im-por-tù-no] *agg.* Che reca fastidio, disturbo perché irritante, molesto, indiscreto, inopportuno: *un individuo importuno*; *una richiesta importuna* ♦ *s.m.* Persona importuna Ⓢ scocciatore, rompiscatole.

imposizione [im-po-si-zió-ne] *s.f.* **1** Atto con cui un'autorità impone qualcosa Ⓢ ingiunzione: *l'imposizione di un obbligo, di una nuova tassa* **2** Ordine arbitrario, sopruso, prepotenza: *non tollero più le sue imposizioni.*

impossessarsi [im-pos-ses-sàr-si] *v.pr.* **1** Prendere possesso di qualcosa (per lo più con la forza o in modo illegale) Ⓢ impadronirsi: *il ladro si impossessò dei gioielli* **2** ♧ Acquistare padronanza di qualcosa Ⓢ imparare: *impossessarsi di un mestiere, di una lingua.*

impossibile [im-pos-sì-bi-le] *agg.* **1** Non possibile: *la vita sarebbe impossibile senza l'aria*; *è impossibile che ce l'abbia fatta da solo* **2** Insopportabile: *fa un caldo impossibile*; *ha un carattere impossibile* ♦ *s.m.* Ciò che non è possibile: *tu mi chiedi l'impossibile* | *Fare l'impossibile* = fare ogni sforzo, mettercela tutta: *ho fatto l'impossibile per aiutarlo.*

impossibilità [im-pos-si-bi-li-tà] *s.f.* Il fatto che qualcosa non è possibile: *devo constatare l'impossibilità di un accordo* ◊ Condizione che rende impossibile fare qualcosa: *mi trovo nell'impossibilità di pagare.*

imposta1 [im-pò-sta] *s.f.* Ognuno dei due sportelli girevoli su cardini dei serramenti di finestre e porte Ⓢ anta, battente; in partic., nelle finestre, si chiamano *imposte* sia quelle a vetri, sia quelle poste all'esterno (*persiane*) e all'interno (*scuri*) della finestra vera e propria.

imposta2 [im-pò-sta] *s.f.* Versamento in denaro che i cittadini devono fare allo stato sulla base del loro reddito e del loro patrimonio per contribuire a finanziare le spese pubbliche; anche se nel linguaggio corrente vengono confuse, *l'imposta* è diversa dalla *tassa* in quanto non rappresenta il pagamento di uno specifico servizio (come le *tasse postali, scolastiche* ecc.).

impostare1 [im-po-stà-re] *v.tr.* Porre le basi, le premesse per svolgere un'attività, un lavoro o per affrontare una questione, stabilendo i criteri da seguire: *impostare un progetto*; *un dibattito è inutile se non è impostato in modo serio.*

impostare2 [im-po-stà-re] *v.tr.* Mettere nella buca della posta Ⓢ imbucare: *è uscito per andare a impostare una lettera.*

impostore [im-po-stó-re] *s.m.* [f. *–a*] Chi trae in inganno gli altri con menzogne, false voci e finzioni Ⓢ imbroglione.

impostura [im-po-stù-ra] *s.f.* Ricorso alla menzogna, all'inganno: *non c'è cosa più odiosa dell'impostura* ◊ Menzogna, falsità: *quel che ha detto è tutta un'impostura.*

impotente [im-po-tèn-te] *agg.* Che non ha la forza, la capacità, i mezzi per fare qualcosa: *la medicina è impotente con alcune malattie*; *il governo si è dimostrato impotente a combattere la corruzione* ♦ *agg.* e *s.m.* Detto di uomo affetto da impotenza sessuale.

impotenza [im-po-tèn-za] *s.f.* **1** La condizione di chi non ha la forza, la capacità o la possibilità di agire: *gli agenti bloccarono il ladro e lo ridussero all'impotenza* **2** Incapacità maschile a compiere l'atto sessuale o a procreare.

impoverire [im-po-ve-rì-re] *v.tr.* [*impoverìsco, impoverìsci*] Rendere povero: *la guerra ha impoverito la popolazione* | *Impoverire un terreno* = renderlo meno fertile con uno sfruttamento eccessivo ♦ *v.intr.* [aus. *essere*] e **impoverirsi** *v.pr.* Diventare povero: *durante la crisi economica molta gente (si) è impoverita.*

impraticabile [im-pra-ti-cà-bi-le] *agg.* Che non si può percorrere: *la nevicata ha reso impraticabili molte strade.*

impratichire [im-pra-ti-chì-re] *v.tr.* [*impratichìsco, impratichìsci*] Rendere pratico, esperto ♦ **impratichirsi** *v.pr.* Diventare pratico, esperto in qualcosa: *sta cominciando a impratichirsi nell'uso del computer.*

imprecare [im-pre-cà-re] *v.intr.* [*imprèco, imprèchi*; aus. *avere*] Lanciare insulti, maledizioni Ⓢ inveire: *imprecava contro la sorte*; *si mise a imprecare contro un altro automobilista.*

imprecazione [im-pre-ca-zió-ne] *s.f.* Maledizione, insulto.

imprecisato [im-pre-ci-sà-to] *agg.* Non precisato, che non si conosce con precisione: *nel crollo del palazzo ci sono stati nove morti e un numero imprecisato di feriti.*

imprecisione [im-pre-ci-sió-ne] *s.f.* Mancanza di precisione: *un lavoro eseguito con imprecisione* ◊ Inesattezza: *ci sono alcune imprecisioni nel suo racconto.*

impreciso [im-pre-cì-so] *agg.* Non preciso o poco preciso Ⓢ inesatto: *ti sei espresso con termini imprecisi* ◊ Indeterminato: *una figura dai contorni imprecisi.*

impregnare [im-pre-gnà-re] *v.tr.* Intridere, imbevere: *impregnare uno straccio di benzina*; *la pioggia ha impregnato il terreno* ◊ Riempire, saturare: *la sigaretta impregnò la stanza di fumo* ♦ **impregnarsi** *v.pr.* Intridersi, imbeversi: *i muri si sono impregnati di umidità.*

imprenditore [im-pren-di-tó-re] *s.m.* [f. *–trice*] Chi esercita in proprio e dirige un'attività economica di carattere industriale, agricolo o commerciale.

impreparato [im-pre-pa-rà-to] *agg.* Privo della necessaria preparazione: *è andato impreparato agli esami*; *un esercito impreparato alla guerra* | *La notizia lo colse impreparato* = alla sprovvista.

impresa [im-pré-sa] *s.f.* **1** Azione, iniziativa di una certa importanza e difficoltà: *il navigatore solitario ha portato a termine la sua impresa*; *un'impresa fallita tragicamente* | *È un'impresa!* = è una cosa molto ardua e difficile: *circolare in città a quest'ora è un'impresa!* ◊ Azione eroica e gloriosa: *le imprese di Garibaldi* **2** Azienda, ditta, società: *un'impresa agricola, industriale, di costruzioni, di trasporti, di pompe funebri.*

impresario [im-pre-sà-rio] *s.m.* Gestore di un'impresa: *impresario edile* ◊ Chi si occupa dell'organizzazione di spettacoli: *impresario teatrale, musicale.*

impressionante [im-pres-sio-nàn-te] *agg.* Che fa grande impressione.

impressionare [im-pres-sio-nà-re] *v.tr.* **1** Provocare una forte impressione; turbare, scuotere nell'animo: *la notizia della sciagura aveva impressionato tutti* ◊ Destare una buona o cattiva impressione: *il candidato ha impressionato favorevolmente la commissione* **2** *Impressionare una pellicola fotografica* = sottoporla all'azione della luce ♦ **impressionarsi** *v.pr.* Turbarsi, spaventarsi: *si impressiona alla vista del sangue.*

impressione [im-pres-sió-ne] *s.f.* Sensazione fisica: *provò un'impressione di freddo*; *ebbe l'impressione di cadere* ◊ Sensazione che una cosa, un avvenimento, una persona esercitano sull'animo e sui sentimenti: *quello spettacolo mi ha lasciato una forte impressione*; *un'impressione piacevole, spiacevole, penosa* | *Fare buona, cattiva impressione* = suscitare un'opinione positiva, negativa: *quel ragazzo mi ha fatto buona impressione* ◊ Sensazione istintiva di paura, di ansia: *vedere il sangue mi fa impressione* ◊ Turbamento: *che* *impressione la morte di quel ragazzo!* ◊ Opinione soggettiva: *non ce l'ha con te, è solo una tua impressione* ◊ Vaga sensazione: *ho l'impressione che non verrà* ◊ Giudizio istintivo: *la prima impressione spesso è la più giusta.*

impressionismo [im-pres-sio-nì-smo] *s.m.* Movimento artistico sorto in Francia nella seconda metà dell'Ottocento; i pittori che ne facevano parte si proponevano di rappresentare le impressioni visive più dirette e immediate che derivano dalle immagini, e in partic. i mutevoli toni di luce e di colore della realtà esterna.

impresso [im-près-so] *agg.* Che è rimasto stampato, inciso, segnato su un materiale: *seguì le orme impresse sulla neve* ◊ ♧ Fissato indelebilmente nella memoria: *ha un viso che resta impresso; le sue parole mi sono rimaste impresse.*

imprestare [im-pre-stà-re] *v.tr.* Dare in prestito, prestare.

imprevedibile [im-pre-ve-dì-bi-le] *agg.* Che non si può o non si poteva prevedere: *siamo stati bloccati da ostacoli imprevedibili* | *Una persona imprevedibile* = di cui non si può prevedere il comportamento.

imprevidente [im-pre-vi-dèn-te] *agg.* Che non pensa alle situazioni future e a trovarsi pronto ad affrontarle Ⓢ incauto Ⓒ previdente, accorto: *sei stato imprevidente a non portare l'ombrello.*

imprevisto [im-pre-vì-sto] *agg.* Che non si era previsto Ⓢ inaspettato: *è successo un fatto imprevisto* ♦ *s.m.* Circostanza imprevedibile Ⓢ contrattempo: *capita sempre qualche imprevisto; arriverò domani, salvo imprevisti.*

imprigionare [im-pri-gio-nà-re] *v.tr.* **1** Mettere in prigione Ⓢ incarcerare: *il ladro fu imprigionato* ◊ Rinchiudere: *imprigionare un uccello in gabbia* **2** ♧ Costringere a stare in un luogo; impedire di muoversi liberamente Ⓢ bloccare, immobilizzare: *la neve li imprigionò in casa; le macerie gli imprigionavano le gambe.*

imprimere [im-prì-me-re] *v.tr.* [pass.rem. *imprèssi, imprimésti*; part.pass. *imprèsso*] **1** Lasciare un segno, un'impronta su qualcosa premendo: *impresse le proprie orme sulla sabbia* ◊ ♧ Fissare nella mente in modo indelebile: *cerca di imprimerti bene in mente quel che ti dico* **2** Dare, trasmettere un movimento: *il vento favorevole impresse alla barca maggiore velocità.*

improbabile [im-pro-bà-bi-le] *agg.* Non probabile, poco probabile: *il suo arrivo è improbabile* | *Non è improbabile* = è possibile: *non è improbabile che sia già uscito.*

improbo [im-pro-bo] *agg.* Molto duro, pesante e che non ricompensa dello sforzo: *lavoro improbo; fatica improba.*

improduttivo [im-pro-dut-tì-vo] *agg.* Che non dà frutti Ⓢ sterile: *un terreno improduttivo.*

impronta [im-prón-ta] *s.f.* Segno impresso su qualcosa Ⓢ traccia, orma: *le impronte dei passi sulla neve, dei pneumatici sulla strada* | *Impronte digitali* = quelle lasciate su superfici lisce dai polpastrelli delle mani, diverse per ogni individuo ◊ ♧ Segno evidente, caratteristico: *in ogni opera di Leonardo c'è l'impronta del suo genio.*

improperio [im-pro-pè-rio] *s.m.* Insulto, ingiuria.

improprio [im-prò-prio] *agg.* Non appropriato, inesatto, impreciso (riferito al modo di esprimersi): *usare un termine improprio, una parola in modo improprio.*

improrogabile [im-pro-ro-gà-bi-le] *agg.* Che non si può prorogare, rinviare.

improvvisare [im-prov-vi-sà-re] *v.tr.* Tenere un discorso, comporre dei versi o della musica senza essersi preparato in precedenza, ma seguendo l'ispirazione del momento: *il musicista si sedette al pianoforte e cominciò a improvvisare* ◊ Preparare, organizzare qualcosa sul momento: *improvvisare una cena, una festa* ♦ **improvvisarsi** *v.pr.* Mettersi a svolgere un'attività che non è la propria (spec. in circostanze particolari o per necessità improvvise): *improvvisarsi cuoco, elettricista.*

improvvisata [im-prov-vi-sà-ta] *s.f.* Visita inattesa e gradita Ⓢ sorpresa.

improvviso [im-prov-vì-so] *agg.* Che avviene o giunge d'un tratto e inaspettatamente Ⓢ brusco, imprevisto: *fece una frenata improvvisa; una fortuna improvvisa* | *All'improvviso, d'improvviso* = tutto d'un tratto, inaspettatamente: *è arrivato all'improvviso; d'improvviso si spense la luce.*

imprudente [im-pru-dèn-te] *agg.* Che manca di prudenza Ⓢ incauto, avventato: *è un guidatore imprudente; sei stato imprudente a lasciare i soldi in macchina.*

imprudenza [im-pru-dèn-za] *s.f.* Mancanza di prudenza: *la maggior parte degli incidenti sono causati da imprudenza* ◊ Atto incauto: *ha commesso un'imprudenza ad alzarsi con la febbre.*

impudente [im-pu-dèn-te] *agg.* Privo di pudore e di ritegno Ⓢ sfacciato, spudorato: *un ragazzo impudente; una risposta, una menzogna impudente.*

impudenza [im-pu-dèn-za] *s.f.* Sfacciataggine, sfrontatezza: *ha avuto l'impudenza di chiedermi altri soldi.*

impudico [im-pu-dì-co] *agg.* [pl.m. *–chi*] Che manca di senso del pudore o che lo offende: *una persona impudica*; *discorsi, gesti impudichi.*

impugnare [im-pu-gnà-re] *v.tr.* Afferrare, stringere in pugno: *impugnare una spada, una racchetta.*

impugnatura [im-pu-gna-tù-ra] *s.f.* **1** Modo di impugnare un attrezzo: *sbagli l'impugnatura della racchetta* **2** La parte di un oggetto che si stringe nella mano quando lo si adopera Ⓢ manico: *l'impugnatura del martello.*

impulsivo [im-pul-sì-vo] *agg.* Che agisce seguendo i propri impulsi naturali, che non li sa dominare: *è un uomo troppo impulsivo* ◊ Fatto d'impulso, senza riflettere Ⓢ istintivo: *il suo è stato un gesto impulsivo.*

impulso [im-pùl-so] *s.m.* **1** Spinta, stimolo a un maggiore sviluppo e progresso: *dare impulso al commercio, al turismo* **2** Spinta istintiva a compiere un'azione Ⓢ istinto, impeto: *sentì l'impulso di prenderlo a schiaffi*; *ha agito d'impulso*; *non sa controllare i suoi impulsi.*

impunemente [im-pu-ne-mén-te] *avv.* Senza subire alcuna punizione: *ha rubato impunemente per anni.*

impunità [im-pu-ni-tà] *s.f.* Esenzione dalla pena che si dovrebbe scontare per il reato commesso: *gli promisero l'impunità se denunciava i complici.*

impunito [im-pu-nì-to] *agg.* Non punito: *un delitto, un colpevole rimasto impunito.*

impuntarsi [im-pun-tàr-si] *v.pr.* Puntare i piedi a terra, rifiutandosi di proseguire: *il bambino si è impuntato davanti al negozio di giocattoli e non c'era verso di trascinarlo via* ◊ ♧ Ostinarsi caparbiamente in una cosa: *quando s'impunta non c'è niente da fare.*

impurità [im-pu-ri-tà] *s.f.* Elemento estraneo che rende impura una sostanza: *ho filtrato il liquido per eliminare le impurità.*

impuro [im-pù-ro] *agg.* **1** Non puro, mescolato con elementi estranei che ne alterano la purezza: *acqua impura* **2** ♧ Contrario alla purezza morale, alla castità: *non commettere atti impuri*; *pensieri, desideri impuri* **3** In grammatica, detto della lettera *s* quando è seguita da una consonante.

imputabile [im-pu-tà-bi-le] *agg.* Che si può imputare a qualcosa o a qualcuno: *l'incidente è imputabile alla nebbia o forse a una distrazione del conducente.*

imputare [im-pu-tà-re] *v.tr.* **1** Attribuire a una persona o a una cosa la responsabilità o la causa di un fatto: *l'incidente è da imputare al guidatore, alla nebbia, al caso* **2** Ritenere responsabile Ⓢ accusare, incolpare: *non puoi imputarmi di trascurare i miei doveri* ◊ Accusare di un reato: *è stato imputato di omicidio.*

imputato [im-pu-tà-to] *s.m.* Chi viene accusato di un reato in un processo penale: *l'imputato è stato assolto.*

imputridire [im-pu-tri-dì-re] *v.intr.* [*imputridìsco, imputridìsci*; aus. *essere*] Diventare putrido Ⓢ marcire, putrefarsi: *il pesce imputridisce in fretta.*

in *prep.* **1** Esprime diverse relazioni di luogo e di tempo ◊ Stato in luogo (anche ♧), talvolta con il significato di «dentro» e di «sopra»: *vivere in campagna*; *tenere la carne in frigorifero*; *avere il cappello in testa*; *essere in errore* ◊ Moto a luogo (anche ♧), talvolta con il significato di «dentro», «sopra» o «contro»: *andare in città*; *mettere nell'armadio*; *portare in tavola*; *inciampare in un ostacolo*; *finire in malora* ◊ Moto attraverso luogo (anche ♧): *passeggiare nel parco*; *molte idee gli passavano per la testa* ◊ Indica un tempo determinato: *è nato nel 1970*; *nel medioevo*; *in estate*; *in gioventù* ◊ Indica il limite temporale entro cui si svolge o si verifica qualcosa: *me la sbrigo in un'ora*; *arriverà in giornata* **2** Indica il modo, la maniera: *ascoltare in silenzio*; *vivere in miseria*; *disporsi in cerchio*; *pollo in umido*; *parole che terminano in –a* ◊ Indica la materia: *cancello in ferro*; *poltrona in pelle* ◊ Indica una quantità, una misura: *siamo in molti*; *dividere in quattro* ◊ Definisce i limiti di un'azione o di una condizione: *commercia in salumi*; *è bravo in matematica* ◊ Indica il mezzo: *viaggiare in treno* ◊ Indica il fine, lo scopo: *sono accorso in suo aiuto.*

La preposizione *in* unendosi agli articoli determinativi *il, lo, la, i, gli, le* forma le preposizioni articolate *nel, nello, nella, nei, negli, nelle.*

in–[1] [diventa *il–* davanti a *l*, *ir–* davanti a *r*, *im–* davanti a *m, p, b*; diventa talvolta *inn–* davanti a vocale e *i–* davanti a *s* seguita da consonante] Prefisso usato spec. per formare verbi derivati da aggettivi, da nomi o da altri verbi (*indebolire, inondare, infondere*); ha spesso il significato di «dentro» (*incarcerare, immettere*), mentre talora indica una trasformazione (*ingiallire, impallidire* = diventare giallo, pallido).

in–[2] [diventa *il–* davanti a *l*, *ir–* davanti a *r*, *im–* davanti a *m, p, b*] Prefisso che davanti ad aggettivi e nomi ne capovolge il significato (*infelice, illogico, irrealizzabile, infedeltà, impossibilità*).

inabile [i-nà-bi-le] *agg.* Non idoneo, non in grado di svolgere un compito: *è stato dichiarato inabile al servizio militare*; *l'incidente lo ha reso inabile al lavoro.*

inabissare [i-na-bis-sà-re] *v.tr.* Mandare a fondo ♦ **inabissarsi** *v.pr.* Andare a fondo: *la nave si inabissò in pochi minuti.*

inaccessibile [i-nac-ces-sì-bi-le] *agg.* Che non si può o è molto difficile raggiungere: *una vetta, una località inaccessibile* | ♧ *Prezzi inaccessibili* = troppo alti per i propri mezzi | ♧ *Una persona inaccessibile* = difficilmente avvicinabile.

inaccettabile [i-nac-cet-tà-bi-le] *agg.* Che non si può accettare: *la tua proposta è inaccettabile.*

inacidire [i-na-ci-dì-re] *v.tr.* [*inacidìsco, inacidìsci*] Rendere acido ♦ *v.intr.* [aus. *essere*] e **inacidirsi** *v.pr.* Diventare acido: *il latte (si) è inacidito* ◊ ♧ Diventare astioso, aspro, scostante: *con gli anni il suo carattere si è inacidito.*

inadatto [i-na-dàt-to] *agg.* Non adatto: *hai scelto il momento inadatto per parlargli* ◊ Che non ha l'attitudine, le capacità necessarie per qualcosa Ⓢ disadatto: *è inadatto al comando*; *è inadatto a quell'incarico.*

inadeguato [i-na-de-guà-to] *agg.* Insufficiente rispetto a quel che servirebbe o sarebbe giusto: *riceve uno stipendio inadeguato per il lavoro che fa.*

inafferrabile [i-naf-fer-rà-bi-le] *agg.* Che non si riesce a catturare: *un bandito inafferrabile.*

inaffidabile [i-naf-fi-dà-bi-le] *agg.* Di cui non ci si può fidare, perché non dà garanzie di serietà: *una persona inaffidabile.*

inagibile [i-na-gì-bi-le] *agg.* Detto di edificio, locale o impianto pubblico che, per cause varie, non è in condizione di poter essere usato: *quella scuola è inagibile da anni*; *la nevicata ha reso inagibile lo stadio.*

inalazione [i-na-la-zió-ne] *s.f.* **1** Inspirazione: *è svenuto in seguito all'inalazione di fumi tossici* **2** Terapia basata sull'introduzione nelle vie respiratorie di sostanze medicinali vaporizzate: *sta facendo delle inalazioni.*

inalberare [i-nal-be-rà-re] *v.tr.* Issare, innalzare una bandiera, un'insegna sull'albero di una nave o su qualunque altro luogo elevato ♦ **inalberarsi** *v.pr.* ♧ Arrabbiarsi, irritarsi, offendersi reagendo bruscamente: *alla minima critica si inalbera.*

inalienabile [i-na-lie-nà-bi-le] *agg.* Detto di un bene o di un diritto che non può essere ceduto ad altri, di cui non si può essere privati (anche ♧): *la libertà è un diritto inalienabile.*

inalterabile [i-nal-te-rà-bi-le] *agg.* Non soggetto ad alterazioni: *metalli, tessuti, colori inalterabili.*

inalterato [i-nal-te-rà-to] *agg.* Immutato, invariato: *i prezzi dei nostri prodotti sono rimasti inalterati dall'anno scorso.*

inamidare [i-na-mi-dà-re] *v.tr.* Bagnare con una soluzione d'amido un tessuto o un capo di biancheria, perché acquisti con la stiratura una certa rigidezza: *inamidare il collo della camicia.*

inamidato [i-na-mi-dà-to] *agg.* Trattato con l'amido per renderlo più rigido: *camicia con colletto inamidato.*

inammissibile [i-nam-mis-sì-bi-le] *agg.* Inaccettabile, intollerabile, ingiustificabile: *il suo contegno è inammissibile.*

inanimato [i-na-ni-mà-to] *agg.* **1** Privo di vita: *i minerali sono inanimati* **2** Che non dà più segni di vita (perché morto o svenuto) Ⓢ esanime: *il corpo giaceva a terra inanimato.*

inappagato [i-nap-pa-gà-to] *agg.* Non appagato Ⓢ insoddisfatto, deluso: *la sua curiosità è rimasta inappagata.*

inappellabile [i-nap-pel-là-bi-le] *agg.* Contro cui non si può ricorrere in appello: *sentenza inappellabile* ◊ Che non si può modificare Ⓢ definitivo: *una decisione inappellabile.*

inappetenza [i-nap-pe-tèn-za] *s.f.* Mancanza di appetito.

inappuntabile [i-nap-pun-tà-bi-le] *agg.* Privo di difetti Ⓢ perfetto.

inarcare [i-nar-cà-re] *v.tr.* [*inàrco, inàrchi*] Piegare, curvare a forma d'arco: *inarcare la schiena, le sopracciglia* ♦ **inarcarsi** *v.pr.* Piegarsi a forma di arco Ⓢ incurvarsi: *queste assi si sono inarcate per l'umidità.*

inaridire [i-na-ri-dì-re] *v.tr.* [*inaridìsco, inaridìsci*] Rendere arido (anche ♧): *la siccità ha inaridito i campi*; *il dolore ha inaridito il suo cuore* ♦ *v.intr.* [aus. *essere*] e **inaridirsi** *v.pr.* Diventare arido: *la sorgente (si) è inaridita.*

inarrestabile [i-nar-re-stà-bi-le] *agg.* Che non si può fermare: *l'inarrestabile scorrere del tempo*; *la crescita della popolazione mondiale sembra inarrestabile.*

inarticolato [i-nar-ti-co-là-to] *agg.* Non articolato in parole chiare e distinte: *dalla sua bocca uscivano suoni inarticolati.*

inaspettato [i-na-spet-tà-to] *agg.* Inatteso, imprevisto: *la sua è stata una visita inaspettata.*

inasprimento [i-na-spri-mén-to] *s.m.* Il rendere

o il diventare più aspro (spec. ♧): *è stato chiesto l'inasprimento delle pene per certi reati.*

inasprire [i-na-sprì-re] *v.tr.* [*inasprìsco, inasprìsci*] ♧ Rendere più duro, più aspro: *inasprire la disciplina, i contrasti* ♦ *v.intr.* [aus. *essere*] e **inasprirsi** *v.pr.* Diventare aspro: *questo vino (si) è inasprito* ◊ ♧ Diventare più aspro, più acuto, più intenso: *si inasprisce la crisi economica*; *il freddo si è inasprito.*

inattendibile [i-nat-ten-dì-bi-le] *agg.* A cui non si può credere, dare credito © attendibile: *una notizia inattendibile*; *un testimone inattendibile.*

inatteso [i-nat-té-so] *agg.* Inaspettato: *un ospite inatteso.*

inattitudine [i-nat-ti-tù-di-ne] *s.f.* Mancanza di attitudine per qualcosa: *inattitudine allo studio, a un lavoro.*

inattività [i-nat-ti-vi-tà] *s.f.* L'essere, lo stare inattivo: *la malattia lo ha costretto all'inattività.*

inattivo [i-nat-tì-vo] *agg.* Che non agisce, non svolge alcuna attività Ⓢ inoperoso: *sono restato inattivo tutto il giorno* | *Vulcano inattivo* = in stato di riposo.

inattuabile [i-nat-tu-à-bi-le] *agg.* Che non si può mettere in atto Ⓢ irrealizzabile: *un progetto inattuabile.*

inaudito [i-nau-dì-to] *agg.* Straordinario, incredibile, inconcepibile (detto spec. per sottolineare la gravità di un fatto, di un comportamento): *un delitto di inaudita ferocia* | *È inaudito!* = esclamazione di indignato stupore.

inaugurale [i-nau-gu-rà-le] *agg.* D'inaugurazione: *la cerimonia inaugurale di una mostra.*

inaugurare [i-nau-gu-rà-re] *v.tr.* **1** Dare inizio ufficialmente (e in genere con una cerimonia solenne) a un'attività, a una manifestazione, all'apertura al pubblico di un impianto, di un'opera: *inaugurare l'anno scolastico, una mostra, uno stadio, una nuova autostrada* **2** ♧ Iniziare: *una scoperta che ha inaugurato una nuova epoca.*

inaugurazione [i-nau-gu-ra-zió-ne] *s.f.* L'atto e la cerimonia con cui si inaugura qualcosa.

inavvertitamente [i-nav-ver-ti-ta-mén-te] *avv.* Senza accorgersene, senza volere: *mi ha inavvertitamente pestato un piede.*

inavvertito [i-nav-ver-tì-to] *agg.* Sfuggito all'attenzione, non notato: *sperava che la sua assenza restasse inavvertita.*

inazione [i-na-zió-ne] *s.f.* Inattività, inoperosità, inerzia.

incagliarsi [in-ca-gliàr-si] *v.pr.* Detto di imbarcazione, fermarsi per aver urtato il fondo Ⓢ arenarsi: *la nave si incagliò su una secca* ◊ ♧ Bloccarsi, non procedere a causa di qualche difficoltà: *le trattative si sono incagliate.*

incalcolabile [in-cal-co-là-bi-le] *agg.* Impossibile o difficile da calcolare (spec. in quanto enorme): *un danno incalcolabile.*

incallito [in-cal-lì-to] *agg.* Accanito, ostinato: *un bevitore, un fumatore, un giocatore incallito.*

incalzare [in-cal-zà-re] *v.tr.* Inseguire da vicino, senza dar tregua: *i soldati incalzavano il nemico in fuga* ♦ *v.intr.* ♧ Premere da vicino, urgere, incombere: *il tempo incalza*; *sbrigatevi, il pericolo incalza.*

incamminare [in-cam-mi-nà-re] *v.tr.* Avviare, indirizzare: *mi ha incamminato sulla giusta strada* ♦ **incamminarsi** *v.pr.* Mettersi in cammino Ⓢ avviarsi: *all'alba si incamminò verso casa.*

incanalare [in-ca-na-là-re] *v.tr.* **1** Convogliare acque in un canale, in canali: *incanalare le acque piovane* **2** ♧ Avviare, indirizzare in una direzione, lungo un percorso: *dopo l'incidente, il traffico è stato incanalato per strade secondarie.*

incancellabile [in-can-cel-là-bi-le] *agg.* Che non si può cancellare (anche ♧) Ⓢ indelebile, indimenticabile: *ha lasciato un ricordo incancellabile.*

incancrenire [in-can-cre-nì-re] *v.intr.* [*incancrenìsco, incancrenìsci*; aus. *essere*] Andare in cancrena: *la ferita è incancrenita.*

incandescente [in-can-de-scèn-te] *agg.* Che emette luce a causa della sua alta temperatura: *metallo incandescente*; *lava incandescente.*

incantare [in-can-tà-re] *v.tr.* **1** Sottomettere una persona alla propria volontà per mezzo di arti magiche Ⓢ stregare, ammaliare: *secondo la leggenda, le sirene incantavano i marinai con il loro canto* **2** ♧ Ammaliare, sedurre; lusingare, raggirare: *si è fatta incantare da quel dongiovanni*; *è inutile che cerchi di incantarmi con le tue chiacchiere* ◊ Affascinare, estasiare: *la sua bellezza ha incantato tutti*; *una musica che incanta* ♦ **incantarsi** *v.pr.* **1** Restare immobile in ammirazione, in estasi: *il bimbo si incantò davanti alla vetrina dei giocattoli* **2** Fermarsi, incepparsi (detto di meccanismi): *questo computer ogni tanto s'incanta.*

incantato [in-can-tà-to] *agg.* **1** Dotato di virtù magiche Ⓢ fatato: *anello incantato* | *Castello, giardino incantato* = sorto per incantesimo e in cui avvengono prodigi **2** Meraviglioso, incantevole: *un paesaggio incantato* **3** Ammirato, rapito, in estasi: *tutti rimasero incantati davanti a tanta bel-*

lezza ◊ Assorto, intontito, trasognato: *non restare lì incantato, dammi una mano!*

incantatore [in-can-ta-tó-re] *agg.* [f. *–trice*] Affascinante, seducente: *un sorriso incantatore* ♦ *s.m.* Chi esercita incantesimi | *Incantatore di serpenti* = chi, suonando il piffero, dà spettacoli con serpenti addomesticati.

incantesimo [in-can-té-si-mo] *s.m.* **1** Magia, sortilegio: *con un incantesimo la strega trasformò il principe in un ranocchio* **2** ♧ Fascino, bellezza suggestiva Ⓢ incanto: *l'incantesimo di una notte stellata.*

incantevole [in-can-té-vo-le] *agg.* Affascinante, meraviglioso, delizioso: *una ragazza incantevole*; *un panorama, un luogo, una vacanza incantevole.*

incanto [in-càn-to] *s.m.* **1** Magia, incantesimo | *Come per incanto* = d'improvviso, quasi per magia: *è comparso come per incanto* | *D'incanto* = meravigliosamente: *quel vestito ti sta d'incanto* **2** ♧ Forza di seduzione, fascino, bellezza suggestiva: *ha un sorriso pieno d'incanto*; *fu preso dall'incanto della musica*; *l'incanto di un cielo stellato* ◊ Persona o cosa incantevole, deliziosa: *una ragazza, una casa che è un incanto.*

incanutire [in-ca-nu-tì-re] *v.intr.* [*incanutìsco, incanutìsci*; aus. *essere*] Diventare canuto, bianco di capelli: *stai cominciando a incanutire.*

incapace [in-ca-pà-ce] *agg.* Che non è capace di fare qualcosa: *è incapace di pattinare*; *sai che sono incapace di mentire* ◊ Che è privo delle capacità necessarie per svolgere la propria attività Ⓢ inetto: *un medico incapace* ♦ *s.m.* Persona inetta: *non ti fidare di quegli incapaci.*

incapacità [in-ca-pa-ci-tà] *s.f.* Il non essere capace di fare una cosa: *è nota la sua incapacità di stare attento* ◊ Mancanza di capacità nel proprio lavoro Ⓢ inettitudine: *lo hanno licenziato per incapacità.*

incaponirsi [in-ca-po-nìr-si] *v.pr.* [*mi incaponìsco, ti incaponìsci*] Intestardirsi, ostinarsi irragionevolmente in qualcosa.

incappare [in-cap-pà-re] *v.intr.* [aus. *essere*] Cadere, capitare involontariamente, imbattersi (in cose, situazioni o persone dannose, pericolose o spiacevoli): *il pesce è incappato nella rete*; *i banditi incapparono in un blocco stradale*; *incappare in una difficoltà, in un seccatore.*

incappucciato [in-cap-puc-cià-to] *agg.* Che ha la testa coperta da un cappuccio: *lungo la strada incontrò dei monaci incappucciati.*

incapricciarsi [in-ca-pric-ciàr-si] *v.pr.* Farsi prendere da un capriccio per qualcosa o qualcuno Ⓢ invaghirsi: *si è incapricciata di quel vestito.*

incarcerare [in-car-ce-rà-re] *v.tr.* Chiudere, mettere in carcere qualcuno Ⓢ imprigionare.

incaricare [in-ca-ri-cà-re] *v.tr.* [*incàrico, incàrichi*] Dare un incarico a qualcuno: *mi hanno incaricato di rispondere al telefono* ♦ **incaricarsi** *v.pr.* Assumersi un compito, un incarico: *mi incarico io di ricevere i visitatori.*

incarico [in-cà-ri-co] *s.m.* [pl. *–chi*] Compito, mansione: *gli è stato affidato un incarico di responsabilità*; *ha svolto il suo incarico con grande abilità.*

incarnare [in-car-nà-re] *v.tr.* Rappresentare concretamente qualcosa di astratto: *Gandhi incarna l'idea della non violenza* ♦ **incarnarsi** *v.pr.* Assumere natura e corpo umano (detto di Gesù).

incarnato [in-car-nà-to] *s.m.* Il colore roseo della carnagione.

incartamento [in-car-ta-mén-to] *s.m.* L'insieme delle carte e dei documenti che riguardano una pratica, una questione.

incartare [in-car-tà-re] *v.tr.* Avvolgere nella carta.

incassare [in-cas-sà-re] *v.tr.* **1** Sistemare qualcosa in un'apposita cavità: *incassare un armadio nel muro* **2** Ricevere come pagamento Ⓢ riscuotere: *incassare una somma*; *incassare un assegno* ◊ Avere come introito: *un negozio che incassa duemila euro al giorno* **3** Nel pugilato, ricevere i colpi dell'avversario: *incassare un diretto* | *Incassare una rete* = subirla ◊ ♧ Sopportare senza reagire contrarietà, accuse, offese e simili: *lo coprivano d'insulti e lui incassava in silenzio* ♦ **incassarsi** *v.pr.* Procedere chiuso tra strette pareti rocciose: *in quel punto il torrente si incassa tra le rocce.*

incassato [in-cas-sà-to] *agg.* **1** Collocato in una apposita cavità del muro: *un armadio incassato* **2** Stretto da due pareti alte e scoscese: *una valle incassata tra i monti* **3** Infossato: *teneva la testa incassata tra le spalle.*

incasso [in-càs-so] *s.m.* **1** Somma che viene incassata Ⓢ introito, entrate: *quel negozio fa un buon incasso giornaliero*; *c'è stata una diminuzione degli incassi* **2** *Elettrodomestici, mobili da incasso* = predisposti per essere incassati in apposite cavità dei muri o dei mobili.

incastrare [in-ca-strà-re] *v.tr.* **1** Inserire a forza un oggetto in un altro in modo che vi resti solidamente fissato: *incastrare una trave nel muro* **2** ♧ Mettere qualcuno in una situazione sfavorevole e senza vie d'uscita, per cui è costretto a fare ciò che non vorrebbe: *voleva tirarsi indietro, ma sono* *riusciti a incastrarlo* ♦ **incastrarsi** *v.pr.* Inserirsi in qualcosa in modo da non poterne più uscire: *la chiave si è incastrata nella serratura* ◊ Unirsi a incastro: *i due pezzi si incastrano perfettamente.*

incastro [in-cà-stro] *s.m.* Tipo di collegamento tra due elementi in cui l'uno viene inserito in un apposito incavo dell'altro, in modo che restino strettamente uniti: *i pezzi del mio gioco di costruzioni si uniscono a incastro.*

incatenare [in-ca-te-nà-re] *v.tr.* Legare con catene, a una catena: *incatenare i prigionieri, il cane.*

incatramare [in-ca-tra-mà-re] *v.tr.* Spalmare, ricoprire di catrame: *ho incatramato la barca per renderla impermeabile.*

incattivire [in-cat-ti-vì-re] *v.tr.* [*incattivìsco, incattivìsci*] Rendere cattivo: *le umiliazioni lo incattiviscono* ♦ *v.intr.* [aus. *essere*] e **incattivirsi** *v.pr.* Diventare cattivo: *ultimamente (si) è incattivito.*

incauto [in-càu-to] *agg.* Imprudente, sconsiderato: *un guidatore incauto*; *sei stato incauto a fidarti di quel tipo.*

incavare [in-ca-và-re] *v.tr.* Rendere cavo; scavare un solco, un'infossatura in qualcosa: *incavare un tronco*; *la malattia gli ha incavato le guance.*

incavato [in-ca-và-to] *agg.* Cavo: *un tronco incavato* ◊ *Occhi incavati* = infossati | *Guance incavate* = smunte.

incavatura [in-ca-va-tù-ra] *s.f.* Cavità, parte incavata di qualcosa: *si acquattò in un'incavatura della roccia.*

incavo [in-cà-vo] *s.m.* Cavità, incavatura: *fare un incavo nel legno*; *l'incavo dell'ascella.*

incendiare [in-cen-dià-re] *v.tr.* Dare fuoco, distruggere col fuoco: *è stato scoperto mentre incendiava un bosco* ♦ **incendiarsi** *v.pr.* Prendere fuoco, andare a fuoco: *le case in legno si incendiano facilmente.*

incendiario [in-cen-dià-rio] *agg.* Che provoca incendi: *bombe incendiarie* ♦ *s.m.* Chi provoca volontariamente un incendio Ⓢ piromane.

incendio [in-cèn-dio] *s.m.* Fuoco grande e violento che distrugge ogni cosa: *è scoppiato un incendio*; *spegnere, domare un incendio.*

incenerire [in-ce-ne-rì-re] *v.tr.* [*incenerìsco, incenerìsci*] Ridurre in cenere, bruciare completamente: *incenerire i rifiuti*; *il fulmine ha incenerito l'albero* | ♧ *Incenerire qualcuno con un'occhiata* = intimidirlo, fulminarlo.

inceneritore [in-ce-ne-ri-tó-re] *s.m.* Impianto per incenerire i rifiuti solidi urbani.

incenso [in-cèn-so] *s.m.* Resina ricavata da alcune piante che, bruciata, emana un intenso aroma.

incensurato [in-cen-su-rà-to] *agg.* Detto di chi non ha mai ricevuto una condanna penale: *un cittadino incensurato.*

incentivare [in-cen-ti-và-re] *v.tr.* Stimolare, favorire con degli incentivi: *la comprensione del maestro l'ha incentivato a studiare*; *incentivare le vendite con degli sconti*; *il governo ha deciso di incentivare gli investimenti.*

incentivo [in-cen-tì-vo] *s.m.* Stimolo, spinta, incitamento; tutto ciò che costituisce uno stimolo, in partic. premio o agevolazione economica che ha la funzione di favorire un certo effetto: *la mancanza di lavoro è spesso un incentivo alla criminalità*; *gli sconti sono un incentivo alle vendite*; *il governo ha predisposto degli incentivi per le aziende che investono nel Sud.*

incentrare [in-cen-trà-re] *v.tr.* Basare, imperniare: *ha incentrato il suo intervento sul problema della casa.*

inceppare [in-cep-pà-re] *v.tr.* Impedire, limitare, ostacolare ♦ **incepparsi** *v.pr.* Bloccarsi, cessare di funzionare (detto di armi e meccanismi): *la pistola si è inceppata.*

incertezza [in-cer-téz-za] *s.f.* Dubbio: *mi trovo nell'incertezza su quale sia la scelta migliore* ◊ Esitazione, indecisione: *ha avuto un momento d'incertezza nel rispondere.*

incerto [in-cèr-to] *agg.* **1** Non certo, non sicuro Ⓢ dubbio: *una notizia incerta*; *l'esito della gara è ancora incerto* **2** Malsicuro, malfermo: *ha una scrittura incerta*; *camminava con passo incerto* | *Luce incerta* = debole, fioca **3** Dubbioso, indeciso, esitante: *sono incerto sul da farsi*; *mi è sembrato incerto nel rispondere* ◊ Privo di sicurezza o di sufficiente preparazione in qualcosa: *è ancora incerto nella guida*; *è un po' incerto in matematica* **4** Variabile, instabile: *il tempo si mantiene incerto* ♦ *s.m.* Ciò che non è certo, sicuro: *non devi lasciare il certo per l'incerto* ◊ (al *pl.*) Imprevisti, rischi: *gli incerti della vita, del mestiere.*

incespicare [in-ce-spi-cà-re] *v.intr.* [*incéspico, incéspichi*; aus. *avere*] Inciampare: *ha incespicato in un gradino ed è caduto.*

incessante [in-ces-sàn-te] *agg.* Che non cessa mai, che non ha sosta Ⓢ continuo, ininterrotto: *una pioggia incessante.*

incesto [in-cè-sto] *s.m.* Rapporto sessuale tra persone della stessa famiglia o tra parenti stretti.

incetta [in-cèt-ta] *s.f.* Acquisto di grandi quantità di una merce in modo da farla scarseggiare e speculare così sulla vendita: *fare incetta di farina, di olio.*

inchiesta [in-chiè-sta] *s.f.* **1** Ricerca di tutte le notizie e i dati utili a chiarire un fatto o una situazione Ⓢ indagine | *Inchiesta giudiziaria, di polizia* = che riguarda un reato e l'individuazione dei colpevoli **2** Articolo o serie di articoli (o di servizi radiotelevisivi) che riportano i risultati di indagini su un determinato argomento.

inchinare [in-chi-nà-re] *v.tr.* Piegare verso il basso Ⓢ chinare Ⓒ sollevare: *inchinò la fronte per la vergogna* ♦ **inchinarsi** *v.pr.* Piegarsi verso terra: *si inchinò per raccogliere una moneta* ◊ Fare un inchino in segno di reverenza: *inchinarsi davanti al sovrano, davanti all'altare.*

inchino [in-chì-no] *s.m.* Gesto di riverenza, di rispettoso saluto che si fa piegando il capo o il busto verso il basso Ⓢ riverenza: *salutò la signora facendo un inchino.*

inchiodare [in-chio-dà-re] *v.tr.* **1** Fissare con chiodi: *inchiodò il coperchio della cassa* **2** ♧ Bloccare, immobilizzare: *la malattia l'ha inchiodato a letto.*

inchiostro [in-chiò-stro] *s.m.* **1** Sostanza liquida usata per scrivere, disegnare o stampare: *inchiostro nero, blu, rosso* **2** Liquido nerastro che seppie, polpi e calamari schizzano per nascondersi e difendersi dagli assalitori.

inciampare [in-ciam-pà-re] *v.intr.* [aus. *essere* e *avere*] **1** Urtare con il piede in un ostacolo: *ha* (o *è*) *inciampato in un sasso* **2** ♧ Incappare: *è inciampato in una difficoltà.*

inciampo [in-ciàm-po] *s.m.* Impedimento, ostacolo, intralcio: *la tua presenza mi è più d'inciampo che d'aiuto.*

incidente [in-ci-dèn-te] *s.m.* **1** Avvenimento imprevisto che provoca danni più o meno gravi Ⓢ infortunio, disgrazia, sciagura: *ha avuto un incidente sul lavoro*; *è rimasto vittima di un incidente stradale* **2** Polemica, contrasto, scontro tra persone: *i litiganti si strinsero la mano e dichiararono chiuso l'incidente.*

incidenza [in-ci-dèn-za] *s.f.* Il peso, l'effetto che una data cosa ha su un'altra: *è molto forte l'incidenza del prezzo del petrolio sul costo della vita.*

incidere[1] [in-cì-de-re] *v.tr.* [coniugato come *decidere*] **1** Fare su qualcosa un taglio in profondità: *incidere la corteccia di un albero* ◊ Intagliare una superficie dura lasciandovi impresse lettere o figure: *incidere il legno, la pietra, il rame*; *ha inciso il suo nome sul banco* **2** Registrare suoni su dischi, nastri o altro in modo da poterli riprodurre: *incidere un disco, una canzone.*

incidere[2] [in-cì-de-re] *v.intr.* [pass.rem. *incìsi, incidésti*; part.pass. *incìso*; aus. *avere*] Pesare, influire: *quanto incide l'affitto della casa sulle vostre spese?*; *l'infortunio ha inciso sul rendimento dell'atleta.*

incinta [in-cìn-ta] *agg.f.* In stato di gravidanza: *è rimasta incinta*; *è incinta di due mesi.*

incipiente [in-ci-pièn-te] *agg.* Che è agli inizi, che comincia a manifestarsi: *ha un raffreddore incipiente*; *una calvizie incipiente.*

incirca [in-cìr-ca] *avv. All'incirca* = pressappoco, circa: *è arrivato all'incirca da un'ora.*

incisione [in-ci-sió-ne] *s.f.* **1** Taglio praticato su una superficie: *l'incisione della corteccia di un albero*; *incisione chirurgica* **2** L'arte di incidere figure e lettere su superfici dure; le figure e le lettere incise: *su quella montagna ci sono delle incisioni rupestri* ◊ Riproduzione a stampa di un disegno inciso su una superficie dura: *ho visto una mostra di incisioni di Rembrandt* **3** Registrazione di suoni su disco, nastro o altro supporto: *l'incisione di un concerto*; *sala d'incisione.*

incisivo [in-ci-sì-vo] *agg.* **1** *Denti incisivi* = gli otto denti anteriori piatti e taglienti che hanno la funzione di spezzare il cibo **2** ♧ Dotato di grande efficacia e vivezza espressiva Ⓢ efficace: *uno scrittore molto incisivo*; *con poche incisive parole ci ha descritto la situazione* ♦ *s.m.* Dente incisivo: *mi si è spezzato un incisivo.*

inciso [in-cì-so] *s.m.* Frase posta tra due virgole, lineette o parentesi | *Per inciso* = tra parentesi: *vi ricordo per inciso del vostro appuntamento.*

incitamento [in-ci-ta-mén-to] *s.m.* Esortazione: *mi ha aiutato il tuo incitamento a perseverare* ◊ Stimolo, sprone: *il tuo esempio mi è stato d'incitamento.*

incitare [in-ci-tà-re] *v.tr.* Spingere con esortazioni ad agire in un determinato modo Ⓢ esortare, spronare: *l'oratore incitava la folla alla ribellione*; *i tifosi battono le mani per incitare la propria squadra ad attaccare.*

inciucio [in-ciù-cio] *s.m.* Nel linguaggio giornalistico, accordo politico sottobanco tra forze politiche avversarie con scopi di spartizione del potere.

incivile [in-ci-vì-le] *agg.* **1** Che ha un basso livello di civiltà Ⓢ selvaggio, arretrato Ⓒ civile: *popoli, paesi incivili* **2** Maleducato, villano: *un comportamento incivile.*

inclassificabile [in-clas-si-fi-cà-bi-le] *agg.* Che

non può essere classificato, per mancanza o insufficienza di elementi di giudizio: *un alunno inclassificabile per le troppe assenze* | *Compito inclassificabile* = così scorretto da non meritare un voto.

inclemente [in-cle-mèn-te] *agg.* **1** Privo di clemenza Ⓢ severo, inflessibile: *il giudice è stato inclemente* **2** ♧ (detto di condizioni atmosferiche) Avverso, sfavorevole, rigido: *il tempo inclemente non invitava a uscire di casa.*

inclinare [in-cli-nà-re] *v.tr.* Piegare da un lato: *inclinò la damigiana per riempire il fiasco* ♦ **inclinarsi** *v.pr.* Piegarsi su un lato: *la nave si inclinò su un fianco.*

inclinazione [in-cli-na-zió-ne] *s.f.* **1** Pendenza: *l'inclinazione del tetto, di una strada* **2** ♧ Tendenza, disposizione naturale Ⓢ vocazione, attitudine: *ha inclinazione per la musica, allo studio* ◊ Simpatia, attrazione: *ha un'inclinazione per quella ragazza.*

incline [in-clì-ne] *agg.* Propenso, portato: *ha un carattere incline alla malinconia*; *è un tipo incline all'ottimismo.*

includere [in-clù-de-re] *v.tr.* [coniugato come *accludere*] **1** Mettere dentro Ⓢ inserire: *ha incluso una foto nella sua lettera* **2** Far entrare, comprendere in un gruppo, in una serie Ⓒ escludere: *ho incluso anche te nella lista dei partecipanti*; *nel conto non ho incluso il servizio.*

inclusione [in-clu-sió-ne] *s.f.* Inserimento.

incluso [in-clù-so] *agg.* **1** Inserito: *mi ha mandato una lettera con incluso un invito* **2** Compreso: *nel prezzo è incluso il servizio.*

incoerente [in-co-e-rèn-te] *agg.* **1** Privo di coesione, di compattezza: *la ghiaia è un materiale incoerente* **2** ♧ Privo di coerenza, di logica Ⓢ contraddittorio: *è una persona incoerente*; *un comportamento, un discorso incoerente.*

incoerenza [in-co-e-rèn-za] *s.f.* Mancanza di coerenza, di logica: *l'ho criticato per la sua incoerenza*; *l'incoerenza di un ragionamento* ◊ Affermazione incoerente Ⓢ contraddizione: *il tuo ragionamento è pieno di incoerenze.*

incognita [in-cò-gni-ta] *s.f.* **1** Grandezza non nota di un'equazione matematica (indicata in genere con i simboli *x*, *y* o *z*) **2** Cosa incerta, che non è facile prevedere come andrà a finire: *gli esami sono sempre un'incognita.*

incognito [in-cò-gni-to] *s.m.* Condizione di chi vuole tenere nascosta la propria identità: *il famoso attore voleva fare una vacanza tranquilla e solitaria e decise perciò di viaggiare in incognito.*

incollare [in-col-là-re] *v.tr.* Attaccare con la colla: *incollare due pezzi di legno*; *incollò il manifesto al muro* ♦ **incollarsi** *v.pr.* **1** Attaccarsi, appiccicarsi: *la camicia mi si è incollata addosso per il sudore* **2** ♧ Tenersi vicinissimo, stretto a qualcuno o seguirlo continuamente: *mi si incollò al petto singhiozzando*; *quando sono in casa il bambino si incolla dietro a me tutto il tempo.*

incollato [in-col-là-to] *agg.* Attaccato, appiccicato con la colla ◊ ♧ Che non si allontana, non si stacca mai da qualcosa: *sta tutto il giorno incollato al televisore.*

incollerirsi [in-col-le-rìr-si] *v.pr.* [*mi incollerìsco, ti incollerìsci*] Andare in collera Ⓢ arrabbiarsi, adirarsi.

incolmabile [in-col-mà-bi-le] *agg.* Che non si può colmare (spec. ♧): *la sua morte ha lasciato un vuoto incolmabile* ◊ Irrecuperabile: *il fuggitivo ha un distacco ormai incolmabile.*

incolonnare [in-co-lon-nà-re] *v.tr.* Mettere, disporre in colonna: *incolonnare le cifre, i soldati.*

incolore [in-co-ló-re] *agg.* **1** Privo di colore: *l'aria e l'acqua sono incolori* **2** ♧ Privo di vivacità, di originalità Ⓢ scialbo, banale, insignificante: *conduce una vita incolore*; *una persona incolore.*

incolpare [in-col-pà-re] *v.tr.* Accusare di una colpa; ritenere colpevole: *lo hanno incolpato del furto*; *non devi incolpare la sfortuna dei tuoi insuccessi* ♦ **incolparsi** *v.pr.* Accusare se stessi.

incolpevole [in-col-pé-vo-le] *agg.* Non colpevole Ⓢ innocente.

incolto [in-cól-to] *agg.* **1** Non coltivato: *campi, terreni incolti* **2** ♧ Non curato: *aveva la barba incolta* **3** ♧ Privo di istruzione, di cultura Ⓒ colto, istruito: *una persona incolta.*

incolume [in-cò-lu-me] *agg.* Sano e salvo, non danneggiato Ⓢ illeso, indenne: *è uscito incolume dall'incidente.*

incombente [in-com-bèn-te] *agg.* Che costituisce una minaccia imminente: *il paese è stato sgomberato per il pericolo incombente di una frana.*

incombenza [in-com-bèn-za] *s.f.* Incarico, compito: *gli hanno affidato un'incombenza delicata.*

incombere [in-cóm-be-re] *v.intr.* [non è usato nei tempi composti] Sovrastare minaccioso e imminente: *sulla zona incombeva il pericolo dell'alluvione.*

incominciare [in-co-min-cià-re] *v.tr.* e *v.intr.* [aus. *essere*] Cominciare.

incommensurabile [in-com-men-su-rà-bi-le] *agg.* Tanto grande da non poter essere misurato:

distanze incommensurabili ◊ ♧ Smisurato, immenso: *la libertà ha un valore incommensurabile.*

incomodare [in-co-mo-dà-re] *v.tr.* Disturbare, infastidire: *mi scusi, non volevo incomodarla per così poco* ♦ **incomodarsi** *v.pr.* Disturbarsi, scomodarsi (spec. in formule di cortesia): *non si incomodi ad accompagnarmi, conosco la strada.*

incomodo [in-cò-mo-do] *s.m.* Disagio, disturbo, fastidio: *un viaggio pieno d'incomodi*; *non si prenda l'incomodo di accompagnarmi.*

incomparabile [in-com-pa-rà-bi-le] *agg.* Che non ha paragone perché superiore a ogni confronto Ⓢ impareggiabile, straordinario: *un paesaggio di una bellezza incomparabile.*

incompatibile [in-com-pa-tì-bi-le] *agg.* Che non si concilia, che non può andare d'accordo con qualcos'altro: *l'imputato ha fatto spese incompatibili con il suo reddito*; *hanno due caratteri incompatibili* | *Cariche incompatibili* = che non possono essere ricoperte contemporaneamente dalla stessa persona (per es. la carica di giudice e quella di deputato).

incompetente [in-com-pe-tèn-te] *agg.* Non competente, ignorante in un determinato campo: *sono incompetente in materia (d'arte, di musica, d'economia, di calcio)* ◊ Che non conosce bene il proprio mestiere Ⓢ incapace, inetto: *sono finito tra le mani di un medico incompetente* ♦ *s.m.f.* Persona incompetente: *il mio è un giudizio da incompetente*; *il tuo meccanico si è dimostrato un incompetente.*

incompiuto [in-com-più-to] *agg.* Non terminato, non completato: *lasciare incompiuto un lavoro.*

incompleto [in-com-plè-to] *agg.* Non completo; privo di qualche parte: *questo elenco è incompleto*; *un racconto incompleto.*

incomprensibile [in-com-pren-sì-bi-le] *agg.* Impossibile o molto difficile da comprendere: *balbettava parole incomprensibili* ◊ Inspiegabile: *Luca si sta comportando in modo incomprensibile.*

incomprensione [in-com-pren-sió-ne] *s.f.* Mancanza di comprensione, difficoltà a comprendersi: *ha sofferto per l'incomprensione dei suoi colleghi*; *tra di noi c'è stata qualche incomprensione, ma ora è finita.*

incompreso [in-com-pré-so] *agg.* Non capito come vorrebbe: *si sente incompreso dai genitori* ◊ Non apprezzato come meriterebbe: *un artista, un genio incompreso.*

incomunicabilità [in-co-mu-ni-ca-bi-li-tà] *s.f.* Impossibilità di capirsi, di scambiare e condividere idee e sentimenti con altre persone (e in partic. con quelle con cui si vive): *tra genitori e figli c'è a volte incomunicabilità.*

inconcepibile [in-con-ce-pì-bi-le] *agg.* Incredibile, assurdo, inammissibile: *nella casa regnava un disordine inconcepibile*; *è inconcepibile che possano succedere cose del genere.*

inconciliabile [in-con-ci-lià-bi-le] *agg.* Che non è possibile conciliare, mettere d'accordo: *le mie e le tue esigenze sono inconciliabili.*

inconcludente [in-con-clu-dèn-te] *agg.* Che non porta a nessun risultato Ⓢ vano, inutile Ⓒ proficuo: *smettetela con questi discorsi inconcludenti!* | *Persona inconcludente* = che non riesce a concludere niente, che lascia tutte le cose a metà.

incondizionato [in-con-di-zio-nà-to] *agg.* Non soggetto ad alcuna limitazione Ⓢ totale, assoluto: *la mia proposta ha ricevuto un'approvazione incondizionata*; *ho una fiducia incondizionata nelle sue capacità.*

inconfessabile [in-con-fes-sà-bi-le] *agg.* Che non si può confessare, rivelare ad altri senza provare vergogna: *una colpa inconfessabile*; *ha agito per motivi inconfessabili.*

inconfondibile [in-con-fon-dì-bi-le] *agg.* Che non si può confondere con altri perché dotato di caratteristiche uniche: *ha una voce, una scrittura, un'andatura inconfondibile.*

inconfutabile [in-con-fu-tà-bi-le] *agg.* Che non può essere dimostrato falso o erroneo Ⓢ inoppugnabile: *ha portato prove inconfutabili*; *un ragionamento inconfutabile.*

incongruenza [in-con-gru-èn-za] *s.f.* Mancanza di coerenza logica: *l'incongruenza di un discorso* ◊ Contraddizione: *il suo racconto è pieno di incongruenze.*

inconsapevole [in-con-sa-pé-vo-le] *agg.* Non consapevole Ⓢ ignaro: *è inconsapevole del rischio a cui va incontro.*

inconscio [in-còn-scio] *agg.* Non avvertito e non controllato dalla coscienza Ⓢ non cosciente: *un atto, un impulso, un desiderio inconscio* ♦ *s.m.* La parte più profonda della psiche, nella quale nascono e si sviluppano pensieri, desideri, sentimenti di cui l'individuo non è cosciente ma che condizionano il suo comportamento.

inconsistente [in-con-si-stèn-te] *agg.* Privo di consistenza, di solidità materiale: *un velo inconsistente* ◊ ♧ Privo di fondamento, di validità: *accuse, prove inconsistenti.*

inconsueto [in-con-su-è-to] *agg.* Non consueto, diverso dal normale Ⓢ insolito: *fa un freddo inconsueto per questa stagione.*

inconsulto [in-con-sùl-to] *agg.* Dovuto a un impulso immediato e irrazionale e perciò sconsiderato, imprudente: *compiere un atto inconsulto.*

incontaminato [in-con-ta-mi-nà-to] *agg.* Non contaminato Ⓢ intatto, inalterato, integro: *sono ormai pochi nel mondo i posti in cui la natura è ancora incontaminata.*

incontenibile [in-con-te-nì-bi-le] *agg.* Che non può essere trattenuto, represso Ⓢ irrefrenabile: *la sua gioia era incontenibile.*

incontentabile [in-con-ten-tà-bi-le] *agg.* Che non si accontenta mai, che non è mai soddisfatto: *un bambino incontentabile* ◊ Molto esigente: *un cliente incontentabile.*

incontestabile [in-con-te-stà-bi-le] *agg.* Che non si può negare o mettere in dubbio: *una verità incontestabile; prove incontestabili.*

incontrare [in-con-trà-re] *v.tr.* **1** Trovare per caso qualcuno di fronte a sé, sulla propria strada: *l'ho incontrato in piazza* ◊ Imbattersi in qualcosa: *incontrare un ostacolo, una difficoltà; abbiamo incontrato cattivo tempo* ◊ ♧ Ottenere | *Un prodotto, una moda, uno spettacolo che incontra il favore del pubblico* = che piace, che ha successo **2** Avere un incontro con qualcuno: *devo incontrarlo domani* **3** Affrontare in un incontro sportivo: *domenica la nostra squadra incontrerà la capolista* ♦ **incontrarsi** *v.pr.* **1** Trovarsi, vedersi con qualcuno: *mi incontrerò con lui domani* **2** Imbattersi l'uno nell'altro: *ci siamo incontrati all'uscita del cinema* ◊ Fare reciproca conoscenza: *ci siamo incontrati alcuni anni fa durante un viaggio* ◊ Affrontarsi, scontrarsi: *le due squadre si incontreranno domani* ◊ Incrociarsi; confluire: *nel punto in cui le due strade s'incontrano c'è un'edicola* ◊ ♧ Trovarsi d'accordo, coincidere: *c'incontriamo quasi sempre nella scelta del film da vedere; i nostri gusti non s'incontrano.*

incontro[1] [in-cón-tro] *s.m.* **1** L'imbattersi in qualcuno, l'incontrarsi di due o più persone: *un incontro fortuito, spiacevole, fortunato* | *Fare un brutto incontro* = imbattersi in qualche malvivente o malintenzionato ◊ Giorno in cui delle persone fanno conoscenza: *oggi festeggiano l'anniversario del loro primo incontro* **2** Appuntamento, riunione, colloquio, convegno: *gli ho chiesto un incontro per discutere; domani ci sarà l'incontro tra i due capi di stato* **3** Gara, competizione sportiva: *l'incontro si è chiuso in parità* **4** *Punto d'incontro* = punto in cui due cose s'incontrano: *il punto d'incontro tra due strade;* ♧ punto di accordo: *cerchiamo di trovare un punto d'incontro.*

incontro[2] [in-cón-tro] *avv.* e *prep.* Verso, in direzione di (indica un movimento di avvicinamento, anche ♧): *mi corse incontro; si fece incontro agli ospiti per riceverli; andiamo incontro a gravi rischi, a brutte sorprese, alla bella stagione* | ♧ *Andare, venire incontro a qualcuno (alle sue esigenze, alle sue richieste* ecc.*)* = aiutarlo, favorirlo, soddisfarlo almeno in parte.

incontrollabile [in-con-trol-là-bi-le] *agg.* Che non si riesce a dominare: *ha avuto uno scatto incontrollabile di rabbia* ◊ Di cui non si può controllare la verità: *notizie incontrollabili.*

inconveniente [in-con-ve-nièn-te] *s.m.* Avvenimento o circostanza sfavorevole, spiacevole Ⓢ contrattempo, guaio, danno, disturbo, disagio: *speriamo che non ci capiti nessun inconveniente; se l'è cavata senza inconvenienti; è un bell'inconveniente doversi fare tutta la strada a piedi* ◊ Svantaggio, lato negativo: *entrambe le soluzioni presentano qualche inconveniente.*

incoraggiamento [in-co-rag-gia-mén-to] *s.m.* Incitamento, stimolo, aiuto morale: *gli disse parole d'incoraggiamento; il tuo esempio mi è stato d'incoraggiamento.*

incoraggiare [in-co-rag-già-re] *v.tr.* **1** Infondere coraggio, fiducia in qualcuno: *era molto giù e così ho cercato di incoraggiarlo un po'* ◊ Incitare, esortare: *l'ho incoraggiato a proseguire gli studi* **2** Favorire, stimolare: *incoraggiare un'iniziativa; spettacoli che incoraggiano la violenza.*

incornare [in-cor-nà-re] *v.tr.* Colpire, ferire con le corna: *il toro ha incornato il torero.*

incorniciare [in-cor-ni-cià-re] *v.tr.* **1** Mettere in cornice: *incorniciare un quadro* **2** ♧ Circondare come una cornice: *lunghi capelli le incorniciavano il volto.*

incoronare [in-co-ro-nà-re] *v.tr.* Porre la corona sul capo di qualcuno, investendolo con questo atto del titolo regale o imperiale: *Napoleone fu incoronato imperatore.*

incoronazione [in-co-ro-na-zió-ne] *s.f.* Cerimonia solenne nella quale una persona riceve la corona che gli conferisce un dato titolo: *l'incoronazione di un re, di un papa.*

incorporare [in-cor-po-rà-re] *v.tr.* **1** Mescolare più materiali in modo che formino un impasto omogeneo: *incorporare le uova con la farina* **2** ♧ Inserire, includere in un complesso più vasto Ⓢ inglobare: *il villaggio è stato incorporato nella città* **3** Assorbire: *la calce incorpora molta acqua.*

incorreggibile [in-cor-reg-gì-bi-le] *agg.* Che non si può eliminare o guarire: *ha un difetto fisico*

A B C D E F G H I J K L M N O P Q R S T U V W X Y Z

incorreggibile ◊ Detto di chi persiste in un difetto o in un vizio senza che si riesca in alcun modo a farglielo abbandonare: *anche oggi arrivi in ritardo, sei proprio incorreggibile!*; *un bugiardo, un bevitore incorreggibile.*

incorrere [in-cór-re-re] *v.intr.* [coniugato come *correre*; aus. *essere*] Andare incontro a qualcosa di spiacevole Ⓢ incappare: *attento a non incorrere in qualche pericolo!*; *incorrere in un errore, in una multa.*

incosciente [in-co-scièn-te] *agg.* **1** Temporaneamente privo di coscienza, di sensi: *è svenuto ed è rimasto incosciente per un po'* **2** Che agisce con leggerezza, senza pensare alle conseguenze delle proprie azioni Ⓢ irresponsabile: *un guidatore, un genitore incosciente* ♦ *s.m.f.* Persona irresponsabile: *sei un incosciente!*

incoscienza [in-co-scièn-za] *s.f.* **1** Perdita temporanea della coscienza, dei sensi: *è in stato d'incoscienza* **2** Mancanza di senso di responsabilità: *il tuo non è coraggio, ma incoscienza* ◊ Atto, comportamento da irresponsabili: *che incoscienza lasciare acceso un fuoco nel bosco!*

incostante [in-co-stàn-te] *agg.* Variabile, instabile: *il tempo resta incostante* ◊ Discontinuo: *il suo rendimento è incostante* ◊ Privo di costanza, di perseveranza: *è incostante nello studio* ◊ Volubile: *è di umore incostante.*

incostituzionale [in-co-sti-tu-zio-nà-le] *agg.* Contrario alla costituzione: *dichiarare incostituzionale una legge.*

incredibile [in-cre-dì-bi-le] *agg.* Impossibile o difficile da credere Ⓢ inverosimile, assurdo: *è successa una cosa incredibile* ◊ Grandissimo, enorme, straordinario: *c'era una quantità incredibile di gente*; *ha dimostrato una pazienza incredibile.*

incredulo [in-crè-du-lo] *agg.* Che tende a non credere; che dubita della verità di qualcosa Ⓢ scettico, diffidente: *sono incredulo per natura*; *mi ascoltava incredulo, con uno sguardo incredulo, con un sorriso incredulo.*

incrementare [in-cre-men-tà-re] *v.tr.* Far crescere Ⓢ aumentare, sviluppare Ⓒ diminuire: *la pubblicità serve a incrementare le vendite.*

incremento [in-cre-mén-to] *s.m.* Accrescimento, aumento, sviluppo: *incremento delle vendite, della popolazione.*

increscioso [in-cre-sció-so] *agg.* Spiacevole, fastidioso, sgradevole, imbarazzante: *mi hanno affidato un compito increscioso*; *si trova in una situazione incresciosa.*

increspare [in-cre-spà-re] *v.tr.* Rendere mosso da piccole onde: *il vento increspava le acque del lago* | *Increspare la fronte* = corrugarla.

incriminare [in-cri-mi-nà-re] *v.tr.* Accusare qualcuno di un reato Ⓢ imputare: *lo hanno incriminato per omicidio.*

incrinare [in-cri-nà-re] *v.tr.* **1** Provocare in un oggetto una crepa sottile ma profonda: *l'urto ha incrinato lo specchio* **2** ♧ Guastare, compromettere: *il suo comportamento ha incrinato la nostra amicizia.*

incrinatura [in-cri-na-tù-ra] *s.f.* Fenditura, crepa sottile: *c'è un'incrinatura nel vetro.*

incrociare [in-cro-cià-re] *v.tr.* **1** Mettere una cosa di traverso a un'altra Ⓢ accavallare: *incrociare due assi*; *si sedette incrociando le gambe* | ♧ *Incrociare le braccia* = scioperare **2** Attraversare, intersecare: *in quel punto la strada incrocia la ferrovia* ◊ Incontrare qualcuno o qualcosa proveniente dalla direzione opposta: *l'ho incrociato mentre andavo a scuola*; *per un attimo incrociai il suo sguardo* ♦ **incrociarsi** *v.pr.* Intersecarsi: *in quel punto le due strade si incrociano* ◊ Incontrarsi venendo da direzioni opposte (anche ♧): *ci siamo incrociati davanti al cinema*; *i due treni si sono incrociati in galleria*; *mentre passava i loro sguardi si incrociarono.*

incrociatore [in-cro-cia-tó-re] *s.m.* Nave da guerra veloce.

incrocio [in-cró-cio] *s.m.* **1** Punto in cui si incrociano due cose; in partic. punto d'intersezione di due strade Ⓢ crocevia: *all'incrocio c'è un semaforo*; *fermati all'incrocio* **2** Accoppiamento di due animali o di due piante di razze o specie differenti; l'individuo nato da tale accoppiamento Ⓢ ibrido: *questa rosa è nata da un incrocio*; *il mulo è un incrocio tra un asino e una cavalla.*

incrollabile [in-crol-là-bi-le] *agg.* Che nulla può far crollare (spec. ♧) Ⓢ saldissimo: *ho in lui una fiducia incrollabile*; *ha una volontà incrollabile.*

incrostare [in-cro-stà-re] *v.tr.* Ricoprire di uno strato di materiale che forma una specie di crosta: *il calcare ha incrostato le tubature* ♦ **incrostarsi** *v.pr.* Ricoprirsi di un deposito indurito che forma una crosta.

incrostazione [in-cro-sta-zió-ne] *s.f.* Deposito indurito simile a una crosta formatosi su una superficie: *la chiglia della nave era completamente ricoperta da incrostazioni saline.*

incruento [in-cru-èn-to] *agg.* Senza spargimento di sangue: *una battaglia, una vittoria incruenta.*

incubatrice [in-cu-ba-trì-ce] *s.f.* Apparecchio in cui vengono collocati i neonati prematuri o con particolari problemi; è costituito da un contenitore all'interno del quale vengono mantenute temperatura e umidità costanti.

incubazione [in-cu-ba-zió-ne] *s.f.* **1** Il periodo in cui l'embrione degli animali ovipari si sviluppa dentro l'uovo fino a diventare un individuo completo **2** Il periodo compreso tra l'ingresso nell'organismo dei germi di una malattia infettiva e il momento in cui si manifestano i primi sintomi di questa.

incubo [in-cu-bo] *s.m.* **1** Sogno angoscioso, spaventoso: *mi sono svegliato per un incubo* **2** ♧ Preoccupazione angosciosa, pensiero tormentoso: *ha l'incubo degli esami*; *l'incubo della guerra, della disoccupazione.*

incudine [in-cù-di-ne] *s.f.* Attrezzo da fabbro, costituito da un blocco di acciaio con due sporgenze laterali, sul quale viene appoggiato il pezzo di metallo riscaldato da lavorare con il martello | ♧ *Essere, trovarsi tra l'incudine e il martello* = trovarsi tra due situazioni o alternative egualmente pericolose o spiacevoli.

inculcare [in-cul-cà-re] *v.tr.* [*incùlco, incùlchi*] Imprimere profondamente nell'animo: *i genitori gli hanno inculcato l'onestà, il senso del dovere.*

incuneare [in-cu-ne-à-re] *v.tr.* Inserire, conficcare come un cuneo: *incuneò una leva sotto un masso per spostarlo* ♦ **incunearsi** *v.pr.* Penetrare profondamente in qualcosa: *la cavalleria si incuneò nello schieramento nemico.*

incurabile [in-cu-rà-bi-le] *agg.* Che non si può curare Ⓢ inguaribile: *un malato incurabile*; *una malattia incurabile.*

incurante [in-cu-ràn-te] *agg.* Che non si cura, non si preoccupa di qualcosa: *proseguì incurante del pericolo.*

incuria [in-cù-ria] *s.f.* Negligenza, trascuratezza: *un palazzo in rovina per l'incuria dei proprietari.*

incuriosire [in-cu-rio-sì-re] *v.tr.* [*incuriosìsco, incuriosìsci*] Destare la curiosità: *le sue parole mi incuriosirono* ♦ **incuriosirsi** *v.pr.* Diventare curioso, essere preso da curiosità.

incursione [in-cur-sió-ne] *s.f.* Rapido attacco armato in territorio nemico: *le incursioni dei pirati sulle coste*; *la città fu bombardata in una serie di incursioni aeree.*

incurvare [in-cur-và-re] *v.tr.* Piegare ad arco, rendere curvo: *il peso dei libri ha incurvato i ripiani della libreria* ♦ **incurvarsi** *v.pr.* Piegarsi ad arco, diventare curvo: *l'asse si incurvò sotto il peso*; *gli si incurvano le spalle per la vecchiaia.*

incustodito [in-cu-sto-dì-to] *agg.* Non custodito, non sorvegliato: *lasciò la macchina in un parcheggio incustodito.*

incutere [in-cù-te-re] *v.tr.* [coniugato come *discutere*] Suscitare, infondere un determinato sentimento: *incutere paura, rispetto*; *è una persona che mi incute soggezione.*

indaco [in-da-co] *s.m.* [pl. *–chi*] Colore tra l'azzurro e il violetto; è uno dei sette colori dell'iride.

indaffarato [in-daf-fa-rà-to] *agg.* Che ha molto da fare in generale o che è tutto preso in un'occupazione Ⓢ affaccendato: *è una persona sempre indaffarata*; *era indaffarato a preparare i bagagli per la partenza.*

indagare [in-da-gà-re] *v.intr.* [*indàgo, indàghi*; aus. *avere*] Svolgere delle indagini per scoprire la verità su qualcosa Ⓢ investigare: *la polizia sta indagando sul delitto, sulle cause dell'incidente.*

indagine [in-dà-gi-ne] *s.f.* Ricerca sistematica e approfondita per conoscere o scoprire qualcosa: *indagini storiche, scientifiche, statistiche*; *il magistrato sta conducendo le indagini sui casi di corruzione.*

indebitare [in-de-bi-tà-re] *v.tr.* Caricare di debiti ♦ **indebitarsi** *v.pr.* Fare un debito, coprirsi di debiti: *si è indebitato per comprare la casa*; *si è indebitato fino al collo.*

indebito [in-dé-bi-to] *agg.* Illecito, illegittimo, abusivo Ⓒ lecito, giustificato.

indebolire [in-de-bo-lì-re] *v.tr.* [*indebolìsco, indebolìsci*] Rendere debole, fiacco Ⓢ fiaccare, debilitare Ⓒ rinvigorire: *la malattia lo ha indebolito* ♦ **indebolirsi** *v.pr.* Diventare debole, più debole: *negli ultimi tempi mi si è indebolita la vista*; *la sua autorità si sta indebolendo.*

indecente [in-de-cèn-te] *agg.* Che offende il pudore, la morale Ⓢ sconveniente, immorale: *un vestito indecente*; *un contegno indecente* ◊ Tanto sporco e trasandato da fare vergogna: *una tovaglia, una casa indecente.*

indecenza [in-de-cèn-za] *s.f.* Cosa vergognosa, intollerabile: *è un'indecenza che si trattino in questo modo gli ammalati!*

indecifrabile [in-de-ci-frà-bi-le] *agg.* Che non si riesce a decifrare: *un messaggio, una scrittura indecifrabile.*

indecisione [in-de-ci-sió-ne] *s.f.* Mancanza di decisione Ⓢ incertezza, titubanza: *non conclude niente per la sua indecisione*; *ha avuto un attimo d'indecisione prima di rispondere.*

A B C D E F G H I J K L M N O P Q R S T U V W X Y Z

indeciso [in-de-cì-so] *agg.* **1** Che non sa decidere, che esita a fare una scelta Ⓢ incerto, titubante, perplesso: *è un uomo sempre indeciso*; *era indeciso sul da farsi* ◊ Che rivela incertezza, insicurezza: *ha risposto in modo indeciso a tutte le domande* **2** Non ben definito: *una figura dai contorni indecisi.*

indecoroso [in-de-co-ró-so] *agg.* Contrario al decoro, offensivo della dignità: *ha tenuto una condotta indecorosa*; *c'è gente costretta a vivere in condizioni indecorose.*

indefinibile [in-de-fi-nì-bi-le] *agg.* Che non si può definire, descrivere con precisione: *un uomo di età indefinibile*; *un sorriso, un sentimento, un sapore indefinibile.*

indefinito [in-de-fi-nì-to] *agg.* **1** Non definito, non determinato con precisione: *un numero indefinito di persone*; *rinviare qualcosa a tempo indefinito* ◊ Vago, indefinibile: *fu preso da una tristezza indefinita* **2** Non risolto: *una questione che è rimasta indefinita* **3** *Aggettivi, pronomi indefiniti* = quelli che indicano in modo generico persone o cose (per es. aggettivi come *qualche, qualunque, altro* o pronomi come *qualcuno, qualcosa, chiunque*) | *Modi indefiniti del verbo* = l'infinito, il participio e il gerundio.

indeformabile [in-de-for-mà-bi-le] *agg.* Che non si deforma: *un materiale indeformabile.*

indegno [in-dé-gno] *agg.* **1** Non meritevole, non degno di qualcosa o di qualcuno: *è indegno della nostra stima, del posto che occupa*; *quell'uomo è indegno di te* ◊ Spregevole, abietto: *che essere indegno!* **2** Che non si addice a qualcuno, che è motivo di vergogna: *è un'azione indegna di te*; *un ospedale indegno di un popolo civile* ◊ Vergognoso, ignobile: *è vittima di indegne calunnie*; *si è comportato in modo indegno.*

indelebile [in-de-lè-bi-le] *agg.* Che non si può cancellare: *questa macchia d'inchiostro è indelebile* ◊ ♧ Indimenticabile: *un ricordo indelebile.*

indelicato [in-de-li-cà-to] *agg.* Privo di discrezione, di sensibilità, di tatto: *sei stato indelicato a insistere in quel modo*; *la sua è stata una domanda indelicata.*

indemoniato [in-de-mo-nià-to] *agg.* e *s.m.* **1** Che, chi è posseduto dal demonio **2** ♧ Che, chi è pazzo di furore, fuor di sé dalla rabbia: *urlava come un indemoniato* ◊ Troppo vivace, scalmanato: *un ragazzino indemoniato.*

indenne [in-dèn-ne] *agg.* **1** Senza danno Ⓢ illeso, incolume: *è uscito indenne dall'incidente* **2** Immune da malattie: *allevamenti indenni da tubercolosi bovina.*

indennizzare [in-den-niz-zà-re] *v.tr.* Risarcire con denaro dei danni sofferti o dei sacrifici sostenuti: *la vittima dell'incidente è stata indennizzata.*

indennizzo [in-den-nìz-zo] *s.m.* Somma di denaro pagata per risarcire qualcuno di un danno subito Ⓢ risarcimento: *ha chiesto un indennizzo per i danni dell'incidente all'agenzia di assicurazioni.*

inderogabile [in-de-ro-gà-bi-le] *agg.* A cui non ci si può sottrarre, che va assolutamente rispettato: *è assente per impegni inderogabili*; *le domande vanno presentate entro il termine inderogabile del 31 dicembre.*

indescrivibile [in-de-scri-vì-bi-le] *agg.* Tanto grande o straordinario che non si riesce a descriverlo: *c'era un disordine, un frastuono indescrivibile*; *provò una gioia indescrivibile.*

indesiderabile [in-de-si-de-rà-bi-le] *agg.* Non gradito; in partic. detto di persona, spec. straniera, la cui presenza non è gradita in un luogo per motivi penali o politici.

indeterminativo [in-de-ter-mi-na-tì-vo] *agg.* *Articolo indeterminativo* = quello che lascia indeterminato il nome a cui è preposto; ha le forme *un, un', uno, una.*

indeterminato [in-de-ter-mi-nà-to] *agg.* Non determinato esattamente, non precisato: *un numero indeterminato di persone*; *il locale resta chiuso a tempo indeterminato* ◊ Vago, generico: *i tuoi progetti sono troppo indeterminati.*

indiano [in-dià-no] *agg.* **1** Dell'India: *un fachiro indiano* **2** Degli indigeni dell'America settentrionale: *tribù indiane* | *Camminare in fila indiana* = l'uno dietro l'altro ♦ *s.m.* **1** Nativo, abitante dell'India **2** Indigeno dell'America settentrionale Ⓢ pellerossa | ♧ *Fare l'indiano* = fare finta di non capire, di non sapere.

indiavolato [in-dia-vo-là-to] *agg.* **1** Infuriato, furente: *perché sei così indiavolato?* ◊ Molto vivace e agitato: *un bambino indiavolato* ◊ Molto rapido, frenetico: *un ritmo, un ballo indiavolato* **2** Insopportabile, terribile Ⓢ infernale: *quei ragazzi stanno facendo un chiasso indiavolato.*

indicare [in-di-cà-re] *v.tr.* [*ìndico, ìndichi*] **1** Mostrare puntando il dito o con un cenno o con parole: *mi indicò la persona che cercavo*; *mi può indicare l'uscita?* ◊ Segnare, segnalare: *l'orologio indica le sette*; *quel cartello indica divieto di sosta* **2** Consigliare, suggerire, prescrivere: *puoi indicarmi un buon ristorante?*; *che cura ti ha indicato il medico?* **3** Rivelare, denotare: *le sue parole indicano che non si rende conto della situazione* ◊ Esprimere un dato concetto (detto di vocaboli): *«andare», «correre», «salire» sono verbi che indicano movimento.*

indicativo [in-di-ca-tì-vo] *agg.* **1** Che dà un'idea chiara di qualcosa Ⓢ rivelatore, significativo: *un episodio indicativo del clima attuale*; *è indicativo che nessuno gli abbia risposto* **2** Di massima, approssimativo: *non so il costo esatto, posso darti solo una cifra indicativa* ♦ *agg.* e *s.m.* Detto di modo del verbo che esprime un'azione reale o pensata come tale.

indicato [in-di-cà-to] *agg.* Adatto, appropriato: *non è la persona indicata per quell'incarico.*

indicatore [in-di-ca-tó-re] *agg.* [f. *–trice*] Che indica, dà un indicazione: *cartello indicatore* ♦ *s.m.* Oggetto, strumento, dispositivo che fornisce un'indicazione di qualche tipo: *indicatore stradale, di direzione, di livello del carburante.*

indicazione [in-di-ca-zió-ne] *s.f.* Informazione, segnalazione: *chiese a un passante un'indicazione sul posto che cercava*; *al bivio non c'erano indicazioni* ◊ Prescrizione, istruzione: *ho seguito scrupolosamente le indicazioni del medico.*

indice [in-di-ce] *s.m.* **1** Secondo dito della mano, tra il pollice e il medio | ♧ *Puntare l'indice contro qualcuno* = accusarlo **2** Lancetta che, spostandosi sul quadrante di uno strumento di misura, indica il valore raggiunto dalla grandezza misurata: *indice di velocità, di temperatura* **3** Elenco dei capitoli in cui è diviso un libro o dei brani, delle illustrazioni ecc. che vi sono contenuti, con l'indicazione della pagina in cui si trovano **4** Misura statistica dell'andamento di un fenomeno: *indice della mortalità, del costo della vita*; *l'indice di ascolto di un programma televisivo* **5** ♧ Segno, indizio: *il suo gesto è un indice di debolezza.*

indicibile [in-di-cì-bi-le] *agg.* Tanto grande che le parole non lo possono esprimere in modo adeguato: *nel rivederlo provò una gioia indicibile*; *nella casa c'era un disordine indicibile.*

indietreggiare [in-die-treg-già-re] *v.intr.* [aus. *essere* o *avere*] Andare indietro, tirarsi indietro Ⓢ retrocedere, arretrare, ritirarsi Ⓒ avanzare: *i soldati indietreggiarono davanti al nemico*; *è uno che non indietreggia davanti alle difficoltà.*

indietro [in-diè-tro] *avv.* Nella direzione di ciò che sta alle spalle Ⓒ avanti: *fece un passo indietro*; *andare, tornare, voltarsi indietro* | ♧ *Tirarsi indietro* = sottrarsi a un impegno, a una responsabilità | *Chiedere, volere indietro una cosa* = chiederne, esigerne la restituzione | *Dare indietro una cosa* = restituirla ◊ In posizione arretrata: *Luigi è rimasto indietro* | *L'orologio è indietro* = ritarda | ♧ *Essere indietro col lavoro, nello studio* = essere in ritardo rispetto agli obiettivi.

indifeso [in-di-fé-so] *agg.* Privo di difesa: *la guarnigione partì e la città restò indifesa* ◊ Che non è in grado di difendersi: *un bambino, un vecchio, un animale indifeso.*

indifferente [in-dif-fe-rèn-te] *agg.* **1** Che non prova o non mostra interesse o partecipazione emotiva Ⓢ insensibile, freddo: *è indifferente alla musica*; *la notizia mi lascia indifferente*; *gli diede uno sguardo indifferente* **2** Che non suscita particolare interesse o simpatia: *quella ragazza mi è indifferente* | *Non indifferente* = notevole, rilevante: *una spesa non indifferente* ◊ Uguale, identico (detto di cose in alternativa): *partire o restare, oggi o domani, per me è indifferente.*

indifferenza [in-dif-fe-rèn-za] *s.f.* Mancanza di interesse, di simpatia; atteggiamento freddo e distaccato Ⓢ noncuranza Ⓒ interesse: *lo ascoltava con indifferenza*; *ostentare indifferenza.*

indigeno [in-dì-ge-no] *agg.* e *s.m.* Che, chi è nativo, originario del luogo (contrapposto a *forestiero* e riferito in partic. ai popoli dei territori extraeuropei): *la popolazione indigena di Pavia*; *i conquistatori ridussero in schiavitù gli indigeni.*

indigente [in-di-gèn-te] *agg.* e *s.m.f.* Povero, bisognoso: *una famiglia indigente.*

indigenza [in-di-gèn-za] *s.f.* Estrema povertà, mancanza del necessario per vivere.

indigestione [in-di-ge-stió-ne] *s.f.* Arresto del processo di digestione, con disturbi vari (nausea, vomito), dovuto per lo più a eccesso di cibo ◊ Scorpacciata: *mi son fatto un'indigestione di dolci* | ♧ *Fare un'indigestione di film, di libri* = vederne, leggerne molti, troppi in poco tempo.

indigesto [in-di-gè-sto] *agg.* Difficile da digerire: *l'uovo mi è indigesto* ◊ ♧ Pesante, noioso, insopportabile: *un film, un individuo indigesto.*

indignare [in-di-gnà-re] *v.tr.* Suscitare indignazione, riempire di sdegno ♦ **indignarsi** *v.pr.* Provare indignazione: *ci siamo indignati di fronte a una simile ingiustizia.*

indignazione [in-di-gna-zió-ne] *s.f.* Profondo sdegno, vivo risentimento: *quel crimine ha destato l'indignazione generale.*

indimenticabile [in-di-men-ti-cà-bi-le] *agg.* Che non si può dimenticare perché ha lasciato un ricordo molto vivo o molto gradito: *una serata indimenticabile*; *un incontro indimenticabile.*

indio [in-dio] *s.m.* [pl. *indios*] Indigeno del Messico e dell'America centro-meridionale.

indipendente [in-di-pen-dèn-te] *agg.* **1** Che non dipende da altri Ⓢ autonomo: *lavorando si è reso indipendente dalla famiglia* ◊ Non soggetto a un dominio o a un condizionamento esterno: *un paese, un giornale indipendente* **2** Che non è determinato da un'altra cosa: *sono arrivato in ritardo per motivi indipendenti dalla mia volontà.*

indipendentemente [in-di-pen-den-te-mén-te] *avv.* **1** In modo indipendente Ⓢ autonomamente: *ha agito indipendentemente da noi* **2** A prescindere: *abbiamo giocato bene, indipendentemente dal risultato.*

indipendenza [in-di-pen-dèn-za] *s.f.* Libertà, autonomia: *è geloso della sua indipendenza*; *mostra molta indipendenza di giudizio* ◊ Libertà di un paese dal dominio straniero: *l'India conquistò l'indipendenza dall'Inghilterra nel 1947.*

indire [in-dì-re] *v.tr.* [coniugato come *dire*] Annunciare e ordinare ufficialmente lo svolgimento di qualcosa: *indire le elezioni* ◊ Proclamare: *i sindacati hanno indetto uno sciopero.*

indiretto [in-di-rèt-to] *agg.* Non diretto; che agisce, che raggiunge il suo scopo non direttamente: *l'ho saputo per via indiretta*; *cause, minacce indirette* | *Imposte indirette* = quelle che non colpiscono direttamente il reddito del contribuente ma i suoi consumi (per es. l'Iva) | *Discorso indiretto*, vedi *discorso*.

indirizzare [in-di-riz-zà-re] *v.tr.* **1** Dirigere, avviare, guidare in una determinata direzione (anche ♧): *indirizzò i suoi passi verso casa*; *indirizzare un giovane allo studio, al bene* ◊ Indicare, consigliare a qualcuno la persona o il posto a cui rivolgersi per risolvere le sue esigenze: *indirizzare un amico dal proprio medico, in un negozio ben fornito* ◊ Rivolgere: *non mi ha indirizzato una parola per tutta la sera* **2** Spedire a un dato indirizzo: *a chi hai indirizzato la lettera?* ♦ **indirizzarsi** *v.pr.* Rivolgersi: *si è indirizzato a me per un consiglio.*

indirizzo [in-di-rìz-zo] *s.m.* **1** L'insieme delle indicazioni necessarie per trovare una persona, una ditta ecc. o per far recapitare corrispondenza, pacchi ecc.: *l'indirizzo sulla busta non è completo* | ♧ *All'indirizzo di* = contro, verso: *il pubblico lanciava fischi all'indirizzo dell'arbitro* **2** Discorso, messaggio: *il sindaco ha rivolto un indirizzo di saluto agli ospiti stranieri* **3** Orientamento, direzione, tendenza: *le elezioni hanno mutato l'indirizzo politico del paese*; *scegliere una scuola a indirizzo tecnico, scientifico, letterario.*

indisciplina [in-di-sci-plì-na] *s.f.* Mancanza di disciplina.

indisciplinato [in-di-sci-pli-nà-to] *agg.* Che non rispetta la disciplina, le regole: *uno scolaro indisciplinato*; *un automobilista indisciplinato* ◊ Disordinato, caotico: *nelle ore di punta il traffico diventa indisciplinato.*

indiscreto [in-di-scré-to] *agg.* Privo di discrezione, di riguardo, di tatto Ⓢ invadente, sfacciato, importuno, indelicato: *sei stato indiscreto a voler sapere i suoi affari personali*; *evita di fare domande indiscrete.*

indiscrezione [in-di-scre-zió-ne] *s.f.* **1** Mancanza di discrezione Ⓢ indelicatezza, invadenza ◊ Atto, comportamento indiscreto **2** Rivelazione di notizie riservate; voce non ufficiale: *secondo indiscrezioni raccolte negli ambienti politici, il ministro starebbe per dimettersi.*

indiscriminato [in-di-scri-mi-nà-to] *agg.* Che non fa distinzioni di nessun tipo: *non tutti hanno sbagliato, non puoi fare accuse indiscriminate!*; *abbiamo dato un aiuto indiscriminato a tutti quelli che ne avevano bisogno.*

indiscusso [in-di-scùs-so] *agg.* Accettato, riconosciuto da tutti: *è il leader indiscusso del partito.*

indiscutibile [in-di-scu-tì-bi-le] *agg.* Che non può essere messo in dubbio perché assolutamente certo, sicuro: *le sue capacità sono indiscutibili.*

indispensabile [in-di-spen-sà-bi-le] *agg.* Di cui non si può fare a meno; assolutamente necessario: *si ritiene indispensabile*; *la tua presenza è indispensabile* ♦ *s.m.* Ciò che è assolutamente necessario: *non hanno neppure l'indispensabile per vivere*; *portati dietro solo l'indispensabile.*

indispettire [in-di-spet-tì-re] *v.tr.* [*indispettìsco, indispettìsci*] Riempire di dispetto, di stizza Ⓢ irritare: *il tuo rifiuto lo ha indispettito* ♦ **indispettirsi** *v.pr.* Stizzirsi, irritarsi: *si è indispettito per le tue critiche.*

indisponente [in-di-spo-nèn-te] *agg.* Irritante: *ha un contegno indisponente.*

indisporre [in-di-spór-re] *v.tr.* [coniugato come *porre*] Rendere gli altri mal disposti nei propri confronti Ⓢ irritare: *ha un modo di fare che indispone chiunque.*

indisposizione [in-di-spo-si-zió-ne] *s.f.* Lieve malessere, malattia non grave: *è stato assente per un'indisposizione.*

indisposto [in-di-spó-sto] *agg.* Colpito da indisposizione, leggermente malato: *oggi è assente da scuola perché indisposto.*

indissolubile [in-dis-so-lù-bi-le] *agg.* Che non si può sciogliere (spec. ♧): *il nostro è un legame indissolubile.*

indistinto [in-di-stìn-to] *agg.* Non distinto, non chiaro Ⓢ vago, confuso: *vide in lontananza una immagine indistinta; percepì un suono indistinto.*

indistruttibile [in-di-strut-tì-bi-le] *agg.* Che non può essere distrutto (anche ♧): *la loro amicizia è indistruttibile* ◊ Molto solido e resistente: *un motore, un tessuto indistruttibile.*

indisturbato [in-di-stur-bà-to] *agg.* Che non subisce alcun disturbo, fastidio o intralcio: *qui posso lavorare indisturbato; il ladro si allontanò indisturbato.*

individuale [in-di-vi-du-à-le] *agg.* **1** Dell'individuo, di ciascuna persona: *la legge garantisce la libertà individuale* **2** Che si riferisce a una particolare persona Ⓢ personale: *ognuno ha le sue caratteristiche individuali; la tua è solo un'opinione individuale* | *Gara, torneo individuale* = non a squadre, tra concorrenti singoli.

individualismo [in-di-vi-dua-lì-smo] *s.m.* Tendenza ad agire prescindendo dagli altri e seguendo solo i propri impulsi individuali.

individualista [in-di-vi-dua-lì-sta] *s.m.f.* [pl.m. *-sti*] Persona che tende ad agire prescindendo dagli altri e seguendo solo i propri impulsi individuali: *è un individualista, non sa lavorare in gruppo* ◊ Chi mette i propri interessi personali al di sopra di quelli degli altri Ⓢ egoista.

individualmente [in-di-vi-dual-mén-te] *avv.* Singolarmente, uno per uno.

individuare [in-di-vi-du-à-re] *v.tr.* Determinare, stabilire con precisione Ⓢ scoprire, riconoscere, identificare: *il meccanico ha individuato il guasto; non riuscivo a individuarti tra la folla; la polizia ha individuato i colpevoli.*

individuo [in-di-vì-duo] *s.m.* **1** Persona in quanto singolo elemento della collettività: *gli interessi dell'individuo sono talvolta in contrasto con quelli della società* ◊ Persona sconosciuta o che non si vuole nominare (spec. in senso spregiativo) Ⓢ tipo, tizio: *c'è un individuo che ti cerca; non voglio aver niente a che fare con quell'individuo; un losco individuo* **2** Ogni singolo organismo animale e vegetale, in quanto autonomo e distinto da tutti gli altri della stessa specie.

indivisibile [in-di-vi-sì-bi-le] *agg.* **1** Non divisibile in parti più piccole: *l'atomo deriva il suo nome dal fatto che anticamente lo si riteneva indivisibile* ◊ Detto di numero che non si può dividere esattamente per un altro: *cinque è indivisibile per due* **2** Inseparabile: *due amici indivisibili.*

indiziato [in-di-zià-to] *agg.* e *s.m.* Detto di persona contro cui ci sono indizi che fanno sospettare la sua colpevolezza in un crimine: *in base alle prime indagini il marito è il maggior indiziato per l'omicidio della moglie.*

indizio [in-dì-zio] *s.m.* Fatto che segnala indirettamente qualcosa Ⓢ indice, segno, sintomo: *l'appetito è indizio di salute; questo profumo è un indizio del suo passaggio; l'oscurarsi del cielo è un indizio di temporale* ◊ Nei processi, fatto o circostanza che sembra suggerire la colpevolezza di una persona (ma di per sé non è sufficiente a provarla): *il rifiuto di fornire un alibi costituisce un grave indizio a suo carico.*

indocile [in-dò-ci-le] *agg.* Non docile Ⓢ ribelle, indisciplinato: *un ragazzo indocile, con un carattere indocile.*

indole [in-do-le] *s.f.* **1** Carattere, natura, temperamento di un individuo: *un uomo d'indole mite; ha agito seguendo la sua indole* **2** Natura, carattere di qualcosa: *problemi d'indole generale.*

indolente [in-do-lèn-te] *agg.* Fiacco, svogliato, pigro, apatico Ⓒ operoso, attivo: *uno scolaro indolente; ha un carattere indolente.*

indolenza [in-do-lèn-za] *s.f.* Fiacchezza, svogliatezza, pigrizia, apatia: *lavora con indolenza; bisogna scuoterlo dalla sua indolenza.*

indolenzimento [in-do-len-zi-mén-to] *s.m.* Sensazione di dolore non forte ma diffuso (spec. muscolare): *avere un indolenzimento a un braccio, a una spalla.*

indolenzire [in-do-len-zì-re] *v.tr.* [*indolenzìsco, indolenzìsci*] Provocare indolenzimento ♦ **indolenzirsi** *v.pr.* Esser preso da indolenzimento: *mi si è indolenzita la mano a furia di scrivere.*

indolenzito [in-do-len-zì-to] *agg.* Leggermente dolorante: *ho una gamba indolenzita; mi sento tutto indolenzito.*

indolore [in-do-ló-re] *agg.* Che non dà dolore.

indomabile [in-do-mà-bi-le] *agg.* Che non si lascia domare: *un cavallo indomabile* ◊ ♧ Che non si lascia vincere, piegare: *un popolo indomabile; ha una volontà indomabile.*

indomani [in-do-mà-ni] *s.m.* Il giorno seguente: *l'indomani decise di partire.*

indoor [parola inglese; pron. corrente *indòr*] *agg.invar.* Si dice di competizione sportiva, spec. di atletica leggera, che si svolge in stadi coperti.

indorare [in-do-rà-re] *v.tr.* **1** Rivestire di uno strato d'oro | ♧ *Indorare la pillola* = attenuare un dispiacere recato a qualcuno dicendogli parole gentili o dandogli qualcosa di gradito **2** ♧ Far apparire di un colore dorato: *il sole indorava le cime dei monti.*

indossare [in-dos-sà-re] *v.tr.* Mettersi indosso un indumento: *prima di uscire indossò il soprabito* ◊ Avere indosso un indumento Ⓢ portare: *il soldato indossava la nuova uniforme.*

indossatore [in-dos-sa-tó-re] *s.m.* Uomo che indossa e presenta i nuovi modelli di abbigliamento, spec. nelle sfilate di moda maschile Ⓢ modello.

indossatrice [in-dos-sa-trì-ce] *s.f.* Donna che indossa e presenta i nuovi modelli di abbigliamento, spec. nelle sfilate di moda femminile Ⓢ modella.

indosso [in-dòs-so] *avv.* Addosso, sul corpo: *la donna aveva indosso un abito da sera.*

indovinare [in-do-vi-nà-re] *v.tr.* **1** Cogliere la verità (e dichiararla) a proposito di una cosa ignota o futura, basandosi su degli indizi, sul proprio intuito o con un colpo di fortuna: *ho indovinato il suo segreto*; *ha indovinato l'esito della partita* | *Tirare a indovinare* = dare una risposta a caso sperando che sia quella giusta ◊ Intuire, immaginare: *non è difficile indovinare quel che gli passa per la testa* **2** Fare una buona scelta Ⓢ azzeccare, imbroccare: *abbiamo indovinato a rimandare la gita, ci saremmo presi la pioggia*; *hai indovinato i colori giusti per la tua stanza* | *Non ne indovina mai una!* = si dice di persona alla quale vanno tutte male e niente riesce bene.

indovinello [in-do-vi-nèl-lo] *s.m.* Gioco enigmistico, costituito in genere da un breve componimento in versi che si riferisce con parole allusive e ambigue alla cosa da indovinare.

indovino [in-do-vì-no] *s.m.* Persona che conosce o pretende di conoscere il futuro o cose ignote ad altri: *non so come finirà, non sono un indovino.*

indubbiamente [in-dub-bia-mén-te] *avv.* Senza alcun dubbio, certamente: *hai indubbiamente ragione a protestare.*

indubbio [in-dùb-bio] *agg.* Che non puo esser messo in dubbio Ⓢ certo, sicuro, innegabile: *una persona di indubbie capacità.*

indugiare [in-du-già-re] *v.intr.* [aus. *avere*] Tardare, esitare a fare qualcosa: *indugiava a rispondere, ad accettare* ♦ **indugiarsi** *v.pr.* Attardarsi, soffermarsi: *mi sono indugiato a chiacchierare con gli amici e ho fatto tardi.*

indugio [in-dù-gio] *s.m.* Ritardo, esitazione nel fare qualcosa: *ebbe un attimo di indugio prima di rispondere* | *Senza indugio* = immediatamente | *Rompere gli indugi* = passare all'azione.

indulgente [in-dul-gèn-te] *agg.* Che giudica con benevolenza e perdona facilmente Ⓢ comprensivo Ⓒ severo, inflessibile: *un maestro indulgente*; *sei troppo indulgente e lui se ne approfitta.*

indulgenza [in-dul-gèn-za] *s.f.* Atteggiamento comprensivo e benevolo; disposizione a perdonare: *è severo con se stesso ma mostra indulgenza per gli errori altrui.*

indulto [in-dùl-to] *s.m.* Condono parziale o totale della pena per determinati reati, concesso con un provvedimento di clemenza del capo dello stato.

indumento [in-du-mén-to] *s.m.* Capo di vestiario: *indumenti estivi, invernali* | *Indumenti intimi* = quelli che si indossano direttamente sulla pelle.

indurire [in-du-rì-re] *v.tr.* [*indurìsco, indurìsci*] Rendere duro (anche ♧): *la siccità ha indurito il terreno*; *le sofferenze hanno indurito il suo cuore* ♦ *v.intr.* [aus. *essere*] e **indurirsi** *v.pr.* Diventare duro (anche ♧): *il cemento (si) è già indurito*; *invecchiando il suo carattere si è indurito.*

indurre [in-dùr-re] *v.tr.* [coniugato come *condurre*] Spingere o persuadere qualcuno a fare qualcosa o a un dato atteggiamento: *cercavo di indurlo ad accettare*; *tutto induce a credere che il colpevole sia lui*; *quel cartello ci ha indotto in errore* ♦ **indursi** *v.pr.* Decidersi, risolversi a fare qualcosa: *alla fine si è indotto a confessare.*

industria [in-dù-stria] *s.f.* **1** L'attività economica costituita dalle imprese che producono merci su larga scala mediante impiego di macchinari: *l'industria moderna è nata alla fine del '700* **2** L'insieme delle imprese che operano nello stesso settore della produzione: *l'industria tessile, automobilistica, alimentare, mineraria* | *Industria pesante* = che produce macchinari e prodotti (per es. acciaio) destinati ad altre industrie | *Industria leggera* = che produce piccoli beni di largo consumo ◊ Impresa, impianto industriale Ⓢ fabbrica, stabilimento: *lavora in un'industria tessile*; *in questa zona sorgerà una nuova industria.*

industriale [in-du-strià-le] *agg.* Dell'industria, relativo all'industria: *in Italia lo sviluppo industriale si è concentrato soprattutto al Nord*; *uno stabilimento industriale* | *Zona, città industriale* = in cui vi sono molte industrie ♦ *s.m.f.* Proprietario di un'impresa industriale Ⓢ imprenditore.

industrializzare [in-du-stria-liz-zà-re] *v.tr.* **1** Trasformare l'economia di un paese, di una regione, impiantandovi delle attività industriali, delle fabbriche **2** Trasformare un'attività economica applicandovi le tecniche e i metodi dell'industria: *nei paesi avanzati sono stati industrializzati anche l'agricoltura e l'allevamento.*

industriarsi [in-du-striàr-si] *v.pr.* Adoperarsi con impegno e abilità per riuscire in uno scopo: *si industriava per trovare una soluzione* ◊ Darsi da fare, arrangiarsi in qualche modo per guadagnarsi da vivere: *è povero e s'industria come può.*

industrioso [in-du-strió-so] *agg.* Operoso, laborioso, ingegnoso: *un popolo industrioso*; *le formiche e le api sono gli animali più industriosi.*

inebetire [i-ne-be-tì-re] *v.tr.* [*inebetìsco, inebetìsci*] Istupidire, intontire: *questo rumore mi inebetisce* ♦ *v.intr.* [aus. *essere*] e **inebetirsi** *v.pr.* Istupidirsi, intontirsi: *si inebetisce a guardare per ore la televisione.*

inebriare [i-ne-bri-à-re] *v.tr.* Mettere in uno stato di euforia e insieme di stordimento: *il successo lo ha inebriato*; *era inebriato da quella musica.*

ineccepibile [i-nec-ce-pì-bi-le] *agg.* Su cui non c'è nulla da obiettare, perché privo di difetti o errori: *il suo contegno è stato ineccepibile*; *un ragionamento ineccepibile.*

inedia [i-nè-dia] *s.f.* Digiuno prolungato; lo stato di deperimento che ne deriva: *morire d'inedia.*

inedito [i-nè-di-to] *agg.* **1** Non ancora pubblicato: *un romanzo inedito* **2** ♧ Non ancora noto: *una notizia inedita* ♦ *s.m.* Scritto non ancora pubblicato.

ineffabile [i-nef-fà-bi-le] *agg.* Che non si può esprimere adeguatamente con parole Ⓢ indicibile: *a quel ricordo il suo animo provò una dolcezza ineffabile.*

inefficace [i-nef-fi-cà-ce] *agg.* Privo di efficacia; incapace di produrre l'effetto voluto: *tutti i rimedi si sono rivelati inefficaci.*

inefficiente [i-nef-fi-cièn-te] *agg.* Non efficiente o poco efficiente: *un impianto inefficiente*; *un impiegato inefficiente.*

inefficienza [i-nef-fi-cièn-za] *s.f.* Mancanza di efficienza, cattivo funzionamento, scarso rendimento.

ineguaglianza [i-ne-gua-gliàn-za] *s.f.* Mancanza di eguaglianza: *l'ineguaglianza di diritti tra uomini e donne è ingiusta.*

ineluttabile [i-ne-lut-tà-bi-le] *agg.* Contro cui non si può lottare Ⓢ inevitabile: *si rassegnò al suo ineluttabile destino.*

inequivocabile [i-ne-qui-vo-cà-bi-le] *agg.* Che non si presta a equivoci, del tutto chiaro: *mi ha dato una risposta inequivocabile.*

inerente [i-ne-rèn-te] *agg.* Che riguarda, si riferisce a qualcosa Ⓢ relativo, attinente: *continuano le indagini inerenti al delitto.*

inerme [i-nèr-me] *agg.* Disarmato e senza possibilità di difendersi (anche ♧): *i soldati uccisero il prigioniero inerme*; *si sentiva inerme di fronte a quelle accuse.*

inerpicarsi [i-ner-pi-càr-si] *v.pr.* [*mi inérpico, ti inérpichi*] Arrampicarsi, salire per un pendio molto ripido e difficoltoso: *cercò di inerpicarsi sulla scogliera*; *il sentiero s'inerpicava sulla montagna.*

inerte [i-nèr-te] *agg.* **1** Inattivo, inoperoso, ozioso: *passava le giornate standosene inerte a fantasticare* **2** Immobile, privo di vita o di movimento: *cadde inerte al suolo*; *il braccio pendeva inerte dalla manica.*

inerzia [i-nèr-zia] *s.f.* **1** Stato di totale inoperosità, di abbandono all'indolenza: *passava le giornate nell'inerzia*; *bisogna scuotere quel ragazzo dalla sua inerzia* **2** In fisica, tendenza dei corpi a non modificare, se non intervengono forze esterne, lo stato di quiete o di moto in cui si trovano: *una volta spento il motore, l'automobile fece ancora qualche metro spinta dalla forza d'inerzia.*

inesattezza [i-ne-sat-téz-za] *s.f.* Errore, sbaglio, imprecisione: *ho trovato qualche inesattezza nel tuo calcolo.*

inesatto [i-ne-sàt-to] *agg.* Non esatto, impreciso: *mi hai dato un'informazione inesatta*; *non riuscivo a risolvere il problema perché c'era un dato inesatto.*

inesauribile [i-ne-sau-rì-bi-le] *agg.* Che non si può esaurire o che sembra non esaurirsi mai (anche ♧): *una miniera inesauribile*; *ha un'energia, una fantasia inesauribile.*

inesistente [i-ne-si-stèn-te] *agg.* Che non esiste Ⓢ fittizio, immaginario Ⓒ reale, effettivo: *ti preoccupi di un pericolo inesistente*; *ogni tanto si inventa dei mali inesistenti.*

inesorabile [i-ne-so-rà-bi-le] *agg.* **1** Che non si lascia piegare dalla pietà o da preghiere Ⓢ spietato, implacabile, inflessibile: *è stato inesorabile con i suoi avversari*; *un giudice inesorabile* **2** Per cui non c'è rimedio, a cui non ci si può opporre: *è stato colpito da un male inesorabile*; *il tempo scorre inesorabile.*

inesperienza [i-ne-spe-rièn-za] *s.f.* Mancanza di esperienza, di pratica: *il ragazzo ha sbagliato per inesperienza.*

inesperto [i-ne-spèr-to] *agg.* Privo di esperienza in un dato campo: *sono inesperto di politica* ◊ Che non ha esperienza della vita e del mondo: *un giovane inesperto* ◊ Privo di esperienza, poco abile nel suo lavoro o nel fare qualcosa: *un medico, un guidatore inesperto.*

inesplicabile [i-ne-spli-cà-bi-le] *agg.* Che non si può spiegare o non si riesce a comprendere: *un fenomeno inesplicabile*; *il suo contegno è inesplicabile.*

A B C D E F G H I J K L M N O P Q R S T U V W X Y Z

inesplorato [i-ne-splo-rà-to] *agg.* Non ancora esplorato: *una foresta inesplorata.*

inesprimibile [i-ne-spri-mì-bi-le] *agg.* Impossibile o difficile da esprimere adeguatamente con le parole: *provò un sentimento inesprimibile*; *una gioia inesprimibile.*

inespugnabile [i-ne-spu-gnà-bi-le] *agg.* Impossibile da espugnare: *una fortezza inespugnabile.*

inestimabile [i-ne-sti-mà-bi-le] *agg.* Di valore tanto grande che non può essere valutato o apprezzato adeguatamente Ⓢ incalcolabile, preziosissimo: *un quadro di valore inestimabile*; *mi hai reso un favore inestimabile.*

inestricabile [i-ne-stri-cà-bi-le] *agg.* **1** Che non si riesce a districare, a sbrogliare: *un groviglio inestricabile* **2** ♧ Intricato: *un dedalo inestricabile di viuzze* ◊ Insolubile: *sono alle prese con un problema inestricabile.*

inettitudine [i-net-ti-tù-di-ne] *s.f.* Mancanza di attitudine per qualcosa: *ha dimostrato inettitudine al comando* ◊ Mancanza di qualsiasi capacità Ⓢ dappocaggine Ⓒ bravura.

inetto [i-nèt-to] *agg.* Privo di attitudine per qualcosa: *è inetto per gli affari* ◊ Incapace nello svolgere il proprio mestiere: *un impiegato, un medico inetto* ◊ Privo di qualsiasi capacità, buono a nulla: *un individuo inetto* ♦ *s.m.* Persona incapace, nel suo mestiere o in generale.

inevitabile [i-ne-vi-tà-bi-le] *agg.* Che non si può evitare: *data la velocità, lo scontro fra le due auto fu inevitabile.*

inezia [i-nè-zia] *s.f.* Cosa da nulla, di scarsa importanza o valore Ⓢ sciocchezza, bazzecola: *smettetela di litigare per una simile inezia!*; *mille euro per lui sono un'inezia.*

infagottato [in-fa-got-tà-to] *agg.* Avvolto in indumenti pesanti Ⓢ imbacuccato: *uscì al freddo tutto infagottato.*

infallibile [in-fal-lì-bi-le] *agg.* Che non sbaglia mai: *ha una mira infallibile*; *un tiratore infallibile*; *nessuno è infallibile* | *Un rimedio infallibile* = di effetto sicuro.

infamante [in-fa-màn-te] *agg.* Che copre d'infamia, che disonora: *gli hanno rivolto un'accusa infamante.*

infame [in-fà-me] *agg.* **1** Degno del massimo disprezzo Ⓢ abietto, turpe, scellerato, vergognoso: *un infame traditore*; *un'azione, una calunnia infame* **2** ♧ Pessimo, orribile, disgustoso: *un tempo, un viaggio infame*; *una cena infame.*

infamia [in-fà-mia] *s.f.* **1** Disprezzo generale che colpisce chi compie azioni turpi, vili e scellerate Ⓢ disonore, vergogna: *con il suo tradimento si è coperto d'infamia* **2** Azione vile, vergognosa: *come hai potuto commettere una tale infamia!*

infangare [in-fan-gà-re] *v.tr.* [*infàngo, infànghi*] **1** Sporcare di fango: *ti sei infangato le scarpe* **2** ♧ Disonorare, coprire di vergogna: *con il suo comportamento ha infangato il suo nome, la sua famiglia* ♦ **infangarsi** *v.pr.* **1** Sporcarsi di fango: *mi sono infangata giocando nel prato* **2** ♧ Coprirsi di disonore, di vergogna.

infantile [in-fan-tì-le] *agg.* **1** Dell'infanzia, che riguarda i bambini più piccoli: *l'età infantile*; *asilo infantile*; *malattie infantili* **2** (riferito ad adulti) Immaturo, puerile: *si comporta in modo infantile*; *fai discorsi infantili!*

infanzia [in-fàn-zia] *s.f.* **1** Periodo della vita che va dalla nascita fino agli otto-dieci anni: *i ricordi dell'infanzia*; *siamo amici dall'infanzia* **2** L'insieme dei bambini: *letteratura per l'infanzia*; *la protezione dell'infanzia.*

infarcire [in-far-cì-re] *v.tr.* [*infarcìsco, infarcìsci*] **1** Farcire una vivanda con un ripieno: *infarcire un pollo* **2** ♧ Riempire di cose superflue: *gli hanno infarcito la testa di nozioni inutili.*

infarinare [in-fa-ri-nà-re] *v.tr.* **1** Cospargere di farina ◊ Passare un cibo nella farina prima di friggerlo: *infarinare il pesce* **2** ♧ Imbiancare: *la neve ha infarinato i tetti.*

infarinatura [in-fa-ri-na-tù-ra] *s.f.* Conoscenza superficiale di una materia, di un argomento: *ho solo un'infarinatura di storia, di politica.*

infarto [in-fàr-to] *s.m.* Grave lesione di un organo, provocata dall'interruzione del normale afflusso di sangue: *infarto cardiaco, cerebrale* ◊ Comunemente, infarto cardiaco: *ha avuto un infarto*; *è morto d'infarto.*

infastidire [in-fa-sti-dì-re] *v.tr.* [*infastidìsco, infastidìsci*] Dare fastidio a qualcuno Ⓢ disturbare, seccare: *non lo infastidire con le tue chiacchiere* ♦ **infastidirsi** *v.pr.* Irritarsi, seccarsi.

infaticabile [in-fa-ti-cà-bi-le] *agg.* Che non si stanca mai.

infatti [in-fàt-ti] *congz.* In realtà, in effetti (conferma o spiega quanto detto in precedenza) Ⓢ difatti: *ha detto che non sarebbe venuto e infatti non l'ho visto.*

infatuazione [in-fa-tua-zió-ne] *s.f.* Passione, entusiasmo esagerato, ma superficiale e di breve durata: *ha un'infatuazione per quel cantante.*

infausto [in-fàu-sto] *agg.* Che porta sventura,

lutto, dolore Ⓢ nefasto, funesto, triste: *il giorno infausto in cui scoppiò la guerra*; *ci giunse la notizia infausta della sua morte.*

infedele [in-fe-dé-le] *agg.* **1** Che non tiene fede agli impegni, alla parola data, che tradisce la fiducia: *un alleato infedele*; *moglie, marito infedele* **2** Che non è conforme alla realtà, all'originale, ma se ne discosta Ⓒ inesatto: *un resoconto infedele dei fatti*; *un ritratto, una traduzione infedele* ♦ *s.m.f.* Chi professa una religione diversa dalla propria: *al tempo delle crociate cristiani e musulmani si combattevano reciprocamente come infedeli.*

infelice [in-fe-lì-ce] *agg.* **1** Che, per qualche motivo, non è felice Ⓢ triste, scontento: *si sentiva solo e infelice*; *è un uomo ricco ma infelice* ◊ Pieno di tristezze, di sofferenze, di avversità; che è fonte di infelicità Ⓢ doloroso, travagliato, sventurato: *ha avuto un'infanzia infelice*; *un amore infelice* **2** Negativo: *il suo tentativo ha avuto un esito infelice* ◊ Sbagliato: *la tua scelta si è rivelata infelice* ◊ Non buono, sfavorevole: *una regione con un clima infelice*; *la casa è in una posizione infelice* ◊ Inopportuno: *arrivi in un momento infelice*; *hai fatto una battuta infelice* ♦ *s.m.f.* Persona sventurata, afflitta da sofferenze, da mali fisici.

infelicità [in-fe-li-ci-tà] *s.f.* L'essere infelice; lo stato di chi non è felice: *si lamentava della sua infelicità* ◊ Dolore, sventura, pena: *quante infelicità ha dovuto patire!*

infeltrire [in-fel-trì-re] *v.intr.* [*infeltrìsco, infeltrìsci*; aus. *essere*] e **infeltrirsi** *v.pr.* Perdere morbidezza, diventando compatto come il feltro (detto di indumento di lana): *il golf (si) è infeltrito.*

inferiore [in-fe-rió-re] *agg.* [comparativo di *basso*] **1** Che sta più in basso: *abita al piano inferiore* | *Gli arti inferiori* = le gambe | *Il corso inferiore di un fiume* = quello più vicino alla foce **2** Minore per altezza, grandezza, numero, valore, qualità, doti, meriti ecc.: *Giovanni ha una statura inferiore alla norma*; *costa troppo, vorrei spendere una cifra inferiore*; *non mi sento inferiore a lui, anche se ho una cultura inferiore* | *Inferiore alle attese* = al di sotto di quel che ci si aspettava | *Ufficiali inferiori* = sottotenente, tenente, capitano | *Animali inferiori* = quelli di struttura meno complessa ♦ *s.m.f.* Chi occupa un posto di grado meno elevato in una gerarchia: *un dirigente comprensivo con gli inferiori.*

inferiorità [in-fe-rio-ri-tà] *s.f.* L'essere inferiore: *inferiorità di forze, numerica, economica, culturale*; *riconoscere la propria inferiorità* | *Complesso d'inferiorità* = preoccupazione ossessiva di essere inferiore agli altri.

infermeria [in-fer-me-rì-a] *s.f.* In caserme, prigioni, conventi, scuole e simili, locale o complesso di locali attrezzati per la visita e le prime cure a feriti e ammalati non gravi.

infermiere [in-fer-miè-re] *s.m.* Chi per professione assiste gli ammalati applicando le prescrizioni del medico.

infermità [in-fer-mi-tà] *s.f.* Malattia (spec. se di lunga durata): *è costretto a letto da una grave infermità.*

infermo [in-fér-mo] *agg.* e *s.m.* Che, chi è affetto da un'infermità Ⓢ malato, invalido: *è a letto infermo*; *è infermo a una gamba*; *l'incidente lo lasciò infermo per tutta la vita*; *curare gli infermi.*

infernale [in-fer-nà-le] *agg.* **1** Dell'inferno: *creature infernali* **2** ♧ Diabolico, malvagio: *ha ordito un piano infernale* ◊ Terribile, spaventoso, micidiale: *ho passato una notte infernale*; *c'era un baccano infernale*; *oggi fa un caldo infernale.*

inferno [in-fèr-no] *s.m.* Secondo la religione cristiana, il luogo in cui le anime dei peccatori non pentiti scontano la condanna alla pena eterna | ♧ *Soffrire le pene dell'inferno* = soffrire moltissimo | ♧ *D'inferno* = terribile, spaventoso, insopportabile: *ho passato una notte d'inferno*; *un baccano, un caldo, un tempo d'inferno* | ♧ *Mandare qualcuno all'inferno* = rispondergli o cacciarlo via in malo modo ◊ ♧ Situazione in cui è impossibile resistere Ⓢ tormento, incubo: *da quando c'è lui la loro vita è diventata un inferno.*

inferriata [in-fer-rià-ta] *s.f.* Struttura di sbarre di ferro (in genere disposte a grata) posta a protezione di finestre per impedire l'ingresso di estranei.

infervorare [in-fer-vo-rà-re] *v.tr.* Riempire di fervore, di entusiasmo ♦ **infervorarsi** *v.pr.* Entusiasmarsi, accalorarsi: *si erano così infervorati nella discussione da non accorgersi che si era fatto tardi.*

infestare [in-fe-stà-re] *v.tr.* Rendere malsicura una zona compiendovi frequenti scorrerie, razzie e devastazioni: *i pirati infestarono a lungo le coste mediterranee* ◊ Detto di animali e vegetali, invadere un luogo e danneggiarlo con la propria presenza nociva: *la cantina è infestata dai topi*; *le erbacce stanno infestando l'orto.*

infettare [in-fet-tà-re] *v.tr.* Rendere infetto: *lo sporco ha infettato la ferita* ◊ Contagiare, contaminare (anche ♧): *c'è rischio che il morbo infetti tutto il paese*; *la corruzione è un male che infetta la società* ♦ **infettarsi** *v.pr.* Divenire infetto, prendere un'infezione.

infettivo [in-fet-ti-vo] *agg.* Che provoca infezione o è causato da infezione, da contagio: *malattie infettive.*

infetto [in-fèt-to] *agg.* **1** Colpito da infezione: *una ferita infetta* **2** Che porta germi che possono causare infezione Ⓢ inquinato: *le acque del fiume sono infette.*

infezione [in-fe-zió-ne] *s.f.* **1** Malattia provocata dall'ingresso nell'organismo di batteri, virus o altri germi: *infezione intestinale, tetanica* **2** Contagio: *bisogna impedire che si propaghi l'infezione.*

infiacchire [in-fiac-chì-re] *v.tr.* [*infiacchìsco, infiacchìsci*] Rendere fiacco: *il caldo m'infiacchisce* ♦ *v.intr.* [aus. *essere*] e **infiacchirsi** *v.pr.* Diventare fiacco Ⓢ indebolirsi: *(si) è infiacchito facendo una vita troppo sedentaria.*

infiammabile [in-fiam-mà-bi-le] *agg.* Che prende fuoco con facilità: *l'accendino contiene un gas infiammabile.*

infiammare [in-fiam-mà-re] *v.tr.* **1** Dare fuoco, incendiare **2** ♧ Eccitare, entusiasmare: *con il suo discorso infiammò tutti i presenti* ♦ **infiammarsi** *v.pr.* **1** Prendere fuoco, incendiarsi **2** ♧ Diventare rosso come la fiamma: *si infiammò in volto per la vergogna* **3** ♧ Essere preso da un forte e improvviso sentimento: *a quelle parole si infiammò di sdegno* **4** Essere colpito da infiammazione: *mi si è infiammata la gola.*

infiammazione [in-fiam-ma-zió-ne] *s.f.* Reazione locale dell'organismo all'azione irritante di agenti esterni; si manifesta con arrossamento, gonfiore, bruciore: *ha un'infiammazione alla gola, agli occhi, ai polmoni.*

infido [in-fi-do] *agg.* Di cui non ci si può fidare: *un alleato infido* | *Un mare, un terreno infido* = in cui è rischioso avventurarsi perché pieno d'insidie.

infierire [in-fie-rì-re] *v.intr.* [*infierìsco, infierìsci*; aus. *avere*] **1** Comportarsi crudelmente, con ferocia: *i soldati vincitori infierirono sui vinti* **2** Imperversare con violenza Ⓢ infuriare: *nella regione infieriva la peste.*

infiggere [in-fig-ge-re] *v.tr.* [coniugato come *affiggere*] Conficcare ♦ **infiggersi** *v.pr.* Conficcarsi: *la spina gli si infisse nella carne.*

infilare [in-fi-là-re] *v.tr.* **1** Far passare un oggetto sottile attraverso un foro o introdurlo in una cavità: *infilare il filo nell'ago, il dito nell'anello, la chiave nella serratura, la spada nel fodero* | ♧ *Infilare la porta, l'uscio* = uscire, andarsene | ♧ *Infilare una strada* = imboccarla ◊ Far passare un oggetto forato o cavo in qualcosa di sottile: *infilare le perle nel filo, l'anello nel dito* ◊ Infilzare: *infilare i polli nello spiedo* **2** Indossare, calzare: *infilò la giacca e uscì*; *infilati le scarpe* ♦ **infilarsi** *v.pr.* Mettersi dentro, entrare: *infilarsi nel letto*; *si infilò in un portone per ripararsi dalla pioggia* ◊ Intrufolarsi: *si nascose infilandosi tra la folla.*

infiltrarsi [in-fil-tràr-si] *v.pr.* **1** Penetrare poco a poco attraverso fessure, crepe, superfici porose ecc.: *l'umidità si è infiltrata nella parete*; *il fumo s'infiltrava nella stanza* **2** ♧ Penetrare di nascosto Ⓢ insinuarsi: *un agente riuscì a infiltrarsi nell'organizzazione criminale.*

infilzare [in-fil-zà-re] *v.tr.* **1** Trafiggere: *infilzò il nemico con la spada* ◊ Infilare trafiggendo con un oggetto appuntito: *infilzare i polli nello spiedo* **2** Infilare l'una accanto all'altra una serie di cose dello stesso genere: *infilzare le perle, i fichi.*

infimo [in-fi-mo] *agg.* [superlativo di *basso*] Che è al livello più basso di una scala di valore Ⓢ pessimo Ⓒ elevato, ottimo: *un locale di infimo ordine*; *merce d'infima qualità.*

infine [in-fi-ne] *avv.* **1** Alla fine, finalmente: *lo cercai a lungo e infine riuscii a trovarlo* **2** Insomma, in conclusione: *si può sapere, infine, che cosa è successo?*

infinità [in-fi-ni-tà] *s.f.* **1** L'essere infinito: *l'infinità dell'universo* **2** Quantità grandissima, moltitudine: *ho un'infinità di cose da fare*; *in piazza c'era un'infinità di gente.*

infinitamente [in-fi-ni-ta-mén-te] *avv.* Immensamente: *ti sono infinitamente grato* ◊ Di gran lunga: *è infinitamente superiore a me.*

infinito [in-fi-nì-to] *agg.* **1** Che non ha limiti, confini: *lo spazio infinito dell'universo* **2** Immenso, enorme: *le infinite distese oceaniche*; *ha un'infinita pazienza* ◊ Innumerevole: *ha avuto infinite difficoltà* ♦ *s.m.* **1** Ciò che non ha limiti di spazio o di tempo | *All'infinito* = infinite volte, senza fine, per lunghissimo tempo: *ripete all'infinito gli stessi discorsi* **2** Modo del verbo che esprime l'azione in se stessa, senza specificare il numero e la persona (per es. «amare», «vedere», «partire»).

infinocchiare [in-fi-noc-chià-re] *v.tr.* Ingannare, imbrogliare: *si è fatto infinocchiare.*

infiorescenza [in-fio-re-scèn-za] *s.f.* Insieme di piccoli fiori raggruppati in modo da sembrare un unico fiore.

infischiarsi [in-fi-schiàr-si] *v.pr.* Non tenere in alcun conto, non curarsi minimamente di qualcosa o di qualcuno Ⓢ fregarsene: *me ne infischio di quel che pensa la gente.*

infisso [in-fis-so] *s.m.* Telaio murato nella cornice di porte e finestre e al quale sono fissati i serramenti ◊ Serramento.

infittire [in-fit-tì-re] *v.tr.* [*infittìsco, infittìsci*] Rendere più fitto o più frequente ♦ *v.intr.* [aus. *essere*] e **infittirsi** *v.pr.* Diventare più fitto o più frequente: *la nebbia (si) è infittita; le sue visite ultimamente si sono infittite.*

inflazione [in-fla-zió-ne] *s.f.* Aumento generalizzato dei prezzi e conseguente diminuzione del potere d'acquisto della moneta: *l'inflazione si mangia i risparmi.*

inflessibile [in-fles-sì-bi-le] *agg.* Che non si lascia piegare da nulla; rigoroso, fermo e senza alcuna indulgenza: *ha una volontà inflessibile; un giudice inflessibile.*

inflessione [in-fles-sió-ne] *s.f.* Cadenza, intonazione della voce: *parla con una leggera inflessione dialettale.*

infliggere [in-flìg-ge-re] *v.tr.* [coniugato come *affliggere*] Dare a qualcuno una punizione, fargli subire un danno: *gli hanno inflitto due anni di carcere; la nostra squadra ha inflitto una pesante sconfitta agli avversari.*

influente [in-flu-èn-te] *agg.* Dotato di autorità, di influenza in un certo ambiente Ⓢ importante, potente: *un personaggio influente.*

influenza [in-flu-èn-za] *s.f.* **1** Azione determinante esercitata su qualcosa o su qualcuno Ⓢ influsso: *l'influenza della luna sulle maree; la televisione ha molta influenza sull'opinione pubblica* ◊ Autorità, ascendente, potere: *ha dovuto usare tutta la sua influenza per tirare il figlio fuori dai guai; ha molta influenza in quell'ambiente* **2** Malattia infettiva da virus, molto contagiosa e che colpisce soprattutto le vie respiratorie.

influenzare [in-fluen-zà-re] *v.tr.* Determinare o condizionare con la propria influenza il modo di pensare e di comportarsi degli altri: *le sue opinioni mi hanno molto influenzato; non devi lasciarti influenzare da lui* ♦ **influenzarsi** *v.pr.* Ammalarsi di influenza.

influire [in-flu-ì-re] *v.intr.* [*influìsco, influìsci*; aus. *avere*] Esercitare un'influenza, un influsso su qualcuno o su qualcosa: *il tuo parere ha influito sulla sua decisione; molti credono che gli astri influiscano sul carattere e sul destino delle persone.*

influsso [in-flùs-so] *s.m.* Azione determinante esercitata da persone o cose su altre persone o cose Ⓢ influenza: *l'astrologia crede in un influsso degli astri sulla vita umana; quell'amico ha un cattivo influsso su di lui.*

infondatezza [in-fon-da-téz-za] *s.f.* Mancanza di fondatezza Ⓢ inconsistenza: *ha dimostrato l'infondatezza delle accuse rivoltegli.*

infondato [in-fon-dà-to] *agg.* Privo di fondamento, di validità Ⓢ ingiustificato, inconsistente: *i tuoi timori sono infondati; gli hanno rivolto accuse infondate.*

infondere [in-fón-de-re] *v.tr.* [coniugato come *fondere*] Trasmettere, suscitare un sentimento in qualcuno Ⓢ ispirare: *le sue parole mi hanno infuso coraggio.*

inforcare [in-for-cà-re] *v.tr.* [*infórco, infórchi*] **1** Prendere con la forca: *inforcare la paglia* **2** Montare a cavalcioni su qualcosa: *inforcò il cavallo e partì al galoppo; inforcare la bicicletta* | *Inforcare gli occhiali* = metterli sul naso.

informale [in-for-mà-le] *agg.* Non ufficiale: *incontro, colloquio, riunione informale.*

informare [in-for-mà-re] *v.tr.* Mettere al corrente Ⓢ avvertire: *l'ho informato dell'accaduto; la famiglia è stata informata* ♦ **informarsi** *v.pr.* Prendere informazioni; cercare di sapere: *mi sono informato sugli orari di partenza; informati se è vero che lo sciopero è rimandato.*

informatica [in-for-mà-ti-ca] *s.f.* Scienza che studia la raccolta, l'elaborazione e la trasmissione delle informazioni mediante l'uso di computer.

informatico [in-for-mà-ti-co] *agg.* [pl.m. *–ci*] Di informatica, relativo all'informatica: *mezzi, sistemi informatici.*

informativo [in-for-ma-tì-vo] *agg.* Che fornisce notizie, informazioni: *un rapporto, un articolo informativo.*

informatizzare [in-for-ma-tiz-zà-re] *v.tr.* Organizzare con sistemi informatici: *informatizzare gli archivi delle biblioteche.*

informato [in-for-mà-to] *agg.* Che è a conoscenza, al corrente di qualcosa: *non ero informato di quella storia* ◊ Che ha molte informazioni, notizie: *un giornale informato* | *Uno studioso, un medico, un tecnico informato* = che possiede molte cognizioni nel suo campo.

informatore [in-for-ma-tó-re] *s.m.* [f. *–trice*] Chi raccoglie e fornisce notizie e informazioni: *gli informatori della polizia.*

informazione [in-for-ma-zió-ne] *s.f.* Dato, notizia che consente di conoscere qualcosa Ⓢ ragguaglio: *dare, chiedere, ricevere un'informazione; ho assunto informazioni sul suo conto* ◊ Trasmissione di notizie attraverso la stampa, la radio, la televisione o internet (detti appunto *mezzi di informazione*): *è importante difendere la libertà d'informazione e il diritto all'informazione.*

informe [in-fór-me] *agg.* Privo di una forma precisa: *l'auto era ridotta a un ammasso informe di rottami.*

infornare [in-for-nà-re] *v.tr.* Mettere a cuocere nel forno: *infornare il pane, una torta.*

infortunarsi [in-for-tu-nàr-si] *v.pr.* Subire un infortunio: *si è infortunato sul lavoro.*

infortunato [in-for-tu-nà-to] *agg.* e *s.m.* Che, chi ha subito un infortunio: *aumentano gli infortunati sul lavoro.*

infortunio [in-for-tù-nio] *s.m.* Caso sfortunato, disgrazia; in partic., incidente che provoca un danno fisico: *fare un'assicurazione contro gli infortuni.*

infossarsi [in-fos-sàr-si] *v.pr.* Formare una fossa Ⓢ sprofondare: *il terreno si è infossato* ◊ Incavarsi: *gli si sono infossate le guance per la malattia.*

infradiciare [in-fra-di-cià-re] *v.tr.* Inzuppare d'acqua: *la pioggia mi ha infradiciato i vestiti* ♦ **infradiciarsi** *v.pr.* Bagnarsi completamente Ⓢ inzupparsi: *ti sei tutto infradiciato.*

infrangere [in-fràn-ge-re] *v.tr.* [coniugato come *frangere*] **1** Rompere, spezzare: *il colpo infranse la vetrata* **2** ♧ Violare, trasgredire: *infrangere un patto, un divieto* ♦ **infrangersi** *v.pr.* Rompersi, frantumarsi: *le onde s'infrangevano sugli scogli.*

infrangibile [in-fran-gì-bi-le] *agg.* Che non si può rompere; resistente agli urti: *vetro infrangibile.*

infrarosso [in-fra-rós-so] *agg.* e *s.m.* *(Raggi) infrarossi* = radiazioni non visibili dall'occhio umano, emesse dai corpi caldi e dotate di alto potere calorifico: *lampada, stufa a (raggi) infrarossi.*

infrasettimanale [in-fra-set-ti-ma-nà-le] *agg.* Che cade nel corso della settimana lavorativa: *festività infrasettimanale.*

infrastruttura [in-fra-strut-tù-ra] *s.f.* Struttura di base | *Le infrastrutture* = il complesso delle opere e delle attrezzature pubbliche (strade, ferrovie, fognature, rete elettrica e telefonica, scuole, ospedali ecc.) che costituiscono la premessa necessaria dello sviluppo economico e sociale di una zona.

infrazione [in-fra-zió-ne] *s.f.* Violazione, trasgressione: *commettere un'infrazione del regolamento, al codice stradale.*

infreddatura [in-fred-da-tù-ra] *s.f.* Raffreddore.

infruttifero [in-frut-tì-fe-ro] *agg.* Che non dà frutti: *un albero infruttifero* ◊ ♧ Che non frutta, non dà reddito: *capitale infruttifero.*

infruttuoso [in-frut-tu-ó-so] *agg.* Che non ha un esito positivo Ⓢ inutile, vano Ⓒ efficace: *i miei tentativi di convincerlo sono stati infruttuosi.*

infuocato [in-fuo-cà-to] *agg.* **1** Rovente: *sabbia infuocata* | ♧ *Parole infuocate* = piene di passione, di sdegno | ♧ *Clima infuocato* = atmosfera di grande eccitazione **2** ♧ Rosso come il fuoco: *aveva le guance infuocate.*

infuori [in-fuò-ri] *avv.* In fuori | *All'infuori* = verso l'esterno: *la trave sporge all'infuori* | *All'infuori di* = eccetto: *c'erano tutti all'infuori di te.*

infuriare [in-fu-rià-re] *v.intr.* [aus. *avere*] Imperversare: *sulla zona infuriava un temporale* ♦ **infuriarsi** *v.pr.* Diventare furioso, andare su tutte le furie: *non contraddirlo, se no s'infuria*; *non infuriarti per così poco.*

infusione [in-fu-sió-ne] *s.f.* L'operazione di far macerare erbe medicinali e droghe nell'acqua bollente o nell'alcol, per estrarne i principi attivi: *il tè si prepara per infusione* ◊ Infuso: *bere un'infusione di camomilla.*

infuso [in-fù-so] *s.m.* Liquido ottenuto per infusione: *bere un infuso di camomilla, di malva.*

ingaggiare [in-gag-già-re] *v.tr.* **1** Assumere qualcuno alle proprie dipendenze, in genere con un contratto temporaneo Ⓢ arruolare, assoldare: *quel calciatore è stato ingaggiato per due anni dalla nostra squadra*; *ingaggiare volontari, truppe mercenarie* **2** Iniziare una lotta, uno scontro: *i due pugili ingaggiarono il combattimento.*

ingaggio [in-gàg-gio] *s.m.* Assunzione, reclutamento: *l'ingaggio di un giocatore* ◊ Il compenso corrisposto a chi viene ingaggiato: *gli hanno offerto un buon ingaggio.*

ingannare [in-gan-nà-re] *v.tr.* **1** Indurre in errore: *spesso le apparenze ingannano* ◊ Imbrogliare, truffare, raggirare: *vive ingannando il prossimo* | *Ingannare la moglie, il marito* = tradire **2** Eludere: *è fuggito ingannando la vigilanza delle guardie* **3** ♧ Cercare con delle distrazioni di rendere più sopportabile una situazione o una sensazione spiacevole: *si mise a leggere per ingannare il tempo, l'attesa, la noia, la fame* ♦ **ingannarsi** *v.pr.* Cadere in errore; sbagliarsi nel valutare, nel giudicare: *mi sono ingannato sul suo conto*; *se non mi inganno, dovremmo arrivare tra poco.*

ingannevole [in-gan-né-vo-le] *agg.* Che fa credere quel che non è Ⓢ falso, menzognero: *non fidarti delle sue promesse ingannevoli* ◊ Privo di fondamento Ⓢ fallace, illusorio: *si cullava in speranze ingannevoli.*

inganno [in-gàn-no] *s.m.* **1** Azione o mezzo con cui si inganna o si cerca di ingannare Ⓢ frode, imbroglio, raggiro: *usare l'inganno contro qualcuno*; *ha vinto con l'inganno*; *si è accorto in tem-*

po dell'inganno **2** Errore di valutazione: *la distanza mi ha tratto in inganno.*

ingarbugliare [in-gar-bu-glià-re] *v.tr.* Ridurre a un ammasso inestricabile Ⓢ aggrovigliare: *ingarbugliare dei fili* ♦ **ingarbugliarsi** *v.pr.* Intricarsi, imbrogliarsi, aggrovigliarsi: *i fili si sono ingarbugliati* ◊ ♧ Confondersi: *mi si sono ingarbugliate le idee* ◊ ♧ Complicarsi: *la faccenda si sta ingarbugliando.*

ingegnarsi [in-ge-gnàr-si] *v.pr.* Impegnarsi al massimo per raggiungere uno scopo: *si ingegnò a trovare una soluzione* ◊ Darsi da fare con ogni espediente Ⓢ arrabattarsi: *si ingegna come può per tirare avanti, per campare.*

ingegnere [in-ge-gnè-re] *s.m.* Chi è laureato in ingegneria e come tale è abilitato a progettare e dirigere la costruzione di edifici, macchine, impianti industriali, vie e mezzi di trasporto ecc.

ingegneria [in-ge-gne-rì-a] *s.f.* **1** La scienza e la tecnica della progettazione e realizzazione di macchine, impianti e costruzioni di ogni genere: *ingegneria edile, elettronica, navale* ◊ La facoltà universitaria in cui si insegna ingegneria: *si è iscritto a ingegneria* **2** *Ingegneria genetica* = insieme di tecniche per modificare il patrimonio genetico di un organismo vivente.

ingegno [in-gé-gno] *s.m.* Intelligenza, prontezza di mente, acume, capacità creativa: *ha risolto con ingegno una questione complicata*; *mancare d'ingegno*; *un uomo d'ingegno*; *le difficoltà aguzzano l'ingegno.*

ingegnosità [in-ge-gno-si-tà] *s.f.* Capacità di fare le cose con ingegno e abilità: *con la sua ingegnosità se la caverà sempre.*

ingegnoso [in-ge-gnó-so] *agg.* **1** Dotato di un ingegno pronto e versatile; abile nel risolvere problemi, nell'escogitare innovazioni: *un uomo ingegnoso, che sa fare di tutto*; *un artigiano ingegnoso* **2** Che denota molto ingegno: *una macchina ingegnosa*; *una trovata ingegnosa.*

ingelosire [in-ge-lo-sì-re] *v.tr.* [*ingelosìsco, ingelosìsci*] Rendere geloso: *fa così solo per ingelosire il marito* ♦ **ingelosirsi** *v.pr.* Diventare geloso: *si è ingelosito dei miei successi.*

ingenerare [in-ge-ne-rà-re] *v.tr.* Provocare, causare: *il tuo intervento ha ingenerato soltanto confusione.*

ingente [in-gèn-te] *agg.* Molto grande Ⓢ rilevante: *l'incendio ha causato danni ingenti.*

ingenuità [in-ge-nui-tà] *s.f.* **1** Mancanza di malizia Ⓢ candore, innocenza: *l'ingenuità dei bambini* ◊ Inesperienza, sprovvedutezza: *tutti si approfittano della sua ingenuità* **2** Atto o comportamento da persona ingenua: *è stata un'ingenuità fidarsi di uno sconosciuto.*

ingenuo [in-gè-nuo] *agg.* Privo di malizia Ⓢ innocente, candido; che rivela semplicità d'animo: *un bambino ancora ingenuo*; *uno sguardo ingenuo*; *una domanda ingenua* ◊ Poco accorto, poco furbo Ⓢ inesperto, sprovveduto: *una mossa ingenua*; *sei stato ingenuo a credergli* ♦ *s.m.* Persona di animo candido o sprovveduta e poco furba | *Fare l'ingenuo* = far finta di non capire o di non sapere: *smettila di fare l'ingenuo!*

ingerenza [in-ge-rèn-za] *s.f.* Intromissione (spec. non richiesta) negli affari altrui: *non tollero ingerenze di estranei nella mia vita privata.*

ingerimento [in-ge-ri-mén-to] *s.m.* Ingestione.

ingerire [in-ge-rì-re] *v.tr.* [*ingerìsco, ingerìsci*] Mandare giù nello stomaco Ⓢ inghiottire: *ingerire una pillola* ♦ **ingerirsi** *v.pr.* Intromettersi in cose che non riguardano Ⓢ immischiarsi: *non ingerirti nei miei affari!*

ingessare [in-ges-sà-re] *v.tr.* Immobilizzare con un'ingessatura: *ingessare una gamba, la spalla.*

ingessatura [in-ges-sa-tù-ra] *s.f.* Fasciatura rigida fatta con bende imbevute di un impasto di acqua e gesso.

ingestione [in-ge-stió-ne] *s.f.* Immissione nello stomaco di cibi o bevande: *è morto per ingestione di funghi velenosi.*

inghiottire [in-ghiot-tì-re] *v.tr.* [*inghiottìsco* o *inghiótto, inghiottìsci* o *inghiótti*] **1** Mandare giù attraverso la gola: *inghiottire un boccone, la saliva* | ♧ *Inghiottire le lacrime* = trattenerle **2** ♧ Far sparire, sommergere: *le onde inghiottirono la nave* ◊ Consumare: *l'inflazione ha inghiottito i suoi risparmi* **3** ♧ Subire qualcosa senza reagire Ⓢ sopportare: *nella vita ha dovuto inghiottire molte offese e umiliazioni.*

ingiallire [in-gial-lì-re] *v.tr.* [*ingiallìsco, ingiallìsci*] Far diventare giallo ♦ *v.intr.* [aus. *essere*] e **ingiallirsi** *v.pr.* Diventare giallo: *le foglie cominciano a ingiallire.*

ingigantire [in-gi-gan-tì-re] *v.tr.* [*ingigantìsco, ingigantìsci*] Ingrandire eccessivamente Ⓢ esagerare Ⓒ minimizzare: *non fa che ingigantire i propri meriti* ♦ *v.intr.* [aus. *essere*] e **ingigantirsi** *v.pr.* Assumere proporzioni gigantesche: *il pericolo di un'epidemia (si) ingigantisce ogni giorno di più.*

inginocchiarsi [in-gi-noc-chiàr-si] *v.pr.* Mettersi in ginocchio, per lo più come atto di devozione o sottomissione: *si inginocchiò davanti all'altare*; *si inginocchiò ai suoi piedi.*

inginocchiatoio [in-gi-noc-chia-tó-io] *s.m.* Mobile di legno con un gradino su cui ci si inginocchia per pregare.

ingioiellarsi [in-gio-iel-làr-si] *v.pr.* Ornarsi di gioielli: *le piace molto ingioiellarsi.*

ingiù [in-giù] *avv. All'ingiù* = verso il basso: *guardare, scivolare all'ingiù.*

ingiungere [in-giùn-ge-re] *v.tr.* [coniugato come *giungere*] Ordinare in modo perentorio Ⓢ intimare: *gli hanno ingiunto di pagare immediatamente*; *ingiungere il silenzio.*

ingiunzione [in-giun-zió-ne] *s.f.* Ordine perentorio: *il bandito, all'ingiunzione di arrendersi, fece fuoco.*

ingiuria [in-giù-ria] *s.f.* Offesa deliberata all'onore e alla reputazione di una persona Ⓢ oltraggio: *promise di vendicarsi dell'ingiuria* ◊ Parola, espressione offensiva Ⓢ insulto: *lo coprì di ingiurie*; *scambiarsi delle ingiurie.*

ingiuriare [in-giu-rià-re] *v.tr.* Offendere qualcuno con espressioni ingiuriose Ⓢ insultare.

ingiurioso [in-giu-rió-so] *agg.* Offensivo, oltraggioso: *le risposе con parole ingiuriose*; *un comportamento ingiurioso.*

ingiustificabile [in-giu-sti-fi-cà-bi-le] *agg.* Che non si può giustificare Ⓢ inammissibile: *un errore ingiustificabile.*

ingiustificato [in-giu-sti-fi-cà-to] *agg.* Privo di giustificazione: *il suo comportamento è ingiustificato*; *assenza ingiustificata* ◊ Infondato: *il tuo timore è ingiustificato.*

ingiustizia [in-giu-stì-zia] *s.f.* L'essere ingiusto: *l'ingiustizia di una punizione* ◊ Atto contrario alla giustizia; situazione ingiusta: *commettere, subire un'ingiustizia*; *combattere le ingiustizie sociali.*

ingiusto [in-giù-sto] *agg.* **1** Che agisce senza equità, in modo contrario alla giustizia: *sei ingiusto a trattarlo così*; *un padre ingiusto con i figli* **2** Contrario o non conforme ai principi di giustizia: *una legge ingiusta*; *la sua condanna è stata ingiusta*; *una decisione ingiusta* ◊ Ingiustificato, immotivato, infondato: *avanza ingiuste pretese*; *i tuoi sospetti sono ingiusti.*

inglobare [in-glo-bà-re] *v.tr.* Assorbire al proprio interno ciò che sta fuori, formando un tutto unico Ⓢ incorporare: *la città, espandendosi, ha inglobato poco a poco i villaggi circostanti.*

inglorioso [in-glo-rió-so] *agg.* Disonorevole, vergognoso: *ha fatto una fine ingloriosa.*

ingobbire [in-gob-bì-re] *v.intr.* [*ingobbìsco, ingobbìsci*; aus. *essere*] e **ingobbirsi** *v.pr.* Diventare gobbo, curvo: *invecchiando (si) è ingobbito.*

ingoiare [in-go-ià-re] *v.tr.* **1** Inghiottire (per lo più in fretta e con avidità) Ⓢ trangugiare: *ha ingoiato la minestra tutto d'un fiato* **2** ♧ Subire senza reagire Ⓢ sopportare, tollerare: *ha dovuto ingoiare molte offese e umiliazioni.*

ingollare [in-gol-là-re] *v.tr.* Ingoiare, trangugiare, ingurgitare.

ingolosire [in-go-lo-sì-re] *v.tr.* [*ingolosìsco, ingolosìsci*] Far venire la voglia di mangiare un cibo: *il profumo dell'arrosto mi ha ingolosito* ◊ ♧ Allettare, attirare, far gola: *lo ingolosì con delle promesse*; *una carica che ingolosisce molti* ♦ *v.intr.* [aus. *essere*] e **ingolosirsi** *v.pr.* Diventare goloso: *invecchiando (si) è ingolosito.*

ingombrante [in-gom-bràn-te] *agg.* Che intralcia perché occupa troppo spazio: *un mobile ingombrante.*

ingombrare [in-gom-brà-re] *v.tr.* Occupare uno spazio in modo da costituire un ostacolo, un intralcio: *un masso ingombrava la strada*; *non ingombrarmi il tavolo con le tue cianfrusaglie.*

ingombro[1] [in-góm-bro] *agg.* Occupato da cose che intralciano: *un tavolo ingombro di piatti.*

ingombro[2] [in-góm-bro] *s.m.* **1** Impaccio, intralcio: *questa roba è d'ingombro* ◊ Cosa che ingombra: *togli questi ingombri dal tavolo* **2** Lo spazio, il volume occupato da un oggetto: *una lavatrice di ingombro minimo.*

ingordigia [in-gor-dì-gia] *s.f.* Avidità eccessiva di cibo Ⓢ voracità: *mangia sempre con ingordigia* ◊ ♧ Avidità, cupidigia, bramosia: *ingordigia di ricchezze, di piaceri.*

ingordo [in-gór-do] *agg.* Avido di cibo, smodato nel mangiare Ⓢ vorace: *sei troppo ingordo, farai indigestione* ◊ Molto goloso di qualcosa Ⓢ ghiotto: *è ingordo di dolci.*

ingorgare [in-gor-gà-re] *v.tr.* [*ingórgo, ingórghi*] Ostruire una conduttura Ⓢ intasare: *i capelli hanno ingorgato il lavandino* ♦ **ingorgarsi** *v.pr.* Ostruirsi, intasarsi: *si è ingorgato il tubo di scarico* ◊ Detto del traffico, addensarsi in un punto senza più riuscire a scorrere.

ingorgo [in-gór-go] *s.m.* [pl. *–ghi*] Ostruzione, intasamento che blocca il passaggio, la circolazione: *l'ingorgo del tubo di scarico*; *sono rimasto intrappolato in un ingorgo stradale.*

ingozzare [in-goz-zà-re] *v.tr.* **1** Mandare giù nel gozzo, mangiare (detto di uccelli): *i polli ingozzano di tutto* ◊ Trangugiare: *si è ingozzato un gran piatto di pasta* **2** Far mangiare troppo una persona: *non ingozzare così quel ragazzo!* ♦ **ingozzarsi**

v.pr. Mangiare troppo in fretta o con avidità Ⓢ rimpinzarsi: *non ingozzarti a quel modo!*; *si è ingozzato di dolci.*

ingranaggio [in-gra-nàg-gio] *s.m.* Meccanismo costituito da una coppia di ruote dentate incastrate tra loro in modo tale che il movimento dell'una si trasmette all'altra.

ingranare [in-gra-nà-re] *v.tr. Ingranare la marcia di un'automobile* = innestarla ♦ *v.intr.* [aus. *avere*] **1** Detto dei denti di ingranaggi, incastrarsi l'uno nell'altro; detto delle marce di un autoveicolo, inserirsi: *la prima non ingrana bene* **2** ♧ Avere un buon avvio, un buon rendimento: *quest'anno fa fatica a ingranare con lo studio.*

ingrandimento [in-gran-di-mén-to] *s.m.* Aumento delle dimensioni di qualcosa Ⓢ ampliamento | *Lente d'ingrandimento* = che dà un'immagine ingrandita delle cose ◊ Stampa di una fotografia ingrandita rispetto al negativo.

ingrandire [in-gran-dì-re] *v.tr.* [*ingrandìsco, ingrandìsci*] Rendere più grande Ⓢ ampliare: *ingrandire un negozio* ◊ Detto di strumenti ottici, far apparire più grande l'immagine di un oggetto: *questo binocolo ingrandisce venti volte* ♦ *v.intr.* [aus. *essere*] e **ingrandirsi** *v.pr.* Diventare più grande Ⓢ crescere, espandersi: *la città (si) è molto ingrandita in questi anni.*

ingrassare [in-gras-sà-re] *v.tr.* **1** Far diventare grasso: *ingrassare i polli, i maiali*; *i dolci mi ingrassano* **2** Concimare: *ingrassare un terreno col letame* **3** Ungere, lubrificare con grassi: *ingrassare il motore* ♦ *v.intr.* [aus. *essere*] Diventare grasso o più grasso Ⓒ dimagrire: *a non fare movimento si ingrassa*; *sono ingrassato di dieci chili.*

ingratitudine [in-gra-ti-tù-di-ne] *s.f.* Mancanza di gratitudine.

ingrato [in-grà-to] *agg.* **1** Che non sente o non dimostra riconoscenza: *perché sei così ingrato con chi ti ha tanto aiutato?* **2** Non gradito, spiacevole: *mi hai affidato un compito ingrato* | *Un lavoro ingrato* = faticoso e che non dà soddisfazione ♦ *s.m.* Persona senza gratitudine: *ti sei comportato da ingrato.*

ingraziarsi [in-gra-ziàr-si] *v.pr.* Guadagnarsi la benevolenza, le simpatie di qualcuno Ⓒ inimicarsi: *gli faceva continuamente dei regali per ingraziarselo*; *con la sua diligenza quell'alunna è riuscita a ingraziarsi tutti gli insegnanti.*

ingrediente [in-gre-dièn-te] *s.m.* Ognuna delle sostanze che entrano nella preparazione di un cibo, di una bevanda, di un medicinale: *gli ingredienti di un dolce, di una salsa.*

ingresso [in-grès-so] *s.m.* **1** L'atto di entrare in un luogo Ⓢ entrata Ⓒ uscita: *gli atleti fecero ingresso nello stadio*; *l'orario di ingresso a scuola* ◊ Facoltà di entrare in un luogo: *l'ingresso è vietato agli estranei*; *ingresso libero, gratuito, a pagamento*; *comprare il biglietto d'ingresso al museo* **2** Il punto, il passaggio per cui si entra in un luogo Ⓢ entrata: *l'ingresso del cinema, del parco*; *sbarrare l'ingresso* ◊ Anticamera: *non lasciare gli ospiti nell'ingresso, falli accomodare.*

ingrossare [in-gros-sà-re] *v.tr.* Rendere grosso o più grosso Ⓢ gonfiare: *le piogge hanno ingrossato i torrenti* ◊ Far apparire più grosso di corporatura: *questo vestito ti ingrossa* ♦ *v.intr.* [aus. *essere*] e **ingrossarsi** *v.pr.* Diventare più grosso: *con gli anni (si) è un po' ingrossato.*

ingrosso [in-gròs-so] *s.m. All'ingrosso* = in grandi quantità (riferito alla compravendita di merci e opposto a *al dettaglio, al minuto*): *comprare, vendere all'ingrosso.*

inguaiare [in-gua-ià-re] *v.tr.* Mettere qualcuno nei guai, nei pasticci.

inguaribile [in-gua-rì-bi-le] *agg.* Che non può o non si può guarire: *un malato inguaribile*; *un male inguaribile* ◊ ♧ Incorreggibile: *è un inguaribile ottimista.*

inguine [in-gui-ne] *s.m.* La parte del corpo situata tra l'addome e l'inizio delle cosce.

ingurgitare [in-gur-gi-tà-re] *v.tr.* Inghiottire, mandar giù in fretta e con ingordigia cibi o bevande Ⓢ trangugiare.

inibire [i-ni-bì-re] *v.tr.* [*inibìsco, inibìsci*] **1** Vietare, proibire qualcosa a qualcuno: *il medico gli ha inibito l'uso di alcolici* **2** Bloccare, frenare, condizionare psicologicamente qualcuno: *la tua presenza lo inibisce.*

inidoneo [i-ni-dò-ne-o] *agg.* Non idoneo, inadatto: *è inidoneo a questo tipo di lavoro.*

iniettare [i-niet-tà-re] *v.tr.* Introdurre un liquido nel corpo mediante un'iniezione o attraverso piccole incisioni della pelle Ⓢ inoculare: *il medico gli ha iniettato un calmante*; *la vipera inietta il veleno nel sangue* ♦ **iniettarsi** *v.pr. Iniettarsi di sangue* = detto degli occhi, arrossarsi per eccessivo afflusso di sangue.

iniezione [i-nie-zió-ne] *s.f.* **1** Introduzione di un farmaco nell'organismo per mezzo di una siringa Ⓢ puntura; il farmaco stesso che si inietta: *sta facendo delle iniezioni ricostituenti* **2** ♧ Carica psicologica: *le sue parole mi hanno dato un'iniezione di fiducia, di coraggio.*

A B C D E F G H I J K L M N O P Q R S T U V W X Y Z

inimicare [i-ni-mi-cà-re] *v.tr.* [*inimìco, inimìchi*] Rendere o rendersi nemico, ostile qualcuno: *il suo comportamento gli ha inimicato tutti i colleghi.*

inimicizia [i-ni-mi-cì-zia] *s.f.* Avversione, ostilità: *tra le due famiglie c'è una vecchia inimicizia* | *Crearsi delle inimicizie* = farsi dei nemici.

inimitabile [i-ni-mi-tà-bi-le] *agg.* Che non si può imitare o uguagliare, a causa della sua assoluta perfezione o originalità Ⓢ impareggiabile: *un artista dallo stile inimitabile.*

inimmaginabile [i-nim-ma-gi-nà-bi-le] *agg.* Che supera ogni immaginazione: *ha dovuto patire sofferenze inimmaginabili.*

ininfluente [i-nin-flu-èn-te] *agg.* Non determinante, di scarsa importanza Ⓢ irrilevante: *un dettaglio ininfluente.*

ininterrotto [i-nin-ter-rót-to] *agg.* Che non ha soste Ⓢ continuo, incessante: *tre giorni di pioggia ininterrotta.*

iniquo [i-nì-quo] *agg.* Non equo Ⓢ ingiusto: *una sentenza iniqua; i vincitori imposero ai vinti condizioni di pace inique.*

iniziale [i-ni-zià-le] *agg.* D'inizio, che costituisce l'inizio: *i lavori sono in fase iniziale; il capitolo iniziale del libro* ♦ *s.f.* La prima lettera di una parola | *Le iniziali* = le lettere con cui cominciano il nome e il cognome: *firmò con le sue iniziali.*

inizialmente [i-ni-zial-mén-te] *avv.* All'inizio, da principio: *inizialmente quel compito sembrava troppo difficile.*

iniziare [i-ni-zià-re] *v.tr.* Dare inizio a qualcosa Ⓢ cominciare Ⓒ terminare, concludere: *iniziare un lavoro; l'oratore iniziò a parlare* ♦ *v.intr.* [aus. *essere*] e **iniziarsi** *v.pr.* Avere inizio: *lo spettacolo (si) è appena iniziato.*

iniziativa [i-ni-zia-tì-va] *s.f.* **1** Decisione attiva di intraprendere, di fare qualcosa: *l'iniziativa della gita è stata sua; le cose non si fanno da sole, qualcuno deve prendere l'iniziativa* ◊ Attività, impresa promossa da qualcuno: *aderire a un'iniziativa culturale; gli avversari fecero fallire l'iniziativa* **2** Capacità di ideare e intraprendere cose nuove Ⓢ intraprendenza: *è una persona piena d'iniziativa.*

inizio [i-nì-zio] *s.m.* L'atto con cui comincia qualcosa; fase, momento, punto iniziale di qualcosa Ⓢ avvio, principio Ⓒ fine: *dare inizio ai lavori; la riunione ha già avuto inizio; vedere un film dall'inizio; siamo all'inizio dell'inverno; abita all'inizio del viale; gli inizi sono sempre difficili* | *All'inizio* = dapprima, da principio: *all'inizio non ci credevo, ma la faccenda è andata proprio così.*

innalzare [in-nal-zà-re] *v.tr.* **1** Portare, dirigere verso l'alto Ⓢ alzare, sollevare Ⓒ abbassare: *innalzare la bandiera; innalzò gli occhi al cielo* **2** Far salire, far aumentare: *le piogge hanno innalzato il livello del lago* **3** Erigere, edificare: *innalzare un monumento, una torre* ♦ **innalzarsi** *v.pr.* **1** Portarsi verso l'alto Ⓢ sollevarsi: *l'aquilone s'innalzava lentamente* **2** Salire, aumentare: *si è innalzata la temperatura* **3** Ergersi, elevarsi: *una catena di monti s'innalzava all'orizzonte.*

innamoramento [in-na-mo-ra-mén-to] *s.m.* Momento in cui nasce una passione amorosa; lo stato d'animo di chi è innamorato.

innamorarsi [in-na-mo-ràr-si] *v.pr.* **1** Essere preso da amore per qualcuno: *si è innamorato della compagna di banco* ◊ Essere preso da desiderio, da entusiasmo per qualcosa: *si è innamorata di quella casa e la vuole a tutti i costi* **2** Provare amore l'uno per l'altro: *i due giovani si innamorarono a prima vista.*

innamorato [in-na-mo-rà-to] *agg.* Preso da un sentimento di amore: *è molto innamorato della fidanzata* ◊ Pieno di passione, di entusiasmo per qualcosa: *è innamorato del suo lavoro* ♦ *s.m.* Persona amata Ⓢ fidanzato: *mia sorella è uscita col suo innamorato.*

innanzi [in-nàn-zi] *avv.* **1** Avanti: *fatevi innanzi* **2** Prima: *il giorno innanzi* ◊ Poi, in seguito: *d'ora innanzi* ♦ *prep.* *Innanzi tutto* = prima di tutto | *Innanzi tempo* = prima del tempo: *sei arrivato innanzi tempo.*

innato [in-nà-to] *agg.* Che si possiede per natura, fin dalla nascita: *l'istinto materno è innato* ◊ Naturale, spontaneo, istintivo: *ha dato prova ancora una volta della sua innata generosità.*

innaturale [in-na-tu-rà-le] *agg.* Contrario alle leggi della natura: *sarebbe innaturale che i genitori non amassero i figli* ◊ Privo di naturalezza: *una posa innaturale.*

innegabile [in-ne-gà-bi-le] *agg.* Che non si può negare Ⓢ indubbio, evidente: *è innegabile che la colpa è anche tua.*

inneggiare [in-neg-già-re] *v.intr.* [aus. *avere*] Esaltare, celebrare con manifestazioni calorose e vistose: *la folla inneggiava alla squadra, alla vittoria.*

innervosire [in-ner-vo-sì-re] *v.tr.* [*innervosìsco, innervosìsci*] Rendere nervoso Ⓢ irritare: *quel rumore mi innervosisce* ♦ **innervosirsi** *v.pr.* Diventare nervoso: *si innervosisce facilmente.*

innescare [in-ne-scà-re] *v.tr.* [*innésco, innéschi*] **1** *Innescare l'amo* = munirlo di esca **2** Applicare l'innesco esplosivo a una bomba o a una mina **3** ♧ Provocare, dare inizio a qualcosa: *le dichiarazioni del ministro hanno innescato molte polemiche.*

innesco [in-né-sco] *s.m.* [pl. *–schi*] Dispositivo che serve ad accendere la carica esplosiva di una bomba o di una mina Ⓢ detonatore.

innestare [in-ne-stà-re] *v.tr.* **1** Inserire e far crescere su una pianta un ramo prelevato da un'altra pianta, per ottenere frutti migliori o di un'altra specie **2** Inserire una parte di un congegno dentro un'altra: *innestare la spina nella presa della corrente* | *Innestare la marcia* = collegare, agendo sul cambio, il motore con gli organi di trasmissione ♦ **innestarsi** *v.pr.* Inserirsi (di una cosa in un'altra): *qui la strada si innesta nell'autostrada.*

innevare [in-ne-và-re] *v.tr.* Coprire di neve.

inno [in-no] *s.m.* **1** Componimento poetico-musicale di tono solenne, spec. in onore della divinità o della patria: *cantare un inno religioso, l'inno nazionale* **2** ♧ Discorso di esaltazione, di lode: *le sue parole erano un inno alla fratellanza.*

innocente [in-no-cèn-te] *agg.* **1** Non colpevole: *l'imputato si è dichiarato innocente* **2** Che non ha ancora conoscenza ed esperienza del male: *un bambino innocente* ◊ Privo di ogni malizia, fatto senza malizia Ⓢ candido, ingenuo, innocuo: *uno sguardo, un sorriso innocente*; *una domanda innocente*; *uno scherzo, un passatempo innocente* ♦ *s.m.f.* Chi non ha commesso ciò di cui è accusato: *hanno condannato un innocente.*

innocenza [in-no-cèn-za] *s.f.* **1** Ignoranza del male, assenza di ogni malizia Ⓢ candore, purezza: *l'infanzia è l'età dell'innocenza* **2** Non colpevolezza riguardo a ciò di cui si è accusati: *sono sicuro della sua innocenza.*

innocuo [in-nò-cuo] *agg.* Che non fa del male a nessuno, che non può nuocere Ⓢ inoffensivo Ⓒ pericoloso, nocivo: *un animale innocuo*; *uno scherzo innocuo*; *un medicinale innocuo.*

innovativo [in-no-va-tì-vo] *agg.* Che mira a cambiare qualcosa introducendo elementi di novità: *una proposta innovativa.*

innovazione [in-no-va-zió-ne] *s.f.* Novità, cambiamento: *le innovazioni tecnologiche sono sempre più rapide.*

innumerevole [in-nu-me-ré-vo-le] *agg.* Tanto numeroso che non si può contare: *una folla innumerevole ha partecipato alla manifestazione.*

inoculare [i-no-cu-là-re] *v.tr.* Introdurre nell'organismo mediante iniezione o attraverso piccole incisioni della pelle Ⓢ iniettare: *il medico gli ha inoculato un vaccino.*

inodore [i-no-dó-re] o **inodoro** [i-no-dó-ro] *agg.* Che non ha odore: *l'acqua è un liquido inodore*; *un gas inodore.*

inoffensivo [i-nof-fen-sì-vo] *agg.* Incapace di fare del male Ⓢ innocuo: *una persona inoffensiva*; *rendere inoffensivo un animale feroce* ◊ Che non vuole offendere: *una frase inoffensiva.*

inoltrare [i-nol-trà-re] *v.tr.* Inviare o trasmettere una pratica all'ufficio o alla persona competente: *le domande di trasferimento vanno inoltrate al ministero* | *Inoltrare la corrispondenza* = farla pervenire alla sua destinazione ♦ **inoltrarsi** *v.pr.* Avanzare, addentrarsi in qualcosa (anche ♧): *gli esploratori si inoltrarono nella foresta*; *man mano che si inoltrava nella lettura, il romanzo lo appassionava sempre più.*

inoltrato [i-nol-trà-to] *agg.* Che è già in buona parte trascorso Ⓢ avanzato: *tornò a notte inoltrata*; *era ormai estate inoltrata.*

inoltre [i-nól-tre] *avv.* Per di più, oltre a ciò: *è ignorante, e inoltre è presuntuoso*; *chiudi bene la casa e ricordati, inoltre, di spegnere la luce.*

inondare [i-non-dà-re] *v.tr.* **1** Allagare: *il fiume è straripato e ha inondato le campagne* **2** ♧ Invadere, riversarsi in grande quantità: *una folla in festa ha inondato le strade.*

inondazione [i-non-da-zió-ne] *s.f.* Allagamento, alluvione.

inoperoso [i-no-pe-ró-so] *agg.* Inattivo, inerte: *non mi piace starmene inoperoso, trovo sempre qualcosa da fare.*

inopportuno [i-nop-por-tù-no] *agg.* Non opportuno, non appropriato alle circostanze Ⓢ fuori luogo, intempestivo: *ha fatto una domanda inopportuna*; *sei stato inopportuno a insistere*; *il tuo intervento è stato inopportuno.*

inoppugnabile [i-nop-pu-gnà-bi-le] *agg.* Che non si può contestare, mettere in dubbio: *prove, argomenti inoppugnabili.*

inorganico [i-nor-gà-ni-co] *agg.* [pl.m. *–ci*] Privo di vita, appartenente al mondo minerale: *le rocce sono composte di materia inorganica.*

inorgoglire [i-nor-go-glì-re] *v.tr.* [*inorgoglìsco, inorgoglìsci*] Rendere orgoglioso, riempire d'orgoglio: *quel successo lo inorgoglì* ♦ *v.intr.* [aus. *essere*] e **inorgoglirsi** *v.pr.* Diventare orgoglioso: *(si) è inorgoglito per i suoi successi.*

inorridire [i-nor-ri-dì-re] *v.tr.* [*inorridìsco, inorridìsci*] Riempire di orrore: *quel delitto mi ha inorridito* ♦ *v.intr.* [aus. *essere*] Essere preso da un senso di orrore: *a quella vista tutti inorridirono.*

inospitale [i-no-spi-tà-le] *agg.* **1** Non ospitale, poco cortese con gli ospiti: *gente inospitale* **2** Inabitabile (detto di territorio): *una regione, una landa inospitale.*

inosservato [i-nos-ser-và-to] *agg.* Non visto, non notato da altri: *riuscì ad allontanarsi inosservato*; *la tua presenza non poteva certo passare inosservata.*

inossidabile [i-nos-si-dà-bi-le] *agg.* Che non si ossida: *una pentola di acciaio inossidabile.*

input [parola inglese; pron. corrente *ìmput*] *s.m. invar.* **1** In informatica, introduzione di dati in un computer; anche, l'insieme dei dati introdotti ◊ Qualsiasi comando al computer con cui l'utente avvia un'operazione (per es. cliccare su un'icona) **2** Impulso, direttiva che dà avvio a qualcosa.

inquadrare [in-qua-drà-re] *v.tr.* Far entrare un soggetto nel campo visivo della macchina fotografica, della cinepresa o della videocamera: *se non state più vicini non riesco a inquadrarvi tutti* ◊ Riprendere il soggetto in un dato modo: *inquadrare una persona dal basso, di profilo.*

inquadratura [in-qua-dra-tù-ra] *s.f.* Campo visivo ripreso da una macchina fotografica, da una cinepresa o da una videocamera, variabile a seconda dell'obiettivo, dell'angolo di ripresa e della distanza: *per riprenderci tutti devi allargare l'inquadratura* ◊ Immagine fotografica o cinematografica: *il film inizia con un'inquadratura suggestiva.*

inqualificabile [in-qua-li-fi-cà-bi-le] *agg.* Così indegno e riprovevole che non ci sono parole per qualificarlo: *la sua condotta è stata inqualificabile.*

inquietare [in-quie-tà-re] *v.tr.* Rendere inquieto, ansioso Ⓢ impensierire, preoccupare, turbare: *il suo ritardo mi inquieta* ♦ **inquietarsi** *v.pr.* **1** Mettersi in ansia Ⓢ preoccuparsi: *non inquietarti, andrà tutto bene* **2** Irritarsi, spazientirsi: *si inquieta per il minimo contrattempo.*

inquieto [in-quiè-to] *agg.* **1** Preoccupato, impensierito: *sono inquieto per il suo ritardo* **2** Irrequieto, agitato, non tranquillo: *il malato è stato inquieto tutto il giorno*; *ho passato una notte inquieta.*

inquietudine [in-quie-tù-di-ne] *s.f.* Apprensione, ansia, preoccupazione, agitazione: *un fatto che ha destato inquietudine*; *era evidente la sua inquietudine.*

inquilino [in-qui-lì-no] *s.m.* Chi abita in una casa altrui pagando l'affitto al proprietario.

inquinamento [in-qui-na-mén-to] *s.m.* Contaminazione e alterazione dell'ambiente naturale, in genere provocata da attività umane che vi introducono sostanze nocive o che comunque producono effetti dannosi: *inquinamento dell'aria, dell'acqua, del suolo*; *inquinamento industriale, chimico, radioattivo.*

inquinare [in-qui-nà-re] *v.tr.* Infettare, contaminare con germi; alterare con sostanze nocive: *sono state trovate bottiglie di latte inquinato con batteri*; *gli scarichi delle fognature inquinano fiumi, laghi e mari.*

inquisire [in-qui-sì-re] *v.tr.* [*inquisìsco, inquisìsci*] Sottoporre una persona a un'indagine giudiziaria per accertare sue eventuali colpe e responsabilità: *il funzionario è stato inquisito per sospetti di corruzione.*

insabbiare [in-sab-bià-re] *v.tr.* **1** Coprire di sabbia **2** ♧ Bloccare od ostacolare il normale corso di una procedura: *hanno insabbiato l'inchiesta per proteggere un'autorità* ◊ Mettere a tacere, occultare: *insabbiare uno scandalo* ♦ **insabbiarsi** *v.pr.* **1** Nascondersi nella sabbia: *le sogliole si insabbiano per sfuggire ai predatori* **2** Arenarsi: *il battello si è insabbiato* **3** Detto di porto, colmarsi di sabbia portata dalle correnti e accumulatasi sul fondo, diventando così inagibile.

insaccare [in-sac-cà-re] *v.tr.* [*insàcco, insàcchi*] **1** Mettere in sacchi: *insaccare il grano, le patate* | ♧ *Insaccare il pallone* = nel calcio, mandarlo in rete **2** Mettere la carne di maiale tritata nei budelli per fare salami e salsicce.

insaccato [in-sac-cà-to] *s.m.* Qualsiasi tipo di salume preparato con carni tritate insaccate in budelli.

insalata [in-sa-là-ta] *s.f.* **1** Piatto di verdure, per lo più crude, condite con sale, olio e aceto o limone: *insalata verde, mista, di pomodori* | *Patate, zucchine ecc. in insalata* = condite come l'insalata ◊ Piatto freddo a base di verdure, carni e altri ingredienti mescolati e conditi in insalata o con varie salse: *insalata russa, di riso, di pollo, di (frutti di) mare* **2** Nome generico di varie verdure che si mangiano normalmente crude condite in insalata: *vado a cogliere l'insalata nell'orto.*

insalatiera [in-sa-la-tiè-ra] *s.f.* Recipiente per condire e servire in tavola l'insalata.

insalubre [in-sa-lù-bre] *agg.* Nocivo alla salute Ⓢ malsano: *una zona con un clima insalubre*; *aria insalubre.*

insanguinare [in-san-gui-nà-re] *v.tr.* Bagnare, macchiare di sangue: *la ferita gli insanguinò la camicia* ◊ ♧ Funestare con stragi e lutti; coprire con il sangue di molte vittime: *una guerra civile insanguina il paese*; *gli incidenti stradali insanguinano le strade.*

insano [in-sà-no] *agg.* Irragionevole, inconsulto, folle: *nutre insani propositi*; *ha compiuto un gesto insano.*

insaponare [in-sa-po-nà-re] *v.tr.* Strofinare con il sapone; cospargere di schiuma di sapone: *insaponare le mani, il bucato*; *si insaponò il viso per radersi.*

insapore [in-sa-pó-re] *agg.* Privo di sapore.

insaporire [in-sa-po-rì-re] *v.tr.* [*insaporìsco, insaporìsci*] Dare sapore, rendere saporito un cibo: *ho aggiunto alla carne un po' di spezie per insaporirla.*

insaputa [in-sa-pù-ta] *s.f. All'insaputa* = senza che qualcuno lo sapesse; senza far sapere nulla a qualcuno; di nascosto: *ha fatto tutto a mia insaputa*; *è partito all'insaputa dei genitori.*

insaziabile [in-sa-zià-bi-le] *agg.* Che non è mai sazio, che non si sazia mai: *è un ragazzo insaziabile, con un appetito insaziabile* ◊ ♧ Che non si può mai soddisfare, appagare completamente: *è di una curiosità insaziabile.*

inscatolare [in-sca-to-là-re] *v.tr.* Mettere qualcosa in scatole: *inscatolò i libri per il trasporto* ◊ Mettere cibi in scatola per conservarli: *inscatolare i pomodori, i fagioli.*

inscenare [in-sce-nà-re] *v.tr.* **1** Mettere in scena uno spettacolo **2** ♧ Attuare con ostentazione un'azione preparata in precedenza, ma che si vuole far sembrare spontanea: *i complici avevano inscenato una lite per distrarre i presenti* ◊ Organizzare, promuovere un'azione clamorosa: *inscenare una protesta, una manifestazione.*

inscrivere [in-scrì-ve-re] *v.tr.* [coniugato come *scrivere*] Tracciare un poligono dentro una circonferenza o una circonferenza dentro un poligono.

insediamento [in-se-dia-mén-to] *s.m.* **1** Presa ufficiale di possesso di una carica: *oggi ci sarà l'insediamento del nuovo prefetto* **2** Sede di dimora di una popolazione: *gli archeologi hanno trovato nella zona tracce di insediamenti etruschi.*

insediarsi [in-se-diàr-si] *v.pr.* **1** Prendere ufficialmente possesso di una carica occupando la sede in cui la si eserciterà: *il nuovo sindaco si è insediato nel Comune* **2** Stabilirsi, installarsi, stanziarsi in un luogo, in una nuova sede: *i profughi si sono insediati in case di fortuna.*

insegna [in-sé-gna] *s.f.* **1** Segno distintivo di una autorità, di una carica: *le insegne del re sono lo scettro e la corona* ◊ Stemma: *l'insegna di Firenze è il giglio* ◊ Bandiera, vessillo, gonfalone su cui figurano i simboli di un reparto militare, di un partito, di una squadra ecc.: *il reggimento degli alpini ha sfilato con le sue insegne* **2** Targa, scritta, figura collocata all'esterno di negozi e locali pubblici per richiamare l'attenzione: *l'insegna (luminosa) di un ristorante* ◊ Cartello indicatore stradale **3** ♧ *All'insegna di* = contraddistinto da: *è stata una riunione all'insegna del buonumore.*

insegnamento [in-se-gna-mén-to] *s.m.* **1** L'attività, il modo di insegnare: *l'insegnamento dell'italiano, della matematica*; *insegnamento elementare, universitario*; *insegnamento pratico, teorico* ◊ La professione di insegnante: *ha deciso di darsi all'insegnamento* **2** Ammaestramento, precetto, lezione: *ha fatto tesoro degli insegnamenti paterni*; *un cristiano deve seguire gli insegnamenti del Vangelo*; *questa esperienza ti serva da insegnamento.*

insegnante [in-se-gnàn-te] *agg.* e *s.m.f.* Che, chi per professione insegna: *personale insegnante*; *insegnante di storia, di musica* | *Il corpo insegnante di una scuola* = l'insieme degli insegnanti.

insegnare [in-se-gnà-re] *v.tr.* **1** Spiegare e fare apprendere con metodiche lezioni teoriche o pratiche una disciplina, un'arte, una tecnica ecc.: *insegnare matematica, musica, disegno*; *insegnare a leggere, a scrivere, a guidare, a nuotare* ◊ Far imparare a memoria: *insegnare una poesia, una preghiera* ◊ Far apprendere qualcosa a qualcuno con spiegazioni, con l'esempio o con i fatti: *un amico mi ha insegnato un nuovo gioco*; *insegnare l'educazione ai figli*; *mio padre mi ha insegnato ad amare la natura* ◊ Far capire: *quell'esperienza mi ha insegnato molte cose* **2** Indicare, mostrare: *mi può insegnare la strada?* ♦ *v.intr.* [aus. *avere*] Esercitare la professione di insegnante: *insegna all'università*; *da grande vorrei insegnare.*

inseguimento [in-se-gui-mén-to] *s.m.* L'azione di inseguire: *si gettò all'inseguimento del ladro.*

inseguire [in-se-guì-re] *v.tr.* **1** Correre dietro a qualcuno o a qualcosa che fugge per raggiungerlo o catturarlo: *inseguire un ladro*; *i cani inseguono la preda*; *insegua quella macchina!* **2** ♧ Cercare di raggiungere cose astratte o ideali: *inseguire un pensiero, un ricordo*; *inseguire il successo* **3** ♧ Tormentare, assillare: *era continuamente inseguito da un rimorso, da un incubo.*

inseguitore [in-se-gui-tó-re] *agg.* e *s.m.* [f. *–trice*] Che, chi insegue: *il gruppo inseguitore ha raggiunto il ciclista fuggitivo*; *riuscì a sfuggire ai propri inseguitori.*

insenatura [in-se-na-tù-ra] *s.f.* Rientranza della costa del mare, di un lago o delle sponde di un fiume: *la nave gettò l'ancora in un'insenatura.*

insensato [in-sen-sà-to] *agg.* Che ha o che dimostra assoluta mancanza di buon senso, di giudizio Ⓢ stolto, irragionevole: *è un giovane insensato*; *che idea insensata ti è venuta!* ◊ Privo di senso Ⓢ assurdo: *nel delirio pronunciava frasi insensate.*

insensibile [in-sen-sì-bi-le] *agg.* **1** Che non avverte sensazioni fisiche: *sembrava insensibile al freddo*; *l'anestesia ha reso insensibile il nervo* ◊ Che non si lascia commuovere Ⓢ impassibile, indifferente: *è uno insensibile al dolore altrui*; *si mostrò insensibile alle preghiere della donna*; *ha un animo insensibile* **2** Tanto piccolo che non si può avvertire coi sensi Ⓢ impercettibile: *c'è stato un insensibile aumento di temperatura.*

inseparabile [in-se-pa-rà-bi-le] *agg.* Che non si può separare: *l'idea di libertà è inseparabile da quella di giustizia* | *Due amici inseparabili* = che stanno sempre insieme.

inserimento [in-se-ri-mén-to] *s.m.* **1** L'inserire Ⓢ introduzione, inclusione: *l'inserimento della spina nella presa*; *l'inserimento di una citazione in un testo* **2** L'inserirsi di una persona in un ambiente Ⓢ integrazione: *ha avuto problemi di inserimento nella nuova classe.*

inserire [in-se-rì-re] *v.tr.* [*inserìsco, inserìsci*] Introdurre, infilare una cosa in un'altra Ⓒ levare: *inserire la spina nella presa, un biglietto nella busta* ◊ Aggiungere, includere: *ho inserito anche il tuo nome nella lista* | *Inserire un annuncio su un giornale* = farlo pubblicare ♦ **inserirsi** *v.pr.* **1** Innestarsi, congiungersi: *il tubo si inserisce nello scarico*; *la gamba si inserisce nell'anca* **2** Entrare a far parte di un ambiente, di un gruppo Ⓢ integrarsi: *fa fatica a inserirsi nella nuova classe.*

inserto [in-sèr-to] *s.m.* Foglio, fascicolo inserito come supplemento in un giornale, in una rivista: *un inserto illustrato* ◊ Breve filmato inserito in un programma televisivo: *inserti pubblicitari.*

inservibile [in-ser-vì-bi-le] *agg.* Che non serve più o non può più essere utilizzato: *queste forbici hanno perso il filo e sono ormai inservibili.*

inserviente [in-ser-vièn-te] *s.m.f.* Persona addetta a lavori manuali e pesanti in ospedali, alberghi, aziende ecc.: *gli inservienti facevano le pulizie.*

inserzione [in-ser-zió-ne] *s.f.* Annuncio pubblicitario o economico pubblicato a pagamento su giornali e riviste: *leggere la pagina delle inserzioni.*

Insetti [in-sèt-ti] *s.m.pl.* Classe di animali invertebrati con un gran numero di specie e un'enorme diffusione; hanno il corpo diviso in capo, torace e addome, tre paia di zampe, due antenne e spesso uno o due paia di ali.

insetticida [in-set-ti-cì-da] *agg.* e *s.m.* [pl.m. *-di*] Detto di ogni sostanza che uccide gli insetti.

insettivoro [in-set-tì-vo-ro] *agg.* e *s.m.* Detto di ogni animale che si nutre prevalentemente di insetti: *la talpa è un insettivoro.*

insetto [in-sèt-to] *s.m.* Ogni animale appartenente alla classe degli Insetti: *l'ape, la formica, la mosca, la farfalla sono insetti.*

insicuro [in-si-cù-ro] *agg.* **1** Che manca di sicurezza, di fiducia in se stesso: *un ragazzo timido e insicuro* ◊ Che rivela insicurezza: *rispose con voce insicura* **2** Che non dà sicurezza, affidamento: *un rifugio, un ponte insicuro.*

insidia [in-sì-dia] *s.f.* **1** Azione tramata di nascosto ai danni di qualcuno Ⓢ agguato, tranello: *tendere un'insidia al nemico* **2** ♧ Pericolo, rischio nascosto: *le insidie del mare, della montagna.*

insidiare [in-si-dià-re] *v.tr.* e *v.intr.* [aus. *avere*] Tramare, tendere insidie per mettere in difficoltà qualcuno Ⓢ attentare: *ha cercato di insidiare il* (o *al*) *buon nome della mia famiglia.*

insidioso [in-si-dió-so] *agg.* Che nasconde un'insidia, un tranello: *una domanda insidiosa.*

insieme [in-siè-me] *avv.* **1** Indica compagnia, unione, associazione, coesione tra diverse persone o cose: *abbiamo cenato insieme*; *lavorano insieme*; *legare insieme due cose* | *Mettere insieme* = riunire, radunare, accumulare, coordinare: *mettere insieme due gruppi, un esercito, un patrimonio, le idee* ◊ *Insieme a, con* = in compagnia di, unitamente a: *era insieme al padre*; *i documenti vanno presentati insieme con la domanda* **2** Nello stesso momento, allo stesso tempo: *non parlate tutti insieme*; *un film divertente e insieme istruttivo* ♦ *s.m.* Totalità, complesso di più elementi: *bisogna considerare le cose nel loro insieme*; *l'insieme delle persone presenti era d'accordo* | *Una visione d'insieme* = complessiva ◊ Raggruppamento di singoli elementi considerati come un tutto unico: *la folla è un insieme di persone.*

insigne [in-sì-gne] *agg.* Che si distingue per qualità eccezionali Ⓢ illustre: *un insigne scienziato* ◊ Di grande pregio e valore: *un monumento insigne.*

insignificante [in-si-gni-fi-càn-te] *agg.* **1** Di scarso pregio e interesse: *un'opera insignificante* ◊ Privo di personalità, di attrattiva Ⓢ banale, insulso: *una persona insignificante* **2** Trascurabile, irrilevante: *il danno è stato insignificante*; *dettagli insignificanti.*

insinuare [in-si-nu-à-re] *v.tr.* **1** Introdurre, infilare (per lo più lentamente e con cautela): *il ladro insinuò la mano nella borsetta* **2** ♧ Far nascere indirettamente nell'animo di qualcuno un sentimento o un'idea: *quelle parole gli insinuarono un dubbio* ◊ Avanzare un'accusa in modo velato e indiretto: *vuoi forse insinuare che sono stato io?* ♦ **insinuarsi** *v.pr.* Penetrare, introdursi (anche ♧): *l'acqua si insinua nelle fessure della roccia*; *un sospetto cominciò a insinuarsi nel suo animo.*

insinuazione [in-si-nua-zió-ne] *s.f.* Accusa o sospetto espressi in modo velato e indiretto, con allusioni maligne: *respingo ogni insinuazione sulla mia onestà.*

insipido [in-sì-pi-do] *agg.* Privo di sapore, poco saporito: *questa minestra è insipida.*

insistente [in-si-stèn-te] *agg.* **1** Che insiste nel chiedere, nell'offrire ecc. fino a rendersi importuno: *non essere così insistente!* ◊ Ripetuto più volte Ⓢ reiterato: *ho ceduto alle sue insistenti richieste* **2** Che dura a lungo senza smettere Ⓢ incessante, persistente: *una pioggia insistente.*

insistere [in-sì-ste-re] *v.intr.* [coniugato come *assistere*; aus. *avere*] Continuare a dire o a fare qualcosa con tenacia o con ostinazione Ⓢ perseverare, ostinarsi: *insiste nella sua idea*; *perché insisti a negare?*; *è inutile che insisti, non vengo*; *se proprio insiste, accetto.*

insoddisfacente [in-sod-di-sfa-cèn-te] *agg.* Che non soddisfa Ⓢ deludente: *un risultato insoddisfacente*; *il suo rendimento è insoddisfacente.*

insoddisfatto [in-sod-di-sfàt-to] *agg.* Non soddisfatto Ⓢ scontento: *è insoddisfatto dei risultati ottenuti* ◊ Inappagato: *i suoi desideri sono rimasti insoddisfatti.*

insoddisfazione [in-sod-di-sfa-zió-ne] *s.f.* Sentimento di scontentezza, di delusione.

insofferente [in-sof-fe-rèn-te] *agg.* Incapace di sopportare qualcosa: *è insofferente alla disciplina* ◊ Facile a irritarsi, intollerante, impaziente: *ha un carattere insofferente.*

insolazione [in-so-la-zió-ne] *s.f.* Malore provocato da una troppo lunga esposizione ai raggi solari Ⓢ colpo di sole.

insolente [in-so-lèn-te] *agg.* Che manca di rispetto e si comporta con arroganza Ⓢ impertinente, arrogante Ⓒ rispettoso: *un ragazzo insolente* ◊ Che mostra mancanza di rispetto Ⓢ offensivo Ⓒ garbato: *una risposta insolente.*

insolenza [in-so-lèn-za] *s.f.* Mancanza di rispetto arrogante e offensiva: *mi ha trattato con insolenza* ◊ Parola offensiva Ⓢ insulto, ingiuria: *appena lo vide lo coprì di insolenze.*

insolito [in-sò-li-to] *agg.* Diverso dal solito o fuori del normale Ⓢ inconsueto, inusuale, strano: *mostrava un'insolita allegria*; *è un caldo insolito per questa stagione.*

insolubile [in-so-lù-bi-le] *agg.* **1** Che non si scioglie in un dato solvente: *l'olio è insolubile nell'acqua* **2** ♧ Che non si può risolvere: *un problema, un mistero insolubile.*

insoluto [in-so-lù-to] *agg.* Non risolto: *un caso ancora insoluto.*

insomma [in-sóm-ma] *avv.* **1** In conclusione, in breve: *è educato, diligente, premuroso, insomma è proprio un bravo ragazzo* **2** Usato come esclamazione esprime impazienza, irritazione: *insomma, vi sbrigate sì o no?* ◊ (come risposta) Così così, né bene né male: *«Come va?» «Insomma!».*

insonne [in-sòn-ne] *agg.* Incapace di prendere sonno: *si rigirava insonne nel letto* | *Passare una notte insonne* = senza dormire.

insonnia [in-sòn-nia] *s.f.* Difficoltà a prendere sonno o a dormire a sufficienza: *in questo periodo soffre d'insonnia.*

insonnolito [in-son-no-lì-to] *agg.* Pieno di sonno, mezzo addormentato Ⓢ assonnato: *sembri ancora un po' insonnolito.*

insonorizzare [in-so-no-riz-zà-re] *v.tr.* Rendere un ambiente impenetrabile ai rumori, isolarlo acusticamente.

insopportabile [in-sop-por-tà-bi-le] *agg.* Che non si riesce a sopportare o si sopporta a stento Ⓢ intollerabile: *un dolore, un caldo insopportabile*; *è un uomo insopportabile.*

insorgenza [in-sor-gèn-za] *s.f.* Manifestazione improvvisa di una malattia e dei suoi sintomi: *l'insorgenza di un'infezione, della febbre.*

insorgere [in-sór-ge-re] *v.intr.* [coniugato come *sorgere*; aus. *essere*] **1** Sollevarsi, ribellarsi: *il popolo insorse contro la dittatura* **2** Sorgere, manifestarsi all'improvviso: *sono insorte delle difficoltà, delle complicazioni.*

insormontabile [in-sor-mon-tà-bi-le] *agg.* Impossibile da superare: *difficoltà insormontabili.*

insorto [in-sór-to] *s.m.* Chi partecipa a un'insurrezione Ⓢ rivoltoso: *il capo degli insorti venne arrestato.*

insospettabile [in-so-spet-tà-bi-le] *agg.* **1** Che non desta sospetti, che è al di sopra di ogni sospetto: *una persona insospettabile* **2** Che nessuno avrebbe supposto Ⓢ impensabile, sorprendente: *in quell'occasione ha mostrato un coraggio e un sangue freddo insospettabili.*

insospettato [in-so-spet-tà-to] *agg.* Che non si

supponeva Ⓢ inaspettato Ⓒ prevedibile: *reagì con insospettata energia.*

insospettire [in-so-spet-tì-re] *v.tr.* [*insospettìsco, insospettìsci*] Mettere in sospetto, destare un sospetto: *il suo atteggiamento ci ha insospettito* ♦ **insospettirsi** *v.pr.* Mettersi in sospetto: *a quel rumore si insospettì.*

insostenibile [in-so-ste-nì-bi-le] *agg.* **1** Che non si può sopportare, affrontare: *la situazione sta diventando insostenibile*; *è una spesa per noi insostenibile* **2** Che non si può sostenere, difendere perché debole o falso: *la tua tesi è insostenibile*; *un'accusa insostenibile.*

insostituibile [in-so-sti-tu-ì-bi-le] *agg.* Che non può essere sostituito da nessun altro, perché ha qualità o capacità uniche: *il direttore lo considera un collaboratore insostituibile.*

insozzare [in-soz-zà-re] *v.tr.* Sporcare, insudiciare: *hai insozzato il pavimento di fango con le scarpe* ♦ **insozzarsi** *v.pr.* Sporcarsi: *giocando con la terra ti sei tutto insozzato.*

insperato [in-spe-rà-to] *agg.* Che non si era sperato, che non ci si aspettava Ⓢ inaspettato: *mi è arrivato da loro un aiuto insperato*; *ha avuto un successo insperato.*

inspiegabile [in-spie-gà-bi-le] *agg.* Di cui non si riesce a dare una spiegazione, una ragione: *il miracolo è un fenomeno inspiegabile*; *il suo ritardo è inspiegabile.*

inspirare [in-spi-rà-re] *v.tr.* Introdurre aria nei polmoni Ⓢ aspirare: *cerca di inspirare profondamente* ◊ Introdurre nei polmoni altre sostanze durante la respirazione: *inspirare fumo, polvere, un gas tossico.*

inspirazione [in-spi-ra-zió-ne] *s.f.* L'atto di inspirare; la fase della respirazione in cui si immette aria nei polmoni (contrapposta all'*espirazione*).

instabile [in-stà-bi-le] *agg.* **1** Che non sta ben fermo, che è in equilibrio precario Ⓢ traballante, malsicuro: *un tavolino instabile*; *quella pila di libri mi sembra instabile* **2** Variabile: *il tempo si mantiene instabile* ◊ Incostante, volubile: *è una persona di umore instabile.*

installare [in-stal-là-re] *v.tr.* **1** Collocare un impianto, un apparecchio in un posto e metterlo in condizione di funzionare: *oggi vengono a installare il telefono nella nuova casa*; *installare una caldaia, un semaforo* **2** In informatica, trasferire un programma nel disco rigido di un computer ♦ **installarsi** *v.pr.* Insediarsi, sistemarsi stabilmente in un posto, in un alloggio: *non si è ancora installato nel suo ufficio*; *si sono installati in casa nostra e non se ne vanno più.*

installazione [in-stal-la-zió-ne] *s.f.* **1** Collocazione e messa in funzione di impianti, apparecchiature ecc.: *per l'installazione del telefono ci vorrà sicuramente qualche settimana* **2** Impianto, attrezzatura: *le installazioni di bordo di una nave, di un aereo.*

instancabile [in-stan-cà-bi-le] *agg.* Che non si stanca mai Ⓢ infaticabile: *è un lavoratore instancabile.*

instaurare [in-stau-rà-re] *v.tr.* Istituire, dare avvio a qualcosa di nuovo: *il referendum del 1946 ha instaurato in Italia la repubblica*; *il nuovo insegnante ha instaurato una severa disciplina.*

instillare vedi **istillare**.

instradare vedi **istradare**.

insù [in-sù] *avv. All'insù* = verso l'alto.

insubordinazione [in-su-bor-di-na-zió-ne] *s.f.* Violazione della disciplina; atto di ribellione all'autorità e agli ordini dei superiori, spec. in ambito militare: *il soldato è stato punito per insubordinazione.*

insuccesso [in-suc-cès-so] *s.m.* Mancato successo, esito negativo Ⓢ fallimento, fiasco: *l'insuccesso di un'impresa*; *il film ha registrato un clamoroso insuccesso.*

insudiciare [in-su-di-cià-re] *v.tr.* Rendere sudicio Ⓢ sporcare, insozzare, imbrattare: *mi hai insudiciato il vestito* ♦ **insudiciarsi** *v.pr.* Sporcarsi: *ti sei tutto insudiciato!*

insufficiente [in-suf-fi-cièn-te] *agg.* Non sufficiente, non adeguato rispetto al bisogno o allo scopo: *guadagna uno stipendio insufficiente per mantenere la famiglia*; *il tempo per finire il lavoro è insufficiente* ◊ Nel linguaggio scolastico, inferiore alla sufficienza: *compito, voto, giudizio insufficiente.*

insufficienza [in-suf-fi-cièn-za] *s.f.* **1** Quantità insufficiente rispetto alle necessità o allo scopo Ⓢ scarsità, carenza, difetto: *la polizia lamenta insufficienza di mezzi e di uomini per combattere la criminalità*; *insufficienza di spazio*; *è stato assolto per insufficienza di prove* **2** Voto scolastico negativo, inferiore alla sufficienza: *ha preso un'insufficienza in italiano* **3** Difficoltà di funzionamento di un organo: *insufficienza cardiaca, renale.*

insulare [in-su-là-re] *agg.* Delle isole: *il clima insulare è diverso da quello continentale.*

insulso [in-sùl-so] *agg.* Privo di spirito, di originalità Ⓢ banale, sciocco, scialbo Ⓒ interessante: *una conversazione insulsa*; *un film insulso e noioso*; *una persona insulsa.*

insultare [in-sul-tà-re] *v.tr.* Offendere gravemente con parole o atti Ⓢ ingiuriare, oltraggiare: *gli ho dato uno schiaffo perché mi ha insultato*; *così facendo insulti la memoria dei tuoi genitori.*

insulto [in-sùl-to] *s.m.* Parola o atto che offende gravemente Ⓢ offesa, ingiuria, oltraggio: *lanciare un insulto contro qualcuno*; *l'uomo fece un gesto d'insulto.*

insuperabile [in-su-pe-rà-bi-le] *agg.* **1** Impossibile da superare Ⓢ insormontabile: *ha incontrato difficoltà insuperabili* **2** Eccezionale, straordinario Ⓢ impareggiabile: *un cuoco, un artista insuperabile.*

insuperbire [in-su-per-bì-re] *v.tr.* [*insuperbìsco, insuperbìsci*] Rendere superbo: *gli elogi lo hanno insuperbito* ♦ *v.intr.* [aus. *essere*] e **insuperbirsi** *v.pr.* Diventare superbo: *(si) è insuperbito per il successo.*

insurrezione [in-sur-re-zió-ne] *s.f.* Rivolta, sollevazione collettiva e violenta contro l'autorità, il governo, il potere statale: *l'insurrezione si estese a tutto il paese.*

intaccare [in-tac-cà-re] *v.tr.* [*intàcco, intàcchi*] **1** Incidere facendo una o più tacche: *intaccare il banco con il temperino* **2** Corrodere, attaccare: *la ruggine intacca il ferro* ◊ ♧ Cominciare a consumare: *intaccare le provviste, i propri risparmi* ◊ ♧ Danneggiare, compromettere: *uno scandalo che intacca la sua reputazione.*

intagliare [in-ta-glià-re] *v.tr.* Incidere o scolpire un materiale per ricavarvi figure o disegni ornamentali: *intagliare il legno, il marmo*; *una figura intagliata nel legno.*

intaglio [in-tà-glio] *s.m.* L'operazione, l'arte dell'intagliare: *un lavoro d'intaglio*; *un maestro dell'intaglio.*

intangibile [in-tan-gì-bi-le] *agg.* Che non si può toccare ◊ ♧ Inviolabile: *la libertà è un diritto intangibile.*

intanto [in-tàn-to] *avv.* Nel frattempo: *io preparo la cena, intanto tu apparecchia* ◊ Però, ma per il momento: *chiacchieri molto e intanto non combini nulla* ♦ *congz. Intanto che* = mentre: *intanto che ti prepari io faccio quella telefonata.*

intarsiare [in-tar-sià-re] *v.tr.* Decorare a intarsio un oggetto: *intarsiare un tavolo, un mobile.*

intarsio [in-tàr-sio] *s.m.* Tecnica decorativa consistente nell'inserire su superfici di legno o di marmo pezzetti di varia forma e colore dello stesso o di altro materiale (avorio, madreperla ecc.) incastrandoli tra loro in modo da ottenere figure e disegni ornamentali: *decorare un tavolo a intarsio* ◊ La decorazione eseguita con questa tecnica: *un mobile antico con intarsi di ebano e madreperla.*

intasamento [in-ta-sa-mén-to] *s.m.* Ostruzione di una conduttura ◊ Ingorgo del traffico.

intasare [in-ta-sà-re] *v.tr.* Ostruire, otturare un condotto: *le foglie hanno intasato lo scarico della fontana* ◊ Bloccare la viabilità, provocando ingorghi stradali: *una marea di auto ha intasato il traffico* ♦ **intasarsi** *v.pr.* Ostruirsi, otturarsi: *si è intasato il lavandino*; *mi si è intasato il naso per il raffreddore.*

intascare [in-ta-scà-re] *v.tr.* [*intàsco, intàschi*] Mettersi in tasca: *intascò la mancia e se ne andò* ◊ Guadagnare, riscuotere: *ha intascato una bella somma in quell'affare*; *intascare un premio.*

intatto [in-tàt-to] *agg.* Che non ha subito danni Ⓢ integro: *il vaso è caduto ma è rimasto intatto* ◊ Che si è conservato nel suo stato e nel suo aspetto originario: *le provviste sono intatte*; *un paesaggio ancora intatto.*

intavolare [in-ta-vo-là-re] *v.tr.* Cominciare, avviare: *intavolare una discussione, delle trattative.*

integerrimo [in-te-gèr-ri-mo] *agg.* Assolutamente retto e onesto: *un uomo integerrimo.*

> *Integerrimo* è il superlativo di *integro*, quindi non si può dire *molto integerrimo*.

integrale [in-te-grà-le] *agg.* Totale, intero, completo: *ha chiesto la restituzione integrale del prestito* ◊ *Farina integrale* = quella non raffinata che contiene tutti gli elementi costitutivi del frumento (anche la crusca) e con cui si fa il *pane integrale.*

integrare [in-te-grà-re] *v.tr.* **1** Completare qualcosa aggiungendo ciò che manca: *integrare l'alimentazione con delle vitamine* **2** Inserire pienamente una categoria di persone in una comunità, in un ambiente di cui non faceva parte o da cui era esclusa: *integrare gli handicappati nella società* ♦ **integrarsi** *v.pr.* Inserirsi in un ambiente di cui non si faceva parte: *ha avuto qualche difficoltà a integrarsi nella nuova classe.*

integrazione [in-te-gra-zió-ne] *s.f.* Inserimento pieno ed effettivo in un gruppo, in un ambiente nuovo: *le difficoltà di integrazione degli immigrati stranieri* | *Integrazione razziale* = fusione di gruppi razziali differenti in un'unica comunità con diritti uguali per tutti ◊ Rapporto di stretta cooperazione tra stati e organizzazioni con interessi comuni: *lo sviluppo dell'integrazione (politica, economica) europea.*

integrità [in-te-gri-tà] *s.f.* **1** Completezza, interezza; assenza di danni o menomazioni: *un testo che ci è pervenuto nella sua integrità*; *difendere la propria integrità fisica* **2** ♧ Onestà, rettitudine: *un uomo di assoluta integrità morale.*

integro [in-te-gro] *agg.* **1** Non danneggiato, non mutilato, non menomato Ⓢ completo, intero, intatto: *solo pochi monumenti antichi sono arrivati integri fino a noi*; *anche se è anziano conserva integre le proprie capacità mentali* **2** ♧ Onesto, probo, retto: *un uomo integro.*

intelaiatura [in-te-la-ia-tù-ra] *s.f.* La struttura di sostegno, l'ossatura di una costruzione o di una macchina, costituita da una serie di elementi saldati tra loro: *il ponte ha un'intelaiatura di cemento armato.*

intelletto [in-tel-lèt-to] *s.m.* La mente, come complesso delle facoltà che consentono di pensare e comprendere: *lo studio è un'attività dell'intelletto* ◊ Capacità di ragionare e giudicare Ⓢ intelligenza: *è una persona di grande intelletto*; *gli animali sono privi di intelletto.*

intellettuale [in-tel-let-tu-à-le] *agg.* Che riguarda la facoltà di intendere e ragionare: *ha notevoli doti intellettuali* ◊ Che impegna la mente: *fa un lavoro intellettuale* ♦ *s.m.f.* Chi svolge un'attività di tipo culturale o artistico: *frequenta un ambiente di intellettuali.*

intelligente [in-tel-li-gèn-te] *agg.* **1** Che ha la capacità di comprendere e ragionare: *l'uomo è un essere intelligente* **2** Dotato di un'intelligenza pronta e vivace: *una donna intelligente* ◊ Detto di animale che mostra una certa capacità di apprendere dall'uomo, di comunicare con lui ecc.: *la scimmia è l'animale più intelligente* ◊ Che denota intelligenza: *una domanda intelligente.*

intelligenza [in-tel-li-gèn-za] *s.f.* Capacità di intendere, pensare, giudicare: *una persona di scarsa, di eccezionale intelligenza* ◊ Prontezza e vivacità di mente; abilità e perizia nel fare qualcosa Ⓢ acume, ingegno: *ha dato prova di notevole intelligenza*; *un lavoro svolto con intelligenza.*

intemperante [in-tem-pe-ràn-te] *agg.* Incapace di moderarsi Ⓢ smodato: *è intemperante nel bere, nel mangiare* | *Linguaggio intemperante* = violento, aggressivo.

intemperanza [in-tem-pe-ràn-za] *s.f.* Mancanza di moderazione: *intemperanza nel bere* ◊ Atto, comportamento, espressione che passa la misura Ⓢ eccesso: *non dovresti abbandonarti a queste intemperanze.*

intemperie [in-tem-pè-rie] *s.f.pl.* Le perturbazioni atmosferiche come la pioggia, la grandine, la neve, il vento ecc.: *cercarono un tetto per ripararsi dalle intemperie.*

intempestivo [in-tem-pe-stì-vo] *agg.* Che è fatto o capita in un momento non adatto: *il tuo intervento è stato intempestivo.*

intendere [in-tèn-de-re] *v.tr.* [coniugato come *tendere*] **1** Udire, sentire: *ho inteso dei rumori* ◊ Venire a sapere: *ho inteso (dire) che vuoi trasferirti* **2** Comprendere, capire: *non hai inteso bene il mio pensiero* | *Dare a intendere* = far credere (qualcosa di falso) | *Lasciare intendere* = far capire con mezze parole e allusioni | *S'intende* = è ovvio, è naturale: *il trasporto, s'intende, è a vostre spese* | *Non intende ragione* = non si lascia convincere, vuol fare di testa sua **3** (seguito da un verbo) Avere intenzione, volere: *cosa intendi fare?*; *non intendevo offenderti* ♦ **intendersi** *v.pr.* **1** Accordarsi; andare d'accordo: *non ci siamo intesi sul prezzo*; *noi due ci intendiamo benissimo* ◊ Capirsi: *ci siamo intesi male al telefono* | *Intendiamoci bene* = sia ben chiaro **2** Essere competente, esperto di qualcosa: *mi intendo poco di politica*; *quel meccanico di motori se ne intende.*

intendimento [in-ten-di-mén-to] *s.m.* Intenzione, proposito: *non era mio intendimento causarvi questo fastidio.*

intenditore [in-ten-di-tó-re] *s.m.* [f. *–trice*] Persona competente in un determinato settore Ⓢ esperto, conoscitore Ⓒ incompetente: *è un intenditore di musica, di pittura, di cucina.*

intenerire [in-te-ne-rì-re] *v.tr.* [*intenerìsco, intenerìsci*] **1** Rendere tenero **2** ♧ Commuovere, impietosire: *le lacrime del figlio intenerirono il padre* ♦ *v.intr.* [aus. *essere*] e **intenerirsi** *v.pr.* **1** Diventare tenero Ⓢ ammorbidirsi: *le verdure (si) inteneriscono nell'acqua* **2** ♧ Commuoversi, impietosirsi: *è un uomo facile a intenerirsi.*

intensificare [in-ten-si-fi-cà-re] *v.tr.* [*intensìfico, intensìfichi*] Rendere più intenso Ⓢ aumentare, rafforzare: *dobbiamo intensificare i nostri sforzi* ♦ **intensificarsi** *v.pr.* Divenire più intenso: *il freddo si è intensificato.*

intensità [in-ten-si-tà] *s.f.* Forza, energia e continuità con cui si manifesta o si fa qualcosa: *l'intensità del freddo non accenna a diminuire*; *non riuscì a dormire per l'intensità del dolore*; *studiare, lavorare con intensità.*

intensivo [in-ten-sì-vo] *agg.* Che raggiunge una maggiore efficacia perché più concentrato e frequente nel tempo: *mi sono iscritto a un corso intensivo di inglese* | *Coltura intensiva* = quella che sfrutta al massimo la capacità produttiva di un terreno, coltivandolo in permanenza e con largo impiego di macchine, fertilizzanti ecc.

intenso [in-tèn-so] *agg.* **1** Particolarmente forte: *una luce intensa*; *un caldo intenso* | *Profumo intenso* = penetrante | *Colori intensi* = carichi, vivaci ◊ Acuto, vivo, violento: *un desiderio intenso*; *un dolore intenso* | *Sguardo intenso* = fisso e penetrante **2** Energico e assiduo: *un periodo di studio intenso* ◊ Fitto e continuo: *un traffico intenso* | *Una vita, una settimana, una giornata intensa* = densa di impegni, ricca di esperienze.

intentato [in-ten-tà-to] *agg.* Non tentato | *Non lasciare nulla d'intentato* = fare tutti i tentativi possibili.

intento[1] [in-tèn-to] *agg.* Attentamente rivolto a percepire qualcosa: *rimase immobile, con gli orecchi intenti a cogliere il minimo rumore* ◊ Impegnato, concentrato in un'attività Ⓢ assorto, immerso: *ero così intento a leggere che non ti ho sentito arrivare.*

intento[2] [in-tèn-to] *s.m.* Scopo, fine, proposito: *il mio intento era di aiutarti*; *ha raggiunto il suo intento.*

intenzionale [in-ten-zio-nà-le] *agg.* Fatto con intenzione Ⓢ volontario: *fallo intenzionale.*

intenzionato [in-ten-zio-nà-to] *agg.* Che ha una determinata intenzione Ⓢ deciso: *è intenzionato ad andare fino in fondo.*

intenzione [in-ten-zió-ne] *s.f.* Idea, volontà di fare qualcosa, di raggiungere un determinato fine Ⓢ proposito, progetto: *hai intenzione di uscire?*; *non avevo intenzione di offenderti*; *non capisco quali sono le sue intenzioni* | *Con intenzione* = di proposito | *Senza intenzione* = involontariamente | *Fare il processo alle intenzioni* = giudicare qualcuno non per quello che ha fatto realmente ma per quello che si suppone intendesse fare.

inter– Primo elemento di parole composte che significa «tra» e può indicare una posizione intermedia spaziale o temporale (*interlinea, intervallo*), un rapporto di collegamento (*internazionale*), un rapporto di reciprocità (*intercambiabile*).

interagire [in-te-ra-gì-re] *v.intr.* [coniugato come *agire*; aus. *avere*] Esercitare un'azione, un'influenza reciproca (detto di elementi, di fattori diversi).

interamente [in-te-ra-mén-te] *avv.* Per intero Ⓢ completamente, totalmente: *la colpa è interamente sua*; *questo lavoro va rifatto interamente.*

interazione [in-te-ra-zió-ne] *s.f.* Azione, influenza reciproca tra elementi, fenomeni, persone.

intercalare [in-ter-ca-là-re] *s.m.* Parola o breve frase che, senza necessità e in modo meccanico, si inserisce di continuo nel discorso (per es. *cioè, insomma, ecco, non è vero?*): *«cioè» è un tipico intercalare dei giovani.*

intercambiabile [in-ter-cam-bià-bi-le] *agg.* Che si può scambiare, sostituire con un altro elemento simile: *macchina fotografica con obiettivi intercambiabili.*

intercapedine [in-ter-ca-pè-di-ne] *s.f.* Spazio vuoto compreso tra due superfici vicine e parallele (ad es. tra due pareti).

intercedere [in-ter-cè-de-re] *v.intr.* [coniugato come *cedere*; aus. *avere*] Andare a parlare con qualcuno per ottenere qualcosa in favore di altri: *il principe intercedette presso il sovrano per la liberazione degli arrestati.*

intercettare [in-ter-cet-tà-re] *v.tr.* Bloccare delle persone o delle cose impedendo che arrivino a destinazione: *è stata intercettata una pattuglia nemica*; *il nostro difensore ha intercettato il pallone diretto all'attaccante avversario* | *Intercettare una comunicazione telefonica, radiofonica* = captarla e conoscerne il contenuto all'insaputa delle persone che stanno comunicando.

intercontinentale [in-ter-con-ti-nen-tà-le] *agg.* Che collega due o più continenti: *voli intercontinentali* | *Missile intercontinentale* = a lunghissima gittata.

intercorrere [in-ter-cór-re-re] *v.intr.* [coniugato come *correre*; aus. *essere*] Esserci, esistere: *tra loro due intercorrono buoni rapporti* ◊ Passare: *tra le due guerre mondiali sono intercorsi circa vent'anni.*

interdetto [in-ter-dét-to] *agg.* Sconcertato, confuso, disorientato: *la notizia lo lasciò interdetto.*

interdipendente [in-ter-di-pen-dèn-te] *agg.* Detto di fatti, di fenomeni che dipendono l'uno dall'altro, che si influenzano reciprocamente.

interdire [in-ter-dì-re] *v.tr.* [coniugato come *dire*] Vietare, proibire: *interdire alle auto l'accesso al centro storico.*

interessamento [in-te-res-sa-mén-to] *s.m.* **1** Interesse per qualcosa: *dimostra poco interessamento per il lavoro* **2** Intervento in favore di qualcuno Ⓢ appoggio, aiuto: *ha ottenuto quel posto grazie al nostro interessamento.*

interessante [in-te-res-sàn-te] *agg.* Che desta interesse Ⓢ stimolante, appassionante Ⓒ noioso: *un libro, un film, un argomento interessante* | *Una persona, un volto interessante* = attraente | *Una donna in stato interessante* = incinta.

interessare [in-te-res-sà-re] *v.tr.* **1** Suscitare interesse: *lo spettacolo ci ha molto interessato* **2** Coinvolgere, riguardare: *è un problema che interessa gran parte della popolazione*; *la perturbazione interesserà tutta l'Italia settentrionale* ♦ *v.intr.* [aus. *essere*] Importare, premere, stare a cuore: *quel che hai fatto a me non interessa*; *gli interessa solo il denaro* ♦ **interessarsi** *v.pr.* **1** Avere, mostrare interesse per qualcosa: *fingeva di interessarsi alla lezione*; *si interessa di musica, di pittura* **2** Occuparsi, prendersi cura: *è un problema di cui si deve interessare il comune* ◊ Impicciarsi: *non interessarti di affari che non ti riguardano.*

interessato [in-te-res-sà-to] *agg.* **1** Che ha, che mostra interesse a qualcosa: *mi sembra interessato alla tua proposta* **2** Che agisce o che è fatto solo per interesse, per tornaconto personale: *non ti fidare: è una persona interessata, il suo è un consiglio interessato* ♦ *s.m.* La persona che ha un diretto interesse nella cosa di cui si tratta: *la richiesta deve essere firmata dall'interessato.*

interesse [in-te-rès-se] *s.m.* **1** Attenzione, partecipazione, curiosità nei confronti di qualcosa: *segue con interesse le lezioni*; *ascoltare, guardare qualcosa con interesse*; *ho cercato inutilmente di stimolare il suo interesse* ◊ Simpatia, attrazione verso qualcuno: *è evidente il suo interesse per quella ragazza* **2** Capacità di destare attenzione, di attrarre: *un libro, un film di grande interesse* ◊ Importanza, rilievo: *sono particolari di nessun interesse* **3** Vantaggio, utilità: *parlo nel tuo interesse*; *che interesse aveva a mentire?*; *la nostra associazione difende gli interessi dei consumatori* ◊ Tornaconto, utilità materiale: *agisce solo per interesse*; *hanno litigato per motivi d'interesse*; *il loro è stato un matrimonio d'interesse* ◊ (al *pl.*) Affari, faccende: *sa badare molto bene ai suoi interessi* **4** Compenso che spetta a chi presta o deposita una somma di denaro per un certo periodo: *la banca mi dà un interesse sui depositi del 5% all'anno, ma per concedermi un prestito mi chiede un interesse del 15%.*

interferenza [in-ter-fe-rèn-za] *s.f.* **1** Nelle telecomunicazioni, disturbo della ricezione provocato da un segnale estraneo **2** ♧ Intromissione, ingerenza estranea: *non tollero interferenze nel mio lavoro.*

interferire [in-ter-fe-rì-re] *v.intr.* [*interferìsco, interferìsci*; aus. *avere*] Intromettersi arbitrariamente: *non ti permetto di interferire nella mia vita privata.*

interiezione [in-te-rie-zió-ne] *s.f.* Espressione invariabile, costituita da uno o più suoni o parole, che esprime con immediatezza uno stato d'animo (per es. *ah!, oh!, ohimè!, evviva!, coraggio!, caspita!, santo cielo!, mamma mia! povero me!*) Ⓢ esclamazione.

interinale [in-te-ri-nà-le] *agg.* Provvisorio, temporaneo: *lavoro interinale.*

interiora [in-te-rió-ra] *s.f.pl.* Gli intestini e gli altri organi interni di un animale Ⓢ frattaglie: *le interiora del pollo.*

interiore [in-te-rió-re] *agg.* Interno: *la parte interiore della scarpa* ◊ ♧ Che ha sede e origine nell'animo, nella coscienza: *provare una gioia, un tormento interiore*; *una voce interiore lo ammonì.*

interlinea [in-ter-li-ne-a] *s.f.* Spazio bianco compreso tra due righe stampate o scritte, spec. a macchina o al computer.

interlocutore [in-ter-lo-cu-tó-re] *s.m.* [f. *-trice*] **1** La persona con cui si sta parlando: *guardava il suo interlocutore per capire che effetto facevano le sue parole* **2** Ognuno dei partecipanti a una discussione, a un dialogo.

intermediario [in-ter-me-dià-rio] *s.m.* Chi, occasionalmente o per professione, presta la sua opera per mettere in contatto delle persone, per facilitare la conclusione di un affare o per conciliare un contrasto Ⓢ mediatore: *fare da intermediario in un affare, in una lite*; *trattare senza intermediari.*

intermedio [in-ter-mè-dio] *agg.* Che sta in mezzo: *il rosa è un colore intermedio tra il rosso e il bianco*; *cerchiamo una soluzione intermedia che vada bene a tutti.*

intermezzo [in-ter-mèz-zo] *s.m.* Breve spettacolo o breve trasmissione che occupa l'intervallo di uno spettacolo: *tra i due atti della commedia c'è stato un intermezzo musicale*; *i film in tv sono interrotti da numerosi intermezzi pubblicitari.*

interminabile [in-ter-mi-nà-bi-le] *agg.* Che sembra non finire mai Ⓢ lunghissimo: *un discorso, un viaggio interminabile.*

intermittente [in-ter-mit-tèn-te] *agg.* Che va e viene a intervalli più o meno regolari: *i fanalini di direzione dei veicoli sono a luce intermittente*; *ha una febbre intermittente.*

internamente [in-ter-na-mén-te] *avv.* All'interno: *la scatola internamente era vuota.*

internazionale [in-ter-na-zio-nà-le] *agg.* Che riguarda, interessa, collega più nazioni: *un problema internazionale*; *accordo, congresso internazionale*; *voli internazionali.*

Internet [parola inglese, abbreviazione di *inter-*

connected network, «rete interconnessa»; pron. corrente *ìnternet*] *s.f.invar.* Sistema che mette in comunicazione centinaia di milioni di computer in tutto il mondo e al quale può collegarsi (per es. via telefono) qualsiasi computer per ricevere o trasmettere informazioni. Per questo motivo è anche chiamata «la rete delle reti» o «la rete globale».

Internet cafè [locuzione inglese; pron. corrente *ìnternet cafè*] *s.m.invar.* Bar attrezzato con computer da cui i clienti possono collegarsi a Internet.

internettiano [in-ter-net-tià-no] *agg.* Che riguarda Internet: *le regole internettiane.*

interno [in-tèr-no] *agg.* **1** Che sta dentro: *le pareti interne della casa*; *gli organi interni del corpo* | *Regione interna* = priva di sbocchi sul mare | *Acque interne* = laghi, fiumi, canali | *Navigazione interna* = che si svolge sulle acque interne | *Mare interno* = completamente circondato da terre o che comunica con l'oceano o altro mare mediante uno stretto **2** Che riguarda una comunità, uno stato e i suoi membri: *le questioni interne di un paese*; *politica interna* ♦ *s.m.* **1** Parte di dentro: *l'interno della giacca è foderato*; *dall'interno della casa non si vedeva niente* ◊ Zona di un paese lontana dalle coste o dai confini: *si diressero verso l'interno della Francia* **2** Ambito di una comunità, di uno stato: *c'è stata una discussione all'interno della classe* | *Ministro dell'interno, degli interni* = quello che si occupa in partic. dell'ordine pubblico in un paese | *Notizie dall'interno* = quelle che riguardano gli avvenimenti nazionali **3** Numero che distingue un appartamento in un edificio: *abita all'interno 5* **4** *Gli interni di un film* = le riprese girate in teatri di posa, in ambienti chiusi.

intero [in-tè-ro o in-té-ro] *agg.* **1** Che non manca di nessuna parte Ⓢ completo: *ha la collezione intera delle figurine sugli animali* | *Latte intero* = non scremato ◊ Tutto quanto: *ha girato il mondo intero*; *mi prendo l'intera responsabilità*; *il popolo intero lo appoggia* | *Pagare il biglietto intero* = senza riduzione **2** Intatto, non spezzato Ⓢ integro: *il vaso è caduto ma è ancora intero* ◊ *Numero intero* = quello costituito da unità, senza decimali o frazioni ♦ *s.m.* Il tutto, la totalità Ⓢ insieme: *bisogna considerare sia le parti che l'intero* ◊ Numero intero, unità: *tre terzi formano un intero.*

interplanetario [in-ter-pla-ne-tà-rio] *agg.* Che si trova o si svolge tra i pianeti: *spazio interplanetario*; *viaggio interplanetario.*

interporre [in-ter-pór-re] *v.tr.* [coniugato come *porre*] Porre in mezzo ♦ **interporsi** *v.pr.* Porsi in mezzo: *la Luna, interponendosi tra la Terra e il Sole, provoca le eclissi.*

interpretare [in-ter-pre-tà-re] *v.tr.* **1** Intendere e spiegare il significato di qualcosa che è o sembra oscuro: *interpretare un testo, un'antica iscrizione, un sogno* ◊ Attribuire un particolare significato a qualcosa: *non so come interpretare il suo silenzio* ◊ Intuire ed esprimere sentimenti o aspirazioni altrui: *con questa proposta credo di interpretare la volontà di tutti i presenti* **2** Sostenere una parte a teatro o in un film Ⓢ recitare: *il grande attore ha interpretato più volte Amleto* ◊ Eseguire o dirigere un brano musicale.

interpretazione [in-ter-pre-ta-zió-ne] *s.f.* Spiegazione soggettiva del significato di qualcosa: *l'interpretazione di una poesia, di un sogno*; *non condivido la tua interpretazione di quel fatto* ◊ Modo in cui un attore interpreta una parte o un musicista esegue un brano, un'opera musicale: *un'interpretazione geniale, originale.*

interprete [in-tèr-pre-te] *s.m.f.* **1** Chi, spec. per professione, traduce oralmente discorsi tra persone che parlano lingue diverse: *scuola per interpreti* **2** Attore che interpreta una parte a teatro o in un film: *un film con ottimi interpreti* ◊ Musicista che esegue composizioni musicali: *quel pianista è uno dei migliori interpreti di Mozart* **3** Chi commenta e chiarisce il significato di testi letterari e religiosi Ⓢ commentatore: *gli interpreti della Bibbia* **4** *Farsi interprete* = esprimere sentimenti e aspirazioni di altri, farsene portavoce: *il sindaco si è fatto interprete della volontà dei cittadini.*

interpunzione [in-ter-pun-zió-ne] *s.f.* Punteggiatura | *Segni d'interpunzione* = il punto, la virgola, i due punti, il punto esclamativo ecc., cioè tutti i segni grafici convenzionali che indicano le pause e il tono con cui va letto un testo scritto.

interrare [in-ter-rà-re] *v.tr.* **1** Mettere nella terra: *interrare un seme* **2** Coprire, colmare di terra: *il canale è stato interrato per fare una strada.*

interrato [in-ter-rà-to] *agg.* e *s.m.* Detto di piano di un edificio situato al di sotto del livello stradale: *abita in un interrato.*

interrogare [in-ter-ro-gà-re] *v.tr.* [*intèrrogo, intèrroghi*] Rivolgere a qualcuno una o più domande per avere informazioni e spiegazioni o per verificare il suo grado di preparazione: *lo interrogò su come si erano svolti i fatti*; *oggi la maestra mi ha interrogato in geografia* ◊ Sottoporre qualcuno a un interrogatorio: *il giudice sta interrogando i testimoni.*

interrogativo [in-ter-ro-ga-ti-vo] *agg.* Che esprime una domanda: *mi guardò con aria interrogativa*; *una frase interrogativa* | *Pronomi, aggettivi,* *avverbi interrogativi* = quelli che introducono una frase interrogativa (per es. *chi? quale? quando?*) | *Punto interrogativo* = segno d'interpunzione (?) che si pone alla fine di una frase interrogativa ♦ *s.m.* Questione non chiarita, dubbio, perplessità: *la soluzione del delitto ha lasciato aperti molti interrogativi.*

interrogatorio [in-ter-ro-ga-tò-rio] *s.m.* Il complesso delle domande rivolte da un magistrato, nel corso di un processo, a un imputato, a un teste, alle parti in causa: *sottoporre un teste all'interrogatorio*; *subire un interrogatorio.*

interrogazione [in-ter-ro-ga-zió-ne] *s.f.* Serie di domande fatte da un insegnante per verificare il grado di preparazione di un alunno: *ha risposto bene all'interrogazione in storia.*

interrompere [in-ter-róm-pe-re] *v.tr.* [coniugato come *rompere*] **1** Smettere temporaneamente o definitivamente di fare qualcosa Ⓢ sospendere, cessare, abbandonare Ⓒ continuare: *interruppe il lavoro per riposarsi*; *ha dovuto interrompere gli studi per motivi di famiglia* **2** Far cessare, bloccare la continuazione o il normale funzionamento di qualcosa: *la pioggia ha interrotto l'incontro*; *una frana ha interrotto la strada* ◊ Impedire a qualcuno di continuare il discorso: *scusa se ti ho interrotto*; *ha il brutto vizio di interrompere quando uno parla* ♦ **interrompersi** *v.pr.* Arrestarsi, fermarsi nel parlare: *vai avanti, non interromperti* ◊ Cessare: *si è interrotta la comunicazione.*

interruttore [in-ter-rut-tó-re] *s.m.* Apparecchio che serve a interrompere e ad aprire il passaggio della corrente in un circuito elettrico.

interruzione [in-ter-ru-zió-ne] *s.f.* **1** Cessazione, sospensione temporanea o definitiva di qualcosa Ⓢ arresto, blocco Ⓒ continuazione: *la frana ha causato l'interruzione del traffico sulla strada*; *c'è stata un'interruzione nei lavori* ◊ Pausa, sosta: *piove da un giorno senza interruzione* **2** Intervento esterno che impedisce o disturba la continuazione di un'azione, di un'attività: *l'oratore era infastidito dalle interruzioni del pubblico*; *come posso lavorare con queste continue interruzioni?*

intersecare [in-ter-se-cà-re] *v.tr.* [*intèrseco, intèrsechi*] Attraversare tagliando Ⓢ incrociare: *in quel punto la strada interseca la ferrovia*; *la pianura era intersecata da canali.*

intersezione [in-ter-se-zió-ne] *s.f.* Incrocio e punto d'incrocio tra due figure geometriche o due cose (strade, binari e simili).

interstizio [in-ter-stì-zio] *s.m.* Spazio molto ristretto compreso tra due corpi o tra due parti dello stesso corpo Ⓢ fessura: *l'interstizio tra l'armadio e la parete si è riempito di polvere*; *gli interstizi tra i denti.*

interurbano [in-te-rur-bà-no] *agg.* Che collega due o più città; che avviene tra due o più città: *trasporti interurbani*; *fare una (telefonata) interurbana.*

intervallare [in-ter-val-là-re] *v.tr.* Distanziare con intervalli di spazio o di tempo: *intervallare di qualche metro i filari di viti*; *intervallare le partenze della gara a cronometro.*

intervallo [in-ter-vàl-lo] *s.m.* **1** Periodo di tempo che intercorre tra due azioni, due fatti; in partic. pausa nel corso di uno spettacolo, di un'attività: *molti spettatori se ne sono andati durante l'intervallo*; *aspetta l'intervallo per mangiare il panino* **2** Distanza, spazio tra due persone o due oggetti: *piantare gli alberi a intervalli regolari.*

intervenire [in-ter-ve-nì-re] *v.intr.* [coniugato come *venire*; aus. *essere*] **1** Inserirsi, intromettersi direttamente in una situazione, in una vicenda per modificarne con la propria azione le condizioni e lo svolgimento: *la polizia è dovuta intervenire per separare i gruppi di tifosi avversari*; *è intervenuto in tempo a evitare il disastro* | *Intervenire in una discussione, in un'assemblea* = prendere la parola ◊ Nello sport, entrare in azione: *intervenire sulla palla, sull'avversario* ◊ Operare un intervento chirurgico: *se non intervenivano d'urgenza sarebbe morto* **2** Partecipare, presenziare: *il sindaco è intervenuto alla cerimonia.*

intervento [in-ter-vèn-to] *s.m.* L'atto di chi interviene in qualcosa partecipandovi attivamente o con la semplice presenza: *l'intervento dei vigili del fuoco ha domato l'incendio*; *l'intervento dell'Italia nella prima guerra mondiale*; *l'intervento delle autorità alla cerimonia* ◊ Discorso pronunciato in un dibattito, in un'assemblea: *il suo intervento è stato molto applaudito* ◊ Azione compiuta da un giocatore durante una partita: *un intervento falloso* ◊ Operazione chirurgica: *ha dovuto sottoporsi a un delicato intervento.*

intervista [in-ter-vì-sta] *s.f.* **1** Colloquio in cui un giornalista rivolge una serie di domande a una persona le cui dichiarazioni e opinioni sono destinate a essere diffuse attraverso la stampa, la radio o la televisione: *il famoso attore ha concesso un'intervista all'inviato del nostro giornale* ◊ Il resoconto di tale colloquio: *pubblicare, trasmettere un'intervista*; *il ministro ha smentito l'intervista* **2** Serie di domande rivolte a una persona, sulla base di un questionario, per conoscerne i gusti, le opinioni ecc.

intervistare [in-ter-vi-stà-re] *v.tr.* Fare un'intervista a qualcuno.

intervistatore [in-ter-vi-sta-tó-re] *s.m.* [f. *–trice*] Chi fa un'intervista.

intesa [in-té-sa] *s.f.* Accordo: *i lavoratori hanno raggiunto un'intesa con la direzione*; *fra quei due c'era un'intesa* ◊ Collaborazione, armonia, affiatamento: *una famiglia in cui c'è molta intesa*; *manca ancora l'intesa di squadra tra i giocatori.*

inteso [in-té-so] *agg.* **1** *Essere, restare inteso* = stabilito, confermato, chiaro: *resta inteso che vieni domani da me*; *sia ben inteso che io non ci sto* | *Siamo intesi?* = d'accordo?: *non muoverti di qui, siamo intesi?* **2** Teso, rivolto a un determinato scopo: *un provvedimento inteso a diminuire i furti.*

intestardirsi [in-te-star-dìr-si] *v.pr.* Ostinarsi testardamente: *quando si intestardisce a voler fare una cosa, non c'è modo di fargli cambiare idea.*

intestare [in-te-stà-re] *v.tr.* **1** Scrivere il titolo o l'intestazione su un quaderno, in cima a uno scritto: *intestare un quaderno, una lettera, una busta* | *Intestare il foglio del compito in classe* = scrivervi in alto nome, cognome, classe, data **2** Far registrare ufficialmente a nome di qualcuno un bene o un diritto: *ha intestato la casa ai figli* ♦ **intestarsi** *v.pr.* Intestardirsi, ostinarsi in qualcosa.

intestazione [in-te-sta-zió-ne] *s.f.* Insieme di diciture scritte o stampate in cima a un foglio, a una lettera, a una busta e contenenti indicazioni varie (nome del mittente, del destinatario, data ecc.): *ricordati di mettere l'intestazione* ◊ Titolo di un articolo, di uno scritto, di un libro.

intestinale [in-te-sti-nà-le] *agg.* Dell'intestino: *dolori intestinali*; *colica intestinale.*

intestino[1] [in-te-stì-no] *agg.* *Guerre, lotte, discordie intestine* = che avvengono all'interno di una città, di un'organizzazione, di uno stato.

intestino[2] [in-te-stì-no] *s.m.* Il tratto dell'apparato digerente che va dallo stomaco all'ano e ha la forma di un lungo tubo ripiegato più volte su se stesso.

intiepidire [in-tie-pi-dì-re] *v.tr.* [*intiepidìsco, intiepidìsci*] Rendere tiepido ♦ *v.intr.* [aus. *essere*] e **intiepidirsi** *v.pr.* Diventare tiepido: *l'acqua (si) è intiepidita.*

intimamente [in-ti-ma-mén-te] *avv.* **1** Nel profondo dell'animo: *era intimamente commosso* ◊ In modo approfondito: *conosce intimamente questo problema* **2** Strettamente: *si tratta di questioni intimamente legate.*

intimare [in-ti-mà-re] *v.tr.* Ordinare, imporre o notificare in modo perentorio Ⓢ ingiungere: *la polizia gli intimò di fermarsi*; *intimare la resa, lo sfratto* | *Intimare la guerra* = dichiararla.

intimidatorio [in-ti-mi-da-tò-rio] *agg.* Che mira a intimorire: *ha ricevuto una lettera intimidatoria*; *sparò in aria a scopo intimidatorio.*

intimidazione [in-ti-mi-da-zió-ne] *s.f.* Minaccia per intimorire qualcuno e obbligarlo a un dato comportamento.

intimidire [in-ti-mi-dì-re] *v.tr.* [*intimidìsco, intimidìsci*] **1** Rendere timido: *la tua presenza l'ha intimidito* **2** Intimorire, impaurire: *non mi intimidisci con le tue minacce* ♦ **intimidirsi** *v.pr.* Diventare timido, venir preso da soggezione: *davanti agli estranei si intimidisce.*

intimità [in-ti-mi-tà] *s.f.* **1** Stretta amicizia, familiarità, confidenza: *tra loro c'è molta intimità*; *sono in intimità con quella famiglia* **2** Ambiente intimo, in cui ci si trova a proprio agio: *l'intimità della casa, della famiglia* ◊ Situazione intima, che non tollera estranei: *non volevano che nessuno disturbasse la loro intimità.*

intimo [ìn-ti-mo] *agg.* **1** Che è il più profondo, il più nascosto, il più segreto Ⓒ esteriore: *indovinò i suoi più intimi pensieri* | *Le parti intime del corpo* = quelle che per pudore si tengono coperte | *Biancheria intima* = quella che sta a contatto della pelle ◊ Che viene dal profondo dell'animo: *provò un'intima gioia nel vederlo*; *ha l'intima convinzione che lo vogliano imbrogliare* **2** Molto stretto (riferito a un rapporto affettivo, di familiarità): *Luigi è un mio amico intimo* | *Avere rapporti intimi con qualcuno* = avere una relazione amorosa, rapporti sessuali | *Ambiente intimo* = familiare, in cui ci si sente a proprio agio | *Cerimonia intima* = limitata agli amici e ai parenti più stretti ♦ *s.m.* **1** La parte più profonda, più segreta dell'animo: *nel suo intimo sapeva di aver torto* **2** Persona con cui c'è uno stretto legame affettivo, di familiarità o di parentela: *alla sua festa ha invitato solo pochi intimi.*

intimorire [in-ti-mo-rì-re] *v.tr.* [*intimorìsco, intimorìsci*] Incutere timore in qualcuno Ⓢ impaurire, spaventare ♦ **intimorirsi** *v.pr.* Essere preso da timore Ⓢ spaventarsi.

intingere [in-tìn-ge-re] *v.tr.* [coniugato come *tingere*] Bagnare leggermente un oggetto immergendolo in un liquido: *intinse il biscotto nel latte per ammorbidirlo*; *intingere il pennello nella vernice.*

intingolo [in-tìn-go-lo] *s.m.* Salsa, sugo, condimento.

intirizzire [in-ti-riz-zì-re] *v.tr.* [*intirizzìsco, inti-*

A B C D E F G H I J K L M N O P Q R S T U V W X Y Z

rizzìsci] Gelare e irrigidire una parte del corpo, limitandone la sensibilità e la capacità di movimento: *il freddo mi ha intirizzito le mani* ♦ **intirizzirsi** *v.pr.* Irrigidirsi e perdere quasi ogni sensibilità: *a stare fuori al freddo mi sono tutto intirizzito.*

intirizzito [in-ti-riz-zì-to] *agg.* Irrigidito e reso quasi insensibile dal freddo: *ho le mani intirizzite.*

intitolare [in-ti-to-là-re] *v.tr.* **1** Dare un titolo a un'opera: *intitolare un libro, un quadro* **2** Dare un certo nome a una via, a una piazza, a un edificio pubblico, in segno di omaggio a qualcuno Ⓢ dedicare: *la piazza principale è intitolata ai caduti*; *intitolare una scuola a Carducci* ♦ **intitolarsi** *v.pr.* Avere per titolo: *come si intitola quel film?*

intollerabile [in-tol-le-rà-bi-le] *agg.* Inaccettabile: *il suo contegno è intollerabile* ◊ Insopportabile: *un caldo intollerabile*; *un dolore intollerabile.*

intollerante [in-tol-le-ràn-te] *agg.* **1** Che non tollera, non sopporta qualcosa Ⓢ insofferente: *è intollerante di ogni disciplina* **2** Che non tollera di essere contraddetto e non ammette opinioni diverse dalla propria: *è una persona intollerante, con cui non si può discutere.*

intolleranza [in-tol-le-ràn-za] *s.f.* **1** Incapacità dell'organismo di tollerare certi cibi o farmaci Ⓢ allergia: *ha un'intolleranza per il pesce, agli antibiotici* ◊ Avversione, insofferenza per qualcosa: *non nasconde la sua intolleranza per le chiacchiere* **2** Atteggiamento di rifiuto, ostile e aggressivo nei confronti di chi è diverso o ha opinioni diverse: *intolleranza razziale, politica, religiosa.*

intonacare [in-to-na-cà-re] *v.tr.* [*intònaco, intònachi*] Rivestire con uno strato d'intonaco: *gli operai stanno intonacando la facciata della casa.*

intonaco [in-tò-na-co] *s.m.* [pl. *–ci* o *–chi*] Sottile strato di malta che viene applicato sulla superficie dei muri a scopo di protezione e per renderla liscia e uniforme.

intonare [in-to-nà-re] *v.tr.* **1** Incominciare a cantare o a suonare: *intonare una canzone*; *la banda intonò l'inno nazionale* **2** Dare il giusto tono a uno strumento o alla voce Ⓢ accordare ♦ **intonarsi** *v.pr.* Armonizzarsi, essere in tono, in accordo: *un colore che s'intona bene con gli altri*; *è un bel tavolo, ma non s'intona con l'arredamento.*

intonato [in-to-nà-to] *agg.* **1** Che canta o suona nel giusto tono musicale: *ha una voce intonata*; *una persona intonata* **2** ♧ Che è in armonia, in accordo: *la cravatta è intonata al vestito.*

intonazione [in-to-na-zió-ne] *s.f.* **1** Altezza del suono emesso da un cantante o da uno strumento in rapporto a quella indicata dalla musica: *un'intonazione giusta, troppo alta, troppo bassa* ◊ Capacità di cantare eseguendo correttamente le note: *ha una buona intonazione* **2** Tono, inflessione di voce: *leggeva con intonazione monotona*; *nelle sue parole c'era un'intonazione ironica.*

intontimento [in-ton-ti-mén-to] *s.m.* Stato di torpore, di annebbiamento, di confusione mentale.

intontire [in-ton-tì-re] *v.tr.* [*intontìsco, intontìsci*] Stordire, istupidire: *mi ha intontito con le sue chiacchiere* ♦ **intontirsi** *v.pr.* Diventare come tonto Ⓢ istupidirsi, inebetirsi: *si intontisce per ore davanti alla televisione.*

intoppo [in-tòp-po] *s.m.* Inciampo, ostacolo, difficoltà: *finiremo domani, se non ci sarà qualche intoppo.*

intorbidare [in-tor-bi-dà-re] *v.tr.* **1** Rendere torbido: *le piogge hanno intorbidato il fiume* **2** ♧ Annebbiare, offuscare: *l'alcol gli intorbidava la vista, la mente* ♦ **intorbidarsi** *v.pr.* **1** Diventare torbido **2** ♧ Offuscarsi.

intorno [in-tór-no] *avv.* In giro, nello spazio, nella zona circostante Ⓢ attorno: *guardarsi intorno*; *una casa con intorno un giardino*; *qui intorno ci sono pochi negozi* | *Levarsi qualcuno d'intorno* = liberarsi della sua presenza ♦ *prep.* (seguito da *a*) **1** Attorno, in giro: *sedersi intorno a un tavolo*; *una sciarpa intorno al collo* **2** Circa: *pesa intorno al quintale*; *costa intorno ai mille euro* ◊ Verso: *intorno alla fine del secolo* **3** Riguardo a, sull'argomento di: *lavorare intorno a un progetto*; *discutere intorno a un problema* ♦ *agg.invar.* Circostante: *le case intorno erano disabitate.*

intorpidire [in-tor-pi-dì-re] *v.tr.* [*intorpidìsco, intorpidìsci*] Diminuire la sensibilità e la capacità di movimento del corpo o di parti del corpo: *l'immobilità gli aveva intorpidito le membra* ◊ ♧ Rendere lento, tardo, privo di lucidità: *l'alcol intorpidisce la mente* ♦ *v.intr.* [aus. *essere*] e **intorpidirsi** *v.pr.* Perdere la normale sensibilità e capacità di movimento: *mi si è intorpidita una gamba* ◊ ♧ Diventare fiacco, perdere di vigore e di agilità mentale: *(si) sta intorpidendo nell'ozio*; *la memoria si intorpidisce se non la si esercita.*

intossicare [in-tos-si-cà-re] *v.tr.* [*intòssico, intòssichi*] Causare intossicazione Ⓢ avvelenare: *l'alcol intossica l'organismo*; *è stato intossicato da cibi guasti* ♦ **intossicarsi** *v.pr.* Prendersi un'intossicazione Ⓢ avvelenarsi: *si è intossicato mangiando tutti quei funghi.*

intossicazione [in-tos-si-ca-zió-ne] *s.f.* Avvelenamento provocato da sostanze tossiche per l'organismo o ingerite in dosi eccessive: *intossicazio-*

ne da cibi avariati; intossicazione da medicinali.

intralciare [in-tral-cià-re] *v.tr.* Impedire, ostacolare, rallentare © facilitare, agevolare: *questi mobili intralciano il passaggio; il maltempo ha intralciato le operazioni di soccorso.*

intralcio [in-tràl-cio] *s.m.* Ostacolo, impedimento: *il lavoro procede senza intralci; togliti, che mi sei d'intralcio!*

intramontabile [in-tra-mon-tà-bi-le] *agg.* Che conserva intatta la sua validità, la sua fama nonostante il trascorrere degli anni: *un campione intramontabile; un film intramontabile.*

intranet [parola inglese; pron. corrente *ìntranet*] *s.f.invar.* Rete locale simile a Internet, ma che collega tra loro unicamente i computer di un'organizzazione, di un'azienda.

intransigente [in-tran-si-gèn-te] *agg.* Che non è disposto a fare concessioni, a scendere a compromessi, a deviare dalle proprie decisioni Ⓢ rigoroso, irremovibile, inflessibile: *è intransigente con chi sbaglia; il capufficio sull'orario è intransigente; un atteggiamento intransigente.*

intransitabile [in-tran-si-tà-bi-le] *agg.* Su cui o attraverso cui non si può transitare: *strada, valico intransitabile a causa della neve.*

intransitivo [in-tran-si-tì-vo] *agg. Verbi intransitivi* = quelli che non possono avere un complemento oggetto (per es. *essere, venire*).

intrappolare [in-trap-po-là-re] *v.tr.* Prendere in trappola ◊ Bloccare senza lasciare possibilità di movimento o vie d'uscita: *siamo rimasti intrappolati nel traffico* ◊ ♧ Truffare, imbrogliare: *si è lasciato intrappolare.*

intraprendente [in-tra-pren-dèn-te] *agg.* Dotato di spirito d'iniziativa: *un ragazzo sveglio e intraprendente.*

intraprendenza [in-tra-pren-dèn-za] *s.f.* Forte spirito d'iniziativa.

intraprendere [in-tra-prèn-de-re] *v.tr.* [coniugato come *prendere*] Cominciare un'attività: *intraprendere un lavoro, un viaggio; ha intrapreso la carriera d'insegnante.*

intrattabile [in-trat-tà-bi-le] *agg.* Così scontroso e irascibile che non ci si può trattare Ⓢ scorbutico, bisbetico © amabile, cordiale: *è un uomo intrattabile; oggi sei proprio intrattabile!*

intrattenere [in-trat-te-né-re] *v.tr.* [coniugato come *tenere*] Tenere qualcuno in propria compagnia facendogli passare il tempo in modo piacevole, per lo più conversando: *è abilissimo nell'intrattenere gli ospiti* ♦ **intrattenersi** *v.pr.* Passare il tempo piacevolmente con qualcuno: *mi sono intrattenuto a parlare con gli amici.*

intravedere [in-tra-ve-dé-re] *v.tr.* [coniugato come *vedere*] **1** Vedere in modo confuso, indistinto; scorgere di sfuggita: *intravide un'ombra nella nebbia; ho intravisto qualcosa muoversi tra i cespugli* **2** ♧ Intuire, percepire vagamente: *cominciava a intravedere la verità; anche se aveva intravisto il pericolo, non riuscì a evitarlo.*

intrecciare [in-trec-cià-re] *v.tr.* **1** Unire in treccia degli elementi flessibili e sottili incrociandoli e annodandoli tra loro: *intrecciare i capelli; intrecciare giunchi, vimini* **2** ♧ Allacciare, stringere: *intrecciare una relazione, un'amicizia con qualcuno* ♦ **intrecciarsi** *v.pr.* Incrociarsi, aggrovigliarsi: *si sono intrecciati i fili delle lenze.*

intreccio [in-tréc-cio] *s.m.* **1** La disposizione dei fili dell'ordito e della trama in un tessuto **2** ♧ L'insieme dei fatti, delle situazioni e delle vicende che, nel loro svolgimento, costituiscono l'argomento di un romanzo, di una commedia, di un film ecc. Ⓢ trama.

intrepido [in-trè-pi-do] *agg.* Che affronta senza paura rischi e pericoli Ⓢ coraggioso, impavido: *si gettò tra le fiamme con animo intrepido.*

intricare [in-tri-cà-re] *v.tr.* [*intrìco, intrìchi*] Aggrovigliare: *intricare dei fili* ◊ ♧ Complicare: *intricare una faccenda* ♦ **intricarsi** *v.pr.* Ingarbugliarsi (anche ♧): *la questione si sta intricando.*

intricato [in-tri-cà-to] *agg.* Aggrovigliato: *un ammasso intricato di fili* ◊ ♧ Confuso, complicato: *la situazione si fa sempre più intricata.*

intrico [in-trì-co] *s.m.* [pl. *–chi*] Groviglio, intreccio confuso: *un intrico di fili, di rami; la città vecchia è un intrico di strade.*

intridere [in-trì-de-re] *v.tr.* [pass.rem. *intrìsi, intridésti*; part.pass. *intrìso*] Bagnare con un liquido una sostanza in polvere per ottenere un impasto: *intridere la farina di acqua* ◊ Bagnare, inzuppare: *il sudore gli aveva intriso tutta la camicia.*

intrigante [in-tri-gàn-te] *agg.* e *s.m.f.* Che, chi ha l'abitudine di tramare intrighi a danno di altri o si impiccia negli affari altrui: *non ti fidare di quell'intrigante!*

intrigare [in-tri-gà-re] *v.intr.* [*intrìgo, intrìghi*; aus. *avere*] Darsi da fare con mezzi poco onesti per ottenere qualcosa: *quanto ha intrigato per avere quel posto!* ♦ **intrigarsi** *v.pr.* Impicciarsi, immischiarsi: *di che ti intrighi!*

intrigo [in-trì-go] *s.m.* [pl. *–ghi*] **1** Azione svolta con mezzi nascosti, illeciti e sleali per ottenere qualche vantaggio o per ostacolare qualcuno Ⓢ complotto, macchinazione, maneggio: *ordire intrighi contro qualcuno*; *è riuscito nel suo intento a forza d'intrighi* **2** Situazione intricata Ⓢ pasticcio, imbroglio: *ti sei cacciato in un bell'intrigo!*

intriso [in-trì-so] *agg.* Imbevuto, inzuppato, bagnato: *la sua camicia era intrisa di sudore.*

introdurre [in-tro-dùr-re] *v.tr.* [coniugato come *condurre*] **1** Mettere dentro, far penetrare Ⓢ inserire Ⓒ estrarre: *introdurre la chiave nella serratura, l'ago nella vena* ◊ Importare: *introdurre merci di contrabbando* **2** Far entrare qualcuno in un luogo o condurlo alla presenza di qualcuno: *ci introdussero nella sala*; *mi introdusse dal direttore* **3** Mettere in uso, diffondere qualcosa di nuovo: *i computer sono stati introdotti ormai in quasi tutte le scuole* **4** *Introdurre il discorso* = cominciare a parlare | *Introdurre un dibattito* = avviarlo, tenendo un discorso introduttivo ♦ **introdursi** *v.pr.* Entrare, penetrare furtivamente in un luogo: *i ladri si sono introdotti dalla finestra* ◊ Entrare a far parte di un ambiente, di un gruppo senza esservi chiamato: *è riuscito a introdursi nella migliore società spacciandosi per un finanziere.*

introduttivo [in-tro-dut-tì-vo] *agg.* Che serve a introdurre, a presentare un argomento: *discorso introduttivo*; *il capitolo introduttivo di un libro.*

introduzione [in-tro-du-zió-ne] *s.f.* **1** Inserimento, immissione: *l'introduzione del gettone nell'apparecchio, del carburante nel serbatoio* ◊ Messa in uso, messa in atto: *l'introduzione di nuovi macchinari, di nuove norme* **2** Parte iniziale di un discorso o di un libro in cui si presenta l'argomento che verrà trattato Ⓢ premessa, prefazione: *dirò due parole d'introduzione*; *un'introduzione di poche pagine.*

introito [in-tròi-to] *s.m.* Entrata di denaro in cassa Ⓢ incasso: *un negozio che ha un buon introito giornaliero.*

intromettersi [in-tro-mét-ter-si] *v.pr.* **1** Ingerirsi, immischiarsi, impicciarsi: *non intrometterti nella mia vita privata* **2** Mettersi in mezzo tra due persone che litigano a far da paciere.

intromissione [in-tro-mis-sió-ne] *s.f.* Intervento non richiesto in faccende altrui Ⓢ ingerenza.

intronare [in-tro-nà-re] *v.tr.* Assordare: *questo frastuono mi introna* ◊ ♧ Intontire, stordire: *è stato un po' intronato dal viaggio.*

introvabile [in-tro-và-bi-le] *agg.* Che non si riesce a trovare Ⓢ irreperibile: *un libro introvabile.*

introverso [in-tro-vèr-so] *agg.* e *s.m.* Che, chi è chiuso in se stesso e ha difficoltà a entrare in contatto con gli altri Ⓒ estroverso: *un ragazzo introverso.*

intrufolare [in-tru-fo-là-re] *v.tr.* Introdurre, infilare di nascosto: *gli intrufolò una mano in tasca* ♦ **intrufolarsi** *v.pr.* Introdursi di soppiatto, con l'astuzia, in un ambiente: *intrufolarsi tra gli ospiti.*

intruglio [in-trù-glio] *s.m.* Miscuglio disgustoso di cibi, bevande o medicinali: *non vorrai che beva questo intruglio?*

intrusione [in-tru-sió-ne] *s.f.* Ingresso abusivo in un ambiente, senza averne diritto o senza essere stati invitati: *non tollero intrusioni di estranei in casa mia* ◊ Ingerenza, intromissione indebita nelle faccende altrui.

intruso [in-trù-so] *s.m.* Chi si è introdotto in un ambiente abusivamente o vi si trova come un estraneo non gradito: *non vogliamo intrusi alla nostra festa!*; *si sentiva un intruso in casa sua.*

intuire [in-tu-ì-re] *v.tr.* [*intuìsco, intuìsci*] Comprendere prontamente, rendersi immediatamente conto di qualcosa, senza bisogno di rifletterci: *ha intuito subito come stavano le cose*; *intuì il pericolo e scappò.*

intuito [in-tùi-to] *s.m.* Capacità di comprendere e valutare con prontezza le cose Ⓢ perspicacia: *una ragazza dotata di grande intuito*; *hai fatto bene a fidarti del tuo intuito.*

intuizione [in-tui-zió-ne] *s.f.* Percezione immediata, istintiva di una realtà: *ebbe subito l'intuizione del pericolo* ◊ Idea brillante, folgorante: *ha risolto il problema grazie a un'intuizione.*

inumano [i-nu-mà-no] *agg.* **1** Che rivela mancanza di umanità Ⓢ crudele, brutale: *i prigionieri venivano trattati in modo inumano*; *un crimine di inumana ferocia* ◊ Indegno dell'uomo Ⓢ degradante: *condizioni di lavoro inumane* **2** Superiore alle capacità umane: *uno sforzo inumano.*

inumare [i-nu-mà-re] *v.tr.* Seppellire una salma.

inumidire [i-nu-mi-dì-re] *v.tr.* [*inumidìsco, inumidìsci*] Rendere umido, bagnare leggermente: *inumidì i panni prima di stirarli* ♦ **inumidirsi** *v.pr.* Diventare umido: *durante la notte il terreno si inumidisce.*

inurbamento [i-nur-ba-mén-to] *s.m.* Trasferimento nelle città di grandi masse di popolazione delle campagne.

inutile [i-nù-ti-le] *agg.* Che non serve a nulla, di nessuna utilità; che non produce alcun risultato: *un oggetto grazioso ma inutile*; *mi hai dato un consiglio inutile*; *a non far niente si sentiva inutile*; *è inutile che tu insista, non verrò.*

inutilità [i-nu-ti-li-tà] *s.f.* Mancanza di utilità Ⓢ vanità, inefficacia.

inutilmente [i-nu-til-mén-te] *avv.* Senza utilità, senza risultato Ⓢ invano: *ho cercato inutilmente di convincerlo.*

invadente [in-va-dèn-te] *agg.* Che si comporta in modo indiscreto, intromettendosi nelle faccende altrui o imponendo la propria presenza e compagnia: *lasciaci soli, non essere invadente!*

invadenza [in-va-dèn-za] *s.f.* Indiscreta e fastidiosa intromissione nelle faccende altrui.

invadere [in-và-de-re] *v.tr.* [coniugato come *evadere*] Occupare un luogo con la forza: *l'esercito nemico invase il paese* ◊ Penetrare, arrivare in un luogo in gran numero: *le cavallette invasero la regione*; *i turisti hanno invaso le spiagge* ◊ Inondare: *il fiume in piena ha invaso le campagne* ◊ Propagarsi, diffondersi in un luogo, in un ambiente, occupandolo interamente (anche ♧): *le erbacce hanno invaso il giardino*; *la luce invase la stanza* ◊ ♧ Occupare l'animo, la mente di una persona: *si sentì invadere dal furore.*

invaghirsi [in-va-ghìr-si] *v.pr.* [*mi invaghìsco, ti invaghìsci*] Innamorarsi di qualcuno, incapricciarsi di qualcosa.

invalicabile [in-va-li-cà-bi-le] *agg.* Che non si può valicare, oltrepassare (anche ♧) Ⓢ insuperabile: *montagne invalicabili*; *limiti invalicabili.*

invalidità [in-va-li-di-tà] *s.f.* La condizione di chi è invalido, inabile al lavoro: *riceve una pensione di invalidità.*

invalido [in-và-li-do] *agg.* e *s.m.* Che, chi in seguito a malattie, infortuni, lesioni, non è in grado di svolgere una normale attività lavorativa: *è rimasto invalido in seguito a un incidente*; *un invalido di guerra.*

invano [in-và-no] *avv.* Inutilmente, senza risultato: *ho cercato invano di convincerlo.*

invariabile [in-va-rià-bi-le] *agg.* **1** Non soggetto a variazioni Ⓢ costante, stabile Ⓒ variabile, mutevole: *le condizioni del tempo si manterranno invariabili* **2** *Parti invariabili del discorso* = avverbio, preposizione, congiunzione e interiezione, che non hanno variazioni di forma | *Parole invariabili* = quelle che non cambiano di forma dal maschile al femminile (per es. *insegnante, nipote*) o dal singolare al plurale (per es. *analisi, virtù*).

invariato [in-va-rià-to] *agg.* Non variato Ⓢ immutato, costante: *prezzi invariati.*

invasione [in-va-sió-ne] *s.f.* Occupazione di un territorio altrui con la forza o penetrandovi in massa: *lottare contro l'invasione nemica*; *le invasioni barbariche* | *Invasione del campo* = irruzione degli spettatori nel campo di gioco, per protesta o per festeggiare la propria squadra ◊ Afflusso in massa in un luogo di persone, animali o cose: *un'invasione di turisti, di zanzare, di prodotti stranieri.*

invasore [in-va-só-re] *s.m.* Chi invade il territorio di un altro stato: *la popolazione scese in lotta contro gli invasori.*

invecchiamento [in-vec-chia-mén-to] *s.m.* Il diventare vecchio ◊ *Invecchiamento del vino* = il periodo di maturazione necessario per fargli acquistare miglior gusto e qualità.

invecchiare [in-vec-chià-re] *v.intr.* [aus. *essere*] **1** Diventare vecchio: *a tutti dispiace invecchiare* ◊ Trascorrere la vecchiaia: *dopo una vita di duro lavoro, ha diritto di invecchiare in pace* ◊ Assumere un aspetto più vecchio: *è invecchiato di colpo dopo quella sciagura* **2** Stagionare: *lasciare il vino a invecchiare* **3** ♧ Perdere di attualità, di validità: *le vere opere d'arte non invecchiano mai* ♦ *v.tr.* **1** Stagionare: *invecchiare un formaggio* **2** Far sembrare più vecchio: *la barba ti invecchia.*

invece [in-vé-ce] *avv.* Al contrario: *credevo che accettasse, invece ha rifiutato* ◊ *Invece di* = al posto di: *invece di aiutarlo lo hanno danneggiato.*

inveire [in-ve-ì-re] *v.intr.* [*inveìsco, inveìsci*] Scagliare ingiurie, maledizioni, accuse contro qualcuno o qualcosa Ⓢ imprecare: *l'ubriaco si mise a inveire contro i passanti*; *inveiva contro il governo.*

inventare [in-ven-tà-re] *v.tr.* **1** Ideare, escogitare per primo una cosa nuova, spec. per scopi pratici: *Galileo inventò il cannocchiale*; *inventare un gioco di carte* **2** Creare con la propria fantasia: *inventare un racconto, un personaggio* ◊ Immaginare, escogitare o raccontare cose non vere: *questo particolare credo che se lo sia inventato*; *inventare una scusa, una bugia.*

inventario [in-ven-tà-rio] *s.m.* Elenco e descrizione particolareggiata di tutti gli oggetti e beni che si trovano in un luogo o fanno parte di un patrimonio: *stanno facendo l'inventario dei libri della biblioteca*; *l'inventario delle merci in magazzino, dei beni di un'eredità.*

inventiva [in-ven-ti-va] *s.f.* Forza d'immaginazione, fantasia: *uno scrittore ricco d'inventiva.*

inventivo [in-ven-ti-vo] *agg.* Di invenzione, di creazione fantastica: *forza, capacità inventiva.*

inventore [in-ven-tó-re] *s.m.* [f. *-trice*] Chi inventa qualcosa di nuovo Ⓢ ideatore.

invenzione [in-ven-zió-ne] *s.f.* **1** Ideazione di qualcosa di nuovo: *l'invenzione del telefono, della radio*; *è un gioco di mia invenzione* ◊ La cosa inventata: *brevettare un'invenzione* **2** Creazione della fantasia, dell'immaginazione: *un racconto ricco d'invenzioni* **3** Bugia, fandonia, falsità: *non credere alle sue parole, sono tutte invenzioni.*

invernale [in-ver-nà-le] *agg.* Dell'inverno: *stagione invernale* ◊ Caratteristico dell'inverno: *clima invernale* ◊ Che si usa d'inverno: *abiti invernali* ◊ Che avviene o si fa d'inverno: *vacanze invernali*; *sport invernali.*

inverno [in-vèr-no] *s.m.* La stagione più fredda, compresa tra l'autunno e la primavera; nel nostro emisfero va dal 21 dicembre al 21 marzo.

inverosimile [in-ve-ro-sì-mi-le] *agg.* Non verosimile; che non pare vero, reale, possibile Ⓢ incredibile: *una notizia, un racconto inverosimile*; *mi trovo in una situazione inverosimile* ◊ Enorme, straordinario: *in piazza c'era una folla inverosimile* ♦ *s.m.* Ciò che è inverosimile, assurdo, eccessivo: *la cosa ha dell'inverosimile*; *la sala era stipata fino all'inverosimile.*

inversione [in-ver-sió-ne] *s.f.* Cambiamento di direzione in senso opposto: *l'auto fece un'inversione di marcia*; *inversione di rotta* ◊ Mutamento nell'ordine, scambio di posto tra due o più elementi ◊ *Inversione sessuale* = omosessualità.

inverso [in-vèr-so] *agg.* Contrario, opposto: *rifece il cammino in senso inverso*; *recitare l'alfabeto in ordine inverso* ♦ *s.m.* Il contrario, l'opposto: *fa sempre l'inverso di quel che dovrebbe.*

invertebrato [in-ver-te-brà-to] *agg.* e *s.m.* Detto di animale privo di scheletro interno e di colonna vertebrale (per es. i molluschi e gli insetti).

invertire [in-ver-tì-re] *v.tr.* [*invèrto*, raro *invertìsco*] **1** Volgere un movimento in una direzione opposta a quella in atto: *invertire la rotta, la marcia* **2** Scambiare due elementi, mettendo l'uno al posto dell'altro: *l'allenatore ha invertito i ruoli dei due giocatori* ♦ **invertirsi** *v.pr.* Capovolgersi, rovesciarsi: *le parti si sono invertite, chi comandava adesso deve obbedire.*

invertito [in-ver-tì-to] *s.m.* Omosessuale.

investigare [in-ve-sti-gà-re] *v.intr.* [*invèstigo, invèstighi*; aus. *avere*] Svolgere indagini sistematiche su qualcosa Ⓢ indagare: *la polizia sta investigando sul delitto.*

investigatore [in-ve-sti-ga-tó-re] *s.m.* [f. *–trice*] Chi svolge delle indagini, come funzionario di polizia o come professionista, per conto di privati (*investigatore privato* = detective).

investimento [in-ve-sti-mén-to] *s.m.* **1** Urto violento da parte di un veicolo: *è stato ferito in un investimento* **2** Impiego di denaro in attività produttive o in acquisti allo scopo di ricavarne un utile: *il governo studia misure per favorire gli investimenti industriali*; *comprando quella casa ha fatto un buon investimento.*

investire [in-ve-stì-re] *v.tr.* **1** Urtare, colpire con violenza: *il camion ha sbandato investendo un passante*; *la costa del Mar Tirreno è stata investita da un uragano* ◊ Assalire, aggredire qualcuno con atti o parole violente: *appena lo vide, lo investì con degli insulti* **2** Impiegare una somma di denaro per ricavarne un utile: *investire in borsa, in case, in terreni* **3** Incaricare: *la magistratura è già stata investita delle indagini sul delitto.*

investitura [in-ve-sti-tù-ra] *s.f.* Nel medioevo, concessione di un feudo o di un titolo con una cerimonia solenne.

invettiva [in-vet-tì-va] *s.f.* Frase o discorso di violenta accusa o di insulto contro qualcuno o qualcosa: *lanciare un'invettiva contro qualcuno, contro la corruzione.*

inviare [in-vi-à-re] *v.tr.* Mandare, spedire: *inviare aiuti agli alluvionati*; *le truppe furono inviate al fronte*; *inviare un saluto, una lettera a un amico.*

inviato [in-vi-à-to] *s.m.* Chi viene mandato in un luogo o presso qualcuno per svolgere un determinato incarico: *il ministro ha ricevuto gli inviati del governo straniero* | *Inviato (speciale)* = giornalista mandato in una località per seguire avvenimenti importanti o svolgere un'inchiesta.

invidia [in-vì-dia] *s.f.* **1** Sentimento di rabbioso dispiacere e di astio per la felicità, il successo, la fortuna o le qualità altrui: *i colleghi provavano invidia per la sua promozione* **2** Sincera ammirazione per un bene o una qualità altrui, unita al desiderio di possedere anche noi qualcosa di simile: *ha una casa che fa invidia, una salute da fare invidia.*

invidiabile [in-vi-dià-bi-le] *agg.* Che fa invidia, che tutti vorrebbero avere: *ha una salute invidiabile*; *si trova in una posizione invidiabile.*

invidiare [in-vi-dià-re] *v.tr.* **1** Provare invidia per qualcosa o per qualcuno: *invidiare la ricchezza, la fortuna altrui*; *invidiava l'amico per i suoi successi* **2** Provare ammirazione per una qualità altrui e desiderare di possederla: *invidio la tua capacità di concentrazione* | *Non aver nulla da invidiare* = non essere per niente inferiore: *questo spumante non ha nulla da invidiare a uno champagne.*

invidioso [in-vi-dió-so] *agg.* Pieno d'invidia: *è invidioso del tuo successo*; *è gente invidiosa* ◊

Che esprime invidia: *la donna le lanciò un'occhiata invidiosa.*

invincibile [in-vin-cì-bi-le] *agg.* Che non può essere vinto Ⓢ imbattibile: *un esercito invincibile* ◊ ♧ Che non è possibile superare, reprimere: *prova un invincibile disgusto per i ragni.*

invio [in-vì-o] *s.m.* Spedizione: *l'invio di un pacco, di un messaggio*; *l'invio dei soccorsi è stato immediato.*

inviolabile [in-vio-là-bi-le] *agg.* Che non si può violare; che si deve assolutamente rispettare: *la libertà è un diritto inviolabile*; *un patto, un segreto inviolabile.*

inviperito [in-vi-pe-rì-to] *agg.* Arrabbiato, furioso, pieno di astio: *è inviperito perché tutti gli hanno dato torto.*

invischiare [in-vi-schià-re] *v.tr.* Coinvolgere qualcuno in faccende rischiose o compromettenti: *lo hanno invischiato in quel losco affare* ♦ **invischiarsi** *v.pr.* Mettersi in situazioni difficili, fastidiose, rischiose Ⓢ impegolarsi: *sei andato a invischiarti in faccende poco chiare.*

invisibile [in-vi-sì-bi-le] *agg.* Che non si vede, non si può vedere: *una stella invisibile a occhio nudo.*

inviso [in-vì-so] *agg.* Guardato con odio, con antipatia Ⓢ malvisto: *un individuo inviso a tutti.*

invitante [in-vi-tàn-te] *agg.* Attraente, allettante: *mi ha fatto una proposta invitante*; *quel piatto ha un aspetto poco invitante.*

invitare [in-vi-tà-re] *v.tr.* **1** Chiedere, proporre a qualcuno di partecipare a qualcosa: *invitare qualcuno a pranzo, a teatro, a una festa* **2** Chiedere cortesemente a qualcuno di fare qualcosa: *fu invitato a entrare*; *vi invito a esprimere il vostro parere* ◊ Ordinare a qualcuno di fare qualcosa, con cortesia ma con fermezza: *il poliziotto lo invitò ad allontanarsi immediatamente* **3** Indurre, invogliare: *questo bel sole invita a uscire di casa.*

invitato [in-vi-tà-to] *s.m.* Chi partecipa, su invito, a una festa, a un pranzo, a una riunione ecc.: *il padrone di casa accoglieva gli invitati.*

invito [in-vì-to] *s.m.* **1** Cortese proposta, a voce o per iscritto, con cui si chiede a qualcuno di essere proprio ospite o di partecipare a qualcosa: *ricevere un invito a cena, a una festa*; *accettare, rifiutare un invito* ◊ Biglietto con cui si invita: *spedire gli inviti per la cerimonia* **2** Richiesta: *ha accettato l'invito a ritirare le dimissioni* ◊ Ordine, ingiunzione: *ha ricevuto l'invito a presentarsi in questura* ◊ Esortazione: *il mio è un invito a impegnarti di più* **3** ♧ Richiamo allettante: *quell'acqua cristallina era un invito a tuffarsi.*

invivibile [in-vi-vì-bi-le] *agg.* Che non fornisce, non consente condizioni di vita accettabili: *questa città è invivibile.*

invocare [in-vo-cà-re] *v.tr.* [*invòco, invòchi*] **1** Rivolgersi pregando a qualcuno per chiederne l'aiuto: *invocò la Madonna perché le facesse una grazia* ◊ Chiamare appassionatamente: *morì invocando i figli lontani* **2** Chiedere ad alta voce, supplicando Ⓢ implorare: *i feriti invocavano soccorso*; *invocò il perdono del padre*; *l'imputato ha invocato la clemenza dei giudici.*

invocazione [in-vo-ca-zió-ne] *s.f.* Richiesta, preghiera fervente, accorata: *rivolse un'invocazione alla Madonna* ◊ Parole, grida con cui si chiede aiuto, soccorso: *nessuno sentì le invocazioni di aiuto del bambino caduto nel pozzo.*

invogliare [in-vo-glià-re] *v.tr.* Far venire la voglia di qualcosa Ⓢ indurre, stimolare: *promise al figlio la moto per invogliarlo a studiare* ◊ Allettare, attrarre: *un piatto che invoglia solo a guardarlo.*

involontariamente [in-vo-lon-ta-ria-mén-te] *avv.* Senza volere: *ti ho urtato involontariamente.*

involontario [in-vo-lon-tà-rio] *agg.* Fatto senza volere, senza intenzione: *mi dispiace di aver fatto cadere il vaso, ma è stato un gesto involontario.*

involto [in-vòl-to] *s.m.* Pacco, fagotto: *raccolse le sue cose e ne fece un involto*; *girava con un involto sotto braccio.*

involucro [in-vò-lu-cro] *s.m.* Rivestimento che avvolge qualcosa (in partic. oggetti incartati, imballati, confezionati): *un involucro di carta, di cartone, di plastica*; *aprire, strappare l'involucro del pacco, della confezione.*

invulnerabile [in-vul-ne-rà-bi-le] *agg.* Che non può essere ferito o ucciso: *Achille era invulnerabile in tutto il corpo tranne che nel tallone* ◊ ♧ Che resiste a ogni attacco: *la difesa della squadra si è dimostrata invulnerabile.*

inzaccherare [in-zac-che-rà-re] *v.tr.* Sporcare con schizzi di fango: *è passata una macchina e mi ha tutto inzaccherato.*

inzuppare [in-zup-pà-re] *v.tr.* Immergere qualcosa in un liquido perché se ne imbeva: *inzuppare il pane nel latte* ◊ Bagnare completamente Ⓢ infradiciare: *la pioggia mi ha inzuppato gli abiti* ♦ **inzupparsi** *v.pr.* Bagnarsi completamente.

io [i-o] *pronome pers.* Pronome personale di prima persona singolare maschile e femminile; si usa solo in funzione di soggetto (altrimenti è sostituito dalle forme *me* e *mi*) e indica la persona che parla riferendosi a se stessa ♦ *s.m.* La propria persona,

A B C D E F G H I J K L M N O P Q R S T U V W X Y Z

se stesso: *è un egoista che vede solo il proprio io* | *Nel proprio io* = dentro di sé, nell'intimo.

iodio [iò-dio] *s.m.* Elemento chimico usato in partic. in medicina e nell'industria fotografica | *Tintura di iodio* = disinfettante a base di iodio.

iosa [iò-sa] *avv.* *A iosa* = in grande quantità, in abbondanza: *da mangiare ce n'è a iosa.*

iper– Primo elemento di parole composte che indica quantità o grado superiore al normale o eccessivo (*ipermercato, ipertensione*).

iperbole [i-pèr-bo-le] *s.f.* Espressione, modo di dire che esprime un concetto in forma esagerata per renderlo più incisivo (per es. *sto morendo di sonno*; *è un secolo che ti aspetto*; *te l'ho detto mille volte*; *è magro come un chiodo*).

ipercalorico [i-per-ca-lò-ri-co] *agg.* [pl.m. *–ci*] Che contiene o fornisce un alto numero di calorie: *cibo ipercalorico*; *dieta ipercalorica.*

ipernutrizione [i-per-nu-tri-zió-ne] *s.f.* Nutrizione più abbondante del normale o del necessario.

ipertensione [i-per-ten-sió-ne] *s.f.* Eccessiva pressione del sangue nelle arterie Ⓢ pressione alta: *soffrire di ipertensione.*

ipertesto [i-per-tè-sto] *s.m.* In informatica, insieme di pagine elettroniche leggibili sul video di un computer e messe in collegamento tra loro attraverso dei *link*. Nell'ipertesto (che oltre a parole e disegni può contenere suoni, cartoni animati e video) si può navigare facendo clic con il *mouse* sui *link*, spostandosi a piacere da un punto all'altro senza necessariamente seguire l'ordine delle pagine, come sul libro di carta.

ipnosi [i-pnò-si] *s.f.* Stato simile al sonno, provocato artificialmente con metodi vari da un'altra persona e in cui il soggetto diventa altamente suggestionabile e disposto a eseguire passivamente gli ordini di tale persona.

ipnotizzare [i-pno-tiz-zà-re] *v.tr.* Far cadere qualcuno in stato di ipnosi: *il prestigiatore ipnotizzò uno spettatore.*

ipo– Primo elemento di parole composte che indica grado, quantità inferiore al normale (*ipocalorico*).

ipocalorico [i-po-ca-lò-ri-co] *agg.* [pl.m. *–ci*] Che contiene o fornisce un basso numero di calorie: *cibo ipocalorico*; *dieta ipocalorica.*

ipocondria [i-po-con-drì-a] *s.f.* Preoccupazione ansiosa e ossessiva per la propria salute, con continue fissazioni di avere mali inesistenti.

ipocrisia [i-po-cri-sì-a] *s.f.* Comportamento di chi simula buoni sentimenti e buone intenzioni per ingannare gli altri e ottenere il loro favore Ⓢ doppiezza, falsità, simulazione Ⓒ schiettezza, sincerità: *non credere alle sue parole di amicizia, è solo ipocrisia* ◊ Atto, discorso ipocrita: *basta con le ipocrisie! Diciamo le cose come stanno.*

ipocrita [i-pò-cri-ta] *agg.* [pl.m. *–ti*] Che agisce con ipocrisia o costituisce, rivela ipocrisia Ⓢ falso, insincero Ⓒ schietto, sincero: *una persona ipocrita*; *un atteggiamento, un sorriso ipocrita* ♦ *s.m.f.* Persona falsa, insincera, che si comporta con ipocrisia: *non fidarti di quell'ipocrita.*

ipoteca [i-po-tè-ca] *s.f.* Garanzia del pagamento di un debito costituita da un bene immobile (casa, terreno); in caso di mancato pagamento il creditore ha diritto di vendere tale bene per recuperare il proprio credito | ♧ *Mettere un'ipoteca su qualcosa* = assicurarselo in anticipo con buone probabilità: *con questa vittoria la nostra squadra ha messo un'ipoteca sul campionato.*

ipotecare [i-po-te-cà-re] [*ipotèco, ipotèchi*] *v.tr.* **1** Gravare un bene di ipoteca: *ipotecare una casa, un terreno* **2** ♧ Assicurarsi, garantirsi qualcosa in anticipo: *con il secondo goal la squadra ha ipotecato la vittoria.*

ipotenusa [i-po-te-nù-sa] *s.f.* Il lato più lungo, opposto all'angolo retto, di un triangolo rettangolo.

ipotesi [i-pò-te-si] *s.f.* **1** Spiegazione provvisoria di un fatto o di un fenomeno su cui mancano dati certi e di cui si ha una conoscenza limitata Ⓢ supposizione, congettura, teoria: *avanzare un'ipotesi sull'origine dell'universo, sulle cause del cancro*; *l'ipotesi della polizia è che si tratti di un delitto politico* **2** Caso, eventualità: *bisogna premunirsi, nell'ipotesi che le cose vadano male*; *se per ipotesi facessi tardi, telefonami.*

ipotetico [i-po-tè-ti-co] *agg.* [pl.m. *–ci*] **1** Fondato su un'ipotesi: *fare un ragionamento ipotetico* **2** Non fondato su alcuna certezza Ⓢ eventuale: *ha fatto debiti contando su ipotetici guadagni futuri.*

ipotizzare [i-po-tiz-zà-re] *v.tr.* Considerare, ammettere come ipotesi Ⓢ supporre.

ippica [ip-pi-ca] *s.f.* Lo sport dell'equitazione, delle corse di cavalli.

ippocampo [ip-po-càm-po] *s.m.* Piccolo pesce comunemente chiamato *cavalluccio marino.*

ippocastano [ip-po-ca-stà-no] *s.m.* Grande albero con frutti simili alle castagne ma non commestibili.

ippodromo [ip-pò-dro-mo] *s.m.* Impianto sportivo con piste per le corse dei cavalli.

ippopotamo [ip-po-pò-ta-mo] *s.m.* Grosso e tozzo mammifero africano, con zampe corte e bocca enorme; vive lungo le rive di fiumi e laghi passando nell'acqua la maggior parte del tempo.

ira [i-ra] *s.f.* Stato d'animo di furiosa irritazione che tende a sfogarsi con parole e atti violenti contro chi si ritiene responsabile Ⓢ collera, rabbia, furore: *si lasciò trasportare dall'ira*; *era accecato dall'ira*; *ha attirato su di sé le ire di tutti*; *non sfogare la tua ira su di me!*

iracondo [i-ra-cón-do] *agg.* Facile all'ira Ⓢ irascibile: *ha un carattere iracondo* ◊ Pieno d'ira Ⓢ rabbioso, iroso: *gli gettò uno sguardo iracondo.*

irascibile [i-ra-scì-bi-le] *agg.* Che si lascia prendere facilmente dall'ira Ⓢ collerico, iracondo: *è un tipo irascibile.*

irato [i-rà-to] *agg.* Pieno d'ira Ⓢ adirato, arrabbiato: *non l'avevo mai visto così irato.*

iridato [i-ri-dà-to] *agg.* Che ha i colori dell'iride | *Maglia iridata* = la maglia bianca attraversata da una fascia con i colori dell'iride, che viene assegnata al ciclista vincitore del campionato del mondo.

iride [i-ri-de] *s.f.* **1** Arcobaleno | *I colori dell'iride* = quelli che compaiono nell'arcobaleno, cioè rosso, arancio, giallo, verde, blu, indaco, violetto **2** La parte dell'occhio che circonda la pupilla; rotonda e variamente colorata, funziona come un diaframma che si allarga o restringe con il diminuire o l'aumentare della luce.

iridescente [i-ri-de-scèn-te] *agg.* Cangiante nei colori dell'iride: *una perla iridescente*; *i riflessi iridescenti della seta.*

iridescenza [i-ri-de-scèn-za] *s.f.* Fenomeno ottico per cui alcune superfici, investite dalla luce, presentano riflessi con i colori dell'iride.

ironia [i-ro-nì-a] *s.f.* **1** Particolare modo di manifestare un atteggiamento scherzoso o critico nei confronti di qualcuno o di qualcosa, consistente nell'esprimersi con parole che, o per il tono usato o per l'evidente contrasto con la situazione, acquistano un significato opposto a quello letterale (per es. dire: «Bella giornata», mentre piove a dirotto, o: «Sarai stanco, poverino», a uno che è stato a riposare o non ha partecipato a un lavoro) **2** Derisione, scherno: *gli fece un sorriso pieno d'ironia* | *Ironia della sorte, del destino, della vita* = quella che si mostra in eventi che paiono prendersi gioco degli uomini: *per ironia della sorte il televisore è stato vinto da un cieco.*

ironico [i-rò-ni-co] *agg.* [pl.m. *–ci*] Pieno d'ironia; che esprime ironia Ⓢ beffardo: *gli fece un sorriso ironico.*

ironizzare [i-ro-niz-zà-re] *v.intr.* [aus. *avere*] Fare dell'ironia: *gli piace ironizzare su tutto e su tutti.*

iroso [i-ró-so] *agg.* Pieno d'ira Ⓢ rabbioso, irato: *rispose con tono iroso* ◊ Irascibile: *ha un carattere molto iroso.*

irradiare [ir-ra-dià-re] *v.tr.* **1** Illuminare con la propria luce (anche ♧): *il sole sorgendo irradiò la superficie del lago*; *la gioia irradiava il suo volto* **2** Diffondere, sprigionare (anche ♧): *il fuoco irradia luce e calore*; *irradiava felicità da tutti i pori* ♦ *v.intr.* [aus. *essere*] Diffondersi all'intorno Ⓢ emanare: *il calore irradiava dalla stufa* ◊ ♧ Sprigionarsi, effondersi: *la gioia irradiava dal suo volto* ♦ **irradiarsi** *v.pr.* Diffondersi all'intorno; propagarsi in varie direzioni partendo da un punto: *dalla piazza si irradiano numerose strade* ◊ ♧ Illuminarsi: *il suo volto s'irradiò di gioia.*

irragionevole [ir-ra-gio-né-vo-le] *agg.* Che non vuole o è incapace di ragionare e agire secondo il buon senso: *ascoltami, non essere irragionevole* ◊ Contrario alla ragione Ⓢ assurdo, infondato: *comportarsi in modo irragionevole*; *paure, speranze irragionevoli* ◊ Eccessivo, esagerato: *gli hanno chiesto un prezzo irragionevole.*

irrancidire [ir-ran-ci-dì-re] *v.intr.* [*irrancidìsco, irrancidìsci*; aus. *essere*] Diventare rancido: *il burro è irrancidito.*

irrazionale [ir-ra-zio-nà-le] *agg.* **1** Che non è in rapporto con la ragione: *nell'uomo ci sono impulsi irrazionali* ◊ Irragionevole: *un comportamento irrazionale* **2** Che non risponde a criteri di razionalità, di funzionalità Ⓢ illogico: *un sistema di lavoro irrazionale*; *la disposizione irrazionale dei mobili fa sembrare più piccola la casa.*

irreale [ir-re-à-le] *agg.* Non reale Ⓢ immaginario, fantastico: *con la fantasia si può vivere in un mondo irreale.*

irrealizzabile [ir-re-a-liz-zà-bi-le] *agg.* Che non può essere realizzato: *sogni, progetti irrealizzabili.*

irrefrenabile [ir-re-fre-nà-bi-le] *agg.* Che non si riesce a frenare o a reprimere: *fu colto da un riso irrefrenabile.*

irregolare [ir-re-go-là-re] *agg.* **1** Che è in contrasto con determinate regole, norme, disposizioni Ⓢ invalido: *l'elezione è irregolare perché molti hanno votato due volte*; *senza la firma il contratto è irregolare* ◊ Nello sport, falloso, scorretto: *azione, intervento irregolare* **2** *Verbi irregolari* = che hanno coniugazione diversa da quella consueta nella maggioranza dei verbi della stessa classe **3** Non uniforme, non costante Ⓢ discontinuo: *soffiavano venti irregolari*; *è molto*

A B C D E F G H **I** J K L M N O P Q R S T U V W X Y Z

irregolare nello studio; *il polso del malato batte in modo irregolare.*

irregolarità [ir-re-go-la-ri-tà] *s.f.* Atto, comportamento che viola norme, leggi, regolamenti: *commettere un'irregolarità.*

irremovibile [ir-re-mo-vì-bi-le] *agg.* Che non si lascia smuovere dai suoi propositi Ⓢ fermo, ostinato, inflessibile: *ho cercato di convincerlo, ma è stato irremovibile.*

irreparabile [ir-re-pa-rà-bi-le] *agg.* Che non si può riparare; per cui non c'è rimedio Ⓢ irrimediabile: *ha commesso un errore irreparabile*; *danno, perdita irreparabile.*

irreperibile [ir-re-pe-rì-bi-le] *agg.* Che non si riesce a trovare, a rintracciare: *un libro irreperibile*; *per non essere disturbato si è reso irreperibile.*

irreprensibile [ir-re-pren-sì-bi-le] *agg.* A cui non si può muovere nessuna critica, nessun appunto: *il suo comportamento è stato irreprensibile*; *fa una vita irreprensibile.*

irrequieto [ir-re-quiè-to] *agg.* Agitato, non tranquillo, ansioso: *il malato è stato irrequieto tutta la notte*; *l'attesa lo rendeva irrequieto* ◊ Molto vivace ed esuberante; che non sta mai fermo: *un bambino irrequieto.*

irrequietudine [ir-re-quie-tù-di-ne] *s.f.* Stato di agitazione, spec. interiore (per ansia, preoccupazione).

irresistibile [ir-re-si-stì-bi-le] *agg.* A cui non si può resistere: *un impulso irresistibile*; *ha un fascino irresistibile* | *Una persona irresistibile* = molto affascinante.

irrespirabile [ir-re-spi-rà-bi-le] *agg.* Che non si può respirare senza danno o senso di fastidio: *il fumo aveva reso l'aria irrespirabile.*

irresponsabile [ir-re-spon-sà-bi-le] *agg.* **1** Che non è responsabile di qualcosa Ⓢ innocente: *lo hanno incolpato ma è del tutto irresponsabile* **2** Che agisce o è compiuto con incoscienza, senza pensare alle conseguenze: *sei irresponsabile a guidare in quel modo*; *un gesto irresponsabile* ♦ *s.m.f.* Persona che agisce con incoscienza.

irretire [ir-re-tì-re] *v.tr.* [*irretìsco, irretìsci*] Abbindolare, raggirare qualcuno, catturandolo con le reti dell'inganno o della seduzione: *si è lasciato irretire da quell'imbroglione, da quella donna.*

irreversibile [ir-re-ver-sì-bi-le] *agg.* Che avviene in un solo senso, che non può tornare indietro: *l'invecchiamento è un processo irreversibile.*

irriconoscibile [ir-ri-co-no-scì-bi-le] *agg.* Che è impossibile o difficile riconoscere (perché molto diverso da come si è abituati a conoscerlo): *era così dimagrito da essere irriconoscibile.*

irrigare [ir-ri-gà-re] *v.tr.* [*irrìgo, irrìghi*] Dare a un terreno l'acqua necessaria per le coltivazioni: *irrigare un campo, un orto* ◊ (detto di corsi d'acqua) Attraversare un territorio: *la pianura padana è irrigata dal Po e dai suoi affluenti.*

irrigazione [ir-ri-ga-zió-ne] *s.f.* Distribuzione di acqua sui terreni agricoli attraverso una rete di canali, fossi e tubazioni: *la pianura padana è attraversata da numerosi canali d'irrigazione.*

irrigidimento [ir-ri-gi-di-mén-to] *s.m.* L'irrigidire, l'irrigidirsi (anche ♧): *l'irrigidimento di un muscolo, del clima, della disciplina*; *un irrigidimento delle posizioni ha bloccato le trattative.*

irrigidire [ir-ri-gi-dì-re] *v.tr.* [*irrigidìsco, irrigidìsci*] Rendere rigido: *il freddo gli irrigidì le membra* ♦ **irrigidirsi** *v.pr.* Diventare rigido o più rigido (anche ♧): *il cadavere cominciava a irrigidirsi*; *il clima si è irrigidito* | *Irrigidirsi sull'attenti* = restare immobile ◊ ♧ Assumere un atteggiamento inflessibile, intransigente Ⓢ ostinarsi: *si è irrigidito sulle sue posizioni.*

irriguo [ir-rì-guo] *agg.* **1** Che serve all'irrigazione: *acque irrigue* **2** Ben irrigato, ricco di acque: *le zone irrigue sono le più adatte per l'agricoltura.*

irrilevante [ir-ri-le-vàn-te] *agg.* Di scarsa o nessuna importanza Ⓢ insignificante, trascurabile: *le due auto si sono appena toccate e il danno è stato irrilevante*; *un particolare irrilevante.*

irrimediabile [ir-ri-me-dià-bi-le] *agg.* Per cui non c'è rimedio Ⓢ irreparabile: *il danno è ormai irrimediabile*; *la sua morte è stata una perdita irrimediabile.*

irrinunciabile [ir-ri-nun-cià-bi-le] *agg.* A cui non si può rinunciare: *la libertà è un diritto irrinunciabile.*

irripetibile [ir-ri-pe-tì-bi-le] *agg.* **1** Che non si può ripetere, perché costituisce qualcosa di unico, di eccezionale: *ha perso un'occasione irripetibile*; *un'esperienza irripetibile* **2** *Parole, frasi, ingiurie irripetibili* = così volgari che non le si può ripetere, riferire.

irrisolto [ir-ri-sòl-to] *agg.* Che non è stato risolto, non ha trovato una soluzione Ⓢ insoluto: *un problema irrisolto.*

irrisorio [ir-ri-sò-rio] *agg.* Tanto esiguo e inadeguato da sembrare un'offesa: *per il suo lavoro gli danno un compenso irrisorio* | *Prezzo irrisorio* = molto basso, molto inferiore al valore reale: *ha comprato quella casa per un prezzo irrisorio.*

irritante [ir-ri-tàn-te] *agg.* **1** Che irrita, indispettisce: *ha un modo di fare irritante* **2** Che provoca infiammazione: *un liquido irritante per la pelle.*

irritare [ir-ri-tà-re] *v.tr.* **1** Provocare stizza, rabbia; far perdere la pazienza, la calma: *ha un modo di fare che mi irrita* **2** Provocare infiammazione, bruciore o altra reazione dolorosa o fastidiosa: *questo detersivo irrita la pelle; la luce troppo forte gli irritava gli occhi* ♦ **irritarsi** *v.pr.* **1** Arrabbiarsi: *è così nervoso che si irrita per un nonnulla* **2** Infiammarsi: *mi si è irritata la pelle.*

irritato [ir-ri-tà-to] *agg.* **1** Arrabbiato, risentito, indispettito: *era irritato per il ritardo* **2** Infiammato: *ho la tosse e la gola irritata.*

irritazione [ir-ri-ta-zió-ne] *s.f.* **1** Stizza, rabbia, risentimento: *a furia di disturbarlo hanno provocato la sua irritazione* **2** Infiammazione: *ha un'irritazione alla pelle, in gola, agli occhi.*

irriverente [ir-ri-ve-rèn-te] *agg.* Che manca del dovuto rispetto Ⓢ insolente Ⓒ rispettoso: *un alunno irriverente verso gli insegnanti; un atteggiamento, un gesto irriverente.*

irrobustire [ir-ro-bu-stì-re] *v.tr.* [*irrobustìsco, irrobustìsci*] Rendere robusto, più robusto Ⓢ rinvigorire: *la ginnastica irrobustisce il fisico* ♦ **irrobustirsi** *v.pr.* Diventare robusto, più robusto: *se mangi di più ti irrobustici.*

irrompere [ir-róm-pe-re] *v.intr.* [coniugato come *rompere*] Entrare a forza e con impeto in un luogo: *la folla irruppe nel palazzo.*

irrorare [ir-ro-rà-re] *v.tr.* **1** Bagnare di gocce: *le lacrime le irroravano le guance* **2** Spruzzare con liquidi antiparassitari: *irrorare le viti.*

irruente [ir-ru-èn-te] o **irruento** [ir-ru-èn-to] *agg.* Impetuoso, impulsivo nel carattere e nel modo di fare: *un uomo troppo irruente.*

irruenza [ir-ru-èn-za] *s.f.* Impeto violento e incontrollato: *cerca di frenare la tua irruenza!*

irruzione [ir-ru-zió-ne] *s.f.* Ingresso impetuoso in un luogo, spec. per compiere un'azione di sorpresa: *nella bisca ci fu un'irruzione della polizia.*

irto [ir-to] *agg.* **1** Ispido, pungente: *peli irti* **2** Pieno, cosparso di punte, di sporgenze aguzze: *una tavola irta di chiodi; una costa irta di scogli* ◊ ♧ Pieno di ostacoli, di difficoltà e simili: *un viaggio irto di pericoli.*

isba [i-sba] *s.f.* Tradizionale casa dei contadini russi, costruita con tronchi d'albero, con tetto di legno o di paglia e costituita da una sola stanza.

iscritto [i-scrìt-to] *agg.* e *s.m.* Che, chi è ufficialmente registrato come partecipante a una competizione o come membro di una scuola, di un'associazione, di un partito ecc.: *l'elenco degli atleti iscritti alla gara; aumentano gli iscritti all'università.*

iscrivere [i-scrì-ve-re] *v.tr.* [coniugato come *scrivere*] Compiere le pratiche necessarie per l'ammissione di una persona a un'associazione, a un istituto o a un corso scolastico, a una competizione ecc.: *iscrivere il figlio a scuola, a un corso di nuoto* ♦ **iscriversi** *v.pr.* Compiere le formalità necessarie per essere ammesso a un'organizzazione o a un'attività (come membro, alunno, partecipante): *iscriversi a un partito, all'università, a un corso, a una gara.*

iscrizione [i-scri-zió-ne] *s.f.* **1** Ammissione o inclusione ufficiale di una persona tra i membri di un'organizzazione o tra i partecipanti a un'attività: *chiedere l'iscrizione a un partito; è scaduto il termine per l'iscrizione alla scuola; tessera, certificato d'iscrizione* **2** Scritta incisa (o scolpita, dipinta ecc.) su pietra, metallo o altro materiale resistente: *le iscrizioni sulle lapidi delle tombe; un'iscrizione etrusca.*

islam [i-slàm o ì-slam] *s.m.* (spesso con iniziale maiuscola) La religione fondata da Maometto, i cui precetti sono contenuti nel Corano ◊ Il mondo musulmano, la civiltà, la cultura musulmana.

islamico [i-slà-mi-co] *agg.* [pl.m. *–ci*] Dell'islam Ⓢ musulmano: *la religione islamica; la civiltà, la cultura islamica* ♦ *s.m.* Seguace dell'islamismo.

islamismo [i-sla-mì-smo] *s.m.* La religione musulmana Ⓢ islam.

isola [ì-so-la] *s.f.* **1** Porzione di terraferma completamente circondata dalle acque di un mare, di un lago o di un fiume **2** *Isola pedonale* = zona di una città in cui è vietata la circolazione dei veicoli.

isolamento [i-so-la-mén-to] *s.m.* **1** La condizione di chi si isola o è isolato dagli altri Ⓢ solitudine: *vive nel più completo isolamento* ◊ Esclusione dai rapporti con gli altri, con il mondo esterno Ⓢ segregazione: *il detenuto fu messo in cella d'isolamento; chi ha una malattia infettiva va tenuto in isolamento* **2** Protezione di un ambiente o di un oggetto dal passaggio dell'elettricità, del calore o del suono mediante materiale isolante: *un edificio con un buon isolamento termico.*

isolano [i-so-là-no] *agg.* Di un'isola o dei suoi abitanti: *usanze isolane* ♦ *s.m.* Abitante di un'isola: *gli isolani erano molto ospitali.*

isolante [i-so-làn-te] *agg.* e *s.m.* Detto di materiale che presenta forte resistenza al passaggio dell'elettricità, del suono o del calore: *pareti rive-*

A B C D E F G H I J K L M N O P Q R S T U V W X Y Z

stite di pannelli isolanti; nastro isolante; isolante acustico, termico.

isolare [i-so-là-re] *v.tr.* **1** Separare o staccare qualcosa da ciò che gli sta intorno: *isolare un incendio; il paese è stato isolato da una frana; isolare una frase dal contesto* | *Isolare un virus* = individuarlo ◊ Tenere qualcuno lontano dagli altri Ⓢ segregare: *isolare un ammalato contagioso* | ♧ *Isolare una persona* = escluderla da un gruppo, emarginarla **2** Separare, rivestire qualcosa con materiale isolante per impedire il passaggio di calore, del suono, dell'elettricità: *isolare acusticamente una stanza; i fili elettrici devono essere isolati* ♦ **isolarsi** *v.pr.* Ritirarsi in solitudine, fare una vita appartata: *quando studio, ho bisogno di isolarmi; da qualche tempo si è isolato, non frequenta più nessuno.*

isolato [i-so-là-to] *agg.* **1** Separato dal resto, appartato dagli altri: *il paese rimase isolato per la frana; vive molto isolato* | *Luogo isolato* = solitario ◊ Unico, singolo, particolare: *si tratta di casi isolati, per cui non si può generalizzare* **2** Separato, rivestito con materiali isolanti: *un ambiente ben isolato* ♦ *s.m* Edificio o gruppo di edifici circondati tutt'intorno da strade: *fare il giro dell'isolato; il negozio è a due isolati da qui.*

isoscele [i-sò-sce-le] *agg.* Si dice di triangolo o di trapezio che ha due lati uguali.

isotopo [i-sò-to-po] *s.m.* Elemento che ha lo stesso numero di protoni di un altro e uguali proprietà chimiche, ma un peso atomico differente in quanto ha un numero diverso di neutroni.

ispettore [i-spet-tó-re] *s.m.* [f. *–trice*] Funzionario statale addetto a compiti di controllo e vigilanza sull'andamento di qualcosa: *ispettore scolastico, sanitario* | *Ispettore di polizia* = funzionario di polizia addetto alle indagini.

ispezionare [i-spe-zio-nà-re] *v.tr.* Sottoporre a un'ispezione; esaminare, controllare attentamente: *ispezionare un ospedale per accertare le condizioni igieniche; i doganieri ispezionarono a lungo il bagagliaio dell'auto.*

ispezione [i-spe-zió-ne] *s.f.* Esame o visita a scopo di controllo, di accertamento, di sorveglianza: *fare un'ispezione a una scuola, a una banca; il guardiano fece un giro d'ispezione.*

ispido [i-spi-do] *agg.* Irto, ruvido e duro (detto di peli o capelli): *barba ispida; un cane dal pelo ispido* ◊ Ricoperto di peli duri o di spine: *mento ispido; foglie ispide.*

ispirare [i-spi-rà-re] *v.tr.* **1** Suscitare, destare un sentimento, un'impressione Ⓢ infondere: *è una persona che ispira fiducia; ispirare timore, simpatia, ribrezzo* **2** Guidare, influenzare spiritualmente una persona, infondendole nell'animo idee, sentimenti, immagini, stimolandone la fantasia: *per i credenti gli autori della Bibbia furono ispirati da Dio; l'amore ha ispirato molti poeti* ◊ Suggerire: *mi hai ispirato una buona idea* ♦ **ispirarsi** *v.pr.* Trarre ispirazione, spunto da qualcosa: *un pittore che s'ispira alla natura; nello scrivere il suo racconto si è ispirato a un fatto di cronaca.*

ispirazione [i-spi-ra-zió-ne] *s.f.* **1** Impulso, vigore creativo e artistico Ⓢ estro: *una poesia composta in un momento d'ispirazione; non si mette a dipingere finché non gli viene l'ispirazione* ◊ Spunto, modello che ispira l'attività creativa: *molti pittori moderni hanno tratto ispirazione dall'arte africana* **2** Impulso, idea, intuizione improvvisa: *non so come mi sia venuto in mente, è stata un'ispirazione* ◊ Suggerimento: *l'ho fatto su sua ispirazione.*

israeliano [i-sra-e-lià-no] *agg.* Del moderno stato d'Israele: *la politica israeliana* ♦ *s.m.* Cittadino dello stato d'Israele.

israelita [i-sra-e-lì-ta] *agg.* [pl.m. *–ti*] Ebraico: *il popolo israelita* ♦ *s.m.f.* Chi fa parte del popolo ebraico.

issare [is-sà-re] *v.tr.* Sollevare, innalzare qualcosa, spec. per mezzo di funi e carrucole: *issare la bandiera, le vele* ♦ **issarsi** *v.pr.* Salire su qualcosa, sollevandosi con sforzo: *dopo vari tentativi riuscì a issarsi in sella al cavallo.*

–issimo Suffisso usato per formare il superlativo degli aggettivi (*bellissimo, facilissimo, dolcissimo*).

istantaneo [i-stan-tà-ne-o] *agg.* Che avviene in un istante Ⓢ immediato: *la morte fu istantanea; reazione istantanea.*

istante [i-stàn-te] *s.m.* Brevissimo spazio di tempo Ⓢ attimo, momento: *per un istante il lampo illuminò la stanza; aspettami un istante* | *All'istante, sull'istante* = immediatamente, subito: *arriverò all'istante.*

istanza [i-stàn-za] *s.f.* **1** Richiesta rivolta a un'autorità: *presentare un'istanza al sindaco; il giudice ha respinto l'istanza della difesa* ◊ Richiesta pressante: *ho ceduto alle sue istanze* **2** Esigenza, necessità: *le istanze dei lavoratori sono rimaste insoddisfatte.*

isteria [i-ste-rì-a] *s.f.* Eccitazione esagerata e incontrollata: *la folla si abbandonò a scene di isteria collettiva.*

isterico [i-stè-ri-co] *agg.* [pl.m. *–ci*] Che esprime un nervosismo eccessivo, un'agitazione incontrollata: *non parlarmi con quel tono isterico!* ♦ *agg.* e *s.m.* Che, chi ha umore irritabile, facile agli scatti d'ira e alle crisi di nervi: *non sopporto le persone isteriche*; *non fare l'isterico!*

istigare [i-sti-gà-re] *v.tr.* [*istìgo, istìghi*] Incitare, spingere altri a compiere qualcosa di riprovevole o di illecito: *istigare il popolo alla ribellione*; *sono stati i compagni a istigarlo a rubare.*

istigazione [i-sti-ga-zió-ne] *s.f.* Incitamento a compiere azioni riprovevoli o illecite: *ha agito per istigazione dei compagni*; *istigazione a delinquere.*

istillare [i-stil-là-re] o **instillare** [in-stil-là-re] *v.tr.* **1** Versare goccia a goccia: *gli istillò del collirio negli occhi* **2** ♧ Infondere nell'animo: *i genitori gli hanno istillato l'amore per la giustizia.*

istintivo [i-stin-ti-vo] *agg.* Fatto per istinto, senza riflettere Ⓢ automatico: *si riparò il volto con un gesto istintivo* ◊ Che proviene dall'istinto Ⓢ naturale, innato: *l'amore materno è un sentimento istintivo*; *sentì per quell'uomo un'istintiva antipatia* ♦ *agg.* e *s.m.* Che, chi è portato ad agire più per istinto che seguendo la ragione: *non sa frenare i suoi impulsi, è un istintivo.*

istinto [i-stìn-to] *s.m.* Tendenza naturale innata, che spinge gli esseri viventi a comportamenti utili alla conservazione dell'individuo e della specie: *istinto materno, sessuale, di conservazione*; *gli animali seguono il loro istinto* ◊ Impulso spontaneo, immediato e indipendente dalla riflessione, che porta ad agire in un determinato modo: *il suo istinto gli suggerì di non accettare la proposta*; *fare qualcosa d'istinto* ◊ Inclinazione naturale: *è una persona d'istinti generosi*; *ha l'istinto degli affari.*

istituire [i-sti-tu-ì-re] *v.tr.* [*istituìsco, istituìsci*] **1** Fondare, creare qualcosa di pubblico interesse e di una certa importanza: *istituire una scuola, un centro culturale*; *istituire un premio letterario*; *il fascismo istituì una dittatura* **2** *Istituire un confronto, un rapporto, un parallelo tra due cose* = porle a confronto, stabilire tra loro una relazione, un parallelo **3** *Istituire qualcuno proprio erede* = nominarlo, designarlo erede.

istituto [i-sti-tù-to] *s.m.* **1** Ente, organismo pubblico o privato costituito per svolgere una determinata attività: *un istituto di beneficenza*; *istituti ospedalieri, religiosi*; *lavora in un istituto di bellezza* | *Istituto di credito* = banca **2** Scuola d'istruzione secondaria: *frequenta un istituto tecnico, un istituto magistrale* | *Capo d'istituto* = preside di una scuola d'istruzione secondaria.

istituzionale [i-sti-tu-zio-nà-le] *agg.* Che è proprio di un'istituzione: *l'educazione è il compito istituzionale della scuola* ◊ Che riguarda le istituzioni dello stato: *le forze politiche si sono accordate per una riforma istituzionale.*

istituzione [i-sti-tu-zió-ne] *s.f.* **1** L'istituire qualcosa Ⓢ fondazione, creazione: *il governo ha deciso l'istituzione di una nuova università* **2** Ogni ordinamento e organismo sociale, politico, religioso fondato sulla legge o su una tradizione: *il matrimonio è un'istituzione sociale*; *la chiesa cattolica è un'istituzione religiosa* ◊ L'insieme delle norme fondamentali e degli organismi su cui si regge uno stato: *il conflitto tra magistratura e governo è un sintomo della crisi delle istituzioni.*

istmo [ist-mo] *s.m.* Stretta striscia di terra tra due mari che unisce due continenti (*istmo di Suez*) o una penisola a un continente (*istmo di Corinto*).

istogramma [i-sto-gràm-ma] *s.m.* [pl. *–mi*] Rappresentazione grafica dei diversi valori di un fenomeno statistico mediante segmenti o rettangoli di dimensione proporzionale ai valori stessi.

istoriare [i-sto-rià-re] *v.tr.* Ornare, decorare con immagini che narrano storie o leggende: *la colonna Traiana è istoriata con scene che celebrano le vittorie dell'imperatore.*

istradare [i-stra-dà-re] o **instradare** [in-stra-dà-re] *v.tr.* Avviare per una strada, indirizzare lungo un dato percorso: *a causa dell'incidente il traffico è stato istradato per le vie laterali.*

istrice [i-stri-ce] *s.m.* Piccolo mammifero roditore con il dorso e la coda ricoperti di lunghi aculei che si drizzano quando l'animale è irritato o spaventato; è chiamato anche *porcospino.*

istrione [i-stri-ó-ne] *s.m.* Attore mediocre, che recita con troppa enfasi e ricercando facili effetti ◊ ♧ Chi assume atteggiamenti teatrali, simulando in modo plateale ciò che non prova Ⓢ commediante: *piantala di fare l'istrione, tanto non mi commuovi.*

istruire [i-stru-ì-re] *v.tr.* [*istruìsco, istruìsci*] **1** Dare un'istruzione; formare culturalmente, educare: *è compito della scuola istruire i giovani* ◊ Fornire a qualcuno le nozioni teoriche e pratiche necessarie per svolgere un'attività Ⓢ addestrare: *istruire le reclute nell'uso delle armi* **2** Dare a qualcuno istruzioni, suggerimenti su ciò che deve dire o fare in una certa situazione: *hanno istruito il testimone sulle risposte da dare*; *mi hanno istruito su come comportarmi in caso di rifiuto* ♦ **istruirsi** *v.pr.* Farsi un'istruzione, formarsi una cultura: *legge molto per istruirsi.*

istruttivo [i-strut-ti-vo] *agg.* Che fornisce un utile insegnamento: *un libro istruttivo*; *il suo esempio è stato istruttivo per tutti.*

istruttore [i-strut-tó-re] *s.m.* [f. *–trice*] Chi ha il compito di addestrare in una determinata attività: *istruttore di nuoto, di sci, di tennis, di guida.*

istruttoria [i-strut-tò-ria] *s.f.* Fase iniziale di un processo giudiziario, in cui si raccolgono le prove e gli elementi che saranno portati al pubblico dibattimento: *l'istruttoria non è stata ancora chiusa.*

istruzione [i-stru-zió-ne] *s.f.* **1** L'attività di istruire; in partic., l'attività formativa svolta dalle scuole di diverso ordine e grado: *dedicarsi all'istruzione dei giovani*; *istruzione primaria, secondaria, universitaria*; *ministero della pubblica istruzione* ◊ Preparazione culturale, cultura: *avere una buona istruzione*; *una persona priva di istruzione*; *studia per farsi un'istruzione* **2** (spec. al *pl.*) Direttiva, disposizione riguardo a ciò che uno deve fare: *ho avuto istruzioni di non far entrare nessuno*; *siamo in attesa di istruzioni dal ministero* ◊ Indicazioni scritte sul modo di usare un prodotto, sul funzionamento di un apparecchio ecc.: *prima di usare la medicina leggere attentamente le istruzioni*; *istruzioni per l'uso.*

istupidire [i-stu-pi-dì-re] *v.tr.* [*istupidìsco, istupidìsci*] Rendere stupido ◊ Intontire, frastornare: *questo fracasso ci ha istupidito* ♦ *v.intr.* [aus. *essere*] e **istupidirsi** *v.pr.* Diventare stupido; perdere lucidità e agilità mentale.

italianizzare [i-ta-lia-niz-zà-re] *v.tr.* Adattare alla lingua italiana un vocabolo o un'espressione straniera.

italiano [i-ta-lià-no] *agg.* Dell'Italia: *la popolazione italiana*; *la lingua italiana deriva dal latino* | *All'italiana* = alla maniera degli italiani: *mangiare all'italiana* ♦ *s.m.* **1** Persona nata in Italia o che ha la cittadinanza italiana: *gli italiani sono circa sessanta milioni* **2** Lingua italiana: *parla un buon italiano*; *tradurre un libro in italiano* ◊ La materia d'insegnamento riguardante la lingua e la letteratura italiana: *esame, professore d'italiano.*

italico [i-tà-li-co] *agg.* [pl.m. *–ci*] Dell'Italia antica: *Roma riuscì a soggiogare poco a poco tutti i popoli italici.*

iter [parola latina; pron. *ìter*] *s.m.invar.* Il percorso, la serie di fasi per cui deve passare una pratica burocratica o un disegno di legge prima di ottenere l'approvazione definitiva Ⓢ trafila: *iter burocratico, parlamentare.*

itinerario [i-ti-ne-rà-rio] *s.m.* Il percorso di un viaggio, di una gita, di una gara ecc.: *al ritorno abbiamo cambiato itinerario*; *nella guida sono illustrati diversi itinerari turistici.*

ittico [it-ti-co] *agg.* [pl.m. *–ci*] Del pesce, costituito da pesci: *il mercato ittico*; *la fauna ittica.*

iuta [iù-ta] *s.f.* Fibra tessile di origine vegetale, usata spec. per fare cordami e tessuti per sacchi.

Iva [sigla di *Imposta sul valore aggiunto*] *s.f. invar.* Imposta indiretta applicata su ogni merce o servizio che vengono scambiati.

ivi [ì-vi] *avv.* In quel luogo, lì.

j, J

j *s.f.* o *m.* Lettera, chiamata *i lunga*, usata un tempo nell'alfabeto italiano e oggi sempre sostituita dalla *i* tranne che in alcuni nomi geografici e di persona (*Jesolo, Jonio, Jacopo*). È presente in parole di origine straniera, con valore di vocale (= i) o di consonante (con pronuncia diversa a seconda della lingua).

jackpot [parola inglese; pron. corrente *gècpot*] *s.m.invar.* Nei giochi d'azzardo e nelle lotterie, il montepremi accumulatosi in tutte le giocate nelle quali nessuno ha vinto.

jazz [parola inglese; pron. corrente *giàz* o *gèz*] *s.m.invar.* Musica molto ritmata e con frequenti improvvisazioni, elaborata dai negri d'America alla fine dell'Ottocento e poi diffusasi in tutto il mondo ♦ anche *agg.invar.*: *musica, orchestra jazz.*

jazzista [jaz-zi-sta; pron. *gezzìsta*] *s.m.f.* [pl.m.-*sti*] Suonatore di musica jazz.

jeans [parola inglese; pron. corrente *gins*] *s.m. invar.* Robusta tela di cotone, in genere di colore blu: *una gonna di jeans* ♦ anche *agg.invar.*: *tela, tessuto jeans* ♦ *s.m.pl.* Pantaloni di tela jeans (*blue-jeans*) o di altro tessuto, piuttosto aderenti e con le tasche cucite all'esterno.

jeep [parola inglese; pron. *gip*] *s.f.invar.* Autovettura scoperta a quattro ruote motrici, molto robusta e adatta ai percorsi fuori strada.

jet [parola inglese; pron. *gèt*] *s.m.invar.* Aereo con motore a reazione Ⓢ aviogetto.

jet lag [locuzione inglese; pron. corrente *gèt lèg*] *s.m.invar.* Stanchezza, mal di testa e altri sintomi di malessere fisico provocati da lunghi viaggi aerei in cui si attraversano più fusi orari.

jiad [parola araba; pron. corrente *giàd*] *s.f.invar.* Nella religione islamica, sforzo, impegno del credente nel realizzare la volontà di Dio ◊ Nel linguaggio politico e giornalistico, la guerra santa dell'islam contro gli infedeli.

job center [locuzione inglese; pron. corrente *giòb sènter*] *s.m.invar.* Ufficio di collocamento.

jogging [parola inglese; pron. corrente *giògghin*] *s.m.invar.* Corsa prolungata a ritmo non veloce, fatta per divertimento ed esercizio fisico.

jolly [parola inglese; pron. corrente *giòlli*] *s.m. invar.* **1** Carta da gioco, raffigurante un buffone, alla quale, in alcuni giochi, si può dare il valore che si vuole Ⓢ matta **2** ♧ Persona capace di svolgere diverse funzioni, a seconda delle necessità.

joystick [parola inglese; pron. corrente *giòistic*] *s.m.invar.* Apparecchio che si collega al computer o a una *consolle*, dotato di una o più leve e di pulsanti che controllano il movimento delle immagini che appaiono sullo schermo; è usato soprattutto nei videogiochi.

judo [parola giapponese; pron. *giùdo*] *s.m.invar.* Tipo di lotta di origine giapponese.

jujitsu [parola giapponese; pron. *giugìzu*] *s.m. invar.* Tecnica giapponese di difesa personale senz'armi, diffusasi poi anche come arte marziale.

juke-box [parola inglese; pron. corrente *giubòcs*] *s.m.invar.* Apparecchio automatico contenente un giradischi e numerosi dischi, che vengono scelti e suonati a richiesta introducendo delle monete e premendo dei bottoni.

jumbo jet [locuzione inglese; pron. corrente *giàmbo-gèt* o *giùmbo-gèt*] *s.m.invar.* Aereo a reazione di grande capienza.

juniòres [parola latina; pron. *iuniòres*] *s.m.f.pl.* Atleti appartenenti a una categoria giovanile ♦ anche *agg.invar.*: *un torneo juniores.*

junk food [locuzione inglese; pron. corrente *giànk fud*] *s.m.invar.* L'insieme dei cibi confezionati industrialmente, ricchi di calorie e grassi, ma di scarso valore nutritivo e poco sani (per es. merendine, patatine fritte, bibite zuccherate e simili).

k, K

k *s.f.* o *m.* Lettera presente nell'alfabeto greco e latino e in alcuni alfabeti di lingue moderne; è una consonante con lo stesso suono della *c* dura e quando è da sola si pronuncia *cappa* ◊ È usata come simbolo di *chilo–* (cioè di *mille*) in abbreviazioni come *kg* (= chilogrammo) e *km* (= chilometro).

kamikaze [parola giapponese; pron. *camicàze*] *s.m.invar.* Pilota volontario giapponese che, durante la seconda guerra mondiale, si lanciava con il suo aereo carico di esplosivo contro un obiettivo nemico ◊ Chiunque compie un'azione armata suicida.

karakiri vedi ***harakiri***.

karaoke [parola giapponese; pron. *caraòche*] *s.m. invar.* Divertimento collettivo di origine giapponese, in cui i partecipanti cantano a turno una canzone su una base musicale registrata, leggendone il testo che scorre in contemporanea su uno schermo.

karate [parola giapponese; pron. *caratè* o *caràte*] *s.m.invar.* Forma di lotta e tecnica di difesa e offesa di origine giapponese, basata principalmente su colpi vibrati con il taglio della mano e con i piedi.

karma [kàr-ma] *s.m.invar.* Nella religione e nella filosofia indiana, il frutto delle azioni compiute da ogni vivente, che influisce sulla sua vita attuale e su quelle delle sue successive reincarnazioni.

kayak [parola di origine eschimese; pron. *càiac* o *caiàc*] *s.m.invar.* Canoa da pesca tipica degli eschimesi, a un solo posto e sospinta a pagaia ◊ Tipo di canoa derivata dalla precedente, usata in gare sportive o per turismo.

kebab [parola araba; pron. *chebàb*] *s.m.invar.* Piatto di carne di agnello o di manzo, cotta allo spiedo o sulla brace, con condimenti vari, tipico della cucina del Medio Oriente.

ketchup [parola inglese; pron. corrente *chèciap*] *s.m.invar.* Salsa per condimento a base di succo di pomodoro con aceto, zucchero ed erbe aromatiche.

killer [parola inglese; pron. corrente *chìller*] *s.m. invar.* Chi compie omicidi a pagamento per conto d'altri Ⓢ sicario.

kilo– vedi **chilo–**.

kilobyte [pron. *chilobàit*] *s.m.invar.* In informatica, unità di misura della quantità di dati, equivalente a 1024 byte.

kilt [parola inglese; pron. corrente *chìlt*] *s.m. invar.* Il tradizionale gonnellino degli scozzesi.

kit [parola inglese; pron. *chìt*] *s.m.invar.* Insieme di pezzi, venduti in un'unica confezione, con i quali è possibile costruire da soli un oggetto (un modellino, un mobile, una macchina ecc.).

kitsch [parola tedesca; pron. *chič*] *s.m.invar.* Cattivo gusto, in partic. quello delle opere, degli oggetti, degli spettacoli prodotti per il grande pubblico ♦ *agg.invar.* Di cattivo gusto: *un soprammobile molto kitsch*.

kiwi [parola originaria della Nuova Zelanda; pron. *chìui*] *s.m.invar.* **1** Frutto commestibile dalla polpa verde e carnosa, prodotto da un arbusto rampicante un tempo coltivato soprattutto in Nuova Zelanda **2** Uccello della Nuova Zelanda, grosso come un pollo e con un becco molto lungo e sottile; è incapace di volare ma rapido nella corsa.

kleenex ® [parola inglese; pron. corrente *clìnecs*] *s.m.invar.* Nome commerciale di un tipo di fazzoletti di carta venduti in pacchetti.

knock-out [parola inglese; pron. *nocàut*; spesso abbreviato in *k.o.* o *ko* (pron. *cappaò*)] *avv.*, *agg.invar.* e *s.m.invar.* Nel pugilato, fuori combattimento: *vincere per knock-out*; *mettere ko un avversario*; *subire un knock-out* ◊ Stato di grave abbattimento, di profonda crisi: *il licenziamento lo ha messo ko*.

ko e **k.o.** vedi ***knock-out***.

koala [ko-à-la] *s.m.invar.* Mammifero australiano munito di marsupio e simile a un orsacchiotto.

krapfen [parola tedesca; pron. corrente *cràfen*] *s.m.invar.* Frittella di pasta dolce, ricoperta di zucchero e spesso ripiena di crema o marmellata.

kung fu [locuzione giapponese; pron. *kun fu*] *s.m.invar.* Tipo di lotta cinese, simile al karate giapponese ma assai più violenta.

k-way ® [locuzione inglese; pron. corrente *cheiuéi*] *s.f.invar.* Nome commerciale di una giacca a vento di nailon, molto leggera e impermeabile, che può essere ripiegata su se stessa e ridotta a una borsetta.

l, L

l *s.m.* o *f.* Decima lettera dell'alfabeto italiano; è una consonante e quando è da sola si pronuncia *elle* ◊ *L*, numero romano equivalente a *50* | *l* = simbolo di *litro*.

la[1] *art.determ.* [Unito alle prep. *a*, *da*, *di*, *in*, *con*, *su* forma le prep. articolate *alla*, *dalla*, *della*, *nella*, *colla*, *sulla*] Forma femminile singolare dell'articolo determinativo; si elide davanti a vocale: *quella è la mia casa*; *l'isola d'Elba*.

la[2] *pronome pers.f.sing.* Essa, ella, lei (si usa come complemento oggetto riferito sia a persona che a cosa; si può elidere davanti a vocale): *questa storia non la conoscevo*; *è la mia penna, dammela!*; *è ricca ma non l'invidio* ◊ Ha valore indeterminato in alcune espressioni come *farcela, smetterla, svignarsela, vedersela brutta* ecc. ◊ Si usa anche come forma di cortesia rivolgendosi a persona di sesso sia maschile che femminile con la quale non si è in familiarità: *la ringrazio, signore, della sua cortesia*.

Il pronome *la* si mette prima del verbo in tutti i tempi tranne che all'imperativo, all'infinito, al gerundio e al participio passato; quando si appoggia a imperativi di una sola sillaba la *l* viene raddoppiata: *falla entrare*.

la[3] *s.m.* Sesta nota della scala musicale.

là *avv.* In quel luogo: *il libro è là*; *andiamo tutti là* | *Essere, stare, andare di là* = nell'altra stanza | *Al di là* = oltre | *Andare in là* = andare avanti, oltre | *Essere in là* = essere lontano, avanti | *Farsi in là* = scostarsi | *Essere più di là che di qua* = in punto di morte.

labbro [làb-bro] *s.m.* [pl. *labbra* nel significato 1, *labbri* nel significato 2] **1** Ciascuna delle due pieghe cutanee che delimitano l'apertura della bocca: *si è ferito a un labbro*; *dipingersi le labbra* | *Dire qualcosa a fior di labbra* = sussurrando | ♧ *Pendere dalle labbra di qualcuno* = ascoltarlo con grande attenzione | ♧ *Mordersi le labbra* = pentirsi di aver detto qualcosa **2** Orlo, margine, bordo: *i labbri di una ferita*.

labile [là-bi-le] *agg.* Che svanisce in fretta: *un labile ricordo* | *Memoria labile* = debole.

labirinto [la-bi-rìn-to] *s.m.* **1** Edificio, quartiere, zona, parco in cui per il gran numero e l'intrico delle vie, dei passaggi o degli ambienti è difficile orientarsi Ⓢ dedalo: *la città vecchia è un labirinto*; *un labirinto di vicoli, di canali* **2** Parte dell'orecchio interno formata da un complesso di canali che servono a regolare l'equilibrio.

laboratorio [la-bo-ra-tò-rio] *s.m.* **1** Locale dotato di attrezzature per ricerche ed esperienze scientifiche: *laboratorio chimico, di analisi* | *Laboratorio linguistico* = aula dotata di apparecchiature per facilitare l'apprendimento delle lingue straniere **2** Locale in cui si svolgono lavori artigianali o riparazioni: *un laboratorio di falegnameria, di sartoria, fotografico*.

laborioso [la-bo-rió-so] *agg.* **1** Che richiede notevole impegno e sforzo Ⓢ difficile, faticoso: *è impegnato in un'indagine, in una trattativa laboriosa* **2** Dedito al lavoro Ⓢ attivo, operoso Ⓒ pigro: *è un giovane molto laborioso*.

lacca [làc-ca] *s.f.* **1** Sostanza di origine vegetale o artificiale, usata come colorante o per verniciare mobili e oggetti vari ◊ Oggetto rivestito di lacca: *ha comprato alcune lacche cinesi* **2** Smalto per unghie **3** Sostanza per fissare i capelli.

laccato [lac-cà-to] *agg.* Verniciato con lacca: *un mobile laccato* ◊ Smaltato: *unghie laccate*.

laccio [làc-cio] *s.m.* **1** Corda con cappio a nodo scorsoio: *prendere al laccio un animale* **2** Cordoncino o nastro usato per chiudere un capo di vestiario Ⓢ legaccio | *I lacci delle scarpe* = le stringhe.

lacerare [la-ce-rà-re] *v.tr.* **1** Strappare, stracciare con forza; ridurre in brandelli: *il vento lacerò una vela*; *lacerare una lettera* **2** ♧ Squarciare con violenza: *un'esplosione lacerò l'aria* ◊ Straziare, tormentare: *i fischi le laceravano i timpani*; *un rimorso lacerava il suo animo*.

lacero [là-ce-ro] *agg.* **1** Che è strappato in più parti: *il suo abito era lacero* **2** Che porta abiti laceri, stracciati.

laconico [la-cò-ni-co] *agg.* [pl.m. *–ci*] Che si esprime in modo conciso, che è poco loquace: *suo zio è un tipo piuttosto laconico* ◊ Espresso o scritto in modo molto breve e conciso: *una risposta, una lettera laconica.*

lacrima [là-cri-ma] *s.f.* Goccia di umore acquoso che esce dagli occhi per irritazione o in seguito a dolore, a commozione ecc.: *lacrime di dolore, di tenerezza, di gioia, di rabbia* | *Scoppiare in lacrime* = mettersi a piangere all'improvviso | ♧ *Ingoiare le lacrime* = trattenersi dal piangere.

lacrimare [la-cri-mà-re] *v.intr.* [aus. *avere*] Versare lacrime Ⓢ piangere: *gli occhi mi lacrimano per il fumo.*

lacrimevole [la-cri-mé-vo-le] *agg.* Che induce al pianto, che provoca compassione Ⓢ commovente, patetico: *una scena, una storia lacrimevole.*

lacrimogeno [la-cri-mò-ge-no] *agg.* Che irrita gli occhi facendoli lacrimare: *gas lacrimogeni* | *Candelotti lacrimogeni* = che sprigionano gas lacrimogeni.

lacuna [la-cù-na] *s.f.* Mancanza, carenza, vuoto: *la sua preparazione presenta molte lacune; ci sono delle lacune nella sua memoria* ◊ Mancanza di una o più parole in un testo, spec. manoscritto.

lacunoso [la-cu-nó-so] *agg.* Che presenta lacune Ⓢ incompleto, carente: *un testo lacunoso; una cultura lacunosa.*

lacustre [la-cù-stre] *agg.* Che vive nei laghi: *piante, animali lacustri* ◊ Caratteristico dei laghi: *clima lacustre.*

ladro [là-dro] *s.m.* **1** Chi ruba: *ladro di bestiame, di automobili; una banda di ladri* | *Tempo da ladri* = pessimo **2** Chi richiede un prezzo o un compenso eccessivo: *quell'idraulico è un ladro.*

lager [parola tedesca; pron. corrente *làgher*] *s.m. invar.* **1** Campo di concentramento e di sterminio nazista **2** Luogo, ambiente in cui la gente viene tenuta in condizioni inumane: *quel centro di accoglienza per immigrati è un lager.*

laggiù [lag-giù] *avv.* Là in basso: *scendiamo laggiù* ◊ Là, in quel luogo lontano: *laggiù in fondo alla via; non voglio andare fin laggiù* ◊ Indica anche luoghi, paesi situati al sud: *laggiù non fa mai freddo.*

lagna [là-gna] *s.f.* **1** Lamento insistente e fastidioso Ⓢ piagnisteo: *basta con queste lagne!* **2** Cosa noiosa e interminabile: *la conferenza è stata una lagna* **3** Persona lamentosa e noiosa: *sei proprio una lagna!*

lagnanza [la-gnàn-za] *s.f.* Espressione di scontento Ⓢ lamentela: *la direzione dell'albergo ha ricevuto molte lagnanze per il cattivo servizio.*

lagnarsi [la-gnàr-si] *v.pr.* **1** Lamentarsi: *il bambino non fa che lagnarsi, deve star male* **2** Esprimere il proprio malcontento Ⓢ reclamare, protestare: *i clienti dell'albergo si sono lagnati del cattivo servizio* | *Non posso lagnarmi* = sono abbastanza soddisfatto.

lago [là-go] *s.m.* [pl. *–ghi*] **1** Massa d'acqua per lo più dolce che occupa una depressione del suolo: *lago di Como, di Garda* | *Lago vulcanico* = che occupa il cratere di un vulcano spento | *Lago artificiale* = creato con una diga di sbarramento lungo il corso di un fiume **2** ♧ Grande quantità di liquido sparso: *hai fatto un lago sul pavimento; il corpo giaceva in un lago di sangue.*

laguna [la-gù-na] *s.f.* Bacino d'acqua marina lungo la costa, parzialmente separato dal mare da una catena di isolotti o da banchi di sabbia: *la laguna veneta.*

laicismo [lai-cì-smo] *s.m.* Atteggiamento ideologico che sostiene l'assoluta autonomia della cultura, della politica e dello stato da qualsiasi religione e autorità religiosa.

laico [lài-co] *agg.* [pl.m. *–ci*] **1** Che non appartiene al clero: *un'associazione laica* **2** Che non è ispirato o non si ispira a nessuna fede religiosa; che è autonomo rispetto a qualsiasi autorità ecclesiastica: *cultura laica; scuola laica; partiti laici; stato laico* ♦ *s.m.* Chi non fa parte del clero.

laido [lài-do] *agg.* **1** Sporco o brutto in modo ripugnante Ⓢ lurido **2** ♧ In senso morale, sconcio, turpe.

lama[1] [là-ma] *s.f.* **1** La parte tagliente di un utensile, di un'arma: *la lama del coltello, del rasoio, della sega, della spada* **2** L'elemento tagliente o affilato di uno strumento, di una macchina o di un attrezzo sportivo: *la lama dell'aratro, dei pattini da ghiaccio.*

lama[2] [là-ma] *s.m.invar.* Mammifero ruminante diffuso sulle Ande, utilizzato per il trasporto e soprattutto per la lana di alta qualità.

lama[3] [là-ma] *s.m.invar.* Monaco buddista del Tibet.

lambiccare [lam-bic-cà-re] *v.tr.* [*lambìcco, lambìcchi*] *Lambiccarsi il cervello* = fare grandi sforzi mentali per capire o risolvere qualcosa Ⓢ scervellarsi ♦ **lambiccarsi** *v.pr.* Scervellarsi: *non stare a lambiccarti per niente.*

lambire [lam-bì-re] *v.tr.* [*lambìsco, lambìsci*] **1** Leccare lievemente (detto di animali): *il gatto gli lambiva la mano* **2** ♧ Sfiorare, toccare appena (detto di fiamme e acque): *le fiamme cominciavano a lambire il soffitto.*

lamella [la-mèl-la] *s.f.* Lamina sottile.

lamentare [la-men-tà-re] *v.tr.* **1** Sentire, accusare un dolore: *da qualche giorno lamenta un dolore alla spalla* ◊ Esprimere rincrescimento per qualcosa Ⓢ compiangere: *tutti lamentano la sua scomparsa* ◊ Dover constatare con rammarico un fatto doloroso: *nell'incidente si lamentano molte vittime* **2** Denunciare, segnalare con proteste qualcosa di negativo: *molti cittadini lamentano carenze nei trasporti pubblici* ♦ **lamentarsi** *v.pr.* **1** Emettere lamenti: *il ferito si è lamentato tutta la notte* **2** Esprimere il proprio risentimento, il proprio scontento Ⓢ lagnarsi: *si è lamentato perché abbiamo fatto rumore*; *lamentarsi di un'ingiustizia, dei colleghi* | *Non mi lamento, non mi posso lamentare* = sono abbastanza soddisfatto.

lamentela [la-men-tè-la] *s.f.* Manifestazione di scontento Ⓢ lagnanza, protesta: *sono stufo delle tue continue lamentele*; *l'albergo ha ricevuto molte lamentele dai clienti.*

lamento [la-mén-to] *s.m.* **1** Suono o voce che esprime dolore Ⓢ gemito: *si udivano i lamenti dei feriti* **2** Lagnanza, lamentela.

lamentoso [la-men-tó-so] *agg.* **1** Che esprime lamento: *parlava con tono lamentoso* **2** Che si lamenta continuamente.

lametta [la-mét-ta] *s.f.* Piccola lama affilatissima per rasoi di sicurezza.

lamiera [la-miè-ra] *s.f.* Lastra metallica piuttosto sottile, usata spec. per tettoie e rivestimenti.

lamina [là-mi-na] *s.f.* Lastra, piastra molto sottile di metallo o di altro materiale.

lampada [làm-pa-da] *s.f.* Qualsiasi sorgente o apparecchio d'illuminazione artificiale: *lampada a olio, a petrolio, a gas, elettrica*; *lampada da tavolo, da parete* | *Lampada al quarzo, a raggi ultravioletti* = per uso scientifico, terapeutico o per abbronzature artificiali.

lampadario [lam-pa-dà-rio] *s.m.* Apparecchio per l'illuminazione di ambienti, appeso al soffitto e costituito da una struttura che sostiene una o più lampadine (o, un tempo, candele): *un lampadario di cristallo, di ottone.*

lampadina [lam-pa-dì-na] *s.f.* Lampada elettrica costituita, nel tipo fino a qualche tempo fa più diffuso, da un globo di vetro con dentro un filo metallico che, al passaggio della corrente, diventa incandescente ed emette luce. Dati i suoi alti consumi, è stata sostituita per legge da modelli a risparmio energetico.

lampante [lam-pàn-te] *agg.* Molto chiaro ed evidente: *questa è una prova lampante della sua colpevolezza.*

lampara [lam-pà-ra] *s.f.* Grossa lampada montata su barche, usata per attrarre il pesce nella pesca notturna ◊ Barca dotata di lampara.

lampeggiare [lam-peg-già-re] *v.intr.* [aus. *avere*] **1** Mandare lampi (anche ♧): *il cielo lampeggia*; *gli occhi le lampeggiavano d'ira* **2** Emettere una luce intermittente di segnalazione: *lampeggiare con i fari a un incrocio*; *la spia dell'olio lampeggia* ♦ *v.intr.impers.* [aus. *avere* o *essere*] Far lampi: *ha lampeggiato tutta la notte.*

lampeggiatore [lam-peg-gia-tó-re] *s.m.* Negli autoveicoli e nei motoveicoli, fanalino a luce intermittente usato per segnalare i cambi di direzione ◊ Fanale a luce intermittente gialla o blu posto sul tetto degli automezzi di soccorso o di pubblica sicurezza per renderli più visibili.

lampione [lam-pió-ne] *s.m.* Lampada per l'illuminazione pubblica di strade, piazze e simili.

lampo [làm-po] *s.m.* **1** Luce abbagliante e di breve durata, prodotta da scariche elettriche nell'atmosfera e di solito seguita dal tuono: *lampi continui solcavano il cielo* **2** Emissione di luce rapidissima e molto intensa: *i lampi dei cannoni, dei flash* ◊ Bagliore, scintillio improvviso (anche ♧): *i lampi delle sciabole*; *i suoi occhi ebbero un lampo sinistro* | *Lampo di genio* = intuizione improvvisa **3** ♧ Attimo Ⓢ baleno: *la giornata è passata in un lampo* ◊ Persona molto veloce a fare qualcosa: *è un lampo a fare i calcoli* ♦ in funzione di *agg. invar.* Molto rapido e di breve durata: *guerra, visita lampo* | *Cerniera lampo* = vedi *cerniera.*

lampone [lam-pó-ne] *s.m.* Arbusto selvatico che produce piccoli frutti rossi e saporiti ◊ Il frutto di tale arbusto: *marmellata di lamponi.*

lana [là-na] *s.f.* **1** Il pelo della pecora e di altri animali: *lana di pecora, di cammello* **2** La fibra tessile e i tessuti che se ne ricavano: *golf di lana.*

lancetta [lan-cét-ta] *s.f.* Indicatore girevole di vari strumenti di misura (orologio, barometro ecc.).

lancia[1] [làn-cia] *s.f.* [pl. *-ce*] Antica arma costituita da un'asta terminante con una punta di metallo o di altro materiale: *scagliare, impugnare la lancia* | ♧ *Spezzare una lancia in favore di qualcuno* = aiutarlo o prenderne le difese con parole o atti.

lancia[2] [làn-cia] *s.f.* [pl. *-ce*] Imbarcazione leggera per il trasporto di persone: *lancia a remi, a motore*; *lancia di salvataggio.*

lanciafiamme [lan-cia-fiàm-me] *s.m.invar.* Arma per lanciare a distanza un getto di un liquido infiammato.

lanciamissili [lan-cia-mìs-si-li] *s.m.invar.* Impianto, dispositivo per il lancio di missili ♦ *agg.invar.*

Attrezzato per lanciare missili: *nave, sottomarino lanciamissili.*

lanciarazzi [lan-cia-ràz-zi] *s.m.invar.* Arma fissa o portatile per il lancio di proiettili a razzo ♦ anche come *agg.invar.*: *pistola lanciarazzi* (per segnalazione).

lanciare [lan-cià-re] *v.tr.* **1** Scagliare, gettare con forza qualcosa: *lanciò un sasso in acqua* ◊ ♧ Indirizzare, rivolgere: *lanciare un'accusa, un insulto contro qualcuno*; *gli lanciò un'occhiata* ◊ ♧ Emettere: *l'uomo lanciò un grido* **2** Far partire qualcosa con una forte spinta iniziale: *lanciare un missile* ◊ Spingere a forte velocità: *lanciare un cavallo al galoppo, un'auto in corsa* **3** ♧ Cercare di imporre all'attenzione, di fare affermare qualcuno o qualcosa, spec. servendosi di mezzi pubblicitari: *lanciare un cantante, un prodotto, una nuova moda* ♦ **lanciarsi** *v.pr.* Gettarsi con impeto (anche ♧): *lanciarsi all'attacco*; *lanciarsi in un'impresa* ◊ Gettarsi giù, lasciarsi cadere: *lanciarsi nel vuoto, col paracadute.*

lancinante [lan-ci-nàn-te] *agg.* Si dice di dolore fisico acutissimo che sembra trafiggere e lacerare.

lancio [làn-cio] *s.m.* **1** L'atto di lanciare qualcosa in avanti, verso l'alto o dall'alto: *il lancio di una bomba, di un missile*; *lancio di viveri da un aereo* ◊ Il lanciarsi dall'alto: *effettuare un lancio col paracadute* **2** In atletica, prova in cui si deve lanciare il più lontano possibile un attrezzo: *lancio del giavellotto, del disco, del martello* **3** ♧ Campagna pubblicitaria per imporre all'attenzione del pubblico qualcuno o qualcosa: *il lancio di un cantante, di un nuovo prodotto.*

landa [làn-da] *s.f.* Pianura arida tipica delle regioni fredde, inadatta alle coltivazioni e con scarsa vegetazione ◊ Terreno incolto, in abbandono: *una landa desolata.*

languido [làn-gui-do] *agg.* **1** Spossato, fiacco, senza energia: *era languido per la malattia* | *Luce languida* = debole, fioca **2** ♧ Pieno di tenerezza e abbandono sentimentale Ⓢ appassionato, struggente: *uno sguardo languido*; *una voce, una musica languida.*

languire [lan-guì-re] *v.intr.* [*lànguo* o *languìsco, làngui* o *languìsci*; aus. *avere*] **1** Vivere in uno stato di abbandono, in condizioni penose: *languire in carcere, in miseria* **2** Diminuire di forza o d'intensità, essere sul punto di spegnersi o di esaurirsi (anche ♧): *la fiamma sta languendo*; *la conversazione languiva.*

languore [lan-guó-re] *s.m.* **1** Stato di spossatezza fisica Ⓢ sfinimento, fiacchezza | *Languore di stomaco* = senso di vuoto allo stomaco per fame **2** Atteggiamento o espressione di tenero abbandono: *si scambiavano sguardi pieni di languore.*

lanificio [la-ni-fi-cio] *s.m.* Stabilimento dove si lavora la lana.

lanterna [lan-tèr-na] *s.f.* **1** Apparecchio per illuminazione costituito da una gabbia dalle pareti di vetro con all'interno un lume: *ci fece luce con una lanterna* | ♧ *Prendere lucciole per lanterne* = sbagliarsi in modo clamoroso **2** La parte superiore del faro, protetta da vetrate, che contiene le apparecchiature luminose.

lanugine [la-nù-gi-ne] *s.f.* Pelo morbido e corto Ⓢ peluria.

lapalissiano [la-pa-lis-sià-no] *agg.* Del tutto evidente, ovvio.

lapidare [la-pi-dà-re] *v.tr.* Colpire qualcuno a sassate fino a ucciderlo: *l'omicida fu lapidato dalla folla infuriata.*

lapidario [la-pi-dà-rio] *agg.* **1** Relativo alle iscrizioni su pietra, su lapidi: *arte lapidaria* **2** ♧ Conciso, solenne e incisivo: *stile lapidario*; *una risposta, una frase lapidaria.*

lapide [là-pi-de] *s.f.* Lastra di marmo o pietra posta su una tomba e sulla quale è a volte incisa una iscrizione funebre ◊ Lastra recante un'iscrizione commemorativa, posta su monumenti o su facciate di edifici.

lapillo [la-pìl-lo] *s.m.* Frammento di lava allo stato solido eruttato da un vulcano nella fase esplosiva.

lapis [là-pis] *s.m.invar.* Matita.

lapsus [parola latina; pron. *làpsus*] *s.m.invar.* Errore involontario nello scrivere o nel parlare, commesso per distrazione.

lardo [làr-do] *s.m.* Lo strato di grasso che ricopre il dorso e il ventre del maiale e che si conserva salato o affumicato per usi di cucina.

larghezza [lar-ghéz-za] *s.f.* **1** Una delle tre dimensioni geometriche, insieme all'altezza e alla lunghezza ◊ Nel linguaggio comune, l'ampiezza di qualcosa o la misura del lato minore o di base: *la larghezza di una strada, di un fiume*; *la larghezza di un tavolo, di un foglio* | *Larghezza di un foro* = il suo diametro | *Larghezza del torace* = la misura della sua circonferenza | *Larghezza di un muro* = il suo spessore **2** ♧ Prodigalità; generosità Ⓒ avarizia: *spendere, donare con larghezza* **3** ♧ Abbondanza, dovizia Ⓒ scarsezza: *mi ha raccontato la sua avventura con larghezza di particolari* **4** ♧ Ampiezza, apertura mentale Ⓒ ristrettezza: *larghezza di idee, di vedute.*

largo [làr-go] *agg.* [pl.m. *-ghi*] **1** Che ha una certa estensione in larghezza: *un tavolo largo un metro* ◊ Ampio, vasto, esteso © stretto: *una strada larga*; *un largo spazio* | *Stare a gambe larghe* = divaricate | ♧ *Essere di larghe vedute* = avere una mentalità aperta, non ristretta | ♧ *Stare alla larga da qualcuno* = evitare contatti e rapporti con lui ◊ Detto di indumento, troppo ampio: *un vestito largo*; *queste scarpe mi stanno larghe* **2** ♧ Abbondante: *non ha votato una larga parte dei presenti*; *abbiamo un largo margine di sicurezza* **3** ♧ Generoso nel dare, nel concedere o nello spendere: *essere largo di consigli, di aiuti* ♦ *s.m.* **1** Larghezza: *misurare qualcosa per il largo* | *In lungo e in largo* = in ogni direzione ◊ Spazio libero | *Fare largo* = scostarsi per lasciare un passaggio | *Farsi largo* = aprirsi un varco: *si fece largo a furia di spintoni* **2** Mare aperto: *andò a nuotare al largo* | *Prendere il largo* = allontanarsi dalla costa: *la nave prese il largo* **3** Piazza formata da uno slargo all'incrocio di più vie: *abita in Largo Augusto*.

larice [là-ri-ce] *s.m.* Albero delle conifere simile al pino, che cresce nelle zone di alta montagna: *il legno del larice è molto compatto e resistente*.

laringe [la-rìn-ge] *s.f.* Parte dell'apparato respiratorio situata all'interno del collo; è anche l'organo della voce in quanto sede delle corde vocali.

laringite [la-rin-gì-te] *s.f.* Infiammazione della laringe.

larva [làr-va] *s.f.* **1** Prima forma di vita, dopo l'uscita dall'uovo, degli animali che si sviluppano per metamorfosi: *il bruco è la larva della farfalla* **2** ♧ Persona malridotta fisicamente, magra ed emaciata: *la malattia l'ha ridotto a una larva*.

larvato [lar-và-to] *agg.* Espresso in forma vaga e indiretta Ⓢ velato: *gli fece delle larvate minacce*.

lasagna [la-sà-gna] *s.f.* (spec. al *pl.*) Sfoglia di pasta all'uovo tagliata a larghe strisce: *lasagne al sugo, al forno*.

lasciapassare [la-scia-pas-sà-re] *s.m.invar.* Permesso scritto che autorizza a entrare o a passare in un luogo normalmente vietato: *per entrare è necessario un lasciapassare*.

lasciare [la-scià-re] *v.tr.* **1** Cessare di tenere, di stringere o di trattenere qualcosa o qualcuno: *il leone lasciò la preda*; *non lasciare il volante quando guidi*; *lasciami, devo andar via* **2** Non prendere con sé qualcuno o qualcosa e farlo restare o depositarlo in un posto o presso qualcuno: *lasciare i bambini a casa, dai nonni*; *ho lasciato le valigie al deposito* ◊ Dimenticare qualcosa in un posto: *ho lasciato l'ombrello al cinema* **3** Abbandonare un luogo: *lasciò il paese natale* ◊ Separarsi da qualcuno temporaneamente o definitivamente: *l'ho lasciato verso le dieci*; *lasciare i genitori, la moglie, il marito* ◊ Smettere, abbandonare un'attività: *lasciare l'impiego, gli studi* **4** Far rimanere qualcuno o qualcosa in un certo stato: *lasciami solo*; *lascia la porta aperta*; *la cosa mi lascia indifferente* | *Lasciare qualcuno in pace* = non disturbarlo **5** Far rimanere dopo di sé una traccia, un segno, un effetto del proprio passaggio, della propria azione ecc.: *lasciare delle impronte sulla sabbia*; *quel cibo mi ha lasciato un cattivo sapore in bocca*; *è morto lasciando un buon ricordo* **6** Dare, consegnare, affidare qualcosa a qualcuno: *mi ha lasciato un messaggio per te*; *ho lasciato le chiavi al portinaio* | *Lasciare detto* = comunicare un messaggio a qualcuno perché lo riferisca a una persona assente ◊ Assegnare per testamento: *ha lasciato i suoi soldi ai poveri* ◊ Tenere da parte, conservare, serbare, riserbare: *mi hai lasciato qualcosa da mangiare?*; *lascia questo lavoro per domani*; *lasciano a lui tutti i lavori più pesanti* ◊ Non togliere: *lasciami questa speranza* **7** Permettere ad altri di fare qualcosa: *lasciami venire con te*; *lascia che gli parli io*; *si è lasciato ingannare* | *Lascialo dire* = non ti curare di quel che dice | *Lasciar andare, correre, perdere* = smettere di occuparsi, di preoccuparsi di qualcosa | *Lasciar stare qualcuno* = non disturbarlo | *Lasciarsi andare* = abbandonarsi (a una forza, a un sentimento); abbattersi, avvilirsi; trascurarsi | *Una cosa, una persona che lascia molto a desiderare* = che non soddisfa affatto, che presenta molti difetti **8** *Lasciarci la vita, la pelle* = morire ♦ **lasciarsi** *v.pr.* Separarsi: *ci siamo lasciati verso le sette* ◊ Rompere una relazione amorosa: *Giovanni e Lucia si sono lasciati dopo un anno di fidanzamento*.

lascito [là-sci-to] *s.m.* Donazione di un bene o di una somma per testamento: *ha fatto un lascito a un orfanotrofio*.

laser [là-ser] *s.m.invar.* Apparecchio che emette un fascio molto intenso e concentrato di radiazioni; è utilizzato in molte applicazioni tecniche e scientifiche ♦ anche come *agg.invar.*: *raggio laser*.

lassativo [las-sa-tì-vo] *agg.* Che facilita l'evacuazione dell'intestino: *sciroppo lassativo* ♦ *s.m.* Blando purgante.

lasso [làs-so] *s.m.* Periodo di tempo: *tutto successe in un breve lasso di tempo*.

lassù [las-sù] *avv.* **1** Là in alto: *andiamo lassù*; *da lassù si gode un bel panorama* ◊ Là a nord: *lassù gli inverni sono rigidi* **2** ♧ In cielo, in paradiso.

last minute [locuzione inglese; pron. corrente *last mìniut*] *agg.invar.* e *s.m.invar.* Dell'ultimo minuto, detto di biglietto aereo o di viaggio acquistato poco prima della partenza prevista e quindi con forte sconto.

lastra [là-stra] *s.f.* **1** Pezzo di materiale solido, piatto e di spessore limitato rispetto alla sua estensione: *una lastra di pietra, di marmo, di rame, di vetro*; *il gelo aveva trasformato il lago in una lastra di ghiaccio* **2** Pellicola radiografica | *Farsi una lastra* = una radiografia.

lastricare [la-stri-cà-re] *v.tr.* [*làstrico, làstrichi*] Pavimentare con lastre di pietra: *lastricare una strada.*

lastrico [là-stri-co] *s.m.* [pl. *–chi* o *–ci*] Pavimentazione stradale formata da lastre o blocchetti di pietra: *rifare il lastrico di una piazza* | ♧ *Finire, ridursi, gettare sul lastrico* = in rovina, in miseria.

latente [la-tèn-te] *agg.* Che rimane nascosto, non si manifesta esternamente: *un pericolo latente*; *una malattia latente.*

laterale [la-te-rà-le] *agg.* Che si trova sul lato, sui lati di qualcosa: *entrò dall'ingresso laterale del teatro*; *le navate laterali della chiesa* | *Linea laterale* = nel calcio e in altri sport, la linea che delimita il campo nel senso della lunghezza | *Fallo laterale* = commesso dal giocatore che manda la palla oltre la linea laterale.

laterizi [la-te-rì-zi] *s.m.pl.* Materiali da costruzione di terracotta come tegole, mattoni ecc.

latice [là-ti-ce] o **lattice** [làt-ti-ce] *s.m.* Liquido vischioso e biancastro secreto da molte piante o estratto mediante l'incisione della corteccia: *dal latice di alcune piante si ricava il caucciù.*

latifoglio [la-ti-fò-glio] *agg.* Detto di pianta con foglie larghe.

latifondista [la-ti-fon-dì-sta] *s.m.f.* [pl.m. *–sti*] Grande proprietario terriero.

latifondo [la-ti-fón-do] *s.m.* Grande proprietà terriera coltivata solo in parte o lasciata a pascolo.

latino [la-tì-no] *agg.* **1** Dell'antico Lazio o degli antichi romani: *le città latine*; *civiltà, lingua latina* ◊ Relativo alla lingua parlata e scritta dagli antichi romani: *letteratura latina*; *alfabeto latino* **2** *Popoli, paesi latini* = che parlano lingue neolatine e sono influenzati dalla civiltà latina | *America latina* = quella di lingua spagnola e portoghese **3** *Croce latina* = a bracci disuguali | *Vela latina* = triangolare ♦ *s.m.* **1** [f. *–a*] Abitante dell'antico Lazio o dell'antica Roma **2** La lingua degli antichi latini diffusa nel mondo da Roma: *latino classico, medievale* ◊ La lingua e la letteratura latina come materia d'insegnamento scolastico: *professore, esame, compito in classe di latino.*

latitante [la-ti-tàn-te] *agg.* e *s.m.f.* Che, chi, nascondendosi, si sottrae a un ordine di cattura: *l'assassino è latitante*; *la polizia ha catturato un latitante.*

latitanza [la-ti-tàn-za] *s.f.* La condizione di chi è latitante | *Darsi alla latitanza* = rendersi irreperibile: *il bandito si diede alla latitanza.*

latitudine [la-ti-tù-di-ne] *s.f.* **1** La distanza di un luogo dall'equatore misurata in gradi sul meridiano che passa da quel luogo; è, insieme alla *longitudine*, una delle due coordinate geografiche terrestri **2** Zona, regione, in relazione alle condizioni ambientali e climatiche: *molte piante tropicali non crescono alle nostre latitudini.*

lato [là-to] *s.m.* **1** Parte destra o sinistra del corpo umano o di una cosa Ⓢ fianco: *io dormo sul lato destro*; *l'entrata è sul lato sinistro della chiesa* ◊ Più in generale, parte: *il vento soffiava da ogni lato* **2** In geometria, ognuno dei segmenti di retta che costituiscono il perimetro di un poligono: *il pentagono ha cinque lati* **3** ♧ Aspetto, punto di vista: *esaminiamo la questione dal lato pratico*; *vede solo il lato peggiore delle cose*; *da un lato mi fa piacere, dall'altro mi preoccupa* | *Dal lato mio, tuo* ecc. = per parte mia, tua ecc. | *D'altro lato* = d'altronde, peraltro, del resto.

latore [la-tó-re] *s.m.* [f. *–trice*] Chi è incaricato di portare messaggi, lettere e simili.

latrare [la-trà-re] *v.intr.* [aus. *avere*] Abbaiare con forza e con insistenza: *i cani stavano latrando.*

latrato [la-trà-to] *s.m.* Il verso del cane che latra.

latrina [la-trì-na] *s.f.* Locale fornito di impianti igienici, spec. di uso pubblico Ⓢ cesso, gabinetto.

latta [làt-ta] *s.f.* **1** Lamiera sottile di ferro ricoperta da uno strato di stagno: *scatola, barattolo di latta* **2** Recipiente di latta: *riempì una latta di acqua* ◊ Il suo contenuto: *consumò una latta d'olio.*

lattaio [lat-tà-io] *s.m.* Chi vende il latte.

lattante [lat-tàn-te] *s.m.f.* Bambino nei primi mesi di vita, che si nutre solo di latte materno o artificiale | ♧ *Sei ancora un lattante!* = si dice scherzosamente a un giovane ancora immaturo che si dà arie da adulto.

latte [làt-te] *s.m.* **1** Liquido bianco e sostanzioso prodotto dalle femmine dei mammiferi e che costituisce il primo alimento dei loro nati: *il bambino succhiava il latte dal seno materno* | *Denti di, da latte* = quelli che spuntano nei primi anni di vita e saranno poi sostituiti da quelli definitivi ◊ Il latte degli animali e in partic. il latte di vacca come prodotto alimentare: *formaggio di latte di pecora, di capra*; *bere una tazza di latte*; *latte intero, scremato*; *latte fresco, a lunga conservazione* | *Latte in polvere* = a cui è stato tolto tutto il contenuto di acqua **2** Liquido di aspetto simile al latte: *latte di cocco, di mandorle* | *Latte detergente* = cosmetico liquido usato per la pulizia del viso.

latteria [lat-te-rì-a] *s.f.* Negozio dove si vendono il latte e i suoi derivati.

lattice vedi **latice**.

latticinio [lat-ti-cì-nio] o **latticino** [lat-ti-cì-no] *s.m.* (spec. al *pl.*) Qualsiasi prodotto alimentare ricavato dal latte, come panna, burro, ricotta, yogurt, formaggi.

lattina [lat-tì-na] *s.f.* Piccolo recipiente di latta, ermeticamente chiuso, usato spec. per contenere bibite.

lattuga [lat-tù-ga] *s.f.* Ortaggio con foglie larghe e tenere che si mangia in insalata.

laurea [làu-re-a] *s.f.* Titolo di studio conferito a chi ha compiuto l'intero ciclo di studi di una facoltà universitaria: *finalmente è riuscito a prendere la laurea*; *laurea in lettere, in medicina*; *tesi, esame di laurea*.

laureare [lau-re-à-re] *v.tr.* Dare la laurea a qualcuno ♦ **laurearsi** *v.pr.* Conseguire la laurea: *si è laureato in legge*.

laureato [lau-re-à-to] *agg.* e *s.m.* Che, chi è in possesso di un titolo di laurea.

lauro [làu-ro] *s.m.* **1** Alloro **2** ♧ Emblema di gloria, di vittoria (in forma di corona di alloro).

lauto [làu-to] *agg.* Molto abbondante Ⓢ sontuoso: *un lauto pranzo*; *gli offrì una lauta ricompensa*.

lava [là-va] *s.f.* Massa incandescente di materiali fusi che fuoriesce dal cratere di un vulcano in eruzione.

lavabo [la-và-bo] *s.m.* Lavandino per la pulizia personale.

lavaggio [la-vàg-gio] *s.m.* L'operazione del lavare qualcosa: *il lavaggio della biancheria, dei piatti*.

lavagna [la-và-gna] *s.f.* Lastra di ardesia o altro materiale, incorniciata da un telaio, usata, soprattutto nelle scuole, per scriverci sopra col gesso | *Lavagna luminosa* = apparecchio che proietta su uno schermo immagini disegnate o frasi scritte su fogli trasparenti | *Lavagna interattiva multimediale* = grande schermo elettronico collegato a un computer.

lavanda[1] [la-vàn-da] *s.f.* Lavaggio di cavità interne del corpo a scopo curativo: *lavanda gastrica*.

lavanda[2] [la-vàn-da] *s.f.* **1** Pianta con fiori violacei intensamente profumati, dai quali si ricava un'essenza usata in profumeria **2** Profumo a base di essenza di lavanda.

lavandaia [la-van-dà-ia] *s.f.* In passato, donna che per mestiere lavava la biancheria altrui.

lavanderia [la-van-de-rì-a] *s.f.* Locale adibito al lavaggio di biancheria e indumenti: *la lavanderia di un albergo* ◊ Negozio attrezzato per il lavaggio automatico, in acqua o a secco, di indumenti, biancheria, coperte ecc.

lavandino [la-van-dì-no] *s.m.* **1** Lavabo per la pulizia personale, installato nelle stanze da bagno o anche in camere da letto **2** Lavello, acquaio della cucina: *lavare i piatti, le verdure nel lavandino*.

lavapiatti [la-va-piàt-ti] *s.m.f.invar.* Addetto alla lavatura delle stoviglie in alberghi, ristoranti e comunità ♦ *s.f.invar.* Lavastoviglie.

lavare [la-và-re] *v.tr.* Pulire qualcosa togliendo lo sporco con acqua e altre sostanze detergenti: *lavare i piatti, il pavimento, la biancheria, la verdura*; *lavarsi la faccia, le mani, i denti* | *Lavare a secco* = senza acqua, usando solventi chimici | ♧ *Lavarsene le mani* = disinteressarsi di qualcosa, non volere assumersene la responsabilità ♦ **lavarsi** *v.pr.* Lavare il proprio corpo: *vai a lavarti!*

lavastoviglie [la-va-sto-vì-glie] *s.f.invar.* Elettrodomestico per il lavaggio automatico delle stoviglie Ⓢ lavapiatti.

lavativo [la-va-tì-vo] *s.m.* Persona che non ha voglia di lavorare Ⓢ fannullone, scansafatiche.

lavatoio [la-va-tó-io] *s.m.* Luogo attrezzato per lavare i panni a mano ◊ La vasca in cui li si lava.

lavatrice [la-va-trì-ce] *s.f.* Elettrodomestico per il lavaggio automatico della biancheria.

lavello [la-vèl-lo] *s.m.* Lavandino da cucina Ⓢ acquaio.

lavico [là-vi-co] *agg.* [pl.m. *–ci*] Di lava: *dal cratere usciva la colata lavica*.

lavorante [la-vo-ràn-te] *s.m.f.* Dipendente che svolge lavori manuali in laboratori o negozi artigianali.

lavorare [la-vo-rà-re] *v.intr.* [aus. *avere*] **1** Impiegare le proprie energie fisiche e intellettuali nell'esercizio di un mestiere, di una professione o comunque di un'attività utile: *lavorare in fabbrica, in un ufficio*; *le piace lavorare a maglia*; *lavora giorno e notte*; *non ha voglia di lavorare* ◊ Detto di animali, compiere una fatica per conto dell'uomo: *i buoi lavorano nei campi* **2** Essere in azione, funzionare (detto di macchine, fabbriche e simili): *gli impianti lavorano a pieno ritmo* **3** Avere clienti, fare affari (detto di negozi, studi professionali ecc.): *un ristorante, un dentista che lavora molto* **4** ♧ Detto di cosa, agire: *il tempo lavora a nostro favore* ♦ *v.tr.* Operare su una materia per darle la forma voluta o per trasformarla: *lavorare il ferro, il marmo, il legno* | *Lavorare la terra* = coltivarla.

lavorativo [la-vo-ra-tì-vo] *agg.* Di lavoro: *attività lavorativa*; *ridurre le ore lavorative* | *Giorno lavorativo* = non festivo, feriale.

lavoratore [la-vo-ra-tó-re] *s.m.* [f. *–trice*] **1** Chi lavora esercitando un mestiere, una professione: *lavoratore manuale, intellettuale*; *lavoratore dipendente, autonomo* ◊ In partic., lavoratore dipendente: *i lavoratori dell'industria, del pubblico impiego*; *i diritti dei lavoratori* **2** Chi lavora molto e con impegno: *Luigi è un gran lavoratore* ♦ *agg.* Dei lavoratori: *la classe lavoratrice.*

lavorazione [la-vo-ra-zió-ne] *s.f.* **1** Il procedimento e la tecnica con cui si lavora un materiale per adattarlo alla funzione prevista: *la lavorazione del legno, delle pelli*; *lavorazione a mano, a macchina* **2** L'insieme delle fasi di produzione per la realizzazione di un film.

lavorio [la-vo-rì-o] *s.m.* **1** Attività intensa e incessante: *nel cantiere si notava un gran lavorio* **2** ♧ Attività nascosta e continua a danno di qualcuno Ⓢ maneggio.

lavoro [la-vó-ro] *s.m.* **1** Attività umana rivolta a uno scopo utile: *lavoro intellettuale, manuale*; *devo finire questo lavoro entro domani*; *si mise al lavoro per riparare il guasto* | *Lavori domestici* = le faccende di casa **2** Attività da cui si ricava un reddito Ⓢ occupazione: *lavoro autonomo, dipendente*; *ha un buon lavoro*; *è restato senza lavoro*; *vivere del proprio lavoro*; *sta cercando un lavoro*; *orario, ambiente di lavoro* ◊ Il luogo dove si lavora: *va al lavoro in autobus* **3** La cosa a cui si sta lavorando: *non mi piace lasciare un lavoro a metà* ◊ Il prodotto, il risultato di un'attività lavorativa: *è un buon lavoro d'artigianato*; *il pagamento avverrà alla consegna del lavoro* ◊ Opera d'arte: *il pittore ha esposto alla mostra i suoi lavori* **4** (al *pl.*) Complesso di attività e di opere che impiegano numerosa manodopera: *sono iniziati i lavori per la nuova linea della metropolitana*; *lavori di bonifica* ◊ Insieme di attività svolte da organi collegiali, assemblee e simili: *la giuria ha concluso i suoi lavori*; *i lavori parlamentari, congressuali.*

lazzarone [laz-za-ró-ne] *s.m.* Persona pigra e che non ha voglia di lavorare Ⓢ fannullone, scansafatiche.

LCD [sigla dell'espressione inglese *Liquid Crystal Display*, «schermo a cristalli liquidi»] *s.m. invar.* Schermo per televisori e computer che utilizza le proprietà ottiche di particolari sostanze chiamate *cristalli liquidi.*

le¹ [lé] *art.determ.* [Unito alle prep. *a, da, di, in, con, su* forma le prep. articolate *alle, dalle, delle, nelle, colle, sulle*] Forma femminile plurale dell'articolo determinativo: *le donne*; *le case.*

le² [lé] *pronome pers.f.pl.* Esse, loro (si usa in funzione di complemento oggetto, riferito sia a persona che a cosa): *quelle ragazze non le conosco*; *eccole!*; *le pentole le lavo io.*

le³ [lé] *pronome pers.f.sing.* A lei, a essa: *non le hai ancora detto di venire?*; *la stanza è sporca, dalle una pulita* ◊ Si usa anche come forma di cortesia rivolgendosi a persona anche di sesso maschile con la quale non si è in familiarità: *le chiedo, signore, di farmi questo favore.*

Il pronome *le* si mette prima del verbo in tutti i tempi tranne che all'imperativo, all'infinito, al gerundio e al participio passato; quando si appoggia a imperativi di una sola sillaba la *l* viene raddoppiata: *dille cosa vuoi*; quando precede e si unisce ai pronomi *lo, la, li, le, ne*, assume la forma *glie-* (*glielo, gliela, glieli, gliele, gliene*).

leader [parola inglese; pron. corrente *lìder*] *s.m.f.invar.* **1** Capo di un partito, di un'organizzazione, di un movimento: *un leader politico, sindacale* **2** Nello sport, chi si trova in testa a una classifica, a una gara: *il leader della corsa.*

leadership [parola inglese; pron. corrente *lìderscip*] *s.f.invar.* Ruolo di guida, di direzione.

leale [le-à-le] *agg.* Fedele alla parola data, alle promesse, ai patti; che agisce con correttezza, senza ricorrere a sotterfugi: *è un uomo leale*; *un comportamento leale*; *un avversario leale* ◊ Condotto nel rispetto delle regole, senza imbrogli: *un combattimento leale.*

lealtà [le-al-tà] *s.f.* Fedeltà ai patti e agli impegni presi; correttezza, assenza di sotterfugi nei rapporti e nel comportamento Ⓢ onestà, sincerità Ⓒ slealtà: *ha sempre dato prova di lealtà*; *riconoscere la lealtà di un avversario.*

lebbra [lèb-bra] *s.f.* Malattia contagiosa che provoca lesioni della pelle e altri gravi sintomi.

lebbrosario [leb-bro-sà-rio] *s.m.* Ospedale per la cura dei lebbrosi.

lebbroso [leb-bró-so] *agg.* e *s.m.* Che, chi è affetto da lebbra.

leccapiedi [lec-ca-piè-di] *s.m.f.invar.* Adulatore servile.

leccare [lec-cà-re] *v.tr.* [*lécco, lécchi*] Passare la lingua sopra qualcosa: *leccare un gelato*; *il cane lecca la mano del padrone*; *il gatto si lecca il pelo* | ♧ *Leccarsi i baffi, le dita* = si dice per indicare la squisitezza di un cibo, di un pasto: *un dolce da leccarsi i baffi* | ♧ *Leccare i piedi a qualcuno* = adularlo in modo servile.

leccio [léc-cio] *s.m.* Albero sempreverde di notevole altezza, simile alla quercia.

leccornia [lec-cor-nì-a] *s.f.* Cibo prelibato, boccone squisito Ⓢ ghiottoneria: *la tavola era piena di leccornie.*

lecito [lé-ci-to] *agg.* Ammesso, consentito dalla legge, dalla morale o dalle norme di educazione e di convenienza sociale: *svolge un'attività lecita*; *non è lecito disturbare gli altri*; *la sua è una richiesta più che lecita.*

led [lèd; sigla dell'inglese *Light Emitting Diode*, «diodo che emette luce»] *s.m.invar.* Dispositivo elettronico in grado di convertire impulsi elettrici in emissioni luminose.

ledere [lè-de-re] *v.tr.* [pass.rem. *lési, ledésti*; part. pass. *léso*] Danneggiare provocando lesioni materiali: *il terremoto ha leso i muri dell'edificio* ◊ Danneggiare, offendere sul piano morale o giuridico: *ledere la reputazione, i diritti di qualcuno.*

lega[1] [lé-ga] *s.f.* **1** Associazione, alleanza tra stati o città per il raggiungimento di uno scopo comune: *i due paesi hanno costituito una lega militare, doganale* ◊ Organizzazione, federazione che riunisce enti o gruppi sociali per fini comuni: *Lega delle cooperative*; *Lega ambiente*; *Lega calcio* ◊ *Far lega* = fare un accordo, spec. ai danni di altri: *hanno fatto lega contro di me* **2** Materiale composto da due o più metalli fusi assieme: *l'ottone è una lega di rame e zinco.*

lega[2] [lé-ga] *s.f.* Unità di misura di distanze terrestri e marittime, variabile a seconda dei tempi e dei paesi (in genere tra i 4 e i 5 km).

legaccio [le-gàc-cio] *s.m.* Cordoncino, nastro o laccio che serve per legare o stringere.

legale [le-gà-le] *agg.* **1** Che riguarda la legge Ⓢ giuridico: *deve risolvere un problema legale*; *ho chiesto un parere legale al mio avvocato* | *Studio legale* = ufficio di uno o più avvocati **2** Conforme alla legge, consentito dalla legge Ⓒ illegale: *un provvedimento legale*; *ha difeso i suoi interessi con mezzi legali* | *Numero legale* = vedi *numero* | *Ora legale* = quella adottata convenzionalmente da uno stato durante una parte dell'anno, anticipata di un'ora rispetto a quella solare ♦ *s.m.* Avvocato: *mi rivolgerò al mio legale per un consiglio.*

legalità [le-ga-li-tà] *s.f.* Conformità alla legge: *contestare la legalità di un provvedimento* ◊ I limiti consentiti dalla legge: *ha agito fuori della legalità.*

legalizzare [le-ga-liz-zà-re] *v.tr.* **1** Dare valore ufficiale a un atto, a un documento, certificandone l'autenticità: *far legalizzare una firma da un notaio* **2** Rendere legale qualcosa: *legalizzare l'aborto, le droghe leggere.*

legame [le-gà-me] *s.m.* **1** Vincolo morale o sentimentale Ⓢ relazione, rapporto: *ci unisce un legame di amicizia*; *legami di parentela* **2** Rapporto, nesso, collegamento, relazione: *non c'è alcun legame tra questi due fatti.*

legamento [le-ga-mén-to] *s.m.* In anatomia, fascio di fibre e tendini che tiene uniti in modo non rigido due organi o due ossa: *si è rotto i legamenti del ginocchio.*

legare [le-gà-re] *v.tr.* [*légo, léghi*] **1** Stringere, avvolgere una o più cose o persone con una fune o altro mezzo simile, per tenerle unite o immobilizzarle Ⓒ slegare: *legò il pacco con uno spago*; *il prigioniero venne legato*; *legare i capelli con un nastro* | *Essere pazzo da legare* = essere pazzo furioso **2** Attaccare, fissare una cosa a un'altra con una fune, una catena e simili: *legò la barca alla boa*; *lega il cane al guinzaglio* | ♧ *Legarsela al dito* = tenere bene a mente un torto ricevuto attendendo il momento favorevole per vendicarsi **3** ♧ Unire: *li lega una lunga amicizia* ♦ *v.intr.* [aus. *avere*] ♧ Andare d'accordo: *ha legato subito con i nuovi compagni.*

legenda [le-gèn-da] *s.f.invar.* Tabella di spiegazione delle abbreviazioni e dei segni convenzionali di una carta geografica, di un testo, di un grafico ecc.

legge [lég-ge] *s.f.* **1** Norma o insieme di norme che guidano e regolano le azioni e il comportamento degli uomini | *Legge morale* = quella che risiede nella coscienza dell'uomo e gli permette di distinguere il bene dal male | *Legge divina* = il complesso delle norme che, secondo una fede religiosa, sono state dettate da Dio all'uomo **2** Disposizione di un organo legislativo dello stato che fissa regole di condotta che tutti i cittadini devono rispettare: *le leggi statali sono emanate dal parlamento, quelle regionali dai consigli regionali*; *leggi civili, penali*; *legge finanziaria, elettorale*; *votare, abolire una legge*; *violare una legge* | ♧ *Dettar legge* = imporre la propria volontà, farla da padrone: *pretende di dettar legge in casa mia* **3** Il complesso delle norme giuridiche di uno stato Ⓢ legislazione: *la legge italiana non prevede la pena di morte* ◊ Autorità giudiziaria:

ricorrere alla legge **4** Scienza giuridica Ⓢ giurisprudenza: *studiare legge*; *laurea in legge* **5** Regola che sta alla base di un'arte, di un'attività: *la legge della prospettiva*; *le leggi dello sport* **6** Regola costante che caratterizza fenomeni e fatti naturali: *studiare le leggi della natura*; *leggi fisiche, chimiche, biologiche*; *la legge di gravità.*

leggenda [leg-gèn-da] *s.f.* **1** Racconto di avvenimenti eroici o religiosi del passato, immaginari o basati su fatti storici, ma sempre arricchiti di elementi fantastici: *le leggende dell'antica Grecia*; *la leggenda della fondazione di Roma* **2** Legenda.

leggendario [leg-gen-dà-rio] *agg.* **1** Che ha carattere di leggenda: *la leggendaria età dell'oro* **2** Che è entrato nella leggenda; tanto straordinario e meraviglioso da essere ricordato anche dopo lungo tempo: *la leggendaria spedizione dei Mille.*

leggere [lèg-ge-re] *v.intr.* [pres. *lèggo, lèggi*; pass. rem. *lèssi, leggésti*; part.pass. *lètto*; aus. *avere*] Riconoscere i segni della scrittura e intendere il significato delle parole e delle frasi che essi formano: *ha imparato presto a leggere* ◊ Dedicarsi alla lettura: *mi piace leggere*; *leggo sempre prima di dormire* ♦ *v.tr.* **1** Prendere conoscenza attraverso la lettura del contenuto di un testo: *leggere un libro, una lettera, il giornale* ◊ Comunicare ad alta voce il contenuto di un testo: *leggere una favola a un bambino* **2** Interpretare altri segni convenzionali diversi dalla scrittura: *leggere la musica, un diagramma* **3** ♧ Scoprire, intuire pensieri e stati d'animo di qualcuno da segni esteriori: *gli si leggeva la paura negli occhi.*

leggerezza [leg-ge-réz-za] *s.f.* **1** L'essere leggero Ⓢ lievità **2** ♧ Mancanza di serietà Ⓢ superficialità: *ha agito con leggerezza* ◊ Atto sconsiderato, errore commesso per superficialità: *ha commesso una leggerezza che gli costerà cara.*

leggermente [leg-ger-mén-te] *avv.* **1** In modo lieve: *lo sfiorò leggermente* **2** Un po': *sono leggermente stanco.*

leggero [leg-gè-ro] *agg.* **1** Che pesa poco Ⓒ pesante: *un pacco leggero*; *l'aria calda è più leggera di quella fredda* | *Tessuti, indumenti leggeri* = che non tengono caldo | *Cibi leggeri* = facili da digerire | *Pasto leggero* = poco abbondante ◊ *Atletica leggera* = settore dell'atletica che comprende le corse, la marcia, i salti, i lanci e il decathlon **2** Svelto, agile, spedito: *camminava con passo leggero* **3** ♧ Non gravoso da sopportare; che non richiede grande sforzo o impegno: *dovrai fare un leggero sacrificio*; *un lavoro leggero*; *un esame leggero* ◊ *Musica leggera* = quella costituita spec. da canzoni e ballabili **4** Di forza o intensità molto limitata Ⓢ lieve, debole Ⓒ forte, violento: *soffiava un vento leggero*; *udì un leggero rumore*; *una leggera scossa di terremoto*; *una pioggia leggera* | *Vino leggero* = poco alcolico | *Un profumo leggero* = delicato, sottile ◊ ♧ Di poca entità, importanza o gravità Ⓢ piccolo, moderato, lieve: *una spesa leggera*; *un leggero aumento di temperatura*; *ho un leggero mal di testa*; *una leggera ferita* | *Avere il sonno leggero* = svegliarsi al minimo rumore **5** ♧ Poco serio, superficiale: *una persona leggera* | *Alla leggera* = con superficialità ed eccessiva spensieratezza: *non è una decisione da prendere alla leggera.*

leggibile [leg-gì-bi-le] *agg.* Che si riesce a leggere Ⓢ decifrabile: *cerca di scrivere in maniera leggibile.*

leggio [leg-gì-o] *s.m.* Supporto da tavolo o portatile che sostiene su un piano inclinato libri o spartiti musicali, allo scopo di poterli leggere senza tenerli in mano.

legionario [le-gio-nà-rio] *s.m.* Soldato appartenente a una legione.

legione [le-gió-ne] *s.f.* **1** Unità militare dell'antico esercito romano, comprendente fino a 6000 uomini **2** Corpo militare formato da volontari: *la legione straniera* **3** ♧ Moltitudine, schiera: *una legione di zanzare.*

legislativo [le-gi-sla-tì-vo] *agg.* Che concerne l'emanazione delle leggi: *l'attività legislativa del parlamento* | *Potere legislativo* = il potere di fare le leggi; gli organi che hanno tale potere (in Italia parlamento e consigli regionali).

legislazione [le-gi-sla-zió-ne] *s.f.* Il complesso delle leggi di un paese o di un'epoca: *la legislazione italiana*; *la legislazione napoleonica* ◊ Insieme di leggi riguardanti un determinato settore: *la legislazione scolastica, sanitaria, sportiva.*

legittimare [le-git-ti-mà-re] *v.tr.* Rendere legittimo Ⓢ giustificare: *niente può legittimare il suo comportamento violento.*

legittimo [le-gìt-ti-mo] *agg.* **1** Che è conforme alla legge, che ha i requisiti richiesti dalla legge: *un'autorità legittima*; *restituire una cosa al legittimo proprietario* | *Figlio legittimo* = nato da genitori regolarmente sposati | *Legittima difesa* = reazione violenta di difesa, consentita dalla legge in particolari circostanze **2** Giustificato, lecito: *un dubbio, un desiderio legittimo.*

legna [lé-gna] *s.f.* Pezzi di rami o di tronchi d'albero da ardere: *andò nel bosco a raccogliere un po' di legna.*

legnaia [le-gnà-ia] *s.f.* Locale o luogo dove si deposita la legna.

legname [le-gnà-me] *s.m.* Legno da lavoro e da costruzione: *commercia in legname*; *una partita di legname.*

legnata [le-gnà-ta] *s.f.* Colpo dato con un pezzo di legno Ⓢ bastonata: *prese un sacco di legnate.*

legno [lé-gno] *s.m.* **1** La materia dura e compatta che costituisce la maggior parte del tronco, dei rami e delle radici degli alberi e degli arbusti ◊ Il materiale che si ricava dagli alberi, usato spec. per lavori di costruzione e di falegnameria: *porta, pavimento di legno*; *mobili in legno* **2** Pezzo di legno; bastone: *lo colpì in testa con un legno* **3** *I legni* = gli strumenti a fiato come il flauto, il clarino, l'oboe ecc., originariamente costruiti solo in legno (ora anche in metallo).

legnoso [le-gnó-so] *agg.* **1** Formato da legno: *gli alberi e gli arbusti hanno il fusto legnoso* **2** Che ha la consistenza dura e fibrosa del legno: *carne legnosa* **3** ♧ Privo di scioltezza Ⓢ rigido: *si sentiva le gambe legnose.*

legume [le-gù-me] *s.m.* **1** Baccello ◊ Pianta che produce baccelli: *il fagiolo e la soia sono legumi* **2** (spec. al *pl.*) I semi commestibili di alcune leguminose (piselli, fagioli ecc.): *minestra di legumi.*

Leguminose [le-gu-mi-nó-se] *s.f.pl.* Famiglia di piante i cui semi sono racchiusi in baccelli, come il fagiolo, il pisello, la soia ecc.

lei [lèi] *pronome pers.* **1** Pronome personale femminile di terza persona singolare; si usa riferendosi a persona in funzione di complemento oggetto e di complemento indiretto, ma anche in funzione di soggetto il suo uso si è esteso sempre più, anche nella lingua scritta, fino a soppiantare quasi completamente la forma *ella*: *ho visto proprio lei*; *è a lei che devi chiederlo*; *sono uscito con lei ieri sera*; *l'ho cercata, ma lei non era in casa* **2** Si usa anche come forma di cortesia e rispetto rivolgendosi a persona anche di sesso maschile con la quale non si è in familiarità: *cercavo lei, signore*; *guardi che lei è poco informato* ♦ *s.m.* La terza persona come forma di cortesia e di rispetto: *usare il lei, dare del lei.*

lembo [lém-bo] *s.m.* **1** Estremità inferiore di un indumento: *il lembo della gonna* ◊ Parte più esterna di qualcosa Ⓢ bordo, margine: *era fermo sul lembo della strada*; *i lembi di una ferita* **2** Pezzetto; striscia, fascia ristretta: *un lembo di stoffa*; *un lembo di cielo*; *coltiva un lembo di terra.*

lemma [lèm-ma] *s.m.* [pl. *-mi*] Ogni parola riportata e spiegata in un dizionario o in un'enciclopedia: *i lemmi di questo dizionario sono stampati in rosso.*

lemme lemme [lèm-me lèm-me] *locuzione avv.* Piano piano, con molta calma: *si avviò lemme lemme verso casa.*

lena [lé-na] *s.f.* Vigore, energia, forza di volontà nel sostenere una fatica: *lavorare di (buona) lena.*

lenire [le-nì-re] *v.tr.* [*lenìsco, lenìsci*] Attenuare una sofferenza fisica o morale Ⓢ mitigare, alleviare: *prese un analgesico per lenire il dolore.*

lente [lèn-te] *s.f.* **1** Dispositivo ottico, costituito da un disco trasparente (di vetro, cristallo o plastica) con una o entrambe le superfici curve, che ha la proprietà di ingrandire o di rimpicciolire le immagini: *le lenti del cannocchiale, del microscopio, degli occhiali* **2** (al *pl.*) Occhiali: *deve portare le lenti per guidare.*

lentezza [len-téz-za] *s.f.* L'essere lento.

lenticchia [len-tìc-chia] *s.f.* Pianta erbacea delle leguminose i cui baccelli contengono semi commestibili a forma di piccola lente ◊ Il seme commestibile di tale pianta: *minestra di lenticchie.*

lentiggine [len-tìg-gi-ne] *s.f.* Efelide.

lento [lèn-to] *agg.* **1** Che si muove, procede con scarsa velocità; non rapido: *un treno lento*; *un giocatore lento*; *camminare a passi lenti*; *ritmo lento* ◊ Che impiega molto tempo nel fare qualcosa; non svelto, non pronto: *è lento nel lavorare, nel decidere*; *è lento di riflessi* ◊ Che avviene, si compie adagio o a poco a poco, in un tempo piuttosto lungo: *il lento trascorrere delle ore*; *una malattia dal decorso lento*; *fu condannato a una morte lenta* | *Cuocere a fuoco lento* = a fuoco basso **2** Non teso, non stretto Ⓢ allentato: *una fune lenta*; *un nodo lento*; *stringere un bullone troppo lento* ♦ *s.m.* Ballo a ritmo lento: *ballare un lento.*

lenza [lèn-za] *s.f.* Filo sottile e trasparente, in genere di nylon, a un'estremità del quale si attacca l'amo da pesca.

lenzuolo [len-zuò-lo] *s.m.* [pl.m. *i lenzuòli* o pl.f. *le lenzuòla* quando ci si riferisce alla coppia] Ciascuno dei due teli che si stendono sul letto e fra i quali si giace: *lenzuoli di cotone, di lino*; *cambiare le lenzuola* ◊ *Lenzuolo da bagno* = telo di spugna che si usa per asciugarsi dopo il bagno.

leone [le-ó-ne] *s.m.* **1** [f. *leonessa*] Grosso felino carnivoro che vive nelle savane africane; il maschio ha una folta criniera intorno alla testa ◊ È simbolo di forza e coraggio in similitudini e usi figurati: *si è battuto come un leone* | *Sentirsi un leone* = pieno di vigore e ardimento | *Fare la parte del leone* = prendersi la parte migliore o più grande di qualcosa **2** *Leone americano* = puma | *Leone marino* = otaria **3** Costellazione e quinto segno dello zodiaco.

leopardo [le-o-pàr-do] *s.m.* Grosso e agile felino dal pelame giallastro a macchie nere che vive in Africa e in Asia; la sua pelliccia è assai pregiata.

lepre [lè-pre] *s.f.* Mammifero selvatico, somigliante al coniglio, velocissimo nella corsa ◊ La carne dell'animale cucinata: *lepre in salmì.*

lercio [lèr-cio o lér-cio] *agg.* [pl.f. *–ce*] Sudicio in modo ripugnante Ⓢ lurido, sozzo: *una casa lercia*; *hai le mani lerce.*

lerciume [ler-ciù-me] *s.m.* Sporcizia, sudiciume.

lesina [lé-si-na o lè-si-na] *s.f.* **1** Punteruolo da calzolaio **2** ♧ Spilorceria.

lesinare [le-si-nà-re] *v.tr.* e *v.intr.* [aus. *avere*] Cercar di risparmiare il più possibile, con avarizia: *è uno che lesina anche i centesimi*; *lesinare sulle spese, sul cibo.*

lesionare [le-sio-nà-re] *v.tr.* Provocare lesioni, crepe sui muri di edifici: *il terremoto ha lesionato la chiesa.*

lesione [le-sió-ne] *s.f.* **1** Danneggiamento di un organo, ferita o frattura: *nell'incidente ha riportato gravi lesioni alla colonna vertebrale* **2** Fenditura, crepa in una struttura muraria: *il terremoto ha causato lesioni alla maggior parte delle case.*

lessare [les-sà-re] *v.tr.* Cuocere in acqua bollente Ⓢ bollire: *lessare la carne, il pesce, le verdure.*

lessico [lès-si-co] *s.m.* [pl. *–ci*] L'insieme dei vocaboli e delle locuzioni di una lingua o di un linguaggio settoriale: *il lessico italiano, russo*; *il lessico sportivo, politico.*

lesso [lés-so] *agg.* Lessato: *verdure lesse* ♦ *s.m.* Piatto di carne lessa Ⓢ bollito: *lesso di manzo, di vitello.*

lesto [lè-sto] *agg.* Svelto, pronto: *è lesto come un gatto*; *fu il più lesto a fuggire* | *Lesto di mano* = svelto nel rubare o facile a menar le mani.

lestofante [le-sto-fàn-te] *s.m.* Imbroglione, truffatore.

letale [le-tà-le] *agg.* Di morte, che causa la morte Ⓢ mortale: *una malattia letale, dall'esito letale.*

letamaio [le-ta-mà-io] *s.m.* **1** Luogo in cui si ammucchia il letame **2** Luogo, ambiente molto sudicio: *hanno ridotto la casa a un letamaio.*

letame [le-tà-me] *s.m.* Concime naturale formato da escrementi di animali mescolati con la paglia delle stalle: *questo campo è stato concimato col letame.*

letargo [le-tàr-go] *s.m.* [pl. *–ghi*] Lungo e profondo sonno in cui cadono alcuni animali durante l'inverno.

letizia [le-tì-zia] *s.f.* Stato di profonda e serena gioia interiore: *il suo animo era pieno di letizia*; *vivere in letizia.*

lettera [lèt-te-ra] *s.f.* **1** Ognuno dei segni grafici di un alfabeto: *una parola di sette lettere*; *lettere maiuscole, minuscole* **2** Comunicazione scritta che si invia a qualcuno Ⓢ missiva: *scrivere, spedire, ricevere una lettera* | *Lettera aperta* = rivolta a una precisa persona, ma diffusa pubblicamente, spec. attraverso i giornali **3** Il senso letterale delle parole di uno scritto, di un testo | *Alla lettera* = attenendosi strettamente alle parole che sono state dette o scritte e al loro senso letterale: *applicare il regolamento alla lettera*; *non devi prendere alla lettera le sue parole* **4** *Lettere* = la letteratura, gli studi letterari e umanistici: *è professore di lettere*; *ha preso una laurea in lettere moderne.*

letterale [let-te-rà-le] *agg.* Che riguarda il significato preciso e più immediato di una parola, di una frase, di un testo: *il senso letterale di una parola*; *i giudici hanno dato un'interpretazione letterale della legge.*

letteralmente [let-te-ral-mén-te] *avv.* **1** Alla lettera, in senso letterale: *tradurre letteralmente un testo* **2** Nel senso vero e proprio del termine: *oggi sono letteralmente sfinito.*

letterario [let-te-rà-rio] *agg.* **1** Di letteratura, che riguarda la letteratura: *opere letterarie*; *la pagina letteraria di un giornale* ◊ Umanistico: *studi letterari*; *materie, facoltà letterarie* ◊ Dei letterati: *l'ambiente letterario* **2** Si dice della lingua usata nelle opere letterarie e in genere di parola o espressione appartenente al linguaggio colto ed elevato: *un vocabolo di uso letterario.*

letterato [let-te-rà-to] *s.m.* Chi scrive opere letterarie o è studioso, esperto di letteratura.

letteratura [let-te-ra-tù-ra] *s.f.* **1** Il complesso delle opere scritte di carattere o intento artistico prodotte in una lingua o in un paese, in una cultura, in un'epoca, in un genere particolare: *letteratura italiana, tedesca*; *letteratura antica, medievale, moderna*; *letteratura narrativa, poetica*; *letteratura religiosa, popolare, per l'infanzia* ◊ La scrittura e lo studio di opere letterarie: *ha dedicato la sua vita alla letteratura* **2** Il complesso delle pubblicazioni riguardanti un argomento, una materia particolare: *la letteratura medica, giuridica.*

lettiera [let-tiè-ra] *s.f.* Strato di paglia o foglie che serve da giaciglio al bestiame nelle stalle Ⓢ strame ◊ Strato di sabbia o altro materiale destinato ad assorbire gli escrementi dei gatti domestici.

lettiga [let-tì-ga] *s.f* **1** Portantina coperta a forma di letto usata nell'antichità per il trasporto a spalle o su animali di persone importanti **2** Lettino portatile o con ruote per il trasporto di ammalati e feriti Ⓢ barella.

letto [lèt-to] *s.m.* **1** Mobile sul quale si pongono il materasso, le lenzuola, le coperte ecc. per potercisi coricare a dormire o a riposare: *letto a una piazza, a due piazze, matrimoniale, a castello*; *ho sonno, vado a letto*; *stare a letto fino a tardi* | *Fare, rifare, disfare il letto* = sistemare, rimettere in ordine o togliere lenzuola, coperte e cuscini **2** Qualsiasi luogo dove ci si possa coricare Ⓢ giaciglio: *dormire su un letto di paglia, di foglie* **3** Il solco in cui scorre l'acqua di un fiume o di un torrente Ⓢ alveo ♦ in funzione di *agg.* *Poltrona, divano letto* = trasformabile in letto | *Vagone letto* = vagone ferroviario attrezzato con letti.

lettore [let-tó-re] *s.m.* **1** [f. *–trice*] Chi legge, chi si dedica alla lettura di qualcosa: *è un accanito lettore di libri gialli*; *un giornale che ha molti lettori* **2** Apparecchio elettronico che trasforma un sistema di segnali in un altro e ne rende possibile la comprensione; nel computer, la parte che permette di leggere e trasferire in esso i dati contenuti in CD e DVD.

lettura [let-tù-ra] *s.f.* **1** L'azione, l'attività del leggere: *interrompere la lettura del giornale*; *la lettura è il mio passatempo preferito* | *Dare lettura di qualcosa* = leggerlo ad alta voce | *Lettura del contatore* = rilevazione delle cifre relative al consumo ◊ La caratteristica di ciò che si legge: *è un romanzo di piacevole lettura* **2** Scritto, testo, libro, pubblicazione: *letture utili, istruttive*; *letture per ragazzi, per adulti*.

leucemia [leu-ce-mì-a] *s.f.* Grave malattia provocata da un aumento anormale dei globuli bianchi nel sangue.

leucocita [leu-co-cì-ta] *s.m.* Globulo bianco.

leva[1] [lè-va] *s.f.* **1** Macchina semplice costituita da un'asta rigida ruotante intorno a un punto fisso (*fulcro*) su cui si esercita una forza (*potenza*) per vincerne un'altra (*resistenza*); oltre che nella semplice sbarra usata per sollevare o spostare pesi il principio della leva è utilizzato in numerosi arnesi e strumenti (bilancia, tenaglie, forbici, pinze, schiaccianoci, carriola ecc.): *sollevò la pietra con una leva* | ♧ *Far leva su qualcosa* = agire su qualcosa per ottenere uno scopo: *lo convinse a rifiutare facendo leva sul suo orgoglio* **2** Asta che comanda un meccanismo: *la leva del cambio di velocità di un autoveicolo* **3** ♧ Stimolo, incentivo: *l'ambizione è una leva molto potente*.

leva[2] [lè-va] *s.f.* **1** Chiamata alle armi dei giovani che hanno l'età prescritta per prestare il servizio militare (*servizio di leva*), ora non più obbligatorio ◊ Il servizio militare stesso: *ha finito la leva* ◊ L'insieme dei giovani chiamati alle armi nello stesso anno: *la leva del 1980* **2** L'insieme delle persone di una stessa generazione che subentrano a quelle delle generazioni precedenti in una certa attività: *le nuove leve della scuola, dello sport*.

levante [le-vàn-te] *agg.* *Sole levante* = che sorge ♦ *s.m.* La parte dell'orizzonte da cui sorge il sole Ⓢ oriente, est: *andare verso levante*; *la facciata della casa è a levante* | *Il Levante* = i paesi del Mediterraneo orientale.

levare[1] [le-và-re] *v.tr.* **1** Alzare, sollevare Ⓒ abbassare: *levò gli occhi al cielo* | *Levare l'ancora* = salpare | *Levare un grido* = gridare **2** Togliere, portar via, rimuovere Ⓒ mettere: *levare una pentola dal fuoco*; *levare una macchia dal vestito*; *levarsi il cappotto, le scarpe*; *levare di mezzo un ostacolo* | *Levare un dente* = estrarlo | *Levarsi la fame, la sete* = sfamarsi, dissetarsi | ♧ *Levarsi il pane di bocca per qualcuno* = fare per lui qualsiasi sacrificio | ♧ *Mi hai levato le parole di bocca* = hai detto esattamente quello che stavo per dire ♦ **levarsi** *v.pr.* **1** Sollevarsi, innalzarsi: *tutto il pubblico si levò in piedi*; *l'aereo si levò in volo* ◊ Sorgere, alzarsi: *il sole si levava all'orizzonte*; *si levò un vento furioso* **2** Alzarsi da letto: *oggi mi son levato presto* **3** Allontanarsi da un luogo, andarsene: *levati di qui*; *levarsi di mezzo, di torno*.

levare[2] [le-và-re] *s.m.* Il sorgere di un astro all'orizzonte: *attesero il levar del sole per partire*.

levata [le-và-ta] *s.f.* *La levata del sole* = il suo sorgere ◊ *Levata della posta* = il prelievo della corrispondenza dalle cassette postali ◊ L'alzarsi dal letto Ⓢ sveglia: *domattina la levata è alle cinque* ◊ ♧ *Levata di scudi* = reazione di ribellione, di protesta.

levataccia [le-va-tàc-cia] *s.f.* L'alzarsi molto presto al mattino.

levatoio [le-va-tó-io] *agg.* Si dice di ponte che si può alzare e abbassare a piacere.

levatrice [le-va-trì-ce] *s.f.* Ostetrica.

levigare [le-vi-gà-re] *v.tr.* [*lèvigo, lèvighi*] Rendere liscia una superficie: *levigare una lastra di marmo*.

levigato [le-vi-gà-to] *agg.* Liscio: *una pietra levigata*.

levriero [le-vriè-ro] o **levriere** [le-vriè-re] *s.m.* Cane da caccia molto snello e veloce.

lezione [le-zió-ne] *s.f.* **1** Insegnamento impartito da un insegnante a uno o più allievi per un certo tempo (in genere un'ora): *la lezione di storia di oggi era molto interessante*; *lezione di pianoforte, di guida, di sci*; *dare, prendere lezioni private* ◊ La parte di una materia che si deve studiare di volta in volta: *hai studiato la lezione?*; *ripassare la lezione* ◊ (al *pl.*) L'attività scolastica, la scuola: *le lezioni terminano domani*; *è stato sospeso dalle lezioni* **2** ♧ Ammaestramento, esempio: *ha dato a tutti una lezione di generosità*; *questa esperienza ti serva di lezione* ◊ Rimprovero; punizione: *gli ha dato una severa lezione*.

lezioso [le-zió-so] *agg.* Che si comporta, che è detto o fatto con una grazia così esagerata e artificiosa da provocare fastidio Ⓢ sdolcinato: *un bambino, un modo di fare, un discorso lezioso*.

lezzo [léz-zo] *s.m.* Puzza nauseabonda Ⓢ fetore.

li *pronome pers.m.pl.* Loro, essi (si usa in funzione di complemento oggetto): *li conosco benissimo*; *dammeli subito*.

lì *avv.* **1** In quel luogo, in quel posto (indica un luogo lontano da chi parla ma spesso vicino o identico a quello di chi ascolta; rispetto a *là* esprime in genere un'idea di minore lontananza): *prima lavoravo lì*; *metti l'ombrello lì*; *stai fermo lì*; *è lì sopra, lì dentro* | *Di lì, da lì* = da quel luogo: *vieni via di lì*; *da lì alla stazione sono andato a piedi* | *Di lì, per (di) lì* = per quel luogo, da quella parte: *si entra di lì* | *Fin lì* = fino a quel luogo (*giungemmo fin lì*); ♧ fino a quel punto: *fin lì ci arrivo anch'io a capire!* ◊ Si usa per indicare con più precisione la posizione di una persona o di una cosa o anche il suo genere: *voglio quel libro lì*; *eccolo lì*; *di quelle cose lì non parlo* **2** In quel momento: *e lì cominciarono i guai*; *di lì a un anno si sposarono*; *fin lì era andato tutto bene* | *Lì per lì* = sul momento: *lì per lì non seppi cosa rispondere* | *Finir lì* = finire a quel punto, non avere seguito: *la cosa per fortuna finì lì* **3** *Giù di lì* = pressapoco, all'incirca: *peserà un quintale o giù di lì* | *Siamo lì* = ci manca poco: *non vale mille euro ma siamo lì*.

liana [li-à-na] *s.f.* Pianta rampicante dal fusto sottile e allungato che si attacca e intreccia ad altre piante; è tipica delle foreste tropicali.

libbra [lib-bra] *s.f.* Unità di misura di peso pari a circa 454 g, ancora parzialmente usata nei paesi anglosassoni e in qualche altro paese.

libeccio [li-béc-cio] *s.m.* Vento umido e impetuoso che spira nel Mediterraneo da sud-ovest.

libellula [li-bèl-lu-la] *s.f.* Insetto dal corpo allungato, con quattro ali trasparenti ◊ È spesso assunto come simbolo di snellezza e di grazia e agilità nei movimenti: *quella ballerina danza come una libellula*.

liberale [li-be-rà-le] *agg.* Che si fonda sui principi di libertà, che rispetta le idee altrui: *avere idee liberali, una mentalità liberale* ◊ Che si rifà ai principi del liberalismo: *dottrine liberali*; *partito liberale* ♦ *s.m.f.* Fautore del liberalismo ◊ Membro di un partito liberale.

liberalismo [li-be-ra-li-smo] *s.m.* Concezione e movimento politico che mette al primo posto le libertà individuali ◊ In economia, teoria che sostiene la libertà di impresa e di commercio senza restrizioni da parte dello stato.

liberalità [li-be-ra-li-tà] *s.f.* Larghezza, generosità nel dare, nello spendere Ⓢ munificenza.

liberalizzare [li-be-ra-liz-zà-re] *v.tr.* Rendere libero ciò che prima era sottoposto a vincoli e divieti: *liberalizzare il prezzo della benzina, l'uso delle droghe leggere*.

liberamente [li-be-ra-mén-te] *avv.* **1** Senza restrizioni: *tutti possono entrare liberamente* **2** Con franchezza, senza timore: *parla pure liberamente*.

liberare [li-be-rà-re] *v.tr.* **1** Rendere libero, sciogliendo da impedimenti, eliminando vincoli (anche ♧): *i rivoltosi liberarono i prigionieri politici*; *liberò il cane dalla catena*; *ho cercato di liberarlo da ogni preoccupazione* **2** Sgombrare: *libera il tavolo da quei pacchi* ◊ Rendere disponibile: *libera il telefono che sto aspettando una chiamata* ♦ **liberarsi** *v.pr.* **1** Rendersi libero, sciogliersi da un vincolo: *si liberò dalle catene*; *liberarsi da un impegno* ◊ Sbarazzarsi: *son riuscito a liberarmi di quel seccatore* **2** Diventare libero, disponibile: *si è liberato il telefono*.

liberazione [li-be-ra-zió-ne] *s.f.* **1** Restituzione o conquista della libertà: *la liberazione di un prigioniero*; *il 25 aprile si celebra l'anniversario della Liberazione dall'occupazione nazista* **2** ♧ Sollievo per essersi liberati di qualcosa che opprime, preoccupa: *dopo aver confessato provò un senso di liberazione*.

libero [lì-be-ro] *agg.* **1** Non soggetto a un padrone o a qualsiasi altra costrizione autoritaria: *rendere libero uno schiavo*; *essere un libero cittadino* | *Nazioni libere, stati liberi* = che hanno indipendenza e autonomia politica | *Un popolo libero* = che può scegliere ed eleggere i propri rappresentanti e i cui diritti sono garantiti per legge **2** Non sottoposto a reclusione, non prigioniero: *lasciare libero un detenuto* ◊ Slegato, non impedito, che può muoversi: *lasciò libero il cane*; *la corda gli lasciava libere le mani* | *Imputato a piede libero* = non in stato di arresto **3** Che è padrone di decidere, di agire secondo la propria volontà:

sei libero di non accettare **4** Privo di impegni, non occupato: *sono libero domani*; *non ho mai un momento libero* | *Tempo libero* = quello non occupato dal lavoro o dallo studio ◊ Non occupato, disponibile, sgombro: *in tutto il cinema non c'era un posto libero*; *si prega di lasciar libero il passaggio* | *Segnale di via libera* = che permette di passare | ♧ *All'aria libera* = all'aperto **5** Non soggetto a controlli, a divieti, a restrizioni: *libera circolazione delle merci* | *Ingresso libero, entrata libera* = possibilità di accedere gratuitamente a un luogo pubblico o di entrare in un negozio senza fare acquisti | *Parcheggio libero, spiaggia libera* = non a pagamento | *Libera uscita* = permesso che consente ai militari di uscire dalla caserma per un certo numero di ore | *Libero professionista* = chi esercita un'attività professionale autonoma (*libera professione*) come quelle dell'avvocato, del medico, dell'architetto ecc. **6** Non limitato da regole precise o troppo rigide | *Esercizi a corpo libero* = esercizi ginnici eseguiti senza attrezzi | *Stile libero* = nel nuoto, crawl.

libertà [li-ber-tà] *s.f.* **1** La condizione di chi è libero, non soggetto a costrizioni di alcun genere: *vivere in libertà*; *rimettere in libertà un prigioniero*; *godeva di un'assoluta libertà* ◊ La condizione di un popolo non soggetto a un dominio straniero o a una dittatura: *lottare, morire per la libertà* **2** Facoltà e diritto di pensare, decidere e agire in piena autonomia: *libertà di pensiero, di parola, di voto, di stampa, di associazione, di religione*; *ha avuto ampia libertà d'azione* **3** L'essere libero da impegni: *si è preso un giorno di libertà*; *il lavoro non mi lascia un momento di libertà* **4** *Prendersi troppe libertà con qualcuno* = prendersi troppe confidenze, comportarsi in modo poco rispettoso.

liberto [li-bèr-to] *s.m.* Nell'antica Roma, schiavo liberato.

libraio [li-brà-io] *s.m.* Venditore di libri.

librarsi [li-bràr-si] *v.pr.* Mantenersi in equilibrio o sospeso in aria: *l'aquilone si librava nel cielo.*

libreria [li-bre-rì-a] *s.f.* **1** Negozio di libri **2** Mobile a scaffali per contenere i libri.

libresco [li-bré-sco] *agg.* [pl.m. *–schi*] In senso spregiativo, basato solo sui libri e non sull'esperienza diretta o sulla riflessione personale: *avere una preparazione, una cultura libresca.*

libretto [li-brét-to] *s.m.* **1** Libro di piccolo formato **2** Documento a forma di piccolo libro o di fascicolo, su cui sono registrati dati ufficiali: *libretto di lavoro, di circolazione, universitario, sanitario* | *Libretto degli assegni* = blocchetto di assegni che il titolare di un conto corrente può compilare per effettuare pagamenti **3** Il testo di un'opera lirica: *il libretto della «Traviata».*

libro [lì-bro] *s.m.* **1** Insieme di fogli stampati, cuciti tra loro secondo un ordine e racchiusi da una copertina Ⓢ volume: *libri nuovi, usati, vecchi, antichi*; *comprare un libro* ◊ Il contenuto di un libro; opera stampata: *un libro interessante, noioso, difficile*; *leggere, scrivere un libro* | *Libro bianco* = studio che contiene documenti su un particolare problema **2** Registro in cui vengono annotati conti, dati, eventi relativi a un'attività: *i libri contabili di un'azienda*; *il libro di bordo di una nave, di un aereo*; *nelle parrocchie si tiene un libro dei morti, dei battesimi e dei matrimoni.*

licantropo [li-càn-tro-po] *s.m.* In alcune credenze popolari, uomo che si trasforma in lupo Ⓢ lupo mannaro.

liceale [li-ce-à-le] *agg.* Di, del liceo: *studi liceali*; *licenza liceale* ♦ *s.m.f.* Chi frequenta il liceo.

licenza [li-cèn-za] *s.f.* **1** Permesso di fare qualcosa: *chiedo licenza di parlare* **2** Permesso di assentarsi temporaneamente da un ufficio, da un servizio; in partic. quello accordato ai militari: *ha chiesto una licenza per motivi di famiglia*; *il soldato era a casa in licenza* **3** Autorizzazione a fare qualcosa rilasciata dall'autorità competente a chi ne fa richiesta: *licenza di pesca, di caccia*; *non si può costruire una casa senza la licenza edilizia* **4** Diploma che si ottiene al termine di un corso di studi: *avere la licenza elementare, media, liceale* **5** Abuso di libertà, eccessiva confidenza: *non ti permetto di prenderti certe licenze.*

licenziamento [li-cen-zia-mén-to] *s.m.* Provvedimento con cui un datore di lavoro allontana in modo definitivo dal posto di lavoro un suo dipendente: *ha ricevuto una lettera di licenziamento.*

licenziare [li-cen-zià-re] *v.tr.* Mandar via definitivamente da un posto di lavoro un lavoratore dipendente: *licenziare un operaio, un impiegato* ♦ **licenziarsi** *v.pr.* **1** Dimettersi da un impiego: *il portiere si è licenziato* **2** Conseguire un diploma di licenza scolastica.

licenzioso [li-cen-zió-so] *agg.* Che offende la moralità e il pudore Ⓢ immorale, indecente: *libri, spettacoli licenziosi.*

liceo [li-cè-o] *s.m.* Scuola secondaria di secondo grado che prepara all'università: *liceo classico, scientifico, artistico, linguistico* ◊ L'edificio in cui ha sede un liceo: *mi aspettava all'entrata del liceo.*

lichene [li-chè-ne] *s.m.* Organismo vegetale formato dalla simbiosi di un fungo con un'alga; si sviluppa soprattutto su rocce e tronchi ed è molto resistente al freddo.

lido [lì-do] *s.m.* Striscia di terra, per lo più sabbiosa, bagnata dal mare Ⓢ litorale: *la tempesta gettò sul lido molti tronchi* ◊ Spiaggia attrezzata con stabilimenti balneari: *andremo al mare al lido di Ostia* ◊ Striscia di terra, parallela alla costa, che divide una laguna dal mare aperto: *il lido di Venezia.*

lieto [liè-to] *agg.* **1** Che prova o esprime gioia, contentezza Ⓢ felice, contento, allegro: *sono lieto di vederti*; *un viso lieto* **2** Che riempie di gioia, che è fonte di contentezza Ⓢ piacevole, allegro: *mi hai dato una lieta notizia*; *ho passato una lieta serata in sua compagnia* | *Lieto fine* = conclusione favorevole di una vicenda, di un film, di un libro ecc. | *Lieto evento* = la nascita di un figlio.

lieve [liè-ve] *agg.* **1** Leggero: *un peso lieve* ◊ ♧ Facile da sopportare: *uno sforzo lieve* **2** ♧ Non grave, di scarsa entità o importanza Ⓢ leggero: *un lieve raffreddore*; *un danno lieve*; *una lieve differenza* ◊ Di modesta intensità; appena percettibile Ⓢ debole, tenue Ⓒ forte: *una lieve scossa di terremoto*; *un lieve rumore.*

lievemente [lie-ve-mén-te] *avv.* **1** Con leggerezza: *le accarezzò lievemente i capelli* **2** Un po': *sono lievemente stanco.*

lievitare [lie-vi-tà-re] *v.intr.* [aus. *essere*] Gonfiarsi per effetto del lievito (detto della pasta): *il pane è lievitato.*

lievito [liè-vi-to] *s.m.* Sostanza che produce una fermentazione | *Lievito di birra* = quello usato nel fare il pane per ottenere la fermentazione della pasta.

lifting [parola inglese; pron. corrente *lìfting*] *s.m. invar.* Intervento di chirurgia estetica per eliminare le rughe, spec. del volto.

light [parola inglese; pron. corrente *làit*] *agg. invar.* Si dice di cibo o bevanda contenente un basso numero di calorie: *formaggio light.*

ligio [lì-gio] *agg.* Fedele, devoto a qualcuno: *un impiegato ligio ai superiori* ◊ Rispettoso, scrupolosamente osservante di qualcosa: *è molto ligio ai suoi doveri*; *essere ligio alle leggi, alle tradizioni.*

ligneo [lì-gne-o] *agg.* Di legno: *una statua lignea.*

lignite [li-gnì-te] *s.f.* Tipo di carbone fossile.

ligustro [li-gù-stro] *s.m.* Arbusto sempreverde con fiori bianchi profumati, molto usato per formare siepi.

lilla [lìl-la] *agg.invar.* Di colore tra il rosa e il viola, caratteristico dei fiori di lillà ♦ *s.m.invar.* Il colore lilla: *quest'anno è di moda il lilla.*

lillà [lil-là] *s.m.invar.* Pianta ornamentale con fiori bianchi o violacei molto profumati.

lillipuziano [lil-li-pu-zià-no] *agg.* Di statura o dimensioni minuscole: *una casetta lillipuziana.*

lima [lì-ma] *s.f.* Utensile manuale formato da una sbarretta di acciaio dalla superficie intagliata e ruvida, usato per sgrossare, rifinire, levigare ferro, legno e altri materiali duri.

limaccioso [li-mac-ció-so] *agg.* Torbido per il fango o pieno di mota Ⓢ fangoso, melmoso: *un fiume dalle acque limacciose*; *il fondo limaccioso di uno stagno.*

limare [li-mà-re] *v.tr.* Lavorare qualcosa con la lima per assottigliarlo, ridurlo, levigarlo: *limare un pezzo di ferro, gli spigoli di un mobile*; *limarsi le unghie.*

limetta [li-mét-ta] *s.f.* Lima sottile in metallo o carta vetrata, usata per limare le unghie.

limitare[1] [li-mi-tà-re] *s.m.* Soglia: *ci fermammo sul limitare della casa* ◊ Margine, limite, confine: *la casa si trovava al limitare del bosco.*

limitare[2] [li-mi-tà-re] *v.tr.* **1** Circoscrivere uno spazio entro limiti, confini Ⓢ delimitare: *il giardino era limitato da una siepe* **2** ♧ Porre un limite a qualcosa: *fanno di tutto per limitare il suo potere* ◊ Contenere, ridurre entro certi limiti: *limitare le pretese, i consumi* ♦ **limitarsi** *v.pr.* Contenersi, non eccedere nel fare qualcosa: *limitarsi nelle spese, nel bere* ◊ *Limitarsi a* = non fare altro che: *mi sono limitato a ricordargli i suoi doveri.*

limitato [li-mi-tà-to] *agg.* **1** Contenuto entro certi limiti: *strada a velocità limitata* **2** Esiguo, scarso, modesto: *disponiamo di mezzi limitati*; *il tempo a nostra disposizione è molto limitato*; *è una persona di limitate capacità* | *Un individuo limitato* = mediocre, poco intelligente **3** Che non eccede Ⓢ parco, controllato: *sa essere limitato nel bere, nelle spese, nelle richieste.*

limitazione [li-mi-ta-zió-ne] *s.f.* **1** Il contenere qualcosa entro certi limiti Ⓢ controllo, riduzione: *è necessaria una limitazione delle spese*; *le nazioni devono accordarsi per una limitazione degli armamenti* **2** Restrizione, limite: *non tollera che vengano poste limitazioni alla sua libertà.*

limite [lì-mi-te] *s.m.* **1** Confine, linea di confine o di demarcazione: *le righe bianche segnano i limiti del terreno di gioco* **2** Livello o punto estremo a cui può arrivare qualcosa: *il limite di carico di un camion* | *Caso limite* = caso che rispetto ai casi normali si presenta come estremo | *Al limite di* = al massimo grado di: *si è impegnato al limite delle sue capacità* | *Al limite* = al massimo, tutt'al più: *al limite dormiremo per terra* ◊ Termine o ambito che non può o non deve essere superato: *porre un limite di tempo alla discussione*; *c'è un limite anche alla pazienza*; *ti aiuterò nei limiti del possibile* | *Limiti di velocità* = velocità massima consentita | *Passare ogni limite* = esagerare | *Entro certi limiti* = fino a un certo punto, parzialmente: *questo è vero solo entro certi limiti* ◊ *Vittoria prima del limite* = nel pugilato, quella ottenuta per k.o. o per abbandono dell'avversario prima della conclusione normale dell'incontro.

limitrofo [li-mì-tro-fo] *agg.* Confinante, adiacente.

limo [lì-mo] *s.m.* Terriccio molto fine trasportato in sospensione dalle acque e che si deposita sul fondo dei laghi, alla foce di fiumi e sui terreni allagati dalle piene.

limonata [li-mo-nà-ta] *s.f.* Bevanda preparata con succo di limone e acqua ◊ Bibita a base di succo di limone o aromatizzata al limone.

limone [li-mó-ne] *s.m.* Albero sempreverde dai fiori bianchi e profumati, che dà frutti gialli dal succo acidulo ◊ Il frutto di tale albero: *spremuta di limone*.

limpido [lìm-pi-do] *agg.* **1** Chiaro, terso e trasparente, non offuscato da nulla: *acqua, aria limpida*; *cielo limpido* **2** ♧ Nitido, chiaro e sonoro: *suono limpido*; *voce limpida* ◊ *Sguardo limpido* = puro e sincero | *Coscienza limpida* = non macchiata da colpe.

lince [lìn-ce] *s.f.* Felino selvatico, simile a un grosso gatto | *Avere occhi di lince* = avere una vista acutissima.

linciaggio [lin-ciàg-gio] *s.m.* Uccisione sommaria, senza processo, da parte di un gruppo o di una folla, di una persona colpevole o ritenuta colpevole di un grave delitto.

linciare [lin-cià-re] *v.tr.* Uccidere qualcuno mediante linciaggio: *la folla voleva linciare quello che credeva fosse l'assassino*.

lindo [lìn-do] *agg.* Molto pulito e curato: *camicia linda*; *una casa linda* | ♧ *Coscienza linda* = pura, senza colpe.

linea [lì-ne-a] *s.f.* **1** Ente geometrico costituito da una serie ininterrotta di punti che si estende solo in lunghezza: *linea retta, curva*; *linee parallele, perpendicolari* | *Distanza in linea d'aria* = distanza tra due luoghi calcolata in linea retta e non sul percorso stradale che li collega ◊ Segno grafico con cui si rappresenta una linea: *tracciare una linea con la penna, con il gesso* **2** Segno lineare (materiale o ideale) che indica il termine, il confine di qualcosa Ⓢ limite: *linea di confine, di demarcazione*; *la linea dell'orizzonte*; *la linea laterale, di fondo di un campo di calcio*; *la linea di partenza, d'arrivo di una gara di corsa* **3** Nei termometri, ciascuno dei trattini che segnano i decimi di grado di temperatura: *ha qualche linea di febbre* **4** Contorno, profilo, forma di un corpo, di un oggetto, di una struttura: *la linea delicata di un volto*; *una macchina dalla linea sportiva*; *un palazzo dalle linee armoniose* | ♧ *A grandi linee* = in modo sommario, senza entrare nei particolari: *mi ha descritto a grandi linee la situazione* | ♧ *In linea di massima* = in generale ◊ Snellezza delle forme di una persona: *mangia poco per mantenere la linea* | *Perdere la linea* = ingrassare ◊ Taglio, modello di un indumento: *una giacca dalla linea elegante, sportiva* **5** ♧ Modo di agire, di comportarsi: *seguire una certa linea (di condotta)* ◊ Indirizzo: *la linea politica di un partito, di un giornale* **6** Schieramento di truppe in guerra; fronte di combattimento: *attraversare le linee nemiche*; *battaglia su tutta la linea* | *Prima linea* = la parte di uno schieramento che si trova a più diretto contatto con il nemico **7** Nel linguaggio commerciale, serie di prodotti dello stesso tipo: *una nuova linea di cosmetici* **8** Servizio di comunicazione tra luoghi diversi effettuato da mezzi di trasporto pubblico: *linee ferroviarie, automobilistiche, aeree, marittime*; *linee urbane, extraurbane* | *Autobus, aereo, volo, nave di linea* = che svolge un servizio regolare su un dato tragitto ◊ Tratto di ferrovia che unisce due località: *c'è stata un'interruzione sulla linea Firenze-Roma* **9** Impianto per la trasmissione dell'energia elettrica o di segnali telegrafici e telefonici ◊ Collegamento telefonico: *ho trovato la linea occupata*; *è caduta la linea*; *per favore, resti in linea*.

lineamenti [li-ne-a-mén-ti] *s.m.pl.* I tratti, la fisionomia del volto umano Ⓢ fattezze: *una persona dai lineamenti regolari, delicati*.

lineare [li-ne-à-re] *agg.* **1** Che si sviluppa in linea retta o in lunghezza | *Misure lineari* = quelle di lunghezza **2** ♧ Chiaro e coerente: *ragionamento, condotta lineare*.

lineetta [li-ne-ét-ta] *s.f.* Breve linea orizzontale usata come segno grafico per unire due parole, per dividere una parola alla fine di una riga o, dopo i due punti, per introdurre un discorso diretto.

linfa [lìn-fa] *s.f.* Liquido che circola nelle piante e le nutre.

lingotto [lin-gòt-to] *s.m.* Blocco di metallo ottenuto facendo colare il metallo fuso in un apposito stampo: *un lingotto d'oro, d'acciaio*.

lingua [lìn-gua] *s.f.* **1** Organo posto all'interno

della bocca, che partecipa alla masticazione e alla deglutizione; è la sede del gusto e, nell'uomo, serve ad articolare il linguaggio: *aveva la lingua secca per la sete, per aver parlato a lungo* | ♧ *Avere la lingua sciolta* = la parola, la risposta pronta | ♧ *Avere la lingua lunga* = parlare troppo, essere pettegolo | ♧ *Hai perso la lingua?* = si dice a chi non risponde alle domande o sta troppo zitto | ♧ *Mordersi la lingua* = pentirsi di aver detto qualcosa o fare uno sforzo per tacere | ♧ *Non avere peli sulla lingua* = dire le cose apertamente, con franchezza | ♧ *Avere una parola sulla punta della lingua* = saperla e stare quasi per dirla, ma non riuscirci per un improvviso vuoto di memoria **2** Lingua di animale usata come vivanda: *lingua di vitello in umido* **3** Cosa che ha una forma simile a quella della lingua: *una lingua di fuoco* | *Lingua di terra* = sottile striscia di terra che emerge dall'acqua o si protende dalla costa **4** Sistema convenzionale di suoni, di parole, di forme grammaticali per mezzo del quale gli appartenenti a una comunità comunicano tra loro Ⓢ idioma: *la lingua italiana, francese, cinese*; *anche i dialetti sono lingue*; *lingua parlata e lingua scritta* | *Lingua morta* = non più in uso come normale mezzo di comunicazione ◊ (al *pl.*) Lingue straniere: *studiare le lingue*; *laurea in lingue* ◊ Modo particolare di esprimersi di un settore della società, di un ambiente, di un'epoca, di uno scrittore Ⓢ linguaggio: *la lingua popolare, letteraria, scientifica*; *la lingua del Trecento*; *la lingua del Manzoni*.

linguaccia [lin-guàc-cia] *s.f.* **1** Persona pettegola, maldicente: *sei proprio una linguaccia!* **2** *Fare le linguacce* = tirar fuori la lingua per scherno.

linguaggio [lin-guàg-gio] *s.m.* **1** La facoltà, propria degli esseri umani, di esprimersi e comunicare tra loro con le parole: *il rapporto tra il pensiero e il linguaggio* ◊ Sistema di segnali di vario genere con cui gli animali della stessa specie comunicano tra loro: *il linguaggio delle api, dei pesci* **2** Sistema di espressione e comunicazione che utilizza mezzi diversi dalle parole: *il linguaggio dei gesti, degli occhi* ◊ Forma di espressione propria di un'arte: *il linguaggio della musica, della pittura, del cinema* **3** Modo individuale o particolare di esprimersi: *usa sempre un linguaggio volgare*; *cerca di moderare il tuo linguaggio* ◊ Uso della lingua caratteristico di un certo gruppo, ambiente, settore sociale o professionale: *il linguaggio infantile, familiare*; *linguaggio scientifico, politico, sportivo*.

linguetta [lin-guét-ta] *s.f.* Nome di vari piccoli oggetti a forma di lingua: *la linguetta delle scarpe*.

linguistica [lin-guì-sti-ca] *s.f.* Disciplina che studia il linguaggio e le lingue nei loro vari aspetti.

linguistico [lin-guì-sti-co] *agg.* [pl.m. *-ci*] Che riguarda la lingua, le lingue: *fare un errore linguistico*; *liceo linguistico*.

link [parola inglese; pron. corrente *link*] *s.m.invar.* In informatica, collegamento che in un ipertesto o in una pagina *web* associa una parola, una frase, un'immagine a un'altra informazione o a un'altra pagina, che è possibile consultare cliccando con il *mouse* sul *link* (in genere una parola sottolineata).

linkare [lin-kà-re] *v.tr.* Collegare mediante un *link*.

lino [lì-no] *s.m.* Pianta erbacea coltivata per la fibra tessile che si ricava dal fusto e per l'olio che si estrae dai semi ◊ La fibra tessile ricavata da tale pianta: *lenzuola, tovaglia, camicia di lino*.

liofilizzato [lio-fi-liz-zà-to] *agg.* e *s.m.* Detto di sostanza o prodotto sottoposti a liofilizzazione: *caffè liofilizzato*.

liofilizzazione [lio-fi-liz-za-zió-ne] *s.f.* Procedimento industriale con cui si essica una sostanza (alimento, farmaco) a bassissima temperatura e sotto vuoto allo scopo di conservare a lungo inalterate le sue proprietà.

lipide [li-pì-de] *s.m.* Sostanza grassa naturale presente in organismi animali e vegetali.

liquame [li-quà-me] *s.m.* Liquido putrido di scarico che si raccoglie nelle fognature.

liquefare [li-que-fà-re] *v.tr.* [coniugato come *fare*] Far diventare liquida una sostanza solida Ⓢ sciogliere, fondere: *il sole ha liquefatto la neve* ♦ **liquefarsi** *v.pr.* Diventare liquido Ⓢ sciogliersi, fondersi: *il gelato si è liquefatto per il caldo*.

liquidare [li-qui-dà-re] *v.tr.* **1** Pagare, saldare: *l'assicurazione mi ha liquidato i danni*; *liquidare i propri debiti* **2** Vendere a basso prezzo Ⓢ svendere: *il negozio sta liquidando le rimanenze* **3** ♧ Risolvere in modo definitivo: *liquidare una questione, un affare* ◊ Battere nettamente, metter fuori combattimento: *il pugile ha liquidato l'avversario in due riprese* ◊ Sbarazzarsi di qualcuno o anche ucciderlo, eliminarlo: *cercò una scusa per liquidare quel seccatore*; *lo hanno liquidato perché aveva fatto la spia*.

liquidazione [li-qui-da-zió-ne] *s.f.* **1** Pagamento: *ha chiesto la liquidazione dei danni dell'incidente* **2** Somma pagata dal datore di lavoro al lavoratore al termine del rapporto di lavoro: *con i soldi della liquidazione si è comprato una casa* **3** Vendita di merci a prezzi ribassati Ⓢ svendita, saldo: *articoli in liquidazione*.

liquido [lì-qui-do] *agg.* **1** *Stato liquido* = in fisica, stato della materia per cui un corpo non ha una forma propria ma assume la forma del recipiente che lo contiene Ⓒ solido, gassoso ◊ Che è allo stato liquido: *l'acqua è una sostanza liquida; sapone, detersivo liquido* ◊ Fuso, liquefatto: *metallo, gas liquido* ◊ Poco denso, diluito: *questa salsa è troppo liquida* **2** *Denaro liquido* = in contanti ♦ *s.m.* **1** Sostanza liquida: *il mercurio è un liquido; recipiente per liquidi* **2** Denaro contante: *non dispongo di liquido in questo momento.*

liquirizia [li-qui-rì-zia] *s.f.* **1** Pianta erbacea dalle cui radici si estrae un succo nerastro impiegato nell'industria dolciaria e in farmacia **2** Succo di liquirizia ◊ Bastoncino, caramella, pastiglia a base di succo di liquirizia.

liquore [li-quó-re] *s.m.* Bevanda ad alta gradazione alcolica aromatizzata con essenze vegetali.

lira[1] [lì-ra] *s.f.* **1** Unità monetaria italiana fino all'introduzione dell'euro | *Non avere una lira* = essere senza soldi | ♧ *Non valere una lira* = non valere nulla **2** Unità monetaria di alcuni stati esteri: *lira turca; lira sterlina.*

lira[2] [lì-ra] *s.f.* Strumento musicale a corde dell'antica Grecia, simile alla cetra.

lirica [lì-ri-ca] *s.f.* **1** Genere di poesia in cui prevale l'espressione soggettiva del sentimento ◊ Componimento poetico di genere lirico: *leggere una lirica del Leopardi* **2** Musica operistica, opera lirica Ⓢ melodramma: *gli amanti della lirica.*

lirico [lì-ri-co] *agg.* [pl.m. *-ci*] **1** Detto di genere e di componimento poetico che esprime i sentimenti soggettivi dell'autore: *la poesia lirica moderna; un poema lirico* | *Poeta lirico* = che compone poesie liriche **2** Sentimentale, poetico: *slancio, impeto lirico; una visione lirica della realtà* **3** *Musica lirica* = la musica operistica | *Opera lirica* = il melodramma ◊ Di musica lirica: *teatro, cantante lirico; la stagione lirica della Scala.*

lisca [lì-sca] *s.f.* La spina dorsale dei pesci e anche ogni spina del loro scheletro: *ho tolto la lisca alle acciughe per metterle sott'olio; un pesce pieno di lische.*

lisciare [li-scià-re] *v.tr.* **1** Rendere liscio Ⓢ levigare: *lisciare un'asse di legno* ◊ *Lisciarsi la barba, i capelli* = renderli lisci e ordinati passandovi sopra la mano o il pettine | *Lisciare il pelo al gatto, al cane* = accarezzarli nel verso del pelo | *Il gatto si sta lisciando il pelo* = se lo sta leccando per pulirlo **2** *Lisciare la palla* = nel calcio, mancarla o colpirla di striscio.

liscio [lì-scio] *agg.* [pl.f. *-sce*] **1** Privo in superficie di asperità, irregolarità: *una tavola liscia; una roccia liscia* | *Capelli lisci* = non ricci, non crespi | *Mare liscio* = molto calmo **2** ♧ Che non presenta o non incontra difficoltà, ostacoli: *è andato tutto liscio* | *Passarla liscia* = cavarsela senza danno, senza venire punito **3** *Un whisky liscio* = puro, senza aggiunta di acqua, soda o ghiaccio | *Caffè liscio* = senza aggiunta di liquore o di latte **4** *Ballo liscio* = quello eseguito su musica ballabile tradizionale (valzer, mazurka, polca ecc.) ♦ *s.m.* Ballo o ballabile liscio.

liso [lì-so] *agg.* Consumato dall'uso Ⓢ consunto, logoro: *un abito liso; un tessuto liso.*

lista [lì-sta] *s.f.* **1** Striscia lunga e stretta di materiale vario: *una lista di carta, di cuoio* ◊ Banda tracciata su un fondo di colore diverso: *buste da lutto con lista nera* **2** Elenco di nomi, di cose, scritto su un foglio di carta Ⓢ nota: *la lista degli invitati, della spesa; fammi la lista di tutto quel che ti serve* | *Liste elettorali* = elenco dei cittadini con diritto di voto | *Lista (delle vivande)* = nei ristoranti, menù.

listino [li-stì-no] *s.m.* Elenco dei prodotti di una ditta con i relativi prezzi: *ottenere uno sconto sul prezzo di listino.*

lite [lì-te] *s.f.* Discussione violenta con scambio di ingiurie e offese Ⓢ diverbio, litigio: *tra loro è nata una lite per questione di soldi; trova sempre un pretesto per attaccare lite.*

litigare [li-ti-gà-re] *v.intr.* [*lìtigo, lìtighi*; aus. *avere*] Venire a violento contrasto, a diverbio, scambiandosi parole aspre; fare litigio Ⓢ bisticciare: *litigare per questioni d'interesse; i suoi genitori litigano continuamente.*

litigio [li-tì-gio] *s.m.* Violento contrasto con ingiurie e offese tra due o più persone Ⓢ lite.

litigioso [li-ti-gió-so] *agg.* Che attacca lite facilmente e frequentemente Ⓢ rissoso: *è un tipo molto litigioso.*

litio [lì-tio] *s.m.* Elemento chimico molto diffuso in natura; è un metallo bianco argenteo ed è il più leggero degli elementi solidi. È impiegato in medicina e, tra gli usi industriali, soprattutto nelle batterie.

litorale [li-to-rà-le] *s.m.* Fascia costiera marina Ⓢ costa: *il litorale adriatico, ionico* ◊ Spiaggia.

litoraneo [li-to-rà-ne-o] *agg.* Che si trova sulla costa o corre lungo la costa Ⓢ costiero: *città litoranea; la tipica vegetazione litoranea; strada, ferrovia litoranea.*

litosfera [li-to-sfè-ra] *s.f.* La parte più esterna e solida della Terra, chiamata comunemente *crosta terrestre.*

litro [lì-tro] *s.m.* **1** Unità di misura di capacità per liquidi, corrispondente a un decimetro cubo o al volume di un chilo di acqua (simbolo: *l*): *una damigiana da cinquanta litri* **2** Quantità di liquido corrispondente alla misura di un litro: *ho comprato un litro di latte*; *ha bevuto un litro di vino.*

liturgia [li-tur-gì-a] *s.f.* L'insieme delle cerimonie, dei riti e delle preghiere di un culto religioso pubblico: *la liturgia cattolica, protestante, ortodossa.*

liutaio [li-u-tà-io] *s.m.* Chi fabbrica e ripara liuti e altri strumenti musicali a corde.

liuto [li-ù-to] *s.m.* Antico strumento musicale a corde, simile alla mandola.

live [parola inglese; pron. corrente *làiv*] *agg.invar.* Si dice di musica registrata dal vivo durante un concerto pubblico e non in studio.

livella [li-vèl-la] *s.f.* Strumento per verificare se una superficie è in posizione orizzontale.

livellare [li-vel-là-re] *v.tr.* Ridurre allo stesso livello (anche ♧): *livellare un terreno, un pavimento*; *livellare le retribuzioni, i prezzi.*

livello [li-vèl-lo] *s.m.* **1** Altezza di un punto o di un piano rispetto a un altro punto o piano preso come riferimento: *il primo piano è tre metri sopra il livello stradale* | *Passaggio a livello* = incrocio della ferrovia con una strada che è sullo stesso piano ◊ Altezza a cui giunge la superficie di una massa liquida: *il livello del fiume continua a crescere*; *controlla il livello dell'olio nel motore* | *Livello di guardia* = vedi *guardia* | *Livello del mare* = la superficie del mare come riferimento rispetto al quale si calcola l'altitudine di un luogo: *il paese si trova a 800 metri sul livello del mare* **2** ♧ Grado, condizione, valore, qualità: *un paese che ha raggiunto un alto livello tecnologico*; *la crescita del livello di vita della popolazione*; *ha migliorato il suo livello di preparazione*; *un'opera, uno spettacolo di alto livello artistico* | *Riunione, trattative ad alto livello* = a cui partecipano i rappresentanti più qualificati.

livido [lì-vi-do] *agg.* Del colore tra il verdastro e il blu-violaceo che assume la pelle per una percossa, per un colpo: *aveva una macchia livida sulla schiena* ◊ Plumbeo, grigiastro: *cielo livido* ◊ Molto pallido o anche scuro in volto: *essere livido di rabbia, di paura, d'invidia* ♦ *s.m.* Macchia bluastra che si forma sulla pelle in seguito a percosse o colpi: *aveva il volto pieno di lividi.*

livore [li-vó-re] *s.m.* Sentimento d'invidia o di rancore Ⓢ astio: *parole, occhiate piene di livore.*

livrea [li-vrè-a] *s.f.* **1** Uniforme che in passato vestivano i servitori delle famiglie signorili: *maggiordomo, cocchiere in livrea* **2** L'aspetto e il colore del piumaggio degli uccelli a seconda delle stagioni o del ciclo riproduttivo: *livrea invernale, estiva*; *livrea nuziale.*

lizza [lìz-za] *s.f.* Recinto in cui si svolgevano tornei, giostre, gare e giochi vari | *Scendere, entrare in lizza* = partecipare a una competizione, a una gara; ♧ intervenire in una polemica, in una discussione.

lo1 [ló] *art.determ.* [Unito alle prep. *a, da, di, in, con, su* forma le prep. articolate *allo, dallo, dello, nello, collo, sullo*] Forma singolare dell'articolo determinativo maschile, usata davanti a parole che cominciano per vocale o *s* seguita da consonante, *gn, ps, x* e *z*; si elide davanti a vocale, ma non davanti a *i* e *y* seguite da vocale: *l'uomo, lo spazio, lo gnomo, lo psicologo, lo xilofono, lo zio, lo iato, lo yogurt.*

lo2 [ló] *pronome pers.m.sing.* Egli, lui, esso (si usa come complemento oggetto riferito sia a persona che a cosa; si può elidere davanti a vocale purché non crei ambiguità): *non lo conosco*; *te lo porto oggi*; *l'ho incontrato ieri*; *eccolo!*; *ridammelo!* ◊ Può assumere il valore di «ciò», spec. riferito a una frase precedente o successiva: *è partito, me l'ha detto sua moglie*; *non lo sapevi ancora?* ◊ Davanti a verbi come *essere, sembrare, diventare* ha il valore di «tale»: *sembra bravo, ma non lo è.*

Il pronome *lo* si mette prima del verbo in tutti i tempi tranne che all'imperativo, all'infinito, al gerundio e al participio passato; quando si appoggia a imperativi di una sola sillaba la *l* viene raddoppiata: *fallo entrare.*

lobby [parola inglese; pron. corrente *lòbbi*] *s.m. invar.* Gruppo di persone in grado di influenzare le decisioni politiche, in modo da ottenere provvedimenti loro favorevoli.

lobo [lò-bo] *s.m.* Parte tondeggiante e sporgente, delimitata da solchi profondi, di un organo animale o vegetale: *lobi cerebrali, polmonari* | *Lobo dell'orecchio* = la parte inferiore molle e carnosa.

locale1 [lo-cà-le] *agg.* **1** Del luogo, caratteristico di un determinato luogo: *usanze locali*; *mostra di prodotti dell'artigianato locale* | *Enti locali* = Comuni, Province e Regioni **2** In medicina, limitato a una parte del corpo: *anestesia locale* ♦ *s.m.f.* (spec. al *pl.*) Abitante di un luogo Ⓢ indigeno: *cercò di fare amicizia con i locali.*

locale2 [lo-cà-le] *s.m.* **1** Stanza, vano: *un appartamento di due locali* **2** Ambiente pubblico di ritrovo e di spettacolo (cinema, discoteca ecc.); esercizio pubblico (bar, ristorante ecc.): *siamo andati a ballare in un nuovo locale*; *locali notturni.*

località [lo-ca-li-tà] *s.f.* Piccolo centro abitato: *una località montana, marina, turistica* ◊ Luogo, zona: *il ministro si è recato nelle località colpite dal terremoto.*

localizzare [lo-ca-liz-zà-re] *v.tr.* Individuare la zona o il punto in cui si trova qualcosa o dove è avvenuto un fenomeno: *si sta cercando di localizzare l'aereo scomparso*; *è stato localizzato l'epicentro del terremoto.*

locanda [lo-càn-da] *s.f.* Modesto albergo; trattoria con alloggio.

locandina [lo-can-dì-na] *s.f.* Piccolo manifesto pubblicitario che viene affisso in locali pubblici, spec. per reclamizzare programmi di spettacoli: *la locandina di un film, della stagione teatrale.*

locazione [lo-ca-zió-ne] *s.f.* Contratto d'affitto ◊ Affitto: *dare in locazione un appartamento.*

locomotiva [lo-co-mo-tì-va] *s.f.* Veicolo a motore usato per il traino di convogli ferroviari: *locomotiva a vapore, elettrica.*

locomotore [lo-co-mo-tó-re] *s.m.* Locomotiva elettrica Ⓢ locomotrice.

locomotrice [lo-co-mo-trì-ce] *s.f.* Locomotiva elettrica Ⓢ locomotore.

locomozione [lo-co-mo-zió-ne] *s.f.* **1** Spostamento di persone o cose da un luogo a un altro mediante veicoli | *Mezzo di locomozione* = qualsiasi veicolo **2** Capacità dell'uomo e degli animali di spostarsi nello spazio | *Organi di locomozione* = le gambe, le zampe, le ali ecc.

loculo [lò-cu-lo] *s.m.* **1** Nei cimiteri, nicchia in cui si seppelliscono i resti di un defunto **2** Ciascuna delle cellette esagonali del vespaio.

locusta [lo-cù-sta] *s.f.* Cavalletta.

locuzione [lo-cu-zió-ne] *s.f.* Gruppo di due o più parole che ha un significato unitario e autonomo come fosse una singola parola (per es. *a momenti, alla buona, dal momento che, stanco morto, essere sul punto di*).

lodare [lo-dà-re] *v.tr.* **1** Esprimere approvazione per qualcuno o per qualcosa con parole di lode Ⓢ elogiare Ⓒ biasimare, criticare: *il maestro ha lodato un allievo per la sua diligenza*; *tutti lodarono il suo coraggio* **2** Celebrare, esaltare con preghiere e parole di venerazione: *lodare il Signore, la Madonna* | *Sia lodato il cielo, Iddio!*; *Dio sia lodato!* = esclamazioni di gioia o di sollievo.

lode [lò-de] *s.f.* **1** Piena ed esplicita approvazione espressa nei confronti di una persona o del suo operato Ⓢ elogio, plauso Ⓒ biasimo, critica: *tutti hanno avuto per lui parole di lode*; *il suo gesto è degno di lode* **2** Nell'università, elogio particolare, in aggiunta al voto massimo, dato a uno studente in un esame specifico o nell'esame di laurea: *ha preso trenta e lode in un esame*; *si è laureato con 110 e lode.*

loden [lò-den] *s.m.invar.* Tessuto di lana pesante a pelo lungo, semimpermeabile, fabbricato originariamente in Austria e nell'Alto Adige ◊ Cappotto confezionato con tale tessuto.

lodevole [lo-dé-vo-le] *agg.* Degno di lode.

loft [parola inglese; pron. corrente *lòft*] *s.m.invar.* Abitazione ricavata dal recupero di un magazzino o di un laboratorio in disuso, in genere costituita da un unico locale di grandi dimensioni.

loggia [lòg-gia] *s.f.* [pl. *–ge*] Edificio o parte di un edificio con uno o più lati aperti verso l'esterno con una serie di arcate e colonnati: *l'antica loggia dei Mercanti a Milano.*

loggiato [log-già-to] *s.m.* Loggia o serie di logge.

loggione [log-gió-ne] *s.m.* Nei teatri, il settore di posti situato sopra i palchi, quindi il più lontano dal palcoscenico e il più economico.

–logia Secondo elemento di parole composte, in cui significa «scienza», «studio» (*psicologia, geologia*).

logica [lò-gi-ca] *s.f.* **1** Parte della filosofia che studia i procedimenti e le forme del ragionamento allo scopo di distinguere i ragionamenti corretti da quelli scorretti **2** Rigore e coerenza nel ragionamento: *i tuoi discorsi mancano di logica.*

logicamente [lo-gi-ca-mén-te] *avv.* Naturalmente; di conseguenza: *era tardi e, logicamente, ero stanco.*

logico [lò-gi-co] *agg.* [pl.m. *–ci*] Conforme alla logica; dotato di logica Ⓢ coerente, razionale: *per esporvi i fatti seguirò un ordine logico*; *il tuo è un discorso poco logico* ◊ Naturale, ovvio, inevitabile: *questa è la logica conseguenza del tuo comportamento*; *è logico premunirsi in questi casi.*

loglio [lò-glio] *s.m.* Pianta erbacea con fiori a spiga, che infesta i campi di grano Ⓢ zizzania | ♧ *Separare il grano dal loglio* = separare il buono dal cattivo.

logoramento [lo-go-ra-mén-to] *s.m.* Usura, deterioramento (anche ♧).

logorante [lo-go-ràn-te] *agg.* Che logora sul piano fisico o nervoso: *fa un lavoro logorante*; *un'attesa logorante.*

logorare [lo-go-rà-re] *v.tr.* Consumare a poco a poco o ridurre in cattivo stato con un uso prolungato o eccessivo Ⓢ deteriorare, sciupare (anche ♧):

l'attrito ha logorato la fune; *hai logorato quelle scarpe in due mesi*; *ha logorato le sue forze lavorando troppo*; *si è logorato la vista sui libri* ♦ **logorarsi** *v.pr.* Consumarsi, sciuparsi, deteriorarsi: *è una stoffa che si logora in fretta.*

logorio [lo-go-rì-o] *s.m.* Logoramento intenso e continuo (anche ♧): *le gomme sono soggette a un forte logorio*; *l'eccesso di lavoro provoca un logorio nervoso.*

logoro [ló-go-ro] *agg.* Consumato, logorato, deteriorato, ridotto in cattivo stato (anche ♧): *portava delle scarpe logore*; *un fisico logoro per le fatiche*; *ha una salute ormai logora.*

lombaggine [lom-bàg-gi-ne] *s.f.* Forma di reumatismo muscolare che colpisce la regione dei lombi.

lombo [lóm-bo] *s.m.* Parte del dorso all'altezza dei fianchi ◊ (al *pl.*) Fianchi: *sentiva forti dolori ai lombi .*

lombrico [lom-brì-co] *s.m.* [pl. *–chi*] Verme che vive nei terreni umidi e ne aumenta la fertilità.

longevo [lon-gè-vo] *agg.* Che vive molto a lungo, oltre i limiti della durata media della vita: *una persona longeva*; *piante longeve*; *animali longevi.*

longilineo [lon-gi-lì-ne-o] *agg.* Che ha un fisico alto e snello: *un ragazzo longilineo.*

longitudinale [lon-gi-tu-di-nà-le] *agg.* **1** Relativo alla longitudine **2** Che è disposto o si sviluppa nel senso della lunghezza.

longitudine [lon-gi-tù-di-ne] *s.f.* La distanza di un luogo dal meridiano fondamentale di Greenwich misurata in gradi sull'arco di parallelo che passa da quel luogo; è una delle due coordinate geografiche (l'altra è la *latitudine*) che permettono di conoscere la posizione di un luogo sulla superficie terrestre: *longitudine est, ovest.*

lontanamente [lon-ta-na-mén-te] *avv.* Vagamente: *assomiglia lontanamente a mio zio* ◊ Un po': *non ci penso nemmeno lontanamente.*

lontananza [lon-ta-nàn-za] *s.f.* **1** Grande distanza: *si vedeva male per la lontananza* | *In lontananza* = in un punto lontano: *una nave apparve in lontananza* **2** Il fatto di essere lontano da persone e luoghi cari: *soffre molto per la lontananza dalla famiglia, da casa.*

lontano [lon-tà-no] *agg.* **1** Che si trova a notevole distanza Ⓒ vicino: *paesi lontani* ◊ Distante: *una casa non molto lontana da qui*; *la stazione è lontana un chilometro* **2** Distante nel tempo Ⓢ remoto Ⓒ recente, prossimo: *in un lontano passato, futuro*; *un lontano ricordo*; *il giorno della partenza non è lontano* **3** Distante in senso ideale: *sei molto lontana dal vero*; *ero lontano dall'immaginare la verità*; *cerca di tenerti lontano dai guai* | *Essere (ben) lontano dal pensare, dal credere qualcosa* = non pensarlo, non crederlo affatto | *Un lontano parente* = non stretto ◊ Vago, incerto: *non ne ho la più lontana idea*; *una lontana somiglianza* ◊ *Alla lontana* = alla larga (*tieniti alla lontana da lui*); vagamente: *lo conosco alla lontana* ♦ *avv.* A grande distanza, in un luogo distante: *abita molto lontano*; *fuggire lontano* | ♧ *Andare lontano* = avere successo: *sono sicuro che quel ragazzo andrà lontano.*

lontra [lón-tra] *s.f.* Mammifero carnivoro grande come un grosso gatto che vive in riva a laghi e fiumi nutrendosi di pesci; ha corpo allungato e pelliccia scura, folta, morbida e molto pregiata.

look [parola inglese; pron. corrente *luk*] *s.m. invar.* Aspetto esteriore, spec. per quanto riguarda il modo di vestire e di pettinarsi: *le piace cambiare spesso look.*

loquace [lo-quà-ce] *agg.* Che parla molto, che ama discorrere Ⓒ taciturno, silenzioso: *un tipo loquace*; *come mai oggi sei poco loquace?*

lord [parola inglese; pron. corrente *lòrd*] *s.m. invar.* Titolo nobiliare inglese.

lordare [lor-dà-re] *v.tr.* Insudiciare, sporcare.

lordo [lór-do] *agg.* **1** Imbrattato, sudicio, sporco: *i suoi abiti erano lordi di fango* **2** Complessivo, senza detrazioni (in contrapposizione a *netto*) | *Peso lordo* = comprendente la tara, cioè il peso della confezione | *Reddito, stipendio lordo* = comprendente le trattenute | *Incasso lordo* = calcolato senza detrarne le spese.

loro[1] [ló-ro] *agg.poss.m.f. di terza persona pl.* **1** Di essi, di esse (cioè che appartiene o è relativo alle persone di cui si parla): *questi libri sono loro*; *questo non è affar loro*; *ascolta i loro consigli*; *le loro cugine*; *un loro amico*; *la loro padrona di casa* **2** Che è per essi, per esse abituale, consueto: *sono usciti per la loro passeggiata pomeridiana* ◊ Opportuno, adatto, corrispondente: *mettete tutte le cose al loro posto* ♦ *pronome poss.m.f. di terza persona pl.* Ha gli stessi usi e significati dell'aggettivo ed è sempre preceduto dall'articolo determinativo: *il nostro giardino è più grande del loro*; *il mio posto è qui, il loro non so* ◊ *Io sto dalla loro* = dalla loro parte | *Vogliono sempre dire la loro* = la loro opinione.

loro[2] [ló-ro] *pronome pers.* Pronome personale maschile e femminile di terza persona plurale; si usa riferendosi a persona in funzione di complemento oggetto e di complemento indiretto, ma anche in funzione di soggetto il suo uso si è esteso sempre più, anche nella lingua scritta, fino a sostituire quasi completamente le forme *essi, esse*: *devi rimproverare loro, non me*; *parlavano tra loro*; *ho detto (a) loro di non preoccuparsi*; *beati loro!*; *loro non vengono.*

losanga [lo-sàn-ga] *s.f.* Rombo, forma di rombo.

losco [ló-sco] *agg.* [pl.m. *–schi*] Di dubbia onestà Ⓢ sospetto, equivoco, disonesto: *un tipo losco si aggirava intorno alla casa*; *traffici loschi*; *una losca manovra.*

loto [lò-to] *s.m.* Pianta erbacea acquatica con grandi foglie galleggianti e fiori bianchi o rosei; cresce negli stagni ed è diffusa spec. nelle regioni asiatiche.

lotta [lòt-ta] *s.f.* **1** Combattimento corpo a corpo tra due o più persone, o anche tra animali o tra persone e animali: *ingaggiò una lotta furibonda con l'assalitore*; *uscì malconcio dalla lotta*; *la lotta tra due leoni per il predominio sul branco* ◊ Scontro armato; battaglia, guerra: *dopo un'aspra lotta conquistarono le posizioni nemiche*; *lotta di liberazione dal dominio straniero* **2** Competizione dell'atletica pesante in cui due contendenti combattono corpo a corpo secondo determinate regole: *lotta libera, greco-romana, giapponese* **3** Contrasto, conflitto, scontro tra persone, gruppi, classi che hanno interessi, idee o fini contrastanti: *i fratelli sono in lotta per l'eredità*; *lotte sindacali, politiche, studentesche*; *lotta di classe* **4** ♧ Impegno e azione decisa contro qualcosa o per qualcosa Ⓢ battaglia: *la lotta dei pompieri contro le fiamme*; *lotta contro il cancro, contro la droga*; *lotta per la pace, per la giustizia.*

lottare [lot-tà-re] *v.intr.* [aus. *avere*] Battersi in un incontro di lotta o in uno scontro fisico o armato: *lottare corpo a corpo*; *lottò col bandito per disarmarlo* ◊ Combattere contro o per qualcuno o qualcosa: *lottare contro i padroni, contro l'ingiustizia, contro le difficoltà*; *lottare per una vita migliore, per la libertà* | ♧ *Lottare con la morte* = essere così grave da rischiare di morire | ♧ *Lottare con il sonno* = sforzarsi di rimanere sveglio | ♧ *Lottare con se stesso* = cercare di dominare i propri impulsi e sentimenti.

lottatore [lot-ta-tó-re] *s.m.* [f. *–trice*] Atleta che pratica lo sport della lotta.

lotteria [lot-te-rì-a] *s.f.* Gioco in cui si estraggono a sorte dei premi tra coloro che hanno acquistato dei biglietti: *comprare un biglietto della lotteria.*

lotto [lòt-to] *s.m.* **1** Gioco d'azzardo gestito dallo stato consistente nell'estrarre a sorte cinque numeri dall'uno al novanta e nel pagare un premio a chi ne abbia indovinati uno o più: *giocare al lotto*; *estrazioni del lotto* | *Vincere un terno al lotto* = indovinare tre numeri; ♧ avere un inaspettato colpo di fortuna **2** Ognuno degli appezzamenti di terreno in cui viene suddivisa un'area fabbricabile: *ha comprato un lotto per costruirci una villetta* ◊ Partita di merce: *acquistare un lotto di tessuti* **3** Gruppo di partecipanti a una gara sportiva.

low cost [locuzione inglese; pron. corrente *lóu còst*] *agg.invar.* A basso costo, detto soprattutto di compagnie aeree e dei voli da esse offerti.

lozione [lo-zió-ne] *s.f.* Prodotto liquido a base di sostanze medicamentose usato per l'igiene e la cura della pelle o del cuoio capelluto: *lozione contro la forfora.*

lubrificante [lu-bri-fi-càn-te] *agg.* Che lubrifica: *olio, prodotto lubrificante* ♦ *s.m.* Sostanza oleosa o grasso che si usa per proteggere e rendere più scorrevoli le parti a contatto di congegni, meccanismi, motori, riducendone l'attrito e l'usura.

lubrificare [lu-bri-fi-cà-re] *v.tr.* [*lubrìfico, lubrìfichi*] Rendere più scorrevole un meccanismo o un organo meccanico ungendo con un lubrificante le parti a contatto: *lubrificare una serratura, un motore.*

lucchetto [luc-chét-to] *s.m.* Serratura metallica mobile: *chiuse l'armadietto con un lucchetto.*

luccicare [luc-ci-cà-re] *v.intr.* [*lùccico, lùccichi*; aus. *essere* o *avere*] Mandare piccoli e frequenti bagliori di luce Ⓢ brillare, scintillare: *l'oro luccica*; *le stelle luccicavano nel cielo* | *Gli luccicano gli occhi* = perché è molto emozionato o sta per piangere.

luccichio [luc-ci-chì-o] *s.m.* Un luccicare continuato, frequente: *il luccichio delle acque di un lago sotto la luna.*

luccio [lùc-cio] *s.m.* Grosso e vorace pesce d'acqua dolce con corpo lungo e denti aguzzi.

lucciola [lùc-cio-la] *s.f.* Piccolo insetto coleottero che emette una luce intermittente dall'estremità dell'addome | ♧ *Prendere lucciole per lanterne* = confondere una cosa con un'altra.

luce [lù-ce] *s.f.* **1** Radiazione emessa da corpi riscaldati a elevata temperatura che stimola nell'occhio le sensazioni visive Ⓒ buio: *la luce del sole, delle stelle*; *luce naturale, artificiale* | ♧ *Dare alla luce* = partorire | ♧ *Venire alla luce* = nascere; apparire per la prima volta | ♧ *Mettere in luce* = rivelare, far notare | ♧ *Mettere una persona in buona, in cattiva luce* = metterne in rilievo i pregi o i difetti | ♧ *Fare luce su qualcosa* = chiarire fatti che prima erano oscuri | ♧ *Alla luce dei fatti* = basandosi su quanto è realmente accaduto | ♧ *Agire alla luce del sole* = apertamente, senza sotterfugi **2** Luce, chiarore del sole: *una stanza piena di luce*; *alle prime luci dell'alba* **3** Sorgente luminosa; mezzo per l'illuminazione artificiale, spec. elettrica Ⓢ lume, lampada: *vide una luce in fondo alla strada*; *le luci dei negozi*; *accendere, spegnere la luce* ◊ Energia elettrica: *è andata via la luce* ◊ Fanale, fanalino, faro di veicoli: *luci di posizione, d'arresto, di direzione* **4** ♧ La forza illuminante di ciò che libera la mente e lo spirito dell'uomo dall'ignoranza, dall'errore, dal peccato, dalla disperazione ecc.: *la luce della verità, della ragione, della civiltà, della fede, della speranza* | *La luce eterna* = la beatitudine celeste.

lucente [lu-cèn-te] *agg.* Che manda o riflette luce Ⓢ luminoso, splendente: *vide una stella più lucente delle altre*; *l'oro è un metallo lucente.*

lucerna [lu-cèr-na] *s.f.* Lampada portatile a olio o a petrolio.

lucernario [lu-cer-nà-rio] *s.m.* Apertura con vetrata nel tetto di un edificio, per dare luce a scale, soffitte o ad altri ambienti poco illuminati.

lucertola [lu-cèr-to-la] *s.f.* Piccolo rettile con corpo snello, coda lunga e sottile, zampe corte e lingua che si divide in due; si nutre di piccoli insetti e di vermi.

lucidare [lu-ci-dà-re] *v.tr.* Far diventare lucido: *lucidare le scarpe, il pavimento, i mobili.*

lucidatrice [lu-ci-da-trì-ce] *s.f.* Elettrodomestico che serve per lucidare i pavimenti.

lucidità [lu-ci-di-tà] *s.f.* Chiarezza di idee, razionalità: *sa sempre affrontare con lucidità i problemi* ◊ Pieno possesso delle proprie facoltà mentali.

lucido [lù-ci-do] *agg.* **1** Che ha riflessi di luce Ⓢ brillante, lustro: *scarpe lucide*; *pavimento lucido* | *Occhi lucidi* = per il pianto, per la febbre o per aver bevuto troppo **2** ♧ Che dimostra chiarezza d'idee, acume e capacità di vedere le cose come sono: *ha fatto un lucido esame della situazione*; *una mente lucida* ◊ Che è del tutto cosciente e nel pieno possesso delle sue facoltà mentali: *è rimasto lucido fino all'ultimo* ♦ *s.m.* Sostanza che serve a lucidare: *lucido per scarpe.*

lucignolo [lu-cì-gno-lo] *s.m.* Cordoncino di fili attorcigliati che si mette nell'olio della lucerna o nell'interno della candela e quando viene acceso si consuma lentamente dando luce e calore Ⓢ stoppino.

lucrativo [lu-cra-tì-vo] *agg.* Che dà un guadagno Ⓢ redditizio: *svolge un'attività molto lucrativa.*

lucro [lù-cro] *s.m.* Guadagno, utile economico: *è un uomo avido, che non fa niente se non per lucro.*

luculliano [lu-cul-lià-no] *agg.* Detto di pranzo, di banchetto abbondante, sontuoso e raffinato.

ludibrio [lu-dì-brio] *s.m.* Derisione, scherno: *esporre qualcuno al pubblico ludibrio.* ◊ Oggetto di scherno: *diventare il ludibrio di tutti.*

ludico [lù-di-co] *agg.* [pl.m. *–ci*] Di gioco, che riguarda il gioco: *attività ludiche.*

luglio [lù-glio] *s.m.* Settimo mese dell'anno, di 31 giorni.

lugubre [lù-gu-bre] *agg.* Che esprime o suscita un senso di cupa tristezza, che evoca immagini di morte e di sventura Ⓢ tetro, triste, funereo: *aveva una faccia lugubre*; *discorsi lugubri*; *i lugubri rintocchi delle campane a morto.*

lui [lù-i] *pronome pers.* Pronome personale maschile di terza persona singolare, usato in funzione di oggetto e di complemento indiretto; in funzione di soggetto il suo uso si è esteso sempre più anche nella lingua scritta, fino a soppiantare quasi completamente la forma *egli*: *ho visto lui che partiva*; *ho parlato con lui*; *è così cambiato che non sembra più lui*; *lui non vuol venire.*

lumaca [lu-mà-ca] *s.f.* **1** Mollusco simile alla chiocciola, ma privo di guscio **2** Nel linguaggio comune, chiocciola, spec. del tipo commestibile: *raccogliere le lumache*; *lumache in umido* **3** ♧ Si usa per indicare lentezza esasperante di persone o mezzi: *camminando con questo passo di lumaca non arriveremo più*; *questo treno è una lumaca.*

lumacone [lu-ma-có-ne] *s.m.* **1** Genere di lumaca senza guscio **2** ♧ Persona lenta e goffa: *sbrigati, lumacone!*

lume [lù-me] *s.m.* **1** Apparecchio non elettrico per illuminare Ⓢ lampada: *lume a petrolio, a gas* **2** Sorgente luminosa Ⓢ chiarore, luce: *cenarono al lume di una candela*; *vide un lume in lontananza* | *Il lume degli occhi* = la vista | ♧ *Perdere il lume degli occhi* = infuriarsi **3** ♧ Ciò che dà luce alla mente, allo spirito: *il lume della fede, della scienza* | *Perdere il lume della ragione, dell'intelletto* = perdere la capacità di ragionare, impazzire o infuriarsi.

lumicino [lu-mi-cì-no] *s.m.* Lume piccolo e fioco | ♧ *Essere al lumicino* = essere in fin di vita, in punto di morte | ♧ *Ridursi al lumicino* = stare per finire: *i nostri risparmi si sono ormai ridotti al lumicino.*

luminare [lu-mi-nà-re] *s.m.* Persona celebre, insigne nel suo campo scientifico o professionale: *un luminare della medicina.*

luminaria [lu-mi-nà-ria] *s.f.* Addobbo o serie di addobbi luminosi con cui si ornano luoghi pubblici in occasione di feste o particolari ricorrenze.

lumino [lu-mì-no] *s.m.* Candela bassa e larga, solitamente dentro un vasetto, che si accende sulle tombe o davanti a immagini sacre.

luminosità [lu-mi-no-si-tà] *s.f.* L'essere luminoso, pieno di luce; chiarore prodotto dalla luce emanata, riflessa o diffusa: *la luminosità di una stella, di una stanza* | *Luminosità dell'aria, del cielo* = limpidezza.

luminoso [lu-mi-nó-so] *agg.* Di luce, che emette luce: *i raggi luminosi del sole*; *le stelle sono astri luminosi* ◊ Pieno di luce, rischiarato dalla luce: *una stanza luminosa*; *una giornata luminosa* | ♧ *Un sorriso luminoso* = gioioso, radioso | ♧ *Un'idea luminosa* = brillante, geniale.

luna [lù-na] *s.f.* **1** Il satellite naturale della Terra che risplende per luce riflessa del Sole (si scrive con l'iniziale maiuscola quando indica il nome proprio del corpo celeste): *il pianeta Luna*; *le due facce della Luna*; *lo sbarco dell'uomo sulla Luna* | *Luna nuova* = novilunio | *Luna piena* = plenilunio | ♧ *Volere, chiedere la luna* = pretendere cose impossibili | ♧ *Avere la luna (storta, di traverso)* = essere di pessimo umore | ♧ *Essere nella* o *sulla luna* = essere distratto, assente | ♧ *Vivere nel mondo della luna* = fuori dalla realtà concreta **2** ♧ *Luna di miele* = il primo periodo del matrimonio e in partic. quello del viaggio di nozze **3** Satellite naturale di altri pianeti: *le lune di Giove*.

luna park [lù-na pàrk] *s.m.invar.* Parco di divertimenti all'aperto, con giostre, tiro a segno, montagne russe e altre attrazioni.

lunare [lu-nà-re] *agg.* Della luna: *fasi lunari*; *eclisse lunare*.

lunario [lu-nà-rio] *s.m.* Almanacco popolare che riporta i mesi e i giorni dell'anno, le previsioni meteorologiche, le fasi lunari, insieme a consigli pratici, ricette ecc. | ♧ *Sbarcare il lunario* = riuscire a guadagnare a stento lo stretto necessario per vivere: *per sbarcare il lunario deve arrangiarsi in ogni modo*.

lunatico [lu-nà-ti-co] *agg.* e *s.m.* [pl.m. *–ci*] Si dice di persona facile agli improvvisi sbalzi d'umore o anche stravagante: *ha un carattere lunatico*; *è un lunatico*.

lunedì [lu-ne-dì] *s.m.* Il primo giorno della settimana.

lunetta [lu-nét-ta] *s.f.* **1** In architettura, arco o finestra semicircolare al di sopra di porte o finestre ◊ Porzione di parete che si inserisce tra due volte ◊ Pittura o bassorilievo che decora una lunetta **2** Nella pallacanestro, il semicerchio tracciato sul campo di fronte al canestro, da cui si battono i tiri liberi.

lungaggine [lun-gàg-gi-ne] *s.f.* Lentezza, ritardo di ciò che va troppo per le lunghe: *quel documento non mi è ancora arrivato per colpa delle lungaggini della burocrazia*.

lungamente [lun-ga-mén-te] *avv.* Per lungo tempo, a lungo.

lunghezza [lun-ghéz-za] *s.f.* **1** In geometria, estensione di un segmento o di una linea curva e sua misura: *i lati del triangolo equilatero hanno la stessa lunghezza*; *misurare la lunghezza della circonferenza* ◊ Una delle tre dimensioni di un solido (insieme alla larghezza e all'altezza) e la misura di tale dimensione **2** L'estensione di un oggetto a sviluppo prevalentemente lineare e la sua misura: *la lunghezza di una corda, di un bastone, di un palo, dei capelli* ◊ La dimensione orizzontale più sviluppata di qualcosa: *la lunghezza di un campo da gioco, di un tavolo, di una stanza* | *Lunghezza di un fiume* = la distanza tra la sorgente e la foce **3** Estensione di qualcosa nel tempo Ⓢ durata: *la lunghezza di un film, di un viaggio*; *un discorso di una lunghezza eccessiva* **4** Nel ciclismo, nell'ippica e nel canottaggio, la lunghezza rispettivamente di una bicicletta, di un cavallo e di un'imbarcazione presa come unità di misura per valutare la distanza tra i concorrenti: *vincere per una lunghezza, per mezza lunghezza*; *essere distaccato di due lunghezze* **5** *Lunghezza d'onda* = nei fenomeni di propagazione per onde (sonore, elettromagnetiche ecc.), la distanza che un'onda percorre in un determinato periodo.

lungimirante [lun-gi-mi-ràn-te] *agg.* Che sa prevedere con saggezza ciò che potrà accadere e vi provvede per tempo Ⓢ accorto, previdente: *una persona lungimirante*.

lungo[1] [lùn-go] *agg.* [pl.m. *–ghi*] **1** Che ha una certa lunghezza: *un tavolo lungo due metri e largo uno* **2** Che ha una lunghezza notevole o comunque superiore al normale, alla media Ⓒ corto: *una lunga galleria*; *la giraffa ha il collo lungo*; *porta i capelli lunghi* | *Calzoni lunghi, gonna lunga, abito lungo* = che scendono fino ai piedi | *Avere la vista lunga* = vedere bene lontano | ♧ *Avere la lingua lunga* = essere chiacchierone o pettegolo | ♧ *Saperla lunga* = essere molto furbo, scaltro ◊ *Un romanzo lungo, una lunga lettera* = di molte pagine ◊ Detto di persona molto alta, spec. se magra **3** Che ha una certa durata: *un film lungo due ore* ◊ Che dura per o da molto tempo Ⓒ breve:

fare un lungo viaggio; *è tornato dopo una lunga assenza* | *A lungo andare* = col passare del tempo, alla fine: *a lungo andare la verità viene sempre fuori* | *Farla lunga* = prolungare inutilmente una discussione; insistere eccessivamente nel rimproverare, nel lamentarsi: *quanto la fai lunga!* **4** Lento nel fare le cose: *è sempre lungo nel vestirsi, nel mangiare* **5** Che contiene più acqua del normale Ⓢ annacquato: *caffè lungo* **6** *A lungo* = per molto tempo | *Alla lunga* = a lungo andare | *Tirare in lungo* = prolungare eccessivamente qualcosa, rinviarne la conclusione | *Andare per le lunghe* = protrarsi per molto, troppo tempo: *una faccenda che rischia di andare per le lunghe* | *Per lungo, per il lungo* = nel senso della lunghezza: *tagliare un asse per il lungo* | *In lungo e in largo* = dappertutto: *l'ho cercato in lungo e in largo* | *Di gran lunga* = molto, nettamente: *è di gran lunga migliore, il più forte.*

lungo[2] [lùn-go] *prep.* **1** Accanto e parallelamente a qualcosa Ⓢ rasente: *camminarono lungo il fiume* ◊ Per tutta la lunghezza di, attraverso, per: *la folla passeggiava lungo il viale*; *sentì un brivido lungo la schiena* **2** Durante: *lo incontrai lungo il cammino.*

lungolago [lun-go-là-go] *s.m.* [pl. *lungolaghi*] Strada che costeggia la riva di un lago.

lungomare [lun-go-mà-re] *s.m.* [pl. *lungomari*] Strada che costeggia la riva del mare.

lungometraggio [lun-go-me-tràg-gio] *s.m.* [pl. *lungometraggi*] Film di almeno un'ora di durata.

lunotto [lu-nòt-to] *s.m.* Vetro posteriore delle automobili.

luogo [luò-go] *s.m.* [pl. *–ghi*] **1** Parte delimitata di spazio: *non possiamo occupare tutti lo stesso luogo* | ♧ *In primo luogo, in secondo luogo* = anzitutto, secondariamente **2** Parte determinata e delimitata della superficie terrestre Ⓢ regione, zona: *luoghi abitati, desertici, paludosi*; *conoscere nuovi luoghi* ◊ Località; città, paese: *un luogo di villeggiatura*; *qual è il tuo luogo di nascita?*; *si fermò a parlare con la gente del luogo* ◊ Posto: *ci incontrammo nel luogo stabilito*; *l'assassino tornò sul luogo del delitto* | *Luoghi pubblici* = quelli a cui può accedere chiunque senza limitazione (strade, piazze ecc.) **3** Edificio o locale adibito a un certo uso: *la biblioteca è un luogo di studio* | *Luogo sacro, di culto* = chiesa, cimitero ecc. | *Luoghi di pena* = carceri, penitenziari **4** ♧ Momento opportuno: *ogni cosa va fatta a suo luogo* | *Fuori luogo* = inopportuno: *hai fatto un'osservazione fuori luogo* | *Aver luogo* = avvenire, realizzarsi, tenersi: *la cerimonia avrà luogo nel pomeriggio* **5** *Luogo comune* = argomento banale, scontato, ripetuto da tutti Ⓢ frase fatta: *un discorso pieno di luoghi comuni.*

lupara [lu-pà-ra] *s.f.* **1** Cartuccia da caccia caricata a pallettoni **2** Fucile da caccia a canne mozze, arma tradizionale della malavita siciliana.

lupino [lu-pì-no] *s.m.* Pianta erbacea che produce semi gialli commestibili ◊ Il seme stesso della pianta.

lupo [lù-po] *s.m.* **1** Mammifero carnivoro selvatico simile al cane, che vive in branchi; è tradizionale simbolo di ferocia, aggressività, voracità | *Avere una fame da lupi* = grandissima | *Tempo da lupi* = bruttissimo | ♧ *In bocca al lupo!* = augurio per chi deve affrontare una prova rischiosa o difficile (a cui si risponde tradizionalmente: *crepi il lupo!*) ◊ *Lupo di mare* = marinaio di vecchia e grande esperienza **2** *Cane lupo* = grosso cane chiamato anche *pastore tedesco.*

luppolo [lùp-po-lo] *s.m.* Pianta erbacea dai cui fiori si estrae una sostanza usata per aromatizzare la birra.

lurido [lù-ri-do] *agg.* **1** Sporco, sudicio in modo ripugnante: *hai una camicia lurida*; *una casa lurida* | *Acque luride* = quelle scaricate dalle fognature, dette anche *acque nere* **2** ♧ Spregevole, schifoso: *sei un lurido traditore!*

luridume [lu-ri-dù-me] *s.m.* Sporcizia: *strade piene di luridume*; *vivere nel luridume.*

lusinga [lu-sìn-ga] *s.f.* Atto o discorso (adulazioni, parole e gesti affettuosi, promesse più o meno sincere) con cui si cerca di attirarsi la simpatia e la benevolenza di qualcuno e di indurlo a un certo comportamento: *non mi convincerai né con le lusinghe né con le minacce.*

lusingare [lu-sin-gà-re] *v.tr.* [*lusìngo, lusìnghi*] **1** Allettare, illudere con lusinghe Ⓢ blandire: *è inutile che mi lusinghi con le tue promesse* **2** Riempire di piacere, di soddisfazione: *il tuo giudizio mi lusinga*; *sono lusingato dal tuo invito.*

lusinghiero [lu-sin-ghiè-ro] *agg.* Che dà piacere, soddisfazione, in quanto appaga l'amor proprio, la vanità, l'ambizione: *ha dato di me un giudizio lusinghiero* ◊ Del tutto soddisfacente Ⓢ brillante: *nel suo lavoro ha ottenuto risultati lusinghieri*; *un successo lusinghiero.*

lussazione [lus-sa-zió-ne] *s.f.* Spostamento delle ossa di un'articolazione: *lussazione della spalla, del piede.*

lusso [lùs-so] *s.m.* **1** Sfoggio di ricchezza Ⓢ sfarzo: *una casa arredata con lusso* ◊ Ricchezza e raffinatezza di vita: *amare il lusso*; *è abituato a* *vivere nel lusso* **2** Bene o tipo di consumo costoso o superfluo; spesa eccessiva rispetto alle possibilità di qualcuno: *fare qualche viaggio è l'unico lusso che si concede*; *mangiare al ristorante per la nostra famiglia è un lusso* | *Di lusso* = particolarmente costoso e raffinato: *appartamento, automobile, albergo di lusso* | ♧ *Permettersi, prendersi, concedersi il lusso* = permettersi, prendersi il piacere, la libertà di fare tranquillamente qualcosa (spec. in senso scherzoso): *ieri ero malato e mi sono concesso il lusso di stare a letto fino a tardi.*

lussuoso [lus-suó-so] *agg.* Di lusso, fatto con lusso: *un appartamento lussuoso*; *un arredamento lussuoso.*

lussureggiante [lus-su-reg-giàn-te] *agg.* Rigoglioso: *una vegetazione lussureggiante*; *una foresta lussureggiante.*

lussuria [lus-sù-ria] *s.f.* Desiderio sfrenato di piaceri sessuali; abbandono a tali piaceri.

lustrare [lu-strà-re] *v.tr.* Strofinare qualcosa per renderlo lucido Ⓢ lucidare: *si mise a lustrare il pavimento con un panno*; *lustrare le scarpe.*

lustrascarpe [lu-stra-scàr-pe] *s.m.invar.* Chi per mestiere pulisce e lucida le scarpe altrui ◊ ♧ Adulatore servile.

lustrino [lu-strì-no] *s.m.* Dischetto di materiale luccicante che si applica per ornamento su abiti o accessori femminili: *un abito da sera guarnito di lustrini.*

lustro[1] [lù-stro] *agg.* Lucido: *pavimenti lustri* | *Occhi lustri* = luccicanti per le lacrime o la febbre ♦ *s.m.* **1** Sostanza lucidante: *dare il lustro alle scarpe* **2** ♧ Prestigio, vanto: *uno scienziato che dà lustro al suo paese.*

lustro[2] [lù-stro] *s.m.* Periodo di cinque anni Ⓢ quinquennio.

lutto [lùt-to] *s.m.* **1** Dolore profondo provocato dalla morte di qualcuno Ⓢ cordoglio: *la grave sciagura ha gettato nel lutto un intero paese*; *lutto di famiglia*; *lutto cittadino, nazionale*; *negozio chiuso per lutto* ◊ Morte di una persona cara; sciagura, disgrazia: *hanno avuto un lutto in famiglia*; *la guerra è sempre causa di lutti e rovine* **2** Segno esteriore con cui secondo usanze tradizionali si manifesta il dolore per la morte di qualcuno: *chiesa parata a lutto* | *Abiti da lutto* = neri | *Mettere, portare il lutto* = gli abiti neri o gli altri segni consueti (per es. il bottone nero all'occhiello) | *Carta, manifesto listato a lutto* = su cui viene stampata una lista nera.

luttuoso [lut-tu-ó-so] *agg.* Che è causa di lutto Ⓢ doloroso, funesto, tragico: *un luttuoso incidente*; *con l'entrata in guerra iniziò un periodo luttuoso per il nostro paese.*

m, M

m *s.f.* o *m.* Undicesima lettera dell'alfabeto italiano; è una consonante e quando è da sola si pronuncia *emme* ◊ *M,* numero romano equivalente a *mille.*

ma[1] *congz.* **1** Però, bensì, invece, eppure, tuttavia (esprime una contrapposizione più o meno decisa tra due frasi o tra due termini della stessa frase): *è strano, ma è così*; *non è una questione di sfiducia, ma di prudenza*; *dice che è stanco, ma continua a lavorare troppo*; *è un libro difficile, ma interessante* **2** Nei dialoghi si usa per dare maggiore efficacia a frasi che esprimono rimprovero (*ma chi credi di essere?*), protesta (*ma insomma, basta!*), incredulità (*ma davvero ti ha invitato?*), ironia (*ma bravo, guarda cosa hai combinato!*) ecc. ♦ *s.m.invar.* Obiezione, difficoltà: *non c'è ma che tenga: devi farlo e basta!*

ma[2] vedi **mah.**

macabro [mà-ca-bro] *agg.* Orrido, spaventoso, raccapricciante (per la presenza della morte, di cadaveri, di scheletri): *un racconto macabro*; *fece una macabra scoperta.*

macaco [ma-cà-co] *s.m.* [pl. *–chi*] **1** Scimmia diffusa in Asia e in Africa **2** ♧ Persona sciocca o goffa.

macché [mac-ché] *inter.* Esprime negazione o opposizione recisa: *«Hai finito?» «Macché!»*; *macché uscire, devi ancora studiare!*

maccherone [mac-che-ró-ne] *s.m.* (spec. al *pl.*) Pasta bucata di varia forma e lunghezza | ♧ *È come il cacio sui maccheroni* = si dice di cosa opportuna, che arriva a proposito.

macchia[1] [màc-chia] *s.f.* **1** Segno di sporco lasciato da una sostanza su una superficie: *hai una macchia di grasso sui pantaloni*; *la tovaglia è piena di macchie* | ♧ *Allargarsi a macchia d'olio* = velocemente e in tutte le direzioni ◊ Chiazza di colore diverso dal resto di una superficie: *la faccia gli si riempì di macchie rosse* **2** ♧ Colpa: *ha qualche macchia sulla coscienza.*

macchia[2] [màc-chia] *s.f.* Fitta e intricata boscaglia | *Macchia mediterranea* = quella formata da arbusti e piccoli alberi sempreverdi | ♧ *Darsi alla macchia* = nascondersi, entrare nella clandestinità: *il bandito si diede alla macchia.*

macchiare [mac-chià-re] *v.tr.* **1** Sporcare con una macchia, con macchie: *macchiare la tovaglia, il vestito* ◊ Lasciare macchie: *l'acqua non macchia* **2** ♧ Disonorare: *ha macchiato il suo nome con un atto indegno* ♦ **macchiarsi** *v.pr.* **1** Sporcarsi di una macchia, di macchie: *l'abito si è macchiato* **2** ♧ Rendersi colpevole: *si è macchiato di un crimine orrendo.*

macchiato [mac-chià-to] *agg.* Sporco, pieno di macchie: *un abito macchiato* ◊ *Latte macchiato* = con un po' di caffè | *Caffè macchiato* = con un goccio di latte.

macchietta [mac-chiét-ta] *s.f.* Persona buffa e stravagante: *quel tuo amico è proprio una macchietta!*

macchina [màc-chi-na] *s.f.* **1** Congegno meccanico costruito per compiere operazioni che facilitano il lavoro dell'uomo o ne estendono e potenziano le capacità: *l'industria moderna è nata con le macchine a vapore*; *macchine utensili, agricole*; *macchina da (o per) scrivere*; *macchina fotografica* | *Fatto a macchina* = non a mano **2** Automobile: *è venuto in macchina al lavoro* ◊ Macchina da scrivere: *battere a macchina* ◊ Macchina da stampa: *il giornale è già andato in macchina.*

macchinare [mac-chi-nà-re] *v.tr.* Preparare di nascosto qualcosa a danno di altri Ⓢ ordire, tramare: *i congiurati macchinavano un complotto contro il re.*

macchinario [mac-chi-nà-rio] *s.m.* Complesso di macchine usate in un'attività: *il macchinario di uno stabilimento.*

macchinazione [mac-chi-na-zió-ne] *s.f.* Intrigo, complotto ai danni di qualcuno: *sono vittima di una macchinazione.*

macchinista [mac-chi-nì-sta] *s.m.f.* [pl.m. *–sti*] Chi è addetto al funzionamento di una macchina; in partic., chi guida una locomotiva: *domani c'è sciopero dei macchinisti.*

macchinoso [mac-chi-nó-so] *agg.* Eccessivamente e inutilmente complicato: *un progetto macchinoso*; *un film dalla trama macchinosa.*

macedonia [ma-ce-dò-nia] *s.f.* Mescolanza di frutta varia, tagliata a pezzetti e condita con zucchero e succo di limone o liquore.

macellaio [ma-cel-là-io] *s.m.* Negoziante che vende carne macellata ◊ Chi macella le bestie in un mattatoio.

macellare [ma-cel-là-re] *v.tr.* Ammazzare animali destinati all'alimentazione e prepararli per essere venduti.

macelleria [ma-cel-le-rì-a] *s.f.* Negozio o reparto di mercato o supermercato in cui si vendono carni macellate.

macello [ma-cèl-lo] *s.m.* **1** Luogo in cui si macellano gli animali destinati all'alimentazione Ⓢ mattatoio **2** ♧ Strage di uomini Ⓢ carneficina, massacro: *la battaglia si risolse in un macello* **3** ♧ Disastro, sconquasso, caos: *guardate che macello avete combinato!*

macerare [ma-ce-rà-re] *v.tr.* **1** Tenere una sostanza a bagno nell'acqua o in un altro liquido per renderla più morbida o per altri scopi: *macerare la carne*; *macerare la canapa per separare le fibre dalla parte legnosa* **2** ♧ Sottoporre a penitenza Ⓢ mortificare: *macerava il suo corpo con il digiuno* ♦ **macerarsi** *v.pr.* ♧ Tormentarsi, rodersi: *si macerava nel rimorso, per la gelosia.*

macerie [ma-cè-rie] *s.f.pl.* Ammasso di pietre e rovine prodotto dall'abbattimento o dal crollo di edifici e muri: *la città fu ridotta in macerie dai bombardamenti.*

macero [mà-ce-ro] *s.m.* Operazione con cui si macera la carta vecchia o gli stracci per ricavarne la pasta per fabbricare nuova carta: *carta da macero.*

machete [parola spagnola; pron. *macéte*] *s.m. invar.* Grosso coltello dalla lunga lama usato nell'America centro-meridionale spec. per tagliare la canna da zucchero e per disboscare.

macigno [ma-cì-gno] *s.m.* Masso piuttosto grande e pesante: *un macigno ostruiva la strada.*

macilento [ma-ci-lèn-to] *agg.* Molto magro e deperito Ⓢ emaciato: *un bambino macilento.*

macina [mà-ci-na] *s.f.* Grosso cilindro di pietra che, ruotando e sfregando, riduce in polvere i cereali (nei mulini) o frantuma e spreme le olive (nei frantoi) Ⓢ mola.

macinare [ma-ci-nà-re] *v.tr.* Ridurre in polvere o frantumare un materiale: *macinare il grano, il caffè, il pepe* | *Macinare la carne* = tritarla | ♧ *Macinare chilometri* = percorrerne un gran numero senza mai fermarsi.

macinino [ma-ci-nì-no] *s.m.* **1** Piccola macchina per macinare a mano o elettricamente caffè, pepe e simili **2** ♧ Automobile vecchia e mal ridotta.

maciullare [ma-ciul-là-re] *v.tr.* Stritolare, spappolare: *ha messo una mano negli ingranaggi e gliel'hanno maciullata.*

macrobiotico [ma-cro-bi-ò-ti-co] *agg.* [pl.m. *–ci*] Detto di alimento che conserva integralmente le sue proprietà nutritive originarie (spec. cereali integrali e verdure prodotti con sistemi naturali, non industriali) | *Dieta macrobiotica* = basata su alimenti macrobiotici.

macroscopico [ma-cro-scò-pi-co] *agg.* [pl.m. *–ci*] Molto evidente, enorme: *ha commesso un errore macroscopico.*

madama [ma-dà-ma] *s.f.* Titolo di riguardo con cui ci si rivolgeva in passato a una signora e oggi rimasto solo in usi scherzosi o ironici.

made in [locuzione inglese; pron. *méid in*] *agg. invar.* Fatto, fabbricato in (un determinato paese): *prodotti made in Italy.*

madia [mà-dia] *s.f.* Mobile di legno da cucina che nelle case di campagna di un tempo era impiegato per impastarvi e conservarvi il pane e come dispensa.

madido [mà-di-do] *agg.* Umido, bagnato: *aveva la fronte madida di sudore.*

Madonna [Ma-dòn-na] *s.f.* Maria, la madre di Gesù: *pregare la Madonna* ◊ Raffigurazione di Maria Vergine, come opera d'arte: *le celebri Madonne di Raffaello.*

madornale [ma-dor-nà-le] *agg.* Enorme, spropositato: *un errore, una svista madornale.*

madre [mà-dre] *s.f.* **1** Donna che ha generato figli Ⓢ mamma: *è diventata madre a vent'anni*; *è una madre affettuosa* ◊ Femmina di animale in relazione ai suoi piccoli: *i gattini seguono tutto il tempo la madre* **2** Titolo che si dà a suore e monache: *madre Giovanna*; *la madre superiora* **3** *La madre terra, madre natura* = la terra, la natura, viste come generatrici di tutti gli esseri viventi **4** ♧ Causa, origine: *la guerra è madre di molte sciagure* ♦ usato come *agg.invar.* Che ha figli: *le lavoratrici madri* | *Ragazza madre* = che ha figli senza essere sposata.

madrelingua [ma-dre-lìn-gua] o **madre lingua** *s.f.* La lingua del proprio paese, che si è appresa da bambini.

madrepatria [ma-dre-pà-tria] *s.f.* [pl. *madrepatrie*] Il paese d'origine per chi vive all'estero.

madreperla [ma-dre-pèr-la] *s.f.* [pl. *madreperle*]

La parte interna della conchiglia di alcuni molluschi, di colore bianco con riflessi iridescenti, usata per intarsi e per fabbricare piccoli oggetti: *bottoni di madreperla*.

madrepora [ma-drè-po-ra] *s.f.* Ognuno dei piccolissimi animali marini che vivono in colonie nelle acque tropicali e i cui scheletri calcarei simili al corallo formano banchi, barriere e atolli.

madrina [ma-drì-na] *s.f.* **1** Donna che tiene a battesimo o a cresima un bambino **2** Donna che presiede a un'inaugurazione (spec. al varo di una nave).

maestà [ma-e-stà] *s.f.* **1** Imponenza grandiosa e solenne, nobiltà e dignità d'aspetto, che suscita ammirazione e rispetto: *la maestà di un edificio*; *tutti ammiravano la maestà del suo portamento* **2** Titolo attribuito a re e imperatori: *sua Maestà il re, la regina*.

maestoso [ma-e-stó-so] *agg.* Grandioso, imponente e solenne: *il maestoso spettacolo delle Alpi*.

maestra [ma-è-stra o ma-é-stra] *s.f.* **1** Donna che insegna in una scuola primaria o dell'infanzia ◊ Donna che impartisce nozioni di qualcosa: *maestra di cucito, di ballo, di canto, di pianoforte* **2** Donna molto abile ed esperta in qualche attività: *nel cucinare è una vera maestra* **3** ♧ Guida, fonte di ammaestramenti: *l'esperienza è una grande maestra* **4** Vela che sta sull'albero principale di un veliero (detto *albero maestro* o *di maestra*).

maestrale [ma-e-strà-le] *s.m.* Vento freddo che soffia da nord-ovest sul Mediterraneo centrale.

maestranze [ma-e-stràn-ze] *s.f.pl.* L'insieme degli operai di uno stabilimento, di un cantiere, di un porto.

maestria [ma-e-strì-a] *s.f.* Grande abilità e perizia: *un lavoro eseguito con maestria*; *dipinge con maestria*.

maestro [ma-è-stro o ma-é-stro] *s.m.* **1** Insegnante di una scuola primaria ◊ Chi insegna una particolare disciplina o attività pratica: *maestro di musica, di ballo, di nuoto* **2** Direttore d'orchestra, musicista diplomato in un conservatorio **3** Chi eccelle in un'arte, in una scienza al punto da diventare un modello e una guida per gli altri: *i grandi maestri della musica, della medicina, del diritto* | *I maestri del colore* = i grandi pittori ◊ Chi è particolarmente abile ed esperto in qualcosa: *è un maestro nel fare fotografie*; *nel fingere è un vero maestro* **4** *Vento di maestro* = che spira da nord-ovest Ⓢ maestrale ♦ *agg.* **1** Principale, più importante: *prendete la strada maestra*; *il muro maestro sostiene il maggior peso di un edificio*; *l'albero maestro, la vela maestra di una nave* **2** Che rivela maestria, abilità: *un'operazione eseguita con mano maestra*; *un colpo maestro*.

mafia [mà-fia] *s.f.* Organizzazione criminale originaria della Sicilia e poi diffusasi a livello nazionale e anche internazionale; esercita vari tipi di attività illegali (traffico di droga e armi, sequestri, estorsioni ecc.) imponendo i suoi interessi con la violenza e con la corruzione.

mafioso [ma-fió-so] *agg.* Della mafia; tipico della mafia: *un delitto mafioso*; *metodi mafiosi* ♦ *agg.* e *s.m.* Che, chi fa parte della mafia ◊ Chi agisce con metodi simili a quelli della mafia.

magagna [ma-gà-gna] *s.f.* **1** Difetto nascosto, imperfezione poco appariscente: *se quell'auto costa così poco, avrà senz'altro qualche magagna* **2** ♧ Colpa, vizio nascosto: *la madre copriva le magagne del figlio*.

magari [ma-gà-ri] *inter.* Si usa come risposta per esprimere entusiasmo per ciò che viene proposto e vivo desiderio che possa avverarsi: *«Ti piacerebbe fare un bel viaggio?» «Magari!»* ♦ *congz.* **1** Volesse il cielo che, oh se (esprime desiderio o speranza): *magari fosse vero!*; *magari potessi venire!* **2** Anche se: *ci riuscirò, magari dovessi metterci un mese* ♦ *avv.* Forse: *magari ha avuto un incidente*.

magazziniere [ma-gaz-zi-niè-re] *s.m.* Chi cura, controlla e gestisce l'entrata e l'uscita delle merci in un magazzino.

magazzino [ma-gaz-zì-no] *s.m.* **1** Locale o complesso di locali adibiti al deposito di merci e materiali vari: *non ci sono più scorte in magazzino*; *magazzini ferroviari, portuali* **2** *Grandi magazzini* = ampio negozio per la vendita al minuto di merci varie Ⓢ emporio.

maggese [mag-gé-se] *s.m.* Terreno lavorato e concimato, ma lasciato un anno o sei mesi a riposo per aumentarne la fertilità.

maggio [màg-gio] *s.m.* Quinto mese dell'anno, di 31 giorni.

maggiolino [mag-gio-lì-no] *s.m.* Insetto di color bruno lucente, molto dannoso per le coltivazioni.

maggiorana [mag-gio-rà-na] *s.f.* Erba aromatica che si usa in cucina.

maggioranza [mag-gio-ràn-za] *s.f.* La maggior parte, la parte più numerosa: *un rimedio utile nella maggioranza dei casi*; *la maggioranza degli alunni è stata promossa* ◊ Il maggior numero di voti e di votanti in un'elezione, in un'assemblea o in un organo collegiale; anche, il gruppo che dispone del maggior numero di voti e può far prevalere la sua volontà: *il partito ha ottenuto la maggioran-*

za; essere in maggioranza; duro scontro in parlamento tra maggioranza e minoranza.

maggiorare [mag-gio-rà-re] *v.tr.* Aumentare: *il prezzo della carne è stato maggiorato.*

maggiordomo [mag-gior-dò-mo] *s.m.* Il capo della servitù nelle case signorili e nobili (spec. di un tempo).

maggiore [mag-gió-re] *agg.* Più grande Ⓒ minore: *la spesa è stata maggiore del previsto* | *A maggior ragione* = tanto più | *Andare per la maggiore* = avere un gran successo ◊ Più importante: *al convegno hanno partecipato i maggiori scienziati del mondo* ◊ Superiore di grado: *caporal maggiore* ◊ Più vecchio d'età, nato prima: *il fratello, la sorella maggiore* | *Raggiungere la maggiore età* = diventare maggiorenne ♦ *s.m.* **1** [anche *f.*] Chi è più anziano d'età rispetto ad altri: *io sono il maggiore dei fratelli* **2** Grado militare superiore a quello di capitano; ufficiale con questo grado.

Maggiore è il comparativo di *grande;* preceduto dall'articolo determinativo forma il superlativo relativo: *il Po è il maggior fiume d'Italia.*

maggiormente [mag-gior-mén-te] *avv.* In misura maggiore Ⓢ più: *le zone maggiormente colpite dal sisma.*

maggiorenne [mag-gio-rèn-ne] *agg.* e *s.m.f.* Che, chi ha raggiunto la maggiore età, cioè diciott'anni.

maggioritario [mag-gio-ri-tà-rio] *agg.* Di maggioranza | *Sistema (elettorale) maggioritario* = quello in cui tutti o la gran maggioranza dei seggi vengono assegnati alla lista che ha ottenuto il maggior numero di voti.

magi [mà-gi] *s.m.pl.* Sacerdoti astrologi delle antiche religioni della Persia | *I re magi* = i tre sapienti che, secondo il Vangelo, vennero a Betlemme dall'Oriente per adorare Gesù bambino.

magia [ma-gì-a] *s.f.* **1** Arte di dominare grazie a poteri segreti le forze naturali e soprannaturali per usarle a vantaggio (*magia bianca*) o a danno (*magia nera*) di qualcuno ◊ Opera di magia Ⓢ incantesimo: *appariva e scompariva come per magia* **2** ♧ Fascino, incanto: *la magia della musica, di una notte stellata.*

magico [mà-gi-co] *agg.* [pl.m. *–ci*] **1** Di magia: *arti, pratiche magiche* ◊ Che opera delle magie: *parola, formula, bacchetta magica* **2** ♧ Straordinario, prodigioso: *il magico potere del denaro; le sue parole hanno avuto su di lui un effetto magico* ◊ Incantevole, suggestivo: *la magica luce della luna.*

magistrale [ma-gi-strà-le] *agg.* **1** Che rivela grande abilità e bravura Ⓢ eccellente, formidabile: *il pianista ha suonato in maniera magistrale; una parata magistrale* **2** *Istituto magistrale* = scuola secondaria di secondo grado che prepara gli insegnanti delle scuole primarie.

magistrato [ma-gi-strà-to] *s.m.* Chi esercita la funzione di amministrare la giustizia Ⓢ giudice: *fa il magistrato; abbiamo deciso di rivolgerci a un magistrato.*

magistratura [ma-gi-stra-tù-ra] *s.f.* Il complesso degli organi a cui è affidata l'amministrazione della giustizia: *magistratura civile, penale* ◊ Il potere giudiziario: *rivolgersi alla magistratura* ◊ La categoria dei magistrati: *dopo la laurea in legge è entrato nella magistratura.*

maglia [mà-glia] *s.f.* **1** Lavoro di intreccio di un filo (spec. di lana) intorno a se stesso: *fare la maglia; lavorare a maglia* ◊ Ogni singolo intreccio di un lavoro a maglia: *si è rotta una maglia della calza* ◊ Nelle reti da pesca, lo spazio vuoto tra i fili: *le reti a maglie larghe lasciano fuggire i pesci piccoli* **2** Indumento che si indossa direttamente sulla pelle: *fa freddo: mettiti una maglia di lana* ◊ Casacca di vario colore indossata da atleti per indicare la squadra cui appartengono: *la maglia viola della Fiorentina, quella azzurra della Nazionale* | *Maglia rosa* = quella che indossa il ciclista primo in classifica nel Giro d'Italia.

magliaia [ma-glià-ia] *s.f.* Donna che per mestiere esegue lavori a maglia ◊ Operaia di un maglificio.

maglieria [ma-glie-rì-a] *s.f.* **1** Laboratorio in cui si confezionano indumenti a maglia ◊ Negozio in cui si vendono indumenti lavorati a maglia **2** Indumenti e tessuti a maglia: *un assortimento di capi di maglieria.*

maglietta [ma-gliét-ta] *s.f.* Maglia leggera di lana o di cotone generalmente a maniche corte: *una maglietta estiva.*

maglificio [ma-gli-fi-cio] *s.m.* Fabbrica di tessuti e indumenti a maglia.

maglio [mà-glio] *s.m.* **1** Macchina per lavorare i metalli, costituita essenzialmente da una pesante mazza che batte su un'incudine sulla quale è posto il pezzo in lavorazione **2** Grosso martello di legno ◊ Pesante mazza di ferro con cui i fabbri lavorano i pezzi sull'incudine.

maglione [ma-glió-ne] *s.m.* Maglia di lana pesante, a maniche lunghe, che si indossa spec. sulla camicia.

magma [màg-ma] *s.m.* [pl. *–mi*] Massa di materiali fusi e ad altissima temperatura, situata in profondità sotto la crosta terrestre.

A B C D E F G H I J K L M N O P Q R S T U V W X Y Z

magnanimità [ma-gna-ni-mi-tà] *s.f.* Grandezza, nobiltà e generosità d'animo: *ha dato prova della sua magnanimità.*

magnanimo [ma-gnà-ni-mo] *agg.* Che ha o che rivela un animo nobile e generoso: *un uomo, un gesto magnanimo.*

magnate [ma-gnà-te] *s.m.* Potente imprenditore, grande finanziere: *i magnati del petrolio, della finanza.*

magnesio [ma-gnè-sio] *s.m.* Metallo leggerissimo, di colore bianco-argenteo, usato per leghe metalliche leggere e per preparati farmaceutici, spec. come purgante.

magnete [ma-gnè-te] *s.m.* Corpo metallico che ha la proprietà di attrarre il ferro, il nichel e il cobalto; calamita.

magnetico [ma-gnè-ti-co] *agg.* [pl.m. *–ci*] **1** Di magnetismo, relativo al magnetismo: *la calamita esercita una forza magnetica* | *Ago magnetico* = quello calamitato della bussola ◊ *Dischi magnetici* = dischi ricoperti di materiale magnetico, capaci di immagazzinare grandi quantità di dati e per questo usati come *hard disk* dei computer **2** ♧ Che ha una particolare forza di attrazione e di suggestione: *un uomo dallo sguardo magnetico.*

magnetismo [ma-gne-tì-smo] *s.m.* **1** Proprietà che hanno alcuni materiali (i magneti, le calamite) di attrarre e trattenere il ferro e altri metalli **2** ♧ Grande potere di attrazione, di suggestione: *non riusciva a sottrarsi al magnetismo del suo sguardo.*

magnetizzare [ma-gne-tiz-zà-re] *v.tr.* **1** Far acquisire a un corpo delle capacità magnetiche: *magnetizzare un pezzo di ferro* **2** ♧ Affascinare, suggestionare: *un oratore che magnetizza il pubblico.*

magnificare [ma-gni-fi-cà-re] *v.tr.* [*magnìfico, magnìfichi*] Esaltare, lodare grandemente o in modo esagerato: *mi magnificava la bellezza di quel posto*; *continuava a magnificare le sue doti.*

magnificenza [ma-gni-fi-cèn-za] *s.f.* **1** Bellezza splendida, grandiosa, che desta ammirazione e meraviglia: *la magnificenza del creato* ◊ Cosa magnifica, meravigliosa: *che magnificenza quel palazzo!* **2** Sfoggio di ricchezza Ⓢ sfarzo: *le nozze furono celebrate con grande magnificenza.*

magnifico [ma-gnì-fi-co] *agg.* [pl.m. *–ci*] Bellissimo, splendido, meraviglioso: *un panorama magnifico*; *una magnifica giornata*; *hai avuto una magnifica idea.*

magnitudo [ma-gni-tù-do] *s.f.invar.* Misura della quantità di energia sprigionata da un terremoto.

magno [mà-gno] *agg.* Grande | *Aula magna* = quella più grande di una scuola o di un'università | *In pompa magna* = con grande lusso e sfarzo.

magnolia [ma-gnò-lia] *s.f.* Albero con foglie sempreverdi lucenti e grandi fiori bianchi profumatissimi.

mago [mà-go] *s.m.* [pl. *–ghi*] **1** Chi esercita la magia Ⓢ stregone ◊ Personaggio di leggende e fiabe, dotato di poteri magici: *il mago Merlino* **2** Prestigiatore, illusionista **3** ♧ Persona dotata di straordinaria abilità e capacità in un'attività, in una professione Ⓢ maestro, genio: *è un mago del pennello, della fotografia.*

magra [mà-gra] *s.f.* **1** La fase di minima portata di un fiume o di un torrente, quando scarseggiano le precipitazioni: *d'estate il fiume è in magra* **2** ♧ Scarsezza, penuria di denaro, di mezzi: *siamo in tempi di magra, non possiamo far spese* **3** Brutta figura: *che magra hai fatto!*

magro [mà-gro] *agg.* **1** Che ha poca carne, poco grasso intorno alle ossa Ⓢ smilzo, scarno, sottile: *come sei diventato magro!*; *gambe magre* **2** Che contiene pochi grassi: *carne magra*; *latte, formaggio magro* | *Mangiare di magro* = escludendo la carne **3** ♧ Scarso, insufficiente; misero, meschino: *un magro raccolto*; *ha ottenuto magri risultati*; *una magra consolazione.*

mah o **ma** *inter.* Esprime dubbio, incertezza: *«Verrai anche tu?» «Mah!»* ◊ A seconda del tono può esprimere anche rassegnazione o disapprovazione: *mah! cosa ci si può fare?*; *cosa mi tocca sentire... mah!*

mai [mài] *avv.* **1** Nessuna volta, in nessun tempo, in nessun caso: *non è mai venuto da me*; *non lo si saprà mai*; *«Tornerai da lui?» «Mai!»* | *Mai più* = mai da allora o da adesso in poi: *non l'ho mai più visto*; *non ci vedremo mai più* | *Quanto mai* = molto, assai: *la cosa è quanto mai sospetta* **2** (in frasi interrogative e condizionali) Qualche volta, in qualche caso: *sei mai stato a Roma?*; *chi l'avrebbe mai detto?*; *se mai ti capitasse d'incontrarlo, salutamelo* | *Come mai* = per quale motivo: *come mai non eri in casa?* | *Caso mai* = eventualmente: *telefonami, caso mai fossi in ritardo.*

mail vedi **e-mail**.

maiale [ma-ià-le] *s.m.* **1** Animale domestico dal corpo grosso e tozzo, allevato per la carne e per il grasso ◊ La carne del maiale macellato: *braciola, prosciutto di maiale* **2** ♧ Persona molto sporca o che mangia ingordamente ◊ Persona moralmente ripugnante; in partic., chi fa discorsi osceni o compie atti di molestia sessuale.

maiolica [ma-iò-li-ca] *s.f.* Ceramica ricoperta da smalto.

maionese [ma-io-né-se] *s.f.* Salsa a base di tuorli d'uovo, olio e succo di limone.

mais [màis] *s.m.* Pianta erbacea coltivata per le grosse spighe (dette *pannocchie*) dai cui grani si ricavano una farina e un olio alimentare Ⓢ granturco.

maiuscola [ma-iù-sco-la] *s.f.* Lettera dell'alfabeto maiuscola: *i nomi propri iniziano con la maiuscola.*

maiuscolo [ma-iù-sco-lo] *agg.* **1** Detto di lettera dell'alfabeto più grande e di forma diversa rispetto a quelle consuete (dette *minuscole*); si usa spec. all'inizio di un periodo e per l'iniziale dei nomi propri **2** ♧ Straordinario, eccezionale: *una prestazione maiuscola* ♦ *s.m.* Carattere maiuscolo: *il titolo va in maiuscolo.*

maizena [mai-zè-na] *s.f.* Farina di granoturco bianco.

make-up [locuzione inglese; pron. corrente *meicàp*] *s.m.invar.* Trucco per il viso.

malaccorto [ma-lac-còr-to] *agg.* Poco avveduto, poco prudente Ⓢ incauto, sbadato.

malafatta vedi **malefatta**.

malafede [ma-la-fé-de] *s.f.* Consapevole intenzione di ingannare; mancanza di sincerità e di lealtà: *ha parlato, ha agito in malafede*; *la sua malafede era evidente.*

malagevole [ma-la-gé-vo-le] *agg.* Pieno di difficoltà, faticoso, scomodo: *un lavoro malagevole*; *un sentiero malagevole.*

malalingua [ma-la-lìn-gua] *s.f.* [pl. *malelingue*] Persona che prova gusto a parlar male degli altri.

malamente [ma-la-mén-te] *avv.* Male, in malo modo: *un lavoro fatto malamente*; *mi ha risposto malamente* | *Morire malamente* = in modo violento o triste.

malandato [ma-lan-dà-to] *agg.* Mal ridotto, in cattivo stato.

malandrino [ma-lan-drì-no] *s.m.* **1** Bandito, brigante ◊ Persona senza scrupoli Ⓢ furfante **2** ♧ In senso scherzoso, riferito a bambini e ragazzi molto furbi e vivaci: *quel malandrino ne ha combinata un'altra delle sue* ♦ *agg.* Malizioso e seducente: *sguardo malandrino.*

malanimo [ma-là-ni-mo] *s.m.* Avversione, ostilità, rancore, astio, risentimento: *nelle sue parole c'era del malanimo nei miei confronti* | *Di malanimo* = a malincuore, malvolentieri: *si vede che l'ha fatto di malanimo.*

malanno [ma-làn-no] *s.m.* **1** Guaio, disgrazia: *gli è capitato un bel malanno* **2** Malattia (non grave) Ⓢ acciacco: *copriti, se non vuoi prenderti qualche malanno!*

malapena [ma-la-pé-na] *locuzione avv. A malapena* = con difficoltà, a stento, a fatica: *il ferito si reggeva in piedi a malapena.*

malaria [ma-là-ria] *s.f.* Malattia infettiva trasmessa all'uomo dalle punture della zanzara anofele femmina; provoca attacchi febbrili e anemia.

malasorte [ma-la-sòr-te] o **mala sorte** *s.f.* Sorte avversa Ⓢ sfortuna: *è perseguitato dalla malasorte.*

malaticcio [ma-la-tìc-cio] *agg.* [pl.f. *–ce*] Delicato di salute e facile ad ammalarsi: *un bambino malaticcio.*

malato [ma-là-to] *agg.* Affetto, colpito da una malattia Ⓢ infermo, ammalato: *è assente perché è malato*; *malato di cuore, di fegato*; *ha un occhio malato* ♦ *s.m.* Persona che sta male di salute, che ha una malattia Ⓢ infermo, ammalato: *il medico sta visitando i malati.*

malattia [ma-lat-tì-a] *s.f.* Qualsiasi alterazione che danneggia le normali condizioni e funzioni di un organo o di tutto un organismo umano, animale o vegetale: *avere una malattia leggera, grave, incurabile, infettiva*; *una malattia della pelle, degli occhi, del sistema nervoso*; *le malattie degli animali, delle piante* | *Malattie professionali* = provocate dal lavoro che si svolge.

malauguratamente [ma-lau-gu-ra-ta-mén-te] *avv.* Per disgrazia, purtroppo; sfortunatamente: *malauguratamente ho deciso di partire proprio nel bel mezzo di un temporale.*

malaugurato [ma-lau-gu-rà-to] *agg.* Che è stato causa di sventura Ⓢ infausto Ⓒ fortunato: *dopo quel malaugurato incontro la mia vita cambiò* ◊ Che ci si augura non avvenga Ⓢ deprecabile: *nella malaugurata ipotesi che io non ritorni, mi sostituirai.*

malaugurio [ma-lau-gù-rio] *s.m.* Cattivo augurio, presagio di sventura: *secondo alcuni versare il sale è di malaugurio* | ♧ *Uccello del malaugurio* = persona che fa previsioni pessimistiche.

malavita [ma-la-vì-ta] *s.f.* L'insieme di coloro che vivono di attività criminali Ⓢ delinquenza: *arrestato un appartenente alla malavita organizzata.*

malavoglia [ma-la-vò-glia] o **mala voglia** *s.f.* Mancanza di impegno nel fare qualcosa Ⓢ svogliatezza: *studia con malavoglia* | *Di malavoglia* = malvolentieri.

malcapitato [mal-ca-pi-tà-to] *agg.* e *s.m.* Che, chi è capitato in un momento sfavorevole o si viene a trovare, senza sua colpa, in una brutta situazione.

malconcio [mal-cón-cio] *agg.* [pl.f. *–ce*] Conciato male, ridotto in cattivo stato Ⓢ malridotto: *è uscito malconcio dall'incidente*; *portava un abito malconcio.*

malcontento [mal-con-tèn-to] *agg.* Scontento, insoddisfatto: *è malcontento del suo lavoro*; *è sempre malcontento* ♦ *s.m.* Irritazione, scontentezza, malumore: *non sfogare su di me il tuo malcontento*; *i provvedimenti del governo hanno provocato il malcontento generale.*

malcostume [mal-co-stù-me] *s.m.* Modo di comportarsi disonesto e immorale, spec. come abitudine collettiva Ⓢ disonestà, corruzione: *contro il malcostume non bastano le leggi*; *il malcostume delle raccomandazioni.*

maldestro [mal-dè-stro] *agg.* Inesperto, incapace: *un guidatore maldestro* ◊ Eseguito malamente, in modo goffo o senza accortezza: *con un movimento maldestro ha fatto cadere tutto*; *la sua è stata una mossa maldestra.*

maldicente [mal-di-cèn-te] *agg.* e *s.m.f.* Che, chi ha l'abitudine di parlar male degli altri Ⓢ malalingua.

maldicenza [mal-di-cèn-za] *s.f.* L'abitudine di parlare male degli altri: *è noto per la sua maldicenza* ◊ Chiacchiera, insinuazione malevola Ⓢ calunnia, pettegolezzo: *non credere una parola di quello che ti hanno raccontato, sono solo maldicenze!*

maldisposto [mal-di-spó-sto] *agg.* Che ha una disposizione d'animo non benevola verso qualcuno Ⓢ prevenuto, ostile.

male [mà-le] *avv.* [compar. *peggio*; superl. *malissimo* o *pessimamente*] **1** In modo non buono, non giusto o sconveniente: *si è comportato male*; *trattare male qualcuno*; *rispondere male a qualcuno* | *Parlare male di qualcuno* = sparlarne **2** In modo insoddisfacente, spiacevole o negativo: *mangiare, dormire male*; *qui si vive male*; *l'esame è andato male*; *quel ragazzo finirà male* | *Rimanere male* = dispiaciuto, deluso: *ci è rimasto male quando l'ha saputo* | *Sentirsi male* = venir colto da un malore | *Stare male* = essere ammalato, indisposto o angosciato, depresso | *Quel vestito ti sta male* = non è adatto a te | *Non è male, mica male* = abbastanza bello: *mica male quel quadro* | *Male che vada* = nella peggiore delle ipotesi ◊ In modo imperfetto o inesatto: *la radio funziona male*; *hai capito male la domanda* ♦ *s.m.* **1** Ciò che è cattivo, ingiusto, disonesto Ⓒ bene: *cerca di evitare il male*; *distinguere il bene dal male* **2** Cosa non buona o inopportuna: *è male pensare solo a sé*; *hai fatto male a rispondergli* ◊ Danno, disgrazia, sventura: *augurare del male a qualcuno*; *la guerra è un grande male* | *Fare del male a qualcuno* = nuocergli | *Meno male* = per fortuna | *Non c'è male* = abbastanza bene: *«Come va?» «Non c'è male»* | *Andare a male* = guastarsi: *il latte è andato a male* **3** Sofferenza, dolore: *sentiva un male insopportabile*; *ho male a un ginocchio* | *Far male* = causare dolore fisico o morale: *mi fanno male le scarpe*; *le tue parole mi hanno fatto male* ◊ Malattia, malessere, disturbo: *è stato colpito da un male incurabile*; *mal di testa, di denti*; *soffre di mal di mare, di mal d'auto.*

maledetto [ma-le-dét-to] *agg.* **1** Colpito da maledizione, da sventura: *che sia maledetto chi non rispetta i patti!* ◊ Sciagurato: *finirà questa maledetta guerra?* **2** Si usa per esprimere rabbia, insofferenza o imprecazione verso ciò che arreca fastidio, difficoltà: *non mi lascia in pace quella maledetta mosca!*; *maledetto il giorno che ti ho dato retta!* ◊ Terribile, spaventoso, insopportabile: *fa un caldo maledetto*; *ho una sete maledetta.*

maledire [ma-le-dì-re] *v.tr.* [coniugato come *benedire*] **1** Detto di Dio, colpire con la propria condanna: *Dio maledisse Caino* ◊ Invocare contro qualcuno il castigo divino: *il padre maledisse il figlio* **2** Imprecare contro qualcuno o qualcosa: *malediceva chi l'aveva messo nei guai*; *maledire la sorte.*

maledizione [ma-le-di-zió-ne] *s.f.* **1** Condanna, castigo scagliati da Dio o invocati da uomini come augurio di male Ⓒ benedizione: *la maledizione divina si abbatté sulla città*; *su quella casa pesa una maledizione* ◊ Imprecazione: *lo coprì di maledizioni* **2** ♧ Causa di danni, di sventure Ⓢ disgrazia: *la grandine è una vera maledizione per le campagne* ♦ *inter.* Esclamazione di rabbia, disappunto Ⓢ dannazione: *maledizione! è finita la benzina*; *maledizione! ce lo siamo lasciati sfuggire!*

maleducato [ma-le-du-cà-to] *agg.* e *s.m.* Che, chi dimostra mancanza di educazione, cattiva educazione Ⓢ villano, screanzato: *una risposta maleducata*; *sei un maleducato!*

maleducazione [ma-le-du-ca-zió-ne] *s.f.* Cattiva educazione, mancanza di educazione: *è maleducazione interrompere chi parla.*

malefatta [ma-le-fàt-ta] o **malafatta** [ma-la-fàt-ta] [pl. *malefatte*] Cattiva azione, colpa: *prima o poi dovrà pagare per le sue malefatte.*

maleficio [ma-le-fi-cio] *s.m.* Pratica magica rivolta a danneggiare qualcuno.

malefico [ma-lè-fi-co] *agg.* [pl.m. *–ci*] Dannoso per la salute Ⓢ nocivo Ⓒ benefico: *clima malefico* ◊ Che è causa di male, moralmente dannoso: *un individuo malefico*; *quell'uomo aveva su di lui un influsso malefico.*

maleodorante [ma-le-o-do-ràn-te] *agg.* Che emana cattivo odore Ⓢ puzzolente, fetido Ⓒ profumato: *una fogna maleodorante.*

malessere [ma-lès-se-re] *s.m.* **1** Indisposizione, lieve disturbo fisico: *mi passerà, è solo un leggero malessere* ◊ Sensazione non ben definita di non star bene: *da qualche giorno avvertiva uno strano malessere* **2** Inquietudine, turbamento: *la notizia gli provocò un certo malessere* ◊ Senso di scontentezza Ⓢ malcontento: *a causa della guerra, nel paese cresceva il malessere.*

malevolenza [ma-le-vo-lèn-za] *s.f.* Sentimento e atteggiamento di ostilità Ⓢ avversione, malanimo Ⓒ benevolenza, simpatia: *mostra malevolenza nei miei riguardi*; *parole piene di malevolenza.*

malevolo [ma-lè-vo-lo] *agg.* Che vuole il male altrui o dimostra malevolenza Ⓢ ostile: *si avvicinò con intenzioni malevole*; *una critica malevola.*

malfamato [mal-fa-mà-to] *agg.* Che gode di una cattiva fama Ⓢ equivoco: *un locale, un quartiere malfamato.*

malfattore [mal-fat-tó-re] *s.m.* [f. *–trice*] Delinquente, furfante, malvivente: *una banda di malfattori.*

malfermo [mal-fér-mo] *agg.* Instabile, malsicuro: *un tavolo malfermo*; *essere malfermo sulle gambe* | *Salute malferma* = debole, delicata.

malformazione [mal-for-ma-zió-ne] *s.f.* Imperfezione, anomalia nel modo in cui è formato un organo, una parte del corpo: *avere una malformazione al cuore, all'anca.*

malga [màl-ga] *s.f.* Pascolo alpino estivo ◊ Costruzione rustica, abitata durante il periodo dell'alpeggio Ⓢ baita.

malgoverno [mal-go-vèr-no] *s.m.* Cattiva amministrazione dello stato, dei beni pubblici.

malgrado [mal-grà-do] *prep.* Nonostante: *è stata una bella gita, malgrado la pioggia* | *Mio* (*tuo, suo* ecc.) *malgrado* = contro la mia (la tua, la sua ecc.) volontà: *ha dovuto dimettersi suo malgrado* ♦ *congz.* Nonostante, sebbene, benché: *decise di partire, malgrado fosse stanco.*

malia [ma-lì-a] *s.f.* **1** Incantesimo, magia ai danni di qualcuno Ⓢ maleficio **2** ♧ Forza di seduzione Ⓢ fascino, incanto: *la malia di uno sguardo, di un sorriso.*

maliardo [ma-liàr-do] *agg.* Seducente, affascinante, incantatore: *occhi, sguardi maliardi.*

malignare [ma-li-gnà-re] *v.intr.* [aus. *avere*] Dire cose maligne, parlare male di altri: *li ho sentiti malignare su di te.*

malignità [ma-li-gni-tà] *s.f.* **1** Tendenza a giudicare gli altri con malevolenza e a parlarne male Ⓢ cattiveria, malizia: *è noto a tutti per la sua malignità* **2** Insinuazione maligna Ⓢ maldicenza: *non credo alle sue malignità.*

maligno [ma-lì-gno] *agg.* **1** Che ha la tendenza a pensare e a parlare male degli altri e a danneggiarli: *un individuo maligno* | *Spiriti, geni maligni* = malvagi (i diavoli e altri esseri demoniaci) ◊ Pieno di cattiveria, di malignità Ⓢ malevolo: *fece su di lei un'insinuazione maligna* **2** Dannoso, malsano: *quell'uomo ha su di te un influsso maligno*; *un clima maligno* ◊ *Tumore maligno* = che tende a diffondersi in tutto l'organismo ♦ *s.m.* Persona maligna | *Il Maligno* = il diavolo, Satana.

malinconia [ma-lin-co-nì-a] *s.f.* Senso di vaga tristezza, di intima mestizia: *quando pensa al passato, spesso lo coglie la malinconia*; *uno sguardo pieno di malinconia*; *la giornata piovosa le metteva addosso la malinconia.*

malinconico [ma-lin-cò-ni-co] *agg.* [pl.m. *–ci*] **1** Che è in uno stato di malinconia Ⓢ triste, mesto: *perché oggi sei così malinconico?* ◊ Che tende alla malinconia: *un carattere malinconico* **2** Pieno di malinconia: *un sorriso malinconico* ◊ Che infonde malinconia: *una musica malinconica.*

malincuore [ma-lin-cuò-re] *locuzione avv.* *A malincuore* = malvolentieri, con rincrescimento: *se ne è andato a malincuore.*

malintenzionato [ma-lin-ten-zio-nà-to] *agg.* e *s.m.* Che, chi ha cattive intenzioni, propositi ostili: *si accorse che la seguiva un malintenzionato.*

malinteso [ma-lin-té-so] *s.m.* Interpretazione errata di parole o atti altrui che causa contrasti e dispiaceri Ⓢ equivoco: *il litigio è nato da un malinteso*; *chiarire un malinteso.*

malizia [ma-lì-zia] *s.f.* **1** Deliberata intenzione di nuocere, di far del male Ⓢ malignità: *lo ha fatto con malizia, senza malizia* **2** Consapevolezza di ciò che è male o di ciò che non si dovrebbe sapere, spec. riguardo al sesso (che si manifesta in atteggiamenti furbeschi, ironici e allusivi): *un bambino ancora senza malizia*; *gli lanciava occhiate cariche di malizia* **3** Espediente per ottenere un certo scopo Ⓢ astuzia: *se vuoi convincerlo devi usare* *un po' di malizia* | *Le malizie del mestiere* = gli accorgimenti e le tecniche che si acquisiscono solo con una lunga esperienza.

malizioso [ma-li-zió-so] *agg*. Che mostra malizia nel suo comportamento: *un ragazzo malizioso* ◊ Che denota malizia: *un'occhiata, una domanda maliziosa* ◊ Vivace, vispo, furbo: *un bambino con due occhietti maliziosi*.

malleabile [mal-le-à-bi-le] *agg*. **1** Si dice di metallo o di altro materiale solido che si lascia deformare senza rompersi: *l'oro, il rame e il piombo sono malleabili* **2** ♧ Che si lascia influenzare e convincere facilmente Ⓢ docile, arrendevole: *ha un carattere piuttosto malleabile*.

malleolo [mal-lè-o-lo] *s.m.* Ciascuna delle due sporgenze ossee ai lati del collo del piede.

mallo [màl-lo] *s.m.* Involucro verde e carnoso che ricopre i gusci delle noci e delle mandorle.

malloppo [mal-lòp-po] *s.m.* Pacco, fagotto grosso e pesante ◊ Refurtiva: *i ladri fuggirono con il malloppo*.

malmenare [mal-me-nà-re] *v.tr.* Conciare male, picchiare violentemente: *il ladro fu malmenato dalla folla*.

malmesso [mal-més-so] o **mal messo** *agg*. Vestito o arredato poveramente o senza cura Ⓢ sciatto, trasandato: *un ragazzino scalzo e malmesso*; *una casa malmessa* ◊ Che si trova in cattive condizioni finanziarie o di salute: *non vado in vacanza perché sono un po' malmesso*; *«Come va la salute?» «Sono un po' malmesso»*.

malo [mà-lo] *agg*. [talvolta troncato in *mal*] Cattivo | *Male parole* = ingiurie, offese: *lo accolse con male parole* | *In malo modo* = malamente, in modo brusco e scortese: *è caduto in malo modo*; *gli rispose in malo modo* | *Ridurre qualcuno a mal partito* = in cattive condizioni.

malocchio [ma-lòc-chio] *s.m.* Influsso malefico che, secondo la credenza popolare, certe persone possono esercitare con lo sguardo ◊ *Vedere, guardare di malocchio* = con ostilità, con antipatia.

malora [ma-ló-ra] *s.f.* Rovina: *questa casa sta andando in malora* | *Va in malora!* = va al diavolo | *Della malora* = maledetto, tremendo: *fa un freddo della malora*.

malore [ma-ló-re] *s.m.* Malessere improvviso, spesso accompagnato da svenimento: *fu colto da un malore*.

malsano [mal-sà-no] *agg*. Che ha poca salute: *un bambino malsano* ◊ Dannoso alla salute Ⓢ nocivo: *clima, ambiente malsano* ◊ ♧ Immorale, vizioso: *pensieri malsani*.

malsicuro [mal-si-cù-ro] *agg*. Poco sicuro: *questa di notte è una zona malsicura* ◊ Instabile, malfermo: *camminava con passo malsicuro*; *un ponte malsicuro*.

malta [màl-ta] *s.f.* Impasto di acqua, sabbia e cemento o calce, usato in edilizia.

maltempo [mal-tèm-po] *s.m.* Cattivo tempo: *la gara è stata rimandata per il maltempo*.

malto [màl-to] *s.m.* Prodotto ricavato dall'orzo o da altri cereali, impiegato per fare bevande alcoliche (birra, whisky) e come surrogato del caffè.

maltolto [mal-tòl-to] *s.m.* Ciò che è stato preso ad altri con mezzi illeciti: *il ladro dovette restituire il maltolto*.

maltrattamento [mal-trat-ta-mén-to] *s.m.* Violenza fisica o morale: *è stato denunciato per maltrattamenti sui figli*.

maltrattare [mal-trat-tà-re] *v.tr.* Trattare male qualcuno, con violenza o in modo offensivo; trattare in modo crudele animali: *quel padre maltratta i figli*; *perché maltratti quella povera bestia?* ◊ Trattare qualcosa senza cura, sciuparlo: *guarda come hai maltrattato questo libro!*

malumore [ma-lu-mó-re] *s.m.* **1** Umore cattivo, irritabile e incline al pessimismo: *si svegliò di malumore*; *la notizia lo mise di malumore* **2** Incomprensione, screzio: *tra loro ci son stati dei malumori, ma ora vanno d'accordo* **3** Malcontento: *nella folla serpeggiava il malumore*.

malva [màl-va] *s.f.* Pianta erbacea con fiori rosa-violacei, usata per preparare tisane.

malvagio [mal-và-gio] [pl.f. *–gie*] *agg*. Cattivo e crudele Ⓢ perfido: *un individuo malvagio*; *un'azione malvagia* ◊ *Non malvagio* = discreto: *non è un'idea malvagia*; *questo vino non è malvagio* ♦ *s.m.* Persona perfida, crudele.

malvisto [mal-vì-sto] *agg*. Considerato con antipatia, con diffidenza: *è malvisto per la sua arroganza*.

malvivente [mal-vi-vèn-te] *s.m.* Delinquente, malfattore.

malvolentieri [mal-vo-len-tiè-ri] *avv*. Non volentieri, controvoglia: *a scuola ci va malvolentieri*.

mamma [màm-ma] *s.f.* Madre (nell'uso familiare e quotidiano): *tua mamma è in pena per te* | *Mamma mia!* = esclamazione di spavento, meraviglia, ammirazione ecc.

mammella [mam-mèl-la] *s.f.* Organo caratteristico degli esseri umani e dei mammiferi, particolarmente sviluppato nelle femmine in cui ha la funzione di secernere il latte per allattare i piccoli nei primi mesi di vita.

Mammiferi [mam-mì-fe-ri] *s.m.pl.* Classe di animali vertebrati, di cui fa parte anche l'uomo, forniti di mammelle che, nelle femmine, servono all'allattamento.

mammifero [mam-mì-fe-ro] *agg.* e *s.m.* Detto di ogni animale appartenente alla classe dei Mammiferi: *l'uomo, il topo e la balena sono mammiferi.*

mammut [mam-mùt] *s.m.invar.* Grosso elefante con lunghe zanne e folto pelo, vissuto ed estintosi nella preistoria.

manager [parola inglese; pron. corrente *mènager*] *s.m.f.invar.* **1** Dirigente d'azienda **2** Persona che cura e rappresenta gli interessi di un atleta, di un attore, di un cantante e simili.

manata [ma-nà-ta] *s.f.* **1** Colpo dato con la mano aperta Ⓢ pacca: *lo salutò con una calorosa manata sulle spalle* **2** Quantità che può stare in una mano Ⓢ manciata: *raccolse una manata di terra.*

manca [màn-ca] *s.f.* Parte sinistra | *A destra e a manca* = da ogni parte: *menava colpi a destra e a manca.*

mancamento [man-ca-mén-to] *s.m.* Malore improvviso con perdita dei sensi Ⓢ svenimento.

mancanza [man-càn-za] *s.f.* **1** Carenza, insufficienza o assenza: *non l'ho fatto per mancanza di tempo*; *da quando sei partita sento molto la tua mancanza* **2** Errore, colpa: *è una grave mancanza non rispettare la parola data.*

mancare [man-cà-re] *v.intr.* [*mànco, mànchi*; aus. *essere*; aus. *avere* nei significati 4, 5, 6] **1** Non esserci in misura sufficiente o non esserci affatto: *d'estate nell'isola manca l'acqua*; *qui manca la firma* ◊ Andar via, venir meno: *è mancata la luce*; *improvvisamente gli mancarono le forze* | *Sentirsi mancare* = svenire **2** Essere assente, lontano: *cerca di non mancare alla riunione*; *è ormai un anno che manca da casa* | *Mi manchi, mi sei mancato molto* = sento, ho sentito molto la tua lontananza ◊ Morire: *se venissi a mancare, chi si occuperebbe di te?* **3** Restare da trascorrere o da percorrere: *mancano due ore alla partenza, tre chilometri all'arrivo* | *Mancarci poco che* = essere sul punto di, stare quasi per: *c'è mancato poco che finisse fuori strada* | *Ci mancherebbe altro!* = sarebbe il colmo, che Dio non voglia **4** Essere privo: *mancare di mezzi, di coraggio*; *un discorso che manca di logica* **5** Venir meno ai propri obblighi, alle regole di correttezza: *mancare alla parola data*; *mancare di riguardo a qualcuno* **6** Tralasciare, trascurare: *non mancherò di farvelo sapere* ♦ *v.tr.* Fallire, non riuscire a colpire: *il cacciatore mancò il colpo*; *mancare il bersaglio, la palla* ◊ Perdere: *hai mancato una buona occasione.*

mancato [man-cà-to] *agg.* Non riuscito, andato a vuoto Ⓢ fallito: *un colpo, un gol mancato*; *un pittore mancato.*

manchevolezza [man-che-vo-léz-za] *s.f.* Difetto, imperfezione.

mancia [màn-cia] *s.f.* [pl. *–ce*] Compenso in denaro che si dà in più del dovuto a chi presta un servizio.

manciata [man-cià-ta] *s.f.* Quantità che può essere contenuta in una mano: *una manciata di sabbia, di caramelle.*

mancina [man-cì-na] *s.f.* Mano sinistra: *scrive con la mancina.*

mancino [man-cì-no] *agg.* **1** Sinistro: *mano mancina* **2** ♧ Sleale, scorretto: *mi ha giocato un tiro mancino* ♦ *agg.* e *s.m.* Si dice di persona che usa di preferenza e con più abilità gli arti della parte sinistra del corpo: *un calciatore mancino*; *i mancini scrivono con la sinistra.*

manco [màn-co] *avv.* Nemmeno, neanche: *non ho manco un soldo*; *manco per sogno!*

mandante [man-dàn-te] *s.m.f.* Chi ha incaricato qualcuno di commettere un delitto: *dopo l'arresto degli esecutori della strage si cercano i mandanti.*

mandare [man-dà-re] *v.tr.* **1** Far andare qualcuno in un luogo, per lo più con un incarico o per uno scopo: *lo hanno mandato a chiamare il medico, a far la spesa*; *mandare i figli a scuola* | *Mandare via qualcuno* = allontanarlo, cacciarlo, licenziarlo **2** Far pervenire qualcosa a qualcuno Ⓢ inviare, spedire Ⓒ ricevere: *mandami tue notizie*; *mandare un pacco per posta* | *Che Dio ce la mandi buona!* = che Dio ci protegga! ◊ Gettare, scagliare: *mandare il pallone in rete*; *con una spinta lo mandò a terra* | *Mandar giù* = ingoiare: *mandò giù un boccone*; ♧ sopportare: *non riesco a mandar giù le sue offese* **3** Far fare una certa fine a qualcuno o a qualcosa: *mandare in galera un delinquente*; *ha mandato in rovina l'azienda* ◊ Ridurre in un certo stato: *fece cadere il vaso e lo mandò in pezzi* **4** Emanare, emettere: *la lampada mandava una luce fioca*; *il ferito mandò un gemito, un urlo.*

mandarino[1] [man-da-rì-no] *s.m.* Alto funzionario dell'antico impero cinese.

mandarino[2] [man-da-rì-no] *s.m.* Albero che produce un frutto di colore giallo, più piccolo dell'arancia e di sapore più delicato ◊ Il frutto di tale albero.

mandata [man-dà-ta] *s.f.* Ogni giro di chiave e ogni scatto della serratura: *chiuse la porta a doppia mandata.*

A B C D E F G H I J K L M N O P Q R S T U V W X Y Z

mandato [man-dà-to] *s.m.* **1** Incarico di svolgere una certa attività in rappresentanza di altri | *Mandato elettorale, parlamentare* = quello affidato dagli elettori a chi viene eletto **2** Ordine dell'autorità giudiziaria: *mandato di cattura.*

mandibola [man-dì-bo-la] *s.f.* Osso mobile nella parte inferiore della faccia, che permette l'apertura della bocca Ⓢ mascella (inferiore).

mandolino [man-do-lì-no] *s.m.* Strumento musicale a corde.

mandorla [màn-dor-la] *s.f.* Il frutto e il seme commestibile del mandorlo | *Occhi a mandorla* = sottili e allungati verso l'esterno ◊ Il seme della pesca e dell'albicocca.

mandorlo [màn-dor-lo] *s.m.* Albero con fiori bianchi o rosati, che produce le mandorle.

mandria [màn-dria] *s.f.* Branco di grossi quadrupedi domestici o selvatici (come buoi, cavalli, bufali, renne).

mandriano [man-drià-no] *s.m.* Custode, guardiano di una mandria.

maneggevole [ma-neg-gé-vo-le] *agg.* Che si maneggia, si manovra facilmente: *un attrezzo, un aereo maneggevole.*

maneggiare [ma-neg-già-re] *v.tr.* **1** Usare, manovrare uno strumento che si tiene tra le mani: *mentre maneggiava la pistola partì un colpo*; *sta imparando a maneggiare i pennelli* ◊ Lavorare con le mani un materiale cedevole: *maneggiare la creta, la cera* **2** ♧ *Maneggiare denaro* = amministrarlo, averlo tra le mani | *Maneggiare una persona* = servirsene per i propri scopi, manovrarla.

maneggio [ma-nég-gio] *s.m.* **1** Uso: *è poco pratico nel maneggio delle armi* **2** Manovra nascosta e per lo più disonesta Ⓢ intrigo: *è stato sconfitto dai maneggi degli avversari* **3** Luogo in cui si addestrano cavalli e cavalieri a vari tipi di andatura, a esercizi di abilità ecc.

manesco [ma-né-sco] *agg.* [pl.m. *–schi*] Pronto a menar le mani, a picchiare: *è un tipo manesco.*

manetta [ma-nét-ta] *s.f.* **1** Piccola leva per comandare a mano un dispositivo: *la manetta del gas* **2** (al *pl.*) Coppia di anelli d'acciaio con chiusura a scatto, usati per serrare i polsi degli arrestati: *mettere, togliere le manette.*

manforte [man-fòr-te] *s.f.* [solo *sing.*] Sostegno, aiuto, soccorso: *dei ragazzi lo stavano picchiando, ma i suoi amici sono venuti a dargli manforte.*

manganello [man-ga-nèl-lo] *s.m.* Bastone per picchiare Ⓢ randello (quello usato dalla polizia è detto anche *sfollagente*).

mangereccio [man-ge-réc-cio] *agg.* [pl.f. *–ce*] Buono da mangiare Ⓢ commestibile: *funghi mangerecci.*

mangiare [man-già-re] *v.tr.* **1** Ingerire un cibo: *ho voglia di mangiare un gelato* ◊ Consumare un pasto: *vieni a mangiare da me* ◊ Nutrirsi: *per vivere bisogna mangiare* | ♧ *Mangiare qualcuno con gli occhi* = guardarlo con intenso desiderio | ♧ *Mangiarsi le mani* = tormentarsi per aver perso o sprecato un'occasione: *si mangia le mani per non aver accettato quell'offerta* **2** Rosicchiare, corrodere, consumare: *un libro mangiato dai topi*; *ha il vizio di mangiarsi le unghie*; *la ruggine mangia il ferro* | ♧ *Mangiarsi le parole* = pronunciarle male o non per intero | ♧ *Mangiarsi il fegato* = rodersi dalla rabbia ◊ ♧ Spendere, sperperare: *si è mangiato tutti i suoi risparmi* | *Mangiarsi un gol* = sprecare una facile occasione di segnare **3** Nei giochi degli scacchi e della dama, prendere un pezzo all'avversario ♦ *s.m.* Cibo, pasto: *il mangiare era buono*; *porta il mangiare in tavola.*

mangiata [man-già-ta] *s.f.* Pasto molto abbondante Ⓢ scorpacciata: *che mangiata abbiamo fatto ieri sera!*

mangiatoia [man-gia-tó-ia] *s.f.* Recipiente a forma di lunga cassa in cui, nelle stalle, si mette il foraggio per gli animali.

mangime [man-gì-me] *s.m.* Qualsiasi cibo destinato all'alimentazione degli animali domestici e del bestiame.

mangione [man-gió-ne] *s.m.* Persona che mangia molto.

mangiucchiare [man-giuc-chià-re] *v.tr.* Mangiare qualcosa in piccole quantità e di tanto in tanto, spec. fuori pasto.

mango [màn-go] *s.m.* [pl. *–ghi*] Albero tropicale che produce frutti giallo-rossastri dalla polpa dolce e saporita che avvolge un grosso nocciolo ◊ Il frutto di tale albero.

mangrovia [man-grò-via] *s.f.* Vegetazione caratteristica delle coste dei mari e delle lagune tropicali, formata da piante con radici aeree che affondano nel fango e nell'acqua.

mangusta [man-gù-sta] *s.f.* Piccolo mammifero carnivoro dal pelo folto e dalla lunga coda: *la mangusta è molto agile e combattiva e attacca i serpenti anche velenosi.*

mania [ma-nì-a] *s.f.* **1** Disturbo mentale caratterizzato da un'idea ossessiva: *mania di persecuzione* **2** Fissazione: *ha la mania della puntualità* ◊ Passione eccessiva per qualcosa: *ha la mania del* *ballo* ◊ Abitudine un po' strana: *ha la mania di parlare da solo.*

–mania Secondo elemento di parole composte che indica passione, attrazione o bisogno eccessivo o irresistibile (*grafomania, tossicomania*).

maniaco [ma-nì-a-co] *s.m.* [pl. *–ci*] **1** Persona mentalmente squilibrata: *il delitto è opera di un maniaco* **2** Chi ha una passione esagerata per qualcosa Ⓢ fanatico: *è un maniaco del calcio, dei film di fantascienza.*

manica [mà-ni-ca] *s.f.* **1** Parte di un indumento che ricopre il braccio | ♧ *Rimboccarsi le maniche* = mettersi al lavoro con grande impegno | ♧ *Essere di manica larga* = indulgente, non esigente | ♧ *È un altro paio di maniche* = è una cosa del tutto diversa **2** ♧ (in senso spregiativo) Gruppo, banda: *siete una manica di furfanti, di lazzaroni* **3** ♧ *Una manica di botte* = una gran quantità: *s'è preso una manica di botte.*

manicaretto [ma-ni-ca-rét-to] *s.m.* Pietanza gustosa, squisita Ⓢ leccornia: *ci prepara sempre dei manicaretti.*

manichino [ma-ni-chì-no] *s.m.* Fantoccio che riproduce in grandezza naturale la figura umana o solo il tronco di essa, usato dai sarti per confezionare i vestiti e dai negozianti per esporli al pubblico ◊ Analogo fantoccio usato in incidenti automobilistici simulati o in sostituzione degli attori in scene pericolose di film.

manico [mà-ni-co] *s.m.* [pl. *–ci* o *–chi*] Parte di un oggetto o di uno strumento che serve per prenderlo in mano, sollevarlo, trasportarlo, maneggiarlo, adoperarlo: *il manico della pentola, del secchio, della tazza, della scopa, dell'ombrello, della valigia, del coltello.*

manicomio [ma-ni-cò-mio] *s.m.* Istituto in cui in passato si ricoveravano i malati di mente | ♧ *È un manicomio* = detto di luogo o situazione in cui c'è una gran confusione e chiasso.

manicotto [ma-ni-còt-to] *s.m.* **1** Morbido cilindro di pelliccia in cui si infilano le mani per proteggerle dal freddo **2** Giunto cilindrico cavo usato per collegare tubi.

manicure [ma-ni-cù-re] *s.f.invar.*, raro *s.m.invar.* **1** Chi per professione cura le unghie: *fa la manicure* **2** L'operazione del curare le unghie: *è andata a farsi la manicure.*

maniera [ma-niè-ra] *s.f.* **1** Modo: *hai reagito in maniera sbagliata; ognuno è fatto alla sua maniera* | *Buone maniere* = modo educato di comportarsi **2** Stile, tecnica artistica: *dipinge alla maniera di Picasso.*

manierato [ma-nie-rà-to] *agg.* Privo di naturalezza, poco spontaneo Ⓢ affettato, lezioso: *la sua è una cortesia manierata.*

maniero [ma-niè-ro] *s.m.* Castello, palazzo signorile di campagna: *ci accolse nel suo maniero.*

manifattura [ma-ni-fat-tù-ra] *s.f.* **1** Lavorazione a mano o a macchina di materie prime per trasformarle in prodotti di consumo (*manufatti*): *manifattura di filati e tessuti* **2** Stabilimento in cui si esegue la lavorazione di manufatti: *lavora in una manifattura di calzature.*

manifestante [ma-ni-fe-stàn-te] *s.m.f.* Chi partecipa a una manifestazione pubblica Ⓢ dimostrante: *i manifestanti sono sfilati per le vie del centro.*

manifestare [ma-ni-fe-stà-re] *v.tr.* Rendere noto, esprimere chiaramente, far capire apertamente: *ha manifestato l'intenzione di dimettersi; le ho manifestato i miei dubbi* ♦ *v.intr.* [aus. *avere*] Fare una pubblica manifestazione a favore o contro qualcosa: *manifestare per la pace, contro i licenziamenti* ♦ **manifestarsi** *v.pr.* Rivelarsi, rendersi evidente Ⓢ mostrarsi, apparire: *in quell'occasione si manifestò la sua incapacità; la malattia va curata quando si manifestano i primi sintomi.*

manifestazione [ma-ni-fe-sta-zió-ne] *s.f.* **1** Atto con cui si esprime qualcosa: *lo accolsero con manifestazioni di gioia* ◊ Fatto con cui si manifesta qualcosa Ⓢ sintomo: *apparvero le prime manifestazioni della malattia* **2** Dimostrazione pubblica contro o a favore di qualcosa: *fare una manifestazione contro il governo, per la pace* **3** Spettacolo con la partecipazione di un vasto pubblico: *una manifestazione sportiva, musicale.*

manifestino [ma-ni-fe-stì-no] *s.m.* Piccolo foglio stampato, propagandistico o pubblicitario, distribuito pubblicamente.

manifesto[1] [ma-ni-fè-sto] *agg.* Chiaro, visibile Ⓢ evidente, palese: *il suo stupore era manifesto* ◊ Noto: *ha reso manifeste le sue intenzioni.*

manifesto[2] [ma-ni-fè-sto] *s.m.* Foglio stampato esposto in luogo pubblico a scopo di informazione, di propaganda o di pubblicità: *un manifesto del comune; manifesti elettorali, pubblicitari.*

maniglia [ma-nì-glia] *s.f.* Parte di un oggetto che può essere facilmente impugnata e permette di aprirlo o chiuderlo, sollevarlo o trasportarlo: *la maniglia di una porta, di un cassetto, di una valigia.*

manigoldo [ma-ni-gól-do] *s.m.* Furfante, birbante (anche in senso scherzoso): *sei proprio un bel manigoldo a farmi questi scherzi!*

manipolare [ma-ni-po-là-re] *v.tr.* **1** Trattare, lavorare con le mani: *manipolare la creta* **2** Massaggiare **3** Adulterare un prodotto alimentare: *manipolare il vino* ◊ ♧ Alterare, falsare qualcosa per trarne vantaggio: *manipolare i risultati elettorali.*

maniscalco [ma-ni-scàl-co] *s.m.* [pl. *–chi*] Chi esercita il mestiere di ferrare i cavalli, gli asini e i bovini da lavoro.

manna [màn-na] *s.f.* Cibo che, secondo la Bibbia, piovve dal cielo per sfamare gli ebrei che attraversavano il deserto ◊ ♧ Cosa che giunge inaspettata a portare un beneficio: *questa pioggia è una vera manna per i campi!*

mannaia [man-nà-ia] *s.f.* **1** Grossa scure usata un tempo per decapitare i condannati a morte **2** Grosso e pesante coltello da macellaio, usato spec. per spezzare gli ossi.

mano [mà-no] *s.f.* [pl. *mani*] **1** Parte terminale delle braccia, formata dal palmo, dal dorso e dalle cinque dita; ha la funzione di organo prensile e tattile: *mano destra, sinistra* | *Battere le mani* = applaudire | *Alzare le mani* = in segno di resa | *Alzare la mano* = per chiedere di parlare o per votare | *Stendere la mano* = chiedere l'elemosina | *Darsi, stringersi la mano* = in segno di saluto, di congratulazione, di accordo ecc. | *Fregarsi le mani* = in segno di soddisfazione | *Mettersi le mani nei capelli* = in segno di disperazione | *Stare a mani giunte* = in atto di preghiera | *Venire alle mani* = accapigliarsi | *Mettere le mani addosso a qualcuno* = aggredirlo, picchiarlo | *Mettere le mani su qualcosa* = impossessarsene | *Fare man bassa di qualcosa* = prenderne il più possibile | *A mano armata* = con le armi in pugno: *rapina a mano armata* | *Mettere mano alla pistola, alla spada* = impugnarla | *Mettere mano a un lavoro* = incominciarlo | *Di seconda mano* = detto di oggetto che si compra già usato | *A portata di mano* = vicino, facilmente raggiungibile | *Un luogo fuori mano* = lontano, difficile da raggiungere | *A mano a mano, man mano* = a poco a poco, via via: *a mano a mano che procedevano, la foresta si faceva più fitta* ◊ Espressioni figurate | *Chiedere la mano di una donna* = chiederla in sposa | *Dare una mano a qualcuno* = aiutarlo | *Avere le mani bucate* = essere spendaccione | *Avere le mani pulite* = essere onesto | *Stare con le mani in mano* = senza far nulla | *Restare a mani vuote* = senza aver ottenuto nulla | *Essere, cadere nelle mani di qualcuno* = in suo potere | *Mettersi nelle mani di qualcuno* = affidarsi a lui | *Una persona alla mano* = cortese, affabile con tutti **2** Ciascuno dei lati corrispondenti alle mani: *voltare a mano destra* | *Tenere la propria mano* = viaggiare sul lato della strada prescritto dal codice | *Andare contro mano* = sul lato vietato della strada o nel senso vietato **3** Strato di vernice, di tinta: *devo dare un'altra mano alle pareti* **4** Nei giochi di carte, ogni giro di distribuzione e di gioco: *facciamo un'altra mano di poker.*

manodopera [ma-no-dò-pe-ra] *s.f.* [solo *sing.*] **1** L'insieme dei lavoratori che svolgono un lavoro subordinato: *aumenta la richiesta di manodopera qualificata* **2** Il costo del lavoro umano necessario per produrre un determinato bene o servizio: *al costo del pezzo di ricambio bisogna aggiungere la manodopera.*

manometro [ma-nò-me-tro] *s.m.* Strumento per misurare la pressione di un liquido o di un gas.

manomettere [ma-no-mét-te-re] *v.tr.* [coniugato come *mettere*] Mettere le mani su una cosa non propria, aprendola, alterandola o danneggiandola per scopi illeciti: *manomettere un pacco, un cassetto*; *la serratura era stata manomessa*; *manomettere un documento, delle prove.*

manopola [ma-nò-po-la] *s.f.* **1** Impugnatura di un manubrio o di una leva **2** Rotella girevole che regola un apparecchio o un congegno: *la manopola della radio, del gas* **3** Tipo di guanto in cui solo il pollice è separato dalle altre dita.

manoscritto [ma-no-scrìt-to] *agg.* Scritto a mano: *una lettera manoscritta* ♦ *s.m.* Testo scritto a mano: *il manoscritto di un romanzo.*

manovale [ma-no-và-le] *s.m.f.* Operaio non qualificato che svolge per lo più lavori di fatica.

manovella [ma-no-vèl-la] *s.f.* Attrezzo per far ruotare manualmente un meccanismo: *la manovella del tritacarne.*

manovra [ma-nò-vra] *s.f.* **1** Il complesso delle operazioni che si devono eseguire per far funzionare una macchina, un congegno o per far cambiare direzione, velocità o posizione a un mezzo di trasporto: *la manovra di accensione di una caldaia*; *la manovra di atterraggio di un aereo*; *fare manovra per posteggiare l'auto* **2** Movimento di reparti militari compiuto per raggiungere un obbiettivo bellico o, in tempo di pace, a scopo di esercitazione: *manovra offensiva, di aggiramento* ◊ Nel calcio, azione di gioco collettiva: *una squadra abile nella manovra a centrocampo* **3** ♧ Azione o serie di azioni segrete o comunque poco chiare e scorrette, compiute per danneggiare qualcuno o conseguire un qualche utile Ⓢ intrigo, maneggio: *manovre elettorali*; *è tutta una manovra per rovinarmi!*

manovrare [ma-no-vrà-re] *v.tr.* Far funzionare,

guidare mediante manovre: *manovrare un aereo, una nave* ♦ *v.intr.* [aus. *avere*] **1** Eseguire una manovra, delle manovre: *la nave manovra per entrare in porto*; *manovrò per parcheggiare* **2** ♧ Tramare, brigare: *è da tempo che manovra per escludermi, per ottenere quel posto.*

manovratore [ma-no-vra-tó-re] *s.m.* [f. *–trice*] Chi è addetto alla manovra e alla guida di qualche macchina o mezzo di trasporto (in partic. treni e tram).

manrovescio [man-ro-vè-scio] *s.m.* Ceffone dato col dorso della mano.

mansarda [man-sàr-da] *s.f.* Abitazione ricavata nel sottotetto di un tetto (detto anch'esso *mansarda*) la cui parte inferiore è molto più inclinata e fornita di finestre (*abbaini*).

mansione [man-sió-ne] *s.f.* Compito, incarico, funzione: *ha svolto bene le sue mansioni*; *ha mansioni di capufficio*; *questo lavoro non rientra nelle mie mansioni.*

mansueto [man-su-è-to] *agg.* Docile e inoffensivo: *un cane mansueto* ◊ Mite: *un ragazzo mansueto, dal carattere mansueto.*

mansuetudine [man-sue-tù-di-ne] *s.f.* Docilità, mitezza.

mantellina [man-tel-lì-na] *s.f.* Mantello corto che copre solo le spalle e le braccia fino al gomito.

mantello [man-tèl-lo] *s.m.* **1** Indumento lungo e ampio, senza maniche, per lo più agganciato al collo, che si indossa sopra gli altri vestiti ◊ Soprabito femminile **2** Il pelame che ricopre il corpo dei mammiferi: *un cavallo dal mantello grigio* **3** Nella struttura interna della Terra, lo strato intermedio tra la crosta e il nucleo.

mantenere [man-te-né-re] *v.tr.* [coniugato come *tenere*] **1** Far durare, fare in modo che continui a esserci: *non è capace di mantenere l'ordine, la disciplina* ◊ Continuare a tenere Ⓢ conservare: *ha mantenuto le sue opinioni*; *riuscì a mantenere il potere*; *il freddo mantiene intatti i cibi* **2** Rispettare, tener fede: *mantenere una promessa, la parola data* **3** Dar da vivere, provvedere al sostentamento: *ha da mantenere una famiglia numerosa* ♦ **mantenersi** *v.pr.* **1** Sostentarsi: *si mantiene col suo lavoro* **2** Conservarsi, rimanere in un determinato stato: *come fai a mantenerti così giovane?*; *speriamo che il tempo si mantenga bello.*

mantenimento [man-te-ni-mén-to] *s.m.* **1** Conservazione: *la polizia assicura il mantenimento dell'ordine* **2** Sostentamento: *deve provvedere al mantenimento dei figli.*

mantice [màn-ti-ce] *s.m.* Apparecchio che aspira l'aria e la emette a pressione, usato un tempo per ravvivare il fuoco e ancora oggi come elemento che dà fiato ad alcuni strumenti musicali (organo, fisarmonica).

manto [màn-to] *s.m.* **1** Mantello ampio e lungo fino ai piedi, spesso di tessuto pregiato, indossato spec. da alte personalità in cerimonie importanti: *manto reale, papale* **2** Strato che ricopre in modo uniforme una superficie Ⓢ coltre: *un manto di neve ricopriva la pianura* | *Manto stradale* = lo strato di asfalto e pietrisco che ricopre le strade.

manuale[1] [ma-nu-à-le] *agg.* Che si fa, che è eseguito con le mani: *lavoro, operazione manuale* | *Comando manuale* = che si aziona a mano.

manuale[2] [ma-nu-à-le] *s.m.* Libro che riporta e tratta le nozioni fondamentali di una materia in modo chiaro e tale da permettere una facile consultazione: *manuale di storia, di elettronica, di giardinaggio.*

manubrio [ma-nù-brio] *s.m.* Tubo metallico con due impugnature alle estremità, che serve a comandare lo sterzo di biciclette, motociclette e altri veicoli con una sola ruota anteriore.

manufatto [ma-nu-fàt-to] *s.m.* Prodotto ricavato dalla lavorazione a mano o a macchina di materie prime: *manufatti artigianali, industriali.*

manutenzione [ma-nu-ten-zió-ne] *s.f.* Insieme di lavori e operazioni per mantenere in efficienza e in buono stato una macchina, un impianto, un edificio, una strada ecc.: *spese di manutenzione*; *ascensore fermo per manutenzione.*

manzo [màn-zo] *s.m.* Bue di età compresa tra uno e quattro anni: *carne di manzo.*

maomettano [ma-o-met-tà-no] *agg.* e *s.m.* Che, chi segue la religione predicata da Maometto Ⓢ musulmano, islamico.

mappa [màp-pa] *s.f.* Rappresentazione grafica molto dettagliata di una zona limitata di terreno: *mi ha mostrato la mappa del quartiere* ◊ Carta geografica in genere.

mappamondo [map-pa-món-do] *s.m.* **1** Globo girevole su cui è rappresentata l'intera superficie terrestre **2** Carta geografica che rappresenta su un piano tutta la superficie terrestre divisa in due emisferi Ⓢ planisfero.

marachella [ma-ra-chèl-la] *s.f.* Azione scorretta ma non grave, commessa di nascosto e con furbizia Ⓢ birichinata: *deve aver combinato un'altra marachella delle sue.*

marasma [ma-rà-sma] *s.f.* Grande confusione Ⓢ caos: *in quel marasma nessuno sapeva più cosa fare e dove andare.*

A B C D E F G H I J K L M N O P Q R S T U V W X Y Z

maratona [ma-ra-tó-na] *s.f.* **1** Gara di corsa a piedi su strada, di circa 42 chilometri **2** ♧ Camminata lunga e faticosa ◊ Gara di resistenza: *ha partecipato a una maratona di ballo.*

maratoneta [ma-ra-to-nè-ta] *s.m.f.* [pl.m. *–ti*] Atleta che corre nella gara della maratona, specialista in maratone.

marca [màr-ca] *s.f.* **1** Segno, marchio con cui una ditta contraddistingue i suoi prodotti per garantirne l'originalità e la qualità Ⓢ marchio: *un'etichetta con la marca* ◊ Ditta produttrice che fabbrica prodotti con il proprio marchio: *si vendono televisori di tutte le marche* | *Prodotti di marca* = di buona qualità, perché fabbricati da ditte note e apprezzate **2** *Marca da bollo* = specie di francobollo che si applica su documenti come prova del pagamento di una tassa o di un contributo.

marcare [mar-cà-re] *v.tr.* [*màrco, màrchi*] **1** Contrassegnare con un segno di riconoscimento Ⓢ marchiare: *marcare un prodotto, il bestiame* **2** Rendere più accentuato, mettere in rilievo: *marcare i contorni di una figura* **3** Nel calcio e in altri giochi, segnare un punto a proprio favore | *Marcare un avversario* = controllarlo, sorvegliarlo **4** Rilevare un dato, una misura: *il cronometrista marca i tempi degli atleti.*

marcato [mar-cà-to] *agg.* Accentuato, molto evidente: *parlava con marcato accento straniero.*

marcatore [mar-ca-tó-re] *s.m.* [f. *–trice*] Nel calcio e in altri sport di squadra, giocatore che realizza un goal, un punto (o che ne segna molti): *classifica dei marcatori* ◊ Giocatore incaricato di controllare un avversario.

marchesa [mar-ché-se] *s.f.* Moglie o figlia di un marchese.

marchese [mar-ché-se] *s.m.* Titolo nobiliare, superiore a quello di conte e inferiore a quello di duca; la persona che porta tale titolo

marchiare [mar-chià-re] *v.tr.* Segnare con un marchio Ⓢ contrassegnare: *marchiare il bestiame.*

marchingegno [mar-chin-gé-gno] *s.m.* **1** Apparecchio, congegno piuttosto complicato **2** ♧ Espediente ingegnoso ed efficace, anche se piuttosto complicato, per raggiungere uno scopo.

marchio [màr-chio] *s.m.* **1** Segno impresso a fuoco con un ferro rovente (detto anch'esso *marchio*) su un capo di bestiame per indicarne la proprietà o altre caratteristiche; un tempo tale segno veniva impresso anche sulla fronte o sulla spalla degli schiavi o di chi commetteva un grave delitto (*marchio d'infamia*) **2** *Marchio di fabbrica, di origine* = segno applicato su prodotti industriali e agricoli per indicare l'impresa produttrice **3** ♧ Impronta spirituale: *in ogni opera di Beethoven c'è il marchio del suo genio.*

marcia [màr-cia] *s.f.* [pl. *–ce*] **1** Modo di camminare con passo uniforme e cadenzato: *le truppe procedevano a passo di marcia* ◊ Cammino, camminata: *è ora di mettersi in marcia*; *raggiunsero il rifugio dopo una marcia di tre ore* ◊ Specialità dell'atletica leggera in cui l'atleta, a differenza che nella corsa, deve sempre avere uno dei due piedi a contatto con il suolo **2** Manifestazione pubblica in forma di corteo: *marcia per la pace, contro la fame nel mondo* **3** Composizione musicale adatta a ritmare il passo cadenzato di reparti militari o destinata ad accompagnare cortei che seguono una cerimonia: *marcia militare, funebre, nuziale* **4** Nei veicoli, ognuno dei rapporti con cui la velocità del motore viene trasmessa alle ruote motrici; il dispositivo che inserisce tali rapporti, azionato dal cambio: *un'auto a quattro, a cinque marce*; *innestare la marcia* ◊ Movimento di un veicolo o di una macchina: *treno in marcia*; *marcia avanti, indietro* | ♧ *Fare marcia indietro* = rinunciare a un'iniziativa, ai propri propositi.

marciapiede [mar-cia-piè-de] o **marciapiedi** *s.m.* **1** Parte rialzata ai lati della strada, riservata ai pedoni **2** Nelle stazioni ferroviarie, banchina sopraelevata a lato dei binari, destinata alla sosta e al movimento dei viaggiatori.

marciare [mar-cià-re] *v.intr.* [aus. *avere*] **1** Camminare a passo di marcia (detto spec. di militari) ◊ Procedere ordinatamente in una stessa direzione: *i dimostranti marciavano in silenzio* ◊ Avanzare, dirigersi verso un obiettivo: *l'esercito marciava sulla capitale* **2** Andare, procedere: *l'auto marciava a bassa velocità.*

marciatore [mar-cia-tó-re] *s.m.* [f. *–trice*] Atleta che pratica lo sport della marcia.

marcio [màr-cio] *agg.* **1** Che è in stato di decomposizione, che è andato a male Ⓢ putrido, guasto: *carne, frutta marcia* ◊ Corroso dall'umidità Ⓢ fradicio: *legno marcio* **2** ♧ Corrotto: *una società marcia* ◊ *Avere torto marcio* = essere completamente in torto ♦ *s.m.* Parte marcia di qualcosa: *togliere il marcio da un frutto* | ♧ *C'è del marcio* = c'è qualcosa di disonesto o comunque di poco chiaro: *c'è del marcio in questa faccenda.*

marcire [mar-cì-re] *v.intr.* [*marcìsco, marcìsci*; aus. *essere*] Diventare marcio Ⓢ imputridire, guastarsi, andare a male: *la frutta sta marcendo.*

marcita [mar-cì-ta] *s.f.* Prato irrigato continuamente con un velo d'acqua in modo da consentire la crescita dell'erba da foraggio anche d'inverno.

mare [mà-re] *s.m.* **1** Grande massa di acqua salata che ricopre i tre quarti della superficie terrestre: *giunsero sulla riva del mare* | *In mare aperto, in alto mare* = al largo della costa | ♧ *Essere in alto mare* = lontano dalla soluzione o dalla conclusione di qualcosa | ♧ *Cercare per mare e per terra* = dappertutto | ♧ *Promettere mari e monti* = fare promesse esagerate ◊ Costa marina, località sulla costa: *andare al mare*; *faremo le vacanze al mare* **2** Grande distesa: *il deserto è un mare di sabbia* **3** ♧ Grande quantità: *in piazza c'era un mare di gente*; *ha un mare di guai*.

marea [ma-rè-a] *s.f.* **1** Movimento periodico delle acque del mare, il cui livello si abbassa e s'innalza alternamente nel corso della giornata in seguito all'attrazione della Luna e del Sole: *alta, bassa marea* **2** Massa fluida in movimento: *una marea di fango seppellì la casa* ◊ ♧ Grande quantità di persone o cose, spec. se in movimento: *una marea di gente invase la piazza*.

mareggiata [ma-reg-già-ta] *s.f.* Burrasca che scatena violente ondate contro la costa.

maremma [ma-rém-ma] *s.f.* Regione bassa e paludosa vicino al mare: *la Maremma toscana*.

maremoto [ma-re-mò-to] *s.m.* Violento movimento delle acque marine, spesso con onde altissime, provocato da un terremoto sottomarino.

maresciallo [ma-re-sciàl-lo] *s.m.* Il grado più alto nella categoria dei sottufficiali; la persona che ha tale grado.

maretta [ma-rét-ta] *s.f.* **1** Agitazione superficiale del mare, quando è increspato dal vento e si formano onde piccole e brevi **2** ♧ Situazione di tensione, di scontro: *c'è maretta nel governo*.

margarina [mar-ga-rì-na] *s.f.* Prodotto alimentare a base di grassi vegetali o animali, che si usa in sostituzione del burro.

margherita [mar-ghe-rì-ta] *s.f.* Pianta erbacea molto diffusa, con fiori gialli e bianchi.

marginale [mar-gi-nà-le] *agg.* **1** Che si trova al margine, ai margini di una pagina: *note marginali* **2** ♧ Di minore importanza Ⓢ secondario: *occupiamoci del problema principale tralasciando le questioni marginali*.

margine [màr-gi-ne] *s.m.* **1** La parte esterna che costituisce il limite di una superficie Ⓢ bordo, orlo, contorno: *una casa ai margini del bosco*; *camminava sul margine della strada* | ♧ *Vivere ai margini della società* = essere emarginati, vivere di espedienti ◊ Lo spazio che si lascia bianco sui quattro lati di un foglio scritto o stampato **2** ♧ Quantità superiore allo stretto necessario e adeguata alle esigenze: *se parti stasera, ci resta un margine di tempo per finire quel lavoro*; *un affare che garantisce un buon margine di guadagno*.

marijuana [parola spagnola; pron. *marihuàna*] *s.f.* Droga costituita dalle infiorescenze seccate della canapa indiana: *una sigaretta di marijuana*.

marina [ma-rì-na] *s.f.* **1** Tratto di costa vicino al mare Ⓢ litorale: *passeggiarono lungo la marina* **2** Quadro che rappresenta una veduta, un paesaggio di mare: *è un bravo pittore di marine* **3** Il complesso delle persone e degli enti addetti alla navigazione; l'insieme delle navi e delle attrezzature destinate alla navigazione: *marina mercantile, militare*; *ufficiale di marina*.

marinaio [ma-ri-nà-io] *s.m.* Chi presta servizio a bordo di una nave | ♧ *Promessa da marinaio* = cui non si può prestar fede, perché non sarà mantenuta.

marinare [ma-ri-nà-re] *v.tr.* **1** Tenere a bagno del pesce o della carne in un liquido a base di aceto o vino aromatizzati, per insaporirli o conservarli **2** ♧ *Marinare la scuola* = non andarci.

marinaro [ma-ri-nà-ro] *agg.* Di mare, che riguarda i marinai, la navigazione: *città, repubbliche marinare*; *vita marinara* | *Alla marinara* = secondo l'uso dei marinai: *vestire alla marinara*.

marine [parola inglese; pron. corrente *marìn*] *s.m.invar.* Soldato appartenente a un corpo speciale americano o inglese, impiegato soprattutto negli sbarchi e in azioni particolarmente impegnative.

marino [ma-rì-no] *agg.* Di, del mare: *le correnti marine*; *fondo marino*; *flora, fauna marina* | *Vento marino* = che soffia dal mare | *Località, colonia marina* = situata in riva al mare.

mariolo [ma-ri-ò-lo] *s.m.* Persona disonesta Ⓢ furfante ◊ (riferito scherzosamente a bambini e ragazzi) Monello, birbante: *sei un vero mariolo!*

marionetta [ma-rio-nét-ta] *s.f.* Fantoccio di legno o cartapesta che in spettacoli teatrali viene manovrato dall'alto per mezzo di fili collegati con la testa, le braccia e le gambe.

maritare [ma-ri-tà-re] *v.tr.* Far sposare una donna: *ha maritato la figlia a un bravo ragazzo* ♦ **maritarsi** *v.pr.* Sposarsi: *si è maritata giovane*; *si mariteranno il mese prossimo*.

marito [ma-rì-to] *s.m.* L'uomo con cui una donna è sposata | *Avere marito* = essere sposata | *Prendere marito* = maritarsi.

marittimo [ma-rìt-ti-mo] *agg.* Che si trova sul mare o vicino al mare: *città, regione marittima* | *Clima marittimo* = caratteristico delle regioni vicine al mare ◊ Che si svolge sul mare: *navigazione marittima*; *commercio marittimo* ♦ *s.m.* Chi lavora sul mare, come marinaio o nelle attività portuali: *sciopero dei marittimi*.

marketing [parola inglese; pron. corrente *màrchetin*] *s.m.invar.* L'insieme delle attività (studio del mercato, organizzazione delle vendite, pubblicità ecc.) che un'azienda svolge per aumentare la vendita dei propri prodotti.

marmaglia [mar-mà-glia] *s.f.* Massa di gente spregevole Ⓢ gentaglia: *non voglio mescolarmi con quella marmaglia*.

marmellata [mar-mel-là-ta] *s.f.* Conserva di frutta cotta con zucchero: *marmellata di pesche, di ciliegie*.

marmitta [mar-mìt-ta] *s.f.* **1** Grossa pentola (in partic. quella usata per cuocere il rancio dei soldati) **2** Parte terminale del tubo di scappamento dei veicoli a motore, che ha la funzione di attenuare il rumore della fase di scarico.

marmo [màr-mo] *s.m.* Roccia di vario colore, spesso con venature, usata per rivestimenti e decorazioni di edifici, per monumenti e sculture: *marmo bianco, rosso, venato*; *un pavimento, una statua di marmo* | *Freddo come il marmo* = gelido | ♧ *Avere il cuore di marmo* = essere insensibile | ♧ *Restare di marmo* = rimanere stupefatto o impassibile.

marmocchio [mar-mòc-chio] *s.m.* Bambino.

marmoreo [mar-mò-re-o] *agg.* Di marmo: *una statua marmorea*.

marmotta [mar-mòt-ta] *s.f.* **1** Mammifero roditore con folto pelo che vive in zone di alta montagna e passa l'inverno in letargo **2** ♧ Persona dormigliona, pigra e lenta.

maroso [ma-ró-so] *s.m.* Grossa onda di mare in tempesta: *la barca fu travolta dai marosi*.

marrone [mar-ró-ne] *s.m.* **1** Varietà di castagno con frutti particolarmente grossi e pregiati ◊ Il frutto di tale castagno **2** Il colore bruno scuro caratteristico del guscio delle castagne ♦ *agg.* [pl. *–ne* o *–ni*] Che ha il colore del guscio della castagna: *scarpe marrone* (o *marroni*).

marsina [mar-sì-na] *s.f.* Frac.

Marsupiali [mar-su-pià-li] *s.m.pl.* Ordine di Mammiferi le cui femmine portano i neonati nel marsupio; ne fanno parte il canguro e l'opossum.

marsupio [mar-sù-pio] *s.m.* Specie di tasca sul ventre, in cui le femmine dei marsupiali tengono i loro piccoli per tutto il periodo dell'allattamento.

martedì [mar-te-dì] *s.m.* Il secondo giorno della settimana | *Martedì grasso* = l'ultimo giorno di carnevale.

martellante [mar-tel-làn-te] *agg.* Incalzante, ripetuto, insistente: *una pubblicità martellante*.

martellare [mar-tel-là-re] *v.tr.* **1** Battere, lavorare con il martello: *martellare il ferro incandescente* **2** ♧ Colpire con forza e con insistenza: *martellava la porta con i calci* | *Martellare qualcuno di domande* = incalzarlo con continue domande ♦ *v.intr.* [aus. *avere*] Battere, pulsare violentemente: *si sentiva martellare le tempie, le vene, il cuore per l'emozione*.

martellata [mar-tel-là-ta] *s.f.* Colpo di martello.

martello [mar-tèl-lo] *s.m.* **1** Utensile per battere, costituito da un elemento metallico di forma varia fissato a un manico per lo più di legno: *martello da fabbro, da falegname, da calzolaio* **2** Oggetto che ha una forma o una funzione simile a quella del martello: *il martello della campana* | *La campana suona a martello* = con rintocchi rapidi e staccati, per avvertire di un pericolo ◊ *Martello pneumatico* = macchina per perforare e demolire **3** Nell'atletica leggera, attrezzo da lancio costituito da una sfera metallica fissata a un filo d'acciaio terminante con un'impugnatura.

martinetto [mar-ti-nét-to] *s.m.* Congegno per sollevare grossi pesi a piccola altezza Ⓢ cric.

martire [màr-ti-re] *s.m.f.* **1** Cristiano che (spec. nei primi secoli del cristianesimo) affronta le persecuzioni e la morte pur di non rinnegare la propria fede **2** Chi sacrifica la sua vita per un ideale: *i martiri della Resistenza* **3** ♧ Chi sopporta con rassegnazione dolori, sacrifici e ingiustizie.

martirio [mar-tì-rio] *s.m.* **1** La morte o le sofferenze che un martire affronta per la propria fede o il proprio ideale: *molti santi subirono il martirio* **2** ♧ Grave sofferenza Ⓢ tormento: *la sua vita è stata tutta un martirio*.

martora [màr-to-ra] *s.f.* Piccolo mammifero carnivoro, con pelliccia bruno-giallastra.

martoriare [mar-to-rià-re] *v.tr.* Tormentare, affliggere: *non martoriare quella povera bestia!*; *continua a martoriarmi con le sue richieste*.

marzapane [mar-za-pà-ne] *s.m.* Pasta dolce a base di mandorle pestate, chiara d'uovo e zucchero, usata in pasticceria.

marziale [mar-zià-le] *agg.* **1** Guerresco: *musiche marziali* | *Corte marziale* = tribunale militare | *Legge marziale* = quella che dà tutti i poteri all'autorità militare | *Arti marziali* = le tecniche di difesa personale di origine orientale, come judo, karatè e simili **2** ♧ Fiero ed energico: *camminava con passo marziale.*

marziano [mar-zià-no] *s.m.* Immaginario abitante del pianeta Marte ◊ Extraterrestre.

marzo [màr-zo] *s.m.* Terzo mese dell'anno, di 31 giorni.

mascalzonata [ma-scal-zo-nà-ta] *s.f.* Azione da mascalzone.

mascalzone [ma-scal-zó-ne] *s.m.* Persona disonesta e senza scrupoli Ⓢ farabutto.

mascarpone [ma-scar-pó-ne] *s.m.* Formaggio cremoso e burroso, preparato con pura panna.

mascella [ma-scèl-la] *s.f.* Osso della faccia in cui sono infissi i denti superiori | *Mascella inferiore* = mandibola.

maschera [mà-sche-ra] *s.f.* **1** Finto volto di cartapesta, stoffa, legno o altro materiale, che si porta sul viso a scopo scherzoso (*maschera di carnevale*), per esigenze teatrali (*maschera tragica, maschera da pagliaccio*) o per cerimonie rituali (*maschera da stregone*) ◊ Qualsiasi copertura per nascondere il volto: *i rapinatori portavano delle maschere* | ♧ *Gettare, levarsi la maschera* = smettere di fingere, rivelarsi per quel che si è veramente **2** Costume che si usa per un travestimento completo: *mettersi in maschera per il carnevale* ◊ Persona vestita in maschera: *un corteo di maschere* **3** Arnese o apparecchio che si applica sul volto a scopo protettivo: *maschera da scherma, subacquea, antigas* **4** Inserviente che nei cinema e nei teatri controlla i biglietti e accompagna gli spettatori al loro posto.

mascherare [ma-sche-rà-re] *v.tr.* **1** Coprire con una maschera: *si maschero il viso* ◊ Vestire in maschera Ⓢ travestire **2** Coprire alla vista Ⓢ camuffare: *mascherare un carro armato con delle frasche* ◊ ♧ Dissimulare, nascondere: *non riusciva a mascherare la sua rabbia* ♦ **mascherarsi** *v.pr.* Mettersi una maschera; vestirsi in maschera, travestirsi: *si è mascherato da pirata.*

mascherata [ma-sche-rà-ta] *s.f.* **1** Festa di persone in maschera **2** ♧ Messa in scena ridicola, fatta solo per salvare le apparenze Ⓢ buffonata.

mascherina [ma-sche-rì-na] *s.f.* **1** Mezza maschera che copre solo gli occhi e il naso **2** Persona in maschera, spec. bambino o bambina **3** Nella carrozzeria degli autoveicoli, griglia metallica che maschera e protegge il radiatore.

maschietto [ma-schiét-to] *s.m.* Bambino di sesso maschile: *gli è nato un maschietto.*

maschile [ma-schì-le] *agg.* Di, da maschio Ⓒ femminile: *sesso maschile*; *un abito maschile* | *Genere maschile* = uno dei generi grammaticali in cui sono suddivisi nomi, pronomi, articoli e aggettivi (distinto da *femminile* e, in alcune lingue, anche da *neutro*).

maschio [mà-schio] *s.m.* **1** Ogni individuo umano o animale fornito dei gameti maschili e perciò della capacità di fecondare la femmina: *il maschio della volpe* ◊ Bambino, ragazzo, uomo: *ha due figli, un maschio e una femmina* **2** Torre principale di un castello o di una fortezza ♦ *agg.* **1** Di sesso maschile (si usa sempre al maschile singolare quando è riferito ad animali che hanno uno stesso nome per entrambi i generi, anche se è un nome femminile): *ha due figli maschi*; *una volpe maschio*; *due foche maschio* **2** Virile, forte.

mascolino [ma-sco-lì-no] *agg.* Maschile, da maschio: *voce mascolina* | *Donna mascolina* = poco femminile.

mascotte [parola francese; pron. *mascòt*] *s.f. invar.* Persona, animale o cosa scelti come portafortuna: *quel cane è la mascotte della squadra.*

masnada [ma-snà-da] *s.f.* Gruppo di persone disoneste Ⓢ banda: *una masnada di furfanti, di ladri.*

massa [màs-sa] *s.f.* **1** Quantità di materia che forma un tutto unico e compatto: *una massa di terra, di neve, di acqua*; *masse d'aria calda, fredda* **2** Grande quantità Ⓢ cumulo, mucchio (anche ♧): *sul pavimento c'era una massa di libri*; *hai detto una massa di stupidaggini* ◊ Moltitudine di persone: *una massa di turisti ha invaso le spiagge* | *Le masse (popolari)* = il popolo | *Di massa* = che riguarda e coinvolge un gran numero di persone: *turismo, mezzi di comunicazione di massa* | *In massa* = tutti insieme, in blocco: *risposero in massa all'appello.*

massacrante [mas-sa-cràn-te] *agg.* Molto faticoso, estenuante: *fa un lavoro massacrante*; *è stato un viaggio massacrante.*

massacrare [mas-sa-crà-re] *v.tr.* **1** Uccidere ferocemente e in gran numero persone indifese o animali: *i prigionieri furono massacrati*; *i bracconieri massacrarono un branco di elefanti* **2** Picchiare a sangue: *lo hanno massacrato di botte.*

massacro [mas-sà-cro] *s.m.* Eccidio, strage, carneficina: *i soldati spararono sulla folla e fu un massacro.*

massaggiare [mas-sag-già-re] *v.tr.* Sottoporre a massaggio.

massaggiatore [mas-sag-gia-tó-re] *s.m.* [f. *–trice*] Chi per professione pratica massaggi.

massaggio [mas-sàg-gio] *s.m.* Trattamento che consiste nel manipolare varie parti del corpo per riattivare e migliorare la circolazione sanguigna, le funzioni dei muscoli, delle articolazioni ecc.

massaia [mas-sà-ia] *s.f.* Donna che provvede alla cura e al governo della propria casa Ⓢ casalinga.

massello [mas-sèl-lo] *s.m.* **1** Lingotto di metallo semilavorato **2** Legno massiccio: *un tavolo in massello di pino.*

masserizie [mas-se-rì-zie] *s.f.pl.* L'insieme dei mobili e delle suppellettili di una casa.

massicciata [mas-sic-cià-ta] *s.f.* Strato di ghiaia e pietrisco compressi che costituisce la base della pavimentazione stradale o su cui poggiano le traversine delle ferrovie.

massiccio [mas-sìc-cio] *agg.* [pl.f. *–ce*] **1** Costituito da un'unica massa solida e compatta, senza vuoti all'interno: *un braccialetto di oro massiccio*; *un tavolo di legno massiccio* **2** Grosso, pesante, robusto: *un edificio massiccio*; *una corporatura massiccia*; *spalle massicce* **3** ♧ Molto intenso, molto forte: *un bombardamento massiccio*; *dosi massicce di medicinali* ◊ Che coinvolge un gran numero di persone o comporta un grande impiego di mezzi: *uno sciopero massiccio*; *una massiccia campagna pubblicitaria* ♦ *s.m.* Gruppo montuoso imponente e isolato da quelli circostanti: *il massiccio del Monte Bianco, del Gran Sasso.*

massima[1] [màs-si-ma] *s.f.* Principio generale che si assume come guida dell'agire Ⓢ regola di condotta: *è mia massima non promettere quello che non posso mantenere* | *In linea di massima* = in generale, nel complesso ◊ Breve frase che indica una norma di vita Ⓢ precetto, motto: *ho letto un libro di massime antiche.*

massima[2] [màs-si-ma] *s.f.* Temperatura massima: *oggi la massima è stata di 28 °C.*

massimo [màs-si-mo] *agg.* Il più grande, il più elevato Ⓒ minimo: *la velocità massima di un'auto* ◊ Grandissimo, estremo: *lavora con il massimo impegno*; *ci tratta con il massimo rispetto* | *Temperatura massima* = la più alta registrata in una località in un dato momento o periodo | *Peso massimo* = pugile che appartiene alla categoria di peso maggiore ♦ *s.m.* Il limite, il grado, il livello più elevato: *raggiungere il massimo della velocità*; *questo è il massimo che si può ottenere* | *Al massimo* = tutt'al più: *ci metterò al massimo un'ora.*

Massimo è il superlativo di *grande*, quindi è un errore dire *molto massimo.*

mass media [locuzione inglese; pron. correnti *mass mìdia* e *mass mèdia*] *s.m.pl.* Mezzi di comunicazione di massa, quali la stampa, la radio, la televisione, il cinema.

masso [màs-so] *s.m.* Blocco di roccia o sasso di grandi dimensioni: *la strada è interrotta per la caduta di un masso.*

mastello [ma-stèl-lo] *s.m.* Grande recipiente di legno, usato un tempo spec. per farvi il bucato.

masterizzare [ma-ste-riz-zà-re] *v.tr.* Registrare dati su un CD o un DVD.

masterizzatore [ma-ste-riz-za-tó-re] *s.m.* Apparecchio per registrare dati su CD o DVD.

masticare [ma-sti-cà-re] *v.tr.* [*màstico, màstichi*] **1** Triturare, schiacciare con i denti: *masticare un pezzo di pane, la gomma americana* **2** ♧ Borbottare tra i denti in modo poco chiaro: *masticare le parole* | *Masticare un po' d'inglese, di francese* ecc. = parlarlo poco e imperfettamente.

master [parola inglese; pron. corrente *màster*] *s.m.invar.* **1** Corso di specializzazione successivo alla laurea **2** Registrazione originale da cui si ricavano copie su CD o DVD.

mastice [mà-sti-ce] *s.m.* Prodotto adesivo usato per saldare tra loro oggetti o per otturare buchi e fessure.

mastino [ma-stì-no] *s.m.* Cane da guardia e da difesa di corporatura tozza e robusta, con testa grossa e larga, molto forte e aggressivo.

mastodontico [ma-sto-dòn-ti-co] *agg.* [pl.m. *–ci*] Enorme, gigantesco: *un edificio, un aereo mastodontico.*

mastro [mà-stro] *s.m.* Maestro, come qualifica di operai e artigiani specializzati e molto esperti: *mastro muratore, mastro carpentiere.*

masturbazione [mas-tur-ba-zió-ne] *s.f.* L'atto di manipolare i genitali per procurare piacere sessuale.

matassa [ma-tàs-sa] *s.f.* Quantità di filato avvolto ordinatamente su se stesso in più giri e fissato ai due capi (detti *bandoli*) perché non si imbrogli: *una matassa di lana, di seta, di cotone* | ♧ *Sbrogliare, dipanare la matassa* = risolvere un problema intricato | ♧ *Cercare, trovare il bandolo della matassa* = il punto da cui partire per risolvere un problema, una situazione difficile.

match [parola inglese; pron. *mèč*] *s.m.invar.* Incontro sportivo, spec. di pugilato.

matematica [ma-te-mà-ti-ca] *s.f.* Scienza che studia i numeri, le figure geometriche ed enti astratti analoghi ◊ Materia scolastica relativa a tale scienza: *mi hanno interrogato in matematica.*

matematico [ma-te-mà-ti-co] *agg.* [pl.m. *–ci*] **1** Che riguarda la matematica, fondato sulla matematica: *scienze matematiche*; *calcolo matematico* **2** ♧ Certo, assoluto: *avere la prova, la certezza matematica di qualcosa* ♦ *s.m.* Studioso di matematica: *un congresso di matematici.*

materassino [ma-te-ras-sì-no] *s.m.* **1** Tappeto con imbottitura di gommapiuma **2** Piccolo materasso pneumatico che si usa sulla spiaggia, sull'acqua, in campeggio ecc.

materasso [ma-te-ràs-so] *s.m.* Involucro di stoffa imbottito di materiali soffici o elastici, che si stende sul piano del letto: *materasso di lana, di gommapiuma, a molle.*

materia [ma-tè-ria] *s.f.* **1** La sostanza di cui sono fatti tutti i corpi o quella particolare di un dato oggetto: *materia solida, liquida, gassosa*; *di che materia è fatto questo vaso?* | *Materie prime* = quelle che la natura fornisce direttamente (come petrolio, ferro, legno ecc.) e che sono la base di successive lavorazioni **2** Argomento, soggetto di un discorso o di uno scritto: *qual è la materia della vostra conversazione?*; *alla fine del libro c'è l'indice delle materie trattate* | *In materia di* = per ciò che riguarda: *in materia di educazione hai molto da imparare* ◊ Disciplina di studio e d'insegnamento: *la storia è la materia che preferisco*; *è stato promosso in tutte le materie* **3** Occasione, motivo: *cerca di non offrire materia a pettegolezzi, a sospetti.*

materiale [ma-te-rià-le] *agg.* **1** Costituito di materia: *oggetti materiali* **2** Che riguarda gli aspetti fisici, concreti, pratici della realtà e della vita Ⓒ spirituale, intellettuale, morale: *un uomo dedito solo ai piaceri materiali* | *Necessità, soddisfazioni, interessi materiali* = di tipo economico, pratico ◊ Effettivo, concreto: *l'esecutore materiale di un delitto*; *non ho il tempo materiale per leggere* **3** Rozzo, grossolano, volgare: *un uomo materiale, dai modi materiali* ♦ *s.m.* Sostanza, prodotto con determinate caratteristiche: *materiali naturali, artificiali, elastici, isolanti* ◊ Tutto ciò che serve per svolgere un'attività e per eseguire un lavoro: *materiale da costruzione, da disegno, didattico* | *Raccogliere materiale per un'inchiesta, per un libro, per un film* = dati, notizie, documenti.

materialmente [ma-te-rial-mén-te] *avv.* Fisicamente, concretamente, di fatto: *è stato lui a compiere materialmente il delitto*; *mi è materialmente impossibile aiutarti.*

maternità [ma-ter-ni-tà] *s.f.* **1** L'essere madre, la condizione di madre: *è alla sua prima maternità*; *le gioie, le ansie della maternità* **2** Reparto ospedaliero riservato alle partorienti e alle puerpere.

materno [ma-tèr-no] *agg.* **1** Di, della madre: *il piccolo è nutrito con latte materno*; *amore materno* ◊ Da madre: *nutre per quel giovane un affetto materno* | *Scuola materna* = riservata ai bambini dai tre ai cinque anni ◊ Da parte di madre: *nonno, zio materno* **2** *Terra materna* = il paese in cui si è nati e cresciuti | *Lingua materna* = madrelingua.

matita [ma-tì-ta] *s.f.* Strumento per scrivere, disegnare o colorare, costituito da una mina racchiusa in un involucro di legno o di altra materia.

matriarcato [ma-triar-cà-to] *s.m.* Sistema sociale nel quale è la donna a esercitare l'autorità sul gruppo familiare e sulla società.

matrice [ma-trì-ce] *s.f.* **1** Originale o stampo da cui si riproducono o si ricavano altri oggetti o copie **2** Nei moduli costituiti da due elementi staccabili (bollette, assegni ecc.), la parte che rimane a chi lo emette **3** ♧ Origine, radice, provenienza: *le matrici culturali di un fenomeno*; *un attentato di chiara matrice mafiosa.*

matricola [ma-trì-co-la] *s.f.* **1** Registro in cui sono iscritte persone o cose appartenenti alla stessa categoria: *la matricola dei militari, degli autoveicoli, delle armi da fuoco* | *Numero di matricola* = il numero d'iscrizione in tale registro, che permette l'identificazione della persona o dell'oggetto: *dalla pistola era stato cancellato il numero di matricola* **2** Studente iscritto al primo anno dell'università.

matricolato [ma-tri-co-là-to] *agg.* *È un ladro, un furfante, un bugiardo matricolato* = è a tutti noto come un ladro di professione, come un gran furfante, un gran bugiardo.

matrigna [ma-trì-gna] *s.f.* La nuova moglie del padre per i figli nati da un'altra moglie.

matrimoniale [ma-tri-mo-nià-le] *agg.* Relativo al matrimonio Ⓢ coniugale: *la nostra vita matrimoniale è stata molto felice* | *Letto matrimoniale* = a due piazze.

matrimonio [ma-tri-mò-nio] *s.m.* **1** Unione tra un uomo e una donna che si impegnano a vivere insieme e ad aiutarsi reciprocamente davanti a un pubblico ufficiale (*matrimonio civile*) o a un sacerdote (*matrimonio religioso*) Ⓒ divorzio: *il loro è stato un matrimonio felice* **2** Cerimonia, rito nuziale Ⓢ nozze: *sono stato invitato a un matrimonio.*

matta [màt-ta] *s.f.* Carta da gioco a cui si può attribuire il valore che si vuole Ⓢ jolly: *pescare la matta.*

mattacchione [mat-tac-chió-ne] *s.m.* Persona allegra e bizzarra, che ama gli scherzi Ⓢ burlone.

mattanza [mat-tàn-za] *s.f.* Uccisione dei tonni chiusi nella tonnara ◊ Massacro, strage.

mattarello vedi **matterello**.

mattatoio [mat-ta-tó-io] *s.m.* Luogo in cui vengono macellati gli animali destinati all'alimentazione Ⓢ macello.

mattatore [mat-ta-tó-re] *s.m.* [f. *–trice*] Chi si impone come protagonista in una situazione, concentrando su di sé l'attenzione generale: *è stato lui il mattatore dello spettacolo, della serata.*

matterello [mat-te-rèl-lo] o **mattarello** [mat-ta-rèl-lo] *s.m.* Cilindro di legno usato in cucina per spianare la pasta.

mattina [mat-tì-na] *s.f.* Parte del giorno compresa tra l'alba e il mezzogiorno (è sinonimo di *mattino*, ma è la forma esclusiva in espressioni come *ieri, domani mattina*; *lunedì, domenica mattina*): *le ore della mattina* | *Di prima mattina* = nelle prime ore del giorno | *Dalla mattina alla sera* = tutto il giorno | ♧ *Dalla sera alla mattina* = in un tempo molto breve: *ha cambiato idea dalla sera alla mattina.*

mattinata [mat-ti-nà-ta] *s.f.* Mattina, spec. in riferimento alla sua durata, al tempo che fa e a ciò che vi accade: *ho passato la mattinata a studiare*; *una mattinata piovosa*; *gli avvenimenti della mattinata* | *In mattinata* = durante, entro la mattina: *partiremo in mattinata.*

mattiniero [mat-ti-niè-ro] *agg.* Che si alza al mattino presto.

mattino [mat-tì-no] *s.m.* Mattina | *Di buon mattino* = al mattino presto | *Sul far del mattino* = all'alba.

matto [màt-to] *agg.* Che è privo della ragione o si comporta in modo assurdo e irragionevole Ⓢ pazzo, folle: *è diventato matto*; *sei stato matto ad accettare* | *Fossi matto!* = per indicare che non si intende assolutamente fare qualcosa | *Andare matto per qualcosa, per qualcuno* = nutrire una grande passione, amare molto: *va matto per i dolci, per quella ragazza* ◊ *Voglia, paura matta* = enorme: *ho una voglia matta di partire*; *ha una paura matta del buio* ♦ *s.m.* Persona che non è in grado di ragionare: *gridava come un matto* | *Cose, roba da matti* = cose incredibili, assurde | *Mi piace da matti* = moltissimo.

mattone [mat-tó-ne] *s.m.* **1** Laterizio a forma di parallelepipedo, pieno o forato, fatto di argilla cotta al forno e usato nelle costruzioni **2** ♧ Cosa o persona pesante e noiosa: *che mattone quel libro!*

mattonella [mat-to-nèl-la] *s.f.* Piastrella di forma e materiale vari, usata per pavimentazioni e rivestimenti.

mattutino [mat-tu-tì-no] *agg.* Delle prime ore della mattina; che avviene o è fatto di mattina: *la fresca aria mattutina*; *andò a fare la sua passeggiata mattutina.*

maturare [ma-tu-rà-re] *v.tr.* Rendere maturo (anche ♧): *il sole matura i frutti*; *quell'esperienza lo ha maturato* ◊ ♧ *Maturare una decisione, una scelta* = arrivarci gradualmente, in modo meditato ♦ *v.intr.* [aus. *essere*] Diventare maturo: *l'uva matura a settembre* ◊ Raggiungere la maturità fisica e intellettuale: *le ragazze maturano prima dei ragazzi*; *è un giovane che sta maturando in fretta.*

maturità [ma-tu-ri-tà] *s.f.* **1** Età della vita compresa tra la giovinezza e la vecchiaia: *è negli anni della maturità* ◊ Pieno sviluppo delle capacità intellettuali e morali; capacità di ragionare e agire con saggezza ed equilibrio: *un ragazzo che dimostra una notevole maturità* **2** Diploma statale di scuola secondaria di secondo grado; l'esame che si sostiene per conseguirlo.

maturo [ma-tù-ro] *agg.* **1** Che ha raggiunto un completo sviluppo: *una pesca matura*; *grano maturo* | ♧ *I tempi sono maturi per agire* = è giunto il momento opportuno **2** Che è nell'età adulta: *è ormai un uomo maturo* ◊ ♧ Capace di ragionare e comportarsi da persona adulta; dotato di saggezza ed equilibrio: *è molto maturo per la sua età* **3** ♧ Attento, approfondito: *ho preso questa decisione dopo matura riflessione.*

mausoleo [mau-so-lè-o] *s.m.* Sepolcro monumentale.

maxi– Primo elemento di parole composte, che significa «molto grande».

mazurca [ma-zùr-ca] *s.f.* Danza di origine polacca simile al valzer, ma più lenta.

mazza [màz-za] *s.f.* **1** Grosso bastone Ⓢ randello ◊ In vari sport (baseball, golf, hockey), bastone di forma varia che serve a colpire la palla **2** Grosso martello con manico lungo, per lavorare il ferro o spaccare le pietre.

mazzata [maz-zà-ta] *s.f.* **1** Colpo di mazza: *lo hanno stordito con una mazzata* **2** ♧ Dolore intenso o disgrazia improvvisa che colpisce violentemente: *la morte della moglie fu per lui una vera mazzata.*

mazzo [màz-zo] *s.m.* **1** Insieme di cose unite o legate assieme: *un mazzo di rose, di asparagi*; *un mazzo di chiavi* **2** Serie completa di carte da gioco: *mescolare il mazzo.*

me [mé] *pronome pers.* **1** Si usa al posto del pronome *io* nei complementi indiretti: *vieni con me,* *da me*; *parlano di me*; *l'ha fatto per me* | *Da me* = da solo, senza aiuto di altri: *ho fatto tutto da me* | *Secondo me* = a mio parere ◊ Si usa al posto del pronome *mi* quando gli si vuole dare particolare rilievo e quando è seguito dai pronomi *lo, la, li, le, ne*: *ha cercato me, non te*; *me lo ha detto*; *me ne pento*; *dammeli!* **2** Si usa come soggetto nelle esclamazioni e nelle comparazioni dopo *come* e *quanto*: *povero me!*; *è alto come me*.

meandro [me-àn-dro] *s.m.* **1** Ognuna delle doppie curve a S che caratterizzano il corso dei fiumi nelle pianure con lieve pendenza **2** Percorso, andamento tortuoso: *si perse nei meandri di stradine della città vecchia*.

meccanica [mec-cà-ni-ca] *s.f.* **1** Parte della fisica che studia il moto e l'equilibrio dei corpi **2** La tecnologia e la tecnica relative alla costruzione e al funzionamento di macchine e meccanismi: *comprare un manuale di meccanica* **3** L'insieme degli elementi di un meccanismo e il loro funzionamento: *studiare la meccanica di un motore* ◊ ♧ Modo in cui si è svolto un determinato fatto: *ricostruire la meccanica di un incidente*.

meccanicamente [mec-ca-ni-ca-mén-te] *avv.* **1** Per mezzo di macchine: *oggetti prodotti meccanicamente* **2** ♧ In modo automatico: *si accese meccanicamente una sigaretta*.

meccanico [mec-cà-ni-co] *agg.* [pl.m. *–ci*] **1** Che è costituito da una macchina, da un meccanismo o ne fa parte: *un congegno meccanico*; *pezzi meccanici* ◊ Che riguarda le macchine, i meccanismi o loro parti: *un'officina meccanica*; *la mia auto si è fermata per un guasto meccanico* ◊ Che viene fatto per mezzo di macchine Ⓒ manuale: *tessitura, mungitura meccanica* **2** ♧ Si dice di ciò che viene fatto in modo automatico, senza pensarci o senza l'intervento dell'intelligenza: *fece un gesto meccanico*; *respirare è un atto meccanico*; *fa un lavoro meccanico, noioso* ♦ *s.m.* Operaio o tecnico specializzato nella manutenzione e riparazione di macchine e meccanismi: *un meccanico di automobili, di biciclette*.

meccanismo [mec-ca-nì-smo] *s.m.* **1** Il complesso degli elementi che costituiscono una macchina o un congegno; il modo in cui funziona tale complesso di elementi: *il meccanismo di un orologio*; *studiare il meccanismo di un motore* **2** ♧ Il modo in cui funziona un'organizzazione o un'attività fisica, psichica o sociale: *il meccanismo della burocrazia*; *il meccanismo della digestione*.

meccanizzare [mec-ca-niz-zà-re] *v.tr.* Introdurre l'uso delle macchine in un'attività che in precedenza si basava solo sul lavoro umano o sull'impiego di animali: *meccanizzare l'agricoltura, l'industria del latte*.

mecenate [me-ce-nà-te] *s.m.f.* Chi protegge e aiuta con generosità artisti e attività culturali.

mèche [parola francese; pron. *mèš*] *s.f.invar.* Ciocca di capelli colorata artificialmente di un colore più chiaro di quello naturale.

medaglia [me-dà-glia] *s.f.* Dischetto di metallo simile a una moneta, con figure e iscrizioni su una o su entrambe le facce (*il diritto* e *il rovescio*); può essere coniata per ricordare una persona o un avvenimento (*medaglia commemorativa*) o venire conferita come segno d'onore o premio a chi si è distinto in un'attività (*medaglia al valore militare, civile*) o in una competizione sportiva (*medaglia d'oro, d'argento, di bronzo*, date rispettivamente al primo, al secondo e al terzo classificato in una gara) | ♧ *Il rovescio della medaglia* = l'aspetto meno gradevole, il lato negativo di qualcosa.

medaglione [me-da-glió-ne] *s.m.* Gioiello rotondo o ovale, che racchiude il ritratto o un ricordo di una persona cara.

medesimo [me-dé-si-mo] *agg.* Identico, uguale Ⓢ stesso Ⓒ diverso: *facciamo il medesimo lavoro*; *loro due sono della medesima altezza* ♦ *pronome* La stessa persona: *mi ha risposto il medesimo dell'altra volta*.

media[1] [mè-dia] *s.f.* **1** Valore intermedio fra un massimo e un minimo: *la media delle temperature di gennaio è stata di 8 °C*; *ha un'intelligenza superiore alla media* | *Media aritmetica* = il numero che risulta dalla somma di più valori divisa per il numero dei valori stessi | *Media oraria* = la velocità media, riferita a un'ora di tempo, realizzata su un determinato percorso: *abbiamo viaggiato a una media di 100 km all'ora* | *In media* = facendo una media; all'incirca: *guadagna in media duemila euro al mese* ◊ Nel linguaggio scolastico, votazione che risulta dalla media aritmetica dei voti riportati nelle singole materie: *è stato promosso con la media del sette* **2** Scuola media inferiore: *frequenta la terza media, le medie*.

media[2] [pron. *mèdia* o *mìdia*] *s.m.pl.* Abbreviazione di *mass media*.

mediano [me-dià-no] *agg.* Che sta nel mezzo: *la linea, la zona mediana del campo di calcio* ♦ *s.m.* Nel calcio, giocatore che tiene i collegamenti tra la difesa e l'attacco.

mediante [me-diàn-te] *prep.* Per mezzo di, con l'aiuto di Ⓢ tramite: *protegge la sua casa mediante un sistema d'allarme*; *ha trovato quel posto mediante un amico*.

mediateca [me-dia-tè-ca] *s.f.* Luogo in cui vengono raccolti e possono essere consultati prodotti multimediali di ogni genere: videocassette. DVD, CD, pellicole cinematografiche ecc.

mediatico [me-dià-ti-co] *agg.* [pl.m. *–ci*] Che avviene e si realizza tramite i mass media: *il matrimonio del re è diventato un evento mediatico.*

mediatore [me-dia-tó-re] *s.m.* [f. *–trice*] Chi si interpone tra due parti per metterle d'accordo: *l'ONU ha fatto da mediatore nel conflitto tra i due paesi* ◊ Agente intermediario che mette in contatto un venditore e un compratore per far loro concludere un affare: *per vendere la casa ci siamo rivolti a un mediatore.*

mediazione [me-dia-zió-ne] *s.f.* Attività, azione di chi opera per far trovare un accordo tra due parti in conflitto: *fare opera di mediazione* ◊ Attività svolta dietro compenso per far concludere un affare; il compenso del mediatore.

medicamento [me-di-ca-mén-to] *s.m.* Sostanza, prodotto curativo Ⓢ farmaco: *il medico pose un medicamento sulla ferita; ha trovato un medicamento efficace.*

medicamentoso [me-di-ca-men-tó-so] *agg.* Che ha poteri curativi Ⓢ medicinale: *sostanze medicamentose.*

medicare [me-di-cà-re] *v.tr.* [*mèdico, mèdichi*] Pulire, disinfettare e curare una lesione esterna: *medicare una ferita, un'ustione.*

medicazione [me-di-ca-zió-ne] *s.f.* L'operazione di medicare: *la medicazione di un ferito* ◊ L'insieme dei medicamenti, delle bende, dei cerotti applicati sulla parte ferita: *è ora di cambiare la medicazione.*

medicina [me-di-cì-na] *s.f.* **1** Scienza che studia le malattie e i mezzi per curarle e prevenirle: *i progressi della medicina* **2** Ogni preparato che serve a curare Ⓢ farmaco: *sta prendendo una medicina per la tosse* **3** ♧ Cura, rimedio di mali fisici o sofferenze morali: *sei esaurito, la miglior medicina è il riposo.*

medicinale [me-di-ci-nà-le] *agg.* Che ha proprietà curative: *erbe, piante medicinali* ♦ *s.m.* Prodotto farmaceutico Ⓢ farmaco, medicina: *acquistare un medicinale.*

medico [mè-di-co] *agg.* [pl.m. *–ci*] Di medicina, che riguarda la medicina: *cure mediche; la scienza medica* ◊ Del medico: *ha bisogno di una visita medica* | *Certificato medico* = rilasciato dal medico ♦ *s.m.* Professionista laureato e abilitato all'esercizio della medicina Ⓢ dottore: *fa il medico; medico generico, specialista.*

medievale [me-die-và-le] o **medioevale** [me-dio-e-và-le] *agg.* **1** Del medioevo: *storia medievale; un castello medievale* **2** ♧ Retrivo, superato: *suo padre ha una mentalità medievale.*

medio [mè-dio] *agg.* **1** Che sta nel mezzo tra due estremi (nello spazio o nel tempo, di quantità o qualità): *il punto medio di un asse; una moto di media cilindrata* | *Una persona di media età* = né giovane, né vecchia; *di media statura* = né alta, né bassa; *di intelligenza media* = normale | *Dito medio* = il terzo dito della mano | *Scuola media inferiore, superiore* = vecchie denominazioni della scuola secondaria di primo grado e della scuola secondaria di secondo grado **2** Che rappresenta una media, che è ottenuto facendo una media: *aumenta l'età media della vita umana; abbiamo viaggiato a una velocità media di 80 km l'ora* ♦ *s.m.* Dito medio.

mediocre [me-diò-cre] *agg.* Non grande, piuttosto scarso Ⓢ modesto: *il guadagno è stato mediocre; una persona di mediocre intelligenza* ◊ Di scarse doti, di scarso valore Ⓢ scadente Ⓒ eccellente: *uno scrittore, un film mediocre.*

medioevale vedi **medievale**.

medioevo [me-dio-è-vo] o **medio evo** *s.m.* Periodo storico compreso tra l'età antica e l'età moderna, i cui termini sono fissati tradizionalmente tra il 476, anno della caduta dell'Impero Romano d'Occidente, e il 1492, anno della scoperta dell'America.

meditabondo [me-di-ta-bón-do] *agg.* Immerso nei propri pensieri Ⓢ pensoso: *se ne stava meditabondo in riva al lago.*

meditare [me-di-tà-re] *v.tr.* Preparare, progettare qualcosa mentalmente: *meditava da tempo la fuga* ♦ *v.intr.* [aus. *avere*] Riflettere attentamente: *hai meditato su quel che ti ho detto?*

meditazione [me-di-ta-zió-ne] *s.f.* Attenta e intensa riflessione: *ha preso la decisione dopo lunga meditazione.*

mediterraneo [me-di-ter-rà-ne-o] *agg.* **1** *Mare Mediterraneo* = circondato da terre; in partic., il mare compreso tra l'Europa, l'Africa e l'Asia **2** Delle regioni bagnate dal Mediterraneo: *le coste mediterranee; clima mediterraneo.*

medium [mè-dium] *s.m.f.invar.* Persona dotata di poteri soprannaturali, grazie ai quali sarebbe in grado, nelle sedute spiritiche, di mettere in contatto i partecipanti con gli spiriti dei defunti.

medusa [me-dù-sa] *s.f.* Animale marino dal corpo gelatinoso a forma di ombrello, orlato di numerosi e sottili tentacoli il cui contatto irrita la pelle.

meeting [parola inglese; pron. corrente *mìtin*] *s.m.invar.* Raduno, incontro sportivo: *un meeting di atletica leggera* ◊ Riunione, convegno politico o culturale.

mefitico [me-fi-ti-co] *agg.* [pl.m. *–ci*] Fetido, malsano e irrespirabile: *esalazioni mefitiche*; *nel locale affollato c'era un'aria mefitica.*

mega– Primo elemento di parole composte, che significa «grande», «grosso».

megabyte [me-ga-by-te; pron. *megabàit*] *s.m. invar.* In informatica, unità di misura della quantità di dati, equivalente a 1024 kilobyte.

megafono [me-gà-fo-no] *s.m.* Strumento a forma di imbuto che serve ad amplificare la voce | *Megafono elettrico* = fornito di microfono e altoparlante.

megalitico [me-ga-lì-ti-co] *agg.* [pl.m. *–ci*] Costituito da grossi blocchi di pietra: *un monumento megalitico.*

megalomane [me-ga-lò-ma-ne] *agg.* e *s.m.f.* Che, chi è affetto da megalomania.

megalomania [me-ga-lo-ma-nì-a] *s.f.* Mania di grandezza; tendenza a far le cose in grande e in modo dispendioso per una presunzione esagerata delle proprie capacità e possibilità: *si è rovinato per la sua megalomania.*

megastore [parola inglese; pron. corrente *megastór*] *s.m.invar.* Negozio di grandi dimensioni, in genere specializzato nella vendita di un certo settore di merci.

megera [me-gè-ra] *s.f.* Donna brutta e maligna, perfida e litigiosa, per lo più vecchia.

meglio [mè-glio] *avv.* In modo migliore Ⓒ peggio: *con questi occhiali ci vedo meglio*; *cerca di comportarti meglio*; *lui canta meglio di te* ◊ In modo più soddisfacente: *meglio di così non potrebbe andare* | *Andare di bene in meglio* = migliorare sempre più ♦ *agg.invar.* **1** Migliore Ⓒ peggiore: *questo ristorante è meglio di quello*; *non hai niente di meglio da offrirmi?* **2** Cosa migliore, preferibile, più opportuna: *è meglio partire subito*; *mi sembra meglio non dirglielo*; *faresti meglio a tacere* | *In mancanza di meglio* = di qualcosa di più adeguato ♦ *s.m.invar.* La cosa o la parte migliore: *il meglio che puoi fare è andartene*; *quando c'è da scegliere, lui si prende sempre il meglio* | *Fare del proprio meglio* = fare tutto ciò che è possibile: *ho fatto del mio meglio per aiutarlo* | *Per il meglio* = nel modo più vantaggioso: *le cose si stanno mettendo per il meglio* ♦ *s.f.invar.* La cosa migliore, più vantaggiosa | *Avere la meglio* = risultare vincitore, prevalere | *Alla meglio, alla bell'e meglio* = in qualche modo, alla meno peggio: *per stanotte ci arrangeremo alla meglio.*

Meglio è il comparativo di *bene*, quindi è un errore dire *più meglio*.

mela [mé-la] *s.f.* Il frutto del melo, di forma tondeggiante, con polpa bianca e buccia sottile e di vario colore.

melagrana [me-la-grà-na] *s.f.* [pl. *melagrane*] Il frutto del melograno, di color giallo-rossastro.

melanzana [me-lan-zà-na] *s.f.* Pianta erbacea coltivata per i frutti commestibili come ortaggi ◊ Il frutto stesso, di color violaceo o biancastro.

melassa [me-làs-sa] *s.f.* Liquido denso e dolciastro che resta dopo che si è estratto lo zucchero dalla canna e dalle barbabietole.

melenso [me-lèn-so] *agg.* Tardo e goffo, ottuso e privo di spirito, di vivacità: *un individuo melenso* ◊ Insulso: *aveva un sorriso melenso*; *un film noioso e melenso.*

mellifluo [mel-lì-fluo] *agg.* Falsamente dolce e cortese, allo scopo di ingannare o adulare: *parlava con voce melliflua*; *parole melliflue.*

melma [mél-ma] *s.f.* Terra intrisa d'acqua, molle e appiccicosa, come quella sul fondo di fiumi, laghi, paludi Ⓢ fanghiglia: *i suoi piedi affondavano nella melma.*

melmoso [mel-mó-so] *agg.* Coperto, pieno di melma.

melo [mé-lo] *s.m.* Albero con fiori bianchi che dà frutti commestibili detti *mele*: *un melo in fiore.*

melo– Primo elemento di parole composte, che significa «musica», «canto» (*melodramma*).

melodia [me-lo-dì-a] *s.f.* **1** Composizione, motivo musicale: *una melodia popolare*; *il violino suonava una triste melodia* **2** Dolce armonia di suoni, di voci: *la melodia del canto degli uccelli.*

melodioso [me-lo-dió-so] *agg.* Ricco di melodia; che ha suono dolce, soave: *una canzone, una voce melodiosa.*

melodramma [me-lo-dràm-ma] *s.m.* [pl. *–mi*] Dramma teatrale cantato con accompagnamento musicale Ⓢ opera lirica.

melograno [me-lo-grà-no] *s.m.* Albero con fiori rossi che dà frutti commestibili detti *melagrane.*

melone [me-ló-ne] *s.m.* Pianta erbacea che dà frutti commestibili ◊ Il frutto di tale pianta, grosso, con polpa biancastra, gialla o arancione, dolce, succosa e profumata.

membrana [mem-brà-na] *s.f.* **1** Strato sottile ed elastico di tessuto che avvolge organi o chiude cavità del corpo: *la membrana del timpano* *dell'orecchio* ◊ *Membrana cellulare* = l'involucro che avvolge la cellula **2** Sottile pelle di animale conciata, usata per tamburi o altri strumenti a percussione.

membro [mèm-bro] *s.m.* [pl. *i membri*; pl.f. *le membra* nel significato 1] **1** Ognuna delle parti esterne del corpo umano, in partic. gli arti: *un giovane dalle membra robuste* **2** Ogni singolo componente di un gruppo, di un'associazione, di un organismo: *i membri di una famiglia, di un partito, di una giuria, del parlamento*.

memorabile [me-mo-rà-bi-le] *agg.* Degno di essere ricordato: *un giorno memorabile*; *un successo, un'impresa memorabile*.

memore [mè-mo-re] *agg.* Che conserva il ricordo di qualcosa: *memore dei sacrifici fatti, non sprecava il suo denaro*.

memoria [me-mò-ria] *s.f.* **1** Capacità della mente di conservare e ricordare esperienze, immagini, nozioni del passato: *avere una buona, una cattiva memoria*; *invecchiando si perde la memoria* | *Sapere, imparare a memoria qualcosa* = in modo tale da poterlo ripetere esattamente, parola per parola **2** Ricordo Ⓒ oblio: *era viva in lui la memoria del padre* | *A memoria d'uomo* = dai tempi più lontani di cui si abbia ricordo | *In, alla memoria di qualcuno* = per onorarne il ricordo: *un monumento alla memoria dei caduti* **3** (al *pl.*) Ricordi personali di vicende del passato: *le dolci memorie dell'infanzia*; *sta scrivendo le sue memorie* ◊ Documenti, testimonianze che fanno rivivere un passato: *Roma è ricca di memorie della sua antica grandezza* **4** Nei computer, l'*hard disk* che registra dati e istruzioni ed è in grado di richiamarli e utilizzarli per successive operazioni.

memorizzare [me-mo-riz-zà-re] *v.tr.* **1** Fissare, imprimere nella memoria: *memorizzare una poesia* **2** Registrare dei dati nella memoria di un calcolatore elettronico.

menadito [me-na-dì-to] *locuzione avv. A menadito* = esattamente, alla perfezione: *conosce a menadito la nostra città*.

menagramo [me-na-grà-mo] *s.m.f.invar.* Persona accusata di portare sfortuna Ⓢ iettatore.

menare [me-nà-re] *v.tr.* **1** Condurre, portare: *la strada che mena al villaggio*; *qual buon vento ti mena?* | ♧ *Menare il can per l'aia* = tirare in lungo un discorso, una faccenda per rinviarne la conclusione | ♧ *Menare qualcuno per il naso* = prenderlo in giro, ingannarlo | ♧ *Menare vanto* = vantarsi, gloriarsi **2** Muovere, agitare: *il cane menava la coda* | ♧ *Menare le mani* = picchiare **3** Dare, assestare (colpi, bastonate e simili): *menava botte da orbi* ◊ Picchiare: *i suoi compagni lo hanno menato* ♦ **menarsi** *v.pr.* Picchiarsi l'un l'altro.

mendicante [men-di-càn-te] *s.m.f.* Chi vive chiedendo l'elemosina Ⓢ accattone.

mendicare [men-di-cà-re] *v.tr.* [*méndico, méndichi*] **1** Chiedere qualcosa in elemosina: *mendicare un soldo, un tozzo di pane* ◊ Chiedere l'elemosina: *è costretto a mendicare per vivere* **2** Chiedere con preghiere, umiliandosi: *mendicare un aiuto* | *Mendicare scuse, pretesti* = cercarli in modo forzato e poco dignitoso.

mene [mè-ne o mé-ne] *s.f.pl.* Maneggi, intrighi: *mene politiche*.

menefreghismo [me-ne-fre-ghì-smo] *s.m.* Atteggiamento, comportamento di noncuranza e disprezzo degli altri e dei propri doveri.

menefreghista [me-ne-fre-ghì-sta] *agg.* e *s.m.f.* [pl.m. *-sti*] Che, chi dà prova di menefreghismo.

menestrello [me-ne-strèl-lo] *s.m.* Nel medioevo, chi componeva e cantava nelle piazze e presso le corti poesie e canzoni accompagnandosi con la musica.

menhir [men-hìr] *s.m.invar.* Monumento preistorico costituito da una lunga e grossa pietra piantata verticalmente nel terreno.

meninge [me-nìn-ge] *s.f.* Ciascuna delle tre membrane che rivestono l'encefalo e il midollo spinale | ♧ *Spremersi le meningi* = concentrarsi, sforzarsi per capire qualcosa o risolvere un problema.

menisco [me-nì-sco] *s.m.* [pl. *-schi*] Cartilagine presente in alcune articolazioni (in partic. in quella del ginocchio).

meno [mé-no] *avv.* [compar. di *poco*] **1** In minor quantità, grado o misura Ⓒ più: *oggi è meno caldo di ieri*; *dovresti lavorare (di) meno*; *tu sei il meno adatto per questo lavoro* | *Più o meno* = all'incirca, pressappoco: *avrà più o meno trent'anni* | *Né più né meno* = proprio, per l'appunto: *è né più né meno quel che ti avevo detto* | *Meno male* = per fortuna | *Essere da meno* = essere inferiore | *Fare a meno di qualcosa* o *di qualcuno* = farne senza, privarsene; evitare: *non può fare a meno di fumare*; *potevi fare a meno di dirglielo* | *Venir meno* = mancare, venire a mancare (*si sentì venir meno le forze*; *ci venne meno il suo aiuto*); non osservare (*è venuto meno ai patti*); svenire: *all'improvviso si sentì venir meno* | *O meno* = o no: *dimmi se verrai o meno* **2** In matematica, indica la sottrazione: *otto meno tre fa cinque* ◊ Nell'uso comune indica quanto manca rispetto a un dato valore di misura: *un chilo meno un etto*; *sono le otto meno* *dieci (minuti)* | *In meno, di meno* = in quantità minore di quella che dovrebbe esserci o c'è: *mi ha dato di resto un euro in meno*; *avessi vent'anni di meno!* ◊ Indica temperatura inferiore a zero gradi: *questa notte il termometro è andato a meno sei* ♦ *prep.* Tranne, fuorché, eccetto: *c'erano tutti meno lui*; *pensa a tutto, meno che a lavorare* ♦ *congz. A meno che, a meno di* = salvo che, tranne il caso di: *verrò a trovarti, a meno che non piova*; *non ce la farà, a meno di non essere aiutato* ♦ *agg.invar.* Minore in quantità, numero o misura: *ci ho messo meno tempo di te*; *oggi c'è meno gente*; *vorrei avere meno preoccupazioni* ♦ *s.m.* **1** La minor cosa: *questo è il meno che si possa fare* | *Parlare del più e del meno* = di vari argomenti, tutti poco importanti **2** Simbolo della sottrazione costituito da una lineetta orizzontale.

menomare [me-no-mà-re] *v.tr.* Danneggiare fisicamente o moralmente: *è stato menomato da un incidente sul lavoro*; *l'insuccesso ha menomato il suo prestigio*.

menomazione [me-no-ma-zió-ne] *s.f.* Perdita di integrità o di efficacia; danno fisico o morale.

menopausa [me-no-pàu-sa] *s.f.* Nella donna, cessazione definitiva delle mestruazioni che avviene solitamente verso i 45-50 anni.

mensa [mèn-sa] *s.f.* **1** Tavola a cui ci si siede per mangiare: *imbandire la mensa* **2** Organizzazione che provvede a preparare i pasti per una collettività; il locale stesso in cui i pasti sono consumati: *lavora alla mensa aziendale*; *mensa scolastica*; *andare, mangiare alla mensa*.

mensile [men-sì-le] *s.m.* Del mese: *stipendio mensile* ◊ Che avviene o si fa ogni mese: *scadenza, controllo mensile* ◊ Che esce una volta al mese: *una rivista mensile* ◊ Che dura un mese: *abbonamento mensile* ♦ *s.m.* **1** Stipendio mensile **2** Pubblicazione mensile.

mensola [mèn-so-la] *s.f.* Ripiano fissato a una parete e usato per appoggiarvi oggetti vari.

menta [mén-ta] *s.f.* **1** Pianta erbacea aromatica **2** Bibita, liquore, caramella a base di essenza ricavata dalla menta: *bere, succhiare una menta*.

mentale [men-tà-le] *agg.* Della mente: *malattie mentali* | *Calcolo mentale* = effettuato nella mente, dentro di sé, non a voce o per iscritto.

mentalità [men-ta-li-tà] *s.f.* Modo di ragionare, di vedere le cose proprio di un individuo, di una categoria, di un gruppo sociale o di un'epoca: *una persona dalla mentalità aperta, ristretta*; *mentalità militare, contadina, borghese*; *la mentalità medievale, ottocentesca*.

mentalmente [men-tal-mén-te] *avv.* Con la mente, nella propria mente: *fare un calcolo mentalmente* ◊ Dal punto di vista mentale: *essere mentalmente affaticato*.

mente [mén-te] *s.f.* **1** Il complesso delle facoltà psichiche; l'organo del pensiero, delle attività intellettive e razionali: *affatica troppo la sua mente*; *un malato di mente* ◊ Intelletto, intelligenza, ingegno: *avere una mente aperta, acuta, sottile, ottusa* **2** La testa, il capo, in quanto sede del pensiero: *che cosa ti è saltato in mente?*; *ha detto la prima cosa che gli è venuta in mente* | *Non mi passa neanche per la mente* = non ci penso nemmeno ◊ Il pensiero, l'attenzione: *ero altrove con la mente* **3** Intenzione, proposito | *Avere in mente qualcosa* = proporsi di farla | *Mettersi in mente di fare qualcosa* = decidere di farla a tutti costi **4** Memoria | *Tenere a mente* = ricordare | *Mi è tornato alla mente, mi è venuto in mente* = ora mi ricordo (di qualcosa che avevo dimenticato) | *Mi è passato, uscito di mente* = me ne sono dimenticato.

–mente Suffisso che si aggiunge agli aggettivi per formare gli avverbi di modo (*giustamente, facilmente, chiaramente, brevemente*).

mentecatto [men-te-càt-to] *s.m.* Infermo di mente (usato spec. come ingiuria) Ⓢ imbecille, idiota.

mentire [men-tì-re] *v.intr.* [*ménto* o *mentìsco*, *ménti* o *mentìsci* ecc.; aus. *avere*] Dire il falso: *hai mentito, confessa!*; *è un uomo incapace di mentire*.

mentitore [men-ti-tó-re] *s.m.* [f. *–trice*] Chi mente Ⓢ bugiardo.

mento [mén-to] *s.m.* La parte inferiore del viso, sotto la bocca.

mentre [mén-tre] *congz.* **1** Nel momento in cui, intanto che: *mentre uscivo di casa è squillato il telefono* **2** E invece, quando invece: *accusa gli altri, mentre dovrebbe pensare alle sue colpe* **3** Finché: *è meglio approfittare mentre siamo in tempo* ♦ *s.m. In quel mentre* = in quel momento: *stavo uscendo e in quel mentre si è messo a piovere*.

menu [parola francese; pron. corrente *menù*] *s.m. invar.* **1** Insieme delle vivande di un pranzo ◊ Lista delle vivande di un ristorante **2** Sullo schermo dei computer, lista di comandi tra i quali scegliere, cliccandoci sopra, quello che fa eseguire alla macchina l'operazione che vogliamo.

menzionare [men-zio-nà-re] *v.tr.* Nominare, citare, ricordare: *il suo nome non è menzionato nell'elenco*.

menzione [men-zió-ne] *s.f.* Citazione, segnalazione di una persona o di una cosa che si fa in un discorso o in uno scritto, allo scopo di ricordarla: *nel suo libro non fa menzione di questo fatto* | *Degno di menzione* = degno di essere ricordato.

menzogna [men-zó-gna] *s.f.* Affermazione consapevolmente falsa Ⓢ bugia, falsità: *la sue accuse sono tutte menzogne*; *un libro pieno di menzogne*.

menzognero [men-zo-gnè-ro] *agg.* Che dice menzogne Ⓢ bugiardo: *un uomo menzognero* ◊ Falso; ingannevole: *le sue accuse sono menzognere*; *illusioni menzognere*.

meraviglia [me-ra-vì-glia] *s.f.* **1** Sentimento di viva sorpresa suscitato da una cosa nuova, strana, straordinaria o inattesa Ⓢ stupore: *un fatto che ha destato meraviglia*; *provò una gran meraviglia nel vederlo* **2** Cosa o persona che desta ammirazione per la sua grande bellezza: *ha una casa che è una meraviglia*; *che meraviglia quella bambina!*; *le meraviglie della natura* | *Dire meraviglie di qualcuno, di qualcosa* = parlarne molto bene | *A meraviglia* = perfettamente, benissimo: *tutto è andato a meraviglia*; *funziona a meraviglia*.

meravigliare [me-ra-vi-glià-re] *v.tr.* Causare meraviglia Ⓢ stupire: *la sua risposta ci ha meravigliato* ♦ **meravigliarsi** *v.pr.* Provare meraviglia Ⓢ stupirsi: *tutti si meravigliarono a vederlo tornare* | *Mi meraviglio di te, di voi!* = espressioni di biasimo, di sdegno.

meraviglioso [me-ra-vi-glió-so] *agg.* Che desta meraviglia, ammirazione Ⓢ stupendo, magnifico, splendido Ⓒ orribile: *un tramonto, un film meraviglioso*; *una donna meravigliosa*.

mercante [mer-càn-te] *s.m.* Commerciante (per lo più riferito ad attività commerciali del passato): *i mercanti fiorentini del Rinascimento* | ♧ *Fare orecchi da mercante* = far finta di non sentire o di non capire.

mercanteggiare [mer-can-teg-già-re] *v.intr.* [aus. *avere*] Contrattare discutendo sul prezzo: *non è bravo a mercanteggiare*.

mercantile [mer-can-tì-le] *agg.* Commerciale: *attività mercantile* | *Marina, flotta, nave mercantile* = adibita al trasporto di merci e passeggeri ♦ *s.m.* Nave mercantile.

mercanzia [mer-can-zì-a] *s.f.* Merce, insieme di merci: *il camion trasportava mercanzia pregiata*.

mercato [mer-cà-to] *s.m.* **1** Riunione periodica di venditori e compratori di merci varie: *sulla piazza, una volta al mese, si svolge il mercato del bestiame* ◊ Luogo in cui si svolge giornalmente la vendita di prodotti alimentari e di consumo: *mercato del pesce, della frutta e verdura*; *fare la spesa al mercato* **2** L'insieme degli scambi commerciali relativi a un determinato bene economico o che si svolgono in una data area: *il mercato delle automobili, del petrolio, delle materie prime*; *il mercato italiano, europeo, mondiale* | *Economia di mercato* = quella basata sulla libera concorrenza che determina i prezzi delle varie merci | *A buon mercato* = a basso prezzo (*un oggetto a buon mercato*); ♧ con poco danno: *se l'è cavata a buon mercato*.

merce [mèr-ce] *s.f.* Qualsiasi prodotto o bene messo in commercio e destinato alla vendita: *spedire, trasportare della merce*; *merci di lusso, di contrabbando* | *Treno, carro merci* = adibiti al trasporto delle merci.

mercé [mer-cé] *s.f.* Aiuto, pietà, grazia: *chiedere mercé* ◊ *Essere alla mercé di qualcuno* = in suo potere: *i soldati sconfitti erano ormai alla mercé dei vincitori*.

mercenario [mer-ce-nà-rio] *agg.* e *s.m.* Che, chi combatte per mestiere, a pagamento: *il principe assoldò delle truppe mercenarie*; *un esercito di mercenari*.

merceria [mer-ce-rì-a] *s.f.* **1** Negozio in cui si vendono articoli minuti per lavori di cucito (aghi, fili, bottoni, nastri ecc.) **2** (spec. al *pl.*) Gli articoli che servono per i lavori di cucito: *un ricco assortimento di mercerie*.

mercoledì [mer-co-le-dì] *s.m.* Il terzo giorno della settimana.

mercurio [mer-cù-rio] *s.m.* Metallo liquido di colore argenteo, usato tra l'altro in vari apparecchi di misura (termometri, barometri, manometri).

merda [mèr-da] *s.f.* (termine volgare) Escremento, sterco umano o animale.

merenda [me-rèn-da] *s.f.* Spuntino pomeridiano tra il pasto e la cena, spec. per bambini e ragazzi.

meridiana [me-ri-dià-na] *s.f.* Orologio solare in cui l'ora è indicata dalla posizione dell'ombra proiettata da un'asta sulle linee orarie tracciate su un quadrante.

meridiano [me-ri-dià-no] *agg.* Del mezzogiorno: *il calore meridiano infuocava l'asfalto* ♦ *s.m.* Ciascuno dei 360 semicerchi immaginari che uniscono i due poli della Terra e servono a determinare la longitudine.

meridionale [me-ri-dio-nà-le] *agg.* **1** Del meridione, della parte di un territorio situata a sud Ⓢ australe Ⓒ settentrionale: *Italia, America meridionale*; *gli stati meridionali dell'Europa* ◊ Che proviene dal sud: *venti meridionali*; *un emigrante meridionale* **2** Caratteristico dei popoli del meridione: *parlava un dialetto meridionale* ♦ *s.m.f.*

Chi è nato nell'Italia meridionale: *ha sposato una meridionale*.

meridione [me-ri-dió-ne] *s.m.* **1** Punto cardinale corrispondente al sud Ⓢ mezzogiorno Ⓒ settentrione **2** Parte meridionale di un paese: *abita nel meridione della Francia* ◊ L'Italia meridionale: *i problemi economici del Meridione*.

meringa [me-rìn-ga] *s.f.* Dolce di chiara d'uovo con zucchero, cotta al forno e farcita in genere di panna montata.

meritare [me-ri-tà-re] *v.tr.* **1** Essere degno di avere, ricevere, ottenere qualcosa (sia positivo che negativo): *meritava una sorte migliore*; *meritare un premio, un castigo*; *ti meriti uno schiaffo* | *Un film che merita di essere visto* = che val la pena di vedere **2** Procurare, far ottenere qualcosa a qualcuno: *la sua generosità gli ha meritato la stima di tutti*.

meritato [me-ri-tà-to] *agg.* Ottenuto, ricevuto giustamente, secondo i propri meriti o demeriti: *un premio, un castigo meritato; si godeva un meritato riposo*.

meritevole [me-ri-té-vo-le] *agg.* Che merita Ⓢ degno: *un ragazzo meritevole di lode, di biasimo*.

merito [mè-ri-to] *s.m.* **1** Diritto alla stima, alla riconoscenza, alla giusta ricompensa, acquisito con le proprie azioni o le proprie capacità: *ciascuno sarà premiato secondo il merito*; *se il tentativo riesce, il merito è tutto suo* | *Ci siamo salvati per merito vostro* = grazie al vostro intervento, al vostro aiuto | *Dio ve ne renda merito!* = vi dia la giusta ricompensa | *A pari merito* = in gare e concorsi, detto di due o più concorrenti giudicati di pari valore: *sono arrivati secondi a pari merito* **2** Qualità positiva Ⓢ virtù, pregio, valore: *è una persona che ha molti meriti*; *il dibattito ha avuto il merito di fare chiarezza*; *un film di nessun merito* **3** *Entrare nel merito di una questione* = esaminarla nella sua sostanza, nei suoi aspetti essenziali | *In merito a* = riguardo a: *non ho ancora deciso in merito alla vostra richiesta*.

meritorio [me-ri-tò-rio] *agg.* Degno di lode, di riconoscenza: *ha svolto un'opera meritoria*.

merletto [mer-lét-to] *s.m.* Tessuto trasparente o a disegni traforati, usato come ornamento su mobili e come guarnizione di capi di vestiario e di biancheria femminile.

merlo[1] [mèr-lo] *s.m.* **1** Uccello canterino con piume nere e becco giallo **2** ♧ Persona ingenua e sciocca, che si lascia facilmente abbindolare.

merlo[2] [mèr-lo] *s.m.* Ciascuno dei ripari rialzati disposti a intervalli regolari in cima alle mura di fortificazioni, castelli, torri, palazzi, spec. di epoca medievale.

merluzzo [mer-lùz-zo] *s.m.* Grosso pesce che vive in branchi nell'Atlantico settentrionale.

mero [mè-ro] *agg.* Vero e proprio, puro e semplice: *ci siamo incontrati per mero caso*.

mescere [mé-sce-re] *v.tr.* e *v.intr.* [pres. *mésco, mésci*; part.pass. *mesciùto*; aus. *avere*] Versare da bere (spec. vino).

meschino [me-schì-no] *agg.* **1** Misero, insufficiente: *lavora per un compenso meschino* **2** Che rivela animo gretto, limitatezza mentale, mancanza di dignità: *che sentimenti meschini!*; *idee meschine*; *accuse meschine* | *Fare una figura meschina* = brutta e ridicola | *Una persona meschina* = di idee e sentimenti gretti, limitati.

mescita [mé-sci-ta] *s.f.* **1** L'atto di mescere | *Banco di mescita* = quello su cui si serve da bere nei bar e nelle osterie **2** Locale in cui si servono al banco vini e liquori.

mescolanza [me-sco-làn-za] *s.f.* Insieme di sostanze, cose o persone diverse mescolate tra loro Ⓢ miscuglio: *una mescolanza di liquori*; *una città in cui c'è una grande mescolanza di razze*.

mescolare [me-sco-là-re] *v.tr.* **1** Unire elementi diversi in modo che si fondano tra loro: *mescolare l'acqua col vino, lo zucchero con la farina*; *mescolare i colori, i sapori* ◊ Mettere in disordine: *il vento ha mescolato i fogli che avevo sul tavolo* **2** Agitare Ⓢ rimestare: *mescolare l'insalata, la pasta, il caffè* ♦ **mescolarsi** *v.pr.* **1** Unirsi in un tutto unico, fondersi: *l'olio non si mescola con l'acqua* **2** Confondersi con altri (detto di persone): *il ladro fuggì mescolandosi tra la folla*.

mese [mé-se] *s.m.* **1** Ciascuno dei dodici periodi in cui è diviso l'anno **2** Periodo di tempo di circa 30 giorni: *farò un mese di vacanza*; *non lo vedo da qualche mese*.

messa[1] [més-sa] *s.f.* Rito religioso della chiesa cattolica e ortodossa, in cui si commemora e rinnova il sacrificio del corpo e del sangue di Gesù Cristo: *il sacerdote celebra la messa*; *assistere, andare alla messa*.

messa[2] [més-sa] *s.f.* L'atto, il fatto di mettere: *la messa in vendita di un prodotto* | *Messa in atto* = attuazione | *Messa a fuoco* = regolazione dell'obiettivo di una macchina fotografica o da ripresa per ottenere immagini nitide | *Messa a punto* = regolazione finale di una macchina, di un motore in modo da ottenerne il miglior funzionamento | *Messa in opera* = sistemazione, installazione di un apparecchio, di un impianto | *Messa in moto, in* *marcia* = avviamento di un veicolo, di una macchina | *Messa in piega* = operazione successiva al lavaggio per dare ai capelli una determinata ondulazione.

messaggero [mes-sag-gè-ro] *s.m.* Chi reca un messaggio, un annunzio, una notizia Ⓢ nunzio: *Mercurio era il messaggero degli dei*; *essere messaggero di pace, di sventure.*

messaggiare [mes-sag-già-re] *v.tr.* Inviare un messaggino a qualcuno ◊ Comunicare qualcosa a qualcuno con un messaggino: *messaggiami l'ora del tuo arrivo.*

messaggino [mes-sag-gì-no] *s.m.* Breve messaggio di testo inviato o ricevuto tramite telefono cellulare Ⓢ SMS.

messaggio [mes-sàg-gio] *s.m.* **1** Notizia, comunicazione trasmessa ad altri: *ho ricevuto il tuo messaggio*; *messaggio verbale, scritto, radiofonico, telefonico* | ♧ *Il messaggio di un film, di un libro* = l'idea che l'autore vuole comunicare **2** Discorso solenne pronunciato da un'alta autorità: *il messaggio del capo dello stato alla nazione, del papa ai fedeli* **3** ♧ Importante insegnamento spirituale: *il messaggio evangelico.*

messe [mès-se] *s.f.* **1** (spec. al *pl.*) Piante di grano o di altri cereali: *nei campi le messi erano già mature* **2** ♧ Gran quantità di qualcosa ricavato come frutto di un'attività: *il suo lavoro ha raccolto una messe di lodi.*

messia [mes-sì-a] *s.m.invar.* **1** *Il Messia* = il salvatore promesso da Dio agli ebrei, riconosciuto dal cristianesimo in Gesù Cristo **2** ♧ Persona che porta una salvezza miracolosa: *lo accolsero come un messia.*

messinscena [mes-sin-scè-na] o **messa in scena** *s.f.* [pl. *messinscene* o *messe in scena*] **1** Modo in cui è allestito uno spettacolo teatrale, spec. per quanto riguarda gli elementi visibili sulla scena (arredamento, costumi, luci ecc.): *il pubblico ha apprezzato la suggestiva messa in scena* **2** ♧ Ciò che viene fatto solo allo scopo di suggestionare qualcuno o di fargli credere quel che non è Ⓢ simulazione, finzione: *le sue lacrime erano tutta una messinscena.*

messo [més-so] *s.m.* **1** Messaggero **2** Dipendente pubblico incaricato di portare lettere e avvisi: *messo comunale.*

mestiere [me-stiè-re] *s.m.* **1** Attività lavorativa, spec. manuale, che una persona svolge abitualmente per guadagnarsi da vivere Ⓢ professione: *il mestiere di fabbro, di falegname, di sarto*; *un mestiere duro, faticoso, pericoloso* | *I ferri del mestiere* = gli strumenti, i mezzi necessari per eseguire un lavoro, svolgere un'attività | *Gli incerti del mestiere* = gli inconvenienti che un'attività comporta **2** L'esperienza, la pratica di un lavoro e della sua tecnica: *si sta impadronendo del mestiere*; *conosce i trucchi del mestiere*; *è volenteroso, ma gli manca un po' di mestiere.*

mestizia [me-stì-zia] *s.f.* Tristezza profonda e malinconica: *i suoi occhi erano velati di mestizia.*

mesto [mè-sto] *agg.* Triste e malinconico: *gli fece un mesto sorriso*; *perché sei così mesto in volto?*

mestolo [mé-sto-lo] *s.m.* Arnese da cucina a forma di grosso cucchiaio e con un lungo manico, usato per mescolare i cibi durante la cottura o per versarli nei piatti.

mestruazione [me-strua-zió-ne] *s.f.* Emissione di sangue e di mucosa dall'utero che si verifica normalmente ogni circa 28 giorni e per qualche giorno nelle donne in età feconda e non in stato di gravidanza.

mestruo [mè-struo] *s.m.* Mestruazione.

meta [mè-ta] *s.f.* Punto d'arrivo a cui si è diretti Ⓢ destinazione, traguardo: *la meta di un viaggio, di una passeggiata*; *i corridori sono giunti alla meta*; *vagava senza meta per le strade* ◊ ♧ Scopo, fine: *ti sei proposto una meta troppo ambiziosa.*

metà [me-tà] *s.f.* **1** Ciascuna delle due parti uguali in cui può essere diviso un intero: *la metà di una mela, di un milione*; *è nato nella prima metà del secolo*; *abbiamo diviso il guadagno a metà* ◊ Il punto, la linea di mezzo di qualcosa: *siamo arrivati a metà del viaggio*; *tracciò un solco lungo la metà del campo* | *Lasciare le cose a metà* = non portarle a termine ◊ Mezzo (con valore di aggettivo): *è metà bianco e metà nero*; *l'ha comprato a metà prezzo* | *Metà campo* = la zona centrale di un campo di gioco **2** ♧ Uno dei due coniugi rispetto all'altro: *ti presento la mia metà.*

metabolismo [me-ta-bo-li-smo] *s.m.* L'insieme dei processi chimici e fisici che avvengono in un organismo vivente e attraverso cui questo si conserva e rinnova; in partic. i processi di assimilazione degli alimenti e di eliminazione delle scorie.

metafora [me-tà-fo-ra] *s.f.* Impiego di una parola usata in senso figurato in sostituzione della parola o dell'espressione propria, con cui ha un rapporto di somiglianza (per es. *capelli d'oro* = biondi come l'oro; *un uragano, uno scroscio di applausi* = un grande fragore).

metaforico [me-ta-fò-ri-co] *agg.* [pl.m. *–ci*] Di metafora Ⓢ figurato: *usare una parola in senso metaforico.*

metallico [me-tàl-li-co] *agg.* [pl.m. *–ci*] **1** Di metallo, fatto di metallo: *lega, moneta metallica* **2** Caratteristico dei metalli: *i suoi capelli avevano riflessi metallici*; *un suono metallico*.

metallizzato [me-tal-liz-zà-to] *agg.* Che è stato rivestito di uno strato di metallo a scopo protettivo o ornamentale ◊ *Colore metallizzato* = che ha riflessi metallici | *Vernice metallizzata* = contenente polveri metalliche.

metallo [me-tàl-lo] *s.m.* Ogni elemento chimico solido allo stato naturale (tranne il mercurio), lucente, duttile e malleabile, buon conduttore del calore e dell'elettricità | *Metalli nobili* = quelli che si ossidano difficilmente, come l'oro e il platino ◊ Lega di metalli diversi: *una maniglia, una lampada di metallo*.

metallurgia [me-tal-lur-gì-a] *s.f.* L'attività e la tecnica di estrazione e lavorazione dei metalli.

metallurgico [me-tal-lùr-gi-co] *agg.* [pl.m. *–ci*] Della metallurgia, che riguarda la metallurgia: *prodotti metallurgici*; *industria metallurgica* ♦ *agg.* e *s.m.* Detto di operaio dell'industria metallurgica.

metalmeccanico [me-tal-mec-cà-ni-co] *agg.* [pl.m. *–ci*] Metallurgico e insieme meccanico: *industria metalmeccanica* ♦ *agg.* e *s.m.* Detto di operaio dell'industria metalmeccanica: *sciopero dei metalmeccanici*.

metamorfosi [me-ta-mòr-fo-si] *s.f.* **1** Serie di mutamenti di forma e di struttura che hanno alcuni animali (per es. gli insetti) nelle varie fasi del loro sviluppo **2** In fiabe e narrazioni mitologiche, trasformazione soprannaturale di un essere in un altro essere (per es. di un uomo o di un dio in animale o pianta) **3** ♧ Mutamento, cambiamento radicale: *non era più lo stesso, era avvenuta in lui una profonda metamorfosi*.

metano [me-tà-no] *s.m.* Gas infiammabile, usato soprattutto come combustibile.

metastasi [me-tà-sta-si] *s.f.* Diffusione di un tumore in parti o organi del corpo diversi da quelli in cui si era inizialmente manifestato.

meteora [me-tè-o-ra] *s.f.* Meteorite che attraversa l'atmosfera terrestre consumandosi completamente prima di giungere al suolo e lasciando una scia luminosa Ⓢ stella cadente | ♧ *È stata una meteora, è passato come una meteora* = si dice di persona che ha goduto di una celebrità effimera o è scomparsa all'improvviso.

meteorite [me-te-o-rì-te] *s.m.* o *f.* Frammento di corpo celeste che vaga nello spazio finché, attratto da un pianeta, precipita su di esso, per lo più disintegrandosi prima di raggiungere il suolo.

meteorologia [me-te-o-ro-lo-gì-a] *s.f.* Scienza che studia i fenomeni che si verificano nell'atmosfera terrestre (venti, perturbazioni, precipitazioni, variazioni di temperatura ecc.).

meteorologico [me-te-o-ro-lò-gi-co] *agg.* [pl.m. *–ci*] Che riguarda la meteorologia e i fenomeni atmosferici: *strumenti meteorologici*; *previsioni meteorologiche* | *Bollettino meteorologico* = informazioni sulle condizioni atmosferiche e le previsioni del tempo.

meticcio [me-tìc-cio] *s.m.* Individuo nato da genitori di razze diverse, in partic. da uno di razza bianca e uno di razza indigena d'America.

meticoloso [me-ti-co-ló-so] *agg.* Che agisce con diligenza e precisione scrupolosa: *un impiegato meticoloso* ◊ Fatto in modo preciso e minuzioso, con grande scrupolo: *pulizia meticolosa*; *controllo meticoloso*.

metodico [me-tò-di-co] *agg.* [pl.m. *–ci*] Fatto con metodo, secondo un metodo prestabilito Ⓢ sistematico: *una ricerca metodica*; *studio, lavoro metodico* | *Fare una vita metodica* = ordinata, regolare e abitudinaria ◊ Che opera seguendo un metodo preciso; che fa una vita regolare e ordinata: *un ricercatore metodico*; *un uomo metodico*.

metodo [mè-to-do] *s.m.* **1** Complesso organico di regole, principi, criteri in base ai quali si svolge un'attività: *imparare un metodo di studio*; *seguire un metodo di ricerca, d'insegnamento* | *Lavorare, studiare con metodo* = in modo razionale, ordinato, con regolarità ◊ Tecnica, sistema, procedimento: *un nuovo metodo di cura, di conservazione dei cibi, per apprendere le lingue* **2** Modo di comportarsi, di trattare Ⓢ maniera: *non serve usare metodi violenti*; *che metodi son questi?*

metodologia [me-to-do-lo-gì-a] *s.f.* Metodo.

metraggio [me-tràg-gio] *s.m.* Lunghezza (spec. di un tessuto) calcolata in metri: *che metraggio di stoffa ci vuole per fare un vestito?* ◊ Lunghezza di una pellicola cinematografica: *film a corto, a lungo metraggio*.

metrica [mè-tri-ca] *s.f.* L'insieme delle leggi che regolano la composizione dei versi.

metrico [mè-tri-co] *agg.* [pl.m. *–ci*] *Sistema metrico decimale* = sistema di misura in cui le unità di misura sono multipli o sottomultipli decimali delle unità fondamentali (metro, grammo, litro).

metro [mè-tro] *s.m.* **1** Unità di misura della lunghezza nel sistema metrico decimale (simbolo: *m*) | *Metro quadrato* = unità di misura di superficie equivalente a un quadrato di un metro di lato (simbolo: m^2 o *mq*) | *Metro cubo* = unità di misura di volume equivalente a un cubo di un metro di lato (simbolo: *m³* o *mc*) **2** Strumento per misurare la lunghezza, lungo uno o più metri e suddiviso in decimetri e centimetri: *metro di legno, metallico, rigido, snodabile, a nastro* **3** ♧ Criterio di giudizio, di valutazione: *giudicare tutti con lo stesso metro* **4** Struttura del verso (riguardo al numero delle sillabe) o della strofa (riguardo al numero dei versi) di un componimento poetico.

metró [me-tró] *s.m.invar.* Metropolitana.

metro–, –metro Primo o secondo elemento di parole composte in cui significa «misura», «misurazione» (*metronomo, perimetro*) o «misuratore» (*termometro, barometro*).

metronomo [me-trò-no-mo] *s.m.* Strumento per misurare e scandire il tempo in musica.

metronotte [me-tro-nòt-te] *s.m.invar.* Guardia notturna.

metropoli [me-trò-po-li] *s.f.* Città di grandi dimensioni, di notevole importanza: *vivere in una metropoli.*

metropolitana [me-tro-po-li-tà-na] *s.f.* Ferrovia, generalmente sotterranea o sopraelevata, per il trasporto rapido dei passeggeri nelle grandi città ◊ Convoglio che percorre tale ferrovia: *prendere la metropolitana.*

mettere [mét-te-re] *v.tr.* [pass.rem. *mìsi, mettésti*; part.pass. *mésso*] **1** Porre, collocare, posare, far andare, disporre qualcosa o qualcuno in un luogo o in una determinata condizione (anche ♧) Ⓒ togliere, levare: *mettere le mani in tasca, la pentola sul fuoco, l'acqua nel bicchiere*; *mettere il bambino a letto, un ladro in prigione*; *mettere i panni ad asciugare*; *mettere in fila i soldati, i libri in ordine*; *chi ti ha messo in testa questa idea?* ◊ Aggiungere: *metti un altro posto a tavola*; *metta anche questo sul mio conto* ◊ Applicare, attaccare, appendere: *mettere il francobollo a una lettera, le tende alla finestra* ◊ Installare: *mettere il telefono, la luce elettrica* **2** Indossare, infilare: *mettere la giacca*; *mettersi le scarpe* **3** Infondere, incutere: *ha una faccia che mette allegria*; *mi hai messo paura* ◊ Provocare: *non mettere discordia tra noi* **4** Dare, dedicare: *ha messo tutto il suo impegno nel lavoro* | *Mettercela tutta* = impegnarsi al massimo ◊ Impiegare: *ci ha messo due ore per arrivare qui* **5** Emettere: *la pianta sta mettendo le foglie* **6** Supporre: *mettiamo il caso che non ce la faccia* **7** Imporre: *mettere una tassa, un divieto* ◊ Far pagare: *quanto mette le arance al chilo?* **8** Espressioni con significati particolari | *Mettere al mondo* = partorire, generare | *Mettere a morte* = uccidere | *Mettere al muro* = fucilare | *Mettere alla porta* = cacciare, licenziare | *Mettere a nudo* = rivelare | *Mettere ai voti una proposta* = farla votare | *Mettere in chiaro* = chiarire | *Mettere in atto, in pratica* = attuare, realizzare | *Mettere in relazione* = collegare | *Mettere in onda* = trasmettere | *Mettere su* = allestire, impiantare: *mettere su uno spettacolo* | *Metti, mettiamo che* = supponiamo che ♦ **mettersi** *v.pr.* **1** Prendere posto, andare in un luogo: *mettersi a tavola, a letto* ◊ Porsi in una determinata posizione o situazione: *si mise a sedere*; *mettersi in salvo, nei guai* **2** Unirsi, stringere una relazione: *si mette sempre coi più forti*; *si è messa con un uomo sposato* **3** Iniziare a fare qualcosa: *è ora di mettersi a studiare*; *mettersi in viaggio, in cammino* ◊ Cominciare: *si è messo a piovere* **4** Vestirsi, abbigliarsi in un certo modo: *mettersi in abito da sera, in maschera* **5** Prendere una certa piega, un certo andamento Ⓢ volgersi, tendere: *le cose si mettono bene per noi*; *il tempo si è messo al bello, al brutto.*

mezza [mèz-za] *s.f.* La mezza ora successiva a quella di cui si sta parlando: *l'appuntamento era per le nove, se alla mezza non arriva me ne vado* ◊ Mezzogiorno e mezzo o mezzanotte e mezzo: *al campanile è suonata la mezza.*

mezzadria [mez-za-drì-a] *s.f.* Contratto agrario in base al quale gli utili e i prodotti di un fondo vengono divisi a metà tra il proprietario e il colono che coltiva quel fondo.

mezzadro [mez-zà-dro] *s.m.* Contadino che coltiva un fondo altrui in base a un contratto di mezzadria.

mezzala [mez-zà-la] *s.f.* [pl. *mezzali* o *mezze ali*] Nel calcio, giocatore di prima linea schierato tra il centrattacco e le ali di una squadra.

mezzaluna [mez-za-lù-na] *s.f.* [pl. *mezzelune*] **1** Parte della Luna visibile quando il Sole la illumina a metà **2** Coltello con lama ricurva e due manici alle estremità, usato per tritare carne e verdure.

mezzanino [mez-za-nì-no] *s.m.* Piano di un edificio situato tra il pianterreno e il primo piano Ⓢ ammezzato.

mezzanotte [mez-za-nòt-te] *s.f.* [pl. *mezzenotti* o *mezzanotti*] La ventiquattresima ora del giorno, che segna l'inizio del giorno successivo.

mezzeria [mez-ze-rì-a] *s.f.* La linea che divide una strada nel senso della lunghezza separando i due sensi di marcia.

mezzo [mèz-zo] *agg.* **1** Che è la metà dell'intero: *mezzo chilo di pane*; *mezzo litro*; *mezza giornata*; *un'ora e mezza* **2** Medio, intermedio tra due limiti

| *Persona di mezza età* = né giovane né vecchia | *Mezza stagione* = la primavera e l'autunno: *abiti da mezza stagione* | *A mezza voce* = né forte né piano **3** Quasi completo, poco meno di: *è scoppiato un mezzo scandalo*; *mi ha strappato una mezza promessa* | *Una mezza idea* = un'idea ancora vaga ◊ (davanti a un aggettivo, con valore di avverbio) Per metà; quasi, in parte, un po': *un bicchiere mezzo vuoto*; *è diventato mezzo cieco*; *era mezzo addormentato* ♦ *s.m.* **1** La metà di un tutto: *due chili e mezzo* | *Fare a mezzo di qualcosa* = dividersela a metà **2** Punto mediano, parte, momento centrale: *nel mezzo della stanza*; *in mezzo alla strada*; *se n'è andato nel bel mezzo della festa* | ♧ *Via di mezzo* = soluzione intermedia | *Andarci di mezzo* = subirne le conseguenze: *se fai così, ci vanno di mezzo i tuoi figli* | *Levar di mezzo qualcosa* = toglierla da dov'è, sbarazzarsene | *Levar di mezzo qualcuno* = allontanarlo o ucciderlo | *Levarsi, togliersi di mezzo* = andarsene **3** Modo, espediente, strumento, di cui ci si serve per raggiungere un fine: *ho tentato ogni mezzo per convincerlo*; *mezzi leciti, astuti, disonesti*; *mezzi di comunicazione, di produzione, di trasporto* | *Per mezzo di* = mediante, tramite, grazie a: *spedire un pacco per mezzo della posta*; *l'ho avuto per mezzo di un amico* **4** Veicolo da trasporto: *usare i mezzi pubblici* | *Mezzi corazzati* = carri armati, autoblindo **5** (al *pl.*) Denari, averi, possibilità economiche: *è gente che ha pochi mezzi* ◊ Doti, capacità: *un atleta con grandi mezzi*.

mezzogiorno [mez-zo-giór-no] *s.m.* **1** Le ore 12 del giorno: *il treno parte a mezzogiorno* **2** Sud: *la casa è esposta a mezzogiorno* **3** (scritto maiuscolo) L'Italia meridionale: *i problemi dello sviluppo del Mezzogiorno*.

mi[1] *pronome pers.* **1** Me, a me: *non mi ha visto*; *mi hanno detto tutto*; *guardami in faccia*; *devi credermi* ◊ Si usa nella coniugazione dei verbi pronominali: *mi lavo*; *mi pento*; *mi sono dimenticato* **2** In alcune espressioni serve a esprimere una particolare partecipazione del soggetto: *mi son mangiato un gelato*.

Il pronome *mi* si mette prima del verbo in tutti i tempi tranne che all'imperativo, all'infinito, al gerundio e al participio passato; quando si appoggia a imperativi di una sola sillaba la *m* viene raddoppiata: *fammi entrare*; *dimmi cosa vuoi*; davanti a *lo, la, li, le, ne* assume la forma *me: dimmelo; me ne ha parlato.*

mi[2] *s.m.* Terza nota della scala musicale.

miagolare [mia-go-là-re] *v.intr.* [aus. *avere*] Detto del gatto, emettere il proprio caratteristico verso: *senti come miagola il gatto, deve avere fame*.

miagolio [mia-go-lì-o] *s.m.* Un miagolare ripetuto e insistente.

miasma [mi-à-sma] *s.m.* [pl. *–smi*] Esalazione fetida e malsana proveniente da sostanze in putrefazione o da acque stagnanti Ⓢ fetore, lezzo.

mica [mì-ca] *avv.* Affatto, per niente (rafforza una negazione): *non sono mica stupido* ◊ Non: *parlo sul serio, mica per scherzo*; *mica male quel film!* ◊ Per caso (in frasi interrogative): *non ti sarai mica offeso?*

miccia [mìc-cia] *s.f.* [pl. *–ce*] Cordoncino che brucia con regolarità e viene usato per accendere a distanza cariche esplosive.

micidiale [mi-ci-dià-le] *agg.* Che provoca la morte: *un veleno micidiale* ◊ Tremendo, insopportabile: *fa un caldo micidiale*; *è stata una fatica micidiale*.

micio [mì-cio] *s.m.* Gatto (nel linguaggio familiare): *il nostro micio è molto affettuoso*.

micro– Primo elemento di parole composte, che significa «piccolo» o «microscopico».

microbo [mì-cro-bo] o **microbio** [mi-crò-bio] *s.m.* Microrganismo animale o vegetale capace di provocare malattie infettive.

microfibra [mi-cro-fì-bra] *s.f.* Fibra sintetica molto fine e leggera.

microfilm [mi-cro-film] *s.m.invar.* Pellicola di piccolo formato, usata per fotografare pagine di libri e documenti.

microfono [mi-crò-fo-no] *s.m.* Apparecchio che trasforma i suoni in impulsi elettrici e permette così di trasmetterli, registrarli e amplificarli.

microonda [mi-cro-ón-da] *s.f.* Tipo di onda elettromagnetica utilizzato in molti campi, e in partic. nelle telecomunicazioni e, nel *forno a microonde*, per cuocere e riscaldare i cibi.

microprocessore [mi-cro-pro-ces-só-re] *s.m.* Il dispositivo elettronico che costituisce l'unità centrale di un computer, quella che esegue materialmente l'elaborazione dei dati.

microrganismo [mi-cror-ga-nì-smo] *s.m.* Organismo vivente animale o vegetale di minime dimensioni, visibile solo al microscopio: *i batteri sono dei microrganismi*.

microscopico [mi-cro-scò-pi-co] *agg.* [pl.m. *–ci*] **1** Tanto piccolo da essere visibile solo al microscopio: *i batteri sono organismi microscopici* ◊ ♧ Piccolissimo, minuscolo: *vive in un appartamento microscopico* **2** Effettuato col microscopio: *esame microscopico*.

microscopio [mi-cro-scò-pio] *s.m.* Strumento

A B C D E F G H I J K L M N O P Q R S T U V W X Y Z

capace di fornire un'immagine fortemente ingrandita di oggetti o elementi piccolissimi o invisibili a occhio nudo.

microsolco [mi-cro-sól-co] *s.m.* [pl. *–chi*] Disco fonografico inciso con solchi molto stretti che consentono la registrazione di brani di notevole lunghezza su una sola facciata.

microspia [mi-cro-spì-a] *s.f.* Microfono di dimensioni minuscole, utilizzato per intercettare conversazioni, spec. telefoniche.

midollo [mi-dól-lo] *s.m.* [pl.f. *le midolla*, spec. ♧] **1** Sostanza molle e spugnosa contenuta nelle cavità delle ossa (*midollo osseo*) | *Midollo spinale* = parte del sistema nervoso centrale contenuta nella colonna vertebrale **2** La parte centrale, più interna del fusto e delle radici delle piante **3** ♧ La parte più interna, più intima del corpo o dello spirito | *Bagnarsi fino al midollo, fino alle midolla* = completamente, fino in fondo.

miele [miè-le] *s.m.* Sostanza zuccherina, molto dolce, che le api producono elaborando il nettare dei fiori | *Color miele* = biondo rossastro | *Dolce come il miele* = dolcissimo | *Luna di miele* = viaggio di nozze.

mietere [miè-te-re] *v.tr.* **1** Tagliare le spighe dei cereali maturi: *mietere il grano, l'orzo* **2** ♧ Uccidere, far morire: *la guerra ha mietuto milioni di vittime* **3** ♧ Raccogliere, conseguire: *un film che continua a mietere successi in tutto il mondo.*

mietitore [mie-ti-tó-re] *s.m.* [f. *–trice*] Chi lavora alla mietitura.

mietitura [mie-ti-tù-ra] *s.f.* L'operazione del mietere i cereali: *mietitura a mano, a macchina* ◊ Il raccolto ottenuto: *quest'anno c'è stata una mietitura abbondante.*

migliaio [mi-glià-io] *s.m.* [pl.f. *migliaia*] Complesso di mille o circa mille unità: *c'era un migliaio di persone*; *ha un debito di alcune migliaia di euro* ◊ Numero grandissimo, gran quantità: *migliaia di cavallette invasero la pianura*; *di tipi come lui ne conosco a migliaia.*

miglio¹ [mì-glio] *s.m.* [pl.f. *miglia*] Unità di misura delle distanze | *Miglio terrestre* = usato nei paesi anglosassoni, pari a circa 1609 m | *Miglio marino* o *nautico* = pari a circa 1853 m.

miglio² [mì-glio] *s.m.* Pianta erbacea con spighe riunite a pannocchia e i cui semi sono usati soprattutto come mangime per uccelli domestici.

miglioramento [mi-glio-ra-mén-to] *s.m.* Cambiamento in meglio, progresso: *si prevede un miglioramento del tempo*; *il malato ha avuto un leggero miglioramento.*

migliorare [mi-glio-rà-re] *v.tr.* Rendere migliore: *lavora per migliorare il proprio tenore di vita*; *questa luce migliora l'illuminazione della stanza* ♦ *v.intr.* [aus. *essere* e, se riferito a persona, anche *avere*] Diventare migliore © peggiorare: *il tempo sta migliorando*; *il vino invecchiando migliora* ◊ Fare dei progressi; star meglio in salute: *nell'ultimo trimestre l'alunno è* (o *ha*) *molto migliorato*; *l'ammalato è migliorato.*

migliore [mi-glió-re] *agg.* Più buono (nei diversi significati dell'aggettivo) © peggiore: *ha un carattere migliore del tuo*; *è l'uomo migliore che conosco*; *ha scelto la stoffa migliore*; *le cose sono andate nel migliore dei modi*; *aspettiamo un'occasione migliore*; *è il miglior chirurgo della città* | *Passare a miglior vita* = morire ♦ *s.m.f.* Chi è migliore, più capace, più bravo: *cerca sempre di imitare i migliori*; *vinca il migliore.*

Migliore è il comparativo di *buono;* preceduto dall'articolo determinativo forma il superlativo relativo: è *il miglior ristorante della città.*

miglioria [mi-glio-rì-a] *s.f.* Opera di miglioramento apportata a terreni, case, installazioni e simili.

mignolo [mì-gno-lo] *s.m.* Il quinto e più piccolo dito della mano e del piede ♦ anche *agg.*: *dito mignolo.*

migrare [mi-grà-re] *v.intr.* [aus. *essere*] Lasciare il luogo in cui si vive per stabilirsi altrove (riferito ad animali o anche a intere popolazioni umane, mentre si preferisce usare *emigrare* quando si tratta di singole persone): *in autunno molte specie di uccelli migrano verso il sud.*

migratore [mi-gra-tó-re] *agg.* e *s.m.* [f. *–trice*] Che, chi migra: *le rondini sono uccelli migratori.*

migratorio [mi-gra-tò-rio] *agg.* Di migrazione, relativo alle migrazioni: *il movimento migratorio dall'Africa all'Europa.*

migrazione [mi-gra-zió-ne] *s.f.* Spostamento di interi gruppi umani da una sede a un'altra: *le migrazioni dei barbari* ◊ Spostamento periodico e stagionale di alcune specie di animali: *le migrazioni degli uccelli, dei tonni.*

mila [mì-la] *agg.num.card.invar.* Plurale di *mille*, che, preceduto da altri numeri cardinali, forma parole composte in cui significa «migliaia»: *duemila, novecentonovantanovemila.*

miliardario [mi-liar-dà-rio] *agg.* e *s.m.* Che, chi possedeva uno o più miliardi di lire; era un modo per indicare una persona molto ricca, ma con il passaggio all'euro, oggi si dovrebbe usare piuttosto *milionario.*

miliardo [mi-liàr-do] *s.m.* Mille milioni: *un miliar-*

do di abitanti, di dollari ◊ Un numero enorme: *te l'ho detto un miliardo di volte!*

miliare [mi-lià-re] *agg. Pietra miliare* = quella che sulle antiche strade romane segnava la progressiva distanza in miglia da Roma; ♧ avvenimento che costituisce una tappa storica fondamentale: *la scoperta del fuoco fu una pietra miliare della storia umana.*

milionario [mi-lio-nà-rio] *agg.* e *s.m.* Che, chi possiede uno o più milioni di euro o di altra moneta. Con l'introduzione dell'euro in Italia, *milionario* è tornato a indicare una persona molto ricca, come valeva per la lira nella prima metà del '900.

milione [mi-lió-ne] *s.m.* Mille migliaia: *un milione di abitanti, di euro* ◊ Numero, quantità enorme: *c'erano milioni di zanzare; te l'ho detto un milione di volte!*

militante [mi-li-tàn-te] *agg.* e *s.m.f.* Che, chi aderisce a un movimento, a un'organizzazione e vi si impegna attivamente Ⓢ attivista: *un militante del sindacato.*

militare[1] [mi-li-tà-re] *v.intr.* [aus. *avere*] **1** Prestare servizio come soldato: *militare nella marina, nell'esercito* **2** Aderire e partecipare attivamente a un movimento, a un'organizzazione: *militare in un partito* | *Militare in una squadra sportiva* = esserne un giocatore.

militare[2] [mi-li-tà-re] *agg.* Dei soldati, delle forze armate o relativo alla loro attività: *saluto, carriera, servizio militare; base, zona militare; manovre militari; aviazione, ospedale, tribunale militare* ♦ *s.m.* Chi fa parte delle forze armate Ⓢ soldato Ⓒ borghese, civile: *ingresso a metà prezzo per militari e ragazzi* | *Fare il militare* = prestare servizio militare di leva.

militaresco [mi-li-ta-ré-sco] *agg.* [pl.m. *–schi*] Da militare, proprio dei militari (per lo più in senso spregiativo) Ⓢ duro, severo, autoritario: *parlare con tono, con linguaggio militaresco; mentalità, disciplina militaresca.*

milizia [mi-lì-zia] *s.f.* (spec. al *pl.*) Corpo armato, truppe (spec. di epoche passate): *milizie mercenarie; le milizie cittadine dei comuni medievali.*

millantare [mil-lan-tà-re] *v.tr.* Vantare cose non vere o esagerate: *millanta nobili origini, grandi ricchezze, amicizie potenti, ma in realtà è uno spiantato.*

millantatore [mil-lan-ta-tó-re] *agg.* e *s.m.* [f. *–trice*] Che, chi si vanta di cose non vere o esagerate Ⓢ fanfarone, spaccone.

millanteria [mil-lan-te-rì-a] *s.f.* Vanteria esagerata o senza alcun fondamento Ⓢ spacconata, fanfaronata: *chi vuoi che creda alle sue millanterie?*

mille [mìl-le] *agg.num.card.invar.* e *s.m.invar.* **1** Numero corrispondente a dieci volte cento (si scrive 1000 in numeri arabi, M in numeri romani): *mille persone; mille metri; conta fino a mille* **2** Un numero grandissimo, una quantità enorme Ⓢ moltissimo: *ho mille cose da fare; te l'avrò detto mille volte; le devo mille scuse; mille grazie!*

millenario [mil-le-nà-rio] *agg.* Che ha mille anni: *un albero millenario* ◊ Che dura o è durato uno o più millenni: *una civiltà millenaria* ◊ Che ricorre ogni mille anni: *celebrazioni millenarie* ♦ *s.m.* Ricorrenza del millesimo anniversario di un avvenimento memorabile: *il millenario della fondazione di Roma.*

millennio [mil-lèn-nio] *s.m.* Periodo di mille anni.

millepiedi [mil-le-piè-di] *s.m.* Nome popolare di molte specie di animali dal corpo simile a quello di un verme diviso in numerosissimi segmenti ognuno dei quali ha uno o due paia di zampe.

millesimo [mil-lè-si-mo] *agg.num.ord.* e *s.m.* Che, chi occupa il posto numero mille in una successione: *la millesima pagina del dizionario* ◊ *La millesima parte* = ciascuna delle parti uguali in cui si divide una quantità ♦ *s.m.* La millesima parte di una quantità.

milli– Primo elemento di parole composte che, davanti a un'unità di misura, la divide per mille (*millimetro, milligrammo*).

milligrammo [mil-li-gràm-mo] *s.m.* Un millesimo di grammo (simbolo: *mg*).

millilitro [mil-lì-li-tro] *s.m.* Un millesimo di litro (simbolo: *ml*).

millimetro [mil-lì-me-tro] *s.m.* Un millesimo di metro (simbolo: *mm*).

milza [mìl-za] *s.f.* Organo situato nella parte sinistra dell'addome, tra lo stomaco e il rene; ha la funzione di produrre i globuli bianchi e di eliminare i globuli rossi alterati.

mimare [mi-mà-re] *v.tr.* Rappresentare una scena, imitare un personaggio solo con gesti del corpo e del volto, senza usare le parole.

mimetico [mi-mè-ti-co] *agg.* [pl.m. *–ci*] Che presenta il fenomeno del mimetismo, che si mimetizza: *animali mimetici* ◊ Che serve a mimetizzare: *tuta mimetica.*

mimetismo [mi-me-tì-smo] *s.m.* Fenomeno per cui alcune specie animali e vegetali assumono forme e colori simili a quelli dell'ambiente in cui vivono, soprattutto per esigenze di difesa.

mimetizzare [mi-me-tiz-zà-re] *v.tr.* Mascherare, camuffare qualcosa in modo che si confonda con l'ambiente circostante: *mimetizzare un cannone, un carro armato* ♦ **mimetizzarsi** *v.pr.* Trasformare il proprio aspetto per confondersi con l'ambiente circostante: *il camaleonte si mimetizza mutando il colore della pelle.*

mimica [mì-mi-ca] *s.f.* L'arte di esprimersi sulla scena solo per mezzo di gesti e atteggiamenti del corpo e del volto ◊ In senso più ampio, serie di gesti o di espressioni del volto con cui si accompagna il parlare: *ha una mimica ancor più efficace delle parole.*

mimo [mì-mo] *s.m.* **1** Attore che recita servendosi solo della mimica, senza far uso della parola **2** Teatro che si basa sulla mimica: *uno spettacolo di mimo.*

mimosa [mi-mó-sa] *s.f.* Pianta con fiori gialli molto profumati a forma di pallina.

mina [mì-na] *s.f.* **1** Carica di esplosivo introdotta in una cavità della roccia o di una muratura allo scopo di abbatterla: *far esplodere una mina* ◊ Ordigno esplosivo di uso bellico, che esplode per urto, a pressione o comandato a distanza: *mine galleggianti, anticarro, antiuomo* **2** Sottile bastoncino di grafite che, incorporato nella matita, serve per scrivere e disegnare.

minaccia [mi-nàc-cia] *s.f.* [pl. *–ce*] **1** Atto, parola, discorso che ha lo scopo di incutere timore Ⓢ intimidazione: *ha ricevuto una minaccia di morte; lo hanno costretto con le minacce* **2** ♧ Pericolo incombente: *c'è minaccia di pioggia; aumenta la minaccia di un'epidemia.*

minacciare [mi-nac-cià-re] *v.tr.* **1** Spaventare qualcuno con minacce; promettere a qualcuno un male o un danno qualora non si comporti nel modo voluto: *mi hanno minacciato con una rivoltella; minacciò di denunciarlo se non se ne andava* **2** ♧ Mettere in pericolo: *un conflitto che minaccia la pace internazionale* **3** ♧ Preannunciare, far temere un pericolo, un danno: *il cielo minaccia un temporale; il muro minacciava di crollare.*

minaccioso [mi-nac-ció-so] *agg.* **1** Che contiene o esprime una minaccia: *gli rivolse parole minacciose, uno sguardo minaccioso* **2** ♧ Che costituisce un pericolo; che preannuncia un peggioramento: *onde minacciose si abbattevano sulla barca; cielo minaccioso.*

minare [mi-nà-re] *v.tr.* **1** Collocare delle mine, per abbattere qualcosa o a scopo bellico: *minare una casa pericolante, un tratto di mare* **2** ♧ Logorare, indebolire, insidiare, compromettere: *una grave malattia minò la sua salute; uno scandalo che mina la sua reputazione.*

minareto [mi-na-ré-to] *s.m.* Torre a fianco della moschea, dalla quale il muezzin chiama i fedeli alla preghiera.

minatore [mi-na-tó-re] *s.m.* Operaio che lavora nelle miniere.

minatorio [mi-na-tò-rio] *agg.* Che contiene minacce: *ha ricevuto una lettera minatoria.*

minerale [mi-ne-rà-le] *s.m.* Nome generico di tutte le sostanze naturali, prive di vita, normalmente solide, che costituiscono la crosta terrestre ♦ *agg.* Costituito da minerali: *regno minerale* ◊ Che ha natura di minerale o contiene minerali: *sale minerale; acqua minerale.*

mineralogia [mi-ne-ra-lo-gì-a] *s.f.* Scienza che studia i minerali.

minerario [mi-ne-rà-rio] *agg.* Delle miniere, di minerali: *industria mineraria; risorse minerarie; giacimento minerario.*

minestra [mi-nè-stra] *s.f.* Piatto a base di pasta o riso cotti in brodo o in acqua con verdure e legumi: *mi piace la minestra di pasta e fagioli.*

minestrone [mi-ne-stró-ne] *s.m.* Minestra di verdure e legumi, con o senza pasta o riso.

mingherlino [min-gher-lì-no] *agg.* Magro, esile, gracile: *un ragazzo mingherlino.*

mini– Primo elemento di parole composte, che significa «piccolo», «molto piccolo».

miniappartamento [mi-ni-ap-par-ta-mén-to] *s.m.* Appartamento di piccole dimensioni.

miniatura [mi-nia-tù-ra] *s.f.* **1** Tecnica di pittura in piccole dimensioni usata, spec. nel medioevo, per illustrare codici e libri **2** Dipinto, ritratto eseguito con tale tecnica: *un codice ricco di miniature* **3** *In miniatura* = di proporzioni molto ridotte rispetto all'originale o al normale: *costruire una città, una nave in miniatura.*

miniera [mi-niè-ra] *s.f.* **1** Complesso costituito da un giacimento di minerali e dagli impianti necessari per estrarli: *miniera di zolfo, di carbone* **2** ♧ Fonte ricchissima, inesauribile: *questa enciclopedia è una miniera di informazioni.*

minigolf [mi-ni-gòlf] *s.m.invar.* Gioco simile al golf, che si pratica su piste artificiali di piccole dimensioni.

minigonna [mi-ni-gòn-na] *s.f.* Gonna molto corta, che lascia scoperte le gambe fin sopra il ginocchio.

minima [mì-ni-ma] *s.f.* La temperatura più bassa registrata in una località in un dato periodo: *ieri la* *minima è stata di – 8 °C* ◊ Il valore più basso della pressione arteriosa.

minimamente [mi-ni-ma-mén-te] *avv.* Per niente, affatto: *sono cose che non vi riguardano minimamente.*

minimizzare [mi-ni-miz-zà-re] *v.tr.* Ridurre al minimo l'importanza di un fatto, farlo apparire di scarso rilievo: *minimizzare un incidente, una sconfitta.*

minimo [mì-ni-mo] *agg.* [superl. di *piccolo*] Piccolissimo: *c'è solo una minima differenza tra le due cose* ◊ Il più piccolo: *non ho il minimo dubbio su questo* ♦ *s.m.* **1** La cosa, la quantità più piccola possibile; il limite più basso Ⓒ massimo: *questo è il minimo che puoi fare*; *ha avuto il minimo della pena*; *ridurre le spese al minimo* | *Come minimo* = per lo meno: *ti ci vorrà come minimo un'ora per tornare a casa* **2** Il limite minimo di giri al quale può funzionare senza spegnersi un motore: *far girare il motore al minimo*; *devo far regolare il motore dell'auto perché non tiene il minimo.*

Minimo è il superlativo di *piccolo*, quindi è un errore dire *molto minimo.*

minio [mì-nio] *s.m.* Minerale di colore rosso, usato spec. per preparare vernici antiruggine.

ministero [mi-ni-stè-ro] *s.m.* **1** Ognuno dei settori, diretti da un ministro, in cui si divide l'attività amministrativa del governo Ⓢ dicastero: *ministero degli esteri, dell'economia* **2** Gabinetto, governo: *il ministero Giolitti*; *formare un nuovo ministero* **3** *Pubblico ministero* = magistrato che nei processi penali sostiene la pubblica accusa.

ministro [mi-nì-stro] *s.m.* **1** Membro del governo, responsabile di uno dei ministeri: *ministro degli esteri, della giustizia*; *il presidente del consiglio dei ministri è il capo del governo* **2** *Ministri di Dio, del culto* = sacerdoti cattolici, pastori protestanti, rabbini ecc.

minoranza [mi-no-ràn-za] *s.f.* **1** La parte meno numerosa di un insieme di persone o di cose Ⓒ maggioranza: *solo una minoranza di operai ha scioperato* ◊ Inferiorità numerica di voti e di votanti in un organo collegiale: *essere in minoranza* ◊ Il partito o gruppo di partiti che, avendo ricevuto meno voti alle elezioni, stanno all'opposizione (in parlamento, in un consiglio comunale ecc.): *i parlamentari della minoranza* **2** In uno stato, gruppo di cittadini di religione, etnia, lingua ecc. differente da quella della maggioranza: *la Costituzione italiana protegge i diritti delle minoranze.*

minorato [mi-no-rà-to] *agg.* e *s.m.* Che, chi è privo, del tutto o in parte, dell'integrità fisica (*minorato fisico*) o delle capacità intellettuali (*minorato psichico*).

minore [mi-nó-re] *agg.* Più piccolo, meno grande per quantità, numero, durata, grandezza, qualità ecc. Ⓢ inferiore Ⓒ maggiore: *ha speso una cifra minore del previsto*; *ci ha messo un tempo minore del tuo*; *ha minori capacità del fratello* ◊ Meno importante, di valore inferiore: *gli scrittori minori dell'Ottocento*; *le opere minori di Dante* | *Arti minori* = le arti decorative, la ceramica, l'oreficeria | *Frati minori* = i frati francescani ◊ Più giovane d'età: *Luigi è minore di Paolo*; *mia sorella minore* | *La minore età* = l'età di chi è minorenne ♦ *s.m.f.* **1** Chi è più giovane d'età rispetto ad altri: *il minore dei tre fratelli* **2** Minorenne: *film vietato ai minori.*

Minore è il comparativo di *piccolo;* preceduto dall'articolo determinativo forma il superlativo relativo: *ha scelto il male minore.*

minorenne [mi-no-rèn-ne] *agg.* e *s.m.f.* Che, chi non ha ancora compiuto il diciottesimo anno d'età: *i minorenni non possono avere la patente di guida.*

minorile [mi-no-rì-le] *agg.* Dei minorenni: *lavoro minorile*; *delinquenza minorile*; *carcere minorile.*

minuendo [mi-nu-èn-do] *s.m.* Nell'operazione della sottrazione, il numero da cui si sottrae un altro numero (*sottraendo*).

minuscola [mi-nù-sco-la] *s.f.* Lettera minuscola dell'alfabeto.

minuscolo [mi-nù-sco-lo] *agg.* **1** Detto dei caratteri dell'alfabeto usati normalmente nella scrittura e nella stampa, meno alti di quelli detti *maiuscoli*: *i nomi comuni si scrivono con l'iniziale minuscola* **2** Molto piccolo: *un paesino minuscolo* ♦ *s.m.* Carattere di scrittura minuscolo: *scrivere tutto in minuscolo.*

minuta [mi-nù-ta] *s.f.* Prima stesura di uno scritto, ancora da rivedere e perfezionare Ⓢ brutta copia.

minuto[1] [mi-nù-to] *agg.* **1** Molto piccolo: *lo specchio si ruppe in minuti frammenti* | *Spese minute* = quelle di poca importanza ◊ Formato di piccole parti, di pezzi piccoli: *pioggerella, neve, legna minuta* | *Denaro minuto* = spicciolo **2** Gracile, esile; fine, delicato: *un bambino di corporatura minuta*; *lineamenti minuti* **3** Preciso, minuzioso, curato nei particolari: *mi ha fatto una minuta descrizione dei fatti* ♦ *s.m. Al minuto* = in piccole quantità Ⓢ al dettaglio: *vendere al minuto*; *commercio al minuto.*

minuto[2] [mi-nù-to] *s.m.* **1** Unità di misura del tempo (detta anche *minuto primo*), equivalente alla sessantesima parte dell'ora: *il treno parte tra venti minuti* | *Minuto secondo* = la sessantesima parte del minuto primo | *Un orologio che spacca il minuto* = molto preciso **2** ♧ Breve spazio di tempo Ⓢ momento, istante, attimo: *vado e vengo in un minuto*; *non ho un minuto di pace* | *Sarà qui a minuti* = tra poco | *Non ho un minuto da perdere, ho i minuti contati* = ho molta fretta.

minuzia [mi-nù-zia] *s.f.* (spec. al *pl.*) Cosa senza importanza, particolare insignificante Ⓢ inezia, quisquilia: *non perdere tempo a occuparti di queste minuzie*.

minuzioso [mi-nu-zió-so] *agg.* Che cura anche i minimi particolari Ⓢ scrupoloso, meticoloso: *un uomo, un impiegato minuzioso* ◊ Fatto con grande cura e diligenza, non trascurando alcun particolare: *un'indagine, una descrizione minuziosa*.

mio [mì-o] *agg.poss. di prima persona sing.* [f. *mia*; pl.m. *miei*; pl.f. *mie*] **1** Che appartiene a me (indica proprietà o possesso): *la mia casa*; *la mia stanza*; *questi libri sono miei* ◊ Che si riferisce a me, alla mia persona; che riguarda me, proviene da me o è fatto da me: *le mie mani*; *la mia volontà*; *i miei pensieri*; *questo non è affar mio*; *ascolta i miei consigli*; *il mio tema*; *i miei lavori* ◊ Che ha con me una relazione di parentela, di amicizia, di lavoro, di dipendenza ecc.: *mia madre*; *le mie cugine*; *un mio amico*; *il mio medico*; *la mia padrona di casa*; *il mio paese* **2** Che mi è abituale, consueto: *oggi non ho ancora fatto il mio sonnellino* ♦ *pronome poss. di prima persona sing.* Ha gli stessi usi e significati dell'aggettivo (ed è sempre preceduto dall'articolo determinativo): *il tuo giardino è più grande del mio* ◊ *I miei* = i miei familiari | *Voglio anch'io dire la mia* = la mia opinione.

miope [mì-o-pe] *agg.* e *s.m.f.* **1** Che, chi è affetto da miopia: *ha un occhio miope*; *occhiali da miope* **2** ♧ Che, chi manca di lungimiranza, di acume: *una politica miope*.

miopia [mio-pì-a] *s.f.* Difetto della vista per cui si vedono confusi gli oggetti lontani.

mira [mì-ra] *s.f.* **1** Regolazione della direzione di tiro o di lancio di un'arma o di un oggetto, in modo da colpire il bersaglio: *alzare, abbassare la mira*; *sbagliare la mira* | ♧ *Prendere di mira qualcuno* = mettersi a perseguitarlo, a tormentarlo: *lo hanno preso di mira con i loro scherzi* ◊ Capacità di mirare e colpire il bersaglio: *ha una buona, una cattiva mira* **2** ♧ Scopo, fine, aspirazione (per lo più riprovevole o criticabile): *la sua unica mira è il denaro*; *ha confessato le sue mire segrete*.

mirabile [mi-rà-bi-le] *agg.* Che desta ammirazione o meraviglia Ⓢ ammirevole, straordinario: *ha proseguito con mirabile costanza*; *un'impresa davvero mirabile*.

mirabolante [mi-ra-bo-làn-te] *agg.* Tanto straordinario da non sembrar vero Ⓢ strabiliante, stupefacente: *le mirabolanti imprese dei paladini di Carlo Magno*.

miracolo [mi-rà-co-lo] *s.m.* **1** Fatto straordinario e in contrasto con le leggi della natura, che la religione cristiana attribuisce all'intervento divino: *i miracoli di Gesù, della Madonna, dei santi* | ♧ *Conoscere, raccontare vita, morte e miracoli di qualcuno* = sapere, raccontare tutto su di lui, fin nei minimi particolari **2** ♧ Caso, fatto straordinario, incredibile, fortunato: *è un miracolo che tu sia sano e salvo*; *se l'è cavata per miracolo* | *Fare miracoli* = fare cose umanamente impossibili, ottenere risultati prodigiosi: *non posso mica fare miracoli*; *una cura che fa miracoli*.

miracoloso [mi-ra-co-ló-so] *agg.* **1** Che compie miracoli: *un santo miracoloso* **2** Che è o sembra effetto di un miracolo: *una guarigione miracolosa* **3** ♧ Straordinario, efficacissimo Ⓢ prodigioso: *un rimedio miracoloso contro l'insonnia*.

miraggio [mi-ràg-gio] *s.m.* **1** Fenomeno ottico per cui oggetti lontani appaiono spostati rispetto al reale o capovolti o sospesi in aria; è dovuto a effetti di rifrazione della luce e si verifica spec. in deserti caldi e in mare aperto **2** ♧ Illusione, speranza ingannevole: *la città li ha attratti con il miraggio di facili guadagni*.

mirare [mi-rà-re] *v.intr.* [aus. *avere*] **1** Puntare un'arma contro un bersaglio per colpirlo: *il cacciatore mirò alla lepre*; *mirare alla testa, alle gambe* ◊ Prendere la mira: *ho sparato senza mirare*; *hai mirato male* **2** ♧ Tendere a uno scopo, aspirare a qualcosa: *a cosa mira la tua domanda?*; *è uno che mira solo al guadagno*.

miriade [mi-rì-a-de] *s.f.* Grande moltitudine, numero grandissimo: *fu assalito da una miriade di zanzare*; *nel cielo brillava una miriade di stelle*.

mirino [mi-rì-no] *s.m.* **1** Piccolo rilievo sporgente sulla canna di un'arma da fuoco portatile, che aiuta a stabilire meglio la linea di mira **2** Nelle macchine fotografiche, nelle cineprese e nelle videocamere, dispositivo che serve a osservare e inquadrare il soggetto che si vuol riprendere.

mirra [mìr-ra] *s.f.* Resina aromatica che trasuda dalla corteccia di alcune piante dell'Africa e dell'Arabia.

mirtillo [mir-tìl-lo] *s.m.* Arbusto comune nei boschi

delle zone montane, che produce frutti nero-bluastri a bacca ◊ Il frutto di tale arbusto.

mirto [mìr-to] *s.m.* Arbusto sempreverde, comune nella macchia mediterranea, con foglie molto profumate.

miscela [mi-scè-la] *s.f.* Miscuglio omogeneo di due o più sostanze solide, liquide o gassose ◊ Il miscuglio di carburante e aria che alimenta i motori a scoppio; anche, il miscuglio di benzina e olio lubrificante che si usa come carburante nei motocicli ◊ Mescolanza di varie qualità di caffè.

mischia [mì-schia] *s.f.* **1** Scontro accanito e disordinato di persone che si combattono a distanza ravvicinata Ⓢ zuffa: *nuovi armati si gettarono nella mischia* **2** Nel calcio, azione confusa tra attaccanti e difensori ammassati in un breve spazio, spec. in area di rigore.

mischiare [mi-schià-re] *v.tr.* Mescolare: *mischia le carte prima di distribuirle.*

misconoscere [mi-sco-nó-sce-re] *v.tr.* [coniugato come *conoscere*] Non riconoscere, non apprezzare nel suo giusto valore: *misconoscere i meriti di qualcuno.*

miscredente [mi-scre-dèn-te] *agg.* e *s.m.f.* Che, chi non crede in Dio, non è religioso Ⓢ ateo.

miscuglio [mi-scù-glio] *s.m.* **1** Mescolanza confusa e poco omogenea di elementi diversi (anche ♧): *uno strano miscuglio di sapori*; *il tuo discorso è un miscuglio di idee contraddittorie* **2** Insieme di sostanze chimiche mescolate tra loro che però conservano le loro proprietà senza formare un *composto.*

miserabile [mi-se-rà-bi-le] *agg.* **1** Che suscita compassione per la sua estrema povertà, per la sua triste condizione: *una famiglia che vive in condizioni miserabili*; *si è ridotto in uno stato miserabile* **2** Spregevole, abietto: *un comportamento, un individuo miserabile* ♦ *s.m.f.* Persona spregevole e abietta: *ha agito da miserabile.*

miserevole [mi-se-ré-vo-le] *agg.* Che suscita compassione: *è ridotto in uno stato miserevole.*

miseria [mi-sè-ria] *s.f.* **1** Stato di estrema povertà: *la sua famiglia vive in miseria*; *è caduto in miseria* | *Piangere miseria* = lamentarsi delle proprie condizioni economiche esagerandone la gravità **2** Somma, cifra irrisoria: *per il suo lavoro gli danno una miseria* **3** Meschinità morale: *ha rivelato la miseria del suo animo* ◊ (al *pl.*) Casi miserevoli, sventure: *quante miserie si vedono in giro!*

misericordia [mi-se-ri-còr-dia] *s.f.* Sentimento di compassione e pietà per la sventura altrui che induce all'aiuto e al perdono: *avere misericordia dei vinti*; *l'accusato implorò la misericordia del giudice* | *Senza misericordia* = senza pietà: *li uccisero tutti senza misericordia.*

misero [mì-se-ro] *agg.* [superl. *miserissimo* o *miserrimo*] **1** Molto povero: *è gente misera, che non ha di che vivere* **2** Che desta pietà, compassione Ⓢ miserevole, disgraziato, sventurato: *è ridotto in un misero stato*; *ha fatto una misera fine*; *misero me!* **3** Scarso, insufficiente, inadeguato: *vive con una misera pensione* **4** Meschino: *ha fatto una misera figura.*

miserrimo [mi-sèr-ri-mo] *agg.* [superl. di *misero*] Molto misero.

misfatto [mi-sfàt-to] *s.m.* Grave delitto Ⓢ scelleratezza: *si sono macchiati di orribili misfatti.*

miss [parola inglese; pron. corrente *mìs*] *s.f.invar.* Vincitrice di un concorso di bellezza: *è stata eletta la nuova miss Italia.*

missile [mìs-si-le] *s.m.* Apparecchio aereo senza pilota, a forma di siluro, capace di raggiungere altissime velocità ed enormi distanze, usato nelle esplorazioni spaziali, per portare satelliti in orbita e per scopi militari.

missionario [mis-sio-nà-rio] *s.m.* Religioso o laico cristiano inviato a diffondere la fede tra popolazioni di altra religione ♦ *agg.* Dei missionari, delle missioni: *scuole, opere missionarie* | ♧ *Spirito missionario* = spirito di grande abnegazione al servizio di un ideale.

missione [mis-sió-ne] *s.f.* **1** Incarico, compito particolare affidato da un'autorità a una o più persone inviate presso qualcuno o da qualche parte: *gli hanno affidato una missione segreta*; *il reparto è stato inviato in missione di guerra* **2** L'attività dei missionari e la sede in cui si svolge: *raccogliere fondi per le missioni*; *costruire una missione* **3** ♧ Attività, compito che richiede grande dedizione e spirito di sacrificio: *un medico che considera il suo lavoro una missione.*

missiva [mis-sì-va] *s.f.* Lettera: *ho appena ricevuto una sua missiva.*

mister [parola inglese; pron. corrente *mìster*] *s.m.invar.* **1** Vincitore di un concorso di bellezza o d'altro genere: *mister muscolo*; *mister eleganza* **2** Nel gergo calcistico, allenatore di una squadra.

misterioso [mi-ste-rió-so] *agg.* **1** Che costituisce un mistero, che non si riesce a spiegare, a capire Ⓢ oscuro, inesplicabile: *nessuno l'ha più visto dopo la sua misteriosa scomparsa*; *una malattia misteriosa* **2** Fatto in segreto, di nascosto: *un incontro misterioso* ◊ Che nasconde qualcosa, che desta sospetti: *ha un comportamento misterioso*

| *Un tipo misterioso* = che si comporta in modo poco chiaro.

mistero [mi-stè-ro] *s.m.* **1** Fatto, fenomeno che non si riesce a spiegare o di cui non si sa nulla: *come sia riuscito a fuggire resta un mistero*; *il suo passato è un mistero assoluto* | *Fare misteri* = tenere nascosto qualcosa, parlare in modo poco chiaro | *Non fare mistero di una cosa* = dirla apertamente **2** Nella religione cristiana, verità soprannaturale che la ragione umana non può comprendere e deve accogliere per fede: *il mistero della Trinità, dell'incarnazione di Cristo.*

misticismo [mi-sti-cì-smo] *s.m.* Atteggiamento religioso e spirituale che tende a cercare un rapporto diretto con Dio attraverso uno slancio interiore e sentimentale, senza l'intervento della ragione.

mistico [mì-sti-co] *agg.* [pl.m. *–ci*] Che si fonda sul misticismo, che è ispirato da misticismo: *esperienza mistica.*

mistificare [mi-sti-fi-cà-re] *v.tr.* [*mistìfico, mistìfichi*] Falsificare, alterare qualcosa, farlo apparire diverso da quel che è: *continui a mistificare la verità dei fatti.*

mistificazione [mi-sti-fi-ca-zió-ne] *s.f.* Falsificazione, deformazione, travisamento della realtà.

misto [mì-sto] *agg.* **1** Composto da elementi di diversa natura: *frutta mista*; *gelato misto*; *popolazioni miste* | *Classe, scuola mista* = con alunni sia maschi che femmine **2** Mescolato con altri elementi: *cadeva pioggia mista a neve*; *lana mista a cotone*; *riso misto a pianto* ♦ *s.m.* Mescolanza, miscuglio: *un misto di vari ingredienti*; *la vita è un misto di gioie e dolori.*

mistura [mi-stù-ra] *s.f.* Miscuglio di cose o sostanze diverse: *una strana mistura di sapori.*

misura [mi-sù-ra] *s.f.* **1** La quantità di una grandezza (una lunghezza, una superficie, un peso ecc.) calcolata in rapporto con un'altra grandezza della stessa specie scelta come *unità di misura* (per es. il metro, il grammo, il litro ecc.); il numero che esprime tale quantità, tale rapporto **2** Le dimensioni di un oggetto: *prendere le misure di un tavolo* ◊ Le dimensioni del corpo umano o delle sue parti: *il sarto mi ha preso le misure* | *Abiti, scarpe su misura* = fatti apposta per una persona ◊ Taglia, grandezza di un capo d'abbigliamento: *questa giacca non è della mia misura*; *che misura porti di scarpe?* **3** L'operazione di misurare Ⓢ misurazione: *il termometro è uno strumento per la misura della temperatura* | ♧ *Usare due pesi e due misure* = usare criteri diversi nel giudicare e trattare due cose dello stesso genere o due persone **4** *Vincere di misura, di stretta misura* = con un vantaggio minimo **5** Limite; moderazione: *non ha il senso della misura*; *questa volta hai passato la misura*; *mangiare, bere con misura* | *Oltre misura* = in modo eccessivo **6** Provvedimento: *prendere le misure necessarie per affrontare una difficoltà*; *bisogna ricorrere a misure energiche*; *misure di precauzione, di sicurezza* | *Mezze misure* = provvedimenti inadeguati o poco energici: *le mezze misure non servono a niente.*

misurare [mi-su-rà-re] *v.tr.* **1** Determinare, calcolare la misura, le dimensioni di qualcosa: *misurare la temperatura, la febbre*; *misurare la lunghezza di una stoffa, la superficie di un appartamento* | *Misurare a occhio* = approssimativamente, senza strumenti **2** Provare o far provare un indumento: *hai misurato le scarpe per vedere se ti vanno bene?*; *il sarto mi ha misurato la giacca* **3** ♧ Contenere, moderare entro giusti limiti: *dobbiamo misurare le spese*; *cerca di misurare le parole!* ♦ *v.intr.* [aus. *avere*] Avere determinate misure e dimensioni: *la stanza misura tre metri per quattro* ♦ **misurarsi** *v.pr.* **1** Contenersi, moderarsi: *dobbiamo misurarci nello spendere* **2** Cimentarsi, confrontarsi, competere, contendere: *si è misurato con avversari troppo forti per lui.*

misurato [mi-su-rà-to] *agg.* Moderato, equilibrato: *è sempre misurato nello spendere*; *ha fatto un discorso misurato.*

misurazione [mi-su-ra-zió-ne] *s.f.* L'operazione del misurare: *fare la misurazione della febbre.*

misurino [mi-su-rì-no] *s.m.* Piccolo recipiente per misurare quantità limitate di sostanze liquide, in grani o in polvere.

mite [mì-te] *agg.* **1** Buono, dolce, paziente, pacifico: *una persona, un carattere mite* ◊ Benevolo, indulgente, non severo: *una sentenza, una condanna, una pena mite* **2** Docile, mansueto (detto di animali) **3** Dolce, temperato (detto di clima): *un inverno mite* **4** Moderato, non eccessivo: *prezzi miti*; *avere miti pretese.*

mitico [mì-ti-co] *agg.* [pl.m. *–ci*] **1** Che ha carattere di mito, appartiene al mito: *narrazioni mitiche*; *eroi, personaggi mitici* ◊ Leggendario, favoloso: *le mitiche imprese garibaldine*; *un mitico concerto rock* **2** ♧ Irreale, illusorio, utopistico: *speranze mitiche.*

mitigare [mi-ti-gà-re] *v.tr.* [*mìtigo, mìtighi*] Rendere meno intenso, più sopportabile Ⓢ calmare, attenuare: *un calmante per mitigare il dolore*; *il sole ha mitigato il freddo* ◊ Moderare: *mitiga le tue pretese!*

mitilo [mì-ti-lo] *s.m.* Mollusco marino commestibile con conchiglia nera a due valve Ⓢ cozza.

mito [mì-to] *s.m.* **1** Racconto favoloso, tramandato da tempi antichissimi, che narra le gesta di dei ed eroi leggendari o l'origine del mondo, di un popolo, di una scoperta ecc.: *i miti greci, indiani, maya*; *il mito di Prometeo*; *il mito della fondazione di Roma* **2** Immagine leggendaria creatasi intorno a un personaggio, a un avvenimento, a un luogo: *il mito di Garibaldi, del Risorgimento, di Hollywood* **3** Aspirazione irrealizzabile Ⓢ utopia, illusione: *la pace universale è un mito*.

mitologia [mi-to-lo-gì-a] *s.f.* L'insieme dei miti di un popolo o di una religione: *la mitologia greca, indiana, nordica*.

mitologico [mi-to-lò-gi-co] *agg.* [pl.m. *–ci*] Della mitologia, relativo ai miti: *un personaggio, un racconto mitologico*.

mitomane [mi-tò-ma-ne] *agg.* e *s.m.f.* Che, chi è affetto da mitomania: *io non darei troppo credito ai suoi racconti, mi sembra un po' un mitomane*.

mitomania [mi-to-ma-nì-a] *s.f.* Tendenza a raccontare come fossero veri fatti immaginari, che sono solo frutto della propria fantasia.

mitra[1] [mì-tra] o **mitria** [mì-tria] *s.f.* Alto copricapo a due punte indossato dal papa, dai cardinali e dai vescovi nelle cerimonie solenni.

mitra[2] [mì-tra] *s.m.invar.* Fucile mitragliatore.

mitraglia [mi-trà-glia] *s.f.* Serie di colpi sparati a raffica da una mitragliatrice: *cadde sotto il fuoco della mitraglia*.

mitragliare [mi-tra-glià-re] *v.tr.* Colpire con raffiche di mitragliatrice o di fucile mitragliatore: *i soldati mitragliavano il nemico in fuga* | ♧ *Mitragliare qualcuno di domande* = sottoporlo a una serie continua di domande.

mitragliatore [mi-tra-glia-tó-re] *agg.* [f. *–trice*] Detto di arma automatica che può sparare colpi a ripetizione: *fucile mitragliatore*; *pistola mitragliatrice*.

mitragliatrice [mi-tra-glia-trì-ce] *s.f.* Arma da fuoco automatica, fissa o portatile, capace di sparare un gran numero di colpi con cadenza molto rapida.

mitria vedi **mitra**[1].

mittente [mit-tèn-te] *s.m.f.* Chi spedisce una lettera, un pacco: *metta sulla busta anche l'indirizzo del mittente*.

mix [abbreviazione dell'inglese *mixture*; pron. *mìcs*] *s.m. invar.* Mescolanza, miscuglio.

mixer [parola inglese; pron. corrente *mìcser*] *s.m. invar.* **1** Recipiente graduato usato per miscelare i vari ingredienti di una bevanda **2** Frullatore elettrico da cucina **3** Nel cinema, nella televisione e nella produzione musicale, apparecchio che fonde in un'unica colonna sonora voci, suoni e rumori prima registrati separatamente.

mms [sigla della locuzione inglese *Multimedia Message System*; pron. *èmme-èmme-èsse*] *s.m. invar.* Servizio per telefoni cellulari che consente di inviare messaggi multimediali, contenenti oltre al testo suoni, fotografie e filmati.

mnemonico [mne-mò-ni-co] *agg.* [pl.m. *–ci*] Di memoria: *non ricordi dove hai messo le chiavi? fai uno sforzo mnemonico* ◊ Basato solo sulla memoria: *non capisce quello che studia, il suo è un apprendimento mnemonico*.

mo' [mò'] *s.m. A mo' di* = a modo di, in funzione di: *te lo dico a mo' d'esempio*; *impugnò lo sgabello a mo' di clava*.

mobbing [parola inglese; pron. corrente *mòbbing*] *s.m. invar.* Insieme di continue azioni persecutorie nei confronti di un lavoratore da parte dei suoi superiori o colleghi, in genere con lo scopo di costringerlo a dimettersi.

mobile [mò-bi-le] *agg.* Che può muoversi o essere mosso, spostato; non fisso, non stabile: *scala mobile*; *sabbie mobili*; *una scrivania con piano mobile* | *Beni mobili* = quelli trasportabili (denaro, titoli ecc.) contrapposti a quelli *immobili* (case, terreni ecc.) ♦ *s.m.* Ciascuno degli oggetti che formano l'arredamento fondamentale di una casa, di un ambiente (tavoli, sedie, armadi, divani, letti, scaffali ecc.): *cambiare, spolverare i mobili*; *mobili in legno, in metallo, nuovi, antichi*.

mobilia [mo-bì-lia] *s.f.* o **mobilio** [mo-bì-lio] *s.m.* Il complesso dei mobili di una casa, di un ambiente: *abbiamo cambiato la mobilia della sala*.

mobilificio [mo-bi-li-fì-cio] *s.m.* Fabbrica di mobili.

mobilitare [mo-bi-li-tà-re] *v.tr.* **1** Chiamare sotto le armi: *alla fine dell'ultima guerra vennero mobilitati anche i diciottenni* ◊ Mettere in assetto di guerra: *mobilitare l'esercito* **2** ♧ Impegnare attivamente, chiamare a un deciso impegno e alla massima collaborazione: *mobilitare tutte le energie e le risorse*; *mobilitare il partito per la campagna elettorale*.

mobilitazione [mo-bi-li-ta-zió-ne] *s.f.* **1** *Mobilitazione militare* = chiamata alle armi; disposizione delle forze armate in assetto di guerra **2** ♧ Impegno attivo e generalizzato di persone ed energie per un fine comune: *cresce la mobilitazione contro la pena di morte nel mondo*.

mocassino [mo-cas-sì-no] *s.m.* Scarpa di pelle morbida, leggera e flessibile, in genere senza lacci.

moccioso [moc-ció-so] *s.m.* Bambino piccolo, che ha il naso sporco di muco e non sa ancora pulirsi da solo; con valore ironico o spregiativo, ragazzino che si dà arie da grande: *ma cosa si crede quel moccioso!*

moccolo [mòc-co-lo o móc-co-lo] *s.m.* **1** Muco che pende dal naso **2** Candela, mozzicone di candela **3** Bestemmia: *tirare moccoli.*

moda [mò-da] *s.f.* **1** Maniera corrente di vestirsi e acconciarsi, legata ai gusti prevalenti in una data epoca e società: *la moda delle gonne corte, dei capelli lunghi*; *moda maschile, femminile*; *la moda dell'Ottocento, degli anni sessanta* | *Vestire alla moda, all'ultima moda* = secondo la moda del momento ◊ Qualsiasi usanza o abitudine molto diffusa in un certo momento: *oggi c'è la moda delle vacanze all'estero* | *Essere, andare, passare, tornare di moda* = essere, non essere più o essere di nuovo conforme al gusto corrente, all'usanza prevalente del momento **2** Gli abiti e tutto ciò che riguarda il settore dell'abbigliamento, spec. di qualità: *una rivista, una sfilata di moda*; *lavora nella moda* | *Alta moda* = sartoria di lusso.

modella [mo-dèl-la] *s.f.* Donna che posa come modello per pittori, scultori o fotografi ◊ Donna che fa l'indossatrice in sfilate o per riviste di moda.

modellare [mo-del-là-re] *v.tr.* Dare una determinata forma a un materiale cedevole Ⓢ plasmare: *modellare l'argilla, un vaso di terracotta*; *modellare un cappello.*

modellino [mo-del-lì-no] *s.m.* Modello, riproduzione in miniatura di un oggetto, di una struttura: *il modellino di un'automobile.*

modellismo [mo-del-lì-smo] *s.m.* **1** Tecnica della riproduzione in scala ridotta di oggetti e strutture, in partic. navi, aerei, treni, automobili **2** Collezionismo di modellini.

modello [mo-dèl-lo] *s.m.* **1** Esempio perfetto, degno di essere imitato: *quella donna è un modello di bontà*; *un'azienda che è un modello di efficienza* | *Prendere a modello* = imitare ◊ Originale da riprodurre, copiare, ritrarre: *il pittore ha copiato fedelmente il modello* **2** Uomo che posa per un pittore, uno scultore o un fotografo ◊ Indossatore **3** Tipo di prodotto industriale dotato di particolari caratteristiche: *un nuovo modello di auto, di lavatrice*; *è un modello ormai superato* **4** Vestito, oggetto d'abbigliamento realizzato su disegno originale: *una sfilata di modelli estivi* **5** Rappresentazione su scala ridotta di qualcosa che si progetta di costruire Ⓢ plastico: *l'architetto ha illustrato su un modello il progetto della nuova stazione* ◊ Riproduzione, in scala generalmente ridotta, di oggetti e strutture varie: *un modello in plastica del Colosseo*; *nella lezione si è servito di un modello del cuore umano* ♦ usato in funzione di *agg.invar.* Che costituisce un esempio da imitare: *uno scolaro modello*; *una famiglia, una fattoria modello.*

modem [mò-dem] *s.m.invar.* Apparecchio elettronico che permette ai computer di comunicare tra loro e di accedere a Internet tramite la linea telefonica.

moderare [mo-de-rà-re] *v.tr.* Contenere entro giusti limiti: *in città bisogna moderare la velocità*; *modera il tuo entusiasmo*; *modera le parole, non offendere!* ♦ **moderarsi** *v.pr.* Contenersi, regolarsi: *moderarsi nel bere.*

moderato [mo-de-rà-to] *agg.* **1** Che si contiene o è contenuto entro giusti limiti Ⓢ misurato, equilibrato: *è moderato nel bere, nello spendere*; *ha fatto un discorso moderato*; *avere moderate pretese* ◊ Non forte, non eccessivo: *velocità moderata*; *cuocere a fuoco moderato*; *prezzi moderati* **2** In politica, contrario a ogni radicalismo: *un partito moderato*; *è di idee moderate.*

moderatore [mo-de-ra-tó-re] *s.m.* [f. *–trice*] Chi dirige e coordina un dibattito.

moderazione [mo-de-ra-zió-ne] *s.f.* Senso della misura, equilibrio lontano da ogni eccesso: *devi avere moderazione nel bere*; *si è sempre comportato con moderazione.*

moderno [mo-dèr-no] *agg.* Del tempo presente o di quello più recente: *la vita, la società moderna*; *una casa moderna*; *l'arte moderna* | *Storia moderna* = quella che va dalla scoperta dell'America alla fine del Settecento ◊ Caratteristico del tempo presente Ⓢ attuale, aggiornato: *la tecnica moderna*; *ha una mentalità moderna.*

modestia [mo-dè-stia] *s.f.* **1** Virtù di chi non è presuntuoso e non ama vantarsi dei propri meriti: *è una persona di rara modestia* | *Falsa modestia* = insincera | *Non peccare di modestia* = essere presuntuoso **2** Carattere limitato, scarso o mediocre di qualcosa: *la modestia di un guadagno, di un impiego*; *non mi aspettavo una tale modestia di risultati.*

modesto [mo-dè-sto] *agg.* **1** Privo di presunzione: *un uomo capace e modesto*; *parlava della sua opera con parole modeste* | *Fare il modesto* = ostentare una modestia esagerata **2** Semplice, non vistoso, non lussuoso: *abita in una casa modesta* ◊ Di livello sociale non elevato Ⓢ umile: *un ragazzo di modeste origini*; *è un modesto impiegato* ◊ Modico, moderato, esiguo: *una spesa modesta*; *ha pretese modeste*; *lavora per una paga modesta* ◊ Di scarsa importanza o valore Ⓢ limitato, mediocre Ⓒ notevole: *ha ottenuto modesti risultati*; *un libro, un film modesto*; *ha modeste capacità*.

modico [mò-di-co] *agg*. [pl.m. *–ci*] Piuttosto esiguo, non elevato, non eccessivo: *l'ho comprato per una modica somma*; *prezzi modici*.

modifica [mo-dì-fi-ca] *s.f.* Modificazione, cambiamento: *apportare delle modifiche a un contratto*; *fare una modifica a un vestito*.

modificare [mo-di-fi-cà-re] *v.tr.* [*modìfico, modìfichi*] Cambiare qualcosa in parte o del tutto: *modificare una legge, un modello di automobile*; *ha modificato la sua versione precedente*.

modificazione [mo-di-fi-ca-zió-ne] *s.f.* Cambiamento, modifica, trasformazione, variazione.

modo [mò-do] *s.m.* **1** Maniera particolare (di essere, agire, svolgersi ecc.): *ognuno ha il suo modo di vivere*; *mi guardava in modo strano*; *in che modo è successo?* | *Modo di fare* = comportamento, contegno | *A mio modo di vedere* = secondo me | *Modo di dire* = locuzione, espressione tipica di una lingua o di un dialetto | *In modo giusto, efficace, strano ecc.* = giustamente, efficacemente, stranamente ecc. **2** Maniera di comportarsi, di trattare: *cerca di usare modi più gentili*; *lo ha cacciato in malo modo* | *Che modo è questo?, ma guarda che modi!* = per rimproverare un comportamento sgarbato o sconveniente ◊ *A modo mio, tuo, suo ecc.* = come piace, sembra meglio a me, a te, a lui ecc.: *vuol fare a modo suo* **3** Mezzo, metodo, espediente: *ha trovato il modo per cavarsela*; *si arrangia in mille modi* | *Ad ogni modo* = comunque: *decidi tu, ad ogni modo fammi sapere* ◊ Possibilità, opportunità, occasione: *non c'è stato modo di parlargli*; *gli hai dato modo di far bella figura* **4** Limite, regola: *hai passato il modo e la misura* | *Oltre modo* = sommamente, enormemente | *A modo* = come si deve, per bene: *fare le cose a modo*; *una persona a modo* **5** *Modo del verbo* = la categoria della coniugazione verbale che definisce l'atteggiamento del soggetto di fronte all'azione o allo stato espressi dal verbo (per es. il *modo indicativo* esprime una certezza, il *modo condizionale* una possibilità).

modulare [mo-du-là-re] *v.tr.* Variare armonicamente nel tono e nell'intensità la voce, il canto, un suono.

modulazione [mo-du-la-zió-ne] *s.f.* Variazione di tono (della voce, del canto, della musica).

modulo [mò-du-lo] *s.m.* **1** Stampato da riempire nelle parti in bianco, in uso soprattutto negli uffici pubblici: *modulo per versamento, per iscrizione* **2** Parte autonoma e separabile di un veicolo spaziale **3** Ogni singolo elemento di un mobile o di un prefabbricato componibile.

mogano [mò-ga-no] *s.m.* Legno pregiato di color rosso-bruno ricavato da un albero tropicale.

mogio [mò-gio] *agg*. [pl.f. *–ge* o *–gie*] Che ha un'aria abbattuta e avvilita: *perché oggi sei così mogio?*

moglie [mó-glie] *s.f.* La donna con cui un uomo è sposato | *Avere moglie* = essere sposato | *Prendere moglie* = sposarsi.

moina [mo-ì-na] *s.f.* Gesto affettuoso, complimento, per lo più lezioso, sdolcinato e fatto allo scopo di ottenere qualcosa: *speri di convincermi con le tue moine?*

mola [mò-la] *s.f.* **1** Macina da mulino o da frantoio **2** Disco di materiale abrasivo che, montato su macchine utensili, serve a levigare, lucidare, affilare ecc.

molare[1] [mo-là-re] *v.tr.* Levigare, lucidare qualcosa con la mola: *molare uno specchio, un pavimento* | *Molare un coltello* = affilarlo.

molare[2] [mo-là-re] *agg.* e *s.m.* Detto di ciascuno dei denti laterali che, nell'uomo e nei mammiferi, hanno la funzione di masticare il cibo.

mole [mò-le] *s.f.* **1** Massa o struttura imponente: *la superba mole del Monte Bianco, del Duomo di Milano* **2** Dimensione: *un pacco di grossa mole*; *un libro di piccola mole* ◊ ♧ Quantità: *ho una gran mole di lavoro*.

molecola [mo-lè-co-la] *s.f.* La più piccola parte di una sostanza che conserva le proprietà chimiche della sostanza stessa; è in genere costituita da due o più atomi.

molestare [mo-le-stà-re] *v.tr.* Infastidire, disturbare, importunare: *non devi molestare gli altri*.

molestia [mo-lè-stia] *s.f.* Fastidio, disturbo, disagio che irrita: *che molestia queste zanzare!*; *la molestia dei rumori, del caldo*.

molesto [mo-lè-sto] *agg.* Che reca molestia Ⓢ fastidioso, irritante, noioso: *un insetto molesto*; *si è reso molesto con le sue richieste insistenti*.

molla [mòl-la] *s.f.* **1** Organo meccanico elastico, per lo più d'acciaio, capace di comprimersi e allungarsi sotto l'azione di una forza e di tornare alla forma primitiva quando cessa tale azione: *le molle della poltrona, del materasso*; *giocattolo a molla* **2** ♧ Stimolo, impulso, motivazione: *è spin-*

A B C D E F G H I J K L M N O P Q R S T U V W X Y Z

to solo dalla molla dell'ambizione, del denaro **3** (al *pl.*) Arnese d'acciaio per afferrare legni o carboni accesi | ♧ *Un tipo da prendere con le molle* = da trattare con molta cautela.

mollare [mol-là-re] *v.tr.* **1** Lasciar andare, allentare: *mollare la presa, un cavo* | *Mollare l'ancora* = calarla **2** ♧ Dare, appioppare: *gli ha mollato un ceffone* ♦ *v.intr.* [aus. *avere*] Desistere, cedere, rinunciare: *anche di fronte alle difficoltà siamo decisi a non mollare.*

molle [mòl-le] *agg.* **1** Cedevole alla pressione, non duro, non rigido Ⓢ morbido, tenero, soffice: *un terreno, una pasta, un cuscino molle* **2** ♧ Fiacco, debole, privo di energia: *ha un carattere troppo molle* **3** Bagnato, intriso: *camicia molle di sudore; terreno molle di pioggia.*

molleggiato [mol-leg-già-to] *agg.* Dotato di elasticità grazie a un sistema di molle: *un divano molleggiato* ◊ Elastico, flessuoso, sciolto: *camminava con passo molleggiato.*

molleggio [mol-lég-gio] *s.m.* Sistema di molle, di sospensioni applicato a un oggetto; l'elasticità che ne deriva: *una vettura con un buon molleggio.*

molletta [mol-lét-ta] *s.f.* **1** Piccolo arnese a molla per tenere fissati i capelli o i panni stesi sul filo ad asciugare **2** (al *pl.*) Pinzetta a forma di U per prendere zollette di zucchero, cubetti di ghiaccio ecc.

mollica [mol-lì-ca] *s.f.* La parte interna e soffice del pane.

mollo [mòl-lo] *s.m. A mollo* = a bagno: *mettere, tenere a mollo la biancheria.*

mollusco [mol-lù-sco] *s.m.* Animale invertebrato, acquatico o terrestre, dal corpo molle, spesso provvisto di conchiglia: *le cozze, i polpi e le lumache sono dei molluschi.*

molo [mò-lo] *s.m.* Opera in muratura costruita per difendere un porto dalle onde e attrezzata all'interno per l'attracco e l'ormeggio delle imbarcazioni.

molteplice [mol-té-pli-ce] *agg.* **1** Costituito da molti elementi **2** (al *pl.*) Numerosi, diversi, svariati: *ha molteplici interessi, attività; i molteplici aspetti di una questione.*

molteplicità [mol-te-pli-ci-tà] *s.f.* Grande quantità e varietà.

moltiplicando [mol-ti-pli-càn-do] *s.m.* Il primo dei due numeri di una moltiplicazione, cioè il numero da moltiplicare.

moltiplicare [mol-ti-pli-cà-re] *v.tr.* [*moltìplico, moltìplichi*] **1** Accrescere notevolmente di numero, di quantità, di valore: *per farcela è necessario moltiplicare gli sforzi; in poco tempo ha moltiplicato le sue ricchezze* **2** In matematica, eseguire la moltiplicazione Ⓒ dividere: *moltiplicare un numero per un altro; ha imparato a moltiplicare* ♦ **moltiplicarsi** *v.pr.* Aumentare notevolmente: *si sono moltiplicate le difficoltà* ◊ Crescere di numero riproducendosi (detto di animali e piante): *i funghi e i topi si moltiplicano con grande rapidità.*

moltiplicatore [mol-ti-pli-ca-tó-re] *s.m.* Il secondo dei due numeri della moltiplicazione, cioè il numero che moltiplica.

moltiplicazione [mol-ti-pli-ca-zió-ne] *s.f.* **1** Aumento, accrescimento di numero, di quantità: *la moltiplicazione della popolazione; il miracolo della moltiplicazione dei pani e dei pesci* **2** Operazione aritmetica con la quale un numero (*moltiplicando*) viene sommato tante volte quante sono indicate da un secondo numero (*moltiplicatore*) ottenendo un risultato detto *prodotto* Ⓒ divisione.

moltitudine [mol-ti-tù-di-ne] *s.f.* Gran numero, gran quantità (di persone, animali o cose): *una moltitudine di turisti, di zanzare, di libri.*

molto [mól-to] *agg.indef.* Che è in gran quantità, in gran numero Ⓢ parecchio, numeroso Ⓒ poco: *c'è molto pane in casa; ho visto molte persone; molta gente; molte volte* ◊ Grande: *ho molta fiducia in lui* ◊ Lungo (nel tempo o nello spazio): *è molto tempo che aspetto; c'è molta strada da fare* ◊ Piuttosto forte o intenso: *c'è molto vento* ◊ Troppo: *duemila euro per quel quadro mi sembrano davvero molti* ♦ *pronome indef.* Si usa, con gli stessi significati dell'aggettivo, sottintendendo un sostantivo espresso in precedenza o ricavabile dal contesto: *ci vuole pazienza e io non ne ho molta; ha speso molto* (denaro); *è molto* (tempo) *che non lo vedo; non c'è molto* (molte cose) *da dire* ◊ (al *pl.*) Molte persone: *eravamo in molti a protestare* ♦ *avv.* Grandemente, assai, notevolmente: *mi è piaciuto molto; è molto bravo a disegnare* ◊ Per lungo tempo: *il film che abbiamo visto ieri sera durava molto.*

momentaneamente [mo-men-ta-nea-mén-te] *avv.* In questo momento, al momento: *il direttore è momentaneamente assente; era momentaneamente senza soldi.*

momentaneo [mo-men-tà-ne-o] *agg.* Che dura un istante: *una momentanea distrazione ha causato l'incidente* ◊ Di breve durata Ⓢ passeggero, temporaneo, transitorio Ⓒ duraturo: *è un malessere momentaneo; difficoltà momentanee.*

momento [mo-mén-to] *s.m.* **1** Breve frazione di tempo Ⓢ attimo, istante: *tutto avvenne in un mo-*

mento; *aspettami un momento*; *non c'è un momento da perdere* | *Per il momento* = per ora | *Ogni momento, tutti i momenti* = continuamente | *Da un momento all'altro* = tra breve: *arriverà da un momento all'altro* | *Sul momento* = lì per lì, dapprima: *sul momento non ci fece caso* | *Dal momento che* = dato che: *dal momento che lo sai, perché me lo chiedi?* | *A momenti* = tra poco (*sarà qui a momenti*); per poco, quasi quasi: *a momenti svenivo* | *Non vedere il momento di fare una cosa* = essere impaziente di farla | *Il personaggio, il film, il fatto del momento* = quello di cui tutti parlano **2** Periodo di tempo caratterizzato da particolari condizioni Ⓢ situazione, circostanza: *siamo in un momento difficile*; *abbiamo passato brutti momenti*; *tutti compresero la gravità del momento* ◊ Occasione: *aspettare il momento favorevole*; *questo è il momento di agire*.

monaca [mò-na-ca] *s.f.* Donna che si consacra a Dio entrando in un ordine monastico e vivendo in solitudine o in piccole comunità.

monacale [mo-na-cà-le] *agg.* Monastico: *l'abito monacale*.

monachesimo [mo-na-ché-si-mo] *s.m.* Forma di vita, presente in molte religioni, per cui alcuni individui abbandonano la vita sociale e si ritirano in solitudine o in piccole comunità consacrandosi a Dio e alla fede: *il monachesimo cristiano, buddista*.

monaco [mò-na-co] *s.m.* [pl. *–ci*] Persona che sceglie di abbandonare la vita sociale e gli interessi terreni per consacrarsi a Dio e alla fede, vivendo in solitudine o in piccole comunità; in partic., nel cattolicesimo, membro di un ordine monastico: *monaci cristiani, buddisti*; *un monaco benedettino, certosino*.

monarca [mo-nàr-ca] *s.m.* [pl. *–chi*] Capo di uno stato monarchico Ⓢ re, sovrano, imperatore.

monarchia [mo-nar-chì-a] *s.f.* Forma di governo in cui il potere supremo è concentrato nelle mani di una sola persona (re o imperatore) che lo detiene a vita e lo trasmette ai suoi eredi; è detta *monarchia assoluta* quando il sovrano esercita un potere illimitato, *monarchia costituzionale* quando invece tale potere è limitato da una costituzione e dall'esistenza di un parlamento eletto.

monarchico [mo-nàr-chi-co] *agg.* [pl.m. *–ci*] **1** Della monarchia: *regime, governo, potere monarchico* | *Stato monarchico* = retto da monarchia **2** Favorevole alla monarchia: *partito monarchico*; *è di idee monarchiche*.

monastero [mo-na-stè-ro] *s.m.* Residenza di una comunità di monaci o di monache: *monasteri buddisti, cristiani*.

monastico [mo-nà-sti-co] *agg.* [pl.m. *–ci*] Dei monaci, delle monache o dei monasteri: *abito monastico*; *ordini monastici*; *regole monastiche*; *beni monastici* | ♧ *Fare una vita monastica* = semplice, austera e ritirata.

moncherino [mon-che-rì-no] *s.m.* Moncone di un braccio mutilato della mano o anche dell'avambraccio.

monco [món-co] *agg.* [pl.m. *–chi*] **1** Privo di una o entrambe le braccia o di una parte di esse: *essere monco di un braccio, di una mano* **2** ♧ Incompleto: *hai lasciato una frase monca*.

moncone [mon-có-ne] *s.m.* **1** La parte che resta di un arto dopo la perdita della parte terminale: *un moncone di braccio, di gamba* **2** Parte che resta di un oggetto spezzato, troncato: *un moncone di ramo, di matita*.

mondano [mon-dà-no] *agg.* **1** Della vita terrena e materiale Ⓒ spirituale: *i piaceri, i beni mondani* **2** Della gente ricca ed elegante e della sua vita di società frivola e lussuosa, fatta di feste e divertimenti: *conduce una vita mondana*; *un ricevimento mondano* | *Persona mondana* = che partecipa alla vita mondana.

mondare [mon-dà-re] *v.tr.* Pulire, liberare da ciò che è inutile o dannoso: *mondare le verdure prima di cuocerle* | *Mondare il riso* = estirpare le erbacce nelle risaie.

mondiale [mon-dià-le] *agg.* Del mondo: *il campione mondiale di salto in alto* ◊ Che riguarda tutti o la maggior parte dei paesi del mondo: *le due guerre mondiali* ◊ Esteso a tutto il mondo Ⓢ universale: *è uno scienziato di fama mondiale*.

mondo [món-do] *s.m.* **1** L'universo e tutto ciò che lo costituisce: *l'origine, la fine del mondo* | *Da che mondo è mondo* = da sempre **2** La Terra, il globo terrestre: *ha fatto il giro del mondo* | *In capo al mondo* = molto lontano: *abita in capo al mondo* ◊ *Il vecchio mondo* = Asia, Europa e Africa | *Il nuovo mondo* = il continente americano **3** La Terra come sede degli uomini e quindi come simbolo della vita e della società umana: *tutti speriamo in un mondo migliore* | *Mettere al mondo* = partorire | *Venire al mondo* = nascere | *È solo al mondo* = non ha più persone care | *L'altro mondo* = l'aldilà | *Andare all'altro mondo* = morire | ♧ *Cose dell'altro mondo* = assurde, inaudite | *Saper stare al mondo* = sapersi adattare abilmente alla realtà della vita | *Uomo, donna di mondo* = che ha vasta esperienza della vita e sa sempre come comportarsi in società **4** La totalità degli uomini Ⓢ umanità:

il papa ha rivolto un appello al mondo; *un esempio che vale per tutto il mondo* ◊ La gente, gli altri: *non curarti di quel che dice il mondo* | *Mezzo mondo* = moltissima gente: *alla festa c'era mezzo mondo* **5** Insieme di uomini appartenenti alla stessa epoca, civiltà, società, popolazione, religione ecc.; l'insieme degli aspetti che caratterizzano quella data epoca, civiltà ecc.: *il mondo antico, romano, slavo, pagano, cristiano, musulmano, occidentale* | *Terzo mondo* = i paesi sottosviluppati ◊ Complesso di persone che hanno attività, interessi, modi di vita comuni Ⓢ ceto, ambiente: *il mondo politico, degli affari, del cinema*; *è gente che non appartiene al nostro mondo* | *Il bel mondo* = l'alta società **6** Insieme costituito da elementi o realtà dello stesso genere: *il mondo animale, vegetale, minerale*; *il mondo delle api*; *il mondo sensibile*; *il mondo delle idee, dei sentimenti, della poesia* **7** ♧ *Un mondo* = moltissimo: *alla festa mi son divertito un mondo.*

monelleria [mo-nel-le-rì-a] *s.f.* Comportamento da monello ◊ Azione da monello Ⓢ birichinata: *ha fatto un'altra delle sue monellerie.*

monello [mo-nèl-lo] *s.m.* Ragazzo troppo vivace, indisciplinato e maleducato, che commette azioni di una certa gravità Ⓢ discolo.

moneta [mo-né-ta] *s.f.* **1** Dischetto metallico coniato dallo stato per essere usato come mezzo di scambio e dotato di un determinato valore: *una collezione di monete antiche*; *gettò una moneta nella vasca* **2** Qualsiasi mezzo di pagamento dotato di un valore ufficialmente riconosciuto (quindi non solo la *moneta metallica,* ma anche le banconote) e qualsiasi altro oggetto che abbia le stesse caratteristiche e sia accettato come unità di misura del valore: *la moneta americana è il dollaro*; *alcuni popoli usavano le conchiglie come moneta* | ♧ *Ripagare uno della stessa moneta* = ricambiarlo di un torto ricevuto facendone uno a lui **3** Denaro spicciolo: *son rimasto senza moneta.*

monetario [mo-ne-tà-rio] *agg.* Della moneta, relativo alle monete: *l'aumento della circolazione monetaria* | *Valore monetario di qualcosa* = quello espresso in moneta | *Unità monetaria* = la moneta scelta da un paese o da una comunità di paesi come unità di misura del valore di tutti i beni (il dollaro per gli Stati Uniti, l'euro per l'Europa ecc.).

mongolfiera [mon-gol-fiè-ra] *s.f.* Pallone aerostatico gonfiato con aria calda.

mongoloide [mon-go-lòi-de] *agg.* Tipico della razza mongola, caratterizzata da pelle giallastra, capelli neri, viso appiattito e occhi a mandorla ♦ *agg.* e *s.m.f.* Nel linguaggio comune, chi è affetto da una malattia congenita (nel linguaggio scientifico *sindrome di Down*) che provoca un ritardo nello sviluppo mentale e malformazioni fisiche.

monile [mo-nì-le] *s.m.* Collana d'oro o di pietre preziose; gioiello in genere: *aveva al collo un prezioso monile.*

monito [mò-ni-to] *s.m.* Ammonimento severo, fermo avvertimento: *ti rivolgo questo monito: quel che è successo, non deve più succedere.*

monitor [parola inglese; pron. corrente *mònitor*] *s.m.invar.* Apparecchio dotato di teleschermo che permette di controllare l'andamento di una trasmissione televisiva o di un fenomeno ◊ Schermo di un computer: *monitor a colori.*

monitoraggio [mo-ni-to-ràg-gio] *s.m.* Controllo effettuato con l'uso di un monitor; più in generale, qualsiasi controllo sistematico dell'andamento di un fenomeno: *stanno facendo il monitoraggio dell'inquinamento cittadino.*

mono– Primo elemento di parole composte, in cui significa «uno», «uno solo», «unico».

monocolo [mo-nò-co-lo] *s.m.* Lente correttiva per un solo occhio che un tempo si usava portare tenendola incastrata nell'orbita.

monocolore [mo-no-co-ló-re] *agg.* Di un solo colore | *Governo monocolore* = formato da rappresentanti di un solo partito.

monocoltura [mo-no-col-tù-ra] *s.f.* Coltivazione di una sola specie di piante praticata per molto tempo su uno stesso terreno o in un'intera regione.

monocromo [mo-nò-cro-mo o mo-no-crò-mo] *agg.* Di un solo colore, a tinta unica.

monogamia [mo-no-ga-mì-a] *s.f.* Vincolo matrimoniale in base al quale un uomo può essere sposato con una sola donna Ⓒ poligamia ◊ Abitudine dei maschi di certe specie animali ad accoppiarsi e a convivere con un'unica femmina.

monografia [mo-no-gra-fì-a] *s.f.* Scritto, saggio che tratta di un unico e ben delimitato argomento (un avvenimento, un personaggio, un'opera ecc.): *una monografia su Cavour.*

monolito [mo-nò-li-to o mo-no-lì-to] o **monolite** [mo-no-lì-te] *s.m.* **1** Pietra tagliata in un unico grande blocco **2** Opera di scultura o di architettura (statua, colonna ecc.) ricavata da un unico blocco di pietra o marmo.

monolocale [mo-no-lo-cà-le] *s.m.* Abitazione costituita da un solo locale più servizi.

monologo [mo-nò-lo-go] *s.m.* [pl. *–ghi*] **1** Parte di un'opera teatrale in cui un personaggio parla da solo sulla scena, come rivolgendosi a se stesso: *il* *famoso monologo di Amleto* **2** Discorso fatto tra sé e sé Ⓢ soliloquio.

monopattino [mo-no-pàt-ti-no] *s.m.* Giocattolo costituito da un'assicella con due piccole ruote e da un manubrio.

monopolio [mo-no-pò-lio] *s.m.* **1** Situazione di mercato in cui è un unico venditore a offrire un determinato prodotto o servizio: *l'ENEL aveva il monopolio dell'elettricità* | *Generi di monopolio* = i prodotti il cui commercio è gestito e controllato dallo stato (come i tabacchi) ◊ Impresa che detiene un monopolio o ha comunque una grande influenza in un settore del mercato **2** ♧ Possesso, privilegio esclusivo: *nessuno ha il monopolio della verità.*

monopolista [mo-no-po-lì-sta] *s.m.f.* [pl.m. *–sti*] Chi esercita, detiene un monopolio.

monopolizzare [mo-no-po-liz-zà-re] *v.tr.* **1** Sottoporre a un regime di monopolio: *lo stato ha monopolizzato la vendita di sali e i tabacchi* **2** ♧ Accentrare su di sé: *cerca sempre di monopolizzare l'attenzione.*

monoposto [mo-no-pó-sto] *agg.* e *s.m.* o *f.invar.* Detto di mezzo di trasporto che ha un solo posto: *aereo, vettura monoposto*; *il pilota ha provato la nuova monoposto.*

monorotaia [mo-no-ro-tà-ia] *s.f.* Ferrovia a una sola rotaia.

monosillabico [mo-no-sil-là-bi-co] *agg.* [pl.m. *–ci*] Formato da una sola sillaba: *parole monosillabiche.*

monosillabo [mo-no-sìl-la-bo] *s.m.* Parola di una sola sillaba.

monoteismo [mo-no-te-ì-smo] *s.m.* Religione che si fonda sulla fede in un solo dio, culto di un unico dio.

monoteistico [mo-no-te-ì-sti-co] *agg.* [pl.m. *–ci*] Fondato sul monoteismo: *religioni monoteistiche.*

monotonia [mo-no-to-nì-a] *s.f.* Uniformità, assenza di variazioni; la sensazione di noia e fastidio che ne deriva: *la monotonia delle faccende domestiche*; *che monotonia questo spettacolo!*

monotono [mo-nò-to-no] *agg.* Che ha un tono uniforme, senza variazioni: *una voce, una musica monotona* ◊ Che stanca e annoia perché sempre uguale, privo di varietà: *un paesaggio monotono*; *sei monotono, cambia discorso!*

monsignore [mon-si-gnó-re] *s.m.* Titolo onorifico spettante a vescovi, arcivescovi e ad alcuni altri ecclesiastici.

monsone [mon-só-ne] *s.m.* Vento periodico delle regioni tropicali, che in inverno soffia dalla terra verso il mare e in estate dal mare verso la terra, provocando piogge abbondanti.

montacarichi [mon-ta-cà-ri-chi] *s.m.invar.* Specie di ascensore usato per il trasporto in verticale di merci e materiali.

montaggio [mon-tàg-gio] *s.m.* L'operazione del mettere insieme e collegare tra loro le diverse parti di una macchina, di un mobile, di una struttura, di un oggetto: *il montaggio di una tenda da campeggio* ◊ *Montaggio di un film* = fase conclusiva della produzione, in cui si selezionano e si collegano nel modo più idoneo le diverse sequenze girate in precedenza.

montagna [mon-tà-gna] *s.f.* **1** Monte: *scalare una montagna*; *una catena di montagne* ◊ Zona, regione montuosa: *fare le vacanze in montagna*; *aria, paese, canti di montagna* **2** ♧ Grande quantità Ⓢ mucchio: *ho una montagna di piatti da lavare* **3** *Montagne russe* = nei luna park, specie di ferrovia in miniatura in cui i vagoncini percorrono salite e discese ripidissime.

montagnoso [mon-ta-gnó-so] *agg.* Ricco di montagne Ⓢ montuoso.

montanaro [mon-ta-nà-ro] *agg.* Di montagna: *gente montanara* ◊ Degli abitanti della montagna: *usanze montanare* ♦ *s.m.* Chi è nato o abita in una zona di montagna.

montano [mon-tà-no] *agg.* Di monte, di montagna: *erbe montane*; *abita in una zona montana.*

montante [mon-tàn-te] *s.m.* Elemento verticale di sostegno o di collegamento in una struttura: *i montanti della libreria* ◊ Nel calcio, ciascuno dei due pali verticali della porta: *il tiro ha colpito il montante destro.*

montare [mon-tà-re] *v.intr.* [aus. *essere*] **1** Andare, salire su qualcosa Ⓒ scendere: *montare a cavallo, su un tavolo*; *montare sul treno, sulla barca, in auto, in bicicletta* | ♧ *Montare in collera* = arrabbiarsi **2** Salire, crescere di livello Ⓒ calare: *sta montando la marea* ♦ *v.tr.* **1** Cavalcare: *montava un cavallo nero* **2** Far crescere di volume Ⓢ gonfiare: *montare la panna, l'uovo* | ♧ *Montare una notizia* = esagerarne l'importanza, la gravità | ♧ *Montare la testa a qualcuno* = fargli credere di valere più di quel che vale; riempirgli il capo di illusioni: *i successi gli hanno montato la testa* | ♧ *Montarsi (la testa)* = esaltarsi, insuperbirsi **3** Mettere insieme i vari pezzi che compongono un oggetto in modo da renderlo funzionante Ⓒ smontare: *montare una macchina, gli scaffali di una libreria* | *Montare le tende* = appenderle ai loro sostegni **4** *Montare la guardia, di guardia* = fare la guardia; iniziare il servizio di guardia.

montatore [mon-ta-tó-re] *s.m.* [f. *–trice*] Chi è addetto a operazioni di montaggio.

montatura [mon-ta-tù-ra] *s.f.* **1** Il telaio o il supporto di sostegno in cui un oggetto è montato: *la montatura degli occhiali*; *un brillante con una montatura in oro* **2** ♧ Esagerazione dell'importanza o della gravità di qualcosa: *quello scandalo è solo una montatura giornalistica*.

monte [món-te] *s.m.* **1** Rilievo della superficie terrestre, di altezza superiore ai 500 m Ⓢ montagna: *la vetta del monte*; *una catena di monti* **2** ♧ Grande quantità Ⓢ mucchio: *ha guadagnato un monte di soldi* **3** ♧ *Mandare a monte un progetto* = farlo fallire | ♧ *Andare a monte* = fallire, non essere realizzato **4** *Monte di pietà, dei pegni* = istituto che presta denaro a privati accettando degli oggetti in pegno.

montepremi [mon-te-prè-mi] o **monte premi** *s.m.invar.* La somma complessiva da suddividere tra i vincitori di una lotteria o di un concorso.

montone [mon-tó-ne] *s.m.* Il maschio della pecora ◊ La carne o la pelle di tale animale.

montuoso [mon-tu-ó-so] *agg.* Ricco di monti: *una regione montuosa* ◊ Costituito da monti: *catena montuosa*.

monumentale [mo-nu-men-tà-le] *agg.* **1** Dei monumenti: *arte monumentale* ◊ Ricco di monumenti: *visitò la zona monumentale della città* **2** Imponente, grandioso, colossale: *un edificio monumentale*; *un'opera monumentale*.

monumento [mo-nu-mén-to] *s.m.* **1** Opera di scultura o di architettura eretta per ricordare personaggi o avvenimenti di grande rilievo: *un monumento ai caduti, alla vittoria, a Garibaldi* **2** Opera, spec. architettonica, di notevole importanza e valore artistico o storico: *Firenze è una città ricca di monumenti*; *i nuraghi sono i monumenti dell'antica civiltà della Sardegna*.

moquette [parola francese; pron. *mochèt*] *s.f. invar.* Materiale simile a un tappeto, in lana o fibre sintetiche, usato per rivestire pavimenti.

mora[1] [mò-ra] *s.f.* Frutto del rovo o del gelso.

mora[2] [mò-ra] *s.f.* Ritardo ingiustificato nell'effettuare un pagamento dovuto (ad es. una bolletta).

morale [mo-rà-le] *agg.* **1** Che riguarda il comportamento dell'uomo in relazione all'idea che si ha del bene e del male Ⓢ etico: *dare un giudizio morale*; *i miei principi morali mi impediscono di accettare una simile proposta* | *Senso morale* = istintiva capacità di distinguere il bene dal male **2** Conforme a ciò che è buono, giusto, onesto Ⓒ immorale: *un comportamento poco morale*; *un libro profondamente morale* | *Una persona morale* = che si comporta con rettitudine e onestà **3** Che riguarda la coscienza, l'animo, lo spirito Ⓒ fisico, materiale: *ho un obbligo morale verso di lui*; *una persona di grande forza morale*; *mi hai dato un grande aiuto morale*; *dolore morale* | *Vincitore morale* = chi, pur essendo stato sconfitto, meritava la vittoria ♦ *s.f.* **1** Dottrina filosofica o religiosa che stabilisce le norme del giusto comportamento Ⓢ etica: *la morale cristiana* ◊ L'insieme dei principi morali e delle norme di comportamento che regolano la vita dell'individuo e della società: *ha agito in modo contrario alla morale* **2** Insegnamento che si può ricavare da un racconto, da un avvenimento: *la morale di questa vicenda è che bisogna far conto solo sulle proprie forze* ♦ *s.m.* Stato d'animo, condizione psicologica: *avere il morale alto*; *oggi sono un po' giù di morale*.

moralmente [mo-ral-mén-te] *avv.* **1** Dal punto di vista morale: *ha commesso un'azione moralmente riprovevole* **2** Nel morale, nell'animo: *è moralmente distrutto*.

morbido [mòr-bi-do] *agg.* Soffice, tenero, cedevole al tatto Ⓒ duro: *un letto morbido*; *capelli morbidi*; *pane morbido* ◊ Liscio, vellutato, delicato al tatto Ⓒ ruvido: *ha una pelle molto morbida* ♦ *s.m.* Cosa, superficie morbida: *mi piace dormire sul morbido*.

morbillo [mor-bìl-lo] *s.m.* Malattia infettiva che colpisce soprattutto i bambini e provoca febbre, infiammazione alle vie respiratorie e macchie rosse sul viso e sul corpo.

morbo [mòr-bo] *s.m.* Malattia: *un morbo contagioso*.

morboso [mor-bó-so] *agg.* Eccessivo, esasperato, ossessivo: *ha per i figli un affetto quasi morboso*; *una gelosia, una curiosità morbosa*.

mordace [mor-dà-ce] *agg.* Che colpisce con ironia tagliente Ⓢ pungente, caustico: *una satira, una battuta mordace*.

mordente [mor-dèn-te] *s.m.* **1** In tintoria, sostanza che serve a fissare i coloranti sui tessuti **2** ♧ Spirito combattivo, grinta: *un atleta che ha poco mordente*.

mordere [mòr-de-re] *v.tr.* [pass.rem. *mòrsi, mordésti*; part.pass. *mòrso*] **1** Afferrare e stringere con i denti Ⓢ addentare: *mordere una mela*; *il cane lo ha morso a una gamba* | ♧ *Mordersi le mani* = provare rabbia o rincrescimento per aver commesso uno sbaglio irreparabile | ♧ *Mordersi la lingua* = per costringersi a tacere o per pentirsi di non aver taciuto ◊ Pungere: *è stato morso da una vespa* **2** ♧ Intaccare, corrodere: *un acido che morde il metallo* **3** ♧ Far presa, aderendo fortemente: *pneumatici che mordono l'asfalto.*

morena [mo-rè-na] *s.f.* Accumulo di materiali rocciosi trasportati a valle o depositati ai suoi margini da un ghiacciaio.

morente [mo-rèn-te] *agg.* e *s.m.f.* Moribondo: *lo trovarono morente; assistere un morente.*

morfina [mor-fì-na] *s.f.* Sostanza estratta dall'oppio, usata come analgesico in medicina e diffusa anche come droga.

morfologia [mor-fo-lo-gì-a] *s.f.* Studio e descrizione della struttura delle parole e delle diverse forme che esse assumono nella declinazione, coniugazione e composizione.

moria [mo-rì-a] *s.f.* Elevata mortalità di gruppi di animali, per lo più a causa di epidemie o inquinamento: *c'è stata una moria di polli, di pesci.*

moribondo [mo-ri-bón-do] *agg.* e *s.m.* Che, chi sta per morire.

morigerato [mo-ri-ge-rà-to] *agg.* Di buoni costumi; regolato, moderato, lontano da ogni eccesso: *una persona morigerata; ha sempre fatto una vita morigerata.*

morire [mo-rì-re] *v.intr.* [pres. *muòio, muòri, muòre, moriàmo, morìte, muòiono*; pass.rem. *morìi, morìsti*; fut. *morirò* o *morrò*; cong.pres. *(io, tu, egli) muòia, moriàmo, moriàte, muòiano*; cond. *morirèi* o *morrèi*; part.pass. *mòrto*; aus. *essere*] **1** Cessare di vivere Ⓒ nascere: *tutti dobbiamo morire; morire giovane, di vecchiaia, di morte naturale, d'infarto; è morto il cane; il gelo ha fatto morire gli ulivi* **2** ♧ Soffrire fortemente per qualcosa, non poterne più: *sto morendo dalla sete, dal caldo, dalla stanchezza* ◊ Provare intensamente un sentimento, una sensazione: *morire di rabbia, di noia, dalla vergogna; muore dalla voglia di partire* | *Morire dal ridere* = ridere a più non posso | *Da morire* = moltissimo: *mi piace da morire* | *Peggio di così si muore* = non è possibile **3** ♧ Cessare di esistere, estinguersi, finire, aver termine: *un'usanza che è morta da tempo; la speranza è l'ultima a morire; il giorno sta morendo; questo treno muore a Napoli* ◊ Spegnersi: *il fuoco sta morendo; il sorriso le morì sulle labbra.*

mormorare [mor-mo-rà-re] *v.intr.* [aus. *avere*] **1** Fare un rumore lieve e continuo (detto di acque che scorrono o fronde mosse dal vento) **2** Parlare a bassa voce Ⓢ bisbigliare: *parla più forte, non mormorare!* **3** Brontolare, protestare a mezza voce: *a quelle parole dell'oratore il pubblico cominciò a mormorare* ◊ Fare pettegolezzi, insinuazioni alle spalle di qualcuno Ⓢ malignare, sparlare: *la gente mormora sul vostro conto* ♦ *v.tr.* Dire qualcosa a bassa voce Ⓢ bisbigliare, sussurrare: *gli mormorò una parola all'orecchio.*

mormorio [mor-mo-rì-o] *s.m.* **1** Rumore lieve e continuo: *il mormorio del ruscello, del vento tra le fronde* **2** Suono confuso e leggero prodotto da più persone che mormorano contemporaneamente Ⓢ brusio: *dal pubblicò si levò un mormorio di disapprovazione.*

moro [mò-ro] *agg.* Di colore bruno, scuro: *capelli mori; carnagione mora* | *Un ragazzo moro* = che ha carnagione e capelli bruni.

moroso [mo-ró-so] *agg.* Che è in ritardo nel pagamento di quel che deve: *un inquilino moroso.*

morsa [mòr-sa] *s.f.* **1** Attrezzo costituito da due ganasce che viene fissato al banco da lavoro e serve a tenere fermo il pezzo di legno o metallo che bisogna lavorare **2** ♧ Stretta forte e tenace, che imprigiona o opprime: *la nave era imprigionata nella morsa del ghiaccio.*

morsicare [mor-si-cà-re] *v.tr.* [*mòrsico, mòrsichi*] Mordere ◊ Detto di insetti, pungere: *mi ha morsicato una vespa.*

morsicatura [mor-si-ca-tù-ra] *s.f.* Segno lasciato da un morso o da una puntura di animale.

morso [mòr-so] *s.m.* **1** L'atto di mordere: *dare un morso a una mela; il cane mi ha ferito con un morso; i morsi delle vipere, delle zanzare* ◊ Il segno, la ferita procurati da un morso o da una puntura di animale: *hai un morso sulla guancia* **2** Pezzo di cibo che si stacca con un solo morso Ⓢ boccone: *ho mangiato qualche morso di pane* **3** ♧ Acuta sensazione di dolore, fisico o spirituale: *soffriva i morsi della fame, del freddo, della gelosia* **4** La parte metallica della briglia, che si mette in bocca al cavallo per guidarne i movimenti Ⓢ freno.

mortadella [mor-ta-dèl-la] *s.f.* Salume di carne di maiale impastata con pezzi di lardo e spezie.

mortaio [mor-tà-io] *s.m.* **1** Recipiente di vario materiale in cui si frantumano o riducono in polvere con un pestello sostanze varie **2** Pezzo di artiglieria che effettua tiri di breve gittata dalla traiettoria molto curva.

mortale [mor-tà-le] *agg.* **1** Che è soggetto alla morte, destinato a morire: *siamo esseri mortali* **2** Che provoca o può provocare la morte: *incidente, ferita, malattia mortale* | *Offesa mortale* = imperdonabile | *Nemico mortale* = acerrimo | *Dolore,* *angoscia, noia mortale* = terribile, insopportabile | *Peccato mortale* = molto grave, che comporta la dannazione dell'anima; ♧ errore imperdonabile: *sarebbe un peccato mortale lasciarsi sfuggire questa occasione* **3** Di morte, da morto: *era di un pallore mortale*.

mortalità [mor-ta-li-tà] *s.f.* Il numero di morti che si verificano in un determinato periodo di tempo all'interno di una popolazione o categoria di persone: *la diminuzione della mortalità infantile*; *l'aumento della mortalità sul lavoro*.

mortalmente [mor-tal-mén-te] *avv.* In modo mortale: *fu ferito mortalmente* ◊ Profondamente, enormemente: *si odiano mortalmente*; *si annoiava mortalmente*.

mortaretto [mor-ta-rét-to] *s.m.* Cilindro di cartone pieno di polvere da sparo, che si fa esplodere in spettacoli pirotecnici e in segno di festa.

morte [mòr-te] *s.f.* **1** Cessazione della vita: *è stata una morte improvvisa*; *rischiare, sfidare la morte*; *la morte di un gatto, di una pianta* | *Dare, darsi la morte* = uccidere, uccidersi | *Mettere a morte* = giustiziare | *È questione di vita o di morte* = decisiva, della massima importanza | *A morte* = mortalmente: *fu ferito a morte*; *si annoiava a morte* | *Avercela a morte con qualcuno* = odiarlo profondamente ◊ Pena capitale: *fu condannato a morte*; *sentenza di morte* **2** ♧ Fine, estinzione, rovina: *la morte di un regno, di una tradizione*; *i debiti hanno causato la morte dell'azienda*.

mortificare [mor-ti-fi-cà-re] *v.tr.* [*mortìfico, mortìfichi*] **1** Provocare in una persona un senso di umiliazione e di vergogna con rimproveri o atti che offendono il suo amor proprio: *anche se ha sbagliato, perché mortificarlo così davanti a tutti?* **2** *Mortificare la carne, il corpo, i sensi* = reprimere gli stimoli e i desideri dei sensi imponendosi rinunzie, penitenze, digiuni (come pratica ascetica cristiana e di altre religioni).

mortificazione [mor-ti-fi-ca-zió-ne] *s.f.* Umiliazione che provoca vergogna, avvilimento: *subire una mortificazione*.

morto [mòr-to] *agg.* Che ha cessato di vivere; privo di vita: *ricordava gli amici morti*; *cadde morto sul colpo*; *il bambino nacque morto*; *un animale, un albero morto* | *Essere un uomo morto* = ormai perduto, senza scampo ◊ ♧ *Stanco morto* = stanchissimo | *Città morta* = priva di animazione, di vita | *Stagione morta* = periodo in cui sono scarsi gli affari, il commercio, il turismo | *Acqua morta* = stagnante | *Binario morto* = unito solo da una parte agli altri binari e usato per soste e manovre dei locomotori | *Lingua morta* = non più parlata | *Giungere a un punto morto* = a una situazione bloccata, senza vie d'uscita ♦ *s.m.* Persona morta Ⓢ salma, defunto: *seppellire un morto*; *cassa da morto*; *pregare per i morti* | *Le campane suonano a morto* = a lenti rintocchi per la morte di qualcuno | *Fare il morto* = stare immobile fingendosi morto o galleggiare sull'acqua disteso sul dorso e con le braccia aperte | ♧ *Un morto di fame* = persona senza un soldo Ⓢ miserabile.

mortorio [mor-tò-rio] *s.m.* Luogo, festa, spettacolo ecc., noioso e privo di animazione, di allegria.

mosaico [mo-sài-co] *s.m.* [pl. *–ci*] Tecnica di decorazione di pareti e pavimenti basata sull'accostamento di cubetti variamente colorati di pietra, vetro o ceramica in modo da formare figure o disegni geometrici: *pavimento a mosaico* ◊ Opera realizzata con questa tecnica: *i mosaici di Pompei, di Ravenna*.

mosca [mó-sca] *s.f.* **1** Nome di numerose specie di insetti con due ali trasparenti, il cui tipo più diffuso è la *mosca comune*, fastidiosa e nociva perché portatrice di molti germi e malattie | ♧ *Morire come le mosche* = in gran numero | ♧ *Non si sentiva volare una mosca* = c'era un silenzio assoluto | ♧ *Restare con un pugno di mosche* = non aver ottenuto alcun risultato | ♧ *Far saltare la mosca al naso a qualcuno* = farlo arrabbiare **2** *Mosca cieca* = gioco di ragazzi, in cui uno di essi, bendato, deve afferrare e riconoscere i compagni.

moscato [mo-scà-to] *s.m.* Vino piuttosto dolce dall'aroma particolare ◊ L'uva da cui si ricava questo vino.

moscerino [mo-sce-rì-no] *s.m.* **1** Nome di vari tipi di insetti molto piccoli che volano a sciami **2** ♧ Persona molto piccola di statura o insignificante.

moschea [mo-schè-a] *s.f.* Edificio sacro dei musulmani.

moschetto [mo-schét-to] *s.m.* Fucile da guerra a canna corta, leggero e maneggevole.

moschettone [mo-schet-tó-ne] *s.m.* Gancio metallico a molla.

moschicida [mo-schi-cì-da] *agg.* e *s.m.* [pl.m. *–di*] Detto di sostanza che serve a uccidere le mosche.

moscio [mó-scio] *agg.* **1** Floscio, molle, flaccido: *pelle moscia* **2** ♧ Privo di vitalità, di energia fisica o morale Ⓢ fiacco: *una gioventù moscia* ◊ Abbattuto, depresso Ⓢ mogio: *se ne stava tutto moscio in disparte*.

moscone [mo-scó-ne] *s.m.* **1** Insetto simile alla

mosca, ma più grosso **2** Piccola imbarcazione a remi o a pedali, formata da due galleggianti paralleli collegati da assi su cui sono fissati due sedili Ⓢ pattino.

mossa [mòs-sa] *s.f.* **1** Gesto o movimento del corpo o di una parte del corpo: *con una brusca mossa rovesciò la bottiglia*; *fece una mossa con la testa* **2** Movimento, azione, iniziativa con un fine preciso: *lo stese con una mossa di karatè*; *seguire le mosse del nemico*; *ha spiazzato gli avversari con un'abile mossa politica* ◊ ♧ *Prendere le mosse da* = cominciare, prendere lo spunto da: *il film prende le mosse da un fatto di cronaca* **3** Nel gioco della dama e degli scacchi, ogni spostamento di un pezzo da una casella all'altra: *mi ha battuto in poche mosse* | *Fare la prima mossa* = iniziare il gioco; ♧ prendere l'iniziativa di qualcosa.

mosso [mòs-so] *agg.* Che è in movimento, non fermo | *Mare mosso* = agitato | *Un paesaggio mosso* = non piatto o uniforme | *Una fotografia mossa* = non nitida, a causa di un movimento della macchina fotografica o del soggetto al momento dello scatto.

mostarda [mo-stàr-da] *s.f.* Salsa densa a base di senape, aceto e aromi vari ◊ Specialità di Cremona costituita da frutta candita immersa in uno sciroppo a base di senape.

mosto [mó-sto] *s.m.* Il succo dell'uva, dalla cui fermentazione si ricava il vino.

mostra [mó-stra] *s.f.* **1** Esposizione pubblica di oggetti, prodotti, animali: *mostra di pittura, di antiquariato, di macchine agricole*; *mostra canina* **2** *Mettere in mostra* = mostrare, esibire, ostentare, sfoggiare: *quando ride mette in mostra i denti*; *cerca sempre di mettere in mostra le sue doti* | *Mettersi in mostra* = farsi notare: *fa di tutto per mettersi in mostra*.

mostrare [mo-strà-re] *v.tr.* **1** Far vedere, presentare ad altri Ⓢ esibire: *ho mostrato la casa a un amico*; *mostrò il biglietto al controllore* ◊ Mettere in mostra Ⓒ nascondere: *porta le gonne corte per mostrare le gambe* **2** Indicare: *mostrami la strada più breve per andare in centro* **3** Spiegare, insegnare: *mostrare il funzionamento di una macchina, il modo di risolvere un problema* ◊ Dimostrare: *mi ha mostrato chiaramente che avevo torto* **4** Lasciar vedere: *mostrava in volto i segni della stanchezza* ◊ Dimostrare, rivelare, manifestare: *mostrò di che cosa era capace*; *ha mostrato qualche incertezza*; *volle mostrargli tutta la sua riconoscenza* **5** Fingere, simulare: *benché incuriosito, mostrava indifferenza* ♦ **mostrarsi** *v.pr.* **1** Farsi vedere Ⓢ apparire, presentarsi: *non vuole mostrarsi in pubblico*; *un meraviglioso spettacolo si mostrò ai nostri occhi* **2** Presentarsi o apparire in un certo modo: *si è mostrato bendisposto verso di noi*; *si mostrava deluso dei risultati* ◊ Dimostrarsi: *si è mostrato all'altezza della situazione*.

mostrina [mo-strì-na] *s.f.* (spec. al *pl.*) Striscia di stoffa di varia forma e colore, applicata sull'uniforme militare come distintivo dell'arma, del corpo o del reparto.

mostro [mó-stro] *s.m.* **1** Creatura fantastica dall'aspetto orribile e spaventoso: *i mostri delle fiabe, delle leggende* **2** Essere umano o animale con forti anomalie fisiche (per es. due teste) **3** ♧ Persona bruttissima **4** ♧ Persona malvagia e crudele: *sei un mostro a comportarti così* ◊ Persona che ha compiuto crimini orrendi: *la polizia ha arrestato il mostro* **5** ♧ Persona che possiede in misura eccezionale una dote Ⓢ prodigio, fenomeno: *è un mostro di bravura, di intelligenza* | *In matematica è un mostro* = è bravissimo.

mostruoso [mo-stru-ó-so] *agg.* **1** Che ha l'aspetto di un mostro: *esseri mostruosi* ◊ Bruttissimo: *una donna mostruosa* **2** ♧ Estremamente malvagio e crudele: *un delitto mostruoso* **3** ♧ Straordinario, eccezionale Ⓢ fenomenale: *ha una forza, un'intelligenza, una memoria mostruosa*.

motel [mo-tèl] *s.m.* Albergo situato per lo più presso le uscite delle autostrade, dotato di ampio parcheggio e servizi per gli automobilisti.

motivare [mo-ti-và-re] *v.tr.* **1** Spiegare o giustificare i motivi di qualcosa: *motivare un'assenza, una decisione, una richiesta* **2** Causare, provocare: *non so da che cosa sia stato motivato il suo gesto* ◊ *Motivare una persona allo studio, al lavoro* = stimolare in lei l'interesse per lo studio ecc.

motivato [mo-ti-và-to] *agg.* **1** Fondato su ragioni, giustificato: *una decisione ben motivata* **2** Detto di persona, che trova in sé le motivazioni, gli stimoli per fare qualcosa: *lavora male perché non è abbastanza motivato*.

motivazione [mo-ti-va-zió-ne] *s.f.* **1** Spiegazione, giustificazione dei motivi che hanno determinato un fatto, un comportamento: *non ha dato alcuna motivazione del suo modo d'agire* **2** Ogni stimolo interiore o esterno che induce a un determinato comportamento: *il desiderio di successo è una motivazione molto forte*.

motivo [mo-tì-vo] *s.m.* **1** Ciò che determina o giustifica un comportamento o un fatto Ⓢ ragione, causa: *qual è stato il motivo del tuo ritardo?*; *non hai motivo di lamentarti*; *fare un viaggio per* *motivi di lavoro* **2** Il tema di un brano musicale Ⓢ melodia, aria: *un motivo molto orecchiabile*; *canticchiava un motivo di successo*.

moto¹ [mò-to] *s.m.* **1** Spostamento, movimento: *il moto degli astri*; *moto rettilineo, circolare*; *moto ondoso* | *Mettere in moto* = avviare il motore di una macchina **2** Il camminare, il muoversi, spec. come esercizio fisico: *ho bisogno di fare un po' di moto* **3** Gesto, atto dettato da un impulso improvviso: *ebbe un moto d'impazienza, di stizza* ◊ ♧ Impulso emotivo: *provò per lui un moto di pietà, di simpatia* **4** Agitazione, sollevazione popolare Ⓢ tumulto, sommossa: *i moti mazziniani*.

moto² [mò-to] *s.f.invar.* Motocicletta.

moto– Primo elemento di parole composte, in cui indica macchine, veicoli, imbarcazioni azionati da un motore (*motoveicolo, motoscafo*) o attività compiute con mezzi meccanici (*motonautica*) ◊ In altri casi è abbreviazione di *motocicletta*, spec. in riferimento ad attività motociclistiche (*motocross*).

motobarca [mo-to-bàr-ca] *s.f.* Barca a motore.

motocarro [mo-to-càr-ro] *s.m.* Motoveicolo da trasporto a tre ruote.

motocicletta [mo-to-ci-clét-ta] *s.f.* Motoveicolo a due ruote che può trasportare fino a due persone.

motociclismo [mo-to-ci-clì-smo] *s.m.* Lo sport delle corse in motocicletta: *è appassionato di motociclismo*.

motociclista [mo-to-ci-clì-sta] *s.m.f.* [pl.m. *–sti*] Chi guida una motocicletta ◊ Chi pratica il motociclismo.

motociclo [mo-to-cì-clo] *s.m.* Qualsiasi motoveicolo a due ruote (motocicletta, motoretta e simili).

motocross [mo-to-cròss] *s.m.* Gara motociclistica che si svolge fuori strada, su percorsi accidentati.

motonautica [mo-to-nàu-ti-ca] *s.f.* Lo sport delle gare con imbarcazioni a motore.

motonave [mo-to-nà-ve] *s.f.* Nave a motore per il trasporto di merci e passeggeri.

motopeschereccio [mo-to-pe-sche-réc-cio] *s.m.* Imbarcazione da pesca fornita di motore.

motore [mo-tó-re] *agg.* [f. *–trice*] Che muove, che imprime o trasmette il movimento: *i mulini utilizzano come forza motrice l'acqua o il vento* ♦ *s.m.* Macchina capace di trasformare in energia meccanica (cioè in movimento) un'altra forma di energia (termica, elettrica ecc.): *motori termici, elettrici, idraulici, eolici*; *motore a benzina, a gas, a vapore*; *motore Diesel, a scoppio, a reazione* | *A motore* = azionato da un motore: *veicoli a motore*.

motoretta [mo-to-rét-ta] *s.f.* Motocicletta di piccola cilindrata con ruote ridotte Ⓢ scooter.

motorino [mo-to-rì-no] *s.m.* **1** Ciclomotore **2** *Motorino d'avviamento* = piccolo motore elettrico che serve ad avviare il motore a scoppio degli autoveicoli.

motorio [mo-tò-rio] *agg.* Del movimento, che serve al movimento dei muscoli: *il braccio ha perso la funzione motoria*; *nervo motorio*.

motorizzato [mo-to-riz-zà-to] *agg.* Dotato di mezzi di trasporto a motore: *reparti motorizzati della polizia*.

motorscooter [parola inglese; pron. corrente *moto(r)scùter*] *s.m.invar.* Motocicletta di piccola o media cilindrata Ⓢ motoretta.

motoscafo [mo-to-scà-fo] *s.m.* Imbarcazione leggera e veloce munita di motore entrobordo o fuoribordo.

motoveicolo [mo-to-ve-ì-co-lo] *s.m.* Ogni veicolo a motore a due o a tre ruote.

motrice [mo-trì-ce] *s.f.* Qualsiasi veicolo a motore che traina un rimorchio (spec. carrozze di tram e treni).

motto [mòt-to] *s.m.* **1** Battuta scherzosa: *motto di spirito* **2** Breve frase che sintetizza un principio a cui ci si ispira, un ideale Ⓢ massima: *«presto e bene» è il motto della nostra azienda*; *sullo stemma era inciso il motto della famiglia*.

mouse [parola inglese che significa «topo»; pron. *màus*] *s.m.invar.* Strumento per computer che, mosso su un piano orizzontale, consente di muovere il cursore sullo schermo e di dare dei comandi cliccando su ciò che interessa.

mousse [parola francese; pron. *mus*] *s.f. invar.* Dolce di consistenza spumosa a base di uovo, panna montata e altri ingredienti: *mousse al cioccolato* ◊ Piatto freddo di consistenza cremosa a base di ingredienti vari finemente passati o frullati: *mousse di tonno*.

movente [mo-vèn-te] *s.m.* Motivo che spinge una persona a compiere un'azione, spec. delittuosa: *il movente del delitto è stata la gelosia*.

movenza [mo-vèn-za] *s.f.* Modo di muoversi, atteggiamento della persona nel muoversi: *la ballerina danzava con movenze agili, flessuose ed eleganti*.

movimentare [mo-vi-men-tà-re] *v.tr.* Rendere vivace, pieno di movimento Ⓢ animare: *le sue trovate hanno movimentato la festa, la serata*.

movimentato [mo-vi-men-tà-to] *agg.* Vivace, pieno di animazione: *una festa movimentata* ◊

Pieno di imprevisti Ⓢ agitato: *il viaggio è stato piuttosto movimentato.*

movimento [mo-vi-mén-to] *s.m.* **1** L'atto, il fatto di muovere o di muoversi; moto; lo spostamento di cose o persone da una posizione all'altra o da un luogo all'altro: *mettersi in movimento; il movimento dell'orologio, del treno; fare un movimento brusco, improvviso; il mare è in continuo movimento; questo vestito mi impaccia i movimenti; avere libertà di movimento* | *Movimenti di capitali* = i loro trasferimenti da un paese all'altro **2** Animazione, via vai di persone, traffico di veicoli: *la stazione era piena di movimento; oggi, in centro c'è molto movimento* **3** Gruppo più o meno numeroso e organizzato di persone unite da ideali e obiettivi politici comuni: *movimento operaio, studentesco, femminista; movimenti per la pace* ◊ Corrente, tendenza artistica, culturale, letteraria: *il movimento impressionista, romantico.*

moviola [mo-viò-la] *s.f.* Apparecchiatura che consente di esaminare su un piccolo schermo i singoli fotogrammi di una pellicola cinematografica in modo da poterli selezionare e combinare tra loro nel modo voluto durante l'operazione del montaggio ◊ Nelle trasmissioni televisive, spec. sportive, apparecchio che permette di ripetere, rallentare e arrestare le immagini registrate: *rivedere una corsa, un gol alla moviola.*

mozione [mo-zió-ne] *s.f.* Richiesta o proposta presentata in un'assemblea perché sia discussa e sottoposta a votazione: *l'opposizione ha presentato in parlamento una mozione di sfiducia al governo* | *Mozione d'ordine* = proposta di variazione dell'ordine del giorno.

mozzafiato [moz-za-fià-to] *agg.invar.* Che fa trattenere il fiato per l'emozione: *un film, una gara mozzafiato.*

mozzare [moz-zà-re] *v.tr.* Tagliare, troncare, recidere con un colpo netto e violento: *un tempo ai ladri mozzavano le mani; mozzare la coda del cane* | ♧ *Mozzare il fiato* = impedirlo, toglierlo: *una puzza, una paura da mozzare il fiato; un panorama così bello da mozzare il fiato.*

mozzarella [moz-za-rèl-la] *s.f.* Formaggio fresco di pasta molle, fatto con latte di bufala o di vacca.

mozzicone [moz-zi-có-ne] *s.m.* Ciò che rimane di un oggetto che sia stato tagliato, spezzato o consumato in parte: *un mozzicone di candela, di sigaretta.*

mozzo[1] [móz-zo] *agg.* Mozzato, reciso: *un cane dalla coda mozza* ◊ ♧ Lasciato a metà, incompleto Ⓢ tronco: *balbettava parole e frasi mozze.*

mozzo[2] [móz-zo] *s.m.* Giovane marinaio con meno di 18 anni.

mozzo[3] [móz-zo] *s.m.* Parte centrale di un organo rotante (ruota, elica ecc.) dotata di un foro che ne permette il collegamento con l'asse o con l'albero motore: *il mozzo della ruota della bicicletta.*

MP3 *s.m.invar.* Nome di un metodo di compressione di file musicali che permette di mantenere una elevata qualità sonora, utilizzato spec. per diffondere brani musicali tramite Internet.

mucca [mùc-ca] *s.f.* Vacca da latte.

mucchio [mùc-chio] *s.m.* Grossa quantità di materiale o di oggetti ammassati senz'ordine Ⓢ cumulo: *un mucchio di sabbia, di sassi, di foglie; la casa era ridotta a un mucchio di rovine* ◊ ♧ Gran quantità: *ha detto un mucchio di sciocchezze; ha un mucchio di soldi.*

muco [mù-co] *s.m.* [pl. *–chi*] Sostanza vischiosa biancastra o giallastra secreta dalle ghiandole delle mucose per proteggerle, spec. se infiammate.

mucosa [mu-có-sa] *s.f.* Membrana che riveste le pareti interne di alcuni organi cavi e condotti del corpo (apparato digerente, vie respiratorie ecc.); viene mantenuta sempre umida dal muco che secernono le sue ghiandole e cellule: *mucosa nasale, intestinale.*

muezzin [muez-zìn] *s.m.invar.* Nelle moschee islamiche, chi chiama i fedeli alla preghiera intonando una cantilena dall'alto del minareto.

muffa [mùf-fa] *s.f.* Complesso di funghi microscopici che formano un sottile strato biancastro o verdognolo sulla superficie di sostanze organiche in decomposizione: *odore di muffa* | *Fare la muffa* = ricoprirsi di muffa: *il formaggio ha fatto la muffa.*

muflone [mu-fló-ne] *s.m.* Animale selvatico simile alla pecora diffuso in Sardegna e in Corsica.

muggire [mug-gì-re] *v.intr.* [*muggìsco, muggìsci*; aus. *avere*] Emettere muggiti (detto dei bovini).

muggito [mug-gì-to] *s.m.* **1** Il verso caratteristico dei bovini **2** ♧ Rumore del mare agitato, del vento impetuoso.

mughetto [mu-ghét-to] *s.m.* Pianta erbacea con piccoli fiori bianchi dal profumo intenso.

mugnaio [mu-gnà-io] *s.m.* Chi, in un mulino, è addetto a macinare il grano e gli altri cereali ◊ Proprietario o gestore di un mulino.

mugolare [mu-go-là-re] *v.intr.* [aus. *avere*] Detto di cani, emettere a bocca chiusa suoni sommessi, prolungati e lamentosi, spec. in segno di festa o di sofferenza ◊ Detto di persona, emettere suoni indistinti simili a mugolii: *mugolare dal dolore.*

mugolio [mu-go-lì-o] *s.m.* Il mugolare.

mugugnare [mu-gu-gnà-re] *v.intr.* [aus. *avere*] Brontolare.

mulattiera [mu-lat-tiè-ra] *s.f.* Strada di montagna percorribile solo da muli o altri animali da soma.

mulatto [mu-làt-to] *s.m.* Chi è figlio di un genitore di pelle bianca e di uno di pelle nera.

mulinare [mu-li-nà-re] *v.tr.* Far girare intorno Ⓢ roteare: *mulinava un bastone per tener lontani gli avversari.*

mulinello [mu-li-nèl-lo] *s.m.* **1** Vortice formato dal vento o dall'acqua corrente: *in quel punto il fiume fa molti mulinelli* **2** Bobina girevole che si applica alla canna da pesca e attorno alla quale viene avvolta la lenza.

mulino [mu-lì-no] *s.m.* L'edificio in cui si macinano il grano e altri cereali e la macchina che effettua la macinazione: *mulino ad acqua, a vento, a vapore, elettrico* | ♧ *Tirare l'acqua al proprio mulino* = cercare solo il proprio tornaconto, fare il proprio interesse.

mulo [mù-lo] *s.m.* Animale nato dall'incrocio di un asino con una cavalla | *Testardo come un mulo* = molto testardo.

multa [mùl-ta] *s.f.* Pena in denaro prevista per certi reati; nell'uso corrente, ammenda per una contravvenzione: *pagare una multa per sosta vietata.*

multare [mul-tà-re] *v.tr.* Condannare al pagamento di una multa.

multi– Primo elemento di parole composte, che significa «molteplice», «vario», «numeroso» (*multicolore, multimediale*).

multicolore [mul-ti-co-ló-re] *agg.* Di vari colori Ⓢ variopinto.

multimediale [mul-ti-me-dià-le] *agg.* Che utilizza diversi mezzi di comunicazione (testi, grafica, suono, video): *un'enciclopedia multimediale in cd-rom.*

multimiliardario [mul-ti-mi-liar-dà-rio] *agg.* e *s.m.* Che, chi possiede molti miliardi: *una famiglia multimiliardaria.*

multinazionale [mul-ti-na-zio-nà-le] *s.f.* Grande impresa le cui attività produttive e commerciali sono dislocate in vari paesi del mondo.

multiplo [mùl-ti-plo] *agg.* e *s.m.* Si dice di numero che contiene un esatto numero di volte un altro numero: *15 è (un) multiplo di 3* ♦ *agg. Gravidanza multipla* = di due o più bambini | *Presa di corrente multipla* = a cui si possono collegare più spine.

multirazziale [mul-ti-raz-zià-le] *agg.* Che si riferisce a più razze | *Società multirazziale* = in cui convivono più razze.

mummia [mùm-mia] *s.f.* Cadavere imbalsamato o disseccato perché si conservi a lungo: *le mummie egizie.*

mungere [mùn-ge-re] *v.tr.* [pres. *mùngo, mùngi*; pass.rem. *mùnsi, mungésti*; part.pass. *mùnto*] **1** Spremere il latte dalle mammelle degli animali che lo forniscono: *mungere le mucche, le capre, le pecore* **2** ♧ Spillare soldi a qualcuno: *è sempre lì a mungere il padre.*

mungitrice [mun-gi-trì-ce] *s.f.* Apparecchio per la mungitura meccanica, spec. delle vacche.

mungitura [mun-gi-tù-ra] *s.f.* L'operazione di mungere le vacche.

municipale [mu-ni-ci-pà-le] *agg.* Del municipio Ⓢ comunale: *si è riunito il consiglio municipale.*

municipio [mu-ni-cì-pio] *s.m.* Il comune, l'amministrazione comunale, la sede del comune.

munificenza [mu-ni-fi-cèn-za] *s.f.* Grande generosità nel donare e nello spendere per altri.

munifico [mu-nì-fi-co] *agg.* [pl.m. *–ci*] Che dona e spende con grande generosità: *un principe, un benefattore munifico.*

munire [mu-nì-re] *v.tr.* [*munìsco, munìsci*] Dotare, fornire (di quanto è necessario alla difesa, alla protezione, alla sicurezza ecc.): *munire una fortezza di cannoni, un fiume di argini, una porta di serratura* ♦ **munirsi** *v.pr.* Fornirsi, dotarsi di qualcosa (anche ♧): *si munì di un'ascia e andò nel bosco a far legna; dobbiamo munirci di pazienza.*

munizione [mu-ni-zió-ne] *s.f.* (spec. al *pl.*) Tutto ciò che serve (proiettili, cartucce ecc.) per caricare le armi da fuoco: *i soldati restarono senza munizioni.*

muovere [muò-ve-re] *v.tr.* [pass.rem. *mòssi, movésti*; part.pass. *mòsso*] **1** Spostare da un punto a un altro: *muoviamo quel tavolo da lì*; *muovere una pedina* ◊ Far compiere un movimento o dei movimenti a una parte del corpo: *muovere la testa, gli occhi, le braccia* | *Il vento muove le foglie* = le agita **2** Rivolgere: *muovere a qualcuno un'accusa, un rimprovero* **3** Indurre, spingere: *che cosa l'ha mosso a partire?*; *si comporta così perché è mosso solo dall'invidia* ♦ *v.intr.* [aus. *avere*] Avviarsi, dirigersi: *l'esercito mosse incontro al nemico* ♦ **muoversi** *v.pr.* **1** Fare un movimento, dei movimenti: *la ferita gli impedisce di muoversi* ◊ Spostarsi, allontanarsi da un luogo: *non mi sono mosso da casa tutto il giorno* ◊ Avviarsi, mettersi in movimento: *si mosse verso l'uscita*; *tutti si mossero per andargli incontro* ◊ Essere in movimento Ⓢ spostarsi, procedere: *la Terra si muove intorno al Sole*; *il ciclone si muoveva a* *grande velocità* **2** Sbrigarsi, affrettarsi: *muoviti se non vuoi fare tardi a scuola* **3** ♧ Darsi da fare Ⓢ adoperarsi: *nessuno si è mosso in suo aiuto.*

muraglia [mu-rà-glia] *s.f.* Muro di grande altezza e spessore, eretto a scopo difensivo.

muraglione [mu-ra-glió-ne] *s.m.* Grosso muro di sostegno (lungo tratti franosi di strade o ferrovie) o di difesa dalle acque (in fiumi e porti).

murale [mu-rà-le] *agg.* Eseguito, fatto su muri: *pittura murale*; *scritte murali* ◊ Destinato a essere affisso a muri: *manifesto murale*; *carte geografiche murali* ♦ *s.m.* Dipinto di grandi dimensioni, per lo più di contenuto politico, realizzato sui muri esterni di edifici.

murare [mu-rà-re] *v.tr.* Chiudere con un muro un'apertura: *murare una finestra, una porta* ◊ Chiudere dentro un muro: *murare un tesoro* ◊ Incassare in un vano del muro: *murare una cassaforte* ◊ Fissare un oggetto nel muro con cemento o altro: *murare un gancio, una mensola* ♦ **murarsi** *v.pr.* ♧ Rinchiudersi in un luogo senza uscirne più: *da un po' si è murato in casa.*

murario [mu-rà-rio] *agg.* Di muratura, in muratura: *lavori murari*; *opere murarie* | *Cinta muraria* = la cerchia di mura intorno a una città, a un castello ecc.

murata [mu-rà-ta] *s.f.* Ciascuno dei due fianchi di una nave al di sopra della linea di galleggiamento.

muratore [mu-ra-tó-re] *s.m.* Operaio che costruisce opere in muratura, che lavora nell'edilizia.

muratura [mu-ra-tù-ra] *s.f.* **1** La tecnica e il lavoro del costruire strutture costituite da pietre o laterizi tenuti insieme da calce, cemento o altro: *lavori di muratura* **2** Struttura muraria, muro: *muratura di pietra, di mattoni.*

murena [mu-rè-na] *s.f.* Pesce marino commestibile dal corpo a forma di anguilla e con denti aguzzi il cui morso è pericoloso anche per l'uomo.

muro [mù-ro] *s.m.* [pl.m. *i muri*; pl.f. *le mura* nel significato 3] **1** Struttura verticale di pietra, mattoni o altro materiale, che ha funzione di sostegno o di separazione: *i muri di una casa*; *muri esterni, interni, divisori*; *il muro di cinta di un giardino* | ♧ *Mettere qualcuno con le spalle al muro* = costringerlo a rispettare i propri impegni o metterlo in una condizione che lo obbliga a fare quel che gli si richiede **2** ♧ Ostacolo che impedisce il passaggio o la vista, o atteggiamento che separa come un muro le persone tra loro Ⓢ barriera: *un muro di fuoco impediva ai soccorritori di entrare nella casa in fiamme*; *un muro di nebbia, di ghiaccio*; *le sue proteste si scontrarono con un muro d'indifferenza, un muro d'odio, di silenzio* **3** *(Le) mura* = i muri esterni di un grande edificio e spec. le opere in muratura che cingono e difendono una città, una fortezza: *le mura di un carcere, di un convento*; *mura etrusche, romane, medievali* | *Le mura domestiche* = la casa.

muschio [mù-schio] *s.m.* Nome di diverse specie di piante di piccolissime dimensioni che crescono in masse compatte in terreni umidi, su rocce e tronchi d'albero, formando un morbido tappeto.

muscolare [mu-sco-là-re] *agg.* Del muscolo, dei muscoli: *dolore muscolare*; *ha una grande forza muscolare.*

muscolatura [mu-sco-la-tù-ra] *s.f.* Il complesso dei muscoli.

muscolo [mù-sco-lo] *s.m.* Ciascuno degli organi formati da fasci di fibre capaci di contrarsi e che, nell'uomo e negli animali, servono ai vari movimenti del corpo e delle sue parti: *i muscoli delle braccia, delle gambe, del viso*; *muscoli addominali* | ♧ *Avere muscoli d'acciaio* = essere molto forte | ♧ *Essere tutto muscoli* = avere un fisico atletico.

muscoloso [mu-sco-ló-so] *agg.* Che ha muscoli forti e in rilievo: *un uomo, un fisico, un braccio muscoloso.*

museo [mu-sè-o] *s.m.* Luogo dove sono raccolte, custodite ed esposte al pubblico opere d'arte e oggetti d'interesse culturale, storico, scientifico ecc.: *museo archeologico, egizio, etrusco*; *museo di scienze naturali.*

museruola [mu-se-ruò-la] *s.f.* Arnese fatto di strisce di cuoio o di filo di ferro intrecciato a forma di gabbia, che si pone al muso dei cani perché non mordano.

musica [mù-si-ca] *s.f.* **1** L'arte di combinare i suoni secondo determinate regole in modo da farne un mezzo espressivo: *amare la musica*; *studiare musica*; *maestro di musica* ◊ La produzione musicale di un'epoca, di un paese, di un musicista o considerata in relazione al genere e allo stile: *musica antica, medievale, moderna*; *musica europea, africana, orientale*; *la musica di Bach, di Vivaldi*; *musica sinfonica, lirica, per pianoforte*; *musica sacra, classica, popolare, leggera, jazz* ◊ Composizione musicale: *ascoltare, eseguire una musica* **2** ♧ Suono melodioso, armonioso, gradevole: *la musica del vento tra gli alberi*; *le sue parole sono musica per le mie orecchie* **3** ♧ Cosa monotona o fastidiosa, che si ripete continuamente e troppo a lungo: *non fa che lamentarsi, è sempre la stessa musica!*

musical [parola inglese; pron. corrente *miùsicol*] *s.m.invar.* Spettacolo musicale misto di parti recitate, cantate e danzate.

musicale [mu-si-cà-le] *agg.* **1** Di musica, relativo alla musica: *brano, componimento musicale*; *strumenti musicali*; *un film musicale* **2** Che ha sensibilità o inclinazione per la musica: *avere orecchio, senso musicale* **3** ♧ Armonioso come una musica: *una voce musicale*; *versi molto musicali*; *il russo è una lingua musicale*.

musicare [mu-si-cà-re] *v.tr.* [*mùsico, mùsichi*] Mettere in musica un testo: *musicare una poesia*.

musicassetta [mu-si-cas-sét-ta] *s.f.* Cassetta contenente un nastro magnetico con musica registrata.

musicista [mu-si-cì-sta] *s.m.f.* [pl.m. *-sti*] Compositore di musica ◊ Esecutore di composizioni musicali.

musivo [mu-sì-vo] *agg.* Del mosaico: *arte musiva* ◊ Eseguito con la tecnica del mosaico: *un'opera musiva*.

muso [mù-so] *s.m.* **1** La parte anteriore della testa degli animali: *il muso del cane, del topo, della rana* **2** Viso, faccia (spec. in frasi spregiative): *se non la smetti, ti spacco il muso* | *Affrontare qualcuno a muso duro* = in modo rude e deciso | *Tenere, fare, mettere il muso* = il broncio | *Avere il muso (lungo)* = essere imbronciato **3** La parte anteriore di un'automobile, di un aeroplano, di un sommergibile.

musone [mu-só-ne] *s.m.* Persona scontrosa e taciturna, che ha sempre un'aria troppo seria e accigliata.

musulmano [mu-sul-mà-no] o **mussulmano** [mus-sul-mà-no] *agg.* Islamico: *religione, cultura musulmana* ♦ *s.m.* Chi segue la religione islamica.

muta¹ [mù-ta] *s.f.* **1** Rinnovamento periodico del rivestimento corporeo (pelle, penne, squame ecc.) da parte di alcuni animali (rettili, uccelli, insetti e altri) **2** Tuta subacquea.

muta² [mù-ta] *s.f.* Gruppo di cani addestrati a cacciare insieme in battute di caccia: *una muta di levrieri*.

mutamento [mu-ta-mén-to] *s.m.* Cambiamento, modificazione, variazione: *ha spesso degli improvvisi mutamenti d'umore*; *i mutamenti del clima sulla Terra*.

mutande [mu-tàn-de] *s.f.pl.* Indumento intimo per uomo e per donna, costituito da calzoncini corti e leggeri.

mutandine [mu-tan-dì-ne] *s.f.pl.* Mutande, spec. per donna e bambini | *Mutandine da bagno* = slip.

mutare [mu-tà-re] *v.tr.* Cambiare, modificare: *mutare idea, opinione, sistema di vita*; *gli uccelli mutano le penne* ◊ Rendere diverso, trasformare: *le esperienze della vita lo hanno mutato*; *mutare aspetto, atteggiamento* ♦ *v.intr.* [aus. *essere*] Diventare diverso, cambiare: *il tempo sta mutando*; *è mutato in meglio, in peggio*.

mutevole [mu-té-vo-le] *agg.* Che cambia spesso e facilmente Ⓢ variabile, instabile, incostante, volubile © costante, stabile: *un tempo mutevole*; *una persona di umore mutevole*.

mutilare [mu-ti-là-re] *v.tr.* Privare una persona di una parte del corpo (spec. di un arto): *l'incidente lo ha mutilato di una gamba, di un braccio*.

mutilato [mu-ti-là-to] *s.m.* Persona che ha perso un arto o un'altra parte del corpo in guerra o per altre cause: *posto riservato ai mutilati*.

mutismo [mu-tì-smo] *s.m.* **1** Incapacità di parlare, per lo più come conseguenza della sordità **2** Silenzio deliberato, rifiuto di parlare: *si chiuse in un ostinato mutismo*.

muto [mù-to] *agg.* **1** Che è incapace di parlare perché affetto da mutismo: *un bambino muto* **2** Che rimane silenzioso perché non vuol parlare o resta senza parola per una forte emozione o un forte sentimento: *se ne stava lì muto ad ascoltare*; *restò muto per lo stupore, per la paura, per la vergogna* | ♧ *Fare scena muta* = non dire, non rispondere nemmeno una parola, spec. in un'interrogazione, in un esame scolastico **3** (detto di cosa) Privo di suoni, di voci, silenzioso | *Consonante muta* = che si scrive ma non si pronunzia (come la *h* di *ha*) | *Cinema muto* = senza la colonna sonora, non parlato | *Carta muta* = carta geografica in cui non sono indicati i nomi dei luoghi ◊ Che non è espresso a parole o non riesce a esprimersi esternamente: *gli rivolse un muto rimprovero*; *dopo la morte del figlio si chiuse in un muto dolore* ♦ *s.m.* Persona affetta da mutismo: *il linguaggio dei muti*.

mutuo¹ [mù-tuo] *agg.* Reciproco, vicendevole, scambievole: *c'è tra loro una mutua ammirazione*; *si sono prestati un mutuo soccorso*.

mutuo² [mù-tuo] *s.m.* Prestito a lunga scadenza: *ha chiesto un mutuo per comprarsi la casa*.

n, N

n *s.f.* o *m.* Dodicesima lettera dell'alfabeto italiano; è una consonante e quando è sola si pronuncia *enne* ◊ *N*, in geografia sta per *nord* ◊ *n*, in matematica è simbolo di un numero qualsiasi.

nababbo [na-bàb-bo] *s.m.* Titolo dato un tempo ai principi dell'India musulmana, famosi per le loro grandi ricchezze e per la vita agiata e lussuosa che conducevano; di qui le espressioni di uso comune *vivere da nababbo, spendere come un nababbo* e simili.

nacchera [nàc-che-ra] *s.f.* (spec. al *pl.*) Strumento musicale costituito da due tavolette di legno o d'avorio, a forma di conchiglia, unite da un nastro, che vengono tenute tra le dita e battute l'una contro l'altra, spec. per marcare il ritmo di alcune danze popolari spagnole.

nadir [na-dìr] *s.m.* Punto del cielo che si trova all'estremo opposto dello zenit di un determinato punto della superficie terrestre.

nafta [nà-fta] *s.f.* Combustibile ricavato dal petrolio greggio Ⓢ gasolio: *impianto di riscaldamento a nafta*.

naftalina [na-fta-lì-na] *s.f.* Sostanza solida di colore bianco, usata soprattutto per proteggere i vestiti dalle tarme.

naia [nà-ia] *s.f.* Nel gergo dei soldati, il servizio militare di leva (oggi non più obbligatorio).

nanna [nàn-na] *s.f.* Il dormire, spec. nel linguaggio infantile: *andare a nanna*; *fare la nanna*.

nano [nà-no] *agg.* Si dice di individuo o di razza e specie che ha dimensioni notevolmente inferiori rispetto alla norma: *una donna, una pianta nana*; *un cavallo nano, di razza nana* ♦ *s.m.* Persona affetta da un'anomalia che causa una forte riduzione della crescita corporea ◊ Persona di statura molto bassa.

nappa [nàp-pa] *s.f.* Fiocco di fili di seta, cotone o lana, posto all'estremità di cordoni o usato come ornamento di tende, uniformi e altri oggetti.

narciso [nar-cì-so] *s.m.* Pianta erbacea dai fiori bianchi o gialli molto profumati.

narcotico [nar-cò-ti-co] *agg.* [pl.m. *–ci*] Che provoca una perdita totale della coscienza e della sensibilità: *l'anestesia generale sui pazienti da operare viene praticata con sostanze narcotiche* ♦ *s.m.* Farmaco che ha un effetto narcotico o comunque provoca un sonno profondo Ⓢ sonnifero.

narcotraffico [nar-co-tràf-fi-co] *s.m.* [pl. *–ci*] Traffico di droga.

narice [na-rì-ce] *s.f.* Ciascuna delle due aperture della cavità nasale: *ho una narice otturata e respiro a fatica.*

narrare [nar-rà-re] *v.tr.* e *v.intr.* [aus. *avere*] Raccontare: *il nonno mi narrava sempre le favole*; *il film narra una storia realmente accaduta*; *narraci delle tue esperienze di viaggio.*

narrativa [nar-ra-tì-va] *s.f.* Il genere letterario che comprende romanzi, novelle, racconti, fiabe: *un autore, un'opera di narrativa* ◊ Il complesso delle opere narrative appartenenti a una certa epoca, categoria, paese ecc.: *la narrativa ottocentesca, fantastica, italiana.*

narrativo [nar-ra-tì-vo] *agg.* Che ha per oggetto la narrazione di avvenimenti reali o fantastici: *il romanzo, il racconto, la fiaba sono opere narrative, di genere narrativo* ◊ Che riguarda il narrare o è caratteristico del narrare: *usare una nuova tecnica narrativa, un tono narrativo.*

narratore [nar-ra-tó-re] *s.m.* [f. *–trice*] Autore di opere narrative: *è uscita un'antologia di narratori italiani moderni.*

narrazione [nar-ra-zió-ne] *s.f.* Esposizione ordinata di una vicenda Ⓢ racconto: *incominciò la narrazione delle sue avventure*; *questo romanzo contiene la narrazione di una storia vera*; *narrazioni mitologiche, fiabesche.*

narvalo [nar-và-lo] *s.m.* Cetaceo dei mari artici; ha due soli denti, uno dei quali, nel maschio, si sviluppa fino a due metri di lunghezza in forma di spirale acuminata.

nasale [na-sà-le] *agg.* Del naso: *osso nasale*; *cavità nasali* ◊ *Voce nasale* = che risuona nelle cavità del naso.

nascere [nà-sce-re] *v.intr.* [pres. *nàsco, nàsci*; pass.rem. *nàcqui, nascésti*; part.pass. *nàto*; aus. *essere*] **1** Venire al mondo (detto di uomini e animali): *è nato un bel bambino*; *sono nati i gattini* | ♧ *Essere nato con la camicia* = essere sempre stato fortunato **2** Spuntare, germogliare (detto di piante, fiori, foglie) ◊ Spuntare, crescere (detto di denti, peli, capelli) ◊ Sorgere, spuntare (detto degli astri, dell'alba, del giorno) ◊ ♧ Iniziare a esistere, entrare in funzione Ⓢ sorgere: *dove c'era il deserto è nata una città*; *nascono ogni giorno nuove industrie* **3** Scaturire (detto di corsi d'acqua): *il Po nasce dal Monviso* ◊ ♧ Avere origine, derivare: *non so da che cosa è nata la lite*; *da ogni atto nascono delle conseguenze* ◊ ♧ Sorgere, manifestarsi: *mi è nato un dubbio, un sospetto* | *Stroncare qualcosa sul nascere* = appena si manifesta.

nascita [nà-sci-ta] *s.f.* **1** L'atto e il momento in cui un essere umano (o un animale) viene partorito, messo al mondo Ⓒ morte: *attende la nascita di un figlio*; *è sordo dalla nascita*; *presentare il certificato di nascita* **2** Famiglia: *è di umile nascita, ricco di nascita* **3** Lo spuntare, il sorgere di qualcosa: *la nascita di un fiore, del sole* ◊ ♧ Inizio, origine dell'esistenza di qualcosa: *la nascita di una città, di un partito, di un'idea, di un'amicizia*.

nascituro [na-sci-tù-ro] *s.m.* Chi sta per nascere: *con l'ecografia si può sapere in anticipo il sesso del nascituro*.

nascondere [na-scón-de-re] *v.tr.* [pass.rem. *nascósi, nascondésti*; part.pass. *nascósto*] **1** Mettere, tenere una cosa o una persona in un luogo in cui sia difficile per altri vederla o trovarla Ⓢ celare, occultare: *nascondere un tesoro sotto terra, una lettera nelle pagine di un libro*; *nascondeva in casa sua un ricercato* **2** Impedire la vista, sottrarre alla vista: *quel palazzo ci nasconde la vista del mare*; *la montagna era nascosta dalle nuvole* **3** ♧ Non manifestare, dissimulare quel che si sente o pensa: *cercò di nascondere il suo imbarazzo cambiando discorso* ◊ Non rivelare, tacere quel che si sa: *il medico gli ha nascosto la gravità del male* ♦ **nascondersi** *v.pr.* Mettersi dove non si può essere visti o trovati; sottrarsi alla vista (anche ♧): *il ladro si nascose tra i cespugli*; *la luna si nascose tra le nubi*.

nascondiglio [na-scon-dì-glio] *s.m.* Luogo adatto a nascondere o a nascondersi: *trovò un ottimo nascondiglio* ◊ Luogo in cui è nascosto qualcuno: *la polizia sta cercando il nascondiglio del ladro*.

nascondino [na-scon-dì-no] *s.m.* Gioco infantile in cui un ragazzo deve cercare i compagni che si sono nascosti.

nascosto [na-scó-sto] *agg.* **1** Situato in modo da non essere visibile: *una casetta nascosta nel bosco* **2** ♧ Non evidente: *quel ragazzo ha doti nascoste* ◊ Celato, segreto: *mi ha tenuta nascosta la verità* | *Di nascosto* = segretamente, senza farlo sapere ad altri: *si sono incontrati di nascosto*.

nasello [na-sèl-lo] *s.m.* Pesce marino simile al merluzzo, ma più piccolo e di carni più delicate.

naso [nà-so] *s.m.* Parte sporgente del viso (e del muso di molti animali), posta tra la fronte e la bocca; ha funzione respiratoria ed è sede dell'olfatto: *soffiarsi il naso* | *Parlare con il naso* = con voce nasale | ♧ *Mettere il naso fuori (di casa)* = uscire di casa | ♧ *Avere (buon) naso* = avere fiuto, intuito | ♧ *Mettere, ficcare il naso in qualcosa* = intromettersi, impicciarsi | ♧ *Restare con un palmo di naso* = restare deluso | ♧ *Menare qualcuno per il naso*: ingannarlo, prenderlo in giro.

nassa [nàs-sa] *s.f.* Attrezzo per la pesca di pesci, molluschi e crostacei, formato da una specie di cesta con un'apertura fatta a imbuto in modo che gli animali possano entrare ma non riescano più a uscire.

nastro [nà-stro] *s.m.* **1** Striscia di tessuto che si usa per legare e come ornamento: *strinse i capelli con un nastro di velluto*; *guarnì il cappello con un nastro* ◊ *Nastro di partenza, d'arrivo* = striscia di stoffa che segna la linea di partenza o di arrivo di una gara **2** Striscia a forma di nastro, di materiali vari e per usi diversi: *nastro adesivo, isolante, magnetico, metallico* | *Nastro trasportatore* = apparecchiatura costituita da un nastro in continuo movimento sul quale scorrono materiali o pezzi da lavorare.

natale [na-tà-le] *agg.* In cui si è nati Ⓢ nativo: *ha fatto ritorno al paese natale* ♦ *s.m.* **1** (scritto maiuscolo) Festa liturgica che ricorre il 25 dicembre e in cui si ricorda la nascita di Gesù Cristo: *auguri, regali, vacanze di Natale* | *Babbo Natale* = personaggio fantastico, figurato come un vecchio dalla barba bianca che porta i doni di Natale ai bambini **2** (al *pl.*) Nascita, origine: *Firenze diede i natali a Dante*; *essere di umili natali*.

natalità [na-ta-li-tà] *s.f.* In statistica, il numero delle nascite che si verificano in un dato luogo e periodo: *in questi ultimi anni si è verificata una diminuzione della natalità*.

natalizio [na-ta-lì-zio] *agg.* Di, del Natale: *feste natalizie*.

natante [na-tàn-te] *s.m.* Tutto ciò che galleggia; in partic. imbarcazione di piccole e medie dimensioni.

natica [nà-ti-ca] *s.f.* Ciascuna delle due masse carnose formate dai muscoli del sedere, i glutei.

natio [na-tì-o] *agg.* In cui si è nati Ⓢ nativo: *è tornato al paese natio.*

nativo [na-tì-vo] *agg.* In cui si è nati: *il paese nativo* ◊ Del luogo in cui si è nati: *il dialetto nativo* ◊ *Essere nativo di un luogo* = esservi nato ♦ *s.m.* Chi è nato in un luogo Ⓢ indigeno: *i nativi dell'isola accolsero bene i loro visitatori.*

nato [nà-to] *agg.* Venuto al mondo: *un bambino appena nato* | *Maria Rossi nata Bianchi* = per indicare il cognome di nascita di una donna prima del matrimonio | *Essere un pittore, un attore, un pianista nato*; *essere nato per la pittura, per la musica* ecc. = avere una forte disposizione naturale per quell'attività ♦ *s.m.* Persona nata in un determinato anno o periodo: *i nati nel 1995, nel dopoguerra* ◊ Figlio: *lui è il mio primo nato.*

natura [na-tù-ra] *s.f.* **1** Il complesso delle cose e degli esseri che costituiscono l'universo (e in partic. il mondo terrestre): *le forze, i fenomeni, i misteri, le meraviglie della natura* | *I tre regni della natura* = animale, vegetale, minerale | *Vivere secondo natura* = seguendo le leggi naturali | *Contro natura* = si dice di tutto ciò che viola le leggi della natura ◊ L'ambiente naturale: *una casa ben inserita nella natura circostante*; *vivere a contatto della natura* ◊ *Pagare in natura* = con prodotti, beni, senza ricorrere al denaro | *Scambio in natura* = baratto **2** L'insieme delle qualità, delle tendenze innate di una specie o caratteristiche di un individuo Ⓢ indole, carattere, temperamento: *ho imparato a conoscere la natura umana*; *la natura mite delle pecore*; *è una persona buona di natura*; *è nella sua natura agire così* ◊ Qualità intrinseca o particolare di una cosa concreta o astratta: *i gas sono comprimibili per natura*; *la natura complessa di un problema* ◊ Genere, tipo Ⓢ carattere: *è una questione di natura privata*; *problemi di natura politica* **3** *Natura morta* = pittura che rappresenta oggetti inanimati e spec. fiori, frutta, cibi e animali morti.

naturale [na-tu-rà-le] *agg.* **1** Della natura, relativo alla natura: *leggi, fenomeni, bellezze naturali* | *Scienze naturali* = quelle che studiano i vari aspetti della natura, come la fisica, la chimica, la botanica ecc. **2** Che deriva dalla natura, che si ha per natura: *mangiare è un bisogno naturale*; *ha un'inclinazione naturale per la musica* | *Morte naturale* = dovuta a vecchiaia o malattia (opposta a *morte violenta*) | *Confini naturali* = quelli segnati da montagne, fiumi ecc. ◊ Genuino, non alterato; non artificiale: *cibi, prodotti naturali*; *capelli color biondo naturale*; *il fiume forma un lago naturale* | *Coloranti, fibre tessili naturali* = ricavati da piante o animali | *Grandezza naturale* = corrispondente alle dimensioni reali: *un ritratto, una statua a grandezza naturale* ◊ Spontaneo, schietto, non studiato: *gli viene naturale fare così*; *il suo tono di voce era poco naturale* **3** Conforme alla natura: *la malattia seguì il suo corso naturale* ◊ Comprensibile, ovvio, logico: *la sua è stata una reazione naturale*; *è naturale che si arrabbi, se lo tratti così!* **4** *Numero naturale* = in matematica, qualsiasi numero intero positivo.

naturalezza [na-tu-ra-léz-za] *s.f.* Spontaneità, semplicità, disinvoltura: *si comporta sempre con molta naturalezza.*

naturalista [na-tu-ra-lì-sta] *s.m.f.* [pl.m. *–sti*] Studioso di scienze naturali.

naturalmente [na-tu-ral-mén-te] *avv.* Ovviamente, com'è logico: *non ha ricevuto notizie e, naturalmente, è preoccupato* ◊ (nelle risposte) Certamente, senza dubbio: *«Verrai alla festa?» «Naturalmente!».*

naufragare [nau-fra-gà-re] *v.intr.* [*nàufrago, nàufraghi*; aus. *essere* o *avere* nel significato 1, *essere* nel significato 2] **1** Detto di imbarcazione, affondare, andare distrutta: *la nave naufragò in una tempesta* **2** ♧ Fallire: *i suoi progetti sono naufragati miseramente.*

naufragio [nau-frà-gio] *s.m.* **1** Perdita di una nave o di un'imbarcazione per una tempesta o altro accidente | *Fare naufragio* = naufragare **2** ♧ Fallimento: *la mancanza di fondi causò il naufragio della loro iniziativa.*

naufrago [nàu-fra-go] *s.m.* [pl. *–ghi*] Chi ha fatto naufragio o è scampato a un naufragio.

nausea [nàu-se-a] *s.f.* **1** Stato di malessere accompagnato da un senso di vomito imminente: *andare in barca mi provoca la nausea*; *questo odore mi dà la nausea* **2** ♧ Ripugnanza, disgusto: *gli adulatori mi danno la nausea* | *Ripetere qualcosa fino alla nausea* = fino alla noia.

nauseabondo [nau-se-a-bón-do] *agg.* Che dà nausea Ⓢ ripugnante, disgustoso: *un odore nauseabondo.*

nauseante [nau-se-àn-te] *agg.* Che dà la nausea, che fa venire il vomito Ⓢ disgustoso (anche ♧): *un cibo nauseante*; *una scena nauseante.*

nauseare [nau-se-à-re] *v.tr.* Dare la nausea: *questo odore mi nausea* ◊ ♧ Disgustare: *mi ha nauseato con la sua volgarità.*

–nauta Secondo elemento di parole composte, che significa «navigante», «pilota» (*astronauta, cosmonauta*).

nautica [nàu-ti-ca] *s.f.* **1** La scienza, la tecnica e la pratica della navigazione **2** Il settore delle imbarcazioni da diporto e delle attrezzature, degli accessori che le riguardano: *salone della nautica.*

nautico [nàu-ti-co] *agg.* [pl.m. *–ci*] Che riguarda la navigazione, serve alla navigazione: *sport nautici*; *strumenti nautici*; *carte nautiche.*

navale [na-và-le] *agg.* Relativo alle navi o alla navigazione: *cantiere navale*; *battaglia navale* | *Base navale* = della marina militare.

navata [na-và-ta] *s.f.* Ciascuno degli spazi in cui è divisa una chiesa nel senso della lunghezza, delimitati da muri o da file di colonne o di pilastri: *basilica a una navata, a tre, a cinque navate*; *la navata centrale è sempre più ampia delle navate laterali.*

nave [nà-ve] *s.f.* Imbarcazione di notevoli dimensioni, fornita di propri mezzi di propulsione, impiegata per il trasporto di persone e cose o per attività belliche: *nave a vela, a vapore, a motore*; *nave passeggeri, da carico, da guerra* ◊ *Nave spaziale* = astronave.

navetta [na-vét-ta] *s.f.* **1** Organo delle macchine per tessere, che contiene la spola e compie un movimento alternato avanti-indietro **2** *Navetta spaziale* = veicolo spaziale pilotato da un equipaggio **3** *Treno navetta* = treno che percorre continuamente nei due sensi un breve percorso, spec. per il trasporto di autoveicoli e passeggeri in tratti di galleria che evitano lunghe e disagevoli strade di montagna.

navicella [na-vi-cèl-la] *s.f.* La parte di una mongolfiera o di un dirigibile in cui stanno l'equipaggio e le attrezzature ◊ *Navicella spaziale* = veicolo spaziale in cui si trovano le attrezzature e l'eventuale equipaggio.

navigabile [na-vi-gà-bi-le] *agg.* Su cui è possibile la navigazione: *fiumi, canali navigabili.*

navigante [na-vi-gàn-te] *s.m.f.* Chi naviga: *la radio trasmette un bollettino per i naviganti.*

navigare [na-vi-gà-re] *v.intr.* [*nàvigo, nàvighi*; aus. *avere*] **1** Spostarsi sull'acqua o nell'acqua: *il battello navigava lungo la costa*; *il sommergibile navigava in immersione* ◊ Viaggiare per mare, su un fiume o su un lago come passeggero o membro dell'equipaggio di una nave: *Colombo navigò verso occidente* | ♧ *Navigare in cattive acque* = trovarsi in gravi difficoltà, spec. economiche **2** Volare: *l'aereo navigava a bassa quota*; *stiamo navigando sopra il Polo* **3** *Navigare in Internet* = passare da un sito all'altro di Internet o consultare le diverse pagine di un sito.

navigato [na-vi-gà-to] *agg.* Che ha esperienza del mondo, della vita Ⓢ esperto, accorto: *una persona navigata.*

navigatore [na-vi-ga-tó-re] *s.m.* [f. *–trice*] **1** Chi naviga, spec. compiendo lunghi viaggi per mare: *Colombo fu un grande navigatore* ◊ *Navigatore spaziale* = astronauta **2** *Navigatore satellitare* = strumento che istallato su un mezzo di trasporto indica il percorso da seguire per raggiungere la meta voluta.

navigazione [na-vi-ga-zió-ne] *s.f.* L'attività e il modo di navigare: *la burrasca ha bloccato i servizi di navigazione con le isole*; *navigazione a vela, a motore* | *Navigazione interna* = quella su fiumi, laghi e canali | *Navigazione aerea* = quella compiuta da aerei | *Navigazione spaziale* = quella di astronavi ◊ Viaggio compiuto per nave: *giunsi a terra dopo tre giorni di navigazione.*

naviglio [na-vì-glio] *s.m.* **1** Insieme di navi o di imbarcazioni dello stesso tipo: *naviglio da guerra, da pesca, mercantile,* **2** Canale navigabile: *i navigli di Milano.*

nazionale [na-zio-nà-le] *agg.* Della nazione: *storia, lingua, economia nazionale*; *festa, lutto nazionale*; *sul Municipio era esposta la bandiera nazionale* ♦ *s.f.* Squadra di atleti che rappresentano la propria nazione in gare internazionali: *la nazionale italiana di calcio, di basket.*

nazionalismo [na-zio-na-lì-smo] *s.m.* Concezione e movimento politico che esalta tutto ciò che appartiene alla propria nazione, in contrapposizione con le altre nazioni e con altre ideologie politiche: *gli scontri tra i diversi nazionalismi hanno causato molte guerre.*

nazionalista [na-zio-na-lì-sta] *s.m.f.* [pl.m. *–sti*] Seguace, fautore del nazionalismo ♦ *agg.* Basato sul nazionalismo: *discorsi nazionalisti*; *rivendicazioni nazionaliste.*

nazionalità [na-zio-na-li-tà] *s.f.* **1** Appartenenza a una determinata nazione: *un aereo, una nave di nazionalità inglese* ◊ Cittadinanza: *avere la nazionalità italiana* **2** Nazione: *alla fiera c'era gente di ogni nazionalità.*

nazionalizzare [na-zio-na-liz-zà-re] *v.tr.* Trasferire alla proprietà dello stato un'attività economica che prima era gestita da privati: *nazionalizzare le ferrovie.*

nazione [na-zió-ne] *s.f.* **1** Insieme di genti legate da una comune tradizione storica, linguistica, di civiltà e di costumi, spec. in quanto coscienti di tale patrimonio comune Ⓢ popolo: *la nazione italiana, tedesca*; *i costumi, gli usi di una nazione*

2 Stato, paese: *operare nell'interesse della nazione*; *il commercio, l'industria di una nazione.*

nazismo [na-zì-smo] *s.m.* Movimento e regime politico, fondato da Adolf Hitler, che dominò la Germania dal 1933 al 1945, e che basava la sua ideologia sulla presunta superiorità razziale del popolo tedesco e sul suo diritto ad assoggettare o a sterminare gli altri popoli.

nazista [na-zì-sta] *s.m.f.* [pl.m. *–sti*] Seguace del nazismo ♦ *agg.* Del nazismo; proprio del nazismo: *movimento nazista*; *metodi nazisti.*

ne [né] *pronome m.f., sing.* e *pl.* **1** Di lui, di lei, di loro: *lo conosco bene e ne ho fiducia*; *c'erano i tuoi amici? non ne ho visto nessuno* ◊ Di questo, di questa, di questi, di queste o di quello, di quella, di quelli, di quelle (riferito a cose nominate in precedenza o sottintese): *mi presti un po' di zucchero, io non ne ho più*; *ne ha fatte di tutti i colori*; *ne ho sentite delle belle* ◊ Di ciò: *non ne vedo il motivo*; *bisogna tenerne conto* **2** Da ciò, da questo: *non se ne può ricavare un gran che*; *ne deduco che hai torto* ♦ *avv.* Da lì, da qui: *sono andato in città e ne torno ora*; *me ne vado subito*; *è un brutto pasticcio e non so come uscirne.*

Sia come pronome che come avverbio *ne* si mette prima del verbo in tutti i tempi tranne che all'imperativo, all'infinito, al gerundio e al participio passato; quando si appoggia a imperativi di una sola sillaba la *n* viene raddoppiata: *fanne a meno*; quando è in combinazione con altri pronomi atomi o con *ecco* si mette sempre dopo: *me ne vado*; *gliene ha parlato*; *eccone un altro*. Davanti a vocale si può elidere: *non ce n'è più.*

né *congz.* Si usa per coordinare negativamente due o più elementi della stessa frase: *non conosco né lui, né lei*; *non è né alto, né basso, né magro, né grasso* ◊ Coordina due frasi negative (col valore di *e non, e neppure*): *non lo so né voglio saperlo*; *non l'ho mai visto né conosciuto.*

L'accento sulla *e* di *né* è acuto: attenzione a non sbagliarlo, soprattutto quando scrivi al computer.

neanche [ne-àn-che] *avv.* e *congz.* Nemmeno, neppure: *se ne andò senza neanche salutarmi*; *«io non ho sonno, e tu?» «neanche io»* | *Neanche per idea, neanche per sogno, non ci penso neanche* = lo escludo assolutamente ◊ Anche… non, persino… non, neppure: *neanche un bambino ci crederebbe*; *neanche lui sa quel che vuole*; *non accetterebbe neanche se lo ammazzassi.*

nebbia [néb-bia] *s.f.* Massa di vapore acqueo che si condensa vicino al suolo formando una specie di nube: *la fitta nebbia impediva la visibilità*; *banco di nebbia.*

nebbioso [neb-bió-so] *agg.* Pieno di nebbia, coperto di nebbia; in cui c'è spesso la nebbia: *una giornata nebbiosa*; *cielo nebbioso*; *la pianura padana è una zona nebbiosa.*

nebulosa [ne-bu-ló-sa] *s.f.* Nella nostra galassia, massa gassosa sparsa tra le stelle che appare come una tenue nuvola; lo stesso nome viene dato anche ad ammassi di stelle, sostanze gassose e gas al di fuori della Via Lattea (*nebulose extragalattiche*) che si chiamano più correttamente *galassie.*

nebuloso [ne-bu-ló-so] *agg.* **1** Nebbioso, nuvoloso: *cielo nebuloso* **2** ♧ Vago, confuso: *un progetto, un ricordo nebuloso.*

necessariamente [ne-ces-sa-ria-mén-te] *avv.* Per necessità, per forza: *se non riceveremo aiuti dovremo necessariamente farne a meno.*

necessario [ne-ces-sà-rio] *agg.* Di cui non si può fare a meno Ⓢ indispensabile Ⓒ superfluo; che serve, occorre per qualcosa: *il riposo è necessario*; *è necessario che tu sia presente*; *mi mancano gli strumenti necessari per questo lavoro* ♦ *s.m.* Ciò che è indispensabile, che occorre per qualcosa: *ha portato con sé solo lo stretto necessario*; *hanno appena il necessario per vivere.*

necessità [ne-ces-si-tà] *s.f.* Bisogno, esigenza irrinunciabile: *in caso di necessità, chiamateci subito*; *ho necessità di guadagnare di più*; *non vedo la necessità di parlargliene* | *Generi di prima necessità* = indispensabili | *Necessità corporale* = bisogno di urinare o defecare ◊ Cosa necessaria, indispensabile: *la macchina per lui è una necessità*; *le necessità della vita.*

necessitare [ne-ces-si-tà-re] *v.intr.* [aus. *avere* nel significato 1, *essere* nel significato 2] **1** Aver bisogno: *il malato necessita di cure* **2** Essere necessario Ⓢ occorrere: *necessitano provvedimenti immediati.*

necroforo [ne-crò-fo-ro] *s.m.* Becchino.

necrologio [ne-cro-lò-gio] *s.m.* Annuncio della morte di una persona pubblicato su giornali.

necropoli [ne-crò-po-li] *s.f.* Complesso di antiche sepolture raggruppate in una stessa zona e portate alla luce da scavi archeologici: *con la scuola abbiamo visitato una necropoli etrusca.*

necton [nè-cton] *s.m.invar.* Il complesso degli animali acquatici capaci di spostarsi grazie a mezzi di locomozione propri (per es. pesci, cetacei, crostacei, molluschi).

nefandezza [ne-fan-déz-za] *s.f.* Carattere nefando: *la nefandezza di un crimine* ◊ Azione nefanda Ⓢ scelleratezza.

nefando [ne-fàn-do] *agg.* Infame, atroce, orribile: *si è macchiato di un delitto nefando.*

nefasto [ne-fà-sto] *agg.* Luttuoso, funesto: *fu un giorno nefasto per la nostra famiglia* ◊ Dannoso, rovinoso: *quell'uomo ha avuto su di lui un'influenza nefasta.*

negare [ne-gà-re] *v.tr.* [*négo, néghi*] **1** Dichiarare che non è vera una cosa che altri sostengono: *negò tutte le accuse*; *gli atei negano l'esistenza di Dio* ◊ Non ammettere, non riconoscere: *perché negare le tue responsabilità?* | *Non negare* = ammettere: *non nego di averlo detto* ◊ Dire, rispondere di no: *gli chiesero se conosceva il colpevole e lui negò* ◊ Non confessare: *nonostante le prove che lo accusano, si ostina a negare* **2** Non concedere Ⓢ rifiutare: *gli è stata negata la grazia*; *un favore non si nega a nessuno.*

negativa [ne-ga-tì-va] *s.f.* **1** Atteggiamento di rifiuto, risposta negativa: *tenersi, mantenersi sulla negativa* **2** Negativo fotografico.

negativamente [ne-ga-ti-va-mén-te] *avv.* Con un rifiuto, dicendo di no: *ha risposto negativamente* ◊ In modo negativo, sfavorevole: *perché lo giudichi così negativamente?*

negativo [ne-ga-tì-vo] *agg.* **1** Che nega, che esprime una negazione o un rifiuto Ⓒ affermativo: *ha dato una risposta negativa alla mia richiesta*; *una frase, una particella negativa* **2** (opposto di *positivo*) Contrario, sfavorevole: *dare un parere negativo* ◊ Che costituisce un difetto, un danno, uno svantaggio, un fallimento: *le qualità negative di una persona*; *il lato negativo di una situazione*; *il tuo intervento ha avuto un effetto negativo*; *l'esito negativo di un'impresa* ◊ In medicina, si dice di esame, analisi ecc. che non ha riscontrato nulla di anormale o nessun segno di qualcosa che si prevedeva: *l'esame del sangue risulta negativo*; *il test di gravidanza è negativo* **3** *Numero negativo* = ogni numero inferiore a zero, preceduto dal segno meno ♦ *s.m.* Immagine fotografica in cui le parti luminose e quelle scure sono invertite rispetto al soggetto reale fotografato (e rispetto alla stampa positiva).

negato [ne-gà-to] *agg.* Che non ha nessuna attitudine per qualcosa: *sono negato per la musica.*

negazione [ne-ga-zió-ne] *s.f.* Non riconoscimento: *la dittatura è basata sulla negazione della libertà* ◊ *Essere la negazione di qualcosa* = esserne tutto l'opposto: *il tuo modo di agire è la negazione del buon senso* ◊ In grammatica, ogni elemento del discorso che serve a negare (per es. *non, né, nessuno, per niente*).

negli [né-gli] *prep. articolata*, formata da *in* e *gli*: *la nave sprofondò negli abissi.*

negligente [ne-gli-gèn-te] *agg.* Trascurato e svogliato nell'adempiere i propri doveri o compiti: *un alunno, un impiegato negligente.*

negligenza [ne-gli-gèn-za] *s.f.* Trascuratezza nell'adempimento dei propri compiti o doveri: *è tutta colpa della tua negligenza se sei stato bocciato* ◊ Mancanza dovuta a trascuratezza o a disattenzione: *è stata una grave negligenza lasciare in giro un'arma carica.*

negoziante [ne-go-ziàn-te] *s.m.f.* Proprietario o gestore di un negozio Ⓢ esercente.

negoziato [ne-go-zià-to] *s.m.* Trattativa, serie di trattative per giungere a un accordo, stipulare un patto, un contratto e simili: *i due paesi hanno iniziato i negoziati di pace*; *alla conferenza prosegue il negoziato sul disarmo.*

negozio [ne-gò-zio] *s.m.* Locale, situato in genere al pian terreno, in cui si vendono merci o si offrono servizi al pubblico Ⓢ bottega: *negozio di alimentari, di abbigliamento, di parrucchiere.*

negriero [ne-griè-ro] o **negriere** [ne-griè-re] *s.m.* **1** Chi esercitava la tratta dei negri africani; mercante di schiavi **2** ♧ Datore di lavoro che sfrutta e tratta duramente i propri dipendenti Ⓢ sfruttatore, aguzzino, tiranno.

negro [né-gro] *agg.* Che appartiene alle popolazioni, originarie dell'Africa, caratterizzate da pelle scura o nera, capelli lanosi, naso largo e schiacciato (oggi si preferisce il termine *nero*) ◊ Caratteristico di tali popolazioni: *la cultura, la musica negra* ♦ *s.m.* Individuo appartenente alla popolazione negra: *la tratta dei negri* | *Lavorare come un negro* = molto e duramente.

nei [néi] *prep. articolata*, formata da *in* e *i*.

nel [nél] *prep. articolata*, formata da *in* e *il*.

nella [nél-la] *prep. articolata*, formata da *in* e *la*.

nelle [nél-le] *prep. articolata*, formata da *in* e *le*.

nello [nél-lo] *prep. articolata*, formata da *in* e *lo*.

nembo [ném-bo] *s.m.* Nuvola scura e bassa, portatrice di pioggia o grandine.

nemico [ne-mì-co] *agg.* e *s.m.* [pl.m. *-ci*] **1** Che, chi nutre e manifesta avversione e ostilità per qualcuno o per qualcosa Ⓢ ostile, avverso, avversario: *mi era amico e ora mi è diventato nemico*; *si è fatto molti nemici*; *i nemici della legge* **2** Che, chi appartiene a uno stato con cui si è in guerra: *l'esercito nemico*; *le nostre truppe sono entrate in territorio nemico*; *attaccare, respingere i nemici, il nemico* ◊ Del nemico in guerra: *la strategia, la tattica nemica* ♦ *agg.* Detto di cosa che si rivela avversa, sfavorevole: *la sorte gli è stata nemica* ◊ Nocivo, dannoso: *l'alcol è nemico del fegato.*

nemmeno [nem-mé-no] *avv.* e *congz.* Neanche, neppure: *non vengo nemmeno io.*

nenia [nè-nia] *s.f.* **1** Canto lamentoso e monotono che veniva intonato un tempo durante i funerali: *nenia funebre* ◊ Cantilena, spec. per addormentare i bambini **2** ♧ Lamento insistente e fastidioso Ⓢ piagnucolio.

neo [nè-o] *s.m.* **1** Piccola macchia scura sulla pelle **2** ♧ Piccolo difetto, leggera imperfezione: *è un buon lavoro, a parte qualche neo.*

neo– Primo elemento di parole composte che significa «nuovo», «moderno», «recente».

neofita [ne-ò-fi-ta] o **neofito** *s.m.f.* [pl.m. *–ti*] **1** Chi si è da poco convertito a una religione **2** Chi ha aderito di recente a un partito, a un'ideologia.

neolatino [ne-o-la-tì-no] *agg. Lingue neolatine* = le lingue moderne derivate dal latino; le principali sono il portoghese, lo spagnolo, il francese, l'italiano e il rumeno.

neolitico [ne-o-lì-ti-co] *agg.* e *s.m.* [pl.m. *–ci*] Detto dell'ultimo periodo dell'età della pietra, nel quale l'uomo imparò a coltivare la terra e ad allevare animali ◊ Del periodo neolitico: *civiltà neolitica; villaggi, oggetti neolitici.*

neologismo [ne-o-lo-gì-smo] *s.m.* Parola o espressione di nuova creazione e introdotta di recente nell'uso linguistico comune: *il verbo "cliccare" è un neologismo.*

neon [nè-on] *s.m.* Gas presente nell'aria, usato per lampade a tubo e spec. per insegne luminose.

neonato [ne-o-nà-to] *agg.* Nato da poco: *un bambino, un cucciolo neonato* ◊ ♧ Sorto, formatosi da poco: *il programma del neonato partito* ♦ *s.m.* Bambino appena nato: *la mamma allattava il suo neonato.*

neppure [nep-pù-re] *avv.* e *congz.* Neanche, nemmeno: *non mi ha neppure salutato.*

nerastro [ne-rà-stro] *agg.* Che tende al nero: *un fumo nerastro.*

nerbo [nèr-bo] *s.m.* **1** Frusta fatta di tendini secchi di bue intrecciati **2** ♧ La parte, l'elemento più forte ed efficiente di un collettivo: *la difesa è il nerbo di quella squadra* **3** ♧ Forza, vigore, efficacia: *uno scrittore, uno stile privo di nerbo.*

nerboruto [ner-bo-rù-to] *agg.* Robusto e muscoloso: *un uomo grosso e nerboruto.*

neretto [ne-rét-to] *s.m.* Carattere tipografico più scuro e di maggiore spessore rispetto a quello normale Ⓢ grassetto.

nerd [parola inglese; pron. corrente *nèrd*] *s.m. invar.* Giovane dall'aspetto trasandato, dai modi goffi e poco socievole, appassionato o anche maniaco dell'informatica.

nero [né-ro] *agg.* **1** Si dice del colore più scuro che ci sia e di ciò che ha questo colore Ⓒ bianco: *nero come il carbone, come la pece; occhi, capelli neri* | *Pane nero* = integrale | *Uva nera, vino nero* = di colore rosso scuro | *Cielo nero* = scuro, fosco | *Il continente nero* = l'Africa | *Oro nero, pozzo nero, bestia nera, pecora nera* = vedi *oro, pozzo, bestia, pecora* ◊ Sudicio, sporco: *hai il colletto nero, le unghie nere* **2** ♧ Pieno di avversità, contrarietà, dolori: *sta attraversando un periodo nero; oggi ho avuto una giornata nera* ◊ Triste, malinconico, cupo: *oggi sono di umore nero; era nero in volto* | *Vedere tutto nero* = essere pessimista ◊ Estremo, totale (riferito a cosa negativa): *è nella miseria più nera; ha dimostrato la più nera ingratitudine* **3** ♧ *Cronaca nera* = quella che si occupa dei crimini e degli incidenti **4** ♧ Caratterizzato da illegalità, mancato rispetto delle leggi: *lavoro nero* | *Mercato nero* = borsanera ♦ *s.m.* **1** Colore nero: *vestire in nero; si è tinta di nero i capelli* | ♧ *Mettere nero su bianco* = mettere per iscritto (un accordo) **2** Individuo di pelle nera Ⓢ negro: *i neri d'America.*

nervatura [ner-va-tù-ra] *s.f.* L'insieme dei nervi di un uomo o di un animale ◊ L'insieme dei canaletti sulla superficie di una foglia che servono a diffondere la linfa.

nervo [nèr-vo] *s.m.* **1** Ciascuno dei filamenti che collegano il cervello e il midollo spinale alle diverse parti del corpo, trasmettendo gli stimoli dalla periferia al centro e dal centro alla periferia: *nervi sensitivi, motori* ◊ ♧ *Avere i nervi* = essere irritato, di cattivo umore | ♧ *Far venire i nervi, dare ai (o sui) nervi* = irritare, far spazientire | ♧ *Avere i nervi a fior di pelle* = essere in uno stato di grande tensione nervosa | ♧ *Avere i nervi saldi* = essere capace di autocontrollarsi | ♧ *Tenere i nervi a posto* = mantenere la calma **2** Tendine: *una carne piena di nervi.*

nervosismo [ner-vo-sì-smo] *s.m.* Stato di irritabilità, di agitazione, di tensione: *oggi c'è molto nervosismo in campo.*

nervoso [ner-vó-so] *agg.* **1** Dei nervi: *cellule, fibre nervose* | *Sistema nervoso* = l'insieme costituito dal cervello, dal midollo spinale e dai nervi ◊ Del sistema nervoso: *malattie nervose; esaurimento nervoso* **2** Agitato, teso, inquieto, facilmente irritabile Ⓒ calmo, sereno: *perché oggi sei così nervoso?; l'attesa mi rende nervoso* ♦ *s.m.* Stato d'animo agitato, irritato Ⓢ malumore, irritazione: *oggi ho il nervoso; mi ha fatto venire il nervoso.*

nespola [nè-spo-la] *s.f.* Il frutto del nespolo.

nespolo [nè-spo-lo] *s.m.* Arbusto i cui frutti diventano commestibili solo dopo essere stati lasciati maturare a lungo nella paglia | *Nespolo del Giappone* = albero sempreverde che produce frutti giallastri dalla polpa di sapore dolce-acidulo (è la varietà oggi più diffusa).

nesso [nès-so o nés-so] *s.m.* Rapporto, connessione, collegamento, legame, relazione: *non capisco che nesso ci sia tra questi due fatti*; *un discorso senza alcun nesso logico.*

nessuno [nes-sù-no] *agg.indef.* **1** Neppure uno: *nessun uomo ha diritto di uccidere*; *non c'è nessun motivo per farlo* ◊ Neanche un po' di: *non c'è nessuna fretta*; *roba di nessun valore* **2** Qualche (in frasi interrogative): *hai nessun suggerimento da darmi?* ♦ *pronome indef.* **1** Neppure uno: *non ho visto nessuno*; *non ha più nessuno al mondo*; *di questi libri non ne ho letto nessuno* **2** Qualcuno: *hai visto nessuno?*; *guarda se c'è nessuno in casa* ♦ *s.m.* Persona di nessun valore, che non conta nulla: *si dà tante arie ma non è nessuno.*

Come aggettivo *nessuno* si tronca in *nessun* davanti a nomi maschili che cominciano per vocale o per consonante che non sia *s* seguita da consonante, *gn, ps, x, z*: *nessun uomo* e *nessun posto*, ma *nessuno spazio, nessuno psicologo* e *nessuno zio.* Al femminile si può elidere davanti a un sostantivo femminile che comincia per vocale, spec. se *a*: *nessun'amica.*

net [parola inglese; pron. *nèt*] *s.m.invar.* Nel tennis e nel ping pong, la battuta nulla (e da ripetere) che si ha quando la palla urta il bordo superiore della rete prima di toccare il campo avversario.

nettamente [net-ta-mén-te] *avv.* In modo nitido e chiaro: *si udì nettamente uno sparo* ◊ Decisamente: *è nettamente il più forte*; *sono nettamente contrario alla sua proposta.*

nettare[1] [nèt-ta-re] *s.m.* **1** Liquido dolce che secernono i fiori di molte piante: *le api succhiano il nettare e lo trasformano in miele* **2** Bevanda squisita: *questo vino è un nettare!*

nettare[2] [net-tà-re] *v.tr.* Pulire: *devo nettare l'insalata.*

nettezza [net-téz-za] *s.f.* Pulizia | *Nettezza urbana* = servizio municipale che cura la pulizia delle strade e la raccolta delle immondizie.

netto [nét-to] *agg.* **1** Pulito: *tovaglia netta* **2** Nitido, chiaro, preciso; secco, deciso (anche ♧): *una figura dai contorni netti*; *una vittoria netta*; *recise il ramo con un colpo netto*; *oppose un netto rifiuto alla mia richiesta* | *Di netto* = con un colpo netto, completamente: *gli tagliò di netto un dito* **3** (opposto a *lordo*) *Peso netto* = senza la tara | *Stipendio netto* = senza le trattenute | *Incasso, guadagno, utile netto* = detratte le spese.

netturbino [net-tur-bì-no] *s.m.* Chi è addetto alla nettezza urbana Ⓢ spazzino.

network [parola inglese; pron. corrente *nètuork*] *s.m.invar.* **1** Rete di emittenti radiotelevisive private **2** In informatica, rete di computer connessi tra loro.

neurochirurgo [neu-ro-chi-rùr-go] *s.m.* [pl. *-ghi*] Chirurgo specializzato in interventi sul sistema nervoso.

neurologo [neu-rò-lo-go] *s.m.* [pl. *-gi*] Medico specializzato nella cura del sistema nervoso.

neutrale [neu-trà-le] *agg.* Che non parteggia per nessuno dei contendenti in una discussione, in una disputa, in una vertenza: *essere, restare neutrale* | *Stato, paese neutrale* = che rimane estraneo a una guerra tra altri stati.

neutro [nèu-tro] *agg.* Che non rientra in nessuna di due categorie opposte o distinte | *Colore neutro* = non ben definito | *Campo neutro* = campo di gioco che non appartiene né all'una né all'altra delle due squadre avversarie | *Genere neutro* = genere grammaticale, distinto dal maschile e dal femminile, presente in alcune lingue antiche (latino, greco) e moderne (per es. il tedesco).

neutrone [neu-tró-ne] *s.m.* Particella elementare priva di carica elettrica, che insieme al protone costituisce il nucleo dell'atomo.

nevaio [ne-và-io] *s.m.* Tratto di terreno d'alta montagna coperto da una massa di neve che non si scioglie mai completamente né si trasforma in un ghiacciaio: *gli alpinisti attraversarono un nevaio.*

neve [né-ve] *s.f.* Precipitazione atmosferica sotto forma di minuscoli cristalli di ghiaccio, per lo più riuniti in fiocchi o falde: *la neve si forma per condensazione del vapore acqueo a temperature inferiori a zero gradi*; *neve farinosa*; *tempesta di neve*; *occhiali da neve* | *Nevi perenni* = quelle che non si sciolgono mai completamente durante l'estate.

nevicare [ne-vi-cà-re] *v.intr.impers.* [aus. *essere* o *avere*] Cadere neve: *è* (o *ha*) *nevicato per tutto il giorno.*

nevicata [ne-vi-cà-ta] *s.f.* Caduta di neve.

nevischio [ne-vì-schio] *s.m.* Neve minuta, spesso mista a pioggia e accompagnata da vento.

nevoso [ne-vó-so] *agg.* **1** Di neve: *precipitazioni nevose* ◊ Coperto di neve: *le cime nevose dei* *monti* **2** Caratterizzato da frequenti e abbondanti nevicate: *una zona nevosa*; *è stato un inverno nevoso* | *Cielo nevoso* = che preannuncia una nevicata.

nevralgia [ne-vral-gì-a] *s.f.* Acuto dolore locale, causato dall'infiammazione di uno o più nervi.

nevralgico [ne-vràl-gi-co] *agg.* [pl.m. *–ci*] Di nevralgia: *dolore nevralgico* | ♧ *Punto nevralgico* = il punto cruciale, più delicato, più difficile: *il punto nevralgico di una questione, del traffico.*

nevrastenico [ne-vra-stè-ni-co] *agg.* e *s.m.* [pl.m. *–ci*] Detto di chi è molto nervoso e irritabile: *come sei nevrastenico!*

nevrosi [ne-vrò-si] *s.f.* Disturbo psichico più o meno grave che si manifesta con sintomi di vario genere (ansie, ossessioni, paralisi momentanee di uno o più arti ecc.) ◊ Nel linguaggio comune, ansia, ossessione: *la nevrosi del lavoro, del successo, della vita moderna.*

nevrotico [ne-vrò-ti-co] *agg.* e *s.m.* [pl.m. *–ci*] Che, chi è affetto da nevrosi ◊ Nel linguaggio corrente, si dice di chi si mostra ansioso, fragile di nervi, facilmente irritabile: *non essere così nevrotico!* | ♧ *Un ritmo di vita nevrotico* = affannoso.

new economy [locuzione inglese; pron. corrente *niù ecònomi*] *s.f.invar.* L'insieme dei fenomeni economici legati alla diffusione dell'informatica e di Internet.

new entry [locuzione inglese; pron. corrente *niù èntri*] *s.f.invar.* **1** Disco, brano musicale o libro che entra per la prima volta nella classifica dei più venduti **2** In senso scherzoso, persona che entra a far parte per la prima volta di un gruppo, di un ambiente.

newsgroup [parola inglese; pron. corrente *niusgrùp*] *s.m.invar.* In Internet, gruppo di discussione al quale si può partecipare inviando dei propri interventi.

newsletter [parola inglese; pron. corrente *niuslètter*] *s.f.invar.* Notiziario di un'azienda, di un'associazione, spedito periodicamente tramite posta elettronica a chi è iscritto in una lista.

newton [dal nome dello scienziato inglese Isaac Newton; pron. *niùton*] *s.m.invar.* In fisica, unità di misura della forza.

nibbio [nìb-bio] *s.m.* Uccello rapace simile al falco.

nicchia [nìc-chia] *s.f.* **1** Cavità praticata nello spessore di un muro, spec. per collocarvi statue, oggetti decorativi e simili **2** Piccola rientranza in una parete rocciosa.

nicchiare [nic-chià-re] *v.intr.* [aus. *avere*] Mostrarsi incerto ed esitante di fronte a qualcosa Ⓢ tentennare, tergiversare: *ha nicchiato parecchio prima di accettare.*

nichel [nì-chel] *s.m.* Metallo di color bianco-argenteo, resistente alla corrosione, usato per la coniazione di monete e in leghe metalliche.

nickname [parola inglese; pron. corrente *nicnèim*] *s.m.invar.* Nome, spec. di fantasia, con il quale un utente di Internet accede a determinati servizi, a una *chat line* o interviene in un *blog*, in un forum.

nicotina [ni-co-tì-na] *s.f.* Sostanza tossica contenuta nel tabacco.

nidiata [ni-dià-ta] *s.f.* **1** Tutti gli uccellini di un nido nati da una stessa covata **2** ♧ Gruppo di bambini di una stessa famiglia.

nidificare [ni-di-fi-cà-re] *v.intr.* [*nidìfico, nidìfichi*; aus. *avere*] Fare il nido: *le rondini nidificano sotto i tetti.*

nido [nì-do] *s.m.* **1** Ricovero che gli uccelli costruiscono per deporvi le uova e allevare i piccoli ◊ Ricovero di altri animali: *nido di formiche, di vespe, di vipere, di scoiattoli* **2** *(Asilo) nido* = asilo che ospita i bambini inferiori ai 3 anni.

niente [nièn-te] *pronome indef.invar.* **1** Nessuna cosa Ⓢ nulla: *non gli va mai bene niente* | *Fare qualcosa per niente* = senza alcun risultato, inutilmente | *Non fare niente* = non lavorare, stare in ozio (*non fa niente tutto il giorno*); non avere nessun effetto (*quella cura non mi ha fatto niente*); non avere importanza (*non è quello che cercavo, ma non fa niente*) | *Non farsi niente* = non farsi alcun male | *Non avere niente a che fare con qualcuno* = non avere nessun rapporto con una persona | *Fare finta di niente* = fare finta di non vedere **2** Poca cosa Ⓢ inezia: *il suo danno è niente rispetto al mio*; *si arrabbia per niente* | *Da niente* = da poco, di poco conto: *una cosa da niente* **3** Qualche cosa (in frasi interrogative): *c'è niente di nuovo?*; *chiedigli se ha bisogno di niente* ♦ *agg.invar.* Nessuno, nessuna: *non ho niente voglia di partire* | *Niente paura!* = non abbiate paura ♦ *s.m. invar.* Nessuna cosa Ⓢ nulla: *non ti do un bel niente!* | *Un uomo venuto su dal niente* = di umili origini ◊ Cosa da nulla: *basta un niente a farlo felice* ♦ *avv.* Neppure un poco, assolutamente nulla: *non ci capisco niente* | *Niente male* = abbastanza bello o buono: *quel film non è niente male*; *niente male questa torta!*

nientedimeno [nien-te-di-mé-no] o **nientemeno** [nien-te-mé-no] *avv.* Addirittura: *ha battuto nientedimeno (che) il campione del mondo.*

nightclub [parola inglese; pron. corrente *nait-clàb*] *s.m.invar.* Locale notturno.

ninfa [nìn-fa] *s.f.* **1** Nella mitologia greca e romana, ciascuna delle divinità femminili, giovani e belle, che popolavano le acque, i boschi, i monti **2** Stadio dello sviluppo degli insetti successivo a quello di larva (detto anche *pupa* o, nelle farfalle, *crisalide*).

ninfea [nin-fè-a] *s.f.* Pianta acquatica con grandi foglie e fiori bianchi o colorati che galleggiano sulla superficie dell'acqua.

ninnananna [nin-na-nàn-na] *s.f.* [pl. *ninnenanne*] Cantilena per far addormentare i bambini.

ninnolo [nìn-no-lo] *s.m.* **1** Giocattolo, balocco per bambini piccoli **2** Piccolo oggetto ornamentale Ⓢ gingillo, soprammobile: *ha un salotto pieno di ninnoli.*

nipote [ni-pó-te] *s.m.f.* Il figlio o la figlia di un proprio figlio o figlia: *il nonno teneva la nipote in braccio* ◊ Il figlio o la figlia di un proprio fratello o sorella: *la zia venne a trovare i nipoti.*

nipponico [nip-pò-ni-co] *agg.* [pl.m. *–ci*] Giapponese: *l'impero nipponico.*

nitido [nì-ti-do] *agg.* **1** Chiaro, dai contorni netti, ben definiti: *una stampa dai caratteri nitidi*; *una immagine poco nitida* **2** Limpido, pulito, splendente: *un cielo, uno specchio nitido.*

nitrire [ni-trì-re] *v.intr.* [*nitrìsco, nitrìsci*; aus. *avere*] Emettere un nitrito, dei nitriti: *i cavalli nitrirono.*

nitrito [ni-trì-to] *s.m.* Il verso caratteristico del cavallo.

nitroglicerina [ni-tro-gli-ce-rì-na] *s.f.* Liquido altamente esplosivo, usato spec. per fabbricare la dinamite.

no [nò] *avv.* **1** Negazione che, spec. nelle risposte, equivale a un'intera frase negativa Ⓒ sì: *«Hai mangiato?» «No»*; *dimmi se verrai o no* | *Dire di no* = negare o rifiutare | *Come no!* = certamente, altro che: *«Ti piacerebbe venire?» «Come no!»* | *Sì e no* = a malapena, neanche: *avrà sì e no vent'anni* | *Sì o no?* = esprime impazienza: *ti decidi, sì o no?* | *Se no* = altrimenti: *sbrigati, se no faremo tardi* | *Ma no!* = esprime sorpresa o incredulità: *«Anna e Luigi si sono separati» «Ma no!»* **2** In alcune frasi ha il significato di «non è vero?»: *ti piacerebbe venire, no?*; *te l'avevo detto, no, che andava a finire male* ♦ *s.m.* Rifiuto, risposta negativa: *non mi aspettavo un suo no*; *ha risposto con un no deciso* ◊ (spec. al *pl.*) Voto contrario: *i no alla proposta sono stati più numerosi dei sì.*

nobildonna [no-bil-dòn-na] *s.f.* Donna di famiglia nobile.

nobile [nò-bi-le] *agg.* **1** Appartenente alla nobiltà Ⓢ aristocratico: *sua moglie è di famiglia nobile* **2** ♧ Di elevate qualità morali Ⓢ generoso, magnanimo: *ha un animo nobile*; *il suo nobile gesto gli fa onore* **3** *Metalli nobili* = quelli che si ossidano difficilmente, come l'oro, il platino e l'argento ♦ *s.m.f.* Chi appartiene a una famiglia nobile, all'aristocrazia.

nobiliare [no-bi-lià-re] *agg.* Di nobile, di nobiltà: *duca, conte e marchese sono titoli nobiliari.*

nobiltà [no-bil-tà] *s.f.* **1** La classe sociale superiore che, nelle monarchie di un tempo, godeva di particolari privilegi: *la nobiltà romana, feudale, inglese* **2** ♧ Elevatezza spirituale, generosità di sentimenti: *ha dimostrato nobiltà d'animo*; *un gesto di grande nobiltà.*

nobiluomo [no-bi-luò-mo] *s.m.* Uomo di famiglia nobile.

nocca [nòc-ca] *s.f.* Ciascuna delle giunture delle dita delle mani e dei piedi.

nocchiere [noc-chiè-re] o **nocchiero** *s.m.* Nome dato un tempo al pilota, al timoniere di una nave o di un'imbarcazione.

nocciola [noc-ciò-la] *s.f.* Il frutto del nocciolo, costituito da un guscio legnoso che contiene un seme commestibile ♦ *agg.invar.* Che ha il colore marrone chiaro del guscio della nocciola: *una giacca nocciola.*

nocciolina [noc-cio-lì-na] *s.f.* *Nocciolina americana* = arachide.

nocciolo[1] [nòc-cio-lo] *s.m.* **1** La parte interna e legnosa di certi frutti, che contiene il seme: *il nocciolo della pesca, della ciliegia, dell'oliva* **2** ♧ Punto centrale, aspetto essenziale di qualcosa: *cerchiamo di venire al nocciolo (della questione).*

nocciolo[2] [noc-ciò-lo] *s.m.* Albero o arbusto molto diffuso nelle zone montane, che dà frutti detti *nocciole.*

noce[1] [nó-ce] *s.m.* Grande albero che dà frutti detti *noci* ◊ Il legno di tale albero, molto pregiato: *un tavolo di noce.*

noce[2] [nó-ce] *s.f.* **1** Il frutto del noce: *della noce si mangia il seme che sta dentro al guscio* **2** Frutto o seme di altre piante, che ricorda la noce: *noce di cocco*; *noce moscata* **3** ♧ *Una noce di burro* = pezzetto di burro delle dimensioni di una noce.

nocività [no-ci-vi-tà] *s.f.* L'essere nocivo Ⓢ dannosità: *la nocività del fumo* ◊ Complesso di fattori nocivi alla salute (presenti spec. in un luogo di lavoro): *in quella fabbrica è stato riscontrato un alto livello di nocività.*

nocivo [no-cì-vo] *agg.* Che nuoce Ⓢ dannoso: *sostanze nocive alla salute*; *fumare è nocivo* | *Animali nocivi* = che danneggiano le coltivazioni o gli allevamenti degli animali domestici.

nodo [nò-do] *s.m.* **1** Avvolgimento su se stesso di un filo, di un nastro, di una fune e simili; legatura per congiungere fra loro due o più corde, funi, nastri ecc.: *fare, sciogliere, stringere un nodo*; *farsi il nodo alla cravatta*; *nodo scorsoio* **2** Groviglio, intreccio di capelli o peli | ♧ *Tutti i nodi vengono al pettine* = prima o poi bisogna rendere conto dei propri errori o si devono affrontare i problemi accantonati ◊ ♧ Punto difficoltoso, intricato: *non si può procedere senza sciogliere questo nodo* | *Il nodo di una questione, di un problema* = il punto essenziale, decisivo, il nocciolo **3** ♧ Groppo: *avere, sentirsi un nodo alla gola* **4** Punto ingrossato del tronco o dei rami di un albero, spec. nella zona in cui si inseriscono le foglie **5** *Nodo stradale, ferroviario* = punto, località in cui si intrecciano o convergono più strade o linee ferroviarie **6** Unità di misura della velocità di imbarcazioni, corrispondente a un miglio marino orario (1852 m all'ora).

nodoso [no-dó-so] *agg.* Pieno di nodi: *un tronco, un ramo, un legno nodoso* | ♧ *Mani nodose* = ossute.

no global [locuzione inglese; pron. corrente *no glòbal*] *agg.invar.* e *s.mf.invar.* Nel linguaggio giornalistico, detto del movimento e delle persone che si oppongono alla globalizzazione e alle sue conseguenze sociali negative.

noi [nói] *pronome pers.* Pronome personale, maschile e femminile, di prima persona plurale; si usa sia come soggetto che come complemento, quando la persona che parla si riferisce a se stessa insieme ad altri: *noi partiamo domani*; *cercavano proprio noi*; *non l'ha detto neanche a noi due*; *venite a cena da noi*.

noia [nò-ia] *s.f.* **1** Senso di insoddisfazione e di fastidio provocato dall'inattività, dalla mancanza di distrazioni e interessi, dal ripetersi monotono delle stesse situazioni Ⓢ tedio: *a non far niente mi prende la noia*; *in questo posto si muore dalla noia*; *che noia queste giornate tutte uguali!* | *Ingannare, ammazzare la noia* = farla passare con qualche distrazione | *Venire a noia* = stancare, divenire insopportabile: *questo lavoro mi è venuto a noia* **2** Fastidio, molestia, disturbo: *il fumo non mi dà noia*; *smettila di darmi noia*; *che noia queste mosche!* ◊ Seccatura, guaio, inconveniente: *ha avuto delle noie con i vicini, con la giustizia*; *la macchina ha qualche noia al motore*.

noioso [no-ió-so] *agg.* **1** Che procura noia Ⓢ tedioso, monotono Ⓒ interessante: *un lavoro, un film noioso*; *faccio una vita noiosa* **2** Fastidioso, molesto: *non mi è ancora passato quel noioso mal di testa*; *un vento, un insetto noioso*.

noleggiare [no-leg-già-re] *v.tr.* Prendere a noleggio: *noleggiare un'automobile, gli sci* ◊ Dare a noleggio: *un negozio che noleggia biciclette*.

noleggio [no-lég-gio] *s.m.* Contratto con cui il proprietario di un mezzo di trasporto o di un altro oggetto lo cede temporaneamente in uso, dietro compenso, a un'altra persona: *il noleggio di una imbarcazione, di un'auto*; *abbiamo preso un film a noleggio* ◊ Il prezzo che si paga per il noleggio: *pagare il noleggio*.

nolo [nò-lo] *s.m.* **1** Prezzo del trasporto di una merce per nave o per aereo **2** Noleggio: *prendere a nolo un'auto* ◊ Prezzo di un noleggio: *pagare il nolo di una barca*.

nomade [nò-ma-de] *agg.* Detto di popolazione e di tipo di vita senza una sede fissa e stabile: *tribù, popoli nomadi, che fanno una vita nomade* ♦ *s.m.f.* Appartenente a una popolazione nomade: *i nomadi del deserto*; *un accampamento di nomadi* ◊ ♧ Chi non ha un domicilio fisso ed è sempre in giro, per lavoro o per altro.

nomadismo [no-ma-dì-smo] *s.m.* Il tipo di vita delle popolazioni che non vivono stabilmente su un territorio, ma si spostano continuamente in base a diverse esigenze: *le tribù di pastori e cacciatori praticavano il nomadismo*.

nome [nó-me] *s.m.* **1** Parola che serve a indicare persone, animali, cose concrete o astratte, idee, fenomeni, sentimenti ecc.; dal punto di vista grammaticale è sinonimo di *sostantivo* | *Nome comune* = quello che indica tutte le persone, animali o cose della stessa specie o categoria (per es. *donna, cane, città, regione, fiume*) | *Nome proprio* = quello che si riferisce a una singola persona, animale, cosa o gruppo omogeneo (per es. *Anna, Fido, Parigi, Sicilia, Adige, Juventus*) | *Nome commerciale* = quello di una ditta o di un prodotto | *A nome di* = da parte di, per conto di: *vi ringrazio anche a nome dei miei genitori*; *si presenti a nome mio* **2** Riferito a persona indica anzitutto il *nome proprio* (distinto dal *cognome*), ma può indicare anche sia il solo cognome che l'insieme di nome e cognome: *il mio nome è Mario, Anna*; *il mio nome è Ferrari, non Ferrara*; *il mio nome è Giovanni Bianchi* | *Avere nome* = chiamarsi | *Nome d'arte* = pseudonimo adottato da un artista nella sua professione **3** ♧ Reputazione, fama: *difendere il proprio nome*; *quella ditta gode di un cattivo, di un buon nome* | *Farsi un nome* = affermarsi, acquistare notorietà e buona reputazione: *si è fatto un nome come medico.*

nomea [no-mè-a] *s.f.* Fama, reputazione (per lo più non buona): *si è fatto una nomea di bugiardo.*

nomenclatura [no-men-cla-tù-ra] *s.f.* L'insieme dei nomi specifici che vengono dati agli elementi e agli oggetti di una particolare disciplina o di un particolare settore: *la nomenclatura chimica, zoologica, botanica, medica, navale, aeronautica.*

nomignolo [no-mì-gno-lo] *s.m.* Soprannome, che in genere allude a particolari caratteristiche fisiche, psicologiche o morali di una persona.

nomina [nò-mi-na] *s.f.* Assegnazione, conferimento di un incarico, di una carica: *ha ricevuto la nomina di direttore.*

nominare [no-mi-nà-re] *v.tr.* **1** Indicare, chiamare per nome Ⓢ menzionare: *si tratta di una persona che non voglio nominare* | *Luigi Rossi? Mai sentito nominare!* = è la prima volta che sento pronunciare questo nome (cioè, non lo conosco affatto) **2** Assegnare ufficialmente a una persona una carica Ⓢ designare: *il nuovo presidente del Consiglio non ha ancora nominato i ministri*; *è stato nominato direttore.*

nominativo [no-mi-na-tì-vo] *agg.* Che contiene i nomi: *ho consultato l'elenco nominativo di tutti i passeggeri dell'aereo* ♦ *s.m.* Nome e cognome: *non sappiamo come rintracciarlo, perché non ci ha lasciato il suo nominativo.*

non [nón] *avv.* **1** Serve a negare il concetto espresso dalla parola che segue: *ho deciso di non partire*; *non c'è problema*; *una ragazza non bella, ma simpatica*; *era presente non ufficialmente*; *verrò domani, non oggi* | *Non c'è di che* = risposta di cortesia a un ringraziamento | *Un film non brutto* = abbastanza bello | *Costa non poco* = molto, abbastanza | *Non indifferente* = notevole: *una spesa non indifferente* | *Non che...* = non intendo dire che: *non che sia sciocco, ma è un po' superficiale* | *Non è se non* = non è altro che: *non è se non un bugiardo* **2** Si usa in frasi interrogative in cui è scontata una risposta affermativa: *non avevi detto che saresti venuto?*; *mi chiedo se non sarebbe meglio rimandare* **3** In certe frasi e locuzioni non ha alcun valore negativo (per cui il significato non cambia se lo si elimina): *per poco non cadeva*; *aspetterò finché non arriverai*; *verrò alla gita, a meno che non piova*; *non appena mi vide, si nascose.*

nonché [non-ché] *congz.* E anche, e inoltre; oltre che: *è un problema serio, nonché complesso.*

L'accento sulla e di *nonché* è acuto (come in *perché, poiché, finché* ecc.): attenzione a non sbagliarlo, soprattutto quando scrivi al computer.

noncurante [non-cu-ràn-te] *agg.* Che non si cura, non si preoccupa di qualcosa Ⓢ incurante, indifferente: *noncurante del pericolo, si gettò tra le fiamme*; *è noncurante dei suoi doveri*; *lo ascoltava con aria noncurante.*

noncuranza [non-cu-ràn-za] *s.f.* Mancanza di cura, di attenzione: *la noncuranza delle norme elementari di sicurezza ha provocato la tragedia* ◊ Atteggiamento di indifferenza: *rispondeva con noncuranza alle sue domande.*

nondimeno [non-di-mé-no] *congz.* Tuttavia, ciò nonostante: *non so se è possibile, nondimeno ci proverò.*

nonna [nòn-na] *s.f.* La madre del padre o della madre.

nonno [nòn-no] *s.m.* Il padre del padre o della madre | *I nonni* = i genitori del padre o della madre: *sono venuti a trovarci i nonni.*

nonnulla [non-nùl-la] *s.m.invar.* Cosa da nulla, di nessuna importanza Ⓢ inezia: *si arrabbia per un nonnulla.*

nono [nò-no] *agg.num.ord.* e *s.m.* Che, chi occupa il posto numero nove in una serie, in una graduatoria (si scrive 9° in numeri arabi, IX in numeri romani): *abita al nono piano*; *la nona sinfonia di Beethoven*; *è il nono della lista* ♦ *s.m.* La nona parte di un intero.

nonostante [no-no-stàn-te] *prep.* Malgrado, senza curarsi di: *è uscito nonostante il mio divieto* ♦ *congz.* Benché, quantunque, sebbene (spesso seguito da *che*): *mi ha ricevuto, nonostante (che) fosse tardi.*

nonsenso [non-sèn-so] o **non senso** *s.m.* Cosa senza senso, illogica Ⓢ assurdità, controsenso: *è un nonsenso comprare cose di cui non si ha nessun bisogno.*

non profit [locuzione inglese; pron. corrente *non pròfit*] *agg.invar.* Detto di organizzazione che opera per scopi di utilità sociale e non si propone di ricavare dei profitti dalla propria attività.

non stop [locuzione inglese; pron. *non stòp*] *agg. invar.* Senza soste: *un viaggio, una trasmissione non stop di otto ore.*

nonviolenza [non-vio-lèn-za] *s.f.* Atteggiamento che rifiuta il ricorso a qualsiasi tipo di violenza nella lotta politica, anche di fronte ad aggressioni e ingiustizie, preferendo forme di lotta come la resistenza passiva e la disobbedienza civile.

nord [nòrd] *s.m.* **1** Uno dei quattro punti cardinali, quello la cui direzione è indicata dalla posizione della stella polare (si abbrevia in *N*) Ⓢ settentrione Ⓒ sud, meridione: *ci dirigemmo verso nord*; *la tramontana viene da nord*; *Bologna è a nord di Roma* **2** Parte settentrionale di un territorio: *il nord della Lombardia, dell'Italia, dell'Europa*; *il Nord America*; *la gente del Nord* ♦ *agg.invar.* Settentrionale: *l'emisfero nord*; *la zona nord di Roma*; *la parete nord di una montagna.*

nord-est [nord-èst] *s.m.* Punto dell'orizzonte situato a uguale distanza tra il nord e l'est (si abbrevia in *NE*).

nordico [nòr-di-co] *agg.* [pl.m. *–ci*] Del nord; in partic. del nord dell'Europa: *le regioni nordiche*; *lo svedese è una lingua nordica.*

nord-ovest [nord-ò-vest] *s.m.* Punto dell'orizzonte situato a uguale distanza tra il nord e l'ovest (si abbrevia in *NO*).

norma [nòr-ma] *s.f.* **1** Precetto, regola da seguire e osservare: *rispondere al saluto è una norma di buona educazione*; *norme morali, religiose, sociali, d'igiene, di sicurezza*; *l'onestà è la sua norma di vita* | *Norme giuridiche* = le leggi | *A norma di legge* = secondo quanto prescrive la legge: *prodotto confezionato a norma di legge* **2** Consuetudine, abitudine | *Di norma* = in genere: *di norma non mi occupo io della spesa* ◊ Condizione normale Ⓢ normalità: *terminato l'esodo pasquale, il traffico è tornato nella norma.*

normale [nor-mà-le] *agg.* Che non si discosta dal consueto, dall'ordinario, dalla norma o da ciò che viene considerato regolare: *una persona di statura normale*; *sulle strade il traffico è normale*; *fa una vita normale* | *Polso normale* = regolare, non alterato ◊ Logico, ovvio: *è normale che voglia essere trattato come tutti.*

normalmente [nor-mal-mén-te] *avv.* Di norma, abitualmente: *normalmente torna a casa presto* ◊ In modo normale, regolare: *il traffico è ripreso normalmente.*

nosocomio [no-so-cò-mio] *s.m.* Ospedale.

nostalgia [no-stal-gì-a] *s.f.* Desiderio intenso, misto a malinconia, di persone, luoghi, cose lontane e che si vorrebbe rivedere o rivivere: *aveva nostalgia del suo paese, della famiglia, degli anni della giovinezza.*

nostrano [no-strà-no] *agg.* Del nostro paese, della nostra zona: *prodotti, formaggi nostrani.*

nostro [nò-stro] *agg.poss. di prima persona pl.* **1** Che appartiene a noi: *la nostra casa*; *questi libri sono nostri* ◊ Che si riferisce a noi, riguarda noi o proviene da noi: *il nostro corpo*; *questo non è affar nostro*; *ascolta i nostri consigli* ◊ Che ha con noi una relazione di parentela, di amicizia, di lavoro, di dipendenza ecc.: *nostra madre*; *un nostro amico*; *il nostro medico*; *il nostro paese* **2** Che ci è abituale: *ci facciamo la nostra partita a carte?* ♦ *pronome poss. di prima persona pl.* Ha gli stessi usi e significati dell'aggettivo: *il tuo giardino è più grande del nostro* ◊ *I nostri* = i nostri familiari o i nostri amici, compagni, alleati, soldati e simili: *faremo il Natale con i nostri*; *sarai dei nostri a cena?*; *arrivano i nostri!* | *Vogliamo dire la nostra* = la nostra opinione | *Sta dalla nostra* = dalla nostra parte.

nostromo [no-strò-mo] *s.m.* Sottufficiale della marina mercantile e militare.

nota [nò-ta] *s.f.* **1** Appunto, annotazione: *ho preso nota delle spese da fare* | ♧ *Degno di nota* = che merita di essere considerato con interesse: *un fatto degno di nota* ◊ Osservazione che spiega o commenta un testo, posta al margine o in fondo alla pagina **2** Giudizio, comunicazione scritta di un insegnante riguardo al comportamento di un allievo: *disturbava in classe e la maestra gli ha scritto una nota sul registro, sul diario* **3** Elenco, lista: *la nota dei libri di testo, della spesa* ◊ Conto, fattura: *la nota del sarto, dell'albergo* **4** Segno che rappresenta un suono musicale; il suono stesso rappresentato da tale segno: *ho imparato a leggere le sette note musicali*; *hai sbagliato una nota.*

notabile [no-tà-bi-le] *s.m.* Persona importante, autorevole all'interno di una collettività: *alla cerimonia erano presenti tutti i notabili del paese.*

notaio [no-tà-io] *s.m.* Professionista che, con funzioni di pubblico ufficiale, ha il compito di ricevere e conservare atti giuridici (per es. compravendite, testamenti) garantendo della loro validità e legalità.

notare [no-tà-re] *v.tr.* **1** Accorgersi, rilevare, osservare: *nessuno notò la sua assenza*; *hai notato come arrossisce quando lo guardi?* | *Farsi notare* = richiamare l'attenzione su di sé ◊ Considerare; mettere in evidenza: *nota bene che io non ero presente*; *è da notare che nessuno ne ha parlato* **2** Prendere nota di qualcosa Ⓢ annotare, registrare: *notare le spese, un nome su un taccuino.*

notebook [parola inglese; pron. corrente *nòtbuc*] *s.m.invar.* Computer portatile che si apre a libro.

notes [nò-tes] *s.m.invar.* Taccuino, libretto per appunti.

notevole [no-té-vo-le] *agg.* Che merita di essere preso in considerazione Ⓢ importante, pregevole, significativo Ⓒ trascurabile: *abbiamo visitato i monumenti più notevoli della città* ◊ Di misura o valore superiore al normale Ⓢ rilevante, considerevole: *c'è stato un notevole aumento dei prezzi*; *è stato scelto per la sua notevole esperienza.*

notificare [no-ti-fi-cà-re] *v.tr.* [*notìfico, notìfichi*] Rendere noto, comunicare ufficialmente.

notizia [no-tì-zia] *s.f.* Comunicazione, informazione riguardante persone, fatti e avvenimenti (spec. recenti): *ti darò una buona notizia: ho trovato un lavoro*; *sono state diffuse notizie false*; *il telegiornale ha dato le ultime notizie*; *notizie politiche, sportive* | *Non avere notizie di qualcuno, di qualcosa* = non saperne nulla | *Fare notizia* = destare interesse, scalpore.

notiziario [no-ti-zià-rio] *s.m.* Rubrica giornalistica, radiofonica o televisiva in cui si danno notizie d'interesse generale o relative a particolari settori: *sto ascoltando il notiziario del mattino*; *notiziario sportivo, regionale.*

noto [nò-to] *agg.* Conosciuto: *un viso che mi è noto*; *un fatto noto a tutti* | *Rendere noto* = diffondere, divulgare | *È noto che...* = tutti sanno che... ◊ Molto conosciuto Ⓢ famoso: *un noto cantante.*

notorietà [no-to-rie-tà] *s.f.* Celebrità, fama: *un attore di grande notorietà*; *comparire in televisione dà la notorietà.*

notorio [no-tò-rio] *agg.* Pubblicamente noto, risaputo: *è un fatto notorio che sia sposato*; *è un notorio imbroglione.*

nottambulo [not-tàm-bu-lo] *s.m.* Chi ama tirar tardi la notte, spec. andando a divertirsi.

nottata [not-tà-ta] *s.f.* La durata di una notte: *ha passato la nottata a studiare.*

notte [nòt-te] *s.f.* Periodo di tempo compreso fra il tramonto e il sorgere del sole Ⓒ giorno: *d'inverno le notti sono più lunghe*; *è già scesa la notte*; *una notte serena, piovosa, tranquilla, agitata* | *Sul far della notte* = all'imbrunire | *Nel cuore della notte* = a notte fonda | *Passare la notte in bianco* = senza dormire | ♧ *Vicende, usanze che si perdono nella notte dei tempi* = che risalgono a epoche remote, di cui non si sa quasi nulla.

nottetempo [not-te-tèm-po] *avv.* Di notte, durante la notte: *è arrivato nottetempo.*

nottola [nòt-to-la] *s.f.* Grosso pipistrello europeo, dal pelame rossiccio e con ali nere e robuste.

notturna [not-tùr-na] *s.f.* Incontro sportivo che si gioca di notte, su un campo illuminato artificialmente.

notturno [not-tùr-no] *agg.* Della notte: *le ore notturne* ◊ Che avviene, si svolge, funziona, opera di notte Ⓒ diurno: *spettacolo, lavoro, locale, guardiano notturno* | *Animali notturni* = quelli che vivono prevalentemente di notte.

nove [nò-ve] *agg.num.card.invar.* e *s.m.invar.* Numero equivalente a otto unità più una (si scrive 9 in numeri arabi, IX in numeri romani) | *Il nove del mese* = il nono giorno | *Le nove* = le ore nove del mattino o della sera | *Prova del nove* = prova aritmetica per controllare l'esattezza delle quattro operazioni fondamentali.

novecento [no-ve-cèn-to] *agg.num.card. invar.* e *s.m.invar.* Numero equivalente a nove volte cento (si scrive 900 in numeri arabi, CM in numeri romani) | *Il Novecento* = il XX secolo: *l'arte del Novecento.*

novella [no-vèl-la] *s.f.* **1** Breve narrazione letteraria Ⓢ racconto: *le novelle del Decamerone* **2** Notizia, annuncio di un fatto nuovo | *La buona novella* = il Vangelo.

novello [no-vèl-lo] *agg.* Recente, giovane, fresco: *patate novelle*; *polli novelli* | *Sposi novelli* = sposati da poco.

novembre [no-vèm-bre] *s.m.* Undicesimo mese dell'anno, di 30 giorni.

novero [nò-ve-ro] *s.m.* Categoria, gruppo: *è entrato da qualche tempo nel novero dei miei collaboratori.*

novilunio [no-vi-lù-nio] *s.m.* La fase in cui la Luna si viene a trovare tra il Sole e la Terra e rivolge a questa la faccia non illuminata, restando perciò invisibile Ⓢ luna nuova.

novità [no-vi-tà] *s.f.* **1** Carattere, aspetto nuovo, originale con cui qualcosa si presenta: *un'opera interessante per la sua novità* **2** Cosa nuova, introdotta o apparsa di recente: *le ultime novità della moda*; *è una persona che non ama le novità* ◊ Avvenimento nuovo, notizia recente: *ci sono novità?*; *hai letto le ultime novità?*

novizio [no-vì-zio] *s.m.* **1** Chi sta compiendo il periodo di preparazione e di prova per entrare nella vita religiosa **2** Chi è all'inizio di un'attività e quindi poco esperto Ⓢ principiante: *come chirurgo è un novizio.*

nozione [no-zió-ne] *s.f.* Conoscenza, cognizione, spec. relativa agli elementi fondamentali di una disciplina: *sta apprendendo le prime nozioni di chimica, di musica* ◊ Idea, percezione: *non ha la minima nozione del bene e del male* | *Non avere, perdere la nozione del tempo* = non accorgersi del suo trascorrere.

nozze [nòz-ze] *s.f.pl.* Sposalizio, matrimonio: *domani verranno celebrate le nozze; pranzo, viaggio di nozze* | *Nozze d'argento, d'oro, di diamante* = il 25°, il 50°, il 60° anniversario di matrimonio.

nube [nù-be] *s.f.* **1** Massa visibile di goccioline d'acqua o aghetti di ghiaccio in sospensione nel cielo Ⓢ nuvola: *il cielo era coperto di nubi; nubi alte, basse, bianche, grigie, scure* **2** Massa simile a una nube: *una nube di fumo, di polvere* | *Nube radioattiva* = massa d'aria in cui sono presenti sostanze radioattive.

nubifragio [nu-bi-frà-gio] *s.m.* Violento temporale: *sulla città si abbatté un nubifragio.*

nubile [nù-bi-le] *agg.* e *s.f.* Detto di donna non sposata: *una ragazza ancora nubile.*

nuca [nù-ca] *s.f.* La parte alta posteriore del collo: *fu tramortito da un colpo alla nuca.*

nucleare [nu-cle-à-re] *agg.* Che si riferisce al nucleo dell'atomo: *reazione nucleare* | *Fisica nucleare* = la parte della fisica che studia le proprietà del nucleo dell'atomo | *Energia nucleare* = quella che si libera dalle reazioni di fissione o fusione del nucleo dell'atomo | *Centrale nucleare* = impianto che trasforma l'energia nucleare in energia termica o elettrica | *Armi nucleari* = quelle che sfruttano l'energia nucleare | *Guerra nucleare* = combattuta con armi nucleari ♦ *s.m.* La produzione e l'utilizzo dell'energia nucleare: *gli ecologisti hanno promosso un referendum contro il nucleare.*

nucleo [nù-cle-o] *s.m.* **1** In fisica, la parte centrale dell'atomo, costituita da protoni e neutroni ◊ In biologia, la parte interna e vitale della cellula, contenente i cromosomi ◊ *Nucleo della cometa* = la parte più luminosa, distinta dalla coda ◊ *Nucleo della Terra* = la sua parte più centrale, costituita da materiale incandescente allo stato fluido **2** ♧ Gruppo ristretto di persone: *il nucleo dirigente di un partito; i nuclei antidroga della polizia* | *Nucleo familiare* = famiglia.

nudismo [nu-dì-smo] *s.m.* Pratica di vita all'aria aperta, a contatto con la natura e senza indumenti.

nudista [nu-dì-sta] *s.m.f.* [pl.m. *-sti*] Chi pratica il nudismo.

nudo [nù-do] *agg.* **1** Privo di vesti, d'indumenti Ⓒ vestito: *stare nudo, a torso nudo* | *A piedi nudi* = scalzo **2** Detto di cose, privo di rivestimento, di copertura o degli oggetti che normalmente dovrebbe avere; spoglio: *una montagna nuda di vegetazione; i rami nudi degli alberi d'inverno; una stanza nuda (di mobili)* | *Dormire sulla nuda terra* = a diretto contatto col suolo | *A occhio nudo* = senza l'aiuto di strumenti ottici: *stelle visibili a occhio nudo* **3** ♧ Schietto, semplice, senza aggiunte e abbellimenti: *dire la verità nuda e cruda; fare un nudo resoconto degli avvenimenti* | *Mettere a nudo* = rivelare apertamente, mettere in evidenza: *mettere a nudo i propri sentimenti; la partita ha messo a nudo i difetti della squadra.*

nugolo [nù-go-lo] *s.m.* Gran numero, moltitudine: *un nugolo di frecce, di moscerini.*

nulla [nùl-la] *pronome indef.invar.* Niente, nessuna cosa: *non ha fatto nulla per aiutarmi* | *Non è nulla* = non è una cosa grave | *Non fa nulla* = non importa | *Buono a nulla* = incapace, fannullone | *Non per nulla* = non senza ragione ♦ *s.m.invar.* Ciò che non ha esistenza, realtà; il non essere: *creare qualcosa dal nulla; credi che la morte sia davvero il nulla?* ♦ *avv.* Niente: *non vale nulla.*

nullaosta [nul-la-ò-sta] *s.m.invar.* Dichiarazione scritta rilasciata da un'autorità competente in cui si autorizza una determinata richiesta: *ha fatto domanda di trasferimento, ma non gli hanno ancora dato il nullaosta.*

nullatenente [nul-la-te-nèn-te] *agg.* e *s.m.f.* Che, chi non possiede nulla, in partic. nessun bene immobile.

nullo [nùl-lo] *agg.* Privo di valore, non valido: *il presidente ha dichiarato nulla la votazione per mancanza del numero legale; scheda nulla* | *Match, incontro nullo* = che si conclude in parità.

nume [nùme] *s.m.* Divinità della religione e della mitologia greco-romana: *i numi dell'Olimpo.*

numerale [nu-me-rà-le] *agg.* Dei numeri: *sistema numerale* | *Aggettivi numerali* = quelli che esprimono un numero; si distinguono in *cardinali* (*uno, sei, dieci*), se indicano una quantità, e *ordinali* (*primo, sesto, decimo*), se indicano il posto occupato in una serie.

numerare [nu-me-rà-re] *v.tr.* Segnare con numeri progressivi: *numerare le pagine di un quaderno.*

numerato [nu-me-rà-to] *agg.* Contrassegnato da un numero progressivo: *posti numerati; poltrone numerate.*

numeratore [nu-me-ra-tó-re] *s.m.* In una frazione, il numero (scritto sopra o a sinistra del segno di frazione) che indica quante parti si devono considerare delle unità indicate dal denominatore: *il numeratore di 4/5 è 4.*

numerazione [nu-me-ra-zió-ne] *s.f.* **1** L'insieme di numeri, per lo più progressivi, che contraddistinguono una serie di oggetti: *la numerazione delle pagine di un libro, delle case di una via* **2**

Il sistema di segni usato per rappresentare i numeri e fare con essi dei calcoli: *numerazione araba, romana* | *Numerazione decimale* = quella basata su dieci cifre, di uso corrente | *Numerazione binaria* = quella basata su due cifre, zero e uno, utilizzata per es. dai calcolatori elettronici.

numerico [nu-mè-ri-co] *agg.* [pl.m. *–ci*] Dei numeri, effettuato per mezzo di numeri: *serie numerica*; *calcolo numerico* ◊ Di numero: *con l'espulsione di un giocatore la squadra si è ritrovata in inferiorità numerica.*

numero [nù-me-ro] *s.m.* **1** Ognuno degli enti matematici che indica la quantità di elementi che costituiscono un insieme (*numero cardinale*) o il posto, l'ordine in cui ciascun elemento è collocato nell'insieme (*numero ordinale*); il simbolo grafico (*cifra*) che rappresenta tali enti in un sistema di numerazione: *numeri interi, decimali*; *numeri arabi, romani* **2** La cifra o l'insieme di cifre che serve a contraddistinguere una cosa o una persona all'interno di una serie; la cosa o la persona stessa contraddistinta da tali cifre: *numero di targa, di telefono*; *stanza, autobus, binario numero 8*; *abita al numero 36 di via Roma*; *prendo il numero 28 per andare a scuola* | ♧ *Essere il numero uno* = il migliore: *come giocatore è sempre il numero uno* | ♧ *Dare i numeri* = fare discorsi strani, sconclusionati ◊ Taglia, misura: *pantaloni numero 48*; *di scarpe porto il numero 40* ◊ Ciascuna edizione di un giornale o di un periodico: *l'ultimo numero di una rivista* **3** Quantità non precisamente indicata: *alla cerimonia era presente un gran numero di persone*; *siamo in numero insufficiente* | *Uno, due, tre ecc. di numero* = proprio uno, due, tre ecc., non di più | *Numero legale* = numero minimo necessario di partecipanti a un'assemblea perché le decisioni di questa siano valide | *Numero chiuso* = in alcuni istituti scolastici, il limite massimo per le iscrizioni: *facoltà a numero chiuso* ◊ Gruppo Ⓢ novero: *non è più nel numero dei miei amici* **4** Ognuna delle esibizioni, delle parti di uno spettacolo di varietà: *gli acrobati hanno fatto il loro numero* **5** (al *pl.*) Qualità, doti, requisiti: *è uno che ha tutti i numeri per riuscire* **6** *Numero singolare, plurale* = categoria grammaticale che permette di distinguere, nella flessione del verbo, del nome, del pronome, dell'aggettivo e dell'articolo, il singolo (*la casa è alta*) dal molteplice (*le case sono alte*).

numeroso [nu-me-ró-so] *agg.* Costituito da molte persone: *la nostra è una famiglia numerosa* ◊ (al *pl.*) In gran numero, in quantità rilevante Ⓢ molti, parecchi: *ha numerosi figli*; *hai fatto numerosi errori.*

numismatica [nu-mi-smà-ti-ca] *s.f.* Scienza che studia le monete e le medaglie di ogni epoca dal punto di vista storico, economico e artistico.

nuocere [nuò-ce-re] *v.intr.* [pres. *nòccio* o *nuòccio, nuòci, nuòce, nociàmo* o *nuociàmo, nocéte* o *nuocéte, nòcciono* o *nuòcciono*; imperf. *nocévo* o *nuocévo*; pass.rem. *nòcqui, nocésti* o *nuocésti*; fut. *nocerò* o *nuocerò*; cong.pres. *nòccia* o *nuòccia*; cong.imperf. *nocéssi* o *nuocéssi*; cond. *nocerèi* o *nuocerèi*; ger. *nocèndo* o *nuocèndo*; part. pass. *nociùto* o *nuociùto*; aus. *avere*] Arrecare un danno materiale o morale Ⓢ fare male, danneggiare Ⓒ giovare: *il fumo nuoce alla salute*; *uno scandalo che nuoce al suo prestigio.*

nuora [nuò-ra] *s.f.* La moglie del figlio.

nuotare [nuo-tà-re] *v.intr.* [aus. *avere*] **1** Spostarsi nell'acqua eseguendo una serie di movimenti: *sta imparando a nuotare*; *nuotare sott'acqua*; *nuotare a rana, sul dorso, a stile libero* | *Nuotare come un pesce* = molto bene | ♧ *Nuotare nell'oro, nell'abbondanza* = essere molto ricco, provvisto di tutto **2** Galleggiare: *nelle strade allagate nuotavano diversi oggetti* ♦ *v.tr.* Nello sport, percorrere a nuoto una distanza: *nuotare i 100 metri.*

nuotata [nuo-tà-ta] *s.f.* L'azione di nuotare, spec. in relazione alla sua durata o al percorso compiuto a nuoto: *andiamo a farci una nuotata*; *una lunga nuotata*; *una nuotata di un chilometro* ◊ Modo di nuotare: *con la sua nuotata vigorosa raggiunse rapidamente la riva.*

nuotatore [nuo-ta-tó-re] *s.m.* [f. *–trice*] Chi nuota, chi pratica lo sport del nuoto: *è un discreto nuotatore.*

nuoto [nuò-to] *s.m.* L'azione, l'attività del nuotare: *fare molto nuoto*; *scuola, gara, campione di nuoto* | *A nuoto* = nuotando: *traversarono il fiume a nuoto.*

nuova [nuò-va] *s.f.* Notizia: *non ho nessuna nuova da parte sua*; *quali nuove mi porti?*

nuovamente [nuo-va-mén-te] *avv.* Un'altra volta, di nuovo: *si è nuovamente ammalato.*

nuovo [nuò-vo] *agg.* **1** Fatto, costruito, accaduto, comparso, diffuso, conosciuto da poco, di recente Ⓒ vecchio, antico: *vino, abito nuovo*; *una casa nuova*; *non ci sono fatti nuovi*; *nuove invenzioni, tecniche, usanze* | *Le nuove generazioni* = i giovani **2** Diverso rispetto a quello precedente Ⓢ altro: *ha comprato una nuova macchina*; *iniziare un nuovo lavoro*; *fece un nuovo tentativo* ◊ Detto di chi ha appena iniziato un'attività, spec. sostituendo qualcun altro: *è arrivato il nuovo insegnante* **3** Mai visto o udito o provato in precedenza: *si* *vedevano tante facce nuove*; *questo nome non mi è nuovo*; *viaggiare in aereo era per lui un'esperienza nuova* | *Essere nuovo di un ambiente, di un mestiere* = conoscerlo per la prima volta, non averne esperienza **4** Che inizierà tra poco o è appena iniziato: *cosa ci porterà l'anno nuovo?*; *sta spuntando il nuovo giorno* | *Luna nuova* = novilunio ♦ *s.m.* Novità: *non mi ha detto niente di nuovo* | *Di nuovo* = un'altra volta, ancora: *è di nuovo ammalato*; *grazie di nuovo* | *Rimettere a nuovo* = rinnovare, far tornare come nuovo: *ha appena rimesso a nuovo la casa.*

nuraghe [nu-rà-ghe] *s.m.* [pl. *-ghi* o *invar.*] Costruzione preistorica della Sardegna, a forma di torre conica, costruita con blocchi di pietra squadrati sovrapposti a secco.

nutrice [nu-trì-ce] *s.f.* Donna che allatta e alleva un bambino altrui Ⓢ balia.

nutriente [nu-tri-èn-te] *agg.* Che nutre, dotato di potere nutritivo: *un cibo molto, poco nutriente.*

nutrimento [nu-tri-mén-to] *s.m.* Il nutrire, il nutrirsi: *deve provvedere al proprio nutrimento e a quello dei figli* ◊ Ciò che serve a nutrire Ⓢ alimento (anche ♧): *le piante traggono nutrimento dalla terra*; *la pasta è un nutrimento sano*; *la musica è un nutrimento dello spirito.*

nutrire [nu-trì-re] *v.tr.* [*nùtro* o *nutrìsco, nùtri* o *nutrìsci*] **1** Fornire a un essere vivente gli alimenti o le sostanze necessarie alla vita: *la madre nutre il bambino*; *nutrire un animale*; *il terreno nutre le piante* ◊ Essere nutriente: *un cibo che nutre poco* **2** ♧ Arricchire, alimentare spiritualmente: *la lettura nutre la mente* **3** ♧ Provare, sentire, coltivare (un sentimento): *nutrire amore, odio per qualcuno*; *nutrire una speranza, un sospetto* ♦ **nutrirsi** *v.pr.* Cibarsi, alimentarsi Ⓒ digiunare: *si nutre solo di frutta e verdura.*

nutritivo [nu-tri-tì-vo] *agg.* Che serve a nutrire Ⓢ nutriente: *sostanze nutritive*; *cibi con alto potere nutritivo.*

nutrito [nu-trì-to] *agg.* **1** *Ben nutrito, mal nutrito* = forte, robusto o debole, gracile, perché bene o male alimentato **2** ♧ Numeroso, fitto: *un nutrito gruppo di dimostranti cominciò a tirare sassi*; *dal pubblico partirono nutriti applausi.*

nutrizione [nu-tri-zió-ne] *s.f.* Nutrimento; alimentazione: *i genitori devono curare la nutrizione dei figli*; *questo bambino ha bisogno di maggior nutrizione*; *una nutrizione sana, leggera, sufficiente, insufficiente.*

nuvola [nù-vo-la] *s.f.* **1** Nube: *nuvole bianche, scure* | ♧ *Avere la testa fra le nuvole* = essere distratto | ♧ *Vivere nelle nuvole* = essere un sognatore, lontano dalla realtà | ♧ *Cadere dalle nuvole* = restare molto meravigliato nell'apprendere qualcosa **2** Cosa di forma e aspetto simile a una nuvola: *una nuvola di fumo, di polvere.*

nuvolaglia [nu-vo-là-glia] *s.f.* Ammasso di nuvole: *il cielo era coperto da una fitta nuvolaglia.*

nuvolo [nù-vo-lo] *s.m.* Tempo nuvoloso: *oggi è nuvolo.*

nuvolosità [nu-vo-lo-si-tà] *s.f.* Presenza, quantità di nuvole: *aumento della nuvolosità sulla zona alpina.*

nuvoloso [nu-vo-ló-so] *agg.* Coperto di nuvole Ⓒ sereno: *cielo nuvoloso.*

nuziale [nu-zià-le] *agg.* Di nozze, delle nozze Ⓢ matrimoniale: *la cerimonia nuziale si terrà domani*; *anello, abito nuziale.*

nylon ® [parola inglese; pron. corrente *nàilon*] *s.m.invar.* Nome commerciale di una fibra tessile artificiale di largo impiego: *calze di nylon*; *reti di nylon.*

o, O

o[1] [ò] *s.f.* o *m.* Tredicesima lettera dell'alfabeto italiano; è una vocale ◊ *O,* in geografia sta per *ovest.*

o[2] [ó] *congz.* **1** Esprime un'alternativa, una contrapposizione o un'esclusione reciproca Ⓢ oppure: *non so se partire o restare*; *o la borsa o la vita!*; *adesso o mai più* **2** Indica equivalenza di significato tra due termini Ⓢ cioè, ossia: *il pastore tedesco, o cane lupo.*

Diventa normalmente *od* davanti a parola che inizia per o: *difficoltà od ostacoli.*

o[3] [ó] *inter.* Si usa in invocazioni ed esclamazioni: *o Signore, aiutami!*; *o povero me!*

oasi [ò-a-si] *s.f.* **1** Zona verdeggiante in mezzo a un deserto, resa fertile e abitabile dalla presenza di acqua **2** ♧ Luogo, ambiente piacevole, tranquillo, distensivo e che costituisce un'eccezione, una pausa rispetto alle situazioni consuete in cui si vive: *un parco che è un'oasi di verde e di silenzio in mezzo alla città.*

obbediente [ob-be-dièn-te] o **ubbidiente** [ub-bi-dièn-te] *agg.* Che obbedisce.

obbedienza [ob-be-dièn-za] o **ubbidienza** [ub-bi-dièn-za] *s.f.* L'obbedire; l'abitudine di obbedire: *l'obbedienza agli ordini, ai superiori*; *non è d'accordo, lo fa solo per obbedienza.*

obbedire [ob-be-dì-re] o **ubbidire** [ub-bi-dì-re] *v.intr.* [*obbedìsco, obbedìsci*; aus. *avere*] **1** Fare ciò che viene ordinato o suggerito: *obbedire alle leggi, ai genitori, ai superiori, alla voce della coscienza*; *un cane che obbedisce solo al padrone* **2** ♧ Rispondere ai comandi (detto di organi fisici o meccanici): *la mano obbedisce agli impulsi del cervello*; *i freni non obbedivano più.*

obbiettare e derivati vedi **obiettare** e derivati.

obbiettivo e derivati vedi **obiettivo** e derivati.

obbligare [ob-bli-gà-re] *v.tr.* [*òbbligo, òbblighi*] Impegnare qualcuno per legge o per ragioni morali a un dato comportamento: *i cittadini sono obbligati a pagare le tasse*; *la coscienza mi obbliga a dire tutta la verità* ◊ Costringere: *nessuno può obbligarti a farlo, se non vuoi.*

obbligato [ob-bli-gà-to] *agg.* **1** Che è l'unico possibile e non si può evitare o modificare: *in quel punto del percorso c'è un passaggio obbligato*; *la nostra è una scelta obbligata* **2** Legato da un vincolo di gratitudine Ⓢ grato, riconoscente: *le sono molto obbligato per quel che ha fatto per la mia famiglia.*

obbligatorio [ob-bli-ga-tò-rio] *agg.* Che costituisce un obbligo Ⓒ facoltativo, volontario: *pagare le tasse è obbligatorio.*

obbligo [òb-bli-go] *s.m.* [pl. *–ghi*] Impegno a un determinato comportamento, derivante da leggi o ragioni morali Ⓢ dovere: *il pagamento delle tasse è un obbligo di legge*; *hai degli obblighi verso la tua famiglia*; *ho l'obbligo di non tacere la verità* | *Scuola dell'obbligo* = quella che deve essere frequentata da tutti fino a una certa età | *D'obbligo* = obbligatorio, prescritto: *a quella festa è d'obbligo l'abito da sera* | *Sentirsi in obbligo con qualcuno* = dovergli gratitudine e riconoscenza.

obbrobrio [ob-brò-brio] *s.m.* **1** Disonore, vergogna: *ha trascinato nell'obbrobrio anche la sua famiglia* **2** Cosa che per la sua bruttezza offende il gusto e il senso estetico: *che obbrobrio quel monumento, quel quadro, quel film!*

obelisco [o-be-lì-sco] *s.m.* [pl. *–schi*] Monumento di origine egizia, costituito da un alto pilastro a base quadrata che si restringe verso la cima e termina con una piccola piramide.

oberare [o-be-rà-re] *v.tr.* Sovraccaricare: *oberare qualcuno di lavoro, di impegni.*

oberato [o-be-rà-to] *agg.* Gravato da oneri economici: *essere oberato di spese, di debiti* ◊ ♧ Sovraccarico: *essere oberato di lavoro.*

obeso [o-bè-so o o-bé-so] *agg.* Molto grasso: *un uomo obeso.*

obice [ò-bi-ce] *s.m.* Pezzo d'artiglieria con tiro a traiettoria curva (ma meno curva del mortaio).

obiettare [o-biet-tà-re] o **obbiettare** [ob-biet-tà-re] *v.tr.* Dire qualcosa contro quanto detto, proposto o deciso da altri; opporre come argomento contrario: *non ho nulla da obiettare alla sua proposta*; *obiettò che era tardi per partire.*

obiettivamente [o-biet-ti-va-mén-te] o **obbiettivamente** [ob-biet-ti-va-mén-te] *avv.* **1** Con obiettività, imparzialmente: *giudicare obiettivamente* **2** In base ai fatti; per la verità: *ha un compito obiettivamente impossibile*; *obiettivamente non si puo dargli torto.*

obiettività [o-biet-ti-vi-tà] o **obbiettività** [ob-biet-ti-vi-tà] *s.f.* Atteggiamento obiettivo Ⓢ imparzialità: *bisogna saper giudicare con obiettività*; *è noto per la sua scarsa obiettività.*

obiettivo [o-biet-tì-vo] o **obbiettivo** [ob-biet-tì-vo] *agg.* Corrispondente alla realtà, non influenzato da preconcetti o interessi personali Ⓢ oggettivo, imparziale, spassionato Ⓒ di parte, fazioso: *ha esposto i fatti in modo obiettivo*; *vorrei da te un giudizio obiettivo* ♦ *s.m.* **1** Sistema di lenti che, in strumenti ottici, fornisce l'immagine dell'oggetto da osservare o riprodurre: *l'obiettivo di un cannocchiale, di un microscopio, di una videocamera* **2** Lo scopo, il fine di un'azione, un'attività, un comportamento: *l'obiettivo dell'attacco era conquistare la collina*; *non so quali siano i suoi obiettivi* ◊ Bersaglio di un'azione militare: *i razzi e le bombe hanno centrato l'obiettivo.*

obiettore [o-biet-tó-re] o **obbiettore** [ob-biet-tó-re] *s.m.* [f. *–trice*] Chi fa un'obiezione, delle obiezioni | *Obiettore di coscienza* = chi, per coerenza con i propri principi ideologici, morali o religiosi, rifiuta di compiere determinati atti (per es. fare il servizio militare o procurare l'aborto).

obiezione [o-bie-zió-ne] o **obbiezione** [ob-bie-zió-ne] *s.f.* Argomento con cui si contesta, critica, contrasta quanto detto, proposto o deciso da altri: *accettare un'obiezione*; *non ha risposto alle mie obiezioni*; *obbedisci senza fare obiezioni.*

obitorio [o-bi-tò-rio] *s.m.* Locale pubblico in cui vengono tenuti i cadaveri in attesa di autopsia o di riconoscimento da parte dei familiari.

oblio [o-blì-o] *s.m.* Dimenticanza totale, perdita di ogni ricordo | *Cadere nell'oblio* = essere dimenticato.

obliquo [o-blì-quo] *agg.* In geometria, si dice di una retta o di un piano che incontri un'altra retta o un altro piano formando un angolo non retto (*angolo obliquo*) ◊ Nell'uso comune, inclinato, trasversale, diagonale, sbieco Ⓒ diritto, retto: *i raggi obliqui del sole al tramonto.*

obliterare [o-bli-te-rà-re] *v.tr.* Rendere non più utilizzabile un francobollo, una marca da bollo, un biglietto, apponendovi un timbro, una scritta o facendovi un foro.

oblò [o-blò] *s.m.* Finestrino rotondo sulle fiancate delle navi; termine usato anche per i finestrini degli aerei e per lo sportello della lavatrice.

oblungo [o-blùn-go] *agg.* [pl.m. *–ghi*] Di forma allungata, molto più lungo che largo: *un tavolo oblungo.*

oboe [ò-bo-e] *s.m.invar.* Strumento musicale a fiato di legno.

obolo [ò-bo-lo] *s.m.* Piccola offerta in denaro, per elemosina o beneficenza: *dare un obolo.*

obsoleto [ob-so-lè-to] *agg.* Antiquato, superato: *vocaboli obsoleti*; *un impianto obsoleto.*

oca [ò-ca] *s.f.* **1** Grosso uccello con zampe corte, piedi con dita unite da una membrana, collo lungo e becco appiattito, allevato per la carne e le piume | *Pelle d'oca* = stato della pelle provocato da sensazione di freddo, paura o ribrezzo, per cui sulla superficie si formano dei piccoli rilievi **2** ♧ Donna sciocca, stupida.

ocarina [o-ca-rì-na] *s.f.* Piccolo strumento a fiato di terracotta.

occasionale [oc-ca-sio-nà-le] *agg.* Dovuto al caso Ⓢ casuale, fortuito: *il loro incontro fu del tutto occasionale.*

occasione [oc-ca-sió-ne] *s.f.* **1** Circostanza, situazione: *verrò in occasione del tuo compleanno*; *un abito adatto a tutte le occasioni*; *se hai occasione di vederlo, salutamelo* **2** Situazione o momento favorevole o particolarmente adatto per qualcosa Ⓢ opportunità: *aspetto l'occasione per dirglielo*; *è un'occasione da non perdere* | *D'occasione* = detto di oggetto, prodotto non nuovo, in vendita a condizioni particolarmente vantaggiose: *comprare un'auto d'occasione* ◊ Bene, articolo venduto a un prezzo particolarmente buono Ⓢ affare: *compra quella casa, è un'occasione!* **3** Motivo, pretesto: *non so quale sia stata l'occasione del loro litigio.*

occhiaie [oc-chià-ie] *s.f.pl.* Macchie livide sotto gli occhi, dovute a stanchezza o malattia.

occhiali [oc-chià-li] *s.m.pl.* Coppia di lenti incastrate in una montatura che si portano per correggere i difetti della vista o proteggere gli occhi: *occhiali da miope, da sole.*

occhiata [oc-chià-ta] *s.f.* Sguardo rapido ma per lo più intenso e significativo: *si scambiarono un'occhiata d'intesa*; *lo fulminò con un'occhiata*; *gli bastò un'occhiata per rendersi conto della situazione* | *Dare un'occhiata* = guardare, esaminare in modo rapido e sommario (*dare un'occhiata al giornale*); controllare, sorvegliare per un po': *puoi dare un'occhiata ai bambini mentre vado a far la spesa?*

occhieggiare [oc-chieg-già-re] *v.tr.* Guardare ripetutamente, con interesse o desiderio: *occhieggiava le ragazze per la strada* ♦ *v.intr.* [aus. *avere*]

Apparire di tanto in tanto, fare capolino: *il sole occhieggiava tra le nubi.*

occhiello [oc-chièl-lo] *s.m.* **1** Piccola apertura nella stoffa di un capo di vestiario, in cui si infila un bottone o altro Ⓢ asola | *Portare un fiore, un distintivo all'occhiello* = a quello del risvolto della giacca ◊ Qualsiasi foro, rinforzato da cuciture o anelli, in cui si fanno passare ganci, stringhe, legature di scarpe ecc. **2** Nei giornali, frase posta sopra il titolo di un articolo, scritta in un corpo più piccolo.

occhio [òc-chio] *s.m.* **1** Organo della vista, costituito da un globo (*globo oculare*) situato in ognuna delle due orbite del cranio: *occhi chiari, scuri, azzurri*; *occhi tondi, a mandorla* | ♧ *Cavarsi gli occhi* = stancarsi la vista | ♧ *In un batter d'occhio* = in un attimo | *Crescere, migliorare a vista d'occhio* = molto rapidamente | *Parlare, incontrarsi a quattr'occhi* = a tu per tu | ♧ *Costare, spendere un'occhio (della testa)* = moltissimo | *Colpo d'occhio* = veduta d'insieme | *A occhio* = per quanto si può giudicare con la vista | *A occhio nudo* = senza l'aiuto di strumenti ottici | ♧ *A occhio e croce* = all'incirca | ♧ *A perdita d'occhio* = fin dove può giungere lo sguardo | ♧ *Saltare agli occhi* = detto di cosa molto evidente | *Dare nell'occhio* = attirare l'attenzione | *Essere tutt'occhi* = molto intento a guardare, per non lasciarsi sfuggire nulla | *Tenere d'occhio, non perdere d'occhio* = sorvegliare di continuo | ♧ *Tenere gli occhi aperti* = stare all'erta, vigilare | *Occhio!* = attenzione!: *occhio alla curva, al gradino!* | ♧ *Aprire gli occhi a qualcuno* = fargli comprendere come stanno effettivamente le cose | ♧ *Mangiare, divorare con gli occhi* = guardare con grande desiderio, amore | *Mettere gli occhi su una cosa, addosso a una persona* = adocchiarla e desiderare di possederla | *Non (poter) chiudere occhio* = non riuscire a dormire | ♧ *Chiudere un occhio* = fingere di non vedere, di non sapere o mostrarsi indulgente | ♧ *A occhi chiusi* = con assoluta fiducia, con tutta sicurezza | ♧ *Gettare fumo negli occhi* = ingannare con false apparenze | ♧ *È un pugno in un occhio* = detto di cosa molto brutta, sgraziata, di pessimo gusto | *Vedere di buon occhio, di mal occhio* = giudicare con favore, con sfavore **2** Oggetto, elemento che per forma o aspetto ricorda l'occhio | *Gli occhi del pavone* = le macchie azzurre sulle penne della sua coda | *Occhio del ciclone* = l'area calma che si trova al centro di un ciclone; ♧ *essere, trovarsi nell'occhio del ciclone* = al centro di gravi conflitti, di una situazione pericolosa ◊ Foro, apertura circolare: *il manico della padella ha un occhio per appenderla.*

occhiolino [oc-chio-lì-no] *s.m. Fare l'occhiolino* = strizzare l'occhio in segno d'intesa.

occidentale [oc-ci-den-tà-le] *agg.* Dell'occidente; situato a occidente Ⓒ orientale: *venti occidentali*; *le coste occidentali della Sardegna*; *l'Europa occidentale* ◊ Dell'Europa e dell'America (in contrapposizione all'Asia): *la civiltà occidentale.*

occidente [oc-ci-dèn-te] *s.m.* **1** Punto dell'orizzonte dove tramonta il sole Ⓢ ovest, ponente Ⓒ est, oriente: *viaggiare verso occidente* ◊ Posizione geografica di un luogo che si trova a ovest rispetto a un altro: *Torino è a occidente di Venezia* **2** Zona, regione situata a ovest: *l'occidente della Spagna* ◊ *L'Occidente* = l'Europa e la sua civiltà, quindi comprendendo anche l'America, rispetto all'Asia.

occorrente [oc-cor-rèn-te] *s.m.* Ciò che è necessario per fare qualcosa: *portò con sé tutto l'occorrente per la gita.*

occorrenza [oc-cor-rèn-za] *s.f.* Situazione di necessità: *per qualsiasi occorrenza chiamami a questo numero* | *All'occorrenza* = in caso di necessità: *all'occorrenza conta pure su di noi.*

occorrere [oc-cór-re-re] *v.intr.* [coniugato come *correre*; aus. *essere*] Essere necessario Ⓢ servire: *occorrono due ore per andare fin là*; *ti occorre qualcosa?*; *occorre far presto.*

occultare [oc-cul-tà-re] *v.tr.* Nascondere o tenere nascosto qualcosa per impedire che sia visto, trovato o conosciuto: *occultò la refurtiva in un nascondiglio*; *ha cercato di occultare la verità, ma è stato scoperto.*

occulto [oc-cùl-to] *agg.* Segreto, nascosto, misterioso: *esercitare un potere occulto*; *possedere capacità occulte.*

occupante [oc-cu-pàn-te] *agg.* e *s.m.f.* Che, chi occupa un luogo, dei locali o un territorio.

occupare [oc-cu-pà-re] *v.tr.* **1** Prendere possesso di un luogo e installarvisi, in modo lecito o illecito, pacifico o violento, provvisorio o definitivo: *i nuovi inquilini hanno occupato l'appartamento al terzo piano*; *gli studenti per protesta hanno occupato la scuola*; *gli invasori occuparono metà del paese* **2** Riempire uno spazio: *questo tavolo occupa metà della stanza* **3** ♧ Ricoprire un ufficio, una carica: *occupa il posto di direttore in un'azienda* **4** Dare lavoro a qualcuno: *una fabbrica che occupa mille operai* ◊ Impiegare (il tempo): *non so come occupa le sue giornate* ◊ Tenere impegnato: *il lavoro lo occupa per l'intera giornata* ♦ **occuparsi** *v.pr.* **1** Interessarsi: *occuparsi di politica, di arte* ◊ Prendersi cura: *mi occupo io dei bambini mentre tu sei fuori* ◊ Impicciarsi: *non occuparti di quel che non ti riguarda* **2** Trovare un impiego.

occupato [oc-cu-pà-to] *agg.* **1** Non disponibile, non libero perché già impegnato da altri: *scusi, questo posto è occupato?*; *non ho potuto chiamarti perché il telefono era sempre occupato* **2** Detto di persona, impegnato, affaccendato Ⓒ libero: *il direttore è occupato e non può riceverla*; *in questo periodo è molto occupato* ♦ *agg.* e *s.m.* Che, chi ha un lavoro, un impiego Ⓒ disoccupato: *nel paese si è avuta una diminuzione del numero di occupati.*

occupazione [oc-cu-pa-zió-ne] *s.f.* **1** Presa di possesso di un luogo: *gli operai decisero l'occupazione della fabbrica* | *Truppe di occupazione* = quelle che invadono e controllano militarmente un territorio **2** Lavoro, impiego: *sono molti i giovani in cerca di occupazione* ◊ Attività in genere: *la caccia è la sua occupazione preferita* ◊ La quantità dei lavoratori occupati: *è diminuita l'occupazione nell'agricoltura.*

oceanico [o-ce-à-ni-co] *agg.* [pl.m. *–ci*] **1** Dell'oceano, proprio degli oceani: *la fauna oceanica*; *tempeste oceaniche* **2** ♧ Immenso: *una folla oceanica.*

oceano [o-cè-a-no] *s.m.* **1** Ognuna delle tre vaste distese di acqua marina che circondano i continenti: *oceano Atlantico, Pacifico, Indiano* **2** ♧ Enorme distesa: *giunsero al Sahara, che apparve loro come un oceano di sabbia.*

ocra [ò-cra] *s.f.* Argilla di colore dal giallo al rossiccio che viene impiegata come colorante ♦ *s.m.* Colore giallo-rossiccio tendente al bruno ♦ anche *agg.invar.* Di color ocra: *tinta ocra.*

oculare [o-cu-là-re] *agg.* Dell'occhio: *globo oculare* ◊ *Testimone oculare* = chi riferisce fatti che ha visto coi propri occhi.

oculato [o-cu-là-to] *agg.* Cauto, prudente, avveduto, ponderato: *è una persona oculata*; *ha fatto una scelta oculata.*

oculista [o-cu-lì-sta] *s.m.f.* [pl.m. *–sti*] Medico specializzato nella cura degli occhi.

odiare [o-dià-re] *v.tr.* Avere in odio qualcuno: *dice così perché mi odia*; *si è fatto odiare da tutti* ◊ Provare avversione, ripugnanza per qualcosa o qualcuno Ⓢ detestare Ⓒ amare: *odio i pettegolezzi, le persone ipocrite* ♦ **odiarsi** *v.pr.* Provare un odio reciproco Ⓢ detestarsi: *da quel giorno hanno cominciato a odiarsi.*

odierno [o-dièr-no] *agg.* **1** Di oggi: *l'odierna seduta del parlamento* **2** Dell'epoca presente Ⓢ attuale Ⓒ passato: *la gioventù, la società odierna.*

odio [ò-dio] *s.m.* Sentimento di grande avversione e ostilità verso qualcuno Ⓒ amore: *nutriva un odio feroce verso l'uomo che aveva rovinato la sua famiglia*; *gli rivolse parole d'odio* | *Avere in odio* = odiare, detestare ◊ Avversione, ripugnanza nei confronti di qualcosa: *avere in odio la violenza, l'ipocrisia, i compromessi.*

odioso [o-dió-so] *agg.* Che merita, suscita odio, riprovazione: *un individuo odioso, che si rende odioso*; *un gesto odioso* ◊ Sgradevole, antipatico: *i paragoni sono sempre odiosi.*

odissea [o-dis-sè-a] *s.f.* Serie di avventure e disavventure, di esperienze travagliate e dolorose: *mi ha narrato la triste odissea della sua vita.*

odontoiatra [o-don-to-ià-tra] *s.m.f.* [pl.m. *–tri*] Dentista.

odorare [o-do-rà-re] *v.tr.* **1** Percepire, fiutare l'odore di qualcosa: *il cane ha odorato la pista*; *odorare un fiore* **2** Rendere odoroso: *cosa usi per odorare la minestra?* ♦ *v.intr.* [aus. *avere*] Mandare odore, avere un odore: *la biancheria odora di pulito.*

odorato [o-do-rà-to] *s.m.* Olfatto.

odore [o-dó-re] *s.m.* **1** Esalazione e sensazione che si percepisce con il senso dell'olfatto: *l'arrosto mandava un buon odore*; *ho sentito un cattivo odore*; *odore di fiori, di muffa, di gas* **2** ♧ Sentore, indizio: *sentiva odore d'imbroglio, di pericolo* **3** (al *pl.*) Erbe aromatiche usate in cucina (prezzemolo, basilico, origano, rosmarino ecc.).

odoroso [o-do-ró-so] *agg.* Che manda un odore gradevole Ⓢ profumato: *il sandalo è un legno odoroso.*

offendere [of-fèn-de-re] *v.tr.* [coniugato come *difèndere*] **1** Ferire moralmente Ⓢ oltraggiare: *l'hai offeso con le tue parole*; *le sue accuse offendono il mio onore, la mia reputazione* ◊ Urtare la suscettibilità, l'amor proprio di qualcuno: *mi offendi a non accettare questo invito* ◊ Violare; essere in contrasto: *spettacoli che offendono la morale, il pudore*; *un ragionamento che offende il buon senso* **2** Causare danni fisici Ⓢ lesionare: *una luce troppo forte può offendere la vista*; *il proiettile non ha offeso gli organi vitali* ♦ **offendersi** *v.pr.* **1** Sentirsi offeso, aversene a male Ⓢ risentirsi: *si è offeso perché non l'hai invitato* **2** Scambiarsi offese, insulti Ⓢ oltraggiarsi, ingiuriarsi: *hanno cominciato a offendersi e per poco non si sono azzuffati.*

offensiva [of-fen-sì-va] *s.f.* **1** Decisa iniziativa militare di attacco: *il generale ordinò alle truppe di passare all'offensiva* **2** Azione decisa e organizzata volta a ottenere qualcosa: *i sindacati sono partiti all'offensiva contro gli aumenti delle tariffe decisi dal governo.*

offensivo [of-fen-sì-vo] *agg.* **1** Che offende Ⓢ

ingiurioso, oltraggioso: *parole offensive*; *un gesto offensivo* **2** Che serve ad attaccare © difensivo: *il fucile è un'arma offensiva* ◊ D'attacco: *guerra, manovra offensiva*; *una squadra che pratica un gioco offensivo*.

offerente [of-fe-rèn-te] *s.m.f.* Chi propone un prezzo, fa un'offerta per l'acquisto di qualcosa: *la casa sarà venduta al miglior offerente*.

offerta [of-fèr-ta] *s.f.* **1** Atto con cui si offre o propone qualcosa: *fare un'offerta di denaro, di aiuto, di lavoro*; *quella ragazza ha ricevuto molte offerte di matrimonio* | *Offerta speciale* = vendita di un prodotto a prezzi ribassati ◊ Ciò che viene offerto: *raccogliere le offerte per i poveri* **2** Proposta di prezzo da parte dell'acquirente in una vendita: *«Quanto vuole per questo quadro?» «Faccia lei un'offerta»* **3** La quantità di beni posti in vendita sul mercato: *l'offerta di auto è attualmente superiore alla domanda*.

offesa [of-fé-sa] *s.f.* **1** Danno morale Ⓢ oltraggio, insulto, ingiuria: *ha ricevuto un'offesa*; *perdonare le offese* ◊ Violazione: *i suoi atti sono un'offesa al pudore* **2** Attacco © difesa: *armi da offesa*; *una guerra di offesa*.

offeso [of-fé-so] *agg.* Risentito per un'offesa ricevuta: *si sentiva molto offeso* ♦ *s.m.* Chi ha ricevuto un'offesa | *Fare l'offeso* = mostrarsi risentito: *non è il caso di fare l'offeso per una critica!*

officiare [of-fi-cià-re] *v.tr.* e *v.intr.* [aus. *avere*] Celebrare una funzione religiosa: *il sacerdote officia la messa*.

officina [of-fi-cì-na] *s.f.* Complesso di locali e impianti adibiti a lavorazioni industriali o artigianali di vario tipo (spec. di riparazioni meccaniche): *portare l'auto in officina*.

offrire [of-frì-re] *v.tr.* [pres. *òffro*; pass.rem. *offrìi* o *offèrsi, offrìsti*; part.pass. *offèrto*] **1** Mettere a disposizione di qualcuno o dargli (o invitarlo a fare) una cosa per lui gradita o utile: *mi ha offerto il suo aiuto, un impiego, la sua ospitalità*; *agli ospiti venne offerto un caffè*; *mi hanno offerto di andare in vacanza con loro* ◊ Pagare qualcosa a qualcuno: *mi ha offerto il cinema, una cena* ◊ Dare in sacrificio, dedicare: *gli antichi offrivano vittime agli dei*; *offrire la propria vita per una causa* **2** Proporre di dare una certa somma di denaro in cambio di qualcosa: *quanto ti hanno offerto per la tua vecchia auto?*; *nessuno offre di più?* **3** Mettere in vendita: *un mercato che offre una grande quantità di prodotti* **4** Fornire, dare: *l'incidente gli offrì un pretesto per andarsene*; *la tettoia gli offrì un riparo dalla pioggia* ◊ Presentare: *una situazione che offre molti vantaggi* | *Offrire il fianco alle critiche* = dare motivo di farsi criticare ♦ **offrirsi** *v.pr.* **1** (detto di persone) Dichiararsi disposto, mettersi a disposizione: *si è offerto di aiutarmi*; *chi si offre volontario?* **2** (detto di cose) Presentarsi: *ti si offre una buona occasione*; *uno spettacolo tremendo si offrì ai nostri occhi*.

offuscare [of-fu-scà-re] *v.tr.* [*offùsco, offùschi*] **1** Oscurare, rendere meno luminoso: *il fumo offuscava l'aria*; *il sole era offuscato dalle nubi* **2** ♧ Annebbiare, rendere confuso: *il malore gli offuscò la vista*; *l'ira offusca la mente* ◊ Rendere meno vivo, splendente e simili: *il tempo offusca i ricordi*; *nulla potrà offuscare la sua gloria*.

oftalmico [of-tàl-mi-co] *agg.* [pl.m. *–ci*] Che riguarda l'occhio e le sue malattie: *clinica oftalmica*; *pomata oftalmica*.

oggettivo [og-get-tì-vo] *agg.* **1** Che si riferisce alla realtà o esiste come oggetto reale, al di fuori e indipendentemente da noi (dal *soggetto*): *questa ricerca è basata su dati oggettivi*; *il mondo esterno è una realtà oggettiva* **2** Obiettivo, imparziale: *ha fatto un esame oggettivo della situazione*.

oggetto [og-gèt-to] *s.m.* **1** Ogni cosa concreta, materiale, che può essere percepita dai sensi; in partic., cosa prodotta dall'uomo: *strani oggetti apparvero in lontananza*; *oggetti di vestiario*; *oggetti antichi, preziosi* **2** Scopo, fine, obiettivo: *qual è l'oggetto della sua visita?*; *la botanica ha per oggetto lo studio delle piante* | *Essere oggetto di pietà, d'invidia, di ammirazione, di chiacchiere ecc.* = essere la persona o la cosa cui è diretto quel sentimento o che suscita quell'atteggiamento ◊ Argomento, materia: *non so quale sia l'oggetto della discussione* ◊ *Complemento oggetto* = in grammatica, la persona o la cosa su cui ricade direttamente l'azione del verbo transitivo.

oggi [òg-gi] *avv.* **1** Nel giorno presente, in questo giorno: *arriverà oggi*; *oggi non ho tempo* **2** Attualmente, adesso: *oggi come oggi non possiamo far niente per lui*; *oggi non penso più che sia stato lui* ◊ Nell'epoca attuale, nel tempo presente: *oggi il mondo cambia rapidamente* ♦ *s.m.* **1** Il giorno presente: *è una notizia di oggi*; *per oggi basta così* | *A tutt'oggi* = fino ad oggi | *Dall'oggi al domani* = da un giorno all'altro, improvvisamente: *ha deciso tutto dall'oggi al domani* **2** Il presente, l'epoca attuale: *devi pensare anche al domani, non solo all'oggi*; *i giovani d'oggi* | *Al giorno d'oggi* = in questi tempi, attualmente.

oggidì [og-gi-dì] *avv.* Oggigiorno.

oggigiorno [og-gi-giór-no] *avv.* Al giorno d'oggi, di questi tempi: *oggigiorno non è facile trovar lavoro*.

ogiva [o-gì-va] *s.f.* **1** *Arco, volta a ogiva* = che disegna una curvatura ad angolo acuto, tipica dell'architettura gotica **2** Parte anteriore di un proiettile o di un missile, che ha forma appuntita e contiene la carica esplosiva.

ogni [ó-gni] *agg.indef.* [solo *sing.*] **1** Ciascuno, ciascuna (col valore di «tutti, tutte»): *il lavoro è un diritto di ogni uomo*; *nell'incendio ha perso ogni cosa* ◊ Qualsiasi: *crede a ogni frottola che gli dicono*; *ha sempre da ridire su ogni cosa* | *In ogni caso* = comunque | *In ogni modo* = a qualunque costo: *cercherò in ogni modo di venire* | *Ad ogni modo* = tuttavia, comunque: *credo che sia impossibile, ad ogni modo ci proverò* | *In ogni dove* = dappertutto | *Fuor d'ogni dubbio* = certamente **2** Indica l'intervallo regolare con cui si ripete qualcosa: *viene ogni tre giorni*; *c'è un albero ogni due metri* ◊ Indica la proporzione con cui si verifica qualcosa: *in quel paese c'è un medico ogni cento abitanti*.

ogm [sigla di «organismo geneticamente modificato»; pron. *ogièmme*] *s.m.invar.* Organismo vivente il cui patrimonio genetico è stato modificato con tecniche di ingegneria genetica.

ognuno [o-gnù-no] *pronome indef.* [solo *sing.*] Ogni persona Ⓢ ciascuno, tutti Ⓒ nessuno: *ognuno ha i suoi difetti*; *ognuno applaudì*; *ognuna delle allieve sarà premiata*.

oh *inter.* Esprime, secondo il tono con cui è pronunciata, meraviglia, gioia, piacere, dolore, sdegno, fastidio, sospetto ecc.

ohé *inter.* Si usa per richiamare l'attenzione di qualcuno o per ammonirlo e minacciarlo.

ohi [òhi] *inter.* Esprime dolore, spec. fisico, oppure disappunto, preoccupazione.

ohibò [ohi-bò] *inter.* Esprime viva sorpresa, disappunto, sdegno e simili.

ohimè [ohi-mè] *inter.* Povero me, me infelice (esprime dolore, sconforto, disperazione): *ohimè, che farò!*

o.k. o **ok** o **okay** [espressione inglese; pron. corrente *ochèi* o *occhèi*] *inter.* Va bene, d'accordo: *o.k., ci vediamo dopo* ♦ *s.m.* Consenso, approvazione, benestare: *avere, dare l'o.k. per qualcosa*.

olà [o-là] *inter.* Si usa come richiamo, spesso scherzoso, e come avvertimento.

oleandro [o-le-àn-dro] *s.m.* Arbusto sempreverde con lunghe foglie velenose e bei fiori profumati, rosa, rossi, bianchi o gialli.

oleificio [o-lei-fi-cio] *s.m.* Stabilimento per la produzione dell'olio d'oliva o di altri oli vegetali commestibili.

oleodotto [o-le-o-dót-to] *s.m.* Conduttura per il trasporto del petrolio greggio dai luoghi d'estrazione alle raffinerie o ai porti d'imbarco.

oleoso [o-le-ó-so] *agg.* Che contiene olio: *semi oleosi* ◊ Che ha l'aspetto o la consistenza dell'olio: *un liquido oleoso*.

olfatto [ol-fàt-to] *s.m.* Il senso che permette di percepire e distinguere gli odori Ⓢ odorato.

oliare [o-lià-re] *v.tr.* Cospargere d'olio Ⓢ ungere, lubrificare: *oliare una padella*; *oliare un ingranaggio, i cardini di una porta*.

oliera [o-liè-ra] *s.f.* Oggetto da tavola costituito da una coppia di ampolline, una per l'olio e l'altra per l'aceto ◊ Ampolla per versare l'olio in tavola.

oligarchia [o-li-gar-chì-a] *s.f.* **1** Forma di governo in cui il potere è concentrato nelle mani di poche persone Ⓒ democrazia **2** Ristretto gruppo di persone che detiene tutto il potere in uno stato, in un'organizzazione, in un'istituzione.

oligopolio [o-li-go-pò-lio] *s.m.* Situazione di mercato in cui una merce o un servizio sono offerti solo da un numero ristretto di venditori.

olimpiade [o-lim-pì-a-de] *s.f.* **1** Nell'antica Grecia, insieme di feste e gare sportive che avevano luogo ogni quattro anni nella città di Olimpia **2** *Olimpiadi* = manifestazione sportiva internazionale, comprendente quasi tutti gli sport, che si svolge ogni quattro anni in un paese diverso a partire dal 1896 | *Olimpiadi invernali* = quelle riservate agli sport sulla neve e sul ghiaccio.

olimpico [o-lìm-pi-co] *agg.* [pl.m. *-ci*] **1** Delle Olimpiadi: *partecipare ai giochi olimpici*; *campione olimpico* **2** Del monte Olimpo, ritenuto la sede degli dei nell'antica Grecia: *le divinità olimpiche* ◊ ♧ Sereno, imperturbabile: *mi rispose con la sua solita calma olimpica*.

olimpionico [o-lim-piò-ni-co] *agg.* e *s.m.* [pl.m. *-ci*] Vincitore di una gara alle Olimpiadi: *un campione olimpionico*; *gli olimpionici di scherma sono stati ricevuti dal Capo dello Stato* ◊ Partecipante alle Olimpiadi: *la nostra squadra olimpionica ha ottenuto un buon risultato*.

olio [ò-lio] *s.m.* **1** Sostanza liquida untuosa, di origine varia, non solubile in acqua ◊ *Oli vegetali* = ricavati dai semi e dai frutti di alcune piante, spec. per usi alimentari: *olio d'oliva, di mais, di girasole, di soia, di cocco* | *Colori a olio* = stemperati in oli vegetali: *un quadro, un dipinto (con colori) a olio* ◊ *Oli animali* = estratti da grassi animali (spec.

marini): *olio di balena, di fegato di merluzzo* ◊ *Oli minerali* = ricavati dal petrolio greggio o da suoi derivati e impiegati spec. come combustibili e lubrificanti: *mettere l'olio in un ingranaggio* **2** In partic., olio d'oliva: *condire l'insalata con l'olio*; *funghi sott'olio* **3** Cosmetico liquido di consistenza oleosa: *olio solare, detergente, da bagno* **4** ♧ *Tutto è andato, è filato liscio come l'olio* = senza incontrare ostacoli, inconvenienti | *Mare, lago calmo, liscio come l'olio* = calmissimo | *Olio di gomito* = impegno in un faticoso lavoro manuale: *qui non servono le chiacchiere, ci vuole l'olio di gomito!*

oliva [o-lì-va] o **uliva** [u-lì-va] *s.f.* Il frutto dell'olivo, di colore verde, violaceo o nero, ricco di olio commestibile.

olivastro [o-li-và-stro] *agg.* Di color bruno-verdastro (detto soprattutto della pelle): *una persona dalla carnagione olivastra.*

oliveto [o-li-vé-to] o **uliveto** [u-li-vé-to] *s.m.* Terreno piantato a olivi.

olivo [o-lì-vo] o **ulivo** [u-lì-vo] *s.m.* Albero sempreverde, tipico delle zone mediterranee, che dà come frutti le olive | ♧ *Offrire un ramoscello d'olivo* = fare proposte di pace (in quanto il ramoscello d'olivo è simbolo di pace).

olmo [ól-mo] *s.m.* Albero d'alto fusto, con chioma ampia e folta, frequente in parchi e viali alberati.

olocausto [o-lo-càu-sto] *s.m.* Anticamente, forma di sacrificio in cui la vittima veniva bruciata sull'altare ◊ Sacrificio della propria vita: *si offrì in olocausto per salvare il figlio* ◊ Lo sterminio degli ebrei da parte dei nazisti durante la seconda guerra mondiale.

oltraggiare [ol-trag-già-re] *v.tr.* Offendere qualcuno con parole o atti.

oltraggio [ol-tràg-gio] *s.m.* Grave offesa arrecata con parole ingiuriose o con atti: *le sue parole sono un oltraggio al mio onore, alla mia dignità* ◊ Comportamento che offende gravemente una norma, una condizione ecc.: *fu denunciato per oltraggio al pudore*; *tutto questo spreco è un oltraggio alla miseria.*

oltraggioso [ol-trag-gió-so] *agg.* Che costituisce un oltraggio Ⓢ offensivo, ingiurioso: *mi ha rivolto frasi oltraggiose.*

oltralpe [ol-tràl-pe] *avv.* Al di là delle Alpi, rispetto all'Italia: *in passato molti italiani emigrarono oltralpe* ♦ *s.m.* *D'oltralpe* = dei paesi stranieri al di là delle Alpi: *popolazioni, gente d'oltralpe*; *usanze d'oltralpe.*

oltranza [ol-tràn-za] *s.f.* *A oltranza* = senza alcun limite, fino alle estreme conseguenze: *fare uno sciopero a oltranza*; *gli assediati decisero di resistere a oltranza.*

oltre [ól-tre] *avv.* Più in là nello spazio: *non andate oltre*; *è passato oltre senza salutarmi* | ♧ *Andare troppo oltre* = oltrepassare i limiti, esagerare ◊ Più in là, più a lungo nel tempo: *non intendo aspettare oltre*; *ci vorrà un mese e oltre* ♦ *prep.* **1** Al di là di: *abita oltre il fiume*; *guardò oltre la siepe* **2** Più di: *aspettò oltre un'ora*; *pesa oltre cento chili* **3** In aggiunta a: *oltre tutto sono stanco*; *oltre al passaggio mi ha offerto anche da bere* **4** Eccetto, all'infuori di: *non lo sa nessuno oltre a te.*

oltremodo [ol-tre-mò-do] *avv.* Molto, straordinariamente: *è oltremodo sfacciato*; *mi fa oltremodo piacere.*

oltrepassare [ol-tre-pas-sà-re] *v.tr.* Passare oltre, andare al di là Ⓢ superare (anche ♧): *oltrepassarono il confine di notte*; *stavolta hai oltrepassato i limiti.*

oltretomba [ol-tre-tóm-ba] *s.m.invar.* Il mondo dei morti Ⓢ aldilà: *la credenza nell'oltretomba c'è in molte religioni.*

omaggio [o-màg-gio] *s.m.* **1** Atto con cui si intende esprimere rispetto, stima, reverenza: *la popolazione scese nelle strade per rendere omaggio al suo illustre concittadino* ◊ (al *pl.*) Saluti rispettosi Ⓢ ossequi: *faccia i miei omaggi alla signora* **2** Offerta, dono: *ho ricevuto un libro in omaggio* ◊ Prodotto offerto in regalo a scopo pubblicitario: *omaggio della ditta* ♦ *agg.invar.* Che viene offerto in regalo: *buono, confezione omaggio.*

ombelicale [om-be-li-cà-le] *agg.* Dell'ombelico: *il cordone ombelicale unisce il feto alla placenta della madre.*

ombelico [om-be-lì-co] *s.m.* [pl. *–chi*] Cicatrice situata al centro dell'addome, nel punto in cui era attaccato prima della nascita e dove è stato reciso il cordone ombelicale.

ombra [óm-bra] *s.f.* **1** Zona di oscurità o di minore luminosità prodotta da un corpo opaco che ostacola la luce: *l'ombra fitta dei boschi*; *una pianta che ama l'ombra*; *spostati, che mi fai ombra!* ◊ Oscurità, tenebre: *calavano le prime ombre della sera*; *il ladro si dileguò nell'ombra della notte* | ♧ *Agire, tramare nell'ombra* = di nascosto | ♧ *Restare nell'ombra* = non farsi notare, conoscere; restare misterioso **2** Sagoma oscura proiettata da un corpo opaco colpito dalla luce: *le ombre degli alberi si allungavano al calar del sole*; *scorsi la sua ombra dietro di me* | *Ombre cinesi* = gioco consistente nel muovere le mani davanti a una sorgente di luce in modo da proiettare su una parete figure che ricordano quelle di persone o animali | ♧ *Aver paura della propria ombra* = essere pauroso di tutto | ♧ *Seguire qualcuno come un'ombra* = stargli sempre appresso | ♧ *Essere l'ombra di se stesso* = essere molto deperito o avere perso ogni vivacità ◊ Sagoma, figura confusa, indistinta: *scorse delle ombre nella nebbia, nell'oscurità* **3** Fantasma, spettro, spirito: *evocare le ombre dei defunti* **4** ♧ Minima quantità: *«Vuoi un po' di grappa nel caffè?» «Sì, ma solo un'ombra»*; *non c'è un'ombra di vero in quel che ha detto* | *Senz'ombra di dubbio* = sicuramente **5** ♧ Segno esteriore, appena accennato, di uno stato d'animo, di un sentimento: *vide nel suo sguardo un'ombra di rimpianto*; *sentì nella sua voce un'ombra di dubbio* **6** ♧ Elemento, aspetto poco chiaro, sospetto: *ci sono molte ombre nel suo passato* **7** In pittura e nel disegno, la tonalità più scura con cui si rappresentano le zone d'ombra: *devi dare più ombra a questa figura per metterla in rilievo.*

ombreggiare [om-breg-già-re] *v.tr.* **1** Fare ombra, coprire d'ombra: *gli alberi che ombreggiano il viale* **2** Dare rilievo alle immagini di un disegno, di un dipinto con il chiaroscuro, con il tratteggio, con sfumature di colore.

ombreggiato [om-breg-già-to] *agg.* Coperto d'ombra, riparato dal sole: *un viale ombreggiato.*

ombrello [om-brèl-lo] *s.m.* Arnese per ripararsi dalla pioggia (o anche dal sole): *aprire, chiudere l'ombrello.*

ombrellone [om-brel-ló-ne] *s.m.* Grande ombrello, piantato in terra o su un apposito sostegno, per riparare dal sole, spec. sulle spiagge, in terrazzi, giardini ecc.

ombroso [om-bró-so] *agg.* **1** Ricco d'ombra Ⓢ ombreggiato: *cercarono un luogo ombroso per riposarsi* ◊ Che fa ombra: *una quercia ombrosa* **2** ♧ Che si spaventa e si imbizzarrisce facilmente (detto spec. di cavalli) ◊ Facile a offendersi Ⓢ permaloso, suscettibile: *un ragazzo ombroso*; *ha un carattere ombroso.*

omelette [parola francese; pron. *omlèt*] *s.f.invar.* Frittata ripiegata su se stessa, per lo più ripiena: *omelette al formaggio, ai funghi.*

omelia [o-me-lì-a] *s.f.* Spiegazione e commento di un passo delle Sacre Scritture durante una funzione religiosa; in partic. predica tenuta durante la messa.

omeopatia [o-me-o-pa-tì-a] *s.f.* Metodo di cura consistente nel somministrare in dosi minime le stesse sostanze che si ritiene siano la causa della malattia.

omeopatico [o-me-o-pà-ti-co] *agg.* [pl.m. *–ci*] Che segue l'omeopatia: *medico omeopatico* ◊ Basato sull'omeopatia: *metodo omeopatico.*

omero [ò-me-ro] *s.m.* Osso che va dalla spalla al gomito e costituisce lo scheletro del braccio.

omertà [o-mer-tà] *s.f.* Nelle zone in cui è molto diffusa la criminalità organizzata, atteggiamento complice di chi tace o non denuncia i suoi delitti e rifiuta di collaborare con la giustizia, per paura, per salvaguardare qualche interesse o per un malinteso senso d'onore.

omettere [o-mét-te-re] *v.tr.* [coniugato come *mettere*] Tralasciare: *nel tuo racconto hai omesso un particolare importante.*

ometto [o-mét-to] *s.m.* Ragazzino che comincia a diventare adulto, che si comporta giudiziosamente.

omicida [o-mi-cì-da] *s.m.f.* [pl.m. *–di*] Chi ha commesso un omicidio ♦ *agg.* Che ha dato la morte: *mano omicida* ◊ Che è volto verso l'omicidio o può provocarlo: *istinto, intento omicida.*

omicidio [o-mi-cì-dio] *s.m.* Uccisione di una o più persone: *omicidio colposo, doloso, premeditato* ◊ *Omicidio bianco* = morte di operai per incidenti sul lavoro causati dalla mancanza di adeguate misure di sicurezza.

omissione [o-mis-sió-ne] *s.f.* Atto di chi tralascia (di fare o dire) qualcosa Ⓢ dimenticanza: *non ho citato il tuo nome, ma è stata un'omissione involontaria* ◊ *Reato di omissione* = quello di chi si astiene dal compiere ciò a cui è obbligato dalla legge: *chi non presta assistenza a chi ne ha urgente bisogno può venire denunciato per omissione di soccorso*; *omissione di atti d'ufficio.*

omo– Prima parte di parole composte in cui significa «uguale», «stesso» (*omogeneo, omonimo, omosessuale*).

omofobia [o-mo-fo-bì-a] *s.f.* Paura e avversione preconcetta nei confronti dell'omosessualità e delle persone omosessuali.

omofobo [o-mò-fo-bo] *agg.* e *s.m.* Che, chi dà prova di omofobia.

omogeneizzare [o-mo-ge-neiz-zà-re] *v.tr.* Rendere omogeneo.

omogeneizzato [o-mo-ge-neiz-zà-to] *agg.* e *s.m.* Si dice di prodotto alimentare, spec. per bambini, i cui ingredienti sono stati mescolati e ridotti a una sostanza facilmente digeribile.

omogeneo [o-mo-gè-ne-o] *agg.* Della stessa natura, specie o genere Ⓢ affine: *un gruppo composto da elementi omogenei*; *avere gusti omogenei* ◊ Costituito da elementi che si fondono in un insieme uniforme o si armonizzano bene tra loro: *un miscuglio, un impasto omogeneo*; *era una classe molto divisa ma è riuscita a diventare un gruppo omogeneo*.

omonimia [o-mo-ni-mì-a] *s.f.* Identità di nome tra due persone o due cose: *è sorto un equivoco per un caso di omonimia*.

omonimo [o-mò-ni-mo] *agg.* Che ha lo stesso nome: *Como è situata sulla riva del lago omonimo* ♦ *s.m.* Persona che ha lo stesso nome e cognome di un'altra (o anche solo il nome o il cognome): *non cercavano me, ma un mio omonimo*.

omosessuale [o-mo-ses-su-à-le] *agg.* e *s.m.f.* Detto di chi prova un'attrazione sessuale verso le persone del suo stesso sesso e di ciò che è proprio di tale condizione Ⓒ eterosessuale.

oncia [ón-cia] *s.f.* [pl. *–ce*] Unità di misura di peso, equivalente a un sedicesimo di libbra (circa 30 grammi), usata ancora in alcuni paesi.

oncologia [on-co-lo-gì-a] *s.f.* Parte della medicina che studia i tumori e la loro cura.

onda [ón-da] *s.f.* **1** Massa d'acqua che si alza e si abbassa sulla superficie del mare, di laghi, fiumi o bacini, per effetto del vento o per altre cause: *le onde si infrangevano contro gli scogli*; *le onde provocate da una nave* | *La cresta dell'onda* = la sua sommità **2** ♧ Cosa simile a un onda | *Farsi le onde ai capelli* = ondularli | *A onde* = ondulato **3** ♧ Movimento, massa fluttuante simile a un'onda: *l'onda della folla lo travolse* ◊ Impeto tumultuoso, travolgente di sentimenti, pensieri e simili: *l'onda dei ricordi, delle passioni* **4** *Onde sonore, luminose, termiche, sismiche, elettromagnetiche ecc.* = le oscillazioni e le vibrazioni mediante le quali le diverse forme d'energia si propagano da un punto all'altro di un mezzo fisico | *Onde corte, medie, lunghe* = quelle impiegate nelle radiocomunicazioni | *Andare, mandare, mettere in onda* = essere trasmesso o trasmettere (riferito a programma radiotelevisivo).

ondata [on-dà-ta] *s.f.* **1** Colpo di una grossa onda: *un'ondata travolse la barca* **2** ♧ Afflusso massiccio e improvviso di qualcosa: *un'ondata di freddo sta arrivando dal Nord Europa* ◊ Massa di persone che si spostano in fasi successive: *le prime ondate di turisti si sono riversate sulle nostre spiagge* ◊ *Un'ondata di scioperi, di manifestazioni* = una serie ripetuta, incalzante.

ondeggiare [on-deg-già-re] *v.intr.* [aus. *avere*] **1** Oscillare sull'acqua seguendo il moto delle onde: *la barca ondeggiava dolcemente* **2** Muoversi in qua e in là Ⓢ fluttuare, oscillare: *le bandiere ondeggiavano al vento*; *la folla ondeggiò minacciosamente* ◊ Barcollare, vacillare: *l'ubriaco camminava ondeggiando* **3** ♧ Essere indeciso Ⓢ tentennare: *ha ondeggiato a lungo prima di decidere*.

ondoso [on-dó-so] *agg.* Delle onde: *il moto ondoso è in aumento* ◊ Pieno di onde: *c'era un mare molto ondoso*.

ondulare [on-du-là-re] *v.tr.* Piegare a onda, a onde: *si è fatto ondulare i capelli*; *ondulare una lamiera, un cartone*.

ondulato [on-du-là-to] *agg.* Fatto a onde: *capelli ondulati*; *lamiera ondulata* | *Terreno ondulato* = con avvallamenti e rilievi leggeri.

onere [ò-ne-re] *s.m.* Peso (non materiale); obbligo, impegno, responsabilità: *addossarsi l'onere di una spesa*; *si è assunto un grave onere* | *Oneri fiscali* = il complesso dei tributi di cui è gravato un contribuente.

oneroso [o-ne-ró-so] *agg.* Pesante Ⓢ gravoso: *si è assunto un impegno molto oneroso*.

onestà [o-ne-stà] *s.f.* La qualità di chi o di ciò che è onesto Ⓒ disonestà: *dare prova di onestà*; *un comportamento di grande onestà*.

onestamente [o-ne-sta-mén-te] *avv.* **1** Con onestà: *si guadagna da vivere onestamente* **2** In coscienza, in tutta sincerità: *devo riconoscere, onestamente, che avevi ragione*.

onesto [o-nè-sto] *agg.* **1** Che si comporta con rettitudine, lealtà, correttezza, senso della giustizia e non cerca di ingannare gli altri o di raggiungere i suoi scopi con mezzi illeciti Ⓒ disonesto: *una persona onesta*; *un funzionario onesto, che non si lascia corrompere* | *Un commerciante onesto* = che non inganna sulla qualità della merce e chiede un prezzo equo **2** Conforme a principi di lealtà, rettitudine, giustizia, decoro: *ha agito in modo onesto*; *fa una vita onesta* ◊ Equo, ragionevole, accettabile: *lo compro se chiede un prezzo onesto*.

ONG [sigla di «Organizzazione Non Governativa»; pron. *oennegì*] *s.f.invar.* Organizzazione indipendente che opera in campo sociale soprattutto nei paesi economicamente più poveri.

onice [ò-ni-ce] *s.f.* Pietra dura (detta anche *agata*) con caratteristiche striature di vari colori.

on-line [locuz. inglese che significa «in linea»; pron. *on-làin*] *loc.agg.invar.* Si dice di tutto ciò che è collegato alla rete Internet e di ogni informazione o servizio a cui si può accedere attraverso la rete.

onlus [sigla di «organizzazione non lucrativa di utilità sociale»; pron. *ònlus*] *s.f.invar.* Organizzazione che opera senza fini di guadagno in attività assistenziali e di interesse sociale.

onni– Primo elemento di parole composte, in cui significa «tutto» o anche «dappertutto» (*onnivoro, onnipresente*).

onnipotente [on-ni-po-tèn-te] *agg.* Che può tutto (riferito a Dio): *la volontà onnipotente del Signore* ◊ Dotato di un grande potere, assai influente: *un funzionario onnipotente*; *si crede onnipotente* ♦ *s.m. L'Onnipotente* = Dio.

onnipresente [on-ni-pre-sèn-te] *agg.* Che è presente dappertutto (riferito a Dio) ◊ Detto scherzosamente di persona che si incontra dappertutto.

onnivoro [on-nì-vo-ro] *agg.* Che si nutre di qualsiasi cibo: *l'uomo è un essere onnivoro.*

onomastico [o-no-mà-sti-co] *s.m.* [pl. *–ci*] Giorno dell'anno in cui si celebra la festa del santo o della santa di cui si porta il nome: *oggi è S. Roberto, mio onomastico.*

onomatopea [o-no-ma-to-pè-a] *s.f.* Parola che imita un suono o evoca attraverso i propri suoni l'oggetto o l'azione che indica (per es. *bau bau, tic tac, cuculo, zanzara, fruscio, bisbigliare*).

onomatopeico [o-no-ma-to-pèi-co] *agg.* [pl.m. *–ci*] Che costituisce un'onomatopea: *parole onomatopeiche.*

onoranze [o-no-ràn-ze] *s.f.pl.* Festeggiamenti o manifestazioni pubbliche in onore, in omaggio di qualcuno: *all'illustre scienziato furono tributate solenni onoranze* | *Onoranze funebri* = esequie, funerali.

onorare [o-no-rà-re] *v.tr.* **1** Tributare omaggio, rispetto, venerazione a persone o cose che ne sono degne: *erigere un monumento per onorare la memoria dei caduti*; *il quarto comandamento dice di onorare il padre e la madre* **2** Rendere illustre, dare motivo di vanto, di prestigio: *un'impresa che onora lo sport italiano*; *un medico che onora la sua professione* **3** Tenere fede, mantenere: *ha onorato i suoi impegni* ♦ **onorarsi** *v.pr.* Ritenere un onore, avere il vanto: *la categoria a cui mi onoro di appartenere.*

onorario[1] [o-no-rà-rio] *agg.* Fatto o dato per onorare qualcuno, come riconoscimento dei suoi meriti: *il sindaco ha conferito la cittadinanza onoraria al grande poeta.*

onorario[2] [o-no-rà-rio] *s.m.* Compenso che spetta a un professionista per le sue prestazioni.

onorato [o-no-rà-to] *agg.* Degno di stima, di rispetto Ⓢ rispettabile: *la nostra è una famiglia onorata* | *Ritenersi, essere onorato di qualcosa* = ritenerlo un onore per sé, esserne molto felice (in frasi di cortesia): *siamo onorati di avervi ospiti*; *onorato di conoscerla!*

onore [o-nó-re] *s.m.* **1** Buona reputazione di cui gode chi si comporta con onestà e rettitudine © disonore: *con le sue calunnie ha offeso l'onore della sua famiglia*; *è una questione in cui è in gioco il mio onore* | *Dare la (propria) parola d'onore* = garantire, promettere solennemente qualcosa ◊ Senso della propria dignità che impone di comportarsi con onestà e coerenza morale: *ho fatto ciò che l'onore mi imponeva* **2** Prestigio, vanto, merito: *uno scienziato che fa onore al suo paese*; *un gesto che ti fa onore, che torna a tuo onore* | *Farsi onore in una gara, in un'impresa, in una professione ecc.* = affermarsi, fare una bella figura | *Fare onore al proprio nome* = dimostrarsi all'altezza della propria fama ◊ Soddisfazione, orgoglio: *ho l'onore di presentarvi un grande scienziato* **3** Considerazione, stima: *un artista tenuto in grande onore* | ♧ *A onor del vero* = a dire il vero, a essere sincero ◊ Atto d'omaggio, ossequio; manifestazione di stima e trattamento di riguardo con cui si esprime riconoscimento per il valore e per i meriti di qualcuno o qualcosa: *una cerimonia per rendere onore ai caduti*; *festa in onore del Santo Patrono*; *pranzo in onore degli ospiti*; *fu sepolto con tutti gli onori*; *mi ha fatto l'onore di ricevermi personalmente*; *ricevere una medaglia d'onore* | *Onori funebri* = esequie | *Posto d'onore* = quello riservato alla persona di maggior riguardo | *Tribuna, palco d'onore* = riservati alle autorità | *Giro d'onore* = quello compiuto in pista dal vincitore di una gara | *Fare gli onori di casa* = accogliere e intrattenere gli ospiti | *Fare onore alla tavola, alla cena, all'arrosto* e simili = mangiare di gusto e in abbondanza quanto viene servito, mostrando di gradirlo molto.

onorevole [o-no-ré-vo-le] *agg.* **1** Degno di stima e rispetto: *una persona onorevole* ◊ Titolo che spetta ai membri del parlamento italiano (spesso abbreviato in *on.*): *è intervenuto nel dibattito l'on. Mario Rossi* **2** Che non danneggia l'onore Ⓢ dignitoso: *una sconfitta onorevole*; *cercare una soluzione onorevole per tutti* ♦ *s.m.f.* Membro del parlamento: *intervistare un onorevole.*

onorificenza [o-no-ri-fi-cèn-za] *s.f.* Titolo, decorazione o altro riconoscimento concesso in segno d'onore per particolari meriti: *ricevere un'onorificenza.*

onorifico [o-no-rì-fi-co] *agg.* [pl.m. *–ci*] Che viene dato per onorare: *titolo onorifico*; *ricoprire una carica onorifica.*

onta [ón-ta] *s.f.* Disonore, vergogna: *subire l'onta della sconfitta* ◊ Grave offesa, oltraggio: *decise di vendicare l'onta subita* ◊ *A onta di* = malgrado.

ontano [on-tà-no] *s.m.* Albero alto e con chioma

larga, comune spec. lungo i corsi d'acqua e in zone umide.

opaco [o-pà-co] *agg.* [pl.m. *–chi*] **1** Che non si lascia attraversare dalla luce, non trasparente: *un vetro, un corpo opaco* **2** Privo di brillantezza, non lucido: *una superficie, una vernice opaca* **3** ♧ Smorzato, non limpido: *un suono opaco* ◊ Privo di vivacità Ⓢ ottuso, inespressivo: *uno sguardo opaco* ◊ Non brillante, mediocre: *la squadra ha fornito una prestazione opaca.*

opale [o-pà-le] *s.m.* o *f.* Pietra dura pregiata, di colore bianco-azzurro, usata come gemma.

open source [locuzione inglese; pron. corrente *ópen surs*] *s.m.invar.* Programma per computer di cui gli autori permettono il libero utilizzo e anche l'apporto di modifiche da parte di altri programmatori.

opera [ò-pe-ra] *s.f.* **1** Attività, azione diretta a un fine o che comunque produce un determinato effetto: *l'opera creatrice dell'uomo*; *compiere opere di bene*; *fare opera di persuasione*; *l'opera del vento, della pioggia, delle acque modifica la superficie terrestre* | *Mettere in opera un piano* = attuarlo ◊ Lavoro: *si è valso dell'opera di un buon artigiano*; *è ora di metterci all'opera* **2** Risultato, effetto, prodotto di un'attività, di un'azione: *le opere del lavoro umano*; *la distruzione del raccolto è stata opera della grandine* **3** Costruzione, struttura: *opere edilizie, murarie, in cemento armato*; *opere portuali, di fortificazione, di bonifica* | *Opere pubbliche* = quelle di pubblico interesse e promosse da enti pubblici, come strade, ferrovie, dighe, scuole ecc. **4** Prodotto di un'attività intellettuale o artistica: *opere storiche, letterarie, scientifiche*; *opere d'arte, di pittura, di scultura*; *un'opera di Michelangelo* ◊ In partic., libro, volume: *consultare in biblioteca il catalogo delle opere e degli autori* **5** Rappresentazione teatrale (detta anche *opera lirica* o *melodramma*) in cui il testo viene cantato con accompagnamento orchestrale: *rappresentare un'opera di Verdi, di Rossini, di Mozart* ◊ Teatro dove si rappresentano opere: *questa sera andiamo all'opera.*

operaio [o-pe-rà-io] *s.m.* Lavoratore dipendente che svolge un lavoro manuale: *operai metalmeccanici, tessili, edili, agricoli*; *operaio qualificato, specializzato* ♦ *agg.* **1** Che fa l'operaio: *studente, prete operaio* | *Api, formiche operaie* = le femmine non feconde che svolgono tutti i lavori necessari alla vita dell'alveare o del formicaio **2** Degli operai: *la classe operaia*; *le lotte operaie.*

operare [o-pe-rà-re] *v.tr.* **1** Compiere, attuare, fare: *operare un miracolo, un incantesimo*; *la medicina non ha operato nessun effetto* **2** Sottoporre a un intervento chirurgico: *è stato appena operato al fegato* ♦ *v.intr.* [aus. *avere*] Agire: *dobbiamo operare con grande prudenza* ◊ Svolgere la propria attività: *la nostra ditta opera nel settore dei trasporti* ♦ **operarsi** *v.pr.* **1** Compiersi, verificarsi: *una profonda trasformazione si operò nel suo animo* **2** Sottoporsi a un intervento chirurgico: *mi devo operare allo stomaco.*

operato [o-pe-rà-to] *s.m.* **1** Ciò che qualcuno ha fatto; modo di agire, di comportarsi: *hanno criticato il tuo operato*; *deve rendere conto del suo operato* **2** Chi ha subito un'operazione chirurgica.

operatore [o-pe-ra-tó-re] *s.m.* [f. *–trice*] **1** Tecnico addetto al funzionamento di macchine, impianti, congegni: *operatore cinematografico, televisivo, del suono* **2** Chi svolge il suo lavoro in un determinato settore: *operatore di borsa, sanitario, scolastico, turistico.*

operatorio [o-pe-ra-tò-rio] *agg.* Che riguarda un'operazione chirurgica: *intervento operatorio*; *sala operatoria.*

operazione [o-pe-ra-zió-ne] *s.f.* **1** Qualsiasi azione o serie di atti diretti a un preciso scopo: *infilare un ago è un'operazione complicata*; *operazioni manuali, mentali, di controllo* ◊ Serie di azioni e di iniziative militari coordinate e organizzate: *operazioni aeree, navali*; *un'operazione di polizia ha portato alla cattura di alcuni latitanti* | *Zona di operazione* = quella in cui si svolgono combattimenti **2** Intervento chirurgico: *ha subito una operazione al cuore* **3** Ciascuno dei procedimenti di calcolo usati in matematica; in partic. ciascuna delle quattro *operazioni aritmetiche* (addizione, sottrazione, moltiplicazione, divisione).

operetta [o-pe-rét-ta] *s.f.* Genere di teatro e di opera musicale, di argomento leggero e brillante, in cui si alternano parti cantate e parti recitate.

operosità [o-pe-ro-si-tà] *s.f.* Attività, impegno costante: *si è sempre distinto per la sua operosità.*

operoso [o-pe-ró-so] *agg.* Che svolge con impegno e costanza le sue attività, il suo lavoro Ⓢ laborioso, attivo Ⓒ pigro, ozioso: *un impiegato operoso*; *una città operosa* ◊ Pieno di attività: *una giornata operosa*; *la sua è stata una vita operosa.*

opificio [o-pi-fi-cio] *s.m.* Fabbrica, stabilimento industriale.

opinabile [o-pi-nà-bi-le] *agg.* Detto di ciò su cui si possono avere opinioni diverse e perciò discutibile, non certo: *una questione opinabile*; *un parere molto opinabile.*

opinione [o-pi-nió-ne] *s.f.* **1** Idea, convinzione, giudizio personale; parere: *qual è la tua opinione* *sull'argomento?*; *devi rispettare le opinioni altrui*; *non ho cambiato opinione* | *Opinione pubblica* = la collettività, la maggioranza dei cittadini in quanto pensa e giudica in un certo modo: *un fatto che ha scosso l'opinione pubblica*; *è stato assolto, ma l'opinione pubblica lo ritiene colpevole* **2** Stima, considerazione: *ho una buona opinione di lui*; *ha una cattiva opinione della stampa.*

opossum [o-pòs-sum] *s.m.invar.* Piccolo mammifero marsupiale americano dal pelo grigio che vive sugli alberi.

oppio [òp-pio] *s.m.* Droga che si estrae da una varietà di papavero; da essa si ricavano la morfina e l'eroina.

opporre [op-pór-re] *v.tr.* [coniugato come *porre*] Porre, presentare qualcosa contro qualcuno o qualcosa, per ostacolare, contrastare, difendersi: *i dimostranti opposero delle barricate alle forze di polizia*; *i difensori opposero un'accanita resistenza*; *ha opposto un rifiuto alla mia richiesta*; *non ho alcun argomento da opporre alla tua proposta* ♦ **opporsi** *v.pr.* Porsi contro, fare ostacolo; cercare di impedire Ⓢ contrastare: *crollato l'argine, più nulla si opponeva alle acque del fiume in piena*; *i genitori si opposero al loro matrimonio.*

opportunismo [op-por-tu-nì-smo] *s.m.* Atteggiamento e comportamento di chi si adegua al mutare delle circostanze cercando ogni volta quel che è per lui più conveniente, senza tener conto di principi morali o di ideali: *il suo opportunismo lo porta a schierarsi sempre con i vincitori.*

opportunista [op-por-tu-nì-sta] *s.m.f.* [pl.m. *–sti*] Chi si comporta con opportunismo: *è un opportunista, sempre pronto a cambiare partito.*

opportunità [op-por-tu-ni-tà] *s.f.* **1** Carattere opportuno di qualcosa: *non vedo l'opportunità di questo intervento* **2** Circostanza favorevole Ⓢ occasione: *dovresti cogliere questa opportunità*; *te lo farò sapere appena ne avrò l'opportunità.*

opportuno [op-por-tù-no] *agg.* Adeguato, adatto, conveniente rispetto alle circostanze, alle necessità, agli scopi che ci si prefiggono Ⓒ inopportuno: *sei arrivato al momento opportuno*; *non mi sembra opportuno parlarne adesso, troveremo un'occasione più opportuna.*

oppositore [op-po-si-tó-re] *s.m.* [f. *–trice*] Chi si oppone, chi è contrario a qualcuno o qualcosa Ⓢ avversario Ⓒ sostenitore: *gli oppositori di un progetto, di una legge, del governo.*

opposizione [op-po-si-zió-ne] *s.f.* **1** Posizione contraria; atteggiamento e azione di contrasto, di rifiuto: *si sono sposati nonostante l'opposizione dei genitori*; *la sua proposta ha incontrato un'opposizione generale* ◊ Contrasto: *due punti di vista in netta opposizione* **2** L'insieme dei partiti e dei loro rappresentanti che non fanno parte della maggioranza di governo (o di una giunta comunale, provinciale ecc.) e ne contrastano la politica: *duro scontro in parlamento tra maggioranza e opposizione*; *fischi dai banchi dell'opposizione.*

opposto [op-pó-sto] *agg.* **1** Posto, situato di fronte o all'altra estremità: *la casa era sulla sponda opposta del fiume*; *abita dalla parte opposta della città* ◊ Contrario (detto di senso o direzione) **2** ♧ Contrastante, contrario, divergente: *avere idee opposte, gusti, caratteri opposti* ♦ *s.m.* Il contrario, la cosa contraria: *è tutto l'opposto del fratello*; *fa sempre l'opposto di quel che gli si dice* | *All'opposto* = al contrario Ⓢ invece.

oppressione [op-pres-sió-ne] *s.f.* **1** L'azione di chi opprime e la condizione di chi è oppresso Ⓢ dominio, tirannia, soggezione: *il paese si ribellò all'oppressione straniera* **2** ♧ Sensazione sgradevole di peso, di malessere fisico o di angoscia, di ansia: *sentiva un'oppressione al petto*; *questo ambiente chiuso mi dà oppressione.*

oppresso [op-près-so] *agg.* e *s.m.* Che, chi è tenuto in una condizione di oppressione, di sfruttamento ed è vittima di soprusi e vessazioni: *un popolo oppresso*; *difendere i deboli e gli oppressi.*

oppressore [op-pres-só-re] *s.m.* Chi opprime gli altri e ne soffoca la libertà, imponendo con la forza il proprio dominio: *il popolo si ribellò agli oppressori.*

opprimente [op-pri-mèn-te] *agg.* Pesante, insopportabile: *oggi c'è un'afa opprimente*; *un individuo opprimente.*

opprimere [op-prì-me-re] *v.tr.* [coniugato come *comprimere*] **1** Sottoporre a pesanti imposizioni, a vessazioni; tenere in una condizione di schiavitù, di sfruttamento Ⓢ tiranneggiare: *opprimere il popolo con tasse eccessive*; *un regime che opprime le minoranze* **2** Gravare con un peso che molesta: *i cibi troppo grassi opprimono lo stomaco* ◊ Spossare: *questo caldo mi opprime* ◊ ♧ Assillare, angosciare: *era oppresso dai debiti, dalle preoccupazioni* ◊ ♧ Infastidire: *continua a opprimermi con le sue chiacchiere.*

oppure [op-pù-re] *congz.* **1** O, o invece: *vuoi partire subito oppure preferisci aspettare?* **2** Altrimenti, se no: *devi sbrigarti, oppure perderai il treno* ◊ O, o anche: *scrivigli una lettera oppure telefonagli.*

optare [op-tà-re] *v.intr.* [aus. *avere*] Scegliere tra due o più possibilità che si offrono: *tra legge e medicina ha optato per quest'ultima facoltà.*

optional [parola inglese; pron. corrente *òpscio-*

A B C D E F G H I J K L M N O P Q R S T U V W X Y Z

nal] *s.m.invar.* Accessorio che non fa parte del modello di serie (di un'autovettura, di un elettrodomestico e simili) ma viene fornito su richiesta pagando un sovrapprezzo.

opulento [o-pu-lèn-to] *agg.* Abbondante, ricco: *abbiamo fatto un pranzo opulento*; *una regione opulenta* | ♧ *Una donna opulenta* = formosa.

opuscolo [o-pù-sco-lo] *s.m.* Libretto di poche pagine, per lo più di carattere informativo o pubblicitario.

opzionale [op-zio-nà-le] *agg.* Facoltativo.

opzione [op-zió-ne] *s.f.* Libera scelta fra due o più possibilità ◊ Diritto di precedenza, di preferenza in caso di operazioni di acquisto, vendita, cessione.

ora[1] [ó-ra] *s.f.* **1** Ciascuno dei 24 periodi di tempo di 60 minuti in cui viene suddiviso il giorno per misurare e indicare la successione del tempo al suo interno: *l'orologio segna le ore* | *Ora locale* = quella calcolata in base alla posizione del sole rispetto a quel luogo e comune a tutti i luoghi che fanno parte dello stesso fuso orario: *l'aereo arriverà a Pechino alle 22 ora locale* ◊ Periodo di tempo di 60 minuti in genere: *un viaggio di tre ore*; *mezz'ora, un quarto d'ora, un'ora e mezza*; *tenere una media di 100 km all'ora* | *Essere pagato a ore* = secondo il numero di ore lavorate **2** Determinato momento del giorno (quando è precisata un'ora particolare la parola *ora* viene in genere sottintesa): *che ora è?*; *che ore sono?*; *il treno parte alle (ore) diciotto*; *ci vediamo alla solita ora, all'ora di pranzo* ◊ Parte, periodo della giornata: *le ore del mattino, della sera*; *un posto aperto a qualunque ora* | *Alzarsi di buon'ora* = al mattino presto | *Fare le ore piccole* = stare alzato fino alle prime ore dopo la mezzanotte | *Le ore di punta* = quelle in cui il traffico è più intenso **3** Momento, tempo: *è venuta l'ora della riscossa*; *sono state ore terribili*; *è ora di andarsene* | *La propria ora* = il momento della morte (detto anche *ultima ora*) o quello in cui si potrà fare una data cosa: *abbi pazienza, non è ancora venuta la tua ora* | *L'ora X* = il momento in cui inizierà un'operazione | *Notizie dell'ultima ora* = recentissime | *Non vedere l'ora* = essere impaziente, ansioso (di fare una cosa): *non vedo l'ora di tornare a casa* | *Di ora in ora* = da un momento all'altro (*lo aspettiamo di ora in ora*) o con rapida progressione (*il malato peggiorava di ora in ora*) | *Da un'ora all'altra* = in brevissimo tempo.

ora[2] [ó-ra] *avv.* **1** In questo momento Ⓢ adesso: *ora non posso venire*; *ha avuto dei problemi, ma ora le cose vanno meglio* ◊ Nell'epoca presente Ⓢ attualmente: *un ballo che ora non è più di moda* ◊ *Ora come ora* = così come stanno le cose: *ora come ora non posso darti una risposta* | *Otto giorni, due mesi, tre anni or sono* = otto giorni, due mesi, tre anni fa ◊ Poco fa: *l'ho incontrato (or) ora* ◊ Tra poco, tra un attimo: *ora vengo!* **2** *Ora... ora...* = un momento... un'altro, una volta... un'altra: *ora dice di sì, ora di no*; *lo incontro ora qua, ora là* ♦ *congz.* **1** Dunque, allora (introducendo, riprendendo o concludendo un discorso, un racconto): *questa è la situazione, ora come devo comportarmi?* **2** *Ora che* = adesso che: *ora che hai finito, andiamo a spasso.*

oracolo [o-rà-co-lo] *s.m.* In molte antiche religioni, risposta (*responso*) data da una divinità, mediante i suoi sacerdoti, a domande dei fedeli riguardanti il futuro o altre questioni ◊ La divinità che dava tali responsi: *gli antichi si recavano al tempio a consultare l'oracolo.*

orafo [ò-ra-fo] *s.m.* Artigiano che lavora l'oro e altri metalli preziosi per ricavarne gioielli.

orale [o-rà-le] *agg.* **1** Della bocca: *i denti si trovano nella cavità orale* | *Per via orale* = per bocca (detto di farmaci da ingerire) **2** Fatto, comunicato a voce; non scritto: *interrogazione, risposta, testimonianza orale* ♦ *s.m.* Esame, prova orale: *è andato male agli orali.*

oramai vedi **ormai**.

orango [o-ràn-go] *s.m.* [pl. *-ghi*] Grossa scimmia dell'Indonesia, una delle più simili all'uomo.

orario [o-rà-rio] *agg.* Relativo all'ora | *Segnale orario* = quello trasmesso da radio o televisione per dare l'ora esatta | *Senso orario* = quello in cui ruotano le lancette dell'orologio | *Disco orario* = segnale da esporre sul parabrezza dell'automobile quando si parcheggia in una zona a sosta limitata e che indica l'ora d'arrivo e quella di partenza | *Velocità, media oraria* = calcolata sul tempo di un'ora | *Fuso orario* = vedi *fuso* ♦ *s.m.* **1** Il tempo esattamente determinato in cui inizia, termina o si svolge un'attività: *l'orario di partenza del treno*; *l'orario di apertura, di chiusura dei negozi*; *l'orario di lavoro*; *nel suo lavoro non ci sono orari* | *In orario* = rispettando l'ora stabilita: *essere, arrivare, partire, viaggiare in orario* **2** Prospetto, tabella, fascicolo in cui sono indicate le ore di svolgimento di un'attività (in partic. quelle di partenza e arrivo di un servizio di trasporto pubblico): *nell'atrio della scuola è esposto l'orario delle lezioni*; *consultare l'orario ferroviario, delle corriere, dei traghetti.*

orata [o-rà-ta] *s.f.* Pesce marino così chiamato per la striscia dorata all'altezza degli occhi.

oratore [o-ra-tó-re] *s.m.* [f. *-trice*] Chi tiene un discorso in pubblico: *l'oratore fu applaudito, fischiato* | *Un ottimo, un mediocre, un pessimo* *oratore* = chi mostra molta, scarsa o nessuna abilità nel parlare in pubblico.

oratoria [o-ra-tò-ria] *s.f.* L'arte e la tecnica del parlare in pubblico in modo da riuscire a persuadere gli ascoltatori.

oratorio[1] [o-ra-tò-rio] *agg.* Degli oratori, del parlare in pubblico: *arte, tecnica oratoria*; *un avvocato con grandi capacità oratorie*.

oratorio[2] [o-ra-tò-rio] *s.m.* Ambiente e spazio attiguo alle chiese parrocchiali, dove si riuniscono a giocare e a svagarsi bambini e ragazzi.

orazione [o-ra-zió-ne] *s.f.* **1** Preghiera: *dire, recitare le orazioni* **2** Discorso solenne pronunciato in pubblico | *Orazione funebre* = discorso in onore di un defunto.

orbita [òr-bi-ta] *s.f.* **1** Traiettoria percorsa nello spazio da un astro o da un satellite artificiale che si muove attorno a un corpo celeste: *l'orbita della Terra intorno al Sole, della Luna intorno alla Terra*; *è stato messo in orbita un nuovo satellite per le telecomunicazioni* **2** Ognuna delle due cavità del cranio che contengono gli occhi | ♧ *Aveva gli occhi fuori dalle orbite* = spalancati, per ira, odio, paura o grande stupore.

orbo [òr-bo] *agg.* e *s.m.* Che, chi è cieco (o anche vede molto poco e male): *è orbo da un occhio* | ♧ *Botte da orbi* = date alla cieca e molto violente.

orca [òr-ca] *s.f.* Grosso cetaceo nero sul dorso e bianco sulla parte inferiore del corpo; è molto vorace e aggressivo.

orchestra [or-chè-stra] *s.f.* Il complesso dei suonatori e degli strumenti necessari per un'esecuzione musicale: *orchestra sinfonica, da camera, di musica leggera*; *direttore d'orchestra*.

orchidea [or-chi-dè-a] *s.f.* Pianta ornamentale diffusa in moltissime specie nelle regioni tropicali, con fiori di forma e colore molto vario e assai pregiati.

orcio [ór-cio] *s.m.* Grande recipiente di terracotta, di forma panciuta, usato un tempo spec. per conservare l'olio.

orco [òr-co] *s.m.* [pl. *–chi*] Nelle fiabe e nelle leggende popolari, mostro malvagio che divora gli uomini e spec. i bambini, rappresentato come un uomo gigantesco e orribile.

orda [òr-da] *s.f.* Massa disordinata di armati che si spostano compiendo violenze e saccheggi: *le orde barbariche, degli invasori* ◊ In senso spregiativo o scherzoso, massa disordinata di persone turbolente: *le orde dei turisti domenicali*; *un'orda di bambini scatenati*.

ordigno [or-dì-gno] *s.m.* Qualsiasi oggetto, arnese, strumento complesso e dall'aspetto strano; in partic. congegno distruttivo: *ordigno di guerra, esplosivo, nucleare*.

ordinale [or-di-nà-le] *agg.* e *s.m.* Si dice di numero che indica l'ordine, la posizione di un elemento in una successione, in una serie (per es. *primo, secondo, decimo, centesimo* ecc.).

ordinamento [or-di-na-mén-to] *s.m.* Il complesso delle norme che regolano l'organizzazione e il funzionamento di uno stato, di un'istituzione, di un settore: *l'ordinamento politico, giuridico di uno stato*; *il parlamento ha votato una riforma dell'ordinamento scolastico*.

ordinanza [or-di-nàn-za] *s.f.* **1** Ordine, provvedimento emanato da un'autorità: *un'ordinanza del sindaco, del prefetto, del giudice* **2** *D'ordinanza* = conforme al regolamento militare: *uniforme, berretto, pistola d'ordinanza*.

ordinare [or-di-nà-re] *v.tr.* **1** Mettere in ordine, disporre in un certo ordine: *ordinare un cassetto, una stanza*; *lasciami ordinare le idee* **2** Comandare: *il sindaco ha ordinato lo sgombero delle case pericolanti* ◊ Prescrivere: *il medico mi ha ordinato questa cura* ◊ Chiedere la fornitura di una merce Ⓢ commissionare: *ordinare una damigiana di vino, un vestito al sarto* ◊ In bar e ristoranti, chiedere agli addetti al servizio ciò che si desidera consumare: *ordinare una bistecca, un caffè*.

ordinario [or-di-nà-rio] *agg.* **1** Che riguarda le attività, le esigenze, le situazioni normali e più comuni: *spese ordinarie*; *treno, biglietto, abbonamento ordinario* **2** Di scarso valore, di qualità scadente Ⓢ dozzinale: *un tessuto, un bicchiere ordinario* ◊ Rozzo, grossolano, volgare Ⓒ fine: *una persona ordinaria, di modi ordinari* ♦ *s.m.* Ciò che avviene o si fa normalmente, di solito: *oggi ho mangiato più dell'ordinario*; *la neve in questa stagione è uno spettacolo fuori dell'ordinario*.

ordinato [or-di-nà-to] *agg.* Che è in ordine, disposto in ordine: *una stanza ordinata*; *tenere ordinati i propri libri* ◊ Che ama l'ordine, che tiene in ordine le proprie cose: *è una persona ordinata* ◊ Che si svolge con ordine Ⓢ regolare, preciso: *conduce una vita ordinata*; *ha fatto un'ordinata esposizione dei fatti*.

ordinazione [or-di-na-zió-ne] *s.f.* Ordine, incarico di fornire una merce o di eseguire un lavoro: *la ditta ha ricevuto un'ordinazione dall'estero*; *un falegname che lavora solo su ordinazione* ◊ In bar e ristoranti, richiesta di cibi o bevande che si fa a chi è addetto al servizio.

ordine [ór-di-ne] *s.m.* **1** Disposizione, sistemazione, assetto di qualcosa secondo un criterio razionale o pratico, di funzionalità o estetico © disordine, caos: *tenere, mettere in ordine i libri, i documenti, i cassetti, la stanza, la casa*; *fai un po' d'ordine nel tuo armadio*; *devo rimettere in ordine le mie idee* ◊ Regolare e ordinato funzionamento di una collettività fondato sul rispetto delle leggi e delle norme istituite al suo interno: *uno stato, una società, una scuola in cui regna l'ordine*; *le autorità si sono impegnate a mantenere l'ordine pubblico* ◊ Disposizione, successione di una serie di elementi secondo un determinato criterio: *chiamare gli alunni in ordine alfabetico*; *esporre i fatti in ordine cronologico* | *Ordine di arrivo* = la successione in cui tagliano il traguardo i concorrenti di una gara | *Ordine del giorno* = elenco degli argomenti da discutere in una riunione, in un'assemblea | ♧ *Essere all'ordine del giorno* = accadere spesso, quotidianamente: *i furti sui treni sono ormai all'ordine del giorno* ◊ Disposizione, assetto di schiere militari: *le truppe avanzavano in ordine sparso, in ordine di combattimento* | *Ritirarsi in buon ordine* = in modo ordinato, senza sbandamenti **2** Serie, categoria, tipo di cose, anche non materiali: *il teatro era esaurito in ogni ordine di posti*; *bisogna entrare in un altro ordine di idee* | *Di prim'ordine* = eccellente, di ottimo livello: *un albergo, uno spettacolo di prim'ordine* | *Di second'ordine, di terz'ordine, di quart'ordine, di infimo ordine* = di livello mediocre, scadente, molto basso, pessimo | *Questioni, problemi di ordine pratico, generale, economico* ecc. = di carattere pratico, generale, economico ecc. **3** Insieme di persone che formano una categoria a sé | *Ordini professionali* = associazioni di categoria dei liberi professionisti: *l'ordine degli avvocati, dei medici* | *Ordini religiosi* = comunità di religiosi che seguono una regola comune: *l'ordine dei benedettini, dei francescani* **4** Comando, direttiva: *i soldati devono obbedire agli ordini dei superiori*; *dare, eseguire un ordine*; *ho l'ordine di non lasciar passare nessuno* | *Essere agli ordini di qualcuno* = sotto il suo comando | *Parola d'ordine* = parola segreta che serve come segno di riconoscimento, spec. per poter entrare in un luogo **5** Richiesta, ordinazione di merci: *abbiamo ancora molti ordini da soddisfare*.

ordire [or-dì-re] *v.tr.* [*ordìsco, ordìsci*] **1** Disporre sul telaio i fili dell'ordito, come prima fase della tessitura **2** ♧ Organizzare di nascosto, in segreto Ⓢ tramare, macchinare: *ordire una congiura contro qualcuno*.

ordito [or-dì-to] *s.m.* La serie dei fili disposti in lunghezza sul telaio che, intrecciandosi con i fili trasversali (la *trama*), formeranno il tessuto.

orecchia [o-réc-chia] *s.f.* Piega fatta all'angolo di una pagina di un libro o di un quaderno.

orecchiabile [o-rec-chià-bi-le] *agg.* Detto di motivo musicale facile da imparare, ricordare e ripetere.

orecchino [o-rec-chì-no] *s.m.* Monile che si porta agli orecchi (spec. come ornamento femminile): *un paio di orecchini d'oro*.

orecchio [o-réc-chio] *s.m.* [pl. *gli orecchi* o *le orecchie*] **1** Ciascuno dei due organi dell'udito situati ai lati del capo e costituiti da una parte esterna (*padiglione*) e da una parte sistemata in cavità del cranio: *le malattie dell'orecchio*; *è sordo da un orecchio*; *tapparsi le orecchie* **2** Udito; attenzione: *ha l'orecchio fine* | *Essere duro d'orecchi* = sentirci poco | ♧ *Prestare orecchio* = dare ascolto a ciò che viene detto: *non devi prestare orecchio alle chiacchiere* | ♧ *Essere tutt'orecchi, aprire bene le orecchie* = ascoltare con la massima attenzione | ♧ *Mi è giunto all'orecchio* = ho appreso casualmente, ho sentito dire | ♧ *Fare orecchi da mercante* = fingere di non capire, di non aver sentito | ♧ *Mettere una pulce nell'orecchio a qualcuno* = insinuargli un dubbio, un sospetto ◊ Sensibilità per la musica, capacità di apprenderla e ricordarla: *quel ragazzo ha molto orecchio* | *Non avere orecchio* = essere stonato | *Suonare, cantare a orecchio* = senza conoscere la musica o senza leggerla **3** La parte esterna dell'orecchio: *avere le orecchie piccole, grandi, a sventola*; *lo prese per un orecchio*; *il cane drizzò le orecchie* | ♧ *Tirata d'orecchi* = rimprovero: *si è preso una bella tirata d'orecchi*.

orefice [o-ré-fi-ce] *s.m.f.* Proprietario o gestore di un negozio di gioielli e altri oggetti preziosi.

oreficeria [o-re-fi-ce-rì-a] *s.f.* **1** L'arte e la tecnica di lavorare i metalli preziosi per farne gioielli e altri oggetti d'uso e di ornamento **2** Negozio di un orefice; laboratorio di un orafo.

orfano [òr-fa-no] *agg.* e *s.m.* Si dice di chi ha perduto uno o entrambi i genitori: *un ragazzo orfano di padre, di madre*; *un asilo per orfani*.

orfanotrofio [or-fa-no-trò-fio] *s.m.* Istituto in cui sono accolti e educati i bambini orfani.

organetto [or-ga-nét-to] *s.m.* Strumento musicale, tipico dei suonatori ambulanti di un tempo, costituito da un piccolo piano meccanico montato su ruote e che si suona girando una manovella.

organico [or-gà-ni-co] *agg.* [pl.m. *–ci*] **1** Che riguarda gli organismi viventi © inorganico | *Regno organico* = quello animale e vegetale | *Materia organica* = quella di cui sono costituiti gli organismi viventi **2** Che riguarda qualche organo o tutto l'organismo umano: *la malattia gli ha* *causato un deperimento organico* **3** ♧ Costituito da parti ed elementi ben coordinati tra loro Ⓢ coerente, omogeneo, armonico: *un discorso, un progetto organico* ◊ Generale, complessivo: *è necessaria una riforma organica della scuola* ♦ *s.m.* L'insieme del personale di un'azienda, di un'amministrazione, di un ufficio e simili: *aumentare, diminuire l'organico* ◊ L'insieme degli elementi che costituiscono una squadra sportiva, un'orchestra, una compagnia teatrale ecc.

organismo [or-ga-nì-smo] *s.m.* **1** Ogni essere vivente, in quanto costituito da organi: *organismi vegetali, animali* ◊ Il corpo umano, il fisico: *un organismo sano, malato, robusto, deperito* **2** ♧ Complesso organizzato di persone e strutture che operano per un determinato fine Ⓢ organizzazione: *l'organismo statale*; *organismi amministrativi, burocratici, politici, sindacali.*

organizzare [or-ga-niz-zà-re] *v.tr.* Formare, disporre o coordinare in modo funzionale: *organizzare dei gruppi di studio*; *organizzare il lavoro in un'azienda*; *organizzare la propria vita, le idee* ◊ Preparare qualcosa, predisponendo tutto il necessario per la sua attuazione e buona riuscita: *organizzare una festa, una gita, uno sciopero* ♦ **organizzarsi** *v.pr.* Ordinare o predisporre le proprie cose in modo funzionale o adeguato a un determinato scopo: *non sa organizzarsi nel lavoro*; *devo ancora organizzarmi per il viaggio.*

organizzativo [or-ga-niz-za-tì-vo] *agg.* Di organizzazione: *ci sono problemi organizzativi*; *ha molte capacità organizzative.*

organizzatore [or-ga-niz-za-tó-re] *agg.* e *s.m.* [f. *-trice*] Che, chi organizza qualcosa: *fa parte del comitato organizzatore della festa*; *gli organizzatori di una manifestazione.*

organizzazione [or-ga-niz-za-zió-ne] *s.f.* **1** L'attività di organizzare qualcosa Ⓢ preparazione, allestimento: *mi sto occupando dell'organizzazione di una mostra* ◊ Modo in cui è organizzato qualcosa: *dobbiamo migliorare l'organizzazione del lavoro* **2** Complesso di persone organizzate per uno scopo Ⓢ associazione, organismo: *organizzazioni politiche, sindacali, studentesche*; *l'O.N.U. è un'organizzazione internazionale.*

organo [òr-ga-no] *s.m.* **1** Ogni parte del corpo umano adibita a una specifica funzione: *l'orecchio è l'organo dell'udito*; *organi della vista, della respirazione* ◊ Ogni pezzo o congegno che svolge una funzione specifica in un meccanismo complesso: *gli organi del motore*; *organi di comando, di guida* **2** ♧ Complesso di persone dotate di un potere e di un compito specifico all'interno dell'organismo di cui fanno parte: *il parlamento è l'organo legislativo dello stato, il governo quello esecutivo*; *le elezioni degli organi collegiali della scuola* **3** *Organo di stampa* = giornale **4** Strumento musicale a tastiera in cui il suono viene prodotto immettendo aria in una serie di canne metalliche di diversa grandezza e lunghezza.

orgasmo [or-gà-smo] *s.m.* **1** Lo stadio culminante dell'eccitazione sessuale **2** Agitazione nervosa, ansia: *basta niente per metterla in orgasmo.*

orgia [òr-gia] *s.f.* [pl. *-ge*] Festa sfrenata, bagordo, gozzoviglia; in partic. riunione di più persone che danno libero sfogo ai propri desideri sessuali.

orgoglio [or-gó-glio] *s.m.* **1** Grande e per lo più eccessiva stima di sé e dei propri meriti Ⓢ superbia: *per stupido orgoglio non ha voluto accettare l'aiuto che gli offrivamo* **2** Senso della propria dignità, amor proprio: *lo hai offeso nel suo orgoglio* ◊ Fierezza, soddisfazione: *parlava con orgoglio dei suoi figli* **3** Cosa o persona che è motivo di vanto, di soddisfazione: *quel ragazzo è l'orgoglio della famiglia.*

orgoglioso [or-go-glió-so] *agg.* **1** Pieno d'orgoglio Ⓢ superbo, presuntuoso Ⓒ umile: *è troppo orgoglioso per riconoscere i suoi errori* **2** Fiero: *è molto orgoglioso dei suoi figli* ◊ Che rivela fierezza: *con un'orgogliosa reazione la squadra ha evitato la sconfitta.*

orientale [o-rien-tà-le] *agg.* Che viene da oriente o è situato a oriente Ⓒ occidentale: *venti orientali*; *le coste orientali della Sicilia*; *Europa orientale* ◊ Dell'Asia e dei suoi popoli: *la civiltà, la cultura, l'arte orientale*; *usi, costumi orientali* ♦ *s.m.f.* Abitante dell'Oriente, dell'Asia.

orientamento [o-rien-ta-mén-to] *s.m.* **1** Consapevolezza della posizione in cui ci si trova o della direzione in cui ci si muove; capacità di orientarsi: *perdere, ritrovare l'orientamento*; *molti animali hanno un forte senso dell'orientamento* **2** ♧ Tendenza, indirizzo: *non so quale sia il suo orientamento politico* | *Corsi di orientamento scolastico, professionale* = quelli che hanno lo scopo di indirizzare i giovani verso il tipo di studio o di lavoro più congeniale alle loro attitudini.

orientare [o-rien-tà-re] *v.tr.* **1** Collocare, rivolgere qualcosa in direzione di un punto cardinale o di un altro punto di riferimento: *la casa è orientata a nord*; *orientò i fari verso l'alto* **2** ♧ Indirizzare: *orientare un giovane verso il tipo di studi più adatto alle sue doti* ♦ **orientarsi** *v.pr.* **1** Identificare la propria posizione, il luogo in cui ci si trova rispetto ai punti cardinali o ad altri punti di riferimento Ⓢ orizzontarsi: *gli antichi si orientavano con il sole e con le stelle*; *in questo intrico di strade faccio fatica a orientarmi* ◊ ♧ Raccapezzarsi: *fra tutte queste cifre non riesco più a orientarmi* **2** ♧ Fare una scelta in una certa direzione Ⓢ indirizzarsi: *credo che mi orienterò verso gli studi scientifici*.

oriente [o-rièn-te] *s.m.* **1** Punto dell'orizzonte dove sorge il sole Ⓢ est, levante Ⓒ ovest, ponente: *abbiamo viaggiato verso oriente* ◊ Posizione geografica a est rispetto a un'altra: *la Grecia si trova a oriente dell'Italia* **2** Zona, regione situata a est: *l'oriente della Spagna* ◊ *L'Oriente* = i paesi asiatici rispetto a quelli europei: *i costumi dell'Oriente*; *vicino, medio, estremo Oriente*.

origami [parola giapponese; pron. *origàmi*] *s.m. invar.* L'arte, di origine giapponese, di formare delle figure piegando in vario modo dei fogli di carta.

origano [o-rì-ga-no] *s.m.* Erba aromatica tipica delle regioni mediterranee, usata in cucina come condimento.

originale [o-ri-gi-nà-le] *agg.* **1** Che costituisce la prima e autentica realizzazione di qualcosa e non una copia, una riproduzione, un rifacimento, un'imitazione, una traduzione: *non basta la fotocopia, ci vuole il documento originale*; *ritrovare il manoscritto originale di un'opera* | *Leggere un libro, vedere un film in lingua originale* = nella sua lingua d'origine, non tradotto o doppiato ◊ Detto di prodotto che proviene realmente dal luogo d'origine, da una determinata epoca o casa produttrice Ⓢ autentico Ⓒ falso, imitato: *è una stoffa originale scozzese*; *un mobile originale del Settecento*; *pezzi di ricambio originali* **2** Che è del tutto nuovo e autonomo da modelli precedenti: *un artista, una teoria, uno stile, un'opera, una tecnica originale* ◊ Insolito: *una trovata, un'idea originale* **3** Strano, bizzarro, stravagante: *è un tipo originale*; *ha dei gusti originali* **4** *Peccato originale* = quello commesso da Adamo ed Eva alle origini della storia umana ♦ *s.m.* **1** Documento, stesura, testo, opera originale: *basta una fotocopia o ci vuole l'originale?*; *la traduzione è poco fedele all'originale* | *Originale televisivo* = film realizzato apposta per la televisione ◊ Il modello reale raffigurato in fotografie o opere artistiche: *il ritratto è meglio dell'originale* **2** [anche *f.*] Persona bizzarra, stravagante.

originalità [o-ri-gi-na-li-tà] *s.f.* **1** Qualità di chi o di ciò che esprime qualcosa di nuovo, di originale: *è un artista di grande originalità*; *un'opera di scarsa originalità* **2** Stravaganza: *è noto a tutti per l'originalità del suo modo di vestire*.

originare [o-ri-gi-nà-re] *v.tr.* Dare origine, far nascere Ⓢ provocare, causare: *col tuo comportamento hai originato uno scandalo* ♦ **originarsi** *v.pr.* Avere origine Ⓢ nascere, derivare: *non si sa da dove si sia originato l'incendio*.

originario [o-ri-gi-nà-rio] *agg.* **1** Che ha origine da un luogo Ⓢ proveniente, nativo: *la mia famiglia è originaria della Liguria* **2** Delle origini Ⓢ primitivo: *il restauro ha ridato al quadro il suo originario splendore*.

origine [o-rì-gi-ne] *s.f.* **1** Principio da cui deriva qualcosa; punto di partenza, momento iniziale di qualcosa Ⓢ nascita, genesi: *gli scienziati indagano sull'origine della vita, dell'universo*; *le origini della civiltà cinese* | *In origine* = al principio, inizialmente: *questo supermercato in origine era un teatro* ◊ Causa: *malattia di origine nervosa*; *quale è stata l'origine della lite?* | *Dare origine a qualcosa* = provocarlo, causarlo **2** Provenienza: *una famiglia di origine lombarda*; *parole di origine straniera*; *queste rocce sono di origine vulcanica* ◊ Ambiente, condizione sociale da cui qualcuno proviene: *la loro famiglia è di umili origini, di origine nobile*.

origliare [o-ri-glià-re] *v.intr.* [aus. *avere*] Ascoltare di nascosto: *l'ho visto che stava a origliare dietro una porta*.

orina vedi **urina**.

orinare [o-ri-nà-re] o **urinare** [u-ri-nà-re] *v.intr.* [aus. *avere*] Emettere l'urina.

oriundo [o-riùn-do] *agg.* e *s.m.* Che, chi è originario di un luogo diverso da quello in cui risiede: *in Argentina ci sono molti oriundi italiani*.

orizzontale [o-riz-zon-tà-le] *agg.* Parallelo all'orizzonte, alla superficie terrestre Ⓒ verticale: *mettersi in posizione orizzontale* | *Linee, righe orizzontali* = parallele a quella che si prende come base di un foglio o di un'altra superficie.

orizzontarsi [o-riz-zon-tàr-si] *v.pr.* Individuare il luogo in cui ci si trova e trovare la direzione da prendere Ⓢ orientarsi: *non conoscendo la città, faticava a orizzontarsi* ◊ ♧ Raccapezzarsi: *in questa confusione non riesco a orizzontarmi*.

orizzonte [o-riz-zón-te] *s.m.* **1** Linea apparente leggermente curva che delimita la zona della superficie terrestre visibile da un luogo e lungo la quale sembra che il cielo si congiunga con la terra o col mare: *il sole tramontò sull'orizzonte*; *una nave apparse all'orizzonte* **2** ♧ L'ambito più o meno vasto in cui si estendono le attività, le conoscenze, le idee, le aspirazioni umane: *una scoperta che ha aperto nuovi orizzonti alla scien-*

za; studiava per ampliare l'orizzonte delle sue conoscenze; è un uomo dagli orizzonti limitati.

orlo [ór-lo] *s.m.* **1** Margine, bordo che costituisce il limite estremo di qualcosa: *l'orlo del fosso, del burrone, del bicchiere* | *Recipiente pieno fino all'orlo* = colmo | ♧ *Essere sull'orlo della fossa, della pazzia, del fallimento* = stare per morire, per impazzire, per fallire **2** Bordo ripiegato e cucito di un tessuto o di altro materiale: *fare l'orlo alle tende, a una gonna.*

orma [ór-ma] *s.f.* **1** Impronta lasciata sul terreno dal piede dell'uomo o da una zampa di animale: *lasciare delle orme sulla spiaggia, sulla neve* | *La polizia è sulle orme dei banditi* = li sta inseguendo da presso, sta per catturarli | ♧ *Seguire le orme di qualcuno* = seguirne l'esempio, l'insegnamento **2** ♧ Impronta, segno: *quella tragica esperienza lasciò un'orma indelebile nel suo animo.*

ormai [or-mài] o **oramai** [o-ra-mài] *avv.* Adesso, a questo punto: *ormai è tardi per uscire*; *ormai è solo questione di tempo*; *ormai non c'è più niente da fare* ◊ (per sottolineare il tempo trascorso): *sono ormai tre mesi che non lo vedo* ◊ A quel punto (del passato o del futuro) Ⓢ già: *arrivammo che il treno era ormai partito*; *sarà ormai notte quando arriveremo a casa.*

ormeggiare [or-meg-già-re] *v.tr.* Fermare una imbarcazione con ancore, cavi, catene per impedire che le onde, le correnti e il vento la spostino: *ormeggiare una nave nel porto, alla banchina.*

ormeggio [or-még-gio] *s.m.* **1** La manovra di ormeggiare: *il vento ha reso difficile l'ormeggio* ◊ Il punto, il posto in cui si ormeggia: *cercare un ormeggio sicuro* **2** (al *pl.*) Le ancore, i cavi, le catene con cui un'imbarcazione è ormeggiata: *levare, mollare gli ormeggi.*

ormone [or-mó-ne] *s.m.* Sostanza prodotta da alcune ghiandole e cellule che ha la proprietà di stimolare e regolare l'equilibrio di alcune funzioni e attività dell'organismo.

ornamentale [or-na-men-tà-le] *agg.* Che serve di ornamento Ⓢ decorativo: *decorò il vaso con disegni ornamentali*; *il giardino era pieno di piante ornamentali.*

ornamento [or-na-mén-to] *s.m.* L'ornare Ⓢ abbellimento, decorazione: *mi occuperò io dell'ornamento della sala*; *quel vaso è lì solo per ornamento* ◊ Elemento che serve ad abbellire: *portava un vestito ricco di ornamenti.*

ornare [or-nà-re] *v.tr.* Rendere più bello, più grazioso aggiungendo qualche elemento decorativo Ⓢ abbellire, decorare: *ornare una tavola con i fiori*; *ornare un fazzoletto con ricami*; *si ornò i capelli con un nastro.*

ornitologia [or-ni-to-lo-gì-a] *s.f.* La parte della zoologia che si occupa dello studio degli uccelli.

ornitorinco [or-ni-to-rìn-co] *s.m.* [pl. *–chi*] Mammifero acquatico australiano, con becco simile a quello dell'anatra; pur allattando i piccoli è oviparo, cioè depone le uova.

oro [ò-ro] *s.m.* **1** Metallo prezioso di color giallo-lucente, duttile, malleabile e inossidabile; è usato come mezzo di scambio e in lega con altri metalli per coniare monete e fabbricare oggetti preziosi | ♧ *Vendere, comprare qualcosa a peso d'oro* = a un prezzo carissimo | ♧ *Non lo farei per tutto l'oro del mondo* = a nessun prezzo | ♧ *Nuotare nell'oro* = essere ricchissimo | ♧ *È un cuor d'oro* = una persona molto buona e generosa | ♧ *Parole d'oro* = molto sagge e appropriate | ♧ *Affare d'oro* = ottimo, molto vantaggioso | ♧ *Oro nero* = il petrolio **2** Colore giallo dorato: *capelli d'oro* **3** (al *pl.*) Oggetti d'oro: *mi mostrò i suoi ori.*

orografia [o-ro-gra-fì-a] *s.f.* **1** La parte della geografia che studia i rilievi terrestri **2** La distribuzione dei rilievi montuosi in una data zona o regione: *studiare l'orografia dell'Europa, della Sicilia.*

orologeria [o-ro-lo-ge-rì-a] *s.f.* **1** L'arte e la tecnica di fabbricare orologi **2** Negozio di orologiaio **3** *Bomba a orologeria* = dotata di un congegno che la fa esplodere al momento prefissato.

orologiaio [o-ro-lo-già-io] *s.m.* Chi fabbrica, ripara o vende orologi.

orologio [o-ro-lò-gio] *s.m.* Strumento che misura il tempo e fornisce l'indicazione dell'ora: *orologio da polso, da tasca, da muro* | *Orologio solare* = meridiana | *Orologio a sabbia* = clessidra | *Orologio di precisione* = cronometro | ♧ *È un orologio* = si dice di persona molto puntuale e precisa.

oroscopo [o-rò-sco-po] *s.m.* Predizione del futuro di una persona, basata sulla posizione in cui si trovavano gli astri al momento della sua nascita.

orrendo [or-rèn-do] *agg.* Che suscita orrore, raccapriccio, disgusto Ⓢ orribile, atroce, spaventoso: *un crimine orrendo*; *ha fatto una morte orrenda* ◊ Bruttissimo Ⓒ stupendo: *un film orrendo.*

orribile [or-rì-bi-le] *agg.* Orrendo, atroce, spaventoso: *un orribile delitto*; *ha fatto una fine orribile* ◊ Pessimo, molto brutto Ⓒ bellissimo, stupendo: *c'è un tempo orribile*; *un libro, un film orribile.*

orrido [òr-ri-do] *agg.* Che incute orrore, paura: *giunse sull'orlo di un orrido precipizio* ♦ *s.m.* Stretta gola incassata tra rocce scoscese.

orripilante [or-ri-pi-làn-te] *agg.* Che fa rizzare i

capelli dallo spavento Ⓢ raccapricciante: *si trovò di fronte a una scena orripilante* ◊ Molto brutto: *un vestito orripilante.*

orrore [or-ró-re] *s.m.* **1** Forte sensazione di ribrezzo e raccapriccio, talvolta mista a paura: *un delitto che desta orrore*; *un grido d'orrore si levò dalla folla*; *il sangue mi fa orrore*; *un film dell'orrore* ◊ Profonda avversione: *quell'uomo mi fa orrore* **2** Cosa abominevole, atroce, raccapricciante: *gli orrori della guerra* ◊ Cosa o persona molto brutta: *quell'edificio è un orrore*; *che orrore quel vestito!*

orsa [ór-sa] *s.f.* **1** La femmina dell'orso **2** *Orsa maggiore, minore* = costellazioni dell'emisfero boreale, composte di sette stelle ciascuna.

orsacchiotto [or-sac-chiòt-to] *s.m.* **1** Cucciolo d'orso **2** Pupazzo di stoffa o *peluche* a forma di piccolo orso.

orso [ór-so] *s.m.* **1** Grosso mammifero onnivoro, dalle forme tozze e robuste, con forti artigli e pelo foltissimo, diffuso in varie specie: *orso bruno*; *orso bianco* o *polare* **2** ♧ Persona scontrosa e poco socievole: *è un orso, non frequenta mai nessuno!*

orsù [or-sù] *inter.* Esprime incitamento, esortazione: *orsù, al lavoro!*; *orsù, partiamo!*

ortaggio [or-tàg-gio] *s.m.* Ogni pianta erbacea commestibile coltivata negli orti Ⓢ verdura.

ortensia [or-tèn-sia] *s.f.* Arbusto ornamentale dai fiori rosa, azzurri, violetti o bianchi raccolti in infiorescenze a forma di globo.

ortica [or-tì-ca] *s.f.* Pianta erbacea le cui foglie sono ricoperte di peli pungenti e irritanti.

orticaria [or-ti-cà-ria] *s.f.* Infiammazione e irritazione della pelle, in genere di origine allergica, con comparsa di macchioline rosse e forte prurito.

orticoltore [or-ti-col-tó-re] o **orticultore** [or-ti-cul-tó-re] *s.m.* [f. *–trice*] Chi per mestiere coltiva gli ortaggi.

orto [òr-to] *s.m.* **1** Piccolo appezzamento di terreno coltivato a ortaggi e talvolta anche ad alberi da frutto **2** *Orto botanico* = giardino in cui vengono coltivate diverse varietà di piante, anche rare ed esotiche, a scopo di studio.

ortodosso [or-to-dòs-so] *agg.* **1** Che aderisce integralmente ai principi ufficiali di una dottrina: *un cattolico, un ebreo ortodosso* | *Poco ortodosso* = che si discosta dalle norme, dalle consuetudini, dalle idee comunemente accettate: *il suo comportamento è stato poco ortodosso*; *ha opinioni poco ortodosse* **2** *Chiesa ortodossa* = la chiesa cristiana di rito bizantino staccatasi nel medioevo dalla chiesa cattolica ◊ Della chiesa ortodossa: *rito ortodosso*; *un prete ortodosso* ♦ *s.m.* Chi appartiene alla chiesa ortodossa.

ortofrutticolo [or-to-frut-tì-co-lo] *agg.* Degli ortaggi e della frutta: *mercato ortofrutticolo.*

ortogonale [or-to-go-nà-le] *agg.* Che forma un angolo retto Ⓢ perpendicolare: *rette ortogonali.*

ortografia [or-to-gra-fì-a] *s.f.* Modo corretto di scrivere le parole: *conoscere l'ortografia*; *fa molti errori di ortografia.*

ortografico [or-to-grà-fi-co] *agg.* [pl.m. *–ci*] Che riguarda l'ortografia: *errori ortografici.*

ortolano [or-to-là-no] *s.m.* Venditore di ortaggi e frutta Ⓢ erbivendolo, fruttivendolo ◊ Chi coltiva un orto per venderne i prodotti.

ortomercato [or-to-mer-cà-to] *s.m.* Mercato ortofrutticolo.

ortopedia [or-to-pe-dì-a] *s.f.* Ramo della medicina che cura le malformazioni e i traumi riguardanti le ossa e le articolazioni degli arti e del tronco.

ortopedico [or-to-pè-di-co] *agg.* [pl.m. *–ci*] Di ortopedia: *clinica ortopedica* ◊ Detto di apparecchi che servono a curare e a prevenire malformazioni e difetti degli arti e del tronco: *scarpe ortopediche*; *busto ortopedico* ♦ *s.m.* Medico specialista in ortopedia ◊ Chi fabbrica o vende apparecchi ortopedici.

orzaiolo [or-za-iò-lo] *s.m.* Infiammazione sull'orlo delle palpebre in forma di foruncolo pieno di pus.

orzata [or-zà-ta] *s.f.* Bibita a base di mandorle pestate, zucchero e acqua.

orzo [òr-zo] *s.m.* Cereale simile al grano, impiegato come foraggio, come alimento, come surrogato del caffè e nella fabbricazione della birra.

osanna [o-sàn-na] *s.m.invar.* Nella liturgia cristiana, espressione di lode e saluto a Dio ◊ Nell'uso corrente, grido di esultanza, di acclamazione: *il vincitore avanzava tra gli osanna della folla.*

osare [o-sà-re] *v.tr.* Avere il coraggio, l'audacia di compiere, di rischiare qualcosa: *ha osato sfidare uno più forte di lui*; *osò il tutto per tutto* ◊ Avere l'impudenza, la sfacciataggine di fare qualcosa Ⓢ permettersi: *come osa parlarmi in questo modo?*

oscar [ò-scar] *s.m.invar.* **1** Nome del premio assegnato ogni anno da una giuria statunitense al miglior film e ai migliori artisti della produzione cinematografica di quell'anno ◊ Artista che ha ricevuto questo premio **2** Premio d'eccellenza in un determinato campo.

osceno [o-scè-no] *agg.* Che offende il senso del pudore Ⓢ indecente, sconcio: *gesti osceni*; *uno spettacolo osceno.*

oscillare [o-scil-là-re] *v.intr.* [aus. *avere*] **1** Muoversi alternativamente in un senso e nell'altro Ⓢ ondeggiare, dondolare: *il pendolo oscilla*; *la barca oscillava sull'acqua* **2** ♧ Variare tra un valore massimo e minimo; crescere e calare di continuo: *ieri la temperatura ha oscillato tra i 26 e i 30 gradi*; *il valore del dollaro continua a oscillare sui mercati* **3** ♧ Essere incerto Ⓢ esitare: *oscillava tra il sì e il no*.

oscurare [o-scu-rà-re] *v.tr.* Rendere oscuro, meno luminoso: *una nube oscurò il sole* ♦ **oscurarsi** *v.pr.* Diventare oscuro, meno luminoso o meno chiaro: *il cielo si oscurò all'improvviso*; *ogni tanto mi si oscura la vista*.

oscurità [o-scu-ri-tà] *s.f.* Mancanza o scarsità di luce Ⓢ buio, tenebre: *il ladro fuggì approfittando dell'oscurità*.

oscuro [o-scù-ro] *agg.* **1** Privo di luce o poco illuminato Ⓢ scuro, buio: *una notte oscura*; *un vicolo oscuro* **2** ♧ Poco chiaro, difficile da comprendere, da interpretare: *una frase oscura*; *una vicenda con molti punti oscuri* ◊ Che desta inquietudine, timore, apprensione; *ricevette oscure minacce*; *vedeva davanti a sé un oscuro avvenire* ♦ *s.m.* Buio, oscurità | ♧ *Essere all'oscuro di una cosa* = ignorarla, non esserne informato | ♧ *Tenere qualcuno all'oscuro di una cosa* = non informarlo, nascondergliela.

osmosi [o-smò-si] *s.f.* **1** Fenomeno fisico per cui due liquidi si diffondono l'uno nell'altro passando attraverso la membrana semipermeabile che li separa **2** ♧ Influenza reciproca, fusione tra elementi diversi (culture, popoli ecc.).

ospedale [o-spe-dà-le] *s.m.* Edificio o complesso di edifici attrezzati per il ricovero e la cura dei malati: *si è ricoverato in ospedale*; *ospedale civile, militare, psichiatrico*.

ospitale [o-spi-tà-le] *agg.* Che riceve gli ospiti con cortesia, che è pronto a dare ospitalità: *una persona, una famiglia ospitale* ◊ Accogliente (detto di luogo o ambiente): *un paese, una città ospitale*.

ospitalità [o-spi-ta-li-tà] *s.f.* **1** Cortesia, cordialità verso gli ospiti e i forestieri: *ci ha accolto con grande ospitalità*; *è proverbiale l'ospitalità dei sardi* **2** L'ospitare, l'essere ospitato Ⓢ alloggio, accoglienza: *dare, chiedere ospitalità a un amico, a un parente*; *un paese che ha sempre offerto ospitalità agli esuli politici*; *i doveri dell'ospitalità*.

ospitare [o-spi-tà-re] *v.tr.* **1** Accogliere, alloggiare qualcuno nella propria casa o nella propria città, nel proprio paese: *ospiterò un amico per qualche giorno*; *Firenze ospita tutto l'anno migliaia di turisti* **2** Contenere, accogliere (oggetti): *il museo ospita una collezione di sculture etrusche*.

ospite [ò-spi-te] *s.m.f.* **1** Persona che viene accolta (o anche alloggiata) in casa d'altri: *stasera abbiamo degli ospiti a cena*; *è stato nostro ospite per qualche giorno* ◊ Cliente di un albergo, persona che si reca e risiede per qualche tempo in una località, in un paese diversi dal proprio: *nei centri di villeggiatura sono arrivati molti ospiti stranieri* **2** Chi accoglie in casa propria una persona: *è stato un ospite molto premuroso*.

ospizio [o-spì-zio] *s.m.* Istituto che ricovera persone bisognose di assistenza, spec. anziane.

ossario [os-sà-rio] *s.m.* Nei cimiteri, luogo in cui si conservano le ossa dei defunti quando vengono dissepolte ◊ Costruzione che accoglie le ossa dei caduti in guerra.

ossatura [os-sa-tù-ra] *s.f.* **1** L'insieme delle ossa del corpo o di una sua parte: *ha un'ossatura robusta*; *l'ossatura degli arti, del tronco* **2** ♧ Struttura di sostegno di una costruzione Ⓢ intelaiatura: *l'ossatura di un edificio, di un ponte, di una nave*.

osseo [òs-se-o] *agg.* Dell'osso, delle ossa: *tessuto osseo*; *struttura ossea*; *lesioni, fratture ossee*.

ossequio [os-sè-quio] *s.m.* Grande rispetto e deferenza manifestati a qualcuno con atti e parole: *il capo dello stato fu accolto con manifestazioni di ossequio* ◊ (al *pl.*) Saluti rispettosi Ⓢ omaggi: *porga i miei ossequi alla signora*.

ossequioso [os-se-quió-so] *agg.* Pieno di ossequio; deferente e cerimonioso: *un individuo troppo ossequioso con i superiori*.

osservante [os-ser-vàn-te] *agg.* e *s.m.f.* Detto di chi osserva scrupolosamente i precetti e segue assiduamente i riti di una religione: *un cattolico, un ebreo osservante*.

osservanza [os-ser-vàn-za] *s.f.* Scrupoloso e rigoroso rispetto di ciò che è prescritto o a cui ci si è impegnati: *il preside ha richiamato gli studenti all'osservanza dei regolamenti e della disciplina*.

osservare [os-ser-và-re] *v.tr.* **1** Guardare, esaminare con attenzione: *passava le notti a osservare le stelle*; *osservare un insetto al microscopio*; *si accorse che qualcuno lo osservava* **2** Notare: *hai osservato com'era strano il suo modo di fare?* ◊ Far notare: *ho osservato che era tardi per cambiare idea* ◊ Obiettare: *sulla sua proposta non ho nulla da osservare* **3** Mantenere, rispettare, non trasgredire: *osservare il silenzio, la disciplina, le leggi*; *osservare i propri doveri, la parola data*.

osservatore [os-ser-va-tó-re] *s.m.* [f. *–trice*] **1** Chi osserva: *l'orizzonte muta a seconda del punto* *in cui si trova l'osservatore* ◊ Chi ha capacità di osservazione: *è un ottimo osservatore* **2** Chi partecipa a congressi, convegni ecc. senza intervenire nel dibattito, ma col solo compito di osservare quanto vi accade ◊ *Osservatori internazionali, dell'O.N.U.* = agenti inviati da organizzazioni internazionali in uno stato per controllare il rispetto di determinate regole o accordi.

osservatorio [os-ser-va-tò-rio] *s.m.* Luogo o edificio dotato delle attrezzature per osservare e studiare particolari zone e fenomeni: *osservatorio astronomico, meteorologico, sismico, militare.*

osservazione [os-ser-va-zió-ne] *s.f.* **1** L'attività di osservare, di esaminare attentamente: *l'osservazione delle stelle, dei fenomeni naturali*; *strumenti di osservazione* | *Spirito d'osservazione* = capacità di notare le cose, i particolari, le differenze **2** Considerazione: *hai fatto una osservazione molto acuta* ◊ Giudizio, critica: *ho tenuto conto delle vostre osservazioni* **3** Rimprovero: *mi ha fatto osservazione perché ero in ritardo.*

ossessionare [os-ses-sio-nà-re] *v.tr.* Tormentare, angosciare in modo assillante l'animo di qualcuno: *quel ricordo lo ossessiona*; *è ossessionato dagli incubi* ◊ Infastidire in modo assillante Ⓢ esasperare: *smettila di ossessionarmi con le tue richieste!*

ossessione [os-ses-sió-ne] *s.f.* Preoccupazione angosciosa e assillante, idea fissa tormentosa Ⓢ incubo: *ha l'ossessione di essere malata*; *quell'esame è diventato per lui un'ossessione.*

ossessivo [os-ses-sì-vo] *agg.* Che costituisce un'ossessione: *ha una paura ossessiva dei ladri* ◊ Assillante, esasperante, frenetico: *un ritmo di lavoro ossessivo.*

ossesso [os-sès-so] *s.m.* Chi è posseduto dal demonio Ⓢ indemoniato | ♧ *Gridare, agitarsi come un ossesso* = come un pazzo furioso.

ossia [os-sì-a] *congz.* Cioè, vale a dire: *partirà tra due giorni, ossia venerdì.*

ossidare [os-si-dà-re] *v.tr.* Provocare l'ossidazione di una sostanza: *l'umidità ossida molti metalli* ♦ **ossidarsi** *v.pr.* Subire l'ossidazione: *il ferro si ossida facilmente.*

ossidazione [os-si-da-zió-ne] *s.f.* Formazione di una patina opaca e ruvida che si verifica sulla superficie di alcuni metalli a contatto con l'aria.

ossido [òs-si-do] *s.m.* Composto dell'ossigeno con un metallo o un altro elemento.

ossigenare [os-si-ge-nà-re] *v.tr.* Arricchire di ossigeno: *ho aperto la finestra per ossigenare la stanza* ◊ *Ossigenare i capelli* = schiarirli trattandoli con acqua ossigenata ♦ **ossigenarsi** *v.pr.* **1** Ritemprarsi respirando aria ricca di ossigeno: *è andato in montagna a ossigenarsi* **2** Farsi i capelli biondi con l'acqua ossigenata.

ossigenato [os-si-ge-nà-to] *agg.* Che contiene ossigeno | *Acqua ossigenata* = arricchita di ossigeno, usata come disinfettante e per schiarire i capelli | *Capelli ossigenati* = schiariti, resi biondi con l'acqua ossigenata.

ossigeno [os-sì-ge-no] *s.m.* Elemento chimico gassoso, costituente principale dell'aria e dell'acqua, indispensabile alla vita.

osso [òs-so] *s.m.* [pl.f. *le ossa*, quando ci si riferisce al corpo umano e quando sono indicate collettivamente; pl.m. *gli ossi* negli altri casi] **1** Ciascuno degli elementi rigidi di varia forma che costituiscono lo scheletro dell'uomo e degli animali vertebrati: *le ossa del piede, della mano, del capo*; *l'osso nasale* | ♧ *Essere, ridursi pelle e ossa* = essere, diventare magrissimo | ♧ *In carne e ossa* = in persona: *è venuto proprio lui, in carne e ossa* | ♧ *Avere, sentirsi le ossa rotte* = essere molto stanco, indolenzito | ♧ *È un osso duro* = una persona decisa, con cui non è facile spuntarla | ♧ *Farsi le ossa* = acquisire una solida esperienza | ♧ *Ridurre all'osso le spese, i consumi* = al minimo possibile **2** Parte dello scheletro di animali macellati: *una bistecca con l'osso*; *ho dato al cane gli ossi del pollo* **3** Materiale ricavato da ossa animali: *un bottone, un pettine d'osso* **4** *Osso di seppia* = la conchiglia interna della seppia | *Osso di pesca, di prugna* = nocciolo.

ossuto [os-sù-to] *agg.* Che ha ossa sporgenti, in evidenza: *mani ossute*; *un cavallo ossuto.*

ostacolare [o-sta-co-là-re] *v.tr.* Essere di ostacolo a qualcuno o a qualcosa, porre degli ostacoli all'attuazione di qualcosa Ⓢ osteggiare, intralciare Ⓒ favorire, agevolare, aiutare: *i genitori ostacolano il loro matrimonio*; *le operazioni di soccorso erano ostacolate dalla neve.*

ostacolo [o-stà-co-lo] *s.m.* **1** Tutto ciò che intralcia o costituisce un impedimento, una barriera, una difficoltà (anche ♧): *la nebbia era di ostacolo alle ricerche*; *si trovò di fronte un ostacolo improvviso*; *continua a opporre ostacoli ai miei progetti* **2** Nell'atletica leggera e nell'ippica, barriera di varia natura posta lungo il percorso di gara e che l'atleta o il cavallo devono saltare.

ostaggio [o-stàg-gio] *s.m.* Persona che forze militari nemiche o gruppi criminali prendono in proprio potere per usarla, sotto minaccia di morte o di altre ritorsioni, come garanzia per il rispetto di accordi, come strumento di ricatto per garantire la propria incolumità o per ottenere la soddisfazione delle loro richieste: *le truppe di occupazione minacciarono di fucilare gli ostaggi se i partigiani le avessero attaccate*; *i banditi fuggirono dalla banca prendendo come ostaggio il direttore.*

oste [ò-ste] *s.m.* [f. *ostéssa*] Chi gestisce un'osteria | ♧ *Fare i conti senza l'oste* = fare piani senza tener conto di chi ha la possibilità di ostacolarli o farli fallire.

osteggiare [o-steg-già-re] *v.tr.* Contrastare, avversare, ostacolare: *ha sempre osteggiato ogni mia proposta*; *osteggiare un'iniziativa.*

ostello [o-stèl-lo] *s.m. Ostello (della gioventù)* = albergo che alloggia con poca spesa giovani turisti: *a Firenze abbiamo dormito all'ostello.*

ostentare [o-sten-tà-re] *v.tr.* Mostrare volutamente, esibire in modo esagerato qualcosa, perché venga notato, per vanto o anche per simulazione: *non mi piace chi ostenta la sua ricchezza o la sua cultura*; *ostentava indifferenza, ma in realtà era molto curioso.*

ostentazione [o-sten-ta-zió-ne] *s.f.* Sfoggio, esibizione intenzionale di qualcosa che si vuole venga notato, per vanto o anche per simulazione.

osteria [o-ste-rì-a] *s.f.* Locale pubblico dove si servono vino e altre bevande, e talvolta anche cibi.

ostetrica [o-stè-tri-ca] *s.f.* Infermiera specializzata nell'assistenza alle donne durante la gravidanza, il parto e il puerperio Ⓢ levatrice.

ostia [ò-stia] *s.f.* Nella religione cattolica, sottile disco di pane azzimo che, consacrato dal sacerdote durante la messa, si trasforma nel corpo di Cristo e viene distribuito ai fedeli nella comunione come cibo spirituale.

ostico [ò-sti-co] *agg.* [pl.m. *–ci*] Arduo, difficile da affrontare e perciò sgradito: *la matematica è per molti una materia ostica.*

ostile [o-stì-le] *agg.* Avverso, contrario, nemico: *ha un atteggiamento ostile verso di me*; *si è mostrato ostile alla proposta*; *sguardo ostile.*

ostilità [o-sti-li-tà] *s.f.* **1** Avversione, inimicizia; atteggiamento ostile: *non capisco il perché della sua ostilità nei miei confronti* ◊ Atteggiamento di dura opposizione: *la sua proposta incontrò l'ostilità di tutti i presenti* **2** (al *pl.*) Azioni di guerra, combattimenti: *l'O.N.U. ha ordinato ai due paesi in guerra di sospendere le ostilità.*

ostinarsi [o-sti-nàr-si] *v.pr.* Persistere caparbiamente e spesso irragionevolmente in un'idea, in un proposito, in un atteggiamento Ⓢ intestardirsi, insistere: *perché ti ostini a negare l'evidenza?*

ostinato [o-sti-nà-to] *agg.* **1** Caparbio, testardo: *ha un carattere ostinato*; *perché sei così ostinato, quando sai benissimo di aver torto?* ◊ Tenace, fermo, risoluto: *la sua ostinata ricerca della verità è stata premiata*; *gli assediati continuavano a opporre un'ostinata resistenza* **2** Che dura più del solito, che non vuol passare (detto spec. di cosa fastidiosa) Ⓢ persistente: *ha una tosse ostinata*; *una pioggia ostinata.*

ostinazione [o-sti-na-zió-ne] *s.f.* Atteggiamento ostinato Ⓢ caparbietà, testardaggine, cocciutaggine: *con la sua ostinazione rischia di rovinarsi* ◊ Tenacia, fermezza, perseveranza: *prosegue le sue ricerche con ostinazione.*

ostrica [ò-stri-ca] *s.f.* Mollusco marino con conchiglia, molto pregiato come frutto di mare | *Ostrica perlifera* = ostrica dei mari tropicali che produce perle.

ostruire [o-stru-ì-re] *v.tr.* [*ostruìsco, ostruìsci*] Chiudere, bloccare, impedire un passaggio: *i detriti hanno ostruito il tubo*; *la frana ostruiva la strada.*

ostruzione [o-stru-zió-ne] *s.f.* Blocco, sbarramento che impedisce il passaggio: *la frana aveva provocato l'ostruzione della strada* ◊ ♧ Azione di ostacolo Ⓢ ostruzionismo: *fare ostruzione al passaggio di una legge* | *Fallo di ostruzione* = nel calcio e in altri sport, fallo consistente nel porsi davanti all'avversario impedendogli di proseguire nell'azione.

ostruzionismo [o-stru-zio-nì-smo] *s.m.* Azione sistematica che mira a ostacolare o a impedire un'attività, un'iniziativa o la realizzazione di un progetto | *Ostruzionismo parlamentare* = quello cui ricorrono talvolta le minoranze (facendo interventi lunghissimi, continui emendamenti ecc.) per bloccare l'approvazione di leggi proposte dalla maggioranza.

otaria [o-tà-ria] *s.f.* Mammifero marino simile alla foca.

otite [o-tì-te] *s.f.* Infiammazione dell'orecchio.

otorinolaringoiatra [o-to-ri-no-la-rin-go-ià-tra] *s.m.f.* [pl.m. *–tri*] Medico specialista nella cura delle malattie dell'orecchio, del naso e della gola.

otre [ó-tre] *s.m.* Recipiente ricavato da una pelle animale cucita, usato, spec. un tempo, per il trasporto e la conservazione di liquidi: *un otre d'olio, di vino* | *Essere pieno come un otre* = avere mangiato o bevuto fino a non poterne più.

ottagono [ot-tà-go-no] *s.m.* Poligono con otto lati e otto angoli.

ottavo [ot-tà-vo] *agg.num.ord.* e *s.m.* Che, chi occupa il posto numero otto in una serie, in una graduatoria (si scrive 8° in numeri arabi, VIII in numeri romani): *abita all'ottavo piano*; *l'ottava sinfonia di Beethoven*; *è l'ottavo della lista* ⧫ *s.m.* **1** L'ottava parte di un intero **2** *Ottavi di finale* = fase di una gara sportiva a eliminazione, in cui si affrontano i concorrenti (sedici) che hanno superato i sedicesimi di finale per qualificare gli otto che parteciperanno ai quarti di finale.

ottemperare [ot-tem-pe-rà-re] *v.intr.* [aus. *avere*] Dare attuazione, obbedire a leggi, prescrizioni o richieste: *le leggi fatte dal Parlamento devono ottemperare alla Costituzione*.

ottenebrare [ot-te-ne-brà-re] *v.tr.* Oscurare, offuscare (spec. ♧): *la nebbia ottenebrava la luce del sole*; *un malore gli ottenebrò la vista*; *la sua mente era ottenebrata dall'ira*.

ottenere [ot-te-né-re] *v.tr.* [coniugato come *tenere*] **1** Riuscire ad avere (ciò che si desidera o si richiede) Ⓢ conseguire, raggiungere: *ottenere un permesso, un aumento di stipendio, uno sconto*; *ottenere il successo, la vittoria* **2** Ricavare, trarre: *la benzina si ottiene dal petrolio*.

ottica [òt-ti-ca] *s.f.* **1** La parte della fisica che studia la luce e i fenomeni luminosi **2** La tecnica della fabbricazione degli strumenti ottici: *laboratorio, negozio di ottica* ◊ L'insieme delle lenti, degli specchi, dei diaframmi e simili di cui è composto uno strumento ottico: *questa macchina fotografica ha un'ottica molto buona* **3** ♧ Punto di vista, modo di vedere, prospettiva: *la nostra proposta parte da un'altra ottica*.

ottico [òt-ti-co] *agg.* [pl.m. *–ci*] **1** Che riguarda la vista e i suoi organi: *il nervo ottico trasmette al cervello le immagini percepite dall'occhio*; *hai creduto di vederlo, ma è stata un'illusione ottica* **2** *Strumenti ottici* = quelli che producono o utilizzano particolari fenomeni relativi alla luce e alla vista (per es. la macchina fotografica, il cannocchiale, il microscopio, gli occhiali) ⧫ *s.m.* Chi costruisce, ripara, vende occhiali e altri strumenti ottici.

ottimale [ot-ti-mà-le] *agg.* Che costituisce quanto di meglio, di più vantaggioso si possa avere Ⓢ ideale Ⓒ peggiore: *la serra è l'ambiente ottimale per coltivare certe piante*.

ottimismo [ot-ti-mì-smo] *s.m.* Tendenza a cogliere soprattutto gli aspetti positivi della realtà e a confidare sempre in uno sviluppo favorevole delle situazioni e degli avvenimenti Ⓒ pessimismo: *il suo ottimismo mi dà fiducia*; *guardava al futuro con ottimismo*.

ottimista [ot-ti-mì-sta] *agg.* e *s.m.f.* [pl.m. *–sti*] Che, chi è incline all'ottimismo (in generale o riguardo a un caso particolare) Ⓒ pessimista: *è un inguaribile ottimista, non si preoccupa mai*; *sono ottimista sulla possibilità di farcela*.

ottimo [òt-ti-mo] *agg.* [superlativo di *buono*] Molto buono, buonissimo, eccellente Ⓒ pessimo: *ha un ottimo carattere*; *è un ottimo insegnante*; *il pranzo era ottimo*; *hai fatto un ottimo lavoro*.

Ottimo è il superlativo di *buono*, perciò non si può dire *molto ottimo*.

otto [òt-to] *agg.num.card.invar.* e *s.m.invar.* Numero equivalente a sette unità più una (si scrive 8 in numeri arabi, VIII in numeri romani): *arriverò tra otto giorni* | *L'otto del mese* = l'ottavo giorno | *Le otto* = le ore otto del mattino o della sera | ♧ *In quattro e quattr'otto* = in brevissimo tempo, con grande rapidità: *ha preparato i bagagli in quattro e quattr'otto ed è partito*.

ottobre [ot-tó-bre] *s.m.* Decimo mese dell'anno, di 31 giorni.

ottocento [ot-to-cèn-to] *agg.num.card.invar.* e *s.m.invar.* Numero equivalente a otto volte cento: *ottocento euro*; *correre gli ottocento (metri)* | *L'Ottocento* = il XIX secolo: *l'arte, la musica dell'Ottocento*.

ottone [ot-tó-ne] *s.m.* **1** Lega di rame e zinco, di colore giallo, molto usata nell'industria: *la maniglia di questa porta è di ottone* **2** (al *pl.*) Gli strumenti a fiato costruiti in ottone: *le trombe, i tromboni, i corni appartengono alla famiglia degli ottoni*.

ottuagenario [ot-tua-ge-nà-rio] *agg.* e *s.m.* Che, chi ha ottant'anni d'età Ⓢ ottantenne.

otturare [ot-tu-rà-re] *v.tr.* Ostruire, chiudere un'apertura, un condotto Ⓢ turare, tappare Ⓒ sturare: *otturarono la falla con degli stracci*; *otturare un buco* | *Otturare un dente* = riempire con speciali materiali la cavità prodotta dalla carie ⧫ **otturarsi** *v.pr.* Restare ostruito Ⓢ intasarsi: *si è otturato lo scarico del lavandino*.

otturatore [ot-tu-ra-tó-re] *s.m.* Dispositivo che, nelle macchine fotografiche, serve a regolare il passaggio della luce attraverso l'obiettivo.

otturazione [ot-tu-ra-zió-ne] *s.f.* Chiusura, ostruzione: *l'otturazione di un foro*; *l'acqua non passa a causa dell'otturazione dello scarico* ◊ Il materiale usato per otturare un dente: *l'otturazione è saltata via*.

ottusità [ot-tu-si-tà] *s.f.* Limitatezza, scarsa acutezza e prontezza di mente e di spirito.

ottuso [ot-tù-so] *agg.* **1** *Angolo ottuso* = angolo maggiore di un angolo retto e minore di un angolo piatto **2** ♧ Tardo a comprendere, poco acuto, mentalmente limitato © sveglio, intelligente: *ha una mente ottusa; ho perso un sacco di tempo per colpa di un ottuso burocrate.*

outlet [parola inglese; pron. corrente *àutlet*] *s.m. invar.* Negozio che vende a prezzi scontati prodotti di marche famose.

outsider [parola inglese; pron. corrente *autsàider*] *s.m.f.invar.* Concorrente che vince o ha la possibilità di affermarsi in una gara sportiva o in un altro tipo di competizione (politica, musicale ecc.) pur non essendo tra i favoriti.

ovaia [o-và-ia] *s.f.* Ciascuna delle due ghiandole che costituiscono l'organo di riproduzione della donna e delle femmine dei mammiferi, e all'interno delle quali si sviluppano e sono contenute le uova prima della loro fecondazione.

ovale [o-và-le] *agg.* Che ha una forma ellittica, cioè un contorno simile a quello di un uovo: *un piatto, un tavolo ovale* | *Palla ovale* = quella del rugby ♦ *s.m.* La linea di contorno del volto: *ha un viso dall'ovale perfetto.*

ovatta [o-vàt-ta] *s.f.* Cotone in fiocchi usato per imbottiture Ⓢ bambagia ◊ Cotone idrofilo.

ovazione [o-va-zió-ne] *s.f.* Calorosa manifestazione di consenso, con grida e applausi entusiastici e prolungati: *il discorso terminò tra le ovazioni della folla.*

ove [ó-ve] *avv.* Dove ♦ *congz.* Qualora, nel caso che: *ove fosse necessario, non esiterei a farlo.*

overdose [parola inglese; pron. corrente *overdòse* o *overdòs*] *s.f.invar.* Dose eccessiva di un farmaco o di una droga: *è morto per un'overdose di eroina* ◊ ♧ Eccesso, grande quantità: *un'overdose di televisione.*

ovest [ò-vest] *s.m.* **1** Uno dei quattro punti cardinali, quello corrispondente alla parte dell'orizzonte in cui si vede tramontare il sole (si abbrevia in *O*) Ⓢ occidente, ponente © oriente, levante: *si diressero a ovest; questa stanza è esposta a ovest* ◊ Punto situato più a ovest di un altro: *Torino è a ovest di Milano* **2** Parte occidentale di un territorio: *l'ovest della Spagna* ♦ *agg.invar.* Che è situato a ovest Ⓢ occidentale: *la zona ovest di Roma.*

ovile [o-vì-le] *s.m.* Stalla, riparo per le pecore e le capre | ♧ *Tornare all'ovile* = tornare a casa, nel proprio ambiente, o sulla retta via, o anche in un'organizzazione che si era abbandonata.

ovini [o-vì-ni] *s.m.pl.* Famiglia di ruminanti i cui maschi hanno le corna a spirale; ne fanno parte le pecore, le capre, i mufloni, i camosci.

ovino [o-vì-no] *agg.* Di pecora: *carne ovina.*

oviparo [o-vì-pa-ro] *agg.* e *s.m.* Si dice di animale che si riproduce deponendo uova e il cui embrione si sviluppa perciò all'esterno del corpo materno: *gli uccelli e i rettili sono ovipari.*

ovovia [o-vo-vì-a] *s.f.* Funivia con piccole cabine a due posti a forma di uovo.

ovoviviparo [o-vo-vi-vì-pa-ro] *agg.* e *s.m.* Si dice di animale che si riproduce per mezzo di uova che non vengono deposte all'esterno ma si sviluppano dentro il corpo materno (per es. la vipera e lo squalo).

ovulazione [o-vu-la-zió-ne] *s.f.* Produzione della cellula germinativa femminile da parte dell'ovaia ◊ Fuoriuscita dall'ovaia dell'ovulo maturo, pronto per essere fecondato.

ovulo [ò-vu-lo] *s.m.* Cellula riproduttiva femminile che, dopo la fecondazione, si trasforma in embrione negli animali e in seme nelle piante.

ovunque [o-vùn-que] *avv.* Dovunque.

ovvero [ov-vé-ro] *congz.* Cioè, ossia: *il paese in cui vivo, ovvero l'Italia.*

ovviamente [ov-via-mén-te] *avv.* Evidentemente, naturalmente: *partiremo, ovviamente, solo se sarà bel tempo.*

ovviare [ov-vi-à-re] *v.intr.* [*ovvìo, ovvìi;* aus. *avere*] Porre rimedio a qualcosa Ⓢ rimediare: *non sapeva come ovviare a quell'inconveniente, a quella difficoltà.*

ovvio [òv-vio] *agg.* Del tutto evidente Ⓢ scontato, naturale, logico: *è una cosa ovvia, non c'è bisogno di spiegarla; è ovvio che, se non vengo, vi avvertirò.*

oziare [o-zià-re] *v.intr.* [aus. *avere*] Stare in ozio, passare il tempo senza far nulla: *non fa che oziare tutto il giorno.*

ozio [ò-zio] *s.m.* Il non far nulla, per pigrizia e abitudine: *se ne sta in ozio tutto il giorno* ◊ Inattività temporanea: *la malattia mi costringe a un ozio forzato* ◊ Tempo libero dalle occupazioni quotidiane: *nei momenti d'ozio mi piace ascoltare la musica.*

ozioso [o-zió-so] *agg.* **1** Che ama l'ozio © laborioso: *un uomo ozioso* ◊ Che sta in ozio Ⓢ inattivo: *se ne stava temporaneamente ozioso* ◊ Passato nell'ozio Ⓢ inoperoso: *fa una vita oziosa* **2** ♧ Inutile, superfluo (detto di discorsi, parole): *discussioni oziose; che domanda oziosa mi hai fatto!*

ozono [o-zò-no] *s.m.* Gas affine all'ossigeno, di odore pungente, usato come disinfettante, decolorante, deodorante e per conservare gli alimenti. La sua presenza nella stratosfera protegge la Terra dai raggi ultravioletti provenienti dal Sole.

p, P

p *s.f.* o *m.* Quattordicesima lettera dell'alfabeto italiano; è una consonante e quando è sola si pronuncia *pi*.

pacato [pa-cà-to] *agg.* Che dimostra calma e serenità: *un giudizio pacato*; rispondere in tono pacato.

pacca [pàc-ca] *s.f.* Colpo amichevole dato con la mano aperta: *mi salutò con una pacca sulla spalla.*

pacchetto [pac-chét-to] *s.m.* Pacco, confezione di piccole dimensioni: *pacchetto postale; pacchetto di sigarette.*

pacchia [pàc-chia] *s.f.* Situazione, vita facile, piacevole, senza fatica e preoccupazioni.

pacchiano [pac-chià-no] *agg.* Di cattivo gusto, vistoso e volgare: *si veste sempre in modo pacchiano*; *un arredamento pacchiano.*

pacco [pàc-co] *s.m.* [pl. *–chi*] Involucro di carta o altro materiale, confezionato per contenere uno o più oggetti e talvolta legato con corde o nastri: *disfare un pacco*; *spedire, ricevere un pacco*; *un pacco di libri, di dolci.*

pace [pà-ce] *s.f.* **1** Assenza di guerre, di conflitti tra popoli e stati: *lottare per la pace nel mondo; vivere in tempo di pace* ◊ Conclusione di una guerra: chiedere la pace; trattato di pace **2** Concordia, tranquillità nella vita pubblica e nei rapporti tra le persone: *voglio vivere in pace con tutti* | *Fare (la) pace con qualcuno* = rappacificarsi con lui **3** Quiete, tranquillità, come assenza di rumori, di confusione o di altri fastidi: *la pace della campagna; in questa casa non si riesce a lavorare in pace* | *Lasciare in pace qualcuno* = non disturbarlo, non infastidirlo ◊ Tranquillità e serenità spirituale, interiore: *avere la coscienza in pace; il rimorso non gli dà pace* | *Mettersi l'animo in pace* = rassegnarsi.

pacemaker [parola inglese; pron. corrente *peismècher*] *s.m.invar.* Piccolo apparecchio a pila che serve a stimolare elettricamente le contrazioni del cuore di una persona quando, per qualche malattia, queste non avvengono con la necessaria regolarità.

pachiderma [pa-chi-dèr-ma] *s.m.* [pl. *–mi*] Nome generico dei grossi mammiferi erbivori dalla pelle molto spessa, come gli elefanti, i rinoceronti, gli ippopotami.

paciere [pa-ciè-re] *s.m.* Chi ristabilisce la pace tra persone o gruppi in lite: *fare da paciere tra due litiganti.*

pacificare [pa-ci-fi-cà-re] *v.tr.* [*pacìfico, pacìfichi*] Riconciliare: *ha cercato di pacificare i due nemici* ◊ Riportare a uno stato di pace, di concordia: *pacificare una nazione sconvolta dalla guerra civile.*

pacifico [pa-cì-fi-co] *agg.* [pl.m. *–ci*] Che ama la pace e rifugge dalla guerra: *un popolo, un paese pacifico* ◊ Che ama la tranquillità, il quieto vivere e rifugge da ogni violenza e litigio: *un carattere pacifico*; *gente pacifica* ◊ Che non fa ricorso alla violenza: *manifestazione, protesta pacifica*; *usare mezzi pacifici* ◊ Non bellicoso, non aggressivo: *avere intenzioni pacifiche.*

pacifista [pa-ci-fi-sta] *agg.* e *s.m.f.* [pl.m. *–sti*] Che, chi è radicalmente contrario alle guerre come mezzo per risolvere le controversie tra gli stati.

padano [pa-dà-no] *agg.* Del Po, della valle del Po: *il delta padano*; *la pianura padana.*

padella [pa-dèl-la] *s.f.* Recipiente di cucina tondo e poco fondo, con lungo manico, usato spec. per friggere.

padiglione [pa-di-glió-ne] *s.m.* **1** Costruzione isolata o collegata con altre, che costituisce un settore di un complesso Ⓢ reparto, stand: *il padiglione di chirurgia di un ospedale*; *il padiglione dell'elettronica alla Fiera di Milano* **2** *Padiglione auricolare* = la parte esterna dell'orecchio.

padre [pà-dre] *s.m.* **1** Uomo che ha generato uno o più figli Ⓢ genitore, babbo, papà: *diventare padre*; *è orfano di padre* | *Padre adottivo* = quello che ha adottato un figlio **2** (al *pl.*) Progenitore, antenato: *seguire le usanze dei propri padri* **3** ♧ Chi è stato fondatore, iniziatore, inventore di qualcosa: *Einstein è il padre della fisica moderna.*

padreterno [pa-dre-tèr-no] *s.m.* **1** (con l'iniziale maiuscola) Nel cristianesimo, Dio Padre: *pregare il Padreterno* **2** [pl. *padreterni*] ♧ Persona molto importante e influente o che si ritiene tale: *mi dà noia con quelle sue arie da padreterno!*

padrino [pa-drì-no] *s.m.* **1** Chi presenta al sacerdote il bambino che deve essere battezzato o cresimato: *lo zio ha fatto da padrino al nipote* **2** Chi fa da testimone a un duello assistendo uno dei due duellanti **3** Capo di una cosca mafiosa.

padronanza [pa-dro-nàn-za] *s.f.* Controllo, dominio: *perdere la padronanza dei propri nervi* ◊ Grande pratica e abilità in qualcosa; conoscenza approfondita di qualcosa: *la sua padronanza della guida ha evitato un incidente*; *ha una buona padronanza dell'inglese.*

padrone [pa-dró-ne] *s.m.* **1** Chi è proprietario di qualcosa: *il padrone di un palazzo, di un terreno, di un'auto, di un cane* | *Padrone di casa* = il proprietario di un appartamento rispetto all'inquilino o chi riceve rispetto agli ospiti ◊ Datore di lavoro, imprenditore (spesso usato con valore polemico): *gli operai sono scesi in sciopero contro il padrone* **2** Dominatore assoluto: *grazie al suo gioco la nostra squadra è diventata padrona del campo* ◊ ♧ Chi è libero di agire a proprio piacimento: *sei padrone di andartene quando vuoi* ◊ ♧ Chi ha pieno controllo o profonda conoscenza di qualcosa: *quando si arrabbia non è più padrone dei suoi nervi*; *essere padrone di un mestiere, di una lingua.*

padroneggiare [pa-dro-neg-già-re] *v.tr.* Dominare, controllare: *padroneggiare i propri nervi* ◊ Conoscere in modo approfondito: *padroneggiare un argomento* ♦ **padroneggiarsi** *v.pr.* Mantenere il dominio di se stessi Ⓢ controllarsi.

paesaggio [pa-e-sàg-gio] *s.m.* **1** L'aspetto di un luogo, di un territorio così come appare allo sguardo Ⓢ panorama: *dalla collina si gode un bel paesaggio*; *quegli edifici rovinano il paesaggio* ◊ Territorio, ambiente naturale contraddistinto da particolari caratteristiche: *paesaggio alpino, desertico, urbano* **2** Pittura, disegno, fotografia che ritrae un paesaggio: *una mostra di paesaggi.*

paesano [pa-e-sà-no] *agg.* Di paese, proprio di un paese: *usanze, feste paesane* ♦ *s.m.* **1** Abitante di un paese Ⓒ cittadino **2** Compaesano.

paese [pa-é-se] *s.m.* **1** (spesso scritto maiuscolo) Stato, nazione: *Italia e Svizzera sono Paesi confinanti* ◊ Patria: *amare il proprio paese* **2** Ampio territorio con particolari caratteristiche Ⓢ regione: *un paese montuoso, boscoso, fertile, popolato*; *paesi caldi, freddi* **3** Piccolo centro abitato Ⓢ villaggio: *un paese di pescatori*; *la festa del paese.*

paga [pà-ga] *s.f.* Retribuzione Ⓢ salario, stipendio: *prende una buona paga*; *paga settimanale, mensile.*

pagaia [pa-gà-ia] *s.f.* Remo a una o due pale, che si manovra senza scalmo, usato spec. per canoe e piroghe.

pagamento [pa-ga-mén-to] *s.m.* Versamento di una somma dovuta; la somma stessa pagata: *hai provveduto al pagamento della bolletta?*; *pagamento in contanti, a rate*; *ingresso a pagamento*; *ricevere un pagamento.*

pagare [pa-gà-re] *v.tr.* [*pàgo, pàghi*] **1** Dare la somma di denaro dovuta per un bene acquistato, per una prestazione ricevuta, per un impegno preso ecc.: *pagare il pane, il sarto, la bolletta del gas, le tasse, una multa, i propri debiti* **2** Offrire qualcosa a qualcuno assumendosene la spesa: *vieni che ti pago da bere* **3** ♧ Subire le conseguenze di quanto si è fatto Ⓢ scontare, espiare: *ha pagato cari i suoi errori* | *Me la pagherai, te la farò pagare* = subirai la mia vendetta.

pagella [pa-gèl-la] *s.f.* Documento scolastico in cui vengono segnati i voti riportati nelle diverse materie da un alunno nel corso dell'anno, agli scrutini e agli esami.

pagina [pà-gi-na] *s.f.* **1** Ciascuna facciata dei fogli che compongono un libro, un giornale, un quaderno: *un libro di trecento pagine*; *la pagina sportiva del giornale* ◊ Foglio: *strappò una pagina dal quaderno* **2** Il contenuto di una pagina: *ho studiato dieci pagine di storia.*

paglia [pà-glia] *s.f.* Insieme di steli secchi di cereali già trebbiati, usato per la lettiera del bestiame, per imballaggi e imbottiture, per la fabbricazione della carta e di oggetti d'uso vari (cappelli, sedili ecc.): *portava un cappello di paglia.*

pagliacciata [pa-gliac-cià-ta] *s.f.* Azione o comportamento poco serio, da pagliaccio Ⓢ buffonata: *smettetela con queste pagliacciate!*

pagliaccio [pa-gliàc-cio] *s.m.* **1** Buffone da circo Ⓢ clown **2** ♧ Persona poco seria, senza alcuna coerenza e dignità Ⓢ buffone: *non ti fidare di quel pagliaccio.*

pagliaio [pa-glià-io] *s.m.* Grande cumulo di paglia ammucchiata all'aperto, in genere a forma di cono | ♧ *Cercare un ago nel pagliaio* = cercare una cosa molto difficile o impossibile da trovare.

pagliericcio [pa-glie-rìc-cio] *s.m.* Saccone riempito di paglia o foglie secche, usato come materasso.

pagliuzza [pa-gliùz-za] *s.f.* Sottile fuscello di paglia.

pagnotta [pa-gnòt-ta] *s.f.* **1** Pane di forma rotonda, più o meno grosso **2** ♧ Quanto è necessario per vivere: *lavora per guadagnarsi la pagnotta.*

pago [pà-go] *agg.* [pl.m. *-ghi*] Soddisfatto, appagato: *era pago dei risultati ottenuti.*

pagoda [pa-gò-da] *s.f.* Edificio religioso buddista, in genere a forma di torre a più piani.

paio [pà-io] *s.m.* [pl.f. *paia*] **1** Coppia o comunque insieme di due cose, persone o animali della stessa specie: *un paio di scarpe, di guanti*; *ha un bel paio di gambe* ◊ Oggetto formato da due parti non separabili: *un paio di occhiali, di forbici* **2** Circa due (per indicare genericamente un numero limitato): *questo pacco peserà un paio di chili*; *il film durerà un paio d'ore.*

pala [pà-la] *s.f.* **1** Attrezzo per rimuovere, ammucchiare o caricare terra o altri materiali, costituito da un ferro largo e piatto fissato a un lungo manico di legno **2** Parte terminale, piatta e larga, di un remo o di un timone **3** Ciascuno degli elementi appiattiti di varia forma fissati a un organo meccanico che gira: *le pale di un mulino, di un'elica, di un ventilatore.*

palafitta [pa-la-fit-ta] *s.f.* Capanna costruita su una piattaforma di legno sostenuta da pali conficcati in terreni per lo più coperti d'acqua; è tipica dell'età preistorica e ancora oggi di alcune popolazioni asiatiche e africane.

palata [pa-là-ta] *s.f.* **1** Quantità di materiale che una pala può contenere | ♧ *A palate* = in gran quantità: *ha fatto soldi a palate* **2** Colpo di remo dato nell'acqua: *le vigorose palate dei rematori spingevano la canoa.*

palato [pa-là-to] *s.m.* **1** Parte superiore della cavità della bocca **2** ♧ Il senso del gusto: *un cibo che stuzzica il palato*; *avere un palato fine.*

palazzo [pa-làz-zo] *s.m.* **1** Edificio signorile destinato, spec. un tempo, ad abitazione di re, principi e alti personaggi e oggi usato per lo più come sede di organi di governo, di uffici pubblici, di musei ecc. **2** Grande edificio adibito a una particolare funzione: *palazzo di giustizia, dello sport* **3** Edificio di notevoli dimensioni, per abitazione e per uffici: *un palazzo di dieci piani.*

palco [pàl-co] *s.m.* [pl. *-chi*] **1** Struttura provvisoria di tavole che formano un ripiano rialzato da terra che fa da tribuna: *il palco dell'oratore, della giuria, delle autorità* ◊ Palcoscenico di teatro **2** Nei teatri, ciascuno dei vani aperti nelle pareti perimetrali della sala e che accoglie un piccolo numero di spettatori.

palcoscenico [pal-co-scè-ni-co] *s.m.* [pl. *palcoscenici*] Nei teatri, il palco su cui recitano gli attori e si svolge l'azione.

paleolitico [pa-le-o-lì-ti-co] *agg.* [pl.m. *-ci*] *Periodo paleolitico* = periodo più antico della preistoria, caratterizzato dall'uso di armi e strumenti di pietra scheggiata.

palesare [pa-le-sà-re] *v.tr.* Manifestare, rivelare, svelare: *gli ho palesato la mia opinione*; *palesare un segreto.*

palese [pa-lé-se] *agg.* Evidente, chiaro: *è caduto in una palese contraddizione*; *le sue intenzioni sono palesi.*

palestra [pa-lè-stra] *s.f.* Ampio locale attrezzato per fare ginnastica, allenamenti e giochi sportivi come basket e pallavolo.

palestrato [pa-le-strà-to] *agg.* e *s.m.* Detto di maschio che esibisce una muscolatura potente frutto di continui allenamenti in palestra.

paletta [pa-lét-ta] *s.f.* **1** Piccola pala per usi domestici: *paletta per raccogliere lo sporco* ◊ Piccola pala che usano i bambini per giocare sulla spiaggia **2** Disco con manico usato dal capostazione per dare il segnale di partenza al treno o dalla polizia per intimare l'alt sulle strade.

paletto [pa-lét-to] *s.m.* **1** Piccolo palo di legno o di metallo che si conficca nel terreno per usi vari: *piantare i paletti della tenda* **2** Spranga di ferro usata per rinforzare la chiusura di porte e finestre.

palio [pà-lio] *s.m.* Drappo ricamato che, in tradizionali manifestazioni di origine medievale, viene dato come premio al vincitore di una gara; la gara stessa in cui si dà questo premio: *il palio di Siena* ◊ Ciò che è in gioco come premio di un incontro sportivo: *stasera è in palio il titolo di campione europeo.*

palizzata [pa-liz-zà-ta] *s.f.* Serie di pali infissi nel terreno l'uno accanto all'altro, come opera di recinzione, di riparo, di difesa, di sostegno ecc.

palla [pàl-la] *s.f.* **1** Oggetto, corpo di forma sferica: *una palla di ferro, di vetro*; *giocare a palle di neve* **2** Sfera di grandezza e materiali diversi, usata in vari giochi e sport: *palla da tennis, da biliardo*; *mettere la palla in rete, nel canestro* **3** Proiettile di arma da fuoco: *palla di cannone.*

pallacanestro [pal-la-ca-nè-stro] *s.f.* Gioco fra due squadre di cinque giocatori, ognuna delle quali deve mandare con le mani la palla nel canestro avversario, fissato a un alto tabellone Ⓢ basket.

pallanuoto [pal-la-nuò-to] *s.f.* Gioco che si pratica in acqua fra due squadre di sette giocatori che cercano di inviare con le mani la palla nella porta avversaria.

pallavolo [pal-la-vó-lo] *s.f.* Gioco praticato fra due squadre di sei giocatori su un campo diviso a metà da una rete sospesa a circa due metri e mezzo di altezza; ogni squadra deve mandare con le mani la palla oltre la rete senza farle toccare terra nel proprio campo.

palleggiare [pal-leg-già-re] *v.tr.* e *v.intr.* [aus. *avere*] Nella pallacanestro, far saltellare ripetutamente la palla per terra; nel calcio, lanciare la palla in aria e riprenderla, di piede o di testa ◊ Tra due o più giocatori, lanciarsi e rilanciarsi la palla, spec. come forma di allenamento.

palleggio [pal-lég-gio] *s.m.* L'azione del palleggiare.

palliativo [pal-lia-tì-vo] *s.m.* Cura, rimedio che attenua i sintomi di una malattia senza però risolverne le cause: *gli analgesici sono solo palliativi.*

pallido [pàl-li-do] *agg.* **1** Privo del naturale colorito Ⓢ sbiancato, smorto: *il malato era pallido in volto*; *a quelle parole diventò pallido* ◊ (detto di colore o di luce) Tenue, poco intenso: *rosa, azzurro pallido*; *c'era un pallido sole* **2** ♧ Vago, debole: *conservava solo un pallido ricordo di quella giornata* | *Non avere la più pallida idea di qualcosa* = non saperne nulla.

pallino [pal-lì-no] *s.m.* **1** La palla più piccola nel gioco delle bocce e del biliardo: *tirare al pallino* **2** (spec. al *pl.*) Ognuna delle piccole sfere di piombo con cui si caricano le cartucce dei fucili da caccia **3** (al *pl.*) Dischetti stampati su un tessuto di colore diverso Ⓢ pois: *una cravatta a pallini rossi* **4** ♧ Mania, fissazione: *ha il pallino della pulizia* ◊ Forte inclinazione naturale: *ha il pallino per la matematica.*

pallonata [pal-lo-nà-ta] *s.f.* Colpo, tiro di pallone: *ha preso una pallonata in faccia.*

palloncino [pal-lon-cì-no] *s.m.* **1** Pallone di gomma sottilissima e colorata, gonfiato con un gas più leggero dell'aria e legato a un filo per servire come gioco per bambini **2** Piccolo lampione di carta colorata, usato per illuminazione, spec. in feste.

pallone [pal-ló-ne] *s.m.* Grossa palla di gomma o di cuoio, gonfiata a pressione, di grandezza diversa a seconda del gioco in cui si impiega: *pallone da calcio, da pallacanestro, da pallavolo, da rugb◊* ◊ Gioco del calcio: *abbiamo fatto una partita di pallone.*

pallonetto [pal-lo-nét-to] *s.m.* Nel calcio e nel tennis, tiro con parabola alta che scavalca l'avversario.

pallore [pal-ló-re] *s.m.* Colore pallido del viso.

pallottola [pal-lòt-to-la] *s.f.* **1** Piccola palla di materiale solido: *fare una pallottola di carta* **2** Proiettile di arma da fuoco portatile: *fu raggiunto da una pallottola.*

palma[1] [pàl-ma] *s.f.* Parte interna della mano: *giunse le palme per pregare.*

palma[2] [pàl-ma] *s.f.* Pianta tropicale, diffusa in numerose specie, con fusto a colonna e un ciuffo di rami con grandi foglie sulla sommità: *palma da cocco, da datteri.*

palmare [pal-mà-re] *s.m.* Personal computer portatile di dimensioni tascabili.

palmo [pàl-mo] *s.m.* **1** Distanza che c'è tra la punta del pollice e quella del mignolo quando si tengono le dita divaricate al massimo (usata un tempo come unità di misura corrispondente a circa 25 cm) Ⓢ spanna: *nella vasca c'era un palmo d'acqua* **2** Palma della mano.

palo [pà-lo] *s.m.* **1** Legno lungo, diritto e tondeggiante che viene infisso nel terreno a sostegno o recinzione di qualcosa; asta di metallo o cemento con analoghe funzioni: *sorreggere le viti con dei pali*; *i pali di una palizzata*; *i pali della luce, del telefono* **2** Ciascuno dei legni, e in partic. quelli verticali, che delimitano la porta in un campo di calcio: *colpire il palo con un tiro.*

palpare [pal-pà-re] *v.tr.* Toccare con il palmo della mano, ripetutamente e con una leggera pressione Ⓢ tastare: *il medico gli ha palpato il fegato.*

palpebra [pàl-pe-bra] *s.f.* Ciascuna delle due sottili pieghe della pelle che si aprono e chiudono davanti all'occhio: *chiuse le palpebre e si addormentò.*

palpitare [pal-pi-tà-re] *v.intr.* [aus. *avere*] **1** Battere, pulsare con particolare forza e frequenza: *il cuore gli palpitava per lo spavento* **2** ♧ Essere preso da un'emozione o da un sentimento molto intensi Ⓢ fremere: *palpitare di ansia*; *palpitare d'amore per qualcuno.*

palpito [pàl-pi-to] *s.m.* **1** Singolo battito del cuore **2** ♧ Emozione, sentimento molto intenso Ⓢ fremito: *che palpito mi ha dato rivederlo!*

paltò [pal-tò] *s.m.* Cappotto, soprabito.

palude [pa-lù-de] *s.f.* Zona, terreno ricoperti di acqua bassa e stagnante Ⓢ acquitrino.

paludoso [pa-lu-dó-so] *agg.* Coperto di acqua bassa e stagnante: *terreno paludoso* ◊ Ricco di paludi: *zona paludosa.*

palustre [pa-lù-stre] *agg.* Di palude, che cresce o vive nelle paludi: *piante, uccelli palustri.*

pamphlet [parola francese; pron. *panflé*] *s.m. invar.* Breve scritto polemico o satirico.

panacea [pa-na-cè-a] *s.f.* Rimedio valido contro tutti i mali e problemi: *il denaro è utile ma non è una panacea.*

panca [pàn-ca] *s.f.* Sedile di legno per più persone, con o senza spalliera: *le panche della chiesa erano tutte occupate.*

pancetta [pan-cét-ta] *s.f.* Parte della pancia del maiale che, salata o affumicata, viene usata come salume o condimento.

panchina [pan-chì-na] *s.f.* Sedile per più persone in ferro, legno o pietra, con o senza schienale, collocato all'aperto in viali, giardini, piazze, stazioni ecc. ◊ Il sedile, ai bordi del campo di gioco, su cui siedono l'allenatore e le riserve: *richiamare un giocatore in panchina.*

pancia [pàn-cia] *s.f.* [pl. *–ce*] **1** Ventre, addome: *avere mal di pancia* | *Essere a pancia piena, vuota* = aver mangiato, essere digiuno ◊ Ventre ingrossato: *avere la pancia* | *Mettere su (la) pancia* = ingrassare **2** ♧ Parte rigonfia di un recipiente: *la pancia di un fiasco.*

panciotto [pan-ciòt-to] *s.m.* Corpetto senza maniche, aperto e abbottonato sul davanti, che gli uomini portano sopra la camicia e sotto la giacca Ⓢ gilè.

panciuto [pan-ciù-to] *agg.* Che ha una grossa pancia: *un uomo panciuto* ◊ Tondeggiante, rigonfio nella parte centrale: *un vaso panciuto.*

pancreas [pàn-cre-as] *s.m.invar.* Ghiandola situata nell'addome, che secerne nel duodeno un succo necessario a completare la digestione.

pandemonio [pan-de-mò-nio] *s.m.* Grande confusione; frastuono assordante: *scatenare un pandemonio*; *un pandemonio di fischi e urla.*

pane [pà-ne] *s.m.* **1** Alimento che si ottiene cuocendo al forno un impasto di farina e acqua, condito con sale e fatto lievitare: *sfornare il pane*; *pane bianco, nero, integrale* | *Guadagnarsi il pane* = il necessario per vivere **2** Pezzo compatto di una sostanza, in genere a forma di parallelepipedo: *un pane di burro, di argilla.*

panetteria [pa-net-te-rì-a] *s.f.* Negozio in cui si vende e talvolta anche si fa il pane Ⓢ panificio.

panico [pà-ni-co] *s.m.* [pl. *–ci*] Paura improvvisa e incontrollabile, che spinge spesso a comportamenti irrazionali: *la folla, presa dal panico, fuggiva da tutte le parti.*

paniere [pa-niè-re] *s.m.* Cesta per lo più di vimini, di solito provvista di un manico arcuato per infilarvi il braccio: *portare i fichi, le mele, le uova in un paniere.*

panificio [pa-ni-fi-cio] *s.m.* **1** Stabilimento industriale in cui si fa il pane **2** Bottega in cui si fa e si vende o solo si vende il pane Ⓢ panetteria.

panino [pa-nì-no] *s.m.* Piccolo pane di forma rotonda o allungata | *Panino imbottito* = tagliato a metà e riempito con formaggio, affettati o altro.

panna [pàn-na] *s.f.* La parte più grassa del latte Ⓢ crema: *burro di pura panna*; *gelato alla panna* | *Panna montata* = sbattuta fino ad assumere una consistenza soffice e schiumosa.

panne [parola francese; pron. *pàn*] *s.f.invar.* Arresto di un autoveicolo per un guasto al motore: *è rimasto in panne sull'autostrada.*

pannello [pan-nèl-lo] *s.m.* **1** Elemento piano di legno o di altro materiale, quadrato o rettangolare, usato come copertura, rivestimento, protezione, chiusura, decorazione: *una parete rivestita con pannelli isolanti*; *pannello divisorio* **2** *Pannello solare* = lastra che assorbe le radiazioni solari, collegata a un dispositivo che le trasforma in energia elettrica **3** Quadro dei comandi e degli strumenti indicatori di una macchina.

panno [pàn-no] *s.m.* **1** Tessuto pesante e compatto di lana: *un cappotto di panno* ◊ Pezzo di tessuto, spec. di lana, destinato a un particolare uso: *spolverare i mobili con un panno*; *panno da stiro* **2** (al *pl.*) Indumenti, vesti: *stendere i panni al sole* | ♧ *Nei panni di qualcuno* = al suo posto, nelle sue condizioni: *tu, se fossi nei miei panni, accetteresti?*; *non vorrei essere nei suoi panni.*

pannocchia [pan-nòc-chia] *s.f.* La grossa spiga del mais.

pannolino [pan-no-li-no] *s.m.* Piccola pezza di lino, cotone o altro materiale assorbente, usata per l'igiene intima dei neonati e delle donne nel periodo mestruale.

panorama [pa-no-rà-ma] *s.m.* [pl. *–mi*] **1** Veduta di un ampio paesaggio Ⓢ vista: *dalla vetta si gode uno splendido panorama* **2** ♧ Quadro complessivo di un settore, di una situazione; rassegna generale: *le novità del panorama politico, economico*; *una trasmissione che offre un panorama dei più importanti avvenimenti.*

panoramico [pa-no-rà-mi-co] *agg.* [pl.m. *–ci*] Da cui si gode la vista di un ampio paesaggio: *un punto panoramico*; *strada panoramica* | *Schermo panoramico* = molto largo.

pantaloni [pan-ta-ló-ni] *s.m.pl.* Calzoni: *pantaloni corti, lunghi.*

pantano [pan-tà-no] *s.m.* Terreno fangoso e pieno di pozzanghere ◊ Palude.

pantera [pan-tè-ra] *s.f.* **1** Leopardo, in partic. quello asiatico dal pelame nero **2** Automobile molto veloce della polizia.

pantofola [pan-tò-fo-la] *s.f.* Calzatura per casa morbida e comoda, di pelle o tessuto Ⓢ ciabatta: *stare in pantofole.*

pantomima [pan-to-mì-ma] *s.f.* Rappresentazione teatrale in cui gli attori si esprimono unicamente con gesti e con le espressioni del volto.

paonazzo [pa-o-nàz-zo] *agg.* Di colore rosso-violaceo (detto spec. della pelle): *le sue mani erano paonazze per il freddo*; *diventò paonazzo dalla rabbia.*

papa [pà-pa] *s.m.* [pl. *–pi*] Il vescovo di Roma e capo della chiesa cattolica: *il papa viene eletto dall'assemblea dei cardinali* | ♧ *A ogni morte di papa* = molto raramente: *ci vediamo a ogni morte di papa.*

papà [pa-pà] *s.m.* Nel linguaggio familiare, padre Ⓢ babbo: *è in casa (il) tuo papà?*

papato [pa-pà-to] *s.m.* Il periodo per cui resta in carica un papa Ⓢ pontificato: *il lungo papato di Giovanni Paolo II.*

papavero [pa-pà-ve-ro] *s.m.* Pianta erbacea con fiori dai petali rossi e frutti a capsula.

papera [pà-pe-ra] *s.f.* **1** Oca giovane **2** ♧ Errore involontario fatto nel parlare, spec. come confusione di una parola con un'altra: *fare, prendere una papera.*

papiro [pa-pì-ro] *s.m.* **1** Pianta erbacea che cresce in zone umide e dal cui fusto nell'antichità si ricavavano dei fogli per scrivere **2** Materiale per scrivere ricavato da tale pianta: *gli antichi egizi scrivevano su papiro.*

pappa [pàp-pa] *s.f.* Minestra di pane, semolino o altra farina cotti in acqua o brodo ◊ Qualsiasi cibo per bambini piccoli: *vieni a mangiare la pappa!*

pappagallo [pap-pa-gàl-lo] *s.m.* **1** Uccello esotico con piumaggio dai colori vivaci; alcune specie sanno imitare le parole del linguaggio umano **2** ♧ Persona che ripete o imita senza criterio e personalità le parole e gli atteggiamenti altrui: *smettila di fare il pappagallo!*

pappare [pap-pà-re] *v.tr.* Mangiare con voracità Ⓢ divorare: *si è pappato tutto in un baleno.*

paprica [pà-pri-ca] o **paprika** [pà-pri-ka] *s.f.* Condimento piccante in forma di polvere, ottenuto da peperoncini rossi essiccati.

para [pà-ra] *s.f.* Tipo di gomma naturale.

parà [pa-rà] *s.m.* Paracadutista.

parabola[1] [pa-rà-bo-la] *s.f.* Traiettoria curva compiuta da un corpo lanciato nell'aria: *la parabola di un proiettile, di un pallone.*

parabola[2] [pa-rà-bo-la] *s.f.* Discorso che attraverso un breve racconto vuole esprimere un insegnamento morale o religioso: *Gesù nella sua predicazione si serviva spesso di parabole.*

parabrezza [pa-ra-bréz-za] *s.m.invar.* Vetro anteriore di un veicolo a motore: *il parabrezza di un'auto, di un aereo.*

paracadute [pa-ra-ca-dù-te] *s.m.invar.* Dispositivo per frenare la caduta di un corpo, usato spec. sugli aerei come mezzo di salvataggio o per lanciare truppe, munizioni, viveri ecc.

paracadutista [pa-ra-ca-du-tì-sta] *s.m.f.* [pl.m. *–sti*] Chi si lancia dagli aerei con il paracadute ◊ Militare appartenente a un corpo addestrato a lanciarsi con il paracadute.

paracarro [pa-ra-càr-ro] *s.m.* Ciascuna delle colonnine di pietra, cemento o plastica messe lungo i bordi delle strade per segnalarne i margini e impedire l'uscita dei veicoli dalla carreggiata.

paradiso [pa-ra-dì-so] *s.m.* **1** Nella religione cristiana, il luogo di eterna beatitudine riservato alle anime dei giusti dopo la loro morte Ⓒ inferno **2** ♧ Luogo molto bello, sereno e tranquillo: *un posto di montagna che è un vero paradiso* ◊ Stato di completa felicità: *oggi mi sento in paradiso.*

paradossale [pa-ra-dos-sà-le] *agg.* Che è o sembra assurdo, illogico: *un'affermazione paradossale*; *trovarsi in una situazione paradossale.*

paradosso [pa-ra-dòs-so] *s.m.* Affermazione o ragionamento sorprendente, in contrasto con l'opinione comune: *è un paradosso quello che dici* ◊ Cosa illogica, assurda: *è un paradosso che tutti usino la macchina per fare più in fretta e poi restino bloccati in mezzo al traffico.*

parafango [pa-ra-fàn-go] *s.m.* [pl. *–ghi*] Elemento della carrozzeria di un veicolo che contorna la parte superiore delle ruote per impedire che spruzzino acqua e fango.

parafulmine [pa-ra-fùl-mi-ne] *s.m.* Asta metallica appuntita posta sul tetto di edifici, che attira i fulmini e li scarica a terra mediante una fune metallica a cui è collegata.

paraggi [pa-ràg-gi] *s.m.pl.* Dintorni, vicinanze: *abita nei paraggi della stazione*; *c'è una farmacia in questi paraggi?*

paragonare [pa-ra-go-nà-re] *v.tr.* Mettere a confronto Ⓢ comparare, confrontare: *paragonare due artisti*; *sono situazioni diverse, che non si possono paragonare* ♦ **paragonarsi** *v.pr.* Porsi a confronto con un altro: *è molto più bravo, non vorrai mica paragonarti con lui?*

paragone [pa-ra-gó-ne] *s.m.* **1** Confronto tra due cose o persone per valutarne la somiglianza o la diversità, le rispettive caratteristiche ecc.: *fare un paragone fra due scrittori, due opere, due situazioni; non si possono fare paragoni tra cose così diverse* | *A paragone di, in paragone a* = rispetto a: *a paragone dell'anno scorso, quest'anno fa molto meno caldo* **2** Esempio che si considera simile a ciò di cui si sta parlando: *per farti capire, ti porto un paragone.*

paragrafo [pa-rà-gra-fo] *s.m.* Ciascuna delle parti in cui sono suddivisi i capitoli di un testo.

paralisi [pa-rà-li-si] *s.f.* **1** Perdita della capacità di muovere uno o più muscoli: *è stato colpito da una paralisi* **2** ♧ Arresto, blocco totale di una o più attività: *paralisi del traffico, del commercio.*

paralitico [pa-ra-lì-ti-co] *agg.* e *s.m.* [pl.m. *–ci*] Che, chi è colpito da paralisi: *un ragazzo paralitico; un paralitico in carrozzella.*

paralizzare [pa-ra-liz-zà-re] *v.tr.* **1** Rendere paralitico **2** ♧ Arrestare, bloccare: *lo sciopero ha paralizzato l'intero paese.*

parallela [pa-ral-lè-la] *s.f.* **1** Retta parallela a un'altra ◊ Strada parallela a un'altra **2** *Le parallele* = attrezzo da ginnastica costituito da due sbarre di legno orizzontali e parallele.

parallelepipedo [pa-ral-le-le-pì-pe-do] *s.m.* Solido geometrico formato da sei facce che sono parallelogrammi e ognuna delle quali è parallela a quella opposta.

parallelo [pa-ral-lè-lo] *agg.* In geometria, si dice di rette che si trovano su uno stesso piano e che non si incontrano mai, cioè sono equidistanti in ogni loro punto ◊ Si dice di cose che procedono a eguale distanza nella stessa direzione: *la strada corre parallela alla ferrovia* ♦ *s.m.* **1** In geografia, ciascuno dei circoli immaginari paralleli all'equatore tracciati sulla superficie terrestre e a cui ci si riferisce per determinare la latitudine **2** ♧ Confronto, paragone: *ha fatto un parallelo tra la situazione attuale e quella di prima della guerra.*

parallelogramma [pa-ral-le-lo-gràm-ma] o **parallelogrammo** *s.m.* [pl. *–mi*] Quadrilatero i cui lati opposti sono uguali e paralleli.

paralume [pa-ra-lù-me] *s.m.* Schermo di stoffa o altro materiale che serve ad attenuare la luce di una lampada.

parametro [pa-rà-me-tro] *s.m.* Punto di riferimento, criterio di valutazione: *per confrontare i salari di due paesi devi prendere come parametro il costo della vita; l'esaminatore ha giudicato tutti i candidati con lo stesso parametro.*

paranco [pa-ràn-co] *s.m.* [pl. *–chi*] Apparecchio usato per sollevare grossi pesi e costituito da un sistema di carrucole e funi o catene.

paraocchi [pa-ra-òc-chi] *s.m.* Ognuno dei due pezzi di cuoio fissati ai lati esterni degli occhi del cavallo per impedirgli di vedere lateralmente e di spaventarsi | ♧ *Avere i paraocchi* = non rendersi conto delle cose evidenti.

paraolimpiadi [pa-ra-o-lim-pì-a-di] *s.f.pl.* Olimpiadi per atleti con disabilità.

parapetto [pa-ra-pèt-to] *s.m.* Barriera di sicurezza, per impedire le cadute, posta al bordo di ponti, terrazze, balconi o lungo le murate delle navi: *non sporgerti dal parapetto.*

parapiglia [pa-ra-pì-glia] *s.m.invar.* Gran confusione di persone accalcate che si muovono scompostamente o si azzuffano: *la gente premeva da tutte le parti ed è successo un parapiglia.*

parapioggia [pa-ra-piòg-gia] *s.m.invar.* Ombrello.

parare [pa-rà-re] *v.tr.* **1** Bloccare, evitare, schivare qualcosa di dannoso: *parare un pugno con il braccio; parare una mossa degli avversari* | *Parare (un tiro)* = nel calcio e in altri sport, bloccare o respingere il pallone impedendo che entri in porta **2** Riparare, proteggere da qualcosa di dannoso o molesto: *alzò la mano per parare gli occhi dalla luce troppo violenta* ♦ *v.intr.* [aus. *avere*] Tendere, mirare a uno scopo: *dove vuoi andare a parare con questo discorso?* ♦ **pararsi** *v.pr.* Presentarsi, apparire all'improvviso davanti a qualcuno: *superò tutti gli ostacoli che gli si paravano davanti; nel vicolo buio gli si parò dinnanzi un'ombra.*

parasole [pa-ra-só-le] *s.m.invar.* Ombrello per ripararsi dal sole.

parassita [pa-ras-sì-ta] *agg.* [pl.m. *–ti*] Detto di organismo animale o vegetale che vive a spese e con danno di un altro essere vivente, stabilendosi sulla superficie o all'interno del suo corpo: *insetti parassiti; piante parassite* ♦ *s.m.* **1** Organismo parassita: *le pulci e i pidocchi sono parassiti domestici* **2** [anche *f.*] ♧ Persona che vive alle spalle degli altri e ne sfrutta il lavoro.

parata1 [pa-rà-ta] *s.f.* Nel calcio e in altri sport, intervento del portiere che blocca o respinge la palla impedendo che entri nella sua porta ◊ Nella scherma e nel pugilato, l'azione con cui si para il colpo dell'avversario.

parata2 [pa-rà-ta] *s.f.* Rassegna, rivista, sfilata, spec. militare: *gli alpini sfilarono in parata; una parata di carri di carnevale.*

paratia [pa-ra-tì-a] *s.f.* Ciascuna delle pareti che dividono gli ambienti nella parte sommersa di una nave | *Paratie stagne* = quelle a tenuta d'acqua, per impedire, in caso di falla, il propagarsi dell'acqua da uno scomparto all'altro.

parato [pa-rà-to] *s.m.* Rivestimento per pareti in tessuto o carta speciale Ⓢ tappezzeria: *carta da parati.*

paraurti [p]a-ra-ùr-ti] *s.m.* **1** Traversa di metallo o di plastica posta nella parte anteriore e posteriore degli autoveicoli per proteggere la carrozzeria dagli urti **2** Struttura dotata di respingenti al termine dei binari tronchi nelle stazioni ferroviarie.

paravento [pa-ra-vèn-to] *s.m.* Struttura mobile costituita da una serie di pannelli collegati da cerniere, usata come divisorio per isolare una parte di un ambiente.

parcella [par-cèl-la] *s.f.* **1** Nota delle spese da rimborsare e del compenso delle proprie prestazioni che un professionista presenta al cliente: *l'avvocato ha mandato la sua parcella* **2** Piccolo appezzamento di terreno.

parcheggiare [par-cheg-già-re] *v.tr.* Collocare e lasciare un veicolo in sosta in un luogo: *non ho trovato dove parcheggiare la macchina* ◊ Effettuare la manovra del parcheggio: *non ha ancora imparato a parcheggiare bene.*

parcheggio [par-chég-gio] *s.m.* **1** Sosta dei veicoli: *qui il parcheggio è vietato*; *cercare un'area di parcheggio* ◊ La manovra per parcheggiare: *hai fatto un parcheggio perfetto* **2** Area destinata alla sosta dei veicoli Ⓢ posteggio: *parcheggio libero, a pagamento.*

parco[1] [pàr-co] *s.m.* [pl. *–chi*] **1** Vasto giardino, pubblico o privato, con alberi d'alto fusto: *portare i bambini al parco*; *una villa con uno splendido parco* ◊ *Parchi naturali, nazionali, marini* = aree del territorio di uno stato tutelate da speciali leggi che ne proteggono il paesaggio, la flora e la fauna **2** Insieme di materiali e spec. di veicoli | *Parco macchine* = insieme dei veicoli di cui dispone una ditta, un ente, la polizia ecc. | *Parco automobilistico* = l'insieme delle autovetture in circolazione (in uno stato, in una regione ecc.).

parco[2] [pàr-co] *agg.* [pl.m. *–chi*] Misurato, sobrio, frugale: *è parco nel mangiare* ◊ Parsimonioso: *è molto parco nello spendere* ◊ Che si contiene molto nel parlare e in ciò che dice: *è uno parco di parole*; *è stato assai parco di promesse.*

parecchio [pa-réc-chio] *agg.* e *pronome indef.* Non poco, molto: *ci vorranno parecchi giorni*; *c'erano parecchi turisti in piazza*; *ho speso parecchio per questa casa* | *Parecchi* = molte persone: *parecchi non sono d'accordo* ♦ *avv.* Molto, notevolmente: *oggi sta parecchio male*; *mi sembri parecchio dimagrito dall'ultima volta.*

pareggiare [pa-reg-già-re] *v.tr.* **1** Rendere uniforme, portare allo stesso livello: *pareggiare un terreno, una siepe* | *Pareggiare i conti* = portarli in pareggio, facendo coincidere le entrate con le uscite **2** *Pareggiare una partita, un incontro* = concluderli in parità ♦ *v.intr.* [aus. *avere*] Riportare un risultato di parità in una competizione: *le due squadre hanno pareggiato.*

pareggio [pa-rég-gio] *s.m.* **1** Parità di punteggio tra due squadre o due contendenti nel corso o al termine di una gara **2** Nella contabilità, equilibrio tra entrate e uscite: *il bilancio dell'azienda si è chiuso in pareggio.*

parente [pa-rèn-te] *s.m.f.* Chi è legato a un'altra persona da vincoli di parentela | *Parente acquisito* = quello che diventa tale in seguito a un matrimonio.

parentela [pa-ren-tè-la] *s.f.* **1** Rapporto, legame naturale tra persone dello stesso sangue (cioè discendenti da un comune antenato: nonni, nipoti, padri, figli, zii, cugini); nell'uso comune, detto anche di rapporto tra persone acquisito con un matrimonio (cioè coniugi, suoceri, nuore, generi, cognati) **2** L'insieme dei parenti: *ha invitato alla festa tutta la parentela.*

parentesi [pa-rèn-te-si] *s.f.* **1** Parola o frase autonoma, posta tra due segni ( ), che si inserisce in un periodo per chiarire, precisare, completare quanto si dice, fare un rinvio ecc.: *un'osservazione messa tra parentesi* **2** Ciascuno dei segni grafici che aprono e chiudono una parentesi o che si usano nelle espressioni matematiche per indicare l'ordine di esecuzione delle operazioni: *parentesi tonde, quadre, graffe* **3** ♧ Intervallo di tempo che segna un'interruzione nel corso normale degli avvenimenti, della vita: *sono troppo stanco, ho bisogno di una parentesi di riposo.*

parere[1] [pa-ré-re] *v.intr.* [pres. *pàio, pàri, pàre, paiàmo, paréte, paiono*; pass.rem. *pàrvi, parésti*; fut. *parrò*; cong.pres. *pàia*; cond. *parrèi*; part.pass. *pàrso*; aus. *essere*] **1** Avere una certa apparenza (corrispondente o meno alla realtà) Ⓢ sembrare: *che belli questi fiori artificiali, paiono veri!*; *pareva onesto e invece è un imbroglione* ◊ (usato impersonalmente) Sembrare probabile: *pare che ci sarà una crisi di governo* **2** Credere, pensare, avere una certa opinione: *ti pare di aver agito bene?*; *che te ne pare di quel mio amico?* ◊ Volere, desiderare, piacere: *puoi fare tutto quel che ti pare.*

parere[2] [pa-ré-re] *s.m.* Idea personale Ⓢ opinione, avviso: *dimmi il tuo parere su questa questione*; *ti dirò qualcosa che ti farà cambiare parere*; *sono del parere che sia meglio aspettare* | *A mio parere* = secondo me ◊ Giudizio, consiglio, valutazione: *chiedere il parere di un esperto*; *dare un parere favorevole a una proposta.*

parete [pa-ré-te] *s.f.* **1** Muro che delimita gli ambienti interni di un edificio: *appendere un quadro alla parete* **2** L'insieme delle superfici che delimitano un ambiente, un oggetto, una cavità (anche del corpo): *le pareti di una grotta*; *le pareti di un recipiente, di un tubo, dello stomaco* **3** Fianco roccioso e molto ripido di una montagna: *scalare la parete nord del monte Bianco.*

pari [pà-ri] *agg.* **1** Uguale, equivalente: *essere pari di altezza*; *arrivare secondo a pari merito*; *un chilometro è pari a mille metri* **2** Senza dislivelli, allo stesso livello: *la siepe non è pari*; *i piatti della bilancia sono pari* **3** In pareggio, in parità: *la partita è finita pari*; *per ora siamo pari* **4** *Numero pari* = ogni numero divisibile per due ♦ *s.m.* **1** Numero pari; complesso di numeri pari Ⓒ dispari: *otto è pari*; *alla roulette ho puntato sul pari* **2** [anche *f.*] Persona dello stesso grado, condizione sociale ecc. | *Trattare qualcuno da pari a pari* = senza sentirsi né superiore né inferiore ♦ *avv. In pari* = allo stesso livello (*i piedi del tavolo non sono in pari*); in pareggio (*i conti sono in pari*) | *Al pari* = allo stesso modo: *devi contribuire anche tu al pari degli altri* | *Alla pari* = a pari livello, di valore equivalente: *sentirsi alla pari di un altro*; *fare un cambio alla pari.*

parità [pa-ri-tà] *s.f.* Uguaglianza: *la costituzione italiana stabilisce la parità di tutti i cittadini di fronte alla legge*; *parità di forze* ◊ Risultato pari tra i due avversari di una competizione Ⓢ pareggio: *essere, finire in parità.*

parlamentare[1] [par-la-men-tà-re] *v.intr.* [aus. *avere*] Trattare, discutere per raggiungere un accordo (in partic., tra eserciti nemici, tra avversari in lotta).

parlamentare[2] [par-la-men-tà-re] *agg.* Del parlamento: *dibattito parlamentare*; *commissione parlamentare* ♦ *s.m.f.* Membro del parlamento: *i parlamentari dell'opposizione.*

parlamento [par-la-mén-to] *s.m.* Assemblea dei rappresentanti eletti dal popolo, che negli stati democratici moderni esercita il potere legislativo e controlla politicamente il governo; può essere costituito da una sola camera o, come in Italia, da due (camera dei deputati e senato).

parlantina [par-lan-tì-na] *s.f.* Grande facilità e scioltezza di parola: *con la sua parlantina ha convinto tutti.*

parlare [par-là-re] *v.intr.* [aus. *avere*] **1** Pronunciare parole: *parlare a voce alta, bassa*; *quel bambino ha imparato presto a parlare* ◊ Comunicare qualcosa con le parole: *ti vorrei parlare di quell'argomento* | *Parlare bene, male di qualcuno* = esprimere dei giudizi positivi, negativi su di lui ◊ Rivolgersi a qualcuno; avere un colloquio con qualcuno: *quando ti parlo, rispondimi*; *vorrei parlare con il direttore* **2** Conversare, discutere, chiacchierare: *parlare di politica*; *è una questione di cui non voglio parlare* **3** Tenere un discorso pubblico: *parlare in un comizio, alla radio, alla televisione* **4** Rivelare ciò che si sa Ⓢ confessare: *l'imputato si è deciso a parlare* **5** Trattare di un argomento per iscritto: *tutti i giornali hanno parlato dello scandalo* **6** Esprimersi con mezzi diversi dalla parola: *parlare a gesti, con gli occhi* ♦ *v.tr.* Usare, per esprimersi, una determinata lingua: *al congresso parlavano tutti l'inglese* ◊ Conoscere una lingua: *parla francese, tedesco e russo* ♦ **parlarsi** *v.pr.* Scambiarsi delle parole, rivolgersi la parola: *si parlavano da un balcone all'altro.*

parlata [par-là-ta] *s.f.* Modo di parlare caratteristico di una zona o di una persona: *la parlata fiorentina, veneta*; *l'ho riconosciuto dalla parlata.*

parlatorio [par-la-tò-rio] *s.m.* In carceri, collegi, conventi e simili, locale destinato agli incontri e ai colloqui con i visitatori esterni.

parlottare [par-lot-tà-re] *v.intr.* [aus. *avere*] Chiacchierare a bassa voce, per non farsi sentire dagli altri Ⓢ confabulare.

parodia [pa-ro-dì-a] *s.f.* Versione comica, caricaturale di un'opera, di un film, di una canzone ◊ Imitazione caricaturale di una persona: *fare la parodia di un cantante.*

parodiare [pa-ro-dià-re] *v.tr.* Fare la parodia di qualcosa o qualcuno: *parodiare un film, un attore.*

parola [pa-rò-la] *s.f.* **1** Insieme di suoni (o di lettere) dotato di significato all'interno di una lingua Ⓢ termine, vocabolo: *una parola italiana, straniera, dialettale*; *parole difficili, volgari*; *scrivere correttamente una parola* | *Gioco di parole* = scherzo basato sui diversi significati di una stessa parola **2** L'atto del parlare: *rivolgere la parola a qualcuno* ◊ Ciò che viene detto Ⓢ espressione, frase: *parla più forte, non sento le tue parole*; *non so come trovare le parole per ringraziarti* | *Parola d'ordine* = vedi *ordine* ◊ Contenuto di un discorso Ⓢ ragionamento, insegnamento, consiglio: *le sue parole non mi hanno convinto*; *seguire le parole del maestro* **3** Assicurazione, promessa, impegno verbale: *non sono stato io, ti do la mia parola (d'onore)!*; *mantenere la parola data* | *Un uomo di parola* = che mantiene gli impegni assunti **4** (al *pl.*) Chiacchiere, discorsi inutili: *basta con le parole, ci vogliono i fatti* **5** Facoltà naturale di parlare: *solo l'uomo ha il dono della parola* | *Restare senza parole* = muto per la sorpresa ◊ L'atto e il diritto di parlare in pubblico, di esprimere pubblicamente le proprie idee: *prendere, chiedere la parola in un'assemblea*; *dare, negare la parola a qualcuno*; *libertà di parola.*

parolaccia [pa-ro-làc-cia] *s.f.* Parola volgare, sconcia.

paroliere [pa-ro-liè-re] *s.m.* Autore dei versi di una canzone o di una commedia musicale.

parquet [parola francese; pron. *parché*] *s.m. invar.* Pavimento di listelli di legno.

parricida [par-ri-cì-da] *s.m.f.* [pl.m. *–di*] Chi ha ucciso il proprio padre.

parrucca [par-rùc-ca] *s.f.* Capigliatura non propria, di capelli naturali o artificiali, usata per abbellimento, per nascondere la calvizie, per travestimento e simili.

parrucchiere [par-ruc-chiè-re] *s.m.* Chi taglia e acconcia i capelli delle donne o degli uomini.

parsimonia [par-si-mò-nia] *s.f.* Tendenza al risparmio, a evitare ogni spreco; moderazione, spec. nello spendere e nel consumare Ⓢ economia, sobrietà: *vivere con parsimonia*; *l'acqua è scarsa, devi usarla con parsimonia.*

parte [pàr-te] *s.f.* **1** Ognuno degli elementi in cui si può dividere o di cui è composto un tutto Ⓢ porzione, quota, pezzo, frazione, sezione, settore: *dividere una torta in parti uguali*; *voglio la mia parte di guadagno*; *le parti del corpo, di una macchina, di un edificio*; *l'ora è la ventiquattresima parte del giorno*; *la parte più povera della società* | *Far parte di qualcosa* = esserne un elemento o, detto di persone, un membro | *Prender parte a qualcosa* = parteciparvi: *prender parte a una gita* | *(Una) parte* = una certa quantità, un certo numero (rispetto all'insieme): *mi ha restituito (una) parte della somma*; *una parte di noi non è d'accordo* | *In parte* = parzialmente, non del tutto: *un terreno coltivato solo in parte*; *sono in parte d'accordo con te* **2** Zona, regione, luogo: *le parti più basse della città furono allagate*; *abita nella parte meridionale del paese*; *non l'ho mai visto da queste parti* | *Dalle parti di* = vicino, presso: *abita dalle parti della stazione* ◊ Lato: *abita dall'altra parte della strada* | *A parte* = tranne, fuorché: *c'erano tutti a parte lui* | *Da parte* = in disparte (*i compagni lo hanno messo da parte*; *lasciamo da parte i rancori*); in serbo: *ha messo da parte qualche soldo per la vecchiaia* | *Da parte di* = per conto di: *vengo da parte di tuo fratello* ◊ Direzione: *il vento soffia da quella parte* **3** Periodo di tempo: *la prima parte del mese*; *non ci sarò per gran parte della settimana* **4** Fazione, partito | *Stare dalla parte di qualcuno* = essere al suo fianco, sostenerlo | *Prendere le parti di qualcuno* = difenderlo | ♧ *Essere dalla parte della ragione, del torto* = avere ragione, torto ◊ Ciascuno degli avversari (persone, gruppi, stati) in un contrasto, in un conflitto: *le parti in guerra*; *dare ragione a una delle due parti* **5** Personaggio interpretato da un attore Ⓢ ruolo: *ha sostenuto con bravura la parte di Amleto*; *gli hanno dato una parte importante in quel film* ◊ ♧ Ruolo, compito, dovere di una persona nella vita reale: *gli tocca sempre fare una parte sgradevole*; *si è assunto la parte più difficile*; *ciascuno faccia la sua parte* | *Fare la parte della vittima* = atteggiarsi a vittima.

partecipante [par-te-ci-pàn-te] *agg.* e *s.m.f.* Che, chi partecipa a qualcosa: *i partecipanti a una gara, a una riunione.*

partecipare [par-te-ci-pà-re] *v.intr.* [aus. *avere*] Prendere parte a qualcosa; intervenire: *partecipare a un gioco, a una riunione, a una gita* ◊ Collaborare, contribuire a qualcosa: *partecipare a una spesa* | *Partecipare alla gioia, al dolore, al lutto di qualcuno* = condividerli.

partecipazione [par-te-ci-pa-zió-ne] *s.f.* Presenza, adesione, intervento: *lo spettacolo ha visto la partecipazione di un grosso pubblico*; *è necessaria la tua partecipazione.*

parteggiare [par-teg-già-re] *v.intr.* [aus. *avere*] Stare dalla parte di qualcuno, sostenere una delle parti in una competizione: *in una lotta parteggio sempre per il più debole*; *parteggiare per la propria squadra.*

partenza [par-tèn-za] *s.f.* **1** L'atto, il momento di partire Ⓒ arrivo: *la partenza di un amico, di un treno*; *ha rimandato la partenza* | *Essere in partenza* = stare per partire **2** Origine, inizio: *il punto di partenza di un viaggio, di una strada* | *In partenza* = sin dall'inizio: *lo sapevi già in partenza che non avresti accettato* ◊ In partic., inizio di una gara di corsa: *dare il segnale di partenza*; *le auto sono ferme sulla linea di partenza.*

particella [par-ti-cèl-la] *s.f.* **1** *Particella elementare* = ognuna delle piccolissime e indivisibili parti di materia che costituiscono l'atomo (come l'elettrone, il neutrone, il protone ecc.) **2** *Particelle pronominali* = le forme atone dei pronomi personali (come *mi, ti, li, ci, vi, ne* ecc.)

particolare [par-ti-co-là-re] *agg.* **1** Che riguarda una singola parte, cosa o persona, e non riguarda o non è comune alla totalità Ⓢ peculiare, specifico Ⓒ generale: *pensa solo ai suoi interessi particolari*; *ognuno ha il suo modo particolare di vedere le cose*; *si tratta di un caso particolare* | *In (modo) particolare* = particolarmente **2** Fuori del comune, dell'ordinario Ⓢ speciale, eccezionale: *una donna di particolare bellezza* ♦ *s.m.* Elemento, aspetto particolare di un tutto Ⓢ dettaglio: *ingrandire un particolare di una fotografia*; *ricordava tutto sin nei minimi particolari.*

particolareggiato [par-ti-co-la-reg-già-to] *agg.* Completo di tutti i particolari Ⓢ dettagliato, minuzioso: *ha fatto un resoconto particolareggiato degli avvenimenti.*

particolarità [par-ti-co-la-ri-tà] *s.f.* Caratteristica specifica: *questo tessuto ha la particolarità di non restringersi.*

particolarmente [par-ti-co-lar-mén-te] *avv.* **1** Specialmente, soprattutto: *una malattia che colpisce particolarmente i bambini* **2** Molto: *ho apprezzato particolarmente il tuo invito.*

partigiano [par-ti-già-no] *s.m.* **1** Chi parteggia per un'idea, per un gruppo e simili: *i partigiani della pace, dei poveri* **2** Appartenente a gruppi guerriglieri che combattono contro gli invasori del proprio paese.

partire [par-tì-re] *v.intr.* [aus. *essere*] **1** Allontanarsi da un luogo per recarsi in un altro; mettersi in viaggio, in cammino Ⓒ arrivare: *parto per Genova domani*; *partire per le vacanze*; *dobbiamo partire se vogliamo arrivare in tempo*; *il treno è già partito* ◊ Mettersi in azione, in moto: *i soldati partirono all'attacco*; *il motore non parte* **2** ♧ Provenire, uscire: *dal pubblico partì un applauso*; *dalla pistola partì un colpo* ◊ Avere inizio, origine: *le strade che partono dalla piazza* ◊ Cominciare: *l'orario estivo entrerà in vigore a partire da domani.*

partita [par-tì-ta] *s.f.* **1** Incontro, gara sportiva o di gioco: *una partita di calcio, di pallacanestro*; *una partita a carte, a biliardo, a scacchi* **2** Quantità di una stessa merce commerciata all'ingrosso: *acquistare, vendere una partita di caffè, di grano.*

partito [par-tì-to] *s.m.* **1** Associazione, organizzazione politica: *partiti di destra, di centro, di sinistra*; *iscriversi a un partito* **2** Decisione, risoluzione: *non sapeva che partito prendere* **3** *A mal partito* = in cattivo stato, in brutte condizioni: *l'incidente lo ha ridotto a mal partito.*

partner [parola inglese; pron. corrente *pàrtner*] *s.m.f.invar.* **1** Chi fa coppia con un'altra persona in un gioco, in una gara, in uno spettacolo ecc. **2** Ognuna delle due persone legate tra loro da un rapporto amoroso: *è venuta alla gita con il suo nuovo partner.*

parto [pàr-to] *s.m.* Fuoruscita del feto, o dei feti, dall'organismo materno, a conclusione della gravidanza: *la mamma è andata all'ospedale per il parto del mio fratellino.*

partorire [par-to-rì-re] *v.tr.* [*partorìsco, partorìsci*] Mettere al mondo, generare, dare alla luce (uno o più figli): *ha partorito una bambina*; *la cagna sta per partorire.*

part time [locuzione inglese; pron. corrente *part tàim*] *agg.invar.* e *avv.* A orario ridotto (come tempo di lavoro rispetto a quello normale): *cerca un lavoro part time*; *ha scelto di lavorare (a) part time* ♦ *s.m.invar.* Lavoro a orario ridotto: *il part time si sta diffondendo sempre di più.*

party [parola inglese; pron. corrente *pàrti] s.m. invar.* Festa, ricevimento.

parziale [par-zià-le] *agg.* **1** Che riguarda solo una parte, che avviene solo in parte; non totale, non definitivo Ⓢ incompleto, limitato: *è una soluzione parziale del problema*; *eclisse parziale di luna*; *riportare un successo parziale* **2** Che favorisce qualcuno a scapito di altri; non equo Ⓒ imparziale: *un giudice, un arbitro parziale.*

parzialità [par-zia-li-tà] *s.f.* Atteggiamento parziale, non obiettivo: *quell'arbitro è stato accusato di parzialità.*

parzialmente [par-zial-mén-te] *avv.* **1** In parte, non del tutto: *quel che dice è vero solo parzialmente*; *latte parzialmente scremato* **2** Con parzialità: *ha arbitrato parzialmente.*

pasciuto [pa-sciù-to] *agg.* Ben nutrito, florido Ⓒ patito, denutrito: *un bimbo pasciuto.*

pascolare [pa-sco-là-re] *v.tr.* Condurre al pascolo e sorvegliare il bestiame: *pascolare le pecore* ♦ *v.intr.* [aus. *avere*] Stare al pascolo, brucare l'erba del pascolo: *il gregge pascolava sui prati.*

pascolo [pà-sco-lo] *s.m.* Terreno coperto di erbe adatte all'alimentazione del bestiame: *i pascoli alpini* ◊ Il pascolare: *il mandriano portò le bestie al pascolo.*

Pasqua [Pà-squa] *s.f.* **1** Festa ebraica che commemora la liberazione degli ebrei dalla schiavitù d'Egitto **2** Festa mobile cristiana che commemora la risurrezione di Cristo e cade ogni anno nella domenica successiva al primo plenilunio dopo l'equinozio di primavera.

pasquale [pa-squà-le] *agg.* Di Pasqua: *vacanze pasquali.*

passaggio [pas-sàg-gio] *s.m.* **1** Il passare per un luogo o uno spazio Ⓢ transito, attraversamento: *assistere al passaggio di un corteo*; *il passaggio della corrente nel filo*; *una strada in cui c'è molto passaggio* **2** Luogo per cui si passa o si può passare Ⓢ varco: *la polizia chiuse tutti i passaggi per arrivare alla piazza* | *Passaggio a livello* = incrocio della ferrovia con una strada allo stesso livello | *Passaggio pedonale* = zona della strada contrassegnata da strisce in cui devono passare i pedoni che l'attraversano **3** Viaggio per nave e relativo prezzo: *il passaggio per andare in Grecia è caro* ◊ Tragitto come ospite su un veicolo altrui: *mi ha offerto un passaggio* **4** ♧ Mutamento, cambiamento da una condizione a un'altra: *il passaggio dal caldo al freddo, dal giorno alla notte, dalla ricchezza alla povertà* ◊ Trasferimento: *il passaggio di un giocatore a un'altra società*; *passaggio di proprietà* **5** Nel calcio e in altri sport, invio della palla a un altro giocatore: *passaggio all'indietro, di testa.*

passamontagna [pas-sa-mon-tà-gna] *s.m.invar.* Berretto di lana che copre tutta la testa e il collo, lasciando scoperta solo una parte del viso o solo gli occhi.

passante [pas-sàn-te] *s.m.f.* Persona che passa per la strada: *chiese a un passante dov'era la stazione ferroviaria.*

passaporto [pas-sa-pòr-to] *s.m.* Documento personale che consente a un cittadino di recarsi all'estero.

passare [pas-sà-re] *v.intr.* [aus. *essere*] **1** Andare, procedere attraversando un luogo, seguendo un percorso: *è meglio passare attraverso i campi o per la via principale?*; *segui la strada che passa per il paese* ◊ Scorrere in, attraverso: *la corrente passa nel filo*; *il canale passa tra i campi* ◊ Transitare: *l'autobus è già passato* ◊ Penetrare attraverso un luogo, un'apertura: *rumori che passano dalla parete*; *l'armadio non passa dalla porta* **2** Spostarsi, trasferirsi da un luogo a un altro: *passiamo in salotto a prendere il caffè* ◊ ♧ Essere trasferito, trasmesso, tramandato ad altre persone: *l'azienda è passata dal padre al figlio*; *notizie che passano di bocca in bocca*; *un fatto che passerà alla storia* ◊ ♧ Cambiare condizione, stato, attività, argomento e simili: *passare dalla vita alla morte*; *a zero gradi l'acqua passa allo stato solido*; *passiamo a parlare d'altro*; *passare all'opposizione* **3** Andare o venire in un luogo o da qualcuno per fermarvisi brevemente: *devo passare in banca*; *a che ora passi a prendermi?* **4** Trascorrere: *è passato un anno dall'ultimo incontro*; *come passa il tempo!* ◊ Finire, terminare, cessare: *la gioventù passa in fretta*; *ti è passato il mal di testa?* ♦ *v.tr.* **1** Oltrepassare, superare (anche ♧): *passare il fiume a nuoto*; *non è riuscito a passare l'esame* **2** Far entrare o uscire attraverso un'apertura, un foro: *passare il filo nella cruna dell'ago*; *passare la mano tra le sbarre* ◊ Trafiggere, trapassare: *la spada gli passò il petto* **3** Spalmare, far scorrere qualcosa su una superficie: *passare la cera sui pavimenti*; *si passò una mano sulla fronte* **4** Spostare, trasferire: *passiamo questo tavolo nell'altra stanza* ◊ Porgere, dare, trasmettere ad altri: *passami il sale, per favore*; *passare la palla a un compagno*; *chi ti ha passato la notizia?* **5** Trascorrere: *ha passato un mese all'estero*; *sta passando un periodo difficile* ◊ Affrontare, subire, soffrire: *sta passando un bel guaio*; *gli hanno fatto passare tanti dispiaceri.*

passatempo [pas-sa-tèm-po] *s.m.* Occupazione, attività svolta al solo scopo di passare piacevolmente il tempo Ⓢ svago, hobby: *la TV è il suo passatempo preferito*; *dipingo solo per passatempo.*

passato [pas-sà-to] *agg.* Trascorso, dei tempi trascorsi: *gli anni, i mesi passati*; *le generazioni passate* | *L'anno, il mese, l'inverno passato* = appena trascorso Ⓢ scorso ♦ *s.m.* **1** Il tempo trascorso; ciò che in esso è accaduto: *le generazioni del passato*; *rimpiangere il passato* **2** Minestra a base di verdure ridotte in poltiglia: *passato di verdura, di patate, di piselli.*

passeggero [pas-seg-gè-ro] *agg.* Che passa presto, di breve durata Ⓒ duraturo: *nuvole passeggere*; *un malessere passeggero* ♦ *s.m.* Chi viaggia a bordo di un mezzo di trasporto.

passeggiare [pas-seg-già-re] *v.intr.* [aus. *avere*] Camminare lentamente per svago; andare a spasso: *passeggiare lungo la spiaggia, per le vie del centro* ◊ Camminare avanti e indietro in un luogo: *passeggiava nervosamente per la stanza.*

passeggiata [pas-seg-già-ta] *s.f.* Camminata per svago o breve gita, a piedi o anche con un veicolo: *fare una passeggiata al parco*; *una passeggiata in montagna*; *una passeggiata in moto.*

passeggio [pas-ség-gio] *s.m.* Il passeggiare: *andò a passeggio sul corso*; *è l'ora del passeggio.*

passerella [pas-se-rèl-la] *s.f.* **1** Ponte stretto e leggero, per pedoni, sopra un corso d'acqua, una strada o una ferrovia ◊ Ponticello mobile per scendere o salire su navi o aerei **2** Lunga pedana soprelevata su cui sfilano le indossatrici per presentare i modelli.

passero [pàs-se-ro] *s.m.* Piccolo uccello dalle piume grigio-brune; si nutre di insetti e cereali.

passione [pas-sió-ne] *s.f.* **1** Sentimento di grande violenza e intensità, capace di dominare interamente una persona: *l'odio, l'ira e la gelosia sono le peggiori passioni* ◊ Amore molto forte per qualcuno: *nutre per quell'uomo un'ardente passione* ◊ Inclinazione, interesse molto vivo per qualcosa; anche, la cosa che è oggetto di tale interesse: *ha la passione della caccia*; *la pittura è la sua grande passione* **2** Grande dolore e sofferenza morale Ⓢ pena, tormento: *che passione vedere quel poveretto immobilizzato su un lettino!*

passivo [pas-sì-vo] *agg.* Privo d'iniziativa; che subisce le situazioni e le azioni altrui senza reagire Ⓒ attivo: *avere un atteggiamento passivo*; *restare passivo di fronte a un attacco* ◊ *Forma passiva del verbo* = quella in cui il soggetto grammaticale subisce l'azione (per es. *Pietro è amato da tutti*) ♦ *s.m.* **1** Forma verbale passiva: *usare un verbo al passivo* **2** L'insieme delle perdite che si hanno in un'attività economica Ⓢ deficit, disavanzo: *l'azienda ha chiuso il bilancio in passivo* ◊ Nello sport, l'insieme delle reti o dei punti subiti da una squadra (o subiti in più rispetto a quelli segnati).

passo[1] [pàs-so] *s.m.* **1** Ognuno dei movimenti che si compiono con le gambe camminando: *muoversi con passi veloci*; *fare passi lunghi, corti* ◊ Modo di camminare Ⓢ andatura: *camminare con passo spedito*; *passo di marcia, di corsa, di carica* | *Allungare il passo* = accelerare l'andatura | *Procedere a passo d'uomo* = molto lentamente (detto di veicoli) ◊ Rumore prodotto dai passi; orma sul terreno lasciata dai passi: *ho sentito dei passi sulle scale*; *seguiva sulla neve i passi della volpe* **2** Distanza equivalente alla lunghezza di un passo: *per la nebbia non ci si vedeva a venti passi di distanza* | *A un passo, a due passi, a pochi passi* = a breve distanza: *abito a due passi da qui* **3** ♧ Atto, iniziativa, mossa; decisione: *faremo i passi necessari per ottenere quello che ci spetta*; *è un passo rischioso e non si decide a farlo* | *Fare un passo falso* = commettere un errore che compromette la situazione **4** Brano di uno scritto o di un discorso.

passo[2] [pàs-so] *s.m.* **1** Luogo, punto attraverso cui si passa o si può passare; possibilità di passare Ⓢ passaggio: *lasciare libero il passo carraio*; *un ostacolo gli sbarrava il passo* **2** Valico in una catena montuosa: *il passo del Sempione.*

password [parola inglese; pron. *pàssuord*] *s.f. invar.* Serie di caratteri (lettere e cifre) che bisogna digitare sulla tastiera per poter accedere a un computer, a un programma o a un determinato servizio sulla rete Internet.

pasta [pà-sta] *s.f.* **1** Impasto a base di farina, acqua e altri ingredienti, lavorato fino a diventare compatto e plasmabile: *fare la pasta per il pane, per un dolce, per le tagliatelle* ◊ Prodotto alimentare costituito da farina di grano duro impastata con acqua che, tagliata in varie forme ed essiccata, si cuoce e si mangia in brodo o asciutta: *pasta corta, lunga*; *scolare la pasta*; *pasta al sugo*; *pasta e fagioli* **2** Piccolo dolce, spesso farcito Ⓢ pasticcino: *un vassoio di paste*; *paste alla crema, al cioccolato* **3** Sostanza di consistenza densa e molle: *pasta di acciughe; pasta dentifricia.*

pastasciutta [pa-sta-sciùt-ta] o **pasta asciutta** *s.f.* [pl. *pastasciutte* o *paste asciutte*] Pasta alimentare cotta in acqua bollente e condita in vario modo: *pastasciutta al pomodoro, al ragù.*

pastello [pa-stèl-lo] *s.m.* Piccolo cilindro formato da un impasto solido di colori, usato per dipingere con una particolare tecnica: *colorare con i pastelli*; *un ritratto a pastello.*

pasticca [pa-stìc-ca] *s.f.* Pastiglia: *pasticche per la tosse.*

pasticceria [pa-stic-ce-rì-a] *s.f.* **1** L'arte e l'attività di fare dolci **2** Negozio dove si fanno e vendono dolci.

pasticciare [pa-stic-cià-re] *v.tr.* Eseguire qualcosa male, in modo confuso, disordinato: *pasticciare un compito, un lavoro, un disegno.*

pasticciere [pa-stic-ciè-re] o **pasticcere** [pa-stic-cè-re] *s.m.* Chi fa o vende dolci.

pasticcino [pa-stic-cì-no] *s.m.* Piccola pasta dolce: *comprare un vassoio di pasticcini.*

pasticcio [pa-stìc-cio] *s.m.* **1** Pietanza composta di vari ingredienti ricoperti da una sfoglia di pasta fresca e cotti in forno **2** ♧ Cosa mal fatta, disordinata e confusa: *un lavoro, un disegno che è un vero pasticcio* **3** ♧ Guaio, situazione imbrogliata, difficile da risolvere: *non fa che combinare pasticci*; *mettersi nei pasticci.*

pasticcione [pa-stic-ció-ne] *s.m.* Persona che lavora in modo disordinato, che fa continui pasticci, ingarbugliando le cose o le idee Ⓢ confusionario: *sei il solito pasticcione!*

pastiglia [pa-stì-glia] *s.f.* Prodotto farmaceutico o dolciario costituito da sostanze polverizzate e pressate, per lo più in forma di dischetto: *pastiglie per la tosse, alla menta.*

pastina [pa-stì-na] *s.f.* Pasta alimentare di piccolo formato, da mangiare in brodo.

pasto [pà-sto] *s.m.* **1** L'atto del mangiare, spec. a ore abituali della giornata: *fare due, tre pasti* *al giorno* | *Pasti principali* = il pranzo e la cena | *Saltare il pasto* = non mangiare a pranzo o a cena **2** L'insieme dei cibi che si consumano in un pasto: *fare un pasto abbondante.*

pastore [pa-stó-re] *s.m.* [f. *–a*] **1** Chi custodisce e porta al pascolo le greggi: *un pastore di pecore, di capre* **2** ♧ Sacerdote o vescovo nella chiesa cattolica, ministro del culto nelle chiese protestanti **3** Nome di diverse razze di cani da gregge e da difesa: *pastore tedesco, bergamasco.*

pastorizia [pa-sto-rì-zia] *s.f.* L'attività di allevare pecore e capre e di utilizzarne i prodotti.

pastorizzato [pa-sto-riz-zà-to] *agg.* Sottoposto a pastorizzazione: *latte pastorizzato.*

pastorizzazione [pa-sto-riz-za-zió-ne] *s.f.* Trattamento per distruggere i germi presenti nel latte o in altre bevande alimentari, consistente nel riscaldare rapidamente il liquido a una temperatura di 70-80 °C.

pastrano [pa-strà-no] *s.m.* Pesante cappotto invernale.

patacca [pa-tàc-ca] *s.f.* **1** Moneta o altro oggetto di nessun valore o falso, spec. in quanto spacciato per prezioso o autentico: *un venditore rifilava ai turisti le solite patacche* **2** ♧ Grossa macchia, spec. d'unto: *hai una patacca sui pantaloni.*

patata [pa-tà-ta] *s.f.* Pianta erbacea di origine sudamericana, largamente coltivata per i tuberi commestibili ◊ Il tubero di tale pianta, ricco di amido: *patate lesse, fritte, arrosto*; *purè di patate.*

patatina [pa-ta-tì-na] *s.f.* Fetta sottile di patata fritta o cotta al forno: *si è mangiato un sacchetto di patatine.*

patente [pa-tèn-te] *s.f.* Documento che autorizza a guidare un veicolo, rilasciato a chi ha superato gli esami di guida: *per avere la patente bisogna essere maggiorenni.*

paternità [pa-ter-ni-tà] *s.f.* **1** Il fatto di essere padre: *le gioie e i doveri della paternità* **2** ♧ L'essere l'autore di un'opera, di un'invenzione, di uno scritto o di un'azione: *non si conosce la paternità di questo dipinto*; *nessuno ha rivendicato la paternità dell'attentato.*

paterno [pa-tèr-no] *agg.* **1** Del padre: *tornare nella casa paterna* **2** ♧ Da padre, simile a un padre: *nutre per lui un affetto paterno*; *si è sempre mostrato paterno con noi.*

patetico [pa-tè-ti-co] *agg.* [pl.m. *–ci*] Che suscita commozione, compassione, malinconia: *una vicenda patetica.*

patibolo [pa-tì-bo-lo] *s.m.* Palco preparato (con forca, ghigliottina ecc.) per l'esecuzione di una condanna a morte: *il condannato salì sul patibolo* ◊ Pena capitale: *essere condannato al patibolo.*

patimento [pa-ti-mén-to] *s.m.* Sofferenza fisica o morale.

patina [pà-ti-na] *s.f.* Sottile strato che ricopre qualcosa: *sui mobili c'era una patina di polvere.*

patinato [pa-ti-nà-to] *agg. Carta patinata* = tipo di carta da stampa rivestita da uno strato di sostanze che la rendono liscia e lucida.

patire [pa-tì-re] *v.tr.* [*patìsco, patìsci*] Provare, subire qualcosa che causa dolore, disagio, danno, offesa (anche riferito a cose inanimate) Ⓢ soffrire: *patire il freddo, la fame, il caldo*; *io patisco il mal di mare*; *quante ingiustizie ha dovuto patire!*; *le piante hanno patito molto la siccità* ♦ *v.intr.* [aus. *avere*] Soffrire: *patire d'insonnia, di gelosia*; *ha patito tanto nella sua vita* ◊ (detto di cosa) Ricevere danno Ⓢ guastarsi, deteriorarsi: *il dipinto ha patito per l'umidità.*

patito [pa-tì-to] *agg.* Deperito, denutrito, sofferente, smunto: *un bambino patito*; *una faccia patita* ♦ *s.m.* Chi è appassionato di qualcosa o ammiratore di qualcuno in modo quasi fanatico: *i patiti del calcio*; *è un patito di quel cantante.*

patria [pà-tria] *s.f.* **1** La terra, il paese in cui si è nati e a cui ci si sente legati come membri di uno stesso popolo: *amare, difendere la patria*; *tornare in patria* ◊ Città, paese natale (spec. di personalità): *Firenze è la patria di Dante* **2** Luogo d'origine: *l'Australia è la patria dei canguri*; *New Orleans è la patria del jazz.*

patriarca [pa-tri-àr-ca] *s.m.* [pl. *–chi*] In alcune società, spec. del passato, capo di una grande famiglia o tribù, che esercita una piena autorità su tutti i discendenti e gli appartenenti al gruppo ◊ Vecchio capofamiglia con numerosi discendenti: *il patriarca era circondato da figli e nipoti.*

patriarcale [pa-triar-cà-le] *agg.* Fondato sull'autorità del più anziano discendente maschile: *famiglia patriarcale*; *società patriarcale* ◊ Tradizionale, all'antica; semplice e austero: *vengo da una famiglia patriarcale*; *vita patriarcale.*

patrigno [pa-trì-gno] *s.m.* Il nuovo marito della madre per i figli nati da un marito precedente.

patrimonio [pa-tri-mò-nio] *s.m.* **1** Il complesso dei beni appartenenti a una persona, a una famiglia, a un'azienda, a un ente: *amministrare il proprio patrimonio*; *ereditare un patrimonio* | *Costare, valere, spendere un patrimonio* = una somma molto alta **2** ♧ Complesso di elementi materiali, spirituali ecc. di cui è dotato qualcosa e che ne costituiscono una ricchezza e una caratteristica: *il patrimonio forestale di una regione*; *l'Italia ha un grande patrimonio artistico.*

patrio [pà-trio] *agg.* Della patria: *amor patrio*; *il suolo patrio.*

patriota [pa-tri-ò-ta] *s.m.f.* [pl.m. *–ti*] Chi ama la patria e spec. chi lotta e si sacrifica per essa: *i patrioti del Risorgimento.*

patriottico [pa-tri-òt-ti-co] *agg.* [pl.m. *–ci*] Che rivela amor patrio: *spirito patriottico*; *discorsi, canti patriottici.*

patriottismo [pa-triot-tì-smo] *s.m.* Sentimento di amore e fedeltà verso la propria patria.

patrono [pa-trò-no] *s.m.* **1** Avvocato difensore: *il patrono dell'imputato* **2** [f. *patrona*] Santo che è stato scelto come protettore di un paese, di una città, di una categoria ecc.: *san Francesco è il patrono d'Italia.*

patta [pàt-ta] *s.f.* Pareggio in un gioco: *abbiamo fatto (pari e) patta.*

patteggiare [pat-teg-già-re] *v.tr.* Trattare per concludere un accordo Ⓢ negoziare: *un ufficiale fu inviato a patteggiare la resa* ♦ *v.intr.* [aus. *avere*] Scendere a patti, a compromessi: *le autorità non intendono patteggiare con i rapitori.*

pattinaggio [pat-ti-nàg-gio] *s.m.* Lo sport che si pratica sui pattini: *pattinaggio su ghiaccio, a rotelle*; *pattinaggio artistico.*

pattinare [pat-ti-nà-re] *v.intr.* [aus. *avere*] Muoversi scivolando sui pattini: *sei capace di pattinare sul ghiaccio?*

pattino [pàt-ti-no] *s.m.* **1** Attrezzo che si applica ai piedi per pattinare, costituito (nei *pattini da ghiaccio*) da una lama d'acciaio saldata a una speciale calzatura o (nei *pattini a rotelle*) da una piastra metallica montata su quattro rotelle che si applica sotto le scarpe **2** Ognuno degli elementi inferiori di alcuni veicoli che servono a farli scorrere e scivolare su superfici lisce, e spec. su ghiaccio, neve e acqua: *i pattini della slitta, dell'idrovolante, dell'aliscafo.*

patto [pàt-to] *s.m.* **1** Accordo stabilito tra due o più parti: *stringere con qualcuno un patto d'alleanza*; *rispettare, rompere un patto* | *Stare ai patti* = rispettarli | *Scendere, venire a patti* = accettare un accordo, raggiungere un compromesso **2** Condizione: *gli perdono a patto che mi chieda scusa.*

pattuglia [pat-tù-glia] *s.f.* Piccolo gruppo di soldati o agenti di polizia incaricati di un particolare compito: *mandare una pattuglia in esplorazione*; *l'automobilista fu fermato da una pattuglia (della polizia) stradale.*

pattugliare [pat-tu-glià-re] *v.tr.* Perlustrare, sorvegliare con delle pattuglie: *pattugliare il confine*; *la polizia pattugliava le strade del quartiere.*

pattumiera [pat-tu-miè-ra] *s.f.* Recipiente per la spazzatura.

paura [pa-ù-ra] *s.f.* **1** Sensazione di intenso timore, di preoccupazione, di angoscia che si prova in presenza o al pensiero di un pericolo reale o immaginario: *vai più adagio che ho paura!*; *aver paura del buio, di morire* | *Mettere, far paura* = spaventare **2** Timore, preoccupazione, dubbio: *non mangia per paura d'ingrassare*; *verrò, non aver paura.*

pauroso [pau-ró-so] *agg.* **1** Che si fa prendere facilmente dalla paura, che ha paura di ogni cosa Ⓒ coraggioso: *una persona paurosa* ◊ Impaurito, spaventato: *se ne stava pauroso in un angolo* **2** Che incute paura: *ho avuto un incubo pauroso* ◊ Impressionante: *un incidente pauroso* ◊ Eccezionale, sbalorditivo: *ha una memoria paurosa.*

pausa [pàu-sa] *s.f.* Intervallo, interruzione, sosta di breve durata: *fare una pausa durante il lavoro*; *ho bisogno di qualche minuto di pausa* ◊ Nel parlare, nel leggere e nel recitare, sospensione più o meno breve della voce, a scopo espressivo (indicata nella scrittura dai *segni di pausa*: punto, punto e virgola, virgola).

pavido [pà-vi-do] *agg.* Pieno di paura, pauroso; vile, codardo: *un uomo pavido, di animo pavido.*

pavimentare [pa-vi-men-tà-re] *v.tr.* Fornire di pavimento Ⓢ lastricare: *pavimentare una stanza, una strada.*

pavimentazione [pa-vi-men-ta-zió-ne] *s.f.* **1** L'operazione di pavimentare **2** Pavimento, spec. come lastricato o manto d'asfalto di strade, piazze e cortili: *rifare la pavimentazione.*

pavimento [pa-vi-mén-to] *s.m.* Rivestimento di vario materiale che ricopre il suolo spec. di ambienti di edifici e mezzi di trasporto: *il pavimento di una stanza, di un vagone ferroviario*; *pavimento di marmo, di legno.*

pavone [pa-vó-ne] *s.m.* [f. *–a* o *–essa*] Uccello originario dell'India; il maschio ha una coda a strascico di lunghe e magnifiche penne che può alzare e aprire a ventaglio (la *ruota del pavone*).

pavoneggiarsi [pa-vo-neg-giàr-si] *v.pr.* Atteggiarsi in modo vanitoso e troppo compiaciuto di se stessi, mettersi in mostra: *guarda come si pavoneggia davanti allo specchio!*

pazientare [pa-zien-tà-re] *v.intr.* [aus. *avere*] Avere pazienza, attendere con pazienza: *pazienta ancora un po', ho quasi finito.*

paziente [pa-zièn-te] *agg.* **1** Dotato di pazienza © impaziente: *un uomo paziente*; *cerca di essere paziente con lui* **2** Che richiede o rivela pazienza, costanza: *fare lunghe e pazienti indagini* ♦ *s.m.f.* Persona in cura da un medico; persona affetta da una malattia: *un medico con molti pazienti*; *il paziente ha sopportato bene l'operazione.*

pazienza [pa-zièn-za] *s.f.* Capacità di sopportare serenamente tutto ciò che causa o può causare disagio, fastidio, dolore o irritazione: *coi bambini ci vuole pazienza*; *la lunga attesa mise a dura prova la sua pazienza* ◊ Costanza, diligenza, calma, precisione richieste da determinati lavori e attività: *il ricamo richiede grande pazienza*; *è abile nei giochi di pazienza.*

pazzesco [paz-zé-sco] *agg.* [pl.m. *–schi*] **1** Da pazzi: *fare discorsi pazzeschi* ◊ Assurdo, irragionevole, esagerato: *fare spese pazzesche*; *guidare a pazzesca velocità* **2** ♧ Straordinario, enorme, incredibile: *ha una fortuna pazzesca*; *ho una fame pazzesca.*

pazzia [paz-zì-a] *s.f.* **1** Malattia mentale Ⓢ follia: *dare segni di pazzia* **2** Azione o cosa irragionevole, sconsiderata o stravagante: *ha fatto la pazzia di risposarsi a settant'anni*; *è una pazzia partire con questo caldo.*

pazzo [pàz-zo] *agg.* e *s.m.* **1** Malato di mente Ⓢ folle, matto: *è diventato pazzo*; *un pazzo furioso* **2** Che, chi è fuori di sé o si comporta in modo insensato, sconsiderato: *è pazzo di gioia*; *sei proprio pazzo a buttar via così i tuoi soldi!* | *Cose da pazzi* = incredibili, assurde | *Essere pazzo di qualcuno* = esserne molto innamorato | *Andare pazzo per qualcosa* = esserne molto appassionato, goloso: *va pazzo per il ballo, per i dolci* ♦ *agg.* Degno di un pazzo, da pazzi Ⓢ sconsiderato, eccessivo: *fare spese pazze*; *guidare a pazza velocità* | *Darsi alla pazza gioia* = ai divertimenti più sfrenati.

pc [pron. *picì*] *s.m.invar.* Sigla di *personal computer*: *pc portatile, da tavolo.*

pecca [pèc-ca] *s.f.* Difetto, vizio: *nessuno è senza pecche*; *un compito con qualche pecca.*

peccare [pec-cà-re] *v.intr.* [*pècco, pècchi*; aus. *avere*] **1** Commettere un peccato, dei peccati: *peccare di superbia*; *cerca di non peccare più* **2** Sbagliare, spec. eccedendo in qualcosa: *hai peccato per troppa bontà*; *peccare di severità.*

peccato [pec-cà-to] *s.m.* **1** Nel cristianesimo, ogni violazione volontaria della legge divina, commessa con atti, comportamenti, pensieri, parole: *fare un peccato di superbia, d'invidia*; *confessò al sacerdote i propri peccati* **2** ♧ Cosa spiacevole, deplorevole, che rincresce: *è un peccato che tu non possa venire*; *è un peccato sprecare il pane*; *non ce l'ho fatta, peccato!*

peccatore [pec-ca-tó-re] *agg.* e *s.m.* [f. *–trice*] Che, chi commette o ha commesso dei peccati.

pece [pé-ce] *s.f.* Sostanza nera, vischiosa, ricavata dal catrame e usata spec. per asfaltare strade e impermeabilizzare tetti e terrazze.

pecora [pè-co-ra] *s.f.* **1** Mammifero della famiglia degli ovini, diffuso e allevato in tutto il mondo per il latte, la carne, la pelle e la lana: *un gregge di pecore*; *mungere, tosare le pecore* | ♧ *Pecora nera* = chi, per il suo comportamento, viene considerato l'elemento negativo in un gruppo: *è la pecora nera della famiglia* **2** ♧ Persona debole, che si lascia sottomettere: *siete un branco di pecore!* ◊ Persona paurosa, codarda © leone.

pecorino [pe-co-rì-no] *s.m.* Formaggio prodotto con latte di pecora: *pecorino sardo, toscano.*

peculiare [pe-cu-lià-re] *agg.* Proprio, particolare, caratteristico, specifico: *l'elasticità è una qualità peculiare della gomma.*

pedaggio [pe-dàg-gio] *s.m.* Tassa che si paga per transitare su un'autostrada.

pedagogia [pe-da-go-gì-a] *s.f.* Scienza che studia i metodi e i problemi relativi all'educazione dei giovani: *un buon insegnante deve conoscere la pedagogia.*

pedalare [pe-da-là-re] *v.intr.* [aus. *avere*] Muovere i pedali della bicicletta: *cerca di pedalare più in fretta* ◊ Andare in bicicletta: *abbiamo pedalato per due ore.*

pedalata [pe-da-là-ta] *s.f.* Ogni singolo colpo dato ai pedali di una bicicletta: *lo superò con poche pedalate.*

pedale [pe-dà-le] *s.m.* Qualsiasi organo che in un meccanismo è azionato dal piede; può avere la funzione di trasmettere a un veicolo il movimento (*il pedale della bicicletta*) o dei comandi (*i pedali del freno, dell'acceleratore, della frizione* negli autoveicoli); in alcuni strumenti musicali (per es. organo, pianoforte) serve a ottenere determinati suoni ed effetti.

pedana [pe-dà-na] *s.f.* **1** Struttura su cui si appoggiano i piedi, generalmente costituita da un ripiano di legno più o meno soprelevato: *la pedana di un tavolo, della cattedra* **2** Nello sport, spazio di terra battuta in cui si svolgono le gare di salto e da cui si effettua il lancio del martello, del disco, del peso, del giavellotto ◊ Ripiano su cui avvengono gli incontri di scherma.

pedata [pe-dà-ta] *s.f.* **1** Colpo dato col piede Ⓢ calcio: *dare una pedata* **2** Impronta del piede: *sei entrato in casa con le scarpe sporche e hai lasciato tutte le pedate.*

pedestre [pe-dè-stre] *agg.* Scadente, banale: *questo quadro è una pedestre imitazione.*

pediatra [pe-dià-tra] *s.m.f.* [pl.m. *–tri*] Medico specialista nel curare le malattie dei bambini.

pediluvio [pe-di-lù-vio] *s.m.* Bagno prolungato ai piedi, a scopo curativo o riposante.

pedina [pe-dì-na] *s.f.* **1** Ciascuno dei dischetti con cui si gioca a dama **2** ♧ Persona che ha un ruolo subordinato, che è solo uno strumento della volontà altrui: *in quell'affare lui non ha deciso niente, è stato solo una pedina.*

pedinare [pe-di-nà-re] *v.tr.* Seguire qualcuno senza farsi accorgere per spiarne ogni mossa: *la polizia lo pedinava.*

pedonale [pe-do-nà-le] *agg.* Dei pedoni: *traffico pedonale* ◊ Riservato ai pedoni: *sottopassaggio pedonale.*

pedone [pe-dó-ne] *s.m.* **1** Chi va, si sposta a piedi (contrapposto a chi si serve di un veicolo): *strada riservata ai pedoni* **2** Nel gioco degli scacchi, ciascuno degli otto pezzi di minor valore a disposizione di ogni giocatore.

peggio [pèg-gio] *avv.* In modo peggiore Ⓒ meglio: *con questi occhiali ci vedo peggio*; *peggio di così non potrebbe andare* | *Andare di male in peggio* = peggiorare sempre più ♦ *agg. invar.* **1** Peggiore: *questo bar è peggio di quello* **2** Meno preferibile (nel senso di «cosa peggiore»): *mi sembra peggio non dirglielo* ♦ *s.m.invar.* La cosa peggiore, più sfavorevole: *questo è il peggio che mi potesse capitare* ♦ *s.f.* *Avere la peggio* = essere battuto | *Alla meno peggio* = in qualche modo: *per questa notte ci arrangeremo alla meno peggio.*

Peggio è il comparativo di *male*, quindi è un errore dire *più peggio.*

peggioramento [peg-gio-ra-mén-to] *s.m.* Cambiamento in peggio Ⓒ miglioramento: *si prevede un peggioramento del tempo.*

peggiorare [peg-gio-rà-re] *v.tr.* Rendere peggiore Ⓢ aggravare Ⓒ migliorare: *comportandoti così peggiori la tua situazione* ♦ *v.intr.* [aus. *essere* o anche *avere* se riferito a persone] Diventare peggiore: *il tempo sta peggiorando*; *invece di migliorare, sei (o hai) peggiorato* ◊ Aggravarsi: *nella notte il malato è peggiorato.*

peggiorativo [peg-gio-ra-tì-vo] *s.m.* In grammatica, si dice di aggettivo o sostantivo alterato in senso negativo o spregiativo da suffissi come *–accio, –ume, –aglia, –astro* (per es. *cattivaccio, marciume, gentaglia, medicastro*).

peggiore [peg-gió-re] *agg.* Più cattivo; inferiore per qualità, capacità, condizione, pregio, valore e simili Ⓒ migliore: *è l'uomo peggiore che conosco*; *il tuo lavoro è peggiore del suo*; *ha scelto la stoffa peggiore* ◊ Meno soddisfacente, meno vantaggioso: *non poteva farmi una accoglienza peggiore*; *nel peggiore dei casi, dormirò all'aperto* ♦ *s.m.f.* La persona più cattiva o che si dimostra in qualcosa la meno capace: *prendi esempio dai migliori, non dai peggiori*; *nella gara è risultato tra i peggiori.*

Peggiore è il comparativo di *cattivo;* preceduto dall'articolo determinativo forma il superlativo relativo: *è il peggior libro che ho letto.*

pegno [pé-gno] *s.m.* **1** Garanzia della restituzione di un prestito, costituita da uno o più oggetti che il debitore consegna al creditore: *dare dei gioielli in pegno* ◊ L'oggetto stesso dato a garanzia: *quando gli ridarò il denaro, mi restituirà il pegno* **2** ♧ Testimonianza, garanzia morale: *si scambiarono l'anello come pegno d'amore*; *ho dato in pegno la mia parola.*

pelame [pe-là-me] *s.m.* L'insieme dei peli che rivestono un animale Ⓢ mantello: *un gatto dal pelame morbido.*

pelandrone [pe-lan-dró-ne] *s.m.* Persona pigra e oziosa Ⓢ scansafatiche, fannullone.

pelare [pe-là-re] *v.tr.* **1** Togliere i peli, le penne o anche la pelle a un animale morto: *pelare il maiale dopo averlo ucciso*; *pelare un pollo* ◊ Sbucciare: *pelare una mela, le patate* **2** ♧ Portare via, far perdere un mucchio di soldi; far spendere cifre esagerate: *al casinò lo hanno pelato*; *in quel ristorante ti pelano.*

pelato [pe-là-to] *agg.* Senza capelli, calvo: *testa pelata* ◊ Sbucciato | *(Pomodori) pelati* = pomodori interi senza buccia conservati in scatola.

pellame [pel-là-me] *s.m.* Pelli conciate: *commerciare in pellami.*

pelle [pèl-le] *s.f.* **1** Rivestimento esterno del corpo umano Ⓢ cute: *pelle chiara, scura, liscia, rugosa* | *A fior di pelle* = in superficie: *una ferita a fior di pelle* **2** ♧ Vita: *è riuscito a salvare la pelle* **3** Rivestimento esterno del corpo di molti animali: *mangiare la pelle del pollo* ◊ Pelle di animali conciata: *borsa, guanti di pelle* **4** Buccia: *la pelle della pesca, delle patate.*

pellegrinaggio [pel-le-gri-nàg-gio] *s.m.* Viaggio di devozione per recarsi in un luogo considerato sacro: *fare un pellegrinaggio a Lourdes*; *i musulmani vanno in pellegrinaggio alla Mecca.*

pellegrino [pel-le-grì-no] *s.m.* Chi compie un pellegrinaggio.

pellerossa [pel-le-rós-sa] o **pellirossa** [pel-li-rós-sa] *s.m.f.* [pl. *invar.* o *pellirosse*] Indigeno dell'America del Nord.

pellicano [pel-li-cà-no] *s.m.* Grosso uccello tropicale che si nutre di pesci; ha un lungo becco che nella parte inferiore forma una sacca in cui viene immagazzinato il cibo.

pelliccia [pel-lìc-cia] *s.f.* [pl. *–ce*] **1** Il mantello degli animali dal pelo lungo e fitto: *la pelliccia dell'orso* **2** Pelle di animale conciata in modo che conservi il suo pelo morbido e lucente; indumento confezionato con tali pelli: *pelliccia di lontra, di visone*; *una signora in pelliccia.*

pellicola [pel-lì-co-la] *s.f.* **1** Strato superficiale molto sottile, che riveste o protegge: *avvolgere i formaggi in una pellicola di cellofan* **2** Nastro di celluloide rivestito di un sottile strato di materiale sensibile alla luce e su cui si registrano le immagini nelle riprese fotografiche e cinematografiche: *sviluppare, stampare una pellicola* ◊ Film: *ho visto una bella pellicola.*

pellirossa vedi **pellerossa**.

pelo [pé-lo] *s.m.* **1** Ognuno dei sottili filamenti che crescono più o meno numerosi sulla pelle dell'uomo e dei mammiferi: *i peli della barba, delle gambe* | ♧ *Per un pelo* = per pochissimo: *ho preso il treno per un pelo* ◊ L'insieme dei peli di una persona o di un animale Ⓢ peluria, pelame: *radersi contro pelo*; *un cane dal pelo chiaro* ◊ Pelliccia: *una giacca foderata di pelo* ◊ Peluria di un tessuto di lana: *il pelo del cappotto* **2** ♧ La superficie di un liquido: *galleggiare a pelo d'acqua, sul pelo dell'acqua.*

peloso [pe-ló-so] *agg.* Coperto di peli, che ha molti peli: *gambe pelose*; *un uomo peloso*; *piante con foglie pelose.*

peluche [parola francese; pron. *peluš*] *s.m.invar.* Tessuto dal pelo lungo e morbido: *un orsacchiotto di peluche* ◊ Pupazzo confezionato con tale tessuto.

peluria [pe-lù-ria] *s.f.* Insieme di peli sottili e morbidi: *ha un po' di peluria sulle guance* ◊ Insieme di piume piccole e morbide: *la peluria dei pulcini.*

pena [pé-na] *s.f.* **1** Punizione prevista dalla legge nei confronti di chi ha commesso un reato: *il tribunale lo ha condannato per furto a una pena di due anni di carcere* ◊ Nella religione cattolica, il castigo inflitto all'anima dei peccatori dopo la morte: *la pena dell'inferno, del purgatorio* **2** Sofferenza fisica o morale: *per la malattia ha sofferto pene indicibili*; *mi ha raccontato le sue pene d'amore* ◊ Angoscia, pietà per le sofferenze altrui: *è una pena vederlo soffrire così*; *provo pena per quel poveraccio* | *Far pena* = destare compassione: *si è ridotto in uno stato da far pena* | *Essere, stare in pena* = in ansia: *non stare in pena se non senti mie notizie* ◊ *Valere la pena* = meritare, essere utile: *è un film che vale la pena di vedere*; *non vale la pena di arrabbiarsi così* ◊ *A mala pena* = con difficoltà, a stento: *riusciva a mala pena a stare in piedi.*

penale [pe-nà-le] *agg.* Che consiste in una pena: *sanzioni penali* ◊ Che riguarda reati che prevedono una pena giudiziaria: *diritto, codice, processo penale* ♦ *s.f.* Somma che deve pagare chi non rispetti le clzraggiungere uno scopo: *sapessi quanto ho dovuto penare per convincerlo!*

pendenza [pen-dèn-za] *s.f.* Inclinazione di qualcosa rispetto all'asse verticale o al piano orizzontale: *la pendenza di una torre*; *un tetto, una strada in forte pendenza.*

pendere [pèn-de-re] *v.intr.* [pass.rem. *pendéi* o *pendètti, pendésti*; aus. *avere*] **1** Essere appeso, sostenuto da qualcosa in alto: *i frutti pendono dai rami*; *il lampadario pende dal soffitto* ◊ ♧ Incombere: *un grave pericolo pendeva sul suo capo* **2** Essere inclinato: *raddrizza quel quadro, pende un po' a destra.*

pendice [pen-dì-ce] *s.f.* (spec. al *pl.*) Zona di terreno in pendio: *vive in una casetta sulle pendici della collina.*

pendio [pen-dì-o] *s.m.* Pendenza: *un terreno, una strada in pendio* ◊ Terreno in pendenza: *scendere per un pendio*; *salì il pendio del monte.*

pendola [pèn-do-la] *s.f.* Orologio a pendolo.

pendolare [pen-do-là-re] *agg.* e *s.m.f.* Si dice di chi deve compiere ogni giorno un viaggio, spec. su mezzi pubblici, dalla propria abitazione al luogo di lavoro o di studio: *lavoratori, studenti pendolari*; *un treno di pendolari.*

pendolo [pèn-do-lo] *s.m.* Peso che per effetto della forza di gravità oscilla avanti e indietro appeso a un punto fisso | *Orologio a pendolo* = orologio il cui movimento è regolato dalle oscillazioni di un pendolo.

pene [pè-ne] *s.m.* Organo esterno dell'apparato genitale e urinario maschile.

penetrante [pe-ne-tràn-te] *agg.* Intenso, acuto: *un odore penetrante* ◊ ♧ Che sa vedere, cogliere nel profondo Ⓢ acuto, profondo: *uno sguardo, un'analisi penetrante.*

penetrare [pe-ne-trà-re] *v.intr.* [aus. *essere*] Entrare dentro, introdursi (anche ♧): *il chiodo penetrò nella parete*; *la luce penetrava da una fessura*; *i ladri penetrarono nell'appartamento*; *un dubbio penetrò nel suo animo* ♦ *v.tr.* **1** Trapassare: *un gelo che penetra le ossa* **2** ♧ Arrivare a conoscere, a comprendere: *cercare di penetrare i misteri della natura, dell'animo umano.*

penicillina [pe-ni-cil-lì-na] *s.f.* Antibiotico estratto da una particolare muffa.

peninsulare [pe-nin-su-là-re] *agg.* Costituito da una penisola; proprio di una penisola: *l'Italia peninsulare*; *la Grecia ha un clima peninsulare.*

penisola [pe-nì-so-la] *s.f.* Territorio che si protende nel mare o in un lago ed è interamente circondato dalle acque tranne che dalla parte che lo unisce al continente: *la penisola italiana, iberica.*

penitenza [pe-ni-tèn-za] *s.f.* **1** Ogni privazione o punizione materiale o spirituale a cui ci si sottomette volontariamente per riparare al male commesso: *fare penitenza, imporsi dure penitenze per i propri peccati* **2** Punizione, castigo che si dà spec. ai bambini: *per penitenza oggi non mangerai il dolce* ◊ Piccola pena che si impone per scherzo a chi perde in un gioco.

penitenziario [pe-ni-ten-zià-rio] *s.m.* Carcere.

penna [pén-na] *s.f.* **1** Ciascuno degli elementi che rivestono il corpo degli uccelli mantenendone il calore e in partic. quelli più lunghi che ricoprono le ali e la coda e servono per il volo (le penne più piccole e morbide del corpo sono chiamate più propriamente *piume*) **2** Strumento per scrivere a mano che utilizzi l'inchiostro (così chiamato perché un tempo era costituito da una penna d'oca): *penna stilografica*; *penna a sfera.*

pennacchio [pen-nàc-chio] *s.m.* Ciuffo di penne usato come ornamento: *il pennacchio sul cappello dei bersaglieri.*

pennellata [pen-nel-là-ta] *s.f.* Passata, tratto, colpo di pennello: *il pittore diede le ultime pennellate al quadro.*

pennello [pen-nèl-lo] *s.m.* Attrezzo costituito da un mazzetto di peli fissati all'estremità di un manico, usato per dipingere, verniciare, imbiancare, spalmare sostanze liquide o pastose (per es. la crema da barba) | ♧ *A pennello* = alla perfezione: *questo vestito ti sta a pennello.*

pennino [pen-nì-no] *s.m.* Piccola lamina metallica terminante a punta che si innesta nella penna da scrivere.

pennone [pen-nó-ne] *s.m.* **1** Asta verticale che sostiene una bandiera **2** Nei velieri, ciascuna delle aste orizzontali disposte a croce sugli alberi per sostenere le vele quadre.

penombra [pe-nóm-bra] *s.f.* Condizione di semioscurità intermedia tra la luce e l'ombra: *al mattino la stanza è in penombra*; *camminavano nella penombra del bosco.*

penoso [pe-nó-so] *agg.* **1** Che procura pena, sofferenza, fatica, disagio: *una lunga e penosa malattia*; *un viaggio, un lavoro penoso* **2** Che suscita pena, compassione: *una penosa situazione familiare* ◊ Tanto negativo da far pena: *ha fatto una figura penosa*; *canta in modo penoso.*

pensare [pen-sà-re] *v.intr.* [aus. *avere*] **1** Formare delle idee nella mente: *pensare è una caratteristica dell'uomo* ◊ Riflettere, meditare: *è meglio pensare prima di agire*; *è un libro che fa pensare* **2** Rivolgere la mente a qualcuno o a qualcosa: *pensava spesso all'amico lontano*; *pensò di nuovo alle parole di sua madre* ◊ Considerare qualcosa, rifletterci sopra: *hai pensato alla proposta che ti ho fatto?*; *doveva pensarci prima* ◊ Immaginare: *pensa a come ci divertiremmo!* **3** Provvedere: *ci pensi tu ad avvisarlo?* ◊ Badare: *pensa ai fatti tuoi!* ◊ Preoccuparsi: *non pensarci, è una cosa da nulla* ♦ *v.tr.* **1** Esaminare qualcosa con il pensiero: *che cosa stai pensando?* ◊ Considerare, meditare qualcosa: *pensa quello che potrebbe succedere*; *hai pensato la risposta da dargli?* ◊ Immaginare, figurarsi: *chi poteva pensare una cosa del genere?* **2** Ritenere, credere: *penso che tu abbia ragione* ◊ Avere una data opinione di qualcuno o qualcosa: *penso di lui tutto il bene possibile*; *che ne pensi di quel libro?* **3** Avere in programma; prevedere: *penso di partire domani.*

pensata [pen-sà-ta] *s.f.* Idea, trovata.

pensiero [pen-siè-ro] *s.m.* **1** La facoltà e l'attività del pensare: *il pensiero distingue l'uomo dagli animali*; *difendere la libertà di pensiero* ◊ Mente: *concentrare il pensiero su qualcosa*; *riandò col pensiero al passato* **2** Ciò che si pensa Ⓢ idea, opinione: *era assorto nei suoi pensieri*; *era angosciato dal pensiero della morte*; *vorrei sapere il tuo pensiero in proposito* **3** Ansia, preoccupazione: *ero in pensiero per te*; *non darti pensiero delle chiacchiere altrui*; *quel ragazzo mi dà molti pensieri* **4** Espressione di affetto, di attenzione: *è stato un pensiero gentile avvisarmi.*

pensieroso [pen-sie-ró-so] *agg.* Pieno di pensieri, assorto nei propri pensieri: *ti vedo pensieroso, oggi.*

pensile [pèn-si-le] *agg.* *Mobile pensile* = sollevato da terra e appeso al muro | *Giardino pensile* = posto sopra a una terrazza ♦ *s.m.* Mobile pensile: *cambiare un pensile della cucina.*

pensilina [pen-si-lì-na] *s.f.* Tettoia per riparare dalla pioggia e dal sole persone che attendono all'aperto: *la pensilina della stazione*.

pensionato [pen-sio-nà-to] *s.m.* **1** Chi è in pensione, chi riceve una pensione **2** Istituto che fornisce vitto e alloggio a determinate categorie di persone: *pensionato per studenti, per anziani*.

pensione [pen-sió-ne] *s.f.* **1** Somma periodica che spetta a chi smette di lavorare per limiti di età (*pensione di anzianità*) o perché è rimasto invalido (*pensione d'invalidità*) ◊ La condizione di chi ha smesso di lavorare e riceve una pensione: *è in pensione da tre anni* **2** Fornitura di vitto e alloggio a pagamento; la somma che si paga per tale fornitura: *un albergo che fa anche pensione*; *pagare la pensione* ◊ Albergo, locanda che fornisce vitto e alloggio a un prezzo concordato, spec. per periodi di una certa durata: *ho passato le vacanze al mare in una pensione accogliente ed economica*.

pensoso [pen-só-so] *agg.* Assorto in pensieri, riflessioni, meditazioni: *aveva un'aria pensosa*.

pentagono [pen-tà-go-no] *s.m.* Poligono con cinque lati.

pentagramma [pen-ta-gràm-ma] *s.m.* [pl. *–mi*] L'insieme delle cinque righe orizzontali parallele e degli spazi che le separano, su cui si scrivono i segni delle note musicali e delle pause.

pentimento [pen-ti-mén-to] *s.m.* **1** Dolore e rimorso per il male commesso: *il suo pentimento mi sembra sincero* **2** Rammarico, rimpianto; cambiamento d'opinione, ripensamento: *decidi come vuoi, basta che poi non ci siano pentimenti*.

pentirsi [pen-tìr-si] *v.pr.* **1** Provare rimorso, senso di colpa per come si è agito: *si è pentito dei suoi peccati* **2** Rammaricarsi delle proprie scelte e decisioni: *mi pento di quell'acquisto*; *si è pentito di non avermi dato retta* ◊ Cambiare idea: *stava per partire, ma all'ultimo momento si è pentito e ha rinunciato al viaggio*.

pentola [pén-to-la] *s.f.* Recipiente da cucina, con due manici e coperchio, usato per cuocere cibi: *una pentola di rame, di alluminio, di terracotta*.

pentolame [pen-to-là-me] *s.m.* L'insieme delle pentole e degli altri recipienti da fuoco per cucina (padelle, tegami ecc.).

pentolino [pen-to-lì-no] *s.m.* Piccola pentola, in genere con un solo manico: *il pentolino per il latte*.

penultimo [pe-nùl-ti-mo] *agg.* e *s.m.* Che, chi in una serie, una lista e simili occupa il posto che precede immediatamente l'ultimo: *oggi è il penultimo giorno del mese*.

penuria [pe-nù-ria] *s.f.* Insufficienza, scarsità © abbondanza: *in quella zona c'è penuria d'acqua*; *penuria di viveri*; *penuria di medici, di tecnici*.

penzolare [pen-zo-là-re] *v.intr.* [aus. *avere*] Stare appeso, pendere, spec. oscillando: *dal soffitto penzolava una fune*.

pepato [pe-pà-to] *agg.* **1** Condito con pepe **2** ♧ Pungente, mordace: *una risposta pepata*.

pepe [pé-pe] *s.m.* Pianta rampicante tropicale le cui bacche sono usate come spezie ◊ La spezie dal sapore piccante ricavata da tale pianta: *condire con sale e pepe*.

peperoncino [pe-pe-ron-cì-no] *s.m.* Varietà di peperone i cui frutti, piccoli, sottili e molto piccanti sono usati come condimento (anche seccati e in polvere).

peperone [pe-pe-ró-ne] *s.m.* Pianta erbacea coltivata per i frutti carnosi rossi, gialli o verdi dal sapore dolciastro e più o meno piccante ◊ Il frutto di tale pianta: *peperoni ripieni, sott'olio*.

per [pér] *prep.* **1** Attraverso (anche ♧): *uscire per la porta*; *passeggiare per la città*; *che cosa ti passa per la testa?* ◊ In direzione di: *il treno per Milano*; *la strada per il mare* ◊ ♧ Verso (indica inclinazione): *ho passione per lo sport*; *nutro simpatia per lui* ◊ In: *sedersi per terra* **2** Per la durata di: *ha lavorato per un anno*; *per un attimo ci ho creduto* ◊ Indica un termine temporale, una scadenza: *tornerò per le dieci*; *sarà pronto per Natale* **3** Per mezzo di: *te l'ho spedito per posta*; *l'ho avvertito per telefono* **4** A causa di: *non ci si vede per la nebbia*; *gridava per il dolore* **5** Indica il fine o lo scopo: *lottare per la pace*; *prepararsi per la partenza* ◊ Destinato a: *libri per ragazzi*; *ho una lettera per te* **6** Indica vantaggio o svantaggio: *sacrificarsi per i figli*; *questo clima è nocivo per la salute* **7** Indica il modo, la maniera: *procedere per ordine alfabetico*; *tenersi per mano* **8** Riguardo a, limitatamente a: *si è distinto per generosità*; *per questa volta ti perdono* ◊ Dal punto di vista di, secondo: *per loro è come un figlio*; *per me hai torto* **9** Al prezzo di: *l'ho comprato per pochi soldi* **10** Come: *ha preso per moglie una brava ragazza*; *l'hanno dato per morto* **11** Indica una misura, un'estensione: *la strada sale per tre chilometri*; *la pianura si estende per un ampio tratto* **12** Indica scambio, sostituzione: *ti avevo preso per un altro*; *sono venuto io per lui* **13** Indica distribuzione, ripartizione: *due per ciascuno*; *in fila per tre*; *giorno per giorno* ◊ Indica la percentuale (*per cento* o %): *sconto del venti per cento* ◊ Nelle operazioni di moltiplicazione e divisione indica il moltiplicatore o il divisore: *sette per otto (7 x 8)*; *dieci diviso (per) cinque*

(10 : 5) dà due **14** *Stare per* = essere sul punto di: *stavo per cadere dalla finestra.*

pera [pé-ra] *s.f.* Il frutto del pero.

peraltro [pe-ràl-tro] o **per altro** *avv.* Del resto, d'altra parte: *non sei venuto, peraltro ti avevo avvertito.*

perbene [per-bè-ne] o **per bene** *agg.invar.* Onesto, ammodo: *una persona perbene* ⧫ *avv.* Con cura, come si deve: *mi piace fare le cose perbene.*

percentuale [per-cen-tu-à-le] *agg.* Calcolato in rapporto a cento: *aumento, diminuzione percentuale* ⧫ *s.f.* Quantità numerica calcolata in rapporto a cento: *alle ultime elezioni la percentuale dei votanti è stata del 75%.*

percepire [per-ce-pì-re] *v.tr.* [*percepìsco, percepìsci*] **1** Cogliere qualcosa per mezzo dei sensi o dell'intuito Ⓢ sentire, avvertire: *percepire un suono, un odore, un pericolo* **2** Ricevere, riscuotere: *questo mese non ha percepito lo stipendio.*

percezione [per-ce-zió-ne] *s.f.* Sensazione, intuizione: *ebbe la netta percezione di un pericolo imminente.*

perché [per-ché] *avv.* Per quale ragione: *perché non mi hai avvisato?*; *non capisco perché lo abbia fatto* ⧫ *congz.* **1** Poiché: *non vengo perché sono stanco* **2** Affinché: *te lo dico perché tu lo sappia* ⧫ *pronome rel.* Per cui: *non c'era ragione perché mi trattasse così* ⧫ *s.m.invar.* Motivo, causa, scopo: *se n'è andata, ma non so il perché*; *l'ha fatto senza un perché.*

L'accento sulla e finale di *perché* è acuto (come in *finché, affinché, poiché* ecc.): attenzione a non scriverlo con l'accento grave (*perchè*), soprattutto scrivendo al computer.

perciò [per-ciò] *congz.* Per questo motivo, di conseguenza: *è stanco, perciò non verrà.*

percorrere [per-cór-re-re] *v.tr.* [coniugato come *correre*] **1** Compiere un dato tragitto: *abbiamo percorso molti chilometri a piedi* **2** Attraversare uno spazio in tutta la sua lunghezza o estensione: *ha percorso l'Italia in lungo e in largo.*

percorso [per-cór-so] *s.m.* Tratto che si percorre Ⓢ tragitto, itinerario: *un percorso breve*; *il percorso di una manifestazione, di una gara ciclistica* ◊ Tempo impiegato per compiere un dato tragitto: *un percorso di tre ore.*

percossa [per-cò-ssa] *s.f.* Colpo violento dato da una persona a un'altra con le mani, con i piedi o con qualche oggetto, allo scopo di farle del male: *sul suo corpo si vedevano i segni delle percosse.*

percuotere [per-cuò-te-re] *v.tr.* [coniugato come *scuotere*] Colpire con violenza Ⓢ picchiare: *i ladri lo derubarono e lo percossero.*

percussione [per-cus-sió-ne] *s.f.* Colpo di un oggetto contro un altro | *Strumenti musicali a percussione* = quelli che si suonano percuotendoli (tamburo, piatti ecc.).

perdere [pèr-de-re] *v.tr.* [pass.rem. *pèrsi* o *perdéi* o *perdètti, perdésti*; part.pass. *pèrso* o *perdùto*] **1** Non avere più, restare privo di qualcosa o qualcuno: *perdere la vista, la memoria*; *ha perso ogni speranza*; *ha perso da poco i genitori* | *Perdere conoscenza, i sensi* = svenire | *Perdere la calma, la pazienza* = innervosirsi, arrabbiarsi ◊ Smarrire: *ho perso le chiavi di casa* ◊ *Perdere il treno, l'autobus* = non fare in tempo a prenderli | *Perdere uno spettacolo, una lezione, la scuola* = non poterci andare **2** Lasciar uscire (liquidi o gas): *il rubinetto perde (acqua)*; *la ferita perde molto sangue* **3** Sprecare, sciupare: *non ho tempo da perdere* **4** Venire vinto, avere la peggio Ⓒ vincere: *perdere la guerra, una partita, una scommessa* **5** Rimetterci Ⓒ guadagnare: *ha perso mille euro alla roulette*; *nel cambio sono io quello che ci perde* ⧫ *v.intr.* [aus. *avere*] Diminuire: *con l'inflazione i soldi perdono di valore* ⧫ **perdersi** *v.pr.* **1** Smarrirsi: *ci siamo perduti nel bosco* | ♧ *Perdersi d'animo* = scoraggiarsi ◊ Sprecare il proprio tempo: *perdersi in chiacchiere inutili* **2** Dileguarsi, svanire: *l'eco si perse nella valle.*

perdifiato [per-di-fià-to] *A perdifiato* = a più non posso: *correre, gridare a perdifiato.*

perdita [pèr-di-ta] *s.f.* **1** Il fatto di perdere, di aver perso qualcosa: *la perdita della vista, del posto di lavoro* | *La perdita di un oggetto* = il suo smarrimento | *Perdita di tempo* = il suo spreco ◊ Morte: *piangere la perdita di un caro amico* **2** Danno in vite umane: *infliggere al nemico pesanti perdite* ◊ Il perdere denaro: *subire forti perdite in borsa, al gioco* **3** Sconfitta: *la perdita di una battaglia, di una partita* **4** Fuoruscita anormale di liquidi o gas: *c'è una perdita d'acqua nelle tubature.*

perdonare [per-do-nà-re] *v.tr.* **1** Rinunciare a punire qualcuno di una sua colpa; abbandonare ogni risentimento e proposito di vendetta nei suoi confronti: *per questa volta ti perdono*; *mi ha fatto molto male ma ormai l'ho perdonato* **2** Scusare (in frasi di cortesia): *mi perdoni se la disturbo* ⧫ *v.intr.* [aus. *avere*] Concedere il perdono: *gli ho perdonato da tempo.*

perdono [per-dó-no] *s.m.* **1** Generosa rinuncia a punire, a vendicarsi di chi ha commesso una colpa: *chiedere, ottenere il perdono* **2** Scusa (in frasi di cortesia): *chiedo perdono se vi disturbo.*

perdurare [per-du-rà-re] *v.intr.* [aus. *avere*] Durare ancora Ⓢ continuare, persistere Ⓒ cessare: *se perdura il maltempo ci saranno gravi danni.*

perdutamente [per-du-ta-mén-te] *avv.* Con tutto se stesso, in modo appassionato e travolgente: *è perdutamente innamorato di quella donna.*

perduto [per-dù-to] *agg.* **1** Che non si ha più perché smarrito, scomparso, morto: *ritrovare un oggetto perduto*; *piangeva il figlio perduto* **2** Spacciato, senza via di scampo: *ormai siamo perduti.*

peregrinare [pe-re-gri-nà-re] *v.intr.* [aus. *avere*] Andare vagando di luogo in luogo Ⓢ errare, vagabondare.

perenne [pe-rèn-ne] *agg.* Destinato a durare eternamente: *conquistarsi una fama perenne* | *Nevi perenni* = che non si sciolgono mai ◊ Continuo, ininterrotto: *ha un perenne mal di testa.*

perentorio [pe-ren-tò-rio] *agg.* **1** Che non ammette discussioni, repliche: *ordine, tono perentorio* **2** Che non ammette ritardi: *il termine perentorio per presentare la domanda è il 30 settembre.*

perfettamente [per-fet-ta-mén-te] *avv.* In modo perfetto: *un lavoro eseguito perfettamente* ◊ Del tutto, assolutamente: *è perfettamente guarito*; *sai perfettamente che è inutile.*

perfetto [per-fèt-to] *agg.* Completo, totale: *c'era un perfetto silenzio* ◊ Privo di qualsiasi difetto Ⓢ eccellente: *un lavoro, un marito perfetto.*

perfezionare [per-fe-zio-nà-re] *v.tr.* Rendere perfetto o migliore: *perfezionare una macchina, la propria preparazione* ♦ **perfezionarsi** *v.pr.* Giungere a un alto livello di qualità, di completezza Ⓢ migliorarsi: *una tecnica che si è molto perfezionata*; *frequenta un corso per perfezionarsi in inglese e tedesco.*

perfezione [per-fe-zió-ne] *s.f.* Assenza di qualsiasi difetto o lacuna: *la perfezione di un'opera, di un lavoro* | *A, alla perfezione* = in modo perfetto: *ci intendiamo a perfezione.*

perfidia [per-fi-dia] *s.f.* Malvagità subdola e crudele: *la sua è più che cattiveria, è perfidia* ◊ Azione perfida, crudele: *che perfidia ingannarlo in quel modo!*

perfido [pèr-fi-do] *agg.* Malvagio, subdolo, crudele e sleale: *un perfido tiranno*; *sono stato vittima di un perfido inganno.*

perfino [per-fi-no] o **persino** [per-sì-no] *avv.* Addirittura, finanche: *lo stimano perfino i suoi avversari* ◊ Anche solo: *mi fa paura perfino a sentirne parlare.*

perforare [per-fo-rà-re] *v.tr.* Bucare, forare da parte a parte: *il proiettile perforò la lamiera* ◊ Forare in profondità: *perforare il terreno.*

performance [parola inglese; pron. *perfòrmans*] *s.f.invar.* Prestazione, esibizione, risultato, spec. nello sport e nello spettacolo.

pergola [pèr-go-la] *s.f.* Struttura di sostegno per viti o altre piante rampicanti.

pergolato [per-go-là-to] *s.m.* Lunga pergola, insieme di pergole: *pranzare all'ombra di un pergolato.*

pericolante [pe-ri-co-làn-te] *agg.* Che minaccia di crollare: *un edificio pericolante.*

pericolo [pe-rì-co-lo] *s.m.* Situazione, circostanza da cui può derivare un danno; grave rischio: *affrontare un pericolo*; *la sua vita è in pericolo*; *c'è pericolo di un'epidemia* | *Essere fuori pericolo* = aver superato il momento critico di una malattia.

pericoloso [pe-ri-co-ló-so] *agg.* Che comporta dei pericoli Ⓢ rischioso: *una situazione pericolosa*; *è pericoloso sporgersi* ◊ Che può recare danno, fare del male: *non fidarti di lui, è un uomo pericoloso.*

periferia [pe-ri-fe-rì-a] *s.f.* Parte, zona esterna (spec. di una città): *il sangue affluisce dal cuore alla periferia del corpo*; *abita in periferia.*

periferico [pe-ri-fè-ri-co] *agg.* [pl.m. *–ci*] Della periferia, situato nella periferia: *vive in un quartiere periferico.*

perifrasi [pe-rì-fra-si] *s.f.* Giro di parole che si usa per evitare di dire direttamente qualcosa o per chiarire in modo più semplice parole e concetti difficili: *dì quello che pensi, senza tante perifrasi!*

perimetro [pe-rì-me-tro] *s.m.* La somma dei lati di un poligono: *calcolare il perimetro di un rettangolo* ◊ Linea di contorno: *il perimetro di un campo, di un edificio.*

periodico [pe-riò-di-co] *agg.* [pl.m. *–ci*] Che avviene o appare a intervalli di tempo più o meno regolari: *i monsoni sono venti periodici*; *soffre di periodici mal di testa* ♦ *s.m.* Pubblicazione che esce a intervalli regolari di tempo: *comprare dei periodici illustrati.*

periodo [pe-rì-o-do] *s.m.* **1** Spazio di tempo determinato da particolari caratteristiche e avvenimenti: *sta attraversando un periodo di crisi*; *i differenti periodi storici*; *il periodo della guerra, delle piogge* **2** Insieme di due o più frasi che formano un'unità logica con senso compiuto: *un periodo ben costruito.*

peripezia [pe-ri-pe-zì-a] *s.f.* (spec. al *pl.*) Serie di

A B C D E F G H I J K L M N O P Q **P** S T U V W X Y Z

vicende piene di imprevisti e avversità: *riuscì a tornare in patria solo dopo numerose peripezie.*

perire [pe-rì-re] *v.intr.* [*perìsco, perìsci*; aus. *essere*] Morire di morte non naturale: *è perito in un naufragio.*

periscopio [pe-ri-scò-pio] *s.m.* Strumento ottico che permette di osservare l'orizzonte tutt'intorno da una posizione in cui non è possibile la visione diretta; è usato spec. nei sommergibili e nei carri armati.

perito [pe-rì-to] *s.m.* **1** Esperto a cui si dà l'incarico di compiere esami e di esprimere un parere su determinate questioni: *il tribunale ha nominato un perito* **2** Diplomato in un istituto tecnico: *perito elettronico, chimico.*

perizia [pe-rì-zia] *s.f.* **1** Particolare capacità e abilità: *nuotare, dipingere con perizia*; *un lavoro svolto con perizia* **2** Giudizio formulato da un esperto riguardo a fatti, cose o persone che è stato incaricato di esaminare: *chiedere una perizia per stabilire il valore di una casa*; *il tribunale ha disposto una perizia psichiatrica sull'imputato.*

perla [pèr-la] *s.f.* **1** Piccola sfera lucente che alcuni tipi di ostriche producono intorno a un corpo estraneo (granello di sabbia o altro) penetrato all'interno della conchiglia: *una collana di perle* **2** ♧ Persona di grandi doti: *quella ragazza è una perla.*

perlina [per-lì-na] *s.f.* Pallina di vetro o altro materiale lavorata a forma di perla e forata, usata per ornare abiti e confezionare collane e braccialetti.

perlomeno [per-lo-mé-no] o **per lo meno** *avv.* A dir poco: *costerà perlomeno mille euro* ◊ Almeno: *se non puoi venire, perlomeno avvisaci.*

perlopiù [per-lo-più] o **per lo più** *avv.* Di solito, generalmente: *perlopiù cena in casa.*

perlustrare [per-lu-strà-re] *v.tr.* Percorrere per intero una zona ispezionandola attentamente: *i carabinieri stanno perlustrando la campagna alla ricerca dei banditi.*

perlustrazione [per-lu-stra-zió-ne] *s.f.* Giro d'ispezione: *la pattuglia andò in perlustrazione.*

permaloso [per-ma-ló-so] *agg.* e *s.m.* Che, chi è facile a offendersi, anche per cose minime Ⓢ suscettibile: *come sei permaloso!*

permanente [per-ma-nèn-te] *agg.* Che dura, che resta continuamente Ⓒ temporaneo: *un'azienda in crisi permanente*; *divieto permanente di sosta.*

permanenza [per-ma-nèn-za] *s.f.* Soggiorno in un luogo: *non posso prolungare la mia permanenza qui.*

permanere [per-ma-né-re] *v.intr.* [pres. *permàngo, permàni, permàne, permaniàmo, permanéte, permàngono*; pass.rem. *permàsi, permanésti*; fut. *permarrò*; cong.pres. *permànga*; cond. *permarrèi, permarrésti*; manca del part.pass. e dei tempi composti] Continuare senza mutamenti Ⓢ perdurare: *il brutto tempo permarrà per qualche giorno* ◊ Continuare a essere in un certo modo: *le condizioni del malato permangono gravi.*

permeabile [per-me-à-bi-le] *agg.* Che si lascia attraversare da liquidi o gas: *l'acqua penetra nel sottosuolo quando incontra un terreno permeabile.*

permeare [per-me-à-re] *v.tr.* Passare attraverso un corpo impregnandolo: *l'umidità ha permeato i muri esterni della casa.*

permesso [per-més-so] *s.m.* Autorizzazione a fare qualcosa: *prima di entrare chiedi il permesso*; *nessuno ti ha dato il permesso di guardare nei miei cassetti* ◊ Licenza che autorizza militari e impiegati ad assentarsi per un breve periodo: *un soldato in permesso.*

permettere [per-mét-te-re] *v.tr.* [coniugato come *mettere*] **1** Dare il permesso Ⓢ autorizzare Ⓒ vietare: *suo padre non gli ha permesso di uscire*; *scusi, mi permette una domanda?* ◊ Dare la possibilità; consentire, tollerare che avvenga qualcosa: *il maltempo non ci permette di uscire*; *non permetto che mi si manchi di rispetto* **2** *Permettersi* = concedersi (*non posso permettermi questa spesa*); prendersi la libertà, osare: *mi permetto di contraddirla*; *ma come ti permetti di parlarmi a questo modo?*

permuta [pèr-mu-ta] *s.f.* Scambio di beni, di oggetti: *fare una permuta tra due case.*

permutare [per-mu-tà-re] *v.tr.* Fare una permuta Ⓢ scambiare, barattare: *permutare una casa con un terreno.*

pernacchia [per-nàc-chia] *s.f.* Rumore volgare fatto con le labbra in segno di derisione e di disprezzo.

pernicioso [per-ni-ció-so] *agg.* Che è causa di gravissimi danni: *un errore pernicioso*; *una decisione perniciosa.*

perno [pèr-no] *s.m.* **1** Elemento intorno a cui ruota una delle parti di un meccanismo: *il perno della bilancia, della ruota* **2** ♧ Elemento centrale, sostegno principale: *il perno del discorso*; *quel giocatore è il perno della squadra.*

pernottare [per-not-tà-re] *v.intr.* [aus. *avere*] Passare la notte fuori di casa: *abbiamo pernottato in albergo.*

pero [pé-ro] *s.m.* Albero che produce le pere.

però [pe-rò] *congz.* Ma: *vorrei venire, però non posso* ◊ Tuttavia, nondimeno: *anche se è contrario all'iniziativa, ha però promesso di aiutarci.*

perone [pe-ró-ne o pè-ro-ne] *s.m.* Osso esterno della gamba, parallelo alla tibia.

perpendicolare [per-pen-di-co-là-re] *agg.* Detto di elementi che intersecandosi formano un angolo retto: *due rette perpendicolari tra loro; la parete della stanza è perpendicolare al suolo.*

perpetrare [per-pe-trà-re] *v.tr.* [*pèrpetro*] Commettere un'azione disonesta, un crimine, un delitto.

perpetuo [per-pè-tuo] *agg.* Che dura per sempre Ⓢ eterno: *la perpetua dannazione dell'inferno* ◊ Continuo, ininterrotto: *un bambino in perpetuo movimento; è in uno stato di perpetua tensione.*

perplessità [per-ples-si-tà] *s.f.* Il fatto di essere perplesso Ⓢ incertezza, titubanza: *non vi nascondo la mia perplessità; ha accettato dopo qualche perplessità.*

perplesso [per-plès-so] *agg.* Incerto, dubbioso, titubante: *la sua proposta mi lascia perplesso.*

perquisire [per-qui-sì-re] *v.tr.* [*perquisìsco, perquisìsci*] Sottoporre a perquisizione: *perquisire una casa, una persona.*

perquisizione [per-qui-si-zió-ne] *s.f.* Ricerca di indizi e prove riguardanti un reato, condotta frugando in un luogo o su una persona: *perquisizione domiciliare, personale; la polizia aveva il mandato di perquisizione.*

persecuzione [per-se-cu-zió-ne] *s.f.* Azione sistematica di oppressione e violenza contro persone o determinati gruppi: *è vittima di una persecuzione; persecuzioni religiose, politiche, razziali* ◊ *Mania di persecuzione* = convinzione immotivata di essere perseguitati o odiati.

perseguire [per-se-guì-re] *v.tr.* Cercare di raggiungere, di realizzare qualcosa: *perseguire uno scopo, un risultato.*

perseguitare [per-se-gui-tà-re] *v.tr.* **1** Sottoporre a persecuzione qualcuno: *in certi paesi alcuni vengono perseguitati per la loro razza o per le loro idee politiche e religiose* **2** ♧ Tormentare, molestare in continuazione: *è perseguitato dalla sfortuna; mi perseguita con le sue richieste!*

perseverante [per-se-ve-ràn-te] *agg.* Dotato di perseveranza: *è una ragazza perseverante.*

perseveranza [per-se-ve-ràn-za] *s.f.* Costanza, tenacia: *studia con grande perseveranza.*

perseverare [per-se-ve-rà-re] *v.intr.* [aus. *avere*] Insistere, procedere con costanza e fermezza nei propri propositi, atteggiamenti e attività: *ha avuto il coraggio di perseverare nell'impresa; non bisogna perseverare nell'errore.*

persiana [per-sià-na] *s.f.* Imposta esterna delle finestre, costituita da un telaio su cui sono infisse delle stecche orizzontali inclinate verso il basso.

persino vedi **perfino**.

persistente [per-si-stèn-te] *agg.* Che dura a lungo e senza interruzione Ⓒ passeggero: *una pioggia, una febbre persistente.*

persistere [per-sì-ste-re] *v.intr.* [coniugato come *assistere*; aus. *avere*] **1** Insistere, perseverare ostinatamente Ⓒ desistere: *persistere nell'errore, nel negare l'evidenza* **2** (detto di cosa) Continuare senza interruzione Ⓢ permanere, perdurare: *il maltempo persiste da parecchi giorni.*

perso [pèr-so] *agg.* Perduto, sprecato: *è stata un'occasione persa; è tempo perso cercare di convincerlo* | *Fare qualcosa a tempo perso* = nei ritagli di tempo.

persona [per-só-na] *s.f.* **1** Essere umano Ⓢ individuo: *una famiglia di tre persone; una persona intelligente, simpatica* | *A persona* = per ciascuno: *han pagato mille euro a persona* | *In persona* = con la propria persona, personalmente: *è venuto il sindaco in persona* | *Di persona* = direttamente, per esperienza personale: *ha voluto controllare di persona la situazione; lo conosco di persona* **2** Categoria grammaticale che indica il soggetto dell'azione espressa dal verbo | *Prima persona* = quella che parla (soggetto *io* o *noi*, anche sottinteso) | *Seconda persona* = quella a cui è rivolto il discorso (soggetto *tu* o *voi*) | *Terza persona* = quella di cui si parla (soggetto *egli, ella, lui, lei, esso, essa, loro, essi, esse*).

personaggio [per-so-nàg-gio] *s.m.* **1** Persona importante: *i personaggi dello sport, della politica* **2** Ogni persona rappresentata in un'opera narrativa, teatrale, cinematografica o televisiva: *un romanzo con molti personaggi; l'attore che interpreta il personaggio di Amleto.*

personal computer [locuzione inglese; pron. corrente *pèrsonal compiùter*] *s.m.invar.* Computer per uso personale.

personale [per-so-nà-le] *agg.* **1** Relativo alla persona, proprio di una determinata persona Ⓢ individuale, privato Ⓒ comune, pubblico: *oggetti di uso personale; si preoccupa solo dei suoi interessi personali* | *Igiene personale* = quella del proprio corpo **2** *Pronomi personali* = quelli che indicano le tre persone grammaticali (per es. *io, tu, voi, loro; mi, ti, ci* ecc.) ♦ *s.m.* **1** Figura fisica di una persona: *una ragazza con un bel personale* **2** L'insieme dei

A B C D E F G H I J K L M N O P Q R S T U V W X Y Z

dipendenti di un'azienda, di un ufficio, di un servizio e simili: *il direttore ha riunito in assemblea tutto il personale*; *sciopero del personale delle ferrovie.*

personalità [per-so-na-li-tà] *s.f.* **1** L'insieme delle caratteristiche psicologiche e intellettuali di un individuo | *Avere personalità, mancare di personalità* = distinguersi per la forza e l'originalità delle qualità personali o, al contrario, essere un individuo scialbo, anonimo e sempre dominato da personalità più forti **2** Persona che riveste un'alta carica o che ha molto prestigio in un certo campo: *alla cerimonia erano presenti molte personalità del governo*; *le personalità della scienza, dello sport.*

personalizzare [per-so-na-liz-zà-re] *v.tr.* Adattare alle esigenze, ai gusti di una o più persone: *personalizzare un arredamento.*

personalmente [per-so-nal-mén-te] *avv.* **1** Di persona, in persona: *me ne occuperò personalmente*; *devo parlare personalmente con il direttore* **2** Per quanto riguarda la propria persona: *io, personalmente, sono d'accordo con te.*

personificare [per-so-ni-fi-cà-re] *v.tr.* [*personìfico, personìfichi*] Essere il simbolo, la rappresentazione di qualcosa.

personificazione [per-so-ni-fi-ca-zió-ne] *s.f.* Rappresentazione in forma umana di cose o idee astratte: *una donna bendata è la personificazione della fortuna* ◊ Persona che è l'esempio vivente di una qualità o di un difetto: *quell'uomo è la personificazione dell'onestà, dell'avarizia.*

perspicace [per-spi-cà-ce] *agg.* Dotato di ingegno acuto, di intuito penetrante Ⓢ intelligente, sagace Ⓒ ottuso: *è un giovane perspicace.*

perspicacia [per-spi-cà-cia] *s.f.* Acutezza e prontezza di mente Ⓢ sagacia, acume Ⓒ ottusità: *ha agito con notevole perspicacia.*

persuadere [per-sua-dé-re] *v.tr.* [pass.rem. *persuàsi, persuadésti*; part.pass. *persuàso*] Convincere: *l'ho persuaso della mia sincerità*; *cerca di persuaderlo a partire* ◊ Ispirare fiducia, piacere: *quel tipo ha una faccia che non mi persuade* ♦ **persuadersi** *v.pr.* Convincersi: *ti sei persuaso che avevi torto?* ◊ Capacitarsi, credere: *non riesco a persuadermi che sia finito così male.*

persuasione [per-sua-sió-ne] *s.f.* **1** Opera di convinzione: *devi convincerlo con la persuasione, non con la forza* **2** Convinzione: *ho agito nella persuasione di far bene.*

persuasivo [per-sua-sì-vo] *agg.* Che riesce a persuadere Ⓢ convincente: *il suo ragionamento mi sembra persuasivo.*

persuaso [per-su-à-so] *agg.* Convinto: *è persuaso che hai torto.*

pertanto [per-tàn-to] *congz.* Perciò, quindi: *domani devi alzarti presto, pertanto non fare tardi stasera.*

pertica [pèr-ti-ca] *s.f.* Lungo bastone di legno: *far cadere le noci, spingere una zattera con una pertica* ◊ Attrezzo da ginnastica costituito da un palo verticale di legno su cui ci si arrampica.

pertinente [per-ti-nèn-te] *agg.* Che riguarda direttamente qualcosa: *la tua domanda non è pertinente all'argomento in discussione.*

pertugio [per-tù-gio] *s.m.* Stretta apertura Ⓢ fessura, buco: *la luce penetrava nella grotta attraverso un pertugio.*

perturbare [per-tur-bà-re] *v.tr.* Colpire, turbare, sconvolgere profondamente: *la zona è stata perturbata dal maltempo*; *atti che perturbano l'ordine pubblico* ♦ **perturbarsi** *v.pr.* **1** Detto del tempo, peggiorare **2** Detto di persona, turbarsi, agitarsi, perdere la serenità.

perturbazione [per-tur-ba-zió-ne] *s.f.* Turbamento, sconvolgimento | *Perturbazione (atmosferica)* = ondata di maltempo: *è in arrivo una perturbazione atlantica.*

pervenire [per-ve-nì-re] *v.intr.* [coniugato come *venire*; aus. *essere*] Giungere, arrivare (anche ♧): *al giornale sono pervenute molte lettere*; *dopo una lunga trattativa siamo pervenuti a un accordo.*

perversione [per-ver-sió-ne] *s.f.* Tendenza, comportamento anormale, spec. in campo sessuale: *il sadismo è una perversione.*

perverso [per-vèr-so] *agg.* Che ha o denota una profonda inclinazione al male Ⓢ malvagio: *un uomo perverso*; *avere intenzioni perverse.*

pervicacia [per-vi-cà-cia] *s.f.* Accanita ostinazione: *insiste con pervicacia nell'errore.*

pesa [pé-sa] *s.f.* **1** Pesatura **2** Apparecchio per pesare carichi pesanti e voluminosi.

pesante [pe-sàn-te] *agg.*. **1** Che ha un peso notevole, superiore alla media Ⓒ leggero: *una valigia, un mobile pesante* **2** Che richiede notevole fatica e resistenza fisica: *fare un lavoro pesante* | *Terreno pesante* = bagnato, fangoso ◊ ♧ Grande, grave: *avere pesanti responsabilità*; *un danno pesante* **3** Che dà una sensazione di pesantezza: *sentirsi lo stomaco pesante* | *Cibi pesanti* = difficili da digerire | *Aria pesante* = afosa, soffocante | *Sonno pesante* = profondo ◊ ♧ Noioso, fastidioso: *un romanzo, una persona pesante* **4** Che agisce con grande forza e violenza | *Gioco pesante* =

duro, falloso, scorretto | *Avere la mano pesante* = picchiare con violenza; ♧ giudicare o punire con molta severità **5** ♧ Privo di agilità: *corporatura pesante*; *andatura, passo pesante.*

pesantezza [pe-san-téz-za] *s.f.* L'essere pesante (anche ♧): *la pesantezza di un mobile, di un cibo, dell'aria, di una lezione* ◊ Sensazione di peso e oppressione: *sentiva un po' di pesantezza di stomaco, di testa.*

pesare [pe-sà-re] *v.tr.* **1** Stabilire, misurare il peso di qualcosa o qualcuno: *pesare un pacco, una persona* **2** ♧ Valutare: *pesare il pro e il contro di una proposta* | *Pesare le parole* = valutare con attenzione quel che si dice ♦ *v.intr.* [aus. *avere* o *essere*] **1** Avere un determinato peso: *lo zaino pesa venti chili* ◊ Essere pesante: *come pesa questa valigia!* **2** Risultare gravoso e spiacevole: *sapessi quanto mi pesa questa decisione!* | *Pesare sulla coscienza* = provocare rimorso ◊ ♧ Incombere: *una grave minaccia pesa su di lui* **3** ♧ Avere un'influenza, un'importanza notevole: *sono decisioni che peseranno sul nostro futuro* ♦ **pesarsi** *v.pr.* Misurare il proprio peso: *mi sono pesato ieri.*

pesatura [pe-sa-tù-ra] *s.f.* Misurazione o controllo del peso: *la pesatura della merce, del carico.*

pesca[1] [pè-sca] *s.f.* Il frutto del pesco.

pesca[2] [pé-sca] *s.f.* L'attività di pescare: *andare a pesca*; *pesca con l'amo, con le reti*; *pesca subacquea* ◊ Quantità di pesce o altro che si è pescato: *fare una pesca abbondante, scarsa.*

pescare [pe-scà-re] *v.tr.* [*pésco, péschi*] **1** Prendere pesci o altri animali acquatici usando vari strumenti (rete, amo, fucile ecc.): *pescare sardine, anguille, conchiglie* ◊ Recuperare qualcosa che si trova nell'acqua **2** ♧ Scegliere, tirare su a caso: *pescare una carta dal mazzo* **3** ♧ Trovare, reperire: *dove hai pescato quel libro?*; *ho pescato la persona adatta* ◊ Sorprendere: *lo hanno pescato mentre rubava.*

pescatore [pe-sca-tó-re] *s.m.* [f. *–trice*] Chi si dedica alla pesca per mestiere o per svago.

pesce [pé-sce] *s.m.* **1** Ogni animale acquatico vertebrato che respira con le branchie ed è provvisto di pinne per nuotare: *pesci di mare, di lago, di fiume* ◊ Carne di pesce, come alimento e vivanda: *pesce surgelato, affumicato*; *mangiare pesce lesso, fritto*; *zuppa di pesce* **2** *Pesci* = costellazione e segno dello zodiaco.

pescecane [pe-sce-cà-ne] *s.m.* [pl. *pescicani* o *pescecani*] Squalo.

peschereccio [pe-sche-réc-cio] *s.m.* Grossa imbarcazione attrezzata per la pesca.

pescheria [pe-sche-rì-a] *s.f.* Negozio in cui si vende pesce.

pescivendolo [pe-sci-vén-do-lo] *s.m.* Venditore di pesce.

pesco [pè-sco] *s.m.* [pl. *–schi*] Albero con fiori rosei che produce frutti dolci e sugosi.

pescoso [pe-scó-so] *agg.* Ricco di pesci: *un mare, un lago pescoso.*

peso [pé-so] *s.m.* **1** Forza che un corpo esercita verso il centro della Terra per effetto della gravità: *il peso del carico ha affondato la barca* ◊ Misura di questa forza, verificata con una bilancia o con altro mezzo: *controllare il peso della merce, di una persona*; *il grammo è l'unità di peso*; *peso lordo, netto* | *Peso morto* = quello di una persona che si abbandona completamente con tutto il corpo (*farsi trasportare a peso morto*); ♧ persona che non dà alcun contributo e si appoggia totalmente sugli altri ◊ Oggetto pesante; carico: *trasportare dei pesi*; *è un peso eccessivo per me* | *Avere un peso sullo stomaco* = un senso di pesantezza **2** Oggetto metallico, corrispondente a un'unità di peso, usato per pesare: *i pesi della bilancia* **3** Attrezzo metallico di forma sferica che viene lanciato dagli atleti nelle gare di *lancio del peso* **4** Nel pugilato e nella lotta, ciascuna delle categorie in cui sono suddivisi gli atleti a seconda del loro peso corporeo: *pesi piuma, leggeri, massimi* **5** ♧ Ciò che pesa fisicamente o moralmente su una persona Ⓢ fatica, affanno, responsabilità, preoccupazione: *sentire il peso degli anni*; *il peso della famiglia è tutto su di lui*; *ho un peso sulla coscienza* **6** ♧ Importanza, valore: *non dare troppo peso alle chiacchiere altrui.*

pessimismo [pes-si-mì-smo] *s.m.* Tendenza a cogliere soprattutto gli aspetti negativi della realtà Ⓒ ottimismo: *vede tutto con pessimismo* ◊ Atteggiamento di sfiducia, di previsione negativa riguardo a qualcosa: *ce l'ha fatta, nonostante il pessimismo generale.*

pessimista [pes-si-mì-sta] *agg.* e *s.m.f.* [pl.m. *–sti*] Che, chi è incline al pessimismo Ⓒ ottimista: *è un pessimista, vede tutto nero* ◊ Che, chi prevede in senso negativo l'esito di qualcosa: *sono pessimista sulle sue possibilità di farcela.*

pessimo [pès-si-mo] *agg.* [superl. di *cattivo*] Molto cattivo; di qualità molto scadente Ⓒ ottimo: *siamo in pessimi rapporti*; *uno scherzo di pessimo gusto* ◊ Molto brutto: *oggi hai un pessimo aspetto*; *un pessimo film.*

Pessimo è il superlativo di *cattivo*, perciò non si può dire *molto pessimo*.

A B C D E F G H I J K L M N O P Q R S T U V W X Y Z

pestaggio [pe-stàg-gio] *s.m.* Serie violenta di percosse ◊ Rissa.

pestare [pe-stà-re] *v.tr.* **1** Schiacciare con i piedi Ⓢ calpestare: *non pestare l'erba!* **2** Battere qualcosa con un arnese per ridurlo in poltiglia o in polvere: *pestare il pepe nel mortaio* **3** Picchiare: *lo hanno pestato a sangue.*

peste [pè-ste] *s.f.* **1** Malattia infettiva contagiosa, spesso mortale: *nel passato le epidemie di peste uccidevano molte persone* **2** ♧ Persona molto vivace e turbolenta: *quel bambino è una vera peste!*

pestello [pe-stèl-lo] *s.m.* Arnese per pestare nel mortaio.

pesticida [pe-sti-cì-da] *s.m.* [pl. *–di*] Prodotto chimico usato per distruggere insetti e altri animali nocivi alle colture agricole.

pestifero [pe-stì-fe-ro] *agg.* Che ha un odore nauseabondo: *quei sigari sono pestiferi!* ◊ Insopportabile, molto molesto e fastidioso: *un bambino pestifero.*

pestilenza [pe-sti-lèn-za] *s.f.* **1** Epidemia di peste o di altra grave malattia infettiva **2** ♧ Puzzo insopportabile Ⓢ fetore.

pesto [pé-sto] *agg.* Livido, ammaccato, gonfio: *è tutto pesto, ha un occhio pesto per le botte ricevute* | ♧ *Buio pesto* = molto fitto.

petalo [pè-ta-lo] *s.m.* Ciascuna delle parti che formano la corolla di un fiore.

petardo [pe-tàr-do] *s.m.* Bombetta di carta che si fa esplodere a carnevale o in altre occasioni festive: *i tifosi lanciavano petardi in campo.*

petizione [pe-ti-zió-ne] *s.f.* Richiesta scritta indirizzata ad autorità e organi pubblici: *fare, firmare una petizione al sindaco, al parlamento.*

peto [pé-to] *s.m.* Emissione di gas dell'intestino dall'ano.

petroliera [pe-tro-liè-ra] *s.f.* Nave cisterna che trasporta petrolio e altri liquidi combustibili.

petrolifero [pe-tro-lì-fe-ro] *agg.* Che contiene, produce petrolio: *giacimenti, pozzi petroliferi* ◊ Relativo all'estrazione e alla lavorazione del petrolio: *impianti petroliferi*; *industria petrolifera.*

petrolio [pe-trò-lio] *s.m.* Liquido oleoso, nero e infiammabile, che si estrae dal sottosuolo; da esso si ricavano benzine, lubrificanti, catrame e, con successive lavorazioni, materie plastiche, gomma, fibre sintetiche ecc.

pettegolezzo [pet-te-go-léz-zo] *s.m.* Chiacchiera indiscreta e maligna su fatti e comportamenti altrui: *non mi piacciono i pettegolezzi.*

pettegolo [pet-té-go-lo] *agg.* e *s.m.* Detto di chi ha l'abitudine di parlare in modo indiscreto e malizioso dei fatti e dei comportamenti altrui: *una donna sciocca e pettegola*; *è un gran pettegolo.*

pettinare [pet-ti-nà-re] *v.tr.* Ravviare, ordinare, acconciare i capelli con il pettine o con una spazzola ♦ **pettinarsi** *v.pr.* Sistemarsi i capelli con il pettine o con la spazzola.

pettinatura [pet-ti-na-tù-ra] *s.f.* Modo in cui si è pettinati; acconciatura dei capelli: *hai cambiato pettinatura?*

pettine [pèt-ti-ne] *s.m.* Arnese di materiale vario che si usa per ravviare e acconciare i capelli: *pettine di osso, di metallo, di plastica.*

petto [pèt-to] *s.m.* **1** La parte anteriore del torace: *petto esile, robusto*; *una ferita al petto* | *Malato di petto* = ai polmoni | ♧ *Prendere qualcuno, qualcosa di petto* = affrontarlo con grande decisione ed energia ◊ Il seno, le mammelle della donna: *un petto prosperoso* | *Avere un bambino al petto* = allattarlo ◊ ♧ Animo, cuore: *nutrire in petto una passione* **2** Negli animali, la parte anteriore del corpo al di sotto del collo; il taglio di carne corrispondente: *colpire un cinghiale al petto*; *petto di vitello, di pollo* **3** Parte di un indumento che copre il petto: *il petto della camicia, della giacca.*

pettorale [pet-to-rà-le] *agg.* Del petto: *muscoli pettorali* ♦ *s.m.* Quadrato di stoffa, con impresso un numero, che i partecipanti a una gara portano sul petto o sulla schiena.

petulante [pe-tu-làn-te] *agg.* Che discute, critica o fa richieste in modo fastidioso, arrogante e importuno: *non ne posso più di quel ragazzino petulante!*

pezza [pèz-za] *s.f.* Pezzo di tessuto, di stoffa: *spolverare, fasciarsi con una pezza* ◊ Pezzetto di tessuto o altro materiale usato come rattoppo Ⓢ toppa: *cucire una pezza sul fondo dei calzoni* ◊ Nei negozi di tessuti, rotolo di stoffa che si vende a metro.

pezzente [pez-zèn-te] *s.m.f.* Persona che vive in estrema miseria, per lo più mendicando Ⓢ straccione: *va vestito come un pezzente* ◊ Persona meschina e avida Ⓢ spilorcio.

pezzo [pèz-zo] *s.m.* **1** Quantità, parte più o meno grande di un materiale solido separata o staccata da un tutto Ⓢ porzione, frammento: *un pezzo di ferro, di torta, di carne*; *tagliare a pezzi la legna* | *Fare a pezzi qualcosa* = spezzarla | *Mandare, andare in (mille) pezzi* = frantumare, frantumarsi | ♧ *Cadere a pezzi* = andare in rovina: *questa casa sta cadendo a pezzi* **2** Ognuno degli elementi che costituiscono una macchina, un arnese o qualsiasi altro insieme unitario: *i pezzi del motore, degli scacchi*; *un abito, un costume a due pezzi* ◊ Ogni esemplare di una serie di oggetti dello stesso genere: *vendere la merce a un tanto al pezzo*; *mi cambi dieci euro con due pezzi da cinque?* **3** *Pezzo (d'artiglieria)* = cannone, obice o mortaio **4** Brano di un'opera musicale o letteraria: *suonare un pezzo per pianoforte* ◊ Articolo di giornale o di periodico: *un pezzo di cronaca, di sport* **5** Tratto di spazio o di tempo: *un pezzo di cielo, di terra*; *fare un pezzo di strada assieme*; *è da un (bel) pezzo che ti aspetto!* **6** ♧ *Pezzo grosso* = persona molto influente e potente.

piacere[1] [pia-cé-re] *v.intr.* [pres. *piàccio, piàci, piàce, piacciàmo, piacéte, piàcciono*; pass.rem. *piàcqui, piacésti*; cong.pres. *piàccia*; part.pass. *piaciùto*; aus. *essere*] Risultare gradito, procurare soddisfazione; corrispondere ai gusti, ai desideri personali; garbare: *ti piacerebbe venire con noi?*; *quel film non mi è piaciuto*; *mi piacciono i cibi semplici*; *non mi piacciono i pettegolezzi.*

piacere[2] [pia-cé-re] *s.m.* **1** Sensazione fisica o spirituale gradevole Ⓢ godimento, soddisfazione: *il piacere di dormire, di leggere*; *mi fa piacere che tu sia venuto a trovarmi* ◊ Divertimento, svago: *fare un viaggio di piacere*; *prima il dovere, poi il piacere* ◊ Motivo di compiacimento, onore: *ho il piacere di presentarvi un caro amico* | *Piacere (di conoscerla)!* = formula di cortesia che si pronuncia quando si viene presentati a qualcuno **2** Favore, cortesia: *mi faresti il piacere di avvisarlo al posto mio?*; *che ore sono, per piacere?*

piaga [pià-ga] *s.f.* **1** Lesione della pelle che si cicatrizza lentamente e con difficoltà: *la ferita alla gamba è diventata una piaga* | ♧ *Mettere il dito sulla piaga* = toccare un argomento scottante **2** ♧ Grave male sociale Ⓢ flagello: *la piaga della corruzione, della droga.*

piagnisteo [pia-gni-stè-o] *s.m.* Pianto, lamento insistente e noioso: *basta con questi piagnistei!*

piagnucolare [pia-gnu-co-là-re] *v.intr.* [aus. *avere*] Piangere in modo continuato, sommesso e lamentoso: *il bambino non la smetteva di piagnucolare.*

pialla [piàl-la] *s.f.* Utensile del falegname, usato per spianare, assottigliare e levigare il legno.

piallare [pial-là-re] *v.tr.* Lavorare con la pialla.

piana [pià-na] *s.f.* Terreno pianeggiante, pianura.

pianeggiante [pia-neg-giàn-te] *agg.* Piano, senza dislivelli: *una zona pianeggiante*; *un tratto di strada pianeggiante.*

pianerottolo [pia-ne-ròt-to-lo] *s.m.* Ripiano tra una rampa e l'altra delle scale di un edificio.

pianeta [pia-né-ta] *s.m.* [pl. *–ti*] Corpo celeste privo di luce propria che gira intorno al Sole o a un'altra stella.

piangere [piàn-ge-re] *v.intr.* [pres. *piàngo, piàngi*; pass.rem. *piànsi, piangésti*; part.pass. *piànto*; aus. *avere*] Versare lacrime Ⓢ lacrimare: *piangere per il dolore, di rabbia, dalla gioia*; *le cipolle mi fanno piangere* ◊ *Mi piange il cuore* = mi dispiace, mi rattrista profondamente ♦ *v.tr.* **1** Versare lacrime: *piangere lacrime amare* **2** Esprimere dolore per la perdita di qualcuno: *piangeva l'amico scomparso* ◊ Dolersi, rammaricarsi di qualcosa: *piangere i propri errori.*

pianificare [pia-ni-fi-cà-re] *v.tr.* [*pianìfico, pianìfichi*] Organizzare, programmare secondo un piano: *pianificare la produzione, i propri viaggi.*

pianista [pia-nì-sta] *s.m.f.* [pl.m. *–sti*] Chi suona il pianoforte.

pianistico [pia-nì-sti-co] *agg.* [pl.m. *–ci*] Di pianoforte, relativo al pianoforte: *concerto pianistico*; *tecnica pianistica.*

piano[1] [pià-no] *agg.* Privo di dislivelli, di sporgenze o rientranze: *un terreno, un percorso piano*; *una tavola piana* ◊ *Figure piane* = in geometria, quelle che giacciono su un piano (triangolo, quadrato, cerchio ecc.) ♦ *avv.* **1** Adagio, lentamente: *cammina piano, non correre!* ◊ Con cautela: *posa piano quel vaso, è fragile* **2** A bassa voce: *parla più piano per favore.*

piano[2] [pià-no] *s.m.* **1** Superficie piana, generalmente orizzontale, di qualcosa: *un tavolo con il piano di marmo*; *il piano stradale* | *In piano* = in senso orizzontale: *la mensola non è in piano* **2** Pianura: *scendere dal monte al piano* **3** Livello (spec. ♧): *non puoi mettere sullo stesso piano le loro responsabilità* | ♧ *Di primo, di secondo piano* = di grande, o di scarsa importanza: *un personaggio di primo piano*; *problemi di secondo piano* ◊ ♧ Punto di vista: *un affare conveniente sul piano economico* **4** Ciascuno degli ordini sovrapposti in cui è suddiviso in altezza un edificio: *una casa di otto piani*; *abita al terzo piano* **5** In una fotografia, in una pittura o in un disegno in prospettiva, *primo piano, secondo piano, terzo piano* indicano le zone dell'immagine che appaiono più vicine o più distanti all'occhio di chi osserva: *un quadro che raffigura in primo piano dei personaggi, degli alberi in secondo piano e delle montagne sullo sfondo* ◊ *Primo piano* = inquadratura cinematografica che riprende un personaggio dalle spalle in su.

piano[3] [pià-no] *s.m.* Programma che predispone i modi in cui dovrà svolgersi un'azione, un'attività e i mezzi necessari per attuarla: *fare un piano* *di lavoro, di battaglia* | *Piano regolatore* = documento che fissa le regole e i limiti dello sviluppo edilizio nel territorio del comune ◊ Progetto, proposito: *quali sono i tuoi piani per il futuro?*

piano4 [pià-no] *s.m.* Pianoforte.

pianoforte [pia-no-fòr-te] *s.m.* Strumento musicale in cui il suono è prodotto dalla vibrazione di corde metalliche percosse da martelletti azionati dai vari tasti di una tastiera: *sonata per pianoforte* ◊ La tecnica del suonare questo strumento: *prendere lezioni di pianoforte.*

pianoro [pia-nò-ro] *s.m.* Terreno pianeggiante situato a media altitudine in mezzo a delle alture.

pianta [piàn-ta] *s.f.* **1** Nome generico di tutti gli organismi vegetali: *piante erbacee, da frutto* **2** Parte inferiore del piede **3** Disegno che rappresenta in scala terreni, edifici o loro parti, zone o centri urbani: *la pianta di un appartamento, di un quartiere, di una città* **4** ♧ *Di sana pianta* = completamente, del tutto: *si è inventato questa storia di sana pianta.*

piantagione [pian-ta-gió-ne] *s.f.* Estensione di terreno, per lo più vasta, su cui sono coltivate piante dello stesso tipo: *una piantagione di caffè, di cotone, di tabacco, di canna da zucchero.*

piantare [pian-tà-re] *v.tr.* **1** Mettere nel terreno semi, germogli o giovani piantine perché si sviluppino in piante: *piantare un geranio, degli olivi* | *Piantare un terreno a fiori, a olivi, a meli* = destinarlo a quella particolare coltivazione **2** Conficcare: *piantare dei chiodi nel muro* | *Piantare le tende* = accamparsi **3** ♧ Abbandonare, lasciare all'improvviso: *la fidanzata lo ha piantato*; *piantare il lavoro* | *Piantarla* = smetterla: *piantala di fare rumore!* ♦ **piantarsi** *v.pr.* Conficcarsi: *mi si è piantata una spina nel piede.*

pianterreno [pian-ter-ré-no] *s.m.* Il piano di un edificio a livello del suolo: *abita a pianterreno.*

pianto [piàn-to] *s.m.* Il piangere; le lacrime: *scoppiò in pianto*; *cercava di trattenere il pianto.*

pianura [pia-nù-ra] *s.f.* Vasta regione pianeggiante: *la pianura padana.*

piastra [pià-stra] *s.f.* **1** Lastra di metallo o di altro materiale, per usi vari ◊ Nelle cucine, fornello elettrico a forma di disco **2** *Piastra di registrazione* = apparecchio registratore inserito in un impianto stereofonico.

piastrella [pia-strèl-la] *s.f.* Mattonella di cemento, ceramica, marmo o altro materiale, che viene usata per ricoprire pavimenti e rivestire pareti.

piastrellare [pia-strel-là-re] *v.tr.* Rivestire di piastrelle: *piastrellare le pareti del bagno.*

piattaforma [piat-ta-fór-ma] *s.f.* **1** Tratto di terreno piano o spianato artificialmente: *gli scalatori hanno passato la notte su una piattaforma rocciosa* ◊ Struttura piana, in genere elevata da terra, che serve come base d'appoggio per operazioni varie: *collocare i missili sulla piattaforma di lancio*; *piattaforme marine per l'estrazione del petrolio* **2** Parte anteriore o posteriore, priva di sedili, delle vetture tranviarie e ferroviarie **3** ♧ Programma di base su cui poggia un'azione politica: *piattaforma elettorale, di governo.*

piattello [piat-tèl-lo] *s.m.* Piccolo disco di materiale leggero che viene lanciato in aria per essere colpito al volo con il fucile nelle gare di *tiro al piattello.*

piatto [piàt-to] *agg.* **1** Che ha una superficie piana: *una barca a fondo piatto* | *Paesaggio piatto* = uniforme e pianeggiante ◊ *Angolo piatto* = di 180° **2** ♧ Privo di originalità Ⓢ banale, scialbo, monotono: *discorso, stile piatto*; *fare una vita piatta* ♦ *s.m.* **1** Recipiente quasi piano, per lo più rotondo, in cui si servono e si mangiano le vivande: *piatti di ceramica, di carta* ◊ Il cibo contenuto in un piatto: *ho mangiato un piatto di riso* **2** Vivanda: *un piatto gustoso, sostanzioso, delicato*; *un piatto tipico della cucina sarda* ◊ Ciascuna delle portate di un pranzo: *prendo un risotto come primo piatto e pesce come secondo piatto* **3** Oggetto di forma piatta e rotonda: *il piatto della bilancia, del giradischi* ◊ *Piatto, piatti* = strumento musicale costituito da un disco metallico concavo (che si percuote con la bacchetta) o da due dischi che vengono battuti l'uno contro l'altro **4** Parte piatta di qualcosa: *il piatto della lama* | *Colpire di piatto* = con il piatto della spada o, nel calcio, con la parte interna del piede.

piazza [piàz-za] *s.f.* **1** Spazio libero più o meno ampio, circondato da edifici, all'interno di un centro abitato: *una piazza quadrata, alberata*; *piazza del Duomo, del mercato* | *Scendere in piazza* = fare una manifestazione pubblica | ♧ *Mettere in piazza* = far conoscere a tutti: *non è il caso di mettere in piazza i nostri affari* | ♧ *Far piazza pulita* = eliminare, sgombrare totalmente: *fai piazza pulita di tutte queste cianfrusaglie* **2** Posto | *Piazze d'onore* = nello sport, il secondo e il terzo posto in una classifica | *Letto a una piazza, a due piazze* = singolo, matrimoniale.

piazzaforte [piaz-za-fòr-te] *s.f.* Città, località fortificata.

piazzale [piaz-zà-le] *s.m.* Piazza con almeno un lato libero da costruzioni e dal quale si gode una vista panoramica: *piazzale Michelangelo a Firen-*

ze ◊ Ampio spazio destinato a particolari servizi: *il piazzale della stazione, dell'aeroporto.*

piazzamento [piaz-za-mén-to] *s.m.* Posto ottenuto in una classifica o graduatoria sportiva: *ottenere un buon piazzamento* ◊ Negli sport a squadre, posizione che occupano sul campo i vari giocatori.

piazzare [piaz-zà-re] *v.tr.* **1** Collocare, mettere in un determinato luogo: *piazzare un semaforo a un incrocio* **2** *Piazzare una merce, un prodotto* = venderli ♦ **piazzarsi** *v.pr.* **1** Collocarsi in un dato posto: *siamo riusciti a piazzarci in prima fila* **2** Classificarsi in una gara (spec. ai primi posti): *si è piazzato terzo nella corsa.*

piazzato [piaz-zà-to] *agg.* **1** Detto di chi ha raggiunto una buona posizione economica e professionale: *ormai è un uomo piazzato* **2** Nell'ippica, detto di cavallo che si classifica secondo o terzo in una corsa **3** *Calcio piazzato* = nel rugby e nel calcio, tiro effettuato con palla ferma a terra.

piazzista [piaz-zì-sta] *s.m.f.* [pl.m. *–sti*] Rappresentante di una o più ditte incaricato di propagandare e vendere prodotti in una data zona Ⓢ commesso viaggiatore.

piazzola [piaz-zò-la] *s.f.* Slargo per la sosta dei veicoli ai lati della carreggiata di strade e autostrade: *fermiamoci alla prossima piazzola.*

picca [pìc-ca] *s.f.* **1** Lunga asta terminante con una punta di ferro, usata un tempo come arma della fanteria **2** *Picche* = uno dei quattro semi delle carte da gioco francesi | ♧ *Rispondere picche* = rispondere con un netto rifiuto.

piccante [pic-càn-te] *agg.* Di sapore forte e pungente: *salame piccante*; *un piatto molto piccante.*

picchettaggio [pic-chet-tàg-gio] *s.m.* Attività di sorveglianza che gruppi di lavoratori o di studenti, in occasione di scioperi, svolgono davanti all'entrata di luoghi di lavoro o scuole per scoraggiare o impedire l'ingresso di quelli che non aderiscono.

picchetto [pic-chét-to] *s.m.* **1** Paletto che si conficca nel terreno per vari usi: *fissare una tenda con dei picchetti* **2** Reparto di militari incaricato di servizi di guardia, di ordine pubblico o di rappresentanza (*picchetto d'onore*) **3** Gruppo di scioperanti che fa un picchettaggio.

picchiare [pic-chià-re] *v.tr.* Battere con forza; urtare: *picchiare un colpo alla porta*; *picchiare i pugni sul tavolo*; *ha picchiato la testa contro il muro* ◊ Prendere a botte Ⓢ percuotere, pestare: *lo hanno picchiato di santa ragione* ♦ **picchiarsi** *v.pr.* Detto di due o più persone, prendersi a botte a vicenda: *hanno cominciato a insultarsi e poi si sono picchiati.*

picchiata [pic-chià-ta] *s.f.* Discesa in velocità di un aeroplano con la prora molto inclinata: *l'aereo scese in picchiata verso l'obbiettivo.*

picchierellare [pic-chie-rel-là-re] *v.tr.* e *v.intr.* [aus. *avere*] Battere con colpi leggeri e fitti: *picchierellare (con) le dita sul tavolo.*

picchiettare [pic-chiet-tà-re] *v.tr.* e *v.intr.* [aus. *avere*] Picchiare, battere con colpi frequenti e leggeri: *la pioggia picchiettava sui vetri.*

picchio [pìc-chio] *s.m.* Uccello dal becco diritto, lungo e robusto con cui perfora la corteccia e il legno degli alberi per catturare gli insetti e le larve di cui si nutre.

piccino [pic-cì-no] *agg.* Piccolo (spec. di età, statura o dimensioni): *un bambino piccino*; *una casa piccina* ♦ *s.m.* Bambino: *spettacolo per grandi e piccini.*

picciolo [pic-ciò-lo] *s.m.* Parte della foglia che la collega al ramo ◊ Gambo del frutto Ⓢ peduncolo.

piccione [pic-ció-ne] *s.m.* Uccello dal piumaggio grigio scuro detto anche *colombo.*

picco [pìc-co] *s.m.* [pl. *–chi*] **1** Cima di monte isolata, aguzza e dai fianchi molto ripidi: *i picchi dolomitici* | *A picco* = che discende verticalmente o quasi: *una scogliera a picco sul mare* | *Colare a picco* = affondare: *la nave, dopo l'esplosione, è colata a picco in pochi minuti* **2** Momento di maggior intensità o di massimo sviluppo di un fenomeno: *il picco della febbre è stato di 40°.*

piccolo [pìc-co-lo] *agg.* **1** Di dimensioni non grandi o inferiori a quanto è necessario: *un naso piccolo*; *una piccola città*; *questa casa è piccola per noi* ◊ Basso (di statura): *il marito è alto, la moglie piccola* ◊ Poco numeroso: *una piccola folla* ◊ Poco intenso, non forte: *un piccolo rumore*; *un piccolo dolore* ◊ Breve: *fare una piccola sosta* ◊ Di poco conto, di modesta entità: *fare un piccolo errore*; *chiedere un piccolo favore* ◊ Scarso, esiguo: *si accontenta di un piccolo guadagno* **2** Di giovane età: *ha due bambini piccoli*; *sei troppo piccolo per questo* ♦ *s.m.* **1** Bambino: *giochi per i piccoli*; *da piccolo ero biondo* ◊ Cucciolo: *la gatta con i suoi piccoli* **2** *In piccolo* = in proporzioni ridotte | *Nel mio piccolo* = nei limiti delle mie possibilità.

piccone [pic-có-ne] *s.m.* Attrezzo per scavare e demolire formato da un manico di legno su cui è infisso un ferro con un'estremità a punta e l'altra a taglio.

piccozza [pic-còz-za] *s.f.* Attrezzo per alpinismo a forma di piccolo piccone.

picnic [pic-nìc] *s.m.invar.* Colazione o merenda all'aperto durante una gita o una passeggiata.

pidocchio [pi-dòc-chio] *s.m.* **1** Piccolo insetto parassita dell'uomo, di cui succhia il sangue: *quel bambino ha i pidocchi nei capelli* ◊ Nome di vari insetti parassiti di animali e piante **2** ♧ Persona spilorcia e gretta: *quel pidocchio non offre mai nulla a nessuno!*

piede [piè-de] *s.m.* **1** La parte terminale delle gambe dell'uomo e delle zampe di vari animali: *il collo, il dorso, la pianta, la punta del piede* | *Andare a piedi* = camminando | *Restare a piedi* = senza mezzi di trasporto | *In piedi* = in posizione eretta | ♧ *Mettere in piedi* = organizzare, allestire | ♧ *Levarsi, togliersi dai piedi* = allontanarsi, smettere di infastidire | ♧ *Un lavoro fatto con i piedi* = molto male | ♧ *Da capo a piedi* = da cima a fondo, completamente | ♧ *Prendere piede* = diffondersi: *una moda che sta prendendo piede* **2** Base, sostegno di qualcosa: *una città ai piedi delle montagne*; *un tavolino a tre piedi.*

piedistallo [pie-di-stàl-lo] o **piedestallo** [pie-de-stàl-lo] *s.m.* Base, sostegno su cui poggiano statue, colonne, pilastri e simili: *un piedistallo di marmo, di pietra, di legno.*

piega [piè-ga] *s.f.* **1** Punto in cui qualcosa si piega: *la piega del braccio* ◊ Ondulazione di un tessuto o segno lasciato su di esso da una piegatura: *le pieghe di un mantello, di una tenda*; *la piega dei calzoni è mal fatta* | *Messa in piega* = ondulazione artificiale dei capelli ◊ Ruga, grinza: *le pieghe del volto* **2** ♧ Andamento: *non mi piace la piega che sta prendendo la faccenda* | *Prendere una brutta piega* = mettersi male: *la faccenda sta prendendo una brutta piega.*

piegare [pie-gà-re] *v.tr.* [*piègo, pièghi*] **1** Rendere qualcosa curvo, angolato o inclinato, modificandone la forma o la posizione precedente Ⓢ curvare, flettere, inclinare: *piegare una sbarra, un fil di ferro*; *piegare le gambe, la schiena*; *il vento piega i rami degli alberi* **2** Accostare il lembo di un foglio, di un tessuto e simili al lembo opposto: *piegare una tovaglia, una camicia*; *piegare un foglio in due* **3** ♧ Sottomettere: *piegare qualcuno alla propria volontà* ♦ *v.intr.* [aus. *avere*] Prendere una certa direzione Ⓢ dirigersi, svoltare: *la strada, dopo il ponte, piega a destra* ♦ **piegarsi** *v.pr.* **1** Incurvarsi, abbassarsi, inclinarsi: *i rami si piegavano per il peso dei frutti*; *mi si piegano le gambe per la stanchezza* **2** ♧ Cedere, sottomettersi Ⓒ resistere: *piegarsi alle preghiere, alle minacce, ai desideri di qualcuno.*

pieghevole [pie-ghé-vo-le] *agg.* Che si può ripiegare su se stesso: *una sedia, un tavolino pieghevole.*

piena [piè-na] *s.f.* Fase di portata molto superiore al normale di un corso d'acqua: *il fiume era in piena a causa delle forti piogge* ◊ La massa d'acqua di un fiume o torrente in piena: *le case sulla riva del fiume sono state spazzate via dalla piena.*

pienamente [pie-na-mén-te] *avv.* Del tutto, completamente: *hai pienamente ragione.*

pieno [piè-no] *agg.* **1** Che è riempito, occupato in tutta la sua capacità Ⓢ colmo Ⓒ vuoto: *un armadio pieno*; *un bicchiere pieno di vino*; *il teatro era pieno* ◊ Completamente ingombro, cosparso di qualcosa: *un tavolo pieno di carte*; *un vestito pieno di macchie* ◊ Che abbonda di qualcosa (anche ♧) Ⓢ ricolmo: *essere pieno di debiti, di lavoro, di guai*; *un compito pieno di errori*; *occhi pieni di speranza* ◊ Costituito da materia compatta, senza vuoti all'interno: *un muro di mattoni pieni*; *una palla di gomma piena* ◊ Sazio: *ho mangiato troppo, mi sento pieno* | *A stomaco pieno* = dopo aver mangiato **2** ♧ Che è al suo culmine, nella sua fase centrale o in quella più compiuta: *in pieno inverno*; *in piena notte*; *frutti giunti alla piena maturazione* | *Colpire in pieno petto* = nel centro del petto ◊ Intero, completo, totale: *luna piena*; *ho piena fiducia in lui* ♦ *s.m.* **1** Il momento culminante: *siamo nel pieno dell'estate*; *è nel pieno della giovinezza* | *In pieno* = completamente: *ha accolto in pieno le nostre richieste* | *Colpire, cogliere in pieno* = nel punto centrale, vitale **2** Il carico completo (spec. di un serbatoio): *fare il pieno (di benzina, di gasolio).*

pienone [pie-nó-ne] *s.m.* Grande affollamento in un locale pubblico: *a teatro c'era un pienone.*

piercing [parola inglese; pron. *pìrsing*] *s.m.invar.* La pratica di perforare alcune parti superficiali del corpo (naso, orecchio, labbro ecc.) per farvi passare anelli, orecchini o spille.

pietà [pie-tà] *s.f.* Sentimento di compassione per il dolore e la sofferenza altrui Ⓢ misericordia: *sentire pietà per qualcuno*; *invocare pietà*; *lo uccise senza pietà* | ♧ *Fare pietà* = essere molto brutto, mal fatto: *un film, un lavoro che fa pietà.*

pietanza [pie-tàn-za] *s.f.* Vivanda che si serve a tavola, spec. come secondo piatto: *pietanza di carne, di pesce.*

pietoso [pie-tó-so] *agg.* **1** Che sente o esprime pietà: *un uomo dal cuore pietoso*; *lo guardava con occhi pietosi* **2** Che desta pietà: *una vicenda pietosa*; *era ridotto in condizioni pietose* ◊ Brutto, mal fatto, meschino: *un film pietoso*; *hai fatto una figura pietosa.*

pietra [piè-tra] *s.f.* Massa o frammento di roccia:

una cava di pietra; *una casa di pietra*; *tirare una pietra* | *Pietre preziose* = gemme pregiate | ♧ *La pietra dello scandalo* = la persona che è causa di scandalo | ♧ *Mettere una pietra sopra qualcosa* = non pensarci più, considerarla chiusa per sempre.

pietraia [pie-trà-ia] *s.f.* Ammasso di pietre; terreno sassoso.

pietrisco [pie-trì-sco] *s.m.* Materiale costituito da piccoli frammenti di roccia, usato per fare il calcestruzzo e per riempire massicciate.

piffero [pìf-fe-ro] *s.m.* Strumento musicale a fiato simile a un piccolo flauto.

pigiama [pi-già-ma] *s.m.* [pl. *–mi*] Indumento che si indossa per andare a letto, formato da giacca e pantaloni.

pigiare [pi-già-re] *v.tr.* Schiacciare, premere: *pigiare l'uva* ◊ Spingere: *la folla lo pigiava da ogni parte.*

pigione [pi-gió-ne] *s.f.* Affitto.

pigliare [pi-glià-re] *v.tr.* Prendere.

piglio [pì-glio] *s.m.* Espressione del viso; atteggiamento: *lo guardò con piglio severo.*

pigmento [pig-mén-to] *s.m.* **1** Sostanza organica presente nelle cellule che conferisce un dato colore agli organi e ai tessuti animali e vegetali **2** Sostanza colorante naturale o artificiale usata per fabbricare colori, vernici, inchiostri ecc.

pigmeo [pig-mè-o] *s.m.* Individuo appartenente a una popolazione africana di statura molto bassa ◊ ♧ Persona di statura molto bassa.

pigna [pì-gna] *s.f.* Il frutto conico e legnoso del pino.

pignolo [pi-gnò-lo] *agg.* e *s.m.* Si dice di persona eccessivamente meticolosa e pedante.

pigolare [pi-go-là-re] *v.intr.* [aus. *avere*] Emettere pigolii: *i pulcini pigolavano.*

pigolio [pi-go-lì-o] *s.m.* Il caratteristico verso acuto, breve e ripetuto dei pulcini e degli uccellini.

pigrizia [pi-grì-zia] *s.f.* Tendenza a evitare ogni fatica e impegno; riluttanza a muoversi, ad agire Ⓢ indolenza.

pigro [pì-gro] *agg.* Detto di chi è restio a muoversi, ad agire, tende a evitare ogni fatica e impegno ed è lento e svogliato in tutto quel che fa Ⓢ indolente Ⓒ solerte, operoso: *alla mattina è pigro ad alzarsi*; *essere pigro nello studio, nel lavoro.*

PIL *s.m.* Sigla di Prodotto Interno Lordo, cioè del valore totale dei beni e dei servizi prodotti all'interno di un paese nel corso di un anno.

pila [pì-la] *s.f.* **1** Insieme di oggetti dello stesso tipo posti l'uno sopra l'altro: *una pila di libri, di piatti, di mattoni* **2** Apparecchio generatore di corrente elettrica Ⓢ batteria: *il registratore ha le pile scariche* ◊ Lampada tascabile Ⓢ torcia elettrica.

pilastro [pi-là-stro] *s.m.* **1** Struttura architettonica di sostegno, simile alla colonna, ma di solito a base quadrata: *i pilastri di un ponte*; *pilastri di pietra, di cemento armato* **2** ♧ Sostegno fondamentale: *è il pilastro della famiglia, della squadra.*

pillola [pìl-lo-la] *s.f.* **1** Preparato medicinale per bocca di forma tondeggiante: *pillole ricostituenti* **2** ♧ Cosa spiacevole, difficile da accettare: *ha dovuto ingoiare una pillola amara.*

pilone [pi-ló-ne] *s.m.* Grosso pilastro in muratura o calcestruzzo, spec. per sostegno di cupole, viadotti o arcate di ponti ◊ Traliccio metallico di sostegno di linee elettriche, funivie e simili.

pilota [pi-lò-ta] *s.m.f.* [pl.m. *–ti*] Chi guida un aereo o un altro veicolo, spec. da corsa.

pilotare [pi-lo-tà-re] *v.tr.* Guidare come pilota: *pilotare un aereo, un'auto da corsa.*

pimpante [pim-pàn-te] *agg.* Allegro e baldanzoso: *era tutto pimpante per la promozione.*

pinacoteca [pi-na-co-tè-ca] *s.f.* Museo, galleria di quadri: *la pinacoteca di Brera a Milano.*

pineta [pi-né-ta] *s.f.* Bosco di pini.

ping-pong [parola inglese; pron. *ping-pòng*] *s.m.* Tennis da tavolo.

pinguedine [pin-guè-di-ne] *s.f.* Eccessiva grassezza Ⓢ obesità.

pinguino [pin-guì-no] *s.m.* Grosso uccello marino che vive in branchi lungo le coste delle regioni antartiche; è ottimo nuotatore, ma è incapace di volare.

pinna [pìn-na] *s.f.* **1** Ciascuno degli organi sottili e piatti che, nei pesci e nei cetacei, servono al movimento e all'equilibrio **2** Attrezzo di gomma a forma di spatola che si applica ai piedi per nuotare più velocemente, spec. sott'acqua.

pinnacolo [pin-nà-co-lo] *s.m.* Guglia.

pino [pì-no] *s.m.* Albero sempreverde, con foglie ad ago, presente in molte specie diverse sia nelle zone fredde che in quelle temperate ◊ Il legno di tale albero: *un tavolo, un armadio di pino.*

pinolo [pi-nò-lo] *s.m.* Il seme commestibile del pino, contenuto nella pigna.

pinza [pìn-za] *s.f.* Nome di vari strumenti manuali che servono per afferrare, stringere, serrare, tagliare ecc.: *le pinze del meccanico, del dentista.*

pinzatrice [pin-za-trì-ce] *s.f.* Cucitrice.

A B C D E F G H I J K L M N O P Q **P** S T U V W X Y Z

pinzetta [pin-zét-ta] *s.f.* Piccola pinza a molla per operazioni delicate: *le pinzette dell'orologiaio*; *strapparsi i peli con una pinzetta.*

pio [pì-o] *agg.* **1** Che è animato da una fede profonda e osserva i precetti della propria religione Ⓢ devoto Ⓒ empio: *una donna pia* **2** Pietoso, caritatevole verso il prossimo: *un'anima pia ci ha aiutati* **3** ♧ Vano, irrealizzabile: *il tuo è soltanto un pio desiderio*; *pie illusioni.*

pioggia [piòg-gia] *s.f.* [pl. *–ge*] **1** Precipitazione atmosferica costituita da gocce d'acqua: *una pioggia leggera, fitta, torrenziale* **2** Gran quantità di cose che cadono dall'alto o arrivano addosso in rapida successione: *una pioggia di sabbia, di sassi, di bombe, di fiori.*

piolo [pi-ò-lo] *s.m.* Paletto di legno con un'estremità appuntita che si conficca nel terreno o in una parete per assicurarvi o appendervi qualcosa: *i pioli dell'attaccapanni* | *Scala a pioli* = scala i cui gradini sono costituiti da pioli incastrati nei due elementi laterali.

piombare¹ [piom-bà-re] *v.intr.* [aus. *essere*] Cadere giù all'improvviso: *piombare nel vuoto* ◊ Arrivare all'improvviso, gettarsi con impeto addosso a qualcuno: *il falco piombò sulla preda*; *la polizia è piombata addosso ai ladri* ◊ Giungere all'improvviso: *mi è piombato in casa in piena notte* ◊ ♧ Sprofondare: *piombare nel sonno*; *è piombato nella disperazione* ♦ *v.tr.* ♧ Far cadere, gettare all'improvviso in una condizione negativa: *il guasto ha piombato nel buio tutto il quartiere*; *il fallimento l'ha piombato nella miseria.*

piombare² [piom-bà-re] *v.tr.* Saldare o sigillare con piombo.

piombino [piom-bì-no] *s.m.* **1** Pezzetto di piombo usato come peso: *il piombino della lenza* **2** Proiettile per fucili ad aria compressa.

piombo [pióm-bo] *s.m.* **1** Metallo grigio, tenero e molto pesante, usato per fare pesi e zavorre e in numerose applicazioni industriali: *tubature, proiettili di piombo* | ♧ *Andare coi piedi di piombo* = procedere con grande cautela **2** Pezzo di piombo usato come peso, zavorra o per sigillare chiusure | *Filo a piombo* = filo a cui è attaccato un peso, usato per controllare la perfetta verticalità di muri e pareti | *A piombo* = a perpendicolo: *una scogliera a piombo sul mare* ◊ Proiettile d'arma da fuoco: *cadere sotto il piombo nemico.*

pioniere [pio-niè-re] *s.m.* Chi per primo esplora nuovi territori per insediarvisi e sfruttarne le risorse: *i pionieri del West* ◊ ♧ Chi per primo si dedica a nuove attività, compie nuove scoperte, diffonde nuove idee ecc.: *i pionieri dell'aviazione, della ricerca scientifica.*

pioppo [piòp-po] *s.m.* Pianta d'alto fusto che cresce nelle regioni temperate, coltivata per il legno usato spec. per ricavarne la cellulosa per la carta.

piovano [pio-và-no] *agg.* Che proviene dalla pioggia: *acqua piovana.*

piovasco [pio-và-sco] *s.m.* Pioggia violenta e di breve durata accompagnata da forte vento.

piovere [piò-ve-re] *v.intr.impers.* [pass.rem. *piòvve*; part.pass. *piovùto*; aus. *essere* o *avere*] Cadere pioggia: *piove a dirotto*; *è* (o *ha*) *piovuto per tutto il giorno* ♦ *v.intr.* [aus. *essere*] Cadere dall'alto: *dal vulcano piovevano cenere e lapilli* ◊ ♧ Arrivare in quantità: *gli sono piovute critiche da ogni parte.*

piovigginare [pio-vig-gi-nà-re] *v.intr.impers.* [aus. *essere* o *avere*] Piovere leggermente, a piccole gocce.

piovosità [pio-vo-si-tà] *s.f.* Quantità di pioggia caduta in un determinato periodo di tempo in una determinata regione: *in questa zona c'è stato un aumento della piovosità.*

piovoso [pio-vó-so] *agg.* Caratterizzato da pioggia: *una giornata piovosa* ◊ Che minaccia pioggia: *un cielo piovoso* ◊ Caratterizzato da piogge frequenti e abbondanti: *una regione molto piovosa*; *aprile è un mese piovoso.*

piovra [piò-vra] *s.f.* Polpo di grandi dimensioni.

pipa [pì-pa] *s.f.* Arnese per fumare costituito, nel tipo più comune, da un fornello dove si brucia il tabacco collegato a un bocchino da cui si aspira.

pipì [pi-pì] *s.f.* Orina (nel linguaggio familiare).

pipistrello [pi-pi-strèl-lo] *s.m.* Piccolo mammifero notturno dal corpo simile a quello di un topo e capace di volare grazie agli arti anteriori trasformati in ali.

piramide [pi-rà-mi-de] *s.f.* **1** Solido geometrico costituito da una base poligonale e da facce triangolari che si congiungono in un vertice comune **2** Grande monumento funerario a forma di piramide, tipico nell'antico Egitto come sepoltura dei faraoni.

piranha [parola portoghese; pron. *piràgna*] *s.m. invar.* Pesce che vive in gruppi nelle acque dolci del Sud America; pur di non grandi dimensioni (20-30 cm) ha denti aguzzi molto affilati ed è un vorace predatore pericoloso anche per l'uomo.

pirata [pi-rà-ta] *s.m.* [pl. *–ti*] Predone del mare che assalta e depreda le navi e le località costiere: *una nave, una scorreria di pirati* | *Pirata dell'aria* = chi dirotta un aereo | *Pirata della strada* = chi, dopo aver investito qualcuno con il suo veicolo, se ne va senza soccorrerlo ⧫ anche *agg.invar. Radio pirata* = che trasmette senza autorizzazione | *CD, DVD, libri pirata* = prodotti e venduti abusivamente.

piroetta [pi-ro-ét-ta] *s.f.* Figura della danza e del pattinaggio artistico, consistente nel ruotare su se stessi appoggiati su un solo piede ◊ Rotazione in aria dei ginnasti ◊ Giravolta, capriola.

piroscafo [pi-rò-sca-fo] *s.m.* Nave a vapore.

pirotecnico [pi-ro-tèc-ni-co] *agg.* [pl.m. *–ci*] Di fuochi d'artificio o ad essi relativo: *spettacolo pirotecnico.*

pisciare [pi-scià-re] *v.intr.* [aus. *avere*] Orinare (termine d'uso popolare e volgare).

piscina [pi-scì-na] *s.f.* Vasca di dimensioni sufficienti per potervi praticare il nuoto ◊ Complesso edilizio che comprende, oltre a una o più vasche per il nuoto, impianti e locali accessori (docce, spogliatoi ecc.).

pisello [pi-sèl-lo] *s.m.* Pianta erbacea leguminosa, coltivata per i semi commestibili contenuti nei frutti a baccello ◊ Il baccello e il seme di tale pianta: *sgusciare i piselli*; *piselli freschi, secchi.*

pisolo [pì-so-lo] *s.m.* (usato spec. nel diminutivo) Breve dormita Ⓢ sonnellino: *fa sempre un pisolo dopo pranzo.*

pista [pì-sta] *s.f.* **1** Traccia, orma: *seguire la pista del cinghiale*; *la polizia è sulle piste dei ladri* ◊ Direzione verso cui è orientata un'indagine, una ricerca: *seguire una pista giusta, sbagliata* **2** Sentiero, strada di terra battuta formatisi per il passaggio ripetuto di animali, uomini o veicoli: *la pista degli elefanti*; *le piste delle carovane nel deserto* ◊ Tracciato di neve battuta per la pratica dello sci: *pista di discesa, di fondo* **3** Circuito su cui si disputano corse sportive: *piste di atletica, ciclismo, automobilismo*; *fare un giro di pista* ◊ Spiazzo destinato a particolari attività sportive e ricreative: *pista di pattinaggio*; *pista da ballo* **4** *Pista di volo* = striscia pavimentata per il decollo e l'atterraggio degli aerei ◊ *Pista ciclabile* = corsia stradale riservata alle biciclette.

pistillo [pi-stìl-lo] *s.m.* L'organo sessuale femminile del fiore, che si trasforma in frutto dopo la fecondazione.

pistola [pi-stò-la] *s.f.* **1** Arma da fuoco a canna corta che si può impugnare con una sola mano **2** Arnese a forma di pistola: *verniciare con una pistola a spruzzo.*

pistone [pi-stó-ne] *s.m.* Stantuffo che si muove avanti e indietro nei cilindri dei motori.

pitagorico [pi-ta-gò-ri-co] *agg.* [pl.m. *–ci*] Di Pitagora, antico filosofo e matematico greco | *Tavola pitagorica* = tabella che contiene i prodotti della moltiplicazione dei primi dieci numeri interi.

pitale [pi-tà-le] *s.m.* Vaso da notte per orinare.

pittore [pit-tó-re] *s.m.* [f. *–trice*] Chi dipinge, chi si dedica alla pittura come professione o per diletto: *è un discreto pittore.*

pittoresco [pit-to-ré-sco] *agg.* [pl.m. *–schi*] Bello, suggestivo per l'armonia delle linee e dei colori o perché caratteristico: *un paesaggio, un villaggio pittoresco*; *i pittoreschi costumi sardi.*

pittura [pit-tù-ra] *s.f.* **1** L'arte, l'attività, la tecnica di dipingere: *scuola di pittura*; *dedicarsi alla pittura*; *pittura a olio, a tempera* ◊ La produzione pittorica di un autore, di un periodo, di un paese, di una scuola: *la pittura di Raffaello*; *la pittura italiana del Quattrocento*; *la pittura impressionista* ◊ Dipinto: *una pittura di Picasso* **2** Vernice: *dare una mano di pittura.*

pitturare [pit-tu-rà-re] *v.tr.* Verniciare, tinteggiare: *pitturare un cancello, una stanza* ◊ *Pitturarsi gli occhi, le labbra* = truccarsi.

più [più] *avv.* [compar. di *molto*] **1** In maggior quantità, grado o misura: *dovresti lavorare di più*; *più lo guardo e più mi piace*; *oggi è più caldo di ieri* | *Più che* = piuttosto che: *ho sete più che fame* | *Più o meno* = pressapoco, all'incirca ◊ Preceduto dall'articolo determinativo forma il superlativo relativo di maggioranza: *è l'uomo più buono del mondo* **2** In matematica, indica l'addizione: *otto più tre fa undici* ◊ Indica aggiunta in una misura: *un chilo più un etto* | *In più, di più* = in quantità maggiore di quella dovuta o prevista: *mi ha dato di resto mille lire in più*; *resta qualche giorno di più!* | *Per di più* = inoltre, per giunta ◊ Indica temperatura superiore a zero gradi: *il termometro segna più sei* **3** (in frasi negative o interrogative) Oltre, altre volte, da ora o da allora in poi: *non lo aspetterò più*; *hai più visto quel tuo amico?*; *cerca di non farlo più* | *Non ne posso più* = sono all'estremo della sopportazione ⧫ *prep.* Oltre a, con l'aggiunta di: *costa un milione più le spese di trasporto* ⧫ *agg.invar.* **1** Maggiore in quantità, numero o misura: *ci ho messo più tempo di te*; *oggi c'è più gente*; *vorrei più attenzione da parte tua* ◊ Ha valore di pronome in espressioni in cui è omesso il sostantivo, per cui può significare via via *maggior tempo, denaro* ecc.: *ci vorrà più di un'ora*; *questo mi è costato di più* **2** Parecchi, molti: *ti ho detto più volte di non farlo* ⧫ *s.m.invar.* **1** La cosa più importante: *il più è incominciare* ◊ La maggior parte: *il più delle volte ha ragione* |

Per lo più = di solito, in genere | *Tutt'al più* = al massimo: *costerà tutt'al più un milione* **2** (al *pl.*) La maggioranza: *i più non erano d'accordo.*

piuma [più-ma] *s.f.* Penna più corta, leggera e morbida degli uccelli, usata spec. per ornamento e imbottitura: *portava una piuma sul cappello*; *un materasso di piume.*

piumaggio [piu-màg-gio] *s.m.* L'insieme delle penne e delle piume di un uccello: *il bel piumaggio del fagiano.*

piumino [piu-mì-no] *s.m.* **1** L'insieme delle piume più morbide e leggere degli uccelli: *un sacco a pelo di piumino* ◊ Coperta imbottita di piume ◊ Giaccone imbottito di piume **2** Arnese per spolverare costituito da un ciuffo di piume fissate a un manico.

piuttosto [piut-tò-sto] *avv.* **1** Alquanto, notevolmente: *è piuttosto tardi, devo andare*; *gioca piuttosto bene* **2** Più spesso, più facilmente: *qui fa piuttosto freddo che caldo* ◊ Preferibilmente, più volentieri: *non ho fame, vorrei piuttosto da bere* | *O piuttosto* = o ancor meglio: *vediamoci al parco, o piuttosto venite da me* **3** *Piuttosto che, piuttosto di* = anziché, pur di non: *è meglio farlo oggi piuttosto che domani*; *piuttosto di cedere si farebbe ammazzare.*

pivello [pi-vèl-lo] *s.m.* Giovane ancora inesperto Ⓢ principiante, novellino.

pixel [contrazione di una locuzione inglese; pron. *pìxel*] *s.m.invar.* Nelle immagini digitali, ciascuno dei punti elementari di cui è composta ciascuna immagine.

pizza [pìz-za] *s.f.* **1** Sottile focaccia di pasta di pane condita con olio, pomodoro, mozzarella e altri ingredienti **2** La scatola piatta e circolare in cui sono conservate le pellicole cinematografiche **3** ♧ Cosa o persona molto noiosa: *che pizza questo film, quel tuo amico!*

pizzeria [piz-ze-rì-a] *s.f.* Locale pubblico in cui si servono pizze e in genere anche altri piatti.

pizzicare [piz-zi-cà-re] *v.tr.* [*pìzzico, pìzzichi*] **1** Stringere tra la punta del pollice e di un altro dito una parte molle del corpo; dare un pizzicotto: *mi ha pizzicato un braccio* **2** Pungere, mordere: *mi ha pizzicato una zanzara!* **3** ♧ Cogliere sul fatto Ⓢ sorprendere: *lo hanno pizzicato mentre rubava* ♦ *v.tr.* e *v.intr.* [aus. *avere*] Dare una sensazione piccante, frizzante o di prurito: *un formaggio, un vino che pizzica (la lingua, il palato)*; *mi pizzica la punta del naso.*

pizzico [pìz-zi-co] *s.m.* [pl. *-chi*] **1** Stretta che si dà pizzicando con le dita Ⓢ pizzicotto: *mi ha dato un pizzico sul braccio* **2** Quantità di roba che si può prendere con la punta delle dita: *aggiungi un pizzico di sale* ◊ Piccola quantità Ⓢ briciolo (anche ♧): *mangio un pizzico di formaggio*; *non ha un pizzico di buon senso.*

pizzicotto [piz-zi-còt-to] *s.m.* Pizzico forte o anche leggero, dato per scherzo o affettuosamente: *le diede un leggero pizzicotto sulla guancia.*

pizzo [pìz-zo] *s.m.* **1** Cima aguzza di un monte Ⓢ picco **2** Barbetta a punta che ricopre solo il mento **3** Merletto, trina: *una tovaglia coi pizzi* **4** Tangente estorta da organizzazioni criminali: *pagare, riscuotere il pizzo.*

placare [pla-cà-re] *v.tr.* [*plàco, plàchi*] Calmare; mitigare: *cerca di placare la tua collera*; *con una bevuta abbondante riuscì a placare la sua sete* ♦ **placarsi** *v.pr.* Calmarsi, attenuarsi: *il vento, il mare si sta placando.*

placca [plàc-ca] *s.f.* **1** Lamina sottile di metallo o altro materiale, usata spec. come rivestimento ◊ Piastrina metallica su cui sono incisi numeri, lettere e altri segni di riconoscimento, portata in vista dagli addetti a particolari servizi pubblici (agenti, vigili, portabagagli ecc.) **2** *Placca (batterica)* = accumulo di materiale di origine alimentare sulla superficie dei denti, che favorisce lo sviluppo della carie.

placcare [plac-cà-re] *v.tr.* [*plàcco, plàcchi*] **1** Rivestire un oggetto con uno strato di metallo più pregiato o resistente: *placcare in oro un vassoio di rame* **2** Nel rugby, bloccare un avversario afferrandolo alle gambe o alla vita.

placebo [parola latina; pron. *placèbo*] *s.m.* Finto farmaco privo di qualsiasi effetto che viene dato a un paziente, spec. per procurargli un beneficio basato solo sull'autosuggestione.

placenta [pla-cèn-ta] *s.f.* Membrana spugnosa che si forma all'interno dell'utero durante la gravidanza e che ha la funzione di fornire al feto, attraverso il cordone ombelicale, l'ossigeno, il sangue e le sostanze nutritive necessarie alla sua vita e al suo accrescimento.

placido [plà-ci-do] *agg.* Del tutto calmo e tranquillo: *un uomo d'indole placida*; *mentre tutti lavorano lui se ne sta placido a guardare*; *le placide acque di un lago.*

plafoniera [pla-fo-niè-ra] *s.f.* Lampada, per lo più a forma di calotta, che si applica direttamente al soffitto.

plaid [parola inglese; pron. *plèid*] *s.m.invar.* Coperta di lana con frange laterali.

planare [pla-nà-re] *v.intr.* [aus. *avere*] Detto di

uccelli, alianti e aerei a motori spenti, scendere in volo quasi orizzontalmente sostenuti solo dalle ali: *l'aereo planò lentamente sulla pista.*

plancia [plàn-cia] *s.f.* Ponte di comando di una nave: *il comandante salì sulla plancia.*

plancton [plàn-cton] *s.m.invar.* Complesso di piccoli organismi animali che vivono sospesi e fluttuanti nelle acque marine e dolci e costituiscono il nutrimento di molti animali acquatici.

planetario [pla-ne-tà-rio] *agg.* **1** Dei pianeti: *sistema planetario* **2** Della Terra Ⓢ mondiale: *l'aumento della popolazione planetaria* ♦ *s.m.* Speciale macchina che proietta sull'interno di una cupola l'immagine della volta celeste e degli astri in movimento ◊ L'edificio in cui avviene tale proiezione.

planisfero [pla-ni-sfè-ro] *s.m.* Carta geografica che rappresenta in piano tutta la superficie terrestre.

plasma [plà-sma] *s.m.* [pl. *–smi*] Parte liquida del sangue.

plasmare [pla-smà-re] *v.tr.* Fare assumere la forma voluta a una materia informe e malleabile Ⓢ modellare: *plasmare la cera, una statua con la creta* ◊ ♧ Formare, educare moralmente o intellettualmente: *esperienze, insegnamenti che plasmano il carattere, la personalità.*

plastica [plà-sti-ca] *s.f.* **1** Materia plastica: *un recipiente, un sacchetto di plastica* **2** Operazione di chirurgia plastica: *dopo l'incidente si è fatta fare una plastica facciale.*

plastico [plà-sti-co] *agg.* [pl.m. *–ci*] **1** Detto di materiale malleabile, che si può modellare facilmente: *la creta è plastica* | *Materie plastiche* = materiali sintetici, per lo più derivati dal petrolio, che si possono modellare e stampare nelle forme più diverse **2** *Chirurgia plastica* = quella che ricostruisce o modifica, spec. a scopo estetico, parti del corpo ♦ *s.m.* Modello in scala ridotta che riproduce un edificio, un quartiere, una città: *è stato esposto il plastico del nuovo stadio.*

plastificare [pla-sti-fi-cà-re] *v.tr.* [*plastìfico, plastìfichi*] Rivestire con uno strato di materiale plastico: *plastificare la copertina di un libro.*

platano [plà-ta-no] *s.m.* Albero ad alto fusto, con grandi foglie: *un viale alberato di platani.*

platea [pla-tè-a] *s.f.* **1** Nei teatri e nei cinematografi, la parte della sala situata davanti e un poco sotto al palcoscenico, riservata agli spettatori: *posti di platea* **2** Gli spettatori seduti in platea: *tutta la platea si alzò in piedi ad applaudire* ◊ Pubblico, spettatori in generale: *un programma seguito da una vasta platea televisiva.*

platino [plà-ti-no] *s.m.* Metallo nobile di color bianco-argenteo, malleabile e resistente agli acidi, usato in gioielleria e per parti di apparecchiature elettriche e scientifiche.

plaudente [plau-dèn-te] *agg.* Che applaude: *il vincitore fu accolto da una folla plaudente.*

plausibile [plau-sì-bi-le] *agg.* Accettabile, convincente in quanto logico o verosimile: *non riesco a trovare una spiegazione plausibile del suo strano comportamento.*

plauso [plàu-so] *s.m.* Piena approvazione: *un'iniziativa che ha riscosso il plauso di tutti.*

playboy [parola inglese; pron. corrente *pleibòi*] *s.m.invar.* Uomo che si dedica esclusivamente alla vita mondana, ai divertimenti e alle avventure erotiche con done ricche e belle ◊ Grande amatore, conquistatore di donne.

playlist [parola inglese; pron. corrente *plèilist*] *s.f.invar.* Lista di brani musicali disponibili per l'ascolto su un computer o su un lettore multimediale.

playmaker [parola inglese; pron. corrente *pleimèker*] *s.m.invar.* Nella pallacanestro, nell'hockey e in altri giochi di squadra, il giocatore che imposta e guida le azioni di attacco.

playoff [parola inglese; pron. *pleiòff*] *s.m.pl.* Fase finale di alcuni campionati sportivi (pallacanestro, pallavolo ecc.), durante la quale le squadre classificatesi ai primi posti si affrontano in incontri a eliminazione diretta per assegnare il titolo di campione.

playout [parola inglese; pron. *pleiàut*] *s.m.pl.* Fase finale di alcuni campionati sportivi (pallacanestro, pallavolo ecc.), durante la quale le squadre classificatesi agli ultimi posti si affrontano in incontri a eliminazione diretta per stabilire quelle che dovranno retrocedere in una serie inferiore.

plebe [plè-be] *s.f.* Nell'antica Roma, la parte della popolazione non appartenente alla classe dei patrizi e che fu a lungo esclusa da molti diritti politici e civili.

plebeo [ple-bè-o] *agg* **1** Della plebe, appartenente alla plebe dell'antica Roma: *i consoli plebei* **2** In senso spregiativo, rozzo, volgare: *persona dai modi plebei* ♦ *s.m.* Chi, nell'antica Roma, apparteneva alla plebe: *le lotte tra patrizi e plebei.*

plebiscito [ple-bi-scì-to] *s.m.* **1** Consultazione diretta del popolo, chiamato a pronunciarsi su determinate proposte o alternative Ⓢ referendum **2** ♧ Consenso unanime, generale: *la sua proposta ha ottenuto un plebiscito.*

plenilunio [ple-ni-lù-nio] *s.m.* La fase in cui la faccia della Luna rivolta verso la Terra è interamente illuminata dal Sole Ⓢ luna piena: *passeggiammo in riva al mare in una notte di plenilunio.*

pleonasmo [ple-o-nà-smo] *s.m.* Espressione o parola non necessaria, che non aggiunge nulla al significato di ciò che si dice (ad es. *un quadrupede a quattro zampe*).

plettro [plèt-tro] *s.m.* Piccola lamina di osso, di avorio, di plastica o di metallo con cui si suonano la chitarra, il mandolino e altri strumenti a corda.

plico [plì-co] *s.m.* [pl. *–chi*] Busta, per lo più sigillata, contenente carte, lettere, documenti.

plotone [plo-tó-ne] *s.m.* **1** Piccolo reparto di soldati: *un plotone di fanteria, di cavalleria* | *Plotone d'esecuzione* = reparto incaricato di eseguire una condanna a morte mediante fucilazione **2** Nel ciclismo, gruppo di corridori: *il plotone di testa, degli inseguitori.*

plumbeo [plùm-be-o] *agg.* Del colore grigio-scuro del piombo: *un cielo, un mare plumbeo.*

plurale [plu-rà-le] *agg.* Che si riferisce a più persone o cose: *sostantivo, aggettivo plurale* ♦ *s.m.* Forma grammaticale dei sostantivi, aggettivi, pronomi e verbi quando sono riferiti a due o più di due cose o persone: *il plurale di «uomo» è «uomini».*

pluralismo [plu-ra-lì-smo] *s.m.* Concezione e situazione politica fondata sul riconoscimento del diritto di tutti i gruppi in cui è divisa la società a esprimere e divulgare le proprie opinioni.

pluralità [plu-ra-li-tà] *s.f.* Molteplicità.

pluriennale [plu-ri-en-nà-le] *agg.* Che dura diversi anni o da molti anni: *corsi di lingue pluriennali*; *un'amicizia pluriennale.*

plurimillenario [plu-ri-mil-le-nà-rio] *agg.* Che dura da più millenni o è durato per più millenni: *la Cina vanta una civiltà plurimillenaria.*

plurisecolare [plu-ri-se-co-là-re] *agg.* Che dura da più secoli o è durato per più secoli: *tradizioni plurisecolari.*

plutonio [plu-tò-nio] *s.m.* Elemento chimico radioattivo, usato come esplosivo termonucleare e come combustibile nei reattori delle centrali nucleari.

pluviale [plu-vià-le] *agg.* Della pioggia: *acque pluviali* | *Foresta pluviale* = quella fitta e sempreverde tipica delle zone equatoriali ad alta umidità.

pluviometro [plu-viò-me-tro] *s.m.* Strumento per misurare la quantità di pioggia che cade in una data zona in un dato periodo di tempo.

pneumatico [pneu-mà-ti-co] *agg.* [pl.m. *–ci*] Che si gonfia con aria: *un canotto, un materassino pneumatico* ◊ *Martello, fucile pneumatico* = che funziona ad aria compressa ♦ *s.m.* Rivestimento delle ruote dei veicoli, costituito da un copertone di gomma dura con o senza camera d'aria Ⓢ gomma: *cambiare un pneumatico forato.*

po' vedi **poco**.

poco [pò-co] o, troncato, **po'** [pò'] *agg.indef.* [pl.m. *–chi*] Piccolo, limitato, scarso, insufficiente come quantità, misura, intensità o numero; non molto, non numeroso: *abbiamo poco pane*; *c'è poco spazio qui*; *mancano pochi chilometri*; *c'è poco vento*; *lavora con poco entusiasmo*; *poche volte* ♦ *pronome indef.* **1** Si usa, con gli stessi significati dell'aggettivo, sottintendendo un sostantivo espresso in precedenza o ricavabile dal contesto: *ci vuole pazienza e io ne ho poca*; *ha speso poco* (denaro); *è poco* (tempo) *che se n'è andato* | *Da poco* = di scarso valore, importanza o gravità: *roba da poco*; *una ferita da poco* | *A dir poco* = come minimo: *saranno a dir poco tre chilometri* | *Ci vuol poco a* = è facile: *ci vuol poco a capirlo* | *C'è mancato poco che* = stava quasi per: *c'è mancato poco che finisse sotto una macchina* | *Per poco non* = quasi: *per poco non m'investiva* | *Saper di poco* = aver poco sapore **2** (al *pl.*) Poche persone: *siamo rimasti in pochi* ♦ *avv.* **1** In quantità, in misura piccola, scarsa, ridotta; scarsamente, non molto: *ho dormito troppo poco*; *da quest'occhio ci vedo poco*; *la carne è poco cotta*; *poco prima del suo arrivo* | *A poco a poco, un poco per volta* = pian piano, gradatamente ◊ Per breve tempo: *mi tratterrò poco* **2** *Un po', un poco* = leggermente (*sono un po' stanco*; *è un po' più alto di me*); piuttosto (*è un po' tardi per partire*); per un certo tempo, a una certa distanza (*abbiamo parlato un po'*; *spostalo un po'*) | *Un bel po'* = parecchio, molto: *sei ingrassato un bel po'* ♦ *s.m.* Piccola quantità (spec. di denaro, di beni): *quel poco che guadagna non le basta* | *Un po' di* = una piccola quantità di: *dammi un po' di pane*; *c'era un po' di gente*; *fa un po' di tutto.*

podcast [parola inglese; pron. corrente *pòdcast*] *s.m.invar.* Registrazione di una trasmissione radio disponibile in Internet e da lì scaricabile.

podere [po-dé-re] *s.m.* Terreno agricolo coltivato, in genere con casa colonica: *ha comprato un piccolo podere.*

poderoso [po-de-ró-so] *agg.* Molto forte, potente Ⓢ vigoroso, possente, formidabile: *corporatura, muscolatura poderosa*; *una voce poderosa*; *ha una memoria poderosa.*

podio [pò-dio] *s.m.* Pedana o palco soprelevato: *il*

podio del direttore d'orchestra; *l'oratore parlava dal podio*; *il vincitore salì sul podio.*

podismo [po-dì-smo] *s.m.* Lo sport della marcia e della corsa a piedi.

podista [po-dì-sta] *s.m.f.* [pl.m. *–sti*] Atleta che pratica la marcia o la corsa a piedi.

poema [po-è-ma] *s.m.* [pl. *–mi*] **1** Composizione poetica di notevole ampiezza e di argomento e stile vario: *poemi epici, cavallereschi* **2** Si dice scherzosamente di scritto più lungo del necessario: *bastano due righe, non scrivere un poema!*

poesia [po-e-sì-a] *s.f.* **1** L'arte, la tecnica e la maniera di esprimere in versi idee, sentimenti e realtà: *un'opera parte in prosa parte in poesia* ◊ Il complesso della produzione poetica di un poeta, di un'epoca, di un paese: *la poesia di Dante, di Leopardi*; *la poesia antica, contemporanea*; *la poesia italiana, tedesca, russa* **2** Componimento in versi: *leggere una poesia*; *una raccolta di poesie* **3** Forza spirituale ed emotiva di cui è dotata ogni opera d'arte: *un quadro, un film, un romanzo pieno di poesia* ◊ ♧ Capacità di commuovere, forza di suggestione Ⓢ incanto, fascino: *la poesia di un tramonto, di una notte di luna, dell'amore.*

poeta [po-è-ta] *s.m.* [f. *poetessa*; pl.m. *–ti*] Autore di poesie: *Dante è il nostro più grande poeta.*

poetico [po-è-ti-co] *agg.* [pl.m. *–ci*] **1** Di poesia, della poesia; di poeta: *opere poetiche*; *l'arte poetica*; *fantasia poetica* ◊ Ricco di poesia: *un film molto poetico* **2** ♧ Suggestivo, pieno d'incanto: *un tramonto poetico.*

poggiapiedi [pog-gia-piè-di] *s.m.invar.* Sgabello o altro arnese usato per appoggiarvi i piedi.

poggiare [pog-già-re] *v.tr.* Appoggiare, posare: *poggiare la testa sul cuscino*; *poggia la valigia per terra* ♦ *v.intr.* [aus. *avere*] Avere come sostegno Ⓢ fondarsi, basarsi (anche ♧): *una casa che poggia sulla roccia*; *un ragionamento che poggia su argomenti molto deboli.*

poggiatesta [pog-gia-tè-sta] *s.m.invar.* Sostegno a cui appoggiare la testa, spec. come parte del sedile dei veicoli.

poggio [pòg-gio] *s.m.* Piccola altura, colle tondeggiante: *la casa sorge sopra un poggio.*

poggiolo [pog-giò-lo] *s.m.* Balcone, terrazzino.

poi [pòi] *avv.* **1** In seguito, dopo, successivamente: *te lo dirò poi*; *poi sarà troppo tardi* | *Prima o poi* = un giorno o l'altro: *prima o poi te ne pentirai* | *In poi* = in avanti nel tempo: *d'ora in poi*; *da quel giorno in poi* ◊ In un punto successivo, più lontano nello spazio Ⓢ dopo: *prima c'è il ponte, poi la curva* ◊ In una posizione successiva in una serie: *prima c'è il due, poi il tre* **2** Inoltre, in secondo luogo: *non ho voglia di venire, e poi sono stanco* **3** Infine, dunque: *hai deciso, poi, se parti o non parti?* ♦ *s.m.* L'avvenire, il futuro: *dobbiamo pensare al poi.*

poiché [poi-ché] *congz.* Dato che, dal momento che: *me ne vado poiché non son d'accordo.*

L'accento sulla e di *poiché* è acuto (come in *perché, cosicché, finché* ecc.): attenzione a non sbagliarlo, soprattutto quando scrivi al computer.

poker [parola inglese; pron. corrente *pòker*] *s.m. invar.* Gioco d'azzardo con le carte ◊ La combinazione, in tale gioco, di quattro carte uguali.

polare [po-là-re] *agg.* Del polo, dei poli: *ghiacci polari* | ♧ *Freddo polare* = molto intenso | *Stella polare* = stella della costellazione dell'Orsa Maggiore, molto vicina al polo Nord celeste.

polarizzare [po-la-riz-zà-re] *v.tr.* Attrarre, far convergere su qualcosa o qualcuno: *è riuscito abilmente a polarizzare tutta l'attenzione su di sé.*

polemica [po-lè-mi-ca] *s.f.* Vivace contrasto di opinioni; discussione accesa, disputa: *entrare in polemica con qualcuno*; *fare polemiche inutili.*

polemico [po-lè-mi-co] *agg.* [pl.m. *–ci*] Che esprime un forte contrasto di opinioni e contiene dure critiche: *un discorso polemico* ◊ Aggressivo, provocatorio: *usare un tono polemico* ◊ Che ama polemizzare, che difende con decisione le proprie idee Ⓢ battagliero: *ha un temperamento polemico.*

polemizzare [po-le-miz-zà-re] *v.intr.* [aus. *avere*] Fare una polemica, delle polemiche; discutere aspramente con altri per contestare le loro idee (o anche solo per spirito di contraddizione).

polenta [po-lèn-ta] *s.f.* Cibo preparato con farina di granturco cotta a lungo in acqua salata.

poli– Primo elemento di parole composte, che significa «molti» (*poliglotta, politeismo*).

poliambulatorio [po-li-am-bu-la-tò-rio] *s.m.* Ambulatorio attrezzato per la cura di diversi tipi di malattie.

policlinico [po-li-clì-ni-co] *s.m.* [pl. *–ci*] Complesso ospedaliero suddiviso in più reparti specialistici per la cura delle diverse malattie.

policromo [po-lì-cro-mo] *agg.* Di più colori Ⓢ multicolore: *una decorazione policroma.*

poliedro [po-li-è-dro] *s.m.* Solido geometrico limitato da facce poligonali.

poliennale [po-li-en-nà-le] *agg.* Che dura più anni Ⓢ pluriennale.

poligamia [po-li-ga-mì-a] *s.f.* Unione matrimoniale di un uomo con più donne o anche di una donna con più uomini.

poligamo [po-lì-ga-mo] *agg.* e *s.m.* Che, chi ha più di una moglie o di un marito contemporaneamente.

poliglotta [po-li-glòt-ta] *agg.* e *s.m.f.* [pl.m. *–ti*] Detto di persona che parla diverse lingue.

poligono [po-lì-go-no] *s.m.* **1** Figura geometrica piana chiusa, delimitata da tre o più lati | *Poligoni regolari* = quelli con i lati e gli angoli uguali (per es. triangolo equilatero, quadrato, esagono) **2** *Poligono di tiro* = spazio di terreno in cui si svolgono esercitazioni di tiro con armi da fuoco.

polipo [pò-li-po] *s.m.* **1** Piccolo animale marino dal corpo a forma di sacco e con la bocca circondata da tentacoli; vive spec. in colonie (per es. il corallo) **2** Nell'uso corrente, polpo.

polisillabo [po-li-sìl-la-bo] *agg.* e *s.m.* Detto di parola formata da più di una sillaba.

polisportivo [po-li-spor-tì-vo] *agg.* Che svolge diverse attività sportive: *mi sono iscritto a una società polisportiva.*

polistirolo [po-li-sti-rò-lo] *s.m.* *Polistirolo espanso* = materiale plastico spugnoso e molto leggero, usato spec. come isolante e per imballaggi.

politecnico [po-li-tè-cni-co] *s.m.* Istituto di studi universitari costituito dalle facoltà di ingegneria e architettura.

politeismo [po-li-te-ì-smo] *s.m.* Religione basata sulla credenza in più divinità (si contrappone a *monoteismo*).

politica [po-lì-ti-ca] *s.f.* **1** La tecnica e l'attività di governo e organizzazione dello stato nei suoi differenti settori: *politica interna, estera, economica, fiscale, scolastica* ◊ Modo d'agire, linea d'azione di chi governa e, più in generale, di chi prende parte alla vita pubblica: *la politica del governo, dell'opposizione, di un partito, dei sindacati*; *fare una politica rivoluzionaria, conservatrice* ◊ Partecipazione attiva alla vita pubblica: *ritirarsi dalla politica* ◊ Tutto ciò che riguarda la vita pubblica: *discutere di politica* **2** Particolare linea di condotta per raggiungere determinati fini: *la politica dei prezzi di un'azienda*; *la sua politica è chiara, vuol diventare direttore* ◊ ♧ Astuzia, accortezza, diplomazia: *con un po' di politica è riuscito a ottenere quel che voleva.*

politicamente [po-li-ti-ca-mén-te] *avv.* Dal punto di vista politico: *ha fatto una mossa politicamente sbagliata.*

politico [po-lì-ti-co] *agg.* [pl.m. *–ci*] Di politica, che concerne la politica, che si occupa di politica: *problemi politici*; *la situazione politica interna, internazionale*; *partiti, giornali politici* | *Elezioni politiche* = quelle in cui si elegge il parlamento | *Uomo politico* = chi svolge attività politica professionalmente | *Prezzo politico* = quello, inferiore al costo di mercato, stabilito dalle autorità per motivi politici e sociali ♦ *s.m.* Uomo politico: *il linguaggio dei politici.*

polizia [po-li-zì-a] *s.f.* Organo dello stato che ha il compito di far rispettare la legge, prevenire i reati e tutelare l'ordine pubblico; il complesso degli uffici e degli individui impiegati in tale compito: *polizia giudiziaria, stradale*; *avvertire la polizia*; *essere ricercato dalla polizia* ◊ Sede della polizia Ⓢ questura, commissariato: *andare alla polizia a denunciare un furto.*

poliziesco [po-li-zié-sco] *agg.* [pl.m. *–schi*] **1** *Stati, governi, metodi polizieschi* = autoritari, antidemocratici, violenti **2** *Romanzo, film poliziesco* = che ha per argomento un delitto e le indagini di polizia ad esso relative.

poliziotto [po-li-ziòt-to] *s.m.* Agente di polizia: *fare il poliziotto* ♦ *agg.invar.* *Cane poliziotto* = addestrato per aiutare la polizia.

polizza [pò-liz-za] *s.f.* Documento che prova l'esistenza di un contratto, in partic. di assicurazione: *firmare una polizza (di assicurazione) sulla casa, sulla vita.*

polla [pòl-la] *s.f.* Getto d'acqua che sgorga dal terreno Ⓢ sorgente.

pollaio [pol-là-io] *s.m.* Locale o recinto in cui si tengono e allevano i polli.

pollame [pol-là-me] *s.m.* Insieme degli animali da cortile come polli, tacchini, oche, anatre ecc.

pollice [pòl-li-ce] *s.m.* **1** Il primo dito della mano, quello più grosso e più corto **2** Misura inglese di lunghezza, equivalente a 2,54 cm, usata anche internazionalmente per definire le dimensioni dello schermo dei televisori o dei computer: *un televisore da 40 pollici.*

polline [pòl-li-ne] *s.m.* Polvere, per lo più gialla, che si forma nel fiore e contiene l'elemento fecondatore della pianta.

pollivendolo [pol-li-vén-do-lo] *s.m.* Venditore di pollame e uova.

pollo [pól-lo] *s.m.* **1** Nome generico del gallo e della gallina allevati per uso alimentare: *allevamento di polli*; *pollo arrosto, lesso, allo spiedo* **2** ♧ Uomo ingenuo e inesperto, che si lascia facilmente imbrogliare dagli altri Ⓢ gonzo, babbeo.

polmonare [pol-mo-nà-re] *agg.* Del polmone, dei polmoni: *infezione, malattia polmonare.*

polmone [pol-mó-ne] *s.m.* **1** Ciascuno dei due

organi della respirazione contenuti nella cavità toracica dell'uomo e degli altri vertebrati (esclusi i pesci) | *Respirare a pieni polmoni* = inspirando tutta l'aria possibile ◊ *Polmone d'acciaio* = apparecchio per la respirazione artificiale **2** ♧ Detto di zona verde che purifica l'aria: *i parchi sono i polmoni della città* ◊ Elemento vitale, molto importante sul piano economico: *il porto è il polmone di Genova.*

polmonite [pol-mo-nì-te] *s.f.* Infiammazione dei polmoni.

polo[1] [pò-lo] *s.m.* **1** Ciascuno dei due punti in cui l'asse di rotazione della Terra (o di un altro pianeta) si incontra con la sua superficie: *polo Nord, polo Sud* | *Poli celesti* = i due punti immaginari in cui i prolungamenti dell'asse terrestre incontrano la volta celeste ◊ Zona intorno al polo, regione polare: *fare una spedizione al polo* **2** *Polo positivo, negativo* = le estremità di un magnete, di una calamita (*poli magnetici*) o di una pila, di una batteria (*poli elettrici*) **3** ♧ Punto centrale, centro di attrazione di qualcosa: *la nascita di un nuovo polo industriale.*

polo[2] [pò-lo] *s.f.invar.* Maglietta con colletto e allacciatura a due o tre bottoni.

polpa [pól-pa] *s.f.* Parte tenera, carnosa e succosa di un frutto: *la polpa di una pesca*; *polpa di pomodoro* ◊ Parte magra e senz'osso degli animali macellati: *polpa di vitello, di manzo.*

polpaccio [pol-pàc-cio] *s.m.* La parte posteriore e muscolosa della gamba, sotto il ginocchio.

polpastrello [pol-pa-strèl-lo] *s.m.* La parte carnosa dell'ultima falange di ogni dito delle mani e dei piedi.

polpetta [pol-pét-ta] *s.f.* Vivanda, per lo più a base di carne tritata, preparata in piccole forme tondeggianti e schiacciate: *polpette di manzo, di tonno, di patate.*

polpettone [pol-pet-tó-ne] *s.m.* **1** Grossa polpetta di forma cilindrica che si serve tagliata a fette: *polpettone arrosto, in umido* **2** ♧ Opera pesante e noiosa: *che polpettone quel film, quel libro!*

polpo [pól-po] *s.m.* Mollusco marino privo di conchiglia con otto tentacoli muniti di ventose.

polposo [pol-pó-so] *agg.* Ricco di polpa: *la pesca è un frutto molto polposo.*

polsino [pol-sì-no] *s.m.* Parte terminale delle maniche delle camicie, formata da una fascia di tessuto chiusa da bottoni o gemelli.

polso [pól-so] *s.m.* **1** La parte del braccio in cui la mano si congiunge all'avambraccio: *slogarsi un polso* **2** ♧ Energia morale, forza di carattere; capacità di comando, autorità: *un insegnante privo di polso, che non sa tenere la disciplina*; *dirigere un'azienda con polso fermo* **3** Il battito ritmico del sangue nelle arterie, avvertibile in partic. nel polso: *il medico gli ha sentito il polso*; *avere un polso regolare, debole* | ♧ *Tastare il polso a qualcuno* = cercare, con accorte domande, di conoscerne i pensieri, le intenzioni.

poltiglia [pol-tì-glia] *s.f.* Massa semiliquida, molliccia e collosa, di sostanze varie (spec. alimentari): *la carne troppo cotta si è ridotta a una poltiglia* ◊ Fanghiglia: *la neve, sciogliendosi, ha formato una poltiglia sulle strade.*

poltrire [pol-trì-re] *v.intr.* [*poltrìsco, poltrìsci*; aus. *avere*] Restarsene a letto anche dopo essersi svegliati, per pigrizia: *ha poltrito fino a mezzogiorno* ◊ Stare in ozio: *non fa che poltrire tutto il giorno.*

poltrona [pol-tró-na] *s.f.* **1** Ampio e comodo sedile, in genere imbottito e dotato di braccioli **2** Nei teatri, posto nelle prime file della platea **3** ♧ Carica, posto di potere: *aspira alla poltrona di direttore.*

poltrone [pol-tró-ne] *s.m.* Persona pigra.

polvere [pól-ve-re] *s.f.* **1** Terra arida ridotta in granelli finissimi che per la loro leggerezza vengono facilmente sollevati e trasportati dal vento, depositandosi ovunque: *l'auto sollevò una nuvola di polvere*; *libri coperti di polvere*; *togliere la polvere ai mobili* **2** Sostanza o materiale ridotti in particelle minutissime: *polvere di marmo, di carbone*; *latte in polvere*; *cacao in polvere* | *Ridurre in polvere* = macinare; ♧ distruggere completamente: *l'esplosione ha ridotto in polvere la casa* ◊ *Polvere da sparo* = sostanza esplosiva in polvere.

polveriera [pol-ve-riè-ra] *s.f.* **1** Deposito di esplosivi **2** ♧ Paese, zona in cui esiste un'acuta tensione che può esplodere da un momento all'altro in un violento conflitto: *il Medio Oriente è una polveriera da molti anni.*

polverizzare [pol-ve-riz-zà-re] *v.tr.* Ridurre in polvere o in minuti frammenti: *polverizzare il sale*; *l'esplosione polverizzò l'edificio* ◊ ♧ *Polverizzare un record* = superarlo largamente ♦ **polverizzarsi** *v.pr.* Ridursi in polvere ◊ ♧ Ridursi a niente, sparire: *i suoi risparmi si sono polverizzati per l'inflazione.*

polverone [pol-ve-ró-ne] *s.m.* Gran quantità di polvere sollevata dal vento o da persone e veicoli in marcia | ♧ *Sollevare un polverone* = creare confusione; provocare grande agitazione, polemiche, per lo più senza fondamento.

polveroso [pol-ve-ró-so] *agg.* Pieno, coperto di polvere: *una strada polverosa*; *libri polverosi.*

pomata [po-mà-ta] *s.f.* Crema da applicare sulla pelle, per uso cosmetico o farmaceutico.

pomello [po-mèl-lo] *s.m.* Elemento di forma tondeggiante, applicato come impugnatura a oggetti vari: *il pomello del cassetto, della leva del cambio, del bastone da passeggio.*

pomeridiano [po-me-ri-dià-no] *agg.* Del pomeriggio; che si svolge o si fa nel pomeriggio: *ore pomeridiane*; *lavoro, sonnellino pomeridiano.*

pomeriggio [po-me-rìg-gio] *s.m.* Parte della giornata compresa tra il mezzogiorno e la sera.

pomice [pó-mi-ce] *s.f.* Pietra vulcanica molto porosa e leggera, usata in polvere per levigare e lucidare marmi, metalli e legno.

pomo [pó-mo] *s.m.* **1** Mela o anche altro frutto simile | ♧ *Pomo della discordia* = cosa o persona che costituisce la causa di discordie e liti **2** Elemento di forma sferica o rotondeggiante, applicato a oggetti vari come impugnatura o ornamento: *il pomo della sella, del bastone da passeggio.*

pomodoro [po-mo-dò-ro] *s.m.* [pl. *pomodori*] Pianta erbacea largamente coltivata per i suoi frutti ◊ Il frutto rosso, carnoso e succoso di tale pianta, usato come verdura e come condimento: *insalata di pomodori*; *salsa di pomodoro*; *spaghetti, uova, carne al pomodoro.*

pompa [póm-pa] *s.f.* Macchina o congegno capace di spostare, aspirare o comprimere liquidi o gas: *per estrarre l'acqua dal pozzo usiamo una pompa*; *ho gonfiato con la pompa le ruote della bicicletta* ◊ Distributore di carburante per auto e motoveicoli: *l'auto è in riserva, dobbiamo fermarci alla prima pompa di benzina.*

pompare [pom-pà-re] *v.tr.* Aspirare o immettere un liquido o un gas per mezzo di una pompa: *pompare l'acqua da un pozzo*; *pompare l'aria in un pneumatico* ◊ Gonfiare d'aria con una pompa: *pompare le gomme della bicicletta.*

pompelmo [pom-pèl-mo] *s.m.* Albero sempreverde degli agrumi, coltivato per i suoi frutti commestibili ◊ Il frutto di tale albero, simile a una grossa arancia, con scorza gialla e polpa succosa di sapore agrodolce.

pompiere [pom-piè-re] *s.m.* Vigile del fuoco.

poncho [parola spagnola; pron. *pòncio*] *s.m. invar.* Indumento tradizionale dell'America latina, costituito da un rettangolo di stoffa con un'apertura centrale per passarvi la testa,

ponderare [pon-de-rà-re] *v.tr.* Considerare, valutare attentamente: *hai ponderato i vantaggi e gli svantaggi della tua decisione?*

ponderato [pon-de-rà-to] *agg.* Che è frutto di un'attenta valutazione, ben meditato: *la mia è stata una scelta ponderata.*

ponente [po-nèn-te] *s.m.* La parte dell'orizzonte in cui tramonta il sole Ⓢ ovest, occidente.

ponte [pón-te] *s.m.* **1** Costruzione che permette a una strada di superare un corso d'acqua, un braccio di mare, un avvallamento del terreno ecc.: *un ponte di legno, d'acciaio, in muratura*; *ponte stradale, ferroviario*; *ponte girevole, levatoio* **2** Ciascuno dei piani orizzontali in cui è diviso lo scafo di una nave: *ponte di coperta, di comando* **3** Ciascuno dei piani provvisori in legno e metallo dei ponteggi edilizi **4** *Ponte radio* = collegamento via radio tra due località | *Ponte aereo* = collegamento d'emergenza con una località isolata via terra o via mare mediante una serie continua di voli aerei **5** ♧ Periodo di vacanza che si ottiene collegando due o più giorni festivi vicini con uno o più giorni di ferie: *fare un ponte tra Natale e Capodanno.*

pontefice [pon-té-fi-ce] *s.m.* Il capo della chiesa cattolica Ⓢ papa.

ponteggio [pon-tég-gio] *s.m.* Il complesso dei ponti e delle strutture di sostegno per operai e materiali durante lavori di costruzione e riparazione Ⓢ impalcatura.

pontificato [pon-ti-fi-cà-to] *s.m.* Il periodo di tempo durante il quale resta in carica un pontefice Ⓢ papato: *il breve pontificato di Giovanni XXIII.*

pontificio [pon-ti-fi-cio] *agg.* Del papa, del papato: *stemma pontificio*; *stato pontificio.*

pontile [pon-tì-le] *s.m.* Struttura costituita da un piano sorretto da pali che si protende dalla riva del mare, di un lago o di un fiume per consentire l'ormeggio di imbarcazioni e le operazioni di imbarco e sbarco Ⓢ molo.

pontone [pon-tó-ne] *s.m.* Robusto barcone dal fondo piatto e di forma quasi rettangolare, usato spec. per il trasporto di grossi pesi.

pony [parola inglese; pron. corrente *pòni*] *s.m. invar.* Cavallo di piccola statura e dal pelo lungo, originario della Scozia e dell'Irlanda.

pool [parola inglese; pron. *pul*] *s.m.invar.* Gruppo di persone incaricate di uno stesso lavoro: *un pool di esperti, di magistrati.*

pop [parola inglese; pron. *pòp*] *agg.invar.* Detto di genere artistico o musicale di massa, di gusto popolare, diffuso specialmente tra i giovani: *musica pop*; *cantante pop.*

popcorn [parola inglese; pron. corrente *popcòrn*] *s.m.invar.* Chicchi di granturco soffiato.

popolano [po-po-là-no] *s.m.* Persona del popolo, appartenente alle classi popolari.

popolare[1] [po-po-là-re] *v.tr.* Rendere abitato un luogo che non lo era: *popolare una zona desertica* ◊ Abitare: *gli Stati Uniti erano popolati da tribù indiane*; *i pesci che popolano uno stagno* ◊ Affollare: *d'estate i bagnanti popolano le spiagge* ♦ **popolarsi** *v.pr.* Divenire abitato o affollato: *una regione che si sta popolando*; *un parco che si popola nei giorni festivi.*

popolare[2] [po-po-là-re] *agg.* **1** Del popolo, che riguarda il popolo inteso come insieme di tutti i cittadini: *un governo privo del consenso popolare*; *indire un referendum popolare* **2** Del popolo, per il popolo, inteso come l'insieme dei cittadini di più modesta condizione sociale: *gli interessi popolari, delle classi popolari*; *case popolari* ◊ Che ha origine dal popolo, è diffuso tra il popolo (in senso sociale) o che è caratteristico di un determinato popolo (in senso etnico e culturale): *leggende, tradizioni, proverbi popolari*; *la lingua popolare*; *i costumi popolari spagnoli* **3** Che è molto noto o diffuso tra la popolazione, che ne gode le simpatie: *un attore, una canzone popolare*; *il calcio è lo sport più popolare in Italia*; *un uomo politico molto popolare.*

popolarità [po-po-la-ri-tà] *s.f.* Grande diffusione o notorietà tra le masse: *la popolarità del calcio, di un cantante* ◊ Favore, consenso di massa: *la scarsa popolarità di una legge, di un governo.*

popolazione [po-po-la-zió-ne] *s.f.* **1** Il complesso degli abitanti di un luogo: *la popolazione mondiale, dell'Africa, della Francia, di una regione, di una città, di un quartiere* ◊ Gruppo umano Ⓢ popolo: *fare uno studio sulle popolazioni primitive* ◊ Il complesso degli individui appartenenti a una stessa categoria: *la popolazione civile, scolastica, lavorativa* **2** Il complesso degli animali o delle piante di una data zona o ambiente.

popolo [pò-po-lo] *s.m.* **1** Grande complesso di persone che hanno in comune lingua, origini, tradizioni, religione o altre caratteristiche (indipendentemente dal fatto che vivano in uno stesso e unico stato): *i popoli primitivi, barbari*; *i popoli arabi, dell'Africa*; *il popolo ebreo, palestinese, cinese* **2** L'insieme degli abitanti di uno stato, di una regione, di una città: *il popolo italiano, ligure, di Firenze* **3** In senso politico, l'insieme dei cittadini di uno stato: *secondo la costituzione italiana la sovranità appartiene al popolo*; *i membri del parlamento sono i rappresentanti del popolo* ◊ In senso economico e sociale, l'insieme dei cittadini appartenenti alle classi meno elevate: *gente del popolo*; *fare gli interessi del popolo*; *una rivolta del popolo contro le classi privilegiate.*

popoloso [po-po-ló-so] *agg.* Che ha molti abitanti: *una città, una regione popolosa.*

poppa[1] [póp-pa] *s.f.* Parte posteriore di una nave o di un'imbarcazione ◊ Parte posteriore di un aereo.

poppa[2] [póp-pa] *s.f.* Mammella.

poppante [pop-pàn-te] *s.m.f.* Lattante.

poppare [pop-pà-re] *v.tr.* e *v.intr.* [aus. *avere*] Succhiare il latte dal seno materno o dal poppatoio: *il bambino poppava con avidità.*

poppatoio [pop-pa-tó-io] *s.m.* Recipiente munito di tettarella, usato per l'allattamento artificiale Ⓢ biberon.

porcaio[1] [por-cà-io] *s.m.* Luogo, ambiente molto sporco: *han ridotto la casa un porcaio.*

porcaio[2] [por-cà-io] o **porcaro** [por-cà-ro] *s.m.* Guardiano di porci.

porcellana [por-cel-là-na] *s.f.* Ceramica bianca pregiata, molto dura e resistente, usata per stoviglie, oggetti artistici, strumenti sanitari ecc.

porcheria [por-che-rì-a] *s.f.* **1** Roba sporca Ⓢ sudiciume: *butta via quella porcheria!* **2** ♧ Cibo, bevanda cattivi, disgustosi: *questo vino è una porcheria* ◊ Cosa brutta, mal fatta, mal riuscita: *quel film è una porcheria* **3** ♧ Azione disonesta, spregevole: *sapessi che porcheria mi ha combinato!* **4** ♧ Cosa indecente, che offende il pudore: *dire, fare porcherie.*

porcile [por-cì-le] *s.m.* **1** Stalla per i maiali **2** ♧ Luogo molto sudicio: *questa stanza è un porcile.*

porcino [por-cì-no] *s.m.* Fungo commestibile molto pregiato.

porco [pòr-co] *s.m.* [pl.m. *–ci*] **1** Maiale: *carne di porco*; *mangiare come un porco* **2** ♧ Persona spregevole per disonestà o perché fa o dice cose oscene ♦ anche *agg.* Usato spec. in imprecazioni e bestemmie: *porco cane!*; *porca miseria!*

porcospino [por-co-spì-no] *s.m.* Istrice.

porfido [pòr-fi-do] *s.m.* Roccia vulcanica molto dura, di colore rossastro, nerastro o verde, usata spec. per pavimentazioni stradali e monumenti.

porgere [pòr-ge-re] *v.tr.* [pres. *pòrgo, pòrgi*; pass. rem. *pòrsi, porgésti*; part.pass. *pòrto*] Dare, offrire qualcosa a qualcuno, tendendo la mano: *porgimi il pane, per favore*; *gli porse la mano per presentarsi.*

porno [pòr-no] *agg.invar.* Pornografico: *romanzo, film porno.*

pornografia [por-no-gra-fì-a] *s.f.* Descrizione o rappresentazione molto realistica di scene di sesso in scritti, disegni, fotografie, film, spettacoli, al solo scopo di provocare eccitazione erotica.

pornografico [por-no-grà-fi-co] *agg.* [pl.m. *–ci*] Che fa della pornografia: *libri, film pornografici.*

poro [pò-ro] *s.m.* **1** Ciascuno dei microscopici fori della pelle attraverso i quali fuoriesce il sudore | ♧ *Sprizzare salute, felicità, rabbia, invidia da tutti i pori* = essere sanissimo, molto felice, pieno di rabbia, di invidia **2** Ciascuna delle piccolissime cavità presenti nella massa di certi corpi solidi: *i pori del legno, della carta.*

poroso [po-ró-so] *agg.* Pieno di pori: *un materiale poroso*; *la pomice è molto porosa.*

porpora [pór-po-ra] *s.f.* **1** Sostanza colorante rossa ricavata nell'antichità da un mollusco marino, oggi prodotta anche industrialmente, e usata per tingere stoffe di pregio **2** Colore rosso intenso: *il cielo al tramonto si tinse di porpora*; *il viso gli si fece di porpora dalla vergogna.*

porre [pór-re] *v.tr.* [pres. *póngo, póni, póne, poniàmo, ponéte, póngono*; imperf. *ponévo*; pass. rem. *pósi, ponésti, póse, ponémmo, ponéste, pósero*; fut. *porrò*; cong.pres. *(io, tu, egli) pónga, poniàmo, poniàte, póngano*; cong.pass. *ponéssi*; cond. *porrèi*; ger. *ponéndo*; part. pass. *pósto*] **1** Mettere, collocare, posare (anche ♧): *porre i fiori nel vaso*; *porre in ordine le proprie cose*; *porre le mani sulla tavola*; *porre in vendita una merce* | *Porre termine, fine a qualcosa* = farlo finire, concluderlo ◊ Impostare, presentare: *una questione mal posta*; *hai posto un problema interessante* ◊ Rivolgere: *porre una domanda a qualcuno* **2** Supporre: *poniamo che non se ne sia accorto* ♦ **porsi** *v.pr.* Mettersi (anche ♧): *si pose a sedere*; *è ora di porsi in cammino*; *riuscì a porsi in salvo.*

porro [pòr-ro] *s.m.* Pianta erbacea coltivata come ortaggio per il bulbo commestibile, simile per odore e sapore alla cipolla e all'aglio.

porta [pòr-ta] *s.f.* **1** Apertura praticata nelle pareti esterne e interne di un edificio per consentire il passaggio: *entrare, uscire dalla porta* ◊ Il serramento che chiude tale apertura: *aprire, chiudere la porta* | ♧ *Mettere qualcuno alla porta* = scacciarlo o licenziarlo | *Processo a porte chiuse* = senza la presenza del pubblico ◊ Ognuna delle aperture che un tempo consentivano il passaggio attraverso la cinta muraria di una città e che oggi per lo più restano come monumenti: *le porte dell'antica Roma, della Firenze medievale* | *Essere alle porte* = essere vicino, stare per arrivare (spec. ♧): *il nemico è alle porte*; *l'inverno è alle porte* ◊ Sportello, portello, portiera: *la porta dell'armadio, del frigo, dell'autobus, dell'auto* **2** Nel calcio e in altri sport, ognuno dei due spazi delimitati da pali posti agli estremi del campo ed entro i quali i giocatori delle due squadre devono mandare la palla o il disco per ottenere un punto: *tirare in porta* ◊ Nello sci, passaggio obbligato, segnato da due paletti, attraverso cui devono passare i concorrenti di una gara di slalom.

portabagagli [por-ta-ba-gà-gli] *s.m.invar.* **1** Facchino **2** Struttura per sorreggere i bagagli su un mezzo di trasporto: *ho montato un portabagagli sul tetto dell'automobile* ◊ Bagagliaio di un'automobile.

portacenere [por-ta-cé-ne-re] *s.m.invar.* Recipiente usato dai fumatori per deporvi la cenere, i mozziconi di sigarette ecc. Ⓢ posacenere.

portachiavi [por-ta-chià-vi] *s.m.invar.* Anello o custodia per tenere unite le chiavi di uso quotidiano e portarle con sé.

portaerei [por-ta-è-rei] *s.f.invar.* Grande nave da guerra dotata di un ampio ponte che permette il decollo e l'atterraggio di aeroplani.

portafinestra [por-ta-fi-nè-stra] o **porta finestra** *s.f.* [pl. *portefinestre*] Porta con vetrata da cui si accede a balconi, terrazzi o giardini.

portafoglio [por-ta-fò-glio] o **portafogli** *s.m.* Custodia tascabile in pelle, divisa in più scomparti, usata per tenervi banconote, documenti e carte varie | *Mettere mano al portafoglio* = pagare.

portafortuna [por-ta-for-tù-na] *s.m.invar.* Oggetto che si crede abbia il potere di portare fortuna Ⓢ amuleto ♦ anche *agg.invar.*: *un ciondolo portafortuna.*

portale [por-tà-le] *s.m.* **1** Grande porta esterna di chiese e altri edifici monumentali **2** In Internet, sito che costituisce la porta di accesso alla ricerca d'informazioni in un deerminato campo.

portalettere [por-ta-lèt-te-re] *s.m.f.invar.* Impiegato delle poste addetto al recapito a domicilio delle lettere Ⓢ postino.

portamento [por-ta-mén-to] *s.m.* Modo di atteggiare la persona, spec. nel camminare: *avere un portamento signorile, elegante, disinvolto.*

portamonete [por-ta-mo-né-te] *s.m.invar.* Custodia tascabile di forma varia per tenere le monete metalliche Ⓢ borsellino: *non trovo il portamonete.*

portante [por-tàn-te] *agg.* Che ha una funzione di sostegno | *Muro portante* = quello che regge il peso di una costruzione.

portantina [por-tan-ti-na] *s.f.* **1** Sedia montata su lunghe stanghe, usata fino all'Ottocento per il trasporto a braccia di persone **2** Lettiga, barella per il trasporto di infermi.

portaombrelli [por-ta-om-brèl-li] *s.m.invar.* Vaso o altro arnese collocato all'ingresso di abitazioni, uffici e negozi per depositarvi gli ombrelli.

portapacchi [por-ta-pàc-chi] *s.m.invar.* Portabagagli che si applica a biciclette e motociclette.

portare [por-tà-re] *v.tr.* **1** Avere con sé o sostenere su di sé qualcosa, spec. per spostarlo o trasferirlo: *l'uomo portava un pacco sottobraccio, un peso sulle spalle, un bimbo in braccio, un fucile in spalla* ◊ Spostare, trasportare: *portiamo di là questo tavolo*; *il treno che porta i pendolari al lavoro* ◊ Prendere con sé andando in qualche posto: *ti sei ricordato di portare lo spazzolino?* ◊ Trascinare con sé: *il torrente portava a valle detriti d'ogni genere* | *Portare via* = rubare (*mi hanno portato via il portafoglio*); strappare, asportare (*il vento gli portò via il cappello*); trasportare altrove (*ha portato via tutte le sue cose*); condurre con sé a forza o far morire una persona (*i carabinieri portarono via il ladro*; *la malattia se l'è portato via in pochi giorni*) **2** Consegnare, recare, dare (anche ♧): *mi porti il conto, per favore*; *portare una lettera, una notizia a qualcuno* ◊ ♧ Arrecare, causare, produrre: *le mosche portano molte malattie*; *i danni portati dalla grandine*; *il tuo arrivo mi ha portato fortuna* | *Portare aiuto, soccorso* = aiutare, soccorrere **3** Condurre (anche ♧): *portare i bambini a scuola*; *la strada che porta al paese*; *il fallimento lo ha portato alla rovina* ◊ ♧ Spingere, indurre: *è stato lui a portarmi a quel gesto folle* **4** Reggere, sorreggere: *le fondamenta portano il peso di tutto l'edificio* **5** Avere indosso o usare abitualmente (un capo d'abbigliamento o un oggetto d'uso personale): *quella sera portava una pelliccia*; *che numero di scarpe porti?*; *portare gli occhiali* ◊ Avere, tenere una certa acconciatura: *portare i capelli lunghi* ◊ Avere: *portava un braccio al collo* **6** ♧ Provare un sentimento per qualcuno: *non gli porto rancore per quel che ha fatto* ♦ **portarsi** *v.pr.* **1** Recarsi, andare: *la polizia si portò sul luogo dell'incidente* ◊ Spostarsi: *l'auto si portò sul bordo della strada* **2** Comportarsi: *cerca di portarti bene questa volta!*

portasigarette [por-ta-si-ga-rét-te] *s.m.invar.* Astuccio tascabile o scatola da tavolo per tenervi le sigarette.

portata [por-tà-ta] *s.f.* **1** Ognuna delle vivande che vengono servite in tavola durante un pranzo: *un banchetto con molte portate* **2** Capacità massima di carico di un mezzo di trasporto: *la portata di un camion, di una nave, di un ascensore* **3** La distanza massima alla quale uno strumento può esercitare la sua azione; in partic. gittata di un'arma da fuoco: *la portata di un cannocchiale*; *la portata di un cannone* ◊ Punto dove si può arrivare con la vista, la voce o la mano: *era ormai fuori della portata della sua vista*; *tengo la medicina sul comodino, a portata di mano* ◊ ♧ *Essere alla portata di qualcuno* = essere al livello, entro i limiti delle sue capacità, possibilità (spec. intellettuali o economiche): *un libro alla portata di tutti*; *quella casa costa troppo, non è alla mia portata* **4** *Portata di un corso d'acqua* = il volume d'acqua che passa per un suo punto in un certo tempo: *la portata del Po è maggiore presso la foce* **5** ♧ Importanza, valore: *una scoperta di grande portata.*

portatile [por-tà-ti-le] *agg.* Che si può agevolmente portare con sé, trasportare: *radio, televisore, computer portatile.*

portato [por-tà-to] *agg.* Che ha un'inclinazione naturale per qualcosa Ⓢ versato Ⓒ negato: *è portato allo studio*; *è poco portato per la musica* ◊ Propenso: *mi fido di lui e sono portato a credergli.*

portavoce [por-ta-vó-ce] *s.m.f.invar.* Chi è incaricato di rendere noto il punto di vista di altri, in partic. di autorità e organismi politici: *il portavoce del ministro, del governo.*

portello [por-tèl-lo] *s.m.* Piccola porta tagliata in un portone ◊ Apertura nella fusoliera di un aereo o nelle murate di una nave ◊ Sportello di armadio Ⓢ anta.

portento [por-tèn-to] *s.m.* Prodigio, miracolo: *quel chirurgo fa portenti* ◊ ♧ Persona o cosa dotata di qualità straordinarie: *quel cantante è un portento (di bravura)*; *mi ha dato una medicina che è un portento.*

portentoso [por-ten-tó-so] *agg.* Prodigioso, miracoloso; straordinario: *una guarigione, una cura portentosa*; *ha una memoria portentosa.*

porticato [por-ti-cà-to] *s.m.* Grande portico, serie di portici: *la piazza è circondata da un porticato.*

portico [pòr-ti-co] *s.m.* [pl.m. *–ci*] Struttura architettonica che serve a creare un ambiente aperto e insieme coperto lungo i lati di edifici; è formata da una volta sorretta da colonne o pilastri sul lato o sui lati aperti verso l'esterno (su strade, piazze o cortili): *il portico di una chiesa*; *siamo andati a passeggiare sotto i portici.*

portiera [por-tiè-ra] *s.f.* **1** Sportello di un autoveicolo **2** Portinaia.

portiere [por-tiè-re] *s.m.* **1** Persona addetta a sorvegliare l'ingresso di edifici Ⓢ portinaio: *portie-*

re d'albergo **2** Giocatore che, nel calcio e in altri sport, ha il compito di difendere la porta.

portinaio [por-ti-nà-io] *s.m.* Chi è addetto alla custodia e alla sorveglianza dell'ingresso di uno stabile d'abitazione Ⓢ portiere.

portineria [por-ti-ne-rì-a] *s.f.* Locale in cui sta e a volte anche risiede il portiere.

porto [pòr-to] *s.m.* **1** Specchio d'acqua ben riparato dalle onde e dalle correnti e attrezzato per consentire alle navi la sosta, le operazioni di imbarco e sbarco di merci e passeggeri, il rifornimento e le riparazioni: *porto naturale, artificiale, marittimo, fluviale* | ♧ *Porto di mare* = luogo in cui c'è un continuo viavai di gente d'ogni genere: *la sua casa è un porto di mare* **2** ♧ Termine, conclusione (spec. favorevole): *spero che questo lavoro giunga in porto al più presto*; *condurre in porto un affare.*

portone [por-tó-ne] *s.m.* Porta d'ingresso di un edificio.

portuale [por-tu-à-le] *agg.* Del porto: *impianti, lavoratori portuali* ♦ *s.m.* Lavoratore di un porto.

porzione [por-zió-ne] *s.f.* **1** Parte, quota di un tutto: *a ognuno è toccata una porzione dell'eredità* **2** Quantità di un cibo che viene data, a tavola, a una persona o a ciascuna persona, o che uno o ciascuno si prende Ⓢ razione: *in quel ristorante le porzioni sono un po' scarse*; *dammi una porzione di dolce.*

posa [pò-sa] *s.f.* **1** L'operazione di posare, di collocare qualcosa: *la posa della prima pietra di una nuova scuola* **2** Sosta, riposo: *lavoro tutto il giorno senza posa* **3** La posizione immobile in un determinato atteggiamento che assume chi deve essere fotografato o ritratto: *stare in posa un secondo, un'ora* ◊ ♧ Atteggiamento non spontaneo, per farsi credere quel che non si è: *gli piace assumere pose da intellettuale*; *fa l'indifferente solo per posa* **4** *(Tempo di) posa* = il tempo di esposizione alla luce di una pellicola fotografica che è necessario per ottenere l'immagine voluta: *c'era poca luce, per cui ho usato un tempo di posa lungo* ◊ *Teatro di posa* = studio attrezzato per riprese cinematografiche.

posacenere [po-sa-cé-ne-re] *s.m.invar.* Portacenere.

posare [po-sà-re] *v.tr.* Mettere giù, deporre, appoggiare: *posare la valigia per terra, il cappello sulla sedia, la testa sul cuscino*; *mi posò una mano sulla spalla* | ♧ *Posare lo sguardo su qualcuno o qualcosa* = mettersi a guardarlo, a fissarlo ♦ *v.intr.* [aus. *avere*] **1** Poggiare, basarsi (anche ♧): *la cupola posa su quattro pilastri*; *un ragionamento che posa su argomenti poco efficaci* **2** (detto di liquido) Depositare sul fondo del recipiente le particelle più pesanti: *lasciare l'olio, il vino a posare* **3** Stare in posa: *posare per un ritratto, per foto pubblicitarie* ◊ ♧ Assumere atteggiamenti non spontanei, ostentati Ⓢ atteggiarsi: *gli piace posare a intenditore d'arte* ♦ **posarsi** *v.pr.* Fermarsi calando dall'alto (anche ♧): *l'ape si posò sul fiore*; *il suo sguardo si posò su di me.*

posata [po-sà-ta] *s.f.* Ciascuno degli utensili (coltelli, forchette, cucchiai ecc.) che si usano per mangiare: *mettere le posate in tavola.*

posato [po-sà-to] *agg.* Calmo, riflessivo, equilibrato: *Giovanni è veramente un ragazzo posato.*

poscritto [po-scrìt-to] *s.m.* Ciò che si aggiunge a una lettera dopo la firma (si abbrevia in genere con la sigla *P.S.*).

positiva [po-si-tì-va] *s.f.* Immagine fotografica in cui le luci e le ombre corrispondono a quelle del soggetto fotografato Ⓒ negativa.

positivo [po-si-tì-vo] *agg.* **1** Reale, concreto, basato su elementi certi: *ho la certezza positiva di quel che dico* ◊ Che bada al concreto Ⓢ pratico: *un uomo positivo* **2** (come opposto di *negativo*) Affermativo: *ha dato una risposta positiva alla mia richiesta* ◊ Favorevole, utile, vantaggioso: *ottenere un risultato positivo*; *gli aspetti positivi di una situazione*; *dare un giudizio positivo* ◊ In matematica, si dice di numero maggiore di zero (cioè preceduto dal segno +) ◊ In medicina, si dice di risultato di analisi di laboratorio o di esame che conferma la presenza di quel che si cercava ◊ In fisica, che è opposto a *negativo*: *polo positivo*; *carica elettrica positiva.*

posizione [po-si-zió-ne] *s.f.* **1** Il luogo, il punto in cui si trova una cosa o una persona, spec. in relazione ad altri punti o elementi: *la posizione geografica di un'isola*; *cambiare posizione a un mobile*; *dalla posizione in cui ero non vedevo nulla* ◊ Posto occupato in una classifica, in una gara: *essere nelle prime, nelle ultime posizioni* **2** Luogo difeso militarmente: *attaccare le posizioni nemiche* **3** Modo in cui è messo un oggetto e, in partic., il modo in cui sta o è atteggiato il corpo o una parte del corpo: *mettere un sasso in posizione di equilibrio*; *stare seduto in una posizione comoda*; *mettersi in posizione di attenti*; *tieni le gambe in questa posizione* **4** ♧ Situazione, condizione in cui una persona si trova: *la posizione dell'imputato si è aggravata* ◊ Condizione economica e sociale: *ha raggiunto una buona posizione* | *Farsi una posizione* = avere successo professionale, economico **5** ♧ Punto di vista, opinione: *ho cercato di spiegargli la mia posizione politica* ◊ Atteggiamento che si assume riguardo a una questione: *ha preso posizione a nostro favore.*

posologia [po-so-lo-gì-a] *s.f.* Indicazione delle dosi e dei modi in cui va preso un medicinale.

posporre [po-spór-re] *v.tr.* [coniugato come *porre*] Mettere qualcosa dopo qualcos'altro © anteporre: *posporre l'aggettivo al nome* ◊ ♧ Subordinare: *posporre l'interesse personale a quello collettivo* ◊ Differire, rinviare Ⓢ posticipare © anticipare: *posporre la data della partenza.*

possedere [pos-se-dé-re] *v.tr.* [coniugato come *sedere*] **1** Avere in possesso, in proprietà, in dominio: *possiede una casa al mare*; *l'Inghilterra possedeva molte colonie* ◊ ♧ Avere in sé date doti e qualità: *possiede una bella voce, molte virtù* **2** ♧ Dominare totalmente: *non devi lasciarti possedere dall'ira*; *quell'uomo è posseduto dal demonio.*

possedimento [pos-se-di-mén-to] *s.m.* (spec. al *pl.*) Terreni posseduti da una persona: *ha molti possedimenti nel Sud* ◊ Territori coloniali posseduti da uno stato.

possente [pos-sèn-te] *agg.* Potente, forte: *voce possente*; *un esercito possente.*

possessivo [pos-ses-sì-vo] *agg.* **1** Detto di aggettivo o pronome che indica possesso, appartenenza (per es. *mio, tuo, nostro, altrui*) **2** Che tende a voler avere gli altri tutti per sé, limitandone la libertà: *un genitore possessivo con i figli*; *ha un carattere possessivo.*

possesso [pos-sès-so] *s.m.* **1** Il fatto di possedere, di avere a propria disposizione qualcosa: *essere in possesso di un patrimonio*; *venire in possesso di documenti segreti*; *prendere possesso di una casa* ◊ ♧ Padronanza, dominio: *essere nel pieno possesso delle proprie facoltà mentali* **2** (spec. al *pl.*) Possedimento.

possessore [pos-ses-só-re] *s.m.* [f. *posseditrice*] Chi ha il possesso di qualcosa.

possibile [pos-sì-bi-le] *agg.* Che può essere, può accadere o si può fare © impossibile: *non è possibile che sia stato lui*; *hai pensato alle possibili conseguenze del tuo gesto?*; *tornerò il più presto possibile* ♦ *s.m.* Ciò che si può fare: *faremo tutto il possibile per aiutarti.*

possibilità [pos-si-bi-li-tà] *s.f.* **1** Caso possibile: *c'è la possibilità che non venga* **2** Facoltà, capacità o occasione di fare qualcosa: *l'ho aiutato nei limiti delle mie possibilità*; *non lasciarti sfuggire questa possibilità* ◊ (al *pl.*) Mezzi economici: *è una spesa al di sopra delle mie possibilità.*

possibilmente [pos-si-bil-mén-te] *avv.* Se è possibile: *possibilmente venite a casa presto.*

possidente [pos-si-dèn-te] *s.m.f.* Chi possiede beni immobili e terreni: *un ricco possidente.*

post [dal verbo inglese *to post*, «spedire»; pron. *pòst*] *s.m.invar.* Messaggio inviato a uno spazio comune di discussione su Internet (blog, forum ecc.) perché sia pubblicato.

posta [pò-sta] *s.f.* **1** Servizio pubblico per la spedizione e il recapito della corrispondenza: *spedire un pacco per posta* ◊ Ufficio postale: *andare alla posta* **2** Corrispondenza: *il postino distribuisce la posta*; *c'è posta per me?*; *cassetta della posta* ◊ *Posta elettronica* = sistema per scambiarsi messaggi tra utenti di computer collegati tra loro da una rete Ⓢ e-mail **3** La somma di denaro che si punta al gioco o in una scommessa: *stabilire una posta bassa, alta*; *raddoppiare la posta* **4** *A bella posta* = di proposito, apposta.

postale [po-stà-le] *agg.* Della posta: *ufficio postale* | *Pacco postale* = spedito per posta.

postazione [po-sta-zió-ne] *s.f.* Luogo in cui sono dislocate armi pesanti pronte all'uso: *una postazione missilistica* ◊ *Postazione televisiva* = luogo di osservazione da cui trasmettono telecronisti.

posteggiare [po-steg-già-re] *v.tr.* Parcheggiare: *è vietato posteggiare l'auto sul marciapiede.*

posteggiatore [po-steg-gia-tó-re] *s.m.* [f. *–trice*] Chi lavora come custode di un posteggio a pagamento per autoveicoli.

posteggio [po-stég-gio] *s.m.* Spazio riservato alla sosta di veicoli Ⓢ parcheggio: *cercare un posteggio.*

poster [parola inglese; pron. corrente *pòster*] *s.m.invar.* Manifesto illustrato da appendere alle pareti: *la sua stanza è tappezzata di poster.*

posteri [pò-ste-ri] *s.m.pl.* Coloro che vivranno in epoche successive; i nostri lontani discendenti: *i posteri ci giudicheranno per le nostre azioni.*

posteriore [po-ste-rió-re] *agg.* Che sta dietro nello spazio o viene dopo nel tempo © anteriore: *la parte posteriore di una casa*; *gli avvenimenti posteriori alla prima guerra mondiale.*

posticcio [po-stìc-cio] *agg.* [pl.f. *–ce*] Finto, artificiale: *barba posticcia*; *capelli posticci.*

posticipare [po-sti-ci-pà-re] *v.tr.* Rinviare a un tempo successivo a quello fissato in precedenza: *abbiamo dovuto posticipare la partenza*; *l'inizio degli esami è stato posticipato di un giorno.*

postilla [po-stìl-la] *s.f.* Breve annotazione aggiunta a margine o in fondo a uno scritto.

postino [po-stì-no] *s.m.* Chi per mestiere consegna la corrispondenza a domicilio Ⓢ portalettere.

post-it ® [parola inglese; pron. corrente *postìt*] *s.m.invar.* Nome commerciale di biglietti adesivi colorati venduti in blocchetti, usati per appunti e messaggi.

posto [pó-sto] *s.m.* **1** Luogo, collocazione, posizione in cui sta o dovrebbe stare una persona o una cosa: *sei comodo in quel posto?*; *le chiavi non sono al loro posto*; *avete messo tutto fuori posto!*; *la nostra squadra è arrivata al secondo posto*; *io metto la salute al primo posto* | *Essere, mettere a posto* = in ordine | ♧ *Stare al proprio posto* = comportarsi come si deve | ♧ *Una persona con la testa a posto* = saggia, equilibrata | ♧ *Avere la coscienza a posto* = non avere nulla da rimproverarsi | *Al posto di un altro* = in sua vece, in sua sostituzione (*ci vado io al tuo posto*); ♧ nella sua situazione, nelle sue condizioni: *che cosa faresti se fossi al mio posto?* **2** Spazio disponibile: *qui c'è posto per tutti*; *nel parcheggio non c'è più posto* ◊ Spazio singolo riservato a ogni persona; in partic. sedile, poltrona: *uno stadio con centomila posti*; *un'auto da cinque posti*; *ho prenotato tre posti a teatro* **3** Luogo in cui si sta per svolgere particolari compiti o funzioni: *posto di lavoro, di combattimento, di guardia, di guida* | *Posto di blocco* = sbarramento disposto dalle forze dell'ordine lungo una strada **4** Impiego, lavoro, carica: *ha trovato un posto di cameriere*; *l'azienda ha chiuso e lui ha perso il posto*; *occupa un posto di grande responsabilità* **5** Luogo, località, zona: *cercare un posto tranquillo*; *un posto di vacanza*; *non sono mai stato in questi posti* | *Sul posto* = nel luogo, nella località di cui si sta parlando: *mi trovavo sul posto al momento dell'incidente* ◊ Locale pubblico: *conosci un posto dove si mangi bene?*

posto che [pó-sto che] *congz.* Ammesso che: *posto che lui sia d'accordo, bisognerà convincere anche sua madre.*

postumo [pò-stu-mo] *agg.* Pubblicato dopo la morte dell'autore: *un romanzo postumo* ♦ *s.m.* (spec. al *pl.*) Disturbo lasciato da una malattia o sua conseguenza: *i postumi dell'influenza.*

potabile [po-tà-bi-le] *agg. Acqua potabile* = che si può bere senza danno per la salute.

potare [po-tà-re] *v.tr.* Tagliare parte dei rami di una pianta per regolarne la crescita e la produzione di frutti, per ridurne le dimensioni, per darle la forma voluta ecc.: *potare le viti, una siepe.*

potatura [po-ta-tù-ra] *s.f.* L'operazione di potare.

potente [po-tèn-te] *agg.* **1** Che ha grande potere, autorità, influenza in campo politico, economico e sociale: *un personaggio, un uomo politico potente*; *una nazione, un'industria potente* ◊ Forte militarmente: *un esercito potente* **2** Dotato di grande forza, vigore, energia: *muscoli potenti*; *un tiro potente* | *Un motore, una macchina potente* = che sviluppa molta potenza ◊ Di grande efficacia: *un farmaco, un veleno potente* ♦ *s.m.* Persona che ha grande potere, autorità, influenza.

potenza [po-tèn-za] *s.f.* **1** Potere, forza, influenza: *la potenza (politica, economica, militare) di una nazione*; *la potenza del denaro, della televisione* ◊ Forza, vigore: *muscoli di straordinaria potenza* ◊ Energia, intensità, veemenza: *gli diede un pugno di grande potenza*; *la potenza delle onde, del vento* ◊ Efficacia: *la potenza di un'arma, di un veleno* **2** Persona che ha grande potere e influenza: *nel suo campo è una potenza* ◊ Stato: *le potenze impegnate in un conflitto* | *Le grandi potenze* = gli stati economicamente e militarmente più forti **3** In fisica, il lavoro compiuto o l'energia erogata in una determinata unità di tempo: *la potenza di un motore*; *una lampadina con una potenza di 60 W* ◊ In matematica, il prodotto che si ottiene moltiplicando un numero per se stesso tante volte quante sono indicate dall'esponente.

potenziale [po-ten-zià-le] *agg.* Che ha la possibilità di realizzarsi: *non s'impegna per coltivare le sue potenziali capacità* ♦ *s.m.* Il complesso delle forze, dei mezzi, delle capacità disponibili per una determinata attività o finalità: *il potenziale bellico, industriale di una nazione*; *una regione con un grande potenziale turistico.*

potenziare [po-ten-zià-re] *v.tr.* Rendere più potente, più efficiente Ⓢ incrementare: *potenziare l'industria, il turismo, i controlli alle frontiere.*

potere[1] [po-té-re] *v.intr.* [pres. *pòsso, puòi, può, possiàmo, potéte, pòssono*; imperf. *potévo*; pass. rem. *potéi, potésti, poté*; fut. *potrò*; cong.pres. *pòssa*; cond. *potrèi*; part.pass. *potùto*; aus. *avere*] **1** Avere la capacità di, essere in grado di, riuscire a (fare qualcosa): *puoi spostare questo peso da solo?*; *senza occhiali non posso leggere*; *un'auto che può fare i 200 km all'ora* | *Non poterne più* = non farcela più a sopportare, a resistere: *non ne potevo più di quello stupido!*; *sono stanco, non ne posso più* ◊ Avere la possibilità di fare qualcosa: *possiamo partire all'ora che vogliamo*; *ti aiuterò, se potrò* | *A più non posso* = con tutta la forza, l'energia possibile: *gridare, correre a più non posso* **2** Avere la facoltà, il permesso, il diritto di fare qualcosa: *tutti possono intervenire al dibattito*; *posso entrare?*; *non puoi accusarlo senza una prova* ◊ Essere permesso, lecito, ammissibile: *mi dispiace ma non si può entrare*; *non si può agire così!* **3** Aver motivo di: *non posso proprio lamen-*

tarmi **4** Essere possibile: *oggi potrebbe piovere; chi può essere a quest'ora?* **5** (non seguito da un verbo) Avere potere, forza, efficacia (nell'ottenere un risultato): *l'esempio può più della parola; l'amore, il denaro può tutto.*

Quando è usato come verbo indipendente, *potere* ha come ausiliare *avere*, mentre, come verbo servile, prende generalmente l'ausiliare del verbo a cui si accompagna (per es. *ho potuto mangiare, non è potuto partire*).

potere2 [po-té-re] *s.m.* **1** Possibilità concreta di fare qualcosa: *non ho il potere di intervenire per aiutarti* ◊ Facoltà, autorità, diritto di compiere determinati atti: *non rientra nei miei poteri dare questa autorizzazione; esercitare il proprio potere di veto* **2** Capacità di ottenere un determinato effetto Ⓢ virtù, forza, potenza: *le sue parole hanno avuto il potere di convincermi; un individuo dotato di poteri magici; il potere di corruzione del denaro* ◊ Influsso, influenza: *non ho alcun potere su di lui; il potere della televisione* **3** Possesso, dominio, balia: *la città cadde in potere del nemico; coi ricatti teneva tutti in suo potere* **4** Direzione e controllo della vita di un paese: *nelle dittature un solo partito o un solo uomo detiene il potere politico; impadronirsi del potere* ◊ Ciascuna delle tre fondamentali e distinte funzioni dello stato, e ciascuno degli organi che le assolve: *potere legislativo, esecutivo, giudiziario* **5** Capacità, proprietà specifica di qualcosa: *il potere curativo di una pianta* | *Potere d'acquisto di una moneta* = il suo valore reale, espresso dalla quantità di beni che si possono acquistare con una certa cifra.

poveraccio [po-ve-ràc-cio] *s.m.* Persona disgraziata, che si trova in una brutta situazione: *quel poveraccio mi fa proprio pena.*

poveretto [po-ve-rét-to] *s.m.* Persona disgraziata, infelice, degna di compassione.

poverino [po-ve-rì-no] *s.m.* Persona infelice, da commiserare.

povero [pò-ve-ro] *agg.* **1** Che ha pochi mezzi per vivere, scarse risorse economiche Ⓒ ricco: *una famiglia, una nazione povera* ◊ Che denota miseria, povertà Ⓢ misero: *fare una vita povera; una cena, una casa povera* **2** Che manca o scarseggia di qualcosa Ⓢ carente: *una regione povera d'acqua; una persona povera di fantasia* | *Terreno povero* = poco fertile | *In parole povere* = dicendo le cose semplicemente, come stanno: *in parole povere mi ha imbrogliato* **3** (sempre davanti al nome) Detto di chi suscita compassione, pietà per le sue tristi condizioni o per ciò che ha dovuto subire: *com'è mal ridotto, pover'uomo!; un povero cieco; povero ragazzo, senza più genitori!* ◊ Si usa anche per esprimere ironica commiserazione, disprezzo o minaccia: *sei un povero illuso, se credi di rivedere quei soldi!; povero te, se non fai quel che ti dico!* ♦ *s.m.* Persona povera, che non ha i mezzi per vivere.

povertà [po-ver-tà] *s.f.* **1** La condizione di chi è povero; scarsezza di mezzi economici Ⓢ miseria Ⓒ ricchezza: *vivere, morire in povertà* **2** Scarsezza, limitatezza: *nel deserto c'è povertà di vegetazione; povertà di mezzi, di idee.*

pozione [po-zió-ne] *s.f.* Bevanda medicinale o che ha effetti prodigiosi: *una pozione miracolosa.*

pozza [póz-za] *s.f.* **1** Buca del terreno piena d'acqua: *ha messo il piede in una pozza* **2** Quantità di liquido versato al suolo e sparso a macchia: *era steso a terra in una pozza di sangue.*

pozzanghera [poz-zàn-ghe-ra] *s.f.* Pozza fangosa di acqua piovana: *ho messo per sbaglio un piede in una pozzanghera.*

pozzo [póz-zo] *s.m.* Scavo, in genere di forma circolare e rivestito in muratura, praticato in profondità nel terreno per raggiungere l'acqua di una falda sotterranea o per raccoglierví l'acqua piovana: *attingere l'acqua dal pozzo* ◊ Qualsiasi scavo più o meno profondo praticato nel terreno, per estrarne materiali o per altri scopi: *pozzo petrolifero* | *Pozzo nero* = fossa in cui si raccolgono gli escrementi e gli scarichi di edifici non collegati con la fognatura.

pragmatismo [prag-ma-tì-smo] *s.m.* Atteggiamento, mentalità che bada più alle esigenze pratiche che alle teorie o agli ideali.

pranzare [pran-zà-re] *v.intr.* [aus. *avere*] Consumare il pranzo: *pranzare a casa, al ristorante.*

pranzo [pràn-zo] *s.m.* Il pasto principale della giornata (in genere riferendosi a quello di mezzogiorno, ma può essere anche quello della sera): *invitare un amico a pranzo; un pranzo abbondante, frugale; sala da pranzo* | *Dopo pranzo, prima di pranzo* = dopo, prima dell'intervallo tra mezzogiorno e le due: *vediamoci dopo pranzo* ◊ Pasto di particolare importanza, con molti invitati Ⓢ banchetto: *pranzo di nozze.*

prassi [pràs-si] *s.f.* Modo di procedere che si segue normalmente in determinati casi Ⓢ procedura, consuetudine: *seguire la prassi burocratica, amministrativa.*

prateria [pra-te-rì-a] *s.f.* Vasta pianura erbosa.

pratica [prà-ti-ca] *s.f.* **1** L'agire, l'operare; attività che realizza concretamente qualcosa Ⓒ teoria: *spesso la pratica vale più della teoria* | *Mettere in pratica* = attuare, realizzare concretamente | *In pratica* = in sostanza, di fatto: *ha usato parole* *diverse, ma in pratica ha detto le stesse cose* **2** Conoscenza, esperienza diretta, concreta di qualcosa: *non ho pratica di questa zona*; *i giovani hanno poca pratica della vita*; *è molto abile perché ha una lunga pratica del mestiere* | *Far pratica* = compiere il proprio apprendistato di lavoro, esercitarsi: *sta facendo pratica in ospedale* **3** L'insieme degli atti e dei documenti burocratici necessari per concludere un affare, ottenere autorizzazioni e simili: *fare le pratiche per l'acquisto di una casa, per sposarsi, per il passaporto* ◊ Affare, caso di cui si occupa un ufficio: *sbrigare, archiviare una pratica.*

praticabile [pra-ti-cà-bi-le] *agg.* **1** Che si può praticare: *uno sport praticabile in qualunque posto* **2** Percorribile, transitabile, agibile: *strada, ponte praticabile.*

praticamente [pra-ti-ca-mén-te] *avv.* **1** In modo pratico, con la pratica: *dimostrare praticamente l'efficacia di un prodotto* **2** In pratica, in realtà, in sostanza: *è un metodo praticamente inutile*; *avete detto praticamente le stesse cose* ◊ Pressoché, quasi: *il teatro era praticamente vuoto.*

praticare [pra-ti-cà-re] *v.tr.* [*pràtico, pràtichi*] **1** Attuare, mettere in pratica: *non basta predicare la virtù, bisogna praticarla* ◊ Attuare come usanza: *popoli che praticano la poligamia* ◊ Esercitare: *praticare una professione, uno sport* ◊ Eseguire, fare: *praticare un foro in una parete*; *mi ha praticato un forte sconto* **2** Frequentare: *è una persona che pratico da molto tempo.*

praticità [pra-ti-ci-tà] *s.f.* Funzionalità, comodità, semplicità d'uso: *un apparecchio di grande praticità.*

pratico [prà-ti-co] *agg.* [pl.m. *–ci*] **1** Che riguarda la pratica, l'attuazione di qualcosa Ⓢ concreto: *avere un problema pratico*; *dare la dimostrazione pratica del funzionamento di una macchina* | *All'atto pratico* = nella pratica, in concreto: *è una buona idea, ma all'atto pratico non so se funzionerà* **2** Che tiene conto della realtà e della possibilità di realizzare concretamente le cose: *un uomo pratico, dotato di senso pratico* ◊ Detto di oggetto, funzionale, facile o comodo da usare: *un apriscatole, un abbigliamento molto pratico* **3** Che è esperto, competente, conoscitore di qualcosa: *un tecnico pratico del mestiere*; *sei pratico di motori?*; *chiedilo a lui che è pratico della zona.*

prato [prà-to] *s.m.* Terreno coperto di erba: *giocare in un prato* ◊ Terreno coperto di piante erbacee per il foraggio, spontanee o seminate: *coltivare un terreno a prato.*

pre– Primo elemento di parole composte, in cui significa in genere «prima» nel tempo (*prevedere*) o nello spazio (*precedere*); in altri casi indica preferenza o superiorità (*prediletto, prevalere*).

preallarme [pre-al-làr-me] *s.m.* Segnale che avverte di un possibile pericolo in arrivo e precede il segnale di allarme vero e proprio: *dare il preallarme di un'incursione aerea.*

preambolo [pre-àm-bo-lo] *s.m.* Parte introduttiva di un discorso o di uno scritto.

preannunciare [pre-an-nun-cià-re] o **preannunziare** [pre-an-nun-zià-re] *v.tr.* Annunciare in anticipo (anche ♧): *mi ha preannunciato il suo arrivo*; *le rondini preannunziano la primavera* ◊ Lasciar prevedere: *si preannuncia un temporale* ♦ **preannunciarsi** *v.pr.* Lasciar prevedere di essere in un certo modo: *l'incontro si preannuncia interessante.*

preavvertire [pre-av-ver-tì-re] *v.tr.* **1** Avvertire in precedenza: *mi aveva preavvertito del pericolo* **2** Presentire: *avevo preavvertito che stava per succedere qualcosa.*

preavvisare [pre-av-vi-sà-re] *v.tr.* Avvisare in precedenza: *l'ho preavvisato del tuo arrivo.*

preavviso [pre-av-vì-so] *s.m.* Avviso, avvertimento preventivo: *è arrivato senza preavviso.*

prebellico [pre-bèl-li-co] *agg.* [pl.m. *–ci*] Che precede una guerra: *il periodo prebellico.*

precario [pre-cà-rio] *agg.* Temporaneo, provvisorio, non stabile: *ha un lavoro precario* ◊ Non buono, incerto, malsicuro: *una situazione economica precaria*; *stare in precario equilibrio* | *Salute precaria* = cagionevole ♦ *agg.* e *s.m.* Che, chi ha un lavoro non stabile e non garantito.

precauzionale [pre-cau-zio-nà-le] *agg.* Che si fa, si prende per precauzione, allo scopo di prevenire un danno, un pericolo: *prendere misure precauzionali contro i furti.*

precauzione [pre-cau-zió-ne] *s.f.* **1** Particolare attenzione, cautela e prudenza: *nella nebbia bisogna guidare con precauzione* **2** Misura, provvedimento per evitare eventuali rischi o pericoli: *prendere le necessarie precauzioni contro i furti.*

precedente [pre-ce-dèn-te] *agg.* Che viene prima nel tempo Ⓢ antecedente Ⓒ successivo: *il giorno precedente la partenza* ◊ Che viene prima nello spazio o in una serie: *andate alla pagina precedente* ♦ *s.m.* **1** Caso, fatto, atto analogo a un altro successivo o che può costituire un modello in situazioni analoghe successive: *è un caso di cui non conosco precedenti*; *non le posso fare questo favore per non creare un precedente* | *Senza precedenti* = mai verificatosi prima: *un successo* *senza precedenti* **2** (spec. al *pl.*) La condotta di una persona nel passato: *non lo hanno assunto a causa dei suoi cattivi precedenti* | *Precedenti penali* = condanne avute in precedenza da una persona.

precedenza [pre-ce-dèn-za] *s.f.* **1** Diritto di passare prima rispetto ad altri, spec. nella circolazione stradale: *chi viene da destra ha la precedenza* ◊ Priorità: *i problemi importanti devono avere la precedenza* **2** *In precedenza* = prima: *un fatto mai successo in precedenza.*

precedere [pre-cè-de-re] *v.tr.* [coniugato come *cedere*] Stare o andare avanti © seguire: *ho urtato contro l'auto che mi precedeva* ◊ Andare o venire prima: *ci ha preceduti di qualche ora*; *l'alba precede il giorno.*

precettare [pre-cet-tà-re] *v.tr.* Richiamare obbligatoriamente al lavoro gli addetti di un servizio pubblico che sono in sciopero: *il ministro ha precettato i piloti, i medici ospedalieri.*

precetto [pre-cèt-to] *s.m.* Insegnamento, norma, regola, prescrizione: *seguire i precetti del maestro*; *precetti morali, igienici, religiosi.*

precipitare [pre-ci-pi-tà-re] *v.intr.* [aus. *essere*] **1** Cadere giù dall'alto con velocità e violenza: *l'aereo è precipitato in mare* **2** ♧ Peggiorare, aggravarsi rapidamente: *la situazione sta precipitando* ♦ *v.tr.* Affrettare eccessivamente: *non è il caso di precipitare la partenza* ♦ **precipitarsi** *v.pr.* Gettarsi dall'alto: *precipitarsi nel vuoto* ◊ Andare di corsa, in gran fretta: *mi sono precipitato alla stazione, ma era già partito*; *si precipitò a rispondere al telefono.*

precipitazione [pre-ci-pi-ta-zió-ne] *s.f.* **1** Fretta eccessiva: *hai agito con precipitazione* **2** *Precipitazione atmosferica* = il fenomeno per cui l'acqua contenuta nell'atmosfera cade o si deposita al suolo sotto forma di pioggia e rugiada (*precipitazioni liquide*) o di neve, grandine e brina (*precipitazioni solide*).

precipitoso [pre-ci-pi-tó-so] *agg.* **1** Rapido e di gran fretta: *il ladro si diede a una fuga precipitosa* **2** ♧ Che agisce o che è fatto con troppa fretta, senza riflettere abbastanza Ⓢ avventato, impulsivo: *non essere così precipitoso nel decidere*; *si è pentito della sua scelta troppo precipitosa.*

precipizio [pre-ci-pì-zio] *s.m.* Luogo scosceso e profondo in cui si può precipitare Ⓢ baratro: *camminare sull'orlo di un precipizio* | *A precipizio* = con fortissima pendenza (*una costa rocciosa che scende a precipizio sul mare*); ♧ in gran fretta, con grande foga e impeto: *dove corri così a precipizio?*

precisamente [pre-ci-sa-mén-te] *avv.* **1** In modo preciso, con precisione: *esprimersi precisamente* **2** Proprio, esattamente: *è successo precisamente quel che mi aspettavo.*

precisare [pre-ci-sà-re] *v.tr.* Determinare, indicare chiaramente, con precisione Ⓢ chiarire: *ha precisato a che ora sarebbe arrivato?*; *vorrei precisare meglio il senso della mia domanda.*

precisazione [pre-ci-sa-zió-ne] *s.f.* Indicazione precisa, chiarimento che precisa qualcosa.

precisione [pre-ci-sió-ne] *s.f.* Esattezza assoluta, assenza di qualsiasi errore o imperfezione: *la precisione di un orologio*; *una persona che ama la precisione*; *sai con precisione a che ora arriverà?*

preciso [pre-cì-so] *agg.* **1** Esatto: *sono le otto precise*; *un orologio preciso* ◊ Chiaro, ben determinato, non generico: *ho avuto un ordine preciso*; *non ho una precisa opinione su di lui* ◊ Che ama la precisione, che fa le cose con accuratezza: *è un ragazzo preciso* **2** Identico, uguale: *il figlio è preciso al padre*; *ti assicuro che queste sono state le sue precise parole.*

precludere [pre-clù-de-re] *v.tr.* [coniugato come *accludere*] Sbarrare, bloccare, impedire (spec. ♧): *le fiamme si estesero a tutto il palazzo precludendo ogni via di scampo*; *la malattia gli ha precluso una brillante carriera.*

precoce [pre-cò-ce] *agg.* Che matura, si sviluppa o avviene prima del tempo normale: *frutti precoci*; *un ragazzo precoce*; *una morte precoce.*

preconcetto [pre-con-cèt-to] *s.m.* Idea, opinione che non nasce da una conoscenza diretta di qualcuno o qualcosa e che in genere deriva da idee e opinioni prese da altri Ⓢ pregiudizio: *è sbagliato giudicare sulla base di preconcetti.*

precotto [pre-còt-to] *agg.* Si dice di cibo messo in vendita dopo essere già stato cotto.

precursore [pre-cur-só-re] *agg.* [f. *precorritrice*] Che precede, preannunzia: *i segni precursori di una malattia, di una tempesta* ♦ *s.m.* Chi per primo formula idee, teorie o fa scoperte che si affermeranno pienamente solo in tempi successivi.

preda [prè-da] *s.f.* **1** Beni di cui ci si impadronisce con la violenza Ⓢ bottino: *prede di guerra*; *i rapinatori furono costretti ad abbandonare la preda* **2** Animale cacciato, catturato o ucciso: *il leone inseguiva la preda*; *il cacciatore mostrò fiero le sue prede* **3** ♧ *In preda a qualcosa* = totalmente preso, dominato da qualcosa Ⓢ in balìa: *una casa in preda alle fiamme*; *era in preda alla disperazione.*

predatore [pre-da-tó-re] *agg.* e *s.m.* [f. *–trice*] *Animali predatori* = quelli che vivono cacciando prede (gli uccelli rapaci, il lupo, il leone ecc.).

predecessore [pre-de-ces-só-re] *s.m.* Chi ha preceduto altri in una carica, in un'attività: *il nuovo allenatore della squadra ha ringraziato il suo predecessore per il lavoro svolto.*

predellino [pre-del-lì-no] *s.m.* Gradino su cui si poggia il piede per salire su tram, autobus, carrozze ferroviarie.

predestinare [pre-de-sti-nà-re] *v.tr.* Destinare in precedenza: *le sue doti lo predestinavano a una grande carriera.*

predica [prè-di-ca] *s.f.* **1** Discorso che il sacerdote tiene ai fedeli durante una funzione religiosa Ⓢ sermone **2** ♧ Lungo discorso di rimprovero, di ammonizione o di esortazione: *suo padre gli ha fatto una predica.*

predicare [pre-di-cà-re] *v.tr.* [*prèdico, prèdichi*] Far conoscere e insegnare pubblicamente una religione: *predicare il vangelo* ◊ Insegnare, sostenere qualcosa parlando pubblicamente: *predicare la pace* ♦ *v.intr.* [aus. *avere*] Tenere prediche dal pulpito: *un sacerdote molto bravo a predicare.*

predicato [pre-di-cà-to] *s.m.* In grammatica, parte della frase che indica ciò che si dice del soggetto; si chiama *predicato verbale* quando è costituito solo da un verbo (per es. «noi *studiamo*, voi *ridete*»), *predicato nominale* quando è costituito da un sostantivo o un aggettivo e dal verbo *essere* o da un altro verbo copulativo (per es. «il mare *è calmo*, Lucia *sembra stanca*»).

prediletto [pre-di-lèt-to] *agg.* e *s.m.* Che, chi è amato, preferito più di ogni altro: *l'amico, lo sport prediletto*; *lei è la prediletta del padre.*

predilezione [pre-di-le-zió-ne] *s.f.* Spiccata preferenza per qualcuno o qualcosa.

prediligere [pre-di-lì-ge-re] *v.tr.* [pres. *predilìgo, predilìgi*; pass.rem. *predilèssi, prediligésti*; part. pass. *predilètto*] Amare, preferire qualcuno o qualcosa più di ogni altra persona o cosa: *questa è la musica che prediligo.*

predire [pre-dì-re] *v.tr.* [coniugato come *dire*] Dire, annunciare quel che accadrà nel futuro: *predire una disgrazia*; *l'avevo predetto che sarebbe finita così!*

predisporre [pre-di-spór-re] *v.tr.* [coniugato come *porre*] Disporre, preparare in precedenza: *ho già predisposto tutto per il viaggio, per la partenza, per la festa.*

predisposizione [pre-di-spo-si-zió-ne] *s.f.* **1** Inclinazione, attitudine: *ha una certa predisposizione alla musica* **2** Particolare tendenza ad ammalarsi di determinate malattie: *avere una predisposizione alla tubercolosi.*

predominanza [pre-do-mi-nàn-za] *s.f.* Prevalenza, predominio: *in quel quadro c'è una predominanza di colori scuri.*

predominare [pre-do-mi-nà-re] *v.intr.* [aus. *avere*] **1** Esercitare una supremazia, imporsi come l'elemento più forte, più potente: *Roma predominava sul Mediterraneo*; *in lui l'ambizione predomina su ogni altro sentimento* **2** Essere più numeroso, più frequente di ogni altro: *una zona in cui predominano i vigneti.*

predominio [pre-do-mì-nio] *s.m.* Forza, potere superiore a ogni altro Ⓢ supremazia: *il predominio politico, economico di una nazione.*

predone [pre-dó-ne] *s.m.* Brigante che vive di rapine e ruberie.

prefabbricato [pre-fab-bri-cà-to] *agg.* Detto di elementi di un edificio fabbricati in precedenza e poi montati sul posto; detto anche di edificio costruito con tale tecnica: *casa, scuola prefabbricata* ♦ *s.m.* Edificio costruito con elementi prefabbricati.

prefazione [pre-fa-zió-ne] *s.f.* Breve scritto premesso a un libro per illustrarne le caratteristiche e gli scopi.

preferenza [pre-fe-rèn-za] *s.f.* Simpatia o gradimento maggiore per una persona o una cosa rispetto ad altre e conseguente scelta a suo favore: *ha una chiara preferenza per te*; *scegli tu il vino, io non ho nessuna preferenza* | *Di preferenza* = preferibilmente, potendo fare una scelta: *di preferenza viaggio di giorno.*

preferibile [pre-fe-rì-bi-le] *agg.* Da preferire, migliore: *questa mi sembra la soluzione preferibile* | *È preferibile* = è meglio: *è preferibile aspettare domani.*

preferibilmente [pre-fe-ri-bil-mén-te] *avv.* Di preferenza, più volentieri, meglio se: *viaggio preferibilmente di notte*; *vorrei del vino bianco, preferibilmente fresco.*

preferire [pre-fe-rì-re] *v.tr.* [*preferìsco, preferìsci*] Amare, apprezzare, gradire una persona o una cosa più di un'altra o di ogni altra: *preferisce lui a me*; *preferisco il mare alla montagna*; *qual è la musica che preferisci?* ◊ Scegliere, volere piuttosto: *preferirei morire che accettare!*

preferito [pre-fe-rì-to] *agg.* e *s.m.* Che, chi è amato, apprezzato, gradito più di ogni altro Ⓢ prediletto: *il mio cantante, il mio gioco preferito.*

prefetto [pre-fèt-to] *s.m.* Alto funzionario che rappresenta il governo in ogni provincia italiana.

prefisso [pre-fis-so] *s.m.* **1** Particella che si premette a una parola per formare un'altra parola (per es. *ante*porre, *ri*chiamare, *a*politico) **2** Serie di cifre che bisogna comporre prima del numero telefonico di un abbonato e che dipendono dalla città in cui questo risiede.

pregare [pre-gà-re] *v.tr.* [*prègo, prèghi*] **1** Rivolgersi con le parole o con il pensiero a Dio; dire delle preghiere: *pregava Dio per la salvezza della sua anima, per la salute del figlio*; *è in chiesa a pregare* **2** Chiedere umilmente e con fervore qualcosa a qualcuno Ⓢ supplicare: *l'ho pregato di aiutarmi*; *ascoltami, ti prego!* ◊ Invitare cortesemente: *vi prego di fare un po' di silenzio*; *la prego, si accomodi!*

pregevole [pre-gé-vo-le] *agg.* Di pregio, di valore, di qualità; degno di apprezzamento: *un quadro pregevole*; *un uomo pregevole per la sua onestà.*

preghiera [pre-ghiè-ra] *s.f.* **1** L'atto di pregare Dio; ciò che si dice pregando; orazione: *era assorto in preghiera*; *che Dio ascolti la nostra preghiera!*; *recitare una preghiera per i defunti* **2** Richiesta umile e accorata: *ho da farti una preghiera: perdona quel ragazzo!* ◊ Cortese richiesta o invito: *sono venuto dietro sua preghiera.*

pregiato [pre-già-to] *agg.* Di notevole valore o qualità: *metalli, vini, tessuti pregiati.*

pregio [prè-gio] *s.m.* Valore, qualità: *un mobile, un vino di pregio* ◊ Qualità positiva Ⓢ dote, virtù, merito: *ha più pregi che difetti*; *quel ragazzo ha il pregio dell'onestà.*

pregiudicare [pre-giu-di-cà-re] *v.tr.* [*pregiùdico, pregiùdichi*] Compromettere, danneggiare: *quell'errore ha pregiudicato il buon esito dell'impresa*; *lo scandalo stava pregiudicando la sua reputazione.*

pregiudicato [pre-giu-di-cà-to] *s.m.* Persona che ha già riportato in passato condanne penali.

pregiudizio [pre-giu-dì-zio] *s.m.* Idea o opinione che ci si forma prima di conoscere direttamente qualcuno o qualcosa e che non è fondata su fatti ma deriva per lo più dall'accettazione acritica di convinzioni tradizionali o molto diffuse nel proprio ambiente Ⓢ preconcetto: *avere dei pregiudizi nei confronti di qualcuno*; *un uomo pieno di pregiudizi (sociali, razziali, culturali).*

prego [prè-go] *inter.* Formula di cortesia che si usa per rispondere affermativamente a una richiesta, o come risposta a chi ringrazia o chiede scusa, o per invitare a fare o ad accettare qualcosa: *«Permette?» «Prego!»*; *prego, si accomodi!*

pregustare [pre-gu-stà-re] *v.tr.* Gustare qualcosa in anticipo con l'immaginazione: *pregustare una vacanza, il piacere di una dormita, la vendetta.*

preistoria [pre-i-stò-ria] *s.f.* Il lungo periodo dell'evoluzione culturale dell'umanità di cui non rimangono documenti scritti ma solo reperti fossili e archeologici.

preistorico [pre-i-stò-ri-co] *agg.* [pl.m. *–ci*] Della preistoria: *l'età preistorica*; *le popolazioni preistoriche conducevano una vita nomade.*

prelevare [pre-le-và-re] *v.tr.* **1** Prendere e portar via qualcosa; in partic. ritirare del denaro o della merce da dove sono stati depositati: *prelevare denaro in banca, viveri in magazzino* ◊ Asportare una piccola quantità di qualcosa, spec. per fare analisi e controlli: *gli hanno prelevato il sangue* **2** Prendere e portar via qualcuno da un luogo, con la forza o d'autorità: *i carabinieri sono andati a prelevarlo a casa sua.*

prelibato [pre-li-bà-to] *agg.* Di sapore squisito Ⓢ eccellente: *un vino, un piatto prelibato.*

prelievo [pre-liè-vo] *s.m.* Ritiro di una somma di denaro depositata in banca ◊ Prelevamento di una piccola quantità di qualcosa a scopo di esame medico o chimico: *fare un prelievo di sangue.*

preliminare [pre-li-mi-nà-re] *agg.* Che costituisce la premessa Ⓢ preparatorio, introduttivo: *prima dell'incontro tra i capi di stato c'è stata una riunione preliminare tra i ministri degli esteri* ◊ Che va trattato, risolto per primo Ⓢ prioritario: *una questione preliminare.*

preludio [pre-lù-dio] *s.m.* **1** Brano strumentale che introduce un'opera lirica **2** Discorso introduttivo **3** ♧ Fatto che dà inizio a qualcosa o ne è il preannuncio: *un incontro casuale fu il preludio del loro amore*; *le tensioni all'interno del governo mi sembrano il preludio di una crisi.*

prematuro [pre-ma-tù-ro] *agg.* Che avviene o è fatto prima del tempo giusto, normale: *una morte prematura*; *hai preso una decisione prematura*; *parto prematuro* | *È prematuro* = è troppo presto (per dire o fare qualcosa): *è prematuro fare previsioni sul risultato* ♦ *s.m.* Bambino nato prima del nono mese di gravidanza.

premeditare [pre-me-di-tà-re] *v.tr.* Progettare, preparare mentalmente un'azione, spec. illecita, prima di compierla: *premeditare un delitto, la vendetta.*

premeditato [pre-me-di-tà-to] *agg.* Progettato, preparato mentalmente in precedenza: *l'imputato è accusato di omicidio premeditato.*

premere [prè-me-re] *v.tr.* [pass.rem. *preméi* o

premètti, premèsti; part.pass. *premùto*] Schiacciare, comprimere, pigiare, spingere: *premere un pulsante, un tasto*; *la folla lo premeva da ogni lato* ♦ *v.intr.* [aus. *avere*] **1** Esercitare una pressione su qualcosa: *premere col dito sul bottone*; *ti fa male se premo in questo punto?* ◊ ♧ Fare pressioni su qualcuno per indurlo a un dato comportamento: *premere sul governo per ottenere una riforma* **2** ♧ Importare, stare a cuore: *la tua salute mi preme più di ogni altra cosa.*

premessa [pre-més-sa] *s.f.* **1** Informazione o chiarimento preliminare che si premette al discorso che si sta per fare o a uno scritto: *prima di dire la mia opinione vorrei fare una premessa* **2** Presupposto: *la buona volontà delle parti è la premessa necessaria di ogni accordo.*

premettere [pre-mét-te-re] *v.tr.* [coniugato come *mettere*] Dire come prima cosa: *ha premesso che lui non sapeva niente di questa storia.*

premiare [pre-mià-re] *v.tr.* Dare un premio, ricompensare con un premio: *premiare un vincitore, un libro*; *la sua costanza è stata premiata dal successo.*

premiazione [pre-mia-zió-ne] *s.f.* Il premiare; cerimonia in cui si distribuiscono dei premi: *la premiazione del vincitore*; *la premiazione degli Oscar è stata trasmessa in televisione.*

premier [parola inglese; pron. corrente *prèmier*] *s.m.invar.* Primo ministro, capo del governo.

preminenza [pre-mi-nèn-za] *s.f.* Superiorità, maggiore importanza rispetto ad altro o ad altri.

premio [prè-mio] *s.m.* **1** Dono che si dà come riconoscimento dei meriti di qualcuno; in partic. somma di denaro, oggetto di valore o simbolico (coppa, medaglia) che si assegna ai vincitori di una competizione: *come premio per la promozione gli hanno regalato una bicicletta*; *un atleta che nella sua carriera ha vinto molti premi* ◊ Ricompensa: *il successo è stato un premio alle sue fatiche* ◊ Ciò che si vince in giochi, lotterie e simili: *il primo premio della lotteria è di un milione* **2** Competizione sportiva o culturale in cui sono posti in palio dei premi: *il gran premio automobilistico di Monza*; *partecipare a un premio letterario*; *premio Nobel* **3** *Premio di assicurazione* = la somma di denaro che si paga all'assicuratore per il rischio che questo si assume ♦ *agg.invar.* Concesso a titolo di premio: *viaggio, licenza premio.*

premunirsi [pre-mu-nìr-si] *v.pr.* Dotarsi dei mezzi adatti a difendersi, a proteggersi da qualcosa Ⓢ cautelarsi: *premunirsi contro il freddo, contro i furti, contro gli insetti.*

premura [pre-mù-ra] *s.f.* **1** Fretta, urgenza: *devo andare, ho premura*; *mi mandi pure la merce domani, non c'è premura* **2** (spec. al *pl.*) Atto gentile Ⓢ attenzione, riguardo: *non so come ringraziarla per le sue premure!*

premurarsi [pre-mu-ràr-si] *v.pr.* Curarsi, interessarsi con sollecitudine di fare qualcosa: *si è premurato di avvisarci.*

premuroso [pre-mu-ró-so] *agg.* Pieno di premure, di attenzioni, di riguardi: *è sempre premurosa con me.*

prendere [prèn-de-re] *v.tr.* [pass.rem. *prési, prendésti*; part.pass. *préso*] **1** Afferrare, pigliare, sollevare Ⓒ lasciare: *prese il cavallo per le briglie*; *prendi quel martello*; *prendere in braccio un bambino* ◊ ♧ Trattare una persona in un certo modo: *devi prenderlo con le buone, non con le cattive* ◊ Colpire; cogliere (anche ♧): *mi ha preso a una gamba con una sassata*; *l'ho preso mentre rubava*; *fu preso dal rimorso* **2** Catturare (o anche colpire, pescare se riferito ad animali): *la polizia ha preso il ladro*; *prendere un fagiano, una trota* ◊ Conquistare, impadronirsi: *i soldati presero la città*; *prendere il potere* ◊ Portar via, rubare: *gli hanno preso la sua parte di eredità*; *il ladro gli prese il portafoglio* **3** Procurarsi, ritirare, prelevare, portare con sé qualcosa da utilizzare: *andare nel bosco a prendere della legna*; *l'abito è pronto, devi andarlo a prendere*; *prendi l'ombrello quando esci* ◊ Offrirsi, concedersi qualcosa (spec. nella forma *prendersi*): *ho bisogno di prendermi una vacanza* ◊ Comprare: *ricordati di prendere il pane* ◊ Utilizzare un mezzo di trasporto: *prendere il treno, l'autobus, l'aereo* **4** Mangiare, bere, ingoiare, respirare: *prendere una fetta di torta, un caffè, una pillola*; *esco a prendere una boccata d'aria* **5** Scegliere, imboccare una via, una direzione: *prendere il sentiero del bosco*; *prendere la strada per Firenze* ◊ ♧ Assumere, stabilire un atteggiamento, una linea di condotta: *prendere una decisione*; *prendere delle precauzioni contro i furti* **6** Assumere qualcuno come dipendente o collaboratore: *lo hanno preso in banca* **7** Ricevere, trarre: *la stanza prende aria da quella finestra* ◊ Assumere, acquisire; derivare (anche ♧): *questo cibo ha preso un cattivo sapore*; *ha preso il nome dal padre*; *da chi hai preso questa abitudine?* **8** Ricevere, ottenere: *prendere lezioni di matematica*; *prendere un bel voto, un premio* ◊ Guadagnare: *quanto prendi al mese di stipendio?* ◊ ♧ Provare una sensazione, un sentimento: *ha preso uno spavento*; *prenderci gusto* | *Prendere paura* = impaurirsi **9** Buscarsi, essere colpito da:

prendere uno schiaffo, un colpo di freddo, l'influenza ◊ *Prendere il sole, aria, vento, freddo* = esporsi, stare esposto ad essi **10** ♧ Credere, giudicare qualcuno in un certo modo: *lo avevo preso per una persona onesta* ◊ Scambiare, confondere qualcuno con un altro: *ti avevo preso per tuo fratello* ◊ Intendere, interpretare qualcosa in un certo modo: *devo prendere le tue parole come un complimento o come un'offesa?* **11** *Prendere fuoco* = incendiarsi | *Prendere posto* = sedersi | *Prendere parte* = partecipare | *Prendere in esame, in considerazione* = esaminare, considerare | ♧ *Prendere piede* = affermarsi, aver successo, diffondersi | *Prendere sonno* = addormentarsi | *Prendere un appuntamento* = fissarlo | *Prendersi cura* = occuparsi, preoccuparsi ◊ *Prendersela* = dispiacersi, arrabbiarsi | *Prendersela con qualcuno* = sfogare su di lui la propria ira, il proprio dispetto ♦ *v.intr.* [aus. *avere*] **1** Andare, dirigersi: *al secondo incrocio prendi a destra* **2** (seguito da *a* e infinito) Incominciare: *prese a preparare i bagagli* **3** Accendersi, bruciare: *la legna è bagnata e fa fatica a prendere* **4** [aus. anche *essere*] ♧ Capitare addosso all'improvviso: *gli ha preso un infarto* | *Che ti prende?* = che ti succede, perché ti comporti così? ♦ **prendersi** *v.pr.* Afferrarsi reciprocamente: *si sono presi per i capelli* | *Prendersi a sberle, a calci, a botte* = azzuffarsi, picchiarsi | *Prendersi in simpatia* = provare un reciproco sentimento di simpatia.

prendisole [pren-di-só-le] *s.m.invar.* Abito femminile estivo, senza maniche e molto scollato.

prenotare [pre-no-tà-re] *v.tr.* Fissare, farsi riservare in anticipo: *prenotare una camera in albergo, un posto a teatro, un tavolo al ristorante.*

prenotazione [pre-no-ta-zió-ne] *s.f.* Accordo con cui si fissa e ci si fa riservare in anticipo qualcosa: *fare la prenotazione di una camera in albergo*; *treno con prenotazione obbligatoria.*

preoccupante [pre-oc-cu-pàn-te] *agg.* Che desta preoccupazione Ⓢ allarmante: *una notizia, una situazione preoccupante.*

preoccupare [pre-oc-cu-pà-re] *v.tr.* Causare inquietudine, tenere in ansia, in pensiero Ⓢ inquietare, impensierire: *la sua salute, il suo ritardo mi preoccupa* ♦ **preoccuparsi** *v.pr.* Stare in ansia, in pensiero: *non preoccuparti, andrà tutto bene!*

preoccupato [pre-oc-cu-pà-to] *agg.* Che è in ansia, in pensiero per qualcosa o per qualcuno.

preoccupazione [pre-oc-cu-pa-zió-ne] *s.f.* Pensiero causato da timore per qualcosa o qualcuno e che provoca uno stato di ansia, di apprensione: *ha molte preoccupazioni (economiche, familiari).*

preparare [pre-pa-rà-re] *v.tr.* **1** Disporre, apprestare, allestire qualcosa in modo che sia pronto all'uso o allo scopo: *preparare la tavola, la valigia, il pranzo* ◊ Predisporre ciò che è necessario per qualcosa: *ho già preparato tutto per la partenza* **2** Mettere qualcuno in grado di affrontare una prova: *preparare un alunno per gli esami, un atleta per la gara* ♦ **prepararsi** *v.pr.* **1** Mettersi nelle condizioni di poter fare, sostenere qualcosa: *prepararsi a un viaggio, a un esame* ◊ Accingersi, apprestarsi a fare qualcosa: *si sta preparando a uscire* **2** Stare per arrivare, essere imminente: *si prepara un temporale, un periodo molto difficile.*

preparativo [pre-pa-ra-tì-vo] *s.m.* (spec. al *pl.*) Tutto ciò che serve e si fa per essere pronti a fare qualcosa: *preparativi per la partenza, di guerra.*

preparato [pre-pa-rà-to] *agg.* Dotato della preparazione necessaria a svolgere bene i suoi compiti, la sua attività: *un tecnico, un medico preparato* ♦ *s.m.* Prodotto farmaceutico Ⓢ medicina, farmaco.

preparatorio [pre-pa-ra-tò-rio] *agg.* Che serve a preparare, di preparazione: *corsi, studi, esercizi preparatori.*

preparazione [pre-pa-ra-zió-ne] *s.f.* **1** L'azione di preparare, di prepararsi: *la preparazione del pranzo, di uno spettacolo, di un esame* ◊ Addestramento a svolgere un'attività o in vista di una prova: *corso di preparazione professionale* **2** Complesso di cognizioni, di competenze, di abilità in un determinato campo: *nell'interrogazione lo studente ha dimostrato una scarsa preparazione*; *un medico dotato di una buona preparazione.*

preponderante [pre-pon-de-ràn-te] *agg.* Che prevale per superiorità numerica, forza o importanza: *furono assaliti da preponderanti forze nemiche.*

preporre [pre-pór-re] *v.tr.* [coniugato come *porre*] Mettere davanti Ⓢ anteporre: *l'articolo si prepone sempre al nome.*

preposizione [pre-po-si-zió-ne] *s.f.* Parte invariabile del discorso che, preposta a una parola, forma un complemento, indicando la sua relazione con altre parole | *Preposizioni proprie = di, a, da, in, con, su, per, tra, fra* | *Preposizioni articolate* = quelle risultanti dall'unione tra una preposizione propria e un articolo determinativo (per es. *allo, degli, nei, sul* ecc.) | *Preposizioni improprie* = quelle costituite da avverbi in funzione di preposizione (per es. *davanti, dietro, prima* ecc.).

prepotente [pre-po-tèn-te] *agg.* e *s.m.f.* Che, chi vuole imporsi sugli altri, far prevalere la sua volontà a ogni costo, anche con la forza: *un uomo prepotente*; *smettila di fare il prepotente!*

prepotenza [pre-po-tèn-za] *s.f.* Comportamento da prepotente: *con la prepotenza non otterrai nulla* ◊ Atto prepotente Ⓢ sopruso: *non ne posso più delle sue prepotenze!*

prepotere [pre-po-té-re] *s.m.* Potere eccessivo Ⓢ strapotere.

prerogativa [pre-ro-ga-tì-va] *s.f.* Qualità particolare, caratteristica specifica: *la sua prerogativa è la sincerità*; *questo farmaco ha la prerogativa di essere ben tollerato dall'organismo.*

presa [pré-sa] *s.f.* **1** L'atto e il modo di prendere, di afferrare, di stringere, di bloccare: *sfuggire alla presa dell'avversario*; *lasciare la presa*; *il portiere bloccò il pallone con una presa al volo* | ♧ *Essere alle prese con qualcosa* = essere impegnato in qualcosa di difficoltoso | ♧ *Presa in giro* = canzonatura ◊ Morsa di un arnese: *pinze, tenaglie con una buona presa* | *Cemento, colla a presa rapida* = che indurisce o attacca rapidamente | ♧ *Far presa* = colpire, impressionare, convincere: *il suo discorso ha fatto molta presa sul pubblico* **2** L'impadronirsi di qualcosa Ⓢ conquista: *la presa del potere* **3** Appiglio: *cercare una presa sulla roccia* ◊ Pezzo di stoffa, per lo più imbottita, che si usa in cucina per maneggiare recipienti e oggetti molto caldi **4** Piccola quantità di una sostanza che si può prendere in una volta con la punta delle dita: *una presa di sale, di tabacco* **5** *Presa d'acqua, del gas* = rubinetto o dispositivo che regola il prelievo dell'acqua o del gas dalla conduttura principale | *Presa di corrente* = dispositivo fissato al muro che collega con l'impianto elettrico | *Presa d'aria* = apertura attraverso cui l'aria entra in un locale **6** Ripresa delle immagini su pellicola: *macchina da presa* | *In presa diretta* = si dice di avvenimento trasmesso in televisione nel corso del suo svolgimento.

presagio [pre-sà-gio] *s.m.* Segno, indizio di avvenimenti futuri: *quei nuvoloni sono un presagio di pioggia* ◊ Presentimento: *avere un triste presagio.*

presagire [pre-sa-gì-re] *v.tr.* [*presagìsco, presagìsci*] Presentire, intuire: *presagiva che sarebbe finita male.*

presbite [prè-sbi-te] *agg.* e *s.m.f.* Che, chi è affetto da un difetto della vista per cui non si vedono bene gli oggetti vicini: *io sono un po' presbite*; *porta occhiali da presbite.*

prescegliere [pre-scé-glie-re] *v.tr.* [coniugato come *scegliere*] Scegliere tra più persone o cose: *sei stato prescelto tu per questo incarico.*

prescindere [pre-scìn-de-re] *v.intr.* [pass.rem. *prescindéi* o *prescindètti, prescindésti*; aus. *avere*] Non considerare, non tenere conto, lasciare da parte: *per giudicare imparzialmente devi prescindere dai tuoi interessi personali.*

prescrivere [pre-scrì-ve-re] *v.tr.* [coniugato come *scrivere*] Stabilire, ordinare: *faccio quello che prescrive la legge*; *il medico gli ha prescritto una nuova cura.*

prescrizione [pre-scri-zió-ne] *s.f.* Norma, disposizione, indicazione: *seguire le prescrizioni della legge, del medico.*

presentare [pre-sen-tà-re] *v.tr.* **1** Far vedere, consegnare, far conoscere qualcosa a qualcuno per sottoporlo al suo controllo, al suo esame, al suo giudizio: *presentare i documenti alla polizia*; *presentare una proposta, un progetto* ◊ Porgere (spec. ♧): *vi presento le mie scuse* **2** Far conoscere, illustrare al pubblico qualcosa: *presentare un nuovo prodotto, un libro, un film* ◊ Fare da presentatore a uno spettacolo, a una manifestazione: *presentare una trasmissione televisiva* ◊ Far conoscere una persona a un'altra o ad altre, dicendone nome e cognome, introdurla in un ambiente, annunciarla in uno spettacolo: *mi ha presentato i suoi amici, alla sua famiglia*; *sono lieto di presentarvi un grande cantante* **3** Mostrare, offrire alla vista qualche propria particolarità: *il muro presentava delle grosse crepe* ◊ ♧ Avere in sé Ⓢ comportare: *un'impresa che presenta molti rischi* ♦ **presentarsi** *v.pr.* **1** Andare, venire di persona: *devi presentarti qui domani* **2** Farsi vedere Ⓢ mostrarsi: *non puoi presentarti in queste condizioni* **3** Farsi conoscere dicendo il proprio nome: *permette che mi presenti* **4** Apparire: *il caso si presenta difficile* **5** Offrirsi, capitare: *se si presenta una buona occasione, non la voglio perdere* **6** Proporsi, candidarsi per una carica, un impiego: *ha deciso di presentarsi alle elezioni.*

presentatore [pre-sen-ta-tó-re] *s.m.* [f. *–trice*] Chi presenta al pubblico uno spettacolo, una manifestazione e simili in teatro, alla televisione o alla radio.

presentazione [pre-sen-ta-zió-ne] *s.f.* L'atto di presentare qualcosa o qualcuno: *la presentazione di una proposta*; *è venuto con una lettera di presentazione* | *Fare le presentazioni* = presentare l'una all'altra persone che ancora non si conoscevano.

presente[1] [pre-sèn-te] *agg.* **1** Che si trova o si trovava nel luogo a cui ci si riferisce, assistendo o partecipando personalmente a quanto vi avviene o vi avveniva: *fare l'appello degli alunni presenti in classe*; *al congresso erano presenti mille delegati* |

♧ *Avere presente qualcuno, qualcosa* = ricordarsene | ♧ *Tenere presente qualcuno, qualcosa* = non dimenticarlo, tenerne conto **2** Attuale: *le difficoltà della situazione presente* ♦ *s.m.* **1** [anche *f.*] Persona presente in un luogo Ⓒ assente: *fare l'appello dei presenti* **2** Il tempo, il momento attuale: *dimentica il passato e pensa al presente* **3** Tempo del verbo che indica che l'azione si svolge nel momento in cui si parla.

presente[2] [pre-sèn-te] *s.m.* Dono, regalo: *spero che le sia gradito questo mio piccolo presente.*

presentimento [pre-sen-ti-mén-to] *s.m.* Sensazione interiore di qualcosa che sta per accadere o potrebbe verificarsi: *ho il presentimento di una disgrazia.*

presentire [pre-sen-tì-re] *v.tr.* Prevedere qualcosa in base a una vaga sensazione interiore: *l'avevo presentito che sarebbe andata male.*

presenza [pre-sèn-za] *s.f.* **1** Il fatto che qualcuno sia presente in un luogo Ⓒ assenza: *non mi sono accorto della sua presenza* | ♧ *Presenza di spirito* = prontezza nel decidere, nel reagire a una situazione ◊ Esistenza (riferito a cose): *accertare la presenza di sostanze inquinanti nell'acqua* **2** Aspetto esteriore, fisico: *una ragazza di bella presenza.*

presepio [pre-sè-pio] o **presepe** [pre-sè-pe] *s.m.* Rappresentazione della nascita di Gesù nella grotta di Betlemme fatta tradizionalmente a Natale in chiese e case, con statuette che raffigurano i vari personaggi.

preservare [pre-ser-và-re] *v.tr.* Difendere, proteggere da danni, pericoli: *una vita sana preserva la salute*; *una vernice che preserva il legno dall'umidità.*

preservativo [pre-ser-va-tì-vo] *s.m.* Sottile guaina di gomma usata per avvolgere il pene durante il rapporto sessuale, a scopo antifecondativo eper proteggere da eventuali malattie infettive.

preside [prè-si-de] *s.m.f.* Chi dirige un istituto di istruzione secondaria o una facoltà universitaria: *il preside di una scuola media, di un liceo.*

presidente [pre-si-dèn-te] *s.m.* [f. *presidente* o *presidentessa*] Chi ha la carica e la funzione di dirigere o rappresentare un organo, un ente, una società, un'associazione ecc.: *il presidente del senato, di un tribunale, di un partito, di un'azienda, di una giuria* | *Presidente della Repubblica* = il capo dello stato | *Presidente del Consiglio (dei ministri)* = il capo del governo.

presidenza [pre-si-dèn-za] *s.f.* La carica di presidente o di preside: *assumere la presidenza* ◊ L'ufficio del presidente o del preside: *è stato chiamato in presidenza.*

presidiare [pre-si-dià-re] *v.tr.* Occupare un luogo con un presidio militare per garantirne il possesso e la sicurezza: *le truppe presidiavano la città* ◊ Controllare, sorvegliare un luogo con gruppi di vigilanza: *l'ingresso della fabbrica era presidiato da gruppi di scioperanti.*

presidio [pre-sì-dio] *s.m.* **1** Reparto armato o gruppo di vigilanza che ha il compito di controllare e difendere un luogo: *un presidio di polizia, di volontari* **2** Guardia, protezione armata di un luogo: *lasciare delle truppe a presidio dell'aeroporto* ◊ ♧ Difesa, protezione: *prendere provvedimenti a presidio della salute pubblica.*

presiedere [pre-siè-de-re] *v.tr.* Dirigere come presidente o come preside: *presiedere un'assemblea, un liceo* ♦ *v.intr.* [aus. *avere*] Svolgere una funzione direttiva Ⓢ sovrintendere: *l'architetto presiede ai lavori di restauro.*

pressa [près-sa] *s.f.* Macchina capace di comprimere un materiale fino a ridurlo nella forma desiderata.

pressante [pres-sàn-te] *agg.* Urgente, impellente: *ho un bisogno pressante*; *mi ha fatto una richiesta pressante di aiuto.*

pressappoco [pres-sap-pò-co] o **pressapoco** [pres-sa-pò-co] *avv.* All'incirca, più o meno: *abbiamo pressappoco la stessa età.*

pressare [pres-sà-re] *v.tr.* **1** Comprimere con forza o con una pressa: *pressare la paglia in un sacco*; *macchine per pressare la carta* **2** ♧ Sollecitare con insistenza: *continua a pressarmi con le sue richieste* ◊ In giochi sportivi, esercitare un'azione di pressing sugli avversari.

pressing [parola inglese; pron. corrente *prèssing*] *s.m.invar.* Nel calcio e in altri giochi, azione incalzante sull'avversario per bloccarne la manovra e per sottrargli la palla: *una squadra che fa molto pressing.*

pressione [pres-sió-ne] *s.f.* **1** Forza, spinta esercitata da qualcosa che preme, comprime qualcos'altro: *fare pressione su qualcosa con il dito, con le mani, con il piede* ◊ *Pressione (atmosferica)* = la pressione che l'atmosfera con il suo peso esercita su una determinata superficie: *l'alta pressione è indice di bel tempo, la bassa pressione di cattivo tempo* | *Pressione (sanguigna* o *arteriosa)* = quella esercitata dal sangue sulle pareti delle arterie: *avere la pressione alta*; *misurare la pressione* **2** Azione, spinta incalzante (spec. di forze militari): *ritirarsi sotto la pressione delle truppe nemiche* ◊

♧ Azione insistente per indurre qualcuno a fare qualcosa: *hanno fatto pressione su di me perché mi dimettessi.*

presso [près-so] *prep.* **1** Vicino a, accanto a: *un paesino presso Aosta*; *venne a sedersi presso di me* ◊ In casa di, insieme con: *si rifugiò presso un amico*; *abitare presso una zia* **2** In: *lavora presso una casa editrice*; *ho chiesto informazioni presso la scuola* ◊ Tra: *ha molto successo presso i giovani* ♦ *s.m.pl. I pressi* = le vicinanze, i dintorni: *abita nei pressi della stazione, di Roma.*

pressoché [pres-so-ché] o **presso che** *avv.* Quasi, circa: *la piazza era pressoché vuota.*

L'accento sulla *e* di *pressoché* è acuto (come in *perché, poiché, finché* ecc.): attenzione a non sbagliarlo, soprattutto quando scrivi al computer.

prestabilire [pre-sta-bi-lì-re] *v.tr.* Stabilire in precedenza: *rispetteremo il piano che era stato prestabilito.*

prestante [pre-stàn-te] *agg.* Di bell'aspetto; robusto: *un giovane, un fisico prestante.*

prestare [pre-stà-re] *v.tr.* **1** Dare qualcosa col patto che venga restituito dopo un certo tempo: *mi ha prestato un libro*; *prestare denaro a interesse* **2** Dare, concedere, porgere | *Prestare aiuto, soccorso* = aiutare, soccorrere | *Prestare attenzione* = stare attento | *Prestar fede* = credere | *Prestare giuramento* = giurare | *Prestare servizio* = lavorare, essere impiegato | *Prestare il fianco alle critiche* = esporsi a esse con un comportamento criticabile ♦ **prestarsi** *v.pr.* **1** Offrirsi, rendersi disponibile: *si è prestato a darci una mano* **2** Essere adatto: *la plastica si presta a molti usi.*

prestazione [pre-sta-zió-ne] *s.f.* **1** Attività compiuta, lavoro eseguito: *per la sua prestazione professionale ha chiesto mille euro* **2** Rendimento fornito nello svolgimento di un'attività: *l'eccellente prestazione di un corridore, di una squadra*; *la deludente prestazione di un cantante* ◊ Rendimento di una macchina: *un motore, una vettura dalle prestazioni brillanti.*

prestigiatore [pre-sti-gia-tó-re] *s.m.* [f. *–trice*] Chi fa giochi di prestigio Ⓢ illusionista.

prestigio [pre-stì-gio] *s.m.* **1** Reputazione, stima, autorità di cui gode qualcuno o qualcosa per le proprie doti o qualità: *un avvocato, una ditta, che gode di grande prestigio* **2** *Gioco di prestigio* = gioco di destrezza manuale o che fa uso di trucchi ingegnosi per creare negli spettatori l'illusione di compiere cose straordinarie o impossibili.

prestigioso [pre-sti-gió-so] *agg.* Che ha o procura grande prestigio per il suo valore, la sua importanza: *un artista prestigioso*; *un premio prestigioso*; *una vittoria prestigiosa.*

prestito [prè-sti-to] *s.m.* Cessione di qualcosa a un'altra persona con l'impegno della sua restituzione dopo un certo periodo | *Dare in prestito* = prestare | *Prendere in prestito* = farsi prestare ◊ Somma di denaro che si dà o si riceve in prestito: *chiedere, restituire un prestito.*

presto [prè-sto] *avv.* **1** Entro breve tempo, tra poco: *ci rivedremo presto*; *torna il più presto possibile* | *Al più presto* = il prima possibile: *te lo farò sapere al più presto* ◊ Rapidamente, in fretta: *cerca di far presto* **2** In anticipo, prima del tempo stabilito o opportuno: *sono arrivato troppo presto all'appuntamento*; *te ne vai così presto?*; *è presto per dare un giudizio* ◊ Di buon'ora: *oggi mi sono alzata presto.*

presumere [pre-sù-me-re] *v.tr.* [coniugato come *assumere*] **1** Supporre, immaginare, ritenere: *da quel che dici presumo che non verrai* **2** Ritenere senza fondamento Ⓢ pretendere: *presume di essere il solo a capire certe cose.*

presunto [pre-sùn-to] *agg.* Ritenuto tale Ⓢ supposto: *il presunto colpevole è stato arrestato.*

presuntuoso [pre-sun-tu-ó-so] *agg.* e *s.m.* Che, chi ha un'opinione troppo alta di sé, una fiducia esagerata nelle proprie capacità: *è uno troppo presuntuoso per ammettere di aver sbagliato.*

presunzione [pre-sun-zió-ne] *s.f.* Opinione troppo alta di sé, fiducia esagerata nelle proprie capacità: *non sopporto la sua presunzione* ◊ Pretesa esagerata che deriva da presunzione: *ha la presunzione di sapere tutto lui.*

presupporre [pre-sup-pór-re] *v.tr.* [coniugato come *porre*] Supporre come premessa: *se la vittima ha fatto entrare l'assassino, bisogna presupporre che lo conoscesse.*

presupposto [pre-sup-pó-sto] *s.m.* Premessa o ipotesi su cui si fonda un ragionamento: *nel tuo discorso sei partito da un presupposto sbagliato* ◊ Condizione necessaria che rende possibile qualcosa: *mancano i presupposti per chiedere un risarcimento.*

prete [prè-te] *s.m.* Sacerdote cattolico ◊ Ministro di altri culti e religioni: *prete protestante, ortodosso, buddista.*

pretendente [pre-ten-dèn-te] *s.m.f.* Chi aspira a qualcosa o avanza pretese su qualcosa: *una gara con molti pretendenti alla vittoria*; *un pretendente al trono* ◊ Corteggiatore: *una ragazza con molti pretendenti.*

pretendere [pre-tèn-de-re] *v.tr.* [coniugato come

tendere] **1** Chiedere, esigere qualcosa in base a un preciso diritto: *pretendo di essere rispettato, di avere quel che mi spetta* **2** Volere a ogni costo, per forza, con arroganza o con ostinazione: *pretende di dare ordine a tutti, di fare i propri comodi* ◊ Richiedere, esigere ciò che non è giusto o è eccessivo, infondato: *pretende una cifra esagerata per quel lavoro* **3** Presumere: *pretende di aver sempre ragione, di saper tutto.*

pretesa [pre-té-sa] *s.f.* Richiesta, esigenza, aspirazione che può essere fondata su un diritto, ma che più spesso si considera eccessiva e ingiustificata: *ha la legittima pretesa di essere ascoltato*; *avanza pretese assurde* | *Avere la pretesa di* = pretendere, aver la presunzione di: *non avrai la pretesa di far fare il lavoro solo agli altri!*; *ha la pretesa di sapere tutto* | *Avere molte, poche pretese* = essere molto, poco esigente (spec. in fatto di agi e comodità) | *Senza pretese* = modesto, alla buona: *una casetta, un pranzetto senza pretese.*

pretesto [pre-tè-sto] *s.m.* Ragione, causa non vera addotta per mascherare il vero motivo di un comportamento Ⓢ scusa: *il suo mal di testa è solo un pretesto per non venire.*

pretestuoso [pre-te-stuó-so] *agg.* Che costituisce un pretesto: *motivi pretestuosi.*

pretore [pre-tó-re] *s.m.* Magistrato che giudica cause civili e penali di limitata importanza.

prevalente [pre-va-lèn-te] *agg.* Che prevale per numero, importanza, forza ecc.: *questa è l'opinione prevalente*; *nella nostra classe i maschi sono prevalenti sulle femmine.*

prevalenza [pre-va-lèn-za] *s.f.* Maggioranza: *la nostra proposta ha ottenuto la prevalenza dei voti* | *In prevalenza* = per la maggior parte: *una zona in prevalenza disabitata* ◊ Predominio: *lottare contro la prevalenza degli interessi privati.*

prevalere [pre-va-lé-re] *v.intr.* [coniugato come *valere*; aus. *essere* o *avere*] Imporsi, avere la meglio: *alla fine ha prevalso la sua opinione* ◊ Predominare, essere in maggioranza: *nei paesi del nord prevalgono i tipi biondi.*

prevaricare [pre-va-ri-cà-re] *v.intr.* [*prevàrico, prevàrichi*; aus. *avere*] Compiere degli abusi a danno di altri, valendosi illecitamente del proprio potere, della propria forza.

prevaricazione [pre-va-ri-ca-zió-ne] *s.f.* Abuso di potere Ⓢ prepotenza, sopruso.

prevedere [pre-ve-dé-re] *v.tr.* [coniugato come *vedere*] Conoscere, immaginare in anticipo: *chi può prevedere il futuro?*; *si poteva prevedere che sarebbe andata così* ◊ Ritenere possibile, probabile o certo qualcosa che deve ancora verificarsi: *per domani i meteorologi prevedono bel tempo.*

prevedibile [pre-ve-dì-bi-le] *agg.* Che si può o si poteva prevedere: *un risultato prevedibile.*

prevedibilmente [pre-ve-di-bil-mén-te] *avv.* Per quanto si può prevedere Ⓢ probabilmente.

prevenire [pre-ve-nì-re] *v.tr.* [coniugato come *venire*] **1** Precedere qualcuno nel fare o dire qualcosa: *volevo invitarli da me, ma lui mi ha prevenuto* **2** Evitare che avvenga qualcosa di dannoso prendendo in anticipo gli opportuni provvedimenti: *fare una vaccinazione di massa per prevenire la diffusione di un'epidemia* **3** Influenzare una persona in modo da predisporla sfavorevolmente nei riguardi di qualcuno o qualcosa: *lo hanno prevenuto contro di me.*

preventivo [pre-ven-tì-vo] *agg.* **1** Che ha la funzione, lo scopo di prevenire un danno, un rischio: *prendere un vaccino preventivo contro l'influenza* **2** Dato, fatto, calcolato in anticipo: *fare un calcolo preventivo delle spese, dei costi* ♦ *s.m.* Calcolo della spesa prevista per qualcosa: *chiedere, fare un preventivo.*

prevenuto [pre-ve-nù-to] *agg.* Che ha delle prevenzioni negative nei confronti di qualcuno o qualcosa Ⓢ maldisposto: *è prevenuto verso di me.*

prevenzione [pre-ven-zió-ne] *s.f.* **1** L'attività di predisporre le misure più opportune per evitare eventi dannosi: *la prevenzione delle malattie, degli infortuni* **2** Pregiudizio, preconcetto: *è chiaro che ha delle prevenzioni nei miei riguardi.*

previdente [pre-vi-dèn-te] *agg.* Che sa prevedere le necessità e le difficoltà in cui potrà trovarsi e si prepara per tempo ad affrontarle Ⓒ imprevidente: *una persona previdente*; *sei stato previdente a prendere l'ombrello prima di uscire.*

previsione [pre-vi-sió-ne] *s.f.* Ciò che si prevede o si era previsto: *tutto si è svolto secondo le tue previsioni* | *In previsione di* = prevedendo: *ritirare i panni stesi in previsione di un temporale* | *Previsioni meteorologiche* (o *del tempo*) = le condizioni del tempo previste in una data zona.

previsto [pre-vì-sto] *agg.* Conosciuto, calcolato, immaginato in anticipo: *era una difficoltà prevista*; *una visita non prevista* ♦ *s.m.* Quanto si supponeva, si immaginava in precedenza: *ho speso più del previsto* ◊ Tempo o momento previsto: *sei arrivato prima del previsto.*

prezioso [pre-zió-so] *agg.* **1** Di gran pregio o valore: *un oggetto prezioso*; *metalli preziosi*; *pietre preziose* **2** ♧ Che si apprezza molto per la sua importanza, utilità e simili: *mi hai fatto perdere del* *tempo prezioso*; *mi ha dato un consiglio, un aiuto prezioso* ♦ *s.m.* Gioiello, oggetto prezioso: *i ladri le hanno rubato tutti i suoi preziosi.*

prezzemolo [prez-zé-mo-lo] *s.m.* Pianta erbacea le cui foglie aromatiche sono usate in cucina come condimento.

prezzo [prèz-zo] *s.m.* **1** Valore in denaro di una merce; somma di denaro necessaria per acquistare un bene o usufruire di un servizio: *aumento, diminuzione dei prezzi*; *il prezzo di un'automobile, del biglietto dell'autobus* **2** ♧ Ciò che si deve dare in cambio di qualcosa: *ha fatto studiare i figli a prezzo di grandi sacrifici* | *Non ha prezzo* = si dice di ciò che ha un valore inestimabile: *la libertà non ha prezzo.*

prigione [pri-gió-ne] *s.f.* Carcere: *è finito in prigione per furto.*

prigionia [pri-gio-nì-a] *s.f.* Condizione di chi è prigioniero (spec. di guerra): *ha fatto due anni di prigionia.*

prigioniero [pri-gio-niè-ro] *agg.* e *s.m.* Che, chi è stato catturato e privato della libertà personale durante operazioni di guerra (o con un'azione armata): *è stato fatto prigioniero in battaglia*; *è prigioniero di una banda di sequestratori* ◊ Detenuto, carcerato: *i prigionieri sono evasi dal carcere* ♦ *agg.* Che si trova chiuso in un ambiente da cui non può uscire Ⓢ intrappolato: *a causa di un guasto è rimasto per due ore prigioniero nell'ascensore.*

prima1 [prì-ma] *avv.* **1** In precedenza: *dovevi pensarci prima*; *questa casa prima non c'era*; *sono più stanco di prima* | *Prima o poi* = una volta o l'altra ◊ Più presto, più rapidamente: *prima arrivi, meglio è*; *non sono riuscito a far prima* | *Quanto prima* = il più presto possibile: *te lo farò sapere quanto prima* **2** In un luogo, in un punto precedente; avanti: *prima c'è un parco, poi la stazione*; *andate alla pagina prima* **3** In primo luogo: *prima il dovere, poi il piacere* ♦ *prep.* (seguito da *di*) Indica anteriorità nel tempo o precedenza nello spazio (o in una serie): *torna prima di sera*; *la casa prima del ponte*; *il due viene prima del tre* ♦ *congz.* **1** *Prima di, prima che* = indica anteriorità nel tempo: *prima di partire, telefonami*; *deciditi, prima che sia troppo tardi!* **2** *Prima di* = piuttosto che: *prima di arrendersi, si farebbe ammazzare!*

prima2 [prì-ma] *s.f.* **1** Prima rappresentazione di uno spettacolo teatrale o cinematografico: *andare alla prima della Scala* **2** Prima classe di una scuola: *mia sorella frequentare la prima liceo* ◊ Prima classe di un mezzo di trasporto: *viaggiare in prima* **3** Prima marcia del cambio di un veicolo a motore: *innestare la prima.*

primario [pri-mà-rio] *agg.* Che precede ogni altro in una successione | *Scuola primaria* = elementare | *Attività primaria* = l'agricoltura ◊ Che precede ogni altro per importanza: *una scoperta di primaria importanza* ♦ *s.m.* Medico che dirige un reparto ospedaliero.

primatista [pri-ma-tì-sta] *s.m.f.* [pl.m. *–sti*] Atleta detentore di un primato sportivo: *il primatista italiano (europeo, mondiale) del salto in alto.*

primato [pri-mà-to] *s.m.* Superiorità assoluta, supremazia in un determinato campo: *gli Stati Uniti hanno il primato economico* ◊ Il miglior risultato ottenuto in una specialità sportiva Ⓢ record: *battere il primato mondiale dei cento metri*; *ha migliorato il suo primato personale.*

primavera [pri-ma-vè-ra] *s.f.* Stagione compresa tra l'inverno e l'estate; nel nostro emisfero inizia il 21 marzo e termina il 21 giugno.

primaverile [pri-ma-ve-rì-le] *agg.* Di, della primavera: *giornata, clima primaverile.*

primeggiare [pri-meg-già-re] *v.intr.* [aus. *avere*] Essere il primo o tra i primi Ⓢ emergere, spiccare: *primeggia su tutti per cultura, per intelligenza.*

primitivo [pri-mi-tì-vo] *agg.* **1** Del periodo iniziale Ⓢ originario: *il palazzo, dopo il restauro, ha riacquistato il suo primitivo splendore* **2** Che appartiene alle popolazioni della preistoria o, anche, alle popolazioni dell'epoca moderna le cui forme di vita sono state ritenute simili a quelle preistoriche: *le tribù primitive dell'Amazzonia* ◊ ♧ Rozzo, rudimentale, arretrato: *usare tecniche primitive* ♦ *s.m.* (spec. al *pl.*) Individuo della preistoria o appartenente a una civiltà considerata primitiva.

primizia [pri-mì-zia] *s.f.* Frutto o ortaggio maturato prima o agli inizi della stagione e perciò più raro e pregiato.

primo [prì-mo] *agg.num.ord.* **1** Che precede tutti gli altri in una serie, in una graduatoria (si scrive 1° in numeri arabi, I in numeri romani) Ⓒ ultimo: *il primo figlio*; *classificarsi primo in una gara*; *il primo giorno del mese* | *Minuto primo* = sessantesima parte dell'ora ◊ Iniziale, che costituisce l'inizio: *le prime luci dell'alba*; *alle prime difficoltà ha rinunciato* | *In un primo tempo, in un primo momento, sulle prime* = dapprima, inizialmente **2** Principale, fondamentale: *il tuo primo dovere è aiutarlo* | *In primo luogo, per prima cosa* = anzitutto ◊ Più importante; superiore, migliore: *vincere il primo premio*; *albergo di prima categoria*; *è il primo ristorante della città* | *Di prim'ordine, di* *prima qualità* = eccellente ◊ *Numero primo* = ogni numero divisibile solo per se stesso e per l'unità ♦ *s.m.* **1** [f. *–a*] La persona o la cosa che è al posto iniziale in un ordine o in una graduatoria: *il primo a sinistra nella foto sono io*; *è arrivato tra i primi* **2** La prima portata di un pasto: *cosa vuoi di primo?* **3** Il giorno o i giorni iniziali della settimana, del mese, dell'anno: *parto il primo agosto*; *ci vediamo ai primi di settembre* ◊ (al *pl.*) Gli anni iniziali di un secolo: *nacque ai primi del Novecento* **4** Minuto primo: *ha impiegato sei primi e dodici secondi* ♦ *avv.* Prima di tutto, in primo luogo: *non vengo, primo perché non ho voglia, secondo perché è già tardi.*

primogenito [pri-mo-gè-ni-to] *agg.* e *s.m.* Nato per primo tra più figli: *io sono il primogenito.*

principale [prin-ci-pà-le] *agg.* Più importante: *questo è il motivo principale della mia visita*; *la via, la piazza principale della città* ♦ *s.m.f.* Padrone o direttore di un negozio, di un'azienda; datore di lavoro: *ha litigato col principale.*

principalmente [prin-ci-pal-mén-te] *avv.* Soprattutto, in primo luogo.

principato [prin-ci-pà-to] *s.m.* Territorio, stato retto da un principe, da un sovrano: *il principato di Monaco.*

principe [prìn-ci-pe] *s.m.* Il più alto dei titoli nobiliari, riservato spec. ai membri di una famiglia regnante e ai sovrani di principati.

principesco [prin-ci-pé-sco] *agg.* [pl.m. *–schi*] Di principi, del principe: *una reggia principesca* ◊ ♧ Lussuoso, sfarzoso: *ha una casa principesca*; *un pranzo principesco.*

principiante [prin-ci-piàn-te] *s.m.f.* Chi è agli inizi e quindi ancora poco esperto di un'attività, di uno studio, di una professione: *guida ancora come un principiante.*

principio [prin-cì-pio] *s.m.* **1** Parte, momento iniziale di qualcosa Ⓢ inizio Ⓒ fine: *il principio dell'anno*; *vedere un film dal principio* | *In, al principio* = inizialmente **2** Idea, concetto che rappresenta il fondamento di un ragionamento, di una scienza, di un'attività: *sei partito da un principio sbagliato*; *i principi della matematica, della ricerca scientifica* ◊ Norma, criterio generale che sta alla base di un ordinamento statale, di una società o che guida il comportamento di una persona: *i principi della democrazia*; *principi morali, religiosi*; *agire seguendo un principio di giustizia.*

priore [prió-re] *s.m.* Superiore di un convento.

priorità [prio-ri-tà] *s.f.* Preminenza, diritto di precedenza che qualcosa ha per la sua importanza o urgenza: *bisogna dare la priorità ai bisogni dei più poveri.*

privare [pri-và-re] *v.tr.* Rendere privo di qualcosa; togliere, lasciare senza: *privare qualcuno della libertà, dei suoi diritti*; *l'incidente lo ha privato della vista* ♦ **privarsi** *v.pr.* Fare a meno volontariamente di qualcosa Ⓢ rinunciare: *si priverebbe di tutto per i figli.*

privato [pri-và-to] *agg.* **1** Si dice di ogni individuo in quanto agisce come singolo e di ogni azione e attività compiuta da singoli per scopi e interessi personali: *un imprenditore privato*; *chiudere il centro al traffico privato* **2** Che appartiene a una singola o a singole persone e non dipende dallo stato o da altri enti pubblici: *quel terreno è proprietà privata*; *un'azienda, una scuola, una rete televisiva privata* ◊ Non aperto al pubblico, ma solo ai proprietari o ai soci: *parcheggio, club privato* **3** Personale: *si tratta di questioni private*; *la mia vita privata non ti riguarda* ♦ *s.m.* **1** Privato cittadino, senza alcuna responsabilità o funzione pubblica: *un'azienda gestita da privati* **2** *In privato* = non pubblicamente, tra intimi: *è una faccenda da trattare in privato.*

privazione [pri-va-zió-ne] *s.f.* Il privarsi volontariamente di qualcosa Ⓢ sacrificio: *quante privazioni si è imposto per far studiare i figli!*

privilegiare [pri-vi-le-già-re] *v.tr.* Concedere a qualcuno un trattamento di favore Ⓢ avvantaggiare, favorire: *privilegiare una categoria rispetto alle altre.*

privilegiato [pri-vi-le-già-to] *agg.* e *s.m.* Che, chi gode di particolari vantaggi Ⓢ favorito: *i ricchi costituiscono le classi privilegiate.*

privilegio [pri-vi-lè-gio] *s.m.* **1** Diritto, vantaggio particolare di cui gode qualcuno rispetto ad altri: *i nobili un tempo godevano di molti privilegi* **2** Onore speciale: *ha avuto il privilegio di consegnare il premio al vincitore* ◊ Merito, pregio: *un libro che ha il privilegio della chiarezza.*

privo [prì-vo] *agg.* Che manca, che è sprovvisto di qualcosa di necessario, di utile: *una famiglia priva di mezzi*; *un giovane privo d'iniziativa*; *discorsi privi di senso* | *Privo di sensi* = svenuto.

pro[1] [prò] *prep.* A favore: *sei pro o contro la nostra proposta?*

pro[2] [prò] *s.m.* Giovamento, utilità, vantaggio: *a che pro rischiare?* | *Valutare il pro e il contro* = ciò che è a favore e ciò che è a sfavore.

probabile [pro-bà-bi-le] *agg.* Che è altamente possibile e verosimile, pur non essendo certo o sicuramente vero: *un evento poco probabile*; *è probabile che sia già partito, che arrivi domani.*

probabilità [pro-ba-bi-li-tà] *s.f.* Possibilità; la misura in cui si considera che un fatto sia probabile o realizzabile: *ci sono molte probabilità di successo*; *c'è una probabilità su mille che ce la faccia* | *Con ogni probabilità* = quasi certamente.

probabilmente [pro-ba-bil-mén-te] *avv.* Quasi sicuramente, con molta probabilità: *probabilmente pioverà.*

problema [pro-blè-ma] *s.m.* [pl. *–mi*] **1** Quesito la cui soluzione consiste nel trovare, sulla base di dati noti e mediante dei calcoli, un dato sconosciuto: *problemi di matematica, di geometria, di fisica* **2** Questione, situazione, caso difficile da risolvere e che è causa di preoccupazione: *il problema della droga, della disoccupazione*; *trovare i soldi è stato un problema*; *ha problemi in famiglia*; *quel ragazzo sta diventando un problema.*

probo [prò-bo] *agg.* Onesto: *un uomo probo.*

proboscide [pro-bò-sci-de] *s.f.* Lunga appendice del naso degli elefanti, con le narici all'estremità; viene anche usata per prendere e portare alla bocca il cibo e l'acqua.

procacciare [pro-cac-cià-re] *v.tr.* Procurare: *gli ho procacciato un lavoro*; *riesce a procacciarsi solo guai.*

procedere [pro-cè-de-re] *v.intr.* [coniugato come *cedere*; aus. *essere* nel significato 1, *avere* negli altri significati] **1** Andare avanti Ⓢ avanzare: *la strada era interrotta e non si poteva procedere oltre*; *le auto procedevano a passo d'uomo* **2** ♧ Andare avanti in ciò che si è iniziato Ⓢ proseguire: *procedere nelle ricerche* **3** Agire, comportarsi: *non mi piace il suo modo di procedere.*

procedimento [pro-ce-di-mén-to] *s.m.* Metodo seguito per risolvere un problema, eseguire un'operazione, condurre un esperimento: *per la fabbricazione della carta si possono usare diversi procedimenti.*

processare [pro-ces-sà-re] *v.tr.* Sottoporre una persona a processo giudiziario: *lo hanno processato per corruzione.*

processione [pro-ces-sió-ne] *s.f.* Corteo religioso che percorre lentamente le strade di un paese o di una città, portando immagini sacre, cantando inni e recitando preghiere ◊ Lunga fila di persone, animali o veicoli che si muovono lentamente.

processo [pro-cès-so] *s.m.* **1** Qualsiasi fenomeno costituito da una successione di fatti o fenomeni legati tra loro: *il processo d'invecchiamento dell'organismo* **2** La serie di operazioni e il modo con cui viene svolta un'attività produttiva: *il processo di fabbricazione della carta, di estrazione del petrolio* **3** Lo svolgimento di una causa giudiziaria e le attività a ciò collegate (in partic. il pubblico dibattito): *essere sotto processo*; *assistere a un processo.*

processore [pro-ces-só-re] *s.m.* È il vero e proprio cervello del computer o di altre apparecchiature elettroniche ed è la parte che esegue tutte le operazioni di calcolo. È chiamato anche CPU.

procinto [pro-cìn-to] *s.m.* *Essere in procinto di* = essere sul punto di, stare per (fare qualcosa): *siamo in procinto di partire.*

proclama [pro-clà-ma] *s.m.* [pl. *–mi*] Appello solenne rivolto alla popolazione o alle truppe da capi di stato, generali, personalità politiche in occasioni di particolare importanza o gravità.

proclamare [pro-cla-mà-re] *v.tr.* **1** Dichiarare, annunciare in forma ufficiale: *il principe fu proclamato re*; *lo proclamarono vincitore*; *proclamare i risultati delle elezioni* **2** Affermare con decisione: *proclama la sua innocenza* ♦ **proclamarsi** *v.pr.* Dichiararsi: *si proclama innocente.*

procreare [pro-cre-à-re] *v.tr.* Generare, partorire, mettere al mondo dei figli.

procurare [pro-cu-rà-re] *v.tr.* **1** Trovare il modo di fare avere ad altri o di ottenere per sé qualcosa: *mi puoi procurare quel libro?*; *gli ho procurato un impiego*; *procurarsi il necessario per vivere* ◊ Fare in modo, aver cura: *procura di far presto*; *procurate che sia tutto in ordine* **2** Provocare, causare (cose negative): *non fai che procurarmi guai*; *si è procurato una storta cadendo.*

prode [prò-de] *agg.* e *s.m.f.* Valoroso, coraggioso: *un prode combattente.*

prodezza [pro-déz-za] *s.f.* Impresa valorosa, atto di coraggio o di grande bravura: *compiere grandi prodezze*; *le prodezze di un atleta.*

prodigare [pro-di-gà-re] *v.tr.* [*pròdigo, pròdighi*] Spendere, profondere, elargire con grande o eccessiva larghezza e generosità (anche ♧): *ha prodigato ogni sua energia per aiutarci*; *prodigare lodi a tutti* ♦ **prodigarsi** *v.pr.* Dedicarsi con tutte le forze, adoperarsi con grande impegno: *prodigarsi per il successo di un'impresa.*

prodigio [pro-dì-gio] *s.m.* **1** Fatto o fenomeno stupefacente, che non rientra nell'ordine normale e naturale delle cose Ⓢ miracolo: *all'improvviso avvenne un prodigio*; *credere nei prodigi* **2** Fatto, opera, cosa o persona che suscita meraviglia e ammirazione per le sue caratteristiche e doti eccezionali: *i prodigi della natura*; *una medicina che* *fa prodigi; un'auto che è un prodigio della tecnica; quel ragazzo è un prodigio d'intelligenza.*

prodigioso [pro-di-gió-so] *agg.* Miracoloso, portentoso: *una cura, una medicina prodigiosa* ◊ Straordinario, eccezionale: *ha una memoria prodigiosa.*

prodigo [prò-di-go] *agg.* [pl.m. *–ghi*] Che spende o dona senza misura, con eccessiva larghezza © avaro ◊ ♧ Che dispensa generosamente (cose non materiali): *essere prodigo di consigli, di lodi.*

prodotto [pro-dót-to] *s.m.* **1** Tutto ciò che la natura produce spontaneamente o che costituisce il risultato dell'attività lavorativa dell'uomo: *i prodotti del suolo, del sottosuolo; prodotti agricoli, della pesca; prodotti artigianali, industriali; prodotti chimici, farmaceutici* ◊ Risultato della creazione intellettuale: *i prodotti dell'ingegno, della fantasia* **2** Risultato di processi naturali o conseguenza di comportamenti e atteggiamenti umani: *gas che sono il prodotto della decomposizione dei rifiuti organici; questi sono i prodotti di un'educazione sbagliata* **3** Risultato di una moltiplicazione: *il prodotto di 9 per 8 è 72.*

produrre [pro-dùr-re] *v.tr.* [coniugato come *condurre*] **1** Dare come proprio frutto, prodotto naturale: *un campo che produce grano; un albero che produce pochi frutti* ◊ Dare, fornire come risultato di un'attività, di un processo lavorativo; fare, fabbricare: *un'azienda agricola che produce frutta e ortaggi; una miniera che produce ferro; una centrale che produce energia elettrica; una ditta che produce articoli sportivi* ◊ Creare (opere intellettuali): *un artista che ha prodotto molti capolavori* **2** Generare, causare, provocare: *il fuoco produce luce e calore; la cura che ho fatto non ha prodotto alcun effetto; cadendo si è prodotto una storta.*

produttivo [pro-dut-tì-vo] *agg.* **1** Di produzione, che riguarda la produzione: *nella fabbrica l'attività produttiva è ferma per uno sciopero; un nuovo metodo produttivo* **2** Che produce, capace di dare prodotti © improduttivo: *un terreno produttivo* ◊ Che rende, che fornisce un utile: *un investimento (molto, poco) produttivo.*

produttore [pro-dut-tó-re] *agg.* e *s.m.* [f. *–trice*] Che, chi produce un determinato bene: *i paesi produttori di petrolio, di caffè; ordinare la merce alla ditta produttrice; vendita diretta dal produttore al consumatore.*

produzione [pro-du-zió-ne] *s.f.* **1** Ogni attività diretta a produrre beni o servizi: *una zona adatta alla produzione del grano; produzione tessile, televisiva; costi di produzione* ◊ La quantità di qualcosa che viene prodotta: *l'aumento della produzione di vino, di energia elettrica* **2** Le creazioni, le opere prodotte dall'attività intellettuale: *la produzione artistica di un pittore; la produzione scientifica di un paese* **3** Il complesso delle persone e delle attività che concorrono alla realizzazione di un film.

profanare [pro-fa-nà-re] *v.tr.* Violare, offendere gravemente con atti o parole ciò che è sacro o ciò a cui si deve venerazione e rispetto: *profanare una chiesa; profanare una tomba, la memoria di un defunto.*

profanazione [pro-fa-na-zió-ne] *s.f.* Violazione, grave offesa di ciò che è sacro o degno di grande rispetto: *profanazione di una tomba.*

profano [pro-fà-no] *agg.* Non sacro, non religioso: *arte, musica profana* ♦ *s.m.* Chi è incompetente, inesperto di qualcosa: *in fatto di motori sono un profano.*

proferire [pro-fe-rì-re] *v.tr.* [*proferìsco, proferìsci*] Pronunziare, esprimere: *proferire un giuramento, una minaccia.*

professare [pro-fes-sà-re] *v.tr.* **1** Dichiarare, manifestare apertamente (dei sentimenti, delle idee): *l'altro giorno le ha professato il suo amore; mi ha professato le sue opinioni politiche* **2** Esercitare una professione: *professare la medicina* ♦ **professarsi** *v.pr.* Dichiararsi apertamente Ⓢ proclamarsi: *professarsi credente, ateo; si professa mio amico, ma non è vero.*

professionale [pro-fes-sio-nà-le] *agg.* Relativo alla professione che si esercita: *avere competenza professionale; i doveri professionali dei medici* | *Malattia professionale* = quella provocata dal tipo di lavoro svolto.

professione [pro-fes-sió-ne] *s.f.* Attività lavorativa che si svolge abitualmente per guadagnarsi da vivere; in senso più ristretto, attività lavorativa di tipo intellettuale (in contrapposizione a *mestiere*): *fa di professione il sarto; esercitare la professione di medico, di avvocato* | *Libera professione* = quella che si esercita senza essere alle dipendenze di altri.

professionista [pro-fes-sio-nì-sta] *s.m.f.* [pl.m. *–sti*] **1** Chi esercita una professione intellettuale **2** Chi pratica un'attività sportiva come professione (contrapposto a *dilettante*) **3** Persona molto esperta e abile in quel che fa: *i ladri erano dei professionisti; un lavoro da professionista.*

professore [pro-fes-só-re] *s.m.* [f. *professoressa*] Chi insegna nelle scuole medie o nelle università: *professore di storia, di fisica.*

profeta [pro-fè-ta] *s.m.* [f. *–essa*; pl. *–ti*] **1** Chi parla per ispirazione e in nome di Dio, annunziandone la volontà o predicendo gli avvenimenti futuri: *Maometto è il profeta di Allah* **2** Chi prevede o crede di poter prevedere il futuro | *Cattivo profeta* = chi fa delle previsioni che poi non si avverano: *sei stato cattivo profeta.*

profetico [pro-fè-ti-co] *agg.* [pl.m. *–ci*] Che preannuncia, predice il futuro: *un sogno profetico*; *le sue sono state parole profetiche.*

profezia [pro-fe-zì-a] *s.f.* Predizione di avvenimenti futuri fatta da chi è ispirato dalla divinità: *le profezie dell'Antico Testamento* ◊ Predizione, previsione: *la tua è stata una facile profezia.*

proficuo [pro-fi-cuo] *agg.* Utile, vantaggioso.

profilare [pro-fi-là-re] *v.tr.* Disegnare, tracciare i contorni di qualcosa ♦ **profilarsi** *v.pr.* Apparire, delinearsi su uno sfondo con la propria linea di contorno: *una nave si profilò all'orizzonte* ◊ ♧ Apparire come imminente o probabile: *si profila una crisi di governo.*

profilassi [pro-fi-làs-si] *s.f.* La prevenzione delle malattie, spec. infettive, e l'insieme di misure igienico-sanitarie rivolte a questo scopo.

profilattico [pro-fi-làt-ti-co] *agg.* Che ha lo scopo di prevenire le malattie: *misure profilattiche contro le epidemie* ♦ *s.m.* Preservativo.

profilo [pro-fi-lo] *s.m.* **1** Linea di contorno di qualcosa: *il profilo delle montagne* **2** La linea del volto osservato di fianco: *un viso dal profilo regolare* | *Di profilo* = di fianco: *fotografare qualcuno di profilo.*

profittare [pro-fit-tà-re] *v.intr.* [aus. *avere*] Trarre profitto, vantaggio; approfittare.

profittatore [pro-fit-ta-tó-re] *s.m.* [f. *–trice*] Chi sfrutta situazioni o persone per trarne un guadagno, un utile personale: *è un profittatore, si è arricchito alle spalle di quei poveri disgraziati.*

profitto [pro-fit-to] *s.m.* **1** Giovamento, vantaggio, risultato utile: *la sua salute ha tratto profitto dalla cura*; *lavorare, studiare con profitto* ◊ Nella scuola, risultato raggiunto nelle varie materie: *studia poco e il profitto è insufficiente* **2** Differenza tra ricavi e costi di un'impresa Ⓢ guadagno, utile: *quest'anno la nostra azienda ha aumentato i suoi profitti.*

profondere [pro-fón-de-re] *v.tr.* [coniugato come *fondere*] Dare, spendere senza misura Ⓢ prodigare: *ha profuso tutte le sue sostanze, tutte le sue energie in quell'impresa.*

profondità [pro-fon-di-tà] *s.f.* **1** Distanza in verticale (cioè altezza) tra il fondo di una cavità o di una massa d'acqua e il suo limite superiore: *misurare la profondità di un pozzo, di un fiume, di un lago* ◊ Distanza in orizzontale tra il limite interno e il limite esterno di qualcosa: *la profondità di un armadio* **2** (al *pl.*) Fondo, parte più profonda: *con i batiscafi si esplorano le profondità degli oceani.*

profondo [pro-fón-do] *agg.* **1** Che presenta una notevole distanza tra il limite superiore e il fondo (o anche tra il punto più esterno e quello più interno): *un lago, un mare profondo*; *una profonda voragine*; *una profonda insenatura* **2** Che penetra molto addentro, non superficiale (anche ♧): *una ferita profonda*; *radici profonde*; *discorsi, pensieri profondi*; *è un profondo conoscitore della materia* | *Sonno profondo* = pesante | *Sospiro profondo* = che viene dal fondo del petto | *Sguardo profondo* = penetrante | *Silenzio, buio profondo* = totale ◊ ♧ Molto intenso, vivamente sentito (detto di sentimento o stato d'animo): *nutrire un odio, un amore profondo per qualcuno*; *provare una profonda emozione* ♦ *s.m.* Il fondo, la parte più profonda (anche ♧): *la nave si inabissò nel profondo dell'oceano*; *parole che vengono dal profondo del cuore.*

profugo [prò-fu-go] *agg.* e *s.m.* [pl.m. *–ghi*] Che, chi è stato costretto ad abbandonare il proprio paese e a rifugiarsi altrove a causa di guerre, persecuzioni o calamità naturali: *ospitare un gruppo di profughi.*

profumare [pro-fu-mà-re] *v.tr.* Cospargere, impregnare di profumo: *profumare la biancheria* ♦ *v.intr.* [aus. *essere*] Emanare profumo, un odore gradevole: *come profumano queste viole!*; *la stanza profuma di pulito* ♦ **profumarsi** *v.pr.* Cospargersi di profumo, mettersi del profumo: *si è profumato prima di uscire.*

profumatamente [pro-fu-ma-ta-mén-te] *avv.* A caro prezzo, moltissimo: *ha fatto un buon lavoro, ma l'ho anche pagato profumatamente.*

profumato [pro-fu-mà-to] *agg.* **1** Che ha, che emana profumo: *aria profumata*; *fiori profumati* **2** ♧ Caro, costoso: *un conto profumato* ◊ Lauto, generoso: *gli ha dato una mancia profumata.*

profumeria [pro-fu-me-rì-a] *s.f.* Negozio in cui si vendono profumi e cosmetici.

profumo [pro-fù-mo] *s.m.* **1** Odore gradevole Ⓢ effluvio, aroma Ⓒ puzza: *il profumo delle rose, delle viole*; *che buon profumo ha questo arrosto!* **2** Miscela di essenze odorose: *profumo per donna, per uomo*; *si mise un po' di profumo.*

progenitore [pro-ge-ni-tó-re] *s.m.* [f. *–trice*] Antenato: *una famiglia che ha illustri progenitori.*

progettare [pro-get-tà-re] *v.tr.* **1** Avere in mente

di fare o studiare il modo di realizzare qualcosa: *per quest'estate progetto di fare un viaggio*; *la fuga era stata progettata in ogni dettaglio* **2** Ideare la costruzione di qualcosa, facendo tutti gli studi, i calcoli e i disegni necessari alla sua realizzazione: *progettare un edificio, un motore.*

progetto [pro-gèt-to] *s.m.* **1** Idea, intenzione di fare, di realizzare qualcosa Ⓢ proposito, programma: *fare progetti di viaggio, di matrimonio*; *per l'estate non ho ancora nessun progetto* **2** Il complesso degli studi, dei calcoli e dei disegni necessari per realizzare una costruzione: *presentare il progetto di un ponte, di un aereo.*

prognosi [prò-gno-si] *s.f.* Previsione, espressa dal medico, sull'evoluzione e sull'esito di una malattia.

programma [pro-gràm-ma] *s.m.* [pl. *–mi*] **1** Elenco delle cose da fare, degli obiettivi da raggiungere in un'attività: *programma di lavoro, di studio*; *il programma politico di un partito* ◊ Nella scuola, l'insieme degli argomenti da studiare in ogni singola materia: *è andato all'esame preparato su tutto il programma* **2** Il modo in cui si svolgerà e le varie parti di cui sarà costituito uno spettacolo, una manifestazione o un ciclo di spettacoli e manifestazioni: *il programma di un festival, di un convegno, del campionato* | *Essere in programma* = essere previsto ◊ Trasmissione radiofonica o televisiva: *hai visto se c'è qualche bel programma alla tv?* **3** Progetto, proposito: *quali sono i tuoi programmi per l'estate?*; *ha in programma di partire domani* **4** In informatica, insieme di istruzioni che, installate in un computer, gli permettono di eseguire determinate operazioni.

programmare [pro-gram-mà-re] *v.tr.* Stabilire, organizzare come programma o seguendo un programma Ⓢ pianificare: *programmare un'azione comune* ◊ Mettere in programma Ⓢ progettare: *la sua visita non era programmata*; *programmare un viaggio* ◊ *Programmare un film* = proiettarlo in un cinema ◊ *Programmare un computer* = fornirgli il programma di lavoro.

programmazione [pro-gram-ma-zió-ne] *s.f.* **1** Organizzazione di qualcosa in base a un programma Ⓢ pianificazione: *programmazione del lavoro, della produzione* **2** Detto di film, proiezione nelle sale pubbliche: *un film di prossima programmazione* ◊ Insieme di spettacoli radiotelevisivi messi in programma in un dato periodo.

progredire [pro-gre-dì-re] *v.intr.* [*progredìsco, progredìsci*; aus. *avere* se il soggetto è una persona, *essere* se è una cosa] Andare avanti, procedere verso la propria conclusione: *i lavori stanno progredendo lentamente* ◊ ♧ Fare progressi Ⓢ migliorare: *la tecnologia elettronica ultimamente è molto progredita.*

progredito [pro-gre-dì-to] *agg.* Avanzato: *usare tecniche progredite* ◊ Che ha raggiunto un alto grado di civiltà, di progresso Ⓒ arretrato, sottosviluppato: *un popolo progredito*; *paesi progrediti.*

progressione [pro-gres-sió-ne] *s.f.* Aumento, sviluppo graduale, regolare e costante.

progressista [pro-gres-sì-sta] *agg.* e *s.m.f.* [pl.m. *–sti*] Che, chi sostiene posizioni innovatrici, spec. in campo politico, economico e sociale (si contrappone a *conservatore*): *un partito, un programma progressista.*

progressivo [pro-gres-sì-vo] *agg.* Che procede con un andamento regolare e continuo Ⓢ graduale: *c'è un aumento progressivo del costo della vita.*

progresso [pro-grès-so] *s.m.* Perfezionamento, miglioramento Ⓒ regresso, peggioramento: *i progressi della tecnica*; *il progresso sociale, economico*; *fare progressi nello studio* ◊ *Il progresso* = il miglioramento complessivo (economico, sociale, culturale ecc.) della società e delle condizioni di vita: *lottare per il progresso.*

proibire [proi-bì-re] *v.tr.* [*proibìsco, proibìsci*] Ordinare di non fare qualcosa Ⓢ vietare: *ti proibisco di uscire*; *qui è proibito fumare.*

proibitivo [proi-bi-tì-vo] *agg.* Che impedisce od ostacola qualcosa che si vorrebbe fare: *l'atterraggio non fu possibile per le condizioni proibitive del tempo*; *mi piace, ma ha un prezzo proibitivo.*

proibito [proi-bì-to] *agg.* Vietato, non consentito Ⓒ permesso: *è proibito calpestare le aiuole.*

proibizione [proi-bi-zió-ne] *s.f.* Divieto.

proiettare [pro-iet-tà-re] *v.tr.* **1** Lanciare, scagliare fuori: *l'urto proiettò il guidatore fuori dalla vettura* **2** Diffondere (raggi luminosi concentrati): *i fari delle auto proiettavano la loro luce nella nebbia* ◊ Riprodurre su uno schermo, mediante un proiettore, le immagini impresse su film o diapositive: *proiettare un documentario.*

proiettile [pro-ièt-ti-le] *s.m.* Oggetto metallico lanciato con forte velocità da un'arma da fuoco (o anche con altro mezzo): *proiettili di fucile, d'artiglieria.*

proiettore [pro-iet-tó-re] *s.m.* **1** Apparecchio che proietta su uno schermo film o diapositive **2** Apparecchio capace di proiettare a notevole distanza un fascio luminoso molto potente Ⓢ riflettore: *la scena era illuminata dai proiettori.*

proiezione [pro-ie-zió-ne] *s.f.* **1** Trasmissione su uno schermo, mediante un proiettore, delle immagini impresse su film o diapositive: *assistere alla proiezione di un film*; *cabina di proiezione* **2** Rappresentazione su un piano di un oggetto o di una figura geometrica solida **3** Previsione ottenuta elaborando statisticamente dati parziali |*Proiezione elettorale* = previsione dei risultati elettorali basata sui dati dei primi voti scrutinati.

prole [prò-le] *s.f.* Figliolanza, figli: *avere una prole numerosa*; *è sposato, ma senza prole.*

proletariato [pro-le-ta-rià-to] *s.m.* La classe dei lavoratori salariati (e in partic. degli operai e dei braccianti).

proletario [pro-le-tà-rio] *s.m.* Lavoratore dipendente salariato.

proliferare [pro-li-fe-rà-re] *v.intr.* [aus. *avere*] **1** Riprodursi, detto delle cellule dell'organismo che si moltiplicano dividendosi **2** ♧ Diffondersi con grande rapidità: *una nuova moda che sta proliferando in tutto il paese.*

prolifico [pro-lì-fi-co] *agg.* [pl.m. *–ci*] **1** Che ha generato o può generare molti figli: *una coppia prolifica*; *i topi sono animali prolifici* **2** ♧ Che ha prodotto o produce molte opere: *uno scrittore, un artista prolifico.*

prolisso [pro-lìs-so] *agg.* Che si dilunga troppo, eccedendo nei particolari e risultando noioso: *un oratore prolisso*; *un discorso prolisso*; *cerca di non essere prolisso.*

prologo [prò-lo-go] *s.m.* [pl. *–ghi*] Breve scena che precede l'inizio di un'opera teatrale.

prolunga [pro-lùn-ga] *s.f.* Qualunque elemento che, collegato a un altro, ne aumenta la lunghezza; in partic., pezzo di filo elettrico terminante a un capo con una spina e all'altro con una presa, usato per prolungare il cavo di alimentazione di un apparecchio.

prolungamento [pro-lun-ga-mén-to] *s.m.* Estensione della lunghezza o della durata di qualcosa: *decidere il prolungamento di una ferrovia, dell'orario di lavoro.*

prolungare [pro-lun-gà-re] *v.tr.* [*prolùngo, prolùnghi*] Rendere più lungo, estendere nello spazio o nel tempo: *prolungare una strada*; *prolungare l'orario dei negozi, la durata degli esami* ♦ **prolungarsi** *v.pr.* Estendersi, spec. nel tempo Ⓢ protrarsi: *quest'attesa si sta prolungando troppo.*

promemoria [pro-me-mò-ria] *s.m.invar.* Breve scritto o annotazione per ricordare a sé o ad altri qualcosa.

promessa [pro-més-sa] *s.f.* **1** Impegno esplicito di compiere un dato atto o di tenere un dato comportamento: *fare una promessa di matrimonio*; *non hai mantenuto la tua promessa* **2** ♧ Persona che ha iniziato un'attività dando una buona prova di sé e fa perciò prevedere una sua piena affermazione futura: *una giovane promessa del calcio.*

promettente [pro-met-tèn-te] *agg.* Che fa ben sperare per il futuro: *un giovane, un artista promettente*; *l'inizio non è stato molto promettente.*

promettere [pro-mét-te-re] *v.tr.* [coniugato come *mettere*] **1** Impegnarsi a fare o a dare qualcosa o a comportarsi in un certo modo: *prometto di non disturbarti più*; *promettere un regalo, un lavoro* **2** ♧ Far sperare, far prevedere: *un cielo che promette bel tempo*; *il suo atteggiamento non promette niente di buono*; *un ragazzo che promette bene.*

prominente [pro-mi-nèn-te] *agg.* Che sporge notevolmente in fuori: *Giovanni ha un naso, un mento molto prominente.*

promiscuità [pro-mi-scui-tà] *s.f.* Mescolanza, presenza in uno stesso luogo di cose o persone diverse (e in partic. di persone di sesso diverso).

promiscuo [pro-mì-scuo] *agg.* Costituito dalla mescolanza di cose o persone diverse, eterogenee | *Scuola, classe promiscua* = frequentata da maschi e femmine ◊ *Nomi promiscui* = i nomi di animale che hanno un'unica forma, maschile o femminile, per indicare sia il maschio che la femmina (per es. *corvo, cammello, volpe, balena*).

promontorio [pro-mon-tò-rio] *s.m.* Sporgenza montuosa della costa sul mare (o su un lago).

promosso [pro-mòs-so] *agg.* e *s.m.* Che, chi ha ottenuto la promozione, una promozione.

promotore [pro-mo-tó-re] *agg.* e *s.m.* [f. *–trice*] Che, chi promuove un'iniziativa, un'attività: *il comitato promotore di una manifestazione.*

promozionale [pro-mo-zio-nà-le] *agg.* Che ha lo scopo di aumentare le vendite: *campagna promozionale*; *vendita promozionale.*

promozione [pro-mo-zió-ne] *s.f.* **1** Passaggio a una classe superiore di studi: *ha ottenuto la promozione in terza liceo* ◊ Avanzamento professionale, di carriera: *avere una promozione a capufficio* ◊ Nello sport, passaggio di una squadra da una serie inferiore a una superiore: *lottare per la promozione in serie A* **2** Ogni attività diretta ad aumentare le vendite di un prodotto.

promuovere [pro-muò-ve-re] *v.tr.* [coniugato come *muovere*] **1** Agire, impegnarsi in prima persona per realizzare o dare avvio a qualcosa:

promuovere una manifestazione, una colletta ◊ Dare impulso a qualcosa, favorirne lo sviluppo e il progresso: *promuovere la ricerca scientifica* **2** Nella scuola, nella carriera e nello sport, fare avanzare qualcuno a una classe, a un grado, a una serie superiore © bocciare, respingere: *essere promosso in seconda liceo*; *lo hanno promosso direttore*; *la squadra è stata promossa in serie B* | *Essere promosso a un esame, a un concorso* = ottenere un voto, un esito favorevole.

pronipote [pro-ni-pó-te] *s.m.f.* **1** Figlio o figlia di un nipote o di una nipote **2** (al *pl.*) Discendenti.

prono [prò-no] *agg.* Piegato in giù, verso terra | *Stare sdraiato, dormire prono* = a pancia in giù.

pronome [pro-nó-me] *s.m.* Parola che ha la funzione di sostituire il nome nell'indicare persone, animali o cose, pur senza nominarle specificamente (come fa il *nome*).

pronominale [pro-no-mi-nà-le] *agg.* Del pronome | *Particelle pronominali* = le forme del pronome personale *mi, ti, si, ci, lo, gli, la, ne* ecc. | *Verbi pronominali* = quelli che si coniugano uniti a una particella pronominale e possono avere un significato riflessivo (per es. *giudicarsi*) oppure no (per es. *ricordarsi*).

pronosticare [pro-no-sti-cà-re] *v.tr.* [*pronòstico, pronòstichi*] Prevedere, predire: *pronosticare la vittoria di una squadra.*

pronostico [pro-nò-sti-co] *s.m.* [pl. *-ci*] Previsione: *fare pronostici sui risultati elettorali, su una gara, su una partita.*

prontamente [pron-ta-mén-te] *avv.* Con prontezza, con rapidità, senza indugio: *intervenire, rispondere prontamente.*

prontezza [pron-téz-za] *s.f.* Rapidità, sveltezza nell'agire e nel reagire: *la prontezza del guidatore ha evitato l'incidente*; *dimostrare prontezza di riflessi.*

pronto [prón-to] *agg.* **1** Preparato per essere consumato, utilizzato immediatamente: *il pranzo, il letto è pronto*; *tutto è pronto per la partenza* ◊ In grado di fare, di subire, di affrontare subito qualcosa: *l'aereo è pronto a decollare*; *il paziente è pronto per l'intervento*; *il paese non era pronto per la guerra* **2** Rapido, immediato, sollecito: *ti auguro una pronta guarigione*; *servizi di pronto soccorso*; *è una persona pronta nel decidere* | *Riflessi pronti* = scattanti **3** Disposto: *è pronto a tutto, anche a morire* ◊ Propenso, incline: *è sempre pronto a criticare.*

pronuncia [pro-nùn-cia] o **pronunzia** [pro-nùn-zia] *s.f.* [pl. *-ce*] **1** Modo di articolare, secondo determinate norme, i suoni e le parole di una lingua: *la pronuncia dell'inglese, del francese*; *sbagliare la pronuncia di una vocale, di una consonante, di una parola straniera* **2** Modo di parlare caratteristico di una lingua o di una parlata regionale, locale Ⓢ accento: *parla l'italiano con una spiccata pronuncia francese, napoletana, milanese* ◊ Maniera di parlare di una persona: *ha una pronuncia chiara, incomprensibile*; *avere un difetto di pronuncia.*

pronunciare [pro-nun-cià-re] o **pronunziare** [pro-nun-zià-re] *v.tr.* **1** Articolare con la voce i suoni e le parole: *il bambino non sa ancora pronunciare la erre*; *come si pronuncia questa parola?* **2** Dire: *ha pronunciato qualche parola prima di morire* ◊ Fare, esprimere, emettere: *pronunciare un giuramento*; *pronunciare un giudizio*; *la corte ha pronunciato la sentenza* ♦ **pronunciarsi** *v.pr.* Esprimere la propria opinione, il proprio giudizio: *si è pronunciato a favore della nostra proposta.*

propaganda [pro-pa-gàn-da] *s.f.* Attività, opera rivolta a far conoscere e apprezzare al pubblico determinate idee o (sinonimo di *pubblicità*) determinati prodotti commerciali: *fare propaganda elettorale*; *propaganda commerciale, televisiva.*

propagandare [pro-pa-gan-dà-re] *v.tr.* Cercare di diffondere, di far apprezzare con la propaganda: *propagandare un'idea, un prodotto.*

propagare [pro-pa-gà-re] *v.tr.* [*propàgo, propàghi*] Diffondere: *non si sa chi ha propagato la notizia* ♦ **propagarsi** *v.pr.* Diffondersi, trasmettersi: *l'incendio si propagò a tutto il palazzo*; *la luce si propaga anche nel vuoto*; *il panico si propagò tra la folla.*

propagazione [pro-pa-ga-zió-ne] *s.f.* Diffusione: *la propagazione di un contagio, di una notizia*; *la propagazione del suono.*

propedeutico [pro-pe-dèu-ti-co] *agg.* [pl.m. *-ci*] Che serve di preparazione, di introduzione allo studio di una materia: *corso propedeutico.*

propellente [pro-pel-lèn-te] *agg.* Che spinge in avanti: *forza propellente* ♦ *s.m.* Materiale combustibile, liquido o solido, usato per la propulsione di razzi, missili e simili.

propendere [pro-pèn-de-re] *v.intr.* [coniugato come *pendere*; aus. *avere*] Essere favorevole, incline: *anche io propendo per questa soluzione*; *propendo a credere che abbia detto il vero.*

propenso [pro-pèn-so] *agg.* Incline, favorevole o disposto a fare qualcosa: *sono più propenso a partire che a restare*; *non mi pare molto propenso ad aiutarci.*

propinare [pro-pi-nà-re] *v.tr.* Dare da bere qualcosa di nocivo, di sgradevole o di dubbio (anche in senso scherzoso): *propinare un veleno*; *cos'è questo miscuglio che mi avete propinato?*

propizio [pro-pì-zio] *agg.* Favorevole, adatto, opportuno: *aspettare l'occasione propizia*; *non mi sembra il momento propizio per parlargliene.*

proponimento [pro-po-ni-mén-to] *s.m.* Impegno preso con se stessi Ⓢ proposito, intenzione: *ho fatto proponimento di non bere più.*

proporre [pro-pór-re] *v.tr.* [coniugato come *porre*] Presentare, sottoporre qualcosa all'attenzione e alla valutazione altrui: *proporre un argomento di discussione*; *proporre un accordo, un affare, la pace* ◊ Offrire: *mi hanno proposto di andare in vacanza con loro* ◊ Suggerire qualcosa che si ritiene utile, giusto, opportuno: *propongo di rinviare la partenza*; *che cosa proponete di fare?* | *Proporre qualcuno per una carica, per una promozione, per un compito* = indicarlo come idoneo ♦ **proporsi** *v.pr.* Stabilire con se stesso Ⓢ prefiggersi: *si è proposto di cambiare vita*; *proporsi uno scopo, un compito.*

proporzionale [pro-por-zio-nà-le] *agg.* Che è in proporzione, corrispondente: *il guadagno deve essere proporzionale al lavoro svolto* | *Sistema proporzionale* = sistema elettorale in cui i seggi vengono assegnati in proporzione ai voti ottenuti (si contrappone a *maggioritario*).

proporzionato [pro-por-zio-nà-to] *agg.* Che presenta una giusta proporzione rispetto a un altro o ad altri elementi Ⓢ adeguato: *ha un peso proporzionato all'altezza*; *un compenso proporzionato alle sue capacità* | *Un corpo, un edificio (ben) proporzionato* = armonioso.

proporzione [pro-por-zió-ne] *s.f.* **1** Rapporto di misura tra due o più elementi o tra le diverse parti di un insieme; in partic. rapporto equilibrato, armonico, corrispondenza giusta, adeguata: *la proporzione tra le spese e le entrate è rimasta immutata*; *non c'è proporzione tra il suo costo e ilsuo valore*; *un corpo dalle proporzioni perfette* | *In proporzione* = in misura corrispondente; in rapporto: *le tasse sono in proporzione al reddito*; *guadagna poco in proporzione a quel che fa* **2** (spec. al *pl.*) Dimensione, estensione, entità: *un edificio di grosse proporzioni*; *un incendio, una crisi di vaste proporzioni.*

proposito [pro-pò-si-to] *s.m.* **1** Proponimento; intenzione: *ha fatto il proposito di cambiare vita*; *è venuto col proposito di aiutarci* | *Di proposito* = apposta: *l'ha fatto di proposito!* **2** *A questo proposito, in proposito* = su questo argomento, a questo riguardo: *vorrei delle spiegazioni in proposito* | *A proposito di* = riguardo a | *A che proposito?* = in riferimento a che cosa?: *a che proposito dici questo?* | *A proposito!* = si dice, in una conversazione, quando viene in mente un argomento collegato a quello di cui si stava discorrendo | *Giungere, capitare a proposito* = nel momento opportuno.

proposizione [pro-po-si-zió-ne] *s.f.* In grammatica, frase (nel senso di espressione linguistica dotata di senso compiuto): *qual è il soggetto di questa proposizione?*

proposta [pro-pó-sta] *s.f.* Offerta o suggerimento proposto all'attenzione, alla valutazione e all'accettazione altrui: *la tua proposta non mi convince*; *accettare una proposta di pace*; *le ha fatto una proposta di matrimonio.*

proprietà [pro-prie-tà] *s.f.* **1** Diritto di godere e disporre di una cosa in modo pieno ed esclusivo: *acquistare la proprietà di una casa*; *proprietà privata, pubblica* ◊ Ciò di cui si è proprietari (riferito spec. a case e terreni): *ha venduto tutte le sue proprietà* **2** Qualità, caratteristica particolare: *le proprietà della materia, di una sostanza*; *una pianta, un'erba che ha proprietà medicinali* **3** Precisione nell'uso delle parole: *esprimersi, parlare, scrivere con proprietà.*

proprietario [pro-prie-tà-rio] *s.m.* Chi ha la proprietà di qualcosa: *il proprietario di una casa, di un libro.*

proprio [prò-prio] *agg.* **1** Che appartiene alla persona o alla cosa a cui si fa riferimento Ⓢ suo, loro: *un padre che ama i propri figli*; *difendono i propri diritti*; *ogni camera ha il proprio bagno* **2** Particolare, caratteristico, tipico di qualcuno o qualcosa: *quella ragazza ha un modo proprio di sorridere*; *il linguaggio è proprio dell'uomo* | *Nomi propri* = vedi *nome* **3** Appropriato, adatto: *questo non è il momento più proprio per parlarne* | *Senso proprio* = il significato originario, fondamentale di una parola e non quello estensivo o figurato ♦ *s.m.* Ciò che è proprietà di qualcuno, le proprie sostanze: *in quell'affare ci ha rimesso del proprio* | *Lavorare in proprio* = per conto proprio, senza dipendere da altri ♦ *avv.* **1** Veramente, davvero: *sono proprio stanco*; *non ne sapevo proprio nulla* **2** Precisamente, per l'appunto: *è proprio quello che mi aspettavo*; *stavo proprio per chiedertelo.*

propulsione [pro-pul-sió-ne] *s.f.* La forza di spinta necessaria per mettere e mantenere in moto un veicolo; il tipo di apparato o di energia che produce questa forza: *aerei con propulsione a elica*; *un sottomarino a propulsione atomica.*

prora [prò-ra] *s.f.* Prua.

proroga [prò-ro-ga] *s.f.* Prolungamento, rinvio di una scadenza Ⓢ dilazione: *c'è stata una proroga di dieci giorni del termine per le iscrizioni.*

prorogare [pro-ro-gà-re] *v.tr.* [*pròrogo, pròroghi*] Prolungare o rinviare oltre il limite di tempo prestabilito: *gli hanno prorogato l'incarico di un anno; il termine di presentazione delle domande di assunzione è stato prorogato di un mese.*

prorompere [pro-róm-pe-re] *v.intr.* [coniugato come *rompere*; aus. *avere*] Uscire fuori con violenza, con impeto: *l'acqua prorompeva dallo squarcio nella diga* | *Prorompere in lacrime, in una risata* = scoppiare a piangere, a ridere.

prosa [prò-sa] *s.f.* **1** Ogni forma espressiva, orale e scritta, non vincolata dai ritmi e dalle regole della poesia: *prosa letteraria, scientifica; un'opera in prosa* **2** Opera o complesso di opere in prosa: *un'antologia della prosa italiana del Novecento* ◊ *(Teatro di) prosa* = quello comprendente commedie, drammi, tragedie i cui testi sono recitati e non cantati (come nel *teatro lirico*): *è iniziata la stagione di prosa; fare l'attore di prosa.*

proscenio [pro-scè-nio] *s.m.* Nei teatri, la parte anteriore del palcoscenico, al di qua del sipario Ⓢ ribalta.

prosciugare [pro-sciu-gà-re] *v.tr.* [*prosciùgo, prosciùghi*] Rendere asciutto, eliminando l'acqua: *prosciugare un lago, un terreno paludoso* ♦ *v.intr.* [aus. *essere*] e **prosciugarsi** *v.pr.* Diventare asciutto: *il lago (si) è prosciugato.*

prosciutto [pro-sciùt-to] *s.m.* Coscia di maiale salata e fatta seccare (o anche affumicata o cotta) e consumata a fette sottili: *un panino con il prosciutto crudo, cotto.*

prosecuzione [pro-se-cu-zió-ne] *s.f.* Proseguimento, continuazione, seguito: *hanno deciso la prosecuzione dei lavori.*

proseguimento [pro-se-gui-mén-to] *s.m.* Continuazione, prosecuzione, seguito | *Buon proseguimento!* = augurio di buona continuazione di un viaggio, di un'attività ecc.

proseguire [pro-se-guì-re] *v.tr.* Continuare Ⓒ interrompere: *proseguire il cammino, gli studi* ♦ *v.intr.* [aus. *avere* o anche *essere*, quando è riferito a cosa] Procedere, andare avanti Ⓢ continuare Ⓒ fermarsi: *proseguire negli studi; ha proseguito a parlare incurante delle interruzioni; le ricerche dei dispersi sono proseguite per tutta la notte.*

prosperare [pro-spe-rà-re] *v.intr.* [aus. *avere*] Andare, procedere bene; essere florido: *i suoi affari prosperano* ◊ Crescere, svilupparsi rigogliosamente: *nella nostra regione prospera la vite.*

prosperità [pro-spe-ri-tà] *s.f.* Floridezza, benessere: *è un periodo di prosperità economica; ti auguro ogni prosperità.*

prospero [prò-spe-ro] *agg.* Molto favorevole: *è stata un'annata prospera per l'agricoltura* ◊ Che è in ottime condizioni Ⓢ florido, fiorente: *ha una salute prospera; una regione prospera.*

prosperoso [pro-spe-ró-so] *agg.* Florido, fiorente: *una regione prosperosa* | *Una donna prosperosa* = formosa.

prospettare [pro-spet-tà-re] *v.tr.* Far presente qualcosa a qualcuno Ⓢ presentare, esporre: *gli ho prospettato le possibili soluzioni del caso* ♦ **prospettarsi** *v.pr.* Presentarsi in un certo modo Ⓢ apparire: *il caso si prospetta difficile.*

prospettiva [pro-spet-tì-va] *s.f.* **1** Nel disegno e nella pittura, la tecnica e l'operazione di rappresentare su una superficie piana gli oggetti tridimensionali e la profondità dello spazio in modo da riprodurre un'immagine analoga a quella della visione diretta: *disegnare un cubo, un paesaggio in prospettiva* **2** Veduta, panorama: *dalla torre si gode una bella prospettiva della città* ◊ ♧ Punto di vista dal quale si giudicano i fatti Ⓢ ottica **3** ♧ Eventualità, possibilità futura prevedibile: *la prospettiva del licenziamento lo angosciava; ha scarse prospettive di successo* | *Una situazione senza prospettive* = senza possibilità di sviluppi positivi.

prospetto [pro-spèt-to] *s.m.* **1** Facciata: *il prospetto di un palazzo, di una chiesa* | *Di prospetto* = di fronte **2** Tabella, schema, quadro sintetico: *il prospetto dei risultati elettorali.*

prospiciente [pro-spi-cièn-te] *agg.* Che guarda, è volto verso qualcosa: *abita in una villa prospiciente il mare.*

prossimamente [pros-si-ma-mén-te] *avv.* In un futuro prossimo, tra breve: *si sposeranno prossimamente.*

prossimità [pros-si-mi-tà] *s.f.* Grande vicinanza, nello spazio o nel tempo | *In prossimità* = nelle vicinanze: *la casa è in prossimità del lago.*

prossimo [pròs-si-mo] *agg.* **1** Molto vicino nello spazio o nel tempo futuro: *è caduto quando era prossimo al traguardo; il Natale è ormai prossimo* ◊ *Parente prossimo* = stretto **2** Che viene subito dopo nello spazio o nel tempo: *scendo alla prossima stazione; prenderò il prossimo aereo; ci vediamo il mese prossimo* **3** *Passato prossimo* = tempo del verbo che indica un'azione avvenuta in un passato recente o i cui effetti perdurano nel presente ♦ *s.m.* Gli altri: *ama il tuo prossimo come te stesso; non sta bene parlar male del prossimo.*

prostituirsi [pro-sti-tu-ìr-si] *v.pr.* Vendere il proprio corpo, la propria dignità e libertà morale e intellettuale.

prostituta [pro-sti-tù-ta] *s.f.* Donna che esercita la prostituzione.

prostituzione [pro-sti-tu-zió-ne] *s.f.* Vendita del proprio corpo a fini di guadagno, spec. come attività abituale.

prostrare [pro-strà-re] *v.tr.* Indebolire, fiaccare, abbattere: *la lunga malattia lo ha prostrato* ♦ **prostrarsi** *v.pr.* Gettarsi, piegarsi a terra, in segno di venerazione o di sottomissione: *prostrarsi davanti all'altare*; *si prostrò ai piedi del re.*

prostrato [pro-strà-to] *agg.* **1** Steso, inchinato a terra **2** Molto indebolito fisicamente o molto abbattuto moralmente.

prostrazione [pro-stra-zió-ne] *s.f.* Stato di grande debolezza fisica o di grave abbattimento morale.

protagonista [pro-ta-go-nì-sta] *s.m.f.* [pl.m. *–sti*] L'attore o l'attrice che interpreta il personaggio principale di un'opera teatrale, di un film o di uno spettacolo: *un film con un ottimo protagonista* ◊ Il personaggio principale di un'opera letteraria, teatrale o cinematografica ◊ Chi ha una parte attiva, un ruolo di primo piano in vicende e avvenimenti reali: *i protagonisti della storia.*

proteggere [pro-tèg-ge-re] *v.tr.* [pres. *protèggo, protèggi*; pass.rem. *protèssi, proteggésti*; part. pass. *protètto*] Coprire facendo da riparo, da difesa Ⓢ riparare: *l'ombrello protegge dalla pioggia*; *la fodera protegge la stoffa* ◊ Tutelare: *la legge deve proteggere tutti i cittadini* ◊ Difendere, aiutare; appoggiare, favorire: *proteggere i più deboli*; *fa carriera perché il direttore lo protegge* ♦ **proteggersi** *v.pr.* Difendersi, ripararsi: *proteggersi dal freddo con abiti pesanti.*

proteina [pro-te-ì-na] *s.f.* Sostanza organica presente in tutta la materia vivente e di grande importanza alimentare: *la carne, le uova, il latte, i legumi sono ricchi di proteine.*

protendere [pro-tèn-de-re] *v.tr.* [coniugato come *tendere*] Tendere in avanti, all'infuori: *protese le sue braccia verso di me* ♦ **protendersi** *v.pr.* Tendersi, sporgersi in avanti, all'infuori: *il promontorio si protende nel mare.*

protesi [prò-te-si] *s.f.* Apparecchio o elemento artificiale che sostituisce o integra un organo del corpo umano mancante o difettoso: *protesi dentaria, ortopedica.*

protesta [pro-tè-sta] *s.f.* Disapprovazione, opposizione decisa nei confronti di qualcuno o qualcosa, apertamente manifestata con parole o atti: *sciopero di protesta*; *le proteste del pubblico interruppero l'oratore*; *se ne è andato in segno di protesta.*

protestare [pro-te-stà-re] *v.intr.* [aus. *avere*] Esprimere la propria decisa disapprovazione e opposizione: *gli operai protestano contro i licenziamenti*; *il pubblico protestava per il ritardo.*

protettivo [pro-tet-tì-vo] *agg.* Che serve o tende a proteggere: *occhiali protettivi*; *una crema protettiva contro le scottature*; *ha un atteggiamento protettivo con i figli.*

protettore [pro-tet-tó-re] *agg.* e *s.m.* [f. *–trice*] Che, chi protegge, aiuta, favorisce: *la Società protettrice degli animali.*

protezione [pro-te-zió-ne] *s.f.* Riparo, difesa: *costruire un muro di protezione (contro i venti, contro le frane)*; *la lana assicura una buona protezione dal freddo* ◊ Attività protettrice, di difesa, di assistenza Ⓢ difesa, tutela: *la protezione della natura*; *Società per la protezione degli animali*; *prendere i più deboli sotto la propria protezione* ◊ Appoggio, favore, favoritismo: *ha fatto carriera a forza di protezioni.*

protocollo [pro-to-còl-lo] *s.m.* **1** Registro su cui, negli uffici pubblici, si annotano in ordine cronologico le lettere e i documenti in partenza o in arrivo **2** Il cerimoniale che regola lo svolgimento di incontri diplomatici, di visite e ricevimenti ufficiali: *rispettare il protocollo.*

protone [pro-tó-ne] *s.m.* Particella elementare di carica elettrica positiva; con il neutrone compone il nucleo dell'atomo

prototipo [pro-tò-ti-po] *s.m.* Primo esemplare, modello originario: *costruire il prototipo di un nuovo aereo.*

protrarre [pro-tràr-re] *v.tr.* [coniugato come *trarre*] Prolungare nel tempo, far durare più a lungo: *protrarre una discussione, una trattativa* ◊ Spostare in avanti nel tempo Ⓢ differire: *la chiusura dei negozi è stata protratta di un'ora* ♦ **protrarsi** *v.pr.* Durare, continuare: *le ricerche degli alpinisti dispersi si sono protratte fino a tarda notte.*

protuberanza [pro-tu-be-ràn-za] *s.f.* Sporgenza, parte gonfia sporgente: *un terreno pieno di protuberanze*; *ha una piccola protuberanza in fronte.*

prova [prò-va] *s.f.* **1** Ogni esame, esperimento o esperienza che serve a verificare o a dimostrare le caratteristiche e le qualità di qualcosa o di qualcuno: *sottoporre un motore a delle prove di collaudo*; *assumere un impiegato in prova*; *fare un tiro di prova*; *ho voluto mettere alla prova il suo coraggio* | *A prova di bomba* = molto resistente, inattaccabile: *una cassaforte a prova di bomba* ◊ Esame scolastico: *prove orali, scritte* **2** Esperienza di vita che impegna duramente: *ha dovuto affrontare la dura prova dell'emigrazione* **3** Gara sportiva: *vincere la prova di salto in lungo* **4** Esecuzione sperimentale di uno spettacolo che serve a preparare l'esecuzione definitiva davanti al pubblico: *fare le prove di una commedia, di un concerto* **5** Tentativo: *c'è riuscito alla prima prova* **6** Elemento, testimonianza, fatto o argomento che dimostra qualcosa: *ecco la prova della sua colpevolezza; è stato assolto per insufficienza di prove* ◊ Dimostrazione concreta: *dare prova di coraggio.*

provare [pro-và-re] *v.tr.* **1** Sottoporre a prova; sperimentare, verificare concretamente: *provare un motore, un prodotto, un nuovo metodo di cura* | *Provare un cibo, una bevanda* = assaggiarli | *Provare un vestito, un paio di scarpe* = metterseli per vedere se vanno bene ◊ Fare le prove di uno spettacolo: *gli attori stanno provando la nuova commedia* **2** Fare l'esperienza personale di qualcosa: *chi non ha provato la fame non sa che cos'è* **3** Sentire dentro di sé: *provare simpatia per qualcuno; provare piacere, dolore* **4** Cercare di riuscire a fare qualcosa Ⓢ tentare: *ho provato inutilmente a convincerlo; provare non costa niente* **5** Dimostrare con prove: *l'imputato è riuscito a provare in modo chiaro la sua innocenza.*

provato [pro-và-to] *agg.* **1** Affaticato, esausto: *alla fine della gara gli atleti apparivano provati* **2** Dimostrato, sicuro: *è un uomo di provata onestà.*

provenienza [pro-ve-nièn-za] *s.f.* Luogo da cui qualcuno o qualcosa viene Ⓢ origine: *gente, merci di varia provenienza.*

provenire [pro-ve-nì-re] *v.intr.* [coniugato come *venire*; aus. *essere*] **1** Venire da un luogo: *questi aranci provengono dalla Sicilia* **2** ♧ Avere origine, derivare: *proviene da una ricca famiglia; una parola che proviene dal greco.*

provento [pro-vèn-to] *s.m.* Entrata, reddito, guadagno: *vive dei proventi del suo lavoro.*

proverbio [pro-vèr-bio] *s.m.* Breve detto popolare che esprime una regola di vita, un giudizio, un consiglio basati sull'esperienza.

provetta [pro-vét-ta] *s.f.* Tubetto di vetro, chiuso a un'estremità, usato normalmente per le analisi di laboratorio.

provetto [pro-vét-to] *agg.* Molto esperto e abile: *un guidatore, uno scalatore provetto.*

provider [parola inglese; pron. corrente *provàider*] *s.m. invar.* Azienda che offre agli utenti il servizio di accesso alla rete Internet.

provincia [pro-vìn-cia] *s.f.* [pl. *–ce* o *–cie*] **1** Nell'ordinamento statale italiano, territorio amministrativo costituito da più comuni confinanti che fanno capo a una città capoluogo: *la provincia di Savona, di Forlì, di Enna* ◊ L'amministrazione di tale territorio, i suoi uffici, la sua sede: *il presidente della provincia; lavora alla provincia* **2** Le città minori e i piccoli centri abitati, contrapposti alle grandi città: *abitare in provincia; la vita di provincia offre pochi svaghi.*

provinciale [pro-vin-cià-le] *agg.* **1** Della provincia (come territorio ed ente amministrativo): *territorio, strada provinciale; consiglio, giunta provinciale* **2** Tipico della provincia, della gente di provincia (per lo più con il senso spregiativo di «arretrato, ristretto, rozzo»): *mentalità provinciale; gusti provinciali.*

provino [pro-vì-no] *s.m.* Breve prova di recitazione fatta per verificare le capacità e le attitudini di un aspirante attore: *lo hanno chiamato a sostenere un provino cinematografico.*

provocante [pro-vo-càn-te] *agg.* Che attira l'interesse ed eccita il desiderio erotico: *una donna, un abito, un'occhiata provocante.*

provocare [pro-vo-cà-re] *v.tr.* [*pròvoco, pròvochi*] **1** Causare, determinare: *l'alluvione ha provocato gravi danni* **2** Indurre altri a una reazione violenta irritandoli con parole o atti ostili, offensivi o di sfida: *io ho fatto male a reagire, ma è stato lui a provocarmi!*

provocazione [pro-vo-ca-zió-ne] *s.f.* Atto, comportamento, discorso offensivo o di sfida che mira a irritare e a provocare una reazione violenta: *state calmi e non reagite a nessuna provocazione!*

provvedere [prov-ve-dé-re] *v.intr.* [coniugato come *vedere*, fuorché nel fut. *provvederò* e nel cond. *provvederèi*; aus. *avere*] Occuparsi di fare qualcosa: *provvederò io a informarlo* ◊ Curarsi di procurare o disporre quanto è necessario per soddisfare un'esigenza, un bisogno: *il padre provvede al mantenimento della famiglia; non hanno ancora provveduto a riparare il guasto* ♦ *v.tr.* Procurare: *provvedere l'occorrente per il viaggio* ♦ **provvedersi** *v.pr.* Munirsi, fornirsi di qualcosa: *provvedersi dell'attrezzatura necessaria.*

provvedimento [prov-ve-di-mén-to] *s.m.* Misura con cui si provvede a far fronte a una situazione, a una necessità: *il governo ha deciso di prendere dei provvedimenti per combattere la criminalità, per diminuire la disoccupazione* | *Provvedimento disciplinare* = punizione.

provvidenza [prov-vi-dèn-za] *s.f.* **1** Nella religione cristiana, l'azione con cui Dio interviene costantemente sul mondo, sulla natura e sulla storia dirigendoli a fini ultimi di bene: *confidare nella (divina) provvidenza* **2** Fatto, avvenimento favorevole, di grande aiuto: *questa pioggia è stata una vera provvidenza per la campagna.*

provvidenziale [prov-vi-den-zià-le] *agg.* Che giunge opportuno, è di grande aiuto, costituisce una fortuna: *il tuo arrivo è stato provvidenziale.*

provvisorio [prov-vi-sò-rio] *agg.* Non stabile, non fisso, non definitivo Ⓢ temporaneo, transitorio: *trovare un impiego provvisorio*; *un risultato provvisorio.*

provvista [prov-vì-sta] *s.f.* Ciò che si è messo da parte per necessità future Ⓢ scorta: *abbiamo abbondanti provviste di generi alimentari* ◊ Rifornimento di quanto è necessario: *fare provvista di olio, di pasta, di legna.*

provvisto [prov-vì-sto] *agg.* Dotato, fornito: *una casa provvista di ogni comodità.*

prua [prù-a] *s.f.* Parte anteriore di una nave o di un'imbarcazione Ⓢ prora Ⓒ poppa ◊ Parte anteriore di un aereo o di un altro velivolo.

prudente [pru-dèn-te] *agg.* Che agisce, si comporta con prudenza Ⓢ cauto, giudizioso: *un uomo, un guidatore prudente* ◊ Che denota prudenza: *tenere un atteggiamento prudente.*

prudenza [pru-dèn-za] *s.f.* Qualità di chi si comporta in modo da evitare il più possibile pericoli o errori Ⓢ cautela, attenzione Ⓒ imprudenza: *agire, guidare, parlare con prudenza.*

prudere [prù-de-re] *v.intr.* Dare prurito: *mi prude la schiena.*

prugna [prù-gna] *s.f.* Susina.

prugno [prù-gno] *s.m.* Susino.

pruno [prù-no] *s.m.* Arbusto selvatico spinoso che produce piccoli frutti di sapore aspro: *una siepe, un cespuglio di pruni.*

prurito [pru-rì-to] *s.m.* Sensazione fastidiosa di irritazione alla pelle, che induce a grattarsi per eliminarla.

pseudonimo [pseu-dò-ni-mo] *s.m.* Nome finto, usato spec. da autori che non vogliono firmare con il loro vero nome i loro scritti, o anche da attori, da cantanti ecc., come nome d'arte.

psiche [psì-che] *s.f.* La parte spirituale dell'uomo, come complesso delle funzioni e dei processi (pensieri, sentimenti, sensazioni) della sua mente e della sua coscienza.

psichiatra [psi-chià-tra] *s.m.f.* [pl.m. *–tri*] Medico specializzato in psichiatria.

psichiatria [psi-chia-trì-a] *s.f.* Parte della medicina che si occupa dello studio e della cura delle malattie mentali.

psichiatrico [psi-chià-tri-co] *agg.* [pl.m. *–ci*] Che riguarda la psichiatria, la cura delle malattie mentali: *malattie psichiatriche*; *ospedale psichiatrico.*

psichico [psì-chi-co] *agg.* [pl.m. *–ci*] Della psiche, che riguarda la mente, la coscienza: *la sciagura gli ha causato un trauma psichico*; *soffrire di disturbi psichici.*

psicologia [psi-co-lo-gì-a] *s.f.* **1** Scienza che studia i fenomeni della psiche umana (emozioni, sentimenti, istinti, volontà ecc.) e il comportamento degli animali **2** Modo di pensare, di sentire, di reagire caratteristico di un individuo o di una categoria di persone: *non riesco a capire la psicologia di quell'uomo*; *la psicologia dei consumatori.*

psicologico [psi-co-lò-gi-co] *agg.* [pl.m. *–ci*] **1** Che concerne la psicologia come scienza: *teorie psicologiche* **2** Che riguarda la psiche di una persona, di un gruppo: *è un ragazzo con problemi psicologici*; *fare un'acuta osservazione psicologica.*

psicologo [psi-cò-lo-go] *s.m.* [pl.m. *–gi*] **1** Studioso, specialista di psicologia **2** Persona capace di intuire gli stati d'animo e le reazioni altrui: *si è dimostrato un buono psicologo, ha capito subito quali erano i suoi problemi.*

psicosi [psi-cò-si] *s.f.* **1** Grave malattia mentale, caratterizzata da perdita di contatto con la realtà, deliri e allucinazioni **2** Eccitazione o paura collettiva, esasperata e incontrollata, che si diffonde in determinate situazioni: *la psicosi degli esami, degli attentati.*

psicosomatico [psi-co-so-mà-ti-co] *agg.* [pl.m. *–ci*] Che riguarda sia la psiche che il corpo: *malattie psicosomatiche.*

psicoterapia [psi-co-te-ra-pì-a] *s.f.* Qualsiasi metodo di cura dei problemi e dei disturbi psichici basato essenzialmente su una serie di colloqui tra medico e paziente (con l'esclusione di farmaci o di altre tecniche): *sta facendo una psicoterapia.*

puah [puàh] *inter.* Esprime disgusto o disprezzo: *puah, che schifo!*

pubblicare [pub-bli-cà-re] *v.tr.* [*pùbblico, pùbblichi*] Diffondere, far conoscere al pubblico per mezzo della stampa: *pubblicare una notizia, un articolo, un giornale, un libro.*

pubblicazione [pub-bli-ca-zió-ne] *s.f.* **1** Diffusione a mezzo stampa: *iniziare la pubblicazione di una rivista*; *chiedere la pubblicazione di una notizia* **2** Opera, libro, periodico pubblicato: *la vetrina della libreria espone le ultime pubblicazioni.*

pubblicità [pub-bli-ci-tà] *s.f.* **1** Diffusione, divulgazione tra il pubblico: *dare grande pubblicità a una notizia* **2** Attività diretta a richiamare l'attenzione del pubblico su un prodotto, per incrementarne le vendite: *una ditta che investe milioni in pubblicità*; *agenzia di pubblicità* ◊ Annuncio, comunicato pubblicitario: *una rivista con molte pagine di pubblicità.*

pubblicitario [pub-bli-ci-tà-rio] *agg.* Di pubblicità: *campagna pubblicitaria*; *cartellone, annuncio pubblicitario.*

pubblicizzare [pub-bli-ciz-zà-re] *v.tr.* Far conoscere al pubblico mediante la pubblicità: *pubblicizzare un prodotto.*

pubblico [pùb-bli-co] *agg.* [pl.m. *–ci*] **1** Che riguarda, interessa tutti i cittadini: *tutelare la salute pubblica, l'ordine pubblico* | *Vita pubblica* = vita politica ◊ Che rientra nell'ambito dello stato, dei suoi organi, delle sue funzioni: *scuole, opere pubbliche*; *lavora nella pubblica amministrazione* | *Forza pubblica* = la polizia **2** Di tutti: *informare l'opinione pubblica* ◊ Noto a tutti: *rendere pubblica una notizia* ◊ Aperto a tutti; che tutti possono frequentare o utilizzare Ⓒ privato: *una riunione pubblica, in luogo pubblico*; *locali, giardini, servizi, trasporti pubblici* ♦ *s.m.* L'insieme della popolazione, la gente: *giardino aperto al pubblico* | *In pubblico* = in luogo pubblico, di fronte a tutti, ad altri: *parlare, cantare in pubblico*; *non puoi presentarti in pubblico in queste condizioni* ◊ Il complesso delle persone che assistono a uno spettacolo, a una manifestazione, a una trasmissione radiotelevisiva: *il pubblico applaudì il cantante*; *allo stadio c'era un pubblico numeroso*; *una trasmissione che ha avuto un grande successo di pubblico* ◊ Insieme di persone unite da qualche interesse comune: *il pubblico dei lettori, degli appassionati di musica.*

pubertà [pu-ber-tà] *s.f.* Periodo della vita, in genere compreso tra gli 11 e i 15 anni, in cui nell'uomo e nella donna iniziano le funzioni sessuali e si sviluppano altri caratteri sessuali (crescita del seno, della barba ecc.).

pudicizia [pu-di-cì-zia] *s.f.* Forte senso del pudore; atteggiamento pieno di pudore.

pudico [pu-dì-co] *agg.* [pl.m. *–chi*] Che rivela pudore: *una ragazza pudica*; *uno sguardo pudico.*

pudore [pu-dó-re] *s.m.* **1** Sentimento di ritegno, di riservatezza verso ciò che riguarda la sfera sessuale e intima: *sentendo quelle parole arrossì per pudore*; *spettacoli che offendono il pudore* **2** Senso di rispetto di sé e degli altri Ⓢ ritegno: *continuava a mentire senza pudore*; *cerca di avere almeno il pudore di tacere!*

puerile [pue-rì-le] *agg.* Degno di un bambino, che rivela immaturità: *ha un comportamento puerile.*

puerpera [pu-èr-pe-ra] *s.f.* Donna che ha partorito da poco.

pugilato [pu-gi-là-to] *s.m.* Sport di combattimento nel quale si affrontano due atleti colpendosi con pugni protetti da guantoni imbottiti Ⓢ boxe: *un incontro di pugilato.*

pugile [pù-gi-le] *s.m.* Atleta che pratica il pugilato.

pugnalare [pu-gna-là-re] *v.tr.* Colpire qualcuno con un pugnale.

pugnalata [pu-gna-là-ta] *s.f.* Colpo dato con un pugnale.

pugnale [pu-gnà-le] *s.m.* Arma costituita da una corta lama a doppio taglio e con punta acuta.

pugno [pù-gno] *s.m.* **1** Mano chiusa, con le dita serrate contro il palmo: *stringeva in pugno un'arma* **2** Colpo dato con la mano chiusa: *dare, ricevere un pugno* | *Fare a pugni* = lottare coi pugni, azzuffarsi **3** Quantità di qualcosa che può stare nella mano serrata: *un pugno di sale, di riso, di terra* ◊ ♧ Piccola quantità, numero esiguo: *l'ha venduto per un pugno di soldi*; *solo un pugno di eroi restò a difesa della città.*

pulce [pùl-ce] *s.f.* Piccolo insetto parassita dell'uomo e di vari animali; succhia il sangue e può trasmettere gravi malattie | ♧ *Mettere una pulce nell'orecchio* = far sorgere un dubbio, un sospetto, un'idea in qualcuno.

pulcino [pul-cì-no] *s.m.* Il piccolo della gallina e di altri gallinacei | *Bagnato come un pulcino* = bagnato fradicio.

puledro [pu-lé-dro] *s.m.* Cavallo giovane.

puleggia [pu-lég-gia] *s.f.* Ruota montata su un asse rotante che trasmette un moto rotatorio ad altri elementi mediante cinghie, funi o catene.

pulire [pu-lì-re] *v.tr.* [*pulìsco, pulìsci*] Togliere lo sporco, la polvere: *devo pulire il pavimento*; *vai a pulirti le mani* ◊ Liberare da ciò che è dannoso o inutilizzabile: *abbiamo pulito il giardino dalle erbacce*; *pulire le verdure.*

pulito [pu-lì-to] *agg.* **1** Privo di sporcizia, di macchie, di rifiuti Ⓢ netto Ⓒ sporco: *tenere la casa pulita*; *lenzuola, mani pulite*; *una città con le strade pulite* ◊ *Una persona pulita* = che cura la pulizia personale **2** ♧ Onesto: *un affare poco pulito* ◊ Privo di colpe, di responsabilità: *mi sento la coscienza pulita.*

A B C D E F G H I J K L M N O P Q **P** S T U V W X Y Z

pulitura [pu-li-tù-ra] *s.f.* L'operazione di pulire.

pulizia [pu-li-zì-a] *s.f.* **1** L'essere, il tenersi pulito: *una casa che non brilla per pulizia*; *curare la pulizia personale* **2** Il lavoro di pulire: *fare le pulizie (della casa).*

pullman [parola inglese; pron. corrente *pùlman*] *s.m.invar.* Autobus da turismo dotato in genere di particolari comodità.

pullulare [pul-lu-là-re] *v.intr.* [aus. *avere*] Essere pieno, gremito: *la spiaggia pullulava di bagnanti.*

pulmino [pul-mì-no] *s.m.* Piccolo pullman.

pulsante [pul-sàn-te] *s.m.* Bottone, tasto che si preme per azionare un meccanismo.

pulsare [pul-sà-re] *v.intr.* [aus. *avere*] **1** Battere, palpitare (detto del cuore e delle arterie) **2** ♧ Essere pieno di vitalità, di attività, di movimento.

pulsazione [pul-sa-zió-ne] *s.f.* Battito ritmico del cuore e delle arterie: *controllare il numero delle pulsazioni al minuto.*

pulviscolo [pul-vì-sco-lo] *s.m.* Polvere finissima | *Pulviscolo atmosferico* = massa di particelle microscopiche sospese nell'aria.

pungente [pun-gèn-te] *agg.* **1** Che punge, pizzica: *ha una barba pungente* ◊ ♧ Intenso, acuto, penetrante: *c'era un freddo pungente*; *un odore pungente* **2** ♧ Che offende, ferisce moralmente: *una frase, un'allusione pungente.*

pungere [pùn-ge-re] *v.tr.* [pres. *pùngo, pùngi*; pass.rem. *pùnsi, pungésti*; part.pass. *pùnto*] **1** Trafiggere leggermente la pelle con una punta sottile: *pungersi il dito con uno spillo*; *mi ha punto una vespa* **2** Pizzicare, irritare la pelle dando una sensazione di piccole punture: *mi pungi con quella barba ispida!*; *oggi il freddo punge.*

pungiglione [pun-gi-glió-ne] *s.m.* Aculeo con cui api, vespe, zanzare, scorpioni e altri animali inoculano il veleno o delle sostanze irritanti.

pungolare [pun-go-là-re] *v.tr.* Incitare, stimolare, spronare: *per farlo studiare bisogna pungolarlo continuamente.*

pungolo [pùn-go-lo] *s.m.* **1** Bastone dalla punta acuminata, usato dai contadini per stimolare i buoi al lavoro **2** ♧ Stimolo, sprone: *essere mosso dal pungolo del bisogno, dell'ambizione.*

punire [pu-nì-re] *v.tr.* [*punìsco, punìsci*] Colpire con una pena o con un castigo: *punire un colpevole, un reato*; *è stato punito per aver disobbedito.*

punizione [pu-ni-zió-ne] *s.f.* **1** L'atto del punire: *la punizione di un reato, di una colpa* ◊ Pena o castigo: *gli hanno inflitto una dura punizione*; *per punizione non andrai al cinema* **2** Nel calcio e in altri sport, tiro concesso dall'arbitro a favore della squadra che ha subito un fallo.

punta [pùn-ta] *s.f.* **1** Estremità acuminata e pungente di qualcosa: *la punta del pugnale, delle forbici, del chiodo* ◊ Estremità di qualcosa: *la punta del naso, della lingua, dei capelli*; *camminare in punta di piedi* **2** Cima di un monte: *scalare una punta rocciosa* ◊ Piccola sporgenza della costa: *oltre quella punta c'è una spiaggia* **3** ♧ Massima intensità o frequenza di un fenomeno Ⓢ picco: *la punta massima del caldo, del freddo*; *la punta delle partenze per le ferie è ai primi d'agosto* | *Ore di punta* = quelle in cui è più intenso il traffico, il consumo di energia, l'uso del telefono e simili **4** Minima quantità (anche ♧): *aggiungi una punta di sale alla minestra*; *nelle sue parole c'era una punta d'invidia* **5** Nel calcio e in altri sport, giocatore avanzato Ⓢ attaccante: *una squadra che gioca con due, con tre punte.*

puntale [pun-tà-le] *s.m.* Rivestimento o rinforzo metallico applicato alla punta di un oggetto: *il puntale del bastone, dell'ombrello.*

puntare [pun-tà-re] *v.tr.* **1** Appoggiare con forza, premendo: *puntò il remo sulla sponda per allontanare la barca*; *il bandito gli puntò il pugnale alla gola* **2** Dirigere, rivolgere verso o contro un punto determinato: *puntare lo sguardo su qualcuno*; *la nave puntò la prua a nord*; *mi ha puntato contro la pistola* **3** Scommettere una somma di denaro: *puntare una forte somma su un cavallo*; *puntare sul rosso, sul nero* ♦ *v.intr.* [aus. *avere*] **1** Dirigersi verso un luogo, verso una direzione: *vinta la battaglia, l'esercito puntò sulla capitale* ◊ ♧ Mirare con grande impegno a un obiettivo: *la nostra squadra punta allo scudetto*; *puntare al successo, a una carica* **2** ♧ Contare, fare assegnamento su qualcosa o su qualcuno: *punta molto sulla sua forza di volontà*; *punto su di te per ottenere quel posto.*

puntata[1] [pun-tà-ta] *s.f.* **1** Breve escursione in un luogo: *quando sei a Genova ti consiglio di fare una puntata a Portofino* ◊ Nel calcio, rapida azione d'attacco: *l'attaccante ha fatto una puntata a rete* **2** Scommessa di una somma di denaro al gioco; la somma che si scommette: *fare una puntata sul rosso*; *raddoppiare la puntata.*

puntata[2] [pun-tà-ta] *s.f.* Ognuna delle parti di un'opera pubblicata in fascicoli separati o in numeri successivi di un periodico; ognuna delle parti di una trasmissione radiotelevisiva mandata in onda in più riprese successive: *romanzo a puntate*; *hai visto l'ultima puntata dello sceneggiato?*

puntatore [pun-ta-tó-re] *s.m.* Immagine del punto in cui sta operando il *mouse* sullo schermo del computer. Si sposta muovendo il *mouse* stesso e ha in genere la forma di una freccetta, ma può assumerne altre a seconda dell'azione che si sta compiendo (per es. sopra i *link* diventa una manina).

punteggiatura [pun-teg-gia-tù-ra] *s.f.* L'insieme dei segni (punto, virgola ecc.) che separano le parti di un testo scritto, suggerendo le pause e l'intonazione della voce nella lettura: *devi scrivere facendo più attenzione alla punteggiatura.*

punteggio [pun-tég-gio] *s.m.* Il numero dei punti ottenuti in una gara, in un gioco, in un concorso, in un esame: *riportare un punteggio alto, basso* | *Punteggio pieno* = il massimo possibile.

puntellare [pun-tel-là-re] *v.tr.* Sorreggere, rinforzare con dei puntelli o con altri elementi di sostegno: *puntellare un muro, un edificio pericolante.*

puntello [pun-tèl-lo] *s.m.* **1** Trave, sbarra di legno o di ferro posta come sostegno di muri, gallerie o altre strutture che rischiano di crollare **2** ♧ Sostegno: *è lui il puntello della famiglia.*

punteruolo [pun-te-ruò-lo] *s.m.* Ferro sottile e appuntito usato per praticare e allargare fori.

puntiglio [pun-tì-glio] *s.m.* **1** Ostinazione senza motivo, solo per orgoglio: *non vuole accettare solo per puntiglio* **2** Grande impegno e tenacia: *studia con puntiglio.*

puntina [pun-tì-na] *s.f. Puntina da disegno* = specie di chiodino con testa larga e piatta, usato per fissare fogli di carta a un supporto.

puntino [pun-tì-no] *s.m.* Piccolo punto: *la nave all'orizzonte si ridusse a un puntino* | ♧ *Mettere i puntini sulle i* = precisare, puntualizzare come stanno le cose | ♧ *A puntino* = alla perfezione, come si deve: *fare qualcosa a puntino*; *l'arrosto è cotto a puntino.*

punto [pùn-to] *s.m.* **1** Piccolo segno grafico (.) che si fa con la punta della penna o della matita; si mette sulla *i* minuscola, dopo un'abbreviazione e alla fine di un periodo | *Punto e virgola* (;) = segno grafico che indica una pausa più breve del punto ma più lunga della virgola | *Punto interrogativo* (?), *esclamativo* (!) = segni grafici che indicano tono di domanda o di esclamazione | *Due punti* (:) = segno grafico che introduce un discorso diretto, un elenco, una spiegazione **2** Oggetto o segno molto piccolo o che appare tale per la distanza: *la nave era un punto all'orizzonte*; *una gonna bianca con punti rossi* **3** Luogo, posizione nello spazio | *Punti cardinali* = quelli che indicano i principali punti di orientamento sull'orizzonte (nord, sud, est, ovest) | *Punto di vista* = quello da cui si osserva qualcosa; ♧ modo di vedere, di giudicare le cose Ⓢ idea, opinione: *qual è il vostro punto di vista?* | ♧ *Punto morto* = situazione bloccata, stato di difficoltà insuperabile: *la trattativa era giunta a un punto morto* ◊ Luogo determinato, posto: *la sua casa è nel punto più alto della città*; *tornare al punto di partenza*; *il tubo si è rotto in tre punti*; *in che punto del corpo ti fa male?* **4** Parte di uno scritto, di un discorso, di un'opera Ⓢ passo, brano: *i punti più belli di un romanzo, di un film, di una sinfonia* ◊ Elemento, argomento, questione: *i punti fondamentali di un accordo*; *i punti all'ordine del giorno*; *siamo d'accordo su tutti i punti* **5** Grado, livello, limite: *l'arrosto è a un buon punto di cottura*; *sono soddisfatto solo fino a un certo punto* | *Mettere a punto una macchina, un motore* = metterli nelle migliori condizioni di funzionamento ◊ Stato di avanzamento di un'attività: *a che punto è il lavoro?*; *siamo a buon punto* ◊ Momento particolare: *a un certo punto me ne sono accorto* | *Essere in punto di morte* = prossimo a morire | *Essere sul punto di* = stare per: *era sul punto di andarsene* | *Sono le sette, le dieci in punto* = esatte | *Di punto in bianco* = all'improvviso **6** Ognuna delle unità che costituiscono un elemento di valutazione in competizioni sportive, giochi, tornei, concorsi, esami e nelle quotazioni di borsa: *vincere per un punto*; *la squadra che ha più punti in classifica*; *è stato promosso col massimo dei punti* **7** Ogni singolo elemento di una cucitura, cioè ogni tratto di filo tra due fori successivi fatti dall'ago nella stoffa | *Dare un punto, due punti* = fare una piccola, rapida cucitura ◊ Ogni singolo elemento di sutura di una ferita: *gli hanno dato sei punti*; *togliere i punti.*

puntuale [pun-tu-à-le] *agg.* Che arriva all'ora stabilita, che rispetta con precisione le scadenze, gli impegni presi, senza ritardi: *non è mai puntuale agli appuntamenti*; *il treno oggi è puntuale*; *una ditta sempre puntuale nelle consegne.*

puntualità [pun-tua-li-tà] *s.f.* Precisione nel rispettare i tempi e gli impegni stabiliti: *è una persona che tiene molto alla puntualità.*

puntualmente [pun-tual-mén-te] *avv.* **1** Con puntualità, in orario: *il treno è arrivato puntualmente* **2** Punto per punto: *ha risposto puntualmente a tutte le obiezioni.*

puntura [pun-tù-ra] *s.f.* **1** Ferita superficiale provocata dalla penetrazione nella pelle di un corpo sottile e acuminato: *la puntura di uno spillo, di una spina, di un'ape* **2** Iniezione.

punzecchiare [pun-zec-chià-re] *v.tr.* **1** Pungere leggermente e ripetutamente: *le zanzare continuano a punzecchiarmi* **2** ♧ Molestare, irritare con parole pungenti, piccoli dispetti: *non fa che punzecchiarlo tutto il giorno* ♦ **punzecchiarsi**

v.pr. Provocarsi, molestarsi a vicenda: *smettetela di punzecchiarvi!*

pupa [pù-pa] *s.f.* **1** Bambina ◊ Ragazza: *che bella pupa!* **2** Stadio di sviluppo di molti insetti, successivo a quello di larva e precedente quello adulto Ⓢ ninfa.

pupazzo [pu-pàz-zo] *s.m.* **1** Fantoccio: *pupazzo di stoffa, di neve* **2** ♧ Persona senza carattere, debole e indecisa, che si fa manovrare dagli altri.

pupilla [pu-pil-la] *s.f.* Apertura circolare al centro dell'iride dell'occhio, attraverso la quale passano i raggi luminosi ◊ Iride; occhio: *ha le pupille azzurre*; *guardami bene nelle pupille!*

pupillo [pu-pil-lo] *s.m.* Persona che gode della particolare protezione e predilezione di qualcuno: *è il pupillo della maestra, del direttore.*

purché [pur-ché] *congz.* A patto che, a condizione che: *t'aspetterò purché ti sbrighi.*

L'accento sulla e di *purché* è acuto (come in *perché, poiché, finché* ecc.): attenzione a non sbagliarlo, soprattutto quando scrivi al computer.

pure [pù-re] *congz.* [spesso nella forma tronca *pur*] **1** Anche (se), sebbene: *pur potendo, non l'ha fatto*; *fosse pure d'oro, non lo vorrei* | *Sia pure* = anche se: *non verrò, sia pure a malincuore* **2** Tuttavia, eppure: *non se lo merita, pure lo aiuterò* **3** *Pur di* = al solo scopo di: *farei qualsiasi cosa pur di non dargliela vinta* ♦ *avv.* **1** Anche: *verrà pure lui alla festa*; *ammettiamo pure che tu abbia ragione* **2** In alcune espressioni ha un generico valore rafforzativo: *resta pure seduto*; *dovrai pure deciderti prima o poi.*

purè [pu-rè] *s.m.* Passato di patate o di altre verdure o legumi lessati, talvolta con aggiunta di latte e burro: *arrosto con purè*; *purè di piselli.*

purezza [pu-réz-za] *s.f.* **1** Il fatto, la qualità di essere puro: *purezza dell'aria, dell'acqua*; *un diamante di grande purezza* **2** ♧ Integrità, onestà; castità: *purezza d'animo, di vita, di costumi.*

purga [pùr-ga] *s.f.* Medicinale che ha l'effetto di provocare l'evacuazione dell'intestino.

purgante [pur-gàn-te] *s.m.* Purga.

purgatorio [pur-ga-tò-rio] *s.m.* Nella dottrina cattolica, il luogo e lo stato ultraterreno in cui le anime salve espiano i loro peccati e si purificano prima di poter andare in paradiso.

purificare [pu-ri-fi-cà-re] *v.tr.* [*purìfico, purìfichi*] Liberare da scorie o impurità Ⓢ depurare: *purificare l'acqua, l'aria.*

purificazione [pu-ri-fi-ca-zió-ne] *s.f.* Liberazione da scorie, da impurità: *la purificazione di un metallo*; *un impianto per la purificazionedell'acqua.*

puro [pù-ro] *agg.* **1** Non mescolato con altre sostanze, privo di elementi estranei: *seta, lana pura*; *oro, argento puro*; *parlare in puro italiano, in puro dialetto* | *Vino puro* = genuino e senza aggiunta di acqua | *Acqua, aria pura* = non inquinata, limpida, sana **2** Solo, semplice, esclusivo: *l'ho saputo per puro caso*; *ti ho detto la pura verità* **3** ♧ Non contaminato da colpa o peccato Ⓢ onesto, innocente, casto: *le mie mani sono pure*; *ha un animo puro*; *una ragazza pura.*

purosangue [pu-ro-sàn-gue] *agg.invar.* e *s.m.f. invar.* Detto di animale (e spec. di cavallo da corsa) di razza pura.

purtroppo [pur-tròp-po] *avv.* Sfortunatamente, disgraziatamente: *purtroppo non posso aiutarti.*

pus [pus] *s.m.* Materia semiliquida, densa e giallastra, che si forma nei tessuti del corpo in seguito a infiammazioni e infezioni: *dalla ferita usciva del pus.*

pustola [pù-sto-la] *s.f.* Vescichetta sulla superficie della pelle contenente pus: *una pustola infetta.*

putiferio [pu-ti-fè-rio] *s.m.* Scenata, litigio particolarmente violenti e rumorosi: *se lo viene a sapere fa un putiferio*; *è successo un putiferio* ◊ Grande schiamazzo, strepito, fracasso: *smettetela con questo putiferio.*

putrefatto [pu-tre-fàt-to] *agg.* Decomposto, marcito: *un cadavere putrefatto.*

putrefazione [pu-tre-fa-zió-ne] *s.f.* Decomposizione cui è soggetta la materia organica: *una carogna, un cadavere in avanzato stato di putrefazione.*

putrido [pù-tri-do] *agg.* Che è in stato di putrefazione Ⓢ marcio: *questa carne è putrida*; *legno putrido.*

puttana [put-tà-na] *s.f.* Prostituta (nel linguaggio volgare e con senso spregiativo).

puzza [pùz-za] *s.f.* Puzzo.

puzzare [puz-zà-re] *v.intr.* [aus. *avere*] **1** Mandare un cattivo odore: *questa carne puzza*; *la sua camicia puzza sempre di sudore* **2** ♧ Dare la sensazione, avere l'aria di essere (una cosa negativa, sospetta): *questa faccenda puzza d'imbroglio.*

puzzo [pùz-zo] *s.m.* **1** Cattivo odore Ⓒ profumo: *puzzo di uova marce, di fogna, di fumo* **2** ♧ Sentore, indizio: *in questa faccenda c'è puzzo d'imbroglio.*

puzzolente [puz-zo-lèn-te] *agg.* Che puzza Ⓢ fetido: *lavati, hai i piedi puzzolenti!*; *una fogna puzzolente.*

q, Q

q *s.f.* o *m.* Quindicesima lettera dell'alfabeto italiano, nel quale è sempre seguita dalla *u*; è una consonante e quando è da sola si pronuncia *cu*. Si raddoppia solo nella parola *soqquadro*, mentre negli altri casi la forma raddoppiata è *cq* (*acqua*, *acquisto*).

qua [quà] *avv.* In questo luogo, in questo posto Ⓢ qui Ⓒ là, lì: *restate qua*; *siediti qua* ◊ *Qua e là, di qua e di là, in qua e in là* = in diversi posti, in varie direzioni: *fogli sparsi qua e là*; *correre di qua e di là* ◊ *Di qua* = da questo luogo: *di qua non mi muovo* | *Di qua, per di qua* = da questa parte, per questa strada: *passiamo (per) di qua* ◊ *In qua* = a questa parte, ad oggi: *da un anno in qua sono cambiate molte cose.*

quaderno [qua-dèr-no] *s.m.* Fascicolo di fogli cuciti insieme, con copertina, per usi scolastici, appunti, conti ecc.: *quaderno a righe, a quadretti.*

quadrante [qua-dràn-te] *s.m. Quadrante dell'orologio* = la superficie su cui sono segnate le ore, i minuti e i secondi.

quadrare [qua-drà-re] *v.intr.* [aus. *essere* o *avere*] **1** Essere esatto Ⓢ tornare: *i conti non quadrano* **2** ♧ Convincere: *hai fatto un ragionamento che non mi quadra.*

quadrato[1] [qua-drà-to] *agg.* **1** Che ha la forma di un quadrato: *un tavolo quadrato* **2** Robusto: *spalle quadrate* ◊ ♧ Assennato, equilibrato: *una mente, una persona quadrata.*

quadrato[2] [qua-drà-to] *s.m.* **1** Figura geometrica composta da quattro lati uguali che formano quattro angoli retti **2** In matematica, il numero che si ottiene moltiplicando un numero per se stesso: *il quadrato di 5 è 25* **3** Superficie, oggetto, figura a forma di quadrato: *un quadrato di carta, di stoffa*; *disporsi in quadrato* ◊ Piattaforma quadrata, recintata da corde, sulla quale si disputano gli incontri di pugilato Ⓢ ring.

quadretto [qua-drét-to] *s.m.* **1** Piccolo riquadro o piccolo quadrato: *una stoffa a quadretti*; *tagliare qualcosa a quadretti* **2** Piccolo quadro dipinto o disegnato.

quadrilatero [qua-dri-là-te-ro] *s.m.* Figura geometrica piana con quattro lati: *il rettangolo, il rombo e il trapezio sono dei quadrilateri.*

quadrimestre [qua-dri-mè-stre] *s.m.* Periodo di quattro mesi; in partic. ciascuno dei due periodi di circa quattro mesi in cui si può dividere l'anno scolastico.

quadro[1] [quà-dro] *agg.* Quadrato: *piastrelle quadre*; *metro quadro* | *Parentesi quadra* = quella aperta dal segno [e chiusa dal segno].

quadro[2] [quà-dro] *s.m.* **1** Dipinto: *un quadro su tela, su legno*; *appendere un quadro alla parete* **2** ♧ Vista, scena, spettacolo che colpisce: *giunto sul luogo della sciagura, gli si presentò un quadro terrificante* ◊ Descrizione generale: *mi ha fatto un quadro della situazione* ◊ Situazione, condizione: *l'evoluzione del quadro politico*; *il quadro clinico del paziente non è mutato* **3** Superficie, oggetto di forma quadrata: *un tessuto a quadri* **4** Tabella, prospetto contenente dati di vario genere: *quadro riassuntivo dei risultati degli esami, delle elezioni*; *consultare il quadro delle partenze e degli arrivi* **5** Pannello su cui sono installati gli organi di comando e gli strumenti indicatori di un'apparecchiatura, di un macchinario, di un veicolo **6** (al *pl.*) L'insieme degli ufficiali militari: *alla riunione parteciparono i più alti quadri dell'esercito* ◊ (spec. al *pl.*) Chi ha funzioni di direzione in un'organizzazione: *i quadri del partito, di un'azienda* **7** *Quadri* = uno dei quattro semi delle carte da gioco francesi.

quadrupede [qua-drù-pe-de] *agg.* e *s.m.* Detto di ogni animale a quattro zampe e in particolare dei mammiferi.

quadruplo [quà-dru-plo] *agg.* Quattro volte maggiore ♦ *s.m.* Quantità, misura quattro volte maggiore: *guadagna il quadruplo di me.*

quaggiù [quag-giù] *avv.* Qui in basso: *venite quaggiù* ◊ Qui al sud: *quaggiù facciamo i bagni in primavera.*

qualche [quàl-che] *agg.indef.m.f.* [solo *sing.*] Alcuni, non molti: *qualche giorno fa*; *c'era solo qualche persona* ◊ Può indicare anche una sola persona o cosa che si lascia però indefinita: *cerca di trovare qualche scusa* | *In qualche modo* = in un modo o nell'altro: *in qualche modo me la caverò* ◊ Un certo (indica una quantità imprecisata ma non piccola): *mi fermerò qui per qualche tempo.*

qualcosa [qual-cò-sa] *pronome indef.m.* [solo *sing.*] Qualche cosa (indica una o più cose indeterminate, vaghe): *hai saputo qualcosa?*; *vorrei qualcosa da mangiare* | *Qualcosa mi dice che* = ho il presentimento che: *qualcosa mi dice che non verrà.*

qualcuno [qual-cù-no] *pronome indef.* [solo *sing.*] **1** Alcuni (indica un numero indeterminato ma limitato di persone o cose): *qualcuno non era d'accordo*; *scegli qualcuna di queste penne* ◊ Qualche persona: *c'è qualcuno in casa?*; *chiedilo a qualcun altro* ◊ Una persona (non specificata): *c'è qualcuno che ti vuole al telefono* **2** Persona di una certa importanza: *si crede qualcuno*; *ha fatto di tutto per diventare qualcuno.*

Qualcuno si tronca in *qualcun* davanti ad *altro* e si elide davanti ad *altra*: *qualcun altro, qualcun'altra.*

quale [quà-le] *agg.* e *pronome interr.m.f.* [pl. *quali*] Si usa per chiedere o indicare la qualità, il tipo o l'identità di qualcosa o qualcuno: *quale libro vuoi?*; *non so per quale motivo l'abbia fatto*; *quale dei tuoi amici era presente?* ♦ *agg. escl.m.f.* Si usa per sottolineare l'intensità di qualcosa (nell'uso parlato è più comune *che*): *quale gioia è stato rivederti!* ♦ *agg.rel.m.f.* Come: *invenzioni quali la stampa e la polvere da sparo hanno cambiato la storia* | *Tale (e) quale* = identico, somigliantissimo: *è tale e quale suo padre* ♦ *pronome rel.m.f.* Che, cui (è sempre preceduto dall'art.determ.): *ne ho parlato con il direttore, il quale è d'accordo*; *questo è il posto del quale ti ho parlato.*

Quale si tronca comunemente in *qual* (senza apostrofo!) davanti a parole che cominciano con e, spec. le voci del verbo *essere*, e anche davanti a consonante in alcune espressioni particolari: *qual è il tuo nome?*; *per la qual cosa*; *in certo qual modo* ecc.

qualifica [qua-lì-fi-ca] *s.f.* **1** Titolo che esprime il giudizio sulle qualità di una persona: *guadagnarsi la qualifica di onesto, di ladro* **2** Posizione lavorativa di un lavoratore dipendente, attribuita in base alle mansioni che deve svolgere: *è stato assunto con la qualifica di operaio, di impiegato* **3** Titolo professionale: *ha la qualifica di dottore.*

qualificare [qua-li-fi-cà-re] *v.tr.* [*qualìfico, qualìfichi*] **1** Definire con un giudizio: *un comportamento che non si può qualificare* **2** Preparare professionalmente: *corsi per qualificare la manodopera* **3** Nello sport, selezionare i concorrenti che passeranno al turno successivo di una competizione: *le semifinali qualificheranno le due squadre finaliste* ♦ **qualificarsi** *v.pr.* **1** Presentarsi con un titolo, con una qualifica: *si è qualificato come giornalista, come avvocato* **2** Superare le prove di selezione per poter partecipare alle fasi successive di una competizione sportiva: *si è qualificato per le semifinali dei cento metri.*

qualificato [qua-li-fi-cà-to] *agg.* Che ha una specifica preparazione professionale: *operaio, tecnico qualificato* ◊ Che ha tutti i requisiti richiesti: *Giovanni è la persona più qualificata per questo compito.*

qualificazione [qua-li-fi-ca-zió-ne] *s.f.* Gara o serie di gare che un atleta o una squadra devono superare per poter partecipare alle fasi successive di una competizione.

qualità [qua-li-tà] *s.f.* **1** Ogni proprietà e caratteristica che determina la natura di una persona o di una cosa e serve a distinguerla dalle altre: *le qualità positive, negative di una persona*; *una merce di prima qualità, di qualità scadente* ◊ *In qualità di* = in veste di, in funzione di: *ha partecipato alla riunione in qualità di rappresentante dei genitori* **2** Caratteristica positiva Ⓢ pregio, dote, virtù: *un film, un vino di qualità*; *un ragazzo che ha molte qualità* **3** Specie, genere, tipo: *merce, frutta di ogni qualità.*

qualitativo [qua-li-ta-tì-vo] *agg.* Che riguarda la qualità: *differenza qualitativa*; *valore qualitativo.*

qualora [qua-ló-ra] *congz.* Se per caso, nel caso che: *qualora tu non potessi venire, avvisami.*

qualsiasi [qual-sì-a-si] *agg.indef.m.f.invar.* Qualunque: *farei qualsiasi cosa per lui*; *puoi venire un giorno qualsiasi* ◊ Ogni: *ci riuscirò a qualsiasi costo* ◊ Posposto al nome può assumere il valore negativo di «uguale a tanti altri, senza particolari qualità, comune, ordinario»: *è un orologio di marca, non un orologio qualsiasi.*

qualunque [qua-lùn-que] *agg.indef.m.f.* [solo *sing.*] L'uno o l'altro che sia, non importa quale Ⓢ qualsiasi: *passami un giornale qualunque*; *vienimi a trovare a qualunque ora* ◊ Ogni: *lo otterrò a qualunque costo* ◊ Posposto al nome può assumere il valore negativo di «uguale a tanti altri, senza particolari qualità, comune, ordinario»: *è un medico qualunque, un uomo qualunque.*

quando [quàn-do] *avv.* **1** In quale tempo, in quale momento: *quando verrai a trovarmi?*; *non so quando ritornerà*; *a quando la partenza?* | *Da quando* = da quanto tempo, da quale momento | *Di quando* = di quale epoca, periodo | *Per quando* = per quale tempo, epoca o periodo | *Fino a quando* = fino a quale tempo o momento **2** *Di quando in* *quando* = ogni tanto: *lo vedo di quando in quando* ♦ *congz.* **1** Nel tempo, nel momento in cui: *cosa farai quando sarai grande?*; *siamo usciti quando ha smesso di piovere* | *Quand'ecco* = quando all'improvviso ◊ Ogni volta che: *quando penso a quella storia, mi vengono i brividi* **2** Dal momento che: *perché insisti, quando sai che non posso accontentarti?* **3** Mentre: *si lamenta lui, quando dovrei essere io a farlo!* **4** Se, qualora: *quando avessi bisogno, telefonami pure* | *Quand'anche* = anche se: *quand'anche avesse ragione, non può comportarsi così!*

quantità [quan-ti-tà] *s.f.* **1** Grandezza, misura, peso, dimensione, numero di qualcosa: *ha speso una gran quantità di denaro*; *le provviste sono in quantità insufficiente*; *una gran quantità di persone* **2** Gran numero: *c'era una quantità di gente* ◊ Mole consistente: *ha svolto una quantità di lavoro* | *In quantità* = in abbondanza: *c'è da mangiare in quantità.*

quantitativo [quan-ti-ta-tì-vo] *agg.* Che riguarda la quantità: *tra le due confezioni c'è solo una differenza quantitativa* ♦ *s.m.* Quantità di prodotti o di oggetti: *è stato sequestrato un ingente quantitativo di armi.*

quanto[1] [quàn-to] *agg.* e *pronome interr.* Che quantità (di), che numero (di): *quanto denaro hai speso?*; *non so quante persone ci fossero*; *quanti di voi sono d'accordo?*; *è sparito del denaro, ma non so quanto* ◊ In espressioni in cui è omesso il sostantivo può significare «quanto tempo, quanta strada, quanto denaro»: *quanto starà via?*; *quanto c'è da qui a casa tua?*; *quanto costa?* | *Quanti ne abbiamo oggi?* = che giorno è del mese? ♦ *agg.* e *pronome escl.* Si usa per indicare una gran quantità: *quanto tempo è passato!*; *quante chiacchiere inutili!* ♦ *agg.* e *pronome rel.* (Tutto) quello che, (tutti) quelli che; ciò che: *prendi quanto denaro ti serve*; *invita quante persone vuoi*; *mangiane quanto vuoi*; *l'ho capito da quanto mi ha detto.*

quanto[2] [quàn-to] *avv.* **1** In che misura, in che quantità: *quanto hai mangiato?*; *non so quanto sia soddisfatto* **2** Nella misura, nella quantità che: *aggiungi tanto sale quanto basta*; *ha resistito quanto ha potuto* | *Quanto prima* = il più presto possibile ◊ *(In) quanto a* = per ciò che riguarda: *(in) quanto alle provviste, non preoccupatevi* ◊ Come, nella stessa misura che: *non è tanto sciocco quanto tu credi*; *sono stanco quanto te* **3** *In quanto* = in qualità di: *in quanto medico, ho il dovere di intervenire* ◊ *Per quanto* = nonostante, sebbene: *per quanto si sforzasse, non riusciva a superarlo.*

quantomeno [quan-to-mé-no] *avv.* Perlomeno, almeno: *dovevi venire o quantomeno avvisarmi.*

quantunque [quan-tùn-que] *congz.* Sebbene, benché, nonostante: *verrò lo stesso, quantunque non ne abbia voglia.*

quarantena [qua-ran-té-na] *s.f.* Periodo di isolamento in cui sono tenute persone o cose colpite da gravi malattie infettive o provenienti da zone in cui sono diffuse epidemie contagiose.

quarantenne [qua-ran-tèn-ne] *agg.* e *s.m.f.* Che, chi ha quarant'anni di età.

quaresima [qua-ré-si-ma] *s.f.* Nella liturgia cattolica, periodo di penitenza e di digiuno che dura quaranta giorni e termina il sabato prima di Pasqua: *dopo il carnevale viene la quaresima.*

quarta [quàr-ta] *s.f.* **1** Quarta classe di un ciclo di studi: *frequenta la quarta* **2** Quarta marcia del cambio di velocità di un veicolo a motore: *innestare la quarta.*

quartetto [quar-tét-to] *s.m.* Composizione musicale per quattro strumenti o voci ◊ Il complesso dei quattro esecutori di tali composizioni: *suona in un quartetto d'archi.*

quartiere [quar-tiè-re] *s.m.* **1** Zona di una città, distinta per particolari caratteristiche: *quartiere residenziale, commerciale, industriale, periferico, centrale, popolare, elegante* **2** *Quartier generale* = la sede e il complesso degli organi di comando di una grande unità militare: *gli ordini del quartier generale* ◊ ♧ *Lotta senza quartiere* = senza esclusione di colpi, spietata.

quarto [quàr-to] *agg.num.ord.* Che occupa il posto numero quattro in una serie, in una graduatoria (si scrive 4° in numeri arabi, IV in numeri romani): *abita al quarto piano*; *è arrivato quarto nella gara*; *re Enrico IV* ♦ *s.m.* **1** La quarta parte di un intero: *mangiare un quarto di pollo*; *bere un quarto (di litro) di vino* | *Un quarto (d'ora)* = periodo di quindici minuti: *sono le dieci meno un quarto* **2** [f. *-a*] La persona che viene al quarto posto in un ordine, in una graduatoria: *è il quarto della fila* **3** *Primo quarto, ultimo quarto* = le fasi della Luna successive al novilunio e al plenilunio, in cui essa appare illuminata a metà **4** *Quarti di finale* = fase di una gara sportiva a eliminazione, in cui si affrontano i concorrenti che hanno superato gli ottavi di finale per qualificare coloro che parteciperanno alle semifinali.

quarzo [quàr-zo] *s.m.* Minerale molto diffuso in natura sotto forma di cristalli trasparenti, biancastri o colorati; è utilizzato in molte applicazioni tecniche e industriali.

quasi [quà-si] *avv.* Poco meno che: *costa quasi mille euro*; *ha quasi vent'anni* ◊ Pressoché: *mi sembrano quasi uguali* ◊ (seguito da un verbo) Per poco (non): *quasi m'investiva* ◊ Come, come se fosse: *sembra quasi oro*; *pareva quasi indifferente* ♦ *congz.* Come se: *era distratto, quasi non gli interessasse l'argomento.*

quassù [quas-sù] *avv.* Qui in alto: *sono quassù in soffitta* ◊ Qui in montagna o qui al nord: *quassù ha nevicato*; *quassù gli inverni sono rigidi.*

quaterna [qua-tèr-na] *s.f.* Nel gioco del lotto, combinazione di quattro numeri giocati o estratti: *giocare, fare una quaterna* ◊ Nel gioco della tombola, serie di quattro numeri estratti nella stessa fila di una cartella.

quatto [quàt-to] *agg.* Detto di chi sta rannicchiato a terra o si muove silenzioso, per non farsi vedere o notare (si usa spesso ripetuto): *se ne stava quatto quatto dietro una siepe*; *se ne andò quatto quatto.*

quattordici [quat-tór-di-ci] *agg.num.card.* e *s.m.* Numero equivalente a una decina più quattro unità: *ha quattordici anni* | *Le quattordici* = le due dopo mezzogiorno.

quattrino [quat-trì-no] *s.m.* Quantità minima di denaro Ⓢ soldo: *è rimasto senza un quattrino* ◊ (al *pl.*) Denaro, soldi: *guadagna un mucchio di quattrini.*

quattro [quàt-tro] *agg.num.card.invar.* e *s.m. invar.* **1** Numero equivalente a tre unità più una: *le quattro stagioni*; *animali a quattro zampe*; *dividere in quattro (parti)* | *Le quattro* = le ore quattro del mattino o del pomeriggio | ♧ *In quattro e quattr'otto* = in poco tempo, in un attimo | *Parlare di qualcosa a quattr'occhi* = solo tra due persone, senza testimoni **2** Pochi, alcuni (usato per indicare una piccola quantità): *lavora per quattro soldi*; *fare quattro chiacchiere.*

quattrocento [quat-tro-cèn-to] *agg.num.card. invar.* e *s.m. invar.* Numero equivalente a quattro volte cento: *quattrocento euro*; *correre i quattrocento (metri)* | *Il Quattrocento* = il XV secolo: *l'arte del Quattrocento.*

quel vedi **quello**.

quello [quél-lo] *agg.dimostr.* **1** Indica persona, animale o cosa lontana, nello spazio o nel tempo, sia da chi parla che da chi ascolta: *guarda quell'uomo, quei gatti, quelle case*; *ricordi quel giorno in cui mi sono fatto male?* **2** Indica persona, animale o cosa di cui si è già parlato o comunque nota a chi ascolta: *ho incontrato quel tuo amico* ♦ *pronome dimostr.* [pl.m. *quelli*] **1** Indica persona, animale o cosa lontana sia da chi parla che da chi ascolta: *quello è mio padre*; *questa non mi piace, preferisco quella* ◊ *Quelli di* = gli abitanti di: *quelli di Firenze* **2** (seguito da *che*) Colui, coloro, ciò, quanto: *quelli che ti amano ti capiranno*; *fa quel che ti pare*; *è andata meglio di quel che pensassi.*

Come aggettivo al maschile si tronca in *quel* davanti a parole che cominciano con consonante che non sia *s* seguita da consonante, *gn, ps, x, z*; il plurale maschile è *quegli* o *quei* negli stessi casi in cui si usa *quel*.

quercia [quèr-cia] *s.f.* Genere di alberi d'alto fusto comprendente diverse specie e varietà, tra cui la *quercia comune* o *rovere*, il *leccio* e la *quercia da sughero.*

querela [que-rè-la] *s.f.* Denuncia che si presenta all'autorità giudiziaria per chiederle di punire una persona che riteniamo ci abbia offeso o diffamato.

quesito [que-sì-to] *s.m.* Domanda, questione, problema: *è un quesito cui è difficile rispondere.*

questionario [que-stio-nà-rio] *s.m.* Serie di domande scritte su un dato argomento: *rispondere a un questionario* ◊ Il modulo contenente le domande e su cui sono registrate le risposte: *compilare un questionario.*

questione [que-stió-ne] *s.f.* **1** Problema, caso da risolvere: *stiamo discutendo una questione delicata* | *È questione di* = si tratta di, è in gioco: *è solo questione di pochi minuti*; *è questione di vita o di morte* **2** Disputa, discussione: *è sorta una questione sul modo di procedere* | *Mettere in questione* = in dubbio, in discussione: *nessuno mette in questione la tua buona fede* ◊ Lite, controversia: *ha avuto una questione col fratello per motivi di interesse.*

questo [qué-sto] *agg.dimostr.* **1** Indica persona, animale o cosa vicina, nello spazio o nel tempo, a chi parla: *questo ombrello è mio*; *questo ragazzo vuole conoscerti* ◊ Indica un tempo attuale, in corso (*in questo momento*; *questo mese continua a piovere*), o appena passato (*questa notte non ho chiuso occhio*), o che sta per venire (*verrò da te uno di questi giorni*) **2** Indica persona o cosa di cui si sta parlando: *e questo tuo amico cos'ha risposto?*; *non capisco questa tua ostinazione* **3** Simile, tale, di questo genere: *non è il caso di uscire con questo tempo*; *non ne posso più di questi discorsi* ♦ *pronome dimostr.* **1** Indica persona o cosa vicina a chi parla o di cui si sta parlando: *questo è mio padre*; *è questo il tuo ombrello?*; *questa mi sembra una buona idea* **2** Ciò, questa cosa: *di questo non abbiamo parlato*; *questo è tutto quel che si può fare.*

questore [que-stó-re] *s.m.* Funzionario di polizia

posto a capo dei servizi di pubblica sicurezza di una provincia.

questura [que-stù-ra] *s.f.* Ufficio del ministero dell'interno che dirige in ogni provincia i servizi di pubblica sicurezza; la sede di tale ufficio: *rivolgersi alla questura*; *andare in questura.*

qui [quì] *avv.* **1** In questo luogo, in questo posto, in questo punto Ⓢ qua Ⓒ lì, là: *qui non è venuto*; *abito qui da un mese*; *mi fa male qui* **2** ♣ A questo momento; a questo punto: *e qui cominciò a ridere*; *qui comincia il bello*; *fin qui ti do ragione* | *Di qui in avanti* = d'ora in poi ◊ In questa situazione: *qui bisogna tenere i nervi a posto.*

quietare [quie-tà-re] *v.tr.* Calmare, placare Ⓒ agitare: *il bambino piange, cerca di quietarlo*; *quietare gli animi* ♦ **quietarsi** *v.pr.* Tornare calmo, tranquillo; cessare di essere agitato Ⓢ calmarsi: *quietati un po'*; *il mare si è quietato.*

quiete [qui-è-te] *s.f.* **1** Assenza di movimento Ⓢ immobilità: *un corpo in stato di quiete* **2** Calma, tranquillità, pace (esterna o interiore): *la quiete della campagna*; *sta cercando un po' di quiete dopo tanti affanni* | *La quiete eterna* = la morte.

quieto [qui-è-to] *agg.* **1** Che non si muove Ⓢ fermo, calmo, tranquillo Ⓒ agitato: *il lago era quieto*; *quel bambino non sta quieto un momento* **2** Non turbato da rumori, da confusione Ⓢ silenzioso, tranquillo Ⓒ rumoroso: *un quieto paesino di montagna* ◊ ♣ Non agitato, privo di preoccupazioni Ⓢ sereno, tranquillo: *fa una vita molto quieta* ◊ ♣ Placido, pacifico: *un uomo quieto.*

quindi [quìn-di] *congz.* **1** Perciò, di conseguenza: *guardavo da un'altra parte e quindi non ho visto nulla* **2** Poi, successivamente, dopodiché: *prosegui fino all'incrocio, quindi volta a sinistra.*

quindici [quìn-di-ci] *agg.num.card.* e *s.m.* Numero equivalente a una decina più cinque unità | *Le quindici* = le tre dopo mezzogiorno.

quindicinale [quin-di-ci-nà-le] *agg.* Che avviene, ricorre o si fa ogni quindici giorni ♦ *s.m.* Periodico che viene pubblicato ogni quindici giorni.

quinquennio [quin-quèn-nio] *s.m.* Periodo di cinque anni.

quinta [quìn-ta] *s.f.* **1** Quinta classe di un corso di studi: *è stato promosso in quinta* **2** Quinta marcia del cambio di un veicolo a motore **3** Ciascuno dei pannelli verticali, disposti per traverso ai lati del palcoscenico, che delimitano la scena teatrale | ♣ *Stare, restare, agire dietro le quinte* = partecipare a un'azione senza comparire direttamente, stando nascosto.

quintale [quin-tà-le] *s.m.* Misura di peso equivalente a 100 kg: *comprare un quintale di farina.*

quintetto [quin-tét-to] *s.m.* Composizione musicale per cinque strumenti o voci ◊ Il complesso dei cinque esecutori di tali composizioni.

quinto [quìn-to] *agg.num.ord.* Che occupa il posto numero cinque in una serie, in una graduatoria(si scrive 5° in numeri arabi, V in numeri romani): *abita al quinto piano*; *è arrivato quinto nella gara* ♦ *s.m.* **1** La quinta parte di un intero: *gli spetta un quinto dell'eredità* **2** [f. *-a*] La persona che viene al quinto posto in un ordine, in una graduatoria: *ero il quinto della fila.*

quintuplo [quìn-tu-plo] *agg.* Cinque volte maggiore ♦ *s.m.* Quantità, misura cinque volte maggiore: *ha speso il quintuplo del previsto.*

quiproquò [qui-pro-quò] o **qui pro quo** *s.m. invar.* Scambio di una parola o di una cosa con un'altra Ⓢ equivoco, malinteso.

quisquilia [qui-squì-lia] *s.f.* Cosa da niente Ⓢ bazzecola, inezia: *non vorrete mettervi a litigare per quisquilie del genere!*

quiz [parola inglese; pron. corrente *quìz*] *s.m. invar.* Domanda, quesito che si pone ai partecipanti a un gioco, a un concorso o a chi deve superare certi tipi di esame: *concorso a quiz*; *i quiz dell'esame di guida* ◊ Gioco, concorso basato su quiz: *partecipare a un quiz televisivo.*

quorum [parola latina; pron. *quòrum*] *s.m.invar.* Numero minimo di presenti o votanti necessario perché un'assemblea, una votazione, un'elezione siano legalmente valide Ⓢ numero legale: *la seduta è stata rinviata per mancanza del quorum.*

quota [quò-ta] *s.f.* **1** Parte, porzione di un tutto che spetta a chi ne ha diritto: *ricevere la propria quota di eredità* ◊ La parte che deve pagare, come contributo alla spesa totale, ciascuno dei partecipanti a un'attività, a un'iniziativa: *devi versare la tua quota di partecipazione alla gita* **2** Altitudine sul livello del mare: *il rifugio si trova a quota 3200* ◊ Altezza dal suolo: *l'aereo volava a bassa quota* | *Prendere, perdere quota* = alzarsi, abbassarsi (detto di velivolo) ◊ Profondità rispetto alla superficie dell'acqua: *il sommergibile sta navigando a quota – 40* **3** Livello numerico raggiunto in un punteggio, in una classifica ecc.: *la squadra è ancora a quota zero*; *siamo già a quota venti iscrizioni.*

quotare[1] [quo-tà-re] *v.tr.* **1** Fissare la quota che ciascuno deve pagare: *ogni socio è stato quotato per cinquanta euro* **2** Valutare, stabilire il prezzo di qualcosa: *quella casa è stata quotata quasi un* *milione* ◊ Fissare il prezzo in borsa e nei cambi valutari: *quotare un titolo, una moneta.*

quotare2 [quo-tà-re] *v.tr.* In forum e blog su Internet, riportare parte di un messaggio inviato precedentemente da un altro utente prima di rispondervi con un proprio intervento ◊ In forum e blog su Internet, dichiararsi d'accordo con quanto affermato da qualcuno.

quotato [quo-tà-to] *agg.* Stimato, apprezzato: *è un avvocato molto quotato nel suo ambiente.*

quotazione [quo-ta-zió-ne] *s.f.* Valore commerciale di qualcosa: *la quotazione di un quadro* ◊ Prezzo assegnato in borsa a un titolo o a una merce in base alle contrattazioni ◊ Tasso di cambio di una moneta ◊ ♧ Grado di considerazione in cui è tenuta una persona in relazione alla sua attività: *un cantante le cui quotazioni sono in rialzo, in ribasso.*

quotidianamente [quo-ti-dia-na-mén-te] *avv.* Ogni giorno.

quotidiano [quo-ti-dià-no] *agg.* Di ogni giorno; che avviene ogni giorno: *le necessità quotidiane della vita*; *gli incidenti, a quell'incrocio, sono quotidiani* ◊ Di tutti i giorni Ⓢ consueto, usuale: *si dedicava alle sue quotidiane occupazioni* ♦ *s.m.* Giornale che si pubblica ogni giorno: *quotidiani del mattino, della sera.*

quoto [quò-to] *s.m.* Quoziente di una divisione senza resto: *il quoto di venti diviso due è dieci.*

quoziente [quo-zièn-te] *s.m.* **1** Il risultato di una divisione: *il quoziente tra 10 e 5 è due* **2** Numero che esprime un determinato valore o rapporto Ⓢ indice, tasso: *quoziente di natalità, di mortalità* | *Quoziente d'intelligenza* = indice che misura, mediante una serie di prove, l'intelligenza di una persona.

r, R

r *s.f.* o *m.* Sedicesima lettera dell'alfabeto italiano; è una consonante e quando è da sola si pronuncia *erre*.

rabarbaro [ra-bàr-ba-ro] *s.m.* **1** Pianta erbacea da cui si estrae una sostanza amara usata come digestivo **2** Liquore amaro digestivo preparato con estratto di rabarbaro.

rabbia [ràb-bia] *s.f.* **1** Grave malattia infettiva che colpisce vari animali (cani, gatti, lupi ecc.) e che dal morso di questi può essere trasmessa all'uomo **2** Violenta irritazione Ⓢ collera, ira: *quando se ne accorse fu preso da una gran rabbia*; *un gesto di rabbia* ◊ Dispetto, stizza, disappunto: *che rabbia non poter andare anche noi!*; *mi fa rabbia vederlo così indifferente.*

rabbino [rab-bì-no] *s.m.* Sacerdote della religione ebraica.

rabbioso [rab-bió-so] *agg.* **1** Malato di rabbia: *un cane rabbioso* **2** Pieno di rabbia: *se ne stava rabbioso in disparte*; *gli diede uno sguardo rabbioso* ◊ Furioso, violento: *la forza rabbiosa del vento.*

rabbonire [rab-bo-nì-re] *v.tr.* [*rabbonìsco, rabbonìsci*] Far tornare buono, calmo: *era furioso, ma poi sono riuscito a rabbonirlo.*

rabbrividire [rab-bri-vi-dì-re] *v.intr.* [*rabbrividìsco, rabbrividìsci*; aus. *essere*] Avere un brivido, sentire i brividi: *a quella vista rabbrividì*; *rabbrividire di freddo, di paura.*

rabbuiarsi [rab-bu-iàr-si] *v.pr.* Diventare buio, farsi scuro: *il cielo si rabbuiò all'improvviso* ◊ ♧ Farsi scuro in volto per l'ira o la preoccupazione: *a quella notizia si rabbuiò.*

raccapezzare [rac-ca-pez-zà-re] *v.tr.* Trovare, mettere insieme in qualche modo, a fatica: *sta cercando di raccapezzare i soldi per il viaggio*; *fammi raccapezzare le idee* ♦ **raccapezzarsi** *v.pr.* Riuscire a orientarsi: *sono cambiati i nomi delle strade e non mi raccapezzo più.*

raccapricciante [rac-ca-pric-ciàn-te] *agg.* Che desta raccapriccio, orrore: *vide una scena raccapricciante.*

raccapriccio [rac-ca-prìc-cio] *s.m.* Profondo senso di orrore, di paura o di ribrezzo: *ricordo con raccapriccio quella scena.*

raccattapalle [rac-cat-ta-pàl-le] *s.m.f.invar.* Nel calcio, nel tennis e in altri sport, chi raccoglie le palle o il pallone ai bordi dei campi da gioco per restituirli ai giocatori.

raccattare [rac-cat-tà-re] *v.tr.* Raccogliere da terra: *raccattare una moneta, una cicca* ◊ Mettere insieme, raccogliere in qualche modo: *è riuscito a raccattare i soldi per il viaggio*; *ha fatto un sacco di promesse pur di raccattare voti.*

racchetta [rac-chét-ta] *s.f.* Attrezzo per giocare a tennis o a ping-pong ◊ *Racchetta da sci* = bastoncino da sci con una rotella fissata poco sopra la punta, per impedire che questa affondi nella neve.

racchiudere [rac-chiù-de-re] *v.tr.* [coniugato come *chiudere*] Contenere, custodire in sé (anche ♧): *lo scrigno racchiudeva un tesoro.*

raccogliere [rac-cò-glie-re] *v.tr.* [coniugato come *cogliere*] **1** Prendere su, sollevare da terra qualcosa: *raccogli quel tovagliolo* ◊ Cogliere, prendere i frutti della terra, i prodotti agricoli: *raccogliere i fiori, i funghi, le olive*; *raccogliere le patate, il grano* **2** ♧ Ricavare, ottenere: *raccogliere il frutto delle proprie fatiche*; *un discorso che ha raccolto molti consensi* **3** Mettere insieme, radunare, riunire: *raccogliere denari, notizie*; *raccolse le sue cose prima di partire* ◊ Collezionare: *raccoglie francobolli* **4** Accogliere, accettare: *ha raccolto il tuo invito* ♦ **raccogliersi** *v.pr.* Radunarsi, riunirsi in un luogo: *nella piazza si raccolse una gran folla.*

raccoglimento [rac-co-gli-mén-to] *s.m.* Concentrazione mentale, spirituale: *pregare con raccoglimento.*

raccoglitore [rac-co-gli-tó-re] *s.m.* **1** [f. *–trice*] Chi raccoglie i frutti della terra: *le raccoglitrici di olive* **2** Custodia per tenere in ordine fogli, documenti, francobolli, monete ecc.

raccolta [rac-còl-ta] *s.f.* **1** L'attività di raccogliere i prodotti della terra: *fare la raccolta delle olive* ◊ Il raccogliere o collezionare qualcosa: *il camion per la raccolta dei rifiuti*; *fa raccolta di francobolli* **2** Insieme di cose riunite e ordinate Ⓢ collezione: *ha una raccolta di monete antiche.*

raccolto [rac-còl-to] *s.m.* Il complesso dei prodotti della terra raccolti durante l'annata: *quest'anno il raccolto è stato abbondante.*

raccomandare [rac-co-man-dà-re] *v.tr.* **1** Affidare alle cure, alla protezione, all'interessamento altrui: *in punto di morte raccomandò il figlio all'amico*; *ti raccomando quella pratica* ◊ Segnalare una persona perché venga favorita, appoggiata in modo particolare: *è stato assunto solo perché era raccomandato* **2** Consigliare qualcosa o qualcuno garantendone le buone qualità: *hai qualche film da raccomandarmi?*; *è un ottimo falegname, te lo raccomando* ◊ Consigliare, esortare, pregare caldamente: *vi raccomando la prudenza*; *stai attento, mi raccomando!* ♦ **raccomandarsi** *v.pr.* Chiedere, implorare la protezione, l'aiuto, il favore altrui Ⓢ affidarsi: *raccomandarsi a Dio.*

raccomandata [rac-co-man-dà-ta] *s.f.* Forma di spedizione postale in cui la corrispondenza viene registrata in partenza rilasciandone ricevuta al mittente e consegnata direttamente al destinatario; la lettera o il pacco spediti in questa forma: *spedire un pacco per raccomandata*; *ricevere una raccomandata.*

raccomandato [rac-co-man-dà-to] *agg.* Spedito per raccomandata: *fare una lettera raccomandata* ♦ *s.m.* Chi gode dell'appoggio, della protezione di chi ha il potere di favorirlo rispetto ad altri: *in certi posti solo i raccomandati fanno carriera.*

raccomandazione [rac-co-man-da-zió-ne] *s.f.* **1** Richiesta di favorire particolarmente una persona rivolta a chi si ritiene possa farlo: *lettera di raccomandazione* **2** Esortazione, consiglio: *seguire le raccomandazioni del medico.*

raccontare [rac-con-tà-re] *v.tr.* Narrare o riferire fatti reali o immaginari: *raccontare una favola, un'avventura*; *racconta solo frottole*; *raccontami quel che ti è successo.*

racconto [rac-cón-to] *s.m.* **1** Narrazione, esposizione, resoconto: *cominciò il racconto delle sue avventure*; *il suo racconto non mi convince* **2** Componimento narrativo in prosa, più breve del romanzo Ⓢ novella: *i racconti di Calvino.*

raccordare [rac-cor-dà-re] *v.tr.* Collegare per mezzo di un raccordo due strade, due tubi e simili.

raccordo [rac-còr-do] *s.m.* Elemento che serve di collegamento tra due o più condutture, tubature e simili ◊ Tratto di strada o di ferrovia che serve di collegamento tra due o più strade o linee ferroviarie: raccordo autostradale.

rachitico [ra-chì-ti-co] *agg.* [pl.m. *–ci*] Affetto da rachitismo: *un bambino rachitico.*

rachitismo [ra-chi-tì-smo] *s.m.* Malattia della prima infanzia che provoca uno sviluppo insufficiente o deformazioni delle ossa.

racimolare [ra-ci-mo-là-re] *v.tr.* Mettere insieme, procurarsi con fatica e in esigua quantità Ⓢ raggranellare: *vedi se riesci a racimolare i soldi per il viaggio.*

rada [rà-da] *s.f.* Insenatura della costa, riparata dai venti e dalle onde, in genere davanti a un porto: *la nave si ancorò nella rada.*

radar [rà-dar] *s.m.invar.* Apparecchio radio che permette di individuare la posizione e la distanza di oggetti fissi o mobili non visibili per l'oscurità, la nebbia, la distanza o altra causa.

raddolcire [rad-dol-cì-re] *v.tr.* [*raddolcìsco, raddolcìsci*] Rendere più dolce, addolcire (spec. ♧): *gli anni hanno raddolcito il suo carattere.*

raddoppiare [rad-dop-pià-re] *v.tr.* Aumentare del doppio, rendere doppio Ⓒ dimezzare: *gli hanno raddoppiato la paga*; *raddoppiare una linea ferroviaria* ◊ Aumentare notevolmente: *raddoppiare gli sforzi* ♦ *v.intr.* [aus. *essere*] Crescere del doppio: *le spese sono raddoppiate.*

raddrizzare [rad-driz-zà-re] *v.tr.* **1** Far tornare diritto: *raddrizzare un chiodo piegato, un quadro storto* **2** ♧ Aggiustare, rimettere in sesto: *raddrizzare una situazione, un'azienda in crisi* ♦ **raddrizzarsi** *v.pr.* Tornare diritto; rimettersi in piedi: *cadde ma si raddrizzò subito.*

radente [ra-dèn-te] *agg.* Che percorre una traiettoria vicina al suolo: *passò un aeroplano a volo radente.*

radere [rà-de-re] *v.tr.* [pass.rem. *ràsi, radésti*; part.pass. *ràso*] **1** Tagliar via i peli col rasoio: *gli hanno raso i capelli a zero* **2** Abbattere; distruggere completamente: *le bombe rasero al suolo la città* **3** ♧ Sfiorare: *l'aereo si abbassò fino a radere le cime degli alberi.*

radiatore [ra-dia-tó-re] *s.m.* **1** Negli impianti di riscaldamento, l'elemento che trasmette all'ambiente il calore del liquido che circola al suo interno Ⓢ calorifero **2** Negli autoveicoli, il dispositivo che raffredda il motore assorbendone il calore.

radiazione [ra-dia-zió-ne] *s.f.* Emissione di energia da parte di un corpo sotto forma di raggi, onde, particelle; i raggi, le onde, le particelle che si propagano in tale forma: *radiazioni solari, luminose, sonore, nucleari.*

radicale [ra-di-cà-le] *agg.* **1** Della radice di una pianta **2** ♧ Che va alle radici, alle cause di un problema, di una situazione Ⓢ definitivo, totale: *fare* *una cura radicale; ci vogliono rimedi radicali; chiedere una riforma radicale della scuola.*

radicalmente [ra-di-cal-mén-te] *avv.* In modo risolutivo, alla base: *affrontare radicalmente un problema* ◊ Totalmente: *hanno idee radicalmente diverse.*

radicarsi [ra-di-càr-si] *v.pr.* Penetrare profondamente e saldamente: *un sospetto si era radicato nel suo animo.*

radice [ra-dì-ce] *s.f.* **1** Parte inferiore della pianta, che si addentra nel terreno e serve a sostenerla e a fornirle le sostanze nutritive: *radice primaria, secondaria* | ♧ *Mettere le radici in un luogo* = stabilirvisi, ambientarvisi definitivamente **2** La parte iniziale, di base o di origine di un organo: *la radice del dente; le radici dei capelli* **3** ♧ Origine, causa prima: *individuare la radice del male; affrontare un problema alla radice* **4** In linguistica, l'elemento presente in tutta una famiglia di parole e che ne esprime l'idea comune fondamentale (per es. la radice *am-* di *amore, amico, amante, innamorarsi* ecc.).

radio[1] [rà-dio] *s.m.* Osso che costituisce insieme all'ulna lo scheletro dell'avambraccio.

radio[2] [rà-dio] *s.m.* Metallo altamente radioattivo presente nei minerali di uranio.

radio[3] [rà-dio] *s.f.invar.* **1** Le trasmissioni radiofoniche: *ascolta spesso la radio* ◊ Stazione trasmittente di programmi radiofonici: *ascoltare una radio privata* **2** Apparecchio che riceve trasmissioni radiofoniche: *accendere la radio* ♦ Usato anche come *agg.invar.* Che utilizza le radioonde: *collegamento radio; stazione, apparecchio radio* | *Giornale radio* = notiziario trasmesso per radio.

radio– **1** Primo elemento di parole composte che fanno riferimento alle radiazioni e in partic. a quelle del radio e dei raggi X (*radioattività, radiografia*) **2** Primo elemento di parole composte che fanno riferimento alle radioonde (*radiofonia, radiocomandato*) ◊ Primo elemento di parole composte che fanno riferimento alle trasmissioni e agli apparecchi radiofonici (*radiocronaca, radioricevente*).

radioascoltatore [ra-dio-a-scol-ta-tó-re] *s.m.* [f. *–trice*] Chi ascolta le trasmissioni della radio.

radioattività [ra-dio-at-ti-vi-tà] *s.f.* Proprietà che hanno alcune sostanze di emettere radiazioni di tipo particolare, che da un lato hanno importanti applicazioni pratiche (per es. i raggi X in medicina), ma, oltre un certo livello, sono dannose per l'uomo e possono costituire un rischio per la vita di intere zone del pianeta.

radioattivo [ra-dio-at-tì-vo] *agg.* Dotato di radioattività: *l'uranio è un elemento molto radioattivo.*

radiocomandato [ra-dio-co-man-dà-to] *agg.* Comandato a distanza per mezzo di impulsi trasmessi con radioonde: *un aereo radiocomandato.*

radiocronaca [ra-dio-crò-na-ca] *s.f.* Cronaca di un avvenimento trasmessa per radio.

radiofonia [ra-dio-fo-nì-a] *s.f.* Trasmissione di suoni effettuata per mezzo di radioonde.

radiofonico [ra-dio-fò-ni-co] *agg.* [pl.m. *–ci*] Che trasmette o riceve suoni per mezzo di radioonde: *apparecchi radiofonici* ◊ Della radio: *programmi radiofonici.*

radiografia [ra-dio-gra-fì-a] *s.f.* Fotografia delle parti interne dell'organismo o di un oggetto ottenuta per mezzo dei raggi X: *farsi fare una radiografia dello stomaco.*

radiografico [ra-dio-grà-fi-co] *agg.* [pl.m. *–ci*] Di radiografia, fatto con la radiografia: *esame radiografico.*

radiologia [ra-dio-lo-gì-a] *s.f.* Settore della medicina che si occupa dell'applicazione dei raggi X e delle sostanze radioattive nella diagnosi e nella cura delle malattie.

radioonda [ra-dio-ón-da] *s.f.* Onda elettromagnetica che viene utilizzata nelle radiocomunicazioni (trasmissioni radiotelevisive, comando a distanza ecc.).

radioricevente [ra-dio-ri-ce-vèn-te] *agg.* e *s.f.* Detto di impianto o apparecchio che riceve segnali trasmessi via radio e li rende comprensibili.

radioscopia [ra-dio-sco-pì-a] *s.f.* Esame visivo diretto di organi interni del corpo osservati ai raggi X su uno schermo.

radioso [ra-dió-so] *agg.* Splendente di luce: *un cielo radioso; una radiosa giornata di primavera* ◊ ♧ Che esprime una grande felicità Ⓢ raggiante: *mi rivolse un sorriso radioso.*

radiosveglia [ra-dio-své-glia] *s.f.* Apparecchio radio fornito di un orologio che lo fa accendere all'ora voluta, in modo da poterlo usare anche come sveglia.

radiotelevisivo [ra-dio-te-le-vi-sì-vo] *agg.* Della radio e della televisione: *segue molto i programmi radiotelevisivi.*

radiotrasmittente [ra-dio-tra-smit-tèn-te] *agg.* e *s.f.* Detto di stazione o apparecchio che può trasmettere segnali, messaggi, programmi mediante radioonde.

rado [rà-do] *agg.* **1** Non folto, non fitto: *capelli radi; alberi radi* **2** Non frequente Ⓢ raro: *le sue visite si son fatte più rade* | *Di rado* = raramente

| *Non di rado* = abbastanza spesso: *non di rado capita qui a trovarmi.*

radunare [ra-du-nà-re] *v.tr.* Riunire, mettere insieme: *il comizio radunò una gran folla; raduna le tue cose prima di partire* ♦ **radunarsi** *v.pr.* Riunirsi in uno stesso luogo: *i dimostranti si radunarono nella piazza.*

raduno [ra-dù-no] *s.m.* Riunione di molte persone convenute da varie parti per partecipare a un qualche tipo di manifestazione: *un raduno di motociclisti.*

radura [ra-dù-ra] *s.f.* Spazio privo di alberi all'interno di un bosco: *accamparsi in una radura.*

rafano [rà-fa-no] *s.m.* Pianta erbacea coltivata per la radice commestibile di sapore piccante.

raffazzonato [raf-faz-zo-nà-to] *agg.* Composto, fatto alla meglio, senza cura e impegno: *un tema, un lavoro raffazzonato.*

raffermo [raf-fér-mo] *agg.* Non fresco, indurito: *pane raffermo.*

raffica [ràf-fi-ca] *s.f.* **1** Violento e improvviso colpo di vento: *una raffica capovolse la barca* **2** Serie di colpi di arma automatica sparati in rapida successione: *una raffica di mitra* ◊ ♧ Rapida successione: *mi investì con una raffica di domande; una raffica di scioperi, di arresti.*

raffigurare [raf-fi-gu-rà-re] *v.tr.* Rappresentare con immagini: *il quadro raffigura una battaglia.*

raffinare [raf-fi-nà-re] *v.tr.* Rendere più fino, più puro un materiale mediante raffinazione: *raffinare il sale, lo zucchero, il petrolio.*

raffinatezza [raf-fi-na-téz-za] *s.f.* Finezza, eleganza: *raffinatezza di gusti; si veste con raffinatezza.*

raffinato [raf-fi-nà-to] *agg.* **1** Sottoposto a raffinazione: *sale, zucchero raffinato* **2** ♧ Fine, ricercato, elegante, squisito © volgare, rozzo: *una donna raffinata; gusti raffinati; cibi raffinati.*

raffinazione [raf-fi-na-zió-ne] *s.f.* Trattamento a cui viene sottoposta una sostanza per liberarla da impurità o per renderla più fine: *raffinazione del sale, dello zucchero* | *Raffinazione del petrolio* = la sua distillazione per ricavarne i vari derivati (benzina, nafta ecc.).

raffineria [raf-fi-ne-rì-a] *s.f.* Stabilimento per la raffinazione di prodotti industriali: *raffineria di petrolio.*

rafforzare [raf-for-zà-re] *v.tr.* Rendere più forte, più saldo (anche ♧) © indebolire: *rafforzare i muscoli con l'esercizio; il suo gesto ha rafforzato la nostra amicizia* ♦ **rafforzarsi** *v.pr.* Diventare più forte, più saldo (anche ♧).

raffreddamento [raf-fred-da-mén-to] *s.m.* **1** Diminuzione di calore, abbassamento della temperatura © riscaldamento: *l'impianto di raffreddamento di un motore* **2** ♧ Diminuzione di intensità di affetti e relazioni amichevoli: *c'è stato un raffreddamento nella loro amicizia.*

raffreddare [raf-fred-dà-re] *v.tr.* **1** Far diventare freddo o più freddo © riscaldare: *il frigorifero raffredda i cibi* **2** ♧ Rendere meno intenso, meno caloroso: *l'insuccesso raffreddò il suo entusiasmo* ♦ **raffreddarsi** *v.pr.* **1** Diventare freddo o più freddo: *l'aria si è raffreddata* **2** ♧ Diventare meno intenso, meno caloroso: *la loro amicizia si è raffreddata* **3** Prendere un raffreddore: *mi sono raffreddato.*

raffreddato [raf-fred-dà-to] *agg.* Che ha il raffreddore: *oggi sono raffreddato.*

raffreddore [raf-fred-dó-re] *s.m.* Infiammazione delle mucose del naso e della laringe: *se non ti copri bene rischi di prenderti un raffreddore.*

raffronto [raf-frón-to] *s.m.* Confronto, paragone.

ragazza [ra-gàz-za] *s.f.* Donna in giovane età Ⓢ fanciulla: *una brava ragazza* ◊ Donna nubile, non sposata: *è ancora ragazza* ◊ Fidanzata, innamorata: *è uscito con la sua ragazza.*

ragazzata [ra-gaz-zà-ta] *s.f.* Azione compiuta con leggerezza, senza riflettere, come spesso fanno i ragazzi.

ragazzo [ra-gàz-zo] *s.m.* Fanciullo, adolescente: *non sei più un bambino ormai, sei un ragazzo* ◊ Giovanotto: *ha sposato un ragazzo in gamba* ◊ Innamorato, fidanzato: *è venuta col suo ragazzo.*

raggiante [rag-giàn-te] *agg.* **1** Che emana raggi di luce, luminoso, splendente: *un sole raggiante* **2** ♧ Che lascia trasparire la propria gioia Ⓢ esultante: *un volto raggiante (di felicità); era raggiante per la vittoria.*

raggio [ràg-gio] *s.m.* **1** Fascio sottile di luce: *un raggio di sole trapassò le nuvole* ◊ (spec. al *pl.*) La luce del sole o di altri corpi celesti: *il sole ci riscalda coi suoi raggi* **2** Radiazione: *raggi infrarossi, ultravioletti* | *Raggi X* = radiazioni invisibili capaci di attraversare i corpi opachi **3** In geometria, segmento che unisce il centro di un cerchio con un punto qualsiasi della circonferenza; la misura di tale segmento **4** Ciascuno degli elementi lineari d'acciaio o di legno che uniscono il centro (*mozzo*) di una ruota con il cerchione: *i raggi della bicicletta, della ruota del carro* **5** Distanza, spazio intorno a un punto: *l'esplosione ha distrutto ogni cosa per un raggio di trenta metri.*

raggirare [rag-gi-rà-re] *v.tr.* Ingannare, abbindolare, imbrogliare, truffare: *si è fatto raggirare da un imbroglione.*

raggiro [rag-gì-ro] *s.m.* Imbroglio, inganno.

raggiungere [rag-giùn-ge-re] *v.tr.* [coniugato come *giungere*] **1** Arrivare ad affiancarsi a chi ci precede, colmando la distanza che ci separa da lui (anche ♧): *correva forte ma sono riuscito a raggiungerlo*; *la nostra squadra ha raggiunto la prima in classifica* ◊ Cogliere, colpire (anche ♧): *fu raggiunto da una pallottola in pieno petto*; *la notizia lo raggiunse mentre usciva* **2** Arrivare in un luogo: *raggiungere la vetta* ◊ Arrivare a un dato livello, limite, misura: *la temperatura ha raggiunto i 35 gradi all'ombra*; *un'auto che raggiunge i 200 km all'ora* ◊ ♧ Conseguire, ottenere, conquistare: *raggiungere lo scopo*; *ha raggiunto una discreta posizione economica.*

raggomitolarsi [rag-go-mi-to-làr-si] *v.pr.* Rannicchiarsi: *il gatto si raggomitolò sulla poltrona.*

raggranellare [rag-gra-nel-là-re] *v.tr.* Mettere insieme poco per volta e con fatica Ⓢ racimolare: *se riesco a raggranellare un po' di soldi faccio un viaggio.*

raggrinzare [rag-grin-zà-re] *v.tr.* e *intr.* [aus. *essere*] Raggrinzire.

raggrinzire [rag-grin-zì-re] *v.tr.* [*raggrinzìsco, raggrinzìsci*] Corrugare, rendere grinzoso: *raggrinzì la fronte*; *il freddo raggrinzisce la pelle* ♦ *v.intr.* [aus. *essere*] e **raggrinzirsi** *v.pr.* Diventare grinzoso: *la sua pelle (si) è raggrinzita per l'età.*

raggruppamento [rag-grup-pa-mén-to] *s.m.* Gruppo, insieme di persone, di animali o di cose.

raggruppare [rag-grup-pà-re] *v.tr.* Riunire in un gruppo o per gruppi: *gli allievi furono raggruppati per classe* ♦ **raggrupparsi** *v.pr.* Riunirsi in gruppo: *i dimostranti si raggrupparono nella piazza.*

ragguagliare [rag-gua-glià-re] *v.tr.* Mettere al corrente, informare in modo particolareggiato.

ragguaglio [rag-guà-glio] *s.m.* Informazione, notizia, relazione.

ragguardevole [rag-guar-dé-vo-le] *agg.* **1** Notevole, considerevole: *ha vinto una somma ragguardevole* **2** Degno di riguardo, di considerazione (detto di persona).

ragionamento [ra-gio-na-mén-to] *s.m.* Discorso che vuole dimostrare qualcosa o convincere qualcuno attraverso una serie di argomentazioni logiche: *il suo ragionamento è persuasivo.*

ragionare [ra-gio-nà-re] *v.intr.* [aus. *avere*] **1** Fare un ragionamento, dei ragionamenti: *è uno che sa ragionare in modo chiaro* ◊ Usare la ragione Ⓢ riflettere: *quando si arrabbia non ragiona*; *ragiona prima di rispondere!* **2** Discutere in modo ragionevole, serio: *con te non si può ragionare!*

ragione [ra-gió-ne] *s.f.* **1** La facoltà di pensare con coerenza logica e giudicare correttamente: *sei ormai nell'età della ragione, certe cose devi capirle* | *Avere, non avere l'uso della ragione* = essere sano o malato di mente **2** (spec. al *pl.*) Argomento addotto per dimostrare qualcosa o difendere se stessi o altri: *le sue ragioni non mi convincono* | *A ragion veduta* = dopo aver ben riflettuto e valutato ◊ Diritto; buon diritto: *ha fatto valere le proprie ragioni* | *Avere ragione, essere dalla parte della ragione* = essere nel giusto | *Dare ragione a qualcuno* = riconoscere la giustezza dei suoi argomenti | *Avere ragione di qualcuno* = vincerlo, sopraffarlo **3** Causa, motivo, spiegazione, giustificazione di qualcosa: *non c'è ragione di preoccuparsi*; *non mi so dare una ragione del suo ritardo*; *è assente per ragioni di famiglia* | *A ragione* = per validi motivi, giustamente | *A maggior ragione* = ancor più giustamente, tanto più.

ragioneria [ra-gio-ne-rì-a] *s.f.* Disciplina che si occupa dell'amministrazione e della contabilità delle aziende ◊ La scuola secondaria superiore che dà il diploma di ragioniere: *si è iscritto a ragioneria* ◊ Ufficio che cura l'amministrazione e la contabilità di un'azienda: *rivolgersi alla ragioneria.*

ragionevole [ra-gio-né-vo-le] *agg.* **1** Dotato di ragione: *l'uomo è un essere ragionevole* **2** Che dà prova di buon senso Ⓢ saggio, equilibrato: *è una persona ragionevole*; *cerca di essere ragionevole* **3** Sensato, fondato, giustificato: *mi sembra una proposta ragionevole*; *i tuoi non mi sembrano sospetti ragionevoli* ◊ Giusto, adeguato, non esagerato: *mi ha chiesto un prezzo ragionevole.*

ragioniere [ra-gio-niè-re] *s.m.* Chi ha conseguito il diploma di ragioneria; chi si occupa di contabilità e amministrazione aziendale.

ragliare [ra-glià-re] *v.intr.* [aus. *avere*] Emettere ragli: *l'asino raglia.*

raglio [rà-glio] *s.m.* Il verso caratteristico degli asini.

ragnatela [ra-gna-té-la] *s.f.* La tela a rete che il ragno tesse per catturare gli insetti di cui si nutre.

ragno [rà-gno] *s.m.* Piccolo animale invertebrato con otto zampe e ghiandole che secernono i caratteristici fili della ragnatela.

ragù [ra-gù] *s.m.* Condimento per paste asciutte a base di carne tritata cotta con cipolle, pomodori e aromi vari.

rallegramenti [ral-le-gra-mén-ti] *s.m.pl.* Congratulazioni, felicitazioni: *ti faccio i miei rallegramenti per la tua promozione!*

rallegrare [ral-le-grà-re] *v.tr.* Rendere allegro o più allegro, vivace, gaio, festoso: *ci ha rallegrato con le sue barzellette*; *queste decorazioni rallegrano la stanza* ◊ Causare gioia, contentezza: *ci ha rallegrato sapere che state bene* ♦ **rallegrarsi** *v.pr.* **1** Diventare allegro, provare gioia: *a quella vista si rallegrò* **2** Congratularsi, felicitarsi: *mi rallegro con te per la promozione.*

rallentamento [ral-len-ta-mén-to] *s.m.* Diminuzione di velocità: *si prevedono rallentamenti del traffico sull'autostrada* ◊ ♧ Diminuzione, calo: *c'è stato un rallentamento delle esportazioni.*

rallentare [ral-len-tà-re] *v.tr.* **1** Rendere più lento, meno veloce Ⓒ accelerare: *rallenta un po' il passo per favore* **2** ♧ Diminuire di intensità, di frequenza: *rallentare il ritmo di lavoro, le visite* ♦ *v.intr.* [aus. *essere*] Diminuire la velocità, diventare più lento o meno intenso: *il treno cominciò a rallentare*; *il ritmo sta rallentando.*

rallentatore [ral-len-ta-tó-re] *s.m.* Dispositivo che permette di proiettare le immagini di un film a una velocità più ridotta di quella usata nella ripresa: *abbiamo rivisto al rallentatore alcune scene del film.*

rally [parola inglese; pron. corrente *rèlli* o *rellì*] *s.m.invar.* Gara automobilistica a tappe su percorsi lunghi e con difficoltà di vario genere.

RAM [sigla della locuzione inglese *Random-Access Memory*, «memoria ad accesso casuale»; pron. *ram*] *s.m.invar.* In un computer, parte della memoria centrale che viene impiegata durante l'esecuzione delle istruzioni.

ramaiolo [ra-ma-iò-lo] *s.m.* Mestolo.

ramanzina [ra-man-zì-na] *s.f.* Lungo rimprovero Ⓢ sgridata: *suo padre gli ha fatto una ramanzina.*

ramarro [ra-màr-ro] *s.m.* Grossa lucertola di colore verdastro.

ramazza [ra-màz-za] *s.f.* Scopa di rami o frasche, usata spec. per spazzare terreni e cortili.

rame [rà-me] *s.m.* Metallo rossiccio molto malleabile, usato per fabbricare fili elettrici, monete, pentole, vasi e altri oggetti d'uso; si unisce in lega con lo stagno a formare il bronzo e con lo zinco a formare l'ottone.

ramificarsi [ra-mi-fi-càr-si] *v.pr.* Dividersi, svilupparsi in vari rami (anche ♧) Ⓢ diramarsi: *il Po si ramifica alla foce*; *un'azienda che si è ramificata in diversi settori.*

ramificazione [ra-mi-fi-ca-zió-ne] *s.f.* **1** La crescita e la disposizione dei rami di una pianta **2** Suddivisione in rami che partono da una stessa origine Ⓢ diramazione (anche ♧): *le ramificazioni di un fiume, delle vene*; *un'azienda che ha ramificazioni in vari settori.*

rammaricare [ram-ma-ri-cà-re] *v.tr* [*rammàrico, rammàrichi*] Amareggiare, rattristare qualcuno: *la tua notizia lo rammaricherà* ♦ **rammaricarsi** *v.pr.* Provare o esprimere rammarico Ⓢ dispiacersi: *si è rammaricato per quello che ha fatto.*

rammarico [ram-mà-ri-co] *s.m.* [pl. *–chi*] Dispiacere, rincrescimento, amarezza: *ho il rammarico di non averlo potuto salutare, di essermi comportato in quel modo.*

rammendare [ram-men-dà-re] *v.tr.* Riparare con un rammendo: *rammendare le calze, un buco nei calzoni.*

rammendo [ram-mèn-do] *s.m.* Riparazione di uno strappo, di un buco di un tessuto fatta con l'ago e col filo: *fare un rammendo alle calze.*

rammentare [ram-men-tà-re] *v.tr.* Ricordare: *l'ho già visto, ma non rammento dove* ♦ **rammentarsi** *v.pr.* Ricordarsi: *ti rammenti di quel giorno in cui chiedesti il mio aiuto?*

rammollire [ram-mol-lì-re] *v.tr.* [*rammollìsco, rammollìsci*] **1** Far diventare molle Ⓒ indurire: *rammollire la cera* **2** ♧ Indebolire, infiacchire: *l'ozio lo ha rammollito* ♦ *v.intr.* [aus. *essere*] e **rammollirsi** *v.pr.* **1** Diventare molle **2** ♧ Infiacchirsi, rimbambirsi: *invecchiando (si) è rammollito.*

rammollito [ram-mol-lì-to] *s.m.* Persona priva di carattere, di forza d'animo, di volontà.

ramo [rà-mo] *s.m.* **1** Ciascuna delle diramazioni che partono dal tronco di un albero e che portano le foglie, i fiori e i frutti **2** Ogni elemento secondario che si diparte o si sviluppa, come i rami di un albero, da un corpo o da un elemento principale Ⓢ diramazione: *i rami dei coralli, delle corna dei cervi*; *i rami di un fiume, di una ferrovia* ◊ ♧ Suddivisione: *la camera e il senato sono i due rami del parlamento* ◊ ♧ Settore di attività, di studi Ⓢ campo: *un'azienda del ramo tessile*; *questo non è il mio ramo, non me ne intendo.*

ramoscello [ra-mo-scèl-lo] *s.m.* Piccolo ramo.

rampa [ràm-pa] *s.f.* **1** Tratto di scale tra un pianerottolo e l'altro ◊ Tratto di strada in salita: *i ciclisti percorsero le ultime rampe prima della vetta* ◊ Piano inclinato o breve salita molto ripida che serve a superare un dislivello: *le rampe di accesso a un'autostrada, a un parcheggio soprelevato* **2** *Rampa di lancio* = struttura che sostiene i missili al momento del lancio.

rampicante [ram-pi-càn-te] *agg.* e *s.m.* Detto di pianta dal fusto lungo e sottile che per crescere si appoggia e attacca a muri, alberi o altri sostegni.

rampino [ram-pì-no] *s.m.* Gancio fatto a uncino che serve per afferrare o sostenere qualcosa.

rampone [ram-pó-ne] *s.m.* **1** Grossa fiocina usata per catturare balene e altri cetacei **2** Arnese d'acciaio con più punte o denti che si applica sotto le scarpe o gli scarponi per far presa sul ghiaccio (*ramponi da alpinista*) o per arrampicarsi sui pali della luce, del telegrafo ecc.

rana [rà-na] *s.f.* Anfibio molto diffuso che vive soprattutto nelle acque stagnanti; ha corpo senza coda di colore verdastro con zampe posteriori più sviluppate che gli permettono di compiere notevoli salti | *Nuoto a rana* = stile di nuoto che imita il modo di nuotare delle rane | *Uomo rana* = sommozzatore.

ranch [parola inglese; pron. corrente *rènč*] *s.m. invar.* Fattoria per l'allevamento del bestiame negli Stati Uniti e in Canada.

rancido [ràn-ci-do] *agg.* Che ha un odore e un sapore acido e sgradevole (detto di sostanze grasse): *olio, burro rancido.*

rancio [ràn-cio] *s.m.* Il pasto distribuito ai soldati semplici e ai marinai.

rancore [ran-có-re] *s.m.* Sentimento di odio nascosto, profondo risentimento, malanimo: *non riuscì più a nascondere il suo rancore contro chi lo aveva umiliato.*

randagio [ran-dà-gio] *agg.* [pl.f. *–gie* o *–ge*] Detto di animale domestico senza padrone o fuori dal branco, che gira qua e là: *cane, gatto randagio.*

randello [ran-dèl-lo] *s.m.* Bastone piuttosto grosso e pesante.

rango [ràn-go] *s.m.* [pl. *–ghi*] **1** Fila, riga di soldati schierati: *il comandante ordinò di serrare i ranghi* **2** Condizione, grado sociale: *una donna di rango elevato*; *gente di basso rango.*

rannicchiarsi [ran-nic-chiàr-si] *v.pr.* Piegare le membra, raccogliersi su se stessi in modo da occupare il minor spazio possibile: *si era rannicchiato dietro un cespuglio per non farsi vedere.*

rannuvolarsi [ran-nu-vo-làr-si] *v.pr.* Coprirsi di nuvole: *il cielo si è rannuvolato.*

rantolare [ran-to-là-re] *v.intr.* [aus. *avere*] Emettere rantoli: *il moribondo rantolava.*

rantolo [ràn-to-lo] *s.m.* Il respiro affannoso di chi è moribondo o ha una grave malattia respiratoria.

rap [parola inglese; pron. corrente *rèp*] *s.m.invar.* Genere di musica in cui la parte vocale è costituita da un parlato molto ritmato eseguito su una base musicale uniforme.

rapa [rà-pa] *s.f.* **1** Pianta erbacea con fiori gialli, coltivata per la radice commestibile e per le foglie e gli steli con i fiori (*cime di rapa*) anch'essi commestibili **2** ♧ Persona sciocca, di scarsa intelligenza: *sei proprio una rapa!*; *che testa di rapa!*

rapace [ra-pà-ce] *agg.* **1** Detto di animale, e spec. di uccello, predatore **2** ♧ Avido di denaro e pronto a impadronirsi con ogni mezzo dei beni altrui: *i contadini erano sfruttati da proprietari rapaci e senza scrupoli.*

rapanello vedi **ravanello**.

rapare [ra-pà-re] *v.tr.* Tagliare i capelli a zero.

rapida [rà-pi-da] *s.f.* Tratto di fiume in forte pendenza e in cui l'acqua scorre rapida e impetuosa.

rapidità [ra-pi-di-tà] *s.f.* Celerità, prontezza, velocità: *lo ha salvato la sua rapidità di riflessi.*

rapido [rà-pi-do] *agg.* **1** Che si muove, si sposta velocemente Ⓒ lento: *un torrente dal corso molto rapido*; *prendere il mezzo più rapido* | *Treno rapido* = treno ad alta velocità che ferma solo nelle stazioni più importanti ◊ Molto veloce, fulmineo: *con una rapida mossa disarmò l'avversario* **2** Che avviene o si compie in un tempo molto breve: *cibi a cottura rapida*; *dare una rapida occhiata al giornale* ◊ Svelto, pronto nel compiere un'azione: *un uomo rapido nel decidere* ♦ *s.m.* Treno rapido.

rapimento [ra-pi-mén-to] *s.m.* Atto di forza con cui si trascina via qualcuno e lo si trattiene presso di sé; sequestro: *la banda stava organizzando il rapimento di un industriale.*

rapina [ra-pì-na] *s.f.* Reato di chi si appropria con la violenza o con la minaccia di denaro o oggetti altrui: *commettere una rapina (a mano armata).*

rapinare [ra-pi-nà-re] *v.tr.* Derubare con una rapina: *dei banditi hanno rapinato una banca* ◊ Portare via con la violenza o la minaccia: *le hanno rapinato tutti i soldi.*

rapinatore [ra-pi-na-tó-re] *s.m.* [f. *–trice*] Chi commette una rapina o vive abitualmente di rapine.

rapire [ra-pì-re] *v.tr.* [*rapìsco, rapìsci*] **1** Condurre via con sé qualcuno con la forza o con l'inganno: *rapire un bambino* **2** ♧ Attrarre, avvincere completamente; estasiare: *quella musica lo rapiva.*

rapitore [ra-pi-tó-re] *s.m.* [f. *–trice*] Chi rapisce o ha rapito qualcuno: *i rapitori furono catturati.*

rappacificarsi [rap-pa-ci-fi-càr-si] *v.pr.* [*mi rappacìfico, ti rappacìfichi*] Far pace Ⓢ riconciliarsi: *i due amici hanno litigato, ma poi si sono rappacificati.*

rappezzo [rap-pèz-zo] *s.m.* Pezzo di stoffa o altro aggiunto per riparare una parte rotta, sostituire un pezzo logorato Ⓢ rattoppo: *una coperta piena di rappezzi.*

rapporto [rap-pòr-to] *s.m.* **1** Resoconto, relazione, per lo più di carattere ufficiale, che riferisce su fatti e situazioni: *fare, leggere un rapporto sugli incidenti, sulla situazione politica* **2** Relazione tra persone, organizzazioni, stati ecc.: *sono in buoni rapporti con lui*; *rapporti di amicizia, di lavoro, di affari* ◊ Relazione, connessione, legame tra cose: *quel che dici non ha alcun rapporto con l'argomento che trattiamo*; *tra questi due fatti c'è un rapporto di causa ed effetto* **3** Risultato della divisione tra due grandezze Ⓢ quoziente: *la velocità è il rapporto tra la distanza percorsa e il tempo impiegato* ◊ Relazione proporzionale: *il compenso è in rapporto alle ore lavorate.*

rapprendersi [rap-prèn-der-si] *v.pr.* [coniugato come *prendere*] Coagularsi Ⓒ sciogliersi: *il sangue sulla ferita si è già rappreso.*

rappresaglia [rap-pre-sà-glia] *s.f.* Azione violenta di vendetta o altra misura diretta a colpire direttamente o indirettamente chi ci abbia recato danno Ⓢ ritorsione: *le truppe occupanti fucilarono per rappresaglia gli ostaggi*; *bloccare per rappresaglia le importazioni da un paese.*

rappresentante [rap-pre-sen-tàn-te] *s.m.f.* Chi rappresenta un'altra persona, un ente, un'organizzazione: *era presente il rappresentante del governo*; *convocare i rappresentanti dei sindacati* | *Rappresentante (di commercio)* = chi svolge attività commerciali per conto di una ditta.

rappresentare [rap-pre-sen-tà-re] *v.tr.* **1** Riprodurre la realtà mediante figure, immagini Ⓢ raffigurare: *un quadro, una scultura che rappresenta una madre con il bambino* ◊ Descrivere: *un racconto in cui si rappresenta il mondo degli artisti* **2** Simboleggiare: *spesso la colomba rappresenta la pace* ◊ Costituire, essere, significare: *questo guadagno per lui rappresenta la sicurezza* **3** Portare sulla scena (o sullo schermo) Ⓢ recitare: *questa sera si rappresenta una nuova commedia* **4** Parlare, agire, svolgere una funzione in nome e per conto di altri: *l'avvocato rappresenta il suo cliente*; *ogni parlamentare rappresenta il popolo*; *rappresenta una ditta farmaceutica.*

rappresentazione [rap-pre-sen-ta-zió-ne] *s.f.* **1** Riproduzione, raffigurazione, descrizione di qualcosa: *la rappresentazione di un paesaggio*; *un diagramma è la rappresentazione grafica di un fenomeno o di una situazione* **2** Esecuzione pubblica di uno spettacolo; lo spettacolo stesso: *abbiamo assistito alla rappresentazione di una nuova commedia.*

raptus [parola latina; pron. *ràptus*] *s.m.* Impulso improvviso e irresistibile a compiere azioni violente, senza avere coscienza di quel che si fa: *essere colto da un raptus omicida, suicida.*

raramente [ra-ra-mén-te] *avv.* Di rado, rare volte: *ci vediamo raramente.*

rarefatto [ra-re-fàt-to] *agg.* Meno denso: *l'aria di montagna è più rarefatta.*

rarità [ra-ri-tà] *s.f.* Cosa rara, difficile a trovarsi: *mobili così antichi sono ormai una rarità.*

raro [rà-ro] *agg.* Non frequente, non comune; difficile a trovarsi: *l'ho incontrato rare volte*; *è raro trovare una persona onesta come lui*; *una specie di cui esistono solo rari esemplari* ◊ Prezioso in quanto non comune: *una collezione di monete rare* ◊ Singolare, fuori del comune: *una persona di rara bontà.*

rasare [ra-sà-re] *v.tr.* **1** Tagliare i peli fino alla base Ⓢ radere: *rasare i capelli a zero* **2** Rendere uniforme una superficie tagliando le sporgenze: *rasare l'erba di un prato* ♦ **rasarsi** *v.pr.* Radersi i peli; in partic. farsi la barba.

raschiare [ra-schià-re] *v.tr.* Fregare con forza una superficie per levigarla o ripulirla asportando incrostazioni o sporgenze: *raschiare un muro, un tavolo.*

rasentare [ra-sen-tà-re] *v.tr.* **1** Andare, passare molto vicino a qualcosa, fin quasi a toccarlo: *camminava rasentando il muro* **2** ♧ Essere, arrivare molto vicino a qualcosa Ⓢ sfiorare: *la squadra ha rasentato la vittoria*; *il suo comportamento rasenta il ridicolo.*

rasente [ra-sèn-te] *agg.* Molto vicino, quasi sfiorando: *la palla passò rasente alla traversa.*

raso [rà-so] *agg.* **1** Rasato, liscio: *un cane dal pelo raso* **2** Pieno fino all'orlo: *un boccale raso di birra* ♦ usato con valore di *prep.* nella locuzione *raso terra* = rasente il terreno: *l'aereo volava raso terra*; *un tiro raso terra* ♦ *s.m.* Tessuto di aspetto liscio e lucente.

rasoio [ra-só-io] *s.m.* Strumento per radere i peli e spec. la barba, costituito, nel tipo tradizionale, da una lama d'acciaio affilatissima fissata a un manico | *Rasoio di sicurezza* = munito di lamette cambiabili e protette in modo da evitare ferite | *Rasoio elettrico* = strumento elettrico per radersi la barba.

raspa [rà-spa] *s.f.* Attrezzo simile alla lima, ma con denti più grossi e sporgenti, usato spec. per lavorare il legno.

raspare [ra-spà-re] *v.tr.* e *v.intr.* [aus. *avere*] **1** Lavorare, spianare, sgrossare con la raspa: *raspare un'asse di legno* **2** Grattare su una superficie con le unghie o le zampe (detto spec. di animali): *il cane raspa alla porta* **3** Irritare, pizzicare: *una grappa che raspa la gola* (o *raspa in gola*).

raspo [rà-spo] *s.m.* Grappolo d'uva a cui sono stati tolti tutti gli acini.

rassegna [ras-sé-gna] *s.f.* **1** Ispezione a reparti militari schierati fatta da superiori o pubbliche autorità per controllarne l'aspetto e la preparazione Ⓢ rivista: *il generale passò in rassegna le truppe* ◊ Esame accurato: *passare in rassegna gli ultimi avvenimenti* **2** Resoconto ordinato ed esauriente: *fare una rassegna degli spettacoli teatrali* **3** Mostra, esposizione, festival: *una rassegna cinematografica, di pittura, di moda.*

rassegnare [ras-se-gnà-re] *v.tr. Rassegnare le dimissioni* = presentarle, darle ♦ **rassegnarsi** *v.pr.* Accettare senza più opporsi la volontà altrui o accettare con sopportazione qualcosa di inevitabile: *si rassegnò al volere del padre*; *rassegnarsi alla sconfitta, alla sorte.*

rassegnato [ras-se-gnà-to] *agg.* Che ha ormai accettato, rinunciando a lottare e a reagire, quello che impongono la sorte, le circostanze o la volontà altrui: *mi sembra rassegnato a cedere.*

rassegnazione [ras-se-gna-zió-ne] *s.f.* Disposizione ad accettare e sopportare pazientemente dolori, sventure, rinunce o imposizioni.

rasserenare [ras-se-re-nà-re] *v.tr.* Rendere, far tornare sereno (anche ♧): *quella notizia lo rasserenò* ♦ **rasserenarsi** *v.pr.* Tornare sereno (anche ♧): *il cielo si è rasserenato*; *si rasserenò in volto.*

rassettare [ras-set-tà-re] *v.tr.* Rimettere in ordine, a posto: *rassettare la stanza*; *si rassettò i capelli prima di uscire.*

rassicurare [ras-si-cu-rà-re] *v.tr.* Ridare sicurezza e tranquillità a qualcuno, liberandolo da timori, dubbi, sospetti Ⓢ tranquillizzare: *le sue parole ci hanno rassicurato* ♦ **rassicurarsi** *v.pr.* Riacquistare sicurezza e tranquillità Ⓢ tranquillizzarsi: *rassicurati, non c'è nulla da temere.*

rassicurazione [ras-si-cu-ra-zió-ne] *s.f.* Parola, discorso o scritto che rassicura, dà garanzia: *ho avuto da lui le più ampie rassicurazioni.*

rassodare [ras-so-dà-re] *v.tr.* Rendere più sodo e compatto: *prima di costruire la casa bisogna rassodare il terreno* ♦ **rassodarsi** *v.pr.* Diventare sodo, più sodo e compatto.

rassomigliare [ras-so-mi-glià-re] *v.intr.* [aus. *essere*] Essere simile Ⓢ assomigliare, somigliare: *rassomiglia alla madre.*

rasta [rà-sta] *agg.invar* e *s.m.f.invar.* Detto di acconciatura dei capelli in lunghe ciocche attorcigliate su se stesse e di chi porta i capelli in questo modo.

rastrellamento [ra-strel-la-mén-to] *s.m.* Perlustrazione sistematica di una certa zona da parte di forze militari o di polizia.

rastrellare [ra-strel-là-re] *v.tr.* **1** Raccogliere col rastrello: *rastrellare il fieno* ◊ Ripulire, lavorare col rastrello: *rastrellare un viale, il campo* **2** ♧ Perlustrare sistematicamente una zona con forze militari o di polizia: *la polizia sta rastrellando il quartiere alla ricerca dei banditi.*

rastrelliera [ra-strel-liè-ra] *s.f.* Struttura a elementi verticali, usata per sostenere e disporre in fila oggetti vari: *rastrelliera per fucili, per sci, per biciclette.*

rastrello [ra-strèl-lo] *s.m.* Attrezzo agricolo o da giardinaggio costituito da un'asta di legno o d'acciaio munita di denti e fissata a un lungo manico; serve per raccogliere e ammassare erba, fieno, paglia, per pareggiare il terreno o ripulirlo da foglie, ghiaia, sassi ecc.

rata [rà-ta] *s.f.* Ciascuna delle parti in cui viene suddivisa una somma da pagare in più volte a scadenze stabilite: *comprare un'automobile a rate.*

rateale [ra-te-à-le] *agg.* Che si effettua a rate: *pagamento, vendita rateale.*

ratifica [ra-tì-fi-ca] *s.f.* Approvazione, convalida formale e definitiva di un atto da parte di autorità competenti: *ratifica di una nomina.*

ratificare [ra-ti-fi-cà-re] *v.tr.* [*ratìfico, ratìfichi*] Approvare, convalidare ufficialmente, da parte di un organo competente, un atto compiuto da altri organi: *il governo ha concluso un trattato internazionale che il parlamento dovrà ratificare*; *ratificare una nomina.*

ratto [ràt-to] *s.m.* Grosso topo dannoso per la sua voracità e per le malattie che può trasmettere.

rattoppare [rat-top-pà-re] *v.tr.* Riparare con delle toppe Ⓢ rappezzare: *rattoppare un vestito, una camera d'aria.*

rattoppo [rat-tòp-po] *s.m.* Riparazione fatta mettendo una toppa: *fare un rattoppo a una giacca* ◊ Toppa, rappezzo: *calzoni pieni di rattoppi.*

rattrappire [rat-trap-pì-re] *v.tr.* [*rattrappìsco, rattrappìsci*] Provocare un irrigidimento, una contrazione delle membra in modo da impedirne od ostacolarne il movimento: *il gelo mi ha rattrappito le mani* ♦ **rattrappirsi** *v.pr.* Irrigidirsi, contrarsi: *a stare in quella posizione mi si è rattrappita la gamba.*

rattristare [rat-tri-stà-re] *v.tr.* Rendere triste Ⓢ addolorare Ⓒ rallegrare: *la tua partenza mi rattrista* ♦ **rattristarsi** *v.pr.* Diventare triste Ⓢ addolorarsi Ⓒ rallegrarsi.

raucedine [rau-cè-di-ne] *s.f.* Abbassamento della voce per infiammazione delle corde vocali.

rauco [ràu-co] *agg.* [pl.m. *–chi*] Basso e aspro (detto di voce o suono): *il suono rauco della tromba* ◊ Che ha la voce rauca (detto di persona): *a furia di parlare sono diventato rauco.*

ravanello [ra-va-nèl-lo] o **rapanello** [ra-pa-nèl-lo] *s.m.* Pianta erbacea di cui si mangia cruda la radice tondeggiante, di colore rosso e di sapore più o meno piccante.

raviolo [ra-viò-lo] *s.m.* Rettangolo di pasta all'uovo ripieno di carne tritata, di ricotta e verdura o di altri ingredienti.

ravvedersi [rav-ve-dér-si] *v.pr.* [coniugato come *vedere*] Riconoscere i propri errori e cambiare vita: *sei ancora in tempo per ravvederti!*

ravvisare [rav-vi-sà-re] *v.tr.* Riconoscere qualcuno dall'aspetto: *nella foto ravvisò un suo vecchio amico* ◊ Riconoscere, individuare qualcosa.

ravvivare [rav-vi-và-re] *v.tr.* Rendere più vivo, ridare vigore, vitalità, vivacità (anche ♧): *usa questi sterpi per ravvivare il fuoco*; *un prodotto per ravvivare i colori dei tessuti*; *la promessa di aiuto ravvivò le sue speranze.*

raziocinio [ra-zio-cì-nio] *s.m.* Capacità di ragionare in modo equilibrato Ⓢ criterio, buon senso: *mancare di raziocinio*; *agire con raziocinio.*

razionale [ra-zio-nà-le] *agg.* **1** Dotato di ragione: *l'uomo è un essere razionale* **2** Fondato sulla ragione, su principi e metodi logici, su basi scientifiche Ⓒ irrazionale: *fare una scelta razionale*; *metodi di lavoro razionali* **3** Rispondente alle esigenze dell'uso Ⓢ funzionale: *l'arredamento di quella casa è molto razionale.*

razionamento [ra-zio-na-mén-to] *s.m.* Distribuzione controllata di un genere di prima necessità, con assegnazione a ciascuno di una quantità fissa e limitata, per far fronte a una situazione di scarsità: *durante la guerra c'era il razionamento dei generi alimentari.*

razionare [ra-zio-nà-re] *v.tr.* Limitare la distribuzione e il consumo di un genere di prima necessità che scarseggia assegnandone a ciascuno una quantità prestabilita: *i naufraghi furono costretti a razionare l'acqua*; *durante la guerra molti generi alimentari erano razionati.*

razione [ra-zió-ne] *s.f.* Quantità di un genere di consumo che spetta ogni volta a ciascun membro di una comunità o che è stata assegnata a ciascun cittadino in caso di razionamento: *ai prigionieri spettava una razione d'acqua di un litro al giorno*; *distribuire le razioni di carne, di zucchero, di sigarette* ◊ Quantità di ogni singolo piatto che viene data in ristoranti e pensioni Ⓢ porzione: *razioni scarse, abbondanti.*

razza[1] [ràz-za] *s.f.* **1** Gruppo di individui di una specie animale o vegetale che si differenziano, per una serie di caratteristiche ereditarie comuni, da altri gruppi della stessa specie: *razze bovine, equine, canine*; *un gatto di razza siamese*; *razze di grano, di riso* ◊ Gruppo di esseri umani aventi alcuni caratteri somatici (colore della pelle ecc.) che li differenziano da altri gruppi: *razza bianca, nera, gialla*; *discriminazioni di razza* **2** Tipo, genere: *che razza di gente frequenti?*; *che razza di discorsi son questi?*

razza[2] [ràz-za] *s.f.* Pesce marino con corpo piatto a forma di rombo e lunga coda sottile.

razzia [raz-zì-a] *s.f.* Scorreria armata a scopo di saccheggio: *le razzie dei predoni* ◊ Ruberia, spec. di animali: *la volpe fece razzia nel pollaio.*

razziale [raz-zià-le] *agg.* Che riguarda la razza, basato sulla razza: *caratteristiche razziali*; *pregiudizi, discriminazioni, persecuzioni razziali.*

razzismo [raz-zì-smo] *s.m.* Ideologia che, sulla base di una presunta superiorità della propria razza sulle altre, rifiuta ogni mescolanza con altri popoli, giungendo a giustificare discriminazioni e persecuzioni nei confronti dei membri di altre razze (o anche di altre nazioni, etnie, gruppi sociali ecc.) ◊ Ogni atteggiamento o manifestazione di intolleranza e discriminazione basata su pregiudizi sociali.

razzista [raz-zì-sta] *s.m.f.* [pl.m. *–sti*] Seguace, fautore del razzismo: *si è comportato da razzista* ♦ *agg.* Basato sul razzismo: *mentalità razzista.*

razzo [ràz-zo] *s.m.* **1** Fuoco artificiale che si innalza nell'aria lasciando una scia luminosa | *Razzi di segnalazione* = quelli usati, spec. di notte, per segnalare situazioni di pericolo **2** Missile | ♧ *Correre come un razzo, partenza a razzo* = a grande velocità.

razzolare [raz-zo-là-re] *v.intr.* [aus. *avere*] Raspare qua e là in terra in cerca di cibo (detto spec. di polli): *le galline razzolavano nell'aia.*

re[1] [ré] *s.m.* **1** Capo di uno stato monarchico, di un regno Ⓢ monarca, sovrano **2** Persona che domina un settore produttivo o eccelle in qualche attività:

il re del petrolio; *il re dei cuochi* ◊ Animale che domina gli altri: *il leone è il re degli animali* **3** La più alta figura delle carte da gioco: *il re di quadri, di fiori* ◊ Il pezzo principale nel gioco degli scacchi: *dare scacco al re.*

re[2] [rè] *s.m.* Seconda nota della scala musicale.

reagire [re-a-gì-re] *v.intr.* [*reagìsco, reagìsci*; aus. *avere*] **1** Rispondere con una propria azione a una violenza, a un'offesa, a un'ingiustizia altrui: *ho reagito a una provocazione*; *ha sopportato senza reagire* ◊ Avere, mostrare forza d'animo di fronte a un'avversità, a una difficoltà: *ha reagito bene alla sconfitta*; *non lasciarti abbattere, cerca di reagire!* **2** Essere sensibile a uno stimolo: *le pupille reagiscono alla luce*; *il malato non reagisce alle cure.*

reale[1] [re-à-le] *agg.* Che esiste nella realtà; veramente accaduto Ⓢ effettivo, concreto Ⓒ irreale, fittizio: *il mondo reale e quello dei sogni*; *un film basato su un fatto reale*; *se ci fosse stato un reale pericolo vi avrei avvertito.*

reale[2] [re-à-le] *agg.* Del re: *palazzo reale*; *corona reale*; *la famiglia reale.*

realismo [re-a-lì-smo] *s.m.* **1** Senso concreto della realtà, capacità di valutare obiettivamente le situazioni e le possibilità reali: *affrontare una situazione con realismo* **2** Aderenza alla realtà di una rappresentazione artistica: *un film, una scena di grande realismo.*

realista [re-a-lì-sta] *agg.* e *s.m.f.* [pl.m. *–sti*] Che, chi tiene ben presente la realtà concreta e agisce senza cedere a idealismi o illusioni.

realistico [re-a-lì-sti-co] *agg.* [pl.m. *–ci*] Basato sulla realtà, sui fatti concreti: *fare un esame realistico della situazione*; *il tuo è un progetto poco realistico.*

realizzare [re-a-liz-zà-re] *v.tr.* **1** Mettere in pratica, tradurre in realtà Ⓢ attuare: *realizzare un progetto, un desiderio* **2** Nello sport, segnare: *realizzare un gol, un canestro* **3** Ricavare: *in quell'affare ha realizzato un buon guadagno* **4** Comprendere a fondo, rendersi bene conto: *non ha ancora realizzato la gravità della situazione* ♦ **realizzarsi** *v.pr.* Diventare realtà Ⓢ avverarsi: *il suo sogno si era realizzato.*

realizzazione [re-a-liz-za-zió-ne] *s.f.* Attuazione, traduzione in realtà: *la realizzazione di un sogno*; *un'impresa di difficile realizzazione.*

realmente [re-al-mén-te] *avv.* Nella realtà, davvero, effettivamente: *fatti realmente accaduti.*

realtà [re-al-tà] *s.f.* **1** Il mondo reale, concreto, ciò che esiste effettivamente: *non bisogna confondere la realtà con il sogno* ◊ Esistenza effettiva, concreta: *speranze che non si tramuteranno mai in realtà* **2** Condizione reale, effettiva di qualcosa: *bisogna guardare alla realtà della situazione* | *In realtà* = veramente, in effetti: *dice di volermi bene, ma in realtà mi odia.*

reame [re-à-me] *s.m.* Regno (spec. nel linguaggio delle fiabe).

reato [re-à-to] *s.m.* Atto o comportamento che viola una norma penale ed è punito dal codice penale: *rubando commetti un reato.*

reattore [re-at-tó-re] *s.m.* **1** Motore che sfrutta la spinta propulsiva di una massa di gas espulsa in direzione opposta a quella del movimento ◊ Aereo azionato da tale motore; aereo a reazione Ⓢ jet **2** *Reattore nucleare* = impianto capace di produrre energia per mezzo di reazioni nucleari controllate.

reazionario [re-a-zio-nà-rio] *agg.* e *s.m.* Che, chi sostiene idee conservatrici, è favorevole a regimi e metodi politici autoritari e si oppone a ogni tendenza progressista e democratica: *un governo, un partito reazionario.*

reazione [re-a-zió-ne] *s.f.* **1** Azione o comportamento di risposta a un'azione altrui o a un fatto, a una situazione: *la tua reazione all'offesa è stata eccessiva*; *la reazione del pubblico fu entusiasta* ◊ Risposta a uno stimolo esterno: *la reazione dell'organismo alle cure* **2** In fisica, forza, uguale e opposta, con cui un corpo risponde a una forza esercitata su di esso; è il principio sfruttato nella *propulsione a reazione*, cioè nei *motori* e *aeroplani a reazione* (vedi *reattore*) ◊ *Reazione nucleare* = processo di trasformazione del nucleo atomico di una sostanza radioattiva | *Reazione a catena* = serie di reazioni nucleari che liberano un'enorme quantità di energia; è una *reazione controllata* quella dei reattori nucleari, *incontrollata* quella delle armi atomiche **3** *Reazione chimica* = trasformazione di una o più sostanze in altre sostanze chimicamente diverse **4** Tendenza e azione politica che si oppone a ogni progresso e a ogni allargamento delle libertà democratiche sostenendo regimi e metodi politici autoritari.

rebus [rè-bus] *s.m.* **1** Gioco enigmistico in cui bisogna formare una parola o una frase interpretando l'accoppiamento di determinate lettere e figure in una scenetta disegnata **2** Persona o cosa difficile da comprendere o incomprensibile: *quell'uomo per me è un rebus.*

recapitare [re-ca-pi-tà-re] *v.tr.* Portare e consegnare qualcosa a un indirizzo, al destinatario: *ho fatto recapitare il pacco a casa tua*; *la tua lettera non mi è stata recapitata.*

A B C D E F G H I J K L M N O P Q R S T U V W X Y Z

recapito [re-cà-pi-to] *s.m.* **1** Indirizzo a cui si può trovare qualcuno o fargli pervenire qualcosa: *ti lascio il recapito dell'albergo in cui passerò le vacanze* **2** Consegna: *questo negozio fa il recapito a domicilio della merce acquistata.*

recare [re-cà-re] *v.tr.* [*rèco, rèchi*] **1** Portare (anche ♧): *recare un dono, una notizia* ◊ Portare su di sé Ⓢ avere, mostrare: *il documento non recava la data*; *la casa recava le tracce dei bombardamenti* **2** Arrecare, causare: *recare disturbo, gravi danni* ♦ **recarsi** *v.pr.* Andare: *recarsi in città, in banca, al lavoro.*

recensione [re-cen-sió-ne] *s.f.* Esame e commento critico, sotto forma di articolo, di un'opera pubblicata recentemente, di un nuovo spettacolo, di una mostra d'arte, di un concerto e simili: *leggere sul giornale la recensione di un film*; *una recensione favorevole, negativa.*

recente [re-cèn-te] *agg.* Avvenuto o fatto da poco tempo: *un fatto, una casa recente* | *Di recente* = poco tempo fa, ultimamente: *l'ho visto di recente.*

recentemente [re-cen-te-mén-te] *avv.* Di recente: *ci siamo visti recentemente.*

recessione [re-ces-sió-ne] *s.f.* Rallentamento, ristagno, crisi della produzione e dell'economia in genere.

recidere [re-cì-de-re] *v.tr.* [coniugato come *decidere*] Tagliare di netto Ⓢ troncare: *recidere un fiore, un ramo*; *la lama gli ha reciso una mano.*

recidivo [re-ci-dì-vo] *agg.* e *s.m.* Che, chi, dopo essere già stato condannato per un reato, ne commette un altro.

recintare [re-cin-tà-re] *v.tr.* Chiudere con un recinto: *ha recintato il giardino con una siepe.*

recinto [re-cìn-to] *s.m.* **1** Spazio all'aperto chiuso tutt'intorno da una recinzione: *portare le pecore nel recinto* **2** Struttura di recinzione (steccato, siepe, rete ecc.): *scavalcare un recinto.*

recinzione [re-cin-zió-ne] *s.f.* L'operazione di recintare uno spazio: *fare la recinzione di un campo* ◊ La struttura usata per recintare Ⓢ recinto: *una recinzione metallica, in muratura, in legno.*

recipiente [re-ci-pièn-te] *s.m.* Contenitore, spec. per liquidi: *un recipiente di vetro, di plastica, di metallo.*

reciprocamente [re-ci-pro-ca-mén-te] *avv.* L'un l'altro, a vicenda: *amarsi reciprocamente.*

reciproco [re-cì-pro-co] *agg.* [pl.m. *-ci*] Vicendevole, scambievole: *stima, antipatia reciproca*; *farsi reciproci favori.*

recisione [re-ci-sió-ne] *s.f.* Taglio netto di qualcosa.

reciso [re-cì-so] *agg.* **1** Tagliato: *fiori recisi* **2** ♧ Netto e deciso; brusco, risoluto: *rispose con un rifiuto reciso*; *replicò con tono reciso.*

recita [rè-ci-ta] *s.f.* Rappresentazione di un'opera teatrale: *recita di beneficenza.*

recital [parola inglese; pron. corrente *rèsital*] *s.m.invar.* Spettacolo in cui un musicista, un cantante, un attore si esibisce come solista.

recitare [re-ci-tà-re] *v.tr.* **1** Ripetere ad alta voce un testo che si è imparato a memoria: *recitare una poesia, una preghiera* **2** Sostenere una parte in uno spettacolo teatrale, cinematografico ecc.: *l'attore che recita la parte di Amleto*; *un'attrice che recita molto bene* **3** ♧ Fingere, simulare nel parlare, nel comportarsi: *sembrava commosso, ma stava solo recitando.*

recitazione [re-ci-ta-zió-ne] *s.f.* L'arte e la tecnica di recitare: *frequentare una scuola di recitazione* ◊ Modo di recitare: *la sua recitazione è ottima.*

reclamare [re-cla-mà-re] *v.intr.* [aus. *avere*] Fare un reclamo Ⓢ protestare, lamentarsi: *ha reclamato presso la direzione dell'albergo per la sporcizia della sua camera*; *non fare chiasso, se no gli inquilini di sotto reclamano* ♦ *v.tr.* Chiedere energicamente qualcosa a cui si ha o si ritiene di avere diritto Ⓢ esigere: *reclamare la restituzione di un prestito*; *reclamare un rigore.*

réclame [parola francese; pron. *reclàm*] *s.f. invar.* Pubblicità, propaganda commerciale.

reclamo [re-clà-mo] *s.m.* Protesta con cui ci si rivolge a chi di dovere per lamentarsi di un danno o di un torto ingiustamente subito e per chiedere il rispetto dei propri diritti e interessi: *ho fatto reclamo al direttore per la scarsa pulizia della camera.*

reclinare [re-cli-nà-re] *v.tr.* Piegare verso il basso: *reclinare la testa sul petto, sul cuscino.*

reclusione [re-clu-sió-ne] *s.f.* Pena prevista per i delitti, da scontarsi in prigione: *è stato condannato a sei anni di reclusione.*

recluso [re-clù-so] *s.m.* Chi sta scontando una pena in carcere Ⓢ detenuto, carcerato.

recluta [rè-clu-ta] *s.f.* Soldato appena arruolato, da poco sotto le armi: *addestramento delle reclute.*

reclutare [re-clu-tà-re] *v.tr.* **1** Scegliere e arruolare per il servizio militare: *lo hanno reclutato in marina* **2** Assumere, ingaggiare: *reclutare manodopera* ◊ Raccogliere come aderenti, seguaci: *un partito che sta reclutando molti giovani.*

record [rè-cord] *s.m.invar.* Primato: *battere il record mondiale del salto in alto*; *un record d'incasso* ♦ *agg.invar.* Che costituisce un primato: *per quel quadro è stata pagata una cifra record.*

recrudescenza [re-cru-de-scèn-za] *s.f.* Aggravamento o ripresa d'intensità di qualcosa di negativo che sembrava in via di miglioramento o di esaurimento: *la recrudescenza di un'epidemia*; *recrudescenza dell'inflazione.*

recuperare e derivati, vedi **ricuperare** e derivati.

redarguire [re-dar-guì-re] *v.tr.* [*redarguìsco, redarguìsci*] Rimproverare qualcuno energicamente, aspramente Ⓢ riprendere, sgridare.

redattore [re-dat-tó-re] *s.m.* [f. *–trice*] **1** Chi redige un testo qualsiasi: *il redattore di un rapporto, di un articolo* **2** Giornalista che lavora nella redazione di un giornale, di una rivista, di una emittente radiotelevisiva, scrivendo o curando gli articoli da pubblicare o i servizi da mandare in onda ◊ Nelle case editrici, chi cura la stesura e la revisione dei testi da pubblicare.

redazione [re-da-zió-ne] *s.f.* **1** Stesura, compilazione di un testo scritto: *curare la redazione di un articolo*; *collaborare alla redazione di un dizionario* **2** Ufficio che in giornali, radiotelevisioni, case editrici ha il compito di curare i testi da pubblicare o trasmettere: *dirigere la redazione di un giornale* ◊ L'insieme dei redattori, la sede in cui lavorano: *riunione di redazione*; *andare in redazione.*

redditizio [red-di-tì-zio] *agg.* Che dà un buon reddito, che rende bene: *un lavoro, un investimento redditizio.*

reddito [rèd-di-to] *s.m.* Complesso delle entrate, degli utili che in un determinato periodo di tempo derivano da un lavoro, dal possesso di case e terreni o dall'investimento di capitali: *reddito mensile, annuale*; *dichiarazione dei redditi* | *Reddito nazionale* = la somma dei redditi ottenuti in un anno da tutti i cittadini.

redigere [re-dì-ge-re] *v.tr.* [pres. *redìgo, redìgi*; pass.rem. *redàssi, redigésti*; part.pass. *redàtto*] Scrivere, stendere, compilare: *redigere un articolo, un contratto.*

redini [rè-di-ni] *s.f.pl.* **1** Ciascuna delle strisce di cuoio attaccate al morso del cavallo per guidarlo Ⓢ briglie: *allentare, tirare le redini* **2** ♧ Direzione, guida: *avere le redini della famiglia, dell'azienda, del governo.*

reduce [rè-du-ce] *agg.* e *s.m.* Che, chi è tornato da una guerra, da una situazione dura e rischiosa o è appena uscito da un'esperienza difficile o negativa; detto anche di chi è appena tornato da una qualsiasi attività: *reduci di guerra*; *è reduce da una lunga malattia, da una brutta avventura*; *è reduce da un viaggio all'estero.*

referendum [re-fe-rèn-dum] *s.m.invar.* Votazione in cui tutto il popolo è chiamato ad approvare o ad abrogare una specifica legge o a decidere su una questione istituzionale.

referente [re-fe-rèn-te] *s.m.* Punto di riferimento.

referenza [re-fe-rèn-za] *s.f.* (spec. al *pl.*) Informazioni sulle capacità e sulla condotta di una persona o sull'affidabilità di un'azienda, fornite da chi ha già avuto rapporti con loro: *prima di assumerlo hanno chiesto le sue referenze.*

referto [re-fèr-to] *s.m.* Relazione scritta da un medico sulle condizioni particolari di un paziente.

refettorio [re-fet-tò-rio] *s.m.* Grande sala da pranzo comune di conventi, collegi, caserme, carceri ecc.: *i monaci erano riuniti nel refettorio.*

refezione [re-fe-zió-ne] *s.f.* Pasto, in partic. quello fornito a mezzogiorno agli alunni di scuole e collegi.

refolo [rè-fo-lo] *s.m.* Vento leggero che soffia in direzione costante ◊ Leggera folata di vento.

refrigerare [re-fri-ge-rà-re] *v.tr.* Sottoporre a refrigerazione Ⓢ raffreddare: *refrigerare la carne, il pesce.*

refrigeratore [re-fri-ge-ra-tó-re] *s.m.* Liquido o apparecchio che serve a refrigerare.

refrigerazione [re-fri-ge-ra-zió-ne] *s.f.* Procedimento per conservare più a lungo generi alimentari abbassandone la temperatura: *impianti per la refrigerazione della carne.*

refrigerio [re-fri-gè-rio] *s.m.* Sensazione piacevole di fresco che dà sollievo dal caldo, dall'arsura: *la brezza dava un po' di refrigerio*; *il refrigerio di una doccia fredda, di una bibita ghiacciata.*

refurtiva [re-fur-tì-va] *s.f.* Ciò che è stato rubato, il ricavato di un furto: *la refurtiva è stata recuperata dalla polizia.*

refuso [re-fù-so] *s.m.* Errore di stampa.

regalare [re-ga-là-re] *v.tr.* Dare qualcosa in dono Ⓢ donare: *cosa ti hanno regalato per il compleanno?* | *Regalarsi qualcosa* = concedersela: *è stanco e ha deciso di regalarsi una vacanza.*

regale [re-gà-le] *agg.* Da re; degno di un re o di una regina: *scettro regale*; *lusso, bellezza regale.*

regalo [re-gà-lo] *s.m.* **1** Ciò che viene regalato Ⓢ dono, omaggio: *fare un regalo*; *dare un libro in regalo* **2** ♧ Cosa gradita, piacere: *se vieni a trovarmi mi fai un regalo.*

regata [re-gà-ta] *s.f.* Gara di velocità tra imbarcazioni a remi, a vela o a motore.

reggere [règ-ge-re] *v.tr.* [pres. *règgo, règgi*; pass.

rem. *rèssi, reggésti*; part.pass. *rètto*] **1** Tenere o sorreggere qualcuno o qualcosa in modo che stia su, dritto o fermo o sollevato da terra: *reggere un ferito, la testa a un malato*; *le gambe non mi reggono più*; *reggimi la scala* **2** Sostenere, sopportare: *i pilastri reggono il peso della casa* | *Reggere l'alcol* = poterne bere molto senza ubriacarsi **3** Guidare, tenere sotto controllo: *reggere il timone* ◊ ♧ Dirigere, governare: *il comune è retto da una nuova maggioranza* ♦ *v.intr.* [aus. *avere*] Resistere © cedere: *reggere al peso, all'urto di qualcosa*; *reggere alla fatica, al freddo, al dolore* | *Un ragionamento, un discorso, un'accusa che non regge* = che è logicamente debole, senza consistenza ◊ Durare, mantenersi costante: *speriamo che il bel tempo regga* ♦ **reggersi** *v.pr.* **1** Sostenersi, star ritto, star saldo: *il ponte si regge su dei pilastri*; *non si regge più in piedi per la stanchezza*; *riesce appena a reggersi in sella* ◊ Sostenersi tenendosi attaccato a qualcosa: *reggetevi alla maniglia* **2** Dominarsi, trattenersi: *non si resse più e gli disse tutto quel che pensava.*

reggia [règ-gia] *s.f.* Residenza di un re, palazzo reale: *la splendida reggia di Caserta.*

reggimento [reg-gi-mén-to] *s.m.* **1** Unità dell'esercito formata da più battaglioni: *reggimento di fanteria, di artiglieria* **2** ♧ Gran numero, moltitudine: *gli è arrivato un reggimento di ospiti.*

reggipetto [reg-gi-pèt-to] *s.m.* Reggiseno.

reggiseno [reg-gi-sé-no] *s.m.* Indumento intimo femminile per sorreggere il seno.

regia [re-gì-a] *s.f.* Direzione artistica di uno spettacolo teatrale, cinematografico o radiotelevisivo.

regime [re-gì-me] *s.m.* **1** Forma di governo, sistema politico: *regime democratico, dittatoriale*; *regime repubblicano, monarchico* **2** Tipo di dieta alimentare: *regime vegetariano* | *Essere a regime* = seguire una particolare dieta **3** Funzionamento di una macchina, di un motore | *Andare a pieno regime* = funzionare al massimo delle proprie possibilità: *il motore sta andando a pieno regime.*

regina [re-gì-na] *s.f.* **1** Moglie del re o donna che è a capo di uno stato monarchico **2** ♧ Donna che primeggia in un ambiente, in un settore o tra altre donne: *quella cantante è la regina del rock*; *è stata lei la regina della festa* ◊ Cosa che primeggia tra altre: *la rosa è la regina dei fiori* **3** La femmina feconda degli insetti organizzati in forme di vita sociali, come api, vespe, formiche, termiti **4** Carta da gioco che raffigura una regina: *giocare la regina di cuori* ◊ Il pezzo più potente del gioco degli scacchi.

regionale [re-gio-nà-le] *agg.* Delle regioni, di una particolare regione: *i governi regionali*; *ascoltò il telegiornale regionale*; *un tipico piatto regionale.*

regione [re-gió-ne] *s.f.* **1** Zona della superficie terrestre distinta da particolari caratteristiche (geografiche, climatiche ecc.): *la regione alpina, antartica*; *regioni tropicali, polari, temperate* ◊ Zona determinata di un continente, di un paese Ⓢ territorio: *la regione americana dei grandi laghi*; *abita in una ridente regione* **2** Territorio che costituisce la più vasta unità amministrativa dello stato italiano; l'ente autonomo che lo governa: *la regione Toscana*; *il presidente della regione* **3** Parte, zona del corpo umano: *ha dei dolori alla regione addominale*; *regione toracica.*

regista [re-gì-sta] *s.m.f.* [pl.m. *–sti*] **1** Chi cura la regia di uno spettacolo: *regista teatrale, cinematografico* **2** Nei giochi sportivi di squadra, il giocatore che imposta le azioni della squadra.

registrare [re-gi-strà-re] *v.tr.* **1** Scrivere, annotare su un registro o su altro: *registrare un contratto*; *registrare su un quaderno le spese* **2** Rilevare, verificarsi: *si è registrato un aumento del turismo*; *non si sono registrati incidenti* ◊ Conseguire: *lo spettacolo ha registrato un buon successo* **3** Rilevare e rappresentare in forma visiva un fenomeno: *il sismografo ha registrato alcune scosse di terremoto* **4** Fissare suoni o immagini su nastri, dischi o pellicole per poterli poi riprodurre: *registrare un discorso, un concerto, un programma televisivo* **5** Mettere a punto un meccanismo, un organo meccanico: *far registrare i freni dell'auto.*

registratore [re-gi-stra-tó-re] *s.m.* Apparecchio che registra e riproduce i suoni.

registrazione [re-gi-stra-zió-ne] *s.f.* **1** L'operazione di registrare; il modo in cui si registra **2** Programma radiotelevisivo registrato, cioè trasmesso non in diretta.

registro [re-gì-stro] *s.m.* Libro, quaderno su cui si prende nota di qualcosa: *tenere un registro delle presenze*; *l'insegnante segnò il voto sul registro.*

regnare [re-gnà-re] *v.intr.* [aus. *avere*] **1** Essere re; esercitare il potere monarchico: *la regina Vittoria regnò per molti anni* **2** ♧ Dominare, prevalere: *nella casa regnava il più assoluto silenzio*; *una stanza in cui regna il disordine.*

regno [ré-gno] *s.m.* **1** Stato a regime monarchico: *il regno di Spagna* ◊ Il periodo in cui regna un re: *la rivoluzione francese scoppiò durante il regno di Luigi XVI* **2** Ciascuna delle parti in cui viene suddiviso il mondo naturale: *regno animale, vegetale, minerale* **3** ♧ Il luogo, l'ambiente in cui predomina qualcuno o qualcosa: *quel quartiere è il regno della malavita*; *l'Antartide è il regno dei ghiacci.*

regola [rè-go-la] *s.f.* **1** Modo più o meno costante e consueto con cui si svolgono determinati fatti: *la neve in quest'epoca è un'eccezione alla regola* | *Di regola* = di solito, normalmente **2** Norma che prescrive il comportamento o ciò che si deve fare in determinate attività: *le regole della buona educazione*; *le regole di un gioco, del tennis* | *In regola* = nella condizione prescritta, a posto: *i documenti sono in regola* | ♧ *Avere le carte in regola* = avere tutti i requisiti necessari: *ha le carte in regola per aspirare a quell'incarico* | *Un lavoro fatto a regola d'arte* = in modo perfetto **3** Metodo pratico per eseguire calcoli o risolvere problemi: *la regola per trovare l'area del cerchio.*

regolamentare [re-go-la-men-tà-re] *agg.* Stabilito per regolamento; conforme al regolamento: *seguire la procedura regolamentare*; *tenere la distanza regolamentare.*

regolamento [re-go-la-mén-to] *s.m.* **1** Complesso di norme che disciplinano lo svolgimento di un'attività, il funzionamento di un organo pubblico o privato: *regolamento edilizio, scolastico*; *il regolamento del senato, del condominio* **2** *Regolamento di conti* = soluzione violenta di un conflitto, spec. tra bande rivali di malviventi.

regolare[1] [re-go-là-re] *v.tr.* **1** Ordinare secondo una regola, disciplinare con delle regole: *le leggi regolano i rapporti tra i cittadini*; *regolare il traffico* **2** Sistemare, modificare qualcosa secondo le esigenze o in modo che funzioni correttamente: *lavori per regolare il corso di un fiume*; *regolare la pressione del gas, il volume del televisore*; *regolare l'orologio, i freni* **3** Sistemare (anche ♧): *regolerò la questione al mio ritorno* | ♧ *Regolare i conti con qualcuno* = vendicarsi, risolvere violentemente un contrasto ♦ **regolarsi** *v.pr.* **1** Comportarsi: *non so come regolarmi in questa situazione*; *regolati come meglio credi* **2** Imporsi una misura, un limite Ⓢ moderarsi: *bisogna regolarsi nel bere, nel mangiare, nello spendere.*

regolare[2] [re-go-là-re] *agg.* **1** Conforme alla re-gola, alle regole, al regolamento Ⓒ irregolare: *le elezioni si sono svolte in modo regolare*; *il pugile è stato atterrato da un colpo non regolare* **2** Che rientra nella norma o nella media; che non presenta irregolarità o imperfezioni Ⓢ normale: *il malato respira in modo regolare*; *ha un viso regolare*; *fa una vita regolare* | *Verbi regolari* = quelli che si coniugano come la maggioranza dei verbi della stessa classe | *Poligono regolare* = che ha i lati e gli angoli uguali ◊ Uniforme: *i segnali erano disposti a intervalli regolari* ◊ Costante, puntuale: *è regolare nello studio, nei pagamenti* **3** *Esercito regolare* = le forze armate ufficiali di uno stato.

regolarizzare [re-go-la-riz-zà-re] *v.tr.* Rendere regolare, mettere in regola: *regolarizzare gli immigrati clandestini.*

regolarmente [re-go-lar-mén-te] *avv.* **1** Secondo le regole: *tutto si è svolto regolarmente* ◊ In modo regolare, normale: *il cuore batte regolarmente* **2** Con regolarità costante: *ci vediamo regolarmente una volta al mese* ◊ Di regola, sempre: *arriva regolarmente in ritardo.*

regolato [re-go-là-to] *agg.* Moderato, temperato, senza eccessi Ⓒ sregolato: *fare una vita regolata*; *essere regolato nel mangiare.*

regolatore [re-go-la-tó-re] *agg.* [f. *-trice*] Che regola ♦ *s.m.* Dispositivo che regola il funzionamento di qualcosa: *regolatore di pressione, di volume.*

regredire [re-gre-dì-re] *v.intr.* [pres. *regredìsco, regredìsci*; part.pass. *regredìto* o *regrèsso*; aus. *essere*] Tornare indietro, a un livello più basso (spec. ♧): *le acque del fiume stanno regredendo*; *invece che progredire negli studi, è regredito.*

regresso [re-grès-so] *s.m.* Ritorno all'indietro (spec. ♧) Ⓢ decadenza Ⓒ progresso: *regresso economico, culturale, artistico.*

reincarnazione [re-in-car-na-zió-ne] *s.f.* Secondo la credenza di alcune religioni, passaggio dell'anima, dopo la morte, in un altro corpo, umano, animale o anche vegetale: *gli induisti e i buddisti credono nella reincarnazione.*

reinserire [re-in-se-rì-re] *v.tr.* [*reinserìsco, reinserìsci*] Inserire nuovamente ♦ **reinserirsi** *v.pr.* Ritornare a far parte di un ambiente da cui ci si era o si era stati allontanati: *dopo il carcere faticò a reinserirsi nel mondo del lavoro.*

reintegrare [re-in-te-grà-re] *v.tr.* Riportare qualcosa alle condizioni di interezza precedenti: *reintegrare le scorte consumate* ◊ Rimettere qualcuno nella posizione che occupava di diritto: *lo hanno reintegrato nella sua carica.*

reiterare [re-i-te-rà-re] *v.tr.* Ripetere più volte: *reiterare una domanda, una richiesta, gli sforzi.*

relativamente [re-la-ti-va-mén-te] *avv.* Sotto certi aspetti Ⓢ parzialmente, discretamente: *sono relativamente soddisfatto*; *un compito relativamente facile.*

relativo [re-la-tì-vo] *agg.* **1** Che si riferisce a qualcosa, che è in relazione con qualcosa Ⓢ riguardante, attinente: *i dati relativi all'ultimo censimento*

2 Che non ha un valore assoluto ma dipende da ciò con cui è in rapporto | *Tutto è relativo* = ogni cosa può assumere un valore diverso a seconda del punto di vista di chi la consideri ◊ Limitato, parziale, discreto: *godere di un relativo benessere*; *è un periodo di relativa tranquillità.*

relatore [re-la-tó-re] *s.m.* [f. *–trice*] Chi ha il compito di riferire, di fare una relazione su un determinato argomento.

relax [parola inglese; pron. corrente *relàcs*] *s.m. invar.* Distensione fisica e psichica Ⓢ riposo: *sei stanco, ti ci vuole un po' di relax.*

relazione [re-la-zió-ne] *s.f.* **1** Rapporto, legame esistente tra due o più cose: *non c'è alcuna relazione tra i due fatti* ◊ Rapporto, legame tra persone, organizzazioni, stati: *relazioni di parentela, di amicizia, di affari, di lavoro*; *i due stati hanno stabilito relazioni diplomatiche* ◊ (al *pl.*) Amicizie, conoscenze: *un uomo che ha relazioni potenti* **2** Rapporto orale o scritto su un determinato argomento Ⓢ resoconto: *la commissione, dopo l'inchiesta, ha presentato una relazione.*

release [parola inglese; pron. corrente *rilìs*] *s.f. invar.* Ciascuna delle successive versioni di un programma informatico.

relegare [re-le-gà-re] *v.tr.* [*rèlego, rèleghi*] Allontanare qualcuno mandandolo in un luogo isolato e lontano: *lo relegarono in un'isola sperduta* ◊ ♧ Mettere in disparte: *è offeso perché lo hanno relegato in fondo alla sala.*

religione [re-li-gió-ne] *s.f.* Sentimento di fede dell'uomo in una o più divinità; ciascun complesso di credenze e atti di culto con cui si è espressa e si esprime storicamente tale fede: *in ogni società c'è un bisogno di religione*; *religione ebraica, cristiana, musulmana, buddista.*

religioso [re-li-gió-so] *agg.* **1** Della religione, di una religione: *insegnamento religioso*; *riti, precetti religiosi*; *commemorare una festa religiosa* | *Matrimonio religioso* = compiuto secondo il rito religioso (in opposizione a *civile*) ◊ Che crede in una religione e ne segue i precetti: *un uomo molto religioso* **2** ♧ Profondo, rispettoso: *lo ascoltavano in religioso silenzio* ♦ *s.m.* Persona appartenente a un ordine religioso (frate, suora ecc.).

reliquia [re-lì-quia] *s.f.* Ciò che resta del corpo di un santo o delle vesti, degli oggetti che gli sono appartenuti.

relitto [re-lìt-to] *s.m.* **1** Avanzo, carcassa di una nave naufragata o di un aereo caduto **2** ♧ Persona distrutta, ridotta in misere condizioni, senza più alcuna speranza.

remake [parola inglese; pron. corrente *riméik*] *s.m.invar.* Rifacimento di un vecchio film o spettacolo in una nuova versione.

remare [re-mà-re] *v.intr.* [aus. *avere*] Manovrare i remi o il remo per spostare un'imbarcazione Ⓢ vogare: *abbiamo remato per circa un'ora.*

remata [re-mà-ta] *s.f.* L'azione di remare per un certo tempo: *fare una remata fino al largo.*

reminiscenza [re-mi-ni-scèn-za] *s.f.* Ricordo vago di qualcosa di lontano e quasi dimenticato.

remissivo [re-mis-sì-vo] *agg.* Che si affida, si sottomette facilmente alla volontà altrui Ⓢ arrendevole, acquiescente Ⓒ ribelle: *un ragazzo remissivo*; *ti sei mostrato troppo remissivo.*

remo [rè-mo] *s.m.* Lunga asta terminante a forma di pala all'estremità che si immerge nell'acqua per imprimere il movimento a un'imbarcazione: *barca a remi.*

remoto [re-mò-to] *agg.* Molto lontano nel tempo: *un'usanza che risale a tempi remoti* | *Passato remoto* = tempo del verbo che indica un'azione, un fatto del tutto compiuto rispetto al momento in cui si parla (per es. *amai, fu, dissero, partii*).

remunerazione vedi **rimunerazione**.

renale [re-nà-le] *agg.* Del rene, dei reni: *ha avuto una colica renale.*

rendere [rèn-de-re] *v.tr.* [pass.rem. *rési, rendésti*; part.pass. *réso*] **1** Ridare Ⓢ restituire: *devi ancora rendermi il libro che ti ho prestato*; *l'operazione gli ha reso la vista* ◊ Contraccambiare: *rendere il saluto* **2** Dare, offrire, tributare: *ci hai reso un grande servizio*; *rendere gli estremi onori a un defunto* | *Rendere conto* = spiegare, giustificare | *Rendersi conto* = capire, accorgersi **3** Dare un utile Ⓢ fruttare: *un capitale che rende il 15% all'anno*; *un negozio che rende bene* ◊ Avere un certo rendimento: *il ragazzo rende poco a scuola* **4** Esprimere, rappresentare, riprodurre: *quel ritratto non rende bene l'espressione del suo volto* | *Rendere l'idea* = riuscire a spiegarsi, a farsi capire bene **5** Far diventare: *l'eredità lo ha reso ricco* ♦ **rendersi** *v.pr.* Fare in modo di essere Ⓢ risultare: *cerca di renderti utile*; *si è reso antipatico a tutti* ◊ Diventare: *ora si rende necessario un chiarimento.*

rendiconto [ren-di-cón-to] *s.m.* Presentazione dei conti relativi ai risultati di un'attività economica in un certo periodo Ⓢ consuntivo, bilancio.

rendimento [ren-di-mén-to] *s.m.* **1** L'utile, il reddito che qualcosa dà calcolato in proporzione alla sua quantità: *terreni, investimenti che danno un elevato rendimento* **2** Efficienza lavorativa, capacità di ottenere risultati in un'attività: *è stato licenziato per scarso rendimento*; *un atleta, uno scolaro che ha un buon rendimento.*

rendita [rèn-di-ta] *s.f.* Utile, reddito che deriva dal semplice possesso di proprietà o capitali: *un terreno, un palazzo, un capitale che dà una buona rendita* | *Vivere di rendita* = senza lavorare.

rene [rè-ne] *s.m.* Ciascuna delle due grosse ghiandole che hanno la funzione di produrre l'urina e di filtrare il sangue depurandolo delle sostanze eccessive o dannose | *Rene artificiale* = apparecchio che serve a sostituire temporaneamente il rene nella depurazione del sangue.

reni [ré-ni o rè-ni] *s.f.pl.* La parte inferiore della schiena: *avere un dolore alle reni.*

renitente [re-ni-tèn-te] *agg.* Che oppone resistenza o rifiuta di fare ciò che gli viene detto o ordinato: *essere renitente ai consigli, al dovere.*

renna [rèn-na] *s.f.* Mammifero simile al cervo, che vive nelle zone artiche ◊ Pelle conciata di tale animale: *pantaloni, giacca, guanti di renna.*

reo [rè-o] *agg.* e *s.m.* Colpevole di un reato: *è stato giudicato reo di furto.*

reparto [re-pàr-to] *s.m.* Parte, settore di un'azienda, di un complesso commerciale, ospedaliero e simili: *il reparto giocattoli di un grande magazzino*; *il reparto pediatrico di un ospedale* ◊ Nell'esercito, ognuna delle unità organiche in cui è suddivisa un'unità superiore; più genericamente, gruppo di soldati: *i reparti del battaglione*; *catturare un reparto nemico* ◊ Nei giochi di squadra, gruppo di giocatori che hanno compiti analoghi: *reparto difensivo, d'attacco.*

repellente [re-pel-lèn-te] *agg.* **1** Che provoca un senso di disgusto Ⓢ ripugnante: *odore, aspetto repellente* **2** Che ha la proprietà di respingere | *Sostanze repellenti* = che servono a respingere, ad allontanare insetti nocivi.

repentaglio [re-pen-tà-glio] *s.m. Mettere a repentaglio* = mettere in pericolo, a rischio: *mettere a repentaglio la vita altrui, la propria salute.*

repentino [re-pen-tì-no] *agg.* Improvviso, rapido e inaspettato: *un repentino sbalzo di temperatura.*

reperire [re-pe-rì-re] *v.tr.* [*reperìsco, reperìsci*] Trovare, ritrovare: *reperire fondi, dati*; *nello scavo sono stati reperiti degli oggetti preistorici.*

reperto [re-pèr-to] *s.m.* Oggetto trovato in seguito a una ricerca scientifica, a un'indagine: *reperti archeologici.*

repertorio [re-per-tò-rio] *s.m.* **1** L'insieme dei brani che un attore, un cantante, un musicista o un complesso musicale è in grado di presentare **2** *Immagini di repertorio* = immagini d'archivio riprese in precedenti occasioni e utilizzate per nuovi filmati o trasmissioni.

replay [parola inglese; pron. corrente: *replèi*] *s.m. invar.* Nelle trasmissioni televisive, spec. sportive, ripetizione delle immagini di una fase di particolare interesse subito dopo che questa è avvenuta: *il replay di un goal.*

replica [rè-pli-ca] *s.f.* **1** Ripetizione ◊ Riproduzione di un'opera d'arte eseguita dal suo stesso autore ◊ Ogni rappresentazione di uno spettacolo successiva alla prima **2** Risposta: *la replica del capo del governo alle interrogazioni parlamentari* ◊ Obiezione: *ha parlato con un tono che non ammetteva repliche.*

replicare [re-pli-cà-re] *v.tr.* [*rèplico, rèplichi*] **1** Ripetere: *lo spettacolo sarà replicato domani sera* **2** Rispondere, ribattere; obiettare: *ascoltò senza replicare*; *ha sempre qualcosa da replicare.*

reportage [parola francese; pron. *reportàʃ*] *s.m. invar.* Servizio giornalistico pubblicato su quotidiani e riviste o trasmesso in televisione.

reporter [parola inglese; pron. corrente *repòrter*] *s.m.invar.* Corrispondente, cronista, inviato speciale: *fare il reporter di un quotidiano, della televisione.*

repressione [re-pres-sió-ne] *s.f.* L'azione di reprimere (spec. in senso politico e sociale): *la repressione della libertà da parte della dittatura*; *la repressione di una rivolta, della criminalità.*

reprimere [re-prì-me-re] *v.tr.* [coniugato come *comprimere*] **1** Frenare, trattenere qualcosa che tende a prorompere istintivamente e con forza da noi stessi: *cercò di reprimere uno sbadiglio*; *non riuscì a reprimere le lacrime* **2** Impedire, domare con la forza azioni e attività che mettono in pericolo l'ordine esistente: *reprimere una manifestazione di protesta, una ribellione popolare.*

repubblica [re-pùb-bli-ca] *s.f.* Stato e sistema politico in cui il capo dello stato non è un re ma un presidente, eletto dai cittadini o dal parlamento, che resta in carica per un periodo determinato.

repubblicano [re-pub-bli-cà-no] *agg.* **1** Della repubblica: *la costituzione repubblicana* ◊ Che è una repubblica: *stato repubblicano* **2** Favorevole alla repubblica: *idee repubblicane* ♦ *s.m.* Fautore, sostenitore della repubblica.

repulsione [re-pul-sió-ne] o **ripulsione** [ri-pul-sió-ne] *s.f.* **1** Ripugnanza, avversione profonda verso qualcuno o qualcosa **2** Forza per la quale due corpi tendono a respingersi l'un l'altro.

reputare [re-pu-tà-re] *v.tr.* Ritenere, stimare, credere: *lo reputavo una persona onesta* ♦ **reputarsi** *v.pr.* Ritenersi, credersi: *mi reputo una persona onesta.*

reputazione [re-pu-ta-zió-ne] *s.f.* Considerazione, stima pubblica: *una persona che gode di un'ottima reputazione*; *con quello scandalo si è rovinato la reputazione.*

requie [rè-quie] *s.f.* Riposo, pace, quiete: *il mal di testa non gli dà requie* | *Senza requie* = senza sosta: *piove senza requie da tre giorni.*

requisire [re-qui-sì-re] *v.tr.* [*requisìsco, requisìsci*] Prendere, sequestrare d'autorità dei beni per esigenze militari o di pubblico interesse: *il prefetto ha requisito diversi alberghi per ospitare gli alluvionati.*

requisito [re-qui-sì-to] *s.m.* Qualità, dote richiesta o necessaria per una particolare attività o finalità: *la prontezza di riflessi è il primo requisito di un buon pilota*; *ha tutti i requisiti per aspirare a quell'incarico.*

requisitoria [re-qui-si-tò-ria] *s.f.* **1** Il discorso con cui il pubblico ministero, alla fine del processo, formula le sue richieste di condanna o di assoluzione **2** Discorso di accusa, di severo rimprovero.

requisizione [re-qui-si-zió-ne] *s.f.* Provvedimento di sequestro di determinati beni disposto da un'autorità per esigenze militari o di pubblica necessità.

resa [ré-sa] *s.f.* **1** L'atto di arrendersi al nemico: *gli assediati furono costretti alla resa* **2** Restituzione; in partic. restituzione di merci invendute al produttore: *il pacco delle rese dei giornali* **3** Rendimento di una cosa: *cinque chili di olive danno una resa di un litro d'olio*; *un prodotto, un materiale che ha un'ottima resa.*

reset [parola inglese; pron. corrente *resèt*] *s.m. invar.* In informatica, operazione con cui si riavvia il sistema di un computer, riportandolo alle condizioni di partenza.

resettare [re-set-tà-re] *v.tr.* In informatica, riavviare il sistema di un computer, riportandolo alle condizioni di partenza.

residente [re-si-dèn-te] *agg.* e *s.m.f.* Che, chi risiede, ha fissa dimora in un luogo: *è residente a Firenze*; *i residenti italiani all'estero.*

residenza [re-si-dèn-za] *s.f.* **1** Luogo in cui una persona risiede, vive abitualmente: *ha la residenza a Palermo*; *cambiare residenza* **2** Soggiorno: *è tornato dopo una breve residenza all'estero* **3** Edificio in cui si abita Ⓢ abitazione: *vive in una lussuosa residenza.*

residenziale [re-si-den-zià-le] *agg.* Di residenza | *Quartiere, zona residenziale* = dove ci sono solo edifici adibiti ad abitazione privata.

residuo [re-sì-duo] *agg.* Che ancora rimane, avanza: *dobbiamo utilizzare bene il tempo residuo* ♦ *s.m.* Ciò che resta di qualcosa Ⓢ avanzo, resto: *i residui della lavorazione di una sostanza*; *spegnere i residui di un incendio.*

resina [rè-si-na o ré-si-na] *s.f.* Sostanza naturale, gommosa e vischiosa, prodotta per secrezione da alcune piante: *la resina di pino ha un profumo intenso* | *Resine sintetiche* = materie plastiche.

resistente [re-si-stèn-te] *agg.* Che resiste, capace di resistere: *tessuto resistente*; *vetro resistente agli urti*; *un atleta particolarmente resistente.*

resistenza [re-si-stèn-za] *s.f.* **1** Azione che si sforza di resistere a qualcuno o a qualcosa, che cerca di contrastarli Ⓢ opposizione, contrasto: *opporre resistenza al nemico*; *per sposarsi hanno dovuto vincere la resistenza dei genitori* ◊ *(Movimento di) resistenza* = ogni movimento di opposizione armata a un'invasione straniera o a una dittatura **2** Detto di persone, capacità di sopportare, di reggere qualcosa: *avere resistenza alla fatica, al dolore* ◊ Capacità di sostenere uno sforzo prolungato: *un atleta che ha buone doti di resistenza* ◊ Detto di cose, capacità di non rompersi, non deformarsi, non logorarsi ecc.: *resistenza agli urti, al calore*; *un tessuto che ha una buona resistenza* **3** In fisica, ogni forza che si oppone a un'altra forza: *vincere la resistenza dell'aria* ◊ *Resistenza (elettrica)* = elemento di un circuito elettrico che, opponendo un forte ostacolo alla corrente elettrica, la trasforma in calore: *la resistenza del ferro da stiro.*

resistere [re-sì-ste-re] *v.intr.* [coniugato come *assistere*; aus. *avere*] **1** Contrastare un'azione o una forza avversa impedendole di prevalere Ⓒ cedere: *resistere all'assalto nemico* ◊ Non cedere a qualcuno o a qualcosa (anche ♧): *nessuno sa resistere al suo fascino*; *non ha resistito alla tentazione* ◊ ♧ Dominare un sentimento; riuscire a dominarsi: *non sa resistere all'ira*; *a un certo punto non ha più resistito ed è scoppiata in lacrime* **2** Sopportare, sostenere qualcosa senza venire danneggiato, annientato, spezzato, logorato ecc. Ⓢ reggere Ⓒ cedere: *l'edificio ha resistito al terremoto*; *la corda non resistette al peso*; *sa resistere alla fatica*; *piante che resistono al freddo.*

resoconto [re-so-cón-to] *s.m.* Relazione scritta dettagliata su qualcosa: *ho letto sul giornale un resoconto del dibattito parlamentare* ◊ Descrizione, racconto particolareggiato: *mi ha fatto un resoconto del suo viaggio.*

respingere [re-spìn-ge-re] *v.tr.* [coniugato come *spingere*] **1** Ricacciare, spingere indietro: *respingere il nemico* ◊ Mandare indietro Ⓢ rimandare, rinviare: *respingere una lettera al mittente*; *respingere il pallone di testa* **2** ♧ Non accettare, non accogliere, non approvare Ⓢ rifiutare: *ha respinto la mia offerta*; *il senato ha respinto la proposta di legge*; *la domanda di grazia è stata respinta*; *respingere ogni accusa* ◊ Bocciare Ⓒ promuovere: *lo hanno respinto all'esame.*

respinta [re-spìn-ta] *s.f.* Nello sport, l'atto di respingere lontano la palla spec. da parte di un difensore o del portiere: *il portiere ha evitato il gol con una respinta di pugno.*

respinto [re-spìn-to] *s.m.* Chi è stato bocciato.

respirare [re-spi-rà-re] *v.intr.* [aus. *avere*] **1** Compiere la respirazione, inspirare ed espirare: *noi respiriamo con i polmoni, i pesci con le branchie*; *respirare con la bocca, con il naso* ◊ Vivere: *il moribondo respira ancora* ◊ Riuscire a respirare aria buona, non provare un senso di oppressione: *in quella stanza c'è un tanfo, un caldo che non si respira* **2** ♧ Avere un po' di sollievo, di riposo: *il pericolo è passato, possiamo respirare*; *ha un lavoro che non lo lascia respirare* ♦ *v.tr.* Immettere nei polmoni: *ha respirato un gas tossico.*

respiratore [re-spi-ra-tó-re] *s.m.* Apparecchio che permette di respirare quando non si è in condizioni di poterlo fare in modo normale: *respiratore subacqueo.*

respiratorio [re-spi-ra-tò-rio] *agg.* Della respirazione, che serve alla respirazione: *apparato respiratorio*; *ammalarsi alle vie respiratorie.*

respirazione [re-spi-ra-zió-ne] *s.f.* Il processo con cui gli organismi viventi assumono ossigeno dall'ambiente esterno ed emettono anidride carbonica.

respiro [re-spì-ro] *s.m.* **1** Il respirare, come atto continuato o come singolo movimento di respirazione: *avere il respiro regolare, affannoso*; *trattenere il respiro*; *tirare un respiro di sollievo* | *Mandare l'ultimo respiro* = morire **2** ♧ Riposo, pausa: *ho bisogno di un momento di respiro*; *lavora senza un attimo di respiro.*

responsabile [re-spon-sà-bi-le] *agg.* Che è consapevole delle proprie responsabilità, delle conseguenze delle proprie azioni Ⓢ coscienzioso, serio Ⓒ irresponsabile: *ti puoi fidare, è una persona responsabile* ♦ *agg.* e *s.m.f.* Che, chi deve rispondere, rendere conto di una determinata cosa, perché ne è l'autore o vi è coinvolto o è stato incaricato di occuparsene, di dirigerla ecc.: *io non sono responsabile delle sciocchezze che dice lui*; *se succede qualcosa, ne sarai tu (il) responsabile*; *vorrei parlare con il responsabile di questo ufficio* ◊ Che, chi è colpevole di qualcosa o è la causa che l'ha provocata: *si è reso responsabile di un delitto*; *il responsabile del furto è stato arrestato*; *un corto circuito è stato (il) responsabile dell'incendio.*

responsabilità [re-spon-sa-bi-li-tà] *s.f.* **1** Il fatto, la condizione di essere responsabile di qualcosa: *gli è stata affidata la responsabilità dell'azienda*; *la responsabilità dei danni è di chi li ha provocati* ◊ L'impegno, gli obblighi che derivano dalla posizione che si occupa, dai compiti, dagli incarichi che si sono assunti: *la famiglia dà molte responsabilità*; *ha preso su di sé una grave responsabilità* ◊ Colpa, colpevolezza: *è sua la responsabilità dell'incidente*; *ha negato ogni responsabilità* **2** Capacità di agire in modo equilibrato, consapevolezza delle conseguenze che possono derivare dai propri comportamenti: *un uomo di grande responsabilità*; *ha dimostrato scarso senso di responsabilità.*

responso [re-spòn-so] *s.m.* Risposta che comunica un risultato: *il responso del medico, della giuria* | *Il responso delle urne* = il risultato di una votazione.

ressa [rès-sa] *s.f.* Affollamento di gente che si muove disordinatamente, premendo e spingendosi Ⓢ calca: *non si riusciva a passare per la ressa.*

restare [re-stà-re] *v.intr.* [aus. *essere*] **1** Fermarsi, trattenersi in un luogo, in un posto Ⓢ rimanere: *resteremo in città tutto il mese*; *oggi sono restato in casa*; *resta a cena da noi!* | *La cosa resti tra noi* = non deve essere detta ad altri **2** Continuare a stare in una certa posizione, condizione, situazione Ⓢ rimanere: *resta seduto*; *la notizia deve restare segreta*; *il museo resterà chiuso per una settimana* **3** Venire a trovarsi in una certa condizione, situazione Ⓢ divenire, rimanere: *restare orfano, cieco*; *corri, se no resti indietro* | *Restarci male* = essere dispiaciuto per qualcosa | *Restare a piedi* = non riuscire a prendere un mezzo di trasporto **4** Avanzare, esserci ancora: *mi sono restati solo pochi soldi*; *restano alcune ore prima della partenza* | *Non resta che* = non c'è altro da fare che: *non ti resta che accettare* **5** Essere situato Ⓢ stare, trovarsi: *sa dirmi dove resta la stazione?*

restaurare [re-stau-rà-re] *v.tr.* **1** Riparare e rimettere a nuovo opere d'arte, monumenti, edifici, oggetti antichi ecc. danneggiati e deteriorati: *restaurare un dipinto, un palazzo, un libro* **2** ♧

Ristabilire, ripristinare qualcosa che era stato soppresso o era venuto meno: *restaurare la monarchia, la democrazia*; *restaurare la disciplina.*

restauro [re-stàu-ro] *s.m.* L'operazione e il procedimento tecnico che ha lo scopo di riportare al loro stato originario opere d'arte, monumenti, edifici, oggetti antichi ecc. danneggiati e deteriorati: *lavori di restauro.*

restio [re-stì-o] *agg.* Poco disposto, piuttosto contrario a fare qualcosa Ⓢ riluttante: *era restio ad accettare le nostre proposte.*

restituire [re-sti-tu-ì-re] *v.tr.* [*restituìsco, restituìsci*] Ridare a qualcuno ciò che gli si è tolto o si è avuto da lui in prestito, in dono, in consegna: *restituire una somma, un regalo* ◊ Dare di nuovo a qualcuno ciò che possedeva e ha perduto: *il riposo gli ha restituito le forze* ◊ Contraccambiare, ricambiare: *restituire un favore, una visita*; *mi ha dato un calcio e io glielo ho restituito.*

resto [rè-sto] *s.m.* **1** Ciò che resta, avanza di qualcosa; ciò che ancora manca per completare qualcosa: *mangerò dopo il resto della torta*; *saprai domani il resto della storia* | *Del resto* = per altro, d'altronde: *del resto anche lui non ha agito bene* ◊ La differenza tra il denaro sborsato per acquistare una cosa e il prezzo che essa costa: *non ho gli spiccioli per darle il resto* **2** Il numero che avanza in una divisione, quando il dividendo non è multiplo del divisore **3** (al *pl.*) Avanzi: *diede al cane i resti della cena* ◊ Rovine, ruderi: *sono stati trovati i resti di una città romana.*

restringere [re-strìn-ge-re] *v.tr.* [coniugato come *stringere*] Ridurre di larghezza, estensione, ampiezza: *il lavaggio ha ristretto il vestito* ♦ **restringersi** *v.pr.* **1** Diventare più stretto, meno ampio: *la strada si restringe dopo la curva* **2** Detto di persone, avvicinarsi strettamente l'una all'altra: *il posto è poco, dobbiamo restringerci.*

restrizione [re-stri-zió-ne] *s.f.* Riduzione, limitazione: *restrizione dei consumi, della libertà.*

resurrezione [re-sur-re-zió-ne] o **risurrezione** [ri-sur-re-zió-ne] *s.f.* Ritorno in vita dopo la morte: *la resurrezione di Cristo.*

resuscitare [re-su-sci-tà-re] o **risuscitare** [ri-su-sci-tà-re] *v.tr.* Far tornare in vita: *resuscitare un morto* ♦ *v.intr.* [aus. *essere*] Tornare in vita: *Cristo resuscitò tre giorni dopo la morte.*

retata [re-tà-ta] *s.f.* **1** Gettata di rete; quantità di pesci catturati con una singola gettata di rete: *una retata di sardine* **2** ♧ Rapida operazione di polizia per catturare tutte le persone ricercate o sospette presenti in uno stesso luogo o ambiente.

rete [ré-te] *s.f.* **1** Arnese per prendere pesci, uccelli o altri animali, costituito da un complesso di fili più o meno grossi intrecciati a maglia: *reti da pesca, da caccia*; *gettare, tirare le reti* ◊ ♧ Inganno, trappola, insidia: *cadere nella rete dell'avversario* **2** Qualsiasi struttura costituita da un intreccio di maglie di qualunque materiale: *ha recintato il giardino con una rete metallica* **3** Barriera rettangolare di corde intrecciate a maglia che divide in due il campo di tennis e di pallavolo (e il tavolo del ping-pong) e al di sopra della quale deve passare la palla ◊ Nel calcio e in altri sport, la maglia di corda che chiude le due porte e che, nel linguaggio sportivo, è sinonimo di *porta* e, anche, di *goal*: *il pallone è finito in rete*; *segnare una rete*; *vincere per due reti a zero* **4** ♧ Insieme di linee che si incrociano; in partic. complesso di vie e linee di comunicazione, di trasporto o di distribuzione: *una fitta rete di canali attraversa quel territorio*; *la rete stradale, ferroviaria, tranviaria*; *la rete telefonica, di distribuzione del gas, dell'energia elettrica* ◊ Emittente radiotelevisiva: *c'è un bel film su una rete privata* **5** In informatica, insieme di calcolatori collegati tra loro per lo scambio di messaggi e dati e per condividere risorse di memoria e di calcolo | *La Rete* = Internet e, anche, l'insieme di siti a cui dà accesso, cioè il Web **6** ♧ Complesso, intreccio di relazioni: *ha una fitta rete di conoscenze* ◊ Struttura organizzativa che da un centro si dirama in più punti: *la rete di vendita di un'azienda*; *è stata scoperta una rete di spionaggio.*

reticente [re-ti-cèn-te] *agg.* Che tace intenzionalmente quello che sa e dovrebbe dire: *un testimone reticente.*

reticenza [re-ti-cèn-za] *s.f.* L'atteggiamento di chi tace quel che sa o si mostra riluttante a parlarne apertamente.

reticolato [re-ti-co-là-to] *s.m.* **1** Disegno, intreccio di linee a forma di rete | *Reticolato geografico* = quello formato sulle carte geografiche dalle linee dei meridiani e paralleli **2** Struttura di protezione o recinzione formata da un intreccio o da un groviglio di filo spinato.

retina [rè-ti-na] *s.f.* Membrana trasparente e sensibile alla luce situata sul fondo dell'occhio.

retorica [re-tò-ri-ca] *s.f.* **1** L'arte del parlare e dello scrivere in modo efficace e persuasivo **2** In senso spregiativo, modo di parlare e di scrivere fatto di frasi a effetto ma vuoto di contenuto: *un discorso pieno di retorica.*

retorico [re-tò-ri-co] *agg.* [pl.m. *–ci*] **1** Relativo alla retorica, all'eloquenza: *l'arte retorica* |

Domanda retorica = quella la cui risposta è scontata | *Figura retorica* = vedi *figura* **2** In senso spregiativo, pieno di frasi a effetto, ma vuoto di contenuto: *un discorso retorico.*

retrattile [re-tràt-ti-le] *agg.* Che può essere tirato indietro, ritirato all'interno: *i felini hanno unghie retrattili*; *i carrelli di atterraggio degli aerei sono retrattili.*

retribuire [re-tri-bu-ì-re] *v.tr.* [*retribuìsco, retribuìsci*] Compensare qualcuno per il lavoro svolto Ⓢ pagare: *retribuire un dipendente.*

retributivo [re-tri-bu-tì-vo] *agg.* Di, della retribuzione: *chiedere un aumento retributivo.*

retribuzione [re-tri-bu-zió-ne] *s.f.* Compenso spettante a chi svolge un lavoro per conto d'altri Ⓢ salario, stipendio, paga: *gli operai chiedono un aumento della retribuzione.*

retrivo [re-trì-vo] *agg.* Fermo al passato, contrario al progresso culturale e sociale: *idee retrive.*

retro [rè-tro] *s.m.* Parte posteriore di qualcosa: *c'è un altro ingresso sul retro della casa.*

retro– Primo elemento di parole composte in cui indica movimento all'indietro o posizione arretrata (*retrocedere, retrobottega, retroguardia*).

retroattivo [re-tro-at-tì-vo] *agg.* Che ha efficacia ed effetto anche per il passato: *legge retroattiva.*

retrobottega [re-tro-bot-té-ga] *s.m.* Locale situato dietro una bottega, un negozio e usato di solito come deposito, ripostiglio o laboratorio.

retrocedere [re-tro-cè-de-re] *v.intr.* [pass.rem. *retrocèssi* o *retrocedèi* o *retrocedètti, retrocedésti*; part.pass. *retrocèsso* o *retrocedùto*; aus. *essere*] Far marcia indietro Ⓢ indietreggiare: *il nemico ha dovuto retrocedere di fronte ai nostri attacchi* ◊ Nello sport, passare a una serie inferiore: *la mia squadra rischia di retrocedere in serie B.*

retrocessione [re-tro-ces-sió-ne] *s.f.* Passaggio di una squadra sportiva da una serie superiore a una inferiore.

retrodatare [re-tro-da-tà-re] *v.tr.* Porre su una lettera, su un documento una data anteriore a quella effettiva.

retrogrado [re-trò-gra-do] *agg.* e *s.m.* Che, chi è contrario al progresso, attaccato al passato Ⓢ retrivo Ⓒ progressista, moderno: *un uomo retrogrado, di idee retrograde*; *è un vero retrogrado!*

retroguardia [re-tro-guàr-dia] *s.f.* **1** Reparto arretrato che protegge alle spalle un esercito in marcia **2** Reparto difensivo di una squadra di calcio.

retromarcia [re-tro-màr-cia] *s.f.* [pl. *–ce*] Marcia all'indietro di un autoveicolo e meccanismo che la comanda: *fare retromarcia*; *innestare la retromarcia.*

retroscena [re-tro-scè-na] *s.m.invar.* Quanto vi è di nascosto, di segreto in una vicenda dietro a quello che è noto, appare e viene detto: *rivelare i retroscena di un affare, di un accordo politico.*

retrostante [re-tro-stàn-te] *agg.* Che sta, che è situato dietro: *il giardino retrostante la casa.*

retroterra [re-tro-tèr-ra] *s.m.* Il territorio che si trova alle spalle di una città o di una zona costiera.

retrovie [re-tro-vì-e] *s.f.pl.* La zona situata dietro la linea del fronte di combattimento, dove si trovano i servizi logistici e da dove affluiscono rifornimenti e rinforzi.

retrovisivo [re-tro-vi-sì-vo] *agg.* *Specchietto retrovisivo* = nei veicoli, piccolo specchio che consente al guidatore di vedere dietro senza doversi voltare Ⓢ retrovisore.

retrovisore [re-tro-vi-só-re] *s.m.* Specchietto retrovisivo.

retta[1] [rèt-ta] *s.f.* *Dar retta* = dare ascolto, prestare attenzione (*continuava a parlare, ma nessuno gli dava retta*); credere, prestare fiducia (*non devi dar retta a quell'imbroglione!*); seguire i consigli di qualcuno: *se mi davi retta oggi non ti troveresti nei guai.*

retta[2] [rèt-ta] *s.f.* La somma che si paga per il vitto e l'alloggio in collegi, convitti, pensioni ecc.

retta[3] [rèt-ta] *s.f.* In geometria, la linea più breve che unisce due punti, prolungabile all'infinito nei due sensi: *tracciare due rette parallele.*

rettangolare [ret-tan-go-là-re] *agg.* A forma di rettangolo.

rettangolo [ret-tàn-go-lo] *agg.* Si dice di figura geometrica che ha uno o più angoli retti: *triangolo rettangolo* ♦ *s.m.* Quadrilatero con quattro angoli retti e i lati opposti uguali.

rettifica [ret-tì-fi-ca] *s.f.* Modifica, correzione di una situazione, di un atto precedente; in partic., precisazione che corregge una notizia inesatta pubblicata su un giornale: *chiedere una rettifica dei confini*; *fare una rettifica a un documento*; *il ministro ha mandato una rettifica al giornale riguardo alla sua intervista.*

rettificare [ret-ti-fi-cà-re] *v.tr.* [*rettìfico, rettìfichi*] **1** Rendere rettilineo Ⓢ raddrizzare: *rettificare una curva, il corso di un fiume* **2** ♧ Correggere, modificare precisando: *rettificare un errore, una notizia, un'affermazione.*

rettifilo [ret-ti-fi-lo] *s.m.* Tratto di strada diritto Ⓢ rettilineo.

rettile [rèt-ti-le] *s.m.* **1** Animale appartenente alla classe dei Rettili **2** ♧ Persona malvagia, infida e ipocrita: *quell'individuo è un rettile!*

Rettili [rèt-ti-li] *s.m.pl.* Classe di animali vertebrati a sangue freddo con corpo rivestito di squame; si muovono strisciando essendo privi di arti (serpenti) o avendo zampe molto corte (coccodrilli, tartarughe ecc.).

rettilineo [ret-ti-lì-ne-o] *agg.* Che procede in linea retta: *una strada, una costa rettilinea* ♦ *s.m.* Tratto di strada diritto Ⓢ rettifilo: *l'arrivo della corsa è su un lungo rettilineo.*

rettitudine [ret-ti-tù-di-ne] *s.f.* Onestà, lealtà, coerenza morale: *un uomo di grande rettitudine.*

retto [rèt-to] *agg.* **1** Diritto, senza curve: *da qui al paese ci saranno due chilometri in linea retta* ◊ *Angolo retto* = angolo di 90° formato dall'incontro di due rette perpendicolari **2** ♧ Onesto, leale: *una persona retta, di animo retto*; *tornare sulla retta via* **3** ♧ Corretto, esatto: *la retta pronuncia di una parola* ♦ *s.m.* L'ultimo tratto dell'intestino crasso, fino all'ano.

rettore [ret-tó-re] *s.m.* [f. *–trice*] Chi dirige una comunità, un collegio ◊ Professore eletto a capo di un'università.

reumatico [reu-mà-ti-co] *agg.* [pl.m. *–ci*] Provocato da reumatismo: *soffre di dolori reumatici.*

reumatismo [reu-ma-tì-smo] *s.m.* Nome generico di varie malattie infiammatorie che colpiscono le ossa, le articolazioni, i muscoli e i nervi.

reverendo [re-ve-rèn-do] *agg.* Titolo che si dà ai membri del clero: *il reverendo parroco*; *la reverenda madre superiora* ♦ *s.m.* Sacerdote.

reverente vedi **riverente**.

reverenza vedi **riverenza**.

reversibile [re-ver-sì-bi-le] *agg.* Detto di processo o fenomeno che può attuarsi, funzionare anche in senso contrario o regredire fino alle condizioni iniziali.

revisionare [re-vi-sio-nà-re] *v.tr.* Sottoporre a revisione: *ha fatto revisionare il motore.*

revisione [re-vi-sió-ne] *s.f.* Esame, controllo di qualcosa fatto allo scopo di individuare e correggere eventuali errori, difetti, deficienze: *fare la revisione delle bozze di un libro, del motore di una macchina* ◊ Rifacimento, modificazione di qualcosa in seguito a un nuovo esame: *chiedere la revisione di un processo.*

revisore [re-vi-só-re] *s.m.* Chi fa un lavoro di revisione.

revoca [rè-vo-ca] *s.f.* Annullamento di quanto era stato disposto in precedenza: *revoca di un ordine, di uno sciopero.*

revocare [re-vo-cà-re] *v.tr.* [*rèvoco, rèvochi*] Annullare, disdire quanto si era disposto precedentemente Ⓒ confermare: *revocare un ordine, un decreto, una nomina, uno sciopero.*

revolver [parola inglese; pron. corrente *revòlver*] *s.m.invar.* Rivoltella.

ri– Prefisso di verbi e derivati che esprime soprattutto ripetizione (*rivedere, rifare*) o ritorno a una fase anteriore (*ritrovare, risanare*); può anche avere un semplice valore intensivo (*ricercare, ritornare*) o dare un valore nuovo al verbo originario (*ricavare, rilegare*).

riabilitare [ri-a-bi-li-tà-re] *v.tr.* **1** Rendere nuovamente capace di una normale attività Ⓢ rieducare: *riabilitare un arto leso* **2** Restituire a qualcuno l'onore e i diritti perduti in seguito a una ingiusta condanna ◊ ♧ Rendere qualcuno nuovamente degno della stima che aveva perduta: *il suo atto di coraggio lo ha riabilitato agli occhi di tutti* ♦ **riabilitarsi** *v.pr.* Riguadagnare la stima perduta.

riacquistare [ri-ac-qui-stà-re] *v.tr.* **1** Acquistare di nuovo ciò che si era venduto **2** Recuperare ciò che si era perduto: *ha bisogno di riposo per riacquistare le forze*; *il detenuto riacquistò la libertà.*

riadattare [ri-a-dat-tà-re] *v.tr.* Modificare per rendere adatto a un nuovo uso: *riadattare un vestito* ♦ **riadattarsi** *v.pr.* Adattarsi di nuovo: *ha fatto fatica a riadattarsi alla vecchia vita.*

riaffermare [ri-af-fer-mà-re] *v.tr.* Affermare di nuovo e con forza: *l'imputato ha riaffermato la sua innocenza.*

rialzare [ri-al-zà-re] *v.tr.* **1** Alzare di nuovo; sollevare da terra o da una posizione abbassata: *rialzare un bambino caduto*; *rialzò gli occhi dal giornale* **2** Rendere più alto: *rialzare una casa di un piano* ◊ Aumentare: *rialzare i prezzi* ♦ *v.intr.* [aus. *essere*] Aumentare, salire: *i prezzi rialzano*; *la temperatura sta rialzando* ♦ **rialzarsi** *v.pr.* **1** Alzarsi di nuovo; sollevarsi (da terra): *si è rialzato il vento*; *è caduto, ma si è rialzato subito* **2** Aumentare, crescere: *si è rialzata la temperatura.*

rialzato [ri-al-zà-to] *agg.* Posto più in alto rispetto al livello del suolo: *marciapiedi rialzati* | *Piano rialzato* = piano di un edificio posto poco più in alto del livello stradale.

rialzo [ri-àl-zo] *s.m.* **1** Aumento di prezzo, di valore: *rialzo della benzina, dei titoli in borsa* **2** Rilievo; sporgenza: *la casa sorge su un rialzo del terreno.*

rianimare [ri-a-ni-mà-re] *v.tr.* Far rinvenire: *ria-*

nimare una persona svenuta ◊ Rimettere in forze: *le cure lo hanno rianimato* ◊ ♧ Ridare coraggio, fiducia: *le sue parole lo rianimarono* ♦ **rianimarsi** *v.pr.* Riprendere i sensi ◊ ♧ Riprendere coraggio, fiducia: *a quella notizia si rianimò* ◊ ♧ Tornare pieno di vita e movimento: *a quell'ora le strade della città si rianimavano.*

riapertura [ri-a-per-tù-ra] *s.f.* Ripresa dell'attività o dell'apertura al pubblico: *la riapertura delle scuole, di un museo.*

riappropriarsi [ri-ap-pro-priàr-si] *v.pr.* Riprendersi ciò di cui si era stati privati: *si è riappropriato dei suoi soldi.*

riaprire [ri-a-prì-re] *v.tr.* [coniugato come *aprire*] Aprire di nuovo: *riaprire una finestra, l'ombrello* ◊ Aprire nuovamente al pubblico un luogo o ricominciare un'attività dopo un periodo di interruzione: *riaprire una strada, un museo*; *riaprire una trattativa* ♦ *v.intr.* [aus. *avere*] Riprendere l'attività: *quando riaprono le scuole?* ♦ **riaprirsi** *v.pr.* Aprirsi di nuovo: *la ferita si è riaperta* ◊ Riprendere: *ieri si sono riaperte le trattative di pace.*

riarso [ri-àr-so] *agg.* Secco, arido, bruciato: *una terra riarsa*; *si sentiva la gola riarsa dalla sete.*

riassettare [ri-as-set-tà-re] *v.tr.* Rimettere in ordine, a posto: *riassettare la casa*; *riassettarsi i capelli.*

riassumere [ri-as-sù-me-re] *v.tr.* [coniugato come *assumere*] **1** Riprendere alle proprie dipendenze: *l'azienda ha riassunto gli operai licenziati* **2** Esporre in breve, condensare in poche parole Ⓢ sintetizzare: *mi ha riassunto la trama del romanzo, del film*; *cercherò di riassumere i fatti.*

riassunto [ri-as-sùn-to] *s.m.* Esposizione sintetica, che riporta in breve solo gli elementi essenziali Ⓢ sintesi: *mi puoi fare il riassunto del suo discorso?*; *fare un riassunto scritto di un romanzo, di un film.*

riattaccare [ri-at-tac-cà-re] *v.tr.* [*riattàcco, riattàcchi*] **1** Attaccare di nuovo qualcosa | *Riattaccare (il telefono)* = mettere giù il ricevitore interrompendo la comunicazione **2** Riprendere dopo un'interruzione Ⓢ ricominciare: *andiamo prima che riattacchi a parlare* **3** Tornare all'attacco di qualcuno: *riattaccare il nemico.*

riattivare [ri-at-ti-và-re] *v.tr.* Rimettere in funzione, in attività: *riattivare una strada interrotta.*

riavere [ri-a-vé-re] *v.tr.* [pres. *riò, riài, rià, riabbiàmo, riavéte, riànno*; nelle altre forme coniugato come *avere*] Avere di nuovo: *ha riavuto quei disturbi* ◊ Avere indietro, rientrare in possesso Ⓢ recuperare: *credo che non riavrò mai quei soldi* ♦ **riaversi** *v.pr.* Riprendere i sensi: *riaversi da uno svenimento* ◊ Riacquistare le forze, rimettersi in salute: *si è appena riavuto da una lunga malattia* ◊ ♧ Riprendere coraggio: *non si è ancora riavuta da quello spavento.*

ribadire [ri-ba-dì-re] *v.tr.* [*ribadìsco, ribadìsci*] Confermare, ripetere con decisione: *ha ribadito le sue accuse.*

ribaldo [ri-bàl-do] *s.m.* Individuo disonesto e senza scrupoli Ⓢ furfante, mascalzone.

ribalta [ri-bàl-ta] *s.f.* **1** Piano o sportello di un mobile incernierato orizzontalmente in modo da poter essere alzato (per chiudere) o abbassato (per aprire) **2** Parte anteriore del palcoscenico Ⓢ proscenio: *gli attori furono chiamati alla ribalta* | ♧ *Venire, salire alla ribalta* = acquistare notorietà, aver successo.

ribaltare [ri-bal-tà-re] *v.tr.* Capovolgere, rovesciare (anche ♧): *ribaltare un tavolo*; *il suo intervento ha ribaltato la situazione* ♦ **ribaltarsi** *v.pr.* Capovolgersi, rovesciarsi: *il camion è uscito di strada e si è ribaltato.*

ribassare [ri-bas-sà-re] *v.tr.* Abbassare, diminuire (spec. prezzi): *ribassare i prezzi, le tariffe* ♦ *v.intr.* [aus. *essere*] Diminuire (di prezzo, di valore): *gli affitti sono un po' ribassati*; *l'euro sta ribassando.*

ribasso [ri-bàs-so] *s.m.* Diminuzione di prezzo, di valore Ⓒ rialzo: *c'è stato un ribasso dell'oro* | ♧ *Essere in ribasso* = stare perdendo prestigio, popolarità: *un partito, un cantante, una moda che è in ribasso.*

ribattere [ri-bàt-te-re] *v.tr.* **1** Battere di nuovo o più volte: *battere e ribattere un chiodo* **2** Rimandare indietro Ⓢ respingere: *il portiere ribatté la palla* ◊ ♧ Confutare, controbattere: *ha ribattuto tutte le accuse degli avversari* ♦ *v.intr.* [aus. *avere*] **1** ♧ Insistere: *ribatte sempre sullo stesso punto* | *Batti e ribatti* = a furia di insistere **2** ♧ Replicare per confutare quanto detto da altri: *ascoltava tutte le critiche senza ribattere.*

ribellarsi [ri-bel-làr-si] *v.pr.* **1** Insorgere, sollevarsi contro un'autorità, un potere: *ribellarsi al re, alla dittatura, al governo* **2** Rifiutare di obbedire, di sottomettersi Ⓢ opporsi, reagire: *ribellarsi ai genitori*; *ribellarsi a un'ingiustizia, al destino.*

ribelle [ri-bèl-le] *agg.* e *s.m.f.* **1** Che, chi si ribella, si è ribellato a un potere costituito: *le forze ribelli occuparono la città*; *i ribelli furono puniti* **2** Che, chi è insofferente di ogni autorità e costrizione: *una gioventù ribelle*; *quel ragazzo è un ribelle, ha un carattere ribelle.*

ribellione [ri-bel-lió-ne] *s.f.* **1** Insurrezione, rivolta: *l'esercito represse la ribellione* **2** Deciso rifiuto a sottomettersi a un'autorità, a una costrizione: *ribellione ai genitori, alla disciplina* ◊ Opposizione, protesta contro ciò che si avversa: *di fronte a tante ingiustizie provava dentro di sé un senso di ribellione.*

ribollio [ri-bol-lì-o] *s.m.* L'agitarsi in superficie e il rumore di un liquido che bolle o fermenta.

ribollire [ri-bol-lì-re] *v.intr.* [coniugato come *bollire*; aus. *avere*] **1** Agitarsi in superficie, formando bolle e schiuma; fermentare: *il mare ribolliva tra gli scogli*; *il mosto ribolle nei tini* | ♧ *Sentirsi ribollire il sangue* = essere in preda all'ira, allo sdegno, al furore **2** ♧ Essere in preda a una violenta passione: *ribollire di collera.*

ribrezzo [ri-bréz-zo] *s.m.* Senso di violenta repulsione fisica o morale Ⓢ disgusto, orrore, schifo: *avere ribrezzo del sangue, dei serpenti*; *un delitto che fa ribrezzo.*

ributtante [ri-but-tàn-te] *agg.* Che suscita ribrezzo Ⓢ ripugnante: *uno spettacolo ributtante.*

ricacciare [ri-cac-cià-re] *v.tr.* **1** Mandare via di nuovo: *lo hanno ricacciato di casa* ◊ Respingere con la forza: *ricacciare gli invasori* **2** Mettere, ficcare di nuovo: *ricacciò le mani in tasca* ♦ **ricacciarsi** *v.pr.* Mettersi, ficcarsi nuovamente (anche ♧): *Giovanni è andato a ricacciarsi nei guai.*

ricadere [ri-ca-dé-re] *v.intr.* [coniugato come *cadere*; aus. *essere*] **1** Cadere di nuovo (anche ♧): *tentò di alzarsi, ma ricadde a terra*; *ricadere in una malattia, nello stesso errore* **2** Cadere giù dopo essere stato lanciato in alto: *il sasso gli ricadde sulla testa* ◊ Scendere giù (detto di capelli, abiti, tendaggi ecc.): *i capelli le ricadevano sulle spalle* **3** ♧ Riversarsi, gravare su qualcuno: *le colpe dei padri ricadono sui figli*; *il peso della famiglia ricade tutto sulle sue spalle.*

ricaduta [ri-ca-dù-ta] *s.f.* Ripresa di una malattia che sembrava ormai guarita: *è a letto per una ricaduta dell'influenza.*

ricalcare [ri-cal-cà-re] *v.tr.* [*ricàlco, ricàlchi*] **1** Calcare di nuovo o di più: *si ricalcò il cappello in testa* | ♧ *Ricalcare le orme di qualcuno* = seguirne l'esempio **2** Riprodurre un disegno mediante carta carbone o su un foglio trasparente ripassando sulle sue linee con la punta di una matita: *ricalcare una cartina geografica* ◊ ♧ Seguire, ripetere fedelmente: *le sue dichiarazioni ricalcano quelle fatte da altri testimoni.*

ricalco [ri-càl-co] *s.m.* [pl. *–chi*] L'operazione e la tecnica del ricalcare; il disegno così ottenuto.

ricamare [ri-ca-mà-re] *v.tr.* Decorare un tessuto con ornamenti e figure usando l'ago e il filo: *ricamare una tovaglia*; *ha ricamato le proprie iniziali su un fazzoletto.*

ricambiare [ri-cam-bià-re] *v.tr.* **1** Contraccambiare: *ricambiare una cortesia*; *lui l'ama e lei ricambia il suo amore* **2** Cambiare di nuovo: *ha ricambiato la macchina.*

ricambio [ri-càm-bio] *s.m.* Cambio, sostituzione | *Pezzi di ricambio, ricambi* = pezzi nuovi di una macchina, di un congegno che sostituiscono i pezzi rotti o logorati.

ricamo [ri-cà-mo] *s.m.* L'operazione, l'arte del ricamare: *sta seguendo un corso di ricamo* ◊ Ornamento eseguito su un tessuto con ago e filo: *una tovaglia con splendidi ricami.*

ricapitolare [ri-ca-pi-to-là-re] *v.tr.* Riassumere qualcosa per sommi capi Ⓢ riepilogare: *cercherò di ricapitolare tutti gli argomenti trattati nella discussione.*

ricaricare [ri-ca-ri-cà-re] *v.tr.* [*ricàrico, ricàrichi*] Caricare nuovamente: *ricaricare l'orologio, il fucile* ♦ **ricaricarsi** *v.pr.* ♧ Riprendere forza, energie: *ha bisogno di riposo per ricaricarsi un po'.*

ricattare [ri-cat-tà-re] *v.tr.* Costringere qualcuno a versare del denaro o a fare qualcosa contro la sua volontà mediante delle minacce: *lo hanno ricattato per molti anni minacciando di pubblicare delle foto per lui compromettenti.*

ricatto [ri-càt-to] *s.m.* Minaccia con cui si cerca di estorcere denaro a qualcuno o di costringerlo a fare una determinata cosa: *fare, subire un ricatto.*

ricavare [ri-ca-và-re] *v.tr.* Trarre, estrarre, ottenere qualcosa, spec. per mezzo di una lavorazione, di una trasformazione: *la benzina si ricava dal petrolio*; *un'uva da cui si ricava un buon vino* ◊ Trarre, ottenere: *ricavare una notizia da un giornale*; *da lui non riuscirai a ricavare niente* ◊ Ottenere come ricavo Ⓢ guadagnare Ⓒ perdere: *quanto hai ricavato dalla vendita della casa?*; *dal suo lavoro ricava appena di che vivere*; *cosa hai ricavato da tanti sacrifici?*

ricavato [ri-ca-và-to] *s.m.* Il denaro ricavato da una vendita o da un'altra iniziativa Ⓢ ricavo: *il ricavato dello spettacolo sarà devoluto in beneficenza.*

ricavo [ri-cà-vo] *s.m.* La somma complessiva (*ricavo lordo*) o l'utile (*ricavo netto*) che si ottiene dalla vendita di beni e servizi.

ricchezza [ric-chéz-za] *s.f.* **1** La condizione di chi è ricco di beni materiali, di risorse economiche Ⓢ agiatezza: *una famiglia nota per la sua ricchezza*;

aspirare alla ricchezza ◊ ⊛ Abbondanza di beni spirituali, di doti intellettuali: *avere ricchezza di fantasia* **2** Il complesso dei beni, delle sostanze che rendono ricco qualcuno: *ha ereditato grandi ricchezze* ◊ Risorsa naturale o bene culturale di cui è ricco un luogo, un paese: *il legname è la maggior ricchezza di quel paese*; *le ricchezze artistiche dell'Italia* **3** Abbondanza: *in quella zona c'è ricchezza d'acqua* **4** Ciò che appare un gran valore a chi lo possiede: *i figli sono la mia ricchezza.*

riccio[1] [rìc-cio] *agg.* Detto di capelli o peli avvolti su se stessi a formare piccoli anelli ◊ Ricciuto: *un uomo riccio* ♦ *s.m.* Ricciolo: *un bambino con dei bei ricci.*

riccio[2] [rìc-cio] *s.m.* **1** Piccolo mammifero ricoperto di aculei con i quali si difende, in caso di pericolo, avvolgendosi a palla ◊ *Riccio di mare* = animale marino dal corpo rigido più o meno sferico ricoperto di sottili aculei **2** Il guscio esterno spinoso della castagna.

ricciolo [rìc-cio-lo] *s.m.* Ciocca di capelli ricci Ⓢ riccio.

riccioluto [ric-cio-lù-to] *agg.* Ricciuto: *un bambino riccioluto.*

ricciuto [ric-ciù-to] *agg.* Che ha i capelli ricci: *una ragazza ricciuta* ◊ Riccio: *barba ricciuta.*

ricco [rìc-co] *agg.* [pl.m. *-chi*] **1** Che possiede denaro, beni e mezzi economici in abbondanza Ⓢ agiato Ⓒ povero: *un ricco commerciante*; *una famiglia molto ricca* **2** Che ha grande abbondanza di qualcosa: *un territorio ricco di bellezze naturali*; *un minerale ricco di ferro*; *un ragazzo ricco di fantasia* | *Terra ricca* = molto fertile **3** Lussuoso, sfarzoso, sontuoso: *abita in un ricco palazzo*; *fare un ricco pranzo* ◊ Di grande valore Ⓢ prezioso: *un ricco dono* | *Una ricca mancia* = lauta **4** Che è fonte di ricchezza, di reddito notevole Ⓢ lucroso: *ricevere un ricco stipendio*; *fare un ricco matrimonio* ♦ *s.m.* Persona economicamente ricca.

ricerca [ri-cér-ca] *s.f.* **1** L'azione, l'attività del ricercare qualcuno o qualcosa: *la polizia è alla ricerca del colpevole*; *sono alla ricerca di un lavoro* **2** Studio, indagine sistematica che ha lo scopo di approfondire le conoscenze relative a una disciplina o a un argomento: *occuparsi di ricerca storica, scientifica*; *ha ricevuto un premio per le sue ricerche sul cancro*; *la maestra ha assegnato agli alunni una ricerca sul Piemonte.*

ricercare [ri-cer-cà-re] *v.tr.* [*ricérco, ricérchi*] **1** Cercare di nuovo: *cerca e ricerca, alla fine l'ho trovato* **2** Cercare con particolare impegno: *ricercare una persona scomparsa, un oggetto smarrito* ◊ Tentar di scoprire Ⓢ indagare: *ricercare le cause di un fenomeno.*

ricercatezza [ri-cer-ca-téz-za] *s.f.* Cura, raffinatezza, eleganza, per lo più eccessiva: *parlare, vestirsi con ricercatezza.*

ricercato [ri-cer-cà-to] *agg.* **1** Richiesto, apprezzato da molti per le sue qualità: *un medico, un prodotto ricercato* **2** Che è molto e spesso troppo curato, raffinato, elegante: *un persona ricercata nel vestire*; *parla sempre in modo ricercato* ♦ *s.m.* Persona ricercata dalla polizia: *il ricercato è sfuggito alla cattura.*

ricetrasmittente [ri-ce-tra-smit-tèn-te] *agg.* e *s.f.* Detto di apparecchio radio capace di ricevere e trasmettere segnali.

ricetta [ri-cèt-ta] *s.f.* **1** Prescrizione scritta del medico che indica le medicine da prendere e le relative dosi e modalità d'uso ◊ Rimedio (anche ⊛): *ti do una buona ricetta contro il mal di schiena*; *una ricetta per eliminare la disoccupazione* **2** Indicazione degli ingredienti necessari, delle dosi e del modo di usarli per preparare un cibo o una bevanda: *un libro di ricette di cucina.*

ricettario [ri-cet-tà-rio] *s.m.* **1** Raccolta di ricette gastronomiche **2** Blocchetto di fogli su cui il medico scrive le ricette.

ricettatore [ri-cet-ta-tó-re] *s.m.* [f. *-trice*] Chi acquista, riceve o nasconde denaro od oggetti di provenienza illecita.

ricevere [ri-cé-ve-re] *v.tr.* **1** Prendere, avere o subire qualcosa che viene dato o proviene da altri e di cui si è destinatari: *ricevere un regalo, una lettera, un premio, un favore*; *ha ricevuto una buona educazione*; *ricevere uno schiaffo, un insulto* **2** Accogliere in sé qualcosa che proviene dall'esterno: *la cantina riceve luce da una finestrella* ◊ Trarre: *ha ricevuto giovamento dalla cura* **3** Accogliere qualcuno che arriva: *siamo andati a riceverlo alla stazione* ◊ Accogliere e fare entrare nella propria casa o nel proprio ufficio chi viene in visita o per un colloquio: *gli ospiti furono ricevuti nel soggiorno*; *il direttore la riceverà subito* | *Il dottore oggi non riceve* = non accetta visite **4** Raccogliere, captare segnali radiofonici, televisivi ecc.: *ricevere una trasmissione via satellite.*

ricevimento [ri-ce-vi-mén-to] *s.m.* **1** L'atto di ricevere, il momento in cui si riceve qualcosa o qualcuno: *la merce sarà pagata all'atto del ricevimento*; *qual è l'orario di ricevimento del dottore?* **2** Trattenimento offerto a vari invitati in occasione di feste, ricorrenze, cerimonie: *al ricevimento erano presenti duecento persone.*

ricevitore [ri-ce-vi-tó-re] *s.m.* Apparecchio o dispositivo capace di ricevere, trasformare e trasmettere segnali | *Ricevitore (telefonico)* = la parte del telefono dove si appoggia l'orecchio per ricevere la comunicazione.

ricevuta [ri-ce-vù-ta] *s.f.* Dichiarazione scritta con cui si attesta di aver ricevuto un oggetto o una determinata somma di denaro: *firmare la ricevuta di una raccomandata*; *rilasciare la ricevuta di un versamento.*

richiamare [ri-chia-mà-re] *v.tr.* **1** Chiamare di nuovo: *non ti ha sentito, prova a richiamarlo* **2** Chiamare indietro, far tornare: *richiamare in patria un ambasciatore* | ♧ *Richiamare (alla mente, alla memoria)* = far ricordare, rievocare: *questi luoghi mi richiamano la mia infanzia* **3** Far venire: *lo spettacolo ha richiamato un grosso pubblico* ◊ Attirare (anche ♧): *la luce richiama le farfalle*; *ho cercato inutilmente di richiamare la sua attenzione* **4** Rimproverare: *l'insegnante lo ha richiamato più volte per la sua indisciplina* ♦ **richiamarsi** *v.pr.* Fare riferimento, rifarsi a qualcosa: *vorrei richiamarmi all'intervento di chi mi ha preceduto.*

richiamo [ri-chià-mo] *s.m.* **1** Richiesta, ordine di ritornare: *richiamo alle armi* ◊ Invito a tener presente qualcosa, a non sottrarsi ai propri obblighi: *fare un richiamo alla realtà, al senso del dovere* ◊ Avvertimento, rimprovero disciplinare: *ricevere un richiamo dal preside, dal direttore* **2** Voce, suono, gesto che cerca di richiamare l'attenzione: *dal luogo del disastro provenivano i richiami dei feriti*; *sono accorso al tuo richiamo* **3** ♧ Forza di attrazione Ⓢ attrattiva, fascino: *essere sensibile al richiamo della natura*; *un genere di musica che esercita un forte richiamo sui giovani.*

richiedere [ri-chiè-de-re] *v.tr.* [coniugato come *chiedere*] **1** Chiedere di nuovo ◊ Chiedere in restituzione: *gli ho richiesto il libro che gli avevo dato* **2** Chiedere per ottenere, per avere: *ho richiesto il suo aiuto*; *richiedere un certificato al comune* ◊ Chiedere per sapere Ⓢ domandare: *richiedere il parere di qualcuno* **3** Esigere, necessitare: *questo lavoro richiede molta attenzione*; *è un malato che richiede una continua assistenza.*

richiesta [ri-chiè-sta] *s.f.* **1** Domanda per ottenere, per avere qualcosa: *fare una richiesta di aiuto, di denaro*; *un prodotto di cui c'è molta richiesta* | *A, su richiesta di* = in seguito alla domanda di: *rilasciare un documento su richiesta dell'interessato*; *lo spettacolo sarà replicato a richiesta del pubblico* ◊ Domanda scritta che chiede il rilascio di un documento: *presentare una richiesta in carta da bollo* **2** Il compenso o il prezzo che si chiede per qualcosa: *la richiesta per quel lavoro, per quella casa mi sembra eccessiva.*

riciclaggio [ri-ci-clàg-gio] *s.m.* L'operazione del riciclare: *il riciclaggio del vetro, della carta.*

riciclare [ri-ci-clà-re] *v.tr.* Recuperare e riutilizzare materiali e sostanze di scarto o di rifiuto: *riciclare la carta, il vetro, i rifiuti.*

ricognitore [ri-co-gni-tó-re] *s.m.* Aereo da ricognizione.

ricognizione [ri-co-gni-zió-ne] *s.f.* Attività militare diretta ad accertare le forze, la posizione e i movimenti del nemico: *mandare una pattuglia in ricognizione*; *aereo da ricognizione* ◊ Più in generale, attività di indagine, accertamento, controllo: *l'ispettore fu mandato a fare una ricognizione sul luogo del delitto.*

ricollegare [ri-col-le-gà-re] *v.tr.* [*ricollégo, ricolléghi*] Collegare di nuovo: *ricollegare due paesi separati da una frana* ♦ **ricollegarsi** *v.pr.* **1** Collegarsi di nuovo, spec. nel linguaggio radiotelevisivo **2** ♧ Fare riferimento a qualcosa Ⓢ riferirsi, richiamarsi: *mi ricollego al discorso di chi mi ha preceduto* ◊ Essere in relazione: *un delitto che si ricollega ad altri che lo hanno preceduto.*

ricolmo [ri-cól-mo] *agg.* Colmo, completamente pieno: *un piatto ricolmo di cibo.*

ricominciare [ri-co-min-cià-re] *v.tr.* e *intr.* [aus. *essere* o *avere*] Cominciare di nuovo, da capo; riprendere dopo una pausa: *ricominciare un lavoro interrotto*; *ricominciò a parlare*; *domani ricomincia la scuola*; *sta ricominciando a piovere.*

ricomparire [ri-com-pa-rì-re] *v.intr.* [coniugato come *apparire*; aus. *essere*] Comparire di nuovo: *è ricomparso il sole.*

ricomparsa [ri-com-pàr-sa] *s.f.* Il ricomparire Ⓢ riapparizione, ritorno: *la sua ricomparsa ha stupito tutti.*

ricompensa [ri-com-pèn-sa] *s.f.* Ciò che si dà o riceve in cambio di un servizio, di un favore o come premio per un'azione o un comportamento meritevole Ⓢ compenso, premio: *i proprietari del cane smarrito hanno promesso una ricompensa a chi lo riporterà*; *l'ho fatto per amicizia, non voglio nessuna ricompensa.*

ricompensare [ri-com-pen-sà-re] *v.tr.* Contraccambiare con una ricompensa Ⓢ ripagare, premiare: *ricompensare un lavoro, un atto di coraggio*; *non potrò mai ricompensarvi di tutto quello che avete fatto per me!*

riconciliare [ri-con-ci-lià-re] *v.tr.* Far tornare in

buona armonia Ⓢ rappacificare: *riconciliare due nemici* ♦ **riconciliarsi** *v.pr.* Ritrovare l'accordo, l'armonia Ⓢ rappacificarsi: *marito e moglie si sono riconciliati dopo un litigio.*

ricondurre [ri-con-dùr-re] *v.tr.* [coniugato come *condurre*] Condurre di nuovo; in partic. riportare qualcuno o qualcosa al luogo da cui si era allontanato: *quando sei stanco ti riconduco a casa*; *ricondurre un evaso in carcere, i buoi alla stalla, la nave in porto* | ♧ *Ricondurre qualcuno alla ragione* = riportarlo alla ragionevolezza.

riconferma [ri-con-fér-ma] *s.f.* Ulteriore conferma: *il suo comportamento è una riconferma dei nostri sospetti.*

riconfermare [ri-con-fer-mà-re] *v.tr.* Confermare di nuovo: *riconfermo quello che ho detto prima.*

riconoscente [ri-co-no-scèn-te] *agg.* Pieno di riconoscenza Ⓢ grato: *ti sono riconoscente per quello che hai fatto.*

riconoscenza [ri-co-no-scèn-za] *s.f.* Sentimento di gratitudine per il bene ricevuto.

riconoscere [ri-co-nó-sce-re] *v.tr.* [coniugato come *conoscere*] **1** Individuare, identificare qualcuno o qualcosa che già si conosce: *appena mi ha visto mi ha riconosciuto*; *riconosco la sua scrittura* ◊ Identificare, individuare: *ha qualche documento per farsi riconoscere?* ◊ Distinguere: *non saprebbe riconoscere un vetro da un diamante* **2** Ammettere, confessare: *devi riconoscere che ha ragione*; *ha riconosciuto i propri errori* **3** Accettare pubblicamente e ufficialmente come reale, valido, legittimo: *riconoscere l'autorità di qualcuno*; *riconoscere uno stato resosi indipendente* ♦ **riconoscersi** *v.pr.* Ammettere di essere Ⓢ dichiararsi: *l'imputato si è riconosciuto colpevole.*

riconoscimento [ri-co-no-sci-mén-to] *s.m.* **1** Identificazione: *andò all'obitorio per il riconoscimento della salma*; *portare un segno di riconoscimento* **2** Accettazione pubblica, ufficiale: *chiede il riconoscimento dei suoi diritti* ◊ Ammissione: *riconoscimento dei propri errori* **3** Segno di riconoscenza, ricompensa: *gli hanno dato una medaglia in riconoscimento dei servizi resi al paese* ◊ Attestato di merito Ⓢ elogio: *un film che ha ricevuto molti riconoscimenti dalla critica.*

riconquista [ri-con-quì-sta] *s.f.* Conquista, recupero di ciò che si era perduto: *il popolo lottava per la riconquista della libertà.*

riconquistare [ri-con-qui-stà-re] *v.tr.* Conquistare di nuovo, recuperare ciò che si era perduto: *riconquistare un territorio, il potere, la libertà.*

riconsegna [ri-con-sé-gna] *s.f.* Restituzione al proprietario di ciò che questi aveva dato in custodia o aveva smarrito o gli era stato sottratto.

riconsegnare [ri-con-se-gnà-re] *v.tr.* Restituire al proprietario ciò che questi aveva dato in custodia o gli era stato sottratto: *gli hanno riconsegnato i gioielli rubati.*

ricopertura [ri-co-per-tù-ra] *s.f.* Ciò con cui si ricopre Ⓢ copertura.

ricopiare [ri-co-pià-re] *v.tr.* Trascrivere in bella copia: *ricopiare una lettera, un tema.*

ricoprire [ri-co-prì-re] *v.tr.* [coniugato come *aprire*] **1** Coprire di nuovo: *il bambino s'era scoperto e l'ho ricoperto* **2** Coprire, rivestire: *ho ricoperto le poltrone con una nuova stoffa* ◊ ♧ Colmare, riempire: *l'uomo lo ricoprì di insulti* **3** ♧ Occupare una carica: *ricopre un posto di grande responsabilità* ♦ **ricoprirsi** *v.pr.* Coprirsi di nuovo Ⓢ rivestirsi: *a primavera i prati si ricoprono di fiori.*

ricordare [ri-cor-dà-re] *v.tr.* **1** Aver presente nella memoria: *ricordi quando ci siamo incontrati?*; *lo ricorderò finché campo* **2** Richiamare alla memoria propria o di altri Ⓢ rammentare: *non riesco a ricordare dove l'ho visto*; *ti ricordo la tua promessa* ◊ Commemorare: *una lapide che ricorda i caduti* ◊ Far venire in mente qualcuno o qualcosa di simile: *nei lineamenti ricorda sua madre* **3** Nominare: *ti ricordiamo spesso nei nostri discorsi* ♦ **ricordarsi** *v.pr.* Serbare il ricordo, tener presente, non dimenticare: *si ricordava ancora di quel giorno*; *mi ricorderò di quel che hai fatto!*

ricordo [ri-còr-do] *s.m.* **1** Il ricordare, il ricordarsi; richiamo di qualcosa alla mente Ⓒ oblio: *si commosse al ricordo di quella giornata*; *te lo lascio per ricordo* ◊ Ciò che si ricorda; memoria di qualcuno o qualcosa che è rimasta impressa nella mente: *è vecchio e vive di ricordi*; *ho sempre vivo il ricordo di quel giorno*; *ha lasciato un buon ricordo di sé* **2** Oggetto che serve a conservare o a rinnovare la memoria di qualcuno o qualcosa: *questo quadro è un ricordo di famiglia*; *foto ricordo* ◊ Segno lasciato da un evento negativo: *quella cicatrice è un ricordo della caduta.*

ricorrente [ri-cor-rèn-te] *agg.* Che si ripete con una certa frequenza: *fenomeni ricorrenti*; *il suo ritardo è una situazione ricorrente.*

ricorrenza [ri-cor-rèn-za] *s.f.* Festa che ritorna ogni anno: *la ricorrenza della Pasqua.*

ricorrere [ri-cór-re-re] *v.intr.* [coniugato come *correre*; aus. *essere*] **1** Rivolgersi a qualcuno per ottenerne l'aiuto, il consiglio, l'intervento: *ricorrere al medico per una cura*; *ricorrere alla polizia*

A B C D E F G H I J K L M N O P Q R S T U V W X Y Z

◊ Servirsi di un certo mezzo per raggiungere uno scopo: *ricorrere alle armi, alle minacce, all'inganno* **2** Ripetersi, ripresentarsi con una certa regolarità e frequenza: *una parola che ricorre spesso nel suo linguaggio* ◊ Essere la data in cui cade periodicamente un anniversario, una festa: *oggi ricorre l'anniversario delle nostre nozze.*

ricorso [ri-cór-so] *s.m.* Il ricorrere a qualcuno o a qualcosa per raggiungere uno scopo: *fare ricorso alle cure di un medico*; *per convincerlo hanno fatto ricorso alle maniere forti* ◊ Richiesta scritta indirizzata a un'autorità per ottenere che venga annullato o modificato un provvedimento da cui ci si sente danneggiati: *fare ricorso in appello contro una sentenza.*

ricostituente [ri-co-sti-tu-èn-te] *agg.* Che serve a ridare vigore a un organismo deperito: *cura, medicina ricostituente.*

ricostruire [ri-co-stru-ì-re] *v.tr.* [*ricostruìsco, ricostruìsci*] **1** Costruire nuovamente: *ricostruire un ponte crollato* **2** ♧ Stabilire, capire o descrivere il modo in cui si è svolto un fatto, un avvenimento servendosi di dati, testimonianze e ipotesi: *ricostruire un delitto, la dinamica di un incidente, un fatto storico.*

ricostruzione [ri-co-stru-zió-ne] *s.f.* L'operazione, l'attività di ricostruire qualcosa (anche ♧): *la ricostruzione di un edificio crollato*; *la ricostruzione di un delitto, di un fatto storico.*

ricotta [ri-còt-ta] *s.f.* Latticinio fresco, tenero, che si ottiene ricuocendo il siero rimasto del latte dopo che si è fatto il formaggio.

ricoverare [ri-co-ve-rà-re] *v.tr.* Far entrare in un luogo di cura o di assistenza: *è stato ricoverato d'urgenza in ospedale*; *ricoverare un vecchio in un ospizio* ♦ **ricoverarsi** *v.pr.* Entrare in un luogo di cura o di assistenza ◊ Trovare riparo, rifugiarsi da qualche parte.

ricovero [ri-có-ve-ro o ri-cò-ve-ro] *s.m.* **1** Trasferimento di una persona in un luogo di cura o di assistenza: *il medico ha disposto il ricovero in ospedale del paziente* **2** Luogo dove si può trovare asilo, riparo, protezione, rifugio: *dare ricovero a un viandante*; *cercò ricovero dalla pioggia sotto una tettoia* ◊ Ospizio per gli anziani o per i poveri.

ricreativo [ri-cre-a-tì-vo] *agg.* Che ha lo scopo di offrire svago e divertimento: *frequentare un circolo ricreativo.*

ricreazione [ri-cre-a-zió-ne] *s.f.* Riposo dal lavoro, svago: *prendersi un po' di ricreazione* ◊ Nelle scuole, breve pausa di riposo e svago tra le lezioni: *è suonata la campana della ricreazione.*

ricredersi [ri-cre-dér-si] *v.pr.* Cambiare opinione convincendosi di aver sbagliato: *lo giudicavo male, ma ho dovuto ricredermi.*

ricucire [ri-cu-cì-re] *v.tr.* [coniugato come *cucire*] **1** Cucire di nuovo **2** Riunire con una cucitura lembi o margini staccati Ⓢ rammendare, suturare: *ricucire uno strappo ai pantaloni*; *ricucire un taglio, una ferita.*

ricuperare [ri-cu-pe-rà-re] o **recuperare** [re-cu-pe-rà-re] *v.tr.* **1** Rientrare in possesso di qualcosa che si era perduto o era stato tolto Ⓢ riacquistare: *il proprietario ha ricuperato la refurtiva*; *recuperare la libertà, la vista, le forze* **2** Riportare a galla; mettere in salvo, al sicuro: *ricuperare il carico di una nave affondata*; *recuperare dei naufraghi* **3** Rimontare uno svantaggio, annullare un ritardo: *il gruppo ha ricuperato due minuti sul fuggitivo*; *prende lezioni per ricuperare in latino* **4** Riutilizzare rifiuti o prodotti di scarto **5** Disputare una partita che non si era potuta giocare nella data prestabilita **6** ♧ Inserire o reinserire nella società, nel mondo del lavoro chi si trova emarginato, in difficoltà: *ricuperare gli handicappati.*

ricupero [ri-cù-pe-ro] o **recupero** [re-cù-pe-ro] *s.m.* **1** L'azione, l'operazione di ricuperare qualcosa o qualcuno (anche ♧): *il recupero del bottino, di una nave affondata*; *il recupero del tempo perduto*; *occuparsi del ricupero degli handicappati* **2** Rimonta di uno svantaggio: *con un ricupero negli ultimi metri il corridore ha vinto la volata* **3** Nello sport, disputa di un incontro che non era stato possibile giocare nel giorno stabilito | *Minuti di ricupero* = nel calcio, quelli giocati oltre il tempo regolamentare per ricuperare i minuti perduti in interruzioni di gioco.

ricurvo [ri-cùr-vo] *agg.* Curvo, molto curvo: *un bastone dal manico ricurvo*; *camminava ricurvo sotto il peso.*

ridacchiare [ri-dac-chià-re] *v.intr.* [aus. *avere*] Ridere a fior di labbra con risate brevi e ripetute, per lo più in tono ironico, canzonatorio o maligno.

ridare [ri-dà-re] *v.tr.* [pres. *ridò, ridai, ridà*; imper. *ridà* o *rida'* o *ridai*; nelle altre forme coniugato come *dare*] Dare di nuovo: *ridammi il tuo indirizzo, che l'ho perduto* ◊ Restituire, rendere: *mi ridai il libro che ti ho prestato?*

ridente [ri-dèn-te] *agg.* **1** Che esprime gioia Ⓢ lieto, gioioso: *un viso ridente* **2** ♧ Gradevole, ameno: *una ridente località di montagna.*

ridere [rì-de-re] *v.intr.* [pass.rem. *rìsi, ridésti*; part.pass. *rìso*; aus. *avere*] Manifestare allegria, divertimento (o anche ironia, sarcasmo, scherno) con una particolare contrazione dei muscoli della faccia e l'emissione più o meno forte di suoni brevi e ripetuti: *ridere sommessamente, fragorosamente*; *scoppiare a ridere*; *la situazione è seria, c'è poco da ridere* | *Ridere di qualcuno, alle spalle di qualcuno* = deriderlo, canzonarlo ♦ **ridersi** *v.pr.* Non preoccuparsi minimamente di qualcuno o qualcosa: *me ne rido delle vostre minacce.*

ridestare [ri-de-stà-re] *v.tr.* **1** Destare, svegliare di nuovo **2** ♧ Far risorgere, ravvivare: *il rivederla ridestò in lui l'antica passione* ♦ **ridestarsi** *v.pr.* **1** Svegliarsi di nuovo **2** ♧ Risorgere, ravvivarsi.

ridicolo [ri-dì-co-lo] *agg.* **1** Che fa ridere, che è motivo di derisione perché sciocco, goffo, grottesco o assurdo: *sei proprio ridicolo*; *fare una figura ridicola*; *portava un cappello ridicolo*; *hai delle idee ridicole* | *Mettere in ridicolo* = far apparire ridicolo, deridere **2** Irrisorio, insignificante: *ha comprato quella casa per un prezzo ridicolo*; *lavora per un compenso ridicolo.*

ridimensionare [ri-di-men-sio-nà-re] *v.tr.* Riportare alle giuste proporzioni qualcosa o qualcuno a cui era stato dato troppo peso o importanza Ⓒ ingigantire: *ridimensionare la gravità di un fatto.*

ridire [ri-dì-re] *v.tr.* [coniugato come *dire*] **1** Dire di nuovo Ⓢ ripetere: *ridimmi come ti chiami*; *gliel'ho detto e ridetto mille volte, ma lui non mi ascolta* **2** Obiettare; criticare: *sulla tua proposta non ho nulla da ridire*; *trova sempre da ridire su quel che fanno gli altri.*

ridosso [ri-dòs-so] *s.m.* Riparo, posizione riparata | *A ridosso* = al riparo (*mettersi a ridosso del vento*); vicino, accanto (*Genova è situata a ridosso delle montagne*); alle spalle: *gli inseguitori gli erano ormai a ridosso.*

ridotto [ri-dót-to] *s.m.* Nei teatri, l'ambiente di ritrovo, attesa e conversazione del pubblico durante gli intervalli di uno spettacolo.

ridurre [ri-dùr-re] *v.tr.* [coniugato come *condurre*] **1** Far diventare: *la malattia lo ha ridotto uno scheletro* ◊ Far finire qualcuno o qualcosa in condizioni peggiori: *ridurre qualcuno in fin di vita, in miseria, alla disperazione*; *ha ridotto il vaso in pezzi* **2** Diminuire: *ridurre i prezzi, le spese, la velocità* ◊ Restringere: *ridurre una giacca troppo ampia* ♦ **ridursi** *v.pr.* **1** Venire a trovarsi in una condizione peggiore, negativa Ⓢ finire: *si è ridotto in miseria* **2** Diminuire: *la velocità si è ridotta* ◊ Restringersi: *la camicia si è ridotta lavandola.*

riduzione [ri-du-zió-ne] *s.f.* Diminuzione: *c'è stata una riduzione dei consumi* ◊ Sconto: *ha ottenuto una riduzione sul prezzo.*

rieducare [ri-e-du-cà-re] *v.tr.* [*rièduco, rièduchi*] **1** Educare di nuovo e meglio; in partic. recuperare moralmente chi ha deviato dalla retta via: *il carcere dovrebbe rieducare i detenuti* **2** Far recuperare un funzionamento normale o migliore ad arti e organi menomati: *fa ginnastica per rieducare la gamba dopo l'incidente.*

riempire [ri-em-pì-re] *v.tr.* [pres. *riémpio, riémpi*; pass.rem. *riempìi, riempìsti*] **1** Rendere pieno Ⓢ colmare (anche ♧): *riempire una bottiglia, un armadio*; *il tuo arrivo mi riempie di gioia* **2** Compilare moduli, schede ecc., scrivendo negli spazi in bianco ♦ **riempirsi** *v.pr.* **1** Diventare pieno (anche ♧): *lo stadio si stava riempiendo di folla*; *si è riempito di debiti* **2** Rimpinzarsi: *smettila di riempirti di dolci!*

rientranza [ri-en-tràn-za] *s.f.* Tratto che rientra rispetto all'andamento di una linea, di una superficie, di una massa: *qui la costa fa una rientranza*; *trovò rifugio in una rientranza della roccia.*

rientrare [ri-en-trà-re] *v.intr.* [aus. *essere*] **1** Ritornare nel luogo da cui si era usciti; ritornare nel proprio luogo o ambiente abituale, dopo esserne usciti o essersene allontanati: *uscì dalla stanza e rientrò subito*; *a che ora rientri (a casa) stasera?*; *è rientrato al lavoro dopo le ferie*; *l'aereo non rientrò alla base* ◊ ♧ Ritornare nella condizione o situazione in cui ci si trovava in precedenza: *rientrare in gioco, in gara*; *rientrare in possesso di un oggetto rubato* **2** Spingersi verso l'interno (detto di linee, superfici, corpi): *in questo punto la costa rientra* **3** Essere compreso, far parte: *questo lavoro non rientra nei tuoi compiti.*

rientro [ri-én-tro] *s.m.* Ritorno: *il rientro dalle vacanze*; *il rientro di un aereo alla base.*

riepilogare [ri-e-pi-lo-gà-re] *v.tr.* [*riepìlogo, riepìloghi*] Riassumere, ricapitolare: *riepilogare un discorso*; *riepiloghiamo i fatti.*

riepilogo [ri-e-pì-lo-go] *s.m.* [pl. *–ghi*] Riassunto per sommi capi di quanto è stato detto o è successo: *alla fine di ogni capitolo c'è un riepilogo degli argomenti trattati*; *fare un riepilogo dei fatti.*

rievocare [ri-e-vo-cà-re] *v.tr.* [*rièvoco, rièvochi*] Richiamare alla memoria Ⓢ ricordare: *quei luoghi gli rievocavano la sua infanzia.*

rifacimento [ri-fa-ci-mén-to] *s.m.* Il rifare, l'essere rifatto: *il rifacimento del tetto di una casa, di un film* ◊ Opera non originale, che rielabora o imita un modello: *un film che è un cattivo rifacimento di un capolavoro del cinema muto.*

rifare [ri-fà-re] *v.tr.* [coniugato come *fare*] **1** Fare di nuovo qualcosa che la prima volta era stato fatto male o in modo insoddisfacente: *rifare un compito, un lavoro, un calcolo* ◊ Fare di nuovo una cosa che si era distrutta, deteriorata o era invecchiata o era stata perduta: *rifare un ponte crollato, una strada*; *rifare il pavimento di una stanza*; *ha perduto le chiavi e ha dovuto rifarle* ◊ Rimettere in ordine: *rifare il letto, la stanza* **2** Compiere di nuovo un'azione Ⓢ ripetere: *rifare un gesto, un discorso*; *rifare un esame* ◊ Ripercorrere: *rifare la strada, le scale* **3** Imitare: *rifare la voce di qualcuno* | ♧ *Rifare il verso a qualcuno* = imitarne il modo di parlare e di fare, per scherzo o per prenderlo in giro ♦ **rifarsi** *v.pr.* Riprendersi economicamente, recuperare le perdite: *continuava a giocare per cercare di rifarsi* ◊ Prendersi una rivincita Ⓢ rivalersi: *rifarsi delle umiliazioni subite*; *perché vuoi rifarti con me di quel che ti hanno fatto altri?*

riferimento [ri-fe-ri-mén-to] *s.m.* **1** Relazione, rapporto | *Fare riferimento* = riferirsi, richiamarsi | *In, con riferimento a* = in relazione a, a proposito di | *Punto di riferimento* = ciò che si prende come base per orientarsi, per condurre una ricerca ecc.: *prendere come punto di riferimento una montagna, la stella polare* **2** Accenno, rimando, richiamo: *nel suo discorso non c'era alcun riferimento alla situazione politica.*

riferire [ri-fe-rì-re] *v.tr.* [*riferìsco, riferìsci*] Dire, comunicare, riportare ad altri discorsi, notizie, fatti e simili: *chi ti ha riferito il mio discorso?*; *gli ho riferito l'accaduto*; *è andato a riferire tutto al direttore* ♦ **riferirsi** *v.pr.* **1** Essere in rapporto Ⓢ riguardare, concernere: *l'aggettivo concorda col nome cui si riferisce*; *questi dati si riferiscono alla situazione precedente* **2** Richiamarsi, alludere: *mi riferisco a quanto vi ho già detto*; *a chi ti riferivi, parlando di gente poco onesta?*

rifilare [ri-fi-là-re] *v.tr.* Dare a qualcuno qualcosa che lo danneggia o gli è sgradito Ⓢ affibbiare, appioppare: *rifilò un calcio al compagno di banco*; *gli hanno rifilato una moneta falsa, un incarico molto faticoso.*

rifinire [ri-fi-nì-re] *v.tr.* [*rifinìsco, rifinìsci*] Completare e perfezionare un lavoro, un'opera, dandovi gli ultimi tocchi e curando tutti i dettagli: *rifinire un mobile, un vestito, un quadro, un romanzo.*

rifinitura [ri-fi-ni-tù-ra] *s.f.* **1** Il lavoro, l'operazione di rifinire: *dare l'ultima rifinitura a un mobile* **2** Elemento decorativo che rifinisce un'opera: *un mobile in noce con rifiniture in mogano.*

rifiorire [ri-fio-rì-re] *v.intr.* [*rifiorìsco, rifiorìsci*; aus. *essere*] Tornare a fiorire: *il pesco è rifiorito* ◊ ♧ Riprendere vigore, tornare a prosperare: *qui in campagna la sua salute è rifiorita*; *nel Rinascimento rifiorirono le arti.*

rifiutare [ri-fiu-tà-re] *v.tr.* **1** Non accettare Ⓢ respingere: *rifiutare una proposta, un invito, un dono*; *ha rifiutato il cibo* **2** Non concedere Ⓢ negare: *ha rifiutato il suo consenso alle nozze*; *non puoi rifiutarmi questo favore* ◊ Non acconsentire a fare qualcosa: *ha rifiutato di rispondere* ♦ **rifiutarsi** *v.pr.* Non volere decisamente fare o accettare o concedere qualcosa: *si rifiutò di riceverlo*; *mi rifiuto di credere che sia stato lui!*

rifiuto [ri-fiù-to] *s.m.* **1** Non accettazione Ⓢ negazione, diniego: *ha risposto con un secco rifiuto alla mia richiesta* **2** (spec. al *pl.*) Tutto ciò che viene scartato ed eliminato perché inutilizzabile o dannoso Ⓢ immondizia: *il contenitore, il secchio, la raccolta dei rifiuti.*

riflessione [ri-fles-sió-ne] *s.f.* **1** Fenomeno fisico per cui quando la luce o altra energia colpisce una superficie viene da questa rinviata indietro **2** ♧ Attenta considerazione e valutazione Ⓢ meditazione: *è una decisione che richiede riflessione* ◊ Considerazione, pensiero, osservazione: *mi ha esposto le sue riflessioni sull'argomento.*

riflessivo [ri-fles-sì-vo] *agg.* **1** Che è solito riflettere, ragionare sulle cose Ⓢ assennato, giudizioso: *un ragazzo riflessivo* **2** In grammatica, detto di verbo in cui il soggetto compie e insieme subisce l'azione espressa dal verbo: *«lavarsi, lodarsi» sono verbi riflessivi* | *Pronomi riflessivi* = quelli (come *mi, ti, si* ecc.) con cui si attua la forma riflessiva del verbo.

riflesso[1] [ri-flès-so] *s.m.* **1** Raggio luminoso rinviato da una superficie Ⓢ riverbero: *fu abbagliato dal riflesso del sole sul mare* ◊ Immagine riflessa: *vide nel fiume il riflesso degli alberi* **2** ♧ Conseguenza, ripercussione: *un'iniziativa che ha avuto riflessi positivi* | *Di riflesso* = indirettamente **3** Reazione automatica, involontaria a uno stimolo: *avere prontezza di riflessi.*

riflesso[2] [ri-flès-so] *agg.* Detto di luce o immagine che non giunge direttamente ma rinviata, rimandata da una superficie riflettente.

riflettere [ri-flèt-te-re] *v.tr.* [part.pass. *riflèsso* nella forma transitiva e pronominale, *riflettùto* in quella intransitiva] **1** Detto di superficie, rinviare, rimandare indietro raggi luminosi, suoni o immagini: *il lago rifletteva i raggi della luna*; *lo specchio rifletté la sua figura* **2** ♧ Manifestare esteriormente Ⓢ rispecchiare: *le sue parole riflettono il suo stato d'animo* ♦ *v.intr.* [aus. *avere*] Concentrare la mente su qualcosa, considerandolo con attenzione Ⓢ pensare, meditare, ragionare: *riflettere su un problema, sulla situazione*; *hai riflettuto sulla mia proposta?*; *ha agito senza riflettere* ♦ **riflettersi** *v.pr.* **1** Rispecchiarsi: *gli alberi si riflettevano nell'acqua* **2** ♧ Avere conseguenze Ⓢ ripercuotersi: *l'aumento del prezzo del petrolio si riflette su tutta l'economia.*

riflettore [ri-flet-tó-re] *s.m.* Apparecchio per illuminazione capace di proiettare un forte fascio di luce a distanza.

rifluire [ri-flu-ì-re] *v.tr.* [*rifluìsco, rifluìsci*; aus. *essere*] Fluire, scorrere all'indietro (detto di liquidi) Ⓢ ritirarsi: *le acque del fiume stanno rifluendo dalle zone allagate* ◊ ♧ Ritornare: *la folla stava rifluendo dalla piazza.*

riflusso [ri-flùs-so] *s.m.* Flusso all'indietro, movimento in senso contrario ◊ Periodo di circa sei ore durante il quale la marea si abbassa.

rifocillare [ri-fo-cil-là-re] *v.tr.* Ristorare fornendo cibi e bevande ♦ **rifocillarsi** *v.pr.* Ristorarsi mangiando o bevendo.

rifondere [ri-fón-de-re] *v.tr.* [coniugato come *fondere*] Risarcire, rimborsare: *mi devono rifondere i danni, le spese.*

riforestazione [ri-fo-re-sta-zió-ne] *s.f.* Rimboschimento: *la riforestazione di una collina bruciata.*

riforma [ri-fór-ma] *s.f.* Cambiamento, trasformazione di strutture, istituzioni e ordinamenti della società, allo scopo di migliorarli e adeguarli a nuove e diverse esigenze: *riforme sociali, politiche*; *riforma agraria, sanitaria, elettorale*; *presentare una legge per la riforma della scuola.*

riformare [ri-for-mà-re] *v.tr.* **1** Formare di nuovo Ⓢ ricostituire: *riformare la fila*; *riformare un partito disciolto* **2** Trasformare, rinnovare per migliorare, per adeguare a nuove esigenze: *riformare la società, l'amministrazione statale, la scuola, la giustizia*; *una legge da riformare* **3** Esonerare qualcuno dal servizio militare ♦ **riformarsi** *v.pr.* Formarsi di nuovo: *durante la notte si è riformato il ghiaccio sulla superficie del lago.*

riformatorio [ri-for-ma-tò-rio] *s.m.* Istituto in cui vengono reclusi minorenni che hanno compiuto determinati reati.

riformismo [ri-for-mì-smo] *s.m.* Tendenza politica e atteggiamento di chi vuole modificare gradualmente e per mezzo di riforme l'ordinamento della società e dello stato, rifiutando il ricorso a metodi rivoluzionari.

rifornimento [ri-for-ni-mén-to] *s.m.* **1** L'operazione di rifornire o di rifornirsi: *provvedere al rifornimento delle truppe*; *fare rifornimento di benzina* **2** (spec. al *pl.*) Provviste: *sono stati inviati rifornimenti di viveri alle popolazioni terremotate.*

rifornire [ri-for-nì-re] *v.tr.* [*rifornìsco, rifornìsci*] Fornire di quanto è necessario: *ci hanno rifornito di viveri*; *rifornire un aereo di carburante* ♦ **rifornirsi** *v.pr.* Fare rifornimento di qualcosa: *rifornirsi di viveri, di denaro.*

rifuggire [ri-fug-gì-re] *v.intr.* [coniugato come *fuggire*; aus. *essere*] Provare orrore, avversione, disprezzo per qualcosa Ⓢ detestare: *rifuggire dalla violenza, dalle menzogne.*

rifugiarsi [ri-fu-giàr-si] *v.pr.* Cercare, trovare rifugio, riparo: *i perseguitati politici si rifugiarono all'estero*; *durante il temporale mi sono rifugiato sotto un porticato.*

rifugio [ri-fù-gio] *s.m.* **1** Riparo, protezione: *trovare rifugio dalla tempesta in una grotta*; *offrire rifugio a un perseguitato* **2** Luogo che offre riparo, protezione: *rifugio antiaereo, antiatomico* | *Rifugio alpino* = costruzione d'alta montagna per alloggiare alpinisti e gitanti.

riga [rì-ga] *s.f.* **1** Linea diritta tracciata o impressa su una superficie: *tirare una riga su una frase*; *tessuto, quaderno a righe* **2** Serie di parole scritte o stampate su una stessa linea orizzontale: *cancellare una riga*; *una pagina di trenta righe* ◊ Scritto di poche parole: *mandare due righe di saluto* **3** Fila di persone allineate l'una a fianco dell'altra: *il tenente ordinò ai soldati di mettersi in riga* **4** Sottile stecca piatta, con bordo graduato in centimetri e millimetri, usata per tracciare linee diritte e per misurare.

rigagnolo [ri-gà-gno-lo] *s.m.* Piccolissimo corso d'acqua che scorre ai lati delle strade quando piove ◊ Piccolo ruscello.

rigattiere [ri-gat-tiè-re] *s.m.* Chi compra e rivende roba vecchia, usata di scarso valore.

rigenerare [ri-ge-ne-rà-re] *v.tr.* Ridare vigore; far rinascere: *quella cura mi ha rigenerato* ♦ **rigenerarsi** *v.pr.* Riprodursi, ricostituirsi: *le cellule distrutte si rigenerano.*

rigettare [ri-get-tà-re] *v.tr.* Gettare indietro: *il mare rigettò sulla spiaggia i corpi dei naufraghi* ◊ ♧ Respingere, rifiutare: *rigettare una domanda di grazia* ◊ Vomitare: *ha rigettato tutto il pasto.*

righello [ri-ghèl-lo] *s.m.* Piccola riga per tracciare linee diritte.

rigido [rì-gi-do] *agg.* **1** Che non si piega, non elastico Ⓢ duro: *un materiale rigido* ◊ Teso, immobile; incapace di movimento: *stava rigido sull'attenti*; *ho una gamba rigida* **2** Molto freddo Ⓒ mite: *un clima, un inverno rigido* **3** ♧ Severo, inflessibile, rigoroso: *un insegnante molto rigido*; *i soldati dovevano osservare una rigida disciplina*; *ha ricevuto una rigida educazione.*

rigirare [ri-gi-rà-re] *v.tr.* Girare nuovamente o più volte: *rigirare una scena di un film*; *ho girato e rigirato tutta la città* ♦ *v.intr.* [aus. *avere*] Continuare a girare (anche ♧): *gira e rigira, siamo sempre allo stesso punto* ♦ **rigirarsi** *v.pr.* Rivoltarsi: *si è rigirato nel letto tutta la notte.*

rigo [rì-go] *s.m.* [pl. *–ghi*] Riga (nel significato di linea tracciata su un foglio o di riga scritta): *cancellare una frase con un rigo*; *mandami almeno un rigo di saluto.*

rigoglio [ri-gó-glio] *s.m.* Pieno sviluppo del fogliame o della fioritura di una pianta, di una vegetazione ◊ ♧ Momento di massima floridezza e vigore: *era nel rigoglio della giovinezza.*

rigoglioso [ri-go-glió-so] *agg.* Che è in pieno sviluppo: *una vegetazione rigogliosa.*

rigonfiamento [ri-gon-fia-mén-to] *s.m.* Parte rigonfia Ⓢ gonfiore.

rigonfio [ri-gón-fio] *agg.* Molto gonfio, pieno: *nuvole rigonfie di pioggia* ♦ *s.m.* Rigonfiamento, gonfiore.

rigore [ri-gó-re] *s.m.* **1** Freddo intenso, clima rigido: *affrontare i rigori dell'inverno* **2** Durezza, severità inflessibile: *mitigare il rigore della disciplina, di una pena*; *l'eccessivo rigore di una sentenza* ◊ *(Calcio di) rigore* = nel gioco del calcio, tiro di punizione inflitto a una squadra che ha commesso un fallo nella propria *area di rigore*, cioè nel settore rettangolare davanti alla porta **3** Coerenza assoluta; scrupolosità, precisione: *un uomo di grande rigore morale*; *il rigore di un ragionamento*; *una ricerca condotta con estremo rigore scientifico.*

rigoroso [ri-go-ró-so] *agg.* **1** Che si comporta con rigore, con grande serietà e coerenza: *un insegnante rigoroso*; *è rigoroso con gli altri, ma anche con se stesso* ◊ Fatto con scrupolo e precisione: *un'indagine rigorosa* | *Un ragionamento rigoroso* = di assoluta coerenza logica **2** Rigido e severo; che non ammette deroghe: *sta seguendo una dieta rigorosa*; *abbiamo ricevuto ordini rigorosi.*

riguadagnare [ri-gua-da-gnà-re] *v.tr.* Recuperare, riacquistare ciò che si era perduto: *riguadagnarsi la stima, l'affetto altrui.*

riguardare [ri-guar-dà-re] *v.tr.* **1** Guardare di nuovo: *riguarda bene questa foto, possibile che non lo riconosci?* ◊ Controllare di nuovo: *riguardare i conti* **2** Concernere, interessare, essere di competenza: *per quel che mi riguarda, sono d'accordo*; *sono cose che non ti riguardano*; *è un problema che riguarda la magistratura* **3** Custodire, trattare con cura: *ti affido questo quadro, cerca di riguardarlo* ♦ **riguardarsi** *v.pr.* Stare in guardia da mali e pericoli; aver cura della propria salute: *riguardati dalle correnti d'aria*; *sei ancora convalescente, cerca di riguardarti.*

riguardo [ri-guàr-do] *s.m.* **1** Cura, attenzione, precauzione: *devi aver riguardo della tua salute*; *è un oggetto fragile, va maneggiato con riguardo* ◊ Premura, cortesia; rispetto: *trattare un ospite con ogni riguardo*; *mi ha mancato di riguardo* **2** Relazione, attinenza: *quello che dici non ha alcun riguardo con la questione di cui si parlava* | *A questo riguardo* = a questo proposito | *Nei riguardi di* = nei confronti di, verso, contro: *perché sei così critico nei riguardi di Pietro?*

rigurgitare [ri-gur-gi-tà-re] *v.intr.* [aus. *essere* o *avere*] **1** Sgorgare fuori con impeto: *l'acqua rigurgitava dai tombini* **2** ♧ Detto di luogo, essere così gremito di gente da non riuscire più a contenerne Ⓢ traboccare: *la piazza rigurgitava di folla* ♦ *v.tr.* Gettar fuori liquidi, spec. dalla bocca: *il bambino ha rigurgitato il latte.*

rilasciare [ri-la-scià-re] *v.tr.* **1** Rimettere in libertà: *la polizia lo ha fermato, ma lo ha rilasciato dopo un'ora* **2** Dare, concedere: *rilasciare un'intervista* ◊ Consegnare: *fatti rilasciare la ricevuta.*

rilascio [ri-là-scio] *s.m.* **1** Liberazione di qualcuno: *per il rilascio degli ostaggi è stato pagato un riscatto* **2** Consegna: *chiedere il rilascio di un certificato.*

rilassamento [ri-las-sa-mén-to] *s.m.* Distensione fisica o psichica: *fare degli esercizi di rilassamento muscolare.*

rilassare [ri-las-sà-re] *v.tr.* Rendere meno teso, distendere fisicamente o psichicamente: *prova a rilassare questo muscolo*; *ho bisogno di quiete per rilassare i nervi* ♦ **rilassarsi** *v.pr.* Diventare meno teso, distendersi fisicamente o psichicamente: *il muscolo si è rilassato massaggiandolo*; *cerca di rilassarti.*

rilassato [ri-las-sà-to] *agg.* Fisicamente o psichicamente disteso Ⓢ riposato: *sentirsi rilassato.*

rilegare [ri-le-gà-re] *v.tr.* [*rilégo, riléghi*] Cucire assieme le pagine di un libro, applicandovi una copertina: *rilegare un libro che si era sfasciato*; *rilegare un volume in pelle.*

rilegatura [ri-le-ga-tù-ra] *s.f.* L'operazione di rilegare i libri; il modo in cui è eseguita: *rilegatura in pelle, in tela, in cartone.*

rilento [ri-lèn-to] *avv.* *A rilento* = con molta lentezza: *i lavori, le trattative procedono a rilento.*

rilevamento [ri-le-va-mén-to] *s.m.* Raccolta di dati ed elementi a scopo di indagine, di ricerca, di descrizione: *fare un rilevamento statistico*; *rilevamenti topografici.*

rilevante [ri-le-vàn-te] *agg.* Di non piccola entità o importanza Ⓢ considerevole, notevole Ⓒ trascurabile: *ha speso una somma rilevante*; *nella battaglia l'esercito invasore subì perdite rilevanti.*

rilevanza [ri-le-vàn-za] *s.f.* Importanza, rilievo: *una spesa, un fatto di una certa rilevanza.*

rilevare [ri-le-và-re] *v.tr.* **1** Ricavare o raccogliere dati ed elementi necessari per un'indagine, per una ricerca: *la polizia ha rilevato le impronte digitali in tutta la casa* **2** Individuare, mettere in evidenza Ⓢ notare, osservare: *rilevare un difetto in qualcuno*; *ti faccio rilevare che sei stato tu a insultarmi per primo* **3** *Rilevare un'azienda, un negozio* = acquistarli o prenderne la gestione, subentrando al precedente proprietario o gestore.

rilevazione [ri-le-va-zió-ne] *s.f.* Indagine, raccolta di dati.

rilievo [ri-liè-vo] *s.m.* **1** Sporgenza o risalto di qualcosa rispetto al piano o allo sfondo di base: *un ricamo, una decorazione in rilievo*; *usare i contrasti di luce e ombra per dare rilievo alle figure* **2** Parte che sporge o si innalza da una superficie: *un rilievo del terreno* ◊ Altura geografica; insieme delle montagne e delle colline di una regione: *i rilievi della superficie terrestre*; *abbiamo studiato i rilievi della Lombardia* **3** ♧ Importanza, rilevanza: *un fatto di grande, di scarso rilievo* ◊ Risalto, evidenza: *il giornale ha dato molto rilievo alla notizia*; *la partita ha messo in rilievo le difficoltà della squadra* **4** Osservazione critica Ⓢ appunto: *hanno fatto molti rilievi sul suo operato.*

riluttante [ri-lut-tàn-te] *agg.* Poco disposto, piuttosto contrario a fare qualcosa Ⓢ restio Ⓒ propenso: *era riluttante a partire.*

riluttanza [ri-lut-tàn-za] *s.f.* Ritrosia, contrarietà o esitazione a fare qualcosa: *ho notato in lui una certa riluttanza ad accettare quel compito.*

rima [rì-ma] *s.f.* **1** Uguaglianza di suono tra due o più parole nella parte terminale a partire dalla vocale accentata: *«amore» fa rima con «dolore»* **2** (al *pl.*) Versi, poesie: *scrivere rime d'amore.*

rimandare [ri-man-dà-re] *v.tr.* **1** Mandare di nuovo **2** Mandare indietro Ⓢ rinviare, restituire: *il portiere rimandò il pallone*; *la lettera è stata rimandata al mittente* ◊ Far tornare al luogo di provenienza: *dopo un'ora ci hanno rimandati a casa* **3** Spostare a un tempo successivo Ⓢ rinviare, differire Ⓒ anticipare: *ho rimandato la partenza.*

rimanente [ri-ma-nèn-te] *s.m.* Ciò che rimane Ⓢ resto: *tu occupati delle bevande, al rimanente penso io.*

rimanere [ri-ma-né-re] *v.intr.* [pres. *rimàngo, rimàni, rimàne, rimaniàmo, rimanéte, rimàngono*; pass.rem. *rimàsi, rimanésti*; fut. *rimarrò*; cong.pres. *rimànga*; cond. *rimarrèi, rimarrésti*; part.pass. *rimàsto*; aus. *essere*] **1** Fermarsi in un luogo, in un posto Ⓢ trattenersi, restare: *oggi sono rimasto in casa*; *perché non rimani qui a dormire?* **2** Continuare a stare, a essere in una certa posizione, condizione, situazione Ⓢ restare, permanere: *rimanere in piedi, seduto*; *la situazione rimane incerta*; *il presidente rimane in carica un anno* **3** Venire a trovarsi in una certa condizione Ⓢ restare, divenire, ritrovarsi: *rimanere vedovo, cieco, solo*; *è rimasto sorpreso dalle tue parole* | *Rimanere indietro* = farsi distanziare da chi precede | *Rimanerci male* = restare dispiaciuto, mortificato per qualcosa **4** Avanzare, esserci ancora; mancare, restare: *mi sono rimasti solo pochi soldi*; *rimane solo un'ora alla partenza*; *a questo punto non ti rimane che accettare la sua proposta* **5** Restare in proprietà: *tutti i suoi beni rimarranno ai figli* **6** Essere situato Ⓢ trovarsi: *sa dirmi dove rimane la stazione?*

rimangiare [ri-man-già-re] *v.tr.* **1** Mangiare di nuovo **2** ♧ Ritrattare, non mantenere: *rimangiarsi la parola data, le promesse fatte.*

rimarcare [ri-mar-cà-re] *v.tr.* [*rimàrco, rimàrchi*] Notare, rilevare: *rimarcare un'inesattezza, un errore.*

rimarginarsi [ri-mar-gi-nàr-si] *v.pr.* Cicatrizzarsi (detto di ferite).

rimasuglio [ri-ma-sù-glio] *s.m.* Piccolo avanzo di scarso valore: *dare ai gatti i rimasugli del pranzo.*

rimbalzare [rim-bal-zà-re] *v.intr.* [aus. *essere* e *avere*] **1** Balzare, saltare, venire respinto indietro o in altra direzione dopo aver urtato qualcosa: *la palla rimbalzò per terra*; *far rimbalzare i sassi sull'acqua* **2** ♧ Diffondersi con rapidità: *la notizia è rimbalzata di bocca in bocca.*

rimbalzo [rim-bàl-zo] *s.m.* **1** Il movimento di rimbalzare: *il pallone fece uno strano rimbalzo* | *Colpire la palla di rimbalzo* = subito dopo che ha iniziato il rimbalzo **2** Nella pallacanestro, riconquista della palla dopo che questa ha battuto contro il tabellone o il cerchio senza entrare nel canestro: *andare al rimbalzo.*

rimbambire [rim-bam-bì-re] *v.intr.* [*rimbam-*

bìsco, rimbambìsci; aus. *essere*] Perdere la capacità di ragionare con lucidità Ⓢ rimbecillire: *con gli anni è un po' rimbambito* ♦ *v.tr.* Stordire: *mi ha rimbambito di chiacchiere.*

rimbambito [rim-bam-bì-to] *agg.* e *s.m.* Che, chi ha perso la capacità di ragionare Ⓢ rimbecillito.

rimbecillire [rim-be-cil-lì-re] *v.intr.* [*rimbecillìsco, rimbecillìsci*; aus. *essere*] e **rimbecillirsi** *v.pr.* Diventare imbecille Ⓢ rimbambire, rincretinire: *(si) è rimbecillito a guardare troppa televisione.*

rimbecillito [rim-be-cil-lì-to] *agg.* e *s.m.* Che, chi è diventato imbecille Ⓢ rimbambito, cretino, idiota: *ma cosa dici, sei rimbecillito?*

rimboccare [rim-boc-cà-re] *v.tr.* [*rimbócco, rimbócchi*] Ripiegare qualcosa all'estremità, all'orlo: *la mamma gli rimboccò la coperta*; *rimboccare il lenzuolo* | ♧ *Rimboccarsi le maniche* = mettersi a lavorare con impegno.

rimbombare [rim-bom-bà-re] *v.intr.* [aus. *essere* o *avere*] Risuonare con un rumore cupo e fragoroso: *i tuoni rimbombavano in lontananza*; *la sua voce rimbombava nel salone.*

rimbombo [rim-bóm-bo] *s.m.* Suono forte e cupo che rimbomba: *si sentiva il rimbombo del tuono.*

rimborsare [rim-bor-sà-re] *v.tr.* Restituire a qualcuno il denaro che ha speso per conto d'altri o che ha pagato per merci e servizi di cui non ha usufruito: *la ditta mi rimborsa le spese di viaggio*; *in caso di annullamento dello spettacolo sarà rimborsato il prezzo del biglietto.*

rimborso [rim-bór-so] *s.m.* Restituzione di una spesa sostenuta per conto d'altri o per servizi non goduti: *chiedere il rimborso di un biglietto non utilizzato.*

rimboscare [rim-bo-scà-re] *v.tr.* [*rimbòsco, rimbòschi*] Piantare alberi in un terreno per ricostituirvi il bosco: *rimboscare un monte.*

rimboschimento [rim-bo-schi-mén-to] *s.m.* L'operazione del piantare alberi in un terreno per ricostituire boschi distrutti o in cattive condizioni: *lavori di rimboschimento.*

rimboschire [rim-bo-schì-re] *v.tr.* [*rimboschìsco, rimboschìsci*] Rimboscare.

rimbrotto [rim-bròt-to] *s.m.* Rimprovero aspro, insistente.

rimediare [ri-me-dià-re] *v.intr.* [aus. *avere*] e *tr.* Porre rimedio a qualcosa Ⓢ riparare: *rimediare al male fatto*; *un errore che non si rimedia facilmente* ♦ *v.tr.* Procurarsi, trovare in qualche modo ciò di cui si ha bisogno: *ha rimediato all'ultimo momento i soldi per il viaggio.*

rimedio [ri-mè-dio] *s.m.* Mezzo, provvedimento capace di eliminare o limitare un male, un danno, un inconveniente, una situazione negativa: *porre rimedio a un errore*; *cercare dei rimedi per combattere la disoccupazione*; *solo alla morte non c'è rimedio* ◊ Medicinale o cura in grado di combattere o guarire una malattia: *mi ha dato un rimedio per la tosse*; *per l'influenza il miglior rimedio è stare a letto.*

rimessa [ri-més-sa] *s.f.* **1** Nel calcio e in altri giochi di palla, rilancio in campo della palla dopo che è uscita: *effettuare una rimessa laterale, dal fondo* **2** Locale, edificio adibito al deposito di veicoli: *portare l'autobus, il tram in rimessa.*

rimestare [ri-me-stà-re] *v.tr.* Rimescolare più volte e a lungo qualcosa: *rimestare la polenta.*

rimettere [ri-mét-te-re] *v.tr.* [coniugato come *mettere*] **1** Mettere di nuovo: *rimettersi il cappotto* | *Rimettere piede in un luogo* = ritornarci ◊ Riportare nello stato, nella situazione precedente: *rimettere la stanza in ordine*; *la cura lo ha rimesso in salute* **2** Rilanciare in gioco la palla: *rimettere da fondo campo* **3** Vomitare: *rimettere la cena* **4** *Rimetterci* = subire un danno o una perdita Ⓢ perdere: *in quell'affare ci ho rimesso (mille euro)*; *rimetterci la salute* ♦ **rimettersi** *v.pr.* **1** Mettersi di nuovo: *rimettersi in viaggio*; *si è rimesso a lavorare* **2** Tornare in buone condizioni fisiche Ⓢ ristabilirsi: *rimettersi in forze*; *dopo la malattia si è rimesso in fretta* ◊ Riaversi: *non si è ancora rimesso da quello spavento* ◊ Tornare sereno: *il tempo si sta rimettendo (al bello)* **3** Affidarsi completamente al giudizio, alla volontà, alle decisioni altrui: *rimettiamoci alla volontà di Dio*; *la difesa si è rimessa alla clemenza dei giudici.*

rimirare [ri-mi-rà-re] *v.tr.* Guardare intensamente, con ammirazione: *si fermò a rimirare il tramonto* ♦ **rimirarsi** *v.pr.* Guardarsi con compiacimento: *sta sempre a rimirarsi allo specchio.*

rimodernare [ri-mo-der-nà-re] *v.tr.* Rendere moderno, più moderno: *rimodernare una casa, una fabbrica.*

rimonta [ri-món-ta] *s.f.* Recupero di uno svantaggio in una gara o in un campionato.

rimontare [ri-mon-tà-re] *v.tr.* **1** Montare di nuovo: *rimontare un motore, la tenda* **2** Risalire un corso d'acqua, navigando o nuotando contro corrente | *Rimontare la corrente, il vento* = procedere contro corrente, contro vento | *Rimontare un promontorio* = doppiarlo **3** Nello sport, recuperare uno svantaggio, un distacco: *rimontare due goal, tre punti* ♦ *v.intr.* [aus. *essere*] Salire di nuovo: *rimontare a cavallo, in bicicletta.*

rimorchiare [ri-mor-chià-re] *v.tr.* Trainare un natante o un veicolo agganciandolo a un altro: *rimorchiare una nave in porto, un'auto in panne all'officina.*

rimorchiatore [ri-mor-chia-tó-re] *s.m.* Nave di piccole dimensioni ma con motore di grande potenza, impiegata per rimorchiare navi in avaria o in entrata o uscita dai porti, per trainare chiatte ecc.

rimorchio [ri-mòr-chio] *s.m.* **1** L'operazione di rimorchiare | *Prendere a rimorchio* = agganciare un veicolo o un natante per rimorchiarlo **2** Veicolo privo di motore trainato da un altro veicolo: *camion con rimorchio.*

rimorso [ri-mòr-so] *s.m.* Tormento provocato dalla coscienza di aver agito male: *fu assalito dai rimorsi.*

rimostranza [ri-mo-stràn-za] *s.f.* Protesta per aver subito un torto, un trattamento ingiusto Ⓢ reclamo, lamentela: *fare le proprie rimostranze.*

rimozione [ri-mo-zió-ne] *s.f.* Spostamento, eliminazione di qualcosa: *la rimozione di un'auto in sosta vietata, di un ostacolo* ◊ Allontanamento di qualcuno da una carica, da un posto di lavoro.

rimpallo [rim-pàl-lo] *s.m.* Nel calcio, rimbalzo del pallone quando colpisce un giocatore o un palo (spec. quando questo ritorna a chi l'ha calciato).

rimpatriare [rim-pa-trià-re] *v.intr.* [aus. *essere*] Tornare in patria.

rimpatrio [rim-pà-trio] *s.m.* Ritorno in patria.

rimpiangere [rim-piàn-ge-re] *v.tr.* [coniugato come *piangere*] Ricordare con desiderio, con nostalgia qualcosa o qualcuno che non c'è più: *rimpiangeva la giovinezza*; *ora che è morto, tutti lo rimpiangono* ◊ Rammaricarsi di qualcosa: *come rimpiango di non essere venuto!*

rimpianto [rim-piàn-to] *s.m.* Ricordo nostalgico per qualcuno o qualcosa che non c'è più, che si è perduto ◊ Rammarico: *ho il rimpianto di non averlo ascoltato.*

rimpiattarsi [rim-piat-tàr-si] *v.pr.* Nascondersi in modo da non essere visto: *si rimpiattò dietro un cespuglio.*

rimpiazzare [rim-piaz-zà-re] *v.tr.* Sostituire una persona o una cosa con un'altra che ne prenda il posto: *rimpiazzare un giocatore infortunato.*

rimpicciolire [rim-pic-cio-lì-re] *v.tr.* [*rimpicciolìsco, rimpicciolìsci*] e *intr.* [aus. *essere*] Rimpiccolire.

rimpiccolire [rim-pic-co-lì-re] *v.tr.* [*rimpiccolìsco, rimpiccolìsci*] Rendere o far sembrare più piccolo: *la distanza rimpiccolisce le cose* ♦ *v.intr.* [aus. *essere*] e **rimpiccolirsi** *v.pr.* Diventare o cercare di sembrare più piccolo.

rimpinzare [rim-pin-zà-re] *v.tr.* Riempire in modo esagerato (spec. di cibo): *lo hanno rimpinzato di dolci* ♦ **rimpinzarsi** *v.pr.* Riempirsi eccessivamente di cibo.

rimproverare [rim-pro-ve-rà-re] *v.tr.* Riprendere, ammonire con parole di biasimo Ⓢ sgridare: *è stato rimproverato per il ritardo, per il suo comportamento* ◊ Imputare a qualcuno o a sé una colpa Ⓢ rinfacciare: *non ho niente da rimproverarmi*; *gli rimproverava la sua negligenza.*

rimprovero [rim-prò-ve-ro] *s.m.* Biasimo, ammonimento espresso con parole o con atti Ⓢ sgridata, ammonizione, disapprovazione Ⓒ lode: *ricevere un rimprovero per un errore*; *gli gettò un'occhiata di rimprovero.*

rimuginare [ri-mu-gi-nà-re] *v.tr.* e *v.intr.* [aus. *avere*] Pensare e ripensare continuamente a qualcosa: *rimuginava idee di vendetta*; *stette tutto il giorno a rimuginare su quel che era accaduto.*

rimunerazione [ri-mu-ne-ra-zió-ne] o **remunerazione** [re-mu-ne-ra-zió-ne] *s.f.* Ricompensa; compenso, paga: *è un lavoro pesante e la rimunerazione è scarsa.*

rimuovere [ri-muò-ve-re] *v.tr.* [coniugato come *muovere*] Spostare, togliere di mezzo, levare via, allontanare ciò che ostacola, ingombra o rappresenta un fattore negativo (anche ♧): *rimuovere un albero caduto sulla strada*; *ogni ostacolo al matrimonio è stato rimosso* ◊ Allontanare qualcuno dalle proprie funzioni Ⓢ destituire: *il presidente è stato rimosso dalla sua carica.*

rinascere [ri-nà-sce-re] *v.intr.* [coniugato come *nascere*; aus. *essere*] **1** Nascere di nuovo, un'altra volta: *ah, se potessi rinascere!* **2** Tornare a germogliare, a fiorire: *la natura rinasce a primavera* **3** ♧ Tornare a nuova vita; riprendere forza, vigore: *dopo l'operazione sembra rinato* ◊ Risorgere: *sentì rinascere in sé la speranza.*

rinascimento [ri-na-sci-mén-to] *s.m.* **1** Rinascita (culturale e artistica) **2** *Il Rinascimento* = periodo della civiltà europea tra la fine del Trecento e il Cinquecento, durante il quale, a partire dall'Italia, si ebbe un grande rinnovamento e sviluppo culturale, letterario e artistico che si ispirava ai modelli dell'arte e della letteratura classica.

rinascita [ri-nà-sci-ta] *s.f.* Il rinascere (spec. ♧, come fatto di risorgere, rifiorire, come ripresa e nuovo sviluppo): *la rinascita della natura in primavera*; *la rinascita delle speranze*; *la rinascita economica di una nazione dopo la guerra.*

rincalzo [rin-càl-zo] *s.m.* **1** Rinforzo, sostegno, appoggio: *mettere un rincalzo sotto una gamba del tavolo per non farlo ballare* **2** Giocatore di riserva di una squadra.

rincarare [rin-ca-rà-re] *v.tr.* Rendere più caro, aumentare di prezzo: *il governo ha rincarato la benzina* ♦ *v.intr.* [aus. *essere*] Diventare più caro: *è rincarata la carne.*

rincaro [rin-cà-ro] *s.m.* Aumento di prezzo, dei prezzi: *c'è stato un rincaro dei generi alimentari.*

rincasare [rin-ca-sà-re] *v.tr.* Tornare a casa: *non so a che ora rincaserò questa sera.*

rinchiudere [rin-chiù-de-re] *v.tr.* [coniugato come *chiudere*] Chiudere dentro un luogo protetto o da cui non si possa uscire: *rinchiudere il denaro in cassaforte*; *rinchiudere un prigioniero in cella* ♦ **rinchiudersi** *v.pr.* Chiudersi dentro un luogo, per appartarsi, isolarsi: *si è rinchiuso nella sua stanza a studiare.*

rinchiuso [rin-chiù-so] *agg.* Chiuso dentro.

rincorrere [rin-cór-re-re] *v.tr.* [coniugato come *correre*] Inseguire correndo: *rincorrere un ladro in fuga* ◊ ♧ Inseguire qualcosa: *rincorrere il successo, un sogno* ♦ **rincorrersi** *v.pr.* Corrersi dietro l'un l'altro: *i bambini giocavano a rincorrersi.*

rincorsa [rin-cór-sa] *s.f.* Breve corsa per acquistare lo slancio necessario per fare un salto o un lancio.

rincrescere [rin-cré-sce-re] *v.intr.* [coniugato come *crescere*; aus. *essere*] Dispiacere: *mi rincresce di non poterti aiutare.*

rincrescimento [rin-cre-sci-mén-to] *s.m.* Dispiacere, rammarico.

rincretinire [rin-cre-ti-nì-re] *v.tr.* [*rincretinìsco, rincretinìsci*] Rendere cretino ◊ Stordire, frastornare: *mi ha rincretinito con le sue chiacchiere* ♦ *v.intr.* [aus. *essere*] Diventare cretino, rimbecillire.

rinculo [rin-cù-lo] *s.m.* Brusco movimento all'indietro di un'arma da fuoco per contraccolpo allo sparo.

rincuorare [rin-cuo-rà-re] *v.tr.* [*rincuòro*] Infondere, ridare coraggio a chi è sfiduciato.

rinfacciare [rin-fac-cià-re] *v.tr.* **1** Ricordare a qualcuno in modo umiliante quel che si è fatto per lui: *continua a rinfacciarmi l'aiuto che mi ha dato* **2** Ricordare e rimproverare a qualcuno le sue colpe e i suoi difetti: *non rinfacciargli a ogni momento quello sbaglio!*

rinforzare [rin-for-zà-re] *v.tr.* Rendere più forte, più resistente, più stabile: *fa molta ginnastica per rinforzare i muscoli*; *puntellare un muro per rinforzarlo.*

rinforzo [rin-fòr-zo] *s.m.* **1** Il rinforzare: *provvedere al rinforzo degli argini* ◊ Elemento che serve a rinforzare: *mettere un rinforzo ai tacchi delle scarpe, ai gomiti del maglione* **2** Sostegno, aiuto: *chiamare qualcuno di rinforzo* ◊ (al *pl.*) Truppe inviate in appoggio e in aiuto di altre forze: *attesero l'arrivo dei rinforzi per attaccare.*

rinfrancare [rin-fran-cà-re] *v.tr.* [*rinfrànco, rinfrànchi*] Ridare coraggio, sicurezza: *la vittoria lo rinfrancò* ♦ **rinfrancarsi** *v.pr.* Riacquistare coraggio, sicurezza.

rinfrescare [rin-fre-scà-re] *v.tr.* [*rinfrésco, rinfréschi*] Rendere fresco, più fresco: *la pioggia ha rinfrescato l'aria* ♦ *v.intr.* [aus. *essere*] Diventare più fresco: *l'aria è rinfrescata*; *entriamo in casa, comincia a rinfrescare* ♦ **rinfrescarsi** *v.pr.* Ristorarsi con bevande fresche ◊ Ridare freschezza al corpo bagnandosi, quando si è accaldati o affaticati; ripulirsi, rimettersi in ordine.

rinfresco [rin-fré-sco] *s.m.* [pl. *-schi*] Ricevimento in cui si offrono cibi leggeri e bevande varie: *per festeggiare le nozze hanno dato un rinfresco* ◊ (al *pl.*) I cibi e le bevande che vengono offerti in tale occasione: *far servire i rinfreschi.*

rinfusa [rin-fù-sa] *s.f.* *Alla rinfusa* = in modo disordinato: *mise la roba alla rinfusa nella valigia.*

ring [parola inglese; pron. corrente *ring*] *s.m. invar.* Pedana quadrata, recintata da corde, sulla quale si disputano gli incontri di pugilato e di lotta Ⓢ quadrato.

ringhiare [rin-ghià-re] *v.intr.* [aus. *avere*] Digrignare i denti mandando un brontolio minaccioso (detto spec. dei cani).

ringhiera [rin-ghiè-ra] *s.f.* Parapetto, per lo più metallico, posto lungo terrazze, balconi, scale, ballatoi ecc.: *appoggiarsi, tenersi alla ringhiera.*

ringhio [rìn-ghio] *s.m.* Il brontolio rabbioso con cui il cane esprime irritazione e minaccia.

ringiovanire [rin-gio-va-nì-re] *v.tr.* [*ringiovanìsco, ringiovanìsci*] Far sembrare più giovane: *quella pettinatura ti ringiovanisce* ♦ *v.intr.* [aus. *essere*] Ritornare giovane: *potessi ringiovanire!* ◊ Assumere un aspetto più giovane.

ringraziamento [rin-gra-zia-mén-to] *s.m.* Espressione di gratitudine: *gli ho mandato un biglietto di ringraziamento per l'invito* ◊ (al *pl.*) Parole di gratitudine: *mi ha mandato i suoi ringraziamenti.*

ringraziare [rin-gra-zià-re] *v.tr.* Esprimere la propria gratitudine; dire grazie: *ti ringrazio per tutto quello che hai fatto per me*; *se n'è andato senza neppure ringraziare.*

rinnegare [rin-ne-gà-re] *v.tr.* [*rinnégo, rinnéghi*] Dichiarare di non accettare, di non seguire più una fede, un'idea che prima si professava Ⓢ sconfessare: *ha rinnegato le sue idee politiche* ◊ Non riconoscere più come proprio qualcuno o qualcosa che si amava e a cui si era legati da un vincolo Ⓢ ripudiare: *il padre rinnegò il figlio*; *rinnegare la propria famiglia, un amico, la patria.*

rinnovamento [rin-no-va-mén-to] *s.m.* Trasformazione, cambiamento di ciò che è vecchio per renderlo più adeguato alle nuove esigenze: *lottare per il rinnovamento della scuola*; *l'azienda ha deciso un rinnovamento degli impianti.*

rinnovare [rin-no-và-re] *v.tr.* **1** Rimettere a nuovo Ⓢ restaurare: *rinnovare la facciata di una casa* ◊ Trasformare per rendere più adeguato alle nuove esigenze Ⓢ riformare: *rinnovare la società, la scuola* ◊ Cambiare sostituendo il vecchio col nuovo: *rinnovare il mobilio della casa*; *aprì la finestra per rinnovare l'aria*; *si voterà per rinnovare il parlamento* **2** Fare di nuovo qualcosa Ⓢ ripetere, riconfermare: *rinnovare un tentativo, una promessa*; *le rinnovo le mie scuse*; *rinnovare un contratto scaduto* ♦ **rinnovarsi** *v.pr.* **1** Diventare più moderno e aggiornato Ⓢ cambiare, trasformarsi: *la scuola ha bisogno di rinnovarsi* **2** Ripetersi: *la fioritura è un fenomeno che si rinnova ogni anno.*

rinnovo [rin-nò-vo] *s.m.* Riconferma, proroga: *il rinnovo di un contratto, di un abbonamento.*

rinoceronte [ri-no-ce-rón-te] *s.m.* Grosso mammifero africano e asiatico; ha corporatura massiccia, pelle molto spessa e uno o due corni sul muso.

rinomato [ri-no-mà-to] *agg.* Molto noto e apprezzato Ⓢ celebre, famoso: *un artista rinomato per la sua bravura*; *un ristorante, un vino rinomato.*

rinsaldare [rin-sal-dà-re] *v.tr.* Rendere più saldo, più forte (spec. ♧): *rinsaldare un'amicizia.*

rinsavire [rin-sa-vì-re] *v.intr.* [*rinsavìsco, rinsavìsci*; aus. *essere*] Riacquistare la ragione; tornare a essere ragionevole, giudizioso.

rinsecchire [rin-sec-chì-re] *v.intr.* [*rinsecchìsco, rinsecchìsci*; aus. *essere*] Diventare secco: *il pane è rinsecchito.*

rintanarsi [rin-ta-nàr-si] *v.pr.* **1** Rientrare, nascondersi nella tana: *la lepre si rintanò* **2** ♧ Rinchiudersi, rifugiarsi: *si è rintanato in casa e non riceve nessuno.*

rintocco [rin-tóc-co] *s.m.* [pl. *–chi*] Ciascuno dei suoni, dei tocchi staccati e ripetuti delle campane o di orologi che battono le ore.

rintracciare [rin-trac-cià-re] *v.tr.* Trovare dopo una ricerca: *non sono riuscito a rintracciare quell'uomo.*

rintronare [rin-tro-nà-re] *v.tr.* Assordare: *il fragore della cascata rintronava le orecchie* ◊ Stordire: *mi ha rintronato con le sue chiacchiere* ♦ *v.intr.* [aus. *essere* o *avere*] Risuonare in modo cupo e fragoroso Ⓢ rimbombare: *l'esplosione rintronò nella valle.*

rintuzzare [rin-tuz-zà-re] *v.tr.* Ribattere, respingere con decisione: *ha rintuzzato le accuse.*

rinuncia [ri-nùn-cia] o **rinunzia** [ri-nùn-zia] *s.f.* [pl. *–ce*] **1** Il fatto, l'atto di rinunciare a qualcosa: *la rinuncia alla carriera gli è costata molto*; *ha firmato la rinuncia all'eredità* **2** (spec. al *pl.*) Sacrificio, privazione: *per far studiare i figli hanno sopportato molte rinunce.*

rinunciare [ri-nun-cià-re] o **rinunziare** [ri-nun-zià-re] *v.intr.* [aus. *avere*] Decidere di non volere avere, di non godere di qualcosa a cui si ha diritto o che viene offerto: *rinunciare a un'eredità, a un premio* ◊ Privarsi volontariamente di qualcosa, farne a meno: *ha rinunciato a una vacanza per stare con me* ◊ Decidere di non fare più qualcosa che si stava per fare; abbandonare un proposito: *ha rinunciato a partire perché era troppo tardi*; *rinunciare a un'impresa, a un progetto.*

rinvenire[1] [rin-ve-nì-re] *v.tr.* [coniugato come *venire*] Ritrovare; scoprire: *rinvenire un oggetto smarrito*; *gli archeologi hanno rinvenuto delle tombe antiche.*

rinvenire[2] [rin-ve-nì-re] *v.intr.* [coniugato come *venire*; aus. *essere*] **1** Riprendere i sensi dopo uno svenimento **2** Riacquistare, assorbendo acqua, freschezza, morbidezza, volume: *far rinvenire bagnandoli i fiori appassiti*; *mettere i funghi secchi a rinvenire nell'acqua.*

rinviare [rin-vi-à-re] *v.tr.* **1** Spedire indietro Ⓢ rispedire: *rinviare una lettera al mittente* ◊ Nel calcio, respingere, rilanciare in gioco la palla **2** Spostare a una data successiva Ⓢ differire, rimandare Ⓒ anticipare: *rinviare una riunione, una gara.*

rinvigorire [rin-vi-go-rì-re] *v.tr.* [*rinvigorìsco, rinvigorìsci*] Ridare vigore, rendere più vigoroso: *la cura lo ha rinvigorito* ♦ *v.intr.* [aus. *essere*] e **rinvigorirsi** *v.pr.* Riacquistare vigore: *le sue forze sono rinvigorite.*

rinvio [rin-vì-o] *s.m.* **1** Tiro con cui si respinge la palla Ⓢ respinta; in partic., nel gioco del calcio, il tiro dal fondo del campo con cui si rimette il pallone in gioco: *il portiere si appresta al rinvio* **2** Spostamento a una data successiva Ⓢ differimento: *decidere il rinvio di una partita* **3** *Rinvio a* *giudizio* = provvedimento con cui il giudice per le indagini preliminari, ritenendo sufficienti le prove raccolte a carico di un imputato, decide che sia sottoposto a un processo.

rionale [rio-nà-le] *agg.* Del rione: *andare al mercato rionale.*

rione [rió-ne] *s.m.* Quartiere di una città.

riordinare [ri-or-di-nà-re] *v.tr.* Rimettere in ordine: *riordinare una stanza* ◊ Riorganizzare: *riordinare una biblioteca.*

riorganizzare [ri-or-ga-niz-zà-re] *v.tr.* Organizzare in modo migliore: *riorganizzare un'azienda.*

ripagare [ri-pa-gà-re] *v.tr.* [*ripàgo, ripàghi*] **1** Pagare di nuovo, un'altra volta **2** Pagare per rimborsare Ⓢ risarcire: *ripagare un danno*; *ti presto questo libro, ma se lo perdi me lo ripaghi* ◊ ♧ Ricompensare, ricambiare: *è così che mi ripaghi di tutto quello che ho fatto per te?*

riparare[1] [ri-pa-rà-re] *v.tr.* **1** Dare riparo Ⓢ proteggere, difendere: *il tetto li riparò dalla pioggia*; *la lana ripara dal freddo* **2** Rimettere in buono stato Ⓢ aggiustare, accomodare: *riparare il tetto, un motore, un paio di scarpe* ♦ *v.tr.* e *intr.* [aus. *avere*] Rimediare almeno in parte a un danno, a un errore, risarcendo in qualche modo chi ne ha subito gli effetti negativi: *per riparare l'offesa, chiedigli almeno scusa*; *vuole riparare al male fatto* ♦ **ripararsi** *v.pr.* Mettersi al riparo Ⓢ proteggersi, difendersi: *si ripararono dalla pioggia sotto un portico*; *alzò il braccio per ripararsi dai colpi.*

riparare[2] [ri-pa-rà-re] *v.intr.* [aus. *essere*] Rifugiarsi: *riparò all'estero per sfuggire all'arresto.*

riparato [ri-pa-rà-to] *agg.* Che è al riparo, in posizione protetta: *un luogo riparato dai venti.*

riparazione [ri-pa-ra-zió-ne] *s.f.* **1** Azione, provvedimento che possa risarcire chi ha subito un danno: *chiedere la riparazione di un torto, di una grave ingiustizia* **2** Lavoro fatto per riparare qualcosa di rotto, guasto o difettoso: *riparazione del tetto, del televisore.*

riparo [ri-pà-ro] *s.m.* **1** Protezione, difesa; mezzo con cui ripararsi: *trovarono riparo in una grotta*; *costruire un riparo di frasche* ◊ Luogo riparato: *mettersi al riparo del vento* **2** Rimedio: *è un ingiustizia a cui bisogna porre riparo* | *Correre ai ripari* = provvedere con urgenza a rimediare una situazione critica.

ripartire[1] [ri-par-tì-re] *v.intr.* [*ripàrto*; aus. *essere*] Partire da un luogo dopo una sosta: *il treno riparte tra cinque minuti* ◊ Rimettersi in moto: *la macchina non riparte.*

ripartire[2] [ri-par-tì-re] *v.tr.* [*ripartìsco, ripartìsci*] Dividere qualcosa seguendo un certo criterio Ⓢ suddividere: *ripartire i libri secondo l'argomento* ◊ Distribuire qualcosa tra più persone Ⓢ dividere: *ripartire l'eredità tra i figli*; *abbiamo deciso di ripartirci i compiti.*

ripartizione [ri-par-ti-zió-ne] *s.f.* Suddivisione, distribuzione.

ripassare [ri-pas-sà-re] *v.tr.* **1** Attraversare di nuovo: *ripassare il confine* **2** Porgere, passare di nuovo qualcosa a qualcuno: *perché non mi hai ripassato la palla?* **3** *Ripassare una camicia, un vestito (col ferro da stiro)* = stirarli | *Ripassare la lezione, una materia* = rileggerla, ripeterla per fissarla bene nella memoria ♦ *v.intr.* [aus. *essere*] Passare di nuovo da un luogo Ⓢ ritornare: *ripassò per la stessa strada*; *il dottore ora non c'è, provi a ripassare più tardi.*

ripasso [ri-pàs-so] *s.m.* Ulteriore lettura e studio di un argomento già studiato allo scopo di imprimerlo meglio nella memoria: *prima degli esami faremo un ripasso di tutte le materie.*

ripensamento [ri-pen-sa-mén-to] *s.m.* Cambiamento di opinione: *prima ha detto di sì, poi ha avuto un ripensamento.*

ripensare [ri-pen-sà-re] *v.intr.* [aus. *avere*] **1** Tornare a riflettere su qualcosa: *ho ripensato a quello che mi hai detto*; *prima di decidere, è meglio ripensarci* **2** Cambiare opinione, parere: *prima ha accettato, poi ci ha ripensato* **3** Tornare col pensiero, con la memoria: *mi viene nostalgia se ripenso a quel tempo felice.*

ripercuotersi [ri-per-cuò-ter-si] *v.pr.* [coniugato come *percuotere*] **1** Tornare, rimbalzare indietro (detto di suoni o raggi luminosi): *lo sparo si ripercosse nella valle* **2** ♧ Avere effetti, conseguenze Ⓢ riflettersi: *la crisi economica si ripercuote inevitabilmente sull'occupazione.*

ripercussione [ri-per-cus-sió-ne] *s.f.* Conseguenza, effetto: *la crisi politica avrà gravi ripercussioni economiche.*

ripescare [ri-pe-scà-re] *v.tr.* [*ripésco, ripéschi*] **1** Recuperare dall'acqua: *il corpo dell'annegato non è stato ancora ripescato* **2** ♧ Ritrovare, recuperare: *ho bisogno di quella foto, ma non so dove andarla a ripescare.*

ripetente [ri-pe-tèn-te] *agg.* e *s.m.* Si dice di alunno che ripete un anno scolastico essendo stato bocciato.

ripetere [ri-pè-te-re] *v.tr.* **1** Fare, effettuare di nuovo Ⓢ replicare: *ripetere un esperimento, un tentativo*; *ripetere una gara, uno spettacolo* | *Ripetere* *(l'anno)* = rifrequentare lo stesso anno scolastico in seguito a una bocciatura **2** Dire di nuovo quanto si era già detto: *ti ripeto che non posso!*; *potrebbe ripetermi la domanda?*; *non fa che ripetere le stesse cose* ◊ Ridire, riferire quanto si è ascoltato da altri o si è letto: *sapresti ripetermi le sue parole?*; *ripetere una poesia a memoria* | *Ripetere la lezione* = detto dell'alunno, esporla o ripassarla ♦ **ripetersi** *v.pr.* **1** Dire o fare continuamente le stesse cose: *i vecchi hanno la tendenza a ripetersi* **2** Tornare a succedere, verificarsi di nuovo: *incidenti che si ripetono con troppa frequenza*; *errori come questo non si devono più ripetere.*

ripetitore [ri-pe-ti-tó-re] *s.m.* Stazione radiotelevisiva che ritrasmette i segnali che riceve da un'altra stazione.

ripetizione [ri-pe-ti-zió-ne] *s.f.* **1** Nuova effettuazione di ciò che era già stato fatto Ⓢ replica: *la ripetizione di un esperimento, di una gara* | *Arma a ripetizione* = arma da fuoco che può sparare diversi colpi di seguito senza essere ricaricata **2** Parola, frase o concetto che si ripetono con troppa frequenza in un discorso o in uno scritto: *un tema pieno di ripetizioni* **3** Lezione privata su una materia scolastica: *prendere, dare ripetizioni di matematica*; *andare a ripetizione.*

ripetutamente [ri-pe-tu-ta-mén-te] *avv.* In modo ripetuto, più volte.

ripetuto [ri-pe-tù-to] *agg.* Che è fatto o si ripete più volte Ⓢ frequente, numeroso: *ho ceduto alle sue ripetute richieste di aiuto*; *ci sono stati ripetuti crolli.*

ripiano [ri-pià-no] *s.m.* **1** Tratto pianeggiante di un terreno in pendio: *ci accampammo su un ripiano della montagna* **2** Superficie piana orizzontale: *mi serve un ripiano su cui lavorare* ◊ Elemento orizzontale di mobili, scaffali, mensole: *i ripiani della libreria.*

ripicca [ri-pìc-ca] *s.f.* Dispetto fatto per rivalsa, in reazione a un torto, a un affronto subito: *si è offesa e per ripicca non mi invita alla sua festa.*

ripido [rì-pi-do] *agg.* Che è in forte pendenza: *una scala, una salita ripida*; *un ripido pendio.*

ripiegamento [ri-pie-ga-mén-to] *s.m.* Ritirata di forze militari su posizioni più arretrate.

ripiegare [ri-pie-gà-re] *v.tr.* [*ripiègo, ripièghi*] Piegare di nuovo ◊ Piegare più volte: *ripiegare un foglio in quattro* ◊ Piegare su di sé, verso l'interno: *ripiegare le gambe*; *ripiegare una sedia pieghevole* ♦ *v.intr.* [aus. *avere*] **1** Indietreggiare, ritirarsi (detto di forze militari): *le nostre truppe furono costrette a ripiegare* **2** ♧ Indirizzarsi verso una scelta meno soddisfacente di quella che si desiderava ma che non era realizzabile: *voleva andare in vacanza all'estero, ma è stato costretto a ripiegare su un programma più modesto.*

ripiego [ri-piè-go] *s.m.* [pl. *–ghi*] Soluzione provvisoria e non soddisfacente di un problema, di una difficoltà, cui si ricorre quando non si è in grado di trovare una soluzione migliore; espediente per cavarsela in qualche modo: *cercare, trovare un ripiego, una soluzione di ripiego.*

ripieno [ri-piè-no] *agg.* Completamente pieno Ⓢ colmo: *un cassetto ripieno di carte* ◊ Farcito: *panino ripieno*; *pollo ripieno*; *peperoni ripieni* ♦ *s.m.* L'impasto o l'insieme di ingredienti con cui si farciscono alcuni cibi: *preparare il ripieno per il tacchino, per i ravioli.*

ripopolare [ri-po-po-là-re] *v.tr.* Popolare di nuovo o rendere più popolato: *ripopolare terre abbandonate*; *ripopolare di pesci un lago* ♦ **ripopolarsi** *v.pr.* Tornare a popolarsi: *alla fine delle vacanze le città si ripopolano.*

riporre [ri-pór-re] *v.tr.* [coniugato come *porre*] **1** Rimettere una cosa al posto dov'era prima: *estrasse la spada e poi la ripose nel fodero* **2** Mettere qualcosa in un luogo adatto, dove sia ben riparato e custodito: *riporre un gioiello in cassaforte* **3** ♧ *Riporre in qualcuno la propria fiducia, le proprie speranze* = avere fiducia in lui, concentrare su di lui le proprie speranze.

riportare [ri-por-tà-re] *v.tr.* **1** Portare di nuovo: *sei già uscito stamattina, non ti riporto fuori* ◊ Portare indietro Ⓢ ricondurre, restituire: *se vieni da me poi ti riporto a casa in macchina*; *ti presto l'ombrello, domani me lo riporti* ◊ ♧ Far tornare indietro col pensiero, con la memoria: *un episodio che ci riporta a tempi lontani* **2** Riferire; citare: *mi ha riportato le sue parole*; *una notizia riportata dai giornali* **3** ♧ Ottenere, conseguire: *riportare la vittoria, un brillante risultato, un bel voto* ◊ Subire: *riportare una sconfitta, gravi danni.*

riporto [ri-pòr-to] *s.m.* Nell'addizione, la cifra che in ogni colonna supera l'ordine di quella colonna e va aggiunta alle cifre della colonna successiva a sinistra.

riposante [ri-po-sàn-te] *agg.* Che dà riposo Ⓢ distensivo, rilassante Ⓒ stancante: *una vacanza riposante*; *un ambiente riposante.*

riposare [ri-po-sà-re] *v.intr.* [aus. *avere*] **1** Interrompere la fatica, fare una sosta, prendere riposo, recuperare le energie: *sono stanco, voglio riposare*; *vado qualche giorno in montagna a riposare* **2** Dormire: *questa notte ho riposato poco* ♦ *v.tr.* Far

A B C D E F G H I J K L M N O P Q R S T U V W X Y Z

riposare, dare riposo: *riposare la mente*; *il verde è un colore che riposa la vista* ♦ **riposarsi** *v.pr.* Prendere riposo: *ho bisogno di riposarmi.*

riposo [ri-pò-so] *s.m.* **1** Cessazione o interruzione di un'attività, di una fatica per eliminare la stanchezza e recuperare le forze: *prendersi un'ora, qualche giorno di riposo*; *non ha mai un momento di riposo* ◊ Dormita, sonno: *fare un breve riposo dopo mangiato*; *buon riposo!* | *L'estremo, l'eterno riposo* = la morte **2** Condizione di chi ha cessato il servizio attivo ed è in pensione: *un ufficiale a riposo*; *un lavoratore collocato a riposo.*

ripostiglio [ri-po-stì-glio] *s.m.* Piccolo locale in cui si ripongono oggetti vari d'uso quotidiano Ⓢ sgabuzzino.

riprendere [ri-prèn-de-re] *v.tr.* [coniugato come *prendere*] **1** Prendere di nuovo (anche ♧): *riprese in mano la penna*; *ha ripreso possesso della sua casa* **2** Prendere indietro ciò che si era dato, prestato, venduto, lasciato ecc.: *vado a riprendere il cappotto al guardaroba*; *non voglio i suoi regali, se li riprenda!* ◊ Riportare via con sé qualcuno: *a che ora viene a riprendere il bambino?* **3** Riconquistare: *i nemici ripresero la fortezza* ◊ Riacquistare, recuperare (anche ♧): *l'aereo riprese quota*; *riprendere coraggio, fiducia* | *Riprendere i sensi* = rinvenire ◊ Raggiungere chi è avanti: *il gruppo ha ripreso il corridore in fuga* **4** Ricominciare, continuare dopo un'interruzione: *riprendere il lavoro, il cammino, il discorso* **5** Filmare o fotografare: *riprendere una scena, un paesaggio* **6** Rimproverare: *devo sempre riprenderlo per la sua negligenza* ♦ *v.intr.* [aus. *avere*] Ricominciare: *la trasmissione riprenderà appena possibile*; *ha ripreso a piovere* ♦ **riprendersi** *v.pr.* Recuperare le proprie normali forze e capacità, superare un momento o un periodo di crisi Ⓢ riaversi: *non si è ancora ripreso dallo spavento*; *riprendersi da una malattia, da una crisi economica.*

ripresa [ri-pré-sa] *s.f.* **1** Nuovo inizio di un'attività dopo un'interruzione: *la ripresa dei lavori, delle trattative, delle ostilità* | *A più riprese* = più volte: *ho cercato a più riprese di convincerlo, ma inutilmente* **2** Recupero di buone o normali condizioni dopo un periodo critico Ⓢ miglioramento: *ha avuto una rapida ripresa dalla malattia*; *l'economia è in netta ripresa* **3** Negli autoveicoli, capacità di un motore di accelerare rapidamente: *un'auto con un'ottima ripresa* **4** Secondo tempo di una partita di calcio o di altri sport ◊ Ognuna delle fasi di combattimento in cui è diviso un incontro di pugilato Ⓢ round **5** Il riprendere immagini con la cinepresa o la telecamera; la scena che viene ripresa: *fare una ripresa subacquea*; *il film inizia con la ripresa di una battaglia.*

ripristinare [ri-pri-sti-nà-re] *v.tr.* Riportare allo stato originario Ⓢ restaurare ◊ Rimettere in funzione, in uso o in vigore Ⓢ ristabilire (anche ♧): *ripristinare una linea ferroviaria*; *la polizia è riuscita a ripristinare l'ordine.*

riprodurre [ri-pro-dùr-re] *v.tr.* [coniugato come *condurre*] **1** Produrre di nuovo Ⓢ ripetere, ricreare: *riprodurre un esperimento in laboratorio*; *apparecchi per riprodurre i suoni* **2** Fare una o più copie da un originale: *riprodurre una foto a colori* ◊ Stampare, pubblicare: *del romanzo sono state riprodotte centomila copie*; *la sua foto fu riprodotta su tutti i giornali* **3** ♧ Rappresentare fedelmente: *un romanzo che cerca di riprodurre l'atmosfera del tempo* ♦ **riprodursi** *v.pr.* **1** Generare individui della stessa specie **2** Formarsi di nuovo ◊ ♧ Ripetersi: *si è riprodotta la stessa situazione.*

riproduttivo [ri-pro-dut-tì-vo] *agg.* Che si riferisce o è atto alla riproduzione di nuovi organismi viventi: *ciclo riproduttivo*; *facoltà riproduttiva.*

riproduttore [ri-pro-dut-tó-re] *agg.* [f. *–trice*] Che ha la funzione di generare nuovi esseri viventi: *gli organi riproduttori.*

riproduzione [ri-pro-du-zió-ne] *s.f.* **1** L'operazione e il modo di riprodurre qualcosa: *la riproduzione in plastico di un edificio*; *riproduzione fotografica, a stampa* ◊ Copia (spec. di un'opera d'arte): *quel quadro non è l'originale, ma una riproduzione* **2** L'atto e il processo con cui gli organismi viventi generano altri individui della stessa specie: *studiare la riproduzione delle piante*; *selezionare gli animali destinati alla riproduzione.*

ripromettere [ri-pro-mét-te-re] *v.tr.* [coniugato come *mettere*] **1** Promettere di nuovo **2** *Ripromettersi* = promettere a se stesso, avere l'intenzione di fare qualcosa Ⓢ prefiggersi, proporsi: *si era ripromesso di non fumare più, ma ha ricominciato.*

riprova [ri-prò-va] *s.f.* Nuova prova, conferma di qualcosa: *questa è una riprova della sua malafede.*

riprovevole [ri-pro-vé-vo-le] *agg.* Meritevole di biasimo: *una condotta, un'azione riprovevole.*

ripudiare [ri-pu-dià-re] *v.tr.* **1** Non riconoscere più come valido qualcosa che si è fatto; dichiarare di non accettare più ciò in cui si credeva Ⓢ sconfessare, rinnegare: *uno scrittore che ha ripudiato le sue opere giovanili*; *ripudiare le proprie idee politiche* ◊ *Ripudiare i figli, i genitori* = non considerarli più come tali | *Ripudiare la moglie* = vedi *ripudio* **2** Rifiutare, respingere: *ripudiare la violenza, la guerra.*

ripudio [ri-pù-dio] *s.m.* **1** Il ripudiare Ⓢ sconfessione ◊ Rifiuto: *ripudio dell'intolleranza, del razzismo* **2** Presso alcuni popoli, atto con cui il marito rompe unilateralmente il matrimonio e respinge la moglie.

ripugnante [ri-pu-gnàn-te] *agg.* Che suscita forte avversione o disgusto Ⓢ disgustoso: *un uomo, una scena ripugnante.*

ripugnanza [ri-pu-gnàn-za] *s.f.* Sensazione di ribrezzo, di disgusto, di profonda avversione Ⓢ repulsione: *mangiare quella roba mi dà ripugnanza; provo ripugnanza per quell'individuo.*

ripugnare [ri-pu-gnà-re] *v.intr.* [aus. *avere*] Suscitare disgusto, profonda avversione: *questo cibo ha un sapore che mi ripugna; ci ripugna ricorrere alla violenza.*

ripulire [ri-pu-lì-re] *v.tr.* [*ripulìsco, ripulìsci*] **1** Pulire di nuovo: *hai sporcato il pavimento e ora mi tocca ripulirlo* ◊ Pulire a fondo: *ho ripulito il giardino da tutte le erbacce* **2** ♧ Lasciare completamente vuoto, mangiando o portandosi via tutto il contenuto: *i ragazzi hanno ripulito il frigorifero; i ladri gli hanno ripulito la casa, la cassaforte* ♦ **ripulirsi** *v.pr.* Lavarsi e mettersi in ordine.

ripulsione vedi **repulsione.**

riquadro [ri-quà-dro] *s.m.* **1** Spazio quadrato: *un soffitto a riquadri; un affresco dipinto in un riquadro della parete* **2** Profilo, contorno quadrangolare che delimita qualcosa (un disegno, un articolo di giornale ecc.).

risacca [ri-sàc-ca] *s.f.* Il movimento dell'onda che dopo aver urtato la riva rifluisce verso il mare.

risaia [ri-sà-ia] *s.f.* Terreno coltivato a riso.

risalire [ri-sa-lì-re] *v.tr.* [coniugato come *salire*] **1** Salire di nuovo: *gli toccò risalire le scale* **2** Percorrere dal basso verso l'alto: *risalire un pendio* | *Risalire un fiume* = navigare o camminare lungo la riva verso la sua sorgente ♦ *v.intr.* [aus. *essere*] **1** Salire di nuovo dopo essere disceso: *risalì a cavallo; il livello dell'acqua sta risalendo* ◊ ♧ Rincarare, aumentare di valore: *i prezzi stanno cominciando a risalire* **2** Andare, arrivare con una indagine alle origini, alle cause di qualcosa: *risalire alle cause di un fenomeno, ai mandanti di un delitto* **3** ♧ Essere accaduto o essere stato fatto in un tempo più o meno lontano: *la morte risale a poche ore fa; questo edificio risale al medioevo.*

risalita [ri-sa-lì-ta] *s.f.* L'azione di risalire | *Mezzi, impianti di risalita* = quelli (seggiovie, ski-lift ecc.) che riportano gli sciatori in cima alle piste.

risaltare [ri-sal-tà-re] *v.intr.* [aus. *avere*] Sporgere in fuori (detto di elementi in rilievo su una superficie) ◊ Avere un risalto particolare; staccarsi, spiccare, distinguersi nettamente (anche ♧): *la figura bianca risaltava sul fondo scuro; far risaltare le proprie doti.*

risalto [ri-sàl-to] *s.m.* Rilievo, spicco, evidenza per cui qualcosa o qualcuno si stacca, si distingue dal fondo, da tutto il resto o da tutti gli altri: *il risalto del bianco sul nero; dare molto risalto a una notizia; mettere in risalto le proprie doti.*

risanamento [ri-sa-na-mén-to] *s.m.* Miglioramento delle condizioni di qualcosa mediante interventi e provvedimenti diretti a eliminare i fattori negativi: *risanamento edilizio, ambientale.*

risanare [ri-sa-nà-re] *v.tr.* Rendere salubre Ⓢ bonificare: *risanare una zona paludosa* | *Risanare un quartiere* = migliorarne le condizioni ambientali e igieniche, demolendo o restaurando edifici vecchi o malsani ◊ Rimettere economicamente in sesto: *risanare un'azienda; ridurre le spese per risanare il bilancio dello stato.*

risaputo [ri-sa-pù-to] *agg.* Noto a tutti: *è cosa risaputa che loro due non vanno d'accordo.*

risarcimento [ri-sar-ci-mén-to] *s.m.* Compenso in denaro dovuto da chi ha arrecato un danno a chi lo ha subito Ⓢ indennizzo: *ha chiesto il risarcimento dei danni all'automobilista che lo ha investito.*

risarcire [ri-sar-cì-re] *v.tr.* [*risarcìsco, risarcìsci*] Compensare con una somma di denaro o in altro modo un danno arrecato ad altri Ⓢ ripagare, indennizzare: *è stato investito da un'auto e lo hanno dovuto risarcire dei danni.*

risata [ri-sà-ta] *s.f.* L'atto di ridere in modo rumoroso e prolungato: *fece una gran risata.*

riscaldamento [ri-scal-da-mén-to] *s.m.* **1** L'operazione di riscaldare qualcosa ◊ Impianto che serve a riscaldare abitazioni ed edifici: *accendere, spegnere il riscaldamento; riscaldamento a gasolio, a metano* **2** Aumento di temperatura: *il riscaldamento dell'atmosfera.*

riscaldare [ri-scal-dà-re] *v.tr.* **1** Scaldare di nuovo: *la minestra è fredda, va riscaldata* **2** Rendere caldo Ⓢ scaldare Ⓒ raffreddare: *il sole riscalda la terra* **3** ♧ Eccitare: *la discussione aveva riscaldato gli animi* ♦ **riscaldarsi** *v.pr.* **1** Scaldare il proprio corpo: *corro per riscaldarmi* **2** Diventare caldo: *l'aria si sta riscaldando* **3** ♧ Eccitarsi, infervorarsi; adirarsi: *a volte si riscalda per un nonnulla.*

riscattare [ri-scat-tà-re] *v.tr.* **1** Riavere, versando del denaro, una persona o una cosa che ci è stata sottratta o comunque si trova in mano di altri: *la*

A B C D E F G H I J K L M N O P Q R S T U V W X Y Z

famiglia pagò una forte somma per riscattare il figlio sequestrato dai banditi; riscattare un gioiello dato in pegno **2** ♧ Compensare, far dimenticare: *ha riscattato le sue colpe con un atto di coraggio* ♦ **riscattarsi** *v.pr.* ♧ Liberarsi da una condizione negativa; salvare la reputazione, l'onore compromessi in precedenza: *sta cercando di riscattarsi dal vizio dell'alcol; ha giocato male ma si è riscattato con un gol nel finale.*

riscatto [ri-scàt-to] *s.m.* Liberazione di qualcuno dietro pagamento di una somma: *trattare, ottenere il riscatto di un familiare sequestrato* ◊ Il prezzo richiesto per la liberazione: *la famiglia ha pagato un forte riscatto.*

rischiarare [ri-schia-rà-re] *v.tr.* Rendere chiaro o più chiaro (anche ♧): *la luna rischiarava la campagna; le tue spiegazioni gli hanno rischiarato le idee* ♦ *v.intr.* [aus. *essere*] e **rischiararsi** *v.pr.* Diventare chiaro, più chiaro: *era l'alba e il cielo (si) stava rischiarando.*

rischiare [ri-schià-re] *v.tr.* Mettere in pericolo, a rischio: *ha rischiato la vita* ◊ Correre dei rischi: *è meglio non rischiare* ◊ Correre il pericolo di qualcosa: *rischiare la morte; ha rischiato di cadere.*

rischio [rì-schio] *s.m.* Possibilità di subire un danno Ⓢ pericolo: *è un'impresa che comporta dei rischi; affrontare, evitare un rischio; ha corso il rischio di cadere; mettere a rischio la propria vita* | *A rischio di* = a costo di.

rischioso [ri-schió-so] *agg.* Che comporta dei rischi Ⓢ pericoloso: *un'impresa rischiosa.*

risciacquare [ri-sciac-quà-re] *v.tr.* Passare in acqua pulita ciò che si è già lavato per togliere ogni residuo di sapone, di detersivo ecc.: *risciacquare i panni, le stoviglie.*

riscontrare [ri-scon-trà-re] *v.tr.* Trovare dopo un esame Ⓢ rilevare: *l'ispettore non riscontrò nessuna irregolarità.*

riscontro [ri-scón-tro] *s.m.* Confronto ◊ Controllo, verifica ◊ Conferma: *le sue dichiarazioni non trovano alcun riscontro nella realtà.*

riscossa [ri-scòs-sa] *s.f.* Azione offensiva per riconquistare ciò che si è perduto; reazione per risollevarsi da una sconfitta, da una condizione di oppressione o di avvilimento: *i soldati partirono alla riscossa; chiamare il popolo alla riscossa contro gli invasori.*

riscossione [ri-scos-sió-ne] *s.f.* Il riscuotere del denaro: *riscossione dello stipendio.*

riscrivere [ri-scrì-ve-re] *v.tr.* [coniugato come *scrivere*] **1** Trascrivere, copiare: *sta riscrivendo il tema in bella* ◊ Rifare uno scritto per migliorarlo: *riscrivere un articolo* **2** Scrivere in risposta: *appena ricevuta la sua e-mail gli ho riscritto subito.*

riscuotere [ri-scuò-te-re] *v.tr.* [coniugato come *scuotere*] **1** Risvegliare qualcuno in modo brusco o improvviso: *un rumore lo riscosse dal sonno* **2** Ricevere, ritirare del denaro che si deve avere Ⓢ incassare: *riscuotere lo stipendio; riscuotere un assegno* **3** ♧ Ottenere, conseguire: *ha riscosso un grosso successo; riscuotere fiducia, simpatia* ♦ **riscuotersi** *v.pr.* Risvegliarsi dal sonno o dal torpore ◊ ♧ Risollevarsi, riprendersi, reagire: *cerca di riscuoterti dalla tua inerzia.*

risentimento [ri-sen-ti-mén-to] *s.m.* Irritazione, sdegno e malanimo verso qualcuno che ci ha offeso, ci ha fatto del male.

risentire [ri-sen-tì-re] *v.tr.* Sentire o avvertire di nuovo: *fammi risentire quella musica; risento il dolore di prima* ♦ *v.tr.* e *v.intr.* [aus. *avere*] Provare, sentire, subire le conseguenze di qualcosa: *non risentì alcun beneficio dalla cura; il paese ha risentito della crisi economica* ♦ **risentirsi** *v.pr.* **1** Sentirsi di nuovo per telefono: *ci risentiamo più tardi* **2** Offendersi: *si è risentito perché non l'hai invitato.*

risentito [ri-sen-tì-to] *agg.* Pieno di risentimento Ⓢ offeso, sdegnato, irritato: *quando gli ho fatto notare il suo errore ha risposto in tono risentito.*

riserbo [ri-sèr-bo] *s.m.* Discrezione e prudenza nel contegno, nel parlare e nell'agire Ⓢ riservatezza: *è una questione su cui vi chiedo il massimo riserbo.*

riserva [ri-sèr-va] *s.f.* **1** Quantità di qualcosa che viene messa da parte per utilizzarla al momento opportuno Ⓢ scorta, provvista: *tenere una riserva di legna per l'inverno; finire le riserve di viveri* ◊ Nei veicoli a motore, quantità minima di carburante rimasta nel serbatoio che consente ancora un limitato tempo di funzionamento ed è in genere segnalata da una spia luminosa **2** Le truppe non impegnate in prima linea, ma pronte a intervenire in caso di necessità: *il comandante impegnò nella battaglia anche le riserve* ◊ Nello sport, atleta, giocatore che in una squadra sostituisce il titolare quando questi non può gareggiare **3** Territorio di un paese colonizzato in cui sono state costrette a vivere le popolazioni indigene: *le riserve indiane del Nord America* ◊ *Riserva di caccia, di pesca* = luogo in cui il diritto di caccia o di pesca è riservato solo a determinate persone **4** Limitazione, restrizione, limite: *ho verso di lui una fiducia senza riserve* ◊ Obiezione, critica: *ha espresso delle riserve sul tuo conto; ho qualche riserva da fare sul vostro progetto.*

riservare [ri-ser-và-re] *v.tr.* [*risèrvo*] **1** Mettere da parte, conservare qualcosa per qualcuno o per utilizzarlo al momento opportuno: *ha riservato delle provviste per l'inverno* **2** Tenere, destinare qualcosa solo per sé o per determinate persone: *si è riservato gli incarichi più importanti*; *riservare a qualcuno un trattamento speciale*; *chissà cosa ci riserva il futuro* ◊ Prenotare: *riservare un tavolo al ristorante* **3** Tenersi la facoltà, il diritto di fare in seguito una cosa che al momento si rimanda: *si è riservato di dare una risposta più tardi.*

riservatezza [ri-ser-va-téz-za] *s.f.* Atteggiamento riservato Ⓢ riserbo, discrezione: *non mi aspettavo da lui tanta riservatezza* ◊ Carattere segreto, confidenziale di qualcosa: *una notizia di grande riservatezza.*

riservato [ri-ser-và-to] *agg.* **1** Pieno di riserbo Ⓢ schivo, discreto, prudente Ⓒ indiscreto: *un ragazzo riservato*; *tenere un contegno riservato* **2** Che è destinato solo a qualcuno Ⓢ privato, prenotato Ⓒ libero: *parcheggio riservato*; *questo tavolo è riservato* ◊ Che ha carattere personale, confidenziale o di segretezza: *lettera riservata*; *mi raccomando: è una notizia riservata.*

risicato [ri-si-cà-to] *agg.* Molto esiguo, ridottissimo, incerto: *il governo disponeva in parlamento di una maggioranza risicata.*

risicoltura [ri-si-col-tù-ra] *s.f.* Coltivazione del riso: *la risicoltura richiede molta acqua.*

risiedere [ri-siè-de-re] *v.intr.* [aus. *avere*] **1** Avere residenza, sede, dimora in un luogo Ⓢ abitare **2** ♧ Stare, consistere, basarsi: *il segreto del suo successo risiede tutto nella sua forza di volontà.*

risma [rì-sma] *s.f.* **1** Confezione di 400 o 500 fogli di carta da stampa o per scrivere **2** ♧ Genere, razza, specie (riferito spregiativamente a persone): *non frequento gente di quella risma.*

riso[1] [rì-so] *s.m.* [pl.f. *le risa*] L'atto del ridere: *il riso è contagioso*; *ci siamo sbellicati dalle risa*; *non riuscivа a trattenere le risa.*

riso[2] [rì-so] *s.m.* Pianta erbacea le cui spighe contengono frutti con semi (chicchi) commestibili ◊ I chicchi di questa pianta, come prodotto alimentare: *un sacco, un chilo di riso*; *insalata di riso*; *riso al pomodoro.*

risolutezza [ri-so-lu-téz-za] *s.f.* Ferma decisione e determinazione: *agire con risolutezza.*

risolutivo [ri-so-lu-tì-vo] *agg.* **1** Che risolve, serve a risolvere: *per guarire serve una cura risolutiva* **2** Che determina l'esito di qualcosa Ⓢ decisivo, determinante: *la fase risolutiva di una battaglia.*

risoluto [ri-so-lù-to] *agg.* Fermamente deciso ad agire in un certo modo: *è risoluto a non cedere* ◊ Fermo e deciso, sicuro ed energico: *un uomo, un carattere risoluto*; *aveva un'aria risoluta*; *qui ci vuole un'azione risoluta.*

risoluzione [ri-so-lu-zió-ne] *s.f.* **1** Soluzione (di un problema, di una questione); superamento (di una difficoltà) **2** Decisione, deliberazione: *prese la risoluzione di andarsene*; *l'assemblea votò la risoluzione all'unanimità.*

risolvere [ri-sòl-ve-re] *v.tr.* [pass.rem. *risòlsi* o *risolvètti* o *risolvéi, risolvésti*; part.pass. *risòlto*] **1** Trovare la soluzione di qualcosa: *risolvere un problema matematico, un indovinello* ◊ Chiarire: *ha risolto tutti i miei dubbi* ◊ Portare a una conclusione positiva: *riuscì a risolvere una faccenda assai complicata* **2** Decidere: *alla fine ha risolto di andarsene* ♦ **risolversi** *v.pr.* **1** Andare a finire Ⓢ concludersi: *tutto si è risolto bene* ◊ Guarire: *è solo un'influenza che si risolverà in pochi giorni* **2** Decidersi: *alla fine si sono risolti a partire.*

risonanza [ri-so-nàn-za] *s.f.* **1** Amplificazione e diffusione dei suoni ◊ Eco, rimbombo del suono in ambienti ampi e vuoti **2** ♧ Effetto, interesse suscitato da avvenimenti e notizie Ⓢ eco: *uno scandalo che ha avuto vasta risonanza nell'opinione pubblica.*

risonare vedi **risuonare**.

risorgere [ri-sór-ge-re] *v.intr.* [coniugato come *sorgere*; aus. *essere*] **1** Sorgere di nuovo (anche ♧): *il sole risorge ogni mattina*; *sono risorte le stesse difficoltà* **2** Tornare in vita Ⓢ risuscitare: *Cristo risorse il terzo giorno dopo la morte* **3** ♧ Rinascere, riprendersi, risollevarsi: *sentiva risorgere in sé la speranza*; *la città è risorta dalle rovine della guerra.*

risorgimento [ri-sor-gi-mén-to] *s.m.* **1** Rinascita morale, culturale e artistica **2** *Il Risorgimento* = il periodo storico tra gli inizi del secolo XIX e il 1870, durante il quale si realizzò l'indipendenza e l'unità dell'Italia: *le guerre del Risorgimento.*

risorgiva [ri-sor-gì-va] *s.f.* Sorgente d'acqua che riaffiora in pianura dopo un percorso sotterraneo.

risorsa [ri-sór-sa] *s.f.* Mezzo, capacità cui si può fare ricorso per le normali necessità o per fronteggiare particolari bisogni e difficoltà: *la pensione è la sua unica risorsa economica*; *è un uomo pieno di risorse, che sa sempre cavarsela* ◊ Fonte di ricchezza, insieme di mezzi economici disponibili: *un paese ricco di risorse minerarie, agricole*; *ha esaurito tutte le sue risorse.*

risotto [ri-sòt-to] *s.m.* Piatto di riso asciutto cotto nel brodo con condimenti vari: *risotto coi funghi.*

risparmiare [ri-spar-mià-re] *v.tr.* **1** Evitare o limitare il consumo, l'uso di qualcosa: *risparmiare l'olio, la luce, il gas* ◊ Tenere in serbo; non sprecare inutilmente: *risparmiare le forze per il finale della gara*; *risparmia il fiato, tanto non ti dà retta* ◊ Guadagnare (tempo o spazio): *facendo la scorciatoia ho risparmiato un'ora, due chilometri* **2** Spendere in meno o di meno negli acquisti: *ho preso un'automobile d'occasione risparmiando qualche migliaio di euro*; *comprando all'ingrosso si risparmia* ◊ Limitare le spese: *questo mese bisogna risparmiare* ◊ Mettere da parte, spendendo meno di quanto si guadagna: *non riesce a risparmiare più di cento euro al mese* **3** Evitare a sé o ad altri qualcosa di inutile, spiacevole, dannoso o faticoso: *puoi anche risparmiarti la fatica di venire fin qui*; *volle risparmiare un dolore ai genitori* **4** *Risparmiare qualcuno* o *la vita a qualcuno* = lasciarlo in vita, non ucciderlo ♦ **risparmiarsi** *v.pr.* Risparmiare le proprie energie: *si è risparmiato per il finale della gara*; *è uno che nel lavoro non si risparmia.*

risparmio [ri-spàr-mio] *s.m.* **1** Il risparmiare Ⓢ economia, guadagno: *comprando all'ingrosso si fa un bel risparmio*; *fare risparmio di carta*; *andando col metró hai un bel risparmio di tempo* **2** Denaro, reddito risparmiato, messo da parte: *investire i propri risparmi*; *ha qualche risparmio, ma non gli basta certo per vivere.*

rispecchiare [ri-spec-chià-re] *v.tr.* Riflettere un'immagine: *il lago rispecchia gli alberi e il cielo* ◊ ♧ Riflettere, esprimere, rendere adeguatamente: *le sue parole rispecchiano il suo stato d'animo* ♦ **rispecchiarsi** *v.pr.* Riflettersi: *il paesaggio si rispecchia nel lago.*

rispedire [ri-spe-dì-re] *v.tr.* [*rispedìsco, rispedìsci*] Spedire, rimandare indietro: *rispedire un pacco al mittente.*

rispettabile [ri-spet-tà-bi-le] *agg.* **1** Degno di rispetto Ⓢ onesto, perbene: *una persona rispettabile* **2** ♧ Considerevole, notevole: *possiede un patrimonio rispettabile.*

rispettare [ri-spet-tà-re] *v.tr.* **1** Considerare e trattare con il dovuto rispetto: *rispettare i genitori, gli insegnanti, la religione* | *Una persona che si rispetti* = che sia degna di rispetto **2** Riconoscere i diritti degli altri e delle loro cose, la dignità e il valore di ciò che esprimono e fanno e perciò non offenderli o violarli in alcun modo: *rispettare il prossimo*; *rispettare le opinioni, i beni, il lavoro altrui* ◊ Astenersi dal maltrattare, dal rovinare, dallo sciupare: *rispettare gli animali, i fiori, la natura, il paesaggio* **3** Osservare, seguire scrupolosamente: *rispettare la legge, le usanze*; *rispettare le regole grammaticali, l'orario d'inizio delle lezioni* | *Rispettare un impegno* = mantenerlo.

rispettato [ri-spet-tà-to] *agg.* Che gode del rispetto altrui Ⓢ stimato: *è un insegnante molto rispettato da tutti i suoi colleghi.*

rispettivamente [ri-spet-ti-va-mén-te] *avv.* In riferimento a ciascuna delle persone o delle cose nominate e nell'ordine in cui sono state nominate: *Matteo, Alessio e Sofia hanno rispettivamente dodici, dieci e nove anni.*

rispettivo [ri-spet-tì-vo] *agg.* Che si riferisce, appartiene a ciascuna delle persone o delle cose nominate in precedenza Ⓢ relativo, proprio: *c'erano Pietro e Giovanni con le rispettive mogli.*

rispetto [ri-spèt-to] *s.m.* **1** Sentimento di stima e atteggiamento di deferenza verso persone e cose cui si riconosce un valore e un'importanza particolari: *ha un profondo rispetto per i suoi genitori*; *bisogna parlare con rispetto della religione* **2** Atteggiamento di chi riconosce il valore, i diritti e le esigenze di persone, animali o cose e perciò evita di recar loro offesa o danno: *avere rispetto per i deboli, per le idee e le cose altrui, per la natura* | *Mancare di rispetto a qualcuno, a qualcosa* = offenderli **3** Osservanza: *il rispetto del codice della strada, della disciplina, della parola data* **4** Punto di vista: *un affare vantaggioso sotto ogni rispetto* | *Rispetto a* = riguardo, relativamente a (*vorrei dire qualcosa rispetto alla tua domanda*); in confronto a: *rispetto a te è molto più alto.*

rispettoso [ri-spet-tó-so] *agg.* Che ha o dimostra rispetto: *è sempre rispettoso verso i genitori*; *una persona rispettosa della legge, delle idee altrui*; *un gesto rispettoso.*

risplendere [ri-splèn-de-re] *v.intr.* [coniugato come *splendere*] Splendere, brillare: *era una bella giornata e il sole risplendeva nel cielo.*

rispondente [ri-spon-dèn-te] *agg.* Corrispondente, conforme, adeguato: *le sue parole non sono rispondenti al vero.*

rispondenza [ri-spon-dèn-za] *s.f.* Corrispondenza, conformità: *in lui non c'è rispondenza tra parole e fatti.*

rispondere [ri-spón-de-re] *v.intr.* [pass.rem. *rispósi, rispondésti*; part.pass. *rispósto*; aus. *avere*] **1** Replicare con parole a quanto viene detto, scritto, chiesto o richiesto da altri: *chi ti ha risposto al telefono?*; *non ha risposto alla mia lettera*; *mi rispose che non era d'accordo*; *rispondi, quando ti faccio una domanda!* ◊ Ribattere confutando o reagendo in modo maleducato, impertinente:

rispondere a un'accusa; *ti sembra il modo di rispondere a un insegnante?* **2** Replicare con un certo comportamento a parole, azioni e comportamenti altrui Ⓢ reagire: *mi rispose con un'alzata di spalle*; *rispondere violentemente a un'aggressione* **3** Reagire a uno stimolo: *l'ammalato ha risposto bene alle cure* ◊ Obbedire a un comando: *l'aereo non rispondeva più al pilota* **4** Rendere conto: *dovrai rispondere del tuo operato* ◊ Essere responsabile o assumersi la responsabilità di qualcosa o qualcuno: *i genitori rispondono dei danni provocati dai figli*; *rispondo io della sua onestà* **5** ♧ Essere adeguato Ⓢ soddisfare: *un provvedimento che non risponde alle nostre esigenze* ◊ Essere conforme Ⓢ corrispondere: *quel che dici non risponde al vero* ♦ *v.tr.* Dire o scrivere in risposta: *non rispose una parola*; *mi ha risposto due righe* | *Rispondere picche* = dire di no, rifiutare decisamente.

risposta [ri-spó-sta] *s.f.* **1** Il rispondere con parole o gesti a comunicazioni, domande, richieste altrui: *dare una risposta a una lettera, a un'obiezione*; *gli fece un cenno di risposta* ◊ Ciò che si risponde, il modo in cui si risponde: *la tua risposta è sbagliata*; *mi ha dato una risposta evasiva* ◊ Le parole o lo scritto con cui si risponde: *ho appena ricevuto la sua risposta* **2** Azione con cui si risponde ad azioni altrui Ⓢ reazione: *se ti provoca, la miglior risposta è ignorarlo*; *la risposta all'attacco fu immediata.*

rissa [rìs-sa] *s.f.* Lite violenta, zuffa tra due o più persone, con scambio di ingiurie e percosse.

ristabilire [ri-sta-bi-lì-re] *v.tr.* [*ristabilìsco, ristabilìsci*] **1** Rimettere in vigore, ricostituire, ripristinare ciò che era stato soppresso o messo in crisi: *ristabilire l'ordine, la disciplina, la propria autorità* **2** Rimettere in buone condizioni fisiche: *il riposo lo ha ristabilito* ♦ **ristabilirsi** *v.pr.* Rimettersi in salute: *dopo la malattia si è ristabilito in fretta* ◊ Ritornare sereno: *ha piovuto per due giorni, poi il tempo si è ristabilito.*

ristabilito [ri-sta-bi-lì-to] *agg.* Guarito, tornato in buona salute: *l'ho trovato del tutto ristabilito.*

ristagnare [ri-sta-gnà-re] *v.intr.* [aus. *avere*] **1** Detto di liquidi, fermarsi, ammassarsi in un punto, cessando di scorrere: *l'acqua piovana ristagnava in alcune pozze* **2** ♧ Detto di attività economica, essere in una fase di rallentamento, di stasi, di crisi: *il commercio ristagna.*

ristagno [ri-stà-gno] *s.m.* Il ristagnare (anche ♧).

ristampa [ri-stàm-pa] *s.f.* Nuova stampa di qualcosa, identica alla prima stampa: *fare la ristampa di un libro esaurito*; *un dizionario che è già alla terza ristampa.*

ristampare [ri-stam-pà-re] *v.tr.* Stampare nuovamente un'opera senza apportare modifiche Ⓢ ripubblicare: *ristampare un libro.*

ristorante [ri-sto-ràn-te] *s.m.* Locale pubblico in cui si possono consumare al tavolo pasti completi ♦ usato come *agg.invar. Albergo, carrozza ristorante* = che fornisce un servizio di ristorante.

ristorare [ri-sto-rà-re] *v.tr.* Ridare forza e vigore (spec. col riposo, con cibi e bevande): *questa dormita mi ha ristorato* ♦ **ristorarsi** *v.pr.* Riprendere energia, spec. riposandosi o rifocillandosi: *ristorarsi con una dormita, con uno spuntino, con una bibita fresca.*

ristoratore [ri-sto-ra-tó-re] *agg.* [f. *–trice*] Che ristora, dà ristoro: *un bagno, un sonno ristoratore* ♦ *s.m.* Proprietario, gestore di un ristorante.

ristoro [ri-stò-ro] *s.m.* Recupero di vigore, di benessere; sollievo fisico o spirituale: *trovare ristoro nel sonno, nel cibo, nella lettura* ◊ Cosa che ristora: *un buon bagno è un ottimo ristoro.*

ristrettezza [ri-stret-téz-za] *s.f.* **1** Limitatezza, scarsità di spazio o di tempo **2** (spec. al *pl.*) Mancanza o scarsità di mezzi economici Ⓢ indigenza: *una famiglia che vive in gravi ristrettezze* **3** ♧ Grettezza, meschinità: *ristrettezza d'idee.*

ristretto [ri-strét-to] *agg.* **1** Limitato come spazio Ⓢ angusto Ⓒ ampio, spazioso: *un ambiente, un locale ristretto* **2** Limitato, ridotto come quantità, numero, ambito Ⓢ scarso, esiguo: *non ce la faccio in un tempo così ristretto*; *frequenta un numero ristretto di persone* **3** Concentrato, condensato: *brodo, sugo, caffè ristretto* **4** ♧ Limitato, gretto: *ha una mentalità ristretta.*

ristrutturare [ri-strut-tu-rà-re] *v.tr.* Riorganizzare diversamente: *ristrutturare un'azienda* ◊ *Ristrutturare un edificio, un appartamento* = restaurarlo modificandone e migliorandone le strutture e gli impianti.

risucchiare [ri-suc-chià-re] *v.tr.* Attrarre, trascinare in un risucchio: *la barca fu risucchiata nel gorgo.*

risucchio [ri-sùc-chio] *s.m.* Movimento vorticoso di una massa d'acqua o d'aria che attrae i corpi vicini Ⓢ vortice, mulinello, gorgo: *il risucchio di una tromba d'aria.*

risultare [ri-sul-tà-re] *v.intr.* [aus. *essere*] Emergere come conclusione; apparire evidente: *dall'inchiesta è risultata la sua estraneità ai fatti* ◊ Essere noto, accertato: *non (mi) risulta che* *qualcuno lo abbia visto* ◊ Dimostrarsi, rivelarsi: *ogni sforzo è risultato inutile*; *i miei sospetti sono risultati infondati* ◊ Riuscire, essere: *risultare vincitore*; *è risultato eletto il nostro candidato.*

risultato [ri-sul-tà-to] *s.m.* Conseguenza, effetto: *questo è il risultato della tua negligenza* ◊ Esito: *non so ancora il risultato dell'esame, delle elezioni*; *un prodotto che ha dato ottimi risultati* | *Il risultato di un'operazione aritmetica* = il numero che la risolve.

risuonare [ri-suo-nà-re] o **risonare** [ri-so-nà-re] *v.tr.* Suonare di nuovo: *prova a risuonare il campanello* ♦ *v.intr.* [aus. *essere* o *avere*] **1** Mandare un suono profondo e prolungato Ⓢ echeggiare, rimbombare: *il ponte di legno risuonava sotto il passo dei soldati*; *la sala risuonò di applausi* **2** Diffondersi con una eco (detto di suoni): *un urlo risuonò nel silenzio* ◊ ♧ Ritornare alla memoria: *gli risuonarono nella mente le parole dell'amico.*

risurrezione vedi **resurrezione**.

risuscitare vedi **resuscitare**.

risvegliare [ri-sve-glià-re] *v.tr.* **1** Svegliare di nuovo ◊ Svegliare: *un rumore improvviso lo risvegliò* | ♧ *Risvegliare qualcuno dai sogni, dalle illusioni* = farlo tornare alla realtà **2** ♧ Stimolare, suscitare: *la passeggiata gli risvegliò l'appetito* ◊ Far risorgere, riaccendere, riportare alla mente: *risvegliare le illusioni, il desiderio, ricordi lontani* ♦ **risvegliarsi** *v.pr.* **1** Svegliarsi **2** ♧ Tornare in attività: *il vulcano si risvegliò dopo un lungo periodo di quiete* ◊ Ritornare vivo, forte Ⓢ riaccendersi: *si risvegliò in lui l'antica passione.*

risveglio [ri-své-glio] *s.m.* **1** Il risvegliarsi dal sonno: *il risveglio fu brusco* **2** ♧ Ripresa di attività; ritorno a uno stato di vitalità, di vigore dopo un periodo di inerzia, di torpore: *il risveglio di un vulcano spento, della natura in primavera*; *il risveglio delle arti, delle coscienze.*

risvolto [ri-svòl-to] *s.m.* **1** Lembo di un indumento ripiegato all'infuori: *i risvolti della giacca*; *pantaloni col risvolto* **2** ♧ Aspetto meno evidente ma significativo di qualcosa: *i risvolti politici di una vicenda.*

ritagliare [ri-ta-glià-re] *v.tr.* Tagliare via una parte, un pezzo, seguendone i contorni, da un foglio, da un tessuto: *ritagliare una fotografia, un articolo dal giornale.*

ritaglio [ri-tà-glio] *s.m.* Pezzo ritagliato: *la scatola era piena di ritagli di giornale* | ♧ *Ritaglio di tempo* = breve periodo di tempo che resta libero dalle occupazioni principali: *ascolto la musica solo nei ritagli di tempo.*

ritardare [ri-tar-dà-re] *v.intr.* [aus. *avere*] Tardare ad arrivare: *il treno oggi ritarda* ◊ Essere, rimanere indietro (detto di orologio) ♦ *v.tr.* Far procedere più lentamente Ⓢ rallentare: *ritardare l'avanzata nemica* ◊ Rimandare, differire: *ritardare un pagamento, l'ora della partenza.*

ritardatario [ri-tar-da-tà-rio] *s.m.* Chi arriva in ritardo o ha l'abitudine di non essere puntuale.

ritardo [ri-tàr-do] *s.m.* **1** Il fatto di arrivare o fare qualcosa più tardi di quanto era previsto o stabilito: *scusate il ritardo*; *oggi sono in ritardo con il lavoro* ◊ Il periodo di tempo che passa oltre il tempo previsto o stabilito: *il treno ha un ritardo di un'ora* **2** Indugio: *bisogna agire senza ritardo.*

ritegno [ri-té-gno] *s.m.* Senso della misura, discrezione, riserbo e pudore che trattengono dal comportarsi in modo sfrontato: *ha approfittato senza ritegno della nostra ospitalità*; *ci vorrebbe un po' di ritegno nel parlare di fatti così intimi.*

ritemprare [ri-tem-prà-re] *v.tr.* Ridare nuova forza, nuovo vigore: *ritemprare le forze, lo spirito.*

ritenere [ri-te-né-re] *v.tr.* [coniugato come *tenere*] Credere, pensare: *ritengo che tu abbia torto* ◊ Giudicare, stimare: *lo ritenevo una persona per bene* ♦ **ritenersi** *v.pr.* Credersi, giudicarsi, considerarsi: *si ritiene un genio*; *possiamo ritenerci soddisfatti.*

ritentare [ri-ten-tà-re] *v.tr.* Tentare di nuovo: *il detenuto ha ritentato la fuga.*

ritirare [ri-ti-rà-re] *v.tr.* **1** Tirare indietro Ⓢ ritrarre: *allungò la mano e poi la ritirò* **2** Far tornare indietro Ⓢ richiamare: *ritirare le truppe dal confine, la squadra dal torneo* **3** Togliere, levare, riprendere: *ritirare i panni stesi*; *gli hanno ritirato la patente* ◊ Togliere dalla circolazione: *le banche stanno ritirando le vecchie banconote* ◊ Prendere, farsi consegnare, riscuotere: *ritirare un pacco alla posta, lo stipendio in banca* **4** ♧ Dichiarare non più valido ciò che si era detto o fatto e rinunciare ad attuarlo Ⓢ annullare, disdire, ritrattare: *ritirare una denuncia, le dimissioni*; *ritira subito quello che hai detto!*; *ritirare la parola data* ♦ **ritirarsi** *v.pr.* **1** Indietreggiare, ripiegare: *le nostre truppe sono state costrette a ritirarsi* ◊ Rientrare in casa: *sta venendo buio, è meglio che ci ritiriamo* ◊ Appartarsi in un luogo solitario; andare a vivere in un posto isolato: *si ritirò nella sua stanza a leggere*; *ritirarsi in campagna, in convento* **2** Abbandonare, lasciare un'attività: *ritirarsi dalla scuola, dagli affari, dalla vita politica* ◊ Rinunciare a partecipare o a condurre a termine un concorso, una gara: *molti ciclisti si sono ritirati prima dell'arri-*

vo **3** Arretrare, defluire (detto di masse d'acqua): *dopo la piena le acque cominciarono a ritirarsi* **4** Restringersi, accorciarsi (detto di tessuti): *il maglione si è ritirato col lavaggio.*

ritirata [ri-ti-rà-ta] *s.f.* **1** Arretramento di forze combattenti per sottrarsi allo scontro con un nemico più forte: *le nostre truppe hanno costretto alla ritirata le forze nemiche* **2** Rientro dei soldati in caserma al termine della libera uscita **3** Gabinetto, latrina (spec. sulle vetture ferroviarie).

ritirato [ri-ti-rà-to] *agg.* Appartato, isolato, solitario: *fa una vita molto ritirata.*

ritiro [ri-tì-ro] *s.m.* **1** Il ritirare, il togliere, il riprendere qualcosa che si era messo, dato o concesso: *lo scontrino per il ritiro del bagaglio*; *il ritiro di un prodotto dal commercio*; *le autorità hanno deciso il ritiro del suo passaporto* ◊ Presa in consegna; riscossione: *il ritiro di un pacco, dello stipendio* **2** Il far tornare o il tornare indietro da un luogo: *il ritiro delle truppe dal confine* ◊ Il ritirarsi da un'attività, da una gara e simili Ⓢ abbandono, rinuncia: *ha deciso il suo ritiro dalla vita politica*; *molti corridori sono stati costretti al ritiro* **3** Il ritirarsi in un luogo appartato: *decise di trascorrere un periodo di ritiro in campagna* | *Ritiro (collegiale)* = periodo che una squadra trascorre in un luogo appartato e idoneo alla preparazione in vista di una gara o di un torneo.

ritmico [rìt-mi-co] *agg.* [pl.m. *–ci*] Che si svolge secondo un ritmo: *suoni ritmici*; *andatura ritmica.*

ritmo [rìt-mo] *s.m.* **1** Successione regolare nel tempo di suoni, movimenti, fenomeni Ⓢ cadenza: *il ritmo del tam-tam, del cuore, delle stagioni*; *una danza dal ritmo lento*; *camminare a ritmo di marcia* ◊ Velocità, frequenza con cui si svolgono fatti, fenomeni, attività: *l'aumento del ritmo delle nascite*; *non resistere al ritmo della vita moderna*; *lavorare a ritmo frenetico*; *un film dal ritmo troppo lento* **2** Cadenza particolare che caratterizza l'accompagnamento di una composizione musicale: *ritmo di valzer, di tango, di rock.*

rito [rì-to] *s.m.* **1** Cerimonia religiosa che si svolge eseguendo un complesso di atti (gesti, parole, canti) prescritti da una norma: *celebrare il rito della messa*; *rito nuziale, funebre* **2** Cerimonia: *sposarsi con rito civile*; *il rito dell'alzabandiera* ◊ Usanza, consuetudine: *gli inglesi hanno il rito del tè pomeridiano* | *Di rito* = usuale, prescritto, d'obbligo: *alla fine del pranzo ufficiale ci furono i brindisi di rito.*

ritoccare [ri-toc-cà-re] *v.tr.* [*ritócco, ritócchi*] Fare qualche modifica o correzione a qualcosa per migliorarlo e perfezionarlo: *ritoccare un disegno, un testo.*

ritocco [ri-tóc-co] *s.m.* [pl. *–chi*] Lieve aggiunta, modifica o correzione per rifinire o migliorare qualcosa: *fare qualche ritocco a un dipinto.*

ritorcersi [ri-tòr-cer-si] *v.pr.* Rivolgersi a danno di qualcuno: *non usare argomenti che possono ritorcersi contro di te.*

ritornare [ri-tor-nà-re] *v.intr.* [aus. *essere*] Tornare: *ritornare al lavoro*; *gli è ritornata la febbre*; *mi sei ritornato in mente*; *il tempo sta ritornando sereno.*

ritornello [ri-tor-nèl-lo] *s.m.* **1** Motivo musicale che viene ripetuto più volte all'interno di una canzone **2** ♧ Discorso che qualcuno ripete di continuo, rendendosi noioso e fastidioso.

ritorno [ri-tór-no] *s.m.* **1** Rientro al luogo di partenza: *fece ritorno a casa*; *ci rivedremo al mio ritorno* | *Essere di ritorno* = ritornare, essere appena tornato: *sarò di ritorno prima di sera*; *sono di ritorno da un viaggio* **2** Ripresa di un'attività dopo una sosta: *ritorno al lavoro* ◊ Ricomparsa di un fenomeno: *il ritorno della primavera, della febbre* **3** *Girone di ritorno* = la seconda fase di un campionato sportivo, durante la quale le squadre si affrontano, a campi invertiti, per la seconda volta.

ritorsione [ri-tor-sió-ne] *s.f.* Atto di ostilità che risponde a un atto ostile compiuto nei propri confronti Ⓢ reazione, vendetta, rappresaglia.

ritrarre [ri-tràr-re] *v.tr.* [coniugato come *trarre*] **1** Tirare indietro Ⓢ ritirare: *allungò la mano e poi la ritrasse* **2** Riprodurre, rappresentare con la pittura, il disegno, la fotografia ecc.: *ritrarre un volto, un paesaggio.*

ritrattare [ri-trat-tà-re] *v.tr.* Riconoscere e dichiarare come errato o non vero quanto si era affermato Ⓢ disdire, ritirare, smentire Ⓒ ribadire: *ha ritrattato le sue dichiarazioni, le sue accuse.*

ritratto [ri-tràt-to] *s.m.* **1** Fotografia, disegno, pittura, scultura che rappresenta una persona (e in partic. il suo volto) ◊ ♧ *Essere il ritratto di* = detto di persona, assomigliare molto a qualcuno o sembrare la personificazione di qualcosa: *il figlio è il ritratto del padre*; *quel ragazzo è il ritratto della salute* **2** Descrizione, rappresentazione letteraria o cinematografica di persone, caratteri, luoghi, ambienti, situazioni.

ritrosia [ri-tro-sì-a] *s.f.* **1** Riluttanza a fare o ad accettare qualcosa **2** Scontrosità, scarsa socievolezza.

ritroso [ri-tró-so] *agg.* **1** Restio, riluttante a fare o ad accettare qualcosa ◊ Poco socievole, scontroso

A B C D E F G H I J K L M N O P Q R S T U V W X Y Z

2 *A ritroso* = all'indietro, in senso contrario a quello normale: *l'auto procedeva a ritroso*; *andare a ritroso nel tempo.*

ritrovamento [ri-tro-va-mén-to] *s.m.* Il ritrovare, il venire ritrovato; ciò che viene ritrovato.

ritrovare [ri-tro-và-re] *v.tr.* **1** Trovare di nuovo, ancora: *guai se ti ritrovo a frugare nella mia borsa!* **2** Trovare qualcosa o qualcuno che si era smarrito, che era scomparso o si era perso di vista: *ritrovare gli occhiali*; *non riusciva a ritrovare la strada*; *i naufraghi sono stati ritrovati*; *alla festa ho ritrovato un vecchio compagno di scuola* ◊ Trovare, scoprire in seguito a indagini, ricerche: *ritrovare dei resti archeologici* ◊ ♧ Ricuperare, riacquistare: *ritrovare la salute, la fiducia in se stessi* ♦ **ritrovarsi** *v.pr.* **1** Incontrarsi, vedersi di nuovo: *ci siamo ritrovati dopo tanti anni* **2** Capitare o trovarsi di nuovo in un luogo, per lo più senza volerlo o aspettarselo: *dopo lunghi giri per il bosco ci ritrovammo al punto di partenza* ◊ Venire a trovarsi in una certa condizione: *ritrovarsi solo, in miseria* **3** Raccapezzarsi: *in questa confusione, non mi ci ritrovo* ◊ Sentirsi a proprio agio: *in quell'ambiente non si ritrovava.*

ritrovato [ri-tro-và-to] *s.m.* Scoperta, invenzione: *gli ultimi ritrovati della scienza, della tecnica.*

ritrovo [ri-trò-vo] *s.m.* Locale pubblico che costituisce un luogo d'incontro: *quel caffè è un ritrovo di artisti*; *una città piena di ritrovi notturni.*

ritto [rìt-to] *agg.* Dritto, in piedi; in posizione eretta, verticale: *non riusciva a stare ritto sulle gambe*; *aveva i capelli ritti per lo spavento.*

rituale [ri-tu-à-le] *agg.* Proprio del rito, conforme al rito: *atti, preghiere rituali* ♦ *s.m.* L'insieme delle preghiere, degli atti prescritti da un rito: *il rituale della Pasqua.*

riunione [riu-nió-ne] *s.f.* **1** Incontro di più persone in un luogo, per scopi vari: *una riunione familiare, di vecchi amici*; *andare a una riunione politica, sindacale, di studio* **2** Serie di gare che si svolgono di seguito in uno stesso luogo: *una riunione di atletica, di pugilato.*

riunire [riu-nì-re] *v.tr.* [*riunìsco, riunìsci*] **1** Unire di nuovo, rimettere insieme: *riunire due parti staccate, una famiglia separata* ◊ ♧ Far tornare uniti Ⓢ riconciliare: *la disgrazia li ha riuniti* **2** Mettere insieme nello stesso luogo Ⓢ raccogliere, radunare: *riunire tutti i documenti in una cartella*; *riunire gli amici a casa propria* ♦ **riunirsi** *v.pr.* **1** Tornare a unirsi, a stare insieme: *si riunirono al resto della compagnia*; *i coniugi si sono riuniti dopo una lunga separazione* **2** Incontrarsi, radunarsi, fare una riunione: *ci riuniamo lì due volte la settimana*; *nella piazza si era riunita una gran folla*; *il consiglio comunale si riunirà giovedì.*

riuscire [riu-scì-re] *v.intr.* [coniugato come *uscire*; aus. *essere*] **1** Uscire di nuovo: *era appena rientrato ed è dovuto riuscire* **2** Avere un certo esito o risultato: *la torta, la festa è riuscita bene, male* ◊ Avere buon esito: *l'esperimento è riuscito* ◊ Risultare, essere: *mi riesce difficile credergli*; *quell'uomo mi riesce antipatico* **3** Raggiungere, conseguire un certo fine o risultato: *alla fine riuscii a convincerlo*; *è riuscito ad arrivare primo* ◊ Essere capace, essere in grado di fare qualcosa: *era così stanco che non riusciva ad alzarsi* ◊ Avere successo: *riuscire nella carriera* ◊ Avere attitudine, abilità: *riesce bene in disegno, in matematica.*

riuscita [riu-scì-ta] *s.f.* Esito, risultato: *spero nella buona riuscita della vostra impresa* ◊ Buon esito Ⓢ successo: *dubito molto della riuscita del suo tentativo.*

riva [rì-va] *s.f.* La fascia di terra che delimita le acque del mare, di un lago, di un corso d'acqua Ⓢ litorale, sponda: *camminare lungo la riva.*

rivale [ri-và-le] *agg.* e *s.m.f.* Che, chi compete o è in lotta con altri Ⓢ antagonista, concorrente: *sono rivali in amore*; *due città, due ditte rivali.*

rivaleggiare [ri-va-leg-già-re] *v.intr.* [aus. *avere*] Essere rivale, in competizione con altri Ⓢ competere, gareggiare: *due squadre che rivaleggiano per lo scudetto.*

rivalersi [ri-va-lér-si] *v.pr.* Compensare una perdita, un danno che si è subito, facendoli pagare ad altri Ⓢ rifarsi.

rivalità [ri-va-li-tà] *s.f.* Contrasto tra rivali; il sentimento, l'atteggiamento di coloro che sono rivali Ⓢ antagonismo: *la loro rivalità in amore li ha resi nemici*; *tra loro si accese una forte rivalità.*

rivalsa [ri-vàl-sa] *s.f.* Il rivalersi, il rifarsi su altri di perdite, danni, torti subiti Ⓢ rivincita.

rivalutare [ri-va-lu-tà-re] *v.tr.* *Rivalutare una moneta* = aumentarne il potere d'acquisto, il valore rispetto ad altre (è l'opposto di *svalutare*) ◊ ♧ Riconoscere il giusto valore a cose o a persone che erano state sottovalutate o mal giudicate: *rivalutare un romanzo, un artista* ♦ **rivalutarsi** *v.pr.* Aumentare di valore: *le case di questo quartiere si sono molto rivalutate negli ultimi anni.*

rivalutazione [ri-va-lu-ta-zió-ne] *s.f.* Il rivalutare, il venire rivalutato (anche ♧).

rivangare [ri-van-gà-re] *v.tr.* [*rivàngo, rivànghi*] **1** Vangare di nuovo: *rivangare l'orto* **2** ♧ Ricordare, ritirare fuori fatti e momenti lontani che sarebbe meglio dimenticare: *cosa serve rivangare queste vecchie storie?*; *rivangare il passato.*

rivedere [ri-ve-dé-re] *v.tr.* [coniugato come *vedere*] **1** Vedere di nuovo: *è tornato a rivedere quel film*; *spero di rivedervi presto* **2** Rileggere, controllare qualcosa per correggere o migliorare: *rivedere uno scritto, i conti* ◊ Correggere, modificare: *ho dovuto rivedere la mia opinione in proposito* ♦ **rivedersi** *v.pr.* Incontrarsi, ritrovarsi di nuovo: *spero che ci rivedremo presto.*

rivelare [ri-ve-là-re] *v.tr.* **1** Far conoscere ciò che non era ancora noto o ben conosciuto Ⓢ confidare, svelare: *rivelare un segreto, la propria identità*; *mi rivelò le sue vere intenzioni* **2** Mostrare, manifestare in modo evidente: *il suo sguardo rivelava la sua ansia* ♦ **rivelarsi** *v.pr.* Manifestarsi, dimostrarsi: *le sue doti si rivelarono in quell'occasione*; *si è sempre rivelato sincero con me.*

rivelazione [ri-ve-la-zió-ne] *s.f.* **1** L'atto di rivelare qualcosa: *la rivelazione di un segreto* ◊ Ciò che viene rivelato: *non credo alle sue rivelazioni* **2** Persona che mostra in modo improvviso e inatteso notevoli doti: *quell'atleta è stato la rivelazione del torneo* ◊ Sorprendente scoperta di qualità inaspettate in una persona: *che fosse così bravo a ballare è stata una rivelazione per tutti.*

rivendere [ri-vén-de-re] *v.tr.* Vendere ciò che si è comprato: *mi ha rivenduto la sua auto.*

rivendicare [ri-ven-di-cà-re] *v.tr.* [*rivéndico, rivéndichi*] **1** Chiedere con forza ciò che spetta o a cui si ritiene di aver diritto Ⓢ reclamare, pretendere: *rivendica la sua parte di eredità*; *rivendicare aumenti salariali* ◊ Esigere il riconoscimento di un proprio diritto o merito: *rivendicare il diritto di parola, la priorità di una scoperta* **2** Dichiararsi autore di un'azione, attribuirla a sé: *l'attentato è stato rivendicato da un gruppo terrorista.*

rivendita [ri-vén-di-ta] *s.f.* **1** Il rivendere **2** Negozio, spaccio che vende merci al minuto: *qui davanti c'è una rivendita di generi alimentari.*

riverberare [ri-ver-be-rà-re] *v.tr.* Riflettere la luce, il calore o il suono ♦ **riverberarsi** *v.pr.* Riflettersi ◊ ♧ Ripercuotersi.

riverbero [ri-vèr-be-ro] *s.m.* Riflesso di luce o di calore: *il riverbero del sole lo accecò.*

riverente [ri-ve-rèn-te] o **reverente** [re-ve-rèn-te] *agg.* Pieno di riverenza, profondamente rispettoso: *si inginocchiò riverente davanti all'altare*; *parole riverenti.*

riverenza [ri-ve-rèn-za] o **reverenza** [re-ve-rèn-za] *s.f.* **1** Sentimento e atteggiamento di profondo e deferente rispetto **2** Inchino, genuflessione in segno di deferenza.

riverire [ri-ve-rì-re] *v.tr.* [*riverìsco, riverìsci*] **1** Rispettare profondamente: *amava e riveriva i suoi genitori* **2** Salutare con profondo rispetto: *La riverisco, dottore!*

riversare [ri-ver-sà-re] *v.tr.* Versare, spargere: *il vulcano riversava un torrente di lava sulle pendici* ◊ ♧ Far ricadere: *hanno riversato su di lui la responsabilità dell'insuccesso* ♦ **riversarsi** *v.pr.* Spargersi, traboccare: *il fiume si riversò nella vallata* ◊ Dirigersi, affluire in massa: *una gran folla si riversò nella piazza.*

rivestimento [ri-ve-sti-mén-to] *s.m.* Materiale con cui si ricopre qualcosa a scopo protettivo o decorativo Ⓢ copertura.

rivestire [ri-ve-stì-re] *v.tr.* **1** Vestire di nuovo ◊ Rifornire di nuovi abiti: *lo hanno rivestito da capo a piedi* **2** Ricoprire, foderare qualcosa a scopo protettivo o decorativo: *rivestire di piastrelle le pareti del bagno*; *ha rivestito i divani con una stoffa di velluto* **3** ♧ Ricoprire, detenere una carica, un ufficio: *riveste il grado di generale* **4** ♧ Avere, presentare: *è una questione che riveste una grande importanza* ♦ **rivestirsi** *v.pr.* **1** Vestirsi di nuovo: *uscì dal bagno e si rivestì* ◊ Cambiare d'abito **2** Indossare: *si rivestì dell'armatura* **3** Ricoprirsi: *gli alberi cominciano a rivestirsi di foglie.*

riviera [ri-viè-ra] *s.f.* Tratto di costa (spec. come denominazione geografica): *la costa ligure si divide in Riviera di Ponente e Riviera di Levante.*

rivincita [ri-vìn-ci-ta] *s.f.* **1** In giochi e sport, nuova partita o nuovo incontro in cui chi ha perso ha la possibilità di rifarsi: *chiedere, concedere la rivincita* **2** Vittoria, successo che compensa una sconfitta, una delusione precedente, o con cui ci si vendica di torti subiti Ⓢ rivalsa: *con la promozione si è preso una rivincita sui colleghi ostili.*

rivista [ri-vì-sta] *s.f.* **1** Ispezione a reparti militari schierati fatta da superiori o pubbliche autorità per controllarne l'aspetto e la preparazione Ⓢ rassegna: *passare in rivista le truppe* ◊ Sfilata, parata militare **2** Pubblicazione periodica specializzata: *rivista medica, di storia* ◊ Periodico illustrato di attualità Ⓢ rotocalco: *leggere una rivista dal barbiere* **3** Spettacolo di varietà in cui si alternano numeri musicali, comici e di balletto.

rivivere [ri-vì-ve-re] *v.intr.* [coniugato come *vivere*; aus. *essere*] **1** Vivere una seconda volta: *se dovessi rivivere, vorrei una vita diversa* **2** ♧ Riprendere forza, vigore Ⓢ rinascere, risorgere: *dopo il bagno si sentì rivivere* ♦ *v.tr.* Tornare a vivere qualcosa: *rivivere un'esperienza, un'emozione.*

rivo [rì-vo] *s.m.* Piccolo corso d'acqua Ⓢ ruscello.

rivolere [ri-vo-lé-re] *v.tr.* [coniugato come *volere*] Voler riavere; volere indietro: *rivoglio la mia libertà*; *rivoglio i soldi che ti ho prestato.*

rivolgere [ri-vòl-ge-re] *v.tr.* [coniugato come *volgere*] Volgere, dirigere, indirizzare: *quando mi vide, rivolse lo sguardo altrove*; *non mi ha neanche rivolto la parola*; *rivolgere una critica a qualcuno* ♦ **rivolgersi** *v.pr.* **1** Voltarsi in una certa direzione o verso qualcuno: *si rivolse a lui con aria minacciosa* **2** Indirizzare il proprio discorso a qualcuno: *non mi stavo rivolgendo a te* ◊ Ricorrere a qualcuno per informazioni, aiuto ecc.: *per trovare una casa ci siamo rivolti a un'agenzia.*

rivolo [rì-vo-lo] *s.m.* Esile filo di liquido che scorre: *un rivolo di sangue, di sudore.*

rivolta [ri-vòl-ta] *s.f.* Violenta e improvvisa ribellione di massa Ⓢ insurrezione, sommossa: *scoppiò una rivolta popolare contro la dittatura.*

rivoltante [ri-vol-tàn-te] *agg.* Ripugnante, disgustoso: *un individuo, un comportamento rivoltante*; *è di una volgarità rivoltante.*

rivoltare [ri-vol-tà-re] *v.tr.* **1** Voltare dall'altra parte: *rivoltare la frittata, il fieno* | *Rivoltare una fodera, un cappotto, una giacca* = mettere il rovescio al posto del diritto **2** Disgustare, nauseare: *quell'intruglio mi rivolta lo stomaco*; *mi rivolta vedere simili spettacoli* ♦ **rivoltarsi** *v.pr.* **1** Voltarsi di qua e di là Ⓢ rigirarsi: *si rivoltava nel letto senza riuscire a prendere sonno* **2** Ribellarsi, insorgere: *il popolo si rivoltò contro il tiranno.*

rivoltella [ri-vol-tèl-la] *s.f.* Pistola i cui proiettili sono inseriti in un tamburo rotante Ⓢ revolver ◊ Pistola di qualsiasi tipo.

rivoltellata [ri-vol-tel-là-ta] *s.f.* Colpo di rivoltella.

rivoltoso [ri-vol-tó-so] *agg.* e *s.m.* Che, chi è in rivolta, partecipa a una rivolta Ⓢ ribelle, insorto.

rivoluzionare [ri-vo-lu-zio-nà-re] *v.tr.* Trasformare, cambiare radicalmente: *il progresso tecnologico ha rivoluzionato la nostra vita.*

rivoluzionario [ri-vo-lu-zio-nà-rio] *agg.* **1** Della rivoluzione; che vuole la rivoluzione, che lotta per realizzarla: *un capo rivoluzionario*; *gruppi, partiti rivoluzionari* **2** ♧ Che attua o costituisce un profondo cambiamento, una radicale innovazione: *un'invenzione, una scoperta, una tecnica rivoluzionaria* ♦ *s.m.* Chi promuove una rivoluzione o vi partecipa.

rivoluzione [ri-vo-lu-zió-ne] *s.f.* **1** Cambiamento radicale e per lo più violento dell'ordine politico-sociale di un paese: *la rivoluzione francese, russa* **2** Trasformazione radicale dell'economia, della società e della tecnica per effetto di nuove scoperte e invenzioni: *rivoluzione industriale, tecnologica*; *l'elettronica e l'informatica hanno operato una rivoluzione in molti settori produttivi* ◊ Profondo cambiamento del modo di vivere: *l'auto e la televisione hanno portato una rivoluzione nei costumi* **3** ♧ Scompiglio, confusione, trambusto: *che rivoluzione in questa casa!* **4** Movimento circolare di un corpo celeste intorno a un altro: *la rivoluzione della Terra intorno al Sole.*

rizzare [riz-zà-re] *v.tr.* Mettere ritto, alzare in posizione eretta: *rizzare un palo, una tenda* | ♧ *Rizzare gli orecchi* = mettersi ad ascoltare attentamente ♦ **rizzarsi** *v.pr.* **1** Alzarsi in piedi; mettersi in posizione eretta: *si rizzò da terra*; *si rizzò a sedere sul letto* **2** Diventare ritto: *mi si sono rizzati i capelli dallo spavento.*

roast beaf [locuzione inglese; pron. corrente *ròsbif*] *s.m.invar.* Piatto di carne di manzo cotta in modo da essere rosolata all'esterno ma al sangue all'interno.

roba [rò-ba] *s.f.* **1** Qualsiasi oggetto o insieme di oggetti, di cose: *cos'è quella roba che hai in mano?*; *ha la casa piena di roba inutile* | *Roba di valore* = oggetti preziosi ◊ Cibi, bevande: *mangiare roba buona* ◊ Biancheria, abiti, indumenti: *ho un sacco di roba da lavare*; *si veste sempre con roba fine* ◊ Merce: *vende roba usata* **2** Ciò che si possiede Ⓢ beni, proprietà: *tutto questo è roba mia*; *ha lasciato la sua roba ai nipoti* **3** Cosa, fatto: *è successa una roba incredibile* ◊ Faccenda, questione, materia: *non è roba che ti riguardi*; *di questa roba non ci capisco niente.*

robot [rò-bot o ro-bòt] *s.m.invar.* Macchina automatica in grado di sostituire l'uomo in alcune attività produttive: *l'impiego dei robot nell'industria automobilistica* ◊ Automa meccanico che imita l'aspetto e i movimenti dell'uomo.

robotica [ro- bò-ti-ca] *s.f.* Branca dell'ingegneria che studia, progetta e costruisce robot in grado di sostituire il lavoro umano in campo industriale, medico e scientifico.

robusto [ro-bù-sto] *agg.* **1** Forte e ben piantato, vigoroso, muscoloso: *un ragazzo robusto*; *corporatura robusta*; *braccia robuste* **2** (detto di cose) Solido, resistente: *un ponte robusto*; *una fune robusta.*

rocca1 [ròc-ca] *s.f.* Fortezza costruita nel luogo più elevato di centri abitati antichi.

rocca2 [róc-ca] *s.f.* Arnese per la filatura a mano, costituito da un'asta di legno con un'estremità più grossa attorno alla quale si avvolge la fibra da filare con il fuso.

roccaforte [roc-ca-fòr-te] *s.f.* [pl. *roccheforti* o *roccaforti*] Fortezza, cittadella fortificata.

rocchetto [roc-chét-to] *s.m.* Piccolo cilindro con i bordi sporgenti, su cui è avvolto il filo per cucire.

roccia [ròc-cia] *s.f.* [pl. *–ce*] Massa di minerali che costituisce la parte più dura e compatta della crosta terrestre: *una strada scavata nella roccia* ◊ Masso di pietra affiorante Ⓢ rupe: *tuffarsi da una roccia a picco sul mare*; *una zona piena di rocce*.

roccioso [roc-ció-so] *agg.* Costituito da roccia: *la scavatrice incontrò uno strato roccioso* ◊ Pieno di rocce: *una zona rocciosa*.

rock [parola inglese; pron. corrente *ròc*] *s.m. invar.* Genere musicale derivato dal rock and roll ♦ anche *agg.invar.*: *musica, concerto rock*.

rock and roll [locuzione inglese; pron. corrente *rochenròl*] *s.m.invar.* Genere di musica leggera e di ballo dal ritmo veloce e marcato.

roco [rò-co] *agg.* [m.pl. *–chi*] Rauco: *ho la voce roca per il mal di gola* ◊ Detto di suono, basso e poco limpido.

rodaggio [ro-dàg-gio] *s.m.* **1** Periodo iniziale del funzionamento di un motore, di una macchina, durante il quale li si fa andare a velocità moderata **2** ♧ Periodo di prove e allenamenti per raggiungere la piena efficienza in un'attività: *la squadra è ancora in fase di rodaggio*.

rodere [ró-de-re] *v.tr.* [pass.rem. *rósi, rodésti*; part.pass. *róso*] **1** Rosicchiare, consumare con i denti: *il tarlo rode il legno*; *un libro roso dai topi* **2** Consumare, corrodere lentamente ma in modo continuo (anche ♧): *la ruggine rode il ferro*; *era roso dai rimorsi* ♦ **rodersi** *v.pr.* ♧ Tormentarsi: *rodersi dall'invidia, dalla gelosia*.

Roditori [ro-di-tó-ri] *s.m.pl.* Gruppo di Mammiferi dotati di denti incisivi molto sviluppati, atti a rodere: *i topi, gli scoiattoli, i conigli, i castori sono roditori*.

roggia [ròg-gia] *s.f.* [pl. *–ge*] Piccolo canale usato spec. per irrigare i campi.

rogna [ró-gna] *s.f.* **1** Malattia della pelle detta anche *scabbia* **2** ♧ Cosa che costituisce un fastidio, una noia: *che rogna questa pratica!* | *Cercar rogne* = cercar guai: *vai in giro a cercar rogne*?

rognoso [ro-gnó-so] *agg.* **1** Affetto da rogna: *un cane rognoso* **2** ♧ Detto di persona difficile da trattare o fastidiosa, o di lavoro che comporta difficoltà, noie, fastidi: *un tipo, un affare rognoso*.

rogo [rò-go o ró-go] *s.m.* [pl. *–ghi*] **1** Catasta di legna su cui bruciare i cadaveri o su cui, in passato, venivano arsi vivi alcuni condannati a morte **2** Incendio violento Ⓢ falò: *in pochi minuti la casa si trasformò in un rogo*.

rollino vedi **rullino**.

rollio [rol-lì-o] *s.m.* Movimento di oscillazione a destra e a sinistra di una nave o di un aereo.

rom [ròm] *agg.invar.* e *s.m.f.invar.* Nome di uno dei principali gruppi etnici delle popolazioni nomadi degli zingari.

romanico [ro-mà-ni-co] *agg.* e *s.m.* [pl.m. *–ci*] Detto dello stile caratteristico dell'arte dell'Europa occidentale tra i secoli XI e XIII: *una chiesa in stile romanico*; *una scultura romanica*.

romano [ro-mà-no] *agg.* **1** Della città di Roma: *la popolazione romana* **2** Dell'antica Roma: *l'impero romano*; *la storia romana* | *Numeri romani* = quelli rappresentati da lettere maiuscole (I = 1, V = 5, X = 10, L = 50, C = 100, D = 500, M = 1000) ♦ *s.m.* **1** Cittadino, abitante di Roma moderna **2** Cittadino dell'antica Roma.

romanticismo [ro-man-ti-cì-smo] *s.m.* Atteggiamento e comportamento incline al sentimentalismo, alla fantasticheria: *il tipico romanticismo dei giovani*; *un amore pieno di romanticismo*.

romantico [ro-màn-ti-co] *agg.* [pl.m. *–ci*] Sentimentale, idealista, incline al sogno o alla malinconia: *una ragazza romantica*; *ha un temperamento romantico* ◊ Che ispira sentimenti amorosi, di tenerezza, di commozione: *una passeggiata romantica al chiaro di luna*.

romanzesco [ro-man-zé-sco] *agg.* [pl.m. *–schi*] **1** Che riguarda i romanzi: *la letteratura romanzesca* **2** ♧ Detto di fatti e vicende che sembrano tratti da un romanzo tanto sono strani, straordinari o avventurosi: *ha avuto una vita romanzesca*; *una storia, un'impresa romanzesca*.

romanziere [ro-man-ziè-re] *s.m.* Scrittore di romanzi.

romanzo [ro-màn-zo] *s.m.* **1** Opera narrativa di una certa ampiezza, che racconta vicende e avvenimenti tratti dalla realtà e dalla storia o puramente inventati: *romanzi storici, d'avventure, di fantascienza* | *Romanzo giallo* = poliziesco | *Romanzo rosa* = basato su storie d'amore a lieto fine | *Romanzo sceneggiato* = adattato per una rappresentazione televisiva **2** ♧ Vicenda o serie di vicende appassionanti, incredibili o avventurose come un romanzo: *ti racconterò il loro romanzo d'amore*; *la sua vita è stata tutta un romanzo*.

rombare [rom-bà-re] *v.intr.* [aus. *avere*] Produrre un rumore forte, cupo e prolungato: *i motori rombavano sulla pista*.

rombo[1] [róm-bo] *s.m.* Suono, rumore cupo e forte: *si udiva il rombo dei cannoni, del tuono.*

rombo[2] [róm-bo] *s.m.* Parallelogramma con tutti i lati uguali e gli angoli opposti uguali.

rombo[3] [róm-bo] *s.m.* Pesce marino commestibile dal corpo appiattito a forma di rombo.

rompere [róm-pe-re] *v.tr.* [pass.rem. *rùppi, rompésti*; part.pass. *rótto*] **1** Spezzare; fare a pezzi Ⓢ spaccare, infrangere: *rompere un bastone*; *rompere un piatto, uno specchio* | *Rompersi un braccio, una gamba* = fratturarseli | ♧ *Rompere il muso, la faccia a qualcuno* = picchiarlo con violenza | ♧ *Rompere i timpani, gli orecchi* = assordare | ♧ *Rompere le scatole, l'anima* = infastidire, seccare | *Rompere gli argini* = straripare (detto di fiume) ◊ Guastare, mettere fuori uso © aggiustare: *rompere un giocattolo, il televisore* **2** ♧ Interrompere, metter fine, troncare: *rompere il digiuno, il silenzio, l'incantesimo*; *rompere il fidanzamento, un'amicizia, i rapporti* | *Rompere gli indugi* = passare all'azione ◊ Non rispettare, infrangere, violare: *rompere la tregua, i patti* ♦ *v.intr.* [aus. *avere*] Troncare i rapporti, l'amicizia con qualcuno: *con lui ho rotto per sempre* ♦ **rompersi** *v.pr.* Spezzarsi, spaccarsi, infrangersi: *la fune si è rotta in questo punto*; *il vaso cadde e si ruppe* ◊ Guastarsi: *si è rotta la lavatrice.*

rompicapo [rom-pi-cà-po] *s.m.* [pl. *–pi*] Problema, questione molto difficile da risolvere: *questa inchiesta è un vero rompicapo* ◊ Gioco enigmistico di difficile soluzione.

rompicollo [rom-pi-còl-lo] *s.m.f.invar.* **1** Persona che agisce in modo avventato, spericolato **2** *A rompicollo* = a rotta di collo, a tutta velocità: *correre a rompicollo.*

rompighiaccio [rom-pi-ghiàc-cio] *s.m.invar.* Nave con scafo molto robusto e una prua tagliente capace di aprirsi la strada in mari, laghi e fiumi ghiacciati.

rompiscatole [rom-pi-scà-to-le] *s.m.f.invar.* Persona importuna, che dà noia e fastidio Ⓢ scocciatore: *non ne posso più di quel rompiscatole!*

roncola [rón-co-la] *s.f.* Attrezzo per tagliare e potare i rami, formato da una lama ricurva fissata a un manico di legno.

ronda [rón-da] *s.f.* Pattuglia di militari che svolge un servizio e un giro di vigilanza: *il marinaio ubriaco si nascose vedendo arrivare la ronda.*

rondella [ron-dèl-la] *s.f.* Piccolo e piatto anello di metallo che si pone tra il dado del bullone o la testa della vite e il pezzo da collegare, per evitare che si svitino.

rondine [rón-di-ne] *s.f.* Uccello migratore con piumaggio nero sul dorso e bianco sul petto.

ronzare [ron-zà-re] *v.intr.* [aus. *avere*] **1** Emettere un rumore sordo, vibrante e prolungato: *una mosca ronzava per la stanza*; *un aereo passò ronzando nel cielo* **2** ♧ Girare insistentemente intorno a un luogo o a una persona: *è da un'ora che sta ronzando qui intorno* | *Ronzare attorno a una donna* = farle la corte.

ronzino [ron-zì-no] *s.m.* Cavallo di scarso pregio o malandato.

ronzio [ron-zì-o] *s.m.* Rumore sordo, vibrante e continuato caratteristico del volo di alcuni insetti (zanzare, api, mosche ecc.) ◊ Rumore simile prodotto da motori lontani, proiettili che passano vicini o che si sente talvolta nelle orecchie; anche, brusio di voci lontane.

rosa [rò-sa] *s.f.* **1** Pianta a forma di arbusto o di cespuglio, con spine ricurve sul fusto e sui rami e, a seconda delle specie, fiori più o meno profumati di varia grandezza e colore ◊ Il fiore di questa pianta: *cogliere una rosa*; *offrire un mazzo di rose* **2** ♧ Gruppo di persone al cui interno si deve operare una scelta o da cui uscirà il vincitore di una competizione, di un premio: *la rosa dei candidati, dei concorrenti, dei favoriti* **3** *Rosa dei venti* = figura a forma di stella le cui punte indicano i punti cardinali e le direzioni da cui provengono i venti ♦ *s.m.* Colore intermedio tra il bianco e il rosso: *dipingere una casa di rosa* ♦ *agg.invar.* Di color rosa: *un vestito rosa*; *nuvole rosa* | *Maglia rosa* = quella indossata al giro d'Italia dal corridore ciclista primo in classifica; il corridore stesso che la indossa | *Romanzo rosa* = di argomento amoroso | ♧ *Vedere tutto rosa* = essere molto o troppo ottimista.

rosario [ro-sà-rio] *s.m.* Sequenza di preghiere in onore della Madonna: *un gruppo di donne recitava il rosario* ◊ Catenella con una filza di grani che si fanno scorrere tra le dita per tenere il conto delle preghiere che compongono il rosario.

roseo [rò-se-o] *agg.* Di color rosa: *guance rosee* | ♧ *Avvenire roseo* = che si preannuncia lieto, sereno: *vedeva davanti a sé un avvenire roseo.*

roseto [ro-sé-to] *s.m.* Gruppo di rose; terreno piantato a rose.

rosicare [ro-si-cà-re] *v.tr.* [*rósico, rósichi*] Rosicchiare: *i topi rosicano il formaggio.*

rosicchiare [ro-sic-chià-re] *v.tr.* **1** Rodere poco a poco con i denti: *il cane rosicchiava il suo osso* **2** ♧ In gare e campionati, ridurre poco a poco lo svantaggio da un avversario: *rosicchiare un punto, un minuto.*

rosmarino [ro-sma-rì-no] *s.m.* Arbusto dalle foglie molto sottili e aromatiche, utilizzate in cucina per insaporire i cibi.

rosolare [ro-so-là-re] *v.tr.* Cuocere a fuoco lento una vivanda finché prenda all'esterno un colore rossiccio: *rosolare l'arrosto, le patate* ♦ **rosolarsi** *v.pr.* Cuocersi a fuoco lento ◊ ♧ *Rosolarsi al sole* = stare a lungo al sole per abbronzarsi.

rosone [ro-só-ne] *s.m.* Nelle chiese romaniche e gotiche, grande finestra circolare posta sopra la porta principale al centro della facciata.

rospo [rò-spo] *s.m.* Animale anfibio simile alla rana, ma più grande e tozzo | ♧ *Ingoiare il rospo, un rospo* = accettare, subire qualcosa di sgradito | ♧ *Sputare il rospo* = dire ciò che ci amareggia o preoccupa dopo averlo tenuto a lungo nascosto.

rossetto [ros-sét-to] *s.m.* Cosmetico per tingere le labbra, per lo più in forma di bastoncino.

rossiccio [ros-sìc-cio] *agg.* Di colore tendente al rosso: *un gatto dal pelo rossiccio.*

rosso [rós-so] *agg.* Che è del colore del sangue vivo, della brace, del rubino: *rose rosse*; *vino rosso* | *Diventare rosso* = arrossire per la vergogna, l'imbarazzo ♦ *s.m.* **1** Il colore rosso: *il cielo si tinse di rosso* **2** Persona dai capelli rossi **3** Luce rossa nei semafori che indica l'obbligo di fermarsi: *passare col rosso.*

rossore [ros-só-re] *s.m.* Arrossamento improvviso del viso causato da vergogna, pudore, imbarazzo, rabbia, sdegno: *mentì e subito il rossore le salì alle guance.*

rosticceria [ro-stic-ce-rì-a] *s.f.* Negozio in cui si preparano e si vendono cibi caldi, spec. arrosti e fritture.

rostro [rò-stro] *s.m.* Il becco adunco degli uccelli rapaci: *il rostro dell'aquila, del falco.*

rotaia [ro-tà-ia] *s.f.* Ciascuna delle due guide d'acciaio su cui scorrono le ruote di tram, treni ecc.

rotante [ro-tàn-te] *agg.* Che ruota, gira: *le pale rotanti di un elicottero.*

rotare vedi **ruotare**.

rotativa [ro-ta-tì-va] *s.f.* Macchina per la stampa di giornali e riviste, in cui sia la matrice stampante che la carta sono fissate su cilindri rotanti.

rotatorio [ro-ta-tò-rio] *agg.* Detto del moto di un corpo intorno al proprio asse o intorno a un punto fisso: *la Terra compie un moto rotatorio su se stessa.*

rotazione [ro-ta-zió-ne] *s.f.* **1** Movimento di un corpo intorno al proprio asse o a un punto fisso: *il moto di rotazione della Terra*; *imprimere una rotazione a una palla* ◊ Movimento circolare del proprio corpo o di una sua parte: *rotazione della testa, delle gambe* **2** ♧ Avvicendamento, alternanza: *rotazione dei turni, dei giocatori* | *Rotazione delle colture* = il sistema di alternare colture diverse su un terreno per non impoverirlo.

roteare [ro-te-à-re] *v.tr.* Muovere intorno con rapidità: *roteare gli occhi, la spada, un bastone* ♦ *v.intr.* [aus. *avere*] Volare in cerchio: *un falco roteava sulle nostre teste.*

rotella [ro-tèl-la] *s.f.* Piccola ruota (spec. come parte di meccanismi e attrezzi vari): *le rotelle dell'orologio*; *sedia a rotelle*; *pattini a rotelle* | ♧ *Gli manca una rotella* = non ha la testa a posto, è un tipo strambo.

rotocalco [ro-to-càl-co] *s.m.* [pl. *-chi*] Periodico illustrato.

rotolare [ro-to-là-re] *v.tr.* Spingere, spostare avanti un corpo tondeggiante o cilindrico facendolo girare su se stesso: *rotolare un barile, un masso* ♦ *v.intr.* [aus. *essere*] Muoversi girando su se stesso: *la palla rotola* ◊ Cadere girando su se stesso Ⓢ ruzzolare: *è rotolato giù dalle scale* ♦ **rotolarsi** *v.pr.* Girarsi su se stesso stando disteso: *si rotolava sul letto per il dolore.*

rotolo [rò-to-lo] *s.m.* **1** Involto, pacchetto di forma cilindrica: *aveva un rotolo sotto braccio* ◊ Materiale avvolto su se stesso in modo da formare un cilindro: *un rotolo di carta* | *Rotolo fotografico* = rullino **2** ♧ *A rotoli* = in rovina, in malora: *la sua azienda è andata a rotoli.*

rotonda [ro-tón-da] *s.f.* Terrazza, piattaforma, spiazzo o costruzione di forma più o meno circolare: *il ristorante aveva anche una rotonda sul mare.*

rotondo [ro-tón-do] *agg.* Che ha una forma circolare o sferica: *un tavolo rotondo*; *la palla è rotonda* ◊ Tondeggiante: *viso, mento rotondo.*

rotta[1] [rót-ta] *s.f.* **1** *Essere in rotta con qualcuno* = essere in forte contrasto, aver troncato con lui ogni rapporto amichevole | *A rotta di collo* = a precipizio, in gran fretta: *è sceso giù a rotta di collo* **2** Disfatta, fuga rovinosa di un esercito.

rotta[2] [rót-ta] *s.f.* Il percorso, la direzione lungo cui procede o deve procedere una nave o un aereo: *seguire la rotta prestabilita*; *invertire la rotta* | *Fare rotta per un luogo* = dirigersi verso quel luogo: *la nave fece rotta per Genova.*

rottame [rot-tà-me] *s.m.* Frammento di cosa rotta: *un deposito di rottami di ferro* ◊ Ammasso di pezzi rotti e inutilizzabili: *l'incidente ridusse la macchina a un rottame.*

rotto [rót-to] *agg.* Ridotto in pezzi, spaccato: *un*

vaso, un vetro rotto ◊ Fratturato: *ha una gamba rotta* | ♧ *Avere, sentirsi le ossa rotte* = essere, sentirsi molto stanco ◊ Non più funzionante Ⓢ guasto: *la radio è rotta* ♦ *s.m. Per il rotto della cuffia* = a stento, a fatica: *se l'è cavata per il rotto della cuffia.*

rottura [rot-tù-ra] *s.f.* **1** Spaccatura; guasto: *la rottura di un vetro, degli argini di un fiume*; *l'incidente è stato causato dalla rottura dello sterzo* | ♧ *Rottura di scatole* = noia, seccatura ◊ Frattura: *ha riportato la rottura di una gamba* **2** ♧ Brusca interruzione di rapporti o trattative: *la rottura di un fidanzamento, dei negoziati* ◊ Violazione di accordi: *rottura della tregua, dei patti.*

rotula [rò-tu-la] *s.f.* Osso anteriore del ginocchio, di forma appiattita e tondeggiante.

roulette [parola francese; pron. *rulèt*] *s.f.invar.* Gioco d'azzardo che si fa gettando una pallina su un piatto girevole (*roulette*) suddiviso in caselle numerate e colorate alternativamente in rosso e in nero; vince chi indovina su quale numero e colore si fermerà la pallina alla fine del movimento del piatto.

roulotte [parola francese; pron. *rulòt*] *s.f.invar.* Rimorchio di autovettura, attrezzato per servire da abitazione in viaggi e campeggi.

round [parola inglese; pron. *ràund*] *s.m.invar.* Ciascuna delle riprese in cui si divide un incontro di pugilato.

routine [parola francese; pron. *rutìn*] *s.f.invar.* Ritmo di vita e di lavoro abituale e monotono: *vorrei fare qualcosa di diverso per uscire dalla solita routine.*

rovello [ro-vèl-lo] *s.m.* Pensiero ossessivo, tormento interiore.

rovente [ro-vèn-te] *agg.* Così infuocato da diventare rosso: *ferro, carbone rovente* ◊ Che scotta Ⓢ caldissimo, cocente Ⓒ gelido: *sole, sabbia rovente.*

rovere [ró-ve-re] *s.m.* Varietà di quercia dal fusto molto alto, che dà un legno molto duro e compatto: *un tavolo di rovere.*

rovesciare [ro-ve-scià-re] *v.tr.* **1** Voltare sottosopra o dalla parte opposta al diritto Ⓢ rivoltare, capovolgere: *rovesciare la terra con la vanga*; *rovesciare le tasche di una giacca*; *un'ondata rovesciò la barca* | ♧ *Rovesciare la situazione* = cambiarla radicalmente ◊ Far cadere: *rovesciare una sedia, un bicchiere* ◊ ♧ Abbattere: *rovesciare un governo* **2** Versare giù o fuori: *hai rovesciato il vino sulla tovaglia*; *rovesciò sul tavolo il contenuto della borsa* ♦ **rovesciarsi** *v.pr.* **1** Capovolgersi, ribaltarsi ◊ Cadere giù (di cosa che stava in piedi) **2** Versarsi fuori uscendo da un recipiente: *il vino si rovesciò sulla tavola* ◊ Cadere giù o addosso con forza Ⓢ abbattersi: *un temporale si rovesciò sulla città*; *un'ondata si rovesciò sulla barca* **3** ♧ Accorrere, precipitarsi in massa disordinata: *una gran folla si rovesciò nelle strade.*

rovesciata [ro-ve-scià-ta] *s.f.* Nel calcio, tiro al volo con cui un giocatore invia la palla alle proprie spalle: *ha segnato con una rovesciata.*

rovescio [ro-vè-scio] *agg. A rovescio, alla rovescia* = in modo inverso, contrario o opposto a quello giusto o normale: *si è messo la maglia alla rovescia*; *fare, capire le cose alla rovescia*; *oggi mi va tutto a rovescio* ♦ *s.m.* **1** Lato opposto al dritto o a quello considerato principale: *il rovescio di un foglio, di una stoffa, di una moneta* | ♧ *Il rovescio della medaglia* = il lato negativo di una situazione **2** Nel tennis e nel ping-pong, colpo dato con la parte della racchetta corrispondente al dorso della mano **3** Acquazzone breve e violento: *un rovescio di pioggia* **4** ♧ Perdita, rovina finanziaria; sconfitta.

rovina [ro-vì-na] *s.f.* **1** Crollo, distruzione o grave deterioramento: *il terremoto ha causato la rovina di molti edifici*; *un vecchio palazzo che sta andando in rovina* **2** (spec. al *pl.*) Insieme di edifici crollati Ⓢ macerie: *dopo il terremoto si cercavano i superstiti tra le rovine* ◊ Avanzi di antiche costruzioni Ⓢ ruderi: *le rovine di un tempio egizio* **3** ♧ Sfacelo, fallimento, dissesto finanziario: *l'inflazione causò la rovina economica del paese*; *mandare in rovina un'azienda, una persona* ◊ Chi o ciò che è causa di rovina, di disgrazia: *quel figlio è la rovina della sua famiglia*; *la sua rovina è stata l'alcol.*

rovinare [ro-vi-nà-re] *v.tr.* Danneggiare, guastare, compromettere gravemente: *il maltempo ha rovinato il raccolto*; *attento a non rovinare quel libro!*; *si rovina la salute fumando* ◊ ♧ Mandare in sfacelo, in fallimento, in miseria: *la guerra rovinò il paese*; *il gioco lo ha rovinato* ♦ *v.intr.* [aus. *essere*] Crollare: *la casa rovinò al suolo* ◊ Precipitare con impeto: *la valanga rovinò a valle* ♦ **rovinarsi** *v.pr.* **1** Procurarsi un danno irreparabile: *si è rovinato con il gioco* **2** Guastarsi, sciuparsi: *i libri si rovinano con l'umidità.*

rovinoso [ro-vi-nó-so] *agg.* Che causa gravi danni e disgrazie Ⓢ disastroso: *piogge rovinose*; *una piena rovinosa.*

rovistare [ro-vi-stà-re] *v.tr.* e *v.intr.* [aus. *avere*] Frugare: *ho rovistato tutta la casa, ma le chiavi non le ho trovate*; *non voglio che rovisti nei miei cassetti.*

rovo [ró-vo] *s.m.* Pianta cespugliosa con fusto e rami spinosi, che dà piccoli frutti chiamati *more*.

rozzo [róz-zo] *agg.* **1** Grezzo, non lavorato: *pietra, lana rozza* **2** ♧ Non raffinato Ⓢ grossolano: *un uomo rozzo*; *una tecnica rozza* ◊ Sgarbato, maleducato Ⓒ fine, educato: *modi rozzi*.

ruba [rù-ba] *s.f.* *Andare a ruba* = detto di cose in vendita, venire vendute in brevissimo tempo.

rubare [ru-bà-re] *v.tr.* Prendere di nascosto o comunque illecitamente un bene altrui: *gli hanno rubato il portafoglio*; *rubare un'automobile* ◊ ♧ Sottrarre, portar via quanto appartiene o spetta ad altri: *rubare la fidanzata a un amico* | *Rubare un'idea* = farla passare per propria | *Rubare il mestiere a qualcuno* = fare qualcosa che è di sua competenza | *Rubare ore al sonno* = dedicarle ad altro anziché al necessario riposo.

rubicondo [ru-bi-cón-do] *agg.* Rosso (detto del colorito del viso, del naso e di persona che ha questo colorito).

rubinetto [ru-bi-nét-to] *s.m.* Dispositivo che permette di aprire, chiudere e regolare il flusso di un liquido o di un gas in una tubazione azionando manualmente una chiavetta o una manopola.

rubino [ru-bì-no] *s.m.* Pietra preziosa di colore rosso intenso (detto appunto *rosso rubino*).

rubrica [ru-brì-ca] *s.f.* **1** Quaderno, taccuino con i margini laterali a scaletta contrassegnati dalle lettere dell'alfabeto per facilitare la consultazione di nomi, indirizzi, appunti segnati in ordine alfabetico **2** Sezione di un giornale o di una trasmissione radiotelevisiva regolarmente riservata a un argomento: *rubrica sportiva, teatrale, culturale, medica, sindacale*.

rude [rù-de] *agg.* Duro e aspro di carattere; forte e risoluto nel comportamento o rozzo e brusco di modi: *un rude montanaro*; *parole rudi ma sincere*; *sei stato troppo rude con lui* ◊ Duro e faticoso: *la rude vita dei campi*.

rudere [rù-de-re] *s.m.* (spec. al *pl.*) Resto, rovina di antiche costruzioni: *i ruderi di un castello medievale*.

rudimentale [ru-di-men-tà-le] *agg.* Elementare, primitivo, poco sviluppato: *ha solo qualche nozione rudimentale di medicina*; *tecniche, sistemi rudimentali di lavoro, di produzione*.

ruffiano [ruf-fià-no] *s.m.* Chi cerca di ingraziarsi qualcuno e ottenerne i favori con l'adulazione e con modi servili: *fa il ruffiano con il direttore*.

ruga [rù-ga] *s.f.* Piega, grinza della pelle, spec. del viso: *un vecchio con il volto coperto di rughe*.

rugby [parola inglese; pron. *ràgbi*] *s.m.invar.* Gioco che si svolge su un campo erboso tra due squadre di quindici giocatori che cercano di portare con le mani una palla ovale oltre la linea di fondo avversaria.

ruggine [rùg-gi-ne] *s.f.* **1** Sostanza di colore bruno-rossastro che si forma per effetto dell'umidità sulla superficie del ferro e lo corrode e disgrega progressivamente **2** ♧ Ostilità, malanimo, astio, rancore: *hanno litigato tempo fa e c'è ancora un po' di ruggine tra loro*.

ruggire [rug-gì-re] *v.intr.* [*ruggìsco, ruggìsci*; aus. *avere*] **1** Emettere un ruggito, dei ruggiti (detto del leone o di altre belve) **2** ♧ Gridare, urlare furiosamente: *il ferito ruggiva dal dolore*; *ruggire di rabbia* ◊ Rumoreggiare fragorosamente e minacciosamente (detto di forze naturali): *si sentiva ruggire la tempesta, il mare*.

ruggito [rug-gì-to] *s.m.* **1** Il verso caratteristico del leone **2** ♧ Grido, urlo furioso: *un ruggito di rabbia, di dolore* ◊ Fragore minaccioso di elementi infuriati: *il ruggito del mare in tempesta*.

rugiada [ru-già-da] *s.f.* Goccioline d'acqua che di notte si depositano su oggetti al suolo per effetto della condensazione del vapore acqueo dovuta all'abbassamento della temperatura: *i prati al mattino erano coperti di rugiada*.

rugoso [ru-gó-so] *agg.* Coperto di rughe: *un volto rugoso*.

rullare [rul-là-re] *v.intr.* [aus. *avere*] **1** Risuonare con rumore cupo e cadenzato, detto dei tamburi percossi con colpi rapidi **2** Detto di aereo, spostarsi a terra sulle ruote del carrello nella fase di decollo o dopo l'atterraggio.

rullino [rul-lì-no] o **rollino** [rol-lì-no] *s.m.* Rotolo di pellicola fotografica.

rullio [rul-lì-o] *s.m.* Serie prolungata di colpi di tamburo.

rullo [rùl-lo] *s.m.* **1** Suono ritmico del tamburo quando viene percosso con colpi forti e frequenti: *i soldati marciavano al rullo dei tamburi* **2** Attrezzo o elemento di forma cilindrica che gira intorno al proprio asse: *trasportare qualcosa facendolo scorrere su dei rulli*; *rulli per dipingere* | *Rullo compressore* = pesante cilindro montato su un veicolo e usato per comprimere e spianare terreni e pavimentazioni stradali.

rum [rum] o **rhum** [rhum] *s.m.* Acquavite ricavata dalla canna da zucchero fermentata.

Ruminanti [ru-mi-nàn-ti] *s.m.pl.* Gruppo di Mammiferi erbivori con lo stomaco diviso in quattro cavità e atto a ruminare il cibo: *il bue, la pecora, il cervo sono ruminanti.*

ruminare [ru-mi-nà-re] *v.tr.* Far ritornare il cibo dallo stomaco alla bocca e masticarlo a lungo prima di digerirlo definitivamente (detto degli animali ruminanti).

rumore [ru-mó-re] *s.m.* **1** Qualsiasi suono di carattere irregolare e non musicale, spec. se sgradevole e fastidioso: *il rumore del tuono, della pioggia, del treno, del traffico*; *cerca di non fare rumore* **2** ♧ Scalpore; chiacchiere, reazioni vivaci: *un fatto che ha destato molto rumore*; *non è il caso di far tanto rumore per una cosa da nulla.*

rumoreggiare [ru-mo-reg-già-re] *v.intr.* [aus. *avere*] Fare un rumore prolungato: *il tuono rumoreggiava in lontananza* ◊ Protestare rumorosamente, far tumulto: *il pubblico, irritato per il ritardo, cominciò a rumoreggiare.*

rumoroso [ru-mo-ró-so] *agg.* Che fa molto rumore: *una macchina rumorosa*; *ha una risata rumorosa* ◊ Pieno di rumori © silenzioso: *una strada, una zona rumorosa.*

ruolo [ruò-lo] *s.m.* **1** Elenco ufficiale delle persone che fanno parte dell'organico di un ente, di un'amministrazione, di un'azienda | *Di ruolo* = detto di dipendente dello stato che ha un posto di lavoro stabile: *professore, impiegato di ruolo* **2** La parte, il personaggio che un attore interpreta in un'opera teatrale, in un film: *gli hanno dato il ruolo del protagonista*; *ha recitato nel ruolo di Amleto* ◊ Il compito assegnato in una squadra a ogni singolo giocatore: *giocare nel ruolo di portiere, di attaccante* ◊ ♧ La parte, la funzione, l'influenza che una persona, un gruppo di persone o un fattore hanno in una situazione o nella realizzazione di qualcosa: *ha un ruolo importante nella sua azienda*; *in quella vicenda gli è toccato un ruolo antipatico*; *il ruolo della scuola nell'educazione dei giovani*; *le esportazioni hanno svolto un ruolo decisivo nella ripresa economica.*

ruota [ruò-ta] *s.f.* **1** Organo a forma di cerchio o di disco, girevole sul proprio asse; applicato a veicoli ne consente il più efficace spostamento in quanto riduce fortemente l'attrito con il suolo; come elemento di macchine e meccanismi ha la funzione di trasmettere il moto: *le ruote del carro, dell'automobile*; *le ruote dentate dell'orologio, di un ingranaggio* | *La ruota del mulino* = quella a pale, mossa dall'acqua, che fa girare la macina | *Arrivare a ruota* = nel ciclismo, a brevissima distanza da un altro corridore; ♧ venire subito dopo qualcun altro | ♧ *Parlare a ruota libera* = senza alcun freno o limite | ♧ *Mettere i bastoni tra le ruote* = ostacolare, creare difficoltà | ♧ *Essere l'ultima ruota del carro* = non contare niente **2** Urna girevole da cui si estraggono i numeri del lotto **3** Oggetto, elemento, movimento di forma circolare: *la ruota del timone, della roulette*; *il volo a ruota del falco* | *Fare la ruota* = detto del pavone e del tacchino quando aprono a ventaglio le penne della coda.

ruotare [ruo-tà-re] o **rotare** [ro-tà-re] *v.intr.* [*ruòto*; aus. *avere*] Girare intorno a un punto o intorno al proprio asse: *la Terra ruota intorno al Sole e su se stessa* ♦ *v.tr.* Far compiere un giro o un mezzo giro a qualcosa: *ruotare il busto, le braccia.*

rupe [rù-pe] *s.f.* Grande roccia dalle pareti scoscese: *una rupe a picco sul mare*; *cadere da una rupe.*

rurale [ru-rà-le] *agg.* Di campagna, delle campagne: *abita in un centro rurale*; *la vita rurale.*

ruscello [ru-scèl-lo] *s.m.* Piccolo e breve corso d'acqua: *si fermò a bere l'acqua fresca del ruscello di montagna.*

ruspa [rù-spa] *s.f.* Macchina per scavare il terreno e per spostare, sollevare, scaricare terra, detriti ecc.

ruspante [ru-spàn-te] *agg.* Detto di pollo non allevato industrialmente, ma che cresce razzolando liberamente sul terreno.

russare [rus-sà-re] *v.intr.* [aus. *avere*] Respirare rumorosamente nel sonno.

rustico [rù-sti-co] *agg.* [pl.m. *–ci*] **1** Di campagna, tipico della campagna Ⓢ campagnolo: *un fondo rustico*; *una casa rustica*; *cibi, piatti rustici* **2** Semplice, alla buona: *una cenetta rustica* ◊ Grezzo, non rifinito: *mobili rustici* **3** ♧ Rude, scontroso, poco socievole: *è un tipo piuttosto rustico* ♦ *s.m.* Costruzione rurale posta vicino a una villa o a una fattoria, usata come alloggio per contadini, come stalla o come deposito di attrezzi.

ruttare [rut-tà-re] *v.intr.* [aus. *avere*] Fare rutti.

rutto [rùt-to] *s.m.* Emissione rumorosa dalla bocca di aria proveniente dallo stomaco.

ruvido [rù-vi-do] *agg.* **1** Non liscio, non levigato: *pelle, scorza, pietra ruvida*; *un tessuto ruvido, di lana ruvida* **2** ♧ Rude, aspro, brusco, poco cortese: *un uomo ruvido*; *avere maniere ruvide.*

ruzzolare [ruz-zo-là-re] *v.intr.* [aus. *essere*] Cadere, precipitare giù rotolando: *ha perso l'equilibrio ed è ruzzolato giù per le scale.*

ruzzolone [ruz-zo-ló-ne] *s.m.* Caduta che si fa rotolando Ⓢ capitombolo: *scendendo per il ripido pendio è inciampato e ha fatto un ruzzolone.*

s, S

s *s.f.* o *m.* Diciassettesima lettera dell'alfabeto italiano; è una consonante e quando è sola si pronuncia *esse*; può avere un suono sordo (*sano, corsa, fosso*) o sonoro (*caso, sgombro*); è detta *s impura* quando precede un'altra consonante ◊ *S*, in geografia sta per *sud*.

s– Prefisso che viene premesso a verbi, aggettivi e sostantivi per esprimere diversi significati ◊ Serve a esprimere il contrario (*sleale, sfiducia, slegare, sgonfiare*) ◊ Serve a dare il significato di «togliere» (*sbucciare, sfamare, spolverare*) ◊ Esprime allontanamento, separazione (*sfuggire, sbarcare*) ◊ Serve a formare verbi derivati da altri verbi o da aggettivi e sostantivi (*scadere, sdoppiare, sbracciarsi*).

sabato [sà-ba-to] *s.m.* Il sesto giorno della settimana.

sabbia [sàb-bia] *s.f.* Insieme di granelli minuti provenienti dalla disgregazione di rocce e minerali: *la sabbia del deserto, della spiaggia* ◊ *Sabbie mobili* = depositi di sabbia impregnata d'acqua presenti nelle zone paludose, nei quali si affonda e da cui è difficile uscire.

sabbioso [sab-bió-so] *agg.* Costituito da sabbia: *spiaggia sabbiosa* ◊ Ricco di sabbia: *un terreno sabbioso.*

sabotaggio [sa-bo-tàg-gio] *s.m.* Azione con cui si distruggono o danneggiano, per scopi politici o militari, edifici, impianti, macchinari, mezzi e linee di trasporto ecc.

sabotare [sa-bo-tà-re] *v.tr.* (*sabòto* ecc.) **1** Distruggere o danneggiare, per scopi politici o militari, edifici, impianti, macchinari, mezzi e linee di trasporto o di comunicazione ecc. **2** ♧ Ostacolare con ogni mezzo: *sabotare un'iniziativa.*

sacca [sàc-ca] *s.f.* **1** Borsa di pelle o tessuto a forma di sacco, ampia e capace, usata per riporre e trasportare indumenti, biancheria, viveri e simili: *sacca da viaggio* **2** Rientranza, insenatura formata da un corso d'acqua.

saccarifero [sac-ca-rì-fe-ro] *agg.* Che contiene o produce zucchero: *piante saccarifere*; *industria saccarifera.*

saccente [sac-cèn-te] *agg.* e *s.m.f.* Che, chi presume di sapere cose che non sa o ostenta in modo antipatico e presuntuoso la propria cultura: *un ragazzo saccente*; *smettila di fare il saccente.*

saccheggiare [sac-cheg-già-re] *v.tr.* Devastare e depredare portando via tutto: *la città fu saccheggiata dai soldati*; *la folla in rivolta saccheggiò i negozi.*

saccheggio [sac-chég-gio] *s.m.* L'azione di saccheggiare Ⓢ sacco, razzia: *i soldati si diedero al saccheggio della città.*

sacco [sàc-co] *s.m.* [pl. *–chi*] **1** Recipiente di tela, carta o plastica, lungo e stretto, aperto in alto, usato per contenere e trasportare materiali in polvere, in grani o oggetti di piccole dimensioni: *sacchi per cemento, riso, caffè*; *sacchi per la corrispondenza, per la spazzatura* | ♧ *Vuotare il sacco* = confessare tutto quel che si sa | ♧ *Mettere uno nel sacco* = raggirarlo, imbrogliarlo | ♧ *Cogliere uno con le mani nel sacco* = sorprenderlo in flagrante **2** ♧ Gran quantità Ⓢ mucchio: *ha un sacco di soldi*; *ha detto un sacco di sciocchezze* ◊ Molto: *mi è piaciuto un sacco* **3** *Sacco da montagna* = zaino | *Colazione al sacco* = consumata all'aperto, durante una gita o un'escursione, con i cibi che ci si porta dietro | *Sacco a pelo* = lungo sacco imbottito con materiale che trattiene il calore, usato per dormire in tenda o all'aperto **4** Saccheggio.

sacerdote [sa-cer-dò-te] *s.m.* [f. *sacerdotessa*] Chi celebra i riti di una religione ◊ Nell'uso comune, prete cattolico.

sacramento [sa-cra-mén-to] *s.m.* Nel cristianesimo e in partic. nel cattolicesimo, rito istituito da Gesù per operare la salvezza dell'uomo: *il sacramento del battesimo, della cresima, dell'eucaristia, del matrimonio.*

sacrario [sa-crà-rio] *s.m.* Edificio consacrato alla memoria di chi è morto per la patria o per un ideale: *il sacrario dei caduti*; *il sacrario delle vittime del nazismo.*

sacrestano vedi **sagrestano**.

sacrestia vedi **sagrestia**.

sacrificare [sa-cri-fi-cà-re] *v.tr.* [*sacrìfico, sacrìfi-*

chi] **1** Nelle religioni pagane, offrire in dono alla divinità, uccidendoli, animali o esseri umani Ⓢ immolare **2** Rinunciare a qualcosa per un ideale, per un dovere, per una necessità: *sacrificare la vita per la libertà*; *ha dovuto sacrificare le vacanze allo studio* ♦ **sacrificarsi** *v.pr.* **1** Offrire la propria vita in sacrificio: *si è sacrificato per salvare l'amico* **2** Sottoporsi a rinunce, disagi per il bene altrui, per un ideale o per uno scopo: *quanti genitori si sacrificano per i figli!*

sacrificio [sa-cri-fi-cio] *s.m.* **1** Offerta alla divinità, mediante un rito religioso, di una cosa, di una vittima animale o umana, al fine di onorarla, ringraziarla, placarla o propiziarla: *gli aztechi celebravano sacrifici umani* **2** Offerta o perdita della vita: *il suo eroico sacrificio salvò molti innocenti*; *ogni guerra costa il sacrificio di molte vite umane* **3** Privazione, rinuncia, disagio che si affronta volontariamente o si subisce per necessità: *hanno fatto molti sacrifici per far studiare i figli*; *ha avuto una vita di sacrifici.*

sacrilegio [sa-cri-lè-gio] *s.m.* Offesa contro ciò che è sacro; profanazione, con atti o parole, di persone, cose o luoghi sacri: *i ladri rubando nella chiesa hanno commesso un sacrilegio.*

sacro[1] [sà-cro] *agg.* **1** Che appartiene o si riferisce alla divinità, alla religione: *la chiesa è un luogo sacro*; *una cerimonia sacra*; *la vacca per gli induisti è un animale sacro* | *Musica sacra* = composta per le cerimonie religiose | *Sacra scrittura* = la Bibbia **2** ♧ Degno del rispetto, dell'onore e della venerazione più assoluti Ⓢ inviolabile, intoccabile: *ogni giuramento è sacro*; *l'amicizia, l'ospitalità, la parola data per me è sacra.*

sacro[2] [sà-cro] *agg.* e *s.m.* Nome dell'osso posteriore del bacino formato dalle ultime vertebre della colonna vertebrale saldate tra loro.

sacrosanto [sa-cro-sàn-to] *agg.* Sacro e inviolabile: *la libertà è un diritto sacrosanto* ◊ Certissimo, indiscutibile: *ha detto una verità sacrosanta* ◊ Giustissimo; ben meritato: *parole sacrosante*; *gli ha dato una sacrosanta lezione.*

sadico [sà-di-co] *agg.* [pl.m. *–ci*] Caratterizzato da sadismo, che dimostra sadismo: *avere tendenze sadiche*; *provare un piacere sadico nel far soffrire gli altri* ♦ *s.m.* Chi è affetto da sadismo sessuale Ⓒ masochista ◊ Chi prova piacere nel tormentare gli altri, nel vederli soffrire.

sadismo [sa-dì-smo] *s.m.* **1** Perversione sessuale per cui una persona prova piacere erotico nell'infliggere sofferenze fisiche o morali Ⓒ masochismo **2** Crudeltà mentale per cui si prova piacere nel veder soffrire gli altri o nel tormentarli senza motivo.

saetta [sa-ét-ta] *s.f.* Fulmine (spec. per indicare gran velocità): *corre (veloce) come una saetta.*

safari [sa-fà-ri] *s.m.* Spedizione, partita di caccia grossa in Africa: *organizzare un safari.*

sagace [sa-gà-ce] *agg.* Intelligente e astuto, acuto e perspicace: *un investigatore sagace*; *una risposta sagace.*

sagacia [sa-gà-cia] *s.f.* Intelligenza e prontezza di mente Ⓢ acume, perspicacia, scaltrezza.

saggezza [sag-géz-za] *s.f.* Capacità di valutare, decidere e agire con giudizio, equilibrio e prudenza, seguendo la ragione e gli insegnamenti dell'esperienza: *ha agito con saggezza*; *la saggezza viene con l'età.*

saggina [sag-gì-na] *s.f.* Pianta erbacea simile al granturco, le cui foglie sono usate per fabbricare scope e spazzole, mentre alcune varietà sono coltivate per foraggio o per usi alimentari Ⓢ sorgo.

saggio[1] [sàg-gio] *agg.* [pl.f. *–ge*] Dotato di saggezza; pieno di saggezza; che rivela saggezza Ⓢ equilibrato, assennato, giudizioso, prudente Ⓒ sciocco, stolto: *si è dimostrato saggio*; *una ragazza saggia*; *ha preso una saggia decisione* ♦ *s.m.* Persona saggia: *si è comportato da saggio.*

saggio[2] [sàg-gio] *s.m.* **1** Campione o esemplare di un prodotto: *i medici ricevono molti saggi di prodotti farmaceutici* | *Copia di saggio* = esemplare di un libro o di una rivista inviato gratuitamente dall'editore per propaganda **2** Prova, dimostrazione delle proprie capacità: *dare un saggio della propria bravura, abilità, forza* | *Saggio ginnico, musicale* = pubblica esibizione in cui gli allievi di un corso mostrano quel che hanno imparato **3** Scritto, studio critico su un particolare argomento: *leggere un saggio di economia, sull'inquinamento.*

sagittario [sa-git-tà-rio] *s.m.* Costellazione e nono segno dello zodiaco.

sagoma [sà-go-ma] *s.f.* **1** Forma di legno o di cartone il cui profilo serve da modello per lavori vari (fare mobili, abiti, costruire navi, aerei ecc.) **2** Profilo, linea esterna: *la sagoma di un edificio*; *una vettura, un aereo dalla sagoma aerodinamica* **3** Bersaglio per il tiro a segno a forma di figura umana **4** ♧ Persona bizzarra, curiosa, divertente: *quel tuo amico è proprio una sagoma!*

sagra [sà-gra] *s.f.* Festa popolare con fiera e mercato, dedicata al santo patrono o a prodotti locali: *la sagra del paese*; *sagra dell'uva, delle castagne, del pesce.*

sagrato [sa-grà-to] *s.m.* Lo spazio consacrato davanti a una chiesa, spesso soprelevato di qualche gradino rispetto al livello della strada.

sagrestano [sa-gre-stà-no] o **sacrestano** [sa-cre-stà-no] *s.m.* Nelle chiese, persona incaricata di custodire e tenere in ordine la sagrestia e gli arredi sacri.

sagrestia [sa-gre-stì-a] o **sacrestia** *s.f.* Locale annesso alla chiesa, in cui si custodiscono i paramenti, gli arredi sacri, le vesti liturgiche ecc.

saio [sà-io] *s.m.* Tonaca indossata dai frati e dalle monache.

sala [sà-la] *s.f.* Ampio e spazioso locale in appartamenti privati o in edifici pubblici: *mangiare in sala da pranzo*; *sale da ballo, cinematografiche*; *la sala d'aspetto di una stazione*; *la sala operatoria di un ospedale* | *Sala macchine* = in una nave, locale dove ci sono i motori.

salamandra [sa-la-màn-dra] *s.f.* Piccolo anfibio simile alla lucertola che vive in terreni umidi.

salame [sa-là-me] *s.m.* **1** Insaccato di carne di maiale tritata e condita con sale, pepe e aromi; si consuma crudo e tagliato a fette **2** ♧ Persona goffa e impacciata o sciocca e credulona: *non star lì come un salame!*; *c'è cascato quel salame!*

salamoia [sa-la-mò-ia] *s.f.* Acqua salata in cui si conservano alcuni alimenti: *olive, pesce in salamoia.*

salare [sa-là-re] *v.tr.* Condire un cibo con sale: *salare la minestra* ◊ Mettere sotto sale un alimento per conservarlo: *salare le acciughe.*

salariale [sa-la-rià-le] *agg.* Del salario, che si riferisce al salario: *ha avuto un aumento salariale*; *rivendicazioni salariali.*

salariato [sa-la-rià-to] *agg.* e *s.m.* Che, chi fa un lavoro dipendente per cui riceve un salario.

salario [sa-là-rio] *s.m.* Paga, retribuzione di un lavoratore dipendente (spec. operaio).

salatino [sa-la-tì-no] *s.m.* Pasticcino salato.

salato [sa-là-to] *agg.* **1** Che contiene sale: *l'acqua del mare è salata* ◊ Condito con sale o con troppo sale © insipido: *pane salato*; *questa carne è salata* ◊ Conservato sotto sale: *acciughe salate* **2** ♧ Caro di prezzo: *un conto, un ristorante salato* | *Pagare salato* = scontare duramente: *pagherai salata questa offesa* ♦ *s.m.* Sapore salato.

saldare [sal-dà-re] *v.tr.* **1** Unire dei pezzi metallici mediante saldatura: *saldare due tubi* ◊ Congiungere tra loro due o più elementi staccati: *saldare un osso fratturato* **2** Pagare interamente ciò che si deve: *saldare un conto.*

saldatura [sal-da-tù-ra] *s.f.* Operazione con cui si congiungono stabilmente tra loro pezzi metallici mediante l'uso del calore: *la saldatura di due tubi* ◊ Il punto in cui due pezzi sono saldati: *il tubo si è rotto alla saldatura.*

saldo[1] [sàl-do] *agg.* Stabile, fermo e sicuro; solido e resistente (anche ♧): *reggersi saldo sulle gambe*; *cercare un saldo appoggio*; *questa scala è poco salda*; *la loro amicizia è molto salda* ◊ ♧ Fermo e costante: *restare saldo nelle proprie convinzioni*; *avere saldi principi.*

saldo[2] [sàl-do] *s.m.* **1** In un conto, in un bilancio, la differenza tra la somma delle entrate e quella delle uscite; si ha un *saldo attivo* quando le entrate superano le uscite, un *saldo passivo* nel caso opposto **2** Somma residua da versare per estinguere un debito: *ora le do un acconto, verserò il saldo a fine settimana* ◊ Pagamento completo di un debito: *versare una somma a saldo* **3** (spec. al *pl.*) Avanzi di merci messe in vendita a basso prezzo: *acquistare i saldi di fine stagione.*

sale [sà-le] *s.m.* **1** Tipo di composto chimico che per lo più si presenta sotto forma di cristalli: *sale da cucina*; *sali da bagno* **2** Nel linguaggio corrente, il *sale da cucina*, estratto dalle acque del mare o dalle miniere di salgemma, usato per insaporire i cibi o per conservarli: *sale grosso, fino*; *mettere le acciughe sotto sale* | ♧ *Restare di sale* = restare attonito, sbalordito, di sasso **3** ♧ Senno, giudizio: *ha poco sale in zucca.*

salgemma [sal-gèm-ma] *s.m.invar.* Sale da cucina minerale presente in giacimenti minerari.

salice [sà-li-ce] *s.m.* Albero dai rami flessibili che cresce spec. lungo i corsi d'acqua | *Salice piangente* = tipo di salice con i rami pendenti verso terra: *il salice piangente fa molta ombra.*

saliente [sa-lièn-te] *agg.* Rilevante, importante, principale: *i fatti più salienti di un periodo storico*; *annotare i punti salienti di un discorso.*

saliera [sa-liè-ra] *s.f.* Piccolo recipiente in cui si tiene il sale in tavola.

salina [sa-lì-na] *s.f.* **1** Impianto per l'estrazione del sale dal mare, costituito da una serie di vasche in cui l'acqua marina, evaporando, deposita i sali in essa disciolti **2** Deposito naturale di sali vari formatosi per evaporazione di acque salate **3** Miniera di salgemma.

salinità [sa-li-ni-tà] *s.f.* Quantità percentuale di sali contenuta nelle acque di mari, laghi e fiumi.

salino [sa-lì-no] *agg.* Di sale, di sali: *depositi salini* ◊ Che contiene sale, sali: *acque saline.*

salire [sa-lì-re] *v.intr.* [pres. *sàlgo, sàli, sàle, saliàmo, salìte, sàlgono*; pass.rem. *salìi, salìsti*; cong.pres. (*io, tu, egli*) *sàlga, saliàmo, saliàte, sàlgano*; aus. *essere*] **1** Andare verso l'alto, fino a un luogo più elevato Ⓒ scendere: *salire per le scale*; *salire su una torre, in cima a un monte*; *il sommozzatore salì in superficie* ◊ Montare sopra qualcosa: *salire su una sedia, su una scala*; *salire a cavallo, sul treno, su una nave* | ♧ *Salire al trono* = diventare re ◊ Alzarsi, levarsi in aria: *l'aereo salì fino a duemila metri*; *dall'incendio saliva una colonna di fumo*; *le urla salivano fino al cielo* ◊ Procedere in salita: *la strada saliva per qualche chilometro* ◊ Raggiungere una data altezza Ⓢ elevarsi, ergersi: *montagne che salgono fino a duemila metri* **2** ♧ Crescere, aumentare: *il livello del fiume sta salendo*; *gli è salita la febbre*; *la benzina è salita (di prezzo)* ♦ *v.tr.* Percorrere andando verso l'alto: *salire le scale, i gradini*; *salire un monte*.

saliscendi [sa-li-scén-di] *s.m.* Serie continua di salite e discese lungo un percorso: *quella strada è tutta un saliscendi*.

salita [sa-lì-ta] *s.f.* **1** Il salire Ⓢ ascesa: *la salita è stata faticosa*; *strada, corsa in salita* **2** Tratto di strada o di terreno che sale: *arrivare in cima a una salita*; *una strada con continue salite e discese*.

saliva [sa-lì-va] *s.f.* Liquido prodotto da ghiandole poste nella bocca (*ghiandole salivari*): *la saliva aiuta la masticazione, la deglutizione e la digestione dei cibi*.

salivazione [sa-li-va-zió-ne] *s.m.* Secrezione di saliva.

salma [sàl-ma] *s.f.* Corpo di un persona defunta Ⓢ cadavere: *la salma fu rinchiusa nella bara*.

salmastro [sal-mà-stro] *agg.* Che contiene sale (detto spec. delle acque di laguna, meno salate di quelle del mare).

salmo [sàl-mo] *s.m.* Canto religioso cristiano o ebraico.

salmone [sal-mó-ne] *s.m.* Grosso pesce dalle carni rosee e pregiate che vive nell'Atlantico settentrionale e risale i fiumi per deporre le uova.

salone [sa-ló-ne] *s.m.* **1** Grande sala per riunioni e ricevimenti in palazzi e case signorili: *salone da ballo, delle feste* **2** Mostra, esposizione: *salone dell'automobile, della nautica, della moda*.

salotto [sa-lòt-to] *s.m.* Locale di un appartamento adibito a soggiorno e luogo di ricevimento: *gli ospiti furono fatti accomodare nel salotto* | *Da salotto* = frivolo, superficiale: *discorsi da salotto*.

salpare [sal-pà-re] *v.tr.* Tirar su, sollevare dal fondo del mare: *la nave salpò l'ancora* ♦ *v.intr.* [aus. *essere*] Levare le ancore e prendere il largo, partire: *la nave salpò da Genova per la Corsica*.

salsa [sàl-sa] *s.f.* Condimento semiliquido di varia composizione per vivande calde e fredde: *salsa di pomodoro, piccante, verde, maionese*.

salsedine [sal-sè-di-ne] *s.f.* Il sale presente in acque, terreni e nell'aria; in partic. il residuo salino lasciato sui corpi dall'acqua marina: *dal mare soffiava un vento ricco di salsedine*; *fece la doccia per togliersi la salsedine dalla pelle*.

salsiccia [sal-sìc-cia] *s.f.* [pl. *–ce*] Carne suina tritata e insaccata con sale e aromi: *salsiccia di maiale, di cinghiale*.

saltare [sal-tà-re] *v.intr.* [aus. *essere* o *avere*] **1** Staccarsi di slancio dal suolo ricadendo nello stesso punto o in un punto diverso: *i bambini correvano e saltavano sul prato*; *saltare in alto, in lungo, oltre un ruscello* ◊ Lanciarsi giù o salire con un balzo: *saltare in acqua, dalla finestra*; *saltare su un muretto, sull'autobus in corsa* | *Saltare addosso a qualcuno* = aggredirlo | *Saltare fuori* = comparire o riapparire all'improvviso | *Saltare su, fuori a dire* = dire all'improvviso, inaspettatamente | ♧ *Cosa ti salta in testa, in mente?* = che strana idea ti è venuta all'improvviso? ◊ ♧ Passare da un punto a un altro non successivo di un testo: *saltate dalla pagina 30 alla pagina 60* **2** Schizzare via, staccarsi di colpo: *mi è saltato il bottone del colletto* ◊ Rompersi; interrompersi: *sono saltate le valvole*; *è saltato il collegamento audio* ◊ Esplodere: *è saltato (in aria) il deposito di munizioni* | *Far saltare* = rompere, distruggere, spec. con un'esplosione: *far saltare un ponte* ◊ ♧ Essere annullato o rimandato: *è saltato l'incontro tra governo e sindacati* ♦ *v.tr.* **1** Superare, oltrepassare con un salto: *saltare un ostacolo, una siepe* **2** ♧ Tralasciare, omettere: *saltare una parola ricopiando*; *questo capitolo lo saltiamo*; *saltare un nome facendo l'appello* | *Saltare il pasto* = non farlo.

saltellare [sal-tel-là-re] *v.intr.* [aus. *avere*] Fare dei piccoli salti, procedere a piccoli salti.

saltimbanco [sal-tim-bàn-co] *s.m.* [pl. *–chi*] Acrobata che si esibisce sulle piazze durante le fiere e le feste di paese.

salto [sàl-to] *s.m.* **1** L'atto, il movimento del saltare Ⓢ balzo: *spiccare un salto*; *la rana avanzava a salti*; *si gettò con un salto dalla finestra* | ♧ *Fare due salti, quattro salti* = ballare un po', spec. tra amici ◊ Specialità atletica e di altri sport, praticata in diverse forme: *salto in alto, in lungo, triplo, con l'asta*; *salto dal trampolino con gli sci* | *Salto mortale* = esercizio consistente nel compiere in aria un giro completo su se stessi | ♧ *Fare i salti mortali*

= fare di tutto, affrontare ogni genere di difficoltà e sacrifici per riuscire in qualcosa **2** ♧ Rapida e breve visita in un luogo o da qualcuno Ⓢ scappata: *fare un salto in città, a casa*; *domani faccio un salto a trovarti* **3** Brusco dislivello; caduta di un corso d'acqua: *la costa rocciosa scende sul mare con un salto di cento metri*; *la cascata fa un salto di trenta metri* **4** ♧ Brusco cambiamento Ⓢ sbalzo: *da ieri a oggi c'è stato un salto di temperatura* | *Salto di qualità* = radicale miglioramento qualitativo.

saltuario [sal-tuà-rio] *agg.* Che non ha carattere di continuità e regolarità nel tempo Ⓢ discontinuo, irregolare: *fa un lavoro saltuario*; *le sue visite diventarono sempre più saltuarie.*

salubre [sa-lù-bre] *agg.* Che giova alla salute Ⓢ sano, salutare: *aria, clima salubre*; *vita salubre.*

salumaio [sa-lu-mà-io] *s.m.* Salumiere.

salume [sa-lù-me] *s.m.* Qualunque prodotto di carne suina che sia stato sottoposto a salatura o a stagionatura (prosciutto, pancetta, salame, salsiccia ecc.).

salumeria [sa-lu-me-rì-a] *s.f.* Negozio in cui si vendono salumi e altri prodotti alimentari.

salumiere [sa-lu-miè-re] *s.m.* Chi vende salumi Ⓢ salumaio.

salutare[1] [sa-lu-tà-re] *v.tr.* **1** Rivolgersi a qualcuno, quando lo si incontra o lo si lascia, con parole o gesti di cortesia, di rispetto, di affetto, di amicizia ecc.: *salutare con un «buongiorno», un «ciao», un «arrivederci»*; *lo salutò con un cenno del capo*; *devo partire, ti saluto* | *Ti saluto affettuosamente, la saluto cordialmente* = formule con cui si chiudono le lettere **2** Fare visita a qualcuno: *passerò a salutarti dopo cena* **3** Accogliere qualcuno o qualcosa con manifestazioni di plauso o di disapprovazione: *un lungo applauso salutò la fine del discorso*; *fu salutato da una salva di fischi* ♦ **salutarsi** *v.pr.* Scambiarsi saluti: *si salutarono con una stretta di mano.*

salutare[2] [sa-lu-tà-re] *agg.* **1** Che giova alla salute: *una cura salutare* **2** ♧ Molto utile, proficuo: *è stata per lui una lezione salutare, starà più attento in futuro.*

salute [sa-lù-te] *s.f.* **1** Stato di benessere, di efficienza dell'organismo: *la salute è una cosa importante*; *cerca di conservarti in salute*; *l'alcol fa male alla salute* | *Bere alla salute di qualcuno* = brindare in suo onore **2** Condizione in cui si trova l'organismo di una persona: *come va la salute?*; *ha un'ottima salute*; *la sua salute sta migliorando, peggiorando* ♦ *inter.* Espressione di saluto o di augurio (spec. a chi starnuta o facendo un brindisi): *salute a tutti!*; *salute!*; *alla salute!*

saluto [sa-lù-to] *s.m.* **1** L'atto del salutare; le parole o il gesto con cui ci si rivolge a qualcuno incontrandolo o lasciandolo: *mi rivolse un saluto cordiale*; *si levò il cappello in segno di saluto*; *ricambiare il saluto* | *Togliere il saluto a qualcuno* = non salutarlo più, troncare ogni rapporto ◊ (spec. al *pl.*) Formula di cortesia, usata sia a voce, sia in cartoline e come chiusura di lettere: *porga i miei saluti alla sua famiglia*; *tanti saluti a tutti*; *un caro saluto*; *cordiali, distinti saluti* **2** Breve discorso di omaggio, di accoglienza in occasione di riunioni pubbliche, cerimonie e simili: *il presidente ha rivolto un saluto a tutti gli intervenuti.*

salva [sàl-va] *s.f.* **1** Sparo simultaneo di più armi da fuoco caricate solo a polvere, effettuato in segno di saluto, di onore, di festeggiamento | *Sparare a salve* = senza proiettili ◊ Tiro contemporaneo di più pezzi d'artiglieria contro uno stesso bersaglio **2** ♧ Rumorosa manifestazione collettiva di approvazione o dissenso: *fu accolto da una salva di applausi, di fischi.*

salvacondotto [sal-va-con-dót-to] *s.m.* Documento rilasciato da un'autorità militare o civile, che autorizza a entrare e a circolare in un territorio in cui normalmente non sarebbe permesso.

salvadanaio [sal-va-da-nà-io] *s.m.* Recipiente munito di una fessura in cui si introducono i denari che si vuole risparmiare.

salvagente [sal-va-gèn-te] *s.m* [pl.invar. o anche *-ti* nel significato 1] **1** Attrezzo galleggiante di forma e materiale vari, usato per mantenere a galla chi è caduto in acqua o per imparare a nuotare **2** Marciapiede costruito nel mezzo di una strada per proteggere dal traffico chi attraversa e spec. chi sale e scende da un mezzo pubblico.

salvaguardare [sal-va-guar-dà-re] *v.tr.* Tutelare, difendere: *salvaguardare i propri diritti, gli interessi della collettività.*

salvaguardia [sal-va-guàr-dia] *s.f.* Tutela, difesa: *misure per la salvaguardia della natura.*

salvare [sal-và-re] *v.tr.* Trarre fuori da un grave pericolo; in partic. sottrarre alla morte: *il suo intervento gli salvò la vita*; *salvare dei naufraghi*; *è grave, ma i medici sperano di poterlo salvare* ◊ Preservare da danni e pericoli; sottrarre alla rovina, alla perdita, alla distruzione; mantenere integro: *la vernice salva il ferro dalla ruggine*; *salvare una casa dalle fiamme*; *il comandante riuscì a salvare la nave*; *salvare l'onore, la reputazione* | *Salvare la porta* = nel calcio, evitare un gol | *Salvare la faccia* = evitare di perdere, subendo un insuccesso, il proprio buon nome e prestigio

| *Salvare un file* = registrarlo nella memoria del proprio computer ♦ **salvarsi** *v.pr.* **1** Sottrarsi a un grave pericolo; scampare alla morte: *salvarsi da un incendio*; *riuscì a salvarsi a nuoto* **2** Riuscire a difendersi: *nessuno si salva dalle sue calunnie* ◊ Evitare qualcosa di negativo: *la nostra squadra si è salvata dalla retrocessione.*

salvataggio [sal-va-tàg-gio] *s.m.* **1** Operazione, intervento per salvare persone e cose in pericolo: *il salvataggio dei naufraghi, degli alpinisti dispersi*; *scialuppa, cintura di salvataggio* **2** Intervento per evitare un fatto negativo: *il salvataggio di un'azienda in crisi* ◊ Nel calcio, intervento difensivo che evita un gol avversario.

salve [sàl-ve] *inter.* Espressione di saluto e di augurio: *salve, come state?*

salvezza [sal-véz-za] *s.f.* **1** Il salvarsi, l'essere salvo, salvato Ⓢ scampo: *cercare una via di salvezza*; *c'è ancora qualche speranza di salvezza per i naufraghi* ◊ La persona o la cosa che ha salvato o può salvare: *fu lui la mia salvezza*; *la fuga è la nostra unica salvezza* **2** Nei campionati sportivi, il non retrocedere: *ci sono diverse squadre in lotta per la salvezza.*

salvia [sàl-via] *s.f.* Pianta le cui foglie fortemente aromatiche sono usate come condimento in cucina: *ravioli al burro e salvia.*

salvietta [sal-viét-ta] *s.f.* Tovagliolo di cotone o più spesso di carta.

salvo [sàl-vo] *agg.* Che è scampato a un pericolo senza riportare danni Ⓢ indenne, incolume, illeso: *è tornato dalla guerra sano e salvo*; *l'incendio è domato, la casa è salva* ◊ Fuori pericolo di morte: *stanno arrivando i soccorsi, siamo salvi*; *l'intervento è riuscito, il malato è salvo* | *Avere salva la vita* = venire graziato, non venire ucciso ◊ *In salvo* = al sicuro, fuori d'ogni pericolo: *mettersi in salvo*; *mettere in salvo i propri risparmi* ♦ *prep.* Tranne, eccetto: *c'erano tutti salvo Luigi* ♦ *congz.* *Salvo che* = a meno che: *verrò a trovarti, salvo che non ci sia qualche impedimento.*

samurai [sa-mu-rài] *s.m.* Nel Giappone di un tempo, nobile appartenente alla casta dei guerrieri.

san *agg.* Forma tronca di *santo.*

sanare [sa-nà-re] *v.tr.* **1** Guarire (anche ♧): *sanare una ferita*; *il tempo sana tutti i dolori* **2** ♧ Porre rimedio a qualcosa di negativo: *sanare la piaga della disoccupazione.*

sanatorio [sa-na-tò-rio] *s.m.* Casa di cura per malati di tubercolosi e di altre malattie polmonari, situata in genere in località dal clima particolarmente salubre.

sancire [san-cì-re] *v.tr.* [*sancìsco, sancìsci*] Stabilire e riconoscere per legge: *la Costituzione sancisce l'uguaglianza di tutti i cittadini* ◊ Stabilire, approvare ufficialmente: *sancire un patto, un'alleanza.*

sandalo[1] [sàn-da-lo] *s.m.* Albero tropicale da cui si ricava un legno pregiato e un olio usato in profumeria.

sandalo[2] [sàn-da-lo] *s.m.* Calzatura leggera, costituita, nella parte superiore, da strisce di cuoio o altro materiale.

sandwich [parola inglese; pron. *sènduič*] *s.m. invar.* Panino imbottito.

sangue [sàn-gue] *s.m.* [solo *sing.*] **1** Liquido organico di colore rosso che circola nelle arterie e nelle vene dell'uomo e dei vertebrati, trasportando l'ossigeno e gli elementi nutritivi nelle varie parti dell'organismo: *fare l'analisi del sangue, una trasfusione di sangue*; *perdere sangue dal naso, da una ferita* | *Carne, bistecca al sangue* = poco cotta ◊ In molte espressioni indica ferimento, uccisione, morte, strage: *picchiare qualcuno a sangue*; *vendicare un'offesa col sangue*; *soffocare una rivolta nel sangue* | *Duello all'ultimo sangue* = fino alla morte di uno dei due avversari | *Sporcarsi le mani di sangue* = commettere un omicidio | *Pagare col sangue* = rimetterci la vita ◊ Espressioni figurate più comuni | *Sentirsi rimescolare, ribollire il sangue* = provare un forte senso di sdegno, d'ira, di rabbia | *Il sangue gli salì alla testa* = fu preso da una collera, da un furore improvvisi | *Sentirsi gelare il sangue* = venire preso da improvviso terrore | *Guastarsi il sangue, farsi cattivo sangue* = arrabbiarsi, irritarsi, crucciarsi per qualcosa | *Tra loro non c'è, non corre buon sangue* = non c'è molta simpatia, sono in cattivi rapporti | *Sangue freddo* = perfetta padronanza dei propri nervi **2** ♧ Famiglia, stirpe: *essere di sangue nobile* | *Vincoli, legami di sangue* = di parentela | *Avere sangue blu* = essere di famiglia nobile ◊ Razza: *popoli dello stesso sangue*; *un animale (di) puro sangue.*

sanguigno [san-guì-gno] *agg.* Di sangue, del sangue: *gruppo sanguigno*; *circolazione, pressione sanguigna.*

sanguinare [san-gui-nà-re] *v.intr.* [aus. *avere*] Versare sangue: *sanguinare dal naso*; *la ferita sanguina ancora.*

sanguinario [san-gui-nà-rio] *agg.* Che è portato per istinto a ferire e a uccidere; che non esita a spargere il sangue anche di molte persone: *è un pazzo sanguinario*; *un dittatore sanguinario.*

sanguinolento [san-gui-no-lèn-to] *agg.* Che cola sangue: *una bistecca sanguinolenta.*

sanguinoso [san-gui-nó-so] *agg.* **1** Che comporta grande spargimento di sangue Ⓢ cruento Ⓒ incruento: *una battaglia sanguinosa* **2** ♧ Che offende profondamente Ⓢ cocente: *un insulto sanguinoso.*

sanguisuga [san-gui-sù-ga] *s.f.* **1** Piccolo verme che vive nelle acque stagnanti e si nutre succhiando il sangue dei vertebrati al cui corpo si attacca grazie a delle ventose **2** ♧ Persona che spilla continuamente denaro agli altri e li sfrutta.

sanità [sa-ni-tà] *s.f.* Stato di buona salute: *sanità fisica, mentale* | *Ministero della sanità, ufficio di sanità* = che ha il compito di tutelare la salute pubblica.

sanitario [sa-ni-tà-rio] *agg.* Che concerne la sanità e l'igiene; che ha il compito di tutelare la salute pubblica: *le condizioni sanitarie di una città, di un paese*; *assistenza sanitaria*; *personale sanitario* | *Ufficiale sanitario* = medico dell'ufficio di sanità di un comune | *Bollettino sanitario* = bollettino medico | *Impianti sanitari* = impianti igienici, come lavabo, doccia, water ecc. ♦ *s.m.* **1** Medico **2** (spec. al *pl.*) Impianti sanitari.

sano [sà-no] *agg.* **1** Che è in buone condizioni di salute; non malato, non guasto: *un individuo, un animale sano*; *essere sano di mente*; *avere i polmoni, i denti sani* ◊ Che rivela buona salute: *avere un colorito sano* **2** Che fa bene alla salute o comunque non la danneggia Ⓢ salubre Ⓒ malsano: *un clima, un cibo sano*; *fare una vita sana* **3** Integro, intatto, non rotto: *i bicchieri spediti sono arrivati tutti sani* | *Sano e salvo* = illeso, incolume | *Di sana pianta* = completamente, da cima a fondo: *si è inventato tutto di sana pianta* **4** ♧ Onesto, moralmente retto: *un uomo di sani principi*; *ha ricevuto una sana educazione*; *divertimenti sani.*

sansa [sàn-sa] *s.f.* Residuo della spremitura delle olive, da cui con una nuova spremitura viene ricavato un olio di qualità inferiore.

santificare [san-ti-fi-cà-re] *v.tr.* [*santìfico, santìfichi*] **1** Dichiarare santo qualcuno: *Francesco d'Assisi fu santificato poco dopo la sua morte* **2** *Santificare le feste* = celebrare le feste religiose osservando le prescrizioni della chiesa.

santino [san-tì-no] *s.m.* Piccola immagine raffigurante un santo stampata su un cartoncino.

santità [san-ti-tà] *s.f.* **1** La condizione e la qualità di chi o di ciò che è santo: *aspirare alla santità*; *santità di vita*; *la santità di Dio, della Vergine*; *la santità dei sacramenti* **2** *(Sua) Santità* = titolo riservato al papa.

santo [sàn-to] *agg.* **1** Nella religione cristiana, attributo di Dio: *lo Spirito Santo* ◊ Che appartiene, si riferisce, è consacrato a Dio e alla religione: *le anime sante del paradiso*; *la santa messa*; *acqua santa*; *olio santo*; *il santo Natale* | *Settimana santa* = quella che precede la Pasqua | *Terra santa* = la Palestina | *Luoghi santi* = quelli in cui visse Gesù | *Santo sepolcro* = quello di Gesù a Gerusalemme (la *città santa*) | *Il santo padre* = il papa ◊ Davanti a nome proprio indica chi è stato dichiarato dalla chiesa cattolica degno di culto e venerazione da parte dei fedeli; può indicare anche il giorno in cui se ne celebra la festa o una chiesa a lui intitolata: *San Paolo*; *Santo Stefano*; *Sant'Anna*; *oggi è S. Valentino*; *visitare S. Marco a Venezia* **2** Pio, conforme ai principi religiosi: *fare una santa morte* | *Guerra santa* = combattuta per motivi religiosi ◊ ♧ Buono, giusto: *quella santa donna di tua madre* | *Parole sante!* = giustissime **3** In alcune espressioni familiari ha valore puramente rafforzativo: *lavorare tutto il santo giorno*; *vorrei riposare un'ora in santa pace* ♦ *s.m.* **1** Chi è stato dichiarato santo: *il culto dei santi*; *il santo patrono del paese* **2** Persona di grandi virtù, buona, onesta, mite: *quella donna è una santa.*

Come aggettivo *santo* si elide in *sant'* davanti ai nomi propri che cominciano per vocale, si tronca in *san* davanti ai nomi propri maschili che cominciano per consonante che non sia *s* seguita da consonante; si abbrevia in *s.* o *S.* al singolare e in *ss.* o *SS.* al plurale.

santuario [san-tu-à-rio] *s.m.* Luogo o edificio sacro, sede di un culto; in partic., chiesa cattolica che custodisce reliquie e immagini sacre o che è sorta in un luogo venerato per apparizioni della Madonna, perché vi nacque un santo ecc.: *il santuario di Lourdes, di Assisi.*

sanzione [san-zió-ne] *s.f.* Punizione prevista per chi trasgredisce una norma: *sanzioni penali, amministrative, disciplinari* ◊ In campo internazionale, misura punitiva, di natura diplomatica, economica o militare, adottata da uno o più stati contro un altro stato: *l'ONU ha deciso delle sanzioni contro lo stato aggressore.*

sapere [sa-pé-re] *v.tr.* [pres. *so, sai, sa, sappiàmo, sapéte, sànno*; pass.rem. *sèppi, sapésti*; fut. *saprò*; cond. *saprèi*; cong.pres. *sàppia*; imper. *sàppi, sappiàte*; ger. *sapèndo*; part.pass. *sapùto*] **1** Conoscere qualcosa per averlo appreso mediante lo studio e l'applicazione: *sapere una lingua, la lezione, una poesia a memoria*; *è un ignorante che non sa niente* **2** Conoscere qualcosa per esperienza diretta: *so io come vanno queste cose*; *è uno che sa il suo mestiere*; *sei giovane, non sai ancora nulla della vita* **3** Essere o venire a conoscenza, essere informato, avere notizia di qualcosa;

apprendere: *sai che ora è?*; *non so cosa è accaduto*; *vuoi proprio sapere la verità?*; *ho saputo la notizia dai giornali* | *Far sapere* = informare | *Non ne voglio più sapere di quell'individuo, di quella faccenda* = non voglio più averci a che fare, non me ne voglio più interessare **4** Essere consapevole, rendersi conto: *so di aver sbagliato*; *mente sapendo di mentire*; *non sa quello che dice* ◊ Aver ben chiaro in mente; conoscere il modo per raggiungere un fine: *è uno che sa quello che vuole*; *so come convincerlo* ◊ Prevedere, poter prevedere: *lo sapevo che sarebbe andata a finire così*; *non si sa mai quel che può succedere* **5** Essere capace di fare qualcosa o particolarmente abile in qualcosa: *saper leggere, scrivere, nuotare, sciare*; *sa fare un po' di tutto*; *è uno che ci sa fare con i motori* | *Saperla lunga* = essere furbo | *È uno che sa il fatto suo* = è uno in gamba o abile nel suo mestiere ◊ Essere in grado: *saprebbe indicarmi dov'è la stazione?*; *non so dirti quanto mi dispiace* ♦ *v.intr.* [aus. *avere*] **1** Avere un certo sapore o odore: *questo vino sa d'aceto*; *l'arrosto sa di bruciato*; *le lenzuola sanno di pulito* | *Sapere di poco, non sapere di nulla* = avere poco o nessun sapore, essere insipido **2** *Mi sa che* = ho l'impressione, l'idea che: *mi sa che sta per piovere*; *mi sa che sia meglio andarsene* ♦ *s.m.* Il complesso delle conoscenze, delle nozioni che si possiedono o si possono possedere: *un uomo di grande sapere*; *i vari campi del sapere umano.*

sapiente [sa-pièn-te] *s.m.* **1** Dotato, ricco di sapienza Ⓢ dotto, saggio: *un uomo sapiente*; *ha dato una risposta sapiente* **2** Che dimostra abilità, esperienza, competenza: *le mani sapienti di un chirurgo*; *un restauro sapiente* ♦ *s.m.f.* Persona dotata di sapienza Ⓢ saggio: *i sapienti dell'antichità.*

sapienza [sa-pièn-za] *s.f.* **1** Dote di chi possiede vaste cognizioni e una profonda conoscenza delle cose unita a saggezza: *la sapienza degli antichi filosofi, di re Salomone* **2** Abilità, competenza, perizia: *sapienza artigianale.*

sapone [sa-pó-ne] *s.m.* Sostanza detergente confezionata in varie forme come prodotto per lavare e sgrassare: *sapone in pezzi, in scaglie, in polvere*; *sapone da bucato, da toeletta, da barba.*

saponetta [sa-po-nét-ta] *s.f.* Pezzo di sapone da toeletta.

sapore [sa-pó-re] *s.m.* **1** La sensazione prodotta dalle sostanze sugli organi del gusto: *sono raffreddato e non sento i sapori*; *un sapore dolce, delicato, forte, aspro, sgradevole*; *questa minestra non ha sapore* ◊ La caratteristica sensazione prodotta da una data sostanza Ⓢ gusto: *il sapore del caffè, dell'aglio, del limone* | *Dar sapore* = rendere più saporito, più gustoso **2** ♧ Tono, carattere: *nelle sue parole c'era un sapore amaro.*

saporitamente [sa-po-ri-ta-mén-te] *avv.* In modo saporito ◊ ♧ Di gusto: *ha dormito saporitamente tutta la notte.*

saporito [sa-po-rì-to] *agg.* **1** Ricco di sapore, che ha buon sapore Ⓢ gustoso: *una vivanda, una cena saporita* **2** Salato un po' più del normale, ma non tanto da essere sgradevole: *la minestra è un po' (troppo) saporita* **3** ♧ Vivace, arguto, gustoso: *una storiella, una scena saporita* ◊ Fatto con gusto, piacere: *si è fatto una saporita dormita.*

sarabanda [sa-ra-bàn-da] *s.f.* Gran confusione, agitazione e chiasso: *bambini smettetela con questa sarabanda!*

saracinesca [sa-ra-ci-né-sca] *s.f.* Chiusura metallica di sicurezza, spec. per locali a piano terra, costituita da una lamiera o griglia snodabile che si avvolge su un rullo: *alzare, abbassare la saracinesca di un negozio.*

sarcasmo [sar-cà-smo] *s.m.* Ironia aspra, amara e pungente che mira a demolire, a umiliare l'oggetto contro cui è rivolta: *mi rispose con parole piene di sarcasmo*; *fare del sarcasmo su qualcuno, su qualcosa.*

sarcastico [sar-cà-sti-co] *agg.* [pl.m. *–ci*] Pieno di sarcasmo: *parole sarcastiche.*

sarchiare [sar-chià-re] *v.tr.* Smuovere il terreno in superficie con macchine o attrezzi a mano, per eliminare le erbacce e far respirare le radici delle piante coltivate.

sarchiatrice [sar-chia-trì-ce] *s.f.* Macchina agricola per sarchiare il terreno.

sarcofago [sar-cò-fa-go] *s.m.* [pl. *–ghi* o *–gi*] Cassa in pietra o legno, spesso decorata o scolpita, usata nell'antichità per custodire i defunti.

sardina [sar-dì-na] *s.f.* Piccolo pesce marino commestibile che vive in banchi: *sardine sott'olio, sotto sale.*

sardonico [sar-dò-ni-co] *agg.* [pl.m. *–ci*] Maligno, sarcastico e beffardo: *un riso, un sorriso, un ghigno sardonico.*

sartia [sàr-tia] *s.f.* Ciascuno dei cavi di canapa o d'acciaio che tengono fermi gli alberi delle navi.

sarto [sàr-to] *s.m.* Chi taglia e confeziona abiti su misura: *fare il sarto*; *andare dalla sarta* ◊ Chi crea modelli per una casa di moda Ⓢ stilista.

sartoria [sar-to-rì-a] *s.f.* **1** Laboratorio di sarto ◊ Casa di mode **2** L'attività di confezionare abiti.

sassaiola [sas-sa-iò-la] *s.f.* Fitto lancio di sassi: *lo accolsero con una sassaiola* ◊ Battaglia con sassi, spec. tra ragazzi: *è rimasto ferito in una sassaiola.*

sassata [sas-sà-ta] *s.f.* Lancio di un sasso; colpo di sasso: *tirare una sassata; prendersi una sassata in testa.*

sasso [sàs-so] *s.m.* **1** Piccolo frammento di roccia Ⓢ pietra, ciottolo: *una spiaggia di sassi; tirare un sasso* ◊ Masso, macigno: *si sedette su un sasso* **2** Roccia, pietra: *una casa scavata nel sasso* | ♧ *Restare di sasso* = bloccato dallo stupore o per la paura.

sassofono [sas-sò-fo-no] o **saxofono** [sa-xò-fo-no] *s.m.* Strumento musicale a fiato in ottone, simile al clarino ma con tubo conico ricurvo a forma di pipa, usato spec. nel jazz.

sassoso [sas-só-so] *agg.* Pieno di sassi: *una strada sassosa.*

Satana [Sà-ta-na] *s.m.* Nella Bibbia, il demonio, lo spirito del male e in partic. il principe dei demoni.

satanico [sa-tà-ni-co] *agg.* [pl.m. *–ci*] **1** Di Satana: *il regno satanico* **2** ♧ Diabolico, perfido: *un piano satanico; un ghigno satanico.*

satellite [sa-tèl-li-te] *s.m.* Corpo celeste che ruota intorno a un pianeta: *i satelliti di Giove; la Luna è il solo satellite della Terra* ◊ *Satellite artificiale* = apparecchio spaziale messo in orbita dall'uomo intorno a un corpo celeste, generalmente la Terra, per scopi scientifici, militari, per osservazioni meteorologiche, per consentire le telecomunicazioni a grande distanza ecc.

satira [sà-ti-ra] *s.f.* **1** Descrizione (spettacolo, scritto, discorso, disegno ecc.) che intende mettere in ridicolo, per criticarli e denunciarli, determinati comportamenti, modi di vivere e di pensare, individui, gruppi, ambienti ecc.: *fare la satira di un noto personaggio, dell'alta società, del militarismo; un film che è una satira della vita americana* **2** Opera o insieme di opere di genere satirico: *le satire di Aristofane; la satira latina, moderna; satira letteraria, cinematografica.*

satirico [sa-tì-ri-co] *agg.* [pl.m. *–ci*] Che ha carattere di satira; che fa della satira: *un romanzo, uno spettacolo, un discorso satirico; scrittore, disegnatore satirico.*

satollo [sa-tól-lo] *agg.* Del tutto sazio di cibo: *dopo quel pranzo si sentiva satollo.*

saturare [sa-tu-rà-re] *v.tr.* Riempire al massimo o eccessivamente (anche ♧): *saturare un ambiente di vapore; un prodotto che ha saturato il mercato* ♦ **saturarsi** *v.pr.* Diventare saturo, riempirsi al massimo: *l'aria si è saturata di vapore; bisogna stare attenti a non saturarsi di medicine.*

saturo [sà-tu-ro] *agg.* Che è pieno di qualcosa al punto di non poterne assorbire più: *a causa della pioggia continua il terreno era saturo d'acqua; hanno prodotto troppe automobili e ora il mercato è saturo* ◊ Pieno, ricolmo (anche ♧): *la stanza era satura di gas, di vapore; gli gettò uno sguardo saturo d'odio.*

sauna [sàu-na] *s.f.* Bagno di vapore molto caldo seguito da una doccia fredda: *fare una sauna* ◊ Il locale attrezzato per fare tale bagno: *entrare nella sauna.*

savana [sa-và-na] *s.f.* Vegetazione tipica delle pianure tropicali in cui si alternano stagioni secche e stagioni piovose, costituita da distese di erba alta con rari gruppi di alberi sparsi qua e là ◊ Zona, regione ricoperta da tale vegetazione: *gli elefanti e i leoni vivono nella savana.*

savio [sà-vio] *agg.* **1** Saggio: *un uomo savio; un savio consiglio* **2** Sano di mente ♦ *s.m.* Uomo di grande sapienza e saggezza: *i sette savi dell'antichità.*

saxofono vedi **sassofono**.

saziare [sa-zià-re] *v.tr.* **1** Soddisfare la fame, l'appetito di qualcuno; rendere sazio: *saziare la fame, lo stomaco; saziare una persona affamata; la polenta è un cibo che sazia* **2** ♧ Appagare, soddisfare completamente: *saziare la propria ambizione, la propria avidità* ♦ **saziarsi** *v.pr.* Mangiare a sazietà: *si è saziato di dolci* ◊ Essere, sentirsi sazio: *è uno che non si sazia mai.*

sazietà [sa-zie-tà] *s.f.* La condizione di chi è sazio (anche ♧): *provava un senso di sazietà per quella vita* | *A sazietà* = fino a essere sazio, in grande abbondanza: *mangiare a sazietà; c'è roba a sazietà per tutti.*

sazio [sà-zio] *agg.* **1** Che ha soddisfatto completamente la fame, l'appetito Ⓒ affamato: *ho mangiato, ma non mi sento ancora sazio* **2** ♧ Stanco, stufo, annoiato, nauseato: *non è mai sazio di giocare; sono ormai sazio di questa vita.*

sbadataggine [sba-da-tàg-gi-ne] *s.f.* Disattenzione, sventatezza.

sbadato [sba-dà-to] *agg.* e *s.m.* Che, chi non bada a quello fa, agisce o parla senza riflettere Ⓢ distratto, sventato: *un ragazzo sbadato; sei il solito sbadato!*

sbadigliare [sba-di-glià-re] *v.intr.* [aus. *avere*] Fare uno sbadiglio, degli sbadigli: *sbadigliare per la fame, per il sonno, per la noia.*

sbadiglio [sba-dì-glio] *s.m.* Atto involontario consistente in un profondo respiro a bocca spalancata, provocato per lo più da sonno, fame o noia: *fare uno sbadiglio*; *non riusciva a trattenere gli sbadigli per il sonno.*

sbafo [sbà-fo] *s.m. A sbafo* = a spese d'altri: *mangiare, vivere a sbafo.*

sbagliare [sba-glià-re] *v.tr.* **1** Compiere un'azione in modo errato, inesatto: *sbagliare una manovra, la mira, un calcolo* ◊ Seguire una linea d'azione errata; scegliere male: *sbagliare tattica*; *hai sbagliato mestiere* **2** Scambiare, prendere una persona o una cosa per un'altra: *sbagliare strada, porta, indirizzo* | *Sbagliare numero* = comporre inavvertitamente un numero telefonico al posto di un altro ♦ *v.intr.* [aus. *avere*] Commettere un errore, degli errori; agire, comportarsi in modo non giusto, non opportuno: *tutti possono sbagliare*; *hai sbagliato a non invitarlo* ◊ Fare qualcosa in modo errato: *sbagliare a fare i conti, a leggere, a scrivere* ♦ **sbagliarsi** *v.pr.* Essere in errore, ingannarsi nel giudicare: *se non mi sbaglio, ci siamo già visti*; *lo ritenevo una persona onesta, ma mi ero sbagliato.*

sbagliato [sba-glià-to] *agg.* Erroneo, inesatto; errato, non giusto: *i tuoi calcoli sono sbagliati*; *ha preso la strada sbagliata* ◊ Non adatto, inopportuno: *ti sei rivolto alla persona sbagliata*; *sei arrivato nel momento sbagliato.*

sbaglio [sbà-glio] *s.m.* **1** Errore, inesattezza: *sbaglio di calcolo, di pronuncia* ◊ Errore di valutazione: *hai fatto uno sbaglio a non accettare quell'offerta* ◊ Scambio di una persona o di una cosa per un'altra Ⓢ equivoco, svista, disattenzione: *non sono io quello che cercate, c'è uno sbaglio di persona*; *ho preso per sbaglio il tuo ombrello* **2** Errore di comportamento, colpa: *sbagli di gioventù*; *ha pagato per i suoi sbagli.*

sbalestrare [sba-le-strà-re] *v.tr.* **1** Gettare, scaraventare: *l'urto lo sbalestrò fuori della vettura* **2** ♧ Mettere in uno stato di stordimento, di confusione Ⓢ frastornare: *il lungo viaggio lo ha un po' sbalestrato.*

sbalestrato [sba-le-strà-to] *agg.* Disorientato, confuso, a disagio: *l'hanno appena trasferito e si sente sbalestrato.*

sballottare [sbal-lot-tà-re] *v.tr.* Agitare, scuotere rapidamente e ripetutamente in qua e in là: *l'autobus sballottava i passeggeri*; *la nave era sballottata dal mare in tempesta.*

sbalordire [sba-lor-dì-re] *v.tr.* [*sbalordìsco, sbalordìsci*] **1** Tramortire, stordire: *lo sbalordì con un pugno* **2** ♧ Impressionare, stupire profondamente: *la notizia ci ha sbalordito*; *sbalordì tutti con la sua abilità* ♦ *v.intr.* [aus. *avere*] Restare profondamente impressionato o stupito: *c'è da sbalordire a sentire queste cose!*

sbalorditivo [sba-lor-di-tì-vo] *agg.* Che fa sbalordire di meraviglia Ⓢ eccezionale, prodigioso: *una memoria, un'abilità sbalorditiva* ◊ Incredibile, esagerato: *un prezzo sbalorditivo.*

sbalordito [sba-lor-dì-to] *agg.* Profondamente sorpreso, stupefatto o sconcertato.

sbalzare [sbal-zà-re] *v.tr.* Scagliare via, far saltare, far cadere violentemente: *l'urto lo sbalzò fuori dalla vettura*; *venire sbalzato da cavallo.*

sbalzo [sbàl-zo] *s.m.* Movimento rapido e improvviso Ⓢ sobbalzo, scossone: *l'autobus procedeva a sbalzi sulla strada sconnessa* ◊ ♧ Variazione improvvisa: *nella notte c'è stato un forte sbalzo di temperatura.*

sbancamento [sban-ca-mén-to] *s.m.* Opera di scavo per rendere un terreno adatto alla costruzione di edifici o di strade.

sbancare [sban-cà-re] *v.tr.* [*sbànco, sbànchi*] Lasciare senza denaro, rovinare economicamente: *i debiti lo hanno sbancato.*

sbandamento [sban-da-mén-to] *s.m.* **1** Improvvisa deviazione di un veicolo dalla traiettoria voluta **2** Dispersione, fuga disordinata di truppe o di folle **3** ♧ Scompiglio, disorientamento morale, ideologico, politico; disgregazione di un gruppo: *attraversare un periodo di sbandamento*; *l'inattesa sconfitta del partito ha provocato uno sbandamento tra i suoi militanti*; *lo sbandamento di una famiglia dopo la morte dei genitori.*

sbandare [sban-dà-re] *v.intr.* [aus. *avere*] Detto di veicoli a ruote, deviare dalla propria traiettoria di corsa: *l'auto sbandò in curva sulla strada ghiacciata* ◊ Detto di nave, inclinarsi su un fianco ♦ **sbandarsi** *v.pr.* Disperdersi disordinatamente in varie direzioni (detto di truppe, di folle): *l'esercito si sbandò dopo la disfatta* ◊ ♧ Perdere la propria coesione, dividersi, disgregarsi (detto di gruppi sociali o familiari).

sbandata [sban-dà-ta] *s.f.* Brusco sbandamento di un veicolo.

sbandierare [sban-die-rà-re] *v.tr.* **1** Agitare, sventolare (bandiere, vessilli, insegne e simili) **2** ♧ Andare a dire a tutti, mettere in mostra Ⓢ sfoggiare, ostentare: *sono cose personali, non è il caso di sbandierarle*; *sbandierare i propri meriti.*

sbando [sbàn-do] *s.m. Allo sbando* = in uno stato di sbandamento morale o politico; senza guida, alla deriva: *una gioventù, un governo allo sbando.*

sbaragliare [sba-ra-glià-re] *v.tr.* Mettere in rotta, travolgere completamente forze nemiche ◊ Battere, sconfiggere duramente avversari sportivi o politici: *sbaragliare la squadra avversaria.*

sbaraglio [sba-rà-glio] *s.m.* Grave disfatta militare | *Mandare, portare le truppe, i soldati allo sbaraglio* = incontro a un rischio gravissimo di quasi sicura rovina | ♧ *Gettarsi allo sbaraglio* = avventurarsi in un'impresa rischiosa senza prendere alcuna precauzione.

sbarazzare [sba-raz-zà-re] *v.tr.* Liberare da ciò che ingombra: *sbarazzare una strada dalle macerie*; *sbarazza la tavola che devo apparecchiare* ♦ **sbarazzarsi** *v.pr.* Liberarsi di ciò o di chi costituisce un peso, un fastidio (anche ♧): *appena giunto si sbarazzò dello zaino*; *sbarazzarsi di un seccatore, di una responsabilità.*

sbarbare [sbar-bà-re] *v.tr.* Radere la barba ♦ **sbarbarsi** *v.pr.* Radersi la barba.

sbarcare [sbar-cà-re] *v.tr.* [*sbàrco, sbàrchi*] Scaricare, far scendere a terra persone o cose da un'imbarcazione o da un altro mezzo di trasporto: *i passeggeri sono stati sbarcati a Napoli*; *la nave, l'aereo sta sbarcando il carico*; *l'autobus ci ha sbarcati in centro* ♦ *v.intr.* [aus. *essere*] **1** Scendere a terra da una nave o da un qualsiasi altro mezzo di trasporto: *siamo sbarcati a Genova*; *l'uomo è sbarcato sulla Luna* **2** Detto di truppe provenienti dal mare, mettere piede in una zona costiera controllata dal nemico.

sbarco [sbàr-co] *s.m.* [pl. *–chi*] Discesa a terra da un mezzo di trasporto: *lo sbarco dei passeggeri da una nave*; *lo sbarco dell'uomo sulla Luna* ◊ Operazione militare di penetrazione dal mare in territorio nemico: *lo sbarco di Garibaldi in Sicilia*; *lo sbarco degli alleati in Normandia nel 1944.*

sbarra [sbàr-ra] *s.f.* **1** Asta, spranga metallica o di altro materiale: *le sbarre del passaggio a livello*; *rinforzare la chiusura di una porta con una sbarra* | ♧ *Dietro le sbarre* = in prigione: *finire dietro le sbarre* **2** Attrezzo ginnico consistente in una barra cilindrica fissata a due metri e mezzo dal suolo su due sostegni.

sbarramento [sbar-ra-mén-to] *s.m.* Chiusura, blocco dell'accesso o del passaggio: *ordinare lo sbarramento di tutte le vie d'entrata e d'uscita* | *Diga di sbarramento* = diga che interrompe il corso di un fiume formando un lago artificiale ◊ Barriera, ostacolo posto per impedire il passaggio o l'accesso: *un imponente sbarramento di forze di polizia*; *superò uno sbarramento di filo spinato.*

sbarrare [sbar-rà-re] *v.tr.* **1** Chiudere con delle sbarre Ⓢ sprangare: *sbarrare porte e finestre* ◊ Impedire, ostacolare il passaggio, l'accesso: *la strada era sbarrata da una frana*; *la polizia ha sbarrato tutte le strade intorno alla piazza*; *un uomo le sbarrò il passo* **2** Segnare con una o due linee trasversali: *sbarrare una scheda, una casella* **3** *Sbarrare gli occhi* = spalancarli per stupore, paura o terrore.

sbatacchiare [sba-tac-chià-re] *v.tr.* e *v.intr.* [aus. *avere*] Sbattere con violenza, ripetutamente.

sbattere [sbàt-te-re] *v.tr.* **1** Battere con forza e ripetutamente: *sbattere i panni, un tappeto* | *Sbattere le ali, le palpebre* = aprirle e chiuderle più volte rapidamente | *Sbattere la panna, le uova* = agitarle, frullarle per montarle, amalgamarle **2** Urtare, far urtare con violenza: *l'auto sbatté il muso contro il muro*; *non sbattere la porta!* ◊ Scagliare, gettare, buttare con violenza o senza alcun riguardo: *la tempesta sbatté la nave contro gli scogli*; *lo sbatté a terra con una spinta*; *sbattere un ladro in prigione* | *Sbattere qualcuno fuori dalla porta* = cacciarlo via in malo modo **3** Far apparire pallido, smorto: *quest'abito verde ti sbatte un po'* ♦ *v.intr.* [aus. *avere*] Battere, agitarsi, urtare violentemente o ripetutamente: *la finestra sbatte per il vento*; *l'auto andò a sbattere contro il muro* ◊ ♧ *Sbattersene* = infischiarsene.

sbattuto [sbat-tù-to] *agg.* **1** Frullato: *farsi un uovo sbattuto* **2** ♧ Smorto, pallido, stanco: *viso sbattuto*; *hai un'aria sbattuta.*

sbavare [sba-và-re] *v.intr.* [aus. *avere*] **1** Emettere bava dalla bocca **2** Detto di inchiostro e colore, spandersi al di fuori della linea di contorno tracciata: *su questa carta l'inchiostro sbava* ♦ *v.tr.* Sporcare di bava: *il cane ha sbavato il tappeto.*

sbellicarsi [sbel-li-càr-si] *v.pr.* [*mi sbellìco, ti sbellìchi*] *Sbellicarsi dalle risa* = ridere a crepapelle, da non poterne più: *ci siamo sbellicati dalle risa a sentire le sue storielle.*

sberla [sbèr-la] *s.f.* Schiaffo, ceffone.

sberleffo [sber-lèf-fo] *s.m.* Gesto o smorfia di scherno: *soffriva per gli sberleffi dei compagni.*

sbiadire [sbia-dì-re] *v.tr.* [*sbiadìsco, sbiadìsci*] Far perdere il colore: *il sole sbiadisce i tessuti, i colori* ◊ ♧ Far diventare meno vivo, più debole (un ricordo) ♦ *v.intr.* [aus. *essere*] e **sbiadirsi** *v.pr.* Perdere il colore; diventare meno vivo e intenso (anche ♧): *questa stoffa è sbiadita lavandola*; *i colori sbiadiscono al sole*; *un ricordo che col tempo (si) è sbiadito.*

sbiadito [sbia-dì-to] *agg.* Che ha perso il colore originario: *una camicetta sbiadita* ◊ ♧ Privo di nitidezza Ⓢ confuso, vago Ⓒ nitido, chiaro: *conservava un ricordo sbiadito di quella giornata.*

sbiancare [sbian-cà-re] *v.tr.* [*sbiànco, sbiànchi*] Far diventare bianco: *sbiancare un lenzuolo ingiallito* ♦ *v.intr.* [aus. *essere*] e **sbiancarsi** *v.pr.* Diventare bianco ◊ Impallidire: *(si) sbiancò in volto per la paura.*

sbieco [sbiè-co] *agg.* [pl.m. *–chi*] Non diritto Ⓢ storto, obliquo: *un muro un po' sbieco* | *Di sbieco* = obliquamente, di traverso | *Guardare di sbieco* = torcendo gli occhi; ♧ guardare con malanimo, con diffidenza.

sbigottimento [sbi-got-ti-mén-to] *s.m.* Stato di profondo stupore e turbamento; sbalordimento.

sbigottire [sbi-got-tì-re] *v.tr.* [*sbigottìsco, sbigottìsci*] Turbare profondamente, lasciare attonito: *la notizia della sua morte ci ha sbigottito* ♦ *v.intr.* [aus. *essere*] Rimanere attonito, profondamente turbato: *alle sue parole tutti sbigottirono.*

sbilanciare [sbi-lan-cià-re] *v.tr.* Far perdere l'equilibrio: *se state tutti da quel lato sbilanciate la barca* ♦ **sbilanciarsi** *v.pr.* **1** Perdere l'equilibrio: *la nave si è sbilanciata* **2** ♧ Impegnarsi troppo, compromettersi, dicendo o facendo più di quanto è prudente e opportuno: *mi ha dato risposte vaghe, è chiaro che non voleva sbilanciarsi.*

sbilenco [sbi-lèn-co] *agg.* [pl.m. *–chi*] Storto, piegato o pendente da una parte: *camminava tutto sbilenco*; *un vecchio sbilenco*; *un tavolo sbilenco.*

sbirciare [sbir-cià-re] *v.tr.* Guardare di sfuggita e cercando di non farsi notare: *ogni tanto sbirciava il compito del compagno* ◊ Guardare di nascosto: *sbirciare dal buco della serratura.*

sbirciata [sbir-cià-ta] *s.f.* Occhiata rapida e furtiva: *diede una sbirciata al registro.*

sbirro [sbìr-ro] *s.m.* Poliziotto (con valore spregiativo): *faccia da sbirro*; *metodi da sbirro.*

sbizzarrirsi [sbiz-zar-rìr-si] *v.pr.* [*mi sbizzarrìsco, ti sbizzarrìsci*] Dare libero sfogo ai propri desideri e capricci, al proprio estro: *sbizzarrirsi a dipingere, a vestire nel modo più strano.*

sbloccare [sbloc-cà-re] *v.tr.* [*sblòcco, sblòcchi*] Liberare da ciò che blocca (anche ♧): *sbloccare un ascensore*; *il suo intervento riuscì a sbloccare la situazione* ♦ **sbloccarsi** *v.pr.* Uscire da una situazione di blocco, rimettersi in funzione, in movimento (anche ♧): *il freno non si sblocca*; *il traffico si è sbloccato solo a tarda notte*; *la trattativa si è sbloccata* ◊ Superare un blocco psicologico: *era timido, poi si è sbloccato.*

sboccare [sboc-cà-re] *v.intr.* [*sbócco, sbócchi*; aus. *essere*] **1** Sfociare (detto di corsi d'acqua): *l'Adda sbocca nel Po*; *l'Arno sbocca nel Tirreno* ◊ Andare a finire come punto terminale (detto di strade, passaggi): *il viale sbocca nella piazza della stazione* ◊ Arrivare in un dato luogo dopo un percorso (detto di persone): *il corteo sboccò in piazza Duomo* **2** ♧ Andare a finire Ⓢ concludersi: *il malcontento sboccò in una rivolta.*

sboccato [sboc-cà-to] *agg.* Che usa di continuo un linguaggio volgare, osceno, pieno di parolacce: *una persona sboccata.*

sbocciare [sboc-cià-re] *v.intr.* [aus. *essere*] **1** Aprirsi, schiudersi, detto di fiori e gemme: *sono sbocciate le viole* **2** ♧ Nascere, manifestarsi: *tra loro è sbocciato l'amore.*

sbocco [sbóc-co] *s.m.* [pl. *–chi*] **1** Luogo, punto in cui sbocca, termina un corso d'acqua, una strada ecc.: *lo sbocco di un canale, di una fognatura*; *allo sbocco della valle sorge una fortezza* ◊ Uscita, apertura, comunicazione verso l'esterno: *una strada senza sbocco*; *la Svizzera non ha sbocchi sul mare* **2** ♧ Esito, conclusione: *la rivolta fu lo sbocco naturale del malcontento popolare* ◊ Possibilità di soluzione: *è una situazione senza sbocchi* ◊ Possibilità di un'attività: *una scuola che offre molti sbocchi professionali.*

sbocconcellare [sboc-con-cel-là-re] *v.tr.* Mangiare a piccoli bocconi: *cominciò a sbocconcellare un pezzo di pane.*

sbollire [sbol-lì-re] *v.intr.* [aus. *avere* nel significato 1, *essere* nel significato 2] **1** Cessare di bollire **2** ♧ Placarsi, calmarsi: *gli è sbollita la rabbia.*

sbornia [sbòr-nia] *s.f.* Ubriacatura, sbronza.

sborsare [sbor-sà-re] *v.tr.* Tirar fuori denaro Ⓢ spendere, pagare: *ha sborsato parecchi soldi per quelle cure.*

sbottare [sbot-tà-re] *v.intr.* [aus. *essere*] Prorompere, scoppiare: *sbottare in un pianto dirotto, in una risata* ◊ Non riuscire più a trattenersi e dire con irruenza quel che si pensa: *per un po' ha sopportato ma poi è sbottato.*

sbotto [sbòt-to] *s.m.* Sfogo improvviso di stati d'animo e impulsi prima repressi: *ebbe uno sbotto di risa*; *dopo quello sbotto si è calmato.*

sbottonare [sbot-to-nà-re] *v.tr.* Aprire un indumento facendo uscire dagli occhielli i bottoni che lo chiudono: *sbottonare la giacca*; *sbottonarsi la camicia* ♦ **sbottonarsi** *v.pr.* ♧ Dire apertamente ciò che si pensa, confidarsi: *parlagli tu, con me non ha voluto sbottonarsi.*

sbracciarsi [sbrac-ciàr-si] *v.pr.* Fare ampi gesti con le braccia, agitare le braccia: *si sbracciava per salutarci.*

sbraitare [sbrai-tà-re] *v.intr.* [aus. *avere*] Gridare in modo concitato: *smettila di sbraitare, nessuno ti dà retta.*

sbranare [sbra-nà-re] *v.tr.* Fare a pezzi, dilaniare con gli artigli e con i denti: *il leone sbranò la gazzella* ♦ **sbranarsi** *v.pr.* Dilaniarsi a vicenda: *i due lupi si sono sbranati.*

sbriciolare [sbri-cio-là-re] *v.tr.* Ridurre in briciole: *sbriciolare il pane* ◊ Sgretolare, distruggere: *la casa fu sbriciolata dall'esplosione* ♦ **sbriciolarsi** *v.pr.* Ridursi in briciole, in pezzetti minuti: *la torta si è tutta sbriciolata.*

sbrigare [sbri-gà-re] *v.tr.* [*sbrìgo, sbrìghi*] Portare a termine Ⓢ concludere, risolvere: *prima di venire da te ho ancora un lavoro, un affare da sbrigare* | *Sbrigarsela* = finire, risolvere qualcosa in poco tempo (*me la sbrigo in qualche minuto*); cavarsela, trarsi d'impiccio: *non possiamo aiutarlo, se la deve sbrigare da solo* ♦ **sbrigarsi** *v.pr.* **1** Far presto Ⓢ spicciarsi, affrettarsi Ⓒ attardarsi: *sbrigati a vestirti, è tardi!* **2** Liberarsi di qualcosa o di qualcuno: *voglio sbrigarmi in fretta di questa noia, di quel seccatore.*

sbrigativo [sbri-ga-tì-vo] *agg.* **1** Che fa e affronta le cose rapidamente, con risolutezza, senza pensarci su troppo: *è un tipo sbrigativo* ◊ Spiccio, brusco: *usare metodi sbrigativi* ◊ Affrettato e superficiale: *non devi dare giudizi così sbrigativi* **2** Che si è o può essere concluso rapidamente: *sarà un lavoro sbrigativo.*

sbrinare [sbri-nà-re] *v.tr.* Eliminare i depositi di brina o ghiaccio che si formano sulle pareti interne del frigorifero: *sbrinare il frigorifero.*

sbrindellato [sbrin-del-là-to] *agg.* Lacero, stracciato, a brandelli: *un vestito sbrindellato.*

sbrodolare [sbro-do-là-re] *v.tr.* Sporcare di brodo, di sugo e simili: *hai sbrodolato il vestito.*

sbrogliare [sbro-glià-re] *v.tr.* Sciogliere nodi, grovigli: *sbrogliare un nodo, dei fili aggrovigliati* ◊ ♧ Risolvere: *sbrogliare un mistero, una questione intricata* ♦ **sbrogliarsi** *v.pr.* Tirarsi fuori da una situazione difficile Ⓢ cavarsela: *se la può sbrogliare anche da solo.*

sbronza [sbrón-za] *s.f.* Ubriacatura, sbornia.

sbronzarsi [sbron-zàr-si] *v.pr.* Ubriacarsi.

sbronzo [sbrón-zo] *agg.* Ubriaco.

sbruffone [sbruf-fó-ne] *s.m.* Fanfarone, spaccone: *non credo ai racconti di quello sbruffone.*

sbucare [sbu-cà-re] *v.intr.* [*sbùco, sbùchi*; aus. *essere*] **1** Uscire, venire fuori da una buca, da un luogo chiuso, buio o comunque riparato dalla vista: *la lepre sbucò dalla tana; il treno sbucò dalla galleria; da dietro una siepe sbucò un uomo armato* ◊ Sboccare: *scavarono sotto il muro una galleria che sbucava all'esterno* **2** ♧ Comparire all'improvviso: *da dove sei sbucato?*

sbucciare [sbuc-cià-re] *v.tr.* **1** Togliere la buccia Ⓢ pelare: *sbucciare un'arancia, una patata* **2** Prodursi una ferita superficiale, un'escoriazione Ⓢ spellarsi: *è caduto e si è sbucciato il ginocchio.*

sbudellare [sbu-del-là-re] *v.tr.* **1** Aprire il ventre di un animale per levarne le interiora Ⓢ sventrare **2** Ferire gravemente al ventre una persona.

sbuffare [sbuf-fà-re] *v.intr.* [aus. *avere*] **1** Mandar fuori il fiato con forza e rumorosamente, in seguito a sforzo o in segno di fastidio, di impazienza, di noia: *arrivò sbuffando in cima alla salita; cominciò a sbuffare per la lunga attesa* **2** Emettere getti di fumo e di vapore: *la locomotiva si mise in moto sbuffando.*

sbugiardare [sbu-giar-dà-re] *v.tr.* Dimostrare che uno è bugiardo, ha mentito: *lo voglio sbugiardare davanti a tutti.*

scabbia [scàb-bia] *s.f.* Malattia della pelle che provoca un intenso prurito Ⓢ rogna.

scabro [scà-bro] *agg.* Non liscio, irregolare, ruvido al tatto: *una superficie, una parete scabra.*

scabroso [sca-bró-so] *agg.* **1** Scabro, ruvido **2** ♧ Delicato, imbarazzante, non facile da trattare: *un argomento scabroso* ◊ Che può urtare o offendere il pudore e la sensibilità altrui: *tagliare da un film le scene più scabrose.*

scacchiera [scac-chiè-ra] *s.f.* Tavola quadrata di legno o altro materiale, suddivisa in 64 riquadri chiari e scuri alternati, su cui si gioca a scacchi o a dama.

scacciare [scac-cià-re] *v.tr.* Mandar via bruscamente Ⓢ cacciare: *scacciare di casa un figlio; scacciare le mosche* ◊ ♧ Far passare: *canta per scacciare la malinconia.*

scacco [scàc-co] *s.m.* [pl. *–chi*] **1** (al *pl.*) Gioco che si svolge su una scacchiera fra due giocatori che muovono a turno, secondo determinate regole, uno dei 16 pezzi di cui ciascuno dispone: *fare una partita a scacchi* ◊ Ognuno dei pezzi di questo gioco: *disporre gli scacchi sulla scacchiera* ◊ Mossa del gioco con cui si minaccia il re o un altro pezzo importante dell'avversario: *dare scacco al re, alla regina* | *Scacco matto* = mossa con cui si vince la partita **2** ♧ Insuccesso, grave sconfitta: *subire uno scacco* **3** Riquadro, quadretto: *un vestito, una tenda a scacchi* | *Vedere il sole a scacchi* = essere in carcere (cioè vederlo attraverso le sbarre).

scadente [sca-dèn-te] *agg.* Di scarso pregio, di non buona qualità Ⓢ mediocre, scarso, insufficiente Ⓒ ottimo, eccellente: *un prodotto, un materiale, un lavoro scadente; un giocatore scadente.*

scadenza [sca-dèn-za] *s.f.* **1** Termine di tempo in cui scade la durata, la validità di qualcosa o entro il quale deve essere effettuato un pagamento, conclusa un'attività e simili: *guardare la data di scadenza di un prodotto; la scadenza del passaporto, di un contratto; mi ha dato trenta giorni di scadenza per finire il lavoro* | *A breve, a lunga scadenza* = entro un termine di tempo vicino, lontano: *non ho impegni a breve scadenza* **2** Obbligo, impegno da adempiere entro un determinato termine: *in questo mese ci attendono importanti scadenze.*

scadere [sca-dé-re] *v.intr.* [coniugato come *cadere*; aus. *essere*] **1** Perdere di pregio, di valore, di qualità, di prestigio Ⓢ decadere: *era un buon albergo, ma ora è un po' scaduto; è molto scaduto nella mia stima* **2** Giungere al termine fissato di validità, di durata, di pagamento: *questo farmaco è già scaduto; il contratto scade tra un mese; segnare un gol a tempo scaduto; domani mi scade una cambiale.*

scafandro [sca-fàn-dro] *s.m.* Apparecchiatura impermeabile, del tutto o in parte rigida, indossata da palombari per immersioni in profondità, da astronauti nello spazio o da chiunque altro debba svolgere lavori che richiedono una protezione integrale del corpo.

scaffale [scaf-fà-le] *s.m.* Mobile o struttura a più ripiani su cui si ripongono libri, oggetti, merci ecc.: *gli scaffali dei supermarket.*

scafo [scà-fo] *s.m.* Struttura portante di un'imbarcazione, che ne permette il galleggiamento: *la nave, colpita allo scafo, affondò in poco tempo.*

scagionare [sca-gio-nà-re] *v.tr.* Liberare da un'accusa Ⓢ discolpare Ⓒ incolpare: *il teste ha scagionato l'imputato* ♦ **scagionarsi** *v.pr.* Discolparsi, giustificarsi: *non cercare scuse per scagionarti di quel che hai fatto.*

scaglia [scà-glia] *s.f.* **1** Ognuna delle sottili lamelle che ricoprono la pelle dei pesci e di alcuni rettili Ⓢ squama **2** Frammento piatto e sottile di un materiale: *scaglie di roccia; sapone in scaglie.*

scagliare [sca-glià-re] *v.tr.* Lanciare, gettare con forza (anche ♧): *scagliare un sasso, una freccia; scagliare un'accusa contro qualcuno* ♦ **scagliarsi** *v.pr.* Gettarsi contro Ⓢ avventarsi: *si scagliò contro l'avversario* ◊ ♧ Attaccare violentemente, con ingiurie, accuse e simili: *scagliarsi contro il governo, contro la corruzione.*

scaglionare [sca-glio-nà-re] *v.tr.* Disporre a determinati intervalli di spazio singole persone o gruppi: *scaglionare i soldati, i reparti lungo il fiume* ◊ ♧ Distribuire nel tempo a determinati intervalli: *scaglionare le ferie.*

scaglione [sca-glió-ne] *s.m.* **1** Ciascuno dei gruppi in cui viene suddiviso un insieme di persone, spec. in quanto ogni gruppo è distribuito a un certo intervallo di spazio o di tempo dagli altri: *il comandante dispose i soldati a scaglioni lungo il fiume; domani arriva un nuovo scaglione di turisti* **2** ♧ Ciascuna delle parti successive in cui viene suddivisa un'attività: *è stato completato il primo scaglione dei lavori del metró.*

scala [scà-la] *s.f.* **1** Struttura architettonica costituita da una serie di gradini, che permette di passare a piedi da un piano a un altro di un edificio e più in generale da un luogo a un altro posto a un livello diverso: *scala principale, di servizio, di sicurezza; scala in pietra, in marmo, in ferro; la scala che porta al sottopassaggio* | *Scala mobile* = a gradini mobili azionati da un motore **2** Attrezzo spostabile per salire e scendere a un livello diverso, formato da due montanti paralleli collegati da una serie di elementi trasversali che fungono da scalini: *scala di legno, di metallo, di corda, a pioli* **3** *Scala dei colori* = successione di colori graduati dal più chiaro al più scuro | *Scala musicale* = successione ordinata di suoni che costituisce la base di un sistema musicale **4** Nel linguaggio scientifico e tecnico, successione graduata di numeri che esprimono e misurano convenzionalmente i diversi valori di una grandezza o l'intensità di un fenomeno fisico | *Scale termometriche* = quelle che misurano la temperatura (*scala centigrada* o *Celsius, scala Fahrenheit* ecc.) | *Scala Mercalli, Richter* = *scale sismiche* che classificano in modo diverso il grado d'intensità dei terremoti **5** Rapporto tra le misure reali degli oggetti e quelle rappresentate su carte geografiche, disegni, plastici ecc.: *in una carta geografica la scala di uno a centomila (1:100.000) significa che le distanze riportate sulla carta sono centomila volte più piccole che nella realtà* ◊ *Su larga, vasta scala* = in grandi proporzioni, con vasta estensione: *un prodotto diffuso su vasta scala.*

scalare [sca-là-re] *v.tr.* **1** Salire, arrampicarsi in cima a qualcosa con scale, corde o altri mezzi: *scalare un muro, una fortezza; scalare una montagna, una parete rocciosa* **2** Detrarre, togliere: *dal conto finale bisogna scalare i cento euro che mi ha dato in anticipo.*

scalata [sca-là-ta] *s.f.* Arrampicata; in partic.

ascensione alpinistica di una certa difficoltà: *la scalata dell'Everest* | ♧ *Dare la scalata al potere, al successo, al titolo mondiale* = tentare con decisione di raggiungere quella meta.

scalatore [sca-la-tó-re] *s.m.* [f. *–trice*] Chi compie scalate alpinistiche ◊ Corridore ciclista particolarmente forte nei percorsi in montagna.

scalciare [scal-cià-re] *v.intr.* [aus. *avere*] Tirare calci: *attento che quel mulo scalcia.*

scaldabagno [scal-da-bà-gno] *s.m.* [pl.invar. o *–gni*] Apparecchio per scaldare l'acqua per uso domestico: *scaldabagno elettrico, a gas.*

scaldare [scal-dà-re] *v.tr.* Far diventare caldo o più caldo © raffreddare: *scaldare l'acqua per il tè*; *scaldarsi i piedi vicino alla stufa* ♦ *v.intr.* [aus. *avere*] Emanare, procurare calore: *questa stufa scalda poco*; *oggi il sole scalda* ♦ **scaldarsi** *v.pr.* **1** Procurarsi calore: *correva per scaldarsi* **2** Diventare caldo o più caldo: *l'aria comincia a scaldarsi* **3** ♧ Accalorarsi; eccitarsi: *quando discute si scalda sempre*; *su, non è il caso di scaldarsi tanto!*

scaleno [sca-lè-no] *agg.* Detto di triangolo con tutti e tre i lati disuguali.

scaletta [sca-lét-ta] *s.f.* **1** Piccola scala **2** ♧ Elenco schematico degli argomenti da trattare in un discorso, in una relazione ecc. Ⓢ traccia, schema.

scalfire [scal-fi-re] *v.tr.* [*scalfisco, scalfisci*] Incidere, intaccare, ferire leggermente, in superficie (anche ♧): *scalfire un vetro con una punta*; *il chiodo mi ha scalfito la pelle*; *lo scandalo scalfì appena la sua reputazione.*

scalfittura [scal-fit-tù-ra] *s.f.* Incisione, lesione o ferita leggera, superficiale Ⓢ graffio.

scalinata [sca-li-nà-ta] *s.f.* Scala esterna di ampie dimensioni, spec. per accedere a edifici monumentali: *una scalinata portava alla chiesa.*

scalino [sca-lì-no] *s.m.* **1** Ognuno dei ripiani orizzontali di una scala, su cui poggiano i piedi Ⓢ gradino ◊ Gradino tra due ambienti o piani posti a livelli diversi: *sedersi sullo scalino davanti alla porta d'ingresso* **2** ♧ Grado, livello: *è arrivato all'ultimo scalino della carriera.*

scalmanarsi [scal-ma-nàr-si] *v.pr.* **1** Affaticarsi troppo, sudare correndo o facendo qualcosa **2** ♧ Affannarsi: *non scalmanarti a preparare i bagagli, tanto c'è tempo.*

scalmanato [scal-ma-nà-to] *agg.* **1** Sudato e trafelato: *era tutto scalmanato per la corsa* **2** ♧ Agitato, turbolento: *è un ragazzo scalmanato* ♦ *s.m.* Persona sfrenata, turbolenta, esagitata: *una folla di scalmanati si mise a incendiare le automobili.*

scalmo [scàl-mo] *s.m.* Forcella di legno o di metallo infissa sul bordo di un'imbarcazione, in cui si inserisce o si appoggia il remo per vogare.

scalo [scà-lo] *s.m.* **1** Zona di un porto, di un aeroporto o di una stazione ferroviaria dove stanno gli impianti e le attrezzature per l'imbarco e lo sbarco di merci e passeggeri: *scalo merci*; *scalo passeggeri* ◊ Centro di traffico marittimo, aereo o ferroviario: *Genova è un importante scalo marittimo* **2** Fermata intermedia in una località: *il traghetto Genova-Tunisi fa scalo a Cagliari* | *Volo, viaggio senza scalo* = diretto, senza fermate intermedie.

scalogna [sca-ló-gna] *s.f.* Sfortuna, iella.

scalognato [sca-lo-gnà-to] *agg.* Sfortunato.

scalone [sca-ló-ne] *s.m.* Scala di grande ampiezza all'interno di edifici monumentali.

scalpellare [scal-pel-là-re] *v.tr.* Lavorare, incidere con lo scalpello: *scalpellare il marmo.*

scalpello [scal-pèl-lo] *s.m.* Utensile costituito da una sbarra d'acciaio con un'estremità tagliente, usato per lavorare il legno, la pietra o il metallo: *scalpello da falegname, da scultore.*

scalpiccio [scal-pic-cì-o] *s.m.* Rumore continuo di passi leggeri e striscianti sul terreno.

scalpitare [scal-pi-tà-re] *v.intr.* [aus. *avere*] Detto di cavalli, pestare il terreno con gli zoccoli, per l'impazienza di muoversi o per irrequietezza ◊ ♧ Dare segni d'impazienza, d'irrequietezza: *i ragazzi scalpitavano per partire subito.*

scalpore [scal-pó-re] *s.m.* Grande risonanza, clamore | *Fare, destare scalpore* = suscitare molti commenti, critiche, polemiche nell'opinione pubblica: *un fatto, uno spettacolo che farà scalpore, che ha destato scalpore.*

scaltrezza [scal-tréz-za] *s.f.* Astuzia, furbizia: *agire con scaltrezza.*

scaltro [scàl-tro] *agg.* Astuto, furbo, accorto: *un commerciante scaltro*; *una mossa scaltra.*

scalzo [scàl-zo] *agg.* Privo di scarpe e di calze: *camminare scalzo*; *stare a piedi scalzi.*

scambiare [scam-bià-re] *v.tr.* **1** Prendere una persona o una cosa per un'altra, per errore o distrazione Ⓢ confondere: *da lontano ti avevo scambiata per tua sorella*; *ha scambiato l'aceto per il vino* **2** Dare, prendere una cosa in cambio di un'altra Ⓢ barattare: *scambieresti il tuo libro con il mio?* ◊ Cambiare una banconota, una moneta con altre di taglio inferiore: *ha da scambiare cento euro?* ◊ *Scambiare quattro chiacchiere* = conversare, stare a parlare brevemente con qualcuno ♦ **scambiarsi** *v.pr.* Darsi, farsi qualcosa l'un l'altro: *dopo* *il pranzo di Natale ci siamo scambiati i regali; scambiarsi confidenze, visite* ◊ *Scambiarsi di posto* = prendere l'uno il posto dell'altro.

scambievole [scam-bié-vo-le] *agg.* Mutuo, reciproco: *affetto, aiuto scambievole.*

scambio [scàm-bio] *s.m.* **1** Atto con cui più persone si danno, si fanno o si dicono reciprocamente qualcosa dello stesso genere Ⓢ contraccambio: *scambio di doni, di auguri, di confidenze, di opinioni, di insulti* **2** Cessione di un bene in cambio di un altro Ⓢ baratto: *hai fatto uno scambio conveniente* ◊ Compravendita, commercio: *scambio di merci; l'aumento degli scambi internazionali* **3** Confusione involontaria di una persona o di una cosa con un'altra Ⓢ sbaglio: *scambio di persona, di indirizzo* **4** Dispositivo meccanico che permette di far passare un convoglio ferroviario o un tram da un binario a un altro: *azionare lo scambio.*

scampagnata [scam-pa-gnà-ta] *s.f.* Gita in campagna: *domenica faremo una scampagnata.*

scampanellare [scam-pa-nel-là-re] *v.intr* [aus. *avere*] Suonare il campanello con insistenza, a lungo: *chi starà scampanellando alla porta?*

scampanellio [scam-pa-nel-lì-o] *s.m.* Suono di campanello leggero e ripetuto: *un allegro scampanellio.*

scampanio [scam-pa-nì-o] *s.m.* Suono di campane forte e continuato: *un festoso scampanio.*

scampare [scam-pà-re] *v.intr.* [aus. *essere*] Uscire salvo, illeso da un grave pericolo o rischio: *scampare alla morte, a un disastro, a un naufragio* ♦ *v.tr.* Evitare un male, un danno: *scampare la morte, la prigione* | *Scamparla (bella)* = salvarsi evitando un grave pericolo.

scampato [scam-pà-to] *agg.* Che è stato evitato: *ringraziò Dio per lo scampato pericolo* ♦ *agg.* e *s.m.* Che, chi è uscito salvo da un grave pericolo: *gli scampati al naufragio attendevano i soccorritori.*

scampo[1] [scàm-po] *s.m.* Salvezza da un pericolo: *cercare scampo nella fuga* | *Non c'è scampo, via di scampo* = non c'è rimedio, speranza di salvezza, via d'uscita.

scampo[2] [scàm-po] *s.m.* Crostaceo marino dalle carni pregiate, simile al gambero.

scampolo [scàm-po-lo] *s.m.* Avanzo di una pezza di tessuto: *in quel negozio stanno facendo una vendita di scampoli a prezzi ridotti.*

scanalatura [sca-na-la-tù-ra] *s.f.* Incavo lungo e poco profondo praticato su oggetti vari: *le scanalature di una colonna; infilare il vetro nella scanalatura della finestra.*

scandagliare [scan-da-glià-re] *v.tr.* Misurare con lo scandaglio la profondità delle acque: *la nave procedeva nell'estuario scandagliando continuamente il fondo.*

scandaglio [scan-dà-glio] *s.m.* Strumento per misurare la profondità delle acque di mari, laghi, fiumi.

scandalizzare [scan-da-liz-zà-re] *v.tr.* Turbare la coscienza, offendere la sensibilità, suscitare sdegno, indignazione: *ha scandalizzato tutti col suo linguaggio volgare; i recenti episodi di corruzione hanno scandalizzato l'opinione pubblica* ♦ **scandalizzarsi** *v.pr.* Restare o mostrarsi turbato, sdegnato, indignato per atti e comportamenti immorali, disonesti, sconvenienti o ritenuti tali: *si è scandalizzato per quel che hai detto; non scandalizzarti per così poco!*

scandalo [scàn-da-lo] *s.m.* **1** Turbamento della coscienza, offesa del senso di pudore e di giustizia altrui, provocati da fatti, atti, comportamenti contrari alla morale, alla decenza, alla giustizia o che vengono ritenuti tali: *dare scandalo col proprio comportamento; un film che ha suscitato scandalo per alcune scene erotiche* ◊ Cosa vergognosa, che suscita sdegno: *è uno scandalo che si sprechi in questo modo il denaro pubblico* **2** Fatto che suscita indignazione e vivaci reazioni nell'opinione pubblica: *tutti i giornali hanno parlato dello scandalo* **3** Pubblicità indesiderata intorno a un fatto che si vorrebbe restasse segreto: *ha minacciato di fare uno scandalo se non lo paghiamo; sono riusciti a soffocare lo scandalo.*

scandaloso [scan-da-ló-so] *agg.* **1** Che dà scandalo, che è motivo di scandalo: *un film scandaloso* **2** In senso scherzoso, eccessivo, esagerato: *ha una fortuna scandalosa!*

scandire [scan-dì-re] *v.tr.* [*scandìsco, scandìsci*] Pronunciare le parole in modo distinto, staccando le sillabe.

scannare [scan-nà-re] *v.tr.* Uccidere un animale tagliandogli la gola Ⓢ sgozzare: *scannare il maiale, il vitello.*

scanner [parola inglese; pron. corrente *scànner*] *s.m.invar.* Macchina esterna al computer (ma a esso collegata) capace di riprodurre la copia fotografica (sotto forma di file digitale) di fogli stampati, pagine di libri e riviste, fotografie, diapositive ecc.

scannerizzare [scan-ne-riz-zà-re] *v.tr.* Sottoporre immagini o testi a scansione con uno *scanner.*

scansafatiche [scan-sa-fa-tì-che] *s.m.f.invar.* Persona che non ha voglia di lavorare e cerca di evitare ogni fatica Ⓢ fannullone.

scansare [scan-sà-re] *v.tr.* **1** Scostare: *scansare il tavolo dalla parete* **2** Schivare, evitare, sfuggire: *scansare un colpo, un pugno; scansare un pericolo, una fatica; tutti lo scansano perché non si fidano di lui* ♦ **scansarsi** *v.pr.* Farsi da parte Ⓢ scostarsi: *se non si fosse scansato, lo avrebbero investito; scansati!*

scansia [scan-sì-a] *s.f.* Mobile a più ripiani Ⓢ scaffale: *le merci erano disposte sulle scansie.*

scansione [scan-sió-ne] *s.f.* Operazione che, mediante uno *scanner*, permette di trasformare un testo o un'immagine su carta in un file digitale trasferibile nel computer.

scanso [scàn-so] *A scanso di* = per evitare, per prevenire: *ti racconto subito com'è andata, a scanso di equivoci.*

scantinato [scan-ti-nà-to] *s.m.* Piano di un edificio situato sotto il livello del terreno e adibito a cantina, a magazzino, a laboratorio o anche ad abitazione.

scantonare [scan-to-nà-re] *v.intr.* [aus. *avere*] **1** Voltare rapidamente l'angolo di una strada, spec. per evitare qualcuno; più genericamente, svignarsela: *ogni volta che mi vede scantona* **2** ♧ Cambiare discorso o sfuggire per evitare di affrontare difficoltà, responsabilità ecc.

scapaccione [sca-pac-ció-ne] *s.m.* Colpo dato a mano aperta sulla nuca, per punizione (spec. a bambini): *si è preso uno scapaccione dal papà.*

scapestrato [sca-pe-strà-to] *agg.* e *s.m.* Che, chi conduce una vita disordinata, sregolata, dissoluta: *un giovane scapestrato.*

scapito [scà-pi-to] *s.m.* Danno: *se non obbedisci va a scapito tuo; la fretta, nel lavoro, va a scapito della qualità.*

scapola [scà-po-la] *s.f.* Ciascuna delle due ossa piatte, di forma triangolare, situate nella parte superiore della schiena: *è così magro che gli si vedono le scapole!*

scapolo [scà-po-lo] *agg.* e *s.m.* Che, chi non è ammogliato Ⓢ celibe: *essere scapolo; fare vita da scapoli.*

scappamento [scap-pa-mén-to] *s.m.* *(Tubo di) scappamento* = apparato che, nei motori a combustione interna, permette di scaricare all'esterno i gas prodotti dalla combustione stessa.

scappare [scap-pà-re] *v.intr.* [aus. *essere*] **1** Fuggire: *il ladro scappò dalla finestra; suo figlio è scappato di casa* **2** Andare di corsa, correre via: *scappo in ufficio e torno; è tardi, devo scappare* **3** Sfuggire: *gli è scappato l'autobus; è un'occasione da non lasciarsi scappare; mi è scappato di mente quel che volevo dirti; non volevo dirglielo, ma mi è scappato di bocca* ◊ Non potersi più trattenere dal fare qualcosa: *mi è scappato da ridere; mi scappa la pipì* **4** ♧ Dire, fare qualcosa all'improvviso, in modo inaspettato: *ogni tanto scappa fuori con qualche trovata delle sue.*

scappata [scap-pà-ta] *s.f.* Rapida e breve visita in un luogo o a qualcuno Ⓢ salto: *fare una scappata a casa; fate una scappata da noi quando siete da queste parti.*

scappatella [scap-pa-tèl-la] *s.f.* Breve avventura di infedeltà amorosa: *scappatelle coniugali.*

scappatoia [scap-pa-tó-ia] *s.f.* Espediente, via d'uscita per tirarsi fuori da una situazione pericolosa, difficile: *cercare, trovare una scappatoia.*

scappellotto [scap-pel-lòt-to] *s.m.* Leggero scapaccione.

scarabeo [sca-ra-bè-o] *s.m.* Insetto dal corpo protetto da un rivestimento molto duro.

scarabocchiare [sca-ra-boc-chià-re] *v.tr.* Riempire di scarabocchi: *scarabocchiare un foglio, un quaderno.*

scarabocchio [sca-ra-bòc-chio] *s.m.* **1** Macchia d'inchiostro fatta scrivendo; parola mal scritta, illeggibile Ⓢ sgorbio: *un quaderno pieno di scarabocchi; questa firma è uno scarabocchio* **2** Disegno molto brutto, mal fatto.

scarafaggio [sca-ra-fàg-gio] *s.m.* Insetto dal corpo appiattito di colore scuro, il cui nome scientifico è *blatta.*

scaramanzia [sca-ra-man-zì-a] *s.f.* Atto, gesto o formula che, nella credenza popolare, serve ad allontanare il malocchio e la sfortuna Ⓢ scongiuro: *toccare ferro per scaramanzia.*

scaramuccia [sca-ra-mùc-cia] *s.f.* [pl. *–ce*] **1** Breve scontro armato tra piccoli reparti militari, pattuglie **2** ♧ Scontro a parole, breve polemica Ⓢ schermaglia.

scaraventare [sca-ra-ven-tà-re] *v.tr.* Gettare, scagliare con violenza: *scaraventò il libro fuori dalla finestra; scaraventare qualcuno a terra* ♦ **scaraventarsi** *v.pr.* Gettarsi, lanciarsi con violenza, con impeto: *si scaraventò giù per le scale; scaraventarsi contro qualcuno.*

scarcerare [scar-ce-rà-re] *v.tr.* Liberare, far uscire dal carcere: *lo scarcereranno domani.*

scarcerazione [scar-ce-ra-zió-ne] *s.f.* Liberazione, dimissione di un detenuto dal carcere.

scardinare [scar-di-nà-re] *v.tr.* Togliere con la forza, divellere qualcosa dai cardini: *scardinare una porta, una finestra.*

A B C D E F G H I J K L M N O P Q R S T U V W X Y Z

scarica [scà-ri-ca] *s.f.* **1** Sparo simultaneo di più armi da fuoco: *una scarica di fucileria* ◊ Serie di colpi sparati in rapida successione da un'arma Ⓢ raffica: *una scarica di mitra* **2** Grande quantità di colpi o di cose che si riversano con violenza e rapidità: *si prese una scarica di pugni, di legnate, d'insulti*; *fummo sorpresi da una scarica di grandine* **3** *Scarica elettrica* = improvviso e violento passaggio di corrente attraverso il corpo.

scaricare [sca-ri-cà-re] *v.tr.* [*scàrico, scàrichi*] **1** Togliere il carico da un mezzo di trasporto: *scaricare la merce dal camion* ◊ Liberare dal carico: *scaricare un carro, una nave* ◊ Deporre a terra un carico: *scaricarono le casse sul marciapiede* **2** Liberare dal contenuto Ⓢ svuotare: *scaricare una cisterna* | *Scaricare un'arma* = toglierle il caricatore, le cartucce o spararne tutti i colpi: *scaricò la rivoltella contro gli aggressori* ◊ Far esaurire la carica a un apparecchio elettrico: *scaricare la batteria* **3** Versare, riversare il proprio contenuto: *il canale, la fognatura scarica le sue acque in mare* ◊ ♧ Sfogare: *scaricare la rabbia* ◊ ♧ Far ricadere su altri Ⓢ riversare: *scaricare su qualcuno la colpa, le proprie responsabilità* ◊ Scagliare, tirare contro qualcuno: *gli scaricò addosso una gragnuola di colpi, un diluvio di insulti* **4** In informatica, copiare un *file* da un computer a cui si è collegati in rete per caricarlo sul proprio; effettuare il *download* ♦ **scaricarsi** *v.pr.* **1** Togliersi un peso di dosso: *si scaricò dello zaino* ◊ ♧ Liberarsi da un peso morale: *scaricarsi di una responsabilità* **2** Riversarsi, sfociare: *il Po si scarica in mare* ◊ Sfogare la propria carica elettrica: *il fulmine si scaricò sul campanile* **3** Perdere, esaurire la carica (spec. elettrica): *le batterie si sono scaricate.*

scaricatore [sca-ri-ca-tó-re] *s.m.* Operaio addetto allo scarico e al carico delle merci: *gli scaricatori del porto.*

scarico[1] [scà-ri-co] *agg.* [pl.m. *–chi*] Privo di carico, vuoto Ⓒ carico, pieno: *il camion è partito scarico*; *il serbatoio è scarico* ◊ Privo di carica: *la batteria è scarica*; *tenere il fucile scarico* | ♧ *Sentirsi scarico* = privo di energie, esaurito.

scarico[2] [scà-ri-co] *s.m.* [pl. *–chi*] **1** L'operazione di togliere il carico da un mezzo di trasporto: *lo scarico di una nave, delle casse da un camion* **2** Il gettare, lo scaricare rifiuti; i rifiuti stessi scaricati: *il cartello dice che qui c'è divieto di scarico*; *un fiume inquinato dagli scarichi industriali* **3** Impianto, dispositivo, conduttura che convoglia, fa defluire o espelle all'esterno liquidi o gas: *la rete di scarico delle fogne*; *valvola di scarico*; *si è intasato lo scarico del lavandino* | *Tubo di scarico* = l'ultima parte del tubo di scappamento dei motori a scoppio.

scarlatto [scar-làt-to] *agg.* Di colore rosso vivo: *rose scarlatte* ♦ *s.m.* Colore rosso vivo.

scarmigliato [scar-mi-glià-to] *agg.* Detto di persona con i capelli arruffati, in disordine.

scarno [scàr-no] *agg.* **1** Molto magro: *viso scarno* **2** ♧ Povero di contenuto: *un tema un po' troppo scarno.*

scarpa [scàr-pa] *s.f.* Calzatura di vario tipo e materiale, che ricopre il piede fino alla caviglia o poco più su: *scarpe di pelle, di cuoio, di gomma*; *scarpe da uomo, da donna*; *scarpe da ginnastica, da tennis*; *scarpe con tacco alto, basso*; *infilarsi, levarsi le scarpe* | ♧ *Fare le scarpe a qualcuno* = agire slealmente e di nascosto contro di lui per trarne un vantaggio.

scarpata [scar-pà-ta] *s.f.* Tratto di terreno in forte pendenza, ripido pendio: *l'auto uscì di strada e precipitò giù per la scarpata.*

scarpiera [scar-piè-ra] *s.f.* Mobile in cui si ripongono le scarpe.

scarpone [scar-pó-ne] *s.m.* Scarpa grossa e robusta, alta fin sopra la caviglia: *scarponi militari, da montagna, da caccia, da sci.*

scarrozzare [scar-roz-zà-re] *v.tr.* Portare in giro con un veicolo: *li ho scarrozzati tutto il giorno per la città.*

scarseggiare [scar-seg-già-re] *v.intr.* [aus. *avere*] Essere, divenire scarso, insufficiente: *i viveri cominciavano a scarseggiare* ◊ Avere qualcosa in misura insufficiente: *scarseggiare di denaro, di manodopera, di buona volontà.*

scarsezza [scar-séz-za] *s.f.* Insufficienza, carenza, mancanza: *scarsezza di denaro, d'ingegno.*

scarsità [scar-si-tà] *s.f.* Scarsezza: *scarsità d'acqua, di viveri.*

scarso [scàr-so] *agg.* **1** Insufficiente, inadeguato rispetto a quanto sarebbe necessario Ⓒ abbondante, notevole: *il raccolto è stato scarso per la siccità*; *un uomo di scarse capacità, di scarsa cultura* | *Essere scarso in matematica, in disegno* = poco preparato, non bravo **2** Inferiore di poco alla misura cui ci si riferisce: *è un chilo scarso*; *da qui al paese ci saranno tre chilometri scarsi.*

scartamento [scar-ta-mén-to] *s.m.* Distanza tra le rotaie di un binario.

scartare[1] [scar-tà-re] *v.tr.* **1** Togliere qualcosa dalla carta in cui è avvolto: *scartare un pacco, un regalo* **2** Gettare sul tavolo o eliminare una delle carte da gioco che si hanno in mano: *scartare* *l'asso* **3** Mettere da parte, gettar via, eliminare o respingere perché non buono, non utile, non idoneo ecc.: *scartare le mele marce*; *scartare una proposta*; *lo hanno scartato alla visita di leva.*

scartare2 [scar-tà-re] *v.intr.* [aus. *avere*] Fare un brusco spostamento laterale (detto di animale o veicolo): *il cavallo, impaurito, scartò a destra* ♦ *v.tr.* Nel calcio, evitare e superare con la palla al piede un avversario mediante un rapido spostamento laterale Ⓢ dribblare.

scarto1 [scàr-to] *s.m.* **1** Eliminazione, esclusione di ciò che non serve, non è buono: *fare lo scarto degli abiti vecchi, dei pezzi difettosi* | *Roba di scarto* = di cattiva qualità ◊ Cosa, parte scartata, da scartare: *scarti di magazzino*; *in questa frutta c'è troppo scarto* **2** L'atto di scartare una carta da gioco; la carta stessa scartata.

scarto2 [scàr-to] *s.m.* **1** Improvviso spostamento laterale: *uno scarto del cavallo lo sbalzò di sella* **2** Differenza, distacco: *tra le due squadre c'è uno scarto di due punti*; *ha vinto con uno scarto di pochi metri.*

scassare [scas-sà-re] *v.tr.* Rompere, guastare, rovinare: *hai già scassato la bici nuova?* ♦ **scassarsi** *v.pr.* Rompersi, rovinarsi: *la macchina si è scassata.*

scassinare [scas-si-nà-re] *v.tr.* Aprire con la forza porte, finestre, serrature, casseforti e simili Ⓢ forzare.

scassinatore [scas-si-na-tó-re] *s.m.* [f. *–trice*] Chi compie furti forzando porte e serrature.

scatenare [sca-te-nà-re] *v.tr.* Aizzare, incitare: *l'oratore scatenò la folla alla rivolta* ◊ Far esplodere in tutta la propria violenza: *gli insulti scatenarono la sua ira* ♦ **scatenarsi** *v.pr.* Agire con sfrenata violenza: *la folla si scatenò contro la polizia* ◊ Abbandonarsi a manifestazioni di sfrenata euforia e agitazione: *oggi alla festa i bambini si sono scatenati* ◊ Scoppiare con violenza, con furia: *si scatenò all'improvviso un temporale.*

scatenato [sca-te-nà-to] *agg.* Sfrenato, incontenibile: *è un pazzo scatenato*; *una folla scatenata di tifosi.*

scatola [scà-to-la] *s.f.* **1** Contenitore con coperchio usato per contenere oggetti vari: *una scatola di cartone, di legno, di plastica, di latta* | *Cibi in scatola* = conservati in recipienti metallici chiusi ermeticamente | ♧ *Caratteri di scatola* = molto grandi, cubitali: *un titolo di giornale a caratteri di scatola* **2** *Scatola cranica* = l'insieme delle ossa che contengono il cervello | *Scatola nera* = negli aerei, involucro metallico in cui sono racchiusi gli strumenti che registrano tutti i dati di volo **3** ♧ *Rompere le scatole* = seccare, dar noia.

scatolame [sca-to-là-me] *s.m.* **1** Insieme di scatole **2** Prodotti alimentari conservati in scatola.

scattante [scat-tàn-te] *agg.* Che ha scatto, velocità: *un atleta scattante* ◊ Che ha un'ottima ripresa: *un'auto scattante.*

scattare [scat-tà-re] *v.intr.* [aus. *essere*] **1** Detto di molle e congegni vari, liberarsi all'improvviso e rapidamente dello stato di tensione in cui si trovavano: *la trappola scatta al minimo contatto*; *far scattare il grilletto* ◊ ♧ Avere inizio: *l'offensiva scattò all'alba* **2** Fare un movimento rapido e improvviso Ⓢ balzare, slanciarsi: *scattare in piedi, sull'attenti, all'assalto* ◊ Aumentare di colpo la velocità in una corsa: *il corridore scattò in vista del traguardo* **3** ♧ Reagire bruscamente prorompendo in parole o manifestazioni di sdegno, collera, insofferenza: *a quelle insinuazioni non ci ho visto più e sono scattato* ♦ *v.tr. Scattare una fotografia* = farla, azionando lo scatto dell'otturatore di una macchina fotografica.

scatto [scàt-to] *s.m.* **1** Movimento rapido e improvviso con cui una molla o un congegno si liberano da uno stato di tensione: *provocare lo scatto di una trappola, di una serratura* ◊ Il rumore prodotto: *ho sentito uno scatto* **2** Movimento rapido e deciso Ⓢ balzo, slancio: *con uno scatto si alzò in piedi* | *Di scatto* = con movimento rapido e improvviso: *alzarsi, voltarsi di scatto* | *A scatti* = con movimenti bruschi, con continue interruzioni: *procedere, parlare a scatti* ◊ Accelerazione improvvisa e veloce della corsa: *il corridore con uno scatto si portò in testa al gruppo* **3** ♧ Improvvisa manifestazione d'ira, di collera e simili Ⓢ scoppio, impeto: *in uno scatto di rabbia gettò il piatto per terra* **4** ♧ *Scatto di stipendio* = aumento **5** Unità di conteggio del costo delle tariffe telefoniche.

scaturire [sca-tu-rì-re] *v.intr.* [*scaturìsco, scaturìsci*; aus. *essere*] **1** Detto di liquidi, venir fuori Ⓢ sgorgare: *una sorgente scaturiva dalla roccia*; *il sangue scaturiva a fiotti dalla ferita* **2** ♧ Derivare: *dall'inchiesta non è scaturita alcuna novità.*

scavalcare [sca-val-cà-re] *v.tr.* [*scavàlco, scavàlchi*] **1** Passare al di là, al di sopra di un ostacolo: *scavalcare una siepe, un muro* ◊ Sorpassare chi si trovava più avanti: *nel finale di corsa è riuscito a scavalcare numerosi concorrenti* **2** Buttar giù da cavallo, sbalzare a terra: *il fantino fu scavalcato al primo salto.*

scavare [sca-và-re] *v.tr.* **1** Formare una cavità nel suolo togliendo terra: *scavare una buca, un fosso,* *una galleria, un pozzo* ◊ Rendere cavo: *la goccia scava la pietra*; *scavare un tronco d'albero per farne una piroga* **2** Dissotterrare, riportare alla luce: *scavare un tesoro.*

scavato [sca-và-to] *agg.* Detto di volto molto magro, smunto, sofferente.

scavatrice [sca-va-trì-ce] *s.f.* Macchina per scavare il terreno Ⓢ escavatrice.

scavo [scà-vo] *s.m.* **1** L'operazione di scavare: *lo scavo di un pozzo, di una galleria* **2** *Scavi (archeologici)* = le ricerche condotte in una zona per riportare alla luce resti archeologici (*il museo ospita il materiale trovato negli scavi*); il luogo in cui sono stati ritrovati e sono visibili tali resti: *visitare gli scavi di Pompei.*

scegliere [scé-glie-re] *v.tr.* [pres. *scélgo, scégli*; pass.rem. *scélsi, sceglièsti*; part.pass. *scélto*] **1** Indicare, prendere, individuare tra varie cose, persone, possibilità ecc., quella che sembra la migliore, la più rispondente ai propri gusti o interessi: *scegliere una cravatta, un stoffa*; *scegliere gli amici*; *hai scelto la soluzione migliore* ◊ Preferire: *scelse di morire piuttosto che arrendersi* **2** Selezionare in un insieme la parte migliore separandola dal resto: *scegliere la frutta, l'insalata.*

sceicco [sce-ìc-co] *s.m.* [pl. *–chi*] Nel mondo arabo, titolo dei capi delle tribù o di alti dignitari.

scellerato [scel-le-rà-to] *agg.* Che ha commesso gravi delitti, azioni disumane: *un uomo scellerato* ◊ Malvagio, crudele, infame: *un'azione scellerata*; *un piano scellerato* ♦ *s.m.* Persona molto malvagia e crudele.

scelta [scél-ta] *s.f.* **1** Lo scegliere: *la scelta di un regalo, della professione*; *hai fatto un scelta sbagliata* | *Roba di prima, di seconda scelta* = di prima qualità, di qualità meno buona o scadente ◊ Possibilità di scegliere Ⓢ alternativa: *un negozio in cui c'è molta, poca scelta*; *bisogna fare così, non c'è altra scelta* | *A scelta* = con la facoltà di scegliere: *nel menù è compresa la frutta o, a scelta, il dolce* **2** Raccolta di cose scelte Ⓢ selezione: *pubblicare una scelta di poesie*; *un CD con una scelta degli ultimi successi.*

scelto [scél-to] *agg.* **1** Che è frutto di una selezione ◊ Di prima qualità: *merce, frutta scelta* **2** Particolarmente addestrato e specializzato: *soldato, tiratore scelto.*

scemare [sce-mà-re] *v.intr.* [aus. *essere*] Diminuire, calare di intensità, forza, quantità ecc.: *il vento sta scemando.*

scemenza [sce-mèn-za] *s.f.* L'essere scemo Ⓢ stupidità: *ha dato prova di scemenza* ◊ Stupidaggine, sciocchezza; cosa stupida, insulsa: *non dire scemenze!*; *che scemenza quella trasmissione!*

scemo [scé-mo] *agg.* Che ha o rivela poco senno, scarsa intelligenza Ⓢ sciocco, stupido Ⓒ intelligente: *sei scemo a non accettare*; *che discorsi scemi!* ◊ Insulso, privo di senso: *che film scemo!* ♦ *s.m.* Persona scema Ⓢ stupido, cretino: *non fare lo scemo*; *non mi va di passare per scemo.*

scempiaggine [scem-piàg-gi-ne] *s.f.* Sciocchezza: *non dire scempiaggini!*

scempio [scém-pio] *s.m.* **1** *Fare scempio di qualcuno* = massacrarlo, straziarne il corpo in modo atroce **2** ♧ Deturpazione, rovina di qualcosa che ha un valore, una bellezza particolare: *quelle costruzioni sono uno scempio del paesaggio.*

scena [scè-na] *s.f.* **1** La parte del palcoscenico in cui si svolge l'azione degli attori: *il fondo, i lati della scena* | *Mettere, andare in scena* = rappresentare, essere rappresentato a teatro | ♧ *Uscire dalla scena* = ritirarsi da un'attività pubblica **2** Il complesso delle strutture e degli elementi che raffigurano l'ambiente in cui si svolge l'azione di un'opera teatrale (o cinematografica, televisiva): *la scena cambia a ogni atto* ◊ Il luogo in cui si immagina che si svolga la vicenda teatrale: *la scena dell'opera è a Venezia, nel secolo scorso* **3** Momento particolare dello svolgimento dell'azione in un'opera teatrale, cinematografica o letteraria: *la scena del rapimento, della morte della protagonista* | *Scena madre* = la scena più importante, il momento più drammatico | *Far scena muta* = vedi *muto* | ♧ *Colpo di scena* = vedi *colpo* **4** Spettacolo naturale o fatto, situazione della vita reale che si offre alla vista: *dalla vetta si ammirava la scena maestosa delle montagne*; *ho assistito a una scena terribile* ◊ Avvenimento, situazione, paesaggio ecc. rappresentati in un dipinto o in una scultura: *il quadro raffigura una scena di caccia* **5** ♧ Manifestazione esasperata di un sentimento: *ha fatto una scena di disperazione* ◊ Finzione, simulazione, messinscena: *dice di star male, ma è tutta scena* ◊ (al *pl.*) Scenata: *cercate di non fare scene che tutti vi guardano.*

scenario [sce-nà-rio] *s.m.* **1** L'insieme degli elementi che raffigurano l'ambiente in cui si svolge un'azione teatrale, cinematografica o televisiva **2** ♧ Paesaggio naturale molto suggestivo: *lo stupendo scenario delle Alpi.*

scenata [sce-nà-ta] *s.f.* Violenta manifestazione di risentimento, d'ira, di rimprovero: *fare una scenata a qualcuno* ◊ Litigio violento, con urla, accuse, insulti, minacce: *in quella casa ci sono continue scenate.*

scendere [scén-de-re] *v.intr.* [pass.rem. *scési, scendésti*; part.pass. *scéso*; aus. *essere*] **1** Andare, muoversi verso il basso, da un luogo più alto a uno più basso © salire: *scendere da un monte, da un albero*; *scendere in cantina, in cortile* | *Scendere in piazza* = fare una manifestazione di protesta | *Scendere in campo* = presentarsi sul campo di gara, partecipare a una competizione ◊ Smontare: *scendere da cavallo, dal treno, di bicicletta* ◊ Spostarsi da nord verso sud: *i barbari scesero in Italia* **2** Procedere in discesa: *la strada scendeva verso la valle* ◊ Venire giù Ⓢ ricadere: *i capelli le scendono sulle spalle* ◊ ♧ Calare: *scende la notte* ◊ ♧ Diminuire, abbassarsi: *la febbre è scesa*; *i prezzi stanno scendendo* ♦ *v.tr.* Percorrere andando verso il basso: *scendere le scale*.

sceneggiare [sce-neg-già-re] *v.tr.* Suddividere in scene un soggetto cinematografico o un'opera narrativa, ridurli in forma adatta a essere rappresentati: *sceneggiare un film*; *sceneggiare un romanzo per la televisione*.

sceneggiato [sce-neg-già-to] *s.m.* Rappresentazione televisiva di un soggetto narrativo, per lo più tratto da un romanzo: *uno sceneggiato in quattro puntate*.

sceneggiatore [sce-neg-gia-tó-re] *s.m.* [f. *–trice*] Chi scrive sceneggiature di film, opere teatrali, trasmissioni televisive.

sceneggiatura [sce-neg-gia-tù-ra] *s.f.* Il testo definitivo, il copione di un film o di un programma televisivo, contenente tutte le indicazioni per la sua realizzazione (la suddivisione in scene, l'azione e i dialoghi degli attori, i movimenti della macchina da presa ecc.).

scenografia [sce-no-gra-fì-a] *s.f.* **1** L'arte, la tecnica di creare e realizzare le scene per un'opera teatrale, cinematografica o televisiva **2** Il complesso degli elementi e degli effetti scenici creati e realizzati per un'opera: *il pubblico ha apprezzato la scenografia molto suggestiva*.

scenografo [sce-nò-gra-fo] *s.m.* Ideatore o realizzatore di scenografie per opere teatrali, cinematografiche o televisive.

sceriffo [sce-rìf-fo] *s.m.* Negli Stati Uniti, capo della polizia in una contea.

scervellarsi [scer-vel-làr-si] *v.pr.* Affaticarsi la mente, concentrarsi intensamente per risolvere problemi difficili, ricordarsi di qualcosa e simili Ⓢ spremersi il cervello.

scettico [scèt-ti-co] *agg.* [pl.m. *–ci*] Che dubita di tutto, non crede in niente o mostra incredulità e sfiducia in relazione a qualcosa di particolare: *una persona scettica*; *un atteggiamento scettico*; *sono scettico sulle possibilità di successo* ♦ *s.m.* Persona scettica, che non crede in niente.

scettro [scèt-tro] *s.m.* **1** Bastone simbolo dell'autorità del sovrano: *uno scettro d'oro* ◊ Il potere monarchico: *perdere lo scettro* **2** ♧ Titolo di campione in uno sport: *il pugile che detiene lo scettro dei pesi massimi*.

scheda [schè-da] *s.f.* **1** Cartoncino su cui si registrano dati di vario genere e che viene inserito con altri in uno schedario secondo un ordine determinato (alfabetico, cronologico ecc.), in modo da poterlo consultare con facilità e rapidità: *le schede di un archivio, di una biblioteca* ◊ *Scheda magnetica* = scheda magnetizzabile su cui si possono registrare dei dati | *Scheda telefonica* = scheda magnetica che inserita in apposite fessure dei telefoni pubblici permette di effettuare delle conversazioni telefoniche **2** Foglio, modulo stampato da compilare per pratiche burocratiche, per raccogliere dati, esprimere valutazioni ecc. ◊ *Scheda elettorale* = quella su cui l'elettore esprime il proprio voto | *Scheda bianca* = scheda elettorale su cui l'elettore non ha segnato alcuna indicazione | *Scheda nulla* = non valida ai fini del voto, perché contenente errori o irregolarità **3** In giornali e riviste, breve testo racchiuso in un riquadro che fornisce informazioni di chiarimento o approfondimento sull'argomento o sul personaggio di cui si parla nel resto dell'articolo.

schedare [sche-dà-re] *v.tr.* Registrare su una scheda o in uno schedario i dati relativi a cose o persone: *schedare i libri di una biblioteca*; *la polizia scheda i pregiudicati*.

schedario [sche-dà-rio] *s.m.* **1** Raccolta di schede ordinate secondo un certo criterio: *consultare lo schedario di una biblioteca* **2** Mobile per la raccolta e la consultazione ordinata di schede.

schedina [sche-dì-na] *s.f.* Foglietto predisposto per segnarvi i risultati previsti per giochi e concorsi: *compilare la schedina del totocalcio*.

scheggia [schég-gia] *s.f.* [pl. *–ge*] Frammento per lo più appuntito e tagliente staccatosi da un corpo solido: *una scheggia di legno, di vetro, di pietra*.

scheletro [schè-le-tro] *s.m.* **1** Il complesso delle ossa che formano la struttura di sostegno del corpo umano e dei vertebrati | *Sembra uno scheletro, è ridotto uno scheletro* = è molto magro **2** Struttura di sostegno Ⓢ ossatura: *lo scheletro di una nave, di un edificio*.

schema [schè-ma] *s.m.* [pl. *–mi*] **1** Modello,

A B C D E F G H I J K L M N O P Q R S T U V W X Y Z

disegno che descrive e rappresenta solo gli elementi e gli aspetti essenziali di qualcosa: *lo schema del corpo umano, di un impianto elettrico, di un motore* **2** Piano preliminare ed essenziale Ⓢ scaletta, traccia: *buttar giù lo schema di un discorso, di un romanzo.*

schematico [sche-mà-ti-co] *agg.* [pl.m. *–ci*] **1** Che descrive e rappresenta solo gli elementi e gli aspetti essenziali di qualcosa: *fare un disegno schematico di un impianto*; *dare un quadro schematico della situazione* **2** Che tende a ridurre la realtà entro schemi rigidi e chiusi Ⓢ limitato, angusto: *un ragionamento troppo schematico.*

schematizzare [sche-ma-tiz-zà-re] *v.tr.* Rappresentare in modo schematico, ridurre alle linee essenziali.

scherma [schèr-ma] *s.f.* L'arte di combattere con armi bianche; lo sport che si pratica con il fioretto, la sciabola o la spada: *incontro di scherma.*

schermaglia [scher-mà-glia] *s.f.* Polemica, discussione vivace, con fitto scambio di attacchi e repliche: *c'è stata schermaglia in parlamento tra i diversi gruppi politici.*

schermare [scher-mà-re] *v.tr.* Coprire con uno schermo; in partic. impedire o attenuare per mezzo di uno schermo il passaggio della luce o di altre radiazioni: *schermare una lampada, un calorifero, un apparecchio per raggi X.*

schermirsi [scher-mìr-si] *v.pr.* [*mi schermìsco, ti schermìsci*] Difendersi, sottrarsi, eludere (anche ♧): *schermirsi dai colpi di un avversario*; *schermirsi da una domanda imbarazzante.*

schermitore [scher-mi-tó-re] o **schermidore** [scher-mi-dó-re] *s.m.* [f. *–trice*] Chi pratica lo sport della scherma.

schermo [schér-mo] *s.m.* **1** Riparo, difesa, protezione: *si fece schermo con la mano dai riflessi del sole* **2** Lastra o altro dispositivo adatto a impedire, limitare o modificare il passaggio di radiazioni (luminose, termiche, nucleari ecc.): *applicare uno schermo a un proiettore*; *lo schermo dell'apparecchio a raggi X* **3** Superficie bianca rettangolare su cui si proiettano immagini cinematografiche o fotografiche ◊ Nei televisori e nei computer, la superficie su cui appaiono le immagini Ⓢ video | *Il piccolo schermo* = la televisione **4** Sala cinematografica: *un film che sarà prossimamente sui nostri schermi* ◊ Cinema: *i divi dello schermo.*

schernire [scher-nì-re] *v.tr.* [*schernìsco, schernìsci*] Deridere in modo sprezzante e offensivo: *scherniva l'avversario.*

scherno [schér-no] *s.m.* Derisione sprezzante e offensiva: *tutti si facevano scherno di lui*; *parole, gesti di scherno* ◊ Oggetto di derisione: *è diventato lo scherno di tutti.*

scherzare [scher-zà-re] *v.intr.* [aus. *avere*] **1** Parlare, comportarsi, dire qualcosa in modo non serio, ma solo per divertimento, per far ridere, per prendersi gioco di qualcuno o di qualcosa: *è uno a cui piace scherzare*; *smettila di scherzare, è una cosa seria*; *scherzi o dici sul serio?*; *non te la prendere, stavo solo scherzando* | ♧ *Scherzare col fuoco* = esporsi con leggerezza a pericoli e rischi gravi, mortali **2** Giocare allegramente, divertirsi: *i bambini scherzavano sul prato.*

scherzo [schér-zo] *s.m.* **1** Lo scherzare, il dire o il fare qualcosa non sul serio, ma per divertimento o per burla: *lo dicevo, l'ho fatto per scherzo* | *Non saper stare allo scherzo* = offendersi facilmente, mancare di spirito | *Neppure per scherzo* = per nessuna ragione, in nessun caso | *Senza scherzi* = parlando seriamente ◊ Ciò che si fa o si dice per prendersi gioco di qualcuno Ⓢ burla: *gli hanno fatto uno scherzo e lui c'è cascato*; *uno scherzo divertente, stupido, di cattivo gusto* **2** Conseguenza spiacevole, sorpresa sgradevole: *il vino a volte fa brutti scherzi* **3** ♧ Cosa facile, da nulla Ⓢ bazzecola: *per lui è stato uno scherzo salire fin lassù.*

scherzoso [scher-zó-so] *agg.* **1** Che ama scherzare: *un tipo scherzoso* **2** Detto, fatto scherzando, per scherzo: *un complimento, un gesto scherzoso.*

schettinare [schet-ti-nà-re] *v.intr.* [aus. *avere*] Pattinare con i pattini a rotelle.

schettino [schèt-ti-no] *s.m.* Pattino a rotelle.

schiaccianoci [schiac-cia-nó-ci] *s.m.invar.* Arnese da tavola per rompere noci, mandorle, nocciole e altri frutti dal guscio duro.

schiacciante [schiac-ciàn-te] *agg.* Evidente, indiscutibile, nettissimo: *contro di lui ci sono prove schiaccianti*; *una vittoria schiacciante.*

schiacciare [schiac-cià-re] *v.tr.* **1** Comprimere o pestare con forza qualcosa fino ad appiattirlo, deformarlo o romperlo: *si è seduto sul cappello e l'ha schiacciato*; *schiacciare un insetto*; *schiacciare le patate, le noci* | ♧ *Schiacciare un pisolino, un sonnellino* = fare una breve dormita ◊ *Schiacciare la palla* = nel tennis, nel ping-pong, nella pallavolo e in altri sport, colpirla con forza dall'alto verso il basso ◊ Premere, pigiare: *schiacciò il pulsante dell'ascensore* **2** ♧ Battere, superare nettamente Ⓢ dominare, sbaragliare: *la nostra squadra ha schiacciato gli avversari.*

schiacciata [schiac-cià-ta] *s.f.* Nel tennis, nel

ping-pong e nella pallavolo, colpo violento dato alla palla dall'alto verso il basso.

schiaffeggiare [schiaf-feg-grà-re] *v.tr.* Colpire con uno schiaffo, prendere a schiaffi: *mi ha insultato e io lo ho schiaffeggiato.*

schiaffo [schiàf-fo] *s.m.* **1** Colpo dato sulla guancia con la mano aperta: *prendersi uno schiaffo* **2** ♧ Umiliazione, smacco: *non l'hanno rieletto e per lui è stato uno schiaffo morale.*

schiamazzare [schia-maz-zà-re] *v.intr.* [aus. *avere*] Emettere gridi rauchi e striduli (detto di galline e altri volatili) ◊ Gridare scompostamente e in modo fastidioso Ⓢ vociare.

schiamazzo [schia-màz-zo] *s.m.* Strepito, chiasso di persone che gridano in modo fastidioso: *schiamazzi notturni.*

schiantare [schian-tà-re] *v.tr.* Rompere, spezzare con violenza: *la bufera ha schiantato molti alberi* ♦ *v.intr.* [aus. *essere*] ♧ Scoppiare, crepare: *schiantare dalla fatica, dalle risa* ◊ Morire ♦ **schiantarsi** *v.pr.* Spezzarsi, rompersi violentemente (anche ♧): *l'auto si schiantò contro il muro*; *mi si schianta il cuore dal dolore.*

schianto [schiàn-to] *s.m.* **1** Rottura violenta e improvvisa: *lo schianto di un pilone fece crollare il ponte* | *Di schianto* = di colpo, all'improvviso: *è morto di schianto per un infarto* ◊ Rumore secco e improvviso di qualcosa che si rompe o scoppia con violenza: *il ponte crollò con uno schianto* **2** ♧ Acuto dolore dell'animo: *a vederlo in quello stato provò uno schianto al cuore* **3** ♧ Persona o cosa molto bella: *uno schianto di ragazza*; *quel film è uno schianto.*

schiarire [schia-rì-re] *v.tr.* [*schiarìsco, schiarìsci*] Rendere chiaro, più chiaro (anche ♧): *si è schiarito i capelli*; *gli ho schiarito le idee* ♦ *v.intr.* [aus. *essere*] e **schiarirsi** *v.pr.* Diventare chiaro, più chiaro: *i suoi capelli (si) sono schiariti* ◊ Detto del cielo, farsi chiaro per l'approssimarsi dell'alba o per il ritorno del sereno.

schiarita [schia-rì-ta] *s.f.* **1** Ritorno del sereno: *dopo una breve schiarita ha ripreso a piovere* **2** ♧ Miglioramento dei rapporti, della situazione dopo un periodo di tensione: *c'è stata una schiarita tra il governo e l'opposizione.*

schiavismo [schia-vì-smo] *s.m.* Sistema sociale basato sulla schiavitù: *nelle società del mondo antico lo schiavismo era diffuso.*

schiavitù [schia-vi-tù] *s.f.* **1** La condizione di schiavo: *l'abolizione della schiavitù negli Stati Uniti* **2** ♧ Condizione di chi è soggetto a rigidi vincoli o totalmente dipendente da vizi, abitudini e simili: *la schiavitù dell'orario di lavoro*; *la schiavitù dell'alcol, del gioco.*

schiavo [schià-vo] *agg.* e *s.m.* **1** Individuo non libero che appartiene a un padrone ed è privo di ogni diritto: *la tratta degli schiavi* **2** Che, chi è totalmente sottomesso ad altri o si lascia dominare da qualcosa: *un popolo schiavo dello straniero*; *essere schiavo dei pregiudizi, delle apparenze, dell'alcol, della droga.*

schiena [schiè-na] *s.f.* **1** La parte posteriore del corpo umano, dalle spalle ai fianchi Ⓢ dorso: *avere mal di schiena* **2** La groppa degli animali.

schienale [schie-nà-le] *s.m.* La parte di un sedile a cui si appoggia la schiena Ⓢ spalliera.

schiera [schiè-ra] *s.f.* **1** Reparto di soldati disposti in linea sul fronte di combattimento: *far avanzare la prima, la seconda schiera* ◊ Esercito, truppe: *fermare le schiere degli invasori* **2** Gruppo, moltitudine di persone, animali o cose dello stesso tipo o della stessa categoria: *il famoso cantante fu circondato da una schiera di ammiratori.*

schieramento [schie-ra-mén-to] *s.m.* Complesso di forze militari schierate in un determinato ordine: *rompere lo schieramento nemico* ◊ Modo di disporsi in campo dei giocatori di una squadra: *adottare uno schieramento difensivo* ◊ Complesso di forze che sostengono una stessa posizione politica, ideologica, culturale ecc.: *lo schieramento conservatore e quello progressista.*

schierare [schie-rà-re] *v.tr.* Disporre in schiera: *schierare le truppe per il combattimento* ◊ Disporre in un determinato ordine: *schierare in campo i giocatori* ♦ **schierarsi** *v.pr.* **1** Disporsi in schiera, in un determinato ordine: *schierarsi in ordine di combattimento* **2** ♧ Prendere posizione in favore di o contro qualcuno o qualcosa: *schierarsi con il più debole, contro la pena di morte.*

schiettezza [schiet-téz-za] *s.f.* Sincerità, franchezza: *voglio parlarti in tutta schiettezza.*

schietto [schièt-to o schiét-to] *agg.* **1** Puro, genuino, non mescolato con elementi diversi: *vino schietto* **2** ♧ Sincero, franco, leale: *una persona schietta*; *parlare in modo schietto.*

schifezza [schi-féz-za] *s.f.* Cosa che fa schifo: *questo cibo, quel film è una schifezza.*

schifo [schì-fo] *s.m.* **1** Senso di ripugnanza, di disgusto fisico o morale: *prova schifo per certi insetti*; *è di una vigliaccheria che fa schifo* | ♧ *Fare schifo* = essere molto brutto, mal fatto (*quel vestito fa schifo*) ; dare prestazioni molto scadenti: *ieri la squadra ha fatto schifo* **2** Cosa disgustosa: *non mangio questo schifo di roba!*

schifoso [schi-fó-so] *agg.* Che fa schifo Ⓢ disgustoso: *un insetto, un comportamento schifoso* ◊ ♧ Pessimo, bruttissimo, mal fatto, molto scadente: *giocare in modo schifoso*; *un film, un tempo schifoso* ◊ Eccessivo, esagerato: *quel tuo amico ha una fortuna schifosa.*

schioccare [schioc-cà-re] *v.tr.* [*schiòcco, schiòcchi*] Agitare, muovere, sfregare in modo da produrre uno schiocco: *schioccare la frusta, le dita* ♦ *v.intr.* [aus. *avere*] Produrre uno schiocco: *la frusta schiocca.*

schiocco [schiòc-co] *s.m.* [pl. *–chi*] Rumore secco, simile a un piccolo scoppio: *agitava la frusta facendo degli schiocchi*; *fece uno schiocco con le dita.*

schiodare [schio-dà-re] *v.tr.* Liberare dai chiodi; aprire togliendo i chiodi: *schiodare una cassa.*

schioppo [schiòp-po] *s.m.* Antica arma da fuoco portatile ◊ Fucile | *A un tiro di schioppo* = a breve distanza.

schiudere [schiù-de-re] *v.tr.* [coniugato come *chiudere*] Aprire leggermente, in parte: *schiudere la finestra, le labbra.*

schiuma [schiù-ma] *s.f.* **1** Massa di piccole bolle d'aria che si forma alla superficie di un liquido violentemente agitato, in ebollizione o effervescente: *la schiuma delle onde, del brodo, della birra*; *un detersivo che fa molta schiuma* **2** Bava, spec. di animali.

schiumoso [schiu-mó-so] *agg.* Che fa schiuma: *sapone schiumoso* ◊ Ricco, pieno di schiuma: *un liquido schiumoso.*

schivare [schi-và-re] *v.tr.* Evitare, scansare: *schivare un pugno, un ostacolo, un pericolo.*

schivo [schì-vo] *agg.* Che non gradisce e cerca di evitare ciò che in genere si desidera: *un uomo schivo di onori* ◊ Ritroso, timido, riservato: *un ragazzo schivo.*

schizzare [schiz-zà-re] *v.tr.* **1** Gettare schizzi di un liquido: *lavandoti hai schizzato acqua dappertutto* ◊ Macchiare con schizzi: *mi hai schizzato il vestito d'inchiostro* **2** ♧ Disegnare in modo sommario, nei tratti essenziali: *schizzare un paesaggio, un ritratto* ♦ *v.intr.* [aus. *essere*] **1** Uscir fuori con getto impetuoso, detto di liquido: *l'acqua schizzava dal tubo rotto* **2** Balzare, saltar fuori, scappar via di scatto: *quando mi vide schizzò in piedi*; *la lepre schizzò da un cespuglio.*

schizzinoso [schiz-zi-nó-so] *agg.* Che ha gusti troppo esigenti ed è difficilmente contentabile, spec. nel mangiare.

schizzo [schìz-zo] *s.m.* **1** Spruzzo, getto sottile e violento di acqua o altro liquido; la macchia da esso prodotta: *le auto mandavano schizzi di fango*; *hai uno schizzo d'inchiostro sulla camicia* **2** Balzo, salto improvviso: *con uno schizzo si alzò dal letto* **3** ♧ Disegno appena abbozzato: *buttar giù lo schizzo di un ritratto, di un edificio* ◊ Primo abbozzo di un'opera, di un progetto.

sci [sci] *s.m.invar.* **1** Ciascuno dei due attrezzi per scivolare sulla neve costituiti da lunghe assicelle di legno, metallo o plastica che vengono fissate all'apposito scarpone: *sci da discesa, da slalom, da fondo* | *Sci d'acqua, nautici* = sci più larghi di quelli da neve, per scivolare sull'acqua trainati da un motoscafo **2** Lo sport che si pratica con gli sci: *gare di sci.*

scia [scì-a] *s.f.* Traccia spumeggiante che un'imbarcazione lascia sull'acqua dietro di sé ◊ Traccia di fumo, vapore, odore, luce ecc. lasciata nell'aria dal passaggio di cose o persone.

sciabola [scià-bo-la] *s.f.* Arma da taglio e da punta con lunga lama leggermente ricurva, usata un tempo spec. dalle truppe a cavallo e oggi come arma da scherma.

sciacallo [scia-càl-lo] *s.m.* **1** Mammifero carnivoro simile al lupo; vive in branchi e si nutre anche di carogne **2** ♧ Individuo ignobile che sfrutta le disgrazie altrui; in partic., chi va a rubare in case e luoghi abbandonati in seguito a bombardamenti o a disastri naturali.

sciacquare [sciac-quà-re] *v.tr.* Lavare in acqua una cosa già lavata, spec. per eliminare i residui di sapone o detersivo: *sciacquare i piatti, i panni.*

sciacquo [sciàc-quo] *s.m.* Lavaggio della bocca a scopo igienico o curativo: *fare degli sciacqui con acqua e limone.*

sciacquone [sciac-quó-ne] *s.m.* Dispositivo, impianto per scaricare a comando l'acqua nel water: *tirare lo sciacquone.*

sciagura [scia-gù-ra] *s.f.* Grave disgrazia Ⓢ disastro, calamità: *nella sciagura aerea sono morte oltre cento persone* ◊ Sfortuna, sventura.

sciagurato [scia-gu-rà-to] *agg.* **1** Colpito da una sciagura o da continue disgrazie Ⓢ disgraziato, sventurato: *una famiglia sciagurata* **2** Che arreca sciagura, comporta sciagure: *un periodo sciagurato*; *una guerra sciagurata* ◊ Malaugurato: *chi ha avuto la sciagurata idea di uscire con questo tempo?* **3** Malvagio, scellerato: *quella sciagurata madre ha abbandonato i suoi figli* ♦ *s.m.* **1** Persona sventurata **2** Persona scellerata ◊ Persona poco seria, irresponsabile: *non ci si può fidare di quello sciagurato!*

scialacquare [scia-lac-quà-re] *v.tr.* Spendere senza misura Ⓢ sperperare, dilapidare: *ha scialacquato tutto il suo patrimonio in poco tempo.*

scialbo [sciàl-bo] *agg.* **1** Pallido, smorto, sbiadito: *uno scialbo sole invernale* **2** ♧ Privo di personalità e di vivacità Ⓢ inespressivo, insignificante: *un uomo scialbo.*

scialle [sciàl-le] *s.m.* Indumento femminile per proteggere le spalle, costituito da un quadrato o da un triangolo di tessuto o di maglia.

scialuppa [scia-lùp-pa] *s.f.* Imbarcazione a remi o a motore usata dalle navi per i collegamenti con la terra o per operazioni di salvataggio.

sciamare [scia-mà-re] *v.intr.* [aus. *avere* ed *essere*] **1** Detto delle api, volare via dal proprio alveare per andare a formare una nuova colonia **2** ♧ Detto di persone, allontanarsi in massa da un luogo: *i ragazzi sciamarono dalla scuola.*

sciame [scià-me] *s.m.* **1** Gruppo di api che, con una regina, abbandona l'alveare per andare a fondare una nuova colonia **2** ♧ Folto gruppo di persone, animali o cose in movimento: *uno sciame di turisti, di moscerini, di motorette* | *A sciami* = in gran numero.

sciancato [scian-cà-to] *agg.* e *s.m.* Storpio, zoppo: *un povero sciancato.*

sciapo [scià-po] *agg.* Insipido, scipito.

sciare [sci-à-re] *v.intr.* [aus. *avere*] Procedere con gli sci sulla neve o sull'acqua: *saper sciare* ◊ Praticare lo sport dello sci: *gli piace sciare.*

sciarpa [sciàr-pa] *s.f.* Fascia di tessuto che si porta intorno al collo per ripararsi dal freddo o per ornamento: *sciarpa di lana, di cotone, di seta.*

sciatore [scia-tó-re] *s.m.* [f. *–trice*] Persona che scia; chi pratica lo sport dello sci.

sciatteria [sciat-te-rì-a] *s.f.* Trascuratezza.

sciattezza [sciat-téz-za] *s.f.* Sciatteria.

sciatto [sciàt-to] *agg.* Trascurato, trasandato nel vestire o nell'attività che svolge: *una persona sciatta* ◊ Fatto senza cura, impegno e precisione: *un lavoro sciatto.*

scibile [scì-bi-le] *s.m.* Tutto ciò che l'uomo può conoscere: *i vari rami dello scibile umano.*

scientifico [scien-tì-fi-co] *agg.* [pl.m. *–ci*] Che tratta di scienza, di scienze: *una rivista scientifica* ◊ Fondato sui principi e sui metodi della scienza: *ricerca scientifica*; *metodo scientifico* ◊ Che ha per oggetto le scienze naturali, la fisica, la matematica: *liceo scientifico*; *è bravo soprattutto nelle materie scientifiche.*

scienza [scièn-za] *s.f.* **1** Insieme di studi rigorosi, di ricerche e conoscenze sistematiche intorno alla realtà e ai suoi diversi aspetti e settori: *i progressi della scienza* **2** Insieme di cognizioni possedute da una persona Ⓢ cultura, sapere: *un uomo di grande scienza* | *Uomo di scienza* = scienziato **3** (al *pl.*) Insieme di discipline relative a un determinato settore: *scienze storiche, economiche, fisiche, politiche* | *Scienze esatte* = la matematica e le altre discipline fondate sul calcolo | *Scienze umane* = quelle che studiano l'uomo e la società, come la psicologia, la sociologia, l'antropologia, la storia ecc. | *Scienze naturali* = quelle che studiano la natura, e in partic. la zoologia e la botanica ◊ *Scienze* = nel linguaggio scolastico, scienze naturali: *insegnante di scienze*; *facoltà di scienze*; *laurea in scienze.*

scienziato [scien-zià-to] *s.m.* Chi si occupa di ricerche e studi scientifici: *al convegno sull'ambiente hanno partecipato numerosi scienziati.*

sciistico [sci-ì-sti-co] *agg.* [pl.m. *–ci*] Che riguarda lo sport dello sci: *gare sciistiche.*

sciita [sci-ì-ta] *s.m.f.* Appartenente alla corrente minoritaria dell'Islam che riconosce come propria guida spirituale solo i discendenti in linea maschile da Alì, cugino e genero di Maometto. ⧫ *agg.* Relativo a questa corrente: *la religione sciita.*

scimitarra [sci-mi-tàr-ra] *s.f.* Corta sciabola con lama ricurva, usata soprattutto da popoli orientali.

scimmia [scìm-mia] *s.f.* Nome comune dei mammiferi più simili all'uomo che vivono in numerose specie soprattutto nelle foreste tropicali; molto agili, hanno il corpo peloso, stazione semieretta e spesso notevole intelligenza e capacità di apprendimento.

scimmiottare [scim-miot-tà-re] *v.tr.* **1** Imitare goffamente altri, rendendosi ridicoli: *scimmiottare usanze straniere* **2** Prendere in giro qualcuno imitandone comicamente la voce, i gesti e i modi: *scimmiottare un professore.*

scimpanzé [scim-pan-zé] *s.m.* Scimmia africana di media statura, vivace e intelligente, tra le più simili all'uomo per tipo di comportamento.

scimunito [sci-mu-nì-to] *agg.* e *s.m.* Scemo, deficiente, sciocco.

scindere [scìn-de-re] *v.tr.* [pass.rem. *scìssi, scindésti*; part.pass. *scìsso*] Dividere, separare (spec. ♧): *scindere le proprie responsabilità da quelle altrui* ⧫ **scindersi** *v.pr.* Dividersi: *il partito si è scisso in due gruppi autonomi l'uno dall'altro.*

scintilla [scin-tìl-la] *s.f.* **1** Minuto frammento di materia incandescente che sprizza da pietre o metalli percossi o sfregati o da legna e carboni ardenti ◊ Sprazzo luminoso provocato da una scarica elettrica **2** ♧ Causa, motivo che scatena un conflitto: *il brusco aumento del prezzo del pane fu la scintilla che fece scoppiare la rivolta popolare.*

scintillare [scin-til-là-re] *v.intr.* [aus. *avere*] Risplendere di sprazzi di luce simili a scintille: *le stelle scintillavano in cielo* ◊ ♧ Luccicare, sfavillare, brillare: *gli occhi le scintillarono di gioia.*

scioccare [scioc-cà-re] *v.tr.* [*sciòcco, sciòcchi*] Provocare uno *shock*, una forte scossa emotiva Ⓢ sconvolgere: *la tremenda notizia lo ha scioccato.*

sciocchezza [scioc-chéz-za] *s.f.* **1** Stupidità: *un film di una sciocchezza incredibile* ◊ Azione, frase da sciocco o inconsulta Ⓢ stupidaggine: *non dire sciocchezze*; *è fuori di sé, ho paura che faccia qualche sciocchezza* **2** Cosa da nulla Ⓢ inezia: *hanno litigato per una sciocchezza* | *Costa una sciocchezza* = un prezzo irrisorio.

sciocco [sciòc-co] *agg.* [pl.m. *–chi*] Che ha o denota scarsa intelligenza e perspicacia Ⓢ stupido: *un ragazzo un po' sciocco*; *fare una domanda sciocca* ♦ *s.m.* Persona sciocca: *sei uno sciocco a non accettare!*

sciogliere [sciò-glie-re] *v.tr.* [pres. *sciòlgo, sciògli*; pass.rem. *sciòlsi, sciogliésti*; part.pass. *sciòlto*] **1** Disfare ciò che è annodato, legato, avvolto, intrecciato: *sciogliere un nodo, un laccio, un pacco, le trecce* ◊ Liberare una persona o un animale da ciò che li lega: *sciogliere i prigionieri, il cane dalla catena* | ♧ *Sciogliere i muscoli* = renderli agili, elastici con esercizi o massaggi ◊ ♧ Liberare da un obbligo, da un impegno: *sciogliere qualcuno da una promessa* **2** Far diventare liquido Ⓢ liquefare, fondere: *il calore scioglie il ghiaccio*; *sciogliere lo zucchero nell'acqua* **3** ♧ Annullare, far cessare un rapporto, un'unione, un'organizzazione: *sciogliere un contratto, un matrimonio, un partito* ◊ Porre fine a una riunione: *sciogliere la seduta, l'assemblea, una manifestazione* **4** ♧ Risolvere, spiegare: *sciogliere un enigma* ♦ **sciogliersi** *v.pr.* **1** Liberarsi da ciò che tiene legato: *il prigioniero si sciolse dai lacci* ◊ Slacciarsi, slegarsi: *il nodo si è sciolto* **2** Liquefarsi, fondersi: *la neve si scioglieva al sole.*

scioglilingua [scio-gli-lìn-gua] *s.m.invar.* Frase composta da parole che è difficile pronunciare in rapida sequenza.

scioltezza [sciol-téz-za] *s.f.* Agilità nei movimenti: *camminare, ballare con scioltezza.*

sciolto [sciòl-to] *agg.* **1** Non legato, libero da legami: *teneva i capelli sciolti sulle spalle* | *A briglia sciolta* = di gran carriera: *galoppare a briglia sciolta* ◊ ♧ Agile; spedito, disinvolto: *è sciolto nei movimenti*; *ha la lingua sciolta* **2** Liquefatto, fuso: *neve sciolta.*

scioperare [scio-pe-rà-re] *v.intr.* [aus. *avere*] Fare sciopero: *gli operai hanno scioperato.*

scioperato [scio-pe-rà-to] *agg.* e *s.m.* Che, chi non ha voglia di lavorare e fa una vita oziosa e inconcludente.

sciopero [sciò-pe-ro] *s.m.* Astensione collettiva dal lavoro da parte di lavoratori dipendenti per ottenere determinati miglioramenti o per obiettivi più generali di carattere politico o sociale: *il diritto di sciopero è riconosciuto dalla Costituzione*; *sciopero generale, di categoria, di solidarietà* | *Sciopero della fame* = astensione volontaria dal cibo in segno di protesta.

sciorinare [scio-ri-nà-re] *v.tr.* **1** Stendere all'aria aperta: *sciorinare i panni lavati* **2** ♧ Mettere in pubblico, dire a tutti: *sciorinare i propri fatti privati* ◊ Mettere in mostra: *sciorinò la sua merce sul tavolo.*

sciovia [sci-o-vì-a] *s.f.* Impianto per trainare in salita gli sciatori agganciati a una fune Ⓢ ski-lift.

scipito [sci-pì-to] *agg.* Poco saporito Ⓢ insipido: *questa minestra è scipita.*

scippare [scip-pà-re] *v.tr.* Derubare, rubare con uno scippo: *l'hanno scippata della borsetta* (o *le hanno scippato la borsetta*).

scippo [scìp-po] *s.m.* Furto compiuto per la strada strappando un oggetto di mano o di dosso alla persona che lo porta e fuggendo poi di corsa.

scirocco [sci-ròc-co] *s.m.* [pl. *–chi*] Vento caldo e umido che spira da sud-est nelle regioni mediterranee.

sciroppo [sci-ròp-po] *s.m.* Soluzione concentrata di zucchero in acqua o in succhi di frutta, usata per conservare la frutta fresca o come base di liquori e bibite dolci o di preparati medicinali.

scissione [scis-sió-ne] *s.f.* Separazione, divisione di un ente unitario in due o più parti (anche ♧): *i contrasti provocarono una scissione del partito* | *Scissione nucleare* = fissione.

scisso [scìs-so] *agg.* Separato, diviso.

sciupare [sciu-pà-re] *v.tr.* **1** Ridurre in cattivo stato Ⓢ guastare, rovinare, danneggiare: *sciupare un vestito nuovo*; *sciuparsi la vista, la salute* **2** Sprecare: *hai sciupato un'occasione*; *sciupare il proprio tempo* ♦ **sciuparsi** *v.pr.* Rovinarsi, deteriorarsi: *la roba di seta si sciupa a lavarla in acqua calda.*

sciupato [sciu-pà-to] *agg.* **1** Malridotto, rovinato:

un abito vecchio e sciupato ◊ Che ha un aspetto deperito, smunto: *oggi ti trovo sciupato* **2** Sprecato: *è fiato sciupato parlare con lui!*

scivolare [sci-vo-là-re] *v.intr.* [aus. *essere*] **1** Spostarsi, scorrere agevolmente e leggermente su una superficie liscia: *i pattinatori scivolavano sulla pista ghiacciata; la barca scivolava sul mare calmo* **2** Sdrucciolare cadendo a terra: *è scivolato sulla strada ghiacciata* **3** Sfuggire alla presa: *il sapone gli scivolò di mano.*

scivolata [sci-vo-là-ta] *s.f.* Caduta fatta scivolando: *ha fatto una scivolata ed è rimasto contuso.*

scivolo [scì-vo-lo] *s.m.* Piano inclinato liscio per far scorrere verso il basso materiali o per far scendere in acqua o tirare a secco imbarcazioni ◊ In parchi e piscine, piano inclinato su cui bambini e ragazzi si lasciano scivolare fino a cadere sulla sabbia o in acqua.

scivolone [sci-vo-ló-ne] *s.m.* **1** Caduta fatta scivolando **2** ♧ Grave errore ◊ In un incontro sportivo, sconfitta inaspettata.

scivoloso [sci-vo-ló-so] *agg.* **1** Su cui si scivola facilmente Ⓢ sdrucciolevole: *un asfalto scivoloso* **2** Che scivola di mano, sfugge alla presa facilmente Ⓢ viscido: *una bottiglia scivolosa.*

sclerare *v.intr.* [aus. *avere*] Nel linguaggio giovanile, arrabbiarsi violentemente, dare in escandescenze: *mio padre sclera per niente.*

scoccare [scoc-cà-re] *v.tr.* [*scòcco, scòcchi*] **1** Scagliare, tirare una freccia con l'arco ◊ ♧ Rivolgere, indirizzare: *le scoccò un'occhiata d'intesa* **2** Battere le ore: *l'orologio della torre scoccò le sei* ♦ *v.intr.* [aus. *essere*] **1** Suonare (detto delle ore): *è scoccata da poco la mezzanotte* ◊ ♧ Giungere: *è scoccata l'ora della riscossa* **2** Sprigionarsi (detto di scintilla elettrica).

scocciare [scoc-cià-re] *v.tr.* Infastidire, annoiare Ⓢ seccare: *smettila di scocciarmi!* ♦ **scocciarsi** *v.pr.* Stancarsi, seccarsi Ⓢ stufarsi: *si è scocciato di aspettare.*

scocciatore [scoc-cia-tó-re] *s.m.* [f. *–trice*] Persona che scoccia Ⓢ seccatore: *liberami da quello scocciatore!*

scocciatura [scoc-cia-tù-ra] *s.f.* Seccatura, fastidio, noia.

scodella [sco-dèl-la] *s.f.* **1** Piatto fondo per minestre **2** Tazza a coppa, senza manico Ⓢ ciotola: *versò il latte in una scodella.*

scodellare [sco-del-là-re] *v.tr.* Versare nelle scodelle: *scodellare la minestra.*

scodinzolare [sco-din-zo-là-re] *v.intr.* [aus. *avere*] Dimenare la coda in segno di festa (detto di cani).

scogliera [sco-gliè-ra] *s.f.* Serie di scogli ravvicinati | *Scogliera corallina* = barriera di scogli formata da colonie di coralli e madrepore che si sviluppano intorno alle coste dei mari caldi.

scoglio [scò-glio] *s.m.* **1** Roccia che emerge o affiora dalla superficie del mare, di un lago o di un fiume **2** ♧ Ostacolo, difficoltà: *ha studiato e credo che supererà lo scoglio degli esami.*

scoiare vedi **scuoiare**.

scoiattolo [sco-iàt-to-lo] *s.m.* Piccolo roditore con coda lunga e folta, che vive sugli alberi ed è agilissimo.

scolapiatti [sco-la-piàt-ti] *s.m.* Mobiletto o arnese da cucina in cui si mettono a scolare i piatti appena lavati.

scolare [sco-là-re] *v.tr.* **1** Vuotare completamente un recipiente del liquido che ancora contiene: *scolare le bottiglie lavate* ◊ Far sgocciolare da vivande e verdure l'acqua in cui sono state cotte o lavate: *scolare la pasta, l'insalata* **2** ♧ Bere fino all'ultima goccia: *si è scolato un fiasco di vino* ♦ *v.intr.* [aus. *essere*] **1** Detto di oggetto lavato o bagnato, perdere poco a poco il liquido che contiene o ha in superficie Ⓢ sgocciolare: *mettere le bottiglie, i piatti a scolare* **2** (detto di liquido) Colare, sgocciolare: *l'acqua scola dai piatti lavati.*

scolaresca [sco-la-ré-sca] *s.f.* L'insieme degli scolari di una classe o di una scuola.

scolaro [sco-là-ro] *s.m.* Chi frequenta una scuola, spec. primaria o secondaria di primo grado Ⓢ alunno.

scolastico [sco-là-sti-co] *agg.* [pl.m. *–ci*] Di scuola, che riguarda la scuola: *anno scolastico; aula scolastica; problemi scolastici.*

scoliosi [sco-liò-si] *s.f.* Deviazione laterale della colonna vertebrale.

scollare [scol-là-re] *v.tr.* Staccare due cose incollate tra loro: *scollare il francobollo dalla busta.*

scollato [scol-là-to] *agg.* Detto di indumento, spec. femminile, aperto sul collo, sul petto (o anche sulla schiena) e di chi lo indossa: *un abito scollato; andava in giro tutta scollata.*

scollatura [scol-la-tù-ra] *s.f.* Apertura sul collo, sul petto o anche sulla schiena di un indumento femminile.

scollegare [scol-le-gà-re] *v.tr.* [*scollégo, scolléghi*] Separare ciò che prima era collegato, unito.

scolo [scó-lo] *s.m.* Deflusso di liquidi: *un fossato per lo scolo delle acque piovane.*

scolorire [sco-lo-rì-re] *v.tr.* Far perdere il colore:

A B C D E F G H I J K L M N O P Q R S T U V W X Y Z

il sole scolorisce i tessuti colorati ♦ *v.intr.* [aus. *essere*] e **scolorirsi** *v.pr.* Perdere il colore Ⓢ sbiadire: *la tovaglia sta scolorendo* ◊ Impallidire: *a quella vista (si) scolorì in viso.*

scolpire [scol-pì-re] *v.tr.* [*scolpìsco, scolpìsci*] **1** Lavorare con lo scalpello o con altri strumenti un materiale duro per ricavarne figure o incidervi segni: *scolpire un blocco di marmo, un tronco di legno, una lapide* ◊ Realizzare un'opera di scultura; raffigurare con la scultura: *scolpire una statua di marmo, un Cristo di legno* ◊ Incidere qualcosa su una superficie: *scolpì il suo nome sul tronco* **2** ♧ Fissare, imprimere fortemente: *scolpire un ricordo nella mente, nella memoria.*

scombro vedi **sgombro**[2].

scombussolamento [scom-bus-so-la-mén-to] *s.m.* Sconvolgimento, scompiglio, turbamento.

scombussolare [scom-bus-so-là-re] *v.tr.* Sconvolgere, frastornare, confondere: *la triste notizia lo ha scombussolato*; *non mi scombussolare le idee!* ◊ Mandare all'aria qualcosa: *il suo arrivo scombussolò i nostri piani.*

scommessa [scom-més-sa] *s.f.* **1** Accordo, patto per cui due o più persone che fanno previsioni o affermazioni diverse si impegnano a pagare una certa somma o a dare od offrire qualcosa alla persona la cui previsione o affermazione risulterà esatta: *se sei sicuro di quel che dici, facciamo una scommessa di cinque euro* **2** Puntata di una somma sull'esito di gare e incontri sportivi: *fare una scommessa su un cavallo, su un pugile.*

scommettere [scom-mét-te-re] *v.tr.* [coniugato come *mettere*] **1** Fare una scommessa: *scommettiamo (dieci euro, un pranzo) che in un'ora vado e torno?* ◊ Puntare somme di denaro sull'esito di gare e incontri sportivi: *scommettere su un cavallo, su un pugile* **2** Essere sicuro di qualcosa: *scommetto che si è dimenticato dell'appuntamento.*

scomodare [sco-mo-dà-re] *v.tr.* Arrecare disturbo, fastidio, perdita di tempo Ⓢ incomodare, disturbare: *non è il caso di scomodare il medico per una cosa da niente* ♦ **scomodarsi** *v.pr.* (spec. in frasi di cortesia) Prendersi il disturbo di fare qualcosa Ⓢ incomodarsi, disturbarsi: *la ringrazio del regalo, ma non doveva scomodarsi* ◊ Muoversi, alzarsi dal posto in cui ci si trova: *non si scomodi ad accompagnarmi.*

scomodità [sco-mo-di-tà] *s.f.* Mancanza di comodità; situazione disagevole: *un viaggio faticoso per la sua scomodità*; *è una bella scomodità abitare qui.*

scomodo [scò-mo-do] *agg.* Non comodo, non confortevole: *un viaggio, un letto scomodo* ◊ Che comporta fatica, difficoltà Ⓢ disagevole: *un posto scomodo da raggiungere* ◊ Che non si sente comodo, a proprio agio (detto di persona): *su questa sedia si sta scomodi.*

scomparire [scom-pa-rì-re] *v.intr.* [coniugato come *apparire*; aus. *essere*] Sparire, non essere più visibile, non esserci più: *dov'eri scomparso?*; *la nave scomparve all'orizzonte*; *il dolore che avevo è scomparso.*

scomparsa [scom-pàr-sa] *s.f.* **1** Il fatto di scomparire, di non esserci più Ⓢ sparizione: *la scomparsa di un oggetto, del dolore* **2** Morte: *tutti piangono la sua scomparsa.*

scomparso [scom-pàr-so] *s.m.* Persona defunta: *i funerali dello scomparso saranno oggi.*

scompartimento [scom-par-ti-mén-to] *s.m.* Ognuna delle parti in cui è suddiviso uno spazio, in partic. una carrozza ferroviaria: *cerchiamo uno scompartimento in cui i posti non sono prenotati.*

scomparto [scom-pàr-to] *s.m.* Ognuna delle parti in cui è suddiviso uno spazio disponibile: *un armadio, una valigia a due scomparti.*

scompigliare [scom-pi-glià-re] *v.tr.* Mettere in disordine: *il vento le scompigliava i capelli.*

scompiglio [scom-pì-glio] *s.m.* Disordine, confusione, trambusto: *quei ragazzi portano un gran scompiglio in casa.*

scomporre [scom-pór-re] *v.tr.* [coniugato come *porre*] **1** Separare un tutto unitario negli elementi che lo compongono: *scomporre un mobile*; *scomporre una frase*; *scomporre un numero in fattori primi* **2** Scompigliare: *il vento le scompose i capelli* ♦ **scomporsi** *v.pr.* Perdere la calma, turbarsi: *accolse le critiche senza scomporsi.*

scomposto [scom-pó-sto] *agg.* Privo di compostezza Ⓢ sguaiato Ⓒ composto, educato: *stare scomposto a tavola*; *gesti, urli scomposti.*

sconcertare [scon-cer-tà-re] *v.tr.* Turbare, lasciare disorientato, perplesso: *la notizia sconcertò tutti*; *ha un modo di fare che sconcerta* ◊ Sconvolgere, mandare all'aria: *la sua abile mossa sconcertò i piani del nemico.*

sconcerto [scon-cèr-to] *s.m.* Turbamento, disorientamento: *la grave notizia causò uno sconcerto generale.*

sconcio [scón-cio] *agg.* Indecente, osceno: *fare atti sconci*; *dire parole sconce* ♦ *s.m.* Cosa disgustosa, indecente, vergognosa: *una città così sporca è un vero sconcio* ◊ Cosa orribile: *che sconcio quelle case sul mare!*

sconclusionato [scon-clu-sio-nà-to] *agg.* Privo di coerenza logica Ⓢ confuso, sconnesso: *un discorso, un racconto sconclusionato.*

sconfessare [scon-fes-sà-re] *v.tr.* Non riconoscere più come valido quanto si era detto o fatto in precedenza Ⓢ rinnegare, ritrattare: *ha sconfessato le sue idee di un tempo* ◊ Disapprovare pubblicamente parole o azioni di qualcuno o comunque dissociarsene: *il sindacato ha sconfessato l'iniziativa di alcuni suoi membri.*

sconfiggere [scon-fig-ge-re] *v.tr.* [coniugato come *configgere*] **1** Vincere in battaglia, in una guerra: *la Germania fu sconfitta nelle due guerre mondiali* ◊ Battere in una competizione: *sconfiggere una squadra in una partita, gli avversari nelle elezioni* **2** ♧ Eliminare qualcosa di negativo Ⓢ debellare: *sconfiggere la droga, il cancro, la corruzione, la disoccupazione.*

sconfinare [scon-fi-nà-re] *v.intr.* [aus. *avere* o *essere*] **1** Penetrare senza autorizzazione, oltrepassando i confini, nel territorio di un altro stato o in una proprietà altrui **2** ♧ Uscire dai limiti fissati: *non sconfiniamo dall'argomento che stiamo trattando.*

sconfinato [scon-fi-nà-to] *agg.* Che sembra non avere limiti Ⓢ vastissimo, immenso: *la sconfinata distesa del mare*; *avere un potere, un orgoglio sconfinato.*

sconfitta [scon-fit-ta] *s.f.* **1** Disfatta di un esercito in battaglia, in una guerra Ⓒ vittoria ◊ Insuccesso in una competizione sportiva, politica o di altro tipo **2** ♧ Eliminazione di una malattia, di un male sociale: *la sconfitta del cancro, della corruzione.*

sconfitto [scon-fit-to] *agg.* Vinto, battuto: *l'esercito sconfitto* ♦ *s.m.* Chi ha riportato una sconfitta: *gli sconfitti hanno subito gravi perdite.*

sconfortare [scon-for-tà-re] *v.tr.* Demoralizzare, avvilire, scoraggiare: *mi sconforta la mancanza di qualsiasi aiuto.*

sconforto [scon-fòr-to] *s.m.* Stato di avvilimento e abbattimento morale Ⓢ depressione, scoraggiamento: *quando seppe del licenziamento fu preso dallo sconforto.*

scongelare [scon-ge-là-re] *v.tr.* Riportare a temperatura ambiente cibi congelati o surgelati.

scongiurare [scon-giu-rà-re] *v.tr.* **1** Pregare, supplicare ardentemente: *la scongiurò di non abbandonarlo* **2** Evitare: *le autorità hanno preso provvedimenti per scongiurare il pericolo di epidemie.*

scongiuro [scon-giù-ro] *s.m.* Gesto superstizioso o formula magica contro la iettatura o contro possibili disgrazie: *quello è uno iettatore, facciamo gli scongiuri!*

sconnesso [scon-nès-so o scon-nés-so] *agg.* **1** Non ben unito insieme: *un tavolato sconnesso* **2** ♧ Privo di nesso, di coerenza logica: *urlava frasi sconnesse.*

sconnessura [scon-nes-sù-ra] *s.f.* Punto in cui una struttura è sconnessa: *piove dalle sconnessure del tetto.*

sconosciuto [sco-no-sciù-to] *agg.* Non ancora conosciuto Ⓢ ignoto: *terre, zone, genti sconosciute* ◊ Non ancora individuato, identificato: *è stato colpito da un virus sconosciuto* ◊ Che non ha alcuna notorietà: *un attore sconosciuto* ♦ *s.m.* Persona di cui non si conosce l'identità: *fu avvicinata da uno sconosciuto.*

sconquassare [scon-quas-sà-re] *v.tr.* Scuotere violentemente; fracassare, danneggiare gravemente: *le onde sconquassavano la nave*; *l'esplosione ha sconquassato la casa.*

sconquasso [scon-quàs-so] *s.m.* Rovina, distruzione: *la bufera provocò gravi sconquassi.*

sconsiderato [scon-si-de-rà-to] *agg.* Che agisce in modo avventato, senza ben valutare le conseguenze: *un ragazzo sconsiderato* ◊ Fatto o detto senza riflettere Ⓢ avventato: *fare un gesto sconsiderato*; *parole sconsiderate.*

sconsigliare [scon-si-glià-re] *v.tr.* Non consigliare qualcosa: *quell'albergo te lo sconsiglio* ◊ Consigliare di non fare qualcosa: *l'ho sconsigliato dall'accettare quell'incarico.*

sconsolato [scon-so-là-to] *agg.* Profondamente triste Ⓢ afflitto, desolato Ⓒ contento: *aveva un'aria sconsolata.*

scontare [scon-tà-re] *v.tr.* **1** Fare uno sconto sul prezzo Ⓢ detrarre: *le sconto dieci euro sul prezzo di listino* **2** Espiare la pena per un reato: *deve ancora scontare due anni di carcere* ◊ Pagare le conseguenze di colpe ed errori propri o altrui: *ti farò scontare la tua offesa!*; *a volte i figli scontano le colpe dei padri.*

scontato [scon-tà-to] *agg.* **1** Ribassato: *prezzi scontati* **2** Dato per certo, previsto già in precedenza Ⓢ prevedibile: *la nostra sconfitta era scontata*; *un risultato scontato.*

scontentare [scon-ten-tà-re] *v.tr.* Lasciare insoddisfatto, rendere scontento Ⓒ accontentare: *non bisogna mai scontentare i clienti.*

scontentezza [scon-ten-téz-za] *s.f.* Insoddisfazione: *era evidente la sua scontentezza.*

scontento [scon-tèn-to] *agg.* Non contento Ⓢ

insoddisfatto: *sono scontento di te*; *aveva un'aria scontenta* ♦ *s.m.* Stato d'insoddisfazione, d'irritazione Ⓢ malcontento: *l'aumento dei prezzi causò lo scontento generale.*

sconto [scón-to] *s.m.* Riduzione, ribasso sul prezzo normale di vendita: *mi hanno fatto uno sconto del 20%, di trenta euro* ◊ *Sconto di pena* = riduzione del periodo di carcerazione.

scontrarsi [scon-tràr-si] *v.pr.* **1** Andare a urtare con violenza contro qualcosa o l'uno contro l'altro: *l'auto si scontrò con un tram*; *i due camion si sono scontrati nella nebbia* **2** Affrontarsi in battaglia, venire a combattimento: *i due eserciti si scontrarono in riva al lago*; *le due bande si sono scontrate per il dominio del quartiere* **3** ♧ Venire in contrasto di idee, di interessi: *mi sono scontrato con lui su questioni politiche.*

scontrino [scon-trì-no] *s.m.* Biglietto di ricevuta che comprova un pagamento: *prima di consumare munirsi di scontrino alla cassa.*

scontro [scón-tro] *s.m.* **1** Urto, cozzo violento tra veicoli: *nello scontro frontale hanno perso la vita due persone* **2** Battaglia, combattimento, zuffa: *uno scontro a fuoco tra bande rivali*; *allo stadio ci sono stati scontri tra gruppi di tifosi* **3** ♧ Acceso contrasto di idee, di interessi; violenta discussione: *ha avuto uno scontro con il suo capufficio*; *duro scontro in parlamento.*

scontroso [scon-tró-so] *agg.* e *s.m.* Che, chi è di carattere difficile, poco socievole, non cordiale e permaloso.

sconvolgente [scon-vol-gèn-te] *agg.* Che colpisce, turba profondamente: *una storia, una notizia sconvolgente.*

sconvolgere [scon-vòl-ge-re] *v.tr.* [coniugato come *volgere*] **1** Gettare nel caos: *la guerra sconvolse il paese* ◊ Mandare all'aria: *sconvolgere i piani di qualcuno* **2** ♧ Turbare profondamente: *fu sconvolto dalla notizia.*

scoordinato [sco-or-di-nà-to] *agg.* Privo di coordinazione.

scoop [parola inglese; pron. corrente *scup*] *s.m. invar.* Notizia sensazionale pubblicata in esclusiva da un solo giornale Ⓢ colpo giornalistico.

scooter [parola inglese; pron. corrente *scùter*] *s.m.invar.* Motoretta.

scopa[1] [scó-pa] *s.f.* Arnese per spazzare il pavimento.

scopa[2] [scó-pa] *s.f.* Gioco di carte molto diffuso: *fare una partita a scopa.*

scopare [sco-pà-re] *v.tr.* Spazzare con la scopa: *scopare il pavimento.*

scoperchiare [sco-per-chià-re] *v.tr.* Levare il coperchio o portare via la copertura di qualcosa: *scoperchiare una pentola*; *la tromba d'aria ha scoperchiato molte case.*

scoperta [sco-pèr-ta] *s.f.* Ritrovamento, conoscenza di ciò che prima era ignoto: *la scoperta dell'America, degli antibiotici*; *la scoperta della verità* | *Bella scoperta!, Che scoperta!* = espressione ironica rivolta a chi dice cose del tutto ovvie ◊ Identificazione: *la polizia indaga per arrivare alla scoperta del colpevole.*

scoperto [sco-pèr-to] *agg.* Privo di copertura, di riparo, di tetto: *una pentola, un'auto, una piscina scoperta* ◊ Non coperto o poco riparato da indumenti o coperte: *braccia scoperte*; *dormire scoperto*; *non andare in giro così scoperto* | *A capo scoperto* = senza cappello ◊ Privo di difesa: *il fianco destro dell'esercito era rimasto scoperto* ♦ *s.m.* Luogo aperto, non riparato, non difeso Ⓒ coperto: *dormire allo scoperto*; *la pattuglia uscì dal bosco e si trovò allo scoperto.*

scopo [scò-po] *s.m.* Obiettivo che si vuole raggiungere Ⓢ fine, intento: *prefiggersi uno scopo*; *non capisco per quale scopo abbia agito così* ◊ Persona o cosa che costituisce il fine di ciò che uno fa: *il figlio è l'unico scopo della sua vita.*

scoppiare [scop-pià-re] *v.intr.* [aus. *essere*] **1** Rompersi all'improvviso, con violenza e per lo più con fragore, per effetto di eccessiva pressione interna: *è scoppiato un pneumatico*; *le tubature sono scoppiate per il gelo* ◊ Esplodere: *è scoppiata una bomba* **2** ♧ Prorompere: *scoppiare in lacrime, a ridere* ◊ Non poterne più, non poter più resistere: *scoppiare dalle risa, dalla rabbia, dal caldo*; *devo parlare, altrimenti scoppio* ◊ Essere pieno, stracolmo: *il teatro scoppiava di gente* **3** ♧ Manifestarsi, insorgere all'improvviso e con violenza: *è scoppiata la guerra, un'epidemia*; *sta per scoppiare un temporale* **4** Cedere improvvisamente per la stanchezza: *il ciclista è scoppiato a metà salita.*

scoppiettare [scop-piet-tà-re] *v.intr.* [aus. *avere*] Fare piccoli scoppi secchi e ripetuti: *la legna scoppiettava nel camino.*

scoppio [scòp-pio] *s.m.* **1** Rottura improvvisa, violenta e per lo più fragorosa: *lo scoppio di un pneumatico, di una caldaia, di una tubatura* ◊ Esplosione: *lo scoppio di una bomba* | *Motore a scoppio* = a combustione interna ◊ Rumore prodotto da uno scoppio: *si udì uno scoppio* **2** ♧ Improvvisa e violenta manifestazione di un evento grave, pericoloso: *lo scoppio della guerra, di una rivolta, di un'epidemia, di un incendio* ◊

Improvvisa e violenta manifestazione di un sentimento, di uno stato d'animo Ⓢ impeto, sfogo, accesso: *ebbe uno scoppio di collera, di risa.*

scoprire [sco-prì-re] *v.tr.* [coniugato come *aprire*] **1** Togliere a una cosa ciò che la copre: *scoprire una pentola, una bara* ◊ Togliere, sollevare gli indumenti che riparano il corpo o una sua parte: *scoprirsi le braccia*; *un colpo di vento le scoprì le gambe* ◊ Lasciare indifeso, senza riparo: *il pugile teneva la guardia alta per non scoprire il mento* **2** Rendere visibile, lasciar vedere: *scoprire una carta*; *sorrise scoprendo i denti* ◊ ♧ Rivelare, palesare Ⓒ nascondere: *scoprire le proprie intenzioni* **3** Arrivare a conoscere, trovare ciò che prima era sconosciuto, ignoto: *scoprire nuove terre, un tesoro, un giacimento*; *scoprire una nuova cura contro il cancro*; *scoprire un segreto, la verità* ◊ Individuare, identificare: *scoprire il colpevole* ♦ **scoprirsi** *v.pr.* **1** Togliersi o diminuire gli indumenti, le coperte che riparano il corpo: *fa ancora freddo per scoprirsi*; *il bambino di notte si è scoperto* **2** Uscire dai ripari, allo scoperto **3** ♧ Rivelare il proprio pensiero, le proprie intenzioni: *è stato molto vago, non vuole scoprirsi.*

scopritore [sco-pri-tó-re] *s.m.* [f. *-trice*] Chi scopre, fa conoscere cose, luoghi, fatti prima ignoti.

scoraggiamento [sco-rag-gia-mén-to] *s.m.* Stato d'animo di chi ha perduto fiducia in sé ed è triste, depresso Ⓢ sconforto.

scoraggiare [sco-rag-già-re] *v.tr.* Togliere il coraggio, la fiducia in sé, la forza d'animo Ⓢ avvilire, demoralizzare: *gli insuccessi non lo hanno scoraggiato* ♦ **scoraggiarsi** *v.pr.* Perdersi d'animo Ⓢ abbattersi, demoralizzarsi.

scorciatoia [scor-cia-tó-ia] *s.f.* Sentiero, strada secondaria che unisce due luoghi con un percorso più breve rispetto alla strada principale: *prendere una scorciatoia.*

scorcio [scór-cio] *s.m.* **1** Nelle arti figurative, rappresentazione delle parti di una figura su un piano obliquo rispetto a chi guarda, in modo che alcune appaiano più vicine e altre più lontane **2** Breve tempo che resta alla fine di un periodo: *godiamoci questo scorcio d'estate* ◊ Spazio limitato di visuale: *dalla finestra si vedeva solo uno scorcio delle montagne.*

scordare[1] [scor-dà-re] *v.tr.* e **scordarsi** *v.pr.* Dimenticare, dimenticarsi: *ho scordato il tuo indirizzo*; *non ti scordare di telefonarmi.*

scordare[2] [scor-dà-re] *v.tr.* Far perdere la giusta intonazione a uno strumento musicale ♦ **scordarsi** *v.pr.* Perdere la giusta intonazione: *la chitarra si è scordata.*

scorgere [scòr-ge-re] *v.tr.* [pres. *scòrgo, scòrgi*; pass.rem. *scòrsi, scorgésti*; part.pass. *scòrto*] **1** Vedere, riuscire a vedere: *guardò a lungo, ma non scorse nulla* **2** ♧ Accorgersi di qualcosa: *scorse il pericolo in tempo.*

scoria [scò-ria] *s.f.* Prodotto di scarto della lavorazione di un metallo | *Scorie radioattive* = materiali di rifiuto prodotti da un reattore nucleare ◊ Parte degli alimenti che non viene assimilata dall'organismo.

scornato [scor-nà-to] *agg.* Deluso e umiliato: *se ne tornò a casa tutto scornato.*

scorno [scòr-no] *s.m.* Umiliazione e vergogna conseguenti a un insuccesso, a una sconfitta.

scorpacciata [scor-pac-cià-ta] *s.f.* Grande mangiata, fino a non poterne più: *abbiamo fatto una scorpacciata di dolci.*

scorpione [scor-pió-ne] *s.m.* **1** Piccolo animale con la coda che termina con un pungiglione velenoso **2** Costellazione e ottavo segno dello zodiaco.

scorrazzare [scor-raz-zà-re] *v.intr.* [aus. *avere*] Correre in qua e in là, spec. per divertimento: *i bambini scorrazzavano sul prato* ♦ *v.tr.* Portare in giro qualcuno: *ci hanno scorrazzato tutto il giorno per la città.*

scorrere [scór-re-re] *v.intr.* [coniugato come *correre*; aus. *essere*] **1** Muoversi lungo un percorso tracciato, dentro un condotto, su una superficie: *la fune scorre nella carrucola*; *il sangue scorre nelle vene*; *il fiume scorreva placido* ◊ Colare, sgorgare: *dalla ferita scorreva molto sangue* ◊ Procedere agevolmente: *oggi il traffico non scorre* **2** Trascorrere, passare: *le ore scorrevano rapide* ♦ *v.tr.* Percorrere rapidamente con lo sguardo, leggere in fretta: *scorrere un elenco, un giornale.*

scorreria [scor-re-rì-a] *s.f.* Incursione armata in territorio nemico allo scopo di devastare e saccheggiare.

scorrettezza [scor-ret-téz-za] *s.f.* **1** Errore grammaticale, imprecisione linguistica: *un tema pieno di scorrettezze* **2** Comportamento, atto poco educato, scortese, sleale: *ha commesso una grave scorrettezza a non avvisarlo* ◊ Intervento di gioco irregolare, falloso Ⓢ fallo.

scorretto [scor-rèt-to] *agg.* **1** Che contiene errori, inesattezze: *un tema scorretto* **2** Che viola le regole di educazione, di rispetto, di onestà e di lealtà: *un individuo, un comportamento scorretto* ◊ Falloso: *è stato ammonito per gioco scorretto.*

scorrevole [scor-ré-vo-le] *agg.* **1** Che scorre, può scorrere: *porta, nastro scorrevole* **2** Che scorre, procede facilmente, in modo fluido: *oggi il traffico è scorrevole.*

scorribanda [scor-ri-bàn-da] *s.f.* Scorreria di bande armate: *le scorribande dei predoni terrorizzavano la popolazione.*

scorsa [scór-sa] *s.f.* Lettura rapida e frettolosa Ⓢ occhiata: *dare una scorsa al giornale.*

scorso [scór-so] *agg.* Passato, trascorso: *l'anno scorso*; *sabato scorso.*

scorsoio [scor-só-io] *agg. Nodo scorsoio* = nodo fatto all'estremità di una corda in modo da formare un laccio che si stringe quanto più si tira l'altro capo Ⓢ cappio.

scorta [scòr-ta] *s.f.* **1** L'azione e il compito di scortare: *una pattuglia fu adibita alla scorta dei detenuti*; *una nave militare era di scorta al convoglio* ◊ La persona o le persone e i mezzi che hanno il compito di scortare: *il giudice era accompagnato dalla sua scorta*; *una scorta aerea proteggeva il convoglio* **2** Provvista o dotazione di qualcosa da utilizzare per impieghi futuri o in caso di necessità: *fare scorta di legna, di gasolio per l'inverno*; *abbiamo esaurito le scorte di viveri*; *ho forato e ho dovuto usare la ruota di scorta.*

scortare [scor-tà-re] *v.tr.* Accompagnare per sorvegliare, proteggere o in segno di onore: *il detenuto venne scortato da due carabinieri*; *una nave militare scortava il convoglio*; *un reparto in alta uniforme ha scortato il corteo presidenziale.*

scortese [scor-té-se] *agg.* Che manca di cortesia, poco gentile Ⓢ sgarbato Ⓒ cortese: *sei stato scortese con lui*; *un gesto scortese.*

scortesia [scor-te-sì-a] *s.f.* Mancanza di cortesia ◊ Atto, parola scortese: *è stata una grave scortesia rifiutarsi di riceverlo.*

scorticare [scor-ti-cà-re] *v.tr.* [*scórtico, scórtichi*] **1** Togliere la pelle ad animali uccisi Ⓢ scuoiare **2** Produrre una leggera lacerazione della pelle Ⓢ sbucciare: *si è scorticato un ginocchio cadendo.*

scorza [scòr-za] *s.f.* **1** La parte più esterna della corteccia degli alberi ◊ Buccia spessa di alcuni frutti: *una scorza di limone* **2** ♧ Aspetto esteriore, apparenza: *sotto una scorza ruvida nasconde un cuore d'oro.*

scosceso [sco-scé-so] *agg.* Che è in forte pendenza Ⓢ ripido, erto: *un monte, un pendio, un sentiero scosceso.*

scossa [scòs-sa] *s.f.* **1** Movimento, sussulto improvviso e violento: *si sentirono alcune scosse di terremoto*; *una scossa dell'autobus gli fece perdere l'equilibrio* ◊ *Scossa (elettrica)* = sensazione che si prova quando si è colpiti da una scarica elettrica **2** ♧ Grave e improvviso dolore, duro colpo: *la morte del marito è stata per lei una scossa da cui non si è più ripresa.*

scosso [scòs-so] *agg.* Agitato, turbato, sconvolto: *l'ho trovato ancora scosso per l'incidente.*

scostante [sco-stàn-te] *agg.* Che allontana gli altri da sé e suscita antipatia per la sua totale mancanza di cordialità: *un uomo, un'aria scostante.*

scostare [sco-stà-re] *v.tr.* **1** Allontanare una cosa o una persona da un'altra a cui era vicino Ⓒ accostare: *scostare il tavolo dal muro, l'auto dal marciapiede* **2** ♧ Evitare, sfuggire qualcuno Ⓢ scansare: *è così antipatico che tutti lo scostano* ♦ **scostarsi** *v.pr.* Allontanarsi, spostarsi: *scostati dal muro!*; *si scostò per farmi passare.*

scotch [parola inglese; pron. corrente *scòč*] *s.m. invar.* **1** Il whisky scozzese o anche il whisky in genere **2** Nome commerciale ® di un tipo di nastro adesivo trasparente.

scotennare [sco-ten-nà-re] *v.tr.* **1** Togliere la cotenna a un animale ucciso: *scotennare il maiale* **2** Strappare a qualcuno il cuoio capelluto con tutti i capelli: *era un'usanza di guerra dei pellerossa scotennare i nemici.*

scottante [scot-tàn-te] *agg.* Grave, preoccupante, urgente: *un problema scottante.*

scottare [scot-tà-re] *v.tr.* **1** Causare una bruciatura, un'ustione: *scottarsi una mano con il ferro da stiro* **2** Dare una rapida cottura a una vivanda **3** ♧ Irritare, offendere, lasciare deluso profondamente: *il tuo rifiuto lo ha scottato*; *è stato molto scottato da quell'esperienza negativa* ♦ *v.intr.* [aus. *avere*] **1** Emanare molto calore, tanto da poter provocare ustioni: *sta attento, la pentola scotta!*; *oggi il sole scotta* ◊ Essere molto, troppo caldo: *ha la febbre, senti come scotta!* **2** ♧ Causare viva preoccupazione, richiedere un'urgente soluzione: *una questione che scotta* ♦ **scottarsi** *v.pr.* Prodursi un'ustione, una bruciatura: *si è scottato con l'olio bollente.*

scottatura [scot-ta-tù-ra] *s.f.* **1** Bruciatura, ustione: *una crema contro le scottature* **2** ♧ Esperienza spiacevole, amara, deludente: *quella scottatura gli è servita da lezione.*

scotto [scòt-to] *agg.* Troppo cotto: *scoliamo la pasta prima che diventi scotta.*

scout [parola inglese; pron. corrente *scàut*] *s.m.f. invar.* Boy-scout.

scovare [sco-và-re] *v.tr.* Riuscire a trovare, rintracciare, scoprire qualcuno o qualcosa nascosto o molto difficile da trovare: *come scovarlo in mezzo a questa folla?*; *vedi se riesci a scovare dove è finito il mio orologio.*

screanzato [scre-an-zà-to] *agg.* e *s.m.* Che, chi è senza creanza Ⓢ maleducato, villano: *sei uno screanzato!*

screditare [scre-di-tà-re] *v.tr.* Far perdere il credito, il prestigio, rovinare la reputazione: *hanno diffuso queste calunnie per screditarmi.*

scremato [scre-mà-to] *agg.* A cui è stata tolta la crema, la parte grassa: *latte scremato, parzialmente scremato.*

screpolare [scre-po-là-re] *v.tr.* Produrre crepe sottili e superficiali: *il vento le ha screpolato le labbra* ♦ **screpolarsi** *v.pr.* Rompersi in superficie in piccole crepe, in fessure sottili: *l'intonaco si sta screpolando.*

screpolatura [scre-po-la-tù-ra] *s.f.* Crepa sottile e superficiale (nella pelle, in un muro, in un quadro, in un affresco ecc.).

screziato [scre-zià-to] *agg.* Che è cosparso di vari colori; che presenta chiazze e strisce di colore diverso da quello del fondo: *la pelle screziata del leopardo.*

screzio [scrè-zio] *s.m.* Disaccordo, dissenso non grave tra persone intime: *qualche screzio ha turbato ultimamente il nostro rapporto.*

scricchiolare [scric-chio-là-re] *v.intr.* [aus. *avere*] Produrre una serie di rumori secchi e leggeri: *il pavimento scricchiolava sotto il nostro peso* ◊ Cigolare: *la porta scricchiola.*

scricchiolio [scric-chio-lì-o] *s.m.* Serie di rumori secchi e leggeri: *lo scricchiolio del ghiaccio sotto i piedi.*

scrigno [scrì-gno] *s.m.* Cassetta, piccolo forziere per la custodia di gioielli e oggetti preziosi.

scriteriato [scri-te-rià-to] *agg.* e *s.m.* Che, chi manca di criterio, di giudizio, di buon senso Ⓢ sconsiderato, stolto Ⓒ assennato, giudizioso.

scritta [scrìt-ta] *s.f.* Parola o frase scritta su un muro, su un cartello, su un manifesto, su un'insegna e simili: *sulla lapide era incisa una scritta commemorativa.*

scritto [scrìt-to] *agg.* **1** Espresso con la scrittura: *non obbedisco senza un ordine scritto* ◊ Che si fa scrivendo: *domani c'è la prova scritta di italiano* **2** ♧ Decretato, stabilito dal destino: *era scritto che dovesse andare così* ♦ *s.m.* Ogni comunicazione espressa mediante la scrittura; testo scritto: *è da tempo che non ricevo un suo scritto*; *uno scritto illeggibile* ◊ Nella scuola, prova scritta, esame scritto: *oggi c'è lo scritto di matematica* ◊ Opera letteraria, saggio, articolo ecc.: *una raccolta degli scritti minori di Dante.*

scrittoio [scrit-tó-io] *s.m.* Tavolo per scrivere Ⓢ scrivania.

scrittore [scrit-tó-re] *s.m.* [f. *–trice*] Chi scrive opere letterarie: *uno scrittore di romanzi, di commedie.*

scrittura [scrit-tù-ra] *s.f.* **1** Lo scrivere: *esercitarsi nella scrittura* ◊ La tecnica e il sistema di scrivere: *l'invenzione della scrittura*; *scrittura fonetica, ideografica* ◊ Modo di scrivere: *scrittura a mano, a macchina* ◊ Calligrafia: *ha una scrittura illeggibile* **2** Espressione scritta; testo scritto | *La Sacra Scrittura, le Scritture* = la Bibbia.

scritturare [scrit-tu-rà-re] *v.tr.* Ingaggiare con una scrittura un cantante, un attore o altro artista: *scritturare un attore per un film.*

scrivania [scri-va-nì-a] *s.f.* **1** Mobile per scrivere, costituito in genere da un tavolo con uno o più cassetti **2** Nel linguaggio informatico, *desktop*.

scrivere [scrì-ve-re] *v.tr.* [pass.rem. *scrìssi, scrivésti*; part.pass. *scrìtto*] **1** Tracciare i segni grafici che rappresentano parole, numeri o suoni: *imparare a scrivere*; *scrivere con la penna, con la matita, a mano, a macchina*; *scrivere sul quaderno, sulla lavagna, sul muro*; *scrivere una frase, un'operazione matematica, delle note musicali* **2** Esprimere parole, pensieri, sentimenti per mezzo della scrittura; redigere un testo: *scrivere un indirizzo, una lettera, un articolo, un documento* ◊ Comporre opere letterarie, scientifiche, musicali: *scrivere un romanzo, una commedia, un saggio, una sinfonia.*

scroccare [scroc-cà-re] *v.tr.* [*scròcco, scròcchi*] Ottenere gratis qualcosa facendoselo offrire da altri: *scroccare un pranzo, una sigaretta.*

scrofa [scrò-fa] *s.f.* La femmina del maiale e del cinghiale.

scrollare [scrol-là-re] *v.tr.* Scuotere energicamente: *scrollare un albero per far cascare i frutti* | *Scrollare le spalle* = alzarle leggermente in segno di indifferenza | *Scrollarsi di dosso qualcosa* = scuoterlo via, liberarsene (anche ♧): *scrollati di dosso questa pigrizia!*

scrosciare [scro-scià-re] *v.intr.* [aus. *avere* e *essere*] **1** Detto di acque, cadere impetuosamente facendo un rumore forte e continuato: *la pioggia scrosciava sui tetti* **2** ♧ Susseguirsi con rapidità producendo un rumore simile a quello delle acque scroscianti: *nella sala scrosciarono gli applausi, le risa.*

scroscio [scrò-scio] *s.m.* **1** Impetuosa e rumorosa caduta di acque piovane o correnti; il fragore che produce: *lo scroscio di una cascata*; *fu svegliato dallo scroscio della pioggia* **2** ♧ Fragore prodotto da più persone che applaudono o ridono contemporaneamente: *uno scroscio di applausi accolse la fine della canzone.*

scrostare [scro-stà-re] *v.tr.* Togliere la crosta a una ferita ◊ Togliere a qualcosa lo strato superficiale: *scrostare un muro* ♦ **scrostarsi** *v.pr.* Perdere la crosta, lo strato superficiale: *l'intonaco si è scrostato.*

scrupolo [scrù-po-lo] *s.m.* **1** Dubbio, esitazione, inquietudine derivanti dal timore di agire o aver agito male, in modo disonesto: *vorrebbe accettare, ma ha qualche scrupolo*; *un uomo pieno di scrupoli* | *Persona, gente senza scrupoli* = disonesta ◊ Preoccupazione di far cosa inopportuna: *non farti scrupolo di disturbarmi, se ne hai bisogno* **2** Cura, diligenza estrema nel fare qualcosa: *un impiegato che lavora con scrupolo.*

scrupoloso [scru-po-ló-so] *agg.* Che agisce con diligenza, coscienza, senso di responsabilità: *un funzionario scrupoloso* ◊ Svolto con cura, diligenza, precisione Ⓢ meticoloso, accurato: *fare un'indagine, una visita medica scrupolosa.*

scrutare [scru-tà-re] *v.tr.* Guardare, esaminare con attenzione per cercare di vedere o di capire qualcosa: *i marinai scrutavano l'orizzonte*; *lo scrutò in viso per capire le sue intenzioni.*

scrutatore [scru-ta-tó-re] *s.m.* [f. *–trice*] Chi, in un seggio elettorale, ha il compito di controllare la regolarità delle votazioni e di effettuare lo scrutinio dei voti.

scrutinio [scru-tì-nio] *s.m.* **1** Il controllo e il conteggio dei voti espressi in un'elezione Ⓢ spoglio **2** Valutazione del profitto degli alunni effettuata dalla commissione degli insegnanti alla fine di un quadrimestre o dell'anno scolastico.

scucire [scu-cì-re] *v.tr.* **1** Disfare la cucitura: *scucire le maniche della giacca* **2** ♧ Tirar fuori soldi ♦ **scucirsi** *v.pr.* Perdere la cucitura: *si è scucita la tasca della giacca.*

scucitura [scu-ci-tù-ra] *s.f.* Parte scucita di un indumento: *hai una scucitura nei pantaloni.*

scuderia [scu-de-rì-a] *s.f.* **1** Complesso di locali adibiti a stalla per i cavalli e al deposito delle attrezzature che li riguardano **2** Organizzazione che alleva e addestra cavalli da corsa ◊ Organizzazione, squadra di auto o moto da corsa; l'insieme delle macchine e dei piloti che ne fanno parte.

scudetto [scu-dét-to] *s.m.* Distintivo a forma di piccolo scudo tricolore che viene assegnato ogni anno alla squadra vincitrice di un campionato sportivo nazionale ◊ Il campionato stesso: *vincere lo scudetto.*

scudiero [scu-diè-ro] *s.m.* Nel medioevo, giovane nobile che accompagnava un cavaliere portandogli lo scudo e curandone le armi e i cavalli.

scudisciata [scu-di-scià-ta] *s.f.* Colpo di scudiscio Ⓢ frustata.

scudiscio [scu-dì-scio] *s.m.* Frustino flessibile di cuoio o di legno, usato per incitare e correggere il cavallo.

scudo [scù-do] *s.m.* **1** Arma da difesa costituita da un piastra di forma e materiali vari che si imbraccia per difendere il corpo dai colpi nemici | ♧ *Portare qualcuno sugli scudi* = esaltarlo | ♧ *Levata, alzata di scudi* = reazione di protesta, di ribellione ◊ ♧ Riparo, schermo: *lo salvò facendogli scudo col proprio corpo* **2** Nome di varie monete d'oro e d'argento del passato **3** Stemma, emblema a forma di scudo.

sculacciare [scu-lac-cià-re] *v.tr.* Picchiare sul sedere con la mano aperta: *la mamma sculacciò il bambino che faceva i capricci.*

sculacciata [scu-lac-cià-ta] *s.f.* Colpo dato sul sedere con la mano aperta.

sculaccione [scu-lac-ció-ne] *s.m.* Forte sculacciata.

scultore [scul-tó-re] *s.m.* [f. *–trice*] Chi scolpisce, chi esercita l'arte della scultura.

scultura [scul-tù-ra] *s.f.* **1** L'arte, la tecnica e l'attività di scolpire: *studiare scultura*; *dedicarsi alla scultura*; *la scultura in pietra, in legno, in bronzo, in avorio* **2** Opera scolpita: *una mostra di antiche sculture greche.*

scuocere [scuò-ce-re] *v.intr.* [coniugato come *cuocere*; aus. *essere*] e **scuocersi** *v.pr.* Cuocere eccessivamente, passare di cottura: *scola la pasta, che (si) sta scuocendo.*

scuoiare [scuo-ià-re] o **scoiare** [sco-ià-re] *v.tr.* Togliere la pelle a un animale morto: *scuoiare un serpente.*

scuola [scuò-la] *s.f.* **1** Istituzione che ha il compito di educare e preparare le nuove generazioni attraverso l'insegnamento e l'apprendimento sistematico di un programma di studi: *scuola primaria, secondaria*; *scuola pubblica, privata* **2** Corso di insegnamento di una disciplina, di una tecnica, di una pratica particolare: *frequentare una scuola di lingue, di danza, di disegno, di sci*; *va alla scuola guida* **3** Attività scolastica, lezioni scolastiche: *frequenta regolarmente la scuola; oggi ci sono quattro ore di scuola* ◊ Sede in cui si svolge l'attività scolastica; edificio scolastico: *accompagna i figli a scuola; costruire nuove scuole* ◊ Il complesso degli insegnanti e degli alunni di una singola scuola o del sistema scolastico: *faremo una gita con la scuola; il mondo della scuola è in agitazione.*

scuotere [scuò-te-re] *v.tr.* [pass.rem. *scòssi, scuotésti* o *scotésti*; part.pass. *scòsso*] **1** Agitare, sbattere con forza in qua e in là, in su e in giù: *il vento scuoteva i rami; scuotere i panni per togliere la polvere* | *Scuotere la testa* = muoverla in segno di diniego, di rifiuto, di disapprovazione, di dubbio | *Scuotere qualcuno* = scrollarlo per svegliarlo; ♧ sollecitarlo a uscire da uno stato di inerzia **2** Far cadere giù scrollando o battendo con forza: *scuotere la polvere dal tappeto* **3** ♧ Turbare, sconvolgere: *la notizia lo scosse profondamente* ♦ **scuotersi** *v.pr.* **1** Sobbalzare o svegliarsi bruscamente: *a quel rumore si scosse* **2** ♧ Agitarsi, turbarsi: *è un tipo calmo, che non si scuote per nessuna ragione.*

scure [scù-re] *s.f.* Attrezzo per abbattere gli alberi e tagliare il legname, costituito da una pesante lama d'acciaio fissata su un manico di legno.

scurire [scu-rì-re] *v.tr.* [*scurìsco, scurìsci*] Rendere scuro: *scurirsi i capelli* ♦ *v.intr.* [aus. *essere*] e **scurirsi** *v.pr.* Diventare scuro, più scuro: *la pelle (si) scurisce al sole* ◊ Far buio, venir notte: *d'inverno scurisce presto.*

scuro [scù-ro] *agg.* **1** Privo di luce, poco illuminato Ⓢ buio: *una notte scura; un corridoio scuro* **2** Di colore non chiaro, tendente al nero: *occhi, capelli scuri; abito scuro* | *Rosso, verde, marrone scuro* = di tonalità cupa **3** ♧ Corrucciato, cupo, fosco: *era scuro in volto; fece una faccia scura* ♦ *s.m.* **1** Buio, oscurità: *con questo scuro non vedo niente* **2** Colore scuro: *vestire di scuro* **3** Imposta di legno all'interno di finestre e portefinestre, che si chiude per oscurare del tutto le stanze.

scusa [scù-sa] *s.f.* **1** Perdono che si chiede per aver commesso una colpa, una mancanza, un errore (o come formula di cortesia): *ti chiedo scusa per averti offeso; chiedo scusa, ma devo andare* ◊ (al *pl.*) Espressioni di rincrescimento: *mi ha mandato le sue scuse* **2** Giustificazione, attenuante: *non c'è alcuna scusa per un comportamento del genere* **3** Pretesto, finta ragione: *trova sempre una scusa per non lavorare.*

scusante [scu-sàn-te] *s.f.* Giustificazione, scusa: *non cercare scusanti per quello che ha fatto!*

scusare [scu-sà-re] *v.tr.* **1** Giustificare, discolpare: *il suo comportamento non si può scusare in alcun modo; è sempre pronta a scusare il figlio* **2** Perdonare (spec. in formule di cortesia): *scusate il disturbo; scusi, sa l'ora?* ♦ **scusarsi** *v.pr.* Giustificarsi: *si è scusato dicendo di non aver avuto tempo* ◊ Chiedere perdono, esprimere il proprio rincrescimento: *mi scuso per il ritardo; scusarsi non serve, quando il male è fatto.*

sdebitarsi [sde-bi-tàr-si] *v.pr.* Contraccambiare ciò che si è ricevuto per soddisfare un debito di riconoscenza: *non so come sdebitarmi per tutto quello che ha fatto per me.*

sdegnare [sde-gnà-re] *v.tr.* Riempire di sdegno: *il suo contegno ci ha sdegnato* ♦ **sdegnarsi** *v.pr.* Indignarsi, irritarsi: *sdegnarsi con qualcuno.*

sdegno [sdé-gno] *s.m.* Risentimento e indignazione provocati da atti o parole che offendono gravemente il senso morale: *quell'atto di violenza riempì tutti di sdegno.*

sdentato [sden-tà-to] *agg.* Che è senza denti o è rimasto con pochi denti: *un vecchio sdentato.*

sdoganare [sdo-ga-nà-re] *v.tr.* **1** Far uscire una merce dalla dogana pagando la relativa imposta **2** ♧ Far diventare socialmente accettabile un comportamento o un linguaggio che in precedenza erano condannati o censurati: *ormai anche in televisione hanno sdoganato le parolacce.*

sdolcinato [sdol-ci-nà-to] *agg.* Che eccede in smancerie o in sentimentalismo Ⓢ lezioso, stucchevole: *maniere sdolcinate; un film sdolcinato.*

sdraiare [sdra-ià-re] *v.tr.* Mettere a giacere Ⓢ stendere, coricare: *sdraiarono il malato sul letto* ♦ **sdraiarsi** *v.pr.* Mettersi a giacere Ⓢ stendersi: *sdraiarsi sull'erba.*

sdraio [sdrà-io] *s.m.* *Sedia a sdraio* = sedia costruita in modo che ci si possa sdraiare ♦ *s.f.invar.* Sedia a sdraio.

sdrammatizzare [sdram-ma-tiz-zà-re] *v.tr.* Attenuare la gravità, il carattere drammatico di un fatto, di una situazione: *la tensione era alta e ho cercato di sdrammatizzare l'incidente.*

sdrucciolare [sdruc-cio-là-re] *v.intr.* [aus. *essere*] Scivolare (cadendo o rischiando di cadere) su una superficie liscia o viscida: *attento a non sdrucciolare sul pavimento lucido.*

sdrucciolevole [sdruc-cio-lé-vo-le] *agg.* Su cui è facile sdrucciolare Ⓢ scivoloso: *un terreno sdrucciolevole.*

se[1] [sé] *congz.* **1** Nel caso che, qualora: *se domani piove, rimanderemo la gita; se dipendesse da me, verrei senz'altro* ◊ In frasi esclamative esprime desiderio, rammarico, incredulità, meraviglia e simili: *se potessi vederlo!*; *se me l'avessi detto prima!* **2** Dato che: *se non vuole accettare, è inutile insistere* **3** Introduce frasi interrogative o dubitative indirette: *chiedile se è d'accordo*; *non so se sia una buona idea* **4** *Se no* = altrimenti: *sbrigati, se no perdiamo il treno* | *Se non* = tranne che: *che posso fare se non rassegnarmi?* | *Se non altro* = almeno: *se non altro ti ha chiesto scusa* ◊ *Se anche, se pure* = quand'anche, anche ammesso che: *se anche volessi partire, ormai è tardi* ◊ *Come se* = quasi che: *mi guardava come se non mi vedesse* ♦ *s.m.* Condizione: *vorrei venire, ma c'è un se, devo trovare i soldi.*

se2 [sé] *pronome pers.* Si usa al posto della forma *si* quando è seguito dai pronomi *lo, la, li, le, ne*: *se lo è lasciato sfuggire*; *ti ha urtato senza accorgersene.*

sé *pronome pers.* [seguito da *stesso* può essere scritto senza accento] Forma riflessiva del pronome personale di terza persona singolare e plurale, che si usa, al posto di *lui, lei, loro*, quando si riferisce al soggetto della frase nei vari complementi retti da preposizione: *prese con sé l'ombrello*; *ha lasciato un buon ricordo di sé*; *ha poca fiducia in sé (stesso)*; *pensano solo a sé (stessi)* | *Dentro di sé, tra sé e sé* = nel proprio intimo | *A sé* = a parte: *questo è un caso a sé* | *Da sé* = da solo, senza l'aiuto di altri: *vuol fare tutto da sé* | *Va da sé* = è naturale, è ovvio: *va da sé che non potrete contare su di me* | *Essere fuori di sé* = perdere il controllo, il senno: *era fuori di sé dalla rabbia, dal dolore* | *Uscire di sé* = impazzire | *Tornare, rientrare in sé* = riprendere i sensi o il controllo dei propri nervi, delle proprie facoltà mentali.

L'accento sulla e di *sé* è acuto: attenzione a non sbagliarlo, soprattutto quando scrivi al computer.

sebbene [seb-bè-ne] *congz.* Benché, quantunque: *sebbene fosse tardi, è uscito lo stesso.*

secca [séc-ca] *s.f.* **1** Tratto di mare poco profondo rispetto alla zona circostante: *la nave si incagliò in una secca* **2** Mancanza o scarsità d'acqua: *molti fiumi e torrenti d'estate sono in secca.*

seccante [sec-càn-te] *agg.* Noioso, fastidioso: *un incarico, un contrattempo seccante.*

seccare [sec-cà-re] *v.tr.* [*sécco, sécchi*] **1** Far diventare secco, asciutto, privo d'acqua: *il gran caldo ha seccato i prati*; *la siccità seccò il pozzo*; *seccare i funghi al sole* **2** ♧ Infastidire, annoiare: *mi hai seccato con le tue chiacchiere!* ♦ *v.intr.* [aus. *essere*] **1** Diventare secco: *i fiori recisi seccano in fretta* **2** Procurare noia, fastidio, disturbo: *mi secca dover uscire stasera* ♦ **seccarsi** *v.pr.* **1** Diventare secco Ⓢ inaridirsi, prosciugarsi: *la terra si è seccata*; *d'estate il torrente si secca* **2** ♧ Annoiarsi, stancarsi, infastidirsi Ⓢ stufarsi, scocciarsi: *si era seccato di aspettare e se ne andò.*

seccato [sec-cà-to] *agg.* Infastidito, irritato.

seccatore [sec-ca-tó-re] *s.m.* [f. *–trice*] Persona importuna e fastidiosa Ⓢ scocciatore, rompiscatole: *non riesco a liberarmi da quel seccatore.*

seccatura [sec-ca-tù-ra] *s.f.* Fastidio, noia, perdita di tempo: *che seccatura dover andare a quella cerimonia!*; *non voglio seccature.*

secchia [séc-chia] *s.f.* Secchio.

secchiello [sec-chièl-lo] *s.m.* Piccolo secchio per usi particolari o per giochi di bimbi sulle spiagge.

secchio [séc-chio] *s.m.* Recipiente di vario materiale, a forma di cono tronco o anche di cilindro, munito di manico semicircolare, usato per contenere liquidi o altri materiali: *secchio per l'acqua, per la spazzatura.*

secco [séc-co] *agg.* [pl.m. *–chi*] **1** Privo d'acqua o d'umidità Ⓢ asciutto, arido Ⓒ bagnato, umido: *un torrente secco*; *vento, clima secco*; *sentirsi la gola secca* ◊ Essiccato, disseccato: *legna secca*; *frutti, fiori, funghi secchi* | *Pane secco* = raffermo **2** Molto magro: *un ragazzo alto e secco*; *gambe secche* **3** Non dolce (detto di alcolici): *bere un bianco secco* **4** ♧ Rapido, netto; deciso, brusco: *tagliò il nodo con un colpo secco*; *oppose un secco rifiuto* | *Restarci secco* = morire sul colpo ♦ *s.m.* **1** Luogo asciutto: *tirare in secco una barca* **2** Siccità: *con questo secco i raccolti vanno a male* ◊ *Lavaggio, lavatura a secco* = senz'acqua, con sostanze chimiche.

secernere [se-cèr-ne-re] *v.tr.* [part.pass. *secrèto*] Produrre ed emettere particolari sostanze organiche: *il fegato secerne la bile*; *il tronco secerne la resina.*

secessione [se-ces-sió-ne] *s.f.* Separazione e distacco di un gruppo o di un territorio dal complesso sociale, politico o statale di cui faceva parte: *nel 1861 gli stati schiavisti del sud dichiararono la secessione da quelli del nord dando il via alla guerra di secessione americana.*

secolare [se-co-là-re] *agg.* Che ha uno o più secoli: *alberi secolari* ◊ Che dura da secoli: *usanze, tradizioni secolari.*

secolo [sè-co-lo] *s.m.* **1** Periodo di tempo di cento anni: *questa pianta ha un secolo di vita*; *Colombo scoprì l'America cinque secoli fa*; *l'Italia divenne indipendente alla metà del XIX secolo* **2** Periodo storico Ⓢ epoca, età: *il secolo delle grandi scoperte geografiche* | *L'avvenimento, lo scandalo, il* *processo del secolo* = quello che viene considerato il più importante e clamoroso del proprio tempo **3** Periodo di tempo molto lungo: *è un secolo che non lo vedo.*

seconda [se-cón-da] *s.f.* **1** Seconda classe di una scuola: *mio fratello maggiore frequenta la seconda liceo* ◊ Seconda classe di un mezzo di trasporto: *viaggiare in seconda* **2** Seconda marcia del cambio di un veicolo a motore: *innestò la seconda* **3** *A seconda di* = secondo, in rapporto a: *decideremo a seconda dei casi* | *A seconda che* = secondo che: *le cose cambiano, a seconda che tu vi contribuisca oppure no.*

secondario [se-con-dà-rio] *agg.* **1** Che viene come secondo in una successione | *Scuola secondaria* = la scuola media (inferiore e superiore) che viene dopo la scuola elementare o primaria **2** Di minore importanza, non fondamentale: *un problema secondario.*

secondino [se-con-dì-no] *s.m.* Agente di custodia dei detenuti Ⓢ guardia carceraria.

secondo[1] [se-cón-do] *agg.num.ord.* **1** Che occupa il posto numero due in una serie, in una graduatoria (si scrive 2° in numeri arabi, II in numeri romani): *abita al secondo piano*; *è arrivato secondo nella gara*; *frequenta la seconda media*; *Vittorio Emanuele II* | *Minuto secondo* = sessantesima parte di un minuto primo | *Seconda colazione* = il pasto di mezzogiorno | *Secondo piatto* = il piatto principale di un pasto **2** Altro, nuovo: *ti do una seconda possibilità*; *per me è stato un secondo padre* | *Avere un secondo fine* = uno scopo nascosto, diverso da quello dichiarato **3** Inferiore per importanza, valore, pregio: *un personaggio di secondo piano*; *nello scatto non è secondo a nessuno*; *merce di seconda qualità* | *Di seconda mano* = detto di oggetto che si compra già usato ♦ *s.m.* **1** Unità di misura del tempo pari a un sessantesimo del minuto primo: *un'ora, tre primi e sei secondi* | ♧ *In un secondo* = in un attimo: *arrivo in un secondo* **2** [f. *-a*] La persona o la cosa che viene al secondo posto in un ordine, in una graduatoria: *ero il secondo della fila* **3** Secondo piatto di un pranzo: *cosa prendi per secondo: carne o pesce?* **4** Ciascuno dei due assistenti di un pugile in un incontro ♦ *avv.* In secondo luogo: *non vengo, primo perché sono stanco, secondo perché è già tardi.*

secondo[2] [se-cón-do] *prep.* **1** Nel modo richiesto, prescritto da; conformemente a: *agire secondo giustizia*; *decidere secondo coscienza*; *vivere secondo natura* **2** Stando a: *secondo il suo parere, hai sbagliato* | *Secondo me, secondo lui, loro, alcuni, altri* = stando a come la penso io, stando a quel che pensano, dicono lui, loro ecc.: *secondo me è meglio aspettare* **3** In rapporto a, in proporzione a: *spendere secondo le proprie possibilità* **4** In dipendenza di, in base a: *deciderò secondo le circostanze, il tempo, la situazione* | (nelle risposte): *«Tu cosa faresti?» «Secondo»* = dipende dalle circostanze ♦ *congz. Secondo che* = in dipendenza del caso che: *può farcela, secondo che si impegni o no.*

secrezione [se-cre-zió-ne] *s.f.* Produzione ed emissione di particolari sostanze da parte di cellule e ghiandole di un organismo animale o vegetale: *secrezione della saliva, del sudore* ◊ Sostanza secreta: *il latte è una secrezione delle mammelle.*

sedano [sè-da-no] *s.m.* Pianta erbacea coltivata come ortaggio.

sedare [se-dà-re] *v.tr.* Calmare, placare: *prese una compressa per sedare il dolore* ◊ Reprimere, domare: *l'esercito sedò la rivolta in breve tempo.*

sedativo [se-da-tì-vo] *agg.* e *s.m.* Farmaco che serve a calmare il dolore o stati di ansietà ed eccitazione nervosa.

sede [sè-de] *s.f.* **1** Luogo di residenza Ⓢ dimora, domicilio ◊ Città, luogo, edificio in cui svolge la sua attività un ente, un ufficio, una persona ecc.: *Roma è la sede del governo*; *Venezia è sede di un'università*; *la sede centrale di un'azienda, di una banca*; *l'ufficio si è trasferito ad altra sede* | *Santa Sede* = il Vaticano; il governo della chiesa ◊ Luogo in cui si svolge temporaneamente una data attività: *la scuola sarà sede di esami* **2** Luogo in cui è normalmente situato qualcosa: *mettere ogni pezzo nell'apposita sede* | *Sede stradale* = carreggiata **3** Momento, circostanza: *non è questa la sede adatta per parlarne* | ♧ *In separata sede* = in privato: *te lo dirò in separata sede.*

sedentario [se-den-tà-rio] *agg.* **1** Che comporta poco movimento o attività fisica: *fare un lavoro sedentario, una vita sedentaria* **2** Che fa poco moto, che non ama muoversi, viaggiare: *un tipo sedentario* ◊ *Popolazioni sedentarie* = che hanno una sede stabile, non sono nomadi.

sedere[1] [se-dé-re] *v.intr.* [pres. *sièdo, sièdi, siède, sediàmo, sedéte, sièdono*; pass.rem. *sedéi* o *sedètti, sedésti*; fut. *sederò* o *siederò*; cong.pres. (*io, tu, egli*) *sièda, sediàmo, sediàte, sièdano*; cond. *sederèi* o *siederèi*; imper. *sièdi, sedéte*; ger. *sedèndo*; aus. *essere*] Stare o mettersi appoggiato sopra qualcosa con la parte posteriore e inferiore del corpo: *sedere su una sedia, in poltrona, sul letto, per terra*; *lo invitò a sedere* | *Sedere in* *trono* = regnare | *Sedere in parlamento, in consiglio comunale* = esserne membro ⧫ **sedersi** *v.pr.* Mettersi a sedere: *sono stanco, mi siedo.*

sedere2 [se-dé-re] *s.m.* La parte posteriore del corpo, in fondo alla schiena Ⓢ deretano, culo.

sedia [sè-dia] *s.f.* Sedile formato da un piano poggiante in genere su quattro gambe e da una spalliera Ⓢ seggiola: *sedia di legno, di ferro, di plastica*; *sedia a rotelle, a dondolo* | *Sedia elettrica* = apparato per eseguire condanne a morte mediante una scarica elettrica.

sedicente [se-di-cèn-te] *agg.* Detto di chi si attribuisce un nome, un titolo, una qualifica che non ha o non può documentare: *un sedicente dottore.*

sedici [sé-di-ci] *agg.num.card.invar.* e *s.m.invar.* Numero equivalente a una decina più sei unità | *Le sedici* = le quattro dopo mezzogiorno.

sedile [se-dì-le] *s.m.* Qualsiasi struttura, elemento o posto per sedersi: *i sedili di una barca, di un tram, delle panchine del parco*; *i sedili posteriori, anteriori di un'automobile.*

sedimentare [se-di-men-tà-re] *v.intr.* [aus. *essere* e *avere*] Detto di un liquido, depositare sul fondo le particelle solide che contiene in sospensione: *questo vino è torbido, bisogna lasciarlo sedimentare.*

sedimento [se-di-mén-to] *s.m.* Deposito che le particelle solide sospese in un liquido lasciano in fondo al recipiente che lo contiene.

sedizione [se-di-zió-ne] *s.f.* Ribellione, rivolta contro il potere costituito: *domare una sedizione.*

seducente [se-du-cèn-te] *agg.* Affascinante, attraente: *uno sguardo, una proposta seducente.*

sedurre [se-dùr-re] *v.tr.* [coniugato come *condurre*] **1** Indurre una persona all'atto sessuale con false promesse e lusinghe: *l'uomo cercava di sedurre quella ragazza ingenua* **2** Far innamorare: *lo sedusse con la sua bellezza* ◊ Affascinare: *ha un sorriso che seduce chiunque* ◊ Attrarre, allettare: *l'idea di un viaggio lo seduceva.*

seduta [se-dù-ta] *s.f.* Riunione di un organo collegiale o di un gruppo di persone per discutere e deliberare Ⓢ assemblea, sessione: *una seduta del consiglio comunale, del senato*; *aprire, chiudere, sospendere la seduta* | ♧ *Seduta stante* = immediatamente, sull'istante: *decisero di allontanarlo seduta stante.*

seduttore [se-dut-tó-re] *agg.* [f. *–trice*] Che seduce, attrae: *uno sguardo seduttore* ⧫ *s.m.* [f. *–trice*] Uomo che seduce una donna con l'inganno ◊ Chi sa far innamorare con facilità le persone: *è una grande seduttrice.*

sega [sé-ga] *s.f.* Attrezzo o macchina per tagliare legno, metallo e altri materiali duri, il cui elemento fondamentale è costituito da una lama, da un nastro o da un disco d'acciaio dentati: *sega da falegname, da boscaiolo, da meccanico*; *sega a nastro*; *sega circolare.*

segale [sé-ga-le] o **segala** *s.f.* Pianta erbacea simile al grano, da cui si ricava una farina scura usata per fare un particolare tipo di pane.

segare [se-gà-re] *v.tr.* [*ségo, séghi*] Tagliare con la sega: *segare un tronco, un blocco di marmo.*

segatura [se-ga-tù-ra] *s.f.* **1** L'operazione di segare: *segatura a mano, a macchina* **2** Materiale minuto che si produce come residuo segando il legno: *asciugare il pavimento con la segatura.*

seggio [sèg-gio] *s.m.* **1** Sedile destinato a sovrani, alti personaggi, parlamentari ecc.: *il seggio imperiale, papale*; *i seggi dei senatori* **2** Ciascuno dei posti in un organo elettivo che un partito ottiene in un'elezione: *guadagnare, perdere seggi in parlamento, in consiglio comunale* **3** *Seggio (elettorale)* = la sede in cui si svolgono le votazioni e lo scrutinio dei voti; la commissione che cura lo svolgimento di tali operazioni: *andare al seggio a votare*; *fare il presidente di seggio.*

seggiola [sèg-gio-la] *s.f.* Sedia.

seggiolone [seg-gio-ló-ne] *s.m.* Alto sedile su cui si fanno mangiare i bambini piccoli.

seggiovia [seg-gio-vì-a] *s.f.* Funivia al cui cavo sono fissati sedili per una o due persone.

segheria [se-ghe-rì-a] *s.f.* Stabilimento in cui si segano a macchina i tronchi per farne legname.

segmento [seg-mén-to] *s.m.* **1** In geometria, tratto di una retta compreso tra due punti **2** Parte di un corpo, di un organo, di un oggetto, compresa tra due estremi: *il corpo dei vermi è diviso in segmenti*; *il segmento superiore di un osso.*

segnalare [se-gna-là-re] *v.tr.* **1** Indicare, comunicare, avvertire per mezzo di segnali: *un cartello segnalava il passaggio a livello*; *segnalare il sorpasso* ◊ Annunciare, dar notizia: *il centro meteorologico segnala annuvolamenti al nord*; *non si segnalano incidenti* **2** Indicare, proporre all'attenzione: *mi ha segnalato un articolo interessante* ◊ ♧ Far conoscere, mettere in luce: *la mostra ha segnalato alcuni giovani talenti* ⧫ **segnalarsi** *v.pr.* Mettersi in luce, distinguersi: *si è segnalato per le sue notevoli capacità.*

segnalazione [se-gna-la-zió-ne] *s.f.* **1** Comunicazione, indicazione per mezzo di segnali: *fare segnalazioni con bandiere*; *seguire le segnala-*

zioni stradali **2** Comunicazione di una notizia: *ci è giunta segnalazione di un grave incidente.*

segnale [se-gnà-le] *s.m.* **1** Segno convenzionale o convenuto per comunicare un avvertimento, una notizia, un ordine: *si udì il segnale di arrivo del treno*; *dare il segnale di partenza, d'attacco*; *al segnale convenuto gli agenti irruppero nella casa* | *Segnali stradali* = cartelli, disegni, simboli, luci che regolano la circolazione stradale: *segnali di pericolo, di divieto* | *Segnale orario* = indicazione dell'ora esatta trasmessa dalla radio o dalla televisione **2** Dispositivo che serve a dare segnali: *per fermare un treno in casi di emergenza i viaggiatori possono tirare il segnale di allarme.*

segnaletica [se-gna-lè-ti-ca] *s.f.* Complesso di segnali: *segnaletica stradale, ferroviaria.*

segnalibro [se-gna-lì-bro] *s.m.* Striscia di stoffa, cartoncino o altro elemento sottile che si mette tra le pagine di un libro per ritrovare la pagina voluta.

segnalinee [se-gna-lì-ne-e] *s.m.f.invar.* Guardalinee.

segnare [se-gnà-re] *v.tr.* **1** Notare, indicare, marcare con uno o più segni: *segnò gli errori con una matita rossa*; *segnare con una striscia i limiti del campo*; *segnare il bestiame con un marchio* | *Segnare il passo* = muovere le gambe a passo di marcia, ma restando fermi; ♧ non fare progressi: *le trattative stanno segnando il passo* **2** Annotare, registrare: *segnare un indirizzo sul taccuino*; *segnare le spese* **3** Indicare: *l'orologio segna le due* **4** ♧ Rappresentare, costituire: *quella crisi segnò l'inizio della fine* **5** Scalfire, graffiare: *gli segnò la faccia con le unghie* **6** Nel calcio e in altri giochi, realizzare un punto: *segnare un gol, un canestro* ♦ **segnarsi** *v.pr.* Farsi il segno della croce.

segnato [se-gnà-to] *agg.* **1** Che porta il segno di qualcosa: *un volto segnato dall'età, dalle sofferenze* **2** Deciso, stabilito: *la sua sorte è segnata.*

segnatura [se-gna-tù-ra] *s.f.* Nel calcio e in altri giochi, punto o complesso dei punti segnati in una partita.

segno [sé-gno] *s.m.* **1** Ciò che è indizio, presagio o manifestazione, dimostrazione di qualcosa: *quei nuvoloni sono segno di pioggia*; *lo credevo morto, perché non dava alcun segno di vita*; *il pubblico dava segni d'impazienza*; *ha voluto darmi un segno della sua stima* **2** Gesto, cenno con cui si comunica qualcosa ad altri: *fare un segno di saluto*; *gli feci segno di tacere*; *esprimersi a segni* | *Il segno della croce* = gesto in forma di croce che i cristiani tracciano con la mano destra sul proprio corpo o nell'atto di benedire **3** Traccia, impronta visibile: *sulla sabbia erano restati i segni dei passi*; *portava sul volto i segni della malattia*; *non fate segni sui banchi col temperino* ◊ Elemento visibile che serve a distinguere: *portava un garofano all'occhiello come segno di riconoscimento* | *Segni particolari* = piccoli particolari fisici (cicatrici, nei ecc.) che consentono di identificare più facilmente una persona **4** Qualsiasi figura o espressione grafica che si usa convenzionalmente per rappresentare qualcosa Ⓢ simbolo: *la colomba è segno di pace*; *segni di punteggiatura*; *il segno di addizione, di sottrazione* | *Segni dello zodiaco* = le figure simboliche che rappresentano le dodici costellazioni dello zodiaco **5** Linea, tacca o altro segnale che serve a indicare un limite o un punto di riferimento: *riempire una bottiglia fino al segno di litro* | *Tenere, perdere il segno* = il punto a cui si è arrivati leggendo ◊ ♧ Limite: *questa volta hai passato il segno* **6** Bersaglio: *esercitarsi nel tiro a segno* | *Mettere a segno un colpo* = colpire il bersaglio | ♧ *Colpire, cogliere nel segno* = raggiungere l'obiettivo, indovinare qualcosa.

segregare [se-gre-gà-re] *v.tr.* [*sègrego, sègreghi*] Isolare, tenere lontano dagli altri, impedendo ogni contatto: *segregare un detenuto pericoloso*; *gli ammalati contagiosi sono segregati in un reparto.*

segregazione [se-gre-ga-zió-ne] *s.f.* Isolamento di una persona dal contatto con le altre: *il detenuto pericoloso fu messo in cella di segregazione.*

segretario [se-gre-tà-rio] *s.m.* **1** Collaboratore diretto di un dirigente, di un professionista, di un alto funzionario, che lo assiste nella sua attività svolgendo mansioni esecutive di fiducia: *il segretario, la segretaria del direttore, di un avvocato, di un ministro* ◊ Impiegato o funzionario addetto a un ufficio in un ente pubblico o privato: *la segretaria di una scuola*; *il segretario comunale* **2** Chi dirige l'attività di un'organizzazione, di un ente e simili: *il segretario di un partito*; *il segretario generale dell'ONU.*

segreteria [se-gre-te-rì-a] *s.f.* La carica e le funzioni di segretario: *fu eletto alla segreteria del partito* ◊ L'ufficio del segretario e l'insieme delle persone che vi lavorano: *andare in segreteria*; *la segreteria è in ferie.*

segretezza [se-gre-téz-za] *s.f.* Carattere segreto: *la segretezza di una riunione* ◊ Riservatezza nel mantenere un segreto: *mi raccomando la massima segretezza!*

segreto[1] [se-gré-to] *agg.* **1** Che è fatto di nascosto, che va tenuto nascosto agli altri: *un incontro, un accordo segreto* **2** Nascosto, non palese: *non* *conosco le sue segrete intenzioni* | *Agente segreto* = che non rivela agli altri la sua vera identità e attività ◊ Conosciuto solo da pochi: *un passaggio segreto conduceva ai sotterranei.*

segreto[2] [se-gré-to] *s.m.* **1** Cosa che qualcuno tiene celata nel suo animo senza rivelarla a nessuno: *si è portato il suo segreto nella tomba*; *è un uomo senza segreti* ◊ Ciò che ha carattere riservato, è conosciuto solo da pochi e non si deve divulgare: *mantenere, rivelare, tradire un segreto* | *In segreto* = di nascosto, all'insaputa di altri: *si incontrarono in segreto* **2** Mezzo, metodo particolare per raggiungere determinati scopi, conosciuto solo da una persona o da un gruppo ristretto di persone: *il maestro gli insegnò tutti i segreti del mestiere*; *so io il segreto per convincerlo!*

seguace [se-guà-ce] *s.m.f.* Chi segue una religione, una dottrina, un insegnamento, un maestro ecc.: *i seguaci del cristianesimo, dell'Islam, del marxismo, di Maometto.*

seguente [se-guèn-te] *agg.* Che viene subito dopo Ⓢ successivo Ⓒ precedente: *il giorno seguente*; *andate alla pagina seguente.*

segugio [se-gù-gio] *s.m.* **1** Cane da caccia particolarmente abile a inseguire la selvaggina **2** ♧ Poliziotto, investigatore abile nello scoprire e nel rintracciare i criminali.

seguire [se-guì-re] *v.tr.* [pres. *séguo*; pass.rem. *seguìi, seguìsti*] **1** Andare, venire dietro a qualcuno o qualcosa Ⓒ precedere: *lo seguì per le scale*; *seguitemi da questa parte*; *un corteo di macchine seguiva l'auto degli sposi* ◊ Accompagnare (anche ♧): *segue il marito in tutti i suoi viaggi*; *quel pensiero la seguiva sempre* ◊ Pedinare: *ho la sensazione che qualcuno mi segua* **2** ♧ Accompagnare, tenere dietro con lo sguardo, l'udito, la mente, l'attenzione: *seguì con lo sguardo la nave che si allontanava*; *non riesco a seguire il tuo ragionamento*; *cerca di seguire la lezione* ◊ Guardare, assistere: *sta seguendo la partita in televisione*; *è un programma che seguo sempre* | *Seguire un corso* = frequentarlo ◊ Interessarsi, tenersi al corrente di qualcosa: *segue sempre il campionato di calcio* **3** ♧ Attenersi: *seguire le prescrizioni del medico*; *preferì seguire il suo istinto* ◊ Imitare: *seguire l'esempio di qualcuno* **4** Procedere lungo una determinata direzione: *seguire la rotta*; *segua questo sentiero e arriverà al paese* ♦ *v.tr.* e *v.intr.* [aus. *essere*] Venire subito dopo nel tempo, in una successione, in una graduatoria: *all'esplosione seguì un boato*; *la B segue la A nell'ordine alfabetico* ♦ *v.intr.* **1** Venire come conseguenza Ⓢ derivare: *da quelle parole seguì una lite furiosa* **2** Continuare: *l'articolo segue alla pagina successiva.*

seguitare [se-gui-tà-re] *v.tr.* e *v.intr.* [aus. *essere* e *avere*] Continuare, proseguire: *seguitare gli studi*; *ha seguitato a parlare per un'ora*; *è seguitato a piovere tutto il giorno.*

seguito [sé-gui-to] *s.m.* **1** Insieme di persone che accompagnano o scortano un personaggio importante: *entrò il ministro con il suo seguito* **2** Serie, sequela: *la sua vita è stata tutto un seguito di disgrazie* **3** Continuazione, proseguimento: *vai avanti, sono curioso di sentire il seguito*; *il seguito al prossimo numero* | *Di seguito* = senza interruzione: *ha piovuto due giorni di seguito* | *In seguito* = successivamente, dopo: *ne riparleremo in seguito* ◊ Conseguenza: *è un litigio da poco, che non avrà alcun seguito* | *In seguito a* = a causa di, in conseguenza di: *è morto in seguito a un incidente.*

sei [sèi] *agg.num.card.invar.* e *s.m.invar.* Numero equivalente a cinque unità più una (si scrive 6 in numeri arabi, VI in numeri romani) | *Le sei* = le ore sei del mattino o del pomeriggio: *verrò alle sei.*

seicento [sei-cèn-to] *agg.num.card.invar.* e *s.m. invar.* Numero equivalente a sei volte cento | *Il Seicento* = il XVII secolo: *l'arte del Seicento.*

selce [sél-ce] *s.f.* Pietra molto dura di color grigio scuro, usata spec. per pavimentazioni stradali.

selciato [sel-cià-to] *s.m.* Pavimentazione stradale costituita da selci o da altre pietre dure: *stanno rifacendo il selciato della piazza.*

selezionare [se-le-zio-nà-re] *v.tr.* **1** Scegliere gli elementi migliori o più adatti: *selezionare gli aspiranti a un posto di lavoro, gli atleti per la squadra nazionale* **2** Lavorando al computer, evidenziare sul monitor, tramite il *mouse*, oggetti o parole su cui si vogliono compiere successive operazioni.

selezione [se-le-zió-ne] *s.f.* Scelta degli elementi migliori o più adatti per un determinato scopo: *fare la selezione dei candidati a un concorso* | *Selezione naturale* = processo biologico per cui gli animali e i vegetali più forti e dotati riescono a sopravvivere e a riprodursi, mentre quelli più deboli vengono eliminati.

self-service [locuzione inglese; pron. corrente *sèlf-sèrvis*] *s.m.invar.* Ristorante, negozio in cui i clienti si servono da soli: *abbiamo mangiato in un self-service.*

sella [sèl-la] *s.f.* **1** Arnese di cuoio che si fissa al dorso di cavalli, asini e muli per poter cavalcare più comodamente: *montare in sella*; *scendere di sella* **2** Sellino **3** Valico attraverso una catena montuosa.

sellare [sel-là-re] *v.tr.* Mettere la sella: *sellare il cavallo.*

sellino [sel-lì-no] *s.m.* Sedile, per lo più molleggiato, di biciclette e motorette.

selva [sél-va] *s.f.* Bosco fitto, intricato ed esteso Ⓢ foresta.

selvaggina [sel-vag-gì-na] *s.f.* L'insieme degli animali selvatici che l'uomo caccia per cibarsi delle loro carni: *una zona ricca di selvaggina.*

selvaggio [sel-vàg-gio] *agg.* [pl.f. *–ge*] **1** Privo di coltivazioni, disabitato, inospitale: *una zona selvaggia* ◊ Costituito da una vegetazione fitta e spontanea: *un bosco selvaggio* **2** Che vive, cresce nelle selve Ⓢ selvatico: *animali, fiori selvaggi* **3** Primitivo, arretrato rispetto allo sviluppo della civiltà Ⓒ civile: *tribù selvagge* **4** ♧ Crudele, feroce, disumano: *un delitto selvaggio* ♦ *s.m.* Chi vive in condizioni di vita primitive, lontano dalla civiltà moderna: *i selvaggi dell'Amazzonia.*

selvatico [sel-và-ti-co] *agg.* [pl.m. *–ci*] Spontaneo, non coltivato: *erbe, rose selvatiche* ◊ Che cresce e vive in libertà; non addomesticato: *la volpe è un animale selvatico*; *coniglio selvatico.*

semaforo [se-mà-fo-ro] *s.m.* Apparecchio che regola con segnalazioni luminose il traffico stradale o ferroviario.

sembrare [sem-brà-re] *v.intr.* [aus. *essere*] Avere l'aspetto o l'apparenza di qualcosa di diverso da quel che è Ⓢ parere: *sembrava una brava persona*; *quei fiori nel quadro sembrano veri* ◊ Dare una certa impressione Ⓢ parere: *oggi mi sembri stanco*; *(mi) sembra che stia per piovere.*

seme [sé-me] *s.m.* **1** Parte del frutto contenente l'embrione da cui può nascere una nuova pianta: *semi di mela, di zucca, di girasole* | *Olio di semi* = quello non d'oliva ricavato dai semi oleosi di diverse piante (mais, girasole, arachide ecc.) **2** Sperma **3** ♧ Origine, causa originaria: *gettare il seme della discordia*; *estirpare il seme della violenza* **4** Ciascuno dei quattro simboli delle carte da gioco francesi (cuori, quadri, picche, fiori) e napoletane (denari, bastoni, coppe, spade).

semente [se-mén-te] *s.f.* I semi destinati alla semina: *selezionare le sementi.*

semestre [se-mè-stre] *s.m.* Periodo di tempo di sei mesi.

semi– Primo elemento di parole composte, che significa «mezzo, metà» (*semicerchio*) o «quasi, in parte» (*seminudo*).

semicerchio [se-mi-cér-chio] *s.m.* Mezzo cerchio: *un'aula a forma di semicerchio*; *ci siamo seduti a semicerchio.*

semifinale [se-mi-fi-nà-le] *s.f.* Ultima gara eliminatoria di una competizione sportiva, i cui vincitori sono ammessi alla finale.

semifinalista [se-mi-fi-na-lì-sta] *s.m.f.* [pl.m. *–sti*] Atleta o squadra che arriva alle semifinali.

semilavorato [se-mi-la-vo-rà-to] *agg.* e *s.m.* Detto di prodotto che ha subito solo una parte della lavorazione necessaria per diventare un prodotto finito.

semiliquido [se-mi-lì-qui-do] *agg.* Quasi liquido: *una crema, una colla semiliquida.*

semina [sé-mi-na] *s.f.* L'operazione, il lavoro di seminare: *era il tempo della semina del grano.*

seminare [se-mi-nà-re] *v.tr.* **1** Spargere la semente di una pianta sul terreno: *seminare il mais, i fagioli*; *seminare un campo a grano* **2** ♧ Spargere, lasciar cadere qua e là: *smettila di seminare la tua roba dappertutto* **3** ♧ Diffondere, suscitare, far sorgere: *seminare odio, discordie, zizzania* **4** ♧ In una corsa, prendere un notevole vantaggio sugli avversari: *il ciclista in fuga ha seminato il gruppo* ◊ Far perdere le proprie tracce a chi insegue: *correndo in mezzo alla folla riuscì a seminare l'uomo che lo pedinava.*

seminario [se-mi-nà-rio] *s.m.* Istituto che prepara i giovani che aspirano a diventare sacerdoti.

seminterrato [se-min-ter-rà-to] *s.m.* Piano di un edificio che si trova in parte sotto il livello del suolo o della strada: *abitare in un seminterrato.*

seminudo [se-mi-nù-do] *agg.* Mezzo nudo, quasi nudo: *stava seminudo al freddo.*

semiserio [se-mi-sè-rio] *agg.* Che è a metà tra il serio e lo scherzoso: *parlava in tono semiserio.*

semmai [sem-mài] o **se mai** *congz.* **1** Qualora, nel caso che: *semmai lo vedessi, digli di telefonarmi* **2** Tutt'al più, piuttosto: *non ringraziarmi, semmai sono io che devo ringraziare te.*

semola [sé-mo-la] *s.f.* Farina di grano duro macinata a grani grossi, usata spec. per la fabbricazione delle paste alimentari ◊ Crusca: *pane di semola.*

semolino [se-mo-lì-no] *s.m.* Farina di grano con granelli più piccoli di quelli della semola.

semovente [se-mo-vèn-te] *agg.* Capace di muoversi da sé.

semplice [sém-pli-ce] *agg.* **1** Formato da un solo elemento: *fai un nodo doppio, un nodo semplice non basta* | *Tempi semplici del verbo* = quelli senza verbo ausiliare **2** Privo di difficoltà, non complesso Ⓢ facile, elementare Ⓒ difficile: *un problema, una domanda semplice* **3** Privo di ornamenti eccessivi, di ricercatezza, di raffinatezza: *un arredamento,* *un vestito semplice e di buon gusto*; *avere gusti semplici*; *fare una vita semplice* ◊ Modesto, alla buona, spontaneo: *è gente semplice* **4** Preposto a un sostantivo significa «soltanto, nient'altro che»: *gli bastò una semplice occhiata per capire la situazione*; *la mia è una semplice ipotesi* **5** *Soldato semplice* = che non ha alcun grado.

semplicemente [sem-pli-ce-mén-te] *avv.* **1** In modo semplice, con naturalezza: *vestire semplicemente* **2** Soltanto: *la mia era semplicemente una proposta.*

semplicione [sem-pli-ció-ne] *s.m.* Persona ingenua, alla buona.

semplicità [sem-pli-ci-tà] *s.f.* **1** L'essere semplice, facile, non complesso: *la semplicità di un problema* **2** Sobrietà, naturalezza, mancanza di artifici: *vestire, comportarsi con semplicità* **3** Ingenuità, candore, inesperienza: *tutti si approfittano della sua semplicità.*

semplificare [sem-pli-fi-cà-re] *v.tr.* [*semplìfico, semplìfichi*] Rendere più semplice, più facile: *l'organizzazione semplifica il lavoro*; *cercare di semplificarsi la vita.*

sempre [sèm-pre] *avv.* **1** In ogni tempo, per tutta la vita: *queste cose sono sempre successe*; *ti amerò (per) sempre* ◊ Continuamente, in ogni momento, in ogni occasione: *in questo posto piove sempre*; *è un tipo sempre allegro*; *ti va sempre bene* ◊ Tutte le volte: *quando vado al bar lo incontro sempre* **2** Tuttora, ancora: *la situazione resta sempre grave*; *abiti sempre in quella casa?* **3** A ogni momento, man mano: *va sempre peggio*; *si va facendo sempre più buio* ♦ *congz. Sempre che* = purché, ammesso che: *verrò, sempre che tu lo voglia.*

sempreverde [sem-pre-vér-de] *agg.* e *s.m.f.* Detto di pianta che conserva le foglie verdi per tutto l'anno: *il pino è una pianta sempreverde.*

senape [sè-na-pe] *s.f.* **1** Pianta erbacea i cui semi sono impiegati in medicina e in culinaria **2** Salsa piccante di farina ricavata dai semi di senape: *salsicce con la senape.*

senato [se-nà-to] *s.m.* **1** Uno dei due rami del parlamento in Italia e in altri stati: *il senato italiano*; *il senato degli Stati Uniti* **2** Organo di governo in vari stati dell'antichità e del medioevo: *il senato romano.*

senatore [se-na-tó-re] *s.m.* [f. *–trice*] Membro del senato.

senile [se-nì-le] *agg.* Di vecchio: *una donna in età senile* ◊ Proprio dei vecchi e della vecchiaia: *esperienza, malattia senile.*

senno [sén-no] *s.m.* Capacità di giudicare e agire con saggezza, prudenza, giudizio: *un uomo pieno di senno*; *dimostrare senno* | *Uscire di senno* = impazzire | *Tornare in senno* = rinsavire.

sennò [sen-nò] o **se no** *avv.* Altrimenti, in caso contrario: *sbrigati, se no faremo tardi!*

sennonché [sen-non-ché] o **senonché** [se-non-ché] o **se non che** *congz.* Ma, però: *sarei venuto volentieri, sennonché sono stato trattenuto da un imprevisto.*

L'accento sulla *e* finale di *sennonché* è acuto (come in *perché, cosicché, finché* ecc.): attenzione a non sbagliarlo, soprattutto quando scrivi al computer.

seno [sé-no] *s.m.* **1** Petto: *stringere un bambino al seno* ◊ Petto femminile o singola mammella della donna: *allattare un bimbo al seno*; *scoprirsi il seno, un seno* **2** Utero, ventre materno: *portare un figlio in seno* **3** ♧ Animo, cuore, intimo: *nutriva in seno propositi di vendetta* ◊ Parte interna, profonda: *tesori nascosti nel seno della terra* ◊ *In seno a* = all'interno, nell'ambito: *tornare in seno alla famiglia*; *contrasti in seno all'assemblea* **4** Piccola insenatura della costa.

sensato [sen-sà-to] *agg.* Che ha o denota buon senso: *una ragazza sensata*; *una proposta poco sensata.*

sensazionale [sen-sa-zio-nà-le] *agg.* Che suscita grande impressione, interesse, stupore Ⓢ clamoroso, straordinario: *una notizia, una scoperta, uno spettacolo sensazionale.*

sensazione [sen-sa-zió-ne] *s.f.* **1** Impressione prodotta sui sensi da uno stimolo esterno o interno: *sentire una sensazione di freddo, di fame* **2** Impressione intima, stato d'animo: *provò un'improvvisa sensazione di paura*; *averti vicino mi dà una sensazione di sicurezza* ◊ Presentimento: *ho la sensazione che stia per accadere qualcosa di grave* **3** Viva impressione ed emozione collettiva Ⓢ scalpore: *un delitto, una notizia che ha suscitato molta sensazione.*

sensibile [sen-sì-bi-le] *agg.* **1** Che è chiaramente percepibile, si manifesta in modo evidente Ⓢ notevole, rilevante Ⓒ impercettibile, scarso: *fra loro c'è una sensibile differenza di altezza*; *ha fatto sensibili progressi*; *subire danni sensibili* **2** Che è capace di percepire stimoli: *l'occhio è sensibile alla luce* ◊ (detto di strumento, apparecchio, materiale ecc.) Che ha la capacità di avvertire e registrare le minime variazioni di un fenomeno: *un termometro, una bilancia molto sensibile* | *Carta, pellicola sensibile* = che si lascia impressionare dalla luce **3** ♧ Detto di persona, che sente in modo particolarmente intenso le emozioni, i sentimenti, le situazioni che vive: *è un ragazzo sensibile*; *è molto sensibile ai rimproveri* ◊ Che è capace di avvertire e comprendere determinati fatti, fenomeni e valori: *essere sensibile alla musica, all'ingiustizia, ai problemi sociali.*

sensibilità [sen-si-bi-li-tà] *s.f.* **1** Capacità di ricevere impressioni attraverso i sensi: *sensibilità alla luce, al dolore*; *la mano gelata aveva perso ogni sensibilità* **2** Capacità di sentire vivamente emozioni, affetti, sentimenti o di avvertire e comprendere determinati aspetti e problemi della realtà: *una persona di grande sensibilità d'animo*; *possedere una scarsa sensibilità sociale, artistica* **3** Capacità di strumenti, apparecchi e materiali, di registrare variazioni, reagire a impulsi ecc.: *un termometro, un termostato di grande sensibilità.*

sensibilmente [sen-si-bil-mén-te] *avv.* In misura notevole, in modo rilevante: *la temperatura è sensibilmente diminuita*; *migliora sensibilmente.*

senso [sèn-so] *s.m.* **1** Facoltà di percepire sensazioni prodotte da stimoli esterni: *i cinque sensi sono la vista, l'udito, l'olfatto, il gusto, il tatto*; *l'occhio è un organo di senso* | *Avere un sesto senso* = avere una particolare capacità d'intuito o di preveggenza | *Perdere, riprendere i sensi* = svenire, rinvenire **2** Sensazione, percezione fisica: *avvertire un senso di stanchezza, di benessere, di nausea* | *Far senso* = provocare repulsione, disgusto: *la vista del sangue mi fa senso* ◊ Sentimento, stato d'animo: *provare un senso di pietà, di vergogna, di delusione, di nostalgia* **3** Capacità di sentire, distinguere, valutare qualcosa: *avere un buon senso dell'orientamento*; *un uomo dotato di un alto senso della giustizia* | *Senso pratico* = capacità di far fronte ai problemi della vita pratica | *Buon senso* = saggezza, ragionevolezza, equilibrio | *Senso comune* = il modo di sentire e di pensare della maggioranza delle persone **4** Significato: *mi spieghi il senso esatto di questo vocabolo?*; *usare una parola in senso proprio, in senso figurato* | *In un certo senso* = sotto un certo aspetto | *Doppio senso* = parola o frase che si presta a una duplice interpretazione ◊ Contenuto logico, ragionevolezza: *stai facendo discorsi senza senso*; *non ha senso insistere quando si sa che è inutile* **5** Modo: *mi ha risposto in senso negativo* **6** Direzione, verso: *tagliare una stoffa nel senso della lunghezza*; *andare in senso opposto*; *strada a senso unico*; *senso vietato.*

sensuale [sen-su-à-le] *agg.* Che ama i piaceri dei sensi, che sente fortemente gli impulsi sessuali: *un uomo, una donna sensuale* ◊ Che rivela una forte sensualità o stimola desideri erotici: *una voce, una bellezza sensuale.*

sentenza [sen-tèn-za] *s.f.* Giudizio, decisione emessi da un giudice a conclusione di un processo: *una sentenza di condanna, di assoluzione.*

sentiero [sen-tiè-ro] *s.m.* Strada stretta con fondo di terra tracciata per boschi e prati in zone di campagna e di montagna Ⓢ viottolo.

sentimentale [sen-ti-men-tà-le] *agg.* **1** Che riguarda i sentimenti, spec. amorosi: *mi ha parlato della sua vita sentimentale* **2** Che prova sentimenti e affetti teneri, gentili, malinconici, talvolta anche in modo esagerato o sdolcinato: *un giovane sentimentale* ◊ Che esprime, rivela o suscita sentimenti di questo tipo: *fare discorsi sentimentali*; *una canzone, un film sentimentale.*

sentimento [sen-ti-mén-to] *s.m.* **1** Particolare stato d'animo, impulso di natura affettiva; ciò che si sente nell'animo: *provare un sentimento di amore, di pietà, di gioia, di gratitudine, di odio, di antipatia*; *manifestare i propri sentimenti* **2** Capacità di sentire, di avere coscienza di qualcosa: *possedere il sentimento della giustizia*; *un uomo privo di sentimenti morali* ◊ (al *pl.*) Modo di sentire, inclinazione morale: *una persona di nobili sentimenti*; *nutrire sentimenti egoistici* **3** Sensibilità, partecipazione interiore: *suonare, cantare, parlare con sentimento, senza sentimento.*

sentinella [sen-ti-nèl-la] *s.f.* Soldato armato in servizio di guardia e di sorveglianza: *dare il cambio alla sentinella* | *Essere, stare di sentinella* = in servizio di guardia.

sentire [sen-tì-re] *v.tr.* **1** Avvertire, percepire, provare qualcosa con l'olfatto, il gusto, il tatto: *sentire un odore, un sapore*; *senti come è liscia questa pietra* **2** Percepire con l'udito Ⓢ udire: *ho sentito un rumore*; *non ti ho sentito arrivare* | *Sentirci bene, male* = avere un udito buono, cattivo ◊ Capire udendo: *si sente dall'accento che è veneto* ◊ Ascoltare: *sentire un concerto*; *tutti lo stavano a sentire a bocca aperta* ◊ Prestare attenzione, ascolto, dar retta: *senti bene quello che ti dico*; *a sentir lui sono tutti stupidi* ◊ Informarsi: *senti se ha bisogno di qualcosa* ◊ Consultare: *sarà meglio sentire il medico, un avvocato* ◊ Sapere, venire a sapere, apprendere: *vorrei sentire il suo parere*; *hai sentito la notizia?*; *dalla tua lettera ho sentito che non stai bene* **3** Avvertire una particolare sensazione fisica: *sentire caldo, freddo, fame, sete, nausea*; *sento un dolore al ginocchio* | *Non sentire più una mano, una gamba* = aver perso la sensibilità a quell'arto **4** Essere sensibile a qualcosa, avvertirne le conseguenze: *sente molto* *il freddo, l'umidità; quando un lavoro mi piace non sento la fatica* **5** Provare uno stato d'animo, un sentimento: *sentire gioia, tristezza per qualcosa; sentire simpatia, pietà, affetto, gratitudine, odio per qualcuno; sentiva un grande rimorso* **6** Avere coscienza, essere consapevole di qualcosa: *sento di non poter fare a meno di lei; sento di aver fatto male a trattarlo così* ◊ Soffrire: *sentire molto la mancanza di un amico* ◊ Intuire, presentire: *sento che c'è sotto un inganno; me la sentivo che finiva male* ♦ **sentirsi** *v.pr.* **1** Provare una data sensazione fisica: *sentirsi bene, male, stanco, debole; sentirsi svenire* **2** Provare un determinato stato d'animo: *sentirsi a proprio agio; sentirsi felice, commosso, imbarazzato* ◊ Avere la sensazione o la coscienza di essere in una certa condizione: *sentirsi vecchio, abbandonato; sentirsi in debito verso qualcuno* | *Sentirsela* = essere disposto, avere il coraggio, la forza di fare qualcosa: *non me la sento di continuare a ingannarlo.*

sentito [sen-tì-to] *agg.* **1** *Per sentito dire* = per conoscenza indiretta **2** Vivo, sincero (spec. in formule di cortesia): *le faccio le mie più sentite scuse; sentite congratulazioni.*

senza [sèn-za] *prep.* Privo di, sprovvisto di: *una giornata senza sole; restare senza soldi; un uomo senza scrupoli; non ce la faremo senza di te* | *Non senza* = con: *la lasciò non senza qualche rimpianto* ◊ Escludendo, con assenza di: *guadagna mille euro al mese, senza le mance; lo uccisero senza pietà; operazione senza anestesia* | *Senza dubbio, senz'altro* = certamente | *Senza sosta, senza tregua* = incessantemente | *Senza indugio* = subito ♦ *congz.* Seguita da un verbo, indica che l'azione espressa dal verbo non si realizza: *se ne andò senza salutare nessuno; è entrato nella casa senza che io lo vedessi.*

Quando *senza* come preposizione precede un pronome personale è sempre seguito dalla preposizione *di*: *non posso vivere senza di te.*

senzatetto [sen-za-tét-to] *s.m.f.invar.* Chi non ha una casa dove abitare, spec. in seguito a una calamità.

sepalo [sè-pa-lo] *s.m.* Ciascuna delle foglioline, alla base dei petali, che formano il calice del fiore.

separare [se-pa-rà-re] *v.tr.* Allontanare, dividere, tenere divise persone o cose unite, mescolate o vicine tra loro: *la guerra lo separò dalla famiglia; separare due litiganti; separare la crusca dalla farina; le Alpi separano la Francia dall'Italia* ♦ **separarsi** *v.pr.* Dividersi, allontanarsi, lasciarsi (ponendo fine a un incontro, a un rapporto, a una convivenza): *è tardi, dobbiamo separarci; separarsi dalla famiglia, da un socio; i due coniugi hanno deciso di separarsi.*

separato [se-pa-rà-to] *agg.* Diviso, staccato, a parte: *dormire in letti separati; chiedere i conti separati* | *Coniugi separati* = che non vivono più assieme.

separazione [se-pa-ra-zió-ne] *s.f.* Divisione di una cosa da un'altra: *la separazione della panna dal latte* ◊ Distacco, allontanamento: *si rividero dopo una lunga separazione.*

sepolcro [se-pól-cro] *s.m.* Monumento funebre, per lo più dedicato a un personaggio illustre | *Il Santo Sepolcro* = quello a Gerusalemme in cui fu deposto Gesù Cristo dopo la crocifissione.

sepoltura [se-pol-tù-ra] *s.f.* **1** L'azione di seppellire un defunto ◊ Cerimonia funebre **2** Tomba, sepolcro.

seppellire [sep-pel-lì-re] *v.tr.* [pres. *seppellìsco, seppellìsci*; part.pass. *sepólto* o *seppellìto*] **1** Deporre nella tomba: *seppellire i morti* **2** Nascondere sottoterra Ⓢ sotterrare: *seppellire un tesoro* ◊ Ricoprire interamente: *il paese è stato sepolto da una valanga di neve.*

seppia [sép-pia] *s.f.* Mollusco commestibile con dieci tentacoli, che emette un liquido nerastro (*inchiostro di seppia*) per nascondersi alla vista quando è attaccato | *(Color) seppia* = colore bruno molto scuro.

seppure [sep-pù-re] o **se pure** *congz.* Anche se: *lo ritroverò, seppure dovessi cercarlo in capo al mondo.*

sequela [se-què-la] *s.f.* Serie, successione ininterrotta di fatti o cose per lo più sgradevoli: *una sequela di guai, di disgrazie, di insulti.*

sequenza [se-quèn-za] *s.f.* Serie ordinata di elementi che si susseguono: *qual è stata l'esatta sequenza degli avvenimenti?* ◊ *Sequenza (cinematografica)* = serie di inquadrature successive che costituiscono un episodio unitario: *la sequenza della battaglia.*

sequestrare [se-que-strà-re] *v.tr.* **1** Porre sotto sequestro, togliere dalla circolazione (da parte dell'autorità giudiziaria): *sequestrare i beni di un boss mafioso; sequestrare l'arma del delitto; sequestrare un film, una rivista* **2** Privare illegalmente una persona della sua libertà Ⓢ rapire: *lo sequestrarono per chiedere un riscatto.*

sequestro [se-què-stro] *s.m.* **1** Provvedimento con cui l'autorità giudiziaria toglie a una persona il possesso di determinati beni: *il tribunale, su richiesta dei creditori, ha ordinato il sequestro dei beni dell'imprenditore fallito* ◊

Provvedimento con cui l'autorità giudiziaria ritira dalla circolazione oggetti relativi a un reato: *il sequestro dell'arma del delitto*; *il sequestro di un film pornografico* **2** *Sequestro di persona* = reato commesso da chi priva illegalmente una persona della sua libertà personale (a scopo di estorsione, di violenza, di minaccia) Ⓢ rapimento.

sequoia [se-quò-ia] *s.f.* Gigantesco albero sempreverde americano, che può superare i 100 m di altezza.

sera [sé-ra] *s.f.* **1** Parte finale del giorno, compresa tra il tramonto e l'inizio della notte: *stava scendendo la sera*; *d'inverno fa sera più presto* **2** Periodo di tempo che va dall'ora di cena a quella in cui ci si corica: *di sera resta sempre a casa* | *Abito da sera* = elegante, adatto per feste, ricevimenti, spettacoli serali.

serale [se-rà-le] *agg.* Della sera: *le ore serali* ◊ Che si svolge, si tiene di sera: *spettacolo serale*; *scuola serale*.

serata [se-rà-ta] *s.f.* Sera, spec. in riferimento alla sua durata, al tempo che fa e a ciò che vi accade: *ho passato la serata in casa*; *una serata piovosa*; *gli avvenimenti della serata* | *In serata* = durante, entro la serata: *partiremo in serata*; *ti darò una risposta in serata*.

serbare [ser-bà-re] *v.tr.* **1** Mettere, tenere da parte qualcosa perché potrà essere utile in seguito: *serba questo denaro per la vecchiaia* **2** Conservare, mantenere: *serbare un segreto, la parola data* ◊ Nutrire (un sentimento): *serbare gratitudine, rancore nei confronti di qualcuno*.

serbatoio [ser-ba-tó-io] *s.m.* Recipiente, contenitore per contenere liquidi o gas: *sopra il tetto c'è il serbatoio dell'acqua*; *il serbatoio del metano*.

serbo [sèr-bo] *s.m.* Il serbare | *Avere, tenere in serbo* = avere, tenere da parte Ⓢ conservare.

serenata [se-re-nà-ta] *s.f.* Canto con accompagnamento musicale eseguito di notte sotto le finestre della donna amata.

serenità [se-re-ni-tà] *s.f.* **1** Assenza di nubi nel cielo Ⓢ limpidezza, trasparenza **2** ♧ Assenza di preoccupazioni, ansie, turbamenti; tranquillità d'animo: *affrontare le difficoltà con serenità*.

sereno [se-ré-no] *agg.* **1** Limpido, senza nubi o foschia: *un mattino, un cielo sereno* **2** ♧ Non turbato da preoccupazioni, ansie, affanni Ⓢ tranquillo: *trascorrere una vita serena*; *si sentiva l'animo sereno* ◊ Obiettivo, imparziale, equo: *ha dato un giudizio sereno* ♦ *s.m.* Cielo sereno, bel tempo: *finalmente sta ritornando il sereno*.

sergente [ser-gèn-te] *s.m.* Il grado più basso dei sottufficiali; il militare che ha questo grado.

serial [parola inglese; pron. corrente *sèrial*] *s.m. invar.* Telefilm a puntate i cui episodi ruotano sempre intorno agli stessi protagonisti.

serial killer [locuzione inglese; pron. corrente *sèrial chìller*] *s.m.f.invar.* Assassino che commette una serie di omicidi con vittime dello stesso tipo o con le stesse modalità di uccisione.

seriamente [se-ria-mén-te] *avv.* **1** In modo serio, con serietà: *si è comportato seriamente* **2** Gravemente: *è seriamente ammalato* ◊ Notevolmente: *l'ho visto seriamente preoccupato* **3** Sul serio: *stai dicendo seriamente?*

sericoltura [se-ri-col-tù-ra] *s.f.* L'allevamento dei bachi da seta e la produzione della seta greggia.

serie [sè-rie] *s.f.* **1** Successione continua di persone, cose o fatti dello stesso genere: *la serie dei papi*; *elencare una serie di dati*; *avere una serie di disgrazie, di guai* ◊ Insieme di elementi con caratteristiche simili: *una nuova serie di prodotti di bellezza* | *Una serie di francobolli* = tutti i francobolli di diverso valore che appartengono a una stessa emissione | *Produzione in serie* = produzione industriale di grandi quantità dello stesso prodotto e secondo lo stesso modello | *Prodotti di serie* = realizzati con una produzione in serie **2** Nello sport, ognuno dei raggruppamenti in cui vengono suddivisi, in base al loro valore, atleti e squadre: *la nostra squadra è stata promossa in serie A*; *campionato di serie B*.

serietà [se-rie-tà] *s.f.* **1** Comportamento, atteggiamento corretto, coscienzioso, degno di fiducia: *una ditta di grande serietà*; *comportatevi con maggiore serietà* **2** Gravità: *non vi nascondo la serietà della situazione*.

serio [sè-rio] *agg.* **1** Che ha o dimostra senso di responsabilità, coscienziosità e correttezza ed è perciò degno di fiducia Ⓒ inaffidabile: *una persona, una ditta seria*; *fare proposte poco serie* **2** Severo, accigliato, preoccupato: *perché fai quella faccia seria?*; *a un tratto si fece serio in volto* ◊ Non scherzoso: *parlare in tono serio* **3** Grave, preoccupante: *le condizioni del malato sono serie* ◊ Considerevole: *ha avuto serie difficoltà* ◊ Da non prendere alla leggera: *il matrimonio è una cosa seria* ♦ *s.m.* Tono serio: *parlare tra il serio e lo scherzoso* | *Sul serio* = per davvero, senza scherzi, realmente: *dici sul serio?*; *questa volta si è arrabbiato sul serio* | *Prendere sul serio* = affrontare con impegno e serietà (*è uno che prende lo studio sul serio*); dare importanza, preoccupandosi, a qualcosa che per lo più non lo merita: *non devi prendere sul serio quelle stupide chiacchiere* | *Fare sul serio* = non scherzare; fare ciò che si dice, essere decisi nella propria azione.

sermone [ser-mó-ne] *s.m.* Discorso su argomenti di religione Ⓢ predica: *il sacerdote tenne un lungo sermone.*

serpe [sèr-pe] *s.f.* **1** Serpente, biscia | ♧ *Allevare, nutrire una serpe in seno* = beneficare qualcuno che si rivelerà poi un nemico **2** ♧ Persona maligna, ipocrita e infida.

serpeggiare [ser-peg-già-re] *v.intr.* [aus. *avere*] **1** Procedere, muoversi con un andamento tortuoso, sinuoso: *il sentiero saliva serpeggiando fino alla vetta* **2** ♧ Diffondersi in modo sotterraneo, ma sempre più rapido ed esteso: *tra i soldati cominciò a serpeggiare la paura.*

serpente [ser-pèn-te] *s.m.* **1** Nome generico dei rettili dal corpo cilindrico allungato e ricoperto di squame, privi di zampe e che si muovono strisciando sul terreno: *serpenti velenosi, non velenosi* **2** ♧ Persona malvagia, maligna, infida: *non ti fidare di quel serpente!*

serpentina [ser-pen-tì-na] *s.f.* **1** Linea sinuosa; serie di curve: *il sentiero saliva con una serpentina* **2** Piccolo tubo a spirale entro cui circola un liquido o un gas da raffreddare o riscaldare rapidamente: *la serpentina dello scaldabagno.*

serra [sèr-ra] *s.f.* Ambiente chiuso da vetrate o da materiali plastici trasparenti in cui si coltivano o tengono a riparo piante e fiori che richiedono condizioni climatiche particolari | *Effetto serra* = l'aumento di temperatura della superficie terrestre, provocato dall'aumento di anidride carbonica nell'atmosfera che intrappola al suolo il calore che la Terra riceve dal Sole: *lo scioglimento dei ghiacci polari e l'aumento delle catastrofi naturali sono sempre più imputati all'effetto serra.*

serraglio [ser-rà-glio] *s.m.* Luogo in cui vengono tenuti rinchiusi, a scopo di spettacolo o di attrazione, animali feroci, rari, esotici; il complesso di tali animali: *il serraglio di un circo.*

serramanico [ser-ra-mà-ni-co] *s.m. Coltello a serramanico* = coltello la cui lama si può ripiegare nel manico.

serramento [ser-ra-mén-to] *s.m.* Qualsiasi struttura mobile per chiudere porte, finestre o altre aperture di edifici e ambienti: *serramenti in legno, in alluminio.*

serranda [ser-ràn-da] *s.f.* Chiusura a saracinesca, spec. di negozi e box: *abbassare, alzare la serranda.*

serrare [ser-rà-re] *v.tr.* **1** Chiudere, sbarrare: *serrare l'uscio con la chiave* **2** Chiudere stringendo, stringere con forza: *serrare i pugni, le labbra*; *serrare un bullone* | *Serrare le file* = diminuire la distanza tra le persone di una stessa fila **3** Accelerare: *serrare il ritmo di lavoro, di voga.*

serratura [ser-ra-tù-ra] *s.f.* Congegno meccanico, in genere azionato da una chiave, per chiudere porte, cancelli, cassetti, casseforti ecc.

serva [sèr-va] *s.f.* Termine ormai in disuso per indicare una donna che svolge lavori domestici al servizio di privati (sostituito da *donna di servizio, domestica, colf*).

server [parola inglese; pron. corrente *sèrver*] *s.m.invar.* Computer di grande potenza programmato in modo da poter fornire derminati servizi ai computer a esso collegati. Gli esempi più noti sono i *web server* (che rendono possibile la navigazione in Internet) e i *mail server* (che smistano la posta elettronica tra i vari computer).

servile [ser-vì-le] *agg.* **1** Da servo, privo di dignità: *avere un animo, un atteggiamento servile* **2** *Verbi servili* = in grammatica, i verbi *dovere, potere, solere, volere*, quando reggono un altro verbo all'infinito, al cui significato aggiungono l'idea di obbligo o necessità (*è dovuto partire*), di possibilità (*purtroppo non posso aiutarti*), di abitudine (*suole uscire tutte le sere*), di volontà o aspirazione (*voglio partire subito*; *vorrebbe cambiare mestiere*).

servire [ser-vì-re] *v.tr.* **1** Essere asservito ad altri ed eseguirne i voleri: *servire i potenti* ◊ *Servire Dio, il Signore* = abbracciare la vita ecclesiastica; osservare i precetti divini **2** Prestare la propria opera in favore di qualcosa: *servire la patria come soldato*; *la pubblica amministrazione deve servire la collettività* **3** Portare in tavola i cibi e le bevande e offrirli ai commensali: *servire il pranzo, l'arrosto, il caffè* **4** Soddisfare le richieste dei clienti: *finisco di servire la signora e poi servo lei* ◊ Avere come cliente abituale: *una ditta che serve i migliori negozi della città* **5** Soddisfare le esigenze di una determinata zona con un dato servizio pubblico: *la metropolitana servirà anche la periferia* **6** *Servire la palla a un compagno, servire un compagno* = nel calcio, passargli la palla ◊ *Servire le carte* = darle, distribuirle ♦ *v.intr.* [aus. *essere*; nel significato 3 aus. *avere*] **1** Giovare, essere utile: *lamentarsi non serve*; *butta quella roba che non serve a niente* ◊ Avere una determinata funzione: *questa chiave serve ad aprire la cassaforte* **2** Occorrere: *per questo lavoro mi serve una pinza*; *gli serve il tuo aiuto* **3** Nel tennis, nel ping-pong e nella pallavolo, effettuare la battuta di servizio ♦ **servirsi** *v.pr.* **1** Usare, adoperare: *per aprire la cassa s'è servito di un cacciavite*; *per spiegarmi meglio mi servirò di un esempio* **2** Prendere liberamente ciò che viene offerto o è in vendita: *servitevi pure senza complimenti*; *nei supermarket ci si serve da soli* **3** Essere cliente abituale: *ci serviamo in quel negozio da molti anni.*

servitore [ser-vi-tó-re] *s.m.* [f. *–trice*] **1** Chi presta servizio in case private (ma oggi si dice piuttosto *domestico* o *cameriere*) **2** Chi serve con devozione qualcuno o qualcosa: *un fedele servitore del sovrano, dello stato.*

servitù [ser-vi-tù] *s.f.* **1** Schiavitù, soggezione totale: *un uomo, un popolo ridotto in servitù* **2** L'insieme dei domestici, delle persone di servizio: *avere una servitù numerosa*; *trattare male la servitù.*

servizievole [ser-vi-zié-vo-le] *agg.* Pronto, disposto a rendersi utile, a fare ciò che gli viene richiesto: *è un ragazzo molto servizievole.*

servizio [ser-vì-zio] *s.m.* **1** Attività lavorativa alle dipendenze di un ente pubblico o privato: *essere in servizio al ministero*; *andare in pensione dopo trent'anni di servizio* ◊ Attività svolta in un corpo delle forze armate: *prestare servizio in marina*; *fare il servizio militare* | *Servizio civile* = servizio di leva in attività socialmente utili prestato in sostituzione del servizio militare normale ◊ *Essere in, di servizio* = durante l'orario di lavoro | *Fuori servizio* = nelle ore libere; detto anche di impianto fuori uso: *l'ascensore è fuori servizio* **2** Lavoro domestico svolto in case private: *fare la donna di servizio* | *Porta, scala di servizio* = riservata a domestici e fornitori ◊ Le prestazioni di un cameriere in ristoranti e simili; il relativo costo: *nel conto è compreso anche il servizio* **3** *Essere al servizio di* = essere a completa disposizione di qualcuno o qualcosa, operare per il loro esclusivo interesse: *essere al servizio dei potenti*; *essere al servizio della patria, di Dio*; *la polizia è al servizio dei cittadini* **4** Favore fatto a qualcuno: *mi ha reso un grande servizio* **5** *Servizio (pubblico)* = qualsiasi attività, organizzazione, struttura che fornisce una prestazione diretta a soddisfare un'esigenza della collettività; la prestazione stessa così fornita: *il servizio postale, telefonico, ferroviario, aereo*; *il servizio sanitario nazionale*; *sciopero dei servizi pubblici* ◊ *I servizi, il settore dei servizi* = il settore terziario, cioè l'insieme delle attività economiche come il commercio, i trasporti, la scuola, le telecomunicazioni ecc. **6** Serie completa di oggetti d'uso (spec. per la tavola): *un servizio di piatti, di bicchieri, di posate per sei, per dodici* ◊ *Servizi (igienici)* = gli impianti per l'igiene personale e i bisogni fisiologici | *Appartamento con doppi servizi* = con due stanze da bagno | *Un appartamento di tre camere più servizi* = più bagno e cucina **7** *Area, stazione di servizio* = spiazzo lungo strade e autostrade fornito di attrezzature per il rifornimento e l'assistenza ad auto e motoveicoli **8** Nel giornalismo, articolo o filmato su un dato avvenimento o argomento: *un servizio speciale del nostro inviato*; *un servizio sportivo, di cronaca* **9** Nel tennis, nel ping-pong e nella pallavolo, il lancio iniziale con cui viene messa in gioco la palla Ⓢ battuta.

servo [sèr-vo] *s.m.* **1** Domestico, cameriere in una casa privata; è un termine che oggi si usa solo in espressioni polemiche: *ti trattano come un servo* **2** Chi è in stato di servitù Ⓢ schiavo | *Servo della gleba* = vedi *gleba.*

sesamo [sè-sa-mo] *s.m.* Pianta erbacea dell'Asia tropicale dai cui semi si ricava un olio commestibile.

sessione [ses-sió-ne] *s.f.* Serie di sedute periodiche di un'assemblea, di una commissione e simili; ogni periodo di tempo in cui si svolgono tali sedute: *la prossima sessione del parlamento*; *inizierà domani la sessione estiva di esami.*

sesso [sès-so] *s.m.* **1** Il complesso delle caratteristiche che distinguono in una stessa specie i maschi dalle femmine: *stabilire il sesso di un nascituro* ◊ Il complesso degli individui che appartengono a ciascuno dei due tipi sessuali: *i rapporti tra i sessi* | *Il sesso debole, il gentil sesso* = in senso scherzoso, le donne | *Il sesso forte* = in senso scherzoso, gli uomini **2** L'insieme dei fenomeni e dei problemi legati all'attività e alla sfera sessuale: *affrontare il tema del sesso* ◊ L'attività sessuale: *pensa sempre al sesso* **3** Gli organi genitali.

sessuale [ses-su-à-le] *agg.* Del sesso, che riguarda il sesso e la sua sfera: *organi sessuali*; *istinti, rapporti sessuali*; *educazione sessuale.*

sestante [se-stàn-te] *s.m.* Strumento ottico per misurare l'altezza del sole e degli astri sull'orizzonte, usato in marina per determinare la posizione geografica di una nave.

sesto¹ [sè-sto] *s.m.* Ordine, condizione normale: *rimettere in sesto i propri affari* | *Rimettersi in sesto* = ritornare in una condizione normale (di salute o economica).

sesto² [sè-sto] *agg.num.ord.* Che occupa il posto numero sei in una serie, in una graduatoria (si scrive 6° in numeri arabi, VI in numeri romani): *abita* *al sesto piano; è arrivato sesto nella gara; il papa Paolo VI* ♦ *s.m.* **1** La sesta parte di un intero: *gli spetta un sesto dell'eredità* **2** [f. *-a*] La persona che viene al sesto posto in un ordine, in una graduatoria: *ero il sesto della fila.*

set [parola inglese; pron. *sèt*] *s.m.invar.* **1** Ciascuna delle partite in cui si divide un incontro di tennis, di pallavolo o di altri sport **2** Luogo in cui vengono effettuate le riprese di un film **3** Insieme coordinato di oggetti che formano un completo, una serie: *un set di valigie, di biancheria.*

seta [sé-ta] *s.f.* Fibra tessile ricavata dai filamenti con cui il baco da seta costruisce il suo bozzolo: *filato, tessuto, camicia di seta.*

setacciare [se-tac-cià-re] *v.tr.* **1** Passare al setaccio: *setacciare la farina* **2** ♧ Controllare minuziosamente: *la polizia ha setacciato la zona alla ricerca dei banditi.*

setaccio [se-tàc-cio] *s.m.* Arnese costituito da una rete tesa su un telaio circolare, usato per separare la parte più fine di una sostanza in polvere o in grani dalla parte più grossa Ⓢ vaglio: *passare al setaccio la farina, la sabbia.*

sete [sé-te] *s.f.* **1** Necessità, desiderio di bere: *avere, sentire sete* | *Morire di sete* = essere molto assetato ◊ Bisogno di acqua: *queste piante hanno sete* **2** ♧ Desiderio ardente, brama, avidità: *gli oppressi hanno sete di giustizia; sete di potere, di ricchezze; cerca di calmare la tua sete di vendetta.*

setificio [se-ti-fi-cio] *s.m.* Stabilimento per la lavorazione e la produzione della seta.

setola [sé-to-la] *s.f.* Pelo duro e rigido del dorso dei maiali e dei cinghiali o della coda dei cavalli, usato per fabbricare spazzole e pennelli.

setta [sèt-ta] *s.f.* **1** Gruppo di persone che seguono una dottrina religiosa o politica che si distacca e dissente da quella dominante: *sette religiose cristiane, buddiste; sette eretiche* **2** Società segreta: *le sette carbonare.*

settario [set-tà-rio] *agg.* Fazioso e intransigente nel sostenere le proprie idee: *non essere così settario!; spirito, atteggiamento settario.*

settarismo [set-ta-rì-smo] *s.m.* Atteggiamento di chiusura e intolleranza verso idee, gruppi, partiti diversi dai propri.

sette [sèt-te] *agg.num.card.invar.* e *s.m.invar.* Numero equivalente a sei unità più una (si scrive 7 in numeri arabi, VII in numeri romani) | *Le sette* = le ore sette del mattino o del pomeriggio.

settecento [set-te-cèn-to] *agg.num.card.invar.* e *s.m.invar.* Numero equivalente a sette volte cento | *Il Settecento* = il XVIII secolo.

settembre [set-tèm-bre] *s.m.* Nono mese dell'anno, di 30 giorni.

settentrionale [set-ten-trio-nà-le] *agg.* **1** Del settentrione, del nord Ⓒ meridionale: *Italia, America settentrionale; le coste settentrionali dell'Asia* ◊ Che proviene da nord: *venti settentrionali* **2** Proprio delle regioni e dei popoli del nord di un paese: *usanze, dialetti settentrionali* ♦ *s.m.f.* Chi è nato nel settentrione di un paese ◊ Chi è nativo dell'Italia settentrionale: *sposare un settentrionale.*

settentrione [set-ten-trió-ne] *s.m.* **1** Nord Ⓒ sud, meridione: *venti che soffiano da settentrione* **2** L'insieme delle regioni situate nella parte a nord di un paese: *il settentrione della Francia* ◊ L'Italia del nord: *la sua famiglia dalla Puglia si è trasferita nel settentrione.*

settimana [set-ti-mà-na] *s.f.* Periodo di sette giorni, dal lunedì alla domenica successiva: *arriverà la prossima settimana* | *Il fine settimana* = il week-end | *Settimana santa* = quella che precede la domenica di Pasqua ◊ Periodo di sette giorni: *tornerò tra un paio di settimane.*

settimanale [set-ti-ma-nà-le] *agg.* Di una settimana, della settimana: *orario, incasso settimanale* ◊ Che avviene, si effettua, si pubblica ogni settimana: *partenze, riunioni settimanali; una rivista settimanale* ♦ *s.m.* Periodico che esce ogni sette giorni: *un settimanale illustrato.*

settimo [sèt-ti-mo] *agg.num.ord.* Che occupa il posto numero sette in una serie, in una graduatoria (si scrive 7° in numeri arabi, VII in numeri romani): *abita al settimo piano; è arrivato settimo; il re Enrico VII* ♦ *s.m.* **1** La settima parte di un intero: *gli spetta un settimo dell'eredità* **2** [f. *-a*] La persona che viene al settimo posto in un ordine, in una graduatoria: *ero il settimo della fila.*

settore [set-tó-re] *s.m.* **1** *Settore circolare* = parte di cerchio compresa tra due raggi **2** Spazio, zona a forma di settore circolare: *i settori di un anfiteatro* ◊ Spazio, zona in qualche modo delimitati: *il settore di destra del campo di gioco* **3** ♧ Campo, ramo particolare di attività: *lavorare nel settore della scuola; il settore agricolo, industriale.*

severità [se-ve-ri-tà] *s.f.* Rigore, rigidità, mancanza di ogni indulgenza: *la severità di una condanna, della disciplina, di un giudice; trattare qualcuno con severità.*

severo [se-vè-ro] *agg.* **1** Rigoroso, intransigente, duro, alieno da ogni indulgenza Ⓒ indulgente, mite: *un padre, un esaminatore severo; una* *punizione troppo severa*; *imporre una severa disciplina* **2** Serio, austero e rigoroso: *avere severi principi morali* **3** Ingente, rilevante, grave: *subire severe perdite, una severa sconfitta.*

sevizia [se-vì-zia] *s.f.* (quasi sempre al *pl.*) Maltrattamento crudele, tortura: *sul corpo della vittima erano evidenti i segni delle sevizie.*

sexy [parola inglese; pron. *sècsi*] *agg.invar.* Sessualmente attraente, provocante: *una donna, un vestito sexy* ◊ Erotico: *un film sexy.*

sezionare [se-zio-nà-re] *v.tr.* Tagliare, sottoporre a dissezione anatomica: *il medico ha sezionato il cadavere per fare l'autopsia.*

sezione [se-zió-ne] *s.f.* **1** In geometria e in disegno, la figura che si ottiene tagliando o immaginando di tagliare con un piano un solido, un corpo, un oggetto ecc.: *una colonna a sezione circolare*; *disegnare un edificio in sezione verticale, orizzontale* **2** Ciascuna delle parti in cui è diviso e si articola un complesso unitario e spec. un ente, un'organizzazione: *la sezione civile, penale del tribunale*; *nella mia scuola ci sono tre sezioni e io frequento la sezione C* | *Le sezioni di un partito* = le sedi locali, rionali.

sfaccendare [sfac-cen-dà-re] *v.intr.* [aus. *avere*] Lavorare alacremente, spec. per sbrigare le faccende domestiche.

sfaccendato [sfac-cen-dà-to] *agg.* e *s.m.* Che, chi non fa niente e non ha voglia di lavorare Ⓢ fannullone: *al caffè c'erano i soliti sfaccendati.*

sfacchinare [sfac-chi-nà-re] *v.intr.* [aus. *avere*] Fare un lavoro faticoso, pesante: *ho dovuto sfacchinare per il trasloco* ◊ Lavorare di continuo Ⓢ sgobbare: *devo sfacchinare tutto il giorno.*

sfacchinata [sfac-chi-nà-ta] *s.f.* Lavoro pesante, sforzo molto faticoso: *il trasloco è stato una sfacchinata.*

sfacciataggine [sfac-cia-tàg-gi-ne] *s.f.* Mancanza di ritegno, di pudore Ⓢ impudenza, sfrontatezza: *ha avuto la sfacciataggine di chiedermi un altro prestito!*

sfacciato [sfac-cià-to] *agg.* **1** Che manca di pudore, di rispetto Ⓢ impudente, sfrontato Ⓒ rispettoso: *che sfacciato a rispondere in quel modo!* **2** ♧ Troppo vistoso Ⓢ chiassoso: *un colore sfacciato.*

sfacelo [sfa-cè-lo] *s.m.* Grave decadimento fisico: *un corpo ormai in sfacelo* ◊ Rovina, dissoluzione: *un vecchio palazzo in sfacelo*; *lo sfacelo dell'impero romano.*

sfaldarsi [sfal-dàr-si] *v.pr.* **1** Dividersi, rompersi in lamine sottili, in falde: *l'ardesia si sfalda facilmente* **2** ♧ Disgregarsi: *quel partito si è sfaldato.*

sfamare [sfa-mà-re] *v.tr.* Togliere la fame Ⓢ saziare: *la cena non riuscì a sfamarlo* ♦ **sfamarsi** *v.pr.* Levarsi la fame Ⓢ saziarsi: *finalmente poté sfamarsi.*

sfarzo [sfàr-zo] *s.m.* Lusso vistoso, sfoggio di ricchezze: *un palazzo addobbato con sfarzo.*

sfarzoso [sfar-zó-so] *agg.* Molto lussuoso e appariscente Ⓢ sontuoso, fastoso: *un ricevimento sfarzoso*; *addobbi sfarzosi.*

sfasato [sfa-sà-to] *agg.* Disorientato, scombussolato, confuso: *oggi mi sento un po' sfasato.*

sfasciare[1] [sfa-scià-re] *v.tr.* Rompere completamente, fare a pezzi, distruggere: *sfasciare una sedia, una macchina* ♦ **sfasciarsi** *v.pr.* Rompersi, fracassarsi: *l'auto si è sfasciata contro un muro* ◊ ♧ Andare in rovina, disgregarsi: *il partito si sfasciò dopo la sconfitta.*

sfasciare[2] [sfa-scià-re] *v.tr.* Liberare dalle fasce, togliere la fasciatura: *sfasciare una ferita.*

sfascio [sfà-scio] *s.m.* Sfacelo, rovina totale.

sfatare [sfa-tà-re] *v.tr.* Dimostrare falso o inconsistente qualcosa a cui veniva dato credito: *sfatare una leggenda, un'opinione molto diffusa.*

sfaticato [sfa-ti-cà-to] *agg.* e *s.m.* Che, chi non ha mai voglia di lavorare Ⓢ fannullone, scansafatiche: *quello sfaticato non mi dà mai un aiuto.*

sfatto [sfàt-to] *agg.* **1** Disfatto, non rifatto: *hai lasciato il letto sfatto* **2** Molto stanco, distrutto dalla fatica: *oggi mi sento sfatto* ◊ Molto sciupato: *un volto sfatto* **3** Che ha perso ogni consistenza perché troppo cotto o troppo maturo: *queste patate sono sfatte*; *un frutto sfatto.*

sfavillare [sfa-vil-là-re] *v.intr.* [aus. *avere*] Sprigionare faville: *le fiamme sfavillavano tutt'intorno* ◊ Risplendere di una luce viva, intensa (anche ♧): *il sole sfavillava nel cielo*; *i suoi occhi sfavillarono di gioia.*

sfavore [sfa-vó-re] *s.m.* Svantaggio, danno: *le testimonianze sono tutte a suo sfavore.*

sfavorevole [sfa-vo-ré-vo-le] *agg.* Non favorevole Ⓢ avverso, contrario; negativo: *ha scelto un momento sfavorevole*; *sono sfavorevole alla sua proposta*; *dare un giudizio, un parere sfavorevole.*

sfavorire [sfa-vo-rì-re] *v.tr.* [*sfavorìsco, sfavorìsci*] Svantaggiare Ⓒ favorire: *il sorteggio ha sfavorito la squadra italiana.*

sfegatato [sfe-ga-tà-to] *agg.* Appassionato, fanatico, accanito: *un tifoso sfegatato*; *è uno sfegatato giocatore di poker.*

sfera [sfè-ra] *s.f.* **1** Figura geometrica solida la cui superficie curva ha in ogni punto la stessa distanza da un punto interno, detto *centro* **2** Corpo, oggetto di forma sferica Ⓢ globo, palla: *la sfera di cristallo degli indovini* | *La sfera (di cuoio)* = nel calcio, il pallone | *Penna a sfera* = penna il cui pennino è costituito da una minuscola sfera metallica **3** ♧ Ambito, campo, settore: *è un problema che esula dalla mia sfera di competenza*; *sfera d'attività*; *sfera politica, sessuale.*

sferico [sfè-ri-co] *agg.* [pl.m. *–ci*] **1** Di sfera: *forma sferica* **2** Che ha la forma di una sfera: *un oggetto sferico.*

sferrare [sfer-rà-re] *v.tr.* **1** Togliere i ferri dagli zoccoli di un cavallo, di un asino, di un mulo **2** ♧ Tirare, lanciare qualcosa con grande forza e impeto: *gli sferrò un pugno*; *l'esercito nemico ha sferrato un violento attacco.*

sferza [sfèr-za] *s.f.* Frusta.

sferzante [sfer-zàn-te] *agg.* Che colpisce con violenza, come una sferza: *una pioggia sferzante.*

sferzare [sfer-zà-re] *v.tr.* **1** Colpire con la sferza Ⓢ frustare: *sferzare i cavalli* **2** Colpire con violenza: *il molo era sferzato dalle onde.*

sfiancare [sfian-cà-re] *v.tr.* [*sfiànco, sfiànchi*] Affaticare eccessivamente, togliendo ogni forza Ⓢ stremare, spossare, sfinire: *sfiancare un cavallo*; *lo sforzo aveva sfiancato tutti* ♦ **sfiancarsi** *v.pr.* Spossarsi in uno sforzo eccessivo.

sfiatatoio [sfia-ta-tó-io] *s.m.* **1** Apertura praticata in tubazioni e ambienti chiusi per far uscire all'esterno aria, gas, vapori **2** Fessura sul capo dei cetacei dalla quale viene espulso il vapore acqueo prodotto dalla respirazione.

sfibrante [sfi-bràn-te] *agg.* Che logora le forze o i nervi Ⓢ spossante, snervante: *un caldo, un lavoro sfibrante*; *un'attesa sfibrante.*

sfida [sfi-da] *s.f.* **1** Invito a battersi in duello o a misurarsi in una competizione: *lanciare, accettare, rifiutare una sfida* **2** Incontro sportivo; in partic., incontro di pugilato valevole per l'assegnazione di un titolo **3** ♧ Provocazione: *gli lanciò parole di sfida*; *sguardo, aria di sfida.*

sfidare [sfi-dà-re] *v.tr.* **1** Invitare un avversario a battersi in uno scontro o a misurarsi in una gara: *sfidare a duello, a battaglia, a pugni*; *il nostro pugile sfiderà il campione d'Europa*; *sfidare qualcuno a chi arriva primo* **2** Invitare polemicamente qualcuno a fare qualcosa che si ritiene impossibile o molto difficile: *ti sfido a dimostrarmi il contrario* ◊ *Sfido che...!* = è ovvio: *sfido che sei stanco, non dormi abbastanza!* **3** ♧ Affrontare con coraggio o temerarietà un grave rischio: *sfidare il pericolo, la morte, il mare in tempesta.*

sfiducia [sfi-dù-cia] *s.f.* Mancanza di fiducia: *avere sfiducia negli altri, in se stesso* | *Voto di sfiducia* = voto con cui il parlamento toglie il proprio sostegno al governo costringendolo a dimettersi.

sfiduciato [sfi-du-cià-to] *agg.* Che ha perso la fiducia Ⓢ scoraggiato, avvilito: *dopo quell'insuccesso si sentiva sfiduciato.*

sfiga [sfi-ga] *s.f.* Nel linguaggio volgare, sfortuna.

sfigato [sfi-gà-to] *agg.* Nel linguaggio volgare, sfortunato ◊ Perdente, fallito

sfigurare [sfi-gu-rà-re] *v.tr.* Deturpare, deformare i lineamenti: *la ferita le sfigurava il volto* ♦ *v.intr.* [aus. *avere*] Fare una brutta figura, dare una cattiva impressione: *il tuo regalo non ha certo sfigurato al confronto con quelli di altri*; *comportati bene, non farmi sfigurare!*

sfilare¹ [sfi-là-re] *v.tr.* Togliere, tirar fuori ciò che è infilato: *sfilare il filo dall'ago, la chiave dalla serratura* ◊ Togliere di dosso: *sfilarsi le scarpe, i pantaloni, la camicia* ♦ **sfilarsi** *v.pr.* **1** Uscire dal filo, da dove era infilato: *si sono sfilate le perle della collana* **2** Perdere un filo, dei fili Ⓢ smagliarsi: *mi si è sfilata una calza.*

sfilare² [sfi-là-re] *v.intr.* [aus. *essere* o *avere*] Procedere, passare in fila o inquadrati in file ordinate: *il corteo è sfilato tra due ali di folla*; *le truppe hanno sfilato in parata davanti alle autorità.*

sfilata [sfi-là-ta] *s.f.* **1** Passaggio di persone o mezzi che procedono in fila: *assistere alla sfilata dei soldati, dei carri allegorici* | *Sfilata di moda* = presentazione di nuovi modelli da parte di indossatori o indossatrici **2** Serie di cose disposte in fila: *una sfilata di alberi.*

sfilza [sfil-za] *s.f.* Lunga serie, gran numero Ⓢ sequela: *fare una sfilza di errori*; *lo aggredì con una sfilza di ingiurie.*

sfinimento [sfi-ni-mén-to] *s.m.* Stato di grande stanchezza e debolezza Ⓢ prostrazione.

sfinire [sfi-nì-re] *v.tr.* [*sfinìsco, sfinìsci*] Lasciare senza forze Ⓢ spossare, prostrare: *il digiuno lo aveva sfinito.*

sfinito [sfi-nì-to] *agg.* Molto stanco, senza forze Ⓢ spossato, stremato, esausto, prostrato.

sfiorare [sfio-rà-re] *v.tr.* Toccare leggermente passando vicino; arrivare quasi a toccare Ⓢ rasentare: *la pallottola gli ha sfiorato la tempia*; *l'aereo sfiorò la cima degli alberi* | ♧ *Sfiorare un argomento, un problema* = accennarvi di sfuggita ◊ ♧ Giungere molto vicino al conseguimento di qualcosa: *sfiorare la vittoria.*

sfiorire [sfio-rì-re] *v.intr.* [*sfiorìsco, sfiorìsci*; aus.

essere] **1** Perdere i petali, appassire: *le rose sfioriscono in fretta* **2** ♧ Perdere la freschezza e il rigoglio giovanili: *la sua bellezza sta sfiorendo.*

sfitto [sfit-to] *agg.* Non affittato, libero: *un alloggio sfitto.*

sfocato [sfo-cà-to] *agg.* Non nitido, confuso: *una foto sfocata*; *vedo tutto sfocato.*

sfociare [sfo-cià-re] *v.intr.* [aus. *essere*] **1** Detto di corso d'acqua, avere la foce in un certo luogo Ⓢ sboccare: *l'Arno sfocia nel Tirreno* **2** ♧ Avere come esito, concludersi: *la protesta sfociò in una rivolta.*

sfoderare[1] [sfo-de-rà-re] *v.tr.* **1** Estrarre dal fodero Ⓢ sguainare Ⓒ rinfoderare: *sfoderare la spada* **2** ♧ Mettere in mostra Ⓢ esibire, sfoggiare: *per vincere dovette sfoderare i suoi colpi migliori*; *lo guardò sfoderando un gran sorriso.*

sfoderare[2] [sfo-de-rà-re] *v.tr.* Togliere la fodera: *sfoderare una giacca, una poltrona.*

sfogare [sfo-gà-re] *v.tr.* [*sfógo, sfóghi*] Manifestare apertamente sentimenti o stati d'animo in precedenza repressi o contenuti: *sfogare la rabbia*; *sfogò il dolore piangendo* ♦ *v.intr.* [aus. *essere*] Detto di sentimenti e passioni, manifestarsi liberamente e così scaricarsi: *aspetta che gli sfoghi la rabbia* ♦ **sfogarsi** *v.pr.* Scaricare la tensione interiore di un sentimento, di uno stato d'animo: *lascia che pianga, che si sfoghi, poi starà meglio* ◊ Alleggerirsi delle proprie pene, ansie ecc. confidandole a qualcuno: *si è sfogato con me di tutto quel che deve sopportare* | *Sfogarsi su qualcuno* = far ricadere su di lui il proprio malumore ◊ Soddisfare una voglia, un impulso: *i ragazzi, dopo cinque ore chiusi a scuola, si sfogavano a correre e a giocare.*

sfoggiare [sfog-già-re] *v.tr.* Mostrare, esibire con compiacimento qualcosa di bello, di elegante che si indossa o si possiede: *sfoggiare un vestito nuovo* ◊ ♧ Mettere in mostra con ostentazione le proprie doti: *gli piace sfoggiare la sua cultura.*

sfoggio [sfòg-gio] *s.m.* Ostentazione di lusso: *veste in modo elegante, ma senza nessuno sfoggio* ◊ Esibizione delle proprie doti: *gli piace fare sfoggio della sua cultura.*

sfoglia [sfò-glia] *s.f.* **1** Lamina sottile **2** Strato sottile di pasta all'uovo: *stendere la sfoglia col matterello* | *Pasta sfoglia* = pasta a base di burro e farina, che si presenta, dopo la cottura, in strati sottili e leggeri.

sfogliare[1] [sfo-glià-re] *v.tr.* Togliere le foglie, i petali: *sfogliare un ramo, una margherita.*

sfogliare[2] [sfo-glià-re] *v.tr.* Voltare rapidamente le pagine di una pubblicazione, dando un'occhiata qua e là, senza soffermarsi: *sfogliare un libro, una rivista, un giornale.*

sfogo [sfó-go] *s.m.* [pl. *-ghi*] **1** Fuoriuscita di gas o liquidi da un recipiente o da un ambiente; apertura, passaggio che consente la fuoriuscita: *valvola di sfogo*; *il camino non tira e il fumo non ha sfogo* **2** ♧ Libera manifestazione di sentimenti e stati d'animo che non si riesce più a reprimere dentro di sé: *dare sfogo al dolore, alla rabbia*; *uno sfogo di gelosia* **3** Eruzione cutanea: *gli è venuto uno sfogo sulla faccia.*

sfolgorare [sfol-go-rà-re] *v.intr.* [aus. *avere*] Risplendere di una luce molto intensa (anche ♧) Ⓢ sfavillare, brillare: *il sole sfolgorava nel cielo*; *gli occhi le sfolgoravano di gioia.*

sfollagente [sfol-la-gèn-te] *s.m.invar.* Corto bastone rivestito di gomma usato dalla polizia per disperdere la folla durante manifestazioni, tumulti, disordini Ⓢ manganello.

sfollare [sfol-là-re] *v.intr.* [aus. *essere* o *avere*] **1** Andarsene via da un luogo in cui si era riuniti in massa: *il pubblico cominciò a sfollare dallo stadio* **2** Trasferirsi da dove si abita per sfuggire a pericoli: *durante la guerra molti abitanti delle città sfollavano in campagna* ♦ *v.tr.* Sgombrare il luogo in cui si era riuniti in massa: *i manifestanti sfollarono la piazza.*

sfondamento [sfon-da-mén-to] *s.m.* **1** Rottura, cedimento del fondo di qualcosa ◊ Abbattimento violento di un ostacolo **2** Rottura e penetrazione del fronte difensivo nemico.

sfondare [sfon-dà-re] *v.tr.* **1** Rompere, far cedere il fondo di qualcosa: *il peso ha sfondato la cassa, il pavimento* **2** Schiantare, abbattere con urto violento un ostacolo, aprendovi un varco: *aprite o sfondiamo la porta!*; *sfondare un muro* ◊ *Sfondare le linee, le difese nemiche* = travolgerle e penetrarvi ♦ *v.intr.* [aus. *avere*] ♧ Avere successo Ⓢ affermarsi: *un giovane attore che cerca di sfondare* ♦ **sfondarsi** *v.pr.* Rompersi, cedere nel fondo: *il tetto si è sfondato per il peso della neve.*

sfondo [sfón-do] *s.m.* **1** La parte che in un dipinto, in un disegno, in una fotografia appare dietro alle figure in primo piano: *un gruppo di case su uno sfondo di colline*; *una Madonna su sfondo d'oro* ◊ La parte del campo visivo più lontana rispetto a chi guarda: *la torre si erge sullo sfondo del mare* **2** ♧ L'ambiente e la situazione entro cui si verifica un fatto reale o in cui si svolge l'azione di un'opera di finzione: *un delitto a sfondo politico*; *la vicenda del film ha per sfondo la seconda guerra mondiale.*

A B C D E F G H I J K L M N O P Q R S T U V W X Y Z

sforbiciata [sfor-bi-cià-ta] *s.f.* **1** Taglio sommario con le forbici: *si è fatto dare una sforbiciata ai capelli* **2** In vari sport, rapido movimento a forbice delle gambe.

sformato [sfor-mà-to] *agg.* Che ha perso la forma: *scarpe sformate* ♦ *s.m.* Vivanda a base di vari ingredienti, cotta in uno stampo: *sformato di verdure*; *sformato di maccheroni.*

sfornare [sfor-nà-re] *v.tr.* **1** Togliere dal forno: *sfornare il pane* **2** ♧ Produrre, mettere in circolazione: *un autore che sforna tre libri all'anno.*

sfornito [sfor-nì-to] *agg.* Sprovvisto, privo: *oggi sono sfornito di denaro* ◊ Poco, male rifornito: *un negozio sfornito.*

sfortuna [sfor-tù-na] *s.f.* Mancanza di fortuna, sorte avversa: *avere sfortuna al gioco*; *è perseguitato dalla sfortuna* ◊ Circostanza sfavorevole Ⓢ disdetta: *che sfortuna non averlo saputo prima!*

sfortunato [sfor-tu-nà-to] *agg.* Che ha sfortuna, perseguitato dalla sfortuna Ⓒ fortunato: *è sfortunato in amore*; *gente sfortunata* ◊ Che non ha avuto buon esito, successo: *un tentativo sfortunato* ◊ Sfavorevole, malaugurato, disgraziato: *è stato un anno sfortunato*; *uno sfortunato incidente.*

sforzare [sfor-zà-re] *v.tr.* **1** Sottoporre a uno sforzo, per lo più eccessivo: *sforzare il motore, la memoria* **2** Costringere: *se non ha voglia di mangiare, non lo sforzare* **3** Forzare, scassinare ♦ **sforzarsi** *v.pr.* Fare ogni sforzo, impegnarsi in ogni modo: *si è sforzato di restare calmo, di non piangere, di capire, ma senza riuscirci.*

sforzato [sfor-zà-to] *agg.* Non spontaneo, non naturale: *un sorriso, un tono sforzato.*

sforzo [sfòr-zo] *s.m.* Impiego superiore al normale delle forze fisiche o psichiche: *il suo fisico ha risentito dello sforzo*; *sforzo muscolare, mentale, di volontà* ◊ Intenso impegno per ottenere un risultato: *fece uno sforzo per dominarsi*; *ho fatto ogni sforzo per convincerlo.*

sfracellare [sfra-cel-là-re] *v.tr.* Fare a pezzi, schiacciare, ridurre a una massa informe: *l'incidente gli sfracellò le gambe* ♦ **sfracellarsi** *v.pr.* Fracassarsi, ridursi a una massa informe: *l'auto andò a sfracellarsi in un burrone.*

sfrattare [sfrat-tà-re] *v.tr.* Intimare a un inquilino, da parte del proprietario, di lasciare l'immobile che occupa o obbligarlo a fare questo con un provvedimento dell'autorità giudiziaria.

sfratto [sfràt-to] *s.m.* Intimazione a un inquilino di lasciare l'immobile che ha in affitto.

sfrecciare [sfrec-cià-re] *v.intr.* [aus. *essere*] Passare veloce come una freccia: *un'auto sfrecciò nella notte.*

sfregare [sfre-gà-re] *v.tr.* [*sfrégo, sfréghi*] **1** Fregare ripetutamente e con una certa forza Ⓢ stropicciare, strofinare: *sfregarsi gli occhi*; *sfregare il pavimento per togliere le macchie* **2** Fare dei graffi su una superficie: *non so chi mi ha sfregato la macchina* ◊ Urtare di striscio.

sfregiare [sfre-già-re] *v.tr.* Deturpare, rovinare con uno sfregio, con sfregi: *gli hanno sfregiato il viso con una coltellata*; *sfregiare un quadro.*

sfregio [sfré-gio o sfrè-gio] *s.m.* Taglio, ferita, bruciatura o cicatrice che deturpa il viso ◊ Taglio, graffio, macchia ecc. fatti per deturpare e rovinare un'opera d'arte, un oggetto.

sfrenarsi [sfre-nàr-si] *v.pr.* Comportarsi senza più alcun controllo o ritegno Ⓢ scatenarsi: *sfrenarsi a bere*; *bambini, giocate pure, ma senza sfrenarvi.*

sfrenato [sfre-nà-to] *agg.* Non frenato, più veloce possibile: *galoppo sfrenato*; *corsa sfrenata* ◊ ♧ Privo di ogni moderazione, senza limiti Ⓢ smodato, eccessivo: *è mosso da una sfrenata ambizione*; *un lusso sfrenato.*

sfrigolare [sfri-go-là-re] *v.intr.* [aus. *avere*] Fare il rumore scoppiettante dei grassi che friggono.

sfrondare [sfron-dà-re] *v.tr.* **1** Privare delle fronde o di una parte delle fronde: *sfrondare un albero* **2** ♧ Eliminare da un discorso o da uno scritto le parti inutili o superflue.

sfrontatezza [sfron-ta-téz-za] *s.f.* Sfacciataggine, impudenza.

sfrontato [sfron-tà-to] *agg.* e *s.m.* Che, chi mostra di non provare vergogna nel fare e nel dire cose di cui ci si dovrebbe vergognare Ⓢ impudente, sfacciato: *che sfrontato a mentire in quel modo!*; *quello sfrontato merita una lezione.*

sfruttamento [sfrut-ta-mén-to] *s.m.* **1** Attività rivolta a ricavare il massimo rendimento da qualcosa: *lo sfruttamento di una miniera* **2** Trattamento ingiusto riservato ai dipendenti da parte di chi li paga poco e trae da essi un profitto eccessivo: *opporsi allo sfruttamento dei lavoratori.*

sfruttare [sfrut-tà-re] *v.tr.* **1** Far rendere al massimo un bene naturale: *sfruttare razionalmente un terreno, una miniera* ◊ Utilizzare pienamente o a proprio vantaggio: *è una stanza piccola e bisogna sfruttare ogni spazio*; *dobbiamo sfruttare l'occasione favorevole*; *la nostra squadra non ha sfruttato la superiorità numerica* **2** ♧ Trarre un profitto eccessivo dal lavoro altrui retribuendolo meno del giusto: *un padrone che sfrutta i propri* *dipendenti* ◊ Approfittare senza scrupoli: *ha sfruttato la sua ingenuità per imbrogliarlo.*

sfruttatore [sfrut-ta-tó-re] *s.m.* [f. *–trice*] Chi sfrutta gli altri.

sfuggente [sfug-gèn-te] *agg.* Che sfugge | *Individuo sfuggente* = che si sottrae al confronto o che si comporta in modo equivoco | *Sguardo sfuggente* = che evita di guardare gli altri negli occhi| *Risposta sfuggente* = evasiva, elusiva | *Fronte sfuggente* = bassa e inclinata all'indietro.

sfuggire [sfug-gì-re] *v.intr.* [*sfùggo, sfùggi*; aus. *essere*] **1** Sottrarsi a qualcuno o a qualcosa, fuggendo o evitandolo: *sfuggire agli inseguitori, alla cattura*; *sfuggire a un pericolo, alla morte* **2** Cadere, scappare inavvertitamente: *il piatto gli sfuggì di mano*; *mentre puliva la pistola gli è sfuggito un colpo*; *scrive bene, ma qualche errore ogni tanto gli sfugge* **3** Passare inosservato, inavvertito: *è uno a cui non sfugge nulla* ◊ Non venire in mente: *lo conosco, ma in questo momento mi sfugge il nome* ♦ *v.tr.* Evitare: *sfuggire un pericolo*; *è un gran seccatore e tutti lo sfuggono.*

sfuggita [sfug-gì-ta] *s.f.* Scappata, visita rapida | *Di sfuggita* = per un breve momento, in fretta: *ci siamo visti ieri di sfuggita*; *gli ho dato un'occhiata di sfuggita.*

sfumare [sfu-mà-re] *v.intr.* [aus. *essere*] **1** Dissolversi, dileguarsi: *la nebbia sfumava sui campi* ◊ ♧ Svanire, andare in fumo: *è sfumata anche questa speranza* **2** Divenire gradatamente meno intenso di colore o meno netto nei contorni: *un cielo in cui il blu sfuma nell'azzurro*; *via via che si allontanava il profilo della costa sfumava sempre più* ♦ *v.tr.* Attenuare gradatamente l'intensità e la tonalità di colori e suoni, la nettezza di segni e linee: *sfumare i rossi di un quadro, i contorni di una figura.*

sfumatura [sfu-ma-tù-ra] *s.f.* **1** Tonalità di uno stesso colore: *un tramonto con varie sfumature di rosso* **2** Taglio dei capelli in modo che risultino gradualmente più corti scendendo dalla nuca verso il collo **3** ♧ Differenza lieve: *tra queste due parole c'è solo una sfumatura di significato* **4** ♧ Segno appena percepibile di un certo modo di sentire che trapela dalle parole di una persona: *ho colto una sfumatura d'ironia nelle sue parole.*

sfuriata [sfu-rià-ta] *s.f.* **1** Sfogo violento di collera, di rabbia: *è tornata a casa tardi e si è presa una sfuriata dal padre* **2** Tempesta, pioggia violenta ma di breve durata: *dopo la sfuriata di stanotte è tornato il sereno.*

sfuso [sfù-so] *agg.* Detto di merce che si vende non confezionata in pacchetti, bottiglie ecc.: *caramelle sfuse*; *vino sfuso.*

sgabello [sga-bèl-lo] *s.m.* Piccolo e basso sedile senza spalliera e braccioli, usato anche per appoggiarvi i piedi.

sgabuzzino [sga-buz-zì-no] *s.m.* Stanzino, per lo più senza finestre, che si usa come ripostiglio.

sgambettare [sgam-bet-tà-re] *v.intr.* [aus. *avere*] Camminare a piccoli passi affrettati: *il bambino sgambettava dietro al padre* ♦ *v.tr.* Far cadere qualcuno con uno sgambetto.

sgambetto [sgam-bét-to] *s.m.* Mossa con cui si fa cadere qualcuno che sta camminando o correndo, mettendogli un piede o una gamba tra le gambe.

sganasciarsi [sga-na-sciàr-si] *v.pr.* Slogarsi le mascelle: *un film comico da sganasciarsi dal ridere, dalle risa.*

sganciare [sgan-cià-re] *v.tr.* Liberare, staccare dal gancio, dai ganci: *sganciare un rimorchio*; *sganciarsi il colletto, gli scarponi* | *Sganciare una bomba* = lanciarla da un aereo sull'obiettivo ♦ **sganciarsi** *v.pr.* **1** Staccarsi dal gancio, dai ganci: *il rimorchio si è sganciato finendo fuori strada* **2** ♧ Liberarsi da impegni, attività: *se riesco a sganciarmi dal lavoro, ti raggiungo più tardi.*

sgangherato [sgan-ghe-rà-to] *agg.* Divelto dai gangheri, dai cardini: *un vecchio portone sgangherato* ◊ Sconquassato, molto mal ridotto: *una sedia, un'auto sgangherata.*

sgarbataggine [sgar-ba-tàg-gi-ne] *s.f.* Mancanza di garbo, di cortesia ◊ Atto, parola, comportamento sgarbato Ⓢ sgarbo, sgarberia.

sgarbato [sgar-bà-to] *agg.* Poco garbato, poco gentile Ⓢ scortese: *sei stato sgarbato con lui*; *un commesso sgarbato*; *una risposta sgarbata.*

sgarberia [sgar-be-rì-a] *s.f.* Atto, parola, comportamento sgarbato.

sgarbo [sgàr-bo] *s.m.* Atto, parola, comportamento sgarbato, villano o anche gravemente offensivo: *quanti sgarbi ho dovuto sopportare da lui!*; *gli farò pagare questo sgarbo.*

sgargiante [sgar-giàn-te] *agg.* Molto vivace e appariscente: *un abito sgargiante, di un rosso sgargiante.*

sgattaiolare [sgat-ta-io-là-re] *v.intr.* [aus. *avere* o *essere*] Entrare o uscire alla svelta da una stretta apertura ◊ Scappare, allontanarsi con sveltezza, senza farsi notare.

sgelare [sge-là-re] *v.tr.* e *v.intr.* [aus. *avere* o *essere*] Disgelare, disgelarsi.

A B C D E F G H I J K L M N O P Q R S T U V W X Y Z

sghembo [sghém-bo] *agg.* Inclinato, obliquo, storto: *un muro sghembo* | *A sghembo, di sghembo* = obliquamente.

sghignazzare [sghi-gnaz-zà-re] *v.intr.* [aus. *avere*] Ridere in modo sguaiato, rumoroso, spec. per schernire.

sgobbare [sgob-bà-re] *v.intr.* [aus. *avere*] Lavorare, studiare con grande impegno, fatica e sacrificio: *se vuoi farcela devi sgobbare!*

sgobbone [sgob-bó-ne] *s.m.* Chi si impegna molto nello studio o nel lavoro.

sgocciolare [sgoc-cio-là-re] *v.tr.* **1** Far cadere giù a gocce: *non sgocciolare l'acqua sul pavimento!* **2** Vuotare un recipiente fino all'ultima goccia: *sgocciola bene quel fiasco* ♦ *v.intr.* [aus. *essere* nel significato 1, *avere* nel significato 2] **1** Cadere a gocce: *l'acqua sgocciola dal tetto* **2** Perdere gocce: *il rubinetto sgocciola* ◊ Scolare fino all'ultima goccia: *mettere i piatti a sgocciolare.*

sgocciolio [sgoc-cio-lì-o] *s.m.* Continua caduta o fuoruscita di gocce; il rumore che produce: *lo sgocciolio del rubinetto mi dà ai nervi.*

sgocciolo [sgóc-cio-lo] *s.m.* Le ultime gocce di liquido rimaste sul fondo di un recipiente | ♧ *Essere agli sgoccioli* = essere prossimo alla fine, all'esaurimento: *le vacanze sono agli sgoccioli*; *la mia pazienza è agli sgoccioli.*

sgolarsi [sgo-làr-si] *v.pr.* Affaticarsi la gola parlando, gridando o cantando ad alta voce o a lungo: *non sgolatevi a chiamarlo, tanto non ci sente.*

sgombero [sgóm-be-ro] *s.m.* Liberazione di un luogo da ciò che lo ingombra: *lo sgombero della strada dalle macerie* ◊ Allontanamento, spostamento di cose o persone da un luogo: *le autorità hanno disposto lo sgombero della popolazione dalle zone alluvionate.*

sgombrare [sgom-brà-re] o **sgomberare** [sgom-be-rà-re] *v.tr.* Liberare, vuotare un luogo dalle persone o dalle cose che lo ingombrano, lo occupano: *sgombrare la strada dalla neve, una stanza dai mobili*; *il giudice fece sgombrare l'aula*; *il vento ha sgombrato il cielo dalle nuvole* ◊ Allontanare, portar via da un luogo le persone o le cose che lo ingombrano, lo occupano: *sgombrare gli occupanti dal palazzo*; *sgombra le tue cose dalla stanza* ♦ *v.intr.* [aus. *avere*] Andarsene, allontanarsi da un luogo: *le truppe stanno sgomberando dalla città.*

sgombro[1] [sgóm-bro] *agg.* Libero, vuoto, non ingombro (anche ♧): *lasciare sgombro un appartamento*; *un cielo sgombro di nubi*; *avere la mente sgombra da pregiudizi* ♦ *s.m.* Sgombero.

sgombro[2] [sgóm-bro] o **scombro** *s.m.* Pesce marino dal corpo affusolato, grigio-bluastro striato a righe nere sul dorso e bianco argenteo sul ventre.

sgomentare [sgo-men-tà-re] *v.tr.* Gettare nello sgomento: *la minima difficoltà lo sgomenta* ♦ **sgomentarsi** *v.pr.* Provare sgomento.

sgomento [sgo-mén-to] *s.m.* Stato di grave turbamento e abbattimento pieno di angoscia e spavento, che lascia incapaci di reagire: *la notizia della sciagura la gettò nello sgomento*; *lasciarsi prendere dallo sgomento.*

sgominare [sgo-mi-nà-re] *v.tr.* Sconfiggere duramente, mettere in fuga Ⓢ sbaragliare: *sgominare l'esercito nemico.*

sgonfiare [sgon-fià-re] *v.tr.* **1** Far uscire da un contenitore elastico l'aria di cui era gonfio Ⓒ gonfiare: *sgonfiare un salvagente* **2** Fare diminuire o eliminare un gonfiore: *sgonfiare la caviglia con impacchi* ♦ **sgonfiarsi** *v.pr.* Perdere l'aria contenuta Ⓢ afflosciarsi: *il canotto si è sgonfiato* ◊ Perdere il gonfiore: *l'ascesso si sta sgonfiando.*

sgonfio [sgón-fio] *agg.* Privo di aria o poco gonfio: *la gomma è sgonfia* ◊ Privo di gonfiore: *la caviglia è già sgonfia.*

sgorbio [sgòr-bio] *s.m.* Macchia d'inchiostro Ⓢ scarabocchio: *un quaderno pieno di sgorbi* ◊ Parola illeggibile: *non capisco i tuoi sgorbi* ◊ Scritto, disegno brutto, mal fatto: *quel ritratto è uno sgorbio.*

sgorgare [sgor-gà-re] *v.intr.* [*sgórgo, sgórghi*; aus. *essere*] Detto di liquidi, uscir fuori con forza e in abbondanza: *il petrolio sgorgò dal terreno* ◊ ♧ Provenire, scaturire: *parole che sgorgano dal cuore.*

sgozzare [sgoz-zà-re] *v.tr.* Uccidere tagliando la gola Ⓢ scannare: *sgozzare un agnello.*

sgradevole [sgra-dé-vo-le] *agg.* Che non si gradisce, poco gradevole Ⓢ spiacevole, fastidioso: *un odore, un sapore, una voce sgradevole*; *una persona, una sensazione sgradevole.*

sgradito [sgra-dì-to] *agg.* Non gradito Ⓢ spiacevole, sgradevole, fastidioso: *ricevere una sgradita sorpresa.*

sgrammaticato [sgram-ma-ti-cà-to] *agg.* Pieno di errori di grammatica: *un compito tutto sgrammaticato.*

sgranare [sgra-nà-re] *v.tr.* Togliere i semi dei legumi dal frutto: *sgranare i piselli* ◊ ♧ *Sgranare il rosario* = recitarlo facendone scorrere i grani tra le dita | ♧ *Sgranare gli occhi* = spalancarli per la meraviglia, lo stupore.

sgranchire [sgran-chì-re] *v.tr.* [*sgranchìsco, sgranchìsci*] Sciogliere i muscoli, gli arti intorpiditi dall'immobilità: *vado a fare due passi per sgranchirmi le gambe.*

sgranocchiare [sgra-noc-chià-re] *v.tr.* Mangiare di gusto qualcosa che crocchia sotto i denti: *sgranocchiare un biscotto, un pezzo di torrone.*

sgravare [sgra-và-re] *v.tr.* Liberare da un peso materiale o morale: *sgravare qualcuno da una responsabilità.*

sgraziato [sgra-zià-to] *agg.* Privo di grazia: *ha una voce sgraziata; un'andatura sgraziata.*

sgretolare [sgre-to-là-re] *v.tr.* Ridurre in piccoli pezzi, in frammenti Ⓢ frantumare: *l'umidità ha sgretolato il muro* ♦ **sgretolarsi** *v.pr.* Rompersi in pezzi: *una roccia che si sgretola con facilità.*

sgridare [sgri-dà-re] *v.tr.* Rimproverare duramente: *la mamma mi sgrida se torno a casa tardi.*

sgridata [sgri-dà-ta] *s.f.* Severo rimprovero a voce alta: *si è preso una sgridata per il ritardo.*

sgroppata [sgrop-pà-ta] *s.f.* **1** Movimento con cui il cavallo solleva bruscamente la groppa, spec. per buttar giù il cavaliere **2** Breve e rapida cavalcata **3** Nel ciclismo, breve corsa di allenamento.

sgrossare [sgros-sà-re] *v.tr.* Dare una prima forma a un materiale o a un lavoro, togliendo le parti superflue: *sgrossare un blocco di marmo.*

sguaiato [sgua-ià-to] *agg.* Che si comporta o parla in modo volgare, sconveniente, maleducato: *un ragazzo sguaiato* ◊ Volgare, scomposto: *riso, contegno sguaiato.*

sguainare [sguai-nà-re] *v.tr.* Estrarre dal fodero, dalla guaina Ⓢ sfoderare: *sguainare la spada.*

sgualcire [sgual-cì-re] *v.tr.* [*sgualcìsco, sgualcìsci*] Sciupare facendo prendere delle brutte pieghe Ⓢ spiegazzare: *sgualcire una stoffa, una gonna.*

sgualdrina [sgual-drì-na] *s.f.* Donna che ha un comportamento sessuale immorale ◊ Prostituta, puttana.

sguardo [sguàr-do] *s.m.* **1** L'atto del guardare: *rivolse uno sguardo all'amico; non mi ha degnato di uno sguardo* ◊ Occhi: *sollevò lo sguardo su di me; teneva lo sguardo basso per la vergogna* ◊ Occhiata: *diede uno sguardo al giornale* ◊ Modo di guardare che esprime uno stato d'animo, un sentimento: *gli rivolse uno sguardo stupito; uno sguardo sprezzante, d'amore* **2** Vista: *fin dove arrivava lo sguardo non vedeva che mare.*

sguattero [sguàt-te-ro] *s.m.* Persona addetta ai servizi più umili di cucina in ristoranti e alberghi Ⓢ lavapiatti.

sguazzare [sguaz-zà-re] *v.intr.* [aus. *avere*] Stare nell'acqua muovendosi e sollevando spruzzi: *i bambini sguazzano nella vasca* ◊ ♧ *Sguazzare nell'oro* = essere molto ricco.

sguinzagliare [sguin-za-glià-re] *v.tr.* **1** Sciogliere dal guinzaglio: *il cacciatore sguinzagliò il cane* **2** ♧ Mandare all'inseguimento di qualcuno: *la polizia ha sguinzagliato i migliori agenti sulle tracce dei banditi in fuga.*

sgusciare[1] [sgu-scià-re] *v.tr.* Togliere dal guscio: *sgusciare i piselli, le castagne, le uova sode.*

sgusciare[2] [sgu-scià-re] *v.intr.* [aus. *essere*] Scivolare via, sfuggire alla presa: *il pesce gli sgusciò tra le mani.*

shampoo [parola inglese; pron. corrente *sciàmpo*] *s.m.invar.* Miscela liquida per lavare i capelli | *Fare uno shampoo* = lavarsi i capelli con lo shampoo.

sharia [parola araba; pron. *sciarìa*] *s.f.invar.* Nel mondo islamico, il codice di leggi che si basano su Corano.

shiatsu [parola giapponese; pron. *sciàtsu*] *s.m.invar.* Tecnica di massaggio di origine giapponese consistente nell'esercitare una pressione con le dita e con il palmo delle mani su alcuni punti del corpo.

shoah [parola ebraica; pron. *scioà*] *s.f.invar.* Termine usato per designare lo sterminio del popolo ebraico da parte dei nazisti durante la seconda guerra mondiale.

shock [parola inglese; pron. *sciòc*] *s.m.invar.* **1** Violenta reazione dell'organismo a un intenso stimolo esterno, con improvviso abbassamento della pressione Ⓢ collasso **2** Emozione improvvisa e violenta: *quella notizia è stata per tutti un vero shock.*

shopping [parola inglese; pron. corrente *sciòpping*] *s.m.invar.* L'andare in giro per negozi per fare acquisti: *è andata in centro a fare shopping.*

shorts [parola inglese; pron. corrente *sciòrts*] *s.m.pl.* Calzoncini corti.

show [parola inglese; pron. corrente *sció*] *s.m.invar.* Spettacolo di varietà teatrale o televisivo.

si[1] *pronome pers.* **1** Forma del pronome personale *sé* usata come complemento oggetto nei verbi riflessivi e riflessivi reciproci: *si lava spesso; amarsi l'un l'altro* **2** Si usa nella coniugazione dei verbi intransitivi pronominali: *si pentì subito; se ne è appena andato* ◊ A sé: *mangiarsi le unghie; il pranzo se lo prepara da solo* ◊ Si usa con valore rafforzativo e per esprimere maggior partecipazione: *si è mangiato una torta da solo* **3** Serve a dare valore impersonale a un verbo: *si dice che sia molto ricco* **4** Serve a dare valore passivo a un verbo: *la mostra si inaugura domani*; *affittasi, vendesi appartamento.*

Il pronome *si* va messo prima del verbo in tutti i tempi tranne che all'infinito, al gerundio e al participio passato: *nascondersi, amandosi, vistosi*; davanti a *lo, la, li, le, ne* assume la forma *se: non se lo fece ripetere; è ora di andarsene.*

si2 *s.m.* Settima nota della scala musicale.

sì1 *avv.* **1** Esprime una risposta affermativa © no: *«Hai mangiato?» «Sì»* | *Dire, rispondere di sì* = acconsentire, dare una risposta affermativa | *E sì che* = e dire che: *e sì che lo avevo avvisato!* | *Sì e no* = a malapena: *saranno stati sì e no un centinaio* **2** Davvero, proprio: *questa sì che è bella!* ♦ *s.m.* Risposta affermativa Ⓢ assenso: *mi ha garantito il suo sì alla nostra proposta* ◊ (spec. al *pl.*) Voto favorevole: *al referendum i no hanno superato i sì.*

sì2 *congz. Sì che, sì da* = in modo che, in modo da: *bisogna far sì che nessuno resti scontento*; *partite per tempo, sì da non arrivare in ritardo.*

sia [sì-a] *congz.* È usata sempre in correlazione con *sia, che, come, o* ed equivale a «tanto… quanto», «non solo… ma anche», «così… come»: *sia di giorno, sia di notte*; *verremo sia io che lui.*

siamese [sia-mé-se] *agg.* **1** *Fratelli siamesi* = gemelli che nascono congiunti in una parte del corpo **2** *Gatto siamese* = gatto di razza pregiata, con occhi azzurri.

sibilare [si-bi-là-re] *v.intr.* [aus. *avere*] Emettere un sibilo, dei sibili: *il vento sibilava tra gli alberi.*

sibilo [sì-bi-lo] *s.m.* Fischio acuto, sottile e continuato: *il serpente mandò un sibilo minaccioso*; *il sibilo del vento, di una freccia.*

sicario [si-cà-rio] *s.m.* Chi uccide su incarico di altri: *assoldare un sicario.*

sicché [sic-ché] *congz.* **1** E perciò, e quindi: *la strada era interrotta, sicché siamo tornati indietro* ◊ Così che, di modo che: *mi ha risposto male, sicché l'ho punito* **2** Dunque, allora: *sicché, come è finita la faccenda?*

L'accento sulla *e* di *sicché* è acuto (come in *perché, cosicché, finché* ecc.): attenzione a non sbagliarlo, soprattutto quando scrivi al computer.

siccità [sic-ci-tà] *s.f.* Mancanza o scarsezza di piogge per un periodo di tempo piuttosto lungo: *la siccità sta causando seri danni alle colture.*

siccome [sic-có-me] *congz.* Poiché, giacché, dato che: *siccome era tardi, ho preso un taxi.*

sicura [si-cù-ra] *s.f.* Congegno di sicurezza che blocca il meccanismo di sparo delle armi da fuoco o il meccanismo di apertura e chiusura di porte, sportelli e simili.

sicuramente [si-cu-ra-mén-te] *avv.* **1** In modo sicuro, senza rischi: *cerco di viaggiare sicuramente* **2** Certamente: *verrà sicuramente.*

sicurezza [si-cu-réz-za] *s.f.* **1** Assenza o prevenzione di rischi e pericoli: *un'auto che offre la massima sicurezza*; *le autorità hanno fatto sgombrare per sicurezza le zone minacciate dall'alluvione* | *Valvola di sicurezza* = che serve a impedire lo scoppio di caldaie, pentole a pressione e simili | *Agente di pubblica sicurezza* = agente di polizia **2** Condizione di chi è sicuro di sé Ⓢ padronanza, abilità, perizia: *si muoveva con sicurezza su quel terreno accidentato*; *acquistare sicurezza nella guida, nel nuoto* **3** Certezza: *voglio avere la sicurezza di non essermi sbagliato.*

sicuro [si-cù-ro] *agg.* **1** Che non presenta pericoli, che è al riparo da rischi o imprevisti © insicuro: *fare un viaggio sicuro*; *trovare un rifugio sicuro*; *cercare un investimento sicuro per i propri soldi* **2** Privo di qualsiasi timore, fiducioso di non correre pericoli: *potete dormire sicuri*; *vicino a te mi sento sicuro* **3** Che non ha dubbi riguardo a qualcosa Ⓢ certo, convinto: *sono sicuro che ce la farà* ◊ Di cui non si può dubitare Ⓢ indubbio, garantito: *una notizia sicura*; *la vittoria ormai è sicura* | *Un rimedio sicuro* = di provata efficacia | *Andare a colpo sicuro* = con la certezza di non sbagliare | *Di sicuro* = certamente, senza dubbio: *verrà di sicuro anche lui* ◊ Fidato: *un amico sicuro* **4** Che dimostra grande abilità e padronanza: *un guidatore sicuro*; *un chirurgo dalla mano sicura* | *Sicuro di sé* = fiducioso in se stesso, nelle proprie capacità ♦ *s.m.* Luogo o condizione al riparo da rischi e pericoli: *qui siamo al sicuro*; *mise al sicuro i suoi risparmi* | ♧ *Andare sul sicuro* = non correre rischi ♦ *avv.* Certamente: *«Verrai?» «Sicuro!».*

siderurgico [si-de-rùr-gi-co] *agg.* [pl.m. *-ci*] Che produce ferro, acciaio e ghisa: *la crisi dell'industria siderurgica*; *un impianto siderurgico.*

siepe [siè-pe] *s.f.* Fitta fila di arbusti o altre piante, piantata per delimitare, recingere o riparare campi, orti, giardini o come ornamento di viali e strade.

siero [siè-ro] *s.m.* **1** Liquido giallognolo costituito dalla parte acquosa del latte che resta come residuo della fabbricazione del formaggio **2** Parte liquida del sangue che si separa da quella solida dopo la coagulazione ◊ Siero tratto dal sangue di animali immunizzati contro certe malattie e utilizzato come vaccino contro le medesime: *siero antitetanico, antivipera.*

siesta [parola spagnola; pron. *sièsta*] *s.f.* Breve riposo pomeridiano: *fare la siesta dopo pranzo.*

sifone [si-fó-ne] *s.m.* Tubo a forma di U usato nelle tubazioni di scarico degli impianti igienici.

sigaretta [si-ga-rét-ta] *s.f.* Piccolo cilindro di carta sottile riempito di tabacco da fumo trinciato.

sigaro [sì-ga-ro] *s.m.* Rotolo di foglie di tabacco da fumo, confezionato in modo da formare un cilindro o un fuso.

sigillare [si-gil-là-re] *v.tr.* **1** Chiudere con un sigillo: *sigillare una lettera* **2** Chiudere ermeticamente un contenitore: *sigillare un barattolo.*

sigillo [si-gìl-lo] *s.m.* **1** Piccolo strumento di pietra o di metallo su cui sono incisi un simbolo, delle lettere o altri segni distintivi che vengono impressi su cera o ceralacca per firmare un documento, impedire la manomissione di lettere e plichi ecc. ◊ Il pezzetto di cera o ceralacca su cui è stato impresso il sigillo; l'impronta stessa che vi è impressa **2** Dischetto di piombo o di plastica, fascetta o altro contrassegno applicati su pacchi e imballaggi a garanzia dell'integrità del loro contenuto **3** Qualsiasi mezzo di chiusura ermetica (tappo, coperchio ecc.).

sigla [sì-gla] *s.f.* **1** Abbreviazione formata dalle lettere iniziali dei nomi di associazioni, enti, stati, città, ditte ecc.: *ONU è la sigla di Organizzazione delle Nazioni Unite* ◊ Firma abbreviata in genere composta dalle iniziali di nome e cognome **2** Breve motivo musicale che introduce o conclude una trasmissione radiotelevisiva o la diffusione di comunicati pubblicitari.

siglare [si-glà-re] *v.tr.* Contrassegnare con una sigla; firmare con la propria sigla: *siglare un documento* ◊ Sottoscrivere: *i due paesi hanno siglato un accordo, un patto.*

significare [si-gni-fi-cà-re] *v.tr.* [*signìfico, signìfichi*] **1** Avere come significato, voler dire: *non so cosa significhi questa parola* ◊ Essere segno, segnale, simbolo di qualcosa: *il suo silenzio significa che non è d'accordo*; *cosa significa quel cartello stradale?*; *il verde significa speranza* **2** Avere importanza, valore: *ottenere quel posto per lui significa molto.*

significativo [si-gni-fi-ca-tì-vo] *agg.* **1** Che costituisce il segno, l'indizio di qualcosa: *la sua assenza mi sembra significativa*; *gli gettò un'occhiata significativa* **2** Di particolare importanza, rilievo: *un successo significativo.*

significato [si-gni-fi-cà-to] *s.m.* **1** Ciò che una cosa esprime, comunica, vuol dire Ⓢ senso: *imparare il significato di una parola*; *il significato di una poesia*; *il significato di un'occhiata, di un cenno*; *il suo rifiuto di venire ha un preciso significato* **2** ✤ Importanza, valore: *quel dono ha avuto per lei un grande significato.*

signora [si-gnó-ra] *s.f.* **1** Appellativo e titolo di riguardo con cui ci si rivolge o ci si riferisce a una donna sposata (o anche solo non più giovane) e che si premette al nome, al cognome e all'eventuale titolo: *si accomodi signora*; *buongiorno, signora Maria!*; *le presento la signora Rossi*; *la signora direttrice* ◊ Moglie: *mi saluti la sua signora!* **2** Donna in genere: *parrucchiere per signora* **3** Donna ricca, benestante: *fare una vita da signora* ◊ Donna molto educata, gentile nei modi e raffinata nei gusti: *si vede che è una vera signora!*

signore [si-gnó-re] *s.m.* **1** Appellativo e titolo di riguardo con cui ci si rivolge o ci si riferisce a un uomo adulto (o, al *pl.*, anche a più persone di entrambi i sessi) e che si premette al nome, al cognome e all'eventuale titolo; quando è premesso a un nome, proprio o comune, si tronca in *signor*: *mi scusi, signore*; *buongiorno, signor Bianchi*; *vorrei parlare col signor direttore*; *i signori vogliono accomodarsi?* **2** Uomo: *è venuto un signore a cercarti* **3** Anticamente, chi dominava un territorio Ⓢ padrone, principe, sovrano: *il signore del castello*; *i Medici furono per secoli i signori di Firenze* **4** Uomo ricco, benestante: *è un signore e non ha bisogno di lavorare* **5** Uomo che mostra grande educazione, generosità, gentilezza: *si è comportato da vero signore* **6** (con l'iniziale maiuscola) Dio, Gesù Cristo: *pregare il Signore*; *con l'aiuto di Nostro Signore.*

signorile [si-gno-rì-le] *agg.* **1** Di signori feudali o rinascimentali: *un antico palazzo signorile* **2** Da signori, per benestanti Ⓢ elegante: *una casa, un quartiere signorile* ◊ Proprio di chi ha avuto una fine educazione Ⓢ distinto, garbato Ⓒ volgare: *si distingue sempre per le sue maniere signorili.*

signorilità [si-gno-ri-li-tà] *s.f.* Finezza, distinzione, garbo nei modi e nel comportamento.

signorina [si-gno-rì-na] *s.f.* **1** Appellativo e titolo di riguardo con cui ci si rivolge o ci si riferisce a una donna non sposata e che si premette al nome, al cognome e all'eventuale titolo: *buona sera signorina (Rossi, Luisa)!*; *la signorina maestra* **2** Donna giovane non ancora sposata Ⓢ ragazza: *questo vestito non è adatto a una signorina*; *era una bambina e in pochi anni si è fatta una signorina* ◊ Donna rimasta nubile Ⓢ zitella.

silenziatore [si-len-zia-tó-re] *s.m.* Dispositivo applicato alla bocca delle armi da fuoco per attutire il rumore dello sparo.

silenzio [si-lèn-zio] *s.m.* **1** Assenza di rumori, di suoni, di voci: *senti che silenzio c'è qui!*; *uno sparo ruppe il silenzio della notte* **2** Lo stare zitti; lo smettere di parlare, cantare, suonare, far rumore: *lo ascoltarono in silenzio*; *fate un po' di silenzio, per favore!* **3** Il non parlare su un dato argomento: *ti raccomando il massimo silenzio su questo affare* **4** Il fatto di non dare notizie di sé (con lettere, telefonate): *è da qualche mese che non si fa vivo e il suo silenzio mi preoccupa* **5** Nelle caserme, il segnale di tromba che segna l'inizio del riposo notturno e proibisce qualsiasi rumore.

silenzioso [si-len-zió-so] *agg.* **1** Che sta in silenzio o parla poco Ⓢ taciturno: *perché oggi sei così silenzioso?* **2** Privo di rumori Ⓢ quieto, tranquillo Ⓒ rumoroso, chiassoso: *una zona, una notte silenziosa* **3** Che non fa rumore o ne fa poco: *passi silenziosi*; *un motore molto silenzioso.*

silhouette [parola francese; pron. *siluèt*] *s.f. invar.* **1** Ritratto di profilo di una persona che ne rappresenta solo i contorni, generalmente in nero su fondo bianco **2** ♧ Profilo, linea del corpo (spec. femminile): *ha una bella silhouette.*

silicio [si-lì-cio] *s.m.* Elemento chimico diffusissimo in natura in rocce e minerali; è impiegato tra l'altro nella fabbricazione dei circuiti elettronici.

silicone [si-li-có-ne] *s.m.* Composto del silicio fabbricato artificialmente e utilizzato in numerosi impieghi (lubrificanti, vernici, isolanti ecc.).

sillaba [sìl-la-ba] *s.f.* **1** Lettera o gruppo di lettere che si pronunciano con una sola emissione di voce e costituiscono perciò l'unità minima in cui può essere suddivisa una parola; la sillaba può essere formata da una vocale o da un dittongo, soli o accompagnati da una o più consonanti (*ca-sel-la*; *a-iu-to*; *buo-i*) **2** ♧ Neanche una parola: *non ho capito una sillaba di tutto quello che hanno detto.*

sillabare [sil-la-bà-re] *v.tr.* Dividere le parole in sillabe, come esercizio scolastico ◊ Pronunciare le parole staccando nettamente le sillabe.

sillabario [sil-la-bà-rio] *s.m.* Libro scolastico usato in passato per imparare a leggere e a scrivere partendo dalle singole sillabe.

silo [sì-lo] *s.m.* [pl. *sili* o *silos*] **1** Costruzione, per lo più di forma cilindrica, usata spec. per la conservazione di cereali e foraggi **2** Edificio a più piani per il parcheggio di autoveicoli.

silurare [si-lu-rà-re] *v.tr.* **1** Colpire con uno o più siluri **2** ♧ Rimuovere qualcuno da un incarico di grande prestigio e responsabilità Ⓢ destituire: *il prefetto è stato silurato in seguito allo scandalo* **3** ♧ Far fallire: *silurare un'iniziativa.*

siluro [si-lù-ro] *s.m.* Arma subacquea costituita da un cilindro affusolato carico d'esplosivo che, lanciato da una nave, da un sommergibile o da un aereo, si dirige contro l'obiettivo spinto da un proprio motore.

silvestre [sil-vè-stre] *agg.* Che cresce nelle selve: *fiori silvestri* ◊ Ricoperto da selve Ⓢ boscoso: *una zona silvestre.*

simbiosi [sim-bi-ò-si] *s.f.* **1** Vita in comune tra animali o piante di specie diverse che traggono da questa associazione un reciproco vantaggio **2** ♧ Stretto rapporto tra persone o cose diverse.

simboleggiare [sim-bo-leg-già-re] *v.tr.* Rappresentare, esprimere in modo simbolico: *il colore verde simboleggia la speranza.*

simbolico [sim-bò-li-co] *agg.* [pl.m. *-ci*] Che costituisce un simbolo, ha natura di simbolo: *una figura simbolica* ◊ Che ha valore e importanza non tanto in sé quanto per ciò che rappresenta: *offrire un dono simbolico.*

simbolo [sìm-bo-lo] *s.m.* **1** Oggetto, elemento, animale o personaggio che viene scelto a rappresentare un'idea, un concetto Ⓢ emblema: *la croce è il simbolo del cristianesimo*; *il verde è il simbolo della speranza* **2** Segno grafico convenzionale usato per rappresentare sinteticamente qualcosa: *simboli matematici, chimici*; *«C» è il simbolo del carbonio*; *il segno = è il simbolo di uguaglianza.*

sim card [locuzione inglese; pron. corrente *sim card*] *s.f.invar.* Piccola tessera di plastica dotata di un microprocessore che, inserita in un telefono cellulare, identifica un abbonato al servizio di telefonia mobile.

similare [si-mi-là-re] *agg.* Dello stesso genere, di tipo simile Ⓢ analogo: *prodotti similari.*

simile [sì-mi-le] *agg.* **1** Che presenta notevoli analogie e somiglianze con un'altra o con altre cose o persone Ⓢ analogo, somigliante Ⓒ diverso: *il giaguaro è simile al leopardo*; *abbiamo gusti simili*; *anche a me è successo un caso simile* **2** Di tale sorta Ⓢ tale: *con gente simile non voglio avere a che fare* ♦ *s.m.* (spec. al *pl.*) *I propri simili* = gli altri uomini, il prossimo | *E simili* = altre cose o persone dello stesso genere di quelle già dette.

similitudine [si-mi-li-tù-di-ne] *s.f.* Paragone che serve a esprimere con maggior forza e chiarezza un concetto (per es. *stava muto come un pesce*; *beve come una spugna*; *le sue guance sono fresche come rose*).

simmetria [sim-me-trì-a] *s.f.* Corrispondenza perfetta (di posizione, forma, dimensione) degli elementi di un insieme collocati da parti opposte rispetto a un punto, un asse o un piano che divide in due parti uguali quell'insieme (una figura geometrica, un oggetto, un cristallo, un organismo animale o vegetale, una costruzione ecc.).

simmetrico [sim-mè-tri-co] *agg.* [pl.m. *–ci*] Che ha simmetria, è disposto in simmetria Ⓒ asimmetrico: *una piazza simmetrica*; *le orecchie sono in posizione simmetrica.*

simpatia [sim-pa-tì-a] *s.f.* Sentimento di attrazione istintiva verso una persona: *una persona che ispira simpatia a tutti*; *tra loro è nata una grande simpatia* ◊ Disposizione d'animo favorevole nei confronti di qualcosa: *guardare con simpatia a un'iniziativa* ◊ Qualità di chi è simpatico: *una persona di grande simpatia.*

simpatico [sim-pà-ti-co] *agg.* [pl.m. *–ci*] Che ispira simpatia, piace a tutti: *un tipo simpatico* ◊ Gradevole, piacevole: *abbiamo trascorso in loro compagnia una simpatica serata.*

simpatizzare [sim-pa-tiz-zà-re] *v.intr.* [aus. *avere*] **1** Provare reciproca simpatia: *hanno simpatizzato appena si sono conosciuti* ◊ Fare amicizia, entrare in buoni rapporti con qualcuno: *ha subito simpatizzato con i nuovi colleghi* **2** Essere favorevole a un partito, a un movimento, a un club sportivo, a un'ideologia ecc.

simulare [si-mu-là-re] *v.tr.* **1** Cercare di far credere qualcosa che non esiste, non è vero Ⓢ fingere: *simulare amicizia per qualcuno*; *simulare una malattia, la pazzia* **2** Riprodurre artificialmente, a scopo di esperimento, le condizioni in cui si svolge un fenomeno: *un ambiente che permette di simulare l'assenza di gravità.*

simulatore [si-mu-la-tó-re] *s.m.* [f. *–trice*] Chi simula, finge Ⓢ bugiardo, impostore.

simulazione [si-mu-la-zió-ne] *s.f.* **1** Finzione: *non credergli, la sua è tutta una simulazione* **2** Riproduzione a scopo sperimentale delle condizioni in cui si svolge un fenomeno: *simulazione di volo*; *simulazione di assenza di gravità.*

simultaneo [si-mul-tà-ne-o] *agg.* Che avviene nello stesso preciso momento: *i due spari furono quasi simultanei* | *Traduzione simultanea* = traduzione orale effettuata man mano che viene pronunciato il discorso in lingua originale.

sinagoga [si-na-gò-ga] *s.f.* Tempio e luogo di culto ebraico.

sinceramente [sin-ce-ra-mén-te] *avv.* In modo sincero, con sincerità: *rispondimi sinceramente* ◊ In verità, a dire il vero: *sinceramente non so cosa dire.*

sincerarsi [sin-ce-ràr-si] *v.pr.* Accertarsi, assicurarsi di qualcosa: *ha voluto sincerarsi personalmente dei fatti.*

sincerità [sin-ce-ri-tà] *s.f.* Il fatto di essere sincero: *non ho alcun dubbio sulla sua sincerità* ◊ Franchezza, schiettezza: *te lo dico con tutta sincerità.*

sincero [sin-cè-ro] *agg.* Che dice quello che veramente pensa e sente Ⓢ schietto, franco Ⓒ falso, ipocrita: *è una persona sincera*; *sarò sincero con te* ◊ Che sente effettivamente quello che manifesta: *un amico sincero* ◊ Che riflette quanto effettivamente uno pensa e sente; non simulato Ⓢ vero, autentico: *parole sincere*; *un pentimento sincero.*

sinché [sin-ché] *congz.* Finché.

sincope [sìn-co-pe] *s.f.* Improvvisa perdita di coscienza, con arresto dell'attività cardiaca e respiratoria.

sincronia [sin-cro-nì-a] *s.f.* Contemporaneità di svolgimento di fatti, fenomeni, azioni Ⓢ sincronismo: *i ballerini si muovevano con perfetta sincronia.*

sincronismo [sin-cro-nì-smo] *s.m.* Sincronia.

sincronizzare [sin-cro-niz-zà-re] *v.tr.* Far sì che più fatti o azioni avvengano nello stesso momento: *i ballerini si esercitavano a sincronizzare i loro movimenti* | *Sincronizzare gli orologi* = regolarli sulla stessa ora.

sincrono [sìn-cro-no] *agg.* Che avviene nello stesso momento o spazio di tempo: *fatti sincroni.*

sindacale [sin-da-cà-le] *agg.* Del sindacato, dei sindacati: *si è iscritto a un'organizzazione sindacale*; *lotta, attività sindacale.*

sindacalista [sin-da-ca-lì-sta] *s.m.f.* [pl.m. *–sti*] Rappresentante, funzionario di un'organizzazione sindacale.

sindacare [sin-da-cà-re] *v.tr.* [*sìndaco, sìndachi*] Esprimere giudizi e critiche su una persona e sui suoi comportamenti: *non spetta a te sindacare la mia vita privata.*

sindacato [sin-da-cà-to] *s.m.* Associazione di lavoratori, costituita per tutelarne i diritti e gli interessi: *il sindacato dei metalmeccanici, degli insegnanti.*

sindaco [sìn-da-co] *s.m.* [pl. *–ci*] Capo dell'amministrazione di un comune, eletto direttamente dai cittadini.

sindrome [sìn-dro-me] *s.f.* Complesso di sintomi che caratterizzano una malattia, uno stato di malessere.

sinfonia [sin-fo-nì-a] *s.f.* Composizione musicale per orchestra: *le nove sinfonie di Beethoven.*

singhiozzare [sin-ghioz-zà-re] *v.intr.* [aus. *avere*] **1** Piangere convulsamente, a singhiozzi **2** Avere il singhiozzo: *mangia così in fretta che poi si mette a singhiozzare* **3** ♧ Procedere a sbalzi, a scatti: *l'autobus fece la salita singhiozzando.*

singhiozzo [sin-ghióz-zo] *s.m.* **1** Contrazione improvvisa e frequente di un muscolo della gola, accompagnata da un suono caratteristico Ⓢ singulto: *bevi un bicchier d'acqua per far passare il singhiozzo* ◊ Pianto convulso con singulti: *scoppiare in singhiozzi* **2** ♧ *A singhiozzi* = a sbalzi, a scatti: *l'auto partì a singhiozzi.*

singolare [sin-go-là-re] *agg.* Unico nel suo genere Ⓢ particolare, caratteristico Ⓒ comune: *ha un suo modo singolare di esprimersi* ◊ Fuori del comune Ⓢ strano: *mi è capitato un fatto singolare*; *è un tipo singolare* ◊ Straordinario, eccezionale: *una donna di singolare bellezza* ♦ *agg.* e *s.m.* Detto di forma grammaticale che indica una sola cosa o una sola persona: *il singolare di «uomini» è «uomo»*; *coniugare un verbo al singolare.*

singolarmente [sin-go-lar-mén-te] *avv.* **1** Uno a uno: *presi singolarmente sono tutti bravi ragazzi* **2** Particolarmente, straordinariamente: *un giovane singolarmente intelligente.*

singolo [sìn-go-lo] *agg.* **1** Considerato da solo, separatamente dagli altri: *accertare le singole responsabilità di ciascuno* **2** Uno solo, unico: *documento in singola copia* ◊ Per una sola persona: *cabina, camera singola* ♦ *s.m.* Individuo singolo: *l'interesse della collettività deve prevalere su quello del singolo.*

sinistra [si-nì-stra] *s.f.* **1** La mano sinistra: *scrivere con la sinistra* ◊ Il lato, la direzione che corrisponde alla mano sinistra: *stare alla sinistra di qualcuno*; *girare a sinistra* **2** Le forze politiche progressiste e radicali Ⓒ destra: *una legge a cui si è opposta la sinistra* | *Di sinistra* = progressista, radicale: *partito, idee di sinistra* ◊ L'ala più radicale di un partito, di un movimento politico.

sinistro [si-nì-stro] *agg.* **1** Che sta, nel corpo umano o animale, dalla parte del cuore Ⓒ destro: *occhio, braccio sinistro*; *il cavallo si è ferito alla zampa sinistra* ◊ Che si trova a sinistra dal punto di vista di chi osserva: *il negozio è sul lato sinistro della strada* | *La riva sinistra di un fiume* = quella che sta a sinistra guardando nella direzione della corrente **2** ♧ Infausto, di cattivo auspicio: *ebbe un sinistro presentimento* ◊ Che incute paura Ⓢ lugubre: *un luogo sinistro* ◊ Bieco, torvo, minaccioso: *un individuo sinistro*; *un'occhiata sinistra* ♦ *s.m.* **1** Incidente, disastro, disgrazia: *le ambulanze si portarono sul luogo del sinistro* **2** Nel pugilato, il pugno sinistro e il colpo vibrato con tale pugno ◊ Nel calcio, il piede sinistro e il tiro eseguito con tale piede: *calciare di sinistro*; *un sinistro al volo.*

sino vedi **fino**.

sinonimo [si-nò-ni-mo] *agg.* e *s.m.* Vocabolo che ha sostanzialmente lo stesso significato di un altro (per es. *faccia* e *viso*, *testardo* e *ostinato*).

sinora vedi **finora**.

sintassi [sin-tàs-si] *s.f.* L'insieme delle norme che, in una data lingua, regolano le relazioni grammaticali tra le parole di una frase e tra le frasi di un periodo.

sintattico [sin-tàt-ti-co] *agg.* [pl.m. *–ci*] Relativo alla sintassi: *un errore sintattico.*

sintesi [sìn-te-si] *s.f.* Esposizione riassuntiva Ⓢ compendio, riassunto: *fare la sintesi di un discorso, di un libro* | *In sintesi* = in breve, in modo conciso: *raccontami, in sintesi, che cosa è successo.*

sintetico [sin-tè-ti-co] *agg.* [pl.m. *–ci*] **1** Breve e limitato all'essenziale Ⓢ conciso, riassuntivo Ⓒ prolisso: *cerca di essere più sintetico*; *mi ha fatto un quadro sintetico della situazione* **2** Ottenuto artificialmente con procedimenti chimici Ⓒ naturale: *fibre tessili sintetiche*; *un diamante sintetico.*

sintetizzare [sin-te-tiz-zà-re] *v.tr.* Esporre in modo sintetico Ⓢ riassumere: *mi ha sintetizzato in poche parole la situazione.*

sintomatico [sin-to-mà-ti-co] *agg.* [pl.m. *–ci*] Che è indizio, segno di qualcosa Ⓢ significativo: *è sintomatico che non si sia fatto vivo.*

sintomo [sìn-to-mo] *s.m.* **1** Fenomeno, segno caratteristico con cui si manifesta una malattia: *cominciò ad avvertire i sintomi dell'influenza* **2** ♧ Segno evidente di qualcosa Ⓢ indizio, segnale: *le dimissioni del ministro furono il primo sintomo della crisi.*

sintonia [sin-to-nì-a] *s.f.* **1** Nelle telecomunicazioni, accordo tra la frequenza d'onda di un ricevitore e quella di una stazione trasmittente radiotelevisiva, per cui *mettere in sintonia* una radio o un televisore significa regolarne il dispositivo (*comando di sintonia*) che serve a scegliere la frequenza, cioè la trasmissione desiderata **2** ♧ Corrispondenza, accordo, armonia: *c'è poca sintonia tra la posizione del ministro e quella del governo*; *tra noi c'è molta sintonia.*

sintonizzare [sin-to-niz-zà-re] *v.tr.* Mettere in sintonia: *sintonizzare una radio su una stazione trasmittente* ♦ **sintonizzarsi** *v.pr.* Porre in sintonia il proprio apparecchio con una stazione radio o un canale televisivo.

sinuoso [si-nu-ó-so] *agg.* Caratterizzato da curve frequenti, da continue sporgenze e rientranze: *un fiume dal corso sinuoso*; *una costa sinuosa.*

sipario [si-pà-rio] *s.m.* Pesante tendaggio o telone che, nei teatri, nasconde il palcoscenico al pubblico della sala all'inizio, alla fine e negli intervalli della rappresentazione: *alzare, aprire, calare, chiudere il sipario.*

sirena[1] [si-rè-na] *s.f.* Creatura favolosa della mitologia greco-romana, con l'aspetto di fanciulla nella parte superiore del corpo e di pesce in quella inferiore.

sirena[2] [si-rè-na] *s.f.* Apparecchio che produce segnali acustici forti e prolungati, usato nelle fabbriche per segnalare l'inizio e la fine dei turni di lavoro, dai veicoli di soccorso e di polizia per avere la precedenza sulle strade, come segnale di allarme per la popolazione ecc.

siringa [si-rìn-ga] *s.f.* Strumento per iniettare liquidi medicinali nell'organismo o per estrarne sangue o altri liquidi; è costituito da un cilindro con stantuffo, di vetro o di plastica, in cui è inserito un ago forato.

sisma [sì-sma] o **sismo** [sì-smo] *s.m.* [pl. *–smi*] Terremoto.

sismico [sì-smi-co] *agg.* [pl.m. *–ci*] Di terremoto Ⓢ tellurico: *movimenti sismici*; *una forte scossa sismica* | *Zona, area sismica* = soggetta a frequenti terremoti.

sismografo [si-smò-gra-fo] *s.m.* Strumento che registra le scosse sismiche, la loro intensità e durata.

sistema [si-stè-ma] *s.m.* [pl. *–mi*] **1** Insieme di elementi tra loro collegati in modo da costituire un complesso organico: *sistema montuoso (alpino, appenninico)*; *sistema metrico decimale* | *Sistema solare* = l'insieme costituito dal Sole e dai corpi celesti che gravitano intorno ad esso ◊ Negli organismi viventi, il complesso degli organi che svolgono una determinata funzione Ⓢ apparato: *sistema nervoso, respiratorio* ◊ Tipo di organizzazione economica, sociale e politica di uno stato Ⓢ regime: *il sistema capitalista, socialista*; *sistema monarchico, repubblicano* **2** Metodo adottato nello svolgere un'attività o per conseguire uno scopo: *un sistema razionale di coltivazione, d'insegnamento*; *un nuovo sistema per imparare le lingue* ◊ Modo, maniera di vivere, di agire, di comportarsi: *un sistema di vita molto sano*; *che sistema è questo di trattare la gente?* **3** *Sistema operativo* = nei computer, particolare programma che costituisce "il cuore" del *software* e che svolge tutte le operazioni di base che permettono alla macchina di funzionare.

sistemare [si-ste-mà-re] *v.tr.* **1** Mettere in ordine, mettere al proprio posto: *sistemare la stanza, i libri* ◊ ♧ Risolvere, definire: *sei riuscito a sistemare quella faccenda?* **2** Dare un alloggio a qualcuno: *per il momento ci hanno sistemato in un albergo* ◊ Procurare un posto di lavoro: *ha sistemato il figlio in banca* **3** Punire qualcuno come si merita: *se non la pianti, ti sistemo io!* ♦ **sistemarsi** *v.pr.* **1** Andare a posto Ⓢ risolversi: *vedrai che prima o poi tutto si sistemerà* **2** Trovare un alloggio: *ci siamo sistemati da un amico* ◊ Trovare un impiego: *è disoccupato, ma spera prima o poi di sistemarsi.*

sistematicamente [si-ste-ma-ti-ca-mén-te] *avv.* **1** Con metodo rigoroso: *studiare sistematicamente* **2** Regolarmente: *arriva sistematicamente in ritardo* ◊ Per principio, per partito preso: *si oppone sistematicamente a ogni ricerca di accordo.*

sistematico [si-ste-mà-ti-co] *agg.* [pl.m. *–ci*] **1** Che è svolto o procede con metodo, con ordine e in modo organico Ⓢ metodico, meticoloso, rigoroso: *fare ricerche sistematiche, controlli sistematici*; *studia in modo sistematico* **2** Regolare, costante: *fa una vita sistematica*; *è in ritardo sistematico* **3** Fatto per principio, per partito preso: *critica, opposizione sistematica.*

sistemazione [si-ste-ma-zió-ne] *s.f.* **1** Modo in cui si sistema qualcosa Ⓢ assetto, disposizione: *cambiare la sistemazione dei libri, dei mobili* **2** Alloggio: *un amico gli ha offerto una sistemazione per la notte* ◊ Posto di lavoro: *ha trovato una buona sistemazione in banca.*

sito [sì-to] *agg.* Situato: *la casa è sita in centro* ♦ *s.m.* **1** Luogo, località: *ci siamo fermati in un bel sito*; *un sito archeologico* **2** In Internet, luogo virtuale in cui un utente (per es. un'azienda) offre informazioni e servizi agli altri utenti della Rete.

situare [si-tu-à-re] *v.tr.* Porre, collocare in un luogo: *la casa è situata in riva al fiume.*

situazione [si-tua-zió-ne] *s.f.* Stato, condizione in cui si trova qualcuno o qualcosa: *è in una situazione familiare difficile*; *la situazione politica di un paese* ◊ Circostanza o complesso di circostanze: *vestirsi in modo adatto alla situazione*; *ha saputo essere all'altezza della situazione.*

sketch [parola inglese; pron. corrente *schèč*] *s.m.invar.* Breve scenetta, per lo più comica.

ski-lift [parola inglese; pron. corrente *schilìft*] *s.m.invar.* Sciovia: *prendere lo ski-lift.*

skipper [parola inglese; pron. corrente *schìpper*] *s.m.f.invar.* Chi comanda la manovra nelle imbarcazioni a vela.

slacciare [slac-cià-re] *v.tr.* Sciogliere, liberare da ciò che tiene allacciato: *slacciare la camicia, le scarpe, un bottone* ♦ **slacciarsi** *v.pr.* Sciogliersi dall'allacciatura: *mi si è slacciata una stringa.*

slalom [slà-lom] *s.m.invar.* Gara di discesa con gli sci lungo un percorso con passaggi obbligati tra coppie di paletti (*porte*) | *Slalom speciale* = su percorso in forte pendenza e con porte molto ravvicinate | *Slalom gigante* = su percorso più lungo e con porte più distanziate.

slanciarsi [slan-ciàr-si] *v.pr.* **1** Lanciarsi, gettarsi con impeto: *i soldati si slanciarono all'attacco* **2** Protendersi verso l'alto: *un campanile che si slancia verso il cielo.*

slanciato [slan-cià-to] *agg.* Alto e snello: *un giovane, un fisico slanciato* ◊ Proteso verso l'alto: *una torre slanciata.*

slancio [slàn-cio] *s.m.* **1** Balzo rapido e deciso: *con uno slancio si gettò su di lui* | *Di slancio* = con un balzo, di scatto: *si buttò di slancio nel fuoco per salvare il bambino* | *Prendere lo slancio* = la rincorsa **2** ♧ Impulso improvviso e irrefrenabile dell'animo: *avere uno slancio di bontà, d'affetto, di generosità.*

slang [parola inglese; pron. corrente *slèng*] *s.m. invar.* Insieme di parole ed espressioni usate in particolari ambienti o gruppi sociali Ⓢ gergo.

slargo [slàr-go] *s.m.* [pl. *–ghi*] Punto in cui una strada, un terreno si allargano.

slash [parola inglese; pron. corrente *slèš*] *s.m. invar.* Il segno della barra obliqua inclinata a destra (/) o a sinistra (\).

slavato [sla-và-to] *agg.* Sbiadito, scialbo, spento (di colore): *capelli di un biondo slavato.*

slavina [sla-vì-na] *s.f.* Frana, valanga di neve.

sleale [sle-à-le] *agg.* Che manca di lealtà, non leale: *un avversario sleale*; *usare mezzi sleali.*

slealtà [sle-al-tà] *s.f.* Mancanza di lealtà: *ha agito con slealtà* ◊ Azione sleale: *commettere una slealtà.*

slegare [sle-gà-re] *v.tr.* [*slégo, sléghi*] Sciogliere, liberare dai legami: *slegare un pacco*; *slegò il cane* ◊ Disfare un legame: *slegare un nodo* ♦ **slegarsi** *v.pr.* Sciogliersi dai legami: *il prigioniero riuscì a slegarsi dalle catene.*

slip [parola inglese; pron. corrente *slip*] *s.m.invar.* Mutandine molto corte e aderenti, usate sia come biancheria intima che come costume da bagno.

slitta [slìt-ta] *s.f.* Veicolo con pattini al posto delle ruote, adatto per spostarsi su neve e ghiaccio e trainato da animali (cani, renne, cavalli).

slittare [slit-tà-re] *v.intr.* [aus. *avere* e *essere*] **1** Scivolare su una superficie sdrucciolevole: *le auto slittavano sul fondo ghiacciato* ◊ Detto delle ruote di un veicolo, girare a vuoto senza riuscire a far presa sul terreno **2** ♧ Venire rinviato: *l'incontro slitterà di una settimana.*

slittino [slit-tì-no] *s.m.* Piccola slitta non trainata, da divertimento o per gare sportive.

slogan [parola inglese; pron. corrente *slògan*] *s.m.invar.* Breve frase tendente a colpire l'immaginazione, usata a scopo pubblicitario o propagandistico: *slogan elettorali, pubblicitari.*

slogare [slo-gà-re] *v.tr.* [*slògo, slòghi*] Provocare una slogatura: *ha slogato il polso cadendo* ♦ **slogarsi** *v.pr.* Subire una slogatura: *gli si è slogata una caviglia.*

slogatura [slo-ga-tù-ra] *s.f.* Distorsione di un'articolazione (polso, caviglia, spalla ecc.).

sloggiare [slog-già-re] *v.tr.* Cacciare, mandar via da un alloggio, da un luogo, da un posto: *è stato sloggiato di casa* ♦ *v.intr.* [aus. *avere*] Andarsene, sgombrare da un alloggio, da un luogo, da un posto: *abbiamo avuto lo sfratto e dobbiamo sloggiare* | *Sloggia (di qui)!* = vattene!

slow food [locuzione inglese; pron. corrente *slóu fud*] *s.m.invar.* Movimento gastronomico favorevole al recupero dei cibi tradizionali e genuini e a un modo di mangiare tranquillo e rilassato (in contrapposizione al *fast food*).

slum [parola inglese; pron. corrente *slàm*] *s.m. invar.* Nelle grandi città, quartiere povero e sovrappopolato fatto di case malsane e cadenti o anche di baracche.

smaccato [smac-cà-to] *agg.* Esagerato, sfacciato: *lodi smaccate*; *ha una fortuna smaccata.*

smacchiare [smac-chià-re] *v.tr.* Pulire dalle macchie: *smacchiare un vestito.*

smacco [smàc-co] *s.m.* [pl. *–chi*] Sconfitta, insuccesso umiliante: *che smacco per lui se non riesce a farsi eleggere nemmeno questa volta!*

smagliante [sma-gliàn-te] *agg.* Splendente (anche ♧): *un colore, una luce smagliante*; *ha un sorriso smagliante.*

smagliare [sma-glià-re] *v.tr.* Rompere, disfare le maglie di un tessuto ♦ **smagliarsi** *v.pr.* Rompersi, disfarsi nelle maglie (detto spec. delle calze femminili).

smagliatura [sma-glia-tù-ra] *s.f.* Strappo, rottura nelle maglie di un tessuto: *ha una smagliatura a una calza.*

smaliziato [sma-li-zià-to] *agg.* Non più ingenuo,

che conosce la vita: *una ragazza smaliziata* ◊ Che la sa lunga, conosce tutte le astuzie Ⓢ esperto, scaltro: *un commerciante smaliziato.*

smaltare [smal-tà-re] *v.tr.* Ricoprire di smalto; dipingere con lo smalto: *smaltare una padella, un vassoio*; *smaltarsi (di rosso, di rosa) le unghie.*

smaltire [smal-tì-re] *v.tr.* [*smaltìsco, smaltìsci*] **1** Digerire: *un pranzo pesante da smaltire* ◊ ♧ Far passare, superare: *deve ancora smaltire la sbornia, la rabbia* **2** Far defluire, eliminare acque di scolo, immondizie ecc.: *la fognatura non riesce a smaltire le acque di scarico*; *smaltire i rifiuti urbani* | ♧ *Smaltire il traffico* = farlo defluire **3** Vendere completamente, esaurire (merci): *ha smaltito in pochi giorni tutte le scorte.*

smalto [smàl-to] *s.m.* **1** Sostanza vetrosa usata per rivestire e decorare oggetti metallici e di ceramica **2** *Smalto per unghie* = cosmetico per colorare le unghie **3** *Smalto dei denti* = lo strato esterno, duro, bianco e lucente **4** ♧ Forma brillante, vivacità, vigore: *un atleta, una voce che ha perso lo smalto dei giorni migliori.*

smanceria [sman-ce-rì-a] *s.f.* (spec. al *pl.*) Manifestazione di affetto esagerata, troppo sdolcinata Ⓢ moina: *non sopporto le smancerie.*

smanettare [sma-net-tà-re] *v.intr.* [aus. *avere*] **1** Accelerare velocemente e ripetutamente con la moto **2** Eseguire rapidamente e con abilità operazioni al computer.

smanettone [sma-net-tó-ne] *s.m.* Persona che utilizza il computer con grande abilità.

smania [smà-nia] *s.f.* **1** Stato d'agitazione, d'irrequietezza, d'insofferenza: *hai la smania addosso, che non stai fermo un momento?* **2** ♧ Desiderio intenso, irrefrenabile: *gli è presa la smania di sposarsi, di viaggiare.*

smanioso [sma-nió-so] *agg.* Che arde dal desiderio, ha una voglia impaziente di qualcosa: *giovani smaniosi di divertimenti*; *era smanioso di partire.*

smantellare [sman-tel-là-re] *v.tr.* Demolire: *smantellare le mura di una città, una base missilistica, una nave* ◊ ♧ *Smantellare un'accusa* = dimostrarne l'infondatezza.

smarcare [smar-cà-re] *v.tr.* [*smàrco, smàrchi*] Nel calcio e in altri sport, liberare un compagno di squadra dal controllo dell'avversario con un passaggio ben studiato ♦ **smarcarsi** *v.pr.* Nel calcio e in altri sport, liberarsi dal controllo dell'avversario con uno scatto, con una finta.

smargiasso [smar-giàs-so] *s.m.* Persona che si vanta di aver compiuto o di poter compiere cose eccezionali Ⓢ spaccone, fanfarone, gradasso, sbruffone.

smarrimento [smar-ri-mén-to] *s.m.* **1** Perdita di qualcosa: *denunciare lo smarrimento della patente* **2** ♧ Stato di momentaneo disorientamento, di sconcerto, di sbigottimento, di incertezza su cosa fare o dire: *a quella domanda ebbe un attimo di smarrimento, ma poi si riprese.*

smarrire [smar-rì-re] *v.tr.* [*smarrìsco, smarrìsci*] Non trovare più, non riuscire a ritrovare qualcosa Ⓢ perdere: *smarrire il portafoglio, le chiavi di casa*; *abbiamo smarrito la strada* ♦ **smarrirsi** *v.pr.* **1** Non ritrovare più la strada Ⓢ perdersi: *ci siamo smarriti nel bosco* **2** ♧ Restare disorientato, confuso, perdersi d'animo.

smarrito [smar-rì-to] *agg.* **1** Perduto: *ufficio oggetti smarriti* **2** ♧ Disorientato, confuso, sbigottito: *a quella domanda si sentì smarrito*; *mi rivolse uno sguardo smarrito.*

smartphone [parola inglese; pron. corrente *smartfòn*] *s.m.invar.* Telefono cellulare dotato di varie funzioni aggiuntive, quali navigazione Internet, posta elettronica, fotocamera, registratore audio ecc.

smascherare [sma-sche-rà-re] *v.tr.* Svelare, scoprire la vera natura di qualcuno o di qualcosa che si presentava sotto false apparenze: *smascherare una spia, le reali intenzioni di qualcuno.*

smembrare [smem-brà-re] *v.tr.* **1** Fare a pezzi Ⓢ squartare **2** ♧ Dividere in più parti un complesso unitario: *smembrare uno stato, una proprietà, una famiglia.*

smemorato [sme-mo-rà-to] *agg.* e *s.m.* **1** Che, chi ha perso la memoria **2** Che, chi si dimentica facilmente delle cose, spec. per distrazione Ⓢ sbadato: *quello smemorato ha dimenticato anche stavolta le chiavi!*

smentire [smen-tì-re] *v.tr.* [*smentìsco, smentìsci*] **1** Dichiarare o dimostrare non vero quanto è stato detto da qualcuno Ⓒ confermare: *l'attore ha smentito di essersi sposato*; *i fatti hanno smentito la tua previsione* ◊ Dichiarare o dimostrare che qualcuno ha detto cose non vere, inesatte Ⓢ contraddire: *il testimone ha smentito l'imputato* **2** Ritrattare Ⓒ confermare: *al processo ha smentito la confessione fatta al momento dell'arresto* ♦ **smentirsi** *v.pr.* Contraddirsi | *Non smentirsi* = essere sempre lo stesso: *anche oggi in ritardo, non ti smentisci mai!*

smentita [smen-tì-ta] *s.f.* Dichiarazione che nega la verità di una notizia, di un'affermazione: *la notizia della crisi ha ricevuto una secca smentita da parte del governo.*

smeraldo [sme-ràl-do] *s.m.* Pietra preziosa di colore verde intenso e brillante ♦ usato anche come *agg.invar.* Di colore verde brillante: *un mare di color smeraldo.*

smerciare [smer-cià-re] *v.tr.* Vendere come merce Ⓢ smaltire: *prodotti facili, difficili da smerciare.*

smercio [smèr-cio] *s.m.* Vendita di merci.

smesso [smés-so] *agg.* Che non si usa, non si mette più (detto di indumenti): *un abito smesso.*

smettere [smét-te-re] *v.tr.* e *v.intr.* [coniugato come *mettere*; aus. *avere*] Interrompere, cessare di fare ciò che si sta facendo: *smettere un lavoro, gli studi*; *ha smesso di fumare*; *smettete(la) di litigare*; *usciamo appena smette di piovere* ♦ *v.tr.* Cessare di usare, non mettere più un indumento: *smettere un cappotto, un vestito.*

smiley [parola inglese; pron. corrente *smàili*] *s.m.invar.* Rappresentazione grafica stilizzata di un volto sorridente [:-)], utilizzata in email, blog e forum di Internet ◊ *Emoticon*, faccina.

smilzo [smìl-zo] *agg.* Snello, magro: *un ragazzo smilzo.*

sminuire [smi-nu-ì-re] *v.tr.* [*sminuìsco, sminuìsci*] Diminuire d'importanza, far apparire di minor valore: *per invidia cerca di sminuire i meriti del collega* ♦ **sminuirsi** *v.pr.* Giudicarsi meno di quanto si vale: *perché ti sminuisci così?*

sminuzzare [smi-nuz-zà-re] *v.tr.* Ridurre in pezzetti, in frammenti minuti: *sminuzzare il pane.*

smistare [smi-stà-re] *v.tr.* Dividere cose o persone secondo la destinazione, avviando ciascuna alla propria: *smistare la corrispondenza, le reclute* | *Smistare il pallone* = nel calcio, passarlo a un compagno.

smisurato [smi-su-rà-to] *agg.* Che supera ogni misura, che è senza limiti Ⓢ enorme, grandissimo, immenso (anche ♧): *uno spazio smisurato*; *avere smisurate ricchezze*; *fu rovinato dalla sua smisurata ambizione.*

smodato [smo-dà-to] *agg.* Che va oltre ogni limite, ogni giusta misura Ⓢ eccessivo, esagerato: *ha un'ambizione smodata*; *un lusso smodato.*

smog [parola inglese; pron. corrente *smòg*] *s.m. invar.* Massa di nebbia mista a fumi e ad altre sostanze inquinanti che ristagna spesso sulle grandi città e sulle zone industriali.

smoking [parola inglese; pron. corrente *smòking*] *s.m.invar.* Abito maschile da sera, generalmente di panno nero con risvolti di seta.

smontare [smon-tà-re] *v.tr.* **1** Scomporre un meccanismo, una struttura nei vari pezzi che li compongono Ⓒ montare: *smontare un motore per ripararlo*; *smontare un'impalcatura* **2** ♧ Far perdere la fiducia in sé, l'entusiasmo: *le tue critiche lo hanno smontato* ♦ *v.intr.* [aus. *essere*] **1** Scendere giù da dove si era montati: *smontare da cavallo, di sella, dal tram* **2** Terminare il proprio turno di lavoro, di servizio: *smontare di guardia*; *stasera smonto alle sei* ♦ **smontarsi** *v.pr.* Perdere l'entusiasmo, la fiducia in se stessi Ⓢ scoraggiarsi: *non è certo una persona che si smonta alla prima difficoltà.*

smorfia [smòr-fia] *s.f.* **1** Contrazione del viso che esprime una sensazione spiacevole o un sentimento ostile: *fare una smorfia di dolore, di disgusto, di rabbia* **2** (al *pl.*) Gesti, atteggiamenti leziosi e svenevoli Ⓢ moine: *non farti incantare dalle smorfie di quella ragazza.*

smorfioso [smor-fió-so] *agg.* e *s.m.* Che, chi ha l'abitudine di fare troppe smorfie e moine (ma si dice *smorfioso* anche di un bambino a cui non va bene niente e *smorfiosa* di una ragazza che civetta con un uomo e cerca di piacergli o che invece fa lo scontrosa e l'altezzosa, ma solo per farsi desiderare di più).

smorto [smòr-to] *agg.* **1** Pallido, livido Ⓒ colorito: *un viso smorto*; *diventò smorto per la paura* **2** Privo di luminosità Ⓢ sbiadito, spento Ⓒ acceso, vivo: *un colore smorto*; *una luce smorta.*

smorzare [smor-zà-re] *v.tr.* **1** Attenuare, attutire (anche ♧): *le tende smorzavano la luce*; *smorzare i rumori*; *quella risposta smorzò un po' il suo entusiasmo* **2** Spegnere: *smorzare il fuoco* ♦ **smorzarsi** *v.pr.* Attenuarsi, spegnersi (anche ♧): *il rumore si smorzò*; *la sua rabbia si è smorzata.*

smottamento [smot-ta-mén-to] *s.m.* Lenta frana di un terreno in pendenza imbevuto d'acqua.

SMS [pron. *èsse-èmme-èsse*] *s.m.invar.* Breve messaggio scritto inviato o ricevuto tramite cellulare Ⓢ messaggino.

smunto [smùn-to] *agg.* Pallido, emaciato: *dopo la malattia aveva un viso smunto.*

smuovere [smuò-ve-re] *v.tr.* [coniugato come *muovere*] **1** Spostare, spec. a fatica: *smuovere un masso, un armadio* | *Smuovere il terreno* = rivoltarlo **2** ♧ Far cambiare opinione, proposito: *quando decide una cosa non lo smuove nessuno* ♦ **smuoversi** *v.pr.* **1** Muoversi, spostarsi **2** ♧ Cambiare opinione, proposito.

smussare [smus-sà-re] *v.tr.* **1** Arrotondare un angolo, uno spigolo; rendere meno affilata una lama, meno appuntita una punta **2** ♧ Attenuare, mitigare: *cercate di smussare i vostri contrasti.*

snaturato [sna-tu-rà-to] *agg.* e *s.m.* Che, chi si comporta in modo contrario ai sentimenti e ai doveri della natura umana Ⓢ disumano, scellerato: *quel padre snaturato ha abbandonato i propri figli.*

snello [snèl-lo] *agg.* Sottile e slanciato Ⓒ massiccio, tozzo: *avere un figura, una corporatura snella*; *gambe snelle*; *una torre snella.*

snervante [sner-vàn-te] *agg.* Che snerva Ⓢ spossante, estenuante: *un caldo, un'attesa snervante.*

snervare [sner-và-re] *v.tr.* Logorare i nervi, fiaccare le energie fisiche e morali Ⓢ spossare: *questo caldo, quest'attesa mi snerva.*

snidare [sni-dà-re] *v.tr.* Far uscire dal nido, dalla tana: *snidare una lepre* ◊ ♧ Costringere qualcuno a uscire dal luogo in cui si era rifugiato o stava riparato: *la polizia usò i lacrimogeni per snidare i banditi dal loro rifugio.*

snob [parola inglese; pron. corrente *snòb*] *s.m.f. invar.* Chi ostenta modi raffinati, assume atteggiamenti aristocratici o che crede tali e cerca a ogni costo di sembrare originale per distinguersi dalla gente comune: *essere uno snob*; *fare lo snob* ♦ *agg.invar.* Che si comporta da snob; che è da snob: *gente snob*; *atteggiamento, linguaggio snob.*

snobbare [snob-bà-re] *v.tr.* Mostrare un'ostentata indifferenza verso qualcuno o qualcosa, trattarlo con aria di superiorità, non prenderlo in considerazione: *in quell'ambiente lo snobbano tutti*; *snobbare una festa, un invito.*

snocciolare [snoc-cio-là-re] *v.tr.* **1** Privare del nocciolo: *snocciolare le olive* **2** ♧ Dire rapidamente e di seguito: *cominciò a snocciolare una serie di bugie, di sciocchezze* ◊ Dire, raccontare per filo e per segno Ⓢ spiattellare: *se mi provocate, snocciolo tutta la storia.*

snodabile [sno-dà-bi-le] *agg.* Pieghevole, articolabile per mezzo di snodi: *una lampada con braccio snodabile.*

snodare [sno-dà-re] *v.tr.* **1** Sciogliere, disfare ciò che è annodato **2** Rendere più agile e sciolta una parte del corpo: *una ginnastica per snodare le gambe* ♦ **snodarsi** *v.pr.* Procedere con continue curve: *il fiume si snoda lento nella pianura.*

snodo [snò-do] *s.m.* **1** Giuntura sferica tra due elementi rigidi che consente a questi dei movimenti di rotazione **2** Svincolo autostradale.

snorkeling [parola inglese; pron. corrente *snòrcheling*] *s.m.invar.* L'attività di osservare il fondo marino nuotando in superficie con maschera e boccaglio.

soave [so-à-ve] *agg.* Che dà una piacevole sensazione di delicata dolcezza: *un profumo, una musica soave.*

sobbalzare [sob-bal-zà-re] *v.intr.* [aus. *avere*] **1** Procedere con continui sobbalzi: *l'autobus sobbalzava sulla strada dissestata* **2** Avere un sussulto Ⓢ trasalire: *quando mi vide entrare, sobbalzò dalla sorpresa.*

sobbalzo [sob-bàl-zo] *s.m.* Scossa, movimento improvviso verso l'alto di un veicolo: *l'autobus fece un sobbalzo* ◊ Movimento improvviso del corpo, dovuto a sorpresa o paura Ⓢ sussulto: *quando lo vide, ebbe un sobbalzo.*

sobborgo [sob-bór-go] *s.m.* [pl. *–ghi*] Piccolo centro abitato situato negli immediati dintorni di una città; anche, quartiere periferico di una città.

sobillare [so-bil-là-re] *v.tr.* Incitare, istigare di nascosto alla ribellione, ad atteggiamenti ostili: *sobillare il popolo contro il governo*; *è stato lui a sobillarti contro di me.*

sobrio [sò-brio] *agg.* **1** Moderato, lontano da ogni eccesso nel mangiare, nel bere, nel vivere: *gente sobria*; *fare una vita sobria* **2** ♧ Semplice, essenziale: *vestire in modo sobrio* **3** Che non ha bevuto alcolici o non è in preda agli effetti dell'alcol Ⓒ ubriaco: *all'aspetto mi sembrava sobrio.*

socchiudere [soc-chiù-de-re] *v.tr.* [coniugato come *chiudere*] Chiudere non completamente, lasciando uno spiraglio: *socchiudere la finestra*; *socchiuse gli occhi.*

soccombere [soc-cóm-be-re] *v.intr.* [non usato al part.pass. e nei tempi composti] **1** Cedere a una forza superiore; venire sopraffatto: *soccombere alla violenza, al nemico*; *è sempre il più debole a soccombere* **2** Morire, perire.

soccorrere [soc-cór-re-re] *v.tr.* [coniugato come *correre*] Aiutare, prestare soccorso, assistenza a qualcuno: *soccorrere un ferito, i bisognosi, una persona in pericolo.*

soccorso [soc-cór-so] *s.m.* **1** Intervento in aiuto di chi si trova in grave stato di pericolo o di bisogno: *chiedere soccorso*; *prestare soccorso a un ferito*; *andare in soccorso delle popolazioni colpite dalla carestia* | *Pronto soccorso* = ambulatorio o locale ospedaliero attrezzato per prestare le prime e più urgenti cure a feriti, persone colte da malore ecc. **2** (spec. al *pl.*) Aiuti, rifornimenti, rinforzi: *chiedere l'invio di soccorsi*; *mandare soccorsi agli alluvionati*; *gli assediati aspettarono invano i soccorsi.*

sociale [so-cià-le] *agg.* **1** Che è portato a vivere in società, che vive in comunità organizzate: *l'uo-*

mo è un essere sociale; *le api e le formiche sono insetti sociali* **2** Che riguarda la società umana e i rapporti tra individui e gruppi al suo interno: *la disoccupazione è un problema sociale*; *la giustizia sociale consiste nella diminuzione delle disuguaglianze sociali e nell'abolizione dei privilegi sociali* ◊ Che è rivolto al miglioramento delle condizioni di vita dei cittadini meno abbienti: *riforme sociali*; *provvedimenti di carattere sociale* ◊ Che riguarda i rapporti tra le persone all'interno dell'ambiente in cui si vive: *relazioni, convenzioni, obblighi sociali* **3** Che concerne una società, un'associazione e i suoi soci o membri: *partecipare a un pranzo sociale, a una gita sociale.*

socialismo [so-cia-lì-smo] *s.m.* Teoria e movimento politico che si propone, in forme più o meno radicali, di realizzare la giustizia sociale e l'uguaglianza di tutti i cittadini: *socialismo rivoluzionario, riformista, democratico* ◊ Sistema politico-sociale basato sui principi socialisti.

socialista [so-cia-lì-sta] *agg.* [pl.m. *–sti*]. Che si ispira ai principi del socialismo: *la teoria socialista* ♦ *s.m.f.* Chi appartiene a un partito socialista.

socializzare [so-cia-liz-zà-re] ♦ *v.intr.* [aus. *avere*] Stabilire, sviluppare rapporti sociali con le persone dell'ambiente in cui ci si viene a trovare: *un ragazzo che ha socializzato facilmente con i compagni di classe.*

società [so-cie-tà] *s.f.* **1** *La società umana* = l'insieme di tutti gli esseri umani in quanto uniti da vincoli naturali e interessi generali comuni ◊ La comunità in cui ogni individuo entra nascendo, retta da leggi, istituzioni e consuetudini comuni: *contribuire al progresso della società*; *individui pericolosi per la società* ◊ L'insieme di tutti gli uomini che vivono in un determinato territorio, in una determinata epoca e secondo determinate forme di vita, di lavoro, di organizzazione politica, di relazioni tra gli individui ecc.: *la società italiana, americana*; *la società schiavista, feudale, capitalista, comunista*; *la società contadina, urbana, industriale, dei consumi* ◊ Nel mondo animale, comunità organizzata di individui della stessa specie: *la società delle formiche, delle api* **2** Il ceto elevato, l'ambiente delle persone ricche e prestigiose che conducono una vita elegante e mondana: *frequentare l'alta società*; *fare vita di società* | *Giochi di società* = passatempi da salotto **3** Associazione di più persone unite da interessi e fini comuni: *società sportiva, culturale* **4** Associazione costituita da due o più persone allo scopo di gestire in comune un'attività economica Ⓢ impresa, azienda: *società commerciale, immobiliare, di trasporti* ◊ Unione tra due o più persone per scopi economici: *fare un affare in società con qualcuno*; *comprare un'auto in società con un amico.*

socievole [so-cié-vo-le] *agg.* Che ama la compagnia, che fa facilmente amicizia Ⓒ chiuso, scontroso, introverso: *un ragazzo, un carattere socievole.*

socio [sò-cio] *s.m.* **1** Chi fa parte di una società costituita per fini economici: *i soci di un'azienda, di una cooperativa*; *ripartire gli utili tra i soci* ◊ Chi partecipa con altri a un affare, a un'attività economica: *sta cercando un socio per metter su un ristorante* **2** Membro di un'associazione, di un circolo e simili: *sono socio di un circolo culturale.*

sociologia [so-cio-lo-gì-a] *s.f.* Scienza che studia i fenomeni e i gruppi sociali nei loro vari aspetti.

soda [sò-da] *s.f.* **1** Sostanza chimica usata spec. nella fabbricazione del vetro, dei saponi, dei detersivi **2** Acqua gassata usata spec. per diluire bevande alcoliche.

soddisfacente [sod-di-sfa-cèn-te] *agg.* Che soddisfa, adeguato, abbastanza positivo: *ha ottenuto risultati soddisfacenti.*

soddisfare [sod-di-sfà-re] *v.tr.* [pres. *soddisfàccio* o *soddìsfo, soddisfài* o *soddìsfi, soddisfà* o *soddìsfa, soddisfacciàmo* o *soddisfiàmo, soddisfàte, soddisfànno* o *soddìsfano*; fut. *soddisferò*; cong.pres. (*io, tu, egli*) *soddisfàccia* o *soddìsfi*; cond.pres. *soddisferèi*; nelle altre forme coniugato come *fare*] Accontentare, appagare: *soddisfare un cliente*; *soddisfare un desiderio, una richiesta* ◊ Piacere, essere gradito: *lo spettacolo ha soddisfatto il pubblico* ◊ Essere adeguato a una determinata esigenza, richiesta, aspettativa: *il lavoro che fa non lo soddisfa*; *aumentare la produzione per soddisfare la domanda del mercato.*

soddisfatto [sod-di-sfàt-to] *agg.* Contento, completamente appagato: *si dichiarò soddisfatto del risultato*; *aveva un'aria molto soddisfatta.*

soddisfazione [sod-di-sfa-zió-ne] *s.f.* **1** Il soddisfare Ⓢ appagamento: *la soddisfazione di un desiderio, di un bisogno* **2** L'essere soddisfatto Ⓢ contentezza, gioia, piacere: *quando lo seppe non nascose la sua soddisfazione*; *ha avuto molte soddisfazioni dalla vita* ◊ Gusto, divertimento: *c'è poca soddisfazione a giocare con te.*

sodio [sò-dio] *s.m.* Elemento chimico presente in natura nelle acque marine e negli organismi animali e vegetali.

sodo [sò-do] *agg.* Compatto, consistente, relativamente duro al tatto: *i polli ruspanti hanno le carni più sode* | *Uovo sodo* = bollito col guscio

♦ *s.m. Venire al sodo* = all'aspetto essenziale di una questione ♦ *avv. Picchiare sodo* = con forza | *Lavorare sodo* = intensamente, con grande impegno | *Dormire sodo* = profondamente.

sofà [so-fà] *s.m.* Divano.

sofferenza [sof-fe-rèn-za] *s.f.* Dolore, pena: *morì tra atroci sofferenze*; *che sofferenza non poterlo aiutare!*

soffermare [sof-fer-mà-re] *v.tr.* Fermare, trattenere per breve tempo: *soffermare lo sguardo, l'attenzione su qualcosa* ♦ **soffermarsi** *v.pr.* Fermarsi brevemente a fare qualcosa: *si soffermò a guardare* ◊ Indugiare su un argomento, un aspetto: *non stiamo a soffermarci sui particolari.*

sofferto [sof-fèr-to] *agg.* Che è costato grande sforzo o profondo travaglio interiore: *una vittoria, una decisione sofferta* ◊ Che esprime sofferenza: *aveva un'aria sofferta.*

soffiare [sof-fià-re] *v.tr.* **1** Mandare fuori con forza l'aria dalla bocca, dal naso o con un attrezzo: *gli soffiò il fumo in faccia*; *soffiare aria col mantice* | *Soffiarsi il naso* = espellerne il muco espirando con forza dalle narici **2** ♧ Dire, riferire qualcosa in segreto: *gli soffiò una parola nell'orecchio* **3** ♧ Portar via a un altro ciò che gli appartiene o gli spetta: *un ladro gli ha soffiato il portafoglio*; *soffiare il posto a qualcuno* ♦ *v.intr.* [aus. *avere*] **1** Espellere con forza l'aria dalla bocca socchiusa: *soffiò sul caffè per raffreddarlo* ◊ Respirare affannosamente: *arrivò in cima alle scale soffiando per lo sforzo* **2** Spirare: *la tramontana soffia da nord.*

soffiata [sof-fià-ta] *s.f.* **1** L'atto di soffiare una volta: *darsi una soffiata al naso* **2** ♧ Spiata, delazione: *è stato arrestato grazie a una soffiata.*

soffice [sòf-fi-ce] *agg.* Che cede facilmente alla pressione Ⓢ morbido Ⓒ duro: *lana soffice*; *un cuscino, un letto soffice.*

soffio [sóf-fio] *s.m.* Emissione di aria dalla bocca: *con un soffio spense la candela* | ♧ *In un soffio* = in un attimo: *i soldi sono finiti in un soffio* | ♧ *D'un soffio* = di pochissimo: *mi ha battuto d'un soffio*; *vincere d'un soffio* ◊ *Soffio di vento* = alito di vento.

soffione [sof-fió-ne] *s.m.* Getto di vapore acqueo misto a gas che esce ad alta temperatura dal suolo: *i soffioni boraciferi di Larderello.*

soffitta [sof-fit-ta] *s.f.* Vano di un edificio compreso tra la copertura dell'ultimo piano e il tetto, usato per lo più come ripostiglio Ⓢ solaio.

soffitto [sof-fit-to] *s.m.* La superficie inferiore della copertura di un ambiente: *dipingere il soffitto di una stanza.*

soffocamento [sof-fo-ca-mén-to] *s.m.* Impossibilità di respirare Ⓢ asfissia: *morire per soffocamento.*

soffocare [sof-fo-cà-re] *v.tr.* [*sòffoco, sòffochi*] **1** Impedire il respiro a qualcuno, anche fino a ucciderlo: *ha soffocato la moglie strangolandola* ◊ Rendere difficile la respirazione: *questo caldo mi soffoca* ◊ *Soffocare le fiamme* = spegnerle **2** ♧ Reprimere: *l'esercito soffocò la rivolta nel sangue* | *Soffocare uno scandalo* = fare in modo che non si venga a sapere ♦ *v.intr.* [aus. *essere*] Morire per mancanza di respiro: *per poco non soffocavo tra le fiamme* ◊ Far fatica a respirare: *in questa stanza fa un caldo che si soffoca.*

soffrire [sof-frì-re] *v.tr.* [coniugato come *offrire*] **1** Provare, subire dolori, privazioni e disagi Ⓢ patire: *sta soffrendo dolori atroci*; *nella sua vita ha dovuto soffrire la fame* ◊ Essere particolarmente sensibile a qualcosa, risentirne negativamente: *soffrire il solletico, il mal di mare*; *i limoni soffrono il freddo* **2** *Non poter soffrire* = non poter sopportare: *non posso soffrire che mi si disturbi mentre lavoro*; *non posso soffrire le persone maleducate* ♦ *v.intr.* [aus. *avere*] **1** Patire sofferenze fisiche o morali: *ha sofferto molto per quella malattia*; *soffre di solitudine* **2** Essere soggetto a un disturbo, a malattie di un organo: *soffre di reumatismi, di vertigini*; *soffrire di cuore.*

soffuso [sof-fù-so] *agg.* **1** Diffuso in modo tenue e uniforme: *luce soffusa* **2** Leggermente cosparso di un colore: *un cielo soffuso di rosso* ◊ ♧ Pervaso, venato: *un sorriso soffuso di malinconia.*

sofisticato [so-fi-sti-cà-to] *agg.* **1** Adulterato, non genuino: *vino sofisticato* **2** Molto o troppo ricercato e raffinato: *una donna sofisticata*; *un'eleganza sofisticata* **3** Estremamente perfezionato dal punto di vista tecnologico, delle prestazioni, dei metodi ecc.: *armi, attrezzature, tecniche molto sofisticate.*

software [parola inglese; pron. corrente *sòftuer*] *s.m.invar.* In informatica, l'insieme dei programmi che possono essere utilizzati su un computer.

soggettivo [sog-get-tì-vo] *agg.* Che è di carattere individuale, personale; che dipende dal particolare modo di pensare e di sentire di un individuo (si contrappone a *oggettivo, obiettivo*): *esperienze soggettive*; *quel che conta sono i fatti, non le impressioni soggettive.*

soggetto[1] [sog-gèt-to] *agg.* **1** Sottoposto: *un paese soggetto alla dominazione straniera*; *tutti i cittadini sono soggetti alla legge* **2** Esposto a danni, a pericoli: *una zona soggetta a terremoti* ◊

Che soffre facilmente di certi disturbi o malattie: *va soggetta a frequenti mal di testa.*

soggetto[2] [sog-gèt-to] *s.m.* **1** Argomento, tema, trama: *il soggetto di una conversazione, di un dipinto, di un film* **2** In grammatica, la persona, l'animale o la cosa che compie l'azione o si trova nella condizione espressa dal verbo **3** Individuo, persona, tipo: *non frequentare quel cattivo soggetto*; *un soggetto facile ad ammalarsi.*

soggezione [sog-ge-zió-ne] *s.f.* Senso di imbarazzo, di timidezza e di timore ispirato da persone o situazioni di fronte alle quali ci si sente inferiori o inadeguati: *davanti al direttore si sente in soggezione*; *provo un po' di soggezione a parlare in pubblico.*

sogghignare [sog-ghi-gnà-re] *v.intr.* [aus. *avere*] Sorridere in modo maligno, sarcastico o ironico.

sogghigno [sog-ghì-gno] *s.m.* Sorriso maligno, sarcastico o ironico: *fece un sogghigno di scherno.*

soggiogare [sog-gio-gà-re] *v.tr.* [*soggiógo, soggióghi*] Ridurre in proprio potere Ⓢ assoggettare, sottomettere: *Roma soggiogò molti popoli* ◊ ♧ Dominare: *si lascia soggiogare da chi ha una personalità più forte.*

soggiornare [sog-gior-nà-re] *v.intr.* [aus. *avere*] Stare, dimorare per un certo periodo di tempo in un luogo.

soggiorno [sog-giór-no] *s.m.* **1** Permanenza per un certo periodo in un luogo diverso da quello in cui si risiede abitualmente: *fare un breve soggiorno in una località turistica*; *vi auguro un buon soggiorno* **2** L'ambiente di una casa, in genere il più spazioso, in cui si passano normalmente le ore della giornata Ⓢ sala.

soggiungere [sog-giùn-ge-re] *v.tr.* e *v.intr.* [coniugato come *giungere*; aus. *avere*] Aggiungere qualcos'altro a quanto si è già detto: *dopo avermi rivelato il suo segreto, soggiunse: «Non parlarne a nessuno!».*

soglia [sò-glia] *s.f.* **1** Parte inferiore del vano di una porta: *una soglia di marmo, di pietra, di legno* ◊ Porta, ingresso, entrata: *varcare la soglia di casa*; *si fermò sulla soglia* **2** ♧ Inizio, principio: *essere sulla soglia della vecchiaia*; *l'inverno era alle soglie.*

sogliola [sò-glio-la] *s.f.* Pesce marino dalle carni pregiate e dal corpo ovale molto appiattito.

sognare [so-gnà-re] *v.tr.* e *v.intr.* [aus. *avere*] e **sognarsi** *v.pr.* **1** Vedere, immaginare in sogno: *questa notte ti ho sognato* (o *ho sognato di te,* o *mi sono sognato di te*); *ho sognato che stavo cadendo*; *mi sono sognato di morire* | *Non me lo sono mica sognato!* = quel che dico è vero, è accaduto realmente ◊ Fare un sogno, dei sogni: *quando mi hai svegliato stavo sognando* | *Sognare a occhi aperti* = fantasticare **2** ♧ Desiderare ardentemente qualcosa raffigurandoselo nella fantasia Ⓢ vagheggiare, fantasticare: *sogno da tanto una bella casa*; *sogna di sposarsi presto* ◊ Sperare invano, illudersi: *non sognarti che ti porti in vacanza!* **3** ♧ Immaginare, prevedere qualcosa di impensabile: *non potevo sognarmi che facesse una cosa del genere!*

sogno [só-gno] *s.m.* **1** Insieme di immagini, sensazioni e pensieri più o meno coerenti che si presentano in successione durante il sonno: *vedere qualcuno in sogno*; *fare un sogno strano*; *interpretare un sogno* | *Mi sembra un sogno* = è una cosa così straordinaria che mi pare incredibile: *finalmente ti rivedo: mi sembra un sogno!* | *Nemmeno per sogno* = neanche per idea, assolutamente no **2** ♧ Speranza, desiderio, ambizione che accende la fantasia: *il suo sogno è di fare l'attore*; *dovette rinunciare al suo sogno d'amore*; *ha sposato la donna dei propri sogni* ◊ Fantasia lontana dalla realtà, dolce ma vana illusione: *vive nei sogni, manca di spirito pratico*; *la felicità non è che un sogno* **3** ♧ Persona o cosa molto bella: *quella casa è un sogno.*

soia [sò-ia] *s.f.* Pianta erbacea simile al fagiolo, coltivata per foraggio, per alimentazione e per i semi dai quali si ricava un olio e una farina: *la soia è molto impiegata nella cucina cinese.*

sol [sòl] *s.m.* Quinta nota della scala musicale.

solaio [so-là-io] *s.m.* **1** Soffitta: *il solaio lo usiamo come ripostiglio, ma è abitabile* **2** Struttura orizzontale che separa i piani di un edificio, facendo da sostegno del piano superiore e da copertura di quello inferiore.

solamente [so-la-mén-te] *avv.* Soltanto, solo, unicamente: *in casa c'era solamente lui.*

solare[1] [so-là-re] *agg.* Del Sole: *luce, energia, eclissi solare*; *i pianeti del sistema solare* | *Ora solare* = quella calcolata in base alla posizione del sole rispetto al fuso orario di un luogo | *Orologio solare* = meridiana ◊ Che trasforma l'energia fornita dal sole in energia termica o elettrica: *pannello, batteria solare.*

solare[2] vedi **suolare**.

solcare [sol-cà-re] *v.tr.* [*sólco, sólchi*] **1** Fendere il terreno tracciando dei solchi: *solcare il campo con l'aratro* ◊ Lasciare una traccia lunga e profonda su una superficie: *le ruote dei camion solcavano la strada fangosa* **2** Fendere l'acqua (detto di imbarcazioni): *la nave solcava le onde* **3** ♧ Formare una specie di solco, lasciare una traccia, un segno simile a un solco: *una ruga gli solcava la fronte*; *grosse lacrime le solcarono le guance*; *un fulmine solcò il cielo.*

solco [sól-co] *s.m.* [pl. *–chi*] **1** Fenditura scavata nel terreno con l'aratro o altro attrezzo: *gettare il seme nei solchi* ◊ Incavo lungo e profondo o incisione lunga e sottile su una superficie: *le ruote del camion lasciavano un solco sulla strada fangosa*; *i solchi delle rughe sulla fronte* **2** ♧ Traccia, scia: *il solco del lampo nel cielo.*

soldato [sol-dà-to] *s.m.* Chi presta servizio armato in un esercito Ⓢ militare: *i soldati entrarono nella città* ◊ Militare senza alcun grado (detto anche *soldato semplice*): *il bar era pieno di soldati e ufficiali.*

soldo [sòl-do] *s.m.* **1** Nome di diverse monete del passato, per lo più di scarso valore **2** Minima quantità di denaro: *sono rimasto senza un soldo* ◊ Nulla: *non mi è costato un soldo* ◊ (al *pl.*) Denaro, quattrini: *ho bisogno di soldi*; *è pieno di soldi* **3** *Essere al soldo di qualcuno* = essere al suo servizio per denaro, per lo più in modo illecito o poco onorevole: *una spia al soldo del nemico.*

sole [só-le] *s.m.* [si scrive con la lettera maiuscola quando indica il nome proprio del corpo celeste considerato dal punto di vista astronomico] **1** La stella a noi più vicina, attorno alla quale girano la Terra e gli altri pianeti e corpi celesti che formano il sistema solare: *eclissi di Sole*; *il sorgere, il tramonto del sole*; *raggi di sole* **2** La luce e il calore solare: *una giornata senza sole*; *come splende il sole!*; *sdraiarsi a prendere il sole*; *occhiali da sole* | *Chiaro come il sole* = evidente, lampante: *la sua innocenza è chiara come il sole* | ♧ *Alla luce del sole* = apertamente, senza nascondere nulla: *fare tutto alla luce del sole.*

soleggiato [so-leg-già-to] *agg.* Ben esposto al sole, pieno di sole: *una stanza soleggiata.*

solenne [so-lèn-ne] *agg.* **1** Che viene celebrato o compiuto con apparato grandioso o comunque nelle forme riservate alle occasioni di particolare importanza e gravità: *una solenne cerimonia funebre in onore delle vittime*; *fare un giuramento solenne* **2** Che ispira riverenza Ⓢ maestoso: *un vecchio dall'aspetto solenne* ◊ Grave e serio: *parlare in tono solenne*; *un momento solenne.*

solennità [so-len-ni-tà] *s.f.* **1** Forma, atteggiamento, tono solenne: *la solennità di una cerimonia*; *parlare con solennità* **2** Ricorrenza, festività solenne: *solennità religiose, civili*; *celebrare la solennità del Natale.*

solere [so-lé-re] *v.intr.* [pres. *sòglio, suòli, suòle, sogliàmo, soléte, sògliono*; pass.rem. *soléi, solésti*; cong.pres. *sòglia*; part.pass. *sòlito*; è sempre seguito da un verbo all'infinito] Essere solito, avere l'abitudine di fare qualcosa: *suole passeggiare dopo pranzo* | *Come si suol dire* = come si usa dire.

solerte [so-lèr-te] *agg.* Che svolge i propri compiti con impegno e sollecitudine Ⓢ zelante Ⓒ indolente, negligente: *un impiegato solerte.*

solfa [sòl-fa] *s.f.* Discorso, vicenda, situazione che si ripete fino alla noia: *tutti i giorni è sempre la stessa solfa!*

solfara [sol-fà-ra] o **zolfara** [zol-fà-ra] *s.f.* Miniera di zolfo.

solfatara [sol-fa-tà-ra] o **zolfatara** [zol-fa-tà-ra] *s.f.* Fenomeno vulcanico costituito da emissioni di vapore acqueo e altri gas ricchi di zolfo; l'area caratterizzata da tale fenomeno.

solfeggio [sol-fég-gio] *s.m.* Esercizio che consiste nel leggere le note di un brano musicale pronunciandone o cantandone con la relativa intonazione il nome.

solidale [so-li-dà-le] *agg.* Che è unito con altri, pronto a sostenerli e a condividerne azioni, difficoltà e responsabilità: *tra colleghi siamo molto solidali*; *i compagni si dichiararono solidali con l'alunno punito.*

solidarietà [so-li-da-rie-tà] *s.f.* Sentimento di fratellanza e impegno di aiuto reciproco, che unisce gli uomini in quanto tali o i componenti di una comunità: *solidarietà umana*; *solidarietà nazionale* ◊ Sostegno materiale e morale con cui si esprime ad altri di condividerne sentimenti, dolori, difficoltà e responsabilità: *esprimere la propria solidarietà con i parenti delle vittime*; *una manifestazione di solidarietà con i lavoratori licenziati.*

solidificare [so-li-di-fi-cà-re] *v.tr.* [*solidìfico, solidìfichi*] Ridurre una sostanza liquida allo stato solido ♦ *v.intr.* [aus. *essere*] e **solidificarsi** *v.pr.* Passare dallo stato liquido a quello solido: *l'acqua solidifica a zero gradi*; *la lava cominciò a solidificarsi.*

solido [sò-li-do] *agg.* **1** Si dice di stato della materia caratterizzato da compattezza e durezza maggiori rispetto allo stato liquido: *il ghiaccio è acqua allo stato solido* | *Sostanza solida, corpo solido* = che è allo stato solido **2** In geometria, detto di qualsiasi figura a tre dimensioni: *il cubo e la sfera sono figure solide* **3** Ben saldo, stabile, resistente: *una costruzione solida* ◊ Forte, robusto: *una solida corporatura* **4** ♧ Stabile e sicuro: *farsi una*

A B C D E F G H I J K L M N O P Q R **S** T U V W X Y Z

solida posizione economica; *un'azienda solida* ◊ Consistente, ben fondato, a tutta prova: *portare solidi argomenti*; *dimostrare una solida preparazione* ♦ *s.m.* **1** Corpo solido: *i solidi e i liquidi* **2** Figura a tre dimensioni: *il cilindro è un solido.*

soliloquio [so-li-lò-quio] *s.m.* Discorso fatto tra sé e sé ◊ Monologo.

solista [so-lì-sta] *agg.* e *s.m.f.* [pl.m. *–sti*] Detto di cantante o strumentista a cui è affidata, in un'esecuzione musicale, la parte per una sola voce o un solo strumento: *cantante solista*; *violino solista.*

solitamente [so-li-ta-mén-te] *avv.* Di solito, normalmente.

solitario [so-li-tà-rio] *agg.* **1** Che ama star solo, preferisce vivere in solitudine: *un uomo solitario*; *animali solitari* ◊ Che è solo, isolato: *un viaggiatore solitario*; *una casa solitaria* **2** Non frequentato, deserto (detto di luogo) ♦ *s.m.* **1** Gioco di carte che si fa da soli **2** Grosso brillante incastonato da solo in un anello; l'anello stesso.

solito [sò-li-to] *agg.* Che è lo stesso delle altre volte, di sempre Ⓢ consueto, abituale: *ci vediamo al solito posto*; *fare i soliti discorsi*; *vedere le solite persone* ◊ Detto di situazione negativa che si ripete spesso: *è la solita storia, siamo alle solite: non combini che guai!* ◊ Detto di persona che rimane sempre la stessa, non mutando mai le sue caratteristiche o abitudini: *sei il solito ritardatario!* ◊ *Essere solito* = avere l'abitudine Ⓢ solere: *è solito alzarsi presto la mattina* ♦ *s.m.* Ciò che avviene o si fa normalmente: *oggi è più caldo del solito*; *dormire meno del solito* | *Come il solito, al solito* = come sempre: *come il solito non mi hai avvertito* | *Di solito* = abitualmente, normalmente: *di solito avvisa quando ritarda.*

solitudine [so-li-tù-di-ne] *s.f.* La condizione di chi è solo, vive da solo: *è un tipo che ama la solitudine*; *da quando è vedovo soffre di solitudine.*

sollecitare [sol-le-ci-tà-re] *v.tr.* Richiedere che sia fatto al più presto quanto si è chiesto o si attende: *sollecitare una risposta, un pagamento.*

sollecito [sol-lé-ci-to] *agg.* Che agisce senza indugio, che fa con prontezza e diligenza il proprio dovere: *è stato sollecito nel rispondere*; *un impiegato sollecito* ◊ Pronto, rapido: *gli ho chiesto di darmi una sollecita risposta.*

sollecitudine [sol-le-ci-tù-di-ne] *s.f.* Diligenza, prontezza: *lavorare con sollecitudine*; *rispondimi con sollecitudine.*

solleone [sol-le-ó-ne] *s.m.* Grande calura del pieno dell'estate: *con questo solleone è meglio stare al fresco.*

solleticare [sol-le-ti-cà-re] *v.tr.* [*sollètico, sollètichi*] **1** Toccare provocando il solletico: *gli solleticava l'orecchio con una piuma* **2** ♧ Stimolare, eccitare, stuzzicare, allettare: *i complimenti solleticavano la sua vanità*; *gli accennò qualcosa per solleticare la sua curiosità.*

solletico [sol-lé-ti-co] *s.m.* [pl. *–chi*] Sensazione per lo più spiacevole provocata dal sentirsi sfiorare certe parti del corpo: *non sopporto il solletico sotto le ascelle*; *gli faceva il solletico per farlo ridere.*

sollevamento [sol-le-va-mén-to] *s.m.* Spostamento verso l'alto | *Sollevamento pesi* = specialità dell'atletica pesante consistente nel sollevare sopra la testa determinati pesi.

sollevare [sol-le-và-re] *v.tr.* **1** Spostare, levare verso l'alto Ⓢ alzare Ⓒ abbassare: *il vento sollevava la sabbia*; *sollevare un peso*; *sollevare la testa, lo sguardo* **2** ♧ Far uscire da una condizione penosa; porre in una condizione migliore: *sollevare qualcuno dalla miseria*; *la buona notizia gli ha sollevato il morale* **3** ♧ Proporre all'attenzione Ⓢ avanzare: *sollevare una questione* ◊ Suscitare, provocare: *un provvedimento che ha sollevato un coro di proteste* ♦ **sollevarsi** *v.pr.* **1** Levarsi verso l'alto Ⓢ levarsi, alzarsi: *sollevarsi in aria, da terra, in piedi, sul letto* **2** ♧ Insorgere, ribellarsi: *il popolo si sollevò contro le truppe d'occupazione.*

sollevazione [sol-le-va-zió-ne] *s.f.* Insurrezione, rivolta armata.

sollievo [sol-liè-vo] *s.m.* Alleviamento di una pena fisica o morale o liberazione da essa Ⓢ conforto: *cercò sollievo dal caldo mettendosi all'ombra*; *quando il pericolo cessò, tutti tirarono un respiro di sollievo*; *le tue parole mi son state di sollievo.*

solo [só-lo] *agg.* **1** Senza compagnia, senza nessuno vicino, insieme: *era solo in casa*; *vive da solo*; *voglio restare solo*; *sentirsi solo* ◊ Senza la presenza di altre persone oltre a quelle di cui si parla: *finalmente restammo soli* ◊ Senza l'intervento, l'aiuto di altri: *ha fatto tutto da solo*; *me la so cavare da solo* **2** Soltanto, esclusivamente: *ingresso riservato ai soli soci*; *spettacolo per soli adulti* ◊ Solamente: *mi fermo per soli tre giorni*; *l'ho comprato per soli dieci euro* ◊ Semplice, senza nient'altro in aggiunta: *al solo ricordo mi vengono i brividi* **3** Unico: *l'ho visto una volta sola*; *è la sola persona che mi capisce* ♦ *avv.* Soltanto, solamente: *siamo venuti solo noi*; *non è solo bella, ma anche simpatica* ♦ *congz.* Ma, però: *verrei volentieri, solo (che) sono un po' stanco* ◊ *Solo che* = purché, basta che: *potrai farcela, solo che tu lo voglia* ♦ *s.m.* L'unica persona: *sei il solo che può aiutarmi.*

solstizio [sol-stì-zio] *s.m.* Ognuna delle due date dell'anno in cui il sole si allontana di più dal piano dell'equatore celeste e in cui nel nostro emisfero si ha o il giorno più lungo (21 giugno, *solstizio d'estate*) o il giorno più corto (22 dicembre, *solstizio d'inverno*).

soltanto [sol-tàn-to] *avv.* Solo, solamente, unicamente: *lo sapremo soltanto tra un mese*; *ha fatto soltanto un errore* ♦ *congz.* Ma, però: *è una bella casa, soltanto è un po' cara.*

solubile [so-lù-bi-le] *agg.* Si dice di sostanza che si può sciogliere in un'altra © insolubile: *il sale è solubile in acqua.*

soluzione [so-lu-zió-ne] *s.f.* **1** Miscela che si ottiene sciogliendo una sostanza in un liquido: *la salamoia è una soluzione di acqua e sale* **2** Il risolvere qualcosa, il modo in cui è risolto e il risultato che si ottiene: *trovare la soluzione di un indovinello*; *una soluzione che non mi convince*; *dare l'esatta soluzione di un problema geometrico* ◊ Superamento di una situazione difficile; modo in cui la si supera: *la soluzione della crisi di governo*; *arrenderti non è una buona soluzione.*

solvente [sol-vèn-te] *s.m.* Sostanza, generalmente liquida, che ha la capacità di sciogliere altre sostanze.

soma [sò-ma] *s.f.* Il carico che si pone sulla groppa di animali adatti al trasporto di pesi, come asini, muli, cavalli ecc., detti appunto *bestie da soma.*

somaro [so-mà-ro] *s.m.* **1** Asino **2** ♧ Persona ignorante; scolaro che studia poco: *una classe di somari.*

somatico [so-mà-ti-co] *agg.* [pl.m. *–ci*] Relativo al corpo Ⓢ fisico | *Caratteri, tratti somatici* = caratteristiche fisiche di un individuo o di una razza.

somiglianza [so-mi-gliàn-za] *s.f.* Il fatto di somigliare, di somigliarsi: *la somiglianza di un ritratto*; *tra le due sorelle c'è notevole somiglianza.*

somigliare [so-mi-glià-re] *v.intr.* [aus. *avere* o *essere*] Essere simile a qualcuno o a qualcosa nell'aspetto o per altre caratteristiche: *il figlio somiglia tutto alla madre* ♦ **somigliarsi** *v.pr.* Essere simili: *i due fratelli si somigliano come due gocce d'acqua.*

somma [sóm-ma] *s.f.* **1** Il risultato dell'addizione; l'addizione stessa © sottrazione: *trovare, fare la somma di due numeri* | ♧ *Tirare le somme* = fare un bilancio conclusivo (dei risultati ottenuti, di un'esperienza ecc.) **2** Quantità di denaro: *spendere, perdere una forte somma.*

sommare [som-mà-re] *v.tr.* Fare la somma Ⓢ addizionare © sottrarre: *sommare due numeri* ◊ Aggiungere, mettere insieme: *alla spesa devi sommare la fatica*; *dobbiamo sommare i nostri sforzi* | *Tutto sommato* = considerati i pro e i contro: *tutto sommato non mi conviene accettare.*

sommario[1] [som-mà-rio] *agg.* **1** Fatto o esposto per sommi capi, trascurando i particolari Ⓢ sintetico, riassuntivo: *fare un esame sommario della situazione, un racconto sommario dei fatti* ◊ (con valore negativo) Sbrigativo, superficiale: *un lavoro sommario*; *una lettura sommaria* **2** Fatto in modo sbrigativo, senza rispettare la procedura legale: *condannare a morte qualcuno con un processo sommario*; *fare giustizia sommaria.*

sommario[2] [som-mà-rio] *s.m.* **1** Libro che espone in modo sintetico una materia Ⓢ compendio: *un sommario di storia dell'arte, di letteratura italiana* **2** Breve riassunto degli argomenti trattati in un'opera ◊ Indice degli articoli di una rivista ◊ Nei giornali, breve sintesi, posta sotto il titolo, del contenuto di un articolo.

sommergere [som-mèr-ge-re] *v.tr.* [coniugato come *emergere*] Coprire completamente di acqua: *il fiume è straripato sommergendo i villaggi sulle rive* ◊ Mandare a fondo, affondare: *le onde sommersero la barca.*

sommergibile [som-mer-gì-bi-le] *s.m.* Mezzo navale che può navigare sia in superficie sia sott'acqua.

sommesso [som-més-so] *agg.* Detto di suono basso, leggero, appena avvertibile: *parlare con voce sommessa.*

somministrare [som-mi-ni-strà-re] *v.tr.* Dare, distribuire qualcosa ad altri: *somministrare una medicina a un malato*; *il sacerdote somministra i sacramenti ai fedeli.*

sommità [som-mi-tà] *s.f.* La parte più alta, il punto più elevato Ⓢ cima, vetta: *la sommità di un monte.*

sommo [sóm-mo] *agg.* Il più elevato in una gerarchia: *il sommo sacerdote* | *Il sommo pontefice* = il papa ◊ ♧ Grandissimo, massimo: *un sommo poeta, artista*; *una questione di somma importanza* ◊ *Per sommi capi* = in modo sintetico, limitandosi ai punti più importanti: *mi raccontò per sommi capi quel che era successo.*

sommossa [som-mòs-sa] *s.f.* Rivolta, tumulto popolare.

sommozzatore [som-moz-za-tó-re] *s.m.* Nuotatore subacqueo, spec. se addestrato a eseguire operazioni sott'acqua: *i sommozzatori della marina militare, dei vigili del fuoco.*

sonagliera [so-na-gliè-ra] *s.f.* Striscia di cuoio o

di tela con appesi dei sonagli che si mette al collo di cavalli e altri animali da lavoro per segnalarne la presenza.

sonaglio [so-nà-glio] *s.m.* Piccola sfera cava di metallo contenente una pallina che sbattendo contro le pareti produce un caratteristico tintinnio.

sonare vedi **suonare**.

sonata [so-nà-ta] *s.f.* Composizione musicale per uno o più strumenti, suddivisa in tre o quattro tempi: *le sonate per pianoforte di Chopin.*

sonda [són-da] *s.f.* Nome di vari strumenti e dispositivi usati per effettuare esplorazioni, rilevamenti, interventi di carattere tecnico e scientifico | *Sonda mineraria, petrolifera* = macchina che perfora il suolo in profondità alla ricerca di giacimenti | *Sonda spaziale* = veicolo spaziale dotato di apparecchiature per raccogliere informazioni sullo spazio extraterrestre e spec. sui pianeti e satelliti del sistema solare.

sondaggio [son-dàg-gio] *s.m.* Indagine, inchiesta compiuta per conoscere qualcosa: *sondaggi statistici, di mercato*; *ho letto un sondaggio d'opinione sulla popolarità dei diversi uomini politici.*

sondare [son-dà-re] *v.tr.* **1** Esplorare, esaminare, rilevare con una sonda: *sondare il sottosuolo alla ricerca di giacimenti* **2** ♧ Cercare di conoscere, di capire qualcosa, in partic. i pensieri e le intenzioni di altri: *sondare le intenzioni di qualcuno*; *prima di fargli quella proposta, ho preferito sondare il terreno.*

soneria vedi **suoneria**.

sonetto [so-nét-to] *s.m.* Composizione poetica formata da due quartine e due terzine di endecasillabi.

sonnambulo [son-nàm-bu-lo] *agg.* e *s.m.* Detto di chi, durante il sonno, si alza, cammina e compie atti automatici dei quali non conserva il ricordo al risveglio.

sonnecchiare [son-nec-chià-re] *v.intr.* [aus. *avere*] Dormire di un sonno leggero e a tratti interrotto: *ho sonnecchiato per un'oretta sul divano.*

sonnellino [son-nel-lì-no] *s.m.* Dormita breve, spec. quella che si fa nel pomeriggio.

sonnifero [son-nì-fe-ro] *s.m.* Farmaco che induce al sonno.

sonno [són-no] *s.m.* Stato di riposo dell'organismo in cui sono sospese le attività fisiche e psichiche coscienti e volontarie: *essere immerso nel sonno*; *avere il sonno leggero*; *parlare nel sonno* ◊ Bisogno, voglia di dormire: *avere sonno*; *cascare dal sonno*; *la televisione mi fa venire sonno.*

sonnolenza [son-no-lèn-za] *s.f.* Stato di torpore indotto dal bisogno di dormire o da altre cause (stanchezza, caldo, digestione difficile ecc.).

sonoro [so-nò-ro] *agg.* **1** Che produce, trasmette o riflette suoni: *un apparato, un segnale sonoro*; *onde sonore* **2** Che ha un suono forte e pieno, che risuona con forza: *ha una voce sonora*; *una sonora risata*; *si prese un sonoro ceffone* | ♧ *Una sonora sconfitta, lezione* = pesante, dura **3** *Cinema sonoro* = quello dei film dotati di *colonna sonora* (vedi *colonna*).

sontuoso [son-tu-ó-so] *agg.* Realizzato con grande sfarzo e lusso, senza badare a spese: *un ricevimento, un pranzo sontuoso.*

sopore [so-pó-re] *s.m.* Stato di dormiveglia simile al sonno, ma senza la perdita totale della coscienza: *mentre guardava la televisione, cadde in un leggero sopore.*

soppalco [sop-pàl-co] *s.m.* [pl. *–chi*] Struttura che suddivide orizzontalmente un ambiente di una certa altezza in modo da ricavare un locale supplementare sotto il soffitto.

sopperire [sop-pe-rì-re] *v.intr.* [*sopperìsco, sopperìsci*; aus. *avere*] Provvedere, far fronte a qualche esigenza: *ce la fa a malapena a sopperire ai bisogni della famiglia.*

soppesare [sop-pe-sà-re] *v.tr.* **1** Valutare il peso di un oggetto alzando e abbassando più volte la mano in cui lo si tiene **2** ♧ Valutare, considerare attentamente: *soppesare i vantaggi e gli svantaggi di una scelta.*

soppiantare [sop-pian-tà-re] *v.tr.* Prendere il posto di un altro, spec. con mezzi sleali: *cercava di soppiantare il collega calunniandolo presso il direttore.*

soppiatto [sop-piàt-to] *agg.* *Di soppiatto* = di nascosto: *riuscì a entrare di soppiatto.*

sopportare [sop-por-tà-re] *v.tr.* **1** Reggere, sostenere un peso: *un ponte che non sopporta carichi pesanti* ◊ ♧ Sostenere un onere, subire un danno economico: *un'azienda che ha dovuto sopportare spese, perdite ingenti* **2** ♧ Patire, soffrire: *quanti sacrifici, quante umiliazioni ha dovuto sopportare!* **3** ♧ Resistere più o meno facilmente a condizioni e situazioni avverse, disagevoli o penose Ⓢ tollerare: *sopportare bene il caldo, la fatica, il dolore*; *non sopporto i luoghi chiusi*; *piante che non sopportano il freddo* ◊ Subire senza reagire Ⓢ tollerare: *ho sopportato tutto, ma ora basta!*

sopportazione [sop-por-ta-zió-ne] *s.f.* Capacità di sopportare, di tollerare pazientemente: *ha dimostrato un grande spirito di sopportazione*; *la mia sopportazione ha un limite.*

soppressione [sop-pres-sió-ne] *s.f.* Eliminazione, abolizione di qualcosa: *soppressione di una tassa* ◊ Eliminazione fisica di qualcuno Ⓢ uccisione.

sopprimere [sop-prì-me-re] *v.tr.* [coniugato come *comprimere*] Eliminare, abolire qualcosa che esisteva in precedenza: *sopprimere una frase da un testo*; *questa fermata dell'autobus è stata soppressa* ◊ Eliminare fisicamente Ⓢ uccidere: *i banditi hanno soppresso un ostaggio.*

sopra [só-pra] *avv.* **1** In posizione più elevata: *posa il cappotto lì sopra* ◊ Nella parte superiore: *una torta con sopra la crema* ◊ Al piano superiore: *le camere sono (di) sopra* **2** In precedenza Ⓢ prima: *l'esempio sopra citato*; *come ho detto sopra* ♦ *prep.* **1** In posizione più elevata rispetto a ciò che fa da appoggio e sostegno: *posa il libro sopra il tavolo*; *salire sopra uno sgabello*; *portare il golf sopra la camicia* **2** In posizione più elevata rispetto ad altro, ma non a diretto contatto: *appendere un quadro sopra il letto*; *l'aereo volava sopra la città*; *una casa sopra il fiume* ◊ ♧ Indica superiorità, dominio, controllo, protezione e simili: *ha un vantaggio sopra di te*; *regnare sopra un popolo*; *vegliare sopra i figli* **3** Addosso (anche ♧): *le bombe cadevano sopra la città*; *far ricadere sopra un altro la responsabilità* **4** Oltre (un dato limite, livello, valore): *i bambini sopra i dieci anni*; *la temperatura è sopra lo zero* ◊ Più a nord di: *il Lazio è sopra la Campania*; *i paesi sopra l'equatore* ◊ Più di: *ama la famiglia sopra ogni cosa* **5** Intorno a, riguardo a: *parlare sopra un argomento* ♦ *agg.invar.* Superiore: *passate alla riga sopra*; *abita al piano sopra.*

Quando *sopra* come preposizione precede un pronome personale è sempre seguito dalla preposizione *di*: *abitano sopra di noi.*

sopra– o **sovra–** Primo elemento di parole composte, con diversi significati ◊ Indica una cosa che sta sopra un'altra (*sopracciglio, soprabito*) ◊ Indica qualcosa che viene aggiunto ad altro (*soprannome*) ◊ Esprime superamento di un limite, eccesso (*soprannaturale, sopravvalutare*) ◊ Dà un valore di superlativo all'aggettivo (*sopraffino*).

soprabito [so-prà-bi-to] *s.m.* Cappotto leggero per la mezza stagione.

sopracciglio [so-prac-cì-glio] *s.m.* [pl. *i sopraccigli* o pl.f. *le sopracciglia*] Ognuno dei due archi di peli al di sopra degli occhi.

sopraelevare vedi **soprelevare**.

sopraffare [so-praf-fà-re] *v.tr.* [coniugato come *fare*] Vincere completamente, ridurre all'impotenza (anche ♧): *gli assalitori sopraffecero rapidamente la guarnigione*; *cercava di restare sveglio, ma fu sopraffatto dalla stanchezza* ◊ Opprimere, piegare alla propria volontà con la prepotenza e i soprusi: *sopraffare i deboli.*

sopraffazione [so-praf-fa-zió-ne] *s.f.* Prepotenza esercitata su chi è più debole Ⓢ sopruso.

sopraffino [so-praf-fi-no] *agg.* Di finissima qualità Ⓢ eccellente: *un olio, un vino, un pranzo sopraffino.*

sopraggiungere [so-prag-giùn-ge-re] *v.intr.* [coniugato come *giungere*; aus. *essere*] **1** Giungere in un luogo dove già c'erano altri, spec. all'improvviso: *i rapinatori stavano uscendo dalla banca quando sopraggiunse la polizia* **2** Accadere, verificarsi in seguito: *guarirà presto, se non sopraggiungono complicazioni.*

sopralluogo [so-pral-luò-go] o **sopraluogo** [so-pra-luò-go] *s.m.* [pl. *–ghi*] Visita, ispezione fatta in un luogo a scopo di indagine e per compiere accertamenti: *il giudice ha fatto un sopralluogo nella banca rapinata*; *dopo il sopraluogo dei tecnici il ponte pericolante è stato chiuso al traffico.*

soprammobile [so-pram-mò-bi-le] *s.m.* Piccolo oggetto che si pone per ornamento sopra un mobile: *un salotto pieno di soprammobili.*

soprannaturale [so-pran-na-tu-rà-le] *agg.* Che supera i limiti della natura; che appartiene al mondo divino: *fenomeni, forze soprannaturali.*

soprannome [so-pran-nó-me] *s.m.* Nome, diverso dal cognome e dal nome proprio, con cui viene chiamata una persona in un dato ambiente.

soprano [so-prà-no] *s.m.* **1** La voce femminile più acuta, che raggiunge i toni più alti **2** [anche *f.*; pl.m. *i soprani*, pl.f. *le soprano*] Donna che canta con voce di soprano: *un grande soprano, una famosa soprano.*

soprappensiero [so-prap-pen-siè-ro] *avv.* Con la mente immersa nei propri pensieri e perciò in uno stato di distrazione: *ero soprappensiero: cosa mi hai detto?*

soprassalto [so-pras-sàl-to] *s.m.* Movimento, scatto brusco e improvviso Ⓢ sussulto: *quando lo chiamai, ebbe un soprassalto* | *Di soprassalto* = con un sussulto, d'improvviso: *si svegliò di soprassalto.*

soprassedere [so-pras-se-dé-re] *v.intr.* [coniugato come *sedere*; aus. *avere*] Rinviare temporaneamente o sospendere definitivamente l'attuazione di qualcosa: *quanto a quel progetto di cui ti ho parlato, sarà meglio soprassedere.*

soprattutto [so-prat-tùt-to] *avv.* Più di ogni altra cosa, prima di tutto; specialmente, in modo particolare: *bada soprattutto a non fare errori*; *a scuola è bravo soprattutto in storia e geografia.*

sopravanzare [so-pra-van-zà-re] *v.tr.* Superare, oltrepassare.

sopravvalutare [so-prav-va-lu-tà-re] o **sopravalutare** [so-pra-va-lu-tà-re] *v.tr.* Valutare qualcuno o qualcosa più di quanto realmente valga, meriti, sia importante: *sopravvalutare un avversario*; *sopravvalutare una difficoltà.*

sopravvento [so-prav-vèn-to] *s.m.* Vantaggio, prevalenza, predominio | *Avere, prendere il sopravvento* = avere la meglio, prevalere: *avere il sopravvento sugli avversari.*

sopravvissuto [so-prav-vis-sù-to] *agg.* e *s.m.* Che, chi è rimasto in vita dopo la morte di altri Ⓢ superstite.

sopravvivenza [so-prav-vi-vèn-za] *s.f.* Il fatto di sopravvivere.

sopravvivere [so-prav-vì-ve-re] *v.intr.* [fut. *sopravvivrò* o *sopravviverò*; cond. *sopravvivrèi* o *sopravviverèi*; nelle altre forme coniugato come *vivere*; aus. *essere*] **1** Restare in vita dopo la morte di altri: *la madre sopravvisse ai figli* ◊ Rimanere in vita scampando a un rischio: *sopravvivere a un naufragio* **2** ♧ Continuare a vivere idealmente, anche dopo la morte: *il suo ricordo sopravvive nei nostri cuori* ◊ Continuare a esistere: *usanze che sopravvivono solo in alcune regioni.*

soprelevare [so-pre-le-và-re] o **sopraelevare** [so-pra-e-le-và-re] *v.tr.* **1** Rialzare un edificio di uno o più piani **2** Costruire una strada o una ferrovia al di sopra del piano normale stradale o ferroviario.

soprintendente vedi **sovrintendente**.

sopruso [so-prù-so] *s.m.* Atto di prepotenza compiuto abusando del proprio potere o della propria forza Ⓢ sopraffazione, angheria: *subire un sopruso.*

soqquadro [soq-quà-dro] *s.m.* Scompiglio, gran disordine: *al ritorno ha trovato la casa messa a soqquadro dai ladri.*

sorbetto [sor-bét-to] *s.m.* Gelato, granita, per lo più a base di succhi di frutta: *sorbetto al limone, al caffè.*

sorbire [sor-bì-re] *v.tr.* [*sorbìsco, sorbìsci*] **1** Bere lentamente, a piccoli sorsi: *sorbire una bibita* **2** ♧ Sopportare cose o persone noiose, fastidiose: *ho dovuto sorbirmi le sue chiacchiere per un'ora.*

sorcio [sór-cio] *s.m.* Topo.

sordido [sòr-di-do o sór-di-do] *agg.* Disgustosamente sudicio e squallido: *una stanza sordida* ◊ ♧ Turpe, moralmente disgustoso: *un sordido individuo.*

sordina [sor-dì-na] *s.f.* Dispositivo che si applica a strumenti musicali per attutirne il suono.

sordità [sor-di-tà] *s.f.* Mancanza o perdita totale o parziale dell'udito: *è affetto da sordità.*

sordo [sór-do] *agg.* **1** Privo del tutto o in parte dell'udito: *essere sordo dalla nascita, da un orecchio* **2** ♧ Che non presta ascolto, attenzione Ⓢ insensibile, indifferente: *è rimasto sordo alle nostre richieste di aiuto* **3** Cupo, grave, privo di sonorità: *un rumore, un tonfo sordo* **4** ♧ Che non si manifesta apertamente: *nutriva un sordo rancore nei suoi confronti* ♦ *s.m.* Persona sorda | *Fare il sordo* = fingere di non sentire.

sordomuto [sor-do-mù-to] *agg.* e *s.m.* Che, chi è sordo e muto.

sorella [so-rèl-la] *s.f.* **1** Ogni figlio di sesso femminile rispetto agli altri figli degli stessi genitori: *sono due fratelli e una sorella*; *mia sorella maggiore, minore* **2** Suora.

sorellastra [so-rel-là-stra] *s.f.* Chi è sorella da parte di uno solo dei genitori.

sorgente [sor-gèn-te] *s.f.* **1** Acqua che sgorga dal sottosuolo Ⓢ fonte: *bere a una sorgente* ◊ Luogo in cui nasce un corso d'acqua: *le sorgenti del Tevere* **2** Ciò che emette luce, calore, onde ecc.: *sorgenti luminose, sonore, di calore* ◊ Ciò che ha la capacità di produrre energia Ⓢ fonte: *il vento è una potenziale sorgente di energia.*

sorgere [sór-ge-re] *v.intr.* [pres. *sórgo, sórgi*; pass.rem. *sórsi, sorgésti*; part.pass. *sórto*; aus. *essere*] **1** Apparire all'orizzonte (detto di astri) Ⓢ levarsi Ⓒ tramontare: *il sole non è ancora sorto* **2** Essere situato in posizione elevata: *il castello sorge su una collina* ◊ Venire edificato: *qui sorgerà un grattacielo* **3** Nascere, scaturire (detto di corsi d'acqua): *il Po sorge dal Monviso* ◊ ♧ Avere inizio Ⓢ nascere: *sta sorgendo una nuova epoca*; *mi è sorto un dubbio*; *tutto è sorto da un malinteso.*

sorgivo [sor-gì-vo] *agg.* Di sorgente: *acqua sorgiva.*

sorgo [sór-go] *s.m.* [pl. *–ghi*] Pianta simile al granoturco, coltivata per usi alimentari, come foraggio e per fare scope e spazzole Ⓢ saggina.

sormontare [sor-mon-tà-re] *v.tr.* Oltrepassare, superare (spec. ♧): *sormontare un ostacolo, una difficoltà.*

sornione [sor-nió-ne] *agg.* Che non lascia trasparire i suoi pensieri e le sue intenzioni reali dietro a un atteggiamento apparentemente indifferente o bonario: *è un tipo sornione*; *mi si avvicinò con un'aria sorniona.*

sorpassare [sor-pas-sà-re] *v.tr.* Superare, oltrepassare: *l'acqua del fiume ha sorpassato il livello di guardia* ◊ Superare un altro veicolo: *è vietato sorpassare in curva.*

sorpassato [sor-pas-sà-to] *agg.* Non più attuale, ormai superato, antiquato: *ha una mentalità sorpassata.*

sorpasso [sor-pàs-so] *s.m.* Manovra con cui si supera un altro veicolo che procede nello stesso senso: *qui c'è divieto di sorpasso.*

sorprendente [sor-pren-dèn-te] *agg.* Che desta sorpresa, stupore: *è accaduto un fatto sorprendente* ◊ Straordinario: *se l'è cavata con un'abilità sorprendente.*

sorprendere [sor-prèn-de-re] *v.tr.* [coniugato come *prendere*] **1** Cogliere all'improvviso, inaspettatamente: *il temporale ci ha sorpreso per strada*; *la morte lo sorprese nel sonno* ◊ Cogliere qualcuno sul fatto: *l'ho sorpreso a rubare*; *la moglie sorprese il marito con l'amante* **2** Meravigliare, stupire: *la sua improvvisa partenza ci ha sorpreso* ♦ **sorprendersi** *v.pr.* Meravigliarsi, stupirsi: *ormai non mi sorprendo più di nulla.*

sorpresa [sor-pré-sa] *s.f.* **1** Azione improvvisa che coglie altri impreparati: *l'attacco riuscì sfruttando il vantaggio della sorpresa* | *Cogliere uno di sorpresa* = all'improvviso, quando non se l'aspetta **2** Fatto inaspettato che sorprende, lascia stupiti: *che sorpresa trovarti qui!*; *tornando a casa ebbe la sgradita sorpresa di trovarla svaligiata dai ladri* ◊ Piccolo regalo contenuto all'interno delle uova di Pasqua **3** Meraviglia, stupore: *mi guardò con un'espressione di sorpresa.*

sorpreso [sor-pré-so] *agg.* Meravigliato, stupito: *mi sembrò sorpreso di vedermi*; *fece un'aria sorpresa.*

sorreggere [sor-règ-ge-re] *v.tr.* [coniugato come *reggere*] **1** Sostenere, reggere dal di sotto: *lo sorresse per evitargli di cadere*; *il tetto è sorretto dalle travi* **2** ♧ Aiutare, sostenere moralmente: *lo sorreggeva una speranza.*

sorridere [sor-rì-de-re] *v.intr.* [coniugato come *ridere*; aus. *avere*] **1** Ridere leggermente e silenziosamente, con un lieve movimento della bocca e degli occhi: *mi guardò sorridendo (allegramente, dolcemente, ironicamente)* **2** ♧ Essere favorevole: *è giovane, la vita gli sorride* ◊ Far piacere, riuscire gradito: *l'idea di partire con questo tempo non mi sorride affatto.*

sorriso [sor-rì-so] *s.m.* Riso appena accennato con un lieve movimento della bocca e degli occhi: *mi fece un sorriso*; *un sorriso affettuoso, malinconico, ironico*; *ha un sorriso affascinante.*

sorsata [sor-sà-ta] *s.f.* Quantità di liquido che si beve in un sorso: *ho bevuto due sorsate d'acqua.*

sorseggiare [sor-seg-già-re] *v.tr.* Bere a piccoli sorsi: *sorseggiare una bibita, il caffè.*

sorso [sór-so] *s.m.* **1** Quantità di liquido che si inghiotte in una sola volta: *bere a piccoli sorsi* | *(Tutto) in un sorso* = in una volta **2** Piccola quantità di una bevanda: *mi dai ancora un sorso di vino?*

sorta [sòr-ta] *s.f.* Specie, genere, tipo: *vendere merci d'ogni sorta*; *un posto frequentato da gente di tutte le sorte* | *Di sorta* = di alcun tipo: *fra le due cose non c'è differenza di sorta.*

sorte [sòr-te] *s.f.* **1** Forza superiore e misteriosa che si immagina regoli le vicende umane indipendentemente dalla nostra volontà Ⓢ destino, fortuna: *la sorte ha voluto così*; *sperare nella (buona) sorte*; *imprecare contro la (cattiva) sorte* **2** Ciò che il destino, la vita hanno riservato o riserveranno a qualcuno: *rassegnarsi alla propria sorte*; *che triste sorte, quel poveretto!*; *non so quale sarà la mia sorte* | *Avere in sorte* = avere per natura: *ha avuto in sorte un fisico perfetto* ◊ Esito, risultato: *non so quale sorte ha avuto il suo tentativo* **3** Combinazione, caso: *si trovava per sorte a passare di lì* | *Fare, tirare, estrarre a sorte* = decidere, scegliere affidandosi al caso, con un sorteggio: *tiriamo a sorte chi deve andare per primo*; *estrarre un numero a sorte.*

sorteggiare [sor-teg-già-re] *v.tr.* Scegliere, assegnare mediante sorteggio: *sorteggiare i vincitori, i premi di una lotteria.*

sorteggio [sor-tég-gio] *s.m.* Metodo e operazione di scelta fondati sul caso Ⓢ estrazione a sorte: *decidere per sorteggio l'ordine di partenza*; *fare il sorteggio dei premi.*

sortilegio [sor-ti-lè-gio] *s.m.* Magia, incantesimo: *fare un sortilegio*; *era vittima di un sortilegio.*

sortita [sor-tì-ta] *s.f.* Azione improvvisa di truppe assediate che escono dai loro ripari e attaccano di sorpresa i nemici: *tentarono una sortita per spezzare l'assedio.*

sorvegliante [sor-ve-gliàn-te] *s.m.f.* Addetto alla sorveglianza: *lavora come sorvegliante in un magazzino.*

sorveglianza [sor-ve-gliàn-za] *s.f.* Attività di controllo e vigilanza su cose e persone: *il detenuto fuggì eludendo la sorveglianza delle guardie*; *gli addetti alla sorveglianza di una banca.*

sorvegliare [sor-ve-glià-re] *v.tr.* Tenere d'occhio, sotto attento controllo qualcuno o qualcosa, come misura di sicurezza e prevenzione o per assicurare il normale svolgimento di un'attività, di una situazione ecc.: *sorvegliare un bambino perché non si faccia male*; *la polizia sorvegliava tutte le uscite dalla città*; *la banca è sorvegliata giorno e notte*; *i vigili sorvegliano il traffico*; *sorvegliare il livello del fiume, le mosse del nemico.*

sorvolare [sor-vo-là-re] *v.tr.* e *v.intr.* [aus. *avere*] **1** Volare sopra: *sorvolare le Alpi* **2** ♧ Tralasciare, passar oltre senza soffermarsi: *sorvoliamo i particolari*; *è un argomento su cui preferirei sorvolare.*

SOS [pron. *esseoèsse*] *s.m.* Segnale di urgente richiesta di soccorso diffuso via radio: *dalla nave colpita venne lanciato un SOS.*

sosia [sò-sia] *s.m.f.invar.* Persona così somigliante a un'altra da poter essere scambiata per essa: *credevo che fosse lui, ma era un suo sosia.*

sospendere [so-spèn-de-re] *v.tr.* [coniugato come *appendere*] **1** Attaccare qualcosa in alto in modo che penda all'ingiù: *sospendere un lampadario al soffitto* **2** ♧ Interrompere temporaneamente: *sospendere le ostilità, le ricerche, i lavori, una cura, una riunione* **3** ♧ Allontanare temporaneamente qualcuno da un incarico, da un'attività, spec. per punizione: *sospendere un funzionario (dal servizio), un alunno (dalle lezioni).*

sospensione [so-spen-sió-ne] *s.f.* **1** Interruzione temporanea: *la sospensione delle ostilità, di una partita, di una riunione* **2** Provvedimento disciplinare con il quale si allontana temporaneamente una persona da un'attività: *l'alunno è stato punito con una settimana di sospensione dalla scuola* **3** Nei veicoli, organo meccanico che collega elasticamente le ruote al telaio in modo da ridurre gli urti e le vibrazioni.

sospeso [so-spé-so] *agg.* **1** Attaccato in alto Ⓢ appeso, pendente: *il rocciatore cadde restando sospeso nel vuoto legato alla corda* | ♧ *Essere sospeso a un filo* = essere in una situazione molto precaria o in grave pericolo **2** Interrotto provvisoriamente, rinviato: *gara sospesa per nebbia* | *Col fiato sospeso* = trattenendo il respiro, in ansia | *Avere un conto in sospeso* = ancora da regolare, da saldare **3** ♧ Che si trova in uno stato di incertezza, di ansia: *è rimasto due giorni sospeso tra la vita e la morte*; *dimmi come è andata, non mi tenere sospeso* (o *in sospeso*)*!*

sospettare [so-spet-tà-re] *v.tr.* **1** Ritenere qualcuno colpevole di qualcosa in base a indizi e supposizioni: *è sospettato di furto*; *la polizia sospetta che sia stato il marito a uccidere la moglie* ◊ Temere in base a indizi che vi sia qualcosa di grave o di pericoloso nascosto sotto apparenze diverse: *la polizia sospetta che si tratti di attentato*; *sospettava un tradimento, un imbroglio* **2** Immaginare, credere, supporre: *non avrei mai sospettato che fossi così bravo a cantare* ♦ *v.intr.* [aus. *avere*] **1** Nutrire dei sospetti sulla colpevolezza di qualcuno: *la polizia sospetta del marito* **2** Diffidare: *sospettare di tutti, di tutto.*

sospetto[1] [so-spèt-to] *agg.* **1** Che desta diffidenza, dubbi, timori: *un tipo sospetto*; *un comportamento, un rumore sospetto* | *Merce di provenienza sospetta* = probabilmente rubata o di contrabbando **2** Che si teme possa esserci: *nell'incidente ha riportato la sospetta frattura di due costole* ♦ *agg.* e *s.m.* Che, chi è sospettato o sospettabile di qualcosa: *un arbitro sospetto di parzialità*; *la polizia ha arrestato i principali sospetti.*

sospetto[2] [so-spèt-to] *s.m.* **1** Dubbio, supposizione che una persona sia responsabile o capace di un reato, di una cattiva azione: *ho il sospetto che sia stato lui a rubare, che voglia ingannarmi* ◊ Dubbio, supposizione che un fatto, un comportamento nasconda qualcosa di grave o di pericoloso: *c'è il sospetto che non si tratti di suicidio, ma di omicidio*; *un atteggiamento che desta sospetto* ◊ Diffidenza Ⓒ fiducia: *guardare a qualcosa, a qualcuno con sospetto* **2** Timore, dubbio angoscioso: *ha il sospetto di avere un cancro.*

sospettoso [so-spet-tó-so] *agg.* Che tende a sospettare, a non fidarsi Ⓢ diffidente Ⓒ fiducioso: *un uomo sospettoso*; *ha un carattere sospettoso.*

sospirare [so-spi-rà-re] *v.intr.* [aus. *avere*] Fare dei sospiri, in segno di pena, di malinconia, di rimpianto: *da quando è rimasta sola non fa che piangere e sospirare* ♦ *v.tr.* Attendere con ansia: *sospira da tanto una vacanza* | *Farsi sospirare* = farsi attendere a lungo.

sospiro [so-spì-ro] *s.m.* Inspirazione profonda seguita da un'espirazione, che esprime uno stato d'animo, un sentimento: *tirare un sospiro di sollievo*; *fece un sospiro di rimpianto, di dolore*; *sospiri d'amore.*

sosta [sò-sta] *s.f.* **1** Fermata, permanenza per lo più breve in un luogo: *dopo una sosta di due ore ripresero il viaggio* | *Divieto di sosta* = divieto di parcheggiare **2** Interruzione, pausa: *lavora tutto il giorno senza sosta*; *facciamo una breve sosta, sono molto stanco.*

sostantivo [so-stan-tì-vo] *s.m.* In grammatica, ogni parola che serve a indicare persone, animali, cose concrete o astratte (per es. *ragazzo, gatto, casa, amore*) Ⓢ nome.

sostanza [so-stàn-za] *s.f.* **1** Materia: *sostanze solide, liquide, gassose, organiche, inorganiche* ◊ Materiale, prodotto: *sostanze chimiche, alimentari, tossiche, coloranti* **2** Parte essenziale di qualcosa: *andare alla sostanza di un problema* | *In sostanza* = in conclusione, in definitiva: *in sostanza il problema è questo* ◊ Parte nutriente, capacità nutritiva di un alimento: *un cibo che ha molta sostanza* **3** (spec. al *pl.*) Patrimonio, ricchezze, beni: *ha dilapidato al gioco tutte le sue sostanze.*

sostanziale [so-stan-zià-le] *agg.* Essenziale, fondamentale: *tra le due cose c'è una differenza sostanziale.*

sostanzialmente [so-stan-zial-mén-te] *avv.* Essenzialmente, fondamentalmente: *io e lui siamo sostanzialmente d'accordo.*

sostanzioso [so-stan-zió-so] *agg.* Ricco di potere nutritivo: *un cibo, un pasto sostanzioso.*

sostare [so-stà-re] *v.intr.* [aus. *avere*] Fermarsi in un luogo per breve tempo: *sostarono a una locanda per riposarsi* ◊ Parcheggiare: *qui non si può sostare.*

sostegno [so-sté-gno] *s.m.* **1** Tutto ciò che ha la funzione di sostenere, di tenere su: *muro, pilastri, trave di sostegno*; *mettere dei sostegni alle viti* ◊ ♧ Aiuto, appoggio: *senza il suo sostegno non ce l'avrei fatta* **2** ♧ Persona o cosa che aiuta, sorregge economicamente o moralmente: *dopo la morte del padre, è il figlio l'unico sostegno della famiglia.*

sostenere [so-ste-né-re] *v.tr.* [coniugato come *tenere*] **1** Reggere, sorreggere, tenere su: *il ponte è sostenuto da due pilastri*; *sostenere qualcuno per le braccia* **2** ♧ Sopportare, affrontare un onere, un impegno: *lui solo sostiene tutto il peso della famiglia*; *deve sostenere molte spese*; *sostenere un esame, una prova* | *Sostenere una parte* = interpretarla ◊ Tollerare, resistere: *i suoi occhi non riuscivano a sostenere la luce* **3** ♧ Aiutare, soccorrere, difendere: *sostenere un amico in difficoltà* ◊ Appoggiare: *sostenere un candidato, un partito* **4** ♧ Affermare con decisione: *sostenere una tesi*; *sostiene di essere innocente* ♦ **sostenersi** *v.pr.* **1** Tenersi dritto, in piedi Ⓢ reggersi, sorreggersi: *non riusciva a sostenersi senza le stampelle* **2** ♧ Mantenersi in forze: *devi mangiare qualcosa per sostenerti.*

sostenitore [so-ste-ni-tó-re] *s.m.* [f. *–trice*] Chi sostiene, favorisce, appoggia qualcosa o qualcuno Ⓒ avversario: *i sostenitori di una tesi, di un'iniziativa, di un partito, di un uomo politico.*

sostentamento [so-sten-ta-mén-to] *s.m.* Quanto è necessario per nutrirsi, per vivere Ⓢ mantenimento: *quel che guadagna gli basta appena per il sostentamento della famiglia*; *non ha mezzi di sostentamento.*

sostenuto [so-ste-nù-to] *agg.* **1** Detto di atteggiamento austero e riservato, freddo e distaccato: *assunse un contegno, un tono sostenuto* **2** Elevato, intenso: *velocità, andatura sostenuta*; *i lavori procedono a ritmo sostenuto.*

sostituire [so-sti-tu-ì-re] *v.tr.* [*sostituìsco, sostituìsci*] **1** Mettere al posto di una persona o di una cosa un'altra persona o cosa Ⓢ cambiare: *sostituire una ruota bucata*; *sostituire un vecchio impiegato con uno più giovane* **2** Prendere il posto di un'altra persona o cosa Ⓢ rimpiazzare: *un collega mi ha sostituito durante la mia assenza*; *niente potrà sostituire il suo affetto.*

sostituto [so-sti-tù-to] *s.m.* Chi sostituisce temporaneamente una persona o ne fa le veci in determinate circostanze: *il direttore non c'è, se vuole può parlare col sostituto.*

sostituzione [so-sti-tu-zió-ne] *s.f.* Cambiamento di una persona o di una cosa con un'altra che ne prende il posto: *la sostituzione di un vetro rotto, di un pezzo difettoso*; *il giocatore infortunato ha chiesto la sostituzione.*

sottaceto [sot-ta-cé-to] *avv.* A bagno nell'aceto: *conservare le cipolline sottaceto* ♦ *agg.invar.* Conservato nell'aceto: *peperoni sottaceto* ♦ *s.m.* (spec. al *pl.*) Verdura conservata sottaceto: *un barattolo di sottaceti.*

sottana [sot-tà-na] *s.f.* Gonna.

sotterfugio [sot-ter-fù-gio] *s.m.* Espediente, modo d'agire basato sull'astuzia e sull'inganno: *con un sotterfugio è riuscito ad andare alla festa, nonostante il divieto dei genitori*; *voglio fare tutto alla luce del sole, senza sotterfugi.*

sotterraneo [sot-ter-rà-ne-o] *agg.* Che sta sotto terra o sotto il livello della strada: *acque sotterranee*; *ferrovia sotterranea* ◊ Che proviene da sotto terra: *un boato sotterraneo* ♦ *s.m.* Locale o complesso di locali situati al di sotto del livello del terreno: *i sotterranei di un castello.*

sotterrare [sot-ter-rà-re] *v.tr.* Mettere, nascondere sotto terra: *sotterrare i semi*; *sotterrare un tesoro* ◊ Seppellire: *sotterrare i morti.*

sottigliezza [sot-ti-gliéz-za] *s.f.* *Qualità di ciò che è* sottile: *sottigliezza di un filo* ◊ ♧ Acutezza, finezza: *un ragionamento di grande sottigliezza.*

sottile [sot-tì-le] *agg.* **1** Che ha uno spessore piuttosto limitato Ⓒ spesso: *filo, foglio, linea, strato*

A B C D E F G H I J K L M N O P Q R S T U V W X Y Z

sottile ◊ Snello, slanciato: *gambe sottili*; *collo sottile* **2** ♧ Fine, acuto, penetrante: *avere una vista sottile*; *un uomo di ingegno sottile* | ♧ *Voce sottile* = esile e acuta ◊ Molto fine, acuto e abile: *un ragionamento sottile*; *lo convinse con una sottile astuzia.*

sottinteso [sot-tin-té-so] *agg.* Non detto, non espresso esplicitamente: *una frase col soggetto sottinteso* | *È, resta sottinteso* = è ovvio senza bisogno di dirlo ♦ *s.m.* Concetto, pensiero non espresso esplicitamente ma intuibile dal contesto: *cerca di parlar chiaro, senza sottintesi.*

sotto [sót-to] *avv.* In posizione più bassa, nella parte o al piano inferiore: *mettilo lì sotto*; *fallo passare (per di) sotto*; *sotto non abita nessuno* | ♧ *Sotto sotto* = dentro di sé: *fece una faccia allegra, ma sotto sotto era preoccupato* | *Mettere sotto qualcuno* = investirlo con un veicolo | *Farsi sotto* = avvicinarsi | *Lavarsi sotto* = nelle parti intime del corpo | ♧ *Farsela sotto* = avere molta paura ♦ *prep.* **1** In posizione inferiore rispetto a ciò con cui è a contatto: *tenere un cuscino sotto la testa*; *restò sepolto sotto le macerie* | *Finire sotto un'automobile* = venirne investito ◊ Nella parte inferiore di qualcosa: *ha male sotto i piedi* **2** In posizione inferiore rispetto a ciò che sta sopra (ma non a contatto) o nelle immediate vicinanze: *la carta è finita sotto il tavolo*; *passare sotto un ponte*; *abita sotto di me*; *l'ho incontrato sotto casa* | *Avere qualcosa sotto gli occhi, sotto il naso* = vicinissimo **3** Indica qualcosa che scende dall'alto e di cui viene subita l'azione: *stare sotto la pioggia*; *morire sotto le bombe* **4** ♧ Esprime dipendenza, subordinazione, assoggettamento e simili: *ha molti operai sotto di sé*; *l'ha preso sotto la sua protezione*; *vivere sotto una dittatura* **5** ♧ Indica il modo o la condizione in cui qualcosa o qualcuno si presenta o si trova: *caffè confezionato sotto vuoto*; *viaggiare sotto falso nome*; *essere sotto le armi*; *finire sotto processo*; *scrivere sotto dettatura*; *essere sotto l'effetto del vino* **6** Più in basso di, meno di (un dato livello, limite, quantità ecc.): *nuotare sotto il pelo dell'acqua*; *la temperatura è scesa sotto lo zero*; *bambini sotto i dieci anni* ◊ Più a sud di: *i paesi sotto l'equatore* **7** Nell'imminenza di: *siamo ormai sotto le feste* ◊ Al tempo di, durante il governo di: *Gesù nacque sotto Augusto e morì sotto Tiberio* ♦ *agg.invar.* Inferiore: *la riga sotto*; *abito al piano sotto* ♦ *s.m.invar.* La parte inferiore: *il sotto del tavolo.*

👁 Quando *sotto* come preposizione precede un pronome personale è sempre seguito dalla preposizione *di*: *abitano sotto di noi.*

sotto– Primo elemento di parole composte con diversi significati ◊ Indica una cosa che sta sotto un'altra (*sottoveste, sottopassaggio*) ◊ Indica un grado inferiore (*sottotenente*) ◊ Indica un livello inferiore a quello normale o necessario (*sottosviluppo*) ◊ Indica suddivisione (*sottogruppo*).

sottobanco [sot-to-bàn-co] *avv.* Di nascosto.

sottobosco [sot-to-bò-sco] *s.m.* [pl. *–schi*] L'insieme delle erbe e degli arbusti che crescono nei boschi sotto gli alberi di alto fusto.

sottobraccio [sot-to-bràc-cio] o **sotto braccio** *avv.* Con il braccio infilato sotto il braccio di un'altra persona: *lo prese sottobraccio*; *passeggiavano sottobraccio.*

sottocchio [sot-tòc-chio] *avv.* Davanti agli occhi: *ho qui sottocchio la tua pratica.*

sottocosto [sot-to-cò-sto] o **sotto costo** *avv.* A un prezzo inferiore a quello di costo: *nelle liquidazioni molte merci sono vendute sottocosto.*

sottogamba [sot-to-gàm-ba] o **sotto gamba** *avv.* Con eccessiva leggerezza e disinvoltura, sottovalutando le difficoltà: *questo non è un esame da prendere sottogamba.*

sottolineare [sot-to-li-ne-à-re] *v.tr.* **1** Tracciare una linea sotto una parola o una frase, per metterla in evidenza o per altri scopi: *sottolineare in blu gli errori più gravi di un compito* **2** ♧ Mettere in rilievo, dare risalto: *vorrei sottolineare l'importanza del problema*; *un trucco che sottolinea le labbra e le sopracciglia.*

sottomano [sot-to-mà-no] *avv.* A portata di mano: *si difese prendendo la prima cosa che gli capitò sottomano.*

sottomarino [sot-to-ma-rì-no] *agg.* Che sta sotto la superficie del mare: *un cavo sottomarino*; *flora, fauna sottomarina* ♦ *s.m.* Mezzo navale da guerra costruito per navigare esclusivamente o prevalentemente in immersione.

sottomesso [sot-to-més-so] *agg.* Docile, remissivo: *ha un carattere sottomesso.*

sottomettere [sot-to-mét-te-re] *v.tr.* [coniugato come *mettere*] Ridurre sotto il proprio dominio Ⓢ assoggettare: *sottomettere un popolo* ♦ **sottomettersi** *v.pr.* Piegarsi al dominio, al volere altrui: *i conquistatori uccisero tutti quelli che non si sottomettevano.*

sottomultiplo [sot-to-mùl-ti-plo] *s.m.* Numero o unità di misura che sono contenuti un numero esatto di volte in un altro numero o in un'altra unità di misura: *il centimetro è sottomultiplo del metro.*

sottopassaggio [sot-to-pas-sàg-gio] *s.m.* Passaggio sotterraneo che consente a pedoni e veicoli di passare sotto strade, piazze, binari: *sottopassaggio stradale, pedonale*; *il sottopassaggio della stazione.*

sottopeso [sot-to-pé-so] *avv.* e *agg.invar.* Di peso inferiore alla norma: *essere sottopeso*; *una persona sottopeso.*

sottoporre [sot-to-pór-re] *v.tr.* [coniugato come *porre*] **1** Costringere ad affrontare o a subire qualcosa di gravoso, rischioso, difficile, spiacevole: *sottoporre il fisico a un duro sforzo*; *sottoporre qualcuno a un interrogatorio, a un intervento chirurgico, a un'umiliazione* **2** Presentare, proporre all'esame, al giudizio: *sottoporre una legge all'approvazione del parlamento* ♦ **sottoporsi** *v.pr.* Affrontare, assoggettarsi a qualcosa: *sottoporsi a un'operazione, a una dieta rigorosa.*

sottoposto [sot-to-pó-sto] *s.m.* Chi in un rapporto di lavoro o gerarchico è subordinato ad altri.

sottoscritto [sot-to-scrìt-to] *agg.* e *s.m.* Termine con cui indica se stesso (per lo più parlando in terza persona) chi compila e firma una domanda, un documento: *il sottoscritto Giovanni Bianchi, nel presentare domanda di trasferimento, dichiara...*

sottoscrivere [sot-to-scrì-ve-re] *v.tr.* [coniugato come *scrivere*] **1** Mettere la propria firma sotto un documento: *sottoscrivere un contratto* **2** Aderire a un'iniziativa versando una determinata somma: *ha sottoscritto cento euro a favore dei terremotati* **3** ♧ Approvare, condividere: *sottoscrivo pienamente tutto quello che hai detto.*

sottoscrizione [sot-to-scri-zió-ne] *s.f.* Raccolta di firme o di contributi in denaro a favore di un'iniziativa.

sottosopra [sot-to-só-pra] *avv.* e *agg.invar.* In uno stato di grande disordine e scompiglio: *ha messo la stanza sottosopra* ◊ ♧ In uno stato di grande agitazione e turbamento: *quella notizia lo mise sottosopra.*

sottostante [sot-to-stàn-te] *agg.* Che sta sotto, situato più in basso: *dalla vetta ammirò la valle sottostante.*

sottostare [sot-to-stà-re] *v.intr.* [coniugato come *stare*; aus. *essere*] Essere subordinato, soggetto a qualcuno o a qualcosa: *fa quel lavoro per non dover sottostare a nessuno.*

sottosuolo [sot-to-suò-lo] *s.m.* Lo strato del terreno al di sotto della superficie del suolo.

sottosviluppato [sot-to-svi-lup-pà-to] *agg.* Detto di paese o regione che ha un basso livello di sviluppo economico.

sottosviluppo [sot-to-svi-lùp-po] *s.m.* Condizione di povertà e di arretratezza economica in cui si trova un paese o una regione: *il sottosviluppo del Meridione.*

sottotenente [sot-to-te-nèn-te] *s.m.* Il grado più basso, inferiore a quello di tenente, della gerarchia degli ufficiali dell'esercito e dell'aeronautica; ufficiale che ha tale grado.

sottoterra [sot-to-tèr-ra] o **sotto terra** *avv.* Sotto la superficie del suolo: *nascondere qualcosa sottoterra* | ♧ *Mandare uno sottoterra* = farlo morire.

sottotetto [sot-to-tét-to] *s.m.* Locale situato immediatamente al di sotto del tetto e usato per lo più come ripostiglio.

sottotitolare [sot-to-ti-to-là-re] *v.tr.* Dotare di sottotitolo un libro, un articolo, o di sottotitoli un film.

sottotitolo [sot-to-tì-to-lo] *s.m.* **1** Titolo secondario scritto più in piccolo sotto il titolo principale di un libro o di un articolo di giornale; nei giornali, anche ognuno dei piccoli titoli che dividono il testo di un articolo **2** (spec. al *pl.*) Didascalia scritta sul bordo inferiore delle immagini cinematografiche, spec. per tradurre i dialoghi di un film in lingua straniera.

sottovalutare [sot-to-va-lu-tà-re] *v.tr.* Valutare qualcuno o qualcosa meno di quanto realmente valga, sia importante: *aveva sottovalutato il suo avversario*; *sottovaluti i rischi che corri.*

sottovalutazione [sot-to-va-lu-ta-zió-ne] *s.f.* Valutazione inferiore al valore, al merito, all'importanza reale.

sottovento [sot-to-vèn-to] *avv.* Dalla parte opposta a quella da cui soffia il vento: *navigare sottovento*; *tenere la prua sottovento.*

sottoveste [sot-to-vè-ste] *s.f.* Indumento femminile leggero, senza maniche, che s'indossa sotto l'abito.

sottovoce [sot-to-vó-ce] o **sotto voce** *avv.* A voce bassa: *parla sottovoce!*

sottovuoto [sot-to-vuò-to] *avv.* e *agg.invar.* (In un contenitore) da cui è stata estratta l'aria: *cibi conservati sottovuoto*; *caffè in confezione sottovuoto.*

sottraendo [sot-tra-èn-do] *s.m.* Il secondo termine di una sottrazione, il numero che deve essere sottratto al *minuendo.*

sottrarre [sot-tràr-re] *v.tr.* [coniugato come *trarre*] **1** Portar via qualcosa ad altri con l'astuzia o con l'inganno Ⓢ rubare: *il ladro gli sottrasse il por-*

tafogli **2** Levare, portar via o salvare, liberare da qualcosa: *coprirono il cadavere per sottrarlo alla vista dei curiosi*; *sottrarre qualcuno alla morte* **3** Eseguire una sottrazione.

sottrazione [sot-tra-zió-ne] *s.f.* Operazione aritmetica con la quale si toglie un numero da un altro ricavando come risultato la differenza tra i due numeri.

sottufficiale [sot-tuf-fi-cià-le] *s.m.* Militare di grado inferiore a quello degli ufficiali, comprendente i gradi di sergente, sergente maggiore e maresciallo.

souvenir [parola francese; pron. *suvnìr*] *s.m. invar.* Piccolo oggetto che si riporta da una città o da un paese come ricordo di un viaggio: *negozi di souvenir.*

sovente [so-vèn-te] *avv.* Spesso, di frequente.

sovra– vedi **sopra–**.

sovrabbondanza [so-vrab-bon-dàn-za] *s.f.* Grande abbondanza, quantità superiore al fabbisogno: *abbiamo sovrabbondanza di cibo.*

sovraccarico [so-vrac-cà-ri-co] *agg.* [pl.m. *–chi*] Eccessivamente carico: *una nave sovraccarica di passeggeri* ♦ *s.m.* Carico eccessivo, superiore al normale: *il traghetto è affondato a causa del sovraccarico.*

sovraffollato [so-vraf-fol-là-to] *agg.* Eccessivamente affollato: *un teatro sovraffollato.*

sovranità [so-vra-ni-tà] *s.f.* Potere sovrano, autorità suprema: *secondo la Costituzione italiana la sovranità appartiene al popolo.*

sovrano [so-vrà-no] *agg.* Che ha ed esercita un potere pieno e indipendente, senza altra autorità al disopra: *secondo la Costituzione il popolo è sovrano*; *l'Italia è uno stato sovrano* ♦ *s.m.* Capo di uno stato monarchico Ⓢ re, monarca | *I sovrani* = il re e la regina.

sovrappeso [so-vrap-pé-so] *avv.* e *agg.invar.* Di peso al di sopra della norma: *essere sovrappeso*; *una persona sovrappeso.*

sovrappopolato [so-vrap-po-po-là-to] *agg.* Eccessivamente popolato: *in Italia ci sono alcune zone sovrappopolate.*

sovrapporre [so-vrap-pór-re] *v.tr.* [coniugato come *porre*] Porre una cosa sopra un'altra, spec. in modo da farle combaciare: *sovrapporre un foglio trasparente a un disegno.*

sovrapproduzione [so-vrap-pro-du-zió-ne] *s.f.* Produzione, offerta di beni superiore alla domanda del mercato.

sovrastare [so-vra-stà-re] *v.tr.* e *v.intr.* [aus. *essere*] **1** Stare sopra: *il castello sovrastava il* (o *al*) *villaggio* **2** ♧ Essere imminente, incombere su qualcuno: *non si accorse del pericolo che lo* (o *gli*) *sovrastava.*

sovrintendente [so-vrin-ten-dèn-te] o **soprintendente** [so-prin-ten-dèn-te] *s.m.f.* Chi ha il compito di dirigere e controllare un'attività: *nominare il sovrintendente ai lavori di restauro.*

sovrumano [so-vru-mà-no] *agg.* Che supera le normali capacità umane Ⓢ straordinario, enorme: *un gigante dotato di una forza sovrumana*; *con uno sforzo sovrumano riuscì a liberarsi dai lacci.*

sovvenzionare [sov-ven-zio-nà-re] *v.tr.* Aiutare con una sovvenzione Ⓢ finanziare: *sovvenzionare una ricerca sul cancro.*

sovvenzione [sov-ven-zió-ne] *s.f.* Aiuto, contributo finanziario Ⓢ finanziamento, sussidio: *è riuscito a ottenere una sovvenzione.*

sovversivo [sov-ver-sì-vo] *agg.* e *s.m.* Che, chi mira a sovvertire l'ordinamento politico-sociale esistente: *attività, propaganda sovversiva*; *un gruppo di sovversivi.*

sovvertire [sov-ver-tì-re] *v.tr.* Rovesciare, sconvolgere radicalmente, distruggere (un ordinamento politico, determinate tradizioni e istituzioni ecc.): *volevano fare un colpo di stato per sovvertire l'ordinamento democratico.*

sozzo [sóz-zo] *agg.* **1** Sudicio, sporco da far ribrezzo Ⓢ lurido: *non ci dormo in un letto così sozzo* **2** ♧ Turpe, moralmente ripugnante: *un sozzo individuo.*

sozzura [soz-zù-ra] *s.f.* Sporcizia, roba sporca Ⓢ porcheria: *togli questa sozzura dalla tovaglia.*

spaccalegna [spac-ca-lé-gna] *s.m.invar.* Chi per mestiere spacca la legna da ardere.

spaccare [spac-cà-re] *v.tr.* [*spàcco, spàcchi*] Rompere, spezzare in due o più parti, spec. con colpi violenti: *spaccare la legna con l'accetta* | ♧ *Spaccare la faccia a qualcuno* = picchiarlo duramente | ♧ *Un orologio che spacca il minuto* = precisissimo ♦ **spaccarsi** *v.pr.* Rompersi, spezzarsi, fendersi: *si è spaccato un vetro.*

spaccata [spac-cà-ta] *s.f.* In ginnastica e nella danza, movimento e posizione di massima apertura delle gambe che formano una linea orizzontale: *la ballerina si esibì in una spaccata.*

spaccato [spac-cà-to] *agg.* **1** Diviso, rotto in due o più parti **2** ♧ Tale e quale: *è suo padre spaccato* ♦ *s.m.* Disegno o modellino che rappresenta la struttura interna di un edificio, di un oggetto come apparirebbe se venisse tagliato in due parti: *lo spaccato di un teatro, di una macchina.*

spaccatura [spac-ca-tù-ra] *s.f.* **1** Rottura, fenditura, crepa, screpolatura: *un muro, un terreno pieno di spaccature* **2** ♧ Profondo dissenso, contrasto: *c'è stata una spaccatura nella giuria, nel partito* ◊ Rottura di rapporti: *le divergenze tra di loro hanno portato alla spaccatura.*

spacciare [spac-cià-re] *v.tr.* Vendere, mettere in circolazione in modo illecito: *spacciare droga, monete false* ◊ Far passare una persona o una cosa per un'altra: *spacciare un quadro mediocre per un'opera d'arte* ♦ **spacciarsi** *v.pr.* Dare a credere di essere quello che non si è: *si spaccia per medico, ma non si è mai laureato.*

spacciato [spac-cià-to] *agg.* Che è come già morto o già perduto, rovinato, senza alcuna possibilità di salvarsi: *se non lo operavano subito era spacciato; se perdiamo siamo spacciati.*

spacciatore [spac-cia-tó-re] *s.m.* [f. *–trice*] Chi spaccia cose false, illecite o di provenienza illecita: *spacciatori di droga, di monete false.*

spaccio [spàc-cio] *s.m.* **1** Vendita, messa in circolazione di cose false o illecite: *è stato arrestato per spaccio di droga, di banconote false* **2** Vendita al pubblico: *locale autorizzato allo spaccio di alcolici* **3** Negozio, bottega: *uno spaccio di generi alimentari* | *Spaccio aziendale, di un ospedale* = locale dove si vendono generi di prima necessità.

spacco [spàc-co] *s.m.* [pl. *–chi*] **1** Rottura, strappo, taglio: *si è fatto uno spacco nei pantaloni* **2** Apertura verticale praticata in un capo di vestiario per ornamento o per agevolare i movimenti: *giacca, gonna con gli spacchi.*

spaccone [spac-có-ne] *s.m.* Persona che si vanta di aver compiuto o di poter compiere cose eccezionali, incredibili Ⓢ fanfarone, gradasso.

spada [spà-da] *s.f.* **1** Arma bianca costituita da una lama dritta e appuntita, a uno o due tagli: *impugnare, sguainare la spada* | ♧ *Difendere qualcuno, qualcosa a spada tratta* = con tutte le forze, con accanimento ◊ Una delle tre armi della scherma, il cui colpo è valido solo se arriva di punta **2** *Pesce spada* = grosso pesce marino dal muso allungato a forma di spada.

spadroneggiare [spa-dro-neg-già-re] *v.intr.* [aus. *avere*] Farla da padrone senza averne il diritto; comandare con prepotenza: *un tempo i pirati spadroneggiavano nel Mediterraneo.*

spaesato [spa-e-sà-to] *agg.* Che si sente a disagio, disorientato, smarrito per il fatto di trovarsi in un ambiente, in un luogo nuovo ed estraneo.

spaghetto [spa-ghét-to] *s.m.* (spec. al *pl.*) Tipo di pasta alimentare lunga e sottile, per minestra asciutta.

spago [spà-go] *s.m.* [pl. *–ghi*] Corda sottile, per lo più di canapa: *legare un pacco con dello spago.*

spaiato [spa-ià-to] *agg.* Detto di oggetto separato da quello uguale con cui formava un paio: *scarpe, calze spaiate.*

spalancare [spa-lan-cà-re] *v.tr.* [*spalànco, spalànchi*] Aprire completamente: *spalancare la finestra* | *Spalancare gli occhi* = per vedere meglio o per stupore, paura | *Spalancare la bocca* = per gridare, mangiare, sbadigliare o per stupore | *Spalancare le braccia* = per abbracciare qualcuno o per esprimere rassegnazione ♦ **spalancarsi** *v.pr.* Aprirsi all'improvviso: *una botola si spalancò sotto i suoi piedi.*

spalare [spa-là-re] *v.tr.* Togliere con la pala: *spalare la neve dal marciapiede.*

spalla [spàl-la] *s.f.* **1** La parte del corpo umano che va dall'estremità superiore del braccio alla base del collo: *spalla destra, sinistra; fu ferito a una spalla* ◊ (al *pl.*) Schiena, parte superiore della schiena: *portare un peso sulle spalle; stare con le spalle curve* | *Alzare le spalle* = per esprimere disinteresse, indifferenza o rassegnazione | *Colpire alle spalle* = da dietro; ♧ a tradimento | ♧ *Avere molti anni sulle spalle* = essere in età avanzata | ♧ *Avere una famiglia sulle spalle* = doverla mantenere | ♧ *Vivere alle spalle di qualcuno* = farsi mantenere da lui | ♧ *Ridere alle spalle di qualcuno* = burlarsi di lui a sua insaputa | ♧ *Sparlare alle spalle di qualcuno* = dirne male in sua assenza | ♧ *Mettere qualcuno con le spalle al muro* = metterlo di fronte alle sue responsabilità o non lasciargli alcuna via d'uscita **2** La parte di un indumento che copre le spalle: *una giacca con le spalle imbottite* **3** ♧ Aiutante, collaboratore di qualcuno: *ho in lui una valida spalla* ◊ Attore che in scenette comiche offre all'attore principale l'occasione per le sue battute.

spallata [spal-là-ta] *s.f.* Urto dato con la spalla: *buttò giù la porta con una spallata.*

spalleggiare [spal-leg-già-re] *v.tr.* Appoggiare, sostenere, proteggere qualcuno: *fa il prepotente perché è spalleggiato dai suoi amici* ♦ **spalleggiarsi** *v.pr.* Darsi man forte, sostenersi a vicenda.

spalletta [spal-lét-ta] *s.f.* Parapetto, sponda di un ponte.

spalliera [spal-liè-ra] *s.f.* **1** La parte di un sedile che serve di appoggio alla schiena Ⓢ schienale: *la spalliera di una sedia, di una poltrona* **2** Ciascuna delle sponde verticali che chiudono un letto alla testa e ai piedi **3** Attrezzo da palestra costituito da una specie di larga scala a pioli fissata a una parete: *esercizi alla spalliera.*

spallina [spal-lì-na] *s.f.* **1** Sottile striscia di tessuto che sostiene sottovesti, reggiseni e altri indumenti femminili **2** Ornamento applicato sulle spalle delle uniformi militari, anche come distintivo del grado e dell'arma: *spalline d'oro, ricamate.*

spalmare [spal-mà-re] *v.tr.* Stendere su una superficie una sostanza oleosa o pastosa: *spalmare il burro sul pane*; *spalmarsi una crema sul viso.*

spalto [spàl-to] *s.m.* **1** Muro di protezione esterno, con feritoie, di castelli e fortezze Ⓢ bastione: *i difensori dagli spalti lanciavano pietre sugli attaccanti* **2** (al *pl.*) Gradinate di uno stadio.

spanciarsi [span-ciàr-si] *v.pr. Spanciarsi dalle risa* = ridere a crepapelle, fino a scoppiare.

spanciata [span-cià-ta] *s.f.* **1** Colpo battuto con la pancia: *quando si è tuffato ha preso una spanciata* **2** Gran mangiata Ⓢ scorpacciata: *si è fatto una spanciata di dolci.*

spandere [spàn-de-re] *v.tr.* [pass.rem. *spandéi, spandésti*; part.pass. *spànto*] **1** Spargere e distendere uniformemente qualcosa su una superficie: *spandere la cera sul pavimento* ◊ Versare, spargere un liquido: *spandere il vino sulla tavola* **2** Diffondere: *la lampada spandeva una luce soffusa* ⧫ **spandersi** *v.pr.* **1** Estendersi, espandersi (di un liquido): *la macchia d'olio si spandeva sulla tovaglia* **2** Diffondersi: *dal forno si spandeva l'aroma del pane.*

spanna [spàn-na] *s.f.* Misura corrispondente alla distanza tra la punta del pollice e quella del mignolo quando la mano è aperta e distesa ◊ Distanza, altezza, lunghezza molto piccola: *non ci vede a una spanna dal naso.*

spappolare [spap-po-là-re] *v.tr.* Ridurre a una poltiglia, a una massa informe: *la pressa gli ha spappolato una mano* ⧫ **spappolarsi** *v.pr.* Ridursi in poltiglia: *le patate a furia di cuocere si sono spappolate.*

sparare [spa-rà-re] *v.tr.* e *v.intr.* [aus. *avere*] **1** Far partire uno o più colpi azionando un'arma da fuoco: *sparare una cannonata, due colpi di fucile* ◊ Tirare con un'arma da fuoco: *sparare bene, male* | *Spararsi (alla testa, al cuore)* = uccidersi con un'arma da fuoco **2** Tirare con violenza: *sparare calci* **3** ♧ Dire cose inverosimili, esagerate: *questa volta l'ha sparata grossa!*

sparatoria [spa-ra-tò-ria] *s.f.* Serie di spari in rapida successione; scambio di colpi d'arma da fuoco: *è stato ferito in una sparatoria.*

sparecchiare [spa-rec-chià-re] *v.tr.* Togliere dalla tavola alla fine del pasto stoviglie, posate, tovaglia ecc.: *sparecchio io la tavola.*

spareggio [spa-rég-gio] *s.m.* Partita, incontro supplementare per stabilire il vincitore tra due giocatori o squadre che hanno concluso alla pari le gare precedenti: *fare, giocare uno spareggio.*

spargere [spàr-ge-re] *v.tr.* [pres. *spàrgo, spàrgi*; pass.rem. *spàrsi, spargésti*; part.pass. *spàrso*] **1** Gettare qua e là, in più punti diversi: *spargere il seme nei solchi, il sale sulla strada ghiacciata* **2** Versare intorno: *spargere il vino sulla tovaglia* | *Spargere sangue* = uccidere o ferire, causare uccisioni o ferimenti **3** Diffondere: *la stufa sparge calore*; *chi ha sparso questa falsa notizia?* ⧫ **spargersi** *v.pr.* **1** Riversarsi, sparpagliarsi: *la folla uscì dallo stadio e si sparse per la piazza* **2** Diffondersi: *non so come si sia sparsa questa voce.*

spargimento [spar-gi-mén-to] *s.m. Spargimento di sangue* = il fatto che vi siano morti o feriti come conseguenza di atti e scontri violenti.

sparire [spa-rì-re] *v.intr.* [*sparìsco, sparìsci*; aus. *essere*] **1** Sottrarsi alla vista Ⓢ dileguarsi, scomparire: *il sole sparì tra le nubi* **2** Non esserci, non esistere più: *è sparita quella macchia sul muro*; *usanze che vanno sparendo* **3** Non trovarsi più; essere irreperibile: *era qui un momento fa e ora è sparito*; *un prodotto che è sparito dal mercato* ◊ Andare a finire: *dov'eri sparito, che ti abbiamo cercato dappertutto?* ◊ Essere consumato rapidamente: *la torta è sparita in un baleno.*

sparizione [spa-ri-zió-ne] *s.f.* Scomparsa improvvisa di qualcosa o di qualcuno.

sparlare [spar-là-re] *v.intr.* [aus. *avere*] Parlare male di qualcuno: *si diverte a sparlare di tutti.*

sparo [spà-ro] *s.m.* Esplosione di un colpo di arma da fuoco e rumore che produce: *ricaricare un'arma dopo lo sparo*; *udì uno sparo.*

sparpagliare [spar-pa-glià-re] *v.tr.* Spargere qua e là, senza ordine: *sparpagliò i fogli sul tavolo* ⧫ **sparpagliarsi** *v.pr.* Spargersi, disperdersi qua e là: *la folla si sparpagliò per le vie della città.*

sparso [spàr-so] *agg.* Messo, disposto qua e là senza un ordine Ⓢ sparpagliato: *fogli sparsi sul tavolo*; *un gruppo di case sparse* ◊ Non raccolto Ⓢ sciolto: *portava i capelli sparsi sulle spalle.*

spartiacque [spar-ti-àc-que] *s.m.invar.* Linea che divide tra loro due bacini idrografici, costituita da una cresta o da una catena montuosa.

spartire [spar-tì-re] *v.tr.* [*spartìsco, spartìsci*] Dividere distribuendo a ciascuno la sua parte: *i ladri si spartirono il bottino* | ♧ *Non avere nulla da spartire con qualcuno* = non averci niente a che fare, nulla in comune, nessun rapporto.

spartito [spar-tì-to] *s.m.* Testo di una composizione musicale, in cui sono annotate le parti che ciascuno strumento o voce deve eseguire.

spartitraffico [spar-ti-tràf-fi-co] *s.m.invar.* Banchina o altra struttura che serve a dividere le correnti del traffico stradale ♦ anche *agg.invar.*: *banchina, aiuola spartitraffico.*

spartizione [spar-ti-zió-ne] *s.f.* Divisione di qualcosa nel numero di parti in cui va distribuito: *fare la spartizione dell'eredità, del bottino.*

sparuto [spa-rù-to] *agg.* **1** Magro, smunto, emaciato: *un viso, un bambino sparuto* **2** ♧ Molto esiguo di numero: *un gruppo sparuto.*

sparviero [spar-viè-ro] o **sparviere** [spar-viè-re] *s.m.* Uccello rapace simile al falco.

spasimante [spa-si-màn-te] *s.m.* Innamorato, corteggiatore: *una ragazza che ha molti spasimanti.*

spasimare [spa-si-mà-re] *v.intr.* [aus. *avere*] **1** Soffrire per dolori fisici molto acuti **2** ♧ Desiderare ardentemente di fare qualcosa: *spasimava dalla voglia di rivederla.*

spasimo [spà-si-mo] *s.m.* **1** Dolore fisico molto acuto, lancinante: *morì tra spasimi atroci* **2** ♧ Pena, tormento angoscioso: *provava gli spasimi della gelosia*; *gli spasimi dell'attesa.*

spasmo [spà-smo] *s.m.* Contrazione involontaria di un muscolo, di origine morbosa.

spasmodico [spa-smò-di-co] *agg.* [pl.m. *–ci*] Che dà spasimi Ⓢ acuto, lancinante: *un dolore spasmodico* ◊ ♧ Angoscioso, affannoso: *un'attesa spasmodica.*

spassarsi [spas-sàr-si] *v.pr.* Divertirsi | *Spassarsela* = passare il tempo in divertimenti Ⓢ godersela.

spassionato [spas-sio-nà-to] *agg.* Non influenzato da passioni o interessi personali Ⓢ obiettivo, imparziale, sereno Ⓒ interessato: *dare un giudizio, un parere spassionato.*

spasso [spàs-so] *s.m.* **1** Divertimento, svago: *darsi agli spassi*; *è un vero spasso sentirlo parlare* ◊ ♧ Persona o cosa divertente: *quel tuo amico, quel film è uno spasso* **2** *A spasso* = a passeggio, a fare una breve passeggiata: *andare a spasso*; *portare a spasso i bambini* | ♧ *Essere a spasso* = essere disoccupato, senza lavoro.

spassoso [spas-só-so] *agg.* Divertente: *è un tipo spassoso*; *un film spassoso.*

spatola [spà-to-la] *s.f.* Arnese per manipolare e spalmare sostanze pastose, costituito da una lamina metallica con manico o da una stecca appiattita e allargata a un'estremità: *spatola da pittore*; *spatola per stuccare.*

spauracchio [spau-ràc-chio] *s.m.* **1** Spaventapasseri **2** ♧ Persona o cosa che incute paura: *studia solo quando c'è lo spauracchio degli esami.*

spaurito [spau-rì-to] *agg.* Spaventato, pieno di paura: *la madre lo trovò spaurito in un angolo* ◊ Che esprime paura, sgomento: *sguardo spaurito.*

spavalderia [spa-val-de-rì-a] *s.f.* Eccessiva e ostentata sicurezza di sé: *comportarsi con spavalderia* ◊ Atto da spavaldo: *smettila con queste spavalderie!*

spavaldo [spa-vàl-do] *agg.* Che ha o ostenta una sicurezza di sé eccessiva, temeraria, sfrontata Ⓢ baldanzoso Ⓒ timido, insicuro: *un ragazzo spavaldo*; *si fece avanti con aria spavalda.*

spaventapasseri [spa-ven-ta-pàs-se-ri] *s.m. invar.* Fantoccio che viene messo in mezzo ai campi per spaventare e tenere lontani gli uccelli.

spaventare [spa-ven-tà-re] *v.tr.* Incutere spavento, terrore Ⓢ impaurire: *spaventare un bambino*; *storie che spaventano* ◊ Preoccupare, impensierire: *l'idea di un viaggio così lungo lo spaventa* ♦ **spaventarsi** *v.pr.* Essere preso da spavento Ⓢ impaurirsi: *a quella vista si spaventò.*

spaventato [spa-ven-tà-to] *agg.* Impaurito: *mi è sembrato spaventato* ◊ Che esprime spavento: *sguardo spaventato*; *occhi spaventati.*

spaventevole [spa-ven-té-vo-le] *agg.* Che riempie di paura Ⓢ terrificante: *un boato spaventevole.*

spavento [spa-vèn-to] *s.m.* **1** Paura intensa e improvvisa provocata da un pericolo inatteso o da una sensazione di pericolo: *mi sono preso un gran spavento*; *non si è ancora ripreso dallo spavento* **2** Preoccupazione, timore: *mi fa spavento l'idea di partire con questo tempo.*

spaventoso [spa-ven-tó-so] *agg.* **1** Che incute spavento Ⓢ pauroso: *un sogno spaventoso* ◊ Che impressiona profondamente per la sua gravità Ⓢ terribile: *una sciagura spaventosa* **2** Impressionante: *è di una magrezza spaventosa* ◊ Enorme, incredibile: *ho una fame spaventosa*; *hai una fortuna spaventosa!*

spaziale [spa-zià-le] *agg.* Dello spazio, che riguarda lo spazio ◊ Relativo allo spazio cosmico: *volo, navigazione, sonda, tuta spaziale.*

spazientirsi [spa-zien-tìr-si] *v.pr.* [*mi spazientìsco, ti spazientìsci*] Perdere la pazienza Ⓢ irritarsi: *mio padre si spazientisce per nulla.*

spazio [spà-zio] *s.m.* **1** In astronomia, l'ambiente esterno all'atmosfera terrestre in cui sono e si muovono i corpi celesti: *spazio cosmico, interplanetario*; *lanciare un satellite nello spazio* **2** Nel linguaggio corrente, estensione più o meno limitata, vuota o occupata da oggetti o persone: *da lassù si domina un ampio spazio*; *nella sua stanza non c'è spazio per giocare*; *questo tavolo occupa troppo spazio*; *spostati, fammi un po' di spazio* ◊ Spazio vuoto, intervallo, distanza: *lascia più spazio tra le parole*; *lo spazio tra due file di sedie* **3** Periodo, estensione di tempo: *tutto è successo nello spazio di poche ore.*

spazioso [spa-zió-so] *agg.* Che ha molto spazio Ⓢ ampio, vasto Ⓒ angusto: *un locale spazioso.*

spazzacamino [spaz-za-ca-mì-no] *s.m.* Chi, un tempo, ripuliva i camini dalla fuliggine.

spazzaneve [spaz-za-né-ve] *s.m.invar.* **1** Veicolo attrezzato per liberare le strade dalla neve spingendola ai lati **2** Posizione che si assume sciando per rallentare la velocità, consistente nel disporre gli sci con le punte ravvicinate e le code allargate.

spazzare [spaz-zà-re] *v.tr.* **1** Pulire con la scopa o altro arnese: *spazzare il pavimento, le strade* ◊ Ripulire: *la tramontana ha spazzato il cielo* ◊ Investire con violenza: *grosse ondate spazzavano il molo* **2** Levare via con la scopa o altro arnese: *spazzare l'immondizia, la neve* ◊ Portare via: *il vento ha spazzato via le nubi* ◊ ♧ Distruggere, eliminare completamente: *la frana ha spazzato via metà del paese* ◊ Mangiare, divorare: *ha spazzato via tutto il dolce.*

spazzatura [spaz-za-tù-ra] *s.f.* **1** L'operazione di spazzare: *gli addetti alla spazzatura delle strade* **2** Immondizia, rifiuti: *vado a buttare la spazzatura*; *il sacchetto della spazzatura.*

spazzino [spaz-zì-no] *s.m.* Chi, per mestiere, raccoglie i rifiuti e spazza le strade Ⓢ netturbino.

spazzola [spàz-zo-la] *s.f.* Arnese di materiale vario su cui sono infissi peli animali o fili di saggina, di metallo o di plastica; si usa per togliere la polvere, pulire, lucidare, ravviare i capelli ecc.: *spazzola per vestiti, per le scarpe, per capelli*; *le spazzole della lucidatrice* | *Capelli, baffi a spazzola* = tagliati corti e pari.

spazzolare [spaz-zo-là-re] *v.tr.* Pulire, lucidare con la spazzola: *spazzolare un vestito, i pantaloni, le scarpe.*

spazzolino [spaz-zo-lì-no] *s.m.* Piccola spazzola per usi vari: *spazzolino da denti, per le unghie*; *spazzolino per lucidare le scarpe.*

specchiarsi [spec-chiàr-si] *v.pr.* Guardarsi allo specchio o in un'altra superficie che riflette le immagini: *si specchiò in una vetrina* ◊ Detto di cose, riflettersi in uno specchio d'acqua: *la luna si specchiava nel lago.*

specchiera [spec-chiè-ra] *s.f.* Grande specchio da parete ◊ Tavolino o mobile su cui è fissato uno specchio.

specchietto [spec-chiét-to] *s.m.* **1** Piccolo specchio per usi vari: *specchietto da borsetta, da barba*; *lo specchietto retrovisore dell'auto* **2** Prospetto riassuntivo Ⓢ schema, tabella: *alla fine del libro di grammatica c'è lo specchietto dei verbi irregolari.*

specchio [spèc-chio] *s.m.* Superficie che riflette i raggi luminosi e le immagini, in genere costituita da una lastra di vetro con la faccia posteriore metallizzata: *guardarsi allo specchio* | ♧ *Una casa che è uno specchio, tenuta come uno specchio* = pulitissima | ♧ *Oggi il mare è (liscio come) uno specchio* = liscio e calmo | ♧ *Gli occhi sono lo specchio dell'anima* = ne riflettono i sentimenti ◊ *Specchio d'acqua* = tratto di mare o di lago ◊ *Lo specchio della porta* = nel calcio, lo spazio delimitato dai pali e dalla traversa.

speciale [spe-cià-le] *agg.* **1** Che ha un carattere, una funzione, una destinazione particolare; fatto apposta per qualcosa; non ordinario, non comune: *inviato speciale*; *treni speciali*; *un materiale speciale*; *lo trattò con speciale riguardo* **2** Eccellente, ottimo, scelto: *un vino speciale.*

specialista [spe-cia-lì-sta] *s.m.f.* [pl.m. *–sti*] Chi ha una particolare competenza in un determinato campo: *è uno specialista di restauro* ◊ Medico specializzato in un determinato ramo della medicina: *consultare uno specialista.*

specialità [spe-cia-li-tà] *s.f.* **1** Campo, attività in cui si è particolarmente abili e competenti **2** Ciascuno dei particolari tipi di attività agonistica in cui si articola uno sport: *le specialità dell'atletica leggera, dello sci*; *la specialità del salto in alto, della discesa libera* **3** Prodotto o piatto caratteristico o esclusivo di una zona, di una ditta: *il risotto giallo è una specialità milanese*; *questa ricetta è una specialità del nostro ristorante.*

specializzarsi [spe-cia-liz-zàr-si] *v.pr.* Conseguire una specializzazione; dedicarsi a un particolare settore di attività: *dopo la laurea in medicina si è specializzato in pediatria.*

specializzazione [spe-cia-liz-za-zió-ne] *s.f.* Acquisizione o possesso di una particolare preparazione e competenza in un determinato settore: *corsi, scuole di specializzazione.*

specialmente [spe-cial-mén-te] *avv.* Particolarmente, soprattutto: *esce spesso, specialmente la sera.*

specie [spè-cie] *s.f.invar.* **1** Gruppo di animali o di piante che hanno caratteristiche comuni e che, incrociandosi, generano individui fecondi | *La specie umana* = gli esseri umani **2** Tipo, genere, qualità, sorta: *gente, prodotti di ogni specie* | *Una specie di* = un qualcosa che assomiglia a: *portava una specie di mantello*; *davanti a lui provava una specie di soggezione* **3** *(In) specie* = in modo particolare, specialmente: *mi piace la musica, (in) specie quella lirica.*

specificare [spe-ci-fi-cà-re] *v.tr.* [*specìfico, specìfichi*] Indicare con precisione Ⓢ precisare: *non ha specificato l'ora del suo arrivo.*

specifico [spe-cì-fi-co] *agg.* [pl.m. *–ci*] **1** Particolare, determinato: *in quel caso specifico avevi torto* | *Preparazione, competenza specifica* = in un particolare campo **2** *Peso specifico* = rapporto tra il peso di un corpo e il suo volume.

speculare [spe-cu-là-re] *v.intr.* [aus. *avere*] **1** Fare speculazioni finanziarie o commerciali: *speculare in borsa* **2** Trarre un vantaggio personale sfruttando senza scrupoli una situazione a sé favorevole: *speculare sull'ignoranza, sul bisogno, sulle disgrazie degli altri.*

speculazione [spe-cu-la-zió-ne] *s.f.* **1** Operazione commerciale o finanziaria intesa a conseguire un forte guadagno comprando e vendendo nel momento ritenuto più favorevole in base alle previsioni dell'andamento del mercato: *tentare una speculazione in borsa*; *speculazioni edilizie* **2** Sfruttamento senza scrupoli di una situazione favorevole per ricavarne un vantaggio personale; in politica, strumentalizzazione di un fatto, di una notizia per screditare gli avversari.

spedire [spe-dì-re] *v.tr.* [*spedìsco, spedìsci*] **1** Inviare qualcosa tramite la posta o trasporti di altro genere: *spedire una lettera, un pacco*; *spedire della merce via mare* **2** Mandare una persona in un luogo o da qualcuno con un determinato incarico: *spedire un fattorino in banca* | ♧ *Spedire qualcuno all'altro mondo* = ucciderlo.

spedito [spe-dì-to] *agg.* Svelto, rapido: *camminava con passo spedito.*

spedizione [spe-di-zió-ne] *s.f.* **1** L'azione, l'attività di spedire Ⓢ invio: *la spedizione di una lettera, di una merce*; *agenzia di spedizione* **2** Viaggio di più persone in un dato luogo, a scopo di ricerca, di studio, di soccorso o per compiere un'impresa militare: *organizzare una spedizione al Polo*; *la spedizione dei Mille.*

spegnere [spè-gne-re o spé-gne-re] *v.tr.* [pres. *spèngo, spègni*; pass.rem. *spènsi, spegnésti*; part. pass. *spènto*] Far cessare di ardere, di bruciare Ⓒ accendere: *spegnere il fuoco, la candela, la sigaretta* ◊ Interrompere il funzionamento di un apparecchio, di un dispositivo: *spegnere la radio, la luce, il termosifone, il gas* ♦ **spegnersi** *v.pr.* **1** Cessare di ardere: *il fuoco si sta spegnendo* ◊ Smettere di funzionare: *di colpo si spense la luce*; *il motore continua a spegnersi* **2** ♧ Estinguersi, attenuarsi: *il suo entusiasmo si sta spegnendo* ◊ Morire: *si è spento serenamente.*

spelacchiato [spe-lac-chià-to] *agg.* Che ha perso il pelo qua e là; che ha pochi peli: *un cane spelacchiato.*

spelare [spe-là-re] *v.tr.* Togliere, far perdere il pelo ♦ **spelarsi** *v.pr.* Perdere il pelo ◊ Perdere i capelli.

speleologia [spe-le-o-lo-gì-a] *s.f.* Scienza che studia le caverne naturali e le loro caratteristiche ◊ Esplorazione di caverne a scopo di studio.

speleologo [spe-le-ò-lo-go] *s.m.* [pl.m. *–gi* o *–ghi*] Studioso, esperto di speleologia.

spellare [spel-là-re] *v.tr.* **1** Levare la pelle a un animale ucciso: *spellare un coniglio* **2** Produrre delle escoriazioni: *si è spellato un ginocchio sulla roccia* ♦ **spellarsi** *v.pr.* Perdere la pelle ◊ Prodursi delle escoriazioni, delle leggere bruciature: *a stare troppo al sole ci si spella.*

spelonca [spe-lón-ca] *s.f.* Caverna, grotta profonda e buia.

spendaccione [spen-dac-ció-ne] *s.m.* Chi spende esageratamente e con troppa facilità.

spendere [spèn-de-re] *v.tr.* [coniugato come *appendere*] **1** Dare, impiegare del denaro in pagamento di acquisti, servizi, prestazioni: *spendere molto per vestirsi, per l'affitto, per curarsi*; *spende bene i suoi soldi* **2** ♧ Impiegare, consumare: *spendere le proprie energie, i propri anni migliori per realizzare un progetto* | *Spendere una parola per qualcuno* = parlare in suo favore ◊ Sprecare: *non stare a spendere il fiato con lui.*

spennacchiato [spen-nac-chià-to] *agg.* Privo di penne qua e là: *un pollo spennacchiato.*

spennare [spen-nà-re] *v.tr.* **1** Privare delle penne: *spennare un pollo* **2** ♧ Far pagare un prezzo esagerato: *in quel ristorante ti spennano* ◊ Carpire del denaro: *farsi spennare al gioco, al poker.*

spensierato [spen-sie-rà-to] *agg.* Privo di preoccupazioni, di pensieri tristi o fastidiosi Ⓢ sereno Ⓒ pensieroso, triste: *un ragazzo allegro e spensierato*; *fare una vita spensierata.*

spento [spèn-to] *agg.* **1** Che non è acceso, non è

in funzione: *il fuoco era spento*; *l'auto procedeva a motore spento* **2** ♧ Privo di vivacità Ⓢ smorto: *aveva uno sguardo spento*; *colori spenti* ◊ Attutito, smorzato: *suoni spenti* **3** ♧ Svanito, morto: *ogni speranza è spenta.*

speranza [spe-ràn-za] *s.f.* **1** Attesa fiduciosa di un futuro positivo e, in partic., che si realizzi una cosa che si desidera: *ho molte speranze per l'avvenire*; *ha speranza di salvarsi*; *ha perso ogni speranza nella vittoria* | *Oltre ogni speranza* = oltre ogni previsione positiva ◊ Possibilità effettiva che si realizzi quanto si desidera: *per i naufraghi non c'era ormai nessuna speranza di salvezza* **2** Cosa o persona in cui si confida per migliorare la propria situazione: *quel figlio è la sua unica speranza* ◊ Giovane che ha dato buona prova di sé all'inizio di un'attività e promette bene: *una speranza del calcio, del cinema.*

speranzoso [spe-ran-zó-so] *agg.* Pieno di speranza Ⓢ fiducioso: *sono speranzoso nel futuro.*

sperare [spe-rà-re] *v.tr.* Nutrire speranza, augurarsi che si realizzi o si sia realizzato ciò che si desidera: *spera di essere promosso, di guarire presto*; *spero che sia andato tutto bene*; *speriamo che non piova* ♦ *v.intr.* [aus. *avere*] Nutrire speranza, confidare in qualcosa o in qualcuno: *sperare nella vittoria*; *spero in Dio*; *spero nel tuo aiuto.*

sperduto [sper-dù-to] *agg.* **1** Isolato, lontano dai grandi centri abitati: *un paesino sperduto tra i monti* **2** Disorientato, spaesato: *in quella città nuova si sentiva sperduto.*

spergiurare [sper-giu-rà-re] *v.tr.* e *v.intr.* [aus. *avere*] **1** Giurare il falso **2** Giurare solennemente, ripetutamente: *ha giurato e spergiurato di essere innocente.*

spergiuro [sper-giù-ro] *agg.* e *s.m.* Che, chi giura il falso, non mantiene i giuramenti: *quello è uno spergiuro!* ♦ *s.m.* Giuramento falso: *macchiarsi di uno spergiuro.*

spericolato [spe-ri-co-là-to] *agg.* e *s.m.* Che, chi sfida il pericolo, si espone con incoscienza ai pericoli Ⓢ temerario Ⓒ prudente, cauto: *un ragazzo spericolato*; *guidare da spericolato.*

sperimentale [spe-ri-men-tà-le] *agg.* **1** Basato sull'esperienza, su esperimenti: *metodo sperimentale* **2** Che ricerca, sperimenta nuove vie e nuovi metodi in un dato campo: *cinema, teatro sperimentale*; *centro sperimentale di ricerche*; *frequenta una scuola sperimentale.*

sperimentare [spe-ri-men-tà-re] *v.tr.* **1** Sottoporre qualcosa a prove, verifiche e controlli per accertarne le caratteristiche: *sperimentare un nuovo farmaco, una nuova tecnica* **2** ♧ Fare esperienza diretta di qualcosa Ⓢ provare: *so cos'è la fame, l'ho sperimentata.*

sperma [spèr-ma] *s.m.* [pl. *-mi*] Liquido organico, contenente gli spermatozoi, prodotto dall'apparato genitale maschile.

spermatozoo [sper-ma-to-zò-o] *s.m.* Cellula maschile, contenuta nello sperma, che ha la funzione di fecondare l'uovo femminile.

speronare [spe-ro-nà-re] *v.tr.* Detto di nave, colpirne un'altra con la prua ◊ Detto di veicolo, colpirne un altro nel fianco: *l'auto fu speronata dal tram.*

sperone [spe-ró-ne] *s.m.* **1** Arnese di metallo che si applica al tacco dello stivale del cavaliere per pungolare ai fianchi il cavallo: *speroni a punta, a rotella* **2** Sporgenza appuntita nella parte posteriore della zampa del gallo e di altri uccelli.

sperperare [sper-pe-rà-re] *v.tr.* **1** Spendere, consumare senza criterio Ⓢ dilapidare: *sperperare il denaro* **2** Impiegare malamente Ⓢ sprecare: *stai sperperando le tue forze in un lavoro inutile.*

sperpero [spèr-pe-ro] *s.m.* Consumo eccessivo Ⓢ spreco: *sperpero di denaro, di energie.*

sperso [spèr-so] *agg.* **1** Che si è smarrito, che ha perduto chi lo accompagna: *un bambino sperso* **2** Spaesato, disorientato: *fuori del proprio ambiente si sente sperso.*

sperticato [sper-ti-cà-to] *agg.* Esagerato, eccessivo: *gli ha fatto delle lodi sperticate.*

spesa [spé-sa] *s.f.* **1** Lo spendere del denaro per acquisti e pagamenti di vario genere: *fare, affrontare una spesa*; *avere molte spese* ◊ La somma di denaro che si spende o si deve spendere: *la spesa per l'affitto non è eccessiva* | *Non badare a spese* = spendere senza economia | ♧ *Imparare qualcosa a proprie spese* = a proprio danno, pagando di persona **2** Acquisto, compera: *ha fatto una buona spesa*; *è uscita a fare spese* ◊ L'acquisto abituale dei generi alimentari e di prima necessità per la famiglia: *è uscita a fare la spesa, con la borsa della spesa.*

spesso [spés-so] *agg.* **1** Denso, fitto: *una nebbia spessa* **2** Che ha un dato spessore: *una lamiera spessa un millimetro* ◊ Di notevole spessore: *una spessa lastra di ghiaccio* **3** Frequente: *spesse volte* ♦ *avv.* Molte volte, di frequente: *viene spesso a trovarmi, più spesso di prima.*

spessore [spes-só-re] *s.m.* Distanza tra le due superfici opposte più ampie di un corpo Ⓢ grossezza: *lo spessore di un muro, di un cartone*; *una lastra di ghiaccio di dieci centimetri di spessore.*

spettacolare [spet-ta-co-là-re] *agg.* Che colpisce, emoziona, entusiasma chi vi assiste: *una manifestazione, un film, una partita spettacolare* ◊ Impressionante: *un incidente spettacolare.*

spettacolo [spet-tà-co-lo] *s.m.* **1** Rappresentazione di tipo artistico o ricreativo o manifestazione sportiva che ha luogo davanti a un pubblico: *spettacolo teatrale, cinematografico, televisivo, musicale*; *il grande spettacolo del circo, delle olimpiadi*; *andare al cinema all'ultimo spettacolo* **2** Visione, vista, scena che colpisce profondamente in senso positivo o negativo: *il grandioso spettacolo delle Alpi*; *ai suoi occhi si presentò uno spettacolo orribile, atroce.*

spettacoloso [spet-ta-co-ló-so] *agg.* **1** Grandioso, spettacolare: *una festa spettacolosa* **2** Straordinario, eccezionale: *un successo spettacoloso*; *ha una memoria spettacolosa.*

spettare [spet-tà-re] *v.intr.* [aus. *essere*] Rientrare nei compiti, nei doveri, nei diritti di qualcuno Ⓢ competere, toccare: *questa è una decisione che spetta al direttore*; *non spetta a te giudicare il suo operato* ◊ Essere dovuto per diritto: *gli spetta una ricompensa.*

spettatore [spet-ta-tó-re] *s.m.* [f. *–trice*] **1** Chi assiste a uno spettacolo: *il cantante fu applaudito dagli spettatori* **2** Chi è presente a un fatto, a un avvenimento Ⓢ testimone: *sono stato spettatore di una rapina.*

spettinare [spet-ti-nà-re] *v.tr.* Mettere in disordine i capelli ♦ **spettinarsi** *v.pr.* Scompigliarsi i capelli: *guarda come ti sei tutta spettinata!*

spettinato [spet-ti-nà-to] *agg.* Che ha i capelli in disordine.

spettro [spèt-tro] *s.m.* **1** Immagine di una persona morta che appare ai vivi Ⓢ fantasma: *quel castello, secondo le leggende, è popolato di spettri* **2** ♧ Minaccia che incombe: *lo spettro della carestia, della guerra.*

spezie [spè-zie] *s.f.invar.* (spec. al *pl.*) Aroma vegetale che si usa per condire e insaporire i cibi: *il pepe, la noce moscata, la cannella sono spezie.*

spezzare [spez-zà-re] *v.tr.* **1** Dividere, rompere in due o più pezzi: *spezzare il pane, la legna*; *il vento ha spezzato molti rami* | *Spezzarsi un braccio, una gamba* = fratturarseli **2** ♧ Interrompere con delle pause: *abbiamo fatto una sosta per spezzare il viaggio* ♦ **spezzarsi** *v.pr.* Rompersi: *la corda si è spezzata.*

spezzatino [spez-za-tì-no] *s.m.* Piatto di carne tagliata in piccoli pezzi e cotta a fuoco lento con verdure varie: *spezzatino in umido, con piselli.*

spia [spì-a] *s.f.* **1** Chi, per malevolenza o per compenso, riferisce di nascosto a qualcuno notizie e fatti riguardanti altre persone e che possono causare a queste un danno, una punizione Ⓢ delatore: *tra di noi c'è una spia* | *Fare la spia* = riferire, denunciare di nascosto ◊ Agente segreto di uno stato straniero: *arrestare una spia nemica* **2** Dispositivo luminoso o acustico che segnala qualcosa: *siamo in riserva, si è accesa la spia della benzina* ◊ Spioncino di una porta **3** ♧ Segno rivelatore Ⓢ indizio, sintomo: *quella protesta fu una spia del crescente malcontento popolare.*

spiacente [spia-cèn-te] *agg.* Dispiaciuto, rammaricato: *sono spiacente di non poterla aiutare.*

spiacere [spia-cé-re] *v.intr.* [coniugato come *piacere*; aus. *essere*] Causare dispiacere, rammarico Ⓢ rincrescere.

spiacevole [spia-cé-vo-le] *agg.* Che causa dispiacere o fastidio Ⓢ sgradito, increscioso Ⓒ piacevole: *una notizia, una sorpresa spiacevole*; *si è trattato di uno spiacevole equivoco.*

spiaggia [spiàg-gia] *s.f.* [pl. *–ge*] Tratto di costa pianeggiante ricoperto di sabbia o di ghiaia; in partic. tratto di litorale frequentato dai bagnanti nei mesi estivi: *le spiagge dell'Adriatico*; *andare in spiaggia*; *una spiaggia affollata, elegante*; *giochi di spiaggia.*

spianare [spia-nà-re] *v.tr.* **1** Rendere piano, pianeggiante: *spianare un terreno per costruirvi un campo da gioco* | ♧ *Spianare la strada a qualcuno* = agevolarlo eliminando ostacoli e difficoltà **2** *Spianare il fucile, la pistola, il mitra* = puntarli contro qualcuno.

spianata [spia-nà-ta] *s.f.* Spazio, tratto di terreno pianeggiante: *una spianata erbosa.*

spiano [spià-no] *s.m.* *A tutto spiano* = a più non posso, senza interruzione: *mangiare, gridare a tutto spiano.*

spiantato [spian-tà-to] *agg.* e *s.m.* Che, chi è senza un soldo, è ridotto in cattive condizioni economiche.

spiare [spi-à-re] *v.tr.* Guardare, osservare di nascosto ciò che altri fanno: *l'ho sorpreso che mi spiava da dietro la porta*; *spiare le mosse del nemico.*

spiattellare [spiat-tel-là-re] *v.tr.* Riferire apertamente cose segrete, riservate: *messo alle strette, spiattellò tutto*; *se gli confidi un segreto lo va subito a spiattellare in giro.*

spiazzare [spiaz-zà-re] *v.tr.* Nel calcio e in altri giochi, indurre l'avversario a muoversi in una direzione opposta a quella in cui si invia la palla:

l'attaccante ha spiazzato il portiere con una finta.

spiazzo [spiàz-zo] *s.m.* Terreno libero e piano di una certa ampiezza: *uno spiazzo nel bosco.*

spiccare [spic-cà-re] *v.tr.* [*spìcco, spìcchi*] **1** Staccare qualcosa da dove è attaccato: *spiccare un frutto da un albero* **2** *Spiccare un salto, un balzo* = saltare di scatto, slanciarsi in un balzo | *Spiccare il volo* = levarsi in volo, detto di uccelli ♦ *v.intr.* [aus. *avere*] Risaltare, distinguersi nettamente: *il rosso spicca di più su un fondo scuro*; *spiccava su tutti per intelligenza.*

spiccato [spic-cà-to] *agg.* Evidente, marcato: *parla con spiccato accento toscano* ◊ Notevole: *ha uno spiccato senso dell'umorismo.*

spicchio [spìc-chio] *s.m.* Ciascuna delle parti in cui è diviso all'interno il frutto degli agrumi o il bulbo dell'aglio ◊ Pezzo di qualcosa tagliato a forma di spicchio: *tagliare una mela a spicchi*; *uno spicchio di torta.*

spicciare [spic-cià-re] *v.tr.* Sbrigare: *spiccio questa faccenda e vengo* ♦ **spicciarsi** *v.pr.* Sbrigarsi, fare in fretta: *spicciati, che è tardi!*

spicciolata [spic-cio-là-ta] *Alla spicciolata* = in piccoli gruppi, ognuno per conto suo: *gli invitati arrivavano alla spicciolata.*

spicciolo [spìc-cio-lo] *agg.* e *s.m.* Detto di denaro in piccoli tagli, in monete: *hai cinque euro spiccioli?*; *non ho da darle il resto, sono rimasto senza spiccioli.*

spicco [spìc-co] *s.m.* [pl. *–chi*] Risalto, rilievo: *un personaggio di spicco* | *Fare spicco* = risaltare, distinguersi nettamente: *il blu fa molto spicco sul giallo.*

spiedino [spie-dì-no] *s.m.* Piccolo spiedo su cui sono infilzati pezzetti di carne o di pesce misti a verdure e arrostiti alla griglia.

spiedo [spiè-do] *s.m.* Asta di ferro su cui si infilano carni e cibi vari da arrostire alla fiamma.

spiegare [spie-gà-re] *v.tr.* [*spiègo, spièghi*] **1** Rendere comprensibile, chiarire, far comprendere ciò che per altri è incomprensibile, difficile da capire: *spiegare il significato di una parola*; *mi ha spiegato i motivi del suo gesto* ◊ Esporre, illustrare un argomento in modo da farlo conoscere e capire: *spiegare un filosofo, una poesia, un teorema* ◊ Insegnare, indicare: *spiegami come funziona questo apparecchio*; *gli ho spiegato la strada per arrivare a casa mia* ◊ Capire: *non riesco a spiegarmi perché abbia agito così* **2** Distendere ciò che era ripiegato: *spiegò la mappa sul tavolo*; *spiegare la tovaglia* | *Spiegare le ali* = allargarle per volare **3** Disporre, schierare forze militari in vista di uno scopo: *intorno al tribunale furono spiegate ingenti forze di polizia* ♦ **spiegarsi** *v.pr.* **1** Esprimersi chiaramente, farsi capire: *non ho capito, spiegati meglio* **2** Avere un chiarimento con qualcuno: *c'è stato un equivoco e ora ci siamo spiegati* **3** Diventare chiaro, comprensibile: *ora si spiega come ha fatto a fuggire.*

spiegazione [spie-ga-zió-ne] *s.f.* **1** L'atto di spiegare, chiarire, illustrare qualcosa: *la spiegazione di una parola difficile, di un teorema, del funzionamento di una macchina* **2** Ciò che serve a chiarire qualcosa o ne costituisce la soluzione: *trovare la spiegazione di un fenomeno*; *ora vi do la spiegazione del problema* **3** Giustificazione: *perché non mi hai informato? Esigo una spiegazione* ◊ Chiarimento di equivoci e incomprensioni: *ho avuto una spiegazione con lui e ora siamo di nuovo amici.*

spiegazzare [spie-gaz-zà-re] *v.tr.* Piegare malamente Ⓢ sgualcire: *spiegazzare un giornale, una tovaglia, i pantaloni.*

spietato [spie-tà-to] *agg.* **1** Crudele, disumano: *un tiranno spietato*; *una vendetta spietata*; *uno spietato assassino* **2** ♣ Accanito, ostinato: *farsi una concorrenza spietata*; *fare una corte spietata a una ragazza.*

spifferare [spif-fe-rà-re] *v.tr.* Riferire, raccontare cose riservate, che si dovrebbero tenere per sé Ⓢ spiattellare: *non dirgli niente, se no lo va a spifferare a tutti* ♦ *v.intr.* [aus. *avere*] Soffiare, penetrare da una fessura (detto dell'aria, del vento): *da sotto la porta spiffera un'aria gelida.*

spiffero [spìf-fe-ro] *s.m.* Soffio di vento, d'aria che proviene da una fessura: *questa casa è piena di spifferi.*

spiga [spì-ga] *s.f.* Infiorescenza formata da fiori senza peduncolo disposti lungo uno stelo: *la spiga del grano, dell'orzo*; *spighe mature.*

spigliato [spi-glià-to] *agg.* Disinvolto, sicuro di sé: *una ragazza spigliata*; *ha un modo di fare spigliato.*

spigola [spì-go-la] *s.f.* Pesce marino dalle carni pregiate Ⓢ branzino.

spigolo [spì-go-lo] *s.m.* La parte d'angolo, la linea d'incontro di due pareti, di due facce di un oggetto: *ho urtato contro lo spigolo del tavolo*; *lo spigolo del muro, dell'armadio.*

spilla [spìl-la] *s.f.* **1** Gioiello provvisto di uno spillo per fissarlo sugli indumenti come ornamento: *una spilla di brillanti*; *spilla da cravatta* **2** *Spilla da balia* = vedi *spillo.*

spillare [spil-là-re] *v.tr.* **1** Far uscire vino o birra da una botte o da un altro recipiente attraverso un piccolo foro **2** ♧ *Spillare soldi a qualcuno* = carpirglieli, farseli dare a poco a poco, usando l'astuzia o l'inganno.

spillo [spìl-lo] *s.m.* Sottile asticciola d'acciaio appuntita a un'estremità e terminante con una capocchia dall'altra: *unire dei fogli con uno spillo* | *Spillo da balia, di sicurezza* = spillo doppio a molla, con un fermaglio che assicura la chiusura e copre la punta | *Tacchi a spillo* = sottili e a punta.

spilorcio [spi-lòr-cio] *agg.* e *s.m.* Che, chi è molto avaro, anche nelle spese più minute Ⓢ tirchio, taccagno.

spilungone [spi-lun-gó-ne] *s.m.* Persona molto alta e magra.

spina [spì-na] *s.f.* **1** Aculeo legnoso che sporge dal fusto, dai rami o dalle foglie di alcune piante: *le spine della rosa, del cactus* ◊ (al *pl.*) Piante, rami spinosi: *un cespuglio di spine*; *finire in mezzo alle spine* **2** ♧ Tormento, dolore morale Ⓢ cruccio: *avere una spina nel cuore* | *Essere, stare sulle spine* = essere in uno stato di grande ansia e preoccupazione **3** Ognuno degli aculei che ricoprono il corpo del riccio e dell'istrice **4** *Spina dorsale* = colonna vertebrale ◊ La lisca del pesce, sia come spina dorsale sia come singolo aculeo dello scheletro: *mangiare le acciughe con tutta la spina*; *un pesce pieno di spine* | *Tessuto a spina di pesce* = il cui disegno ricorda la forma della spina di pesce **5** *Spina (elettrica)* = dispositivo che si inserisce nella presa di corrente per stabilire il collegamento elettrico **6** *Spina della botte* = la cannella inserita nel foro della botte per spillarne il contenuto | *Birra alla spina* = versata direttamente dalla botte.

spinacio [spi-nà-cio] *s.m.* Pianta erbacea coltivata come ortaggio per le foglie color verde scuro che si mangiano per lo più cotte: *spinaci al burro.*

spinale [spi-nà-le] *agg.* Della spina dorsale, della colonna vertebrale: *midollo spinale.*

spinato [spi-nà-to] *agg.* *Filo spinato* = filo di ferro munito di punte, usato per recinzioni e reticolati.

spingere [spìn-ge-re] *v.tr.* [pres. *spìngo, spìngi*; pass.rem. *spìnsi, spingésti*; part.pass. *spìnto*] **1** Esercitare su qualcosa o qualcuno una pressione, una forza capace di muoverlo o spostarlo: *spingiamo il tavolo contro la parete*; *la corrente spinse al largo la barca*; *mi ha spinto facendomi cadere* ◊ Premere: *spingi il pulsante per aprire* **2** ♧ Indirizzare, protendere: *spinse lontano lo sguardo*; *spingi il petto in fuori!* **3** ♧ Indurre: *la disperazione l'ha spinto al suicidio* ◊ Incitare, stimolare: *spingere il figlio a continuare gli studi* ♦ *v.intr.* [aus. *avere*] Dare spinte, fare ressa: *smettila di spingere!*; *la folla spingeva da ogni lato* ♦ **spingersi** *v.pr.* Inoltrarsi, arrivare fino a un determinato punto (anche ♧): *la spedizione si spinse fino al Polo*; *non pensavo che la sua avidità si spingesse fino a questo punto.*

spino [spì-no] *s.m.* **1** Spina (di una pianta) **2** Pianta spinosa; in partic., pruno selvatico.

spinoso [spi-nó-so] *agg.* **1** Pieno di spine: *un ramo spinoso* **2** ♧ Scabroso, delicato: *un argomento spinoso.*

spinta [spìn-ta] *s.f.* **1** Pressione, forza o urto capace di provocare un movimento o uno spostamento: *dare una spinta alla macchina per farla partire*; *la barca a vela filava veloce sotto la spinta del vento*; *mi ha fatto cadere con una spinta* ◊ Impulso, slancio: *darsi una spinta in avanti, verso l'alto* **2** ♧ Stimolo, incitamento: *era mosso dalla spinta dell'ambizione* **3** ♧ Aiuto, appoggio, raccomandazione: *ha fatto carriera a forza di spinte.*

spinto [spìn-to] *agg.* **1** Che va oltre i limiti dell'opportunità o della decenza: *fare una corte troppo spinta a una ragazza*; *una barzelletta spinta* **2** *Vuoto spinto* = quello che si ha in un recipiente in cui l'aria è stata rarefatta al massimo.

spintone [spin-tó-ne] *s.m.* Spinta violenta data urtando con le spalle.

spionaggio [spio-nàg-gio] *s.m.* Attività clandestina svolta da uno stato e dai suoi agenti allo scopo di venire in possesso di informazioni segrete riguardanti un altro stato.

spioncino [spion-cì-no] *s.m.* Piccola apertura o foro praticati in una porta per poter vedere dall'altra parte senza doverla aprire.

spione [spi-ó-ne] *s.m.* Chi ha l'abitudine di fare la spia: *non ti fidare, quello è uno spione.*

spiovente [spio-vèn-te] *agg.* Che ricade in giù: *i rami spioventi del salice piangente* | *Tetto spiovente* = molto inclinato verso terra ♦ *s.m.* **1** Ciascuna delle superfici inclinate che formano un tetto **2** Nel calcio, detto di tiro e di pallone che ricade quasi verticalmente sul terreno.

spiovere [spiò-ve-re] *v.intr.* [coniugato come *piovere*; aus. *essere*] Scolare, scorrere giù: *l'acqua spioveva dal tetto* ◊ Ricadere in giù: *i capelli le spiovevano sulle spalle.*

spira [spì-ra] *s.f.* Ciascuno dei giri di una spirale ◊ Ciascuno degli anelli che il serpente forma quando si avvolge su se stesso.

spiraglio [spi-rà-glio] *s.m.* Stretta apertura attraverso cui passano l'aria e la luce: *da uno spiraglio della finestra entrava un filo d'aria fresca*; *guardare attraverso uno spiraglio* ◊ Sottile filo d'aria o di luce che penetra da uno spiraglio: *uno spiraglio di luce entrava da sotto la porta* | ♧ *Esserci, restare, lasciare uno spiraglio (di speranza)* = un barlume di speranza, una tenue possibilità di una soluzione positiva.

spirale [spi-rà-le] *s.f.* **1** Linea curva piana che gira intorno a un punto allontanandosi sempre più da esso **2** Oggetto, struttura, percorso a forma di spirale o di elica: *la spirale della conchiglia della chiocciola*; *spirali di fumo*; *l'aereo saliva a spirale* **3** ♧ Crescita e aggravamento costante di un fenomeno negativo prodotto da una serie di azioni e di fatti tra loro collegati: *la spirale della violenza*; *frenare la spirale dell'inflazione*.

spirare[1] [spi-rà-re] *v.intr.* [aus. *avere*] Soffiare, detto di venti: *spirava una brezza leggera*.

spirare[2] [spi-rà-re] *v.intr.* [aus. *essere*] Esalare l'ultimo respiro Ⓢ morire: *è spirato all'alba*.

spirito[1] [spì-ri-to] *s.m.* **1** La parte non materiale dell'uomo e dell'esperienza umana, che si manifesta come pensiero, sentimento e volontà (in contrapposizione a *corpo* e a *materia*): *l'arte è un'attività dello spirito*; *le esigenze dello spirito* **2** Nelle religioni, l'anima individuale, spec. in quanto sopravvive al corpo: *pregare per lo spirito di un defunto* ◊ La manifestazione e l'essenza della divinità: *lo spirito di Dio*; *Dio è puro spirito* ◊ Essere soprannaturale, privo di corpo | *Gli spiriti celesti, infernali* = gli angeli, i demoni ◊ In mitologie e credenze primitive, potenza, divinità che anima una realtà naturale o esercita un influsso: *gli spiriti dei boschi*; *spiriti benigni, maligni* ◊ Fantasma, spettro: *dicono che quel castello sia abitato dagli spiriti* **3** Animo, stato d'animo, di-sposizione d'animo: *avere uno spirito sensibile*; *quella notizia mi ha sollevato lo spirito*; *fare qualcosa con spirito di sacrificio* | *Spirito di corpo* = senso di solidarietà che lega gli appartenenti a un gruppo, a una categoria ◊ Capacità o tendenza soggettiva: *avere poco spirito pratico*; *lo ha fatto per puro spirito di contraddizione* **4** Vivacità, prontezza d'ingegno | *Presenza di spirito* = capacità di reagire con prontezza, di comportarsi adeguatamente in situazioni impreviste, pericolose, difficili ◊ Senso dell'umorismo: *un uomo con molto spirito*; *mancare di spirito* | *Fare dello spirito* = dire cose divertenti, fare dell'ironia | *Battuta di spirito* = frase spiritosa **5** Il significato profondo, più vero di un testo (spec. contrapposto alla *lettera*): *il giudice deve interpretare lo spirito di una legge più che seguirne la lettera*.

spirito[2] [spì-ri-to] *s.m.* Alcol etilico: *mettere l'uva sotto spirito*.

spiritosaggine [spi-ri-to-sàg-gi-ne] *s.f.* Battuta spiritosa (o, più spesso, che pretende di essere tale, ma è invece insulsa, sciocca).

spiritoso [spi-ri-tó-so] *agg.* Ricco, pieno di spirito, di arguzia, di senso dell'umorismo: *una donna spiritosa*; *una battuta, una risposta spiritosa*.

spirituale [spi-ri-tu-à-le] *agg.* **1** Dello spirito, che si riferisce allo spirito (contrapposto a *fisico, materiale*): *un uomo di grande forza spirituale*; *beni, valori spirituali*; *dall'arte si trae un godimento spirituale* **2** Formato di solo spirito: *gli angeli sono esseri spirituali*.

splendere [splèn-de-re] *v.intr.* [pass.rem. *splendéi* o *splendètti, splendésti*; non si usa nei tempi composti] Mandare una luce intensa e viva Ⓢ brillare, risplendere (anche ♧): *il sole splendeva nel cielo*; *i suoi occhi splendevano di gioia*.

splendido [splèn-di-do] *agg.* **1** Che splende intensamente; molto luminoso: *uno splendido sole*; *una splendida giornata* **2** ♧ Meraviglioso, stupendo: *uno splendido film*; *una donna, una casa splendida* ◊ Ottimo, eccezionale: *ha fatto una splendida carriera*; *uno splendido successo*.

splendore [splen-dó-re] *s.m.* **1** Luce viva e intensa: *lo splendore del sole* **2** ♧ Culmine, fulgore: *una donna nel pieno splendore della giovinezza* ◊ Bellezza eccezionale, meraviglia: *che splendore di ragazza!*; *ha una casa che è uno splendore*.

spocchia [spòc-chia] *s.f.* Atteggiamento molto presuntuoso e altezzoso verso gli altri Ⓢ boria, alterigia: *con la sua spocchia si rende antipatico*.

spodestare [spo-de-stà-re] *v.tr.* Privare qualcuno del potere, rimuoverlo dalla carica che occupa: *il re fu spodestato da una rivoluzione*; *hanno cercato di spodestarlo dalla direzione*.

spogliare [spo-glià-re] *v.tr.* **1** Togliere i vestiti di dosso Ⓢ svestire Ⓒ vestire: *spogliò il bambino per fargli il bagno* **2** ♧ Privare qualcuno di qualcosa, spec. con la violenza Ⓢ derubare: *i banditi lo spogliarono di tutto il denaro* **3** Fare lo spoglio: *spogliare la corrispondenza, le schede elettorali* ♦ **spogliarsi** *v.pr.* **1** Togliersi gli indumenti di dosso Ⓢ svestirsi: *si spogliò per andare a letto* **2** ♧ Privarsi volontariamente di ciò che si possiede: *si spogliò dei suoi averi per darli ai poveri* **3** Diventare spoglio: *in autunno gli alberi si spogliano*.

spogliarello [spo-glia-rèl-lo] *s.m.* Spettacolo in cui una ballerina si spoglia poco a poco a ritmo di musica Ⓢ *strip-tease*.

spogliatoio [spo-glia-tó-io] *s.m.* Locale in cui ci

si spoglia, ci si cambia d'abito e si depositano gli indumenti.

spoglio[1] [spò-glio] *agg.* Privo di quanto normalmente riveste, copre: *rami spogli (di foglie)*; *una montagna spoglia di vegetazione.*

spoglio[2] [spò-glio] *s.m.* Raccolta, selezione, classificazione ed esame di dati, notizie e simili: *fare lo spoglio dei giornali, della corrispondenza* | *Spoglio dei voti, delle schede elettorali* = lo scrutinio e il conteggio dei voti.

spola [spò-la] *s.f.* Nei telai, la bobina del filo di trama che si inserisce nella navetta e durante la tessitura viene fatta passare avanti e indietro tra i fili dell'ordito | ♧ *Fare la spola* = andare avanti e indietro da un luogo a un altro.

spolmonarsi [spol-mo-nàr-si] *v.pr.* Affaticarsi i polmoni a furia di parlare o gridare Ⓢ sfiatarsi, sgolarsi: *ti stai spolmonando inutilmente.*

spolpare [spol-pà-re] *v.tr.* **1** Levare la polpa: *spolpare un pollo* | *Spolpare un osso* = levare o mangiare la carne che vi è attaccata **2** ♧ Togliere, far pagare a qualcuno tanto denaro da lasciarlo senza un soldo: *mi hanno spolpato con le tasse*; *in quel ristorante ti spolpano!*

spolverare [spol-ve-rà-re] *v.tr.* **1** Ripulire dalla polvere: *spolverare un abito, i mobili* **2** ♧ Svaligiare: *i ladri gli hanno spolverato la casa* **3** Cospargere con una sostanza in polvere: *spolverare la torta di zucchero a velo.*

sponda [spón-da] *s.f.* **1** Riva: *le sponde del lago, del fiume* **2** Limite esterno, bordo laterale, talora rialzato, di qualcosa: *si sedette sulla sponda del letto*; *le sponde del biliardo* ◊ Parapetto: *la sponda del ponte.*

spontaneamente [spon-ta-ne-a-mén-te] *avv.* In modo spontaneo, naturale: *erba che cresce spontaneamente* ◊ Di propria spontanea volontà: *si è offerto spontaneamente di aiutarci.*

spontaneo [spon-tà-ne-o] *agg.* **1** Che è fatto per libera decisione, di propria iniziativa, senza alcuna costrizione Ⓢ volontario: *la sua è stata un'offerta spontanea* | *Di mia, tua, sua spontanea volontà* = in base a una libera decisione personale ◊ Che nasce naturalmente dall'animo: *un sentimento spontaneo* **2** Che si comporta in modo naturale e sincero: *una persona spontanea* **3** Che cresce o avviene naturalmente, senza l'intervento dell'uomo: *vegetazione spontanea.*

spopolare [spo-po-là-re] *v.tr.* Rendere privo o povero di popolazione: *le guerre avevano spopolato il paese* ♦ *v.intr.* [aus. *avere*] ♧ Avere un grande successo: *una canzone che sta spopolando* ♦ **spopolarsi** *v.pr.* Diventare meno popolato: *le campagne si spopolano sempre più.*

spora [spò-ra] *s.f.* Cellula riproduttiva di alcuni tipi di piante (per es. funghi, felci).

sporadico [spo-rà-di-co] *agg.* [pl.m. *–ci*] Che si verifica in modo non regolare e con scarsa frequenza Ⓢ saltuario, isolato Ⓒ frequente: *le sue visite si sono fatte sempre più sporadiche.*

sporcaccione [spor-cac-ció-ne] *s.m.* Persona molto sporca, che si lava poco ◊ ♧ Persona che dice o fa cose volgari, indecenti, oscene, turpi.

sporcare [spor-cà-re] *v.tr.* [*spòrco, spòrchi*] **1** Insudiciare, imbrattare, macchiare: *avete sporcato tutta la casa*; *ti sei sporcato le scarpe di fango* **2** ♧ Macchiare moralmente, disonorare: *sporcare la propria reputazione, il proprio nome* ♦ **sporcarsi** *v.pr.* **1** Insudiciarsi, imbrattarsi **2** ♧ Macchiare la propria reputazione; abbassarsi moralmente: *non vuole sporcarsi in questo affare*; *non mi sporco a chiedere certi favori.*

sporcizia [spor-cì-zia] *s.f.* Sudiciume: *una casa di una sporcizia incredibile* ◊ Roba sporca: *butta via quella sporcizia.*

sporco [spòr-co] *agg.* [pl.m. *–chi*] **1** Non pulito Ⓢ sudicio: *hai le mani sporche*; *una casa sporca* | ♧ *Avere la coscienza sporca* = avere fatto qualcosa di male ed esserne consapevole ◊ Imbrattato, macchiato: *hai la camicia sporca di sugo* **2** ♧ Disonesto, immorale, turpe: *è compromesso in affari sporchi*; *una sporca vicenda*; *uno sporco individuo* | *Denaro sporco* = quello che è frutto di attività criminali ◊ Volgare, osceno: *raccontare barzellette sporche* ♦ *s.m.* Sporcizia, sudiciume: *vivere nello sporco.*

sporgenza [spor-gèn-za] *s.f.* Cosa, parte che sporge, viene in fuori: *si aggrappò a una sporgenza della roccia.*

sporgere [spòr-ge-re] *v.tr.* [coniugato come *porgere*] Metter fuori Ⓢ protendere: *sporse la testa dal finestrino* ♦ *v.intr.* [aus. *essere*] Venire in fuori: *diversi scogli sporgevano dall'acqua* ♦ **sporgersi** *v.pr.* Protendersi in fuori: *attento a non sporgerti troppo dal davanzale.*

sport [spòrt] *s.m.invar.* L'insieme degli esercizi fisici e delle gare, individuali o di gruppo, che si fanno per migliorare la forza e l'agilità del corpo o per semplice svago o anche come attività professionale: *fare dello sport per tenersi in forma*; *praticare lo sport del nuoto, del tennis, del calcio.*

sporta [spòr-ta] *s.f.* Ampia e robusta borsa con due manici, usata spec. per fare la spesa.

sportello [spor-tèl-lo] *s.m.* **1** Anta girevole su cerniere che serve ad aprire e a chiudere un vano: *lo sportello della credenza, del forno, di una gabbia* ◊ Porta di automezzi, carrozze ferroviarie e altri veicoli **2** In alcuni uffici, apertura in una parete o in un vetro, attraverso cui gli impiegati comunicano col pubblico: *fare la fila davanti allo sportello di una banca.*

sportività [spor-ti-vi-tà] *s.f.* Atteggiamento, spirito sportivo: *gareggiare con sportività*; *saper perdere con sportività.*

sportivo [spor-tì-vo] *agg.* **1** Di sport, che serve per lo sport, riguarda lo sport, si occupa di sport: *fare attività sportiva*; *campi, impianti sportivi*; *stampa, cronaca sportiva* **2** Che pratica degli sport: *un ragazzo sportivo* **3** Che si comporta con la lealtà e la correttezza proprie dello sport; che sa accettare serenamente anche le sconfitte: *giocare, comportarsi con spirito sportivo*; *non sei sportivo se non sai perdere* **4** Detto di capo di vestiario pratico, comodo, giovanile: *giacca sportiva*; *scarpe sportive* ♦ *s.m.* **1** Chi pratica lo sport o ne è appassionato: *è un buon sportivo*; *la partita ha entusiasmato tutti gli sportivi* **2** Chi si comporta con la lealtà e la correttezza proprie dello sport: *un vero sportivo accetta anche le sconfitte.*

sposa [spò-sa] *s.f.* **1** La donna nel giorno delle nozze: *la sposa era in abito bianco* **2** Moglie: *gli diede in sposa la figlia*; *a chi è andata sposa?*

sposalizio [spo-sa-lì-zio] *s.m.* Cerimonia nuziale: *lo sposalizio avrà luogo sabato mattina.*

sposare [spo-sà-re] *v.tr.* **1** Prendere in moglie o prendere per marito: *sposare chi si ama* **2** Unire in matrimonio: *li ha sposati il parroco* **3** Dare in moglie: *i genitori vogliono sposarla a uno che lei non ama* **4** ♧ *Sposare un'idea, una causa* = farla propria, sostenerla ♦ **sposarsi** *v.pr.* **1** Unirsi in matrimonio: *si è sposata per amore* ◊ Celebrare le nozze: *si sposano domani* **2** ♧ Detto di cosa, armonizzare, andare d'accordo con un'altra: *questo vino si sposa ottimamente con gli arrosti.*

sposato [spo-sà-to] *agg.* e *s.m.* Che, chi si è unito in matrimonio Ⓢ coniugato (si contrappone a *celibe* e a *nubile*).

sposo [spò-so] *s.m.* **1** L'uomo nel giorno delle nozze: *lo sposo era molto emozionato* **2** Marito: *ha preso come sposo un brav'uomo* | *Promesso sposo* = fidanzato **3** (al *pl.*) L'uomo e la donna nel giorno delle nozze: *festeggiare gli sposi*; *viva gli sposi!* ◊ Marito e moglie, spec. se sposati da poco.

spossante [spos-sàn-te] *agg.* Che toglie forza, energia Ⓢ estenuante: *un viaggio spossante*; *un lavoro spossante.*

spossare [spos-sà-re] *v.tr.* Togliere ogni forza ed energia Ⓢ estenuare, fiaccare, sfinire: *il viaggio, il caldo, la malattia lo ha spossato.*

spossatezza [spos-sa-téz-za] *s.f.* Stato di grande stanchezza e debolezza: *la malattia gli ha lasciato addosso una gran spossatezza.*

spossato [spos-sà-to] *agg.* Senza più forze, privo di ogni energia Ⓢ sfinito: *si sentiva spossato.*

spostamento [spo-sta-mén-to] *s.m.* Trasferimento da un luogo a un altro: *lo spostamento della fermata dell'autobus*; *nel suo lavoro è costretto a continui spostamenti* | *Spostamento d'aria* = movimento violento di una massa d'aria provocato da un'esplosione ◊ Rinvio o anticipazione di qualcosa da un tempo a un altro: *c'è stato uno spostamento d'orario della riunione.*

spostare [spo-stà-re] *v.tr.* **1** Rimuovere qualcosa da dove si trova; trasferire qualcosa o qualcuno da un posto a un altro: *non riesco a spostare questo armadio*; *lo hanno spostato in un altro ufficio* ◊ Cambiare posizione a qualcosa: *sposta un po' la testa* **2** Cambiare di orario, di data Ⓢ rimandare (o anche anticipare): *spostare l'ora della partenza*; *la partita è stata spostata a domani* ♦ **spostarsi** *v.pr.* Muoversi dal posto in cui si è: *spostati che non vedo niente!* ◊ Cambiare di posto, di posizione: *la lancetta si è spostata* ◊ Trasferirsi da un luogo a un altro: *nel suo lavoro deve spostarsi di continuo.*

spot [parola inglese; pron. *spòt*] *s.m.invar.* Breve messaggio pubblicitario radiofonico o televisivo.

spranga [spràn-ga] *s.f.* Sbarra di legno o di ferro: *chiuse la porta con una spranga*; *lo colpì con una spranga.*

sprangare [spran-gà-re] *v.tr.* [*sprà̀ngo, sprànghi*] Chiudere con una spranga Ⓢ sbarrare: *sprangare la porta.*

spray [parola inglese; pron. *sprèi*; pron. corrente *spràì*] *agg.invar.* e *s.m.invar.* Detto di piccolo contenitore dotato di un dispositivo per spruzzare prodotti liquidi e semiliquidi tenuti sotto pressione: *bomboletta, confezione spray*; *darsi la lacca sui capelli con lo spray* ◊ Detto di prodotto in confezione spray, erogato da bombolette: *un profumo, un insetticida spray*; *si diede un po' di spray sui capelli.*

sprazzo [spràz-zo] *s.m.* Raggio di luce improvviso e fuggevole: *tra le nuvole filtrò uno sprazzo di sole.*

sprecare [spre-cà-re] *v.tr.* [*sprèco, sprèchi*] Usare, consumare malamente, senza criterio o inutilmente: *ha sprecato un sacco di soldi per niente*;

perché sprechi la luce lasciandola accesa quando non ci sei?; *non sprecare il tuo tempo a cercare di convincerlo!* | *Sprecare un'occasione* = non saperla utilizzare, sciuparla.

spreco [sprè-co] *s.m.* [pl. *–chi*] Consumo eccessivo, inutile © risparmio: *per risparmiare bisogna evitare gli sprechi*; *non cercare di convincerlo: è solo uno spreco di tempo.*

sprecone [spre-có-ne] *s.m.* Chi fa spreco, consuma troppo.

spregevole [spre-gé-vo-le] *agg.* Meritevole di disprezzo Ⓢ ignobile: *un individuo spregevole.*

spregiativo [spre-gia-tì-vo] *agg.* Che esprime disprezzo: *un nomignolo spregiativo* ♦ *s.m.* In grammatica, forma di un aggettivo o di un sostantivo alterata in senso negativo da suffissi come *–accio, –ume, –aglia, –astro* (per es. *robaccia, marciume, gentaglia, medicastro*).

spremere [sprè-me-re] *v.tr.* [coniugato come *premere*] Schiacciare con forza qualcosa per farne uscire il liquido contenuto: *spremere un'arancia*; *spremere le olive per ricavarne l'olio* | ♧ *Spremersi il cervello* = sforzarsi a pensare, per risolvere un problema, farsi venire un'idea.

spremiagrumi [spre-mi-a-grù-mi] *s.m.invar.* Arnese o apparecchio per spremere gli agrumi.

spremuta [spre-mù-ta] *s.f.* Bevanda ottenuta spremendo un frutto sugoso: *spremuta di arancia, di uva, di pomodoro.*

sprezzante [sprez-zàn-te] *agg.* Che esprime disprezzo o alterigia: *gli rivolse uno sguardo sprezzante.*

sprigionare [spri-gio-nà-re] *v.tr.* Mandar fuori da sé, dal proprio interno Ⓢ emettere, emanare: *la stufa sprigionava un piacevole calore* ♦ **sprigionarsi** *v.pr.* Venir fuori, emanare: *dalle fogne si sprigionava un puzzo orribile.*

sprint [parola inglese; pron. *sprint*] *s.m.invar.* Scatto improvviso, rapida accelerazione di un corridore, di un cavallo o di un mezzo da corsa durante una gara, spec. nel finale: *con uno sprint ha battuto gli avversari sul traguardo* ◊ Capacità di produrre tale scatto: *un corridore che ha molto sprint, che manca di sprint.*

sprizzare [spriz-zà-re] *v.intr.* [aus. *essere*] Detto di liquido, uscir fuori con impeto da un'apertura Ⓢ scaturire, zampillare: *dal tubo rotto sprizzava un getto d'acqua*; *il sangue sprizzò dalla ferita* ♦ *v.tr.* Emettere con forza un liquido: *la ferita sprizzava sangue* ◊ ♧ Esprimere, manifestare vivacemente, in modo evidente: *i suoi occhi sprizzavano felicità*; *sprizza salute da tutti i pori.*

sprofondare [spro-fon-dà-re] *v.intr.* [aus. *essere*] **1** Crollare rovinosamente: *il tetto è sprofondato sotto il peso della neve* ◊ Cedere formando una voragine: *il terreno sprofondò sotto i nostri piedi* **2** Affondare in qualcosa di cedevole: *sprofondare nella neve alta, nel fango* ♦ **sprofondarsi** *v.pr.* Lasciarsi cadere di peso (su una poltrona, su un divano).

sproloquio [spro-lò-quio] *s.m.* Discorso prolisso, noioso e inconcludente: *sono stufo dei suoi sproloqui!*

spronare [spro-nà-re] *v.tr.* **1** Incitare con gli speroni: *spronò il cavallo al galoppo* **2** ♧ Incitare, stimolare: *l'ho spronato a studiare di più.*

sprone [spró-ne] *s.m.* **1** Sperone | *A spron battuto* = di gran carriera (*correre a spron battuto*); ♧ in gran fretta, subito: *ubbidire a spron battuto* **2** ♧ Stimolo, incitamento: *studia volentieri, senza bisogno di sproni.*

sproporzionato [spro-por-zio-nà-to] *agg.* Che non è in proporzione con altri elementi: *ha un fisico in cui il peso è sproporzionato all'altezza* ◊ Esagerato, eccessivo: *per quella casa mi hanno chiesto una cifra sproporzionata.*

sproporzione [spro-por-zió-ne] *s.f.* Mancanza di proporzione: *c'è troppa sproporzione tra il suo peso e la sua altezza.*

spropositato [spro-po-si-tà-to] *agg.* Troppo grande, enorme: *ha un naso spropositato* ◊ Eccessivo, esorbitante: *un prezzo spropositato.*

sproposito [spro-pò-si-to] *s.m.* **1** Atto inconsulto, di eccezionale gravità Ⓢ pazzia: *cercate di calmarlo prima che commetta qualche sproposito* **2** Frase, affermazione del tutto inopportuna o insensata: *stavo per dire uno sproposito*; *non dire spropositi!* ◊ *A sproposito* = in modo inopportuno o non pertinente: *interviene sempre a sproposito* ◊ Grosso errore Ⓢ strafalcione: *un compito pieno di spropositi* **3** Somma enorme, esagerata: *per quella casa ha pagato uno sproposito.*

sprovvisto [sprov-vì-sto] *agg.* **1** Che manca di qualcosa Ⓢ sfornito, privo © provvisto, fornito, dotato: *una famiglia sprovvista di mezzi* **2** *Alla sprovvista* = di sorpresa, inaspettatamente: *la sua domanda mi ha colto alla sprovvista.*

spruzzare [spruz-zà-re] *v.tr.* **1** Gettare, spargere un liquido a spruzzi: *non spruzzarmi l'acqua addosso!*; *si spruzzò del profumo sui capelli* ◊ Spargere una sostanza in polvere: *spruzzare lo zucchero sulla torta* **2** Bagnare o imbrattare con spruzzi di un liquido: *passò un'auto e lo spruzzò di fango.*

A B C D E F G H I J K L M N O P Q R S T U V W X Y Z

spruzzata [spruz-zà-ta] *s.f.* **1** Getto di un liquido a spruzzo: *si diede una spruzzata di profumo sui capelli* **2** ♧ Pioggia o nevicata leggera, di breve durata: *è stata solo una spruzzata, il terreno è già asciutto.*

spruzzo [sprùz-zo] *s.m.* Getto di un liquido in forma di piccoli schizzi o di gocce minute: *gli spruzzi delle onde sugli scogli*; *uno spruzzo di sangue* | *Spruzzo di pioggia* = pioggia breve e leggera.

spudoratezza [spu-do-ra-téz-za] *s.f.* Mancanza di ogni pudore, vergogna, rispetto Ⓢ sfrontatezza, impudenza.

spudorato [spu-do-rà-to] *agg.* e *s.m.* Che, chi è privo di ogni pudore, di ogni senso della vergogna o del limite Ⓢ impudente, svergognato, sfacciato, sfrontato: *questa è una menzogna spudorata!*; *quello spudorato mi ha chiesto di nuovo dei soldi.*

spugna [spù-gna] *s.f.* **1** Animale acquatico il cui corpo è formato da un complesso di pori e canali attraverso cui circola l'acqua **2** Oggetto d'uso costituito dallo scheletro di alcune specie di spugne, elastico, poroso e capace di assorbire notevoli quantità di liquidi: *spugna da bagno* | *Spugna artificiale* = fatta di gomma o di materie plastiche | ♧ *Bere come una spugna, essere una spugna* = essere un gran bevitore **3** Tessuto di cotone molto morbido e assorbente, usato spec. per asciugamani e accappatoi.

spugnoso [spu-gnó-so] *agg.* Che ha l'aspetto e le caratteristiche della spugna: *l'accappatoio è fatto di un tessuto spugnoso.*

spuma [spù-ma] *s.f.* **1** Schiuma: *la spuma delle onde*; *una birra che fa molta spuma* **2** Tipo di bibita analcolica gassata.

spumante [spu-màn-te] *agg.* e *s.m.* Detto di vino frizzante, per lo più bianco, che fa molta spuma: *abbiamo brindato con lo spumante.*

spumeggiante [spu-meg-giàn-te] *agg.* **1** Colmo di spuma; frizzante **2** ♧ Vivace, brillante: *una commedia spumeggiante.*

spuntare [spun-tà-re] *v.tr.* **1** Rompere la punta di qualcosa: *spuntare una matita* | *Spuntare i capelli* = accorciarli leggermente **2** ♧ *Spuntarla* = riuscire a ottenere ciò che si voleva, averla vinta: *alla fine l'ha spuntata lui* ♦ *v.intr.* [aus. *essere*] Venir fuori con la punta, sporgere un po' in fuori: *sta spuntando l'erba*; *dal taschino gli spuntava una penna* ◊ Cominciare ad apparire Ⓢ nascere, sorgere: *al bambino sono spuntati i primi dentini*; *sta spuntando il sole* | *Allo spuntar del sole, del giorno* = all'alba ◊ Apparire, venir fuori all'improvviso: *un uomo spuntò da un cespuglio* ♦ **spuntarsi** *v.pr.* Perdere la punta: *la matita si è spuntata.*

spuntino [spun-tì-no] *s.m.* Pasto rapido e leggero: *a mezzogiorno non pranzo, faccio solo uno spuntino al bar.*

spunto [spùn-to] *s.m.* **1** Punto di partenza, occasione iniziale: *un film che ha preso spunto da un fatto reale*; *quelle parole gli fornirono lo spunto per parlare di ciò che gli stava a cuore* **2** Ripresa di un motore ◊ Scatto di un corridore; negli sport di squadra, iniziativa d'attacco di un giocatore.

sputare [spu-tà-re] *v.intr.* [aus. *avere*] Espellere, lanciar fuori dalla bocca saliva, catarro o altro: *è maleducazione sputare per terra* ♦ *v.tr.* **1** Espellere, buttar fuori qualcosa dalla bocca: *sputare i noccioli delle ciliege* | ♧ *Sputare sangue, l'anima* = faticare moltissimo, impegnarsi al massimo | ♧ *Sputare l'osso* = restituire ciò che si è preso o confessare ciò che si era taciuto | ♧ *Sputare il rospo* = dire ciò che ci amareggia o preoccupa dopo averlo tenuto a lungo nascosto **2** Emettere, lanciar fuori con forza: *il vulcano sputava fuoco e lava.*

sputo [spù-to] *s.m.* Saliva, catarro o altro espulsi dalla bocca.

squadra[1] [squà-dra] *s.f.* Strumento a forma di triangolo rettangolo usato per disegnare angoli retti e segmenti perpendicolari a una retta data.

squadra[2] [squà-dra] *s.f.* **1** Gruppo di persone addette allo stesso lavoro o riunite per uno stesso fine: *una squadra di operai*; *mandare una squadra di soccorso* **2** Unità dell'esercito, composta da una decina di uomini: *una squadra di fucilieri* **3** Gruppo di atleti che gareggiano collettivamente (*sport di squadra*) o individualmente per conto di una stessa società sportiva, di una nazione ecc.: *una squadra di calcio, di pallacanestro*; *la squadra italiana di scherma, di atletica leggera.*

squadrare [squa-drà-re] *v.tr.* **1** Ridurre a una forma quadra: *squadrare un tronco, un blocco di marmo* ◊ *Squadrare un foglio da disegno* = tracciarvi un riquadro entro cui disegnare **2** ♧ Guardare, osservare attentamente qualcuno, spec. per valutarlo: *quando entrò nella stanza, il direttore lo squadrò da capo a piedi.*

squadriglia [squa-drì-glia] *s.f.* **1** Piccolo gruppo di soldati **2** Piccolo gruppo di navi da guerra leggere o di sommergibili **3** Piccolo gruppo di aerei da guerra dello stesso tipo: *una squadriglia di caccia.*

squagliare [squa-glià-re] *v.tr.* Far sciogliere, liquefare: *il sole ha squagliato la neve* ♦ **squagliarsi** *v.pr.* **1** Sciogliersi, liquefarsi: *il gelato si sta squagliando* **2** ♧ Andarsene di nascosto, alla chetichella Ⓢ svignarsela: *non squagliartela sempre quando è il momento di lavorare!*

squalifica [squa-lì-fi-ca] *s.f.* Esclusione di un atleta o di una squadra da una o più gare o per un determinato periodo di tempo, come provvedimento disciplinare per gravi scorrettezze e infrazioni del regolamento.

squalificare [squa-li-fi-cà-re] *v.tr.* [*squalìfico, squalìfichi*] **1** Punire con la squalifica: *squalificare un atleta, un giocatore, una squadra* **2** Screditare: *quel gesto lo ha squalificato davanti a tutti* ♦ **squalificarsi** *v.pr.* Screditarsi, dimostrarsi indegno della stima altrui.

squallido [squàl-li-do] *agg.* **1** Misero e triste, desolato e deprimente: *vive in una squallida stanza d'affitto*; *le squallide periferie urbane*; *vivere nella più squallida miseria* **2** Moralmente misero Ⓢ abietto, sordido: *uno squallido individuo*; *una vicenda squallida.*

squallore [squal-ló-re] *s.m.* Stato di desolato abbandono, di penosa miseria, di tristezza: *si era ridotto a vivere nello squallore*; *lo squallore di quella casa lo deprimeva.*

squalo [squà-lo] *s.m.* Nome di vari pesci di grosse dimensioni, con bocca munita di denti aguzzi Ⓢ pescecane: *alcuni tipi di squali attaccano talvolta anche l'uomo.*

squama [squà-ma] *s.f.* Ciascuna delle lamelle che ricoprono la pelle di alcuni Vertebrati, e in partic. dei Rettili e dei Pesci Ⓢ scaglia.

squamare [squa-mà-re] *v.tr.* Togliere le squame: *squamare un pesce* ♦ **squamarsi** *v.pr.* Detto della pelle umana, sfaldarsi e staccarsi a scaglie.

squarciagola [squar-cia-gó-la] *A squarciagola* = con tutta la voce che si ha in gola: *cantare a squarciagola.*

squarciare [squar-cià-re] *v.tr.* Rompere, aprire, lacerare con violenza (anche ♧): *la pallottola, la coltellata gli ha squarciato il ventre*; *un lampo squarciò le tenebre* ♦ **squarciarsi** *v.pr.* Lacerarsi, fendersi, aprirsi (anche ♧): *le nubi si squarciarono e apparve il sole.*

squarcio [squàr-cio] *s.m.* **1** Lacerazione, apertura ampia e profonda: *il siluro aprì uno squarcio nella chiglia della nave*; *uno squarcio tra le nubi* **2** ♧ Brano, passo di un'opera letteraria.

squartare [squar-tà-re] *v.tr.* Tagliare in grossi pezzi un animale macellato: *squartare un bue.*

squassare [squas-sà-re] *v.tr.* Scuotere con violenza: *il vento squassava gli alberi del viale.*

squilibrato [squi-li-brà-to] *agg.* e *s.m.* Che, chi non ha o ha perduto l'equilibrio psichico, mentale Ⓢ folle, pazzo.

squilibrio [squi-lì-brio] *s.m.* **1** Mancanza di equilibrio Ⓢ sproporzione, divario: *squilibrio tra domanda e offerta*; *aumenta lo squilibrio tra Nord e Sud* **2** Alterazione dell'equilibrio mentale: *da qualche tempo sta dando segni di squilibrio.*

squillante [squil-làn-te] *agg.* **1** Acuto e chiaro (detto di suono): *voce squillante* **2** ♧ Molto vivace (detto di colore): *un rosso squillante.*

squillare [squil-là-re] *v.intr.* [aus. *avere* o *essere*] Emettere un suono acuto, forte e di breve durata: *squillarono le trombe*; *è squillato il telefono, il campanello.*

squillo [squìl-lo] *s.m.* Suono forte, acuto e di breve durata, caratteristico di trombe, campanelli e suonerie.

squisito [squi-sì-to] *agg.* **1** Eccellente, prelibato: *un piatto, un vino squisito*; *una cena squisita* **2** ♧ Che dimostra grande delicatezza e finezza d'animo: *un uomo squisito, di una gentilezza squisita* ◊ Molto raffinato: *ha un gusto squisito nello scegliere le cose.*

squittio [squit-tì-o] *s.m.* Serie continuata di versi acuti e striduli emessi da rondini, pappagalli, topi e altri animali.

squittire [squit-tì-re] *v.intr.* [*squittìsco, squittìsci*; aus. *avere*] Emettere versi brevi, sottili e striduli (detto della rondine, del pappagallo, di altri uccelli e anche del topo).

sradicare [sra-di-cà-re] *v.tr.* [*sràdico, sràdichi*] **1** Strappare una pianta dal terreno con le sue radici: *il vento ha sradicato molti alberi* **2** ♧ Estirpare, eliminare completamente: *per sradicare la corruzione ci vogliono provvedimenti severi.*

sregolato [sre-go-là-to] *agg.* Che è senza regola, senza giusta misura Ⓢ smodato, disordinato Ⓒ regolato, misurato: *essere sregolato nel bere, nel mangiare*; *fare una vita sregolata.*

srotolare [sro-to-là-re] *v.tr.* Distendere, disfare ciò che è arrotolato: *srotolare un tappeto.*

stabbio [stàb-bio] *s.m.* Stazzo.

stabile [stà-bi-le] *agg.* **1** Che non si muove, non oscilla Ⓢ saldo, fermo, fisso Ⓒ instabile, malfermo: *fondamenta stabili*; *un tavolo poco stabile* **2** Non provvisorio Ⓢ fisso, permanente, duraturo: *trovare un lavoro stabile*; *non avere stabile dimora* ◊ Che tende a non subire variazioni Ⓢ costante, durevole: *tempo stabile*; *temperatura stabile*; *una pace, una situazione stabile* ♦ *s.m.* Edificio, fabbricato: *abita in un vecchio stabile.*

stabilimento [sta-bi-li-mén-to] *s.m.* Edificio o complesso di edifici e impianti destinati ad attività industriali: *uno stabilimento siderurgico, tessile*

◊ Costruzione o insieme di costruzioni e attrezzature destinate a un servizio di pubblica utilità: *stabilimenti termali, balneari.*

stabilire [sta-bi-lì-re] *v.tr.* [*stabilìsco, stabilìsci*] **1** Fissare in modo stabile: *stabilire la propria dimora in un luogo* **2** Fissare: *stabilire il prezzo d'acquisto, le condizioni di pace* ◊ Decidere: *ha stabilito di partire domani* ◊ Decretare: *fare quel che stabilisce la legge* ♦ **stabilirsi** *v.pr.* Prendere stabile dimora in un luogo.

staccare [stac-cà-re] *v.tr.* [*stàcco, stàcchi*] **1** Levare via, separare ciò che è attaccato o congiunto: *staccare un francobollo dalla busta, un quadro dal muro, un frutto dall'albero, un vagone dal treno* **2** Scostare, separare, allontanare (anche ♧): *quel divano sta meglio se lo stacchi di più dalla parete*; *quando guarda la partita non si riesce a staccarlo dalla televisione* | *Non staccare gli occhi da qualcosa, da qualcuno* = guardarlo a lungo, con insistenza **3** Distanziare, distaccare: *in salita ha staccato tutti* ♦ *v.intr.* [aus. *avere*] **1** Risaltare, spiccare: *il rosso stacca molto sul verde* **2** Smettere di lavorare: *oggi stacco un'ora prima* ♦ **staccarsi** *v.pr.* **1** Allontanarsi, separarsi (anche ♧): *la barca si staccò dal molo*; *dovette staccarsi dalla famiglia* **2** Venir via, cadere da sé: *s'è staccato un bottone.*

staccionata [stac-cio-nà-ta] *s.f.* Recinzione formata da traverse di legno sostenute da pali infissi nel terreno.

stacco [stàc-co] *s.m.* [pl. *–chi*] **1** Lo staccare, lo staccarsi **2** ♧ Pausa, intervallo: *pronuncia le parole con un forte stacco tra una sillaba e l'altra* | *Stacco pubblicitario, musicale* = breve annuncio pubblicitario o brano musicale che interrompe una trasmissione radiotelevisiva **3** ♧ Contrasto, risalto: *il rosso fa molto stacco sul nero.*

stadio [stà-dio] *s.m.* **1** Impianto sportivo costituito da un campo attrezzato per lo svolgimento di gare all'aperto, circondato da una serie di gradinate per accogliere gli spettatori **2** ♧ Fase, periodo di un processo: *lo stadio iniziale di una malattia*; *i primi stadi della civiltà.*

staff [parola inglese; pron. *staf*] *s.m.invar.* Gruppo di esperti che collaborano tra loro in una data attività: *uno staff di ricercatori, di medici.*

staffa [stàf-fa] *s.f.* Ciascuno dei due arnesi di metallo, pendenti ai lati della sella, in cui il cavaliere infila e appoggia il piede per montare a cavallo e nel cavalcare | ♧ *Perdere le staffe* = perdere la pazienza, il controllo dei propri nervi.

staffetta [staf-fét-ta] *s.f.* **1** Corriere, messaggero incaricato di portare ordini e dispacci militari: *il colonnello inviò una staffetta al comando militare* **2** Gara a squadre di corsa, di nuoto, di sci o di altri sport su un percorso diviso in frazioni, ciascuna delle quali viene percorsa da un componente di ogni squadra.

stage [parola francese; pron. *staĵ*] *s.m.invar.* Periodo di tirocinio formativo per fare esperienza pratica svolto da studenti presso un'azienda.

stagionale [sta-gio-nà-le] *agg.* Proprio di una stagione: *frutta stagionale*; *l'influenza è una malattia stagionale* ◊ Che dura solo una stagione: *occupazione stagionale.*

stagionare [sta-gio-nà-re] *v.tr.* Conservare un prodotto o un materiale in determinate condizioni ambientali per il tempo necessario a fargli acquistare particolari qualità: *stagionare il formaggio, il vino, il legno* ♦ *v.intr.* [aus. *essere*] Rimanere per un certo periodo di tempo in determinate condizioni ambientali in modo da acquistare le necessarie caratteristiche di qualità: *il parmigiano deve stagionare almeno due anni.*

stagione [sta-gió-ne] *s.f.* **1** Ciascuno dei quattro periodi (*stagioni astronomiche*) in cui gli equinozi e i solstizi dividono l'anno solare: *la stagione primaverile, estiva, autunnale, invernale* | *Mezza stagione* = primavera, autunno ◊ Periodo dell'anno caratterizzato da particolari condizioni climatiche e meteorologiche: *la stagione fredda, calda, umida, secca*; *la stagione delle piogge* **2** Periodo dell'anno in cui maturano determinati frutti o si svolgono determinati lavori agricoli: *la stagione dell'uva, delle olive*; *la stagione della semina, della vendemmia* ◊ Periodo dell'anno in cui si svolge una determinata attività, un ciclo di spettacoli, di gare ecc.: *la stagione di caccia, di pesca*; *la stagione turistica, balneare*; *la stagione teatrale, lirica, cinematografica* | *Alta stagione, bassa stagione, stagione morta* = il periodo in cui l'attività turistica e alberghiera è intensa, ridotta o cessa quasi del tutto ◊ Periodo favorevole: *questa non è la stagione per fare un viaggio.*

stagista [sta-gì-sta] *s.m.f.* [pl.m. *–sti*] Chi sta svolgendo uno *stage.*

stagliarsi [sta-gliàr-si] *v.pr.* Profilarsi nettamente, con forte stacco, su uno sfondo Ⓢ spiccare: *le vette innevate si stagliavano nitide contro il cielo blu.*

stagnante [sta-gnàn-te] *agg.* Che ristagna: *l'acqua stagnante di una palude.*

stagno¹ [stà-gno] *s.m.* Metallo di colore bianco argenteo, molto malleabile e resistente alla corrosione, usato per leghe, per saldature e per rivestire altri metalli.

stagno[2] [stà-gno] *s.m.* Distesa d'acqua stagnante, poco profonda e in genere poco estesa.

stagno[3] [stà-gno] *agg.* Che è a perfetta tenuta d'acqua o d'altro liquido; chiuso ermeticamente: *lo scafo delle navi e dei sommergibili è diviso in compartimenti stagni.*

stagnola [sta-gnò-la] *s.f.* Foglio sottilissimo di stagno o di altro metallo, usato per avvolgere e proteggere prodotti spec. alimentari (per es. il cioccolato).

stalagmite [sta-lag-mì-te] *s.f.* Colonna che si innalza dal pavimento di alcune grotte ed è costituita dal deposito del calcare contenuto nell'acqua che gocciola dalla volta.

stalattite [sta-lat-tì-te] *s.f.* Colonna che pende dal soffitto di alcune grotte ed è costituita dal deposito del calcare contenuto nell'acqua che gocciola dalla volta.

stalla [stàl-la] *s.f.* Edificio o locale rurale destinato al ricovero di animali domestici, spec. bovini ed equini: *rinchiudere le mucche nella stalla.*

stalliere [stal-liè-re] *s.m.* Chi è addetto alla cura dei cavalli di una stalla o di una scuderia.

stallone [stal-ló-ne] *s.m.* Cavallo maschio destinato alla riproduzione.

stamani [sta-mà-ni] *avv.* Stamattina.

stamattina [sta-mat-tì-na] *avv.* Questa mattina: *stamattina mi sono svegliato tardi.*

stambecco [stam-béc-co] *s.m.* [pl. *–chi*] Mammifero selvatico simile alla capra, che vive anche sulle Alpi; il maschio ha lunghe corna ricurve all'indietro.

stamberga [stam-bèr-ga] *s.f.* Abitazione misera, squallida, sporca Ⓢ tugurio: *è stato sfrattato dalla sua casa e ora vive in una stamberga.*

stame [stà-me] *s.m.* Organo maschile del fiore, costituito da un filamento ingrossato nella parte superiore che contiene il polline.

stampa [stàm-pa] *s.f.* **1** Tecnica che permette di riprodurre uno scritto, un disegno ecc. in un numero illimitato di copie uguali per mezzo di un'unica matrice: *l'invenzione della stampa ha cambiato il mondo* ◊ L'operazione di riproduzione mediante tale tecnica: *il giornale sta andando in stampa* | *Dare un'opera alle stampe* = farla pubblicare **2** L'insieme delle pubblicazioni giornalistiche: *stampa quotidiana, periodica*; *la stampa locale, nazionale, estera* ◊ I giornalisti: *invitare la stampa*; *i commenti della stampa* | *Conferenza stampa* = riunione in cui una personalità risponde alle domande dei giornalisti **3** Riproduzione a stampa di disegni e dipinti: *il museo ospita una raccolta di stampe dell'Ottocento.*

stampante [stam-pàn-te] *s.f.* Macchina collegata a un computer, che può stampare su carta i dati che questo le invia.

stampare [stam-pà-re] *v.tr.* **1** Riprodurre con il procedimento della stampa: *stampare un libro, un giornale, un manifesto*; *stampare banconote* ◊ Pubblicare: *ha deciso di stampare le sue memorie* **2** Imprimere scritte, disegni, colori su un supporto diverso dalla carta: *stampare un tessuto* **3** Imprimere (anche ♧): *stampare le proprie orme sulla sabbia*; *gli stampò un bacio in fronte*; *quel ricordo è stampato nella mia memoria.*

stampatello [stam-pa-tèl-lo] *agg.* e *s.m.* Detto di un carattere di scrittura a mano con lettere staccate che imitano quelle della stampa.

stampato [stam-pà-to] *s.m.* Foglio o opuscolo stampato: *la cassetta delle lettere era piena di stampati pubblicitari.*

stampella [stam-pèl-la] *s.f.* Gruccia: *il ferito si reggeva sulle stampelle.*

stampo [stàm-po] *s.m.* **1** Arnese da cucina in cui si versano sostanze liquide e semiliquide che, indurendosi, ne acquistano la forma: *stampo per dolci, per budino* ◊ Arnese per la produzione industriale di oggetti in serie: *stampo per mattoni, per lingotti* **2** ♧ Carattere, tipo, specie: *un uomo di vecchio stampo*; *con gente di quello stampo non voglio avere a che fare.*

stanare [sta-nà-re] *v.tr.* **1** Fare uscire dalla tana: *i cani cercavano di stanare la lepre* **2** ♧ Far uscire qualcuno dal luogo in cui si è nascosto, rintanato: *la polizia ha usato i lacrimogeni per stanare i banditi dal loro rifugio.*

stancare [stan-cà-re] *v.tr.* [*stànco, stànchi*] **1** Affaticare, indebolire: *il viaggio mi ha stancato*; *il troppo studio l'ha stancata* **2** Annoiare, infastidire: *ha stancato tutti con le sue chiacchiere* ♦ **stancarsi** *v.pr.* **1** Affaticarsi: *cerca di non stancarti troppo* **2** Annoiarsi, essere stufo; non avere più voglia, interesse: *non ti stanchi a sentire sempre gli stessi discorsi?*; *mi sono stancato di fare questa vita*; *dimmelo se ti sei stancato di me!*

stanchezza [stan-chéz-za] *s.f.* Condizione di chi è stanco Ⓢ debolezza, affaticamento: *stanchezza fisica, mentale*; *oggi non mi reggo in piedi dalla stanchezza.*

stanco [stàn-co] *agg.* [pl.m. *–chi*] **1** Affaticato, indebolito nelle forze e perciò bisognoso di riposo Ⓒ riposato: *è stanco per il viaggio*; *dopo una giornata di studio si sentiva molto stanco*; *aveva gli* *occhi stanchi per il troppo leggere* **2** Che non ha più l'energia, il desiderio, l'interesse per qualcosa Ⓢ stufo: *sono stanco di leggere, di lavorare*; *era stanco di fare quella vita* ◊ Che non ce la fa più a sopportare qualcosa Ⓢ stufo: *sono stanco delle sue bugie, di subire imposizioni.*

stand [parola inglese; pron. corrente *stènd*] *s.m. invar.* Padiglione, reparto, spazio riservato a ogni singolo espositore o a ciascuna categoria di prodotti in fiere, esposizioni e mostre.

standard [stàn-dard] *s.m.invar.* Livello, grado, tenore: *lo standard di vita di una persona, di un paese* ♦ *agg.invar.* Conforme al modello, al tipo che costituisce la norma Ⓢ unificato: *prodotti standard*; *formato standard.*

standby [parola inglese; pron. corrente *stendbài*] *s.m.invar.* **1** Lista di attesa di un volo aereo nella quale ci si può inserire senza prenotazione **2** Condizione di attesa di un apparecchio elettronico che gli permette di entrare in funzione con un semplice comando.

stanga [stàn-ga] *s.f.* Lunga sbarra squadrata, di legno o di ferro, usata per sprangare porte e finestre Ⓢ spranga: *mettere la stanga all'uscio* ◊ *Le stanghe del carro* = i due bracci laterali a cui si attacca l'animale da tiro.

stangare [stan-gà-re] *v.tr.* [*stàngo, stànghi*] **1** Chiudere con una stanga **2** Colpire con una stanga ◊ ♧ Infliggere un duro colpo, spec. economico: *stangare i cittadini con le tasse* | *Stangare qualcuno agli esami* = bocciarlo.

stangata [stan-gà-ta] *s.f.* **1** Colpo dato con una stanga **2** ♧ Duro colpo economico; spesa molto superiore al previsto: *stangata fiscale*; *il conto del ristorante è stato una stangata.*

stanghetta [stan-ghét-ta] *s.f.* Ciascuna delle due asticelle che fissano gli occhiali alle orecchie.

stanotte [sta-nòt-te] *avv.* Questa notte (quella in corso o quella passata o quella che sta per venire): *arriva stanotte*; *stanotte ha piovuto*; *stanotte dormiremo fuori.*

stante [stàn-te] *agg.* *A sé stante* = distinto, separato dagli altri; autonomo: *un ufficio a sé stante* | *Seduta stante* = immediatamente: *fu allontanato seduta stante dalla riunione* ♦ *prep.* A causa di, in seguito a: *stante il cattivo tempo abbiamo rimandato la gita.*

stantio [stan-tì-o] *agg.* Che ha perso la freschezza e ha preso odore e sapore di vecchio, di ammuffito: *pane, formaggio stantio.*

stantuffo [stan-tùf-fo] *s.m.* Organo meccanico che scorre avanti e indietro dentro un cilindro ricevendo la spinta del fluido in esso contenuto (per es. nelle macchine a vapore e nei motori a scoppio) oppure comprimendo o aspirando il fluido stesso (per es. nelle pompe e nelle siringhe).

stanza [stàn-za] *s.f.* Ciascuno degli ambienti interni di un edificio, per uso di abitazione o di ufficio Ⓢ locale, camera: *un appartamento di quattro stanze e servizi*; *stanza da letto, da pranzo, da bagno*; *la stanza del direttore, della segretaria.*

stanziale [stan-zià-le] *agg.* Che risiede stabilmente in un luogo; in partic. detto di selvaggina e di uccelli che vivono sempre nella stessa zona, senza compiere migrazioni o grossi spostamenti.

stanziare [stan-zià-re] *v.tr.* Destinare una somma per un determinato scopo: *il governo ha stanziato mille milioni per favorire l'occupazione* ♦ **stanziarsi** *v.pr.* Prendere dimora, stabilirsi in una zona: *popolazioni diverse si stanziarono successivamente nella pianura padana.*

stappare [stap-pà-re] *v.tr.* Togliere il tappo a qualcosa: *stappare una bottiglia di vino.*

star [parola inglese; pron. corrente *star*] *s.f.invar.* Attrice o attore di grande successo Ⓢ stella.

stare [stà-re] *v.intr.* [pres. *sto, stài, sta, stiàmo, stàte, stànno*; pass.rem. *stètti, stésti, stètte, stémmo, stéste, stèttero*; fut. *starò*; cong.pres. *stìa*; cong.imperf. *stéssi*; cond. *starèi*; imper. *sta* o *sta'* o *stài*; part.pass. *stàto*; aus. *essere*] **1** Restare dove si è, senza muoversi o spostarsi: *stai al tuo posto* ◊ Restare, trattenersi in un determinato luogo: *è stato in casa tutto il giorno*; *starà un anno all'estero* ◊ Restare in una data situazione, condizione, in un dato atteggiamento, stato d'animo ecc.: *gli piace stare al sole*; *sono stanco di stare ad aspettare*; *preferisce starsene da solo*; *cercate di stare in silenzio*; *è stato in ansia tutto il giorno* ◊ Restare in una data posizione: *stare in piedi, seduto, sdraiato per ore*; *cerca di stare un po' fermo*; *mi è stato accanto tutto il tempo* **2** Essere, trovarsi in un determinato luogo, in una data situazione, condizione, posizione ecc.: *ora non c'è, sta in ufficio*; *stare alla finestra, in equilibrio*; *sto in attesa di incontrarlo*; *qui sto comodo*; *c'è chi sta peggio di noi* ◊ Trovarsi, essere posto, situato (detto di cose): *dove sta il mio cappello?*; *la chiave sta nel cassetto*; *il bar che sta qui all'angolo* **3** Abitare, risiedere: *dove stai di casa?*; *andrà a stare in un'altra città* ◊ Vivere: *è tornato a stare con i genitori* **4** Essere o poter essere contenuto: *il 5 nel 15 ci sta tre volte*; *quanti litri ci staranno in questa damigiana?* **5** Essere: *le cose stanno proprio così* ◊ Consistere: *il difficile sta proprio* *in questo* **6** Spettare, toccare: *non sta a te decidere*; *sta a lui fare le carte* **7** Seguito da un gerundio indica un'azione nella continuità del suo svolgimento (*sto leggendo*; *stava ancora lavorando*), ma a volte equivale a «essere sul punto di»: *suonò il telefono mentre stava uscendo* ◊ Seguito da *per* e un verbo all'infinito equivale a «essere sul punto di»: *stiamo per uscire*; *sta per piovere* **8** Locuzioni con significati particolari ◊ *Lasciar stare* = non toccare, non prendere, non spostare (*ti ho detto di lasciar stare le mie cose!*); non infastidire, lasciare in pace (*lasciate stare quel povero cane*; *per favore lasciami stare*); non occuparsi di qualcosa, lasciar perdere: *lascia stare, ci penserò io*; *è un affare poco chiaro, meglio lasciar stare* ◊ *Non poter stare, non riuscire a stare* = non poter vivere, resistere: *non può stare senza quella donna, senza fumare* ◊ *Stare bene, male* = essere in buone o cattive condizioni di salute, psicologiche, economiche ecc. (*in questo periodo è stato male*; *è gente che sta bene*); detto di indumenti e di altre cose, adattarsi o no dal punto di vista estetico, del gusto ecc.: *quel vestito ti sta bene*; *questi mobili stanno male insieme* | *Non sta bene* = non è opportuno, educato: *non sta bene mettersi le dita nel naso* | *Ti sta bene, ben ti sta* = te lo sei meritato (detto di cosa spiacevole) ◊ *Starci* = essere d'accordo, accettare: *chi ci sta a fare un bagno?*; *io non ci sto a fare una brutta figura* ◊ *Stare con qualcuno* = abitare, convivere con lui; fargli compagnia; avere con lui una relazione amorosa o un rapporto sessuale; essere d'accordo con lui, parteggiare per lui ◊ *Stare allo scherzo* = accettarlo di buon grado | *Stare ai patti* = mantenerli, rispettarli.

starnazzare [star-naz-zà-re] *v.intr.* [aus. *avere*] Agitare le ali sollevando la terra ed emettendo gridi (detto dei polli e di altri gallinacei).

starnutire [star-nu-tì-re] o **sternutire** [ster-nu-tì-re] *v.intr.* [*starnutìsco, starnutìsci*; aus. *avere*] Fare uno starnuto, degli starnuti: *è raffreddato e continua a starnutire.*

starnuto [star-nù-to] o **sternuto** [ster-nù-to] *s.m.* Atto respiratorio involontario, causato da stimoli che irritano la mucosa nasale e consistente in una brusca e rumorosa espirazione preceduta da una profonda inspirazione.

starter [parola inglese; pron. corrente *stàrter*] *s.m.invar.* Nelle gare di corsa, il giudice che dà il segnale e l'ordine di partenza.

stasera [sta-sé-ra] *avv.* Questa sera: *parto stasera per Roma.*

stasi [stà-si] *s.f.* Arresto o rallentamento temporaneo di un'attività, di un fenomeno Ⓢ ristagno: *gli affari, le vendite sono in un periodo di stasi.*

statale [sta-tà-le] *agg.* Dello stato: *il potere statale* ◊ Gestito dallo stato: *scuole, strade statali* ◊ Dipendente dallo stato: *gli impiegati statali.*

statico [stà-ti-co] *agg.* [pl.m. *–ci*] Privo di cambiamenti Ⓢ immobile Ⓒ dinamico: *una situazione politica, economica statica.*

statista [sta-tì-sta] *s.m.f.* [pl.m. *–sti*] Chi governa o ha governato uno stato, spec. distinguendosi.

statistica [sta-tì-sti-ca] *s.f.* Raccolta sistematica e ordinata di dati relativi a un fenomeno collettivo: *fare la statistica degli infortuni sul lavoro*; *le attuali statistiche dicono che la disoccupazione sta aumentando.*

stato [stà-to] *s.m.* **1** Condizione, situazione in cui sono, si trovano sotto diversi aspetti persone, animali, cose, enti, collettività ecc.: *il suo stato di salute sta migliorando*; *guidava in stato di ubriachezza*; *un vestito ancora in buono stato*; *animali allo stato brado*; *lo dichiararono in stato d'arresto*; *il governo ha decretato lo stato d'emergenza* | *Una donna in stato interessante* = incinta **2** La condizione anagrafica o giuridica di un individuo nella società e il documento ufficiale che la certifica: *lo stato civile di un cittadino*; *stato celibe, nubile*; *stato coniugale*; *chiedere all'anagrafe lo stato di famiglia, di nascita* **3** In fisica, ciascuno dei tre modi in cui le molecole di una sostanza possono trovarsi associate: *sostanze allo stato solido, liquido, gassoso* **4** *Stato maggiore* = il complesso degli ufficiali che costituiscono l'organismo al vertice delle forze armate o delle grandi unità militari **5** Istituzione giuridica e politica che esercita la sovranità su un territorio come espressione collettiva e organizzata della popolazione che su quel territorio vive Ⓢ nazione, paese: *le leggi, il governo dello stato (italiano, francese ecc.)*; *l'India è uno stato asiatico*; *stato repubblicano, monarchico*; *il capo dello stato*; *impiegati, dipendenti dello stato* | *Uomo di stato* = statista | *Scuola di stato, ferrovie dello stato* = amministrate dallo stato, pubbliche ◊ Il territorio di uno stato: *un grande, un piccolo stato*; *invadere uno stato*; *i confini dello stato.*

statua [stà-tua] *s.f.* Opera di scultura a tutto tondo che rappresenta figure umane o animali (o anche un'idea personificata): *una statua di bronzo, di marmo, di gesso, di legno*; *una statua della Madonna*; *una statua equestre di Garibaldi*; *la statua della Libertà.*

statura [sta-tù-ra] *s.f.* Altezza di un individuo in posizione eretta: *un uomo di bassa statura.*

A B C D E F G H I J K L M N O P Q R S T U V W X Y Z

statuto [sta-tù-to] *s.m.* Complesso di norme che regolano l'attività di enti, associazioni, società: *la Val d'Aosta è una regione a statuto speciale*; *lo statuto di un'associazione sportiva, culturale.*

stavolta [sta-vòl-ta] *avv.* Questa volta: *per stavolta ti perdono.*

stazionario [sta-zio-nà-rio] *agg.* Che resta invariato, non presenta cambiamenti notevoli: *le condizioni del malato sono stazionarie*; *temperatura stazionaria.*

stazione [sta-zió-ne] *s.f.* **1** L'edificio e il complesso d'impianti per le operazioni di arrivo e partenza di passeggeri e merci che viaggiano su mezzi pubblici: *stazione ferroviaria, marittima, aerea*; *la stazione degli autobus, della metropolitana* ◊ Stazione ferroviaria: *abita vicino alla stazione* **2** Luogo, edificio o impianto attrezzato per svolgere un'attività o un servizio particolare: *stazione meteorologica* | *Stazione di servizio* = per il rifornimento di carburante e l'assistenza degli autoveicoli e dei motoveicoli | *Stazione di polizia, dei carabinieri* = edificio in cui ha sede un'unità territoriale di questi corpi | *Stazione spaziale* = satellite artificiale che funziona anche come base d'appoggio per voli spaziali ◊ Impianto, emittente per telecomunicazioni: *stazione radiofonica, televisiva*; *con la mia radio riesco a prendere molte stazioni* **3** Località dotata del clima favorevole e delle attrezzature per soggiorni di villeggiatura o di cura: *stazioni montane, marine*; *stazioni balneari, termali* **4** Posizione del corpo umano: *stazione eretta, supina.*

stazza [stàz-za] *s.f.* Capacità interna di carico di una nave mercantile.

stazzo [stàz-zo] *s.m.* Recinto all'aperto in cui sta chiuso il bestiame durante la notte Ⓢ stabbio.

stecca [stéc-ca] *s.f.* **1** Asticella lunga e sottile, di forma e materiale diverso a seconda degli usi: *le stecche delle persiane, delle tapparelle* | *Stecca da bigliardo* = asta tonda di legno assottigliata alla estremità con cui si colpisce la palla **2** Confezione contenente dieci o venti pacchetti di sigarette **3** ♧ Nota stonata: *il cantante ha fatto una stecca, ha preso molte stecche.*

steccato [stec-cà-to] *s.m.* Recinzione, riparo o divisorio fatti con tavole o pali di legno infissi nel terreno: *il campo era cintato da uno steccato.*

stecchino [stec-chì-no] *s.m.* Stuzzicadenti.

stecchire [stec-chì-re] *v.tr.* [*stecchìsco, stecchìsci*] Uccidere sul colpo: *lo stecchì con una revolverata.*

stecchito [stec-chì-to] *agg.* **1** Rinsecchito: *un albero dai rami stecchiti* **2** Rigido come uno stecco | *(Morto) stecchito* = morto sul colpo: *cadde (morto) stecchito* ◊ ♧ Immobile per lo stupore, sbalordito: *le sue parole mi lasciarono stecchito.*

stecco [stéc-co] *s.m.* [pl. *–chi*] Ramoscello secco, senza foglie: *raccolse degli stecchi per accendere un fuoco* ◊ Bastoncino sottile e appuntito.

stele [stè-le] *s.f.* Lastra di pietra o di marmo, recante iscrizioni o immagini in rilievo, infissa nel terreno in posizione verticale: *una stele funeraria, commemorativa.*

stella [stél-la] *s.f.* **1** Corpo celeste che splende di luce propria essendo costituito da materia incandescente: *il Sole è la stella a noi più vicina* | *Stelle cadenti* = meteore ◊ Nell'uso comune, ogni corpo celeste luminoso visibile dalla Terra (esclusi il Sole e la Luna): *il chiarore delle stelle*; *una notte piena di stelle* | ♧ *Andare, salire alle stelle* = rincarare molto: *la benzina è salita alle stelle* | ♧ *Vedere, far vedere le stelle* = sentire, provocare un dolore molto forte **2** Destino, sorte (in quanto secondo antiche credenze la vita degli uomini è soggetta agli influssi degli astri): *nascere sotto una cattiva stella*; *la sua buona stella l'ha protetto anche stavolta* **3** Attrice o attore molto popolare Ⓢ star: *una stella del cinema* **4** Figura, oggetto, disposizione a forma di stella: *la stella dello sperone*; *un edificio con pianta a stella* | *Stelle filanti* = rotolini di strisce di carta colorate che si lanciano per gioco a carnevale ◊ Emblema, distintivo, decorazione a forma di stella: *la stella dello sceriffo* ◊ Simbolo di grado militare: *generale a due, a tre stelle* ◊ Simbolo usato per indicare la categoria o la qualità di alberghi e ristoranti: *albergo, ristorante a quattro stelle* **5** *Stella alpina* = pianta erbacea d'alta montagna con fiori bianchi vellutati **6** *Stella di mare* = animale invertebrato marino dal corpo a forma di stella con cinque o più bracci.

stellare [stel-là-re] *agg.* **1** Di stella, delle stelle: *luce stellare* **2** Spaziale: *guerre stellari.*

stellato [stel-là-to] *agg.* Pieno, cosparso di stelle: *un cielo stellato* | *Bandiera stellata* = quella degli Stati Uniti, in cui ogni stella rappresenta uno stato.

stelo [stè-lo] *s.m.* **1** Fusto delle piante erbacee; gambo dei fiori: *steli di grano*; *lo stelo di un garofano* **2** Elemento, organo a forma di stelo: *lampada a stelo.*

stemma [stèm-ma] *s.m.* [pl. *–mi*] Emblema con figure e simboli che costituisce il contrassegno di famiglie nobili, città, stati, enti ecc.: *lo stemma dei Medici*; *lo stemma di Roma, di San Marino.*

stemperare [stem-pe-rà-re] *v.tr.* Sciogliere, diluire una sostanza solida in un liquido: *stemperare i colori nell'acqua.*

stempiato [stem-pià-to] *agg.* Privo di capelli sulle tempie.

stendardo [sten-dàr-do] *s.m.* Insegna o bandiera di reparti militari, spec. nel passato ◊ Gonfalone di enti, comuni e associazioni portato in cima a un'asta durante manifestazioni e processioni.

stendere [stèn-de-re] *v.tr.* [coniugato come *tendere*] **1** Distendere, allungare: *stendere le braccia, le gambe* | *Stendere la mano* = porgerla in avanti aperta (per stringerne un'altra, per chiedere l'elemosina) ◊ Distendere, svolgere, mettere all'aria: *stendere la tovaglia sul tavolo*; *stendere un tappeto*; *stendere i panni al sole* **2** Mettere a giacere Ⓢ sdraiare: *il ferito fu steso sulla barella* ◊ Atterrare, abbattere, ammazzare: *stese l'avversario con un pugno*; *lo hanno steso con una raffica di mitra* **3** Spalmare: *stendere la vernice col pennello* | *Stendere la pasta* = ridurla in sfoglia con il matterello **4** Mettere per iscritto Ⓢ scrivere: *stendere un contratto*; *sta finendo di stendere l'articolo* ♦ **stendersi** *v.pr.* **1** Mettersi disteso Ⓢ sdraiarsi: *si stese sulla sabbia a prendere il sole* **2** Estendersi nello spazio: *la pianura si stende dalle colline fino al mare.*

stenografare [ste-no-gra-fà-re] *v.tr.* Scrivere con la stenografia: *stenografare un discorso, una lezione.*

stenografia [ste-no-gra-fì-a] *s.f.* Sistema di scrittura manuale veloce basato sull'uso di segni speciali e su varie forme di abbreviazione.

stentare [sten-tà-re] *v.intr.* [aus. *avere*] Avere grande difficoltà a fare qualcosa: *era così debole che stentava a reggersi in piedi*; *stento a credere che sia vero quel che mi dici.*

stentato [sten-tà-to] *agg.* **1** Ottenuto a stento, con grande difficoltà: *una promozione, una vittoria stentata* ◊ Privo di sicurezza, incerto: *parla un italiano stentato* ◊ *Un sorriso stentato* = sforzato, non naturale **2** Pieno di stenti e fatiche: *fare una vita stentata.*

stento [stèn-to] *s.m.* **1** (al *pl.*) Sofferenze, privazioni che derivano dalla mancanza di mezzi: *fare una vita piena di stenti* **2** *A stento* = con difficoltà, a malapena: *cammina a stento*; *a stento sono riuscito a convincerlo.*

steppa [stép-pa] *s.f.* Vasta pianura ricoperta solo di erbe e di qualche arbusto, caratteristica delle regioni continentali aride o poco piovose.

sterco [stèr-co] *s.m.* [pl. *–chi*] Escrementi degli animali.

stereo [stè-re-o] *agg.invar.* Stereofonico: *disco stereo*; *impianto stereo* ♦ *s.m.invar.* Impianto stereofonico.

stereofonia [ste-re-o-fo-nì-a] *s.f.* Tecnica di registrazione e riproduzione del suono che ricrea la sensazione di ascolto della realtà facendo provenire i suoni da due o più direzioni diverse.

stereofonico [ste-re-o-fò-ni-co] *agg.* [pl.m. *–ci*] Basato sulla stereofonia: *effetti stereofonici*; *impianto stereofonico.*

stereotipato [ste-re-o-ti-pà-to] *agg.* Ripetuto in modo sempre uguale, senza originalità: *le solite frasi stereotipate* | *Un sorriso stereotipato* = non spontaneo, convenzionale.

stereotipo [ste-re-ò-ti-po] *s.m.* Concetto, modo di pensare, di esprimersi o di comportarsi che ripete passivamente un modello fisso e convenzionale Ⓢ luogo comune: *cerca di pensare con la tua testa, anziché parlare per stereotipi!*

sterile [stè-ri-le] *agg.* **1** Incapace di generare, di riprodursi Ⓢ infecondo Ⓒ fertile: *una donna, un uomo sterile*; *i muli sono animali sterili* ◊ Che non dà frutti Ⓢ improduttivo Ⓒ produttivo: *piante sterili*; *un terreno sterile* ◊ ♧ Che non produce alcun risultato Ⓢ infruttuoso, inutile: *un tentativo sterile*; *chiacchiere sterili* **2** Privo di germi Ⓢ sterilizzato: *una siringa, una garza sterile.*

sterilizzare [ste-ri-liz-zà-re] *v.tr.* **1** Rendere sterile, incapace di procreare: *sterilizzare una cagna* **2** Privare dei germi, dei microbi: *sterilizzare il latte*; *gli strumenti chirurgici vengono sterilizzati.*

sterminare [ster-mi-nà-re] *v.tr.* Uccidere, eliminare completamente Ⓢ annientare: *sterminare gli insetti nocivi*; *gli invasori sterminarono la popolazione indigena.*

sterminato [ster-mi-nà-to] *agg.* Immenso, smisurato: *una pianura sterminata*; *un numero sterminato di persone, di cose.*

sterminio [ster-mì-nio] *s.m.* Annientamento, strage totale: *la guerra nucleare porterebbe allo sterminio del genere umano*; *nei campi di sterminio nazisti furono uccise milioni di persone.*

sterno [stèr-no] *s.m.* Osso piatto situato nella parte anteriore del torace.

sternutire vedi **starnutire**.

sternuto vedi **starnuto**.

sterpaglia [ster-pà-glia] *s.f.* Ammasso di sterpi ◊ Terreno ricoperto da sterpi.

sterpo [stèr-po o stér-po] *s.m.* Arbusto spinoso; ramo secco: *raccolsero degli sterpi per accendere un fuoco.*

sterrato [ster-rà-to] *agg. Strada sterrata* = non asfaltata.

sterzare [ster-zà-re] *v.intr.* [aus. *avere*] Azionare lo sterzo per cambiare la direzione di marcia di un veicolo: *l'autista sterzò bruscamente per evitare un passante* ◊ Cambiare direzione (detto di veicolo): *l'auto davanti a noi sterzò improvvisamente a destra.*

sterzo [stèr-zo] *s.m.* Meccanismo che permette di cambiare la direzione di marcia di un veicolo agendo sulle ruote anteriori ◊ Volante di un autoveicolo.

stesso [stés-so] *agg.* **1** Identico, medesimo: *abitano nello stesso palazzo*; *dice sempre le stesse cose* | *Nello stesso tempo, al tempo stesso* = contemporaneamente, insieme: *è coraggioso e nello stesso tempo prudente* ◊ Uguale: *hanno la stessa età* **2** Proprio: *l'ho visto coi miei stessi occhi* ◊ In persona: *il ministro stesso è intervenuto alla manifestazione* ◊ Persino, anche: *i suoi stessi avversari lo rispettano* ◊ (per rafforzare un pronome personale): *pensa solo a se stesso* ♦ *pronome* **1** La medesima persona: *c'erano gli stessi dell'ultima volta* | *Non è più lo stesso* = detto di chi è molto cambiato, spec. dopo una dura esperienza **2** La medesima cosa: *anche a me è successo lo stesso* | *È lo stesso, fa lo stesso* = è indifferente, non ha importanza: *fa come vuoi, per me è lo stesso* **3** *Lo stesso* = ugualmente: *anche se è inutile, lo aiuterò lo stesso.*

stesura [ste-sù-ra] *s.f.* Redazione di uno scritto, di un'opera letteraria: *la stesura di un contratto, di un romanzo.*

stia [stì-a] *s.f.* Gabbia in cui si tengono e trasportano i polli.

stick [parola inglese; pron. *stic*] *s.m.invar.* Prodotto confezionato a forma di piccolo cilindro scorrevole a vite dentro un tubetto: *un deodorante in stick.*

stigmate [stìg-ma-te] o **stimmate** [stìm-ma-te] *s.f.pl.* I segni delle ferite prodotte dai chiodi nei piedi e nelle mani di Cristo crocifisso, riapparsi, secondo la tradizione, anche sul corpo di alcuni santi: *le stigmate di S. Francesco.*

stigmatizzare [stig-ma-tiz-zà-re] *v.tr.* Biasimare, criticare energicamente: *stigmatizzare il comportamento di qualcuno.*

stilare [sti-là-re] *v.tr.* Stendere, scrivere un documento ufficiale nelle forme dovute Ⓢ redigere: *stilare un contratto.*

stile [stì-le] *s.m.* **1** Modo di esprimersi, particolare forma espressiva che caratterizza un autore, un artista, un'opera, un genere: *uno scrittore dallo stile originale*; *lo stile di Raffaello, di Mozart*; *stile tragico, comico, epico, teatrale* ◊ Il complesso di caratteristiche proprie dell'architettura, della pittura, della scultura di un'epoca: *un palazzo di stile barocco*; *una chiesa di stile romanico* **2** Nello sport, modo di giocare, di eseguire un esercizio o una specialità: *un tennista con un buon stile*; *stile di salto in alto*; *nuotare a stile libero* **3** Modo abituale di comportarsi: *è nel suo stile agire così* ◊ Signorilità, eleganza: *è una donna che ha molto stile*; *vestire con stile* **4** Taglio di un abito: *pantaloni di stile inglese* **5** *In grande stile* = fatto con imponenza e larghezza di mezzi: *un'offensiva militare in grande stile*; *un ricevimento in grande stile.*

stilista [sti-lì-sta] *s.m.f.* [pl.m. *–sti*] Chi progetta e cura la linea e i modelli delle collezioni di moda e di altri prodotti.

stilistico [sti-lì-sti-co] *agg.* [pl.m. *–ci*] Dello stile, che riguarda lo stile: *le caratteristiche stilistiche di un'opera.*

stilla [stìl-la] *s.f.* Goccia: *una stilla d'acqua.*

stillare [stil-là-re] *v.tr.* Mandar fuori a goccia a goccia: *stillava sudore da tutti i pori* ♦ *v.intr.* [aus. *essere*] Gocciolare, trasudare: *la resina stilla dai tronchi di pino.*

stillicidio [stil-li-cì-dio] *s.m.* Ripetizione continua, insistente e fastidiosa: *ci assilla con uno stillicidio di richieste.*

stilografica [sti-lo-grà-fi-ca] *s.f.* Penna stilografica: *uso la stilografica solo per la bella.*

stilografico [sti-lo-grà-fi-co] *agg.* [pl.m. *–ci*] *Penna stilografica* = penna dotata di un serbatoio con l'inchiostro | *Inchiostro stilografico* = adatto alle penne stilografiche.

stima [stì-ma] *s.f.* **1** Opinione favorevole, considerazione positiva di una persona e delle sue capacità: *ho molta stima di lui*; *gode della stima generale* **2** Valutazione del valore economico di qualcosa: *fare la stima di una casa*; *il perito ha fatto la stima dei danni* **3** Valutazione soggettiva o approssimativa di grandezze o fenomeni: *fare una stima a occhio di una distanza*; *secondo alcune stime l'evasione fiscale è diminuita.*

stimare [sti-mà-re] *v.tr.* **1** Avere stima di qualcuno, tenerlo in grande considerazione Ⓢ apprezzare Ⓒ disprezzare: *tutti lo stimano* **2** Valutare il valore di qualcosa: *questo quadro è stato stimato duemila euro* ◊ Valutare, calcolare: *stimare a occhio la distanza* ♦ **stimarsi** *v.pr.* Ritenersi, considerarsi: *puoi stimarti fortunato se non ci rimetti dei soldi.*

stimmate vedi **stigmate**.

stimolare [sti-mo-là-re] *v.tr.* **1** Incitare, esortare, spingere: *l'ho stimolato a studiare*; *non farebbe nulla se non fosse stimolato dal bisogno* **2** Eccitare, provocare una reazione o una sensazione dell'organismo: *la passeggiata gli aveva stimolato l'appetito* ◊ Eccitare un sentimento: *quelle parole stimolarono il suo amor proprio.*

stimolo [stì-mo-lo] *s.m.* **1** Incitamento, spinta: *non ha bisogno di stimoli per studiare*; *era mosso dallo stimolo dell'ambizione* **2** Bisogno di soddisfare una necessità fisiologica: *cercò di resistere allo stimolo della fame, della sete* **3** Fattore capace di provocare una reazione fisica o psichica: *stimoli visivi, olfattivi, nervosi.*

stinco [stìn-co] *s.m.* [pl. *–chi*] L'osso e la parte della gamba dal ginocchio alla caviglia: *mi ha tirato un calcio negli stinchi.*

stingere [stìn-ge-re] *v.tr.* [coniugato come *tingere*] Far perdere la tinta Ⓢ scolorire: *il sole ha stinto la tappezzeria* ♦ *v.intr.* [aus. *avere*] e **stingersi** *v.pr.* Perdere il colore: *il blu è una tinta che (si) stinge facilmente.*

stipare [sti-pà-re] *v.tr.* Ammassare una quantità di cose o di persone in uno spazio ristretto: *non stipare così i vestiti nella valigia!* ♦ **stiparsi** *v.pr.* Accalcarsi, pigiarsi: *la folla si stipò nel bus.*

stipato [sti-pà-to] *agg.* Ammassato, stretto in uno spazio limitato: *gli studenti erano stipati nell'aula* ◊ Pieno di gente o di roba Ⓢ zeppo: *lo stadio era stipato di tifosi.*

stipendio [sti-pèn-dio] *s.m.* Retribuzione del lavoro subordinato degli impiegati.

stipite [stì-pi-te] *s.m.* Ciascuno dei due elementi verticali che delimitano lateralmente il vano di una porta o di una finestra.

stipulare [sti-pu-là-re] *v.tr.* Concludere formalmente, redigere per iscritto: *stipulare un accordo, un contratto.*

stiracchiare [sti-rac-chià-re] *v.tr.* e **stiracchiarsi** *v.pr.* Stendere gli arti per sgranchirli: *stiracchiare le gambe*; *smettila di stiracchiarti davanti a tutti!*

stirare [sti-rà-re] *v.tr.* **1** Togliere le pieghe da un tessuto passandovi sopra il ferro da stiro: *stirare la biancheria* **2** *Stirare le braccia, le gambe* = stenderle il più possibile ♦ **stirarsi** *v.pr.* Distendere le membra intorpidite Ⓢ sgranchirsi.

stiro [stì-ro] *s.m.* *Da stiro* = che serve per stirare i panni: *ferro da stiro*; *tavolo da stiro.*

stirpe [stìr-pe] *s.f.* Origine, discendenza di un individuo, di una famiglia: *una famiglia di nobile stirpe.*

stitichezza [sti-ti-chéz-za] *s.f.* Difficoltà nell'evacuare le feci, nell'andare di corpo: *soffrire di stitichezza.*

stitico [stì-ti-co] *agg.* [pl.m. *–ci*] Che soffre di stitichezza.

stiva [stì-va] *s.f.* Locale della nave, situato al di sotto del ponte, nella parte più bassa dello scafo, destinato ad accogliere il carico.

stivale [sti-và-le] *s.m.* Calzatura di cuoio o di gomma che arriva sino al ginocchio o alla coscia.

stivaletto [sti-va-lét-to] *s.m.* Scarpa da uomo, da donna o da bambino che arriva sino al collo del piede.

stivare [sti-và-re] *v.tr.* Caricare e sistemare le merci nella stiva di una nave (o anche su aerei): *stivare il carico.*

stizza [stìz-za] *s.f.* Irritazione acuta ma di breve durata Ⓢ rabbia: *quando seppe che non lo portavamo con noi ebbe un gesto di stizza.*

stizzito [stiz-zì-to] *agg.* Pieno di stizza Ⓢ irritato, indispettito.

stoccafisso [stoc-ca-fis-so] *s.m.* Merluzzo disseccato all'aria aperta.

stoccaggio [stoc-càg-gio] *s.m.* Deposito in un magazzino di scorte di merci e prodotti.

stoccata [stoc-cà-ta] *s.f.* **1** Colpo dato con la punta di un'arma bianca: *lo uccise con una stoccata al cuore* ◊ Nel calcio, tiro forte e preciso verso la porta **2** ♧ Battuta, allusione pungente e sarcastica: *nessuno si salva dalle sue stoccate.*

stock [parola inglese; pron. *stòc*] *s.m.invar.* Quantità di merci Ⓢ partita: *vendere uno stock di pellicce.*

stoffa [stòf-fa] *s.f.* **1** Tessuto: *stoffa di lana, di cotone, di seta*; *stoffa per abiti, per arredamento* **2** ♧ Attitudine, disposizione naturale per una data attività: *avere la stoffa dell'artista, del commerciante* ◊ Qualità, capacità: *quel ragazzo ha della stoffa, farà molta strada.*

stoino [sto-ì-no] o **stuoino** [stuo-ì-no] *s.m.* Zerbino.

stola [stò-la] *s.f.* **1** Striscia di tessuto indossata da vescovi e sacerdoti durante le funzioni religiose **2** Larga striscia di pelliccia portata sulle spalle o intorno al collo.

stolido [stò-li-do] *agg.* Che dimostra scarsa intelligenza e prontezza di mente Ⓢ ottuso, stolto, sciocco.

stolto [stól-to] *agg.* e *s.m.* Che, chi dimostra scarsa intelligenza e capacità di giudizio Ⓢ sciocco, stupido © intelligente, saggio: *quello stolto si è fidato di un imbroglione*; *che idea stolta!*

stomacare [sto-ma-cà-re] *v.tr.* [*stòmaco, stòmachi*] Nauseare, disgustare (anche ♧): *l'odore del pesce mi stomaca*; *mi ha stomacato con la sua ipocrisia.*

stomachevole [sto-ma-ché-vo-le] *agg.* Nauseante, disgustoso.

stomaco [stò-ma-co] *s.m.* [pl. *–chi* o *–ci*] Organo dell'apparato digerente, a forma di sacco, posto tra l'esofago e l'intestino: *un cibo pesante per lo stomaco*; *mal di stomaco* | *A stomaco vuoto, pieno* = senza o dopo aver mangiato | *Avere qualcosa sullo stomaco* = non averlo digerito | ♧ *Quell'individuo mi sta sullo stomaco* = non lo posso sopportare ◊ Pancia, ventre: *prendere un pugno nello stomaco.*

stonare [sto-nà-re] *v.tr.* Eseguire una o più note fuori tono, cantando o suonando: *stonare un acuto, una canzone*; *quel pianoforte stona* ♦ *v.intr.* [aus. *avere*] Non essere in armonia: *quel mobile stona con l'ambiente.*

stonato [sto-nà-to] *agg.* Che stona, non intonato, poco intonato: *un cantante stonato* | *Uno strumento stonato* = male accordato | *Una nota stonata* = eseguita fuori tono; ♧ una cosa inopportuna, fuori luogo.

stop [stòp] *s.m.invar.* **1** Segnale stradale che impone ai veicoli di arrestarsi prima di attraversare l'incrocio con un'altra strada: *fermarsi allo stop* **2** Ciascuno dei fanalini posteriori che negli autoveicoli e nei motoveicoli segnalano la frenata **3** Punto fermo (nelle comunicazioni telegrafiche): *arrivo lunedì ultimo volo Stop Venitemi a prendere* **4** Nel gioco del calcio, arresto al volo del pallone col piede o col petto ♦ *inter.* Alt! Ferma!: *venite avanti... ancora un po'... stop!*

stoppa [stóp-pa] *s.f.* Residuo della lavorazione del lino e della canapa: *una bambola (imbottita) di stoppa.*

stoppare [stop-pà-re] *v.tr.* Fermare, bloccare ◊ Nel calcio, fermare la palla al volo col piede o col petto; nel basket, bloccare un tiro a canestro dell'avversario.

stoppia [stóp-pia] *s.f.* (spec. al *pl.*) I residui degli steli dei cereali che restano sul campo dopo la mietitura: *bruciare le stoppie.*

stoppino [stop-pì-no] *s.m.* Sottile treccia di fibre, usata come lucignolo nelle candele e nelle lampade a petrolio o come miccia dei fuochi d'artificio: *accendere lo stoppino.*

storcere [stòr-ce-re] *v.tr.* [coniugato come *torcere*] Piegare con forza, malamente: *mi ha storto un braccio*; *se sforzi la chiave nella serratura, la storci* | *Storcersi un piede, una caviglia, un polso* = slogarseli | *Storcere la bocca, il naso* = fare una smorfia di disapprovazione, di scontento o di disgusto.

stordimento [stor-di-mén-to] *s.m.* Stato di intontimento.

stordire [stor-dì-re] *v.tr.* [*stordìsco, stordìsci*] Intontire, frastornare: *quel vino mi ha stordito*; *un frastuono che stordisce* ◊ Far perdere i sensi Ⓢ tramortire: *lo stordirono con un colpo in testa.*

storia [stò-ria] *s.f.* **1** Lo svolgimento delle vicende umane nel corso del tempo; lo studio, la ricostruzione e la narrazione di tali vicende: *avvenimenti che hanno cambiato la storia*; *storia antica, medievale, moderna*; *storia d'Italia, d'Europa*; *storia della seconda guerra mondiale* | *Passare alla storia* = essere degno di essere ricordato ◊ Studio ed esposizione di un determinato aspetto della realtà o settore di attività considerato nel suo svolgimento e nella sua evoluzione: *storia delle religioni, dell'economia, della scienza, della tecnica, della filosofia, dell'arte, del cinema, della moda* | *Storia naturale* = lo studio e la descrizione del mondo animale, vegetale e minerale ◊ Materia d'insegnamento scolastico: *professore di storia* **2** Serie di vicende personali: *gli raccontò la storia della sua vita* **3** Narrazione di fatti veri o inventati Ⓢ racconto: *mi ha fatto la storia del suo viaggio*; *una storia di spionaggio* ◊ Favola: *la storia di Cappuccetto Rosso* **4** Faccenda, questione: *non voglio più sentir parlare di questa storia* **5** Fandonia: *quello racconta un sacco di storie* ◊ Scusa, pretesto: *trova sempre qualche storia per non lavorare* ◊ (al *pl.*) Obiezioni, proteste, lamentele: *fai quello che ti dico senza fare tante storie!*

storico [stò-ri-co] *agg.* [pl.m. *–ci*] **1** Della storia: *lo sviluppo storico* ◊ Che ha per oggetto la storia: *ricerche storiche* **2** Realmente esistito o accaduto: *un personaggio storico*; *questi sono fatti storici* **3** Che risale a epoche passate: *un monumento storico*; *il centro storico di una città* **4** Degno di essere ricordato Ⓢ memorabile: *quella fu una giornata storica*; *una decisione storica* ♦ *s.m.* Studioso di storia, scrittore di opere storiche.

storiella [sto-rièl-la] *s.f.* Breve racconto umoristico Ⓢ barzelletta: *mi hanno raccontato una storiella divertente.*

stormire [stor-mì-re] *v.intr.* [*stormìsco, stormìsci*; aus. *avere*] Produrre un fruscio leggero e continuo (detto di foglie e fronde mosse dal vento).

stormo [stór-mo] *s.m.* **1** Gruppo di uccelli o di insetti in volo: *uno stormo di passeri, di cavallette* **2** Unità dell'aeronautica militare, costituita da più gruppi di aerei **3** *Suonare le campane a stormo* = a martello, per richiamare la popolazione in caso di pericoli o anche in segno di festa.

stornello [stor-nèl-lo] *s.m.* Canto popolare in rima: *stornelli toscani, romani.*

storpiare [stor-pià-re] *v.tr.* **1** Rendere storpio, deforme: *l'incidente lo ha storpiato* **2** ♣ Pronunciare male: *storpiare le parole.*

storpio [stòr-pio] *agg.* e *s.m.* Che, chi è deforme, minorato nelle braccia o nelle gambe: *è nato storpio; è rimasto storpio in seguito a una caduta.*

storta [stòr-ta] *s.f.* Distorsione a un arto: *s'è preso una storta alla caviglia, al polso.*

storto [stòr-to] *agg.* **1** Non diritto: *gambe storte* **2** Non ben allineato rispetto a un punto di riferimento: *quel quadro è storto* **3** ♣ Non giusto, sbagliato: *quel ragazzo ha delle idee storte* **4** ♣ Sfavorevole: *oggi per me è una giornata storta* ♦ *avv. Guardare storto qualcuno* = guardarlo con ostilità, con malanimo.

stortura [stor-tù-ra] *s.f.* Cosa sbagliata, illogica, ingiusta.

stoviglia [sto-vì-glia] *s.f.* (spec. al *pl.*) Nome generico dei piatti e del vasellame per la tavola e la cucina: *lavare, asciugare le stoviglie.*

stra– Primo elemento di numerose parole composte nelle quali esprime sia il significato di «fuori, al di là» (*straripare, straordinario*), sia eccesso o misura fuori del normale (*strafare, stravincere*), mentre, premesso a un aggettivo, gli dà valore superlativo (*straricco*).

strabico [strà-bi-co] *agg.* e *s.m.* [pl.m. *–ci*] Che, chi è affetto da strabismo: *una persona strabica; occhi strabici.*

strabiliare [stra-bi-lià-re] *v.tr.* Stupire, sbalordire grandemente: *la notizia ci ha strabiliato* ♦ *v.intr.* [aus. *avere*] Restare sbalordito per la meraviglia: *sono cose da strabiliare.*

strabismo [stra-bì-smo] *s.m.* Difetto della vista per cui uno o ambedue gli occhi non guardano nella stessa direzione, ma deviano verso l'interno o l'esterno.

strabocchevole [stra-boc-ché-vo-le] *agg.* Che è in quantità, in numero enorme: *nella piazza c'era una folla strabocchevole.*

stracarico [stra-cà-ri-co] *agg.* [pl.m. *–chi*] Molto, troppo carico: *un autobus stracarico di passeggeri.*

stracciare [strac-cià-re] *v.tr.* **1** Fare a pezzi, lacerare un oggetto di carta o di stoffa: *stracciare una lettera, un lenzuolo* **2** ♣ Battere nettamente qualcuno in una competizione: *la nostra squadra ha stracciato gli avversari.*

straccio[1] [stràc-cio] *agg.* Da stracciare, da buttar via | *Carta straccia* = da macero.

straccio[2] [stràc-cio] *s.m.* **1** Pezzo di stoffa impiegato in casa per spolverare e pulire: *passare lo straccio sui pavimenti* | ♣ *Ridursi uno straccio* = in pessime condizioni fisiche o morali | ♣ *Sentirsi uno straccio* = sfinito, senza energie **2** (al *pl.*) Indumenti stracciati, logori: *va in giro vestito di stracci.*

straccione [strac-ció-ne] *s.m.* Persona trasandata, vestita con abiti logori e stracciati ◊ Pezzente, miserabile.

stracotto [stra-còt-to] *agg.* Troppo cotto: *questa pasta è stracotta* ♦ *s.m.* Pezzo di carne di manzo cotto a lungo in casseruola con condimenti vari.

strada [strà-da] *s.f.* **1** Striscia di terreno spianata e per lo più lastricata o asfaltata, che serve da via di comunicazione: *costruire, asfaltare una strada; la strada che conduce alla stazione, che unisce due città* | *Strada ferrata* = ferrovia **2** Percorso, tragitto, cammino: *sbagliare, cambiare strada; non conosco la strada per arrivare fin lì; fermarsi a metà strada; il paese è a un'ora di strada da qui* | *Strada facendo* = durante il cammino | *Fare strada a qualcuno* = precederlo per fargli da guida ◊ ♣ Indirizzo, modo di procedere, di comportarsi: *le indagini sono sulla strada giusta; quel ragazzo è su una cattiva strada* | *Essere, mettere fuori strada* = essere, indurre in errore **3** Passaggio, varco: *aprirsi una strada in mezzo alla boscaglia; farsi strada tra la folla* | ♣ *Fare strada* = fare carriera, aver successo nella vita: *quel ragazzo farà molta strada* | ♣ *Farsi strada* = affermarsi, diventare evidente: *la verità a poco a poco si sta facendo strada* **4** ♣ Modo, mezzo, metodo per conseguire un fine: *ho tentato ogni strada per ottenere il suo appoggio.*

stradale [stra-dà-le] *agg.* Della strada, delle strade: *sede stradale; rete stradale; carta stradale* ◊ Che avviene sulle strade: *incidente, circolazione stradale.*

strafare [stra-fà-re] *v.intr.* [coniugato come *fare*; aus. *avere*] Fare più di quanto sia necessario o opportuno: *non voler sempre strafare!*

strafottente [stra-fot-tèn-te] *agg.* e *s.m.f.* Che, chi dimostra un'arrogante noncuranza e mancanza di rispetto degli altri: *avere un tono strafottente; non fare lo strafottente!*

strage [strà-ge] *s.f.* Uccisione o morte violenta di un gran numero di persone o animali: *le truppe fecero una strage nel villaggio*; *strage sull'autostrada provocata dalla nebbia*; *i cacciatori fecero strage di lepri.*

stralciare [stral-cià-re] *v.tr.* Togliere via qualcosa da un insieme: *stralciare un nome da un elenco, un brano da un testo.*

stramazzare [stra-maz-zà-re] *v.intr.* [aus. *essere*] Cadere a terra di colpo, pesantemente: *colpito in pieno petto da una fucilata, stramazzò al suolo.*

strambo [stràm-bo] *agg.* Stravagante, strano, bizzarro: *un tipo strambo, con delle idee strambe.*

strampalato [stram-pa-là-to] *agg.* Stravagante, bislacco, sconclusionato: *un tipo, un discorso strampalato.*

strangolare [stran-go-là-re] *v.tr.* Uccidere qualcuno stringendogli con forza la gola fino a soffocarlo Ⓢ strozzare ◊ Stringere al collo tanto da rendere difficoltoso il respiro: *questo colletto mi strangola.*

straniero [stra-niè-ro] *agg.* Di un altro paese, di uno stato estero: *cittadini, turisti stranieri*; *una lingua straniera* ◊ Di un popolo nemico, invasore: *lottare contro l'occupazione straniera* ♦ *s.m.* **1** Cittadino di un altro paese Ⓢ forestiero: *molti stranieri visitano ogni anno l'Italia* **2** Il nemico, l'invasore: *il popolo insorse contro lo straniero.*

strano [strà-no] *agg.* Che è diverso dal consueto, dal normale, insolito, singolare e che perciò, a seconda dei casi, desta stupore, curiosità, preoccupazione, perplessità, sospetto: *portava uno strano cappello*; *sentì uno strano rumore*; *un tipo strano*; *che strana idea la tua!*; *è strano che non sia ancora arrivato.*

straordinario [stra-or-di-nà-rio] *agg.* **1** Che è fuori dell'ordinario, della consuetudine: *è successo un fatto straordinario*; *spesa straordinaria*; *il giornale è uscito in edizione straordinaria* | *Lavoro straordinario* = fatto oltre l'orario normale **2** Grandissimo, eccezionale: *c'era un numero straordinario di persone*; *il film ha avuto un successo straordinario* ♦ *s.m.* Lavoro straordinario: *fare due ore di straordinario.*

strapazzare [stra-paz-zà-re] *v.tr.* **1** Trattare male qualcuno: *non ha il diritto di strapazzare così i suoi dipendenti* **2** Trattare, usare qualcosa senza riguardo, senza cura Ⓢ sciupare: *strapazzare i libri, un vestito* ◊ Affaticare eccessivamente, rovinare: *strapazzare la salute, gli occhi* ♦ **strapazzarsi** *v.pr.* Sottoporsi a fatiche eccessive e dannose per la salute: *sei ancora debole, non devi strapazzarti.*

strapazzo [stra-pàz-zo] *s.m.* **1** Affaticamento, disagio pesante, eccessivo: *non si è ancora ripreso dagli strapazzi del viaggio* **2** *Da strapazzo* = da poco, di scarso valore: *un pittore, un medico, un giornalista da strapazzo.*

strapieno [stra-piè-no] *agg.* Molto pieno, pieno zeppo: *l'autobus, il cinema era strapieno.*

strapiombo [stra-pióm-bo] *s.m.* Parete rocciosa molto ripida: *in quel punto la montagna forma uno strapiombo* | *A strapiombo* = a picco: *una roccia a strapiombo sul mare.*

strappare [strap-pà-re] *v.tr.* **1** Togliere staccando o portando via con forza: *strappare le erbacce dal sentiero*; *il ladro le strappò la borsetta dal braccio* **2** Stracciare, lacerare: *strappare una lettera*; *ti sei strappato i pantaloni* **3** ♧ Riuscire a ottenere, a carpire qualcosa da qualcuno: *gli ho strappato la promessa di aiutarmi* | *Strappare le lacrime* = far piangere di commozione.

strappo [stràp-po] *s.m.* **1** L'atto di strappar via: *levò il cerotto con uno strappo* ◊ Brusca tirata: *il cavaliere diede uno strappo alle redini per fermare il cavallo* **2** Squarcio, lacerazione: *ti sei fatto uno strappo nei calzoni* | *Strappo muscolare* = lacerazione, stiramento di muscoli **3** ♧ Infrazione, eccezione: *il custode, facendo uno strappo alla regola, ci ha fatto entrare nel museo dopo l'orario di chiusura* **4** ♧ Passaggio in auto o in moto: *mi dai uno strappo fino a casa?*

strapuntino [stra-pun-tì-no] *s.m.* Sedile pieghevole o ribaltabile per usi di emergenza nei mezzi di trasporto pubblici.

straricco [stra-rìc-co] *agg.* [pl.m. *–chi*] Molto ricco: *quella è gente straricca.*

straripamento [stra-ri-pa-mén-to] *s.m.* Fuoruscita delle acque dalle rive, dagli argini: *le forti piogge hanno causato lo straripamento di molti fiumi della zona.*

straripare [stra-ri-pà-re] *v.intr.* [aus. *avere* o *essere*] Traboccare, uscir fuori dalle rive, dagli argini (detto di fiumi): *il Po è (o ha) straripato.*

strascico [strà-sci-co] *s.m.* [pl. *–chi*] **1** *Rete a strascico* = rete molto lunga che viene trascinata sul fondo del mare **2** Parte di abiti da cerimonia o da sera che si prolunga sul dietro strisciando per terra: *un abito da sposa con lo strascico* **3** ♧ Conseguenza negativa, seguito spiacevole: *gli strascichi di una malattia*; *la sconfitta ha lasciato uno strascico di polemiche.*

stratagemma [stra-ta-gèm-ma] *s.m.* [pl. *–mi*] Espediente astuto e ben congegnato per trarre in inganno il nemico, per cavarsi d'impaccio, per raggiungere un fine: *il prigioniero riuscì a fuggire con uno stratagemma.*

stratega [stra-tè-ga] *s.m.* [pl. *–ghi*] Comandante militare molto abile ed esperto di strategia: *Annibale e Napoleone sono stati grandi strateghi.*

strategia [stra-te-gì-a] *s.f.* **1** Branca dell'arte militare che si occupa della conduzione complessiva di una guerra e delle grandi operazioni militari ◊ Modo di impostare e condurre le operazioni militari in una determinata guerra, campagna o battaglia: *la strategia di Napoleone in Italia* **2** ♧ Abilità nel raggiungere uno scopo: *per conquistare quella ragazza ha messo in opera tutta la sua strategia.*

strategico [stra-tè-gi-co] *agg.* [pl.m. *–ci*] Di strategia, riguardante la strategia: *fare un piano strategico* ◊ Che ha un'importanza decisiva per lo svolgimento delle operazioni belliche o per determinare l'esito di un conflitto: *occupare una posizione strategica*; *bombardare un obiettivo strategico*; *riportare una vittoria strategica.*

strato [strà-to] *s.m.* **1** Quantità di materia omogenea distesa in modo più o meno uniforme su una superficie: *sui mobili c'era uno strato di polvere*; *uno strato di vernice*; *uno strato di foglie ricopriva il terreno* **2** In geologia, ciascuna delle fasce di terreno costituite da rocce omogenee e sovrapposte le une alle altre **3** Distesa uniforme di nuvole basse **4** ♧ Categoria, ceto sociale: *gli strati più poveri della popolazione.*

stratosfera [stra-to-sfè-ra] *s.f.* La zona dell'atmosfera terrestre compresa tra i circa 15 e i circa 45 km di quota.

strattonare [strat-to-nà-re] *v.tr.* Dare strattoni a qualcuno: *mi ha strattonato per la giacca.*

strattone [strat-tó-ne] *s.m.* Strappo o altro movimento brusco e violento con cui si cerca di liberarsi di qualcuno o di qualcosa o di tirarlo a sé.

stravagante [stra-va-gàn-te] *agg.* Fuori del comune, strano Ⓢ bizzarro, originale, eccentrico: *veste in modo stravagante*; *gli artisti sono tutti un po' stravaganti.*

stravecchio [stra-vèc-chio] *agg.* Molto vecchio ◊ Invecchiato, stagionato a lungo: *vino stravecchio*; *grana stravecchio.*

stravincere [stra-vìn-ce-re] *v.tr.* e *v.intr.* [coniugato come *vincere*; aus. *avere*] Vincere nettamente: *abbiamo stravinto.*

stravizio [stra-vì-zio] *s.m.* Eccesso, sregolatezza nel bere, nel mangiare, nei piaceri sessuali.

stravolgere [stra-vòl-ge-re] *v.tr.* [coniugato come *volgere*] **1** Deviare dalla direzione normale | *L'ira, il dolore gli stravolgeva il viso, i lineamenti* = li alterava e deformava | ♧ *Stravolgere la mente* = sconvolgerla **2** ♧ Alterare, interpretare male Ⓢ distorcere, travisare: *stravolgere il senso di una frase, le parole di qualcuno.*

stravolto [stra-vòl-to] *agg.* Sconvolto, profondamente alterato o turbato: *era stravolto in viso*; *occhi stravolti*; *la sua mente era stravolta dal dolore.*

straziante [stra-ziàn-te] *agg.* Che provoca o esprime una grande sofferenza fisica o morale: *un dolore straziante*; *il ferito mandava grida strazianti*; *una scena straziante.*

straziare [stra-zià-re] *v.tr.* **1** Ferire, mutilare, dilaniare atrocemente: *la bomba ha straziato i corpi delle vittime* **2** Affliggere con atroci dolori e tormenti fisici o morali: *la malattia lo straziava giorno e notte*; *una scena che strazia il cuore*; *era straziato dai rimorsi.*

strazio [strà-zio] *s.m.* Atroce dolore e tormento, fisico o morale: *non ha retto allo strazio delle torture*; *che strazio per dei genitori perdere un figlio così giovane!* ◊ ♧ Penosa impressione, noia e fastidio molto forte: *che strazio sentirlo cantare!*; *che strazio quella festa!*

strega [stré-ga] *s.f.* **1** Donna che, secondo credenze popolari del passato, era dotata di poteri malefici che le derivavano dai suoi rapporti col demonio: *nel medioevo molte donne, accusate di essere streghe, furono bruciate sul rogo* ◊ Nelle favole, maga malvagia e bruttissima **2** ♧ Donna perfida e maligna ◊ Donna molto brutta e vecchia.

stregare [stre-gà-re] *v.tr.* [*strégo, stréghi*] **1** Sottoporre a malefici, a incantesimi: *la maga stregò il principe con un sortilegio*; *un castello stregato* **2** ♧ Sedurre, ammaliare: *quella donna lo ha stregato con la sua bellezza.*

stregone [stre-gó-ne] *s.m.* Presso molti popoli primitivi, individuo dotato di facoltà considerate soprannaturali, che svolge funzioni di indovino e guaritore.

stregoneria [stre-go-ne-rì-a] *s.f.* L'attività di chi pratica la magia e compie malefici: *essere accusato di stregoneria* ◊ Maleficio, incantesimo: *fare una stregoneria.*

stremare [stre-mà-re] *v.tr.* Ridurre all'estremo delle forze Ⓢ sfinire, spossare: *la lunga malattia lo ha stremato*; *un caldo che strema.*

stremo [strè-mo] *s.m.* L'estremo limite delle forze: *i naufraghi erano allo stremo.*

strenna [strèn-na] *s.f.* Dono che si fa in occasione delle più importanti festività dell'anno: *strenne di Natale.*

strenuo [strè-nuo] *agg.* Valoroso e tenace: *opporre una strenua resistenza al nemico.*

strepitare [stre-pi-tà-re] *v.intr.* [aus. *avere*] Fare strepito, fracasso: *il treno passò strepitando* ◊ Strillare, gridare, urlare: *cosa avete da strepitare in quel modo?*

strepito [strè-pi-to] *s.m.* Rumore molto forte, continuato e confuso Ⓢ frastuono, chiasso, baccano: *lo strepito del treno*; *lo strepito di bambini che giocano, di gente che urla.*

strepitoso [stre-pi-tó-so] *agg.* **1** Molto rumoroso Ⓢ fragoroso: *fu accolto da applausi strepitosi* **2** ♧ Clamoroso, eccezionale: *una vittoria strepitosa*; *successo strepitoso.*

stress [parola inglese; pron. *strès*] *s.m.invar.* Tensione nervosa, logorio psico-fisico: *non devi sottoporti a questi stress*; *una vita piena di stress.*

stressante [stres-sàn-te] *agg.* Che provoca stress Ⓢ logorante Ⓒ rilassante.

stressare [stres-sà-re] *v.tr.* Sottoporre a stress; logorare.

stretta [strét-ta] *s.f.* **1** Atto dello stringere o del venire stretto: *si salutarono con una stretta di mano*; *si liberò dalla stretta dell'abbraccio* | *La stretta della folla* = la calca | ♧ *Sentire una stretta al cuore, allo stomaco, alla gola* = un dolore o un senso di oppressione acuto causati da un improvviso turbamento **2** ♧ Fase conclusiva, risolutiva: *la trattativa è alla stretta finale* **3** ♧ (spec. al *pl.*) Situazione molto difficile, senza via d'uscita: *messo alle strette, ha finito per confessare.*

strettamente [stret-ta-mén-te] *avv.* **1** Stringendo forte, in modo stretto: *legare strettamente un pacco*; *camminavano strettamente abbracciati* **2** ♧ Rigorosamente: *il prigioniero era strettamente sorvegliato* ◊ Esclusivamente: *limitarsi alle spese strettamente necessarie.*

stretto[1] [strét-to] *agg.* **1** Che ha una larghezza o un'ampiezza molto limitata: *una strada, una vallata stretta* ◊ Detto di indumento, molto attillato o che stringe il corpo perché di taglia inferiore al giusto: *quest'anno è di moda la gonna stretta*; *questo vestito mi è stretto* **2** Premuto, serrato con forza: *si teneva il bimbo stretto al petto*; *fare un nodo stretto* **3** Molto vicino, accostato: *camminavano stretti l'uno all'altra*; *tenersi stretto al muro* ◊ ♧ Intimo: *un'amicizia molto stretta*; *è un mio stretto collaboratore* | *Parente stretto* = prossimo **4** ♧ Molto rigoroso: *era sottoposto a una stretta sorveglianza* | *Senso, significato stretto di una parola* = quello letterale, originario | *Parlare in stretto dialetto* = in puro dialetto | *Lo stretto necessario, lo stretto indispensabile* = soltanto il necessario, l'indispensabile.

stretto[2] [strét-to] *s.m.* Braccio di mare che separa due terre vicine e mette in comunicazione due mari: *lo stretto di Messina, di Gibilterra.*

strettoia [stret-tó-ia] *s.f.* Punto in cui una strada si restringe.

stria [strì-a] *s.f.* Riga, striscia sottile su un fondo di colore diverso: *le strie lasciate sulle foglie dalle lumache*; *la stria di una nube nel cielo.*

striato [stri-à-to] *agg.* Segnato, cosparso di strie: *marmo striato di rosa*; *un gatto dal pelo striato.*

stridere [strì-de-re] *v.intr.* [pass.rem. *stridéi* o *stridètti, stridésti*; non usato nei tempi composti] **1** Mandare, emettere un suono acuto e aspro, per lo più sgradevole: *la porta strideva sui cardini arrugginiti*; *stridono le cicale, i gabbiani* **2** ♧ Essere in contrasto, non in armonia: *i colori di quella stanza stridono tra loro.*

stridulo [strì-du-lo] *agg.* Che ha un suono acuto e aspro: *una voce stridula*; *il canto stridulo delle cicale.*

striglia [strì-glia] *s.f.* Specie di spazzola a lamine dentate, che si usa per pulire il pelo di cavalli, muli e asini.

strigliare [stri-glià-re] *v.tr.* **1** Pulire con la striglia: *strigliare il cavallo* **2** ♧ Sgridare duramente: *ci penso io a strigliare per bene quel ragazzo quando torna a casa.*

strillare [stril-là-re] *v.intr.* [aus. *avere*] Gridare forte, con voce molto acuta: *il bambino si mise a strillare* ◊ Parlare a voce molto alta: *smettetela di strillare, svegliate tutti!*

strillo [strìl-lo] *s.m.* Grido, urlo molto acuto.

striminzito [stri-min-zì-to] *agg.* Stretto e misero: *il vecchio indossava un cappotto striminzito.*

strimpellare [strim-pel-là-re] *v.tr.* Suonare malamente o alla meglio, da dilettante, uno strumento a corda: *strimpellare la chitarra, il pianoforte.*

stringa [strìn-ga] *s.f.* Cordoncino, nastro per allacciare scarpe, busti o altri capi di vestiario.

stringato [strin-gà-to] *agg.* Breve, conciso ed essenziale: *un discorso, un riassunto stringato.*

stringere [strìn-ge-re] *v.tr.* [pres. *strìngo, strìngi*; pass.rem. *strìnsi, stringésti*; part.pass. *strétto*] **1** Avvicinare tra loro due o più cose o parti di una stessa cosa in modo che siano serrate o che serrino maggiormente Ⓒ allargare: *stringere le* *tenaglie; stringere un nodo, un laccio, la cintura; stringere le gambe, le labbra, il pugno* | *Stringere una vite, un bullone* = avvitarli più stretti | ♧ *Stringere i denti* = fare ricorso a tutte le proprie forze e capacità di resistenza **2** Premere, serrare: *stringere la mano a qualcuno; il pianto gli stringeva la gola* | ♧ *Stringere il cuore* = fare grande pena e compassione: *una scena che stringe il cuore* ◊ Impugnare: *stringeva tra le mani una pistola* ◊ Premere contro di sé, tenere stretto a sé: *lo strinse tra le braccia; si stringeva il bimbo al petto* **3** *Stringere d'assedio una città, una fortezza* = assediarla **4** Comprimere in modo eccessivo: *queste scarpe mi stringono (il piede)* **5** Ridurre le misure di un indumento: *stringere un vestito alla vita* ◊ ♧ Ridurre ai punti essenziali, sintetizzare: *cerca di stringere il discorso; è già un'ora che parli, stringi!* | *Stringi, stringi* = in conclusione, in sostanza ◊ ♧ *Stringere i tempi* = affrettare, accelerare il compimento di qualcosa: *siamo in ritardo, bisogna stringere i tempi* **6** ♧ Concludere, stipulare © rompere: *stringere un patto, un'alleanza* | *Stringere amicizia* = diventare amici ♦ *v.intr.* [aus. *avere*] Urgere, premere, incalzare: *dobbiamo sbrigarci, il tempo stringe* ♦ **stringersi** *v.pr.* **1** Accostarsi molto a qualcosa o a qualcuno: *stringersi al muro; il bambino si strinse alla madre* ◊ Serrarsi di più l'un l'altro: *se vi stringete c'è posto anche per me* **2** Diventare più stretto Ⓢ restringersi: *dopo la curva la strada si stringe* **3** *Stringersi nelle spalle* = contrarle in segno di indifferenza o per significare che non si può fare nulla.

strip-tease [parola inglese; pron. *striptìs*] *s.m. invar.* Spogliarello.

striscia [strì-scia] *s.f.* **1** Pezzo lungo e stretto di materiale vario: *una striscia di carta, di tela, di gomma; tagliare qualcosa a strisce* **2** Segno, traccia o porzione di spazio lunga e stretta: *una maglietta a strisce bianche e rosse; l'aereo lasciava dietro di sé una striscia biancastra; una striscia di cielo azzurro; una striscia di terra coltivata* | *Strisce (pedonali)* = passaggio pedonale delimitato sulla strada da una serie di strisce bianche parallele.

strisciare [stri-scià-re] *v.intr.* [aus. *avere*] **1** Muoversi su una superficie aderendovi col corpo, sfiorandola o sfregandola: *i rettili strisciano; i soldati strisciavano sul terreno per non esporsi al fuoco nemico* **2** Sfregare contro qualcosa: *ha strisciato contro il muro con il parafango* ♦ *v.tr.* Muovere qualcosa senza sollevarlo da terra: *strisciava i piedi sul pavimento.*

striscio [strì-scio] *s.m.* **1** Segno fatto strisciando, sfregando: *ha trovato uno striscio sulla carrozzeria dell'automobile* **2** *Di striscio* = toccando appena, sfiorando, sfregando: *colpire, urtare, ferire di striscio* | *Ferita di striscio* = superficiale.

striscione [stri-sció-ne] *s.m.* Grossa striscia di tela o di altro materiale pieghevole, con scritte e disegni, che viene appesa sopra strade, in piazze o viene innalzata in manifestazioni e cortei: *striscioni pubblicitari, di propaganda; lo striscione d'arrivo di una corsa.*

stritolare [stri-to-là-re] *v.tr.* Ridurre in pezzi piccolissimi Ⓢ maciullare: *una macchina che stritola i sassi; gli ingranaggi gli stritolarono il braccio.*

strizzare [striz-zà-re] *v.tr.* Stringere con forza qualcosa per farne uscire il liquido che contiene: *strizzare i panni, un limone* | ♧ *Strizzare l'occhio* = fare l'occhiolino, ammiccare in segno di intesa socchiudendo un occhio.

strofa [strò-fa] o **strofe** [strò-fe] *s.f.* Ciascuno dei gruppi di due o più versi, caratterizzati da un certo ordine di rime, in cui è suddiviso un componimento poetico.

strofinaccio [stro-fi-nàc-cio] *s.m.* Straccio, panno per pulire, spolverare, lucidare strofinando.

strofinare [stro-fi-nà-re] *v.tr.* Passare ripetutamente qualcosa sopra una superficie, spec. per pulirla, lucidarla o asciugarla Ⓢ fregare: *strofinare il pavimento, i mobili.*

stroncare [stron-cà-re] *v.tr.* [*strónco, strónchi*] **1** Troncare con violenza, spezzare (anche ♧): *la bufera ha stroncato molti alberi; la sua vita fu stroncata da un incidente* **2** ♧ Far cessare, reprimere in modo rapido e deciso: *l'aspirina gli ha stroncato la febbre; stroncare una rivolta* **3** ♧ Demolire con una critica totalmente negativa: *un romanzo, un film stroncato dai critici.*

stronzo [strón-zo] *s.m.* **1** Escremento solido di forma cilindrica **2** ♧ Nel linguaggio volgare e in senso spregiativo, persona odiosa, sleale o stupida.

stropicciare [stro-pic-cià-re] *v.tr.* **1** Sfregare, strofinare con una certa forza: *si stropicciò le mani dalla soddisfazione; si stropicciava gli occhi per il sonno* **2** Spiegazzare, sgualcire: *hai stropicciato tutto il vestito!*

strozzare [stroz-zà-re] *v.tr.* **1** Uccidere qualcuno stringendogli con forza la gola fino a soffocarlo Ⓢ strangolare **2** Stringere al collo tanto da render difficoltoso il respiro: *questa cravatta mi strozza* ♦ **strozzarsi** *v.pr.* **1** Strangolarsi **2** Rimanere soffocato da un boccone di cibo: *mangia piano o finirai per strozzarti.*

strozzatura [stroz-za-tù-ra] *s.f.* Punto in cui una conduttura, un recipiente, una strada ecc. si restringe notevolmente.

strozzino [stroz-zì-no] *s.m.* Chi presta denaro a un interesse molto alto Ⓢ usuraio.

struggente [strug-gèn-te] *agg.* Che consuma, tormenta l'animo: *provava una nostalgia struggente dei suoi cari.*

strumentalizzare [stru-men-ta-liz-zà-re] *v.tr.* Usare, sfruttare qualcosa o qualcuno come strumento per i propri scopi: *strumentalizzare una vicenda a fini politici.*

strumentazione [stru-men-ta-zió-ne] *s.f.* L'insieme degli strumenti di controllo di cui è dotato un veicolo, un macchinario, un impianto: *la strumentazione di bordo di un aereo.*

strumento [stru-mén-to] *s.m.* **1** Arnese, congegno, apparecchio che serve per svolgere una determinata attività o compiere determinate operazioni: *gli strumenti del fabbro, del chirurgo*; *strumenti di misurazione* | *Strumenti di bordo* = quelli necessari per la navigazione e il controllo del funzionamento di aerei, navi e simili | *Strumenti (musicali)* = quelli capaci di produrre suoni musicali: *strumenti a fiato, a corda, a percussione* **2** ♧ Mezzo per raggiungere un dato fine: *il potere è uno strumento di dominio*; *credeva ciecamente in lui e divenne uno strumento nelle sue mani.*

strusciare [stru-scià-re] *v.tr.* e *v.intr.* [aus. *avere*] Sfregare, strofinare, urtare di striscio: *strusciare i piedi per terra*; *strusciare (con) il parafango contro il muro.*

strutto [strùt-to] *s.m.* Grasso per friggere che si ricava facendo fondere le parti grasse del maiale.

struttura [strut-tù-ra] *s.f.* **1** Insieme organico di elementi tra loro collegati e interdipendenti: *lo stato è una struttura complessa* ◊ Modo in cui tali elementi sono disposti e organizzati in un determinato insieme: *studiare la struttura del corpo umano*; *la struttura di una roccia, dell'atomo*; *la struttura di un romanzo, di un film* **2** L'insieme degli elementi che costituiscono l'ossatura di qualcosa: *la struttura di un edificio, di un ponte, di un aereo* **3** Area, edificio, impianto o complesso di aree, locali, edifici, impianti ecc. attrezzati per svolgere particolari attività: *qui sorgerà una struttura scolastica, ospedaliera*; *una zona in cui mancano le strutture sportive.*

struzzo [strùz-zo] *s.m.* Uccello africano, il più grande degli uccelli viventi; ha un lungo collo e lunghe zampe robuste, non è in grado di volare ma è un velocissimo corridore.

stuccare [stuc-cà-re] *v.tr.* [*stùcco, stùcchi*] Ricoprire, riempire, fissare con lo stucco: *stuccare un buco, un vetro.*

stucchevole [stuc-ché-vo-le] *agg.* Che nausea, stanca, annoia, disgusta: *un cibo stucchevole*; *discorsi stucchevoli.*

stucco [stùc-co] *s.m.* [pl. *–chi*] **1** Materiale pastoso a base di gesso, calce e altre sostanze, usato per rivestire e rifinire superfici, tappare buchi e screpolature, fare decorazioni, cornici ecc. | ♧ *Rimanere di stucco* = restare sbalordito, stupefatto **2** Decorazione fatta con lo stucco: *un salone con il soffitto decorato con stucchi.*

studente [stu-dèn-te] *s.m.* [f. *–essa*] Giovane che frequenta un corso di studi, una scuola secondaria o un'università: *uno studente liceale*; *una studentessa di architettura.*

studentesco [stu-den-té-sco] *agg.* [pl.m. *–schi*] Degli studenti: *vita studentesca*; *movimento studentesco.*

studiare [stu-dià-re] *v.tr.* **1** Applicarsi con metodo per imparare o conoscere più a fondo una disciplina, un'arte, un argomento: *studiare una lingua straniera, la geografia, la musica*; *studiare un teorema, una poesia a memoria* **2** Esaminare, indagare, osservare attentamente: *studiare una questione*; *studiare le cause di un fenomeno*; *studiare l'avversario, le sue mosse* ◊ Cercare, escogitare: *studiare un sistema per guadagnare di più* ♦ *v.intr.* [aus. *avere*] Applicarsi nello studio: *studia giorno e notte*; *non ha voglia di studiare* ◊ Seguire un regolare corso di studi: *studia al liceo, all'università*; *ha dovuto smettere di studiare.*

studiato [stu-dià-to] *agg.* Ricercato, non spontaneo: *il suo era un contegno studiato*; *rispose con studiata indifferenza.*

studio [stù-dio] *s.m.* **1** Applicazione della mente allo scopo di imparare, conoscere qualcosa: *dedica molto tempo allo studio*; *lo studio della storia, della musica* **2** (al *pl.*) L'attività di chi segue dei corsi regolari d'istruzione: *finire, interrompere gli studi* ◊ Organizzazione, struttura scolastica: *la riforma degli studi superiori* **3** Indagine, ricerca: *una scoperta che è frutto di lunghi studi*; *fare degli studi su Dante* **4** Progetto, spec. per una costruzione: *lo studio per una nuova autostrada* **5** Stanza destinata allo studio, alla lettura, al lavoro intellettuale: *passa molte ore nel suo studio* ◊ Stanza o insieme di stanze in cui un professionista o un artista svolgono la loro attività: *il medico riceve nel suo studio*; *studio legale, del dentista, fotografico, di pittore* ◊ Insieme di ambienti attrezzati per realizzare trasmissioni radiotelevisive o riprese cinematografiche: *trasmettiamo dagli studi di Milano*; *un film girato negli studi di Cinecittà.*

studioso [stu-dió-so] *agg.* Che studia con diligenza e buona volontà: *un'alunna studiosa* ♦ *s.m.* Persona che si dedica allo studio di un particolare settore o argomento: *uno studioso di storia dell'arte.*

stufa [stù-fa] *s.f.* Apparecchio per il riscaldamento di ambienti domestici: *accendere la stufa*; *stufa a legna, a carbone, a gas, elettrica.*

stufare [stu-fà-re] *v.tr.* Stancare, annoiare, seccare, infastidire: *ci sta stufando con le sue lamentele* ♦ **stufarsi** *v.pr.* Stancarsi, annoiarsi: *mi sono stufato di ascoltarti.*

stufato [stu-fà-to] *s.m.* Carne cotta a lungo, in una pentola ben chiusa, con vari condimenti: *stufato di manzo.*

stufo [stù-fo] *agg.* Stanco, annoiato: *sono stufo di questa vita*; *se sei stufo di me, dimmelo chiaramente.*

stuoia [stuò-ia] *s.f.* Tessuto di materiali vegetali intrecciati, usato come tappeto, riparo, rivestimento, tettoia ecc.: *una stuoia di canne, di giunchi, di paglia.*

stuoino vedi **stoino**.

stuolo [stuò-lo] *s.m.* Moltitudine, schiera, gran numero: *il cantante era seguito da uno stuolo di ammiratori.*

stupefacente [stu-pe-fa-cèn-te] *agg.* Sbalorditivo, sorprendente ♦ *agg.* e *s.m.* Detto di sostanza che agisce sul sistema nervoso provocando uno stato di torpore o di eccitazione e il cui uso prolungato produce assuefazione e gravi danni psichici e fisici: *l'oppio, la morfina, l'eroina e la cocaina sono (sostanze) stupefacenti.*

stupefare [stu-pe-fà-re] *v.tr.* [coniugato come *fare*] Riempire di stupore Ⓢ stupire, meravigliare.

stupefatto [stu-pe-fàt-to] *agg.* Pieno di stupore Ⓢ sbalordito.

stupendo [stu-pèn-do] *agg.* Meraviglioso, bellissimo, splendido: *una donna stupenda*; *una giornata stupenda.*

stupidaggine [stu-pi-dàg-gi-ne] *s.f.* **1** Stupidità ◊ Atto, comportamento, discorso stupido Ⓢ sciocchezza: *non dire stupidaggini!* **2** Cosa da niente Ⓢ inezia: *non ti preoccupare, si tratta di una stupidaggine.*

stupidità [stu-pi-di-tà] *s.f.* L'essere stupido: *una persona, un discorso di una stupidità incredibile.*

stupido [stù-pi-do] *agg.* Che ha o dimostra scarsa intelligenza Ⓢ sciocco, imbecille Ⓒ intelligente: *una persona stupida*; *sei stato stupido a fidarti*; *uno scherzo stupido* ♦ *s.m.* Persona sciocca: *si è comportato da stupido*; *non fare lo stupido!*

stupire [stu-pì-re] *v.tr.* [*stupìsco, stupìsci*] Riempire di stupore Ⓢ meravigliare: *stupì tutti col suo coraggio*; *il suo ritardo mi stupisce* ♦ *v.intr.* [aus. *essere*] e **stupirsi** *v.pr.* Restare sorpreso Ⓢ meravigliarsi: *tutti stupirono a quel gesto*; *ormai non mi stupisco più di nulla.*

stupito [stu-pì-to] *agg.* Pieno di stupore Ⓢ meravigliato: *mi sembri stupito della notizia.*

stupore [stu-pó-re] *s.m.* Grande meraviglia e sorpresa, che lascia attoniti: *la notizia ci riempie di stupore*; *non si è ancora ripreso dallo stupore.*

stuprare [stu-prà-re] *v.tr.* Violentare sessualmente una donna.

stupro [stù-pro] *s.m.* Atto sessuale imposto con la violenza Ⓢ violenza carnale.

sturare [stu-rà-re] *v.tr.* Togliere il tappo a un recipiente Ⓢ stappare: *sturare una bottiglia di vino* ◊ Liberare una conduttura da ciò che la ostruisce: *sturare il lavandino.*

stuzzicadenti [stuz-zi-ca-dèn-ti] *s.m.invar.* Stecchino di legno o di altro materiale che si usa per togliere i frammenti di cibo rimasti tra i denti.

stuzzicare [stuz-zi-cà-re] *v.tr.* [*stùzzico, stùzzichi*] **1** Toccare, frugare qua e là, spec. con un oggetto appuntito: *stuzzicarsi i denti* ◊ Toccare con insistenza, irritando: *non stuzzicare quella ferita, se no si riapre!* **2** ♧ Molestare, punzecchiare in modo da irritare: *è sempre lì a stuzzicare la sorella* **3** ♧ Stimolare, eccitare: *quel profumo mi ha stuzzicato l'appetito*; *stuzzicare la curiosità.*

su *avv.* **1** In alto, verso l'alto: *appendi il quadro più su*; *guardare su* ◊ Al piano superiore: *è salito su dalla nonna* ◊ *Su e giù* = avanti e indietro | *In su* = salendo verso valori più alti: *dagli otto anni in su*; *dai mille euro in su* **2** Sopra: *appoggialo lì su* ◊ Addosso, indosso: *mettiti su un maglione* **3** Si usa per esprimere un'esortazione, un comando e simili: *su con la vita!*; *su, sbrigatevi!*; *parla, su!* ♦ *prep.* [unita agli articoli determinativi forma le prep. articolate *sul, sullo, sulla, sui, sugli, sulle*] **1** Sopra (anche ♧): *la bottiglia è sul tavolo*; *salire su una montagna*; *un dipinto su tela*; *dominare su un territorio*; *vegliare sui figli* ◊ Verso, contro: *le finestre guardano sulla strada*; *sparare sulla folla* **2** Intorno a, a proposito di (un argomento): *hanno discusso sulla situazione*; *vorrei il tuo parere su quella questione* **3** Intorno a, circa, verso (per esprimere una determinazione approssimativa di tempo): *ci vedremo sul tardi*; *il film durerà sulle tre ore* | *Sull'istante, sul momento, sui due piedi* = immediatamente, lì per lì ◊ Intorno a, circa (per esprimere un valore approssimativo di età, di peso e misura o di prezzo): *un uomo sui trent'anni*; *pesa sui cinquanta chili*; *costa sui duemila euro* **4** Esprime modo o maniera: *parlare sul serio*; *abito su misura*.

Quando *su* come preposizione precede un pronome personale è sempre seguito dalla preposizione *di*: *ha un vantaggio su di me*.

sub *s.m.f.invar.* Subacqueo, sommozzatore.

sub– Prefisso di parole composte in cui ha il significato di «sotto», «che sta sotto» (*subacqueo, subcosciente*) o indica per lo più inferiorità, dipendenza (*subalterno, subordinare*).

subacqueo [su-bàc-que-o] *agg.* Che sta, si svolge, opera sott'acqua: *cavo subacqueo*; *caccia subacquea*; *fucile, pescatore subacqueo* ♦ *s.m.* Chi effettua immersioni sott'acqua Ⓢ sommozzatore.

subalterno [su-bal-tèr-no] *agg.* e *s.m.* Che, chi è subordinato ad altri in un'organizzazione gerarchica: *un impiegato subalterno*; *un direttore rispettato dai suoi subalterni*.

subbuglio [sub-bù-glio] *s.m.* Agitazione, scompiglio, trambusto: *tutto il paese era in subbuglio per l'arrivo dell'illustre ospite*.

subdolo [sùb-do-lo] *agg.* Che mira a ingannare con false apparenze, che nasconde un inganno: *un uomo subdolo*; *ha un animo subdolo*; *una domanda subdola*.

subentrare [su-ben-trà-re] *v.intr.* [aus. *essere*] Entrare al posto di un altro, sostituendolo o succedendogli: *il figlio è subentrato al padre nella gestione dell'azienda* ◊ ♧ Succedere a qualcos'altro: *all'entusiasmo subentrò presto la delusione*.

subire [su-bì-re] *v.tr.* [*subìsco, subìsci*] Sopportare, ricevere, essere sottoposto a qualcosa di negativo o comunque di non piacevole: *subire un torto, un'offesa*; *subire una sconfitta, una condanna*; *la casa ha subito gravi danni nell'incendio*; *subire un interrogatorio*.

subissare [su-bis-sà-re] *v.tr.* Sommergere, colmare: *fu subissato dagli applausi, dai fischi*; *a Natale lo hanno subissato di doni*.

subitaneo [su-bi-tà-ne-o] *agg.* Repentino, improvviso.

subito [sù-bi-to] *avv.* Immediatamente, senza indugiare: *se n'è accorto subito*; *vengo subito* ◊ In brevissimo tempo: *con questo caldo la biancheria asciuga subito*.

sublime [su-blì-me] *agg.* Che si eleva al più alto livello spirituale e artistico Ⓢ eccelso: *l'arte sublime di Raffaello*; *una musica sublime*.

subnormale [sub-nor-mà-le] *agg.* e *s.m.f.* Detto di individuo la cui intelligenza è al di sotto della norma.

subodorare [su-bo-do-rà-re] *v.tr.* Intuire, presentire qualcosa di dannoso, di nascosto, di non ancora evidente: *subodorare un inganno, un tranello, un pericolo*.

subordinare [su-bor-di-nà-re] *v.tr.* Far dipendere una cosa da un'altra: *ha subordinato l'accettazione dell'incarico all'accoglimento delle sue richieste* ◊ Porre in second'ordine una cosa rispetto a un'altra: *subordinare gli interessi privati a quelli della collettività*.

subordinato [su-bor-di-nà-to] *agg.* e *s.m.* Dipendente, subalterno: *lavoro subordinato*; *tratta bene i suoi subordinati*.

subtropicale [sub-tro-pi-cà-le] *agg.* Che si trova vicino ai tropici: *regioni subtropicali* ◊ Caratteristico di questa zona: *clima subtropicale*; *fauna, flora subtropicale*.

suburbio [su-bùr-bio] *s.m.* Sobborgo, zona periferica di una grande città.

succedere [suc-cè-de-re] *v.intr.* [pass.rem. *succèssi* o *succedéi* o *succedètti, succedésti*; part. pass. *succèsso* nel significato 1 o *succedùto* nei significati 2 e 3; aus. *essere*] **1** Accadere, avvenire, verificarsi: *cosa ti è successo?*; *se succede una disgrazia non è colpa mia* **2** Subentrare a un altro, prenderne il posto: *il direttore si è dimesso e non si sa chi gli succederà* **3** Venir dopo qualcosa d'altro Ⓢ seguire: *al lampo succede il tuono* ♦ **succedersi** *v.pr.* Susseguirsi, venire uno dopo l'altro: *gli interventi si succedevano senza interruzione*.

successione [suc-ces-sió-ne] *s.f.* Il susseguirsi nel tempo di avvenimenti e fenomeni: *tutti furono stupiti dalla rapida successione degli avvenimenti*; *la successione dei giorni, delle stagioni* ◊ Serie di elementi che vengono uno di seguito all'altro: *una successione di immagini*; *la linea è una successione di punti*.

successivo [suc-ces-sì-vo] *agg.* Che viene subito dopo nel tempo o nello spazio Ⓢ seguente: *partì il giorno successivo*; *scese dal tram alla fermata successiva*.

successo [suc-cès-so] *s.m.* Esito favorevole, buona riuscita; affermazione, vittoria Ⓒ insuccesso, sconfitta: *contribuire al successo di una spedizione*; *riportare un successo elettorale* ◊ Accoglienza, giudizio favorevole; apprezzamento, gradimento generale: *un film che ha avuto un grande successo*; *una trasmissione, una canzone di successo* ◊ Notorietà, fama: *un giovane attore che ha raggiunto il successo in poco tempo.*

successore [suc-ces-só-re] *s.m.* [raro il f. *succeditrice*] Chi succede a un altro, ne prende il posto: *i successori di Carlo Magno*; *si è dimesso senza nominare un successore.*

succhiare [suc-chià-re] *v.tr.* **1** Far entrare nella propria bocca un liquido aspirandolo a labbra strette: *succhiare il latte dal biberon* ◊ Tenere in bocca qualcosa per aspirarne il liquido che contiene o per farla sciogliere lentamente: *il bambino succhia il capezzolo, il biberon*; *succhiare una caramella* **2** Assorbire: *le radici delle piante succhiano l'acqua dal terreno.*

succhiello [suc-chièl-lo] *s.m.* Utensile per praticare manualmente fori nel legno, costituito da un'asticella d'acciaio con punta a spirale fissata a un'impugnatura.

succhiotto [suc-chiòt-to] *s.m.* Tettarella di gomma non bucata che si dà da succhiare ai lattanti per tenerli calmi o farli addormentare più facilmente.

succinto [suc-cìn-to] *agg.* **1** Detto di indumento molto ridotto, che lascia scoperta gran parte del corpo: *un costume da bagno succinto* **2** ♧ Molto breve, conciso, sintetico: *un discorso succinto.*

succo [sùc-co] *s.m.* [pl. *–chi*] **1** Il liquido contenuto in frutti e ortaggi e la bibita che se ne ricava spremendoli: *il succo del limone è acido*; *bere un succo d'arancia, di pomodoro* **2** Liquido prodotto da alcune ghiandole dell'organismo: *succo gastrico* **3** ♧ Sostanza, essenza: *questo è il succo del discorso, della faccenda.*

succoso [suc-có-so] *agg.* Ricco di succo: *un frutto succoso.*

succube [sùc-cu-be] o **succubo** [sùc-cu-bo] *agg.* e *s.m.* [f. *–be* o *–ba*] Che, chi si lascia dominare totalmente dalla volontà di un altro: *quella donna è succube del marito.*

succulento [suc-cu-lèn-to] *agg.* Molto gustoso e sostanzioso: *un cibo, un pranzo succulento.*

succursale [suc-cur-sà-le] *s.f.* Sede secondaria, sezione distaccata di un'azienda, di un ente e simili Ⓢ filiale: *la succursale di una banca, di una scuola.*

sud *s.m.* **1** Uno dei quattro punti cardinali, quello opposto al nord nella cui direzione si scorge il sole a metà del giorno; si abbrevia in *S* Ⓢ mezzogiorno Ⓒ nord: *andare verso sud* ◊ Punto situato più a sud di un altro: *Napoli è a sud di Roma* **2** Parte meridionale di un territorio Ⓢ meridione Ⓒ nord, settentrione: *il sud dell'Italia*; *il Sud-America*; *la gente del sud.*

sudare [su-dà-re] *v.intr.* [aus. *avere*] **1** Emettere sudore: *sudare per la fatica, per il caldo* **2** ♧ Faticare molto: *ho dovuto sudare per convincerlo* ♦ *v.tr.* **1** ♧ Guadagnarsi qualcosa con grande fatica e sacrificio: *sudarsi il pane*; *se l'è sudata la promozione* **2** ♧ *Sudare sangue, sudare sette camicie* = faticare moltissimo.

sudario [su-dà-rio] *s.m.* Panno con cui alcuni popoli antichi coprivano il viso dei defunti ◊ Lenzuolo funebre.

sudato [su-dà-to] *agg.* **1** Bagnato di sudore: *come sei sudato!* **2** ♧ Guadagnato, ottenuto con grande sforzo e fatica: *denari sudati*; *quella della nostra squadra è stata una vittoria sudata.*

suddetto [sud-dét-to] *agg.* Già detto, nominato in precedenza: *per le ragioni suddette non accetto la proposta.*

suddito [sùd-di-to] *s.m.* Chi è soggetto a un sovrano; cittadino di uno stato monarchico.

suddividere [sud-di-vì-de-re] *v.tr.* [coniugato come *dividere*] Dividere ulteriormente ciò che era già stato diviso ◊ Dividere, ripartire: *il guadagno è stato suddiviso tra i soci.*

suddivisione [sud-di-vi-sió-ne] *s.f.* Divisione ulteriore o anche, semplicemente, divisione.

sudicio [sù-di-cio] *agg.* [pl.f. *–ce* o *–cie*] **1** Sporco, lurido: *una casa sudicia*; *hai le mani sudice* **2** ♧ Disonesto, abietto, turpe: *un sudicio individuo.*

sudiciume [su-di-ciù-me] *s.m.* Roba sudicia Ⓢ sporcizia: *spazza via quel sudiciume!*

sudorazione [su-do-ra-zió-ne] *s.f.* Secrezione di sudore.

sudore [su-dó-re] *s.m.* **1** Liquido incolore prodotto da particolari ghiandole ed espulso attraverso i pori della pelle, spec. come reazione al caldo e alla fatica: *era tutto bagnato di sudore* **2** ♧ Lavoro, fatica, sacrificio: *quanto sudore gli è costato mantenere i figli!*

sufficiente [suf-fi-cièn-te] *agg.* **1** Che basta al bisogno; che è adeguato a una necessità o a uno scopo Ⓒ insufficiente: *abbiamo viveri sufficienti*; *quel che guadagna non è sufficiente per vivere* **2** Si dice di giudizio scolastico che raggiunge il livello minimo positivo: *ha preso sufficiente nel tema*; *in matematica è appena sufficiente.*

sufficienza [suf-fi-cièn-za] *s.f.* **1** Quantità sufficiente al bisogno | *A sufficienza* = quanto basta: *abbiamo denaro a sufficienza* **2** Giudizio minimo positivo di rendimento scolastico: *avere la suffi-*

cienza in una materia **3** ♧ Ostentazione di superiorità, atteggiamento altezzoso: *tratta tutti con aria di sufficienza.*

suffisso [suf-fis-so] *s.m.* Lettera o gruppo di lettere che, aggiunte alla radice di una parola, ne determinano la forma grammaticale (genere, numero, tempo ecc.) o formano parole nuove con uno specifico significato: *–ino, –etto, –ello sono i suffissi più comuni per formare i diminutivi.*

suffragio [suf-frà-gio] *s.m.* **1** Voto elettorale: *dare il proprio suffragio a un partito* | *Suffragio universale* = diritto di voto esteso a tutti i cittadini maggiorenni **2** Preghiera o opera di carità in favore delle anime dei defunti: *far celebrare una messa in suffragio dei propri morti.*

suggellare [sug-gel-là-re] *v.tr.* Confermare, convalidare: *la riconciliazione fu suggellata da un caloroso abbraccio.*

suggerimento [sug-ge-ri-mén-to] *s.m.* Consiglio, indicazione: *non ha voluto seguire i miei suggerimenti.*

suggerire [sug-ge-rì-re] *v.tr.* [*suggerìsco, suggerìsci*] **1** Dire, ricordare a qualcuno, spec. a bassa voce, quello che deve dire o rispondere: *ha cercato di suggerire la risposta al compagno interrogato* **2** Consigliare: *gli suggerì di rivolgersi a un medico* **3** Far venire in mente Ⓢ ispirare: *il film gli suggerì nuove idee.*

suggestionare [sug-ge-stio-nà-re] *v.tr.* Influenzare, condizionare esercitando una suggestione: *si è lasciato suggestionare da tutte quelle promesse* ♦ **suggestionarsi** *v.pr.* Cadere in preda a una suggestione, alle suggestioni: *è uno che si suggestiona facilmente.*

suggestione [sug-ge-stió-ne] *s.f.* Condizionamento psichico esterno o anche impressione interna che agisce con tale forza su un individuo da dominare la sua volontà, privarlo del giudizio critico o addirittura del senso della realtà: *un fenomeno di suggestione collettiva*; *credeva di essere malato, ma era solo suggestione.*

suggestivo [sug-ge-stì-vo] *agg.* Che emoziona e affascina intensamente: *un bel tramonto è sempre uno spettacolo suggestivo.*

sughero [sù-ghe-ro] *s.m.* Corteccia di un particolare tipo di quercia; materiale ricavato da tale corteccia; oggetto di tale materiale: *rivestire una parete di sughero*; *tappi di sughero*; *i sugheri delle reti.*

sugo [sù-go] *s.m.* [pl. *–ghi*] **1** Succo: *questa arancia ha molto sugo* **2** Il liquido denso e saporito prodotto dalla carne durante la cottura **3** Condimento per vivande a base di vari ingredienti; in partic. condimento per la pasta a base di olio o burro, pomodoro e aromi vari: *spaghetti al sugo* **4** ♧ Sostanza, senso fondamentale di qualcosa: *il sugo di un discorso, di una storia.*

sugoso [su-gó-so] *agg.* Ricco di sugo Ⓢ succoso: *un'arancia sugosa.*

suicida [sui-cì-da] *s.m.f.* [pl.m. *–di*] Chi uccide se stesso ♦ *agg.* Di suicidio: *ha intenzioni suicide* | ♧ *Una scelta, una politica suicida* = rovinosa per chi la fa.

suicidarsi [sui-ci-dàr-si] *v.pr.* **1** Uccidersi, togliersi volontariamente la vita **2** ♧ Provocare a se stesso un danno irrimediabile: *con quella scelta si è suicidato politicamente.*

suicidio [sui-cì-dio] *s.m.* **1** Uccisione di se stesso: *la disperazione lo portò al suicidio* **2** ♧ Atto con cui si arreca o si rischia di arrecare un grave danno a se stessi: *lavorare in quelle condizioni è un vero suicidio.*

suino [su-ì-no] *agg.* Di maiale: *carne suina* ♦ *s.m.* Maiale: *allevamento di suini.*

suite [parola francese; pron. *suìt*] *s.f.invar.* **1** Composizione musicale in più tempi, ognuno dei quali basato sul ritmo di una danza **2** Appartamento in un hotel di lusso.

sulfureo [sul-fù-re-o] *agg.* Che contiene zolfo: *acque sulfuree.*

sultano [sul-tà-no] *s.m.* Titolo dei sovrani dell'impero ottomano e di altri stati musulmani.

summit [parola inglese; pron. corrente *sàmmit*] *s.m.invar.* Incontro tra capi di Stato e di governo Ⓢ incontro al vertice, vertice.

sunto [sùn-to] *s.m.* Riassunto.

suo [sù-o] *agg.poss. di terza persona sing.* [f. *sua*; pl.m. *suoi*; pl.f. *sue*] **1** Che appartiene a lui (a lei): *la sua casa*; *questi libri sono suoi* ◊ Che si riferisce a lui (a lei); che riguarda lui (lei), proviene da lui (da lei) o è fatto da lui (da lei): *le sue mani*; *i suoi pensieri*; *questo non è affar suo*; *ascolta i suoi consigli*; *il suo tema* ◊ Che ha con lui (con lei) una relazione di parentela, di amicizia, di lavoro, di dipendenza ecc.: *sua madre*; *le sue cugine*; *un suo amico*; *il suo medico*; *la sua padrona di casa*; *il suo paese* **2** Che gli (le) è abituale, consueto: *oggi non ha ancora fatto il suo sonnellino* **3** Opportuno, adatto: *ogni cosa va fatta a suo tempo* ◊ Corrispondente, relativo: *una pentola con il suo coperchio* ♦ *pronome poss. di prima persona sing.* Ha gli stessi usi e significati dell'aggettivo ed è sempre preceduto dall'articolo determinativo: *il tuo giardino è più grande del suo* ◊ *I suoi*

= i suoi genitori o parenti | *Anche lui vuol dire la sua* = la sua opinione | *Ne ha detta, fatta un'altra delle sue* = una delle sue solite sciocchezze, cose inopportune, malefatte e simili | *Il suo* = ciò che gli appartiene o gli spetta: *ci ha rimesso del suo; dare a ciascuno il suo.*

suocera [suò-ce-ra] *s.f.* La madre della moglie o del marito, rispetto all'altro coniuge.

suocero [suò-ce-ro] *s.m.* Il padre della moglie o del marito, rispetto all'altro coniuge.

suola [suò-la] *s.f.* La parte della scarpa che poggia a terra: *suole di cuoio, di gomma, di sughero.*

suolare [suo-là-re] o **solare**[2] [so-là-re] *v.tr.* Mettere la suola alle scarpe.

suolo [suò-lo] *s.m.* La superficie del terreno: *cadere, giacere al suolo* | *Radere al suolo* = abbattere completamente ◊ Terreno: *suolo fertile, pubblico, edificabile.*

suonare [suo-nà-re] o **sonare** [so-nà-re] *v.tr.* **1** Far emettere dei suoni a uno strumento musicale (anche come attività e capacità personale) o a un dispositivo sonoro: *sta suonando il pianoforte; suonare bene, male (il violino, il flauto); suonare il clacson, il campanello, le campane* **2** Eseguire con strumenti dei brani musicali: *il pianista ha suonato alcuni pezzi di Chopin* **3** Annunciare, segnalare con il proprio suono: *la tromba suonerà la carica; le sirene suonarono l'allarme* ♦ *v.intr.* [aus. *avere* nei significati 1 e 2; aus. *essere* nel significato 3] **1** Produrre, emettere un suono, dei suoni: *ha suonato il campanello; le campane suonavano a festa* **2** Esibirsi in esecuzioni musicali: *suona in un locale notturno* **3** Essere annunciato da un suono: *sta suonando l'allarme; è appena suonata la mezzanotte.*

suoneria [suo-ne-rì-a] o **soneria** [so-ne-rì-a] *s.f.* Apparecchio, congegno di segnalazione acustica: *la suoneria della sveglia, del telefono; suoneria d'allarme.*

suono [suò-no] *s.m.* Vibrazione prodotta da una sorgente sonora (cioè da un corpo che vibra), che si propaga nell'aria (o in un mezzo liquido o solido) ed è percepibile dal nostro udito: *udire un suono; suono acuto, basso; il suono del campanello, delle campane, del violino, di una tromba; lo riconobbe dal suono della voce* | *Al suono di* = con l'accompagnamento di un dato suono: *ballare al suono di un'orchestrina* | ♧ *A suon di* = a, con: *lo cacciarono a suon di legnate; fu accolto a suon di applausi.*

suora [suò-ra] *s.f.* Appartenente a un ordine religioso femminile Ⓢ monaca: *si è fatta suora.*

Davanti a un nome proprio *suora* viene spesso troncato in *suor*: *suor Angela, suor Maria.*

super [sù-per] *agg.invar.* Di qualità superiore: *un prodotto super; benzina super* ♦ *s.f.invar.* Benzina super.

super– Prefisso di parole composte in cui indica spec. superamento di un limite (*supersonico*), eccesso (*superlavoro*) o anche attribuisce un valore superlativo (*supermercato*).

superalcolico [su-per-al-cò-li-co] *agg.* e *s.m.* [pl.m. *–ci*] Detto di bevanda ad alta gradazione alcolica: *la vodka è un superalcolico.*

superare [su-pe-rà-re] *v.tr.* **1** Essere superiore per dimensioni o quantità: *supera in altezza tutti i suoi compagni; la produzione di quest'anno ha superato quella dell'anno scorso* ◊ Essere, risultare superiore ad altri per doti o capacità Ⓢ battere, vincere: *è difficile superarlo in astuzia; ha superato tutti gli avversari nella gara* **2** Andare oltre Ⓢ oltrepassare, sorpassare (anche ♧): *il fiume ha superato il livello di guardia; superare il confine, il traguardo; superare un'auto in curva; stai superando ogni limite!* **3** Affrontare e sostenere con successo qualcosa: *superare una prova, un pericolo, un esame* ◊ Uscire positivamente da una situazione, da una fase negativa: *superare una malattia, un periodo difficile.*

superato [su-pe-rà-to] *agg.* Non più valido, non più attuale.

superbia [su-pèr-bia] *s.f.* Opinione eccessiva di sé e delle proprie capacità manifestata con atteggiamenti di altezzosa superiorità e sicurezza.

superbo [su-pèr-bo] *agg.* **1** Che dimostra superbia; pieno di superbia Ⓒ umile: *come sei superbo; uno sguardo superbo* **2** Fiero, orgoglioso di qualcuno o di qualcosa: *hai dei figli proprio in gamba: puoi esserne superbo* **3** Imponente, grandioso; magnifico, eccezionale: *il superbo spettacolo delle Alpi; una donna di superba bellezza.*

superficiale [su-per-fi-cià-le] *agg.* **1** Che costituisce la superficie, è alla superficie; poco profondo: *lo strato superficiale del terreno; una ferita superficiale* **2** ♧ Detto di persona, che si ferma all'aspetto esteriore delle cose, non sa o non vuole esaminarle a fondo: *un uomo superficiale; non essere così superficiale nel giudicare!* ◊ Non profondo, generico: *ho una conoscenza solo superficiale della materia* ◊ Non accurato, sbrigativo: *diede un'occhiata superficiale al giornale.*

superficie [su-per-fi-cie] *s.f.* **1** Parte esterna, strato esterno di qualcosa: *la superficie di un muro; la superficie della Terra, del mare; una superficie li-*

scia, rugosa ◊ In partic., parte esterna del terreno o di una distesa d'acqua: *i minatori tornarono in superficie*; *il sommergibile navigava in superficie* **2** Area; estensione: *calcolare la superficie di un quadrato*; *la Francia ha una superficie maggiore dell'Italia.*

superfluo [su-pèr-fluo] *agg.* Di cui si può fare a meno, non strettamente necessario: *eliminare le spese superflue.*

superiore [su-pe-rió-re] *agg.* **1** Che sta sopra, più in alto Ⓒ inferiore: *la parte superiore di un edificio*; *gli arti superiori* | *Il corso superiore di un fiume* = quello più vicino alla sorgente **2** Maggiore per dimensioni, numero, quantità ecc. Ⓢ più elevato Ⓒ inferiore: *statura superiore alla media*; *l'Italia ha una popolazione superiore a quella della Spagna*; *grado, livello superiore* ◊ Che ha maggior pregio, maggiori qualità, doti, capacità rispetto ad altri: *un prodotto di qualità superiore*; *è superiore a lui per intelligenza*; *si sente superiore a tutti* ◊ Più elevato di grado o di livello | *Scuole medie superiori* = nome che si dava in passato alle scuole secondarie di secondo grado (licei, istituti tecnici ecc.) ◊ Che va oltre o è al di sopra di qualcosa: *una spesa superiore alle mie possibilità*; *un risultato superiore alle aspettative* | *Essere superiore ai pettegolezzi, alle insinuazioni* = non curarsene, non dar loro peso ♦ *s.m.* Chi, in una gerarchia, occupa un grado più elevato: *rispettare gli ordini dei superiori.*

superiorità [su-pe-rio-ri-tà] *s.f.* L'essere superiore: *essere in superiorità numerica*; *riconoscere la superiorità dell'avversario*; *è uno che si dà molte arie di superiorità.*

superlativo [su-per-la-ti-vo] *agg.* Superiore a ogni altro Ⓢ eccezionale: *uno spettacolo superlativo*; *è di una bravura superlativa* ♦ *agg.* e *s.m.* *Il (grado) superlativo di un aggettivo, di un avverbio* = la forma grammaticale che esprime il livello più alto della qualità indicata da un aggettivo o da un avverbio, sia in senso assoluto (*superlativo assoluto*: per es. «sei stato *bravissimo*»), sia in confronto ad altri (*superlativo relativo*: per es. «è *il più bravo* della sua classe»).

superlavoro [su-per-la-vó-ro] *s.m.* Lavoro eccessivo: *è sfinito per il superlavoro.*

supermarket [parola inglese; pron. corrente *supermàrchet*] *s.m.invar.* Supermercato.

supermercato [su-per-mer-cà-to] *s.m.* Grande negozio in cui si vendono prodotti di largo consumo e in cui i clienti si servono da sé, pagando all'uscita.

supersonico [su-per-sò-ni-co] *agg.* [pl.m. *–ci*] *Velocità supersonica* = superiore a quella del suono nell'aria (circa 1200 km all'ora) | *Aereo supersonico* = che può viaggiare a velocità supersonica.

superstite [su-pèr-sti-te] *agg.* e *s.m.f.* Che, chi è sopravvissuto ad altri o è scampato a una sciagura collettiva: *abbracciò il figlio superstite*; *i superstiti del naufragio sono stati raccolti da una nave di passaggio.*

superstizione [su-per-sti-zió-ne] *s.f.* Credenza o pratica irrazionale, che attribuisce a determinati fatti, atti o gesti il potere misterioso di provocare determinate conseguenze, per lo più negative: *è superstizione credere che porti sfortuna versare il sale o vedere un gatto nero.*

superstizioso [su-per-sti-zió-so] *agg.* **1** Che crede alle superstizioni: *è uno molto superstizioso* **2** Che ha carattere di superstizione: *credenze superstiziose*; *paura superstiziosa.*

superstrada [su-per-strà-da] *s.f.* Strada per il traffico veloce, in genere a più corsie e senza attraversamenti.

supervisione [su-per-vi-sió-ne] *s.f.* Il compito e l'attività di chi dirige e controlla la realizzazione di un lavoro.

supino [su-pì-no] *agg.* Disteso sulla schiena, con il viso rivolto all'insù: *giacere, dormire supino.*

suppellettile [sup-pel-lèt-ti-le] *s.f.* Qualsiasi oggetto che fa parte dell'arredamento di una casa, di un ufficio, di una scuola, di una chiesa ecc.

suppergiù [sup-per-giù] o **su per giù** *avv.* All'incirca, pressappoco: *saranno suppergiù un migliaio.*

supplementare [sup-ple-men-tà-re] *agg.* Che costituisce un'aggiunta al normale: *chiese una razione supplementare di cibo*; *per il Ferragosto le ferrovie hanno istituito molti treni supplementari* | *Tempi supplementari* = prolungamento di una partita finita in parità, quando è necessario arrivare alla vittoria di una delle due squadre.

supplemento [sup-ple-mén-to] *s.m.* Aggiunta al normale che serve per completare qualcosa, per rispondere a particolari necessità: *chi faceva lavori pesanti riceveva un supplemento di cibo* ◊ Somma in più che si paga per usufruire di un servizio non compreso nel prezzo base: *per prendere quel treno si paga il supplemento rapido* ◊ *Il supplemento di un giornale* = gruppo di pagine o fascicolo autonomo che si aggiunge in alcuni giorni alle pagine consuete, dedicato a particolari argomenti o rubriche.

supplente [sup-plèn-te] *agg.* e *s.m.f.* Che, chi sostituisce un insegnante o un funzionario temporaneamente assente dal lavoro: *maestro supplente*; *nominare un supplente*.

supplica [sùp-pli-ca] *s.f.* Richiesta, implorazione di aiuto, di grazia, di perdono, rivolta con grande umiltà e fervore (anche come richiesta scritta): *ha ceduto alle sue suppliche*; *presentare una supplica alle autorità*.

supplicare [sup-pli-cà-re] *v.tr.* [*sùpplico, sùpplichi*] Pregare, chiedere umilmente e con fervore Ⓢ implorare, scongiurare: *supplicò Dio di aiutarla*; *supplicare la grazia per un condannato*.

supplire [sup-plì-re] *v.intr.* [*supplìsco, supplìsci*; aus. *avere*] Compensare una mancanza, un'insufficienza con qualcos'altro: *supplisce alle sue scarse doti intellettuali con un grande impegno* ♦ *v.tr.* Sostituire temporaneamente una persona: *supplire un insegnante*.

supplizio [sup-plì-zio] *s.m.* **1** Pena corporale molto crudele Ⓢ tortura: *il supplizio della crocifissione* ◊ Pena capitale: *il condannato fu condotto al supplizio* **2** ♧ Sofferenza fisica o morale insopportabile Ⓢ tormento, strazio: *con quelle piaghe sotto i piedi camminare era un supplizio*; *che supplizio questo caldo, questa attesa!*

supponenza [sup-po-nèn-za] *s.f.* Atteggiamento di sdegnosa e arrogante superiorità.

supporre [sup-pór-re] *v.tr.* [coniugato come *porre*] Ammettere, immaginare come ipotesi, come congettura: *supponiamo che sia lui il colpevole, ma che motivi aveva per uccidere?* ◊ Presumere, immaginare: *suppongo che non ti abbia detto niente di quella storia*.

supporto [sup-pòr-to] *s.m.* Elemento che serve da sostegno, da appoggio, da base a qualcosa (per es. la tela su cui si dipinge, il nastro o disco magnetico o la pellicola su cui si registrano dati, suoni, immagini ecc.).

supposizione [sup-po-si-zió-ne] *s.f.* Ipotesi, congettura: *le tue supposizioni erano giuste*.

supposta [sup-pó-sta] *s.f.* Prodotto medicinale solido che si introduce nel corpo per via anale.

supremazia [su-pre-ma-zì-a] *s.f.* Superiorità assoluta Ⓢ predominio: *un paese che ha la supremazia economica*; *Genova e Venezia si contesero a lungo la supremazia sui mari*.

supremo [su-prè-mo] *agg.* Che è il più alto, il più elevato per grado, valore, importanza Ⓢ sommo, massimo: *il comando supremo dell'esercito*.

surf [parola inglese; pron. corrente *sèrf*] *s.m. invar.* Tavola di legno lunga e stretta su cui si sta in piedi in equilibrio planando sulla cresta delle onde ◊ Lo sport che si pratica col *surf*.

surgelare [sur-ge-là-re] *v.tr.* Congelare a bassissima temperatura: *surgelare la carne, il pesce, le verdure*.

surgelato [sur-ge-là-to] *agg.* e *s.m.* Detto di prodotto alimentare congelato e conservato a bassissima temperatura.

surrogato [sur-ro-gà-to] *s.m.* **1** Prodotto alimentare di minor pregio che può essere usato per sostituirne un altro: *l'orzo tostato è un surrogato del caffè* **2** Tutto ciò che sostituisce un'altra cosa in modo imperfetto.

suscettibile [su-scet-tì-bi-le] *agg.* Che si offende molto facilmente Ⓢ permaloso: *è così suscettibile che non puoi fargli il minimo rimprovero!*

suscitare [su-sci-tà-re] *v.tr.* Provocare, destare, far nascere: *un provvedimento che ha suscitato molte proteste*; *suscitare uno scandalo, il riso*.

sushi [parola giapponese; pron. *sùsci*] *s.m.invar.* Piatto tipico giapponese costituito da polpettine di riso bollito, con pezzetti di pesce, verdure, alghe e condite con salse.

susina [su-sì-na] *s.f.* Il frutto dolce e succoso del susino Ⓢ prugna.

susino [su-sì-no] *s.m.* Albero con frutti dolci e succosi, chiamato anche *prugno*.

suspense [parola inglese; pron. corrente *sàspens*] *s.f.invar.* Stato di ansiosa attesa e apprensione per quanto sta per accadere, provocato da incertezza sull'esito di vicende narrative o reali: *un film, un romanzo giallo ricco di suspense*.

susseguirsi [sus-se-guìr-si] *v.pr.* Venire uno dopo l'altro Ⓢ succedersi: *le partenze si susseguivano a breve distanza*.

sussidiario [sus-si-dià-rio] *s.m.* Libro di testo per le scuole primarie che contiene le prime nozioni di tutte le materie di insegnamento.

sussidio [sus-sì-dio] *s.m.* Aiuto, sostegno: *tradurre con il sussidio di un dizionario* | *Sussidi didattici, audiovisivi* = i materiali didattici e i mezzi audiovisivi utilizzati nelle scuole per rendere più efficace l'insegnamento ◊ Aiuto in denaro: *sussidio di disoccupazione*.

sussiego [sus-siè-go] *s.m.* [pl. *–ghi*] Contegno sostenuto e un po' altezzoso di chi vuole darsi importanza.

sussistenza [sus-si-stèn-za] *s.f.* Ciò che è necessario per il sostentamento: *una famiglia priva di mezzi di sussistenza*.

A B C D E F G H I J K L M N O P Q R **S** T U V W X Y Z

sussultare [sus-sul-tà-re] *v.intr.* [aus. *avere*] **1** Fare un brusco movimento involontario Ⓢ sobbalzare, trasalire: *quando lo vide sussultò per lo spavento* **2** Muoversi bruscamente, spec. su e giù: *la terra sussultava per le scosse del terremoto.*

sussulto [sus-sùl-to] *s.m.* Sobbalzo provocato da un'improvvisa emozione: *quando lo vide entrare ebbe un sussulto di sorpresa* ◊ Movimento brusco, spec. dal basso verso l'alto Ⓢ scossa: *si sentì un boato e la terra ebbe un sussulto.*

sussurrare [sus-sur-rà-re] *v.tr.* **1** Dire qualcosa a voce molto bassa Ⓢ bisbigliare: *gli sussurrò una parola all'orecchio* **2** Dire in giro (riferito a voci che circolano) Ⓢ mormorare: *si sussurra che stiano preparando un colpo di stato* ♦ *v.intr.* [aus. *avere*] Mandare un rumore leggero e indistinto: *le foglie sussurravano al vento.*

sussurro [sus-sùr-ro] *s.m.* Rumore, suono leggero, continuo e indistinto: *il sussurro delle fronde, delle acque di un ruscello*; *lo risvegliò un sussurro di voci femminili.*

sutura [su-tù-ra] *s.f.* Cucitura chirurgica con cui si riuniscono i margini di una ferita.

suv o **SUV** [sigla dell'inglese *Sport Utility Vehicle*, «veicolo a utilizzo sportivo»] *s.m.invar.* Veicolo con caratteristiche intermedie tra un grosso fuoristrada e una vettura sportiva di lusso.

suvvia [suv-vì-a] *inter.* Esprime esortazione, incoraggiamento, impazienza: *suvvia, non prendertela!*; *suvvia, non perdiamo tempo!*

svagarsi [sva-gàr-si] *v.pr.* Distrarsi, divertirsi: *studi troppo, è meglio che tu vada un po' fuori a svagarti.*

svagato [sva-gà-to] *agg.* Poco attento, distratto: *un ragazzo un po' svagato*; *ascoltava con un'aria svagata.*

svago [svà-go] *s.m.* [pl. *–ghi*] Distrazione e riposo da impegni e occupazioni: *hai studiato troppo: prenditi un po' di svago* ◊ Divertimento, passatempo: *la pesca è il suo svago preferito*; *una città che offre pochi svaghi.*

svaligiare [sva-li-già-re] *v.tr.* Rubare da un luogo chiuso tutto quanto c'è di valore: *svaligiare una banca, un negozio.*

svalutare [sva-lu-tà-re] *v.tr.* **1** Ridurre il valore economico di qualcosa | *Svalutare una moneta* = diminuirne il valore in rapporto all'oro e alle valute estere **2** ♧ Considerare meno di quel che vale Ⓢ sminuire: *svalutare l'opera, i meriti di qualcuno* ♦ **svalutarsi** *v.pr.* Perdere di valore: *il dollaro quest'anno si è svalutato.*

svalutazione [sva-lu-ta-zió-ne] *s.f.* Diminuzione del valore di una moneta in rapporto a quelle estere o anche diminuzione del suo potere d'acquisto a causa dell'inflazione Ⓒ rivalutazione.

svampire [svam-pì-re] *v.intr.* [*svampìsco, svampìsci*; aus. *essere*] **1** Evaporare **2** ♧ Diminuire d'intensità, cessare: *il suo entusiasmo è svampito molto in fretta.*

svanire [sva-nì-re] *v.intr.* [*svanìsco, svanìsci*; aus. *essere*] Dissolversi, dileguarsi, scomparire (anche ♧): *la nebbia stava svanendo*; *l'auto svanì nel buio della notte*; *ormai è svanita ogni speranza.*

svantaggiato [svan-tag-già-to] *agg.* Che si trova in una condizione di svantaggio rispetto ad altri: *la nostra squadra è partita svantaggiata per l'assenza di molti titolari.*

svantaggio [svan-tàg-gio] *s.m.* **1** Condizione sfavorevole, di inferiorità rispetto ad altri Ⓒ vantaggio: *nel basket la bassa statura è uno svantaggio*; *ha lo svantaggio di abitare lontano dal lavoro* ◊ Danno: *quel che ha detto torna tutto a suo svantaggio* **2** In gare e classifiche sportive, distacco da chi è in posizione migliore: *rimontare lo svantaggio di un gol*; *la nostra squadra ha tre punti di svantaggio dalla capolista.*

svantaggioso [svan-tag-gió-so] *agg.* Sfavorevole: *un accordo svantaggioso*; *trovarsi in una posizione svantaggiosa.*

svariato [sva-rià-to] *agg.* Vario, diverso: *si può scegliere tra svariati colori, modelli* ◊ (al *pl.*) Molti, numerosi: *te l'ho già detto svariate volte.*

svarione [sva-rió-ne] *s.m.* Grosso errore, spec. linguistico Ⓢ strafalcione, sproposito.

sveglia [své-glia] *s.f.* **1** L'azione di svegliare qualcuno: *vado a dargli la sveglia* ◊ L'ora a cui ci si deve svegliare: *domattina la sveglia è alle cinque* | *Sveglia!* = esortazione a svegliarsi, ad alzarsi o anche a essere più attivi ◊ Segnale acustico per svegliare: *la tromba sta suonando la sveglia* **2** Orologio munito di una soneria che suona all'ora su cui è regolata: *caricare la sveglia.*

svegliare [sve-glià-re] *v.tr.* Destare dal sonno: *a che ora devo svegliarti?*; *fu svegliato da un rumore* ♦ **svegliarsi** *v.pr.* **1** Smettere di dormire Ⓢ destarsi Ⓒ addormentarsi: *si svegliò di soprassalto* **2** ♧ Diventare più attivo, più pronto, più accorto, più scaltro: *bisogna che ti svegli, ragazzo mio, se vuoi combinare qualcosa!*

sveglio [své-glio] *agg.* **1** Che non dorme Ⓢ desto: *è rimasto sveglio tutta la notte* **2** ♧ D'ingegno vivace, pronto, dinamico: *è una ragazza sveglia.*

svelare [sve-là-re] *v.tr.* Rivelare: *mi ha svelato un segreto* ◊ Manifestare, mostrare chiaramente: *svelare le proprie intenzioni* ◊ Scoprire: *è riuscito a svelare il mistero.*

sveltezza [svel-téz-za] *s.f.* Prontezza, rapidità, velocità.

svelto [svèl-to o svél-to] *agg.* **1** Pronto, rapido nell'agire Ⓒ lento, tardo: *fu svelto ad afferrarsi alla fune*; *un impiegato svelto nel lavoro* ◊ Veloce, spedito: *camminare con passo svelto* | *Su, svelto!* = sbrigati! | *Alla svelta* = in fretta, rapidamente: *cercate di finire alla svelta* **2** Pronto e vivace d'ingegno Ⓢ sveglio: *è un ragazzo svelto, ha capito al volo la situazione.*

svendita [svén-di-ta] *s.f.* Vendita a prezzi inferiori al normale: *svendita per chiusura del negozio.*

svenimento [sve-ni-mén-to] *s.m.* Momentanea perdita dei sensi, della coscienza: *era così debole che ha avuto uno svenimento.*

svenire [sve-nì-re] *v.intr.* [coniugato come *venire*; aus. *essere*] Perdere momentaneamente i sensi: *svenire per la debolezza, per un malore.*

sventagliata [sven-ta-glià-ta] *s.f.* Raffica di arma automatica sparata a ventaglio: *una sventagliata di mitra.*

sventare [sven-tà-re] *v.tr.* Far fallire, impedire che si realizzi qualcosa di dannoso o pericoloso: *sventare una rapina, un attentato, una congiura.*

sventato [sven-tà-to] *agg.* e *s.m.* Che, chi agisce senza riflettere, senza la necessaria prudenza e attenzione Ⓢ sconsiderato, sbadato.

sventola [svèn-to-la] *s.f.* **1** Ventola | *Orecchie a sventola* = che sporgono molto in fuori **2** Schiaffo, pugno violento.

sventolare [sven-to-là-re] *v.tr.* Muovere, agitare nell'aria qualcosa che si tiene in mano: *sventolare una bandiera, il fazzoletto* ♦ *v.intr.* [aus. *avere*] Muoversi, agitarsi al vento: *la bandiera sventolava sul pennone* ♦ **sventolarsi** *v.pr.* Farsi vento: *sventolarsi con il ventaglio.*

sventrare [sven-trà-re] *v.tr.* **1** Aprire il ventre di un animale macellato per toglierne le interiora: *sventrare un pollo* **2** Ferire o uccidere squarciando il ventre, colpendo al ventre **3** ♧ Demolire vecchi edifici e quartieri di una città per far posto a nuove costruzioni.

sventura [sven-tù-ra] *s.f.* **1** Mala sorte, sfortuna: *è perseguitato dalla sventura* **2** Grave avversità, disgrazia, sciagura: *quante sventure gli sono capitate!*

sventurato [sven-tu-rà-to] *agg.* **1** Perseguitato dalla sventura, colpito da una sventura: *una famiglia sventurata* **2** Che è causa di sventura Ⓢ disgraziato: *maledico il giorno sventurato in cui l'ho incontrato.*

svergognare [sver-go-gnà-re] *v.tr.* Ricoprire di vergogna qualcuno, rivelando le sue colpe, smascherando le sue malefatte: *lo hanno svergognato di fronte a tutti.*

svergognato [sver-go-gnà-to] *agg.* e *s.m.* Che, chi non prova vergogna per ciò di cui dovrebbe vergognarsi.

svernare [sver-nà-re] *v.intr.* [aus. *avere*] Passare l'inverno in un determinato luogo (spec. dal clima più mite): *le rondini svernano nei paesi caldi*; *da quando è in pensione, va a svernare in riviera.*

svestire [sve-stì-re] *v.tr.* Togliere le vesti di dosso a qualcuno Ⓢ spogliare ♦ **svestirsi** *v.pr.* Togliersi le vesti di dosso.

svezzamento [svez-za-mén-to] *s.m.* Passaggio graduale di un bambino da un'alimentazione esclusivamente a base di latte a una più varia e ricca: *il bambino ha iniziato lo svezzamento.*

svezzare [svez-zà-re] *v.tr.* Far perdere a qualcuno un vizio, un'abitudine: *ho cercato inutilmente di svezzarlo dal fumo* ◊ *Svezzare un bambino* = farlo passare da un'alimentazione di solo latte a una più varia e ricca.

sviare [svi-à-re] *v.tr.* **1** Deviare (spec. ♧): *riuscì a sviare la sua attenzione* | ♧ *Sviare il discorso* = portarlo su un altro argomento | ♧ *Sviare le indagini* = portarle su una pista sbagliata **2** ♧ Allontanare qualcuno dalla retta via: *è stato sviato dalle cattive compagnie.*

svicolare [svi-co-là-re] *v.intr.* [aus. *essere* e *avere*] **1** Infilarsi in una via traversa per evitare qualcuno ◊ Svignarsela **2** ♧ Cambiare discorso per evitare di affrontare difficoltà, responsabilità ecc.: *ogni volta che gli ricordo quel debito, lui svicola.*

svignarsela [svi-gnàr-se-la] *v.pr.* [aus. *essere*] Allontanarsi in fretta, di nascosto da un luogo; andarsene alla chetichella: *il ladro è riuscito a svignarsela.*

sviluppare [svi-lup-pà-re] *v.tr.* **1** Svolgere, trattare in modo più ampio ed esauriente: *sviluppare un concetto, un argomento* **2** Far crescere, incrementare, potenziare: *questo esercizio sviluppa i muscoli delle braccia*; *sviluppare il turismo* **3** Produrre, suscitare: *una scintilla può sviluppare un incendio* **4** *Sviluppare una pellicola, una fotografia* = sottoporla a un trattamento chimico che fa comparire in negativo le immagini ♦ **svilupparsi** *v.pr.* **1** (detto di organismi viventi) Crescere fino a raggiungere la forma adulta: *i pioppi sono piante che si sviluppano in fretta* ◊ Raggiungere la pubertà: *un ragazzo che si sta sviluppando* **2** Aumentare, ampliarsi, progredire: *un'azienda, una città, una tecnica che si sta sviluppando rapidamente* **3** Prodursi, diffondersi: *l'incendio si è sviluppato da una scintilla*; *bisogna impedire che l'infezione si sviluppi.*

sviluppato [svi-lup-pà-to] *agg.* **1** Che ha raggiunto un buon grado di sviluppo fisico o tecnico-economico: *un bambino molto sviluppato per la sua età*; *paesi ancora poco sviluppati* **2** Che ha raggiunto il pieno sviluppo fisico: *un ragazzo ormai sviluppato.*

sviluppo [svi-lùp-po] *s.m.* **1** Crescita, espansione, progresso: *sviluppo economico, urbanistico, tecnologico, culturale*; *lo sviluppo del turismo, dell'industria*; *paesi in via di sviluppo* **2** Processo di crescita e di maturazione di un organismo, di un individuo: *lo sviluppo embrionale è quello che precede la nascita*; *lo sviluppo fisico di un bambino* | *L'età dello sviluppo* = la pubertà **3** Procedimento chimico per rendere visibili le immagini di una pellicola fotografica impressionata.

svincolarsi [svin-co-làr-si] *v.tr.* Liberarsi da qualcosa che trattiene, impedisce la libertà di movimento: *svincolarsi dalla stretta, dalla presa di qualcuno.*

svincolo [svìn-co-lo] *s.m.* Strada che collega una autostrada con un'altra o con le strade ordinarie.

sviscerare [svi-sce-rà-re] *v.tr.* Esaminare, studiare, trattare a fondo: *sviscerare un argomento, un problema.*

sviscerato [svi-sce-rà-to] *agg.* **1** Profondo, appassionato e senza limiti: *prova per il figlio un amore sviscerato* **2** Esagerato, eccessivo Ⓢ sperticato: *gli ha fatto lodi sviscerate.*

svista [svì-sta] *s.f.* Errore dovuto a distrazione o fretta: *un compito abbastanza ben fatto, a parte qualche svista.*

svitare [svi-tà-re] *v.tr.* Girare una vite o un oggetto avvitato in modo da allentarlo o da toglierlo: *svitare un bullone, una lampadina, un tappo.*

svitato [svi-tà-to] *agg.* e *s.m.* ♧ Detto di persona un po' matta, stravagante, stramba.

svogliatezza [svo-glia-téz-za] *s.f.* Scarsa voglia, disinteresse: *a scuola va male a causa della sua svogliatezza*; *mangia con svogliatezza.*

svogliato [svo-glià-to] *agg.* Che ha poca voglia di far qualcosa, di applicarsi in ciò che fa Ⓢ indolente, abulico: *uno studente svogliato*; *oggi mi sento svogliato e non riesco a combinare niente.*

svolazzare [svo-laz-zà-re] *v.intr.* [aus. *avere*] **1** Volare qua e là senza direzione: *le farfalle svolazzavano per il prato* **2** Muoversi, agitarsi all'aria, al vento: *i capelli le svolazzavano da ogni parte.*

svolgere [svòl-ge-re] *v.tr.* [coniugato come *volgere*] **1** Distendere, aprire ciò che è avvolto o chiuso: *svolgere un gomitolo, un pacco* **2** ♧ Esporre, trattare per esteso, in modo esauriente: *svolgere un argomento, un tema* **3** ♧ Esercitare, compiere, fare: *svolge la professione di medico*; *svolgere bene i propri compiti*; *ha svolto una funzione positiva in una situazione difficile* ♦ **svolgersi** *v.pr.* **1** Distendersi, srotolarsi: *il filo si svolgeva lentamente* **2** Avvenire, accadere, realizzarsi: *come si sono svolti i fatti?*; *le elezioni si stanno svolgendo regolarmente* ◊ Essere ambientato: *la vicenda si svolge in Russia alla fine dell'Ottocento.*

svolgimento [svol-gi-mén-to] *s.m.* Lo svolgersi, il modo in cui è svolto o si svolge qualcosa: *ha ottenuto buoni risultati nello svolgimento della sua attività*; *raccontami lo svolgimento dei fatti* ◊ Nel linguaggio scolastico, la trattazione di un tema e il modo in cui è trattato e sviluppato: *gli allievi erano impegnati nello svolgimento del tema*; *uno svolgimento corretto, insufficiente.*

svolta [svòl-ta] *s.f.* **1** Cambiamento di direzione: *divieto di svolta*; *l'auto fece una svolta improvvisa* ◊ Punto in cui una strada cambia direzione Ⓢ curva: *fermati alla prima svolta*; *una strada piena di svolte* **2** ♧ Cambiamento radicale: *la battaglia di Stalingrado impresse una svolta decisiva alla seconda guerra mondiale* ◊ Momento decisivo: *si trova a una svolta della carriera.*

svoltare [svol-tà-re] *v.intr.* [aus. *avere*] Cambiare direzione Ⓢ curvare, girare: *svoltare a destra, a sinistra.*

svuotare [svuo-tà-re] *v.tr.* Vuotare completamente; privare di tutto il contenuto: *svuotare una vasca*; *i ladri gli hanno svuotato la casa.*

t, T

t *s.f.* o *m.* Diciottesima lettera dell'alfabeto italiano; è una consonante e quando è da sola si pronuncia *ti* | *A T* = a forma di T: *disporre i tavoli a T.*

tabaccaio [ta-bac-cà-io] *s.m.* Gestore di una tabaccheria.

tabaccheria [ta-bac-che-rì-a] *s.f.* Negozio in cui si vendono tabacchi, francobolli e altri generi di monopolio.

tabacco [ta-bàc-co] *s.m.* [pl. *–chi*] **1** Pianta erbacea con grandi foglie **2** Il prodotto ottenuto essiccando e lavorando le foglie di tabacco: *tabacco da fumo, da fiuto.*

tabella [ta-bèl-la] *s.f.* Prospetto, quadro, elenco contenente dati e indicazioni di vario genere: *la tabella dei prezzi in un bar, degli orari dei treni alla stazione.*

tabellone [ta-bel-ló-ne] *s.m.* **1** Tavola usata per le affissioni: *tabelloni elettorali* ◊ Grande tabella, cartellone murale che riporta informazioni varie: *consultare il tabellone dei risultati finali*; *tabellone pubblicitario* **2** Tavola a cui è fissato il cesto della pallacanestro.

tablet [parola inglese; pron. corrente *tàblet*] *s.m. invar.* Computer portatile molto leggero e delle dimensioni di un'agenda, nel quale tutte le funzioni, compresa quella della tastiera, vengono eseguite attraverso il tocco delle dita sullo schermo.

tabù [ta-bù] *s.m.* In diverse religioni, divieto di fare certe cose o pronunciare determinate parole; ciò che è proibito da tale divieto: *per gli ebrei e i musulmani la carne di maiale è un tabù* ♦ *agg. invar.* Vietato per motivi religiosi: *una parola tabù* ◊ In senso scherzoso, proibito, intoccabile, di cui non è opportuno parlare: *i suoi libri per noi sono tabù*; *questo per lui è un argomento tabù.*

tabulato [ta-bu-là-to] *s.m.* Prospetto stampato dalla stampante di un elaboratore elettronico.

tacca [tàc-ca] *s.f.* **1** Piccola incisione a forma di V praticata sulla superficie di un oggetto: *col temperino ha inciso una tacca sul bastone* **2** ♧ *Una (persona di) mezza tacca* = una persona mediocre, di scarso valore o anche di bassa statura: *un atleta di mezza tacca.*

taccagno [tac-cà-gno] *agg.* e *s.m.* Avaro, tirchio, spilorcio.

tacchino [tac-chì-no] *s.m.* Grosso uccello da cortile di origine americana, allevato per le sue carni.

tacciare [tac-cià-re] *v.tr.* Accusare, incolpare: *tacciare qualcuno di viltà, di avarizia.*

tacco [tàc-co] *s.m.* [pl. *–chi*] Rialzo fissato sotto la suola della scarpa in corrispondenza del calcagno: *tacchi bassi, alti, a spillo* | ♧ *Alzare i tacchi* = andarsene in fretta, svignarsela, scappare.

taccuino [tac-cuì-no] *s.m.* Quadernetto per prendere appunti Ⓢ notes.

tacere [ta-cé-re] *v.intr.* [pres. *tàccio, tàci, tàce, tacciàmo, tacéte, tàcciono*; pass.rem. *tàcqui, tacésti*; cong.pres. *tàccia*; part.pass. *taciùto*; aus. *avere*] **1** Non dire nulla, stare zitto Ⓒ parlare: *l'imputato continua a tacere*; *è uno che non sa tacere* ◊ ♧ Non dare notizia, non fare parola di qualcosa: *quasi tutti i giornali hanno taciuto sull'argomento* **2** Smettere di parlare, fare silenzio: *appena entrò tutti tacquero*; *tacete un momento!* | ♧ *Mettere a tacere uno scandalo, un fatto* = fare in modo che non se ne parli più **3** Non farsi più sentire (detto di suoni, rumori o di ciò che li produce): *il frastuono tacque all'improvviso* ♦ *v.tr.* Non dire, non rivelare, omettere qualcosa: *l'imputato ha confessato il furto ma ha taciuto i nomi dei complici.*

tachimetro [ta-chì-me-tro] *s.m.* Strumento che misura la velocità di un veicolo e la indica su un quadrante graduato.

tacito [tà-ci-to] *agg.* **1** Silenzioso **2** Espresso non dalle parole, ma dallo sguardo, dall'atteggiamento o chiaramente implicito nel comportamento, nei fatti: *nei suoi occhi vide un tacito rimprovero*; *li univa una tacita intesa.*

taciturno [ta-ci-tùr-no] *agg.* Che non parla o abitualmente parla poco Ⓢ silenzioso: *perché oggi sei così taciturno?*; *un tipo molto taciturno.*

tafano [ta-fà-no] *s.m.* Insetto simile a una grossa mosca che punge i mammiferi per succhiarne il sangue.

tafferuglio [taf-fe-rù-glio] *s.m.* Rissa tra numerose persone che si azzuffano in modo confuso e rumoroso: *allo stadio sono scoppiati dei tafferugli tra tifosi.*

tag [parola inglese; pron. corrente *tag*] *s.m.invar.* In Internet, parola chiave associata a un contenuto (testo, foto, video, musica ecc.) che facilita la possibilità di rintracciarlo attraverso una ricerca in rete.

taggare [tag-gà-re] *v.tr.* In Internet, associare a un contenuto (testo, foto, video, musica ecc.) una o più parole chiave che facilitino la possibilità di rintracciarlo attraverso una ricerca in rete.

taglia [tà-glia] *s.f.* **1** Struttura fisica di una persona Ⓢ corporatura: *un uomo di taglia robusta* ◊ Misura di abiti e indumenti: *una giacca di taglia 48* **2** Premio in denaro promesso a chi faccia catturare un ricercato: *sul capo del bandito pendeva una grossa taglia* ◊ Prezzo per il riscatto di una persona prigioniera o rapita.

tagliaboschi [ta-glia-bò-schi] *s.m.invar.* Manovale che abbatte gli alberi e ne sega i tronchi per farne legname.

tagliacarte [ta-glia-càr-te] *s.m.invar.* Arnese a forma di coltello usato per tagliare fogli di carta o, un tempo, le pagine unite dei libri nuovi.

taglialegna [ta-glia-lé-gna] *s.m.invar.* Chi per mestiere taglia i tronchi e i rami degli alberi riducendoli in pezzi delle varie misure richieste.

tagliando [ta-gliàn-do] *s.m.* Parte staccabile di un biglietto, di una tessera, di una bolletta ecc. Ⓢ talloncino, scontrino.

tagliare [ta-glià-re] *v.tr.* **1** Dividere qualcosa in più parti o staccarne una o più parti dal resto o accorciarlo per mezzo di uno strumento affilato: *tagliare il pane, il salame, la legna*; *tagliare i rami di un albero*; *tagliami un'altra fetta di torta*; *tagliare l'erba, il fieno*; *tagliarsi i capelli, le unghie* | ♧ *Tagliare la corda* = svignarsela | ♧ *Tagliare il traguardo* = superarlo | ♧ *Tagliare i ponti con qualcuno* = rompere ogni rapporto con lui | ♧ *Tagliare la testa al toro* = risolvere in modo radicale e definitivo una questione | ♧ *Tagliare fuori* = escludere, isolare: *lo hanno tagliato fuori dal gruppo*; *la rete autostradale taglia fuori la nostra regione* **2** Fare un taglio, un'incisione su qualcosa: *affettando il salame hai tagliato la tovaglia*; *si è tagliato la guancia nel farsi la barba* **3** ♧ Abbreviare, ridurre: *tagliare un articolo, un film troppo lungo*; *dobbiamo tagliare le spese* | *Tagliar corto* = sbrigarsi a concludere un discorso, una discussione ◊ Eliminare, togliere: *tagliare alcune scene da un film* **4** ♧ Impedire, sbarrare: *tagliare la ritirata, tutte le vie di scampo al nemico* **5** Intersecare, attraversare: *in quel punto la strada è tagliata dalla linea ferroviaria* | *Tagliare la strada a qualcuno* = attraversargliela, costringendolo a fermarsi o a rallentare ♦ *v.intr.* [aus. *avere*] **1** Essere tagliente, ben affilato: *un rasoio che taglia bene* **2** Seguire la via più breve: *si diresse alla casa tagliando per i campi* ♦ **tagliarsi** *v.pr.* Prodursi un taglio sul corpo, ferirsi: *si è tagliato facendosi la barba.*

tagliatella [ta-glia-tèl-la] *s.f.* Tipo di pasta alimentare tagliata in strisce sottili: *tagliatelle al ragù.*

tagliato [ta-glià-to] *agg.* **1** Si usa nei vari significati del verbo: *portare i capelli tagliati*; *avere un dito tagliato* | ♧ *Palla tagliata* = colpita di striscio con un tiro (*tiro tagliato*) che le dà un effetto particolare | ♧ *Vino tagliato* = mescolato con altri di diversa qualità e gradazione alcolica **2** ♧ *Essere tagliato per qualcosa* = esserci portato, avere inclinazione: *è un ragazzo tagliato per l'arte, non certo per la vita militare.*

tagliente [ta-glièn-te] *agg.* **1** Che taglia bene Ⓢ affilato: *lama, coltello tagliente* **2** ♧ Penetrante, pungente: *freddo tagliente* ◊ Mordace, pungente: *un'ironia tagliente.*

tagliere [ta-gliè-re] *s.m.* Asse di legno duro o di materiale plastico su cui si tagliano, affettano o triturano i cibi e i vari ingredienti di cucina.

taglio [tà-glio] *s.m.* **1** L'operazione, l'azione di tagliare qualcosa: *taglio degli alberi, dei capelli, del fieno* | *Strumenti da taglio* = il coltello, le forbici, la falce, la scure ecc. | ♧ *Darci un taglio* = concludere rapidamente un discorso, una discussione, un lavoro ◊ ♧ Eliminazione di una parte di un discorso, di uno scritto, di un'opera: *fare un taglio a un articolo*; *il film è uscito con molti tagli* **2** Apertura, incisione o ferita prodotta da oggetti taglienti: *hai un taglio nei pantaloni*; *un tavolo pieno di tagli*; *farsi un taglio sulla guancia, sul dito* **3** Maniera in cui vengono tagliati i capelli o i capi di vestiario Ⓢ linea: *fare un taglio moderno, a spazzola*; *una giacca di taglio sportivo* | *Scuola di taglio* = scuola di sartoria **4** Parte che viene tagliata da un tutto; in partic. quantità di tessuto occorrente per confezionare qualcosa: *un taglio di stoffa di tre metri* ◊ Ciascuno dei pezzi in cui viene suddivisa la carne macellata: *un taglio scelto*; *un taglio da arrosto* **5** Parte tagliente, affilata di una lama: *il taglio del coltello, delle forbici* | ♧ *Arma a doppio taglio* = mezzo o modo d'attacco che può danneggiare anche chi se ne serve ◊ Parte, lato più sottile, di minore spessore di un oggetto: *colpire col taglio della mano* **6** Dimensione, formato; valore: *banconote di grosso taglio, di piccolo taglio* **7** *Colpire la palla di taglio, dare il taglio alla palla* = colpirla di striscio, imprimendole un particolare effetto.

tagliola [ta-gliò-la] *s.f.* Trappola per animali costituita da una morsa d'acciaio che si chiude a scatto: *la volpe fu presa nella tagliola.*

tagliuzzare [ta-gliuz-zà-re] *v.tr.* Tagliare qualcosa a pezzetti minuti o in più punti: *tagliuzzare un foglio di carta.*

taiga [tài-ga] *s.f.* Estesa foresta di conifere, caratteristica delle zone dell'Asia e dell'Europa a sud della tundra.

tailleur [parola francese; pron. *taiièr*] *s.m.invar.* Abito femminile composto da giacca e gonna.

talco [tàl-co] *s.m.* [pl. *–chi*] Polvere bianca minerale, usata spec. per l'igiene della pelle.

tale [tà-le] *agg.* **1** Di questa, di quella specie Ⓢ del genere, simile: *non posso credere a tali sciocchezze; non mi aspettavo da lui una tale reazione* | *Tale (e) quale* = identico, molto simile: *è tale (e) quale sua madre* ◊ Così grande: *non avevo mai preso un tale spavento; c'era un tal rumore che non si sentivano le sue parole* **2** Questo: *forse non vuole venire, in tal caso non insistere* **3** (al singolare e sempre preceduto dall'articolo indeterminativo) Un certo, una certa persona non ben conosciuta: *ha telefonato un tale signor Rossi* ◊ Preceduto dall'articolo determinativo o da *quello*, indica una persona o una cosa indeterminata o che si preferisce non nominare: *mi chiedeva sempre della tal cosa e della tal altra; mi presentò a quella tale persona; aspetto sempre da te quel tale regalo* ♦ *pronome* **1** (preceduto dall'articolo determinativo o da *quello*) La persona, quella persona (già menzionata o comunque nota): *è venuto il tale che aspettavi; quella tale non si è più vista* **2** (preceduto dall'articolo indeterminativo) Una persona indeterminata Ⓢ un tizio: *c'è di là un tale che ti aspetta.*

Come aggettivo *tale* al singolare si può troncare in *tal* davanti a consonante, più raramente davanti a vocale: *in tal modo, per tal causa; tal altro.*

talea [ta-lè-a] *s.f.* Parte tagliata di una pianta (rametto, foglia, germoglio, radice) che, messa nel terreno, fa germogliare una nuova pianta.

talebano [ta-le-bà-no] *s.m.* **1** Appartenente a un movimento radicale islamico che opera sul piano politico-militare in Afghanistan e in Pakistan **2** Nel linguaggio politico e giornalistico, estremista, fanatico.

talento [ta-lèn-to] *s.m.* Ingegno, genialità; notevole capacità in un'attività che deriva da un'inclinazione naturale: *una persona di grande talento; un attore, un pittore di talento; avere talento musicale, letterario.*

talismano [ta-li-smà-no] *s.m.* Oggetto, per lo più da portare addosso, al quale si attribuiscono poteri magici benefici Ⓢ amuleto, portafortuna.

talk show [locuzione inglese; pron. corrente *tòlc sciò*] *s.m.invar.* Programma televisivo basato essenzialmente su un dibattito tra persone famose intorno a un dato argomento.

tallonare [tal-lo-nà-re] *v.tr.* Seguire, inseguire da vicino: *tallonare un avversario, il nemico in fuga.*

talloncino [tal-lon-cì-no] *s.m.* Piccolo tagliando che, staccato da un biglietto, da una scheda e simili, serve da ricevuta o da contromarca.

tallone [tal-ló-ne] *s.m.* Parte posteriore e inferiore del piede Ⓢ calcagno | ♧ *Tallone d'Achille* = punto debole di qualcuno o qualcosa.

talmente [tal-mén-te] *avv.* Tanto, così, a tal punto: *è talmente sciocco quel ragazzo!; ha talmente insistito che ho finito per cedere; era talmente stanco da non riuscire a reggersi in piedi.*

talora [ta-ló-ra] *avv.* Talvolta, a volte.

talpa [tàl-pa] *s.f.* **1** Mammifero simile a un grosso topo, che scava sottoterra lunghe gallerie alla ricerca di lombrichi e altri insetti di cui si nutre | *Vederci come una talpa* = pochissimo, essere molto miope **2** ♧ Impiegato o funzionario che fornisce segretamente a organizzazioni avversarie, criminali o terroristiche le notizie riservate raccolte nell'ufficio in cui lavora: *la mafia aveva una talpa al palazzo di giustizia.*

taluno [ta-lù-no] *agg.indef.* (solo al *pl.*) Alcuni, certi: *in taluni casi è meglio lasciar perdere* ♦ *pronome indef.* Qualcuno: *taluni di voi sono già stati informati.*

talvolta [tal-vòl-ta] *avv.* Qualche volta, a volte: *non lo conosco bene, mi capita talvolta di incontrarlo al bar.*

tamburellare [tam-bu-rel-là-re] *v.intr.* [aus. *avere*] Battere su una superficie con colpi fitti e leggeri: *tamburellava con le dita sul tavolo; la pioggia tamburella sul tetto.*

tamburello [tam-bu-rèl-lo] *s.m.* **1** Strumento musicale a percussione costituito da una pelle tesa su un cerchio di legno al quale sono fissati dei sonagli **2** Cerchietto di legno su cui è tesa una pelle, che si usa come racchetta per rilanciare una palla di gomma nel gioco chiamato appunto *tamburello.*

tamburo [tam-bù-ro] *s.m.* **1** Strumento musicale a percussione costituito da una cassa cilindrica chiusa alle basi da membrane di pelle che si percuotono con le mani o con apposite bacchette: *suonare il tamburo*; *il rullo dei tamburi* | ♧ *A tamburo battente* = immediatamente, senza indugio **2** Nelle rivoltelle, il cilindro rotante nei cui fori vengono inseriti i proiettili: *pistola a tamburo*.

tamponamento [tam-po-na-mén-to] *s.m.* Urto di un veicolo contro la parte posteriore di un altro che lo precede | *Tamponamento a catena* = serie di tamponamenti di più veicoli in colonna.

tamponare [tam-po-nà-re] *v.tr.* **1** Chiudere, otturare con un tampone o qualche altro mezzo: *tamponare una ferita*; *tamponare una falla con degli stracci* **2** Investire, urtare un veicolo nella parte posteriore: *ho frenato e la mia auto è stata tamponata da quella che veniva dietro*.

tampone [tam-pó-ne] *s.m.* **1** Batuffolo di cotone o di garza che si usa per medicare ferite e arrestare emorragie **2** Cuscinetto imbevuto d'inchiostro per inumidire i timbri ◊ Cuscinetto di carta assorbente usato per asciugare la scrittura a inchiostro.

tamtam [tam-tàm] o **tam tam** *s.m.* **1** Specie di tamburo ricavato da un tronco cavo, usato da alcune popolazioni primitive per mandare segnali a distanza ◊ Il suono prodotto da tale strumento **2** ♧ Diffusione, passaggio da persona a persona di notizie, spec. riservate.

tana [tà-na] *s.f.* **1** Cavità naturale o scavata che serve da rifugio agli animali selvatici: *la tana dell'orso, del lupo* **2** ♧ Nascondiglio, rifugio di malviventi Ⓢ covo: *la tana dei briganti* **3** ♧ Abitazione misera, squallida e malsana Ⓢ stamberga, tugurio.

tandem [tàn-dem] *s.m.* **1** Bicicletta a due posti, uno dietro l'altro, con due coppie di pedali e un solo manubrio di guida **2** ♧ Coppia molto affiatata di atleti o di persone che svolgono un'attività comune: *il tandem d'attacco di una squadra*.

tanfo [tàn-fo] *s.m.* Cattivo odore, puzzo intenso, spec. di muffa o di chiuso: *che tanfo in quella casa!*

tanga [tàn-g] *s.m.invar.* Mutandina femminile da bagno simile allo slip ma più sottile.

tangente [tan-gèn-te] *s.f.* **1** Retta che tocca in un solo punto una linea curva: *disegnare la tangente al cerchio* **2** Somma di denaro pagata, percepita o pretesa in cambio di favori illeciti Ⓢ bustarella: *la ditta si è aggiudicata l'appalto pagando una tangente a un funzionario*.

tangenziale [tan-gen-zià-le] *s.f.* Strada di scorrimento veloce intorno a un centro urbano, che spesso fa da raccordo tra diverse autostrade.

tanghero [tàn-ghe-ro] *s.m.* Persona rozza e maleducata Ⓢ bifolco.

tangibile [tan-gì-bi-le] *agg.* Evidente, certo, concreto: *mi ha dato una prova tangibile della sua amicizia*.

tango [tàn-go] *s.m.* [pl. *-ghi*] Danza e motivo di danza di origine argentina, di ritmo lento: *un ballerino di tango*.

tanica [tà-ni-ca] *s.f.* Recipiente trasportabile per liquidi, a forma di parallelepipedo e in genere di plastica.

tanto1 [tàn-to] *agg.indef.* **1** In così grande quantità o misura; così grande, così numeroso, così lungo, forte, intenso ecc.: *non c'era bisogno di spendere tanti soldi, di invitare tante persone*; *ha fatto tanta strada per niente*; *c'era tanta nebbia che non si vedeva a due metri* **2** Molto, in gran quantità, in gran numero: *in piazza c'era tanta gente*; *tanti auguri*; *tanti saluti* ◊ Troppo, eccessivo: *questa pasta mi sembra tanta per tre persone* **3** (al *pl.*, preceduto da *ogni*) Un certo numero: *ogni tanti chilometri bisogna cambiare l'olio del motore* ♦ *pronome indef.* **1** Molto: *con lui ci vuole pazienza e io ne ho tanta* ◊ (al *pl.*) Molte persone: *spero che saremo in tanti* **2** Al maschile singolare indica una grande quantità di qualcosa, riferito a un sostantivo sottinteso ma ricavabile dal contesto: *è tanto* (tempo) *che ti aspetto*; *guadagnare, spendere tanto* (denaro); *avere tanto* (molte cose) *da fare, da dire* ◊ *Due, tre, quattro volte tanto* = il doppio, il triplo, il quadruplo: *se questo vale mille euro, quello vale tre volte tanto* ◊ *Tanto vale* = è lo stesso, è meglio: *se non mi vuoi ascoltare, tanto vale che me ne vada* | *Non pensavo che arrivasse a tanto* = a tal punto | *A dir tanto* = al massimo: *per finire il lavoro ci vorranno a dir tanto tre giorni* | ♧ *Guardare con tanto d'occhi* = spalancando gli occhi per lo stupore, per l'ammirazione ♦ *pronome dimostr.* Questo, ciò: *gli ho detto quel che avevo da dirgli e tanto basta* ◊ *Un tanto* = una certa quantità (spec. di denaro): *la famiglia gli passa un tanto al mese* ◊ *Quel tanto* = quella quantità limitata: *guadagno quel tanto (di denaro) che mi basta*.

tanto2 [tàn-to] *avv.* **1** A tal punto, in tal modo, in tal misura: *perché te la prendi tanto?*; *era tanto stanco che non si reggeva in piedi* **2** Molto: *desidero tanto rivederti*; *non mi sembra tanto contento* | *Non tanto* = non molto: *«Ti è piaciuto il film?» «Non tanto»* **3** Altrettanto, nella stessa misura (in correlazione con *quanto*): *è tanto buona quanto simpatica* | *Tanto... quanto* (o anche *come* o *che*) = così... come, sia... sia: *mi hanno deluso tanto lui quanto* *suo fratello* **4** Solamente; più che altro: *si fa tanto per dire*; *abbiamo fatto una partita a carte, tanto per passare il tempo* | *Una volta tanto* = almeno per una volta: *una volta tanto cerca di ascoltarmi* ⧫ *congz.* Comunque, in ogni caso, anche perché: *faccia quel che vuole, tanto io non cambio idea*; *non prendertela, tanto non serve a niente.*

tappa [tàp-pa] *s.f.* **1** Sosta, fermata intermedia durante un viaggio, una marcia o un'escursione: *andando a Roma abbiamo fatto tappa a Firenze* **2** Tratto di percorso compreso tra due soste successive: *dividere un viaggio in tre tappe* ◊ In un giro ciclistico o motoristico, la frazione di percorso da coprire giornalmente: *il Giro d'Italia avrà venti tappe*; *vincere una tappa* **3** ♧ Momento fondamentale nel corso di uno sviluppo: *la scoperta della penicillina è una tappa fondamentale nella storia della medicina.*

tappare [tap-pà-re] *v.tr.* Chiudere con un tappo Ⓢ turare: *tappare una bottiglia* ◊ Chiudere un'apertura in modo da non lasciare spiragli o fessure: *tappare una falla*; *tappare porte e finestre* ⧫ **tapparsi** *v.pr.* Chiudersi in un luogo senza mai uscirne Ⓢ rintanarsi: *da un mese si è tappato in casa.*

tapparella [tap-pa-rèl-la] *s.f.* Persiana avvolgibile: *alzare, abbassare la tapparella.*

tappeto [tap-pé-to] *s.m.* **1** Tessuto, per lo più rettangolare e di grosso spessore, eseguito con una tecnica particolare e usato nell'arredamento soprattutto per coprire i pavimenti: *un tappeto persiano, turco, cinese* | *Tappeto verde* = panno che ricopre i tavoli da gioco | ♧ *Mettere una questione sul tappeto* = porla in discussione, affrontarla | ♧ *Bombardamento a tappeto* = lancio fitto e concentrato di bombe su una zona eseguito da aerei allo scopo di distruggerla completamente | ♧ *Indagine a tappeto* = sistematica e capillare ◊ ♧ Strato fitto e spesso che ricopre una superficie: *il tappeto erboso dei prati, di un campo di calcio* **2** Il rivestimento morbido ed elastico delle piattaforme in cui si svolgono gli incontri di pugilato e di lotta | *Mandare l'avversario al tappeto* = atterrarlo.

tappezzare [tap-pez-zà-re] *v.tr.* **1** Rivestire pareti o altro con carta da parati, stoffe, tappeti ecc.: *tappezzare una stanza* **2** Ricoprire quasi completamente: *i muri della scuola erano tappezzati di manifesti.*

tappezzeria [tap-pez-ze-rì-a] *s.f.* Carta o tessuto con cui si rivestono pareti o mobili: *rifare la tappezzeria della sala.*

tappezziere [tap-pez-ziè-re] *s.m.* Artigiano che applica la tappezzeria alle pareti, monta tendaggi, riveste e imbottisce poltrone e divani ecc.

tappo [tàp-po] *s.m.* Oggetto che si applica alla bocca di un recipiente per chiuderlo: *tappo di sughero, di plastica, di metallo*; *mettere il tappo a una bottiglia, a una tanica* ◊ Qualsiasi elemento che serva a chiudere un recipiente o otturi un condotto: *il tappo del lavandino.*

tara [tà-ra] *s.f.* **1** Peso del recipiente o dell'imballaggio di una merce, che si deve detrarre dal peso lordo per avere il peso netto **2** Malattia o difetto fisico, per lo più di tipo ereditario.

tarantella [ta-ran-tèl-la] *s.f.* Vivace danza popolare tipica dell'Italia meridionale.

tarantola [ta-ràn-to-la] *s.f.* Grosso ragno dal corpo scuro e peloso, diffuso nell'Europa meridionale; il suo morso è velenoso ma non mortale.

tarare [ta-rà-re] *v.tr.* Regolare e graduare un apparecchio o uno strumento di misura per assicurarne la precisione: *tarare una bilancia, un tachimetro.*

tarchiato [tar-chià-to] *agg.* Di corporatura robusta e massiccia: *un uomo basso e tarchiato.*

tardare [tar-dà-re] *v.intr.* [aus. *avere*] Arrivare con ritardo, fare qualcosa con ritardo rispetto al tempo previsto, stabilito o necessario: *tardare a un appuntamento*; *perché hai tardato a rispondere?* ⧫ *v.tr.* Ritardare, tirare in lungo, differire: *tardare la consegna di un lavoro.*

tardi [tàr-di] *avv.* **1** A ora tarda, dopo il tempo consueto o normale: *svegliarsi tardi*; *ieri sera sono andato a letto tardi*; *si è fatto tardi, bisogna tornare* | *Sul tardi* = nelle ultime ore del pomeriggio o della mattina **2** Dopo il tempo stabilito, utile o opportuno Ⓢ in ritardo: *fare tardi a un appuntamento*; *se non vi sbrigate arriveremo tardi* **3** *Più tardi* = dopo un certo periodo di tempo, poi, in seguito: *vediamoci più tardi*; *più tardi si pentì del suo gesto* | *A più tardi* = a tra poco | *Al più tardi* = al massimo, come limite di tempo: *tornerà al più tardi domani* | *Presto o tardi* = prima o poi.

tardivo [tar-dì-vo] *agg.* **1** Che giunge, spunta, matura tardi rispetto alla norma Ⓒ precoce: *una primavera tardiva*; *frutti tardivi* **2** Che giunge troppo tardi per essere efficace: *soccorsi tardivi*; *scuse tardive.*

tardo [tàr-do] *agg.* **1** Lento, pigro: *essere tardo nel muoversi, nel decidere* ◊ ♧ Poco sveglio e pronto: *essere tardo di riflessi*; *un uomo tardo d'ingegno* **2** Avanzato nel tempo Ⓢ inoltrato: *morire in tarda età*; *è rientrato a casa a tarda notte.*

targa [tàr-ga] *s.f.* **1** Lastra o placca di metallo o di altro materiale su cui sono scritti nomi, numeri e altre indicazioni: *sulla porta di casa mise una targa d'ottone con il proprio nome* | *Targhe stra-*

dali = quelle che indicano il nome di una via o di una piazza | *Targa (di circolazione)* = piastra che si applica a un veicolo e che reca il numero e le lettere che servono a identificarlo **2** Lastra, spesso in metallo pregiato e con decorazioni, che viene data ai vincitori di gare sportive o come ricordo di particolari manifestazioni e avvenimenti.

target [parola inglese; pron. corrente *tàrghet*] *s.m.invar.* Nel linguaggio commerciale, la fascia di consumatori per la quale è stato pensato un certo prodotto o servizio.

targhetta [tar-ghét-ta] *s.f.* Piccola targa o cartellino, per lo più con l'indicazione del nome e dell'indirizzo.

tariffa [ta-rìf-fa] *s.f.* Prezzo di un servizio, di una prestazione o di una merce, fissato d'autorità da un ente pubblico o da categorie professionali: *tariffe postali, ferroviarie*; *le tariffe dei medici, dei taxi*; *aumentare le tariffe.*

tarlato [tar-là-to] *agg.* Danneggiato, roso dai tarli o dalle tarme: *un mobile, un tessuto tutto tarlato.*

tarlo [tàr-lo] *s.m.* **1** Insetto le cui larve rodono il legno scavandovi gallerie **2** ♧ Pena, tormento, assillo che rode l'animo: *il tarlo della gelosia, del rimorso.*

tarma [tàr-ma] *s.f.* Piccolo insetto le cui larve rodono e danneggiano tessuti di lana, tappeti, pellicce.

tartagliare [tar-ta-glià-re] *v.tr.* e *v.intr.* [aus. *avere*] Balbettare.

tartaro [tàr-ta-ro] *s.m.* **1** Incrostazione, costituita da vari sali, che si forma all'interno delle botti in cui fermenta il vino **2** Deposito calcareo che si forma intorno ai denti sopra le gengive.

tartaruga [tar-ta-rù-ga] *s.f.* **1** Rettile terrestre e marino con il corpo protetto da un robusta corazza ossea | ♧ *È una tartaruga* = una persona molto lenta **2** Materiale ricavato dal guscio della tartaruga: *pettine di tartaruga.*

tartassare [tar-tas-sà-re] *v.tr.* Trattare qualcuno con eccessiva severità e durezza Ⓢ maltrattare, strapazzare | *Tartassare un candidato agli esami* = sottoporlo a una serie di domande difficili e insidiose.

tartina [tar-tì-na] *s.f.* Crostino o fettina di pane imburrata e guarnita con vari ingredienti (olive, acciughe ecc.).

tartufo [tar-tù-fo] *s.m.* Fungo sotterraneo a forma di tubero, dal profumo penetrante, molto pregiato e ricercato.

tasca [tà-sca] *s.f.* **1** Specie di sacchetto cucito all'esterno o all'interno dei vestiti, nel quale si tengono piccoli oggetti d'uso personale: *la tasca posteriore dei pantaloni*; *tenere il portafoglio nella tasca interna della giacca* | ♧ *Averne le tasche piene* = essere stufo di qualcosa o di qualcuno | ♧ *Avere la vittoria, la promozione in tasca* = essere sicuro di poterla ottenere | ♧ *Conoscere un luogo come le proprie tasche* = conoscerlo benissimo **2** Scomparto interno o esterno di borse, valigie, zaini, portafogli.

tascabile [ta-scà-bi-le] *agg.* Di dimensioni così ridotte che si può tenere in tasca: *radiolina, libro, formato tascabile* ♦ *s.m.* Libro di formato ridotto in edizione economica: *una collana di tascabili.*

tascapane [ta-sca-pà-ne] *s.m.* Borsa da portare a tracolla, usata spec. da militari e cacciatori.

taschino [ta-schì-no] *s.m.* Piccola tasca posta sul petto delle giacche o dei gilet da uomo.

tassa [tàs-sa] *s.f.* **1** Somma che si deve pagare allo stato o ad altro ente pubblico in cambio di certi servizi: *tasse scolastiche*; *tassa sui rifiuti* **2** Nel linguaggio corrente, imposta: *pagare le tasse.*

tassametro [tas-sà-me-tro] *s.m.* Nei taxi, apparecchio contatore che calcola l'importo dovuto dal cliente in base al percorso e al tempo impiegato.

tassare [tas-sà-re] *v.tr.* Sottoporre al pagamento di una tassa o di un'imposta: *tassare una lettera, un pacco*; *tassare i contribuenti in base al reddito.*

tassativo [tas-sa-tì-vo] *agg.* Che non ammette obiezioni o deroghe Ⓢ perentorio, obbligatorio: *ho ordini tassativi di non far entrare nessuno.*

tassello [tas-sèl-lo] *s.m.* Piccolo pezzo di legno, pietra o altro materiale che si inserisce in pareti, mobili e strutture varie per restaurare una parte danneggiata, eliminare un'imperfezione, turare un foro o come ornamento ◊ Blocchetto di legno che viene murato in una parete per applicarvi chiodi, viti, ganci.

tassì [tas-sì] *s.m.* Taxi.

tasso1 [tàs-so] *s.m.* Mammifero carnivoro che vive in tane scavate nel terreno e cade in un lungo letargo invernale | *Dormire come un tasso* = molto profondamente.

tasso2 [tàs-so] *s.m.* Percentuale che misura la variazione di una grandezza nel tempo o il rapporto di due grandezze tra di loro: *nell'ultimo decennio è diminuito il tasso di crescita della popolazione* | *Tasso (di interesse)* = l'interesse percentuale che si paga sul denaro preso in prestito per un certo periodo di tempo: *la banca concede prestiti a un tasso annuale del 15%* ◊ Quantità percentuale: *il tasso di zucchero nel sangue* | *Tasso d'inquina-*

mento = la quantità di sostanze inquinanti presenti nell'aria o nell'acqua.

tastare [ta-stà-re] *v.tr.* Toccare leggermente più volte e in più punti, per trovare, riconoscere, controllare qualcosa al tatto: *il poliziotto tastò il passeggero per perquisirlo*; *tastò la parete in cerca dell'interruttore* | *Tastare il polso a qualcuno* = premerlo per misurarne i battiti | ♧ *Tastare il terreno* = indagare cautamente sulla realtà e i possibili sviluppi di una situazione o sulle intenzioni o lo stato d'animo di una persona.

tastiera [ta-stiè-ra] *s.f.* **1** La serie dei tasti allineati di strumenti come il pianoforte, l'organo, la fisarmonica e simili **2** La serie dei tasti di una macchina da scrivere, di una calcolatrice, di un computer, di un telefono e simili.

tasto [tà-sto] *s.m.* **1** Negli strumenti come il pianoforte, l'organo, la fisarmonica ecc., ciascuna delle leve bianche o nere che azionano il meccanismo che provoca il suono | ♧ *Toccare un tasto* = portare il discorso su un certo argomento: *hai toccato un tasto delicato* | ♧ *Battere sempre sullo stesso tasto* = ripetere un discorso con insistenza **2** Piccola leva o pulsante su cui si preme con il dito per imprimere un comando nelle macchine da scrivere, nelle calcolatrici, nei computer, negli apparecchi telefonici a tastiera ecc.

tastoni [ta-stó-ni] *avv. A tastoni* = tastando, alla cieca Ⓢ a tentoni: *procedeva a tastoni nel corridoio buio.*

tattica [tàt-ti-ca] *s.f.* **1** Nell'arte militare, il modo di impiegare le truppe e i mezzi bellici in una battaglia **2** Modo di agire e di comportarsi che si adotta e si ritiene più utile per raggiungere uno scopo: *tattica elettorale, pubblicitaria*; *se vuoi convincerlo devi usare un'altra tattica* | *Tattica (di gioco)* = la condotta di gioco adottata in una gara: *tattica difensiva, offensiva.*

tattile [tàt-ti-le] *agg.* Del tatto: *sensazione tattile.*

tatto [tàt-to] *s.m.* **1** Senso che permette di conoscere mediante il contatto con la pelle alcune caratteristiche fisiche degli oggetti (come forma, dimensioni, consistenza, temperatura): *una stoffa morbida al tatto* **2** ♧ Garbo, delicatezza, prudenza, senso dell'opportunità nel parlare, nell'agire, nel trattare con gli altri: *devi usare molto tatto con lui nell'affrontare questo argomento.*

tatuaggio [ta-tu-àg-gio] *s.m.* Disegno indelebile eseguito sulla pelle mediante incisione o mediante punture con iniezione di sostanze coloranti.

taurino [tau-rì-no] *agg.* Di, da toro | ♧ *Collo taurino* = corto e massiccio | ♧ *Forza taurina* = enorme: *è un uomo che ha una forza taurina.*

TAV *s.m.* o *f.* Sigla di Treno ad Alta Velocità e, per estensione, di linea ferroviaria costruita per questo tipo di treni.

taverna [ta-vèr-na] *s.f.* **1** Osteria di basso livello Ⓢ bettola **2** Ristorante arredato in stile rustico.

tavola [tà-vo-la] *s.f.* **1** Asse di legno lunga e stretta, di forma rettangolare: *un pavimento di tavole* **2** Piano di legno o di altro materiale, di limitato spessore, utilizzato per vari usi: *tavola da stiro* ◊ Quadro dipinto su legno: *una tavola del Quattrocento* **3** Mobile per vari usi costituito da un piano orizzontale di legno o altro materiale, sostenuto per lo più da quattro gambe Ⓢ tavolo: *tavola rettangolare, quadrata, tonda, ovale*; *tavola da disegno, da lavoro, da pranzo* | ♧ *Tavola rotonda* = riunione di esperti organizzata per discutere su un particolare problema | ♧ *Mettere le carte in tavola* = dichiarare apertamente le proprie intenzioni ◊ In partic., la tavola a cui ci si siede per mangiare: *apparecchio io la tavola*; *mettersi a tavola*; *servire in tavola* | *Amare la buona tavola* = la buona cucina | *Tavola calda, fredda* = locale pubblico in cui si servono vivande calde (o fredde) in genere da consumare al banco **4** Illustrazione, disegno, prospetto che occupa un'intera pagina di un libro: *un'enciclopedia con molte tavole a colori e in bianco e nero* **5** Tabella, prospetto: *tavola delle abbreviazioni*; *tavola pitagorica.*

tavolata [ta-vo-là-ta] *s.f.* Gruppo di persone sedute alla stessa tavola: *un'allegra tavolata di amici.*

tavoletta [ta-vo-lét-ta] *s.f.* Confezione rettangolare di prodotti alimentari o farmaceutici: *una tavoletta di cioccolato.*

tavolino [ta-vo-lì-no] *s.m.* Tavolo di piccole dimensioni: *i tavolini di un bar* ◊ In partic., tavolo usato per scrivere, studiare, lavorare: *ha passato molte ore al tavolino per preparare un esame* | ♧ *A tavolino* = in teoria, in astratto: *è facile risolvere le questioni a tavolino.*

tavolo [tà-vo-lo] *s.m.* Mobile per vari usi costituito da un piano orizzontale sostenuto per lo più da quattro gambe Ⓢ tavola: *tavolo da disegno, da gioco, da ping-pong.*

tavolozza [ta-vo-lòz-za] *s.f.* Assicella di legno su cui i pittori dispongono e mescolano i colori.

taxi [tà-xi o ta-xì] *s.m.invar.* Automobile per il trasporto pubblico, dotata di tassametro.

tazza [tàz-za] *s.f.* Piccolo recipiente di ceramica o altro materiale, a bocca rotonda, per lo più con un manico: *tazza da tè, da caffè* ◊ La quantità di liquido contenuta in una tazza: *bere una tazza di brodo.*

te [té] *pronome pers.* **1** Si usa al posto del pronome personale *tu* nei complementi indiretti: *vengo con te, da te*; *parlano di te* | *Fallo da te* = da solo, senza aiuto di altri | *Secondo te, per te* = a tuo parere ◊ Si usa come complemento oggetto e complemento di termine al posto del pronome personale *ti* quando gli si vuole dare particolare rilievo e quando è seguito dai pronomi *lo, la, li, le, ne*: *cercava proprio te*; *io credo a te, non a lui*; *chi te lo ha detto?*; *te ne pentirai* **2** Si usa come soggetto nelle esclamazioni e nelle comparazioni dopo *come* e *quanto*: *beato te!*; *è alto come te.*

tè *s.m.* **1** Arbusto sempreverde originario dell'Asia sud-orientale, coltivato per le sue foglie: *una piantagione di tè* **2** Le foglie disseccate e triturate di tale arbusto: *una bustina, un pacchetto di tè* ◊ La bevanda che si ottiene da queste foglie secche: *bere una tazza di tè*; *tè col latte, col limone.*

team [parola inglese; pron. corrente *tim*] *s.m. invar.* Gruppo di persone che collaborano a uno stesso progetto lavorativo, di studio, di ricerca ◊ Nel linguaggio sportivo, squadra, formazione.

teatrale [te-a-trà-le] *agg.* **1** Di, del teatro: *spettacolo, arte teatrale* **2** ♧ Detto di atteggiamento artificioso ed esagerato, che vuole impressionare: *gesto, tono teatrale.*

teatro [te-à-tro] *s.m.* **1** Edificio costruito e attrezzato per la rappresentazione di opere drammatiche, liriche e di altri tipi di spettacolo: *il teatro greco di Taormina*; *il teatro alla Scala di Milano*; *il palcoscenico, la platea, la galleria di un teatro* **2** L'attività artistica teatrale: *debuttare in teatro*; *fare del teatro* ◊ Spettacolo teatrale: *guardare il teatro in televisione* **3** Il complesso delle opere teatrali di un'epoca, di un paese, di un autore: *il teatro classico*; *il teatro italiano, francese*; *il teatro di Shakespeare* ◊ La produzione teatrale considerata in rapporto al genere (*teatro lirico, di prosa, di varietà*), all'argomento (*teatro comico, tragico*) o ai mezzi espressivi adottati (*teatro dialettale, dei burattini*) **4** ♧ Luogo in cui si svolge o si è svolto un fatto di rilievo: *il teatro di una rapina, di una battaglia* | *Teatro di guerra* = zona delle operazioni belliche.

teca [tè-ca] *s.f.* Astuccio o vetrinetta in cui si custodiscono oggetti preziosi o rari.

–teca Secondo elemento di parole composte nelle quali significa «deposito», «raccolta», «collezione» di qualcosa, indicando anche l'edificio o il locale in cui tale raccolta ha sede (*biblioteca, enoteca, discoteca*).

tecnica [tèc-ni-ca] *s.f.* **1** L'insieme delle regole pratiche da seguire e delle abilità necessarie nell'esercizio di un'attività: *tecnica chirurgica, militare, pittorica*; *la tecnica del ballo, della guida*; *un calciatore dotato di un'ottima tecnica* **2** Metodo con cui viene eseguito un lavoro Ⓢ procedimento: *una nuova tecnica di costruzione dei ponti* ◊ Nel linguaggio comune, metodo, sistema: *ha una tecnica tutta sua per attirare i clienti* **3** Applicazione delle scoperte scientifiche a scopi pratici come attività umana di invenzione e fabbricazione di oggetti e strumenti sempre più perfezionati: *i progressi della tecnica moderna.*

tecnico [tèc-ni-co] *agg.* [pl.m. *–ci*] **1** Proprio, specifico di un'attività particolare: *linguaggio tecnico*; *un termine tecnico* **2** Che riguarda la tecnica, l'applicazione e l'esecuzione pratica di un lavoro, di un'arte: *il progresso tecnico*; *l'abilità tecnica di un pittore* | *Istituti tecnici* = scuole secondarie di secondo grado che preparano all'esercizio di professioni di tipo tecnico-pratico ♦ *s.m.* Chi è esperto, specializzato e competente in un determinato settore: *chiedere il parere di un tecnico*; *è venuto un tecnico a riparare il televisore.*

tecnologia [tec-no-lo-gì-a] *s.f.* Studio della tecnica e delle sue applicazioni pratiche ◊ L'insieme dei mezzi e dei procedimenti tecnici utilizzati nelle diverse produzioni industriali: *tecnologia chimica, tessile.*

tedesco [te-dé-sco] *agg.* [pl.m. *–chi*] Della Germania: *il popolo, lo stato tedesco* ♦ *s.m.* **1** Nativo, abitante della Germania **2** La lingua parlata in Germania, in Austria e nella maggioranza della Svizzera: *studiare il tedesco.*

tediare [te-dià-re] *v.tr.* Annoiare profondamente, infastidire: *mi ha tediato con i suoi discorsi.*

tedio [tè-dio] *s.m.* Senso di fastidio, di noia opprimente: *il tedio delle giornate di pioggia.*

teenager [parola inglese; pron. corrente *tinèger*] *s.m.f.invar.* Giovane tra i tredici e i diciannove anni Ⓢ adolescente: *un gruppo di teenager.*

tegame [te-gà-me] *s.m.* Recipiente da cucina tondo e basso, con uno o due manici: *un tegame di rame, di terracotta.*

tegamino [te-ga-mì-no] *s.m.* Piccolo tegame, usato spec. per cuocere uova: *mi sono fatto due uova al tegamino.*

teglia [té-glia] *s.f.* Largo recipiente con bordi molto bassi, rotondo o rettangolare, usato per cuocere dolci o pietanze in forno.

tegola [té-go-la] *s.f.* Elemento di terracotta di forma varia usato per la copertura dei tetti.

teiera [te-iè-ra] *s.f.* Recipiente con manico e beccuccio in cui si prepara e serve il tè.

tela [té-la] *s.f.* **1** Tipo di tessuto compatto e uniforme: *tela di cotone, di lino*; *vestiti, scarpe di tela* **2** Dipinto eseguito su tela Ⓢ quadro: *una tela di Tiziano* **3** Sipario teatrale Ⓢ telone: *calare la tela.*

telaio [te-là-io] *s.m.* **1** Macchina per tessere, che produce il tessuto intrecciando i fili dell'ordito con quelli della trama: *telaio a mano, a pedale, meccanico* **2** Struttura rigida, per lo più rettangolare o quadrata, che serve da supporto di specchi, lastre di vetro, tele da dipingere, porte, finestre ecc. ◊ Struttura portante di una macchina, formata da pezzi metallici saldati tra loro: *il telaio di una bicicletta, di un'automobile.*

tele– **1** Primo elemento di parole composte, in cui significa «da lontano», «a distanza» (*telecomando, televisione, telefono*) **2** Abbreviazione di *televisione*, usata come primo elemento di parole composte (*telefilm, telecronaca, telecamera*).

telecamera [te-le-cà-me-ra] *s.f.* Apparecchio per la ripresa di immagini da trasmettere in televisione.

telecomandare [te-le-co-man-dà-re] *v.tr.* Comandare a distanza mezzi mobili, dispositivi, congegni ecc.

telecomando [te-le-co-màn-do] *s.m.* Dispositivo elettronico per il comando a distanza di un apparecchio: *il telecomando del televisore, del cancello elettrico.*

telecomunicazione [te-le-co-mu-ni-ca-zió-ne] *s.f.* Trasmissione a distanza di parole, suoni o immagini per mezzo del telefono, del telegrafo, della radio, della televisione ecc.

telecronaca [te-le-crò-na-ca] *s.f.* Ripresa e trasmissione per televisione di un avvenimento, accompagnata dal commento di un cronista: *la telecronaca di una partita di calcio.*

telecronista [te-le-cro-nì-sta] *s.m.f.* [pl.m. *–sti*] Chi commenta una telecronaca; cronista televisivo.

teleferica [te-le-fè-ri-ca] *s.f.* Impianto per il trasporto di materiali su vagoncini sospesi a una fune d'acciaio tesa tra due stazioni poste a notevole dislivello tra loro.

telefilm [te-le-film] *s.m.invar.* Film di breve durata realizzato per essere trasmesso per televisione.

telefonare [te-le-fo-nà-re] *v.intr.* [aus. *avere*] Parlare al telefono: *sta telefonando* ◊ Chiamare per telefono: *mi ha telefonato un amico* ♦ *v.tr.* Comunicare qualcosa per telefono: *ha telefonato che non verrà* ♦ **telefonarsi** *v.pr.* Chiamarsi per telefono: *si telefonano tutti i giorni.*

telefonata [te-le-fo-nà-ta] *s.f.* Chiamata, comunicazione telefonica: *ricevere una telefonata*; *telefonate urbane, interurbane* ◊ Conversazione telefonica: *abbiamo fatto una lunga telefonata.*

telefonico [te-le-fò-ni-co] *agg.* [pl.m. *–ci*] Del telefono: *impianto, apparecchio, elenco telefonico* ◊ Effettuato per mezzo del telefono: *chiamata, conversazione telefonica.*

telefonino [te-le-fo-nì-no] *s.m.* Nel linguaggio familiare, telefono cellulare.

telefonista [te-le-fo-nì-sta] *s.m.f.* [pl.m. *–sti*] Impiegato addetto ai servizi telefonici nelle centrali di una rete o nei centralini di uffici, alberghi ecc.

telefono [te-lè-fo-no] *s.m.* **1** Sistema di trasmissione a distanza della voce e di altri segnali attraverso cavi e fili che collegano una serie di impianti e apparecchi: *l'invenzione del telefono* **2** Apparecchio telefonico: *la cornetta, il filo del telefono*; *telefono a disco, a tastiera*; *telefono cellulare*; *chiamare, rispondere al telefono*; *numero di telefono* | ♧ *Colpo di telefono* = breve telefonata **3** Servizio telefonico: *la bolletta del telefono.*

telegiornale [te-le-gior-nà-le] *s.m.* Notiziario trasmesso per televisione, con resoconti e servizi filmati sui principali avvenimenti del giorno.

telegrafare [te-le-gra-fà-re] *v.tr.* e *v.intr.* [aus. *avere*] Comunicare per mezzo del telegrafo: *ci telegrafò l'ora del suo arrivo.*

telegrafico [te-le-grà-fi-co] *agg.* [pl.m. *–ci*] **1** Del telegrafo: *ufficio telegrafico* ◊ Trasmesso per telegrafo: *messaggio telegrafico* **2** ♧ Breve, conciso come i messaggi telegrafici: *sarò telegrafico.*

telegrafo [te-lè-gra-fo] *s.m.* Apparecchio per trasmettere messaggi a distanza utilizzando dei segni convenzionali.

telegramma [te-le-gràm-ma] *s.m.* [pl. *–mi*] Messaggio trasmesso attraverso il telegrafo: *mandò un telegramma di auguri.*

teleguidato [te-le-gui-dà-to] *agg.* Comandato, guidato a distanza: *un missile teleguidato.*

telematica [te-le-mà-ti-ca] *s.f.* Utilizzo delle reti di telecomunicazione per la trasmissione di dati e informazioni.

teleobiettivo [te-le-o-biet-tì-vo] o **teleobbiettivo** [te-le-ob-biet-tì-vo] *s.m.* Obiettivo fotografico con forte potere di ingrandimento, usato spec. per fotografare oggetti a grande distanza.

telepass ® [tè-le-pass] *s.m.invar.* Nome commerciale del sistema elettronico di riscossione automatica del pedaggio autostradale.

telepatia [te-le-pa-tì-a] *s.f.* Fenomeno per cui una persona avverte quel che pensa o sente un'altra persona senza avere alcuna comunicazione con questa.

teleria [te-le-rì-a] *s.f.* Assortimento di tessuti in tela ◊ Negozio che vende tessuti in tela.

teleriscaldamento [te-le-ri-scal-da-mén-to] *s.m.* Sistema di riscaldamento di più edifici, di quartieri o anche di intere città attraverso una rete di tubazioni nella quale circola acqua calda prodotta da un'unica centrale termica.

teleromanzo [te-le-ro-màn-zo] *s.m.* Romanzo sceneggiato in più puntate trasmesso in televisione.

teleschermo [te-le-schér-mo] *s.m.* **1** Schermo dell'apparecchio televisivo **2** Televisione: *i divi del teleschermo.*

telescopio [te-le-scò-pio] *s.m.* Cannocchiale a forte ingrandimento per osservare oggetti molto distanti e, in partic., corpi celesti.

teleselezione [te-le-se-le-zió-ne] *s.f.* Servizio telefonico automatico che consente di effettuare chiamate interurbane e internazionali componendo un determinato prefisso prima del numero dell'apparecchio da chiamare.

televisione [te-le-vi-sió-ne] *s.f.* **1** Sistema di trasmissione a distanza di immagini, attraverso onde radio o via cavo: *l'invenzione della televisione* **2** Stazione televisiva ◊ Azienda che gestisce impianti di trasmissione televisiva e realizza i diversi programmi: *la televisione pubblica, privata*; *un giornalista, un presentatore della televisione*; *il mondo della televisione* **3** I programmi trasmessi per televisione: *guarda spesso la televisione* **4** Televisore: *accendere, spegnere la televisione.*

televisivo [te-le-vi-sì-vo] *agg.* Della televisione: *i programmi televisivi* | *Apparecchio televisivo* = televisore.

televisore [te-le-vi-só-re] *s.m.* Apparecchio che riceve le trasmissioni televisive: *televisore con schermo al plasma, LCD.*

tellurico [tel-lù-ri-co] *agg.* [pl.m. *–ci*] Della terra (riferito spec. ai fenomeni che avvengono nel sottosuolo): *scosse telluriche*; *i terremoti sono movimenti tellurici.*

telo [té-lo] *s.m.* Pezzo di tela o di altro tessuto, per lo più rettangolare.

telone [te-ló-ne] *s.m.* **1** Telo di grandi dimensioni **2** Sipario teatrale che viene calato dall'alto.

tema [tè-ma] *s.m.* **1** Argomento, soggetto di un discorso o di uno scritto: *il tema di una conferenza, di un dibattito, di una relazione* **2** Argomento da svolgere per scritto come esercitazione scolastica: *assegnare un tema d'italiano* ◊ Il tema svolto Ⓢ componimento: *consegnare il tema.*

temerario [te-me-rà-rio] *agg.* **1** Che affronta i pericoli senza riflettere, per audacia o sconsideratezza: *un pilota temerario*; *un ragazzo troppo temerario* **2** Detto di atto o comportamento, imprudente e troppo rischioso: *un'impresa temeraria.*

temere [te-mé-re] *v.tr.* [pass.rem. *teméi* o *temètti*] **1** Avere paura di qualcuno o qualcosa; avere timore che qualcosa avvenga o non avvenga: *temere un avversario*; *temere una disgrazia, un castigo, la morte*; *temo che il bambino abbia preso l'influenza*; *temeva di non farcela ad arrivare in tempo* ◊ Avere il dubbio, il sospetto di qualcosa Ⓢ credere, ritenere: *temo che sia proprio lui il colpevole*; *temo che dovremo rimandare la partenza* **2** Risentire negativamente di qualcosa Ⓢ patire, soffrire: *una pianta che teme il freddo*; *un prodotto che teme l'umidità* ♦ *v.intr.* [aus. *avere*] Essere preoccupato, preoccuparsi: *temeva per il fratello*; *andrà tutto bene, non temere.*

tempaccio [tem-pàc-cio] *s.m.* Brutto tempo.

tempera [tèm-pe-ra] *s.f.* Tecnica di pittura che impiega colori in polvere diluiti in acqua mista a sostanze collose (e detti appunto *colori a tempera* o *tempere*): *dipingere a tempera* ◊ Dipinto eseguito con colori a tempera.

temperamatite [tem-pe-ra-ma-tì-te] *s.m.invar.* Arnese per fare la punta alle matite.

temperamento [tem-pe-ra-mén-to] *s.m.* Complesso delle caratteristiche psichiche di un individuo, che ne determinano il comportamento e le attitudini Ⓢ carattere, indole: *un temperamento calmo, nervoso*; *avere un temperamento artistico*; *un lavoro non adatto al suo temperamento.*

temperanza [tem-pe-ràn-za] *s.f.* Capacità di dominare e moderare i propri impulsi e desideri; moderazione, sobrietà.

temperare [tem-pe-rà-re] *v.tr.* **1** Frenare, moderare (passioni o sentimenti violenti): *temperare la collera* ◊ Attenuare, addolcire: *cercò di temperare la scortesia con un sorriso* **2** *Temperare una matita* = farle la punta.

temperato [tem-pe-rà-to] *agg.* Moderato, non eccessivo, mite (riferito alla temperatura o al clima): *un inverno temperato* | *Clima temperato* = con estati non troppo calde e inverni miti | *Zone temperate* = in geografia, le fasce della terra comprese tra i tropici e i circoli polari.

temperatura [tem-pe-ra-tù-ra] *s.f.* **1** Grado di calore di un corpo o di un ambiente: *misurare la temperatura dell'acqua, del forno* | *Temperatura di ebollizione, di fusione* = quella a cui un liquido passa allo stato gassoso o un solido allo stato liquido: *il ghiaccio fonde alla temperatura di zero gradi centigradi* **2** Grado di calore dell'atmosfera in una determinata zona: *temperatura in aumento al sud, in diminuzione al nord*; *temperature minime, massime* **3** Grado di calore del corpo umano: *misurare la temperatura a un malato* | *Avere un po' di temperatura* = una leggera febbre.

temperino [tem-pe-rì-no] *s.m.* **1** Coltellino tascabile con una o due lame ripiegabili nel manico **2** Temperamatite.

tempesta [tem-pè-sta] *s.f.* **1** Violenta perturbazione atmosferica con forte vento e pioggia Ⓢ bufera, burrasca | *Mare in tempesta* = molto agitato **2** ♧ Fitta serie di colpi o altro che investono con violenza o rapidità: *un tempesta di pugni*; *lo investì con una tempesta di domande.*

tempestare [tem-pe-stà-re] *v.tr.* Colpire con colpi violenti e ripetuti: *tempestare il tavolo di pugni* | ♧ *Tempestare qualcuno di telefonate, di domande* = non lasciargli un attimo di respiro con continue telefonate o domande.

tempestivo [tem-pe-stì-vo] *agg.* Che avviene, è fatto o agisce nel momento opportuno, in tempo utile: *intervento, aiuto tempestivo*; *sei stato tempestivo nell'avvisarmi.*

tempestoso [tem-pe-stó-so] *agg.* **1** Agitato dalla tempesta o che minaccia tempesta: *mare tempestoso*; *cielo tempestoso* **2** ♧ Agitato da accesi contrasti Ⓢ tumultuoso: *una discussione, una seduta tempestosa.*

tempia [tèm-pia] *s.f.* Ciascuna delle due regioni del capo situate ai lati della fronte, tra l'occhio e l'orecchio: *si è ucciso sparandosi un colpo di rivoltella alla tempia.*

tempio [tèm-pio] *s.m.* [pl. *tempi* o *templi*] Edificio destinato al culto religioso: *gli antichi templi greci*; *un tempio egizio.*

tempismo [tem-pì-smo] *s.m.* Capacità di agire, di intervenire nel momento giusto, più opportuno: *il corridore ha scelto con tempismo il momento di attaccare.*

tempo [tèm-po] *s.m.* **1** Successione ininterrotta di istanti entro cui si svolge il corso degli eventi e avviene ogni nostra esperienza: *il passare del tempo*; *a volte il tempo vola, mentre quando ci si annoia non passa mai* ◊ Questa stessa successione di istanti in quanto viene suddivisa in modo indefinito o secondo un sistema di misura: *periodo, intervallo di tempo*; *la suddivisione del tempo in millenni, secoli, anni, mesi, settimane, giorni, ore, minuti, secondi*; *l'orologio misura il tempo* **2** Periodo di tempo di durata più o meno lunga e definita: *lo conosco da molto tempo*; *vado in vacanza per qualche tempo*; *dammi ancora due giorni di tempo* **3** Spazio di tempo previsto, impiegato o occorrente per compiere un'azione, un lavoro o perché qualcosa sia terminato: *quanto tempo ci metterai?*; *dammi il tempo di vestirmi e sono da te*; *per fare ogni cosa ci vuole il suo tempo*; *il tempo di cottura del pane* ◊ Spazio di tempo che nel corso della giornata o della vita viene dedicato a un'attività o a uno scopo: *il tempo del lavoro, dello studio, dello svago, del riposo*; *non trovo mai il tempo per leggere* **4** Epoca, età storica o della vita: *il tempo passato, presente*; *i tempi moderni, antichi*; *al tempo di Napoleone*; *il tempo dell'infanzia* ◊ Periodo particolare della vita di una società: *tempo di guerra, di pace*; *viviamo in tempi difficili* ◊ Periodo dell'anno caratterizzato da determinate attività, usanze, ricorrenze, fenomeni naturali: *il tempo delle vacanze, dei bagni*; *il tempo della semina, del raccolto*; *il tempo della fioritura* **5** Momento adatto, opportuno: *è tempo di partire* | *A tempo debito, a suo tempo* = al momento giusto, quando sarà possibile | *Prima del tempo, anzi tempo* = prematuramente, prima del momento giusto **6** Età di una persona, di un animale, spec. giovani: *quanto tempo ha il bambino?* **7** Tempo impiegato a coprire la distanza di una gara di corsa: *ha ottenuto un buon tempo, il miglior tempo* ◊ Nel calcio, nella pallacanestro e in altri sport, il tempo fissato alla durata di un incontro e ciascuna delle parti uguali in cui tale tempo è suddiviso: *il tempo sta per scadere*; *la nostra squadra ha segnato un gol nel secondo tempo* **8** Parte di uno spettacolo cinematografico, teatrale, televisivo: *ho perso il primo tempo del film* **9** Grado di velocità con cui si deve eseguire un pezzo musicale; ritmo di una musica, di una danza: *tempo lento, veloce*; *tempo di valzer, di mazurca*; *battere il tempo con la mano, con il piede* **10** In grammatica, forma del verbo che indica il momento e la durata dell'azione espressa dal verbo **11** L'insieme delle condizioni meteorologiche che in un determinato momento caratterizzano una certa zona: *tempo bello, brutto, piovoso, caldo, umido, variabile*; *ho ascoltato alla radio le previsioni del tempo* | *Tempo da cani, da lupi* = pessimo.

temporale [tem-po-rà-le] *s.m.* Breve ma violenta perturbazione atmosferica, con raffiche di vento, pioggia o grandine, lampi e tuoni: *sta scoppiando un temporale.*

temporaneo [tem-po-rà-ne-o] *agg.* Che dura per un periodo di tempo limitato, che non è definitivo Ⓢ provvisorio, momentaneo: *ha avuto un incari-*

co temporaneo; *la temperatura è in temporanea diminuzione.*

temporeggiare [tem-po-reg-già-re] *v.intr.* [aus. *avere*] Prendere tempo, indugiare, ritardare un'azione, una decisione, aspettando il momento opportuno Ⓢ tergiversare: *preferì temporeggiare in attesa che la situazione si chiarisse.*

tempra [tèm-pra] *s.f.* **1** Trattamento cui vengono sottoposti i metalli e il vetro per aumentarne la durezza e la resistenza **2** ♧ Costituzione fisica di un individuo: *avere una tempra molto robusta* ◊ Complesso delle qualità psichiche e morali di una persona: *ha la tempra dell'artista.*

temprare [tem-prà-re] *v.tr.* **1** Sottoporre al trattamento della tempra: *temprare l'acciaio, il vetro* **2** ♧ Rendere più saldo, fortificare nel corpo o nell'animo: *le sventure temprano il carattere* ♦ **temprarsi** *v.pr.* Diventare più forte, più resistente: *il carattere si tempra nella lotta.*

tenace [te-nà-ce] *agg.* Fermo nei propositi, deciso e ostinato nel perseguire un fine: *chi è tenace ottiene ciò che vuole* ◊ Saldo, costante e durevole: *volontà, odio tenace.*

tenacia [te-nà-cia] *s.f.* Fermezza di volontà, risolutezza e perseveranza nell'agire: *affronta con tenacia ogni prova*; *studia, lavora con tenacia.*

tenaglia [te-nà-glia] *s.f.* **1** (spec. al *pl.*) Attrezzo formato da due leve incrociate ruotanti su un perno e incurvate a ganascia a un'estremità, usato per afferrare, stringere, strappare o tranciare: *togliere un chiodo con le tenaglie*; *tenaglia da falegname, da fabbro* **2** (al *pl.*) Chele degli scorpioni, dei granchi e di altri crostacei.

tenda [tèn-da] *s.f.* **1** Telo che si stende sopra o davanti a qualcosa per nasconderlo o per ripararlo; in partic., telo che si lascia pendere davanti a porte e finestre per riparare dalla vista e dal sole ◊ Telo pesante montato sopra balconi o vetrine di negozi per difendere dal sole e dalle intemperie **2** Riparo smontabile e trasportabile, costituito da teli impermeabili sostenuti da pali, usato da popolazioni nomadi come abitazione e da soldati e campeggiatori come ricovero temporaneo.

tendaggio [ten-dàg-gio] *s.m.* (spec. al *pl.*) L'insieme delle tende che ornano finestre e porte di un ambiente.

tendenza [ten-dèn-za] *s.f.* **1** Disposizione naturale, propensione verso qualcosa Ⓢ inclinazione, attitudine: *mostra una spiccata tendenza per la musica* **2** Orientamento diffuso verso un certo comportamento: *oggi c'è la tendenza a sposarsi più tardi* **3** Attitudine di una cosa a modificarsi in un certo modo; direzione in cui si evolve un fenomeno: *il tempo ha tendenza a migliorare*; *le tendenze del mercato, della moda.*

tendere [tèn-de-re] *v.tr.* [pass.rem. *tési, tendésti*; part.pass. *téso*] **1** Distendere qualcosa tirando in modo da allungarlo o allargarlo al massimo: *tendere una corda, un elastico* | *Tendere le reti* = disporle per catturare pesci o uccelli | ♧ *Tendere un agguato, un tranello, una trappola a qualcuno* = prepararli **2** Allungare, distendere, protendere, porgere: *tendere le braccia (verso qualcuno, al cielo)*; *gli tese la mano* | ♧ *Tendere l'orecchio* = cercare di ascoltare con attenzione per sentire rumori deboli o quanto altri stanno dicendo ♦ *v.intr.* [aus. *avere*] **1** Dirigersi verso una certa direzione: *l'aria calda tende verso l'alto* **2** ♧ Mirare, aspirare a uno scopo; cercare di ottenere qualcosa: *la sua richiesta tendeva a rimandare la decisione*; *tendere al successo* ◊ Essere incline, propenso: *un carattere che tende al pessimismo* **3** Avviarsi, evolversi verso un determinato cambiamento: *il tempo tende al bello*; *la situazione tende a migliorare* ◊ Avere tendenza a determinate variazioni: *una stoffa che tende a scolorire* ◊ Avvicinarsi a una certa gradazione o caratteristica (detto di sapori, odori, colori): *un colore rosso che tende al viola* ♦ **tendersi** *v.pr.* Entrare in tensione, contrarsi: *i suoi muscoli si tesero nello sforzo.*

tendine [tèn-di-ne] *s.m.* Ciascuno dei cordoni di tessuto fibroso che saldano i muscoli alle ossa.

tendone [ten-dó-ne] *s.m.* **1** Telo di tessuto resistente usato per ricoprire carri, camion, merci ecc. **2** Grande tenda, sorretta da robuste impalcature, sotto la quale si svolgono spettacoli e altre manifestazioni: *il tendone del circo, della fiera.*

tendopoli [ten-dò-po-li] *s.f.* Accampamento di molte tende; in partic., complesso di tende per abitazione e per servizi allestito per ospitare persone rimaste senza tetto per guerre o calamità naturali.

tenebra [tè-ne-bra] *s.f.* (spec. al *pl.*) **1** Oscurità, buio totale: *le tenebre della notte* **2** ♧ Assenza di ogni chiarezza Ⓢ mistero: *il delitto è avvolto nelle tenebre.*

tenebroso [te-ne-bró-so] *agg.* Immerso nelle tenebre, completamente buio: *un cielo tenebroso*; *un antro tenebroso.*

tenente [te-nèn-te] *s.m.* Nell'esercito e nell'aeronautica, ufficiale di grado inferiore a quello di capitano.

tenere [te-né-re] *v.tr.* [pres. *tèngo, tièni, tiène, teniàmo, tenéte, tèngono*; pass.rem. *ténni, tenésti*; fut. *terrò*; cong.pres. *(io, tu, egli) tènga, teniàmo,* *teniàte, tèngano*; cond. *terrèi*; imper. *tièni, tenéte*; part.pass. *tenùto*] **1** Stringere, afferrare, reggere qualcosa o qualcuno in modo che resti fermo, non cada o non sfugga: *teneva in mano un coltello*; *tenere un bambino in braccio*; *tenetelo, vuole aggredirmi!*; *tienimi la scala mentre salgo* **2** Mantenere, far restare qualcosa o qualcuno in una determinata posizione o condizione: *tenere le mani in tasca, gli occhi bassi*; *tenere le finestre aperte, la casa in ordine*; *tenere qualcuno in prigione* ◊ Conservare qualcosa in un certo posto o in una certa condizione: *tenere i soldi in banca, al sicuro*; *il burro va tenuto in frigorifero* ◊ Serbare, mantenere qualcosa: *tenere fede alla parola data*; *sai tenere un segreto?* | *Tenere a mente* = ricordare, non dimenticare **3** Prendere, conservare per sé qualcosa: *tieni questo libro, non mi serve*; *si è tenuto tutti i soldi* ◊ Occupare, conservare per altri: *vai pure, ti tengo io il posto* **4** Trattenere: *l'influenza lo tenne a letto per una settimana*; *tenere il respiro* **5** Contenere: *la damigiana tiene trenta litri* **6** Procedere seguendo una certa direzione Ⓢ mantenere: *tenere la destra, la sinistra*; *la nave non riesce a tenere la rotta* ◊ ♧ Seguire un certo modo di vivere, di comportarsi: *tenere una vita esemplare, un contegno riservato* **7** Organizzare, fare: *tenere una manifestazione, un'assemblea*; *tenere una lezione, un discorso* **8** Gestire, amministrare qualcosa: *tenere un bar*; *tenere i conti* **9** Considerare, giudicare, stimare: *tenere qualcuno in grande considerazione* **10** *Tenere d'occhio* = sorvegliare, non perdere di vista | *Tenere caldo* = detto di indumenti, trasmettere calore al corpo: *un golf che tiene molto caldo* | *Tenere qualcosa da conto* = conservarlo con cura | *Tener conto di qualcuno, di qualcosa* = prenderli in considerazione ♦ *v.intr.* [aus. *avere*] **1** Resistere, reggere: *la corda, il gancio, il nodo non tiene* ◊ Far presa: *l'ancora tiene bene*; *questa colla non tiene* ◊ Non far uscire un liquido o un gas: *il serbatoio, il tappo non tiene* **2** Procedere, andare in una direzione: *tenere a destra* **3** Parteggiare; fare il tifo: *tenere per il più debole*; *per che squadra tieni?* **4** Dare importanza, essere molto interessato a qualcuno o a qualcosa; avere a cuore: *è un amico a cui tengo molto*; *ci terrei a fare bella figura* ♦ **tenersi** *v.pr.* **1** Aggrapparsi, reggersi: *tenetevi stretti alla ringhiera*; *tieniti alla corda per non cadere* **2** Restare, mantenersi in una data posizione o condizione: *tenersi a distanza, in disparte*; *tenetevi pronti a partire*; *tenersi al corrente* ◊ Procedere seguendo una data direzione: *tenetevi sulla destra* **3** Trattenersi: *non riusciva a tenersi dal ridere.*

tenerezza [te-ne-réz-za] *s.f.* Sentimento di affetto delicato, di dolce commozione: *guardava il figlio con tenerezza* | *Fare tenerezza* = destare dolce commozione o compassione: *quella bestiola mi fa tenerezza.*

tenero [tè-ne-ro] *agg.* **1** Non duro, che si scalfisce, si piega, si lavora con facilità: *legno, metallo tenero* ◊ Morbido, molle, cedevole: *l'argilla è tenera* **2** Delicato, in quanto nato da poco: *un tenero germoglio* | ♧ *Tenera età* = prima infanzia: *un bambino in tenera età* **3** ♧ Facile ad affezionarsi e a commuoversi: *essere di animo tenero* ◊ Affettuoso, dolce e premuroso: *una tenera madre*; *un tenero sguardo*; *una tenera amicizia.*

tenia [tè-nia] *s.f.* Verme parassita dell'intestino dell'uomo e di alcuni animali; è chiamato anche *verme solitario.*

tennis [tèn-nis] *s.m.invar.* Gioco che si disputa tra due o quattro giocatori che si rimandano con una racchetta una pallina oltre la rete che divide in due un campo rettangolare ◊ *Tennis da tavolo* = gioco simile al tennis che si svolge su un tavolo rettangolare diviso a metà da una reticella Ⓢ ping-pong.

tennista [ten-nì-sta] *s.m.f.* [pl.m. *-sti*] Giocatore di tennis.

tenore [te-nó-re] *s.m.* **1** Tono, contenuto di uno scritto o di un discorso: *non mi è piaciuto il tenore della sua lettera* ◊ *Tenore di vita* = modo di vivere, soprattutto con riferimento ai mezzi economici che si hanno e a quanto si spende: *una popolazione con un basso tenore di vita*; *un tenore di vita dispendioso* **2** Percentuale di una sostanza contenuta in un liquido, in un materiale: *vino a basso tenore alcolico* **3** Cantante maschio che ha la voce dal tono più alto e più acuto.

tensione [ten-sió-ne] *s.f.* **1** Il fatto di essere teso: *controllare la tensione di un cavo* **2** ♧ Stato emotivo di ansia, di eccitazione nervosa: *la tensione dell'attesa*; *la notizia lo mise in grande tensione* **3** ♧ Situazione di ostilità, di contrasto più o meno latente tra due o più persone, gruppi, paesi: *c'è tensione tra i due fratelli*; *l'aumento delle tensioni internazionali.*

tentacolo [ten-tà-co-lo] *s.m.* Ciascuna delle lunghe appendici mobili presenti sul corpo di alcuni animali invertebrati acquatici, che servono per afferrare e per spostarsi: *i tentacoli del polpo.*

tentare [ten-tà-re] *v.tr.* **1** Provare, sperimentare o cercare di mettere in atto qualcosa: *tentare una nuova cura, un esperimento*; *tentare la fuga, di fuggire* **2** Mettere alla prova; indurre in tentazione: *non tentarmi con quei dolci, sai che sono a dieta!* ◊ Attrarre, allettare, invogliare: *l'idea di una vacanza mi tenta molto.*

tentativo [ten-ta-tì-vo] *s.m.* Atto con cui si cerca di realizzare un intento, prova per riuscire in qualcosa: *tentativo di evasione, di rapina*; *ogni tentativo fu vano.*

tentazione [ten-ta-zió-ne] *s.f.* **1** Impulso a fare qualcosa che alletta ma che è moralmente riprovevole: *ebbe la tentazione di rubare*; *non mi indurre in tentazione!*; *resistere alle tentazioni* **2** Cosa che attrae, oggetto di desiderio: *che tentazione quei pasticcini!*

tentennare [ten-ten-nà-re] *v.intr.* [aus. *avere*] **1** Oscillare, dondolare, traballare perché malfermo, poco saldo: *il dente tentenna, sta per cadere* **2** ♧ Essere incerto, indeciso Ⓢ esitare, titubare: *ancora tentenna sulla decisione da prendere* ♦ *v.tr.* Scuotere lievemente: *tentennò il capo in segno di disapprovazione, di dubbio.*

tentoni [ten-tó-ni] *avv.* Tastando lo spazio intorno con le mani, coi piedi, con un bastone Ⓢ alla cieca, a tastoni: *camminare (a) tentoni nel buio*; *cercava (a) tentoni l'interruttore della luce.*

tenue [tè-nue] *agg.* **1** Debole, poco intenso: *un suono tenue*; *un tenue chiarore* ◊ Pallido, delicato (detto di colori): *un giallo, un rosa tenue* **2** ♧ Esile, esiguo, lieve, poco consistente: *resta ancora una tenue speranza.*

tenuta [te-nù-ta] *s.f.* **1** Capacità di mantenere una data condizione, un dato livello, di resistere: *il governo ha mostrato una buona tenuta* | *Tenuta di strada* = capacità di un autoveicolo di seguire la direzione voluta senza sbandare ◊ Capacità di un recipiente o di una chiusura di impedire la fuoruscita di liquidi, gas o vapori: *la tenuta di un rubinetto, di un tappo*; *serbatoi a tenuta stagna* **2** Capacità di un recipiente: *il serbatoio ha una tenuta di 500 litri* **3** Vasta proprietà terriera: *ha una tenuta nell'entroterra toscano* **4** Abbigliamento specifico per particolari attività o circostanze: *tenuta da lavoro, sportiva*; *i soldati erano in tenuta di marcia.*

tenuto [te-nù-to] *agg. Essere tenuto a* = essere obbligato, dovere: *non sono tenuto a risponderti.*

teologia [te-o-lo-gì-a] *s.f.* Studio di Dio, delle cose divine e del loro rapporto con quelle umane e naturali.

teorema [te-o-rè-ma] *s.m.* [pl. *–mi*] In matematica, affermazione, tesi la cui verità può essere dimostrata per via logica: *il teorema di Pitagora.*

teoria [te-o-rì-a] *s.f.* **1** Insieme sistematico di tesi con cui si definiscono i principi generali di una scienza, di una disciplina, di un'arte: *teorie fisiche, filosofiche, matematiche*; *teorie morali, estetiche* ◊ Ipotesi scientifica formulata per spiegare un particolare fenomeno: *avanzare una nuova teoria sull'origine del cancro* **2** Insieme di norme e precetti generali su cui si fonda un'attività pratica: *per prendere la patente prima della prova pratica bisogna superare un esame di teoria* | *In teoria* = in astratto: *in teoria la cosa è semplice, ma in pratica non lo è* **3** Modo di pensare Ⓢ opinione, concezione: *ho una mia teoria su come educare i figli.*

teorico [te-ò-ri-co] *agg.* [pl.m. *–ci*] Di teoria, che riguarda la teoria: *manuale teorico*; *mancare di conoscenze teoriche* ◊ Che prescinde dalla pratica Ⓢ astratto Ⓒ pratico, concreto: *dal punto di vista teorico la cosa non è impossibile.*

tepore [te-pó-re] *s.m.* Calore lieve e gradevole: *il tepore del letto, di una giornata di primavera.*

teppista [tep-pì-sta] *s.m.f.* [pl.m. *–sti*] Persona, spec. giovane, che compie atti vandalici e di violenza: *una banda di teppisti.*

terabyte [te-ra-by-te; pron. *terabàit*] *s.m.invar.* In informatica, unità di misura della quantità di dati, equivalente a 1024 gigabyte.

terapeutico [te-ra-pè-u-ti-co] *agg.* [pl.m. *–ci*] Di terapia Ⓢ curativo: *metodi terapeutici*; *le proprietà terapeutiche di una pianta, di un'acqua minerale, di un farmaco.*

terapia [te-ra-pì-a] *s.f.* Cura, metodo di cura di una malattia: *il medico gli ha prescritto una nuova terapia.*

tergicristallo [ter-gi-cri-stàl-lo] *s.m.* Dispositivo costituito da una o due spazzole di gomma che, azionate da un motorino elettrico, scorrono sul parabrezza degli autoveicoli per tenere pulito il vetro da pioggia, neve o polvere.

tergiversare [ter-gi-ver-sà-re] *v.intr.* [aus. *avere*] Cercare di rinviare una decisione, di non assumersi una responsabilità perdendo tempo, ricorrendo a pretesti o sotterfugi Ⓢ temporeggiare, nicchiare: *non tergiversare, deciditi!*

termale [ter-mà-le] *agg. Acque termali* = che sgorgano da sorgenti con una temperatura naturale superiore ai 20° C | *Cure termali* = a base di acque termali | *Stabilimento termale* = in cui si praticano cure termali.

terme [tèr-me] *s.f.pl.* **1** Complesso di edifici attrezzati per praticare cure a base di acque calde o contenenti particolari sali minerali: *le terme di Salsomaggiore* **2** Presso gli antichi romani, complesso di edifici pubblici dotati di piscine per bagni caldi e freddi, con annesse palestre, sale di riunione, biblioteche, giardini.

termico [tèr-mi-co] *agg.* [pl.m. *–ci*] Di calore; relativo al calore o alla temperatura: *energia termica*; *escursione termica* | *Impianto termico* = di riscaldamento.

terminal [parola inglese; pron. corrente *tèrminal*] *s.m.invar.* **1** Stazione di partenza e di arrivo di mezzi di trasporto pubblici: *il terminal degli autobus* **2** *(Air) terminal* = stazione urbana di un aeroporto, ad esso collegata da mezzi di trasporto terrestri.

terminale [ter-mi-nà-le] *agg.* Che si trova al termine di qualcosa o ne costituisce l'ultima parte Ⓢ finale: *il tratto terminale di una strada.*

terminare [ter-mi-nà-re] *v.tr.* Portare a termine qualcosa Ⓢ finire, ultimare, concludere Ⓒ iniziare: *terminare un lavoro, un quadro, gli studi* ♦ *v.intr.* [aus. *essere*] Giungere al termine Ⓢ finire, concludersi: *la partita sta per terminare*; *il mio compito termina qui* ◊ Andare a finire, sboccare in qualche luogo: *il sentiero termina in una radura* ◊ Finire, concludersi in un dato modo: *la partita terminò in pareggio*; *parole che terminano in «a».*

termine [tèr-mi-ne] *s.m.* **1** Punto estremo, ultima parte di qualcosa Ⓢ fine, conclusione Ⓒ inizio, principio: *al termine del sentiero c'è un rifugio*; *giungere al termine del viaggio* | *Portare a termine qualcosa* = portarlo a compimento, concluderlo | *Porre termine a qualcosa* = farlo cessare | *Volgere al termine* = stare per finire: *la giornata volge al termine* **2** Limite estremo di tempo entro il quale si può o si deve fare qualcosa Ⓢ scadenza: *il termine per l'iscrizione alla scuola sta per scadere* | *A breve, medio, lungo termine* = a breve, media, lunga scadenza **3** Punto, grado a cui si è giunti, in cui ci si trova: *le trattative sono giunte ormai a buon termine* ◊ *Complemento di termine* = in grammatica, quello che indica la persona o la cosa a cui è rivolta l'azione espressa dal verbo **4** (spec. al *pl.*) I punti, gli elementi essenziali che caratterizzano qualcosa: *non conosco i termini dell'accordo*; *chiarire i termini della questione* | *In questi termini* = in questo modo: *la situazione sta in questi termini* **5** Vocabolo, parola, espressione: *usare un termine tecnico, scientifico*; *termini dialettali, stranieri*; *mi ha parlato in termini offensivi* | *Senza mezzi termini* = con parole chiare, apertamente: *gli ho detto senza mezzi termini quel che penso di lui* | *Moderare i termini* = moderare il proprio linguaggio evitando parole offensive, volgarità e simili.

termite [tèr-mi-te] *s.f.* Insetto simile alla formica che vive nei paesi caldi in grandi colonie dentro nidi scavati nel legno o costruiti con terriccio.

termo– Primo elemento di parole composte in cui significa «calore», «temperatura».

termoelettrico [ter-mo-e-lèt-tri-co] *agg.* [pl.m. *–ci*] Che produce elettricità sfruttando l'energia del calore generato bruciando combustibili fossili: *centrale termoelettrica.*

termometro [ter-mò-me-tro] *s.m.* Strumento per misurare la temperatura: *il termometro segna trenta gradi all'ombra*; *provati la febbre con il termometro.*

termos [tèr-mos] o **thermos** [thèr-mos] *s.m.invar.* Recipiente capace di conservare alla temperatura originaria per alcune ore bevande calde o fredde.

termosifone [ter-mo-si-fó-ne] *s.m.* Sistema di riscaldamento di ambienti mediante circolazione di acqua calda che da una caldaia centrale arriva ai singoli radiatori attraverso una rete di tubi ◊ Nel linguaggio comune, radiatore, calorifero: *il termosifone della sala perde acqua.*

termostato [ter-mò-sta-to] *s.m.* Apparecchio che serve a mantenere costante la temperatura in un ambiente.

terna [tèr-na] *s.f.* Gruppo di tre persone tra le quali si dovrà scegliere chi dovrà assumere un certo incarico: *proporre una terna di candidati alla presidenza* ◊ *Terna arbitrale* = nel calcio, l'arbitro e i due guardalinee.

terno [tèr-no] *s.m.* Nel gioco del lotto, combinazione di tre numeri giocati o estratti: *vincere un terno al lotto.*

terra [tèr-ra] *s.f.* **1** Il pianeta in cui viviamo (si scrive con l'iniziale maiuscola nel significato astronomico): *la Terra è il terzo pianeta del sistema solare in ordine di distanza dal Sole*; *la rotazione della Terra intorno al proprio asse* ◊ Il globo terrestre, considerato come spazio geografico, come ambiente naturale o come sede della vita terrena dell'uomo Ⓢ mondo: *esplorare tutta la terra*; *l'inquinamento mette in pericolo la terra*; *la felicità non è di questa terra* | ♧ *Cose che non stanno né in cielo né in terra* = incredibili, assurde **2** Parte emersa della superficie terrestre (spec. in contrapposizione a *mare* e *acqua*): *terra ferma*; *una lingua di terra si protende nel mare*; *trasporti via terra* | *Scendere a terra* = scendere da un'imbarcazione o anche da un qualsiasi mezzo di trasporto | *Prendere, toccare terra* = approdare, detto di imbarcazione; atterrare, detto di velivolo | ♧ *Per mare e per terra* = dappertutto: *l'ho cercato per mare e per terra* **3** Suolo, terreno, pavimento: *la terra tremò per alcuni secondi*; *l'aereo si sollevò da terra*; *nascondere qualcosa sotto terra*; *posare*

A B C D E F G H I J K L M N O P Q R S T U V W X Y Z

un pacco per terra | ♧ *Essere a terra* = essere fisicamente stanco, debole o molto depresso | *Avere una gomma a terra* = un pneumatico sgonfio | ♧ *Stare coi piedi per terra, avere i piedi per terra* = essere realista **4** Territorio, regione, paese: *terre polari*; *scoprire nuove terre*; *trovarsi in terra straniera*; *avere nostalgia della propria terra* **5** Il materiale friabile che costituisce lo strato superficiale della crosta terrestre e contiene gli elementi nutritivi necessari alla crescita delle piante: *sporcarsi le scarpe di terra*; *far portare un camion di terra*; *strada in terra battuta* ◊ Tale materiale considerato in rapporto al suo sfruttamento agricolo Ⓢ terreno: *terra arida, sterile, fertile, incolta*; *lavorare, zappare, arare, concimare la terra* ◊ Campagna, agricoltura: *i prodotti della terra*; *i lavoratori della terra* ◊ Terreno coltivabile; possedimento rurale; fondo: *ha comprato alcuni ettari di terra*; *possiede vaste terre* **6** Argilla, creta: *mattoni di terra cotta al sole* ♦ usato come *agg. invar. Piano terra* = pianterreno.

terracotta [ter-ra-còt-ta] *s.f.* [pl. *terrecotte*] Argilla cotta al forno, usata per la fabbricazione di materiali edilizi, vasellame, oggetti vari: *tegole, piatti, vasi di terracotta.*

terraferma [ter-ra-fér-ma] *s.f.* Terra che emerge dal mare: *i marinai sbarcarono sulla terraferma* ◊ Continente, in contrapposizione alle isole: *uno stretto braccio di mare separa l'isola dalla terraferma.*

terrapieno [ter-ra-piè-no] *s.m.* Massa di terra accumulata a scopo di difesa militare o come rinforzo o sostegno di muri, argini, sedi stradali ecc.

terrazza [ter-ràz-za] *s.f.* **1** Ripiano di copertura di un edificio, in genere praticabile e recintato con un parapetto: *stendere i panni in terrazza* ◊ Terrazzo, balcone (specie se ampio) **2** Ripiano ricavato su un terreno in pendio, destinato alla coltivazione Ⓢ terrazzo.

terrazzo [ter-ràz-zo] *s.m.* **1** Ripiano scoperto, sporgente o rientrante rispetto al muro esterno di un edificio, accessibile da un appartamento attraverso porte-finestre; ampio balcone ◊ Terrazza **2** Terrazza (nel sign. 2): *coltivazioni a terrazzi.*

terremotato [ter-re-mo-tà-to] *agg.* Colpito, danneggiato da un terremoto: *zona terremotata* ♦ *s.m.* Abitante di una zona colpita dal terremoto.

terremoto [ter-re-mò-to] *s.m.* **1** Serie di più o meno rapide e violente scosse della crosta terrestre, causate da fenomeni che avvengono al suo interno Ⓢ sisma: *la città fu distrutta dal terremoto* **2** ♧ Sconvolgimento; cambiamento radicale: *terremoto in testa alla classifica del campionato* **3** ♧ Bambino o ragazzo troppo vivace, che non sta mai fermo e mette tutto in disordine: *quel terremoto ne ha combinata un'altra.*

terreno[1] [ter-ré-no] *agg.* **1** Dell'uomo su questa terra, di questo mondo: *vita terrena*; *piaceri, beni terreni* **2** *Piano terreno* = situato al livello del suolo, della strada.

terreno[2] [ter-ré-no] *s.m.* **1** Zona della superficie terrestre con particolari caratteristiche: *terreno sabbioso, argilloso*; *terreno pianeggiante, montuoso, paludoso* ◊ In senso generico, suolo, terra: *la casa è sprofondata per un cedimento del terreno* **2** Pezzo di terra coltivata o coltivabile Ⓢ campo, podere, fondo: *terreno arido, fertile*; *possiede molti terreni* **3** Area destinata a uso edilizio: *comprare un terreno fabbricabile* **4** Campo di battaglia, zona di guerra, luogo in cui si svolge un duello | *Restare sul terreno* = morire in combattimento ◊ *Terreno (di gioco)* = campo di gioco: *giocare sul proprio terreno, sul terreno avversario* **5** ♧ Settore, materia, argomento: *un terreno ancora inesplorato dalla scienza*; *su questo terreno sono impreparato.*

terreo [tèr-re-o] *agg.* Di colore livido, grigio, giallognolo: *era terreo in volto per la paura.*

terrestre [ter-rè-stre] *agg.* **1** Della Terra come pianeta: *superficie, crosta terrestre* | *Paradiso terrestre* = l'Eden; ♧ luogo incantevole, tranquillo **2** Che vive, opera o si svolge sulla terraferma; di terra: *flora, fauna terrestre*; *forze terrestri*; *battaglia terrestre.*

terribile [ter-rì-bi-le] *agg.* **1** Che incute terrore, spavento, che provoca angoscia Ⓢ spaventoso, orrendo: *un mostro, una sciagura terribile*; *mi è venuto un dubbio terribile* **2** Crudele, spietato, molto severo: *un nemico, un padre terribile* **3** Tremendo, enorme, insopportabile: *un caldo, una fatica terribile.*

terriccio [ter-rìc-cio] *s.m.* Terra che forma lo strato superficiale del suolo di boschi e campi, ricca di sostanze vegetali in decomposizione Ⓢ humus.

terriero [ter-riè-ro] *agg.* Di terre, di terreni agrari: *proprietà terriera*; *proprietari terrieri.*

terrificante [ter-ri-fi-càn-te] *agg.* Che incute terrore Ⓢ orribile, spaventoso, raccapricciante: *una scena terrificante.*

terrina [ter-rì-na] *s.f.* Recipiente di terracotta, rotondo e con bordi alti, che si usa come insalatiera, zuppiera o per la cottura di vivande.

territorio [ter-ri-tò-rio] *s.m.* **1** Estensione piuttosto vasta di terreno con determinate caratteristiche: *un territorio montuoso, pianeggiante* **2** Zona sottoposta a un'unica amministrazione: *territorio nazionale, straniero*; *la casa si trova ai confini del territorio comunale.*

terrore [ter-ró-re] *s.m.* Forte spavento, grande e incontrollata paura: *quell'uomo mi incute terrore*; *essere in preda al terrore*; *avere terrore del buio.*

terrorismo [ter-ro-rì-smo] *s.m.* Metodo di lotta politica basato su atti di violenza (attentati, omicidi, sabotaggi, sequestri).

terrorista [ter-ro-rì-sta] *s.m.f.* [pl.m. *–sti*] Chi compie atti di terrorismo o appartiene a gruppi che li compiono.

terrorizzare [ter-ro-riz-zà-re] *v.tr.* Incutere terrore, riempire di terrore; tenere in uno stato di terrore: *bande di criminali terrorizzano la città.*

terso [tèr-so] *agg.* Pulito, nitido, limpido: *cielo terso*; *aria tersa*; *vetri tersi e trasparenti.*

terza [tèr-za] *s.f.* **1** Terza classe di una scuola: *mia sorella frequenta la terza liceo* **2** Terza marcia del cambio di velocità di un veicolo a motore: *innestare la terza.*

terzetto [ter-zét-to] *s.m.* Gruppo di tre persone accomunate da qualche caratteristica o che fanno qualcosa insieme: *un terzetto di furfanti.*

terziario [ter-zià-rio] *agg.* e *s.m.* Detto del settore dei servizi e di tutte le attività che non fanno parte dell'agricoltura e dell'industria: *il commercio, i trasporti, la scuola, le banche, le telecomunicazioni fanno parte del (settore) terziario.*

terzino [ter-zì-no] *s.m.* Nel gioco del calcio, ciascuno dei giocatori della difesa schierati sulle fasce laterali del campo: *terzino destro, sinistro.*

terzo [tèr-zo] *agg.num.ord.* Che occupa il posto numero tre in una serie, in una graduatoria (si scrive 3° in numeri arabi, III in numeri romani): *abita al terzo piano*; *è arrivato terzo nella gara* | *Di terz'ordine* = scadente: *roba di terz'ordine* | *Terzo mondo* = i paesi sottosviluppati ♦ *s.m.* **1** La terza parte di un intero: *ha diritto a un terzo del guadagno* **2** (al *pl.*) Gli altri, altre persone: *è meglio non parlarne in presenza di terzi*; *fare un lavoro per conto terzi.*

tesa [té-sa] *s.f.* Parte sporgente del cappello Ⓢ falda.

teschio [tè-schio] *s.m.* Insieme delle ossa della testa; in partic., cranio di uno scheletro.

tesi [tè-si] *s.f.* Affermazione, opinione, idea, teoria la cui validità viene sostenuta con determinati argomenti: *confutare, respingere una tesi assurda, infondata*; *il tribunale ha accolto la tesi della difesa* ◊ *Tesi di laurea* = lavoro scritto su un argomento che uno studente presenta e discute all'esame di laurea.

teso [té-so] *agg.* **1** Che è in tensione Ⓢ tirato: *la corda è troppo tesa* ◊ Disteso, non piegato: *tenere la gamba tesa* ◊ ♧ Che è in uno stato di tensione psicologica, di ansia: *prima del colloquio era molto teso* | *Avere i nervi tesi* = essere nervoso, agitato | *Rapporti tesi* = difficili, al limite della rottura | *Situazione tesa* = critica, sul punto di esplodere in conflitti **2** Proteso in avanti: *chiedeva l'elemosina tenendo la mano tesa* ◊ Indirizzato, rivolto a uno scopo: *i nostri sforzi sono tesi a ottenere migliori risultati.*

tesoro [te-sò-ro] *s.m.* **1** Grande quantità di denaro, oro, gemme, oggetti preziosi: *sotterrare un tesoro*; *cercare un antico tesoro nascosto* **2** Erario pubblico | *Ministero del tesoro* = il ministero che si occupa della politica monetaria e della gestione del denaro pubblico **3** ♧ Ricchezza naturale: *i tesori del sottosuolo* ◊ Cosa molto preziosa, di grande importanza: *l'Italia è piena di tesori artistici*; *la salute è un gran tesoro, cerca di conservarla* **4** ♧ Persona che si ama molto o che desta grande simpatia e ammirazione per la sua bontà, gentilezza, serietà, disponibilità ad aiutare: *quel bambino è il mio tesoro*; *hai un tesoro di marito*; *sei stato un tesoro a venirmi a prendere.*

tessera [tès-se-ra] *s.f.* **1** Cartoncino rettangolare con i dati anagrafici e spesso anche la fotografia della persona a cui è intestato; serve come documento di riconoscimento o di appartenenza a una associazione, a un partito, a una categoria o per conferire al suo proprietario particolari diritti: *tessera di socio, di giornalista*; *tessera d'abbonamento al tram, al treno* **2** Ciascuno dei pezzetti di pietra o altro materiale con cui si compone un mosaico **3** Ciascuno dei pezzi del gioco del domino.

tessere [tès-se-re] *v.tr.* [pass.rem. *tesséi, tessésti*] **1** Intrecciare al telaio i fili dell'ordito con quelli della trama per ottenere un tessuto: *tessere il cotone, la lana*; *tessere una tovaglia*; *tessere a mano, a macchina* | ♧ *Tessere le lodi di qualcuno* = lodarlo grandemente **2** ♧ Tramare, ordire, macchinare: *tessere inganni, congiure.*

tesserino [tes-se-rì-no] *s.m.* Tessera di riconoscimento o d'abbonamento: *il tesserino dell'autobus.*

tessile [tès-si-le] *agg.* Che riguarda la tessitura e i tessuti: *industria tessile*; *operaio tessile* | *Fibre tessili* = quelle adatte a essere tessute.

tessitura [tes-si-tù-ra] *s.f.* **1** L'operazione e il modo del tessere: *tessitura della lana, del lino*; *tessitura a mano, a macchina* **2** Stabilimento in cui si producono tessuti.

A B C D E F G H I J K L M N O P Q R S T U V W X Y Z

tessuto [tes-sù-to] *s.m.* **1** Prodotto della tessitura: *un tessuto di cotone, di lana*; *negozio di tessuti* **2** In biologia, insieme di cellule di natura e funzione analoga: *tessuto muscolare, osseo, nervoso.*

test [parola inglese; pron. *tèst*] *s.m.invar.* **1** Serie di domande che servono a valutare le caratteristiche psicologiche, l'intelligenza, le attitudini, le reazioni di uno o più individui: *sottoporsi a un test* **2** In prove d'esame, quesito seguito da una serie di risposte, una sola delle quali è esatta: *i test dell'esame di guida* **3** Esperimento, prova: *vietare i test nucleari.*

testa [tè-sta] *s.f.* **1** Parte superiore del corpo umano (e anteriore nel corpo degli animali) che contiene il cervello e i principali organi di senso Ⓢ capo: *girare la testa*; *fare un cenno con la testa*; *prendere una botta in testa* | *Giramento di testa* = vertigine | ♧ *Chinare, abbassare la testa* = cedere, sottomettersi | ♧ *Andare, camminare a testa alta* = essere orgoglioso di sé, non aver nulla di cui vergognarsi ◊ Nell'uomo, la parte superiore del capo, rivestita dei capelli: *andare a testa scoperta*; *lavarsi la testa* **2** ♧ Mente: *adoperare la testa*; *la chimica non mi entra in testa*; *chi ti ha messo in testa queste sciocchezze?* | *Avere la testa sulle spalle* = essere equilibrato, giudizioso, realista | *Avere la testa tra le nuvole* = essere distratto, immerso in fantasticherie | *Passare per la testa* = venire in mente | *Mi è passato di testa* = me ne sono dimenticato | *Montarsi la testa* = esaltarsi o illudersi | *Perdere la testa* = non capire più nulla, perdere il controllo di sé | *Perdere la testa per qualcuno* = innamorarsene perdutamente | *Fare di testa propria* = agire secondo il proprio pensiero, senza ascoltare i consigli altrui **3** Persona, individuo: *ci tocca una fetta a testa* | *Testa calda* = persona impulsiva, facile all'ira, all'entusiasmo, alla ribellione | *Testa dura* = persona testarda o ottusa | *Testa di rapa, di cavolo* = stupido, imbecille **4** Estremità per lo più arrotondata di un oggetto di forma lineare: *testa di un chiodo, di un fiammifero* ◊ Parte superiore o anteriore di qualcosa: *la testa di un siluro, di un missile* | *Testa del letto* = la spalliera dal lato in cui si poggia la testa Ⓢ testata | *Testa di un treno* = la parte che comprende la motrice e le prime carrozze **5** ♧ Parte iniziale, più avanzata di una fila, di una massa di persone in movimento: *la testa di un corteo* | *Tenere testa al nemico, a un avversario* = opporglisi, fronteggiarlo validamente | *Essere, mettersi alla testa di qualcosa* = esserne a capo, assumerne il comando ◊ Prima posizione in una gara o in una classifica: *prendere la testa della corsa*; *passare in testa.*

testacoda [te-sta-có-da] *s.m.invar.* Sbandamento in seguito al quale un autoveicolo gira su se stesso venendosi a trovare in senso di marcia opposto a quello di prima: *la macchina ha slittato sul ghiaccio e ha fatto un testacoda.*

testamento [te-sta-mén-to] *s.m.* **1** Documento scritto con cui una persona stabilisce a chi dovranno andare i propri beni dopo la sua morte: *fare testamento* **2** *Antico, Vecchio Testamento* = la parte della Bibbia anteriore all'insegnamento di Gesù Cristo | *Nuovo Testamento* = la parte della Bibbia contenente l'insegnamento di Gesù Cristo (i Vangeli) e degli apostoli.

testardaggine [te-star-dàg-gi-ne] *s.f.* Cocciutaggine, ostinazione.

testardo [te-stàr-do] *agg.* e *s.m.* Detto di chi si ostina in un'idea o in un proposito, senza piegarsi alla realtà o senza accettare i consigli altrui Ⓢ cocciuto, ostinato.

testata [te-stà-ta] *s.f.* **1** Parte estrema, superiore o anteriore di qualcosa: *missili a testata nucleare* | *Testata del letto* = la spalliera dalla parte della testa **2** Parte superiore della prima pagina di un giornale, dove compaiono il nome, la data, il prezzo e altre indicazioni **3** Colpo dato o battuto con la testa: *prendere una testata nello stomaco*; *picchiare una testata contro un palo.*

teste [tè-ste] *s.m.f.* Testimone in un processo: *teste d'accusa, di difesa*; *interrogare un teste.*

testicolo [te-stì-co-lo] *s.m.* Ciascuna delle due ghiandole sessuali maschili.

testimone [te-sti-mò-ne] *s.m.f.* **1** Chi assiste o ha assistito a un fatto; chi è in grado di attestare qualcosa avendone conoscenza diretta: *essere testimone di una rapina*; *tu sei testimone di tutte le difficoltà che ho incontrato* **2** Persona chiamata a deporre davanti a un magistrato intorno a fatti dei quali è a diretta conoscenza Ⓢ teste: *interrogare i testimoni della difesa, dell'accusa* ◊ Persona che assiste alla stesura di un atto pubblico e lo sottoscrive attestandone la validità: *fare da testimone alle nozze* **3** (solo *m.*) Nelle corse a staffetta, bastoncino che un atleta consegna al compagno successivo al termine della sua frazione.

testimonianza [te-sti-mo-niàn-za] *s.f.* **1** Dichiarazione, deposizione di un testimone: *testimonianza a favore di un imputato*; *è stato arrestato per falsa testimonianza* **2** Prova, attestazione, segno di qualcosa: *mi ha dato una testimonianza di affetto*; *ricevere testimonianze di solidarietà.*

testimoniare [te-sti-mo-nià-re] *v.tr.* **1** Dichiarare qualcosa come testimone: *ha testimoniato di non* *aver visto l'imputato* **2** Costituire una prova, un documento di qualcosa: *parole che testimoniano la sua buona fede*; *monumenti che testimoniano la grandezza di un'antica civiltà* ♦ *v.intr.* [aus. *avere*] Deporre in giudizio come testimone: *è stato chiamato in tribunale a testimoniare sui fatti di cui è a conoscenza.*

testimonio [te-sti-mò-nio] *s.m.* Testimone (spec. di nozze).

testo [tè-sto] *s.m.* **1** L'insieme delle parole che costituiscono il contenuto di uno scritto: *il testo di una legge, di una commedia, di un discorso, di una canzone* **2** Opera, libro autorevole, importante: *i testi classici* ◊ *Testo scolastico, libro di testo* = volume adottato come guida per l'insegnamento: *testo di storia, di geografia, di matematica.*

testone [te-stó-ne] *s.m.* **1** Persona dalla testa grossa **2** ♧ Persona ottusa, poco intelligente o testarda.

testuale [te-stu-à-le] *agg.* **1** Del testo, relativo a un testo: *analisi testuale* **2** Che corrisponde alla lettera a quanto è stato detto o scritto: *queste sono le sue testuali parole.*

testuggine [te-stùg-gi-ne] *s.f.* Tartaruga (spec. marina).

tetano [tè-ta-no] *s.m.* Grave malattia infettiva, quasi sempre mortale, provocata da un bacillo che penetra attraverso ferite non disinfettate.

tetro [tè-tro] *agg.* **1** Buio, oscuro, squallido al punto di dare un senso di oppressione e di paura: *un ambiente tetro*; *i tetri sotterranei di un castello* **2** ♧ Cupo, triste, malinconico, funereo Ⓒ allegro: *è sempre di umore tetro.*

tetto [tét-to] *s.m.* **1** Copertura di un edificio: *il tetto di una casa, di una capanna*; *tetto di paglia, di frasche, di tegole* **2** Copertura di un veicolo: *automobile con tetto apribile* **3** ♧ Punto più alto: *l'Everest è il tetto del mondo* ◊ Limite massimo, livello oltre il quale non si può andare: *fissare il tetto delle spese.*

tettoia [tet-tó-ia] *s.f.* Copertura di spazi aperti sorretta da pilastri, colonne o pali: *la tettoia della stazione.*

thermos vedi **termos**.

thriller [parola inglese; pron. corrente *trìller*] *s.m.invar.* Romanzo, spettacolo o film le cui storie sono costruite in modo da tenere il lettore o lo spettatore in un continuo stato di tensione, angoscia o paura.

ti *pronome pers.* **1** Te: *non ti ha avvertito?*; *vorrei aiutarti* ◊ A te: *ti ha detto che non vengo?* ◊ Si usa nella coniugazione dei verbi pronominali: *ti sei lavato?*; *ricordati di scrivere* **2** In alcune espressioni serve a esprimere una particolare partecipazione affettiva del soggetto o ha un puro valore rafforzativo: *ti sei mangiato tutto il dolce*; *chi ti credi di essere?*

Il pronome *ti* si mette prima del verbo in tutti i tempi tranne che all'imperativo, all'infinito, al gerundio e al participio passato; quando si appoggia a imperativi di una sola sillaba la *t* viene raddoppiata: *fatti avanti*; *vatti a bere qualcosa*; davanti a *lo, la, li, le, ne* assume la forma *te: voglio dirtelo*; *te ne ha parlato.*

tiara [tià-ra] *s.f.* Alto copricapo ornato da tre corone sovrapposte e sormontato da una croce, portato un tempo dal papa nelle cerimonie solenni.

tibia [tì-bia] *s.f.* Osso lungo della gamba che va, parallelo al perone, dal ginocchio fino alla caviglia.

tic *s.m.invar.* **1** Movimento involontario e frequente di certi muscoli, di origine nervosa: *ha il tic (nervoso) di strizzare gli occhi* **2** ♧ Gesto o espressione che si ripete di continuo senza rendersene conto.

ticchettio [tic-chet-tì-o] *s.m.* Rumore prodotto da battiti secchi e leggeri che si ripetono con rapida frequenza: *il ticchettio dell'orologio.*

ticchio [tìc-chio] *s.m.* Voglia improvvisa e bizzarra Ⓢ capriccio, ghiribizzo: *se gli salta il ticchio, è capace di telefonarti in piena notte.*

ticket [parola inglese; pron. corrente *tìchet*] *s.m.invar.* **1** Quota percentuale del costo di medicinali, visite mediche, analisi ecc., che lo stato fa pagare al cittadino come contributo alle spese del servizio sanitario **2** Biglietto, scontrino: *il ticket dell'autobus.*

tiepido [tiè-pi-do] *agg.* **1** Moderatamente caldo; di temperatura mite: *caffè tiepido*; *una giornata tiepida* **2** ♧ Poco caloroso, poco entusiastico: *è stato molto tiepido nei suoi complimenti*; *ricevere una tiepida accoglienza.*

tifare [ti-fà-re] *v.intr.* [aus. *avere*] Fare il tifo: *tifare per una squadra, per un cantante.*

tifo [tì-fo] *s.m.* **1** Malattia infettiva e contagiosa che colpisce soprattutto l'intestino **2** ♧ Sostegno appassionato e spesso fanatico manifestato a una squadra sportiva, a un atleta o anche a un personaggio pubblico: *fare il tifo per il Milan, per un corridore, per un candidato.*

tifone [ti-fó-ne] *s.m.* Ciclone tropicale che colpisce soprattutto i mari a sud dell'India e della Cina.

tifoso [ti-fó-so] *agg.* e *s.m.* Che, chi fa il tifo, parteggia con entusiasmo per una squadra, per un atleta, per un personaggio pubblico ecc.

tiglio [tì-glio] *s.m.* Albero dalla chioma folta, con foglie a forma di cuore e fiori profumatissimi, usati per preparare degli infusi.

tigrato [ti-grà-to] *agg.* Striato con strisce scure come il mantello della tigre: *un gatto tigrato.*

tigre [tì-gre] *s.f.* Grosso felino carnivoro asiatico dal corpo snello e agile rivestito di un mantello giallo-rossiccio a strisce nere trasversali.

tilt [parola inglese; pron. corrente *tìlt*] *s.m.invar. Andare, mandare in tilt* = cessare o far cessare di funzionare a causa di un guasto o di qualche inconveniente, riferito soprattutto ad apparecchi e circuiti elettronici e alla circolazione stradale: *dopo l'incidente sulla tangenziale il traffico è andato in tilt*; riferito a persona, andare o mandare in confusione o in uno stato di blocco mentale: *quella domanda l'ha mandato in tilt.*

timbrare [tim-brà-re] *v.tr.* Bollare, contrassegnare con un timbro: *timbrare la corrispondenza.*

timbro [tìm-bro] *s.m.* **1** Strumento per imprimere bolli, cifre, scritte: *timbro a inchiostro, a secco* ◊ Marchio, bollo impresso con tale strumento: *su questa lettera manca il timbro postale* **2** Qualità particolare del suono di uno strumento o di una voce che lo differenzia dai suoni emessi da un altro strumento o da un'altra voce: *un violino dal timbro inconfondibile*; *ha un bel timbro di voce*; *parlare con timbro nasale, gutturale.*

timer [parola inglese; pron. corrente *tàimer*] *s.m. invar.* Dispositivo automatico che entra in funzione a tempo o a intervalli di tempo stabiliti, regolando il funzionamento di congegni, macchine, impianti: *il timer di una lavatrice.*

timidezza [ti-mi-déz-za] *s.f.* Carattere timido, insicuro; comportamento timido, impacciato.

timido [tì-mi-do] *agg.* **1** Che prova timore, soggezione di fronte agli altri o si mostra impacciato, insicuro, troppo riservato in una situazione, per timore di sbagliare, di far brutta figura: *un ragazzo molto timido*; *non essere timido: dì quel che volevi dire* **2** Che esprime o rivela timidezza, insicurezza, indecisione: *gli rispose con un timido sorriso*; *fece un timido tentativo di reazione* ◊ ♧ Incerto, vago: *tra le nuvole spuntò un timido raggio di sole* ⧫ *s.m.* Persona timida.

timo [tì-mo] *s.m.* Arbusto diffuso nell'area mediterranea, le cui foglie molto odorose sono impiegate per aromatizzare le vivande.

timone [ti-mó-ne] *s.m.* **1** Organo che serve a mantenere o a cambiare la rotta di un'imbarcazione, costituito da una pala fissata verticalmente a poppa e comandato da una barra, da una ruota o, sulle navi, da meccanismi più complessi **2** Complesso delle superfici mobili della coda di un aereo, mediante le quali se ne regola la direzione **3** Sbarra dell'aratro o stanga che sporge sul davanti di un carro, che serve da guida e alla quale si attaccano gli animali da tiro o un trattore.

timoniere [ti-mo-niè-re] *s.m.* Chi, in una nave o in un'imbarcazione, è addetto alla manovra del timone.

timore [ti-mó-re] *s.m.* **1** Preoccupazione, ansia, paura che si prova di fronte a qualcosa che si teme o al pensiero che possa capitare qualcosa di dannoso o di spiacevole: *il timore degli esami*; *aveva timore di ammalarsi, di non farcela* ◊ Preoccupazione di fare cosa ad altri sgradita: *avevo timore di disturbarvi* **2** Sentimento di rispettosa soggezione: *provava un timore reverenziale per il professore.*

timoroso [ti-mo-ró-so] *agg.* Pieno di timore.

timpano [tìm-pa-no] *s.m.* **1** Sottile membrana nel condotto dell'orecchio, che vibra per effetto dei suoni | ♧ *Essere duro di timpani* = sentirci male | ♧ *Rompere i timpani* = assordare con forti rumori o grida **2** Strumento a percussione simile al tamburo.

tinello [ti-nèl-lo] *s.m.* Piccola stanza da pranzo, per lo più adiacente alla cucina.

tingere [tìn-ge-re] *v.tr.* [pres. *tìngo, tìngi*; pass. rem. *tìnsi, tingésti*; part.pass. *tìnto*] **1** Dare a qualcosa un colore diverso da quello originario: *tingere una stoffa, un vestito (di giallo, di blu)*; *tingersi i capelli, le labbra* **2** Macchiare, sporcare con una sostanza colorante: *la penna mi ha tinto le dita di inchiostro* **3** ♧ Colorare: *il tramonto tingeva il cielo di rosso* ⧫ **tingersi** *v.pr.* **1** Truccarsi col rossetto o con altri cosmetici **2** Assumere un dato colore Ⓢ colorarsi: *il cielo si tinse di rosa* ◊ ♧ Assumere una particolare caratteristica: *se non è stato lui, la vicenda si tinge di mistero.*

tino [tì-no] *s.m.* Recipiente simile a una grande botte in cui si mette l'uva pigiata a fermentare.

tinozza [ti-nòz-za] *s.f.* Recipiente in legno, metallo o plastica, simile a un piccolo tino, ma più largo e più basso, usato in passato per fare il bucato o il bagno.

tinta [tìn-ta] *s.f.* **1** Colore assunto da un oggetto in seguito a tintura: *la tinta della gonna sta sbiadendo* | *Tessuto a, in tinta unita* = di un solo colore, senza disegni ◊ Colore naturale: *ha una bella tinta di capelli* ◊ Colore, tono di colore: *tinta chiara, scura*; *tinta fredda, calda* **2** Materia con cui si tinge Ⓢ colorante, tintura: *dare una mano di tinta* *alla porta* **3** ♧ (spec. al *pl.*) Modo di descrivere o di considerare le cose | *Vedere tutto a tinte fosche* = in modo pessimistico.

tinteggiare [tin-teg-già-re] *v.tr.* Colorare, pitturare, dare la tinta, spec. a pareti e infissi.

tintinnare [tin-tin-nà-re] *v.intr.* [aus. *avere*] Risuonare con suoni squillanti, brevi e ripetuti: *si sentirono tintinnare i sonagli, i campanelli.*

tintinnio [tin-tin-nì-o] *s.m.* Serie continuata di suoni simili a quelli di un campanello.

tinto [tìn-to] *agg.* **1** Sottoposto a tintura: *un abito tinto*; *capelli tinti* ◊ Truccato, imbellettato: *labbra tinte* **2** Che ha assunto un certo colore: *nuvole tinte di rosa.*

tintore [tin-tó-re] *s.m.* [f. *–ra*] **1** Operaio addetto alla tintura di tessuti, pelli o altro **2** Gestore di una tintoria.

tintoria [tin-to-rì-a] *s.f.* **1** Stabilimento o laboratorio in cui si tingono tessuti, filati, pelli ecc. **2** Negozio, laboratorio in cui si smacchiano, si lavano e si stirano indumenti, coperte ecc.

tintura [tin-tù-ra] *s.f.* **1** Operazione del tingere: *tintura di pelli, di tessuti* ◊ Colorante che serve per tingere: *tintura per capelli* **2** *Tintura di iodio* = disinfettante liquido estratto dallo iodio.

tipico [tì-pi-co] *agg.* [pl.m. *–ci*] **1** Caratteristico, proprio, peculiare di qualcuno o qualcosa: *questo è il suo tipico modo di ragionare*; *ha i sintomi tipici dell'influenza*; *cucina tipica regionale* **2** Che è rappresentativo di un certo genere o di una certa categoria di cose o persone: *il suo è un caso tipico*; *è il tipico burocrate.*

tipo [tì-po] *s.m.* **1** Esemplare caratteristico di un certo genere di persone: *Luigi è il tipo classico dello sportivo* ◊ Modello caratteristico di una serie di oggetti: *un vecchio tipo di automobile* **2** Genere, specie, qualità: *lavorazione di tipo artigianale*; *non è il tipo di gente che frequento*; *che tipo di formaggio desidera?* **3** [f. *–a*] Persona sconosciuta Ⓢ tizio, tale: *è venuto un tipo a cercarti* ◊ Persona con particolari caratteristiche: *un tipo allegro, scontroso* ◊ Persona originale, stravagante: *che tipo, quel tuo amico!* ♦ anche *agg.invar.* Che costituisce il tipo medio, più comune e quindi può essere preso come esempio, come modello Ⓢ medio, tipico: *domanda, risposta tipo*; *la famiglia tipo è quella composta da genitori e due figli.*

tipografia [ti-po-gra-fì-a] *s.f.* Stabilimento in cui si stampano libri, riviste, opuscoli ecc.

tipografo [ti-pò-gra-fo] *s.m.* **1** Proprietario o gestore di una tipografia **2** Operaio di una tipografia.

tir o **TIR** *s.m.invar.* Grosso autotreno che effettua trasporto internazionale di merci.

tiranneggiare [ti-ran-neg-già-re] *v.tr.* Governare in modo dispotico: *tiranneggiare il popolo* ◊ Trattare qualcuno in modo autoritario, imponendo sempre la propria volontà: *un padre che tiranneggia i propri figli.*

tirannia [ti-ran-nì-a] *s.f.* Governo dispotico Ⓢ dittatura: *la tirannia nazista* ◊ Autorità prepotente, oppressiva: *il figlio si ribellò alla tirannia del padre.*

tirannico [ti-ràn-ni-co] *agg.* [pl.m. *–ci*] Dispotico, autoritario: *un governo tirannico.*

tiranno [ti-ràn-no] *s.m.* Sovrano o capo di stato che esercita il suo potere in modo dispotico e violento: *il popolo si ribellò contro il tiranno* ◊ Persona che abusa della propria autorità per imporre con prepotenza la propria volontà agli altri Ⓢ despota: *con i suoi dipendenti è un tiranno.*

tirapiedi [ti-ra-piè-di] *s.m.f.invar.* Chi si mette servilmente a disposizione di una persona e ne asseconda senza dignità tutte le richieste: *è il tirapiedi del direttore.*

tirare [ti-rà-re] *v.tr.* **1** Esercitare una trazione su un oggetto in modo da tenderlo, distenderlo, allungarlo: *tirare una corda, un elastico, una molla*; *tirare i capelli a qualcuno* ◊ Spostare, far muovere verso di sé esercitando una trazione: *tirare il cassetto*; *tirare qualcuno per la giacca* ◊ Trainare, trascinare: *una slitta tirata da cavalli*; *tirare una barca a riva* | *Tirarsi dietro qualcuno* = portarlo con sé: *si tira sempre dietro quella sua amica noiosa* ◊ Aspirare, succhiare: *tirò una boccata dalla pipa*; *il piccolo sta tirando poco latte* | *Tirare il fiato* = inspirare; respirare **2** ♧ Attirare su di sé o dietro di sé: *ha una faccia che tira gli schiaffi*; *una parola tira l'altra* **3** Gettare, lanciare, scagliare qualcosa; fare un tiro: *tirare una pietra*; *tirare (la palla) in porta* | *Tirare pugni, calci* = sferrarli ◊ Sparare: *tirare una fucilata* **4** Tracciare, disegnare: *tirare una riga* **5** Stampare: *di questo libro sono state già tirate ventimila copie* **6** ♧ Ricavare, trarre, dedurre: *tocca a te tirare le conclusioni* **7** Spostare qualcosa da un certo posto: *tira dentro i vasi dal balcone*; *tira il tavolo più in là* ◊ *Tirare fuori* = estrarre, far uscire (anche ♧): *tirare fuori i vestiti dall'armadio*; *mi ha tirato fuori dai guai* ◊ *Tirare giù* = far scendere, abbassare: *tirare giù la saracinesca* ◊ *Tirare su* = sollevare: *tira su quel libro da terra* | ♧ *Tirare su un bambino* = allevarlo ◊ *Tirare via* = togliere: *tira via le mani dal naso!* ♦ *v.intr.* [aus. *avere*] **1** Procedere, andare, proseguire (anche ♧): *tirare diritto per la propria strada*;

A B C D E F G H I J K L M N O P Q R S **T** U V W X Y Z

con quel che guadagna fa fatica a tirare avanti | *Tirare via* = proseguire senza fermarsi **2** Soffiare (detto del vento, dell'aria): *tirava una tramontana molto forte* **3** Usare un'arma che scaglia proiettili: *imparare a tirare con l'arco, con la pistola* **4** Detto di indumento, stringere, andare stretto: *la gonna mi tira un po' sui fianchi* **5** ♧ Tendere, mirare: *è uno che tira solo ai soldi* | *Tirare a indovinare* = cercare di indovinare dando una risposta a casaccio e sperando che sia quella giusta | *Tirare a campare* = limitarsi a fare il minimo possibile per vivere **6** *Tirare sul prezzo* = contrattare per ottenere uno sconto ♦ **tirarsi** *v.pr.* Spostarsi: *si tirò da parte per farmi passare* | *Tirarsi su* = alzarsi: *tirati su da terra!* | ♧ *Tirarsi indietro* = rinunciare a un impegno proposto da altri (*se ti offrono quell'incarico, non puoi tirarti indietro*) o recedere da un impegno che ci si era assunti: *dopo aver promesso non puoi tirarti indietro.*

tirata [ti-rà-ta] *s.f.* **1** Atto del tirare con una sola e rapida mossa: *dare una tirata alle briglie* | ♧ *Tirata d'orecchi* = sgridata, rimprovero **2** Cammino, viaggio compiuto in una sola volta, senza interruzioni: *da Genova a Napoli abbiamo fatto tutta una tirata* **3** Lungo discorso polemico contro qualcuno o qualcosa: *fare una tirata contro il governo, contro il malcostume.*

tiratore [ti-ra-tó-re] *s.m.* [f. *–trice*] Chi tira, chi è abile nel tirare con armi da fuoco: *un tiratore infallibile* ◊ Nel calcio e nella pallacanestro, giocatore abile nel tiro a rete o a canestro: *è uno dei migliori tiratori della squadra.*

tiratura [ti-ra-tù-ra] *s.f.* Numero di copie stampate in ciascuna edizione o in un certo periodo di tempo: *un quotidiano, una rivista ad alta tiratura*; *il romanzo ha già raggiunto una tiratura di duecentomila copie.*

tirchieria [tir-chie-rì-a] *s.f.* Avarizia, spilorceria.

tirchio [tìr-chio] *agg.* e *s.m.* Avaro, spilorcio, taccagno.

tiremmolla [ti-rem-mòl-la] o **tira e molla** [ti-ra e mòl-la] *s.m.invar.* Atteggiamento indeciso Ⓢ tentennamento: *smettila con questo tiremmolla, dimmi se accetti o no.*

tiritera [ti-ri-tè-ra] *s.f.* Discorso lungo e noioso, che ripete di continuo le stesse cose: *è la solita tiritera.*

tiro [tì-ro] *s.m.* **1** Atto del tirare Ⓢ trazione: *tiro alla* (o *della*) *fune* ◊ Traino di un veicolo mediante animali: *bestie, cavalli da tiro* **2** Lancio di un oggetto lontano da sé; nei giochi con la palla, lancio della palla: *il tiro di un sasso*; *tiro a rete, in porta, a canestro*; *tiro di piede, di testa, al volo* ◊ Lancio di proiettili con un'arma da fuoco o da getto: *tiro con l'arco, con la pistola*; *tiro antiaereo*; *tiro al piattello, al piccione* | *Tiro a segno* = tiro contro un bersaglio fisso | ♧ *A un tiro di schioppo* = a breve distanza: *abito a un tiro di schioppo dalla scuola* | *Essere a tiro, fuori tiro* = essere o non essere a una distanza tale da poter essere raggiunto dal tiro di un'arma | ♧ *Venire, capitare a tiro* = capitare sotto le mani, a breve distanza: *se mi viene a tiro, lo concio per le feste* **3** ♧ Azione malevola e inaspettata a danno di qualcuno: *non dovevi giocarmi questo brutto tiro* **4** Tirata, boccata di sigaretta, di sigaro, di pipa.

tirocinio [ti-ro-cì-nio] *s.m.* Periodo di preparazione e di addestramento pratico all'esercizio di un mestiere o di una professione.

tisana [ti-sà-na] *s.f.* Infuso o decotto di erbe: *tisana di camomilla, di malva.*

tisi [tì-si] *s.f.* Tubercolosi polmonare.

tisico [tì-si-co] *agg.* [pl.m. *–ci*] **1** Malato di tisi **2** ♧ Gracile, debole: *un alberello tisico.*

titanico [ti-tà-ni-co] *agg.* [pl.m. *–ci*] Che sembra superare le forze e le possibilità umane Ⓢ gigantesco, possente, straordinario: *un'opera titanica*; *uno sforzo titanico.*

titolare [ti-to-là-re] *agg.* e *s.m.f.* Che, chi esercita una funzione in seguito a una nomina stabile e regolare: *professore titolare*; *il titolare di una cattedra, di un ufficio* ◊ Nel linguaggio sportivo, detto di atleta che fa parte stabilmente della formazione ufficiale della squadra: *è il portiere titolare*; *una partita tra titolari e riserve* ♦ *s.m.f.* Persona al cui nome è intestato qualcosa: *il titolare di una proprietà, di un libretto di risparmio*; *occorre la firma del titolare* ◊ Nel linguaggio comune, proprietario di qualcosa: *il titolare di un negozio.*

titolo [tì-to-lo] *s.m.* **1** Nome, parola o frase che indica più o meno esplicitamente il contenuto, l'argomento di un testo scritto o di un'opera: *il titolo di un libro, di un racconto, di un articolo, di una poesia, di una canzone, di una commedia, di un film, di un quadro*; *il giornale è uscito con un titolo a nove colonne* | *Titoli di testa, di coda* = didascalie che appaiono all'inizio o alla fine di un film o di un programma televisivo e contengono il titolo e i nomi di quanti hanno partecipato alla sua realizzazione (regista, attori, tecnici ecc.) **2** Qualifica che spetta di diritto a una persona per il suo grado, per la sua carica, per gli studi compiuti o per altro motivo: *titoli nobiliari, professionali*; *titolo di conte, di marchese*; *titolo di professore,* *di ingegnere; il suo titolo di studio è la licenza media, la laurea in medicina* | *Titolo (di campione)* = nello sport, quello assegnato al vincitore di un campionato in una specialità: *il nostro pugile si batte per il titolo di campione europeo; la squadra è in lotta per il titolo* ◊ In senso generico, capacità, requisito: *ha tutti i titoli per ottenere quell'incarico* **3** Documento che conferisce e comprova un determinato diritto: *titolo d'acquisto, di proprietà* ◊ Nel linguaggio finanziario, azione, obbligazione: *comprare dei titoli in borsa* | *Titoli di stato* = obbligazioni emesse dallo stato per finanziare il debito pubblico **4** ♧ Ragione, motivo, diritto: *non hai alcun titolo per avanzare simili richieste* | *A titolo di* = come, per: *chiedere una somma a titolo di rimborso; te lo chiedo a titolo di curiosità; parlo a titolo personale.*

titubante [ti-tu-bàn-te] *agg.* Esitante, dubbioso, indeciso nel decidere e nello scegliere.

titubanza [ti-tu-bàn-za] *s.f.* Incertezza, esitazione nel decidere e nello scegliere: *dopo qualche titubanza, ha detto sì.*

tizio [tì-zio] *s.m.* Persona qualsiasi: *e tu presti i soldi al primo tizio che passa per la strada?* ◊ Persona di cui non si sa o non interessa specificare il nome: *hai parlato con quel tizio?*

tizzone [tiz-zó-ne] *s.m.* Pezzo di legno o di carbone ardente o già bruciato: *togliere un tizzone dal fuoco.*

to' [tò'] *inter.* **1** Eccoti, prendi (si dice nel porgere qualcosa a qualcuno o anche dandogli un pugno, uno schiaffo e simili): *to' qualche soldo per comprarti qualcosa; to', beccati questa sberla!* **2** [anche nella forma *toh*] Esprime meraviglia, stupore: *to', chi si vede!*

toast [parola inglese; pron. corrente *tòst*] *s.m. invar.* Coppia di fette di pane tostate all'esterno e farcite con prosciutto, formaggio o altro.

toccante [toc-càn-te] *agg.* Che tocca il cuore Ⓢ commovente: *parole toccanti; una scena toccante.*

toccare [toc-cà-re] *v.tr.* [*tócco, tócchi*] **1** Venire a contatto con qualcosa o qualcuno, sfiorandolo o premendolo con la mano o anche con un'altra parte del corpo (o con un oggetto che si tiene in mano): *non toccate i fili elettrici, è pericoloso!; è vietato toccare la merce; toccò la biscia morta con un piede, con un bastone; toccarsi la fronte* ◊ Mettere le mani addosso a qualcuno, picchiarlo: *non ti azzardare a toccare i miei figli!* **2** Essere a contatto con qualcosa: *la sponda del letto tocca il muro* ◊ Arrivare fino a qualcosa Ⓢ raggiungere (anche ♧): *è così alto che in piedi tocca il soffitto; non è più giovane, ha toccato ormai la cinquantina* | *Toccare (il fondo)* = detto di persona che sta in acqua, arrivare a poggiare i piedi sul fondo tenendo la testa fuori: *torniamo verso riva, io qui non tocco* | *Toccare terra* = detto di persona, scendere a terra; detto di imbarcazione, approdare; detto di velivolo, atterrare | ♧ *Toccare il cielo con un dito* = essere al colmo della felicità **3** Spostare, manomettere, prendere o usare qualcosa: *chi ha toccato le mie carte sulla scrivania?; i ladri se ne sono andati senza toccare nulla; è geloso delle sue cose, guai a chi gliele tocca!* | *Non toccare cibo* = non mangiare nulla **4** ♧ Colpire qualcuno in ciò su cui è sensibile o, anche, parlare male di qualcuno o qualcosa a cui è affezionato: *si arrabbia se lo toccano nei suoi interessi; guai a chi gli tocca la madre, la squadra del cuore!* ◊ Commuovere: *le tue parole gli hanno toccato il cuore* **5** ♧ Riguardare, interessare: *è un problema che mi tocca da vicino; faccia come vuole, la cosa non mi tocca* **6** ♧ Trattare, affrontare brevemente: *nel suo discorso ha toccato diversi argomenti* ♦ *v.intr.* [aus. *essere*] **1** Accadere, capitare in sorte: *gli è toccata una bella fortuna, una grossa disgrazia* **2** Dovere, essere costretto a fare qualcosa: *tocca a te chiedere scusa; cosa mi tocca di sentire, di vedere!* **3** Spettare (per diritto o per dovere o come turno): *il premio tocca a lui; tocca a te difenderlo; a chi tocca dare le carte?* ♦ **toccarsi** *v.pr.* Essere, venire a contatto l'uno con l'altro, sfiorarsi: *i tavoli sono così vicini che si toccano; si toccarono coi piedi sotto il tavolo in segno di intesa.*

toccasana [toc-ca-sà-na] *s.m.invar.* Rimedio efficacissimo, prodigioso, risolutivo (anche ♧): *questa pomata è un toccasana per le distorsioni; l'eredità è stata un toccasana per le sue finanze in crisi.*

tocco [tóc-co] *s.m.* [pl. *–chi*] **1** Il toccare rapidamente, con una leggera pressione: *al minimo tocco crolla tutto; un tocco di bacchetta magica* ◊ Piccolo intervento con cui si completa e perfeziona un lavoro, un'opera Ⓢ ritocco, rifinitura: *dare gli ultimi tocchi a un disegno* **2** Maniera particolare e personale con cui un musicista suona uno strumento a tastiera o a corda: *un pianista dal tocco energico, raffinato* ◊ Nello sport, colpo leggero dato alla palla o al pallone; nel calcio, modo di colpire la palla: *con un tocco spedì la palla in rete; un tocco di sinistro* **3** Colpo battuto su qualcosa: *ho sentito alcuni tocchi alla porta.*

toeletta [to-e-lèt-ta] o **toletta** [to-lèt-ta] *s.f.* Toilette.

toga [tò-ga] *s.f.* **1** Ampio mantello che gli antichi romani indossavano sopra la tunica **2** Veste nera indossata da magistrati e avvocati durante le udienze e dai professori universitari in occasioni solenni.

togliere [tò-glie-re] *v.tr.* [pres. *tòlgo, tògli, tòglie, togliàmo, togliéte, tòlgono*; pass.rem. *tòlsi, togliésti*; cong.pres. *tòlga, togliàmo, togliàte, tòlgano*; part.pass. *tòlto*] **1** Levare qualcuno o qualcosa da dove si trova, spostandolo, portandolo via o eliminandolo: *togliere i figli da una scuola, un libro dallo scaffale, una macchia dal vestito*; *il dentista mi ha tolto un dente*; *togliere qualcosa, qualcuno di mezzo* | *Togliersi un capriccio, una voglia* = soddisfarli ◊ Levare di dosso: *togliersi le scarpe, il cappello* ◊ Eliminare, abolire: *togliere un divieto, una tassa* ◊ Far passare, far perdere: *lo spuntino gli tolse la fame* **2** Privare di qualcuno o di qualcosa Ⓢ portar via: *non si possono togliere i figli a una madre*; *le tasse gli tolgono metà del guadagno* | *Togliersi la vita* = suicidarsi | *Togliere il saluto a qualcuno* = non salutarlo più | *Togliere la parola a qualcuno* = impedirgli di continuare a parlare **3** Sottrarre, detrarre: *dal conto vanno tolte le spese* **4** Liberare da qualcosa: *ho cercato di toglierlo dai guai* ♦ **togliersi** *v.pr.* Spostarsi, andarsene da un posto: *togliti di lì!*; *togliersi di mezzo, dai piedi.*

toh vedi **to'**.

toilette [parola francese; pron. *tualèt*] *s.f.invar.* **1** Mobile con specchio e con un ripiano su cui si dispone l'occorrente per pettinarsi e truccarsi **2** Stanza in cui si trovano i servizi igienici, spec. nei locali pubblici e sui mezzi di trasporto Ⓢ gabinetto: *per favore, sa dirmi dov'è la toilette?* **3** L'insieme di tutte le operazioni necessarie, spec. a una donna, per abbigliarsi, truccarsi e pettinarsi: *ha fatto la toilette prima di uscire* **4** Abbigliamento e acconciatura femminile molto elegante: *la bella attrice sfoggiava una toilette da gran sera.*

toletta vedi **toeletta**.

tollerante [tol-le-ràn-te] *agg.* Che tollera e rispetta idee e comportamenti diversi dai propri Ⓒ intollerante: *una persona tollerante.*

tolleranza [tol-le-ràn-za] *s.f.* **1** Capacità fisica di resistere senza danno a qualcosa: *tolleranza al freddo, alla fame*; *tolleranza agli alcolici, a un medicinale* **2** Disposizione ad accettare e rispettare idee e comportamenti diversi dai propri: *tolleranza politica, religiosa, culturale*; *avere spirito di tolleranza* ◊ Atteggiamento comprensivo, indulgenza: *mostrare tolleranza per i difetti altrui* **3** Ritardo consentito oltre l'ora o la data stabilita: *la riunione avrà inizio alle otto, con una tolleranza massima di dieci minuti.*

tollerare [tol-le-rà-re] *v.tr.* **1** Sopportare di buon grado, con pazienza qualcosa o qualcuno di spiacevole, di pesante: *non devi tollerare una simile ingiustizia*; *anche i suoi amici fanno fatica a tollerarlo* ◊ Avere la capacità fisica di resistere senza danno a qualcosa: *il mio organismo tollera bene il freddo, l'alcol* **2** Accettare e rispettare le idee e i comportamenti diversi dai propri: *le dittature non tollerano nessuna forma di opposizione* ◊ Mostrare comprensione, indulgenza: *si deve tollerare un errore quando è dovuto a inesperienza* **3** Ammettere, consentire: *sarà tollerato un ritardo massimo di un quarto d'ora.*

tomaia [to-mà-ia] *s.f.* [pl. *tomaie* o *tomaia*] Parte superiore della scarpa, che fascia il piede.

tomba [tóm-ba] *s.f.* Luogo di sepoltura di una o più salme: *è stato sepolto nella tomba di famiglia* | ♧ *Avere un piede nella tomba* = essere molto vecchio o in fin di vita | ♧ *Silenzio di tomba* = assoluto.

tombino [tom-bì-no] *s.m.* **1** Coperchio di chiusura dei pozzetti delle fogne **2** Nelle strade, pozzetto o canaletto per lo scolo delle acque piovane.

tombola[1] [tóm-bo-la] *s.f.* Gioco basato sull'estrazione a sorte di numeri da 1 a 90; ogni partecipante possiede una o più cartelle su cui sono segnati quindici di tali numeri e vince il massimo premio (*fa tombola*) il giocatore che completa per primo tutti i numeri di una cartella.

tombola[2] [tóm-bo-la] *s.f.* Caduta, ruzzolone, capitombolo.

tomo [tò-mo] *s.m.* **1** Ciascun volume di un'opera in più volumi: *un'enciclopedia in dieci tomi* ◊ Volume, libro di grossa mole **2** ♧ *Bel tomo* = bel tipo (cioè persona singolare, bizzarra o, con valore spregiativo, disonesta, poco affidabile): *sei proprio un bel tomo!*; *quel bel tomo del tuo amico mi ha imbrogliato!*

tonaca [tò-na-ca] *s.f.* Ampia veste con maniche larghe e lunga fino ai piedi indossata dai frati e dalle monache; anche, la veste nera dei preti.

tonalità [to-na-li-tà] *s.f.* **1** Gradazione, sfumatura del colore: *tonalità chiara, scura*; *stoffe con tutte le tonalità del rosso* **2** Insieme delle relazioni armoniche che, in una composizione musicale, legano tutti i suoni a una nota fondamentale: *tonalità di re maggiore, di sol minore.*

tonante [to-nàn-te] *agg.* Detto di voce umana, possente.

tonare vedi **tuonare**.

tondeggiante [ton-deg-giàn-te] *agg.* Che ha forma rotonda o arrotondata: *colline tondeggianti.*

tondo [tón-do] *agg.* **1** Di forma circolare o sferica Ⓢ rotondo: *un buco tondo* | *Parentesi tonde* = quelle formate da un tratto di linea curva **2** *Numero tondo, cifra tonda* = senza decimali, terminante con uno zero Ⓢ arrotondato, preciso: *sono cento euro tondi* **3** ♧ *Chiaro e tondo* = apertamente, senza mezzi termini: *gli ho detto chiaro e tondo che non ci sto* ♦ *s.m.* Circonferenza, cerchio: *tracciare un tondo*; *girare in tondo* | *Scultura a tutto tondo* = scultura che, a differenza del bassorilievo e dell'altorilievo, è completa e visibile da tutti i lati (come per es. una statua).

tonfo [tón-fo] *s.m.* Rumore sordo fatto da qualcosa che cade in acqua o per terra: *il tonfo dei remi*; *cadde con un gran tonfo* ◊ La caduta stessa: *fare un tonfo.*

tonico [tò-ni-co] *agg.* [pl.m. *–ci*] *Accento tonico* = quello che in una parola cade sulla sillaba su cui si posa maggiormente la voce | *Vocale, sillaba tonica* = quella accentata ♦ *agg.* e *s.m.* Detto di liquore che stimola certe funzioni fisiologiche, in partic. la digestione: *bere un (amaro) tonico.*

tonnara [ton-nà-ra] *s.f.* Impianto per la pesca dei tonni, costituito da una serie di reti fisse che formano delle camere comunicanti nelle quali i pesci entrano senza poterne più uscire.

tonnellata [ton-nel-là-ta] *s.f.* Misura di peso equivalente a mille chilogrammi (simbolo: *t*).

tonno [tón-no] *s.m.* Grosso pesce marino che vive in branchi e ha carni saporite ◊ La sua carne, fresca o conservata: *una scatoletta di tonno.*

tono [tò-no] *s.m.* **1** Livello di elevazione, intensità della voce o di un suono: *alzare il tono di voce*; *parlava in tono sommesso* **2** Particolare intonazione della voce che esprime lo stato d'animo o l'atteggiamento di chi parla: *si rivolse a lui con tono supplichevole*; *tono minaccioso, di sfida* ◊ Carattere, stile di un discorso o di uno scritto: *una lettera di tono ironico, familiare* **3** ♧ Carattere, stile, modo: *un alloggio di tono modesto*; *un tono di vita signorile* **4** Nota, tonalità musicale: *toni alti, acuti, bassi* | *Essere in tono, fuori tono* = essere intonato o stonare; ♧ essere o non essere in armonia con altro: *l'arredamento è in tono con l'ambiente* **5** Grado di luminosità e intensità di un colore: *toni chiari, scuri*; *toni caldi, freddi.*

tonsilla [ton-sìl-la] *s.f.* (spec. al *pl.*) Ciascuna delle due ghiandole situate in fondo alla bocca, la cui principale funzione è quella di difendere l'organismo dalle infezioni.

tonsillite [ton-sil-lì-te] *s.f.* Infiammazione delle tonsille.

tonto [tón-to] *agg.* Ottuso di mente, stupido, sciocco: *ma sei proprio tonto!* ♦ *s.m.* Persona tonta | *Fare il finto tonto* = fare finta di non capire.

topaia [to-pà-ia] *s.f.* **1** Tana di topi **2** ♧ Casa o stanza molto sporca e squallida Ⓢ stamberga, tugurio.

topazio [to-pà-zio] *s.m.* Pietra preziosa di colore giallo.

topo [tò-po] *s.m.* Nome comune di varie specie di piccoli mammiferi roditori con pelo corto e fitto, muso appuntito e lunga coda: *topo campagnolo, di fogna* | ♧ *Topo d'albergo, d'auto* = ladro specializzato nel rubare negli alberghi o dalle automobili.

topografia [to-po-gra-fì-a] *s.f.* Rappresentazione grafica su un piano di una zona di terreno, mediante segni convenzionali che indicano la posizione di edifici, strade, corsi d'acqua ecc.

topografico [to-po-grà-fi-co] *agg.* [pl.m. *–ci*] Riguardante la topografia: *rilievi topografici*; *la carta topografica di Firenze.*

toponomastica [to-po-no-mà-sti-ca] *s.f.* Il complesso dei nomi di luogo di un paese, di una regione, di una città.

toppa [tòp-pa] *s.f.* **1** Buco della serratura: *infilò la chiave nella toppa* **2** Pezzo di stoffa, di cuoio o di gomma che si applica su strappi o buchi di abiti, lenzuola, scarpe, borse ecc. Ⓢ rattoppo: *mettere una toppa ai pantaloni, alla tenda.*

torace [to-rà-ce] *s.m.* Nell'uomo e in altri vertebrati, parte superiore del tronco, tra il collo e l'addome, che contiene il cuore e i polmoni.

torba [tór-ba] *s.f.* Tipo di carbon fossile dallo scarso potere calorifico.

torbido [tór-bi-do] *agg.* Poco limpido, poco trasparente (detto di liquido): *acqua torbida*; *olio torbido* ♦ *s.m.* Qualcosa di poco chiaro, di poco onesto: *c'è del torbido in questo affare* | *Pescare nel torbido* = cercare di approfittare di una situazione confusa, poco chiara per trarne un vantaggio personale.

torcere [tòr-ce-re] *v.tr.* [pres. *tòrco, tòrci*; pass. rem. *tòrsi, torcésti*; part.pass. *tòrto*] Avvolgere una cosa su se stessa o più cose tra loro con un movimento a spirale: *torcere i panni bagnati*; *torcere fili di canapa* | ♧ *Non torcere un capello* = non fare alcun male a una persona | ♧ *Dare del filo da torcere a qualcuno* = ostacolarlo, creargli serie difficoltà ♦ **torcersi** *v.pr.* Contorcersi, piegarsi su se stesso: *torcersi dalle risa, dal dolore.*

torchiare [tor-chià-re] *v.tr.* **1** Spremere con il torchio: *torchiare le olive, l'uva* **2** ♧ Sottoporre qualcuno a un lungo e pesante interrogatorio: *i poliziotti stanno torchiando da oltre tre ore l'uomo sospettato del delitto.*

torchio [tòr-chio] *s.m.* Macchina per comprimere e spremere olive, uva e simili ◊ *Torchio tipografico* = antica macchina per la stampa a mano.

torcia [tòr-cia] *s.f.* [pl. *–ce*] Fiaccola formata da fili di canapa e stoppa ritorti e impregnati di resina o altre sostanze infiammabili, o anche da un ramo resinoso | *Torcia elettrica* = lampada portatile a pile.

torcicollo [tor-ci-còl-lo] *s.m.* Dolore che colpisce i muscoli del collo e ne limita i movimenti.

tordo [tór-do] *s.m.* **1** Uccello simile al passero che vive e nidifica tra i cespugli **2** ♧ Persona sciocca, sempliciotta, facile preda di raggiri.

–tore Suffisso, usato per formare aggettivi e sostantivi derivati da verbi, che indica la persona o la cosa che compie l'azione espressa dal verbo (*lavoratore, scrittore*; *nastro trasportatore*).

torero [to-rè-ro] *s.m.* Chi combatte contro il toro nelle corride.

torma [tór-ma] *s.f.* Schiera di soldati ◊ Folla di persone che procede senza alcun ordine: *una torma di tifosi* ◊ Branco di animali: *una torma di cavalli.*

tormenta [tor-mén-ta] *s.f.* Bufera di neve sollevata in turbini dal vento, caratteristica dell'alta montagna.

tormentare [tor-men-tà-re] *v.tr.* **1** Infliggere tormenti, causare forti dolori fisici: *tormentare i prigionieri*; *in questo periodo il mal di testa mi tormenta* **2** Angosciare, affliggere: *era tormentato dal rimorso, dal dubbio* ◊ Molestare, infastidire: *le zanzare mi hanno tormentato tutta la notte*; *smettila di tormentarmi con le tue continue domande!* ♦ **tormentarsi** *v.pr.* Affliggersi, angosciarsi: *non stare a tormentarti per così poco!*

tormento [tor-mén-to] *s.m.* **1** Dolore fisico intenso e continuato; acuta sofferenza: *morì tra atroci tormenti*; *il tormento della sete, della fame* **2** Dolore intimo molto intenso e assillante Ⓢ strazio, pena: *i tormenti della gelosia, del rimorso*; *che tormento vederlo soffrire!* **3** Molestia, fastidio, seccatura: *che tormento queste zanzare!* ◊ Persona o cosa fastidiosa: *stai un po' zitto, sei un vero tormento!*

tornaconto [tor-na-cón-to] *s.m.* Vantaggio, utile personale: *se lo fa è perché ha il suo tornaconto.*

tornado [tor-nà-do] *s.m.invar.* Tromba d'aria di limitata estensione, ma molto violenta e distruttiva, frequente nel Golfo del Messico e nelle regioni circostanti.

tornante [tor-nàn-te] *s.m.* Curva molto stretta su strade di montagna; è detta anche *curva a gomito.*

tornare [tor-nà-re] *v.intr.* [aus. *essere*] **1** Rientrare nel luogo dal quale si era partiti o ci si era allontanati Ⓢ ritornare: *tornare a casa (dalla guerra, da un viaggio, dall'ufficio)*; *il dottore è uscito, ma tornerà subito* ◊ Riprendere una relazione, un'attività dopo un periodo più o meno lungo di distacco: *ha deciso di tornare dalla moglie*; *non so quando potrò tornare al lavoro* | *Tornare in sé* = riprendere i sensi; ♧ riacquistare la lucidità di giudizio momentaneamente perduta | *Tornare in vita* = risuscitare ◊ Venire via da un luogo, da una situazione, da un'attività: *torno adesso dal cinema, dalla riunione* **2** Andare, venire nuovamente: *devo tornare in ospedale per un controllo*; *spero che tornerai presto a trovarmi* | *Tornare a fare qualcosa* = farlo un'altra volta (*tornare a vedere un film*) o riprendere a fare quel che si faceva prima: *ha deciso di tornare a studiare* | ♧ *Tornare su un argomento* = riprendere a parlarne | ♧ *Tornare alla carica* = insistere nuovamente per ottenere qualcosa ◊ Detto di cose, venire di nuovo Ⓢ ripresentarsi, ricomparire: *è tornata la primavera*; *non tornerà presto una così buona occasione*; *gli è tornata la febbre* ◊ ♧ Ridiventare: *potessi tornare giovane!*; *il mare è tornato calmo* **3** ♧ Essere, risultare, riuscire in un certo modo: *qualche soldo in più mi tornerebbe utile*; *se non ti torna scomodo vieni più tardi* ◊ Essere, risultare esatto, giusto, logico o convincente: *i conti tornano*; *c'è qualcosa che non torna in questa storia.*

torneo [tor-nè-o] *s.m.* **1** Nel medioevo e nel Rinascimento, combattimento spettacolare tra cavalieri che si svolgeva all'interno di un recinto, con scontri individuali o a squadre **2** Serie di incontri a eliminazione tra squadre o singoli atleti o giocatori: *torneo di calcio, di tennis, di scacchi.*

tornio [tór-nio] *s.m.* Macchina utensile per la lavorazione dei metalli e del legno | *Tornio da vasaio* = piatto circolare rotante sul quale viene posta l'argilla da modellare con le mani.

tornito [tor-nì-to] *agg.* **1** Lavorato al tornio **2** ♧ *Braccia, gambe ben tornite* = armoniose, ben modellate.

torno [tór-no] *s.m.* Giro | *Di torno* = d'attorno, dai piedi: *levati di torno!*

toro [tò-ro] *s.m.* **1** Maschio adulto dei bovini destinato alla riproduzione | ♧ *Tagliare la testa al toro* = risolvere in modo netto e deciso una questione in sospeso | ♧ *Prendere il toro per le corna* = affrontare in modo diretto e risoluto una difficoltà **2** Costellazione e secondo segno dello zodiaco.

torpedine [tor-pè-di-ne] *s.f.* **1** Pesce marino capace di emettere forti scariche elettriche **2** Mina subacquea ◊ Siluro.

torpediniera [tor-pe-di-niè-ra] *s.f.* Veloce nave da guerra.

torpedone [tor-pe-dó-ne] *s.m.* Autobus da turismo Ⓢ pullman.

torpido [tòr-pi-do] *agg.* In preda a torpore fisico o mentale Ⓢ intorpidito, lento, pigro: *si sentiva le braccia torpide*; *aveva la mente torpida per il sonno.*

torpore [tor-pó-re] *s.m.* **1** Stato di stordimento, di sonnolenza, di diminuzione della prontezza di riflessi: *torpore causato dalla febbre, dal caldo afoso* **2** Pigrizia, svogliatezza: *cerca di scuoterlo dal suo torpore.*

torre [tór-re] *s.f.* **1** Costruzione sviluppata in altezza, isolata o unita a un altro edificio, eretta a scopo di difesa, come luogo di vedetta o anche con funzione di campanile: *le torri merlate del castello*; *la torre di Pisa* ◊ Costruzione a struttura verticale che ricorda la forma della torre | *Torre di controllo* = negli aeroporti, l'edificio da cui viene diretto e controllato il decollo, il volo e l'atterraggio degli aerei | *Torre di lancio* = struttura per tenere in posizione verticale i missili pronti per il lancio **2** Negli scacchi, pezzo a forma di torre che si può muovere solo in senso orizzontale o verticale.

torrefazione [tor-re-fa-zió-ne] *s.f.* **1** Procedimento con cui si abbrustoliscono con lento riscaldamento il caffè e altri semi Ⓢ tostatura **2** Laboratorio e negozio in cui si tosta il caffè, lo si vende e lo si degusta.

torreggiare [tor-reg-già-re] *v.intr.* [aus. *avere*] Sovrastare, dominare dall'alto come una torre.

torrente [tor-rèn-te] *s.m.* **1** Corso d'acqua caratterizzato da notevole pendenza e da grandi variazioni di portata a seconda delle stagioni **2** ♧ Flusso impetuoso e abbondante di qualcosa: *un torrente di fuoco, di lava*; *versare un torrente di lacrime*; *un torrente di parole.*

torrentizio [tor-ren-tì-zio] *agg.* Tipico di un torrente: *corso d'acqua a regime torrentizio.*

torrenziale [tor-ren-zià-le] *agg.* Che scende impetuoso e abbondante come l'acqua di un torrente: *piogge torrenziali.*

torretta [tor-rét-ta] *s.f.* **1** Piccola torre di palazzi o ville signorili **2** Cupola corazzata girevole di carri armati e autoblindo, su cui sono montati pezzi d'artiglieria ◊ Sovrastruttura al centro dello scafo del sommergibile.

torrido [tòr-ri-do] *agg.* Molto caldo: *clima torrido*; *una giornata torrida* | *Zona torrida* = la zona della Terra compresa tra i due tropici.

torrione [tor-rió-ne] *s.m.* Torre massiccia e non molto alta di castelli, fortezze, mura.

torrone [tor-ró-ne] *s.m.* Dolce natalizio a base di miele, zucchero, bianco d'uovo, mandorle o nocciole tostate.

torsione [tor-sió-ne] *s.f.* Nella ginnastica, rotazione del corpo o di una sua parte intorno al suo asse: *effettuare la torsione del busto.*

torso [tór-so] *s.m.* **1** Parte del corpo umano tra il collo e la cintola Ⓢ busto: *stare a torso nudo* **2** Parte centrale della mela e della pera contenente i semi Ⓢ torsolo.

torsolo [tór-so-lo] *s.m.* Torso della mela e della pera: *aveva così fame che mangiò anche il torsolo.*

torta [tór-ta] *s.f.* Dolce di vario tipo, cotto al forno, in genere di forma rotonda; anche vivanda simile, ma salata: *torta di mele, al cioccolato*; *torta di spinaci* | ♧ *Spartirsi la torta* = dividersi il bottino o il frutto di guadagni poco onesti.

tortellino [tor-tel-lì-no] *s.m.* (spec. al *pl.*) Piccolo involucro di pasta all'uovo, ripiegato a cerchio e ripieno di carne, formaggio e altri ingredienti.

torto [tòr-to] *s.m.* **1** Azione ingiusta Ⓢ ingiustizia: *fare, ricevere un torto* | *Fare torto a qualcuno* = essere ingiusto nei suoi confronti: *gli fai torto, se pensi questo di lui* | *Fare torto a qualcosa* = essere in contrasto con qualcosa: *quel che dici fa torto alla tua intelligenza* **2** Colpa, errore: *se reagisci con la vendetta passi dalla parte del torto*; *il tuo torto è stato di non dargli retta* | *Avere torto* = non essere nel giusto in ciò che si fa o si dice | *Non avere tutti i torti* = avere qualche buona ragione: *non ha tutti i torti a lamentarsi* | *A torto* = ingiustamente: *lo rimproveri a torto.*

tortora [tór-to-ra] *s.f.* Uccello simile al piccione.

tortuoso [tor-tu-ó-so] *agg.* **1** Che ha molte curve Ⓢ sinuoso Ⓒ diritto: *un sentiero tortuoso*; *il corso tortuoso di un fiume* **2** ♧ Logicamente poco chiaro, complicato e involuto: *un ragionamento, un discorso tortuoso.*

tortura [tor-tù-ra] *s.f.* **1** Tormento fisico inflitto a una persona per estorcergli confessioni o rivelazioni o per punizione, per vendetta o per pura crudeltà: *la tortura non è ammessa dalla legge dei paesi civili* **2** ♧ Tormento, grave sofferenza fisica o morale: *che tortura questo mal di testa!* ◊ Fastidio insopportabile: *con questo caldo la cravatta è una vera tortura.*

torturare [tor-tu-rà-re] *v.tr.* **1** Sottoporre alla tortura: *torturare un prigioniero* **2** ♧ Affliggere, tormentare, procurare forte fastidio: *lo torturava con continue scene di gelosia*; *queste scarpe mi torturano i piedi* ♦ **torturarsi** *v.pr.* Tormentarsi, affliggersi: *non torturarti con questi brutti pensieri!*

torvo [tór-vo] *agg.* Che esprime astio, malanimo Ⓢ bieco, minaccioso: *gli diede un'occhiata torva*; *sguardo torvo.*

tosare [to-sà-re] *v.tr.* **1** Tagliare il pelo a un animale: *tosare le pecore, il cane* ◊ In senso scherzoso, tagliare i capelli molto corti a qualcuno Ⓢ rapare **2** Tagliare, pareggiare siepi, cespugli e simili in modo da dar loro una forma regolare.

tosse [tós-se] *s.f.* Atto di violenta e rumorosa espirazione, spesso ripetuto in una serie di colpi, causato da irritazione delle vie respiratorie ◊ La condizione di chi tossisce spesso: *avere la tosse.*

tossicchiare [tos-sic-chià-re] *v.intr.* [aus. *avere*] Emettere leggeri colpi di tosse (anche simulati, per attirare l'attenzione di qualcuno).

tossico [tòs-si-co] *agg.* [pl.m. *–ci*] Che provoca intossicazione Ⓢ velenoso, nocivo: *gas tossici*; *anche i farmaci diventano tossici se presi in dosi eccessive.*

tossicodipendente [tos-si-co-di-pen-dèn-te] *s.m.f.* Persona che si è assuefatta all'uso di una droga e non ne può più fare a meno Ⓢ drogato.

tossicodipendenza [tos-si-co-di-pen-dèn-za] *s.f.* La condizione del tossicodipendente; assuefazione all'uso di una droga.

tossicomane [tos-si-cò-ma-ne] *s.m.f.* Persona che fa uso abituale di droghe.

tossicomania [tos-si-co-ma-nì-a] *s.f.* Assuefazione all'uso di una droga.

tossina [tos-sì-na] *s.f.* Sostanza organica tossica prodotta da batteri, da vegetali o da animali: *negli alimenti, se mal conservati, si sviluppano pericolose tossine.*

tossire [tos-sì-re] *v.intr.* [*tossìsco, tossìsci*; aus. *avere*] Emettere uno o più colpi di tosse: *ha tossito tutta la notte.*

tostapane [to-sta-pà-ne] *s.m.invar.* Elettrodomestico usato per abbrustolire le fette di pane.

tostare [to-stà-re] *v.tr.* Abbrustolire con procedimenti vari chicchi di caffè, d'orzo e simili: *tostare le mandorle* ◊ Abbrustolire pane, focacce e simili per renderli croccanti.

tostatura [to-sta-tù-ra] *s.f.* L'operazione di tostare Ⓢ torrefazione: *la tostatura del caffè.*

tosto[1] [tò-sto] *agg.* *Faccia tosta* = sfacciataggine, impudenza: *ha avuto la faccia tosta di chiedermi altri soldi!*; *che faccia tosta quell'individuo!*

tosto[2] [tò-sto] *s.m.* Adattamento italiano dell'inglese *toast.*

totale [to-tà-le] *agg.* Completo, assoluto Ⓒ parziale: *ieri c'è stata un'eclissi totale di luna*; *ha dato prova di una totale ignoranza*; *il silenzio era totale* ◊ Complessivo, globale: *calcolare la spesa, il guadagno totale* ♦ *s.m.* Risultato di un'addizione Ⓢ somma: *calcolare il totale* | *In totale* = in tutto, complessivamente.

totalità [to-ta-li-tà] *s.f.* L'insieme di tutte le persone o cose di una stessa categoria: *il problema riguarda la totalità dei cittadini*; *un sistema efficace nella totalità dei casi.*

totalitario [to-ta-li-tà-rio] *agg.* *Regime, sistema, stato totalitario* = quello in cui tutto il potere è concentrato nelle mani di un dittatore o di un solo partito che assume il totale controllo di ogni aspetto della vita sociale.

totalizzare [to-ta-liz-zà-re] *v.tr.* Conseguire, raggiungere un certo totale: *totalizzare molte vittorie*; *ha totalizzato più punti di tutti.*

totalmente [to-tal-mén-te] *avv.* Completamente, assolutamente: *hai totalmente ragione.*

totano [tò-ta-no] *s.m.* Mollusco marino simile al calamaro.

totem [tò-tem] *s.m.invar.* Presso molte popolazioni primitive, oggetto, animale o pianta da cui un certo clan ritiene di discendere e da cui si sente protetto, così da farne oggetto di culto ◊ Immagine dipinta o scolpita di un totem: *gli indiani danzavano intorno al totem.*

totocalcio [to-to-càl-cio] *s.m.invar.* Concorso settimanale a premi, a cui si partecipa segnando su apposite schedine i pronostici sui risultati di tredici partite del campionato di calcio italiano: *giocare, vincere al totocalcio.*

touchpad [parola inglese; pron. corrente *tačpèd*] *s.m.invar.* In molti computer portatili, riquadro sotto la tastiera che sostituisce il *mouse*, e agendo sul quale col tocco delle dita si può spostare il cursore sullo schermo.

touchscreen [parola inglese; pron. corrente *tačscrìn*] *s.m.invar.* In tablet, telefoni cellulari e altri dispositivi elettronici, schermo sensibile al tocco delle dita, attraverso il quale si possono compiere tutte le operazioni normalmente affidate al *mouse* o a dei pulsanti.

tour de force [locuzione francese; pron. *tur de fòrs*] *s.f.invar.* Fase di sforzo psicofisico prolungato e intenso: *il tour de force degli esami.*

tournée [parola francese; pron. *turné*] *s.f.invar.* Serie di spettacoli o di incontri sportivi tenuti successivamente in diverse località secondo un programma prestabilito: *la tournée europea di un cantante, di una compagnia teatrale, di un'orchestra, di una squadra.*

tovaglia [to-và-glia] *s.f.* Drappo di tessuto, telo di plastica o di carta che si stende sulla tavola per apparecchiare o anche come ornamento.

tovagliolo [to-va-gliò-lo] *s.m.* Piccolo quadrato di stoffa o di carta che si usa per pulirsi la bocca e per evitare di sporcarsi gli abiti mentre si mangia.

tozzo[1] [tòz-zo] *agg.* Più largo e grosso che alto; poco slanciato Ⓢ massiccio, pesante: *un uomo dalla corporatura tozza; un edificio tozzo.*

tozzo[2] [tòz-zo] *s.m.* Pezzo di pane, per lo più raffermo | ♧ *Per un tozzo di pane* = per un prezzo o per un compenso molto basso: *vendere qualcosa per un tozzo di pane; lavora per un tozzo di pane.*

tra o **fra** *prep.* **1** In mezzo a (anche ♧): *si nascose tra i cespugli; l'ho trovato tra i miei libri; stare tra la vita e la morte* ◊ In compagnia di: *mi piace stare tra amici; stanno sempre tra (di) loro* ◊ Indica l'intervallo di tempo entro il quale avviene qualcosa: *arriverò tra le sette e le otto* **2** Indica la distanza che separa da un luogo o il tempo che deve trascorrere prima che avvenga qualcosa: *tra cento metri c'è casa mia; partirò tra due ore* **3** Indica una quantità approssimativa (di spazio, tempo, peso ecc.) intermedia tra due valori: *disterà da qui tra gli otto e i dieci chilometri; guadagna fra i due e i tremila euro al mese* **4** Indica relazione: *si assomigliano molto tra loro; tra i fratelli è scoppiata una lite* | *Detto fra noi* = in confidenza **5** Delimita l'ambito entro cui vale un'affermazione: *è il più vecchio tra i miei amici* **6** *Fra l'altro* = inoltre, del resto | *Fra tutto, fra tutti* = complessivamente: *fra tutto ho speso mille euro; fra tutti saranno stati un centinaio.*

La scelta di *tra* o di *fra* dipende soprattutto dall'esigenza di evitare l'incontro tra gruppi di consonanti simili; per es. si dirà *fra tre mesi* e non *tra tre mesi, tra fratelli* e non *fra fratelli.*

tra– Prefisso di parole composte in cui indica passaggio da un luogo a un altro (*trapiantare*), da una condizione a un'altra (*tramutare*), attraversamento (*trapassare*) o superamento di un limite (*tramontare*).

traballare [tra-bal-là-re] *v.intr.* [aus. *avere*] Non reggersi in equilibrio, essere malfermo, non poggiare bene a terra Ⓢ barcollare, vacillare: *traballava come un ubriaco; questo tavolo traballa.*

trabiccolo [tra-bìc-co-lo] *s.m.* Oggetto e spec. veicolo vecchio, mal ridotto e traballante.

traboccare [tra-boc-cà-re] *v.intr.* [*trabócco, trabócchi*; aus. *avere* quando il soggetto è il recipiente; aus. *essere* quando il soggetto è il liquido o altro contenuto] **1** Uscire dai bordi di un recipiente troppo pieno: *l'acqua è traboccata dalla vasca* **2** Detto di recipiente, essere così pieno da versare al di fuori il proprio contenuto: *la vasca trabocca* ◊ ♧ Essere stracolmo: *la piazza traboccava di gente; il mio cuore trabocca di gioia.*

trabocchetto [tra-boc-chét-to] *s.m.* **1** Congegno consistente in un tratto di pavimento mobile che, per lo più a comando, si apre improvvisamente facendo precipitare chi vi sta sopra **2** ♧ Tranello, insidia: *all'esame è caduto in un trabocchetto.*

tracannare [tra-can-nà-re] *v.tr.* Bere qualcosa avidamente e a grandi sorsi: *tracannò il boccale di birra tutto d'un fiato.*

traccia [tràc-cia] *s.f.* [pl. *–ce*] **1** Segno lasciato sul terreno da un oggetto trascinato o dal passaggio di un veicolo, di un animale, di una persona Ⓢ orma, impronta, solco: *si vedevano le tracce degli sci sulla neve; i cacciatori seguirono le tracce della selvaggina* | *Essere sulle tracce di qualcuno* = essere sul punto di trovarlo ◊ Striscia, scia: *la traccia luminosa di un bengala* **2** Segno, indizio per lo più minimo di qualcosa: *sui pantaloni dell'imputato sono state trovate tracce di sangue* ◊ Segno, indizio di un fatto avvenuto: *l'assassino cancellò le tracce del delitto; sulla porta non c'è traccia di scassinamento* **3** Schizzo, abbozzo di un disegno ◊ Schema degli argomenti da trattare e da sviluppare in un discorso, in uno scritto, in una discussione: *la maestra ha dettato la traccia del tema* **4** Scanalatura ricavata nelle pareti per farvi passare tubi e fili elettrici.

tracciare [trac-cià-re] *v.tr.* **1** Lasciare una traccia sul terreno: *i carri tracciavano un solco profondo nella neve* **2** Segnare su una carta il percorso di un'opera da realizzare o di un viaggio: *tracciare una strada, una ferrovia; tracciare un itinerario, la rotta di una nave* ◊ Disegnare: *tracciare una linea, una circonferenza* **3** ♧ Descrivere, delineare per sommi capi Ⓢ abbozzare: *ci ha tracciato il quadro della situazione.*

tracciato [trac-cià-to] *s.m.* **1** Rappresentazione grafica del percorso di una strada, di una ferrovia: *progettare il tracciato di una nuova autostrada* ◊ Percorso di una corsa: *il tracciato del Giro d'Italia* **2** Diagramma disegnato da uno strumento di misurazione: *il tracciato dell'elettrocardiogramma è normale.*

trachea [tra-chè-a] *s.f.* Parte dell'apparato respiratorio, a forma di tubo, che collega la laringe con i bronchi.

tracimare [tra-ci-mà-re] *v.intr.* [aus. *avere*] Uscire dagli argini (detto di corsi d'acqua e laghi) Ⓢ straripare: *il fiume in piena è tracimato.*

tracolla [tra-còl-la] *s.f.* Striscia di cuoio, di tessuto o di plastica che da una spalla scende sul fianco opposto e serve a sostenere borse, armi o altri oggetti | *A tracolla* = attaccato a tale striscia: *portava il fucile a tracolla.*

tracollo [tra-còl-lo] *s.m.* Crollo grave e improvviso: *la sua salute ha avuto un tracollo; tracollo dei titoli in borsa.*

tracotante [tra-co-tàn-te] *agg.* Pieno di arroganza, presunzione, superbia Ⓢ insolente, prepotente: *ha sempre un atteggiamento tracotante.*

tradimento [tra-di-mén-to] *s.m.* Violazione di un dovere o di un obbligo di fedeltà e lealtà: *accusare un generale di tradimento; il tradimento della parola data* | *A tradimento* = con l'inganno; all'improvviso, quando meno uno se l'aspetta: *lo colpì a tradimento; gli ha fatto una domanda a tradimento.*

tradire [tra-dì-re] *v.tr.* [*tradìsco, tradìsci*] **1** Ingannare slealmente qualcuno e la sua fiducia, violare un patto, venir meno a un dovere, a un impegno: *tradire la moglie, il marito; tradire un amico; tradire la patria, un ideale* ◊ Deludere: *la partita ha tradito le attese del pubblico* **2** Rivelare ciò che doveva restare nascosto: *tradire un segreto* ◊ Rivelare, svelare, manifestare involontariamente: *un colpo di tosse tradì la sua presenza; i suoi occhi tradivano una certa inquietudine* **3** ♧ Venir meno a qualcuno, trarlo in inganno: *le forze lo tradirono; se la memoria non mi tradisce* ♦ **tradirsi** *v.pr.* Farsi scoprire incautamente, rivelare involontariamente i propri pensieri, sentimenti e le proprie intenzioni: *si è tradito con una parola.*

traditore [tra-di-tó-re] *s.m.* [f. *–trice*] Chi tradisce: *punire un traditore* ♦ *agg.* Che inganna, che delude Ⓢ menzognero, infido: *parole traditrici.*

tradizionale [tra-di-zio-nà-le] *agg.* Che appartiene alla tradizione, tipico di una tradizione: *costumi, piatti tradizionali; scambiarsi i tradizionali auguri di Natale* ◊ Rispettoso della tradizione, fondato sulla tradizione: *la sua è una pittura tradizionale; criticare un'opinione tradizionale* ◊ Consueto, usuale: *dopo cena hanno fatto la loro tradizionale partita a carte.*

tradizione [tra-di-zió-ne] *s.f.* **1** Trasmissione nel tempo, da una generazione all'altra, di notizie, memorie, usi e consuetudini: *secondo la tradizione Roma fu fondata da Romolo e Remo; per tradizione a Pasqua si mangia l'agnello* ◊ Complesso di valori, usi e consuetudini trasmessi dalle generazioni passate: *rispettare le tradizioni del proprio paese; studiare le tradizioni popolari* **2** Nel linguaggio familiare, consuetudine: *noi per tradizione facciamo le vacanze in luglio.*

tradotta [tra-dót-ta] *s.f.* Treno speciale riservato al trasporto di militari (spec. in tempo di guerra).

tradurre [tra-dùr-re] *v.tr.* [coniugato come *condurre*] Volgere da una lingua a un'altra il testo di un discorso o di uno scritto, una parola, una frase ecc.: *l'interprete traduceva le domande dal francese all'italiano; un romanzo che è già stato tradotto in molte lingue* | ♧ *Tradurre in cifre* = esprimere numericamente | ♧ *Tradurre un'idea in pratica* = realizzarla, attuarla concretamente.

traduzione [tra-du-zió-ne] *s.f.* L'operazione e l'attività di tradurre: *fare una traduzione dal tedesco; vive facendo traduzioni* ◊ Il testo tradotto e il modo in cui è tradotto: *leggere la traduzione di un nuovo romanzo; una traduzione fedele al testo originario.*

trafelato [tra-fe-là-to] *agg.* Ansante, affannato: *arrivò in cima alle scale tutto trafelato.*

trafficante [traf-fi-càn-te] *s.m.f.* Chi svolge traffici illeciti: *la polizia ha arrestato alcuni trafficanti di droga.*

trafficare [traf-fi-cà-re] *v.intr.* [*tràffico, tràffichi*; aus. *avere*] **1** Commerciare in qualcosa: *trafficare in bestiame, in tessuti* ◊ Svolgere traffici illeciti: *trafficare in droga, con merci rubate* **2** Darsi da fare, affaccendarsi: *ha trafficato per due ore intorno al motore senza concludere niente.*

traffico [tràf-fi-co] *s.m.* [pl. *–ci*] **1** Commercio, spec. illecito: *traffico di droga, di merce di contrabbando* **2** Movimento di mezzi di trasporto, di passeggeri e di merci trasportate: *traffico ferroviario, aereo, marittimo, portuale* ◊ Movimento dei veicoli in una strada o in una città: *aprire al traffico una nuova autostrada; nel centro della città il traffico è sempre caotico* **3** *Traffico postale, telefonico* = l'insieme dei messaggi trasmessi attraverso la posta, il telefono.

trafiggere [tra-fig-ge-re] *v.tr.* [coniugato come *configgere*] Passare da parte a parte un corpo con un'arma o con un altro oggetto appuntito: *trafisse il nemico con una lancia.*

trafila [tra-fi-la] *s.f.* Serie di operazioni da compiere o di prove e ostacoli da superare per raggiungere un dato obiettivo: *per avere quel documento ha dovuto passare attraverso una lunga trafila burocratica.*

trafiletto [tra-fi-lét-to] *s.m.* Breve articolo di giornale, informativo o di commento, in genere senza titolo.

traforare [tra-fo-rà-re] *v.tr.* Forare da parte a parte; forare in profondità: *la pallottola gli traforò un polmone*; *traforare il muro con il trapano*; *traforare il terreno.*

traforo [tra-fó-ro] *s.m.* **1** Scavo di una galleria in una montagna ◊ Galleria, tunnel: *il traforo del Sempione* **2** Lavoro di intaglio eseguito secondo un determinato disegno su una tavoletta di legno ◊ L'insieme degli strumenti che servono per fare lavori di traforo (spec. come gioco per ragazzi): *a Natale gli hanno regalato un traforo.*

trafugare [tra-fu-gà-re] *v.tr.* [*trafùgo, trafùghi*] Portare via di nascosto, sottrarre furtivamente: *dalla cassaforte sono stati trafugati alcuni documenti segreti.*

tragedia [tra-gè-dia] *s.f.* **1** Opera teatrale drammatica che rappresenta personaggi alle prese con situazioni terribili, dalle quali finiscono schiacciati: *le tragedie di Shakespeare* **2** Avvenimento tragico, luttuoso, doloroso Ⓢ sciagura: *la prontezza di riflessi dell'autista ha evitato una tragedia.*

traghettare [tra-ghet-tà-re] *v.tr.* Trasportare con un'imbarcazione da una sponda all'altra di un tratto di mare, di un lago, di un corso d'acqua: *traghettare passeggeri, merci.*

traghetto [tra-ghét-to] *s.m.* **1** Trasporto di persone e cose da una sponda all'altra di un tratto di mare, di un lago, di un corso d'acqua: *il servizio di traghetto termina alle undici* **2** Nave attrezzata per traghettare passeggeri, autoveicoli e a volte anche convogli ferroviari.

tragico [trà-gi-co] *agg.* [pl.m. *–ci*] **1** Di tragedie, relativo alla tragedia teatrale: *un grande attore tragico*; *il teatro tragico* **2** Estremamente grave e doloroso Ⓢ luttuoso: *il film racconta le tragiche vicende di una famiglia* ◊ Che ha conseguenze mortali: *un tragico incidente.*

tragicomico [tra-gi-cò-mi-co] *agg.* [pl.m. *–ci*] Che presenta aspetti tragici e insieme comici: *una situazione tragicomica.*

tragitto [tra-gìt-to] *s.m.* Percorso, cammino, viaggio tra due luoghi: *il tragitto da qui alla stazione è breve*; *abbiamo fatto una sosta durante il tragitto.*

traguardo [tra-guàr-do] *s.m.* **1** Punto e linea d'arrivo di una gara di corsa: *i corridori stanno giungendo al traguardo*; *tagliare il traguardo* **2** ♧ Punto d'arrivo Ⓢ meta, obiettivo: *il suo traguardo è arrivare alla laurea.*

traiettoria [tra-iet-tò-ria] *s.f.* Linea tracciata nello spazio da un corpo in movimento: *la traiettoria di un pallone, di un proiettile, di un missile.*

trainare [trai-nà-re] *v.tr.* Tirare, trascinare un carico o un veicolo Ⓢ rimorchiare: *i buoi trainavano un carro.*

traino [trài-no] *s.m.* **1** Tiro a rimorchio: *veicoli, animali da traino* **2** Veicolo, carico trainato o rimorchiato.

tralasciare [tra-la-scià-re] *v.tr.* **1** Lasciare a metà, interrompere una cosa cominciata: *tralasciare gli studi* **2** Omettere, trascurare o dimenticare di dire o fare qualcosa: *ho tralasciato (di raccontare) i particolari*; *non tralasciare di avvertirmi.*

tralcio [tràl-cio] *s.m.* Giovane ramo della vite o di piante rampicanti: *un tralcio d'edera.*

traliccio [tra-lìc-cio] *s.m.* Struttura verticale formata da elementi metallici intrecciati, usata per il sostegno delle linee elettriche ad alta tensione.

tram *s.m.* Veicolo a trazione elettrica su rotaie, usato come mezzo di trasporto pubblico nelle città: *per andare in centro prendo sempre il tram.*

trama [trà-ma] *s.f.* **1** La serie dei fili che, intrecciati ad angolo retto con i fili dell'ordito, formano il tessuto **2** ♧ Congiura, complotto, intrigo, macchinazione: *il principe sventò la trama dei congiurati* **3** ♧ L'intreccio delle vicende di una narrazione: *un romanzo dalla trama avvincente*; *mi ha raccontato la trama del film.*

tramandare [tra-man-dà-re] *v.tr.* Trasmettere di generazione in generazione memorie di fatti, tradizioni, usanze ecc.: *questa festa di famiglia ci è stata tramandata dai nonni.*

tramare [tra-mà-re] *v.tr.* Preparare di nascosto un'azione ai danni di qualcuno Ⓢ ordire, macchinare: *i congiurati tramavano nell'ombra un attentato alla vita del re.*

trambusto [tram-bù-sto] *s.m.* Confusione, agitazione disordinata e rumorosa: *nel trambusto della folla lo perse di vista.*

tramestio [tra-me-stì-o] *s.m.* Movimento continuo, confuso e rumoroso di persone o di cose; il rumore che ne deriva: *sentì uno strano tramestio venire dal piano di sopra.*

tramezzino [tra-mez-zì-no] *s.m.* Panino imbottito formato da due fette di pane a cassetta di forma triangolare.

tramezzo [tra-mèz-zo] *s.m.* Sottile parete in muratura, legno o altro, che separa due ambienti o divide un locale in due parti.

tramite [trà-mi-te] *s.m.* Mezzo di contatto, di collegamento | *Per il tramite di* = per mezzo di: *l'ho saputo per il tramite di un amico* | *Fare da tramite* = fare da intermediario ♦ *prep.* Per mezzo di: *l'ho conosciuto tramite mia moglie*; *comunicare tramite telefono*.

tramontana [tra-mon-tà-na] *s.f.* Vento freddo che soffia da nord | ♧ *Perdere la tramontana* = perdere la testa, la calma, il controllo di sé.

tramontare [tra-mon-tà-re] *v.intr.* [aus. *essere*] **1** Detto di corpi celesti, scomparire sotto la linea dell'orizzonte: *il sole, la luna sta tramontando* **2** ♧ Venir meno, finire, svanire: *è tramontata anche l'ultima speranza di salvezza*.

tramonto [tra-món-to] *s.m.* **1** Scomparsa di un astro sotto la linea dell'orizzonte: *il tramonto della luna, di una stella* ◊ In partic., il calare del sole, il momento che precede o segue di poco la sua scomparsa e l'insieme dei fenomeni luminosi che accompagnano questo momento: *ci vediamo al tramonto*; *un tramonto rosso fuoco* **2** ♧ Fine, declino: *il tramonto di un'illusione, di un mito*; *una moda ormai al tramonto*.

tramortire [tra-mor-tì-re] *v.tr.* [*tramortìsco, tramortìsci*] Far perdere i sensi a qualcuno Ⓢ stordire: *tramortì con un pugno il suo avversario*.

trampolino [tram-po-lì-no] *s.m.* Pedana, piattaforma o altro impianto da cui, in alcuni sport, l'atleta prende lo slancio per il salto: *trampolino per tuffi, per salto con gli sci, da sci nautico*.

trampolo [tràm-po-lo] *s.m.* Ciascuno dei due lunghi bastoni, muniti di un piccolo ripiano per poggiarvi i piedi, che si usano per camminare a una certa altezza dal suolo.

tramutare [tra-mu-tà-re] *v.tr.* Mutare una persona o una cosa in qualcosa d'altro Ⓢ trasformare: *la strega tramutò il principe in un ranocchio* ♦ **tramutarsi** *v.pr.* Cambiare aspetto, trasformarsi: *il rospo si tramutò in principe*.

tramvia vedi **tranvia**.

trance [parola inglese; pron. corrente *trans*] *s.f. invar.* Stato psicofisico di insensibilità agli stimoli e di perdita parziale della coscienza.

trancia [tràn-cia] *s.f.* Macchina o grossa cesoia usata per tagliare materiali metallici.

tranciare [tran-cià-re] *v.tr.* Tagliare con la trancia: *tranciare una sbarra di ferro* ◊ Tagliare in modo netto: *la lama gli ha tranciato un dito*.

trancio [tràn-cio] *s.m.* Fetta di una vivanda: *un trancio di pesce, di dolce, di pizza*.

tranello [tra-nèl-lo] *s.m.* Insidia, trappola, trabocchetto: *i nemici gli tesero un tranello*; *è caduto in un tranello* ◊ Difficoltà nascosta, che può far cadere in errore: *il compito in classe era pieno di tranelli*.

trangugiare [tran-gu-già-re] *v.tr.* Inghiottire, mandar giù in fretta, senza masticare: *ha trangugiato la minestra*; *trangugiare una pillola*.

tranne [tràn-ne] *prep.* A eccezione di Ⓢ eccetto, salvo, fuorché: *ci sono tutti tranne lui*; *riceve ogni giorno tranne il sabato*.

tranquillamente [tran-quil-la-mén-te] *avv.* **1** In modo tranquillo: *stavamo conversando tranquillamente* **2** Senza preoccupazioni, senza rischi: *puoi prendere tranquillamente quell'aereo* ◊ Senza difficoltà, senza sforzo: *un'auto che supera tranquillamente i 200 all'ora*.

tranquillante [tran-quil-làn-te] *s.m.* Farmaco con effetto calmante sugli stati di ansia o di forte eccitazione nervosa.

tranquillità [tran-quil-li-tà] *s.f.* Assenza di perturbazioni, rumori, disturbi Ⓢ calma, quiete: *la tranquillità del mare, di un paesino di montagna* ◊ Assenza di ansie, timori, preoccupazioni Ⓢ serenità: *ha affrontato con tranquillità una situazione molto difficile* ◊ Assenza di fretta Ⓢ calma: *non c'è urgenza, puoi finire quel lavoro con tutta tranquillità*.

tranquillizzare [tran-quil-liz-zà-re] *v.tr.* Rendere tranquillo qualcuno, liberarlo da timori e preoccupazioni Ⓢ rassicurare: *devo telefonare a casa per tranquillizzare i miei* ♦ **tranquillizzarsi** *v.pr.* Rassicurarsi, calmarsi: *tranquillizzati, è andato tutto bene*; *appena ha visto la madre il bambino si è tranquillizzato*.

tranquillo [tran-quìl-lo] *agg.* **1** Non agitato Ⓢ calmo, quieto: *oggi il mare è tranquillo*; *il bambino è stato tranquillo tutto il tempo* ◊ Detto di luogo, silenzioso, non disturbato, poco frequentato: *cercarono un posto tranquillo per riposare* ◊ Non turbato da ansie, preoccupazioni, timori Ⓢ sereno: *stai tranquillo, andrà tutto bene*; *ho la coscienza tranquilla* **2** Che non ama i conflitti, difficile a irritarsi Ⓢ pacifico: *è un tipo tranquillo*.

transatlantico [tran-sa-tlàn-ti-co] *s.m.* [pl. *–ci*] Grande e veloce nave per passeggeri che viaggia su rotte oceaniche.

transenna [tran-sèn-na] *s.f.* Ciascuna delle barriere mobili usate in luoghi pubblici per delimitare uno spazio, impedire un accesso, regolare il traffico ecc.

transessuale [tran-ses-su-à-le] *s.m.f.* Persona

che assume aspetto e atteggiamenti del sesso opposto al suo, anche modificando con interventi chirurgici le proprie caratteristiche anatomiche originarie.

transgenico [trans-gè-ni-co] *agg.* Detto di organismo animale o vegetale nel quale sono stati inseriti geni provenienti da un altro organismo di specie diversa.

transigere [tran-sì-ge-re] *v.intr.* [coniugato come *esigere*; aus. *avere*] Cedere, essere arrendevole, accettare compromessi: *la disciplina è un punto su cui non transigo.*

transitare [tran-si-tà-re] *v.intr.* [aus. *essere*] Passare per un luogo, per una strada: *le biciclette non possono transitare sull'autostrada.*

transitivo [tran-si-tì-vo] *agg.* **1** *Verbi transitivi* = quelli che possono avere un complemento oggetto **2** *Proprietà transitiva* = in matematica, quella per cui se A è uguale a B e B a C, ne consegue che A è uguale a C.

transito [tràn-si-to] *s.m.* Passaggio di persone o di veicoli per un luogo, per una via di comunicazione: *strada riservata al transito pedonale*; *qui c'è divieto di transito* | *Passeggeri, merci in transito* = che sono solo di passaggio in una stazione, in un porto ecc.

transitorio [tran-si-tò-rio] *agg.* Non definitivo Ⓢ temporaneo, provvisorio: *abbiamo trovato una soluzione transitoria.*

transizione [tran-si-zió-ne] *s.f.* Passaggio da una situazione a un'altra: *il periodo di transizione dal medioevo all'età moderna*; *formare un governo di transizione.*

trantran [tran-tràn] o **tran tran** *s.m.invar.* Il ritmo normale e monotono della vita quotidiana Ⓢ routine: *dopo le vacanze ricomincia il solito trantran.*

tranvia [tran-vì-a] o **tramvia** *s.f.* Linea urbana o extraurbana di trasporto pubblico su tram.

tranviario [tran-vià-rio] *agg.* Di tram o di tranvia: *linea, rete tranviaria*; *azienda tranviaria.*

tranviere [tran-viè-re] *s.m.* Chi è impiegato in un'azienda tranviaria; in partic., conducente di tram: *sciopero dei tranvieri.*

trapanare [tra-pa-nà-re] *v.tr.* Perforare con il trapano: *trapanare un'asse*; *il dentista mi ha trapanato un dente.*

trapano [trà-pa-no] *s.m.* Macchina o strumento per eseguire fori e altre lavorazioni su materiali diversi; è costituito essenzialmente da un elemento rotante al quale vengono fissate punte d'acciaio di forma e grandezza diversa: *trapano a mano, elettrico*; *trapano da dentista.*

trapassare [tra-pas-sà-re] *v.tr.* Passare da parte a parte Ⓢ perforare, trafiggere: *il proiettile gli ha trapassato la spalla.*

trapelare [tra-pe-là-re] *v.intr.* [aus. *essere*] **1** Filtrare, penetrare attraverso piccole fessure: *un raggio di luce trapelava dalle imposte socchiuse* **2** ♧ Venire fuori, manifestarsi in modo indiretto o involontariamente: *nonostante la segretezza, la notizia è trapelata*; *dal suo sguardo trapelava una certa preoccupazione.*

trapezio [tra-pè-zio] *s.m.* **1** Quadrilatero con due lati paralleli di diversa lunghezza **2** Attrezzo per esercizi acrobatici costituito da una sbarra orizzontale appesa a due funi a una notevole altezza dal suolo.

trapezista [tra-pe-zì-sta] *s.m.f.* [pl.m. *–sti*] Acrobata che si esibisce in esercizi al trapezio, spec. nei circhi.

trapiantare [tra-pian-tà-re] *v.tr.* **1** Estrarre una pianta con tutte le radici da un vaso o da un terreno e trasferirla in un altro vaso o terreno: *trapiantò i gerani in un vaso più grande*; *trapiantare i pomodori nell'orto* **2** Eseguire un trapianto chirurgico: *trapiantare un rene, un polmone.*

trapianto [tra-piàn-to] *s.m.* **1** Trasferimento di una pianta da un terreno a un altro **2** In chirurgia, operazione con cui si trasferisce un tessuto da una parte all'altra del corpo del paziente o si sostituisce un organo malato con un altro sano prelevato dal corpo di una persona appena deceduta: *trapianto di pelle, di fegato, cardiaco.*

trappola [tràp-po-la] *s.f.* **1** Congegno di vario tipo usato per catturare animali nocivi o soggetti a caccia: *trappola per topi*; *trappole per uccelli, per volpi* **2** ♧ Insidia, tranello: *la sua proposta è una trappola*; *siamo caduti nella sua trappola* **3** Arnese, macchina, congegno che funziona male: *questa automobile è proprio una trappola.*

trapunta [tra-pùn-ta] *s.f.* Spessa coperta formata da due teli, imbottiti di lana o piume, tenuti insieme da cuciture che li trapassano in più punti da parte a parte.

trarre [tràr-re] *v.tr.* [pres. *tràggo, trài, tràe, traiàmo, traéte, tràggono*; fut. *trarrò*; cong.pres. *(io, tu, egli) tràgga, traiàmo, traiàte, tràggano*; cond. *trarrèi*; imper. *trài*; part.pass. *tràtto*] **1** Tirare, trascinare, portare qualcosa o qualcuno verso un luogo: *trarre una barca a riva*; *il condannato fu tratto al patibolo* **2** ♧ Indurre, spingere a qualcosa: *trarre qualcuno in inganno, in errore* **3**

Tirare fuori Ⓢ estrarre: *trasse la spada dal fodero* ◊ Tirare fuori, emettere: *quando vide che stavo bene trasse un sospiro di sollievo* ◊ ♧ Tirare fuori, liberare da una situazione rischiosa o spiacevole: *trarre qualcuno d'imbarazzo, d'impiccio* **4** Ottenere, ricavare, derivare (anche ♧): *ha tratto un notevole guadagno da quell'affare*; *il film è stato tratto da un romanzo*; *sta a te trarre le conclusioni da quel che ti ho detto.*

tras– Prefisso di parole composte, in cui indica passaggio da un luogo a un altro (*trasferire, trasmettere*), mutamento (*trasformare*), attraversamento (*traspirare*), negligenza (*trascurare, trasandato*).

trasalire [tra-sa-lì-re] *v.intr.* [*trasalìsco, trasalìsci*; aus. *avere* o *essere*] Sussultare per un'emozione improvvisa: *quando la vide entrare, trasalì.*

trasandato [tra-san-dà-to] *agg.* Poco curato, trascurato, sciatto: *un lavoro trasandato*; *veste sempre in modo trasandato.*

trasbordare [tra-sbor-dà-re] *v.tr.* Far passare, trasferire persone o cose da un mezzo di trasporto a un altro: *trasbordare i passeggeri dal treno a degli autobus* ♦ *v.intr.* [aus. *avere*] Passare da un mezzo di trasporto a un altro: *i viaggiatori hanno trasbordato dal treno al pullman.*

trascinare [tra-sci-nà-re] *v.tr.* **1** Spostare, tirarsi dietro qualcosa, per lo più facendolo strisciare per terra: *il camion investì l'automobile trascinandola per venti metri*; *trascinare un peso* **2** Condurre con sforzo da qualche parte qualcuno che oppone resistenza, è riluttante: *il ladro fu trascinato in questura*; *per farlo venire al cinema devo sempre trascinarlo* **3** ♧ Portare qualcuno o qualcosa a una situazione negativa: *con le sue spese folli ha trascinato la famiglia alla rovina* **4** ♧ Avvincere, esaltare, entusiasmare: *un oratore che trascina le folle*; *una musica che trascina* ♦ **trascinarsi** *v.pr.* Spostarsi a fatica strisciando col corpo per terra: *il ferito riuscì a trascinarsi fino a casa.*

trascorrere [tra-scór-re-re] *v.tr.* [coniugato come *correre*] Passare un periodo di tempo: *ho trascorso le vacanze al mare*; *con lui abbiamo trascorso ore piacevoli* ♦ *v.intr.* [aus. *essere*] Passare: *è già trascorso un mese dalla sua partenza.*

trascrivere [tra-scrì-ve-re] *v.tr.* [coniugato come *scrivere*] Mettere per iscritto o ricopiare fedelmente un testo: *trascrivere la registrazione di un discorso*; *ora trascriverò la lettera in bella copia.*

trascurabile [tra-scu-rà-bi-le] *agg.* Di scarsa entità o importanza Ⓢ irrilevante Ⓒ notevole, importante: *un errore, un danno trascurabile.*

trascurare [tra-scu-rà-re] *v.tr.* **1** Non curare qualcosa con la dovuta attenzione: *trascurare il dovere, la casa, i propri affari* ◊ Non prendersi cura di qualcuno con il dovuto affetto e interessamento: *trascurare la famiglia, i figli* **2** Dimenticare, tralasciare qualcosa per distrazione o negligenza: *hai trascurato un particolare importante*; *non trascurare di avvertirmi* ♦ **trascurarsi** *v.pr.* Non prendersi sufficientemente cura della propria salute; non curare il proprio aspetto o abbigliamento.

trascurato [tra-scu-rà-to] *agg.* **1** Non curato a sufficienza, nel modo dovuto: *una malattia trascurata può aggravarsi* ◊ Che non riceve l'affetto, il riguardo dovuto: *si sente trascurata dal marito* **2** Che fa le cose con scarsa cura e diligenza Ⓢ negligente: *è trascurato nel lavoro* ◊ Sciatto, trasandato: *è molto trascurato nel vestire.*

trasecolare [tra-se-co-là-re] *v.intr.* [aus. *essere* o *avere*] Rimanere sbalordito, sbigottito: *a quella vista trasecolò.*

trasferimento [tra-sfe-ri-mén-to] *s.m.* **1** Spostamento in un altro luogo, cambiamento di sede: *il trasferimento di un'azienda all'estero*; *il maestro ha chiesto il trasferimento nella propria città* **2** Passaggio di un bene o di un diritto da una persona a un'altra: *trasferimento di proprietà.*

trasferire [tra-sfe-rì-re] *v.tr.* [*trasferìsco, trasferìsci*] **1** Spostare da un luogo a un altro, da una sede a un'altra: *trasferire un impiegato in un altro ufficio*; *trasferire un'azienda all'estero* **2** ♧ Cedere, passare, trasmettere ad altri un bene, un diritto, una prerogativa: *trasferire una proprietà ai figli*; *il governo ha trasferito tutti i poteri all'esercito* ♦ **trasferirsi** *v.pr.* Cambiare sede; cambiare domicilio, residenza, andare a vivere o lavorare da un'altra parte: *la ditta si è trasferita all'estero*; *trasferirsi in un altro quartiere, in campagna.*

trasferta [tra-sfèr-ta] *s.f.* **1** Trasferimento e soggiorno temporaneo fuori sede per motivi di lavoro: *inviare un funzionario in trasferta* **2** Incontro sportivo disputato su un campo di gioco avversario: *la squadra si prepara a una difficile trasferta.*

trasformare [tra-sfor-mà-re] *v.tr.* Mutare qualcosa o qualcuno in qualcosa di diverso, cambiandone del tutto o in parte la forma, l'aspetto, la struttura, la funzione, il carattere ecc.: *la strega trasformò il principe in un ranocchio*; *l'industrializzazione ha trasformato il paese*; *l'esperienza della guerra lo aveva trasformato* ♦ **trasformarsi** *v.pr.* Mutarsi in qualcosa di diverso: *il bruco si trasforma in farfalla*; *la protesta si trasformò in rivolta* ◊ Diventare una persona diversa, cambiando atteggiamento, modo di presentarsi agli altri, umore ecc.: *quando è in vacanza si trasforma.*

trasformazione [tra-sfor-ma-zió-ne] *s.f.* Mutamento, cambiamento di forma, di aspetto, di struttura, di funzione, di carattere ecc.: *la trasformazione di una città, del paesaggio*; *trasformazioni economiche, sociali, politiche*; *la trasformazione dell'acqua in ghiaccio*; *nel suo atteggiamento si verificò un'inattesa trasformazione.*

trasfusione [tra-sfu-sió-ne] *s.f.* Immissione nel sistema circolatorio di un individuo di sangue prelevato da una persona del suo stesso gruppo sanguigno: *gli hanno fatto una trasfusione.*

trasgredire [tra-sgre-dì-re] *v.tr.* e *v.intr.* [*trasgredìsco, trasgredìsci*; aus. *avere*] Non rispettare, violare, disobbedire: *trasgredire la legge*; *trasgredire agli ordini, alle regole.*

trasgressione [tra-sgres-sió-ne] *s.f.* Mancato rispetto, violazione della legge, di una norma o della morale comune.

trasgressore [tra-sgres-só-re] *s.m.* [f. *trasgreditrice*] Chi viola un ordine, un regolamento o non rispetta la morale comune: *i trasgressori saranno puniti.*

trash [parola inglese; pron. corrente *trèš*] *agg. invar.* e *s.m. invar.* Volgare e molto scadente, detto soprattutto di un certo genere di film, di spettacoli o di programmi televisivi.

traslocare [tra-slo-cà-re] *v.intr.* [*traslòco, traslòchi*; aus. *avere*] Cambiare sede o domicilio Ⓢ trasferirsi: *stanno traslocando nella nuova casa.*

trasloco [tra-slò-co] *s.m.* [pl. *–chi*] Trasferimento in una nuova sede o abitazione; trasporto del mobilio e di tutto il resto nella nuova sede o abitazione: *fare il trasloco*; *spese di trasloco.*

trasmettere [tra-smét-te-re] *v.tr.* [coniugato come *mettere*] **1** Tramandare, fare avere, far passare, comunicare qualcosa ad altra persona o cosa: *trasmettere una tradizione ai posteri*; *trasmettere l'eredità ai figli*; *mio fratello mi ha trasmesso l'influenza* **2** Inviare, far pervenire: *non mi hanno trasmesso il tuo messaggio* **3** Diffondere attraverso i mezzi radiotelevisivi: *la partita sarà trasmessa in televisione*; *la radio sta trasmettendo canzoni* ♦ **trasmettersi** *v.pr.* Passare, comunicarsi, diffondersi da una persona o da una cosa a un'altra: *le malattie infettive si trasmettono per contagio*; *l'incendio si trasmise dall'appartamento a tutto l'edificio.*

trasmissione [tra-smis-sió-ne] *s.f.* **1** Trasferimento, passaggio di qualcosa da una persona a un'altra o da una cosa a un'altra: *la trasmissione della malattia è avvenuta per contagio*; *trasmissione dell'energia, del moto da un corpo a un altro* **2** Comunicazione, diffusione a distanza attraverso mezzi di radiotelecomunicazione: *la televisione ha sospeso le trasmissioni* ◊ Programma trasmesso per radio o televisione: *ieri sera abbiamo visto una trasmissione molto interessante.*

trasmittente [tra-smit-tèn-te] *agg.* Detto di apparecchio che trasmette segnali radiotelevisivi ad apparecchi riceventi ♦ *s.f.* Stazione radio o teletrasmittente.

trasognato [tra-so-gnà-to] *agg.* Assorto nei propri pensieri, in sogni e fantasticherie: *mi guardò con aria trasognata.*

trasparente [tra-spa-rèn-te] *agg.* **1** Detto di corpo che lascia passare la luce e consente di vedere nitidamente la forma e i contorni degli oggetti posti dietro di esso Ⓒ opaco: *il vetro è trasparente*; *portava una camicetta trasparente* | *Acqua, aria, cielo trasparente* = limpidi **2** ♧ Che ha un significato chiaro, facilmente intuibile, anche se espresso in modo non esplicito: *lo scopo della sua domanda è trasparente*; *un'allusione trasparente.*

trasparire [tra-spa-rì-re] *v.intr.* [coniugato come *apparire*; aus. *essere*] **1** Apparire, essere visibile in modo più o meno chiaro attraverso un corpo trasparente o semitrasparente o anche attraverso spiragli: *dalla camicetta leggera le traspariva il seno*; *un raggio di sole traspari tra le nuvole* **2** ♧ Detto di sentimenti, stati d'animo, pensieri, rivelarsi, manifestarsi attraverso segni esteriori Ⓢ trapelare: *l'ansia traspariva dai suoi gesti*; *è un uomo che non lascia trasparire ciò che pensa.*

traspirare [tra-spi-rà-re] *v.intr.* [aus. *essere*] Detto dell'acqua e di altri liquidi, fuoruscire dai pori in forma di vapore o in piccole gocce: *il sudore traspira dalla pelle*; *dalle foglie traspira l'acqua* ♦ *v.tr.* Lasciar uscire acqua o altri liquidi attraverso i pori: *le piante traspirano acqua*; *la pelle traspira (il sudore).*

traspirazione [tra-spi-ra-zió-ne] *s.f.* Negli organismi animali e vegetali, processo di eliminazione dei liquidi che avviene attraverso i pori in forma di piccole gocce o mediante evaporazione dal fusto e dalle foglie.

trasportare [tra-spor-tà-re] *v.tr.* Portare, trasferire da un luogo a un altro: *trasportare un malato all'ospedale*; *trasportare un tavolo da una stanza a un'altra*; *la nave trasportava molti passeggeri* ◊ Spingere, trascinare con sé qualcosa con la propria forza: *il fiume in piena trasportò a valle una gran quantità di detriti* | ♧ *Lasciarsi trasportare dall'ira, dallo sdegno* ecc. = non riuscire a dominarli, a contenersi.

A B C D E F G H I J K L M N O P Q R S **T** U V W X Y Z

trasporto [tra-spòr-to] *s.m.* **1** Trasferimento di persone o cose da un luogo a un altro, effettuato in modi e con mezzi diversi: *il trasporto di un ferito all'ospedale*; *trasporto a braccia, con cavalli, su muli, con mezzi motorizzati*; *trasporto su strada, per ferrovia, aereo, navale* | *Mezzi di trasporto, trasporti* = tutti i veicoli adibiti al trasporto di persone e cose: *sciopero dei trasporti pubblici* | *Trasporto pesante* = quello effettuato da autotreni, camion e simili **2** ♧ Slancio, impeto dell'animo: *in un trasporto di generosità gli ha regalato tutto* ◊ Passione, entusiasmo: *lavora con trasporto.*

trastullarsi [tra-stul-làr-si] *v.pr.* **1** Divertirsi, svagarsi: *il bimbo si trastullava con un giocattolo* **2** Perdere tempo Ⓢ gingillarsi: *cerca di studiare, invece di stare a trastullarti.*

trastullo [tra-stùl-lo] *s.m.* Gioco, divertimento, svago, passatempo: *i trastulli dei bambini.*

trasudare [tra-su-dà-re] *v.intr.* [aus. *essere*] Detto di liquidi, filtrare, passare attraverso qualcosa uscendo in piccole gocce: *l'umidità trasuda dai muri* ♦ *v.tr.* Lasciar filtrare, lasciar uscire un liquido in piccole gocce: *la parete trasuda umidità.*

trasversale [tra-sver-sà-le] *agg.* **1** *Via trasversale* = che attraversa perpendicolarmente o obliquamente un'altra via | *Valle trasversale* = perpendicolare alla valle principale **2** ♧ *Vendetta trasversale* = indiretta, rivolta contro i parenti della persona che si vuole colpire.

trasvolata [tra-svo-là-ta] *s.f.* Volo senza scalo che sorvola un territorio o una distesa d'acqua o di ghiaccio di grande estensione: *la trasvolata di un deserto, dell'oceano, del Polo Nord.*

tratta [tràt-ta] *s.f.* **1** Commercio di persone ridotte in schiavitù: *la tratta dei negri portò a forza milioni di persone dall'Africa all'America* **2** Tipo di cambiale.

trattamento [trat-ta-mén-to] *s.m.* **1** Tipo di lavorazione o di procedimento a cui viene sottoposto un materiale, un prodotto per migliorarne o modificarne le caratteristiche: *sottoporre una stoffa a un trattamento antitarmico* **2** In medicina, cura: *trattamento chirurgico di un tumore*; *trattamento idratante per la pelle* **3** Modo di trattare le persone: *ha riservato agli amici un trattamento di favore* ◊ Modo di trattare clienti e ospiti di ristoranti e alberghi, per quanto riguarda il vitto, l'alloggio e il servizio: *il trattamento lasciava a desiderare.*

trattare [trat-tà-re] *v.tr.* **1** Comportarsi con qualcuno in un certo modo (spec. per esprimergli il modo in cui lo si considera): *tratta sempre tutti gentilmente*; *trattare qualcuno come un fratello, da amico, da estraneo* ◊ Accogliere, servire in un certo modo i propri clienti: *un albergo, un ristorante, un negozio in cui ti trattano bene* ◊ Riferito ad animali, piante od oggetti, averne cura, usarli in un certo modo: *bisogna trattare bene le bestie*; *se tratti così la macchina ti durerà poco!* **2** Occuparsi di qualcosa: *si rivolga all'impiegato che ha trattato la sua pratica* ◊ Commerciare: *non trattiamo più questo articolo* **3** Sottoporre un materiale a particolari lavorazioni e procedimenti: *questo tessuto è stato trattato con sostanze impermeabilizzanti* **4** Curare con una data terapia: *trattare un'infezione con gli antibiotici* ♦ *v.tr.* e *v.intr.* [aus. *avere*] **1** Affrontare, discutere, esaminare un determinato argomento: *abbiamo trattato questioni di comune interesse*; *di che cosa tratta quel film?* **2** Discutere di qualcosa con qualcuno per giungere a un accordo: *trattare la pace con il nemico*; *trattare un affare* **3** Avere rapporti, avere a che fare con qualcuno: *nel suo lavoro deve trattare con ogni genere di persone* ♦ *v.impers.* [aus. *essere*] Essere questione: *mi dica di che cosa si tratta*; *qui si tratta di vita o di morte*; *quando si tratta di agire lui si tira indietro* ♦ **trattarsi** *v.pr.* Avere per se stesso particolari cure: *si tratta bene nel mangiare*; *quando viaggia, si tratta da signore.*

trattativa [trat-ta-tì-va] *s.f.* Serie di colloqui e discussioni tra le parti interessate alla conclusione di un accordo Ⓢ negoziato: *sono in trattativa con il proprietario per l'acquisto della sua casa*; *trattative commerciali, sindacali, di pace.*

trattato [trat-tà-to] *s.m.* **1** Opera che tratta in modo esauriente e sistematico una disciplina o una parte di essa: *un trattato di filosofia, di fisica nucleare* **2** Accordo internazionale tra stati su questioni relative ai loro rapporti: *i due paesi hanno firmato un trattato di cooperazione economica*; *fare un trattato di alleanza, di pace.*

tratteggiare [trat-teg-già-re] *v.tr.* **1** Disegnare con la tecnica del tratteggio: *tratteggiare una figura* ◊ Disegnare a grandi linee Ⓢ abbozzare: *tratteggiare un paesaggio* **2** ♧ Descrivere a grandi linee: *all'inizio del racconto viene tratteggiato l'ambiente in cui si svolge la vicenda.*

tratteggio [trat-tég-gio] *s.m.* Tecnica di disegno consistente nel tracciare una fitta serie di linee parallele e discontinue, per ottenere chiaroscuri e ombreggiature.

trattenere [trat-te-né-re] *v.tr.* [coniugato come *tenere*] **1** Far restare qualcuno in un luogo più a lungo del previsto: *non può venire perché è stato trattenuto in ufficio da un impegno*; *mi hanno trattenuto a cena da loro* **2** Costringere qualcuno a fermarsi in un luogo, impedendogli di andarsene: *trattenere un sospetto in questura* **3** Tenere fermo, bloccare qualcuno per impedirgli che gli succeda o che faccia qualcosa: *se non lo trattenevo per un braccio sarebbe caduto nel fosso*; *trattenetemi, se no lo prendo a schiaffi* **4** Tenere, conservare qualcosa presso di sé: *trattenga lì il pacco finché non passo a ritirarlo* **5** Tenere dentro di sé qualcosa, impedirgli di manifestarsi Ⓢ frenare, reprimere: *trattenne il respiro, il singhiozzo*; *non riusciva a trattenere le lacrime* ⧫ **trattenersi** *v.pr.* **1** Restare, fermarsi in un luogo: *mi tratterrò qualche giorno in città* **2** Astenersi, frenarsi dal fare o dire qualcosa: *non riuscì a trattenersi dal ridere.*

trattenimento [trat-te-ni-mén-to] *s.m.* Ricevimento, festa, spettacolo organizzati per intrattenere piacevolmente gli ospiti: *dare un trattenimento*; *un trattenimento musicale.*

trattenuta [trat-te-nù-ta] *s.f.* **1** Somma detratta dallo stipendio lordo del lavoratore e versata direttamente dal datore di lavoro a enti pubblici come imposta o come contributo **2** Nel calcio e in altri sport, il fallo di chi trattiene un avversario per ostacolare la sua azione.

trattino [trat-tì-no] *s.m.* Lineetta orizzontale che si usa nella scrittura per dividere una parola in fine di riga, per unire due parti di una parola composta o due parole, due nomi, due numeri (*ping-pong*; *il treno Roma-Milano*; *la guerra del '15-'18*), oppure per contraddistinguere prefissi, suffissi e desinenze (*il prefisso tra–*; *i verbi in –are*).

tratto [tràt-to] *s.m.* **1** Linea, segno tracciati con un unico movimento della mano: *cancellò la parola con un tratto di penna* **2** (spec. al *pl.*) Lineamenti: *ha un volto dai tratti delicati* ◊ ♧ Elemento che caratterizza qualcosa o qualcuno: *la generosità è un tratto distintivo del suo carattere* **3** Parte di qualcosa che si estende in lunghezza: *un tratto di tubo*; *abbiamo fatto un tratto di strada a piedi* ◊ Porzione, zona di una superficie estesa: *in quel tratto di mare ci sono forti correnti* ◊ Distanza, percorso tra due punti: *da qui a casa c'è ancora un bel tratto* ◊ ♧ Spazio di tempo: *restò in silenzio per un lungo tratto* | *(Tutto) a un tratto, d'un tratto* = all'improvviso | *A tratti* = a intervalli **4** Atteggiamento, contegno: *una persona dal tratto signorile.*

trattore[1] [trat-tó-re] *s.m.* Automezzo munito di cingoli o di pneumatici speciali, impiegato per trainare, anche su terreni difficili, rimorchi pesanti e macchine agricole.

trattore[2] [trat-tó-re] *s.m.* Proprietario o gestore di una trattoria.

trattoria [trat-to-rì-a] *s.f.* Locale pubblico dove si servono, a pagamento, i pasti principali: *una trattoria alla buona.*

trauma [tràu-ma] *s.m.* [pl. *–mi*] **1** Lesione prodotta da una causa esterna che agisca con violenza: *nella caduta ha riportato un trauma cranico* ◊ *Trauma psichico* = violenta emozione che lascia un segno profondo e duraturo nella psiche di un individuo Ⓢ shock **2** ♧ Fatto negativo che provoca forte depressione o demoralizzazione: *la morte dei genitori è stata un trauma per lui.*

travagliare [tra-va-glià-re] *v.tr.* Far soffrire, tormentare fisicamente o moralmente: *era travagliato dai rimorsi* ◊ Agitare, sconvolgere: *una vita travagliata da molte disgrazie.*

travaglio [tra-và-glio] *s.m.* Sofferenza fisica o spirituale Ⓢ patimento | *Travaglio (del parto)* = i dolori (doglie) che accompagnano la prima fase del parto.

travasare [tra-va-sà-re] *v.tr.* Trasferire, versare un liquido da un recipiente a un altro: *abbiamo travasato l'olio dalla damigiana nelle bottiglie.*

trave [trà-ve] *s.f.* **1** Tronco d'albero squadrato o analogo elemento in acciaio o cemento armato, impiegati con funzione di sostegno nelle costruzioni edilizie: *le travi di un tetto*; *puntellare un muro con una trave* **2** Attrezzo ginnico analogo all'asse di equilibrio.

traveggole [tra-vég-go-le] *s.f.pl.* *Avere le traveggole* = vedere una cosa per un'altra; ♧ ingannarsi: *tu hai le traveggole, io non ho mai detto una cosa del genere!*

traversa [tra-vèr-sa] *s.f.* **1** Elemento rigido posto trasversalmente rispetto agli altri elementi della stessa struttura, con funzione di collegamento, di rinforzo o di sostegno: *le traverse del letto, di una cancellata* ◊ Nel calcio, la sbarra orizzontale superiore della porta ◊ Ciascuna delle travi di legno o di cemento armato a cui vengono fissate le rotaie dei binari **2** Telo posto di traverso nel letto, sotto il lenzuolo, per fini igienici **3** Via trasversale (spec. rispetto alla via principale): *per andare da qui alla stazione devi svoltare alla seconda traversa a destra.*

traversare [tra-ver-sà-re] *v.tr.* Attraversare: *traversare la strada.*

traversata [tra-ver-sà-ta] *s.f.* Attraversamento di uno spazio molto esteso; in partic. viaggio per via d'acqua o aerea: *la traversata del deserto, delle Alpi*; *la traversata a nuoto della Manica*; *le barche sono partite per la traversata dell'Atlantico.*

traversia [tra-ver-sì-a] *s.f.* (spec. al *pl.*) Avversità, difficoltà; disgrazia, vicenda dolorosa: *dopo molte traversie giunsero finalmente a casa*; *una vita piena di traversie.*

traverso [tra-vèr-so] *agg.* Trasversale: *svoltò in una via traversa* | *Flauto traverso* = che si suona in posizione trasversale | ♧ *Vie traverse* = modi, mezzi non lineari, poco corretti e leali: *ottenere qualcosa per vie traverse* ♦ *avv. Di traverso, per traverso* = obliquamente, nel senso della larghezza: *il camion si mise di traverso sulla strada* | *Andare di traverso* = detto di cibo o di bevanda, finire nella laringe anziché nell'esofago, provocando tosse e senso di soffocamento; ♧ andar male, andar storto: *oggi mi va tutto di traverso* | ♧ *Guardare qualcuno di traverso* = con astio, con malevolenza.

travestimento [tra-ve-sti-mén-to] *s.m.* L'operazione di travestire o di travestirsi: *il travestimento richiese più di un'ora* ◊ Il modo in cui ci si traveste: *con quel travestimento era irriconoscibile.*

travestire [tra-ve-stì-re] *v.tr.* Vestire e truccare qualcuno in modo da renderlo irriconoscibile e da farlo sembrare qualcun altro Ⓢ mascherare, camuffare: *travestire i bambini per carnevale*; *lo travestirono da donna* ♦ **travestirsi** *v.pr.* Vestirsi e truccarsi in modo da rendersi irriconoscibile e da sembrare qualcun altro Ⓢ camuffarsi, mascherarsi: *i banditi si travestirono da poliziotti.*

travestito [tra-ve-stì-to] *s.m.* Maschio omosessuale che si veste e si atteggia vistosamente da donna.

traviare [tra-vi-à-re] *v.tr.* [*travìo, travìi*] Allontanare dalla retta via, spingere al male, corrompere moralmente: *a traviarlo sono state le cattive compagnie.*

travisare [tra-vi-sà-re] *v.tr.* Interpretare o presentare qualcosa in modo non corrispondente alla verità, per lo più volontariamente Ⓢ distorcere, falsare, stravolgere: *hai travisato il senso del mio discorso*; *il suo resoconto travisa i fatti.*

travolgente [tra-vol-gèn-te] *agg.* Che travolge; impetuoso e violento: *la furia travolgente del mare in tempesta* ◊ ♧ Che coinvolge, affascina in modo irresistibile: *un discorso travolgente*; *una donna di una bellezza travolgente.*

travolgere [tra-vòl-ge-re] *v.tr.* [coniugato come *volgere*] **1** Investire, abbattere, trascinare con sé con violenza impetuosa: *fu travolto dalla folla in fuga*; *il fiume in piena travolse ogni cosa*; *l'assalto travolse la resistenza nemica* ◊ ♧ Mandare in rovina: *la crisi economica ha travolto molte aziende* **2** ♧ Sopraffare, trascinare con forza irresistibile: *si lasciò travolgere dall'ira.*

trazione [tra-zió-ne] *s.f.* Forza capace di far muovere un veicolo: *veicoli a trazione animale, meccanica, elettrica* | *Autoveicolo a trazione anteriore, posteriore, integrale* = in cui il motore agisce sulle ruote anteriori, su quelle posteriori o su tutte le ruote.

tre [tré] *agg.num.card.invar.* e *s.m.invar.* **1** Numero equivalente a due unità più una (si scrive 3 in numeri arabi, III in numeri romani): *tre persone*; *tre case*; *tre ore*; *dividere la spesa in tre* (parti); *mettersi in fila per tre* (persone) | *Le tre* = le ore tre del mattino o del pomeriggio **2** Si usa con valore indeterminato per indicare una piccola quantità: *ti spiegherò tutto in tre parole.*

trebbiare [treb-bià-re] *v.tr.* Separare i chicchi di grano o di un altro cereale dalla pula e dalla paglia (un tempo battendo i cereali con bastoni e ora con apposite macchine).

trebbiatrice [treb-bia-trì-ce] *s.f.* Macchina agricola per trebbiare.

trebbiatura [treb-bia-tù-ra] *s.f.* Il lavoro, l'operazione di trebbiare; il tempo in cui si trebbia.

treccia [tréc-cia] *s.f.* [pl. *-ce*] **1** Tipo di acconciatura, spec. femminile, formata da tre ciocche di capelli intrecciate tra loro: *farsi la treccia*; *portare le trecce* **2** Qualunque oggetto formato da fili, nastri e simili intrecciati tra loro: *una treccia di filo, di cordoncino, di paglia.*

trecento [tre-cèn-to] *agg.num.card.invar.* e *s.m. invar.* Numero equivalente a tre volte cento | *Il Trecento* = il XIV secolo.

tredici [tré-di-ci] *agg.num.card.* e *s.m.* Numero equivalente a una diecina più tre unità | *Le tredici* = l'una dopo mezzogiorno ◊ Nel totocalcio, la massima vincita, ottenuta indovinando il risultato di tutte le partite in schedina: *fare (un) tredici.*

tregua [tré-gua o trè-gua] *s.f.* **1** Sospensione temporanea delle ostilità concordata tra le parti in conflitto: *firmare una tregua*; *rompere la tregua* ◊ Sospensione temporanea di una lotta, di agitazioni, rivendicazioni ecc.: *durante le feste non ci saranno scioperi per una tregua sindacale* | *Tregua salariale* = impegno da parte dei sindacati a non avanzare richieste di aumenti salariali per un certo periodo di tempo **2** ♧ Momento di sosta: *piove da due giorni senza tregua* ◊ Pausa, riposo: *lavorare senza un attimo di tregua* ◊ Pace, requie: *il dolore non gli dava tregua.*

trekking [parola inglese; pron. corrente *trèkin*] *s.m.invar.* Escursione turistica di più giorni, che si compie a piedi su percorsi lunghi e poco agevoli, spec. in zone selvagge e di montagna.

tremare [tre-mà-re] *v.intr.* [aus. *avere*] **1** Essere scosso da brevi e rapide contrazioni muscolari: *tremava di freddo, per la paura, di febbre*; *la mano gli tremava per la vecchiaia*; *le gambe gli tremano per la stanchezza* ◊ ♧ Detto della voce, vibrare, non essere ben ferma: *per l'emozione gli tremava la voce* **2** Detto di cose, muoversi con oscillazioni rapide e continue Ⓢ sussultare: *le foglie tremavano al vento*; *quando passa il treno la casa trema* **3** ♧ Avere paura: *è uno che non ha mai tremato di fronte al pericolo* ◊ Essere in ansia Ⓢ trepidare: *abbiamo tremato per la tua sorte.*

tremarella [tre-ma-rèl-la] *s.f.* Tremito delle membra o stato di agitazione causato da paura o timore: *se penso agli esami mi viene la tremarella.*

tremendo [tre-mèn-do] *agg.* **1** Che incute paura, terrore; da far tremare: *si udì un urlo tremendo*; *una tremenda vendetta* ◊ Gravissimo, spaventoso, terribile: *è successa una tremenda disgrazia*; *la morte del figlio è stata per lei un colpo tremendo* **2** Grandissimo, intensissimo, insopportabile: *ho una fame tremenda*; *fa un caldo tremendo*; *è un tremendo scocciatore* ◊ Straordinario, eccezionale: *ha una forza tremenda.*

tremito [trè-mi-to] *s.m.* Breve e rapida contrazione muscolare che scuote il corpo Ⓢ fremito, brivido: *ebbe un tremito di freddo, di paura* ◊ Serie continuata di tali contrazioni Ⓢ tremore: *il tremito della mano non gli permetteva di scrivere.*

tremolare [tre-mo-là-re] *v.intr.* [aus. *avere*] Oscillare, tremare leggermente e con frequenza: *le foglie tremolavano al vento*; *gli tremolano le mani* ◊ Detto di luce, mandare bagliori disuguali e intermittenti: *le stelle tremolavano nel cielo* ◊ Detto di suono, essere instabile e discontinuo: *la voce gli tremolava per l'emozione.*

tremolio [tre-mo-lì-o] *s.m.* Un tremolare continuo: *il tremolio delle foglie, della fiamma della candela*; *tremolio della voce.*

tremore [tre-mó-re] *s.m.* **1** Serie di tremiti intensi e continui: *non riusciva a scrivere per il tremore della mano* **2** ♧ Stato di agitazione interiore causata da ansia o paura: *dopo le minacce ricevute vive in un continuo tremore.*

treno [trè-no] *s.m.* **1** Serie di vagoni trainati da una locomotiva Ⓢ convoglio ferroviario: *treno merci, passeggeri*; *treno diretto, rapido*; *prendere il treno* **2** *Treno di gomme* = l'insieme dei pneumatici di un autoveicolo.

trepidare [tre-pi-dà-re] *v.intr.* [aus. *avere*] Essere pieno di ansiosa apprensione per qualcuno o per qualcosa: *la madre trepidava per la sorte del figlio.*

trepidazione [tre-pi-da-zió-ne] *s.f.* Stato d'animo di ansiosa apprensione: *attendeva con trepidazione l'esito degli esami.*

treppiede [trep-piè-de] *s.m.* Sostegno dotato di tre piedi: *il treppiede della macchina fotografica.*

tresca [tré-sca] *s.f.* **1** Relazione amorosa illecita: *il marito aveva una tresca con la vicina* **2** Intrigo, raggiro, imbroglio: *avevano ordito una tresca ai suoi danni.*

trespolo [tré-spo-lo] *s.m.* Sgabello, sostegno, supporto che poggia su tre o quattro piedi: *il trespolo del pappagallo.*

tri– Primo elemento di parole composte, in cui ha il significato di «tre», «che ha tre», «formato da tre» (*triangolo, trimestre, tridimensionale*).

triangolare [tri-an-go-là-re] *agg.* **1** Che ha tre angoli: *una figura triangolare* ◊ A forma di triangolo: *vele triangolari* **2** ♧ Che avviene fra tre parti: *una riunione triangolare*; *un (incontro) triangolare tra le squadre di tre nazioni.*

triangolo [tri-àn-go-lo] *s.m.* **1** Figura geometrica che ha tre angoli e tre lati: *triangolo equilatero, isoscele, rettangolo* **2** Oggetto, elemento di forma triangolare: *un triangolo di stoffa* ◊ Segnale di pericolo a forma di triangolo che va messo a una certa distanza dietro a un veicolo fermo in sosta di emergenza ◊ Strumento musicale a percussione formato da una barretta metallica piegata a triangolo che viene percossa con una bacchetta.

tribolare [tri-bo-là-re] *v.intr.* [aus. *avere*] Soffrire molto Ⓢ penare, patire: *ha un dolore, un figlio che la fa tribolare.*

tribordo [tri-bór-do] *s.m.* Il lato destro di un'imbarcazione guardando verso la prua Ⓢ dritta.

tribù [tri-bù] *s.f.* **1** Gruppo etnico autonomo, formato da più famiglie che parlano la stessa lingua, hanno gli stessi costumi e vivono in uno stesso territorio sotto un unico capo: *le diverse tribù dei pellirosse d'America* **2** ♧ In senso scherzoso, gruppo numeroso di persone, spec. di familiari: *in cortile giocava una tribù di bambini*; *viene a trovarci lo zio con tutta la sua tribù.*

tribuna [tri-bù-na] *s.f.* **1** Podio da cui un oratore parla al pubblico: *il sindacalista salì sulla tribuna* ◊ ♧ *Tribuna elettorale, politica, sindacale* = trasmissione radiotelevisiva che ospita dibattiti e discussioni di argomento politico-sindacale **2** Palco riservato al pubblico o a particolari categorie di persone in occasione di congressi, spettacoli, cerimonie, parate e altre manifestazioni: *tribuna (della) stampa, delle autorità*; *tribuna d'onore* ◊ In stadi, ippodromi e simili, settore centrale di posti, generalmente coperto e dotato di comodi sedili: *acquistare un biglietto di tribuna.*

tribunale [tri-bu-nà-le] *s.m.* **1** Luogo, edificio in cui si amministra la giustizia: *recarsi in tribunale*; *sa dirmi dov'è il tribunale?* **2** Organo giudicante formato da tre magistrati, che ha il compito di amministrare la giustizia in determinate cause: *tribunale civile, penale* ◊ Organo giudicante su questioni di varia competenza: *tribunale dei minorenni*; *tribunale militare, ecclesiastico.*

tribuno [tri-bù-no] *s.m.* Nell'antica Roma, titolo attribuito a vari magistrati | *Tribuni militari* = ufficiali che comandavano una legione | *Tribuni della plebe* = quelli eletti per difendere gli interessi della plebe contro i patrizi.

tributare [tri-bu-tà-re] *v.tr.* Dare, rendere, riservare a qualcuno un meritato e dovuto riconoscimento: *tutto il paese ha tributato al campione un'accoglienza entusiastica.*

tributo [tri-bù-to] *s.m.* Imposta, tassa.

tricheco [tri-chè-co] *s.m.* [pl. *–chi*] Grosso mammifero marino che vive nelle zone artiche; ha corpo tozzo e pesante e due lunghi canini superiori sporgenti come zanne.

triciclo [tri-cì-clo] *s.m.* Veicolo a tre ruote, a pedali o a motore ◊ Piccola bicicletta a tre ruote usata dai bambini.

tricolore *agg.* A tre colori: *bandiere tricolori* ♦ *s.m.* La bandiera italiana: *sventolare il tricolore.*

tridente [tri-dèn-te] *s.m.* Forcone con tre denti.

tridimensionale [tri-di-men-sio-nà-le] *agg.* A tre dimensioni: *figura, spazio tridimensionale.*

triennale [tri-en-nà-le] *agg.* Che dura tre anni: *corso di lingue triennale* ◊ Che si fa ogni tre anni: *una fiera triennale.*

triennio [tri-èn-nio] *s.m.* Periodo di tre anni.

trifoglio [tri-fò-glio] *s.m.* Pianta erbacea con foglie composte di tre foglioline, coltivata soprattutto per foraggio.

triglia [trì-glia] *s.f.* Pesce marino dal colore rosso.

trillare [tril-là-re] *v.intr.* [aus. *avere*] Emettere un trillo, dei trilli: *sta trillando il telefono.*

trillo [trìl-lo] *s.m.* **1** In musica, suono dato dal rapido alternarsi di una nota con quella superiore o inferiore: *eseguire dei trilli con il violino* **2** Canto o suono vibrante e molto acuto: *il trillo dell'usignolo, del campanello, del telefono.*

trimestrale [tri-me-strà-le] *agg.* Che dura tre mesi: *abbonamento trimestrale* ◊ Che avviene o si fa ogni tre mesi: *pagare rate trimestrali.*

trimestre [tri-mè-stre] *s.m.* Periodo di tre mesi ◊ Ciascuno dei periodi di tre mesi in cui viene suddiviso in alcune scuole l'anno scolastico.

trincea [trin-cè-a] *s.f.* Opera di fortificazione costituita da un fosso scavato nel terreno e protetto da un parapetto di terra o sacchi di sabbia: *i soldati andarono all'assalto delle trincee nemiche* ◊ Fronte di guerra: *il reparto fu mandato per tre mesi in trincea.*

trincerare [trin-ce-rà-re] *v.tr.* Fortificare, difendere con delle trincee: *trincerare una posizione, un campo* ♦ **trincerarsi** *v.pr.* **1** Ripararsi in una trincea, attestarsi in un luogo difeso da trincee: *i soldati si trincerarono su una collina* **2** ♧ Proteggersi con un determinato comportamento dall'obbligo di dire o fare qualcosa che non si vuole: *l'accusato si trincerò nel silenzio.*

trincetto [trin-cét-to] *s.m.* Specie di coltello a lama ricurva e affilata usato dai calzolai per tagliare il cuoio.

trinciare [trin-cià-re] *v.tr.* Tagliare in pezzetti o strisce sottili: *trinciare il pollo*; *trinciare il tabacco* | ♧ *Trinciare giudizi* = dare giudizi avventati e presuntuosi.

trinità [tri-ni-tà] *s.f.* Nella teologia cristiana, le tre persone del Padre, del Figlio e dello Spirito Santo, che nella loro unità, costituiscono l'essenza di Dio: *la S. S. Trinità.*

trio [trì-o] *s.m.* **1** Composizione musicale per tre strumenti: *un trio per violino, violoncello e pianoforte* **2** Gruppo di tre persone: *un trio di amici inseparabili.*

trionfale [trion-fà-le] *agg.* **1** Di trionfo: *arco trionfale*; *sfilata trionfale* **2** Grandioso, splendido: *la squadra vincitrice ha ricevuto trionfali accoglienze dai tifosi.*

trionfare [trion-fà-re] *v.intr.* [aus. *avere*] Riportare un trionfo, ottenere una grande vittoria: *Cesare trionfò sui Galli*; *ha trionfato sui suoi avversari* ◊ ♧ Prevalere, avere la meglio: *la verità finisce sempre per trionfare.*

trionfatore [trion-fa-tó-re] *s.m.* [f. *–trice*] Chi ha riportato una grande vittoria, chi risulta il netto vincitore di una competizione: *il trionfatore di una gara, delle elezioni.*

trionfo [tri-ón-fo] *s.m.* Vittoria, affermazione netta e schiacciante (anche ♧): *riportare un trionfo sui propri avversari*; *lottare per il trionfo della giustizia* ◊ Successo strepitoso: *un artista, uno spettacolo che sta passando di trionfo in trionfo* | *Portare qualcuno in trionfo* = sollevarlo da terra e trasportarlo sulle spalle perché tutti possano vederlo e acclamarlo.

triplicare [tri-pli-cà-re] *v.tr.* [*trìplico, trìplichi*] **1** Moltiplicare per tre: *è riuscito a triplicare i suoi guadagni* **2** Accrescere notevolmente: *dobbiamo triplicare gli sforzi.*

triplice [trì-pli-ce] *agg.* Costituito da tre elementi o aspetti: *documento in triplice copia*; *ottenere un triplice effetto.*

triplo [trì-plo] *agg.* **1** Tre volte maggiore: *per quel lavoro ha avuto un compenso triplo del normale* **2** Costituito da tre elementi Ⓢ triplice: *un filo triplo* ◊ Ripetuto tre volte: *eseguì un triplo salto mortale* ♦ *s.m.* Numero, quantità tre volte maggiore: *27 è il triplo di 9*; *adesso guadagno il triplo di prima.*

tripode [trì-po-de] *s.m.* Sostegno a tre piedi.

trippa [trìp-pa] *s.f.* **1** Lo stomaco dei bovini macellati che, tagliato in strisce sottili, viene cucinato in vari modi: *trippa alla fiorentina* **2** In senso scherzoso, pancia, ventre | *Mettere su trippa* = ingrassare.

tripudiare [tri-pu-dià-re] *v.intr.* [aus. *avere*] Manifestare in modo vivace e rumoroso la propria esultanza: *la folla per le strade tripudiava per la vittoria.*

tripudio [tri-pù-dio] *s.m.* Esultanza, manifestazione clamorosa di gioia: *il vincitore fu accolto dal tripudio della folla.*

tris *s.m.* Nel poker e in altri giochi di carte, combinazione di tre carte dello stesso valore: *tris d'assi, di re, di sette.*

trisavolo [tri-sà-vo-lo] *s.m.* Il padre del bisnonno ◊ Antenato.

triste [trì-ste] *agg.* **1** Che è in uno stato d'animo di afflizione, di abbattimento Ⓢ addolorato, mesto, malinconico, depresso Ⓒ allegro, felice: *perché sei triste, cosa ti è successo?*; *una persona sempre triste* ◊ Che esprime malinconia, infelicità: *occhi tristi*; *mi fece un sorriso triste* **2** Che infonde tristezza, ispira malinconia: *una musica, un film triste*; *un triste paesaggio invernale* **3** Doloroso, spiacevole, infausto: *devo darti una triste notizia*; *ho un triste presentimento.*

tristezza [tri-stéz-za] *s.f.* **1** Stato d'animo di chi è triste Ⓢ mestizia, malinconia Ⓒ gioia, felicità: *pensando al passato fu preso da un senso di tristezza* **2** Carattere triste, aspetto desolato di qualcosa: *la tristezza di una musica*; *la tristezza di una casa abbandonata* **3** (al *pl.*) Avvenimenti dolorosi Ⓢ dispiaceri: *dalla vita ha avuto solo tristezze.*

tritacarne [tri-ta-càr-ne] *s.m.invar.* Apparecchio per tritare la carne: *tritacarne a mano, elettrico.*

tritare [tri-tà-re] *v.tr.* Ridurre qualcosa in pezzetti minuti: *tritare la carne, il prezzemolo, il ghiaccio.*

trito [trì-to] *agg.* **1** Tritato: *carne trita* **2** ♧ Detto di argomento, concetto, discorso già ripetuto e sentito troppe volte e perciò risaputo: *fa sempre i soliti discorsi triti.*

tritolo [tri-tò-lo] *s.m.* Potente esplosivo.

triturare [tri-tu-rà-re] *v.tr.* Tritare, ridurre in minuscoli frammenti: *triturare pietre*; *triturare il cibo coi denti.*

trivella [tri-vèl-la] *s.f.* **1** Attrezzo per scavare grossi fori nel terreno, costituito da un'asta d'acciaio rotante con punta a vite o a scalpello ◊ Sonda per scavare pozzi petroliferi **2** Succhiello.

trivellare [tri-vel-là-re] *v.tr.* Bucare, perforare qualcosa con una trivella: *trivellare un'asse*; *trivellare un terreno alla ricerca di petrolio*

triviale [tri-vià-le] *agg.* Volgare, scurrile, sguaiato: *una battuta triviale*; *fare gesti triviali.*

trivio [trì-vio] *s.m.* Incrocio di tre vie.

trofeo [tro-fè-o] *s.m.* Oggetto che testimonia i successi conseguiti in un dato campo; in partic., coppa, targa o medaglia assegnata come premio e ricordo al vincitore di una gara: *nella casa del campione c'è una stanza con esposti i suoi numerosi trofei* | *Trofei di caccia* = resti di animali selvatici uccisi (spec. teste imbalsamate e corna) conservati ed esposti come ricordo.

troglodita [tro-glo-dì-ta] *s.m.f.* [pl.m. *–ti*] **1** Uomo preistorico che viveva nelle caverne **2** ♧ Persona rozza, incivile.

troia [trò-ia] *s.f.* **1** Femmina del maiale Ⓢ scrofa **2** ♧ Nel linguaggio volgare e con valore offensivo, prostituta Ⓢ puttana.

tromba [tróm-ba] *s.f.* **1** Strumento musicale a fiato, per lo più di ottone: *suonare la tromba*; *uno squillo di tromba* | ♧ *Partire in tromba* = iniziare un'attività con grande slancio ed entusiasmo **2** *Tromba delle scale* = lo spazio vuoto al centro delle rampe **3** *Tromba d'aria* = turbine di vento verticale a forma di cono rovesciato che, nel corso di violenti temporali, si sposta sul suolo sollevando notevoli masse di polvere e di detriti.

trombettiere [trom-bet-tiè-re] *s.m.* Soldato che ha il compito di trasmettere i segnali e gli ordini suonando la tromba.

trombettista [trom-bet-tì-sta] *s.m.f.* [pl.m. *–sti*] Suonatore di tromba, spec. in un complesso o in un'orchestra jazz.

trombone [trom-bó-ne] *s.m.* Strumento musicale a fiato simile alla tromba, ma più grande e dal suono più grave.

troncamento [tron-ca-mén-to] *s.m.* In linguistica, caduta di una vocale o di una sillaba alla fine di una parola.

Il troncamento non va confuso con l'elisione, che si verifica solo davanti a una parola che comincia per vocale e produce l'apostrofo; il troncamento invece può avvenire anche davanti parola che comincia per consonante e non produce apostrofo: *qual era, far vedere.*

troncare [tron-cà-re] *v.tr.* [*trónco, trónchi*] **1** Tagliare via di netto, spezzare con un colpo violento Ⓢ mozzare: *troncare la cima di un albero*; *la lama gli troncò un braccio* **2** ♧ Interrompere, far cessare in modo brusco e definitivo: *hanno troncato la loro relazione*; *la sua carriera è stata troncata da uno scandalo.*

tronchese [tron-ché-se] *s.m.* o *f.* Specie di tenaglia con ganasce taglienti, usata per tagliare fili metallici.

tronco[1] [trón-co] *agg.* [pl.m. *–chi*] **1** Reciso, mozzato; privo della parte superiore o terminale: *un albero, un ramo tronco*; *piramide tronca* | ♧ *Parole, frasi tronche* = non pronunciate per intero ◊ In linguistica, detto di parola che ha subito troncamento o che ha l'accento sull'ultima sillaba **2** *Licenziare qualcuno in tronco* = all'istante e senza preavviso.

tronco[2] [trón-co] *s.m.* [pl. *–chi*] **1** Il fusto legnoso degli alberi da cui si dipartono i rami: *il tronco di un pino, di una quercia*; *tronchi diritti, contorti* **2** La parte centrale del corpo umano, esclusi gli arti, la testa e il collo: *ha tutto il tronco ingessato* **3** *Tronco di piramide, tronco di cono* = figura solida che si ottiene tagliando una piramide o un cono con un piano parallelo alla base **4** Tratto, parte di una strada, di un canale e simili: *è stato inaugurato un nuovo tronco ferroviario*; *stanno completando l'ultimo tronco dell'autostrada.*

troncone [tron-có-ne] *s.m.* Parte di qualcosa che è stato troncato, spezzato, amputato o diviso in più parti: *il troncone di una lancia*; *il corteo si spezzò in tre tronconi* | *Troncone di un albero* = la parte che resta infissa nel terreno dopo che è stato tagliato o abbattuto.

tronfio [trón-fio] *agg.* Gonfio di boria e di superbia, pieno di sé: *se ne andava in giro tutto tronfio*; *non sopporto quella sua aria tronfia.*

trono [trò-no] *s.m.* **1** Seggio su cui siedono un sovrano o un papa in cerimonie ufficiali o nell'esercizio delle loro funzioni: *trono reale, imperiale, pontificio* **2** ♧ Potere, autorità di sovrano Ⓢ corona, regno: *il re abdicò al trono*; *il giovane principe è l'erede al trono.*

tropicale [tro-pi-cà-le] *agg.* Dei tropici, proprio dei tropici: *paesi tropicali*; *clima tropicale*; *piante, frutti tropicali.*

tropico [trò-pi-co] *s.m.* [pl. *–ci*] **1** In geografia, ciascuno dei due paralleli terrestri a nord (*tropico del Cancro*) e a sud (*tropico del Capricorno*) dell'equatore sui quali il sole si trova allo zenit rispettivamente al solstizio d'estate (21 giugno) e a quello d'inverno (22 dicembre) **2** (spec. al *pl.*) Zona della Terra compresa tra i tropici o vicina a essi: *fare un viaggio ai tropici.*

troppo [tròp-po] *agg.indef.* Che è in misura, in quantità o in numero eccessivo rispetto al necessario, al giusto, al conveniente Ⓒ scarso, insufficiente: *oggi fa troppo caldo*; *hai comprato troppo pane*; *troppi discorsi non servono*; *hai agito con troppa precipitazione* ♦ *pronome indef.* **1** Una quantità eccessiva: *c'è chi ha poco denaro e chi ne ha troppo* **2** (al *pl.*) Troppe persone: *siete (in) troppi per invitarvi tutti da me* ♦ *avv.* **1** In misura eccessiva, più di quanto sia giusto, conveniente, opportuno Ⓒ poco: *ho mangiato troppo*; *sei arrivato troppo presto*; *è troppo buono con i figli* | *Di troppo* = in eccesso, più del dovuto (*bere un bicchiere, dire una parola di troppo*); superfluo o non gradito: *me ne vado, qui sono di troppo* **2** *Non troppo* = poco, pochissimo: *mi sento non troppo bene*; *una serata non troppo divertente.*

trota [trò-ta] *s.f.* Pesce d'acqua dolce pescato e allevato per le sue carni delicate e saporite.

trottare [trot-tà-re] *v.intr.* [aus. *avere*] **1** Andare al trotto, detto di cavallo o di cavaliere **2** Detto di persona, camminare con passo spedito: *dobbiamo trottare se vogliamo arrivare in tempo.*

trotterellare [trot-te-rel-là-re] *v.intr.* [aus. *avere*] **1** Detto del cavallo, trottare a piccoli passi **2** Camminare a passi piccoli, svelti e saltellanti: *il bambino trotterellava allegro dietro ai genitori.*

trotto [tròt-to] *s.m.* Andatura del cavallo intermedia tra il passo e il galoppo, caratterizzata dal movimento simultaneo e accoppiato di ciascuna zampa anteriore con quella opposta posteriore.

trottola [tròt-to-la] *s.f.* Giocattolo a forma di cono rovesciato che si fa girare velocemente su se stesso con vari sistemi in modo che resti in equilibrio sulla punta.

troupe [parola francese; pron. *trup*] *s.f.invar.* Gruppo di attori e tecnici che lavorano insieme alla realizzazione di un film o allestiscono e rappresentano uno spettacolo teatrale o televisivo.

trovare [tro-và-re] *v.tr.* **1** Individuare qualcuno o qualcosa che si cerca, si desidera, così da poterne disporre o beneficiare: *ha trovato un amico fidato*;

trovare casa, lavoro, moglie, marito; *vedi se riesci a trovare un dottore*; *trovare da mangiare, da dormire*; *hai trovato la strada per uscire di qui?* | *Andare a trovare qualcuno* = andare a fargli visita ◊ Recuperare, ritrovare: *trovare un oggetto smarrito*; *i naufraghi non sono ancora stati trovati* ◊ ♧ Riuscire a ottenere qualcosa a cui si aspira: *finalmente ha trovato un po' di pace*; *trovare il successo, la gloria* **2** Individuare e scoprire: *la polizia ha trovato il colpevole*; *gli archeologi hanno trovato una città sepolta*; *non ha ancora trovato la soluzione del problema* ◊ Inventare, escogitare: *trovò una scusa per andarsene* **3** Imbattersi in qualcuno o in qualche cosa: *sul tram ho trovato un vecchio amico*; *trovò dieci euro per terra* ◊ Incontrare senza aver cercato (anche ♧): *ha trovato la morte in un incidente* **4** Sorprendere, cogliere: *lo hanno trovato mentre rubava*; *trovò il marito con l'amante* **5** Riuscire ad avere: *non trovo mai il tempo per andare al cinema* ◊ Avere: *è uno che trova da ridire su tutto* ◊ Ricavare, trarre: *se fa qualcosa è perché ci trova il suo tornaconto* **6** Riscontrare, constatare che qualcuno o qualcosa si trova in una certa condizione o situazione: *l'ho trovato cambiato, sciupato, ingrassato*; *oggi ti trovo bene*; *ha trovato la casa sottosopra* ◊ Giudicare, ritenere: *trovo che hai fatto benissimo ad andartene* ♦ **trovarsi** *v.pr.* **1** Incontrarsi, vedersi: *troviamoci ai giardini* | *Trovarsi d'accordo* = essere d'accordo **2** Essere, stare in un determinato luogo o in una data situazione o condizione: *a quell'ora mi trovavo in ufficio*; *trovarsi solo, nei guai, in pericolo*; *trovarsi bene, male in un ambiente* ◊ Capitare, arrivare in un luogo: *all'improvviso ci trovammo sull'orlo di un burrone* **3** Essere situato, collocato: *la casa si trova al centro del paese*; *quel quadro si trova agli Uffizi*.

trovata [tro-và-ta] *s.f.* Espediente, idea per risolvere una situazione difficile: *ha avuto una trovata geniale per trarsi d'impaccio* ◊ Battuta o pensata divertente: *tutti ridevano alle sue trovate*.

trovatello [tro-va-tèl-lo] *s.m.* Bambino abbandonato dai genitori: *adottare un trovatello*.

truccare [truc-cà-re] *v.tr.* [*trùcco, trùcchi*] **1** Modificare l'aspetto esteriore di una persona con l'uso di cosmetici, artifici e travestimenti vari Ⓢ travestire: *truccare un attore da Otello, da mendicante* **2** Modificare l'aspetto del viso, per migliorarne l'estetica, con cosmetici o altro: *truccare un'annunciatrice televisiva*; *truccarsi il viso, le labbra, gli occhi* **3** Modificare l'aspetto esteriore o le caratteristiche funzionali di qualcosa, spec. per trarre in inganno: *truccare un mobile per farlo sembrare antico*; *truccare le carte, i dadi al gioco* | *Truccare un motore, un'auto, una moto* = modificarli per migliorarne le prestazioni ◊ ♧ Manipolare dei risultati, falsare con mezzi illeciti l'esito regolare di qualcosa: *truccare i risultati elettorali*; *truccare una partita di calcio, un incontro di pugilato* ♦ **truccarsi** *v.pr.* **1** Modificare il proprio aspetto con vari artifici: *l'attrice si truccò da vecchia* ◊ Travestirsi: *truccarsi da poliziotto* **2** Darsi il trucco al viso: *non mi piacciono le ragazze che si truccano*; *sa truccarsi molto bene*.

trucco [trùc-co] *s.m.* [pl. *–chi*] **1** L'operazione con cui si trucca il viso con cosmetici o altro per modificarne l'aspetto o migliorarne l'estetica: *l'attore era intento a farsi il trucco nel camerino* ◊ I cosmetici che si usano per truccarsi: *togliersi il trucco* **2** Espediente, artificio, inganno con cui si altera l'aspetto delle cose e si fa vedere quello che non c'è: *è difficile scoprire i trucchi dei prestigiatori* | *Trucchi cinematografici, televisivi, fotografici* = effetti di simulazione della realtà ottenuti con tecniche speciali **3** Imbroglio, raggiro, frode: *sembra un affare conveniente, purché non ci sia sotto qualche trucco*.

truce [trù-ce] *agg.* Minaccioso, torvo: *un individuo dall'aspetto truce*; *gli rivolse uno sguardo truce* ◊ Crudele, feroce: *un truce assassino*; *un truce delitto*.

trucidare [tru-ci-dà-re] *v.tr.* [*trùcido*] Uccidere, massacrare con efferata crudeltà: *gli ostaggi furono trucidati*; *trucidare i prigionieri*.

truciolo [trù-cio-lo] *s.m.* Sottile striscia arricciata prodotta come scarto dalla pialla ogni volta che passa sul legno.

truculento [tru-cu-lèn-to] *agg.* **1** Truce, torvo, minaccioso: *si aggirava per la stanza con aria truculenta* **2** Detto di film, di narrazione, di scena in cui sovrabbondano il sangue, le violenze e le uccisioni terrificanti.

truffa [trùf-fa] *s.f.* **1** Reato commesso da chi inganna altre persone allo scopo di ricavare un illecito profitto a loro danno: *è stato condannato per truffa* **2** Imbroglio, inganno, raggiro: *ma questo prezzo è una truffa!*

truffaldino [truf-fal-dì-no] *agg.* Da truffatore: *si è messo in un'impresa truffaldina*.

truffare [truf-fà-re] *v.tr.* Imbrogliare con una truffa: *truffare un cliente* ◊ Sottrarre denaro a qualcuno con una truffa: *gli hanno truffato mille euro*.

truffatore [truf-fa-tó-re] *s.m.* [f. *–trice*] Chi truffa, chi ha commesso una truffa, chi vive di truffe.

trullo [trùl-lo] *s.m.* Casa rustica a pianta circolare, con tetto conico coperto di lastre di pietra, tipica di alcune zone della Puglia.

truppa [trùp-pa] *s.f.* (spec. al *pl.*) Complesso di forze armate, di reparti e corpi militari: *le truppe italiane, alleate*; *passare in rassegna le truppe*; *truppe scelte, speciali* ◊ Il complesso dei soldati semplici e dei caporali, con esclusione degli ufficiali e dei sottufficiali.

trust [parola inglese; pron. corrente *trast*] *s.m. invar.* Gruppo di imprese associate sotto un'unica direzione e in grado di controllare gran parte del mercato, eliminando o limitando così la concorrenza: *in molti paesi ci sono leggi anti trust.*

t-shirt [parola inglese; pron. corrente *ti-scèrt*] *s.f.invar.* Maglietta di cotone girocollo a maniche corte: *portava una t-shirt sotto la camicia.*

tsunami [parola giapponese; pron. *tsunàmi*] *s.m. invar.* Alta e violenta onda di maremoto, frequente soprattutto sulle coste dell'Oceano Pacifico.

tu *pronome pers.* Pronome personale maschile e femminile di seconda persona singolare; si usa rivolgendosi a persona con cui si è in una certa familiarità: *è necessario che tu parta*; *io detto, tu scrivi*; *lui può farlo, tu no*; *provaci tu se ci riesci* ♦ *s.m. Dare del tu a qualcuno, darsi del tu* = rivolgersi a qualcuno o parlarsi usando la seconda persona singolare, e quindi essere in confidenza, in rapporti di familiarità ◊ *A tu per tu* = a quattrocchi, faccia a faccia, a diretto confronto: *meglio che ne parliamo a tu per tu*; *si è trovato a tu per tu con la morte.*

tuba [tù-ba] *s.f.* **1** Strumento musicale a fiato di ottone, con tubo conico e suono simile a quello del corno **2** Cappello a cilindro.

tubare [tu-bà-re] *v.intr.* [aus. *avere*] **1** Detto di colombi e tortore, emettere il caratteristico verso di quando sono in amore **2** ♧ Detto di innamorati, sussurrarsi parole e frasi affettuose, scambiarsi tenerezze.

tubatura [tu-ba-tù-ra] *s.f.* L'insieme dei tubi di un impianto di distribuzione o scarico di liquidi o gas; anche, singolo tubo di tale impianto: *la tubatura, le tubature dell'acqua, del gas*; *s'è rotta la tubatura del lavandino.*

tubazione [tu-ba-zió-ne] *s.f.* Rete di tubi collegati tra loro per il trasporto di liquidi o gas anche a grandi distanze: *tubazione dell'acqua, del petrolio, del gas.*

tubercolosi [tu-ber-co-lò-si] *s.f.* Malattia infettiva che colpisce l'uomo e gli animali in vari organi e spec. nei polmoni.

tubero [tù-be-ro] *s.m.* Organo sotterraneo di alcune piante, che si forma per l'ingrossamento del fusto o delle radici: *il tubero della patata, della barbabietola.*

tubetto [tu-bét-to] *s.m.* Piccolo contenitore cilindrico di vario materiale, usato per confezionare prodotti vari: *il tubetto del rossetto, delle pastiglie* ◊ Piccolo recipiente tubolare deformabile a pressione e con tappo a vite, usato per vari prodotti in pasta: *tubetto del dentifricio, della maionese.*

tubo [tù-bo] *s.m.* **1** Elemento cilindrico cavo, di lunghezza, dimensioni e materiali vari, impiegato come condotto per convogliare liquidi o gas: *tubo d'acciaio, di piombo, di cemento, di gomma, di plastica*; *tubo rigido, flessibile*; *il tubo dell'acqua, del gas*; *il tubo di scarico del lavandino* | *Tubo di scappamento, di scarico* = quello attraverso cui escono all'esterno i gas di scarico del motore di un veicolo ◊ Elemento cilindrico cavo, per lo più di metallo, impiegato per usi vari: *tubi per impalcature*; *i tubi del telaio della bicicletta* **2** Apparecchio o dispositivo elettrico a forma di tubo: *il tubo della lampada al neon* **3** *Tubo digerente* = il condotto cilindrico, esteso dalla bocca all'ano, per cui vengono introdotti, convogliati ed espulsi gli alimenti **4** ♧ Nel linguaggio popolare, niente: *non capisco un tubo di quel che dice*; *da qui non si vede un tubo.*

tubolare [tu-bo-là-re] *agg.* A forma di tubo: *le lampade al neon sono spesso tubolari* ♦ *s.m.* Pneumatico per biciclette da corsa, con il copertone saldato alla camera d'aria.

tucano [tu-cà-no] *s.m.* Uccello dell'America centro-meridionale, con grosso becco giallo ricurvo e piumaggio nero con chiazze rosse e gialle.

tucul [tu-cùl] *s.m.invar.* Capanna africana di forma circolare, con tetto di paglia a forma di cono.

tuffare [tuf-fà-re] *v.tr.* Immergere qualcosa nell'acqua o in un altro liquido con un movimento rapido: *tuffare i piedi nell'acqua*; *tuffare il pennello nella vernice* ♦ **tuffarsi** *v.pr.* **1** Lanciarsi in acqua: *tuffarsi in mare, nel fiume*; *tuffarsi dalla barca, dal trampolino* **2** Lanciarsi verso il basso: *l'acrobata si tuffò nel vuoto* ◊ Lanciarsi, precipitarsi su qualcosa (anche ♧): *il portiere si tuffò sul pallone*; *appena arrivati si sono tuffati sul cibo* ◊ ♧ Immergersi rapidamente in qualcosa, scomparendo alla vista: *si tuffò nel fumo, tra le fiamme*; *il sole stava per tuffarsi nel mare* **3** ♧ Immergersi completamente in un'attività, dedicarvi tutto il proprio tempo e tutte le proprie energie: *tuffarsi nello studio, nella lettura, nella politica.*

tuffatore [tuf-fa-tó-re] *s.m.* [f. *–trice*] Chi esegue tuffi; atleta specializzato nei tuffi.

tuffo [tùf-fo] *s.m.* **1** L'atto di tuffarsi o caduta involontaria in acqua: *fare un tuffo in mare, dalla barca*; *gli hanno fatto fare un tuffo in piscina* ◊ Breve bagno: *faccio ancora un tuffo prima di asciugarmi* ◊ Specialità e gara sportiva consistente nel tuffarsi in acqua da varie altezze e secondo tecniche e stili diversi: *tuffo dal trampolino, dalla piattaforma*; *tuffo in avanti, all'indietro* **2** Caduta verso il basso: *fece un tuffo nel vuoto* **3** Balzo, salto, slancio in orizzontale, verso l'alto o verso terra: *con un tuffo si gettò sul bandito*; *il portiere ha parato il rigore con un tuffo* | ♧ *Buttarsi, gettarsi a tuffo su qualcosa* = con slancio, con avidità: *i bambini si buttarono a tuffo sul dolce* | ♧ *Fare un tuffo nel passato* = immergersi nell'atmosfera di un tempo | ♧ *Tuffo al cuore* = improvviso e violento aumento dei battiti del cuore, dovuto a forte emozione.

tufo [tù-fo] *s.m.* Roccia costituita da lava e altri materiali vulcanici, molto usata in passato come pietra da costruzione.

tugurio [tu-gù-rio] *s.m.* Casa misera e squallida Ⓢ stamberga.

tulipano [tu-li-pà-no] *s.m.* Pianta erbacea con grandi fiori a calice di vario colore ◊ Il fiore di tale pianta.

tumefarsi [tu-me-fàr-si] *v.pr.* [coniugato come *fare*] Detto di parte del corpo, diventare gonfia in seguito a infiammazioni o traumi: *dopo la botta il ginocchio si è tumefatto.*

tumefazione [tu-me-fa-zió-ne] *s.f.* Gonfiore, ingrossamento patologico di un organo o di una parte del corpo.

tumore [tu-mó-re] *s.m.* Malattia di un organo o di un tessuto, causata dalla proliferazione incontrollata di cellule anormali: *tumore polmonare, della pelle* | *Tumore benigno* = quello che resta circoscritto nella sede originaria del suo sviluppo e non si riproduce se viene asportato | *Tumore maligno* = quello che si diffonde rapidamente in altre parti del corpo Ⓢ cancro.

tumulare [tu-mu-là-re] *v.tr.* Seppellire una salma: *il defunto verrà tumulato nella tomba di famiglia.*

tumulo [tù-mu-lo] *s.m.* **1** Prominenza rotondeggiante del terreno causata dall'accumulo di sabbia, terra o detriti **2** Cumulo di terra o di pietre che alcuni popoli antichi erigevano sulla tomba: *i tumuli etruschi.*

tumulto [tu-mùl-to] *s.m.* **1** Manifestazione disordinata di protesta; sommossa, sollevazione di massa: *la rabbia del popolo esplose in tumulti di piazza* **2** Clamore confuso prodotto da più persone che gridano e si agitano in modo concitato: *alla fine del discorso nell'aula ci fu un gran tumulto* **3** ♧ Grande agitazione interiore provocata da pensieri e sentimenti contrastanti: *aveva il cuore in tumulto.*

tumultuoso [tu-mul-tu-ó-so] *agg.* **1** Che si agita e protesta rumorosamente: *una folla tumultuosa* ◊ Caratterizzato da grande agitazione, chiasso e confusione: *un'assemblea tumultuosa* **2** Che scorre con violenza impetuosa: *le acque tumultuose di un torrente in piena.*

tundra [tùn-dra] *s.f.* Terreno desertico delle zone artiche, ghiacciato per la maggior parte dell'anno e con una flora limitata a muschi, licheni e piccoli arbusti.

tunica [tù-ni-ca] *s.f.* **1** Indumento maschile e femminile degli antichi greci e romani, costituito da una veste lunga sino al ginocchio indossata direttamente sulla pelle **2** Vestito femminile lungo e diritto, senza maniche o con maniche corte.

tunnel [tùn-nel] *s.m.invar.* **1** Galleria, traforo: *tunnel stradale, ferroviario* **2** Nel calcio, superamento dell'avversario ottenuto facendogli passare la palla in mezzo alle gambe **3** ♧ Situazione negativa dalla quale è molto difficile uscire: *il tunnel della droga*; *il paese cerca di uscire dal tunnel della crisi.*

tuo [tù-o] *agg.poss. di seconda pers.sing.* [f. *tua*; pl.m. *tuoi*; pl.f. *tue*] **1** Che appartiene a te: *la tua casa è lontana*; *questi libri sono tuoi* ◊ Che si riferisce a te; che riguarda te, proviene da te o è fatto da te: *rispetto la tua volontà*; *questo non è affar tuo*; *ho ascoltato i tuoi consigli*; *il tuo tema è ben scritto* ◊ Che ha con te una relazione di parentela, di amicizia, di lavoro, di dipendenza ecc.: *tua madre*; *le tue cugine*; *un tuo amico*; *il tuo medico*; *la tua padrona di casa*; *il tuo paese* **2** Che ti è abituale, consueto: *oggi non hai ancora fatto il tuo sonnellino* ♦ *pronome poss. di seconda pers. sing.* Ha gli stessi usi e significati dell'aggettivo (ed è sempre preceduto dall'articolo determinativo): *il mio giardino è più grande del tuo* ◊ Ha significati particolari in alcune espressioni in cui è sottinteso un sostantivo | *I tuoi* = i tuoi genitori o parenti o seguaci | *Anche tu hai voluto dire la tua* = la tua opinione | *Io sto dalla tua* = dalla tua parte | *Ne hai detta, fatta, combinata un'altra delle tue* = una delle tue solite sciocchezze, cose inopportune, malefatte e simili | *Il tuo* = i tuoi beni, il tuo denaro: *ci hai rimesso del tuo.*

tuonare [tuo-nà-re] o **tonare** [to-nà-re] *v.intr.* [aus. *avere*] **1** Risuonare, rimbombare con un fragore simile a quello del tuono: *si sentivano tuona-*

re i cannoni **2** ♧ Scagliarsi con parole veementi contro qualcuno o qualcosa: *l'oratore ha tuonato contro la corruzione* ♦ *v.intr.impers.* [aus. *essere* o *avere*] Risuonare, rimbombare il tuono: *è* (o *ha*) *tuonato tutta la notte senza smettere un momento.*

tuono [tuò-no] *s.m.* **1** Il rumore che accompagna il fulmine: *fu svegliato dal tuono* **2** Rumore cupo e rimbombante Ⓢ rombo, fragore: *il tuono del cannone.*

tuorlo [tuòr-lo] *s.m.* La parte interna dell'uovo, di colore giallo-rossiccio, ricca di sostanze nutritive.

turacciolo [tu-ràc-cio-lo] *s.m.* Tappo di sughero o di plastica per chiudere bottiglie, fiaschi e simili.

turare [tu-rà-re] *v.tr.* Chiudere completamente l'apertura di un recipiente o un piccolo foro Ⓢ tappare Ⓒ sturare: *turare una bottiglia, un fiasco*; *turare un buco, una fessura, una falla* | *Turarsi il naso, gli orecchi, gli occhi* = chiuderseli con le mani per non avvertire un cattivo odore, per non sentire, per non vedere ♦ **turarsi** *v.pr.* Tapparsi, otturarsi: *si è turato il lavandino.*

turbamento [tur-ba-mén-to] *s.m.* **1** L'azione di turbare una situazione prima tranquilla o lo svolgimento regolare di qualcosa: *turbamento della pace, dell'ordine pubblico*; *turbamento di una cerimonia, di una manifestazione* **2** Agitazione, sconvolgimento interiore; inquietudine, smarrimento: *quando mi vide non riuscì a nascondere il suo turbamento.*

turbante [tur-bàn-te] *s.m.* Copricapo maschile caratteristico dei popoli orientali, costituito da una lunga fascia di seta o cotone avvolta in più giri attorno alla testa ◊ Cappello da donna di foggia simile a un turbante.

turbare [tur-bà-re] *v.tr.* **1** Disturbare o sconvolgere uno stato di tranquillità, di ordine o il normale svolgimento di qualcosa: *i rumori della strada turbavano il suo riposo*; *le elezioni non sono state turbate da alcun incidente* **2** Provocare agitazione interiore, inquietudine, ansia, sconcerto: *quella notizia mi ha turbato profondamente* ♦ **turbarsi** *v.pr.* Agitarsi interiormente, perdere la serenità, inquietarsi: *quando la vide, si turbò.*

turbato [tur-bà-to] *agg.* In preda a turbamento; che rivela un turbamento interiore Ⓢ agitato, sconvolto, inquieto Ⓒ calmo, sereno: *a quella notizia rimase turbato*; *volto, sguardo turbato.*

turbina [tur-bì-na] *s.f.* Macchina motrice che trasforma in energia rotativa l'energia di un flusso di acqua, gas o vapore che fa girare una ruota a palette al suo interno.

turbine [tùr-bi-ne] *s.m.* **1** Movimento circolare rapido e vorticoso di una massa d'aria o di cose leggere trascinate dal vento: *le piante furono investite da un turbine (di vento)*; *un turbine di sabbia, di neve, di polvere* ◊ ♧ Movimento vorticoso: *i ballerini si lanciarono nel turbine delle danze* **2** ♧ Forza travolgente di sentimenti ed eventi: *era presa nel turbine della passione*; *fu travolto dal turbine della guerra.*

turbolento [tur-bo-lèn-to] *agg.* **1** Facile ad agitarsi, pronto a suscitare disordini, tumulti: *gli incidenti sono stati provocati da un gruppo di tifosi turbolenti* ◊ Irrequieto, ribelle, indisciplinato: *un bambino turbolento*; *una classe turbolenta* **2** Pieno di disordini e agitazioni Ⓢ burrascoso: *gli anni turbolenti della rivoluzione.*

turchese [tur-ché-se] *s.f.* Minerale di colore azzurro tendente al verde, usato come pietra preziosa ♦ *agg.* e *s.m.* Detto del colore azzurro caratteristico di tale pietra: *un abito, un cielo (color) turchese*; *mi piace il turchese dei suoi occhi.*

turchino [tur-chì-no] *agg.* Di colore azzurro molto intenso: *occhi turchini* ♦ *s.m.* Colore turchino: *il turchino del cielo.*

turco [tùr-co] *agg.* [pl.m. *–chi*] Della Turchia, dei turchi: *la repubblica turca*; *l'impero turco*; *civiltà, lingua turca* | *Grano turco* = granturco, mais | *Bagno turco* = tipo di terapia consistente nello stare in un ambiente con aria secca o umida molto calda | *Sedersi alla turca* = a gambe incrociate | *Divano alla turca* = ottomana | *Gabinetto alla turca* = costituito semplicemente da una pedana con foro al centro, senza vaso su cui sedersi ♦ *s.m.* Abitante, nativo della Turchia | ♧ *Fumare come un turco* = moltissimo.

turgido [tùr-gi-do] *agg.* Gonfio, rigonfio: *occhi turgidi di pianto*; *seno turgido (di latte).*

turismo [tu-rì-smo] *s.m.* **1** La pratica del viaggiare durante il tempo libero visitando per svago o per istruzione località diverse da quelle in cui si vive: *mi piace fare del turismo* ◊ Il complesso delle attività e delle strutture collegate a questa pratica: *il settore del turismo* **2** Il complesso dei turisti: *c'è stato un notevole aumento del turismo straniero in Italia.*

turista [tu-rì-sta] *s.m.f.* [pl.m. *–sti*] Chi viaggia per turismo.

turistico [tu-rì-sti-co] *agg.* [pl.m. *–ci*] Fatto per turismo: *gita turistica* ◊ Che riguarda il turismo o i turisti; rivolto, destinato o adatto al turismo: *attrezzature turistiche*; *lo sviluppo turistico di una regione*; *uffici turistici*; *autobus turistico*; *una località turistica* | *Agenzia turistica* = agenzia che organizza viaggi e fornisce servizi turistici | *Classe turistica* = su navi e aerei, quella inferiore alla prima classe | *Menù turistico* = nei ristoranti, menù fisso a prezzo ridotto per turisti e viaggiatori.

turlupinare [tur-lu-pi-nà-re] *v.tr.* Imbrogliare, raggirare qualcuno approfittando della sua buona fede o ingenuità.

turno [tùr-no] *s.m.* **1** Avvicendamento periodico di più persone o gruppi nello svolgere un'attività o nel fruire di qualcosa: *lavorare, riposarsi a turno*; *l'acqua verrà distribuita a turno nei vari quartieri della città* ◊ L'ordine in cui avviene tale avvicendamento: *stabilire i turni di guardia dei soldati, di chiusura dei negozi* **2** Ciascuno dei periodi in cui si svolge un'attività che prevede un avvicendamento con altri: *tra poco inizia il mio turno di lavoro*; *questa settimana faccio il turno di notte*; *un turno di guardia di quattro ore* | *(Essere) di turno* = (essere) in servizio, in funzione, aperto: *stamattina sono di turno*; *medico, farmacia di turno* ◊ Il momento in cui a qualcuno spetta, tocca, o è destinato di fare qualcosa: *bisogna aspettare il proprio turno per entrare*; *è il tuo turno di dare le carte* **3** L'insieme delle persone che fanno lo stesso turno di lavoro: *tra poco esce il turno di notte ed entra quello di giorno.*

turpe [tùr-pe] *agg.* Ignobile, abietto; vergognoso, osceno: *un turpe individuo*; *una turpe azione*; *turpi bestemmie.*

turpiloquio [tur-pi-lò-quio] *s.m.* Linguaggio osceno, sconcio: *smettetela con questo turpiloquio!*

tuta [tù-ta] *s.f.* Indumento formato da casacca e pantaloni, generalmente in un solo pezzo, con chiusura sul davanti, che si indossa sopra gli abiti per proteggerli dallo sporco o per svolgere particolari attività; può essere di materiali diversi e speciali a seconda dell'uso a cui è destinata: *tuta da operaio, da meccanico*; *tuta da aviatore, da motociclista*; *tuta da ginnastica*; *tuta mimetica, spaziale, subacquea.*

tutela [tu-tè-la] *s.f.* **1** Difesa, protezione, salvaguardia: *ha agito a tutela dei propri interessi, della propria reputazione*; *prendere provvedimenti per la tutela dell'ambiente, del paesaggio, della salute pubblica* **2** Nel diritto familiare, cura, protezione e rappresentanza degli interessi di una persona legalmente incapace (per es. un minore orfano), che viene affidata da un giudice a una persona (*tutore*) ritenuta idonea.

tutelare [tu-te-là-re] *v.tr.* Proteggere, difendere, salvaguardare: *cerca di tutelare i propri interessi*; *tutelare l'ambiente, il patrimonio artistico.*

tutore [tu-tó-re] *s.m.* [f. *–trice*] **1** Persona a cui è stata affidata dal giudice la tutela di un minore o di un'altra persona legalmente incapace **2** Protettore, difensore | *I tutori dell'ordine* = gli agenti di polizia **3** *Tutore ortopedico* = apparecchio di sostegno e protezione di arti o altre parti del corpo lese o paralizzate.

tuttalpiù [tut-tal-più] o **tutt'al più** *avv.* Al massimo, nella peggiore delle ipotesi: *costerà tuttalpiù mille euro*; *cercherò di partire con te, ma se non ci riesco tuttalpiù ti raggiungerò più tardi.*

tuttavia [tut-ta-vì-a] *congz.* Ciononostante, nondimeno, però: *non credo che lo meriti, tuttavia ti aiuterò*; *è una bella città, tuttavia non ci sto bene*; *era molto stanco e tuttavia soddisfatto.*

tutto [tùt-to] *agg.indef.* **1** Riferito a un sostantivo o a un pronome singolare, indica interezza, completezza: *ha mangiato tutta la torta*; *leggere tutto il libro*; *girare per tutta la città, per tutta Roma*; *ci ha messo tutta la sua buona volontà*; *è tutto quello che posso fare* | *Conoscere, studiare tutto Dante, tutto Mozart* = l'intera loro opera | *A tutt'oggi* = fino a oggi compreso | *A tutta velocità* = alla massima velocità possibile | *Di tutto punto* = completamente, perfettamente: *armarsi di tutto punto* | *Per tutta risposta* = come sola risposta | *Mettercela tutta* = metterci tutta la propria buona volontà, tutte le proprie forze **2** Riferito a un sostantivo plurale o a un nome collettivo, indica la totalità degli elementi considerati: *tutti gli uomini*; *tutta l'umanità*; *ho invitato tutti i miei amici*; *è il più alto di tutta la mia classe*; *tutte e tre le sue figlie si sono sposate* | *Una volta per tutte* = una volta per sempre ◊ In alcune espressioni equivale a «ogni, qualsiasi»: *succede così tutte le volte*; *puoi telefonarmi a tutte le ore*; *lo voglio a tutti i costi* **3** Può assumere un significato equivalente a quello degli avverbi «interamente, completamente, totalmente»: *la casa era tutta in disordine*; *se ne stava tutto solo*; *è tutta colpa tua*; *mi guardò tutto tremante*; *è tutto il contrario di quel che credi* | *Tutt'a un tratto* = improvvisamente | *Essere tutt'uno* = essere un'unica e medesima cosa | *Essere tutto qualcuno* = somigliargli molto: *è tutta sua madre* | ♧ *Essere tutt'occhi, tutt'orecchi* = guardare, ascoltare con la massima attenzione | ♧ *Essere tutto casa, famiglia, ufficio, lavoro* e simili = non occuparsi d'altro che di queste cose | *Tutt'altro* = completamente diverso (*sono di tutt'altro parere*); all'opposto, per nulla: *è tutt'altro che stupido*; *«Ti dispiace?» «Tutt'altro»* ♦ *pronome indef.* **1** Ogni cosa: *ci si abitua a tutto*; *va tutto bene?*; *mi* *ha raccontato tutto* | *Ecco tutto, questo è tutto* = non c'è altro da dire | *Essere capace di tutto* = di qualsiasi azione, anche disonesta | *Saper fare di tutto* = saper svolgere ogni genere di lavoro, di incarico | *Fare di tutto per* = adoprarsi con ogni mezzo, tentare ogni via per raggiungere uno scopo: *farò di tutto per convincerlo* | *Tutto sommato* = considerando ogni cosa, in complesso, in definitiva: *tutto sommato non posso lamentarmi* | *Tutto compreso* = senza spese aggiuntive | *Prima di tutto* = in primo luogo, per prima cosa | *Del tutto, in tutto e per tutto* = completamente, assolutamente: *ero del tutto all'oscuro*; *due prodotti in tutto e per tutto uguali* | *In tutto* = in totale, complessivamente: *quanto hai speso in tutto?* | *Con tutto che* = sebbene, nonostante che **2** (al *pl.*) Tutte le persone: *tutti si alzarono in piedi*; *hai avvisato tutti?*; *tutti possono sbagliare* ♦ *s.m.invar.* L'intero, il complesso degli elementi che formano un'unità: *scambiare una parte per il tutto* ◊ L'insieme delle cose di cui si sta parlando o a cui ci si riferisce: *le spedirò il tutto domani*; *ho esaminato il tutto e ho preso una decisione.*

tuttofare [tut-to-fà-re] *agg.invar.* Detto di persona che è in grado di svolgere qualsiasi tipo di lavoro (spec. domestico) o si adatta a svolgere compiti di ogni tipo: *cercasi domestica tuttofare*; *una segretaria tuttofare.*

tuttora [tut-tó-ra] *avv.* Ancora adesso: *la mia proposta è tuttora valida*; *abita tuttora in quella casa.*

tuttotondo [tut-to-tón-do] o **tutto tondo** *s.m. invar.* Tecnica e opera di scultura in cui la figura viene lavorata ed è visibile da tutti i lati: *scolpire una testa a tuttotondo*; *le statue sono sculture a tuttotondo.*

tutù [tu-tù] *s.m.* Il costume delle ballerine di danza classica, costituito da un corpetto aderente e da un gonnellino molto corto di stoffa trasparente.

TV o **tv** *s.f.invar.* Televisione: *i programmi della TV* ◊ Televisore: *accendi la tv.*

tzigano vedi **zigano**.

u, U

u *s.f.* o *m.* Diciannovesima lettera dell'alfabeto italiano | *A U* = a forma di U: *tubo a U*.

ubbia [ub-bì-a] *s.f.* Pregiudizio ingiustificato o superstizioso che crea timori o sospetti infondati Ⓢ fissazione.

ubbidire e derivati vedi **obbedire** e derivati.

ubicato [u-bi-cà-to] *agg.* Situato, collocato: *la casa è ubicata nella parte vecchia della città*.

ubicazione [u-bi-ca-zió-ne] *s.f.* Posizione topografica di una casa, di un terreno ecc.: *si sta decidendo l'ubicazione della nuova biblioteca*.

ubriacare [u-bria-cà-re] *v.tr.* [*ubriàco, ubriàchi*] Rendere ubriaco: *un bicchiere di whisky mi ubriaca* ♦ **ubriacarsi** *v.pr.* Bere fino a diventare ubriaco; prendere una sbornia: *è andato a ubriacarsi all'osteria*.

ubriacatura [u-bria-ca-tù-ra] *s.f.* Sbronza, sbornia: *ieri sera si è preso una bella ubriacatura*.

ubriachezza [u-bria-chéz-za] *s.f.* Stato di alterazione psicofisica causata dall'ingestione eccessiva di bevande alcoliche: *guidava in stato di ubriachezza*.

ubriaco [u-bri-à-co] *agg.* [pl.m. *–chi*] **1** Che è in stato di ubriachezza Ⓢ sbronzo Ⓒ sobrio **2** ♧ Stordito, frastornato, spossato: *era ubriaco di fatica, di sonno, di caldo* ♦ *s.m.* Persona in stato di ubriachezza.

ubriacone [u-bria-có-ne] *s.m.* Chi ha l'abitudine di ubriacarsi Ⓢ alcolizzato: *è un bar frequentato da ubriaconi*.

uccellagione [uc-cel-la-gió-ne] *s.m.* L'attività di catturare uccelli vivi mediante trappole, reti o altre tecniche: *alcuni paesi hanno proibito l'uccellagione*.

uccelliera [uc-cel-liè-ra] *s.f.* Grande gabbia, voliera o stanza chiusa da vetri e reti metalliche dove si tengono gli uccelli.

uccello [uc-cèl-lo] *s.m.* Animale il cui corpo è ricoperto di penne di forma, grandezza e colori diversi ed è dotato di ali atte al volo Ⓢ volatile: *uccelli acquatici, migratori, rapaci* | ♧ *Uccel di bosco* = persona che si è resa irreperibile: *il bandito è uccel di bosco*.

uccidere [uc-cì-de-re] *v.tr.* [coniugato come *decidere*] Togliere la vita, causare la morte in modo per lo più violento o comunque non naturale Ⓢ ammazzare: *uccidere un innocente, un cervo*; *è stato ucciso dal cancro* ◊ Fare morire una pianta: *la siccità ha ucciso il grano* ◊ ♧ Distruggere, sfinire: *oggi c'è un caldo che mi uccide*; *quest'attesa mi uccide* ♦ **uccidersi** *v.pr.* Togliersi la vita, suicidarsi: *il poveretto si è ucciso*.

uccisione [uc-ci-sió-ne] *s.f.* L'atto di uccidere Ⓢ assassinio, omicidio: *i rapitori decisero l'uccisione degli ostaggi*.

uccisore [uc-ci-só-re] *s.m.* Chi uccide o ha ucciso una o più persone Ⓢ omicida.

udienza [u-dièn-za] *s.f.* **1** Incontro, colloquio concesso da un'autorità: *ha ottenuto un'udienza dal capo del governo* **2** Periodo di tempo in cui si svolge giornalmente un processo; il processo stesso: *il giudice ha sospeso l'udienza*; *l'udienza sarà tenuta a porte chiuse*.

udire [u-dì-re] *v.tr.* [pres. *òdo, òdi, òde, udiàmo, udìte, òdono*; fut. *udirò* o *udrò*; cond. *udirèi* o *udrèi*; part.pres. *udènte*] **1** Percepire i suoni attraverso il senso dell'udito Ⓢ sentire: *udire un grido* **2** Venire a sapere qualcosa Ⓢ sentire: *hai udito le ultime novità?*; *ho udito che intendi lasciare l'azienda*.

udito [u-dì-to] *s.m.* Il senso con cui si percepiscono i suoni attraverso l'organo dell'orecchio: *ha perso l'udito in un incidente*; *ha un udito perfetto* | *Essere duro d'udito* = non sentirci bene.

uditorio [u-di-tò-rio] *s.m.* L'insieme delle persone che ascoltano un discorso, una conferenza ecc. Ⓢ pubblico, ascoltatori: *un uditorio attento*.

uf o **uff** o **uffa** [ùf-fa] *inter.* Esprime noia, impazienza, fastidio: *uff, quando finisce la lezione?*

ufficiale[1] [uf-fi-cià-le] *agg.* **1** Che proviene dall'autorità competente, con garanzia, quindi, di autenticità: *la notizia è di fonte ufficiale* **2** Fatto secondo le norme del protocollo e avente, quindi, valore formale: *invito, visita, nomina ufficiale* ◊ Fatto in modo pubblico e perciò impegnativo: *fidanzamento ufficiale* ◊ Nel linguaggio sportivo, detto di gara valida ai fini della classifica.

ufficiale2 [uf-fi-cià-le] *s.m.* **1** Ogni militare che ha funzioni di comando con il grado da sottotenente in su: *nella caserma c'è la mensa della truppa e quella degli ufficiali* **2** Qualifica di chi ricopre un pubblico ufficio | *Ufficiale sanitario* = funzionario che dirige il servizio sanitario di un comune.

ufficio [uf-fi-cio] *s.m.* **1** Incarico; carica: *ha assunto l'ufficio di sindaco* ◊ Le funzioni di chi è investito di un incarico, di una carica: *il funzionario è stato sospeso dall'ufficio* | *Difensore d'ufficio* = avvocato chiamato dall'autorità giudiziaria in difesa di un imputato che non può permettersi di nominarne uno di fiducia **2** Settore di un'amministrazione pubblica o di un'azienda che svolge una determinata attività: *ufficio sanitario, delle imposte*; *per questa pratica deve rivolgersi all'ufficio contabilità* ◊ L'edificio, i locali o la singola stanza in cui si svolgono le attività di un ufficio: *quelli sono gli uffici del comune*; *il direttore è nel suo ufficio* **3** Rito religioso: *l'ufficio funebre si terrà domani* **4** *Buoni uffici* = intervento a favore di qualcuno, appoggio: *ha ottenuto quel permesso grazie ai buoni uffici di un amico influente.*

ufficioso [uf-fi-ció-so] *agg.* Che non ha carattere ufficiale, ma si può comunque considerare credibile e autorevole: *una notizia ufficiosa, di fonte ufficiosa.*

ufo1 [ù-fo] *s.m. A ufo* = senza pagare, a sbafo.

ufo2 [ù-fo] o **UFO** [sigla dell'inglese *Unidentified Flying Object*] *s.m.invar.* Oggetto volante sconosciuto osservato nel cielo: *ogni tanto qualcuno dice di aver avvistato degli ufo.*

uggia [ùg-gia] *s.f.* Senso di fastidio e di noia Ⓢ tedio: *che uggia con questo tempo piovoso!*

uggioso [ug-gió-so] *agg.* Fastidioso, noioso: *che tempo uggioso!*; *è un uomo troppo uggioso.*

ugola [ù-go-la] *s.f.* Gola | *Bagnarsi, rinfrescarsi l'ugola* = bere | ♧ *Avere un'ugola d'oro* = detto di cantante, avere una voce molto bella e potente.

uguaglianza [u-gua-gliàn-za] o **eguaglianza** [e-gua-gliàn-za] *s.f.* Principio secondo il quale tutti i cittadini di uno stato o tutti gli uomini hanno pari dignità, diritti e doveri: *la costituzione stabilisce l'uguaglianza dei cittadini davanti alla legge.*

uguagliare [u-gua-glià-re] o **eguagliare** [e-gua-glià-re] *v.tr.* **1** Essere pari a qualcuno o a qualcosa per qualità, doti ecc.; raggiungere lo stesso livello: *è riuscito a uguagliare in abilità il maestro*; *in lei la bellezza uguaglia l'intelligenza* ◊ Raggiungere lo stesso risultato raggiunto da altri: *ha uguagliato il record mondiale* **2** Considerare uguale o paragonabile: *nessun musicista della sua epoca può essere uguagliato a Mozart.*

uguale [u-guà-le] o **eguale** [e-guà-le] *agg.* **1** Che ha le stesse caratteristiche, proprietà, qualità di un'altra cosa o di un'altra persona Ⓢ identico Ⓒ disuguale, diverso: *avere colore, forma, altezza, peso uguale*; *le villette di periferia sono tutte uguali*; *sostituiremo il vaso rotto con uno uguale* **2** Che è sempre lo stesso, che non cambia secondo le circostanze: *la legge è uguale per tutti* | *È uguale* = non importa, è la stessa cosa: *oggi o domani per me è uguale* ◊ Costante, uniforme: *abbiamo tenuto una velocità uguale per tutto il percorso* **3** Che ha lo stesso valore Ⓢ equivalente: *due più due è uguale a quattro*; *cento è uguale a dieci decine* ♦ *s.m.* Il segno matematico di uguaglianza (=).

ugualmente [u-gual-mén-te] *avv.* **1** In ugual modo, nella stessa misura: *sono ugualmente alti*; *dividetevi ugualmente il guadagno* **2** Lo stesso, ciononostante: *non sto bene, ma penso che ci andrò ugualmente.*

uh *inter.* Esprime, a seconda del contesto e dell'intonazione, dolore, gioia, sorpresa, disappunto, disgusto ecc.

uhm *inter.* Esprime incertezza, perplessità, incredulità: *uhm! la tua idea non mi convince!*

ulcera [ùl-ce-ra] *s.f.* Lesione di organi interni che tende a non cicatrizzarsi: *ulcera gastrica.*

ulivo e derivati vedi **olivo** e derivati.

ulna [ùl-na] *s.f.* Osso dell'avambraccio parallelo al radio.

ulteriore [ul-te-rió-re] *agg.* Che si aggiunge a ciò che è già stato fatto, detto ecc. Ⓢ altro: *dobbiamo fare ulteriori indagini*; *per ulteriori informazioni si deve rivolgere al mio collega.*

ultimamente [ul-ti-ma-mén-te] *avv.* Negli ultimi tempi Ⓢ recentemente: *è venuto ultimamente a trovarmi.*

ultimare [ul-ti-mà-re] *v.tr.* Portare a termine Ⓢ finire, concludere Ⓒ iniziare: *ultimare un lavoro.*

ultimatum [parola latina; pron. *ultimàtum*] *s.m. invar.* **1** Atto con cui uno stato fa conoscere a un altro le proprie ultime proposte e condizioni di accordo su una questione, con la minaccia di rompere le trattative o di ricorrere alla forza se queste non verranno accettate: *dare un ultimatum* **2** Richiesta perentoria, ultimo avvertimento che non ammette repliche: *i sequestratori hanno inviato l'ultimatum: se non verrà pagato subito il riscatto, uccideranno l'ostaggio.*

ultimo [ùl-ti-mo] *agg.* **1** Che viene dopo tutti gli altri nel tempo o nello spazio o in una successione, in una serie numerica, in una graduatoria Ⓒ primo: *l'ultimo giorno del mese*; *l'ultima riga della* *pagina*; *l'ultima puntata di uno sceneggiato*; *è arrivato ultimo nella corsa* ◊ Estremo, definitivo, conclusivo: *è l'ultima speranza che ci è rimasta*; *non è ancora detta l'ultima parola* | *Dettare le ultime volontà* = il testamento ◊ Che è il più recente, il più vicino nel tempo: *durante l'ultima guerra*; *è l'ultimo romanzo del mio scrittore preferito*; *le ultime notizie*; *vestire all'ultima moda* **2** Che è il più lontano nello spazio rispetto a un punto di riferimento: *l'ultimo piano di un edificio* **3** ♧ Che viene dopo tutti gli altri per importanza, valore: *questa è l'ultima delle mie preoccupazioni* | ♧ *Essere l'ultima ruota del carro* = non contare niente ◊ Che è il più improbabile, quello che meno si poteva prevedere: *questa è l'ultima cosa che mi verrebbe in mente di fare*; *è l'ultima persona da cui mi sarei aspettato una cosa del genere* ♦ *s.m.* **1** La persona o cosa che viene dopo tutti gli altri nel tempo, nello spazio o per importanza, valore, priorità ecc.: *l'ultimo dell'anno*; *l'ultimo della classe* | ♧ *L'ultimo arrivato, l'ultimo venuto* = chi ha meno esperienza, meno capacità; chi ha o dovrebbe avere meno diritti **2** Ultimo momento: *lui arriva sempre all'ultimo* | *Fino all'ultimo* = fino alla fine: *ha resistito fino all'ultimo*.

ultimogenito [ul-ti-mo-gè-ni-to] *agg.* e *s.m.* Che, chi tra vari fratelli è nato per ultimo.

ultrà [parola francese; pron. corrente *ultrà*] o **ultra** [ùl-tra] *s.m.invar.* Estremista politico ◊ Tifoso fanatico di una squadra di calcio.

ultra– Primo elemento di parole composte in cui indica il superamento di un limite (*ultraterreno*) o un grado molto elevato, superiore alla norma (*ultrarapido*).

ultrasuono [ul-tra-suò-no] *s.m.* Suono di frequenza così alta da non essere percepibile dall'orecchio umano.

ululare [u-lu-là-re] *v.intr.* [aus. *avere*] Detto del cane e del lupo, emettere un ululato, degli ululati ◊ ♧ Produrre suoni lamentosi simili a ululati: *il vento ululava tra i rami*.

ululato [u-lu-là-to] *s.m.* Urlo lamentoso e prolungato proprio del cane e del lupo ◊ ♧ Suono lamentoso e minaccioso simile a un ululato: *l'ululato della bufera*.

umanamente [u-ma-na-mén-te] *avv.* **1** Con umanità: *trattare umanamente i prigionieri* **2** Nei limiti della natura umana: *farò quanto è umanamente possibile per aiutarvi*.

umanesimo [u-ma-né-si-mo] *s.m.* Movimento culturale sviluppatosi in Italia tra la metà del XIV e il XV sec., caratterizzato dalla riscoperta e dallo studio della cultura classica e dall'affermazione del ruolo centrale dell'uomo e dell'opera umana.

umanistico [u-ma-nì-sti-co] *agg.* [pl.m. *–ci*] Che ha come ambito di studio le lingue e le letterature classiche e, più in generale, la letteratura, la storia, la filosofia e il diritto: *studi umanistici*; *discipline, facoltà umanistiche*.

umanità [u-ma-ni-tà] *s.f.* **1** L'insieme degli uomini Ⓢ genere umano: *un benefattore dell'umanità*; *una guerra atomica potrebbe causare la fine dell'umanità* **2** Bontà, solidarietà, comprensione e indulgenza: *trattare i prigionieri con umanità*.

umanitario [u-ma-ni-tà-rio] *agg.* Ispirato da sentimenti di solidarietà, generosità e amore verso il prossimo: *aderire a un'iniziativa umanitaria in favore delle vittime di guerra*.

umano [u-mà-no] *agg.* **1** Dell'uomo, degli uomini: *il genere umano*; *le diverse razze umane* | *Gli esseri umani* = gli uomini ◊ Proprio dell'uomo: *l'intelligenza umana*; *la figura umana*; *sbagliare è umano* | *Scienze umane* = quelle che studiano l'uomo e il suo comportamento (come antropologia, psicologia, sociologia) **2** Che dimostra solidarietà, comprensione e indulgenza o si basa su questi sentimenti: *un giudice molto umano*; *chiedere un trattamento più umano per i detenuti*.

umettare [u-met-tà-re] *v.tr.* Inumidire, bagnare leggermente: *umettare le labbra*, *un francobollo*.

umidiccio [u-mi-dìc-cio] *agg.* [pl.f. *–ce*] Un po' umido: *terreno umidiccio* ◊ Sgradevolmente umido: *si sentiva le mani umidicce*.

umidità [u-mi-di-tà] *s.f.* **1** L'essere umido: *l'umidità della biancheria, di un muro, del terreno* **2** Presenza di vapore acqueo nell'atmosfera: *stasera c'è molta umidità*; *mettere le provviste al riparo dall'umidità*.

umido [ù-mi-do] *agg.* **1** Leggermente bagnato o impregnato di acqua o di altri liquidi: *i panni stesi sono ancora umidi*; *ho le mani umide di sudore* **2** Che contiene molto vapore acqueo: *aria umida*; *clima umido* ♦ *s.m.* **1** Umidità: *nelle cantine spesso c'è umido* **2** Condimento a base di olio, sugo di pomodoro e aromi vari in cui si cuociono varie vivande: *coniglio, polpo, patate in umido*.

umile [ù-mi-le] *agg.* **1** Cosciente dei propri limiti, privo di ogni forma di orgoglio e di superbia Ⓢ modesto: *un ragazzo umile* ◊ Rispettoso, sottomesso: *essere umile coi superiori* **2** Semplice, modesto, senza pretese: *abita in un'umile casa*; *ha accettato un umile impiego* ◊ Non nobile, non socialmente elevato: *una famiglia di umili origini*, *di umile condizione*.

umiliante [u-mi-liàn-te] *agg.* Che umilia, che fa vergognare e lede la dignità: *un trattamento, una sconfitta umiliante.*

umiliare [u-mi-lià-re] *v.tr.* Avvilire qualcuno mettendolo in una condizione di vergogna, di disagio, di inferiorità Ⓢ mortificare: *non dovevi umiliarlo così davanti a tutti* ♦ **umiliarsi** *v.pr.* Sottomettersi, mortificarsi, abbassarsi: *non dovevi umiliarti a chiedere scusa.*

umiliazione [u-mi-lia-zió-ne] *s.f.* L'atto di umiliare, il fatto di venire umiliato: *ha dovuto subire una grave umiliazione* ◊ Cosa che umilia Ⓢ mortificazione: *che umiliazione dovergli chiedere scusa!*

umiltà [u-mil-tà] *s.f.* Consapevolezza dei propri limiti e mancanza di ogni forma di orgoglio e di superbia Ⓢ modestia: *dovresti avere un po' più di umiltà* ◊ Atteggiamento rispettoso e sottomesso: *comportarsi con umiltà verso i propri superiori.*

umore [u-mó-re] *s.m.* **1** Liquido organico, vegetale o animale: *la linfa è l'umore delle piante* **2** Tendenza abituale verso un certo stato d'animo Ⓢ indole, temperamento: *è un tipo di umore irascibile* ◊ Disposizione d'animo passeggera, occasionale: *oggi sono di pessimo umore*; *la notizia lo mise di buon umore.*

umorismo [u-mo-rì-smo] *s.m.* Capacità di cogliere e sottolineare gli aspetti divertenti o bizzarri della realtà sapendone sorridere in modo bonario: *ha un grande senso dell'umorismo*; *un racconto ricco di umorismo.*

umorista [u-mo-rì-sta] *s.m.f.* [pl.m. *–sti*] Autore di film, scritti, fumetti umoristici ◊ Attore comico.

umoristico [u-mo-rì-sti-co] *agg.* [pl.m. *–ci*] Dell'umorismo: *manchi di senso umoristico* ◊ Ricco di umorismo Ⓢ comico: *disegno, romanzo, film umoristico*; *una battuta umoristica.*

unanime [u-nà-ni-me] *agg.* Si dice di un gruppo di persone che prende una decisione o esprime un giudizio concorde: *il parlamento è stato unanime nel condannare l'attentato* ◊ Di tutti i membri di un gruppo: *è stato eletto con voto unanime dell'assemblea* ◊ Di tutti Ⓢ generale: *la protesta popolare è stata unanime.*

unanimità [u-na-ni-mi-tà] *s.f.* Assoluta concordanza di opinioni all'interno di un gruppo; consenso generale: *la proposta è stata accolta dall'unanimità dei votanti* | *All'unanimità* = con il consenso di tutti, senza voti contrari: *la legge è stata approvata all'unanimità.*

uncinetto [un-ci-nét-to] *s.m.* Grosso ago con la punta a uncino usato per fare a mano pizzi, lavori a maglia ecc.

uncino [un-cì-no] *s.m.* Arnese di metallo ripiegato su se stesso e spesso appuntito usato per afferrare o sostenere qualcosa Ⓢ gancio: *gli uncini dell'amo*; *i salumi sono appesi agli uncini.*

under [parola inglese; pron. corrente *ànder*] *agg. invar.* e *s.m.f.invar.* Si dice di squadra sportiva formata da atleti che non superano un determinato limite di età e degli atleti stessi che sono al di sotto di tale limite: *la nazionale di calcio under 21*; *un torneo riservato agli under 18.*

undici [ùn-di-ci] *agg.num.card.invar.* e *s.m.invar.* Numero equivalente a dieci unità più una | *Le undici* = le ore undici del mattino o della sera.

ungere [ùn-ge-re] *v.tr.* [pres. *ùngo*, *ùngi*; pass. rem. *ùnsi*, *ungésti*; part.pass. *ùnto*] Spalmare, cospargere con olio o altre sostanze grasse: *ungere una teglia*; *unse le mani con una crema* ◊ Lubrificare: *ungere la catena della bicicletta, i cardini della porta* ◊ Sporcare di grasso, d'unto: *hai unto i pantaloni di sugo* ♦ **ungersi** *v.pr.* Spalmarsi, cospargersi con sostanze grasse: *ungiti bene con la crema solare* ◊ Sporcarsi d'unto: *guarda come ti sei tutto unto!*

unghia [ùn-ghia] *s.f.* Lamella che riveste l'estremità dorsale delle dita dell'uomo e di molti animali: *avere le unghie corte, lunghe*; *si mette lo smalto sulle unghie*; *si mangia le unghie*; *le unghie del gatto, del cane, degli uccelli* | ♧ *Difendersi con le unghie e con i denti* = con ogni mezzo, fino all'ultimo.

unghiata [un-ghià-ta] *s.f.* Colpo dato con le unghie; ferita, graffio fatto con le unghie.

unguento [un-guèn-to] *s.m.* Medicamento per uso esterno a base di sostanze grasse e di consistenza semisolida Ⓢ pomata: *usa un unguento contro i dolori reumatici.*

unicamente [u-ni-ca-mén-te] *avv.* Esclusivamente, soltanto: *l'ho fatto unicamente perché ti voglio bene.*

unicellulare [u-ni-cel-lu-là-re] *agg.* Detto di organismo formato da una sola cellula.

unico [ù-ni-co] *agg.* [pl.m. *–ci*] **1** Che è il solo esistente: *questo è un esemplare unico*; *sei l'unica persona con cui mi confido*; *un vino unico nel suo genere* | *Figlio unico* = senza fratelli o sorelle | *Strada a senso unico* = percorribile in una sola direzione **2** Senza eguali, insuperabile, straordinario: *è un ragazzo unico*; *il tuo amico è di una simpatia unica*; *un film di una bellezza unica* ♦ *s.m.* La sola persona a fare, dire, pensare ecc. una cosa: *sei l'unico che non è d'accordo.*

unifamiliare [u-ni-fa-mi-lià-re] *agg.* Detto di casa

costruita per essere abitata da una sola famiglia: *villetta unifamiliare*.

unificare [u-ni-fi-cà-re] *v.tr.* [*unìfico, unìfichi*] Riunire più parti o elementi in un insieme unitario: *unificare i partiti della sinistra* ♦ **unificarsi** *v.pr.* Mettersi insieme, fondersi in un insieme unitario: *le due Germanie si sono unificate*.

unificazione [u-ni-fi-ca-zió-ne] *s.f.* Riunione in un solo insieme di elementi prima separati: *l'unificazione delle due Germanie*.

uniformare [u-ni-for-mà-re] *v.tr.* **1** Rendere uniforme: *la pubblicità tende a uniformare i gusti del pubblico* **2** Adeguare, conformare: *uniformare le proprie decisioni a quelle degli altri* ♦ **uniformarsi** *v.pr.* Adeguarsi, conformarsi: *uniformarsi alle nuove abitudini*.

uniforme[1] [u-ni-fór-me] *agg.* Che ha la stessa forma, lo stesso aspetto, le stesse caratteristiche Ⓢ uguale Ⓒ disuguale: *questi pezzi non sono uniformi*; *dare la vernice in modo uniforme* | *Superficie uniforme* = piana, senza irregolarità ◊ Senza mutamenti, monotono Ⓒ vario: *fare una vita uniforme*; *un paesaggio uniforme*; *una musica dal ritmo uniforme* ◊ Costante: *moto uniforme*.

uniforme[2] [u-ni-fór-me] *s.f.* Abito uguale portato da tutti gli appartenenti a uno stesso corpo militare Ⓢ divisa: *l'uniforme dell'aviazione, dei carabinieri* ◊ Abito uguale per tutti quelli che fanno parte di una stessa associazione, categoria, comunità: *l'uniforme dei tranvieri, dei ferrovieri*; *in certi collegi si indossa l'uniforme*.

unilaterale [u-ni-la-te-rà-le] *agg.* **1** Che è fatto da una sola delle parti: *la nostra nazione ha deciso un disarmo unilaterale* **2** ♧ Che prende in considerazione un solo aspetto di una questione Ⓢ parziale, arbitrario, fazioso: *critica, interpretazione, giudizio unilaterale*.

uninominale [u-ni-no-mi-nà-le] *agg.* Detto di sistema elettorale in cui ogni partito presenta un solo candidato per ogni collegio: *sistema uninominale*; *collegio uninominale*.

unione [u-nió-ne] *s.f.* **1** Congiunzione, collegamento o unificazione di più elementi in un tutto unico: *l'unione di due tavoli, dei paesi europei* | *Unione coniugale* = matrimonio: *dalla loro unione nacquero due figli* ◊ ♧ Armonia, concordia, solidarietà: *nella nostra famiglia c'è molta unione* **2** Organizzazione in cui sono riuniti più persone o enti in vista di uno scopo Ⓢ associazione: *unione sindacale, sportiva* | *Unione Europea* = organismo politico che riunisce gli stati europei che hanno deciso di integrarsi sempre più strettamente tra loro, abolendo le frontiere doganali, adottando una moneta unica e leggi e regolamenti uniformi.

unire [u-nì-re] *v.tr.* [*unìsco, unìsci*] **1** Congiungere, accostare, collegare, mescolare due o più cose in modo che appaiano o diventino una cosa sola Ⓒ dividere: *unire due tavoli*; *unire farina e acqua*; *unire il rosso con il blu per fare il viola* ◊ Associare, mettere insieme: *per ottenere la vittoria dobbiamo unire le forze* **2** Detto di persone, legare con un vincolo: *siamo uniti da una grande amicizia* | *Unire due persone in matrimonio* = sposarle **3** Collegare, mettere in comunicazione: *unire due città con una strada* ♦ **unirsi** *v.pr.* **1** Associarsi per uno scopo comune; formare un'unione: *i popoli si unirono contro l'invasore* ◊ Legarsi reciprocamente con un vincolo: *unirsi in matrimonio* **2** Detto di due o più elementi, mescolarsi, fondersi: *le acque dei due fiumi si uniscono presso la foce* **3** Accompagnarsi, mettersi insieme ad altri: *si unì anche lui alla compagnia*; *unirsi a una comitiva*.

unisex [ù-ni-sex o u-ni-sèx] *agg.invar.* Adatto a entrambi i sessi, detto in partic. di capi d'abbigliamento: *pantaloni unisex*.

unisono [u-nì-so-no] *agg.* Detto di suoni di uguale altezza e di timbro diverso eseguiti simultaneamente | *All'unisono* = eseguendo contemporaneamente più note della stessa altezza (*cantare, suonare all'unisono*); ♧ in pieno accordo, in modo unanime: *hanno agito all'unisono*; *la stampa ha criticato all'unisono il governo*.

unità [u-ni-tà] *s.f.* **1** Il fatto di formare un tutto unico, un complesso unitario, omogeneo e solidale Ⓢ unione: *l'unità culturale, linguistica, religiosa di un paese*; *difendere l'unità della famiglia* ◊ Unione politica Ⓢ unificazione: *l'unità d'Italia fu realizzata nel 1861* **2** Concordia, solidarietà, coesione: *unità di intenti, d'azione* **3** Ogni singolo elemento che, pur essendo parte di un insieme, resta distinto e autonomo: *una classe di venti unità* **4** Nel linguaggio militare, denominazione generica di ciascun reparto operativo, dai più piccoli ai più grandi (plotone, battaglione, divisione, armata ecc.): *unità motorizzate, d'assalto* ◊ Ogni singolo elemento di una flotta navale o aerea: *nella battaglia furono affondate tre unità* **5** *Unità di misura* = grandezza convenzionalmente presa come termine di riferimento per la misurazione di tutte le grandezze della stessa specie: *l'unità di misura della lunghezza è il metro, della temperatura il grado centigrado, del tempo il minuto secondo* **6** In matematica, il numero 1 come base della numerazione: *il numero 16 è formato da una decina e 6 unità*.

A B C D E F G H I J K L M N O P Q R S T U V W X Y Z

unitario [u-ni-tà-rio] *agg.* **1** Che si riferisce a un'unità, a un singolo elemento: *se una dozzina di uova costa 3 euro, il costo unitario di un uovo è di 25 centesimi* **2** Che costituisce un'unità, un insieme di parti tra loro unite: *i diversi reparti dell'ospedale formano un complesso unitario* **3** Che aspira e tende all'unità, all'accordo: *abbiamo discusso con spirito unitario* ◊ Concorde: *i due sindacati hanno espresso una posizione unitaria.*

unito [u-nì-to] *agg.* **1** Strettamente congiunto, legato con altro: *tre assi unite*; *pezzi di corda uniti insieme* **2** Compatto Ⓒ diviso: *i poliziotti avanzano uniti contro i manifestanti* ◊ Uniforme: *stoffa in tinta unita* **3** ♧ Legato da un forte spirito di solidarietà Ⓒ disunito: *la nostra è una famiglia molto unita* **4** Nome di stati confederali, di organismi internazionali e simili: *Stati Uniti d'America*; *Organizzazione delle Nazioni Unite.*

universale [u-ni-ver-sà-le] *agg.* **1** Che riguarda il mondo intero, tutta l'umanità: *il diluvio universale*; *storia universale*; *la libertà è un valore universale* **2** Di tutti gli appartenenti a un gruppo, a un paese ecc. Ⓢ generale, unanime Ⓒ limitato, parziale: *il delitto ha suscitato una condanna universale*; *la sua proposta ha raccolto il consenso universale* | *Suffragio universale* = diritto di voto esteso a tutti i cittadini dell'età prevista dalla legge **3** Detto di strumenti, attrezzi ecc. che si possono adattare a condizioni e grandezze diverse: *pinze universali*; *presa elettrica universale.*

universalmente [u-ni-ver-sal-mén-te] *avv.* In tutto il mondo, da tutti: *è universalmente noto*; *un metodo universalmente usato.*

università [u-ni-ver-si-tà] *s.f.* Istituto di studi superiori che rappresenta il più alto livello di istruzione; è articolato in facoltà con corsi di durata variabile al termine dei quali viene rilasciato un diploma di laurea: *dopo il liceo ha deciso di iscriversi all'università, alla facoltà di legge*; *si è laureato in filosofia all'Università Statale di Milano* ◊ La sede di un istituto universitario: *l'università è vicina alla stazione.*

universitario [u-ni-ver-si-tà-rio] *agg.* Dell'università: *docente, studente universitario*; *seguire un corso universitario* ⧫ *s.m.* **1** Studente universitario **2** Docente universitario.

universo [u-ni-vèr-so] *s.m.* **1** L'insieme dei corpi celesti e dello spazio che li contiene Ⓢ cosmo: *l'immensità dell'universo*; *l'origine dell'universo* **2** Il mondo nel suo complesso: *crede di essere il padrone dell'universo* **3** ♧ Mondo particolare, reale o immaginario, in cui si situa l'esperienza di una persona o di una categoria di persone: *vive in un suo universo fantastico.*

univoco [u-nì-vo-co] *agg.* [pl.m. *-ci*] Che ha un solo significato; che ammette una sola interpretazione: *il senso delle sue parole mi sembra univoco.*

uno [ù-no] *agg.num.card.* Numero che rappresenta l'unità (si scrive 1 in numeri arabi, I in numeri romani): *un chilometro, un anno* | ♧ *Essere il numero uno in qualcosa* = essere il migliore ◊ Uno solo (spesso rafforzato da *solo*, *unico*, *soltanto*): *non capisco una (sola) parola di quello che stai dicendo*; *hanno avuto un unico figlio* | *Essere tutt'uno* = essere una sola cosa, la stessa cosa: *per lui il giorno e la notte sono tutt'uno* ⧫ *s.m.* Il numero uno: *contare da uno a dieci* | *A uno a uno* = uno alla volta | *La una* = le ore una del mattino o le tredici ⧫ *art.indeterm.* **1** Serve a indicare una persona o una cosa in modo indeterminato: *chiama un cameriere*; *c'è stato un incidente sull'autostrada* **2** Circa, pressappoco (davanti a una quantità): *peserà un cinquanta chili*; *gli sarà costato un tremila euro* ⧫ *pronome indef.* **1** Un tale, una certa persona: *ieri ho incontrato uno che mi ha parlato di te* ◊ Una persona, qualcuno (con valore impersonale): *se uno ha i mezzi può fare quel che vuole* **2** Indica in modo indeterminato una singola persona o cosa tra le altre: *uno di voi mi può rispondere?*; *vediamoci una di queste sere* ◊ *L'un l'altro* = a vicenda, reciprocamente: *si stimano l'un l'altro.*

Il maschile si tronca nella forma *un* davanti ad aggettivo o sostantivo maschile che inizi per vocale o per consonante o gruppo di consonanti che non sia *s* seguita da consonante, *gn, ps, pn, sc, x, z*; si può troncare anche nelle espressioni *un per cento, un per mille, un, due, tre*; al femminile si elide nella forma *un'* davanti a vocale.

unto[1] [ùn-to] *agg.* Cosparso, sporco o intriso di materia grassa: *hai le dita unte*; *la teglia deve essere ben unta.*

unto[2] [ùn-to] *s.m.* Sostanza che unge; in partic., grasso di cottura della carne: *ti sei macchiato di unto*; *l'unto dell'arrosto.*

untuoso [un-tu-ó-so] *agg.* **1** Cosparso, intriso di materia grassa: *pelle untuosa* **2** ♧ Falsamente gentile, servilmente cortese, subdolo e ipocrita: *un uomo untuoso*; *non sopporto le sue maniere untuose.*

unzione [un-zió-ne] *s.f.* **1** Il fatto di ungere, di ungersi il corpo con unguenti e pomate **2** Consacrazione con l'olio santo praticata in alcuni sacramenti: *l'unzione dei cresimandi* | *Estrema unzione* = sacramento amministrato dal sacerdote a chi è moribondo o malato grave (detto oggi *unzione degli infermi*).

uomo [uò-mo] *s.m.* [pl. *uomini*] **1** Essere umano, cioè appartenente alla specie che si distingue da tutti gli altri animali superiori per la posizione eretta, per lo sviluppo straordinario del cervello e delle facoltà psichiche e, soprattutto, per l'uso esclusivo del linguaggio articolato: *lo scheletro dell'uomo*; *gli uomini primitivi* ◊ In senso collettivo, la specie umana: *l'origine dell'uomo*; *la lotta dell'uomo contro la natura* **2** Essere umano adulto di sesso maschile (contrapposto a *donna* o a *bambino*): *un uomo alto, basso, grasso*; *cappello, giacca, vestito da uomo*; *ha 16 anni ma è già un uomo*; *cerca di comportarti da uomo* ◊ Individuo adulto di sesso maschile, considerato in relazione alle sue qualità e caratteristiche, alla posizione che occupa nella società, alle funzioni o all'attività che svolge ecc.: *un uomo intelligente, coraggioso, crudele, malvagio*; *un uomo importante, di successo* | *L'uomo della strada* = il cittadino comune | *Uomo di fiducia* = chi svolge incarichi importanti per conto di qualcuno di cui gode la piena fiducia | *Uomo di mondo* = chi ha fatto molte esperienze o chi fa vita di società | *L'uomo del giorno* = il personaggio di cui in un dato momento si parla di più ◊ Individuo indeterminato di sesso maschile Ⓢ un tale: *c'è giù un uomo che ti cerca* **3** Persona addetta a un servizio Ⓢ incaricato: *l'uomo delle pulizie*; *l'uomo del gas* **4** Componente di una squadra sportiva maschile: *la squadra ha giocato il secondo tempo con un uomo in meno* ◊ Componente di un'unità militare o dell'equipaggio di una nave o di un aereo: *una pattuglia di quindici uomini*; *gli uomini dell'equipaggio*.

uovo [uò-vo] *s.m.* [pl.f. *le uova*] **1** Gamete femminile dal quale, se fecondato dal gamete maschile, si sviluppa l'embrione di un nuovo individuo della stessa specie **2** L'uovo di animali ovipari, con o senza guscio: *uovo di insetto, di uccello, di serpente, di rettile* ◊ In partic., l'uovo di gallina, usato nell'alimentazione umana: *mangiò una frittata di uova* | *Rosso d'uovo* = il tuorlo | *Chiara d'uovo* = l'albume | ♧ *Cercare il pelo nell'uovo* = essere eccessivamente minuzioso, pedante, pignolo | ♧ *Rompere le uova nel paniere a qualcuno* = rovinare, mandare a monte i suoi progetti | ♧ *Essere pieno come un uovo* = avere mangiato moltissimo **3** *Uovo di Pasqua* = dolce di cioccolato a forma di uovo, spesso contenente una sorpresa, che tradizionalmente si regala a Pasqua.

uragano [u-ra-gà-no] *s.m.* **1** Ciclone tropicale caratteristico del mar dei Caraibi ◊ Violenta tempesta con vento fortissimo e pioggia: *ieri sera sulla città si è abbattuto un uragano* **2** ♧ Grande fragore, scroscio: *la fine della canzone fu accolta da un uragano di applausi*.

uranio [u-rà-nio] *s.m.* Metallo radioattivo naturale di colore bianco argenteo, duro e pesante; è usato per la produzione di energia nucleare.

urbanesimo [ur-ba-né-si-mo] *s.m.* Fenomeno demografico costituito dalla concentrazione sempre maggiore di popolazione nelle città, con abbandono delle campagne.

urbanista [ur-ba-nì-sta] *s.m.f.* Studioso, esperto di urbanistica.

urbanistica [ur-ba-nì-sti-ca] *s.f.* Disciplina che studia e progetta il funzionamento e lo sviluppo delle città, scegliendo dove disporre i futuri quartieri di abitazione e commerciali, dove costruire le nuove scuole e i nuovi ospedali, dove creare parchi e giardini pubblici, come organizzare nel modo migliore il traffico ecc.

urbanistico [ur-ba-nì-sti-co] *agg.* [pl.m. *–ci*] Di urbanistica, che riguarda l'urbanistica: *un nuovo progetto urbanistico*.

urbano [ur-bà-no] *agg.* **1** Della città: *vigile urbano*; *nettezza urbana* | *Centro urbano* = centro abitato, città **2** Cortese, ben educato: *si è comportato in modo urbano*.

urgente [ur-gèn-te] *agg.* Che deve essere fatto, risolto, soddisfatto al più presto, con la massima sollecitudine Ⓢ impellente Ⓒ rinviabile: *devo fare una telefonata urgente*; *questa pratica è urgente*; *ho una necessità urgente*.

urgenza [ur-gèn-za] *s.f.* Situazione che esige un intervento immediato: *in caso d'urgenza chiama questo numero* | *D'urgenza, con urgenza* = al più presto, con la massima sollecitudine: *va ricoverato d'urgenza*; *bisogna provvedere con urgenza* ◊ Necessità, bisogno urgente: *ha urgenza di partire*; *ho urgenza di un prestito*.

urgere [ùr-ge-re] *v.intr.* [pres. *ùrgo, ùrgi*; manca del pass.rem., del part.pass. e dei tempi composti] Essere urgente, occorrere immediatamente: *urge chiamare un medico*; *mi urge il tuo aiuto*.

urina [u-rì-na] o **orina** [o-rì-na] *s.f.* Liquido di colore giallo, prodotto dai reni quando filtrano il sangue; passa poi nella vescica prima di venire espulso all'esterno Ⓢ pipì.

urinare vedi **orinare**.

URL [sigla dell'espressione inglese *Uniform Resource Locator,* «identificatore standard di risorse»] *s.m.invar.* In Internet, sequenza di caratteri (in genere iniziante con «http://») che individua in modo univoco l'indirizzo di un sito *web*, la posizione in cui si può trovare un'immagine, un documento, un filmato ecc.

urlare [ur-là-re] *v.intr.* [aus. *avere*] Emettere grida acute e prolungate (detto di animali): *le scimmie urlano quando avvertono il pericolo* ◊ Parlare a voce molto alta (detto di persona) Ⓢ gridare, strillare: *urlava a squarciagola*; *smettila di urlare!*

urlo [ùr-lo] *s.m.* [pl. *gli urli*; pl.f. *le urla* se riferito a grida umane] **1** Grido forte e prolungato: *mandò un urlo di dolore, di gioia*; *le urla dei manifestanti*; *gli urli delle scimmie* **2** ♧ Rumore acuto, cupo e prolungato: *l'urlo del vento, della sirena.*

urna [ùr-na] *s.f.* **1** Nell'antichità, vaso di terracotta, vetro o altro materiale | *Urna cineraria* = vaso per accogliere le ceneri dei defunti **2** Contenitore di varia forma e materiale provvisto di un'apertura nella parte superiore in cui si introducono le schede di una votazione o dalla quale vengono estratti i numeri di una lotteria: *urna elettorale*; *estrarre i numeri vincenti dall'urna* | *Andare alle urne* = andare a votare.

urrà [ur-rà] o **hurrà** [hur-rà] *inter.* Esprime gioia, esultanza: *urrà, ce l'abbiamo fatta!*

urtare [ur-tà-re] *v.tr.* **1** Colpire qualcuno o qualcosa o sbatterci contro, per lo più in modo involontario: *correndo tra la folla urtò un passante*; *ho urtato il gomito contro la mensola* **2** ♧ Irritare, infastidire, innervosire qualcuno: *questo rumore mi urta terribilmente* ♦ *v.intr.* [aus. *avere*] Andare a sbattere contro qualcosa: *la bicicletta ha urtato contro il marciapiede* ♦ **urtarsi** *v.pr.* **1** Scontrarsi, spingersi reciprocamente: *le due auto si sono urtate all'uscita dal parcheggio*; *la gente si urtava all'uscita dallo stadio* **2** ♧ Venire a contrasto: *si sono urtati per una questione di soldi e ora non si parlano più* **3** ♧ Irritarsi, offendersi per qualche motivo: *non devi urtarti per quel che ho detto.*

urto [ùr-to] *s.m.* **1** Forte spinta o colpo che si dà o si subisce, per lo più involontariamente: *un passante gli diede un urto che lo fece cadere*; *ha dato un urto al vaso sulla mensola* ◊ Scontro, collisione tra due corpi: *un urto frontale tra due vetture* **2** ♧ Contrasto, divergenza: *tra loro c'è un urto di opinioni*; *si è messo in urto con suo padre* **3** Nel linguaggio militare, assalto, scontro violento: *i soldati sostennero l'urto del nemico* **4** *Terapia d'urto* = effettuata con dosi elevate di un farmaco per ottenere un effetto immediato.

usanza [u-sàn-za] *s.f.* Modo di vivere e tipo di comportamento tradizionale ed entrato a far parte delle abitudini di una certa epoca o popolazione Ⓢ uso, costume, consuetudine, tradizione: *usanze antiche, medievali*; *usanze occidentali, orientali, toscane, siciliane*; *l'usanza di scambiarsi regali a Natale.*

usare [u-sà-re] *v.tr.* **1** Servirsi di qualcosa Ⓢ adoperare, impiegare, utilizzare: *usare le forbici, l'automobile, il computer*; *non puoi usare delle parole più semplici?* | *Usare la testa* = ragionare ◊ Fare ricorso a un certo modo di agire: *per farlo confessare usarono le maniere forti*; *cerca di usare l'astuzia!* **2** Avere l'abitudine di fare qualcosa Ⓢ essere solito: *uso fare una passeggiata dopo cena* | *Si usa* = è consuetudine, c'è l'usanza, è di moda: *in casa nostra si usa così*; *a Natale si usa fare regali*; *tra i giovani oggi si usa portare i capelli corti* ♦ *v.intr.* [aus. *avere*] Essere di moda: *oggi quella pettinatura non usa più.*

usato [u-sà-to] *agg.* Che non è più nuovo, che è già stato adoperato Ⓢ di seconda mano: *ha comprato un'automobile usata*; *un vestito, un televisore usato.*

USB [sigla dell'espressione inglese *Universal Serial Bus,* «collegamento seriale universale»; pron. *uessebì*] *s.m.invar.* In informatica, sistema di collegamento standard per la trasmissione di segnali e dati tra un computer e un'unità periferica (*mouse*, tastiera, stampante, fotocamera digitale ecc.) ♦ *agg.invar.* Detto di dispositivo che utilizza questo sistema di collegamento: *porta USB*; *chiavetta USB.*

uscente [u-scèn-te] *agg.* **1** Che sta per finire o è appena terminato (detto di periodo di tempo): *l'anno, il mese uscente* **2** Che sta per lasciare o che ha appena lasciato la propria carica: *il sindaco, il ministro uscente.*

usciere [u-sciè-re] *s.m.* Impiegato di uffici pubblici o privati che ha il compito di dare informazioni al pubblico, di accompagnare ai vari uffici, di annunciare i visitatori e di prestare altri servizi simili: *l'usciere del ministero, del municipio.*

uscio [ù-scio] *s.m.* Porta: *l'uscio di casa*; *la donna si affacciò all'uscio*; *chiudere l'uscio.*

uscire [u-scì-re] *v.intr.* [pres. *èsco, èsci, èsce, usciàmo, uscìte, èscono*; cong.pres. (*io, tu, egli*) *èsca, usciàmo, usciàte, èscano*; imper. *èsci, uscìte*; aus. *essere*] **1** Andare o venire fuori da un luogo, da un ambiente Ⓒ entrare: *sono appena uscita di casa*; *uscire all'aperto*; *uscire dall'acqua*; *la nave uscì dal porto* | ♧ *Uscire di mente* = dimenticare, essere dimenticato ◊ Andare fuori di casa per passeggiare, divertirsi o per altri motivi: *è uscito a spasso, a ballare, a far la spesa*; *esce spesso la sera* **2** Fuoriuscire, scaturire: *il gas* *esce dal tubo*; *l'acqua esce dal rubinetto*; *dalla ferita sta uscendo sangue* **3** Andar fuori dal percorso, dal tracciato normale: *il fiume uscì dagli argini*; *l'auto è uscita di strada* ◊ Sporgere da una superficie: *dalla tavola uscivano numerosi chiodi* **4** Allontanarsi, distaccarsi da un gruppo di persone: *un uomo uscì dalla folla*; *un ciclista è uscito dal gruppo* ◊ Lasciare, abbandonare un gruppo, un'organizzazione: *è uscito dal partito* **5** ♧ Venire fuori da un determinato periodo, da una data condizione, da un certo stato: *stiamo uscendo dall'inverno*; *è uscito da un brutto periodo*; *devi uscire dall'incertezza* ◊ Riuscire a tirarsi fuori da una brutta situazione Ⓢ cavarsela: *è uscito incolume dall'incidente*; *era nei guai, ma ne è uscito bene* **6** ♧ Avere origine, provenire: *esce da una famiglia modesta*; *è uscito da un'ottima università* **7** Venire sorteggiato, estratto: *se esce il 27 faccio tombola* **8** Essere prodotto, messo in commercio: *da questa fabbrica escono mille macchine al giorno*; *uscirà a giorni il nuovo CD di quel cantante* ◊ Essere pubblicato (detto di scritto): *la rivista non è ancora uscita* **9** ♧ Dire qualcosa di inaspettato: *ogni tanto (se ne) esce con qualche assurdità* **10** Nel calcio, detto del portiere, effettuare un'uscita: *il portiere è uscito di pugno*.

uscita [u-scì-ta] *s.f.* **1** L'atto di uscire da un luogo Ⓒ entrata, ingresso: *l'uscita degli operai dalla fabbrica* **2** Apertura, passaggio attraverso cui si esce: *il pubblico si affollava all'uscita del teatro* | ♧ *Via d'uscita* = possibile soluzione di una situazione difficile: *era disperato perché non vedeva una via d'uscita* **3** Arrivo sul mercato, presentazione al pubblico di un prodotto nuovo: *la prossima uscita di un'automobile, di un film* ◊ Pubblicazione: *un romanzo di prossima uscita* **4** (al *pl.*) Le spese: *le nostre uscite sono pari alle entrate* **5** Battuta, osservazione spiritosa o bizzarra: *quel ragazzo ha delle uscite che lasciano di stucco* **6** Nel calcio, l'azione del portiere che lascia la linea di porta per intercettare il pallone.

usignolo [u-si-gnò-lo] *s.m.* Piccolo uccello con piumaggio brunorossastro, dal canto particolarmente melodioso.

uso [ù-so] *s.m.* **1** L'usare qualcosa; il modo di usarlo; lo scopo per cui lo si usa Ⓢ impiego: *l'uso di una macchina richiede esperienza*; *fare uso dell'astuzia*; *i soldati vengono addestrati all'uso delle armi*; *medicinale per uso esterno* | *Istruzioni per l'uso* = avvertenze scritte sulla confezione di un prodotto per illustrarne l'impiego corretto | *Fuori uso* = che non funziona più Ⓢ inutilizzabile | *Con l'uso* = con la pratica: *le lingue straniere si imparano con l'uso* | *(Per) uso* = destinato a un certo uso, un certo scopo: *fotografie (per) uso tessera* **2** Capacità, possibilità di servirsi di qualcosa: *ha perso l'uso di un braccio*; *monolocale con uso di cucina* **3** Abitudine: *non è mio uso arrivare tardi* ◊ Consuetudine, usanza, tradizione: *bisogna rispettare gli usi e i costumi di un paese* **4** Modo in cui una lingua viene usata in un determinato periodo, ambiente ecc.: *la lingua dell'uso parlato è diversa da quella dell'uso scritto*; *un'espressione dell'uso popolare*.

ustionare [u-stio-nà-re] *v.tr.* Procurare un'ustione: *l'acqua bollente mi ha ustionato il dito* ♦ **ustionarsi** *v.pr.* Procurarsi un'ustione: *si è ustionato con l'acqua bollente*.

ustione [u-stió-ne] *s.f.* Lesione dei tessuti della pelle provocata da forte calore, da sostanze chimiche o da scariche elettriche Ⓢ scottatura, bruciatura.

usuale [u-su-à-le] *agg.* Usato comunemente, che accade normalmente Ⓢ consueto, abituale: *una parola poco usuale*; *è un fatto usuale che lui arrivi in ritardo*.

usufruire [u-su-fru-ì-re] *v.intr.* [*usufruìsco, usufruìsci*; aus. *avere*] Beneficiare, fare uso, godere di qualcosa: *gli studenti usufruiscono di riduzioni sui mezzi pubblici*.

usufrutto [u-su-frùt-to] *s.m.* Diritto di godere di un bene di proprietà altrui con l'obbligo di mantenerlo inalterato: *ha lasciato una casa in usufrutto agli eredi*.

usura1 [u-sù-ra] *s.f.* L'attività e il reato di prestare denaro chiedendo un interesse molto alto.

usura2 [u-sù-ra] *s.f.* Deterioramento di un oggetto in seguito all'uso prolungato Ⓢ consumo, logorio: *va adagio per diminuire l'usura dei pneumatici e dei freni*; *usura di un ingranaggio*.

usuraio [u-su-rà-io] *s.m.* Chi presta denaro a usura Ⓢ strozzino.

usurarsi [u-su-ràr-si] *v.pr.* Logorarsi, consumarsi: *il cavo della gru si è spezzato perché si era usurato con l'attrito*.

usurpare [u-sur-pà-re] *v.tr.* Appropriarsi con la violenza o con l'inganno di qualcosa che spetta di diritto ad altri: *il nuovo re fu accusato di aver usurpato il trono*.

utensile1 [u-tèn-si-le] *agg.* *Macchina utensile* = nome generico di diverse macchine usate per lavorare legno, metalli e altri materiali (torni, trapani, fresatrici ecc.).

utensile2 [u-ten-sì-le o u-tèn-si-le] *s.m.* Arnese

usato nei lavori di casa: *le pentole e il mestolo sono utensili da cucina* ◊ Attrezzo con cui si esegue un lavoro: *gli utensili del fabbro.*

utente [u-tèn-te] *s.m.f.* Chi usufruisce di un servizio pubblico o privato: *gli utenti del gas, dell'elettricità, della strada, di una biblioteca.*

utero [ù-te-ro] *s.m.* Nelle femmine dei mammiferi, organo cavo in cui si sviluppa l'embrione del nuovo essere fino alla nascita.

utile [ù-ti-le] *agg.* **1** Che serve, che può servire a uno scopo Ⓒ inutile: *un regalo, un libro, un oggetto utile* | *Tempo utile* = quello entro il quale un atto deve essere compiuto perché sia valido: *domani scade il tempo utile per la presentazione delle domande* **2** Che è efficace, che reca un beneficio Ⓢ proficuo, vantaggioso: *una medicina utile nei disturbi di stomaco*; *mi ha dato un utile consiglio* ◊ Detto di persona, che è di aiuto: *posso esserle utile in qualcosa?* | *Rendersi utile* = darsi da fare per aiutare ♦ *s.m.* **1** Vantaggio, interesse personale Ⓢ tornaconto: *pensa solo al proprio utile* **2** Guadagno, profitto: *i soci si dividono gli utili di un'azienda.*

utilità [u-ti-li-tà] *s.f.* L'essere utile: *l'utilità di un consiglio, di un libro, di una medicina, di un servizio, di una persona.*

utilitaria [u-ti-li-tà-ria] *s.f.* Automobile di piccola cilindrata e ridotte dimensioni, economica sia come costo d'acquisto sia come spese di consumi e di manutenzione.

utilizzare [u-ti-liz-zà-re] *v.tr.* Usare, sfruttare qualcosa, renderlo utile Ⓢ impiegare: *i rifiuti organici sono utilizzati per farne fertilizzanti*; *sa utilizzare bene il proprio tempo.*

utilizzazione [u-ti-liz-za-zió-ne] *s.f.* Uso, utilizzo.

utilizzo [u-ti-lìz-zo] *s.m.* Utilizzazione, uso.

utopia [u-to-pì-a] *s.f.* **1** Progetto ideale di una società perfetta, preso come modello a cui tendere anche se non realizzabile concretamente **2** Aspirazione, speranza irrealizzabile Ⓢ illusione: *è un'utopia sperare di farcela*; *la pace mondiale non deve essere un'utopia.*

utopistico [u-to-pì-sti-co] *agg.* [pl.m. *-ci*] Che rappresenta un'utopia Ⓢ irrealizzabile Ⓒ realistico, realizzabile: *il vostro progetto è utopistico.*

uva [ù-va] *s.f.* Frutto della vite costituito da un grappolo di bacche (*acini* o *chicchi*) rotonde od ovali di colore gialloverde o rossoviola | *Uva passa* = uva fatta seccare usata in partic. per la preparazione di dolci.

uvetta [u-vét-ta] *s.f.* Uva passa.

uxoricidio [u-xo-ri-cì-dio] *s.m.* Delitto di chi uccide la moglie.

v, V

v *s.f.* o *m.* Ventesima lettera dell'alfabeto italiano; è una consonante e quando è da sola si pronuncia *vu* o *vi* ◊ *V*, numero romano equivalente a 5.

vacante [va-càn-te] *agg.* Libero, non occupato, detto di carica o ufficio privi di titolare: *cattedra, posto vacante*.

vacanza [va-càn-za] *s.f.* Giorno o periodo di sospensione delle normali attività lavorative o scolastiche in coincidenza con festività o per altre cause: *per Pasqua le scuole fanno tre giorni di vacanza* ◊ Periodo di riposo dalle proprie normali occupazioni: *ha deciso di prendersi qualche giorno di vacanza* ◊ (al *pl.*) Periodo di riposo più o meno lungo di cui godono studenti o lavoratori in determinate epoche dell'anno: *vacanze estive, natalizie*; *ho passato le vacanze al mare*.

vacca [vàc-ca] *s.f.* Femmina adulta dei bovini Ⓢ mucca: *vacca da latte*.

vaccinare [vac-ci-nà-re] *v.tr.* Sottoporre a vaccinazione: *vaccinare gli anziani e i bambini contro l'influenza*.

vaccinazione [vac-ci-na-zió-ne] *s.f.* Introduzione di un vaccino nell'organismo umano per renderlo immune da determinate malattie infettive: *fare la vaccinazione antitetanica*.

vaccino [vac-cì-no] *agg.* Di vacca: *formaggio di latte vaccino* ♦ *s.m.* Preparato che viene introdotto nell'organismo per renderlo immune da certe malattie infettive.

vacillare [va-cil-là-re] *v.intr.* [aus. *avere*] **1** Detto di persone, muoversi in qua e in là, ondeggiare come se si fosse sul punto di cadere Ⓢ barcollare: *il pugno lo fece vacillare*; *vacillava come un ubriaco* ◊ Oscillare, traballare, tremare (detto di cose): *al colpo di vento la fiamma vacillò* **2** ♧ Essere incerto, malsicuro: *invecchiando la sua memoria cominciava a vacillare* ◊ Essere in profonda crisi, stare per cadere: *il governo vacilla*.

vacuo [và-cuo] *agg.* Privo di contenuti, di idee Ⓢ vuoto, inconsistente, futile: *discorsi vacui* | *Sguardo vacuo* = inespressivo.

vademecum [va-de-mè-cum] *s.m.invar.* Manuale tascabile contenente istruzioni e nozioni di base relative a un'attività: *vademecum dell'agricoltore, dell'architetto*.

vagabondare [va-ga-bon-dà-re] *v.intr.* [aus. *avere*] **1** Fare il vagabondo, vivere da vagabondo **2** Vagare da un luogo all'altro senza una meta e uno scopo precisi Ⓢ girovagare: *si mise a vagabondare per la città*.

vagabondo [va-ga-bón-do] *s.m.* **1** Persona senza fissa dimora e senza lavoro, che gira qua e là vivendo di espedienti **2** Chi viaggia molto per lavoro o per divertimento.

vagare [va-gà-re] *v.intr.* [*vàgo, vàghi*; aus. *avere*] Andare, spostarsi da un luogo all'altro senza una direzione o una meta precisa Ⓢ errare, gironzolare, aggirarsi: *cominciò a vagare per la campagna*; *animali che vagano liberi nei boschi*; *nuvole che vagano per il cielo*.

vagheggiare [va-gheg-già-re] *v.tr.* Immaginare nella propria fantasia qualcosa che si desidera intensamente: *dopo quella sconfitta vagheggiava sempre una rivincita*.

vagina [va-gì-na] *s.f.* Canale dell'apparato genitale femminile, compreso tra la vulva e il collo dell'utero.

vagito [va-gì-to] *s.m.* Il pianto, il verso dei neonati e dei bambini nei primissimi mesi di vita.

vaglia [và-glia] *s.m.* Titolo di credito | *Vaglia postale* = modulo per spedire una somma da un ufficio postale a un'altra località nei cui uffici postali potrà essere incassata dal destinatario.

vagliare [va-glià-re] *v.tr.* **1** Passare al vaglio un materiale per selezionarlo o eliminare da esso gli elementi estranei Ⓢ setacciare: *vagliare la farina, il grano* **2** ♧ Esaminare con cura, valutare attentamente: *prima di decidere abbiamo vagliato le diverse possibilità*.

vaglio [và-glio] *s.m.* **1** Arnese o apparecchio meccanico costituito da una o più superfici con fori di diversa grandezza, usato per setacciare cereali, ghiaia, pietrisco ecc. **2** ♧ Esame accurato, valutazione attenta: *abbiamo passato al vaglio le diverse proposte*.

vago [và-go] *agg.* [pl.m. *–ghi*] Non ben definito,

incerto, poco chiaro e preciso: *ho il vago sospetto che mi stia imbrogliando*; *tra loro c'è una vaga somiglianza*.

vagone [va-gó-ne] *s.m.* Carrozza o carro ferroviario per il trasporto di persone o merci: *vagone di prima, di seconda classe*; *vagone ristorante, vagone letto*.

valanga [va-làn-ga] *s.f.* **1** Massa di neve che scende precipitosamente per un pendio ingrossandosi con quanto incontra sul cammino e trascina con sé: *la valanga ha travolto uno sciatore* ◊ Massa imponente che travolge e sommerge: *una valanga d'acqua, di pietre, di fango* **2** ♧ Enorme quantità: *ha ricevuto una valanga di lettere*; *è arrivata una valanga di turisti*.

valente [va-lèn-te] *agg.* Abile, capace, esperto Ⓢ bravo © incapace, inetto: *un valente chirurgo*; *una valente pianista*.

valere [va-lé-re] *v.intr.* [pres. *vàlgo, vàli, vàle, valiàmo, valéte, vàlgono*; pass.rem. *vàlsi, valésti*; fut. *varrò*; cong.pres. (*io, tu, egli*) *vàlga, valiàmo, valiàte, vàlgano*; condiz. *varrèi*; part.pass. *vàlso*; aus. *essere*] **1** Avere un determinato valore o prezzo: *questi terreni valgono molto*; *quel quadro varrà mille euro* ◊ Essere di una certa qualità, come valore pratico: *la macchina è bella, ma il motore vale poco* ◊ Avere pregio artistico: *un film che non vale niente* ◊ ♧ Avere importanza, contare: *la vita umana vale più di ogni altra cosa* | *Fare valere le proprie ragioni, i propri diritti* = fare in modo che siano riconosciuti e rispettati | *Farsi valere* = farsi rispettare **2** Avere doti, capacità: *quell'avvocato non vale niente* **3** Essere valido, regolare; avere efficacia, validità: *l'assegno vale solo se firmato*; *il goal non vale perché l'arbitro aveva già fischiato*; *il biglietto vale per due persone* ◊ Servire, giovare, essere utile: *i pianti valgono a poco adesso*; *i miei consigli non sono valsi a nulla* **4** Essere equivalente a: *per me una cosa vale l'altra* | *Tanto vale* = è la stessa cosa: *se devo rientrare presto, tanto vale non uscire* | *Vale a dire* = cioè, in altre parole | *Valere la pena* = meritarla: *un film che vale la pena di vedere*; *non vale la pena di preoccuparsi per così poco* ♦ *v.tr.* Far avere, procurare qualcosa a qualcuno: *il suo gesto coraggioso gli ha valso la promozione* ♦ **valersi** *v.pr.* Servirsi, avvalersi di qualcuno o qualcosa: *si è valso dell'aiuto di un esperto per risolvere quel problema*.

valevole [va-lé-vo-le] *agg.* Che vale, che è valido per un determinato impiego o scopo: *biglietto valevole per due persone*; *partita valevole per la qualificazione*.

valicare [va-li-cà-re] *v.tr.* [*vàlico, vàlichi*] Oltrepassare un rilievo o una catena montuosa: *valicare un colle, le Alpi*.

valico [và-li-co] *s.m.* [pl. *–chi*] Via di passaggio da un versante all'altro di una montagna o di una catena montuosa Ⓢ passo: *il valico è chiuso a causa della neve* | *Valico di frontiera* = luogo di passaggio da uno stato all'altro.

valido [và-li-do] *agg.* **1** Efficace: *ci ha dato un valido aiuto*; *è un farmaco molto valido contro il mal di testa* ◊ Convincente, fondato © inconsistente: *i suoi argomenti mi sembrano validi* **2** Che ha valore legale o che può essere utilizzato con diritto Ⓢ valevole: *senza firma il testamento non è valido*; *biglietto valido per tre giorni* ◊ Conforme al regolamento Ⓢ regolare: *l'arbitro ha dichiarato valido il goal* **3** Pregevole, apprezzabile, di buona qualità: *un film valido*; *un prodotto molto valido* ◊ Abile, capace: *un valido insegnante*; *un tecnico molto valido* **4** In buone condizioni fisiche e psichiche Ⓢ forte, vigoroso, sano: *un vecchio ancora valido*; *sono stati richiamati alle armi tutti gli uomini validi*.

valigeria [va-li-ge-rì-a] *s.f.* Fabbrica o negozio di valigie e borse.

valigia [va-lì-gia] *s.f.* [pl. *–gie* o *–ge*] Contenitore con manico, di varia grandezza e materiale, usato per trasportare in viaggio oggetti di vestiario, effetti personali ecc.: *valigia di plastica rigida, di pelle* | *Fare le valigie* = metterci gli oggetti da portare con sé.

vallata [val-là-ta] *s.f.* Valle ampia e aperta: *una vallata verdeggiante*; *il castello dominava tutta la vallata*.

valle [vàl-le] *s.f.* Profonda depressione del terreno delimitata su due lati dai pendii di montagne o colline: *una valle ampia, stretta, fertile* | *Valle fluviale* = a forma di V, formata dall'erosione di un corso d'acqua | *Valle glaciale* = a forma di U, formata dall'erosione dei ghiacciai | *A valle* = in basso, giù, verso il fondo: *il masso precipitò a valle*.

valletta [val-lét-ta] *s.f.* Ragazza che affianca il presentatore di spettacoli e giochi televisivi.

valligiano [val-li-già-no] *s.m.* Abitante di una valle.

vallone [val-ló-ne] *s.m.* Valle molto stretta e profonda con pareti quasi a picco.

valore [va-ló-re] *s.m.* **1** Prezzo, costo di un bene: *qui vendono solo merce di scarso valore*; *il valore di quella casa si aggira sui trecentomila euro* ◊ L'utilità di un bene (*valore d'uso*) o l'importanza soggettiva (*valore affettivo*) che esso ha per chi lo possiede: *è un piccolo ricordo di famiglia, ma* *per me ha più valore di qualsiasi gioiello* **2** (al *pl.*) Oggetti preziosi, gioielli: *custodisce i valori in una cassetta di sicurezza* **3** Pregio, importanza di qualcosa dal punto di vista estetico, culturale, storico, scientifico, morale ecc.: *un romanzo di grande valore*; *una scoperta di grande valore scientifico*; *niente ha più valore della vita umana*; *conosco il valore dell'amicizia* **4** (al *pl.*) Ideali, principi morali, bisogni spirituali, tradizioni ecc.: *i valori umani, morali, civili, religiosi*; *una società senza valori finisce per disgregarsi* **5** Doti e capacità di una persona: *un artista di scarso valore*; *un chirurgo di valore* **6** Coraggio, eroismo: *i soldati si difesero con valore*; *ricevere una medaglia al valor militare, al valor civile* **7** Validità: *questo documento non ha valore perché manca la firma* **8** Significato: *questa parola può avere un valore concreto o astratto* **9** Misura di una grandezza fisica: *i valori minimi, massimi delle temperature odierne.*

valorizzare [va-lo-riz-zà-re] *v.tr.* Mettere in risalto un aspetto positivo, le qualità di qualcuno o qualcosa: *il trucco valorizza il suo sguardo*; *ha trovato un lavoro che valorizza le sue doti.*

valoroso [va-lo-ró-so] *agg.* Che dimostra coraggio e valore Ⓢ prode, eroico Ⓒ vile, pauroso, codardo: *un soldato valoroso*; *il bimbo è stato salvato dalle fiamme da un valoroso cittadino.*

valuta [va-lù-ta] *s.f.* La moneta circolante in un paese e i biglietti di banca che la rappresentano: *valuta nazionale, estera*; *cambio di valuta.*

valutare [va-lu-tà-re] *v.tr.* **1** Determinare il valore commerciale di qualcosa, attribuirgli un dato prezzo Ⓢ stimare: *valutare un gioiello*; *la mia vecchia auto è stata valutata tremila euro* **2** Calcolare, stimare in modo approssimativo: *si valuta che i danni superino il milione*; *valutare a occhio una distanza* **3** Tener conto di qualcosa ai fini di un calcolo: *sei sicuro di aver valutato tutte le spese?* ◊ ♧ Considerare attentamente Ⓢ vagliare: *hai valutato i pro e i contro della tua scelta?*; *gli investigatori stanno valutando ogni indizio* **4** ♧ Giudicare: *valutare i candidati, i compiti in classe* ◊ Stimare, apprezzare: *non lo valuti abbastanza.*

valutazione [va-lu-ta-zió-ne] *s.f.* **1** Valore commerciale attribuito a qualcosa Ⓢ quotazione: *questo quadro ha una valutazione di ventimila euro* ◊ Calcolo approssimativo dell'entità di qualcosa Ⓢ stima: *fare una prima valutazione dei danni* **2** ♧ Considerazione: *è necessaria un'attenta valutazione dei rischi dell'impresa* ◊ Giudizio: *non condivido la tua valutazione sull'accaduto*; *all'esame ha ottenuto la valutazione di ottimo.*

valva [vàl-va] *s.f.* **1** Ciascuna delle due parti che formano la conchiglia dei molluschi bivalvi (per es. vongole, cozze) **2** Ciascuna delle due parti in cui si divide il baccello dei legumi o il guscio di alcuni frutti secchi.

valvola [vàl-vo-la] *s.f.* **1** Dispositivo di vario tipo che serve a regolare, interrompere o attivare il passaggio di un liquido o di un gas, spec. in una conduttura: *aprire, chiudere la valvola del gas*; *valvola di scarico* | *Valvola di sicurezza* = dispositivo che si apre automaticamente quando la pressione di un fluido in un recipiente chiuso supera il livello di guardia **2** Negli impianti elettrici, dispositivo che interrompe il passaggio della corrente in caso di cortocircuito.

valzer [vàl-zer] *s.m.* Danza per coppie e musica per tale danza: *ballare, suonare un valzer*; *valzer lento, allegro.*

vampa [vàm-pa] *s.f.* Fiammata alta e violenta: *le vampe di un incendio, delle esplosioni* ◊ Getto, ondata di intenso calore: *aprendo il forno è stata investita da una vampa* | *La vampa del sole* = i suoi raggi infuocati.

vampata [vam-pà-ta] *s.f.* **1** Vampa improvvisa e violenta: *fu investito da una vampata di fuoco, di calore* | *Vampata di rossore* = arrossamento improvviso del volto **2** ♧ Ondata impetuosa e passeggera di un sentimento: *si lasciò prendere da una vampata di collera* ◊ Manifestazione improvvisa e violenta di un fenomeno negativo: *una vampata di razzismo ha scosso la città.*

vampiro [vam-pì-ro] *s.m.* **1** Secondo leggende popolari del passato, persona morta che lascerebbe di notte la propria tomba per succhiare il sangue dei vivi: *film, romanzi che raccontano storie di vampiri* **2** Pipistrello dell'America centro-meridionale che si nutre del sangue che succhia di notte ai grossi mammiferi.

vanamente [va-na-mén-te] *avv.* Inutilmente.

vandalismo [van-da-lì-smo] *s.m.* Comportamento da vandalo.

vandalo [vàn-da-lo] *s.m.* Persona che senza alcuna ragione, per puro sfogo di istinti violenti o per ignoranza, distrugge, rovina o deturpa beni pubblici o privati, cose di valore ecc.: *quei teppisti sono dei vandali.*

vaneggiare [va-neg-già-re] *v.intr.* [aus. *avere*] Dire cose senza senso, assurde Ⓢ farneticare, delirare: *il malato vaneggiava per la febbre*; *cosa dici, stai vaneggiando?*

vanesio [va-nè-sio] *agg.* e *s.m.* Si dice di persona

vanitosa, fatua, che si compiace scioccamente di sé: *una ragazza vanesia*; *non fare il vanesio!*

vanga [vàn-ga] *s.f.* Attrezzo agricolo per dissodare il terreno costituito da un lungo manico di legno a cui è fissata una lama di ferro, per lo più triangolare: *il contadino rompeva le zolle con la vanga.*

vangare [van-gà-re] *v.tr.* [*vàngo, vànghi*] Lavorare la terra con la vanga: *vangare l'orto.*

vangelo [van-gè-lo] *s.m.* **1** (spesso con iniziale maiuscola) Ciascuno dei quattro libri del Nuovo Testamento, di autore diverso, che raccontano la vita e la dottrina di Gesù: *il sacerdote lesse un passo del Vangelo di S. Matteo* ◊ Il messaggio, l'insegnamento di Cristo contenuto nei vangeli: *i missionari diffondono il vangelo nel mondo* **2** ♧ Nel linguaggio familiare, verità incontestabile, che non si discute: *la sua opinione per me è vangelo.*

vanificare [va-ni-fi-cà-re] [*vanìfico, vanifìchi*] *v.tr.* Rendere inutile, inefficace: *la sua non collaborazione ha vanificato tutti i nostri sforzi.*

vaniglia [va-nì-glia] *s.f.* Pianta rampicante tropicale ◊ Il frutto di tale pianta e l'estratto che se ne ricava, usato spec. in pasticceria: *crema, gelato, budino alla vaniglia.*

vanità [va-ni-tà] *s.f.* **1** Compiacimento eccessivo di sé e delle proprie presunte qualità, che causa atteggiamenti di sciocca presunzione e desiderio continuo di essere lodato e ammirato: *sfoggiava le sue ricchezze per vanità*; *ha la vanità di credersi il più intelligente di tutti*; *gli faceva complimenti per solleticare la sua vanità* **2** Inutilità, inefficacia: *fece un altro tentativo, ma comprese presto la vanità dei suoi sforzi.*

vanitoso [va-ni-tó-so] *agg.* e *s.m.* Che, chi si compiace troppo di sé e delle proprie presunte doti e qualità, per le quali ricerca ammirazione e lodi: *un ragazzo vanitoso*; *non fare il vanitoso!*

vano [và-no] *agg.* **1** Inutile, inefficace Ⓒ efficace: *le sue preghiere sono state vane*; *tutti i tentativi risultarono vani* **2** Privo di fondamento Ⓢ inconsistente Ⓒ fondato: *le sue sono vane speranze* ♦ *s.m.* **1** Spazio vuoto delimitato da pareti o ricavato in una parete: *il vano della porta, dell'ascensore*; *il vano portabagagli delle automobili* **2** Ciascuno degli ambienti di un'abitazione Ⓢ stanza, locale: *un appartamento di cinque vani.*

vantaggio [van-tàg-gio] *s.m.* **1** Condizione di favore, di superiorità rispetto ad altri: *conoscere le lingue è un grosso vantaggio*; *gli assalitori hanno sfruttato il vantaggio della sorpresa* **2** Utilità, convenienza, profitto: *abitare in centro presenta molti vantaggi*; *non ha tratto alcun vantaggio dalla cura* **3** Distanza spaziale o temporale con cui persone o veicoli precedono chi li segue sullo stesso percorso o nella stessa gara di corsa: *i rapitori hanno due ore di vantaggio sulla polizia*; *il ciclista tagliò il traguardo con dieci metri di vantaggio* ◊ In giochi e sport, distacco di punti in più degli avversari: *la Juventus si è portata in vantaggio di un goal*; *la nostra squadra è prima in classifica con tre punti di vantaggio.*

vantaggioso [van-tag-gió-so] *agg.* Che arreca un vantaggio Ⓢ favorevole, conveniente Ⓒ svantaggioso, sfavorevole: *si trova in una posizione vantaggiosa*; *ha fatto un accordo molto vantaggioso.*

vantare [van-tà-re] *v.tr.* **1** Elogiare, esaltare qualcosa con l'intento di farlo ammirare e apprezzare dagli altri Ⓢ magnificare, decantare: *non fa che vantare i propri meriti*; *chi vende vanta sempre la bontà dei suoi prodotti* **2** Possedere qualcosa che costituisce un merito, un pregio, un motivo di orgoglio: *la nostra azienda vanta una lunga esperienza in questo campo*; *un museo che vanta numerosi capolavori* ♦ **vantarsi** *v.pr.* Compiacersi, gloriarsi dei propri meriti, doti, successi ecc.: *non mi piace la gente che si vanta* ◊ Attribuirsi il merito di qualcosa; affermare presuntuosamente di possedere determinate capacità: *si vanta di essere stato il primo a fare questa scoperta*; *si vanta di saper fare di tutto* ◊ Andare fiero, orgoglioso di qualcosa: *sono autodidatta e me ne vanto.*

vanteria [van-te-rì-a] *s.f.* Affermazione, discorso con cui ci si vanta di doti e meriti per lo più inesistenti Ⓢ millanteria: *le sue sono solo vanterie.*

vanto [vàn-to] *s.m.* **1** *Menar vanto di qualcosa* = vantarsene, andarne fiero: *la ricchezza non mi sembra una cosa di cui menar vanto* **2** Ciò che costituisce motivo di orgoglio, di merito: *una squadra che ha il vanto di dieci vittorie consecutive*; *bisogna riconoscere, a suo vanto, che ha fatto tutto da solo.*

vanvera [vàn-ve-ra] *A vanvera* = a casaccio, senza riflettere: *parlare a vanvera.*

vapore [va-pó-re] *s.m.* **1** Sostanza gassosa che si sviluppa da un liquido per ebollizione o evaporazione: *vapore acqueo*; *vapori di benzina* ◊ Nel linguaggio corrente, vapore acqueo: *la stanza da bagno era piena di vapore* | *Locomotive, macchine ecc. a vapore* = che funzionano sfruttando l'energia prodotta dal vapore **2** Nave a vapore Ⓢ piroscafo: *il fischio del vapore annunciò la partenza* **3** (spec. al *pl.*) Nebbia, fumo, esalazioni, miasmi: *i vapori dell'alba*; *vapori d'incenso*; *sulla palude stagnavano vapori mefitici.*

vaporetto [va-po-rét-to] *s.m.* Battello (un tempo a vapore) per il trasporto di passeggeri spec. su laghi, fiumi, canali.

varare [va-rà-re] *v.tr.* **1** Effettuare il varo di una nave: *varare una petroliera* **2** ♧ Dare avvio, attuazione a qualcosa: *varare un progetto, un'iniziativa* | *Varare una legge, un decreto, un provvedimento* = approvarli in via definitiva | *Varare una squadra, una formazione* = decidere chi ne farà parte e in che ruolo.

varcare [var-cà-re] [*vàrco, vàrchi*] *v.tr.* Oltrepassare, superare (anche ♧): *varcare un fiume*; *varcare i confini*; *varcare la soglia di casa*; *ha ormai varcato la cinquantina.*

varco [vàr-co] *s.m.* [pl. *–chi*] **1** Passaggio, apertura attraverso cui si può passare: *si aprì a spintoni un varco tra la folla*; *aprire un varco nel muro* **2** ♧ *Aspettare qualcuno al varco* = attendere l'occasione favorevole per vendicarsi di lui, per coglierlo in fallo o per metterlo alla prova.

variabile [va-rià-bi-le] *agg.* Soggetto a variazioni Ⓢ instabile, mutevole, incostante Ⓒ invariabile, stabile: *il barometro segna tempo variabile* | *Parti variabili del discorso* = in grammatica, sostantivi, aggettivi, verbi, pronomi e articoli, che possono cambiare forma e desinenza.

variante [va-riàn-te] *s.f.* **1** Modifica parziale di qualcosa rispetto a quanto era stato stabilito in precedenza: *apportare una variante al percorso di una gara, al piano regolatore* ◊ Ciascuna delle forme diverse che assume un oggetto modificato rispetto al tipo o modello base: *un'automobile prodotta in quattro varianti* **2** Tratto di strada alternativo a quello già esistente sullo stesso percorso **3** Ciascuna delle forme diverse con cui si può presentare uno stesso vocabolo (per es. *obbedire* e *ubbidire*, *eguale* e *uguale*).

variare [va-rià-re] *v.tr.* **1** Cambiare, modificare qualcosa, per lo più in modo solo parziale: *variare il programma della gita, il percorso di una gara* **2** Rendere vario: *i medici consigliano di variare la propria dieta* ♦ *v.intr.* [aus. *essere*] Cambiare, mutare, modificarsi, diventare diverso: *quell'automobile è variata di prezzo*; *il mio umore varia facilmente*; *il clima è notevolmente variato negli ultimi decenni* ◊ Essere diverso: *i gusti variano da persona a persona.*

variazione [va-ria-zió-ne] *s.f.* Mutamento, cambiamento, modificazione: *variazioni climatiche, di temperatura, di prezzo*; *il programma ha subito qualche variazione.*

varicella [va-ri-cèl-la] *s.f.* Malattia infantile infettiva, molto contagiosa, che si manifesta con febbre e piccole macchie rosse su tutto il corpo.

variegato [va-rie-gà-to] *agg.* Di colori vari, disposti per lo più a strisce irregolari Ⓢ screziato: *un tessuto variegato*; *un marmo verde variegato di rosa.*

varietà[1] [va-rie-tà] *s.f.* **1** Carattere, aspetto vario, non uniforme di qualcosa: *la varietà del paesaggio toscano*; *la varietà dell'alimentazione è molto importante* **2** Molteplicità di cose della stessa categoria, ma differenti per aspetto o altre caratteristiche Ⓢ assortimento, gamma, diversità: *in quel parco c'è una grande varietà di piante*; *un negozio che ha molta varietà di articoli*; *varietà di forme, di colori* **3** Tipo, genere, qualità particolare di qualcosa: *una varietà pregiata di marmo*; *selezionare una nuova varietà di rosa.*

varietà[2] [va-rie-tà] *s.m.* Spettacolo teatrale o televisivo, leggero e divertente, che presenta canzoni, balli, scenette comiche ecc.: *attore, teatro di varietà.*

vario [và-rio] *agg.* **1** Costituito da molti elementi e aspetti diversi; non uniforme, non monotono: *un paesaggio molto vario*; *un'alimentazione varia* ◊ Che varia Ⓢ mutevole, instabile Ⓒ stabile: *tempo vario* **2** Molteplice e differente: *fiori di vario colore*; *persone di varie età*; *un negozio di generi vari* **3** (al *pl.*) Parecchi, numerosi, diversi: *c'erano varie persone*; *è venuto varie volte a cercarti* ♦ *pronome indef.pl.* Numerose persone: *erano in vari a non essere d'accordo con lui.*

variopinto [va-rio-pìn-to] *agg.* Colorato di vari e vivaci colori: *uccelli dalle piume variopinte.*

varo [và-ro] *s.m.* **1** L'operazione del far scendere in mare per la prima volta una nave facendola scorrere su un piano inclinato verso l'acqua **2** ♧ Approvazione definitiva, avvio o prima attuazione di qualcosa: *il varo di una legge, di un progetto, di un programma.*

vasaio [va-sà-io] *s.m.* Fabbricante di vasi di terracotta.

vasca [và-sca] *s.f.* Recipiente per acqua o altri liquidi, di grandezza e forma varie a seconda dell'uso: *la vasca di una piscina, di una fontana*; *vasca da bagno.*

vascello [va-scèl-lo] *s.m.* Dalla fine del Cinquecento alla metà dell'Ottocento, grande nave da guerra a vela, a tre alberi e a tre o quattro ponti armati di cannoni.

vasellame [va-sel-là-me] *s.m.* Insieme dei recipienti e delle stoviglie che si usano in tavola e in cucina: *vasellame di terracotta, di porcellana, d'argento.*

vaso [và-so] *s.m.* **1** Recipiente di forma, dimensione, uso e materiale vario: *vaso d'argento, di terracotta, di vetro, di porcellana*; *un antico vaso etrusco*; *mettere i fiori in un vaso* ◊ Contenitore cilindrico di vetro per conservare prodotti alimentari: *un vaso di marmellata, di funghi sott'olio* **2** *Vasi sanguigni* = condotti dell'organismo in cui scorre il sangue.

vassallo [vas-sàl-lo] *s.m.* Nella società feudale del medioevo, uomo libero che si assoggettava a un signore o al sovrano dichiarandogli fedeltà e lealtà in cambio di un feudo e di protezione.

vassoio [vas-só-io] *s.m.* Grande piatto piano con i bordi rialzati, in cui si mettono cibi e bevande da offrire o servire in tavola, bicchieri, tazze, teiere ecc.: *vassoio tondo, ovale, rettangolare*; *vassoio d'argento, di legno*.

vastità [va-sti-tà] *s.f.* Grande ampiezza ed estensione di qualcosa (anche ♧): *la vastità dell'oceano*; *una persona con una grande vastità di interessi*.

vasto [và-sto] *agg.* Molto ampio ed esteso (anche ♧) © angusto, limitato: *una vasta pianura si stendeva davanti a noi*; *un incendio di vaste proporzioni*; *possiede una vasta cultura* | *Su vasta scala* = in grandi quantità, in grandi proporzioni: *un prodotto diffuso su vasta scala*.

vaticinio [va-ti-cì-nio] *s.m.* Predizione, profezia.

ve [vé] *pronome pers.* [Forma che assume il pronome personale *vi* davanti a *lo, la, li, le, ne*]: *ve la spedirò al più presto*; *che ve ne importa?*; *potreste pentirvene* ♦ *avv.* [Forma che l'avverbio *vi* assume davanti a *lo, la, li, le, ne*] Qui, in questo luogo; lì, in quel luogo: *li cercai al bar, ma non non ve li trovai*.

vecchiaia [vec-chià-ia] *s.f.* L'età più avanzata della vita © giovinezza: *quando si è giovani non si pensa alla vecchiaia*; *i malanni della vecchiaia*; *sta risparmiando per la vecchiaia*.

vecchio [vèc-chio] *agg.* **1** Che ha molti anni, che è nell'ultimo periodo della vita (riferito anche ad animali e piante) © giovane: *i miei genitori sono vecchi*; *un vecchio cane*; *un vecchio platano* | *Essere più, meno vecchio di qualcuno* = avere più, meno anni d'età **2** Che risale a un lontano passato Ⓢ antico © nuovo: *abbiamo fatto un giro nella città vecchia*; *restaurare un vecchio palazzo* ◊ D'altri tempi: *ascolta sempre vecchie canzoni*; *un vecchio modello di automobile* ◊ Non più attuale o antiquato, superato: *buttare i giornali vecchi*; *una persona con una vecchia mentalità* | *Abiti vecchi*; *scarpe vecchie*; *roba vecchia*; *ferri vecchi* = usati, logori, malandati ◊ Che ha avuto inizio e dura da molto tempo: *la nostra è una vecchia amicizia* ◊ Di un tempo, di prima: *è tornato a vivere nella sua vecchia casa* **3** Che ha una lunga pratica ed esperienza: *un vecchio lupo di mare*; *è uno vecchio del mestiere* **4** Stagionato: *vino, formaggio vecchio* ♦ *s.m.* **1** Persona anziana: *i vecchi hanno più esperienza* **2** Ciò che è vecchio: *sostituire il vecchio con il nuovo*.

vece [vé-ce] *s.f.* *In vece mia, tua, sua* = al posto mio, tuo, suo: *puoi ricevere gli ospiti in vece mia?* | *Fare le veci di qualcuno* = sostituirlo nelle sue funzioni: *il sindaco è ammalato e il vicesindaco ne fa le veci*.

vedere [ve-dé-re] [pres. *védo*; pass.rem. *vìdi, vedésti*; fut. *vedrò*; cong.pres. (*io, tu, egli*) *véda, vediàmo*; cond. *vedréi, vedrésti*; part.pres. *vedente*; part.pass. *visto* o *vedùto*] *v.tr.* **1** Percepire con gli occhi: *non vedo niente nella nebbia*; *stelle che si vedono a occhio nudo* ◊ *Vederci* = avere la facoltà della vista, riuscire a vedere: *non ci vede dalla nascita*; *come posso vederci con questo buio?* | ♧ *Non vederci dalla fame* = essere molto affamato | ♧ *Non ci ha visto più* = ha perso il controllo di sé **2** Guardare, leggere, consultare: *non ho ancora visto il giornale*; *vai a vedere il regolamento* ◊ Prendere in considerazione, in esame: *vediamo ora un'altra questione* ◊ Controllare: *devo ancora vedere i conti*; *vediamo se hai studiato* ◊ Visitare: *andare a vedere una mostra, una città* ◊ Assistere a qualcosa, guardarlo: *è andato a vedere la partita*; *vedere una commedia, un film* **3** Incontrare: *erano mesi che non lo vedevo*; *lieto di vederla!* **4** Sperimentare, conoscere, sentire: *nella mia vita ne ho viste di tutti i colori*; *hai visto cosa ha detto?* ◊ Avere l'impressione che qualcuno sia in un certo modo Ⓢ trovare: *l'ho visto preoccupato*; *ti vedo in gran forma!* ◊ Ritenere adatto: *non ti vedo a fare quel lavoro* **5** Capire, comprendere: *non vedo la ragione del tuo comportamento*; *vedo che avevo torto* ◊ Accorgersi: *non vedi che insistere è inutile?* **6** Immaginare: *ti ho visto in sogno* **7** Provare, tentare: *vedi se riesci a convincerlo* ◊ Fare in modo, cercare di: *vedi di non tornare tardi*; *vedrò di fare tutto il possibile* **8** *Non avere nulla a che vedere* = non avere alcun rapporto, niente in comune: *io non ho nulla a che vedere con gente di quel tipo* | *Non dare a vedere* = non mostrare esternamente: *anche se non lo dà a vedere, è preoccupato* | *Far vedere* = mostrare, far visitare: *far vedere a un amico la città* | *Farsi vedere* = mostrarsi (*fatti vedere come sei vestito*); mostrarsi in giro, venire a trovare qualcuno (*è da un po' che non si fa vedere*; *si faccia vedere più spesso!*); farsi visitare: *si è* *fatto vedere da un medico* | *Se l'è vista brutta* = ha corso un grave rischio | ♧ *Non poter vedere qualcuno* = non sopportarlo | *Vedrò, vedremo, si vedrà* = espressioni di prudenza quando si vuole evitare di decidere, di dare subito una risposta | *La vedremo!*; *è da vedere!*; *te la farò vedere!* = esclamazioni di sfida o di minaccia | *Si vede che* = è evidente, vorrà dire che: *se non è venuto si vede che non ha potuto* | *Visto che* = dato che, poiché: *visto che non mi ascolti io me ne vado* ♦ **vedersi** *v.pr.* **1** Percepire con gli occhi la propria immagine: *si vide allo specchio* **2** Sentirsi, trovarsi in una certa condizione: *si è visto perduto*; *si vide costretto a rinunciare* **3** Incontrarsi: *ci siamo visti l'altra sera.*

vedetta [ve-dét-ta] *s.f.* **1** *Essere, stare di vedetta* = stare di guardia in un posto d'osservazione elevato **2** Sentinella o marinaio posti in un luogo elevato con compiti di osservazione e vigilanza: *il comandante mise una vedetta sulla collina*; *la vedetta avvistò la terraferma.*

vedova [vé-do-va] *s.f.* **1** Donna cui è morto il marito **2** *Vedova nera* = ragno americano molto velenoso.

vedovo [vé-do-vo] *agg.* Che ha perduto il coniuge: *figlio unico di madre vedova* ♦ *s.m.* Uomo cui è morta la moglie.

veduta [ve-dù-ta] *s.f.* **1** Vista, panorama: *una terrazza con una splendida veduta sul mare*; *da qui si gode un'ampia veduta* **2** Dipinto, disegno, stampa o fotografia che rappresenta un paesaggio o parte di una città: *una veduta del Chianti, di Venezia* **3** (al *pl.*) Modo di pensare, di giudicare Ⓢ mentalità, idee: *un uomo di larghe vedute, di vedute ristrette.*

veemente [ve-e-mèn-te] *agg.* Travolgente, impetuoso, violento: *una passione, una reazione veemente*; *un attacco, un discorso veemente*; *le onde veementi del mare in tempesta.*

veemenza [ve-e-mèn-za] *s.f.* Forza, violenza travolgente, impetuosa; irruenza, impeto: *la veemenza del vento, della corrente, delle passioni.*

vegetale [ve-ge-tà-le] *agg.* **1** Delle piante: *il regno vegetale*; *vita vegetale* **2** Che si ricava dalle piante (si contrappone ad *animale* e *minerale*): *colori, tessuti vegetali*; *cibi vegetali*; *grassi vegetali* ♦ *s.m.* Organismo vivente appartenente al regno vegetale Ⓢ pianta.

vegetariano [ve-ge-ta-rià-no] *agg.* A base di vegetali, senza carni: *dieta vegetariana* ♦ *agg.* e *s.m.* Che, chi abitualmente non si ciba di carni: *la dieta dei vegetariani può comprendere anche il latte e le uova.*

vegetazione [ve-ge-ta-zió-ne] *s.f.* **1** La nascita, la crescita e lo sviluppo degli organismi vegetali: *il clima umido è favorevole alla vegetazione* **2** L'insieme e il genere di piante che crescono in un determinato territorio: *una zona ricca di vegetazione*; *vegetazione equatoriale, mediterranea.*

vegeto [vè-ge-to] *agg.* Pieno di salute e di vitalità: *mio nonno è un vecchietto vegeto e arzillo*; *lo credevano in fin di vita e invece è ancora vivo e vegeto.*

veggente [veg-gèn-te] *s.m.f.* Chi è ritenuto capace di prevedere il futuro Ⓢ indovino, mago: *è andata a farsi leggere le carte da una veggente.*

veglia [vé-glia] *s.f.* Lo stato di chi è desto, sveglio: *passò dolcemente dal sonno alla veglia* | *Stare tra la veglia e il sonno* = nel dormiveglia ◊ Lo stare svegli e il periodo in cui si rimane svegli di notte: *la madre fece una notte di veglia accanto al figlio malato*; *trascorreva lunghe veglie sui libri* | *Veglia funebre* = il trascorrere la notte accanto al letto di un defunto.

vegliardo [ve-gliàr-do] *s.m.* Vecchio dall'aspetto venerando, che ispira grande rispetto.

vegliare [ve-glià-re] *v.intr.* [aus. *avere*] **1** Restare sveglio, spec. nelle ore notturne Ⓒ dormire: *ha vegliato fino all'alba al letto del malato* **2** Prendersi cura di qualcuno o qualcosa: *la madre vegliava sulla salute dei figli* ♦ *v.tr.* Assistere qualcuno durante la notte restando svegli: *vegliare un malato, un moribondo.*

veglione [ve-glió-ne] *s.m.* Festa da ballo che si protrae fino a notte inoltrata o fino all'alba.

veicolo [ve-ì-co-lo] *s.m.* **1** Qualsiasi mezzo di trasporto guidato dall'uomo: *veicolo a motore, a trazione animale*; *veicoli stradali, ferroviari, aerei, spaziali* **2** Mezzo di propagazione, di trasmissione, di diffusione di qualcosa: *le acque inquinate sono un veicolo d'infezioni*; *la televisione è il più potente veicolo di informazione.*

vela [vé-la] *s.f.* **1** Telo molto robusto, di grandezza e forma varia, fissato all'albero o all'alberatura di un'imbarcazione in modo da imprimere a essa la spinta che riceve dal vento: *issare, ammainare le vele*; *barca a vela* | ♧ *A gonfie vele* = nel migliore dei modi, molto bene: *quest'anno gli affari vanno a gonfie vele* ◊ *Volo a vela* = quello effettuato con gli alianti **2** Lo sport che si pratica con imbarcazioni a vela: *è un grande appassionato di vela.*

velare [ve-là-re] *v.tr.* **1** Coprire con un velo: *la donna si velò la testa entrando in chiesa* **2** Ricoprire con uno strato sottile come un velo Ⓢ offuscare: *la nebbia velava il cielo*; *le lacrime le velavano* *gli occhi* **3** ♧ Rendere spento, meno vivo e intenso Ⓢ offuscare: *l'emozione le velò la voce*; *il suo sguardo era velato di tristezza.*

velato [ve-là-to] *agg.* **1** Coperto con un velo: *tenere il capo, il viso velato* **2** Offuscato, annebbiato (anche ♧): *cielo velato*; *i suoi occhi erano velati di lacrime*; *aveva la vista velata per la stanchezza* **3** ♧ Non chiaro ed esplicito Ⓢ vago, larvato: *fece una minaccia, un'allusione velata* **4** Molto trasparente (detto di calze e collant da donna).

veleggiare [ve-leg-già-re] *v.intr.* [aus. *avere*] **1** Navigare con una imbarcazione a vela: *il panfilo veleggiò verso Capri* **2** Volare con un aliante.

veleno [ve-lé-no] *s.m.* **1** Sostanza che penetrando nell'organismo può provocare danni molto gravi o anche la morte: *veleno per topi*; *il veleno della vipera*; *si uccise col veleno* ◊ Sostanza dannosa per la salute: *l'alcol è veleno per il fegato* **2** ♧ Odio, rancore, astio: *mi ha rivolto parole cariche di veleno.*

velenoso [ve-le-nó-so] *agg.* **1** Che è un veleno Ⓢ tossico: *una sostanza velenosa* ◊ Che contiene veleno: *pianta velenosa*; *fungo velenoso* ◊ Che inietta veleno: *serpente velenoso*; *un morso velenoso* **2** ♧ Molto malevolo, pieno di rancore, di astio: *ha fatto un'allusione, un'insinuazione velenosa nei miei confronti.*

veliero [ve-liè-ro] *s.m.* Nave a vela.

velina [ve-lì-na] *agg.* *Carta velina* = carta molto leggera e sottile usata per copie di dattiloscritti o per l'imballaggio di oggetti fragili e preziosi ♦ *s.f.* **1** Carta velina; foglio di tale carta **2** Copia su carta velina di un dattiloscritto.

velivolo [ve-lì-vo-lo] *s.m.* Aeroplano o aliante.

velleità [vel-lei-tà] *s.f.* Ambizione, aspirazione destinata a non realizzarsi perché a essa non corrispondono capacità adeguate: *un individuo pieno di velleità*; *ha la velleità di fare il pittore, ma manca di talento.*

velleitario [vel-lei-tà-rio] *agg.* Destinato a restare senza effetto perché non fondato sulle possibilità reali Ⓢ irrealizzabile: *un tentativo, un progetto velleitario.*

vello [vèl-lo] *s.m.* Il mantello lanoso degli ovini e di altri animali: *il vello delle pecore, delle capre.*

vellutato [vel-lu-tà-to] *agg.* **1** Che ha la consistenza o l'aspetto del velluto: *un tessuto vellutato* **2** Liscio e morbido come velluto: *una ragazza dalla pelle vellutata* **3** ♧ Delicato e armonioso (detto di suoni): *voce vellutata.*

velluto [vel-lù-to] *s.m.* Tessuto ricoperto sul diritto da uno strato di pelo corto, molto fitto e morbido: *velluto di seta, di lana, di cotone*; *giacca, tende di velluto* | ♧ *Di velluto* = vellutato: *guance di velluto.*

velo [vé-lo] *s.m.* **1** Pezzo di tessuto molto fine, leggero e trasparente, usato soprattutto nell'abbigliamento femminile: *la donna si mise un velo sulla testa per andare in chiesa*; *velo nuziale* | ♧ *Prendere il velo* = farsi monaca **2** Strato molto sottile che ricopre o offusca qualcosa: *sui mobili c'era un velo di polvere*; *sparse un velo di zucchero sulla torta*; *un velo di lacrime gli annebbiava la vista* | *Zucchero a velo* = finissimo, per spolverare i dolci ◊ ♧ Ombra: *c'era nei suoi occhi un velo di malinconia* **3** ♧ Ciò che impedisce di conoscere la verità e di comprendere e valutare correttamente: *rompere il velo del mistero*; *non può essere obiettivo, gli fa velo il pregiudizio* | *Stendere un velo pietoso su qualcosa* = evitare di parlarne per non ferire o mettere in imbarazzo chi ascolta.

veloce [ve-ló-ce] *agg.* **1** Che si sposta o permette di spostarsi con rapidità Ⓒ lento: *un animale, un corridore, un aereo, un'automobile molto veloce*; *autostrada, linea ferroviaria veloce* ◊ Che viene fatto in un tempo molto breve: *una mossa veloce*; *la riparazione del guasto è stata veloce*; *fece un pasto veloce* ◊ Che lavora, agisce con rapidità: *un cameriere veloce nel servire i clienti*; *è stato veloce nel decidere* **2** Che passa rapidamente: *i giorni trascorrevano veloci.*

velocista [ve-lo-cì-sta] *s.m.f.* [pl.m. *–sti*] Atleta specializzato in gare di velocità su pista ◊ Ciclista dotato di notevole scatto e molto forte nelle volate.

velocità [ve-lo-ci-tà] *s.f.* **1** Caratteristica di chi o di ciò che è veloce Ⓢ rapidità, sveltezza, celerità Ⓒ lentezza: *la velocità del ghepardo, del fulmine, del pensiero*; *correre a gran velocità*; *con che velocità passa il tempo!* **2** Grandezza che esprime il rapporto tra lo spazio percorso da un corpo e il tempo impiegato per percorrerlo: *la luce viaggia alla velocità di 300.000 km/sec*; *diminuisci la velocità, stiamo andando a 140 km all'ora.*

vena [vé-na] *s.f.* **1** Ciascuno dei vasi sanguigni che portano il sangue dalla periferia al cuore; nel linguaggio comune, vaso sanguigno in genere (cioè vena o arteria) | ♧ *Sentirsi ribollire il sangue nelle vene* = venire preso da ira, sdegno o altra violenta passione **2** Filone sotterraneo di un minerale: *scoprire una vena d'argento, d'oro* ◊ Canale naturale sotterraneo di acqua: *una vena di acqua sorgiva* **3** Venatura: *le vene del marmo, del legno* **4** ♧ Buona disposizione o umore favorevole a qualcosa: *oggi non sono in vena di lavorare, non mi sento in vena di scherzare* | *Sentirsi in vena* =

in forma **5** ♧ Traccia, sfumatura: *ho sentito una vena di rimpianto nelle sue parole.*

venale [ve-nà-le] *agg.* Avido di denaro, che agisce solo per lucro, che può essere corrotto: *un uomo venale.*

venato [ve-nà-to] *agg.* **1** Coperto da venature: *marmo grigio venato di rosa* **2** ♧ Pervaso, soffuso: *parole venate di malinconia.*

venatorio [ve-na-tò-rio] *agg.* Di caccia: *tecniche venatorie*; *calendario venatorio.*

venatura [ve-na-tù-ra] *s.f.* Striscia, riga di colore diverso da quello del fondo: *un marmo grigio con venature verdi e rosa*; *un legno pieno di venature.*

vendemmia [ven-dém-mia] *s.f.* Raccolta dell'uva: *la vendemmia si fa all'inizio dell'autunno* ◊ Quantità d'uva raccolta: *quest'anno la vendemmia è stata scarsa.*

vendemmiare [ven-dem-mià-re] *v.tr.* Raccogliere l'uva matura ♦ *v.intr.* [aus. *avere*] Fare la vendemmia: *è ormai tempo di vendemmiare.*

vendere [vén-de-re] *v.tr.* [pass.rem. *vendéi* o *vendètti, vendèsti*] **1** Cedere ad altri la proprietà di qualcosa in cambio di denaro: *vendere la casa, un terreno*; *vendere un quadro all'asta* | ♧ *Vendere cara la pelle* = non arrendersi facilmente, difendersi fino allo stremo delle forze | ♧ *Ha ragione, coraggio da vendere* = ha completamente ragione, ha molto coraggio **2** Commerciare in qualcosa, come attività abituale: *vendere mobili, tessuti, frutta e verdura*; *vendere all'ingrosso, al minuto* **3** *Vendere la patria, un amico, i propri compagni* = tradirli per denaro o altro beneficio | *Vendere il proprio corpo* = prostituirsi ♦ **vendersi** *v.pr.* Tradire la propria parte, i propri doveri, lasciarsi corrompere per denaro o per interesse: *vendersi al nemico, alla mafia.*

vendetta [ven-dét-ta] *s.f.* **1** Danno o offesa che si arreca volontariamente a qualcuno per punirlo di danni o offese precedentemente subiti: *in prigione meditava la vendetta contro chi l'aveva tradito*; *è stato ucciso per vendetta* **2** ♧ *Un delitto, un'ingiustizia che grida vendetta* = che merita una giusta punizione.

vendicare [ven-di-cà-re] *v.tr.* [*véndico, véndichi*] e **vendicarsi** *v.pr.* Compensare un danno, un'offesa, un torto subiti procurando del male a chi li ha compiuti: *il padre decise di vendicare la morte del figlio*; *vendicare i compagni traditi*; *giurò di vendicarsi dell'offesa patita.*

vendicativo [ven-di-ca-tì-vo] *agg.* Che è portato a vendicarsi, incline alla vendetta: *un uomo, un carattere vendicativo.*

vendita [vén-di-ta] *s.f.* **1** Cessione di un bene ad altri in cambio di denaro: *dalla vendita della casa ha ricavato centomila euro*; *prodotti in vendita*; *vendita all'ingrosso, al minuto* **2** (spec. al *pl.*) Quantità di merci vendute: *aumento, diminuzione delle vendite* **3** Negozio, spaccio: *aprire una vendita di gelati, di sali e tabacchi.*

venditore [ven-di-tó-re] *s.m.* [f. *–trice*] Chi vende: *un venditore ambulante.*

venefico [ve-nè-fi-co] *agg.* [pl.m. *–ci*] Molto nocivo per la salute: *dagli scarichi uscivano esalazioni venefiche.*

venerando [ve-ne-ràn-do] *agg.* Degno di rispetto e venerazione: *un vecchio venerando* | *Veneranda età* = molto avanzata.

venerare [ve-ne-rà-re] *v.tr.* Fare oggetto di devozione religiosa: *venerare la Madonna, i santi* ◊ Sentire e manifestare grande rispetto e profonda devozione verso qualcuno o qualcosa: *venera i suoi genitori*; *venerare la memoria di un defunto.*

venerazione [ve-ne-ra-zió-ne] *s.f.* Sentimento di grande rispetto e di profonda devozione verso qualcuno: *ha una vera venerazione per il suo vecchio maestro* ◊ Manifestazione di devozione religiosa: *le reliquie del santo erano esposte alla venerazione dei fedeli.*

venerdì [ve-ner-dì] *s.m.* Il quinto giorno della settimana | ♧ *Gli manca qualche venerdì* = è un po' pazzo, è un tipo strambo.

venere [vè-ne-re] *s.f.* **1** (iniziale maiuscola) Il secondo pianeta del sistema solare collocato tra Mercurio e la Terra **2** (iniziale maiuscola) La dea della bellezza e dell'amore presso gli antichi romani **3** Donna molto bella: *si crede una venere.*

venereo [ve-nè-re-o] *agg.* Detto di malattia che si trasmette attraverso i rapporti sessuali.

veneziana [ve-ne-zià-na] *s.f.* Tenda per finestra formata da stecche di plastica, legno o metallo, inclinabili e avvolgibili.

veniale [ve-nià-le] *agg.* Non grave, che si può perdonare: *mancanza, errore veniale* ◊ *Peccato veniale* = nella morale cattolica, peccato non grave Ⓒ mortale.

venire [ve-nì-re] *v.intr.* [pres. *vèngo, vièni, viène, veniàmo, venìte, vèngono*; fut. *verrò*; pass.rem. *vénni, venìsti*; cong.pres. *(io, tu, egli) vènga, veniàmo, veniàte, vèngano*; cond. *vèrrei*; imper. *vièni, venìte*; part.pass. *venùto*; aus. *essere*] **1** Recarsi nel luogo dove si trova, va o sarà la persona che parla o a cui si parla Ⓒ andare: *vieni subito da me*; *veniteci dietro*; *verrò a casa vostra* *stasera* ◊ Andare a fare qualcosa insieme alla persona che parla o a cui si parla: *vieni a fare due passi?*; *domani vengo a caccia con te* **2** Giungere, arrivare: *quando verrà il tuo amico?*; *è venuto il momento di partire* | *Fare venire* = mandare a chiamare (*ho fatto venire il medico*); provocare: *la televisione mi fa venire sonno* | *Venire a sapere*, *venire a conoscenza di qualcosa* = esserne stato informato | *Venire alle mani* = prendersi a botte | *Venire a capo di un problema* = risolverlo | *Venire al dunque* = arrivare al punto essenziale di una questione ◊ Sopraggiungere, arrivare; capitare, presentarsi, manifestarsi: *venne il temporale*; *sta venendo bel tempo*; *gli è venuto il raffreddore*; *le vennero le lacrime agli occhi*; *mi è venuta un'idea* | *Non mi viene* = non riesco a ricordarmi | *Venire da* = sentire l'impulso di: *mi viene da ridere*; *gli venne da piangere* **3** Provenire: *il vento viene da sud*; *dalla cucina veniva un buon odore*; *è un ragazzo che viene da una buona famiglia* ◊ Derivare: *parole che vengono dal latino* **4** Riuscire: *la foto è venuta bene* ◊ Risultare, dare come risultato: *se la divisione è giusta deve venire questo numero* ◊ Essere estratto, uscire (alla tombola, alla roulette ecc.): *se viene il 18 vinco* ◊ *Venire (a costare)* = costare: *la casa mi è venuta a costare un sacco di soldi*; *quanto viene l'uva al chilo?* **5** *Venire giù* = scendere; cadere, crollare: *vieni giù da quella scala!*; *veniva giù una pioggerella sottile*; *la casa è venuta giù alla prima scossa di terremoto* | *Venire su* = salire; ♧ crescere, svilupparsi (detto di bambini e piante giovani) | *Venire fuori* = uscire; sporgere | *Venire via* = detto di persona, allontanarsi da un luogo; detto di cosa, staccarsi: *la maniglia è venuta via* **6** Può sostituire *essere* come ausiliare nella coniugazione passiva dei verbi: *la partita verrà trasmessa in diretta* ♦ **venirsi** *v.pr.* (nella forma *venirsene*) Andare, recarsi in un luogo: *se ne veniva tranquillo per il sentiero* ◊ Allontanarsi, andarsene da un luogo: *lo spettacolo era noioso e dopo un po' ce ne venimmo via*.

ventaglio [ven-tà-glio] *s.m.* **1** Arnese per farsi vento al viso **2** ♧ Serie, gamma più o meno diversificata di elementi: *possiamo scegliere tra un ventaglio di offerte*.

ventata [ven-tà-ta] *s.f.* **1** Colpo di vento: *una ventata improvvisa spalancò la finestra* **2** ♧ Moto, impeto improvviso e intenso, ma di breve durata: *una ventata di ribellione percorse il paese*; *una ventata di entusiasmo*.

ventennio [ven-tèn-nio] *s.m.* Periodo di venti anni | *Il Ventennio* = il periodo della dittatura fascista in Italia.

venti [vén-ti] *agg.num.card.invar.* e *s.m.invar.* Numero equivalente a due decine | *Le venti* = le ore otto della sera.

ventilare [ven-ti-là-re] *v.tr.* Portare aria fresca in un ambiente Ⓢ aerare, arieggiare: *ventilare una stanza*.

ventilato [ven-ti-là-to] *agg.* Esposto al vento: *una zona molto ventilata* ◊ Arieggiato: *una stanza ben ventilata*.

ventilatore [ven-ti-la-tó-re] *s.m.* Apparecchio elettrico costituito da pale che, ruotando, creano una corrente d'aria.

vento [vèn-to] *s.m.* **1** Movimento di masse d'aria provocato da differenze di pressione e di temperatura tra zone diverse dell'atmosfera: *vento fresco, freddo, tiepido, caldo*; *vento di tramontana, di scirocco*; *navigare contro vento, con il vento a favore* | ♧ *Gettare al vento* = sprecare: *ha gettato al vento una buona occasione* | ♧ *Parlare al vento* = inutilmente, senza essere ascoltato **2** *Fare vento* = far muovere l'aria intorno: *si faceva vento con un ventaglio*.

ventola [vèn-to-la] *s.f.* **1** Arnese, simile a un ventaglio, per ravvivare il fuoco in caminetti, stufe, fornelli a carbone **2** L'elemento rotante a pale di un ventilatore o di altre macchine analoghe: *la ventola del radiatore*.

ventosa [ven-tó-sa] *s.f.* **1** Organo tondeggiante di vari animali che, producendo il vuoto nella zona in cui si appoggia, fa aderire l'animale a qualsiasi superficie: *le ventose della piovra* **2** Coppa di gomma che, premuta su una superficie, vi resta attaccata per effetto del vuoto d'aria creato al suo interno dalla pressione.

ventoso [ven-tó-so] *agg.* In cui c'è molto vento: *una giornata, una stagione ventosa* ◊ Battuto dal vento, esposto al vento: *una collina, una regione ventosa*.

ventrale [ven-trà-le] *agg.* Del ventre: *sentì un dolore nella zona ventrale*; *le pinne ventrali dei pesci*.

ventre [vèn-tre] *s.m.* **1** Cavità del corpo contenente lo stomaco e l'intestino e parte esterna del corpo corrispondente a questa cavità Ⓢ addome, pancia: *riempirsi il ventre*; *avere dolori di ventre*; *dormire sdraiato sul ventre* **2** ♧ Parte inferiore cava di una nave, di un aereo Ⓢ stiva: *il ventre della nave* **3** ♧ Parte interna di qualcosa Ⓢ viscere: *stanno scavando una galleria nel ventre della montagna*.

ventricolo [ven-trì-co-lo] *s.m.* Cavità interna di un organo del corpo: *il cuore ha due ventricoli*.

ventriloquo [ven-trì-lo-quo] *s.m.* Chi è capace di parlare senza muovere le labbra, dando l'impressione che i suoni provengano dal ventre o da altre persone o da pupazzi.

ventura [ven-tù-ra] *s.f.* Sorte, destino: *incontrò un suo vecchio compagno di ventura* | *Andare alla ventura* = affidarsi al caso, alla fortuna | *Compagnie di ventura* = nel periodo tra il Trecento e il Cinquecento, bande di mercenari (*soldati di ventura*) assoldate e guidate da un condottiero (*capitano di ventura*).

venturo [ven-tù-ro] *agg.* Prossimo Ⓒ scorso: *arriverà la settimana ventura*; *il mese, l'anno venturo.*

venuta [ve-nù-ta] *s.f.* Arrivo Ⓒ partenza: *la sua venuta era attesa da tutti.*

venuto [ve-nù-to] *s.m.* *Il nuovo venuto* = chi è appena arrivato in un luogo: *andò ad accogliere i nuovi venuti* | *Il primo venuto* = estraneo, persona sconosciuta (*non metterti a parlare con il primo venuto*); persona poco esperta, di scarso valore: *nel suo campo non è il primo venuto.*

vera [vé-ra o vè-ra] *s.f.* Anello nuziale Ⓢ fede.

verace [ve-rà-ce] *agg.* **1** Che risponde al vero, alla realtà: *le sue parole sono veraci* ◊ Che dice il vero Ⓢ veritiero Ⓒ falso: *un testimone verace* **2** Genuino, autentico: *un vino verace*; *vongole veraci*; *un napoletano verace.*

veramente [ve-ra-mén-te] *avv.* **1** Realmente, davvero, proprio: *un fatto veramente accaduto*; *sono veramente contento di vederti* ◊ Per davvero (esprime meraviglia, incredulità in frasi interrogative): *ti hanno veramente promosso?*; *«Io non ne so nulla» «Veramente?»* **2** A dire la verità: *io, veramente, non ero d'accordo.*

veranda [ve-ràn-da] *s.f.* Balconata o terrazza coperta e chiusa ai lati da vetrate: *un ristorante con veranda sul mare.*

verbale [ver-bà-le] *agg.* **1** Fatto, espresso a voce Ⓢ orale Ⓒ scritto: *accordi, ordini, impegni verbali* ◊ Fatto di parole, manifestato attraverso parole: *linguaggio verbale*; *offesa verbale* **2** Del verbo, che riguarda il verbo: *forme verbali*; *coniugazione verbale* ♦ *s.m.* Documento che relaziona sullo svolgimento di un fatto o riporta e attesta quanto è stato dichiarato durante riunioni, processi, interrogatori e simili: *il verbale di un'assemblea, di un'udienza, della deposizione di un teste* | *Mettere a verbale* = inserire nel verbale: *chiedo che la mia dichiarazione sia messa a verbale.*

verbo [vèr-bo] *s.m.* **1** Parte variabile del discorso che costituisce l'elemento fondamentale della frase in quanto esprime l'azione o lo stato del soggetto: *la coniugazione del verbo*; *verbi transitivi, intransitivi, pronominali* **2** Parola: *se ne andò senza aggiungere verbo*; *non fare verbo a nessuno di quel che hai sentito.*

verdastro [ver-dà-stro] *agg.* Di colore tendente al verde o di un verde sporco: *giallo verdastro*; *acque verdastre.*

verde [vér-de] *agg.* **1** Detto di colore dell'iride intermedio tra il giallo e l'azzurro; è caratteristico delle foglie giovani e dell'erba fresca: *un prato verde*; *occhi verdi* | *Zona verde* = area di una città occupata da parchi e giardini; anche, zona pedonale o a traffico limitato **2** ♧ Di un colorito livido e pallido: *essere verde dalla paura, dalla rabbia, d'invidia* **3** Detto di vegetali, tenero, fresco o non ancora maturo o non ancora seccato: *erba verde appena tagliata*; *raccogliere i pomodori ancora verdi*; *la legna verde brucia male* **4** Ricco di vegetazione Ⓢ verdeggiante Ⓒ arido, brullo: *una verde vallata alpina* **5** ♧ Giovanile: *l'età verde*; *gli anni verdi* **6** Relativo all'agricoltura o agli agricoltori: *Europa verde*; *piano verde* **7** Nel linguaggio politico, ecologista: *partito, movimento verde* | *Benzina verde* = senza piombo ♦ *s.m.* **1** Il colore verde: *il verde dei prati*; *vestirsi di verde* | ♧ *Essere al verde* = senza un soldo **2** Vegetazione, prati, alberi: *una casa immersa nel verde* ◊ Zona, spec. urbana, riservata a prati e alberi: *la difesa del verde*; *il piano regolatore ha destinato quest'area a verde pubblico* **3** La luce verde del semaforo che consente di passare: *attendere il verde* **4** [anche *f.*] Aderente a movimenti ecologisti: *una manifestazione dei verdi a difesa dell'ambiente.*

verdeggiare [ver-deg-già-re] *v.intr.* [aus. *avere*] Essere, apparire verde: *i prati, i vitigni incominciano a verdeggiare.*

verdetto [ver-dét-to] *s.m.* **1** Responso della giuria popolare sulla colpevolezza dell'imputato: *verdetto di assoluzione, di condanna* **2** Decisione di un giudice, di un arbitro o di una giuria: *per stabilire l'ordine di arrivo si attende il verdetto del giudice di gara.*

verdognolo [ver-dó-gno-lo] *agg.* Di colore tendente a un verde piuttosto sgradevole: *un liquido verdognolo* ◊ Verdastro, livido, pallido: *il viso del malato aveva un colorito verdognolo.*

verdura [ver-dù-ra] *s.f.* Ogni tipo di vegetali utilizzati per l'alimentazione umana Ⓢ ortaggi: *verdure cotte, crude*; *minestra di verdura*; *negozio di frutta e verdura.*

verga [vér-ga] *s.f.* **1** Bastone o bacchetta lunga e sottile **2** Sbarra, lingotto di metallo: *una verga d'oro.*

vergare [ver-gà-re] *v.tr.* [*vérgo, vérghi*] Scrivere a mano: *vergare una lettera, il testamento.*

vergine [vér-gi-ne] *agg.* **1** Detto di persona che non ha mai avuto rapporti sessuali: *restare vergine*; *una donna vergine* **2** Che è rimasto allo stato naturale | *Lana, cera, miele vergine* = puri, naturali, non raffinati | *Olio d'oliva vergine, extravergine* = olio di sole olive, con bassa acidità | *Terra vergine* = mai coltivata | *Foresta vergine* = non ancora esplorata e sfruttata dall'uomo ♦ *s.f.* **1** Donna vergine | *La Vergine* = la Madonna: *pregare la Vergine* **2** Costellazione e sesto segno dello zodiaco.

vergogna [ver-gó-gna] *s.f.* **1** Sentimento di colpa o di umiliante mortificazione che si prova per un'azione o un comportamento, propri o di altri, sentiti come disonesti, sconvenienti, indecenti e come causa di disonore e discredito: *all'accusa di aver rubato arrossì di vergogna*; *dovresti nasconderti per la vergogna di quel che hai fatto*; *il padre provava vergogna per le malefatte del figlio* ◊ Senso di penoso imbarazzo e disagio che si prova nei riguardi di qualcosa o qualcuno che si ritiene possa sminuire la considerazione degli altri: *aveva vergogna a mostrare agli amici la sua misera casa*; *aveva vergogna dei genitori analfabeti* **2** Senso di impaccio, di soggezione dovuto a timidezza o ritrosia: *provava vergogna davanti agli estranei*; *ha vergogna a esibirsi in pubblico* **3** Disonore, infamia: *meglio la morte che la vergogna del tradimento* ◊ Cosa disonorevole o che suscita riprovazione, indignazione: *non è una vergogna essere poveri*; *è una vergogna che si tratti così un povero vecchio!*

vergognarsi [ver-go-gnàr-si] *v.pr.* **1** Provare, avere vergogna: *si vergognò di aver mentito*; *fare questo a un amico: vergognati!*; *mi vergogno di lui* **2** Avere pudore, timore, soggezione di fare qualcosa: *si vergogna a mostrarsi poco vestito*; *si vergogna a suonare in pubblico.*

vergognoso [ver-go-gnó-so] *agg.* **1** Che è motivo di vergogna Ⓢ ignobile: *un vergognoso tradimento* **2** Che sente, mostra o esprime imbarazzo, timidezza: *non avere quell'aria vergognosa, di' quello che volevi dire.*

veridicità [ve-ri-di-ci-tà] *s.f.* Rispondenza al vero Ⓢ verità.

veridico [ve-rì-di-co] *agg.* [pl.m. *-ci*] Che risponde al vero Ⓢ veritiero Ⓒ falso, menzognero: *racconto veridico*; *testimonianza veridica.*

verifica [ve-rì-fi-ca] *s.f.* Controllo di qualcosa fatto per accertarne l'esattezza, la regolarità, l'efficienza ecc.: *fare la verifica di un problema*; *fare la verifica dei freni di un'auto*; *fare la verifica della stabilità di un edificio.*

verificare [ve-ri-fi-cà-re] *v.tr.* [*verìfico, verìfichi*] Controllare qualcosa allo scopo di accertarne l'esattezza, la regolarità, l'efficienza, la sicurezza ecc.: *devo ancora verificare questa notizia*; *verificare i freni della macchina, la stabilità di un edificio* ♦ **verificarsi** *v.pr.* **1** Accadere, succedere: *spero che fatti del genere non si verifichino più* **2** Avverarsi, trovare conferma: *le tue previsioni si sono pienamente verificate.*

verità [ve-ri-tà] *s.f.* **1** Rispondenza al vero, alla realtà Ⓢ veridicità, autenticità, esattezza Ⓒ falsità: *è meglio controllare sempre la verità di una notizia*; *è riuscito a ristabilire la verità dei fatti* **2** Ciò che è vero: *non mentire, dimmi la verità su quel che è successo*; *prima o poi scoprirò la verità* | *In verità, per la verità, a dir la verità* = in effetti, in realtà, per dirla sinceramente: *io, per la verità, non ne sapevo nulla.*

veritiero [ve-ri-tiè-ro] *agg.* **1** Che dice il vero: *un testimone veritiero* **2** Che risponde a verità: *una notizia veritiera.*

verme [vèr-me] *s.m.* **1** Nome generico di vari piccoli animali invertebrati dal corpo allungato, molle e privo di zampe: *la terra brulicava di vermi* ◊ Larva di insetti: *una ciliegia con il verme* | ♧ *Strisciare come un verme* = avere un comportamento viscido e servile **2** ♧ Persona spregevole, vile, priva di dignità: *è proprio un verme!*; *dopo quell'atto, si sentì un verme.*

vermiglio [ver-mì-glio] *agg.* e *s.m.* Detto di un colore rosso vivo: *i fiori vermigli del melograno.*

vernice [ver-nì-ce] *s.f.* Sostanza liquida, trasparente o colorata, che si applica su una superficie a scopo protettivo o decorativo: *dare una mano di vernice alla ringhiera, alla porta.*

verniciare [ver-ni-cià-re] *v.tr.* Rivestire di uno strato di vernice: *verniciare un mobile, una ringhiera, la porta.*

vero [vé-ro] *agg.* **1** Rispondente, conforme alla realtà dei fatti Ⓒ falso: *tutto quel che ha detto è vero*; *il film si basa su una storia vera*; *è vero che hai deciso di andar via?* | *Tant'è vero che* = infatti: *ero deciso a partire, tant'è vero che avevo già prenotato l'aereo* ◊ Reale, effettivo, autentico: *qual è il vero motivo della tua visita?*; *il suo vero nome è un altro* **2** Che è realmente ciò che indica il nome a cui è unito Ⓢ effettivo, autentico: *è stato scoperto il vero colpevole del delitto*; *non è il vero padre, ma il patrigno*; *è un vero artista*; *è una* *vera ingiustizia che succedano queste cose!* ◊ Autentico, genuino, originale, non artificiale (riferito a prodotti e materiali): *vero emmenthal svizzero*; *scarpe di vero cuoio*; *vera lana*; *questi fiori di plastica sembrano veri* ◊ Sincero, profondo: *ti puoi fidare, è un vero amico*; *li univa una vera solidarietà* ♦ *s.m.* **1** Ciò che è vero, la verità: *non sta dicendo il vero* | *A dire il vero* = per essere sinceri: *a dire il vero non sono del tutto soddisfatto* | *A onor del vero* = per rispetto della verità: *a onor del vero devo riconoscere che il merito è tutto suo* **2** La realtà oggettiva, naturale: *dipingere dal vero*; *un ritratto dal vero*.

verosimile [ve-ro-sì-mi-le] *agg.* Che ha tutta l'apparenza della verità e che perciò può essere ritenuto vero Ⓒ inverosimile: *un racconto verosimile*; *la tua versione dei fatti non è verosimile*.

verricello [ver-ri-cèl-lo] *s.m.* Piccolo argano.

verro [vèr-ro] *s.m.* Maiale adulto destinato alla riproduzione.

verruca [ver-rù-ca] *s.f.* Escrescenza dura e tondeggiante che si forma sulla pelle, spec. delle mani e dei piedi.

versaccio [ver-sàc-cio] *s.m.* Grido scomposto e sguaiato, per lo più accompagnato da smorfie e gesti di disgusto o di scherno: *i monelli facevano dei versacci ai passanti*.

versamento [ver-sa-mén-to] *s.m.* **1** Fuoriuscita accidentale di un liquido da recipienti o condutture **2** Pagamento o deposito di una somma di denaro: *è andato a fare un versamento in banca*.

versante [ver-sàn-te] *s.m.* Ognuno dei fianchi di una montagna, di una collina o di una catena montuosa.

versare [ver-sà-re] *v.tr.* **1** Fare uscire un liquido o un materiale granuloso o in polvere da un recipiente per metterlo in un altro, o per gettarlo o spargerlo su qualcosa: *versare il vino (dalla bottiglia) nel bicchiere*; *versare la farina in un sacchetto*; *versare il sale sulle strade ghiacciate* ◊ Rovesciare inavvertitamente su qualcosa o qualcuno un liquido o una sostanza in polvere: *versare il sale sulla tovaglia*; *si è versato addosso il caffè* **2** Lasciar fuoriuscire, spargere liquidi contenuti nel proprio interno: *la ferita versa molto sangue* | *Versare lacrime* = piangere | ♧ *Versare il proprio sangue per la patria* = morire o venire ferito combattendo in sua difesa | ♧ *Una vicenda su cui si sono versati fiumi d'inchiostro* = su cui si è scritto moltissimo **3** Riversare, far confluire un liquido in un luogo: *il Ticino versa le sue acque nel Po* **4** Pagare, consegnare o depositare una somma di denaro: *gli ho versato un anticipo sullo stipendio*; *versare mille euro in banca* ♦ *v.intr.* [aus. *avere*] Essere, trovarsi in una certa condizione negativa: *versa in pessime condizioni economiche*; *il ferito versava in fin di vita* ♦ **versarsi** *v.pr.* **1** Fuoriuscire e spargersi (detto di liquidi): *il vino si è versato sul pavimento* **2** Confluire, sboccare (detto di corsi d'acqua): *l'Arno si versa nel Tirreno*.

versatile [ver-sà-ti-le] *agg.* Capace di applicarsi a campi diversi di studio e di attività: *una persona versatile*.

versato [ver-sà-to] *agg.* Che ha una particolare attitudine per una determinata disciplina o attività Ⓢ portato Ⓒ negato: *è molto versato per la matematica, per la pittura*.

versione [ver-sió-ne] *s.f.* **1** Traduzione da una lingua in un'altra, spec. come esercizio scolastico: *versione dall'italiano al tedesco*; *versione dal latino* **2** Adattamento di un testo a un'altra forma artistica: *la versione cinematografica di un romanzo* **3** Tipo, modello di prodotto che presenta modifiche particolari rispetto al modello base o originale: *la versione familiare, sportiva di un'automobile* **4** Modo personale e soggettivo di riferire uno stesso fatto: *ho sentito tre versioni diverse dell'incidente*.

verso1 [vèr-so] *s.m.* **1** Direzione, senso di un movimento: *andare nello stesso verso di marcia*; *veniva dal verso opposto* | *Il verso del pelo* = l'orientamento dei peli: *accarezzare il gatto nel verso del pelo* | ♧ *Prendere qualcuno per il suo verso* = saperlo trattare nel modo più opportuno **2** Modo, maniera: *non c'è stato verso di fargli cambiare idea* **3** Ogni singola riga di testo di un componimento poetico: *il sonetto è formato da quattordici versi*; *una strofa di cinque versi*; *un bel verso di Dante* ◊ (al *pl.*) Poesie: *i giovani amano scrivere versi* **4** Suono, grido caratteristico emesso da un animale: *il verso del lupo, del cane, del maiale*; *il verso del gufo, della civetta* ◊ Riferito a persone, suono inarticolato, grido, esclamazione: *ma che versi stai facendo?*; *un verso di rabbia uscì dalla sua bocca* **5** *Fare, rifare il verso a qualcuno* = imitarne, per canzonarlo, la voce, il modo di esprimersi e di muoversi: *è bravissimo a fare il verso al professore* **6** La parte posteriore di un foglio ◊ Il rovescio di una moneta o di una medaglia.

verso2 [vèr-so] *prep.* **1** In direzione di: *si incamminò verso casa*; *si voltò verso di me*; *andiamo verso un futuro incerto* **2** Nei pressi di, dalle parti di: *abita verso la stazione* **3** Circa a, intorno a (un determinato momento o età): *arriverò verso le nove*; *partiremo verso la fine del mese*; *si è sposa-*

to verso i trent'anni **4** Nei confronti di: *hai poco rispetto verso tuo padre.*

Quando *verso* precede un pronome personale è sempre seguito dalla preposizione *di*: *si alzò e venne verso di noi.*

vertebra [vèr-te-bra] *s.f.* Ognuno degli elementi ossei che, articolati uno sull'altro, formano la colonna vertebrale.

vertebrale [ver-te-brà-le] *agg.* Costituito da vertebre: *colonna vertebrale* ◊ Delle vertebre: *lesione vertebrale.*

Vertebrati [ver-te-brà-ti] *s.m.pl.* Tipo di animali con uno scheletro interno sostenuto da una serie di vertebre; ne fanno parte Mammiferi, Rettili, Uccelli, Anfibi e Pesci.

vertebrato [ver-te-brà-to] *agg.* e *s.m.* Detto di animale fornito di colonna vertebrale.

vertenza [ver-tèn-za] *s.f.* Controversia, lite ancora in atto: *risolvere una vertenza giudiziaria, sindacale.*

vertere [vèr-te-re] *v.intr.* [pass.rem. *vertéi, vertésti*; manca del part.pass.] Avere per argomento, riguardare: *la discussione di oggi verte sul problema ecologico.*

verticale [ver-ti-cà-le] *agg.* Perpendicolare rispetto al suolo o a un piano orizzontale di riferimento Ⓒ orizzontale: *gli oggetti cadono in senso verticale*; *aerei a decollo verticale*; *dividere un foglio con due righe verticali* | *Posizione verticale* = eretta, dritta: *il malato si alzò dal letto, ma faticava a stare in posizione verticale.*

vertice [vèr-ti-ce] *s.m.* **1** In geometria, punto in cui si incontrano due lati di un angolo o gli spigoli e le facce di un poliedro: *il vertice di un triangolo, di una piramide* **2** ♧ Punto o livello più alto Ⓢ culmine: *un cantante al vertice del successo*; *i generali sono al vertice della gerarchia militare* **3** ♧ Il più alto livello dirigente di uno stato, di un'organizzazione ecc. e il complesso delle persone che ne fanno parte, i massimi dirigenti, le massime autorità: *ci sono stati contrasti tra il vertice e la base del partito*; *ci sarà un incontro al vertice tra capi di governo* ◊ Incontro al vertice: *vertice dei capi di stato europei.*

vertigine [ver-tì-gi-ne] *s.f.* (spec. al *pl.*) Disturbo del senso dell'equilibrio con sensazione che il corpo si sposti rispetto all'ambiente circostante o questo rispetto al corpo Ⓢ capogiro: *soffre di vertigini*; *a guardare da questa altezza mi vengono le vertigini.*

vertiginoso [ver-ti-gi-nó-so] *agg.* **1** Che dà le vertigini, il capogiro: *un'altezza vertiginosa* **2** ♧ Rapidissimo; così frenetico e vorticoso da frastornare: *andare a velocità vertiginosa*; *il ritmo vertiginoso della vita moderna* ◊ ♧ Così grande da lasciare a bocca aperta Ⓢ enorme, esagerato, sbalorditivo: *una scollatura vertiginosa*; *cifre, ricchezze vertiginose*; *prezzi vertiginosi.*

verve [parola francese; pron. *vèrv*] *s.f.invar.* Vivacità, brio, spigliatezza: *un uomo brillante e pieno di verve.*

verza [vér-za] *s.f.* Varietà di cavolo dalle foglie larghe e rugose.

vescica [ve-scì-ca] *s.f.* **1** *Vescica (urinaria)* = organo cavo che nell'uomo e nei mammiferi ha la funzione di raccogliere l'urina ◊ *Vescica natatoria* = nei pesci, organo a forma di piccolo sacco che, riempiendosi più o meno di aria consente gli spostamenti in verticale **2** Bolla piena di siero che si forma sulla pelle in seguito a scottatura o sfregamento: *mi è venuta una vescica su una mano.*

vescovo [vé-sco-vo] *s.m.* Nella chiesa cattolica, chi è investito del compito di governare una diocesi: *il vescovo di Parma, di Trento* | *Il vescovo di Roma* = il papa.

vespa [vè-spa] *s.f.* Insetto simile all'ape con il corpo nero e giallo; le femmine sono dotate di un pungiglione velenoso: *ieri sono stato punto da una vespa.*

vespaio [ve-spà-io] *s.m.* Nido di vespe | ♧ *Suscitare un vespaio* = provocare un coro di proteste, reazioni clamorose: *le sue dichiarazioni hanno suscitato un vespaio.*

vespro [vè-spro] *s.m.* **1** L'ora del tramonto **2** Nella liturgia cattolica, funzione religiosa che si celebra alle sei del pomeriggio: *i fedeli recitavano, cantavano il vespro.*

vessare [ves-sà-re] *v.tr.* Maltrattare, opprimere, perseguitare ingiustamente: *vessare i deboli*; *il governo vessava i cittadini con tasse esose.*

vessazione [ves-sa-zió-ne] *s.f.* Maltrattamento, oppressione Ⓢ angheria: *l'impiegato, stanco delle vessazioni del suo capo, decise di ribellarsi.*

vessillo [ves-sìl-lo] *s.m.* Insegna, stendardo militare; bandiera in genere: *i soldati alzarono i loro vessili*; *il vessillo tricolore*; *tifosi con il vessillo di una squadra.*

vestaglia [ve-stà-glia] *s.f.* Ampia e lunga veste da indossare in casa, aperta sul davanti e tenuta allacciata in vita da una cintura Ⓢ veste da camera: *dopo aver cenato si mise in vestaglia.*

veste [vè-ste] *s.f.* **1** Indumento maschile o femminile che copre l'intera persona; in partic., nell'uso odierno, vestito femminile fatto di un solo pezzo: *indossava una veste riccamente ricamata* | *Veste da camera* = vestaglia ◊ (al *pl.*) Il complesso degli indumenti esterni indossati: *vesti tradizionali, moderne, lussuose, misere*; *strapparsi le vesti* **2** ♧ Apparenza esteriore: *sotto la veste dell'amicizia preparava il suo inganno* **3** ♧ Funzione, qualità: *è intervenuto alla cerimonia nella sua veste di ministro, in veste ufficiale*; *sono qui in veste di amico.*

vestiario [ve-stià-rio] *s.m.* Insieme di vestiti e capi d'abbigliamento: *mise in valigia il vestiario per il viaggio.*

vestibolo [ve-stì-bo-lo] *s.m.* Ampio ambiente di ingresso di edifici pubblici e privati Ⓢ atrio: *il vestibolo di un teatro.*

vestire [ve-stì-re] *v.tr.* **1** Coprire qualcuno con vestiti: *la mamma vestì il bambino* ◊ Fornire qualcuno degli indumenti necessari: *spende molto per vestire i figli* **2** Indossare: *vestiva un abito da sera, dei pantaloni attillati, una tuta sportiva* | *Vestire la divisa* = far parte dell'esercito | *Vestire la toga* = fare il magistrato | *Vestire il saio, la tonaca* = essere frate, sacerdote ♦ *v.intr.* [aus. *avere*] Indossare abiti di un certo tipo; andare vestito in un certo modo: *veste sempre di grigio*; *vestire con gusto, in modo stravagante* ♦ **vestirsi** *v.pr.* **1** Mettersi addosso indumenti: *dopo la doccia si vestì* ◊ Indossare vestiti di un certo tipo; abbigliarsi in un certo modo: *la signora si vestì da sera*; *si è vestito elegantemente* **2** Fornirsi di abiti: *si veste sempre dallo stesso sarto*; *vestirsi ai grandi magazzini* **3** ♧ Coprirsi, rivestirsi: *ieri ha nevicato e la collina si è vestita di un manto bianco* ♦ *s.m.* Vestiario, abbigliamento: *spendere molto per il vestire* ◊ Modo di vestire: *ha poco gusto nel vestire.*

vestito[1] [ve-stì-to] *agg.* Con gli abiti indosso: *ha dormito vestito* ◊ Che indossa determinati abiti: *una donna ben vestita*; *era vestito da sera.*

vestito[2] [ve-stì-to] *s.m.* Abito: *vestito da donna, da uomo.*

veterano [ve-te-rà-no] *s.m.* **1** Militare con una lunga anzianità di servizio o ex soldato anziano: *i veterani di Napoleone*; *un raduno di veterani dell'ultima guerra* **2** Chi da lungo tempo pratica un'attività, un lavoro, uno sport e ha quindi una grande esperienza Ⓒ novellino: *è un veterano dell'insegnamento, dello sci.*

veterinario [ve-te-ri-nà-rio] *s.m.* Medico che cura gli animali domestici.

veto [vè-to] *s.m.* **1** Atto formale di opposizione con cui, da parte di chi ne ha il potere (*diritto di veto*), si impedisce l'attuazione di qualcosa: *i membri permanenti del consiglio di sicurezza dell'ONU hanno il diritto di veto sulle decisioni degli altri membri* **2** Proibizione, divieto: *non è venuta alla festa per il veto opposto dal padre.*

vetraio [ve-trà-io] *s.m.* **1** Operaio addetto alla lavorazione del vetro **2** Chi vende, taglia e applica lastre di vetro.

vetrata [ve-trà-ta] *s.f.* Chiusura di un vano costituita da lastre di vetro sostenute da un telaio: *la vetrata di un salone, di una serra* | *Vetrate artistiche* = costituite da pezzi di vetro colorato uniti a formare disegni di vario genere: *le suggestive vetrate del Duomo di Milano.*

vetrato [ve-trà-to] *agg.* **1** Fornito di lastre di vetro: *porta vetrata* **2** *Carta vetrata* = carta coperta di polvere di vetro usata per raschiare e levigare superfici ruvide.

vetreria [ve-tre-rì-a] *s.f.* Fabbrica o negozio di vetri o di oggetti di vetro: *le vetrerie di Murano.*

vetrina [ve-trì-na] *s.f.* **1** Parte del negozio chiusa da vetrate, in cui vengono esposte le merci in vendita: *la vetrina del libraio, di una pasticceria*; *andare in centro a vedere le vetrine* ◊ La vetrata che protegge questa parte del negozio: *i ladri hanno spaccato la vetrina del gioielliere* **2** Mobile a vetri per custodire ed esporre oggetti di particolare pregio: *le vetrine del museo.*

vetrinista [ve-tri-nì-sta] *s.m.f.* Persona specializzata nell'allestimento delle vetrine di negozi e di grandi magazzini.

vetro [vé-tro] *s.m.* **1** Materiale duro, fragile, per lo più trasparente, che si ottiene fondendo ad alta temperatura sabbia e altre sostanze; è usato per fabbricare oggetti d'uso o artistici e strumenti vari: *lastra, bottiglia, collana, lente di vetro*; *vetro trasparente, opaco, infrangibile* | *Il Palazzo di vetro* = la sede dell'ONU a New York **2** Lastra di vetro: *il vetro della finestra, del parabrezza, del televisore*; *armadio a vetri*; *sostituire un vetro rotto* **3** Oggetto artistico di vetro: *un prezioso vetro di Murano* **4** Scheggia di vetro: *si è tagliato con un vetro.*

vetroso [ve-tró-so] *agg.* Di vetro: *un materiale vetroso.*

vetta [vét-ta] *s.f.* **1** Cima, sommità: *salì in vetta alla montagna*; *le vette degli alberi*; *la vetta del campanile* **2** ♧ Primo posto in una classifica Ⓢ vertice: *la mia squadra è in vetta alla classifica.*

vettore [vet-tó-re] *agg.* [f. *–trice*] Che trasporta, che trasmette | *Razzo vettore* = che trasporta nello spazio satelliti o altri veicoli spaziali ♦ *s.m.*

Animale che può trasmettere malattie infettive pur non essendone affetto: *la zanzara è il vettore della malaria.*

vettovaglie [vet-to-và-glie] *s.f.pl.* I viveri necessari al sostentamento di un esercito o di una comunità di persone: *gli assediati si arresero per mancanza di vettovaglie.*

vettura [vet-tù-ra] *s.f.* **1** Carrozza a cavalli per il trasporto pubblico di passeggeri: *un tempo anziché in taxi si andava in vettura* ◊ Carrozza ferroviaria Ⓢ vagone: *vettura di prima classe, di seconda classe*; *vettura ristorante* **2** Autovettura, automobile: *vettura sportiva, utilitaria, di lusso.*

vetturino [vet-tu-rì-no] *s.m.* Conducente di una carrozza pubblica a cavalli.

vezzeggiare [vez-zeg-già-re] *v.tr.* Ricoprire qualcuno di gesti affettuosi, di attenzioni, di complimenti e moine: *lo vezzeggiano troppo quel bambino.*

vezzeggiativo [vez-zeg-gia-tì-vo] *agg.* Si dice di una forma derivata di una parola alterata con suffissi (*suffissi vezzeggiativi*, per es. *–uccio*, *–etto*, *–ino*) che comportano un'idea di affettuosità, piacevolezza e insieme piccolezza ♦ *s.m.* Nome o aggettivo vezzeggiativo: *«casetta», «nasino» e «caruccio» sono dei vezzeggiativi.*

vezzo [véz-zo] *s.m.* **1** Abitudine (per lo più non bella, leziosa o antipatica) caratteristica di una persona: *è un suo vezzo di atteggiarsi a intellettuale*; *ha il vezzo di non guardare chi gli parla* **2** Gesto affettuoso e amorevole: *fare un vezzo alla fidanzata* ◊ (al *pl.*) Moine, smancerie: *non sopporto tutti questi vezzi.*

vezzoso [vez-zó-so] *agg.* **1** Grazioso, leggiadro: *una fanciulla vezzosa* **2** Affettato, lezioso: *mi irritano i suoi modi vezzosi.*

vi *pronome pers.* **1** Voi: *chi vi ha invitato?* ◊ A voi: *vi manderò il pacco domani* ◊ Si usa nella coniugazione dei verbi pronominali di ogni tipo: *vi siete accorti di quel che è successo?*; *copritevi che fa freddo*; *asciugatevi i vestiti* **2** Si usa per dare più intensità espressiva e per esprimere partecipazione a quanto si dice: *vi siete mangiati tutta la torta!*; *chi vi credete di essere?* ♦ *avv.* Qui, in questo luogo; lì, in quel luogo: *da quando vi abito il quartiere è molto cambiato*; *vi andrò al più presto* ◊ Per questo, per quel luogo: *vi passo tutti i giorni.*

Il pronome *vi* si mette prima del verbo in tutti i tempi tranne che all'imperativo, all'infinito, al gerundio e al participio passato; davanti a *lo, la, li, le, ne* assume la forma *ve: vel'ho detto; ve ne sono grato.*

via[1] [vì-a] *s.f.* **1** Strada: *la via principale del paese*; *prese una via secondaria*; *via di città, di campagna*; *abita in via* (o *Via*) *Dante* **2** Percorso, itinerario: *siamo andati in Francia prendendo la via più corta* ◊ Viaggio, cammino: *è ora di mettersi in via* | *Via facendo* = durante il cammino | ♧ *Essere in via di* = avviarsi verso un certo stato o esito: *il malato è in via di guarigione*; *il problema è in via di soluzione* **3** Passaggio, varco: *gli esploratori si aprirono una via nella boscaglia* **4** Modo o mezzo attraverso cui avviene un trasporto o una comunicazione: *spedire una lettera per via aerea*; *trasporto via mare, via terra*; *trasmissione via satellite, via radio, via cavo* **5** ♧ Modo di vivere, di comportarsi: *ritornare sulla retta via* **6** ♧ Possibilità di carriera: *quella laurea apre molte vie* **7** ♧ Modo, mezzo, sistema per giungere a un dato obiettivo o risultato: *i naufraghi non avevano via di scampo*; *cercava una via d'uscita da quella situazione difficile*; *ho trovato la via per convincerlo* | *Passare a vie di fatto* = ricorrere alla violenza, venire alle mani **8** ♧ *Per via di* = a causa di: *ho fatto tardi per via del traffico* **9** Canale, condotto dell'organismo: *ha un'infezione alle vie respiratorie* ◊ Passaggio attraverso cui viene introdotto un farmaco all'interno del corpo: *prendere una medicina per via orale.*

via[2] [vì-a] *avv.* **1** Lontano, altrove: *lo hanno cacciato via*; *è corso via* | *Andare via* = andarsene (*è appena andato via*); detto di cose, venire eliminato, scomparire: *questa macchia non va via*; *il dolore sta andando via* | *Dare via* = vendere, cedere, regalare ad altri | *Buttare, gettare via* = disfarsi di cose inutili (*ho buttato via tutti i vestiti vecchi*); ♧ sprecare: *buttare via il fiato, il tempo, il denaro* | *Essere, stare via* = fuori di casa, fuori città, all'estero ecc. **2** *E via di questo passo, e via dicendo, e così via* = eccetera, e così di seguito **3** *Via via* = a mano a mano, di volta in volta: *via via che passa il tempo diventa sempre più scontroso* ♦ *inter.* **1** Si usa per cacciare qualcuno o per farlo allontanare immediatamente da un luogo: *via, lasciami in pace!*; *via di lì, è pericoloso!* **2** Si usa per incitare, esortare, incoraggiare: *via, sbrigati, è tardi!*; *via, non prendertela tanto!* **3** Si usa per esprimere impazienza, disapprovazione, incredulità: *via, finiamola con questi lamenti!*; *via, non è possibile che ti abbia detto così* **4** Si usa per dare il segnale di partenza di una gara: *uno, due, tre, via!* ♦ *s.m.* Segnale di partenza o d'inizio di gare, esercizi, giochi ecc.: *dovete partire al mio via* | ♧ *Dare il via* = dare inizio: *è stato deciso di dare il via ai lavori.*

viabilità [via-bi-li-tà] *s.f.* **1** Possibilità di transito per i veicoli: *la viabilità della strada è interrotta* *per una frana* **2** Rete stradale: *la regione ha una buona viabilità*; *migliorare la viabilità urbana.*

viadotto [via-dót-to] *s.m.* Ponte costruito per permettere il passaggio di strade o linee ferroviarie sopra vallate, depressioni del terreno o zone urbane.

viaggiare [viag-già-re] *v.intr.* [aus. *avere*] **1** Spostarsi da un luogo a un altro, per lo più compiendo un percorso di una certa lunghezza e durata: *stiamo viaggiando per l'Italia da una settimana*; *viaggiare in macchina, in treno, in aereo* ◊ Fare viaggi: *amo molto viaggiare* **2** Detto di mezzi di trasporto, spostarsi, compiere il proprio percorso: *l'auto viaggiava a forte velocità*; *il treno viaggia con un'ora di ritardo* ◊ Venire trasportato: *merci che viaggiano su strada, per ferrovia.*

viaggiatore [viag-gia-tó-re] *agg.* Che viaggia | *Commesso viaggiatore* = rappresentante commerciale di una ditta che fa periodicamente il giro dei clienti per propagandare i prodotti e ricevere nuovi ordini ♦ *s.m.* [f. *–trice*] Chi sta compiendo un viaggio, spec. su un mezzo pubblico terrestre: *i viaggiatori sono pregati di accomodarsi in carrozza.*

viaggio [vi-àg-gio] *s.m.* **1** L'andare da un luogo a un altro compiendo un percorso di una certa lunghezza e durata: *fare un viaggio da Roma a Napoli*; *è ora di mettersi in viaggio*; *viaggio per mare, in treno, in aereo*; *viaggio di studio, di affari, di lavoro* | *Da viaggio* = adatto per viaggiare: *borsa, vestito da viaggio* ◊ Giro più o meno lungo attraverso luoghi e paesi diversi dal proprio: *quest'estate farò un viaggio in America*; *viaggio turistico, di nozze*; *leggere un libro di viaggi* **2** Breve tragitto che si fa per trasportare oggetti da un posto a un altro: *ho fatto tre viaggi per caricare la macchina* **3** ♧ Spostamento immaginario: *fare un viaggio nel passato, nel futuro.*

viale [vi-à-le] *s.m.* Strada urbana ampia e alberata: *il viale della stazione* | ♧ *Essere sul viale del tramonto* = nella fase di declino, di fine della carriera: *un'attrice ormai sul viale del tramonto* ◊ Strada tra gli alberi di parchi e giardini.

viandante [vian-dàn-te] *s.m.f.* Chi compie un lungo viaggio a piedi: *incontrò per strada alcuni viandanti.*

viario [vi-à-rio] *agg.* Delle vie urbane ed extraurbane Ⓢ stradale: *la rete viaria di una città, di una regione.*

viavai [via-vài] *s.m.invar.* Movimento incessante di persone che vanno e che vengono Ⓢ andirivieni: *alla stazione c'è un continuo viavai.*

vibrante [vi-bràn-te] *agg.* **1** Che vibra: *corde vibranti* ◊ Che risuona con forza: *una voce vibrante* **2** ♧ Fremente: *parole vibranti di sdegno, di commozione.*

vibrare [vi-brà-re] *v.intr.* [aus. *avere*] **1** Entrare in vibrazione, muoversi con rapide e frequenti oscillazioni: *fare vibrare le corde della chitarra*; *quando accelero l'automobile comincia a vibrare* **2** ♧ Fremere, tremare: *la sua voce vibrava di sdegno, di commozione* ♦ *v.tr.* Dare, tirare con forza un colpo: *vibrare un pugno, una coltellata all'avversario.*

vibrato [vi-brà-to] *agg.* Animato di passione, particolarmente energico: *una vibrata protesta.*

vibrazione [vi-bra-zió-ne] *s.f.* **1** Oscillazione di breve ampiezza e notevole frequenza, che spesso produce effetti sonori: *le corde di una chitarra entrano in vibrazione quando le tocchi*; *vibrazioni sismiche*; *a forte velocità questa macchina ha molte vibrazioni* **2** ♧ Fremito: *la sua voce ebbe una vibrazione di sdegno.*

vice [vì-ce] *s.m.f.invar.* Chi ha l'incarico di sostituire il titolare di un ufficio in sua assenza o in determinati compiti e funzioni Ⓢ sostituto: *il direttore in questo momento è fuori: se vuole può parlare con il suo vice.*

vice– Primo elemento di parole composte usato per indicare la persona che può sostituire nelle sue funzioni il titolare di un ufficio, di una carica (*vicesindaco, vicepreside, vicedirettore*).

vicenda [vi-cèn-da] *s.f.* **1** Avvenimento, caso o serie di avvenimenti e casi che riguardano la vita e la storia di una o più persone: *la sua è una pietosa vicenda*; *un film che narra una vicenda sentimentale*; *le dolorose vicende di un popolo*; *le alterne vicende della vita* **2** *A vicenda* = reciprocamente, l'un l'altro: *aiutarsi a vicenda*; *si sono ingannati a vicenda.*

vicendevole [vi-cen-dé-vo-le] *agg.* Reciproco: *ci siamo dati un vicendevole aiuto.*

vicendevolmente [vi-cen-de-vol-mén-te] *avv.* Reciprocamente, a vicenda: *aiutarsi, accusarsi vicendevolmente.*

viceversa [vi-ce-vèr-sa] *avv.* In senso inverso, in direzione opposta: *tutti i giorni faccio il percorso da casa a scuola e viceversa* ◊ Al contrario: *devi prima pensare e poi parlare, non viceversa* ♦ *congz.* Invece: *aveva detto che sarebbe venuto, viceversa non si è visto.*

vicinanza [vi-ci-nàn-za] *s.f.* **1** L'essere vicino nello spazio o nel tempo Ⓢ prossimità Ⓒ lontananza: *la vicinanza del mare rende il clima più mite*;

la vicinanza del Natale rende eccitati i bambini | *In vicinanza di* = nei pressi di: *in vicinanza del lago il clima è più umido* ◊ (al *pl.*) I dintorni: *abito nelle vicinanze dello stadio* **2** ♧ Intima partecipazione ai sentimenti e ai problemi altrui: *la sua vicinanza mi è stata di grande conforto.*

vicinato [vi-ci-nà-to] *s.m.* L'insieme degli abitanti delle case vicine a dove si abita: *se urli così ti sentirà tutto il vicinato* | *Rapporti di buon vicinato* = buoni rapporti tra vicini di casa ◊ Il gruppo di case vicine a dove si abita: *la gente del vicinato.*

vicino [vi-cì-no] *agg.* **1** Che è, che sta a breve distanza Ⓒ lontano: *la stazione è vicina*; *siamo vicini alla stazione* | *Stati, paesi vicini* = confinanti | ♧ *Parenti vicini* = stretti **2** Non lontano nel tempo Ⓢ imminente, prossimo: *l'estate è vicina*; *siamo ormai vicini al Natale*; *è vicina alla cinquantina, alla laurea* **3** ♧ Affine, simile: *io e lui abbiamo opinioni vicine*; *questo colore è più vicino al verde che all'azzurro* ◊ Che condivide i sentimenti e i problemi di qualcuno: *mi è stata molto vicina in questo triste momento* ♦ *s.m.* Chi sta e spec. chi abita vicino: *ha litigato con il vicino di banco*; *andiamo molto d'accordo con i nostri vicini (di casa)* ♦ *avv.* A poca distanza, accanto: *abitiamo qui vicino*; *vieni più vicino* | ♧ *Andarci vicino* = mancare di poco l'obiettivo, la risposta esatta: *non hai indovinato, ma ci sei andato vicino* | *Da vicino* = da breve distanza (*da vicino ci vede bene*); ♧ molto bene, in modo approfondito: *lo conosco da vicino* ♦ *prep. Vicino a* = nei pressi di; accanto a: *abita vicino a Genova*; *venite tutti vicino a me.*

vicissitudine [vi-cis-si-tù-di-ne] *s.f.* (spec. al *pl.*) Caso avverso, vicenda non lieta, esperienza negativa Ⓢ traversia: *dopo tante vicissitudini, ora sono finalmente tranquillo.*

vicolo [vì-co-lo] *s.m.* Piccola strada stretta di un centro urbano: *i vicoli del centro storico* | *Vicolo cieco* = senza sbocchi; ♧ situazione difficile e senza via d'uscita.

video [vì-de-o] *s.m.* **1** Apparecchiatura per la trasmissione televisiva delle immagini: *l'audio funziona, bisogna regolare il video* **2** Schermo del televisore o del computer: *non stare tutto il tempo davanti al video!* **3** Videoclip.

video– Primo elemento di parole composte riguardanti apparecchi od operazioni che utilizzano uno schermo video per trasmettere immagini o dati (*videogame*, *videoregistratore*).

videocamera [vi-de-o-cà-me-ra] *s.f.* Telecamera portatile munita di videoregistratore.

videocassetta [vi-de-o-cas-sét-ta] *s.f.* Caricatore per videoregistratore, contenente un nastro magnetico già registrato o su cui si possono registrare film, programmi televisivi ecc., e riprodurli poi sullo schermo di un televisore.

videoclip [vi-de-o-clìp] *s.m.invar.* Breve filmato che accompagna l'esecuzione di un brano musicale alla televisione.

videogame [parola inglese; pron. corrente *videoghèim*] *s.m.invar.* Videogioco.

videogioco [vi-de-o-giò-co] *s.m.* [pl. *–chi*] Gioco elettronico che si effettua sullo schermo di un televisore o di un computer ◊ Apparecchio che, mediante appositi comandi, consente a una o più persone di partecipare a tale gioco.

videoregistratore [vi-de-o-re-gi-stra-tó-re] *s.m.* Apparecchio per registrare su nastro immagini televisive e per riprodurre videocassette già registrate, collegato allo schermo di un televisore.

videoscrittura [vi-de-o-scrit-tù-ra] *s.f.* Sistema di scrittura mediante il computer, che consente di visualizzare sul monitor il testo scritto e di modificarlo e correggerlo senza limiti prima di riprodurlo su carta tramite una stampante.

videotelefono [vi-de-o-te-lè-fo-no] *s.m.* Apparecchio telefonico dotato di uno schermo sul quale compare la persona con la quale si sta parlando.

vidimare [vi-di-mà-re] *v.tr.* Convalidare, autenticare un documento con un bollo, un timbro, una firma: *vidimare un certificato, il passaporto.*

vietare [vie-tà-re] *v.tr.* Proibire, non permettere a qualcuno di fare qualcosa: *vietare l'ingresso agli estranei*; *la manifestazione è stata vietata dalle autorità*; *il medico gli ha vietato di fumare.*

vietato [vie-tà-to] *agg.* Non permesso Ⓢ proibito: *posteggiare in sosta vietata*; *senso vietato*; *vietato fumare.*

vigente [vi-gèn-te] *agg.* Che è in vigore: *i funzionari dello stato devono applicare le norme vigenti.*

vigere [vì-ge-re] *v.intr.* Essere in vigore: *in questa zona vige il divieto di circolazione.*

vigilanza [vi-gi-làn-za] *s.f.* Sorveglianza, controllo: *le guardie addette alla vigilanza dei detenuti*; *il ragazzo è scappato sottraendosi alla vigilanza dei genitori.*

vigilare [vi-gi-là-re] *v.tr.* Sorvegliare, controllare: *la banca è vigilata giorno e notte* ♦ *v.intr.* [aus. *avere*] Esercitare un attento controllo su qualcosa; fare attenzione, badare a qualcosa: *vigilare sul regolare svolgimento delle elezioni*; *vigilate che nessuno entri.*

vigile [vì-gi-le] *agg.* Che vigila Ⓢ attento: *i bambini giocavano sotto lo sguardo vigile della mamma* ♦ *s.m.f. Vigile (urbano)* = guardia municipale che ha il compito di regolare il traffico urbano e di vigilare sull'applicazione delle norme comunali ◊ *Vigile del fuoco* = chi ha il compito di prevenire e spegnere gli incendi e di intervenire in ogni caso di calamità naturali, disastri, incidenti ecc. Ⓢ pompiere.

vigilia [vi-gì-lia] *s.f.* Giorno che precede una solennità religiosa: *la vigilia di Natale, di Pasqua* ◊ Il giorno o il periodo di tempo che precede un fatto, un avvenimento: *la vigilia della partenza preparò i bagagli*; *in quei mesi si era alla vigilia della guerra.*

vigliaccheria [vi-gliac-che-rì-a] *s.f.* **1** Mancanza di coraggio Ⓢ viltà: *si sottomette agli altri per vigliaccheria* **2** Azione, comportamento da vigliacco: *è una vera vigliaccheria picchiare un ragazzino!*

vigliacco [vi-gliàc-co] *agg.* e *s.m.* [pl.m. *-chi*] **1** Che, chi manca di coraggio e della capacità di affrontare pericoli e sacrifici Ⓢ codardo, vile Ⓒ coraggioso: *un soldato vigliacco*; *fuggire adesso è da vigliacchi* **2** Che, chi è prepotente con chi è più debole: *siete dei vigliacchi a mettervi in tre contro uno.*

vigna [vì-gna] *s.f.* Coltura di viti, terreno coltivato a viti Ⓢ vigneto: *le colline erano ricoperte da vigne.*

vignaiolo [vi-gna-iò-lo] *s.m.* Chi coltiva una vigna, delle vigne.

vigneto [vi-gné-to] *s.m.* Esteso appezzamento di terreno coltivato a vite: *i vigneti del Chianti, delle Langhe.*

vignetta [vi-gnét-ta] *s.f.* Disegno, per lo più satirico o umoristico, con o senza parole, pubblicato su giornali, riviste o libri: *oggi sul giornale c'era una vignetta molto spiritosa.*

vigogna [vi-gó-gna] *s.f.* Mammifero delle Ande simile al lama, ma più piccolo, allevato spec. per il pelo corto e morbido che fornisce una lana pregiata ◊ La lana di questo animale e la stoffa pregiata che se ne ricava, molto calda e soffice.

vigore [vi-gó-re] *s.m.* **1** Forza vitale, energia ed efficienza di un organismo umano, animale o vegetale: *essere nel pieno vigore della giovinezza*; *un cavallo pieno di vigore*; *riacquistare vigore dopo una malattia* ◊ ♧ Energia: *protestare con vigore* **2** *In vigore* = che ha validità, che viene attuato: *una vecchia legge ancora in vigore*; *il nuovo orario entrerà in vigore domani.*

vigoroso [vi-go-ró-so] *agg.* Pieno di vigore, di forza, di energia (anche ♧): *è anziano, ma ancora vigoroso*; *gli operai licenziati hanno inscenato una vigorosa protesta.*

vile [vì-le] *agg.* **1** Che manca di coraggio Ⓢ codardo, vigliacco: *si è mostrato vile di fronte al pericolo* **2** Spregevole, vergognoso, ignobile, abietto: *un vile traditore*; *un vile inganno*; *una vile calunnia* ♦ *s.m.f.* Persona vile Ⓢ vigliacco: *si è comportato da vile.*

vilipendio [vi-li-pèn-dio] *s.m.* Reato che si commette offendendo gravemente e pubblicamente persone, istituzioni, cose tutelate per legge: *vilipendio del capo dello stato, della religione, delle forze armate, della bandiera, di cadavere.*

villa [vìl-la] *s.f.* Casa signorile circondata da un giardino o da un parco: *abita in una villa in periferia*; *ha una villa al mare, in montagna, al lago.*

villaggio [vil-làg-gio] *s.m.* **1** Piccolo centro abitato Ⓢ paese: *un villaggio di montagna* ◊ Gruppo di abitazioni preistoriche: *vicino al lago ci sono i resti di un villaggio di palafitte* **2** Complesso edilizio che ospita temporaneamente o stabilmente una determinata categoria di persone: *villaggio turistico, olimpico, universitario.*

villania [vil-la-nì-a] *s.f.* Maleducazione: *quel ragazzo è di una villania incredibile* ◊ Atto, comportamento sgarbato, scortese: *sono stanca di subire le sue villanie.*

villano [vil-là-no] *agg.* Scortese, maleducato, incivile Ⓒ educato, cortese: *non essere villano, rispondi al saluto!*; *un ragazzo villano* ◊ Che dimostra maleducazione, scortesia: *mi ha dato una risposta villana* ♦ *s.m.* Persona maleducata e scortese: *si è comportato da villano.*

villeggiante [vil-leg-giàn-te] *s.m.f.* Chi è o va in villeggiatura.

villeggiatura [vil-leg-gia-tù-ra] *s.f.* Periodo di riposo e svago che si trascorre, per lo più durante l'estate, in luoghi salubri e tranquilli lontani dalle città: *siamo in partenza per la villeggiatura*; *trascorreremo una breve villeggiatura in campagna.*

villoso [vil-ló-so] *agg.* Ricoperto di peli, molto peloso: *un uomo villoso*; *braccia, gambe villose.*

viltà [vil-tà] *s.f.* Caratteristica di chi è pauroso, vigliacco o dimostra nei suoi atti un animo basso e meschino Ⓢ vigliaccheria, bassezza, meschinità Ⓒ coraggio: *fuggendo ha dato prova di viltà*; *la viltà di una denuncia anonima* ◊ Azione, comportamento da vile: *commettere una viltà*; *è una viltà abbandonarlo nel pericolo.*

viluppo [vi-lùp-po] *s.m.* Massa intricata e confusa di cose intrecciate insieme Ⓢ groviglio: *un viluppo di fili di ferro, di cavi, di capelli.*

vimine [vì-mi-ne] *s.m.* (spec. al *pl.*) Ramo flessibile di salice che, privato della corteccia e intrecciato con altri, viene usato per fabbricare artigianalmente cesti, sedie ecc.

vinaccia [vi-nàc-cia] *s.f.* [pl. *–ce*] Residuo della pigiatura dell'uva, formato da graspi, bucce e vinaccioli, usato spec. per distillarne la grappa e come mangime.

vinacciolo [vi-nac-ciò-lo] *s.m.* Seme dell'uva.

vinaio [vi-nà-io] *s.m.* Venditore di vino.

vincente [vin-cèn-te] *agg.* e *s.m.f.* Che, chi vince o ha vinto: *la squadra vincente*; *puntare sul vincente* ◊ Che assicura la vincita: *schedina, biglietto, numero vincente.*

vincere [vìn-ce-re] *v.tr.* [pres. *vìnco, vìnci*; pass. rem. *vìnsi, vincésti*; part.pass. *vìnto*] **1** Superare, sconfiggere, battere qualcuno: *vincere il nemico*; *non gioco più perché mi vinci sempre*; *nessuno lo vince in astuzia* **2** Portare a termine con successo qualcosa, avendo la meglio su altri Ⓒ perdere: *vincere la guerra, una battaglia, le elezioni, una partita, una scommessa* **3** Ottenere qualcosa in quanto vincitore Ⓢ aggiudicarsi, guadagnare: *vincere lo scudetto, una medaglia*; *vincere un premio, centomila euro al totocalcio* **4** ♧ Indurre qualcuno a cedere Ⓢ convincere: *alla fine si lasciò vincere dalle preghiere della figlia* ◊ Sopraffare: *si è lasciato vincere dall'ira* **5** ♧ Avere ragione di qualcosa di avverso, ostile, negativo Ⓢ superare: *è riuscito a vincere ogni difficoltà* ◊ Dominare, controllare bisogni, impulsi, sensazioni, passioni, stati d'animo: *non riuscì a vincere il sonno*; *vincere il dolore, l'ira, lo sconforto*; *devi imparare a vincere la paura* ♦ *v.intr.* [aus. *avere*] Riportare la vittoria Ⓢ prevalere: *ha vinto la nostra squadra*; *è riuscito a vincere con l'astuzia* ♦ **vincersi** *v.pr.* Controllarsi, dominarsi: *non riuscì a vincersi e scoppiò in singhiozzi.*

vincita [vìn-ci-ta] *s.f.* Il vincere al gioco o in scommesse e gare a premi: *ha fatto una vincita alla lotteria* ◊ Il premio o la somma che si vince: *la sua vincita è stata di centomila euro.*

vincitore [vin-ci-tó-re] *agg.* e *s.m.* [f. *–trice*] Che, chi vince o ha vinto: *la squadra vincitrice*; *l'esercito vincitore*; *i vincitori del campionato.*

vincolare [vin-co-là-re] *v.tr.* Legare, impegnare qualcuno con obblighi morali o di tipo giuridico: *il segreto confessionale vincola il sacerdote al silenzio.*

vincolo [vìn-co-lo] *s.m.* Legame, rapporto di tipo affettivo o morale: *siamo uniti da vincoli di amicizia, di parentela*; *sono legato a lui da un vincolo di gratitudine* ◊ Obbligo di natura morale o giuridica: *ha rotto il vincolo del giuramento, del matrimonio.*

vinicolo [vi-nì-co-lo] *agg.* Che riguarda la produzione del vino: *azienda, industria vinicola.*

vino [vì-no] *s.m.* **1** Bevanda alcolica ottenuta facendo fermentare il mosto d'uva: *vino bianco, rosso, rosato*; *vino leggero, forte, liquoroso* **2** Bevanda alcolica ottenuta per fermentazione da frutta o da altri vegetali: *vino di mele, di riso.*

vinto [vìn-to] *agg.* **1** Sconfitto, battuto | *Darsi per vinto* = arrendersi, cedere, riconoscere la propria sconfitta **2** Portato a termine con successo: *battaglia, partita vinta* | *Averla vinta* = riuscire a ottenere ciò che si vuole | *Darla vinta a qualcuno* = cedere alle sue imposizioni o richieste | *Darle tutte vinte a qualcuno* = accontentare ogni sua richiesta o capriccio **3** Ottenuto con una vincita: *con la somma vinta si è comprato la macchina* ♦ *s.m.* Chi è stato sconfitto, battuto Ⓒ vincitore: *la partita non ha avuto né vincitori né vinti.*

viola[1] [vi-ò-la] *s.f.* Pianta erbacea dai bei fiori di vari colori | *Viola mammola* o *violetta* = con fiori profumati di colore violetto | *Viola del pensiero* = con fiori più grandi e non profumati, bianchi, gialli o violetti ♦ *s.m.invar.* Colore tra il rosso scuro e il turchino: *il viola sta bene col giallo* ♦ *agg.invar.* Di colore viola: *camicetta, calze viola.*

viola[2] [vi-ò-la] *s.f.* Strumento musicale simile al violino, ma più grande e con una estensione di note compresa tra quella del violino e quella del violoncello.

violaceo [vio-là-ce-o] *agg.* Di colore viola o tendente al viola: *tessuto violaceo*; *luce violacea*; *un cielo violaceo.*

violare [vio-là-re] *v.tr.* [*vìolo*] **1** Non rispettare regole, obblighi, doveri, diritti altrui ecc. Ⓢ trasgredire, infrangere, ledere: *chi ruba viola la legge*; *chi tradisce viola il giuramento di fedeltà*; *impedendomi di votare hanno violato i miei diritti di cittadino* **2** Penetrare illegalmente o con la forza in un luogo: *nessuno stato può violare i confini di un altro stato* **3** Profanare: *violare una tomba* | *Violare una donna* = violentarla.

violentare [vio-len-tà-re] *v.tr.* Costringere con la forza una persona a un atto sessuale Ⓢ stuprare: *la polizia ha arrestato i giovani che avevano violentato una ragazza.*

violento [vio-lèn-to] *agg.* **1** Che ricorre abitualmente alla forza per imporre il proprio volere: *è un uomo prepotente e violento* **2** Che si basa sull'uso della forza: *i metodi violenti sono il contrario della democrazia* | *Morte violenta* = provocata da un incidente o da un atto di violenza ◊ Aggressivo, aspro: *l'opposizione ha sferrato un violento attacco politico al governo* **3** Che si svolge o si manifesta con forza distruttiva, con grande impeto Ⓢ impetuoso, furioso, travolgente: *una violenta tempesta*; *un combattimento violento*; *fu travolto da una violenta passione* **4** ♧ Particolarmente forte, intenso, vivo: *una febbre violenta*; *uno sforzo violento*; *una luce violenta*.

violenza [vio-lèn-za] *s.f.* **1** Tendenza all'uso della forza, aggressività: *la violenza del suo carattere mi fa paura* ◊ Asprezza, durezza: *mi ha stupito la violenza dei suoi rimproveri* **2** Azione violenta, uso della forza: *ha cercato di imporsi con la violenza perché sapeva di aver torto* | *Violenza carnale* = stupro **3** Forza, intensità, impeto eccezionale e travolgente Ⓢ furia, veemenza: *il bombardamento colpì con violenza la città*; *la violenza di una tempesta*; *la violenza di una passione*.

violetta [vio-lét-ta] *s.f.* Viola mammola.

violetto [vio-lét-to] *s.m.* Colore intermedio tra il rosso e il turchino; è l'ultimo dei colori dell'iride ♦ *agg.* Di colore viola: *luci violette*.

violinista [vio-li-nì-sta] *s.m.f.* [pl.m. *–sti*] Chi suona il violino.

violino [vio-lì-no] *s.m.* Strumento musicale a quattro corde che si suona con un archetto.

violoncellista [vio-lon-cel-lì-sta] *s.m.f.* [pl.m. *–sti*] Chi suona il violoncello.

violoncello [vio-lon-cèl-lo] *s.m.* Strumento musicale simile a un grosso violino, che si suona tenendolo appoggiato a terra in posizione verticale; ha un suono intermedio tra quello della viola e quello del contrabbasso.

viottolo [vi-òt-to-lo] *s.m.* Stradina di campagna o di montagna Ⓢ sentiero: *passarono per un viottolo tra i campi*.

vip [dalle iniziali della locuzione inglese *Very Important Person;* pron. corrente *vìp*] *s.m.f.invar.* Persona importante e nota: *alla festa dell'attrice erano presenti numerosi vip*.

vipera [vì-pe-ra] *s.f.* **1** Serpente piccolo e molto velenoso, riconoscibile dalla testa triangolare **2** ♧ Persona maligna, cattiva, perfida: *quella donna è una vera vipera*.

virale [vi-rà-le] *agg.* Provocato da virus: *epatite virale*.

virare [vi-rà-re] *v.intr.* [aus. *avere*] **1** Nelle imbarcazioni a vela, manovrare in modo da ricevere il vento dal lato opposto: *virare di bordo* ◊ Detto di navi o aerei, cambiare, invertire la rotta **2** Nel nuoto, invertire la direzione arrivando a fondo vasca.

virata [vi-rà-ta] *s.f.* **1** Cambio di direzione, inversione di rotta di una nave o di un aereo **2** Nel nuoto, inversione di direzione che il nuotatore compie dopo aver toccato il fondo vasca.

virgola [vìr-go-la] *s.f.* **1** Segno di punteggiatura (,) che indica una pausa breve all'interno della frase o del periodo **2** In matematica, segno grafico che separa la parte intera di un numero da quella decimale.

virgolette [vir-go-lét-te] *s.f.pl.* Coppia di segni grafici ("..." o «...») che si mettono prima e dopo una parola o una frase quando si riporta un discorso diretto o una citazione, quando si dà la traduzione o la definizione di un termine straniero, tecnico ecc., o quando si vuole dare maggior rilievo o particolare sfumatura o valore allusivo a una parola o a una frase.

virile [vi-rì-le] *agg.* **1** Proprio dell'uomo, del maschio Ⓢ maschile Ⓒ femminile: *la barba e i baffi sono caratteristiche virili*; *aspetto virile* **2** Da uomo adulto: *quel ragazzo ha già una voce virile* **3** ♧ Coraggioso, forte, risoluto: *ha affrontato le difficoltà con animo virile*.

virtù [vir-tù] *s.f.* **1** Disposizione costante a fare il bene, ad agire secondo la legge morale: *la vita di quella santa donna è un esempio di virtù* ◊ Qualità positiva di una persona Ⓢ dote, pregio Ⓒ difetto, vizio: *ha la virtù dell'umiltà*; *una persona con molte virtù* **2** Facoltà, proprietà, efficacia: *conosci le virtù medicinali di questa pianta?*; *la strega le diede un filtro dalle virtù magiche*.

virtuale [vir-tu-à-le] *agg.* **1** Che ha carattere potenziale, ma non effettivo: *la sua libertà, dato lo stretto controllo a cui è sottoposto, è solo virtuale* ◊ Molto probabile, quasi sicuro: *è ormai il virtuale vincitore del concorso* **2** Simulato, ricostruito al computer in modo da apparire come se fosse reale: *immagini virtuali*; *realtà virtuale*.

virtuoso [vir-tu-ó-so] *agg.* Che si comporta in modo onesto, retto: *una donna virtuosa* ♦ *s.m.* Chi dimostra grande abilità e perfezione tecnica in un'attività artistica o sportiva: *un virtuoso del pianoforte, della racchetta*.

virus [vì-rus] *s.m.invar.* **1** Agente infettivo di dimensioni ultramicroscopiche (molto più piccolo dei batteri) che vive e si riproduce come parassita nelle cellule viventi provocando malattie varie: *il virus dell'influenza, del morbillo, dell'epatite, dell'AIDS* **2** Nel linguaggio informatico, programma pirata che si diffonde invisibilmente a tutti i computer con cui viene a contatto e causa alterazioni di varia entità nel loro funzionamento, dalla comparsa di innocui messaggi scherzosi fino alla distruzione sistematica di tutti i dati.

viscerale [vi-sce-rà-le] *agg.* **1** Dei visceri: *dolori viscerali* **2** ♧ Profondo, istintivo e irrazionale: *provava per quell'uomo un odio viscerale.*

viscere [vì-sce-re] *s.m.* [pl. *i visceri* o pl.f. *le viscere*] **1** Ogni organo racchiuso nella cavità toracica e addominale dei vertebrati: *dolori ai visceri addominali* ◊ (al *pl.*) Interiora di un animale ucciso: *togliere le viscere a un pesce* **2** ♧ La parte più interna di qualcosa: *scavare una galleria nelle viscere di una montagna.*

vischio [vì-schio] *s.m.* **1** Arbusto sempreverde con frutti a bacca bianchi contenenti una polpa appiccicosa **2** Sostanza appiccicosa estratta dalle bacche del vischio e usata per catturare vivi gli uccelli.

vischioso [vi-schió-so] *agg.* Appiccicoso e colloso come il vischio: *un liquido vischioso.*

viscido [vì-sci-do] *agg.* **1** Che dà al tatto una sgradevole sensazione di molle, umidiccio e scivoloso: *un'anguilla viscida*; *mani viscide* ◊ Scivoloso: *la strada era resa viscida dalla pioggia* **2** ♧ Subdolo, infido, ipocrita: *un individuo viscido*; *un comportamento viscido.*

visconte [vi-scón-te] *s.m.* [f. *viscontessa*] Titolo nobiliare immediatamente inferiore a quello di conte; la persona che ha tale titolo.

visibile [vi-sì-bi-le] *agg.* **1** Che può essere visto: *astri visibili a occhio nudo* ◊ Visitabile, aperto al pubblico: *la mostra è visibile tutti i giorni dalle dieci alle diciotto* ◊ La cui visione è permessa o consigliata: *film visibile solo agli adulti* **2** Evidente, manifesto: *era visibile l'emozione di tutti i presenti.*

visibilio [vi-si-bì-lio] *s.m.* *Andare in visibilio* = entusiasmarsi, andare in estasi: *all'apparire della diva la folla andò in visibilio.*

visibilità [vi-si-bi-li-tà] *s.f.* **1** Possibilità di essere visto: *i cartelli stradali devono avere una buona visibilità.* **2** Possibilità di vedere a una certa distanza: *sulle strade la visibilità è ridotta a zero a causa della nebbia intensa.*

visiera [vi-siè-ra] *s.f.* **1** Nelle antiche armature, la parte anteriore dell'elmo che si calava sul viso per proteggerlo ◊ Nei caschi da motociclista, sciatore ecc., la parte anteriore di plastica trasparente che protegge il viso dall'aria e dalla pioggia **2** Piccola tesa applicata sulla parte anteriore di berretti militari e copricapi sportivi e da lavoro per riparare il viso dalla luce.

visionare [vi-sio-nà-re] *v.tr.* **1** Vedere in anteprima uno spettacolo da parte di critici, giudici o specialisti: *visionare un film, un programma televisivo* **2** Esaminare con attenzione: *visionare la lista dei candidati*; *visionare la merce sospetta.*

visione [vi-sió-ne] *s.f.* **1** Capacità di vedere Ⓢ vista, percezione visiva: *i gatti hanno una perfetta visione anche al buio* **2** L'atto di esaminare qualcosa Ⓢ esame: *prendere visione di un documento* **3** Proiezione o trasmissione di un film o di uno spettacolo televisivo: *visione riservata alla stampa* | *Prima visione* = prima presentazione al pubblico di un film **4** Scena, spettacolo che colpisce lo sguardo: *ai suoi occhi si presentò una visione raccapricciante* **5** ♧ Idea, concetto Ⓢ quadro: *mi manca una visione complessiva del problema*; *hai una visione troppo ottimistica del futuro* **6** Immagine divina, apparizione miracolosa che si presenta alla vista: *il monaco ebbe una visione della Madonna* **7** Il vedere in sogno e ciò che si vede ◊ Allucinazione: *soffre di visioni.*

visita [vì-si-ta] *s.f.* **1** Il recarsi a trovare qualcuno per intrattenersi con lui o per altri motivi: *fare visita a un amico, ai parenti, a un malato in ospedale*; *ricambiare una visita* | *Biglietto da visita* = cartoncino che riporta nome, cognome, indirizzo, numero di telefono e spesso anche professione del possessore ◊ Persona che viene a fare visita: *stasera abbiamo visite* ◊ L'andare a vedere un luogo per motivi di studio, di cultura, di svago, di lavoro ecc.: *la visita del centro storico di Firenze*; *la visita a un museo, a una mostra, a una fabbrica* **2** Esame diretto di un paziente da parte del medico: *era malato e il medico gli ha fatto una visita a domicilio*; *visita specialistica, di controllo*; *visita militare, di leva.*

visitare [vi-si-tà-re] *v.tr.* **1** Fare una visita a una persona o a un luogo: *visitare un amico, un parente*; *visitare una città, un museo, una fabbrica* **2** Sottoporre a visita medica: *si è fatto visitare da uno specialista.*

visitatore [vi-si-ta-tó-re] *s.m.* [f. *–trice*] Chi visita chiese, palazzi artistici, musei, mostre e simili: *i signori visitatori sono pregati di non toccare le opere d'arte esposte nel museo.*

visivo [vi-sì-vo] *agg.* Della vista, della visione: *organi visivi*; *un ostacolo restringeva il suo campo visivo.*

viso [vì-so] *s.m.* Volto, faccia: *diventò pallido in viso*; *quel viso mi è noto* | ♣ *A viso aperto* = con franchezza e coraggio: *ho deciso di parlargli a viso aperto* | ♣ *Fare buon viso a cattivo gioco* = saper accettare di buon grado realtà spiacevoli, situazioni sfavorevoli.

visone [vi-só-ne] *s.m.* Piccolo mammifero carnivoro dal pelo bruno, lucente e molto pregiato ◊ La pelliccia di tale animale: *l'attrice indossava un visone*.

visore [vi-só-re] *s.m.* **1** Apparecchio per osservare in trasparenza diapositive e negativi fotografici **2** Mirino di una telecamera.

vispo [vì-spo] *agg.* Vivace, sveglio, pieno di vitalità: *un bambino vispo*; *occhi vispi*; *un vecchietto ancora vispo*.

vista [vì-sta] *s.f.* **1** Facoltà di vedere, capacità visiva: *gli occhi sono organi della vista*; *fare un esame della vista*; *ha perso la vista in un incidente* **2** Possibilità oggettiva di vedere Ⓢ visuale: *quell'edificio limita la vista del mare* | *A vista d'occhio* = fin dove lo sguardo può spaziare (*i campi si estendevano a vista d'occhio*); in modo visibile a occhio nudo, molto rapidamente: *il malato sta migliorando a vista d'occhio* ◊ L'atto di vedere, il fatto di essere visto: *alla vista del figlio ferito svenne*; *si nascose per sottrarsi alla vista dei nemici* | *Punto di vista* = vedi *punto* | ♣ *Perdere di vista qualcuno* = non averlo più incontrato da tempo, non saperne più niente | *A prima vista* = a un primo esame, alla prima impressione: *a prima vista sembrava un buon affare* | ♣ *Conoscere qualcuno di vista* = superficialmente | *In vista* = in posizione visibile a tutti (*mettere un oggetto bene in vista*); ♣ molto noto: *un personaggio molto in vista* | ♣ *Mettersi in vista* = farsi notare, mettersi in luce | ♣ *Avere in vista* = progettare di fare qualcosa in un prossimo futuro: *è vero che hai in vista un viaggio all'estero?* | *In vista di* = in prossimità di: *giunsero in vista del traguardo* **3** Panorama, veduta: *da qui si gode una vista stupenda*; *una terrazza con una bella vista sul lago* ◊ Visione, scena: *non resse a quella vista straziante*.

vistare [vi-stà-re] *v.tr.* Mettere il visto, munire del visto: *vistare un documento, il passaporto*.

visto [vì-sto] *s.m.* Firma, sigla o timbro con cui l'autorità competente attesta di aver preso visione di un documento e di averlo approvato: *per incassare l'assegno ci vuole il visto del direttore*; *per entrare in certi stati è necessario il visto sul passaporto*.

vistoso [vi-stó-so] *agg.* Che attira l'attenzione, che dà nell'occhio Ⓢ appariscente Ⓒ sobrio, semplice: *ha un trucco troppo vistoso*.

visuale [vi-su-à-le] *agg.* Della vista | *Angolo visuale* = quello al cui vertice si trova l'osservatore e i cui lati delimitano il campo visivo ♦ *s.f.* Possibilità di vedere: *la casa di fronte ci toglie la visuale del mare* ◊ Veduta, vista: *da quassù c'è una visuale bellissima*.

visualizzare [vi-sua-liz-zà-re] *v.tr.* **1** Rappresentare qualcosa mediante immagini: *questo grafico visualizza l'andamento delle vendite* **2** Far comparire qualcosa su un teleschermo: *visualizzare testi e immagini sul monitor di un computer*.

vita[1] [vì-ta] *s.f.* **1** La condizione e la caratteristica degli organismi che hanno la capacità di conservarsi, crescere, riprodursi e che si distinguono perciò dalla materia non vivente: *vita animale, vegetale, umana*; *il deserto è un ambiente poco adatto alla vita* ◊ La condizione, il fatto di essere vivo Ⓒ morte: *l'uomo non dava più segni di vita*; *lotterò finché mi resterà un filo di vita* | *Perdere la vita* = morire | *Togliere la vita a qualcuno* = ucciderlo | *Togliersi la vita* = suicidarsi | *In vita* = vivo: *il ferito era ancora in vita* **2** L'esistenza di un individuo (come durata, come svolgimento, come insieme di vicende): *era ormai alla fine della sua vita*; *mi ha raccontato la sua vita*; *ha avuto una vita molto avventurosa* | *Per tutta la vita, a vita* = per tutta la durata della vita, fino alla morte: *giurarono di amarsi per tutta la vita*; *fu condannato al carcere a vita* **3** Modo di vivere particolare di un individuo Ⓢ esistenza: *fare una vita sana, attiva, all'aria aperta*; *conduce una vita misera, piena di stenti*; *fa una vita dissoluta*; *la vita del contadino, dell'impiegato, del medico*; *migliorare il proprio tenore di vita* ◊ La dimensione collettiva del vivere, come insieme di attività e di rapporti personali e sociali: *i problemi della vita familiare*; *chi vota partecipa alla vita politica del proprio paese*; *non intromètterti nella mia vita privata!* **4** Il mondo umano, la realtà delle cose terrene: *è giovane, ha poca esperienza della vita* **5** Ciò che è necessario materialmente per vivere: *la vita è sempre più cara*; *si guadagna la vita lavorando* **6** Lo scopo, la ragione per cui si vive: *il lavoro e la famiglia sono tutta la sua vita* **7** Salute, vitalità: *è un bambino pieno di vita* ◊ Animazione, fermento, vivacità: *le strade erano piene di vita*; *la sua presenza ha portato un po' di vita alla festa* **8** L'esistenza e il complesso di attività di un organismo sociale: *questo è stato un anno importante nella vita dell'azienda*; *la vita di un partito* **9** Durata di qualcosa: *un governo, una moda che ha avuto breve vita*

A B C D E F G H I J K L M N O P Q R S T U V W X Y Z

10 Essere umano, persona: *la guerra ha stroncato molte vite innocenti* **11** Biografia o autobiografia: *leggere la vita di un personaggio*; *scrivere la propria vita*.

vita2 [vì-ta] *s.f.* La parte del corpo umano compresa tra i fianchi e il busto: *ha una vita sottile* ◊ La parte corrispondente degli abiti: *pantaloni stretti in vita*.

vitale [vi-tà-le] *agg.* **1** Della vita, relativo alla vita: *istinto vitale*; *bisogni vitali*; *energia vitale* ◊ Necessario e indispensabile alla vita: *l'aria è vitale per tutti gli esseri animali e vegetali*; *la pallottola non ha leso organi vitali* **2** ♧ Fondamentale, essenziale: *è di vitale importanza che tu gli parli* **3** Pieno di energia, di vitalità: *è vecchio ma ancora molto vitale*.

vitalità [vi-ta-li-tà] *s.f.* **1** Energia vitale, vivacità: *è un ragazzo pieno di vitalità* **2** ♧ Efficienza, funzionalità, dinamismo: *un'azienda che mostra grande vitalità*.

vitamina [vi-ta-mì-na] *s.f.* Sostanza organica, contenuta negli alimenti, indispensabile per il normale funzionamento dei processi vitali dell'uomo e degli animali.

vitaminico [vi-ta-mì-ni-co] *agg.* [pl.m. *–ci*] Di vitamine: *carenza vitaminica* ◊ Ricco di vitamine: *alimenti vitaminici*.

vite1 [vì-te] *s.f.* Pianta rampicante con fusto nodoso, numerosi rami (*tralci*), foglie grandi (*pampini*) e frutti a bacca (*acini*) riuniti in grappoli (*uva*); i frutti vengono consumati freschi o utilizzati per produrre vino.

vite2 [vì-te] *s.f.* Elemento metallico che serve per collegare e fissare tra loro pezzi diversi; è simile a un chiodo, ma sul suo gambo è incisa una scanalatura a spirale ed è dotato di una testa che consente di avvitarlo e svitarlo per mezzo di un cacciavite.

vitello [vi-tèl-lo] *s.m.* Il piccolo della vacca fino a un anno di età: *allevamento di vitelli* ◊ La carne macellata del vitello: *bistecca*, *arrosto di vitello*.

viticcio [vi-tìc-cio] *s.m.* Ciascuno dei filamenti prensili delle foglie e dei rami con cui la vite e altre piante rampicanti si aggrappano a un sostegno.

viticoltura [vi-ti-col-tù-ra] o **viticultura** [vi-ti-cul-tù-ra] *s.f.* Coltivazione della vite.

vitigno [vi-tì-gno] *s.m.* Pianta della vite ◊ Ciascuna varietà di vite: *vitigno barbera*, *vernaccia*, *sangiovese*.

vitreo [vì-tre-o] *agg.* Di vetro: *pasta vitrea* ◊ Simile al vetro: *il lago ghiacciato era diventato una superficie vitrea* | *Occhi vitrei* = inespressivi, fissi, sbarrati.

vittima [vìt-ti-ma] *s.f.* **1** Animale o essere umano offerto in sacrificio alla divinità: *i sacerdoti condussero la vittima all'altare* **2** Chi perde la vita o subisce gravi danni in conseguenza di una calamità naturale, di una guerra, di un incidente e simili: *le vittime di un terremoto*, *di un naufragio*, *di un bombardamento*, *di un'epidemia*; *è rimasto vittima di un incidente stradale* **3** Chi è perseguitato o comunque subisce un'ingiustizia, una sopraffazione: *le vittime delle dittature*, *del razzismo*; *quel povero bambino è la vittima dei genitori*; *sono stato vittima di un imbroglio* ◊ Chi è danneggiato da una situazione o da un comportamento, altrui o anche proprio: *sei stato vittima di un equivoco*; *sei vittima dei tuoi stessi errori*.

vitto [vìt-to] *s.m.* L'insieme dei cibi necessari per l'alimentazione abituale o quotidiana di una o più persone: *in quella pensione il vitto è molto abbondante*.

vittoria [vit-tò-ria] *s.f.* Successo in un conflitto, in uno scontro, in una competizione e simili Ⓒ sconfitta: *la gente festeggiava la vittoria del proprio paese nella guerra*; *vittoria politica*, *elettorale*, *sportiva* | ♧ *Avere la vittoria in tasca*, *in mano*, *in pugno* = essere certi di vincere.

vittorioso [vit-to-rió-so] *agg.* Che ha vinto Ⓢ vincitore Ⓒ sconfitto: *esercito*, *atleta vittorioso* ◊ Di vittoria: *l'esito vittorioso di una partita* ◊ Che si è concluso con una vittoria: *battaglia vittoriosa*; *incontro sportivo vittorioso*.

vituperio [vi-tu-pè-rio] *s.m.* Parola offensiva Ⓢ insulto, ingiuria: *lo ricoprì di vituperi*.

viuzza [vi-ùz-za] *s.f.* Via stretta e tortuosa Ⓢ vicolo: *camminò per le viuzze della città vecchia*.

viva [vì-va] *inter.* Esclamazione di plauso, di approvazione entusiastica (spesso abbreviata in *W*) Ⓒ abbasso: *viva la libertà!*; *viva la pace!*; *W il Milan!*; *W l'Italia!*

vivace [vi-và-ce] *agg.* **1** Pieno di vitalità e sempre in movimento: *un bambino*, *un ragazzo molto vivace* **2** Pronto, sveglio e acuto: *ha un'intelligenza vivace*; *sguardo vivace* ◊ Brioso, brillante: *una conversazione*, *uno stile vivace* **3** Animato, acceso, aspro: *una discussione vivace*; *vivaci proteste* **4** Intenso, vivo e splendente: *una luce vivace*; *una maglietta dai colori vivaci*.

vivaio [vi-và-io] *s.m.* **1** Terreno in cui si seminano e si coltivano piante di varietà diverse fino al momento del trapianto **2** Impianto (costituito da vasche o bacini) in cui si allevano pesci, molluschi o crostacei **3** ♧ Nel linguaggio sportivo, gruppo di giovani atleti che vengono preparati e allenati in vista di un loro futuro inserimento in squadre importanti.

vivanda [vi-vàn-da] *s.f.* Ogni cibo preparato e pronto per essere mangiato: *vivande cotte, crude*.

vivente [vi-vèn-te] *agg.* Dotato di vita: *esseri, organismi viventi* ◊ Che è in vita: *ha ancora i nonni viventi*.

vivere [vì-ve-re] *v.intr.* [pass.rem. *vìssi, vivésti*; fut. *vivrò*; cond. *vivrèi*; part.pass. *vissùto*; aus. *essere* o più raramente *avere*] **1** Avere vita Ⓢ esistere: *tutto ciò che vive è destinato a morire* ◊ Essere, restare in vita Ⓒ morire: *le donne vivono in media più a lungo degli uomini* **2** Trascorrere la propria esistenza in una data epoca: *Cesare visse nel I sec. a.C.* ◊ Abitare, risiedere in un certo luogo o con qualcuno: *siamo venuti a vivere a Firenze*; *vive ancora con la famiglia* ◊ Condurre la propria vita in un certo modo: *gli piace vivere da signore*; *voglio vivere onestamente*; *vive alla giornata* ◊ Detto di animali e piante, avere come habitat: *il leone vive nella savana*; *i pesci e le alghe vivono nell'acqua* **3** Sostentarsi materialmente, procurarsi i mezzi di sostentamento: *ha appena di che vivere*; *lavora per guadagnarsi da vivere*; *tribù che vivono di caccia e di pesca* **4** Fare di qualcosa o qualcuno la ragione principale della propria vita: *è uno che vive solo per il lavoro, per la famiglia* **5** ♧ Detto di cosa, durare, sopravvivere nel tempo: *il suo ricordo vivrà sempre nel nostro cuore* ♦ *v.tr.* Trascorrere: *voglio vivere una vita tranquilla*; *hanno vissuto insieme tutta l'esistenza* ◊ Passare, attraversare, sperimentare: *ho vissuto ore di angoscia*; *ha vissuto una tremenda avventura*.

viveri [vì-ve-ri] *s.m.pl.* Generi alimentari Ⓢ vettovaglie, alimenti: *alle popolazioni colpite dal terremoto sono stati inviati pacchi di viveri di prima necessità*.

vivido [vì-vi-do] *agg.* **1** Intenso, luminoso, brillante: *fu abbagliato da una luce vivida*; *colori vividi* **2** ♧ Acuto, pronto: *quel ragazzo ha una vivida intelligenza*.

viviparo [vi-vì-pa-ro] *agg.* e *s.m.* Detto di ogni animale in cui l'embrione si sviluppa all'interno del corpo materno e i cui figli nascono già completamente formati: *i mammiferi sono (animali) vivipari*.

vivisezione [vi-vi-se-zió-ne] *s.f.* Taglio del corpo di un animale vivo a scopo di osservazione e di studio.

vivo [vì-vo] *agg.* **1** Che vive, che è in vita Ⓒ morto: *catturare uccelli vivi*; *ritrovare dei naufraghi ancora vivi* | *Non c'era anima viva* = non c'era nessuno | *Farsi vivo* = farsi vedere o sentire, dare notizie di sé **2** Che esiste ancora, che è in uso: *un'antica usanza ancora viva* **3** Vivace: *uno sguardo vivo* | *Un ingegno vivo* = acuto, versatile | *Una discussione viva* = animata ◊ ♧ Forte, intenso, profondo: *ho vivo desiderio di incontrarlo*; *la notizia ha destato vivo scalpore* | *Vivi ringraziamenti, rallegramenti* = sinceri, cordiali, sentiti ◊ ♧ Intenso, luminoso, brillante: *la luce viva del sole lo abbagliava*; *giallo, rosso vivo* | *Cuocere a fuoco vivo* = a fiamma alta **4** *Carne viva* = privata della pelle, quindi non protetta e molto sensibile | *Roccia viva* = nuda, non ricoperta da terriccio | *A viva voce* = parlando di persona con l'interlocutore: *non mi va di parlarne per lettera, ti dirò tutto a viva voce* | *A viva forza* = facendo ricorso alla violenza: *lo costrinse ad andarsene a viva forza* ♦ *s.m.* **1** Persona vivente: *i vivi e i morti* **2** ♧ *Toccare qualcuno nel vivo, pungerlo sul vivo* = colpirlo nel suo punto più debole e sensibile | ♧ *Entrare nel vivo di una questione* = affrontarne i punti e gli aspetti essenziali **3** *Disegno, ritratto dal vivo* = eseguito prendendo a modello il soggetto reale | *Programma dal vivo* = trasmissione radiofonica o televisiva in diretta, non registrata in precedenza.

viziare [vi-zià-re] *v.tr.* **1** Abituare male qualcuno, comportandosi con lui in modo troppo indulgente e arrendevole: *i suoi genitori lo viziano accontentandolo in tutto* **2** Inquinare: *il fumo viziava l'aria della stanza*.

viziato [vi-zià-to] *agg.* **1** Che ha cattive abitudini e comportamenti capricciosi perché educato con troppa indulgenza: *un bambino viziato* **2** Guastato da qualche difetto: *il tuo ragionamento è viziato da un pregiudizio* ◊ Inquinato, malsano: *aria viziata per il fumo*.

vizio [vì-zio] *s.m.* **1** Tendenza al male; pratica abituale del male Ⓒ virtù: *un uomo incline al vizio*; *vivere, cadere nel vizio* **2** Cattiva abitudine: *ha il vizio di sparlare degli altri, di mangiarsi le unghie* ◊ Abitudine nociva: *ha il vizio di bere, del fumo, dell'alcol* **3** Difetto, imperfezione: *questo giocattolo ha un vizio di costruzione* | *Vizio cardiaco* = malformazione del cuore che provoca disturbi al suo funzionamento.

vizioso [vi-zió-so] *agg.* **1** Pieno di vizi, incline al vizio Ⓢ dissoluto, depravato Ⓒ virtuoso, retto: *un uomo vizioso*; *conduce una vita viziosa* **2** *Circolo vizioso* = vedi *circolo*.

vizzo [vìz-zo] *agg.* Che ha perso la freschezza e l'elasticità Ⓢ appassito, flaccido: *un fiore vizzo*; *un viso vizzo*.

vocabolario [vo-ca-bo-là-rio] *s.m.* **1** Dizionario: *vocabolario della lingua italiana*; *vocabolario italiano-tedesco e tedesco-italiano* **2** L'insieme dei vocaboli di una lingua o usati da una persona, un autore, una disciplina, un'epoca ecc. Ⓢ lessico: *l'italiano ha un vocabolario molto ricco*; *i bambini hanno un vocabolario limitato*; *il vocabolario marinaresco, sportivo, giuridico.*

vocabolo [vo-cà-bo-lo] *s.m.* Ogni parola di una lingua dotata di un significato autonomo Ⓢ voce: *cercare sul vocabolario il significato, i significati di un vocabolo.*

vocale[1] [vo-cà-le] *agg.* **1** Della voce, che riguarda la voce: *corde vocali* **2** Per voce, per canto (contrapposto a *strumentale*): *musica vocale*; *concerto vocale.*

vocale[2] [vo-cà-le] *s.f.* Lettera dell'alfabeto che rappresenta un suono che, a differenza di quello della *consonante*, può essere essere pronunciato da solo e può dunque formare una sillaba anche da sola: *le vocali dell'italiano sono la «a», la «e», la «i», la «o» e la «u».*

vocazione [vo-ca-zió-ne] *s.f.* **1** Disposizione alla vita religiosa sentita come una chiamata da parte di Dio: *aveva sin da piccolo la vocazione a diventare sacerdote* **2** Inclinazione naturale verso un'arte, una professione, una disciplina: *ha una forte vocazione per la musica, per la matematica*; *fa l'insegnante per vocazione.*

voce [vó-ce] *s.f.* **1** Serie di suoni emessi nel parlare o nel cantare: *parlava con un tono di voce dolce*; *ti ho riconosciuto dalla voce*; *non alzare la voce!*; *voce acuta, grave*; *voce squillante, metallica, gutturale, nasale*; *voce di basso, di tenore, di soprano* | *Voci bianche* = quelle dei bambini | *Perdere la voce* = diventare afono o muto | *A gran voce* = gridando forte | *Sotto voce* = a voce molto bassa | *A voce* = oralmente | ♧ *Fare la voce grossa* = assumere un atteggiamento deciso o minaccioso **2** Verso emesso dagli animali: *la voce della civetta, delle cicale* ◊ Suono emesso da strumenti musicali: *la voce del violino, delle campane* ◊ Suono prodotto da elementi e fenomeni naturali: *la voce del vento, della tempesta* **3** ♧ Persona che parla: *non una voce si levò in sua difesa* ◊ Cantante: *concorso per voci nuove* **4** ♧ Opinione; monito: *vi avevo avvertiti, ma la mia voce non è stata ascoltata* | *Ascoltare, seguire la voce della coscienza, della ragione, del dovere* = ciò che essi dettano e suggeriscono, il loro richiamo o monito | *La voce del cuore* = il sentimento, gli impulsi affettivi | *La voce del sangue* = l'impulso naturale ad amare i membri della propria famiglia **5** ♧ Notizia generica, non accertata Ⓢ diceria: *s'è sparsa la voce di una prossima crisi di governo*; *corre voce che ci sarà una nuova tassa*; *sono solo voci, non c'è niente di certo* **6** Vocabolo, termine: *«scippo» è una voce di origine dialettale* ◊ Ogni parola spiegata e trattata in un dizionario, in un'enciclopedia Ⓢ lemma, vocabolo: *un'enciclopedia di diecimila voci*; *compilare una voce per un dizionario* **7** Forma verbale: *«sono» è voce del verbo «essere».*

vociare [vo-cià-re] *v.intr.* [aus. *avere*] Parlare a voce alta facendo schiamazzo: *smettetela di vociare!* ♦ *s.m.* **1** Rumore, schiamazzo prodotto da più persone che parlano a voce alta: *dal mercato veniva un continuo vociare* **2** Insieme di pettegolezzi, di dicerie: *si è fatto un gran vociare sulla crisi di quella coppia, ma non c'è niente di vero.*

vociferare [vo-ci-fe-rà-re] *v.tr.* Diffondere voci, notizie per lo più non certe | *Si vocifera* = si dice in giro, corre la voce: *si vocifera che ci sarà una crisi di governo.*

vodka [parola russa; pron. corrente *vòdka*] *s.f. invar.* Acquavite distillata dal grano e da altri cereali, prodotta e diffusa spec. in Russia e in Polonia.

voga [vó-ga] *s.f.* **1** L'azione e il modo di vogare: *esercitarsi nella voga* **2** ♧ Moda, usanza molto diffusa e che ha ottenuto grande successo: *qualche anno fa c'era la voga delle gonne lunghe* | *In voga* = alla moda, popolare, di successo: *un ballo molto in voga qualche anno fa*; *è il cantante più in voga del momento.*

vogare [vo-gà-re] *v.intr.* [*vógo, vóghi*; aus. *avere*] Remare.

vogatore [vo-ga-tó-re] *s.m.* **1** [f. *–trice*] Rematore **2** Attrezzo per fare ginnastica che permette di eseguire fuori dall'acqua gli stessi movimenti di chi rema.

voglia [vò-glia] *s.f.* **1** Desiderio di qualcosa; impulso a soddisfare un bisogno o un desiderio: *ho voglia di fare una bella vacanza*; *mi è venuta voglia di un gelato*; *non ho voglia di mangiare, di dormire*; *gli venne voglia di piangere* | *Togliersi la voglia di qualcosa* = soddisfarla **2** Disposizione, volontà: *quel ragazzo non ha voglia di fare niente, ha poca voglia di studiare* | *Fare qualcosa di buona voglia, di mala voglia, contro voglia* = volentieri, malvolentieri **3** Macchia sulla pelle, così chiamata perché secondo un'antica credenza popolare sarebbe causata da una voglia insoddisfatta della propria madre durante la gravidanza: *Paolo ha una voglia di fragola sulla schiena.*

voi [vói] *pronome pers.* **1** Pronome personale maschile e femminile di seconda persona plurale; si usa rivolgendosi a più persone; come complemento oggetto e complemento di termine si usa al posto della forma *vi* quando gli si vuole dare particolare rilievo: *quando (voi) arrivate chiamateci*; *l'avete voluto voi*; *io ne so quanto voi*; *ho chiamato voi, non loro*; *verrò da voi domani* **2** Si usa anche, al posto del *lei* (spec. nel linguaggio di un tempo), rivolgendosi a una singola persona, in segno di deferenza o per esprimere distacco, freddezza, superiorità: *siete voi, caro signore, che dovete chiedermi scusa*.

voialtri [voi-àl-tri] o **voi altri** *pronome pers.* Voi.

volano [vo-là-no] *s.m.* Specie di pallina che si lancia con una racchetta o un tamburello in un gioco simile al tennis; è costituita da una mezza sfera di gomma o di sughero con una corona di penne conficcate sui bordi della faccia piana.

volante[1] [vo-làn-te] *agg.* **1** Che vola: *animali volanti*; *dischi volanti* **2** *Traguardo volante* = nel ciclismo, traguardo intermedio posto lungo il percorso di una gara e che prevede premi per il primo corridore che lo oltrepassa **3** *Squadra volante* = squadra di pronto intervento della polizia, attrezzata con mezzi veloci ♦ *s.f.* Squadra volante; anche, autovettura usata da tale squadra: *chiamare la volante*; *sul posto sono arrivate subito due volanti*.

volante[2] [vo-làn-te] *s.m.* Organo a forma di ruota che serve per comandare manualmente lo sterzo degli autoveicoli: *l'autista girò il volante per curvare* | *Un asso del volante* = un campione di automobilismo.

volantino [vo-lan-tì-no] *s.m.* Foglio stampato che viene distribuito al pubblico a scopo di pubblicità o di propaganda.

volare [vo-là-re] *v.intr.* [aus. *avere* ed *essere*] **1** Spostarsi nell'aria per mezzo delle ali: *vide volare un'ape, una rondine*; *gli angeli volano* **2** Spostarsi nell'aria o nello spazio: *l'aeroplano volava a bassa quota*; *intorno alla Terra volano centinaia di satelliti*; *abbiamo volato senza scalo da Roma a Istanbul* **3** Muoversi nell'aria restando sospeso per un certo tempo prima di ricadere (detto di cose leggere): *le piume volano al minimo soffio*; *un colpo di vento gli fece volare via il cappello* **4** Venire lanciato a distanza nell'aria: *intorno a lui volavano le pallottole*; *il pallone volò oltre il muro* ◊ ♧ Venire scagliato, scambiato con particolare violenza: *tra le opposte tifoserie volarono calci, pugni, insulti* **5** Cadere, precipitare nel vuoto: *si è sporto dalla finestra ed è volato giù*; *l'auto volò nel burrone* **6** ♧ Correre, dirigersi a grande velocità: *le macchine volavano sulla pista*; *è volato a casa appena ha saputo la notizia*; *il bambino volò incontro alla madre* ◊ Diffondersi, propagarsi rapidamente: *la notizia è volata di bocca in bocca* **7** ♧ Passare, trascorrere rapidamente: *quando ci si diverte, il tempo vola*; *come sono volate le vacanze!*

volata [vo-là-ta] *s.f.* **1** Corsa rapida: *faccio una volata a comprare il pane* | *Di volata* = di corsa, in gran fretta: *andò a casa di volata* **2** Nelle gare ciclistiche e podistiche, lo scatto finale compiuto dagli atleti in prossimità del traguardo: *il corridore ha battuto il gruppo in volata*; *chi inizia la volata difficilmente la vince*.

volatile [vo-là-ti-le] *agg.* Si dice di sostanza che evapora molto rapidamente: *l'etere è molto volatile* ♦ *s.m.* Uccello: *nel parco è proibita la caccia ai volatili*.

volatilizzarsi [vo-la-ti-liz-zàr-si] *v.pr.* **1** Evaporare **2** ♧ Sparire improvvisamente, svanire nel nulla, dileguarsi: *era qui un attimo fa, non può essersi volatilizzato*.

volenteroso [vo-len-te-ró-so] o **volonteroso** [vo-lon-te-ró-so] *agg.* Pieno di buona volontà © svogliato, pigro: *è un allievo molto volenteroso*.

volentieri [vo-len-tiè-ri] *avv.* Di buona voglia, con piacere: *verrei volentieri con voi, ma non posso* | *Spesso e volentieri* = molto frequentemente: *spesso e volentieri arriva in ritardo* ◊ Si usa anche come risposta affermativa: *«Mi accompagni?» «Volentieri!»*.

volere[1] [vo-lé-re] *v.tr.* [pres. *vòglio, vuòi, vuòle, vogliàmo, voléte, vògliono*; pass.rem. *vòlli, voléstì, vòlle, volémmo, voléste, vòllero*; fut. *vorrò*; cond. *vorrèi*; cong.pres. *vòglia*; part.pass. *volùto*] **1** Avere l'intenzione, la volontà o il desiderio di fare qualcosa, di agire in un certo modo: *voglio fare di testa mia*; *quel ragazzo non vuole studiare*; *non voglio mettermi in viaggio con questo tempo* ◊ In frasi negative, detto di animali o cose, non decidersi a: *questo motore non vuole proprio funzionare*; *questo mal di testa non vuole proprio passare* **2** Aspirare a ottenere qualcosa: *chi vuole un premio, deve meritarselo*; *non sa nemmeno lui quello che vuole* ◊ Desiderare: *vorrei essere lasciato in pace*; *vuoi che resti a farti compagnia?*; *vuole ancora un po' di dolce?*; *non voglio quella gente per casa* | *Volere una persona* = chiedere di parlare con lei: *ti vogliono al telefono* **3** Disporre, stabilire, decidere in un certo modo: *ha voluto che tutti i suoi beni andassero ai poveri*; *il destino ha voluto così* **4** Esigere, pretendere qualcosa da altri: *vuole essere pagato subito*; *non devi volere troppo da quel ragazzo* ◊ Chiedere, esigere un certo compenso o prezzo: *quanto vuole per riparare il televisore?*; *per quella casa vogliono centomila euro* **5** Permettere, consentire, ammettere (spec. in frasi negative): *mio padre non vuole che esca di sera*; *non voglio scuse!* **6** *Voler bene, male a qualcuno* = provare affetto per qualcuno o odiarlo, desiderare il suo male | *Volersi bene* = amarsi reciprocamente | *Volerne a qualcuno* = serbargli rancore per qualcosa: *non me ne volere se ti rifiuto questo favore* **7** *Voler dire* = intendere dire (*cosa vuoi dire con questo discorso?*); significare: *cosa vuol dire questa parola?*; *se non viene, vuol dire che gli è successo qualcosa* | *Vuol dire poco, molto* = ha poca, molta importanza | *Non vuol dire* = non importa **8** *Vuoi... vuoi* = sia... sia: *vuoi per un motivo, vuoi per un altro, non ho mai tempo di riposare* **9** *Volendo* = se si desidera: *la cosa, volendo, si può aggiustare* | *Senza volere* = senza intenzione, involontariamente | *Dio voglia che, volesse Dio che, volesse il cielo che* = per esprimere desiderio, augurio: *Dio voglia che tu torni a casa sano e salvo!* | *Se Dio vuole* = finalmente: *se Dio vuole, domani torno a casa* | *Se l'è voluta* = è solo lui il responsabile del guaio in cui s'è messo, del danno che ha subito; se l'è meritata: *è inutile che si lamenti, se l'è voluta* ♦ **volerci** *v.intr.* [aus. *essere*] Essere necessario, occorrere: *c'è voluto poco tempo per finire quel lavoro*; *è l'uomo che ci vuole per noi.*

Quando *volere*, come verbo servile, è seguito da un verbo all'infinito, prende di norma l'ausiliare richiesto da quel verbo, ma la regola non è assoluta : è *voluto* o anche *ha voluto partire a ogni costo*; *non si è voluto arrendere* o *non ha voluto arrendersi*.

volere2 [vo-lé-re] *s.m.* Volontà: *ha dovuto piegarsi al volere dei genitori*; *ho rispettato i suoi voleri*; *sia fatto il volere di Dio.*

volgare [vol-gà-re] *agg.* **1** *Lingua volgare* (e come s.m. *il volgare*) = nel medioevo, la lingua derivata dal latino che veniva parlata dal popolo, in contrapposizione al latino letterario e colto: *la lingua volgare francese, italiana*; *il volgare fiorentino*; *Dante scrisse la «Divina Commedia» in volgare* ◊ *Nome volgare di una pianta, di un animale* = quello di uso comune, non scientifico: *il nome volgare del Boletus edulis è «porcino»* **2** Rozzo, grossolano, privo di ogni finezza Ⓒ raffinato, fine: *gente volgare*; *un uomo dai modi volgari* ◊ Indecente, triviale, osceno: *fece un gesto volgare*; *non usare parole volgari!* ◊ Comune, privo di ogni qualità o valore: *questo quadro è solo una volgare imitazione* ◊ Spregevole: *le sue sono volgari calunnie*; *quell'uomo è un volgare imbroglione.*

volgarità [vol-ga-ri-tà] *s.f.* Grossolanità, mancanza di finezza: *la sua volgarità di modi mi irrita* ◊ Gesto, espressione volgare, triviale Ⓢ sconcezza, oscenità: *non dire volgarità!*

volgarmente [vol-gar-mén-te] *avv.* **1** Nel linguaggio comune, non scientifico: *l'emicrania è detta volgarmente mal di testa* **2** In modo volgare, osceno: *parla volgarmente.*

volgere [vòl-ge-re] *v.tr.* [pres. *vòlgo, vòlgi*; pass. rem. *vòlsi, volgésti*; part.pass. *vòlto*] Voltare, indirizzare, dirigere, rivolgere verso qualcosa o qualcuno (anche ♧): *volse la testa verso di me*; *volgere lo sguardo al cielo*; *volse il pensiero ai figli* | *Volgere il nemico in fuga* = metterlo in fuga ♦ *v.intr.* [aus. *avere*] Avvicinarsi, approssimarsi: *il sole volgeva al tramonto*; *le vacanze volgono al termine* ◊ Tendere: *il tempo volge al bello*; *le cose volgono al peggio* ♦ **volgersi** *v.pr.* **1** Voltarsi in una direzione, verso qualcosa o qualcuno: *volgersi indietro*; *si volse verso di me* **2** ♧ Rivolgersi, riversarsi contro qualcuno: *l'ira della folla si volse contro di lui.*

volgo [vól-go] *s.m.* [pl. *–ghi*] Il popolo, e in partic., con valore spregiativo, la parte più rozza e ignorante del popolo: *la gente del volgo*; *non devi curarti dei pregiudizi del volgo.*

voliera [vo-liè-ra] *s.f.* Grande gabbia per uccelli Ⓢ uccelliera.

volitivo [vo-li-tì-vo] *agg.* Che ha grande forza di volontà Ⓢ deciso: *un uomo volitivo, dal carattere volitivo.*

volo [vó-lo] *s.m.* **1** La capacità e l'azione di volare (riferito ad animali): *il volo è caratteristico degli uccelli, degli insetti e dei pipistrelli*; *il passero spiccò il volo* | ♧ *Prendere il volo* = fuggire, sparire: *l'evaso ha preso il volo* **2** Movimento di veicoli o altri oggetti nell'atmosfera o nello spazio: *un aereo, un elicottero in volo*; *il volo degli aquiloni*; *voli interplanetari* | *Campo di volo* = pista di decollo e di atterraggio di un aeroporto ◊ Viaggio a bordo di un aereo: *questo è il mio primo volo* ◊ Servizio di trasporto aereo; aeroplano che effettua tale servizio: *in seguito allo sciopero sono stati annullati molti voli*; *è in partenza il volo per Parigi* **3** Movimento compiuto nell'aria da un oggetto lanciato o da una persona che si dà uno slancio: *il volo della palla oltre il muro*; *il volo dello sciatore nel salto dal trampolino* | *Al volo* = mentre l'oggetto lanciato è in aria, prima che tocchi terra (*colpì la palla al volo*); ♧ immediatamente, con prontezza: *è uno che capisce le cose al volo*; *devi afferrare al volo questa buona occasione* ◊ Caduta dall'alto o ruzzolone: *ha fatto* *un volo dal terzo piano; è scivolato sul ghiaccio è ha fatto un gran volo.*

volontà [vo-lon-tà] *s.f.* **1** Capacità di decidere e agire in modo da conseguire il proprio scopo: *quel ragazzo ha una grande forza di volontà; un uomo privo di volontà* **2** Atto del volere: *lo ha fatto di sua spontanea volontà* | *A volontà* = a piacere, quanto si vuole: *mangiare a volontà* ◊ Ciò che qualcuno vuole Ⓢ volere: *vuole sempre imporre la sua volontà; sia fatta la volontà di Dio* | *Le ultime volontà* = le disposizioni contenute nel testamento **3** Buona disposizione a fare qualcosa Ⓢ voglia: *quel ragazzo ha poca volontà di studiare* | *Buona volontà* = disposizione, impegno a far bene | *Cattiva volontà* = mancanza di impegno, tendenza a sottrarsi ai propri doveri.

volontariato [vo-lon-ta-rià-to] *s.m.* **1** Servizio militare prestato come volontario **2** Lavoro non regolarmente retribuito prestato volontariamente per fare esperienza in una data professione: *ha fatto due anni di volontariato in un reparto ospedaliero* **3** Attività volontaria e gratuita svolta da cittadini a favore della collettività, di persone malate o in difficoltà: *molti giovani dedicano parte del loro tempo al volontariato.*

volontario [vo-lon-tà-rio] *agg.* Che è deciso e fatto per libera scelta, non per obbligo Ⓢ spontaneo: *la sua è stata un'offerta volontaria; rinuncia volontaria* ◊ Che dipende dalla volontà: *se giro la testa compio un atto volontario* | *Omicidio volontario* = intenzionale ♦ *agg.* e *s.m.* Che, chi accetta di fare qualcosa per libera scelta, senza esservi obbligato: *chi si offre volontario per riordinare la biblioteca?; andò come volontario in guerra; i volontari della Croce Rossa.*

volonteroso vedi **volenteroso**.

volpe [vól-pe] *s.f.* **1** Mammifero carnivoro selvatico, con corpo snello, pelo rossastro, muso aguzzo e coda lunga e folta ◊ La pelliccia di tale animale: *cappotto, colletto di volpe* **2** ♧ Persona molto astuta: *è una vecchia volpe, non lo ingannerai facilmente.*

volpone [vol-pó-ne] *s.m.* Persona molto astuta e furba.

volt [vòlt] *s.m.* Unità di misura della tensione elettrica.

volta[1] [vòl-ta] *s.f.* **1** Momento in cui a qualcuno tocca o spetta di fare una cosa; turno: *ora è la tua volta di parlare* | *Uno, due, tre alla volta* o *per volta* = uno solo per ogni momento, a gruppi di due, di tre ecc.: *parlate uno alla volta; entrate tre alla volta* | *Poco per volta, un po' alla volta* = gradatamente, col tempo | *Tutto, tutti in una volta* = tutto, tutti insieme ◊ Occasione favorevole; momento opportuno: *questa è la tua volta, approfittane; ogni cosa a sua volta* **2** Momento, circostanza, occasione in cui avviene o è avvenuto un fatto: *ti ricordi quella volta che siamo andati a pescare?; la prossima volta cerca di stare più attento; glielo dico ogni volta che ci incontriamo* | *Di volta in volta, volta per volta* = via via, caso per caso: *decideremo volta per volta quel che è meglio fare* | *Una volta per tutte* = in modo definitivo: *ha deciso, una volta per tutte, di farla finita* | *Una buona volta* = finalmente (per esprimere impazienza, fastidio): *smettila, una buona volta!* | *Una volta o l'altra* = prima o poi: *una volta o l'altra doveva capitare* | *A volte, qualche volta, alcune volte, alle volte, delle volte* = talvolta, ogni tanto, in certi momenti | *Una volta* = un tempo, nel passato: *c'era una volta...* **3** Preceduto da un numerale o da una indicazione quantitativa indica la frequenza con cui avviene un fatto o il suo ripetersi: *mangia tre volte al giorno; è la seconda volta che lo vedo; te l'avrò detto mille volte!* | *Molte, tante volte* = spesso | *Poche, rare volte* = raramente ◊ Indica moltiplicazione o divisione di una quantità: *tre volte tre fa nove; la sua casa è due volte più piccola della mia* **4** *Alla volta di* = verso, in direzione di: *partirono alla volta di Firenze; i soldati venivano alla nostra volta* **5** ♧ *Dar di volta il cervello* = impazzire: *perché ti sei comportato così? ti ha dato di volta il cervello?*

volta[2] [vòl-ta] *s.f.* **1** Copertura a superficie curva di un edificio o di un ambiente: *la volta di una chiesa, di una stazione, di un salone* ◊ La superficie interna concava di una volta: *la volta affrescata della Cappella Sistina* **2** Soffitto a forma di volta di una galleria o di una cavità naturale: *la volta di una caverna* ◊ *Volta cranica* = la parete superiore della cavità cranica ◊ ♧ *Volta celeste* = il cielo.

voltafaccia [vol-ta-fàc-cia] *s.m.invar.* Cambiamento improvviso di idee, opinioni, atteggiamenti, spesso dovuto a motivi di convenienza personale: *da lui non mi sarei mai aspettato un voltafaccia simile.*

voltagabbana [vol-ta-gab-bà-na] *s.m.f.invar.* Chi cambia spesso e facilmente idea, opinione, atteggiamento per convenienza personale Ⓢ opportunista, banderuola: *dice che ti appoggerà, ma non fidarti, è un voltagabbana.*

voltare [vol-tà-re] *v.tr.* **1** Girare dal lato opposto qualcosa che abbia due facce: *voltare la frittata, un quadro, le pagine di un libro* **2** Girare, dirigere qualcosa in una direzione diversa o contraria rispetto a quella in cui era indirizzato: *voltò la testa* *da un'altra parte*; *voltò la macchina e tornò a casa*; *la barca voltò la prua verso la riva* | *Voltare le spalle a qualcuno* = girarsi o essere disposto in modo da mostrargliele; ♧ togliergli il proprio appoggio, abbandonarlo | *Voltare le spalle al nemico* = fuggire ♦ *v.intr.* [aus. *avere*] Cambiare direzione: *all'incrocio devi voltare a destra* ♦ **voltarsi** *v.pr.* Girarsi, volgersi: *camminava senza voltarsi indietro* | ♧ *Non sapere da che parte voltarsi* = non sapere più che cosa fare, a chi chiedere aiuto per uscire da una brutta situazione.

voltastomaco [vol-ta-stò-ma-co] *s.m.invar.* Nausea, voglia di vomitare: *questa brodaglia mi dà il voltastomaco* ◊ ♧ Ribrezzo, disgusto: *la sua ipocrisia mi fa venire il voltastomaco*.

volteggiare [vol-teg-già-re] *v.intr.* [aus. *avere*] **1** Compiere ampi giri nell'aria: *le rondini volteggiavano attorno al campanile*; *l'aereo volteggiava sulla città* **2** Eseguire volteggi: *gli atleti volteggiavano sulle parallele*.

volteggio [vol-tég-gio] *s.m.* [pl. *–gi*] In equitazione, ogni cambiamento di posizione eseguito dal cavaliere sul cavallo in corsa ◊ Nella ginnastica artistica, esecuzione di evoluzioni e figure acrobatiche ai vari attrezzi: *fare un volteggio al cavallo, alla sbarra, alle parallele*.

volto [vól-to] *s.m.* **1** Viso, faccia: *il suo volto era triste*; *un volto delicato* **2** ♧ Carattere, natura: *ti eri fidato di lui, ma ti ha tradito mostrando il suo vero volto*.

volubile [vo-lù-bi-le] *agg.* Che cambia facilmente opinione o atteggiamento Ⓢ incostante Ⓒ costante: *una persona, un carattere volubile* ◊ Instabile, variabile (detto del tempo).

volume [vo-lù-me] *s.m.* **1** Lo spazio occupato da un corpo e la misura di tale spazio: *il volume di una sfera, di un liquido, di un gas*; *mille litri d'acqua hanno il volume di un metro cubo*; *calcolare il volume di una stanza* ◊ In senso più generico, massa, mole, ingombro di un corpo: *la paglia occupa molto volume*; *un pacco leggero ma di grande volume* **2** ♧ Quantità complessiva di un'attività: *è aumentato il volume delle vendite, degli scambi* **3** Intensità di un suono: *abbassa il volume della radio*; *sentire la musica a tutto volume* **4** Libro, tomo: *la biblioteca scolastica contiene circa ottomila volumi*; *una enciclopedia in quindici volumi*.

voluminoso [vo-lu-mi-nó-so] *agg.* Che occupa molto spazio Ⓢ ingombrante, grosso: *un pacco, un mobile voluminoso*.

volutamente [vo-lu-ta-mén-te] *avv.* Intenzionalmente, di proposito: *mi ha offeso volutamente*.

voluto [vo-lù-to] *agg.* Che corrisponde a ciò che si cerca, si desidera: *è riuscito a ottenere l'effetto voluto* ◊ Intenzionale, consapevole: *la sua è stata un'omissione voluta, non casuale*.

voluttà [vo-lut-tà] *s.f.* Piacere, godimento erotico: *abbandonarsi alla voluttà dei sensi* ◊ Intenso piacere fisico o spirituale: *gustò con voluttà quel cibo squisito*.

voluttuario [vo-lut-tu-à-rio] *agg.* Che soddisfa bisogni non strettamente necessari Ⓢ superfluo: *spese voluttuarie*; *beni voluttuari*.

vomere [vò-me-re] *s.m.* Lama di acciaio dell'aratro che taglia le zolle di terra in senso orizzontale.

vomitare [vo-mi-tà-re] *v.tr.* **1** Espellere dalla bocca ciò che si ha nello stomaco: *ha vomitato la cena*; *vomitare per il mal di mare* | ♧ *Far vomitare, venire da vomitare* = provocare disgusto, ripugnanza: *uno spettacolo da far vomitare*; *solo a vederlo mi viene da vomitare* **2** Emettere, lanciare fuori con violenza: *il vulcano vomitava fiumi di lava* ◊ ♧ Dire parole violente, volgari: *vomitare bestemmie, insulti*.

vomito [vò-mi-to] *s.m.* Violenta emissione dalla bocca di ciò che si ha nello stomaco: *l'indigestione gli ha provocato il vomito* | ♧ *Dare, fare venire il vomito* = provocare disgusto, ripugnanza ◊ Il materiale vomitato: *ha sporcato il letto di vomito*.

vongola [vón-go-la] *s.f.* Mollusco che vive sui fondali sabbiosi e viene pescato e allevato per la bontà delle carni.

vorace [vo-rà-ce] *agg.* Che divora grandi quantità di cibo per saziarsi (detto di animale): *i maiali sono animali particolarmente voraci* ◊ Che mangia molto e con avidità Ⓢ ingordo: *un bambino vorace* | ♧ *Un lettore vorace* = che legge molto e avidamente.

voragine [vo-rà-gi-ne] *s.f.* Profonda apertura, spaccatura del terreno Ⓢ baratro: *il terremoto ha aperto delle voragini in tutta la zona*; *è caduto in una voragine* ◊ Ampia caverna sotterranea con pareti scoscese.

vortice [vòr-ti-ce] *s.m.* **1** Rapido movimento rotatorio di una massa d'acqua, di aria e simili; la massa stessa che si muove in tal modo Ⓢ gorgo, mulinello: *un vortice di vento sollevava vortici di sabbia*; *annegò nei vortici del fiume in piena* **2** Movimento rapido e vorticoso: *si gettò nel vortice della danza* **3** ♧ Forza travolgente Ⓢ turbine: *fu preso nel vortice della passione*.

vorticoso [vor-ti-có-so] *agg.* **1** Pieno di vortici: *le acque vorticose di un fiume in piena* **2** Che si muove con continui e rapidi movimenti circolari:

una danza vorticosa **3** ♧ Velocissimo, travolgente, incalzante: *i ritmi vorticosi della vita moderna*; *un vorticoso giro di affari.*

vostro [vò-stro] *agg.poss. di seconda persona pl.* **1** Che appartiene a voi: *questi libri sono vostri* ◊ Che si riferisce a voi; che riguarda voi, proviene da voi o è fatto da voi: *le vostre mani*; *i vostri pensieri*; *questo non è affar vostro*; *ho ascoltato i vostri consigli*; *ho letto i vostri temi* ◊ Che ha con voi una relazione di parentela, di amicizia, di lavoro, di dipendenza ecc.: *le vostre cugine*; *un vostro amico*; *il vostro medico*; *il vostro paese* **2** Che vi è abituale, consueto: *fate sempre il vostro sonnellino pomeridiano?* **3** Rivolto a un'autorità o a una sola persona esprime rispetto e deferenza: *Vostra Maestà*, *Vostro Onore*; *se la Signoria Vostra vuole accomodarsi* ♦ *pronome poss. di seconda persona pl.* Ha gli stessi usi e significati dell'aggettivo (ed è sempre preceduto dall'articolo determinativo): *il mio giardino è più grande del vostro* ◊ *Anche voi avete voluto dire la vostra* = la vostra opinione | *Io sto dalla vostra* = dalla vostra parte | *Ne avete detta, fatta, combinata un'altra delle vostre* = una delle vostre solite sciocchezze, cose inopportune, malefatte e simili.

votante [vo-tàn-te] *agg.* e *s.m.f.* Che, chi ha diritto al voto; che, chi prende parte a una votazione: *i cittadini votanti*; *i votanti sono stati il settanta per cento.*

votare [vo-tà-re] *v.tr.* Sottoporre a votazione: *la nuova legge sarà votata domani al parlamento* ◊ Approvare, sostenere con il proprio voto: *l'opposizione non ha votato la proposta di legge*; *votare un partito*, *un candidato* ♦ *v.intr.* [aus. *avere*] Dare il proprio voto: *votare per un partito*, *per un candidato*; *votare contro il governo*, *contro una proposta* ◊ Partecipare a una votazione © astenersi: *ha votato solo una minoranza degli elettori* ♦ **votarsi** *v.pr.* Consacrarsi, dedicarsi totalmente a qualcuno o a qualcosa: *decise di votarsi alla causa del suo popolo*; *votarsi a Dio.*

votazione [vo-ta-zió-ne] *s.f.* **1** L'operazione del votare; procedimento con cui si dà il proprio voto per scegliere chi eleggere a una carica, per approvare o respingere una legge, una proposta e simili: *fare una votazione*; *comunicare l'esito di una votazione*; *votazione segreta*, *per alzata di mano* **2** L'insieme dei voti conseguiti da uno studente nel corso dell'anno o in un esame: *è stato promosso con una buona votazione.*

votivo [vo-tì-vo] *agg.* Che viene offerto in voto e dedicato alla divinità: *la chiesa era ornata di immagini votive*; *lampada votiva*; *offerta votiva.*

voto [vó-to] *s.m.* **1** Atto con cui si manifesta la propria volontà e la propria scelta nell'eleggere qualcuno o nel decidere qualcosa: *bisogna avere compiuto diciotto anni per avere il diritto di voto alle elezioni*; *dare un voto favorevole*, *contrario a una proposta* ◊ Ogni singolo suffragio dato o ottenuto in una votazione: *verrà eletto il candidato che ottiene più voti* ◊ Votazione: *l'assemblea decise di procedere al voto*; *mettere ai voti una proposta*, *un emendamento* **2** Valutazione del merito scolastico espressa in numeri: *prendere un brutto voto*; *è stato promosso a pieni voti* **3** Promessa solenne di compiere un dato atto o di rinunciare a qualcosa, fatta alla divinità spec. in segno di riconoscenza per una grazia ricevuta o per ottenere qualcosa: *fare un voto alla Madonna*, *a San Gennaro*; *fare voto di andare a piedi a un santuario*, *di non fumare più* ◊ *Voti di castità*, *povertà*, *obbedienza* = i tre impegni che assume chi entra in un ordine religioso | *Prendere i voti* = entrare in un ordine religioso.

vulcanico [vul-cà-ni-co] *agg.* [pl.m. *–ci*] **1** Di un vulcano: *eruzione vulcanica* ◊ Proprio dei vulcani: *fenomeni vulcanici*; *crateri*, *gas vulcanici* | *Lago vulcanico* = formatosi nel cratere di un vulcano spento **2** ♧ Pieno di idee, di progetti e di iniziative; che ha una fervida e inesauribile immaginazione: *un uomo*, *un ingegno vulcanico*; *una fantasia*, *una mente vulcanica.*

vulcano [vul-cà-no] *s.m.* Apertura profonda della crosta terrestre da cui fuoriescono lava, lapilli, vapori, gas ecc.; nel linguaggio comune, la montagna a forma di cono formatasi in seguito all'accumulo e alla solidificazione dei materiali eruttati da un cratere vulcanico: *vulcano attivo*, *in eruzione*, *spento*; *salire in cima a un vulcano.*

vulnerabile [vul-ne-rà-bi-le] *agg.* Che può essere ferito © invulnerabile: *Achille era vulnerabile solo nel tallone* | ♧ *Una persona*, *un carattere vulnerabile* = molto sensibile e fragile ◊ Che può essere facilmente attaccato, colpito e danneggiato: *la difesa della squadra si è dimostrata vulnerabile*; *il mento è il punto più vulnerabile di quel pugile*; *lo schieramento nemico è stato assalito dal lato più vulnerabile.*

vulva [vùl-va] *s.f.* L'insieme degli organi esterni dell'apparato genitale femminile.

vuotare [vuo-tà-re] *v.tr.* Rendere vuoto qualcosa versandone o togliendone il contenuto © riempire: *vuotare una damigiana*, *un armadio*, *un cassetto*, *una valigia* | *Vuotare un bicchiere*, *una bottiglia* = berne l'intero contenuto | *Vuotare un piatto* = mangiarne rapidamente il contenuto | *Vuotare* *un negozio, una casa* = sgombrarli o svaligiarli | *Vuotare le tasche, il portafoglio a qualcuno* = fargli spendere o portargli via tutto il denaro che ha | ♧ *Vuotare il sacco* = confessare, dire tutto ciò che si sa ♦ **vuotarsi** *v.pr.* Diventare, restare vuoto: *la vasca si è vuotata in pochi minuti* ◊ Spopolarsi: *la città ad agosto si vuota.*

vuoto [vuò-to] *agg.* **1** Che non contiene nulla © pieno: *bottiglia, scatola vuota* ◊ In cui non c'è nessuno: *la piazza era vuota; la città ad agosto resta vuota* | *Appartamento vuoto* = senza mobili o sfitto, non abitato | *Cinema, teatro vuoto* = senza o con pochissimi spettatori | *Poltrona, sedia vuota, posto vuoto* = non occupati, liberi | *A stomaco vuoto* = senza aver mangiato, a digiuno: *una medicina da prendere a stomaco vuoto* | ♧ *A mani vuote* = senza portare regali o altro (*presentarsi a una festa a mani vuote*); senza avere ottenuto niente di quello che si sperava: *restare, tornare a mani vuote* | ♧ *Sentirsi la testa vuota* = avere la mente confusa, non riuscire a riflettere e a concentrarsi **2** ♧ Privo, mancante: *frasi vuote di senso* ◊ Privo di contenuti, di idee, di sostanza o di senso, di valore, di interesse: *un discorso vuoto; condurre una vita vuota; trascorreva giornate vuote* ♦ *s.m.* **1** Spazio libero, non occupato da corpi o sostanze di qualsiasi tipo (esclusa l'aria): *rimase sospeso nel vuoto; cadde e precipitò nel vuoto; i suoi occhi fissavano il vuoto* | ♧ *Le sue parole, i suoi consigli sono caduti nel vuoto* = non sono stati ascoltati, presi in considerazione | ♧ *Fare il vuoto intorno a sé* = allontanare gli altri da sé, disgustandoli con il proprio comportamento; anche, nel linguaggio sportivo, distanziare nettamente gli avversari **2** Cavità, spazio vuoto all'interno di qualcosa: *in questo muro c'è un vuoto* **3** Assenza o forte rarefazione dell'aria all'interno di un recipiente o di un ambiente: *nelle lampadine elettriche viene creato il vuoto* | *Sotto vuoto* = in contenitori da cui è stata eliminata l'aria: *molti prodotti alimentari sono conservati sotto vuoto* **4** Recipiente vuoto: *bisogna restituire i vuoti dell'acqua* **5** ♧ Mancanza, carenza | *Avere un vuoto di memoria* = un'amnesia momentanea | *Lasciare un vuoto* = far sentire grandemente la propria mancanza, riferito alla morte o alla partenza di persone care o stimate: *la sua morte ha lasciato un vuoto incolmabile* **6** ♧ *A vuoto* = inutilmente, senza effetto: *stai parlando a vuoto, non ti ascoltano; fare un tentativo a vuoto* | *Andare a vuoto* = non riuscire, fallire: *il suo piano è andato a vuoto* | *Viaggiare a vuoto* = senza passeggeri o senza carico, detto di mezzi di trasporto | *Assegno a vuoto* = emesso senza che sia depositata presso una banca la somma corrispondente Ⓢ assegno scoperto.

w, W

w *s.f.* o *m.* Lettera dell'alfabeto di alcune lingue moderne; quando è da sola si pronuncia *vu doppia* (o *doppia vu* o *vu doppio* o *doppio vu*); in italiano si incontra solo in parole straniere entrate nell'uso e si pronuncia come *v* (*wafer*, *watt*) o come *u* (*western*) ◊ *W*, in geografia indica l'ovest in alternativa a *O* | *W* = abbreviazione di «viva», «evviva».

wafer [parola inglese; pron. corrente *vàfer*] *s.m. invar.* Biscotto fatto di due o più cialde molto sottili e friabili farcite con varie creme: *wafer alla crema, alla nocciola.*

water [parola inglese; pron. corrente *vàter*] *s.m. invar.* Vaso del gabinetto con sciacquone: *pulire il water.*

watt [parola inglese; pron. *vat*] *s.m.invar.* Unità di misura della potenza elettrica.

web [forma abbreviata dell'espressione inglese *World Wide Web,* «ragnatela a estensione mondiale»; pron. *uèb*] *s.m.invar.* L'insieme dei siti Internet a cui si può accedere e tra i quali si può navigare. Il web è un ipertesto globale in cui tutti i siti mondiali possono essere consultati da tutti. La pagina web è il singolo documento e la "navigazione" è il passaggio da un sito all'altro tramite i link.

webcam [parola composta formata dall'unione di *web* e *cam,* abbreviazione di «telecamera»; pron. *uèbcam*] *s.f.invar.* Piccola telecamera collegata a un computer che permette di vedere ciò che riprende a tutti i computer connessi con questo in rete.

weekend o **week-end** [parola inglese; pron. corrente *uikènd*] *s.m.invar.* Fine settimana, comprendente il sabato e la domenica: *hai programmi per il weekend?*; *il prossimo weekend vado al mare.*

welfare-state [locuz. inglese; pron. corrente *uèlfar-stéit*] *s.m.invar.* Sistema sociale in cui lo stato garantisce a tutti i cittadini un livello minimo di reddito e i servizi sociali indispensabili.

West [parola inglese; pron. *uèst*] *s.m.invar.* La parte occidentale degli Stati Uniti d'America e del Canada.

western [parola inglese; pron. corrente *uèstern*] *agg.* e *s.m.invar.* Detto di film e di genere cinematografico ambientato nelle regioni occidentali degli Stati Uniti all'epoca della colonizzazione e incentrato su vicende avventurose che hanno come protagonisti soprattutto pionieri, cowboys, pellirosse, sceriffi, fuorilegge: *questa sera al cinema danno un (film) western.*

wi-fi [abbreviazione della locuzione inglese *wi(reless) fi(delity),* «fedeltà senza fili» ; pron. *uaifài*] *s.m.invar.* Comunicazione digitale tramite onde radio, quindi senza l'uso di cavi, utilizzata soprattutto per collegarsi a Internet con un dispositivo portatile ♦ *agg.invar.* Che utilizza questo tipo di tecnologia: *connessione wi-fi.*

whisky [parola inglese; pron. *uìski*] *s.m.invar.* Acquavite di cereali.

windsurf [parola inglese; pron. corrente *uìndserf*] *s.m.invar.* Tavola galleggiante munita di una vela che il navigatore manovra standovi in piedi ◊ Lo sport che si pratica con tale imbarcazione: *mi piace fare windsurf.*

wireless [parola inglese che significa «senza fili»; pron. corrente *uàireless*] *s.m.invar.* Tipo di collegamento senza fili (per es. tra un computer e la rete telefonica o tra più computer) che utilizza le onde radio.

word processor [locuz. inglese; pron. corrente *uórd prosèssor*] *s.m.invar.* Macchina o programma per l'elaborazione di testi mediante computer.

wrestling [parola inglese; pron. corrente *rèstling*] *s.m.invar.* Tipo di lotta libera senza regole, molto violenta e spettacolare.

würstel [parola tedesca; pron. corrente *viùrstel*] *s.m.invar.* Salsiccia lunga e sottile di carne bovina o suina finemente tritata; è prodotto tipico della Germania e dell'Austria.

www [sigla dell'espressione inglese *World Wide Web,* «ragnatela a es tensione mondiale»; pron. corrente *vu-vu-vu*] *s.m.invar.* Web; è la sigla che si premette a ogni indirizzo di sito Internet.

x, X

x *s.f.* o *m.* Lettera dell'alfabeto greco e latino e di varie lingue moderne; in italiano si trova solo in parole di origine o derivazione straniera, nelle quali si pronuncia *cs*, mentre quando è da sola si pronuncia *ics* ◊ *X* = numero romano equivalente a 10 | *x* = simbolo matematico che indica l'incognita di un'equazione o una quantità indeterminata | *x* = nei pronostici del totocalcio indica il risultato di parità ♦ in funzione di *agg.* **1** Detto di persona o cosa sconosciuta o imprecisata: *il signor x*; *il giorno x* | *L'ora x* = l'ora decisiva, il momento cruciale **2** *Raggi X* = vedi *raggio*.

xenofobia [xe-no-fo-bì-a] *s.f.* Odio, avversione per gli stranieri e per tutto ciò che è straniero: *con l'aumento dell'immigrazione sono diventate più frequenti nel nostro paese le manifestazioni di xenofobia.*

xenofobo [xe-nò-fo-bo] *agg.* e *s.m.* Che, chi prova xenofobia: *un politico xenofobo.*

xilofono [xi-lò-fo-no] *s.m.* Strumento musicale costituito da una serie di tavolette di legno o di bambù di lunghezza diversa che si percuotono con due martelletti anch'essi di legno.

y, Y

y *s.f.* o *m.* Lettera dell'alfabeto greco e latino entrata negli alfabeti di varie lingue moderne; in italiano è usata solo in parole straniere o di origine straniera, in cui si pronuncia come *i*; quando è da sola si pronuncia *ìpsilon* (ma è chiamata anche *i greca*).

yacht [parola inglese; pron. corrente *iòt*] *s.m. invar.* Lussuosa imbarcazione privata da diporto, a vela o a motore Ⓢ panfilo.

yak [parola di origine tibetana; pron. corrente *iàc*] *s.m.invar.* Grosso mammifero del Tibet, simile al bue, con pelame scuro lungo e folto.

yard [parola inglese; pron. corrente *iard*] *s.m. invar.* Unità di misura di lunghezza inglese, corrispondente a 0,914 m.

yeti [yè-ti] *s.m.invar.* Essere simile a un gigantesco uomo peloso che, secondo una leggenda, vivrebbe tra le nevi dell'Himalaya.

yoga [yò-ga] *s.m.invar.* Filosofia e pratica di origine orientale, che attraverso l'autodisciplina, la meditazione e un insieme di tecniche fisiche si propone di liberare l'individuo dagli stimoli fisici e psichici e dai condizionamenti del mondo esterno ◊ Insieme di esercizi ginnici e di tecniche respiratorie che si ispirano alla pratica dello yoga: *fare yoga*; *corso di yoga*.

yogurt [yò-gurt] *s.m.invar.* Latte coagulato per l'azione di alcuni fermenti, di sapore molto acido: *yogurt intero, magro*.

z, Z

z *s.f.* o *m.* Ventunesima e ultima lettera dell'alfabeto italiano; è una consonante e rappresenta due suoni diversi, uno sordo (*azione*, *mazzo*) e uno sonoro (*zona*, *romanzo*); quando è da sola si pronuncia *zeta*.

zabaione [za-ba-ió-ne] *s.m.* Crema dolce a base di tuorli d'uovo sbattuti con zucchero e marsala o altro vino liquoroso.

zaffata [zaf-fà-ta] *s.f.* Improvvisa ondata di cattivo odore: *dal tombino uscì una zaffata mefitica* ◊ Improvviso spruzzo di liquido o getto di gas: *fu investito da una zaffata di fumo.*

zafferano [zaf-fe-rà-no] *s.m.* Pianta con fiori viola dai cui pistilli, seccati e ridotti in polvere, si ricava una droga utilizzata come aroma in cucina ◊ La droga stessa, in forma di polvere giallo-rossa: *risotto allo zafferano.*

zaffiro [zaf-fi-ro] *s.m.* Pietra preziosa di colore azzurro o blu trasparente.

zaino [zài-no] *s.m.* Sacco di tela robusta o di materiale impermeabile, che si porta appeso alle spalle mediante apposite cinghie per trasportare attrezzi, vestiario, provviste di cibo, libri ecc.

zampa [zàm-pa] *s.f.* **1** Ciascuno degli arti degli animali (o anche solo la parte dell'arto che tocca terra): *le zampe del cavallo*, *della gallina*, *della lucertola*, *della mosca*; *il cane ha una spina nella zampa* **2** (spec. al *pl.*) In usi scherzosi, gambe dell'uomo | *Camminare a quattro zampe* = carponi ◊ Mani: *giù le zampe dal tavolo!*

zampata [zam-pà-ta] *s.f.* Colpo di zampa: *il gatto gli ha dato una zampata e lo ha graffiato.*

zampettare [zam-pet-tà-re] *v.intr.* [aus. *avere*] Saltellare, camminare a piccoli passi (detto di uccelli e piccoli animali): *i pulcini zampettano nel cortile* ◊ Sgambettare (detto di bambini).

zampillare [zam-pil-là-re] *v.intr.* [aus. *essere* o *avere*] Sgorgare, venir fuori a zampillo Ⓢ sprizzare: *l'acqua zampilla dalla roccia*; *il sangue zampillava dalla ferita.*

zampillo [zam-pìl-lo] *s.m.* Sottile getto di acqua o di altri liquidi che sgorga con forza da una stretta apertura, spec. dal basso verso l'alto: *gli zampilli della fontana*; *uno zampillo di vino sprizzò dalla botte.*

zampino [zam-pì-no] *s.m.* Diminutivo di *zampa* ◊ ♧ Intervento più o meno nascosto di qualcuno in una faccenda, spec. a danno di altri o a proprio favore: *dì la verità, qui c'è il tuo zampino*; *nella sua bocciatura qualcuno deve averci messo lo zampino.*

zampogna [zam-pó-gna] *s.f.* Strumento musicale a fiato, simile alla cornamusa e usato fin dall'antichità dai pastori; è formato da un otre di pelle con innestate una canna per soffiarvi dentro l'aria e altre da cui esce il suono.

zampognaro [zam-po-gnà-ro] *s.m.* Suonatore di zampogna.

zampone [zam-pó-ne] *s.m.* Salume di carne di maiale tritata e insaccata nella cotenna della zampa del maiale.

zanna [zàn-na] *s.f.* **1** Ciascuno dei due grossi e lunghi denti sporgenti ai lati della bocca di alcuni mammiferi: *le zanne dell'elefante*, *del cinghiale*, *del tricheco* **2** I denti, e in partic. i canini, di alcuni carnivori: *le zanne del leone*, *del lupo.*

zanzara [zan-zà-ra] *s.f.* Piccolo insetto diffuso soprattutto nei luoghi umidi e vicino all'acqua; la femmina punge l'uomo e gli animali per succhiarne il sangue.

zanzariera [zan-za-riè-ra] *s.f.* Rete molto sottile di metallo o altro materiale che si applica alle finestre per non fare entrare zanzare e altri insetti molesti all'interno di un ambiente; anche, velo che si sospende sopra e intorno al letto per proteggere chi dorme dalle zanzare.

zappa [zàp-pa] *s.f.* Attrezzo manuale per lavorare la terra costituito da una lama di ferro fissata ad angolo retto a un manico di legno: *il contadino rompe le zolle con la zappa* | ♧ *Darsi la zappa sui piedi* = danneggiare involontariamente se stessi facendo o dicendo qualcosa.

zappare [zap-pà-re] *v.tr.* Lavorare la terra con la zappa.

zappatore [zap-pa-tó-re] *s.m.* [f. *–trice*] Chi lavora con la zappa ◊ Contadino.

zapping [parola inglese; pron. corrente *zàpping*] *s.m.invar.* Passaggio rapido e continuo da un canale televisivo all'altro mediante il telecomando: *fare zapping*.

zar [zar] *s.m.invar.* In passato, imperatore di Russia: *l'ultimo zar fu Nicola II*.

zattera [zàt-te-ra] *s.f.* Piattaforma galleggiante usata per il trasporto di merci su brevi distanze o come imbarcazione di fortuna; nella sua forma primitiva è costituita da tronchi legati insieme ed è mossa con remi o anche a vela ◊ Barcone a fondo piatto usato spec. come traghetto.

zavorra [za-vòr-ra] *s.f.* L'insieme dei pesi che si mettono nella stiva di una nave per assicurarne la stabilità ◊ L'insieme dei sacchetti di sabbia o di altro materiale che si caricano su un aerostato, destinati a essere gettati per diminuire il peso quando sia necessario salire di quota.

zazzera [zàz-ze-ra] *s.f.* Capigliatura, spec. maschile, lunga fino a coprire il collo ◊ Capigliatura troppo lunga e sempre in disordine: *e tagliati quella zazzera una buona volta!*

zebra [zè-bra] *s.f.* **1** Mammifero africano simile al cavallo, caratteristico per il mantello a strisce trasversali bianche e nere **2** (al *pl.*) Strisce pedonali: *ricordati di attraversare la strada sulle zebre*.

zecca[1] [zéc-ca] *s.f.* Stabilimento statale in cui si coniano le monete di metallo, le medaglie, i timbri ufficiali | ♧ *Nuovo di zecca* = appena comprato, non ancora usato: *ha un'automobile nuova di zecca*.

zecca[2] [zéc-ca] *s.f.* Piccolo animale parassita che succhia il sangue di vari mammiferi e dell'uomo e può trasmettere varie malattie: *il cane era pieno di zecche*.

zelante [ze-làn-te] *agg.* Che compie con zelo il proprio dovere Ⓢ diligente, solerte: *un impiegato zelante*.

zelo [zè-lo] *s.m.* Impegno assiduo e diligente nel fare qualcosa Ⓢ solerzia, diligenza: *un impiegato pieno di zelo*; *è ammirevole per lo zelo con cui studia*.

zenit [zè-nit] *s.m.* Punto della volta celeste perpendicolare a un dato punto di osservazione posto sulla superficie terrestre | *Sole allo zenit* = esattamente sopra la testa dell'osservatore.

zeppa [zép-pa] *s.f.* Cuneo o pezzetto di legno o di altro materiale usato per otturare una fessura o per dare stabilità a mobili traballanti | ♧ *Metterci una zeppa* = trovare un rimedio alla meglio: *hai combinato un bel guaio, ora bisogna metterci una zeppa*.

zeppo [zép-po] *agg.* Completamente pieno Ⓢ gremito: *la tua scrivania è sempre zeppa di carte*; *un compito zeppo di errori*; *il cinema era pieno zeppo (di gente)*.

zerbino [zer-bì-no] *s.m.* Piccolo tappeto che si mette all'esterno della porta di entrata per pulirsi le scarpe Ⓢ stuoino.

zero [zè-ro] *agg.num.card.invar.* Numero che indica una quantità numerica nulla (si scrive 0 in numeri arabi): *la squadra ha fatto zero punti in tre partite*; *temperatura di zero gradi* | *L'ora zero* = la mezzanotte; anche, l'ora d'inizio di un'operazione, spec. militare: *sta per scattare l'ora zero* ♦ *s.m.* **1** Il numero zero: *un numero moltiplicato per zero dà sempre zero*; *lo zero posto a destra di un numero lo moltiplica per dieci* **2** Punto iniziale di una serie e, in partic., della scala graduata di uno strumento di misura; punto di demarcazione tra i valori positivi e quelli negativi di una grandezza: *l'indicatore della benzina segna lo zero*; *rimettere a zero il contachilometri* | *Il termometro segna zero* = una temperatura di zero gradi nella scala centigrada Celsius | *Essere sotto zero* = a una temperatura inferiore a zero gradi centigradi ◊ *Sparare a zero* = tenendo l'arma in posizione orizzontale; ♧ attaccare, criticare violentemente qualcuno: *ha sparato a zero contro il nuovo direttore* | *Tagliare i capelli a zero* = rasarli completamente | *Ricominciare, ripartire da zero* = dal punto di partenza o dal nulla | *Possibilità, speranze ridotte a zero* = ridotte a nulla **3** Nelle votazioni scolastiche, il voto più basso: *ho preso zero nel compito di latino* **4** Niente, nulla: *in casa la mia opinione conta zero*; *in queste cose ci capisco zero* ◊ ♧ Persona di nessun valore Ⓢ nullità: *i suoi colleghi lo considerano uno zero*.

zeta [zè-ta] *s.f.* Nome della lettera *z* | ♧ *Dalla a alla zeta* = dal principio alla fine: *raccontami tutto dalla a alla zeta*.

zia [zì-a] *s.f.* La sorella della madre o del padre rispetto ai figli di questi; anche, la moglie dello zio.

zibellino [zi-bel-lì-no] *s.m.* Piccolo mammifero carnivoro siberiano dal corpo snello e allungato che viene cacciato per la sua pelliccia molto pregiata ◊ La pelliccia di tale animale, soffice e di colore bruno chiaro o fulvo.

zigano [zi-gà-no] o **tzigano** [tzi-gà-no] *s.m.* Zingaro, spec. dell'Ungheria ♦ *agg.* Proprio degli zigani: *violino zigano*; *musica zigana*.

zigomo [zì-go-mo] *s.m.* Ciascuna delle due sporgenze ossee, più o meno pronunciate, situate ai lati della faccia sotto le orbite.

zigrinato [zi-gri-nà-to] *agg.* Ruvido e granuloso: *una borsa di pelle zigrinata* ◊ Che ha la superficie incisa a solchi paralleli o incrociati (detto di metalli o altri materiali duri): *le monete in genere hanno l'orlo zigrinato.*

zigzag [zig-zag] o **zig zag** *s.m.* Linea o movimento che procede ora in una direzione ora in un'altra formando una serie di angoli a Z: *lo zigzag di un torrente* | *A zigzag* = con continui mutamenti di direzione: *il sentiero procede a zigzag.*

zimbello [zim-bèl-lo] *s.m.* **1** Uccello vivo che viene legato a una cordicella in modo che svolazzando attiri altri uccelli: *caccia con lo zimbello* **2** ♧ Chi diventa bersaglio di scherzi o dello scherno altrui: *è diventato lo zimbello del paese.*

zinco [zìn-co] *s.m.* Metallo di colore grigio-azzurro, utilizzato per fabbricare lamiere, per ricoprire altri metalli contro la corrosione e per preparare l'ottone e altre leghe.

zingaro [zìn-ga-ro] *s.m.* Individuo appartenente a una popolazione originaria dell'India e diffusasi poi anche in Europa e nel resto del mondo, dove conduce vita per lo più nomade: *un accampamento, una carovana di zingari* | *Fare una vita da zingaro* = fare il girovago, spostarsi continuamente da un luogo all'altro.

zio [zì-o] *s.m.* Il fratello della madre o del padre rispetto ai figli di questi; anche, il marito della zia | *Gli zii* = lo zio e la zia.

zip *s.m.f.invar.* **1** Cerniera lampo **2** Nome commerciale di un dispositivo di lettura e scrittura di speciali dischetti magnetici flessibili ad alta capacità ◊ (spec. al *f.*) Il dischetto utilizzato da tale dispositivo, che può contenere molti più dati di un floppy disk.

zitella [zi-tèl-la] *s.f.* Donna nubile e, in partic., donna non sposata e non più giovane.

zittire [zit-tì-re] *v.tr.* Fare tacere, indurre al silenzio qualcuno emettendo un sibilo sordo (o anche con altre manifestazioni sonore): *l'oratore fu zittito dalle urla di disapprovazione del pubblico* ◊ Far ammutolire: *il padre lo zittì con un'occhiata* ♦ *v.intr.* [aus. *avere*] Fare silenzio, tacere: *tutti zittirono quando entrò il preside.*

zitto [zìt-to] *agg.* Che non parla, che sta in silenzio | *Stare, restare zitto* = restare in silenzio (*è restata zitta tutta la sera*); non reagire, non protestare (*non puoi stare zitto di fronte a tali ingiustizie*); non rivelare segreti, notizie riservate: *se gli confidi qualcosa, non è capace di stare zitto* | *Fare stare zitto qualcuno* = farlo tacere; indurlo o costringerlo al silenzio: *lo hanno pagato, lo hanno ucciso per farlo stare zitto* | *Zitto zitto* = senza dire una parola, facendo in modo di non essere notato: *se ne andò via zitto zitto* ♦ *inter.* Si usa per intimare silenzio o per minacciare: *zitti, lasciate parlare lui!*; *zitto, o guai a te!*

zizzania [ziz-zà-nia] *s.f.* Erba nociva che infesta i campi di grano Ⓢ loglio | ♧ *Seminare, mettere zizzania* = mettere volutamente discordia, far sorgere contrasti tra le persone.

zoccolo [zòc-co-lo] *s.m.* **1** Calzatura di legno scavato un tempo usata dai contadini e oggi facente parte dell'abbigliamento tradizionale di alcune regioni europee (spec. in Olanda) ◊ Calzatura prevalentemente aperta, con suola di legno, usata in certi ambienti di lavoro e in partic. d'estate sulle spiagge **2** Grossa unghia dura e resistente dei cavalli, dei buoi, delle pecore e di altri mammiferi **3** Basamento, piedistallo di un monumento, di un edificio, di una scultura, di una colonna e simili.

zodiaco [zo-dì-a-co] *s.m.* Fascia del cielo entro cui sono compresi gli apparenti percorsi del Sole, della Luna e dei pianeti; è suddivisa in dodici parti ognuna delle quali contiene una costellazione (Ariete, Toro, Gemelli, Cancro, Leone, Vergine, Bilancia, Scorpione, Sagittario, Capricorno, Acquario, Pesci).

zolfanello [zol-fa-nèl-lo] *s.m.* Fiammifero di legno con la capocchia di zolfo: *accendere uno zolfanello.*

zolfara vedi **solfara**.

zolfatara vedi **solfatara**.

zolfo [zól-fo] *s.m.* Elemento chimico di colore giallo intenso, molto diffuso in natura sia come minerale allo stato puro (*giacimenti di zolfo*) sia combinato con altri minerali; bruciando emana un caratteristico odore acre ed è usato spec. nell'industria chimica, dei fiammiferi e in agricoltura come fertilizzante e antiparassitario.

zolla [zòl-la] *s.f.* Pezzo di terra compatta che si stacca dal terreno lavorandolo: *rovesciare, rompere le zolle con la zappa, con l'aratro.*

zolletta [zol-lét-ta] *s.f.* Cubetto di zucchero compresso.

zombie [parola inglese di origine haitiana; pron *zombi*] o **zombi** [zóm-bi] *s.m.f.invar.* **1** Secondo alcuni culti magico-religiosi delle Antille, spirito che entra in un cadavere ridandogli vita ◊ Cadavere vivente protagonista di film e racconti dell'orrore **2** ♧ Persona che si trova in uno stato di estrema apatia, che appare imbambolata e incapace di qualsiasi reazione.

zona [zò-na] *s.f.* **1** Parte delimitata di una superficie o di uno spazio: *sotto l'albero c'era un'ampia zona d'ombra*; *solo una zona del cielo era sgombra di nubi* ◊ *Zone terrestri* = le cinque fasce climatiche (*zone polari, zone temperate, zona equatoriale*) in cui si suddivide convenzionalmente la superficie terrestre **2** Regione, parte di un territorio caratterizzata da particolari condizioni geografiche, economiche, politiche ecc.: *zona collinare, montagnosa, pianeggiante*; *zona desertica, paludosa, boscosa*; *zona agricola*; *zona di guerra, di combattimento* | *Zona sismica* = parte di una regione particolarmente soggetta a terremoti **3** Parte di una città: *abitare in una zona periferica, centrale* ◊ Area urbana destinata a particolari funzioni: *zona residenziale, commerciale, industriale* | *Zona verde* = destinata a parchi e giardini | *Zona blu* = area urbana nella quale il traffico dei veicoli è soggetto a particolari limitazioni **4** *In zona* = nelle vicinanze: *mi trovavo qui in zona e sono venuto a salutarti* | *Fuori zona* = lontano dal luogo in cui si abita, fuori dai giri abituali: *non mi servo in quel negozio perché per me è troppo fuori zona* **5** Nel calcio e in altri giochi di squadra, la parte del campo presidiata da un giocatore | *Gioco, difesa, marcatura a zona* = tattica di gioco in cui a ogni giocatore è affidato il controllo di una zona del campo piuttosto che quello di un determinato giocatore avversario (si contrappone perciò a *gioco, difesa, marcatura a uomo*).

zonzo [zón-zo] *Andare a zonzo* = andare a spasso, girare qua e là senza una meta precisa.

zoo [zò-o] *s.m.invar.* Parco recintato in cui vivono rinchiusi e sono esposti al pubblico animali di varie specie, spec. esotici e rari Ⓢ giardino zoologico: *mi piace visitare lo zoo, anche se mi fanno pena gli animali chiusi in gabbia.*

zoologia [zo-o-lo-gì-a] *s.f.* Scienza che studia gli animali.

zoologico [zo-o-lò-gi-co] *agg.* Che concerne la zoologia: *ricerche zoologiche* | *Giardino zoologico* = zoo.

zoologo [zo-ò-lo-go] *s.m.* Studioso, esperto di zoologia.

zoom [parola inglese; pron. corrente *zum*] *s.m. invar.* Obiettivo fotografico, cinematografico o televisivo a lunghezza variabile, che consente di portare rapidamente in primo piano (o allontanare) il soggetto da riprendere mantenendo sempre a fuoco l'immagine.

zoomare vedi **zumare**.

zootecnia [zo-o-tec-nì-a] *s.f.* Scienza che studia le tecniche di allevamento degli animali utili all'uomo, occupandosi della loro riproduzione, della selezione di specie e razze sempre migliori e della loro più razionale utilizzazione.

zootecnico [zo-o-tèc-ni-co] *agg.* [pl.m. *–ci*] Relativo alla zootecnia: *ricerche zootecniche* | *Patrimonio zootecnico* = l'insieme degli animali di allevamento di una regione, di uno stato.

zoppicare [zop-pi-cà-re] *v.intr.* [*zòppico, zòppichi*; aus. *avere*] **1** Camminare in modo irregolare, difettoso per qualche imperfezione o infermità agli arti inferiori: *zoppico perché mi sono slogata una caviglia* **2** Traballare, essere malfermo (detto spec. di mobili): *questa sedia zoppica* **3** ♧ Presentare punti deboli, non reggere: *il tuo ragionamento zoppica* ◊ Essere incerto, avere delle difficoltà in una materia scolastica: *zoppica un po' in matematica.*

zoppo [zòp-po] *agg.* **1** Che ha una qualche imperfezione o infermità agli arti inferiori per cui cammina in modo difettoso: *è zoppo da un piede, dalla gamba destra*; *è rimasto zoppo per un incidente automobilistico* **2** Traballante, instabile (detto spec. di mobili): *un tavolo zoppo* **3** ♧ Che non regge Ⓢ difettoso, incompleto: *un ragionamento zoppo* ♦ *s.m.* Chi cammina zoppicando per un difetto permanente: *un povero zoppo.*

zotico [zò-ti-co] *agg.* [pl.m. *–ci*] Poco educato, rozzo e sgarbato: *gente zotica*; *maniere zotiche* ♦ *s.m.* Persona maleducata, ignorante e villana.

zucca [zùc-ca] *s.f.* **1** Pianta erbacea annuale, con fiori gialli e frutti di forme e dimensioni diverse a seconda delle varietà ◊ Il frutto di tale pianta, molto apprezzato come ortaggio **2** ♧ Testa: *si grattò la zucca con aria preoccupata* | *Avere, non avere sale nella zucca* = essere, non essere assennato.

zuccata [zuc-cà-ta] *s.f.* Colpo dato con la testa: *è inciampato e ha dato una zuccata contro la porta.*

zuccherare [zuc-che-rà-re] *v.tr.* Mettere dello zucchero in una bevanda per addolcirla: *zuccherare il caffè, il latte* ◊ Cospargere qualcosa di zucchero: *zuccherare la torta.*

zuccheriera [zuc-che-riè-ra] *s.f.* Recipiente in cui si tiene o si serve lo zucchero.

zuccherificio [zuc-che-ri-fi-cio] *s.m.* Stabilimento dove si produce lo zucchero.

zuccherino [zuc-che-rì-no] *agg.* **1** Che contiene zucchero: *sciroppo zuccherino* **2** Dolce come lo zucchero: *uva zuccherina* ♦ *s.m.* **1** Caramella, confetto o dolcino di zucchero **2** ♧ Piccolo premio di consolazione che si dà a qualcuno per rendergli più sopportabile qualcosa di sgradito: *quando lo hanno esonerato dall'incarico, gli hanno dato una medaglia come zuccherino.*

zucchero [zùc-che-ro] *s.m.* **1** Sostanza dolce che si ricava dalla canna o dalla barbabietola da zucchero e che raffinata si presenta in forma di polvere bianca più o meno fine: *zucchero in polvere, in zollette*; *beve il caffè con molto zucchero* | *Zucchero (a) velo* = in polvere finissima, usato in pasticceria | *Zucchero caramellato* = caramello | *Zucchero filato* = fuso e tirato in fili sottili avvolti in soffici matasse su bastoncini di legno | *Color carta da zucchero* = colore azzurro-grigio caratteristico della carta in cui un tempo si vendeva lo zucchero **2** In chimica, sostanza composta da carbonio, idrogeno e ossigeno, presente nella frutta e in altri alimenti (come il fruttosio, il glucosio, il saccarosio): *il medico gli ha consigliato una dieta povera di zuccheri* **3** Cibo o bevanda particolarmente dolce: *queste pesche sono uno zucchero* **4** ♧ Persona molto dolce, amabile e di carattere mite: *quella ragazza è uno zucchero*.

zuccheroso [zuc-che-ró-so] *agg.* **1** Che contiene molto zucchero ◊ Molto dolce: *pere zuccherose* **2** ♧ Mellifluo, falsamente amabile: *non sopporto i suoi modi zuccherosi* ◊ Sdolcinato, pieno di sentimentalismo: *un film zuccheroso*.

zucchetto [zuc-chét-to] *s.m.* Copricapo a forma di calotta semisferica, portato da vescovi e cardinali e dagli ebrei osservanti.

zucchina [zuc-chì-na] *s.f.* o **zucchino** *s.m.* Varietà di zucca che produce frutti commestibili oblunghi e di colore verde più o meno scuro ◊ Il frutto stesso: *frittata con le zucchine*.

zuccone [zuc-có-ne] *s.m.* Persona poco intelligente o anche particolarmente testarda, cocciuta: *sei uno zuccone, non capisci nulla!*; *quello zuccone piuttosto che cedere si farebbe ammazzare!*

zuffa [zùf-fa] *s.f.* Litigio violento in cui si viene alle mani Ⓢ rissa, baruffa, tafferuglio: *tra i tifosi delle due squadre è scoppiata una zuffa*.

zufolare [zu-fo-là-re] *v.intr.* [aus. *avere*] Suonare lo zufolo ◊ Fischiettare ♦ *v.tr.* Suonare con lo zufolo o fischiettare un motivo: *si mise a zufolare una canzonetta*.

zufolo [zù-fo-lo] o **zuffolo** [zùf-fo-lo] *s.m.* Strumento musicale a fiato, costituito da un piccolo cilindro di canna o di legno cavo con imboccatura a taglio trasversale e alcuni fori per la modulazione del suono ◊ Fischietto.

zumare [zu-mà-re] o **zoomare** [zoo-mà-re] *v.tr.* e *v.intr.* [aus. *avere*] In riprese cinematografiche o televisive, portare rapidamente in primo piano un determinato soggetto usando lo zoom: *zumare il protagonista*; *zumare su un particolare*.

zuppa [zùp-pa] *s.f.* Minestra a base di brodo e ingredienti vari e che in genere si consuma con pezzetti di pane fritti o crostini: *zuppa di verdura, di ceci, di fagioli, di pesce* ◊ *Zuppa inglese* = dolce composto di strati di biscotti savoiardi o pan di Spagna inzuppati di liquore e farciti di crema e cioccolato.

zuppiera [zup-piè-ra] *s.f.* Grosso recipiente munito di manici e di coperchio usato per servire in tavola la minestra.

zuppo [zùp-po] *agg.* Completamente bagnato Ⓢ intriso, fradicio: *hai la camicia zuppa di sudore*; *sei completamente zuppo*.

zuzzerellone [zuz-ze-rel-ló-ne] o **zuzzurellone** o **zuzzurullone** *s.m.* Persona adulta a cui piace ancora scherzare, giocare e comportarsi come un bambino: *tuo zio è molto simpatico, ma è un po' zuzzerellone*.

Verbi irregolari

accèndere pass.rem. *accési, accendésti*; part.pass. *acceso.*
acclùdere pass.rem. *acclùsi, accludésti*; part.pass. *acclùso.*
Così anche: **concludere**, **escludere**, **includere**, **occludere**, **precludere**, **recludere**
accòrgersi pass.rem. *mi accòrsi, ti accorgésti*; part.pass. *accòrto.*
addùrre pres. *addùco, addùci*; fut. *addurrò*; pass.rem. *addùssi, adducésti*; cond. *addurrèi*; part.pass. *addótto.* Gli altri tempi si formano dal tema *adduc-* (*adducévo, adducéssi*).
Così anche: **condurre**, **dedurre**, **indurre**, **introdurre**, **produrre**, **ricondurre**, **ridurre**, **riprodurre**, **sedurre**, **tradurre**
affiggere pass.rem. *affissi, affiggésti*; part.pass. *affisso.*
Così anche: **crocifiggere**, **infiggere**, **prefiggere**
afflìggere pass.rem. *afflìssi, affliggésti*; part.pass. *afflìtto.*
Così anche: **infliggere**
allùdere pass.rem. *allùsi, alludésti*; part.pass. *allùso.*
Così anche: **deludere**, **disilludere**, **eludere**, **illudere**, **preludere**
andàre pres. *vàdo, vài, va, andiàmo, andàte, vànno*; fut. *andrò*; cong.pres. *(io, tu, egli) vàda, andiàmo, andiàte, vàdano*; cond. *andrèi*; imper. *vài* o *va'* o *va, andate.*
Così anche: **riandare**
annèttere pass.rem *annettéi, annettésti*; part.pass. *annésso.*
Così anche: **connettere**, **sconnettere**
apparìre pres. *appàio* o *apparìsco, appàri* o *apparìsci, appàre* o *apparìsce, appariàmo, apparìte, appàiono* o *apparìscono*; pass.rem. *appàrvi* o *apparìi* o *appàrsi, apparìsti*; cong.pres. *appàia* o *apparìsca*; part.pass. *appàrso.*
Così anche: **comparire**, **riapparire**, **ricomparire**, **scomparire**, **trasparire**
appèndere pass.rem. *appési, appendésti*; part.pass. *appéso.*
Così anche: **dipendere**, **sospendere**, **spendere**
aprìre pass.rem. *aprìi* o *apèrsi, aprìsti, aprì* o *apèrse, aprìrono* o *apèrsero*; part.pass. *apèrto.*
Così anche: **coprire**, **riaprire**, **ricoprire**, **scoprire**
àrdere pass.rem. *àrsi, ardésti*; part.pass. *àrso.*
aspèrgere pres. *aspèrgo, aspèrgi*; pass.rem. *aspèrsi, aspergésti*; part.pass. *aspèrso.*
assalìre pres. *assàlgo* o *assalìsco, assàli* o *assalìsci.*
assìstere pass.rem. *assistéi* o *assistétti, assistésti*; part.pass. *assistìto.*
Così anche: **consistere**, **desistere**, **esistere**, **insistere**, **persistere**, **resistere**
assòlvere pass.rem. *assolvéi* o *assolvètti* o *assòlsi*; part.pass. *assòlto.*
Così anche: **risolvere**
assùmere pass.rem. *assùnsi, assumésti*; part.pass. *assùnto.*
Così anche: **desumere**, **presumere**, **riassumere**
assùrgere pass.rem. *assùrsi, assurgésti*; part.pass. *assùrto.*
benedìre pres. *benedìco, benedìci, benedìce, benediciàmo, benedìte, benedìcono*; imperf. *benedicévo* o *benedìvo*; fut. *benedirò*; pass.rem. *benedìssi, benedicésti* o *benedìi, benedìsti*; cong.pres. *(io, tu, egli) benedìca, benediciàmo, benediciàte, benedìcano*; cong.imperf. *benedicéssi*; imper. *benedìci*; ger. *benedicèndo*; part.pres. *benedicènte*; part.pass. *benedetto.*
Così anche: **maledire**
bére pres. *bévo*; pass.rem. *bévvi* o *bevètti, bevésti*; fut. *berrò*; cond. *berrèi*; part.pass. *bevùto.*

cadére	pass.rem. *càddi, cadésti*; fut. *cadrò*; cond. *cadrèi*. Così anche: **accadere, decadere, ricadere, scadere**
chièdere	pass.rem. *chièsi, chiedésti*; part.pass. *chièsto*. Così anche: **richiedere**
chiùdere	pass.rem. *chiùsi, chiudésti*; part.pass. *chiùso*. Così anche: **dischiudere, racchiudere, richiudere, rinchiudere, schiudere, socchiudere**
cìngere	pass.rem. *cìnsi, cingésti*; part.pass. *cìnto*. Così anche: **accingersi, recingere**
cògliere	pres. *còlgo, cògli*; pass.rem. *còlsi, cogliésti*; part.pass. *còlto*. Così anche: **accogliere, raccogliere**
comprìmere	pass.rem. *comprèssi, comprimésti*; part.pass. *comprèsso*. Così anche: **decomprimere, deprimere, esprimere, opprimere, reprimere, sopprimere**
concèdere	pass.rem. *concèssi* o *concedètti* o *concedéi, concedésti*; part.pass. *concèsso*, più raro *concedùto*.
configgere	pass.rem. *confissi, configgésti*; part.pass. *confitto*. Così anche: **sconfiggere, trafiggere**
conóscere	pass.rem. *conóbbi, conoscésti*; part.pass. *conosciùto*. Così anche: **disconoscere, misconoscere, riconoscere**
contùndere	pass.rem. *contùsi, contundésti*; part.pass. *contùso*. Così anche: **ottundere**
convèrgere	pass.rem. *convèrsi, convergésti*; non usato nei tempi composti.
córrere	pass.rem. *córsi, corrésti*; part.pass. *córso*. Così anche: **accorrere, concorrere, decorrere, discorrere, incorrere, intercorrere, occorrere, percorrere, ricorrere, rincorrere, scorrere, soccorrere**
créscere	pass.rem. *crébbi, crescésti*; part.pass. *cresciùto*. Così anche: **accrescere, decrescere, rincrescere**
cuòcere	pres. *cuòcio, cuòci, cuòce, cociàmo* o *cuociàmo, cocéte* o *cuocéte, cuòciono*; pass.rem. *còssi, cocésti* o *cuocésti*; part.pass. *còtto*. Così anche: **scuocere**
dàre	pres. *do, dài, dà, diàmo, dàte, dànno*; pass.rem. *dièdi* o *dètti, dèsti, dière* o *dètte, dèmmo, dèste, dièdero* o *dèttero*; cong.pres. *(io, tu, egli) dìa, diàmo, diàte, dìano*; cong.imperf. *déssi, déssi, désse, déssimo, déste, déssero*; imper. *dài* o *dà* o *da'*. Così anche: **ridare**
decìdere	pass.rem. *decìsi, decidésti*; part.pass. *decìso*. Così anche: **circoncidere, coincidere, incidere, recidere, uccidere**
devòlvere	pass.rem. *devolvéi* o *devolvétti, devolvésti*; part.pass. *devolùto*.
difèndere	pass.rem. *diféси, difendésti*; part.pass. *diféso*. Così anche: **offendere**
dipìngere	pres. *dipìngo, dipìngi*; pass.rem. *dipìnsi, dipingésti*; part.pass. *dipìnto*.
dìre	pres. *dìco, dìci, dìce, diciàmo, dìte, dìcono*; imperf. *dicévo*; pass.rem. *dìssi, dicésti*; fut. *dirò*; cong.pres. *(io, tu, egli) dìca, diciàmo, diciàte, dìcano*; cong.imperf. *dicéssi*; imper. *dì* o *di', dìte*; ger. *dicèndo*; part.pres. *dicènte*; part.pass. *détto*. Così anche: **contraddire, disdire, indire, interdire, predire, ridire**
dirìgere	pass.rem. *dirèssi, dirigésti*; part.pass. *dirètto*. Così anche: **erigere**
discùtere	pass.rem. *discùssi, discutésti*; part.pass. *discùsso*. Così anche: **incutere**
disfàre	pres. *disfàccio* o *disfò* o *dìsfo, disfài, disfà* o *dìsfa, disfacciàmo* o *disfiàmo, disfàte, disfànno* o *dìsfano*; nelle altre forme coniugato come *fare*.
dissòlvere	pass.rem. *dissòlsi, dissolvésti*; part.pass. *dissòlto*.
distìnguere	pass.rem. *distìnsi, distinguésti*; part.pass. *distìnto*. Così anche: **contraddistinguere**
distrùggere	pass.rem. *distrùssi, distruggésti*; part.pass. *distrùtto*.

divìdere pass.rem. *divìsi, dividésti*; part.pass. *divìso*.
Così anche: **condividere**, **suddividere**

dolére pres. *dòlgo, duòli, duòle, doliàmo, doléte, dòlgono*; pass.rem. *dòlsi, doléstì*; fut. *dorrò*; cong.pres. *(io, tu, egli) dòlga, doliàmo, doliàte, dòlgano*; cond. *dorrèi*; imper. *duòli, doléte*; part.pass. *dolùto*.

dovére pres. *dèvo* o *dèbbo, dèvi, dève, dobbiàmo, dovète, dèvono* o *dèbbono*; pass.rem. *dovèi* o *dovètti, dovèsti*; fut. *dovrò*; cong.pres. *(io, tu, egli) dèva* o *dèbba, dobbiàmo, dobbiàte, dèvano* o *dèbbano*; cond. *dovrèi*; part.pass. *dovùto*.

eccèllere pass.rem. *eccèlsi, eccellésti*; part.pass. *eccèlso*.

elìdere pass.rem. *elìsi, elidésti*; part.pass. *elìso*.

emèrgere pass.rem. *emèrsi, emergésti*; part.pass. *emèrso*.
Così anche: **immergere**, **riemergere**, **sommergere**

èrgere pass.rem. *èrsi, ergésti*; part.pass. *èrto*.

esìgere pass.rem. *esigéi* o *esigètti*; part.pass. *esàtto*.

espàndere pass.rem. *espànsi, espandésti*; part.pass. *espànso*.

espèllere pass.rem. *espùlsi, espellésti*; part.pass. *espùlso*.

esplòdere pass.rem. *esplòsi, esplodésti*; part.pass. *esplòso*.

estìnguere pass.rem. *estìnsi, estinguésti*; part.pass. *estìnto*.

evàdere pass.rem. *evàsi, evadésti*; part.pass. *evàso*.
Così anche: **invadere**, **pervadere**

evòlvere pass.rem. *evolvéi* o *evolvétti* o *evòlsi, evolvésti*; part.pass. *evolùto*.

fàre pres. *fàccio* (o raro *fò*), *fai, fa, facciàmo, fàte, fànno*; imperf. *facévo*; pass.rem. *féci, facésti, féce, facémmo, facéste, fécero*; fut. *farò*; cong.pres. *fàccia*; cong.imperf. *facessi*; cond. *farèi*; imper. *fai* o *fa'* o *fa*; ger. *facèndo*; part.pres. *facènte*; part.pass. *fàtto*.
Così anche: **assuefare**, **contraffare**, **liquefare**, **putrefare**, **rarefare**, **rifare**, **sopraffare**

fìngere pres. *fingo, fingi*; pass.rem. *finsi, fingésti*; part.pass. *finto*.

flèttere pass.rem. *flettéi* o *flèssi, flettésti*; part.pass. *flèsso*.
Così anche: **deflettere**, **genuflettere**

fóndere pass.rem. *fùsi, fondésti*; part.pass. *fùso*.
Così anche: **confondere**, **diffondere**, **effondere**, **infondere**, **profondere**, **rifondere**

fràngere pass.rem. *frànsi, frangésti*; part.pass. *frànto*.
Così anche: **infrangere**

frìggere pass.rem. *frìssi, friggésti*; part.pass. *frìtto*.
Così anche: **soffriggere**

fùngere pass.rem. *fùnsi, fungésti*; part.pass. *fùnto*

giacére pres. *giàccio, giàci, giàce, giacciàmo, giacéte, giàcciono*; pass.rem. *giàcqui, giacésti*; cong.pres. *giàccia*; part.pass. *giaciùto*.
Così anche: **soggiacere**

giùngere pres. *giùngo, giùngi*; pass.rem. *giùnsi, giungésti*; part.pass. *giùnto*.
Così anche: **aggiungere**, **congiungere**, **disgiungere**, **ingiungere**, **raggiungere**, **ricongiungere**, **soggiungere**, **sopraggiungere**

godére pass.rem. *godéi* o *godètti*; fut. *godrò*; cond. *godrèi*.

indùlgere pass.rem. *indùlsi, indulgésti*; part.pass. *indùlto*.

inferìre pres. *inferìsco, inferìsci*; pass.rem. *infèrsi, inferìsti*; part.pass. *infèrto*.

intrìdere pass.rem. *intrìsi, intridésti*; part.pass. *intrìso*.

lèdere pass.rem. *lési, ledésti*; part.pass. *léso*.

lèggere pass.rem. *lèssi, leggésti*; part.pass. *lètto*.
Così anche: **eleggere**, **rileggere**

méttere pass.rem. *mìsi, mettésti*; part.pass. *mésso*.
Così anche: **ammettere**, **commettere**, **compromettere**, **dimettere**, **emettere**, **estromettere**, **immettere**, **manomettere**, **omettere**, **permettere**, **premettere**, **promettere**, **riammettere**, **rimettere**, **scommettere**, **smettere**, **sottomettere**, **trasmettere**

mòrdere pass.rem. *mòrsi, mordésti*; part.pass. *mòrso*.
Così anche: **demordere**, **rimordere**

morìre	pres. *muòio, muòri, muòre, moriàmo, morìte, muòiono*; pass.rem. *morìi, morìsti*; fut. *morirò* o *morrò*; cong.pres. *(io, tu, egli) muòia, moriàmo, moriàte, muòiano*; cond. *morirèi* o *morrèi*; part.pass. *mòrto*.
mùngere	pass.rem. *mùnsi, mungésti*; part.pass. *mùnto*.
muòvere	pass.rem. *mòssi, movésti*; part.pass. *mòsso*. Così anche: **commuovere**, **promuovere**, **rimuovere**, **smuovere**
nàscere	pass.rem. *nàcqui, nascésti*; part.pass. *nàto*. Così anche: **rinascere**
nascóndere	pass.rem. *nascósi, nascondésti*; part.pass. *nascósto*.
nuòcere	pres. *nòccio* o *nuòccio, nuòci, nuòce, nociàmo* o *nuociàmo, nocéte* o *nuocéte, nòcciono* o *nuòcciono*; imperf. *nocévo* o *nuocévo*; pass.rem. *nòcqui, nocésti* o *nuocésti*; fut. *nocerò* o *nuocerò*; cong.pres. *nòccia* o *nuòccia*; cong.imperf. *nocéssi* o *nuocéssi*; cond. *nocerèi* o *nuocerèi*; ger. *nocèndo* o *nuocèndo*; part.pass. *nociùto* o *nuociùto*.
offrìre	pass.rem. *offrìi* o *offèrsi, offrìsti*; part.pass. *offèrto*. Così anche: **soffrire**
parére	pres. *pàio, pàri, pàre, paiàmo, paréte, paiono*; pass.rem. *pàrvi, parésti*; fut. *parrò*; cong.pres. *pàia*; cond. *parrèi*; part.pass. *pàrso*.
pèrdere	pass.rem. *pèrsi* o *perdéi* o *perdètti, perdésti*; part.pass. *pèrso* o *perdùto*. Così anche: **disperdere**
permanére	pres. *permàngo, permàni, permàne, permaniàmo, permanéte, permàngono*; pass.rem. *permàsi, permanésti*; fut. *permarrò*; cong.pres. *permànga*; cond. *permarrèi, permarrésti* Manca del part.pass. ed è usato solo nei tempi semplici.
persuadére	pass.rem. *persuàsi, persuadésti*; part.pass. *persuàso*. Così anche: **dissuadere**
piacére	pres. *piàccio, piàci, piàce, piacciàmo, piacéte, piàcciono*; pass.rem. *piàcqui, piacésti*; cong.pres. *piàccia*; part.pass. *piaciùto*. Così anche: **compiacere**, **dispiacere**, **spiacere**
piàngere	pass.rem. *piànsi, piangésti*; part.pass. *piànto*. Così anche: **compiangere**, **rimpiangere**
piòvere	pass.rem. *piòvve*; part.pass. *piovùto*.
pòrgere	pass.rem. *pòrsi, porgésti*; part.pass. *pòrto*. Così anche: **sporgere**
pórre	pres. *póngo, póni, póne, poniàmo, ponéte, póngono*; imperf. *ponévo*; pass.rem. *pósi, ponésti, póse, ponémmo, ponéste, pósero*; fut. *porrò*; cong.pres. *(io, tu, egli) pónga, poniàmo, poniàte, póngano*; cong.imperf. *ponéssi*; cond. *porrèi*; ger. *ponéndo*; part.pass. *pósto*. Così anche: **anteporre**, **apporre**, **comporre**, **contrapporre**, **decomporre**, **deporre**, **disporre**, **esporre**, **frapporre**, **imporre**, **indisporre**, **interporre**, **opporre**, **posporre**, **predisporre**, **preporre**, **presupporre**, **proporre**, **ricomporre**, **riporre**, **scomporre**, **sottoporre**, **sovrapporre**, **supporre**
potére	pres. *pòsso, puòi, può, possiàmo, potéte, pòssono*; imperf. *potévo*; pass.rem. *potéi, potésti, poté*; fut. *potrò*; cong.pres. *pòssa*; cond. *potrèi*; part.pass. *potùto*
predilìgere	pass.rem. *predilèssi, prediligésti*; part.pass. *predilètto*.
prèndere	pass.rem. *prési, prendésti*; part.pass. *préso*. Così anche: **apprendere**, **comprendere**, **intraprendere**, **rapprendere**, **riprendere**, **sorprendere**
prescìndere	pass.rem. *prescindéi* o *prescindètti, prescindésti*; raro part.pass. *prescìsso*.
protéggere	pass.rem. *protèssi, proteggésti*; part.pass. *protètto*.
provvedére	fut. *provvederò*; cond. *provvederèi*. Nelle altre forme coniugato come *vedere*.
pùngere	pass.rem. *pùnsi, pungésti*; part.pass. *pùnto*. Così anche: **espungere**
ràdere	pass.rem. *ràsi, radésti*; part.pass. *ràso*.
redìgere	pass.rem. *redàssi, redigésti*; part.pass. *redàtto*.
redìmere	pass.rem. *redènsi, rediméstì*; part.pass. *redènto*.
règgere	pass.rem. *rèssi, reggésti*; part.pass. *rètto*. Così anche: **correggere**, **sorreggere**

rèndere pass.rem. *rési, rendésti*; part.pass. *réso*. Così anche: **arrendersi**

rìdere pass.rem. *rìsi, ridésti*; part.pass. *rìso*.
Così anche: **arridere**, **deridere**, **irridere**, **sorridere**

riflèttere part.pass. *riflèsso* nella forma tr., *riflettùto* in quella intr.

rifràngere pass.rem. *rifrànsi, rifrangésti*; part.pass. *rifratto*.

rifùlgere pres. *rifùlgo, rifùlgi*; pass.rem. *rifùlsi, rifulgésti*; manca del part.pass.

rimanére pres. *rimàngo, rimàni, rimàne, rimaniàmo, rimanéte, rimàngono*; pass.rem. *rimàsi, rimanésti*; fut. *rimarrò*; cong.pres. *rimànga*; cond. *rimarrèi, rimarrésti*; part.pass. *rimàsto*.

rispóndere pass.rem. *rispósi, rispondésti*; part.pass. *rispósto*.
Così anche: **corrispondere**

ródere pass.rem. *rósi, rodésti*; part.pass. *róso*.
Così anche: **corrodere**, **erodere**

rómpere pass.rem. *rùppi, rompésti*; part.pass. *rótto*.
Così anche: **corrompere**, **erompere**, **interrompere**, **irrompere**, **prorompere**
Il composto *erompere* manca del part.pass. ed è usato solo nei tempi semplici.

salìre pres. *sàlgo, sàli, sàle, saliàmo, salìte, sàlgono*; pass.rem. *salìi, salìsti*; cong.pres. *(io, tu egli) sàlga, saliàmo, saliàte, sàlgano*. Così anche: **risalire**

sapére pres. *so, sai, sa, sappiàmo, sapéte, sànno*; pass.rem. *sèppi, sapésti*; fut. *saprò*; cond. *saprèi*; cong.pres. *sàppia*; imper. *sàppi, sappiàte*; ger. *sapèndo*; part.pass. *sapùto*.
Così anche: **risapere**

scégliere pres. *scélgo, scégli*; pass.rem. *scélsi, scegliésti*; part.pass. *scélto*.
Così anche: **prescegliere**

scéndere pass.rem. *scési, scendésti*; part.pass. *scéso*.
Così anche: **accondiscendere**, **ascendere**, **condiscendere**, **discendere**, **trascendere**

scìndere pass.rem. *scìssi, scindésti*; part.pass. *scìsso*. Così anche: **rescindere**

sciògliere pres. *sciòlgo, sciògli*; pass.rem. *sciòlsi, sciogliésti*; part.pass. *sciòlto*.
Così anche: **disciogliere**, **prosciogliere**

scòrgere pass.rem. *scòrsi, scorgésti*; part.pass. *scòrto*.

scrìvere pass.rem. *scrìssi, scrivésti*; part.pass. *scrìtto*.
Così anche: **ascrivere**, **circoscrivere**, **coscrivere**, **descrivere**, **inscrivere**, **iscrivere**, **prescrivere**, **proscrivere**, **riscrivere**, **sottoscrivere**, **trascrivere**

scuòtere pass.rem. *scòssi, scuotésti* o *scotésti*; part.pass. *scòsso*.
Così anche: **percuotere**, **riscuotere**

sedére pres. *sièdo, sièdi, siède, sediàmo, sedéte, sièdono*; pass.rem. *sedéi* o *sedètti, sedésti*; fut. *sederò* o *siederò*; cong.pres. *(io, tu, egli) sièda, sediàmo, sediàte, sièdano*; cond. *sederèi* o *siederèi*; imper. *sièdi, sedéte*; ger. *sedèndo*.
Così anche: **possedere**, **soprassedere**

seppellìre pres. *seppellìsco, seppellìsci*; part.pass. *sepólto* o *seppellìto*.
Così anche: **disseppellire**

soddisfàre pres. *soddisfàccio* o *soddìsfo, soddisfài* o *soddìsfi, soddisfà* o *soddìsfa, soddisfacciàmo* o *soddisfiàmo, soddisfàte, soddisfànno* o *soddìsfano*; fut. *soddisfarò* o *soddisferò*; cong.pres. (*io, tu, egli*) *soddisfàccia* o *soddìsfi*; cond.pres. *soddisfarèi* o *soddisferèi*; nelle altre forme coniugato come *fare*.

sórgere pass.rem. *sórsi, sorgésti*; part.pass. *sórto*. Così anche: **insorgere**, **risorgere**

spàndere pass.rem. *spandéi, spandésti*; part.pass. *spànto*.

spàrgere pass.rem. *spàrsi, spargésti*; part.pass. *spàrso*. Così anche: **cospargere**

spègnere pres. *spèngo, spègni*; pass.rem. *spènsi, spegnésti*; part.pass. *spènto*.

spìngere pass.rem. *spìnsi, spingésti*; part.pass. *spìnto*.
Così anche: **respingere**, **sospingere**

stàre pres. *sto, stài, sta, stiàmo, stàte, stànno*; pass.rem. *stètti, stésti, stètte, stémmo, stéste, stèttero*; fut. *starò*; cong.pres. *stìa*; cong.imperf. *stéssi*; cond. *starèi*; imper. *sta* o *sta'* o *stài*; part.pass. *stàto*.
Così anche: **restare**, **sottostare**

strìngere pass.rem. *strìnsi, stringésti*; part.pass. *strétto*.
Così anche: **costringere, restringere**

succèdere pass.rem. *succèssi* o *succedéi* o *succedètti, succedésti*; part.pass. *succèsso* o *succedùto*.
Così anche: **retrocedere**

tacére pres. *tàccio, tàci, tàce, tacciàmo, tacéte, tàcciono*; pass.rem. *tàcqui, tacésti*; cong.pres. *tàccia*; part.pass. *taciùto*.
Così anche: **sottacere**

tèndere pass.rem. *tési, tendésti*; part.pass. *téso*.
Così anche: **attendere, contendere, disattendere, distendere, estendere, fraintendere, intendere, pretendere, protendere, sovrintendere, sottintendere, stendere**

tenére pres. *tèngo, tièni, tiène, teniàmo, tenéte, tèngono*; pass.rem. *ténni, tenésti*; fut. *terrò*; cong.pres. *(io, tu, egli) tènga, teniàmo, teniàte, tèngano*; cond. *terrèi*; imper. *tièni, tenéte*; part.pass. *tenùto*.
Così anche: **appartenere, astenere, attenere, contenere, detenere, intrattenere, mantenere, ottenere, ritenere, sostenere, trattenere**

tèrgere pass.rem. *tèrsi, tergésti*; part.pass. *tèrso*. Così anche: **detergere**

tìngere pres. *tìngo, tìngi*; pass.rem. *tìnsi, tingésti*; part.pass. *tìnto*.
Così anche: **attingere, intingere, ritingere, stingere**

tògliere pres. *tòlgo, tògli, tòglie, togliàmo, togliéte, tòlgono*; pass.rem. *tòlsi, togliésti*; cong.pres. *tòlga, togliàmo, togliàte, tòlgano*; part.pass. *tòlto*.
Così anche: **distogliere**

tòrcere pres. *tòrco, tòrci*; pass.rem. *tòrsi, torcésti*; part.pass. *tòrto*.
Così anche: **contorcere, distorcere, estorcere, ritorcere, storcere**

tràrre pres. *tràggo, trài, tràe, traiàmo, traéte, tràggono*; fut. *trarrò*; cong.pres. *(io, tu, egli) tràgga, traiàmo, traiàte, tràggano*; cond. *trarrèi*; imper. *trài*; part.pass. *tràtto*.
Così anche: **astrarre, attrarre, contrarre, detrarre, distrarre, estrarre, protrarre, ritrarre, sottrarre**

ùngere pass.rem. *ùnsi, ungésti*; part.pass. *ùnto*.

uscìre pres. *èsco, èsci, èsce, usciàmo, uscìte, èscono*; cong.pres. *(io, tu, egli) èsca, usciàmo, usciàte, èscano*; imper. *èsci, uscìte*.
Così anche: **riuscire**

valére pres. *vàlgo, vàli, vàle, valiàmo, valéte, vàlgono*; pass.rem. *vàlsi, valésti*; fut. *varrò*; cong.pres. *(io, tu, egli) vàlga, valiàmo, valiàte, vàlgano*; condiz. *varrèi*; part.pass. *vàlso*.
Così anche: **avvalersi, equivalere, invalere, prevalere**

vedére pres. *védo*; pass.rem. *vìdi, vedésti*; fut. *vedrò*; cong.pres. *(io, tu, egli) véda, vediàmo*; cond. *vedréi, vedrésti*; part.pres. *vedente*; part.pass. *visto* o *vedùto*.
Così anche: **avvedersi, intravedere, prevedere, ravvedersi, rivedere, stravedere**
I composti **avvedersi** e **ravveddersi** presentano solo la variante del part.pass. in *-uto*.

venìre pres. *vèngo, vièni, viène, veniàmo, venìte, vèngono*; pass.rem. *vénni, venìsti*; fut. *verrò*; cong.pres. *(io, tu, egli) vènga, veniàmo, veniàte, vèngano*; cond. *vèrrei*; imper. *vièni, venìte*; part.pass. *venùto*.
Così anche: **avvenire, contravvenire, convenire, divenire, intervenire, pervenire, prevenire, provenire, rinvenire, sopravvenire, sovvenire, svenire**

vìncere pres. *vìnco, vìnci*; pass.rem. *vìnsi, vincésti*; part.pass. *vìnto*.
Così anche: **avvincere, convincere, rivincere**

vìvere pass.rem. *vìssi, vivésti*; fut. *vivrò*; cond. *vivrèi*; part.pass. *vissùto*.
Così anche: **convivere, rivivere, sopravvivere**

volére pres. *vòglio, vuòi, vuòle, vogliàmo, voléte, vògliono*; pass.rem. *vòlli, volésti, vòlle, volémmo, voléste, vòllero*; fut. *vorrò*; cond. *vorrèi*; cong.pres. *vòglia*; part.pass. *volùto*. Così anche: **rivolere**

vòlgere pres. *vòlgo, vòlgi*; pass.rem. *vòlsi, volgésti*; part.pass. *vòlto*.
Così anche: **avvolgere, capovolgere, coinvolgere, involgere, ravvolgere, rivolgere, sconvolgere, stravolgere, svolgere, travolgere**